Amtliches Körperschaftsteuer-Handbuch 2015

**KStG
KStDV 1994
KStR 2015
Hinweise**

Anlagen und Anhänge

Stichwortverzeichnis

Empfohlene Zitierweise:

Bei den **Richtlinien** sollte die Nummer der Vorschrift zitiert werden:
Beispiel: R 7.1 Abs. 2 KStR 2015

Bei den **Hinweisen** sollte die dort angegebene Fundstelle zitiert werden:

Beispiele:
Bei Aussagen zu „Gründungskosten":   BMF vom 25.6.1991, BStBl I S. 661
als Kurzfassung auch: H 8.5 Gründungskosten KStH 2015
oder
bei Aussagen zu „Verlustvorträge":   BFH vom 17.12.2003, I R 22/03, BStBl 2004 II S. 524
als Kurzfassung auch: H 8.8 Verlustvorträge KStH 2015

Druck: CPI books GmbH, Leck

Vertrieb: Richard Boorberg Verlag GmbH & Co KG
Stuttgart · München · Hannover · Berlin · Weimar · Dresden
ISBN 978-3-415-05725-8

NWB Verlag GmbH & Co. KG, Herne
ISBN 978-3-482-47835-2

Stollfuß Medien GmbH & Co. KG
ISBN 978-3-08-361309-1

Erich Schmidt Verlag GmbH & Co. KG, Berlin
www.ESV.info
ISBN 978-3-503-16755-5

HDS-Verlag
Weil im Schönbuch
ISBN 978-3-95554-212-2

DATEV-Verlag eG
Nürnberg
Keine ISBN-Nr., Art.-Nr. 36043
Verkauf erfolgt nur an Mitglieder der Genossenschaft
(Steuerberater, Wirtschaftsprüfer und Rechtsanwälte)

Amtliches Körperschaftsteuer-Handbuch

2015

Herausgegeben vom Bundesministerium der Finanzen

Inhaltsübersicht

		Seite
Abkürzungsverzeichnis		XIX

A. Körperschaftsteuergesetz, Körperschaftsteuer-Durchführungsverordnung, Körperschaftsteuer-Richtlinien, Hinweise[1]

	Einführung	XXVII
I.	**Steuerpflicht**	
§ 1	Unbeschränkte Steuerpflicht	1
R 1.1	Unbeschränkte Steuerpflicht	2
R 1.2	Familienstiftungen	4
§ 2	Beschränkte Steuerpflicht	5
R 2	Beschränkte Steuerpflicht	5
§ 3	Abgrenzung der Steuerpflicht bei nichtrechtsfähigen Personenvereinigungen und Vermögensmassen sowie bei Realgemeinden	7
§ 4	Betriebe gewerblicher Art von juristischen Personen des öffentlichen Rechts	8
R 4.1	Betriebe gewerblicher Art von juristischen Personen des öffentlichen Rechts	8
R 4.2	Zusammenfassung von Betrieben gewerblicher Art	11
R 4.3	Verpachtungsbetriebe gewerblicher Art	12
R 4.4	Hoheitsbetriebe	12
R 4.5	Abgrenzung in Einzelfällen	14
§ 5	Befreiungen	18
§ 1 KStDV	Allgemeines	25
§ 2 KStDV	Kassen mit Rechtsanspruch der Leistungsempfänger	26
§ 3 KStDV	Kassen ohne Rechtsanspruch der Leistungsempfänger	26
§ 4 KStDV	Kleinere Versicherungsvereine	27
R 5.1	Kapitalertragsteuer bei wirtschaftlichen Geschäftsbetrieben	27
R 5.2	Allgemeines zu Pensions-, Sterbe-, Kranken- und Unterstützungskassen	27
R 5.3	Leistungsempfänger bei Pensions-, Sterbe-, Kranken- und Unterstützungskassen	28
R 5.4	Vermögensbindung bei Pensions-, Sterbe-, Kranken- und Unterstützungskassen	30
R 5.5	Leistungsbegrenzung	32
R 5.6	Kleinere Versicherungsvereine	34
R 5.7	Berufsverbände ohne öffentlich-rechtlichen Charakter	34

---

[1] Redaktionsschluss für den Hinweisteil 21.3.2016

Inhaltsübersicht

		Seite
R 5.8	Gemeinnützige, mildtätige und kirchliche Körperschaften	37
R 5.9	Vermietungsgenossenschaften und -vereine	38
R 5.10	Gemeinnützige Siedlungsunternehmen	38
R 5.11	Allgemeines über die Steuerbefreiung von Erwerbs- und Wirtschaftsgenossenschaften und Vereinen im Bereich der Land- und Forstwirtschaft	39
R 5.12	Molkereigenossenschaften	43
R 5.13	Winzergenossenschaften	45
R 5.14	Pfropfrebengenossenschaften	46
R 5.15	Andere Erwerbs- und Wirtschaftsgenossenschaften	46
R 5.16	Vereine im Bereich der Land- und Forstwirtschaft	46
R 5.17	Wirtschaftsförderungsgesellschaften	46
R 5.18	Steuerbefreiung außerhalb des Körperschaftsteuergesetzes	47
§ 6	**Einschränkung der Befreiung von Pensions-, Sterbe-, Kranken- und Unterstützungskassen**	48
R 6	Einschränkung der Befreiung von Pensions-, Sterbe-, Kranken- und Unterstützungskassen	49
§ 6a	**Einkommensermittlung bei voll steuerpflichtigen Unterstützungskassen**	53

II. Einkommen

1. Allgemeine Vorschriften

§ 7	**Grundlagen der Besteuerung**	54
R 7.1	Ermittlung des zu versteuernden Einkommens	54
R 7.2	Ermittlung der festzusetzenden und verbleibenden Körperschaftsteuer	58
R 7.3	Vom Kalenderjahr abweichendes Wirtschaftsjahr	59
§ 8	**Ermittlung des Einkommens**	60
R 8.1	Anwendung einkommensteuerrechtlicher Vorschriften	62
R 8.2	Einkommensermittlung bei Betrieben gewerblicher Art	66
R 8.3	Gewinnermittlung bei Körperschaften, die Land- und Forstwirtschaft betreiben	70
R 8.4	Zuwendungen an Pensions- und Unterstützungskassen	70
R 8.5	Verdeckte Gewinnausschüttungen	70
R 8.6	Wert der verdeckten Gewinnausschüttungen, Beweislast, Rückgängigmachung	83
R 8.7	Rückstellungen für Pensionszusagen an Gesellschafter-Geschäftsführer von Kapitalgesellschaften	85
R 8.8	Tantiemen	89
R 8.9	Verdeckte Einlage	90

Inhaltsübersicht

		Seite
R 8.10	Verluste bei Körperschaften	96
R 8.11	Mitgliedsbeiträge	96
R 8.12	Haus- und Grundeigentümervereine, Mietervereine	98
R 8.13	Sonstige Vereine und Einrichtungen	100
§ 8a	**Betriebsausgabenabzug für Zinsaufwendungen bei Körperschaften (Zinsschranke)**	102
§ 8b	**Beteiligung an anderen Körperschaften und Personenvereinigungen**	104
§ 8c	**Verlustabzug bei Körperschaften**	110
§ 9	**Abziehbare Aufwendungen**	113
R 9	Ausgaben i. S. d. § 9 Abs. 1 Nr. 1 und 2 KStG	115
§ 10	**Nichtabziehbare Aufwendungen**	119
R 10.1	Nichtabziehbare Steuern und Nebenleistungen	119
R 10.2	Geldstrafen und ähnliche Rechtsnachteile	120
R 10.3	Vergütungen für die Überwachung der Geschäftsführung	121
§ 11	**Auflösung und Abwicklung (Liquidation)**	123
R 11	Liquidationsbesteuerung	123
§ 12	**Verlust oder Beschränkung des Besteuerungsrechts der Bundesrepublik Deutschland**	126
R 12	Beschränkte Steuerpflicht der übertragenden Körperschaft	127
§ 13	**Beginn und Erlöschen einer Steuerbefreiung**	128
R 13.1	Beginn einer Steuerbefreiung	128
R 13.2	Erlöschen einer Steuerbefreiung	129
R 13.3	Schlussbilanz, Anfangsbilanz	130
R 13.4	Sonderregelung für bestimmte steuerbegünstigte Körperschaften	131
2.	**Sondervorschriften für die Organschaft**	
§ 14	**Aktiengesellschaft oder Kommanditgesellschaft auf Aktien als Organgesellschaft**	132
R 14.1	Organträger, Begriff des gewerblichen Unternehmens	135
R 14.2	Finanzielle Eingliederung	135
R 14.3	Personengesellschaften als Organträger	136
R 14.4	Zeitliche Voraussetzungen	137
R 14.5	Gewinnabführungsvertrag	138
R 14.6	Zuzurechnendes Einkommen der Organgesellschaft	142
R 14.7	Einkommensermittlung beim Organträger	143
R 14.8	Bildung und Auflösung besonderer Ausgleichsposten beim Organträger	144

Inhaltsübersicht

		Seite
§ 15	**Ermittlung des Einkommens bei Organschaft**	147
R 15	Einkommensermittlung bei der Organgesellschaft	148
§ 16	**Ausgleichszahlungen**	149
R 16	Ausgleichszahlungen	149
§ 17	**Andere Kapitalgesellschaften als Organgesellschaft**	150
R 17	Andere Kapitalgesellschaften als Organgesellschaft	150
§ 18	**(weggefallen)**	152
§ 19	**Steuerabzug bei dem Organträger**	153
R 19	Anwendung besonderer Tarifvorschriften	153

3. **Sondervorschriften für Versicherungsunternehmen, Pensionsfonds und Bausparkassen**

§ 20	**Schwankungsrückstellungen, Schadenrückstellungen**	154
§ 21	**Beitragsrückerstattungen**	156
§ 21a	**Deckungsrückstellungen**	158
§ 21b	**Zuteilungsrücklage bei Bausparkassen**	159

4. **Sondervorschriften für Genossenschaften**

§ 22	**Genossenschaftliche Rückvergütung**	160
R 22	Genossenschaftliche Rückvergütung	160

III. Tarif, Besteuerung bei ausländischen Einkunftsteilen

§ 23	**Steuersatz**	167
R 23	Ermäßigte Besteuerung bei Einkünften aus außerordentlichen Holznutzungen infolge höherer Gewalt	167
§ 24	**Freibetrag für bestimmte Körperschaften**	168
R 24	Freibetrag für bestimmte Körperschaften	168
§ 25	**Freibetrag für Erwerbs- und Wirtschaftsgenossenschaften sowie Vereine, die Land- und Forstwirtschaft betreiben**	170
R 25	Freibetrag für Erwerbs- und Wirtschaftsgenossenschaften sowie Vereine, die Land- und Forstwirtschaft betreiben	170
§ 26	**Steuerermäßigung bei ausländischen Einkünften**	171
§ 5 KStDV	weggefallen	171
R 26	Steuerermäßigung bei ausländischen Einkünften	171

IV. Nicht in das Nennkapital geleistete Einlagen und Entstehung und Veranlagung

§ 27	**Nicht in das Nennkapital geleistete Einlagen**	173
§ 28	**Umwandlung von Rücklagen in Nennkapital und Herabsetzung des Nennkapitals**	178
§ 29	**Kapitalveränderungen bei Umwandlungen**	179

		Seite
§ 30	Entstehung der Körperschaftsteuer	181
R 30	Entstehung der Körperschaftsteuer	181
§ 31	Steuererklärungspflicht, Veranlagung und Erhebung der Körperschaftsteuer	182
R 31.1	Besteuerung kleiner Körperschaften	182
R 31.2	Steuererklärungspflicht, Veranlagung und Erhebung von Körperschaftsteuer	183
§ 32	Sondervorschriften für den Steuerabzug	184
§ 32a	Erlass, Aufhebung oder Änderung von Steuerbescheiden bei verdeckter Gewinnausschüttung oder verdeckter Einlage	187

V. Ermächtigungs- und Schlussvorschriften

§ 33	Ermächtigungen	188
§ 34	Schlussvorschriften	188
§ 6 KStDV	Anwendungszeitraum	196
§ 35	Sondervorschriften für Körperschaften, Personenvereinigungen oder Vermögensmassen in dem in Artikel 3 des Einigungsvertrages genannten Gebiet	197
R 35	Sondervorschriften für Körperschaften, Personenvereinigungen oder Vermögensmassen in dem in Artikel 3 des Einigungsvertrags genannten Gebiet	197

VI. Sondervorschriften für den Übergang vom Anrechnungsverfahren zum Halbeinkünfteverfahren

§ 36	Endbestände	198
§ 37	Körperschaftsteuerguthaben und Körperschaftsteuerminderung	201
§ 38	Körperschaftsteuererhöhung	205
§ 39	Einlagen der Anteilseigner und Sonderausweis	209
§ 40	(weggefallen)	210

B. Anlagen Seite

1 Beteiligung an anderen Körperschaften und Personenvereinigungen Anrechnungsverfahren

    I. Behandlung des Aktieneigenhandels nach § 8b Abs. 7 KStG i. d. F. des Gesetzes zur Änderung des Investitionszulagengesetzes 1999
BMF-Schreiben vom 25. Juli 2002 213

    II. Anwendung des § 8b KStG 2002 und Auswirkungen auf die Gewerbesteuer
BMF-Schreiben vom 28. April 2003 216

    III. Anwendung des § 8b Abs. 4 KStG auf Beteiligungen in einem eingebrachten Betriebsvermögen
BMF-Schreiben vom 5. Januar 2004 230

		Seite
IV.	Behandlung von Betriebsausgaben im Zusammenhang mit Auslandsdividenden in den VZ 1993 bis 2003; Anwendung des EuGH-Urteils vom 23. Februar 2006 in der Rs. C-471/04 BMF-Schreiben vom 30. September 2008	232
V.	Veräußerungsgewinnbefreiung nach § 8b Abs. 2 KStG; Behandlung von Veräußerungskosten und nachträglichen Kaufpreisänderungen BMF-Schreiben vom 24. Juli 2015	235

2 Doppelbesteuerungsabkommen

Stand der Doppelbesteuerungsabkommen und anderer Abkommen im Steuerbereich sowie der Abkommensverhandlungen am 1. Januar 2016
BMF-Schreiben vom 19. Januar 2016 ... 238

3 Eigene Anteile

Steuerrechtliche Behandlung des Erwerbs eigener Anteile
BMF-Schreiben vom 27. November 2013 ... 247

4 Einkunftsabgrenzung

Grundsätze für die Prüfung der Einkunftsabgrenzung bei international verbundenen Unternehmen (Verwaltungsgrundsätze)
BMF-Schreiben vom 23. Februar 1983 ... 252

5 Einlagekonto

Steuerliches Einlagekonto (Anwendung der §§ 27 und 28 KStG 2002)
BMF-Schreiben vom 4. Juni 2003 ... 275

6 Inkongruente Gewinnausschüttung

Steuerliche Anerkennung inkongruenter Gewinnausschüttungen
BMF-Schreiben vom 17. Dezember 2013 ... 283

7 Kapitalertragsteuer

I.	Auslegungsfragen zu § 20 Abs. 1 Nr. 10 EStG bei Betrieben gewerblicher Art als Schuldner der Kapitalerträge BMF-Schreiben vom 9. Januar 2015	284
II.	Auslegungsfragen zu § 20 Abs. 1 Nr. 10 Buchstabe b Satz 4 EStG; Gewinne steuerpflichtiger wirtschaftlicher Geschäftsbetriebe der von der Körperschaftsteuer befreiten Körperschaften, Personenvereinigungen und Vermögensmassen BMF-Schreiben vom 10. November 2005	299
III.	Auslegungsfragen zu § 20 Abs. 1 Nr. 10 Buchstabe b Satz 4 EStG; Gewinne steuerpflichtiger wirtschaftlicher Geschäftsbetriebe der von der Körperschaftsteuer befreiten Körperschaften, Personenvereinigungen und Vermögensmassen BMF-Schreiben vom 2. Februar 2016	301

Inhaltsübersicht

Seite

8 Körperschaftsteuerguthaben
Bilanzielle Behandlung des Körperschaftsteuerguthabens nach SEStEG; Anwendung des § 37 Abs. 7 KStG
BMF-Schreiben vom 14. Januar 2008 305

9 Limited
Steuerliche Folgen der Löschung einer britischen Limited aus dem britischen Handelsregister
BMF-Schreiben vom 6. Januar 2014 306

10 Limited Liability Company (USA)
Steuerliche Einordnung der nach dem Recht der Bundesstaaten der USA gegründeten Limited Liability Company
BMF-Schreiben vom 19. März 2004 309

11 Öffentliche Hand
I. Kriterien zur Abgrenzung hoheitlicher von wirtschaftlicher Tätigkeit einer juristischen Person des öffentlichen Rechts
BMF-Schreiben vom 11. Dezember 2009 317
II. Anwendungsfragen zu den Regelungen im JStG 2009 zur Besteuerung von Betrieben gewerblicher Art und Eigengesellschaften von juristischen Personen des öffentlichen Rechts
BMF-Schreiben vom 12. November 2009 320

12 Organschaft
I. Körperschaftsteuerliche und gewerbesteuerliche Organschaft unter Berücksichtigung der Änderungen durch StSenkG und UntStFG
BMF-Schreiben vom 26. August 2003 337
II. Änderungen bei der Besteuerung steuerlicher Organschaften durch das StVergAbG
BMF-Schreiben vom 10. November 2005 347
III. Steuerliche Anerkennung einer Organschaft nach Änderung des § 301 AktG und des § 249 HGB durch BilMoG
Keine Anpassung bestehender Gewinnabführungsverträge
BMF-Schreiben vom 14. Januar 2010 352

13 Rechtsformen
Grundsätze der Verwaltung für die Prüfung der Aufteilung der Einkünfte bei Betriebsstätten international tätiger Unternehmen (Betriebsstätten-Verwaltungsgrundsätze)
BMF-Schreiben vom 24. Dezember 1999 353

14 Spendenabzug
I. Steuerbegünstigte Zwecke (§ 10b EStG); Anwendung des Urteils des EuGH vom 27. Januar 2009 - C-318/07 – in der Rechtssache "Persche"
BMF-Schreiben vom 16. Mai 2011 395
II. Muster für Zuwendungsbestätigungen (§ 10b EStG)
BMF-Schreiben vom 7. November 2013 396

			Seite
15	**Sponsoring**		
	Ertragsteuerliche Behandlung des Sponsoring		
	BMF-Schreiben vom 18. Februar 1998		426
16	**Umwandlung**		
	Anwendung des Umwandlungssteuergesetzes i. d. F. des SEStEG		
	BMF-Schreiben vom 11. November 2011...		428
17	**Verdeckte Gewinnausschüttung**		
	I.	Korrektur einer verdeckten Gewinnausschüttung innerhalb oder außerhalb der Steuerbilanz	
		BMF-Schreiben vom 28. Mai 2002	580
	II.	Angemessenheit der Gesamtbezüge des Gesellschafter Geschäftsführers	
		BMF-Schreiben vom 14. Oktober 2002	590
	III.	Pensionszusagen an Gesellschafter-Geschäftsführer; Vereinbarung einer sofortigen ratierlichen Unverfallbarkeit – Länge des Erdienungszeitraums	
		BMF-Schreiben vom 9. Dezember 2002	595
	IV.	Probezeit vor Zusage einer Pension an den Gesellschafter-Geschäftsführer einer Kapitalgesellschaft (§ 8 Absatz 3 Satz 2 KStG)	
		BMF-Schreiben vom 14. Dezember 2012	596
	V.	Verdeckte Gewinnausschüttung im Zusammenhang mit Risikogeschäften	
		BMF-Schreiben vom 14. Dezember 2015.................................	598
18	**Verlustabzugsbeschränkung**		
	I.	Körperschaftsteuerlicher Verlustabzug; Anwendung von § 8 Abs. 4 KStG und § 12 Abs. 3 Satz 2 UmwStG	
		BMF-Schreiben vom 16. April 1999...	599
	II.	Verlustabzugsbeschränkung für Körperschaften (§ 8c KStG)	
		BMF-Schreiben vom 4. Juli 2008...	600
19	**Wirtschaftsförderungsgesellschaften**		
	Steuerbefreiung von Wirtschaftsförderungsgesellschaften		
	BMF-Schreiben vom 4. Januar 1996		608
20	**Zinsschranke**		
	Zinsschranke (§ 4h EStG; § 8a KStG)		
	BMF-Schreiben vom 4. Juli 2008		611

C. Anhänge

		Seite
1	Aktiengesetz (AktG - Auszug)	633
2	Außensteuergesetz (AStG)	681
3	Funktionsverlagerungsverordnung (FVerlV)	702
4	Gesetz betreffend die Gesellschaften mit beschränkter Haftung (GmbHG)	707
5	Gewinnabgrenzungsaufzeichnungsverordnung (GAufzV)	738
6	Handelsgesetzbuch (HGB - Auszug)	743
7	Investmentsteuergesetz (InvStG)	783
8	Kapitalerhöhungssteuergesetz (KapErhStG)	816
9	Umwandlungsgesetz (UmwG)	818
10	Umwandlungssteuergesetz (UmwStG)	906
11	Verordnung über die Steuerbegünstigung von Stiftungen	926
12	Zerlegungsgesetz (ZerlG)	927

D. Stichwortverzeichnis 937

Überleitung
KStR 2004 ⇨ KStR 2015

	KStR 2004				KStR 2015	
R	2	KStR 2004	⇨	R	1.1	KStR 2015
R	3	KStR 2004	⇨	R	1.2	KStR 2015
R	4	KStR 2004	⇨	R	2	KStR 2015
R	5	KStR 2004	⇨		-	
R	6	KStR 2004	⇨	R	4.1	KStR 2015
R	7	KStR 2004	⇨	R	4.2	KStR 2015
R	8	KStR 2004	⇨	R	4.3	KStR 2015
R	9	KStR 2004	⇨	R	4.4	KStR 2015
R	10	KStR 2004	⇨	R	4.5	KStR 2015
R	11	KStR 2004	⇨	R	5.2	KStR 2015
R	12	KStR 2004	⇨	R	5.3	KStR 2015
R	13	KStR 2004	⇨	R	5.4	KStR 2015
R	14	KStR 2004	⇨	R	5.5	KStR 2015
R	15	KStR 2004	⇨	R	5.6	KStR 2015
R	16	KStR 2004	⇨	R	5.7	KStR 2015
R	17	KStR 2004	⇨	R	5.8	KStR 2015
R	18	KStR 2004	⇨	R	5.9	KStR 2015
R	19	KStR 2004	⇨	R	5.10	KStR 2015
R	20	KStR 2004	⇨	R	5.11	KStR 2015
R	21	KStR 2004	⇨	R	5.12	KStR 2015
R	22	KStR 2004	⇨	R	5.13	KStR 2015
R	23	KStR 2004	⇨	R	5.14	KStR 2015
R	24	KStR 2004	⇨	R	5.15	KStR 2015
R	25	KStR 2004	⇨	R	5.16	KStR 2015
R	26	KStR 2004	⇨	R	5.17	KStR 2015
R	27	KStR 2004	⇨	R	5.18	KStR 2015
R	28	KStR 2004	⇨	R	6	KStR 2015
R	29	KStR 2004	⇨	R	7	KStR 2015
R	30	KStR 2004	⇨	R	7.2	KStR 2015
R	31	KStR 2004	⇨	R	7.3	KStR 2015
R	32	KStR 2004	⇨	R	8.1	KStR 2015
R	33	KStR 2004	⇨	R	8.2	KStR 2015
R	34	KStR 2004	⇨	R	8.3	KStR 2015

Überleitung
KStR 2004 ⇨ KStR 2015

	KStR 2004				KStR 2015	
R	35	KStR 2004	⇨	R	8.4	KStR 2015
R	36	KStR 2004	⇨	R	8.5	KStR 2015
R	37	KStR 2004	⇨	R	8.6	KStR 2015
R	38	KStR 2004	⇨	R	8.7	KStR 2015
R	39	KStR 2004	⇨	R	8.8	KStR 2015
R	40	KStR 2004	⇨	R	8.9	KStR 2015
R	41	KStR 2004	⇨	R	8.10	KStR 2015
R	42	KStR 2004	⇨	R	8.11	KStR 2015
R	43	KStR 2004	⇨	R	8.12	KStR 2015
R	44	KStR 2004	⇨	R	8.13	KStR 2015
R	45	KStR 2004			-	
R	46	KStR 2004			-	
R	46a	KStR 2004			-	
R	47	KStR 2004	⇨	R	9	KStR 2015
R	48	KStR 2004	⇨	R	10.1	KStR 2015
R	49	KStR 2004	⇨	R	10.2	KStR 2015
R	50	KStR 2004	⇨	R	10.3	KStR 2015
R	51	KStR 2004	⇨	R	11	KStR 2015
R	52	KStR 2004	⇨	R	13.1	KStR 2015
R	53	KStR 2004	⇨	R	13.2	KStR 2015
R	54	KStR 2004	⇨	R	13.3	KStR 2015
R	55	KStR 2004	⇨	R	13.4	KStR 2015
R	56	KStR 2004	⇨	R	14.1	KStR 2015
R	57	KStR 2004	⇨	R	14.2	KStR 2015
R	58	KStR 2004	⇨	R	14.3	KStR 2015
R	59	KStR 2004	⇨	R	14.4	KStR 2015
R	60	KStR 2004	⇨	R	14.5	KStR 2015
R	61	KStR 2004	⇨	R	14.6	KStR 2015
R	62	KStR 2004	⇨	R	14.7	KStR 2015
R	63	KStR 2004	⇨	R	14.8	KStR 2015
R	64	KStR 2004	⇨	R	15	KStR 2015
R	65	KStR 2004	⇨	R	16	KStR 2015
R	66	KStR 2004	⇨	R	17	KStR 2015

Überleitung
KStR 2004 ⇨ KStR 2015

	KStR 2004				KStR 2015	
R	67	KStR 2004	⇨	R	19	KStR 2015
R	68	KStR 2004			-	
R	69	KStR 2004			-	
R	70	KStR 2004	⇨	R	22	KStR 2015
R	71	KStR 2004	⇨	R	23	KStR 2015
R	72	KStR 2004	⇨	R	24	KStR 2015
R	73	KStR 2004	⇨	R	25	KStR 2015
R	74	KStR 2004	⇨	R	26	KStR 2015
R	75	KStR 2004			-	
R	76	KStR 2004			-	
R	77	KStR 2004			-	
R	78	KStR 2004	⇨	R	30	KStR 2015
R	79	KStR 2004	⇨	R	31.1	KStR 2015
R	80	KStR 2004			-	
R	81	KStR 2004			-	
R	82	KStR 2004	⇨	R	35	KStR 2015
R	83	KStR 2004			-	
R	84	KStR 2004			-	
R	85	KStR 2004			-	

Abkürzungsverzeichnis

ABl. EG	=	Amtsblatt EG
ABl. EU	=	Amtsblatt EU
ABl. L	=	Amtsblatt der Europäischen Gemeinschaften, Ausgabe L: Rechtsvorschriften
Abs.	=	Absatz
AEAO	=	Anwendungserlass zur Abgabenordnung >AO Handbuch
a. F.	=	alte Fassung
AG	=	Aktiengesellschaft
AktG	=	Aktiengesetz
AO	=	Abgabenordnung
AStG	=	Außensteuergesetz
AuslInvG	=	Auslandsinvestitionsgesetz
BauGB	=	Baugesetzbuch
BetrAVG	=	Gesetz zur Verbesserung der betrieblichen Altersversorgung
BFH	=	Bundesfinanzhof
BgA	=	Betrieb gewerblicher Art
BGB	=	Bürgerliches Gesetzbuch
BGBl.	=	Bundesgesetzblatt
BilMoG	=	Gesetz zur Modernisierung des Bilanzrechts (Bilanzrechtsmodernisierungsgesetz)
BiRiLiG	=	Bilanzrichtliniengesetz
BMF	=	Bundesministerium der Finanzen
BStBl	=	Bundessteuerblatt
BVerfG	=	Bundesverfassungsgericht
BZSt	=	Bundeszentralamt für Steuern
bzw.	=	beziehungsweise
DBA	=	Doppelbesteuerungsabkommen
dgl.	=	dergleichen
d. h.	=	das heißt
EG	=	Europäische Gemeinschaft

Abkürzungsverzeichnis

EStG	=	Einkommensteuergesetz
EStDV	=	Einkommensteuer-Durchführungsverordnung
EStR	=	Einkommensteuer-Richtlinien
EU	=	Europäische Union
EuGH	=	Europäischer Gerichtshof
EWR	=	Europäischer Wirtschaftsraum
f./ff.	=	folgende
FVerlV	=	Funktionsverlagerungsverordnung
GAV	=	Gewinnabführungsvertrag
GAufzV	=	Gewinnabgrenzungsaufzeichnungsverordnung
GbR	=	Gesellschaft bürgerlichen Rechts
gem.	=	gemäß
GenG	=	Genossenschaftsgesetz
GewStG	=	Gewerbesteuergesetz
GewStR	=	Gewerbesteuer-Richtlinien
ggfs.	=	gegebenenfalls
GmbH	=	Gesellschaft mit beschränkter Haftung
GmbHG	=	Gesetz betreffend die Gesellschaften mit beschränkter Haftung
GrEStG	=	Grunderwerbsteuergesetz
H	=	Hinweis
HGB	=	Handelsgesetzbuch
i. d. F.	=	in der Fassung
i. d. R.	=	in der Regel
i. H. v.	=	in Höhe von
InsO	=	Insolvenzordnung
i. S. d.	=	im Sinne des/der
i. S. v.	=	im Sinne von
i. V. m.	=	in Verbindung mit
InvStG	=	Investmentsteuergesetz
InvZulG	=	Investitionszulagengesetz

Abkürzungsverzeichnis

jPöR	=	juristische Person des öffentlichen Rechts
JStG	=	Jahressteuergesetz
KAGG	=	Gesetz über Kapitalanlagegesellschaften
KapErhStG	=	Kapitalerhöhungssteuergesetz
Kfz	=	Kraftfahrzeug
KG	=	Kommanditgesellschaft
KGaA	=	Kommanditgesellschaft auf Aktien
Kj.	=	Kalenderjahr
KStG	=	Körperschaftsteuergesetz
KStDV	=	Körperschaftsteuer-Durchführungsverordnung
KStR	=	Körperschaftsteuer-Richtlinien
KWG	=	Gesetz über das Kreditwesen
MoMiG	=	Gesetz zur Modernisierung des GmbH-Rechts und zur Bekämpfung von Missbräuchen
Nr.	=	Nummer
OLG	=	Oberlandesgericht
R	=	Richtlinie
Rdnr., Rn.	=	Randnummer
RFH	=	Reichsfinanzhof
RGBl.	=	Reichsgesetzblatt
Rspr.	=	Rechtsprechung
RStBl	=	Reichssteuerblatt
S.	=	Seite
s.	=	siehe
SEStEG	=	Gesetz über steuerliche Begleitmaßnahmen zur Einführung der Europäischen Gesellschaft und zur Änderung weiterer steuerrechtlicher Vorschriften
SGB	=	Sozialgesetzbuch
sog.	=	sogenannt
StÄndG	=	Steueränderungsgesetz

Abkürzungsverzeichnis

StEntlG	=	Steuerentlastungsgesetz
StGB	=	Strafgesetzbuch
StiftFöG	=	Gesetz zur weiteren steuerlichen Förderung von Stiftungen
StSenkG	=	Steuersenkungsgesetz
StVergAbG	=	Steuervergünstigungsabbaugesetz
Tz./Tzn.	=	Textziffer/Textziffern
u. a.	=	unter anderem
u. ä.	=	und ähnliches
UmwG	=	Umwandlungsgesetz
UmwStG	=	Umwandlungssteuergesetz
UntStFG	=	Unternehmenssteuerfortentwicklungsgesetz
UStG	=	Umsatzsteuergesetz
VAG	=	Versicherungsaufsichtsgesetz
vEK	=	verwendbares Eigenkapital
vGA	=	Verdeckte Gewinnausschüttung
vgl.	=	vergleiche
VO	=	Verordnung
VVaG	=	Versicherungsverein auf Gegenseitigkeit
VVG	=	Gesetz über den Versicherungsvertrag
VZ	=	Veranlagungszeitraum
Wj.	=	Wirtschaftsjahr
ZerlG	=	Zerlegungsgesetz
z. B.	=	zum Beispiel

A.

Körperschaftsteuergesetz (KStG)

**in der Fassung der Bekanntmachung vom 15. Oktober 2002
(BGBl. I S. 4144, BStBl I S. 1169)**

zuletzt geändert durch Artikel 4 des Steueränderungsgesetzes 2015
vom 2. November 2015 (BGBl. I S. 1834, BStBl I S. 846)

Körperschaftsteuer-Durchführungsverordnung 1994 (KStDV 1994)

**in der Fassung der Bekanntmachung vom 22. Februar 1996
(BGBl. I S. 365, BStBl I S. 191)**

zuletzt geändert durch Artikel 2 Abs. 11 des Gesetzes zur Modernisierung der Finanzaufsicht über Versicherungen
vom 1. April 2015 (BGBl. I S. 434)

Körperschaftsteuergesetz

Diese Fassung berücksichtigt:

1. die Fassung der Bekanntmachung des Körperschaftsteuergesetzes
   vom 15. Oktober 2002 (BGBl. I S. 4144)
2. Artikel 2 des Gesetzes zum Abbau von Steuervergünstigungen und Ausnahmeregelungen (Steuervergünstigungsabbaugesetz - StVergAbG)
   vom 16. Mai 2003 (BGBl. I S. 660)
3. Artikel 6 des Gesetzes zur Neustrukturierung der Förderbanken des Bundes (Förderbankenneustrukturierungsgesetz)
   vom 15. August 2003 (BGBl. I S. 1657)
4. Artikel 3 des Zweiten Gesetzes zur Änderung steuerlicher Vorschriften (Steueränderungsgesetz 2003 - StÄndG 2003)
   vom 15. Dezember 2003 (BGBl. I S. 2645)
5. Artikel 3 des Gesetzes zur Umsetzung der Protokollerklärung der Bundesregierung zur Vermittlungsempfehlung zum Steuervergünstigungsabbaugesetz
   vom 22. Dezember 2003 (BGBl. I S. 2840)
6. Artikel 11 des Haushaltsbegleitgesetzes 2004 (HBeglG 2004)
   vom 29. Dezember 2003 (BGBl. I S. 3076)
7. Artikel 2 des Gesetzes zur Anpassung der Vorschriften über die Amtshilfe im Bereich der Europäischen Union sowie zur Umsetzung der Richtlinie 2003/49/EG des Rates vom 3. Juni 2003 über eine gemeinsame Steuerregelung für Zahlungen von Zinsen und Lizenzgebühren zwischen verbundenen Unternehmen verschiedener Mitgliedstaaten (EG-Amtshilfe-Anpassungsgesetz)
   vom 2. Dezember 2004 (BGBl. I S. 3112)
8. Artikel 31 des Gesetzes zur Organisationsreform in der gesetzlichen Rentenversicherung (RVOrgG)
   vom 9. Dezember 2004 (BGBl. I S. 3242)
9. Artikel 3 des Gesetzes zur Umsetzung von EU-Richtlinien in nationales Steuerrecht und zur Änderung weiterer Vorschriften (Richtlinien-Umsetzungsgesetz - EURLUmsG)
   vom 9. Dezember 2004 (BGBl. I S. 3310)
10. Artikel 4 des Gesetzes zur Änderung des Versicherungsaufsichtsgesetzes und anderer Gesetze
    vom 15. Dezember 2004 (BGBl. I S. 3416)
11. Artikel 2 des Steueränderungsgesetzes 2007
    vom 19. Juli 2006 (BGBl. I S. 1652)
12. Artikel 6 des Gesetzes zur Umsetzung der neu gefassten Bankenrichtlinie und der neu gefassten Kapitaladäquanzrichtlinie
    vom 17. November 2006 (BGBl. I S. 2606)

Vorwort

13. Artikel 3 des Gesetzes über steuerliche Begleitmaßnahmen zur Einführung der Europäischen Gesellschaft und zur Änderung weiterer steuerrechtlicher Vorschriften (SEStEG)
vom 7. Dezember 2006 (BGBl. I S. 2782) und
vom 24. Januar 2007 (BGBl. I S. 68)
14. Artikel 4 des Jahressteuergesetzes 2007 (JStG 2007)
vom 13. Dezember 2006 (BGBl. I S. 2878)
15. Artikel 2 des Unternehmensteuerreformgesetzes 2008
vom 14. August 2007 (BGBl. I S. 1912)
16. Artikel 3 des Gesetzes zur weiteren Stärkung des bürgerschaftlichen Engagements
vom 10. Oktober 2007 (BGBl. I S. 2332)
17. Artikel 3 des Jahressteuergesetzes 2008 (JStG 2008)
vom 20. Dezember 2007 (BGBl. I S. 3150)
18. Artikel 3 des Jahressteuergesetzes 2009 (JStG 2009)
vom 19. Dezember 2008 (BGBl. I S. 2794)
19. Artikel 6 des Gesetzes zur Modernisierung und Entbürokratisierung des Steuerverfahrens (Steuerbürokratieabbaugesetz)
vom 20. Dezember 2008 (BGBl. I S. 2850)
20. Artikel 6 des Dritten Gesetzes zum Abbau bürokratischer Hemmnisse insbesondere in der mittelständischen Wirtschaft (Drittes Mittelstandsentlastungsgesetz)
vom 17. März 2009 (BGBl. I S. 550)
21. Artikel 2 des Gesetzes zur Fortführung der Gesetzeslage 2006 bei der Entfernungspauschale
vom 20. April 2009 (BGBl. I S. 774)
22. Artikel 7 des Gesetzes zur verbesserten steuerlichen Berücksichtigung von Vorsorgeaufwendungen (Bürgerentlastungsgesetz Krankenversicherung)
vom 16. Juli 2009 (BGBl. I S. 1959)
23. Artikel 2 des Gesetzes zur Bekämpfung der Steuerhinterziehung (Steuerhinterziehungsbekämpfungsgesetz)
vom 29. Juli 2009 (BGBl. I S. 2302)
24. Artikel 2 des Gesetzes zur Beschleunigung des Wirtschaftswachstums (Wachstumsbeschleunigungsgesetz)
vom 22. Dezember 2009 (BGBl. I S. 3950)
25. Artikel 2 des Gesetzes zur Umsetzung steuerlicher EU-Vorgaben sowie zur Änderung weiterer steuerlicher Vorschriften
vom 8. April 2010 (BGBl. I S. 386)
26. Artikel 2 des Jahressteuergesetzes 2010 (JStG 2010)
vom 8. Dezember 2010 (BGBl. I S. 1768)
27. Artikel 8 des OGAW-IV-Umsetzungsgesetzes (OGAW-IV-UmsG)
vom 22. Juni 2011 (BGBl. I S. 1126)
28. Artikel 17 des Steuervereinfachungsgesetzes 2011
vom 1. November 2011 (BGBl. I S. 2131)

29. Artikel 4 des Beitreibungsrichtlinie-Umsetzungsgesetzes (BeitrRLUmsG)
    vom 7. Dezember 2011 (BGBl. I S. 2592)
30. Artikel 2 des Gesetzes zur Änderung und Vereinfachung der Unternehmensbesteuerung und des steuerlichen Reisekostenrechts
    vom 20. Februar 2013 (BGBl. I S. 285)
31. Artikel 4 des Ehrenamtsstärkungsgesetzes
    vom 21. März 2013 (BGBl. I S. 556)
32. Artikel 1 des Gesetzes zur Umsetzung des EuGH-Urteils
    vom 20. Oktober 2011 in der Rechtssache C-284/09
    vom 21. März 2013 (BGBl. I S. 561)
33. Artikel 3 des Amtshilferichtlinie-Umsetzungsgesetzes (AmtshilfeRLUmsG)
    vom 26. Juni 2013 (BGBl. I S. 1809)
34. Artikel 12 des Gesetzes zur Anpassung des Investmentsteuergesetzes und anderer Gesetze an das AIFM-Umsetzungsgesetz (AIFM-Steuer-Anpassungsgesetz - AIFM-StAnpG)
    vom 18. Dezember 2013 (BGBl. I S. 4318)
35. Artikel 4 des Gesetzes zur Anpassung des nationalen Steuerrechts an den Beitritt Kroatiens zur EU und zur Änderung weiterer steuerlicher Vorschriften
    vom 25. Juli 2014 (BGBl. I S. 1266)
36. Artikel 6 des Gesetzes zur Anpassung der Abgabenordnung an den Zollkodex der Union und zur Änderung weiterer steuerlicher Vorschriften
    vom 22. Dezember 2014 (BGBl. I S. 2417)
37. Artikel 2 des Gesetzes zur Modernisierung der Finanzaufsicht über Versicherungen
    vom 1. April 2015 (BGBl. I S. 434)
38. Artikel 4 des Steueränderungsgesetzes 2015
    vom 2. November 2015 (BGBl. I S. 1834)

Körperschaftsteuer-Richtlinien 2015
(KStR 2015)
vom 6. April 2016 (BStBl 2016 I Sondernummer 1/2016 S. 2)

Einführung

Nach Artikel 108 Absatz 7 des Grundgesetzes erlässt die Bundesregierung folgende Allgemeine Verwaltungsvorschrift:

(1) [1]Die Körperschaftsteuer-Richtlinien 2015 (KStR 2015) behandeln Anwendungs- und Auslegungsfragen von allgemeiner Bedeutung, um eine einheitliche Anwendung des Körperschaftsteuerrechts durch die Behörden der Finanzverwaltung sicherzustellen. [2]Sie geben außerdem zur Vermeidung unbilliger Härten und aus Gründen der Verwaltungsvereinfachung Anweisungen an die Finanzämter, wie in bestimmten Fällen verfahren werden soll.

(2) Die Körperschaftsteuer-Richtlinien 2015 gelten, soweit sich aus ihnen nichts anderes ergibt, vom VZ 2015 an.

(3) Anordnungen, die mit den nachstehenden Richtlinien im Widerspruch stehen, sind nicht mehr anzuwenden.

(4) Diese Allgemeine Verwaltungsvorschrift tritt am Tag nach ihrer Veröffentlichung in Kraft.

Erster Teil
Steuerpflicht

§ 1
Unbeschränkte Steuerpflicht

(1) **Unbeschränkt körperschaftsteuerpflichtig** sind die folgenden Körperschaften, Personenvereinigungen und Vermögensmassen, die ihre Geschäftsleitung oder ihren Sitz im Inland haben:
1. Kapitalgesellschaften (insbesondere Europäische Gesellschaften, Aktiengesellschaften, Kommanditgesellschaften auf Aktien, Gesellschaften mit beschränkter Haftung);
2. Genossenschaften einschließlich der Europäischen Genossenschaften;
3. Versicherungs- und Pensionsfondsvereine auf Gegenseitigkeit;
4. sonstige juristische Personen des privaten Rechts;
5. nichtrechtsfähige Vereine, Anstalten, Stiftungen und andere Zweckvermögen des privaten Rechts;
6. Betriebe gewerblicher Art von juristischen Personen des öffentlichen Rechts.

(2) Die unbeschränkte Körperschaftsteuerpflicht erstreckt sich auf sämtliche Einkünfte.

(3) Zum Inland im Sinne dieses Gesetzes gehört auch der der Bundesrepublik Deutschland zustehende Anteil
1. an der ausschließlichen Wirtschaftszone, soweit dort
   a) die lebenden und nicht lebenden natürlichen Ressourcen der Gewässer über dem Meeresboden, des Meeresbodens und seines Untergrunds erforscht, ausgebeutet, erhalten oder bewirtschaftet werden,
   b) andere Tätigkeiten zur wirtschaftlichen Erforschung oder Ausbeutung der ausschließlichen Wirtschaftszone ausgeübt werden, wie beispielsweise die Energieerzeugung aus Wasser, Strömung und Wind oder
   c) künstliche Inseln errichtet oder genutzt werden und Anlagen und Bauwerke für die in den Buchstaben a und b genannten Zwecke errichtet oder genutzt werden, und
2. am Festlandsockel, soweit dort
   a) dessen natürliche Ressourcen erforscht oder ausgebeutet werden; natürliche Ressourcen in diesem Sinne sind die mineralischen und sonstigen nicht lebenden Ressourcen des Meeresbodens und seines Untergrunds sowie die zu den sesshaften Arten gehörenden Lebewesen, die im nutzbaren Stadium entweder unbeweglich auf oder unter dem Meeresboden verbleiben oder sich nur in ständigem körperlichen

Kontakt mit dem Meeresboden oder seinem Untergrund fortbewegen können; oder
b) künstliche Inseln errichtet oder genutzt werden und Anlagen und Bauwerke für die in Buchstabe a genannten Zwecke errichtet oder genutzt werden.

| R 1.1 | **Unbeschränkte Steuerpflicht** |

(1) ^{1}Die Aufzählung der Körperschaften, Personenvereinigungen und Vermögensmassen in § 1 Abs. 1 KStG ist abschließend. ^{2}Sie kann nicht im Wege der Auslegung erweitert werden.

(2) ^{1}Zu den sonstigen juristischen Personen des privaten Rechts i. S. d. § 1 Abs. 1 Nr. 4 KStG gehören eingetragene Vereine (§ 21 BGB), wirtschaftliche Vereine (§ 22 BGB) und rechtsfähige privatrechtliche Stiftungen (§ 80 BGB). ^{2}Rechtsfähige Stiftungen des öffentlichen Rechts (§ 89 BGB) fallen nicht unter § 1 Abs. 1 Nr. 4 KStG; insoweit ist ggf. § 1 Abs. 1 Nr. 6 KStG zu prüfen.

(3) ^{1}§ 1 Abs. 1 Nr. 6 KStG bezieht sich ausschließlich auf inländische jPöR. ^{2}Die Steuerpflicht ausländischer jPöR richtet sich nach § 2 Nr. 1 KStG.

(4) ^{1}Die Steuerpflicht beginnt bei Genossenschaften (§ 1 Abs. 1 Nr. 2 KStG) nicht erst mit der Erlangung der Rechtsfähigkeit durch die Eintragung in das Genossenschaftsregister (§ 13 GenG), sondern erstreckt sich auch auf die mit Abschluss des Statuts (§ 5 GenG) errichtete Vorgenossenschaft, d. h. die Genossenschaft im Gründungsstadium. ^{2}Für rechtsfähige Vereine sind die vorgenannten Grundsätze sinngemäß anzuwenden. ^{3}Genossenschaften i. S. d. § 1 Abs. 1 Nr. 2 KStG sind sowohl eingetragene als auch nichtrechtsfähige Genossenschaften. ^{4}Bei Versicherungsvereinen auf Gegenseitigkeit (§ 1 Abs. 1 Nr. 3 KStG) beginnt die Steuerpflicht mit der aufsichtsbehördlichen Erlaubnis zum Geschäftsbetrieb, bei den anderen juristischen Personen des privaten Rechts (§ 1 Abs. 1 Nr. 4 KStG) durch staatliche Genehmigung, Anerkennung oder Verleihung. ^{5}Nichtrechtsfähige Vereine, Anstalten, Stiftungen oder andere Zweckvermögen des privaten Rechts (§ 1 Abs. 1 Nr. 5 KStG) entstehen durch Errichtung, Feststellung der Satzung oder Aufnahme einer geschäftlichen Tätigkeit. ^{6}JPöR werden mit ihren BgA (§ 1 Abs. 1 Nr. 6 KStG) mit der Aufnahme der wirtschaftlichen Tätigkeit unbeschränkt steuerpflichtig.

(5) ^{1}Ein Zweckvermögen des Privatrechts i. S. d. § 1 Abs. 1 Nr. 5 KStG liegt vor, wenn ein selbständiges Sondervermögen gebildet wird, das durch Widmung einem bestimmten Zweck dient. ^{2}Dazu gehören u. a. Sammelvermögen i. S. d. § 1914 BGB, inländische Investmentfonds in der Rechtsform eines Sondervermögens (§ 11 Abs. 1 Satz 1 InvStG) und inländische Kapital-Investitionsgesellschaften in der Rechtsform eines Sondervermögens (§ 19 Abs. 1 Satz 2 InvStG).

§ 1 KStG
H 1.1

Hinweise

Ausländische Gesellschaften, Typenvergleich
Tabellen 1 und 2 zu >BMF vom 24.12.1999, BStBl I S. 1076 ff. (insbes. S. 1114 und 1119) unter Berücksichtigung der Änderungen durch BMF vom 20.11.2000 (BStBl I S. 1509), BMF vom 29.9.2004 (BStBl I S. 917) und BMF vom 25.8.2009 (BStBl I S. 888) und >BMF vom 19.3.2004, BStBl I S. 411 unter Berücksichtigung der Änderungen durch >BMF vom 26.9.2014, BStBl I S. 1258 Rn. 4.1.4.2

Anlagen 13 und 10

Beginn der Steuerpflicht
Die Steuerpflicht beginnt bei Kapitalgesellschaften (§ 1 Abs. 1 Nr. 1 KStG) nicht erst mit der Erlangung der Rechtsfähigkeit durch die Eintragung in das Handelsregister (§§ 41, 278 AktG, § 11 GmbHG), sondern erstreckt sich auch auf die mit Abschluss des notariellen Gesellschaftsvertrags (§ 2 GmbHG) oder durch notarielle Feststellung der Satzung (§ 23 Abs. 1, § 280 Abs. 1 AktG) errichtete Vorgesellschaft, d. h. die Kapitalgesellschaft im Gründungsstadium (>BFH vom 13.12.1989, I R 98-99/86, BStBl 1990 II S. 468; >BFH vom 14.10.1992, I R 17/92, BStBl 1993 II S. 352).

Von Todes wegen errichtete Stiftungen sind im Falle ihrer Anerkennung auf Grund der in § 84 BGB angeordneten Rückwirkung bereits ab dem Zeitpunkt des Vermögensanfalls subjektiv körperschaftsteuerpflichtig nach § 1 Abs. 1 Nr. 4 KStG (>BFH vom 17.9.2003, I R 85/02, BStBl 2005 II S. 149).

GmbH & Co. KG
Eine GmbH & Co. KG, deren alleiniger persönlich haftender Gesellschafter eine GmbH ist, ist nicht als Kapitalgesellschaft i. S. v. § 1 Abs. 1 Nr. 1 KStG anzusehen. Eine Publikums-GmbH & Co. KG ist kein nichtrechtsfähiger Verein i. S. v. § 1 Abs. 1 Nr. 5 KStG. Sie ist auch nicht als nichtrechtsfähige Personenvereinigung nach § 3 Abs. 1 KStG körperschaftsteuerpflichtig, da ihr Einkommen bei den Gesellschaftern zu versteuern ist (>BFH vom 25.6.1984, GrS 4/82, BStBl II S. 751).

Kameradschaft einer Freiwilligen Feuerwehr
Die Kameradschaft einer Freiwilligen Feuerwehr kann ein nichtrechtsfähiger Verein i. S. d. § 1 Abs. 1 Nr. 5 KStG sein, sofern ein Personenzusammenschluss für Zwecke gebildet wurde, die über die Aufgaben der gemeindlichen Einrichtung hinaus gehen, z. B. Einrichtung einer Kameradschaftskasse zum Zwecke der Kameradschaftspflege und Veranstaltung jährlicher Feste (>BFH vom 18.12.1996, I R 16/96, BStBl 1997 II S. 361).

Limited
Steuerliche Folgen der Löschung einer britischen Limited aus dem britischen Handelsregister >BMF vom 6.1.2014, BStBl I S. 111

Anlage 9

REIT-AG

>REITG vom 28.5.2007 (BGBl. I S. 914) und >BMF vom 10.7.2007, BStBl I S. 527

Stiftung

>H 1.1 Beginn der Steuerpflicht

Unechte Vorgesellschaft

Eine unechte Vorgesellschaft unterliegt mangels zivilrechtlicher Rechtsform einer Körperschaft i. S. d. § 1 Abs. 1 KStG nicht der Körperschaftsteuerpflicht. Um eine unechte Vorgesellschaft handelt es sich, wenn die Gründer nicht die Absicht haben, die Eintragung ins Handelsregister zu erreichen, wenn die Eintragungsabsicht wegfällt, jedoch die werbende Tätigkeit fortgesetzt wird, wenn aufgrund von Eintragungshindernissen die Vorgesellschaft zum Dauerzustand wird oder wenn nach Ablehnung des Eintragungsantrags eine Auseinandersetzung unter den Gesellschaftern nicht erfolgt (>BFH vom 7.4.1998, VII R 82/97, BStBl II S. 531 und >BFH vom 18.3.2010, IV R 88/06, BStBl II S. 991).

Vorgesellschaft

>H 1.1 Beginn der Steuerpflicht
>H 1.1 Unechte Vorgesellschaft

Vorgründungsgesellschaft

Die Vorgründungsgesellschaft erstreckt sich auf die Zeit zwischen der Vereinbarung über die Errichtung einer Kapitalgesellschaft bis zur notariellen Beurkundung des Gesellschaftsvertrags bzw. der Satzung. Sie ist weder mit der Vorgesellschaft noch mit der später entstehenden Kapitalgesellschaft identisch. Es handelt sich, von Ausnahmen abgesehen, nicht um ein körperschaftsteuerpflichtiges Gebilde (>BFH vom 8.11.1989, I R 174/86, BStBl 1990 II S. 91). Die Vorgründungsgesellschaft kann als nichtrechtsfähiger Verein oder Personenvereinigung i. S. d. § 3 Abs. 1 KStG steuerpflichtig sein, wenn ein größerer Kreis von Personen, eine Verfassung und besondere Organe vorhanden sind (>BFH vom 6.5.1952, I 8/52 U, BStBl III S. 172).

R 1.2

Anhang 11

Familienstiftungen

¹Die Verordnung über die Steuerbegünstigung von Stiftungen, die an die Stelle von Familienfideikommissen getreten sind, vom 13.2.1926 (RGBl. I S. 101) ist noch anzuwenden. ²Da die Verordnung sich auf einen Sondertatbestand bezieht, kann sie auf andere als die in ihr bezeichneten Stiftungen nicht entsprechend angewendet werden.

§ 2
Beschränkte Steuerpflicht

Beschränkt körperschaftsteuerpflichtig sind

1. Körperschaften, Personenvereinigungen und Vermögensmassen, die weder ihre Geschäftsleitung noch ihren Sitz im Inland haben, mit ihren inländischen Einkünften;
2. sonstige Körperschaften, Personenvereinigungen und Vermögensmassen, die nicht unbeschränkt steuerpflichtig sind, mit den inländischen Einkünften, die dem Steuerabzug vollständig oder teilweise unterliegen; inländische Einkünfte sind auch
   a) die Entgelte, die den sonstigen Körperschaften, Personenvereinigungen oder Vermögensmassen dafür gewährt werden, dass sie Anteile an einer Kapitalgesellschaft mit Sitz oder Geschäftsleitung im Inland einem anderen überlassen und der andere, dem die Anteile zuzurechnen sind, diese Anteile oder gleichartige Anteile zurückzugeben hat,
   b) die Entgelte, die den sonstigen Körperschaften, Personenvereinigungen oder Vermögensmassen im Rahmen eines Wertpapierpensionsgeschäfts im Sinne des § 340b Abs. 2 des Handelsgesetzbuchs gewährt werden, soweit Gegenstand des Wertpapierpensionsgeschäfts Anteile an einer Kapitalgesellschaft mit Sitz oder Geschäftsleitung im Inland sind, und
   c) die in § 8b Abs. 10 Satz 2 genannten Einnahmen oder Bezüge, die den sonstigen Körperschaften, Personenvereinigungen oder Vermögensmassen als Entgelt für die Überlassung von Anteilen an einer Kapitalgesellschaft mit Sitz oder Geschäftsleitung im Inland gewährt gelten.

S 2710

S 2711

S 2712

Beschränkte Steuerpflicht

R 2

(1) [1]Die beschränkte Körperschaftsteuerpflicht beginnt bei Personen i. S. d. § 2 Nr. 1 KStG, sobald inländische Einkünfte i. S. d. § 49 EStG vorliegen; bei Personen i. S. d. § 2 Nr. 2 KStG, sobald inländische Einkünfte insbesondere i. S. d. § 43 EStG vorliegen, von denen ein Steuerabzug vorzunehmen ist. [2]Sie endet, wenn keine inländischen Einkünfte mehr erzielt werden.

(2) § 2 Nr. 2 KStG gilt aufgrund der Vorschrift des § 3 Abs. 2 KStG nicht für Hauberg-, Wald-, Forst- und Laubgenossenschaften und ähnliche Realgemeinden.

§ 2 KStG
H 2

	Hinweise
H 2	

Ausländische Gesellschaften, Typenvergleich

Anlagen 13 und 10

Tabellen 1 und 2 zu >BMF vom 24.12.1999, BStBl I S. 1076 ff. (insbes. S. 1114 und 1119) unter Berücksichtigung der Änderungen durch BMF vom 20.11.2000 (BStBl I S. 1509), BMF vom 29.9.2004 (BStBl I S. 917) und BMF vom 25.8.2009 (BStBl I S. 888) und >BMF vom 19.3.2004, BStBl I S. 411 unter Berücksichtigung der Änderungen durch >BMF vom 26.9.2014, BStBl I S. 1258 Rn. 4.1.4.2

§ 3
Abgrenzung der Steuerpflicht bei nichtrechtsfähigen Personenvereinigungen und Vermögensmassen sowie bei Realgemeinden

(1) Nichtrechtsfähige Personenvereinigungen, Anstalten, Stiftungen und andere Zweckvermögen sind **körperschaftsteuerpflichtig**, wenn ihr Einkommen weder nach diesem Gesetz noch nach dem Einkommensteuergesetz unmittelbar bei einem anderen Steuerpflichtigen zu versteuern ist.

(2) ¹Hauberg-, Wald-, Forst- und Laubgenossenschaften und ähnliche Realgemeinden, die zu den in § 1 bezeichneten Steuerpflichtigen gehören, sind nur insoweit körperschaftsteuerpflichtig, als sie einen Gewerbebetrieb unterhalten oder verpachten, der über den Rahmen eines Nebenbetriebs hinausgeht. ²Im Übrigen sind ihre Einkünfte unmittelbar bei den Beteiligten zu versteuern.

Hinweise

GmbH & Co. KG
Eine Publikums-GmbH & Co. KG ist weder als nichtrechtsfähiger Verein i. S. v. § 1 Abs. 1 Nr. 5 KStG noch als nichtrechtsfähige Personenvereinigung nach § 3 Abs. 1 KStG körperschaftsteuerpflichtig (>BFH vom 25.6.1984, GrS 4/82, BStBl II S. 751).

Steuerpflicht einer Vorgründungsgesellschaft
>H 1.1 Vorgründungsgesellschaft

§ 4
Betriebe gewerblicher Art
von juristischen Personen des öffentlichen Rechts

(1) ¹Betriebe gewerblicher Art von juristischen Personen des öffentlichen Rechts im Sinne des § 1 Abs. 1 Nr. 6 sind vorbehaltlich des Absatzes 5 alle Einrichtungen, die einer nachhaltigen wirtschaftlichen Tätigkeit zur Erzielung von Einnahmen außerhalb der Land- und Forstwirtschaft dienen und die sich innerhalb der Gesamtbetätigung der juristischen Person wirtschaftlich herausheben. ²Die Absicht, Gewinn zu erzielen, und die Beteiligung am allgemeinen wirtschaftlichen Verkehr sind nicht erforderlich.

(2) Ein Betrieb gewerblicher Art ist auch unbeschränkt steuerpflichtig, wenn er selbst eine juristische Person des öffentlichen Rechts ist.

(3) Zu den Betrieben gewerblicher Art gehören auch Betriebe, die der Versorgung der Bevölkerung mit Wasser, Gas, Elektrizität oder Wärme, dem öffentlichen Verkehr oder dem Hafenbetrieb dienen.

(4) Als Betrieb gewerblicher Art gilt die Verpachtung eines solchen Betriebs.

(5) ¹Zu den Betrieben gewerblicher Art gehören nicht Betriebe, die überwiegend der Ausübung der öffentlichen Gewalt dienen (Hoheitsbetriebe). ²Für die Annahme eines Hoheitsbetriebs reichen Zwangs- oder Monopolrechte nicht aus.

(6) ¹Ein Betrieb gewerblicher Art kann mit einem oder mehreren anderen Betrieben gewerblicher Art zusammengefasst werden, wenn

1. sie gleichartig sind,
2. zwischen ihnen nach dem Gesamtbild der tatsächlichen Verhältnisse objektiv eine enge wechselseitige technisch-wirtschaftliche Verflechtung von einigem Gewicht besteht oder
3. Betriebe gewerblicher Art im Sinne des Absatzes 3 vorliegen.

²Ein Betrieb gewerblicher Art kann nicht mit einem Hoheitsbetrieb zusammengefasst werden.

R 4.1
Betriebe gewerblicher Art von juristischen Personen des öffentlichen Rechts

Betrieb gewerblicher Art

(1) ¹JPöR sind insbesondere die Gebietskörperschaften (Bund, Länder, Gemeinden, Gemeindeverbände), Zweckverbände, die öffentlich-rechtlichen Religionsgesellschaften, die Innungen, Handwerkskammern, Industrie- und Handelskammern und sonstige Gebilde, die aufgrund öffentlichen Rechts eigene Rechtspersönlichkeit besitzen. ²Dazu gehören neben Körperschaften auch Anstalten und Stiftungen des öffentlichen Rechts, z. B. Rundfunkanstalten des öffentlichen Rechts.

(2) ¹Der Begriff >Einrichtung setzt nicht voraus, dass die Tätigkeit im Rahmen einer im Verhältnis zur sonstigen Betätigung verselbständigten Abteilung ausgeübt wird; sie kann auch innerhalb des allgemeinen Betriebs miterledigt werden. ²Die Beteiligung einer jPöR an einer Kapitalgesellschaft begründet grundsätzlich keinen eigenständigen BgA. ³Die Beteiligung einer jPöR an einer Kapitalgesellschaft stellt einen BgA dar, wenn mit ihr tatsächlich ein entscheidender Einfluss auf die laufende Geschäftsführung des Unternehmens ausgeübt wird. ⁴Eine geringfügige Beteiligung stellt einen BgA dar, wenn die jPöR zusammen mit anderen jPöR die Kapitalgesellschaft beherrscht und im Zusammenwirken mit diesen jPöR tatsächlich einen entscheidenden Einfluss auf die Geschäftsführung der Gesellschaft ausübt. ⁵Die Beteiligung an einer ausschließlich vermögensverwaltend tätigen Kapitalgesellschaft ist kein BgA.

(3) ¹Die verschiedenen Tätigkeiten der jPöR sind für sich zu beurteilen. ²Lässt sich eine Tätigkeit nicht klar dem hoheitlichen oder dem wirtschaftlichen Bereich zuordnen, ist nach § 4 Abs. 5 KStG auf die >überwiegende Zweckbestimmung der Tätigkeit abzustellen. ³Verschiedene wirtschaftliche Tätigkeiten sind als Einheit zu behandeln, wenn dies der Verkehrsauffassung entspricht.

(4) ¹Eine Einrichtung kann auch dann angenommen werden, wenn Betriebsmittel, z. B. Maschinen oder Personal, sowohl im hoheitlichen als auch im wirtschaftlichen Bereich eingesetzt werden, sofern eine zeitliche Abgrenzung (zeitlich abgegrenzter Einsatz für den einen oder anderen Bereich) möglich ist. ²Ein wichtiges Merkmal für die wirtschaftliche Selbständigkeit der ausgeübten Tätigkeit und damit für die Annahme einer Einrichtung ist darin zu sehen, dass der Jahresumsatz i. S. v. § 1 Abs. 1 Nr. 1 UStG aus der wirtschaftlichen Tätigkeit den Betrag von 130 000 Euro übersteigt. ³Für die wirtschaftliche Selbständigkeit der Einrichtung ist es unerheblich, wenn die Bücher bei einer anderen Verwaltung geführt werden.

(5) ¹In der Tatsache, dass der Jahresumsatz i. S. v. § 1 Abs. 1 Nr. 1 UStG 35 000 Euro nachhaltig übersteigt, ist ein wichtiger Anhaltspunkt dafür zu sehen, dass die Tätigkeit von einigem >wirtschaftlichen Gewicht ist. ²I. d. R. kann deshalb bei diesem Jahresumsatz davon ausgegangen werden, dass die Tätigkeit sich innerhalb der Gesamtbetätigung der jPöR wirtschaftlich heraushebt. ³Dagegen kommt es für das Gewicht der ausgeübten Tätigkeit weder auf das im BFH-Urteil vom 11.1.1979 (V R 26/74, BStBl II S. 746) angesprochene Verhältnis der Einnahmen aus der wirtschaftlichen Tätigkeit zum Gesamthaushalt der jPöR noch auf das im BFH-Urteil vom 14.4.1983 (V R 3/79, BStBl II S. 491) angesprochene Verhältnis der Einnahmen aus der wirtschaftlichen Tätigkeit zu einem bestimmten Teil des Gesamthaushalts der jPöR an. ⁴Wird ein nachhaltiger Jahresumsatz von über 35 000 Euro im Einzelfall nicht erreicht, ist ein BgA nur anzunehmen, wenn hierfür besondere Gründe von der Körperschaft vorgetragen werden. ⁵Solche Gründe sind insbesondere gegeben, wenn die jPöR mit ihrer Tätigkeit zu anderen Unternehmen unmittelbar in Wettbewerb tritt. ⁶In den Fällen der Verpachtung eines BgA ist darauf

abzustellen, ob die Einrichtung beim Verpächter einen BgA darstellen würde. [7]Dabei kommt es für die Frage, ob die Tätigkeit von einigem Gewicht ist, auf die Umsätze des Pächters an.

(6) [1]Zu den BgA gehören nicht >land- und forstwirtschaftliche Betriebe von jPöR. [2]Den land- und forstwirtschaftlichen Betrieben zuzurechnen sind auch die land- und forstwirtschaftlichen Nebenbetriebe. [3]Auch die Verpachtung eines land- und forstwirtschaftlichen Betriebs durch eine jPöR begründet keinen BgA. [4]Dagegen sind Einkünfte aus land- und forstwirtschaftlicher Tätigkeit, die in einem BgA anfallen, steuerpflichtig.

Kapitalgesellschaften

(7) Kapitalgesellschaften, an denen die jPöR beteiligt ist, werden nach den für diese Rechtsform geltenden Vorschriften besteuert.

H 4.1 — Hinweise

Allgemeines

Nach § 1 Abs. 1 Nr. 6 KStG sollen im Grundsatz alle Einrichtungen der öffentlichen Hand der Körperschaftsteuer unterworfen werden, die das äußere Bild eines Gewerbebetriebs haben (>BFH vom 22.9.1976, I R 102/74, BStBl II S. 793). Hat die jPöR mehrere BgA, ist sie Subjekt der Körperschaftsteuer wegen jedes einzelnen Betriebs (>BFH vom 13.3.1974, I R 7/71, BStBl II S. 391 und >BFH vom 8.11.1989, I R 187/85, BStBl 1990 II S. 242).

Anwendungsfragen zur Besteuerung von BgA und Eigengesellschaften von jPöR

Anlage 11 II

>BMF vom 12.11.2009, BStBl I S. 1303

Beteiligungen von jPöR an Personengesellschaften

Die Beteiligung einer jPöR an einer Mitunternehmerschaft führt zu einem BgA (BFH vom 25.3.2015, I R 52/13, BStBl 2016 II S 172). Wegen Anwendungsfragen zu dieser Entscheidung >BMF vom 8.2.2016, BStBl I S. 237.

Einkommensermittlung bei BgA

>R 8.2

Einrichtung

- Die Einrichtung kann sich aus einer besonderen Leitung, aus einem geschlossenen Geschäftskreis, aus der Buchführung oder aus einem ähnlichen, auf eine Einheit hindeutenden Merkmal ergeben (>BFH vom 26.5.1977, V R 15/74, BStBl II S. 813).
- Sie kann auch dann gegeben sein, wenn nicht organisatorische, sondern andere Merkmale vorliegen, die die wirtschaftliche Selbständigkeit verdeutlichen (>BFH vom 13.3.1974, I R 7/71, BStBl II S. 391).

- Insbesondere kann die Einrichtung gegeben sein, wenn der Jahresumsatz i. S. v. § 1 Abs. 1 Nr. 1 UStG aus der wirtschaftlichen Tätigkeit beträchtlich ist bzw. wegen des Umfangs der damit verbundenen Tätigkeit eine organisatorische Abgrenzung geboten erscheint (>RFH vom 20.1.1942, I 235/41, RStBl S. 405 und >BFH vom 26.2.1957, I 327/56 U, BStBl III S. 146).

- Die Einbeziehung der wirtschaftlichen Tätigkeit in einen überwiegend mit hoheitlichen Aufgaben betrauten, organisatorisch gesondert geführten Betrieb schließt es nicht aus, die einbezogene Tätigkeit gesondert zu beurteilen und rechtlich als eigenständige Einheit von dem sie organisatorisch tragenden Hoheitsbetrieb zu unterscheiden (>BFH vom 26.5.1977, V R 15/74, BStBl II S. 813 und >BFH vom 14.4.1983, V R 3/79, BStBl II S. 491).

Kapitalertragsteuer bei BgA

>H 8.2 Kapitalertragsteuer sowie >BMF vom 9.1.2015, BStBl I S. 111

Anlage 7 I

Kirchliche Orden

Kirchliche Orden können Körperschaften des öffentlichen Rechts sein (>BFH vom 8.7.1971, V R 1/68, BStBl 1972 II S. 70).

Kriterien zur Abgrenzung hoheitlicher von wirtschaftlicher Tätigkeit einer jPöR

>BMF vom 11.12.2009, BStBl I S. 1597

Anlage 11 I

Land- und forstwirtschaftliche Betriebe

Abgrenzung zum Gewerbebetrieb >R 15.5 EStR

Überwiegende Zweckbestimmung

Eine überwiegend hoheitliche Zweckbestimmung liegt nur vor, wenn die beiden Tätigkeitsbereiche derart ineinander greifen, dass eine genaue Abgrenzung nicht möglich oder nicht zumutbar ist, wenn also die wirtschaftliche Tätigkeit unlösbar mit der hoheitlichen Tätigkeit verbunden ist und eine Art Nebentätigkeit im Rahmen der einheitlichen, dem Wesen nach hoheitlichen Tätigkeit darstellt (>BFH vom 26.5.1977, V R 15/74, BStBl II S. 813).

Wirtschaftliches Gewicht

Ein BgA ist nur anzunehmen, wenn es sich um eine Tätigkeit von einigem wirtschaftlichem Gewicht handelt (>BFH vom 26.2.1957, I 327/56 U, BStBl III S. 146 und >BFH vom 24.10.1961, I 105/60 U, BStBl III S. 552).

Zusammenfassung von Betrieben gewerblicher Art

R 4.2

[1]Die Zusammenfassung mehrerer gleichartiger BgA ist unter den Voraussetzungen des § 4 Abs. 6 KStG zulässig. [2]Das gilt auch für die Zusammenfassung von gleichartigen Einrichtungen, die mangels Gewicht keinen BgA darstellen, zu einem BgA, und die Zusammenfassung solcher Einrichtungen mit BgA. [3]Die Zusammenfassung von Verpachtungsbetrie-

ben ist ausschließlich nach § 4 Abs. 6 Satz 1 Nr. 1 KStG zulässig; hierfür ist die jeweilige Tätigkeit des Pächters maßgeblich. [4]Ein BgA, der auch Dauerverlustgeschäfte i. S. d. § 8 Abs. 7 KStG ausübt, kann Organträger sein, wenn er insgesamt ein gewerbliches Unternehmen i. S. d. § 14 Abs. 1 KStG ist. [5]Eine Zusammenfassung von Gewinn- und Verlustbetrieben mittels Organschaft ist auch in diesen Fällen nur zulässig, wenn diese als BgA nach § 4 Abs. 6 KStG hätten zusammengefasst werden können.

R 4.3

Verpachtungsbetriebe gewerblicher Art

Verpachtet die jPöR einen BgA gegen Entgelt und erhält der Pächter einen Zuschuss mindestens in Höhe der Pacht, liegt keine entgeltliche Verpachtung und damit kein Verpachtungs-BgA vor, wenn zwischen der Pacht und dem Zuschuss eine rechtliche und tatsächliche Verknüpfung besteht.

H 4.3

Hinweise

Aufgabe des Verpachtungsbetriebs

Ein Verpachtungsbetrieb gewerblicher Art kann nur dadurch mit der Folge der Auflösung der in dem verpachteten Betriebsvermögen enthaltenen stillen Reserven aufgegeben werden, dass der Verpachtungsbetrieb eingestellt oder veräußert wird (>BFH vom 1.8.1979, I R 106/76, BStBl II S. 716).

Einkunftsart
>H 8.2 Einkunftsart

Inventar

Anlage 11 II

Zu den Grundsätzen der Verpachtung >BMF vom 12.11.2009, BStBl I S. 1303, Rdnr. 15 ff. Sind keine Räume, sondern nur Inventar verpachtet, kommt es für die Steuerpflicht auf die Umstände des Einzelfalls an (>BFH vom 6.10.1976, I R 115/75, BStBl 1977 II S. 94). Das gilt auch für die Verpachtung eines einer Gemeinde gehörenden Campingplatzes (>BFH vom 7.5.1969, I R 106/66, BStBl II S. 443).

Wirtschaftliches Gewicht
>R 4.1 Abs. 5 Satz 6 und 7

R 4.4

Hoheitsbetriebe

(1) [1]Eine Ausübung der öffentlichen Gewalt kann insbesondere anzunehmen sein, wenn es sich um Leistungen handelt, zu deren Annahme der Leistungsempfänger aufgrund gesetzlicher oder behördlicher Anordnung verpflichtet ist. [2]Zu den Hoheitsbetrieben können z. B. gehören: Wetterwarten, Schlachthöfe in Gemeinden mit Schlachtzwang, Anstalten

zur Lebensmitteluntersuchung, zur Desinfektion, zur Straßenreinigung und zur Abführung von Abwässern und Abfällen.

(2) ¹Die Verwertung bzw. Veräußerung von Material oder Gegenständen aus dem hoheitlichen Bereich einer jPöR (sog. Hilfsgeschäfte) ist dem hoheitlichen Bereich zuzuordnen. ²Das gilt z. B. für den An- und Verkauf von Dienstkraftfahrzeugen auch dann, wenn die Veräußerung regelmäßig vor Ablauf der wirtschaftlichen Nutzungsdauer erfolgt. ³Die Anzahl der von der Beschaffungsstelle vorgenommenen An- und Verkäufe ist dabei unbeachtlich.

Hinweise

Beistandsleistung

Eine ihrem Inhalt nach wirtschaftliche Tätigkeit wird auch nicht dadurch zur Ausübung hoheitlicher Gewalt, dass sie im Wege der Amtshilfe für den wirtschaftlichen Bereich eines anderen Hoheitsträgers erfolgt (>BFH vom 14.3.1990, I R 156/87, BStBl II S. 866).

Hoheitsbetrieb

- **Ausübung öffentlicher Gewalt**

  Ausübung öffentlicher Gewalt ist eine Tätigkeit, die der öffentlich-rechtlichen Körperschaft eigentümlich und vorbehalten ist. Kennzeichnend für die Ausübung öffentlicher Gewalt ist die Erfüllung öffentlich-rechtlicher Aufgaben, die aus der Staatsgewalt abgeleitet sind und staatlichen Zwecken dienen (>BFH vom 21.11.1967, I 274/64, BStBl 1968 II S. 218). Dies ist nicht schon dann der Fall, wenn der jPöR Tätigkeiten durch Gesetz zugewiesen werden (>BFH vom 30.6.1988, V R 79/84, BStBl II S. 910). Ausübung öffentlicher Gewalt liegt nicht vor, wenn sich die Körperschaft durch ihre Einrichtungen in den wirtschaftlichen Verkehr einschaltet und eine Tätigkeit entfaltet, die sich ihrem Inhalt nach von der Tätigkeit eines privaten gewerblichen Unternehmens nicht wesentlich unterscheidet (>BFH vom 21.11.1967, I 274/64, BStBl 1968 II S. 218, >BFH vom 18.2.1970, I R 157/67, BStBl II S. 519 und >BFH vom 25.1.2005, I R 63/03, BStBl II S. 501).

- **BgA im Rahmen eines Hoheitsbetriebs**

  Besteht im Rahmen eines Hoheitsbetriebs auch ein BgA (z. B. Kantine, Verkaufsstelle, Erholungsheim), ist die jPöR insoweit steuerpflichtig (>BFH vom 26.5.1977, V R 15/74, BStBl II S. 813).

Kriterien zur Abgrenzung hoheitlicher von wirtschaftlicher Tätigkeit einer jPöR

>BMF vom 11.12.2009, BStBl I S. 1597

Anlage 11 I

§ 4 KStG
R 4.5

Abgrenzung in Einzelfällen

(1) [1]Die Behandlung der Mitglieder eines >Trägers der Sozialversicherung in seinen eigenen Rehabilitationseinrichtungen ist eine hoheitliche Tätigkeit. [2]An dieser Zuordnung zum Hoheitsbereich ändert sich nichts, wenn die Tätigkeit von einem anderen Sozialversicherungsträger übernommen wird. [3]Eine wirtschaftliche Tätigkeit, die unter den Voraussetzungen des R 4.1 Abs. 2 bis 5 ein BgA ist, liegt jedoch dann vor, wenn ein Sozialversicherungsträger in seinen Rehabilitationseinrichtungen gegen Entgelt auch Mitglieder privater Versicherungen oder Privatpersonen behandelt. [4]Von der Prüfung dieser Frage kann abgesehen werden, wenn die Anzahl der Behandlungen von Mitgliedern privater Versicherungen oder von Privatpersonen 5 % der insgesamt behandelten Fälle nicht übersteigt.

(2) Sind Schülerheime öffentlicher Schulen erforderlich, um den Unterrichts- oder Erziehungszweck zu erreichen, ist der Betrieb der Schülerheime als Erfüllung einer öffentlich-rechtlichen Aufgabe anzusehen.

(3) Gemeindeeigene Schlachtviehmärkte sind im Gegensatz zu gemeindeeigenen (Nutz- und Zucht-) >Viehmärkten Hoheitsbetriebe.

(4) [1]Der Betrieb von Parkuhren oder von Parkscheinautomaten ist als Ausübung öffentlicher Gewalt anzusehen, soweit er im Rahmen der Straßenverkehrsordnung durchgeführt wird. [2]Die Bereitstellung von öffentlichen Parkflächen in Parkhäusern, Tiefgaragen oder zusammenhängenden Parkflächen außerhalb öffentlicher Straßen ist dagegen als wirtschaftliche Tätigkeit anzusehen (Verkehrsbetrieb i. S. d. § 4 Abs. 3 KStG); dies gilt auch dann, wenn sich die jPöR aufgrund einer Benutzungssatzung oder einer Widmung zum öffentlichen Verkehr der Handlungsform des öffentlichen Rechts bedient. [3]Die Parkraumüberlassung durch eine jPöR an ihre Bediensteten bzw. durch eine öffentlich-rechtliche Hochschule an ihre Studenten ist als Vermögensverwaltung anzusehen, soweit sie ohne weitere Leistungen erfolgt.

(5) [1]Wird ein gemeindliches Schwimmbad sowohl für das Schulschwimmen als auch für den öffentlichen Badebetrieb genutzt, ist unabhängig davon, welche Nutzung überwiegt, die Nutzung für den öffentlichen Badebetrieb grundsätzlich als wirtschaftlich selbständige Tätigkeit i. S. d. R 4.1 Abs. 4 anzusehen. [2]Unter den Voraussetzungen des R 4.1 Abs. 5 ist ein BgA anzunehmen.

(6) [1]Die Verwertung und Beseitigung von in ihrem Gebiet anfallenden und überlassenen Abfällen aus privaten Haushaltungen durch öffentlich-rechtliche Entsorgungsträger nach § 20 Abs. 1 Kreislaufwirtschaftsgesetz (Abfallentsorgung) ist eine hoheitliche Tätigkeit. [2]Für Abfälle aus anderen Herkunftsbereichen als privaten Haushaltungen (sog. Gewerbemüll) gilt dies nur, soweit es sich um Abfälle zur Beseitigung handelt. [3]Deshalb ist auch die entgeltliche Abgabe dieser Abfälle selbst oder der aus diesen Abfällen gewonnenen Stoffe oder Energie steuerlich dem hoheitlichen Bereich zuzuordnen und als hoheitliches Hilfsgeschäft (>R 4.4 Abs. 2) anzusehen. [4]Eine wirtschaftliche Tätigkeit, die unter den Voraussetzun-

gen des R 4.1 Abs. 2 bis 5 zur Annahme eines BgA führt, liegt allerdings dann vor, wenn die veräußerten Stoffe oder die veräußerte Energie nicht überwiegend aus Abfällen gewonnen werden. [5]Bei der Abgrenzung ist vom Brennwert der eingesetzten Abfälle und sonstigen Brennstoffe auszugehen. [6]Das getrennte Einsammeln wiederverwertbarer Abfälle und die entgeltliche Veräußerung dieser Abfälle oder der aus den Abfällen gewonnenen Stoffe oder Energie durch die auf Grund von Vorgaben aus Abfallverordnungen entsorgungspflichtige Körperschaft ist steuerlich ebenfalls als hoheitliche Tätigkeit anzusehen. [7]Dagegen sind die entsorgungspflichtigen Körperschaften wirtschaftlich tätig, wenn sie aufgrund von privatrechtlichen Vereinbarungen Aufgaben im Rahmen des in § 6 Abs. 3 Satz 1 Verpackungsverordnung vom 21.8.1998 (BGBl. I S. 2379 - „Duales System") bezeichneten Systems durchführen. [8]Dies gilt auch für die folgenden Leistungen, die die entsorgungspflichtigen Körperschaften für das Duale System erbringen: Erfassung von Verkaufsverpackungen, Öffentlichkeitsarbeit, Wertstoffberatung, Zurverfügungstellung und Reinigung von Containerstellplätzen. [9]Soweit der öffentlich-rechtliche Entsorgungsträger sich gegenüber dem Gewerbetreibenden vertraglich dazu verpflichtet, den bei diesem anfallenden Gewerbemüll zu verwerten, liegt insoweit kein Abfall zur Beseitigung vor, so dass insoweit eine wirtschaftliche Tätigkeit anzunehmen ist.

(7) [1]>Kurbetriebe einer Gemeinde stellen unter den Voraussetzungen der R 4.1 Abs. 2 bis 5 BgA dar. [2]Das gilt unabhängig davon, ob eine Kurtaxe z. B. als öffentlich-rechtliche Abgabe erhoben wird.

(8) [1]Die entgeltliche Übertragung des Rechts, Werbung an Fahrzeugen des Fuhrparks einer jPöR anzubringen, stellt grundsätzlich keine einen BgA begründende Tätigkeit dar. [2]Das Entgelt erhöht jedoch die Einnahmen eines BgA, wenn die Fahrzeuge diesem zugeordnet sind. [3]Ein eigenständiger BgA kann im Einzelfall vorliegen, wenn im Zusammenhang mit der Werbung Leistungen erbracht werden, die über die bloße Zurverfügungstellung der Werbeflächen hinausgehen.

(9) Bei der Tätigkeit der Gutachterausschüsse i. S. d. §§ 192 ff. BauGB für Privatpersonen (z. B. Wertermittlungstätigkeit) handelt es sich um eine wirtschaftliche Tätigkeit.

Hinweise

H 4.5

Arbeitsbetriebe von Straf- und Untersuchungshaftanstalten

Arbeitsbetriebe einer Strafvollzugsanstalt entfalten keine wirtschaftliche Tätigkeit, weil die Beschäftigung von Strafgefangenen zur hoheitlichen Tätigkeit gehört. Für Arbeitsbetriebe einer Untersuchungshaftvollzugsanstalt gilt entsprechendes, wenn die Gefangenen nur in derselben Weise wie Strafgefangene beschäftigt werden (>BFH vom 14.10.1964, I 80/62 U, BStBl 1965 III S. 95).

Auftragsforschung
>§ 5 Abs. 1 Nr. 23 KStG

Campingplatz

Die Unterhaltung eines Zeltplatzes oder Campingplatzes (>H 4.3 Inventar) stellt eine wirtschaftliche Tätigkeit dar (>BFH vom 20.5.1960, III 440/58 S, BStBl III S. 368).

Friedhofsverwaltung, Grabpflegeleistungen u. ä.

Die Friedhofsverwaltung ist ein Hoheitsbetrieb, soweit Aufgaben des Bestattungswesens wahrgenommen werden. Dazu gehören neben dem eigentlichen Vorgang der Bestattung die Grabfundamentierung, das Vorhalten aller erforderlichen Einrichtungen und Vorrichtungen sowie die notwendigerweise anfallenden Dienstleistungen wie Wächterdienste, Sargaufbewahrung, Sargtransportdienste im Friedhofsbereich, Totengeleit, Kranzannahme, Graben der Gruft und ähnliche Leistungen. Ferner sind dem Hoheitsbetrieb solche Leistungen zuzuordnen, die kraft Herkommens oder allgemeiner Übung allein von der Friedhofsverwaltung erbracht oder allgemein als ein unverzichtbarer Bestandteil einer würdigen Bestattung angesehen werden, z. B. Läuten der Glocken, übliche Ausschmückung des ausgehobenen Grabes, musikalische Umrahmung der Trauerfeier. Dagegen sind Blumenverkäufe und Grabpflegeleistungen wirtschaftliche, vom Hoheitsbetrieb abgrenzbare Tätigkeiten (>BFH vom 14.4.1983, V R 3/79, BStBl II S. 491).

Kindergärten und Kindertagesstätten

Von einer Kommune betriebene Kindergärten sind unbeschadet des Rechtsanspruchs von Kindern ab dem vollendeten dritten Lebensjahr auf Förderung in Tageseinrichtungen nach § 24 SGB VIII keine Hoheitsbetriebe, sondern BgA (>BFH vom 12.7.2012, I R 106/10, BStBl II S. 837).

Kommunales Krematorium

Auch wenn eine wirtschaftliche Betätigung durch landesrechtliche Regelungen in einem einzelnen Land ausschließlich der öffentlichen Hand vorbehalten ist, handelt es sich nur dann um einen Hoheitsbetrieb i. S. v. § 4 Abs. 5 Satz 1 KStG, wenn der Markt für die angebotene Leistung örtlich so eingegrenzt ist, dass eine Wettbewerbsbeeinträchtigung steuerpflichtiger Unternehmen in anderen Ländern oder EU-Mitgliedstaaten ausgeschlossen werden kann (>BFH vom 29.10.2008, I R 51/07, BStBl 2009 II S. 1022).

Anlage 11 I

Hierzu nachfolgend >BMF vom 11.12.2009, BStBl I S. 1597

Kurbetriebe

Die Gemeinde kann Parkwege, soweit sie öffentlich-rechtlich gewidmet sind, nicht dem Kurbetrieb als BgA zuordnen (>BFH vom 26.4.1990, V R 166/84, BStBl II S. 799).

Marktveranstaltungen (Wochen- und Krammärkte)

Die Überlassung von Standplätzen an die Beschicker von Wochen- und Krammärkten stellt einen BgA der Gemeinde dar (>BFH vom 26.2.1957, I 327/56 U, BStBl III S. 146). Das gilt auch dann, wenn die Marktveranstaltungen auf öffentlichen Straßenflächen stattfinden (>BFH vom 17.5.2000, I R 50/98, BStBl 2001 II S. 558).

Parkraumbewirtschaftung
- **Bewachte Parkplätze**
  Die Unterhaltung von bewachten Parkplätzen erfüllt die Merkmale eines BgA (>BFH vom 22.9.1976, I R 102/74, BStBl II S. 793).
- **Öffentliche Tiefgarage**
  Eine von einer jPöR betriebene öffentliche Tiefgarage ist ein dem öffentlichen Verkehr dienender Betrieb i. S. d. § 4 Abs. 3 KStG (>BFH vom 8.11.1989, I R 187/85, BStBl 1990 II S. 242).

Träger der Sozialversicherung
Die öffentlich-rechtlichen Träger der Sozialversicherung werden in Ausübung öffentlicher Gewalt tätig (>BFH vom 4.2.1976, I R 200/73, BStBl II S. 355).

Vermittlungstätigkeit gesetzlicher Krankenversicherungen
Gesetzliche Krankenversicherungen unterhalten einen BgA, wenn sie ihren Mitgliedern private Zusatzversicherungsverträge vermitteln und dafür von den privaten Krankenversicherungen einen Aufwendungsersatz erhalten (>BFH vom 3.2.2010, I R 8/09, BStBl II S. 502).

Viehmärkte
Der Betrieb von städtischen Nutz- und Zuchtviehmärkten ist als BgA anzusehen (>BFH vom 10.5.1955, I 124/53 U, BStBl III S. 176).

Wasserbeschaffung, Wasserversorgung
Bei der Wasserversorgung handelt eine Gemeinde, anders als bei der Wasserbeschaffung, nicht in Ausübung öffentlicher Gewalt (>BFH vom 15.3.1972, I R 232/71, BStBl II S. 500 und >BFH vom 28.1.1988, V R 112/86, BStBl II S. 473). Wird die Wasserbeschaffung zusammen mit der Wasserversorgung durchgeführt, liegt eine einheitliche, untrennbare wirtschaftliche Tätigkeit vor (>BFH vom 30.11.1989, I R 79-80/86, BStBl 1990 II S. 452).

§ 5
Befreiungen

(1) Von der Körperschaftsteuer sind befreit

1. das Bundeseisenbahnvermögen, die Monopolverwaltungen des Bundes, die staatlichen Lotterieunternehmen und der Erdölbevorratungsverband nach § 2 Abs. 1 des Erdölbevorratungsgesetzes vom 25. Juli 1978 (BGBl. I S. 1073);

2. die Deutsche Bundesbank, die Kreditanstalt für Wiederaufbau, die Landwirtschaftliche Rentenbank, die Bayerische Landesanstalt für Aufbaufinanzierung, die Niedersächsische Gesellschaft für öffentliche Finanzierungen mit beschränkter Haftung, die Bremer Aufbau-Bank GmbH, die Landeskreditbank Baden-Württemberg-Förderbank, die Bayerische Landesbodenkreditanstalt, die Investitionsbank Berlin, die Hamburgische Investitions- und Förderbank, die NRW.Bank, die Investitions- und Förderbank Niedersachsen, die Saarländische Investitionskreditbank Aktiengesellschaft, die Investitionsbank Schleswig-Holstein, die Investitionsbank des Landes Brandenburg, die Sächsische Aufbaubank – Förderbank –, die Thüringer Aufbaubank, die Investitionsbank Sachsen-Anhalt – Anstalt der Norddeutschen Landesbank – Girozentrale –, die Investitions- und Strukturbank Rheinland-Pfalz, das Landesförderinstitut Mecklenburg-Vorpommern - Geschäftsbereich der Norddeutschen Landesbank Girozentrale –, die Wirtschafts- und Infrastrukturbank Hessen – rechtlich unselbständige Anstalt in der Landesbank Hessen-Thüringen Girozentrale und die Liquiditäts-Konsortialbank Gesellschaft mit beschränkter Haftung;

2a. die Bundesanstalt für vereinigungsbedingte Sonderaufgaben;

3. rechtsfähige Pensions-, Sterbe- und Krankenkassen, die den Personen, denen die Leistungen der Kasse zugute kommen oder zugute kommen sollen (Leistungsempfängern), einen Rechtsanspruch gewähren, und rechtsfähige Unterstützungskassen, die den Leistungsempfängern keinen Rechtsanspruch gewähren,

   a) wenn sich die Kasse beschränkt

      aa) auf Zugehörige oder frühere Zugehörige einzelner oder mehrerer wirtschaftlicher Geschäftsbetriebe oder

      bb) auf Zugehörige oder frühere Zugehörige der Spitzenverbände der freien Wohlfahrtspflege (Arbeiterwohlfahrt-Bundesverband e.V., Deutscher Caritasverband e.V., Deutscher Paritätischer Wohlfahrtsverband e.V., Deutsches Rotes Kreuz, Diakonisches Werk – Innere Mission und Hilfswerk der Evangelischen Kirche in Deutschland sowie Zentralwohlfahrtsstelle der Juden in Deutschland e.V.) einschließlich ihrer Untergliederungen, Einrichtungen und Anstalten und sonstiger gemeinnütziger Wohlfahrtsverbände oder cc) auf Arbeitnehmer sonstiger Körperschaften, Personenvereinigungen und Vermögensmassen im Sinne der §§ 1 und 2; den Arbeitnehmern stehen Personen, die sich in einem arbeitnehmerähnlichen Verhältnis befinden, gleich;

zu den Zugehörigen oder Arbeitnehmern rechnen jeweils auch deren Angehörige;

b) wenn sichergestellt ist, dass der Betrieb der Kasse nach dem Geschäftsplan und nach Art und Höhe der Leistungen eine soziale Einrichtung darstellt. ²Diese Voraussetzung ist bei Unterstützungskassen, die Leistungen von Fall zu Fall gewähren, nur gegeben, wenn sich diese Leistungen mit Ausnahme des Sterbegeldes auf Fälle der Not oder Arbeitslosigkeit beschränken;

c) wenn vorbehaltlich des § 6 die ausschließliche und unmittelbare Verwendung des Vermögens und der Einkünfte der Kasse nach der Satzung und der tatsächlichen Geschäftsführung für die Zwecke der Kasse dauernd gesichert ist;

d) wenn bei Pensions-, Sterbe- und Krankenkassen am Schluss des Wirtschaftsjahrs, zu dem der Wert der Deckungsrückstellung versicherungsmathematisch zu berechnen ist, das nach den handelsrechtlichen Grundsätzen ordnungsmäßiger Buchführung unter Berücksichtigung des Geschäftsplans sowie der allgemeinen Versicherungsbedingungen und der fachlichen Geschäftsunterlagen im Sinne des § 219 Absatz 3 Nummer 1 des Versicherungsaufsichtsgesetzes auszuweisende Vermögen nicht höher ist als bei einem Versicherungsverein auf Gegenseitigkeit die Verlustrücklage und bei einer Kasse anderer Rechtsform der dieser Rücklage entsprechende Teil des Vermögens. ²Bei der Ermittlung des Vermögens ist eine Rückstellung für Beitragsrückerstattung nur insoweit abziehbar, als den Leistungsempfängern ein Anspruch auf die Überschussbeteiligung zusteht. ³Übersteigt das Vermögen der Kasse den bezeichneten Betrag, so ist die Kasse nach Maßgabe des § 6 Abs. 1 bis 4 steuerpflichtig; und

e) wenn bei Unterstützungskassen am Schluss des Wirtschaftsjahrs das Vermögen ohne Berücksichtigung künftiger Versorgungsleistungen nicht höher ist als das um 25 Prozent erhöhte zulässige Kassenvermögen. ²Für die Ermittlung des tatsächlichen und des zulässigen Kassenvermögens gilt § 4d des Einkommensteuergesetzes. ³Übersteigt das Vermögen der Kasse den in Satz 1 bezeichneten Betrag, so ist die Kasse nach Maßgabe des § 6 Abs. 5 steuerpflichtig;

4. kleinere Versicherungsvereine auf Gegenseitigkeit im Sinne des § 210 des Versicherungsaufsichtsgesetzes, wenn

a) ihre Beitragseinnahmen im Durchschnitt der letzten drei Wirtschaftsjahre einschließlich des im Veranlagungszeitraum endenden Wirtschaftsjahrs die durch Rechtsverordnung festzusetzenden Jahresbeträge nicht überstiegen haben oder

b) sich ihr Geschäftsbetrieb auf die Sterbegeldversicherung beschränkt und die Versicherungsvereine nach dem Geschäftsplan sowie nach Art und Höhe der Leistungen soziale Einrichtungen darstellen;

5. **Berufsverbände** ohne öffentlich-rechtlichen Charakter sowie kommunale Spitzenverbände auf Bundes- oder Landesebene einschließlich ihrer Zusammenschlüsse, wenn der Zweck dieser Verbände nicht auf einen wirtschaftlichen Geschäftsbetrieb gerichtet ist. ^{2}Die Steuerbefreiung ist ausgeschlossen,

a) soweit die Körperschaften oder Personenvereinigungen einen wirtschaftlichen Geschäftsbetrieb unterhalten oder

b) wenn die Berufsverbände Mittel von mehr als 10 Prozent der Einnahmen für die unmittelbare oder mittelbare Unterstützung oder Förderung politischer Parteien verwenden.

^{3}Die Sätze 1 und 2 gelten auch für Zusammenschlüsse von juristischen Personen des öffentlichen Rechts, die wie die Berufsverbände allgemeine ideelle und wirtschaftliche Interessen ihrer Mitglieder wahrnehmen. ^{4}Verwenden Berufsverbände Mittel für die unmittelbare oder mittelbare Unterstützung oder Förderung politischer Parteien, beträgt die Körperschaftsteuer 50 Prozent der Zuwendungen;

6. Körperschaften oder Personenvereinigungen, deren Hauptzweck die Verwaltung des Vermögens für einen nichtrechtsfähigen Berufsverband der in Nummer 5 bezeichneten Art ist, sofern ihre Erträge im Wesentlichen aus dieser Vermögensverwaltung herrühren und ausschließlich dem Berufsverband zufließen;

7. **politische Parteien** im Sinne des § 2 des Parteiengesetzes und ihre Gebietsverbände sowie kommunale Wählervereinigungen und ihre Dachverbände. ^{2}Wird ein wirtschaftlicher Geschäftsbetrieb unterhalten, so ist die Steuerbefreiung insoweit ausgeschlossen;

8. öffentlich-rechtliche Versicherungs- und Versorgungseinrichtungen von Berufsgruppen, deren Angehörige auf Grund einer durch Gesetz angeordneten oder auf Gesetz beruhenden Verpflichtung Mitglieder dieser Einrichtung sind, wenn die Satzung der Einrichtung die Zahlung keiner höheren jährlichen Beiträge zulässt als das Zwölffache der Beiträge, die sich bei einer Beitragsbemessungsgrundlage in Höhe der doppelten monatlichen Beitragsbemessungsgrenze in der allgemeinen Rentenversicherung ergeben würden. ^{2}Ermöglicht die Satzung der Einrichtung nur Pflichtmitgliedschaften sowie freiwillige Mitgliedschaften, die unmittelbar an eine Pflichtmitgliedschaft anschließen, so steht dies der Steuerbefreiung nicht entgegen, wenn die Satzung die Zahlung keiner höheren jährlichen Beiträge zulässt als das Fünf-

zehnfache der Beiträge, die sich bei einer Beitragsbemessungsgrundlage in Höhe der doppelten monatlichen Beitragsbemessungsgrenze in der allgemeinen Rentenversicherung ergeben würden;

9. **Körperschaften**, Personenvereinigungen und Vermögensmassen, die nach der Satzung, dem Stiftungsgeschäft oder der sonstigen Verfassung und nach der tatsächlichen Geschäftsführung ausschließlich und unmittelbar **gemeinnützigen**, mildtätigen oder **kirchlichen Zwecken** dienen (§§ 51 bis 68 der Abgabenordnung). ²Wird ein **wirtschaftlicher Geschäftsbetrieb unterhalten**, ist die **Steuerbefreiung** insoweit **ausgeschlossen**. ³Satz 2 gilt nicht für selbstbewirtschaftete Forstbetriebe;

10. Erwerbs- und Wirtschaftsgenossenschaften sowie Vereine, soweit sie
    a) Wohnungen herstellen oder erwerben und sie den Mitgliedern auf Grund eines Mietvertrags oder auf Grund eines genossenschaftlichen Nutzungsvertrags zum Gebrauch überlassen; den Wohnungen stehen Räume in Wohnheimen im Sinne des § 15 des Zweiten Wohnungsbaugesetzes gleich,
    b) im Zusammenhang mit einer Tätigkeit im Sinne des Buchstabens a Gemeinschaftsanlagen oder Folgeeinrichtungen herstellen oder erwerben und sie betreiben, wenn sie überwiegend für Mitglieder bestimmt sind und der Betrieb durch die Genossenschaft oder den Verein notwendig ist.

    ²Die Steuerbefreiung ist ausgeschlossen, wenn die Einnahmen des Unternehmens aus den in Satz 1 nicht bezeichneten Tätigkeiten 10 Prozent der gesamten Einnahmen übersteigen;

11. (weggefallen)

12. die von den zuständigen Landesbehörden begründeten oder anerkannten gemeinnützigen Siedlungsunternehmen im Sinne des Reichssiedlungsgesetzes in der jeweils aktuellen Fassung oder entsprechender Landesgesetze, soweit diese Landesgesetze nicht wesentlich von den Bestimmungen des Reichssiedlungsgesetzes abweichen, und im Sinne der Bodenreformgesetze der Länder, soweit die Unternehmen im ländlichen Raum Siedlungs-, Agrarstrukturverbesserungs- und Landentwicklungsmaßnahmen mit Ausnahme des Wohnungsbaus durchführen. ²Die Steuerbefreiung ist ausgeschlossen, wenn die Einnahmen des Unternehmens aus den in Satz 1 nicht bezeichneten Tätigkeiten die Einnahmen aus den in Satz 1 bezeichneten Tätigkeiten übersteigen;

13. (weggefallen)

14. Erwerbs- und Wirtschaftsgenossenschaften sowie Vereine, soweit sich ihr Geschäftsbetrieb beschränkt

a) auf die gemeinschaftliche Benutzung land- und forstwirtschaftlicher Betriebseinrichtungen oder Betriebsgegenstände,

b) auf Leistungen im Rahmen von Dienst- oder Werkverträgen für die Produktion land- und forstwirtschaftlicher Erzeugnisse für die Betriebe der Mitglieder, wenn die Leistungen im Bereich der Land- und Forstwirtschaft liegen; dazu gehören auch Leistungen zur Erstellung und Unterhaltung von Betriebsvorrichtungen, Wirtschaftswegen und Bodenverbesserungen,

c) auf die Bearbeitung oder die Verwertung der von den Mitgliedern selbst gewonnenen land- und forstwirtschaftlichen Erzeugnisse, wenn die Bearbeitung oder die Verwertung im Bereich der Land- und Forstwirtschaft liegt, oder

d) auf die Beratung für die Produktion oder Verwertung land- und forstwirtschaftlicher Erzeugnisse der Betriebe der Mitglieder.

^{2}Die Steuerbefreiung ist ausgeschlossen, wenn die Einnahmen des Unternehmens aus den in Satz 1 nicht bezeichneten Tätigkeiten 10 Prozent der gesamten Einnahmen übersteigen. ^{3}Bei Genossenschaften und Vereinen, deren Geschäftsbetrieb sich überwiegend auf die Durchführung von Milchqualitäts- und Milchleistungsprüfungen oder auf die Tierbesamung beschränkt, bleiben die auf diese Tätigkeiten gerichteten Zweckgeschäfte mit Nichtmitgliedern bei der Berechnung der 10-Prozentgrenze außer Ansatz;

15. der Pensions-Sicherungs-Verein Versicherungsverein auf Gegenseitigkeit,

a) wenn er mit Erlaubnis der Versicherungsaufsichtsbehörde ausschließlich die Aufgaben des Trägers der Insolvenzsicherung wahrnimmt, die sich aus dem Gesetz zur Verbesserung der betrieblichen Altersversorgung vom 19. Dezember 1974 (BGBl. I S. 3610) ergeben, und

b) wenn seine Leistungen nach dem Kreis der Empfänger sowie nach Art und Höhe den in den §§ 7 bis 9, 17 und 30 des Gesetzes zur Verbesserung der betrieblichen Altersversorgung bezeichneten Rahmen nicht überschreiten;

16. Körperschaften, Personenvereinigungen und Vermögensmassen, soweit sie

a) als Einlagensicherungssysteme im Sinne des § 2 Absatz 1 des Einlagensicherungsgesetzes sowie als Entschädigungseinrichtungen im Sinne des Anlegerentschädigungsgesetzes ihre gesetzlichen Pflichtaufgaben erfüllen oder

b) als nicht als Einlagensicherungssysteme anerkannte vertragliche Systeme zum Schutz von Einlagen und institutsbezoge-

§ 5 KStG

ne Sicherungssysteme im Sinne des § 61 des Einlagensicherungsgesetzes nach ihrer Satzung oder sonstiger Verfassung ausschließlich den Zweck haben, Einlagen zu sichern oder bei Gefahr für die Erfüllung der Verpflichtungen eines Kreditinstituts im Sinne des § 1 Absatz 1 des Kreditwesengesetzes oder eines Finanzdienstleistungsinstituts im Sinne des § 1 Absatz 1a Satz 2 Nummer 1 bis 4 des Kreditwesengesetzes Hilfe zu leisten oder Einlagensicherungssysteme im Sinne des § 2 Absatz 1 des Einlagensicherungsgesetzes bei deren Pflichtenerfüllung zu unterstützen. ^{2}Voraussetzung für die Steuerbefreiung nach Satz 1 ist zusätzlich, dass das Vermögen und etwa erzielte Überschüsse dauernd nur zur Erreichung des gesetzlichen oder satzungsmäßigen Zwecks verwendet werden. ^{3}Die Sätze 1 und 2 gelten entsprechend für Sicherungsfonds im Sinne der §§ 223 und 224 des Versicherungsaufsichtsgesetzes sowie für Einrichtungen zur Sicherung von Einlagen bei Wohnungsgenossenschaften mit Spareinrichtung. ^{4}Die Steuerbefreiung ist für wirtschaftliche Geschäftsbetriebe ausgeschlossen, die nicht ausschließlich auf die Erfüllung der begünstigen Aufgaben gerichtet sind;

17. Bürgschaftsbanken (Kreditgarantiegemeinschaften), deren Tätigkeit sich auf die Wahrnehmung von Wirtschaftsförderungsmaßnahmen insbesondere in Form der Übernahme und Verwaltung von staatlichen Bürgschaften und Garantien oder von Bürgschaften und Garantien mit staatlichen Rückbürgschaften oder auf der Grundlage staatlich anerkannter Richtlinien gegenüber Kreditinstituten, Versicherungsunternehmen, Leasinggesellschaften und Beteiligungsgesellschaften für Kredite, Leasingforderungen und Beteiligungen an mittelständischen Unternehmen zu ihrer Gründung und zur Erhaltung und Förderung ihrer Leistungsfähigkeit beschränkt. ^{2}Voraussetzung ist, dass das Vermögen und etwa erzielte Überschüsse nur zur Erreichung des in Satz 1 genannten Zwecks verwendet werden; S 2737

18. Wirtschaftsförderungsgesellschaften, deren Tätigkeit sich auf die Verbesserung der sozialen und wirtschaftlichen Struktur einer bestimmten Region durch Förderung der Wirtschaft, insbesondere durch Industrieansiedlung, Beschaffung neuer Arbeitsplätze und der Sanierung von Altlasten beschränkt, wenn an ihnen überwiegend Gebietskörperschaften beteiligt sind. ^{2}Voraussetzung ist, dass das Vermögen und etwa erzielte Überschüsse nur zur Erreichung des in Satz 1 genannten Zwecks verwendet werden; S 2738

19. Gesamthafenbetriebe im Sinne des § 1 des Gesetzes über die Schaffung eines besonderen Arbeitgebers für Hafenarbeiter vom 3. August 1950 (BGBl. I S. 352), soweit sie Tätigkeiten ausüben, die in § 2 Abs. 1 dieses Gesetzes bestimmt und nach § 2 Abs. 2 S 2738a

dieses Gesetzes genehmigt worden sind. ²Voraussetzung ist, dass das Vermögen und etwa erzielte Überschüsse nur zur Erfüllung der begünstigten Tätigkeiten verwendet werden. ³Wird ein wirtschaftlicher Geschäftsbetrieb unterhalten, dessen Tätigkeit nicht ausschließlich auf die Erfüllung der begünstigten Tätigkeiten gerichtet ist, ist die Steuerbefreiung insoweit ausgeschlossen;

S 2738b

20. Zusammenschlüsse von juristischen Personen des öffentlichen Rechts, von steuerbefreiten Körperschaften oder von steuerbefreiten Personenvereinigungen,

   a) deren Tätigkeit sich auf den Zweck beschränkt, im Wege des Umlageverfahrens die Versorgungslasten auszugleichen, die den Mitgliedern aus Versorgungszusagen gegenüber ihren Arbeitnehmern erwachsen,

   b) wenn am Schluss des Wirtschaftsjahrs das Vermögen nicht höher ist als 60 Prozent der im Wirtschaftsjahr erbrachten Leistungen an die Mitglieder;

S 2738c

21. die nicht in der Rechtsform einer Körperschaft des öffentlichen Rechts errichteten Arbeitsgemeinschaften Medizinischer Dienst der Krankenversicherung im Sinne des § 278 des Fünften Buches Sozialgesetzbuch und der Medizinische Dienst der Spitzenverbände der Krankenkassen im Sinne des § 282 des Fünften Buches Sozialgesetzbuch, soweit sie die ihnen durch Gesetz zugewiesenen Aufgaben wahrnehmen. ²Voraussetzung ist, dass das Vermögen und etwa erzielte Überschüsse nur zur Erreichung der in Satz 1 genannten Zwecke verwendet werden;

S 2738d

22. gemeinsame Einrichtungen der Tarifvertragsparteien im Sinne des § 4 Abs. 2 des Tarifvertragsgesetzes vom 25. August 1969 (BGBl. I S. 1323), die satzungsmäßige Beiträge auf der Grundlage des § 186a des Arbeitsförderungsgesetzes vom 25. Juni 1969 (BGBl. I S. 582) oder tarifvertraglicher Vereinbarungen erheben und Leistungen ausschließlich an die tarifgebundenen Arbeitnehmer des Gewerbezweigs oder an deren Hinterbliebene erbringen, wenn sie dabei zu nicht steuerbegünstigten Betrieben derselben oder ähnlicher Art nicht in größerem Umfang in Wettbewerb treten, als es bei Erfüllung ihrer begünstigten Aufgaben unvermeidlich ist. ²Wird ein wirtschaftlicher Geschäftsbetrieb unterhalten, dessen Tätigkeit nicht ausschließlich auf die Erfüllung der begünstigten Tätigkeiten gerichtet ist, ist die Steuerbefreiung insoweit ausgeschlossen;

S 2738e

23. die Auftragsforschung öffentlich-rechtlicher Wissenschafts- und Forschungseinrichtungen; ist die Tätigkeit auf die Anwendung gesicherter wissenschaftlicher Erkenntnisse, die Übernahme von Projektträgerschaften sowie wirtschaftliche Tätigkeiten ohne Forschungsbezug gerichtet, ist die Steuerbefreiung insoweit ausgeschlossen.

24. die Global Legal Entity Identifier Stiftung, soweit die Stiftung Tätigkeiten ausübt, die im unmittelbaren Zusammenhang mit der Einführung, dem Unterhalten und der Fortentwicklung eines Systems zur eindeutigen Identifikation von Rechtspersonen mittels eines weltweit anzuwendenden Referenzcodes stehen.

(2) Die Befreiungen nach Absatz 1 und nach anderen Gesetzen als dem Körperschaftsteuergesetz gelten nicht
1. für inländische Einkünfte, die dem Steuerabzug vollständig oder teilweise unterliegen; Entsprechendes gilt für die in § 32 Abs. 3 Satz 1 zweiter Halbsatz genannten Einkünfte,
2. für beschränkt Steuerpflichtige im Sinne des § 2 Nr. 1, es sei denn, es handelt sich um Steuerpflichtige im Sinne des Absatzes 1 Nr. 9, die nach den Rechtsvorschriften eines Mitgliedstaats der Europäischen Union oder nach den Rechtsvorschriften eines Staates, auf den das Abkommen über den Europäischen Wirtschaftsraum vom 3. Januar 1994 (ABl. EG Nr. L 1 S. 3), zuletzt geändert durch den Beschluss des Gemeinsamen EWR-Ausschusses Nr. 91/2007 vom 6. Juli 2007 (ABl. EU Nr. L 328 S. 40), in der jeweiligen Fassung Anwendung findet, gegründete Gesellschaften im Sinne des Artikels 54 des Vertrags über die Arbeitsweise der Europäischen Union oder des Artikels 34 des Abkommens über den Europäischen Wirtschaftsraum sind, deren Sitz und Ort der Geschäftsleitung sich innerhalb des Hoheitsgebiets eines dieser Staaten befindet, und mit diesen Staaten ein Amtshilfeabkommen besteht,
3. soweit § 38 Abs. 2 anzuwenden ist.

Zu § 5 Abs. 1 Nr. 3 des Gesetzes

§ 1
Allgemeines

Rechtsfähige Pensions-, Sterbe-, Kranken- und Unterstützungskassen sind nur dann eine soziale Einrichtung im Sinne des § 5 Abs. 1 Nr. 3 Buchstabe b des Gesetzes, wenn sie die folgenden Voraussetzungen erfüllen:
1. *Die Leistungsempfänger dürfen sich in der Mehrzahl nicht aus dem Unternehmer oder dessen Angehörigen und bei Gesellschaften in der Mehrzahl nicht aus den Gesellschaftern oder deren Angehörigen zusammensetzen.*
2. *Bei Auflösung der Kasse darf ihr Vermögen vorbehaltlich der Regelung in § 6 des Gesetzes satzungsmäßig nur den Leistungsempfängern oder deren Angehörigen zugutekommen oder für ausschließlich gemeinnützige oder mildtätige Zwecke verwendet werden.*
3. *Außerdem müssen bei Kassen mit Rechtsanspruch der Leistungsempfänger die Voraussetzungen des § 2, bei Kassen ohne Rechtsan-*

spruch der Leistungsempfänger die Voraussetzungen des § 3 erfüllt sein.

§ 2
Kassen mit Rechtsanspruch der Leistungsempfänger

(1) Bei rechtsfähigen Pensions- oder Sterbekassen, die den Leistungsempfängern einen Rechtsanspruch gewähren, dürfen die jeweils erreichten Rechtsansprüche der Leistungsempfänger vorbehaltlich des Absatzes 2 die folgenden Beträge nicht übersteigen:

als Pension	25.769	Euro jährlich,
als Witwengeld	17.179	Euro jährlich,
als Waisengeld	5.154	Euro jährlich für jede Halbwaise,
	10.308	Euro jährlich für jede Vollwaise,
als Sterbegeld	7.669	Euro als Gesamtleistung.

(2) ¹Die jeweils erreichten Rechtsansprüche, mit Ausnahme des Anspruchs auf Sterbegeld, dürfen in nicht mehr als 12 Prozent aller Fälle auf höhere als die in Absatz 1 bezeichneten Beträge gerichtet sein. ²Dies gilt in nicht mehr als 4 Prozent aller Fälle uneingeschränkt. ³Im Übrigen dürfen die jeweils erreichten Rechtsansprüche die folgenden Beträge nicht übersteigen:

als Pension	38.654	Euro jährlich,
als Witwengeld	25.769	Euro jährlich,
als Waisengeld	7.731	Euro jährlich für jede Halbwaise,
	15.461	Euro jährlich für jede Vollwaise.

§ 3
Kassen ohne Rechtsanspruch der Leistungsempfänger

Rechtsfähige Unterstützungskassen, die den Leistungsempfängern keinen Rechtsanspruch gewähren, müssen die folgenden Voraussetzungen erfüllen:

1. *Die Leistungsempfänger dürfen zu laufenden Beiträgen oder zu sonstigen Zuschüssen nicht verpflichtet sein.*
2. *Den Leistungsempfängern oder den Arbeitnehmervertretungen des Betriebs oder der Dienststelle muß satzungsgemäß und tatsächlich das Recht zustehen, an der Verwaltung sämtlicher Beträge, die der Kasse zufließen, beratend mitzuwirken.*
3. *Die laufenden Leistungen und das Sterbegeld dürfen die in § 2 bezeichneten Beträge nicht übersteigen.*

Zu § 5 Abs. 1 Nr. 4 des Gesetzes

§ 4
Kleinere Versicherungsvereine

Kleinere Versicherungsvereine auf Gegenseitigkeit im Sinne des § 210 des Versicherungsaufsichtsgesetzes sind von der Körperschaftsteuer befreit, wenn

1. ihre Beitragseinnahmen im Durchschnitt der letzten drei Wirtschaftsjahre einschließlich des im Veranlagungszeitraum endenden Wirtschaftsjahrs die folgenden Jahresbeträge nicht überstiegen haben:
   a) 797 615 Euro bei Versicherungsvereinen, die die Lebensversicherung oder die Krankenversicherung betreiben,
   b) 306 775 Euro bei allen übrigen Versicherungsvereinen,
   oder
2. sich ihr Geschäftsbetrieb auf die Sterbegeldversicherung beschränkt und sie im übrigen die Voraussetzungen des § 1 erfüllen.

Kapitalertragsteuer bei wirtschaftlichen Geschäftsbetrieben | R 5.1 |

- unbesetzt -

Hinweise | H 5.1 |

Kapitalertragsteuer bei wirtschaftlichen Geschäftsbetrieben
>BMF vom 10.11.2005, BStBl I S. 1029

Anlage 7 II

Allgemeines zu Pensions-, Sterbe-, Kranken- und Unterstützungskassen | R 5.2 |

(1) ¹Als Pensionskassen sind sowohl die in § 1b Abs. 3 Satz 1 BetrAVG als solche bezeichneten rechtsfähigen Versorgungseinrichtungen als auch rechtlich unselbständige Zusatzversorgungseinrichtungen des öffentlichen Dienstes i. S. d. § 18 BetrAVG anzusehen, die den Leistungsberechtigten (Arbeitnehmer und Personen i. S. d. § 17 Abs. 1 Satz 2 BetrAVG sowie deren Hinterbliebene) auf ihre Leistungen einen Rechtsanspruch gewähren. ²Bei Sterbekassen handelt es sich um Einrichtungen, welche die Versicherung auf den Todesfall unter Gewährung eines Rechtsanspruchs auf die Leistung betreiben. ³Krankenkassen fallen unter die Vorschrift, wenn sie das Versicherungsgeschäft betriebsbezogen wahrnehmen. ⁴Eine Unterstützungskasse ist eine rechtsfähige Versorgungseinrichtung, die auf ihre Leistungen keinen Rechtsanspruch gewährt (§ 1b Abs. 4 BetrAVG).

(2) Für die Steuerbefreiung genügt es, wenn die Voraussetzungen des § 5 Abs. 1 Nr. 3 Buchstabe d KStG am Ende des VZ erfüllt sind.

(3) ¹Die Art der Anlage oder Nutzung des Kassenvermögens darf nicht dazu führen, dass die Kasse sich durch die mit der Vermögensverwaltung verbundene Tätigkeit selbst einen weiteren satzungsgemäß nicht bestimmten Zweck gibt. ²Kassen, die als Bauherr auftreten, werden körperschaftsteuerpflichtig, wenn sie sich durch diese Tätigkeit einen neuen Zweck setzen.

Hinweise

Abgrenzung einer Pensionskasse und einer Unterstützungskasse
>BFH vom 5.11.1992, I R 61/89, BStBl 1993 II S. 185
Einschränkung der Befreiung
>§ 6 KStG und >R 6

Leistungsempfänger bei Pensions-, Sterbe-, Kranken- und Unterstützungskassen

(1) ¹Steuerbefreite Kassen müssen sich auf Zugehörige oder frühere Zugehörige einzelner oder mehrerer wirtschaftlicher Geschäftsbetriebe oder der Spitzenverbände der freien Wohlfahrtspflege einschließlich deren Untergliederungen, Einrichtungen und Anstalten und sonstiger gemeinnütziger Wohlfahrtsverbände oder auf Arbeitnehmer sonstiger Körperschaften, Personenvereinigungen oder Vermögensmassen beschränken. ²Unter dem Begriff der Zugehörigen sind einerseits Arbeitnehmer und die in einem arbeitnehmerähnlichen Verhältnis stehenden Personen zu verstehen, andererseits aber auch solche Personen, für die der Betrieb durch ihre soziale Abhängigkeit oder eine sonstige enge Bindung als Mittelpunkt der Berufstätigkeit anzusehen ist (z. B. Unternehmer und Gesellschafter). ³Frühere Zugehörige müssen die Zugehörigkeit zu der Kasse durch ihre Tätigkeit in den betreffenden Betrieben oder Verbänden erworben haben. ⁴Es ist nicht notwendig, dass die Kasse schon während der Zeit der Tätigkeit des Betriebsangehörigen bestanden hat. ⁵Als arbeitnehmerähnliches Verhältnis ist i. d. R. ein Verhältnis von einer gewissen Dauer bei gleichzeitiger sozialer Abhängigkeit, ohne dass Lohnsteuerpflicht besteht, anzusehen. ⁶Arbeitnehmer, die über den Zeitpunkt der Pensionierung hinaus im Betrieb beschäftigt werden, sind Zugehörige i. S. d. Gesetzes.

(2) Nach § 1 Nr. 1 KStDV darf die Mehrzahl der Personen, denen die Leistungen der Kasse zugutekommen sollen (Leistungsempfänger), sich nicht aus dem Unternehmer oder dessen Angehörigen und bei Gesellschaften nicht aus den Gesellschaftern oder deren Angehörigen zusammensetzen.

(3) ¹Der Pensions- oder Unterstützungskasse eines inländischen Unternehmens geht die Steuerfreiheit nicht dadurch verloren, dass zu ihren Leistungsempfängern Arbeitnehmer gehören, die das inländische Unternehmen zur Beschäftigung bei seinen ausländischen Tochtergesellschaf-

§ 5 KStG
H 5.3 R 5.3

ten oder Betriebsstätten abgeordnet hat. ²Auch die Mitgliedschaft anderer, auch ausländischer, Arbeitnehmer der ausländischen Tochtergesellschaften oder Betriebsstätten des inländischen Unternehmens ist für die Kasse steuerunschädlich, wenn für diese Arbeitnehmer von der ausländischen Tochtergesellschaft oder Betriebsstätte entsprechende Beiträge (Zuwendungen) an die Kasse des inländischen Unternehmens abgeführt werden.

(4) Bei Unterstützungskassen muss den Leistungsempfängern oder den Arbeitnehmervertretungen des Betriebs oder der Dienststelle satzungsgemäß und tatsächlich das Recht zustehen, an der Verwaltung sämtlicher Beträge, die der Kasse zufließen, beratend mitzuwirken.

| **Hinweise** | H 5.3 |

Angehörige
>BMF vom 25.7.2002, BStBl I S. 706, >BMF vom 8.1.2003, BStBl I S. 93 sowie >BMF vom 10.11.2011, BStBl I S. 1084

Bevorzugung des Unternehmers
Eine rechtsfähige Unterstützungskasse ist nur dann nach § 5 Abs. 1 Nr. 3 KStG von der Körperschaftsteuer befreit, wenn sie eine soziale Einrichtung ist. Das ist nicht der Fall, wenn Unterstützungsempfänger auch die Unternehmer sind und die Leistungen der Kasse an die Unternehmer unverhältnismäßig hoch sind (>BFH vom 24.3.1970, I R 73/68, BStBl II S. 473).

Mitwirkungsrecht
Das satzungsmäßige Recht zur beratenden Mitwirkung darf nicht eingeschränkt sein. Insbesondere macht § 87 Abs. 1 Nr. 1 Betriebsverfassungsgesetz, der dem Betriebsrat das Recht zur Mitbestimmung bei der Verwaltung der Sozialeinrichtungen einräumt, die Voraussetzung des § 3 Nr. 2 KStDV nicht überflüssig (>BFH vom 20.9.1967, I 62/63, BStBl 1968 II S. 24). Das Recht zu einer beratenden Mitwirkung kann auch in der Weise eingeräumt werden, dass satzungsmäß und tatsächlich bei der Unterstützungskasse ein Beirat gebildet wird, dem Arbeitnehmer angehören. Diese müssen jedoch die Gesamtheit der Betriebszugehörigen repräsentieren, d. h. sie müssen von diesen unmittelbar oder mittelbar gewählt worden sein (>BFH vom 24.6.1981, I R 143/78, BStBl II S. 749). Diese Voraussetzung ist nicht erfüllt, wenn die Beiratsmitglieder letztlich von der Geschäftsleitung des Trägerunternehmens bestimmt werden. Eine Bestimmung durch die Geschäftsleitung des Trägerunternehmens ist auch gegeben, wenn der Beirat zwar durch die Mitgliederversammlung der Unterstützungskasse aus dem Kreis der Betriebsangehörigen gewählt wird, über die Zusammensetzung der Mitgliederversammlung jedoch der von der Geschäftsleitung des Trägerunternehmens eingesetzte Vorstand entscheidet (>BFH vom 10.6.1987, I R 253/83, BStBl 1988 II S. 27).

Versorgungsausgleich

Zur Auswirkung einer internen Teilung beim Versorgungsausgleich auf die Steuerfreiheit einer Unterstützungskasse; Ehegatte des Ausgleichsberechtigten als begünstigter Angehöriger i. S. d. § 5 Abs. 1 Nr. 3 KStG >BMF vom 10.11.2011, BStBl I S. 1084.

R 5.4

Vermögensbindung bei Pensions-, Sterbe-, Kranken- und Unterstützungskassen

(1) ¹Bei Kassen, deren Vermögen bei ihrer Auflösung vorbehaltlich der Regelung in § 6 KStG satzungsgemäß für ausschließlich gemeinnützige oder mildtätige Zwecke zu verwenden ist, gilt § 61 Abs. 1 AO sinngemäß. ²Bei einer Unterstützungskasse in der Rechtsform einer privatrechtlichen Stiftung ist es nicht zu beanstanden, wenn die Stiftung in ihre Verfassung die Bestimmung aufnimmt, dass das Stiftungskapital ungeschmälert zu erhalten ist, um dadurch zu verhindern, dass sie neben ihren Erträgen und den Zuwendungen vom Trägerunternehmen auch ihr Vermögen uneingeschränkt zur Erbringung ihrer laufenden Leistungen einsetzen muss. ³In einer solchen Bestimmung ist kein Verstoß gegen das Erfordernis der dauernden Vermögenssicherung für Zwecke der Kasse zu erblicken. ⁴Durch die satzungsgemäß abgesicherte Vermögensbindung ist nämlich gewährleistet, dass das Stiftungsvermögen im Falle der Auflösung der Stiftung nicht an den Stifter zurückfließt, sondern nur den Leistungsempfängern oder deren Angehörigen zugutekommt oder für ausschließlich gemeinnützige oder mildtätige Zwecke zu verwenden ist.

(2) ¹Bei einer Darlehensgewährung der Unterstützungskasse an das Trägerunternehmen muss gewährleistet sein, dass die wirtschaftliche Leistungsfähigkeit des Betriebs in ausreichendem Maße für die Sicherheit der Mittel bürgt. ²Ist diese Voraussetzung nicht gegeben, müssen die Mittel der Kasse in angemessener Frist aus dem Betrieb ausgesondert und in anderer Weise angelegt werden.

(3) ¹Nach § 1b Abs. 4 BetrAVG wird ein aus dem Betrieb vor Eintritt des Versorgungsfalles ausscheidender Arbeitnehmer, der seine betriebliche Altersversorgung von der Unterstützungskasse des Betriebs erhalten sollte, bei Erfüllung der Voraussetzungen hinsichtlich der Leistungen so gestellt, wie wenn er weiterhin zum Kreis der Begünstigten der Unterstützungskasse des Betriebs gehören würde. ²Bei Eintritt des Versorgungsfalles hat die Unterstützungskasse dem früheren Arbeitnehmer und seinen Hinterbliebenen mindestens den nach § 2 Abs. 1 BetrAVG berechneten Teil der Versorgung zu gewähren (§ 2 Abs. 4 BetrAVG) oder den gem. § 2 Abs. 5a BetrAVG berechneten Teil der Versorgung bei ab dem 1.1.2001 erteilten Versorgungszusagen. ³Diese Verpflichtung zur Gewährung von Leistungen an den vorzeitig ausgeschiedenen Arbeitnehmer bei Eintritt des Versorgungsfalles (§ 2 Abs. 4 BetrAVG) kann von der Unterstützungskasse wie folgt abgelöst werden:

1. Unter den Voraussetzungen des § 3 Abs. 2 bis 5 BetrAVG können nach § 2 BetrAVG unverfallbare Anwartschaften abgefunden werden. ²Soweit unverfallbare Anwartschaften über den gesetzlichen Umfang hinaus vertraglich zugesichert wurden, ist eine Abfindung zulässig.
2. Unter den Voraussetzungen des § 4 Abs. 2, 4 und 5 BetrAVG kann die Verpflichtung mit Zustimmung des ausgeschiedenen Arbeitnehmers von jedem Unternehmen, bei dem der ausgeschiedene Arbeitnehmer beschäftigt wird, von einem Pensionsfonds, von einer Pensionskasse, von einem Unternehmen der Lebensversicherung oder einem öffentlich-rechtlichen Versorgungsträger übernommen werden.

⁴Vermögensübertragungen im Zusammenhang mit diesen Maßnahmen verstoßen nicht gegen die Voraussetzungen des § 5 Abs. 1 Nr. 3 Buchstabe c KStG.

(4) ¹Der Grundsatz der ausschließlichen und unmittelbaren Verwendung des Vermögens und der Einkünfte der Unterstützungskasse für die Zwecke der Kasse gilt nach § 6 Abs. 6 KStG nicht für den Teil des Vermögens, der am Schluss des Wj. den in § 5 Abs. 1 Nr. 3 Buchstabe e KStG bezeichneten Betrag übersteigt. ²Auch für den Fall, dass ein Unternehmen den Arbeitnehmern, die bisher von der Unterstützungskasse versorgt werden sollten, eine Pensionszusage erteilt oder bisher von der Unterstützungskasse gewährte Leistungen von Fall zu Fall aufgrund einer entsprechenden Betriebsvereinbarung übernimmt, oder wenn eine Unterstützungskasse durch Änderung des Leistungsplans die Versorgungsleistungen einschränkt, gelten die Grundsätze des Satzes 1 nur für den überdotierten Teil des gesamten Kassenvermögens der Unterstützungskasse. ³Insoweit ist eine Übertragung von Vermögen einer Unterstützungskasse auf das Trägerunternehmen zulässig. ⁴Werden Versorgungsleistungen einer Unterstützungskasse durch Satzungsbeschluss in vollem Umfang ersatzlos aufgehoben, d. h. liegt kein Fall des Satzes 2 vor, entfällt die Steuerfreiheit der Kasse auch mit Wirkung für die Vergangenheit, soweit Steuerbescheide nach den Vorschriften der AO noch änderbar sind.

Hinweise

Aufhebung der satzungsmäßigen Vermögensbindung
Wird die satzungsgemäße Vermögensbindung einer Kasse aufgehoben oder durch Übertragung nahezu des gesamten Vermögens verletzt, entfällt die Steuerfreiheit der Kasse auch mit Wirkung für die Vergangenheit (>BFH vom 15.12.1976, I R 235/75, BStBl 1977 II S. 490 und >BFH vom 14.11.2012, I R 78/11, BStBl 2014 II S. 44).

Mittelüberlassung an Träger der Kasse

Die Mittel einer Unterstützungskasse können gegen angemessene Verzinsung auch dem Betrieb zur Verfügung gestellt werden, der Träger der Kasse ist (>BFH vom 24.5.1973, IV R 39/68, BStBl II S. 632 und >BFH vom 27.1.1977, I B 60/76, BStBl II S. 442). Ob die Verzinsung der Darlehensforderung angemessen ist, hängt von den Umständen des Einzelfalls ab. Wurde einer Unterstützungskasse vom Trägerunternehmen eine Darlehensforderung zugewendet, beruht die Darlehensforderung also nicht auf Leistungen der Kasse an das Trägerunternehmen, dann ist die Unverzinslichkeit oder unangemessen niedrige Verzinsung der Forderung für die Steuerbefreiung unschädlich, solange die Unterstützungskasse aus rechtlichen Gründen gehindert ist, eine angemessene Verzinsung durchzusetzen (>BFH vom 30.5.1990, I R 64/86, BStBl II S. 1000).

Mitunternehmerschaft einer Unterstützungskasse

Eine Kasse macht ihr Vermögen oder ihre Einkünfte anderen als ihren satzungsgemäßen Zwecken dienstbar, wenn sie sich als Mitunternehmer eines Gewerbebetriebs betätigt. Das Vermögen ist nämlich dann nicht dauernd gesichert, wenn es zu einem nicht unerheblichen Teil aus einem Mitunternehmeranteil besteht, da der Mitunternehmer die sich aus dem Handels- und Insolvenzrecht ergebenden Risiken trägt (>BFH vom 17.10.1979, I R 14/76, BStBl 1980 II S. 225).

Satzungsmäßige Festlegung der Verwendung des Vermögens

Eine ausreichende Vermögensbindung i. S. d. § 1 Nr. 2 KStDV liegt nicht vor, wenn die Satzung sich auf die allgemeine Bestimmung beschränkt, dass zur Verteilung des Vermögens der Kasse die Zustimmung des Finanzamts erforderlich ist (>BFH vom 20.9.1967, I 62/63, BStBl 1968 II S. 24). Wird eine Unterstützungskasse in der Rechtsform einer GmbH betrieben, ist wegen der satzungsgemäß abzusichernden Vermögensbindung für den Fall der Liquidation der Unterstützungskassen-GmbH eine Rückzahlung der eingezahlten Stammeinlagen an das Trägerunternehmen ausgeschlossen (>BFH vom 25.10.1972, GrS 6/71, BStBl 1973 II S. 79).

R 5.5 **Leistungsbegrenzung**

(1) [1]Bei der Prüfung, ob die erreichten Rechtsansprüche der Leistungsempfänger in nicht mehr als 12 % aller Fälle auf höhere als die in § 2 Abs. 1 KStDV bezeichneten Beträge gerichtet sind (§ 2 Abs. 2 KStDV), ist von den auf Grund der Satzung, des Geschäftsplans oder des Leistungsplans insgesamt bestehenden Rechtsansprüchen, also von den laufenden tatsächlich gewährten Leistungen und den Anwartschaften auszugehen. [2]Dabei ist jede in § 2 KStDV genannte einzelne Leistungsgruppe (Pensionen, Witwengelder, Waisengelder und Sterbegelder) für sich zu betrachten. [3]Nur bei Beschränkung auf die Höchstbeträge kann die Kasse als Sozialeinrichtung anerkannt werden.

(2) ¹Unterstützungskassen sind als Kassen ohne Rechtsanspruch der Leistungsempfänger zur Aufstellung eines Geschäftsplans i. S. d. VAG nicht verpflichtet. ²Unterstützungskassen dürfen auch laufende Leistungen, z. B. zur Altersversorgung, gewähren, wenn die Voraussetzungen des § 5 Abs. 1 Nr. 3 Buchstabe b KStG und des § 3 Nr. 3 KStDV erfüllt sind. ³Dabei dürfen Altersrenten, Witwengeld, Waisengeld und Sterbegeld ohne Rücksicht auf die wirtschaftlichen Verhältnisse des Leistungsempfängers gewährt werden. ⁴Die laufenden Leistungen und das Sterbegeld dürfen die in § 2 KStDV bezeichneten Beträge nicht übersteigen. ⁵Dagegen hat eine Unterstützungskasse, die jedem Zugehörigen eines Betriebs ohne Rücksicht auf seine wirtschaftlichen Verhältnisse einmalige Zuwendungen macht, keinen Anspruch auf die Steuerbefreiung. ⁶Leistungsempfänger i. S. d. Vorschrift sind nach § 5 Abs. 1 Nr. 3 KStG die Personen, denen die Leistungen der Kasse zugutekommen oder zugutekommen sollen, also auch die Leistungsanwärter. ⁷Daher gilt die Begrenzung der laufenden Leistungen nach § 3 Nr. 3 KStDV für die tatsächlich gezahlten Renten und die sich aus dem Leistungsplan ergebenden tatsächlichen Rentenanwartschaften. ⁸Die Rentenanwartschaften sind mit den jeweils erreichten Beträgen anzusetzen.

(3) ¹Eine steuerbefreite Pensionskasse oder Unterstützungskasse kann anstelle einer laufenden Rente auch eine Kapitalabfindung zahlen. ²Voraussetzung ist, dass die zu kapitalisierende Rente sich in den Grenzen der Höchstbeträge der §§ 2 und 3 KStDV hält und der Leistungsempfänger durch die Kapitalisierung nicht mehr erhält, als er insgesamt erhalten würde, wenn die laufende Rente gezahlt würde. ³Der Berechnung der Kapitalabfindung darf daher nur ein Zinsfuß zugrunde gelegt werden, der auf die Dauer gesehen dem durchschnittlichen Zinsfuß entspricht. ⁴Bei der Prüfung, ob sich die kapitalisierte Rente in den Grenzen der vorgenannten Höchstbeträge hält, ist von einem Zinssatz von 5,5 % auszugehen. ⁵Im Übrigen ist die Kapitalabfindung nach den sonst steuerlich anerkannten Rechnungsgrundlagen zu berechnen.

Hinweise

Gesamtleistung beim Sterbegeld
Zur Gesamtleistung einer Sterbekasse gehören auch Gewinnzuschläge, auf die die Berechtigten einen Rechtsanspruch haben (>BFH vom 20.11.1969, I R 107/67, BStBl 1970 II S. 227).

Nachweis als soziale Einrichtung
Es genügt, wenn bei Unterstützungskassen in anderer Weise als durch Aufstellung eines Geschäftsplans sichergestellt ist, dass die Kassen nach Art und Höhe ihrer Leistungen eine soziale Einrichtung darstellen, z. B. durch Aufnahme entsprechender Bestimmungen in die Satzung oder – bei Unterstützungskassen mit laufenden Leistungen – durch Aufstellung eines Leistungsplans (>BFH vom 18.7.1990, I R 22-23/87, BStBl II S. 1088).

Zuwendungen nach §§ 4c und 4d EStG
>R 4c und 4d EStR

R 5.6

Kleinere Versicherungsvereine

Hat ein Mitglied einer Sterbekasse mit der Kasse mehrere Versicherungsverträge für sich selbst abgeschlossen, sind die für das Mitglied aufgrund dieser Versicherungsverträge in Betracht kommenden Versicherungsleistungen bei der Ermittlung der Gesamtleistung i. S. d. § 4 Nr. 2 KStDV zusammenzurechnen.

H 5.6

Hinweise

Gewinnzuschläge bei einer Sterbekasse

Zur Gesamtleistung einer Sterbekasse i. S. d. § 5 Abs. 1 Nr. 4 KStG gehören auch Gewinnzuschläge, auf die die Beteiligten einen Anspruch haben (>BFH vom 20.11.1969, I R 107/67, BStBl 1970 II S. 227).

R 5.7

Berufsverbände ohne öffentlich-rechtlichen Charakter

(1) [1]Berufsverbände sind Vereinigungen von natürlichen Personen oder von Unternehmen, die allgemeine, aus der beruflichen oder unternehmerischen Tätigkeit erwachsende ideelle und wirtschaftliche Interessen des Berufsstandes oder Wirtschaftszweiges wahrnehmen. [2]Es müssen die allgemeinen wirtschaftlichen Belange aller Angehörigen eines Berufes, nicht nur die besonderen wirtschaftlichen Belange einzelner Angehöriger eines bestimmten Geschäftszweiges wahrgenommen werden. [3]Die Zusammenschlüsse derartiger Vereinigungen sind ebenfalls Berufsverbände. [4]Ein Berufsverband ist auch dann gegeben, wenn er die sich aus der Summe der Einzelinteressen der Mitglieder ergebenden allgemeinen wirtschaftlichen Belange eines Berufsstandes oder Wirtschaftszweiges vertritt und die Ergebnisse der Interessenvertretung dem Berufsstand oder Wirtschaftszweig als solchem unabhängig von der Mitgliedschaft der Angehörigen des Berufsstandes oder Wirtschaftszweiges beim Verband zugutekommen. [5]Die Unterhaltung eines wirtschaftlichen Geschäftsbetriebs (z. B. Rechtsberatung) führt grundsätzlich nicht zum Verlust der Steuerbefreiung des Berufsverbands, auch wenn er in der Satzung des Verbands aufgeführt ist. [6]Die Steuerbefreiung entfällt, wenn nach dem Gesamtbild der tatsächlichen Geschäftsführung die nicht dem Verbandszweck dienende wirtschaftliche Tätigkeit dem Verband das Gepräge gibt.

(2) Zu den Berufsverbänden ohne öffentlich-rechtlichen Charakter i. S. d. § 5 Abs. 1 Nr. 5 KStG können Berufsverbände der Arbeitgeber und der Arbeitnehmer, z. B. Arbeitgeberverbände und Gewerkschaften, und andere Berufsverbände, z. B. Wirtschaftsverbände, Bauernvereine und Hauseigentümervereine, gehören.

§ 5 KStG
R 5.7

(3) ¹Verwendet ein Berufsverband Mittel von mehr als 10 % seiner Einnahmen für die unmittelbare oder mittelbare Unterstützung oder Förderung politischer Parteien, ist die Steuerbefreiung ausgeschlossen. ²Dabei ist es ohne Bedeutung, ob die Mittel aus Beitragseinnahmen oder aus anderen Quellen, z. B. aus wirtschaftlichen Geschäftsbetrieben, aus Vermögensanlagen oder aus Zuschüssen, stammen. ³Zu den Mitteln gehört bei Beteiligung an einer Personengesellschaft der Gewinnanteil an der Personengesellschaft, bei Beteiligung an einer Kapitalgesellschaft die Gewinnausschüttung sowie Veräußerungsgewinne aus diesen Beteiligungen. ⁴Der Besteuerung unterliegt in diesem Fall neben dem Einkommen die Verwendung von Mitteln für die Unterstützung oder Förderung politischer Parteien nach § 5 Abs. 1 Nr. 5 Satz 4 KStG. ⁵Eine Mittelüberlassung liegt auch bei verdeckten Zuwendungen vor, z. B. bei Leistungen ohne ausreichende Gegenleistung. ⁶Das gilt auch bei einer unentgeltlichen oder verbilligten Raumüberlassung und bei einer zinslosen oder zinsverbilligten Darlehensgewährung. ⁷Eine mittelbare Unterstützung oder Förderung politischer Parteien ist anzunehmen, wenn der Berufsverband z. B. den Wahlkampf eines Abgeordneten finanziert.

(4) ¹Der Begriff des wirtschaftlichen Geschäftsbetriebs ergibt sich aus § 14 AO. ²Danach ist Voraussetzung für die Annahme eines wirtschaftlichen Geschäftsbetriebs, dass durch die Tätigkeit Einnahmen oder andere wirtschaftliche Vorteile erzielt werden. ³Das ist nicht der Fall, wenn für die Tätigkeit ausschließlich (echte) Mitgliederbeiträge nach § 8 Abs. 5 KStG erhoben werden. ⁴Zu den Mitgliederbeiträgen gehören auch Umlagen, die von allen Mitgliedern in gleicher Höhe oder nach einem bestimmten Maßstab, der von dem Maßstab der Mitgliederbeiträge abweichen kann, erhoben werden. ⁵Solche beitragsähnlichen Umlagen liegen z. B. bei der Gemeinschaftswerbung und bei der Durchführung von Betriebsvergleichen vor. ⁶Dagegen ist ein wirtschaftlicher Geschäftsbetrieb anzunehmen, wenn mehr als 20 % der Mitglieder des Berufsverbandes oder der Mitglieder eines zu dem Berufsverband gehörenden Berufs- oder Wirtschaftszweiges, der an der Gemeinschaftswerbung oder an der Durchführung von Betriebsvergleichen beteiligt ist, nicht zu der Umlage herangezogen werden. ⁷Es kann im Einzelfall notwendig sein, zu prüfen, ob die von dem Berufsverband erhobenen Beiträge in vollem Umfang als Mitgliederbeiträge anzusehen oder ob darin Entgelte für die Gewährung besonderer wirtschaftlicher Vorteile enthalten sind. ⁸Die Gewährung derartiger Vorteile gegen Entgelt begründet einen wirtschaftlichen Geschäftsbetrieb. ⁹Vgl. z. B. >R 8.12 und 8.13. ¹⁰Zu den wirtschaftlichen Geschäftsbetrieben gehören z. B. die Vorführung und der Verleih von Filmen, die Beratung der Angehörigen des Berufsstandes oder Wirtschaftszweiges einschließlich der Hilfe bei der Buchführung, bei der Ausfüllung von Steuererklärungen und sonstigen Vordrucken, die Unterhaltung einer Buchstelle, die Einrichtung eines Kreditschutzes, die Unterhaltung von Sterbekassen, der Abschluss oder die Vermittlung von Versicherungen, die Unterhaltung von Laboratorien und Untersuchungseinrichtungen, die Veranstaltung von Märkten, Leistungsschauen und Fachausstel-

lungen, die Unterhaltung einer Kantine für die Arbeitskräfte der Verbandsgeschäftsstelle, die nachhaltige Vermietung von Räumen für regelmäßig kurze Zeit, z. B. für Stunden oder einzelne Tage, an wechselnde Benutzer. [11]Die Herausgabe, das Verlegen oder der Vertrieb von Fachzeitschriften, Fachzeitungen und anderen fachlichen Druckerzeugnissen des Berufsstandes oder Wirtschaftszweiges, einschließlich der Aufnahme von Fachanzeigen, stellt ebenfalls einen wirtschaftlichen Geschäftsbetrieb dar. [12]Verbandszeitschriften, in denen die Mitglieder über die Verbandstätigkeit und über allgemeine Fragen des Berufsstandes unterrichtet werden, sind kein wirtschaftlicher Geschäftsbetrieb. [13]Betreibt ein Berufsverband in seiner Verbandszeitschrift jedoch Anzeigen- oder Annoncenwerbung, liegt insoweit ein wirtschaftlicher Geschäftsbetrieb vor.

(5) [1]Unter den Begriff des wirtschaftlichen Geschäftsbetriebs fällt nicht die Vermögensverwaltung. [2]Wegen des Begriffs der Vermögensverwaltung vgl. § 14 AO. [3]Die >Beteiligung eines Berufsverbandes an einer Kapitalgesellschaft ist im Regelfall Vermögensverwaltung. [4]Die Grundsätze von R 4.1 Abs. 2 Satz 2 bis 5 gelten entsprechend.

(6) [1]Die Tätigkeit der Geschäftsstelle des Berufsverbandes stellt keinen wirtschaftlichen Geschäftsbetrieb dar. [2]Der Verkauf von Altmaterial, Einrichtungsgegenständen, Maschinen, Kraftfahrzeugen und dgl. bildet eine Einheit mit der Tätigkeit der Geschäftsstelle. [3]Es fehlt insoweit an der für die Begründung eines wirtschaftlichen Geschäftsbetriebs erforderlichen Selbständigkeit. [4]Das gilt auch für den Fall, dass Entgelte für die Mitbenutzung der Geschäftsstelle oder einzelner Räume oder Einrichtungsgegenstände der Geschäftsstelle durch einen anderen Berufsverband vereinnahmt werden. [5]Entsprechendes gilt auch hinsichtlich der Vereinnahmung von Entgelten für die Zurverfügungstellung von Personal für einen anderen Berufsverband.

(7) [1]Steuerpflichtig ist nicht der einzelne wirtschaftliche Geschäftsbetrieb, sondern der Berufsverband. [2]Die Ergebnisse der wirtschaftlichen Geschäftsbetriebe werden für die Besteuerung zusammengefasst. [3]Die Freibetragsregelung des § 24 KStG bezieht sich auf das Einkommen des Berufsverbandes. [4]Sie ist nicht auf die Bemessungsgrundlage für die besondere Körperschaftsteuer i. S. d. § 5 Abs. 1 Nr. 5 Satz 4 KStG anzuwenden.

Hinweise

Abgrenzung

Keine Berufsverbände sind z. B.
- eine Abrechnungsstelle von Apothekeninhabern (>BFH vom 26.4.1954, I 110/53 U, BStBl III S. 204)
- eine Güteschutzgemeinschaft (>BFH vom 11.8.1972, III R 114/71, BStBl 1973 II S. 39)

- ein Lohnsteuerhilfeverein (>BFH vom 29.8.1973, I R 234/71, BStBl 1974 II S. 60 und >BFH vom 16.12.1998, I R 36/98, BStBl 1999 II S. 366)
- ein Mieterverein (>BFH vom 17.5.1966, III 190/64, BStBl III S. 525)
- ein Rabattsparverein (>BFH vom 29.11.1967, I 67/65, BStBl 1968 II S. 236)
- ein Warenzeichenverband (>BFH vom 8.6.1966, I 151/63, BStBl III S. 632)
- ein Werbeverband (>BFH vom 15.7.1966, III 179/64, BStBl III S. 638)

Beteiligung eines Berufsverbands an einer Kapitalgesellschaft
Die Beteiligung an einer Kapitalgesellschaft stellt einen wirtschaftlichen Geschäftsbetrieb dar, wenn mit ihr tatsächlich ein entscheidender Einfluss auf die laufende Geschäftsführung des Unternehmens ausgeübt wird (>BFH vom 30.6.1971, I R 57/70, BStBl II S. 753).

Beteiligung eines Berufsverbands an einer Personengesellschaft
Ob die Beteiligung an einer Personengesellschaft als wirtschaftlicher Geschäftsbetrieb oder als Vermögensverwaltung anzusehen ist, ist im Rahmen der gesonderten und einheitlichen Gewinnfeststellung für die Personengesellschaft zu entscheiden (>BFH vom 27.7.1988, I R 113/84, BStBl 1989 II S. 134).

Einkommensermittlung bei Berufsverbänden
>R 8.11 bis 8.13

Kapitalertragsteuer bei wirtschaftlichen Geschäftsbetrieben
>BMF vom 10.11.2005, BStBl I S. 1029 und BMF vom 2.2.2016, BStBl I S. 200

Anlage 7 II und III

Wahrnehmung allgemeiner Interessen eines Wirtschaftszweiges
Ein Verband nimmt auch dann allgemeine Interessen eines Wirtschaftszweiges wahr, wenn er lediglich die in einem eng begrenzten Bereich der unternehmerischen Tätigkeit bestehenden gemeinsamen Interessen eines Wirtschaftszweiges vertritt (>BFH vom 4.6.2003, I R 45/02, BStBl II S. 891).

Gemeinnützige, mildtätige und kirchliche Körperschaften

- unbesetzt -

R 5.8

Hinweise

H 5.8

Kapitalertragsteuer bei wirtschaftlichen Geschäftsbetrieben
>BMF vom 10.11.2005, BStBl I S. 1029 und BMF vom 2.2.2016, BStBl I S. 200

Anlage 7 II und III

Steuerbegünstigte Zwecke
>AEAO zu §§ 51 bis 68 (abgedruckt im AO-Handbuch)

R 5.9

Vermietungsgenossenschaften und -vereine

- unbesetzt -

H 5.9

Hinweise

Vermietungsgenossenschaften und -vereine

Zur Steuerbefreiung für Vermietungsgenossenschaften und -vereine sowie zur Übergangsregelung für gemeinnützige Wohnungsunternehmen >BMF vom 22.11.1991 (BStBl I S. 1014) und die entsprechenden Erlasse der obersten Finanzbehörden der Länder.

R 5.10

Gemeinnützige Siedlungsunternehmen

^{1}Gemeinnützige Siedlungsunternehmen sind insoweit von der Körperschaftsteuer befreit, als sie im ländlichen Raum Siedlungs-, Agrarstrukturverbesserungs- und Landentwicklungsmaßnahmen mit Ausnahme des Wohnungsbaus durchführen. ^{2}Die Durchführung von Siedlungs-, Agrarstrukturverbesserungs- und Landentwicklungsmaßnahmen ist auch dann begünstigt, wenn sie nicht ausdrücklich durch Gesetz zugewiesen ist. ^{3}Landentwicklungsmaßnahmen sind Maßnahmen im öffentlichen Interesse, die wegen des sich vollziehenden Strukturwandels zur Unterstützung und Ergänzung der Siedlungs- und Agrarstrukturverbesserung im ländlichen Raum erforderlich sind und vornehmlich zum Gegenstand haben

- die Planung und Durchführung von Maßnahmen der Ortssanierung, Ortsentwicklung, Bodenordnung und der Agrarstrukturverbesserung,
- die Durchführung von Umsiedlungen und Landtauschen, weil Land für öffentliche und städtebauliche Zwecke in Anspruch genommen wird.

^{4}Die Durchführung umfasst alle Tätigkeiten gemeinnütziger Siedlungsunternehmen, die der Verwirklichung dieser Maßnahme dienen, insbesondere auch die erforderliche Landbeschaffung. ^{5}Soweit die gemeinnützigen Siedlungsunternehmen als Bauträger oder Baubetreuer im Wohnungsbau tätig sind oder andere Tätigkeiten ausüben, z. B. das Betreiben von Land- und Forstwirtschaft, besteht partielle Steuerpflicht, wenn diese Tätigkeiten nicht überwiegen. ^{6}Übersteigen die Einnahmen aus diesen Tätigkeiten die Einnahmen aus den in Satz 1 bezeichneten Tätigkeiten, wird das Unternehmen in vollem Umfang steuerpflichtig.

Allgemeines über die Steuerbefreiung von Erwerbs- und Wirtschaftsgenossenschaften und Vereinen im Bereich der Land- und Forstwirtschaft

R 5.11

(1) ¹Erwerbs- und Wirtschaftsgenossenschaften sowie Vereine sind nach § 5 Abs. 1 Nr. 14 KStG grundsätzlich von der Körperschaftsteuer befreit, soweit sich ihr Geschäftsbetrieb auf die dort genannten Tätigkeiten beschränkt und im Bereich der Land- und Forstwirtschaft liegt. ²Unter den Begriff „Vereine" fallen sowohl rechtsfähige als auch nichtrechtsfähige Vereine i. S. v. § 1 Abs. 1 Nr. 4 und 5 KStG. ³Üben die Genossenschaften und Vereine auch Tätigkeiten aus, die nicht nach § 5 Abs. 1 Nr. 14 KStG begünstigt sind, und betragen die Einnahmen aus diesen Tätigkeiten nicht mehr als 10 % der gesamten Einnahmen, sind die Genossenschaften und Vereine mit den Gewinnen aus den nicht begünstigten Tätigkeiten partiell steuerpflichtig. ⁴Die nicht begünstigten Tätigkeiten bilden einen einheitlichen steuerpflichtigen Gewerbebetrieb. ⁵Hinsichtlich der begünstigten Tätigkeiten bleibt die Steuerfreiheit erhalten. ⁶Übersteigen die Einnahmen aus den nicht begünstigten Tätigkeiten in einem VZ 10 % der Gesamteinnahmen, entfällt die Steuerbefreiung für diesen VZ insgesamt.

(2) ¹Der Begriff und die Höhe der Einnahmen (Einnahmen einschließlich Umsatzsteuer) bestimmen sich nach den Grundsätzen über die steuerliche Gewinnermittlung. ²Der Zufluss i. S. d. § 11 EStG ist nicht maßgebend. ³Wegen der Ermittlung der Einnahmen aus nicht begünstigten Tätigkeiten bei Verwertungsgenossenschaften vgl. Absatz 8.

(3) ¹Eine Ausnahme von der 10 % Grenze enthält § 5 Abs. 1 Nr. 14 KStG für Genossenschaften und Vereine, deren Geschäftsbetrieb sich überwiegend auf die Durchführung von Milchqualitätsprüfungen und/oder Milchleistungsprüfungen oder auf die Tierbesamung beschränkt. ²Zur ersten Gruppe gehören danach grundsätzlich die nach Landesrecht zugelassenen Untersuchungsstellen i. S. d. § 2 Abs. 7 der Milch-Güteverordnung, die insbesondere im öffentlichen Interesse Milchqualitätsprüfungen für Mitglieder und Nichtmitglieder sowie für Nichtlandwirte durchführen. ³Auch die Tierbesamungsstationen tätigen, insbesondere bei Ausbruch einer Seuche, neben Zweckgeschäften mit Mitgliedern in größerem Umfang auch solche mit Nichtmitgliedern und Nichtlandwirten. ⁴Die Einnahmen aus diesen Tätigkeiten bleiben bei der Berechnung der 10 % Grenze, d. h. sowohl bei der Berechnung der Einnahmen aus den steuerlich nicht begünstigten Tätigkeiten als auch bei der Berechnung der gesamten Einnahmen, außer Ansatz. ⁵Die Gewinne aus diesen Tätigkeiten unterliegen jedoch der Körperschaftsteuer.

(4) ¹Die Ausübung mehrerer begünstigter Tätigkeiten nebeneinander ist für die Steuerbefreiung unschädlich. ²Zu den begünstigten Tätigkeiten gehört auch die Vermittlung von Leistungen im Bereich der Land- und Forstwirtschaft, z. B. von Mietverträgen für Maschinenringe einschließlich der Gestellung von Personal. ³Der Begriff „Verwertung" umfasst auch die Vermarktung und den Absatz, wenn die Tätigkeit im Bereich der Land-

und Forstwirtschaft liegt. [4]Nicht unter die Steuerbefreiung fällt dagegen die Rechts- und Steuerberatung.

(5) [1]Beteiligungen an anderen Unternehmen sind grundsätzlich zulässig. [2]Die Einnahmen aus Beteiligungen an anderen Unternehmen sind jedoch als Einnahmen aus nicht begünstigten Tätigkeiten anzusehen. [3]Einnahmen aus der Beteiligung an einer Körperschaft, deren Leistungen bei den Empfängern zu den Einnahmen i. S. d. § 20 Abs. 1 Nr. 1 oder 2 EStG gehören, sind in voller Höhe als Einnahmen aus nicht begünstigten Tätigkeiten anzusehen. [4]Dies gilt nicht für Beteiligungen an Genossenschaften und Vereinen, die nach § 5 Abs. 1 Nr. 14 KStG befreit sind. [5]Bei der Beteiligung an einer Personengesellschaft sind die anteiligen Einnahmen anzusetzen. [6]Rückvergütungen i. S. d. § 22 KStG sind den Einnahmen aus den Geschäften zuzurechnen, für die die Rückvergütungen gewährt worden sind.

(6) Für die Besteuerung der Erwerbs- und Wirtschaftsgenossenschaften sind die folgenden Arten von Geschäften zu unterscheiden:

1. Zweckgeschäfte;

[1]Zweckgeschäfte sind alle Geschäfte, die der Erfüllung des satzungsmäßigen Gegenstandes des Unternehmens der Genossenschaft dienen und die Förderung des Erwerbs oder der Wirtschaft der Mitglieder bezwecken (§ 1 GenG).

[2]Sie können sein

a) Mitgliedergeschäfte;

[1]Mitgliedergeschäfte sind Zweckgeschäfte, die mit den Mitgliedern der Genossenschaft als Vertragspartnern durchgeführt werden. [2]Mitglieder sind die in die Mitgliederliste eingetragenen Personen. [3]Es genügt, wenn der Genossenschaft zur Zeit des Geschäftsabschlusses die Beitrittserklärung vorliegt;

b) Nichtmitgliedergeschäfte;

Nichtmitgliedergeschäfte sind Zweckgeschäfte, die mit Nichtmitgliedern als Vertragspartnern der Genossenschaft durchgeführt werden;

2. Gegengeschäfte;

Gegengeschäfte sind Geschäfte, die zur Durchführung der Zweckgeschäfte erforderlich sind, z. B. bei Bezugsgenossenschaften der Einkauf der Waren, bei Nutzungsgenossenschaften der Ankauf eines Mähdreschers, bei Absatzgenossenschaften der Verkauf der Waren;

3. Hilfsgeschäfte;

[1]>Hilfsgeschäfte sind Geschäfte, die zur Abwicklung der Zweckgeschäfte und Gegengeschäfte notwendig sind und die der Geschäftsbetrieb der Genossenschaft mit sich bringt, z. B. Einkauf von Büromaterial, der Verkauf von überflüssig gewordenem Inventar oder Verpackungsmaterial, die Lieferung von Molkereibedarfsartikeln, z. B. Hofbehälter, Milchbehälter oder Milchkühlbehälter, durch eine Molkereigenossenschaft an ihre Mitglieder, die Vermietung von Wohnräumen

an Betriebsangehörige, wenn die Vermietung aus betrieblichen Gründen (im eigenen betrieblichen Interesse der Genossenschaft) veranlasst ist. ²Die Führung von Mitgliederkonten für Anzahlungen und Guthaben, die als reine Geldanlagekonten anzusehen sind, ist als Hilfsgeschäft anzusehen, wenn die Guthaben auf die Gesamthöhe des Warenbezugs des betreffenden Mitglieds im vorangegangenen Jahr begrenzt werden. ³Auch die Veräußerung eines Betriebsgrundstücks oder des Teils eines Betriebsgrundstücks kann ein Hilfsgeschäft sein. ⁴Dagegen gehören Geschäfte aus der Veräußerung von Anlagevermögen im Zuge der Betriebseinstellung (wie z. B. die Veräußerung eines Betriebsgrundstücks, der Betriebsvorrichtungen oder anderer Wirtschaftsgüter) zu den Nebengeschäften;

4. Nebengeschäfte;
>Nebengeschäfte sind alle sonstigen Geschäfte.

(7) Für die Besteuerung der Vereine gilt die in Absatz 6 vorgenommene Unterscheidung von Arten von Geschäften bei Erwerbs- und Wirtschaftsgenossenschaften sinngemäß.

(8) ¹Begünstigt sind nur >Zweckgeschäfte mit Mitgliedern, >Gegengeschäfte und >Hilfsgeschäfte, die sich auf den nach § 5 Abs. 1 Nr. 14 KStG steuerfreien Geschäftsbereich beziehen (begünstigte Tätigkeiten). ²Die Einnahmen (Einnahmen einschließlich Umsatzsteuer) aus Zweckgeschäften mit Nichtmitgliedern und Nebengeschäften sind den Einnahmen aus nicht begünstigten Tätigkeiten zuzurechnen. ³Bei Verwertungsgenossenschaften sind die Einnahmen aus begünstigten und nicht begünstigten Tätigkeiten nach dem Verhältnis der Ausgaben für bezogene Waren von Mitgliedern und Nichtmitgliedern aus den Gesamteinnahmen zu ermitteln, soweit eine unmittelbare Zuordnung nicht möglich ist. ⁴Dabei ist von den Ausgaben im gleichen Wj. auszugehen. ⁵Die durch diese zeitliche Zuordnung mögliche Verschiebung im Einzelfall, soweit Ausgaben für bezogene Waren und Einnahmen aus dem Verkauf dieser Waren in verschiedenen Wj. anfallen, wird zugunsten einer einfachen Handhabung hingenommen. ⁶Bei Zukauf landwirtschaftlicher Erzeugnisse ermitteln sich die Einnahmen aus nichtbegünstigten Tätigkeiten aus der Verwertung des Endproduktes im Verhältnis der zugekauften zu den von den Mitgliedern selbst erzeugten Produkten. ⁷Wegen der Auswirkungen auf die partielle oder volle Steuerpflicht der Genossenschaften oder Vereine vgl. Absätze 1 und 2.

(9) ¹Die wechselseitigen Hilfen von Erwerbs- und Wirtschaftsgenossenschaften aufgrund eines Beistandsvertrages sind begünstigte Zweckgeschäfte, wenn beide Genossenschaften die gleiche Zweckbestimmung haben und gegenseitig als Mitglied beteiligt sind. ²Das gilt sinngemäß für Vereine und für Leistungen von Beratungsringen an die an ihnen beteiligten Erzeugergemeinschaften, soweit deren Mitglieder gleichzeitig Mitglieder des Beratungsrings sind.

(10) ¹Begünstigte Zweckgeschäfte i. S. v. R 5.11 Abs. 6 liegen vor, wenn der Zukauf von einer anderen Genossenschaft (Anschluss- oder

Lieferungsgenossenschaft) erfolgt, die ihrerseits Mitglied der Verwertungsgenossenschaft ist. ²Dies gilt jedoch nur für land- und forstwirtschaftliche Erzeugnisse, die von Mitgliedern der Anschluss- oder Liefergenossenschaft selbst erzeugt sind. ³Umfasst werden auch Teillieferungen. ⁴Die Abrechnung wird zwischen der Verwertungsgenossenschaft und der Lieferungsgenossenschaft oder unmittelbar zwischen der Verwertungsgenossenschaft und den Mitgliedern der Lieferungsgenossenschaften vorgenommen. ⁵Das gilt sinngemäß auch für Vereine.

H 5.11

Hinweise

Biogasanlagen und Erzeugung von Energie aus Biogas

>BMF vom 6.3.2006, BStBl I S. 248

Genossenschaftszentralen

Wegen der steuerlichen Behandlung von Zentralen landwirtschaftlicher Nutzungs- und Verwertungsgenossenschaften wird auf das BFH-Gutachten vom 2.12.1950 (I D 3/50 S, BStBl 1951 III S. 26) hingewiesen. Danach sind die Genossenschaftszentralen wie folgt zu behandeln:

1. Werden die Zentralen in der Form von Kapitalgesellschaften geführt, gilt die persönliche Steuerbefreiung des § 5 Abs. 1 Nr. 14 KStG für sie nicht.
2. Werden die Zentralen in der Form von Genossenschaften oder Vereinen betrieben, ist § 5 Abs. 1 Nr. 14 KStG für sie anwendbar. Voraussetzung ist, dass die angeschlossenen Genossenschaften vorbehaltlich des Satzes 3 die in § 5 Abs. 1 Nr. 14 KStG geforderten Voraussetzungen erfüllen und die Zentralen lediglich Erzeugnisse dieser Genossenschaften bearbeiten oder verwerten. Ist eine der Mitgliedergenossenschaften nicht nach § 5 Abs. 1 Nr. 14 KStG befreit, sind die Umsätze mit dieser Genossenschaft Einnahmen aus nicht begünstigten Tätigkeiten.

Hilfsgeschäfte

Ein Hilfsgeschäft ist insbesondere dann anzunehmen, wenn der Erlös aus dem Verkauf eines Betriebsgrundstücks zur Finanzierung neuer Betriebsanlagen verwendet wird (>BFH vom 14.10.1970, I R 67/68, BStBl 1971 II S. 116) oder wenn der Verkauf im Rahmen einer Rationalisierungsmaßnahme erfolgt, z. B. bei einer Verschmelzung, bei einer Betriebsumstellung, bei Einstellung eines Betriebszweiges oder wenn der Bestand an Betriebsgrundstücken dem Bedarf der Genossenschaft angepasst wird. Der Annahme eines Hilfsgeschäfts steht i. d. R. nicht entgegen, dass der Erlös aus dem Verkauf an die Mitglieder ausgeschüttet wird; ein Hilfsgeschäft entfällt jedoch, wenn die Veräußerung dazu dient, eine Ausschüttung an die Mitglieder einer untergehenden Genossenschaft im Zusammenhang mit einer Verschmelzung zu finanzieren (>BFH vom 10.12.1975, I R 192/73, BStBl 1976 II S. 351).

§ 5 KStG
H 5.11 R 5.12

Land- und Forstwirtschaft

>R 15.5 EStR

Nebengeschäfte

Zu den Nebengeschäften gehört auch die Vermietung oder Verpachtung eines Betriebs oder von Betriebsteilen (>BFH vom 9.3.1988, I R 262/83, BStBl II S. 592). Bei der Frage, ob steuerlich schädliche, den satzungsmäßigen Aufgabenbereich überschreitende Nebengeschäfte vorliegen, kommt es auf die Person, mit der diese Geschäfte abgewickelt werden, nicht an. Das gilt auch für Nebengeschäfte mit anderen nach § 5 Abs. 1 Nr. 14 KStG steuerbefreiten Erwerbs- und Wirtschaftsgenossenschaften sowie Vereinen (>BFH vom 18.5.1988, II R 238/81, BStBl II S. 753).

Reservenbildung

Die Steuerbefreiung ist nicht ausgeschlossen, wenn die Genossenschaft oder der Verein die Gewinne ganz oder überwiegend thesauriert und zur Bildung von Reserven verwendet (>BFH vom 11.2.1998, I R 26/97, BStBl II S. 576).

Molkereigenossenschaften

R 5.12

(1) [1]Bei Molkereigenossenschaften fällt z. B. in den folgenden Fällen die Bearbeitung oder Verwertung in den Bereich der Landwirtschaft, auch wenn hierbei Zutaten, z. B. Salz oder Bindemittel, im gesetzlich festgelegten oder nachstehend enger begrenzten Umfang verwendet werden:

1. Standardisierung (Einstellung) der Milch auf einen gewünschten Fett- und ggf. Eiweißgehalt ohne Rücksicht auf seine Höhe, vgl. VO (EG) 1234/2007;
2. Herstellung von ultrahocherhitzter Milch (H-Milch);
3. Herstellung von Konsummilch gem. VO (EG) 1234/2007 Anhang 8 Abschnitt III;
4. Vitaminieren von Milch, auch von Magermilch;
5. Herstellung von Milchmischerzeugnissen, wenn der Anteil aus Milch oder Milcherzeugnissen mindestens 75 % des Fertigerzeugnisses beträgt;
6. Herstellung von Sauermilcherzeugnissen;
7. Herstellung von Joghurt, Joghurtpulver und Bioghurt, auch mit Fruchtzusätzen. [2]Wird zugekauftes Milchpulver oder Magermilchpulver zugesetzt, darf dieser Zusatz 3 % der Joghurtmilch nicht übersteigen;
8. Herstellung von Butter;
9. Herstellung von Käse aller Art, auch mit beigegebenen Lebensmitteln, sowie geschäumt und Quarkmischungen für Backzwecke;
10. Herstellung von Schmelzkäse nur, wenn dies ausschließlich zur Verwertung der im eigenen Betrieb angefallenen Fehlproduktionen erfolgt;

11. Herstellung von Molkensirup (eingedickter Molke) und eingedickter Magermilch mittels Vakuumverdampfer;
12. Herstellung und Vitaminieren von Magermilchpulver, auch im Werklohnverfahren. Herstellung und Vitaminieren von aufgefetteter Magermilch oder aufgefettetem Magermilchpulver zu Fütterungszwecken und von Sauermilchquarkpulver, auch im Werklohnverfahren; Denaturierung von Magermilch und Magermilchpulver entsprechend Artikel 6 der Verordnung (EG) Nr. 2799/99 der Kommission vom 17.12.1999 nach den dort festgelegten Verfahren durch Beifügung geringer Mengen von Fremdstoffen, Luzernegrünmehl, Stärke, durch Säuerung der Magermilch oder durch Beifügung von 30 % eingedickter Molke. ²Der Zukauf der zur Denaturierung vorgeschriebenen Zusatzmittel ist als ein steuerunschädliches Hilfsgeschäft anzusehen;
13. Herstellung von Speisemolke durch Erhitzen und Tiefkühlen der Molke und Ausfällen von Molkeneiweiß;
14. Herstellung von Trinkmolke mit Fruchtzusätzen, wenn der Anteil der Molke mindestens 75 % des Fertigerzeugnisses beträgt;
15. Verwertung der Molke zu Futterzwecken;
16. Herstellung von Molkepulver;
17. Lieferung von Molke an andere Betriebe;
18. Herstellung von Schlagsahne ohne Zusätze;
19. Herstellung von Industriesahne ohne Zusätze.

²Ein von einer nach § 5 Abs. 1 Nr. 14 KStG steuerbefreiten Molkereigenossenschaft erteilter Werklohnauftrag zur Herstellung von Milcherzeugnissen ist nicht steuerschädlich i. S. d. § 5 Abs. 1 Nr. 14 KStG, wenn die Bearbeitung bei eigener Durchführung in den Bereich der Landwirtschaft fallen würde und das Zukaufsverbot nicht verletzt wird.

(2) Nicht in den Bereich der Landwirtschaft fallen z. B.:
1. Herstellung von Laktrone, Lakreme, Milone, Germola und ähnlichen Erzeugnissen;
2. Herstellung kondensierter Milch;
3. Gewinnung von Eiweiß mit Zusätzen, Herstellung von Essigaustauschstoffen und Gewinnung von Milchpulver, Ausnahme vgl. Absatz 1 Satz 1 Nr. 12;
4. Verhefung von Molke zu Nährhefe und Kefirpulver;
5. Herstellung von Heilmitteln wie Milchzucker, Albumin- und Vitaminpräparaten, Molkenseren und Mineralpräparaten;
6. Herstellung von Speiseeis;
7. Herstellung von Kunsteis;
8. Herstellung von Saure-Sahne-Dressing.

(3) ¹Sind Geschäfte, die eine Molkereigenossenschaft auf Grund gesetzlicher Vorschriften oder behördlicher Anordnungen mit Nichtmitgliedern abschließen muss, Zweckgeschäfte, kann die Lieferung von Molkereibedarfsartikeln an diese Nichtmitglieder als Hilfsgeschäft angesehen

werden. ²Gewährt eine Molkereigenossenschaft einem Milchversorgungsbetrieb ein Darlehen zur Finanzierung der Kapazitätserweiterung eines Trockenmilchwerkes und räumt der Milchversorgungsbetrieb der Molkereigenossenschaft dafür ein sog. Milchanlieferungsrecht ein, kann die Darlehensgewährung als ein Hilfsgeschäft angesehen werden.

Winzergenossenschaften

R 5.13

(1) ¹In den Bereich der Landwirtschaft fallen insbesondere die nachstehend bezeichneten Tätigkeiten. ²Voraussetzung ist, dass die Tätigkeiten Erzeugnisse der Weinbaubetriebe der Genossen betreffen und die Tätigkeiten keine gewerblichen Formen annehmen:

1. Zucht und Unterhaltung der Weinreben;
2. Weinbereitung;
3. Weinbehandlung;
4. Absatz der Trauben, des Traubenmostes und des Weins. ²Der Zukauf von fremden Weinen, Traubenmost oder Trauben im Rahmen des Weinerzeugungsprozesses ist nach R 15.5 Abs. 5 Satz 4 EStR als Hilfsstoff zulässig, wenn diese Waren nicht als überwiegender Bestandteil in die jeweiligen eigenen Erzeugnisse eingehen. ³Der Verkauf durch Ausschank liegt nicht im Bereich der Landwirtschaft, wenn er gewerbliche Formen annimmt;
5. Herstellung von Branntwein aus Wein oder aus Rückständen, die bei der Weinbereitung anfallen, z. B. Trester, Hefe.

(2) ¹Eine Winzergenossenschaft, die Winzersekt aus Grundwein herstellt, der ausschließlich aus dem Lesegut ihrer Mitglieder gewonnen wurde, betätigt sich mit der Herstellung und dem Vertrieb des Winzersekts noch im Bereich der Landwirtschaft, wenn der Sekt beim Vertrieb durch die Genossenschaft unter Angabe der ggf. verschiedenen Rebsorten, des Jahrgangs, der geographischen Herkunft und als Erzeugnis der Genossenschaft in sinngemäßer Anwendung der bezeichnungsrechtlichen Vorschriften für Wein bezeichnet ist. ²Dabei darf der Wein weder von den Mitgliedern noch von der Genossenschaft zugekauft sein. ³Lässt eine Winzergenossenschaft Winzersekt im Wege einer Werkleistung (sog. Lohnversektung) durch eine gewerbliche Sektkellerei herstellen und vermarktet sie ihn als eigenes Erzeugnis der Genossenschaft, gilt die Regelung entsprechend.

(3) Nicht in den Bereich der Landwirtschaft fallen z. B.:
1. Mitverkauf fremder Erzeugnisse;
2. Herstellung von Branntweinerzeugnissen und ihr Verkauf;
3. Betrieb oder Verpachtung eines Ausschanks oder einer Gastwirtschaft, wenn andere Getränke als Weine, die von der Genossenschaft hergestellt worden sind, kalte oder warme Speisen oder sonstige Genussmittel abgegeben werden.

R 5.14 Pfropfrebengenossenschaften

¹Die Verpflanzung von Pfropfreben zur Gewinnung von Rebstecklingen durch Winzergenossenschaften und ihr Absatz an Mitglieder fallen in den Bereich der Landwirtschaft. ²Es bestehen deshalb keine Bedenken, auch reine Pfropfrebengenossenschaften als befreite Genossenschaften i. S. d. § 5 Abs. 1 Nr. 14 KStG zu behandeln, obwohl es sich nicht um reine Verwertungsgenossenschaften im Sinne dieser Vorschrift handelt.

R 5.15 Andere Erwerbs- und Wirtschaftsgenossenschaften

In den Bereich der Landwirtschaft fallen z. B. unter der Voraussetzung, dass es sich um die Bearbeitung von Erzeugnissen der land- und forstwirtschaftlichen Betriebe der Mitglieder handelt:
1. Herstellung von Kartoffelflocken und Stärkemehl;
2. Herstellung von Branntwein;
3. Herstellung von Apfel- und Traubenmost;
4. Herstellung von Sirup aus Zuckerrüben;
5. Herstellung von Mehl aus Getreide, nicht dagegen Herstellung von Backwaren;
6. Herstellung von Brettern oder anderen Sägewerkserzeugnissen, nicht dagegen Herstellung von Möbeln.

R 5.16 Vereine im Bereich der Land- und Forstwirtschaft

Die R 5.12 bis 5.15 sind auf Vereine i. S. d. § 5 Abs. 1 Nr. 14 KStG entsprechend anzuwenden.

R 5.17 Wirtschaftsförderungsgesellschaften

- unbesetzt -

H 5.17 Hinweise

Schädliche Tätigkeiten einer Wirtschaftsförderungsgesellschaft

Eine Wirtschaftsförderungsgesellschaft, deren hauptsächliche Tätigkeit sich darauf erstreckt, Grundstücke zu erwerben, hierauf Gebäude nach den Wünschen und Vorstellungen ansiedlungswilliger Unternehmen zu errichten und an diese zu verleasen, ist nicht nach § 5 Abs. 1 Nr. 18 KStG steuerbefreit (>BFH vom 3.8.2005, I R 37/04, BStBl 2006 II S. 141).

Steuerbefreiung von Wirtschaftsförderungsgesellschaften

Anlage 19
>BMF vom 4.1.1996, BStBl I S. 54

Steuerbefreiung außerhalb des Körperschaftsteuergesetzes

R 5.18

Von der Körperschaftsteuer sind aufgrund anderer Gesetze u. a. befreit:

1. Inländische Investmentfonds in der Rechtsform von Sondervermögen und Investmentaktiengesellschaften mit veränderlichem Kapital nach § 11 Abs. 1 Satz 2 InvStG (beachte hinsichtlich Investmentaktiengesellschaften mit veränderlichem Kapital jedoch § 11 Abs. 1 Satz 4 InvStG),

2. Ausgleichskassen und gemeinsame Einrichtungen der Tarifvertragsparteien nach § 12 Abs. 3 des Vorruhestandsgesetzes vom 13.4.1984 (BGBl. I S. 601, BStBl I S. 332) in der jeweils geltenden Fassung.

Anhang 7

§ 6
Einschränkung der Befreiung von Pensions-, Sterbe-, Kranken- und Unterstützungskassen

(1) Übersteigt am Schluss des Wirtschaftsjahrs, zu dem der Wert der Deckungsrückstellung versicherungsmathematisch zu berechnen ist, das Vermögen einer Pensions-, Sterbe- oder Krankenkasse im Sinne des § 5 Abs. 1 Nr. 3 den in Buchstabe d dieser Vorschrift bezeichneten Betrag, so ist die Kasse steuerpflichtig, soweit ihr Einkommen anteilig auf das übersteigende Vermögen entfällt.

(2) Die Steuerpflicht entfällt mit Wirkung für die Vergangenheit, soweit das übersteigende Vermögen innerhalb von 18 Monaten nach dem Schluss des Wirtschaftsjahrs, für das es festgestellt worden ist, mit Zustimmung der Versicherungsaufsichtsbehörde zur Leistungserhöhung, zur Auszahlung an das Trägerunternehmen, zur Verrechnung mit Zuwendungen des Trägerunternehmens, zur gleichmäßigen Herabsetzung künftiger Zuwendungen des Trägerunternehmens oder zur Verminderung der Beiträge der Leistungsempfänger verwendet wird.

(3) Wird das übersteigende Vermögen nicht in der in Absatz 2 bezeichneten Weise verwendet, so erstreckt sich die Steuerpflicht auch auf die folgenden Kalenderjahre, für die der Wert der Deckungsrückstellung nicht versicherungsmathematisch zu berechnen ist.

(4) [1]Bei der Ermittlung des Einkommens der Kasse sind Beitragsrückerstattungen oder sonstige Vermögensübertragungen an das Trägerunternehmen außer in den Fällen des Absatzes 2 nicht abziehbar. [2]Das Gleiche gilt für Zuführungen zu einer Rückstellung für Beitragsrückerstattung, soweit den Leistungsempfängern ein Anspruch auf die Überschussbeteiligung nicht zusteht.

(5) [1]Übersteigt am Schluss des Wirtschaftsjahrs das Vermögen einer Unterstützungskasse im Sinne des § 5 Abs. 1 Nr. 3 den in Buchstabe e dieser Vorschrift bezeichneten Betrag, so ist die Kasse steuerpflichtig, soweit ihr Einkommen anteilig auf das übersteigende Vermögen entfällt. [2]Bei der Ermittlung des Einkommens sind Zuwendungen des Trägerunternehmens nicht erhöhend und Versorgungsleistungen der Kasse sowie Vermögensübertragungen an das Trägerunternehmen nicht mindernd zu berücksichtigen.

(5a) [1]Unterstützungskassen in der Rechtsform der Kapitalgesellschaft können bis zum 31. Dezember 2016 auf amtlich vorgeschriebenem Vordruck einen positiven Zuwendungsbetrag erklären. [2]Dieser errechnet sich aus den Zuwendungen des Trägerunternehmens in den Veranlagungszeiträumen 2006 bis 2015 abzüglich der Versorgungsleistungen in diesem Zeitraum, soweit diese Zuwendungen und diese Versorgungsleistungen in dem steuerpflichtigen Teil des Einkommens der Kasse nach Absatz 5 Satz 1 enthalten waren. [3]Dabei gelten Versorgungsleistungen in den Veranlagungszeiträumen 2006 bis 2015 als vornehmlich aus Zuwendungen des Trägerunternehmens in diesem Zeitraum erbracht. [4]Ab dem Veranlagungszeitraum 2016 mindert sich das steuerpflichtige Einkommen der Kasse in Höhe des zum Schluss des vorherigen Veranlagungszeitraums festgestellten Betrags nach Satz 6; es mindert sich höchstens um einen Betrag in Höhe der im Wirtschaftsjahr getätigten Versorgungsleistungen. [5]Durch die Minderung darf das Einkommen nicht negativ werden. [6]Gesondert festzustellen sind,

1. der Zuwendungsbetrag auf den 31. Dezember 2015 und
2. der zum 31. Dezember des jeweiligen Folgejahres verbleibende Zuwendungsbetrag, der sich ergibt, wenn vom zum Schluss des Vorjahres festgestellten Betrag der Betrag abgezogen wird, um den sich das steuerpflichtige Einkommen im laufenden Veranlagungszeitraum nach den Sätzen 4 und 5 gemindert hat.

(6) [1]Auf den Teil des Vermögens einer Pensions-, Sterbe-, Kranken- oder Unterstützungskasse, der am Schluss des Wirtschaftsjahrs den in § 5 Abs. 1 Nr. 3 Buchstabe d oder e bezeichneten Betrag übersteigt, ist Buchstabe c dieser Vorschrift nicht anzuwenden. [2]Bei Unterstützungskassen gilt dies auch, soweit das Vermögen vor dem Schluss des Wirtschaftsjahrs den in § 5 Abs. 1 Nr. 3 Buchstabe e bezeichneten Betrag übersteigt.

Einschränkung der Befreiung von Pensions-, Sterbe-, Kranken- und Unterstützungskassen

R 6

Allgemeines

(1) [1]§ 6 KStG regelt die teilweise Steuerpflicht überdotierter Pensions-, Sterbe-, Kranken- und Unterstützungskassen. [2]Steuerpflichtig ist der Teil des Einkommens, der auf das den zulässigen Betrag übersteigende Vermögen entfällt.

Pensions-, Sterbe- und Krankenkassen

(2) [1]Bei Pensions-, Sterbe- und Krankenkassen ist das zulässige Vermögen nach § 5 Abs. 1 Nr. 3 Buchstabe d KStG zu errechnen. [2]Es entspricht bei einer in der Rechtsform des VVaG betriebenen Kasse dem Betrag der Verlustrücklage nach § 37 VAG. [3]Maßgebend ist der Soll-Betrag der Verlustrücklage. [4]Soll-Betrag der Verlustrücklage ist der in der Satzung bestimmte und von der Versicherungsaufsichtsbehörde genehmigte Mindestbetrag der Verlustrücklage i. S. d. § 37 VAG. [5]Diese Rücklage dient zur Deckung eines außergewöhnlichen Verlustes aus dem Geschäftsbetrieb. [6]Zu anderen Zwecken, z. B. zu Zahlungen an das Trägerunternehmen, darf die Rücklage nicht verwendet werden. [7]Wird die Kasse nicht in der Rechtsform eines VVaG betrieben, tritt an die Stelle der Verlustrücklage i. S. v. § 37 VAG der dieser Rücklage entsprechende Teil des Vermögens, der zur Deckung eines Verlustes dient. [8]Ist die Ansammlung von Reserven nicht vorgeschrieben, wie z. B. bei öffentlich-rechtlichen Unternehmen, ist i. d. R. darauf abzustellen, ob die Satzung

eine der Verlustrücklage des § 37 VAG entsprechende Rücklagenbildung vorsieht.

(3) [1]Nach dem Wortlaut des § 5 Abs. 1 Nr. 3 Buchstabe d KStG ist bei der Prüfung der Überdotierung einer Pensionskasse das Vermögen zugrunde zu legen, das sich nach den handelsrechtlichen Grundsätzen ordnungsmäßiger Buchführung unter Berücksichtigung des Geschäftsplans sowie der allgemeinen Versicherungsbedingungen und der fachlichen Geschäftsunterlagen i. S. d. § 5 Abs. 3 Nr. 2 Halbsatz 2 VAG ergibt. [2]Die Bindung an die handelsrechtlichen Grundsätze gilt aber nicht uneingeschränkt. [3]Eine handelsrechtlich zulässigerweise gebildete Rückstellung für Beitragsrückerstattung darf nur insoweit berücksichtigt werden, als den Leistungsempfängern ein Anspruch auf die Überschussbeteiligung zusteht. [4]Der Rückstellung für Beitragsrückerstattung gleichzusetzen ist die Rückstellung für satzungsgemäße Überschussbeteiligung, wenn durch Satzung, geschäftsplanmäßige Erklärung oder Beschluss des zuständigen Organs festgelegt ist, dass die Überschüsse in vollem Umfang den Leistungsempfängern und Mitgliedern der Kasse zustehen. [5]Dabei kommt es nicht darauf an, welche Form der Beitragsrückerstattung gewählt wird. [6]Handelt es sich bei den Anspruchsberechtigten um die Leistungsempfänger der Kasse, gilt hinsichtlich der Verwendungsfrist der Rückstellung für Beitragsrückerstattung die für Lebensversicherungsunternehmen getroffene Regelung (§ 21 Abs. 2 KStG) entsprechend. [7]Soweit jedoch das Trägerunternehmen anspruchsberechtigt ist, müssen die Mittel der Beitragsrückerstattung innerhalb der in § 6 Abs. 2 KStG genannten Frist verwendet werden.

(4) [1]Über die Überdotierung einer Pensions-, Sterbe- und Krankenkasse i. S. d. § 5 Abs. 1 Nr. 3 KStG ist nach steuerlichen Gesichtspunkten zu entscheiden. [2]Eine Bindung der Finanzbehörden an Entscheidungen der Versicherungsaufsichtsbehörde besteht nicht. [3]Der Geschäftsplan sowie die allgemeinen Versicherungsbedingungen und die fachlichen Geschäftsunterlagen i. S. d. § 5 Abs. 3 Nr. 2 Halbsatz 2 VAG dienen lediglich als Grundlage für die Prüfung der Überdotierung. [4]Die Prüfung, ob eine Pensions-, Sterbe- und Krankenkasse wegen Überdotierung teilweise steuerpflichtig ist, hat zu den Bilanzstichtagen zu erfolgen, zu denen der Wert der Deckungsrückstellung versicherungsmathematisch zu berechnen ist oder freiwillig berechnet wird. [5]Die teilweise Steuerpflicht beginnt und endet vorbehaltlich des § 6 Abs. 2 KStG nur zu den Bilanzstichtagen, zu denen eine versicherungsmathematische Berechnung durchgeführt worden ist. [6]Tritt die Steuerpflicht z. B. für einen Zeitraum von drei Jahren ein, bleibt während dieser Zeit der Aufteilungsschlüssel unverändert, d. h. das Einkommen ist zwar für jedes Jahr gesondert nach den allgemeinen Vorschriften unter Berücksichtigung des § 6 Abs. 4 KStG zu ermitteln, jedoch nach dem unveränderten Verhältnis in den steuerfreien und den steuerpflichtigen Anteil aufzuteilen.

Unterstützungskassen

(5) ¹Bei Unterstützungskassen ist das Vermögen nach § 5 Abs. 1 Nr. 3 Buchstabe e KStG zu errechnen. ²Im Gegensatz zu den Pensionskassen ist bei der Ermittlung nicht von handelsrechtlichen Bewertungsmaßstäben auszugehen. ³Im Einzelnen sind anzusetzen:

a) der Grundbesitz mit 200 % des Einheitswerts (§ 4d Abs. 1 Satz 1 Nr. 1 Satz 3 EStG), der zu dem Feststellungszeitpunkt maßgebend ist, der auf den Schluss des Wj. folgt,

b) der noch nicht fällige Anspruch aus einer Versicherung mit dem Wert des geschäftsplanmäßigen Deckungskapitals zuzüglich des Guthabens aus Beitragsrückerstattung am Schluss des Wj.; soweit die Berechnung des Deckungskapitals nicht zum Geschäftsplan gehört, tritt an die Stelle des geschäftsplanmäßigen Deckungskapitals der nach § 169 Abs. 3 des VVG berechnete Rückkaufswert bzw. der nach § 169 Abs. 4 VVG berechnete Zeitwert,

c) das übrige Vermögen mit dem gemeinen Wert am Schluss des Wj.

(6) ¹Abweichend von der Regelung für Pensionskassen ist für Unterstützungskassen ein rückwirkender Wegfall der Steuerpflicht nicht vorgesehen. ²Die teilweise Steuerpflicht ist nach Ablauf jedes Jahres zu prüfen. ³Sie besteht deshalb jeweils nur für ein Jahr. ⁴Die teilweise Steuerpflicht kann jedoch nach § 6 Abs. 6 Satz 2 KStG von vornherein z. B. durch entsprechende Rückübertragung von Deckungsmitteln auf das Trägerunternehmen vermieden werden.

Hinweise

H 6

Abstandnahme vom Kapitalertragsteuerabzug
>H 20.1 Abgeltungsteuer Allgemeines EStH

§ 6 KStG
H 6

Beispiel zur Berechnung des Einkommens bei partieller Steuerpflicht

Das steuerpflichtige Einkommen einer überdotierten Pensionskasse wird wie folgt berechnet:

	€
Aktiva	5.000.000
Passiva	3.500.000
Vermögen der Kasse	1.500.000
Verlustrücklage	500.000
übersteigendes Vermögen (Überdotierung)	1.000.000
Einkommen der Kasse	100.000

steuerpflichtiges Einkommen: $\dfrac{100.000 \times 1.000.000}{1.500.000} = 66.667$

Anrechnung von Steuerabzugsbeträgen

Bezieht eine Kasse, die partiell steuerpflichtig ist, Einkünfte, die dem Steuerabzug unterliegen, sind diese Einkünfte im Verhältnis des überdotierten zum Gesamtvermögen der Kasse in die Veranlagung einzubeziehen; nur insoweit ist die auf die Kapitalerträge entfallende Kapitalertragsteuer auf die eigene Körperschaftsteuer der Kasse anzurechnen (>BFH vom 31.7.1991, I R 4/89, BStBl 1992 II S. 98).

Zuwendungen nach §§ 4c und 4d EStG
>R 4c und 4d EStR

§ 6a KStG

§ 6a
Einkommensermittlung bei voll steuerpflichtigen Unterstützungskassen

S 2723

Bei Unterstützungskassen, die voll steuerpflichtig sind, ist § 6 Absatz 5 Satz 2 und Absatz 5a entsprechend anzuwenden.

Zweiter Teil
Einkommen

Erstes Kapitel
Allgemeine Vorschriften

§ 7
Grundlagen der Besteuerung

(1) Die Körperschaftsteuer bemisst sich nach dem zu versteuernden Einkommen.

(2) Zu versteuerndes Einkommen ist das Einkommen im Sinne des § 8 Abs. 1, vermindert um die Freibeträge der §§ 24 und 25.

(3) ¹Die Körperschaftsteuer ist eine Jahressteuer. ²Die Grundlagen für ihre Festsetzung sind jeweils für ein Kalenderjahr zu ermitteln. ³Besteht die unbeschränkte oder beschränkte Steuerpflicht nicht während eines ganzen Kalenderjahrs, so tritt an die Stelle des Kalenderjahrs der Zeitraum der jeweiligen Steuerpflicht.

(4) ¹Bei Steuerpflichtigen, die verpflichtet sind, Bücher nach den Vorschriften des Handelsgesetzbuchs zu führen, ist der Gewinn nach dem Wirtschaftsjahr zu ermitteln, für das sie regelmäßig Abschlüsse machen. ²Weicht bei diesen Steuerpflichtigen das Wirtschaftsjahr, für das sie regelmäßig Abschlüsse machen, vom Kalenderjahr ab, so gilt der Gewinn aus Gewerbebetrieb als in dem Kalenderjahr bezogen, in dem das Wirtschaftsjahr endet. ³Die Umstellung des Wirtschaftsjahrs auf einen vom Kalenderjahr abweichenden Zeitraum ist steuerlich nur wirksam, wenn sie im Einvernehmen mit dem Finanzamt vorgenommen wird.

R 7.1   **Ermittlung des zu versteuernden Einkommens**

(1) ¹Bemessungsgrundlage für die tarifliche Körperschaftsteuer ist das zu versteuernde Einkommen. ²Bei Körperschaften, die nur gewerbliche Einkünfte haben können, ist das zu versteuernde Einkommen wie folgt zu ermitteln:

1. Gewinn / Verlust lt. Steuerbilanz bzw. nach § 60 Abs. 2 EStDV korrigierter Jahresüberschuss / Jahresfehlbetrag lt. Handelsbilanz unter Berücksichtigung der besonderen Gewinnermittlung bei Handelsschiffen nach § 5a EStG
2. \+ Hinzurechnung nicht ausgleichsfähiger Verluste u. a. nach § 15 Abs. 4 Satz 1, 3 und 6, § 15a Abs. 1 und 1a, § 15b Abs. 1 Satz 1 EStG, § 2 Abs. 4 Satz 1, § 20 Abs. 6 Satz 4 UmwStG
3. \+ Hinzurechnung nach § 15a Abs. 3 EStG
4. \- Kürzungen nach § 15 Abs. 4 Satz 2, 3 und 7, § 15a Abs. 2, Abs. 3 Satz 4, § 15b Abs. 1 Satz 2 EStG

§ 7 KStG
R 7.1

5. + Gewinnzuschlag nach § 6b Abs. 7 EStG
6. +/- Bildung und Auflösung von Investitionsabzugsbeträgen i. S. d. § 7g EStG
7. + Hinzurechnung von >vGA (§ 8 Abs. 3 Satz 2 KStG) und Ausschüttungen auf Genussrechte i. S. d. § 8 Abs. 3 Satz 2 KStG
8. - Abzug von Gewinnerhöhungen im Zusammenhang mit bereits in vorangegangenen VZ versteuerten >vGA
9. - verdeckte Einlagen (§ 8 Abs. 3 Satz 3 bis 6 KStG), Einlagen (§ 4 Abs. 1 Satz 8 EStG)
10. + nichtabziehbare Aufwendungen (z. B. § 10 KStG, § 4 Abs. 5 bis 8 EStG, § 160 AO)
11. + Gesamtbetrag der Zuwendungen nach § 9 Abs. 1 Nr. 2 KStG
12. - sonstige inländische steuerfreie Einnahmen
13. + Hinzurechnungen nach § 3c EStG
14. +/- Hinzurechnungen und Kürzungen bei Umwandlung u. a.
    - nach § 4 Abs. 6 bzw. § 12 Abs. 2 Satz 1 UmwStG nicht zu berücksichtigender Übernahmeverlust oder -gewinn,
    - Einbringungsgewinn I nach § 22 Abs. 1 UmwStG
15. +/- Hinzurechnungen und Kürzungen bei ausländischen Einkünften u. a.
    - Korrektur um nach DBA steuerfreie Einkünfte unter Berücksichtigung des § 3c Abs. 1 EStG,
    - Abzug ausländischer Steuern nach § 26 KStG oder § 12 Abs. 3 AStG,
    - Hinzurechnungsbetrag nach § 10 AStG einschließlich Aufstockungsbetrag nach § 12 Abs. 1 AStG,
    - Hinzurechnungen und Kürzungen von nicht nach DBA steuerfreien negativen Einkünften nach § 2a Abs. 1 EStG
16. + Berichtigungsbetrag nach § 1 AStG
17. +/- Kürzungen / Hinzurechnungen nach § 8b KStG
18. +/- Korrekturen bei Organschaft i. S. d. §§ 14 und 17 KStG (z. B. gebuchte Gewinnabführung, Verlustübernahme, Ausgleichszahlungen i. S. d. § 16 KStG)
19. +/- Hinzurechnung der nicht abziehbaren Zinsen und Kürzung um den abziehbaren Zinsvortrag nach § 4h EStG i. V. m. § 8a KStG
20. +/- sonstige Hinzurechnungen und Kürzungen

21. = steuerlicher Gewinn (Summe der Einkünfte in den Fällen der R 7.1 Abs. 2 Satz 1)
22. - Zuwendungen und Zuwendungsvortrag, soweit nach § 9 Abs. 1 Nr. 2 KStG abziehbar

23. + Sonstige Hinzurechnungen bei ausländischen Einkünften
    - Hinzurechnung nach § 52 Abs. 2 EStG i. V. m. § 2a Abs. 3 und 4 EStG 1997,
    - Hinzurechnung nach § 8 Abs. 5 Satz 2 AuslInvG
24. + nicht zu berücksichtigender / wegfallender Verlust des laufenden VZ, soweit Hinzurechnungen nach § 8c KStG ggf. i. V. m. § 2 Abs. 4 Satz 1 und 2, § 20 Abs. 6 Satz 4 UmwStG oder im Falle einer Abspaltung nach § 15 Abs. 3, § 16 UmwStG vor den Korrekturen nach Nr. 25 oder 26 vorzunehmen sind
25. +/- bei Organträgern:
    - Zurechnung des Einkommens von Organgesellschaften (§§ 14 und 17 KStG),
    - Kürzungen / Hinzurechnungen bezogen auf das dem Organträger zugerechnete Einkommen von Organgesellschaften (§ 15 KStG),
    - Abzug des der Organgesellschaft nach § 16 Satz 2 KStG zuzurechnenden Einkommens des Organträgers
26. +/- bei Organgesellschaften:
    - Zurechnung von Einkommen des Organträgers nach § 16 Satz 2 KStG,
    - Abzug des dem Organträger zuzurechnenden Einkommens (§§ 14 und 17 KStG)
27. + nicht zu berücksichtigender / wegfallender Verlust des laufenden VZ, soweit Hinzurechnungen nach § 8c KStG ggf. i. V. m. § 2 Abs. 4 Satz 1 und 2, § 20 Abs. 6 Satz 4 UmwStG oder im Falle einer Abspaltung nach § 15 Abs. 3, § 16 UmwStG nicht bereits nach Nr. 24 vorzunehmen sind
28. + Hinzurechnung der nach § 2 Abs. 4 Satz 3 und 4 UmwStG nicht ausgleichsfähigen Verluste des laufenden VZ des übernehmenden Rechtsträgers

29. = Gesamtbetrag der Einkünfte i. S. d. § 10d EStG
30. - Verlustabzug nach § 10d EStG

31. = Einkommen
32. - Freibetrag für bestimmte Körperschaften (§ 24 KStG)
33. - Freibetrag für Erwerbs- und Wirtschaftsgenossenschaften sowie Vereine, die Land- und Forstwirtschaft betreiben (§ 25 KStG)

34. = zu versteuerndes Einkommen

§ 7 KStG
H 7.1 **R 7.1**

³Bei Körperschaften i. S. d. § 8 Abs. 9 KStG ist zunächst für jede Sparte ein Gesamtbetrag der Einkünfte entsprechend dem Schema nach Satz 2 zu ermitteln. ⁴Der Verlustabzug ist in Fällen von Satz 3 spartenbezogen vorzunehmen. ⁵Die Summe der sich hiernach ergebenden positiven Spartenergebnisse bildet das Einkommen.

(2) ¹Für Körperschaften, die auch andere Einkünfte als gewerbliche haben können, gilt Absatz 1 entsprechend. ²Von der Summe der Einkünfte ist bei Vorliegen der Voraussetzungen der Abzug bei Einkünften aus Land- und Forstwirtschaft (§ 13 Abs. 3 EStG) vorzunehmen.

Hinweise

H 7.1

Beteiligungserträge / Phasengleiche Aktivierung
Eine phasengleiche Aktivierung von Dividendenansprüchen aus einer zum Bilanzstichtag noch nicht beschlossenen Gewinnverwendung einer nachgeschalteten Gesellschaft scheidet steuerlich grundsätzlich aus (>BFH vom 7.8.2000, GrS 2/99, BStBl II S. 632 und >BFH vom 20.12.2000, I R 50/95, BStBl 2001 II S. 409).

Betriebe gewerblicher Art
Zu Besonderheiten der Einkommensermittlung >R 8.2

Doppelbesteuerungsabkommen
Stand zum 1.1.2016 >BMF vom 19.1.2016, BStBl I S. 76

Anlage 2

Gewinnermittlung bei Handelsschiffen
Zu körperschaftsteuerlichen Fragen bei der Gewinnermittlung von Handelsschiffen im internationalen Verkehr nach § 5a EStG >BMF vom 24.3.2000, BStBl I S. 453.

Gewinnermittlung bei Körperschaften, die Land- und Forstwirtschaft betreiben
>R 8.3

Inkongruente Gewinnausschüttungen
>BMF vom 17.12.2013, BStBl 2014 I S. 63

Anlage 6

Körperschaftsteuerguthaben
>BMF vom 14.1.2008, BStBl I S. 280

Anlage 8

Mindestgewinnbesteuerung
Die Mindestgewinnbesteuerung des § 10d Abs. 2 EStG verstößt in ihrer Grundkonzeption einer zeitlichen Streckung des Verlustvortrags nicht gegen Verfassungsrecht (>BFH vom 22.8.2012, I R 9/11, BStBl 2013 II S. 512).[1][2]

---

[1] Verfassungsbeschwerde anhängig, 2 BvR 2998/12
[2] Vgl. auch 2 BvL 19/14 (>BFH vom 26.2.2014, I R 59/12, BStBl II S. 1016)

Organschaft

Zu Besonderheiten der Einkommensermittlung bei Organgesellschaften und Organträgern >R 14.6 bis 16

Spartentrennung bei Kapitalgesellschaften, für die § 8 Abs. 7 Satz 1 Nr. 2 KStG anzuwenden ist

Anlage 11 II

Zu Besonderheiten der Einkommensermittlung bei Kapitalgesellschaften, für die § 8 Abs. 7 Satz 1 Nr. 2 KStG anzuwenden ist >BMF vom 12.11.2009, BStBl I S. 1303.

Verdeckte Gewinnausschüttung

Anlage 17 I

Die vGA führt im Rahmen der Hinzurechnung nach § 8 Abs. 3 Satz 2 KStG zu einer außerbilanziellen Korrektur des Jahresüberschusses/-fehlbetrags als Ausgangsgröße der steuerlichen Einkommensermittlung (>BFH vom 29.6.1994, I R 137/93, BStBl 2002 II S. 366 und >BFH vom 12.10.1995, I R 27/95, BStBl 2002 II S. 367). Zur Darstellung im Einzelnen und zum Abzug von Gewinnerhöhungen im Zusammenhang mit bereits früher versteuerten vGA >BMF vom 28.5.2002, BStBl I S. 603.

R 7.2 Ermittlung der festzusetzenden und verbleibenden Körperschaftsteuer

¹Die festzusetzende und die verbleibende Körperschaftsteuer sind wie folgt zu ermitteln:

1.   Steuerbetrag nach Regelsteuersatz (§ 23 Abs. 1 KStG) bzw. Sondersteuersätzen
2. − anzurechnende ausländische Steuern nach § 26 Abs. 1 KStG, § 12 AStG

---

3. = Tarifbelastung
   + Körperschaftsteuererhöhung nach § 38 Abs. 2 i. V. m. § 34 Abs. 13 KStG

---

4. = festzusetzende Körperschaftsteuer
5. − anzurechnende Kapitalertragsteuer

---

6. = verbleibende Körperschaftsteuer

²Bei Berufsverbänden unterliegen Mittel, die für die Unterstützung und Förderung von Parteien verwendet werden, einer besonderen Körperschaftsteuer von 50 % (§ 5 Abs. 1 Nr. 5 Satz 4 KStG).

§ 7 KStG
R 7.3

Vom Kalenderjahr abweichendes Wirtschaftsjahr

R 7.3

(1) Auf kleine Betriebe, Stiftungen, Verbände und Vereine, die einer jPöR angeschlossen sind oder von ihr verwaltet werden, sowie auf technische Überwachungsvereine kann, soweit sie gezwungen sind, ihre Abschlüsse abweichend vom Kj. aufzustellen, § 7 Abs. 4 KStG entsprechend angewendet werden.

(2) Bei Körperschaften i. S. d. § 5 Abs. 1 Nr. 9 KStG mit einem vom Kj. abweichenden Wj., die ohne Verpflichtung nach den Vorschriften des HGB ordnungsmäßig Bücher führen und regelmäßig Abschlüsse machen, kann in entsprechender Anwendung des § 7 Abs. 4 KStG auf Antrag das Wj. der Besteuerung des wirtschaftlichen Geschäftsbetriebs zugrunde gelegt werden.

§ 8
Ermittlung des Einkommens

(1) ¹Was als Einkommen gilt und wie das Einkommen zu ermitteln ist, bestimmt sich nach den Vorschriften des Einkommensteuergesetzes und dieses Gesetzes. ²Bei Betrieben gewerblicher Art im Sinne des § 4 sind die Absicht, Gewinn zu erzielen, und die Beteiligung am allgemeinen wirtschaftlichen Verkehr nicht erforderlich. ³Bei den inländischen öffentlich-rechtlichen Rundfunkanstalten beträgt das Einkommen aus dem Geschäft der Veranstaltung von Werbesendungen 16 Prozent der Entgelte (§ 10 Abs. 1 des Umsatzsteuergesetzes) aus Werbesendungen.

(2) Bei unbeschränkt Steuerpflichtigen im Sinne des § 1 Abs. 1 Nr. 1 bis 3 sind alle Einkünfte als Einkünfte aus Gewerbebetrieb zu behandeln.

(3) ¹Für die Ermittlung des Einkommens ist es ohne Bedeutung, ob das Einkommen verteilt wird. ²Auch verdeckte Gewinnausschüttungen sowie Ausschüttungen jeder Art auf Genussrechte, mit denen das Recht auf Beteiligung am Gewinn und am Liquidationserlös der Kapitalgesellschaft verbunden ist, mindern das Einkommen nicht. ³Verdeckte Einlagen erhöhen das Einkommen nicht. ⁴Das Einkommen erhöht sich, soweit eine verdeckte Einlage das Einkommen des Gesellschafters gemindert hat. ⁵Satz 4 gilt auch für eine verdeckte Einlage, die auf einer verdeckten Gewinnausschüttung einer dem Gesellschafter nahe stehenden Person beruht und bei der Besteuerung des Gesellschafters nicht berücksichtigt wurde, es sei denn, die verdeckte Gewinnausschüttung hat bei der leistenden Körperschaft das Einkommen nicht gemindert. ⁶In den Fällen des Satzes 5 erhöht die verdeckte Einlage nicht die Anschaffungskosten der Beteiligung.

(4) (weggefallen)

(5) Bei Personenvereinigungen bleiben für die Ermittlung des Einkommens Beiträge, die auf Grund der Satzung von den Mitgliedern lediglich in ihrer Eigenschaft als Mitglieder erhoben werden, außer Ansatz.

(6) Besteht das Einkommen nur aus Einkünften, von denen lediglich ein Steuerabzug vorzunehmen ist, so ist ein Abzug von Betriebsausgaben oder Werbungskosten nicht zulässig.

(7) ¹Die Rechtsfolgen einer verdeckten Gewinnausschüttung im Sinne des Absatzes 3 Satz 2 sind

1. bei Betrieben gewerblicher Art im Sinne des § 4 nicht bereits deshalb zu ziehen, weil sie ein Dauerverlustgeschäft ausüben;
2. bei Kapitalgesellschaften nicht bereits deshalb zu ziehen, weil sie ein Dauerverlustgeschäft ausüben. ²Satz 1 gilt nur bei Kapitalgesellschaften, bei denen die Mehrheit der Stimmrechte unmittelbar oder mittelbar auf juristische Personen des öffentlichen

Rechts entfällt und nachweislich ausschließlich diese Gesellschafter die Verluste aus Dauerverlustgeschäften tragen. ²Ein Dauerverlustgeschäft liegt vor, soweit aus verkehrs-, umwelt-, sozial-, kultur-, bildungs- oder gesundheitspolitischen Gründen eine wirtschaftliche Betätigung ohne kostendeckendes Entgelt unterhalten wird oder in den Fällen von Satz 1 Nr. 2 das Geschäft Ausfluss einer Tätigkeit ist, die bei juristischen Personen des öffentlichen Rechts zu einem Hoheitsbetrieb gehört.

(8) ¹Werden Betriebe gewerblicher Art zusammengefasst, ist § 10d des Einkommensteuergesetzes auf den Betrieb gewerblicher Art anzuwenden, der sich durch die Zusammenfassung ergibt. ²Nicht ausgeglichene negative Einkünfte der einzelnen Betriebe gewerblicher Art aus der Zeit vor der Zusammenfassung können nicht beim zusammengefassten Betrieb gewerblicher Art abgezogen werden. ³Ein Rücktrag von Verlusten des zusammengefassten Betriebs gewerblicher Art auf die einzelnen Betriebe gewerblicher Art vor Zusammenfassung ist unzulässig. ⁴Ein bei einem Betrieb gewerblicher Art vor der Zusammenfassung festgestellter Verlustvortrag kann nach Maßgabe des § 10d des Einkommensteuergesetzes vom Gesamtbetrag der Einkünfte abgezogen werden, den dieser Betrieb gewerblicher Art nach Beendigung der Zusammenfassung erzielt. ⁵Die Einschränkungen der Sätze 2 bis 4 gelten nicht, wenn gleichartige Betriebe gewerblicher Art zusammengefasst oder getrennt werden.

(9) ¹Wenn für Kapitalgesellschaften Absatz 7 Satz 1 Nr. 2 zur Anwendung kommt, sind die einzelnen Tätigkeiten der Gesellschaft nach folgender Maßgabe Sparten zuzuordnen:
1. Tätigkeiten, die als Dauerverlustgeschäfte Ausfluss einer Tätigkeit sind, die bei juristischen Personen des öffentlichen Rechts zu einem Hoheitsbetrieb gehören, sind jeweils gesonderten Sparten zuzuordnen;
2. Tätigkeiten, die nach § 4 Abs. 6 Satz 1 zusammenfassbar sind oder aus den übrigen, nicht in Nummer 1 bezeichneten Dauerverlustgeschäften stammen, sind jeweils gesonderten Sparten zuzuordnen, wobei zusammenfassbare Tätigkeiten jeweils eine einheitliche Sparte bilden;
3. alle übrigen Tätigkeiten sind einer einheitlichen Sparte zuzuordnen.

²Für jede sich hiernach ergebende Sparte ist der Gesamtbetrag der Einkünfte getrennt zu ermitteln. ³Die Aufnahme einer weiteren, nicht gleichartigen Tätigkeit führt zu einer neuen, gesonderten Sparte; Entsprechendes gilt für die Aufgabe einer solchen Tätigkeit. ⁴Ein negativer Gesamtbetrag der Einkünfte einer Sparte darf nicht mit einem positiven Gesamtbetrag der Einkünfte einer anderen Sparte ausgeglichen oder nach Maßgabe des § 10d des Einkommensteuergesetzes abgezogen werden. ⁵Er mindert jedoch nach Maßgabe des

§ 10d des Einkommensteuergesetzes die positiven Gesamtbeträge der Einkünfte, die sich in dem unmittelbar vorangegangenen und in den folgenden Veranlagungszeiträumen für dieselbe Sparte ergeben. [6]Liegen die Voraussetzungen des Absatzes 7 Satz 1 Nr. 2 Satz 2 ab einem Zeitpunkt innerhalb eines Veranlagungszeitraums nicht mehr vor, sind die Sätze 1 bis 5 ab diesem Zeitpunkt nicht mehr anzuwenden; hiernach nicht ausgeglichene oder abgezogene negative Beträge sowie verbleibende Verlustvorträge aus den Sparten, in denen Dauerverlusttätigkeiten ausgeübt werden, entfallen. [7]Liegen die Voraussetzungen des Absatzes 7 Satz 1 Nr. 2 Satz 2 erst ab einem bestimmten Zeitpunkt innerhalb eines Veranlagungszeitraums vor, sind die Sätze 1 bis 5 ab diesem Zeitpunkt anzuwenden; ein bis zum Eintritt der Voraussetzungen entstandener Verlust kann nach Maßgabe des § 10d des Einkommensteuergesetzes abgezogen werden; ein danach verbleibender Verlust ist der Sparte zuzuordnen, in denen keine Dauerverlustgeschäfte ausgeübt werden. [8]Der am Schluss eines Veranlagungszeitraums verbleibende negative Gesamtbetrag der Einkünfte einer Sparte ist gesondert festzustellen; § 10d Absatz 4 des Einkommensteuergesetzes gilt entsprechend.

(10) [1]Bei Einkünften aus Kapitalvermögen ist § 2 Absatz 5b des Einkommensteuergesetzes nicht anzuwenden. [2]§ 32d Abs. 2 Satz 1 Nr. 1 Satz 1 und Nr. 3 Satz 1 und Satz 3 bis 6 des Einkommensteuergesetzes ist entsprechend anzuwenden; in diesen Fällen ist § 20 Abs. 6 und 9 des Einkommensteuergesetzes nicht anzuwenden.

R 8.1 Anwendung einkommensteuerrechtlicher Vorschriften

(1) Bei Körperschaften sind nach § 8 Abs. 1, § 26 und § 31 Abs. 1 KStG anzuwenden:

1. die folgenden Vorschriften des EStG i. d. F. der Bekanntmachung vom 8.10.2009 (BGBl. I S. 3366, S. 3862, BStBl I S. 1346) unter Berücksichtigung der Änderungen bis einschließlich durch Artikel 3 des Gesetzes vom 2. November 2015 (BGBl. I S. 1834, BStBl I S. 846):

§ 2 Abs. 1 bis 4, 6 und 7 Satz 3. [2]Auf R 7.1 wird hingewiesen;
§ 2a,
§ 3 Nr. 7, 8 Satz 1, Nr. 11 Satz 1 und 3, Nr. 18, 40a, 41, 42, 44, 54 und 70,
§ 3c Abs. 1, § 3c Abs. 2 i. V. m. § 3 Nr. 40a, § 3c Abs. 3
§ 4 Abs. 1 bis 4, Abs. 5 Satz 1 Nr. 1 bis 4, 7 bis 13, Satz 2, Abs. 5b bis 8,
§ 4a Abs. 1 Satz 2 Nr. 1 und 3, Abs. 2,
§ 4b,
§ 4c,
§ 4d,
§ 4e,
§ 4f,

§ 4g,
§ 4h,
§ 5,
§ 5a,
§ 5b,
§ 6,
§ 6a,
§ 6b,
§ 6c,
§ 6d,
§ 7,
§ 7a,
§ 7g,
§ 7h,
§ 7i,
§ 8 Abs. 1 und 2,
§ 9 Abs. 1 Satz 3 Nr. 1 bis 3 und 7 und Abs. 5,
§ 9a Satz 1 Nr. 3 und Satz 2. ³Auf Absatz 2 wird hingewiesen;
§ 9b,
§ 10d,
§ 10g,
§ 11,
§ 11a,
§ 11b,
§ 13 Abs. 1, 2 Nr. 1, Abs. 3 Satz 1 und 2, Abs. 6 und 7,
§ 13a,
§ 14 Satz 1,
§ 15,
§ 15a,
§ 15b,
§ 16 Abs. 1 bis 3b und 5,
§ 17. ⁴Auf Absätze 2 und 3 wird hingewiesen;
§ 18 Abs. 1 Nr. 2, 3 und 4, Abs. 2, 3, 4 Satz 2,
§ 20. ⁵Auf Absatz 2 wird hingewiesen;
§ 21 Abs. 1 und 3,
§ 22 Nr. 1, 2 und 3,
§ 23,
§ 24,
§ 25 Abs. 1 und 3 Satz 1,
§ 32d Abs. 2 Satz 1 Nr. 1 Satz 1 und Nr. 3 Satz 1 und Satz 3 bis 6 (die Anwendung erfolgt i. V. m. § 8 Abs. 10 KStG),
§ 34b Abs. 1 Nr. 2 (die Anwendung erfolgt i. V. m. R 23),
§ 34c (die Anwendung erfolgt i. V. m. § 26 KStG),
§ 34d Nr. 1 bis 4 und 6 bis 8,
§ 36 Abs. 2 Nr. 2, Abs. 3 bis 5,
§ 37 Abs. 1, Abs. 3 Satz 1 bis 3 sowie 8 bis 11, Abs. 4 und 5,
§ 37b,

§ 43,
§ 43a,
§ 43b,
§ 44,
§ 44a,
§ 44b,
§ 45,
§ 45a,
§ 45d,
§ 48,
§ 48a,
§ 48b,
§ 48c,
§ 48d,
§ 49,
§ 50 Abs. 1 Satz 1, Abs. 2 Satz 1, 2, 7 und 8, Abs. 3 und 4,
§ 50a Abs. 1 Nr. 1 bis 3, Abs. 2 bis 7,
§ 50b,
§ 50d Abs. 1 bis 6 und 9 bis 11,
§ 50e,
§ 50f,
§ 50g,
§ 50h,
§ 50i,
§ 51,
§ 51a Abs. 1 und 3 bis 5,
§ 52,
§ 55,
§ 56,
§ 57,
§ 58;

2. die folgenden Vorschriften der EStDV i. d. F. der Bekanntmachung vom 10.5.2000 (BGBl. I S. 717, BStBl I S. 595), zuletzt geändert durch die Verordnung vom 31.8.2015 (BGBl. I S. 1474):

§ 6,
§ 8b,
§ 8c,
§ 9a,
§ 10,
§ 11c,
§ 11d,
§ 15,
§ 50,
§ 51,
§ 53,
§ 54,
§ 56 Satz 2,

§ 60,
§ 68a,
§ 68b,
§ 73a Abs. 2 und 3,
§ 73c,
§ 73d,
§ 73e,
§ 73f,
§ 73g,
§ 81,
§ 82a,
§ 82f,
§ 82g,
§ 82i,
§ 84.

(2) ¹Unbeschränkt Körperschaftsteuerpflichtige i. S. d. § 1 Abs. 1 Nr. 4 und 5 KStG können grundsätzlich Bezieher sämtlicher Einkünfte i. S. d. § 2 Abs. 1 EStG sein. ²Bei der Ermittlung der Einkünfte aus Kapitalvermögen ist die Vorschrift des § 20 Abs. 9 Satz 1 und 4 EStG (Sparer-Pauschbetrag) zu berücksichtigen. ³In den Fällen des § 8 Abs. 10 KStG ist § 20 Abs. 6 und 9 EStG nicht anzuwenden. ⁴Ferner ist die Freibetragsregelung des § 17 Abs. 3 EStG zu beachten.

(3) Bei Körperschaftsteuerpflichtigen, bei denen alle Einkünfte als Einkünfte aus Gewerbebetrieb zu behandeln sind (§ 8 Abs. 2 KStG), ist die Freibetragsregelung des § 17 Abs. 3 EStG nicht anzuwenden.

Hinweise

H 8.1

Gewinnermittlung bei Handelsschiffen
Zu körperschaftsteuerlichen Fragen bei der Gewinnermittlung von Handelsschiffen im internationalen Verkehr nach § 5a EStG >BMF vom 24.3.2000, BStBl I S. 453.

Steuerberatungskosten
Zum Abzug von Steuerberatungskosten als Betriebsausgaben oder Werbungskosten >BMF vom 21.12.2007, BStBl 2008 I S. 256

R 8.2 Einkommensermittlung bei Betrieben gewerblicher Art

(1) ¹Für die Zwecke der Ermittlung des körperschaftsteuerpflichtigen Einkommens wird der BgA der jPöR verselbständigt. ²Das schließt grundsätzlich die steuerrechtliche Anerkennung von Regelungen der jPöR in Bezug auf den BgA ein, z. B. über verzinsliche Darlehen oder Konzessionsabgaben. ³Diese Regelungen müssen jedoch klar und eindeutig sein und können nur für die Zukunft, nicht aber mit Wirkung für die Vergangenheit getroffen werden.

(2) ¹Regelungen der jPöR in Bezug auf den BgA über verzinsliche Darlehen sind steuerrechtlich nur anzuerkennen, soweit der BgA mit einem angemessenen Eigenkapital ausgestattet ist. ²Ein Anhaltspunkt ist die Kapitalstruktur gleichartiger Unternehmen in privatrechtlicher Form. ³Ein BgA ist grundsätzlich mit einem angemessenen Eigenkapital ausgestattet, wenn das Eigenkapital mindestens 30 % des Aktivvermögens beträgt. ⁴Für die Berechnung der Eigenkapitalquote ist von den Buchwerten in der steuerrechtlichen Gewinnermittlung am Anfang des Wj. auszugehen. ⁵Das Aktivvermögen ist um Baukostenzuschüsse und passive Wertberichtigungsposten zu kürzen. ⁶Von der jPöR gewährte unverzinsliche Darlehen sind als Eigenkapital zu behandeln. ⁷Pensionsrückstellungen rechnen als echte Verpflichtungen nicht zum Eigenkapital. ⁸Soweit der BgA nicht mit einem angemessenen Eigenkapital ausgestattet ist, ist ein von der jPöR ihrem BgA gewährtes Darlehen als Eigenkapital zu behandeln mit der Folge, dass die insoweit angefallenen Zinsen als vGA anzusehen sind. ⁹Die Angemessenheit des Eigenkapitals ist für jeden VZ neu zu prüfen.

(3) ¹Auch ohne besondere Regelung sind Aufwendungen der jPöR, die dieser aus der Unterhaltung des BgA erwachsen, in angemessenem Umfang als Betriebsausgaben des BgA abziehbar. ²Wegen vGA >R 8.5 und wegen der Abgrenzung der Spenden zur vGA >R 9 Abs. 6.

(4) ¹Werden Wirtschaftsgüter anlässlich der Veräußerung eines BgA nicht mit veräußert, kommt es zur >Überführung dieser Wirtschaftsgüter in das Hoheitsvermögen der Trägerkörperschaft. ²Sie können danach einem anderen BgA zugeführt werden. ³Eine Zusammenfassung von BgA führt nicht zur Überführung der in den bisherigen BgA enthaltenen Wirtschaftsgüter in das Hoheitsvermögen mit anschließender Zuführung in den zusammengefassten BgA.

(5) Eine von außersteuerlichen Verpflichtungen abgeleitete steuerliche >Buchführungspflicht i. S. d. § 140 AO kann sich für BgA von jPöR aufgrund der landesspezifischen Eigenbetriebsgesetze sowie bei kaufmännischen Betrieben auch aufgrund einer unmittelbaren Anwendung der handelsrechtlichen Rechnungslegungsvorschriften (§§ 238 ff. HGB) ergeben.

Hinweise

Anwendungsfragen zur Besteuerung von BgA und Eigengesellschaften von jPöR

>BMF vom 12.11.2009, BStBl I S. 1303

Betriebsvermögen

Zum Begriff des notwendigen Betriebsvermögens >R 4.2 EStR

Wesentliche Betriebsgrundlagen sind auch ohne eine entsprechende Widmung stets als notwendiges Betriebsvermögen des BgA zu behandeln (>BFH vom 14.3.1984, I R 223/80, BStBl II S. 496). Der Annahme notwendigen Betriebsvermögens des BgA steht nicht entgegen, dass sich das Wirtschaftsgut räumlich im hoheitlichen Bereich der Trägerkörperschaft befindet (>BFH vom 27.6.2001, I R 82-85/00, BStBl II S. 773). Die Annahme von Betriebsvermögen des BgA ist hingegen ausgeschlossen, wenn das Wirtschaftsgut zum Hoheitsbereich der Trägerkörperschaft gehört; dies gilt auch dann, wenn das Wirtschaftsgut eine wesentliche Betriebsgrundlage des BgA darstellt (>BFH vom 17.5.2000, I R 50/98, BStBl 2001 II S. 558). Hoheitsvermögen kann kein gewillkürtes Betriebsvermögen darstellen (>BFH vom 7.11.2007, I R 52/06, BStBl 2009 II S. 248)

Buchführungspflicht
>BMF vom 3.1.2013, BStBl I S. 59

Angemessene Eigenkapitalausstattung
>BFH vom 9.7.2003, I R 48/02, BStBl 2004 II S. 425

Eigenkapitalausstattung und Darlehensgewährung
>BFH vom 1.9.1982, I R 52/78, BStBl 1983 II S. 147

Einkunftsart
Einkünfte eines BgA stellen stets gewerbliche Einkünfte i. S. d. § 15 EStG dar. Das gilt auch im Fall der Verpachtung eines BgA (>BFH vom 1.8.1979, I R 106/76, BStBl II S. 716).

Kapitalertragsteuer
Zur Kapitalertragsteuer auf Leistungen eines mit eigener Rechtspersönlichkeit ausgestatteten BgA bzw. auf den Gewinn eines BgA ohne eigene Rechtspersönlichkeit, die zu einer beschränkten Steuerpflicht der Trägerkörperschaft nach § 2 Nr. 2 KStG mit abgeltendem Steuerabzug (§ 32 Abs. 1 Nr. 2 KStG) führt >BMF vom 9.1.2015, BStBl I S. 111.

Konzessionsabgaben
Zur Abziehbarkeit von Konzessionsabgaben >BMF vom 9.2.1998, BStBl I S. 209 und >BMF vom 27.9.2002, BStBl I S. 940 sowie (insbesondere in der Anlaufphase) >BFH vom 6.4.2005, I R 15/04, BStBl 2006 II S. 196. Zur Bestimmung der Einwohnerzahl >BFH vom 31.1.2012, I R 1/11, BStBl II S. 694 und >BMF vom 24.8.2012, BStBl I S. 904.

Anlage 11 II

Anlage 7 I

Miet- oder Pachtverträge

Die fiktive Verselbständigung des BgA im Rahmen der Einkommensermittlung lässt grundsätzlich auch die steuerliche Berücksichtigung von Miet- und Pachtvereinbarungen des BgA mit seiner Trägerkörperschaft zu. Miet- oder Pachtverträge zwischen der jPöR und ihrem BgA können allerdings im Hinblick auf den Besteuerungszweck des § 1 Abs. 1 Nr. 6 i.V.m. § 4 KStG nicht der Besteuerung zugrunde gelegt werden, soweit Wirtschaftsgüter überlassen werden, die für den BgA eine wesentliche Grundlage bilden (>BFH vom 14.3.1984, I R 223/80, BStBl II S. 496). Dies gilt auch dann, wenn das Wirtschaftsgut - wie z.B. eine öffentliche Straßenfläche - zum Hoheitsbereich der jPöR gehört und die Annahme von >Betriebsvermögen des BgA ausscheidet (>BFH vom 17.5.2000, I R 50/98, BStBl 2001 II S. 558).

Rechnungsprüfung

Angemessene Aufwendungen eines BgA für gesetzlich vorgesehene Rechnungs- und Kassenprüfungen durch das Rechnungsprüfungsamt der Trägerkörperschaft sind als Betriebsausgaben abziehbar (>BFH vom 28.2.1990, I R 137/86, BStBl II S. 647).

Sondernutzungsentgelte

Soweit hoheitliches Vermögen auf Grund von Sondernutzungsentgelten genutzt wird, kann dies zu Betriebsausgaben führen (>BFH vom 6.11.2007, I R 72/06, BStBl 2009 II S. 246).

Steuerrechtssubjekt i.S.d. § 1 Abs. 1 Nr. 6 KStG

Die Trägerkörperschaft ist Steuerrechtssubjekt i.S.d. § 1 Abs. 1 Nr. 6 KStG wegen jedes einzelnen von ihr unterhaltenen BgA. Für jeden einzelnen BgA ist das Einkommen gesondert zu ermitteln und die Körperschaftsteuer gesondert gegen die Trägerkörperschaft festzusetzen (>BFH vom 13.3.1974, I R 7/71, BStBl II S. 391, >BFH vom 8.11.1989, I R 187/85, BStBl 1990 II S. 242 und >BFH vom 17.5.2000, I R 50/98, BStBl 2001 II S. 558).

Überführung von Wirtschaftsgütern

Werden Wirtschaftsgüter in einen anderen BgA derselben Trägerkörperschaft überführt, ist dieser Vorgang infolge der fiktiven Verselbständigung des rechtlich unselbständigen BgA im Rahmen der Einkommensermittlung als vGA des abgebenden sowie als verdeckte Einlage bei dem aufnehmenden Betrieb zu berücksichtigen (>BFH vom 24.4.2002, I R 20/01, BStBl 2003 II S. 412). Zur Bewertung der vGA mit dem gemeinen Wert >H 8.6 Hingabe von Wirtschaftsgütern und zur Bewertung der verdeckten Einlage mit dem Teilwert >§ 8 Abs. 1 KStG i.V.m. § 6 Abs. 1 Nr. 5 und 6 EStG und >R 8.9 Abs. 4.

Vereinbarungen

Vereinbarungen zwischen dem rechtlich unselbständigen BgA und seiner Trägerkörperschaft sind aufgrund der fiktiven Verselbständigung des BgA im Rahmen der Einkommensermittlung steuerlich grundsätzlich zu berücksichtigen, zur Ausnahme bei Miet- und Pachtverträgen über wesentliche Betriebsgrundlagen >Miet- oder Pachtverträge. Aufgrund der engen Beziehung zwischen Trägerkörperschaft und rechtlich unselbständigem BgA sind für eine steuerliche Anerkennung der Vereinbarungen die für beherrschende Anteilseigner einer Kapitalgesellschaft geltenden Grundsätze maßgebend. Soweit bei der Ermittlung des Einkommens Minderungen des dem BgA zuzuordnenden Vermögens zugunsten des übrigen Vermögens der Trägerkörperschaft zu beurteilen sind, ist das Einkommen zu ermitteln, als ob der BgA ein selbständiges Steuersubjekt in der Rechtsform einer Kapitalgesellschaft und die Trägerkörperschaft deren Alleingesellschafter ist (>BFH vom 3.2.1993, I R 61/91, BStBl II S. 459, >BFH vom 10.7.1996, I R 108-109/95, BStBl 1997 II S. 230 und >BFH vom 17.5.2000, I R 50/98, BStBl 2001 II S. 558).

Zuwendungen

Zuwendungen an Trägerkörperschaft

Die fiktive Verselbständigung des BgA im Rahmen der Einkommensermittlung schließt die steuerrechtliche Anerkennung sowohl von Vereinbarungen als auch von sonstigen Geschäftsvorfällen zwischen der Trägerkörperschaft und dem unselbständigen BgA ein. Die Rspr. erkennt demzufolge grundsätzlich auch eine gewinnmindernde Berücksichtigung von Zuwendungen i.S.d. § 9 Abs. 1 Nr. 2 KStG an, die der rechtlich unselbständige BgA zugunsten der Trägerkörperschaft leistet (>BFH vom 5.6.1962, I 31/61, BStBl III S. 355 und >BFH vom 12.10.1978, I R 149/75, BStBl 1979 II S. 192).

Auswirkung von Zuwendungen auf den Gewinn

Zuwendungen zugunsten seiner Trägerkörperschaft kann der BgA nur dann gewinnmindernd berücksichtigen, wenn er die Zuwendung auch bei Anwendung der Sorgfalt eines ordentlichen und gewissenhaften Geschäftsleiters geleistet hätte und die Zuwendung ihre Ursache nicht in der engen Bindung des BgA an die Trägerkörperschaft, mithin in der trägerschaftlichen Beziehung findet; andernfalls kommt es zu einer vGA (>BFH vom 21.1.1970, I R 23/68, BStBl II S. 468, >BFH vom 12.10.1978, I R 149/75, BStBl 1979 II S. 192 und >BFH vom 1.12.1982, I R 101/79, BStBl 1983 II S. 150).

>H 9 Zuwendungen und Spenden an den Träger der Sparkasse (Gewährträger)

§ 8 KStG
R 8.3-8.5

R 8.3   **Gewinnermittlung bei Körperschaften,
die Land- und Forstwirtschaft betreiben**

[1]Im Interesse der Gleichmäßigkeit der Besteuerung bestehen keine Bedenken, dass auch Körperschaften, bei denen alle Einkünfte als Einkünfte aus Gewerbebetrieb zu behandeln sind (§ 8 Abs. 2 KStG) und die daher ihren Gewinn nicht nach § 4 Abs. 1 EStG, sondern nach § 5 EStG ermitteln, die Steuervergünstigungen des § 6b EStG für Gewinne aus der Veräußerung von Aufwuchs oder Anlagen im Grund und Boden mit dem dazugehörigen Grund und Boden in Anspruch nehmen. [2]Das gilt auch für die Vereinfachungsregelung i. S. d. R 14 Abs. 3 Satz 1 EStR. [3]Voraussetzung ist in diesen Fällen, dass sich der Betrieb der Körperschaft auf die Land- und Forstwirtschaft beschränkt oder der land- und forstwirtschaftliche Betrieb als organisatorisch verselbständigter Betriebsteil (Teilbetrieb) geführt wird.

R 8.4   **Zuwendungen an Pensions- und Unterstützungskassen**

- unbesetzt -

R 8.5   **Verdeckte Gewinnausschüttungen**

Grundsätze der verdeckten Gewinnausschüttung

(1) [1]Eine vGA i. S. d. § 8 Abs. 3 Satz 2 KStG ist eine Vermögensminderung oder verhinderte Vermögensmehrung, die durch das Gesellschaftsverhältnis veranlasst ist, sich auf die Höhe des Unterschiedsbetrags i. S. d. § 4 Abs. 1 Satz 1 EStG auswirkt und nicht auf einem den gesellschaftsrechtlichen Vorschriften entsprechenden Gewinnverteilungsbeschluss beruht. [2]Bei nicht buchführungspflichtigen Körperschaften ist auf die Einkünfte abzustellen. [3]Eine >Veranlassung durch das Gesellschaftsverhältnis ist auch dann gegeben, wenn die Vermögensminderung oder verhinderte Vermögensmehrung bei der Körperschaft zugunsten einer >nahestehenden Person erfolgt.

(2) [1]Im Verhältnis zwischen Gesellschaft und beherrschendem Gesellschafter ist eine Veranlassung durch das Gesellschaftsverhältnis i. d. R. auch dann anzunehmen, wenn es an einer zivilrechtlich wirksamen, klaren, eindeutigen und im Voraus abgeschlossenen Vereinbarung darüber fehlt, ob und in welcher Höhe ein Entgelt für eine Leistung des Gesellschafters zu zahlen ist, oder wenn nicht einer klaren Vereinbarung entsprechend verfahren wird. [2]Die beherrschende Stellung muss im Zeitpunkt der Vereinbarung oder des Vollzugs der Vermögensminderung oder verhinderten Vermögensmehrung vorliegen.

§ 8 KStG
H 8.5

| Hinweise | H 8.5 |

I. Grundsätze

Auslegung von Vereinbarungen
Zur Auslegung von Vereinbarungen zwischen einer Kapitalgesellschaft und ihrem Gesellschafter-Geschäftsführer im Zusammenhang mit einer Pensionszusage >BMF vom 28.8.2001, BStBl I S. 594.

BgA
Eine vGA kann auch bei BgA von jPöR vorliegen (>BFH vom 29.5.1968, I 46/65, BStBl II S. 692, >BFH vom 13.3.1974, I R 7/71, BStBl II S. 391 und >BFH vom 10.7.1996, I R 108-109/95, BStBl 1997 II S. 230).
Zum Verhältnis zwischen dem BgA und der Trägerkörperschaft >H 8.2 Vereinbarungen.
Zur Frage vGA bei Dauerverlustgeschäften >§ 8 Abs. 7 KStG und >BMF vom 12.11.2009, BStBl I S. 1303

Anlage 11 II

Dauerschuldverhältnisse
>H 8.5 I zivilrechtliche Wirksamkeit

Genossenschaften
Eine vGA kann auch bei Genossenschaften vorliegen (>BFH vom 11.10.1989, I R 208/85, BStBl 1990 II S. 88 und >R 22 Abs. 13). Eingetragene Genossenschaften haben keine außerbetriebliche Sphäre (>BFH vom 24.4.2007, I R 37/06, BStBl 2015 II S. 1056).

Korrektur innerhalb oder außerhalb der Steuerbilanz
>BMF vom 28.5.2002, BStBl I S. 603

Anlage 17 I

Mündliche Vereinbarung
Wer sich auf die Existenz eines mündlich abgeschlossenen Vertrags beruft, einen entsprechenden Nachweis aber nicht führen kann, hat den Nachteil des fehlenden Nachweises zu tragen, weil er sich auf die Existenz des Vertrags zur Begründung des Betriebsausgabenabzugs beruft (>BFH vom 29.7.1992, I R 28/92, BStBl 1993 II S. 247).
>H 8.5 I zivilrechtliche Wirksamkeit

Nichtkapitalgesellschaften und vGA
Die Annahme einer vGA setzt voraus, dass der Empfänger der Ausschüttung ein mitgliedschaftliches oder mitgliedschaftsähnliches Verhältnis zur ausschüttenden Körperschaft hat (>BFH vom 13.7.1994, I R 112/93, BStBl 1995 II S. 198). Entscheidend für eine vGA ist ihre Veranlassung durch das mitgliedschaftliche oder mitgliedschaftsähnliche Verhältnis. Aus diesem Grund kann eine vGA auch vorliegen, wenn im Zeitpunkt der Ausschüttung das mitgliedschaftliche oder mitgliedschaftsähnliche Verhältnis noch nicht oder nicht mehr besteht (>BFH vom 24.1.1989, VIII R 74/84, BStBl II S. 419).

Realgemeinden und Vereine
Eine vGA kann auch bei Realgemeinden und Vereinen vorliegen (>BFH vom 23.9.1970, I R 22/67, BStBl 1971 II S. 47). Ein eingetragener Verein hat eine außersteuerliche Sphäre (>BFH vom 15.1.2015, I R 48/13, BStBl II S. 713).

Stiftungen
Destinatäre einer Stiftung haben kein mitgliedschaftliches oder mitgliedschaftsähnliches Verhältnis zur Stiftung (>BFH vom 22.9.1959, I 5/59 U, BStBl 1960 III S. 37 und >BFH vom 12.10.2011, I R 102/10, BStBl 2014 II S. 484). Stiftungen verfügen über eine außerbetriebliche Sphäre (>BFH vom 12.10.2011, I R 102/10, BStBl 2014 II S. 484).

Tatsächliche Durchführung von Vereinbarungen
Das Fehlen der tatsächlichen Durchführung ist ein gewichtiges Indiz dafür, dass die Vereinbarung nicht ernstlich gemeint ist. Leistungen der Gesellschaft an ihren Gesellschafter aufgrund einer nicht ernstlich gemeinten Vereinbarung führen zu vGA (>BFH vom 28.10.1987, I R 110/83, BStBl 1988 II S. 301 und >BFH vom 29.7.1992, I R 28/92, BStBl 1993 II S. 247).

Tatsächliche Handlungen
Eine vGA setzt nicht voraus, dass die Vermögensminderung oder verhinderte Vermögensmehrung auf einer Rechtshandlung der Organe der Kapitalgesellschaft beruht. Auch tatsächliche Handlungen können den Tatbestand der vGA erfüllen (>BFH vom 14.10.1992, I R 17/92, BStBl 1993 II S. 352).

VVaG
Eine vGA kann auch bei VVaG vorliegen (>BFH vom 14.7.1976, I R 239/73, BStBl II S. 731).

Zivilrechtliche Wirksamkeit
Verträge mit beherrschenden Gesellschaftern müssen zivilrechtlich wirksam sein, um steuerlich anerkannt zu werden. Eine Wirksamkeitsvoraussetzung ist ein evtl. bestehendes Schriftformerfordernis (>BFH vom 17.9.1992, I R 89-98/91, BStBl 1993 II S. 141). Rechtsgeschäfte, welche der durch das Gesetz vorgeschriebenen Form ermangeln, sind gem. § 125 Satz 1 BGB nichtig. Der Mangel einer durch Rechtsgeschäft vorgeschriebenen Form hat gem. § 125 Satz 2 BGB „im Zweifel" gleichfalls Nichtigkeit zur Folge. Maßgeblich für die Beurteilung der zivilrechtlichen Wirksamkeit ist, ob die Einhaltung der Schriftform Gültigkeitsvoraussetzung für den geänderten Vertrag sein soll (konstitutive Schriftform) oder ob der Inhalt des Vertrags lediglich zu Beweiszwecken schriftlich niedergelegt werden soll (deklaratorische Schriftform).

Änderungen des Gesellschaftsvertrags einer GmbH bedürfen gem. § 53 Abs. 2 GmbHG der notariellen Beurkundung. Die Befreiung eines Alleingesellschafters vom Selbstkontrahierungsverbot des § 181 BGB bedarf zu ihrer Wirksamkeit einer ausdrücklichen Gestattung im Gesellschaftsvertrag und der Eintragung im Handelsregister. Wird die Befreiung erst nach Abschluss von In-sich-Geschäften in der Satzung geregelt und ins Handelsregister eingetragen, sind diese als nachträglich genehmigt anzusehen. Das steuerliche Rückwirkungsverbot steht dem dann nicht entgegen, wenn den In-sich-Geschäften klare und von vornherein abgeschlossene Vereinbarungen zugrunde liegen (>BFH vom 17.9.1992, I R 89-98/91, BStBl 1993 II S. 141 und >BFH vom 23.10.1996, I R 71/95, BStBl 1999 II S. 35).

Miet- und Pachtverträge bedürfen nicht notwendig der Schriftform (§§ 550, 578, 581 BGB). Grundstückskaufverträge bedürfen der notariellen Beurkundung (§ 311b BGB).

Für **Dienstverträge** (z.B. mit Geschäftsführern) ist keine Schriftform vorgeschrieben. Gibt es Beweisanzeichen dafür, dass die Vertragsparteien eine mündlich getroffene Abrede gelten lassen wollen, obwohl sie selbst für alle Vertragsänderungen Schriftform vereinbart hatten, ist der Vertrag trotzdem wirksam geändert. Solche Beweisanzeichen liegen bei Dauerschuldverhältnissen vor, wenn aus gleichförmigen monatlichen Zahlungen und Buchungen erhöhter Gehälter sowie aus der Abführung von Lohnsteuer und Sozialversicherungsbeiträgen auf die Vereinbarung erhöhter Gehälter geschlossen werden kann (>BFH vom 24.1.1990, I R 157/86, BStBl II S. 645 und >BFH vom 29.7.1992, I R 18/91, BStBl 1993 II S. 139). Stark schwankende Leistungen sprechen für eine vGA (>BFH vom 14.3.1990, I R 6/89, BStBl II S. 795). Ist vertraglich ausdrücklich festgelegt, dass ohne Schriftform vorgenommene Änderungen unwirksam sein sollen, tritt ein diesbezüglicher Wille klar zu Tage (>BFH vom 31.7.1991, I S 1/91, BStBl II S. 933). Ist die Zivilrechtslage zweifelhaft, durfte ein ordentlicher und gewissenhafter Geschäftsleiter aber von der Wirksamkeit ausgehen, liegt keine vGA vor (>BFH vom 17.9.1992, I R 89-98/91, BStBl 1993 II S. 141).

Zuflusseignung/Vorteilsgeneigtheit

Die Minderung des Unterschiedsbetrags i.S.d. § 4 Abs. 1 Satz 1 EStG (>R 8.5 Abs. 1) muss geeignet sein, beim Gesellschafter einen sonstigen Bezug i.S.d. § 20 Abs. 1 Nr. 1 Satz 2 EStG auszulösen (>BFH vom 7.8.2002, I R 2/02, BStBl 2004 II S. 131 und >BFH vom 10.4.2013, I R 45/11, BStBl II S. 771).

II. Vermögensminderung oder verhinderte Vermögensmehrung

Darlehenszinsen

Zur Ermittlung der Vermögensminderung oder der verhinderten Vermögensmehrung bei vGA im Zusammenhang mit Darlehenszinsen (>BFH vom 28.2.1990, I R 83/87, BStBl II S. 649 und >BFH vom 19.1.1994, I R 93/93, BStBl II S. 725).

Erstattungsanspruch

Zivilrechtliche Ansprüche der Gesellschaft gegen den Gesellschafter, die sich aus einem als vGA zu qualifizierenden Vorgang ergeben, sind stets als Einlageforderung gegen den Gesellschafter zu behandeln, die erfolgsneutral zu aktivieren und somit nicht geeignet ist, die durch die vorangegangene vGA eintretende Vermögensminderung auszugleichen (>BFH vom 29.4.2008, I R 67/06, BStBl 2011 II S. 55).

Vorteilsausgleich
Eine vGA liegt nicht vor, wenn die Kapitalgesellschaft bei Anwendung der Sorgfalt eines ordentlichen und gewissenhaften Geschäftsleiters die Vermögensminderung oder verhinderte Vermögensmehrung unter sonst gleichen Umständen auch gegenüber einem Nichtgesellschafter hingenommen hätte. Dies kann der Fall sein, wenn zwischen Gesellschaft und Gesellschafter ein angemessenes Entgelt in anderer Weise vereinbart worden ist. Voraussetzungen für die Anerkennung eines derartigen Vorteilsausgleichs ist, dass eine rechtliche Verknüpfung von Leistung und Gegenleistung aus einem gegenseitigen Vertrag besteht (>BFH vom 8.6.1977, I R 95/75, BStBl II S. 704 und >BFH vom 1.8.1984, I R 99/80, BStBl 1985 II S. 18). Bei einem beherrschenden Gesellschafter bedarf es zur Anerkennung eines Vorteilsausgleichs zudem einer im Voraus getroffenen klaren und eindeutigen Vereinbarung (>BFH vom 7.12.1988, I R 25/82, BStBl 1989 II S. 248 und >BFH vom 8.11.1989, I R 16/86, BStBl 1990 II S. 244).

Anlagen 4 und 13

Zum Vorteilsausgleich bei international verbundenen Unternehmen >BMF vom 23.2.1983, BStBl I S. 218 (Tz. 2.3) und >BMF vom 24.12.1999, BStBl I S. 1076, (insbes. S. 1114 und 1119), unter Berücksichtigung der Änderungen durch BMF vom 20.11.2000 (BStBl I S. 1509), BMF vom 29.9.2004 (BStBl I S. 917) und BMF vom 25.8.2009 (BStBl I S. 888)

III. Veranlassung durch das Gesellschaftsverhältnis

Allgemeines
Eine Veranlassung durch das Gesellschaftsverhältnis liegt dann vor, wenn ein ordentlicher und gewissenhafter Geschäftsleiter (§ 93 Abs. 1 Satz 1 AktG, § 43 Abs. 1 GmbHG, § 34 Abs. 1 Satz 1 GenG) die Vermögensminderung oder verhinderte Vermögensmehrung gegenüber einer Person, die nicht Gesellschafter ist, unter sonst gleichen Umständen nicht hingenommen hätte (Fremdvergleich, >BFH vom 11.2.1987, I R 177/83, BStBl II S. 461, >BFH vom 29.4.1987, I R 176/83, BStBl II S. 733, >BFH vom 10.6.1987, I R 149/83, BStBl 1988 II S. 25, >BFH vom 28.10.1987, I R 110/83, BStBl 1988 II S. 301, >BFH vom 27.7.1988, I R 68/84, BStBl 1989 II S. 57, >BFH vom 7.12.1988, I R 25/82, BStBl 1989 II S. 248 und >BFH vom 17.5.1995, I R 147/93, BStBl 1996 II S. 204). Der Fremdvergleich erfordert auch die Einbeziehung des Vertragspartners. Auch wenn ein Dritter einer für die Gesellschaft vorteilhaften Vereinbarung nicht zugestimmt hätte, kann deren Veranlassung im Gesellschaftsverhältnis liegen (>BFH vom 17.5.1995, I R 147/93, BStBl 1996 II S. 204). Bei der Prüfung des sog. doppelten Fremdvergleichs ist nicht nur auf den - die Interessen der Gesellschaft im Auge behaltenden - ordentlichen und gewissenhaften Geschäftsleiter, sondern ebenso auf die Interessenlage

des objektiven und gedachten Vertragspartners abzustellen (>BFH vom 11.9.2013, I R 28/13, BStBl 2014 II S. 726).

Beherrschender Gesellschafter

- **Begriff**

  Eine beherrschende Stellung eines GmbH-Gesellschafters liegt im Regelfall vor, wenn der Gesellschafter die Mehrheit der Stimmrechte besitzt und deshalb bei Gesellschafterversammlungen entscheidenden Einfluss ausüben kann (>BFH vom 13.12.1989, I R 99/87, BStBl 1990 II S. 454).

- **Beteiligungsquote**

  Eine Beteiligung von 50 % oder weniger reicht zur Annahme einer beherrschenden Stellung aus, wenn besondere Umstände hinzutreten, die eine Beherrschung der Gesellschaft begründen (>BFH vom 8.1.1969, I R 91/66, BStBl II S. 347, >BFH vom 21.7.1976, I R 223/74, BStBl II S. 734 und >BFH vom 23.10.1985, I R 247/81, BStBl 1986 II S. 195).

- **Bilanzierung**

  Ein Rechtsgeschäft zwischen einer Kapitalgesellschaft und ihrem alleinigen Gesellschafter-Geschäftsführer ist als vGA zu werten, wenn es in der Bilanz der Gesellschaft nicht zutreffend abgebildet wird und ein ordentlicher und gewissenhafter Geschäftsführer den Fehler bei sorgsamer Durchsicht der Bilanz hätte bemerken müssen (>BFH vom 13.6.2006, I R 58/05, BStBl II S. 928).

- **Gleichgerichtete Interessen**

  Wenn mehrere Gesellschafter einer Kapitalgesellschaft mit gleichgerichteten Interessen zusammenwirken, um eine ihren Interessen entsprechende einheitliche Willensbildung herbeizuführen, ist auch ohne Hinzutreten besonderer Umstände eine beherrschende Stellung anzunehmen (>BFH vom 26.7.1978, I R 138/76, BStBl II S. 659, >BFH vom 29.4.1987, I R 192/82, BStBl II S. 797, >BFH vom 29.7.1992, I R 28/92, BStBl 1993 II S. 247 und >BFH vom 25.10.1995, I R 9/95, BStBl 1997 II S. 703).

  Gleichgerichtete wirtschaftliche Interessen liegen vor, wenn die Gesellschafter bei der Bemessung der dem einzelnen Gesellschafter jeweils zuzubilligenden Tantieme im Zusammenwirken gemeinsame Interessen verfolgen (>BFH vom 11.12.1985, I R 164/82, BStBl 1986 II S. 469). Als Indiz für ein solches Zusammenwirken reichen die übereinstimmende Höhe der Gehälter und das zeitliche Zusammenfallen der Beschlussfassung aus (>BFH vom 10.11.1965, I 178/63 U, BStBl 1966 III S. 73).

  Die Tatsache, dass die Gesellschafter nahe Angehörige sind, reicht allein nicht aus, um gleichgerichtete Interessen anzunehmen; vielmehr müssen weitere Anhaltspunkte hinzutreten (>BVerfG vom 12.3.1985, 1 BvR 571/81, 1 BvR 494/82, 1 BvR 47/83, BStBl II S. 475 und >BFH vom 1.2.1989, I R 73/85, BStBl II S. 522).

§ 8 KStG
H 8.5

- **Klare und eindeutige Vereinbarung**

  Vereinbarungen mit beherrschenden Gesellschaftern müssen, um steuerlich wirksam zu sein, im Vorhinein klar und eindeutig getroffen sein. Ohne eine klare und eindeutige Vereinbarung kann eine Gegenleistung nicht als schuldrechtlich begründet angesehen werden. Das gilt selbst dann, wenn ein Vergütungsanspruch aufgrund gesetzlicher Regelung bestehen sollte, wie z. B. bei einer Arbeitsleistung (§ 612 BGB) oder einer Darlehensgewährung nach Handelsrecht (§§ 352, 354 HGB, >BFH vom 2.3.1988, I R 63/82, BStBl II S. 590).

  Eine vGA kommt bei beherrschenden Gesellschaftern in Betracht, wenn nicht von vornherein klar und eindeutig bestimmt ist, ob und in welcher Höhe - einerlei ob laufend oder einmalig - ein Entgelt gezahlt werden soll. Auch eine getroffene Vereinbarung über Sondervergütungen muss zumindest erkennen lassen, nach welcher Bemessungsgrundlage (Prozentsätze, Zuschläge, Höchst- und Mindestbeträge) die Vergütung errechnet werden soll.

  Es muss ausgeschlossen sein, dass bei der Berechnung der Vergütung ein Spielraum verbleibt; die Berechnungsgrundlagen müssen so bestimmt sein, dass allein durch Rechenvorgänge die Höhe der Vergütung ermittelt werden kann, ohne dass es noch der Ausübung irgendwelcher Ermessensakte seitens der Geschäftsführung oder Gesellschafterversammlung bedarf (>BFH vom 24.5.1989, I R 90/85, BStBl II S. 800 und >BFH vom 17.12.1997, I R 70/97, BStBl 1998 II S. 545).

  Leistungen an den beherrschenden Gesellschaftern nahe stehende Personen bedürfen zu ihrer steuerlichen Anerkennung einer im Voraus getroffenen klaren und eindeutigen Vereinbarung (>BFH vom 22.2.1989, I R 9/85, BStBl II S. 631).

- **Pensionszusagen**

  Rückstellung für Pensionszusagen an beherrschende Gesellschafter-Geschäftsführer >R 8.7, >H 8.7 (Erdienbarkeit)

- **Rückwirkende Vereinbarung**

  Rückwirkende Vereinbarungen zwischen der Gesellschaft und dem beherrschenden Gesellschafter sind steuerrechtlich unbeachtlich (>BFH vom 23.9.1970, I R 116/66, BStBl 1971 II S. 64, >BFH vom 3.4.1974, I R 241/71, BStBl II S. 497 und >BFH vom 21.7.1976, I R 223/74, BStBl II S. 734).

- **Sperrwirkung des abkommensrechtlichen Grundsatzes des „dealing at arm's length"**

  Der abkommensrechtliche Grundsatz des „dealing at arm's length" entfaltet Sperrwirkung gegenüber den sog. Sonderbedingungen, denen beherrschende Gesellschafter bei Annahme einer vGA unterworfen sind (>BFH vom 11.10.2012, I R 75/11, BStBl 2013 II S. 1046).

- **Stimmrechtsausschluss**
  Der Vorschrift des § 47 Abs. 4 GmbHG über einen Stimmrechtsausschluss des Gesellschafters bei Rechtsgeschäften zwischen ihm und der Gesellschaft kommt für die Frage der Beherrschung der Gesellschaft keine Bedeutung zu (>BFH vom 26.1.1989, IV R 151/86, BStBl II S. 455 und >BFH vom 21.8.1996, X R 25/93, BStBl 1997 II S. 44).

Nahestehende Person

- **International verbundene Unternehmen**   Anlage 4
  Zum Begriff des Nahestehens bei international verbundenen Unternehmen >BMF vom 23.2.1983, BStBl I S. 218 (Tz. 1.4 und 1.5) sowie >BFH vom 10.4.2013, I R 45/11, BStBl II S. 771.

- **Kreis der nahestehenden Personen**
  Zur Begründung des „Nahestehens" reicht jede Beziehung eines Gesellschafters der Kapitalgesellschaft zu einer anderen Person aus, die den Schluss zulässt, sie habe die Vorteilszuwendung der Kapitalgesellschaft an die andere Person beeinflusst. Ehegatten können als nahestehende Personen angesehen werden (>BFH vom 2.3.1988, I R 103/86, BStBl II S. 786 und >BFH vom 10.4.2013, I R 45/11, BStBl II S. 771). Beziehungen, die ein Nahestehen begründen, können familienrechtlicher, gesellschaftsrechtlicher, schuldrechtlicher oder auch rein tatsächlicher Art sein (>BFH vom 18.12.1996, I R 139/94, BStBl 1997 II S. 301). Eine beherrschende Stellung ist für ein Nahestehen nicht erforderlich (>BFH vom 8.10.2008, I R 61/07, BStBl 2011 II S. 62). Eine Person, die an einer vermögensverwaltenden Personengesellschaft beteiligt ist, welche ihrerseits Gesellschafterin einer Kapitalgesellschaft ist, ist bei Prüfung einer vGA nicht als „Anteilseigner" der zuwendenden Kapitalgesellschaft zu behandeln. Die dem Anteilseigner nahestehende Person ist selbst kein Anteilseigner (>BFH vom 21.10.2014, VIII R 22/11, BStBl 2015 II S. 687).

  Zum Kreis der dem Gesellschafter nahestehenden Personen zählen sowohl natürliche als auch juristische Personen, unter Umständen auch Personenhandelsgesellschaften (>BFH vom 6.12.1967, I 98/65, BStBl 1968 II S. 322, >BFH vom 23.10.1985, I R 247/81, BStBl 1986 II S. 195 und >BFH vom 1.10.1986, I R 54/83, BStBl 1987 II S. 459).

- **Schwestergesellschaften**
  Zur Beurteilung von vGA zwischen Schwestergesellschaften >BFH vom 26.10.1987, GrS 2/86, BStBl 1988 II S. 348 und >BFH vom 10.4.2013, I R 45/11, BStBl II S. 771.

- **Verhältnis zum beherrschenden Gesellschafter**
  Bei dem beherrschenden Gesellschafter nahestehenden Personen bedarf eine Vereinbarung über die Höhe eines Entgelts für eine Leistung der vorherigen und eindeutigen Regelung, die auch tatsächlich durchgeführt werden muss (>BFH vom 29.4.1987, I R 192/82, BStBl II

S. 797, >BFH vom 2.3.1988, I R 103/86, BStBl II S. 786 und >BFH vom 22.2.1989, I R 9/85, BStBl II S. 631).

- **Zurechnung der vGA**
  Wenn eine vGA einer Person zufließt, die einem Gesellschafter nahesteht, ist diese vGA steuerrechtlich stets dem Gesellschafter als Einnahme zuzurechnen, es sei denn, die nahestehende Person ist selbst Gesellschafter. Darauf, dass der betreffende Gesellschafter selbst einen Vermögensvorteil erlangt, kommt es nicht an (>BFH vom 29.9.1981, VIII R 8/77, BStBl 1982 II S. 248 und >BFH vom 18.12.1996, I R 139/94, BStBl 1997 II S. 301, sowie >BMF vom 20.5.1999, BStBl I S. 514).

IV. Vergütung der Gesellschafter-Geschäftsführer

Angemessenheit der Gesamtausstattung

>BMF vom 14.10.2002, BStBl I S. 972

Private Kfz-Nutzung

>BMF vom 3.4.2012, BStBl I S. 478 zur Anwendung der Urteile >BFH vom 23.1.2008, I R 8/06, BStBl 2012 II S. 260, >BFH vom 23.4.2009, VI R 81/06, BStBl 2012 II S. 262 und >BFH vom 11.2.2010, VI R 43/09, BStBl 2012 II S. 266

Überstundenvergütung, Sonn-, Feiertags- und Nachtzuschläge

Die Zahlung einer Überstundenvergütung an den Gesellschafter-Geschäftsführer ist regelmäßig eine vGA, da die gesonderte Vergütung von Überstunden nicht dem entspricht, was ein ordentlicher und gewissenhafter Geschäftsleiter einer GmbH mit einem Fremdgeschäftsführer vereinbaren würde. Dies gilt erst recht dann, wenn die Vereinbarung von voneherein auf die Vergütung von Überstunden an Sonntagen, Feiertagen und zur Nachtzeit beschränkt ist (>BFH vom 19.3.1997, I R 75/96, BStBl II S. 577 und >BFH vom 27.3.2001, I R 40/00, BStBl II S. 655). Sofern eine Vereinbarung von Zuschlägen an Sonn- und Feiertagen und zur Nachtzeit im Einzelfall durch überzeugende betriebliche Gründe gerechtfertigt wird, die geeignet sind, die Regelvermutung für eine Veranlassung durch das Gesellschaftsverhältnis zu entkräften, kann eine vGA ausnahmsweise zu verneinen sein (>BFH vom 14.7.2004, I R 111/03, BStBl 2005 II S. 307). Auch Zuschläge für Sonntagsarbeit, Feiertagsarbeit, Mehrarbeit und Nachtarbeit an den nicht beherrschenden, aber als leitenden Angestellten tätigen Gesellschafter können eine vGA sein (>BFH vom 13.12.2006, VIII R 31/05, BStBl 2007 II S. 393).

Urlaub, Abgeltungszahlungen für nicht beanspruchte Tage

Soweit klare und eindeutige Vereinbarungen hinsichtlich des Urlaubsanspruches getroffen worden sind, stellen Abgeltungszahlungen für nicht in Anspruch genommenen Urlaub an den Gesellschafter-Geschäftsführer keine vGA dar, wenn der Nichtwahrnehmung des Urlaubsanspruches betriebliche Gründe zugrunde lagen. Dies ist insbesondere dann der Fall, wenn der Umfang der von ihm geleisteten Arbeit sowie seine Verantwortung für das Unternehmen die Gewährung von Freizeit im Urlaubsjahr ausgeschlossen haben. Gleiches kann für eine im Unternehmen beschäftige nahe stehende Person gelten, wenn diese gegenüber den übrigen Angestellten eine leitende Stellung innehat und die den Geschäftsführer betreffenden betrieblichen Gründe gleichermaßen einschlägig sind, den Jahresurlaub nicht antreten zu können (>BFH vom 28.1.2004, I R 50/03, BStBl 2005 II S. 524).

Zeitwertkonten-Modelle
Zu Zeitwertkonten bei Organen von Körperschaften >BMF vom 17.6.2009, BStBl I S. 1286, Tz. A. IV. 2. Buchstabe b und Tz. F II.

V. Einzelfälle

Aktien / Anteile
- Zur Anwendung von § 8b KStG auf die Übertragung von Anteilen >BMF vom 28.4.2003, BStBl I S. 292 — Anlage 1 II
- Zum Erwerb eigener Anteile >BMF vom 27.11.2013, BStBl I S. 1615 — Anlage 3

Darlehensgewährung
Die Hingabe eines Darlehens an den Gesellschafter stellt eine vGA dar, wenn schon bei der Darlehenshingabe mit der Uneinbringlichkeit gerechnet werden muss (>BFH vom 16.9.1958, I 88/57 U, BStBl III S. 451 und >BFH vom 14.3.1990, I R 6/89, BStBl II S. 795). Ein unvollständiger Darlehensvertrag zwischen Kapitalgesellschaft und beherrschendem Gesellschafter kann nicht in die Zuführung von Eigenkapital umgedeutet werden (>BFH vom 29.10.1997, I R 24/97, BStBl 1998 II S. 573). Eine vGA kann auch bei Wertberichtigungen auf Darlehensforderungen gegenüber einem Gesellschafter vorliegen, wenn die Gesellschaft im Zeitpunkt der Darlehensgewährung auf dessen ausreichende Besicherung verzichtet hat; auf einen tatsächlichen Mittelabfluss bei der Gesellschaft kommt es nicht an (>BFH vom 14.7.2004, I R 16/03, BStBl II S. 1010 und >BFH vom 8.10.2008, I R 61/07, BStBl 2011 II S. 62). Darlehensgewährungen im Konzern können nicht allein deshalb als vGA beurteilt werden, weil für sie keine Sicherheit vereinbart wurde (>BFH vom 29.10.1997, I R 24/97, BStBl 1998 II S. 573).

Darlehenszinsen
Erhält ein Gesellschafter ein Darlehen von der Gesellschaft zinslos oder zu einem außergewöhnlich geringen Zinssatz, liegt eine vGA vor (>BFH vom 25.11.1964, I 116/63 U, BStBl 1965 III S. 176 und >BFH vom 23.6.1981, VIII R 102/80, BStBl 1982 II S. 245).
Gibt ein Gesellschafter der Gesellschaft ein Darlehen zu einem außergewöhnlich hohen Zinssatz, liegt eine vGA vor (>BFH vom 28.10.1964, I 198/62 U, BStBl 1965 III S. 119 und >BFH vom 25.11.1964, I 116/63 U, BStBl 1965 III S. 176).

Einbringung einer GmbH in eine KG
Bringt eine GmbH ihr Unternehmen unentgeltlich in eine KG ein, führt dies zu einer vGA in Höhe des fremdüblichen Entgelts für das einge-

brachte Unternehmen, wenn am Vermögen der KG ausschließlich der beherrschende Gesellschafter der GmbH beteiligt ist (>BFH vom 15.9.2004, I R 7/02, BStBl 2005 II S. 867).

Einkünfteabgrenzung bei international verbundenen Unternehmen

Anhänge 2, 3 und 5

>AStG, GAufzV, FVerlV

>BMF vom 23.2.1983, BStBl I S. 218

Anlage 4

Verwaltungsgrundsätze Kostenumlagen >BMF vom 30.12.1999, BStBl I S. 1122

Verwaltungsgrundsätze Arbeitnehmerentsendung >BMF vom 9.11.2001, BStBl I S. 796

Verwaltungsgrundsätze-Verfahren >BMF vom 12.4.2005, BStBl I S. 570

Verwaltungsgrundsätze Funktionsverlagerung >BMF vom 13.10.2010, BStBl I S. 774

Erstausstattung der Kapitalgesellschaft

Bei Rechtsverhältnissen, die im Rahmen der Erstausstattung einer Kapitalgesellschaft zustande gekommen sind, liegt eine vGA schon dann vor, wenn die Gestaltung darauf abstellt, den Gewinn der Kapitalgesellschaft nicht über eine angemessene Verzinsung des eingezahlten Nennkapitals und eine Vergütung für das Risiko des nicht eingezahlten Nennkapitals hinaus zu steigern (>BFH vom 5.10.1977, I R 230/75, BStBl 1978 II S. 234, >BFH vom 23.5.1984, I R 294/81, BStBl II S. 673 und >BFH vom 2.2.1994, I R 78/92, BStBl II S. 479).

Geburtstag

Gibt eine GmbH aus Anlass des Geburtstags ihres Gesellschafter-Geschäftsführers einen Empfang, an dem nahezu ausschließlich Geschäftsfreunde teilnehmen, liegt eine vGA vor (>BFH vom 28.11.1991, I R 13/90, BStBl 1992 II S. 359).

Gesellschafterversammlung

Zur Frage der steuerlichen Behandlung der Fahrtkosten, Sitzungsgelder, Verpflegungs- und Übernachtungskosten anlässlich einer Hauptversammlung oder Gesellschafterversammlung bzw. einer Vertreterversammlung >BMF vom 26.11.1984, BStBl I S. 591.

Gewinnverteilung

Stimmt die an einer Personengesellschaft beteiligte Kapitalgesellschaft rückwirkend oder ohne rechtliche Verpflichtung einer Neuverteilung des Gewinns zu, die ihre Gewinnbeteiligung zugunsten ihres gleichfalls an der Personengesellschaft beteiligten Gesellschafters einschränkt, liegt eine vGA vor (>BFH vom 12.6.1980, IV R 40/77, BStBl II S. 723).

Gründungskosten

>BMF vom 25.6.1991, BStBl I S. 661

§ 8 KStG
H 8.5

Irrtum über Leistungspflicht
Leistet der Geschäftsführer einer Kapitalgesellschaft in der irrtümlichen Annahme einer vertraglichen Leistungspflicht eine Zahlung an einen vormaligen Gesellschafter, liegt hierin jedenfalls dann eine vGA, wenn die Begründung der nach der Vorstellung des Geschäftsführers bestehenden Leistungspflicht als vGA zu beurteilen wäre (>BFH vom 29.4.2008, I R 67/06, BStBl 2011 II S. 55).

Kapitalerhöhungskosten
>BFH vom 19.1.2000, I R 24/99, BStBl II S. 545

Konzernkasse
Besteht für die Unternehmen eines Konzerns eine gemeinsame Unterstützungskasse (Konzernkasse), können bei einem Missverhältnis der Zuwendungen der einzelnen Unternehmen an die Konzernkasse unter bestimmten Voraussetzungen vGA vorliegen (>BFH vom 29.1.1964, I 209/62 U, BStBl 1965 III S. 27).

Markteinführungskosten
Ein ordentlicher und gewissenhafter Geschäftsleiter einer Kapitalgesellschaft wird für die Gesellschaft nur dann ein neues Produkt am Markt einführen und vertreiben, wenn er daraus bei vorsichtiger und vorheriger kaufmännischer Prognose innerhalb eines überschaubaren Zeitraums und unter Berücksichtigung der voraussichtlichen Marktentwicklung einen angemessenen Gesamtgewinn erwarten kann (>BFH vom 17.2.1993, I R 3/92, BStBl II S. 457 und >BMF vom 23.2.1983, BStBl I S. 218 Tz. 3.4 und 3.5).

Anlage 4

Nutzungsüberlassungen
- Eine vGA liegt vor bei Mietverhältnissen oder Nutzungsrechtsüberlassungen zwischen Gesellschafter und Kapitalgesellschaft zu einem unangemessenen Preis (>BFH vom 16.8.1955, I 160/54 U, BStBl III S. 353 und >BFH vom 3.2.1971, I R 51/66, BStBl II S. 408).
- Die Nutzung eines betrieblichen Kfz durch den Gesellschafter-Geschäftsführer ohne fremdübliche Überlassungs- oder Nutzungsvereinbarung führt zur vGA (>BMF vom 3.4.2012, BStBl I S. 478 zur Anwendung der Urteile >BFH vom 23.1.2008, I R 8/06, BStBl 2012 II S. 260, >BFH vom 23.4.2009, VI R 81/06, BStBl 2012 II S. 262 und >BFH vom 11.2.2010, VI R 43/09, BStBl 2012 II S. 266).

Rechtsverzicht
Verzichtet eine Gesellschaft auf Rechte, die ihr einem Gesellschafter gegenüber zustehen, liegt eine vGA vor (>BFH vom 3.11.1971, I R 68/70, BStBl 1972 II S. 227, >BFH vom 13.10.1983, I R 4/81, BStBl 1984 II S. 65 und >BFH vom 7.12.1988, I R 25/82, BStBl 1989 II S. 248).

Reisekosten des Gesellschafter-Geschäftsführers
Von der Kapitalgesellschaft getragene Aufwendungen für eine Auslandsreise des Gesellschafter-Geschäftsführers können eine vGA begründen,

wenn die Reise durch private Interessen des Gesellschafters veranlasst oder in nicht nur untergeordnetem Maße mitveranlasst ist (>BFH vom 6.4.2005, I R 86/04, BStBl II S. 666). Zum Abzugsverbot nach § 12 Nr. 1 EStG >BFH vom 21.9.2009, GrS 1/06, BStBl 2010 II S. 672 sowie >BMF vom 6.7.2010, BStBl I S. 614.

Risikogeschäfte

Anlage 17 V

Tätigt eine Kapitalgesellschaft Risikogeschäfte (Devisentermingeschäfte), so rechtfertigt dies im Allgemeinen nicht die Annahme, die Geschäfte würden im privaten Interesse des (beherrschenden) Gesellschafters ausgeübt. Die Gesellschaft ist grundsätzlich darin frei, solche Geschäfte und die damit verbundenen Chancen, zugleich aber auch Verlustgefahren wahrzunehmen. Die Übernahme der Risiken wird sich deswegen allenfalls bei ersichtlich privater Veranlassung als Verlustverlagerung zuungunsten der Gesellschaft darstellen, beispielsweise dann, wenn die Gesellschaft sich verpflichtet, Spekulationsverluste zu tragen, Spekulationsgewinne aber an den Gesellschafter abzuführen, oder wenn sie sich erst zu einem Zeitpunkt zur Übernahme der in Rede stehenden Geschäfte entschließt, in dem sich die dauerhafte Verlustsituation bereits konkret abzeichnet (>BFH vom 8.8.2001, I R 106/99, BStBl 2003 II S. 487).

Rückstellung bei Mietzahlungen

Eine Rückstellung für die Verpflichtung einer Kapitalgesellschaft, einer Schwestergesellschaft die von dieser geleisteten Mietzahlungen nach den Grundsätzen der eigenkapitalersetzenden Gebrauchsüberlassung zu erstatten, führt zu einer vGA (>BFH vom 20.8.2008, I R 19/07, BStBl 2011 II S. 60).

Schuldübernahme

Eine vGA liegt vor, wenn eine Gesellschaft eine Schuld oder sonstige Verpflichtung eines Gesellschafters übernimmt (>BFH vom 19.3.1975, I R 173/73, BStBl II S. 614 und >BFH vom 19.5.1982, I R 102/79, BStBl II S. 631).

Stille Gesellschaft

Beteiligt sich ein Gesellschafter an der Gesellschaft als stiller Gesellschafter und erhält dafür einen unangemessen hohen Gewinnanteil, liegt eine vGA vor (>BFH vom 6.2.1980, I R 50/76, BStBl II S. 477).

Träger der Sparkasse, Zinsaufbesserungen

Zu der Frage, ob vGA an den Träger der Sparkasse vorliegen, wenn eine Sparkasse diesem Zinsaufbesserungen für Einlagen und Zinsrückvergütungen für ausgereichte Darlehen gewährt >BFH vom 1.12.1982, I R 69-70/80, BStBl 1983 II S. 152.

Verlustgeschäfte

Anlage 11 II

Ein ordentlicher und gewissenhafter Geschäftsleiter würde die Übernahme von Aufgaben, die vorrangig im Interesse des Alleingesellschafters liegen, davon abhängig machen, ob sich der Gesellschaft die Chance zur Erzielung eines angemessenen Gewinns stellt (>BFH vom 2.2.1994,

I R 78/92, BStBl II S. 479). Bei Dauerverlustgeschäften bei der öffentlichen Hand >§ 8 Abs. 7 KStG und >BMF vom 12.11.2009, BStBl I S. 1303

(Zinslose) Vorschüsse auf Tantieme
Zahlt eine GmbH ihrem Gesellschafter ohne eine entsprechende klare und eindeutige Abmachung einen unverzinslichen Tantiemevorschuss, ist der Verzicht auf eine angemessene Verzinsung eine vGA (>BFH vom 22.10.2003, I R 36/03, BStBl 2004 II S. 307).

Waren
Liefert ein Gesellschafter an die Gesellschaft, erwirbt er von der Gesellschaft Waren und sonstige Wirtschaftsgüter zu ungewöhnlichen Preisen, oder erhält er besondere Preisnachlässe und Rabatte, liegt eine vGA vor (>BFH vom 12.7.1972, I R 203/70, BStBl II S. 802, >BFH vom 21.12.1972, I R 70/70, BStBl 1973 II S. 449, >BFH vom 16.4.1980, I R 75/78, BStBl 1981 II S. 492 und >BFH vom 6.8.1985, VIII R 280/81, BStBl 1986 II S. 17).

Anlage 4

Zur Lieferung von Gütern oder Waren bei international verbundenen Unternehmen >BMF vom 23.2.1983, BStBl I S. 218 Tz. 3.1

Wert der verdeckten Gewinnausschüttungen, Beweislast, Rückgängigmachung

R 8.6

Löst eine vGA Umsatzsteuer oder nicht abziehbare Vorsteuer aus, ist diese bei der Gewinnermittlung nicht zusätzlich nach § 10 Nr. 2 KStG hinzuzurechnen.

Hinweise

H 8.6

Beweislast

- **Grundsätze**

  Die objektive Beweislast für das Vorliegen von vGA obliegt dem Finanzamt (>BFH vom 27.10.1992, VIII R 41/89, BStBl 1993 II S. 569). Andererseits hat die Körperschaft die objektive Beweislast für die betriebliche Veranlassung der in der Buchführung als Betriebsvermögensminderung behandelten Aufwendungen. Sprechen nahezu alle erheblichen Beweisanzeichen dafür, dass eine Zuwendung an den Gesellschafter ihre Grundlage im Gesellschaftsverhältnis hat, geht ein verbleibender Rest an Ungewissheit zulasten der Körperschaft. Spricht der Maßstab des Handelns eines ordentlichen und gewissenhaften Geschäftsleiters für die Veranlassung einer Vorteilszuwendung im Gesellschaftsverhältnis, hat die Körperschaft die Umstände darzulegen, aus denen sich eine andere Beurteilung ergeben kann (>BFH vom 19.3.1997, I R 75/96, BStBl II S. 577).

- **Beweislast bei beherrschendem Gesellschafter**
  Der beherrschende Gesellschafter hat das Vorliegen einer im Voraus geschlossenen klaren und eindeutigen Vereinbarung nachzuweisen (>BFH vom 29.7.1992, I R 28/92, BStBl 1993 II S. 247).
- **Beweislast bei international verbundenen Unternehmen**
  Zur Mitwirkungs- und Nachweispflicht bei international verbundenen Unternehmen >BMF vom 12.4.2005, BStBl I S. 570. § 90 Abs. 3 AO bzw. die GAufzV (>Anhang) sind zu beachten.

Fremdvergleich von Preisen bei Handel zwischen verbundenen Unternehmen

Zur Bemessung der vGA bei grenzüberschreitenden Geschäftsbeziehungen zwischen verbundenen Unternehmen >BFH-Urteile vom 17.10.2001, I R 103/00, BStBl 2004 II S. 171 und >BFH vom 6.4.2005, I R 22/04, BStBl 2007 II S. 658. Zur Anwendung des BFH-Urteils vom 17.10.2001 (a. a. O.) >BMF vom 26.2.2004, BStBl I S. 270.

Hingabe von Wirtschaftsgütern

Für die Bemessung der vGA ist bei Hingabe von Wirtschaftsgütern von deren gemeinem Wert, der durch den erzielbaren Erlös bestimmt wird, auszugehen (>BFH vom 18.10.1967, I 262/63, BStBl 1968 II S. 105 und >BFH vom 27.11.1974, I R 250/72, BStBl 1975 II S. 306).

Nutzungsüberlassungen

Für die Bemessung der vGA ist bei Nutzungsüberlassungen von der erzielbaren Vergütung auszugehen (>BFH vom 27.11.1974, I R 250/72, BStBl 1975 II S. 306, >BFH vom 6.4.1977, I R 86/75, BStBl II S. 569 und >BFH vom 28.2.1990, I R 83/87, BStBl II S. 649). Zur Bemessung der vGA bei der Überlassung eines betrieblichen Kfz >BMF vom 3.4.2012, BStBl I S. 478.

Rückgängigmachung

Die Rückgängigmachung von vGA ist nur in besonders gelagerten Ausnahmefällen möglich (>BFH vom 10.4.1962, I 65/61 U, BStBl III S. 255 und >BFH vom 23.5.1984, I R 266/81, BStBl II S. 723 und >BMF vom 6.8.1981, BStBl I S. 599).

Steuerbilanzgewinn

Die Gewinnerhöhung aufgrund einer vGA i. S. d. § 8 Abs. 3 Satz 2 KStG ist dem Steuerbilanzgewinn außerhalb der Steuerbilanz im Rahmen der Ermittlung des Einkommens der Körperschaft hinzuzurechnen (>BMF vom 28.5.2002, BStBl I S. 603).

Verdeckte Gewinnausschüttung und Kapitalertrag nach § 20 EStG

Für die Anwendung des § 8 Abs. 3 Satz 2 KStG kommt es nicht darauf an, ob und in welcher Höhe die vGA beim Gesellschafter tatsächlich einen Kapitalertrag nach § 20 Abs. 1 Nr. 1 Satz 2, Nr. 9 oder Nr. 10 Buchstabe a oder b EStG auslöst (>BFH vom 29.4.1987, I R 176/83, BStBl II S. 733, >BFH vom 22.2.1989, I R 44/85, BStBl II S. 475, >BFH vom 14.3.1989, I R 8/85, BStBl II S. 633 und >BFH vom 26.6.2013, I R 39/12, BStBl II 2014 S. 174).

Beachte hierzu >H 8.5. I. Zuflusseignung/Vorteilsgeneigtheit

Zur Kapitalertragsteuerpflicht bei BgA >BMF vom 9.1.2015, BStBl I S. 111

Anlage 7 I

Rückstellungen für Pensionszusagen an Gesellschafter-Geschäftsführer von Kapitalgesellschaften

R 8.7

^{1}Bei Pensionsverpflichtungen ist in einem ersten Schritt zu prüfen, ob und in welchem Umfang eine Rückstellung gebildet werden darf. ^{2}Ist eine Pensionszusage bereits zivilrechtlich unwirksam, ist die Pensionsrückstellung in der Handelsbilanz erfolgswirksam aufzulösen, dies ist maßgeblich für die steuerrechtliche Gewinnermittlung. ^{3}Daneben müssen die Voraussetzungen des § 6a EStG erfüllt sein; sind sie nicht erfüllt, ist die Pensionsrückstellung insoweit innerhalb der steuerrechtlichen Gewinnermittlung erfolgswirksam aufzulösen. ^{4}Die Regelungen in R 6a EStR sind für den Ansatz der Pensionsrückstellungen in der steuerrechtlichen Gewinnermittlung dem Grunde und der Höhe nach zu berücksichtigen. ^{5}Ist die Pensionsrückstellung dem Grunde und der Höhe nach zutreffend bilanziert, ist in einem zweiten Schritt zu prüfen, ob und inwieweit die Pensionsverpflichtung auf einer vGA beruht. ^{6}Bei dieser Prüfung sind insbesondere die Aspekte Ernsthaftigkeit, >Erdienbarkeit und >Angemessenheit zu prüfen.

Hinweise

H 8.7

Angemessenheit

In die Prüfung der Angemessenheit der Gesamtbezüge des Gesellschafter-Geschäftsführers ist auch die ihm erteilte Pensionszusage einzubeziehen. Diese ist mit der fiktiven Jahresnettoprämie nach dem Alter des Gesellschafter-Geschäftsführers im Zeitpunkt der Pensionszusage anzusetzen, die er selbst für eine entsprechende Versicherung zu zahlen hätte, abzüglich etwaiger Abschluss- und Verwaltungskosten. Sieht die Pensionszusage spätere Erhöhungen vor oder wird sie später erhöht, ist die fiktive Jahresnettoprämie für den Erhöhungsbetrag auf den Zeitpunkt der Erhöhung der Pensionszusage zu berechnen; dabei ist von den Rechnungsgrundlagen auszugehen, die für die Berechnung der Pensionsrückstellung verwendet werden. Das gilt nicht für laufende Anpassungen an gestiegene Lebenshaltungskosten. Zur Ermittlung der Angemessenheitsgrenze für die Gesamtbezüge >BMF vom 14.10.2002, BStBl I S. 972. Zur Überversorgung wegen überdurchschnittlich hoher Versorgungsanwartschaften und bei Nur-Pension >BMF vom 3.11.2004, BStBl I S. 1045, Rn. 7, >BMF vom 13.12.2012, BStBl 2013 I S. 35, >BFH vom 31.3.2004, I R 70/03, BStBl II S. 937, und >BFH vom 28.4.2010, I R 78/08, BStBl 2013 II S. 41.

Anlage 17 II

Erdienbarkeit

Anlage 17 III

Die Zusage einer Pension an einen beherrschenden Gesellschafter-Geschäftsführer führt zu einer vGA, wenn der Zeitraum zwischen dem Zeitpunkt der Zusage der Pension und dem vorgesehenen Zeitpunkt des Eintritts in den Ruhestand weniger als 10 Jahre beträgt (>BFH vom 21.12.1994, I R 98/93, BStBl 1995 II S. 419 sowie >BMF vom 1.8.1996, BStBl I S. 1138 und >BMF vom 9.12.2002, BStBl I S. 1393).

Die Zusage einer Pension an einen nicht beherrschenden Gesellschafter-Geschäftsführer führt zu einer vGA, wenn

- der Zeitraum zwischen dem Zeitpunkt der Zusage der Pension und dem vorgesehenen Zeitpunkt des Eintritts in den Ruhestand weniger als 10 Jahre beträgt, oder
- dieser Zeitraum zwar mindestens drei Jahre beträgt, der Gesellschafter-Geschäftsführer dem Betrieb aber weniger als 12 Jahre angehörte (>BFH vom 24.1.1996, I R 41/95, BStBl 1997 II S. 440 und >BFH vom 15.3.2000, I R 40/99, BStBl II S. 504 und >BMF vom 7.3.1997, BStBl I S. 637).

Eine Pensionszusage muss zur Vermeidung einer vGA vor der Vollendung des 60. Lebensjahres des Gesellschafter-Geschäftsführers erteilt worden sein (>BFH vom 5.4.1995, I R 138/93, BStBl II S. 478).

Diese Grundsätze sind auch bei einer nachträglichen Erhöhung der Zusage anzuwenden (>BFH vom 23.9.2008, I R 62/07, BStBl 2013 II S. 39). Um eine nachträgliche Erhöhung kann es sich auch handeln, wenn ein endgehaltsabhängiges Pensionsversprechen infolge einer Gehaltsaufstockung mittelbar erhöht wird und das der Höhe nach einer Neuzusage gleichkommt (>BFH vom 20.5.2015, I R 17/14, BStBl 2015 II S. 1022).

Finanzierbarkeit

Zur Finanzierbarkeit von Pensionszusagen gegenüber Gesellschafter-Geschäftsführern >BFH vom 8.11.2000, I R 70/99, BStBl 2005 II S. 653, >BFH vom 20.12.2000, I R 15/00, BStBl 2005 II S. 657, >BFH vom 7.11.2001, I R 79/00, BStBl 2005 II S. 659, >BFH vom 4.9.2002, I R 7/01, BStBl 2005 II S. 662 und >BFH vom 31.3.2004, I R 65/03, BStBl 2005 II S. 664 sowie >BMF vom 6.9.2005, BStBl I S. 875

Fortführung eines Dienstverhältnisses

Zur vGA bei Fortführung eines Dienstverhältnisses nach Eintritt des Versorgungsfalls >BFH vom 5.3.2008, I R 12/07, BStBl 2015 II S. 409 und >BFH vom 23.10.2013, I R 60/12, BStBl 2015 II S. 413

Invaliditätsversorgung - dienstzeitunabhängig

Die Zusage einer dienstzeitunabhängigen Invaliditätsversorgung zugunsten eines Gesellschafter-Geschäftsführers i. H. v. 75 % des Bruttogehalts führt wegen Unüblichkeit zur vGA (>BFH vom 28.1.2004, I R 21/03, BStBl 2005 II S. 841).

Kapitalabfindung

Sagt eine Kapitalgesellschaft ihrem beherrschenden Gesellschafter-Geschäftsführer anstelle der monatlichen Rente „spontan" die Zahlung einer Kapitalabfindung der Versorgungsanwartschaft zu, so ist die gezahlte Abfindung regelmäßig vGA (>BFH vom 11.9.2013, I R 28/13, BStBl 2014 II S. 726 und >BFH vom 23.10.2013, I R 89/12, BStBl 2014 II S. 729). Bei nicht beherrschenden Gesellschafter-Geschäftsführern >BFH vom 28.4.2010, I R 78/08, BStBl 2013 II S. 41

Lebenshaltungskosten

Zur Pensionserhöhung wegen gestiegener Lebenshaltungskosten >BFH vom 27.7.1988, I R 68/84, BStBl 1989 II S. 57

Lebensgefährtin

Zur Pensionszusage zugunsten einer nichtehelichen Lebensgefährtin >BFH vom 29.11.2000, I R 90/99, BStBl 2001 II S. 204 sowie >BMF vom 25.7.2002, BStBl I S. 706 und >BMF vom 8.1.2003, BStBl I S. 93

Rückdeckungsversicherung

Beiträge, die eine GmbH für eine Lebensversicherung entrichtet, die sie zur Rückdeckung einer ihrem Gesellschafter-Geschäftsführer zugesagten Pension abgeschlossen hat, stellen auch dann keine vGA dar, wenn die Pensionszusage durch das Gesellschaftsverhältnis veranlasst ist (>BFH vom 7.8.2002, I R 2/02, BStBl 2004 II S. 131).

Tatsächliche Durchführung

Scheidet der beherrschende Gesellschafter-Geschäftsführer einer GmbH vor Ablauf der Erdienenszeit aus dem Unternehmen als Geschäftsführer aus, wird der Versorgungsvertrag tatsächlich nicht durchgeführt. Die jährlichen Zuführungen zu der für die Versorgungszusage gebildeten Rückstellung stellen deswegen regelmäßig vGA dar (>BFH vom 25.6.2014, I R 76/13, BStBl 2015 II S. 665).

Überversorgung

- **Nur-Pension**

  Sog. Nur-Pensionszusagen führen regelmäßig zur sog. Überversorgung, so dass eine Rückstellung nach § 6a EStG zu Lasten des Steuerbilanzgewinns nicht gebildet werden darf (>BFH vom 9.11.2005, I R 89/04, BStBl 2008 II S. 523 und >BFH vom 28.4.2010, I R 78/08, BStBl 2013 II S. 41 sowie >BMF vom 13.12.2012, BStBl 2013 I S. 35). Die Zusage einer Nur-Pension ist im Übrigen durch das Gesellschaftsverhältnis veranlasst (>BFH vom 17.5.1995, I R 147/93, BStBl 1996 II S. 204 und >BFH vom 28.4.2010, I R 78/08, BStBl 2013 II S. 41 sowie >BMF vom 28.1.2005, BStBl I S. 387).

- **Reduzierung der Aktivbezüge**
  >BFH vom 27.3.2012, I R 56/11, BStBl II S. 665 sowie >BMF vom 3.11.2004, BStBl I S. 1045
- **Rentendynamik**
  Zu fest zugesagten prozentualen Erhöhungen von Renten und Rentenanwartschaften >H 6a (17) Steigerungen der Versorgungsansprüche EStH

Unverfallbarkeit

Anlage 17 III

Zu Vereinbarungen über eine Unverfallbarkeit in Zusagen auf Leistungen der betrieblichen Altersversorgung an Gesellschafter-Geschäftsführer >BMF vom 9.12.2002, BStBl I S. 1393 sowie >BFH vom 26.6.2013, I R 39/12, BStBl 2014 II S. 174

Warte-/Probezeit

Anlage 17 IV

Die Erteilung einer Pensionszusage unmittelbar nach der Anstellung und ohne die unter Fremden übliche Wartezeit ist in aller Regel durch das Gesellschaftsverhältnis veranlasst. Eine derartige Wartezeit ist bei bereits erprobten Geschäftsführern insbesondere in Fällen der Umwandlung nicht erforderlich (>BFH vom 15.10.1997, I R 42/97, BStBl 1999 II S. 316, >BFH vom 29.10.1997, I R 52/97, BStBl 1999 II S. 318, >BFH vom 24.4.2002, I R 18/01, BStBl II S. 670, >BFH vom 23.2.2005, I R 70/04, BStBl II S. 882, >BFH vom 28.4.2010, I R 78/08, BStBl 2013 II S. 41 und >BFH vom 26.6.2013, I R 39/12, BStBl 2014 II S. 174 sowie >BMF vom 14.12.2012, BStBl 2013 I S. 58). Eine unter Verstoß gegen eine angemessene Probezeit erteilte Pensionszusage wächst auch nach Ablauf der angemessenen Probezeit nicht in eine fremdvergleichsgerechte Pensionszusage hinein (>BFH vom 28.4.2010, I R 78/08, BStBl 2013 II S. 41 sowie >BMF vom 14.12.2012, BStBl 2013 I S. 58).

Eine vGA kann bei einer unberechtigten Einbeziehung von Vordienstzeiten bei der Teilwertberechnung einer Pensionsrückstellung zu verneinen sein, wenn die Pensionszusage dem Grunde und der Höhe nach einem Fremdvergleich standhält (>BFH vom 18.4.2002, III R 43/00, BStBl 2003 II S. 149).

Wegfall einer Pensionsverpflichtung

Anlage 17 I

Eine wegen Wegfalls der Verpflichtung gewinnerhöhend aufgelöste Pensionsrückstellung ist im Wege einer Gegenkorrektur nur um die tatsächlich bereits erfassten vGA der Vorjahre außerbilanziell zu kürzen (>BFH vom 21.8.2007, I R 74/06, BStBl 2008 II S. 277 sowie >BMF vom 28.5.2002, BStBl I S. 603).

Tantiemen

- unbesetzt -

R 8.8

Hinweise

H 8.8

Allgemeines

Vereinbart eine GmbH mit ihrem beherrschenden Gesellschafter-Geschäftsführer eine Gewinntantieme, liegt darin eine vGA, wenn der nach Ablauf des jeweiligen Geschäftsjahres entstehende gesellschaftsrechtliche Gewinnanspruch lediglich der Form nach in einen Gehaltsanspruch gekleidet ist (>BFH vom 2.12.1992, I R 54/91, BStBl 1993 II S. 311).

Grundsätze

>BMF vom 1.2.2002, BStBl I S. 219

Nach der sog. 75/25-Regelvermutung ist zu beachten, dass die Bezüge im Allgemeinen wenigstens zu 75 % aus einem festen und höchstens zu 25 % aus erfolgsabhängigen Bestandteilen (Tantiemen) bestehen. Übersteigt der variable Anteil der Vergütung diese Grenze, ist im Einzelfall zu ermitteln, ob die gewählte Gestaltung betrieblich oder gesellschaftsrechtlich veranlasst ist (>BFH vom 27.2.2003, I R 46/01, BStBl 2004 II S. 132 und >BFH vom 4.6.2003, I R 24/02, BStBl 2004 II S. 136).

Unerwartete Erhöhung der Bemessungsgrundlage für die Gewinntantieme

>BFH vom 10.7.2002, I R 37/01, BStBl 2003 II S. 418

Umsatztantieme

Umsatzabhängige Vergütungen an Geschäftsführer sind steuerlich nur anzuerkennen, wenn besondere Gründe dafür vorliegen, dass die mit dem Vergütungsanreiz angestrebten Ziele mit einer gewinnabhängigen Vergütung nicht zu erreichen sind. Besondere Gründe sind in der Branchenüblichkeit und der Aufbauphase der Gesellschaft gegeben (>BFH vom 5.10.1977, I R 230/75, BStBl 1978 II S. 234, >BFH vom 28.6.1989, I R 89/85, BStBl II S. 854 und >BFH vom 19.2.1999, I R 105-107/97, BStBl II S. 321).

Voraussetzung der Anerkennung der Umsatztantieme ist aber die vertragliche, zeitliche und höhenmäßige Begrenzung der Umsatztantieme. Eine derartige Begrenzung ist zur Vermeidung einer künftigen Gewinnabsaugung und einer die Rendite vernachlässigenden Umsatzsteigerung notwendig (>BFH vom 19.2.1999, I R 105-107/97, BStBl II S. 321). Die Beweislast für die Anerkennung der für eine umsatzabhängige Tantieme sprechenden Umstände trägt der Steuerpflichtige (>BFH vom 28.6.1989, I R 89/85, BStBl II S. 854).

Verlustvorträge

Ist der gewinntantiemeberechtigte Gesellschafter-Geschäftsführer für einen bestehenden Verlustvortrag verantwortlich oder zumindest teilverantwortlich, ist der Verlustvortrag in die Bemessungsgrundlage der Gewinntantieme einzubeziehen (>BFH vom 17.12.2003, I R 22/03, BStBl 2004 II S. 524). Jahresfehlbeträge müssen regelmäßig vorgetragen und durch zukünftige Jahresüberschüsse ausgeglichen werden; eine vorhergehende Verrechnung mit einem etwa bestehenden Gewinnvortrag laut Handelsbilanz darf i. d. R. nicht vorgenommen werden (>BFH vom 18.9.2007, I R 73/06, BStBl 2008 II S. 314).

Verspätete Auszahlung

Wird eine klar und eindeutig vereinbarte Gewinntantieme an einen beherrschenden Gesellschafter-Geschäftsführer nicht bereits bei Fälligkeit ausgezahlt, führt dies nicht notwendigerweise zu einer vGA. Entscheidend ist, ob unter Würdigung aller Umstände die verspätete Auszahlung Ausdruck mangelnder Ernsthaftigkeit der Tantiemevereinbarung ist (>BFH vom 29.7.1992, I R 28/92, BStBl 1993 II S. 247 und >BFH vom 29.6.1994, I R 11/94, BStBl II S. 952).

(Zinslose) Vorschüsse auf Tantieme

Zahlt eine GmbH ihrem Gesellschafter ohne eine entsprechende klare und eindeutige Abmachung einen unverzinslichen Tantiemevorschuss, ist der Verzicht auf eine angemessene Verzinsung eine vGA (>BFH vom 22.10.2003, I R 36/03, BStBl 2004 II S. 307).

Zustimmungsvorbehalt

Steht eine im Übrigen klare Tantiemevereinbarung mit einem beherrschenden Gesellschafter-Geschäftsführer unter dem Vorbehalt, dass die Gesellschafterversammlung die Tantieme anderweitig höher oder niedriger festsetzen kann, dann besteht Unsicherheit und damit auch Unklarheit, ob der Tantiemeanspruch des Gesellschafter-Geschäftsführers letztlich Bestand haben wird. Deshalb ist in Höhe des Betrags der gebildeten Rückstellung für die Tantieme eine vGA anzunehmen (>BFH vom 29.4.1992, I R 21/90, BStBl II S. 851).

R 8.9

Verdeckte Einlage

(1) Eine verdeckte Einlage i. S. d. § 8 Abs. 3 Satz 3 KStG liegt vor, wenn ein Gesellschafter oder eine ihm >nahestehende Person der Körperschaft außerhalb der gesellschaftsrechtlichen Einlagen einen >einlagefähigen Vermögensvorteil zuwendet und diese Zuwendung durch das Gesellschaftsverhältnis veranlasst ist.

(2) § 4 Abs. 1 Satz 1, § 6 Abs. 1 Nr. 5 EStG finden gem. § 8 Abs. 1 KStG auch auf Kapitalgesellschaften Anwendung, obwohl hier Einlegender und Empfänger der Einlage verschiedene Rechtsträger sind (finaler Einlagebegriff).

(3) [1]Voraussetzung für die Annahme einer verdeckten Einlage ist stets, dass die Zuwendung des Gesellschafters oder einer ihm >nahestehenden Person durch das Gesellschaftsverhältnis veranlasst ist. [2]Eine Veranlassung durch das Gesellschaftsverhältnis ist nur dann gegeben, wenn ein

Nichtgesellschafter bei Anwendung der Sorgfalt eines ordentlichen Kaufmanns den Vermögensvorteil der Gesellschaft nicht eingeräumt hätte, was grundsätzlich durch Fremdvergleich festzustellen ist.

(4) ¹Die Bewertung verdeckter Einlagen hat grundsätzlich mit dem Teilwert zu erfolgen (§ 8 Abs. 1 KStG i. V. m. § 6 Abs. 1 Nr. 5 und Abs. 6 EStG). ²§ 6 Abs. 1 Nr. 5 Satz 1 Buchstabe b EStG findet keine Anwendung, weil die verdeckte Einlage von Anteilen an einer Kapitalgesellschaft i. S. d. § 17 Abs. 1 Satz 1 EStG in eine Kapitalgesellschaft gem. § 17 Abs. 1 Satz 2 EStG beim Einlegenden einer Veräußerung gleichgestellt wird und es somit bei ihm zum Einlagezeitpunkt zu einer Besteuerung der stillen Reserven kommt. ³Entsprechendes gilt in Fällen des § 20 Abs. 2 Satz 2 EStG für § 6 Abs. 1 Nr. 5 Satz 1 Buchstabe c EStG. ⁴§ 6 Abs. 1 Nr. 5 Satz 1 Buchstabe a EStG ist in den Fällen zu beachten, in denen das eingelegte Wirtschaftsgut innerhalb der letzten drei Jahre vor dem Zeitpunkt der Zuführung angeschafft oder hergestellt worden ist, es sich aber nicht um eine verdeckte Einlage in eine Kapitalgesellschaft gem. § 23 Abs. 1 Satz 1 oder § 20 Abs. 2 Satz 2 EStG handelt, die als Veräußerung gilt und folglich im Einlagezeitpunkt ebenfalls zu einer Besteuerung der stillen Reserven führt.

(5) ¹Für die Qualifizierung von Leistungen als verdeckte Einlagen sind die Umstände maßgebend, die bestanden, als der Verpflichtete seine Zusage auf die Leistung gegeben hat. ²Ändern sich diese Umstände durch das Ausscheiden nicht, dann sind die Leistungen auch nach dem Ausscheiden des bisherigen Gesellschafters weiterhin als verdeckte Einlagen zu qualifizieren.

Hinweise

Anwachsung
Scheiden die Kommanditisten einer GmbH & Co. KG, die zugleich Gesellschafter der Komplementär-GmbH sind, ohne Entschädigung mit der Folge aus, dass ihr Anteil am Gesellschaftsvermögen gem. §§ 736, 738 BGB der Komplementär-GmbH zuwächst, erbringen die Kommanditisten eine verdeckte Einlage in die Komplementär-GmbH. Dabei bemisst sich der Wert der verdeckten Einlage nach der Wertsteigerung, die die GmbH einschließlich des anteiligen Geschäftswerts durch die Anwachsung erfährt (>BFH vom 12.2.1980, VIII R 114/77, BStBl II S. 494 und >BFH vom 24.3.1987, I R 202/83, BStBl II S. 705 sowie >BMF vom 25.3.1998, BStBl I S. 268).

Anwendungsbereich
Der Anwendungsbereich verdeckter Einlagen ist auf solche Körperschaften beschränkt, die ihren Anteilseignern oder Mitgliedern kapitalmäßige oder mitgliedschaftsähnliche Rechte gewähren (>BFH vom 21.9.1989, IV R 115/88, BStBl 1990 II S. 86).

§ 8 KStG
H 8.9

Behandlung beim Gesellschafter
Die verdeckte Einlage eines Wirtschaftsguts in das Betriebsvermögen einer Kapitalgesellschaft führt auf der Ebene des Gesellschafters grundsätzlich zu nachträglichen Anschaffungskosten auf die Beteiligung an dieser Gesellschaft (>BFH vom 12.2.1980, VIII R 114/77, BStBl II S. 494 und >BFH vom 29.7.1997, VIII R 57/94, BStBl 1998 II S. 652).

Zu Anschaffungskosten einer Beteiligung bei verdeckter Einlage >§ 6 Abs. 6 Satz 2 und 3 EStG

Bürgschaftsübernahme des Gesellschafters zu Gunsten der Gesellschaft
Mangels einlagefähigem Wirtschaftsgut sind die Voraussetzungen zur Annahme einer verdeckten Einlage durch die bloße Abgabe des Bürgschaftsversprechens noch nicht erfüllt (>BFH vom 19.5.1982, I R 102/79, BStBl II S. 631).

Wird der Gesellschafter aber aus der Bürgschaft in Anspruch genommen und war diese gesellschaftsrechtlich veranlasst, liegt eine verdeckte Einlage vor, soweit der Gesellschafter auf seine dadurch entstandene Regressforderung verzichtet. Dabei ist die verdeckte Einlage bei der Kapitalgesellschaft mit dem Teilwert der Forderung zu bewerten (>BFH vom 18.12.2001, VIII R 27/00, BStBl 2002 II S. 733).

Einlage von Beteiligungen i. S. d. § 17 Abs. 1 Satz 1 EStG
Die Bewertung der verdeckten Einlage einer Beteiligung i. S. d. § 17 Abs. 1 Satz 1 EStG bei der aufnehmenden Körperschaft erfolgt mit dem Teilwert (>BMF vom 2.11.1998, BStBl I S. 1227).

Einlagefähiger Vermögensvorteil
Gegenstand einer verdeckten Einlage kann nur ein aus Sicht der Gesellschaft bilanzierungsfähiger Vermögensvorteil sein. Dieser muss in der steuerrechtlichen Gewinnermittlung der Gesellschaft entweder
- zum Ansatz bzw. zur Erhöhung eines Aktivpostens oder
- zum Wegfall bzw. zur Minderung eines Passivpostens

geführt haben (>BFH vom 24.5.1984, I R 166/78, BStBl II S. 747).

Gegenstand einer verdeckten Einlage kann auch ein immaterielles Wirtschaftsgut, wie z. B. ein nicht entgeltlich erworbener Firmenwert sein. Wegen der Notwendigkeit der Abgrenzung der gesellschaftsrechtlichen von der betrieblichen Sphäre einer Kapitalgesellschaft tritt hier das Aktivierungsverbot des § 5 Abs. 2 EStG zurück (>BFH vom 24.3.1987, I R 202/83, BStBl II S. 705).

>H 8.9 Nutzungsvorteile
>H 8.9 Verzicht auf Tätigkeitsvergütungen

Erbfall
Vererbt ein Gesellschafter Wirtschaftsgüter seines Privatvermögens an seine Kapitalgesellschaft, handelt es sich um einen unentgeltlichen, nicht auf ihrer unternehmerischen Tätigkeit beruhenden Erwerb, der wie eine

Einlage zu behandeln ist. Nachlassschulden sowie durch den Erbfall entstehende Verbindlichkeiten (z. B. Vermächtnisse) mindern die Höhe des Werts der Einlage (>BFH vom 24.3.1993, I R 131/90, BStBl II S. 799).

Forderungsverzicht
Ein auf dem Gesellschaftsverhältnis beruhender Verzicht eines Gesellschafters auf seine nicht mehr vollwertige Forderung gegenüber seiner Kapitalgesellschaft führt bei dieser zu einer Einlage in Höhe des Teilwerts der Forderung. Dies gilt auch dann, wenn die entsprechende Verbindlichkeit auf abziehbare Aufwendungen zurückgeht. Der Verzicht des Gesellschafters auf eine Forderung gegenüber seiner Kapitalgesellschaft im Wege der verdeckten Einlage führt bei ihm zum Zufluss des noch werthaltigen Teils der Forderung. Eine verdeckte Einlage bei der Kapitalgesellschaft kann auch dann anzunehmen sein, wenn der Forderungsverzicht von einer dem Gesellschafter nahestehenden Person ausgesprochen wird (>BFH vom 9.6.1997, GrS 1/94, BStBl 1998 II S. 307).

Die vorgenannten Grundsätze gelten auch dann, wenn auf eine Forderung verzichtet wird, die kapitalersetzenden Charakter hat (>BFH vom 16.5.2001, I B 143/00, BStBl 2002 II S. 436).

Bei Darlehensverlust >BMF vom 21.10.2010, BStBl I S. 832

Forderungsverzicht gegen Besserungsschein
Verzichtet ein Gesellschafter auf eine Forderung gegen seine GmbH unter der auflösenden Bedingung, dass im Besserungsfall die Forderung wieder aufleben soll und ist der Verzicht durch das Gesellschaftsverhältnis veranlasst, liegt in Höhe des werthaltigen Teils der Forderung eine (verdeckte) Einlage vor. Die Erfüllung der Forderung nach Bedingungseintritt ist keine vGA, sondern gilt als zurückgewährte Einlage (>BMF vom 2.12.2003, BStBl I S. 648).

Umfasst der Forderungsverzicht auch den Anspruch auf Darlehenszinsen, sind nach Bedingungseintritt Zinsen auch für die Dauer der Krise als Betriebsausgaben anzusetzen (>BFH vom 30.5.1990, I R 41/87, BStBl 1991 II S. 588).

Gesellschaftsrechtliches Interesse
>BFH vom 29.7.1997, VIII R 57/94, BStBl 1998 II S. 652
Für die Prüfung der Frage, ob die Zuwendung gesellschaftsrechtlich veranlasst ist, ist ausschließlich auf den Zeitpunkt des Eingehens der Verpflichtung, nicht auf den Zeitpunkt des späteren Erfüllungsgeschäfts abzustellen. Eine gesellschaftsrechtliche Veranlassung kann somit selbst dann anzunehmen sein, wenn zum Zeitpunkt der Erfüllung der Verpflichtung ein Gesellschaftsverhältnis nicht mehr besteht (analog zur vGA; >BFH vom 14.11.1984, I R 50/80, BStBl 1985 II S. 227).

Gesellschaftsrechtliche Veranlassung
Die Veranlassung durch das Gesellschaftsverhältnis ist gegeben, wenn ein Nichtgesellschafter bei Anwendung der Sorgfalt eines ordentlichen

Kaufmanns den Vermögensvorteil der Gesellschaft nicht eingeräumt hätte (>BFH vom 28.2.1956, I 92/54 U, BStBl III S. 154, >BFH vom 19.2.1970, I R 24/67, BStBl II S. 442, >BFH vom 26.11.1980, I R 52/77, BStBl 1981 II S. 181, >BFH vom 9.3.1983, I R 182/78, BStBl II S. 744, >BFH vom 11.4.1984, I R 175/79, BStBl II S. 535, >BFH vom 14.11.1984, I R 50/80, BStBl 1985 II S. 227, >BFH vom 24.3.1987, I R 202/83, BStBl II S. 705 und >BFH vom 26.10.1987, GrS 2/86, BStBl 1988 II S. 348).

Immaterielle Wirtschaftsgüter
>H 8.9 einlagefähiger Vermögensvorteil

Nachträgliche Preissenkungen
Nachträgliche Preissenkungen durch den Gesellschafter beim Verkauf von Wirtschaftsgütern an seine Kapitalgesellschaft stellen i. d. R. verdeckte Einlagen dar (>BFH vom 14.8.1974, I R 168/72, BStBl 1975 II S. 123).

Nahestehende Person
Die als verdeckte Einlage zu qualifizierende Zuwendung kann auch durch eine dem Gesellschafter nahestehende Person erfolgen, z. B. durch eine andere Tochtergesellschaft (>BFH vom 30.4.1968, I 161/65, BStBl II S. 720, >BFH vom 9.6.1997, GrS 1/94, BStBl 1998 II S. 307 und >BFH vom 12.12.2000, VIII R 62/93, BStBl 2001 II S. 234).
>H 8.5 III. nahestehende Person

Nutzungsvorteile
Die Überlassung eines Wirtschaftsguts zum Gebrauch oder zur Nutzung kann mangels Bilanzierbarkeit des Nutzungsvorteils nicht Gegenstand einer Einlage sein (>BFH vom 8.11.1960, I 131/59 S, BStBl III S. 513, >BFH vom 9.3.1962, I 203/61 S, BStBl III S. 338, >BFH vom 3.2.1971, I R 51/66, BStBl II S. 408, >BFH vom 24.5.1984, I R 166/78, BStBl II S. 747 und >BFH vom 26.10.1987, GrS 2/86, BStBl 1988 II S. 348). Das gilt auch, wenn der Gesellschafter ein verzinsliches Darlehen aufnimmt, um der Kapitalgesellschaft ein zinsloses Darlehen zu gewähren (>BFH vom 26.10.1987, GrS 2/86, BStBl 1988 II S. 348).

Keine einlagefähigen Nutzungsvorteile sind insbesondere
- eine ganz oder teilweise unentgeltliche Dienstleistung (>BFH vom 14.3.1989, I R 8/85, BStBl II S. 633),
- eine unentgeltliche oder verbilligte Gebrauchs- oder Nutzungsüberlassung eines Wirtschaftsguts und
- der Zinsvorteil bei unverzinslicher oder geringverzinslicher Darlehensgewährung (>BFH vom 26.10.1987, GrS 2/86, BStBl 1988 II S. 348).

Rückgewähr einer vGA
Die Rückgewähr einer vGA führt regelmäßig zur Annahme einer Einlage. Das gilt unabhängig davon, ob sich die Rückzahlungsverpflichtung aus einer Satzungsklausel oder aus gesetzlichen Vorschriften (z. B. §§ 30, 31 GmbHG) ergibt, oder ob sie seitens des Gesellschafters freiwillig erfolgt (>BFH vom 29.5.1996, I R 118/93, BStBl 1997 II S. 92, >BFH vom

31.5.2005, I R 35/04, BStBl 2006 II S. 132, sowie >BMF vom 6.8.1981, BStBl I S. 599).

>H 8.6 Rückgängigmachung

Verdecktes Leistungsentgelt

Gleicht ein Gesellschafter durch Zuwendungen Nachteile einer Kapitalgesellschaft aus, die diese durch die Übernahme von Aufgaben erleidet, die eigentlich der Gesellschafter zu erfüllen hat, ist das Gesellschaftsverhältnis für die Leistung nicht ursächlich. Folglich liegt keine steuerfreie Vermögensmehrung in Form einer verdeckten Einlage, sondern vielmehr eine steuerpflichtige Betriebseinnahme vor (>BFH vom 9.3.1983, I R 182/78, BStBl II S. 744).

Verzicht auf Pensionsanwartschaftsrechte

Verzichtet der Gesellschafter aus Gründen des Gesellschaftsverhältnisses auf einen bestehenden Anspruch aus einer ihm gegenüber durch die Kapitalgesellschaft gewährten Pensionszusage, liegt hierin eine verdeckte Einlage begründet. Dies gilt auch im Falle eines Verzichts vor Eintritt des vereinbarten Versorgungsfalles hinsichtlich des bis zum Verzichtszeitpunkt bereits erdienten (Anteils des) Versorgungsanspruches. Der durch die Ausbuchung der Pensionsrückstellung bei der Kapitalgesellschaft zu erfassende Gewinn ist im Rahmen der Einkommensermittlung in Höhe des Werts der verdeckten Einlage wieder in Abzug zu bringen. Aus der Annahme einer verdeckten Einlage folgt andererseits beim Gesellschafter zwingend die Annahme eines Zuflusses von Arbeitslohn bei gleichzeitiger Erhöhung der Anschaffungskosten für die Anteile an der Kapitalgesellschaft (>BFH vom 9.6.1997, GrS 1/94, BStBl 1998 II S. 307). Sowohl hinsichtlich der Bewertung der verdeckten Einlage als auch hinsichtlich des Zuflusses beim Gesellschafter ist auf den Teilwert der Pensionszusage abzustellen und nicht auf den gem. § 6a EStG ermittelten Teilwert der Pensionsrückstellung der Kapitalgesellschaft. Bei der Ermittlung des Teilwerts ist die Bonität der zur Pensionszahlung verpflichteten Kapitalgesellschaft zu berücksichtigen (>BFH vom 15.10.1997, I R 58/93, BStBl 1998 II S. 305).

Zum Verzicht auf künftig noch zu erdienende Pensionsanwartschaften (sog. Future Service) >BMF vom 14.8.2012, BStBl I S. 874

Verzicht auf Tätigkeitsvergütungen

Verzichtet der Gesellschafter (z. B. wegen der wirtschaftlichen Lage der Kapitalgesellschaft) als Geschäftsführer auf seine Tätigkeitsvergütungen, ist wie folgt zu unterscheiden:

- Verzicht nach Entstehung:

    Verzichtet der Gesellschafter-Geschäftsführer nach Entstehung seines Anspruchs auf die Tätigkeitsvergütungen, wird damit der Zufluss der Einnahmen, verbunden mit der Verpflichtung zur Lohnversteuerung, nicht verhindert. Die Tätigkeitsvergütungen sind als Einnahmen aus nichtselbständiger Arbeit zu versteuern. Der Verzicht stellt demgegenüber eine - die steuerlichen Anschaffungskosten des Gesellschafters erhöhende - verdeckte Einlage dar (>BFH vom 19.7.1994, VIII R 58/92, BStBl 1995 II S. 362).

Bestehen zum Zeitpunkt des Gehaltsverzichts Liquiditätsschwierigkeiten, berührt dies die Werthaltigkeit der Gehaltsforderung, so dass die verdeckte Einlage unter dem Nennwert ggf. sogar mit 0 Euro zu bewerten ist (>BFH vom 19.5.1993, I R 34/92, BStBl II S. 804, >BFH vom 19.7.1994, VIII R 58/92, BStBl 1995 II S. 362 und >BFH vom 9.6.1997, GrS 1/94, BStBl 1998 II S. 307).

- Verzicht vor Entstehung:

  Verzichtet der Gesellschafter-Geschäftsführer auf noch nicht entstandene Gehaltsansprüche, ergeben sich hieraus weder bei der Kapitalgesellschaft noch beim Gesellschafter-Geschäftsführer ertragsteuerliche Folgen (>BFH vom 24.5.1984, I R 166/78, BStBl II S. 747 und >BFH vom 14.3.1989, I R 8/85, BStBl II S. 633).

- Folgen eines Verzichts:

  Zur verdeckten Einlage in eine Kapitalgesellschaft und Zufluss von Gehaltsbestandteilen bei einem Gesellschafter-Geschäftsführer einer Kapitalgesellschaft (>BFH-Urteile vom 3.2.2011, VI R 4/10, BStBl 2014 II S. 493 und VI R 66/09, BStBl 2014 II S. 491 und >BFH vom 15.5.2013, VI R 24/12, BStBl 2014 II S. 495 sowie >BMF vom 12.5.2014, BStBl I S. 860).

Zuschuss zur Abdeckung eines Bilanzverlustes

Der zur Abdeckung eines Bilanzverlustes der Kapitalgesellschaft durch den Gesellschafter-Geschäftsführer geleistete Zuschuss stellt eine verdeckte Einlage dar (>BFH vom 12.2.1980, VIII R 114/77, BStBl II S. 494).

R 8.10

Verluste bei Körperschaften

- unbesetzt -

H 8.10

Hinweise

Sanierungsfälle (§ 8 Abs. 4 Satz 3 KStG a. F.)

Anlage 18 I

In Sanierungsfällen nach § 8 Abs. 4 Satz 3 KStG a. F. >BMF vom 16.4.1999, BStBl I S. 455

R 8.11

Mitgliedsbeiträge

(1) [1]Mitgliedsbeiträge i. S. v. § 8 Abs. 5 KStG sind Beiträge, die die Mitglieder einer Personenvereinigung lediglich in ihrer Eigenschaft als Mitglieder nach der Satzung zu entrichten haben. [2]Sie dürfen der Personenvereinigung nicht für die Wahrnehmung besonderer geschäftlicher Interessen oder für Leistungen zugunsten ihrer Mitglieder zufließen. [3]Der Beurteilung als echter Mitgliedsbeitrag steht es entgegen, wenn die Bei-

tragshöhe von der tatsächlichen Inanspruchnahme für Leistungen durch die Mitglieder abhängt.

(2) ¹Mitgliedsbeiträge, die auf Grund der Satzung erhoben werden, bleiben bei der Ermittlung des Einkommens von unbeschränkt oder beschränkt körperschaftsteuerpflichtigen Personenvereinigungen außer Ansatz (§ 8 Abs. 5 KStG). ²Es genügt, dass eine der folgenden Voraussetzungen erfüllt ist:
1. Die Satzung bestimmt Art und Höhe der Mitgliedsbeiträge.
2. Die Satzung sieht einen bestimmten Berechnungsmaßstab vor.
3. Die Satzung bezeichnet ein Organ, das die Beiträge der Höhe nach erkennbar festsetzt.

³Bei den nicht zur Führung von Büchern verpflichteten Personenvereinigungen zählen echte Mitgliedsbeiträge bereits mangels Zurechenbarkeit zu einer Einkunftsart nicht zu den steuerpflichtigen Einkünften. ⁴Das gilt auch für die mit ihnen in Verbindung stehenden Ausgaben, die mithin regelmäßig dem ideellen Bereich der Körperschaft zuzurechnen sind und demzufolge die steuerpflichtigen Einkünfte nicht mindern.

(3) ¹Dient eine Personenvereinigung auch der wirtschaftlichen Förderung der Einzelmitglieder, sind die Beiträge an diese Vereinigung insoweit keine Mitgliedsbeiträge i. S. v. § 8 Abs. 5 KStG, sondern pauschalierte Gegenleistungen für die Förderung durch die Vereinigung, und zwar auch dann, wenn die Vereinigung keinen wirtschaftlichen Geschäftsbetrieb ausübt. ²In diesem Fall sind die Mitgliederbeiträge durch Schätzung in einen steuerfreien Teil (reine Mitgliedsbeiträge) und in einen steuerpflichtigen Teil (pauschalierte Gegenleistungen) aufzuteilen.

(4) ¹Bei Versicherungsunternehmen ist § 8 Abs. 5 KStG auf Leistungen der Mitglieder, die ein Entgelt für die Übernahme der Versicherung darstellen, nicht anzuwenden. ²Bei >VVaG können jedoch steuerfreie Mitgliedsbeiträge in Betracht kommen, z. B. Eintrittsgelder unter besonderen Voraussetzungen.

Hinweise

Abgrenzung zu Leistungsentgelten
Vereinsbeiträge, die ein Entgelt für bestimmte Leistungen des Vereins zugunsten seiner Mitglieder darstellen, sind keine Mitgliedsbeiträge i. S. v. § 8 Abs. 5 KStG. Beschränkt sich die Tätigkeit des Vereins darauf, seinen Mitgliedern preisgünstige Reisen zu vermitteln und zinsgünstige Darlehen zu gewähren, sind die gesamten Beiträge Entgelt für diese Leistungen, auch wenn diese pauschal erhoben werden (>BFH vom 28.6.1989, I R 86/85, BStBl 1990 II S. 550).

Nichtabzugsfähigkeit des mit Mitgliedsbeiträgen in Verbindung stehenden Aufwands
Zahlt ein Mitglied beim Eintritt in eine Kreditgenossenschaft zur Abgeltung des mit dem Eintritt verbundenen Aufwands ein einmaliges Eintrittsgeld,

kann dieses in vollem Umfang als Mitgliedsbeitrag nach § 8 Abs. 5 KStG steuerfrei sein. Ist das der Fall, ist der mit dem Eintritt in wirtschaftlichem Zusammenhang stehende Aufwand gem. § 3c EStG nicht abzugsfähig (>BFH vom 19.2.1964, I 179/62 U, BStBl III S. 277).

Ein bloß mittelbarer Zusammenhang reicht aber zur Anwendung des § 3c EStG nicht aus (>BFH vom 11.10.1989, I R 208/85, BStBl 1990 II S. 88).

Schätzung des Leistungsentgelts bei Erhebung nicht kostendeckender Entgelte für Sonderleistungen

Werden für Sonderleistungen der Personenvereinigung an die einzelnen Mitglieder keine oder keine kostendeckenden Entgelte gefordert, kann in den allgemeinen Mitgliedsbeiträgen teilweise ein ggf. im Wege der Schätzung zu ermittelndes Leistungsentgelt enthalten sein (>BFH vom 9.2.1965, I 25/63 U, BStBl III S. 294).

Die Umlagebeträge, die Interessengemeinschaften zur gemeinsamen Bewirtschaftung von Gemeindewaldungen von den beteiligten Gemeinden nach dem Verhältnis ihres flächenmäßigen Waldbesitzes zur Gesamtfläche des betreuten Waldes erheben, sind (ggf. im Wege der Schätzung) in Entgelte für Einzelleistungen und echte Mitgliedsbeiträge für Gemeinschaftsleistungen aufzuteilen (>BFH vom 22.11.1963, V 47/61 U, BStBl 1964 III S. 147).

VVaG

Bei den Mitgliederleistungen an VVaG ist zwischen steuerpflichtigen Versicherungsbeiträgen und steuerfreien Einlagen zu unterscheiden. Im Allgemeinen werden Eintrittsgelder insoweit, als ein Rückzahlungsanspruch beim Austritt besteht, der in seiner Höhe genau festgelegt ist und nicht vom Betriebsergebnis abhängt, steuerfreie Einlagen darstellen (>BFH vom 21.4.1953, I 32/53 U, BStBl III S. 175).

Werbeverband

Umlagen, die pauschalierte Entgelte der einzelnen Mitglieder für die Förderung ihrer wirtschaftlichen Einzelinteressen durch zusammengefasste Werbung darstellen, sind keine Mitgliedsbeiträge i. S. d. § 8 Abs. 5 KStG (>BFH vom 8.6.1966, I 151/63, BStBl III S. 632).

Haus- und Grundeigentümervereine, Mietervereine

(1) [1]Die Mitgliedsbeiträge zu Haus- und Grundeigentümervereinen sowie zu Mietervereinen enthalten i. d. R. Entgelte für die Gewährung besonderer wirtschaftlicher Vorteile, z. B. Rechtsberatung, Prozessvertretung. [2]Sie sind deshalb keine reinen Mitgliedsbeiträge i. S. v. § 8 Abs. 5 KStG. [3]Um eine einfache und gleichmäßige Besteuerung der in Satz 1 bezeichneten Vereine zu gewährleisten, ist bei der Abgrenzung der steuerfreien Mitgliedsbeiträge von den steuerpflichtigen Beträgen sowie bei der Berechnung der hiervon abzuziehenden Ausgaben wie folgt zu verfahren:

1. ¹Von den eigenen Beitragseinnahmen (= gesamte Beitragseinnahmen abzüglich der an übergeordnete Verbände abgeführten Beträge) sind 20 % als steuerpflichtige Einnahmen anzusehen. ²Erhebt der Verein neben den Beiträgen besondere Entgelte, z. B. für Prozessvertretungen, sind diese Entgelte den steuerpflichtigen Einnahmen voll hinzuzurechnen.
2. ¹Von den Ausgaben des Vereins, die mit den eigenen Beitragseinnahmen und den daneben erhobenen besonderen Entgelten in unmittelbarem Zusammenhang stehen, ist der Teil abzuziehen, der dem Verhältnis der steuerpflichtigen Einnahmen zu den eigenen Beitragseinnahmen zuzüglich der daneben erhobenen besonderen Entgelte entspricht. ²Werden jedoch die mit den steuerpflichtigen Einnahmen zusammenhängenden Ausgaben gesondert ermittelt, sind die gesondert ermittelten Ausgaben abzuziehen.
3. ¹Übersteigen die abzuziehenden Ausgaben die steuerpflichtigen Einnahmen ständig, d. h. in mehreren aufeinanderfolgenden Jahren, ist erkennbar, dass der als steuerpflichtig behandelte Betrag von 20 % der eigenen Beitragseinnahmen zu niedrig ist. ²Er ist dann angemessen zu erhöhen, dass im Durchschnitt mehrerer Jahre die abziehbaren Ausgaben nicht höher als die steuerpflichtigen Einnahmen sind.

(2) Die übrigen steuerpflichtigen Einkünfte, z. B. aus dem Verkauf von Vordrucken und Altmaterial, aus Kapitalvermögen und aus Vermietung und Verpachtung, sind nach den allgemeinen steuerrechtlichen Grundsätzen zu ermitteln.

Hinweise

Aufteilung der Mitgliedsbeiträge bei Haus- und Grundbesitzervereinen sowie Mietervereinen

Zur Zulässigkeit der von der Finanzverwaltung vorgesehenen pauschalen Aufteilung der Mitgliedsbeiträge in echte Mitgliedsbeiträge und Leistungsentgelte >BFH vom 5.6.1953, I 104/52 U, BStBl III S. 212

Zur Notwendigkeit des Ansatzes eines höheren prozentualen Einnahmeanteils für steuerpflichtige Leistungen bei ansonsten anhaltender Erzielung von Verlusten >BFH vom 9.2.1965, I 25/63 U, BStBl III S. 294

Beispiel zur Aufteilung

	€	€
Vereinnahmte Mitgliedsbeiträge		130.000
An den Landesverband sind abgeführt		- 30.000
Eigene Beitragseinnahmen		100.000

Steuerpflichtige Einnahmen:

	€	€
20 % von 100.000 €	20.000	
Entgelte für Prozessvertretungen	+ 4.000	24.000

Die Ausgaben, die mit den eigenen Beitragseinnahmen (100.000 €) und den Entgelten für Prozessvertretungen (4.000 €) zusammenhängen, betragen 90.000 €.

	€	€
Abzuziehen sind	$\dfrac{90.000 \times 24.000}{104.000}$	- 20.769
Überschuss		3.231

Würden die gesondert festgestellten abziehbaren Ausgaben 27.000 € betragen und würde sich weiter ergeben, dass die Ausgaben auch in den vorangegangenen Jahren die steuerpflichtigen Einnahmen überstiegen haben, müsste der Satz von 20 % angemessen erhöht werden.

R 8.13 Sonstige Vereine und Einrichtungen

(1) [1]Die von Obst- und Gartenbauvereinen erhobenen Mitgliedsbeiträge enthalten i. d. R. Entgelte für die Gewährung besonderer wirtschaftlicher Vorteile. [2]Sie sind deshalb keine reinen Mitgliedsbeiträge i. S. v. § 8 Abs. 5 KStG. [3]Bei der Abgrenzung der steuerfreien Mitgliedsbeiträge von den steuerpflichtigen Beträgen ist R 8.12 entsprechend anzuwenden.

(2) [1]Die von den Kleingärtner- und Siedlervereinen erhobenen Beiträge enthalten i. d. R. keine Entgelte für die Gewährung besonderer wirtschaftlicher Vorteile. [2]Im Allgemeinen bestehen deshalb aus Gründen der Verwaltungsvereinfachung keine Bedenken, diese Beiträge ohne Prüfung als Mitgliedsbeiträge i. S. v. § 8 Abs. 5 KStG anzusehen.

(3) [1]Sind Tierzuchtverbände oder Vatertierhaltungsvereine nicht steuerbegünstigt und infolgedessen nicht nur mit ihren wirtschaftlichen Geschäftsbetrieben, sondern in vollem Umfang steuerpflichtig, dann werden die Beiträge der Mitglieder zum großen Teil keine steuerfreien Mitgliedsbeiträge i. S. v. § 8 Abs. 5 KStG sein, weil sie Entgelte der Mitglieder für wirtschaftliche Leistungen enthalten. [2]Aus Vereinfachungsgründen ist bei

der Abgrenzung der steuerfreien Mitgliedsbeiträge von den steuerpflichtigen Beträgen wie folgt zu verfahren: [3]Die Beitragseinnahmen sind nur i. H. v. 50 % als steuerpflichtig zu behandeln. [4]Die mit den Beitragseinnahmen in unmittelbarem Zusammenhang stehenden Ausgaben sind dementsprechend nur mit 50 % zu berücksichtigen. [5]Zu den Beitragseinnahmen gehören außer den Mitgliedsbeiträgen auch die Beträge, die nicht laufend, sondern einmalig als sog. Gebühren entrichtet werden, z. B. für die Herdbucheintragungen, für den Nachweis der Abstammung, für die Anerkennung und Umschreibung, für die Vermittlung des Absatzes von Zuchttieren, für das Brennen von Vieh, für Ohrmarken und Geflügelringe und Deckgelder von Mitgliedern. [6]Voraussetzung ist, dass diese Gebühren nach Art und Höhe in der Satzung oder in der Gebührenordnung genau bestimmt sind. [7]Im Übrigen sind die steuerpflichtigen Einkünfte, z. B. aus Gewerbebetrieb, Kapitalvermögen, Vermietung und Verpachtung, sonstige Einkünfte i. S. d. § 22 EStG, nach den allgemeinen steuerrechtlichen Grundsätzen zu ermitteln.

(4) Die Bestimmungen in Absatz 3 gelten nicht für die Verbände und Vereine der Pelztierzüchter.

(5) [1]Einrichtungen zur Förderung des Fremdenverkehrs können BgA von jPöR oder Personenvereinigungen sein. [2]Im ersten Fall können sie eine Steuerbefreiung für Mitgliedsbeiträge nicht in Anspruch nehmen. [3]Im zweiten Fall sind die Beiträge oft keine reinen Mitgliedsbeiträge (§ 8 Abs. 5 KStG), weil sie auch Entgelte der Mitglieder für wirtschaftliche Vorteile enthalten. [4]Aus Vereinfachungsgründen bestehen keine Bedenken, in diesen Fällen nur 25 % der Beitragseinnahmen als steuerpflichtige Einnahmen zu behandeln. [5]Die Ausgaben, die mit den Beitragseinnahmen in unmittelbarem wirtschaftlichen Zusammenhang stehen, sind dementsprechend nur mit 25 % abzuziehen. [6]R 8.12 ist entsprechend anzuwenden. [7]Im Übrigen sind die steuerpflichtigen Einkünfte, z. B. aus dem Verkauf von Zeitungen oder Fahrkarten, nach den allgemeinen steuerrechtlichen Grundsätzen zu ermitteln. [8]Die Zuschüsse, die gemeindliche Fremdenverkehrseinrichtungen von den Gemeinden erhalten, sind steuerfrei zu lassen.

Hinweise

Lohnsteuerhilfevereine

Die von Lohnsteuerhilfevereinen (>H 5.1 Abgrenzung) erhobenen Beiträge sind in vollem Umfang steuerpflichtige Entgelte für Gegenleistungen der Vereine an ihre Mitglieder. § 8 Abs. 5 KStG findet keine Anwendung (>BFH vom 29.8.1973, I R 234/71, BStBl 1974 II S. 60).

§ 8a
Betriebsausgabenabzug für Zinsaufwendungen bei Körperschaften (Zinsschranke)

(1) [1]§ 4h Abs. 1 Satz 2 des Einkommensteuergesetzes ist mit der Maßgabe anzuwenden, dass anstelle des maßgeblichen Gewinns das maßgebliche Einkommen tritt. [2]Maßgebliches Einkommen ist das nach den Vorschriften des Einkommensteuergesetzes und dieses Gesetzes ermittelte Einkommen mit Ausnahme der §§ 4h und 10d des Einkommensteuergesetzes und des § 9 Abs. 1 Nr. 2 dieses Gesetzes. [3]§ 8c gilt für den Zinsvortrag nach § 4h Absatz 1 Satz 5 des Einkommensteuergesetzes mit der Maßgabe entsprechend, dass stille Reserven im Sinne des § 8c Absatz 1 Satz 7 nur zu berücksichtigen sind, soweit sie die nach § 8c Absatz 1 Satz 6 abziehbaren nicht genutzten Verluste übersteigen. [4]Auf Kapitalgesellschaften, die ihre Einkünfte nach § 2 Abs. 2 Nr. 2 des Einkommensteuergesetzes ermitteln, ist § 4h des Einkommensteuergesetzes sinngemäß anzuwenden.

(2) § 4h Abs. 2 Satz 1 Buchstabe b des Einkommensteuergesetzes ist nur anzuwenden, wenn die Vergütungen für Fremdkapital an einen zu mehr als einem Viertel unmittelbar oder mittelbar am Grund- oder Stammkapital beteiligten Anteilseigner, eine diesem nahe stehende Person (§ 1 Abs. 2 des Außensteuergesetzes vom 8. September 1972 - BGBl. I S. 1713 -, das zuletzt durch Artikel 3 des Gesetzes vom 28. Mai 2007 - BGBl. I S. 914 - geändert worden ist, in der jeweils geltenden Fassung) oder einen Dritten, der auf den zu mehr als einem Viertel am Grund- oder Stammkapital beteiligten Anteilseigner oder eine diesem nahe stehende Person zurückgreifen kann, nicht mehr als 10 Prozent der die Zinserträge übersteigenden Zinsaufwendungen der Körperschaft im Sinne des § 4h Abs. 3 des Einkommensteuergesetzes betragen und die Körperschaft dies nachweist.

(3) [1]§ 4h Abs. 2 Satz 1 Buchstabe c des Einkommensteuergesetzes ist nur anzuwenden, wenn die Vergütungen für Fremdkapital der Körperschaft oder eines anderen demselben Konzern zugehörenden Rechtsträgers an einen zu mehr als einem Viertel unmittelbar oder mittelbar am Kapital beteiligten Gesellschafter einer konzernzugehörigen Gesellschaft, eine diesem nahe stehende Person (§ 1 Abs. 2 des Außensteuergesetzes) oder einen Dritten, der auf den zu mehr als einem Viertel am Kapital beteiligten Gesellschafter oder eine diesem nahe stehende Person zurückgreifen kann, nicht mehr als 10 Prozent der die Zinserträge übersteigenden Zinsaufwendungen des Rechtsträgers im Sinne des § 4h Abs. 3 des Einkommensteuergesetzes betragen und die Körperschaft dies nachweist. [2]Satz 1 gilt nur für Zinsaufwendungen aus Verbindlichkeiten, die in dem voll konsolidierten Konzernabschluss nach § 4h Abs. 2 Satz 1 Buchstabe c des Einkommensteuergesetzes ausgewiesen sind und bei Fi-

nanzierung durch einen Dritten einen Rückgriff gegen einen nicht zum Konzern gehörenden Gesellschafter oder eine diesem nahe stehende Person auslösen.

Hinweise

H 8a

Zinsschranke

Zu § 8a KStG i. d. F. des Unternehmensteuerreformgesetzes vom 14.8.2007 (BGBl. I S. 1912; BStBl I S. 630), sog. Zinsschranke >BMF vom 4.7.2008, BStBl I S. 718

Anlage 20

§ 8b
Beteiligung an anderen Körperschaften und Personenvereinigungen

(1) ¹Bezüge im Sinne des § 20 Abs. 1 Nr. 1, 2, 9 und 10 Buchstabe a des Einkommensteuergesetzes bleiben bei der Ermittlung des Einkommens außer Ansatz. ²Satz 1 gilt nur, soweit die Bezüge das Einkommen der leistenden Körperschaft nicht gemindert haben. ³Sind die Bezüge im Sinne des Satzes 1 nach einem Abkommen zur Vermeidung der Doppelbesteuerung von der Bemessungsgrundlage für die Körperschaftsteuer auszunehmen, gilt Satz 2 ungeachtet des Wortlauts des Abkommens für diese Freistellung entsprechend. ⁴Satz 2 gilt nicht, soweit die verdeckte Gewinnausschüttung das Einkommen einer dem Steuerpflichtigen nahe stehenden Person erhöht hat und § 32a des Körperschaftsteuergesetzes auf die Veranlagung dieser nahe stehenden Person keine Anwendung findet. ⁵Bezüge im Sinne des Satzes 1 sind auch Einnahmen aus der Veräußerung von Dividendenscheinen und sonstigen Ansprüchen im Sinne des § 20 Abs. 2 Satz 1 Nr. 2 Buchstabe a des Einkommensteuergesetzes sowie Einnahmen aus der Abtretung von Dividendenansprüchen oder sonstigen Ansprüchen im Sinne des § 20 Abs. 2 Satz 2 des Einkommensteuergesetzes.

(2) ¹Bei der Ermittlung des Einkommens bleiben Gewinne aus der Veräußerung eines Anteils an einer Körperschaft oder Personenvereinigung, deren Leistungen beim Empfänger zu Einnahmen im Sinne des § 20 Abs. 1 Nr. 1, 2, 9 und 10 Buchstabe a des Einkommensteuergesetzes gehören, oder an einer Organgesellschaft im Sinne des § 14 oder § 17 außer Ansatz. ²Veräußerungsgewinn im Sinne des Satzes 1 ist der Betrag, um den der Veräußerungspreis oder der an dessen Stelle tretende Wert nach Abzug der Veräußerungskosten den Wert übersteigt, der sich nach den Vorschriften über die steuerliche Gewinnermittlung im Zeitpunkt der Veräußerung ergibt (Buchwert). ³Satz 1 gilt entsprechend für Gewinne aus der Auflösung oder der Herabsetzung des Nennkapitals oder aus dem Ansatz des in § 6 Absatz 1 Nummer 2 Satz 3 des Einkommensteuergesetzes bezeichneten Werts. ⁴Die Sätze 1 und 3 gelten nicht, soweit der Anteil in früheren Jahren steuerwirksam auf den niedrigeren Teilwert abgeschrieben und die Gewinnminderung nicht durch den Ansatz eines höheren Werts ausgeglichen worden ist. ⁵Satz 4 gilt außer für Gewinne aus dem Ansatz mit dem Wert, der sich nach § 6 Abs. 1 Nr. 2 Satz 3 des Einkommensteuergesetzes ergibt, auch für steuerwirksam vorgenommene Abzüge nach § 6b des Einkommensteuergesetzes und ähnliche Abzüge. ⁶Veräußerung im vorstehenden Sinne ist auch die verdeckte Einlage.

(3) ¹Von dem jeweiligen Gewinn im Sinne des Absatzes 2 Satz 1, 3 und 6 gelten 5 Prozent als Ausgaben, die nicht als Betriebsausgaben abgezogen werden dürfen. ²§ 3c Abs. 1 des Einkommensteuerge-

zes ist nicht anzuwenden. ³Gewinnminderungen, die im Zusammenhang mit dem in Absatz 2 genannten Anteil entstehen, sind bei der Ermittlung des Einkommens nicht zu berücksichtigen. ⁴Zu den Gewinnminderungen im Sinne des Satzes 3 gehören auch Gewinnminderungen im Zusammenhang mit einer Darlehensforderung oder aus der Inanspruchnahme von Sicherheiten, die für ein Darlehen hingegeben wurden, wenn das Darlehen oder die Sicherheit von einem Gesellschafter gewährt wird, der zu mehr als einem Viertel unmittelbar oder mittelbar am Grund- oder Stammkapital der Körperschaft, der das Darlehen gewährt wurde, beteiligt ist oder war. ⁵Dies gilt auch für diesem Gesellschafter nahestehende Personen im Sinne des § 1 Abs. 2 des Außensteuergesetzes oder für Gewinnminderungen aus dem Rückgriff eines Dritten auf den zu mehr als einem Viertel am Grund- oder Stammkapital beteiligten Gesellschafter oder eine diesem nahestehende Person auf Grund eines der Gesellschaft gewährten Darlehens. ⁶Die Sätze 4 und 5 sind nicht anzuwenden, wenn nachgewiesen wird, dass auch ein fremder Dritter das Darlehen bei sonst gleichen Umständen gewährt oder noch nicht zurückgefordert hätte; dabei sind nur die eigenen Sicherungsmittel der Gesellschaft zu berücksichtigen. ⁷Die Sätze 4 bis 6 gelten entsprechend für Forderungen aus Rechtshandlungen, die einer Darlehensgewährung wirtschaftlich vergleichbar sind. ⁸Gewinne aus dem Ansatz einer Darlehensforderung mit dem nach § 6 Abs. 1 Nr. 2 Satz 3 des Einkommensteuergesetzes maßgeblichen Wert bleiben bei der Ermittlung des Einkommens außer Ansatz, soweit auf die vorangegangene Teilwertabschreibung Satz 3 angewendet worden ist.

(4) ¹Bezüge im Sinne des Absatzes 1 sind abweichend von Absatz 1 Satz 1 bei der Ermittlung des Einkommens zu berücksichtigen, wenn die Beteiligung zu Beginn des Kalenderjahres unmittelbar weniger als 10 Prozent des Grund- oder Stammkapitals betragen hat; ist ein Grund- oder Stammkapital nicht vorhanden, ist die Beteiligung an dem Vermögen, bei Genossenschaften die Beteiligung an der Summe der Geschäftsguthaben, maßgebend. ²Für die Bemessung der Höhe der Beteiligung ist § 13 Absatz 2 Satz 2 des Umwandlungssteuergesetzes nicht anzuwenden. ³Überlässt eine Körperschaft Anteile an einen anderen und hat der andere diese oder gleichartige Anteile zurückzugeben, werden die Anteile für die Ermittlung der Beteiligungsgrenze der überlassenden Körperschaft zugerechnet. ⁴Beteiligungen über eine Mitunternehmerschaft sind dem Mitunternehmer anteilig zuzurechnen; § 15 Absatz 1 Satz 1 Nummer 2 Satz 2 des Einkommensteuergesetzes gilt sinngemäß. ⁵Eine dem Mitunternehmer nach Satz 4 zugerechnete Beteiligung gilt für die Anwendung dieses Absatzes als unmittelbare Beteiligung. ⁶Für Zwecke dieses Absatzes gilt der Erwerb einer Beteiligung von mindestens 10 Prozent als zu Beginn des Kalenderjahres erfolgt. ⁷Absatz 5 ist auf Bezüge im Sinne des Satzes 1 nicht anzuwenden. ⁸Beteiligungen von Kreditinstituten im Sinne des § 1 Absatz 1 Satz 1

des Kreditwesengesetzes, die Mitglied einer kreditwirtschaftlichen Verbundgruppe im Sinne des § 1 Absatz 10 Nummer 13 des Zahlungsdiensteaufsichtsgesetzes sind, an anderen Unternehmen und Einrichtungen dieser Verbundgruppe sind zusammenzurechnen.

(5) ¹Von den Bezügen im Sinne des Absatzes 1, die bei der Ermittlung des Einkommens außer Ansatz bleiben, gelten 5 Prozent als Ausgaben, die nicht als Betriebsausgaben abgezogen werden dürfen. ²§ 3c Abs. 1 des Einkommensteuergesetzes ist nicht anzuwenden.

(6) ¹Die Absätze 1 bis 5 gelten auch für die dort genannten Bezüge, Gewinne und Gewinnminderungen, die dem Steuerpflichtigen im Rahmen des Gewinnanteils aus einer Mitunternehmerschaft zugerechnet werden, sowie für Gewinne und Verluste, soweit sie bei der Veräußerung oder Aufgabe eines Mitunternehmeranteils auf Anteile im Sinne des Absatzes 2 entfallen. ²Die Absätze 1 bis 5 gelten für Bezüge und Gewinne, die einem Betrieb gewerblicher Art einer juristischen Person des öffentlichen Rechts über andere juristische Personen des öffentlichen Rechts zufließen, über die sie mittelbar an der leistenden Körperschaft, Personenvereinigung oder Vermögensmasse beteiligt ist und bei denen die Leistungen nicht im Rahmen eines Betriebs gewerblicher Art erfasst werden, und damit in Zusammenhang stehende Gewinnminderungen entsprechend.

(7) ¹Die Absätze 1 bis 6 sind nicht auf Anteile anzuwenden, die bei Kreditinstituten und Finanzdienstleistungsinstituten nach § 1a des Kreditwesengesetzes in Verbindung mit den Artikeln 102 bis 106 der Verordnung (EU) Nr. 575/2013 des Europäischen Parlaments und des Rates vom 26. Juni 2013 über Aufsichtsanforderungen an Kreditinstitute und Wertpapierfirmen und zur Änderung der Verordnung (EU) Nr. 646/2012 (ABl. L 176 vom 27.6.2013, S. 1) oder unmittelbar nach den Artikeln 102 bis 106 der Verordnung (EU) Nr. 575/2013 dem Handelsbuch zuzurechnen sind. ²Gleiches gilt für Anteile, die von Finanzunternehmen im Sinne des Gesetzes über das Kreditwesen mit dem Ziel der kurzfristigen Erzielung eines Eigenhandelserfolges erworben werden. ³Satz 2 gilt auch für Kreditinstitute, Finanzdienstleistungsinstitute und Finanzunternehmen mit Sitz in einem anderen Mitgliedstaat der Europäischen Union oder in einem anderen Vertragsstaat des EWR-Abkommens.

(8) ¹Die Absätze 1 bis 7 sind nicht anzuwenden auf Anteile, die bei Lebens- und Krankenversicherungsunternehmen den Kapitalanlagen zuzurechnen sind. ²Satz 1 gilt nicht für Gewinne im Sinne des Absatzes 2, soweit eine Teilwertabschreibung in früheren Jahren nach Absatz 3 bei der Ermittlung des Einkommens unberücksichtigt geblieben ist und diese Minderung nicht durch den Ansatz eines höheren Werts ausgeglichen worden ist. ³Gewinnminderungen, die im Zusammenhang mit den Anteilen im Sinne des Satzes 1 stehen, sind bei der Ermittlung des Einkommens nicht zu berücksichtigen,

wenn das Lebens- oder Krankenversicherungsunternehmen die Anteile von einem verbundenen Unternehmen (§ 15 des Aktiengesetzes) erworben hat, soweit ein Veräußerungsgewinn für das verbundene Unternehmen nach Absatz 2 in der Fassung des Artikels 3 des Gesetzes vom 23. Oktober 2000 (BGBl. I S. 1433) bei der Ermittlung des Einkommens außer Ansatz geblieben ist. ⁴Für die Ermittlung des Einkommens sind die Anteile mit den nach handelsrechtlichen Vorschriften ausgewiesenen Werten anzusetzen, die bei der Ermittlung der nach § 21 abziehbaren Beträge zu Grunde gelegt wurden. ⁵Entsprechendes gilt für Pensionsfonds.

(9) Die Absätze 7 und 8 gelten nicht für Bezüge im Sinne des Absatzes 1, auf die die Mitgliedstaaten der Europäischen Union Artikel 4 Abs. 1 der Richtlinie 2011/96/EU des Rates vom 30. November 2011 über das gemeinsame Steuersystem der Mutter- und Tochtergesellschaften verschiedener Mitgliedstaaten (ABl. L 345 vom 29.12.2011, S. 8), anzuwenden haben.

(10) ¹Überlässt eine Körperschaft (überlassende Körperschaft) Anteile, auf die bei ihr Absatz 4, 7 oder 8 anzuwenden ist oder auf die bei ihr aus anderen Gründen die Steuerfreistellungen der Absätze 1 und 2 oder vergleichbare ausländische Vorschriften nicht anzuwenden sind, an eine Körperschaft (andere Körperschaft), bei der auf die Anteile Absatz 4, 7 oder 8 nicht anzuwenden ist, und hat die andere Körperschaft, der die Anteile zuzurechnen sind, diese oder gleichartige Anteile zurückzugeben, dürfen die für die Überlassung gewährten Entgelte bei der anderen Körperschaft nicht als Betriebsausgabe abgezogen werden. ²Überlässt die andere Körperschaft für die Überlassung der Anteile Wirtschaftsgüter an die überlassende Körperschaft, aus denen diese Einnahmen oder Bezüge erzielt, gelten diese Einnahmen oder Bezüge als von der anderen Körperschaft bezogen und als Entgelt für die Überlassung an die überlassende Körperschaft gewährt. ³Absatz 3 Satz 1 und 2 sowie Absatz 5 sind nicht anzuwenden. ⁴Die Sätze 1 bis 3 gelten auch für Wertpapierpensionsgeschäfte im Sinne des § 340b Absatz 2 des Handelsgesetzbuchs. ⁵Die Sätze 1 bis 4 gelten nicht, wenn die andere Körperschaft keine Einnahmen oder Bezüge aus den ihr überlassenen Anteilen erzielt. ⁶Zu den Einnahmen und Bezügen aus den überlassenen Anteilen im Sinne des Satzes 5 gehören auch Entgelte, die die andere Körperschaft dafür erhält, dass sie die entliehenen Wertpapiere weiterverleiht. ⁷Die Sätze 1 bis 6 gelten entsprechend, wenn die Anteile an eine Personengesellschaft oder von einer Personengesellschaft überlassen werden, an der die überlassende oder die andere Körperschaft unmittelbar oder mittelbar über eine Personengesellschaft oder mehrere Personengesellschaften beteiligt ist. ⁸In diesen Fällen gelten die Anteile als an die Körperschaft oder von der Körperschaft überlassen. ⁹Die Sätze 1 bis 8 gelten entsprechend, wenn Anteile, die die Voraussetzungen des Absatzes 7 erfüllen, von einer Personengesellschaft überlassen werden. ¹⁰Die Sätze 1 bis 8 gelten

§ 8b KStG

nicht, soweit § 2 Nummer 2 zweiter Halbsatz oder § 5 Absatz 2 Nummer 1 zweiter Halbsatz auf die überlassende Körperschaft Anwendung findet. [11]Als Anteil im Sinne der Sätze 1 bis 10 gilt auch der Investmentanteil im Sinne von § 1 Absatz 1 des Investmentsteuergesetzes vom 15. Dezember 2003 (BGBl. I S. 2676, 2724), das zuletzt durch Artikel 2 des Gesetzes vom 21. März 2013 (BGBl. I S. 561) geändert worden ist, in der jeweils geltenden Fassung, soweit daraus Einnahmen erzielt werden, auf die § 8b anzuwenden ist.

(11) Die Absätze 1 bis 10 sind nicht anzuwenden bei Anteilen an Unterstützungskassen.

Hinweise

Abzugsverbot von Gewinnminderungen im Zusammenhang mit Gesellschafterdarlehen

Das in § 8b Abs. 3 Satz 4 KStG angeordnete Abzugsverbot erfordert nur, dass der Gesellschafter, der das Darlehen oder die Sicherheit gewährt, zu irgendeinem Zeitpunkt während der Darlehenslaufzeit die Beteiligungsvoraussetzungen erfüllt. Auf den alleinigen Zeitpunkt der Darlehensbegebung oder den Eintritt der Gewinnminderung kommt es nicht an (>BFH vom 12.3.2014, I R 87/12, BStBl II S. 859).

Aktieneigenhandel nach § 8b Abs. 7 KStG

Anlage 1 I
>BMF vom 25.7.2002, BStBl I S. 712

Der Begriff des Eigenhandelserfolges gem. § 8b Abs. 7 Satz 2 KStG bestimmt sich nach eigenständigen körperschaftsteuerrechtlichen Maßstäben. Er umfasst den Erfolg aus jeglichem „Umschlag" von Anteilen i. S. d. § 8b Abs. 1 KStG auf eigene Rechnung und erfordert nicht das Vorliegen eines Eigenhandels als Finanzdienstleistung i. S. v. § 1 Abs. 1a Satz 1 Nr. 4 KWG. Die Absicht, einen kurzfristigen Eigenhandelserfolg zu erzielen, bezieht sich auf den Zeitpunkt des Anteilserwerbs. Spätere Maßnahmen des Erwerbers, um den Wert der Anteile bis zum Weiterverkauf zu beeinflussen, stehen einer solchen Absicht nicht entgegen (>BFH vom 14.1.2009, I R 36/08, BStBl II S. 671).

Allgemeine Fragen zur Auslegung des § 8b KStG

Anlage 1 II
>BMF vom 28.4.2003, BStBl I S. 292

Ausschüttungen aus dem steuerlichen Einlagekonto

Anlage 1 II
Ausschüttungen aus dem steuerlichen Einlagekonto, die den Beteiligungsbuchwert übersteigen, fallen unter § 8b Abs. 2 KStG (>BMF vom 28.4.2003, BStBl I S. 292, Rn 6 und >BFH vom 28.10.2009, I R 116/08, BStBl 2011 II S. 898).

Beteiligung in einem eingebrachten Betriebsvermögen (§ 8b Abs. 4 KStG a. F.)

Anlage 1 III
>BMF vom 5.1.2004, BStBl I S. 44

§ 8b KStG
H 8b

Stillhalterprämien

Sog. Stillhalterprämien aus Optionsgeschäften im Zusammenhang mit dem Erwerb und der Veräußerung von Anteilen i. S. d. § 8b Abs. 2 KStG werden nicht von § 8b Abs. 2 KStG erfasst (>BFH vom 6.3.2013, I R 18/12, BStBl II S. 588).

Veräußerungskosten/nachträgliche Kaufpreisänderungen

>BMF vom 24.07.2015, BStBl I S. 612

Anlage 1 V

„Vergebliche" Kosten für die sog. Due-Diligence-Prüfung aus Anlass des gescheiterten Erwerbs einer Kapitalbeteiligung unterfallen nicht dem Abzugsverbot des § 8b Abs. 3 KStG (>BFH vom 9.1.2013, I R 72/11, BStBl II S. 343).

Zu den Veräußerungskosten i. S. d. § 8b Abs. 2 Satz 2 KStG gehören alle Aufwendungen, welche durch die Veräußerung der Anteile veranlasst sind. Das können auch die Verluste aus der Veräußerung von Zertifikaten auf die entsprechenden Aktien aus Wertpapiertermingeschäften sein (>BFH vom 9.4.2014, I R 52/12, BStBl II S. 861).

Verfassungsmäßigkeit des § 8b Abs. 3 und 5 KStG

Die Pauschalierung eines Betriebsausgabenabzugsverbots durch die Hinzurechnung von 5 % des Veräußerungsgewinns und der Bezüge aus Beteiligungen nach § 8b Abs. 3 Satz 1 und Abs. 5 Satz 1 KStG ist verfassungsgemäß. Dies gilt auch dann, wenn die Körperschaft nachweisen kann, dass im Zusammenhang mit der Beteiligung keine oder nur sehr geringe Aufwendungen angefallen sind (>BVerfG vom 12.10.2010, 1 BvL 12/07, BGBl. I S. 1766).

Das Abzugsverbot des § 8b Abs. 3 Satz 3 KStG für Veräußerungsverluste und Teilwertabschreibungen und das in § 8b Abs. 3 Satz 4 KStG enthaltene Abzugsverbot sind verfassungsgemäß (>BFH vom 12.3.2014, I R 87/12, BStBl II S. 859).

Wertaufholungen bei vorangegangenen Teilwertabschreibungen

Wertaufholungen sind zuerst mit unmittelbar vorangegangenen Teilwertabschreibungen zu kompensieren (>BFH vom 19.8.2009, I R 2/09, BStBl 2010 II S. 760).

§ 8c KStG

S 2745a

§ 8c
Verlustabzug bei Körperschaften

(1) ¹Werden innerhalb von fünf Jahren mittelbar oder unmittelbar mehr als 25 Prozent des gezeichneten Kapitals, der Mitgliedschaftsrechte, Beteiligungsrechte oder der Stimmrechte an einer Körperschaft an einen Erwerber oder diesem nahe stehende Personen übertragen oder liegt ein vergleichbarer Sachverhalt vor (schädlicher Beteiligungserwerb), sind insoweit die bis zum schädlichen Beteiligungserwerb nicht ausgeglichenen oder abgezogenen negativen Einkünfte (nicht genutzte Verluste) nicht mehr abziehbar. ²Unabhängig von Satz 1 sind bis zum schädlichen Beteiligungserwerb nicht genutzte Verluste vollständig nicht mehr abziehbar, wenn innerhalb von fünf Jahren mittelbar oder unmittelbar mehr als 50 Prozent des gezeichneten Kapitals, der Mitgliedschaftsrechte, Beteiligungsrechte oder der Stimmrechte an einer Körperschaft an einen Erwerber oder diesem nahe stehende Personen übertragen werden oder ein vergleichbarer Sachverhalt vorliegt. ³Als ein Erwerber im Sinne der Sätze 1 und 2 gilt auch eine Gruppe von Erwerbern mit gleichgerichteten Interessen. ⁴Eine Kapitalerhöhung steht der Übertragung des gezeichneten Kapitals gleich, soweit sie zu einer Veränderung der Beteiligungsquoten am Kapital der Körperschaft führt. ⁵Ein schädlicher Beteiligungserwerb liegt nicht vor, wenn

1. an dem übertragenden Rechtsträger der Erwerber zu 100 Prozent mittelbar oder unmittelbar beteiligt ist und der Erwerber eine natürliche oder juristische Person oder eine Personenhandelsgesellschaft ist,

2. an dem übernehmenden Rechtsträger der Veräußerer zu 100 Prozent mittelbar oder unmittelbar beteiligt ist und der Veräußerer eine natürliche oder juristische Person oder eine Personenhandelsgesellschaft ist oder

3. an dem übertragenden und an dem übernehmenden Rechtsträger dieselbe natürliche oder juristische Person oder dieselbe Personenhandelsgesellschaft zu jeweils 100 Prozent mittelbar oder unmittelbar beteiligt ist.

⁶Ein nicht abziehbarer nicht genutzter Verlust kann abweichend von den Sätzen 1 und 2 abgezogen werden, soweit er bei einem schädlichen Beteiligungserwerb im Sinne des Satzes 1 die anteiligen und bei einem schädlichen Beteiligungserwerb im Sinne des Satzes 2 die gesamten zum Zeitpunkt des schädlichen Beteiligungserwerbs vorhandenen im Inland steuerpflichtigen stillen Reserven des Betriebsvermögens der Körperschaft nicht übersteigt. ⁷Stille Reserven im Sinne des Satzes 6 sind der Unterschiedsbetrag zwischen dem anteiligen oder bei einem schädlichen Beteiligungserwerb im Sinne des Satzes 2 dem gesamten in der steuerlichen Gewinnermittlung ausgewiesenen Eigenkapital und dem auf dieses Eigenkapital jeweils entfallenden gemeinen Wert der Anteile an der Körperschaft,

soweit diese im Inland steuerpflichtig sind. ⁸Ist das Eigenkapital der Körperschaft negativ, sind stille Reserven im Sinne des Satzes 6 der Unterschiedsbetrag zwischen dem anteiligen oder bei einem schädlichen Beteiligungserwerb im Sinne des Satzes 2 dem gesamten in der steuerlichen Gewinnermittlung ausgewiesenen Eigenkapital und dem diesem Anteil entsprechenden gemeinen Wert des Betriebsvermögens der Körperschaft. ⁹Bei der Ermittlung der stillen Reserven ist nur das Betriebsvermögen zu berücksichtigen, das der Körperschaft ohne steuerrechtliche Rückwirkung, insbesondere ohne Anwendung des § 2 Absatz 1 des Umwandlungssteuergesetzes, zuzurechnen ist.

(1a) ¹Für die Anwendung des Absatzes 1 ist ein Beteiligungserwerb zum Zweck der Sanierung des Geschäftsbetriebs der Körperschaft unbeachtlich. ²Sanierung ist eine Maßnahme, die darauf gerichtet ist, die Zahlungsunfähigkeit oder Überschuldung zu verhindern oder zu beseitigen und zugleich die wesentlichen Betriebsstrukturen zu erhalten. ³Die Erhaltung der wesentlichen Betriebsstrukturen setzt voraus, dass [1]

1. die Körperschaft eine geschlossene Betriebsvereinbarung mit einer Arbeitsplatzregelung befolgt oder
2. die Summe der maßgebenden jährlichen Lohnsummen der Körperschaft innerhalb von fünf Jahren nach dem Beteiligungserwerb 400 Prozent der Ausgangslohnsumme nicht unterschreitet; § 13a Absatz 1 Satz 3 und 4 und Absatz 4 des Erbschaftsteuer- und Schenkungsteuergesetzes gilt sinngemäß; oder
3. der Körperschaft durch Einlagen wesentliches Betriebsvermögen zugeführt wird. ²Eine wesentliche Betriebsvermögenszuführung liegt vor, wenn der Körperschaft innerhalb von zwölf Monaten nach dem Beteiligungserwerb neues Betriebsvermögen zugeführt wird, das mindestens 25 Prozent des in der Steuerbilanz zum Schluss des vorangehenden Wirtschaftsjahrs enthaltenen Aktivvermögens entspricht. ³Wird nur ein Anteil an der Körperschaft erworben, ist nur der entsprechende Anteil des Aktivvermögens zuzuführen. ⁴Der Erlass von Verbindlichkeiten durch den Erwerber oder eine diesem nahestehende Person steht der Zuführung neuen Betriebsvermögens gleich, soweit die Verbindlichkeiten werthaltig sind. ⁵Leistungen der Kapitalgesellschaft, die innerhalb von drei Jahren nach der Zuführung des neuen Betriebsvermögens erfolgen, mindern den Wert des zugeführten Betriebsvermögens. ⁶Wird dadurch die erforderliche Zuführung nicht mehr erreicht, ist Satz 1 nicht mehr anzuwenden.

---

[1] § 8c Abs. 1a KStG steht unter Anwendungsvorbehalt, vgl. § 34 Abs. 6 KStG

§ 8c KStG
H 8c

⁴Keine Sanierung liegt vor, wenn die Körperschaft ihren Geschäftsbetrieb im Zeitpunkt des Beteiligungserwerbs im Wesentlichen eingestellt hat oder nach dem Beteiligungserwerb ein Branchenwechsel innerhalb eines Zeitraums von fünf Jahren erfolgt.

H 8c

Hinweise

Aussetzung der Vollziehung bei Mindestgewinnbesteuerung [1]
>BMF vom 19.10.2011, BStBl I S. 974

Anlage 18 II

Verlustnutzungsbeschränkung
>BMF vom 4.7.2008, BStBl I S. 736

---

[1] Vgl. auch >H 7.1 Mindestgewinnbesteuerung

§ 9
Abziehbare Aufwendungen

(1) **Abziehbare Aufwendungen** sind auch:
1. bei **Kommanditgesellschaften auf Aktien** und bei **vergleichbaren Kapitalgesellschaften** der **Teil des Gewinns**, der an **persönlich haftende Gesellschafter** auf ihre nicht auf das Grundkapital gemachten Einlagen oder als Vergütung (**Tantieme**) für die Geschäftsführung verteilt wird;
2. vorbehaltlich des § 8 Absatz 3 Zuwendungen (**Spenden und Mitgliedsbeiträge**) zur Förderung steuerbegünstigter Zwecke im Sinne der §§ **52** bis 54 der Abgabenordnung **bis zur Höhe** von insgesamt
   a) **20 Prozent** des **Einkommens** oder
   b) **4 Promille** der **Summe** der **gesamten Umsätze und** der im Kalenderjahr aufgewendeten **Löhne und Gehälter.**

²**Voraussetzung für den Abzug ist,** dass diese Zuwendungen
   a) an eine **juristische Person des öffentlichen Rechts** oder an eine öffentliche Dienststelle, die in einem Mitgliedstaat der Europäischen Union oder in einem Staat belegen ist, auf den das Abkommen über den Europäischen Wirtschaftsraum (EWR-Abkommen) Anwendung findet, oder
   b) an eine nach **§ 5 Absatz 1 Nummer 9** steuerbefreite **Körperschaft**, Personenvereinigung oder Vermögensmasse oder
   c) an eine Körperschaft, Personenvereinigung oder Vermögensmasse, die in einem Mitgliedstaat der Europäischen Union oder in einem Staat belegen ist, auf den das Abkommen über den Europäischen Wirtschaftsraum (EWR-Abkommen) Anwendung findet, und die nach § 5 Absatz 1 Nummer 9 in Verbindung mit § 5 Absatz 2 Nummer 2 zweiter Halbsatz steuerbefreit wäre, wenn sie inländische Einkünfte erzielen würde,

geleistet werden (Zuwendungsempfänger). ³Für nicht im Inland ansässige Zuwendungsempfänger nach Satz 2 ist weitere Voraussetzung, dass durch diese Staaten Amtshilfe und Unterstützung bei der Beitreibung geleistet werden. ⁴Amtshilfe ist der Auskunftsaustausch im Sinne oder entsprechend der Amtshilferichtlinie gemäß § 2 Absatz 2 des EU-Amtshilfegesetzes. ⁵Beitreibung ist die gegenseitige Unterstützung bei der Beitreibung von Forderungen im Sinne oder entsprechend der Beitreibungsrichtlinie einschließlich der in diesem Zusammenhang anzuwendenden Durchführungsbestimmungen in den für den jeweiligen Veranlagungszeitraum geltenden Fassungen oder eines entsprechenden Nachfolgerechtsaktes. ⁶Werden die steuerbegünstigten Zwecke des Zuwendungsempfängers im Sinne von Satz 2 Buchstabe a nur im Ausland verwirklicht, ist für die Abziehbarkeit der Zuwendungen Voraussetzung, dass natürliche

Personen, die ihren Wohnsitz oder ihren gewöhnlichen Aufenthalt im Geltungsbereich dieses Gesetzes haben, gefördert werden oder dass die Tätigkeit dieses Zuwendungsempfängers neben der Verwirklichung der steuerbegünstigten Zwecke auch zum Ansehen der Bundesrepublik Deutschland beitragen kann. [7]Abziehbar sind auch Mitgliedsbeiträge an Körperschaften, die Kunst und Kultur gemäß § 52 Absatz 2 Nummer 5 der Abgabenordnung fördern, soweit es sich nicht um Mitgliedsbeiträge nach Satz 8 Nummer 2 handelt, auch wenn den Mitgliedern Vergünstigungen gewährt werden. [8]Nicht abziehbar sind Mitgliedsbeiträge an Körperschaften, die

1. den Sport (§ 52 Abs. 2 Nr. 21 der Abgabenordnung),
2. kulturelle Betätigungen, die in erster Linie der Freizeitgestaltung dienen,
3. die Heimatpflege und Heimatkunde (§ 52 Abs. 2 Nr. 22 der Abgabenordnung) oder
4. Zwecke im Sinne des § 52 Abs. 2 Nr. 23 der Abgabenordnung

fördern. [9]Abziehbare Zuwendungen, die die Höchstbeträge nach Satz 1 überschreiten, sind im Rahmen der Höchstbeträge in den folgenden Veranlagungszeiträumen abzuziehen. [10]§ 10d Abs. 4 des Einkommensteuergesetzes gilt entsprechend.

(2) [1]Als Einkommen im Sinne dieser Vorschrift gilt das Einkommen vor Abzug der in Absatz 1 Nr. 2 bezeichneten Zuwendungen und vor dem Verlustabzug nach § 10d des Einkommensteuergesetzes. [2]Als Zuwendung im Sinne dieser Vorschrift gilt auch die Zuwendung von Wirtschaftsgütern mit Ausnahme von Nutzungen und Leistungen. [3]Der Wert der Zuwendung ist nach § 6 Absatz 1 Nummer 4 Satz 1 und 4 des Einkommensteuergesetzes zu ermitteln. [4]Aufwendungen zugunsten einer Körperschaft, die zum Empfang steuerlich abziehbarer Zuwendungen berechtigt ist, sind nur abziehbar, wenn ein Anspruch auf die Erstattung der Aufwendungen durch Vertrag oder Satzung eingeräumt und auf die Erstattung verzichtet worden ist. [5]Der Anspruch darf nicht unter der Bedingung des Verzichts eingeräumt worden sein.

(3) [1]Der Steuerpflichtige darf auf die Richtigkeit der Bestätigung über Spenden und Mitgliedsbeiträge vertrauen, es sei denn, dass er die Bestätigung durch unlautere Mittel oder falsche Angaben erwirkt hat oder dass ihm die Unrichtigkeit der Bestätigung bekannt oder infolge grober Fahrlässigkeit nicht bekannt war. [2]Wer vorsätzlich oder grob fahrlässig eine unrichtige Bestätigung ausstellt oder veranlasst, dass Zuwendungen nicht zu den in der Bestätigung angegebenen steuerbegünstigten Zwecken verwendet werden (Veranlasserhaftung), haftet für die entgangene Steuer; diese ist mit 30 Prozent des zugewendeten Betrags anzusetzen. [3]In den Fällen der Veranlasserhaftung ist vorrangig der Zuwendungsempfänger in

§ 9 KStG
R 9

Anspruch zu nehmen; die natürlichen Personen, die in diesen Fällen für den Zuwendungsempfänger handeln, sind nur in Anspruch zu nehmen, wenn die entgangene Steuer nicht nach § 47 der Abgabenordnung erloschen ist und Vollstreckungsmaßnahmen gegen den Zuwendungsempfänger nicht erfolgreich sind; § 10b Absatz 4 Satz 5 des Einkommensteuergesetzes gilt entsprechend.

Ausgaben i. S. d. § 9 Abs. 1 Nr. 1 und 2 KStG

R 9

(1) Für die Frage der Abziehbarkeit der Ausgaben i. S. d. § 9 Abs. 1 Nr. 2 KStG gelten § 50 EStDV sowie R 10b.1 und 10b.3 EStR entsprechend.

(2) [1]Aufwendungen i. S. d. § 9 Abs. 1 Nr. 1 KStG sind bereits bei der Einkunftsermittlung zu berücksichtigen. [2]Die Ausgaben i. S. d. § 9 Abs. 1 Nr. 2 KStG sind vorbehaltlich des § 8 Abs. 3 KStG in der im Gesetz genannten Höhe bei der Ermittlung des Gesamtbetrags der Einkünfte abzuziehen.

(3) § 9 Abs. 1 Nr. 2 KStG bezieht sich auch im Fall eines vom Kj. abweichenden Wj. auf die Ausgaben im Wj.

(4) Für die Berechnung des Höchstbetrags der abziehbaren Zuwendungen ist das Einkommen des VZ oder die Summe der gesamten Umsätze und der im Kalenderjahr aufgewendeten Löhne und Gehälter maßgebend.

(5) [1]In Organschaftsfällen ist § 9 Abs. 1 Nr. 2 KStG bei der Ermittlung des dem Organträger zuzurechnenden Einkommens der Organgesellschaft eigenständig anzuwenden. [2]Dementsprechend bleibt beim Organträger das zugerechnete Einkommen der Organgesellschaft für die Ermittlung des Höchstbetrags der abziehbaren Zuwendungen außer Betracht. [3]Als Summe der gesamten Umsätze i. S. d. § 9 Abs. 1 Nr. 2 KStG gelten beim Organträger und bei der Organgesellschaft auch in den Fällen, in denen umsatzsteuerrechtlich ein Organschaftsverhältnis vorliegt (§ 2 Abs. 2 Nr. 2 UStG), jeweils nur die eigenen Umsätze. [4]Für die Ermittlung des Höchstbetrags der abziehbaren Zuwendungen beim Organträger sind die Umsätze der Organgesellschaft demnach dem Organträger nicht zuzurechnen. [5]Andererseits sind bei der Organgesellschaft für die Ermittlung des Höchstbetrags der abziehbaren Zuwendungen ihre eigenen Umsätze maßgebend, obwohl die Organgesellschaft nicht Unternehmer i. S. v. § 2 UStG ist und daher umsatzsteuerrechtlich keine steuerbaren Umsätze hat.

(6) [1]Zuwendungen einer Kapitalgesellschaft können vGA sein. [2]Die Entscheidung hängt von den Umständen des einzelnen Falles ab. [3]Dabei ist insbesondere Voraussetzung, dass die Zuwendung durch ein Näheverhältnis zwischen dem Empfänger und dem Gesellschafter der zuwendenden Kapitalgesellschaft veranlasst ist.

(7) Auch Zuwendungen eines BgA an seine Trägerkörperschaft können unter den Voraussetzungen des § 9 Abs. 1 Nr. 2 KStG abziehbar sein, soweit es sich nicht um eine vGA handelt.

(8) ¹Der wirtschaftliche Geschäftsbetrieb einer Körperschaft, Personenvereinigung oder Vermögensmasse, die im Übrigen wegen Gemeinnützigkeit steuerbegünstigt ist (§ 5 Abs. 1 Nr. 9 KStG), ist kein selbständiges Steuersubjekt. ²Zuwendungen, die ein solcher wirtschaftlicher Geschäftsbetrieb an diese Körperschaft, Personenvereinigung oder Vermögensmasse zur Förderung deren gemeinnütziger Zwecke gibt, sind deshalb Gewinnverwendung. ³Die Zuwendungen dürfen deshalb die Einkünfte aus dem wirtschaftlichen Geschäftsbetrieb nicht mindern.

Hinweise

Aufwendungen für die Erfüllung von Satzungszwecken
Zur Abgrenzung von Spenden und Zahlungen für satzungsmäßige Zwecke >BFH vom 12.10.2011, I R 102/10, BStBl 2014 II S. 484

Ausländischer Zuwendungsempfänger
Zum Nachweis des Vorliegens der Voraussetzungen des § 9 Abs. 1 Nr. 2 Satz 2 Buchstabe c KStG >BMF vom 16.5.2011, BStBl I S. 559 und >BFH vom 17.9.2013, I R 16/12, BStBl 2014 II S. 440

Anlage 14 I

Auswirkung von Zuwendungen auf den Gewinn
Abzugsfähige Zuwendungen mindern den körperschaftsteuerpflichtigen Gewinn und erhöhen einen vortragsfähigen Verlust einer Kapitalgesellschaft (>BFH vom 21.10.1981, I R 149/77, BStBl 1982 II S. 177).

Haftung
Eine Körperschaft haftet nicht nach § 10b Abs. 4 Satz 2 2. Alt. EStG, § 9 Abs. 3 Satz 2 2. Alt. KStG wegen Fehlverwendung, wenn sie die Zuwendungen zwar zu dem in der Zuwendungsbestätigung angegebenen Zweck verwendet, selbst aber rückwirkend nicht als steuerbegünstigt anerkannt ist (>BFH vom 10.9.2003, XI R 58/01, BStBl 2004 II S. 352).

Höchstbetrag für den Zuwendungsabzug in Organschaftsfällen
Ist ein Steuerpflichtiger an einer Personengesellschaft beteiligt, die Organträger einer körperschaftsteuerrechtlichen Organschaft ist, bleibt bei der Berechnung des Höchstbetrags der abziehbaren Zuwendungen nach § 10b Abs. 1 EStG auf Grund des Gesamtbetrags der Einkünfte das dem Steuerpflichtigen anteilig zuzurechnende Einkommen der Organgesellschaft außer Ansatz (>BFH vom 23.1.2002, XI R 95/97, BStBl 2003 II S. 9).

Minderung des zu versteuernden Einkommens einer teilweise steuerbefreiten Körperschaft durch Zuwendungen
Das zu versteuernde Einkommen einer teilweise von der Körperschaftsteuer befreiten Körperschaft darf nicht durch Zuwendungen gemindert

werden, die aus dem steuerfreien Bereich der Körperschaft stammen (>BFH vom 13.3.1991, I R 117/88, BStBl II S. 645).

Sponsoring
>BMF vom 18.2.1998, BStBl I S. 212

Anlage 15

Zuschüsse einer Sparkasse zur Zinsverbilligung eines Darlehens an Gemeinden und Schulverbände
Zuschüsse einer Sparkasse zur Zinsverbilligung von Darlehen an Gemeinden und Schulverbände können abziehbare Spenden sein (>BFH vom 15.5.1968, I 158/63, BStBl II S. 629).

Zuwendungen an die Trägergemeinde
Zuwendungen, die ein Eigenbetrieb seiner Trägergemeinde gibt, mindern bei Vorliegen der im Gesetz näher angeführten Voraussetzungen das Einkommen des laufenden Geschäftsjahres. Sie können aber wegen der engen Bindung des Eigenbetriebs an die Trägergemeinde eine vGA sein (>BFH vom 12.10.1978, I R 149/75, BStBl 1979 II S. 192).

Zuwendungen aus wirtschaftlichem Geschäftsbetrieb an Empfänger, die gleichartige Zwecke verfolgen
Zuwendungen, die gemeinnützige Körperschaften, Personenvereinigungen oder Vermögensmassen (§ 5 Abs. 1 Nr. 9 KStG) aus ihrem der Besteuerung unterliegenden Einkommen aus wirtschaftlichen Geschäftsbetrieben Empfängern zuwenden, die die Voraussetzungen des § 10b Abs. 1 Satz 2 Nr. 1 bis 3 EStG bzw. des § 9 Abs. 1 Nr. 2 Satz 2 Buchstabe a bis c KStG erfüllen, sind auch abziehbar, wenn die Empfänger der Zuwendungen gleichartige steuerbegünstigte Zwecke wie die Zuwendenden verfolgen (>BFH vom 3.12.1963, I 121/62 U, BStBl 1964 III S. 81).

Zuwendungen und Spenden an Träger der Sparkasse (Gewährträger)
- Macht eine Sparkasse ihrem Gewährträger oder einer dem Gewährträger nahe stehenden Person eine Zuwendung, liegt keine abziehbare Zuwendung, sondern eine vGA vor, wenn die Sparkasse bei Anwendung der Sorgfalt eines ordentlichen und gewissenhaften Geschäftsleiters die Zuwendung einer fremden Körperschaft nicht gegeben hätte (>BFH vom 21.1.1970, I R 23/68, BStBl II S. 468 und >BFH vom 1.12.1982, I R 101/79, BStBl 1983 II S. 150). Eine vGA ist anzunehmen, soweit die an den Gewährträger geleisteten Zuwendungen den durchschnittlichen Betrag an Zuwendungen übersteigen, den die Sparkasse an Dritte zugewendet hat. Dabei ist grundsätzlich auf die Fremdspenden des Wj., in dem die Zuwendung an den Gewährträger geleistet wurde, und der beiden vorangegangenen Wj. abzustellen. Lediglich für den Fall, dass sich aus der Einbeziehung eines weiter zurückreichenden Zeitraums von nicht mehr als fünf Wj. eine höhere Summe an durchschnittlichen Fremdzuwendungen ergibt, ist dieser Zeitraum maßgebend. Eine Einbeziehung eines Zeitraums, der nach

- Ablauf des zu beurteilenden Wj. liegt, ist nicht möglich (>BFH vom 9.8.1989, I R 4/84, BStBl 1990 II S. 237).
- Ausgaben, die als Einkommensverteilung anzusehen sind, bleiben bei der Vergleichsrechnung unberücksichtigt (>BFH vom 1.2.1989, I R 98/84, BStBl II S. 471). Gibt eine Sparkasse die Zuwendung an einen Dritten und erfüllt sie damit eine Aufgabe, die sich der Gewährträger - wenn auch ohne gesetzliche Verpflichtung - in rechtsverbindlicher Weise gestellt hat, kann darin eine vGA an den Gewährträger durch mittelbare Zuwendung liegen (>BFH vom 19.6.1974, I R 94/71, BStBl II S. 586 und >BFH vom 8.4.1992, I R 126/90, BStBl II S. 849).
- Ist ein Landkreis Gewährträger, sind bei der Prüfung, ob die Zuwendungen an den Gewährträger die an Dritte übersteigen, die Zuwendungen zugunsten der kreisangehörigen Gemeinden grundsätzlich als Fremdzuwendungen zu berücksichtigen (>BFH vom 8.4.1992, I R 126/90, BStBl II S. 849).

Zuwendungsbestätigung

Anlage 14 II

>BMF vom 7.11.2013, BStBl I S. 1333, ergänzt durch >BMF vom 26.3.2014, BStBl I S. 791.

§ 10
Nichtabziehbare Aufwendungen

Nichtabziehbar sind auch:
1. die Aufwendungen für die Erfüllung von Zwecken des Steuerpflichtigen, die durch Stiftungsgeschäft, Satzung oder sonstige Verfassung vorgeschrieben sind. ²§ 9 Abs. 1 Nr. 2 bleibt unberührt.
2. die Steuern vom Einkommen und sonstige Personensteuern sowie die Umsatzsteuer für Umsätze, die Entnahmen oder verdeckte Gewinnausschüttungen sind, und die Vorsteuerbeträge auf Aufwendungen, für die das Abzugsverbot des § 4 Abs. 5 Satz 1 Nr. 1 bis 4 und 7 oder Abs. 7 des Einkommensteuergesetzes gilt; das gilt auch für die auf diese Steuern entfallenden Nebenleistungen,
3. in einem Strafverfahren festgesetzte Geldstrafen, sonstige Rechtsfolgen vermögensrechtlicher Art, bei denen der Strafcharakter überwiegt, und Leistungen zur Erfüllung von Auflagen oder Weisungen, soweit die Auflagen oder Weisungen nicht lediglich der Wiedergutmachung des durch die Tat verursachten Schadens dienen,
4. die Hälfte der Vergütungen jeder Art, die an Mitglieder des Aufsichtsrats, Verwaltungsrats, Grubenvorstands oder andere mit der Überwachung der Geschäftsführung beauftragte Personen gewährt werden.

Nichtabziehbare Steuern und Nebenleistungen

(1) Zur körperschaftsteuerlichen Behandlung der Umsatzsteuer für Umsätze, die vGA sind, >R 8.6.

(2) ¹Das Abzugsverbot des § 10 Nr. 2 KStG gilt auch für die auf die dort genannten Steuern entfallenden Nebenleistungen, z. B. Zinsen (§§ 233a bis 235, 237 AO), Säumniszuschläge (§ 240 AO), Verspätungszuschläge (§ 152 AO), Zwangsgelder (§ 329 AO), Verzögerungsgelder (§ 146 Abs. 2b AO), Zuschläge gem. § 162 Abs. 4 AO und Kosten (§§ 89, 178, 178a und 337 bis 345 AO). ²Gleichwohl gehören von der Körperschaft empfangene Erstattungszinsen i. S. d. § 233a AO zu den steuerpflichtigen Einnahmen. ³Daher sind Erstattungszinsen zu unterscheiden von an den Steuerpflichtigen zurückgezahlten Nachzahlungszinsen, welche erfolgsneutral zu behandeln sind.

Hinweise

Erfüllung von Satzungszwecken
Aufwendungen für die Erfüllung von Zwecken, die in der Satzung vorgeschrieben sind, sind nichtabziehbar und können auch nicht aufgrund einer

§ 10 KStG
R 10.2 H 10.1-10.2

„Auflage" als abziehbare Betriebsausgaben behandelt werden (>BMF vom 24.3.2005, BStBl I S. 608 und zur Nichtanwendung >BFH vom 5.6.2003, I R 76/01, BStBl 2005 II S. 305).

Erstattungs-und Nachzahlungszinsen, Aussetzungszinsen
- >BFH vom 16.12.2009,I R 43/08, BStBl 2012 II S. 688 und >BFH vom 15.2.2012, I B 97/11, BStBl II S. 697
- Billigkeitsregelung >BMF vom 5.10.2000, BStBl I S. 1508

Nichtabziehbare Steuern
Zu den Steuern i. S. d. § 10 Nr. 2 KStG gehören auch
- die **ausländische Quellensteuer** (>BFH vom 16.5.1990, I R 80/87, BStBl II S. 920),
- die **Erbschaftsteuer** und die **Erbersatzsteuer** (>BFH vom 14.9.1994, I R 78/94, BStBl 1995 II S. 207) sowie
- der **Solidaritätszuschlag** (>BFH vom 9.11.1994, I R 67/94, BStBl 1995 II S. 305).

Prozesszinsen
Prozesszinsen (§ 236 AO) gehören zu den steuerpflichtigen Einnahmen (>BFH vom 18.2.1975, VIII R 104/70, BStBl II S. 568).

R 10.2

Geldstrafen und ähnliche Rechtsnachteile

[1]Das steuerrechtliche Abzugsverbot für Geldstrafen und ähnliche Rechtsnachteile betrifft in einem Strafverfahren festgesetzte Geldstrafen, sonstige Rechtsfolgen vermögensrechtlicher Art, bei denen der Strafcharakter überwiegt, und Leistungen zur Erfüllung von Auflagen oder Weisungen, soweit die Auflagen oder Weisungen nicht lediglich der Wiedergutmachung des durch die Tat verursachten Schadens dienen (>R 12.3 EStR). [2]Geldstrafen sowie Auflagen oder Weisungen sind nach deutschem Strafrecht gegenüber juristischen Personen nicht zulässig. [3]Gegen juristische Personen können jedoch sonstige Rechtsfolgen vermögensrechtlicher Art, bei denen der Strafcharakter überwiegt, verhängt werden (§ 75 StGB). [4]In Betracht kommt insbesondere die Einziehung von Gegenständen nach § 74 StGB. [5]Nicht unter das Abzugsverbot fallen die mit den Rechtsnachteilen zusammenhängenden Verfahrenskosten, insbesondere Gerichts- und Anwaltskosten.

H 10.2

Hinweise

Nichtabziehbarkeit von Geldbußen
>§ 4 Abs. 5 Satz 1 Nr. 8 EStG

§ 10 KStG
H 10.3 R 10.3

Vergütungen für die Überwachung der Geschäftsführung R 10.3

(1) ¹Vergütungen für die Überwachung der Geschäftsführung (Aufsichtsratsvergütungen) sind alle Leistungen, die als Entgelt für die Tätigkeit gewährt werden. ²Hierzu gehören auch Tagegelder, Sitzungsgelder, Reisegelder und sonstige Aufwandsentschädigungen. ³Unter das hälftige Abzugsverbot des § 10 Nr. 4 KStG fällt jedoch nicht der dem einzelnen Aufsichtsratsmitglied aus der Wahrnehmung seiner Tätigkeit erwachsene Aufwand, soweit ihm dieser Aufwand gesondert erstattet worden ist.

(2) ¹Unterliegt die Aufsichtsratsvergütung bei der Umsatzsteuer der Regelbesteuerung und nimmt die Körperschaft den Vorsteuerabzug nach § 15 UStG in Anspruch, ist bei der Ermittlung des Einkommens der Körperschaft die Hälfte des Nettobetrags der Aufsichtsratsvergütung – ohne Umsatzsteuer – nach § 10 Nr. 4 KStG hinzuzurechnen. ²Ist die Körperschaft nicht oder nur verhältnismäßig zum Vorsteuerabzug berechtigt, ist außerdem die Hälfte der gesamten oder der den Vorsteuerabzug übersteigenden Umsatzsteuer dem Einkommen hinzuzurechnen. ³In den übrigen Fällen ist stets die Hälfte des Gesamtbetrags der Aufsichtsratsvergütung (einschl. Umsatzsteuer) nach § 10 Nr. 4 KStG hinzuzurechnen.

(3) ¹Der Begriff der Überwachung ist weit auszulegen. ²Unter das hälftige Abzugsverbot fällt jede Tätigkeit eines Aufsichtsratsmitglieds, die innerhalb des möglichen Rahmens seiner Aufgaben liegt.

Hinweise H 10.3

Beamtenrechtliche Ablieferungspflicht einer Aufsichtsratsvergütung
Der einem Beamten erwachsene tatsächliche Aufwand bemisst sich nicht nach den beamtenrechtlichen Vorschriften über die Ablieferungspflicht der Vergütung (>BFH vom 12.1.1966, I 185/63, BStBl III S. 206).

Doppelfunktion von Vertretern im Aufsichtsrat und Kreditausschuss
Gehören dem Kreditausschuss eines Unternehmens neben Vertretern der Darlehensgeber und mittelverwaltender Behörden und neben den Geschäftsführern auch Mitglieder des Aufsichtsrats des Unternehmens an, schließt deren Doppelfunktion die volle Abziehbarkeit der ihnen als Mitglieder des Kreditausschusses gewährten Sitzungsgelder aus (>BFH vom 15.11.1978, I R 65/76, BStBl 1979 II S. 193).

Finanzierungsberatung einer AG
Die Finanzierungsberatung einer AG durch eines ihrer Aufsichtsratsmitglieder ist keine aus dem Rahmen der Aufsichtsratstätigkeit fallende Sondertätigkeit. Die dafür geleisteten Zahlungen sind als Aufsichtsratsvergütungen zu behandeln (>BFH vom 20.9.1966, I 265/62, BStBl III S. 688).

Geschäftsführeraufgaben
Eine Vergütung, die eine Kapitalgesellschaft einem Mitglied ihres Aufsichtsrats dafür zahlt, dass dieser sich in die Wahrnehmung von Aufgaben der Geschäftsführung einschaltet, unterliegt dem hälftigen Abzugs-

§ 10 KStG
H 10.3

verbot des § 10 Nr. 4 KStG (>BFH vom 12.9.1973, I R 249/71, BStBl II S. 872).

Sachverständige

Die Vergütungen, die eine Gesellschaft an den vom Aufsichtsrat zur Unterstützung seiner Kontrollfunktion beauftragten Sachverständigen zahlt, unterliegen nicht dem hälftigen Abzugsverbot des § 10 Nr. 4 KStG (>BFH vom 30.9.1975, I R 46/74, BStBl 1976 II S. 155).

§ 11
Auflösung und Abwicklung (Liquidation)

(1) ¹Wird ein unbeschränkt Steuerpflichtiger im Sinne des § 1 Abs. 1 Nr. 1 bis 3 nach der Auflösung abgewickelt, so ist der im Zeitraum der Abwicklung erzielte Gewinn der Besteuerung zugrunde zu legen. ²Der Besteuerungszeitraum soll drei Jahre nicht übersteigen.

(2) Zur Ermittlung des Gewinns im Sinne des Absatzes 1 ist das Abwicklungs-Endvermögen dem Abwicklungs-Anfangsvermögen gegenüberzustellen.

(3) Abwicklungs-Endvermögen ist das zur Verteilung kommende Vermögen, vermindert um die steuerfreien Vermögensmehrungen, die dem Steuerpflichtigen in dem Abwicklungszeitraum zugeflossen sind.

(4) ¹Abwicklungs-Anfangsvermögen ist das Betriebsvermögen, das am Schluss des der Auflösung vorangegangenen Wirtschaftsjahrs der Veranlagung zur Körperschaftsteuer zugrunde gelegt worden ist. ²Ist für den vorangegangenen Veranlagungszeitraum eine Veranlagung nicht durchgeführt worden, so ist das Betriebsvermögen anzusetzen, das im Falle einer Veranlagung nach den steuerrechtlichen Vorschriften über die Gewinnermittlung auszuweisen gewesen wäre. ³Das Abwicklungs-Anfangsvermögen ist um den Gewinn eines vorangegangenen Wirtschaftsjahrs zu kürzen, der im Abwicklungszeitraum ausgeschüttet worden ist.

(5) War am Schluss des vorangegangenen Veranlagungszeitraums Betriebsvermögen nicht vorhanden, so gilt als Abwicklungs-Anfangsvermögen die Summe der später geleisteten Einlagen.

(6) Auf die Gewinnermittlung sind im Übrigen die sonst geltenden Vorschriften anzuwenden.

(7) Unterbleibt eine Abwicklung, weil über das Vermögen des unbeschränkt Steuerpflichtigen im Sinne des § 1 Abs. 1 Nr. 1 bis 3 das Insolvenzverfahren eröffnet worden ist, sind die Absätze 1 bis 6 sinngemäß anzuwenden.

Liquidationsbesteuerung

(1) ¹Der Zeitraum der Abwicklung beginnt mit der Auflösung. ²Der Besteuerungszeitraum beginnt mit dem Wj., in das die Auflösung fällt. ³Erfolgt die Auflösung im Laufe eines Wj., so kann ein Rumpfwirtschaftsjahr gebildet werden. ⁴Dieses Wahlrecht besteht nicht bei Eröffnung eines Insolvenzverfahrens (§ 155 Abs. 2 Satz 1 InsO). ⁵Das Rumpfwirtschaftsjahr reicht vom Schluss des vorangegangenen Wj. bis zur Auflösung. ⁶Es ist nicht in den Abwicklungszeitraum einzubeziehen. ⁷Bei einer Überschreitung des Dreijahreszeitraums sind die danach beginnenden weiteren Besteuerungszeiträume grundsätzlich jeweils auf ein Jahr begrenzt.

§ 11 KStG
R 11 H 11

(2) ¹Die Steuerpflicht endet erst, wenn die Liquidation rechtsgültig abgeschlossen ist. ²Zum rechtsgültigen Abschluss der Liquidation gehört bei Kapitalgesellschaften auch der Ablauf des >Sperrjahres. ³Auch wenn die Kapitalgesellschaft vor Ablauf des Sperrjahres ihr Gesellschaftsvermögen vollständig ausgeschüttet hat, ist sie damit noch nicht erloschen. ⁴Die Löschung im Handelsregister ist für sich allein ohne Bedeutung.

(3) ¹Wird der Abwicklungszeitraum in mehrere Besteuerungszeiträume unterteilt (§ 11 Abs. 1 Satz 2 KStG), ist die besondere Gewinnermittlung nach § 11 Abs. 2 KStG nur für den letzten Besteuerungszeitraum vorzunehmen. ²Dabei ist das Abwicklungs-Anfangsvermögen aus der Bilanz zum Schluss des letzten vorangegangenen Besteuerungszeitraums abzuleiten. ³Für die vorangehenden Besteuerungszeiträume ist die Gewinnermittlung nach allgemeinen Grundsätzen durchzuführen. ⁴Auf den Schluss jedes Besteuerungszeitraums ist eine Steuerbilanz zu erstellen.

(4) Bei den Körperschaftsteuer-Veranlagungen für Besteuerungszeiträume innerhalb des Abwicklungszeitraums handelt es sich nicht um bloße Zwischenveranlagungen, die nach Ablauf des Liquidationszeitraums durch eine Veranlagung für den gesamten Liquidationszeitraum zu ersetzen sind.

H 11

Hinweise

Beginn der Liquidation

Ein Beschluss der Gesellschafter einer Kapitalgesellschaft über die Auflösung wird mit dem Tag der Beschlussfassung wirksam, sofern sich aus dem Beschluss nichts anderes ergibt (>BFH vom 9.3.1983, I R 202/79, BStBl II S. 433).

Besteuerungszeitraum

- Zieht sich die Liquidation einer Kapitalgesellschaft über mehr als drei Jahre hin, so darf das Finanzamt nach Ablauf dieses Zeitraums regelmäßig auch dann gegenüber der Kapitalgesellschaft einen Körperschaftsteuerbescheid erlassen, wenn für eine Steuerfestsetzung vor Abschluss der Liquidation kein besonderer Anlass besteht (>BFH vom 18.9.2007, I R 44/06, BStBl 2008 II S. 319).
- Zur Abweichung des Besteuerungszeitraums bei der Körperschaftsteuer und der Gewerbesteuer >BMF vom 4.4.2008, BStBl I S. 542

Sperrjahr

Das Sperrjahr beginnt mit dem Tag, an dem der Aufruf an die Gläubiger zum dritten Mal bekannt gemacht bzw. veröffentlicht worden ist (§ 272 Abs. 1 AktG oder § 73 GmbHG).

Verlustabzug

Auch im mehrjährigen Besteuerungszeitraum der Abwicklung einer Kapitalgesellschaft ist der sog. Sockelbetrag der Mindestgewinnbesteuerung von 1 Mio. Euro (§ 10d Abs. 2 Satz 1 EStG) nur einmal anzusetzen (>BFH vom 23.1.2013, I R 35/12, BStBl II S. 508).

§ 12
Verlust oder Beschränkung des Besteuerungsrechts der Bundesrepublik Deutschland

(1) ¹Wird bei der Körperschaft, Personenvereinigung oder Vermögensmasse das Besteuerungsrecht der Bundesrepublik Deutschland hinsichtlich des Gewinns aus der Veräußerung oder der Nutzung eines Wirtschaftsguts ausgeschlossen oder beschränkt, gilt dies als Veräußerung oder Überlassung des Wirtschaftsguts zum gemeinen Wert; § 4 Absatz 1 Satz 5, § 4g und § 15 Abs. 1a des Einkommensteuergesetzes gelten entsprechend. ²Ein Ausschluss oder eine Beschränkung des Besteuerungsrechts hinsichtlich des Gewinns aus der Veräußerung eines Wirtschaftsguts liegt insbesondere vor, wenn ein bisher einer inländischen Betriebsstätte einer Körperschaft, Personenvereinigung oder Vermögensmasse zuzuordnendes Wirtschaftsgut einer ausländischen Betriebsstätte dieser Körperschaft, Personenvereinigung oder Vermögensmasse zuzuordnen ist.

(2) ¹Wird das Vermögen einer beschränkt steuerpflichtigen Körperschaft, Personenvereinigung oder Vermögensmasse als Ganzes auf eine andere Körperschaft desselben ausländischen Staates durch einen Vorgang übertragen, der einer Verschmelzung im Sinne des § 2 des Umwandlungsgesetzes vom 28. Oktober 1994 (BGBl. I S. 3210, 1995 I S. 428), das zuletzt durch Artikel 10 des Gesetzes vom 9. Dezember 2004 (BGBl. I S. 3214) geändert worden ist, in der jeweils geltenden Fassung vergleichbar ist, sind die übergehenden Wirtschaftsgüter abweichend von Absatz 1 mit dem Buchwert anzusetzen, soweit

1. sichergestellt ist, dass sie später bei der übernehmenden Körperschaft der Besteuerung mit Körperschaftsteuer unterliegen,
2. das Recht der Bundesrepublik Deutschland hinsichtlich der Besteuerung der übertragenen Wirtschaftsgüter bei der übernehmenden Körperschaft nicht beschränkt wird,
3. eine Gegenleistung nicht gewährt wird oder in Gesellschaftsrechten besteht und
4. wenn der übernehmende und der übertragende Rechtsträger nicht die Voraussetzungen des § 1 Abs. 2 Satz 1 und 2 des Umwandlungssteuergesetzes vom 7. Dezember 2006 (BGBl. I S. 2782, 2791) in der jeweils geltenden Fassung erfüllen.

²Wird das Vermögen einer Körperschaft durch einen Vorgang im Sinne des Satzes 1 auf eine andere Körperschaft übertragen, gilt § 13 des Umwandlungssteuergesetzes für die Besteuerung der Anteilseigner der übertragenden Körperschaft entsprechend.

(3) ¹Verlegt eine Körperschaft, Vermögensmasse oder Personenvereinigung ihre Geschäftsleitung oder ihren Sitz und scheidet sie dadurch aus der unbeschränkten Steuerpflicht in einem Mitgliedstaat der Europäischen Union oder einem Staat aus, auf den das

Abkommen über den Europäischen Wirtschaftsraum Anwendung findet, gilt sie als aufgelöst, und § 11 ist entsprechend anzuwenden. ²Gleiches gilt, wenn die Körperschaft, Vermögensmasse oder Personenvereinigung auf Grund eines Abkommens zur Vermeidung der Doppelbesteuerung infolge der Verlegung ihres Sitzes oder ihrer Geschäftsleitung als außerhalb des Hoheitsgebietes der in Satz 1 genannten Staaten ansässig anzusehen ist. ³An die Stelle des zur Verteilung kommenden Vermögens tritt der gemeine Wert des vorhandenen Vermögens.

Beschränkte Steuerpflicht der übertragenden Körperschaft | **R 12**

- unbesetzt -

Hinweise | H 12

Finale Entnahme und finale Betriebsaufgabe
Zur Beschränkung der BFH-Urteile vom 17.7.2008, I R 77/06, BStBl 2009 II S. 464 und vom 28.10.2009, I R 99/08, BStBl 2011 II S. 1019 auf die entschiedenen Einzelfälle >BMF vom 18.11.2011, BStBl I S. 1278

§ 13
Beginn und Erlöschen einer Steuerbefreiung

(1) Wird eine steuerpflichtige Körperschaft, Personenvereinigung oder Vermögensmasse von der Körperschaftsteuer befreit, so hat sie auf den Zeitpunkt, in dem die Steuerpflicht endet, eine Schlussbilanz aufzustellen.

(2) Wird eine von der Körperschaftsteuer befreite Körperschaft, Personenvereinigung oder Vermögensmasse steuerpflichtig und ermittelt sie ihren Gewinn durch Betriebsvermögensvergleich, so hat sie auf den Zeitpunkt, in dem die Steuerpflicht beginnt, eine Anfangsbilanz aufzustellen.

(3) In der Schlussbilanz im Sinne des Absatzes 1 und in der Anfangsbilanz im Sinne des Absatzes 2 sind die Wirtschaftsgüter vorbehaltlich des Absatzes 4 mit den Teilwerten anzusetzen.

(4) [1]Beginnt die Steuerbefreiung auf Grund des § 5 Abs. 1 Nr. 9, sind die Wirtschaftsgüter, die der Förderung steuerbegünstigter Zwecke im Sinne des § 9 Abs. 1 Nr. 2 dienen, in der Schlussbilanz mit den Buchwerten anzusetzen. [2]Erlischt die Steuerbefreiung, so ist in der Anfangsbilanz für die in Satz 1 bezeichneten Wirtschaftsgüter der Wert anzusetzen, der sich bei ununterbrochener Steuerpflicht nach den Vorschriften über die steuerliche Gewinnermittlung ergeben würde.

(5) Beginnt oder erlischt die Steuerbefreiung nur teilweise, so gelten die Absätze 1 bis 4 für den entsprechenden Teil des Betriebsvermögens.

(6) [1]Gehören Anteile an einer Kapitalgesellschaft nicht zu dem Betriebsvermögen der Körperschaft, Personenvereinigung oder Vermögensmasse, die von der Körperschaftsteuer befreit wird, so ist § 17 des Einkommensteuergesetzes auch ohne Veräußerung anzuwenden, wenn die übrigen Voraussetzungen dieser Vorschrift in dem Zeitpunkt erfüllt sind, in dem die Steuerpflicht endet. [2]Als Veräußerungspreis gilt der gemeine Wert der Anteile. [3]Im Falle des Beginns der Steuerpflicht gilt der gemeine Wert der Anteile als Anschaffungskosten der Anteile. [4]Die Sätze 1 und 2 gelten nicht in den Fällen des Absatzes 4 Satz 1.

Beginn einer Steuerbefreiung

(1) § 13 Abs. 1 KStG erfasst die Fälle, in denen eine bisher in vollem Umfang steuerpflichtige Körperschaft, Personenvereinigung oder Vermögensmasse in vollem Umfang von der Körperschaftsteuer befreit wird.

(2) [1]Die Pflicht zur Aufstellung einer Schlussbilanz besteht nur insoweit, als die betreffende Körperschaft, Personenvereinigung oder Vermögensmasse Einkünfte aus Gewerbebetrieb, aus Land- und Forstwirtschaft oder aus selbständiger Arbeit bezieht. [2]Die Bilanzierungspflicht besteht demnach für Körperschaften i. S. d. § 8 Abs. 2 KStG in vollem Umfang

(>R 8.1 Abs. 3), für andere Körperschaften (>R 8.1 Abs. 2) nur hinsichtlich des Bereichs der vorgenannten Einkünfte (zur Anwendung des § 13 KStG auf Beteiligungen i. S. d. § 17 EStG außerhalb des Betriebsvermögens >R 13.4 Abs. 3).

Hinweise

Beispiele für den Wechsel zwischen Steuerpflicht und Steuerbefreiung

1. Eine bisher wegen schädlicher Tätigkeiten i. S. d. >H 5.4 steuerpflichtige Unterstützungskassen-GmbH beendet diese Tätigkeiten und fällt anschließend, da sie nicht überdotiert ist, unter die Befreiung des § 5 Abs. 1 Nr. 3 KStG.
2. Eine Krankenhaus-GmbH, die bisher nicht die Voraussetzungen des § 67 AO erfüllte und deshalb steuerpflichtig war, erfüllt nunmehr die Voraussetzungen dieser Vorschrift und ist nach § 5 Abs. 1 Nr. 9 KStG in vollem Umfang von der Körperschaftsteuer befreit.
3. Eine Wohnungsgenossenschaft, der bisher aufgrund der Beteiligung an einer Personengesellschaft Einnahmen von mehr als 10 % ihrer Gesamteinnahmen zuzurechnen waren, veräußert die Beteiligung an der Personengesellschaft und erzielt anschließend ausschließlich Einnahmen i. S. d. § 5 Abs. 1 Nr. 10 Satz 1 KStG, so dass sie in vollem Umfang unter diese Befreiungsvorschrift fällt.

Teilweiser Beginn einer Steuerbefreiung (§ 13 Abs. 5 KStG)
>R 13.2 Abs. 3

Erlöschen einer Steuerbefreiung

(1) § 13 Abs. 2 KStG erfasst die Fälle, in denen eine bisher in vollem Umfang steuerbefreite Körperschaft, Personenvereinigung oder Vermögensmasse in vollem Umfang steuerpflichtig wird.

(2) [1]Zusätzliche Voraussetzung ist, dass die Körperschaft, Personenvereinigung oder Vermögensmasse ihren Gewinn nach Eintritt in die Steuerpflicht durch Betriebsvermögensvergleich ermittelt. [2]Körperschaften i. S. d. § 8 Abs. 2 KStG fallen stets unter den Anwendungsbereich der Vorschrift, andere Körperschaften nur dann, wenn sie zur Buchführung verpflichtet sind oder freiwillig Bücher führen. [3]Bei diesen anderen Körperschaften erstreckt sich die Bilanzierungspflicht nur auf den Bereich der Gewinneinkünfte (>R 13.1 Abs. 2). [4]Zur Anwendung des § 13 KStG auf Beteiligungen i. S. d. § 17 EStG außerhalb des Betriebsvermögens >R 13.4 Abs. 3.

(3) [1]Nach § 13 Abs. 5 KStG gelten die Absätze 1 bis 4 dieser Vorschrift bei nur teilweisem Erlöschen der Steuerpflicht für die entsprechenden Teile des Betriebsvermögens. [2]Der teilweise Beginn einer Steuerbefreiung ist in drei Varianten denkbar:

1. Wechsel von voller zu nur noch partieller Steuerpflicht

    Eine bisher wegen Überschreitens der 10 %-Grenze in § 5 Abs. 1 Nr. 10 Satz 2 KStG in vollem Umfang steuerpflichtige Wohnungsgenossenschaft verringert die Einnahmen aus den schädlichen Tätigkeiten durch Vermietung frei werdender, bisher an Nichtmitglieder vermieteter Wohnungen an Mitglieder auf weniger als 10 % der Gesamteinnahmen und ist daher nur noch partiell steuerpflichtig.

2. Verringerung der partiellen Steuerpflicht

    Bei einer Unterstützungskassen-GmbH, die wegen ihrer Überdotierung nach § 6 Abs. 5 KStG partiell steuerpflichtig ist, verringert sich das prozentuale Ausmaß der Überdotierung.

3. Wechsel von partieller Steuerpflicht zu voller Steuerbefreiung

    Bei einer nach § 5 Abs. 1 Nr. 9 KStG wegen Verfolgung gemeinnütziger Zwecke steuerbefreiten GmbH wird eine bisher als steuerpflichtiger wirtschaftlicher Geschäftsbetrieb (§ 64 AO) beurteilte Tätigkeit als steuerfreier Zweckbetrieb (§ 65 AO) anerkannt.

R 13.3

Schlussbilanz, Anfangsbilanz

(1) [1]Durch den Ansatz der Wirtschaftsgüter in der Schlussbilanz mit dem Teilwert wird erreicht, dass eine steuerpflichtige Körperschaft, die von der Körperschaftsteuer befreit wird, vorbehaltlich des § 13 Abs. 4 KStG die während des Bestehens der Steuerpflicht gebildeten stillen Reserven des Betriebsvermögens aufzudecken und der Besteuerung zuzuführen hat, bevor sie aus der Steuerpflicht ausscheidet. [2]Ermittelt sie ihren Gewinn durch Betriebsvermögensvergleich, hat sie auf den Zeitpunkt, in dem die Steuerpflicht endet, eine Schlussbilanz aufzustellen. [3]Für die aufzustellende Schlussbilanz sind die steuerlichen Gewinnermittlungsvorschriften zu beachten. [4]Ermittelt sie ihren Gewinn durch Einnahmenüberschussrechnung, ist R 4.5 Abs. 6 EStR entsprechend anzuwenden.

(2) [1]Umgekehrt wird durch den Ansatz der Wirtschaftsgüter in der Anfangsbilanz mit dem Teilwert bei Wegfall der Steuerbefreiung erreicht, dass die im Zeitraum der Steuerfreiheit gebildeten stillen Reserven nicht bei einer späteren Realisierung besteuert werden müssen. [2]Zum Erfordernis der Bilanzierung >R 13.2 Abs. 2.

H 13.3

Hinweise

Firmenwert

Das Aktivierungsverbot des § 5 Abs. 2 EStG gilt auch für die gem. § 13 Abs. 1 bzw. 2 KStG aufzustellende Schluss- bzw. Anfangsbilanz (>BFH vom 9.8.2000, I R 69/98, BStBl 2001 II S. 71).

§ 13 KStG
H 13.4 R 13.4

Sonderregelung für bestimmte steuerbegünstigte Körperschaften R 13.4

(1) ¹Nach § 13 Abs. 4 Satz 1 KStG wird bei bisher steuerpflichtigen Körperschaften, die nach § 5 Abs. 1 Nr. 9 KStG steuerbefreit werden und steuerbegünstigte Zwecke i. S. d. § 9 Abs. 1 Nr. 2 KStG verfolgen, auf die Schlussbesteuerung der in der Zeit der früheren Steuerpflicht gebildeten stillen Reserven verzichtet. ²Verfolgt eine solche Körperschaft neben den vorgenannten Zwecken auch andere gemeinnützige Zwecke, kommt § 13 Abs. 4 Satz 1 KStG nur für diejenigen Wirtschaftsgüter in Betracht, die einem Zweck i. S. d. § 9 Abs. 1 Nr. 2 KStG dienen.

(2) ¹Erlischt bei einer Körperschaft, die steuerbegünstigte Zwecke i. S. d. § 9 Abs. 1 Nr. 2 KStG verfolgt, die Steuerbefreiung, ist für die Wirtschaftsgüter, die in der Anfangsbilanz zu Beginn der Steuerbefreiung nach § 13 Abs. 4 Satz 1 KStG mit dem Buchwert anzusetzen waren, der Wert anzusetzen, der sich bei ununterbrochener Steuerpflicht nach den Vorschriften über die steuerliche Gewinnermittlung ergeben würde. ²Dadurch wird die steuerliche Erfassung später realisierter stiller Reserven dieser Wirtschaftsgüter aus der Zeit der früheren Steuerpflicht wieder ermöglicht. ³Für Wirtschaftsgüter, die erst im Zeitraum der Steuerbefreiung angeschafft oder hergestellt worden sind, gilt § 13 Abs. 4 Satz 2 KStG nicht. ⁴Für diese Wirtschaftsgüter ist der Teilwert nach § 13 Abs. 3 Satz 1 KStG anzusetzen (>R 13.3 Abs. 2).

(3) Durch § 13 Abs. 6 KStG wird der Anwendungsbereich der Vorschrift über den Bereich des Betriebsvermögens hinaus auf Beteiligungen i. S. d. § 17 EStG der Körperschaft, Personenvereinigung oder Vermögensmasse an einer Kapitalgesellschaft ausgedehnt.

Hinweise H 13.4

Teilweises Erlöschen einer Steuerbefreiung (§ 13 Abs. 5 KStG)
>R 13.2 Abs. 3

Überführung eines Betriebs oder Teilbetriebs aus dem steuerpflichtigen in den steuerbefreiten Bereich einer Körperschaft unter Ansatz der Buchwerte nach § 13 Abs. 4 Satz 1 KStG
>BMF vom 1.2.2002, BStBl I S. 221

Zweites Kapitel
Sondervorschriften für die Organschaft

S 2770

§ 14
Aktiengesellschaft oder Kommanditgesellschaft auf Aktien als Organgesellschaft

(1) ¹Verpflichtet sich eine Europäische Gesellschaft, Aktiengesellschaft oder Kommanditgesellschaft auf Aktien mit Geschäftsleitung im Inland und Sitz in einem Mitgliedstaat der Europäischen Union oder in einem Vertragsstaat des EWR-Abkommens (Organgesellschaft) durch einen Gewinnabführungsvertrag im Sinne des § 291 Abs. 1 des Aktiengesetzes, ihren ganzen Gewinn an ein einziges anderes gewerbliches Unternehmen abzuführen, ist das Einkommen der Organgesellschaft, soweit sich aus § 16 nichts anderes ergibt, dem Träger des Unternehmens (Organträger) zuzurechnen, wenn die folgenden Voraussetzungen erfüllt sind:

1. ¹Der Organträger muss an der Organgesellschaft vom Beginn ihres Wirtschaftsjahrs an ununterbrochen in einem solchen Maße beteiligt sein, dass ihm die Mehrheit der Stimmrechte aus den Anteilen an der Organgesellschaft zusteht (finanzielle Eingliederung). ²Mittelbare Beteiligungen sind zu berücksichtigen, wenn die Beteiligung an jeder vermittelnden Gesellschaft die Mehrheit der Stimmrechte gewährt.

2. ¹Organträger muss eine natürliche Person oder eine nicht von der Körperschaftsteuer befreite Körperschaft, Personenvereinigung oder Vermögensmasse sein. ²Organträger kann auch eine Personengesellschaft im Sinne des § 15 Absatz 1 Satz 1 Nummer 2 des Einkommensteuergesetzes sein, wenn sie eine Tätigkeit im Sinne des § 15 Absatz 1 Satz 1 Nummer 1 des Einkommensteuergesetzes ausübt. ³Die Voraussetzung der Nummer 1 muss im Verhältnis zur Personengesellschaft selbst erfüllt sein. ⁴Die Beteiligung im Sinne der Nummer 1 an der Organgesellschaft oder, bei mittelbarer Beteiligung an der Organgesellschaft, die Beteiligung im Sinne der Nummer 1 an der vermittelnden Gesellschaft, muss ununterbrochen während der gesamten Dauer der Organschaft einer inländischen Betriebsstätte im Sinne des § 12 der Abgabenordnung des Organträgers zuzuordnen sein. ⁵Ist der Organträger mittelbar über eine oder mehrere Personengesellschaften an der Organgesellschaft beteiligt, gilt Satz 4 sinngemäß. ⁶Das Einkommen der Organgesellschaft ist der inländischen Betriebsstätte des Organträgers zuzurechnen, der die Beteiligung im Sinne der Nummer 1 an der Organgesellschaft oder, bei mittelbarer Beteiligung an der Organgesellschaft, die Beteiligung im Sinne der Nummer 1 an der vermittelnden Gesellschaft zuzuordnen ist. ⁷Eine inländische Betriebsstätte im Sinne der vorstehenden Sätze ist nur gegeben, wenn die dieser Be-

triebsstätte zuzurechnenden Einkünfte sowohl nach innerstaatlichem Steuerrecht als auch nach einem anzuwendenden Abkommen zur Vermeidung der Doppelbesteuerung der inländischen Besteuerung unterliegen.

3. ¹Der Gewinnabführungsvertrag muss auf mindestens fünf Jahre abgeschlossen und während seiner gesamten Geltungsdauer durchgeführt werden. ²Eine vorzeitige Beendigung des Vertrags durch Kündigung ist unschädlich, wenn ein wichtiger Grund die Kündigung rechtfertigt. ³Die Kündigung oder Aufhebung des Gewinnabführungsvertrags auf einen Zeitpunkt während des Wirtschaftsjahrs der Organgesellschaft wirkt auf den Beginn dieses Wirtschaftsjahrs zurück. ⁴Der Gewinnabführungsvertrag gilt auch als durchgeführt, wenn der abgeführte Gewinn oder ausgeglichene Verlust auf einem Jahresabschluss beruht, der fehlerhafte Bilanzansätze enthält, sofern

a) der Jahresabschluss wirksam festgestellt ist,

b) die Fehlerhaftigkeit bei Erstellung des Jahresabschlusses unter Anwendung der Sorgfalt eines ordentlichen Kaufmanns nicht hätte erkannt werden müssen und

c) ein von der Finanzverwaltung beanstandeter Fehler spätestens in dem nächsten nach dem Zeitpunkt der Beanstandung des Fehlers aufzustellenden Jahresabschluss der Organgesellschaft und des Organträgers korrigiert und das Ergebnis entsprechend abgeführt oder ausgeglichen wird, soweit es sich um einen Fehler handelt, der in der Handelsbilanz zu korrigieren ist.

⁵Die Voraussetzung des Satzes 4 Buchstabe b gilt bei Vorliegen eines uneingeschränkten Bestätigungsvermerks nach § 322 Absatz 3 des Handelsgesetzbuchs zum Jahresabschluss, zu einem Konzernabschluss, in den der handelsrechtliche Jahresabschluss einbezogen worden ist, oder über die freiwillige Prüfung des Jahresabschlusses oder der Bescheinigung eines Steuerberaters oder Wirtschaftsprüfers über die Erstellung eines Jahresabschlusses mit umfassenden Beurteilungen als erfüllt.

4. Die Organgesellschaft darf Beträge aus dem Jahresüberschuss nur insoweit in die Gewinnrücklagen (§ 272 Abs. 3 des Handelsgesetzbuchs) mit Ausnahme der gesetzlichen Rücklagen einstellen, als dies bei vernünftiger kaufmännischer Beurteilung wirtschaftlich begründet ist.

5. Negative Einkünfte des Organträgers oder der Organgesellschaft bleiben bei der inländischen Besteuerung unberücksichtigt, soweit sie in einem ausländischen Staat im Rahmen der Besteuerung des Organträgers, der Organgesellschaft oder einer anderen Person berücksichtigt werden.

²Das Einkommen der Organgesellschaft ist dem Organträger erstmals für das Kalenderjahr zuzurechnen, in dem das Wirtschaftsjahr

der Organgesellschaft endet, in dem der Gewinnabführungsvertrag wirksam wird.

(2) (weggefallen)

(3) [1]Mehrabführungen, die ihre Ursache in vororganschaftlicher Zeit haben, gelten als Gewinnausschüttungen der Organgesellschaft an den Organträger. [2]Minderabführungen, die ihre Ursache in vororganschaftlicher Zeit haben, sind als Einlage durch den Organträger in die Organgesellschaft zu behandeln. [3]Mehrabführungen nach Satz 1 und Minderabführungen nach Satz 2 gelten in dem Zeitpunkt als erfolgt, in dem das Wirtschaftsjahr der Organgesellschaft endet. [4]Der Teilwertansatz nach § 13 Abs. 3 Satz 1 ist der vororganschaftlichen Zeit zuzurechnen.

(4) [1]Für Minder- und Mehrabführungen, die ihre Ursache in organschaftlicher Zeit haben, ist in der Steuerbilanz des Organträgers ein besonderer aktiver oder passiver Ausgleichsposten in Höhe des Betrags zu bilden, der dem Verhältnis der Beteiligung des Organträgers am Nennkapital der Organgesellschaft entspricht. [2]Im Zeitpunkt der Veräußerung der Organbeteiligung sind die besonderen Ausgleichsposten aufzulösen. [3]Dadurch erhöht oder verringert sich das Einkommen des Organträgers. [4]§ 3 Nr. 40, § 3c Abs. 2 des Einkommensteuergesetzes und § 8b dieses Gesetzes sind anzuwenden. [5]Der Veräußerung gleichgestellt sind insbesondere die Umwandlung der Organgesellschaft auf eine Personengesellschaft oder eine natürliche Person, die verdeckte Einlage der Beteiligung an der Organgesellschaft und die Auflösung der Organgesellschaft. [6]Minder- oder Mehrabführungen im Sinne des Satzes 1 liegen insbesondere vor, wenn der an den Organträger abgeführte Gewinn von dem Steuerbilanzgewinn der Organgesellschaft abweicht und diese Abweichung in organschaftlicher Zeit verursacht ist.

(5) [1]Das dem Organträger zuzurechnende Einkommen der Organgesellschaft und damit zusammenhängende andere Besteuerungsgrundlagen werden gegenüber dem Organträger und der Organgesellschaft gesondert und einheitlich festgestellt. [2]Die Feststellungen nach Satz 1 sind für die Besteuerung des Einkommens des Organträgers und der Organgesellschaft bindend. [3]Die Sätze 1 und 2 gelten entsprechend für von der Organgesellschaft geleistete Steuern, die auf die Steuer des Organträgers anzurechnen sind. [4]Zuständig für diese Feststellungen ist das Finanzamt, das für die Besteuerung nach dem Einkommen der Organgesellschaft zuständig ist. [5]Die Erklärung zu den gesonderten und einheitlichen Feststellungen nach den Sätzen 1 und 3 soll mit der Körperschaftsteuererklärung der Organgesellschaft verbunden werden.

§ 14 KStG
H 14.1 R 14.1-14.2

Organträger, Begriff des gewerblichen Unternehmens R 14.1
- unbesetzt -

Hinweise

H 14.1

Begriff des gewerblichen Unternehmens
>BMF vom 26.8.2003, BStBl I S. 437 Rn. 2 ff.

Anlage 12 I

Steuerbefreite Körperschaft als Organträgerin
Mit der die Organschaft ausschließende Steuerbefreiung i. S. v. § 14 Abs. 1 Satz 1 Nr. 2 Satz 1 KStG ist nur eine persönliche Steuerbefreiung gemeint, die den Rechtsträger als solchen insgesamt von der Steuerpflicht ausschließt (unbeschränkte persönliche Steuerbefreiung). Körperschaften, die nur im Hinblick auf einen bestimmten Teil ihrer Tätigkeit oder ihres Ertrags von der Steuerpflicht ausgenommen sind (sog. beschränkte persönliche oder sachliche Steuerbefreiung), kommen demgegenüber als Organträger grundsätzlich in Betracht, soweit nicht die Beteiligung an der Organgesellschaft den steuerbefreiten Aktivitäten zuzuordnen ist (>BFH vom 10.3.2010, I R 41/09, BStBl 2011 II S. 181).

Finanzielle Eingliederung R 14.2

[1]Der Organträger ist i. S. d. finanziellen Eingliederung an der Organgesellschaft beteiligt, wenn ihm Anteile an der Organgesellschaft - einschließlich der Stimmrechte daraus - steuerrechtlich in dem für die finanzielle Eingliederung erforderlichen Umfang zuzurechnen sind. [2]Entsprechendes gilt für die >mittelbare Beteiligung (§ 14 Abs. 1 Satz 1 Nr. 1 Satz 2 KStG). [3]Unmittelbare und mittelbare Beteiligungen (bzw. mehrere mittelbare Beteiligungen) dürfen zusammengefasst werden. [4]Es sind nur solche mittelbaren Beteiligungen zu berücksichtigen, die auf Beteiligungen des Organträgers an vermittelnden (Kapital- oder Personen-) Gesellschaften beruhen, an denen der Organträger jeweils die Mehrheit der Stimmrechte hat und die jeweils die Voraussetzungen des § 14 Abs. 1 Satz 1 Nr. 2 Satz 4 und 5 KStG erfüllen.

Beispiele:
In den Beispielen wird unterstellt, dass die Stimmrechtsverhältnisse den Beteiligungsverhältnissen entsprechen und alle Beteiligungen inländischen Betriebsstätten zuzuordnen sind:

1. Die Gesellschaft M ist an der Gesellschaft E unmittelbar zu 50 % beteiligt. Über die Gesellschaft T (Beteiligung der T an E 50 %), an der die M ebenfalls zu 50 % beteiligt ist, hält M mittelbar weitere 25 % der Anteile an der E. Die Gesellschaft E ist in die Gesellschaft M nicht finanziell eingegliedert, weil die unmittelbare und die mittelbare Beteiligung der M an der E aufgrund der fehlenden Stimmrechtsmehrheit der M an T nicht zusammenzurechnen sind und die unmittelbare Be-

teiligung allein die Voraussetzung der finanziellen Eingliederung nicht erfüllt.

2. Die Gesellschaft M ist an der Gesellschaft T 1 zu 100 % und an der Gesellschaft T 2 zu 49 % beteiligt; die Gesellschaften T 1 und T 2 sind an der Gesellschaft E zu je 50 % beteiligt. M besitzt an T 2 nicht die Mehrheit der Stimmrechte. Damit sind die Voraussetzungen des § 14 Abs. 1 Satz 1 Nr. 1 Satz 2 KStG für eine Zusammenrechnung der beiden mittelbaren Beteiligungen nicht erfüllt. Die Gesellschaft E ist in die Gesellschaft M nicht finanziell eingegliedert.

3. Die Gesellschaft M ist zu 20 % unmittelbar an E beteiligt. Zugleich ist M am Vermögen der Gesellschaft P zu 80 % beteiligt, die ihrerseits 80 % der Anteile an E hält. Die Gesellschaft E ist in die Gesellschaft M finanziell eingegliedert, da die unmittelbare und die mittelbare Beteiligung aufgrund der Stimmrechtsmehrheit der M an P zu addieren sind (20 % + 64 %).

H 14.2 Hinweise

Mittelbare Beteiligung

Eine mittelbare Beteiligung kann auch über eine Gesellschaft bestehen, die nicht selbst Organgesellschaft sein kann (>BFH vom 2.11.1977, I R 143/75, BStBl 1978 II S. 74).

Rückwirkende Begründung eines Organschaftsverhältnisses bei Umwandlung

Anlage 16

Zur rückwirkenden Begründung eines Organschaftsverhältnisses bei Umwandlungen >BFH vom 28.7.2010, I R 89/09, BStBl 2011 II S. 528 sowie >BMF vom 11.11.2011, BStBl I S. 1314 Rn. Org.01 ff.

Stimmrechtsverbot

Stimmrechtsverbote für einzelne Geschäfte zwischen Organträger und Organgesellschaft stehen der finanziellen Eingliederung nicht entgegen (>BFH vom 26.1.1989, IV R 151/86, BStBl II S. 455).

R 14.3 Personengesellschaften als Organträger

¹Eine Personengesellschaft i. S. d. § 15 Abs. 1 Satz 1 Nr. 2 EStG kann Organträger sein, wenn die Voraussetzung der >finanziellen Eingliederung im Verhältnis zur Personengesellschaft selbst erfüllt ist (§ 14 Abs. 1 Satz 1 Nr. 2 Satz 3 KStG), sie eine gewerbliche Tätigkeit i. S. d. § 15 Abs. 1 Satz 1 Nr. 1 EStG ausübt (§ 14 Abs. 1 Satz 1 Nr. 2 Satz 2 KStG) und die Beteiligungen, die die finanzielle Eingliederung vermitteln, während der gesamten Dauer der Organschaft einer inländischen Betriebsstätte des Organträgers zuzurechnen sind. ²Dies gilt sowohl für unmittelbare Beteiligungen an der Organgesellschaft als auch für Beteiligungen an Gesellschaften, über die eine mittelbare Beteiligung des Organträgers an der Organgesellschaft besteht (§ 14 Abs. 1 Satz 1 Nr. 2 Satz 4, 5 und

7 KStG). ³In diesen Fällen hat die Veräußerung eines Mitunternehmeranteils bzw. die Veränderung im Gesellschafterbestand der Organträger-Personengesellschaft während des Wj. der Organgesellschaft keine Auswirkungen auf das bestehende Organschaftsverhältnis, da der Personengesellschaft im Hinblick auf das Organschaftsverhältnis eine rechtliche Eigenständigkeit eingeräumt wird. ⁴Dem entspricht auch, dass die wirtschaftliche Identität der Personengesellschaft gewahrt und die rechtliche Gebundenheit des Gesellschaftsvermögens gleich bleibt, auch wenn die am Vermögen insgesamt Beteiligten wechseln. ⁵Gehören die Anteile an der Organgesellschaft nicht zum Vermögen der Personengesellschaft, reicht es für die finanzielle Eingliederung in die Personengesellschaft nicht aus, dass die Anteile notwendiges Sonderbetriebsvermögen der Gesellschafter der Personengesellschaft sind.

Hinweise

Personengesellschaft als Organträger
>BMF vom 10.11.2005, BStBl I S. 1038 Rn. 13 ff.

Vermögensverwaltende Personengesellschaft
Eine Personengesellschaft, die Besitzunternehmen im Rahmen einer Betriebsaufspaltung und ansonsten nur vermögensverwaltend tätig ist, kann Organträgerin sein (>BFH vom 24.7.2013, I R 40/12, BStBl 2014 II S. 272).

Zeitpunkt einer gewerblichen Betätigung des Organträgers i. S. d. § 15 Abs. 1 Satz 1 Nr. 1 EStG
Der Organträger einer ertragsteuerlichen Organschaft muss nicht bereits zu Beginn des Wj. der Organgesellschaft gewerblich tätig sein (>BFH vom 24.7.2013, I R 40/12, BStBl 2014 II S. 272). >BMF vom 10.11.2005, BStBl I S. 1038 Rn. 21 ist damit überholt.

Zeitliche Voraussetzungen

(1) ¹Nach § 14 Abs. 1 Satz 1 Nr. 1 KStG muss die Organgesellschaft vom Beginn ihres Wj. an ununterbrochen finanziell in das Unternehmen des Organträgers eingegliedert sein. ²Ununterbrochen bedeutet, dass diese Eingliederung vom Beginn ihres Wj. an ohne Unterbrechung bis zum Ende des Wj. bestehen muss. ³Das gilt auch im Falle eines Rumpfwirtschaftsjahres.

(2) ¹Veräußert der Organträger seine Beteiligung an der Organgesellschaft zum Ende des Wj. der Organgesellschaft an ein anderes gewerbliches Unternehmen, bedeutet dies, dass der Organträger das Eigentum an den Anteilen an der Organgesellschaft bis zum letzten Tag, 24 Uhr, des Wj. der Organgesellschaft behält und das andere Unternehmen dieses Eigentum am ersten Tag, 0 Uhr, des anschließenden Wj. der Organgesellschaft erwirbt. ²In diesen Fällen ist deshalb die Voraussetzung der

finanziellen Eingliederung der Organgesellschaft beim Veräußerer der Anteile bis zum Ende des Wj. der Organgesellschaft und beim Erwerber der Anteile vom Beginn des anschließenden Wj. der Organgesellschaft an erfüllt. [3]Veräußert der Organträger seine Beteiligung an der Organgesellschaft während des Wj. der Organgesellschaft, und stellt die Organgesellschaft mit Zustimmung des Finanzamts ihr Wj. auf den Zeitpunkt der Veräußerung der Beteiligung um, ist die finanzielle Eingliederung der Organgesellschaft beim Veräußerer der Anteile bis zum Ende des entstandenen Rumpfwirtschaftsjahres der Organgesellschaft und beim Erwerber der Anteile vom Beginn des anschließenden Wj. der Organgesellschaft an gegeben.

(3) [1]Wird im Zusammenhang mit der Begründung oder Beendigung eines Organschaftsverhältnisses i. S. d. § 14 KStG das Wj. der Organgesellschaft auf einen vom Kj. abweichenden Zeitraum umgestellt, ist dafür die nach § 7 Abs. 4 Satz 3 KStG erforderliche Zustimmung zu erteilen. [2]Bei der Begründung eines Organschaftsverhältnisses gilt das auch, wenn das Wj. der Organgesellschaft im selben VZ ein zweites Mal umgestellt wird, um den Abschlussstichtag der Organgesellschaft dem im Organkreis üblichen Abschlussstichtag anzupassen. [3]Weicht dabei das neue Wj. vom Kj. ab, ist für die zweite Umstellung ebenfalls die Zustimmung nach § 7 Abs. 4 Satz 3 KStG zu erteilen.

Gewinnabführungsvertrag

Wirksamwerden des Gewinnabführungsvertrags

(1) [1]Nach § 14 Abs. 1 Satz 2 KStG kann die Einkommenszurechnung erstmals für das Wj. der Organgesellschaft erfolgen, in dem der GAV wirksam wird. [2]Bei einer nicht nach §§ 319 bis 327 AktG eingegliederten AG oder KGaA wird der GAV i. S. d. § 291 Abs. 1 AktG zivilrechtlich erst wirksam, wenn sein Bestehen in das Handelsregister des Sitzes der Organgesellschaft eingetragen ist (§ 294 Abs. 2 AktG). [3]Bei einer nach den §§ 319 bis 327 AktG eingegliederten AG oder KGaA tritt die zivilrechtliche Wirksamkeit des GAV ein, sobald er in Schriftform abgeschlossen ist (§ 324 Abs. 2 AktG).

Mindestlaufzeit

(2) [1]Der GAV muss nach § 14 Abs. 1 Satz 1 Nr. 3 Satz 1 KStG auf einen Zeitraum von mindestens fünf Zeitjahren abgeschlossen sein. [2]Der Zeitraum beginnt mit dem Anfang des Wj., für das die Rechtsfolgen des § 14 Abs. 1 Satz 1 KStG erstmals eintreten.

Vollzug des Gewinnabführungsvertrags

(3) [1]Nach § 14 Abs. 1 Satz 1 KStG muss sich die Organgesellschaft aufgrund eines GAV i. S. d. § 291 Abs. 1 AktG verpflichten, ihren ganzen Gewinn an ein anderes gewerbliches Unternehmen abzuführen. [2]Die Abführung des ganzen Gewinns setzt hierbei voraus, dass der Jahresabschluss keinen Bilanzgewinn (§ 268 Abs. 1 HGB, § 158 AktG) mehr aus-

§ 14 KStG
R 14.5

weist. ³Wegen der nach § 14 Abs. 1 Satz 1 Nr. 4 KStG zulässigen Bildung von Gewinn- oder Kapitalrücklagen >Absatz 5 Nr. 3. ⁴§ 301 AktG bestimmt als Höchstbetrag der Gewinnabführung für eine nicht eingegliederte Organgesellschaft in der Rechtsform der AG oder der KGaA:

1. in seinem Satz 1 den ohne die Gewinnabführung entstehenden Jahresüberschuss, vermindert um einen Verlustvortrag aus dem Vorjahr und um den Betrag, der nach § 300 AktG in die gesetzliche Rücklage einzustellen ist und um den nach § 268 Abs. 8 HGB ausschüttungsgesperrten Betrag;

2. in seinem Satz 2 zusätzlich die Entnahmen aus in vertraglicher Zeit gebildeten und wieder aufgelösten Gewinnrücklagen.

⁵Nach § 275 Abs. 4 HGB dürfen Veränderungen der Gewinnrücklagen in der Gewinn- und Verlustrechnung erst nach dem Posten „Jahresüberschuss/Jahresfehlbetrag" ausgewiesen werden und verändern dadurch nicht den Jahresüberschuss. ⁶Bei Verlustübernahme (§ 302 AktG) hat der Organträger einen sonst entstehenden Jahresfehlbetrag auszugleichen, soweit dieser nicht dadurch ausgeglichen wird, dass den anderen Gewinnrücklagen Beträge entnommen werden, die während der Vertragsdauer in sie eingestellt worden sind.

Abführung/Ausschüttung vorvertraglicher Rücklagen

(4) ¹Bei einer nicht eingegliederten Organgesellschaft in der Rechtsform der AG oder der KGaA ist der GAV steuerlich als nicht durchgeführt anzusehen, wenn vorvertragliche Gewinnrücklagen entgegen §§ 301 und 302 Abs. 1 AktG aufgelöst und an den Organträger abgeführt werden. ²Da der Jahresüberschuss i. S. d. § 301 AktG nicht einen Gewinnvortrag (§ 158 Abs. 1 Nr. 1 AktG, § 266 Abs. 3 A HGB) umfasst, darf ein vor dem Inkrafttreten des GAV vorhandener Gewinnvortrag weder abgeführt noch zum Ausgleich eines aufgrund des GAV vom Organträger auszugleichenden Jahresfehlbetrags (Verlustübernahme) verwendet werden. ³Ein Verstoß gegen das Verbot, Erträge aus der Auflösung vorvertraglicher Rücklagen an den Organträger abzuführen, liegt auch vor, wenn die Organgesellschaft Aufwand - dazu gehören auch die steuerrechtlich nichtabziehbaren Ausgaben, z. B. Körperschaftsteuer, Aufsichtsratsvergütungen - über eine vorvertragliche Rücklage verrechnet und dadurch den Gewinn erhöht, der an den Organträger abzuführen ist. ⁴Ein Verstoß gegen die §§ 301 und 302 Abs. 1 AktG ist nicht gegeben, wenn die Organgesellschaft vorvertragliche Rücklagen auflöst und den entsprechenden Gewinn außerhalb des GAV an ihre Anteilseigner ausschüttet. ⁵Insoweit ist § 14 KStG nicht anzuwenden; für die Gewinnausschüttung gelten die allgemeinen Grundsätze.

Durchführung des Gewinnabführungsvertrags

(5) Der Durchführung des GAV steht es nicht entgegen, wenn z. B.

1. der an den Organträger abzuführende Gewinn entsprechend dem gesetzlichen Gebot in § 301 AktG durch einen beim Inkrafttreten des GAV vorhandenen Verlustvortrag gemindert wird. ²Der Ausgleich vorvertraglicher Verluste durch den Organträger ist steuerrechtlich als Einlage zu werten;

2. der ohne die Gewinnabführung entstehende Jahresüberschuss der Organgesellschaft nach § 301 AktG um den Betrag vermindert wird, der nach § 300 AktG in die gesetzliche Rücklage einzustellen ist. ²Zuführungen zur gesetzlichen Rücklage, die die gesetzlich vorgeschriebenen Beträge übersteigen, sind steuerrechtlich wie die Bildung von Gewinnrücklagen zu beurteilen;

3. die Organgesellschaft nach § 14 Abs. 1 Satz 1 Nr. 4 KStG Gewinnrücklagen i. S. d. § 272 Abs. 3 und 4 HGB mit Ausnahme der gesetzlichen Rücklagen, aber einschließlich der satzungsmäßigen Rücklagen (§ 266 Abs. 3 A III HGB) bildet, die bei vernünftiger kaufmännischer Beurteilung wirtschaftlich begründet sind. ²Die Bildung einer Kapitalrücklage i. S. d. § 272 Abs. 2 Nr. 4 HGB beeinflusst die Höhe der Gewinnabführung nicht und stellt daher keinen Verstoß gegen § 14 Abs. 1 Satz 1 Nr. 4 KStG dar. ³Für die Bildung der Rücklagen muss ein konkreter Anlass gegeben sein, der es auch aus objektiver unternehmerischer Sicht rechtfertigt, eine Rücklage zu bilden, wie z. B. eine geplante Betriebsverlegung, Werkserneuerung, Kapazitätsausweitung. ⁴Die Beschränkung nach § 14 Abs. 1 Satz 1 Nr. 4 KStG ist nicht auf die Bildung stiller Reserven anzuwenden;

4. die Organgesellschaft ständig Verluste erwirtschaftet.

Beendigung des Gewinnabführungsvertrags

(6) ¹Wird der GAV, der noch nicht fünf aufeinanderfolgende Jahre durchgeführt worden ist, durch Kündigung oder im gegenseitigen Einvernehmen beendet, bleibt der Vertrag für die Jahre, für die er durchgeführt worden ist, steuerrechtlich wirksam, wenn die Beendigung auf einem wichtigen Grund beruht. ²Ein wichtiger Grund kann insbesondere in der Veräußerung oder Einbringung der Organbeteiligung durch den Organträger, der Verschmelzung, Spaltung oder Liquidation des Organträgers oder der Organgesellschaft gesehen werden. ³Stand bereits im Zeitpunkt des Vertragsabschlusses fest, dass der GAV vor Ablauf der ersten fünf Jahre beendet werden wird, ist ein wichtiger Grund nicht anzunehmen. ⁴Liegt ein wichtiger Grund nicht vor, ist der GAV von Anfang an als steuerrechtlich unwirksam anzusehen.

(7) Ist der GAV bereits mindestens fünf aufeinanderfolgende Jahre durchgeführt worden, bleibt er für diese Jahre steuerrechtlich wirksam.

Nichtdurchführung des Gewinnabführungsvertrags

(8) ¹Wird ein GAV in einem Jahr nicht durchgeführt, ist er

§ 14 KStG
H 14.5 **R 14.5**

1. von Anfang an als steuerrechtlich unwirksam anzusehen, wenn er noch nicht fünf aufeinander folgende Jahre durchgeführt worden ist;

2. erst ab diesem Jahr als steuerrechtlich unwirksam anzusehen, wenn er bereits mindestens fünf aufeinander folgende Jahre durchgeführt worden ist. ²Soll die körperschaftsteuerrechtliche Organschaft ab einem späteren Jahr wieder anerkannt werden, bedarf es einer erneuten mindestens fünfjährigen Laufzeit und ununterbrochenen Durchführung des Vertrags.

²Ist der GAV als steuerrechtlich unwirksam anzusehen, ist die Organgesellschaft nach den allgemeinen steuerrechtlichen Vorschriften zur Körperschaftsteuer zu veranlagen.

Hinweise

H 14.5

Änderung des § 301 AktG und § 249 HGB durch das BilMoG
>BMF vom 14.1.2010, BStBl I S. 65

Anlage 12 III

Auflösung und Abführung vorvertraglicher versteuerter Rücklagen
Zur Auflösung und Abführung vorvertraglicher versteuerter Rücklagen bei einer nach den §§ 319 bis 327 AktG eingegliederten Organgesellschaft in der Rechtsform der AG oder KGaA >R 14.6 Abs. 3

Auflösung von in organschaftlicher Zeit gebildeten Kapitalrücklagen
Eine in organschaftlicher Zeit gebildete und aufgelöste Kapitalrücklage kann an die Gesellschafter ausgeschüttet werden; sie unterliegt nicht der Gewinnabführung (>BFH vom 8.8.2001, I R 25/00, BStBl 2003 II S. 923 und >BMF vom 27.11.2003, BStBl I S. 647)

Beendigung des Gewinnabführungsvertrags
Die Beendigung des GAV, weil er aus Sicht der Parteien seinen Zweck der Konzernverlustverrechnung erfüllt hat, ist kein wichtiger Grund i. S. d. § 14 Abs. 1 Satz 1 Nr. 3 Satz 2 KStG (>BFH vom 13.11.2013, I R 45/12, BStBl 2014 II S. 486).

Bildung einer Rücklage
Zur Zulässigkeit der Bildung einer Rücklage in der Bilanz einer Organgesellschaft aus Gründen der Risikovorsorge >BFH vom 29.10.1980, I R 61/77, BStBl 1981 II S. 336

Mindestlaufzeit
Die fünfjährige Mindestlaufzeit des GAV bei der körperschaftsteuerlichen Organschaft bemisst sich nach Zeitjahren und nicht nach Wj. (>BFH vom 12.1.2011, I R 3/10, BStBl II S. 727). Unabhängig von einer Umstellung des Wj. der Organgesellschaft und der damit einhergehenden Bildung eines Rumpfwirtschaftsjahres ist für die steuerliche Anerkennung der Organschaft die Mindestlaufzeit des GAV von fünf Zeitjahren einzuhalten (>BFH vom 13.11.2013, I R 45/12, BStBl 2014 II S. 486). Zur Voraussetzung der Mindestlaufzeit >BMF vom 10.11.2005, BStBl I S. 1038 Rn. 4

Anlage 12 II

§ 14 KStG
R 14.6 H 14.5

Verzinsung des Anspruchs auf Verlustübernahme nach § 302 AktG

Die unterlassene oder unzutreffende Verzinsung eines Verlustausgleichsanspruchs steht einer tatsächlichen Durchführung des GAV nicht entgegen (>BMF vom 15.10.2007, BStBl I S. 765).

Wirksamwerden des Gewinnabführungsvertrags

Bei einem lediglich mit der Vorgründungsgesellschaft (>H 1.1) abgeschlossenen GAV gehen die sich daraus ergebenden Rechte und Pflichten nicht automatisch auf die später gegründete und eingetragene Kapitalgesellschaft über (>BFH vom 8.11.1989, I R 174/86, BStBl 1990 II S. 91).

R 14.6 Zuzurechnendes Einkommen der Organgesellschaft

(1) [1]Als zuzurechnendes Einkommen ist das Einkommen der Organgesellschaft vor Berücksichtigung des an den Organträger abgeführten Gewinns oder des vom Organträger zum Ausgleich eines sonst entstehenden Jahresfehlbetrags (§ 302 Abs. 1 AktG) geleisteten Betrags zu verstehen. [2]Bei der Ermittlung des Einkommens des Organträgers bleibt demnach der von der Organgesellschaft an den Organträger abgeführte Gewinn außer Ansatz; ein vom Organträger an die Organgesellschaft zum Ausgleich eines sonst entstehenden Jahresfehlbetrags geleisteter Betrag darf nicht abgezogen werden.

(2) [1]Gewinne der Organgesellschaft, die aus der Auflösung vorvertraglicher unversteuerter stiller Reserven herrühren, sind Teil des Ergebnisses des Wj. der Organgesellschaft, in dem die Auflösung der Reserven erfolgt. [2]Handelsrechtlich unterliegen diese Gewinne deshalb der vertraglichen Abführungsverpflichtung. [3]Steuerrechtlich gehören sie zu dem Einkommen, das nach § 14 KStG dem Organträger zuzurechnen ist.

(3) [1]Bei einer nach den §§ 319 bis 327 AktG eingegliederten AG oder KGaA als Organgesellschaft sind nach § 324 Abs. 2 AktG die §§ 293 bis 296, 298 bis 303 AktG nicht anzuwenden. [2]Löst diese Organgesellschaft vorvertragliche Gewinn- oder Kapitalrücklagen zugunsten des an den Organträger abzuführenden Gewinns auf, verstößt sie handelsrechtlich nicht gegen das Abführungsverbot. [3]In diesen Fällen ist deshalb >R 14.5 Abs. 8 nicht anzuwenden. [4]Steuerrechtlich fällt die Abführung der Gewinne aus der Auflösung dieser Rücklagen an den Organträger nicht unter § 14 KStG; sie unterliegt somit den allgemeinen steuerrechtlichen Vorschriften.

(4) [1]VGA an den Organträger sind im Allgemeinen vorweggenommene Gewinnabführungen; sie stellen die tatsächliche Durchführung des GAV nicht in Frage. [2]Das gilt auch, wenn eine Personengesellschaft der Organträger ist (>R 14.3) und Gewinn verdeckt an einen Gesellschafter der Personengesellschaft ausgeschüttet wird. [3]Ein solcher Vorgang berührt lediglich die Gewinnverteilung innerhalb der Personengesellschaft. [4]VGA an außen stehende Gesellschafter sind wie Ausgleichszahlungen i. S. d. § 16 KStG zu behandeln.

(5) Der Gewinn aus der Veräußerung eines Teilbetriebs unterliegt der vertraglichen Gewinnabführungsverpflichtung; er ist bei der Ermittlung des dem Organträger zuzurechnenden Einkommens zu berücksichtigen.

(6) ¹Die Höhe des nach § 14 KStG dem Organträger zuzurechnenden Einkommens der Organgesellschaft sowie weitere Besteuerungsgrundlagen werden gesondert und einheitlich festgestellt mit Bindungswirkung für die Steuerbescheide der Organgesellschaft und des Organträgers. ²Einspruchsberechtigt gegen den Bescheid über die gesonderte und einheitliche Feststellung sind sowohl der Organträger als auch die Organgesellschaft.

(7) Gewinnabführungen stellen auch dann keine Gewinnausschüttungen dar, wenn sie erst nach Beendigung des GAV abfließen.

Hinweise

Einstellung der gewerblichen Tätigkeit

Stellt eine Organgesellschaft ohne förmlichen Auflösungsbeschluss ihre gewerbliche Tätigkeit nicht nur vorübergehend ein und veräußert sie ihr Vermögen, fällt der Gewinn, den sie während der tatsächlichen Abwicklung erzielt, nicht mehr unter die Gewinnabführungsverpflichtung (>BFH vom 17.2.1971, I R 148/68, BStBl II S. 411).

Gewinn im Zeitraum der Abwicklung

Der im Zeitraum der Abwicklung erzielte Gewinn (§ 11 KStG, >R 11) unterliegt nicht der vertraglichen Gewinnabführungsverpflichtung und ist deshalb von der Organgesellschaft zu versteuern (>BFH vom 18.10.1967, I 262/63, BStBl 1968 II S. 105).

Einkommensermittlung beim Organträger

(1) Ausgaben im Zusammenhang mit der Organbeteiligung, z. B. Zinsen für Schulden, die der Organträger zum Erwerb der Beteiligung aufgenommen hat, dürfen bei der Ermittlung des Einkommens des Organträgers abgezogen werden.

(2) ¹VGA der Organgesellschaft sind beim Organträger zur Vermeidung der Doppelbelastung aus dem Einkommen auszuscheiden, wenn die Vorteilszuwendung den Bilanzgewinn des Organträgers erhöht oder dessen Bilanzverlust gemindert hat. ²Entgegen >BFH vom 20.8.1986 (I R 150/82, BStBl 1987 II S. 455) ist jedoch nicht das zuzurechnende Organeinkommen, sondern das eigene Einkommen des Organträgers zu kürzen.

(3) ¹Der Organträger kann seine Beteiligung an der Organgesellschaft auf den niedrigeren Teilwert abschreiben, wenn die nach dem geltenden Recht hierfür erforderlichen Voraussetzungen erfüllt sind. ²Eine Abschreibung auf den niedrigeren Teilwert ist jedoch nicht schon deshalb gerechtfertigt, weil die Organgesellschaft ständig Verluste erwirtschaftet.

(4) Übernimmt der Organträger die Verpflichtung, einen vorvertraglichen Verlust der Organgesellschaft auszugleichen, stellt der Verlustausgleich steuerrechtlich eine Einlage des Organträgers in die Organgesellschaft dar.

H 14.7 Hinweise

Veranlagungszeitraum der Zurechnung

Das Einkommen der Organgesellschaft ist dem Organträger für das Kj. (VZ) zuzurechnen, in dem die Organgesellschaft das Einkommen erzielt hat (>BFH vom 29.10.1974, I R 240/72, BStBl 1975 II S. 126).

Das Einkommen einer Organgesellschaft ist entsprechend dem allgemeinen Gewinnverteilungsschlüssel nur den Gesellschaftern einer Organträger-Personengesellschaft zuzurechnen, die im Zeitpunkt der Einkommenszurechnung an der Organträgerin beteiligt sind (>BFH vom 28.2.2013, IV R 50/09, BStBl II S. 494).

Verlustausgleich durch den Organträger

Der aus der gesetzlichen Verpflichtung (§ 301 AktG, § 30 Abs. 1 GmbHG) des Organträgers resultierende Ausgleich von vorvertraglichen Verlusten der Organgesellschaft führt beim Organträger zu nachträglichen Anschaffungskosten für die Anteile an der Organgesellschaft und ist auf dem Beteiligungskonto zu aktivieren (>BFH vom 8.3.1955, I 73/54 U, BStBl III S. 187).

Verlustübernahme

Der Organträger darf steuerrechtlich keine Rückstellung für drohende Verluste aus der Übernahme des Verlustes der Organgesellschaft bilden (>BFH vom 26.1.1977, I R 101/75, BStBl II S. 441).

R 14.8 Bildung und Auflösung besonderer Ausgleichsposten beim Organträger

(1) ¹Stellt die Organgesellschaft aus dem Jahresüberschuss (§ 275 Abs. 2 Nr. 20 oder Abs. 3 Nr. 19 HGB) Beträge in die Gewinnrücklagen i. S. d. § 272 Abs. 3 HGB ein oder bildet sie steuerlich nicht anzuerkennende stille Reserven, werden die Rücklagen mit dem zuzurechnenden Einkommen beim Organträger oder, wenn er eine Personengesellschaft ist, bei seinen Gesellschaftern versteuert. ²Der steuerrechtliche Wertansatz der Beteiligung des Organträgers an der Organgesellschaft bleibt unberührt. ³Um sicherzustellen, dass nach einer Veräußerung der Organbeteiligung die bei der Organgesellschaft so gebildeten Rücklagen nicht noch einmal beim Organträger steuerrechtlich erfasst werden, ist in der Steuerbilanz des Organträgers, in die der um die Rücklage verminderte Jahresüberschuss der Organgesellschaft eingegangen ist, ein besonderer aktiver Ausgleichsposten in Höhe des Teils der versteuerten Rücklagen einkommensneutral zu bilden, der dem Verhältnis der Beteiligung des

Organträgers am Nennkapital der Organgesellschaft entspricht. [4]Löst die Organgesellschaft die Rücklagen in den folgenden Jahren ganz oder teilweise zugunsten des an den Organträger abzuführenden Gewinns auf, ist der besondere aktive Ausgleichsposten entsprechend einkommensneutral aufzulösen.

(2) Weicht der an den Organträger abgeführte Gewinn der Organgesellschaft aus anderen Gründen als infolge der Auflösung einer Rücklage i. S. d. Absatzes 1 von dem Steuerbilanzgewinn ab, z. B. wegen Änderung des Wertansatzes von Aktiv- oder Passivposten in der Bilanz, und liegt die Ursache in vertraglicher Zeit, ist in der Steuerbilanz des Organträgers nach § 14 Abs. 4 Satz 1, 2 und 6 KStG ein besonderer aktiver oder passiver Ausgleichsposten in Höhe des Unterschieds einkommensneutral zu bilden, der dem Verhältnis der Beteiligung des Organträgers am Nennkapital der Organgesellschaft entspricht.

(3) [1]Die besonderen Ausgleichsposten sind bei Beendigung des GAV nicht gewinnwirksam aufzulösen, sondern bis zur Veräußerung der Organbeteiligung weiterzuführen. [2]Im Zeitpunkt der Veräußerung der Organbeteiligung oder eines der Veräußerung gleichgestellten Vorgangs sind die besonderen Ausgleichsposten aufzulösen (§ 14 Abs. 4 Satz 2 und 5 KStG). [3]Dadurch erhöht oder verringert sich das Einkommen des Organträgers; § 8b KStG sowie § 3 Nr. 40 und § 3c Abs. 2 EStG sind anzuwenden. [4]Für die Anwendung des § 8b KStG bzw. der § 3 Nr. 40, § 3c Abs. 2 EStG sind die Ausgleichsposten mit dem in der Steuerbilanz ausgewiesenen Buchwert der Organbeteiligung zusammenzufassen. [5]Dadurch kann sich rechnerisch auch ein negativer Buchwert ergeben. [6]Die Sätze 4 und 5 sind bei der Ermittlung eines Übernahmeergebnisses i. S. d. § 4 Abs. 4 Satz 1 oder § 12 Abs. 2 Satz 1 UmwStG entsprechend anzuwenden. [7]Bei mittelbarer Beteiligung an der Organgesellschaft sind die Ausgleichsposten aufzulösen, wenn der Organträger die Beteiligung an der Zwischengesellschaft veräußert.

Hinweise

H 14.8

Allgemeine Fragen zu organschaftlichen Mehr- und Minderabführungen

>BMF vom 26.8.2003, BStBl I S. 437 Rn. 40 ff.

Anlage 12 I

Berechnung der Mehrabführung

Die Mehrabführung der Organgesellschaft an den Organträger ist ein rein rechnerischer Differenzbetrag zweier Vergleichswerte und kann auch in einer sog. Minderverlustübernahme bestehen. Auf einen tatsächlichen Vermögensabfluss kommt es nicht an (>BFH vom 6.6.2013, I R 38/11, BStBl 2014 II S. 398, >BFH vom 27.11.2013, I R 36/13, BStBl 2014 II S. 651).

Passiver Ausgleichsposten im Falle außerbilanzieller Zurechnung bei der Organgesellschaft

Ein passiver Ausgleichsposten i. S. d. § 14 Abs. 4 KStG für Mehrabführungen ist nicht zu bilden, wenn die auf die Organgesellschaft entfallenden Beteiligungsverluste aus einem KG-Anteil aufgrund außerbilanzieller Zurechnung gem. § 15a EStG neutralisiert werden und damit das dem Organträger zuzurechnende Einkommen nicht mindern (>BFH vom 29.8.2012, I R 65/11, BStBl 2013 II S. 555). Mit Ausnahme des Anwendungsfalls des § 15a EStG ist in allen anderen Fällen bei der Bildung organschaftlicher Ausgleichsposten weiterhin nach dem Wortlaut des § 14 Abs. 4 Satz 6 KStG auf die Abweichung des an den Organträger abgeführten Gewinns vom Steuerbilanzgewinn der Organgesellschaft abzustellen. Die organschaftlichen Ausgleichsposten sind aufgrund der gesetzlichen Vorgabe des § 14 Abs. 4 Satz 1 KStG in der Steuerbilanz zu aktivieren oder zu passivieren (>BMF vom 15.7.2013, BStBl I S. 921).

Steuerliches Einlagekonto

Anlage 5

>BMF vom 4.6.2003, BStBl I S. 366 Rn. 28

§ 15
Ermittlung des Einkommens bei Organschaft

¹Bei der Ermittlung des Einkommens bei Organschaft gilt abweichend von den allgemeinen Vorschriften Folgendes:

1. Ein Verlustabzug im Sinne des § 10d des Einkommensteuergesetzes ist bei der Organgesellschaft nicht zulässig.

2. ¹§ 8b Abs. 1 bis 6 dieses Gesetzes, sowie § 4 Abs. 6 des Umwandlungssteuergesetzes sind bei der Organgesellschaft nicht anzuwenden. ²Sind in dem dem Organträger zugerechneten Einkommen Bezüge, Gewinne oder Gewinnminderungen im Sinne des § 8b Abs. 1 bis 3 dieses Gesetzes oder mit solchen Beträgen zusammenhängende Ausgaben im Sinne des § 3c Abs. 2 des Einkommensteuergesetzes oder ein Übernahmeverlust im Sinne des § 4 Abs. 6 des Umwandlungssteuergesetzes enthalten, sind § 8b dieses Gesetzes, § 4 Abs. 6 des Umwandlungssteuergesetzes sowie § 3 Nr. 40 und § 3c Abs. 2 des Einkommensteuergesetzes bei der Ermittlung des Einkommens des Organträgers anzuwenden. ³Satz 2 gilt nicht, soweit bei der Organgesellschaft § 8b Abs. 7, 8 oder 10 anzuwenden ist. ⁴Für die Anwendung der Beteiligungsgrenze im Sinne des § 8b Absatz 4 in der Fassung des Artikels 1 des Gesetzes vom 21. März 2013 (BGBl. I S. 561) werden Beteiligungen der Organgesellschaft und Beteiligungen des Organträgers getrennt betrachtet.

3. ¹§ 4h des Einkommensteuergesetzes ist bei der Organgesellschaft nicht anzuwenden. ²Organträger und Organgesellschaften gelten als ein Betrieb im Sinne des § 4h des Einkommensteuergesetzes. ³Sind in dem dem Organträger zugerechneten Einkommen der Organgesellschaften Zinsaufwendungen und Zinserträge im Sinne des § 4h Abs. 3 des Einkommensteuergesetzes enthalten, sind diese bei Anwendung des § 4h Abs. 1 des Einkommensteuergesetzes beim Organträger einzubeziehen.

4. ¹§ 8 Abs. 3 Satz 2 und Abs. 7 ist bei der Organgesellschaft auf Dauerverlustgeschäfte im Sinne des § 8 Abs. 7 Satz 2 nicht anzuwenden. ²Sind in dem dem Organträger zugerechneten Einkommen Verluste aus Dauerverlustgeschäften im Sinne des § 8 Abs. 7 Satz 2 enthalten, ist § 8 Abs. 3 Satz 2 und Abs. 7 bei der Ermittlung des Einkommens des Organträgers anzuwenden.

5. ¹§ 8 Abs. 9 ist bei der Organgesellschaft nicht anzuwenden. ²Sind in dem dem Organträger zugerechneten Einkommen Einkommen einer Kapitalgesellschaft enthalten, auf die § 8 Abs. 7 Satz 1 Nr. 2 anzuwenden ist, ist § 8 Abs. 9 bei der Ermittlung des Einkommens des Organträgers anzuwenden.

²Nummer 2 gilt entsprechend für Gewinnanteile aus der Beteiligung an einer ausländischen Gesellschaft, die nach den Vorschriften eines Abkommens zur Vermeidung der Doppelbesteuerung von der Besteuerung auszunehmen sind.

§ 15 KStG
R 15 H 15

R 15 Einkommensermittlung bei der Organgesellschaft

Ein Verlustabzug aus der Zeit vor dem Abschluss des GAV darf das Einkommen der Organgesellschaft, das sie während der Geltungsdauer des GAV bezieht, nicht mindern (§ 15 Satz 1 Nr. 1 KStG).

H 15

Hinweise

Anwendung der Zinsschranke im Organkreis

Anlage 20 >BMF vom 4.7.2008, BStBl I S. 718

Beteiligungserträge der Organgesellschaft

Anlage 12 I Zu den steuerfreien Beteiligungserträgen der Organgesellschaft >BMF vom 26.8.2003, BStBl I S. 437 Rn. 21 ff.

Dauerverlustgeschäft der Organgesellschaft (§ 8 Abs. 7 KStG)

Anlage 11 II >BMF vom 12.11.2009, BStBl I S. 1303 Rn. 90 ff.

Spartenrechnung für die Organgesellschaft (§ 8 Abs. 9 KStG)

Anlage 11 II >BMF vom 12.11.2009, BStBl I S. 1303 Rn. 90 ff.

§ 16
Ausgleichszahlungen

¹Die Organgesellschaft hat ihr Einkommen in Höhe von 20/17 der geleisteten Ausgleichszahlungen selbst zu versteuern. ²Ist die Verpflichtung zum Ausgleich vom Organträger erfüllt worden, so hat die Organgesellschaft 20/17 der geleisteten Ausgleichszahlungen anstelle des Organträgers zu versteuern.

Ausgleichszahlungen

(1) ¹Ausgleichszahlungen, die in den Fällen der §§ 14, 17 KStG an außen stehende Anteilseigner gezahlt werden, dürfen nach § 4 Abs. 5 Satz 1 Nr. 9 EStG weder den Gewinn der Organgesellschaft noch den Gewinn des Organträgers mindern. ²Die Organgesellschaft hat ihr Einkommen i. H. v. 20/17 der geleisteten Ausgleichszahlungen stets selbst zu versteuern, auch wenn die Verpflichtung zum Ausgleich von dem Organträger erfüllt worden oder ihr Einkommen negativ ist.

(2) ¹Hat die Organgesellschaft selbst die Ausgleichszahlungen zu Lasten ihres Gewinns geleistet, ist dem Organträger das um 20/17 der Ausgleichszahlungen verminderte Einkommen der Organgesellschaft zuzurechnen. ²Leistet die Organgesellschaft trotz eines steuerlichen Verlustes die Ausgleichszahlungen, erhöht sich ihr dem Organträger zuzurechnendes negatives Einkommen; die Organgesellschaft hat 20/17 der Ausgleichszahlungen als (positives) Einkommen selbst zu versteuern. ³Hat dagegen der Organträger die Ausgleichszahlungen geleistet, gilt Folgendes:

1. Das Einkommen des Organträgers wird um die Ausgleichszahlungen vermindert.
2. Die Organgesellschaft hat 20/17 der Ausgleichszahlungen zu versteuern.
3. Das von der Organgesellschaft erwirtschaftete Einkommen ist dem Organträger nach § 14 Abs. 1 Satz 1 KStG zuzurechnen.

⁴Satz 3 gilt auch, wenn der Organträger die Ausgleichszahlungen trotz eines steuerlichen Verlustes geleistet hat.

Hinweise

Festbetrag und weitere (feste oder variable) Zuzahlungen
>BFH vom 4.3.2009, I R 1/08, BStBl 2010 II S. 407 und >BMF vom 20.4.2010, BStBl I S. 372

§ 17
Andere Kapitalgesellschaften als Organgesellschaft

(1) ¹Die §§ 14 bis 16 gelten entsprechend, wenn eine andere als die in § 14 Absatz 1 Satz 1 bezeichnete Kapitalgesellschaft mit Geschäftsleitung im Inland und Sitz in einem Mitgliedstaat der Europäischen Union oder in einem Vertragsstaat des EWR-Abkommens sich wirksam verpflichtet, ihren ganzen Gewinn an ein anderes Unternehmen im Sinne des § 14 abzuführen. ²Weitere Voraussetzung ist, dass

1. eine Gewinnabführung den in § 301 des Aktiengesetzes genannten Betrag nicht überschreitet und
2. eine Verlustübernahme durch Verweis auf die Vorschriften des § 302 des Aktiengesetzes in seiner jeweils gültigen Fassung vereinbart wird.

(2) Für die Anwendung des Absatzes 1 Satz 2 Nummer 2 gilt § 34 Absatz 10b in der Fassung des Artikels 12 des Gesetzes vom 18. Dezember 2013 (BGBl. I S. 4318) entsprechend fort.

R 17
Andere Kapitalgesellschaften als Organgesellschaft

(1) ¹Ist die Organgesellschaft eine GmbH, ist der GAV zivilrechtlich nur wirksam, wenn die Gesellschafterversammlungen der beherrschten und der herrschenden Gesellschaft dem Vertrag zustimmen und seine Eintragung in das Handelsregister der beherrschten Gesellschaft erfolgt. ²Der Zustimmungsbeschluss der Gesellschafterversammlung der beherrschten Gesellschaft bedarf der notariellen Beurkundung.

(2) Nach § 17 KStG ist Voraussetzung für die steuerliche Anerkennung einer anderen als der in § 14 Abs. 1 Satz 1 KStG bezeichneten Kapitalgesellschaft als Organgesellschaft, dass diese sich wirksam verpflichtet, ihren ganzen Gewinn an ein anderes Unternehmen i. S. d. § 14 KStG abzuführen, und die Gewinnabführung den in § 301 AktG genannten Betrag nicht überschreitet.

(3) Die Verlustübernahme muss durch den Verweis auf die Vorschriften des § 302 AktG in seiner jeweils gültigen Fassung vereinbart werden.

(4) >R 14.5 gilt entsprechend.

H 17
Hinweise

Verweis auf § 302 AktG in allen vor dem 27.2.2013 geschlossenen Gewinnabführungsverträgen

Bei einer GmbH als Organgesellschaft muss in allen vor der Verkündung des „Gesetzes zur Änderung und Vereinfachung der Unternehmensbesteuerung und des steuerlichen Reisekostenrechts" vom 26.2.2013 (BStBl I S. 188) geschlossenen GAV die Verlustübernahme entsprechend § 302 AktG ausdrücklich vereinbart sein (>BFH vom 17.12.1980,

I R 220/78, BStBl 1981 II S. 383 und >BFH vom 15.9.2010, I B 27/10, BStBl II S. 935). Zu den Übergangsregelungen für alle vor dem 27.2.2013 abgeschlossenen Verträge >§ 34 Abs. 10b Satz 2 ff. KStG)[1].

Die Notwendigkeit eines Hinweises auf die Verjährungsregelung des § 302 Abs. 4 AktG[2] im GAV besteht für alle ab dem 1.1.2006 geschlossenen Verträge (>BMF vom 16.12.2005, BStBl 2006 I S. 12).

Zivilrechtlich unwirksamer Gewinnabführungsvertrag

Entgegen § 41 Abs. 1 Satz 1 AO ist ein zivilrechtlich nicht wirksamer GAV steuerlich auch dann unbeachtlich, wenn die Vertragsparteien den Vertrag als wirksam behandelt und tatsächlich durchgeführt haben (>BFH vom 30.7.1997, I R 7/97, BStBl 1998 II S. 33).

---

[1] i. d. F. des AIFM-Steuer-Anpassungsgesetzes vom 18.12.2013 (BGBl. I S. 4318).
[2] eingefügt durch das „Gesetz zur Anpassung von Verjährungsvorschriften an das Gesetz zur Modernisierung des Schuldrechts" vom 9.12.2004 (BGBl I S. 3214)

§ 18 KStG

S 2770

**§ 18
(weggefallen)**

§ 19
Steuerabzug bei dem Organträger

S 2770

(1) Sind bei der Organgesellschaft die Voraussetzungen für die Anwendung besonderer Tarifvorschriften erfüllt, die einen Abzug von der Körperschaftsteuer vorsehen, und unterliegt der Organträger der unbeschränkten Körperschaftsteuerpflicht, sind diese Tarifvorschriften beim Organträger so anzuwenden, als wären die Voraussetzungen für ihre Anwendung bei ihm selbst erfüllt.

(2) Unterliegt der Organträger der unbeschränkten Einkommensteuerpflicht, gilt Absatz 1 entsprechend, soweit für die Einkommensteuer gleichartige Tarifvorschriften wie für die Körperschaftsteuer bestehen.

(3) Unterliegt der Organträger nicht der unbeschränkten Körperschaftsteuer- oder Einkommensteuerpflicht, gelten die Absätze 1 und 2 entsprechend, soweit die besonderen Tarifvorschriften bei beschränkt Steuerpflichtigen anwendbar sind.

(4) [1]Ist der Organträger eine Personengesellschaft, gelten die Absätze 1 bis 3 für die Gesellschafter der Personengesellschaft entsprechend. [2]Bei jedem Gesellschafter ist der Teilbetrag abzuziehen, der dem auf den Gesellschafter entfallenden Bruchteil des dem Organträger zuzurechnenden Einkommens der Organgesellschaft entspricht.

(5) Sind in dem Einkommen der Organgesellschaft Betriebseinnahmen enthalten, die einem Steuerabzug unterlegen haben, so ist die einbehaltene Steuer auf die Körperschaftsteuer oder die Einkommensteuer des Organträgers oder, wenn der Organträger eine Personengesellschaft ist, anteilig auf die Körperschaftsteuer oder die Einkommensteuer der Gesellschafter anzurechnen.

Anwendung besonderer Tarifvorschriften

R 19

(1) [1]Eine besondere Tarifvorschrift i. S. d. § 19 Abs. 1 KStG ist z. B. § 26 KStG. [2]Die Voraussetzungen der Steuerermäßigung müssen bei der Organgesellschaft erfüllt sein. [3]Der Abzug von der Steuer ist beim Organträger vorzunehmen. [4]Ist die Steuerermäßigung der Höhe nach auf einen bestimmten Betrag begrenzt, richtet sich dieser Höchstbetrag nach den steuerlichen Verhältnissen beim Organträger.

(2) Ist in dem zugerechneten Einkommen der Organgesellschaft (>R 14.6) ein Veräußerungsgewinn i. S. d. § 16 EStG enthalten, kann der Organträger, auch wenn er eine natürliche Person ist, dafür die Steuervergünstigung des § 34 EStG nicht in Anspruch nehmen.

Drittes Kapitel
Sondervorschriften für Versicherungsunternehmen, Pensionsfonds und Bausparkassen

§ 20
Schwankungsrückstellungen, Schadenrückstellungen

(1) ¹Für die Bildung der Rückstellungen zum Ausgleich des schwankenden Jahresbedarfs sind insbesondere folgende Voraussetzungen erforderlich:
1. Es muss nach den Erfahrungen in dem betreffenden Versicherungszweig mit erheblichen Schwankungen des Jahresbedarfs zu rechnen sein.
2. ¹Die Schwankungen des Jahresbedarfs dürfen nicht durch die Prämien ausgeglichen werden. ²Sie müssen aus den am Bilanzstichtag bestehenden Versicherungsverträgen herrühren und dürfen nicht durch Rückversicherungen gedeckt sein.

²Auf Schwankungsrückstellungen und ähnliche Rückstellungen im Sinne des § 341h des Handelsgesetzbuchs ist § 6 Absatz 1 Nummer 3a Buchstabe e des Einkommensteuergesetzes nicht anzuwenden.

(2) ¹Bei Rückstellungen für noch nicht abgewickelte Versicherungsfälle (§ 341g des Handelsgesetzbuchs) sind die Erfahrungen im Sinne des § 6 Abs. 1 Nr. 3a Buchstabe a des Einkommensteuergesetzes für jeden Versicherungszweig zu berücksichtigen, für den nach aufsichtsrechtlichen Vorschriften eine gesonderte Gewinn- und Verlustrechnung aufzustellen ist. ²Die Summe der einzelbewerteten Schäden des Versicherungszweiges ist um den Betrag zu mindern (Minderungsbetrag), der wahrscheinlich insgesamt nicht zur Befriedigung der Ansprüche für die Schäden benötigt wird. ³Für Zwecke der Sätze 1 und 2 haben die Niederlassungen der Versicherungsunternehmen im Sinne des § 341 Absatz 2 Satz 2 des Handelsgesetzbuchs die auf Grund des § 55a des Versicherungsaufsichtsgesetzes in der am 31. Dezember 2015 geltenden Fassung erlassene Verordnung über die Berichterstattung von Versicherungsunternehmen gegenüber der Bundesanstalt für Finanzdienstleistungsaufsicht entsprechend anzuwenden.

Hinweise

Abzinsung der Schadenrückstellungen
Anwendung des § 6 Abs. 1 Nr. 3a EStG, Pauschalverfahren >BMF vom 16.8.2000, BStBl I S. 1218 und >BMF vom 8.12.2015, BStBl I S. 1027 s. EStH 2015

Bewertung der Schadenrückstellungen

Ermittlung des Minderungsbetrags nach § 20 Abs. 2 KStG >BMF vom 5.5.2000, BStBl I S. 487

§ 21
Beitragsrückerstattungen

(1) ¹Beitragsrückerstattungen, die für das selbst abgeschlossene Geschäft auf Grund des Jahresergebnisses oder des versicherungstechnischen Überschusses gewährt werden, sind abziehbar

1. in der Lebens-und Krankenversicherung bis zu dem nach handelsrechtlichen Vorschriften ermittelten Jahresergebnis für das selbst abgeschlossene Geschäft, erhöht um die für Beitragsrückerstattungen aufgewendeten Beträge, soweit die Beträge das Jahresergebnis gemindert haben und die hierfür verwendeten Überschüsse dem Grunde nach steuerpflichtig und nicht steuerbefreit sind, und gekürzt um den Betrag, der sich aus der Auflösung einer Rückstellung nach Absatz 2 Satz 2 ergibt, sowie um den Nettoertrag des nach steuerlichen Vorschriften über die Gewinnermittlung anzusetzenden Betriebsvermögens am Beginn des Wirtschaftsjahrs; für Pensionsfonds gilt Entsprechendes. ²Als Nettoertrag gilt der Ertrag aus langfristiger Kapitalanlage, der anteilig auf das Betriebsvermögen entfällt, nach Abzug der entsprechenden abziehbaren und nichtabziehbaren Betriebsausgaben;

2. in der Schaden- und Unfallversicherung bis zur Höhe des Überschusses, der sich aus der Beitragseinnahme nach Abzug aller anteiligen abziehbaren und nichtabziehbaren Betriebsausgaben einschließlich der Versicherungsleistungen, Rückstellungen und Rechnungsabgrenzungsposten ergibt. ²Der Berechnung des Überschusses sind die auf das Wirtschaftsjahr entfallenden Beitragseinnahmen und Betriebsausgaben des einzelnen Versicherungszweiges aus dem selbst abgeschlossenen Geschäft für eigene Rechnung zugrunde zu legen.

(2) ¹Zuführungen zu einer Rückstellung für Beitragsrückerstattung sind insoweit abziehbar, als die ausschließliche Verwendung der Rückstellung für diesen Zweck durch die Satzung oder durch geschäftsplanmäßige Erklärung gesichert ist. ²Die Rückstellung ist vorbehaltlich des Satzes 3 aufzulösen, soweit sie höher ist als die Summe der in den folgenden Nummern 1 bis 4 bezeichneten Beträge:

1. die Zuführungen innerhalb des am Bilanzstichtag endenden Wirtschaftsjahrs und der zwei vorangegangenen Wirtschaftsjahre,

2. der Betrag, dessen Ausschüttung als Beitragsrückerstattung vom Versicherungsunternehmen vor dem Bilanzstichtag verbindlich festgelegt worden ist,

3. in der Krankenversicherung der Betrag, dessen Verwendung zur Ermäßigung von Beitragserhöhungen im folgenden Geschäftsjahr vom Versicherungsunternehmen vor dem Bilanzstichtag verbindlich festgelegt worden ist,

4. in der Lebensversicherung der Betrag, der für die Finanzierung der auf die abgelaufenen Versicherungsjahre entfallenden Schlussgewinnanteile erforderlich ist; für Pensionsfonds gilt Entsprechendes.

³Eine Auflösung braucht nicht zu erfolgen, soweit an die Versicherten Kleinbeträge auszuzahlen wären und die Auszahlung dieser Beträge mit einem unverhältnismäßig hohen Verwaltungsaufwand verbunden wäre.

(3) § 6 Abs. 1 Nr. 3a des Einkommensteuergesetzes ist nicht anzuwenden.

Hinweise

Beitragsrückerstattung bei Versicherungsunternehmen
>BMF vom 7.3.1978, BStBl I S. 160 und >BMF vom 14.12.1984, BStBl 1985 I S. 11

Erfolgsabhängige Beitragsrückerstattungen
Beitragsrückerstattungen in der Lebens- und Krankenversicherung, die sich nach dem Jahresüberschuss bemessen, sind nach § 21 KStG nur beschränkt abziehbar (>BFH vom 7.3.2007, I R 61/05, BStBl II S. 589).

Erfolgsunabhängige Beitragsrückerstattungen
Durch § 21 Abs. 3 KStG werden nur erfolgsabhängige, nicht aber erfolgsunabhängige Beitragsrückerstattungen vom Abzinsungsgebot des § 6 Abs. 1 Nr. 3a Buchstabe e EStG ausgeschlossen. Rückstellungen für erfolgsunabhängige Beitragsrückerstattungen sind abzuzinsen (>BFH vom 25.11.2009, I R 9/09, BStBl 2010 II S. 304).

§ 21a
Deckungsrückstellungen

(1) [1]§ 6 Abs. 1 Nr. 3a Buchstabe e des Einkommensteuergesetzes ist von Versicherungsunternehmen und Pensionsfonds mit der Maßgabe anzuwenden, dass Deckungsrückstellungen im Sinne des § 341f des Handelsgesetzbuchs mit dem sich für die zugrunde liegenden Verträge aus der Bestimmung in Verbindung mit § 25 der Verordnung über die Rechnungslegung von Versicherungsunternehmen oder in Verbindung mit der auf Grund des § 240 Satz 1 Nummer 10 des Versicherungsaufsichtsgesetzes erlassenen Rechtsverordnung ergebenden Höchstzinssatz oder einem niedrigeren zulässigerweise verwendeten Zinssatz abgezinst werden können. [2]Für die von Schaden- und Unfallversicherungsunternehmen gebildeten Renten-Deckungsrückstellungen kann der Höchstzinssatz, der sich auf Grund der nach § 217 Satz 1 Nummer 7 des Versicherungsaufsichtsgesetzes erlassenen Rechtsverordnung ergibt, oder ein niedrigerer zulässigerweise verwendeter Zinssatz zugrunde gelegt werden.

(2) Soweit die in Absatz 1 genannten versicherungsrechtlichen Bestimmungen auf Versicherungsunternehmen mit Sitz in einem anderen Mitgliedstaat der Europäischen Union oder in einem anderen Vertragsstaat des EWR-Abkommens keine Anwendung finden, können diese entsprechend verfahren.

§ 21b
Zuteilungsrücklage bei Bausparkassen

[1]Bausparkassen im Sinne des § 1 Abs. 1 des Gesetzes über Bausparkassen können Mehrerträge im Sinne des § 6 Abs. 1 Satz 2 des Gesetzes über Bausparkassen in eine den steuerlichen Gewinn mindernde Zuteilungsrücklage einstellen. [2]Diese Rücklage darf 3 Prozent der Bauspareinlagen nicht übersteigen. [3]Soweit die Voraussetzungen für die Auflösung des Sonderpostens im Sinne des § 6 Abs. 1 Satz 2 des Gesetzes über Bausparkassen nach der Rechtsverordnung erfüllt sind, die auf Grund der Ermächtigungsvorschrift des § 10 Satz 1 Nr. 9 des Gesetzes über Bausparkassen erlassen wird, ist die Rücklage gewinnerhöhend aufzulösen.

Viertes Kapitel
Sondervorschriften
für Genossenschaften

§ 22
Genossenschaftliche Rückvergütung

(1) ¹Rückvergütungen der Erwerbs- und Wirtschaftsgenossenschaften an ihre Mitglieder sind nur insoweit als Betriebsausgaben abziehbar, als die dafür verwendeten Beträge im Mitgliedergeschäft erwirtschaftet worden sind. ²Zur Feststellung dieser Beträge ist der Überschuss

1. bei Absatz- und Produktionsgenossenschaften im Verhältnis des Wareneinkaufs bei Mitgliedern zum gesamten Wareneinkauf,
2. bei den übrigen Erwerbs- und Wirtschaftsgenossenschaften im Verhältnis des Mitgliederumsatzes zum Gesamtumsatz

aufzuteilen. ³Der hiernach sich ergebende Gewinn aus dem Mitgliedergeschäft bildet die obere Grenze für den Abzug. ⁴Überschuss im Sinne des Satzes 2 ist das um den Gewinn aus Nebengeschäften geminderte Einkommen vor Abzug der genossenschaftlichen Rückvergütungen und des Verlustabzugs.

(2) ¹Voraussetzung für den Abzug nach Absatz 1 ist, dass die genossenschaftliche Rückvergütung unter Bemessung nach der Höhe des Umsatzes zwischen den Mitgliedern und der Genossenschaft bezahlt ist und dass sie

1. auf einem durch die Satzung der Genossenschaft eingeräumten Anspruch des Mitglieds beruht oder
2. durch Beschluss der Verwaltungsorgane der Genossenschaft festgelegt und der Beschluss den Mitgliedern bekannt gegeben worden ist oder
3. in der Generalversammlung beschlossen worden ist, die den Gewinn verteilt.

²Nachzahlungen der Genossenschaft für Lieferungen oder Leistungen und Rückzahlungen von Unkostenbeiträgen sind wie genossenschaftliche Rückvergütungen zu behandeln.

R 22
Genossenschaftliche Rückvergütung

(1) Von dem Vorliegen einer Erwerbs- und Wirtschaftsgenossenschaft ist von der Eintragung bis zur Löschung im Genossenschaftsregister auszugehen.

(2) ¹Preisnachlässe (Rabatte, Boni), die sowohl Mitgliedern als auch Nichtmitgliedern gewährt werden, gehören nicht zu den genossenschaftlichen Rückvergütungen. ²Sie sind abziehbare Betriebsausgaben. ³Der Unterschied zwischen dem Preisnachlass und der genossenschaftlichen

Rückvergütung besteht darin, dass der Preisnachlass bereits vor oder bei Abschluss des Rechtsgeschäfts vereinbart wird, während die genossenschaftliche Rückvergütung erst nach Ablauf des Wj. beschlossen wird.

(3) Eine Verpflichtung zur Einzahlung auf die Geschäftsanteile wird durch eine Regelung in der Satzung auch dann begründet, wenn die Bestimmung über Zeitpunkt und Betrag der Leistungen der Generalversammlung übertragen ist.

(4) [1]Die genossenschaftlichen Rückvergütungen sind bei der Ermittlung des Gewinns des Wj., für das sie gewährt werden, auch dann abzuziehen bzw. in der Jahresschlussbilanz durch eine Rückstellung zu berücksichtigen, wenn sie nach Ablauf des Wj. - spätestens bei Feststellung des Jahresabschlusses durch die Generalversammlung - dem Grunde nach beschlossen werden. [2]Sie müssen aber, ohne dass es dabei auf den Zeitpunkt der Aufstellung oder Errichtung der steuerlichen Gewinnermittlung ankommt, spätestens bis zum Ablauf von zwölf Monaten nach dem Ende des Wj. gezahlt oder gutgeschrieben worden sein. [3]In besonders begründeten Einzelfällen kann das Finanzamt diese Frist nach Anhörung des Prüfungsverbands verlängern. [4]Werden die genossenschaftlichen Rückvergütungen nicht innerhalb dieser Frist gezahlt oder gutgeschrieben, können sie auch im Wj. der Zahlung nicht abgezogen werden. [5]Die Gewährung von genossenschaftlichen Rückvergütungen darf nicht von bestimmten Voraussetzungen abhängig gemacht werden, z. B. davon, dass das Mitglied seine Zahlungsverpflichtungen gegenüber der Genossenschaft stets pünktlich erfüllt und keinen Kredit in Anspruch nimmt. [6]Die Aufrechnung von genossenschaftlichen Rückvergütungen mit Schulden der Genossen an die Genossenschaft wird dadurch nicht berührt.

(5) [1]Genossenschaftliche Rückvergütungen sind nach § 22 KStG nur dann abziehbare Betriebsausgaben, wenn sie - von der für Geschäftssparten zugelassenen Ausnahme abgesehen - nach der Höhe des Umsatzes (Warenbezugs) bemessen und allen Mitgliedern in gleichen Prozentsätzen des Umsatzes gewährt werden. [2]Eine Abstufung nach der Art der umgesetzten Waren (Warengruppen) oder nach der Höhe des Umsatzes mit den einzelnen Mitgliedern (Umsatzgruppen) ist nicht zulässig. [3]Das gilt nicht für die Umsätze der Konsumgenossenschaften in Tabakwaren, weil nach dem Tabaksteuergesetz auf die Tabakwaren im Einzelhandel weder Rabatte noch genossenschaftliche Rückvergütungen gewährt werden dürfen. [4]Die in der Regelung des Satzes 2 zum Ausdruck kommende Auffassung steht auch einer Bemessung der genossenschaftlichen Rückvergütung nach zeitlichen Gesichtspunkten entgegen. [5]Die Abziehbarkeit der genossenschaftlichen Rückvergütung setzt u. a. voraus, dass die Rückvergütung nach einem einheitlichen, für das ganze Wj. geltenden Prozentsatz berechnet wird. [6]Die genossenschaftlichen Rückvergütungen dürfen indessen für solche Geschäftssparten nach unterschiedlichen Prozentsätzen des Umsatzes bemessen werden, die als Betriebsabteilungen im Rahmen des Gesamtbetriebs der Genossenschaft eine gewisse Bedeutung haben, z. B. Bezugsgeschäft,

Absatzgeschäft, Kreditgeschäft, Produktion, Leistungsgeschäft. [7]Dabei ist in der Weise zu verfahren, dass zunächst der im Gesamtbetrieb erzielte Überschuss i. S. v. § 22 Abs. 1 KStG im Verhältnis der Mitgliederumsätze zu den Nichtmitgliederumsätzen aufgeteilt wird. [8]Bei der Feststellung dieses Verhältnisses scheiden die >Nebengeschäfte, die >Hilfsgeschäfte und die >Gegengeschäfte aus. [9]Der errechnete Anteil des Überschusses, der auf Mitgliederumsätze entfällt, bildet die Höchstgrenze für die an Mitglieder ausschüttbaren steuerlich abziehbaren genossenschaftlichen Rückvergütungen. [10]Die Genossenschaft darf den so errechneten Höchstbetrag der steuerlich abziehbaren Rückvergütungen nach einem angemessenen Verhältnis auf die einzelnen Geschäftssparten verteilen und in den einzelnen Geschäftssparten verschieden hohe Rückvergütungen gewähren. [11]Es ist nicht zulässig, für jede einzelne Geschäftssparte die höchstzulässige abziehbare Rückvergütung an Mitglieder unter Zugrundelegung der in den einzelnen Geschäftssparten erwirtschafteten Überschüsse zu berechnen, es sei denn, es treffen verschiedenartige Umsätze, z. B. Provisionen und Warenumsätze, zusammen mit der Folge, dass in den einzelnen Geschäftssparten sowohl das Verhältnis des in der Geschäftssparte erwirtschafteten Überschusses zu dem in der Geschäftssparte erzielten Umsatz als auch das Verhältnis des in der Geschäftssparte erzielten Mitgliederumsatzes zu dem in der Geschäftssparte insgesamt erzielten Umsatz große Unterschiede aufweist.

[12]In diesen Fällen kann wie folgt verfahren werden:

[13]Der im Gesamtbetrieb erzielte Überschuss i. S. v. § 22 Abs. 1 KStG wird in einem angemessenen Verhältnis auf die einzelnen Geschäftssparten aufgeteilt. [14]Von dem danach auf die einzelne Geschäftssparte entfallenden Betrag (Spartenüberschuss) wird der auf das Mitgliedergeschäft entfallende Anteil errechnet, als ob es sich bei der Geschäftssparte um eine selbständige Genossenschaft handelte. [15]Die Summe der in den Geschäftssparten auf das >Mitgliedergeschäft entfallenden Anteile bildet die Höchstgrenze für die an die Mitglieder ausschüttbaren steuerlich abziehbaren genossenschaftlichen Rückvergütungen.

(6) [1]Wird der Gewinn einer Genossenschaft z. B. auf Grund einer Betriebsprüfung nachträglich erhöht, kann die nachträgliche Ausschüttung des Mehrgewinns - soweit sich dieser in den Grenzen des § 22 KStG hält - als genossenschaftliche Rückvergütung steuerlich als Betriebsausgabe behandelt werden, wenn der Mehrgewinn in einer nach dem GenG geänderten Handelsbilanz ausgewiesen ist und die Rückvergütung ordnungsgemäß beschlossen worden ist. [2]Gewinnanteile, die schon bisher in der Handelsbilanz ausgewiesen, aber in Reserve gestellt waren, dürfen mit steuerlicher Wirkung nachträglich nicht ausgeschüttet werden. [3]Das Ausschüttungsrecht ist verwirkt. [4]Wird eine bisher nach § 5 Abs. 1 Nr. 14 KStG steuerbefreite land- oder forstwirtschaftliche Nutzungs- oder Verwertungsgenossenschaft später, z. B. aufgrund der Feststellungen durch eine Betriebsprüfung, körperschaftsteuerpflichtig, können auch die bisher von der Genossenschaft in Reserve gestellten Gewinne nachträglich mit gewinnmindernder Wirkung als genossenschaftliche Rückvergütungen

ausgeschüttet werden. ⁵Die nachträglich gewährten genossenschaftlichen Rückvergütungen müssen innerhalb von drei Monaten, vom Zeitpunkt des Ausschüttungsbeschlusses an gerechnet, bezahlt werden. ⁶Das Finanzamt kann die Frist nach Anhörung des Prüfungsverbands angemessen verlängern.

(7) ¹Der Gewinn aus >Nebengeschäften ist, wenn er buchmäßig nachgewiesen wird, mit dem buchmäßig nachgewiesenen Betrag zu berücksichtigen. ²Kann der Gewinn aus >Nebengeschäften buchmäßig nicht nachgewiesen werden, ist der um die anteiligen Gemeinkosten geminderte Rohgewinn anzusetzen. ³Welche Kosten den Gemeinkosten und welche Kosten den mit den >Nebengeschäften zusammenhängenden Einzelkosten zuzurechnen sind, ist nach den im Einzelfall gegebenen Verhältnissen zu entscheiden. ⁴Die anteiligen Gemeinkosten können aus Vereinfachungsgründen mit dem Teilbetrag berücksichtigt werden, der sich bei Aufteilung der gesamten Gemeinkosten nach dem Verhältnis der Roheinnahmen aus >Nebengeschäften zu den gesamten Roheinnahmen ergibt. ⁵Unter den als Aufteilungsmaßstab für die gesamten Gemeinkosten dienenden Roheinnahmen ist der Umsatz zu verstehen. ⁶In Einzelfällen, z. B. bei Warengenossenschaften, können die gesamten Gemeinkosten statt nach den Roheinnahmen (Umsätzen) aus >Nebengeschäften nach den entsprechenden Rohgewinnen aufgeteilt werden, wenn dadurch ein genaueres Ergebnis erzielt wird. ⁷Soweit Verluste aus einzelnen >Nebengeschäften erzielt worden sind, sind sie bei der Ermittlung des gesamten Gewinns aus >Nebengeschäften mindernd zu berücksichtigen.

(8) ¹Bei Absatz- und Produktionsgenossenschaften ist der Überschuss im Verhältnis des Wareneinkaufs bei Mitgliedern zum gesamten Wareneinkauf aufzuteilen. ²Beim gesamten Wareneinkauf sind zu berücksichtigen:

    Einkäufe bei Mitgliedern ⎱   (im Rahmen von
    Einkäufe bei Nichtmitgliedern ⎰   >Zweckgeschäften)

³>Hilfsgeschäfte und >Nebengeschäfte bleiben außer Ansatz.

(9) ¹Gesamtumsatz bei den übrigen Erwerbs- und Wirtschaftsgenossenschaften (§ 22 Abs. 1 Satz 2 Nr. 2 KStG) ist die Summe der Umsätze aus >Zweckgeschäften mit Mitgliedern und Nichtmitgliedern. ²Umsätze aus >Nebengeschäften und aus >Hilfsgeschäften bleiben außer Ansatz.

(10) Bei Bezugs- und Absatzgenossenschaften ist der Überschuss im Verhältnis der Summe aus dem Umsatz mit Mitgliedern im Bezugsgeschäft und dem Wareneinkauf bei Mitgliedern im Absatzgeschäft zur Summe aus dem Gesamtumsatz im Bezugsgeschäft und dem gesamten Wareneinkauf im Absatzgeschäft aufzuteilen.

(11) Wird Mitgliedern, die der Genossenschaft im Laufe des Geschäftsjahres beigetreten sind, eine genossenschaftliche Rückvergütung auch auf die Umsätze (Einkäufe) gewährt, die mit ihnen vom Beginn des Geschäftsjahres an bis zum Eintritt getätigt worden sind, sind aus Gründen der Vereinfachung auch diese Umsätze (Einkäufe) als Mitgliederumsätze (-einkäufe) anzusehen.

§ 22 KStG
R 22 H 22

(12) ¹Übersteigt der Umsatz aus >Nebengeschäften weder 2 % des gesamten Umsatzes der Genossenschaft noch 5 200 Euro im Jahr, ist bei der Ermittlung der Höchstgrenze für die an Mitglieder ausschüttbaren steuerlich abziehbaren genossenschaftlichen Rückvergütungen der Gewinn aus >Nebengeschäften nicht abzusetzen. ²Hierbei ist es gleichgültig, ob der Reingewinnsatz bei >Nebengeschäften von dem Reingewinnsatz bei den übrigen Geschäften wesentlich abweicht. ³In diesen Fällen sind die >Nebengeschäfte als >Zweckgeschäfte mit Nichtmitgliedern zu behandeln.

(13) Genossenschaftliche Rückvergütungen, die nach den vorstehenden Anordnungen nicht abziehbar sind, sind vGA (>Abgrenzung).

H 22

Hinweise

Abfluss der Rückvergütung

Genossenschaftliche Rückvergütungen können nur dann als bezahlt i. S. d. § 22 Abs. 2 KStG angesehen werden, wenn der geschuldete Betrag bei der Genossenschaft abfließt und in den Herrschaftsbereich des Empfängers gelangt (>BFH vom 1.2.1966, I 275/62, BStBl III S. 321).
>H 22 Darlehen
>H 22 Gutschriften

Abgrenzung zur vGA

Im Rahmen der Prüfung des Vorliegens einer vGA bei Zahlungen der Genossenschaft an ihre Mitglieder kann auf eine Angemessenheitsprüfung nicht verzichtet werden. § 22 KStG berührt nicht die grundsätzlichen Voraussetzungen einer vGA (>BFH vom 9.3.1988, I R 262/83, BStBl II S. 592).

Beispiel zu Absatz- und Produktionsgenossenschaften (§ 22 Abs. 1 Satz 2 Nr. 1 KStG)

Der Wareneinkauf einer Absatzgenossenschaft im Rahmen von Zweckgeschäften entfällt zu 60 % auf Einkäufe bei Mitgliedern:

	€
Einkommen vor Abzug aller genossenschaftlichen Rückvergütungen an Mitglieder und vor Berücksichtigung des Verlustabzugs sowie des zuzurechnenden Einkommens der Organgesellschaften	55.000
Davon ab: Gewinn aus Nebengeschäften	- 7.000
Überschuss i. S. d. § 22 Abs. 1 KStG	48.000

Als Rückvergütung an Mitglieder kann ein Betrag bis zu 60 % von 48.000 € = 28.800 € vom Gewinn abgezogen werden. Wird z. B. in der Generalversammlung, die den Jahresüberschuss verteilt, beschlossen, über eine bereits im abgelaufenen Wj. gewährte Rückvergütung an Mitglieder von 12.000 € hinaus den Mitgliedern einen weiteren Betrag von 18.000 € als Rückvergütung zuzuwenden, ist das Einkommen wie folgt zu berechnen:

	€
Einkommen vor Abzug aller Rückvergütungen an Mitglieder und vor Berücksichtigung des Verlustabzugs sowie des zuzurechnenden Einkommens der Organgesellschaften	55.000
Rückvergütungen an Mitglieder (12.000 € + 18.000 € = 30.000 €) nur mit dem nach der obigen Berechnung zulässigen Höchstbetrag von	- 28.800
Es verbleiben	26.200
Verlustabzug nach § 10d EStG	10.000
Einkommen (evtl. zuzüglich des zuzurechnenden Einkommens der Organgesellschaften)	16.200

Die Rückvergütungen an Mitglieder sind in diesem Fall bis zur Höhe von 60 % des Überschusses abzuziehen.

Bilanzierung der Rückvergütung

Mindert eine nach Ablauf des Wj. beschlossene Warenrückvergütung den Gewinn des Wj., für das die Ausschüttung der Warenrückvergütung beschlossen wird, muss in der Schlussbilanz dieses Wj. eine Rückstellung passiviert und ein sich ergebender Umsatzsteuererstattungsanspruch aktiviert werden (>BFH vom 8.11.1960, I 152/59 U, BStBl III S. 523).

Darlehen

Belassen die Mitglieder die zur Ausschüttung gelangenden genossenschaftlichen Rückvergütungen der Genossenschaft als Darlehen, können die Rückvergütungen als bezahlt i. S. v. § 22 KStG angesehen werden, wenn die folgenden Voraussetzungen erfüllt sind (>BFH vom 28.2.1968, I 260/64, BStBl II S. 458):
- Es muss für jede für ein Wj. ausgeschüttete genossenschaftliche Rückvergütung ein besonderer Darlehensvertrag abgeschlossen werden.
- Der Darlehensvertrag muss über eine bestimmte Summe lauten. Es genügt nicht, wenn lediglich auf die Rückvergütungen des betreffenden Jahres Bezug genommen wird.
- Jeder einzelne Genosse muss frei entscheiden können, ob er den Darlehensvertrag abschließen will oder nicht.

§ 22 KStG
H 22

Gutschriften

Wird die Rückvergütung dem Mitglied gutgeschrieben, gilt sie nur dann als bezahlt i. S. d. § 22 KStG, wenn das Mitglied über den gutgeschriebenen Betrag jederzeit nach eigenem Ermessen verfügen kann, bei Gutschriften auf nicht voll eingezahlte Geschäftsanteile nur dann, wenn das Mitglied dadurch von einer sonst bestehenden Verpflichtung zur Einzahlung auf seine Geschäftsanteile befreit wird (>BFH vom 21.7.1976, I R 147/74, BStBl 1977 II S. 46).

Molkereigenossenschaft

Für die Abgrenzung der Milchgeldnachzahlungen von den genossenschaftlichen Rückvergütungen ist von den gleichen Grundsätzen auszugehen, wie sie für vGA gelten. Es kommt grundsätzlich darauf an, ob die Nachzahlungen an Nichtmitglieder und Mitglieder zu denselben Bedingungen geleistet werden und die Nichtmitglieder über die gutgeschriebenen Nachzahlungen frei verfügen dürfen (>BFH vom 18.12.1963, I 187/62 U, BStBl 1964 III S. 211).

Unterscheidung und Bestimmung von Gegen-, Hilfs-, Mitglieder-, Neben- und Zweckgeschäft

>R 5.11 Abs. 6

**Dritter Teil
Tarif;
Besteuerung bei ausländischen Einkunftsteilen**

**§ 23
Steuersatz**

S 2800

(1) Die Körperschaftsteuer beträgt 15 Prozent des zu versteuernden Einkommens.

(2) Wird die Einkommensteuer auf Grund der Ermächtigung des § 51 Abs. 3 des Einkommensteuergesetzes herabgesetzt oder erhöht, so ermäßigt oder erhöht sich die Körperschaftsteuer entsprechend.

S 2801

Ermäßigte Besteuerung bei Einkünften aus außerordentlichen Holznutzungen infolge höherer Gewalt

R 23

¹Bei Körperschaften, Personenvereinigungen und Vermögensmassen kann die Körperschaftsteuer, soweit sie auf Kalamitätsnutzungen i. S. d. § 34b Abs. 1 Nr. 2 EStG entfällt, auf die Hälfte ermäßigt werden, wenn die volle Besteuerung zu Härten führen würde. ²Die R 34b.1 bis 34b.3 und 34b.5 bis 34b.8 EStR sind sinngemäß anzuwenden.

§ 24

Freibetrag für bestimmte Körperschaften

¹Vom Einkommen der steuerpflichtigen Körperschaften, Personenvereinigungen oder Vermögensmassen ist ein Freibetrag von 5 000 Euro, höchstens jedoch in Höhe des Einkommens, abzuziehen. ²Satz 1 gilt nicht

1. für Körperschaften und Personenvereinigungen, deren Leistungen bei den Empfängern zu den Einnahmen im Sinne des § 20 Abs. 1 Nr. 1 oder 2 des Einkommensteuergesetzes gehören,
2. für Vereine im Sinne des § 25.

R 24 Freibetrag für bestimmte Körperschaften

(1) ¹§ 24 KStG findet Anwendung bei steuerpflichtigen Körperschaften, Personenvereinigungen und Vermögensmassen, deren Leistungen bei den Empfängern nicht zu den Einnahmen i.S.d. § 20 Abs. 1 Nr. 1 und 2 EStG gehören, es sei denn, dass sie den Freibetrag nach § 25 KStG beanspruchen können. ²Die Regelung des § 24 KStG gilt auch in den Fällen einer teilweisen Steuerpflicht, z. B. bei:

1. JPöR mit ihren BgA, Versicherungsvereinen auf Gegenseitigkeit, Stiftungen.
2. Gemeinnützigen Körperschaften i.S.d. § 5 Abs. 1 Nr. 9 KStG mit steuerpflichtigen wirtschaftlichen Geschäftsbetrieben, außer wenn sie die Rechtsform einer Kapitalgesellschaft, einer Genossenschaft oder eines wirtschaftlichen Vereins haben, der Mitgliedschaftsrechte gewährt, die einer kapitalmäßigen Beteiligung gleichstehen.
3. Steuerbefreiten Pensions- oder Unterstützungskassen, die die Rechtsform eines Vereins oder einer Stiftung haben und wegen Überdotierung teilweise zu besteuern sind (§ 5 Abs. 1 Nr. 3 i. V. m. § 6 KStG). ²Obwohl es sich zumindest bei einer Pensionskasse um einen wirtschaftlichen Verein handelt, kommt hier ein Freibetrag in Betracht, weil sie keine mitgliedschaftlichen Rechte gewährt, die einer kapitalmäßigen Beteiligung gleichstehen.

³Wegen der Anwendung der Freibetragsregelung des § 24 KStG auf das Einkommen eines Berufsverbands und der Nichtanwendung auf die Bemessungsgrundlage für die besondere Körperschaftsteuer i.S.d. § 5 Abs. 1 Nr. 5 Satz 4 KStG >R 5.7 Abs. 7. ⁴Ausgeschlossen ist die Anwendung des Freibetrags nach § 24 KStG z. B.in den Fällen von:

1. Gemeinnützigen Körperschaften i.S.d. § 5 Abs. 1 Nr. 9 KStG mit steuerpflichtigen wirtschaftlichen Geschäftsbetrieben, wenn sie die Rechtsform einer Kapitalgesellschaft haben.
2. Steuerbefreiten Pensions- oder Unterstützungskassen, die die Rechtsform einer Kapitalgesellschaft haben und wegen Überdotierung teilweise zu besteuern sind (§ 5 Abs. 1 Nr. 3 i. V. m. § 6 KStG).

3. Vermietungsgenossenschaften oder Siedlungsunternehmen mit teilweiser Steuerpflicht (§ 5 Abs. 1 Nr. 10 und 12 KStG). ²Das gilt auch, wenn diese Unternehmen in der Rechtsform eines Vereins betrieben werden, da es sich um einen wirtschaftlichen Verein handelt, der seinen Mitgliedern beteiligungsähnliche Rechte gewährt.

(2) ¹Körperschaften, Personenvereinigungen und Vermögensmassen i. S. d. Absatzes 1, deren Einkommen den Freibetrag von 5 000 Euro nicht übersteigt, sind nicht zu veranlagen (NV-Fall) und haben Anspruch auf Erteilung einer NV-Bescheinigung. ²Das gilt auch für die Fälle der >R 31 Abs. 1.

Hinweise

Nichtanwendung des Freibetrags nach § 24 KStG

§ 24 KStG ist bei steuerpflichtigen Körperschaften, Personenvereinigungen und Vermögensmassen, deren Leistungen bei den Empfängern zu den Einnahmen i. S. d. § 20 Abs. 1 Nr. 1 und 2 EStG gehören, nicht anzuwenden (>BFH vom 5.6.1985, I R 163/81, BStBl II S. 634). Das gilt auch, wenn die Körperschaften auf Dauer keine Ausschüttungen vornehmen oder nur teilweise steuerpflichtig sind (>BFH vom 24.1.1990, I R 33/86, BStBl II S. 470).

§ 25
Freibetrag
für Erwerbs- und Wirtschaftsgenossenschaften
sowie Vereine, die Land- und Forstwirtschaft betreiben

(1) [1]Vom Einkommen der steuerpflichtigen Genossenschaften sowie der steuerpflichtigen Vereine, deren Tätigkeit sich auf den Betrieb der Land- und Forstwirtschaft beschränkt, ist ein Freibetrag in Höhe von 15 000 Euro, höchstens jedoch in Höhe des Einkommens, im Veranlagungszeitraum der Gründung und in den folgenden neun Veranlagungszeiträumen abzuziehen. [2]Voraussetzung ist, dass

1. die Mitglieder der Genossenschaft oder dem Verein Flächen zur Nutzung oder für die Bewirtschaftung der Flächen erforderliche Gebäude überlassen und

2. a) bei Genossenschaften das Verhältnis der Summe der Werte der Geschäftsanteile des einzelnen Mitglieds zu der Summe der Werte aller Geschäftsanteile,

   b) bei Vereinen das Verhältnis des Werts des Anteils an dem Vereinsvermögen, der im Falle der Auflösung des Vereins an das einzelne Mitglied fallen würde, zu dem Wert des Vereinsvermögens

   nicht wesentlich von dem Verhältnis abweicht, in dem der Wert der von dem einzelnen Mitglied zur Nutzung überlassenen Flächen und Gebäude zu dem Wert der insgesamt zur Nutzung überlassenen Flächen und Gebäude steht.

(2) Absatz 1 Satz 1 gilt auch für steuerpflichtige Genossenschaften sowie für steuerpflichtige Vereine, die eine gemeinschaftliche Tierhaltung im Sinne des § 51a des Bewertungsgesetzes betreiben.

Freibetrag für Erwerbs- und Wirtschaftsgenossenschaften sowie Vereine, die Land- und Forstwirtschaft betreiben

Genossenschaften sowie Vereine, deren Einkommen den nach § 25 KStG zu gewährenden Freibetrag von 15 000 Euro nicht übersteigt, sind nicht zu veranlagen (NV-Fall) und haben Anspruch auf Erteilung einer NV-Bescheinigung.

§ 26
Steuerermäßigung bei ausländischen Einkünften

(1) ¹Für die Anrechnung einer der deutschen Körperschaftsteuer entsprechenden ausländischen Steuer auf die deutsche Körperschaftsteuer und für die Berücksichtigung anderer Steuerermäßigungen bei ausländischen Einkünften gelten vorbehaltlich des Satzes 2 und des Absatzes 2 die folgenden Bestimmungen entsprechend:

1. bei unbeschränkt Steuerpflichtigen § 34c Absatz 1 bis 3 und 5 bis 7 und § 50d Absatz 10 des Einkommensteuergesetzes sowie
2. bei beschränkt Steuerpflichtigen § 50 Absatz 3 und § 50d Absatz 10 des Einkommensteuergesetzes.

²Dabei ist auf Bezüge im Sinne des § 8b Absatz 1 Satz 1, die auf Grund des § 8b Absatz 1 Satz 2 und 3 bei der Ermittlung des Einkommens nicht außer Ansatz bleiben, vorbehaltlich des Absatzes 2 § 34c Absatz 1 bis 3 und 6 Satz 6 des Einkommensteuergesetzes entsprechend anzuwenden.

(2) ¹Abweichend von § 34c Absatz 1 Satz 2 des Einkommensteuergesetzes ist die auf die ausländischen Einkünfte entfallende deutsche Körperschaftsteuer in der Weise zu ermitteln, dass die sich bei der Veranlagung des zu versteuernden Einkommens, einschließlich der ausländischen Einkünfte, ohne Anwendung der §§ 37 und 38 ergebende deutsche Körperschaftsteuer im Verhältnis dieser ausländischen Einkünfte zur Summe der Einkünfte aufgeteilt wird. ²Bei der entsprechenden Anwendung von § 34c Absatz 2 des Einkommensteuergesetzes ist die ausländische Steuer abzuziehen, soweit sie auf ausländische Einkünfte entfällt, die bei der Ermittlung der Einkünfte nicht außer Ansatz bleiben. ³§ 34c Absatz 6 Satz 3 des Einkommensteuergesetzes ist auch auf Einkünfte entsprechend anzuwenden, die auf Grund einer Verordnung oder Richtlinie der Europäischen Union in einem anderen Mitgliedstaat der Europäischen Union nicht besteuert werden.

Zu § 26 Abs. 3 des Gesetzes

§ 5
(weggefallen)

Steuerermäßigung bei ausländischen Einkünften

(1) ¹Bei der Steueranrechnung nach § 26 KStG, die keinen Antrag voraussetzt, handelt es sich um die Anrechnung ausländischer Steuern vom Einkommen, zu denen eine unbeschränkt steuerpflichtige Körperschaft, Personenvereinigung oder Vermögensmasse im Ausland herangezogen wurde oder die für ihre Rechnung einbehalten worden sind, auf die deut-

sche Körperschaftsteuer. ²Für die Ermittlung der auf die ausländischen Einkünfte entfallenden deutschen Körperschaftsteuer ist die Tarifbelastung vor Abzug der anzurechnenden ausländischen Steuern zugrunde zu legen; die Summe der Einkünfte ist entsprechend dem in >R 7.1 enthaltenen Berechnungsschema zu ermitteln. ³Zur direkten Steueranrechnung bei beschränkter Steuerpflicht >Absatz 4.

(2) Die Pauschalierung der anzurechnenden Körperschaftsteuer nach dem Pauschalierungserlass vom 10.4.1984 (BStBl I S. 252) ist nicht zulässig.

(3) ¹Stammen Einkünfte aus einem ausländischen Staat, mit dem ein DBA besteht, kann eine Steueranrechnung (§ 26 Abs. 1 KStG) oder ein wahlweiser Abzug der ausländischen Steuern bei der Ermittlung der Einkünfte nur unter Beachtung der Vorschriften des maßgeblichen DBA vorgenommen werden. ²Ggfs. kann auch die Anrechnung fiktiver Steuerbeträge in Betracht kommen. ³Sieht ein DBA nur die Anrechnung ausländischer Steuern vor, kann dennoch auf Antrag das nach innerstaatlichem Recht eingeräumte Wahlrecht eines Abzugs der ausländischen Steuern bei der Ermittlung der Einkünfte beansprucht werden. ⁴Das Wahlrecht muss für die gesamten Einkünfte aus einem ausländischen Staat einheitlich ausgeübt werden. ⁵Über den Rahmen bestehender DBA hinaus kann eine Anrechnung oder ein Abzug ausländischer Steuern in Betracht kommen, wenn das DBA die Doppelbesteuerung nicht beseitigt oder sich nicht auf die fragliche Steuer vom Einkommen dieses Staates bezieht. ⁶Bei negativen ausländischen Einkünften i. S. d. § 2a EStG aus einem ausländischen Staat, mit dem ein DBA besteht, ist auf Antrag anstelle einer im DBA vorgesehenen Anrechnung ein Abzug der ausländischen Steuern entsprechend § 34c Abs. 2 EStG möglich.

(4) Sind Körperschaften, Personenvereinigungen und Vermögensmassen beschränkt steuerpflichtig (§ 2 Nr. 1 KStG), ist nach § 26 Abs. 1 KStG i. V. m. § 50 Abs. 3 EStG unter den dort genannten Voraussetzungen die direkte Steueranrechnung (§ 34c Abs. 1 EStG) oder der Steuerabzug (§ 34c Abs. 2 und 3 EStG) möglich.

Vierter Teil
Nicht in das Nennkapital geleistete Einlagen und Entstehung und Veranlagung

§ 27
Nicht in das Nennkapital geleistete Einlagen

S 2836

(1) [1]Die unbeschränkt steuerpflichtige Kapitalgesellschaft hat die nicht in das Nennkapital geleisteten Einlagen am Schluss jedes Wirtschaftsjahrs auf einem besonderen Konto (steuerliches Einlagekonto) auszuweisen. [2]Das steuerliche Einlagekonto ist ausgehend von dem Bestand am Ende des vorangegangenen Wirtschaftsjahrs um die jeweiligen Zu- und Abgänge des Wirtschaftsjahrs fortzuschreiben. [3]Leistungen der Kapitalgesellschaft mit Ausnahme der Rückzahlung von Nennkapital im Sinne des § 28 Abs. 2 Satz 2 und 3 mindern das steuerliche Einlagekonto unabhängig von ihrer handelsrechtlichen Einordnung nur, soweit sie den auf den Schluss des vorangegangenen Wirtschaftsjahrs ermittelten ausschüttbaren Gewinn übersteigen (Einlagenrückgewähr). [4]Der Bestand des steuerlichen Einlagekontos kann durch Leistungen nicht negativ werden; Absatz 6 bleibt unberührt. [5]Als ausschüttbarer Gewinn gilt das um das gezeichnete Kapital geminderte in der Steuerbilanz ausgewiesene Eigenkapital abzüglich des Bestands des steuerlichen Einlagekontos.

(2) [1]Der unter Berücksichtigung der Zu- und Abgänge des Wirtschaftsjahrs ermittelte Bestand des steuerlichen Einlagekontos wird gesondert festgestellt. [2]Der Bescheid über die gesonderte Feststellung ist Grundlagenbescheid für den Bescheid über die gesonderte Feststellung zum folgenden Feststellungszeitpunkt. [3]Bei Eintritt in die unbeschränkte Steuerpflicht ist der zum Zeitpunkt des Eintritts in die Steuerpflicht vorhandene Bestand der nicht in das Nennkapital geleisteten Einlagen gesondert festzustellen; der gesondert festgestellte Bestand gilt als Bestand des steuerlichen Einlagekontos am Ende des vorangegangenen Wirtschaftsjahrs. [4]Kapitalgesellschaften haben auf den Schluss jedes Wirtschaftsjahrs Erklärungen zur gesonderten Feststellung von Besteuerungsgrundlagen abzugeben. [5]Die Erklärungen sind von den in § 34 der Abgabenordnung bezeichneten Personen eigenhändig zu unterschreiben.

(3) [1]Erbringt eine Kapitalgesellschaft für eigene Rechnung Leistungen, die nach Absatz 1 Satz 3 als Abgang auf dem steuerlichen Einlagekonto zu berücksichtigen sind, so ist sie verpflichtet, ihren Anteilseignern die folgenden Angaben nach amtlich vorgeschriebenem Muster zu bescheinigen:

1. den Namen und die Anschrift des Anteilseigners,
2. die Höhe der Leistungen, soweit das steuerliche Einlagekonto gemindert wurde,
3. den Zahlungstag.

²Die Bescheinigung braucht nicht unterschrieben zu werden, wenn sie in einem maschinellen Verfahren ausgedruckt worden ist und den Aussteller erkennen lässt.

(4) ¹Ist die in Absatz 1 bezeichnete Leistung einer Kapitalgesellschaft von der Vorlage eines Dividendenscheins abhängig und wird sie für Rechnung der Kapitalgesellschaft durch ein inländisches Kreditinstitut erbracht, so hat das Institut dem Anteilseigner eine Bescheinigung mit den in Absatz 3 Satz 1 bezeichneten Angaben nach amtlich vorgeschriebenem Muster zu erteilen. ²Aus der Bescheinigung muss ferner hervorgehen, für welche Kapitalgesellschaft die Leistung erbracht wird. ³Die Sätze 1 und 2 gelten entsprechend, wenn anstelle eines inländischen Kreditinstituts eine inländische Zweigniederlassung eines der in § 53b Absatz 1 oder 7 des Kreditwesengesetzes genannten Unternehmen die Leistung erbringt.

(5) ¹Ist für eine Leistung der Kapitalgesellschaft die Minderung des Einlagekontos zu niedrig bescheinigt worden, bleibt die der Bescheinigung zugrunde gelegte Verwendung unverändert. ²Ist für eine Leistung bis zum Tag der Bekanntgabe der erstmaligen Feststellung im Sinne des Absatzes 2 zum Schluss des Wirtschaftsjahrs der Leistung eine Steuerbescheinigung im Sinne des Absatzes 3 nicht erteilt worden, gilt der Betrag der Einlagenrückgewähr als mit 0 Euro bescheinigt. ³In den Fällen der Sätze 1 und 2 ist eine Berichtigung oder erstmalige Erteilung von Steuerbescheinigungen im Sinne des Absatzes 3 nicht zulässig. ⁴In anderen Fällen ist die auf den überhöht ausgewiesenen Betrag der Einlagenrückgewähr entfallende Kapitalertragsteuer durch Haftungsbescheid geltend zu machen; § 44 Abs. 5 Satz 1 zweiter Halbsatz des Einkommensteuergesetzes gilt insoweit nicht. ⁵Die Steuerbescheinigungen können berichtigt werden. ⁶Die Feststellung im Sinne des Absatzes 2 für das Wirtschaftsjahr, in dem die entsprechende Leistung erfolgt ist, ist an die der Kapitalertragsteuerhaftung nach Satz 4 zugrunde gelegte Einlagenrückgewähr anzupassen.

(6) Minderabführungen erhöhen und Mehrabführungen mindern das Einlagekonto einer Organgesellschaft, wenn sie ihre Ursache in organschaftlicher Zeit haben.

(7) Die vorstehenden Absätze gelten sinngemäß für andere unbeschränkt steuerpflichtige Körperschaften und Personenvereinigungen, die Leistungen im Sinne des § 20 Abs. 1 Nr. 1, 9 oder Nr. 10 des Einkommensteuergesetzes gewähren können.

(8) ¹Eine Einlagenrückgewähr können auch Körperschaften oder Personenvereinigungen erbringen, die in einem anderen Mitgliedstaat der Europäischen Union der unbeschränkten Steuerpflicht

unterliegen, wenn sie Leistungen im Sinne des § 20 Abs. 1 Nr. 1 oder 9 des Einkommensteuergesetzes gewähren können. ²Die Einlagenrückgewähr ist in entsprechender Anwendung der Absätze 1 bis 6 und der §§ 28 und 29 zu ermitteln. ³Der als Leistung im Sinne des Satzes 1 zu berücksichtigende Betrag wird auf Antrag der Körperschaft oder Personenvereinigung für den jeweiligen Veranlagungszeitraum gesondert festgestellt. ⁴Der Antrag ist nach amtlich vorgeschriebenem Vordruck bis zum Ende des Kalenderjahrs zu stellen, das auf das Kalenderjahr folgt, in dem die Leistung erfolgt ist. ⁵Zuständig für die gesonderte Feststellung ist die Finanzbehörde, die im Zeitpunkt der Abgabe des Antrags nach § 20 der Abgabenordnung für die Besteuerung nach dem Einkommen örtlich zuständig ist. ⁶Bei Körperschaften oder Personenvereinigungen, für die im Zeitpunkt der Antragstellung nach § 20 der Abgabenordnung keine Finanzbehörde zuständig ist, ist abweichend von Satz 5 das Bundeszentralamt für Steuern zuständig. ⁷Im Antrag sind die für die Berechnung der Einlagenrückgewähr erforderlichen Umstände darzulegen. ⁸In die Bescheinigung nach Absatz 3 ist das Aktenzeichen der nach Satz 5 oder 6 zuständigen Behörde aufzunehmen. ⁹Soweit Leistungen nach Satz 1 nicht gesondert festgestellt worden sind, gelten sie als Gewinnausschüttung, die beim Anteilseigner zu Einnahmen im Sinne des § 20 Abs. 1 Nr. 1 oder 9 des Einkommensteuergesetzes führen.

Hinweise

Abflusszeitpunkt

Eine Gewinnausschüttung ist verwirklicht, wenn bei der Körperschaft der Vermögensminderung entsprechende Mittel abgeflossen sind oder eine Vermögensmehrung verhindert worden ist (>BFH vom 20.8.1986, I R 87/83, BStBl 1987 II S. 75, >BFH vom 9.12.1987, I R 260/83, BStBl 1988 II S. 460, >BFH vom 14.3.1989, I R 8/85, BStBl II S. 633, >BFH vom 12.4.1989, I R 142-143/85, BStBl II S. 636, >BFH vom 28.6.1989, I R 89/85, BStBl II S. 854 und >BFH vom 30.1.2013, I R 35/11, BStBl II S. 560).

Bei einer verhinderten Vermögensmehrung tritt der Vermögensabfluss in dem Augenblick ein, in dem die verhinderte Vermögensmehrung bei einer unterstellten angemessenen Entgeltvereinbarung sich nach den allgemeinen Realisationsgrundsätzen gewinnerhöhend ausgewirkt hätte (>BFH vom 23.6.1993, I R 72/92, BStBl II S. 801).

Eine Gewinnausschüttung kann auch in der Umwandlung eines Dividendenanspruchs in eine Darlehensforderung liegen (>BFH vom 9.12.1987, I R 260/83, BStBl 1988 II S. 460). Eine Gewinnausschüttung ist grundsätzlich auch dann abgeflossen, wenn die Gewinnanteile dem Gesellschafter auf Verrechnungskonten, über die die Gesellschafter vereinbarungsgemäß frei verfügen können, bei der Gesellschaft gutgeschrieben worden sind (>BFH vom 11.7.1973, I R 144/71, BStBl II S. 806).

Eine Gewinnausschüttung ist grundsätzlich auch dann abgeflossen, wenn die Gesellschafter ihre Gewinnanteile im Zusammenhang mit der Ausschüttung aufgrund vertraglicher Vereinbarungen z. B. als Einlage in die Körperschaft zur Erhöhung des Geschäftsguthabens bei einer Genossenschaft verwenden (>BFH vom 21.7.1976, I R 147/74, BStBl 1977 II S. 46).

Bindung an die Feststellungen des Bestands des steuerlichen Einlagekontos auf Ebene der Gesellschafter

Die gesonderte Feststellung des Bestands des steuerlichen Einlagekontos einer Kapitalgesellschaft gem. § 27 Abs. 2 KStG entfaltet grundsätzlich keine unmittelbare Bindungswirkung i. S. d. § 182 AO, aber über § 20 Abs. 1 Nr. 1 Satz 3 EStG materiell-rechtliche Bindungswirkung für die Anteilseigner (>BFH vom 19.5.2010, I R 51/09, BStBl 2014 II S. 937).

Regiebetrieb

Umfang und Zeitpunkt des Zugangs zu dem steuerlichen Einlagekonto bei Jahresverlust eines BgA, der als Regiebetrieb geführt wird (>BFH vom 11.9.2013, I R 77/11, BStBl 2015 II S. 161)

Steuerliches Einlagekonto

>BMF vom 4.6.2003, BStBl I S. 366

Steuerliches Einlagekonto bei Betrieben gewerblicher Art

>BMF vom 9.1.2015, BStBl I S. 111

Verluste, die ein als Regiebetrieb geführter BgA erzielt, gelten im Verlustjahr als durch die Trägerkörperschaft ausgeglichen und führen zu einem Zugang in entsprechender Höhe im steuerlichen Einlagekonto (>BFH vom 23.1.2008, I R 18/07, BStBl II S. 573).

In die Differenzrechnung des § 27 Abs. 1 Satz 3 KStG sind - von Kapitalherabsetzungen abgesehen - sämtliche Transferleistungen des Eigenbetriebs an seine Trägerkörperschaft, die nicht auf der Grundlage eines steuerlich anzuerkennenden (fiktiven) gegenseitigen Vertrages erbracht werden, einzubeziehen. Allein der Ausschüttungsbeschluss führt zu einem Abfluss der entsprechenden Leistung beim BgA und damit zu einer Minderung des steuerlichen Einlagekontos (>BFH vom 16.11.2011, I R 108/09, BStBl 2013 II S. 328).

Steuerliches Einlagekonto bei Gewinnausschüttungen im Rückwirkungszeitraum (§ 2 UmwStG)

>BMF vom 11.11.2011, BStBl I S. 1314, Rn. 02.27 und 02.34

Steuerliches Einlagekonto bei wirtschaftlichen Geschäftsbetrieben

>BMF vom 10.11.2005, BStBl I S. 1029

Unterjährige Zugänge

Unterjährige Zugänge zum steuerlichen Einlagekonto stehen nicht für Leistungen im gleichen Jahr zur Verfügung (>BFH vom 30.1.2013, I R 35/11, BStBl II S. 560).

Verluste in dem in Artikel 3 des Einigungsvertrags genannten Gebiet
>R 35 KStR

§ 28 KStG

§ 28
Umwandlung von Rücklagen in Nennkapital und Herabsetzung des Nennkapitals

(1) ¹Wird das Nennkapital durch Umwandlung von Rücklagen erhöht, so gilt der positive Bestand des steuerlichen Einlagekontos als vor den sonstigen Rücklagen umgewandelt. ²Maßgeblich ist dabei der sich vor Anwendung des Satzes 1 ergebende Bestand des steuerlichen Einlagekontos zum Schluss des Wirtschaftsjahrs der Rücklagenumwandlung. ³Enthält das Nennkapital auch Beträge, die ihm durch Umwandlung von sonstigen Rücklagen mit Ausnahme von aus Einlagen der Anteilseigner stammenden Beträgen zugeführt worden sind, so sind diese Teile des Nennkapitals getrennt auszuweisen und gesondert festzustellen (Sonderausweis). ⁴§ 27 Abs. 2 gilt entsprechend.

(2) ¹Im Fall der Herabsetzung des Nennkapitals oder der Auflösung der Körperschaft wird zunächst der Sonderausweis zum Schluss des vorangegangenen Wirtschaftsjahrs gemindert; ein übersteigender Betrag ist dem steuerlichen Einlagekonto gutzuschreiben, soweit die Einlage in das Nennkapital geleistet ist. ²Die Rückzahlung des Nennkapitals gilt, soweit der Sonderausweis zu mindern ist, als Gewinnausschüttung, die beim Anteilseigner zu Bezügen im Sinne des § 20 Abs. 1 Nr. 2 des Einkommensteuergesetzes führt. ³Ein den Sonderausweis übersteigender Betrag ist vom positiven Bestand des steuerlichen Einlagekontos abzuziehen. ⁴Soweit der positive Bestand des steuerlichen Einlagekontos für den Abzug nach Satz 3 nicht ausreicht, gilt die Rückzahlung des Nennkapitals ebenfalls als Gewinnausschüttung, die beim Anteilseigner zu Bezügen im Sinne des § 20 Abs. 1 Nr. 2 des Einkommensteuergesetzes führt.

(3) Ein Sonderausweis zum Schluss des Wirtschaftsjahrs vermindert sich um den positiven Bestand des steuerlichen Einlagekontos zu diesem Stichtag; der Bestand des steuerlichen Einlagekontos vermindert sich entsprechend.

Hinweise

Allgemeines
>BMF vom 4.6.2003, BStBl I S. 366

Liquidation
>BMF vom 26.8.2003, BStBl I S. 434

Steuerrechtliche Behandlung des Erwerbs eigener Anteile
>BMF vom 27.11.2013, BStBl I S. 1615

§ 29
Kapitalveränderungen bei Umwandlungen

(1) In Umwandlungsfällen im Sinne des § 1 des Umwandlungsgesetzes gilt das Nennkapital der übertragenden Kapitalgesellschaft und bei Anwendung des Absatzes 2 Satz 3 und des Absatzes 3 Satz 3 zusätzlich das Nennkapital der übernehmenden Kapitalgesellschaft als in vollem Umfang nach § 28 Abs. 2 Satz 1 herabgesetzt.

(2) ¹Geht das Vermögen einer Kapitalgesellschaft durch Verschmelzung nach § 2 des Umwandlungsgesetzes auf eine unbeschränkt steuerpflichtige Körperschaft über, so ist der Bestand des steuerlichen Einlagekontos dem steuerlichen Einlagekonto der übernehmenden Körperschaft hinzuzurechnen. ²Eine Hinzurechnung des Bestands des steuerlichen Einlagekontos nach Satz 1 unterbleibt im Verhältnis des Anteils des Übernehmers an dem übertragenden Rechtsträger. ³Der Bestand des Einlagekontos des Übernehmers mindert sich anteilig im Verhältnis des Anteils des übertragenden Rechtsträgers am Übernehmer.

(3) ¹Geht Vermögen einer Kapitalgesellschaft durch Aufspaltung oder Abspaltung im Sinne des § 123 Abs. 1 und 2 des Umwandlungsgesetzes auf eine unbeschränkt steuerpflichtige Körperschaft über, so ist der Bestand des steuerlichen Einlagekontos der übertragenden Kapitalgesellschaft einer übernehmenden Körperschaft im Verhältnis der übergehenden Vermögensteile zu dem bei der übertragenden Kapitalgesellschaft vor dem Übergang bestehenden Vermögen zuzuordnen, wie es in der Regel in den Angaben zum Umtauschverhältnis der Anteile im Spaltungs- und Übernahmevertrag oder im Spaltungsplan (§ 126 Abs. 1 Nr. 3, § 136 des Umwandlungsgesetzes) zum Ausdruck kommt. ²Entspricht das Umtauschverhältnis der Anteile nicht dem Verhältnis der übergehenden Vermögensteile zu dem bei der übertragenden Kapitalgesellschaft vor der Spaltung bestehenden Vermögen, ist das Verhältnis der gemeinen Werte der übergehenden Vermögensteile zu dem vor der Spaltung vorhandenen Vermögen maßgebend. ³Für die Entwicklung des steuerlichen Einlagekontos des Übernehmers gilt Absatz 2 Satz 2 und 3 entsprechend. ⁴Soweit das Vermögen durch Abspaltung auf eine Personengesellschaft übergeht, mindert sich das steuerliche Einlagekonto der übertragenden Kapitalgesellschaft in dem Verhältnis der übergehenden Vermögensteile zu dem vor der Spaltung bestehenden Vermögen.

(4) Nach Anwendung der Absätze 2 und 3 ist für die Anpassung des Nennkapitals der umwandlungsbeteiligten Kapitalgesellschaften § 28 Abs. 1 und 3 anzuwenden.

§ 29 KStG

(5) Die vorstehenden Absätze gelten sinngemäß für andere unbeschränkt steuerpflichtige Körperschaften und Personenvereinigungen, die Leistungen im Sinne des § 20 Abs. 1 Nr. 1, 9 und 10 des Einkommensteuergesetzes gewähren können.

(6) [1]War für die übertragende Körperschaft oder Personenvereinigung ein Einlagekonto bisher nicht festzustellen, tritt für die Anwendung der vorstehenden Absätze an die Stelle des Einlagekontos der Bestand der nicht in das Nennkapital geleisteten Einlagen zum Zeitpunkt des Vermögensübergangs. [2]§ 27 Abs. 8 gilt entsprechend.

Hinweise

Auswirkungen von Umwandlungen auf den Bestand des steuerlichen Einlagekontos und den Sonderausweis

Anlage 16

>BMF vom 11.11.2011, BStBl I S. 1314, Rn. K.01 ff.

§ 30
Entstehung der Körperschaftsteuer

S 2840

Die Körperschaftsteuer entsteht
1. für Steuerabzugsbeträge in dem Zeitpunkt, in dem die steuerpflichtigen Einkünfte zufließen,
2. für Vorauszahlungen mit Beginn des Kalendervierteljahrs, in dem die Vorauszahlungen zu entrichten sind, oder, wenn die Steuerpflicht erst im Laufe des Kalenderjahrs begründet wird, mit Begründung der Steuerpflicht,
3. für die veranlagte Steuer mit **Ablauf des Veranlagungszeitraums**, soweit nicht die Steuer nach Nummer 1 oder 2 schon früher entstanden ist.

Entstehung der Körperschaftsteuer

R 30

[1]Die Körperschaftsteuer entsteht hinsichtlich des Körperschaftsteuererhöhungsbetrags nach § 38 KStG mit Ablauf des VZ, in dem die Leistung erbracht wird, die die Körperschaftsteuererhöhung auslöst. [2]Das gilt entsprechend für die besondere Körperschaftsteuer nach § 5 Abs. 1 Nr. 5 Satz 4 KStG.

§ 31
Steuererklärungspflicht,
Veranlagung und Erhebung der Körperschaftsteuer

(1) ¹Auf die Durchführung der Besteuerung einschließlich der Anrechnung, Entrichtung und Vergütung der Körperschaftsteuer sowie die Festsetzung und Erhebung von Steuern, die nach der veranlagten Körperschaftsteuer bemessen werden (Zuschlagsteuern), sind die Vorschriften des Einkommensteuergesetzes entsprechend anzuwenden, soweit dieses Gesetz nichts anderes bestimmt. ²Die sich im Zuge der Festsetzung ergebenden einzelnen Körperschaftsteuerbeträge sind jeweils zu Gunsten des Steuerpflichtigen auf volle Euro-Beträge zu runden. ³§ 37b des Einkommensteuergesetzes findet entsprechende Anwendung.

(1a) ¹Die Körperschaftsteuererklärung und die Erklärung zur gesonderten Feststellung von Besteuerungsgrundlagen sind nach amtlich vorgeschriebenem Datensatz durch Datenfernübertragung zu übermitteln. ²Auf Antrag kann die Finanzbehörde zur Vermeidung unbilliger Härten auf eine elektronische Übermittlung verzichten; in diesem Fall sind die Erklärungen nach amtlich vorgeschriebenem Vordruck abzugeben und vom gesetzlichen Vertreter des Steuerpflichtigen eigenhändig zu unterschreiben.

(2) Bei einem vom Kalenderjahr abweichenden Wirtschaftsjahr gilt § 37 Abs. 1 des Einkommensteuergesetzes mit der Maßgabe, dass die Vorauszahlungen auf die Körperschaftsteuer bereits während des Wirtschaftsjahrs zu entrichten sind, das im Veranlagungszeitraum endet.

R 31.1 Besteuerung kleiner Körperschaften

(1) ¹Nach § 156 Abs. 2 AO kann die Festsetzung von Steuern unterbleiben, wenn feststeht, dass die Kosten der Einziehung einschließlich der Festsetzung außer Verhältnis zu dem festzusetzenden Betrag stehen. ²Diese Voraussetzung kann im Einzelfall bei kleinen Körperschaften erfüllt sein, die einen Freibetrag nach § 24 oder § 25 KStG nicht beanspruchen können, insbesondere bei kleinen Genossenschaften. ³Bei diesen Körperschaften kann das in Satz 1 bezeichnete Missverhältnis vorliegen, wenn das Einkommen im Einzelfall offensichtlich 500 Euro nicht übersteigt. ⁴Dementsprechend kann in diesen Fällen von einer Veranlagung zur Körperschaftsteuer und von den gesonderten Feststellungen nach §§ 27, 28 KStG abgesehen werden. ⁵Dies gilt nicht im Fall von Komplementär-Kapitalgesellschaften, da der auf sie entfallende Gewinnanteil im Rahmen der gesonderten Gewinnfeststellung zu ermitteln ist.

(2) Die Veranlagung und die gesonderten Feststellungen für die in Absatz 1 bezeichneten Körperschaften sind auch durchzuführen, wenn die Körperschaften dies beantragen.

(3) Bei der erstmaligen gesonderten Feststellung nach § 27 KStG ist davon auszugehen, dass das in der Steuerbilanz ausgewiesene Eigenkapital ausschließlich aus ausschüttbarem Gewinn (§ 27 Abs. 1 Satz 5 KStG) und gezeichnetem Kapital besteht, soweit die Körperschaft nicht nachweist, dass es aus Einlagen stammt.

Steuererklärungspflicht, Veranlagung und Erhebung von Körperschaftsteuer

- unbesetzt -

R 31.2

Hinweise

H 31.2

Anwendung des EStG

Hinsichtlich der Steuererklärungspflicht sind in entsprechender Anwendung des § 25 Abs. 3 Satz 1 und 4 EStG die ergänzenden Bestimmungen in § 5b EStG, § 56 Satz 2 und § 60 Abs. 1 bis 4 EStDV zu beachten.

Nichtanwendung § 37b EStG auf verdeckte Gewinnausschüttungen

VGA i. S. d. § 8 Abs. 3 Satz 2 KStG sind von der Pauschalierung nach § 37b EStG ausgenommen (>BMF vom 29.4.2008, BStBl I S. 566 Rn. 9).

Verpflichtung zur elektronischen Übermittlung von Steuererklärungen, Bilanzen sowie Gewinn- und Verlustrechnungen

Die Verpflichtung zur elektronischen Übermittlung von Steuererklärungen (§ 31 Abs. 1a KStG) besteht erstmals für den VZ 2011. Zur Entscheidung über den Antrag zur Anwendung der Härtefallregelung (§ 31 Abs. 1a Satz 2 KStG) vgl. § 150 Abs. 8 AO sowie zur technischen Umsetzung >BMF vom 16.11.2011 BStBl I S. 1063.

In entsprechender Anwendung des § 5b EStG hat die elektronische Übermittlung von Bilanzen sowie Gewinn- und Verlustrechnungen (Anlage zur elektronischen Steuererklärung) im Regelfall erstmals für Wj. zu erfolgen, die nach dem 31.12.2011 beginnen. Auf Körperschaften, Personenvereinigungen und Vermögensmassen, die persönlich und vollumfänglich von der Körperschaftsteuer befreit sind, findet § 5b EStG keine Anwendung.

>BMF vom 19.1.2010, BStBl I S. 47 (zu den allgemeinen Grundsätzen);
>BMF vom 28.9.2011, BStBl I S. 855 (Ausnahmen und Nichtbeanstandungsregelungen)
>BMF vom 13.6.2014, BStBl I S. 886 (Datenschema und Umfang der Übermittlungspflichten bei steuerbegünstigten Körperschaften sowie bei jPöR und deren BgA)

S 2845

§ 32
Sondervorschriften für den Steuerabzug

(1) Die Körperschaftsteuer für Einkünfte, die dem Steuerabzug unterliegen, ist durch den Steuerabzug abgegolten,
1. wenn die Einkünfte nach § 5 Abs. 2 Nr. 1 von der Steuerbefreiung ausgenommen sind oder
2. wenn der Bezieher der Einkünfte beschränkt steuerpflichtig ist und die Einkünfte nicht in einem inländischen gewerblichen oder land- oder forstwirtschaftlichen Betrieb angefallen sind.

(2) Die Körperschaftsteuer ist nicht abgegolten,
1. wenn bei dem Steuerpflichtigen während eines Kalenderjahrs sowohl unbeschränkte Steuerpflicht als auch beschränkte Steuerpflicht im Sinne des § 2 Nr. 1 bestanden hat; in diesen Fällen sind die während der beschränkten Steuerpflicht erzielten Einkünfte in eine Veranlagung zur unbeschränkten Körperschaftsteuerpflicht einzubeziehen;
2. für Einkünfte, die dem Steuerabzug nach § 50a Abs. 1 Nr. 1, 2 oder Nr. 4 des Einkommensteuergesetzes unterliegen, wenn der Gläubiger der Vergütungen eine Veranlagung zur Körperschaftsteuer beantragt;
3. soweit der Steuerpflichtige wegen der Steuerabzugsbeträge in Anspruch genommen werden kann oder
4. soweit § 38 Abs. 2 anzuwenden ist.

(3) ^{1}Von den inländischen Einkünften im Sinne des § 2 Nr. 2 zweiter Halbsatz ist ein Steuerabzug vorzunehmen; Entsprechendes gilt, wenn die inländischen Einkünfte im Sinne des § 2 Nr. 2 zweiter Halbsatz von einer nach § 5 Abs. 1 oder nach anderen Gesetzen als dem Körperschaftsteuergesetz steuerbefreiten Körperschaft, Personenvereinigung oder Vermögensmasse erzielt werden. ^{2}Der Steuersatz beträgt 15 Prozent des Entgelts. ^{3}Die für den Steuerabzug von Kapitalerträgen im Sinne des § 43 Abs. 1 Satz 1 Nummer 1 und 1a geltenden Vorschriften des Einkommensteuergesetzes mit Ausnahme des § 44 Abs. 2 und § 44a Abs. 8 des Einkommensteuergesetzes sind entsprechend anzuwenden. ^{4}Der Steuerabzug ist bei Einnahmen oder Bezügen im Sinne des § 2 Nr. 2 zweiter Halbsatz Buchstabe c von der anderen Körperschaft im Sinne des § 8b Abs. 10 Satz 2 vorzunehmen. ^{5}In Fällen des Satzes 4 hat die überlassende Körperschaft der anderen Körperschaft den zur Deckung der Kapitalertragsteuer notwendigen Betrag zur Verfügung zu stellen; § 44 Abs. 1 Satz 8 und 9 des Einkommensteuergesetzes gilt entsprechend.

(4) ^{1}Absatz 2 Nr. 2 gilt nur für beschränkt steuerpflichtige Körperschaften, Personenvereinigungen oder Vermögensmassen im Sinne des § 2 Nr. 1, die nach den Rechtsvorschriften eines Mitgliedstaats der Europäischen Union oder nach den Rechtsvorschriften eines Staates, auf den das Abkommen über den Europäischen Wirt-

schaftsraum vom 3. Januar 1994 (ABl. EG Nr. L 1 S. 3), zuletzt geändert durch den Beschluss des Gemeinsamen EWR-Ausschusses Nr. 91/2007 vom 6. Juli 2007 (ABl. EU Nr. L 328 S. 40), in der jeweiligen Fassung Anwendung findet, gegründete Gesellschaften im Sinne des Artikels 54 des Vertrags über die Arbeitsweise der Europäischen Union oder des Artikels 34 des Abkommens über den Europäischen Wirtschaftsraum sind, deren Sitz und Ort der Geschäftsleitung sich innerhalb des Hoheitsgebiets eines dieser Staaten befindet. ²Europäische Gesellschaften sowie Europäische Genossenschaften gelten für die Anwendung des Satzes 1 als nach den Rechtsvorschriften des Staates gegründete Gesellschaften, in dessen Hoheitsgebiet sich der Sitz der Gesellschaften befindet.

(5) ¹Ist die Körperschaftsteuer des Gläubigers für Kapitalerträge im Sinne des § 20 Absatz 1 Nummer 1 des Einkommensteuergesetzes nach Absatz 1 abgegolten, wird dem Gläubiger der Kapitalerträge auf Antrag die einbehaltene und abgeführte Kapitalertragsteuer nach Maßgabe des § 36 Absatz 2 Nummer 2 des Einkommensteuergesetzes erstattet, wenn

1. der Gläubiger der Kapitalerträge eine nach § 2 Nummer 1 beschränkt steuerpflichtige Gesellschaft ist, die
   a) zugleich eine Gesellschaft im Sinne des Artikels 54 des Vertrags über die Arbeitsweise der Europäischen Union oder des Artikels 34 des Abkommens über den Europäischen Wirtschaftsraum ist,
   b) ihren Sitz und Ort der Geschäftsleitung innerhalb des Hoheitsgebiets eines Mitgliedstaates der Europäischen Union oder eines Staates, auf den das Abkommen über den Europäischen Wirtschaftsraum Anwendung findet, hat,
   c) im Staat des Orts ihrer Geschäftsleitung ohne Wahlmöglichkeit einer mit § 1 vergleichbaren unbeschränkten Steuerpflicht unterliegt, ohne von dieser befreit zu sein, und
2. der Gläubiger unmittelbar am Grund- oder Stammkapital der Schuldnerin der Kapitalerträge beteiligt ist und die Mindestbeteiligungsvoraussetzung des § 43b Absatz 2 des Einkommensteuergesetzes nicht erfüllt.

²Satz 1 gilt nur, soweit
1. keine Erstattung der betreffenden Kapitalertragsteuer nach anderen Vorschriften vorgesehen ist,
2. die Kapitalerträge nach § 8b Absatz 1 bei der Einkommensermittlung außer Ansatz bleiben würden,
3. die Kapitalerträge aufgrund ausländischer Vorschriften keiner Person zugerechnet werden, die keinen Anspruch auf Erstattung nach Maßgabe dieses Absatzes hätte, wenn sie die Kapitalerträge unmittelbar erzielte,

4. ein Anspruch auf völlige oder teilweise Erstattung der Kapitalertragsteuer bei entsprechender Anwendung des § 50d Absatz 3 des Einkommensteuergesetzes nicht ausgeschlossen wäre und
5. die Kapitalertragsteuer nicht beim Gläubiger oder einem unmittelbar oder mittelbar am Gläubiger beteiligten Anteilseigner angerechnet oder als Betriebsausgabe oder als Werbungskosten abgezogen werden kann; die Möglichkeit eines Anrechnungsvortrags steht der Anrechnung gleich.

³Der Gläubiger der Kapitalerträge hat die Voraussetzungen für die Erstattung nachzuweisen. ⁴Er hat insbesondere durch eine Bescheinigung der Steuerbehörden seines Ansässigkeitsstaates nachzuweisen, dass er in diesem Staat als steuerlich ansässig betrachtet wird, dort unbeschränkt körperschaftsteuerpflichtig und nicht von der Körperschaftsteuer befreit sowie der tatsächliche Empfänger der Kapitalerträge ist. ⁵Aus der Bescheinigung der ausländischen Steuerverwaltung muss hervorgehen, dass die deutsche Kapitalertragsteuer nicht angerechnet, nicht abgezogen oder nicht vorgetragen werden kann und inwieweit eine Anrechnung, ein Abzug oder Vortrag auch tatsächlich nicht erfolgt ist. ⁶Die Erstattung der Kapitalertragsteuer erfolgt für alle in einem Kalenderjahr bezogenen Kapitalerträge im Sinne des Satzes 1 auf der Grundlage eines Freistellungsbescheids nach § 155 Absatz 1 Satz 3 der Abgabenordnung.

§ 32a
Erlass, Aufhebung oder Änderung von Steuerbescheiden bei verdeckter Gewinnausschüttung oder verdeckter Einlage

(1) ¹Soweit gegenüber einer Körperschaft ein Steuerbescheid hinsichtlich der Berücksichtigung einer verdeckten Gewinnausschüttung erlassen, aufgehoben oder geändert wird, kann ein Steuerbescheid oder ein Feststellungsbescheid gegenüber dem Gesellschafter, dem die verdeckte Gewinnausschüttung zuzurechnen ist, oder einer diesem nahe stehenden Person erlassen, aufgehoben oder geändert werden. ²Die Festsetzungsfrist endet insoweit nicht vor Ablauf eines Jahres nach Unanfechtbarkeit des Steuerbescheides der Körperschaft. ³Die Sätze 1 und 2 gelten auch für verdeckte Gewinnausschüttungen an Empfänger von Bezügen im Sinne des § 20 Abs. 1 Nr. 9 und 10 Buchstabe a des Einkommensteuergesetzes.

(2) ¹Soweit gegenüber dem Gesellschafter ein Steuerbescheid oder ein Feststellungsbescheid hinsichtlich der Berücksichtigung einer verdeckten Einlage erlassen, aufgehoben oder geändert wird, kann ein Steuerbescheid gegenüber der Körperschaft, welcher der Vermögensvorteil zugewendet wurde, aufgehoben, erlassen oder geändert werden. ²Absatz 1 Satz 2 gilt entsprechend.

Hinweise

Fehlende Bindungswirkung
Der aufgrund der Erfassung einer vGA ergangene Körperschaftsteuerbescheid ist für den die vGA erfassenden Einkommensteuerbescheid eines Anteilseigners kein Grundlagenbescheid (>BFH vom 18.9.2012, VIII R 9/09, BStBl 2013 II S. 149).

Fünfter Teil
Ermächtigungs- und Schlussvorschriften

§ 33
Ermächtigungen

(1) Die Bundesregierung wird ermächtigt, zur Durchführung dieses Gesetzes mit Zustimmung des Bundesrates durch Rechtsverordnung

1. zur Wahrung der Gleichmäßigkeit bei der Besteuerung, zur Beseitigung von Unbilligkeiten in Härtefällen und zur Vereinfachung des Besteuerungsverfahrens den Umfang der Steuerbefreiungen nach § 5 Abs. 1 Nr. 3 und 4 näher zu bestimmen. ^{2}Dabei können
   a) zur Durchführung des § 5 Abs. 1 Nr. 3 Vorschriften erlassen werden, nach denen die Steuerbefreiung nur eintritt,
      aa) wenn die Leistungsempfänger nicht überwiegend aus dem Unternehmer oder seinen Angehörigen, bei Gesellschaften aus den Gesellschaftern und ihren Angehörigen bestehen,
      bb) wenn bei Kassen mit Rechtsanspruch der Leistungsempfänger die Rechtsansprüche und bei Kassen ohne Rechtsanspruch der Leistungsempfänger die laufenden Kassenleistungen und das Sterbegeld bestimmte Beträge nicht übersteigen, die dem Wesen der Kasse als soziale Einrichtung entsprechen,
      cc) wenn bei Auflösung der Kasse ihr Vermögen satzungsmäßig nur für soziale Zwecke verwendet werden darf,
      dd) wenn rechtsfähige Pensions-, Sterbe- und Krankenkassen der Versicherungsaufsicht unterliegen,
      ee) wenn bei rechtsfähigen Unterstützungskassen die Leistungsempfänger zu laufenden Beiträgen oder Zuschüssen nicht verpflichtet sind und die Leistungsempfänger oder die Arbeitnehmervertretungen des Betriebs oder der Dienststelle an der Verwaltung der Beträge, die der Kasse zufließen, beratend mitwirken können;
   b) zur Durchführung des § 5 Abs. 1 Nr. 4 Vorschriften erlassen werden
      aa) über die Höhe der für die Inanspruchnahme der Steuerbefreiung zulässigen Beitragseinnahmen,
      bb) nach denen bei Versicherungsvereinen auf Gegenseitigkeit, deren Geschäftsbetrieb sich auf die Sterbegeldversicherung beschränkt, die Steuerbefreiung unabhängig von der Höhe der Beitragseinnahmen auch eintritt, wenn die Höhe des Sterbegeldes insgesamt die Leistung der nach § 5 Abs. 1 Nr. 3 steuerbefreiten Sterbekassen nicht über-

steigt und wenn der Verein auch im Übrigen eine soziale Einrichtung darstellt;
2. Vorschriften zu erlassen
   a) über die Kleinbeträge, um die eine Rückstellung für Beitragsrückerstattung nach § 21 Abs. 2 nicht aufgelöst zu werden braucht, wenn die Auszahlung dieser Beträge an die Versicherten mit einem unverhältnismäßig hohen Verwaltungsaufwand verbunden wäre;
   b) über die Herabsetzung oder Erhöhung der Körperschaftsteuer nach § 23 Abs. 2;
   c) nach denen bei Anschaffung oder Herstellung von abnutzbaren beweglichen und bei Herstellung von abnutzbaren unbeweglichen Wirtschaftsgütern des Anlagevermögens auf Antrag ein Abzug von der Körperschaftsteuer für den Veranlagungszeitraum der Anschaffung oder Herstellung bis zur Höhe von 7,5 Prozent der Anschaffungs- oder Herstellungskosten dieser Wirtschaftsgüter vorgenommen werden kann. [2]§ 51 Abs. 1 Nr. 2 Buchstabe s des Einkommensteuergesetzes gilt entsprechend;
   d) nach denen Versicherungsvereine auf Gegenseitigkeit von geringerer wirtschaftlicher Bedeutung, die eine Schwankungsrückstellung nach § 20 Abs. 1 nicht gebildet haben, zum Ausgleich des schwankenden Jahresbedarfs zu Lasten des steuerlichen Gewinns Beträge der nach § 193 des Versicherungsaufsichtsgesetzes zu bildenden Verlustrücklage zuführen können;
   e) die die Steuerbefreiung nach § 8b Absatz 1 Satz 1 und Absatz 2 Satz 1 sowie vergleichbare Vorschriften in Abkommen zur Vermeidung der Doppelbesteuerung von der Erfüllung besonderer Nachweis- und Mitwirkungspflichten abhängig machen, wenn außerhalb des Geltungsbereichs dieses Gesetzes ansässige Beteiligte oder andere Personen nicht wie inländische Beteiligte bei Vorgängen innerhalb des Geltungsbereichs dieses Gesetzes zur Mitwirkung bei der Ermittlung des Sachverhalts herangezogen werden können. [2]Die besonderen Nachweis- und Mitwirkungspflichten können sich auf die Angemessenheit der zwischen nahestehenden Personen im Sinne des § 1 Absatz 2 des Außensteuergesetzes in ihren Geschäftsbeziehungen vereinbarten Bedingungen und die Bevollmächtigung der Finanzbehörde, im Namen des Steuerpflichtigen mögliche Auskunftsansprüche gegenüber den von der Finanzbehörde benannten Kreditinstituten außergerichtlich und gerichtlich geltend zu machen, erstrecken. [3]Die besonderen Nachweis- und Mitwirkungspflichten auf der Grundlage dieses Buchstabens gelten nicht, wenn die außerhalb des Geltungsbereichs dieses Gesetzes ansässigen Beteilig-

ten oder anderen Personen in einem Staat oder Gebiet ansässig sind, mit dem ein Abkommen besteht, das die Erteilung von Auskünften entsprechend Artikel 26 des Musterabkommens der OECD zur Vermeidung der Doppelbesteuerung auf dem Gebiet der Steuern vom Einkommen und vom Vermögen in der Fassung von 2005 vorsieht oder der Staat oder das Gebiet Auskünfte in einem vergleichbaren Umfang erteilt oder die Bereitschaft zu einer entsprechenden Auskunftserteilung besteht.

(2) Das Bundesministerium der Finanzen wird ermächtigt,

1. im Einvernehmen mit den obersten Finanzbehörden der Länder Muster der in den §§ 27 und 37 vorgeschriebenen Bescheinigungen zu bestimmen;
2. den Wortlaut dieses Gesetzes und der zu diesem Gesetz erlassenen Durchführungsverordnungen in der jeweils geltenden Fassung mit neuem Datum, unter neuer Überschrift und in neuer Paragrafenfolge bekannt zu machen und dabei Unstimmigkeiten des Wortlauts zu beseitigen.

§ 34
Schlussvorschriften

(1) Diese Fassung des Gesetzes gilt, soweit in den folgenden Absätzen nichts anderes bestimmt ist, erstmals für den Veranlagungszeitraum 2016.

(2) [1]Erwerbs- und Wirtschaftsgenossenschaften sowie Vereine können bis zum 31. Dezember 1991, in den Fällen des § 54 Absatz 4 in der Fassung des Artikels 9 des Gesetzes vom 18. Dezember 1989 (BGBl. I S. 2212) bis zum 31. Dezember 1992 oder, wenn es sich um Erwerbs- und Wirtschaftsgenossenschaften oder Vereine in dem in Artikel 3 des Einigungsvertrages genannten Gebiet handelt, bis zum 31. Dezember 1993 durch schriftliche Erklärung auf die Steuerbefreiung nach § 5 Absatz 1 Nummer 10 und 14 des Körperschaftsteuergesetzes in der Fassung des Artikels 4 des Gesetzes vom 14. Juli 2000 (BGBl. I S. 1034) verzichten, und zwar auch für den Veranlagungszeitraum 1990. [2]Die Körperschaft ist mindestens für fünf aufeinanderfolgende Kalenderjahre an die Erklärung gebunden. [3]Die Erklärung kann nur mit Wirkung vom Beginn eines Kalenderjahrs an widerrufen werden. [4]Der Widerruf ist spätestens bis zur Unanfechtbarkeit der Steuerfestsetzung des Kalenderjahrs zu erklären, für das er gelten soll.

(3) [1]§ 5 Absatz 1 Nummer 2 ist für die Hamburgische Investitions- und Förderbank erstmals für den Veranlagungszeitraum 2013 anzuwenden. [2]Die Steuerbefreiung nach § 5 Absatz 1 Nummer 2 in der bis zum 30. Juli 2014 geltenden Fassung ist für die Hamburgische Wohnungsbaukreditanstalt letztmals für den Veranlagungszeitraum 2013 anzuwenden. [3]§ 5 Absatz 1 Nummer 16 Satz 1 und 2 in der am 1. Januar 2016 geltenden Fassung ist erstmals für den Veranlagungszeitraum 2015 anzuwenden. [4]§ 5 Absatz 1 Nummer 24 in der am 31. Dezember 2014 geltenden Fassung ist erstmals für den Veranlagungszeitraum 2014 anzuwenden.

(3a) § 5 Absatz 1 Nummer 3 Buchstabe d, Nummer 4 und 16 Satz 3 in der am 1. Januar 2016 geltenden Fassung ist erstmals für den Veranlagungszeitraum 2016 anzuwenden.

(4) § 8a Absatz 2 und 3 ist nicht anzuwenden, wenn die Rückgriffsmöglichkeit des Dritten allein auf der Gewährträgerhaftung einer Gebietskörperschaft oder einer anderen Einrichtung des öffentlichen Rechts gegenüber den Gläubigern eines Kreditinstituts für Verbindlichkeiten beruht, die bis zum 18. Juli 2001 vereinbart waren; Gleiches gilt für bis zum 18. Juli 2005 vereinbarte Verbindlichkeiten, wenn deren Laufzeit nicht über den 31. Dezember 2015 hinausgeht.

(5) § 8b Absatz 4 in der am 12. Dezember 2006 geltenden Fassung ist für Anteile weiter anzuwenden, die einbringungsgeboren im Sinne des § 21 des Umwandlungssteuergesetzes in der am 12. Dezember 2006 geltenden Fassung sind, und für Anteile im Sinne des § 8b

Absatz 4 Satz 1 Nummer 2, die auf einer Übertragung bis zum 12. Dezember 2006 beruhen.

(6) ¹Erfüllt ein nach dem 31. Dezember 2007 erfolgter Beteiligungserwerb die Voraussetzungen des § 8c Absatz 1a, bleibt er bei Anwendung des § 8c Absatz 1 Satz 1 und 2 unberücksichtigt. ²§ 8c Absatz 1a ist nur anzuwenden, wenn

1. eine rechtskräftige Entscheidung des Gerichts oder des Gerichtshofs der Europäischen Union den Beschluss der Europäischen Kommission K(2011) 275 vom 26. Januar 2011 im Verfahren Staatliche Beihilfe C 7/2010 (ABl. L 235 vom 10.9.2011, S. 26) für nichtig erklärt und feststellt, dass es sich bei § 8c Absatz 1a nicht um eine staatliche Beihilfe im Sinne des Artikels 107 Absatz 1 des Vertrags über die Arbeitsweise der Europäischen Union handelt,

2. die Europäische Kommission einen Beschluss zu § 8c Absatz 1a nach Artikel 7 Absatz 2, 3 oder Absatz 4 der Verordnung (EG) Nr. 659/1999 des Rates vom 22. März 1999 über besondere Vorschriften für die Anwendung von Artikel 93 des EG-Vertrags (ABl. L 83 vom 27.3.1999, S. 1), die zuletzt durch die Verordnung (EG) Nr. 1791/2006 (ABl. L 363 vom 20.12.2006, S. 1) geändert worden ist, fasst und mit dem Beschluss weder die Aufhebung noch die Änderung des § 8c Absatz 1a gefordert wird oder

3. die Voraussetzungen des Artikels 2 des Beschlusses der Europäischen Kommission K(2011) 275 erfüllt sind und die Steuerfestsetzung vor dem 26. Januar 2011 erfolgt ist.

³Die Entscheidung oder der Beschluss im Sinne des Satzes 2 Nummer 1 oder Nummer 2 sind vom Bundesministerium der Finanzen im Bundesgesetzblatt bekannt zu machen. ⁴§ 8c Absatz 1a ist dann in den Fällen des Satzes 2 Nummer 1 und 2 anzuwenden, soweit Steuerbescheide noch nicht bestandskräftig sind. ⁵§ 8c Absatz 1 Satz 5 in der am 1. Januar 2016 geltenden Fassung ist erstmals auf Beteiligungserwerbe anzuwenden, die nach dem 31. Dezember 2009 erfolgen.

(7) § 19 in der am 31. Juli 2014 geltenden Fassung ist erstmals für den Veranlagungszeitraum 2012 anzuwenden.

(7a) ¹§ 20 Absatz 1 in der am 1. Januar 2016 geltenden Fassung ist auch für Veranlagungszeiträume vor 2016 anzuwenden. ²§ 20 Absatz 2 in der am 1. Januar 2016 geltenden Fassung ist erstmals für den Veranlagungszeitraum 2016 anzuwenden.

(8) ¹§ 21 Absatz 2 Satz 2 Nummer 1 ist für die Veranlagungszeiträume 2016 bis 2017 in der folgenden Fassung anzuwenden:

„1. die Zuführungen innerhalb des am Bilanzstichtag endenden Wirtschaftsjahrs und der vier vorangegangenen Wirtschaftsjahre. ²Der Betrag nach Satz 1 darf nicht niedriger sein als der Betrag,

§ 34 KStG

der sich ergeben würde, wenn das am 13. Dezember 2010 geltende Recht weiter anzuwenden wäre,".

(8a) § 21a Absatz 1 in der am 1. Januar 2016 geltenden Fassung ist erstmals für den Veranlagungszeitraum 2016 anzuwenden.

(9) [1]§ 26 in der am 31. Dezember 2014 geltenden Fassung ist erstmals auf Einkünfte und Einkunftsteile anzuwenden, die nach dem 31. Dezember 2013 zufließen. [2]Auf vor dem 1. Januar 2014 zugeflossene Einkünfte und Einkunftsteile ist § 26 Absatz 2 Satz 1 in der am 31. Dezember 2014 geltenden Fassung in allen Fällen anzuwenden, in denen die Körperschaftsteuer noch nicht bestandskräftig festgesetzt ist.

(10) § 27 Absatz 1 Satz 6 in der Fassung des Artikels 3 Nummer 10 des Gesetzes vom 7. Dezember 2006 (BGBl. I S. 2782) gilt letztmals für den Veranlagungszeitraum 2005.

(10a) § 33 Absatz 1 Nummer 2 Buchstabe d in der am 1. Januar 2016 geltenden Fassung ist erstmals für den Veranlagungszeitraum 2016 anzuwenden.

(11) § 36 ist in allen Fällen, in denen die Endbestände im Sinne des § 36 Absatz 7 noch nicht bestandskräftig festgestellt sind, in der folgenden Fassung anzuwenden:

„§ 36
Endbestände

(1) Auf den Schluss des letzten Wirtschaftsjahrs, das in dem Veranlagungszeitraum endet, für das das Körperschaftsteuergesetz in der Fassung der Bekanntmachung vom 22. April 1999 (BGBl. I S. 817), das durch Artikel 4 des Gesetzes vom 14. Juli 2000 (BGBl. I S. 1034) geändert worden ist, letztmals anzuwenden ist, werden die Endbestände der Teilbeträge des verwendbaren Eigenkapitals ausgehend von den gemäß § 47 Absatz 1 Satz 1 Nummer 1 des Körperschaftsteuergesetzes in der Fassung der Bekanntmachung vom 22. April 1999 (BGBl. I S. 817), das zuletzt durch Artikel 4 des Gesetzes vom 14. Juli 2000 (BGBl. I S. 1034) geändert worden ist, festgestellten Teilbeträgen gemäß den nachfolgenden Absätzen ermittelt.

(2) [1]Die Teilbeträge sind um die Gewinnausschüttungen, die auf einem den gesellschaftsrechtlichen Vorschriften entsprechenden Gewinnverteilungsbeschluss für ein abgelaufenes Wirtschaftsjahr beruhen und die in dem in Absatz 1 genannten Wirtschaftsjahr folgenden Wirtschaftsjahr erfolgen, sowie um andere Ausschüttungen und sonstige Leistungen, die in dem in Absatz 1 genannten Wirtschaftsjahr erfolgen, zu verringern. [2]Die Regelungen des Vierten Teils des Körperschaftsteuergesetzes in der Fassung der Bekanntmachung vom 22. April 1999 (BGBl. I S. 817), das zuletzt durch Artikel 4 des Gesetzes vom 14. Juli 2000 (BGBl. I S. 1034) geändert worden ist, sind anzuwenden. [3]Der Teilbetrag im Sinne des § 54 Absatz 11 Satz 1 des Körper-

§ 34 KStG

schaftsteuergesetzes in der Fassung der Bekanntmachung vom 22. April 1999 (BGBl. I S. 817), das zuletzt durch Artikel 4 des Gesetzes vom 14. Juli 2000 (BGBl. I S. 1034) geändert worden ist (Teilbetrag, der einer Körperschaftsteuer in Höhe von 45 Prozent unterlegen hat), erhöht sich um die Einkommensteile, die nach § 34 Absatz 12 Satz 2 bis 5 in der am 14. Dezember 2010 geltenden Fassung einer Körperschaftsteuer von 45 Prozent unterlegen haben, und der Teilbetrag, der nach dem 31. Dezember 1998 einer Körperschaftsteuer in Höhe von 40 Prozent ungemildert unterlegen hat, erhöht sich um die Beträge, die nach § 34 Absatz 12 Satz 6 bis 8 in der am 14. Dezember 2010 geltenden Fassung einer Körperschaftsteuer von 40 Prozent unterlegen haben, jeweils nach Abzug der Körperschaftsteuer, der sie unterlegen haben.

(3) (weggefallen)

(4) Ist die Summe der unbelasteten Teilbeträge im Sinne des § 30 Absatz 2 Nummer 1 bis 3 in der Fassung des Artikels 4 des Gesetzes vom 14. Juli 2000 (BGBl. I S. 1034) nach Anwendung des Absatzes 2 negativ, sind diese Teilbeträge zunächst untereinander und danach mit den mit Körperschaftsteuer belasteten Teilbeträgen in der Reihenfolge zu verrechnen, in der ihre Belastung zunimmt.

(5) [1]Ist die Summe der unbelasteten Teilbeträge im Sinne des § 30 Absatz 2 Nummer 1 bis 3 in der Fassung des Artikels 4 des Gesetzes vom 14. Juli 2000 (BGBl. I S. 1034) nach Anwendung des Absatzes 2 nicht negativ, sind zunächst die Teilbeträge im Sinne des § 30 Absatz 2 Nummer 1 und 3 in der Fassung des Artikels 4 des Gesetzes vom 14. Juli 2000 (BGBl. I S. 1034) zusammenzufassen. [2]Ein sich aus der Zusammenfassung ergebender Negativbetrag ist vorrangig mit einem positiven Teilbetrag im Sinne des § 30 Absatz 2 Nummer 2 in der Fassung des Artikels 4 des Gesetzes vom 14. Juli 2000 (BGBl. I S. 1034) zu verrechnen. [3]Ein negativer Teilbetrag im Sinne des § 30 Absatz 2 Nummer 2 in der Fassung des Artikels 4 des Gesetzes vom 14. Juli 2000 (BGBl. I S. 1034) ist vorrangig mit dem positiven zusammengefassten Teilbetrag im Sinne des Satzes 1 zu verrechnen.

(6) [1]Ist einer der belasteten Teilbeträge negativ, sind diese Teilbeträge zunächst untereinander in der Reihenfolge zu verrechnen, in der ihre Belastung zunimmt. [2]Ein sich danach ergebender Negativbetrag mindert vorrangig den nach Anwendung des Absatzes 5 verbleibenden positiven Teilbetrag im Sinne des § 30 Absatz 2 Nummer 2 in der Fassung des Artikels 4 des Gesetzes vom 14. Juli 2000 (BGBl. I S. 1034); ein darüber hinausgehender Negativbetrag mindert den positiven zusammengefassten Teilbetrag nach Absatz 5 Satz 1.

(6a) [1]Ein sich nach Anwendung der Absätze 1 bis 6 ergebender positiver Teilbetrag, der einer Körperschaftsteuer von 45 Prozent unterlegen hat, mindert in Höhe von 5/22 seines Bestands einen nach Anwendung der Absätze 1 bis 6 verbleibenden positiven Bestand des Teilbetrags im Sinne des § 30 Absatz 2 Nummer 2 in der Fassung des Artikels 4 des Gesetzes vom 14. Juli 2000 (BGBl. I S. 1034) bis zu dessen Verbrauch. ²Ein sich nach Anwendung der Absätze 1 bis 6 ergebender positiver Teilbetrag, der einer Körperschaftsteuer von 45 Prozent unterlegen hat, erhöht in Höhe von 27/5 des Minderungsbetrags nach Satz 1 den nach Anwendung der Absätze 1 bis 6 verbleibenden Bestand des Teilbetrags, der nach dem 31. Dezember 1998 einer Körperschaftsteuer von 40 Prozent ungemildert unterlegen hat. ³Der nach Satz 1 abgezogene Betrag erhöht und der nach Satz 2 hinzugerechnete Betrag vermindert den nach Anwendung der Absätze 1 bis 6 verbleibenden Bestand des Teilbetrags, der einer Körperschaftsteuer von 45 Prozent unterlegen hat.

(7) Die Endbestände sind getrennt auszuweisen und werden gesondert festgestellt; dabei sind die verbleibenden unbelasteten Teilbeträge im Sinne des § 30 Absatz 2 Nummer 1 und 3 des Körperschaftsteuergesetzes in der Fassung der Bekanntmachung vom 22. April 1999 (BGBl. I S. 817), das zuletzt durch Artikel 4 des Gesetzes vom 14. Juli 2000 (BGBl. I S. 1034) geändert worden ist, in einer Summe auszuweisen."

(12) § 37 Absatz 1 ist in den Fällen des Absatzes 11 in der folgenden Fassung anzuwenden:

„(1) ¹Auf den Schluss des Wirtschaftsjahrs, das dem in § 36 Absatz 1 genannten Wirtschaftsjahr folgt, wird ein Körperschaftsteuerguthaben ermittelt. ²Das Körperschaftsteuerguthaben beträgt 15/55 des Endbestands des mit einer Körperschaftsteuer von 45 Prozent belasteten Teilbetrags zuzüglich 1/6 des Endbestands des mit einer Körperschaftsteuer von 40 Prozent belasteten Teilbetrags."

(13) ¹§ 38 Absatz 1 in der am 19. Dezember 2006 geltenden Fassung gilt nur für Genossenschaften, die zum Zeitpunkt der erstmaligen Anwendung dieses Gesetzes in der Fassung des Artikels 3 des Gesetzes vom 23. Oktober 2000 (BGBl. I S. 1433) bereits bestanden haben. ²Die Regelung ist auch für Veranlagungszeiträume vor 2007 anzuwenden. ³Ist in den Fällen des § 40 Absatz 5 und 6 in der am 13. Dezember 2006 geltenden Fassung die Körperschaftsteuerfestsetzung unter Anwendung des § 38 in der am 27. Dezember 2007 geltenden Fassung vor dem 28. Dezember 2007 erfolgt, sind die §§ 38 und 40 Absatz 5 und 6 weiter anzuwenden. ⁴§ 38 Absatz 4 bis 9 in der am 29. Dezember 2007 geltenden Fassung ist insoweit nicht anzuwenden.

(14) ¹Die §§ 38 und 40 in der am 27. Dezember 2007 geltenden Fassung sowie § 10 des Umwandlungssteuergesetzes vom

7. Dezember 2006 (BGBl. I S. 2782, 2791) sind auf Antrag weiter anzuwenden für

1. Körperschaften oder deren Rechtsnachfolger, an denen unmittelbar oder mittelbar zu mindestens 50 Prozent
   a) juristische Personen des öffentlichen Rechts aus Mitgliedstaaten der Europäischen Union oder aus Staaten, auf die das EWR-Abkommen Anwendung findet, oder
   b) Körperschaften, Personenvereinigungen oder Vermögensmassen im Sinne des § 5 Absatz 1 Nummer 9

   alleine oder gemeinsam beteiligt sind, und
2. Erwerbs- und Wirtschaftsgenossenschaften,

die ihre Umsatzerlöse überwiegend durch Verwaltung und Nutzung eigenen zu Wohnzwecken dienenden Grundbesitzes, durch Betreuung von Wohnbauten oder durch die Errichtung und Veräußerung von Eigenheimen, Kleinsiedlungen oder Eigentumswohnungen erzielen, sowie für steuerbefreite Körperschaften. ²Der Antrag ist unwiderruflich und kann von der Körperschaft bis zum 30. September 2008 bei dem für die Besteuerung zuständigen Finanzamt gestellt werden. ³Die Körperschaften oder deren Rechtsnachfolger müssen die Voraussetzungen nach Satz 1 ab dem 1. Januar 2007 bis zum Ende des Zeitraums im Sinne des § 38 Absatz 2 Satz 3 erfüllen. ⁴Auf den Schluss des Wirtschaftsjahres, in dem die Voraussetzungen des Satzes 1 nach Antragstellung erstmals nicht mehr vorliegen, wird der Endbetrag nach § 38 Absatz 1 letztmals ermittelt und festgestellt. ⁵Die Festsetzung und Erhebung des Körperschaftsteuererhöhungsbetrags richtet sich nach § 38 Absatz 4 bis 9 in der am 29. Dezember 2007 geltenden Fassung mit der Maßgabe, dass als Zahlungszeitraum im Sinne des § 38 Absatz 6 Satz 1 die verbleibenden Wirtschaftsjahre des Zeitraums im Sinne des § 38 Absatz 2 Satz 3 gelten. ⁶Die Sätze 4 und 5 gelten entsprechend, soweit das Vermögen der Körperschaft oder ihres Rechtsnachfolgers durch Verschmelzung nach § 2 des Umwandlungsgesetzes oder Auf- oder Abspaltung im Sinne des § 123 Absatz 1 und 2 des Umwandlungsgesetzes ganz oder teilweise auf eine andere Körperschaft übergeht und diese keinen Antrag nach Satz 2 gestellt hat. ⁷§ 40 Absatz 6 in der am 27. Dezember 2007 geltenden Fassung ist nicht anzuwenden.

KStDV

§ 6
Anwendungszeitraum

Die Körperschaftsteuer-Durchführungsverordnung in der am 1. Januar 2016 geltenden Fassung ist erstmals für den Veranlagungszeitraum 2016 anzuwenden.

§ 35
Sondervorschriften für Körperschaften, Personenvereinigungen oder Vermögensmassen in dem in Artikel 3 des Einigungsvertrages genannten Gebiet

Soweit ein Verlust einer Körperschaft, Personenvereinigung oder Vermögensmasse, die am 31. Dezember 1990 ihre Geschäftsleitung oder ihren Sitz in dem in Artikel 3 des Einigungsvertrages genannten Gebiet und im Jahre 1990 keine Geschäftsleitung und keinen Sitz im bisherigen Geltungsbereich des Körperschaftsteuergesetzes hatte, aus dem Veranlagungszeitraum 1990 auf das Einkommen eines Veranlagungszeitraums für das das Körperschaftsteuergesetz in der Fassung des Artikels 3 des Gesetzes vom 23. Oktober 2000 (BGBl. I S. 1433) erstmals anzuwenden ist oder eines nachfolgenden Veranlagungszeitraumes vorgetragen wird, ist das steuerliche Einlagekonto zu erhöhen.

Sondervorschriften für Körperschaften, Personenvereinigungen oder Vermögensmassen in dem in Artikel 3 des Einigungsvertrags genannten Gebiet

[1]Im Jahr des Verlustabzugs (§ 10d EStG) erhöht der vom Einkommen abgezogene Verlust das steuerliche Einlagekonto. [2]Ist ein Verlustabzug in einem VZ zu berücksichtigen, dessen Einkommen sich aus dem Gewinn von zwei Wj. zusammensetzt, ist er für die Erhöhung des Einlagekontos auf die beiden Wj. aufzuteilen.

Sechster Teil
Sondervorschriften für den Übergang vom Anrechnungsverfahren zum Halbeinkünfteverfahren

§ 36
Endbestände

(1) Auf den Schluss des letzten Wirtschaftsjahrs, das in dem Veranlagungszeitraum endet, für den das Körperschaftsteuergesetz in der Fassung der Bekanntmachung vom 22. April 1999 (BGBl. I S. 817), zuletzt geändert durch Artikel 4 des Gesetzes vom 14. Juli 2000 (BGBl. I S. 1034), letztmals anzuwenden ist, werden die Endbestände der Teilbeträge des verwendbaren Eigenkapitals ausgehend von den gemäß § 47 Abs. 1 Satz 1 Nr. 1 des Körperschaftsteuergesetzes in der Fassung der Bekanntmachung vom 22. April 1999 (BGBl. I S. 817), das zuletzt durch Artikel 4 des Gesetzes vom 14. Juli 2000 (BGBl. I S. 1034) geändert worden ist, festgestellten Teilbeträgen gemäß den nachfolgenden Absätzen ermittelt.

(2) ^{1}Die Teilbeträge sind um die Gewinnausschüttungen, die auf einem den gesellschaftsrechtlichen Vorschriften entsprechenden Gewinnverteilungsbeschluss für ein abgelaufenes Wirtschaftsjahr beruhen, und die in dem in Absatz 1 genannten Wirtschaftsjahr folgenden Wirtschaftsjahr erfolgen, sowie um andere Ausschüttungen und sonstige Leistungen, die in dem in Absatz 1 genannten Wirtschaftsjahr erfolgen, zu verringern. ^{2}Die Regelungen des Vierten Teils des Körperschaftsteuergesetzes in der Fassung der Bekanntmachung vom 22. April 1999 (BGBl. I S. 817), das zuletzt durch Artikel 4 des Gesetzes vom 14. Juli 2000 (BGBl. I S. 1034) geändert worden ist, sind anzuwenden. ^{3}Der Teilbetrag im Sinne des § 54 Abs. 11 Satz 1 des Körperschaftsteuergesetzes in der Fassung der Bekanntmachung vom 22. April 1999 (BGBl. I S. 817), das zuletzt durch Artikel 4 des Gesetzes vom 14. Juli 2000 (BGBl. I S. 1034) geändert worden ist, erhöht sich um die Einkommensteile, die nach § 34 Abs. 12 Satz 2 bis 5 einer Körperschaftsteuer von 45 Prozent unterlegen haben, und der Teilbetrag, der nach dem 31. Dezember 1998 einer Körperschaftsteuer in Höhe von 40 Prozent ungemildert unterlegen hat, erhöht sich um die Beträge, die nach § 34 Abs. 12 Satz 6 bis 8 einer Körperschaftsteuer von 40 Prozent unterlegen haben, jeweils nach Abzug der Körperschaftsteuer, der sie unterlegen haben.

(3) ^{1}Ein positiver belasteter Teilbetrag im Sinne des § 54 Abs. 11 Satz 1 des Körperschaftsteuergesetzes in der Fassung der Bekanntmachung vom 22. April 1999 (BGBl. I S. 817), das zuletzt durch Artikel 4 des Gesetzes vom 14. Juli 2000 (BGBl. I S. 1034) geändert worden ist, ist dem Teilbetrag, der nach dem 31. Dezember 1998 einer Körperschaftsteuer in Höhe von 40 Prozent ungemildert unterlegen hat, in Höhe von 27/22 seines Bestands hinzuzurechnen. ^{2}In

Höhe von 5/22 dieses Bestands ist der Teilbetrag im Sinne des § 30 Abs. 2 Nr. 2 des Gesetzes in der Fassung der Bekanntmachung vom 22. April 1999 (BGBl. I S. 817), das zuletzt durch Artikel 4 des Gesetzes vom 14. Juli 2000 (BGBl. I S. 1034) geändert worden ist, zu verringern.

(4) Ist die Summe der unbelasteten Teilbeträge im Sinne des § 30 Abs. 2 Nr. 1 bis 3 in der Fassung des Artikels 4 des Gesetzes vom 14. Juli 2000 (BGBl. I S. 1034) nach Anwendung der Absätze 2 und 3 negativ, sind diese Teilbeträge zunächst untereinander und danach mit den mit Körperschaftsteuer belasteten Teilbeträgen in der Reihenfolge zu verrechnen, in der ihre Belastung zunimmt.

(5) [1]Ist die Summe der unbelasteten Teilbeträge im Sinne des § 30 Abs. 2 Nr. 1 bis 3 in der Fassung des Artikels 4 des Gesetzes vom 14. Juli 2000 (BGBl. I S. 1034) nach Anwendung der Absätze 2 und 3 nicht negativ, sind zunächst die Teilbeträge im Sinne des § 30 Abs. 2 Nr. 1 und 3 in der Fassung des Artikels 4 des Gesetzes vom 14. Juli 2000 (BGBl. I S. 1034) zusammenzufassen. [2]Ein sich aus der Zusammenfassung ergebender Negativbetrag ist vorrangig mit einem positiven Teilbetrag im Sinne des § 30 Abs. 2 Nr. 2 in der Fassung des Artikels 4 des Gesetzes vom 14. Juli 2000 (BGBl. I S. 1034), zu verrechnen. [3]Ein negativer Teilbetrag im Sinne des § 30 Abs. 2 Nr. 2 in der Fassung des Artikels 4 des Gesetzes vom 14. Juli 2000 (BGBl. I S. 1034) ist vorrangig mit dem positiven zusammengefassten Teilbetrag im Sinne des Satzes 1 zu verrechnen.

(6) [1]Ist einer der belasteten Teilbeträge negativ, sind diese Teilbeträge zunächst untereinander zu verrechnen. [2]Ein sich danach ergebender Negativbetrag mindert vorrangig den nach Anwendung des Absatzes 5 verbleibenden positiven Teilbetrag im Sinne des § 30 Abs. 2 Nr. 2 in der Fassung des Artikels 4 des Gesetzes vom 14. Juli 2000 (BGBl. I S. 1034); ein darüber hinausgehender Negativbetrag mindert den positiven zusammengefassten Teilbetrag nach Absatz 5 Satz 1.

(7) Die Endbestände sind getrennt auszuweisen und werden gesondert festgestellt; dabei sind die verbleibenden unbelasteten Teilbeträge im Sinne des § 30 Abs. 2 Nr. 1 und 3 des Körperschaftsteuergesetzes in der Fassung der Bekanntmachung vom 22. April 1999 (BGBl. I S. 817), das zuletzt durch Artikel 4 des Gesetzes vom 14. Juli 2000 (BGBl. I S. 1034) geändert worden ist, in einer Summe auszuweisen.

§ 36 KStG

Hinweise

Umgliederungsvorschriften

Die gesetzlichen Regelungen zur Umrechnung des am 31.12.2001 vorhandenen verwendbaren Eigenkapitals einer Kapitalgesellschaft in ein Körperschaftsteuerguthaben (>§ 36 KStG i.d.F. des StSenkG vom 23.10.2000) sind (entgegen >BFH vom 31.5.2005, I R 107/04, BStBl II S. 884) mit dem Grundgesetz nicht vereinbar. § 36 KStG ist in allen Fällen, in denen die Endbestände i.S.d. § 36 Abs. 7 KStG noch nicht bestandskräftig festgestellt sind, i.d.F. des § 34 Abs. 12 KStG (§ 34 Abs. 13f KStG i.d.F. des JStG 2010 vom 8.12.2010, BStBl I S. 1394) anzuwenden.

Die Erhöhung des Körperschaftsteuerguthabens auf der Grundlage der Neufassung des § 36, § 37 Abs. 1 KStG durch das JStG 2010 ist rechtlich nicht möglich, wenn der Bescheid über die Feststellung der Endbestände gem. § 36 Abs. 7 KStG bereits vor Inkrafttreten des JStG 2010 in Bestandskraft erwachsen war (>BFH vom 30.7.2014, I R 56/13, BStBl II S. 940).

Die durch das JStG 2010 getroffenen Regelungen zur Umgliederung der Teilbeträge des vEK in ein Körperschaftsteuerguthaben sind mit dem Grundgesetz vereinbar. Das betrifft auch die in § 36 Abs. 4 KStG 1999 i.d.F. des StSenkG angeordnete und insoweit fortgeltende Verrechnung von negativem nicht belastetem vEK mit belastetem vEK. Diese gesetzliche Anordnung bleibt unberührt davon, dass das BVerfG im Beschluss vom 17.11.2009 (1 BvR 2192/05, BGBl. I 2010 S. 326) die in § 36 Abs. 3 KStG 1999 i.d.F. des StSenkG bestimmte Umgliederung von EK 45 in EK 40 verworfen hat (>BFH vom 20.4.2011, I R 65/05, BStBl II S. 983).

§ 37
Körperschaftsteuerguthaben und Körperschaftsteuerminderung

(1) [1]Auf den Schluss des Wirtschaftsjahrs, das dem in § 36 Abs. 1 genannten Wirtschaftsjahr folgt, wird ein Körperschaftsteuerguthaben ermittelt. [2]Das Körperschaftsteuerguthaben beträgt 1/6 des Endbestands des mit einer Körperschaftsteuer von 40 Prozent belasteten Teilbetrags.

(2) [1]Das Körperschaftsteuerguthaben mindert sich vorbehaltlich des Absatzes 2a um jeweils 1/6 der Gewinnausschüttungen, die in den folgenden Wirtschaftsjahren erfolgen und die auf einem den gesellschaftsrechtlichen Vorschriften entsprechenden Gewinnverteilungsbeschluss beruhen. [2]Satz 1 gilt für Mehrabführungen im Sinne des § 14 Abs. 3 entsprechend. [3]Die Körperschaftsteuer des Veranlagungszeitraums, in dem das Wirtschaftsjahr endet, in dem die Gewinnausschüttung erfolgt, mindert sich bis zum Verbrauch des Körperschaftsteuerguthabens um diesen Betrag, letztmalig in dem Veranlagungszeitraum, in dem das 18. Wirtschaftsjahr endet, das auf das Wirtschaftsjahr folgt, auf dessen Schluss nach Absatz 1 das Körperschaftsteuerguthaben ermittelt wird. [4]Das verbleibende Körperschaftsteuerguthaben ist auf den Schluss der jeweiligen Wirtschaftsjahre, letztmals auf den Schluss des 17. Wirtschaftsjahrs, das auf das Wirtschaftsjahr folgt, auf dessen Schluss nach Absatz 1 das Körperschaftsteuerguthaben ermittelt wird, fortzuschreiben und gesondert festzustellen. [5]§ 27 Abs. 2 gilt entsprechend.

(2a) Die Minderung ist begrenzt
1. für Gewinnausschüttungen, die nach dem 11. April 2003 und vor dem 1. Januar 2006 erfolgen, jeweils auf 0 Euro;
2. für Gewinnausschüttungen, die nach dem 31. Dezember 2005 erfolgen auf den Betrag, der auf das Wirtschaftsjahr der Gewinnausschüttung entfällt, wenn das auf den Schluss des vorangegangenen Wirtschaftsjahrs festgestellte Körperschaftsteuerguthaben gleichmäßig auf die einschließlich des Wirtschaftsjahrs der Gewinnausschüttung verbleibenden Wirtschaftsjahre verteilt wird, für die nach Absatz 2 Satz 3 eine Körperschaftsteuerminderung in Betracht kommt.

(3) [1]Erhält eine unbeschränkt steuerpflichtige Körperschaft oder Personenvereinigung, deren Leistungen bei den Empfängern zu den Einnahmen im Sinne des § 20 Abs. 1 Nr. 1 oder 2 des Einkommensteuergesetzes in der Fassung des Artikels 1 des Gesetzes vom 20. Dezember 2001 (BGBl. I S. 3858) gehören, Bezüge, die nach § 8b Abs. 1 bei der Einkommensermittlung außer Ansatz bleiben, und die bei der leistenden Körperschaft zu einer Minderung der Körperschaftsteuer geführt haben, erhöht sich bei ihr die Körperschaftsteuer und das Körperschaftsteuerguthaben um den Betrag der Minderung der Körperschaftsteuer bei der leistenden Körperschaft. [2]Satz 1 gilt auch, wenn der Körperschaft oder Personenvereinigung

die entsprechenden Bezüge einer Organgesellschaft zugerechnet werden, weil sie entweder Organträger ist, oder an einer Personengesellschaft beteiligt ist, die Organträger ist. ³Im Fall des § 4 des Umwandlungssteuergesetzes sind die Sätze 1 und 2 entsprechend anzuwenden. ⁴Die leistende Körperschaft hat der Empfängerin die folgenden Angaben nach amtlich vorgeschriebenem Muster zu bescheinigen:

1. den Namen und die Anschrift des Anteilseigners,
2. die Höhe des in Anspruch genommenen Körperschaftsteuerminderungsbetrags,
3. den Zahlungstag.

⁵§ 27 Abs. 3 Satz 2, Abs. 4 und 5 gilt entsprechend. ⁶Die Sätze 1 bis 4 gelten nicht für steuerbefreite Körperschaften und Personenvereinigungen im Sinne des § 5 Abs. 1 Nr. 9, soweit die Einnahmen in einem wirtschaftlichen Geschäftsbetrieb anfallen, für den die Steuerbefreiung ausgeschlossen ist.

(4) ¹Das Körperschaftsteuerguthaben wird letztmalig auf den 31. Dezember 2006 ermittelt. ²Geht das Vermögen einer unbeschränkt steuerpflichtigen Körperschaft durch einen der in § 1 Abs. 1 des Umwandlungssteuergesetzes vom 7. Dezember 2006 (BGBl. I S. 2782, 2791) in der jeweils geltenden Fassung genannten Vorgänge, bei denen die Anmeldung zur Eintragung in ein öffentliches Register nach dem 12. Dezember 2006 erfolgt, ganz oder teilweise auf einen anderen Rechtsträger über, wird das Körperschaftsteuerguthaben bei der übertragenden Körperschaft letztmalig auf den vor dem 31. Dezember 2006 liegenden steuerlichen Übertragungsstichtag ermittelt. ³Wird das Vermögen einer Körperschaft oder Personenvereinigung im Rahmen einer Liquidation im Sinne des § 11 nach dem 12. Dezember 2006 und vor dem 1. Januar 2007 verteilt, wird das Körperschaftsteuerguthaben letztmalig auf den Stichtag ermittelt, auf den die Liquidationsschlussbilanz erstellt wird. ⁴Die Absätze 1 bis 3 sind letztmals auf Gewinnausschüttungen und als ausgeschüttet geltende Beträge anzuwenden, die vor dem 1. Januar 2007 oder bis zu dem nach Satz 2 maßgebenden Zeitpunkt erfolgt sind. ⁵In Fällen der Liquidation sind die Absätze 1 bis 3 auf Abschlagszahlungen anzuwenden, die bis zum Stichtag erfolgt sind, auf den das Körperschaftsteuerguthaben letztmalig ermittelt wird.

(5) ¹Die Körperschaft hat innerhalb eines Auszahlungszeitraums von 2008 bis 2017 einen Anspruch auf Auszahlung des Körperschaftsteuerguthabens in zehn gleichen Jahresbeträgen. ²Der Anspruch entsteht mit Ablauf des 31. Dezember 2006 oder des nach Absatz 4 Satz 2 oder Satz 3 maßgebenden Tages. ³Der Anspruch wird für den gesamten Auszahlungszeitraum festgesetzt. ⁴Der Anspruch ist jeweils am 30. September auszuzahlen. ⁵Für das Jahr der Bekanntgabe des Bescheids und die vorangegangenen Jahre ist der Anspruch innerhalb eines Monats nach Bekanntgabe des Bescheids

auszuzahlen, wenn die Bekanntgabe des Bescheids nach dem 31. August 2008 erfolgt. ⁶Abweichend von Satz 1 ist der festgesetzte Anspruch in einem Betrag auszuzahlen, wenn das festgesetzte Körperschaftsteuerguthaben nicht mehr als 1 000 Euro beträgt. ⁷Der Anspruch ist nicht verzinslich. ⁸Die Festsetzungsfrist für die Festsetzung des Anspruchs läuft nicht vor Ablauf des Jahres ab, in dem der letzte Jahresbetrag fällig geworden ist oder ohne Anwendung des Satzes 6 fällig geworden wäre. ⁹§ 10d Abs. 4 Satz 4 und 5 des Einkommensteuergesetzes gilt sinngemäß. ¹⁰Auf die Abtretung oder Verpfändung des Anspruchs ist § 46 Abs. 4 der Abgabenordnung nicht anzuwenden.

(6) ¹Wird der Bescheid über die Festsetzung des Anspruchs nach Absatz 5 aufgehoben oder geändert, wird der Betrag, um den der Anspruch, der sich aus dem geänderten Bescheid ergibt, die Summe der Auszahlungen, die bis zur Bekanntgabe des neuen Bescheids geleistet worden sind, übersteigt, auf die verbleibenden Fälligkeitstermine des Auszahlungszeitraums verteilt. ²Abweichend von Satz 1 ist der übersteigende Betrag in einer Summe auszuzahlen, wenn er nicht mehr als 1 000 Euro beträgt und auf die vorangegangene Festsetzung Absatz 5 Satz 6 oder dieser Satz angewendet worden ist. ³Ist die Summe der Auszahlungen, die bis zur Bekanntgabe des neuen Bescheids geleistet worden sind, größer als der Auszahlungsanspruch, der sich aus dem geänderten Bescheid ergibt, ist der Unterschiedsbetrag innerhalb eines Monats nach Bekanntgabe des Bescheids zu entrichten.

(7) ¹Erträge und Gewinnminderungen der Körperschaft, die sich aus der Anwendung des Absatzes 5 ergeben, gehören nicht zu den Einkünften im Sinne des Einkommensteuergesetzes. ²Die Auszahlung ist aus den Einnahmen an Körperschaftsteuer zu leisten.

Hinweise

Allgemeines
In den Fällen des § 34 Abs. 11 KStG ist § 37 Abs. 1 KStG i. d. F. des § 34 Abs. 12 KStG anzuwenden (>H 36 Umgliederungsvorschriften).

Abflusszeitpunkt
>H 27 Abflusszeitpunkt

Bilanzierung
Bilanzielle Behandlung des Körperschaftsteuerguthabens nach Änderung durch das SEStEG >BMF vom 14.1.2008, BStBl I S. 280 — Anlage 8

Jahresgleiche Realisierung des Körperschaftsteuerguthabens
>BFH vom 28.11.2007, I R 42/07, BStBl 2008 II S. 390

§ 37 KStG
H 37

Körperschaftsteuerminderung bei Auskehrung von Liquidationsraten
>BMF vom 4.4.2008, BStBl I S. 542

§ 38
Körperschaftsteuererhöhung

(1) ¹Ein positiver Endbetrag im Sinne des § 36 Abs. 7 aus dem Teilbetrag im Sinne des § 30 Abs. 2 Nr. 2 in der Fassung des Artikels 4 des Gesetzes vom 14. Juli 2000 (BGBl. I S. 1034) ist auch zum Schluss der folgenden Wirtschaftsjahre fortzuschreiben und gesondert festzustellen. ²§ 27 Abs. 2 gilt entsprechend. ³Der Betrag verringert sich jeweils, soweit er als für Leistungen verwendet gilt. ⁴Er gilt als für Leistungen verwendet, soweit die Summe der Leistungen, die die Gesellschaft im Wirtschaftsjahr erbracht hat, den um den Bestand des Satzes 1 verminderten ausschüttbaren Gewinn (§ 27) übersteigt. ⁵Maßgeblich sind die Bestände zum Schluss des vorangegangenen Wirtschaftsjahrs. ⁶Die Rückzahlung von Geschäftsguthaben an ausscheidende Mitglieder von Genossenschaften stellt, soweit es sich dabei nicht um Nennkapital im Sinne des § 28 Abs. 2 Satz 2 handelt, keine Leistung im Sinne der Sätze 3 und 4 dar. ⁷Satz 6 gilt nicht, soweit der unbelastete Teilbetrag im Sinne des Satzes 1 nach § 40 Abs. 1 oder Abs. 2 infolge der Umwandlung einer Körperschaft, die nicht Genossenschaft im Sinne des § 34 Absatz 13 ist, übergangen ist.

(2) ¹Die Körperschaftsteuer des Veranlagungszeitraums, in dem das Wirtschaftsjahr endet, in dem die Leistungen erfolgen, erhöht sich um 3/7 des Betrags der Leistungen, für die ein Teilbetrag aus dem Endbetrag im Sinne des Absatzes 1 als verwendet gilt. ²Die Körperschaftsteuererhöhung mindert den Endbetrag im Sinne des Absatzes 1 bis zu dessen Verbrauch. ³Satz 1 ist letztmals für den Veranlagungszeitraum anzuwenden, in dem das 18. Wirtschaftsjahr endet, das auf das Wirtschaftsjahr folgt, auf dessen Schluss nach § 37 Abs. 1 Körperschaftsteuerguthaben ermittelt werden.

(3) ¹Die Körperschaftsteuer wird nicht erhöht, soweit eine von der Körperschaftsteuer befreite Körperschaft Leistungen an einen unbeschränkt steuerpflichtigen, von der Körperschaftsteuer befreiten Anteilseigner oder an eine juristische Person des öffentlichen Rechts vornimmt. ²Der Anteilseigner ist verpflichtet, der ausschüttenden Körperschaft seine Befreiung durch eine Bescheinigung des Finanzamts nachzuweisen, es sei denn, er ist eine juristische Person des öffentlichen Rechts. ³Das gilt nicht, soweit die Leistung auf Anteile entfällt, die in einem wirtschaftlichen Geschäftsbetrieb gehalten werden, für den die Befreiung von der Körperschaftsteuer ausgeschlossen ist, oder in einem nicht von der Körperschaftsteuer befreiten Betrieb gewerblicher Art.

(4) ¹Der Endbetrag nach Absatz 1 wird letztmalig auf den 31. Dezember 2006 ermittelt und festgestellt. ²Wird das Vermögen einer Körperschaft oder Personenvereinigung im Rahmen einer Liquidation im Sinne des § 11 nach dem 31. Dezember 2006 verteilt, wird der Endbetrag im Sinne des Satzes 1 letztmalig auf den Schluss

des letzten vor dem 1. Januar 2007 endenden Besteuerungszeitraums festgestellt. ³Bei über den 31. Dezember 2006 hinaus fortdauernden Liquidationen endet der Besteuerungszeitraum nach § 11 auf Antrag der Körperschaft oder Personenvereinigung mit Ablauf des 31. Dezember 2006. ⁴Die Absätze 1 bis 3 sind letztmals auf Leistungen anzuwenden, die vor dem 1. Januar 2007 oder dem nach Satz 2 maßgebenden Zeitpunkt erfolgt sind.

(5) ¹Der Körperschaftsteuererhöhungsbetrag beträgt 3/100 des nach Absatz 4 Satz 1 festgestellten Endbetrags. ²Er ist begrenzt auf den Betrag, der sich nach den Absätzen 1 bis 3 als Körperschaftsteuererhöhung ergeben würde, wenn die Körperschaft oder Personenvereinigung ihr am 31. Dezember 2006 oder an dem nach Absatz 4 Satz 2 maßgebenden Zeitpunkt bestehendes Eigenkapital laut Steuerbilanz für eine Ausschüttung verwenden würde. ³Ein Körperschaftsteuererhöhungsbetrag ist nur festzusetzen, wenn er 1 000 Euro übersteigt.

(6) ¹Die Körperschaft oder deren Rechtsnachfolger hat den sich nach Absatz 5 ergebenden Körperschaftsteuererhöhungsbetrag innerhalb eines Zeitraums von 2008 bis 2017 in zehn gleichen Jahresbeträgen zu entrichten (Zahlungszeitraum). ²Satz 1 gilt nicht für Körperschaften oder Personenvereinigungen, die sich am 31. Dezember 2006 bereits in Liquidation befanden. ³Der Anspruch entsteht am 1. Januar 2007. ⁴Der Körperschaftsteuererhöhungsbetrag wird für den gesamten Zahlungszeitraum festgesetzt. ⁵Der Jahresbetrag ist jeweils am 30. September fällig. ⁶Für das Jahr der Bekanntgabe des Bescheids und die vorangegangenen Jahre ist der Jahresbetrag innerhalb eines Monats nach Bekanntgabe des Bescheids fällig, wenn die Bekanntgabe des Bescheids nach dem 31. August 2008 erfolgt. ⁷In den Fällen des Satzes 2 ist der gesamte Anspruch innerhalb eines Monats nach Bekanntgabe des Bescheids fällig. ⁸Der Anspruch ist nicht verzinslich. ⁹Die Festsetzungsfrist für die Festsetzung des Körperschaftsteuererhöhungsbetrags läuft nicht vor Ablauf des Jahres ab, in dem der letzte Jahresbetrag fällig geworden ist.

(7) ¹Auf Antrag kann die Körperschaft oder deren Rechtsnachfolger abweichend von Absatz 6 Satz 1 den Körperschaftsteuererhöhungsbetrag in einer Summe entrichten. ²Der Antrag kann letztmals zum 30. September 2015 gestellt werden. ³Anstelle des jeweiligen Jahresbetrags ist zu dem Zahlungstermin, der auf den Zeitpunkt der Antragstellung folgt, der zu diesem Termin nach Absatz 6 Satz 4 fällige Jahresbetrag zuzüglich der noch nicht fälligen Jahresbeträge abgezinst mit einem Zinssatz von 5,5 Prozent zu entrichten. ⁴Mit der Zahlung erlischt der gesamte Anspruch. ⁵Die Sätze 3 und 4 sind in den Fällen des Absatzes 6 Satz 7, des Absatzes 8 und des Absatzes 9 Satz 1 und 2 von Amts wegen anzuwenden.

§ 38 KStG
H 38

(8) Bei Liquidationen, die nach dem 31. Dezember 2006 beginnen, werden alle entstandenen und festgesetzten Körperschaftsteuererhöhungsbeträge an dem 30. September fällig, der auf den Zeitpunkt der Erstellung der Liquidationseröffnungsbilanz folgt.

(9) ¹Geht das Vermögen einer unbeschränkt steuerpflichtigen Körperschaft oder Personenvereinigung durch einen der in § 1 Abs. 1 Nr. 1 des Umwandlungssteuergesetzes vom 7. Dezember 2006 (BGBl. I S. 2782, 2791) in der jeweils geltenden Fassung genannten Vorgänge ganz oder teilweise auf eine nicht unbeschränkt steuerpflichtige Körperschaft oder Personenvereinigung über oder verlegt eine unbeschränkt steuerpflichtige Körperschaft oder Personenvereinigung ihren Sitz oder Ort der Geschäftsleitung und endet dadurch ihre unbeschränkte Steuerpflicht, werden alle entstandenen und festgesetzten Körperschaftsteuererhöhungsbeträge an dem 30. September fällig, der auf den Zeitpunkt des Vermögensübergangs oder des Wegzugs folgt. ²Ist eine Festsetzung nach Absatz 6 noch nicht erfolgt, ist der gesamte Anspruch innerhalb eines Monats nach Bekanntgabe des Bescheids fällig. ³Satz 1 gilt nicht, wenn der übernehmende Rechtsträger in einem anderen Mitgliedstaat der Europäischen Union unbeschränkt steuerpflichtig ist oder die Körperschaft oder Personenvereinigung in den Fällen des Wegzugs in einem anderen Mitgliedstaat der Europäischen Union unbeschränkt steuerpflichtig wird.

(10) § 37 Abs. 6 und 7 gilt entsprechend.

Hinweise

H 38

Abflusszeitpunkt
>H 27 Abflusszeitpunkt

Körperschaftsteuererhöhungsbetrag
In die Bemessungsgrundlage für den Körperschaftsteuererhöhungsbetrag nach § 38 Abs. 5 Satz 2 KStG i. d. F. des JStG 2008 ist das Nennkapital nicht einzubeziehen (>BFH vom 12.10.2011, I R 107/10, BStBl 2012 II S. 10)

Körperschaftsteuererhöhung nach vorangegangener Kapitalerhöhung
Die Ausschüttung von Rücklagen aus dem Alt-EK 02 führt im Übergangszeitraum nach § 38 Abs. 2 KStG zu einer Körperschaftsteuererhöhung. Ob eine Ausschüttung aus dem Alt-EK 02 erfolgt, richtet sich gem. § 38 Abs. 1 Satz 4 KStG danach, ob der Ausschüttungsbetrag den um den Bestand des Alt-EK 02 verminderten ausschüttbaren Gewinn übersteigt. Der ausschüttbare Gewinn ist nach § 38 Abs. 1 Satz 4 KStG nur insoweit um den Bestand des Alt-EK 02 zu vermindern, als das Alt-EK 02 nicht bereits aufgrund einer vorangegangenen Kapitalerhöhung aus Gesellschaftsmitteln als Abzugsposten bei der Ermittlung des ausschüttbaren

Gewinns (§ 27 Abs. 1 Satz 4 KStG) berücksichtigt worden ist (>BFH vom 11.02.2009, I R 67/07, BStBl 2010 II S. 57).

§ 39
Einlagen der Anteilseigner und Sonderausweis

(1) Ein sich nach § 36 Abs. 7 ergebender positiver Endbetrag des Teilbetrags im Sinne des § 30 Abs. 2 Nr. 4 des Körperschaftsteuergesetzes in der Fassung der Bekanntmachung vom 22. April 1999 (BGBl. I S. 817), das zuletzt durch Artikel 4 des Gesetzes vom 14. Juli 2000 (BGBl. I S. 1034) geändert worden ist, wird als Anfangsbestand des steuerlichen Einlagekontos im Sinne des § 27 erfasst.

(2) Der nach § 47 Abs. 1 Satz 1 Nr. 2 in der Fassung des Artikels 4 des Gesetzes vom 14. Juli 2000 (BGBl. I S. 1034), zuletzt festgestellte Betrag, wird als Anfangsbestand in die Feststellung nach § 28 Abs. 1 Satz 3 einbezogen.

§ 40
(weggefallen)

B.
Anlagen

Anlage 1
Beteiligung an anderen Körperschaften und Personenvereinigungen   I.

Übersicht

I. Behandlung des Aktieneigenhandels nach § 8b Abs. 7 KStG i. d. F. des Gesetzes zur Änderung des Investitionszulagengesetzes 1999
BMF-Schreiben vom 25. Juli 2002

II. Anwendung des § 8b KStG 2002 und Auswirkungen auf die Gewerbesteuer
BMF-Schreiben vom 28. April 2003

III. Anwendung des § 8b Abs. 4 KStG auf Beteiligungen in einem eingebrachten Betriebsvermögen
BMF-Schreiben vom 5. Januar 2004

IV. Behandlung von Betriebsausgaben im Zusammenhang mit Auslandsdividenden in den VZ 1993 bis 2003;
Anwendung des EuGH-Urteils vom 23. Februar 2006 in der Rs. C-471/04
BMF-Schreiben vom 30. September 2008

V. Veräußerungsgewinnbefreiung nach § 8b Abs. 2 KStG;
Behandlung von Veräußerungskosten und nachträglichen Kaufpreisänderungen
BMF-Schreiben vom 24. Juli 2015

**Behandlung des Aktieneigenhandels nach § 8b Abs. 7 KStG
i. d. F. des Gesetzes zur Änderung des Investitionszulagengesetzes 1999**

(BMF-Schreiben vom 25. Juli 2002 - IV A 2 - S 2750a - 6/02 - BStBl I S. 712)

Unter Bezugnahme auf das Ergebnis der Erörterung mit den obersten Finanzbehörden der Länder nehme ich zur Anwendung des § 8b Abs. 7 KStG in der Fassung des Gesetzes zur Änderung des Investitionszulagengesetzes 1999 vom 20. Dezember 2000 (BGBl. I S. 1850, BStBl 2001 I S. 28) wie folgt Stellung.

A. Allgemeines

Die Vorschrift des § 8b Abs. 7 KStG nimmt Anteile, die für den kurzfristigen Eigenhandel bei Kreditinstituten und Finanzdienstleistungsinstituten vorgesehen sind, aus dem Anwendungsbereich der allgemeinen Regelungen zur Dividendenfreistellung und zur Veräußerungsgewinnbefreiung aus. Entsprechend bleiben mit diesen Anteilen im Zusammenhang stehende Betriebsausgaben zum Abzug zugelassen. Zur Abgrenzung der Bestände knüpft das Gesetz bei Instituten im Sinne des Gesetzes über das Kreditwesen (Kreditwesengesetz – KWG) an das nach § 1 Abs. 12 KWG zu führende Handelsbuch an. Soweit die Kreditinstitute von der Führung des Handelsbuchs befreit sind, gelten die Vorschriften analog. Bei Finanzunternehmen, die nicht zur Führung eines Handelsbuchs verpflichtet sind, richtet sich die Steuerpflicht danach, ob die Anteile mit dem Ziel der kurzfristigen Erzielung eines Eigenhandelserfolgs erworben werden. Die Regelung gilt auch für inländische Zweigniederlassungen von Unternehmen mit Sitz in einem anderen Mitgliedstaat der Europäischen Gemeinschaft oder in einem anderen Vertragsstaat des EWR-Abkommens, die nicht der inländischen Kreditaufsicht unterliegen. Kreditinstitute mit Sitz in Staaten außerhalb der Europäischen Union unterliegen mit ihren inländischen Zweigniederlassungen dem KWG und haben gemäß § 1 Abs. 12 KWG ein Handelsbuch zu führen.

Anlage 1
I. Beteiligung an anderen Körperschaften und Personenvereinigungen

B. Anwendung auf Kredit- und Finanzdienstleistungsinstitute, bei denen Anteile dem Handelsbuch zuzurechnen sind (§ 8b Abs. 7 Satz 1 KStG)

I. Steuerliche Bindung an die Zuordnung zum Handelsbuch

Das Gesetz knüpft in § 8b Abs. 7 Satz 1 KStG für den Bereich der Kreditwirtschaft zur Unterscheidung von Anteilserwerben zum Zweck der Finanzanlage (steuerfrei) und Anteilserwerben mit dem Ziel der kurzfristigen Erzielung eines Eigenhandelserfolgs auch für Besteuerungszwecke an kreditaufsichtsrechtliche Regelungen an und stellt auf die Einordnung in das Handels- oder Anlagebuch nach § 1 Abs. 12 KWG ab.

Gemäß § 1 Abs. 12 Satz 5 KWG hat die Einbeziehung von Geschäften in das Handelsbuch nach institutsinternen nachprüfbaren Kriterien zu erfolgen, die der Bundesanstalt für Finanzdienstleistungsaufsicht (BAFin; vormals: Bundesaufsichtsamt für das Kreditwesen) und den zuständigen Hauptverwaltungen der Deutschen Bundesbank mitzuteilen sind. Das Regelungsermessen des Instituts findet seine Grenzen über die ausdrücklichen Vorgaben des § 1 Abs. 12 KWG hinaus in dem Konsistenzgebot und dem allgemeinen Willkürverbot. Die Zuordnung zum Anlagebuch bzw. zum Handelsbuch darf nicht lediglich deshalb vorgenommen werden, um hierdurch Vorteile (Einordnung als Nichthandelsbuchinstitut bzw. Erreichung geringerer Anrechnungs- und Unterlegungssätze) zu erlangen. Der Kriterienkatalog muss abschließend und eindeutig sein.

§ 8b Abs. 7 KStG gilt für Anteile, die dem Handelsbuch nach institutsinternen Regelungen **zuzuordnen sind**; auf den konkreten Ausweis im Handelsbuch kommt es nicht an. Im Regelfall kann dem tatsächlichen Ansatz im Handelsbuch auch steuerlich gefolgt werden. Aus einer falschen Zuordnung können steuerliche Konsequenzen gezogen werden, d. h. der falsche Ansatz ist ggf. in der Steuerbilanz entsprechend zu korrigieren.

II. Umwidmung

Umwidmungen von Positionen des Handelsbuchs in das Anlagebuch bzw. umgekehrt sind bei Positionen im Sinne des § 1 Abs. 12 Satz 1 Nr. 1 KWG nach den Richtlinien der BAFin[1] grundsätzlich nur in begründeten Einzelfällen möglich, wenn sich die interne Zweckbestimmung der Geschäfte ändert. Als Ausnahmetatbestand ist die Regelung des § 1 Abs. 12 Satz 6 KWG eng auszulegen.

Umwidmungen müssen in den Unterlagen des Instituts nachvollziehbar dokumentiert und begründet werden (§ 1 Abs. 12 Satz 6 KWG). Die Dokumentation kann z. B. durch einen Beschluss der Geschäftsführung erfüllt werden, der auch der BAFin vorzulegen ist. An die Begründung werden hohe Anforderungen gestellt. Das Konsistenzgebot und das Willkürverbot gelten auch für Umwidmungen. Falls sich inkonsistente bzw. willkürliche Umwidmungen häufen, kann sich die Frage der Ordnungsmäßigkeit der Geschäftsorganisation stellen.

Dagegen ist die Zuordnung zum Handelsbuch in den Fällen des § 1 Abs. 12 Satz 1 Nr. 3 und Satz 2 KWG zwingend; eine Umwidmung kann hier nur erfolgen, soweit der Tatbestand durch Wegfall der Voraussetzungen nachträglich entfällt. Bei Positionen im Sinne des § 1 Abs. 12 Satz 1 Nr. 2 KWG (Bestände und Geschäfte zur Absicherung von Marktrisiken des Handelsbuchs und damit im Zusammenhang stehende Refinanzierungsgeschäfte) folgt eine Umwidmung zwingend der Umwidmung der zugrundeliegenden Geschäfte nach § 1 Abs. 12 Satz 1 Nr. 1 KWG.

---

[1] Derzeit noch Rundschreiben 17/99 vom 8. Dezember 1999 (I 3 – 1119 – 3/98) „Zuordnung der Bestände und Geschäfte der Institute zum Handelsbuch und zum Anlagebuch (§ 1 Abs. 12 KWG, § 2 Abs. 11 KWG)". Aufgrund einer Änderung des KWG im Rahmen des Vierten Finanzmarktförderungsgesetzes vom 21. Juli 2002 (BGBl. I S. 2010) wird die Handelsbuchabgrenzung gemäß § 1 Abs. 12 Satz 3 KWG künftig Gegenstand einer Rechtsverordnung sein.

III. Wertpapiere der so genannten Liquiditätsreserve

Wertpapiere der handelsrechtlichen Liquiditätsreserve (§ 340f Abs. 1 Satz 1 HGB) sind grundsätzlich dem Anlagebuch zuzuordnen. Sie können dem Handelsbuch zugeordnet werden, wenn die allgemeinen Zuordnungskriterien des § 1 Abs. 12 KWG erfüllt sind, die Institute die Zuordnung intern dokumentieren und sie dies gegenüber der BAFin darlegen. Die handelsrechtliche Bewertung der Wertpapiere der Liquiditätsreserve ist mit denen des Handelsbestandes identisch (Umlaufvermögen, § 340e HGB).

Die steuerliche Behandlung von Wertpapieren der so genannten Liquiditätsreserve folgt für die Beurteilung, ob § 8b Abs. 7 KStG Anwendung findet, der Zuordnung zum Anlage- oder Handelsbuch und nicht der handelsrechtlichen Bewertung.

C. Merkmale „Finanzunternehmen"; „Eigenhandelserfolg"(§ 8b Abs. 7 Satz 2 KStG)

I. Definition des Finanzunternehmens

Der Begriff des Finanzunternehmens ist weit auszulegen.

§ 8b Abs. 7 Satz 2 KStG erfasst Finanzunternehmen i.S. des KWG. Nach § 1 Abs. 3 KWG sind dies solche Unternehmen, die keine Kreditinstitute bzw. Finanzdienstleistungsinstitute sind und deren Haupttätigkeit u. a. im Erwerb von Beteiligungen besteht.

Der Begriff „Finanzunternehmen" umfasst nach dem Wortlaut des Gesetzes alle Unternehmen des Finanzsektors als Restgröße, d.h. alle, die nicht Institute nach § 1 Abs. 1b KWG sind.

Ob ein Unternehmen unter die Definition des Finanzunternehmens fällt, bestimmt sich danach, ob die Tätigkeiten im Sinne des § 1 Abs. 3 KWG die Haupttätigkeit des Finanzunternehmens darstellen. Für die Abgrenzung sind die Grundsätze der Tz. 81 und 82 des BMF-Schreibens vom 15. Dezember 1994 betreffend Gesellschafter-Fremdfinanzierung - § 8a KStG (BStBl 1995 I S. 25) anzuwenden.

Unter den gegebenen Voraussetzungen zählen dazu Holding-, Factoring-, Leasing-, Anlageberatungs- und bestimmte Unternehmensberatungsunternehmen, sowie grundsätzlich auch vermögensverwaltende Kapitalgesellschaften.

II. Auslegung des Merkmals „Ziel der kurzfristigen Erzielung eines Eigenhandelserfolgs"

Gemäß § 8b Abs. 7 Satz 2 KStG wird die Steuerfreiheit versagt, wenn Finanzunternehmen i.S. des KWG Anteile mit dem Ziel der kurzfristigen Erzielung eines Eigenhandelserfolgs erworben haben. Diese besondere Regelung gilt für Finanzunternehmen, auf die die Regelung über das Handelsbuch nicht anzuwenden ist.

Das Merkmal „Erwerb der Anteile mit dem Ziel der kurzfristigen Erzielung eines Eigenhandelserfolgs" ist immer dann erfüllt, wenn die Anteile dem Umlaufvermögen zuzuordnen sind. Das Institut ist an seine Zuordnung gebunden.

Anlage 1
II. Beteiligung an anderen Körperschaften und Personenvereinigungen

Anwendung des § 8b KStG 2002[1)]
und Auswirkungen auf die Gewerbesteuer
(BMF-Schreiben vom 28. April 2003 – IV A 2 – S 2750a – 7/03 - BStBl I S. 292)

Inhaltsübersicht

		Rdnr.
A.	**Einführung**	1 - 3
B.	**Beteiligungsertragsbefreiung (§ 8b Abs. 1 KStG)**	4 - 12
I.	Allgemeines	4
II.	Sachlicher Anwendungsbereich	5 - 10
III.	Einbehaltung und Anrechnung von Kapitalertragsteuer	11
IV.	Steuerpflicht nach anderen Vorschriften	12
C.	**Veräußerungsgewinnbefreiung (§ 8b Abs. 2 KStG)**	13 - 24
I.	Allgemeines	13 - 14
II.	Gesetzlich geregelte Anwendungsfälle des § 8b Abs. 2 KStG	15 - 20
III.	Anwendung des § 8b Abs. 2 KStG auf weitere Realisationsvorgänge	21 - 24
D.	**Nicht zu berücksichtigende Gewinnminderungen (§ 8b Abs. 3 KStG)**	25 - 27
E.	**Einbringungsklausel (§ 8b Abs. 4 KStG)**	28 - 52
I.	Allgemeines	28 - 33
II.	Sachliche Sperre (§ 8b Abs. 4 Satz 1 Nr. 1 KStG)	34 - 36
III.	Persönliche Sperre (§ 8b Abs. 4 Satz 1 Nr. 2 KStG)	37 - 39
IV.	Rückausnahmen (Steuerfreiheit)	40 - 56
1.	7-Jahresfrist (§ 8b Abs. 4 Satz 2 Nr. 1 KStG)	40
2.	Steuerlich nicht berücksichtigte Teilwertabschreibungen	46
3.	Rückausnahme nach § 8b Abs. 4 Satz 2 Nr. 2 KStG (Steuerfreiheit)	47
4.	Ausnahme von der Rückausnahme (Steuerpflicht)	48 - 50
5.	Nachträgliche Steuerverstrickung	51 - 52
F.	**Pauschaliertes Betriebsausgaben-Abzugsverbot bei ausländischen Dividenden (§ 8b Abs. 5 KStG)**	
G.	**Anwendung des § 8b Absätze 1 bis 5 KStG bei Beteiligung über eine Personengesellschaft (§ 8b Abs. 6 KStG)**	54 - 58
I.	Allgemeines	54 - 55
II.	Beteiligung über eine vermögensverwaltende Personengesellschaft	56
III.	Auswirkungen auf die Gewerbesteuer	57 - 58
H.	**Keine Anwendung des § 8b Absätze 1 bis 6 KStG auf den kurzfristigen Eigenhandel bei Banken und Finanzdienstleistern (§ 8b Abs. 7 KStG)**	59
I.	**Zeitliche Anwendung**	60 - 68
I.	Erstmalige Anwendung der Beteiligungsertragsbefreiung des § 8b Abs. 1 KStG bei Inlandsbeteiligungen	60 - 63
II.	Erstmalige Anwendung der Veräußerungsgewinnbefreiung des § 8b Abs. 2 KStG und des Abzugsverbots des § 8b Abs. 3 KStG bei Inlandsbeteiligungen	64 - 68

[1)] KStG 2002 = KStG n. F.
KStG 1999 = KStG a. F.

Anlage 1
Beteiligung an anderen Körperschaften und Personenvereinigungen II.

		Rdnr.
1.	Kalenderjahrgleiches Wirtschaftsjahr der Gesellschaft, deren Anteile übertragen werden	64
2.	Vom Kalenderjahr abweichendes Wirtschaftsjahr der Gesellschaft, deren Anteile übertragen werden	65
3.	Anwendung bei der veräußernden Körperschaft	66
III.	Anwendung des § 8b Abs. 2 KStG bei Umstellung auf ein vom Kalenderjahr abweichendes Wirtschaftsjahr in 2001 (§ 34 Abs. 7 Satz 1 Nr. 2 KStG)	67
IV.	Anwendung der Beteiligungsertragsbefreiung des § 8b Abs. 1 KStG und der Veräußerungsgewinnbefreiung des § 8b Abs. 2 KStG bei Auslandsbeteiligungen	68

Unter Bezugnahme auf das Ergebnis der Erörterungen mit den obersten Finanzbehörden der Länder gilt zur Anwendung der durch das Steuersenkungsgesetz - StSenkG - vom 23. Oktober 2000 (BGBl. I S. 1433, BStBl I S. 1428) neu gefassten und durch das Unternehmenssteuerfortentwicklungsgesetz - UntStFG - vom 20. Dezember 2001 (BGBl. I S. 3858, BStBl I 2002 S. 35) geänderten Vorschriften des § 8b Abs. 1 bis 6 KStG Folgendes:

A. Einführung

Durch das Steuersenkungsgesetz wurde das Vollanrechnungsverfahren durch das so genannte Halbeinkünfteverfahren ersetzt. Im Halbeinkünfteverfahren werden die Gewinne der Körperschaft unabhängig davon, ob sie ausgeschüttet oder einbehalten werden, in Höhe des jeweiligen Körperschaftsteuersatzes (mit 25 v.H. bzw. 26,5 v.H.) besteuert. Ausgeschüttete Gewinne werden beim Anteilseigner nur zur Hälfte in die Bemessungsgrundlage seiner Einkommensteuer einbezogen. Bei Gewinnausschüttungen einer Körperschaft an eine andere Körperschaft gilt beim Empfänger grundsätzlich eine allgemeine Beteiligungsertragsbefreiung; dadurch bleibt es in Beteiligungsketten bei einer einmaligen Körperschaftsteuerbelastung in Höhe des jeweiligen Körperschaftsteuersatzes, bis der Gewinn die Ebene der Körperschaften verlässt und an eine natürliche Person ausgeschüttet wird. 1

Der Gewinn aus der Veräußerung einer Beteiligung an einer inländischen oder ausländischen Körperschaft wird durch § 8b Abs. 2 KStG ebenfalls grundsätzlich steuerfrei gestellt. Die Freistellung berücksichtigt, dass der Veräußerungsgewinn auf offenen und stillen Reserven in der Beteiligungsgesellschaft beruht, welche dort entweder bereits versteuert worden sind oder auch nach der Veräußerung steuerverhaftet bleiben. 2

Gewinnminderungen, die im Zusammenhang mit steuerfreien Erträgen nach § 8b KStG stehen, sind nur eingeschränkt zu berücksichtigen. Zu Einzelfragen der Abzugsbeschränkung ergeht ein gesondertes BMF-Schreiben. 3

B. Beteiligungsertragsbefreiung (§ 8b Abs. 1 KStG)

I. Allgemeines

§ 8b Abs. 1 KStG gilt sachlich für Beteiligungserträge aus dem In- und Ausland und persönlich für alle Körperschaften, Personenvereinigungen und Vermögensmassen i. S. der §§ 1 und 2 KStG als Empfänger. Die Anwendung des § 8b Abs. 1 KStG setzt keine Mindestbeteiligungsquote oder Mindestbehaltefrist voraus. 4

Anlage 1
II. Beteiligung an anderen Körperschaften und Personenvereinigungen

II. Sachlicher Anwendungsbereich

5 § 8b Abs. 1 KStG enthält eine abschließende Aufzählung der Tatbestände, die unter die Beteiligungsertragsbefreiung fallen. Dies sind insbesondere **Bezüge aus offenen und verdeckten Gewinnausschüttungen** (§ 20 Abs. 1 Nr. 1 EStG).

6 Zu den Bezügen i. S. des § 20 Abs. 1 Nr. 1 EStG gehören nicht solche Ausschüttungen, die als Zahlung aus dem steuerlichen Einlagekonto i. S. des § 27 KStG gelten. Diese **Einlagenrückgewähr** unterliegt der Steuerbefreiung nach § 8b Abs. 2 KStG, soweit sie den Buchwert der Beteiligung übersteigt.

7 **Liquidationsraten**, die nicht in der Rückzahlung von Nennkapital mit Ausnahme des Nennkapitals i. S. des § 28 Abs. 2 Satz 2 KStG bestehen und nicht aus dem Bestand des steuerlichen Einlagekontos i. S. des § 27 KStG stammen, gehören gem. § 20 Abs. 1 Nr. 2 EStG zu den Einkünften aus Kapitalvermögen und fallen daher unter die Beteiligungsertragsbefreiung.

Beispiel

Die A-GmbH (Nennkapital 50 000 €) wird zum 30. Juni 2003 aufgelöst. Der Abwicklungszeitraum endet am 31. August 2004. Zum 31. August 2004 betragen die sonstigen Rücklagen lt. Steuerbilanz 200 000 €. Ein KSt-Guthaben oder ein Bestand an Alt-EK 02 ist nicht vorhanden. Am 31. Dezember 2003 betrug das steuerliche Einlagekonto 20 000 €. Alleingesellschafterin der A-GmbH ist die X-GmbH.

Das verteilte Vermögen beträgt 250 000 € (sonstige Rücklagen und Nennkapital). Der ausschüttbare Gewinn gem. §§ 27 Abs. 1 Satz 4 KStG vor der Schlussverteilung beträgt 180 000 €. Von dem verteilten Vermögen entfallen 50 000 € auf die Rückzahlung des Nennkapitals; 20 000 € gelten als Zahlung aus dem steuerlichen Einlagekonto und unterliegen damit bei der X-GmbH der Steuerbefreiung des § 8b Abs. 2 KStG. Die Auskehrung des restlichen Betrages von 180 000 € führt bei der X-GmbH zu Einnahmen i. S. des § 20 Abs. 1 Nr. 2 EStG und fallen damit unter die Beteiligungsertragsbefreiung nach § 8b Abs. 1 KStG.

Zur steuerlichen Behandlung der Auflösung von Körperschaften ergeht ein gesondertes BMF-Schreiben.

8 Die Beteiligungsertragsbefreiung erstreckt sich auch auf **Einnahmen aus der Veräußerung von** Dividendenansprüchen (§ 8b Abs. 1 Satz 2 KStG).

9 **Einnahmen aus Wertpapierleihgeschäften** (Leihgebühr, Kompensationszahlungen des Entleihers) fallen nicht unter die Beteiligungsertragsbefreiung.

10 Von § 8b Abs. 1 KStG werden ebenfalls Einnahmen aus Leistungen einer Körperschaft, Personenvereinigung oder Vermögensmasse i. S. des § 1 Abs. 1 Nr. 3 bis 6 KStG erfasst, die Gewinnausschüttungen i. S. des § 20 Abs. 1 Nr. 1 EStG vergleichbar sind (**Leistungen i. S. des § 20 Abs. 1 Nr. 9 und 10 Buchst. a EStG**).

III. Einbehaltung und Anrechnung von Kapitalertragsteuer

11 Der Kapitalertragsteuerabzug wird durch § 8b Abs. 1 KStG nicht ausgeschlossen (§ 43 Abs. 1 Satz 3 EStG). Die auf Erträge i. S. des § 8b Abs. 1 KStG einbehaltene Kapitalertragsteuer kann im Rahmen der Körperschaftsteuerveranlagung in voller Höhe angerechnet werden (§ 8 Abs. 1 KStG i. V. m. § 36 Abs. 2 Satz 2 Nr. 2 EStG). Bei beschränkt Steuerpflichtigen ohne inländisches Betriebsvermögen hat der Kapitalertragsteuereinbehalt abgeltende Wirkung (§ 32 Abs. 1 Nr. 2 KStG).

Anlage 1
Beteiligung an anderen Körperschaften und Personenvereinigungen   II.

IV. Steuerpflicht nach anderen Vorschriften
Die Beteiligungsertragsbefreiung nach § 8b Abs. 1 KStG schließt eine Steuerpflicht nach anderen Vorschriften (z. B. § 37 Abs. 3 KStG) nicht aus.   12

C. Veräußerungsgewinnbefreiung (§ 8b Abs. 2 KStG)
I. Allgemeines
§ 8b Abs. 2 KStG gilt persönlich für alle Körperschaften (z. B. beschränkt steuerpflichtige Körperschaft ohne inländisches Betriebsvermögen, steuerpflichtiger Verein). Durch § 8b Abs. 2 KStG wird sachlich der Gewinn aus der Veräußerung einer Beteiligung an einer anderen Körperschaft steuerfrei gestellt. Das gilt sowohl für Beteiligungen an inländischen als auch an ausländischen Körperschaften, unabhängig von der Beteiligungshöhe.   13

Ausdrücklich geregelt ist außerdem die Steuerfreiheit von Gewinnen aus der Veräußerung eines Anteils an einer Organgesellschaft, aus der Auflösung, der Kapitalherabsetzung oder Wertaufholung, aus der Anwendung des § 21 Abs. 2 UmwStG und aus der verdeckten Einlage.   14

II. Gesetzlich geregelte Anwendungsfälle des § 8b Abs. 2 KStG
Das Gesetz unterscheidet nicht zwischen Anteilen an anderen Körperschaften und **eigenen Anteilen**. Deshalb fällt auch der Verkauf von zur Weiterveräußerung erworbenen eigenen Anteilen unter § 8b Abs. 2 KStG.   15

Die Veräußerungsgewinnbefreiung nach § 8b Abs. 2 KStG gilt auch, wenn ein Organträger, auf den § 8b KStG Anwendung findet, die **Beteiligungen an einer Organgesellschaft** verkauft.   16

Einzubeziehen ist dabei auch der Gewinn aus der Auflösung eines passiven Ausgleichspostens, der gebildet worden ist, weil der an den Organträger abgeführte Gewinn der Organgesellschaft von dem Steuerbilanzgewinn abweicht. Gewinnminderungen aus der Auflösung entsprechender aktiver Ausgleichsposten fallen unter das Abzugsverbot des § 8b Abs. 3 KStG (vgl. Rdnr. 26).

Beispiel
Die A-GmbH veräußert die Beteiligung an ihrer 100 %igen Organgesellschaft (OG) (Veräußerungspreis 500, Buchwert 200). Aufgrund handelsrechtlicher Mehrabführungen der OG hatte die A-GmbH in ihrer Steuerbilanz einen passiven Ausgleichsposten i. H. von 50 gebildet. Aus der Veräußerung erzielt die A-GmbH einen Gewinn von 300 (500 - 200). Dieser Gewinn erhöht sich durch die Auflösung des passiven Ausgleichspostens um weitere 50. Der Gesamtbetrag von 350 fällt unter die Veräußerungsgewinnbefreiung des § 8b Abs. 2 KStG.

Zur Anwendung des § 8b Abs. 2 KStG im Fall der **Liquidation** vgl. Rdnr. 7.   17

Unter die Veräußerungsgewinnbefreiung fallen ferner Gewinne aus **Wertaufholungen i. S. des § 6 Abs. 1 Nr. 2 Satz 3 EStG**, denen eine nach § 8b Abs. 3 KStG steuerlich nicht zu berücksichtigende Teilwertabschreibung vorausgegangen ist.   18

Beispiel
Die A-GmbH bringt im Jahr 01 einen Teilbetrieb zu einem unter dem Teilwert liegenden Buchwert in die B-GmbH ein. Sie erhält Anteile im Nennwert von 400. Im Jahr 04 schreibt sie die Beteiligung auf 200 ab. Im Jahr 08 wird eine Wertaufholung von 100 erforderlich.

Anlage 1
II. Beteiligung an anderen Körperschaften und Personenvereinigungen

Die Teilwertabschreibung von 200 ist nach § 8b Abs. 3 KStG steuerlich nicht zu berücksichtigen. Das Einkommen des Jahres 04 ist daher um 200 zu erhöhen. Die Wertaufholung führt zu einer Gewinnerhöhung von 100, die nach § 8b Abs. 2 KStG steuerfrei ist.

Abwandlung
Die Wertaufholung erfolgt im Jahr 06.

Die Wertaufholung führt zu einer Gewinnerhöhung von 100, die nicht durch § 8b Abs. 2 KStG begünstigt ist, weil sie innerhalb des 7-Jahreszeitraums (vgl. Rdnr. 40 ff.) erfolgt ist. Der Gewinn ist jedoch um die zuvor steuerlich nicht gewinnmindernd berücksichtigte Teilwertabschreibung zu korrigieren, so dass kein steuerpflichtiger Gewinn verbleibt.

19   § 8b Abs. 2 KStG erfasst ebenfalls die Fälle, in denen bei einbringungsgeborenen Anteilen nach **§ 21 Abs. 2** UmwStG eine Gewinnrealisierung ohne Veräußerung eintritt. Wegen einer möglichen Steuerpflicht des Veräußerungsgewinns nach § 8b Abs. 4 KStG vgl. Rdnr. 28 ff.

Beispiel
Die A-GmbH bringt im Jahr 01 einen Teilbetrieb (Buchwert 200, Teilwert 400) gem. § 20 Abs. 1 Satz 1 UmwStG zu Buchwerten in die B-GmbH ein. Im Jahr 09 stellt die A-GmbH einen Antrag nach § 21 Abs. 2 Satz 1 Nr. 1 UmwStG. Der Wert der Anteile beträgt zu diesem Zeitpunkt 500. Der Gewinn i. H. von 300 (500 - 200) ist steuerfrei nach § 8b Abs. 2 KStG.

20   Gewinne aus der Übertragung von Anteilen im Rahmen einer **verdeckten Einlage** werden nach § 8b Abs. 2 Satz 3 KStG den Gewinnen aus Veräußerungen gleichgestellt.

III. Anwendung des § 8b Abs. 2 KStG auf weitere Realisationsvorgänge

21   Einkommenserhöhungen durch **verdeckte Gewinnausschüttungen** im Zusammenhang mit der Übertragung von Anteilen fallen unter die Steuerbefreiung. Die Ermittlung der verdeckten Gewinnausschüttung geht der Anwendung des § 8b KStG vor.

Beispiel 1
Die M-AG veräußert Anteile an der T-GmbH für 200 an ihren Anteilseigner. Die Anteile an der T-GmbH haben Anschaffungskosten von 500, einen Buchwert von 500 und einen Teilwert (gemeinen Wert) von 1 000.

Steuerpflichtiger Veräußerungsgewinn der M-AG:	
Veräußerungserlös	200
Buchwert	- 500
	- 300
verdeckte Gewinnausschüttung (§ 8 Abs. 3 Satz 2 KStG):	
Wert der Anteile	1 000
Gegenleistung	- 200
	+ 800
Gewinn	+ 500
Anwendung § 8b Abs. 2 KStG:	- 500
steuerpflichtiger Veräußerungsgewinn	0

Anlage 1
Beteiligung an anderen Körperschaften und Personenvereinigungen II.

Bemessungsgrundlage der Kapitalertragsteuer (§ 43a Abs. 1 Nr. 1 EStG)	800
Bezüge des Anteilseigners (§ 20 Abs. 1 Nr. 1 EStG)	800

Beispiel 2

Die M-AG veräußert Anteile an der T-GmbH für 200 an ihren Anteilseigner. Die Anteile an der T-GmbH haben Anschaffungskosten von 500, einen Buchwert von 300 (steuerwirksam abgeschrieben) und einen Teilwert (gemeinen Wert) von 1 000.

Steuerpflichtiger Veräußerungsgewinn der M-AG:

Veräußerungserlös		200
Buchwert		- 300
		- 100
verdeckte Gewinnausschüttung (§ 8 Abs. 3 Satz 2 KStG):		
Wert der Anteile	1 000	
Gegenleistung	- 200	
		+ 800
Gewinn		700
Anwendung § 8b Abs. 2 KStG:		
Steuerbefreiung	700	
Teilwertabschreibung (§ 8b Abs. 2 Satz 2 KStG)	- 200	
		- 500
steuerpflichtiger Veräußerungsgewinn		200
Bemessungsgrundlage der Kapitalertragsteuer (§ 43a Abs. 1 Nr. 1 EStG)		800
Bezüge des Anteilseigners (§ 20 Abs. 1 Nr. 1 EStG)		800

Die Gibt eine Kapitalgesellschaft Anteile an einer Kapitalgesellschaft an ihre Anteilseigner weiter **(Sachdividende)**, fallen die Gewinne aus der Aufdeckung stiller Reserven unter die Veräußerungsgewinnbefreiung nach § 8b Abs. 2 KStG. Die als Sachdividende abgegebenen Anteile werden bei der Ermittlung des Einkommens mit dem gemeinen Wert angesetzt. 22

Die Steuerbefreiung gilt auch für **Übertragungsgewinne i. S. der §§ 11, 15 UmwStG**, soweit diese auf Beteiligungen i. S. des § 8b Abs. 2 KStG entfallen. 23

Unter die Veräußerungsgewinnbefreiung fallen auch **Genussrechte i. S. des § 8 Abs. 3 Satz 2 KStG**; nicht aber andere Genussrechte, Wandelschuldverschreibungen, Optionsanleihen und sonstige Bezugsrechte. 24

D. Nicht zu berücksichtigende Gewinnminderungen (§ 8b Abs. 3 KStG)

Nach § 8b Abs. 3 KStG sind Gewinnminderungen, die im Zusammenhang mit dem in Absatz 2 genannten Anteil entstehen, bei der Gewinnermittlung nicht zu berücksichtigen. 25

Anlage 1
II. Beteiligung an anderen Körperschaften und Personenvereinigungen

26 Dabei handelt es sich insbesondere um Gewinnminderungen
- durch Ansatz des niedrigeren Teilwerts
- durch Veräußerung des Anteils (Veräußerungsverlust)
- bei Auflösung der Gesellschaft
- bei Herabsetzung des Nennkapitals der Kapitalgesellschaft
- bei Anwendung des § 21 Abs. 2 UmwStG
- aus der Auflösung eines aktiven Ausgleichspostens aufgrund handelsrechtlicher Minderabführungen bei Organschaft (vgl. Rdnr. 16)
- im Zusammenhang mit der verdeckten Ausschüttung eines Anteils
- bei Sachdividenden.

Beispiel

Die M-AG veräußert Anteile an der T-GmbH für 200 an ihren Anteilseigner. Die Anteile an der T-GmbH haben Anschaffungskosten von 500, einen Buchwert von 500 und einen Teilwert (gemeinen Wert) von 300.

Steuerpflichtiger Veräußerungsgewinn der M-AG:		
Veräußerungserlös		200
Buchwert		- 500
		- 300
verdeckte Gewinnausschüttung (§ 8 Abs. 3 Satz 2 KStG):		
Wert der Anteile	300	
Gegenleistung	- 200	
		+ 100
Verlust		- 200
Anwendung § 8b Abs. 3 KStG:		+ 200
steuerpflichtiger Gewinn		0
Bemessungsgrundlage der Kapitalertragsteuer (§ 43a Abs. 1 Nr. 1 EStG)		100
Bezüge des Anteilseigners (§ 20 Abs. 1 Nr. 1 EStG)		100

27 Das Abzugsverbot greift auch dann, wenn ein Gewinn nach § 8b Abs. 4 KStG steuerpflichtig wäre.

Beispiel

Im Jahr 1997 hatte die X-GmbH einen Teilbetrieb zu einem unter dem Teilwert liegenden Buchwert von 500 gegen Gewährung von Gesellschaftsrechten in die Y-GmbH eingebracht. Wegen schlechter Geschäftsentwicklung veräußert die X-GmbH im Jahr 2002 ihren Anteil an der Y-GmbH für 300.

Der Verlust von 200 ist nach § 8b Abs. 3 KStG nicht abzugsfähig. Das Abzugsverbot gilt unabhängig davon, dass ein Gewinn aus der Veräußerung dieses Anteils innerhalb der 7-Jahresfrist steuerpflichtig gewesen wäre.

Anlage 1
Beteiligung an anderen Körperschaften und Personenvereinigungen   II.

Zu Einzelfragen der Abzugsbeschränkung ergeht ein gesondertes BMF-Schreiben.

E. Einbringungsklausel (§ 8b Abs. 4 KStG)
I. Allgemeines

Die Ausnahmeregelungen des § 8b Abs. 4 KStG sollen Gestaltungen unter Nutzung der Möglichkeiten der steuerneutralen Einbringung nach § 20 UmwStG verhindern. Dies betrifft die Einbringung von Betrieben, Teilbetrieben oder Mitunternehmeranteilen in eine Kapitalgesellschaft und die anschließende steuerfreie Veräußerung des Anteils an der Kapitalgesellschaft (**sachliche Sperre**, § 8b Abs. 4 Satz 1 Nr. 1 KStG). Die Veräußerung des eingebrachten Betriebsvermögens durch die einbringende selbst Kapitalgesellschaft könnte nicht steuerfrei erfolgen. 28

Die Einbringungsklausel soll auch verhindern, dass die Steuerbefreiung des § 8b Abs. 2 KStG von natürlichen Personen in Anspruch genommen wird, die nicht unter den begünstigten Personenkreis fallen (**persönliche Sperre**, § 8b Abs. 4 Satz 1 Nr. 2 KStG). Über die steuerneutrale Einbringung einer Kapitalbeteiligung in eine Kapitalgesellschaft und die anschließende Weiterveräußerung des Anteils durch die Kapitalgesellschaft wäre es ohne die Regelung möglich, die Versteuerung eines Veräußerungsgewinns aus dem Verkauf einer Kapitalbeteiligung im Halbeinkünfteverfahren zu umgehen. 29

Es verbleibt hingegen bei der Steuerbefreiung, wenn der Vorgang i. S. des § 8b Abs. 2 KStG später als sieben Jahre nach dem Zeitpunkt des Erwerbs der betreffenden Anteile stattfindet (**zeitliche Rückausnahme** - 7-Jahresfrist). Nach einer Behaltefrist von sieben Jahren kann davon ausgegangen werden, dass der Sachverhalt auf eine längerfristige Umstrukturierung ausgerichtet war. 30

Innerhalb der Sperrfrist ist die Veräußerung steuerfrei, wenn ein Anteil betroffen ist, der aufgrund eines Einbringungsvorgangs im Sinne des § 20 Abs. 1 Satz 2 UmwStG oder § 23 Abs. 4 UmwStG (Erwerb einer mehrheitsvermittelnden Beteiligung durch Anteilstausch) erworben worden war (**sachliche Rückausnahme**). 31

Die Rückausnahme gilt nicht, wenn die im Rahmen des Einbringungsvorgangs hingegebenen Anteile ihrerseits aus einer Einbringung i. S. des § 20 Abs. 1 Satz 1 UmwStG unter dem Teilwert entstanden sind (**Ausnahme der Rückausnahme**). In diesem Fall handelt es sich mittelbar wieder um die Veräußerung eines Betriebs, Teilbetriebs oder Mitunternehmeranteils und es greift daher die sachliche Sperre des § 8b Abs. 4 Satz 1 Nr. 1 KStG. Die Rückausnahme gilt ebenfalls nicht, wenn die Anteile von einem nicht durch § 8b Abs. 2 KStG begünstigten Steuerpflichtigen unter dem Teilwert erworben worden sind. 32

Entsteht innerhalb der Sperrfrist ein Veräußerungsverlust, ist dieser nach § 8b Abs. 3 KStG steuerlich nicht abziehbar (vgl. Rdnrn. 26 und 27). 33

II. Sachliche Sperre (§ 8b Abs. 4 Satz 1 Nr. 1 KStG)

Die Steuerbefreiung gilt nicht für einbringungsgeborene Anteile i. S. des § 21 UmwStG. 34

Die Anteile fallen nicht mehr unter die Ausnahmeregelung, wenn eine Versteuerung der stillen Reserven nach § 21 Abs. 2 Satz 1 Nr. 1 UmwStG auf Antrag oder nach § 21 Abs. 2 Satz 1 Nr. 2 UmwStG wegen des Wegfalls des deutschen Besteuerungsrechts erfolgt ist. 35

Beispiel

Die X-GmbH hält 100 % der Anteile an der Y-GmbH, die sie im Jahr 1998 im Wege der Einbringung eines Teilbetriebs zu einem unter dem Teilwert liegenden Buchwert erworben hat. Der Buchwert betrug 500, der Teilwert 1 000. Im Jahr 2002 stellt die X-GmbH einen Antrag auf Versteuerung der stillen Reserven nach § 21 Abs. 2 Satz 1 Nr. 1 UmwStG. Der Teilwert der Y-Anteile beträgt zu diesem Zeitpunkt 1 200.

Anlage 1
II. Beteiligung an anderen Körperschaften und Personenvereinigungen

Der Gewinn i. H. von 700 (Teilwert im Zeitpunkt der Antragsbesteuerung 1 200 minus Buchwert 500) ist steuerpflichtig. Die Steuerbefreiung des § 8b Abs. 2 KStG gilt gem. § 8b Abs. 4 Satz 1 Nr. 1 KStG nicht, weil die Y-Anteile einbringungsgeboren sind. Durch die Antragsversteuerung verlieren die Anteile im Jahr 2002 aber den Charakter als einbringungsgeborene Anteile (vgl. Rdnr. 21.07 des BMF-Schreibens vom 25. März 1998, BStBl I S. 268) und können nachfolgend - auch vor Ablauf der 7-Jahresfrist - steuerfrei veräußert werden.

36 Wegen der Anwendung des § 8b Abs. 2 und 3 KStG auf Gewinne und Verluste i. S. des § 21 Abs. 2 Satz 1 Nr. 1 und 2 UmwStG vgl. Rdnr. 19 und 25 f.

III. Persönliche Sperre (§ 8b Abs. 4 Satz 1 Nr. 2 KStG)

37 Sind Gegenstand des Vorgangs i. S. des § 8b Abs. 2 KStG Anteile, die die veräußernde Kapitalgesellschaft, Personenvereinigung oder Vermögensmasse von einem nicht durch § 8b Abs. 2 KStG begünstigten Einbringenden zu einem Wert unter dem Teilwert erworben hat, ist die Steuerbefreiung nur unter den Voraussetzungen des § 8b Abs. 4 Satz 2 KStG zu gewähren.

38 Dies gilt für Anteile, die von einem nicht durch § 8b Abs. 2 KStG begünstigten Einbringenden (i. d. R. eine natürliche Person) unmittelbar oder mittelbar erworben worden sind und wegen § 8b Abs. 6 KStG für Anteile, die über eine Mitunternehmerschaft mittelbar erworben worden sind.

Beispiel 1 (unmittelbarer Erwerb)
Einzelunternehmer U hält eine Beteiligung an der X-GmbH, deren Veräußerung für ihn steuerpflichtig wäre. U bringt die Beteiligung an der X-GmbH zum unter dem Teilwert liegenden Buchwert in die Y-GmbH ein. Die Y-GmbH veräußert die Anteile an Dritte weiter.

Beispiel 2 (mittelbarer Erwerb)
Einzelunternehmer U hält eine Beteiligung an der X-GmbH, deren Veräußerung für ihn steuerpflichtig wäre. U bringt die Beteiligung an der X-GmbH zum unter dem Teilwert liegenden Buchwert in die Y-GmbH ein. Die Y-GmbH bringt ihrerseits die Beteiligung an der X-GmbH zum unter dem Teilwert liegenden Buchwert in die Z-AG ein. Die Z-AG veräußert die Anteile an der X-GmbH an Dritte weiter.

Beispiel 3 (mittelbarer Erwerb über eine Mitunternehmerschaft)
Einzelunternehmer U hält eine 100%ige Beteiligung an der X-GmbH, deren Veräußerung für ihn steuerpflichtig wäre. U bringt die Beteiligung gem. § 24 Abs. 1 UmwStG zum unter dem Teilwert liegenden Buchwert in die U-KG ein, deren Mitunternehmerin die Y-GmbH ist. Die U-KG veräußert die Anteile an Dritte weiter.
Für den Veräußerungsgewinn, der auf die Y-GmbH entfällt, gilt die persönliche Sperre des § 8b Abs. 4 Satz 1 Nr. 2 KStG.

39 Die **unentgeltliche Übertragung von Anteilen** ist regelmäßig eine verdeckte Einlage, die in der Regel zur Gewinnrealisierung führt. Sie ist über § 8b Abs. 2 Satz 3 KStG der Veräußerung gleichgestellt. Nur in den seltenen Ausnahmefällen, in denen dies nicht zutrifft (Bewertung der verdeckten Einlage mit den Anschaffungskosten gem. § 6 Abs. 1 Nr. 5 Satz 1 Buchst. a EStG) liegt ein Anwendungsfall des § 8b Abs. 4 Satz 1 Nr. 2 KStG vor und es ist eine Besitzzeitanrechnung beim unentgeltlichen Erwerber vorzunehmen.

Anlage 1
Beteiligung an anderen Körperschaften und Personenvereinigungen II.

IV. Rückausnahmen (Steuerfreiheit)
1. 7-Jahresfrist (§ 8b Abs. 4 Satz 2 Nr. 1 KStG)

Auch wenn die Tatbestände des § 8b Abs. 4 Satz 1 Nrn. 1 und 2 KStG vorliegen, ist der Veräußerungsgewinn steuerfrei, wenn der in § 8b Abs. 2 KStG bezeichnete Vorgang später als sieben Jahre nach der Einbringung stattfindet. Diese Frist gilt sowohl für die unter § 8b Abs. 4 Satz 1 Nr. 1 KStG (einbringungsgeborene Anteile) als auch für die unter § 8b Abs. 4 Satz 1 Nr. 2 KStG (Erwerb von Anteilen von einem nicht von § 8b Abs. 2 KStG begünstigten Einbringenden unter dem Teilwert) fallenden Anteile. 40

a) Beginn und Ende der 7-Jahresfrist

Die 7-Jahresfrist beginnt mit Ablauf des steuerlichen Übertragungsstichtags i. S. des UmwStG. Im Falle der Ketteneinbringung ist die Einbringung eines Betriebs, Teilbetriebs oder Mitunternehmeranteils zu einem unter dem Teilwert liegenden Wert für den Fristbeginn maßgebend; eine neue 7-Jahresfrist beginnt im Falle des Erwerbs einer Beteiligung von einem nicht durch § 8b Abs. 2 KStG begünstigten Steuerpflichtigen unter dem Teilwert. 41

Der Beginn der 7-Jahresfrist kann auch vor dem Inkrafttreten des StSenkG liegen. 42

Die Frist beträgt sieben Zeitjahre. Eine steuerfreie Veräußerung ist erst nach Ablauf von sieben Jahren nach der schädlichen Einbringung bzw. dem schädlichen Erwerb von einem nicht nach § 8b Abs. 2 KStG Begünstigten möglich. 43

Unter Umständen sind auch Gewinne aus der Veräußerung von Anteilen steuerpflichtig, die vor mehr als sieben Jahren erworben wurden, wenn diese Anteile nachträglich verstrickt worden sind. Zur nachträglichen Verstrickung vgl. im Übrigen Rdnr. 51 f. 44

b) Spaltung oder Verschmelzung innerhalb der 7-Jahresfrist

Sind bei einer ganz oder teilweise steuerneutralen Verschmelzung oder Spaltung in dem übertragenen Vermögen Anteile i. S. des § 8b Abs. 4 KStG enthalten, tritt die übernehmende Körperschaft gemäß § 4 Abs. 2 Satz 1 bzw. § 12 Abs. 3 Satz 1 UmwStG in die steuerliche Rechtsstellung des übertragenden Rechtsträgers ein; die übertragenen Anteile verlieren nicht ihre Eigenschaft als einbringungsgeborene Anteile. Es beginnt keine neue 7-Jahresfrist. 45

2. Steuerlich nicht berücksichtigte Teilwertabschreibungen

Nach § 8b Abs. 3 KStG sind Gewinnminderungen, die durch Ansatz des niedrigeren Teilwerts entstehen, steuerlich nicht zu berücksichtigen. Wird die Beteiligung veräußert, erhöht sich der Veräußerungsgewinn um die steuerlich nicht berücksichtigte Teilwertabschreibung, da sie den Buchwert der Beteiligung gemindert hat. Bei Veräußerung einer Beteiligung innerhalb der 7-Jahresfrist ist der (steuerpflichtige) Veräußerungsgewinn um die steuerlich nicht berücksichtigte Teilwertabschreibung zu mindern. Entsprechendes gilt für Wertaufholungen i. S. des § 6 Abs. 1 Nr. 2 Satz 3 EStG (vgl. Beispiel in Rdnr. 18). 46

3. Rückausnahme nach § 8b Abs. 4 Satz 2 Nr. 2 KStG (Steuerfreiheit)

Der Ausschluss von der Steuerbefreiung tritt grundsätzlich nicht ein, wenn die Anteile aufgrund eines Einbringungsvorgangs (Anteilstausch) i. S. des § 20 Abs. 1 Satz 2 UmwStG oder § 23 Abs. 4 UmwStG von einem von § 8b Abs. 2 KStG begünstigten Steuerpflichtigen erworben worden sind. In diesen Fällen hätte die Steuerbefreiung dem Einbringenden auch zugestanden, wenn er die Anteile unmittelbar veräußert hätte. 47

Anlage 1

II. Beteiligung an anderen Körperschaften und Personenvereinigungen

Beispiel

Die X-GmbH bringt Anteile an der C-GmbH, die nicht einbringungsgeboren sind, nach § 20 Abs. 1 Satz 2 UmwStG in die Y-AG ein. Anschließend verkauft die X-GmbH die Anteile an der Y-AG.

4. Ausnahme von der Rückausnahme (Steuerpflicht)

48 Ist der Einbringung i. S. des § 20 Abs. 1 Satz 2 UmwStG oder i. S. des § 23 Abs. 4 UmwStG innerhalb von sieben Jahren vor der Veräußerung die Einbringung eines Betriebs, Teilbetriebs oder Mitunternehmeranteils gem. § 20 Abs. 1 Satz 1 UmwStG oder § 23 Abs. 1 bis 3 UmwStG zu einem unter dem Teilwert liegenden Wert vorausgegangen, dessen Veräußerung bei der Körperschaft nicht begünstigt gewesen wäre, so tritt die Rückausnahme des § 8b Abs. 4 Satz 2 Nr. 2 KStG nicht ein. Die Veräußerung der nach § 20 Abs. 1 Satz 2 UmwStG erworbenen Anteile ist steuerpflichtig, da sie mittelbar auf einer Einbringung nach § 20 Abs. 1 Satz 1 UmwStG beruhen und die Veräußerung innerhalb von sieben Jahren seit dieser Einbringung liegt.

Beispiel

Die X-GmbH hatte im Jahr 1998 einen Teilbetrieb zu einem unter dem Teilwert liegenden Buchwert von 400 in die Y-GmbH eingebracht. Im Jahr 2000 übertrug sie die Anteile an der Y-GmbH zu Buchwerten im Wege der Sachgründung auf die Z-GmbH. Im Jahr 2003 veräußert die X-GmbH die Anteile an der Z-GmbH für 750.

Der Veräußerungsgewinn von 350 fällt nicht unter die Rückausnahme des § 8b Abs. 4 Satz 2 Nr. 2 KStG. Die Anteile an der Z-GmbH beruhen zwar auf einem Einbringungsvorgang i. S. des § 20 Abs. 1 Satz 2 UmwStG, sind aber mittelbar durch eine (schädliche) Einbringung eines Teilbetriebs gem. § 20 Abs. 1 Satz 1 UmwStG entstanden, die noch nicht länger als sieben Jahre zurückliegt.

49 Zur Steuerpflicht führt es auch, wenn Gegenstand der Veräußerung Anteile i. S. von § 20 Abs. 1 Satz 2 UmwStG (sog. mehrheitsvermittelnde Anteile) sind, die von einer nicht durch § 8b Abs. 2 KStG begünstigten Person direkt oder unter Zwischenschaltung weiterer Steuerpflichtiger in die veräußernde Körperschaft eingebracht worden sind.

Beispiel

Einzelunternehmer U hält eine 60 %ige Beteiligung an der X-GmbH, deren Veräußerung für ihn steuerpflichtig wäre. U bringt die Beteiligung an der X-GmbH zum unter dem Teilwert liegenden Buchwert in die Y-GmbH ein. Die Y-GmbH bringt ihrerseits die Beteiligung der X-GmbH ebenfalls zum unter dem Teilwert liegenden Buchwerten in die zu diesem Zweck neu gegründete Z-GmbH ein.

Die Y-GmbH veräußert die Anteile an der Z-GmbH.

Eine Veräußerung innerhalb der 7-Jahresfrist ist steuerpflichtig, weil die Anteile auf einer Einbringung durch eine nicht durch § 8b Abs. 2 KStG begünstigte Person beruhen.

50 Die Einschränkung der Rückausnahme durch § 8b Abs. 4 Satz 2 Nr. 2 KStG i. d. F. des UntStFG ist gem. § 34 Abs. 7 KStG erstmals auf Veräußerungen anzuwenden, bei denen die Übertragung des wirtschaftlichen Eigentums nach dem 15. August 2001 (Tag des Kabinettbeschlusses) erfolgt.

5. Nachträglich eintretende Steuerverstrickung

51 Zur nachträglichen Verstrickung von Anteilen wird auf das Beispiel in Rdnr. 21.14 des BMF-Schreibens vom 25. März 1998 (a. a. O.) hingewiesen. In diesem Fall, in dem stille

Reserven aus allen Wirtschaftsgütern auf einen neuen Geschäftsanteil verlagert werden, kommt stets ausschließlich eine quotale Verteilung in Betracht.

Rdnr. 51 gilt entsprechend, wenn stille Reserven von neuen Geschäftsanteilen auf Altanteile verlagert werden, die entweder nicht steuerverstrickt sind oder bei denen eine anfangs bestehende Steuerverstrickung durch Ablauf der 7-Jahresfrist nach § 8b Abs. 4 Satz 2 Nr. 1 KStG weggefallen ist.

Beispiel

Die X-GmbH hat im Jahr 01 im Rahmen einer Sachgründung durch Einbringung eines Teilbetriebs zu Buchwerten 100 % der Anteile (Nennkapital 500) an der Y-GmbH erworben. Im Jahr 04 bringt die X-GmbH einen weiteren Teilbetrieb mit einem Buchwert von 500 und Verkehrswert von 1 000 in die Y-GmbH ein und erhält dafür neue Anteile aus einer Kapitalerhöhung von nominal 500. Der Verkehrswert der Anteile an der Y-GmbH beträgt ohne Berücksichtigung der weiteren Teilbetriebseinbringung zum Zeitpunkt der Kapitalerhöhung 800 (stille Reserven: 300). Nach der Kapitalerhöhung im Jahr 04 hält die X-GmbH Anteile an der Y-GmbH mit einem Nennwert von 1 000. Davon entfallen jeweils 500 (50 %) auf die Anteile durch Sachgründung (Altanteile) und die Anteile durch Kapitalerhöhung. Die Verkehrswerte der Anteile stehen sich im Verhältnis 800/1 000 gegenüber.

Im Jahr 09 möchte die X-GmbH 50 % ihrer Anteile (Nennwert 500) an der Y-GmbH verkaufen.

Eine nach § 8b Abs. 2 KStG steuerfreie Veräußerung der Y-Anteile, die aus der Sachgründung resultieren, ist nicht möglich, obwohl für diese Anteile im Jahr 09 die 7-Jahresfrist bereits abgelaufen ist. Die Einbringung des zweiten Teilbetriebs erfolgte nicht verhältniswahrend, sodass stille Reserven aus der zweiten Teilbetriebseinbringung auf die Altanteile überspringen. Da diese stillen Reserven nicht einzelnen Anteilen zugeordnet werden können, ist jeder Altanteil teilweise steuerverhaftet, die Veräußerung ist entsprechend teilweise steuerpflichtig.

F. Pauschaliertes Betriebsausgaben-Abzugsverbot bei ausländischen Dividenden (§ 8b Abs. 5 KStG)

Zur Abzugsbeschränkung im Zusammenhang mit steuerfreien ausländischen Dividenden wird in einem gesonderten BMF-Schreiben Stellung genommen (vgl. Hinweise in Rdnr. 3 und 26 f.).

G. Anwendung des § 8b Absätze 1 bis 5 KStG bei Beteiligung über eine Personengesellschaft (§ 8b Abs. 6 KStG)

I. Allgemeines

Die Steuerbefreiungen und die Abzugsbeschränkungen des § 8b KStG gelten auch, wenn die Körperschaften, Personenvereinigungen und Vermögensmassen die Bezüge, Gewinne bzw. Gewinnminderungen nicht unmittelbar, sondern nur mittelbar über eine Mitunternehmerschaft erzielen. Dies gilt auch bei mehrstufigen Mitunternehmerschaften.

Die Regelung erfasst auch Gewinne bzw. Gewinnminderungen aus der Veräußerung von Mitunternehmeranteilen, soweit zu dem Betriebsvermögen der Mitunternehmerschaft eine Beteiligung an einer Kapitalgesellschaft, Personenvereinigung oder Vermögensmasse gehört.

Anlage 1
II. Beteiligung an anderen Körperschaften und Personenvereinigungen

II. Beteiligung über eine vermögensverwaltende Personengesellschaft

56 § 8b Abs. 1 bis 5 KStG ist auch bei mittelbarer Beteiligung über eine vermögensverwaltende Personengesellschaft anzuwenden. Der Durchgriff durch die vermögensverwaltende Personengesellschaft folgt aus der so genannten Bruchteilsbetrachtung (§ 39 AO).

III. Auswirkungen auf die Gewerbesteuer

57 § 8b Absätze 1 bis 5 KStG sowie § 3 Nr. 40 EStG sind bei der Ermittlung des Gewerbeertrags (§ 7 GewStG) einer Mitunternehmerschaft nicht anzuwenden.

58 Auch der Gewinn i. S. des § 7 Satz 2 GewStG aus der Veräußerung eines Mitunternehmeranteils durch eine Kapitalgesellschaft entsteht auf der Ebene der Mitunternehmerschaft. Die Grundsätze der Rdnr. 57 gelten daher auch für diese Gewinnanteile.

H. Keine Anwendung des § 8b Absätze 1 bis 6 KStG auf den kurzfristigen Eigenhandel bei Banken und Finanzdienstleistern (§ 8b Abs. 7 KStG)

59 Zur Anwendung des § 8b Abs. 7 KStG wird auf das BMF-Schreiben vom 25. Juli 2002 (BStBl I S. 712) hingewiesen.

I. Zeitliche Anwendung (§ 34 Abs. 7 KStG)

I. Erstmalige Anwendung der Beteiligungsertragsbefreiung des § 8b Abs. 1 KStG bei Inlandsbeteiligungen

60 Die steuerliche Behandlung einer Ausschüttung bei der ausschüttenden Körperschaft und die steuerliche Behandlung beim Empfänger des Beteiligungsertrags müssen korrespondieren. Gilt für eine Ausschüttung auf der Seite der ausschüttenden Körperschaft noch das Anrechnungsverfahren, kommt eine Beteiligungsertragsbefreiung beim Empfänger nicht in Betracht. Die Anwendungsregelung für § 8b Abs. 1 KStG nimmt deshalb auf die letztmalige Abwicklung von Ausschüttungen nach dem Anrechnungsverfahren Bezug (§ 34 Abs. 12 KStG).

61 Bei offenen Gewinnausschüttungen für abgelaufene Wirtschaftsjahre gilt § 8b Abs. 1 KStG erst für Ausschüttungen, die **bei der ausschüttenden Körperschaft** nicht mehr nach dem Anrechnungsverfahren (Vierter Teil des KStG a. F.) behandelt werden; dies ist i. d. R. bei Körperschaften mit kalenderjahrgleichem Wirtschaftsjahr erstmals bei Abfließen der Ausschüttung im Jahr 2002 oder später (bei abweichendem Wirtschaftsjahr: 2002/2003 oder später) der Fall.

62 Für andere Gewinnausschüttungen (insbesondere verdeckte Gewinnausschüttungen und Vorabausschüttungen) und sonstige Leistungen gilt § 8b Abs. 1 KStG bei Körperschaften mit kalenderjahrgleichem Wirtschaftsjahr bereits i. d. R. erstmals bei Abfließen der Leistung im Jahr 2001 (bei abweichendem Wirtschaftsjahr 2001/2002).

63 § 8b Abs. 1 KStG n. F. ist nach § 34 Abs. 7 KStG bei der empfangenden Körperschaft auch dann anzuwenden, wenn bei ihr das KStG n. F. im Übrigen noch nicht gilt.

II. Erstmalige Anwendung der Veräußerungsgewinnbefreiung des § 8b Abs. 2 KStG und des Abzugsverbots des § 8b Abs. 3 KStG bei Inlandsbeteiligungen

1. Kalenderjahrgleiches Wirtschaftsjahr der Gesellschaft, deren Anteile übertragen werden

64 § 8b Abs. 2 und 3 KStG gilt vorbehaltlich der § 8b Abs. 4 und § 34 Abs. 7 Satz 2 KStG für Gewinne und Gewinnminderungen aus Vorgängen, die im Jahr 2002 oder später erfolgen.

Anlage 1
Beteiligung an anderen Körperschaften und Personenvereinigungen   II.

2. **Vom Kalenderjahr abweichendes Wirtschaftsjahr der Gesellschaft, deren Anteile übertragen werden**

§ 8b Abs. 2 und 3 KStG gilt vorbehaltlich der § 8b Abs. 4 und § 34 Abs. 7 Satz 2 KStG für Gewinne und Gewinnminderungen aus Vorgängen, die im Wirtschaftsjahr 2002/2003 oder später erfolgen.   65

3. **Anwendung bei der veräußernden Körperschaft**

Für die Anwendung des § 8b Abs. 2 KStG n. F. bei der veräußernden Körperschaft gelten die Ausführungen in Rdnr. 63 entsprechend.   66

III. **Anwendung des § 8b Abs. 2 KStG bei Umstellung auf ein vom Kalenderjahr abweichendes Wirtschaftsjahr in 2001 (§ 34 Abs. 7 Satz 1 Nr. 2 KStG)**

Eine Umstellung des kalenderjahrgleichen Wirtschaftsjahrs auf ein vom Kalenderjahr abweichendes Wirtschaftsjahr in 2001 (Beispiel: Rumpfwirtschaftsjahr 1. Januar 2001 bis 31. März 2001 und dann abweichendes Wirtschaftsjahr 1. April 2001 bis 31. März 2002) ist unter Darlegung sachlicher Gründe möglich (§ 7 Abs. 4 Satz 3 KStG). Die Veräußerungsgewinnbefreiung ist dann bereits ab dem Wirtschaftsjahr 2001/2002 der Beteiligungsgesellschaft anzuwenden, denn der Veräußerungsgewinn entsteht bei Veräußerung im Wirtschaftsjahr 2001/2002 nach Ablauf des ersten Wirtschaftsjahres, das dem letzten Wirtschaftsjahr folgt, das in dem Veranlagungszeitraum endet, in dem das KStG a. F. letztmals anzuwenden ist (§ 34 Abs. 7 Satz 1 Nr. 2 KStG).   67

IV. **Anwendung der Beteiligungsertragsbefreiung des § 8b Abs. 1 KStG und der Veräußerungsgewinnbefreiung des § 8b Abs. 2 KStG bei Auslandsbeteiligungen**

Gewinnausschüttungen und Gewinne aus der Veräußerung von Beteiligungen an ausländischen Gesellschaften durch inländische Kapitalgesellschaften sind nach der allgemeinen Anwendungsvorschrift des § 34 Abs. 1 bzw. Abs. 2 KStG erstmals im Veranlagungszeitraum 2001 oder bei vom Kalenderjahr abweichendem Wirtschaftsjahr im Veranlagungszeitraum 2002 steuerfrei. Veräußerungsverluste und Teilwertabschreibungen können nach § 8b Abs. 3 KStG von diesem Zeitpunkt an nicht mehr steuerlich berücksichtigt werden. Maßgebend ist die Anwendung des KStG n. F. bei der veräußernden Körperschaft. Die besondere Anwendungsvorschrift des § 34 Abs. 7 KStG greift nicht, da eine ausländische Körperschaft nie dem Anrechnungsverfahren (Vierter Teil des KStG a. F.) unterlegen hat.   68

Anlage 1

III. Beteiligung an anderen Körperschaften und Personenvereinigungen

Anwendung des § 8b Abs. 4 KStG auf Beteiligungen in einem eingebrachten Betriebsvermögen

(BMF-Schreiben vom 5. Januar 2004 – IV A 2 – S 2750a – 35/03 - BStBl I S. 44)

Unter Bezugnahme auf das Ergebnis der Erörterungen mit den obersten Finanzbehörden der Länder nehme ich zu der Anwendung des § 8b Abs. 4 Satz 2 Nr. 2 KStG (Rückausnahme) auf Beteiligungen, die als Bestandteil eines eingebrachten Betriebsvermögens übergehen, wie folgt Stellung:

Gewinne aus der Veräußerung von einbringungsgeborenen Anteilen, die einer Körperschaft, Personenvereinigung oder Vermögensmasse für die Übertragung der in einem Betriebsvermögen enthaltenen Beteiligungen gewährt werden, fallen unter die Rückausnahme und sind damit nach § 8b Abs. 2 KStG bei der Einkommensermittlung außer Acht zu lassen, wenn

- eine mehrheitsvermittelnde Beteiligung übertragen worden ist,
- die Beteiligung nicht wesentliche Betriebsgrundlage des übertragenen Betriebs oder Teilbetriebs ist,
- die für die übertragenen Anteile gewährten Anteile genau identifizierbar sind (z. B. aufgrund des Vertrags über die Einbringung) und
- das Verhältnis des Nennwerts dieser Anteile zum Nennwert der insgesamt gewährten Anteile dem Verhältnis des Verkehrswerts der übertragenen Anteile zum Verkehrswert des insgesamt übertragenen Betriebsvermögens entspricht. Die Verkehrswerte sind zum steuerlichen Übertragungsstichtag der Einbringung zu ermitteln.

Ist eine dieser Voraussetzungen nicht erfüllt, stellen auch die für die übertragenen Anteile gewährten einbringungsgeborenen Anteile Anteile i. S. des § 20 Abs. 1 Satz 1 UmwStG dar. Gewinne aus der Veräußerung dieser Anteile innerhalb der 7-Jahresfrist sind damit grundsätzlich nach § 8b Abs. 4 Satz 1 Nr. 1 KStG steuerpflichtig (Ausnahmen siehe unten). Die generelle Rückausnahme nach § 8b Abs. 4 Satz 2 Nr. 2 KStG gilt lediglich für einbringungsgeborene Anteile i. S. des § 20 Abs. 1 Satz 2 UmwStG und ist daher insoweit nicht anwendbar.

Beispiel

Die X-AG bringt einen Teilbetrieb zu unter dem Teilwert liegenden Buchwerten in die Y-GmbH ein. Zu dem Teilbetrieb gehört die 100 %ige Beteiligung an der C-GmbH. Die C-GmbH ist durch Bargründung entstanden. Die X-AG veräußert innerhalb der 7-Jahresfrist Anteile an der Y-GmbH.

Alternative A:

Der Vertrag über die Einbringung legt fest, dass 50 % der Anteile an der Y-GmbH auf die Übertragung der C-Beteiligung entfallen und bezeichnet diese Anteile.

Die Buchwerte betragen 150, davon entfallen 100 (2/3) auf die Beteiligung an der C-GmbH und 50 (1/3) auf die übrigen Wirtschaftsgüter des Teilbetriebs. Die Y-GmbH gewährt Anteile im Nennwert von 150. Der Verkehrswert des eingebrachten Teilbetriebs beträgt 400 und entfällt je zur Hälfte (je 200) auf die Beteiligung an der C-GmbH und auf die übrigen Wirtschaftsgüter.

Die C-Anteile sind keine wesentliche Betriebsgrundlage des eingebrachten Teilbetriebs.

Die Veräußerung der Anteile an der Y-GmbH ist steuerfrei, soweit sie für die Übertragung der C-Anteile gewährt worden sind. Die Übertragung der Anteile an der C-GmbH fällt unter § 20 Abs. 1 Satz 2 UmwStG, auch wenn sie im Rahmen der Einbringung eines Teilbetriebs erfolgt ist. Es gilt die Rückausnahme des § 8b Abs. 4 Satz 2 Nr. 2 KStG.

Alternative B:

Eines der in Alternative A dargestellten Merkmale ist nicht gegeben, beispielsweise stellen die C-Anteile eine wesentliche Betriebsgrundlage des eingebrachten Teilbetriebs dar.

Anlage 1
Beteiligung an anderen Körperschaften und Personenvereinigungen III.

Die Veräußerung der Anteile ist steuerpflichtig. Alle Anteile an der Y-GmbH sind einbringungsgeborene Anteile im Sinne des § 20 Abs. 1 Satz 1 UmwStG. Die Anteile an der C-GmbH teilen als wesentliche Betriebsgrundlage das Schicksal des Teilbetriebs. Eine Aufteilung kommt nicht in Betracht. In diesem Fall greift die Rückausnahme des § 8b Abs. 4 Satz 2 Nr. 2 KStG nicht.

Ist die Rückausnahme nur deshalb nicht anwendbar, weil die für die übertragenen Anteile gewährten einbringungsgeborenen Anteile nicht genau identifizierbar sind (vgl. oben 3. Spiegelstrich), ist aus Billigkeitsgründen eine quotale Betrachtung anzuwenden, wenn die Anteile auf einer Einbringung beruhen, die bis zum 31. Januar 2004 erfolgt ist. In diesen Fällen ist die Veräußerung eines Anteils innerhalb der 7-Jahresfrist stets zum Teil steuerfrei und zum Teil steuerpflichtig. Die Steuerverhaftung eines jeden Anteils richtet sich dabei nach dem Verhältnis der Verkehrswerte zum Zeitpunkt der Einbringung des Betriebs oder Teilbetriebs.

Beispiel

Die X-AG hatte im Jahr 2001 einen Teilbetrieb zu unter dem Teilwert liegenden Buchwerten in die Y-GmbH eingebracht. Die Buchwerte betragen 150, davon entfallen 100 (2/3) auf die Beteiligung an der C-GmbH (keine wesentliche Betriebsgrundlage) und 50 (1/3) auf die übrigen Wirtschaftsgüter. Die Y-GmbH gewährt Anteile im Nennwert von 150. Der Verkehrswert des eingebrachten Teilbetriebs beträgt 400 und entfällt je zur Hälfte (je 200) auf die Beteiligung an der C-GmbH und auf die übrigen Wirtschaftsgüter.

Es liegen keine Angaben über eine Zuordnung der gewährten Anteile vor. Die X-AG verkauft im Jahr 2006 einen Teil der Anteile an der Y-GmbH mit einem Gewinn i. H. von 600, von dem 200 auf die Beteiligung an der C-GmbH entfällt.

Die der X-AG für die Übertragung der Anteile an der C-GmbH gewährten Anteile an der Y-GmbH sind nicht identifizierbar. Der Veräußerungsgewinn ist aus Billigkeitsgründen zu 50 % (Verhältnis der Verkehrswerte zum Einbringungsstichtag) steuerpflichtig.

Die Regelung gilt entsprechend für die Einbringung einer Beteiligung im Rahmen eines Formwechsels einer Personengesellschaft in eine Kapitalgesellschaft nach § 25 UmwStG, soweit Gesellschafter der Personengesellschaft von § 8b Abs. 2 KStG begünstigte Steuerpflichtige sind.

Die Kapitalbeteiligung selbst, die als Bestandteil des von einer Kapitalgesellschaft eingebrachten Betriebs nach Maßgabe des § 20 Abs. 1 Satz 1 UmwStG auf eine andere Kapitalgesellschaft übergeht, kann von der **Übernehmerin** ggf. direkt gem. § 8b Abs. 2 KStG steuerfrei veräußert werden. Voraussetzung dafür ist, dass die Beteiligung ihrerseits nicht mittelbar oder unmittelbar auf einer schädlichen Einbringung beruht.

Beispiel

Die X-AG bringt einen Teilbetrieb zu unter dem Teilwert liegenden Buchwerten in die Y-GmbH ein. Zu dem Teilbetrieb gehört die 100 %ige Beteiligung an der C-GmbH. Die C-GmbH ist durch Bargründung entstanden. Die Y-GmbH verkauft die Anteile an der C-GmbH.

Es liegt kein Fall des § 8b Abs. 4 KStG vor, weil die Anteile an der C-GmbH nicht einbringungsgeboren sind. Die Veräußerung kann steuerfrei erfolgen.

Anlage 1
IV. Beteiligung an anderen Körperschaften und Personenvereinigungen

Behandlung von Betriebsausgaben im Zusammenhang mit Auslandsdividenden in den Veranlagungszeiträumen (VZ) 1993 bis 2003; Anwendung des EuGH-Urteils vom 23. Februar 2006 in der Rs. C-471/04 Keller-Holding (BStBl II 2008 S. 834) und der BFH-Urteile vom 13. Juni 2006 - I R 78/04 - (BStBl II 2008 S. 821) und vom 9. August 2006 - I R 50/05 - (BStBl II 2008 S. 823)

(BMF-Schreiben vom 30. September 2008 - IV C 7 - S 2750-a/07/10001 - BStBl I S. 940)

In dem Urteil vom 23. Februar 2006 in der Rs. C-471/04 Keller-Holding (BStBl II 2008 S. 834) hat der EuGH entschieden, dass Art. 43 EG (und Art. 31 des EWR-Abkommens) einer Regelung eines Mitgliedstaats entgegensteht, nach der Finanzierungsaufwendungen einer in diesem Mitgliedstaat unbeschränkt steuerpflichtigen Muttergesellschaft für den Erwerb von Beteiligungen an einer Tochtergesellschaft steuerlich nicht abzugsfähig sind, soweit diese Aufwendungen auf steuerfreie Dividenden von einer in einem anderen EU/EWR-Staat ansässigen Enkelgesellschaft entfallen, obwohl solche Aufwendungen dann abzugsfähig sind, wenn sie auf Dividenden von einer Enkelgesellschaft entfallen, die im Mitgliedstaat der Muttergesellschaft ansässig ist. Dem stehe nicht entgegen, dass Ausschüttungen inländischer Kapitalgesellschaften in der Zeit des Anrechnungsverfahrens grundsätzlich steuerpflichtig waren, weil durch die Vollanrechnung der auf den Ausschüttungen lastenden Körperschaftsteuer faktisch ebenfalls eine Steuerfreistellung stattgefunden habe.

In den Entscheidungen vom 13. Juni 2006 - I R 78/04 - (BStBl II 2008 S. 821) und 9. August 2006 – I R 50/05 - (BStBl II 2008 S. 823) folgt der BFH dem EuGH und sieht die Fiktion des § 8b Abs. 7 KStG i. d. F. des StEntlG 1999/2000/2002 vom 24. März 1999 bzw. des § 8b Abs. 5 KStG i. d. F. vor dem Gesetz zur Umsetzung der Protokollerklärung der Bundesregierung zur Vermittlungsempfehlung zum Steuervergünstigungsabbaugesetz vom 22. Dezember 2003 als europarechtswidrig an. Dabei sei es unerheblich, ob tatsächlich Betriebsausgaben angefallen sind oder nicht.

Im Einvernehmen mit den obersten Finanzbehörden der Länder nehme ich nachfolgend zur steuerlichen Behandlung von Betriebsausgaben im Zusammenhang mit Dividenden, die von EU/EWR-Gesellschaften ausgeschüttet worden sind, für die VZ 1993 bis 2003 Stellung. Auf die Höhe der Beteiligung an der ausschüttenden Gesellschaft kommt es nicht an.

1. Zeitraum 1993 bis 1998

In diesem Zeitraum sind Betriebsausgaben im Zusammenhang mit inländischen Dividenden abziehbar.

Nach § 8b Abs. 1 und Abs. 5 KStG i. d. F. des StandOG vom 13. September 1993 werden Dividenden, für die die ausschüttende Gesellschaft EK 01 verwendet hat, und Dividenden, die von einer ausländischen Gesellschaft ausgeschüttet werden, wenn sie nach einem Abkommen zur Vermeidung der Doppelbesteuerung befreit sind und die Beteiligung mindestens 1/10 beträgt, bei der Ermittlung des Einkommens nicht berücksichtigt. Betriebsausgaben, die in unmittelbarem wirtschaftlichen Zusammenhang mit diesen steuerfreien Dividenden stehen, unterliegen dem Abzugsverbot des § 3c EStG.

Abweichend hiervon sind in allen offenen Fällen auch Betriebsausgaben steuerlich zu berücksichtigen, die mit steuerfreien Dividenden, die von einer EU/EWR-Gesellschaft ausgeschüttet worden sind, in unmittelbarem wirtschaftlichen Zusammenhang stehen. Die Betriebsausgaben sind in voller Höhe abziehbar; § 3c EStG ist nicht anzuwenden.

Anlage 1
Beteiligung an anderen Körperschaften und Personenvereinigungen IV.

2. Zeitraum 1999 bis 2000/2001

In diesem Zeitraum sind Betriebsausgaben im Zusammenhang mit inländischen Dividenden abziehbar.

Ausländische Dividenden werden nach den unter 1. genannten Voraussetzungen bei der Ermittlung des Einkommens nicht berücksichtigt. Als nicht abziehbare Betriebsausgaben, die in unmittelbarem wirtschaftlichen Zusammenhang mit diesen steuerfreien Dividenden stehen, gelten gemäß § 8b Abs. 7 bzw. Abs. 5 KStG i. d. F. des StEntlG 1999/2000/2002 und § 8b Abs. 5 KStG i. d. F. des StSenkG vom 23. Oktober 2000 fünf Prozent der steuerfreien Dividenden.

Abweichend hiervon sind in allen offenen Fällen auch Betriebsausgaben steuerlich zu berücksichtigen, die mit steuerfreien ausländischen Dividenden, die von einer EU/EWR-Gesellschaft ausgeschüttet worden sind, in unmittelbarem wirtschaftlichen Zusammenhang stehen. Die Pauschalierung des § 8b Abs. 7 bzw. Abs. 5 KStG i. d. F. des StEntlG 1999/2000/2002 und § 8b Abs. 5 i. d. F. des StSenkG ist nicht anzuwenden. Die Betriebsausgaben sind in voller Höhe abziehbar. § 3c EStG ist ebenfalls nicht anzuwenden.

Dies gilt in 2001 auch noch für solche ausländischen Gewinnausschüttungen, die auf einem ordentlichen Gewinnverwendungsbeschluss beruhen, da insoweit für inländische Dividenden noch das Anrechnungsverfahren gilt.

3. Zeitraum 2001/2002 bis 2003

Nach § 8b Abs. 1 i. d. F. des StSenkG bleiben sowohl inländische Dividenden, für die nicht mehr das Anrechnungsverfahren gilt, als auch ausländische Dividenden unabhängig von der Höhe der Beteiligung bei der Ermittlung des Einkommens außer Ansatz. Mit den steuerfreien Dividenden in unmittelbarem wirtschaftlichen Zusammenhang stehende Betriebsausgaben sind gemäß § 3c Abs. 1 EStG nicht abziehbar; für ausländische Dividenden werden die danach nicht abziehbaren Betriebsausgaben gemäß § 8b Abs. 5 KStG i. d. F. des StSenkG mit fünf Prozent der steuerfreien Dividenden pauschaliert.

Abweichend hiervon ist in allen offenen Fällen auf Dividenden, die von einer EU/EWR-Gesellschaft ausgeschüttet worden sind, die Pauschalierung des § 8b Abs. 5 KStG i. d. F. des StSenkG nicht anzuwenden, wenn die tatsächlichen Betriebsausgaben fünf Prozent der Dividenden unterschreiten. In diesen Fällen sind nur die tatsächlichen Betriebsausgaben nicht abziehbar (§ 3c Abs. 1 EStG). Das pauschalierte Betriebsausgabenabzugsverbot des § 8b Abs. 5 KStG i. d. F. des StSenkG ist weiter anzuwenden, wenn die mit den Dividenden in unmittelbarem wirtschaftlichen Zusammenhang stehenden tatsächlichen Betriebsausgaben fünf Prozent der Dividenden übersteigen.

4. Zeitraum ab 2004

Seit der Änderung durch das Gesetz zur Umsetzung der Protokollerklärung der Bundesregierung zur Vermittlungsempfehlung zum Steuervergünstigungsabbaugesetz gilt das pauschalierte Betriebsausgabenabzugsverbot nach § 8b Abs. 5 KStG auch für inländische Gewinnausschüttungen und ist der Besteuerung zugrunde zu legen.

5. Zuordnung von Betriebsausgaben zu steuerfreien Dividenden

Für die Zuordnung von Betriebsausgaben zu steuerfreien Dividenden gelten die Grundsätze des BMF-Schreibens vom 20. Januar 1997 (BStBl I 1997 S. 99). Das mit BMF-Schreiben vom 10. Januar 2000 (BStBl I 2000 S. 71) aufgehobene Schreiben wird wieder in Kraft gesetzt. Es ist mit der Maßgabe anzuwenden, dass an die Stelle der dort genannten Schachteldividenden alle steuerfreien Dividenden treten, auf die nach den oben genannten Grundsätzen § 3c EStG anzuwenden ist.

Anlage 1
IV. Beteiligung an anderen Körperschaften und Personenvereinigungen

6. Anwendungsbereich

Die Regelungen dieses BMF-Schreibens gelten für EU/EWR-Gesellschaften, sofern zwischen der Bundesrepublik Deutschland und dem Staat/den Staaten, in dem/in denen die ausschüttende EU/EWR-Gesellschaft ihren Sitz und ihren Ort der Geschäftsleitung hat, aufgrund der Richtlinie 77/799/EWG des Rates vom 19. Dezember 1977 über die gegenseitige Amtshilfe zwischen den zuständigen Behörden der Mitgliedstaaten im Bereich der direkten Steuern und der Mehrwertsteuer (ABl. EG Nr. L 336 S. 15), die zuletzt durch die Richtlinie 2006/98 EWG des Rates vom 20. November 2006 (ABl. EU Nr. L 363 S. 129) geändert worden ist, in der jeweils geltenden Fassung oder einer vergleichbaren zwei- oder mehrseitigen Vereinbarung Auskünfte erteilt werden, die erforderlich sind, um die Besteuerung durchzuführen. Dies ist derzeit der Fall bei den Mitgliedstaaten der EU sowie Island und Norwegen. EU/EWR-Gesellschaften sind Körperschaften, Personenvereinigungen oder Vermögensmassen, die nach den Rechtsvorschriften eines Mitgliedstaats der Europäischen Union oder nach den Rechtsvorschriften eines Staates, auf den das Abkommen über den Europäischen Wirtschaftsraum Anwendung findet, gegründete Gesellschaften im Sinne des Art. 48 des Vertrags zur Gründung der Europäischen Gemeinschaft oder des Art. 34 des Abkommens über den Europäischen Wirtschaftsraum sind, deren Sitz und Ort der Geschäftsleitung sich innerhalb des Hoheitsgebiets dieser Staaten befindet. Europäische Gesellschaften sowie Europäische Genossenschaften gelten für die Anwendung des vorstehenden Satzes als nach den Rechtsvorschriften des Staats gegründete Gesellschaften, in dessen Hoheitsgebiet sich der Sitz der Gesellschaften befindet.

Anlage

Veranlagungszeitraum	Behandlung von Betriebsausgaben im Zusammenhang mit steuerfreien Dividenden aus Beteiligungen an Gesellschaften mit Sitz und Ort der Geschäftsleitung		
	in EU/EWR-Staaten	im Inland	Übrige
1993 - 1998	- in voller Höhe abziehbar - § 3c EStG ist nicht anzuwenden	- in voller Höhe abziehbar	- nicht abziehbar - § 3c EStG ist anzuwenden
1999 - 2000/2001	- in voller Höhe abziehbar - das pauschale Abzugsverbot des § 8b Abs. 7 bzw. Abs. 5 KStG a. F. ist nicht anzuwenden - § 3c EStG ist nicht anzuwenden	- in voller Höhe abziehbar	- 5 % der Einnahmen sind nicht abziehbar (§ 8b Abs. 5 KStG a. F.)
2001 (2002) - 2003	- tatsächliche BA < 5 % der Einnahmen: § 3c Abs. 1 EStG ist anzuwenden - tatsächliche BA ≥ 5 % der Einnahmen: 5 % der Einnahmen sind nicht abziehbar (§ 8b Abs. 5 KStG a. F.)	- nicht abziehbar - § 3c Abs. 1 EStG ist anzuwenden	- 5 % der Einnahmen sind nicht abziehbar (§ 8b Abs. 5 KStG a. F.)
ab 2004	- 5 % der Einnahmen sind nicht abziehbar (§ 8b Abs. 5 KStG)	- 5 % der Einnahmen sind nicht abziehbar (§ 8b Abs. 5 KStG)	- 5 % der Einnahmen sind nicht abziehbar (§ 8b Abs. 5 KStG)

Anlage 1
Beteiligung an anderen Körperschaften und Personenvereinigungen V.

Veräußerungsgewinnbefreiung nach § 8b Absatz 2 KStG; Behandlung von Veräußerungskosten und nachträglichen Kaufpreisänderungen

(BMF-Schreiben vom 24. Juli 2015 - IV C 2-S 2750-a/07/10002:002 - BStBl I S. 612)

Im Einvernehmen mit den obersten Finanzbehörden der Länder nehme ich zur Behandlung von nachträglichen Kaufpreisveränderungen und Veräußerungskosten, die vor oder nach dem Wirtschaftsjahr der Anteilsveräußerung entstanden sind, unter Berücksichtigung der Urteile des BFH vom 22. Dezember 2010 - I R 58/10 (BStBl 2015 II S. 668) und vom 12. März 2014 - I R 55/13 (BStBl 2015 II S. 658), wie folgt Stellung:

Die in einem anderen Wirtschaftsjahr entstandenen Veräußerungskosten oder Veränderungen des Kaufpreises sind bei der Ermittlung des Veräußerungsgewinns oder Veräußerungsverlusts nach den Grundsätzen des § 8b Absatz 2 Satz 2 KStG im Veranlagungszeitraum, in dem das Wirtschaftsjahr der Veräußerung der Beteiligung endet, zu berücksichtigen. Der danach ermittelte Veräußerungsgewinn oder -verlust unterliegt den allgemeinen Regelungen des § 8b KStG. In einem anderen Wirtschaftsjahr entstandene Veräußerungskosten oder nachträgliche Veränderungen des Kaufpreises für die Beteiligung erhöhen oder mindern danach die nach § 8b Absatz 2 und 3 KStG außerbilanziell vorzunehmende Einkommenskorrektur im Veranlagungszeitraum, in dem das Wirtschaftsjahr der Veräußerung endet. Soweit die Veränderung des Kaufpreises oder die Veräußerungskosten bilanziell in anderen Wirtschaftsjahren berücksichtigt wurden, ist der steuerbilanzielle Gewinn dieser Wirtschaftsjahre und der steuerbilanzielle Gewinn des Jahres, in dem die Veräußerung erfolgt ist, außerbilanziell entsprechend zu korrigieren.

Danach sind sowohl die Veranlagung für den Veranlagungszeitraum, in dem das Wirtschaftsjahr der Veräußerung endet, als auch die Veranlagungen für die Veranlagungszeiträume, in denen sich die nachträglichen Veräußerungskosten oder die Kaufpreisveränderungen steuerbilanziell ausgewirkt haben, entsprechend anzupassen.

Vor dem Wirtschaftsjahr der Anteilsveräußerung entstandene Veräußerungskosten sind bei der Veranlagung für den Veranlagungszeitraum, in dem das Wirtschaftsjahr endet, in dem sie angefallen sind, zu berücksichtigen. Die außerbilanzielle Korrektur der vor dem Wirtschaftsjahr der Anteilsveräußerung angefallenen Veräußerungskosten ist erst mit Wirksamkeit der Veräußerung vorzunehmen.

Die Änderungen der entsprechenden Veranlagungen sind nach Maßgabe der Korrekturvorschriften vorzunehmen. Eine Korrektur der entsprechenden Steuerbescheide nach § 175 Absatz 1 Satz 1 Nummer 2 AO kommt nur in Betracht, wenn das rückwirkende Ereignis nach Erlass des (ggf. zuletzt geänderten) Steuerbescheids eingetreten ist. Dabei stellt die Anteilsveräußerung das rückwirkende Ereignis für die Korrektur (außerbilanzielle Hinzurechnung) des Steuerbescheides dar, in dem die vor dem Wirtschaftsjahr der Anteilsveräußerung angefallenen Veräußerungskosten berücksichtigt wurden. Nachträgliche Veräußerungskosten und nachträgliche Kaufpreisveränderungen wirken nach § 175 Absatz 1 Satz 1 Nummer 2 AO auf die Veranlagung für den Veranlagungszeitraum, in dem das Wirtschaftsjahr der Anteilsveräußerung endet, zurück. In Fällen, in denen das Ereignis zwar schon vor Erlass des Steuerbescheids eingetreten, dem Finanzamt aber erst nachträglich bekannt geworden ist, kann die Änderung des Steuerbescheids nach § 173 Absatz 1 AO in Betracht kommen (vgl. AEAO zu § 175, Nummer 2.3).

Auf einen Aufwand oder Ertrag aus einer Auf- oder Abzinsung der Kaufpreisforderungen ist § 8b KStG nicht anzuwenden.

Bei der gesonderten und einheitlichen Gewinnfeststellung für Personengesellschaften müssen die Veräußerungskosten für die Ermittlung des Veräußerungsgewinns oder -verlusts in dem Veranlagungszeitraum, in dem sie entstanden sind, gesondert ausgewiesen werden.

Zu den Veräußerungskosten können auch die Verluste aus gegenläufigen Sicherungsgeschäften gehören (vgl. BFH-Urteil vom 9. April 2014 - I R 52/12, BStBl II S. 861).

Anlage 1
V. Beteiligung an anderen Körperschaften und Personenvereinigungen

Beispiel:
Eine GmbH (Wj = Kj) veräußert im Jahr 02 die Beteiligung an einer Tochtergesellschaft (Buchwert - BW - 100 TEUR) zum Preis von 500 TEUR. Im Jahr 01 sind Veräußerungskosten - VK - (Beratungskosten) i. H. von 20 TEUR angefallen. Der Kaufpreis - KP - wurde gestundet. Im Jahr 04 fällt die Kaufpreisforderung aus. (Die Abzinsung der Kaufpreisforderung ist in dem Beispiel aus Vereinfachungsgründen nicht berücksichtigt).

- Im Jahr 01 mindern die Veräußerungskosten zunächst das Einkommen.
- Im Jahr 02 werden die Veräußerungskosten in die Berechnung des nach § 8b Absatz 2 Satz 2 KStG steuerfreien Veräußerungsgewinns und die Bemessungsgrundlage für die nicht abzugsfähigen Betriebsausgaben einbezogen. Sie sind zudem im Jahr 02 außerbilanziell (gewinnmindernd) zu erfassen. Korrespondierend sind die Veräußerungskosten rückwirkend im Jahr 01 ebenfalls außerbilanziell (gewinnerhöhend) auszugleichen.
- Der Ausfall der Kaufpreisforderung im Jahr 04 wirkt sich auf die Berechnung des § 8b Absatz 2 Satz 2 KStG aus und führt zur nachträglichen Änderung der Veranlagung für das Jahr 02. Die Gewinnauswirkung des Forderungsausfalls ist im Jahr 04 und im Jahr 02 außerbilanziell zu korrigieren.

Auswirkungen des Veräußerungsvorgangs auf Jahresüberschuss und Einkommen der Jahre 01 - 04				
(alle Beträge in TEUR)	**Gesamt 01 - 04**	**Jahr 01**	**Jahr 02**	**Jahr 04**
Veräußerungskosten 01	- 20	- 20		
Veräußerung in 02 Ertrag aus KP-Forderung Ausbuchung der Beteiligung (BW)	500 - 100		500 - 100	
Nach § 8b KStG zu berücksichtigen: KP 500 BW - 100 VK <u>- 20</u> Veräußerungsgewinn 380				
steuerfrei gem. § 8b Absatz 2 KStG § 8b Absatz 3 Satz 1 KStG (5 %)	- 380 + 19		- 380 + 19	
rückwirkende außerbilanzielle Korrektur	0	+ 20		- 20
Einkommen vor Kaufpreisänderung	*19*	*0*	*19*	

Anlage 1
Beteiligung an anderen Körperschaften und Personenvereinigungen   V.

Aufwand aus dem Ausfall der KP-Forderung in 04	- 500			- 500
Außerbilanzielle Korrektur	+ 500			+500
Änderung in 02 bisher nach § 8b KStG berücksichtigte Beträge sind zu neutralisieren Nach § 8b KStG sind neu zu berücksichtigen: KP 0 BW - 100 VK <u>- 20</u> Veräußerungsverlust - 120 (§ 8b Absatz 3 KStG)	+ 380 - 19 + 120		+ 380 - 19 + 120	
rückwirkende außerbilanzielle Korrektur	- 500		- 500	
Einkommen nach Änderung	**0**	**0**	**0**	**0**

Das BMF-Schreiben vom 13. März 2008 (BStBl I 2008 S. 506) wird durch dieses Schreiben ersetzt.

Anlage 2
Doppelbesteuerungsabkommen

Stand der Doppelbesteuerungsabkommen und anderer Abkommen im Steuerbereich sowie der Abkommensverhandlungen am 1. Januar 2016
– Auszug –
BMF vom 19.1.2016 (BStBl I S. 76)
IV B 2 – S 1301/07/10017-07 – 2016/0028964

I. Geltende Abkommen

Abkommen mit	vom	Fundstelle BGBl. II Jg.	S.	Fundstelle BStBl I Jg.	S.	Inkrafttreten BGBl. II Jg.	S.	Inkrafttreten BStBl I Jg.	S.	Anwendung grundsätzlich ab
1. Abkommen auf dem Gebiet der Steuern vom Einkommen und vom Vermögen										
Ägypten	08.12.1987	1990	278	1990	280	1991	1.042	1992	7	01.01.1992
Albanien	06.04.2010	2011	1.186	2012	292	2012	145	2012	305	01.01.2012
Algerien	12.11.2007	2008	1.188	2009	382	2009	136	2009	396	01.01.2009
Argentinien	13.07.1978/	1979	585	1979	326	1979	1.332	1980	51	01.01.1976
	16.09.1996	1998	18	1998	187	2001	694	2001	540	01.01.1996
Armenien (DBA mit UdSSR gilt fort, BGBl. 1993 II S. 169)	24.11.1981	1983	2	1983	90	1983	427	1983	352	01.01.1980
Aserbaidschan	25.08.2004	2005	1.146	2006	291	2006	120	2006	304:1	01.01.2006
Australien	24.11.1972	1974	337	1974	423	1975	216	1975	386	01.01.1971
Bangladesch[1]	29.05.1990	1991	1.410	1992	34	1993	847	1993	466	01.01.1990
Belarus (Weißrussland)	30.09.2005	2006	1.042	2007	276	2007	287	2007	290	01.01.2007
Belgien	11.04.1967/	1969	17	1969	38	1969	1.465	1969	468	01.01.1966
	05.11.2002	2003	1.615	2005	346	2003	1.744	2005	348	01.01.2004
Bolivien	30.09.1992	1994	1.086	1994	575	1995	907	1995	758	01.01.1991
Bosnien und Herzegowina (DBA mit SFR Jugoslawien gilt fort, BGBl. 1992 II S. 1.196)	26.03.1987	1988	744	1988	372	1988	1.179	1989	35	01.01.1989

---

1) Gilt nicht für die VSt.

Anlage 2
Doppelbesteuerungsabkommen

Abkommen mit	vom	Fundstelle BGBl. II Jg.	S.	BStBl I Jg.	S.	Inkrafttreten BGBl. II Jg.	S.	BStBl I Jg.	S.	Anwendung grundsätzlich ab
(noch 1. Abkommen auf dem Gebiet der Steuern vom Einkommen und vom Vermögen)										
Bulgarien	02.06.1987/	1988	770	1988	389	1988	1.179	1989	34	01.01.1989
	25.01.2010	2010	1.286	2011	543	2011	584	2011	558	01.01.2011
China	10.06.1985	1986	446	1986	329	1986	731	1986	339	01.01.1985
(ohne Hongkong und Macau)										
Costa Rica	13.02.2014	2014	917							
Côte d'Ivoire	03.07.1979	1982	153	1982	357	1982	637	1982	628	01.01.1982
Dänemark	22.11.1995	1996	2.565	1996	1.219	1997	728	1997	624	01.01.1997
Ecuador	07.12.1982	1984	466	1984	339	1986	781	1986	358	01.01.1987
Estland	29.11.1996	1998	547	1998	543	1999	84	1999	269	01.01.1994
Finnland	05.07.1979	1981	1.164	1982	201	1982	577	1982	587	01.01.1981
Frankreich	21.07.1959/	1961	397	1961	342	1961	1.659	1961	712	01.01.1957
	09.06.1969/	1970	717	1970	900	1970	1.189	1970	1.072	01.01.1968
	28.09.1989/	1990	770	1990	413	1991	387	1991	93	01.01.1990
	20.12.2001/	2002	2.370	2002	891	2003	542	2003	383	01.01.2002
	31.03.2015	2015	1.332							01.01.2016
Georgien	01.06.2006	2007	1.034	2008	482	2008	521	2008	494	01.01.2008
	11.03.2014	2014	940	2015	177,178	2015	62	2015	181	01.01.2015
Ghana	12.08.2004	2006	1.018	2008	467	2008	51	2008	481	01.01.2008
Griechenland	18.04.1966	1967	852	1967	50	1968	30	1968	296	01.01.1964
Indien	19.06.1995	1996	706	1996	599	1997	751	1997	363	01.01.1997
Indonesien	30.10.1990	1991	1.086	1991	1.001	1991	1.401	1992	186	01.01.1992
Iran, Islamische Republik		1969	2.133	1970	768	1969	2.288	1970	777	01.01.1970
	20.12.1968					1970	282			
Irland	17.10.1962/	1964	266	1964	320	1964	632	1964	366	01.01.1959
	25.05.2010	2011	250	2012	14	2011	741	2012	16	01.01.2011
	03.06.2011	2011	1.042	2013	471	2013	332	2013	487	01.01.2013
	03.12.2014	2015	1.322							01.01.2016
Island	18.03.1971	1973	357	1973	504	1973	1.567	1973	730	01.01.1968
Israel	09.07.1962/	1966	329	1966	700	1966	767	1966	946	01.01.1961
	20.07.1977	1979	181	1979	124	1979	1.031	1979	603	01.01.1970
Italien	18.10.1989	1990	742	1990	396	1993	59	1993	172	01.01.1993
Jamaika	08.10.1974	1976	1.194	1976	407	1976	1.703	1976	632	01.01.1973
Japan	22.04.1966/	1967	871	1967	58	1967	2.028	1967	336	01.01.1967
	17.04.1979/	1980	1.182	1980	649	1980	1.426	1980	772	01.01.1977
	17.02.1983	1984	194	1984	216	1984	567	1984	388	01.01.1981
Jersey	04.07.2008	2009	589	2010	174	2010	38	2010	178	01.01.2010
	07.05.2015	2015	1.326							29.08.2014
Kanada	19.04.2001	2002	671	2002	505	2002	962	2002	521	01.01.2001
Kasachstan	26.11.1997	1998	1.592	1998	1.029	1999	86	1999	269	01.01.1996
Kenia	17.05.1977	1979	606	1979	337	1980	1.357	1980	792	01.01.1980
Kirgisistan	01.12.2005	2006	1.066	2007	233	2007	214	2007	246	01.01.2007
Korea, Republik	10.03.2000	2002	1.630	2003	24	2002	2.855	2003	36	01.01.2003
Kosovo	26.03.1987	1988	744	1988	372	1988	1.179	1989	35	01.01.1989
(DBA mit SFR Jugoslawien gilt fort, BGBl. 2011 II S. 748)										
Kroatien	06.02.2006	2006	1.112	2007	246	2007	213	2007	260	01.01.2007
Kuwait	04.12.1987	1989	354	1989	150	1989	637	1989	268	01.01.84 –
	18.05.1999	2000	390	2000	439	2000	1.156	2000	1.383	31.12.97
										01.01.1998

Anlage 2
Doppelbesteuerungsabkommen

Abkommen mit	vom	Fundstelle BGBl. II Jg. S.	Fundstelle BStBl I Jg. S.	Inkrafttreten BGBl. II Jg. S.	Inkrafttreten BStBl I Jg. S.	Anwendung grundsätzlich ab
(noch 1. Abkommen auf dem Gebiet der Steuern vom Einkommen und vom Vermögen)						
Lettland	21.02.1997	1998 330	1998 531	1998 2.630	1998 1.219	01.01.1996
Liberia	25.11.1970	1973 1.285	1973 615	1975 916	1975 943	01.01.1970
Liechtenstein	17.11.2011	2012 1.462	2013 488	2013 332	2013 507	01.01.2013
Litauen	22.07.1997	1998 1.571	1998 1.016	1998 2.962	1999 121	01.01.1995
Luxemburg	23.08.1958/	1959 1.269	1959 1.022	1960 1.532	1960 398	01.01.1957
	15.06.1973/	1978 109	1978 72	1978 1.396	1979 83	01.01.1971
	11.12.2009	2010 1.150	2011 837	2011 713	2011 837	01.01.2010
	23.04.2012	2012 1.403		2014 728		01.01.2014
Malaysia	08.04.1977	1978 925	1978 324	1979 288	1979 196	01.01.1971
	23.02.2010	2010 1.310	2011 329	2011 464	2011 344	01.01.2011
Malta	08.03.2001/	2001 1.297	2002 76	2002 320	2002 240	01.01.2002
	17.06.2010	2011 275	2011 742	2011 640	2011 745	01.01.2002
Marokko	07.06.1972	1974 21	1974 59	1974 1.325	1974 1.009	01.01.1974
Mauritius	15.03.1978	1980 1.261	1980 667	1981 8	1981 34	01.01.1979
	07.10.2011	2012 1.050	2013 388	2013 331	2013 402	01.01.2013
Mazedonien	13.07.2006	2010 1.153	2011 313	2011 462	2011 327	01.01.2011
Mexiko	23.02.1993	1993 1.966	1993 964	1994 617	1994 310	01.01.1994
	09.07.2008	2009 746	2014 1.223	2010 62	2014 1.238	01.01.2010
Moldau, Republik (DBA mit UdSSR gilt fort, BGBl. 1996 II S. 768)	24.11.1981	1983 2	1983 90	1983 427	1983 352	01.01.1980
Mongolei	22.08.1994	1995 818	1995 607	1996 1.220	1996 1.135	01.01.1997
Montenegro (DBA mit SFR Jugoslawien gilt fort, BGBl. 2011 II S. 745)	26.03.1987	1988 744	1988 372	1988 1.179	1989 35	01.01.1989
Namibia	02.12.1993	1994 1.262	1994 673	1995 770	1995 678	01.01.1993
Neuseeland	20.10.1978	1980 1.222	1980 654	1980 1.485	1980 787	01.01.1978
Niederlande	16.06.1959/	1960 1.781	1960 381	1960 2.216	1960 626	01.01.1956
	13.03.1980/	1980 1.150	1980 646	1980 1.486	1980 787	01.01.1979
	21.05.1991/	1991 1.428	1992 94	1992 170	1992 382	21.02.1992
	04.06.2004	2004 1.653	2005 364	2005 101	2005 368	01.01.2005
	12.04.2012	2012 1.414		2015 1.674		01.01.2016
Norwegen	04.10.1991	1993 970	1993 655	1993 1.895	1993 926	01.01.1991
	24.06.2013	2014 906	2015 245	2015 346	2015 252	01.01.2015
Österreich	24.08.2000/	2002 734	2002 584	2002 2.435	2002 958	01.01.2003
	29.12.2010	2011 1.209	2012 366	2012 146	2012 369	01.01.2011
Pakistan[1])	14.07.1994	1995 836	1995 617	1996 467	1996 445	01.01.1995
Philippinen	22.07.1983	1984 878	1984 544	1984 1.008	1984 612	01.01.1985
	09.09.2013	2014 822				01.01.2016
Polen	14.05.2003	2004 1.304	2005 15	2005 55	2005 27	01.01.2005
Portugal	15.07.1980	1982 129	1982 347	1982 861	1982 763	01.01.1983
Rumänien	04.07.2001	2003 1.594	2004 273	2004 102	2004 286	01.01.2004
Russische Föderation	29.05.1996/	1996 2.710	1996 1.490	1997 752	1997 363	01.01.1997
	15.10.2007	2008 1.398	2009 831	2009 820	2009 834	01.01.2010
Sambia	30.05.1973	1975 661	1975 688	1975 2.204	1976 7	01.01.1971
Schweden	14.07.1992	1994 686	1994 422	1995 29	1995 88	01.01.1995

1) Gilt nicht für die VSt.

Anlage 2
Doppelbesteuerungsabkommen

Abkommen mit	vom	Fundstelle BGBl. II Jg.	S.	BStBl I Jg.	S.	Inkrafttreten BGBl. II Jg.	S.	BStBl I Jg.	S.	Anwendung grundsätzlich ab
(noch 1. Abkommen auf dem Gebiet der Steuern vom Einkommen und vom Vermögen)										
Schweiz	11.08.1971/	1972	1.021	1972	518	1973	74	1973	61	01.01.1972
	30.11.1978/	1980	751	1980	398	1980	1.281	1980	678	01.01.1977
	17.10.1989/	1990	766	1990	409	1990	1.698	1991	93	01.01.1990
	21.12.1992/	1993	1.886	1993	927	1994	21	1994	110	01.01.1994
	12.03.2002/	2003	67	2003	165	2003	436	2003	329	01.01.02/01.01.04
	27.10.2010	2011	1.090	2012	512	2012	279	2012	516	01.01.11/01.01.12
Serbien (Namensänderung; ehem. Bundesrepublik Jugoslawien; DBA mit SFR Jugoslawien gilt fort, BGBl. 1997 II S. 961)	26.03.1987	1988	744	1988	372	1988	1.179	1989	35	01.01.1989
Simbabwe	22.04.1988	1989	713	1989	310	1990	244	1990	178	01.01.1987
Singapur	28.06.2004	2006	930	2007	157	2007	24	2007	171	01.01.2007
Slowakei (DBA mit Tschechoslowakei gilt fort, BGBl. 1993 II S. 762)	19.12.1980	1982	1.022	1982	904	1983	692	1983	486	01.01.1984
Slowenien	03.05.2006/	2006	1.091	2007	171	2007	213	2007	183	01.01.2007
	17.05.2011	2012	154	2013	369	2013	330	2013	372	30.07.2012
Spanien	05.12.1966	1968	9	1968	296	1968	140	1968	544	01.01.1968
	03.02.2011	2012	18	2013	349	2013	329	2013	363	01.01.2013
Sri Lanka	13.09.1979	1981	630	1981	610	1982	185	1982	373	01.01.1983
Südafrika	25.01.1973	1974	1.185	1974	850	1975	440	1975	640	01.01.1965
Syrien	17.02.2010	2010	1.359	2011	345	2011	463	2011	358	01.01.2011
Tadschikistan	27.03.2003	2004	1.034	2005	15	2004	1.565	2005	27	01.01.2005
Thailand	10.07.1967	1968	589	1968	1.046	1968	1.104	1969	18	01.01.1967
Trinidad und Tobago	04.04.1973	1975	679	1975	697	1977	263	1977	192	01.01.1972
Tschechien (DBA mit Tschechoslowakei gilt fort, BGBl. 1993 II S. 762)	19.12.1980	1982	1.022	1982	904	1983	692	1983	486	01.01.1984
Tunesien	23.12.1975	1976	1.653	1976	498	1976	1.927	1977	4	01.01.1976
Türkei	16.04.1985	1989	866	1989	471	1989	1.066	1989	482	01.01.1990
	19.09.2011	2012	526	2013	373	2013	329	2013	387	01.01.2011
Turkmenistan (DBA mit UdSSR gilt fort, Bericht der Botschaft Aschgabat vom 11.08.1999 – Nr. 377/99)	24.11.1981	1983	2	1983	90	1983	427	1983	352	01.01.1980
Ukraine	03.07.1995	1996	498	1996	675	1996	2.609	1996	1.421	01.01.1997
Ungarn	18.07.1977	1979	626	1979	348	1979	1.031	1979	602	01.01.1980
	28.02.2011	2011	919	2012	155	2012	47	2012	168	01.01.2012
Uruguay	05.05.1987	1988	1.060	1988	531	1990	740	1990	365	01.01.1991
	09.03.2010	2011	954	2012	350	2012	131	2012	365	01.01.2012
Usbekistan	07.09.1999/	2001	978	2001	765	2002	269	2002	239	01.01.2002
	14.10.2014	2015	1.198							01.01.2016
Venezuela	08.02.1995	1996	727	1996	611	1997	1.809	1997	938	01.01.1997
Vereinigte Arab. Emirate	09.04.1995	1996	518	1996	588	1996	1.221	1996	1.135	01.01.1992
	04.07.2006	2007	746	2007	724	2007	1.467	2007	726	10.08.2006
	01.07.2010	2011	538	2011	942	2011	873	2011	955	01.01.2009
Vereinigtes Königreich	26.11.1964/	1966	358	1966	729	1967	828	1967	40	01.01.1960
	23.03.1970	1971	45	1971	139	1971	841	1971	340	01.01.1969
	30.03.2010/	2010	1.333	2011	469	2011	536	2011	485	01.01.2011
	27.03.2014	2015	1.297							01.01.2016

Anlage 2

Doppelbesteuerungsabkommen

Abkommen mit	vom	Fundstelle BGBl. II Jg. S.	Fundstelle BStBl I Jg. S.	Inkrafttreten BGBl. II Jg. S.	Inkrafttreten BStBl I Jg. S.	Anwendung grundsätzlich ab
(noch 1. Abkommen auf dem Gebiet der Steuern vom Einkommen und vom Vermögen)						
Vereinigte Staaten	29.08.1989/ 01.06.2006	1991 354 / 2006 1.184	1991 94 / 2008 766	1992 235 / 2008 117	1992 262 / 2008 782	01.01.1990 01.01.07/01.01.08
(Bekanntmachung der Neufassung)	04.06.2008)	2008 611/851	2008 783			
Vietnam	16.11.1995	1996 2.622	1996 1.422	1997 752	1997 364	01.01.1997
Zypern	09.05.1974	1977 488	1977 340	1977 1.204	1977 618	01.01.1970
	18.02.2011	2011 1.068	2012 222	2012 117	2012 235	01.01.2012
2. Abkommen auf dem Gebiet der Erbschaft- und Schenkungsteuern						
Dänemark[1])	22.11.1995	1996 2.565	1996 1.219	1997 728	1997 624	01.01.1997
Frankreich	12.10.2006	2007 1.402	2009 1.258	2009 596	2009 1.266	03.04.2009
Griechenland	18.11.1910/ 01.12.1910	1912 173[2])	–	1953 525	1953 377	01.01.1953
Schweden[1])	14.07.1992	1994 686	1994 422	1995 29	1995 88	01.01.1995
Schweiz	30.11.1978	1980 594	1980 243	1980 1.341	1980 786	28.09.1980
Vereinigte Staaten	03.12.1980/ 14.12.1998	1982 847 / 2000 1.170	1982 765 / 2001 110	1986 860 / 2001 62	1986 478 / 2001 114	01.01.1979 15.12.2000
(Bekanntmachung der Neufassung)	21.12.2000)	2001 65	2001 114			
3. Sonderabkommen betreffend Einkünfte und Vermögen von Schifffahrt (S)- und Luftfahrt (L)-Unternehmen[3])						
Brasilien (S) (Protokoll)	17.08.1950	1951 11	–	1952 604	–	10.05.1952
Chile (S) (Handelsvertrag)	02.02.1951	1952 325	–	1953 128	–	08.01.1952
Hongkong (L)	08.05.1997	1998 2.064	1998 1.156	1999 26	2000 1.554	01.01.1998
Hongkong (S)	13.01.2003	2004 34	2005 610	2005 332	2005 613	01.01.1998
Insel Man (S)	02.03.2009	2010 968	2011 510	2011 534	2011 511	01.01.2010
Jemen (L)	02.03.2005	2006 538	2006 229	2007 214	2007 231	01.01.1982
Kolumbien (S, L)	10.09.1965	1967 762	1967 24	1971 855	1971 340	01.01.1962
Paraguay (L)	27.01.1983	1984 644	1984 456	1985 623	1985 222	01.01.1979
Saudi-Arabien (L)	08.11.2007	2008 782	2009 866	2009 1.027	2009 869	01.01.1967
Venezuela (S, L)	23.11.1987	1989 373	1989 161	1989 1.065	1990 2	01.01.1990

1) Die Erbschaftsteuer bzw. Vorschriften zur Rechts- und Amtshilfe sind in den unter I.1. bzw. II.1 aufgeführten Abkommen enthalten.
2) Angabe bezieht sich auf RGBl bzw. RStBl.
3) Siehe auch Bekanntmachungen über die Steuerbefreiungen nach § 49 Abs. 4 EStG (und § 2 Abs. 3 VStG):

Äthiopien L (BStBl 1962 I S. 536),
Afghanistan L (BStBl 1964 I S. 411),
Brasilien S, L (BStBl 2006 I, S. 216),
Brunei Darussalam L (BStBl 2011 I S. 77),
Chile L (BStBl 1977 I S. 350),
Fidschi S (BStBl 2015 I S. 1087)
Irak S, L (BStBl 1972 I S. 490),
Jordanien L (BStBl 1976 I S. 278),
Katar L (BStBl 2006 I S. 3),
Libanon S, L (BStBl 1959 I S. 198),
Malediven L (BStBl 2015 I S. 675),
Papua-Neuguinea L (BStBl 1989 I S. 115),
Seychellen L (BStBl 1998 I S. 582),
Sudan L (BStBl 1983 I S. 370) und
Zaire S, L (BStBl 1990 I S. 178).

Anlage 2
Doppelbesteuerungsabkommen

Abkommen mit	vom	Fundstelle BGBl. II Jg.	Fundstelle BGBl. II S.	Fundstelle BStBl I Jg.	Fundstelle BStBl I S.	Inkrafttreten BGBl. II Jg.	Inkrafttreten BGBl. II S.	Inkrafttreten BStBl I Jg.	Inkrafttreten BStBl I S.	Anwendung grundsätzlich ab
4. Abkommen auf dem Gebiet der Rechts- und Amtshilfe und des Informationsaustauschs										
Andorra	25.11.2010	2011	1.213			2012	146			01.01.2013
Anguilla	19.03.2010	2010	1.381	2012	100	2011	948	2012	107	01.01.2012
Antiqua Barbuda	19.10.2010	2011	1.212							01.01.2013
Bahamas	09.04.2010	2011	642			2012	63			01.01.2012
Bermuda	03.07.2009	2012	1.306	2013	692	2013	330	2013	702	01.01.2013
Britische Jungferninseln	05.10.2010	2011	895			2012	53			01.01.2012
Cookinseln	03.04.2012	2013	665			2014	102			01.01.2014
Dänemark[1])	22.11.1995	1996	2.565	1996	1.219	1997	728	1997	624	01.01.1997
Finnland	25.09.1935	1936	37[2])	1936	94[2])	1954	740	1954	404	01.01.1936
Gibraltar	13.08.2009	2010	984	2011	521	2011	535	2011	527	01.01.2011
Grenada	03.02.2011	2013	654			2013	1.649			01.01.2014
Guernsey	26.03.2009	2010	973	2011	514	2011	535	2011	520	01.01.2011
Insel Man	02.03.2009	2010	957	2011	504	2011	534	2011	509	01.01.2011
Italien	09.06.1938	1939	124[2])	1939	377[2])	1956	2.154	1957	142	23.01.1939
Jersey	04.07.2008	2009	578	2010	166	2010	38	2010	177	01.01.2010
Kaimaninseln	27.05.2010	2011	664	2011	841	2011	823	2011	848	01.01.2012
Liechtenstein	02.09.2009	2010	950	2011	286	2011	326	2011	292	01.01.2010
Monaco	27.07.2010	2011	653			2012	92			01.01.2012
Montserrat	28.10.2011	2012	1.321			2014	517			01.01.2015
Niederlande	21.05.1999	2001	2	2001	66	2001	691	2001	539	23.06.2001
Österreich	04.10.1954	1955	833	1955	434	1955	926	1955	743	26.11.1955
San Marino	21.06.2010	2011	908	2013	684	2012	147	2013	691	01.01.2012
Schweden[1])	14.07.1992	1994	686	1994	422	1995	29	1995	88	01.01.1995
St. Lucia	07.06.2010	2011	264	2013	760	2013	559	2013	767	01.01.2014
St.Vincent und Grenadinen	29.03.2010	2011	253	2011	777	2011	696	2011	784	01.01.2012
Turks und Caicos Inseln	04.06.2010	2011	882			2012	116			01.01.2012
Vereinigte Staaten	31.05.2013	2013	1.362	2014	242	2014	111	2014	264	11.12.2013

1) Die Erbschaftsteuer bzw. Vorschriften zur Rechts- und Amtshilfe sind in den unter I.1. bzw. II.1 aufgeführten Abkommen enthalten.
2) Angabe bezieht sich auf RGBl bzw. RStBl.

Anlage 2

Doppelbesteuerungsabkommen

II. Künftige Abkommen und laufende Verhandlungen

Abkommen mit	Art des Abkommens[1]	Sachstand[2]	Geltung für Veranlagungssteuern[3] ab	Geltung für Abzugsteuern[4] ab	Bemerkungen
1. Abkommen auf dem Gebiet der Steuern vom Einkommen und vom Vermögen					
Ägypten	R-A	P: 09.11.2012	KR	KR	
Äthiopien	A	V:			
Argentinien	R-A	V:			
Armenien	R-A	P: 01.03.2013	KR	KR	
Australien	R-A	U: 12.11.2015	KR	KR	
Bangladesch	R-A	V:			
Belgien	R-A	P: 11.12.2013	KR		
Bolivien	R-A	V:			
China	R-A	U: 28.03.2014	KR	KR	
Dänemark	R-P	V:			
Ecuador	R-A	P: 19.10.2012	KR	KR	
Finnland	R-A	P: 31.03.2011	KR	KR	
Ghana	R-P	V:	KR	KR	
Griechenland	R-A	P: 16.10.2009	KR	KR	
Hongkong	A	V:			
Indien	R-P	V:			
Indonesien	R-A	V:			
Island	R-A	P: 12.07.2011	KR	KR	
Israel	R-A	U: 21.08.2014	KR	KR	
Japan	R-A	U: 17.12.2015	KR	KR	
Jordanien	A	V:			
Kanada	R-P	V:			
Katar	A	V:			
Kirgistan	R-P	V:			
Kolumbien	A	V:			
Korea, Republik	R-P	V:			
Kroatien	R-P	P: 11.06.2013	KR	KR	
Kuba	A				
Kuwait	R-P	V:			
Liberia	R-P	V:			

---

1) A: Erstmaliges Abkommen.
   R-A: Revisionsabkommen als Ersatz eines bestehenden Abkommens.
   R-P: Revisionsprotokoll zu einem bestehenden Abkommen.
   E-P: Ergänzungsprotokoll zu einem bestehenden Abkommen.
2) V: Verhandlung.
   P: Paraphierung.
   U: Unterzeichnung hat stattgefunden, Gesetzgebungs- oder Ratifikationsverfahren noch nicht abgeschlossen.
3) Einkommen-, Körperschaft-, Gewerbe- und Vermögensteuer.   KR: Keine Rückwirkung vorgesehen.
4) Abzugsteuern von Dividenden, Zinsen und Lizenzgebühren. KR: Keine Rückwirkung vorgesehen.

Anlage 2

Doppelbesteuerungsabkommen

Abkommen mit	Art des Abkommens[1])	Sachstand[2])	Geltung für Veranlagungssteuern[3]) ab	Geltung für Abzugsteuern[4]) ab	Bemerkungen
(noch 1. Abkommen auf dem Gebiet der Steuern vom Einkommen und vom Vermögen)					
Marokko	R-A	V:			
Mazedonien	R-P	P: 23.12.2013	KR	KR	
Namibia	R-P	V:			
Niederlande	R-P	U: 11.01.2016	KR	KR	
Oman	A	U: 15.08.2012	KR	KR	ab 1985 für int. Verkehr
	R-P	V:			
Polen	R-P	P: 06.11.2013	KR	KR	
Portugal	R-A	V:			
Ruanda	A	V:			
Schweden	R-P	V:			
Schweiz	R-A/P	V:			
Serbien	A	V:			
Singapur	R-P	P: 27.09.2012	KR	KR	
Sri Lanka	R-A	P: 24.08.2012	KR	KR	
Südafrika	R-A	U: 09.09.2008 V:	KR	KR	
Tadschikistan	R-P	V:			
Tansania	A	V:			
Thailand	R-A	V:			
Trinidad und Tobago	R-A	P: 16.01.2015			
Tunesien	R-A	P: 04.06.2010	KR	KR	
Turkmenistan	A	P: 16.04.2012	KR	KR	
Ukraine	R-P	V:			
Usbekistan	R-P	V:			
Vietnam	R-P	V:			
2. Abkommen auf dem Gebiet der Erbschaft- und Schenkungsteuern					

---

1) A: Erstmaliges Abkommen.
   R-A: Revisionsabkommen als Ersatz eines bestehenden Abkommens.
   R-P: Revisionsprotokoll zu einem bestehenden Abkommen.
   E-P: Ergänzungsprotokoll zu einem bestehenden Abkommen.
2) V: Verhandlung.
   P: Paraphierung.
   U: Unterzeichnung hat stattgefunden, Gesetzgebungs- oder Ratifikationsverfahren noch nicht abgeschlossen.
3) Einkommen-, Körperschaft-, Gewerbe- und Vermögensteuer.   KR: Keine Rückwirkung vorgesehen.
4) Abzugsteuern von Dividenden, Zinsen und Lizenzgebühren. KR: Keine Rückwirkung vorgesehen.

Anlage 2
Doppelbesteuerungsabkommen

Abkommen mit	Art des Abkommens[1])	Sachstand[2])	Geltung für Veranlagungssteuern[3]) ab	Geltung für Abzugsteuern[4]) ab	Bemerkungen
3. Sonderabkommen betreffend Einkünfte und Vermögen von Schifffahrt (S)- und Luftfahrt (L)-Unternehmen					
Bahrain	A (L)	P: 08.07.2010	KR	KR	
Brasilien	A (L/S)	V:			
Kamerun	A (L)	P: 18.09.2012	KR	KR	
Panama	A (L/S)	P: 11.12.2013	KR	KR	
4. Abkommen auf dem Gebiet der Amtshilfe und des Informationsaustauschs					
Aruba	A	P: 14.09.2009	KR	KR	
Bahrain	A	P: 08.07.2010	KR	KR	
Barbados	A	P: 30.11.2011	KR	KR	
Brasilien	A	V:			
Brunei	A	V:			
Dominica	A	U: 21.09.2010	KR	KR	
Macau	A	V:			
Panama	A	P: 13.05.2013	KR	KR	
St. Kitts und Nevis	A	U: 19.10.2010	KR	KR	

---

1) A: Erstmaliges Abkommen.
   R-A: Revisionsabkommen als Ersatz eines bestehenden Abkommens.
   R-P: Revisionsprotokoll zu einem bestehenden Abkommen.
   E-P: Ergänzungsprotokoll zu einem bestehenden Abkommen.
2) V: Verhandlung.
   P: Paraphierung.
   U: Unterzeichnung hat stattgefunden, Gesetzgebungs- oder Ratifikationsverfahren noch nicht abgeschlossen.
3) Einkommen-, Körperschaft-, Gewerbe- und Vermögensteuer.   KR: Keine Rückwirkung vorgesehen.
4) Abzugsteuern von Dividenden, Zinsen und Lizenzgebühren. KR: Keine Rückwirkung vorgesehen.

Steuerrechtliche Behandlung des Erwerbs eigener Anteile
(BMF-Schreiben vom 27. November 2013 - IV C 2 - S 2742/07/10009 - BStBl I S. 1615)
Sitzung KSt/GewSt II/13, TOP I/3

Unter Bezugnahme auf das Ergebnis der Erörterungen mit den obersten Finanzbehörden der Länder gilt für die steuerrechtliche Behandlung des Erwerbs eigener Anteile Folgendes:

A. Handelsrechtliche Grundlagen

Mit dem Einfügen von § 272 Absatz 1a und 1b HGB durch das Gesetz zur Modernisierung des Bilanzrechts (Bilanzrechtsmodernisierungsgesetz, BilMoG) vom 25. Mai 2009 (BGBl. I Seite 1102) wurde der handelsbilanzielle Ausweis eigener Anteile rechtsformunabhängig geregelt. 1

Der Nennbetrag der eigenen Anteile ist nunmehr nach § 272 Absatz 1a Satz 1 HGB stets auf der Passivseite in der Vorspalte offen von dem Posten „Gezeichnetes Kapital" abzusetzen. Eine Aktivierung der eigenen Anteile, bei gleichzeitiger Bildung einer entsprechenden Rück-lage kommt nicht mehr in Betracht. § 272 Absatz 1a Satz 2 und 3 und § 272 Absatz 1b HGB enthalten weitere Regelungen zur Behandlung des Erwerbs und der Veräußerung eigener Anteile in der Handelsbilanz. Danach ist ein Unterschiedsbetrag zwischen der Gegenleistung für den Erwerb der eigenen Anteile und dem anteiligen Nennbetrag dieser Anteile handels-rechtlich mit den frei verfügbaren Gewinn- und Kapitalrücklagen zu verrechnen (vgl. § 272 Seite 2 Absatz 1a Satz 2 HGB). Bei dem Erwerb eigener Anteile handelt es sich wirtschaftlich betrachtet nicht um einen Anschaffungsvorgang, sondern um eine Kapitalherabsetzung. 2

Die Aufwendungen im Zusammenhang mit dem Erwerb der eigenen Anteile stellen handels-rechtlich Aufwand des Geschäftsjahres dar (vgl. § 272 Absatz 1a Satz 3 HGB). 3

Bei der Veräußerung der eigenen Anteile durch die Gesellschaft handelt es sich wirtschaftlich nicht um einen Veräußerungsvorgang, sondern um eine Kapitalerhöhung. Der offene Ausweis der eigenen Anteile in der Vorspalte des Postens „Gezeichnetes Kapital" nach § 272 Absatz 1a Satz 1 HGB entfällt (§ 272 Absatz 1b Satz 1 HGB). Das „Gezeichnete Kapital" wird in Höhe des Nennbetrages dieser Anteile - durch Minderung des Absetzungsbetrages - wieder ausgewiesen. Ein Unterschiedsbetrag zwischen dem anteiligen Nennbetrag der eigenen Anteile und der Gegen-leistung für den Erwerb dieser Anteile ist gem. § 272 Absatz 1b Satz 2 HGB bis zur Höhe des mit den frei verfügbaren Rücklagen verrechneten Betrages in die jeweiligen Rücklagen einzustellen. Ein darüber hinausgehender Differenzbetrag (Aufgeld) ist gem. § 272 Absatz 1b Satz 3 HGB in die Kapitalrücklage gem. § 272 Absatz 2 Nummer 1 HGB einzustellen. 4

Die Aufwendungen im Zusammenhang mit einer Veräußerung der eigenen Anteile stellen handelsrechtlich Aufwand des Geschäftsjahres dar (vgl. § 272 Absatz 1b Satz 4 HGB). 5

Im Fall der Einziehung liegt ein bilanz- und ergebnisneutraler Vorgang vor. Der offene Ausweis der eigenen Anteile in der Vorspalte des Postens „Gezeichnetes Kapital" nach § 272 Absatz 1a Satz 1 HGB entfällt auch hier. 6

Die Regelungen sind nach Artikel 66 Absatz 3 Satz 1 des Einführungsgesetzes zum Handelsgesetzbuch (EGHGB) grundsätzlich erstmals auf Jahresabschlüsse für nach dem 31. Dezember 2009 beginnende Geschäftsjahre anzuwenden. Wahlweise sind die Regelungen nach Artikel 66 Absatz 3 letzter Satz EGHGB allerdings auch bereits auf Jahresabschlüsse für nach dem 31. Dezember 2008 beginnende Geschäftsjahre anzuwenden. 7

Anlage 3

Eigene Anteile

B. Steuerrechtliche Konsequenzen
I. Ebene der Gesellschaft

8   Auf der Ebene der Gesellschaft folgt die steuerrechtliche Behandlung des Erwerbs eigener Anteile künftig der wirtschaftlichen Betrachtungsweise des Handelsrechts. Danach sind auch in der Steuerbilanz der Erwerb und die Veräußerung eigener Anteile nicht als Anschaffungs- oder Veräußerungsvorgang, sondern wie eine Kapitalherabsetzung oder Kapitalerhöhung zu behandeln.

1. Erwerb der Anteile

9   Der Erwerb eigener Anteile stellt bei der Gesellschaft keinen Anschaffungsvorgang dar, sondern ist wie eine Herabsetzung des Nennkapitals zu behandeln. In Höhe des Nennbetrags der eigenen Anteile ist § 28 Absatz 2 KStG entsprechend anzuwenden. Abweichend von § 28 Absatz 2 Satz 1 KStG ist ein bestehender Sonderausweis nicht zu mindern. Der über die Rückzahlung des herabgesetzten Nennkapitals hinausgehende Betrag stellt eine Leistung der Gesellschaft an den veräußernden Anteilseigner dar, die nach den Grundsätzen des § 27 Absatz 1 Satz 3 KStG zu einer Minderung des steuerlichen Einlagekontos führt, soweit sie den maßgebenden ausschüttbaren Gewinn übersteigt.

10 Werden eigene Anteile zu einem (angemessenen) Kaufpreis unterhalb des Nennbetrags erworben, ergeben sich keine Änderungen beim steuerlichen Einlagekonto und bei einem eventuellen Sonderausweis. In Höhe des Differenzbetrags zwischen dem Kaufpreis und dem Nennbetrag der Anteile ist von einer Kapitalherabsetzung ohne Auszahlung an den Gesellschafter auszugehen, auf die § 28 Absatz 2 Satz 1 KStG entsprechend anzuwenden ist. Danach vermindert der Differenzbetrag einen bestehenden Sonderausweis. Übersteigt der Differenzbetrag den Sonderausweis, erhöht sich insoweit der Bestand des steuerlichen Einlage-kontos.

11 Kapitalertragsteuer ist auch auf den Teil der Leistung, der das steuerliche Einlagekonto nicht nach § 27 Absatz 1 Satz 3 oder § 28 Absatz 2 Satz 3 KStG mindert, nicht einzubehalten und abzuführen, da der Vorgang auf der Ebene des Anteilseigners eine Veräußerung darstellt (vgl. Rdnr. 20).

12 Bei Zahlung eines überhöhten Kaufpreises kann eine verdeckte Gewinnausschüttung im Sinne des § 20 Absatz 1 Nummer 1 Satz 2 EStG vorliegen, die nach den allgemeinen Grundsätzen zu behandeln ist. In diesen Fällen ist ggfs. Kapitalertragsteuer einzubehalten und abzuführen. Ein überhöhter Kaufpreis ist in der Regel nicht anzunehmen, wenn die Anteile über die Börse oder im Tender-Verfahren erworben werden.

2. Weiterveräußerung der Anteile

13 Die Weiterveräußerung der eigenen Anteile stellt bei der Gesellschaft steuerlich keinen Veräußerungsvorgang dar, sondern ist wie eine Erhöhung des Nennkapitals zu behandeln. Sie führt nicht zu einem steuerlichen Veräußerungsgewinn bzw. -verlust. In Höhe des Nennbetrags der eigenen Anteile ergeben sich keine Auswirkungen auf den Bestand des steuerlichen Einlagekontos oder einen bestehenden Sonderausweis.

Ein den Nennbetrag übersteigender Betrag erhöht den Bestand des steuerlichen Einlagekontos.

14 Werden eigene Anteile zu einem (angemessenen) Kaufpreis unterhalb des Nennbetrags weiterveräußert, ist der Differenzbetrag zwischen dem Kaufpreis und dem Nennbetrag der Anteile als Kapitalerhöhung aus Gesellschaftsmitteln zu behandeln. In entsprechender

Anlage 3
Eigene Anteile

Anwendung des § 28 Absatz 1 KStG vermindert der Differenzbetrag den Bestand des steuerlichen Einlagekontos und führt, soweit der Bestand nicht ausreicht, zur Bildung bzw. Erhöhung eines Sonderausweises.

Bei Zahlung eines zu niedrigen Kaufpreises kann eine verdeckte Gewinnausschüttung im Sinne des § 20 Absatz 1 Nummer 1 Satz 2 EStG vorliegen, die nach den allgemeinen Grundsätzen zu behandeln ist. In diesen Fällen ist ggf. Kapitalertragsteuer einzubehalten und abzuführen. Ein zu niedriger Kaufpreis ist in der Regel nicht anzunehmen, wenn die Anteile über die Börse oder im Tender-Verfahren veräußert werden. 15

3. Einziehung der Anteile

Bei Einziehung eigener Anteile ergeben sich keine steuerlichen Auswirkungen. 16

Im Fall der Einziehung ohne einen vorangegangenen Erwerb gelten die in den Rdnrn. 8 ff. dargestellten Grundsätze mit der Maßgabe, dass eine Entschädigungszahlung wie eine Kaufpreiszahlung zu behandeln ist.

Wird das Nennkapital bei der Einziehung nicht herabgesetzt, ist der Vorgang hinsichtlich der Höhe des Nennbetrags der eingezogenen eigenen Anteile in entsprechender Anwendung des § 28 Absatz 1 KStG als Kapitalerhöhung aus Gesellschaftsmitteln zu behandeln. 17

4. Behandlung von Aufwendungen

Die Aufwendungen im Zusammenhang mit dem Erwerb und der Veräußerung der eigenen Anteile sind als Betriebsausgaben abziehbar, soweit sie angemessen sind. 18

5. Behandlung des Erwerbs und der Veräußerung eigener Anteile bei EU-/EWR-ausländischen Kapitalgesellschaften

Im Rahmen der Feststellung nach § 27 Absatz 8 KStG ist der Erwerb und die Veräußerung eigener Anteile entsprechend den Regelungen im Inland als Kapitalherabsetzung zu berücksichtigen. 19

II. Ebene des Anteilseigners

Beim Anteilseigner stellt der Erwerb eigener Anteile durch die Gesellschaft ein Veräußerungsgeschäft dar, das nach allgemeinen Grundsätzen der Besteuerung unterliegt. Eine Steuerpflicht der Veräußerung kann sich u. a. ergeben aus §§ 13 bis 18 und 20 EStG. Darüber hinaus ist eine Steuerpflicht auch nach § 23 EStG i. d. F. vor dem Gesetz vom 14. August 2007 (BGBl. I Seite 1912) und § 21 UmwStG i. d. F. der Bekanntmachung vom 15. Oktober 2002 (BGBl. I Seite 4133, 2003 I Seite 738, geändert durch Artikel 3 des Gesetzes vom 16. Mai 2003 (BGBl. I Seite 660)) möglich. 20

Werden die Anteile in einem Depot eines inländischen Kreditinstituts oder inländischen Finanzdienstleistungsinstituts im Sinne des § 43 Absatz 1 Satz 1 Nummer 7 Buchstabe b) EStG, eines inländischen Wertpapierhandelsunternehmens oder einer inländischen Wertpapierhandelsbank verwaltet oder verwahrt oder wird die Veräußerung der Beteiligungsrechte von inländischen Kreditinstituten durchgeführt, haben die genannten Unternehmen als aus-zahlende Stelle die Kapitalertragsteuer auf den Veräußerungsgewinn zu entrichten (§ 44 Absatz 1 Satz 3 und 4 EStG). 21

Anlage 3

Eigene Anteile

22 Soweit im Einzelfall wegen eines überhöhten Kaufpreises bzw. - im Fall der Weiterveräußerung der eigenen Anteile - wegen eines zu niedrigen Kaufpreises eine verdeckte Gewinnaus-schüttung anzunehmen ist, ist dem Anteilseigner ein entsprechender Kapitalertrag im Sinne des § 20 Absatz 1 Nummer 1 Satz 2 EStG zuzurechnen (vgl. Rdnrn. 12 und 15).

C. Anwendung und Übergangsregelungen
I. Grundsatz

23 Die Abschnitte A und B dieses BMF-Schreibens gelten für alle offenen Fälle, soweit Geschäftsjahre betroffen sind, für die die Neuregelung des § 272 Absatz 1a und 1b HGB i. d. F. des BilMoG gelten.

II. Anpassung an BilMoG-Grundsätze

24 Anpassungen, die in der Handelsbilanz vorgenommen werden, um eigene Anteile, die nach bisherigem Recht zu aktivieren waren, nach den Grundsätzen des § 272 Absatz 1a Satz 1 und 2 HGB darzustellen, sind in der Steuerbilanz zu übernehmen. Der Nennbetrag ist dabei offen vom „Gezeichneten Kapital" abzusetzen und die bisherige Rücklage für eigene Anteile ist in voller Höhe aufzulösen. In Höhe des über den Nennbetrag hinausgehenden Buchwerts der eigenen Anteile sind die frei verfügbaren Rücklagen zu vermindern.

25 Steuerrechtlich ist die Ausbuchung als Kapitalherabsetzung zu behandeln. Da in diesen Fällen zumindest in dem betreffenden Geschäftsjahr keine Kaufpreiszahlung an den Gesellschafter erfolgt, ist das auf die eigenen Anteile entfallende Nennkapital für die Anwendung des § 28 Absatz 2 Satz 1 KStG als bereits an den Gesellschafter ausgezahlt und damit als nicht eingezahlt zu behandeln. Infolgedessen kommt es weder zu einer Verminderung des Sonderausweises, noch zu einer Erhöhung des steuerlichen Einlagekontos. Der über den Nennbetrag hinausgehende Teil des Buchwerts der nicht mehr zu aktivierenden eigenen Anteile führt rechnerisch zu einer Verminderung des ausschüttbaren Gewinns.

III. Übergangsregelungen für nicht unter BilMoG-Grundsätze fallende Geschäftsjahre

26 Für Zeiträume, in denen bereits das Halb- bzw. Teileinkünfteverfahren, nicht aber das BilMoG galt, gelten weiterhin die Regelungen des BMF-Schreibens vom 2. Dezember 1998 (BStBl I Seite 1509) nach Maßgabe der Rdnrn. 27 ff. Das BMF-Schreiben wird insoweit wie-der in Kraft gesetzt. Über Fälle, in denen aufgrund des BMF-Schreibens vom 10. August 2010 (BStBl I Seite 659) anders verfahren wurde, ist unter Berücksichtigung der allgemeinen Grundsätze im Einzelfall zu entscheiden.

Für die Weiteranwendung des BMF-Schreibens vom 2. Dezember 1998 (a. a. O.) unter Geltung des Halb- bzw. Teileinkünfteverfahrens gilt Folgendes:

1. Behandlung des Erwerbs von nicht zu aktivierenden eigenen Anteilen bei der Kapitalgesellschaft [II. 1. b.) aa) des BMF-Schreibens vom 2. Dezember 1998 (a. a. O.)]

27 Aufgrund der Behandlung des Erwerbs der eigenen Anteile als Anschaffungsvorgang auch auf Ebene der Gesellschaft hat der Vorgang keine Auswirkung auf das steuerliche Einlagekonto oder den Sonderausweis. Die Verminderung des EK 04 nach dem BMF-Schreiben vom 2. Dezember 1998 (a. a. O.) war allein den Besonderheiten der im Anrechnungsver-

Anlage 3
Eigene Anteile

fahren vorzunehmenden Gliederung des verwendbaren Eigenkapitals und der Abstimmung mit dem um das Nennkapital geminderten Eigenkapital laut Steuerbilanz geschuldet und hat seit dem Systemwechsel keine Bedeutung mehr. Eine Verminderung des steuerlichen Einlagekontos bzw. des Sonderausweises ist nicht vorzunehmen. Soweit der Kaufpreis den Nennbetrag der Anteile übersteigt, verringert sich rechnerisch der ausschüttbare Gewinn.

2. Behandlung der Weiterveräußerung von nicht zu aktivierenden eigenen Anteilen bei der Kapitalgesellschaft [II. 2. des BMF-Schreibens vom 2. Dezember 1998 (a. a. O.)]

Nach den Grundsätzen des BMF-Schreibens vom 2. Dezember 1998 (a. a. O.) ist die Weiterveräußerung der nicht zu aktivierenden Anteile als Kapitalerhöhung zu behandeln. Es ergeben sich insoweit keine Unterschiede zur steuerlichen Behandlung der Weiterveräußerung eigener Anteile in einem unter das BilMoG fallenden Geschäftsjahr (vgl. Rdnr. 13). 28

3. Behandlung der Einziehung von aktivierten Anteilen [II. 3. des BMF-Schreibens vom 2. Dezember 1998 (a. a. O.)]

Es bleibt bei der im BMF-Schreiben vom 2. Dezember 1998 (a. a. O.) vorgesehenen steuer-rechtlichen Behandlung als Kapitalherabsetzung ohne Auskehrung an die Gesellschafter. Hin-sichtlich des Nennbetrags des eingezogenen Anteils gilt § 28 Absatz 2 Satz 1 KStG. Aufgrund der Zahlung des Kaufpreises für die eigenen Anteile ist bei Anwendung des § 28 Absatz 2 Satz 1 KStG von nicht eingezahltem Nennkapital auszugehen. In Höhe des Nennbetrags kommt es weder zu einer Verminderung eines bestehenden Sonderaus-weises, noch erhöht sich das steuerliche Einlagekonto. In Höhe des über den Nennbetrag hinausgehenden Buch-werts der Anteile kommt es rechnerisch zu einer Verminderung des ausschüttbaren Gewinns. Eine Verminderung des steuerlichen Einlagekontos erfolgt nicht (vgl. insoweit Rdnr. 27). 29

Anlage 4
Einkunftsabgrenzung

Grundsätze für die Prüfung der Einkunftsabgrenzung bei international verbundenen Unternehmen (Verwaltungsgrundsätze)

(BMF-Schreiben vom 23. Februar 1983 - IV C 5 - S 1341 - 4/83 - BStBl I S. 218)

Unter Bezugnahme auf das Ergebnis der Erörterungen mit den Vertretern der obersten Finanzbehörden der Länder gilt für die Frage, nach welchen Grundsätzen die internationale Einkunftsabgrenzung nach dem Maßstab des Fremdvergleichs in den Regelungen des innerstaatlichen Rechts und der Doppelbesteuerungsabkommen zu prüfen ist, folgendes:

Inhaltsverzeichnis

1.	Die Rechtsgrundlagen zur Einkunftsabgrenzung
1.1.	Abgrenzungsregelungen des nationalen Steuerrechts
1.2.	Abgrenzungsklauseln der Doppelbesteuerungsabkommen (DBA)
1.3.	Voraussetzungen der Einkunftsabgrenzung zu Nahestehenden
1.4.	Rechtliche Ausgestaltung von Geschäftsbeziehungen zwischen nahestehenden Unternehmen
1.5.	Geschäftsbeziehungen zu Nahestehenden in niedrig besteuernden Gebieten
2.	Allgemeine Grundsätze zur Einkunftsabgrenzung
2.1.	Der Fremdvergleich als Maßstab der Einkunftsabgrenzung
2.2.	Standardmethoden zur Prüfung von Verrechnungspreisen
2.3.	Vorteilsausgleich
2.4.	Anwendung der Methoden
3.	Warenlieferungen und Dienstleistungen
3.1.	Lieferung von Gütern und Waren
3.2.	Gewerbliche Dienstleistungen
3.3.	Kosten der Werbung
3.4.	Kosten der Markterschließung
3.5.	Anlaufkosten
4.	Zinsen und ähnliche Vergütungen
4.1.	Allgemeines
4.2.	Maßgebende Zinssätze
4.3.	Einzelfragen
4.4.	Bürgschaften und ähnliche Verpflichtungen
5.	Nutzungsüberlassung von Patenten, Know-how oder anderen immateriellen Wirtschaftsgütern; Auftragsforschung
5.1.	Allgemeines
5.2.	Ableitung der Fremdpreise
5.3.	Auftragsforschung
6.	Verwaltungsbezogene Leistungen im Konzern
6.1.	Allgemeines
6.2.	Voraussetzungen für die Verrechnung
6.3.	Beispiele
6.4.	Ableitung der Fremdpreise
7.	Einkunftsabgrenzung durch Umlageverträge
7.1.	Allgemeines

Anlage 4

Einkunftsabgrenzung

7.2.	Vertragsinhalt
7.3.	Vertragsdurchführung
7.4.	Nachweise
8.	Durchführung von Berichtigungen
8.1.	Allgemeines
8.2.	Durchführung der Besteuerung
8.3.	Nachträglicher Ausgleich von Einkunftsminderungen
9.	Verfahren
9.1.	Mitwirkung bei Ermittlung und Nachweis
9.2.	Umfang der Mitwirkungspflicht
9.3.	Rechtsfolgen bei unzureichender Mitwirkung
10.	Sonstiges
10.1.	Aufhebung anderer Verwaltungsregelungen
10.2.	Übergangsregelung

1. Die Rechtsgrundlagen zur Einkunftsabgrenzung

1.1. Abgrenzungsregelungen des nationalen Steuerrechts

1.1.1. Hat ein Steuerpflichtiger Geschäftsbeziehungen zu Nahestehenden (vgl. Tz. 1.3.), so ist zu prüfen, ob seine Einkünfte voll erfaßt, d. h. gegenüber dem Ausland nach dem Grundsatz des Fremdvergleichs (vgl. Tz. 2.1.) zutreffend abgegrenzt sind (Einkunftsabgrenzung). Hierfür sind maßgebend die Regelungen (Abgrenzungsregelungen) über

   a) die verdeckte Gewinnausschüttung (§ 8 Abs. 3 KStG) (Tz. 1.3.1.1.),
   b) die verdeckte Einlage (Tz. 1.3.1.2.) und
   c) die Berichtigung von Einkünften bei Geschäftsbeziehungen zum Ausland (§ 1 AStG) (Tz. 1.3.2.).

1.1.2. Die allgemeinen Bestimmungen über die Zurechnung von Wirtschaftsgütern und Einkünften sowie über die Ermittlung der Steuerbemessungsgrundlage (z. B. §§ 39 bis 42 AO) gehen den Abgrenzungsregelungen vor.

1.1.3. Die Abgrenzungsregelungen sind nach ihren Rechtsvoraussetzungen voneinander unabhängig und nebeneinander anwendbar. Sind die Voraussetzungen der verdeckten Gewinnausschüttung oder der verdeckten Einlage und des § 1 AStG gleichzeitig gegeben, so ist der sich ergebende Berichtigungsbetrag nach den ertragsteuerlichen Grundsätzen über die verdeckte Gewinnausschüttung oder die verdeckte Einlage zu behandeln.

1.1.4. Dieses Schreiben enthält allgemeine Grundsätze für die Prüfung der internationalen Einkunftsabgrenzung. Bei seiner Anwendung sind alle Umstände des Einzelfalls zu beachten; dazu gehören z. B. Sonderverhältnisse durch die Struktur der Märkte oder der Versorgung, durch die Unternehmensstruktur und durch staatliche Maßnahmen sowie bestehende Handelsbräuche. Die allgemeinen Grundsätze der steuerlichen Betriebsprüfung (z. B. über die Aufklärung und Prüfung des Sachverhaltes auch zugunsten des Steuerpflichtigen) sowie Regelungen zu ihrer Rationalisierung bleiben unberührt.

1.1.5. Die obersten Finanzbehörden des Bundes und der Länder werden ggf. Anweisungen erlassen, um

   a) dem Ergebnis internationaler Abstimmung über den Grundsatz des Fremdvergleichs in bestimmten Bereichen Rechnung zu tragen oder

Anlage 4

Einkunftsabgrenzung

b) zum Schutz von Unternehmen, die in der Bundesrepublik Deutschland ansässig sind, den Grundsatz der Gegenseitigkeit zu wahren.

1.2. Abgrenzungsklauseln der Doppelbesteuerungsabkommen (DBA)

1.2.1. Die DBA enthalten am Grundsatz des Fremdvergleichs ausgerichtete Klauseln über die Einkunftsabgrenzung (vgl. insbesondere Artikel 9 Abs. 1 des OECD-Musterabkommens). Sie begründen unmittelbar keine Steuerpflicht (BFH-Urteil vom 12. 3. 1980 – BStBl II S. 531). Sie erlauben aber, daß der Maßstab des Fremdvergleichs international übereinstimmend angewendet wird. Die Abgrenzungsregelungen des nationalen deutschen Steuerrechts (insbesondere § 1 AStG) bleiben auch in den Fällen der Interessenverflechtung anwendbar, die in den Abgrenzungsklauseln der DBA nicht genannt sind. Dem Sinn und Zweck der DBA entspricht es nicht, Berichtigungen von Einkünften, die sachlich geboten sind, für bestimmte Fälle zu verbieten.

1.2.2. Die Abgrenzungsklauseln der DBA ermöglichen es der deutschen und der ausländischen Finanzverwaltung, Einkünfte auf der gemeinsamen Rechtsgrundlage des Vertrages abzugrenzen. Hierzu können nach deutscher Vertragsauslegung Verständigungs- oder Konsultationsverfahren eingeleitet werden. Zu den hierbei zu beachtenden Gesichtspunkten des Schutzes des Steuerpflichtigen vgl. BFH-Urteil vom 26. 5. 1982 – BStBl II S. 583.

1.2.3. Auf Grund eines Verständigungs- oder Konsultationsverfahrens

a) können in der Bundesrepublik Deutschland versteuerte Einkünfte auch herabgesetzt werden, um die Einkünfte in beiden Staaten übereinstimmend abzugrenzen;

b) kann festgestellt werden, daß die übereinstimmende Abgrenzung ungeachtet der Bestandskraft eines deutschen Steuerbescheides durchgeführt werden soll,

wenn eine doppelte Belastung nicht auf andere Weise ausgeschlossen werden kann (vgl. Artikel 25 OECD-Musterabkommen i. V. m. § 2 AO sowie BFH-Urteil vom 1. 2 1967 – BStBl III S. 495).

Die deutsche Finanzverwaltung beachtet hierbei den Grundsatz der Gegenseitigkeit.

1.2.4. Die deutsche Finanzverwaltung kann zur gemeinsamen Einkunftsabgrenzung Verständigungsverfahren auch einleiten, wenn ein DBA nicht besteht, das DBA eine Abgrenzungsklausel nicht enthält oder eine bestehende Abgrenzungsklausel die betreffende Einkunftsabgrenzung nicht regelt.

1.2.5. Dem Steuerpflichtigen soll rechtzeitig Gelegenheit gegeben werden, die anderen Betroffenen von einer beabsichtigten Berichtigung zu unterrichten, um ihnen die Möglichkeit zu geben, mit den für sie zuständigen Finanzbehörden die Auswirkungen zu erörtern, die sich aus der beabsichtigten Berichtigung für ihre Besteuerung ergeben. Die Finanzämter erteilen die Bestätigungen, die im Ausland erforderlich sind.

1.2.6. Unterrichtet eine ausländische Finanzbehörde den ausländischen Nahestehenden über eine beabsichtigte Berichtigung, so soll auch schon vor Einleitung eines Verständigungsverfahrens dem inländischen Nahestehenden auf dessen Antrag hin Gelegenheit gegeben werden, mit der inländischen Finanzbehörde die Auswirkungen zu erörtern, die sich aus der beabsichtigten Berichtigung auf seine Besteuerung ergeben. Setzt die Stellungnahme der Finanzbehörde eine Außenprüfung voraus, so kann sie im Rahmen des Möglichen frühzeitig angesetzt werden. Das Unternehmen hat die zur Beurteilung erforderlichen Unterlagen, insbesondere auch über die vorgesehenen Maßnahmen der ausländischen Finanzbehörden, vorzulegen.

1.3. Voraussetzungen der Einkunftsabgrenzung zu Nahestehenden

1.3.1. Verdeckte Gewinnausschüttung und verdeckte Einlage

1.3.1.1. Eine verdeckte Gewinnausschüttung liegt vor, wenn eine Kapitalgesellschaft einem Gesellschafter oder einer ihm nahestehenden Person außerhalb der gesellschaftsrecht-

Anlage 4
Einkunftsabgrenzung

lichen Gewinnverteilung einen Vermögensvorteil zuwendet und diese Zuwendung ihre Ursache im Gesellschaftsverhältnis hat. Auf die Höhe der Beteiligung kommt es in der Regel nicht an. Wegen weiterer Einzelheiten vgl. Abschnitt 31 KStR.

1.3.1.2. Eine verdeckte Einlage liegt vor, wenn einer Kapitalgesellschaft durch einen Gesellschafter oder eine ihm nahestehende Person ein einlagefähiger Vermögensvorteil zugewendet wird und diese Zuwendung ihre Ursache im Gesellschaftsverhältnis hat. Wegen weiterer Einzelheiten vgl. Abschnitt 36 a KStR. Sind Vermögensvorteile, z. B. weil sie nicht einlagefähig sind, nicht als verdeckte Einlage zu behandeln, so ist ggf. eine Berichtigung nach § 1 AStG durchzuführen.

1.3.2. Berichtigung von Einkünften im Sinne des § 1 AStG

1.3.2.1. Eine Berichtigung ist in allen Fällen der Einkunftsminderung möglich, wenn eine Geschäftsbeziehung zum Ausland besteht und die an ihr Beteiligten
- durch wesentliche Beteiligung (Tz. 1.3.2.2.),
- durch beherrschenden Einfluß (Tz. 1.3.2.4.),
- durch besondere Einflußmöglichkeiten (Tz. 1.3.2.6.) oder
- durch Interessenidentität (Tz. 1.3.2.7.)

verflochten sind. Nach § 1 AStG sind ggf. auch Geschäftsbeziehungen zu beurteilen, die Personengesellschaften, Gemeinschaften und ähnliche Gebilde als solche zu nahestehenden Kapitalgesellschaften unterhalten.

1.3.2.2. Die Verflechtung durch wesentliche Beteiligung ist nicht nur durch Beteiligung an Kapitalgesellschaften, sondern auch über eine Beteiligung an Personengesellschaften und durch eine Beteiligung an einem Einzelunternehmen möglich. Sie kann auch in einer stillen Beteiligung oder in einem beteiligungsähnlichen Darlehen bestehen.

1.3.2.3. Bei der mittelbaren Beteiligung einer Person an einer Gesellschaft sind für die Berechnung des Beteiligungsumfangs die Beteiligungen, die eine vermittelnde Gesellschaft hält, in dem Verhältnis zu berücksichtigen, das der mittelbaren oder unmittelbaren Beteiligung der Person an der vermittelnden Gesellschaft zur Gesamtheit der Beteiligungen an dieser vermittelnden Gesellschaft entspricht.

1.3.2.4. Die Verflechtung durch beherrschenden Einfluß kann auf rechtlicher oder tatsächlicher Grundlage oder dem Zusammenwirken beider beruhen. Unter beherrschendem Einfluß anderer können auch natürliche Personen stehen. Die Verflechtung wird bereits durch die Möglichkeit begründet, einen beherrschenden Einfluß auszuüben.

1.3.2.5. Die Verflechtung durch beherrschenden Einfluß kann insbesondere beruhen auf
1. beteiligungsähnlichen Rechten;
2. Unternehmensverträgen im Sinne der §§ 291 und 292 AktG, der Eingliederung im Sinne des § 319 AktG, der Zusammenfassung mehrerer Unternehmen unter einheitlicher Leitung im Sinne des § 18 AktG, wechselseitigen Beteiligungen im Sinne des § 19 AktG;
3. unmittelbarer oder mittelbarer Beteiligung derselben Personen an der Geschäftsleitung oder der Kontrolle zweier Unternehmen oder
4. der Unterstellung zweier Unternehmen unter den beherrschenden Einfluß eines dritten Unternehmens.

1.3.2.6. Eine Verflechtung durch besondere Einflußmöglichkeiten setzt voraus, daß sich der Einfluß der Person oder des Steuerpflichtigen auf die in Frage stehende Geschäftsbeziehung selbst erstreckt. Die Verflechtung wird bereits durch die Möglichkeit begründet, einen solchen Einfluß auszuüben. Es genügt die Möglichkeit, über andere Einfluß zu nehmen, z. B. über nahestehende Gesellschaften (§ 1 Abs. 2 Nr. 1 und 2 AStG).

Anlage 4
Einkunftsabgrenzung

1.3.2.7. Die Verflechtung durch Interessenidentität ist z. B. gegeben, wenn sich das eigene geschäftliche oder persönliche Interesse der Person oder des Steuerpflichtigen auf die zur Berichtigung anstehenden Einkünfte selbst bezieht.

1.4. Rechtliche Ausgestaltung von Geschäftsbeziehungen zwischen nahestehenden Unternehmen

1.4.1. Macht ein Unternehmen Aufwendungen zugunsten eines Nahestehenden als Betriebsausgaben geltend, so ist zu prüfen, ob die Aufwendungen betrieblich veranlaßt sind oder ihren Rechtsgrund in den gesellschaftsrechtlichen Beziehungen haben.

Im Verhältnis zum beherrschenden Gesellschafter kann in aller Regel ein Betriebsausgabenabzug nur anerkannt werden, wenn den Aufwendungen im voraus getroffene klare und eindeutige Vereinbarungen zugrunde liegen (BFH-Urteil vom 3. 11. 1976 – BStBl 1977 II S. 172; zu Ausnahmen vgl. BFH-Urteil vom 21. 7. 1982 – BStBl II S. 761). Gleiches gilt im Verhältnis zu Schwestergesellschaften. Im normalen Lieferungs- und Leistungsverkehr gelten die gleichen formellen Anforderungen wie bei Geschäften zwischen Fremden.

In den übrigen Fällen reicht es aus, wenn den Aufwendungen wie zwischen Fremden begründete Rechtsansprüche zugrunde liegen.

1.4.2. Hat ein Unternehmen bei Geschäftsbeziehungen zu einem Nahestehenden auf Entgelte verzichtet, die es nach dem Grundsatz des Fremdvergleichs beansprucht hätte, so steht das Fehlen entsprechender Vereinbarungen einer Berichtigung nicht entgegen.

1.4.3. Kommt es bei Mangel an klaren und eindeutigen Vereinbarungen in einem Land zu einer Berichtigung und ist in dem anderen Land wegen des Fehlens solcher Vereinbarungen ein Abzug nicht möglich, so gilt für die sich daraus ergebende Doppelbelastung Tz. 1.2.3.

1.4.4. Zur Frage des Nachweises vgl. Tz. 9.

1.5. Geschäftsbeziehungen zu Nahestehenden in niedrig besteuernden Gebieten

1.5.1. Bei der Prüfung der Einkunftsabgrenzung im Verhältnis zu Nahestehenden in niedrig besteuernden Gebieten sind die einschlägigen Vorschriften (z. B. §§ 39 bis 42 AO) sowie die dazu ergangenen Verwaltungsanweisungen zu beachten. Die besonderen Verhältnisse, die bei der Beurteilung zu beachten sind (vgl. z. B. Tz. 2.1.3. Satz 4, Tz. 2.1.8. Satz 4), sind vom Steuerpflichtigen nach Maßgabe der §§ 16 AStG, 90 Abs. 2 AO aufzuklären. Die Tz. 2.4.3. und 2.4.6. sind in derartigen Fällen grundsätzlich nicht anwendbar.

1.5.2. Die Abgrenzungsregelungen gelten auch für Geschäftsbeziehungen zu zwischengeschalteten Gesellschaften im Sinne des § 5 bzw. zu Zwischengesellschaften im Sinne der §§ 7 bis 14 AStG; bei der Ermittlung der hinzurechnungspflichtigen Einkünfte der Zwischengesellschaft (§ 10 Abs. 3 AStG) ist ggf. eine Gegenberichtigung vorzunehmen.

2. Allgemeine Grundsätze zur Einkunftsabgrenzung

2.1. Der Fremdvergleich als Maßstab der Einkunftsabgrenzung

2.1.1. Geschäftsbeziehungen zwischen Nahestehenden sind steuerlich danach zu beurteilen, ob sich die Beteiligten wie voneinander unabhängige Dritte verhalten haben (Fremdvergleich). Dabei sind Maßstab die Verhältnisse des freien Wettbewerbs. Zugrunde zu legen ist die verkehrsübliche Sorgfalt ordentlicher und gewissenhafter Geschäftsleiter gegenüber Fremden (vgl. z. B. BFH-Urteile vom 16. 3. 1967 – BStBl III S. 626 und vom 10. 5. 1967 – BStBl III S. 498).

2.1.2. Der Einkunftsabgrenzung ist grundsätzlich das jeweilige Geschäft mit dem Nahestehenden zugrunde zu legen. Maßgebend sind die tatsächlichen Verhältnisse nach ihrem wirtschaftlichen Gehalt (vgl. BFH-Urteile vom 30. 7. 1965 – BStBl III S. 613, vom

Anlage 4
Einkunftsabgrenzung

26. 2. 1970 – BStBl II S. 419 und vom 15. 1. 1974 – BStBl II S. 606; vgl. ferner Tz. 3.1.3., Beispiel 3).

2.1.3. Bei der Einkunftsabgrenzung sind die Funktionen der einzelnen nahestehenden Unternehmen zu beachten. Hierfür sind insbesondere von Bedeutung
- die Struktur, Organisation, Aufgabenteilung und Risikoverteilung in Konzernen sowie die Zurechnung von Wirtschaftsgütern;
- welche Unternehmen die einzelnen Funktionen (Herstellung, Montage, Forschung und Entwicklung, verwaltungsbezogene Leistungen, Absatz, Dienstleistungen) erfüllen und
- in welcher Eigenschaft die Unternehmen diese Funktionen erfüllen (z. B. als Eigenhändler, Agent oder als gleichgeordneter Teilnehmer bzw. Handlungsbeauftragter eines Pools). Hierbei kommt es auf den wirtschaftlichen Gehalt der tatsächlichen Tätigkeit an (vgl. Tz. 2.1.2.). Bei funktionslosen Unternehmen können Leistungsentgelte nicht berücksichtigt werden; bei funktionsschwachen Unternehmen können nur die tatsächlich erbrachten wirtschaftlichen Leistungen berücksichtigt werden, und zwar in der Regel mit einem kostenorientierten Entgelt (vgl. Tz. 2.2.4.).

2.1.4. Für die Abgrenzung ist maßgebend, wie Fremde die Entgelte für gleichartige Lieferungen oder Leistungen angesetzt hätten („Fremdvergleichspreis"; im folgenden: „Fremdpreis") oder welche Erträge oder Aufwendungen bei einem Verhalten wie unter Fremden beim Steuerpflichtigen angefallen wären. Hierbei ist davon auszugehen, daß im allgemeinen Geschäftsverkehr die einzelnen Lieferungen und Leistungen zwischen Unabhängigen in der Regel Gegenstand gesonderter Geschäftsbeziehungen sind, d. h. gesondert vereinbart und abgerechnet werden. Einheitliche Geschäftsvereinbarungen zwischen Nahestehenden sind jedoch als solche der Prüfung zugrunde zu legen; wird dabei für mehrere Lieferungen oder Leistungen ein einheitliches Entgelt verrechnet, so ist dies nicht zu beanstanden, wenn das Gesamtentgelt auf einzelne Teilleistungen aufgeteilt werden kann oder wenn auch Fremde derartige Gesamtpreise vereinbaren. Liegen mehrere Geschäftsvereinbarungen vor, so gilt Tz. 2.3. (Vorteilsausgleich).

2.1.5. Zur Ermittlung von Fremdpreisen sind die Daten heranzuziehen, auf Grund deren sich die Preise zwischen Fremden im Markt bilden. Maßgebend sind die Preise des Marktes, auf dem Fremde die Geschäftsbedingungen aushandeln würden.

2.1.6. Als Anhaltspunkte für die Bemessung von Fremdpreisen kommen danach vor allem in Betracht
- a) Börsenpreise, branchenübliche Preise, die auf dem maßgeblichen Markt ermittelt sind (Marktpreise), sowie sonstige Informationen über den Markt;
- b) Preise, die der Steuerpflichtige, der ihm Nahestehende oder Dritte tatsächlich für entsprechende Lieferungen oder Leistungen auf dem maßgeblichen Markt vereinbart haben;
- c) Gewinnaufschläge, Kalkulationsverfahren oder sonstige betriebswirtschaftliche Grundlagen, die im freien Markt die Preisbildung beeinflussen (betriebswirtschaftliche Daten).

2.1.7. Diese Daten sind ggf. angemessen zu berichtigen, um sie an abweichende Bedingungen des jeweils vorliegenden Geschäfts anzupassen, die für die Bemessung des Fremdpreises von Bedeutung sind (Beispiel: Marktpreise für Waren einer Standardqualität werden in branchenüblicher Weise auf Warenqualitäten umgerechnet, für die ein besonderer Marktpreis nicht besteht; auf cif beruhende Marktpreise sind bei fob-Geschäften entsprechend umzurechnen). Handelsübliche Mengenrabatte sind zu berücksichtigen.

Anlage 4
Einkunftsabgrenzung

2.1.8. Ein ordentlicher Geschäftsleiter wird mit der gebotenen Sorgfalt aus den verfügbaren oder ihm zugänglichen Daten (vgl. BFH-Urteil vom 10. 1. 1973 – BStBl II S. 322) den Verrechnungspreis ableiten (vgl. Tz. 2.1.1.).

Dabei hat er die Spielräume in der Lagebeurteilung und der geschäftlichen Entscheidung, wie sie sich aus der Teilnahme am allgemeinen Wirtschaftsverkehr und aus der Marktsituation ergeben. Andererseits hat die Leistung des steuerpflichtigen Unternehmens dessen Eigeninteressen gegenüber Nahestehenden und gegenüber dem Konzernganzen in derselben Weise zu wahren, wie sie dies gegenüber fremden Dritten täte. Das Wahrnehmen solcher Spielräume setzt voraus, daß der gesamte Gestaltungsrahmen den allgemeinen Gepflogenheiten des Betriebs, der Branche oder des allgemeinen Geschäftsverkehrs entspricht.

2.1.9. Die folgenden Beispiele erläutern die Anwendung der Grundsätze:

Beispiel 1

Zur Ermittlung des Fremdpreises steht auf dem Markt oft nur ein Band von Preisen zur Verfügung, innerhalb dessen unabhängige Marktteilnehmer von Fall zu Fall den Preis für die einzelnen Geschäfte aushandeln. Zwei nahestehende Unternehmen setzen die zwischen ihnen vereinbarten Preise ohne wirtschaftlich beachtliche Gründe schematisch auf der Ober- oder Untergrenze des Preisbandes fest, wodurch die Gewinne des benachteiligten Unternehmens laufend geschmälert werden. Ein ordentlicher Geschäftsleiter des benachteiligten Unternehmens würde derartige schematische Preisfestsetzungen nicht hinnehmen, sondern im Interesse seines Unternehmens auf eine ausgewogene Preisgestaltung bedacht sein. Deshalb sind die Einkünfte des benachteiligten Unternehmens zu berichtigen.

Beispiel 2

In den Export eines deutschen Unternehmens wird ein Vertriebsunternehmen in einem Niedrigsteuerland eingeschaltet. Bei den Warenlieferungen an dieses Unternehmen werden bestehende Beurteilungsspielräume stets so ausgenutzt, daß bei dem Vertriebsunternehmen ein nach seiner Funktion unangemessen hoher Rohgewinn anfällt. Ein ordentlicher Geschäftsleiter des benachteiligten deutschen Unternehmens würde eine solche Gestaltung nicht hinnehmen. Die Einkünfte sind zu berichtigen.

2.2. *Standardmethoden zur Prüfung von Verrechnungspreisen*

2.2.1. Die im folgenden beschriebenen Standardmethoden sind wichtigste Anhaltspunkte bei der Prüfung von Verrechnungspreisen (vgl. Tz. 2.4.1.).

2.2.2. Preisvergleichsmethode (sogenannte „Comparable uncontrolled price method")

Der zwischen den Nahestehenden vereinbarte Preis wird mit Preisen verglichen, die bei vergleichbaren Geschäften zwischen Fremden im Markt vereinbart worden sind.

Dies kann geschehen (vgl. oben Tz. 2.1.6.) durch

a) äußeren Preisvergleich (Vergleich mit Marktpreisen, die anhand von Börsennotierungen, branchenüblichen Preisen oder Abschlüssen unter voneinander unabhängigen Dritten festgestellt werden);

b) inneren Preisvergleich (Vergleich mit marktentstandenen Preisen, die der Steuerpflichtige oder ein Nahestehender mit Fremden vereinbart hat).

Die verglichenen Geschäfte sollen möglichst gleichartig sein (direkter Preisvergleich). Ungleichartige Geschäfte können herangezogen werden, wenn der Einfluß der abweichenden Faktoren eliminiert und der bei diesen Geschäften vereinbarten Preis gemäß Tz. 2.1.7. auf einen Preis für das verglichene Geschäft umgerechnet werden kann (indirekter Preisvergleich; Beispiel: Umrechnung von cif-Preisen in fob-Preise).

Anlage 4
Einkunftsabgrenzung

2.2.3. Wiederverkaufspreismethode (sogenannte „Resale price method")

Diese Methode geht von dem Preis aus, zu dem eine bei einem Nahestehenden gekaufte Ware an einen unabhängigen Abnehmer weiterveräußert wird. Von dem Preis aus dem Wiederverkauf wird auf den Preis zurückgerechnet, der für die Lieferung zwischen den Nahestehenden anzusetzen ist. Dazu wird der Wiederverkaufspreis um marktübliche Abschläge berichtigt, die der Funktion und dem Risiko des Wiederverkäufers entsprechen; hat der Wiederverkäufer die Ware bearbeitet oder sonst verändert, so ist dies durch entsprechende Abschläge zu berücksichtigen. Läuft eine Ware über eine ganze Kette Nahestehender, so kann u. U. von dem (marktentstandenen) Preis der letzten Lieferung an einen Fremden über die ganze Kette hinweg bis zu deren Anfangsglied zurückgerechnet werden. Entsprechendes gilt bei Leistungen.

2.2.4. Kostenaufschlagsmethode (sogenannte „Cost plus method")

Diese Methode geht bei Lieferungen oder Leistungen zwischen Nahestehenden von den Kosten des Herstellers oder Leistenden aus. Diese Kosten werden nach den Kalkulationsmethoden ermittelt, die der Liefernde oder Leistende auch bei seiner Preispolitik gegenüber Fremden zugrunde legt oder – wenn keine Lieferungen oder Leistungen gegenüber Fremden erbracht werden – die betriebswirtschaftlichen Grundsätzen entsprechen. Es werden dann betriebs- oder branchenübliche Gewinnzuschläge gemacht. Bei Lieferungen oder Leistungen über eine Kette Nahestehender ist diese Methode auf die einzelnen Stufen nacheinander anzuwenden, wobei die tatsächlichen Funktionen (Tz. 2.1.3.) der einzelnen nahestehenden Unternehmen zu beachten sind.

2.3. *Vorteilsausgleich*

2.3.1. Ein Ausgleich zwischen vorteilhaften und nachteiligen Geschäften eines Steuerpflichtigen mit Nahestehenden ist nur zulässig, wenn Fremde bei ihren Geschäften untereinander einen solchen Ausgleich vorgenommen hätten. Danach sind die Vorteile mit den Nachteilen auszugleichen, wenn der Steuerpflichtige bei Geschäften mit dem ihm Nahestehenden nachteilige Bedingungen im Hinblick darauf in Kauf genommen hat, daß er von diesem Nahestehenden im Rahmen des in Betracht stehenden Geschäftszusammenhangs im Gegenzuge Vorteile erhält.

2.3.2. Der Vorteilsausgleich nach Tz. 2.3.1. setzt voraus, daß

- die Geschäfte in einem inneren Zusammenhang stehen, der den Schluß zuläßt, daß die Geschäfte auch unter Fremdbedingungen von dem Steuerpflichtigen mit derselben Person abgeschlossen worden wären,
- die Vor- und Nachteile bei den einzelnen Geschäften mit der Sorgfalt eines ordentlichen Geschäftsleiters quantifiziert werden können und
- die Vorteilsverrechnung vereinbart war oder zur Geschäftsgrundlage des nachteiligen Geschäfts gehörte (BFH-Urteil vom 8. 6. 1977 – BStBl II S. 704).

2.3.3. Sind die nachteiligen Bedingungen nicht während des Wirtschaftsjahres, in dem sie sich ausgewirkt haben, ausgeglichen worden, so ist ein Ausgleich nur zulässig, wenn spätestens zum Ende dieses Wirtschaftsjahres bestimmt ist, wann und durch welche Vorteile die Nachteile ausgeglichen werden. Die Nachteile müssen innerhalb der drei folgenden Wirtschaftsjahre ausgeglichen sein. Ein Ausgleich ist auch dann gegeben, wenn die den Vorteil einbringende Leistung aktiviert wird.

2.4. *Anwendung der Methoden*

2.4.1. Eine für alle Fallgruppen zutreffende Rangfolge der Standardmethoden für die Prüfung von Verrechnungspreisen gibt es nicht. Grundlage der Prüfung bildet die vom Unternehmen durchgeführte Ermittlung der Verrechnungspreise. Bei der Prüfung, ob diese nach Art und Anwendung sachgerecht ist, ist davon auszugehen, daß ein ordentlicher Geschäftsleiter

Anlage 4

Einkunftsabgrenzung

a) sich an der Methode orientieren wird, die den Verhältnissen am nächsten kommt, unter denen sich auf wirtschaftlich vergleichbaren Märkten Fremdpreise bilden;

b) in Zweifelsfällen sich an der Methode orientieren wird, für die möglichst zuverlässige preisrelevante Daten aus dem tatsächlichen Verhalten der beteiligten nahestehenden Unternehmen bei Fremdgeschäften zur Verfügung stehen.

Hierbei ist auf die Verhältnisse des Einzelfalls abzustellen.

2.4.2. Die Marktverhältnisse werden es oft notwendig machen, bei der Festsetzung von Verrechnungspreisen mehrere Methoden heranzuziehen. Dementsprechend ist es nicht zu beanstanden, wenn die Standardmethoden konkretisiert, vermischt oder durch andere Elemente ergänzt werden, um den Marktverhältnissen Rechnung zu tragen. Bei der Prüfung von Verrechnungspreisen können mehrere Standardmethoden verwendet werden.

2.4.3. Nahestehende Unternehmen ermitteln ihre Verrechnungspreise oft auf Grund von allgemeinen Kosten-, Kalkulations- oder ähnlichen Berechnungsvorgaben oder zentral gesammelten Daten. Bei der Prüfung der Einkunftsabgrenzung kann von solchen Berechnungssystemen ausgegangen werden, wenn sie mit angemessener Genauigkeit zu den Ergebnissen führen, die sich bei einem Verhalten wie unter Fremden ergäben. Dies setzt voraus, daß

a) die Berechnungssysteme hinreichend differenziert und nach System und Anwendung im einzelnen leicht und vollständig nachprüfbar sind,

b) die Berechnungssysteme den Anspruch auf vollständige und richtige Erfassung der im Inland erwirtschafteten Einkünfte wahren und

c) die Unternehmen die in den Berechnungssystemen enthaltenen Vorgaben und Daten in angemessenen Zeitabständen überprüfen und an veränderte Verhältnisse anpassen.

Die Berechnungssysteme sind auf ihre Schlüssigkeit und auf ihre sachgerechte Anwendung auf die einzelnen Geschäfte zu überprüfen. Hierbei ist Tz. 2.3. zu beachten.

2.4.4. Bei der Anwendung dieser Grundsätze

a) ist in Konzernen von den tatsächlichen Funktionen der nahestehenden Unternehmen auszugehen;

b) kann ein Unternehmen sich nicht auf eine Standardmethode berufen, die zu den Gegebenheiten des Marktes und des Unternehmens in Widerspruch steht;

c) kann ein Unternehmen sich auf die Anwendung einer bestimmten Methode nur berufen, wenn es die erforderlichen Unterlagen vorlegt;

d) soll ein Unternehmen von einer sachgerechten Art der Ermittlung seiner Verrechnungspreise und von sachgerechten Berechnungssystemen nicht willkürlich abweichen.

2.4.5. Bei der Anwendung der vorstehenden Grundsätze können die Betriebsergebnisse, die der Steuerpflichtige, ihm Nahestehende oder Fremde unter vergleichbaren betrieblichen Bedingungen aus vergleichbaren Geschäften mit Fremden erzielt haben, herangezogen werden, um besondere Prüfungsfelder zu ermitteln, Verrechnungspreise zu verproben oder sonstige Anhaltspunkte für die Einkunftsabgrenzung zu gewinnen. Zu diesen Zwecken können auch die Gesamtergebnisse zusammenhängender Geschäftsbereiche und ihre Aufteilung auf die einzelnen Geschäftsbereiche von Unternehmensgruppen herangezogen werden. Die Ergebnisse im Sinne der Sätze 1 und 2 können der Einkunftsabgrenzung selbständig zugrunde gelegt werden, wenn die Anwendung der Standardmethoden wegen besonderer Umstände (z. B. bei einer Ware oder Warengruppe, die zu einem ganz wesentlichen Teil nur innerhalb vertikal gegliederter Unternehmensgruppen angeschafft oder hergestellt, weiterverarbeitet und vertrieben wird) nicht zu sachgerech-

Anlage 4
Einkunftsabgrenzung

ten Ergebnissen führen würde, ferner in den Fällen der Tz. 2.4.6. sowie bei Schätzungen (z. B. nach § 1 Abs. 3 AStG).

2.4.6. In besonderen Fällen ist es nicht möglich, die tatsächlichen Verhältnisse mit einer gleichartigen Situation unter Fremden zu vergleichen, vor allem wenn die Geschäftsbeziehungen in dieser Art zwischen Fremden nach Maßgabe der Tz. 2.1.1. nicht oder nur mit einem wesentlich anderen wirtschaftlichen Gehalt zustande gekommen wären. In solchen Fällen ist der Einkunftsabgrenzung eine angemessene Aufteilung der Einkünfte aus den Geschäftsbeziehungen zugrunde zu legen, wie sie ordentliche Geschäftsleiter vereinbart hätten.

3. Warenlieferungen und Dienstleistungen
3.1. Lieferung von Gütern und Waren
3.1.1. Grundsatz

Liefert ein Unternehmen Güter oder Waren an ein nahestehendes Unternehmen, so ist Fremdpreis derjenige Preis, den Fremde für Lieferungen
- gleichartiger Güter oder Waren
- in vergleichbaren Mengen
- in den belieferten Absatzmarkt
- auf vergleichbarer Handelsstufe und
- zu vergleichbaren Lieferungs- und Zahlungsbedingungen

unter den Verhältnissen wirtschaftlich vergleichbarer Märkte vereinbart hätten. Für die Anwendung der Standardmethoden gilt Tz. 2.4.1.

3.1.2. Maßgebende Verhältnisse

3.1.2.1. Bei der Prüfung des Verrechnungspreises sind alle Umstände des Einzelfalls zu berücksichtigen. Ihr sind insbesondere zugrunde zu legen
1. die besondere Art, Beschaffenheit und Qualität sowie der Innovationsgehalt der gelieferten Güter und Waren;
2. die Verhältnisse des Marktes, in dem die Güter oder Waren benutzt, verbraucht, bearbeitet, verarbeitet oder an Fremde veräußert werden;
3. die Funktionen und die Handelsstufen, die von den beteiligten Unternehmen tatsächlich wahrgenommen werden (vgl. Tz. 2.1.3.);
4. die Liefervereinbarungen, insbesondere über Haftungsverhältnisse, Zahlungsfristen, Rabatte, Skonti, Gefahrentragung, Gewährleistung usw.;
5. bei längerfristigen Lieferbeziehungen die damit verbundenen Vorteile und Risiken;
6. besondere Wettbewerbssituationen (vgl. z. B. Tz. 3.1.2.4. Satz 2).

Maßgebend sind die Verhältnisse aus der Sicht im Zeitpunkt des Vertragsabschlusses; bei langfristig zu erfüllenden Verträgen ist jedoch zu prüfen, ob unabhängige Dritte den damit verbundenen Risiken durch entsprechende Vereinbarungen (z. B. Preisgleitklauseln) Rechnung tragen würden.

3.1.2.2. Werden im Zusammenhang mit der Lieferung von Gütern oder Waren besondere Finanzierungsleistungen (z.B. nicht handelsübliche Zahlungsziele, Kundenfinanzierung), Beistellungen oder Nebenleistungen vereinbart, so hat der Fremdpreis dies zu berücksichtigen. Soweit über diese Leistungen gesonderte Verträge abgeschlossen werden, ist ein Vorteilsausgleich im Rahmen der Tz. 2.3. zulässig.

3.1.2.3. Sind Güter oder Waren unter Nutzung eines immateriellen Wirtschaftsgutes (z. B. eines gewerblichen Schutzrechts, eines Geschmacksmusterrechts, eines Urheberrechts, einer nicht geschützten Erfindung oder einer sonstigen die Technik bereichernden Leistung,

Anlage 4
Einkunftsabgrenzung

eines Sortenschutzrechts, eines Geschäfts- oder Betriebsgeheimnisses oder eines ähnlichen Rechts oder Wertes) hergestellt worden, so liegt in deren Erwerb und dem anschließenden Gebrauch oder Verbrauch durch den Erwerber in der Regel keine Nutzung des immateriellen Wirtschaftsgutes; in diesen Fällen wird daher vom Erwerber keine Lizenzgebühr geschuldet. Wird dennoch eine Lizenzgebühr zwischen Hersteller und Erwerber verrechnet, so ist dies steuerlich grundsätzlich nicht anzuerkennen. Dies gilt jedoch nicht, wenn der Erwerber auf andere Weise durch den Gebrauch der Güter oder Waren ein weitergehendes immaterielles Wirtschaftsgut nutzt (z. B. ein Patent im Sinne der Tz. 5.1.1. Satz 2), die Güter oder Waren für ein patentrechtlich geschütztes Verfahren einsetzt oder aus ihnen ein anderes geschütztes Wirtschaftsgut herstellt. Auch in diesen Fällen darf jedoch die Überlassung der immateriellen Wirtschaftsgüter nicht bereits durch den Preis der Güter oder Waren mit abgegolten sein; ein Ausgleich von Vor- und Nachteilen bei der Überlassung und bei der Verrechnung der späteren Nutzung ist anzuerkennen.

3.1.2.4. Für die Anwendung der Standardmethoden sind Daten und Preise außer Betracht zu lassen, die durch besondere Wettbewerbssituationen beeinflußt sind und deshalb auf die in Frage stehende Geschäftsbeziehung nicht übertragen werden können. Dies gilt z. B. für Preise,

1. die sich auf abgeschlossenen Sondermärkten bilden, auf denen sich die Preise abweichend von dem Markt bilden, aus dem oder in den die Lieferung erfolgt;
2. bei denen im Zusammenhang mit der Markteinführung von Waren besondere Abschläge zugestanden werden;
3. die sich unter Umgehung oder außerhalb eines sonst bestehenden Patentschutzes bilden;
4. die durch behördliche Preisregulierungen oder vergleichbare Maßnahmen beeinflußt sind.

Diese Preise sind heranzuziehen, soweit sie nach Tz. 2.1.7. berichtigt werden können.

3.1.2.5. Der für die Einkunftsabgrenzung maßgebliche Fremdpreis kann von dem der Verzollung oder der Bemessung des Umsatzes bei der Einfuhr zugrunde liegenden Zollwert bzw. von den sonstigen Bemessungsgrundlagen für die Einfuhr im Sinne des § 11 UStG abweichen (vgl. BFH-Urteil vom 1. 2. 1967 – BStBl III S. 495).

3.1.3. **Beispiele für die Anwendung der Standardmethoden**

Beispiel 1

Ein Konzernunternehmen liefert an ein nahestehendes Vertriebsunternehmen, das als Eigenhändler auftritt, Fertigwaren, für deren internationale Lieferung vom Produzenten an Großhändler kein Marktpreis oder marktentstandener Preis festzustellen ist und mit deren Vertrieb im betreffenden Absatzgebiet ausschließlich das nahestehende Vertriebsunternehmen betraut ist. In diesem Fall wird im allgemeinen die Wiederverkaufspreismethode anzuwenden sein, wenn die Beteiligten bei Fremdverkäufen den beiderseitigen Preisvorstellungen einen bestimmten Funktionsrabatt an Alleinvertreter zugrunde legen. Vertriebsunternehmen sind Unternehmen, die die Ware ohne wesentliche Be- oder Verarbeitung weiterveräußern.

Beispiel 2

Ein Konzernunternehmen liefert Halbfertigfabrikate an ein verbundenes Herstellungsunternehmen auf einer nachgeordneten Herstellungsstufe. Ein Markt für derartige Produkte besteht nicht. In diesem Fall wird im allgemeinen die Kostenaufschlagsmethode anzuwenden sein, wenn Fremde unter gleichartigen Verhältnissen bei ihren Wertvorstellungen von den Kosten der Ware zuzüglich eines entsprechenden Gewinnaufschlages ausgehen.

Anlage 4
Einkunftsabgrenzung

Beispiel 3
Ein Unternehmen lagert spezielle Teile seiner Fertigung auf eine ausländische Tochtergesellschaft aus. Die Produktion und der Vertrieb durch die ausländische Gesellschaft erfolgen in enger Anbindung an den Betrieb des inländischen Unternehmens. Die Produktion wird von der Muttergesellschaft langfristig abgenommen. Die Tochtergesellschaft mit ihrer eingeschränkten Produktionsbreite wäre als unabhängiges Unternehmen auf Dauer nicht lebensfähig. Unter Fremden wäre die Produktion in Lohnfertigung übertragen worden (vgl. auch Tz. 2.1.2.). Dementsprechend kann der Verrechnungspreis durch die Kostenaufschlagsmethode ermittelt werden.

3.2. Gewerbliche Dienstleistungen

3.2.1. Grundsatz
Erbringt ein Unternehmen gewerbliche Dienstleistungen an ein nahestehendes Unternehmen, so gelten die Tz. 3.1.2. und 3.1.3. entsprechend. Die Bestimmungen über die Marktstufe gelten nur insoweit, als marktüblicherweise Unterschiede zwischen verschiedenen Gruppen von Auftraggebern gemacht werden.

3.2.2. Sonderbereiche
Für Dienstleistungen im Bereich der Forschung und der Entwicklung ist Tz. 5., für verwaltungsbezogene Leistungen Tz. 6. anzuwenden.

3.2.3. Preisvergleichs-, Wiederverkaufspreis- und Kostenaufschlagsmethode

3.2.3.1. Bei gewerblichen Dienstleistungen sind branchenübliche Preise wegen der Differenzierung der Leistungen meist nur bei vertretbaren Leistungen oder auf Sondergebieten festzustellen (Beispiele: Transport und Versicherung). Hierbei sind die Formen der Preisgestaltung zu beachten, die sich in besonderen Bereichen des Dienstleistungssektors herausgebildet haben.

3.2.3.2. Wenn Vergleichspreise fehlen, ist in der Regel die Kostenaufschlagsmethode anzuwenden. (Grund: Leistungen werden in der Regel nicht weiterveräußert, so daß die Wiederverkaufspreismethode ausscheidet.)

3.2.3.3. Stehen Dienstleistungen im Zusammenhang mit Warenlieferungen, so können sie nicht gesondert verrechnet werden, wenn sie üblicherweise zwischen Dritten durch den Warenpreis abgegolten sind (z. B. Garantie-, Wartungs- oder branchenübliche Kulanzleistungen). Im übrigen gilt Tz. 3.1.2.2. entsprechend.

3.3. Kosten der Werbung

3.3.1. Die Kosten einer Werbemaßnahme sind von demjenigen nahestehenden Unternehmen zu tragen, für dessen Aufgabenbereich durch diese Maßnahme geworben wird. Führt ein Unternehmen Aufgaben der Werbung für ein nahestehendes Unternehmen durch, so können die hierbei erbrachten Leistungen

    a) als gewerbliche Dienstleistungen verrechnet werden (Tz. 3.2.), soweit sie nach Art und Umfang den Leistungen eigenständiger Werbeunternehmen entsprechen (z. B. selbständige Durchführung der Gesamtwerbung einschließlich der Herstellung von Werbeträgern, Werbevorlagen usw.);

    b) im übrigen nach den Grundsätzen über verwaltungsbezogene Leistungen (Tz. 6.) verrechnet werden.

3.3.2. Die vorstehenden Grundsätze gelten auch für nahestehende Herstellungs- und Vertriebsunternehmen. Soweit Werbemaßnahmen zum Aufgabenbereich beider Unternehmen gehören, ist zu prüfen, ob der Werbeaufwand zwischen den beteiligten Unternehmen angemessen aufgeteilt worden ist. Dabei können Vorteile bei der Kostentragung für Werbemaßnahmen mit Preisvereinbarungen beim Bezug der Ware ausgeglichen werden oder umgekehrt. Für diesen Ausgleich gilt Tz. 1. 4.

Anlage 4
Einkunftsabgrenzung

3.3.3. Es ist nicht zu beanstanden, wenn nahestehende Unternehmen die Kostenaufteilung im Konzern auf Grund eines mittel- oder längerfristigen Werbekonzeptes durch besondere Verrechnungsverträge regeln. Derartige Regelungen sind nach Tz. 2.4.3. und ggf. nach Tz. 7. zu prüfen.

3.4. Kosten der Markterschließung

3.4.1. Für die Einführung von Produkten entstehen bei Herstellungs- und deren Vertriebsunternehmen während des Einführungszeitraumes häufig erhöhte Kosten oder Mindererlöse. Unter Fremden werden sie in der Regel vom Vertriebsunternehmen nur insoweit getragen, als ihm aus der Geschäftsverbindung ein angemessener Betriebsgewinn verbleibt.

3.4.2. Unter Fremden werden solche Kosten oder Erlösminderungen auch derart aufgeteilt, daß

a) das Vertriebsunternehmen diese Kosten oder Erlösminderungen in größerem Umfange trägt und ihm dafür Lieferpreise eingeräumt werden, durch die es nach dem Einführungszeitraum seine Gewinnausfälle in überschaubarer Zeit ausgleichen kann, oder

b) der Hersteller diese Kosten oder Erlösminderungen in größerem Umfange trägt und nach dem Einführungszeitraum seine Gewinnausfälle in überschaubarer Zeit ggf. durch höhere Lieferpreise ausgleichen kann.

Der hierbei vorzusehende Ausgleich zwischen Herstellungs- und Vertriebsunternehmen wird in aller Regel im vorhinein aus Rentabilitätsberechnungen abgeleitet und vertraglich abgesichert. Unter diesen Voraussetzungen kann auch eine derartige Aufteilung zwischen Nahestehenden der Einkunftsabgrenzung zugrunde gelegt werden.

3.4.3. Kosten und Erlösminderungen, die dadurch entstehen, daß ein Vertriebsunternehmen durch Kampfpreise oder ähnliche Mittel seinen Marktanteil wesentlich erhöhen oder verteidigen will, sind grundsätzlich vom Hersteller zu tragen.

3.5. Anlaufkosten

In der Erwartung, daß in späteren Wirtschaftsjahren Gewinne erzielt werden können, werden bei neu gegründeten Gesellschaften oder bei Gesellschaften, die erweitert oder wesentlich umorganisiert werden, sogenannte Anlaufkosten in Kauf genommen. Derartige Kosten sind grundsätzlich von der neu gegründeten, erweiterten oder umorganisierten Gesellschaft zu tragen.

Für Kosten und Erlösminderungen, die während der Anlaufphase durch die Einführung von Produkten entstehen, gilt Tz. 3.4.

4. Zinsen und ähnliche Vergütungen

4.1. Allgemeines

Bei Finanzierungsleistungen unter Nahestehenden ist zunächst zu prüfen, ob eine ernstgemeinte Darlehensgewährung oder eine verdeckte Gewinnausschüttung bzw. verdeckte Einlage (verdecktes Kapital) gegeben ist. Nur bei einer ernstgemeinten Darlehensgewährung kommt steuerlich die Verrechnung von Zinsen in Betracht.

Eine verdeckte Gewinnausschüttung bzw. eine verdeckte Einlage (verdecktes Kapital) ist anzunehmen, sofern mit einer Rückzahlung von vornherein nicht ernsthaft zu rechnen war (BFH-Urteil vom 16. 9. 1958 – BStBl III S. 451). Verdecktes Kapital ist ferner dann anzunehmen, wenn im Einzelfall aus rechtlichen oder wirtschaftlichen Gründen diese Form der Zuführung von Gesellschaftskapital allein möglich ist oder wenn sich die schuldrechtliche Vertragsgestaltung als so ungewöhnlich erweist, daß sie als Gestaltungsmißbrauch im Sinne des § 42 AO angesehen werden muß.

Anlage 4

Einkunftsabgrenzung

4.2.	*Maßgebende Zinssätze*
4.2.1.	Gewährt eine Person einem Nahestehenden Kredite (z. B. Darlehen, Hypotheken, Warenkredite, Kontokorrentkredite), so ist Fremdpreis der Zins, zu dem Fremde unter vergleichbaren Bedingungen den Kredit am Geld- oder Kapitalmarkt gewährt hätten (vgl. BFH-Urteil vom 25. 11. 1964 – BStBl 1965 III S. 176). Bei der Prüfung ist von den Zinssätzen auszugehen, zu denen Banken unter vergleichbaren Verhältnissen Fremden Kredite gewähren (Sollzins).
4.2.2.	Bei der Prüfung der Zinsen sind alle Umstände des Einzelfalls zu berücksichtigen. Ihr sind insbesondere zugrunde zu legen

 1. Kredithöhe und Laufzeit;
 2. Art und Zweck des Kredites;
 3. Sicherheiten und Kreditwürdigkeit des Schuldners (unter Berücksichtigung von Sonderkonditionen, die auch Fremde dem Schuldner im Hinblick auf dessen Zugehörigkeit zum Konzern einräumen würden);
 4. die Kreditwährung, die Wechselkursrisiken und -chancen (vgl. dazu Tz. 4.2.3.) und etwaige Kurssicherungskosten;
 5. bei durchgeleiteten Krediten die Refinanzierungskosten (vgl. hierzu i. ü. Tz. 4.3.3.);
 6. sonstige Umstände der Kreditgewährung, insbesondere die Verhältnisse auf den Kapitalmärkten (vgl. hierzu insbesondere Tz. 4.2.4.).

Die Umstände des Einzelfalls können es notwendig machen, andere als die in Tz. 4.2.1. genannten Zinssätze heranzuziehen, sofern sich auch Fremde an ihnen ausrichten würden. Ergibt die Prüfung, daß für den Zinssatz eine Bandbreite bestand, so sind die Tz. 2.1.8. und 2.4.6. zu beachten.

4.2.3.	Ist der Kredit in ausländischer Währung gegeben worden, so sind bei der Anwendung der Tz. 4.2.1. und 4.2.2. die Zinssätze im Währungsgebiet der ausländischen Währung heranzuziehen, wenn auch Fremde den Kredit unter vergleichbaren Umständen in dieser Währung vereinbart hätten. Heranzuziehen sind ferner Maßnahmen, die Fremde zur Verteilung des Wechselkursrisikos getroffen hätten (z. B. durch Wertsicherungsklauseln oder Devisentermingeschäfte auf Kosten des Darlehensnehmers).
4.2.4.	Hätte der Steuerpflichtige den Kredit in der dem Kreditvertrag zugrunde liegenden Währung auf einem anderen Geld- oder Kapitalmarkt als dem des Währungsgebietes der Kreditwährung zu einem für ihn günstigeren Zinssatz aufnehmen oder vergeben können, so sind diese Zinssätze mit heranzuziehen.
4.2.5.	Maßgebend sind die Verhältnisse im Zeitpunkt der Kreditgewährung. Es ist jedoch zu prüfen, ob bei mittel- oder langfristigen Krediten Schwankungen im Zinsniveau in der unter Fremden üblichen Weise Rechnung getragen ist (z. B. durch Kündigungs- oder Zinsanpassungsklauseln).
4.2.6.	Bei der Prüfung kann von an sich gebotenen Beanstandungen abgesehen werden, wenn wegen zwingender Rechtsvorschriften im Sitzstaat des Nahestehenden oder aus ähnlichen Gründen, die außerhalb des Kreditverhältnisses liegen, statt einer an sich gebotenen Zuführung von Eigenkapital ein zinsloses oder zinsgünstiges Darlehen gewährt wird. Wird von dieser Regelung Gebrauch gemacht, so kann die Zinslosigkeit oder niedrige Verzinslichkeit als solche keine Teilwertabschreibung des Darlehens begründen.
4.3.	*Einzelfragen*
4.3.1.	Bei Forderungen aus Lieferungen und Leistungen ist zu prüfen, ob

 - die Verrechnung von Zinsen handelsüblich ist,
 - die Geschäftspartner bei vergleichbaren Geschäften in Gegenrichtung Zinsen berechnen.

Anlage 4
Einkunftsabgrenzung

Im übrigen bleibt Tz. 4.2. unberührt.

4.3.2. Kredite werden u. U. aus betrieblichen Gründen, die außerhalb des Kreditverhältnisses liegen, zinslos oder zu einem ermäßigten Zins gegeben. Dies kann z. B. der Fall sein, wenn

   a) die Muttergesellschaft einem nahestehenden Vertriebsunternehmen zur Förderung des Absatzes ihrer Erzeugnisse einen zinslosen Warenkredit gewährt;

   b) das nahestehende Vertriebsunternehmen wirtschaftlich nicht in der Lage ist, aus eigenen Mitteln ein behördlich vorgeschriebenes Depot zur Erlangung von Einfuhrgenehmigungen für Erzeugnisse der Muttergesellschaft zu errichten und deshalb von dieser ein zinsloses Darlehen erhält.

   Bei der Prüfung ist darauf zu achten, daß in dem Verhältnis, das der Zinsgestaltung zugrunde liegt, nach Maßgabe der Tz. 2.3. ein angemessener Ausgleich erfolgt.

4.3.3. Schaltet ein inländisches Unternehmen einen ausländischen Nahestehenden bei der Aufnahme von Mitteln auf einem ausländischen Markt ein, so gilt folgendes: Handelt der Nahestehende

   a) als Agent oder Kommissionär, so ist die Aufnahme der Mittel im Ausland unmittelbar dem inländischen Unternehmen zuzurechnen. Der Nahestehende hat lediglich einen seiner Tätigkeit angemessenen Provisionsanspruch gegen das inländische Unternehmen. Ein Handeln des Nahestehenden als Agent ist insbesondere dann anzunehmen, wenn er in eigenem Namen für das inländische Unternehmen Mittel auf zinsgünstigen Kapitalmärkten aufnimmt;

   b) als Kreditgeber, so sind die von dem inländischen Unternehmen an den Nahestehenden zu zahlenden Zinsen nach Tz. 4.2.1. und 4.2.2. zu bemessen;

   c) als Buchungsstelle oder überläßt er seinen Namen, so hat er keine zu vergütende Leistung erbracht. Es kann auch keine Buchungsgebühr anerkannt werden, da die Mittelaufnahme ein beim inländischen Unternehmen zu buchender Geschäftsvorfall ist.

4.3.4. Schaltet ein ausländisches Unternehmen einen inländischen Nahestehenden in Kreditgeschäfte oder zum Ausnutzen besonderer Anlagemöglichkeiten im Inland ein, so gilt Tz. 4.3.3. sinngemäß.

4.4. *Bürgschaften und ähnliche Verpflichtungen*

4.4.1. Übernimmt eine Person für einen Nahestehenden eine Bürgschaft, so können die hieraus erwachsenden Rechtsfolgen (z. B. spätere Bürgschaftszahlungen) die Einkünfte dieser Person steuerlich nur dann mindern, wenn diese die Bürgschaft bei Anwendung der Sorgfalt eines ordentlichen Geschäftsleiters auch für einen Fremden übernommen hätte (BFH-Urteil vom 19. 3. 1975 – BStBl II S. 614); dies setzt voraus, daß die Bürgschaftsübernahme einen außerhalb des Gesellschaftsverhältnisses liegenden wirtschaftlichen Grund hat.

4.4.2. Sofern die Voraussetzungen der Tz. 4.4.1. gegeben sind, ist für die Übernahme der Bürgschaft eine Provision anzusetzen, soweit eine solche auch zwischen Fremden vereinbart worden wäre (vgl. BFH-Urteil vom 19. 5. 1982 – BStBl II S. 631). Dies ist z. B.

   1. dann gegeben, wenn die Bürgschaft dem begünstigten Schuldner einen Vorteil bringt, insbesondere eigene Finanzierungskosten erspart oder den Zugang zu einem bestimmten Kapitalmarkt eröffnet. Eine Bürgschaftsprovision ist danach z. B. anzusetzen, wenn die Bürgschaft für eine Finanzierungsgesellschaft übernommen wird, die auf ausländischen Kapitalmärkten Anleihen aufnimmt, um mit diesen Mitteln Investitionen des Konzerns zu finanzieren;

   2. dann nicht gegeben, wenn der Bürge die Bürgschaft einem Fremden im eigenen betrieblichen Interesse unentgeltlich gewährt hätte. Ein solches betriebliches Interesse

Anlage 4
Einkunftsabgrenzung

des Bürgen kann in bestimmten Fällen der Übernahme einer Bürgschaft zugunsten eines Vertriebsunternehmens bestehen.

4.4.3. Die vorstehenden Grundsätze gelten für andere Verpflichtungen (z. B. Patronatserklärungen) entsprechend, sofern diese Verpflichtungen den Charakter einer Bürgschaft haben.

5. **Nutzungsüberlassung von Patenten, Know-how oder anderen immateriellen Wirtschaftsgütern; Auftragsforschung**

5.1. *Allgemeines*

5.1.1. Wird einem nahestehenden Unternehmen ein immaterielles Wirtschaftsgut (vgl. Tz. 3.1.2.3.) zur Nutzung überlassen, so ist hierfür der Fremdpreis anzusetzen. Dies gilt auch dann, wenn das empfangende Unternehmen das immaterielle Wirtschaftsgut nicht nutzt, aber einen wirtschaftlichen Nutzen daraus erzielt oder voraussichtlich erzielen wird (z. B. Sperrwirkung bei Vorrats- und Sperrpatenten). Wegen des Rechts auf Führung des Konzernnamens vgl. Tz. 6.3.2.

5.1.2. Die Verrechnung von Nutzungsentgelten ist steuerlich nicht anzuerkennen, wenn die Nutzungsüberlassung im Zusammenhang mit Lieferungen oder Leistungen steht, bei denen unter Fremden die Überlassung der immateriellen Wirtschaftsgüter im Preis der Lieferung oder Leistung mit abgegolten ist; ein Ausgleich von Vor- und Nachteilen bei gesonderter Inrechnungstellung von Lieferungen und Leistungen einerseits und für derartige Schutzrechtsüberlassungen andererseits ist anzuerkennen.

5.1.3. Überläßt der Nutzungsberechtigte seinerseits dem Überlasser eine nicht geschützte, die Technik bereichernde oder eine ähnliche Leistung (Know-how), die bei dem Nutzungsberechtigten im Zuge der Nutzung anfällt, so ist dies bei der Prüfung des Entgelts zu berücksichtigen. Überläßt er Know-how unabhängig von der Nutzung, so ist dies wie unter Fremden zwischen den Beteiligten zu verrechnen.

5.2. *Ableitung der Fremdpreise*

5.2.1. Bei der Verrechnung ist von den tatsächlich zur Nutzung überlassenen einzelnen immateriellen Wirtschaftsgütern auszugehen. Die von einem Lizenznehmer genutzten immateriellen Wirtschaftsgüter können grundsätzlich nur zusammengefaßt werden, wenn sie technisch und wirtschaftlich eine Einheit bilden.

5.2.2. Die Fremdpreise für die Überlassung der immateriellen Wirtschaftsgüter sind grundsätzlich durch den Ansatz von Nutzungsentgelten auf Grund einer sachgerechten Bemessungsgrundlage (z. B. Umsatz, Menge, Einmalbetrag) zu verrechnen. Für die steuerliche Prüfung kann, soweit möglich, das Bundesamt für Finanzen verkehrsübliche Vergütungsspannen für die Überlassung immaterieller Wirtschaftsgüter ermitteln. Bei ihrer Anwendung ist davon auszugehen, daß unter Fremden bei der Nutzungsüberlassung immaterieller Wirtschaftsgüter die Bedingungen differenziert ausgehandelt werden.

5.2.3. Läßt sich die Angemessenheit der vereinbarten Lizenzgebühr nach der Preisvergleichsmethode nicht hinreichend beurteilen, so ist bei der Prüfung davon auszugehen, daß eine Lizenzgebühr von dem ordentlichen Geschäftsleiter eines Lizenznehmers regelmäßig nur bis zu der Höhe gezahlt wird, bei der für ihn ein angemessener Betriebsgewinn aus dem lizenzierten Produkt verbleibt.

Der ordentliche Geschäftsleiter wird diese Entscheidung in der Regel auf Grund einer Analyse über die Aufwendungen und Erträge treffen, die durch die Übernahme der immateriellen Wirtschaftsgüter zu erwarten sind. Zum Nachweis vgl. Tz. 9.

5.2.4. Die Kostenaufschlagsmethode kann bei Einzelabrechnung in Ausnahmefällen in Betracht kommen. Die Kosten können als Schätzungsanhalt bei der Verprobung von Lizenzgebühren verwendet werden.

Anlage 4
Einkunftsabgrenzung

5.3. *Auftragsforschung*

Betreibt ein Unternehmen im Auftrag eines anderen Unternehmens Forschung und Entwicklung (Auftragsforschung), so kommen die Ergebnisse nicht dem forschenden, sondern dem auftraggebenden Unternehmen zugute. In diesen Fällen ist für die Bestimmung der Angemessenheit des Leistungsentgelts regelmäßig die Kostenaufschlagsmethode anzuwenden.

6. Verwaltungsbezogene Leistungen im Konzern

6.1. *Allgemeines*

Unter nahestehenden Unternehmen werden oft zentral oder regional durch die Muttergesellschaft, durch nachgeordnete Gesellschaften oder vergleichbare Einrichtungen für den Gesamtkonzern Aufgaben der Verwaltung, des Managements, der Kontrolle, der Beratung oder ähnliche Aufgaben wahrgenommen. Für diese Tätigkeiten können Entgelte in keinem Fall verrechnet werden, soweit sie ihren Rechtsgrund in den gesellschaftsrechtlichen Beziehungen oder in anderen Verhältnissen haben, die die Verflechtung begründen (vgl. Tz. 1.3.2.4. bis 1.3.2.7.). Nur soweit solche Einrichtungen daneben den ihnen nahestehenden Unternehmen Dienstleistungen erbringen, kommt eine Verrechnung nach den folgenden Grundsätzen in Betracht.

6.2. *Voraussetzungen für die Verrechnung*

6.2.1. Eine gesonderte Verrechnung ist möglich, wenn für die Leistungen außerhalb des gesellschaftsrechtlichen Verhältnisses (vgl. Tz. 6.1.) zwischen Fremden ein Entgelt gewährt worden wäre. Vom zahlenden Unternehmen muß die Verrechnung von vornherein vereinbart sein und nachgewiesen werden. Sie ist nicht möglich, wenn der Aufwand bzw. die Leistungen dieser Einrichtungen den empfangenden Unternehmen in anderer Form weiterbelastet werden, z. B. durch die Verrechnung des konzerninternen Waren- oder Leistungsverkehrs zu Fremdpreisen, die diesen Aufwand bzw. diese Leistungen bereits berücksichtigen.

6.2.2. Zwischen Fremden würde ein Entgelt für derartige Leistungen nur gewährt, wenn sie
- eindeutig abgrenzbar und meßbar sind und
- im Interesse der empfangenden Person erbracht werden (d. h. einen Vorteil erwarten lassen und eigene Kosten ersparen). Leistungen können nicht verrechnet werden, wenn eine Tochtergesellschaft sie nur mit Rücksicht auf die Verhältnisse der Muttergesellschaft entgegennimmt, sie aber als unabhängiges Unternehmen nach ihren eigenen Verhältnissen nicht in Anspruch nehmen würde.

6.2.3. Die Leistungen müssen tatsächlich erbracht sein. Das bloße Angebot im Konzern genügt nicht, da unter Fremden in aller Regel nur tatsächlich abgenommene Leistungen entgolten werden. Es ist jedoch nicht zu beanstanden, wenn bei schwankendem Leistungsfluß Durchschnittsentgelte verrechnet werden, die der tatsächlichen Abnahme innerhalb eines mehrjährigen Zeitraumes entsprechen.

6.3. *Beispiele*

6.3.1. Verrechenbar sind nach diesen Grundsätzen z. B. Entgelte für
- die Übernahme von Buchhaltungsarbeiten und ähnlichen Dienstleistungen, z. B. spezifischen Beratungsleistungen in den eigenen wirtschaftlichen und rechtlichen Angelegenheiten eines nahestehenden Unternehmens;
- die zeitlich begrenzte Überlassung von Arbeitskräften einschließlich solcher im Führungsbereich eines nahestehenden Unternehmens;
- die Aus- und Fortbildung sowie die soziale Sicherung von Personal, das in einem nahestehenden Unternehmen in dessen Interesse tätig ist;

Anlage 4
Einkunftsabgrenzung

- Leistungen der Muttergesellschaft zum Zwecke der Beschaffung von Waren und der Inanspruchnahme von Dienstleistungen, die die jeweilige Tochtergesellschaft direkt bezogen bzw. empfangen hat;
- das marktübliche Bereitstellen von Dienstleistungen auf Abruf, soweit nachgewiesen wird, daß die Tochtergesellschaft diese benötigt und daß sie tatsächlich in angemessenem Umfang Dienstleistungen abgerufen hat.

6.3.2. Demgegenüber kann eine Muttergesellschaft z. B. Entgelte nicht verrechnen für
- den sogenannten Rückhalt im Konzern einschließlich des Rechts, den Konzernnamen zu führen, sowie der Vorteile, die sich allein aus der rechtlichen, finanziellen und organisatorischen Eingliederung in den Konzern ergeben;
- die Tätigkeit ihres Vorstandes und Aufsichtsrates als solche sowie für ihre Gesellschafterversammlungen;
- die rechtliche Organisation des Konzerns als ganzen sowie für die Produktions- und Investitionssteuerung im Gesamtkonzern;
- Tätigkeiten, die Ausfluß ihrer Gesellschafterstellung sind, einschließlich der allgemeinen Organisation sowie der der Konzernspitze dienenden Kontrolle und Revision;
- Schutz und Verwaltung der Beteiligungen;
- die Konzernführung und solche Führungsaufgaben nachgeordneter Unternehmen, die die Konzernspitze an sich gezogen hat, um ihre eigenen Führungsmaßnahmen besser vorzubereiten, durchzusetzen und zu kontrollieren. Die Führung schließt die Planung, die unternehmerische Entscheidung und die Koordinierung ein.

6.4. Ableitung der Fremdpreise

6.4.1. Für verwaltungsbezogene Leistungen können Fremdpreise herangezogen werden, soweit Leistungen zwischen voneinander Unabhängigen der konzerninternen Verwaltungsleistung nach Art und Umfang vergleichbar sind. Hierbei ist zu berücksichtigen, daß die Beteiligten in einem Dauerverhältnis stehen. Soweit hierfür Marktpreise nicht feststellbar sind, ist der Fremdpreis in der Regel nach der Kostenaufschlagsmethode zu ermitteln. Es ist ferner zu beachten, daß ein ordentlicher Geschäftsleiter des Leistungsempfängers in der Regel kein Entgelt zugestehen würde, das den Aufwand übersteigt, der bei Erledigung der fraglichen Verwaltungsaufgaben durch den eigenen Betrieb oder durch Vergabe entsprechender Aufträge an ortsansässige Fremde anfallen würde.

6.4.2. Der Ableitung des Entgelts nach der Kostenaufschlagsmethode sind
1. die einzelnen erbrachten Leistungen und
2. die den einzelnen Leistungen zuzurechnenden Kosten

gesondert zugrunde zu legen. Den Nachweis hat der Steuerpflichtige durch Vorlage von Unterlagen (§ 90 Abs. 2 AO) zu führen.

7. Einkunftsabgrenzung durch Umlageverträge

7.1. Allgemeines

7.1.1. Werden im Konzern Aufwendungen für
a) Forschung und Entwicklung oder
b) verwaltungsbezogene Leistungen (Tz. 6.2.)

durch eine Kostenumlage verrechnet, so ist bei der Einkunftsabgrenzung von dem Kostenumlagevertrag auszugehen, wenn das Entgelt für die so verrechneten Überlassungen oder Leistungen nur zusammengefaßt bewertet werden kann oder die Ermittlung der den einzelnen Leistungen gesondert zuzurechnenden Kosten schwierig ist. Solche Um-

Anlage 4
Einkunftsabgrenzung

lageverträge sind unter Beachtung der folgenden Grundsätze zu prüfen (vgl. auch Tz. 2.4.3.).

7.1.2. Die tatsächlich entstandenen Kosten solcher Leistungen im Konzern sind (wie bei einem Pool) nach einer anerkannten Kostenrechnungsmethode auf Vollkostenbasis (direkte und indirekte Kosten) zu erfassen und nach einer anerkannten Rechnungslegungsmethode zu verteilen. Voraussetzung ist, daß der Umlagevertrag (Tz. 7.2.) zuvor klar und eindeutig vereinbart und tatsächlich durchgeführt worden ist. Eine Umlage durch einen von den Kosten unabhängigen Vomhundertsatz des Umsatzes des steuerpflichtigen Unternehmens oder einer ähnlichen Bezugsgröße ist steuerlich nicht anzuerkennen.

7.1.3. Bei der Durchführung des Umlagevertrages entfällt eine gesonderte Verrechnung für die Nutzungsüberlassung immaterieller Wirtschaftsgüter, für die Überlassung von Know-how sowie für Leistungen, auf die das steuerpflichtige Unternehmen aus dem Umlagevertrag einen Anspruch hat (Tz. 7.2.1. Nr. 2). Eine Aktivierung dieser Wirtschaftsgüter kommt gemäß § 5 Abs. 2 EStG nicht in Betracht; die Kostenumlage unterliegt nicht dem Steuerabzug nach § 50a Abs. 4 EStG.

7.1.4. Die steuerliche Anerkennung der Umlage setzt voraus, daß die Forschung und Entwicklung bzw. der Fluß verwaltungsbezogener Leistungen (Tz. 6.2.) eindeutig abgrenzbar und nachgewiesen sind. Der ihnen zuzurechnende Kostenblock muß leicht auszusondern sein. Dies ist in der Regel gegeben, wenn

1. im Konzern ein zentraler Organisationsbereich mit dem Erbringen solcher Leistungen beauftragt ist, deren Ergebnisse im Gesamtkonzern oder in bestimmten Gruppen von Konzerngesellschaften genutzt werden, und
2. bei diesem Bereich auch die Kosten zusammengefaßt sind, die in anderen Konzernbereichen für eine ergänzende oder unterstützende Tätigkeit dieser Art anfallen (angegliederte Stellen).

7.1.5. Ein Umlagevertrag kann steuerlich nur anerkannt werden, wenn die Voraussetzungen der Tz. 1.4. gegeben sind und auch das Unternehmen, das die Umlage erhebt, ihn seiner Ergebnisrechnung mit steuerlicher Wirkung zugrunde legt. Soweit die Handelsbilanz für die Steuerbilanz gilt, muß der Umlagevertrag auch in der Handelsbilanz berücksichtigt werden.

7.1.6. Ein Gewinnaufschlag auf die umgelegten Kosten kann im Hinblick auf das Fehlen eines unternehmerischen Risikos steuerlich nicht anerkannt werden. Das schließt nicht aus, daß im Rahmen der Vollkostenrechnung in die Umlage eine angemessene Verzinsung des eingesetzten Kapitals sowie ein Beitrag zu den Geschäftsführungs- und allgemeinen Verwaltungskosten einbezogen werden.

7.2. *Vertragsinhalt*

7.2.1. Ein Umlagevertrag ist der Einkunftsabgrenzung zugrunde zu legen, wenn

1. er Forschungs- und Entwicklungskosten, die mit der wirtschaftlichen Tätigkeit des steuerpflichtigen Unternehmens in Bezug stehen oder stehen werden, bzw. die Kosten verwaltungsbezogener Leistungen, die im Interesse des steuerpflichtigen Unternehmens tatsächlich erbracht werden, erfaßt und das steuerpflichtige Unternehmen die Ergebnisse der Forschung und Entwicklung bzw. die verwaltungsbezogenen Leistungen tatsächlich nutzt oder voraussichtlich nutzen wird;
2. er dem steuerpflichtigen Unternehmen einen nach Art und Umfang bestimmten Anspruch einräumt, die Tätigkeit des zentralen Organisationsbereichs und angegliederter Stellen für die ihm zugewiesenen Aufgaben zu nutzen und hierbei Leistungen des zentralen Organisationsbereichs selbst abzurufen oder ihm Aufträge zu erteilen;
3. er der Umlage diejenigen Kosten (einschließlich Gemeinkosten) zugrunde legt, die

Anlage 4

Einkunftsabgrenzung

    a) der Tätigkeit des zentralen Organisationsbereichs sowie angegliederter Stellen zuzurechnen und

    b) im Abrechnungsjahr tatsächlich entstanden sind.

    Die Kosten müssen anhand des Vertrages eindeutig abzugrenzen sein. Umlagefähig sind nach Maßgabe der Nummern 1 und 4 auch Kosten der Grundlagenforschung;

4. in ihm Aufteilungsschlüssel vereinbart sind, die dem Anteil entsprechen, zu dem das steuerpflichtige Unternehmen die im Konzern anfallenden Forschungs- und Entwicklungsergebnisse und verwaltungsbezogenen Leistungen tatsächlich nutzt oder voraussichtlich nutzen wird. Dieser Anteil ist anhand betriebswirtschaftlicher Grundsätze mit der Sorgfalt eines ordentlichen Geschäftsleiters festzulegen. Das Verhältnis der Umsätze der nahestehenden Unternehmen zueinander kann nur zugrunde gelegt werden, wenn es ein brauchbarer Maßstab für den tatsächlichen oder voraussichtlichen Nutzen für die nahestehenden Unternehmen ist;

5. nach ihm die Kosten um Erträge gekürzt werden, die der zentrale Organisationsbereich oder die angegliederten Stellen erhalten und die aus Tätigkeiten oder Wirtschaftsgütern stammen, welche Gegenstand des Umlagevertrages sind; und

6. nach ihm die von dem steuerpflichtigen Unternehmen getragenen eigenen Kosten für Aufgaben, die Gegenstand des Umlagevertrages sind, nach den gleichen Grundsätzen wie im zentralen Organisationsbereich erfaßt, in die umzulegenden Kosten aufgenommen und auf den Umlagebetrag angerechnet werden.

7.2.2. Bei den einzelnen Ansätzen eines Umlagevertrages ist ein Vorteilsausgleich mit anderen – außerhalb des Umlageverfahrens stehenden – Leistungen nicht zulässig.

7.2.3. Werden Aufwendungen für Forschung und Entwicklung und für verwaltungsbezogene Leistungen in einem einheitlichen Umlagevertrag nebeneinander abgerechnet, so sollen der umzulegende Aufwand und die Aufteilungsschlüssel für beide Leistungsarten für sich prüfbar sein.

7.2.4. Das Finanzamt kann auf Antrag des Steuerpflichtigen auch andere Einzelregelungen zulassen, wenn dies wegen der besonderen Umstände (z. B. wegen des multilateralen Einsatzes des Umlagevertrages oder bei Fehlen einzelner die Kostenerfassung oder -verteilung regelnder Bestimmungen im Sinne der Tz. 7.2.1.) sachgerecht ist und sich das Ergebnis des Umlagevertrages im Inland nicht wesentlich gegenüber dem eines den Voraussetzungen der Tz. 7.1. bis 7.2.3. entsprechenden Vertrages ändert.

7.3. *Vertragsdurchführung*

7.3.1. Die steuerliche Anerkennung des Umlagevertrages setzt voraus, daß das Unternehmen ihn an veränderte Verhältnisse anpaßt. Insbesondere ist der Aufteilungsschlüssel anzupassen, wenn sich die dem Vertrag zugrunde liegende Aufgabenteilung im Konzern ändert.

7.3.2. Verrechnet ein Konzern Kosten auf Grund von Umlageverträgen, so dürfen die so umgelegten Kosten im Konzern nicht ein weiteres Mal überwälzt werden, z. B. im Wege der Verrechnung von Lieferungen oder Leistungen.

7.4. *Nachweise*

7.4.1. Soll ein Umlagevertrag der Einkunftsabgrenzung zugrunde gelegt werden, so hat das steuerpflichtige Unternehmen auf Anforderung

    1. den Vertrag mit sämtlichen Nebenabreden vorzulegen und anhand nachprüfbarer Unterlagen den Nutzen der Forschung und Entwicklung für das steuerpflichtige Unternehmen bzw. den Fluß verwaltungsbezogener Leistungen nachzuweisen;

    2. darzulegen, welche Aufgabenteilung im Konzern dem Vertrag zugrunde liegt und welche Funktionen die leistende Stelle erfüllt, sowie nachprüfbare Unterlagen über

Anlage 4
Einkunftsabgrenzung

  die für die Festlegung und jeweilige Anwendung des Aufteilungsschlüssels maßgeblichen Verhältnisse vorzulegen;

3. alle Anweisungen für die Erfassung, Abgrenzung und Aufteilung der Kosten, die Buchungspläne sowie die Berechnung der Kostenumlage der Höhe nach (insbesondere Einzelangaben über die in die Kostenumlage einbezogenen Kosten nach Kostenstellen) vorzulegen.

Auf die Vorlage von nur im Ausland befindlichen Unterlagen für die Berechnung der Umlage kann verzichtet werden, soweit das steuerpflichtige Unternehmen eine von einem deutschen Wirtschaftsprüfer oder Steuerberater bzw. einer deutschen Wirtschaftsprüfungs- oder Steuerberatungsgesellschaft geprüfte und mit einem entsprechenden Bestätigungsvermerk versehene Umlagenberechnung vorlegt, aus der ersichtlich ist, daß die Kostenumlage dem Grunde und der Höhe nach vertragsgemäß berechnet ist.

7.4.2. Die Finanzbehörde kann nach Maßgabe des § 90 Abs. 2 AO weitere Angaben, Unterlagen und Beweismittel verlangen, die nach den Umständen des Einzelfalls notwendig sind. Dies gilt insbesondere

  a) wenn nicht erwartet werden kann, daß die Finanzbehörden im Lande der Muttergesellschaft das Kostenaufteilungssystem und seine Jahresergebnisse auf Antrag im Wege der Amtshilfe überprüfen werden;

  b) zum Nachweis der in Tz. 7.1.4. Satz 1 und 2 genannten Voraussetzungen in Fällen, in denen der Konzern nicht über die in Satz 3 der Tz. 7.1.4. genannten organisatorischen Voraussetzungen verfügt; oder

  c) wenn einzelne der in den vorstehenden Tz. aufgestellten Voraussetzungen nicht erfüllt sind oder einzelne Nachweise nicht erbracht werden können und die verlangten weiteren Nachweise dies ausgleichen.

8. Durchführung von Berichtigungen
8.1. Allgemeines

8.1.1. Eine Berichtigung ist durchzuführen, soweit

  a) die Voraussetzungen der verdeckten Gewinnausschüttung gegeben sind, nach den dafür maßgebenden Grundsätzen; in diesem Fall ist außerdem zu prüfen, ob Kapitalertragsteuer festzusetzen ist (BFH-Urteile vom 28. 1. 1981 – BStBl II S. 612 und vom 19. 5. 1982 – BStBl II S. 631);

  b) die Voraussetzungen einer verdeckten Einlage gegeben sind, durch eine Erhöhung des Beteiligungswertes in der Steuerbilanz;

  c) sie lediglich auf § 1 AStG zu stützen ist, durch einen Zuschlag außerhalb der Bilanz.

8.1.2. Die Berichtigung ist für das Jahr vorzunehmen, in dem sich die Vorteilsgewährung auf den Gewinn ausgewirkt hat.

8.1.3. Die Berichtigung von Einkünften läßt die steuerliche Zurechnung von ihnen zugrunde liegenden Wirtschaftsgütern – insbesondere für Vermögensteuerzwecke – unberührt.

8.2. Durchführung der Besteuerung

8.2.1. Der Berichtigungsbetrag ist derselben Einkunftsart zuzurechnen wie die berichtigten Einkünfte.

8.2.2. Auf den Berichtigungsbetrag sind ggf. die Bestimmungen zur Vermeidung der Doppelbesteuerung anzuwenden.

8.2.3. Steuern, die im Ausland von einem Nahestehenden auf den dem Berichtigungsbetrag entsprechenden Teil seines Gewinnes geschuldet werden, sind im Rahmen des § 34c EStG und der einschlägigen Bestimmungen der Doppelbesteuerungsabkommen nicht anrechenbar.

Anlage 4
Einkunftsabgrenzung

8.2.4.   Ist ein unbeschränkt Steuerpflichtiger an einer ausländischen Tochtergesellschaft im Sinne des § 3 AIG beteiligt und führt die Berichtigung zu einer Erhöhung des Beteiligungswertes in der Steuerbilanz, so erhöht der Berichtigungsbetrag die Bemessungsgrundlage für die Rücklage nach § 3 Abs. 1 AIG.

8.3.   *Nachträglicher Ausgleich von Einkunftsminderungen*

8.3.1.   Gleichen die Beteiligten eine Einkunftsminderung im Inland dadurch aus, daß sie durch Ausgleichszahlungen den Zustand herbeiführen, der bei Beachtung des Grundsatzes des Fremdvergleichs eingetreten wäre, so ist dieser Ausgleich bei

    a) verdeckten Gewinnausschüttungen grundsätzlich als Einlage zu behandeln;

    b) verdeckten Einlagen als Kapitalrückführung zu behandeln;

    c) Vorgängen, die zu einer lediglich auf § 1 AStG zu stützenden Berichtigung führen, außerhalb der Bilanz mit dem zu Zwecken der Berichtigung vorgenommenen Zuschlag (Tz. 8.1.1. Buchstabe c) zu verrechnen.

8.3.2.   Wird eine Beteiligung veräußert oder die ausländische Gesellschaft liquidiert, so ist der Veräußerungs- oder Liquidationserlös um den Betrag des nach Tz. 8.1.1. Buchstabe c vorgenommenen Zuschlags außerhalb der Bilanz zu kürzen, soweit dieser noch nicht verrechnet worden ist.

9. Verfahren

9.1.   *Mitwirkung bei Ermittlung und Nachweis*

9.1.1.   An den Ermittlungen zur zutreffenden Einkunftsabgrenzung wirken die Beteiligten nach Maßgabe der allgemeinen Bestimmungen (insbesondere § 90 Abs. 2 AO) mit. Sie haben hierbei auch

    a) Sachverhalte im Ausland selbst zu ermitteln und

    b) Beweismittel, die sich im Ausland befinden, zu beschaffen.

Sie haben dabei alle für sie bestehenden rechtlichen und tatsächlichen Möglichkeiten auszuschöpfen; hierzu gehören insbesondere die Möglichkeiten, die sich aus gesellschaftsrechtlichen Beteiligungen oder der Gemeinschaftlichkeit von Interessen zwischen Nahestehenden ergeben.

9.1.2.   Zur Mitwirkung sind die steuerpflichtigen inländischen Unternehmen verpflichtet; ausländische nahestehende Unternehmen sind zur Mitwirkung verpflichtet, soweit ihre eigene Steuerpflicht in Frage steht (z. B. als Empfänger einer verdeckten Gewinnausschüttung). Die Ermittlungs- und Nachweispflicht eines inländischen Unternehmens erstreckt sich auch auf solche für seine inländische Besteuerung bedeutsamen Sachverhalte und Beweismittel, die in Büchern oder Unterlagen ausländischer nahestehender Unternehmen festgehalten oder dokumentiert sind.

9.1.3.   Nach § 90 Abs. 2 Satz 3 AO kann sich ein Beteiligter nicht darauf berufen, daß er Sachverhalte nicht aufklären oder Beweismittel nicht beschaffen kann, wenn er sich nach Lage des Falles bei der Gestaltung seiner Verhältnisse die Möglichkeit dazu hätte beschaffen oder einräumen lassen können. Das kann dadurch geschehen, daß die Nahestehenden sich hierzu gegenseitig Ermittlungs- oder Nachweishilfe zusagen (Nachweisvorsorge; vgl. BFH-Urteil vom 16. 4. 1980 – BStBl 1981 II S. 492). Bei Geschäftsbeziehungen zwischen Nahestehenden gilt dies insbesondere auch für die zur Einkunftsabgrenzung notwendigen Ermittlungen und Nachweise. Ein inländisches Unternehmen kann sich deshalb nicht darauf berufen, ein ausländisches nahestehendes Unternehmen (z. B. die Muttergesellschaft) stelle ihm die erforderlichen Nachweise oder Unterlagen nicht zur Verfügung.

9.1.4.   Sind für die Einkunftsabgrenzung bei der Prüfung einer Konzerngesellschaft Verhältnisse bei einer anderen Konzerngesellschaft heranzuziehen, so erstreckt sich die erweiter-

Anlage 4
Einkunftsabgrenzung

te Mitwirkungspflicht nach § 90 Abs. 2 AO auch auf diese Verhältnisse. Das inländische Unternehmen muß hierfür ggf. Nachweisvorsorge nach Tz. 9.1.3. treffen.

9.2. *Umfang der Mitwirkungspflicht*

9.2.1. Die Mitwirkungspflicht erstreckt sich auf alle Umstände, die für die Bildung und Beurteilung der Verrechnungspreise maßgeblich sind. Dies sind insbesondere die

a) zur Prüfung des Verrechnungspreises erforderlichen Daten, die verfügbar sind oder dem ordentlichen Geschäftsleiter eines unabhängigen Unternehmens zugänglich wären;

b) für die Prüfung des Verrechnungspreises erforderlichen betrieblichen Daten, Unterlagen und Informationen von nahestehenden Unternehmen.

Soweit es sich um die Verhältnisse bei nahestehenden Unternehmen handelt, gilt Tz. 9.1.4.

9.2.2. Leitet ein steuerpflichtiges Unternehmen Verrechnungspreise auf eine bestimmte Weise ab (Tz. 2.4.2.) oder benutzt es besondere Berechnungsvorgaben oder zentral gesammelte Daten (Tz. 2.4.3.) so hat es

a) Sorge dafür zu tragen, daß die hierfür notwendigen Unterlagen zusammengestellt und leicht zu überprüfen sind;

b) auf Anforderung im Rahmen der Tz. 9.1. an der Prüfung mitzuwirken, ob die festgesetzten Verrechnungspreise auch bei Verwendung anderer Methoden plausibel erscheinen (Tz. 2.4.2. Satz 3).

Tz. 2.4.4. Buchstabe c bleibt unberührt.

9.2.3. Zu den Mitwirkungspflichten bei Kostenumlageverträgen wird auf Tz. 7.4. verwiesen.

9.2.4. Bei Beziehungen zu nahestehenden Unternehmen, die keiner wesentlichen Besteuerung unterliegen, ist § 16 AStG zu beachten. Die dort vorgesehene besondere Darlegungspflicht trägt dem in solchen Fällen bestehenden Steuergefälle Rechnung und schließt eine bloße Plausibilitätsprüfung aus.

9.3. *Rechtsfolgen bei unzureichender Mitwirkung*

9.3.1. Kommt ein Unternehmen seinen Mitwirkungspflichten nicht nach, so kann das Finanzamt ggf. die Einkünfte auf Grund einer Schätzung nach § 162 AO berichtigen. Hierbei kann es für Grund und Höhe der Berichtigung ggf. von einem nach der Lebenserfahrung möglichen Sachverhalt ausgehen (vgl. BFH-Urteil vom 17. 7. 1968 – BStBl II S. 695).

9.3.2. Bei der Schätzung ist § 1 Abs. 3 AStG anzuwenden, wenn andere Anhaltspunkte für die Schätzung nicht gegeben sind. Diese Bestimmung gilt auch für Berichtigungen, die auf einer anderen Rechtsgrundlage als der des § 1 Abs. 1 AStG beruhen.

10. Sonstiges

10.1. *Aufhebung anderer Verwaltungsregelungen*

Tz. 1 des Einführungsschreibens vom 11. 7. 1974 (BStBl 1974 I S. 442) zum Außensteuergesetz ist bei Einkunftsabgrenzungen im Sinne dieses Schreibens nicht mehr anzuwenden.

10.2. *Übergangsregelung*

Ordnen die Unternehmen im Hinblick auf dieses Schreiben ihre Verhältnisse neu (z. B. durch den Abschluß oder die Anpassung von Umlageverträgen), so bleibt die Prüfung der davorliegenden Zeit nach dem Grundsatz des Fremdvergleichs unberührt. Aus der Umstellung als solcher können für die Vergangenheit keine nachteiligen Rechtsfolgen für die Unternehmen gezogen werden. Bei Umstellungen innerhalb von drei Jahren nach Veröffentlichung dieses Schreibens kann davon ausgegangen werden, daß sie im Hinblick auf dieses Schreiben vorgenommen worden sind.

Anlage 5

Einlagekonto

Steuerliches Einlagekonto
(Anwendung der §§ 27 und 28 KStG 2002[1])

(BMF-Schreiben vom 4. Juni 2003 - IV A 2 - S 2836 - 2/03 - BStBl I S. 366)

Unter Bezugnahme auf das Ergebnis der Erörterungen mit den obersten Finanzbehörden der Länder gilt für die Anwendung der §§ 27 und 28 KStG 2002[2] Folgendes:

A. Steuerliches Einlagekonto (§ 27 KStG)

I. Allgemeines

Wie im bisherigen Recht führt die Rückgewähr von nicht in das Nennkapital geleisteten Einlagen grundsätzlich nicht zu steuerpflichtigen Beteiligungserträgen der Anteilseigner. Um dies zu gewährleisten, bestimmt § 27 KStG, dass diese Einlagen außerhalb der Steuerbilanz auf einem besonderen Konto erfasst werden.

II. Persönlicher Anwendungsbereich

Ein Einlagekonto haben unter der Voraussetzung der unbeschränkten Körperschaftsteuerpflicht zu führen:

a) Kapitalgesellschaften (§ 1 Abs. 1 Nr. 1 KStG);

b) Sonstige Körperschaften, die Leistungen i. S. des § 20 Abs. 1 Nr. 1 EStG gewähren können;

c) Körperschaften und Personenvereinigungen, die Leistungen i. S. des § 20 Abs. 1 Nr. 9 bzw. 10 EStG gewähren können.

Bei den unter Buchstabe a) und b) genannten Körperschaften handelt es sich um die ehemals zur Gliederung des verwendbaren Eigenkapitals verpflichteten unbeschränkt steuerpflichtigen Körperschaften. Unter Buchstabe b) fallen in erster Linie die Erwerbs- und Wirtschaftsgenossenschaften (§ 1 Abs. 1 Nr. 2 KStG) sowie Realgemeinden und wirtschaftliche Vereine, die Mitgliedschaftsrechte gewähren, welche einer kapitalmäßigen Beteiligung gleich stehen. Wegen der Führung des Einlagekontos bei Betrieben gewerblicher Art von juristischen Personen des öffentlichen Rechts bei Leistungen i. S. des § 20 Abs. 1 Nr. 10 EStG wird auf das BMF-Schreiben vom 11. September 2002 (BStBl I S. 935) verwiesen.

Beschränkt steuerpflichtige Körperschaften haben kein Einlagekonto zu führen.

Das Einlagekonto ist auch von Körperschaften und Personenvereinigungen zu führen, bei denen Ausschüttungen ausgeschlossen sind.

III. Ermittlung und Fortschreibung des steuerlichen Einlagekontos

1. Anfangsbestand

a) Überleitung vom Anrechnungsverfahren zum Halbeinkünfteverfahren

Nach § 36 Abs. 7 KStG ist auf den Schluss des letzten Wirtschaftsjahrs, das noch unter das Anrechnungsverfahren fällt, u. a. der Schlussbestand des Teilbetrags nach § 30 Abs. 2 Nr. 4 KStG a. F. (EK 04) gesondert festzustellen. Der Feststellungsbescheid ist Grundlagenbescheid für die Feststellung des Einlagekontos nach § 27 Abs. 2 Satz 1 KStG auf den Schluss des ersten Wirtschaftsjahrs im neuen Recht. Der festgestellte Schlussbestand wird, soweit er positiv ist, als Anfangsbestand des Einlagekontos erfasst (§ 39 Abs. 1 KStG).

---

[1] KStG 2002 = KStG n. F.KStG 1999 = KStG a. F.
[2] Zur Anwendung des § 29 KStG vgl. BMF-Schreiben vom 11.11.2011 – BStBl I S. 1314.

Anlage 5
Einlagekonto

b) Erstmalige Verpflichtung zur Führung des Einlagekontos in sonstigen Fällen

5 Hat eine Körperschaft oder eine Personenvereinigung erstmalig ein Einlagekonto zu führen, z. B. beim Wechsel von der beschränkten zur unbeschränkten Körperschaftsteuerpflicht, ist der Anfangsbestand des steuerlichen Einlagekontos mit 0 anzusetzen.

6 Im Gegensatz dazu ist in den Fällen der Bar- und Sachgründung, sowie in Einbringungsfällen nach § 20 UmwStG (vgl. auch Rdnr. 27) das in der Eröffnungsbilanz auszuweisende Eigenkapital, soweit es das Nennkapital übersteigt, als Zugang beim steuerlichen Einlagekonto in der Feststellung zum Schluss des ersten Wirtschaftsjahrs zu erfassen.

Beispiel

Das bisherige Einzelunternehmen des A wird zu Buchwerten in die neu gegründete A-GmbH eingebracht. Das in der Schlussbilanz des Einzelunternehmens ausgewiesene Eigenkapital beträgt 500. A erhält im Rahmen der Einbringung Anteile an der A-GmbH im Nennwert von 100. Der übersteigende Betrag i. H. von 400 wird in der Eröffnungsbilanz der A-GmbH zu 150 in die Kapitalrücklage eingestellt und zu 250 als Darlehensverbindlichkeit gegenüber A ausgewiesen.

Das in der Eröffnungsbilanz der A-GmbH auszuweisende Eigenkapital beträgt 250. Der das Nennkapital von 100 übersteigende Betrag i. H. von 150 ist als Zugang beim steuerlichen Einlagekonto in der Feststellung zum Schluss des Gründungsjahres zu erfassen.

7 Zu Körperschaften bzw. Personenvereinigungen, die im Wege einer Umwandlung nach UmwG neu entstehen bzw. erstmalig zur Führung eines Einlagekontos verpflichtet sind, wird auf das gesondert ergehende BMF-Schreiben zu den Änderungen des Umwandlungssteuerrechts verwiesen.

c) Führung des Einlagekontos in den Fällen des § 156 Abs. 2 AO

8 Wird nach § 156 Abs. 2 AO auf eine Festsetzung der Körperschaftsteuer verzichtet, unterbleibt auch die gesonderte Feststellung des Einlagekontos. Findet für einen folgenden Veranlagungszeitraum erstmalig eine Körperschaftsteuerveranlagung statt, ist bei der dann notwendigen gesonderten Feststellung des Einlagekontos auf den Schluss des Wirtschaftsjahrs der Anfangsbestand des Einlagekontos mit 0 anzusetzen, soweit die Körperschaft nicht etwas anderes nachweist.

2. Verringerung des Einlagekontos durch Leistungen
a) Allgemeines

9 Im Wirtschaftsjahr von der Körperschaft erbrachte Leistungen verringern das Einlagekonto, soweit sie in der Summe den auf den Schluss des letzten Wirtschaftsjahrs ermittelten ausschüttbaren Gewinn übersteigen (§ 27 Abs. 1 Satz 3 KStG). Unter das Halbeinkünfteverfahren fallende Leistungen im ersten Wirtschaftsjahr des neuen Rechts können bereits zu einer Verringerung des Einlagekontos führen.

10 Eine Verringerung des steuerlichen Einlagekontos nach § 27 Abs. 1 Satz 3 KStG ist grundsätzlich auf den positiven Bestand des Einlagekontos zum Schluss des vorangegangenen Wirtschaftsjahrs begrenzt. U. a. in den Fällen der Festschreibung nach § 27 Abs. 1 Satz 5 KStG (Rdnr. 24) kann es auch zu einem Negativbestand des steuerlichen Einlagekontos kommen (wegen weiterer Fälle, in denen das steuerliche Einlagekonto negativ werden kann, vgl. Rdnrn. 28 und 29).

Anlage 5
Einlagekonto

b) Begriff der Leistung

Leistungen i. S. des § 27 Abs. 1 Satz 3 KStG sind alle Auskehrungen, die ihre Ursache im Gesellschaftsverhältnis haben. 11
Zur Rückzahlung von Nennkapital nach § 28 Abs. 2 Satz 2 KStG vgl. Rdnr. 40.
Für die Verrechnung mit dem steuerlichen Einlagekonto sind alle Leistungen eines Wirtschaftsjahrs zusammenzufassen. Eine sich danach ergebende Verwendung des steuerlichen Einlagekontos ist den einzelnen Leistungen anteilig zuzuordnen. 12
Leistungen, die nach § 34 Abs. 12 Satz 1 Nr. 1 KStG noch unter das Anrechnungsverfahren fallen, stellen keine Leistungen i. S. des § 27 Abs. 1 Satz 3 KStG dar. 13

c) Ausschüttbarer Gewinn

Der ausschüttbare Gewinn nach § 27 Abs. 1 Satz 4 KStG ist wie folgt zu ermitteln: 14

    Eigenkapital laut Steuerbilanz
- gezeichnetes Kapital
- (positiver) Bestand des steuerlichen Einlagekontos
    ausschüttbarer Gewinn (wenn negativ, Ansatz mit 0)

Der Berechnung sind jeweils die Bestände zum Schluss des vorangegangenen Wirtschaftsjahrs zugrunde zu legen. Zugänge bzw. Abgänge des laufenden Wirtschaftsjahrs beeinflussen den ausschüttbaren Gewinn nicht. Wegen der für Liquidationen geltenden Besonderheiten wird auf das gesondert ergehende BMF-Schreiben zur Auflösung und Abwicklung von Körperschaften und Personenvereinigungen hingewiesen. 15

aa) In der Steuerbilanz ausgewiesenes Eigenkapital

Maßgeblich ist das Eigenkapital laut Steuerbilanz. Rückstellungen und Verbindlichkeiten stellen auch dann Fremdkapital dar, wenn sie auf außerhalb der Steuerbilanz zu korrigierenden verdeckten Gewinnausschüttungen i. S. des § 8 Abs. 3 Satz 2 KStG beruhen. 16

Nicht zum Eigenkapital gehören diejenigen auf der Passivseite der Steuerbilanz ausgewiesenen Posten, die aufgrund steuerrechtlicher Vorschriften erst bei ihrer Auflösung zu versteuern sind (Sonderposten mit Rücklageanteil i. S. des § 247 Abs. 3 HGB). 17

§ 27 Abs. 1 Satz 4 KStG enthält keine Verpflichtung zur Aufstellung einer Steuerbilanz. Hat die Körperschaft oder Personenvereinigung eine Steuerbilanz nicht aufgestellt, muss sie für die Berechnung des ausschüttbaren Gewinns das Eigenkapital, ausgehend von der Handelsbilanz, ermitteln, das sich nach den Vorschriften über die steuerliche Gewinnermittlung ergibt (§ 60 Abs. 2 Satz 1 EStDV). 18

bb) Gezeichnetes Kapital

Gezeichnetes Kapital i. S. des § 27 Abs. 1 Satz 4 KStG ist das Grundkapital einer Aktiengesellschaft, das Stammkapital einer GmbH oder die Summe der Geschäftsguthaben der Genossen bei Erwerbs- und Wirtschaftsgenossenschaften. 19

Für die Berechnung des ausschüttbaren Gewinns (Rdnr. 14 ff.) ist das gezeichnete Kapital aus Vereinfachungsgründen auch dann mit dem Nominalbetrag anzusetzen, wenn es nicht vollständig eingezahlt ist. Das gilt unabhängig davon, ob ausstehende Einlagen ganz oder teilweise eingefordert sind und ob der ausstehende, nicht eingeforderte Teil in der Steuerbilanz offen vom Nennkapital abgesetzt ist. 20

Anlage 5

Einlagekonto

cc) Bestand des steuerlichen Einlagekontos

21 Maßgeblich für die Ermittlung des ausschüttbaren Gewinns ist der auf den Schluss des vorangegangenen Wirtschaftsjahrs gesondert festgestellte Bestand des steuerlichen Einlagekontos bzw. der nach § 36 Abs. 7 KStG festgestellte Schlussbestand des EK 04. Ist dieser Bestand negativ, ist er bei der Ermittlung des ausschüttbaren Gewinns nicht zu berücksichtigen.

d) Bescheinigung

22 Die Verwendung des steuerlichen Einlagekontos ist gemäß § 27 Abs. 3 Satz 1 Nr. 2 KStG den Anteilseignern entsprechend ihrem Anteil an der Gesamtleistung zu bescheinigen. Bescheinigungen sind auch zu erteilen, wenn sich das steuerliche Einlagekonto in einem der in Rdnr. 29 aufgeführten Sonderfälle unmittelbar verringert.

23 Dagegen ist bei der Rückzahlung von Nennkapital nach einer Kapitalherabsetzung (vgl. Rdnr. 40) für den das steuerliche Einlagekonto unmittelbar mindernden Betrag eine Steuerbescheinigung nicht auszustellen.

e) Festschreibung nach § 27 Abs. 1 Satz 5 KStG

24 Nach § 27 Abs. 1 Satz 5 KStG bleibt die der Bescheinigung zugrunde gelegte Verwendung unverändert, wenn für die Leistung die Minderung des steuerlichen Einlagekontos bescheinigt worden ist. Bei einer nachträglichen Änderung des maßgeblichen Bestands des steuerlichen Einlagekontos, z. B. durch eine Betriebsprüfung, kommt es weder zu einer höheren noch zu einer niedrigeren Verwendung des steuerlichen Einlagekontos.

f) Festschreibung nach § 27 Abs. 1 Satz 5 KStG

25 Eine Leistung, die nach § 27 Abs. 1 Satz 3 KStG den Bestand des steuerlichen Einlagekontos verringert, kann gleichzeitig zu einer Körperschaftsteuer-Minderung nach § 37 Abs. 2 Satz 1 KStG und/oder zu einer Körperschaftsteuer-Erhöhung nach § 38 Abs. 2 KStG führen. Soweit eine Leistung, die bei der ausschüttenden Körperschaft zu einer Minderung der Körperschaftsteuer führt, zugleich eine Einlagerückgewähr nach § 27 Abs. 1 Satz 3 KStG darstellt, ist lediglich eine Steuerbescheinigung nach § 27 Abs. 3 KStG auszustellen. Ein Körperschaftsteuer-Minderungsbetrag ist entgegen § 37 Abs. 3 Satz 4 Nr. 2 KStG nicht auszuweisen.

3. Einlagen

26 Einlagen erhöhen das steuerliche Einlagekonto bei Zufluss.

4. Zugang beim steuerlichen Einlagekonto in den Fällen der Einbringung nach § 20 UmwStG

27 Bei Einbringung eines Betriebs, Teilbetriebs oder Mitunternehmeranteils in eine unbeschränkt körperschaftsteuerpflichtige Kapitalgesellschaft (§ 20 UmwStG) erhöht der Eigenkapitalzugang einschließlich der in diesem Zusammenhang geleisteten Bareinlagen den Bestand des steuerlichen Einlagekontos, soweit er den dem Anteilseigner im Zuge der Einbringung gewährten Teil des Nennkapitals übersteigt (vgl. Rdnr. 6).

5. Organschaftliche Mehr-/Minderabführungen

28 § 27 Abs. 6 KStG regelt die Behandlung von organschaftlichen Mehr-/Minderabführungen. Minderabführungen erhöhen, Mehrabführungen vermindern das steuerliche Einlagekonto

Anlage 5
Einlagekonto

nach Bilanzierungsgrundsätzen. Die Verringerung des steuerlichen Einlagekontos durch Mehrabführungen gemäß § 27 Abs. 6 KStG kann auch zu einem Negativbestand führen.

6. Sonderfälle der Verrechnung mit dem Einlagekonto

Außer in den Fällen der Leistungsverrechnung nach § 27 Abs. 1 Satz 3 bis 5 KStG (Rdnr. 9 ff.) und der organschaftlichen Mehrabführungen i. S. des § 27 Abs. 6 KStG (Rdnr. 28) verringert sich das steuerliche Einlagekonto insbesondere in den folgenden Sonderfällen: 29
Erfüllung bzw. Wiederaufleben einer Darlehensverpflichtung gegenüber Gesellschaftern nach vorausgegangenem Forderungsverzicht gegen Besserungsversprechen (BFH-Urteil vom 30. Mai 1990, BStBl 1991 II S. 588).
Rückzahlung von Nachschüssen der Anteilseigner i. S. des § 26 GmbHG, die nicht zur Deckung eines Verlustes an Stammkapital erforderlich sind (§ 30 Abs. 2 GmbHG).
Die Verringerung des Einlagekontos erfolgt in diesen Fällen unabhängig von der Höhe des ausschüttbaren Gewinns i. S. des § 27 Abs. 1 Satz 4 KStG (Rdnr. 14 ff.) und kann auch zu einem Negativbestand führen.

Wegen der Verringerung des Einlagekontos durch Auskehrungen bei Kapitalherabsetzung, bei der Auflösung von Körperschaften bzw. im Rahmen von Umwandlungsvorgängen wird auf Rdnr. 37 ff. bzw. die gesondert ergehenden BMF-Schreiben zur körperschaftsteuerlichen Behandlung der Auflösung und Abwicklung von Körperschaften und Personenvereinigungen und zu den Änderungen des Umwandlungssteuerrechts verwiesen. 30

B. Umwandlung von Rücklagen in Nennkapital und Herabsetzung des Nennkapitals (§ 28 KStG)

I. Allgemeines

Wie im bisherigen Recht sind die in Nennkapital umgewandelten Beträge, die aus Gewinnrücklagen stammen, getrennt auszuweisen und gesondert festzustellen (Sonderausweis). Da die Auskehrung des Herabsetzungsbetrags beim Anteilseigner insoweit zu Einkünften aus Kapitalvermögen i. S. des § 20 Abs. 1 Nr. 2 EStG führt, hat die leistende Körperschaft Kapitalertragsteuer einzubehalten (§ 43 Abs. 1 Nr. 1 EStG). 31

II. Persönlicher Anwendungsbereich

§ 28 KStG gilt für alle unbeschränkt steuerpflichtigen Körperschaften, bei denen ein Nennkapital (Rdnr. 19) auszuweisen ist. 32

III. Sonderausweis

1. Begriff des Sonderausweises

Der Sonderausweis ist die Summe der Beträge, die dem Nennkapital durch Umwandlung von Rücklagen mit Ausnahme von aus Einlagen der Anteilseigner stammenden Beträgen zugeführt worden sind. Der Sonderausweis kann auch im Zusammenhang mit Umwandlungen zu bilden oder zu verändern sein (siehe dazu im Einzelnen das gesondert ergehende BMF-Schreiben zu den Änderungen des Umwandlungssteuerrechts). 33

2. Anfangsbestand

Der nach § 47 Abs. 1 Satz 1 Nr. 2 KStG a. F. zuletzt festgestellte Betrag wird als Anfangsbestand bei der Ermittlung des Sonderausweises auf den Schluss des ersten Wirtschaftsjahrs im neuen Recht berücksichtigt (§ 39 Abs. 2 KStG). Er gilt gleichzeitig als Bestand zum Schluss des vorangegangenen Wirtschaftsjahrs i. S. des § 28 Abs. 2 Satz 1 KStG. 34

Anlage 5

Einlagekonto

3. Kapitalerhöhung aus Gesellschaftsmitteln

35 Bei der Umwandlung von Rücklagen in Nennkapital mindert der Kapitalerhöhungsbetrag vorrangig den positiven Bestand des steuerlichen Einlagekontos, der sich ohne die Kapitalerhöhung für den Schluss dieses Wirtschaftsjahrs ergeben würde (§ 28 Abs. 1 Satz 1 und 2 KStG).

36 Übersteigt der Betrag der Kapitalerhöhung den maßgeblichen Bestand des steuerlichen Einlagekontos, ist der übersteigende Betrag im Sonderausweis zu erfassen.

Beispiel:

Zum Ende des vorangegangenen Wirtschaftsjahrs weist die Bilanz der A-GmbH folgende Beträge aus:

Nennkapital (davon Sonderausweis: 0)	100
Kapitalrücklage (= steuerliches Einlagekonto)	50
Sonstige Rücklagen	100

Am 1. März erfolgt eine Kapitalerhöhung aus Gesellschaftsmitteln um 100 und am 1. Mai eine Einlage i. H. von 20.

Ermittlung des steuerlichen Einlagekontos sowie des Sonderausweises:

	Vorspalte	Einlage-konto	Sonder-ausweis
Anfangsbestand		50	0
+ Einlage		+ 20	
Zwischenergebnis (Bestand nach § 28 Abs. 1 Satz 2 KStG)		70	0
Betrag der Kapitalerhöhung	100		
Vorrangige Verwendung des steuerlichen Einlagekontos	- 70	- 70	
Zugang beim Sonderausweis	30		+ 30
Schlussbestände		0	30

IV. Herabsetzung des Nennkapitals

37 Bei Herabsetzung des Nennkapitals verringert sich vorrangig der auf den Schluss des vorangegangenen Wirtschaftsjahrs festgestellte Bestand des Sonderausweises. Die Verringerung des Sonderausweises ist unabhängig davon vorzunehmen, ob der Kapitalherabsetzungsbetrag an die Anteilseigner ausgekehrt wird. Stehen im Zeitpunkt des Kapitalherabsetzungsbeschlusses Einlagen auf das Nennkapital aus, so ist die vorgenannte Kürzung nach § 28 Abs. 2 Satz 1 KStG nur insoweit vorzunehmen, als der Herabsetzungsbetrag auf den eingezahlten Teil des Nennkapitals entfällt (vgl. Rdnr. 39).

38 Übersteigt der Betrag der Kapitalherabsetzung den maßgeblichen Bestand des Sonderausweises, erhöht der Differenzbetrag den Bestand des steuerlichen Einlagekontos zum Schluss des Wirtschaftsjahrs, in dem die Kapitalherabsetzung wirksam wird (Eintragung im Handelsregister). Das Einlagekonto ist auch dann zunächst zu erhöhen, wenn der Kapitalherabsetzungsbetrag anschließend an die Anteilseigner ausgekehrt wird.

39 Entfällt der Kapitalherabsetzungsbetrag auf zum Zeitpunkt des Kapitalherabsetzungsbeschlusses ausstehende Einlagen und fällt dadurch die Einzahlungsverpflichtung der Anteilseigner weg, unterbleibt eine Hinzurechnung des Herabsetzungsbetrages zum Bestand

Anlage 5
Einlagekonto

des steuerlichen Einlagekontos (§ 28 Abs. 2 Satz 1 2. Halbsatz KStG). Soweit der Herabsetzungsbetrag jedoch auf das eingezahlte Nennkapital entfällt, d. h. die Einzahlungsverpflichtung bestehen bleibt, hat eine Erhöhung des steuerlichen Einlagekontos um den den Sonderausweis übersteigenden Herabsetzungsbetrag zu erfolgen (vgl. Rdnr. 38). Es ist dabei unmaßgeblich, ob und ggf. in welcher Höhe die Einzahlungsverpflichtung eingefordert ist.

Nach § 28 Abs. 2 Satz 2 KStG verringert der im Beschluss über die Kapitalherabsetzung vorgesehene Auskehrungsbetrag das steuerliche Einlagekonto. Wenn ein Sonderausweis vorhanden ist, gilt dies nur für den den Sonderausweis übersteigenden Auszahlungsbetrag. Der Auszahlungsbetrag ist nicht in die Differenzrechnung nach § 27 Abs. 1 Satz 3 KStG einzubeziehen. 40

Beispiel:
Die A-GmbH weist zum Schluss des vorangegangenen Wirtschaftsjahres folgende Beträge aus:

Nennkapital	200 (davon nicht eingezahlt 20)
Sonderausweis	50
steuerliches Einlagekonto	0

Es erfolgt eine Kapitalherabsetzung um 100, die auch auf den nicht eingezahlten Teil von 20 entfällt, und Rückzahlung des eingezahlten Nennkapitals in Höhe von 80.

	Vorspalte	Einlagekonto	Sonderausweis
Anfangsbestand		0	50
Betrag der Kapitalherabsetzung	100		
- Verringerung des Sonderausweises	- 50		- 50
Zwischenergebnis	50		
- ausstehende Einlagen auf das Nennkapital	- 20		
Zugang beim steuerlichen Einlagekonto	30	+ 30	
Zwischenergebnis		30	0
Rückzahlung von Nennkapital	80		
- Verringerung des Sonderausweises	- 50		
Abgang vom steuerlichen Einlagekonto	30	- 30	
Schlussbestände		0	0

Die Auskehrung des Herabsetzungsbetrages ist unabhängig davon, ob ein Sonderausweis vorhanden ist, eine Leistung, die zu einer Körperschaftsteuer-Erhöhung nach § 38 KStG führen kann. Eine Minderung nach § 37 KStG kommt nicht in Betracht. 41

Auch bei verspäteter Auszahlung des im Beschluss über die Kapitalherabsetzung vorgesehenen Auskehrungsbetrags erhöht sich das steuerliche Einlagekonto nach § 28 Abs. 2 Satz 1 KStG in dem Wirtschaftsjahr, in dem der Beschluss wirksam wird (vgl. Rdnr. 38). Die Verringerung des steuerlichen Einlagekontos nach § 28 Abs. 2 Satz 2 2. Halbsatz KStG um den den Sonderausweis übersteigenden Auskehrungsbetrag (vgl. Rdnr. 40) erfolgt dagegen erst im Wirtschaftsjahr der Auszahlung. 42

Anlage 5

V. Auflösung der Körperschaft

43 Auf die Ausführungen in dem gesondert ergehenden BMF-Schreiben zur körperschaftsteuerlichen Behandlung der Auflösung und Abwicklung von Körperschaften und Personenvereinigungen wird hingewiesen.

VI. Verrechnung des Sonderausweises mit dem Bestand des steuerlichen Einlagekontos

44 Wenn ein Sonderausweis i. S. des § 28 KStG und ein positiver Bestand des steuerlichen Einlagekontos zusammentreffen, verringern sich beide Beträge nach Maßgabe des § 28 Abs. 3 KStG. Die Verringerung ist als letzter Schritt der Ermittlung des steuerlichen Einlagekontos bzw. des Sonderausweises vorzunehmen.

Anlage 6

Inkongruente Gewinnausschüttung

Steuerliche Anerkennung inkongruenter Gewinnausschüttungen

(BMF-Schreiben vom 17. Dezember 2013 - IV C 2 - S 2750-1/11/10001 - BStBl I 2014 S. 63)
TOP I/12 der Sitzung KSt/GewSt II/2011 vom 21. bis 23. Juni 2011;
TOP I/5 der Sitzung KSt/GewSt III/2010 vom 21. bis 23. September 2010

Der Bundesfinanzhof hat mit Urteil vom 19. August 1999 - I R 77/96 - (BStBl 2001 II Seite 43 ff.) entschieden, dass von den Beteiligungsverhältnissen abweichende inkongruente Gewinnausschüttungen und inkongruente Wiedereinlagen steuerrechtlich anzuerkennen sind und grundsätzlich auch dann keinen Gestaltungsmissbrauch im Sinne des § 42 AO darstellen, wenn andere als steuerliche Gründe für solche Maßnahmen nicht erkennbar sind. Dies entspricht mittlerweile seiner ständigen Rechtsprechung.

Nach dem Ergebnis der Erörterungen mit den obersten Finanzbehörden der Länder gilt zur steuerlichen Anerkennung einer inkongruenten Gewinnausschüttung Folgendes:

Die steuerliche Anerkennung einer inkongruenten Gewinnausschüttung setzt zunächst voraus, dass eine vom Anteil am Grund- oder Stammkapital abweichende Gewinnverteilung zivil-rechtlich wirksam bestimmt ist. Dies ist der Fall, wenn eine der folgenden Voraussetzungen erfüllt ist:

Bei Gesellschaften mit beschränkter Haftung:

Es wurde im Gesellschaftsvertrag gem. § 29 Absatz 3 Satz 2 GmbHG ein anderer Maßstab der Verteilung als das Verhältnis der Geschäftsanteile im Gesellschaftsvertrag festgesetzt. Für eine nachträgliche Satzungsänderung zur Regelung einer ungleichen Gewinnverteilung ist gemäß § 53 Absatz 3 GmbHG die Zustimmung aller beteiligten Gesellschafter erforderlich.

Oder: Die Satzung enthält anstelle eines konkreten Verteilungsmaßstabs eine Klausel, nach der alljährlich mit Zustimmung der beeinträchtigten Gesellschafter oder einstimmig über eine von der satzungsmäßigen Regelung abweichende Gewinnverteilung beschlossen werden kann, und der Beschluss ist mit der in der Satzung bestimmten Mehrheit gefasst worden.

Bei Aktiengesellschaften:

Es wurde in der Satzung gem. § 60 Absatz 3 AktG ein vom Verhältnis der Anteile am Grund-kapital (§ 60 Absatz 1 AktG) abweichender Gewinnverteilungsschlüssel festgelegt. Für eine nachträgliche Satzungsänderung zur Änderung der Gewinnverteilung bedarf es gemäß § 179 Absatz 3 AktG der Zustimmung der benachteiligten Aktionäre. Enthält die Satzung lediglich eine Öffnungsklausel für eine von der gesetzlichen Gewinnverteilung abweichende Verteilung, ist diese für die Wirksamkeit einer inkongruenten Gewinnausschüttung nicht ausreichend.

Die Grundsätze des Missbrauchs rechtlicher Gestaltungsmöglichkeiten (§ 42 AO) sind zu beachten. Nach § 42 Absatz 2 AO liegt ein Missbrauch vor, wenn eine unangemessene rechtliche Gestaltung gewählt wird, die beim Steuerpflichtigen oder einem Dritten im Vergleich zu einer angemessenen Gestaltung zu einem gesetzlich nicht vorgesehenen Steuervorteil führt. Von einem solchen Missbrauch ist bei Vereinbarung einer inkongruenten Gewinnausschüttung nicht auszugehen, wenn für die vom gesetzlichen Verteilungsschlüssel abweichende Gewinnverteilung beachtliche wirtschaftlich vernünftige außersteuerliche Gründe nachgewiesen werden. Diese Prüfung ist unter Zugrundelegung der besonderen Umstände des Einzelfalls vorzunehmen.

Ein Indiz für eine unangemessene Gestaltung kann sein, wenn die Gewinnverteilungsabrede nur kurzzeitig gilt oder wiederholt geändert wird.

Die Grundsätze der verdeckten Gewinnausschüttungen und der verdeckten Einlage bleiben unberührt.

Anlage 7

I. Kapitalertragsteuer

Übersicht

I. Auslegungsfragen zu § 20 Abs. 1 Nr. 10 EStG bei Betrieben gewerblicher Art als Schuldner der Kapitalerträge
BMF-Schreiben vom 9. Januar 2015

II. Auslegungsfragen zu § 20 Abs. 1 Nr. 10 Buchstabe b Satz 4 EStG; Gewinne steuerpflichtiger wirtschaftlicher Geschäftsbetriebe der von der Körperschaftsteuer befreiten Körperschaften, Personenvereinigungen und Vermögensmassen
BMF-Schreiben vom 10. November 2005

III. Auslegungsfragen zu § 20 Abs. 1 Nr. 10 Buchstabe b Satz 4 EStG; Gewinne steuerpflichtiger wirtschaftlicher Geschäftsbetriebe der von der Körperschaftsteuer befreiten Körperschaften, Personenvereinigungen und Vermögensmassen
BMF-Schreiben vom 2. Februar 2016

Auslegungsfragen zu § 20 Abs. 1 Nr. 10 EStG bei Betrieben gewerblicher Art als Schuldner der Kapitalerträge

(BMF-Schreiben vom 9. Januar 2015
- IV C 2 - S 2706a-/13/10001 (2015/0000125) - BStBl I S. 111)

Nach dem Ergebnis einer Erörterung mit den obersten Finanzbehörden der Länder gilt für die Auslegung des § 20 Abs. 1 Nr. 10 EStG, soweit Betriebe gewerblicher Art (BgA) Schuldner der in der Vorschrift genannten Kapitalerträge sind, Folgendes:

A. Allgemeines

1   Durch das Steuersenkungsgesetz (StSenkG) vom 23. Oktober 2000 (BStBl I S. 1428) und das Unternehmenssteuerfortentwicklungsgesetz (UntStFG) vom 20. Dezember 2001 (BStBl 2002 I S. 35) sind in § 20 Abs. 1 Nr. 10 EStG für juristische Personen des öffentlichen Rechts neue Einkommenstatbestände eingeführt worden.

2   Zu Kapitaleinkünften der Trägerkörperschaft werden qualifiziert
- nach § 20 Abs. 1 Nr. 10 Buchstabe a EStG:

    Leistungen eines nicht von der Körperschaftsteuer befreiten BgA mit eigener Rechtspersönlichkeit, z. B. Sparkassen und

- nach § 20 Abs. 1 Nr. 10 Buchstabe b EStG:

    - der durch Betriebsvermögensvergleich ermittelte Gewinn eines nicht von der Körperschaftsteuer befreiten BgA ohne eigene Rechtspersönlichkeit (soweit der Gewinn nicht den Rücklagen zugeführt wird),
    - der nicht den Rücklagen zugeführte Gewinn eines nicht bilanzierenden nicht von der Körperschaftsteuer befreiten BgA ohne eigene Rechtspersönlichkeit, der die in § 20 Abs. 1 Nr. 10 Buchstabe b EStG genannte Umsatz- oder Gewinngrenze überschreitet (vgl. auch Rdnrn. 16 bis 18),
    - verdeckte Gewinnausschüttungen,
    - die Auflösung von Rücklagen des BgA zu Zwecken außerhalb des BgA,
    - die Gewinne i. S. d. § 22 Abs. 4 UmwStG und
    - die Gewinne aus Werbesendungen durch inländische öffentlich-rechtliche Rundfunkanstalten.

3   Diese Einkunftstatbestände führen nach § 2 Nr. 2 KStG zu einer beschränkten Steuerpflicht mit einer Kapitalertragsteuerbelastung von 15 % (§ 43 Abs. 1 Satz 1 Nr. 7b und 7c i. V. m. § 43a Abs. 1 Satz 1 Nr. 2 EStG). Damit wird die wirtschaftliche Betätigung einer

284

juristischen Person des öffentlichen Rechts unabhängig davon, ob sie in der Form eines BgA oder einer Kapitalgesellschaft ausgeübt wird, im Ergebnis der gleichen Steuerbelastung unterworfen.

Die Körperschaftsteuer für diese - dem Kapitalertragsteuerabzug unterliegenden - Einkünfte ist in der Regel nach § 32 Abs. 1 Nr. 2 KStG durch den Steuerabzug abgegolten. Die Kapitalertragsteuer von 15 % ist somit nicht anrechenbar (vgl. aber Rdnrn. 7 und 11). Erfüllt die Trägerkörperschaft des BgA die Voraussetzungen des § 44a Abs. 7 Satz 1 Nr. 2 oder 3 EStG, ist der Kapitalertragsteuerabzug nicht vorzunehmen; bei steuerpflichtigen wirtschaftlichen Geschäftsbetrieben von steuerbegünstigten BgA richtet sich die Abstandnahme vom Kapitalertragsteuerabzug nach § 44a Abs. 7 Satz 1 Nr. 1 EStG. 4

B. Leistungen eines BgA mit eigener Rechtspersönlichkeit (§ 20 Abs. 1 Nr. 10 Buchstabe a EStG)

I. Persönlicher Anwendungsbereich

Die Leistungen (Kapitalerträge) müssen von einem nicht von der Körperschaftsteuer befreiten BgA (vgl. § 1 Abs. 1 Nr. 6 i. V. m. § 4 KStG) stammen, der eine eigene Rechtspersönlichkeit besitzt. Er muss alle Merkmale einer juristischen Person des öffentlichen Rechts erfüllen, insbesondere im vollen Umfang rechtsfähig sein. Teilrechtsfähigkeit, wie sie bei öffentlich-rechtlichen Sondervermögen oder bei Landesbetrieben bzw. Eigenbetrieben die Regel ist, reicht nicht aus. 5

Von den Regelungen erfasst werden BgA mit eigener Rechtspersönlichkeit (z. B. in der Rechtsform des Zweckverbandes oder einer nach Landes- oder Kommunalrecht errichteten Anstalt des öffentlichen Rechts), die beispielsweise der Versorgung der Bevölkerung mit Wasser, Gas, Elektrizität oder Wärme (= Versorgungsbetriebe), dem öffentlichen Verkehr oder dem Hafenbetrieb dienen (§ 4 Abs. 3 KStG). Als weitere Beispiele kommen in Betracht: die öffentlich-rechtlich als rechtsfähige Anstalten betriebenen Sparkassen, Landesbanken und Versicherungen sowie Kreditinstitute, die nicht nach § 5 Abs. 1 Nr. 2 KStG steuerbefreit sind. Sind Teilbereiche öffentlich-rechtlicher Kreditinstitute von der Körperschaftsteuer befreit (z. B. Landesbanken mit den in § 5 Abs. 1 Nr. 2 KStG genannten steuerbefreiten Förderbereichen), ist § 20 Abs. 1 Nr. 10 Buchstabe a EStG auf den nicht steuerbefreiten Bereich anzuwenden. 6

§ 20 Abs. 1 Nr. 10 Buchstabe a EStG findet aus Billigkeitsgründen auch dann Anwendung, wenn eine juristische Person des öffentlichen Rechts aus ihrem BgA ohne eigene Rechtspersönlichkeit Leistungen an eine andere juristische Person des öffentlichen Rechts (insbesondere an deren BgA) erbringt. Eine solche Leistung liegt nur vor, wenn die Beträge nicht zuvor der Besteuerung nach § 20 Abs. 1 Nr. 10 Buchstabe b EStG unterlegen haben. 7

Beispiel

Ein Zweckverband, der neben der Frischwasserversorgung (BgA) auch der Abwasserentsorgung (Hoheitsbetrieb) dient, beschließt bei Feststellung der Bilanz für 01 aus dem laufenden Gewinn des BgA von 1000 einen Betrag in Höhe von 200 für eine Leistung an die Mitgliedsgemeinden des Verbandes zu verwenden. Der Betrag von 200 gilt als Leistung i. S. d. § 20 Abs. 1 Nr. 10 Buchstabe a EStG mit der Folge, dass beim Empfänger der Tatbestand des § 8b Abs. 1 Satz 1 KStG erfüllt ist, wenn der Betrag bei ihm einem BgA zuzurechnen ist. Der Restbetrag von 800 unterliegt § 20 Abs. 1 Nr. 10 Buchstabe b EStG. Wird der Betrag von 800 im Folgejahr vom Zweckverband an die Mitgliedsgemeinden überführt, löst dies nicht die Rechtsfolge des § 20 Abs. 1 Nr. 10 EStG aus. Ist dieser Betrag beim Empfänger einem BgA zuzurechnen, löst dies nicht die Rechtsfolge des § 8b Abs. 1 Satz 1 KStG aus.

Anlage 7
I. Kapitalertragsteuer

Hätte der Verband den anteiligen Gewinn von 800 zulässigerweise in eine Rücklage i. S. d. § 20 Abs. 1 Nr. 10 Buchstabe b EStG eingestellt, diese dann aber in 03 aufgelöst, um den Betrag von 800 für eine Leistung an die Mitgliedsgemeinden zu verwenden, ist auf diese Leistung § 20 Abs. 1 Nr. 10 Buchstabe a EStG anzuwenden.

II. Sachlicher Anwendungsbereich

8   Der sachliche Anwendungsbereich des § 20 Abs. 1 Nr. 10 Buchstabe a EStG erstreckt sich auf Leistungen, die zu Einnahmen führen, die mit Gewinnausschüttungen i. S. d. § 20 Abs. 1 Nr. 1 EStG wirtschaftlich vergleichbar sind. Dazu gehören auch verdeckte Gewinnausschüttungen (§ 20 Abs. 1 Nr. 1 Satz 2 EStG) sowie Gewinnübertragungen, die aus steuerfreien Zuflüssen (z. B. nach § 8b Abs. 1 KStG) stammen. Nicht zu den Einnahmen gehören Leistungen des BgA, für die Beträge aus dem steuerlichen Einlagekonto i. S. d. § 27 KStG als verwendet gelten (§ 20 Abs. 1 Nr. 10 Buchstabe a letzter Halbsatz EStG).

Beispiele:

Eine Stadtsparkasse führt einen Teil des Jahresüberschusses dem Gewährträger (Stadt) zu. Es handelt sich um eine einer Gewinnausschüttung vergleichbare Leistung i. S. d. § 20 Abs. 1 Nr. 10 Buchstabe a EStG.

Eine Stadtsparkasse macht dem Gewährträger (Stadt) oder einer dem Gewährträger nahe stehenden Person eine Zuwendung für steuerbegünstigte (gemeinnützige) Zwecke, die dem Drittspendenvergleich i. S. d. BFH-Rechtsprechung (vgl. H 47 (Zuwendungen und Spenden von Trägern der Sparkassen [Gewährträger]) KStH 2008) nicht standhält. Die Zuwendung ist als verdeckte Gewinnausschüttung zu werten.

III. Entstehung der Kapitalertragsteuer

9   Die Kapitalertragsteuer entsteht in dem Zeitpunkt, in dem die Kapitalerträge (= Leistungen i. S. d. § 20 Abs. 1 Nr. 10 Buchstabe a EStG) dem Gläubiger (= Trägerkörperschaft des BgA) zufließen (§ 44 Abs. 1 Satz 2 EStG). Der Schuldner der Kapitalertragsteuer ist nach § 44 Abs. 1 Satz 1 EStG der Gläubiger der Kapitalerträge (= Trägerkörperschaft des BgA). Im Zeitpunkt des Zuflusses der Kapitalerträge hat der Schuldner der Kapitalerträge (BgA) den Steuerabzug für Rechnung des Gläubigers der Kapitalerträge (= Trägerkörperschaft des BgA) vorzunehmen (§ 44 Abs. 1 Satz 3 EStG). Auf Leistungen, die wirtschaftlich mit Gewinnausschüttungen vergleichbar sind, ist § 44 Abs. 2 EStG anwendbar.

IV. Durchführung der Besteuerung

10 Von den Kapitalerträgen ist der Kapitalertragsteuerabzug nach § 43 Abs. 1 Satz 1 Nr. 7b EStG i. V. m. § 31 KStG vorzunehmen. Die Kapitalertragsteuer beträgt 15 % des Kapitalertrags (§ 43a Abs. 1 Satz 1 Nr. 2 EStG).

11 Ist der Empfänger der Leistungen unbeschränkt körperschaftsteuerpflichtig und fallen die ausschüttungsgleichen Leistungen und verdeckten Gewinnausschüttungen i. S. d. § 20 Abs. 1 Nr. 10 Buchstabe a EStG bei ihm in einem inländischen gewerblichen Betrieb an, so erfolgt deren steuerliche Erfassung in der Veranlagung zur Körperschaftsteuer. Allerdings ist auf diese Leistungen die Regelung des § 8b KStG anzuwenden, nach der die Leistungen bei der Einkommensermittlung außer Ansatz bleiben. Die nach § 43 Abs. 1 Satz 1 Nr. 7b i. V. m. § 43a Abs. 1 Satz 1 Nr. 2 EStG einbehaltene Kapitalertragsteuer von 15 % (vgl. § 43 Abs. 1 Satz 3 EStG) ist im Rahmen der Veranlagung zur Körperschaftsteuer des Empfängers nach § 36 Abs. 2 Nr. 2 EStG i. V. m. § 31 KStG in vollem Umfang anzurechnen.

Anlage 7

Kapitalertragsteuer I.

Beispiel:
An der Landesbank A (= Anstalt des öffentlichen Rechts) sind das Land A (Gebietskörperschaft), der Landschaftsverband A (Gebietskörperschaft) sowie der Sparkassen- und Giroverband A zu je einem Drittel beteiligt. Der Sparkassen- und Giroverband A ist ein von den Sparkassen und ihren Gewährträgern gebildeter Berufsverband mit öffentlichrechtlichem Charakter in der Rechtsform der Körperschaft des öffentlichen Rechts.

Die Landesbank A verteilt ihren Gewinn von 120 Mio. EUR zu je einem Drittel an die Beteiligten. Dabei wird die Kapitalertragsteuer nach § 43 Abs. 1 Satz 1 Nr. 7b i. V. m. § 43a Abs. 1 Satz 1 Nr. 2 EStG in Höhe von 15 % der Kapitalerträge (120 Mio. EUR) = 18 Mio. EUR einbehalten und an das für die Landesbank A zuständige Finanzamt abgeführt (§ 44 Abs. 1 Satz 5 EStG), so dass zur Auszahlung an die Beteiligten 102 Mio. EUR (120 Mio. EUR abzüglich 18 Mio. EUR) zur Verfügung stehen. Jeder Beteiligte erhält einen Betrag von 34 Mio. EUR (102 Mio. EUR : 3). Auf jeden der Beteiligten entfällt eine einbehaltene Kapitalertragsteuer von 6 Mio. EUR.

Die Körperschaftsteuer der Beteiligten ist durch den Steuerabzug vom Kapitalertrag abgegolten (§ 32 Abs. 1 Nr. 2 KStG). Die Beteiligten unterliegen insoweit der beschränkten Körperschaftsteuerpflicht nach § 2 Nr. 2 KStG. Dies gilt grundsätzlich auch für den Sparkassen- und Giroverband A.

Leitet der Sparkassen- und Giroverband (Gläubiger der Kapitalerträge) jedoch die zugeflossenen Gewinnanteile ganz oder teilweise an die in ihm zusammengeschlossenen Sparkassen weiter, so erhalten die Sparkassen Bezüge i. S. d. § 8b Abs. 6 Satz 2 KStG, die bei ihnen im Rahmen der Ermittlung des steuerlichen Einkommens nach Maßgabe des § 8b KStG außer Ansatz bleiben. Zur Anrechnung der auf diese Bezüge entfallenden, von der Landes-bank A einbehaltenen Kapitalertragsteuer auf die Körperschaftsteuer der Sparkassen nach § 36 Abs. 2 Nr. 2 EStG reicht die Vorlage der Bescheinigung nach § 45a Abs. 2 und 3 EStG (Kapitalertragsteuerbescheinigung), die dem Gläubiger der Kapitalerträge (Sparkassen- und Giroverband) ausgestellt wird, aus (§ 36 Abs. 2 Nr. 2 Satz 3 EStG).

In den Fällen des § 8b Abs. 6 Satz 2 KStG wird es für die Anrechnung der Kapitalertragsteuer bei dem BgA nach § 36 Abs. 2 Nr. 2 Satz 3 EStG nicht beanstandet, wenn die die mittelbare Beteiligung vermittelnde Körperschaft, Personenvereinigung oder Vermögensmasse dem BgA auf einer Kopie der ihr vorliegenden Kapitalertragsteuerbescheinigung die auf ihn entfallenden Bezüge und Gewinne und die darauf anteilig entfallende Kapitalertragsteuer mitteilt. Die für Wohnungseigentümergemeinschaften geltenden Grundsätze von Rdnrn. 18 und 19 des BMF-Schreibens vom 20. Dezember 2012 (BStBl 2013 I S. 36) sind entsprechend anzuwenden. 12

V. Steuerliche Behandlung der Einlagen

Auf Leistungen des BgA, die in der Rückgewähr von Einlagen bestehen, ist § 20 Abs. 1 Nr. 10 Buchstabe a EStG nicht anzuwenden (§ 20 Abs. 1 Nr. 10 Buchstabe a letzter Halbsatz EStG). Um eine Trennung der Einlagen von den übrigen Eigenkapitalteilen (z. B. Gewinnrücklagen, Gewinnvortrag) des BgA vornehmen zu können, hat auch der BgA mit eigener Rechtspersönlichkeit das steuerliche Einlagekonto i. S. d. § 27 KStG zu führen (§ 27 Abs. 7 KStG). Dabei sind Altrücklagen aus Wirtschaftsjahren vor dem Systemwechsel, die das Nennkapital oder eine vergleichbare Kapitalgröße übersteigen, wie Einlagen zu behandeln und als Anfangsbestand des steuerlichen Einlagekontos (§ 27 KStG) zu erfassen. Zu dem Anfangsbestand gehören auch Einlagen aus früheren Zeiträumen. Im Ergebnis sind alle im Zeitpunkt des Systemwechsels vorhandenen Eigenkapitalteile, die das Nennkapital bzw. eine vergleichbare Kapitalgröße des BgA übersteigen, dem steuerlichen Einlagekonto als Anfangsbestand zuzurechnen. 13

Anlage 7
I. Kapitalertragsteuer

14 Nach Rdnrn. 8 und 13 werden BgA mit eigener Rechtspersönlichkeit im Grundsatz mit Kapitalgesellschaften gleichgestellt. Diese BgA haben ein Nennkapital oder eine hiermit vergleichbare Größe. Solche Eigenkapitalteile sind nicht Bestandteil des steuerlichen Einlagekontos. Eine Herabsetzung des Nennkapitals oder der hiermit vergleichbaren Größe und anschließende Rückzahlung führt grundsätzlich nicht zu steuerpflichtigen Einnahmen i. S. d. § 20 Abs. 1 Nr. 10 Buchstabe a EStG und lässt das steuerliche Einlagekonto im Ergebnis unverändert.

VI. Zeitlicher Anwendungsbereich

15 § 52 Abs. 37a Satz 1 EStG in der Fassung des StSenkG verknüpft die erstmalige Anwendung des § 20 Abs. 1 Nr. 10 Buchstabe a EStG beim Gläubiger der Leistungen mit der körperschaftsteuerlichen Behandlung des BgA mit eigener Rechtspersönlichkeit. Danach ist die Vorschrift erstmals auf Leistungen anzuwenden, die der Gläubiger der Leistungen nach Ablauf des ersten Wirtschaftsjahrs des BgA erzielt, für das das KStG i. d. F. des StSenkG erstmals anzuwenden ist. Bei kalenderjahrgleichem Wirtschaftsjahr des BgA ist § 20 Abs. 1 Nr. 10 Buchstabe a EStG erstmals auf Leistungen anzuwenden, die der Gläubiger der Leistungen in 2002 erzielt, da der BgA bereits mit den Ergebnissen des Wirtschaftsjahrs 2001 im Rahmen der Veranlagung zur Körperschaftsteuer 2001 dem neuen Recht unterliegt. Hat der leistende BgA ein vom Kalenderjahr abweichendes Wirtschaftsjahr, hängt die erstmalige Anwendung des § 20 Abs. 1 Nr. 10 Buchstabe a EStG davon ab, wann im Verlauf des Kalenderjahres 2002 die Leistung i. S. d. § 20 Abs. 1 Nr. 10 Buchstabe a EStG erbracht wird.

Beispiel:

Der BgA hat ein Wirtschaftsjahr vom 1. Dezember bis zum 30. November eines Jahres. Die Leistung i. S. d. § 20 Abs. 1 Nr. 10 Buchstabe a EStG für das Wirtschaftsjahr 2000/2001 wird am 15. Dezember 2001, die für das Wirtschaftsjahr 2001/2002 am 15. Dezember 2002 erbracht.

Für die am 15. Dezember 2001 erbrachte Leistung ist das neue Recht noch nicht anzuwenden, da sie vor Ablauf des ersten Wirtschaftsjahrs des BgA erbracht wird, für das das neue Recht gilt. Für die am 15. Dezember 2002 erbrachte Leistung gilt bereits neues Recht, da sie nach Ablauf des ersten Wirtschaftsjahrs des BgA erbracht wird, für das das neue Recht gilt.

C. Gewinne von BgA ohne eigene Rechtspersönlichkeit (§ 20 Abs. 1 Nr. 10 Buchstabe b Satz 1 bis 3 und 5 EStG)

I. Persönlicher Anwendungsbereich

16 Unter die Vorschrift des § 20 Abs. 1 Nr. 10 Buchstabe b EStG fallen - jeweils in Abhängigkeit von den unterschiedlichen Kapitalerträgen - drei Gruppen von BgA ohne eigene Rechtspersönlichkeit:
- Gruppe 1 (Betriebsvermögensvergleich):

17 Zu dieser Gruppe gehören die nicht von der Körperschaftsteuer befreiten BgA (einschl. der Verpachtungsbetriebe gewerblicher Art i. S. d. § 4 Abs. 4 KStG), die ihren Gewinn auf Grund einer gesetzlichen Verpflichtung oder freiwillig durch Betriebsvermögensvergleich (§ 4 Abs. 1 und § 5 EStG) ermitteln. Kommunalrechtlich sind diese BgA ohne eigene Rechtspersönlichkeit grundsätzlich nach Eigen- und Regiebetrieben zu unterscheiden. Unter Eigenbetrieb ist ein finanzwirtschaftliches Sondervermögen im haushaltsrechtlichen Sinne zu verstehen, das organisatorisch verselbständigt, gleichwohl aber rechtlich unselbständiger Teil der Körperschaft öffentlichen Rechts ist. Dabei

muss sich das Sondervermögen Eigenbetrieb nicht mit dem steuerlichen BgA decken. Der BgA umfasst in einem solchen Fall nur einen Teil des Eigenbetriebs (z. B. umfasst bei einem Abwasserentsorgungs- und Frischwasserversorgungseigenbetrieb der BgA nur den Frischwasserbereich). Einem Regiebetrieb fehlt die Eigenschaft des Sondervermögens; er ist eine rechtlich unselbständige Einheit der Trägerkörperschaft, die finanzwirtschaftlich kein Sondervermögen der Trägerkörperschaft darstellt. Wird ein Regiebetrieb allerdings auf Grund spezieller landesrechtlicher Vorgaben (z.B. § 139 Abs. 1 Niedersächsische Kommunalverfassung, NKomVG, oder Art. 76 Abs. 6 Landkreisordnung für den Freistaat Bayern, LKrO) kommunalrechtlich nach den Vorschriften für Eigenbetriebe geführt, d.h. liegt im rechtlichen Sinne kein Eigenbetrieb vor (eigenbetriebsähnliche Einrichtung), ist er für Zwecke des § 20 Abs. 1 Nr. 10 Buchstabe b EStG und § 27 KStG nach den Grundsätzen für Eigenbetriebe zu behandeln. Dies gilt jedoch nur, wenn die eigenbetriebsähnliche Einrichtung nur diesen Betrieb umfasst.

Zu der Gruppe 1 gehören auch BgA, die - unabhängig von der Gewinnermittlungsart - Umsätze einschließlich der steuerfreien Umsätze, ausgenommen die Umsätze nach § 4 Nr. 8 bis 10 UStG, von mehr als 350.000 EUR im Kalenderjahr oder einen Gewinn von mehr als 30.000 EUR im Wirtschaftsjahr erzielen. § 20 Abs. 1 Nr. 10 Buchstabe b EStG kommt bei BgA, die ihren Gewinn nicht durch Betriebsvermögensvergleich ermitteln (vgl. hierzu auch das BMF-Schreiben vom 3. Januar 2013, BStBl I S. 59) und unterhalb der genannten Umsatz- bzw. Gewinngrenzen liegen, nicht zur Anwendung; die Verwaltungsbuchführung (Kameralistik) ist mit einem Betriebsvermögensvergleich nicht vergleichbar. 18

Ferner gehören zur Gruppe 1 auch BgA, die nach § 140 oder § 141 AO zur Buchführung und damit zur Gewinnermittlung durch Betriebsvermögensvergleich verpflichtet sind, die dieser Verpflichtung aber nicht nachkommen. 19

Bei den BgA der Gruppe 1 sind Gegenstand der Besteuerung der „Gewinn" und „verdeckte Gewinnausschüttungen". 20

- Gruppe 2 (Besteuerung von Einbringungsgewinnen und Anteilsveräußerungsgewinnen):

Zu dieser Gruppe gehören BgA i. S. d. § 22 Abs. 4 Nr. 1 UmwStG ohne eigene Rechtspersönlichkeit unabhängig von den Voraussetzungen der Gruppe 1. 21

Soweit auf einbringungsgeborene Anteile § 21 UmwStG in der am 21. Mai 2003 geltenden Fassung weiter anzuwenden ist (vgl. § 27 Abs. 3 Nr. 3 UmwStG), sind die Rdnrn. 28 und 29 des BMF-Schreibens vom 11. September 2002, BStBl I S. 935, weiter anzuwenden.[1] 22

---

[1] Rdnrn. 28 und 29 des BMF-Schreibens vom 11. September 2002, BStBl I S. 935 (Auszug):
2. Kapitalerträge der Gruppe 2
Rdnr. 28
Bei den Steuerpflichtigen, die in die Gruppe 2 fallen, ist Kapitalertrag der Gewinn i.S.d. § 21 Abs. 3 UmwStG. Erfasst werden sowohl die Gewinne aus der Veräußerung einbringungsgeborener Anteile nach § 21 Abs. 1 UmwStG als auch die Gewinne aus den Vorgängen nach § 21 Abs. 2 UmwStG, die - auch ohne Veräußerung - zu einer Gewinnrealisierung führen (z.B. Antragsbesteuerung nach § 21 Abs. 2 Nr. 1 UmwStG). Wegen der ausdrücklichen Bezugnahme auf § 21 Abs. 3 UmwStG werden aber nur die Gewinne erfasst, die aufgrund der Fiktion des § 21 Abs. 3 Nr. 1 UmwStG als in einem BgA (ohne eigene Rechtspersönlichkeit) entstanden gelten. Sind dagegen die einbringungsgeborenen Anteile bereits Betriebsvermögen eines BgA (ohne eigene Rechtspersönlichkeit), liegt - bei Veräußerung der Anteile - begrifflich kein Gewinn i.S.d. § 21 Abs. 3 UmwStG vor; ein solcher Gewinn ist vielmehr regelmäßig als Kapitalertrag des BgA (Gruppe 1) zu erfassen.
Rdnr. 29
Gewinne i.S.d. § 21 Abs. 3 UmwStG führen im Übrigen unabhängig davon, ob die Steuerfreiheit nach § 8b Abs. 2 KStG i.V.m. § 8b Abs. 4 KStG zu gewähren ist oder nicht, zu einer Besteuerung nach § 20 Abs. 1 Nr. 10 Buchst. b EStG.

Anlage 7

I. Kapitalertragsteuer

- Gruppe 3 (Rundfunkanstalten):

23 Zu dieser Gruppe gehören unabhängig von den Voraussetzungen der Gruppe 1 die BgA „Veranstaltung von Werbesendungen" der inländischen öffentlich-rechtlichen Rundfunkanstalten. Die Besteuerung knüpft in diesen Fällen an das Einkommen i. S. d. § 8 Abs. 1 Satz 3 KStG an.

II. Sachlicher Anwendungsbereich
1. Kapitalerträge der Gruppe 1

24 Bei den Steuerpflichtigen der Gruppe 1 werden als Kapitalerträge die nicht den Rücklagen zugeführten Gewinne des BgA, die nachfolgende Auflösung der Rücklagen zu Zwecken außerhalb des BgA sowie verdeckte Gewinnausschüttungen (§ 8 Abs. 3 Satz 2 KStG) der Besteuerung unterworfen.

a) Laufende Gewinne

25 Bei dem in der Vorschrift genannten Gewinnbegriff handelt es sich um den Gewinn des BgA, den die juristische Person des öffentlichen Rechts für Zwecke außerhalb des BgA verwenden kann (= verwendungs- bzw. rücklagefähiger Gewinn). Bei der hier maßgebenden handelsrechtlichen Betrachtung entspricht dies dem Jahresüberschuss i. S. v. § 275 HGB (vgl. BFH-Urteil vom 11. September 2013, BStBl 2015 II S. 161). Bei der Ermittlung des maßgeblichen Jahresüberschusses kommt es nicht zwingend auf das Jahresergebnis nach dem festgestellten Jahresabschluss an, sondern auf das nach den handelsrechtlichen Grundsätzen ordnungsmäßiger Buchführung zutreffende Jahresergebnis. Z. B. von einer Betriebsprüfung aufgedeckte fehlerhafte handelsrechtliche Bilanzansätze sind im Jahr der Fehlbuchung und nicht erst im Zeitpunkt der Anpassung der Handelsbilanz zu korrigieren (BFH-Urteil vom 11. September 2013; a.a.O.). Wird später die entsprechende Anpassung der Handelsbilanz an die Steuerbilanz vorgenommen, hat diese im Anpassungsjahr keine Auswirkung auf den kapitalertragsteuerpflichtigen Gewinn.

26 Wird nur eine Steuerbilanz aufgestellt, ist aus Vereinfachungsgründen nicht zu beanstanden, wenn auf den Gewinn nach § 4 Abs. 1 EStG (Unterschiedsbetrag nach § 4 Abs. 1 Satz 1 EStG) abgestellt wird. Der so ermittelte Gewinn ist weder um nicht abziehbare Aufwendungen nach § 4 Abs. 5 EStG bzw. § 10 KStG noch um bei der Einkommensermittlung außer Ansatz bleibende Beträge (z. B. § 8b KStG) zu korrigieren.

27 Sofern der Gewinn in Fällen, in denen die Umsatz- oder Gewinngrenze des § 20 Abs. 1 Nr. 10 Buchstabe b EStG überschritten ist, nach § 4 Abs. 3 EStG ermittelt wird, ist dieser für Zwecke der Anwendung des § 20 Abs. 1 Nr. 10 Buchstabe b EStG auf der Grundlage des Betriebsvermögensvergleichs zu schätzen; eine nach kameralen Grundsätzen oder nach Doppik erstellte Ergebnisrechnung ist als Schätzungsgrundlage nicht geeignet. In den Fällen der Rdnr. 19 ist für Zwecke der Anwendung des § 20 Abs. 1 Nr. 10 Buchstabe b EStG der Gewinn im Wege des Betriebsvermögensvergleichs zu schätzen.

28 Der Gewinn mindert sich für Zwecke des § 20 Abs. 1 Nr. 10 Buchstabe b EStG in Höhe des Betrags, zu dem er zum Ausgleich von Fehlbeträgen (Verlusten) aus früheren Wirtschaftsjahren zu verwenden ist, sofern diese Fehlbeträge mangels kommunalrechtlich gebotenen Ausgleichs durch die Trägerkörperschaft noch ausgewiesen sind.

29 Bei Regiebetrieben gelten - abweichend von Eigenbetrieben - der Gewinn des BgA und die Einkünfte aus Kapitalvermögen wegen der rechtlichen Identität der Trägerkörperschaft und des BgA als zeitgleich zum Schluss des Wirtschaftsjahrs erzielt (BFH-

Urteil vom 11. Juli 2007, BStBl II S. 841). Bei Regiebetrieben kommt es - ebenfalls abweichend von Eigenbetrieben - kommunalrechtlich zum laufenden Ausgleich der im BgA entstandenen Verluste durch die Trägerkörperschaft (vgl. BFH-Urteil vom 23. Januar 2008, BStBl II S. 573); dieser Ausgleich führt zum Ende des Wirtschaftsjahrs des BgA zu Einlagen beim BgA (vgl. Rdnr. 55). Ein kommunalrechtlicher Ausgleich von Verlusten hat keine Auswirkung auf die Höhe des steuerlichen Verlustvortrags im Sinne des § 10d Abs. 4 EStG des BgA.

Die Beteiligung an einer Mitunternehmerschaft begründet bei der beteiligten juristischen Person des öffentlichen Rechts einen bzw. mehrere eigenständige BgA; dieser gilt bzw. diese gelten als Regiebetriebe. Die Beteiligung an einer Personengesellschaft, die keinen Gewerbebetrieb unterhält, kann bei der beteiligten juristischen Person des öffentlichen Rechts nach Maßgabe des § 4 KStG ebenfalls einen bzw. mehrere BgA begründen; auch dieser gilt bzw. diese gelten als Regiebetriebe. Ermittelt die Gesellschaft, an der die Beteiligung besteht, ihren Gewinn durch Betriebsvermögensvergleich, schlägt dies nicht auf die Gewinnermittlung des bzw. der BgA durch. Auf den BgA bzw. die BgA ist § 20 Abs. 1 Nr. 10 Buchstabe b EStG nur anzuwenden, wenn freiwillig bilanziert wird oder der maßgebende Jahresüberschuss bzw. Gewinn i. S. d. der Rdnr. 31 die Gewinngrenze der Norm überschreitet.

Auf diesen BgA bzw. diese BgA sind die Grundsätze der Rdnr. 25 anzuwenden. Als Jahresüberschuss bzw. aus Vereinfachungsgründen in Fällen, in denen für den BgA bzw. die BgA keine Handelsbilanz aufgestellt wird, als Gewinn ist bei dem BgA bzw. den BgA anzusetzen

- der aus dem Gesamthandsvermögen der Mitunternehmerschaft/Personengesellschaft stammende Gewinnanteil der juristischen Person des öffentlichen Rechts i. S. d. des § 120 Abs. 1 und des § 122 HGB soweit er tatsächlich entnommen wurde. Erzielt die Mitunternehmerschaft/Personengesellschaft handelsrechtlich Verluste, entsteht ein entnahmefähiger Gewinn erst, wenn diese Verluste durch künftige Gewinne ausgeglichen sind, und
- die der juristischen Person des öffentlichen Rechts von der Mitunternehmerschaft/Personengesellschaft zustehenden Sondervergütungen i. S. d. § 15 Abs. 1 Satz 1 Nr. 2 EStG abzüglich der damit im Zusammenhang stehenden Aufwendungen.

Der Gewinn des BgA mindert sich um bei ihm anfallende Ertragsteuern.

Ist ein BgA i. S. v. Rdnr. 30 zulässigerweise mit einem BgA zusammengefasst, für den die Eigenbetriebsgrundsätze anzuwenden sind, ist der zusammengefasste BgA für Zwecke des § 20 Abs. 1 Nr. 10 Buchstabe b EStG als Eigenbetrieb anzusehen.

b) **Rücklagen**

Kapitalertragsteuerpflichtige Einkünfte aus Kapitalvermögen i. S. d. § 20 Abs. 1 Nr. 10 Buchstabe b EStG liegen insoweit nicht vor, als der Gewinn zulässigerweise durch Rücklagenbildung gemindert wird.

- Eigenbetriebe

  Bei einem Eigenbetrieb unterliegt der Gewinn nicht der Besteuerung nach § 20 Abs. 1 Nr. 10 Buchstabe b EStG, soweit er den Rücklagen des BgA zugeführt wird. Als Zuführung zu den Rücklagen gilt jedes Stehenlassen von Gewinnen als Eigenkapital für Zwecke des BgA unabhängig davon, ob dies in der Form der Zu-

Anlage 7
I. Kapitalertragsteuer

führung zu den Gewinnrücklagen, als Gewinnvortrag oder unter einer anderen Position des Eigenkapitals vorgenommen wird (vgl. BFH-Urteil vom 16. November 2011, BStBl 2013 II S. 328). Die Rücklagenbildung ist unabhängig von haushaltsrechtlichen Regelungen anzuerkennen und ist auch nicht davon abhängig, dass die Zwecke des BgA ohne die Rücklagenbildung nachhaltig nicht erfüllt werden können.

- Regiebetriebe

35   Über die Gewinne eines Regiebetriebs kann die Trägerkörperschaft unmittelbar verfügen. Für eine Rücklagenbildung ist damit kommunalrechtlich kein Raum. Gleichwohl ist bei einem Regiebetrieb für Zwecke des § 20 Abs. 1 Nr. 10 Buchstabe b EStG die Rücklagen-bildung anzuerkennen, soweit die Zwecke des BgA ohne die Rücklagenbildung nachhaltig nicht erfüllt werden können. Das Bestreben, ganz allgemein die Leistungsfähigkeit des BgA zu erhalten, reicht für eine anzuerkennende Rücklagenbildung nicht aus. Vielmehr müssen die Mittel für bestimmte Vorhaben - z. B. Anschaffung von Anlagevermögen - angesammelt werden, für deren Durchführung bereits konkrete Zeitvorstellungen bestehen. Besteht noch keine konkrete Zeitvorstellung, ist eine Rücklagenbildung zulässig, wenn die Durchführung des Vorhabens glaubhaft und finanziell in einem angemessenen Zeitraum möglich ist. Eine Mittelreservierung liegt auch vor, soweit die verwendbaren Mittel, die auf Grund eines gewinnrealisierenden Vorgangs dem BgA zugeführt worden sind, bereits im laufenden Wirtschaftsjahr z. B. reinvestiert oder zur Tilgung von betrieblichen Verbindlichkeiten verwendet worden sind. Entsprechendes gilt, wenn dem BgA aus einer Beteiligung an einer Kapitalgesellschaft Dividenden zufließen, die dieser im Zuge einer gleichzeitig statt-findenden Kapitalerhöhung wieder in diese Kapitalgesellschaft einlegt. Keine verwendbaren Mittel sind dagegen bloße Buchgewinne, die sich z. B. beim Tausch von Wirtschaftsgütern des BgA ergeben. Werden Gewinne buchungstechnisch in der Bilanz des BgA „stehen gelassen", obwohl dies nach den o.g. Grundsätzen nicht anzuerkennen ist, ist grundsätzlich Kapitalertragsteuer zu erheben. Wegen der Auswirkung auf das steuerliche Einlagekonto wird auf Rdnr. 54 verwiesen.

- BgA als bloßer Teil des Eigenbetriebs

36   Ist der BgA nur ein Teil eines Eigenbetriebs (z. B. Wassereigenbetrieb mit den Geschäftsfeldern Frischwasserversorgung [BgA] und Abwasserentsorgung [hoheitlich]), dann gelten hinsichtlich einer Rücklagenbildung bei diesem BgA die Grundsätze der Rdnr. 35. Den Tatbestand des § 20 Abs. 1 Nr. 10 Buchstabe b EStG erfüllt in einem solchen Fall beispielsweise auch der Ausgleich von Gewinnen des BgA mit hoheitlichen Verlusten des Betriebs.

- Beteiligung an Personengesellschaften

37   Auf einen BgA i. S. d. Rdnr. 30 sind die für Regiebetriebe geltenden Rücklagengrundsätze der Rdnr. 35 anzuwenden. Dieser BgA - und nicht die Personengesellschaft an der die juristische Person des öffentlichen Rechts beteiligt ist - muss die dort genannten Rücklagenvoraussetzungen erfüllen. Auf einen BgA i. S. d. Rdnr. 32 sind die für Eigen-betriebe geltenden Rücklagengrundsätze der Rdnr. 34 anzuwenden.

– Teilweise steuerbefreiter BgA

Die Vorschrift des § 20 Abs. 1 Nr. 10 Buchstabe b EStG ist nur für den nicht steuerbefreiten Teil des BgA relevant. Dieser nicht steuerbefreite Teil des BgA gilt für Zwecke des § 20 Abs. 1 Nr. 10 Buchstabe b EStG als Regiebetrieb. Auf diesen Teil des BgA sind die für Regiebetriebe geltenden Rücklagengrundsätze der Rdnr. 35 anzuwenden. Erfüllt der Träger des BgA bzw. der steuerbegünstigte Teil des BgA die Voraussetzungen des § 44a Abs. 7 EStG, ist § 20 Abs. 1 Nr. 10 Buchstabe b EStG nicht anzuwenden. 38

Der Beschluss der für die Bilanzfeststellung zuständigen Gremien, Rücklagenmittel des Eigenbetriebs für Zwecke außerhalb des BgA zu überführen, löst den Besteuerungstatbestand des § 20 Abs. 1 Nr. 10 Buchstabe b EStG aus (§ 20 Abs. 1 Nr. 10 Buchstabe b Satz 2 EStG). Der insoweit aufgelöste Rücklagenbetrag führt zu einem Gewinn i. S. d. § 20 Abs. 1 Nr. 10 Buchstabe b Satz 1 EStG. Wird ein BgA i. S. d. § 20 Abs. 1 Nr. 10 Buchstabe b Satz 2 zweiter Halbsatz EStG umgewandelt und enthält der umgewandelte BgA Rücklagen, gelten diese als mit der Umwandlung als aufgelöst. 39

Eine Gewinnverwendung für Zwecke außerhalb des BgA ist z. B. gegeben, wenn die Gewinne und aufgelösten Rücklagen im hoheitlichen Bereich der Trägerkörperschaft eingesetzt werden. Für Zwecke außerhalb des BgA werden Gewinne und aufgelöste Rücklagen auch dann verwendet, wenn sie einem anderen BgA der gleichen Trägerkörperschaft oder einer Eigengesellschaft zugeführt werden. Dabei ist der Vorgang steuerlich in folgende Schritte zu zerlegen: Die Überführung der Gewinne bzw. aufgelösten Rücklagenbeträge des übertragenden BgA ist im ersten Schritt als Zuführung in den hoheitlichen Bereich der Trägerkörperschaft (mit der Folge der Anwendung des § 20 Abs. 1 Nr. 10 Buchstabe b EStG) und im zweiten Schritt als Zuführung der Trägerkörperschaft (Einlage) an den empfangenden BgA oder die Eigengesellschaft (mit der Folge der Erfassung des Einlagebetrags auf dem steuerlichen Einlagekonto) zu behandeln. 40

Verdeckte Gewinnausschüttungen des BgA ohne eigene Rechtspersönlichkeit an die Trägerkörperschaft führen stets zu Kapitalerträgen i. S. d. § 20 Abs. 1 Nr. 10 Buchstabe b EStG. Im Verhältnis zwischen verschiedenen BgA der gleichen Trägerkörperschaft können auch verdeckte Gewinnausschüttungen die Besteuerung nach § 20 Abs. 1 Nr. 10 Buchstabe b EStG auslösen. 41

Beispiel:

Der BgA X überträgt auf den BgA Y der gleichen Trägerkörperschaft (unentgeltlich) die zu seinem gewillkürten Betriebsvermögen gehörende Beteiligung an einer GmbH. Die Beteiligung ist aus versteuerten Gewinnen zu 100 angeschafft worden. Der Teilwert im Zeitpunkt der Übertragung beträgt 120; ein Einlagekonto ist beim BgA X nicht vorhanden. Der Vorgang ist steuerrechtlich - in Anlehnung an die Besteuerungsgrundsätze von verdeckten Gewinnausschüttungen bei Schwestergesellschaften - wie folgt zu lösen:

Beim BgA X führt der Vorgang zu einer verdeckten Gewinnausschüttung an die Trägerkörperschaft und zu einer Besteuerung nach § 20 Abs. 1 Nr. 10 Buchstabe b EStG. Die Bemessungsgrundlage für die Kapitalertragsteuer beträgt 120. Beim BgA Y ist die Beteiligung als Einlage der Trägerkörperschaft mit dem Teilwert zu aktivieren. Das steuerliche Einlagekonto (§ 27 KStG) ist um diesen Betrag zu erhöhen.

c) **Steuerliches Einlagekonto**

Kapitalerträge der Gruppe 1 gehören nicht zu den Einnahmen i. S. d. § 20 Abs. 1 Nr. 10 Buchstabe b EStG, wenn für die Leistungen des BgA Beträge aus dem steuerlichen Einlagekonto als verwendet gelten (§ 20 Abs. 1 Nr. 10 Buchstabe b Satz 5 42

Anlage 7

I. Kapitalertragsteuer

i. V. m. Nr. 1 Satz 3 EStG). Auch BgA (Eigen- und Regiebetriebe) haben daher nach § 27 Abs. 7 KStG ein steuerliches Einlagekonto zu führen, das sich entsprechend den Vorschriften des § 27 KStG entwickelt.

– Anfangsbestände

43 Dabei sind Altrücklagen aus Wirtschaftsjahren vor dem Systemwechsel, die das Nennkapital oder eine vergleichbare Kapitalgröße übersteigen, wie Einlagen zu behandeln und als Anfangsbestand des steuerlichen Einlagekontos (§ 27 KStG) zu erfassen. Zu dem Anfangs-bestand gehören auch noch vorhandene Einlagen aus früheren Zeiträumen. Im Ergebnis sind alle im Zeitpunkt des Systemwechsels vorhandenen Eigenkapitalteile, die das Nennkapital bzw. eine vergleichbare Kapitalgröße des BgA übersteigen, dem steuerlichen Einlagekonto als Anfangsbestand zuzurechnen.

44 Sollte ein zur Führung des steuerlichen Einlagekontos verpflichteter BgA später die Voraussetzungen des § 20 Abs. 1 Nr. 10 Buchstabe b Satz 1 EStG vorübergehend nicht mehr erfüllen, wird er von der Führung eines Einlagekontos nur dann frei, wenn keine Rücklagen i. S. d. § 20 Absatz 1 Nummer 10 Buchstabe b EStG vorliegen. Liegen derartige Rücklagen vor, ist ein steuerliches Einlagekonto weiter zu führen und festzustellen.

45 In diesen Fällen führen Eigenkapitalveränderungen in sinngemäßer Anwendung der Rdnr. 43 grundsätzlich zu einer entsprechenden Veränderung des Bestands des steuerlichen Einlagekontos. Zusätzlich erhöhen nachgewiesene Einlagen, die zum Verlustausgleich in den jeweiligen Wirtschaftsjahren geleistet worden sind, den Bestand des steuerlichen Einlagekontos. Verringert sich das Eigenkapital aufgrund der schädlichen Auflösung von Rücklagen i. S. d. § 20 Abs. 1 Nr. 10 Buchstabe b Satz 1 EStG nach § 20 Abs. 1 Nr. 10 Buchstabe b Satz 2 EStG, führt dies – abweichend von dem oben dargestellten Grundsatz – nur insoweit zu einer Verringerung des steuerlichen Einlagekontos, wie diese in sinngemäßer Anwendung des § 27 Absatz 1 Satz 3 KStG als Einlagenrückgewähr anzusehen ist.

46 Muss das steuerliche Einlagekonto mangels Vorliegen der Voraussetzungen des § 20 Abs. 1 Nr. 10 Buchstabe b EStG und entsprechender Rücklagen dagegen nicht mehr geführt werden und liegen die Voraussetzungen später wieder vor, ist der neue Anfangsbestand des steuerlichen Einlagekontos grundsätzlich wiederum nach den Grundsätzen der Rdnr. 43 zu ermitteln und festzustellen. Abweichend von diesen Grundsätzen erhöhen Einlagen, die zum Verlustausgleich seit dem Zeitpunkt des Wegfalls der Voraussetzungen des § 20 Abs. 1 Nr. 10 Buchstabe b EStG nachweislich geleistet worden sind, das steuerliche Einlagekonto. Eine Feststellung des steuerlichen Einlagekontos ist auf Feststellungszeitpunkte, für die nach den vorstehenden Grundsätzen kein steuerliches Einlagekonto geführt werden muss, nur auf Antrag durchzuführen.

– Verminderung des steuerlichen Einlagekontos bei Eigenbetrieben

47 Bei Eigenbetrieben kann – abgesehen von verdeckten Gewinnausschüttungen – allein der Ausschüttungsbeschluss zu einem Abfluss der entsprechenden Leistung beim BgA und damit ggf. zu einer Minderung des steuerlichen Einlagekontos führen (vgl. Rdnr. 34). Der Ausschüttungsbeschluss führt zu einer Abführung des Gewinns des Wirtschaftsjahrs bzw. der Auflösung und Abführung zuvor stehengelassener und als Rücklagen anzusehender Gewinne der Vorjahre an die Träger-

körperschaft zu Zwecken außerhalb des BgA (§ 20 Abs. 1 Nr. 10 Buchstabe b Satz 2 EStG). Das Gesetz enthält zwar in § 20 Abs. 1 Nr. 10 Buchstabe b EStG eine Ausschüttungsfiktion; im Rahmen der Verwendungsrechnung des § 27 Abs. 1 Satz 3 KStG kommt es aber - jedenfalls bei Eigenbetrieben - auf den tatsächlichen Abfluss an. Damit werden BgA, die als Eigenbetriebe geführt werden, im Verhältnis zu ihrer Trägerkörperschaft wie selbständige Kapitalgesellschaften behandelt. Wie bei beherrschenden Gesellschaftern einer Kapitalgesellschaft führt allerdings allein der Ausschüttungsbeschluss zu einem Abfluss der entsprechenden Leistung beim BgA und damit - nach Maßgabe des § 27 KStG - zu einer Minderung des steuerlichen Einlagekontos.

Altrücklagen und Rücklagen aus Wirtschaftsjahren, die nicht die Voraussetzungen des § 20 Abs. 1 Nr. 10 Buchstabe b Satz 1 EStG erfüllen, erhöhen den Bestand des steuerlichen Einlagekontos. Folglich sind entsprechend - von Kapitalherabsetzungen (vgl. Rdnr. 51) abgesehen - sämtliche Transferleistungen des Eigenbetriebs an seine Trägerkörperschaft, die nicht auf der Grundlage eines steuerlich anzuerkennenden (fiktiven) gegenseitigen Vertrages erbracht werden, in die Verwendungsrechnung des § 27 Abs. 1 Satz 3 KStG einzubeziehen (BFH-Urteil vom 16. November 2011, a.a.O.). Das gilt auch dann, wenn nach dem Ausschüttungsbeschluss ausdrücklich Altrücklagen ausgekehrt werden. 48

- Verminderung des steuerlichen Einlagekontos bei Regiebetrieben

Soweit der Gewinn eines Regiebetriebs nicht zulässigerweise den Rücklagen zugeführt worden ist, gilt er nach § 20 Abs. 1 Nr. 10 Buchstabe b Satz 1 EStG als zum Schluss des Wirtschaftsjahrs an die Trägerkörperschaft abgeführt (BFH-Urteil vom 11. Juli 2007, a.a.O.). Es liegt eine Leistung i. S. d. § 27 Abs. 1 Satz 3 KStG des nämlichen Wirtschaftsjahrs vor. Entsprechendes gilt für nach Rdnr. 35 nicht anzuerkennende Rücklagen. 49

Werden Rücklagen eines Regiebetriebs zu Zwecken außerhalb des Betriebs gewerblicher Art aufgelöst, liegt eine Leistung i. S. d. § 27 Abs. 1 Satz 3 KStG im Zeitpunkt der Rücklagenauflösung vor. 50

- Kapitalmaßnahmen und Auswirkung auf das steuerliche Einlagekonto

Nach Rdnr. 42 haben BgA ohne eigene Rechtspersönlichkeit ein steuerliches Einlagekonto zu führen, dessen Anfangsbestand entsprechend den Rdnrn. 43 ff zu ermitteln ist. Haben solche BgA auf der Grundlage landesrechtlicher Regelungen ein Nennkapital oder eine hiermit vergleichbare Größe, gelten für die „Herabsetzung" und anschließende „Auskehrung" die Ausführungen in Rdnr. 14 entsprechend. 51

Dies setzt allerdings voraus, dass diese Maßnahmen nach den landesrechtlichen Regelungen auch zulässig sind. Sie sind in der Regel nicht zulässig, wenn der nach „Herabsetzung" und „Auskehrung" verbleibende Betrag für die zukünftige Entwicklung des Betriebs nicht als ausreichend anzusehen ist. Hierfür kann der Umstand sprechen, dass es alsbald nach der „Auskehrung" wieder zu einer Kapitalzuführung kommt. Ist jedoch nach landesrechtlichen Vorschriften eine Herabsetzung des Nennkapitals und zeitnahe Heraufsetzung des Nennkapitals in nahezu gleicher Höhe zulässig, führt dies unter den Voraussetzungen des § 28 Abs. 2 KStG zu einem gleichzeitigen grundsätzlich betragsgleichem Zu- und Abgang beim steuerlichen Einlagekonto in Höhe des Nennkapitals, ohne dass die Ver- 52

Anlage 7

I.	Kapitalertragsteuer

wendungsreihenfolge des § 27 Abs. 1 Satz 3 KStG zu beachten ist. Andernfalls handelt es sich bei der Auskehrung des „Kapitalherabsetzungsbetrags" um eine kapitalertragsteu-erpflichtige Ausschüttung. Die anschließende Mittelzuführung im Wege der „Kapitalerhöhung" führt zu einer Erhöhung des steuerlichen Einlagekontenbestands im Zuflusszeitpunkt.

53   Eine pauschale Annahme von Nennkapital oder einer hiermit vergleichbaren Größe mittels Rückgriff auf die Regelungen in R 33 Abs. 2 KStR 2004 ist nicht möglich.

– Erhöhung des steuerlichen Einlagekontos

54   Ob bei Regie- oder Eigenbetrieben eine Einlage anzunehmen ist, richtet sich nach den allgemeinen Grundsätzen (R 40 KStR 2004). Der Zugang zum steuerlichen Einlagekonto richtet sich nach Zuflussgrundsätzen. Bei Regiebetrieben wird aus kommunalrechtlicher Sicht der Gewinn - losgelöst von einer steuerlichen Rücklagenbildung für Zwecke des § 20 Abs. 1 Nr. 10 Buchstabe b Satz 1 EStG - an den allgemeinen Haushalt abgeführt. Für Zwecke des § 27 KStG ist jedwede tatsächliche Zuführung von Mitteln sowie ein buchungstechnisches „Stehenlassen" von Gewinnen als Einlage und als Zugang zum steuerlichen Einlagekonto anzusehen. Dies gilt allerdings nicht, soweit die Gewinne in die steuerliche Rücklage eingestellt wurden.

55   Nach den Grundsätzen des BFH-Urteils vom 23. Januar 2008 (a.a.O.) gilt der Verlust bei Regiebetrieben als zum Schluss des Wirtschaftsjahrs der Verlustentstehung durch die Trägerkörperschaft ausgeglichen. In Höhe des Verlustes liegt zeitgleich ein Zugang zum steuerlichen Einlagekonto vor. In entsprechender Anwendung der Rdnr. 25 ff ist dabei der handelsrechtliche Jahresfehlbetrag bzw. der Verlust nach § 4 Abs. 1 EStG maßgeblich. Zur Frage des maßgeblichen Verlusts gelten die Ausführungen in Rdnr. 25 entsprechend. Bei Eigenbetrieben ist ein Zugang zum steuerlichen Einlagekonto erst im Zeitpunkt und in der Höhe des tatsächlichen Verlustausgleichs anzunehmen.

2. Kapitalerträge der Gruppe 2

56   Bei Steuerpflichtigen der Gruppe 2 ist innerhalb einer siebenjährigen Sperrfrist Kapitalertrag der Einbringungsgewinn im Sinne des § 22 Abs. 1 UmwStG und der Gewinn aus der Anteilsveräußerung (§ 22 Abs. 4 Nr. 1 UmwStG). Ersterer fällt rückwirkend in dem BgA an, der seinerzeit eingebracht wurde. Letzterer gilt als in einem BgA (ohne eigene Rechtspersönlichkeit) entstanden. Auf Rdnrn. 22.34 und 22.35 des BMF-Schreibens vom 11. November 2011, BStBl I S. 1314 wird verwiesen. Auslöser der Besteuerung sind sowohl die Veräußerung der Anteile nach § 22 Abs. 1 Satz 1 UmwStG als auch die Vorgänge nach § 22 Abs. 1 Satz 6 UmwStG. Sind erhaltene Anteile bereits Betriebsvermögen eines BgA (ohne eigene Rechtspersönlichkeit), liegt - bei Veräußerung der Anteile - begrifflich kein Gewinn i. S. d. § 22 Abs. 4 UmwStG vor; ein solcher Gewinn ist vielmehr regelmäßig als Kapitalertrag des BgA (Gruppe 1) zu erfassen.

3. Kapitalerträge der Gruppe 3

57   Bei den BgA „Veranstaltung von Werbesendungen" (ohne eigene Rechtspersönlichkeit) der inländischen öffentlich-rechtlichen Rundfunkanstalten wird hinsichtlich des Kapitalertrags an die Einkommensdefinition des § 8 Abs. 1 Satz 3 KStG angeknüpft. Der steuerpflichtige Kapitalertrag (Bemessungsgrundlage) beträgt drei Viertel des Einkommens. Eine Einschränkung der Besteuerung durch Rücklagendotierung ist nicht vorgesehen.

Soweit die inländischen öffentlich-rechtlichen Rundfunkanstalten neben der Veranstaltung von Werbesendungen noch andere BgA (z. B. Kantinenbetrieb) unterhalten, fallen sie damit unter die Steuerpflicht der Gruppe 1.

III. Entstehung der Kapitalertragsteuer

§ 44 Abs. 6 EStG regelt als Spezialvorschrift den Entstehungszeitpunkt der Kapitalertragsteuer. Grundsätzlich entsteht die Kapitalertragsteuer bei Regiebetrieben auf den Gewinn des abgelaufenen Wirtschaftsjahres im Zeitpunkt der Bilanzerstellung, spätestens jedoch acht Monate nach Ablauf des Wirtschaftsjahrs (§ 44 Abs. 6 Satz 2 EStG); als Zeitpunkt der Bilanzerstellung in diesem Sinne der Vorschrift ist der Zeitpunkt der Bilanzfeststellung zu verstehen. Dies gilt bei Regie- und Eigenbetrieben auch für die verdeckten Gewinnausschüttungen im abgelaufenen Wirtschaftsjahr. Bei Eigenbetrieben, soweit es sich nicht um Eigenbetriebe i. S. d. Rdnrn. 32 und 36 handelt, gilt dies nur, soweit die Überführung des Gewinns des abgelaufenen Wirtschaftsjahrs in den allgemeinen Haushalt der Trägerkörperschaft beschlossen wird; im Übrigen gilt der Gewinn als in Rück-lagen eingestellt (vgl. BFH-Urteil vom 16. November 2011, a.a.O.).

Bei der Auflösung von Rücklagen entsteht die Kapitalertragsteuer am Tage nach der Beschlussfassung über die Verwendung. Für Gewinne nach § 22 Abs. 4 UmwStG entsteht die Kapitalertragsteuer am Tage nach der Veräußerung bzw. am Tag nach dem die Besteuerungsfolge i. S. d. § 22 Abs. 1 Satz 6 UmwStG auslösenden Ereignis (§ 44 Abs. 6 Satz 2 zweiter Halbsatz EStG).

Für die Gewinne aus Werbesendungen der öffentlich-rechtlichen Rundfunkanstalten entsteht die Kapitalertragsteuer mit Ablauf des jeweiligen Wirtschaftsjahrs (§ 44 Abs. 6 Satz 3 EStG).

IV. Durchführung der Besteuerung

Die Besteuerung wird in den Fällen des § 20 Abs. 1 Nr. 10 Buchstabe b EStG im Wege des Kapitalertragsteuerabzugs vorgenommen (§ 43 Abs. 1 Satz 1 Nr. 7c EStG). Durch § 43 Abs. 2 EStG wird klargestellt, dass die Identität von Gläubiger und Schuldner dem Steuerabzug vom Kapitalertrag nicht entgegensteht.

Die Kapitalertragsteuer wird in Höhe von 15 % der Kapitalerträge erhoben (§ 43a Abs. 1 Satz 1 Nr. 2 EStG).

Die Vorschrift des § 44 Abs. 6 Satz 1 EStG fingiert für die Durchführung des Kapitalertragsteuerabzugs die juristische Person des öffentlichen Rechts als Gläubiger und den BgA als Schuldner der Kapitalerträge. Im Rahmen der entsprechenden Anwendung des § 44 Abs. 1 Satz 5 EStG tritt an die Stelle der einbehaltenen die „entstandene" Kapitalertragsteuer. Die juristische Person des öffentlichen Rechts kann hinsichtlich der Kapitalertragsteuer auch mit dem Vermögen außerhalb des BgA in Anspruch genommen werden (§ 32 Abs. 2 Nr. 1 KStG i. V. m. § 44 Abs. 6 Satz 4 EStG).

V. Zeitlicher Anwendungsbereich

§ 52 Abs. 37a Satz 2 EStG in der Fassung des StSenkG verknüpft die erstmalige Anwendung des § 20 Abs. 1 Nr. 10 Buchstabe b EStG beim Empfänger des Gewinns mit der körperschaftsteuerlichen Behandlung des leistenden BgA ohne eigene Rechtspersönlichkeit. Danach ist die Vorschrift erstmals auf Gewinne anzuwenden, die der Empfänger des Gewinns nach Ablauf des ersten Wirtschaftsjahrs des BgA ohne eigene Rechtspersönlichkeit erzielt, für das das KStG i. d. F. des StSenkG erstmals anzuwenden ist.

Bezogen auf die Gewinne von als Regiebetrieb geführten BgA heißt das, dass § 20 Abs. 1 Nr. 10 Buchstabe b EStG auf Gewinne, die in einem in 2001 endenden Wirtschaftsjahr

Anlage 7
I. Kapitalertragsteuer

erzielt worden sind, noch nicht anzuwenden ist (BFH-Urteil vom 11. Juli 2007, a.a.O.). Wurde dieser Gewinn jedoch zulässigerweise einer Rücklage zugeführt und wird diese in späteren Wirtschaftsjahren aufgelöst, liegen insoweit grundsätzlich Einkünfte i. S. d. § 20 Abs. 1 Nr. 10 Buchstabe b Satz 2 EStG vor (BFH-Urteil vom 16. November 2011, a.a.O.).

67 Bei Eigenbetrieben kommt es nach den Grundsätzen des BFH-Urteils vom 16. November 2011 (a.a.O.) nur aufgrund von Ausschüttungsbeschlüssen oder verdeckten Gewinnausschüttungen zu einer Kapitalertragsteuerpflicht. Der Gewinn eines in 2001 endenden Wirtschaftsjahres unterfällt daher der Kapitalertragsteuerpflicht, wenn ein entsprechender Ausschüttungsbeschluss nach dem 31. Dezember 2001 gefasst worden ist.

Beispiel:

Der Eigenbetrieb hat ein Wirtschaftsjahr vom 1. Dezember bis zum 30. November eines Jahres. Die Bilanz für das Wirtschaftsjahr 2000/2001 wird am 15. Dezember 2001, die für das Wirtschaftsjahr 2001/2002 am 15. Dezember 2002 erstellt; jeweils Beschluss über Gewinnüberführung in den allgemeinen Haushalt.

Die Bilanzfeststellung am 15. Dezember 2001 führt noch nicht zu Kapitalerträgen i. S. d. § 20 Abs. 1 Nr. 10 Buchstabe b EStG, weil für dieses Wirtschaftsjahr des BgA das neue Recht noch nicht anzuwenden ist. Dagegen führt die Bilanzerstellung am 15. Dezember 2002 zu Kapitalerträgen i. S. d. § 20 Abs. 1 Nr. 10 Buchstabe b EStG, weil für dieses Wirtschaftsjahr des BgA das neue Recht erstmals anzuwenden ist und ein Beschluss zur Gewinnüberführung vorliegt.

68 Verdeckte Gewinnausschüttungen in 2001 werden nicht erfasst.

69 Die Kapitalertragsteuerpflicht für das Einkommen aus der Veranstaltung von Werbesendungen durch inländische öffentlich-rechtliche Rundfunkanstalten gilt bereits für Gewinne des Veranlagungszeitraums 2001 (§ 52 Abs. 37a Satz 3 und Abs. 53 Satz 3 EStG in der Fassung des StSenkG).

D. Anwendung des Schreibens

70 Dieses Schreiben tritt - soweit sich für Veranlagungszeiträume vor 2014 aus gesetzlichen Vorgaben nichts anders ergibt - an die Stelle des BMF-Schreibens vom 11. September 2002, BStBl I S. 935, in der durch BMF-Schreiben vom 8. August 2005, BStBl I S. 831, geänderten Fassung.

Anlage 7
Kapitalertragsteuer II.

**Auslegungsfragen zu § 20 Abs. 1 Nr. 10 Buchstabe b Satz 4 EStG;
Gewinne steuerpflichtiger wirtschaftlicher Geschäftsbetriebe
der von der Körperschaftsteuer befreiten Körperschaften,
Personenvereinigungen und Vermögensmassen**

(BMF-Schreiben vom 10. November 2005 - IV B 7 - S 2706a - 6/05 - BStBl I S. 1029)

Nach dem Ergebnis der Erörterungen mit den obersten Finanzbehörden der Länder gilt für die Anwendung des § 20 Abs. 1 Nr. 10 Buchstabe b Satz 4 EStG bei wirtschaftlichen Geschäftsbetrieben (wiGB) der von der Körperschaftsteuer befreiten Körperschaften, Personenvereinigungen und Vermögensmassen Folgendes:

1. Allgemeines

Nach § 20 Abs. 1 Nr. 10 Buchstabe b Satz 4 und 5 EStG in der Fassung des Steuersenkungsgesetzes (StSenkG) vom 23. Oktober 2000 (BStBl I S. 1428) und des Unternehmenssteuerfortentwicklungsgesetzes (UntStFG) vom 20. Dezember 2001 (BStBl 2002 I S. 35) gehören die nicht den Rücklagen zugeführten Gewinne steuerpflichtiger wiGB von Körperschaften, Personenvereinigungen und Vermögensmassen, die von der Körperschaftsteuer befreit sind, zu den Einkünften aus Kapitalvermögen. Diese Körperschaften, Personenvereinigungen und Vermögensmassen sind mit den Einkünften unbeschränkt körperschaftsteuerpflichtig im Sinne des § 1 Abs. 1 KStG („Ebene der Trägerkörperschaft").

Die Gewinne unterliegen nach den § 43 Abs. 1 Nr. 7c, § 43a Abs. 1 Nr. 6 EStG einer Kapitalertragsteuer von 10 %. Unter den Voraussetzungen des § 44a Abs. 7 EStG kann bei den dort genannten Gläubigern von Kapitalerträgen (z.B. nach § 5 Abs. 1 Nr. 9 KStG steuerbefreite Körperschaften) vom Kapitalertragsteuerabzug Abstand genommen werden.

§ 20 Abs. 1 Nr. 10 Buchstabe b Satz 4 EStG erfasst nur die Körperschaften, Personenvereinigungen und Vermögensmassen, die als Ganzes steuerbefreit sind. Soweit sich diese Steuerbefreiung aus § 5 KStG ergibt, sind dies die nach § 5 Abs. 1 Nr. 5, 7, 9, 16, 19, 22 und 23 KStG Befreiten.

Für Betriebe gewerblicher Art ohne eigene Rechtspersönlichkeit wurden Auslegungsfragen zu § 20 Abs. 1 Nr. 10 Buchstabe b Satz 1 EStG in dem BMF-Schreiben vom 11. September 2002 (BStBl I S. 935) geregelt (Rdnr. 15 ff.; die Rdnrn. 23 und 24 wurden durch das BMF-Schreiben vom 8. August 2005 neu gefasst - BStBl I S. 831). Die Grundsätze des BMF-Schreibens vom 11. September 2002 (a.a.O.) und des BMF-Schreibens vom 8. August 2005 (a.a.O.) sind mit Ausnahme der Rdnrn. 20, 30, 31, 34 und 40 und unter Berücksichtigung der nachfolgenden Regelungen auf § 20 Abs. 1 Nr. 10 Buchstabe b Satz 4 EStG entsprechend anzuwenden.

2. Besteuerungsgegenstand

Ausgangsgröße ist der verwendbare Gewinn des wiGB. Dieser ermittelt sich nach den Grundsätzen der Rdnr. 22 des BMF-Schreibens vom 11. September 2002 (a.a.O.). Die Verwendung von Vermögen des wiGB für den steuerbefreiten Bereich der Körperschaft, Personenvereinigung und Vermögensmasse oder für Dritte führt zu Entnahmen aus dem wiGB und geht dadurch in die Ermittlung des verwendbaren Gewinns ein.

3. Mehrere wirtschaftliche Geschäftsbetriebe

Unterhält eine steuerbefreite Körperschaft mehrere wiGB ist für § 20 Abs. 1 Nr. 10 Buchstabe b Satz 4 EStG auf das Gesamtergebnis aller wiGB, deren Gewinn durch Betriebsvermögensvergleich ermittelt wird, abzustellen. Der Gewinn des wiGB wird auch dann durch Betriebsvermögensvergleich ermittelt, wenn die Körperschaft, Personenvereinigung oder Vermögensmasse für ihren steuerpflichtigen und ihren steuerbegünstigten Bereich zusammen einen einheitlichen Betriebsvermögensvergleich erstellt. Die Umsatz- und Gewinngrenzen des § 20 Abs. 1 Nr. 10 Buchstabe b Satz 1 EStG sind auf den jeweiligen wiGB anzuwenden.

Anlage 7

II. Kapitalertragsteuer

§ 6 Abs. 5 Satz 1 EStG ist anzuwenden.

4. Rücklagenbildung

Soweit der im wiGB angefallene Gewinn zulässigerweise den Rücklagen des wiGB zugeführt worden ist, ist § 20 Abs. 1 Nr. 10 Buchstabe b Satz 4 i.V.m. Satz 1 EStG nicht erfüllt.

Die Grundsätze der Rdnr. 23 im BMF-Schreiben vom 11. September 2002 (a.a.O.) i.d.F. des BMF-Schreibens vom 8. August 2005 (a.a.O.) gelten entsprechend.

Hat eine Rücklagenbildung im wiGB im Einzelfall zum Verlust der Steuerbefreiung der Körperschaft, Personenvereinigung oder Vermögensmasse geführt, scheidet die Anwendung des § 20 Abs. 1 Nr. 10 Buchstabe b Satz 4 EStG bereits dem Grunde nach aus. Bei Verlust der Steuerbefreiung fallen Leistungen dieser Körperschaft, Personenvereinigung oder Vermögensmasse unter § 20 Abs. 1 Nr. 1 oder 9 EStG.

5. Beteiligung an einer Mitunternehmerschaft

Die Beteiligung einer steuerbefreiten Körperschaft, Personenvereinigung oder Vermögensmasse an einer Mitunternehmerschaft stellt einen eigenständigen wiGB dar. Der im Rahmen der einheitlichen und gesonderten Feststellung der Einkünfte auf die steuerbefreite Körperschaft, Personenvereinigung oder Vermögensmasse entfallende Gewinnanteil ist Besteuerungstatbestand im Sinne des § 20 Abs. 1 Nr. 10 Buchstabe b Satz 4 i.V.m. Satz 1 EStG, wenn die Mitunternehmerschaft bilanziert oder der Anteil an der Mitunternehmerschaft die Größenmerkmale des § 20 Abs. 1 Nr. 10 Buchstabe b Satz 1 EStG erfüllt. Die Regelung der Nummer 3 Satz 4 gilt entsprechend. Die Grundsätze der Nummer 4 sind auf der Ebene der Mitunternehmerschaft zu prüfen.

6. Erstmalige Anwendung des § 20 Abs. 1 Nr. 10 Buchstabe b Satz 4 EStG und erstmalige Feststellung des steuerlichen Einlagekontos

§ 52 Abs. 37a Satz 2 EStG regelt die erstmalige Anwendung des § 20 Abs. 1 Nr. 10 Buchstabe b Satz 4 EStG in Abhängigkeit mit der körperschaftsteuerlichen Behandlung des wiGB. In Fällen, in denen die Umsatz- und Gewinngrenzen nach Ablauf des VZ 2001 erstmalig überschritten werden oder der wiGB erstmals bilanziert, ist bei der erstmaligen Feststellung des Anfangsbestands des steuerlichen Einlagekontos die Billigkeitsregelung der Rdnr. 13 des BMF-Schreibens vom 11. September 2002 (a.a.O.) entsprechend anzuwenden. Dem Anfangsbestand des steuerlichen Einlagekontos eines derartigen wiGB sind alle bis zum Ablauf des Wirtschaftsjahres, das dem erstmaligen Überschreiten der Umsatz- und Gewinngrenzen bzw. der Bilanzierung vorangeht, vorhandenen Eigenkapitalteile zuzurechnen.

Anlage 7
III.

Auslegungsfragen zu § 20 Abs. 1 Nr. 10 Buchstabe b Satz 4 EStG; Gewinne steuerpflichtiger wirtschaftlicher Geschäftsbetriebe der von der Körperschaftsteuer befreiten Körperschaften, Personenvereinigungen und Vermögensmassen

(BMF-Schreiben vom 2. Februar 2016 - IV C 2 - S 2706a/14/10001 (2016/0089621) - BStBl I S. 200)

Nach dem Ergebnis der Erörterungen mit den obersten Finanzbehörden der Länder gilt für die Anwendung des § 20 Abs. 1 Nr. 10 Buchstabe b Satz 4 EStG bei wirtschaftlichen Geschäftsbetrieben (wiGB) der von der Körperschaftsteuer befreiten Körperschaften, Personenvereinigungen und Vermögensmassen (nachfolgend Körperschaften) Folgendes:

1. Allgemeines

Nach § 20 Abs. 1 Nr. 10 Buchstabe b Satz 4 und 5 EStG in der Fassung des Steuersenkungsgesetzes (StSenkG) vom 23. Oktober 2000 (BStBl I S. 1428) und des Unternehmenssteuerfortentwicklungsgesetzes (UntStFG) vom 20. Dezember 2001 (BStBl 2002 I S. 35) gehören 1

o der nicht den Rücklagen zugeführte durch Betriebsvermögensvergleich ermittelte Gewinn eines von der Steuerbefreiung ausgeschlossenen wiGB ansonsten steuerbefreiter Körperschaften,

o der nicht den Rücklagen zugeführte Gewinn eines von der Steuerbefreiung ausgeschlossenen wiGB ansonsten steuerbefreiter Körperschaften, der die in § 20 Abs. 1 Nr. 10 Buchstabe b Satz 1 EStG genannte Umsatz- oder Gewinngrenze überschreitet,

o die Auflösung von nach § 20 Abs. 1 Nr. 10 Buchstabe b Satz 1 EStG gebildeten Rücklagen eines von der Steuerbefreiung ausgeschlossenen wiGB ansonsten steuerbefreiter Körperschaften zu Zwecken außerhalb eines wiGB und

o die Gewinne i. S. d. § 22 Abs. 4 Nr. 2 UmwStG

zu den Einkünften aus Kapitalvermögen. Diese Gewinne des wiGB unterliegen der Kapitalertragsteuer nach § 20 Abs. 1 Nr. 10 Buchstabe b Satz 4 EStG i. V. m. § 43 Abs. 1 Satz 1 Nr. 7c EStG von 15 % (§ 43a Abs. 1 Satz 1 Nr. 2 EStG). Die Steuerbefreiung auf diese dem Steuerabzug unterliegenden Einkünfte aus Kapitalvermögen ist nach § 5 Abs. 2 Nr. 1 KStG ausgeschlossen. Diese Kapitalertragsteuer hat abgeltende Wirkung (§ 32 Abs. 1 Nr. 1 KStG). Verdeckte Gewinnausschüttungen an die Gesellschafter/Mitglieder zählen nicht zu den Steuertatbeständen des § 20 Abs. 1 Nr. 10 Buchstabe b Satz 4 EStG. Zur Verwendung von Vermögen des wiGB im steuerbefreiten Bereich der Körperschaft vgl. Rdnr. 4. Die Kapitalertragsteuerpflicht tritt neben die Besteuerung des in dem wiGB erzielten Gewinns mit 15 % des zu versteuernden Einkommens der Körperschaft (§ 23 Abs. 1 KStG).

§ 20 Abs. 1 Nr. 10 Buchstabe b Satz 4 EStG erfasst insbesondere die nach § 5 Abs. 1 2 Nr. 5, 7, 10, 12, 14, 16, 19, 21, 22 und 24 KStG befreiten Körperschaften. Umfasst die Steuerpflicht dieser Körperschaften nicht nur einen oder mehrere wiGB, sondern z. B. auch die Vermögensverwaltung, ist § 20 Abs. 1 Nr. 10 Buchstabe b Satz 4 EStG nur für den bzw. die wiGB anzuwenden. Beim Gewinn eines wiGB von nach § 5 Abs. 1 Nr. 9 KStG steuerbefreiten Körperschaften wird nach § 44a Abs. 7 Satz 1 Nr. 1 EStG vom Kapitalertragsteuerabzug Abstand genommen; auf die Vorlage der Bescheinigung nach § 44a Abs. 7 Satz 2 EStG an den Schuldner der Kapitalerträge (den wiGB) kann verzichtet werden.

Anlage 7

III.	Kapitalertragsteuer

3 Für Betriebe gewerblicher Art ohne eigene Rechtspersönlichkeit werden Auslegungsfragen zu § 20 Abs. 1 Nr. 10 Buchstabe b Satz 1 EStG in den Rdnrn. 16 ff. des BMF-Schreibens vom 9. Januar 2015 (BStBl I S. 111) geregelt. Die Grundsätze dieses BMF-Schreibens sind mit Ausnahme der Rdnrn. 23, 28, 32, 34, 36, 37 Satz 3, Rdnrn. 38, 39 Satz 1 und 2, Rdnr. 40 Satz 2 und 3, Rdnrn. 41, 47, 48, 51 bis 53, 55 Satz 5, Rdnrn. 57, 58, 59 Satz 3 und 4, Rdnrn. 61, 63, 67 bis 69 und unter Berücksichtigung der nachfolgenden Regelungen auf § 20 Abs. 1 Nr. 10 Buchstabe b Satz 4 EStG entsprechend anzuwenden. Der wiGB wird regelmäßig mit einem Regiebetrieb im Sinne des BMF-Schreibens vom 9. Januar 2015 (a. a. O.) vergleichbar sein.

2. Laufender Gewinn und Vermögensverwendung

4 Der laufende Gewinn des wiGB ermittelt sich nach den Grundsätzen der Rdnrn. 25 bis 27 des BMF-Schreibens vom 9. Januar 2015 (a. a. O.). Die Verwendung von Vermögen des wiGB für den steuerbefreiten Bereich der Körperschaft oder für Dritte führt zu Entnahmen aus dem wiGB und mindert daher den laufenden Gewinn des wiGB nicht.

Beispiel:
Ein bisher dem wiGB zugeordnetes Wirtschaftsgut wird künftig im steuerbefreiten Bereich der Körperschaft verwandt. Diese geänderte Verwendung ist im Zuge der Gewinnermittlung des wiGB als Entnahme des Wirtschaftsguts zu behandeln.

3. Gewinnermittlung durch Betriebsvermögensvergleich

5 Ist die steuerfreie Körperschaft selbst verpflichtet, ihren Gewinn durch Betriebsvermögensvergleich zu ermitteln, hat dies nicht automatisch zur Folge, dass der Gewinn des wiGB auch durch Betriebsvermögensvergleich zu ermitteln ist (vgl. hierzu auch BMF-Schreiben vom 3. Januar 2013, BStBl I S. 59).

4. Mehrere wirtschaftliche Geschäftsbetriebe

6 Unterhält eine steuerbefreite Körperschaft mehrere wiGB, ist für § 20 Abs. 1 Nr. 10 Buchstabe b Satz 4 EStG auf das Gesamtergebnis aller wiGB abzustellen, deren Gewinn durch Betriebsvermögensvergleich ermittelt wird oder die die Umsatz- oder Gewinngrenze des § 20 Abs. 1 Nr. 10 Buchstabe b EStG überschreiten. Die Umsatz- und Gewinngrenzen des § 20 Abs. 1 Nr. 10 Buchstabe b Satz 1 EStG sind auf den jeweiligen wiGB anzuwenden.

7 § 6 Abs. 5 Satz 1 EStG ist anzuwenden.

5. Rücklagen

8 Werden in einem wiGB zulässigerweise gebildete Rücklagen für Zwecke eines anderen wiGB der Körperschaft verwandt und fallen beide wiGB unter § 20 Abs. 1 Nr. 10 Buchstabe b Satz 4 EStG, führt dies im Hinblick auf die Zusammenfassung der wiGB (vgl. Rdnr. 6 Satz 1) nicht zu Einkünften aus Kapitalvermögen.

Bei einem Verlust der Steuerbefreiung der Körperschaft gelten die zum Schluss des letzten unter die Steuerbefreiung fallenden Wirtschaftsjahrs noch bestehenden Rücklagen, die nach § 20 Abs. 1 Nr. 10 Buchstabe b Satz 1 EStG gebildet worden waren, als aufgelöst und führen, vorbehaltlich einer Verwendung des steuerlichen Einlagekontos, zu Einkünften aus Kapitalvermögen.

9

6. Steuerliches Einlagekonto

Das steuerliche Einlagekonto eines wiGB, der unter § 20 Abs. 1 Nr. 10 Buchstabe b Satz 4 EStG fällt, erhöht sich durch direkte Einlagen der Gesellschafter bzw. Mitglieder der Körperschaft, durch Zuführungen von Vermögensmitteln aus dem steuerfreien Bereich der Körperschaft sowie aus Zuführungen aus wiGB derselben Körperschaft, die nicht unter § 20 Abs. 1 Nr. 10 Buchstabe b Satz 4 EStG fallen. Mittelverwendungen zwischen wiGB, die unter § 20 Abs. 1 Nr. 10 Buchstabe b Satz 4 EStG fallen, haben im Hinblick auf die Zusammenfassung der wiGB (vgl. Rdnr. 6 Satz 1) dagegen keinen Einfluss auf den Bestand des steuerlichen Einlagekontos.

10

7. Beteiligung an einer Personengesellschaft

Die Beteiligung einer steuerbefreiten Körperschaft an einer Personengesellschaft stellt – unter den Voraussetzungen des § 14 AO – einen eigenständigen wiGB dar. Die Ermittlung des Gewinns dieses wiGB richtet sich nach den Grundsätzen der Rdnrn. 30 und 31 des BMF-Schreibens vom 9. Januar 2015 (a. a. O.).

11

8. Erstmalige Anwendung des § 20 Abs. 1 Nr. 10 Buchstabe b Satz 4 EStG und erstmalige Feststellung des steuerlichen Einlagekontos

§ 52 Abs. 37a Satz 2 EStG in der Fassung des StSenkG regelt die erstmalige Anwendung des § 20 Abs. 1 Nr. 10 Buchstabe b Satz 4 EStG in Abhängigkeit mit der körperschaftsteuerlichen Behandlung des wiGB. In Fällen, in denen die Umsatz- oder Gewinngrenze nach Ablauf des VZ 2001 erstmalig überschritten wird oder der wiGB erstmals seinen Gewinn durch Betriebsvermögensvergleich ermittelt, ist bei der erstmaligen Feststellung des Anfangsbestands des steuerlichen Einlagekontos die Billigkeitsregelung der Rdnr. 43 des BMF-Schreibens vom 9. Januar 2015 (a. a. O.) entsprechend anzuwenden. Dem Anfangsbestand des steuerlichen Einlagekontos eines derartigen wiGB sind alle bis zum Ablauf des Wirtschaftsjahres, das dem erstmaligen Überschreiten der Umsatz- oder Gewinngrenze bzw. der Gewinnermittlung durch Betriebsvermögensvergleich vorangeht, vorhandene Eigenkapitalteile zuzurechnen. Entsprechendes gilt für den Fall, dass bereits ein oder ein zusammengefasster wiGB (vgl. Rdnr. 6) unterhalten wird, der unter § 20 Abs. 1 Nr. 10 Buchstabe b Satz 4 EStG fällt, und ein weiterer wiGB erstmals die Tatbestandsvoraussetzungen der Vorschrift erfüllt. Es liegt insoweit jedoch keine Erhöhung des Anfangsbestands des steuerlichen Einlagekontos, sondern ein laufender Zugang zum bestehenden steuerlichen Einlagekonto des wiGB vor.

12

Anlage 7

III. Kapitalertragsteuer

9. Erstmalige Anwendung des Schreibens

13 Dieses Schreiben tritt – soweit sich für Veranlagungszeiträume vor 2015 aus gesetzlichen Vorgaben nichts anderes ergibt – an die Stelle des BMF-Schreibens vom 10. November 2005, BStBl I S. 1029.

Anlage 8
Körperschaftsteuerguthaben

Bilanzielle Behandlung des Körperschaftsteuerguthabens nach der Änderung durch das Gesetz über steuerliche Begleitmaßnahmen zur Einführung der Europäischen Gesellschaft und zur Änderung weiterer steuerrechtlicher Vorschriften (SEStEG); Anwendung des § 37 Abs. 7 KStG

(BMF-Schreiben vom 14. Januar 2008 - IV B 7 - S 2861/07/0001 (2007/0580289) - BStBl I. S. 280)

Es ist gefragt worden, wie das Körperschaftsteuerguthaben nach Änderung des § 37 KStG bilanziell zu behandeln ist.

Unter Bezugnahme auf das Ergebnis der Erörterung mit den obersten Finanzbehörden der Länder gilt dazu Folgendes:

Durch das SEStEG wurde das bisherige ausschüttungsabhängige System der Körperschaftsteuerminderung durch eine ratierliche Auszahlung des zum maßgeblichen Stichtag vorhandenen Körperschaftsteuerguthabens ersetzt. Das Körperschaftsteuerguthaben wird im Regelfall letztmalig auf den 31. Dezember 2006 ermittelt. In einigen Sonderfällen (Umwandlungen, Liquidation) kann der Stichtag auch vor dem 31. Dezember 2006 liegen. Innerhalb des Auszahlungszeitraums von 2008 bis 2017 hat die Körperschaft einen unverzinslichen Anspruch auf Auszahlung des ermittelten Körperschaftsteuerguthabens in zehn gleichen Jahresbeträgen.

Der gesamte Anspruch auf Auszahlung entsteht gem. § 37 Abs. 5 Satz 2 KStG mit Ablauf des 31. Dezember 2006 (Regelfall). Die Entstehung des Anspruchs ist nicht von einer Antragstellung abhängig. Der Auszahlungsanspruch ist entsprechend bei einem mit dem Kalenderjahr übereinstimmenden Wirtschaftsjahr in der Handels- und Steuerbilanz des Anspruchsberechtigten zum 31. Dezember 2006 gewinnerhöhend anzusetzen und mit dem Barwert zu bewerten. Der Barwert ist auf der Grundlage des Marktzinses am Bilanzstichtag zu ermitteln. Als Orientierungshilfe kann z. B. die Verzinsung von Bundesanleihen herangezogen werden.

In Organschaftsfällen ist der Anspruch einer Organgesellschaft auf Auszahlung ihres Körperschaftsteuerguthabens bei der jeweiligen Organgesellschaft zu erfassen. Ein durch die Aktivierung des abgezinsten Anspruchs erhöhtes handelsrechtliches Ergebnis der Organgesellschaft ist im Rahmen des Ergebnisabführungsvertrags ebenso an den Organträger abzuführen wie Erträge aus einer späteren Aufzinsung und der Auszahlung der jährlichen Raten (Differenz zwischen der tatsächlichen Auszahlung und der Verringerung der abgezinsten Forderung).

Die Gewinnerhöhung aus der Aktivierung des Körperschaftsteuerguthabens ist gem. § 37 Abs. 7 KStG bei der Einkommensermittlung zu neutralisieren. Die Vereinnahmung der zehn Jahresraten führt in Höhe des Zinsanteils zu einer Gewinnrealisation, die wie die Aktivierung des Anspruchs bei der Ermittlung des Einkommens zu neutralisieren ist. Gewinnminderungen im Zusammenhang mit dem Körperschaftsteuerguthaben (z. B. Zinsverluste, Abzinsung auf den Barwert, Rückzahlungen oder Verluste bei Übertragung des Anspruchs) wirken sich entsprechend ebenfalls nicht auf die Höhe des Einkommens aus.

§ 37 Abs. 7 KStG gilt nur für Körperschaften, denen gegenüber der Anspruch nach § 37 Abs. 5 Satz 3 KStG festgesetzt wurde. Die Regelung gilt darüber hinaus auch für Gesamtrechtsnachfolger, wenn der übernehmende Rechtsträger den Regelungen des Körperschaftsteuergesetzes unterliegt. Nach Umwandlung auf eine Personengesellschaft ist § 37 Abs. 7 KStG auch insoweit nicht anzuwenden, als an der Personengesellschaft Körperschaften beteiligt sind.

§ 37 Abs. 7 KStG gilt des Weiteren nicht für anderweitig erworbene Auszahlungsansprüche. In diesen Fällen hat der Erwerber den Auszahlungsanspruch mit den Anschaffungskosten zu aktivieren. Die Ratenzahlungen bleiben in Höhe des Tilgungsanteils erfolgsneutral. Der Zinsanteil wirkt sich erhöhend auf den Gewinn aus und darf nicht nach § 37 Abs. 7 KStG bei der Ermittlung des Einkommens neutralisiert werden.

Anlage 9

Limited

Steuerliche Folgen der Löschung einer britischen Limited aus dem britischen Handelsregister;

(BMF-Schreiben vom 6. Januar 2014 - IV C 2 - S 2701/10/10002 - BStBl I S. 111)

Unter Bezugnahme auf das Ergebnis der Erörterungen mit den obersten Finanzbehörden der Länder gilt hinsichtlich der steuerlichen Folgen der Löschung einer britischen Limited aus dem britischen Handelsregister (Companies House) Folgendes:

I. Beteiligtenfähigkeit

1 Das Gesellschaftsstatut einer wirksam nach dem Recht des Vereinigten Königreichs gegründeten Limited beurteilt sich grundsätzlich nach britischem Recht. Dies gilt selbst dann, wenn sich der tatsächliche Verwaltungssitz einer Limited im Inland befindet. Insoweit kommt es aufgrund der EuGH-Urteile vom 9. März 1999, Rs. C-212/97 (Centros), Slg. 1999, I-1459; vom 5. November 2002, Rs. C-208/00 (Überseering), Slg. 2002., I-9919, sowie vom 30. September 2003, Rs. C-167/01 (Inspire Art), Slg. 2003, I-10155, zu Artikel 49 AEUV (ex-Artikel 43 EG) i. V. m. Artikel 54 AEUV (ex-Artikel 48 EG) zu keiner Statutenverdoppelung.

2 Die Löschung einer britischen Limited aus dem britischen Handelsregister hat nach britischem Gesellschaftsrecht konstitutive Wirkung. Mit der Registerlöschung endet somit die rechtliche Existenz der Limited und noch vorhandenes Vermögen fällt an die britische Krone (Section 1012 Companies Act 2006 bzw. eine dieser Regelung entsprechende vorhergehende Bestimmung). Verbindlichkeiten der Gesellschaft, ausgenommen dinglich besicherte Verbindlichkeiten, erlöschen. Im Fall einer sog. „restoration" („Wiederherstellung"), die u. a. von den directors oder Gesellschaftern (sog. „administrative restoration", Section 1024 Companies Act 2006) oder z. B. den Gläubigern (sog. „restoration by court order", Section 1029 Companies Act 2006) beantragt werden kann, wird die Gesellschaft so behandelt, als wäre die Auflösung und Löschung aus dem Register nie erfolgt (Section 1028 und 1032 Companies Act 2006). Dagegen führt die (Neu-)Eintragung einer Gesellschaft unter derselben Firma anders als die „restoration" nicht dazu, dass die gelöschte Limited wieder auflebt. Es handelt sich vielmehr um eine eigenständige Gesellschaft mit eigener Companies House Registration Number (CRN). Eine im deutschen Handelsregister eingetragene Zweigniederlassung ist nach § 395 Absatz 1 des Gesetzes über das Verfahren in Familiensachen und in den Angelegenheiten der freiwilligen Gerichtsbarkeit (FamFG) mangels eigener Rechtspersönlichkeit immer dann zu löschen, wenn die Hauptniederlassung im ausländischen Heimatregister gelöscht worden ist. Eine im deutschen Handelsregister fortbestehende Eintragung einer Zweigniederlassung hat keinen Einfluss auf das Bestehen der Gesellschaft.

3 Die Anerkennung des Vermögensanfalls nach Section 1012 Companies Act 2006 an die britische Krone ist auf Vermögensgegenstände begrenzt, die sich im Hoheitsgebiet des Vereinigten Königreichs befinden. Für außerhalb des Hoheitsgebiets des Vereinigten Königreichs belegene Vermögensgegenstände der aus dem britischen Handelsregister gelöschten Gesellschaft unterliegt die Anerkennung des Heimfallrechts an die britische Krone den allgemeinen Grundsätzen der internationalprivatrechtlichen Behandlung ausländischer Enteignungen. Die Beurteilung der Belegenheit des Vermögens erfolgt dabei nach den Grundsätzen des sog. Territorialitätsprinzips als Sondernorm des internationalen Privatrechts und nicht nach den Regeln des internationalen Sachenrechts oder des internationalen Schuldrechts.

4 Verfügt die gelöschte Limited über inländisches Vermögen (dazu gehören insbesondere auch Steuererstattungsansprüche), ist sie - bis zu ihrer vollständigen Abwicklung - mangels besonderer bilateraler Vereinbarungen mit dem Vereinigten Königreich diesbezüglich als fortbestehend anzusehen (sog. Restgesellschaft). Verbindlichkeiten der Gesellschaft -

insbesondere aus Steuern - erlöschen nicht. Setzen die bisherigen Gesellschafter der gelöschten Limited deren werbende Geschäftstätigkeit in Deutschland fort, ist ihr Zusammenschluss nach deutschem Recht als offene Handelsgesellschaft (im Falle der Ausübung eines Handelsgewerbes) oder als Gesellschaft bürgerlichen Rechts anzusehen; erfolgt die Fortführung nur durch einen Gesellschafter, kommt auch ein Einzelkaufmann in Betracht. Die über inländisches Vermögen verfügende „Restgesellschaft" besteht daneben bis zum Abschluss der Liquidation fort. Dies gilt auch dann, wenn der oder die bisherigen Gesellschafter im Rahmen der Fortsetzung der werbenden Geschäftstätigkeit die Firma der gelöschten Limited weiter verwenden.

Infolge der selbstbeschränkenden Wirkung des Heimfallrechts auf innerhalb des Hoheitsgebiets des Vereinigten Königreichs belegene Vermögensgegenstände wird durch die Fiktion der Restgesellschaft Artikel 49 AEUV (ex-Artikel 43 EG) i. V. m. Artikel 54 AEUV (ex-Artikel 48 EG) nicht berührt.

II. Geschäftsführungs- und Vertretungsbefugnis der Restgesellschaft

Die Vertretung der Restgesellschaft richtet sich grundsätzlich nach britischem Gesellschafts-recht, so dass grundsätzlich die bisherigen Vertretungsorgane die Restgesellschaft vertreten, solange kein Nachtragsliquidator oder ein anderer Vertreter bestellt ist. Abweichend davon ist in den Fällen, in denen eine Fortführung der Vertretung durch die bisherigen Organe nicht sachgerecht ist, analog § 66 Absatz 5 GmbHG ein Liquidator zu bestellen. War für die Löschung im britischen Handelsregister ein Fehlverhalten der bisherigen Organe ursächlich (z. B. bei Verletzung der Publizitätspflichten), spricht dies mangels schutzwürdiger Interessen jedenfalls dann nicht gegen eine Fortführung der Vertretung durch diese, wenn zwischen den Gesellschaftern und den bisherigen Organen Personenidentität besteht und das Finanzamt als Steuergläubiger auf die Bestellung eines anderen Liquidators verzichtet.

Für den Fall, dass vor der Löschung ein Bevollmächtigter bestellt wurde, gilt AEAO zu § 122 Nummer 2.8.3.2 für die Restgesellschaft entsprechend.

III. Steuerliche Behandlung

Eine Limited mit statutarischem Sitz im Vereinigten Königreich und Ort der Geschäftsleitung im Inland unterliegt mit ihren sämtlichen Einkünften der unbeschränkten Steuerpflicht nach § 1 Absatz 1 Nummer 1 KStG. Befindet sich der Ort der Geschäftsleitung nicht im Inland, unterliegt die Limited mit ihren inländischen Einkünften i. S. d. § 49 EStG der beschränkten Steuerpflicht nach § 2 Nummer 1 KStG. Gleiches gilt für eine gelöschte Limited, die infolge des Vorhandenseins von inländischem Vermögen als fortbestehend anzusehen ist (Tz. 04). Diese Restgesellschaft ist mit dem bisherigen Körperschaftsteuersubjekt identisch. Die Körperschaftsteuerpflicht besteht solange fort, wie sie noch steuerliche Pflichten zu erfüllen hat. Entsprechendes gilt auch für die Gewerbe- und Umsatzsteuer.

Der Sinn und Zweck der Fiktion einer Restgesellschaft ist auf die Abwicklung und Verteilung des inländischen Vermögens gerichtet; d. h. die Restgesellschaft ist keine werbende Gesellschaft. Für die Besteuerung im Abwicklungszeitraum gelten § 11 KStG und § 16 GewStDV. Der Abwicklungszeitraum beginnt mit der Löschung im britischen Handelsregister.

Setzen der oder die Gesellschafter der gelöschten Limited eine werbende Tätigkeit fort, begründen sie einen neuen Unternehmenszweck. Die Besteuerung dieser Tätigkeit hat bei einer gewerblichen Tätigkeit nach allgemeinen Grundsätzen als Einzelunternehmer oder als Mitunternehmer einer Personengesellschaft zu erfolgen. Die Restgesellschaft bleibt

Anlage 9

Limited

daneben grundsätzlich als Steuersubjekt bestehen, solange sie über Vermögen verfügt und steuerliche Pflichten zu erfüllen hat.

11 Wird Vermögen der Restgesellschaft im Rahmen der weitergeführten Tätigkeit durch den oder die fortsetzungswilligen Gesellschafter genutzt (z. B. Geschäftswert, Kundenstamm, Maschinen oder sonstige Wirtschaftsgüter), ist regelmäßig von einer unentgeltlichen Sachauskehrung (Eigentumsübertragung) auszugehen. Abweichend davon kann, sofern Anhalts-punkte dafür vorliegen, dass die Restgesellschaft ihre Eigentumsansprüche kennt und diese auch tatsächlich geltend macht, auch eine unentgeltliche Nutzungsüberlassung anzunehmen sein. In beiden Fällen sind die Voraussetzungen einer verdeckten Gewinnausschüttung i. S. d. § 8 Absatz 3 Satz 2 KStG zu prüfen.

12 Im Fall der „restoration" wird die betreffende Limited nach britischem Recht so behandelt, als wäre die Löschung nie erfolgt (vgl. Tz. 02). Dementsprechend lebt auch eine ggf. zuvor beendete Steuerpflicht rückwirkend wieder auf (§ 175 Absatz 1 Satz 1 Nummer 2 AO). Die Besteuerung nach Tz. 10 und 11 bleibt davon unberührt. Insbesondere bleiben gegen die handelnden Personen ergangene Steuerbescheide wirksam.

Anlage 10
Limited Liability Company (USA)

Steuerliche Einordnung der nach dem Recht der Bundesstaaten der USA gegründeten Limited Liability Company
(BMF-Schreiben vom 19. März 2004 - IV B 4 - S 1301 USA - 22/04 - BStBl I S. 411)
Für die Frage, ob die Limited Liability Company (LLC) US-amerikanischen Rechts für Zwecke der deutschen Besteuerung als Körperschaft oder als Personengesellschaft einzuordnen ist, gilt im Einvernehmen mit den obersten Finanzbehörden der Länder Folgendes:

I. Vorbemerkung
In den USA wird die Rechtsform der Limited Liability Company (wörtlich: Gesellschaft mit beschränkter Haftung) in erheblichem Umfang genutzt. Grund ihrer Beliebtheit sind in erster Linie die zivilrechtliche Flexibilität in der gesellschaftsvertraglichen Gestaltung und die beschränkte Haftung der Gesellschafter. Als Vorteil wird es auch gewertet, dass die LLC für Besteuerungszwecke regelmäßig als Personengesellschaft behandelt werden kann. Dadurch lässt sich die, dem klassischen Körperschaftsteuersystem der USA innewohnende, wirtschaftliche Doppelbelastung ausgeschütteter Gewinne vermeiden; außerdem können Verluste der Gesellschaft durch die Gesellschafter verwertet werden. Die LLC wird von kleinen und mittleren Unternehmen, aber auch bei der Gestaltung von Konzernstrukturen eingesetzt. Tätigkeiten in bestimmten Geschäftszweigen - z.B. das Bank- und Versicherungsgeschäft - dürfen nicht in der Rechtsform der LLC ausgeübt werden.

II. Die LLC im Gesellschaftsrecht der USA
1. Allgemeines
Der rechtliche Aufbau der LLC bestimmt sich nach dem Gesellschaftsrecht des US-Bundesstaates, in dem die Gesellschaft gegründet wurde. Alle 50 Bundesstaaten und der District of Columbia verfügen über LLC-Gesetze. Diese folgen sämtlich den beiden veröffentlichten Mustergesetzen (*Uniform Limited Liability Company Act* - ULLCA und *ABA Prototype LLC ACT*). Sie sind daher in weiten Bereichen, jedoch nicht vollständig, vereinheitlicht. Die LLC-Gesetze der Einzelstaaten sind entsprechend den Vorschlägen der Modellgesetze in großen Teilen dispositives Recht. Ihre Vorschriften können daher regelmäßig gesellschaftsvertraglich abbedungen werden. Es bestehen somit vielfältige Möglichkeiten der Ausgestaltung einer LLC. Infolge dessen ist es weder möglich, ein gesetzliches Leitbild der LLC aus den bundesstaatlichen Regelungen abzuleiten, noch finden sich in der Praxis vorherrschende typische Vertragsgestaltungen einer LLC.

2. Rechtlicher Status und Gründung
Die LLC ist stets mit eigener Rechtspersönlichkeit ausgestattet, obwohl sie keine Körperschaft *(corporation)* ist. Sie entsteht nicht allein durch Vertrag, sondern bedarf zusätzlich der Registrierung durch die Behörden des Gründungsstaates. Sie muss dazu eine Satzung einreichen *(articles of organization)*, die namentlich Angaben u.a. über die Firma, Zeitdauer, den Gesellschafts- und Geschäftszweck zu enthalten hat. Die Gründung einer LLC muss i.d.R. durch mindestens zwei Gesellschafter erfolgen. Dagegen wird vielfach der Betrieb der LLC nach der Gründung durch nur einen Gesellschafter gestattet. Die Rechte und Pflichten der Gesellschafter im Innenverhältnis (z.B. zur Geschäftsführung- und Vertretung, Gewinnverteilung) werden im Gesellschaftsvertrag *(operating agreement)* geregelt. Der Gesellschaftsvertrag kann formfrei vereinbart werden und ist nicht öffentlich zugänglich.

Anlage 10

Limited Liability Company (USA)

3. Geschäftsführung und Vertretung

Die Befugnis zur Führung der Geschäfte der LLC liegt grundsätzlich bei allen Gesellschaftern. Abweichend hiervon kann aber vereinbart werden, dass die Geschäftsführungsbefugnisse einigen Gesellschaftern oder nur einem von ihnen zusteht oder auf ein gesellschaftsfremdes Management *(Board of Managers)* übertragen wird. Von der Geschäftsführungsbefugnis im Verhältnis der Gesellschafter zueinander, ist die Vertretungsbefugnis im Außenverhältnis zu trennen. Sie wird meist übereinstimmend mit der Geschäftsführungsbefugnis geregelt. Führt ein fremdes Management die Geschäfte, haben die Manager Alleinvertretungsmacht, es sei denn sie ist im Gesellschaftsvertrag den Gesellschaftern vorbehalten.

4. Einlagen, Kapitalaufbringung und Gewinnverteilung

Einlagen der Gesellschafter können als Geld- oder Sacheinlagen, aber auch in Form von Dienstleistungen (z.T. auch künftigen Diensten) erbracht werden. Ein Mindestkapital wird nicht gefordert. Auf die Verpflichtung zur Leistung von Einlagen kann u.U. durch Beschluss der Gesellschafter verzichtet werden.

Die Gewinn- und Verlustverteilung wird i.d.R. im Gesellschaftsvertrag geregelt. Bei Fehlen besonderer Vereinbarungen bestimmt sie sich i.d.R. nach der Höhe der Einlagen. Gesellschaftsrechtlich ist aber jede beliebige andere Aufteilung zulässig.

5. Haftung

Es besteht grundsätzlich keine Haftungspflicht der Gesellschafter gegenüber Dritten; regelmäßig besteht auch keine Nachschusspflicht. Eine Haftung gegenüber Dritten kommt nur in Betracht aufgrund besonderer Vereinbarung (z.B. Bürgschaft) und u.U. in Fällen des Missbrauchs der Haftungsbegrenzung.

6. Auflösung und Beendigung der LLC

Die bundesstaatlichen Gesetze beinhalten regelmäßig keine Befristung der Lebensdauer der LLC. Diese kann aber vertraglich vereinbart werden. Sind im Gesellschaftsvertrag keine abweichenden Abreden getroffen worden, wird die LLC durch Einigung aller Gesellschafter sowie bei Ausscheiden eines Gesellschafters durch Tod, Austritt, Ausschluss oder Konkurs aufgelöst, wenn nicht die anderen Gesellschafter die Fortsetzung der Gesellschaft beschließen. Die Fortsetzung kann von vornherein im Gesellschaftsvertrag festgelegt sein.

7. Übertragbarkeit der Anteile

Hinsichtlich der Rechte aus einem Gesellschaftsanteil wird unterschieden zwischen dem Vermögensrecht (Recht auf Gewinnanteil, auf Ausschüttungen und Rückzahlung der Einlage) und dem Mitgliedschaftsrecht (Recht zur Führung und Kontrolle der Gesellschaft). Ein Gesellschafter kann die Vermögensrechte ohne Beschränkungen auf Dritte übertragen. Dagegen bedarf die Übertragung der Mitgliedschaftsrechte grundsätzlich der Zustimmung der anderen Gesellschafter. Erst mit diesen Rechten erlangt der Dritte die volle Rechtsstellung als Gesellschafter. Auf das Zustimmungserfordernis kann aber im Gesellschaftsvertrag verzichtet werden.

III. Die Behandlung der LLC im Steuerrecht der USA

Seit 1997 können die Gesellschafter der LLC wählen, ob die Gesellschaft für Zwecke der US-Besteuerung als Personengesellschaft oder als Körperschaft behandelt werden soll. An die einmal getroffene Wahl sind die Gesellschafter für einen Zeitraum von fünf Jahren gebunden. Wird nicht ausdrücklich für die Einordnung als Körperschaft optiert, gilt die LLC steuerlich als Personengesellschaft. Hat die Gesellschaft nur einen Gesellschafter, wird sie als Einzelunternehmen des Inhabers und, wenn dieser ein Steuerausländer ist, als dessen unselbständige Niederlassung (*Branch*) behandelt. Die Wahlmöglichkeit enthebt die Gesellschafter des nach den früheren steuerlichen Einordnungsregeln bestehenden Zwanges, zur Erreichung einer Besteuerung als Personengesellschaft gesellschaftsvertragliche Vereinbarungen so zu treffen, dass sie zur steuerlichen Einordnung als Personengesellschaft führen.

IV. Einordnung der LLC für Zwecke der deutschen Besteuerung
Allgemeine Grundsätze

Eine LLC kann für deutsche Besteuerungszwecke als eigenständiges Steuersubjekt (körperschaftsteuerpflichtiges Gebilde) oder als Personengesellschaft und ggf. als unselbständige Niederlassung (Betriebsstätte) des einzigen Gesellschafters der LLC einzuordnen sein. Die Einordnung hat insbesondere Bedeutung für die Besteuerung der Gewinnanteile, Gewinnausschüttungen und Vorabvergütungen eines im Inland unbeschränkt steuerpflichtigen Gesellschafters und für die Frage der Abkommensberechtigung einer LLC, die inländische Einkünfte im Sinne des § 49 EStG bezieht.

Die Einordnung der LLC für Zwecke der deutschen Besteuerung einschließlich der Anwendung des deutsch-amerikanischen Doppelbesteuerungsabkommens (DBA) richtet sich ausschließlich nach innerstaatlichem deutschem Steuerrecht. Das Abkommen bestimmt nicht, dass über die Einordnung eines Rechtsgebildes das Recht des Sitzstaates entscheidet. Jeder Vertragsstaat nimmt vielmehr die Einordnung bei der Anwendung des Abkommens nach seinem eigenen Recht vor. Deshalb ist die Einordnung der LLC nach dem Steuerrecht der USA und ihrer Bundesstaaten unbeachtlich. Es ist mithin auch ohne Bedeutung, in welchem Sinne die Gesellschafter einer LLC ihr Wahlrecht für die steuerliche Behandlung der LLC in den USA ausgeübt haben.

Für die Einordnung der LLC sind die von der Rechtsprechung des RFH und des BFH entwickelten Grundsätze eines zweistufigen Rechtstypenvergleichs anzuwenden. Diese Grundsätze stellen darauf ab, ob ein nach ausländischem Recht errichtetes Gebilde einer inländischen Körperschaft im Sinne des § 1 Abs. 1 Nr. 1 KStG oder einer sonstigen juristischen Person im Sinne des § 1 Abs. 1 Nr. 4 KStG gleicht (RFH vom 12. Februar 1930, RStBl S. 444; BFH vom 17. Juli 1968, BStBl II S. 695; vom 3. Februar 1988, BStBl II S. 588; vom 23. Juni 1992, BStBl II S. 972; vom 16. Dezember 1992, BStBl 1993 II S. 399). Ein ausländisches Gebilde ist hiernach als Körperschaft einzuordnen, wenn sich bei einer Gesamtbetrachtung der einschlägigen ausländischen Bestimmungen und der getroffenen Vereinbarung über die Organisation und die Struktur des Gebildes ergibt, dass dieses rechtlich und wirtschaftlich einer inländischen Körperschaft oder sonstigen juristischen Person gleicht. Für den Vergleich sind alle Elemente heranzuziehen, die nach deutschem Recht die wesentlichen Strukturmerkmale einer Körperschaft ausmachen. Die neuere zivilrechtliche Rechtsprechung (BGH-Urteil vom 29. Januar 2003, VIII ZR 155/02, DB 2003 S. 818) nach der aufgrund des Freundschafts-, Handels- und Schifffahrtsvertrages zwischen der Bundesrepublik Deutschland und den Vereinigten Staaten von Amerika vom 29. Oktober 1954 (BGBl. 1956 II S. 487) eine US-corporation entsprechend der Gründungstheorie als solche anzuerkennen ist, berührt das Erfordernis der Einordnung nach dem Typenvergleich nicht.

Anlage 10

Limited Liability Company (USA)

Aus der Rechtsprechung zum Rechtstypenvergleich lassen sich folgende, für den Vergleich maßgebende Kriterien ableiten:

1. Zentralisierte Geschäftsführung und Vertretung

Als körperschaftliches Merkmal gilt die Zentralisierung von Geschäftsführung und Vertretung. Sie liegt dann vor, wenn eine Person oder mehrere Personen - jedoch nicht alle Gesellschafter - auf Dauer ausschließlich befugt sind, die zur Durchführung des Gesellschaftszwecks erforderlichen Entscheidungen ohne Zustimmung aller - ggf. der übrigen - Gesellschafter zu treffen.

Dies ist der Fall, wenn Geschäftsführung und Außenvertretung der Gesellschaft von fremden Dritten oder durch ein eigenständiges Gremium (Board of Managers) wahrgenommen werden, dem neben Gesellschaftern auch Nichtgesellschafter angehören können (Fremdorganschaft, vgl. z.B. §§ 76-78 AktG, §§ 6, 35 GmbHG).

Führen die Gesellschafter die Geschäfte der Gesellschaft dagegen selbst und sind sie allein vertretungsberechtigt (Eigengeschäftsführung und -vertretung, vgl. z.B. §§ 114, 125 HGB), liegt eine Zentralisierung nicht vor. Sie fehlt in jedem Fall dann, wenn die Geschäftsführung und die Vertretung von sämtlichen Gesellschaftern wahrgenommen werden. Ist ein Teil der Gesellschafter von der Geschäftsführung ausgeschlossen, steht dies der Annahme einer dezentralisierten Eigengeschäftsführung nicht entgegen, wenn die Gesellschaft - ähnlich wie bei einer deutschen KG - von den geschäftsführenden Gesellschaftern nur in deren Eigenschaft als Gesellschafter und nicht durch ernannte oder gewählte Geschäftsführer geleitet wird. Eine zentralisierte Geschäftsführung kann auch vorliegen, wenn die ernannten und gewählten Geschäftsführer nach der Satzung aus dem Gesellschafterbestand stammen müssen. Das gilt nicht, wenn nur ohnehin gesetzlich zur Geschäftsführung berufene Gesellschafter ernannt oder gewählt werden dürfen. Sind an der Gesellschaft ein oder mehrere zur Geschäftsführung (und Vertretung) berufene Gesellschafter in der Rechtsform einer Körperschaft beteiligt und können deren Geschäftsleitungsorganen (z.B. Board of Directors) auch Gesellschaftsfremde angehören, ist von einer zentralisierten Geschäftsführung auszugehen.

2. Beschränkte Haftung

Die für eine Körperschaft typische Haftungsbeschränkung ist gegeben, wenn keiner der Gesellschafter für die Schulden der Gesellschaft oder Ansprüche gegen diese persönlich mit seinem Vermögen haftet.

3. Freie Übertragbarkeit der Anteile

Die ungehinderte Übertragbarkeit der Anteile an der Gesellschaft auf Nichtgesellschafter (vgl. z.B. § 15 GmbHG, § 68 AktG) bildet eine wesentliche Eigenschaft der Körperschaft. Demgegenüber ist die Übertragbarkeit von Anteilen an Personengesellschaften regelmäßig ausgeschlossen oder doch nur eingeschränkt bzw. nur mit Zustimmung der Gesellschafter möglich. Die freie Übertragbarkeit der Anteile ist gegeben, wenn nach den maßgebenden gesetzlichen Bestimmungen oder aufgrund des Gesellschaftsvertrages die Vermögens- und Mitgliedschaftsrechte aus der Beteiligung ohne Zustimmung der anderen Gesellschafter auf Dritte übertragen werden können, so dass der Erwerber in vollem Umfang in die Gesellschafterstellung des Veräußerers eintritt. Die freie Übertragbarkeit liegt dagegen nicht vor, wenn zur Übertragung der Anteile die Zustimmung aller oder bestimmter Gesellschafter erforderlich ist.

Anlage 10

Limited Liability Company (USA)

4. Gewinnzuteilung

Bei einer Körperschaft hängt die Zuteilung eines Gewinnanteils an den Gesellschafter von einem jährlich zu fassenden Beschluss der Gesellschafterversammlung ab. Bei Personengesellschaften bedarf es grundsätzlich keines Ausschüttungsbeschlusses, damit der Gesellschafter über seinen Gewinnanteil verfügen kann.

5. Kapitalaufbringung

Bei einer Körperschaft sind die Gesellschafter verpflichtet, das Gesellschaftskapital durch Einlage aufzubringen. Dagegen wird bei einer Personengesellschaft die Bereitstellung von Eigenkapital nicht gesetzlich gefordert. Wird im Gesellschaftsvertrag auf Einlagen verzichtet oder dürfen danach diese in Form von Dienstleistungen erbracht werden, ist dies ein Merkmal, das für eine Personengesellschaft spricht.

6. Unbegrenzte Lebensdauer der Gesellschaft

Ein Wesensmerkmal der Körperschaft ist die grundsätzlich unbegrenzte - d.h. vom Gesellschafterbestand unabhängige - Lebensdauer der Gesellschaft. Seit dem In-Kraft-Treten des Handelsrechtsreformgesetzes vom 22. Juni 1998 (BGBl. I S. 1474) führen auch bei einer Personenhandelsgesellschaft der Tod, die Kündigung oder die Insolvenz eines Gesellschafters nicht mehr zur Auflösung der Gesellschaft, sondern zum Ausscheiden des betreffenden Gesellschafters aus der Gesellschaft (vgl. § 131 HGB). Dieses Kriterium lässt sich deshalb zur Einordnung nur noch begrenzt verwenden, nämlich dann, wenn die Lebensdauer nach ausländischem Recht oder nach dem Gesellschaftsvertrag begrenzt ist oder es sich bei der Gesellschaft nicht um eine Personenhandelsgesellschaft handelt. Von der unbegrenzten Lebensdauer der Gesellschaft ist dann auszugehen, wenn das ausländische Gesellschaftsrecht zwar die Auflösung der Gesellschaft aus den genannten oder vergleichbaren Gründen bestimmt, die Gesellschafter aber trotz Vorliegens eines Auflösungsgrundes die Fortsetzung der Gesellschaft vereinbaren können und diese Fortsetzung im Gesellschaftsvertrag von vornherein ohne weitere Bedingungen festgelegt wird. Die Annahme einer begrenzten Lebensdauer setzt voraus, dass die Gesellschaft bei Eintritt bestimmter Ereignisse ohne weiteres Zutun der Gesellschafter aufgelöst wird. Sie ist deshalb anzunehmen, wenn bei Vorliegen eines Auflösungsgrundes die Fortführung der Gesellschaft mit den übrigen Gesellschaftern von einem gesondert zu fassenden Gesellschafterbeschluss abhängt. Für die Annahme einer begrenzten Lebensdauer reicht es aus, wenn das ausländische Recht oder der Gesellschaftsvertrag nur ein Ereignis als Auflösungsgrund benennt. Ist der Eintritt eines solchen Ereignisses jedoch realistischerweise nicht zu erwarten, ist es nicht als Auflösungsgrund anzuerkennen.

7. Gewinnverteilung

Der Gewinnanteil des Gesellschafters bemisst sich bei einer Körperschaft i.d.R. nach dem Verhältnis der Aktiennennbeträge (vgl. bei der AG § 60 Abs. 1 AktG) bzw. nach den Geschäftsanteilen (vgl. bei der GmbH § 29 Abs. 3 GmbHG). Im Fall von Personengesellschaften erfolgt die Verteilung i.d.R. nach Maßgabe der Einlagen und im Übrigen nach Köpfen (§§ 121, 168 HGB). Die Verteilbarkeit eines Teils des Gewinns unabhängig von der Einlage berücksichtigt den persönlichen Einsatz des Gesellschafters in einer Personengesellschaft, während bei dem Gesellschafter einer Körperschaft die Stellung als Kapitalgeber im Vordergrund steht.

Anlage 10
Limited Liability Company (USA)

8. Formale Gründungsvoraussetzungen

Die Entstehung der AG, KGaA und der GmbH setzt deren Eintragung in das Handelsregister voraus. Die Eintragung erfolgt erst nach einer Prüfung der Ordnungsmäßigkeit der Errichtung und Anmeldung. Zur Errichtung einer Kapitalgesellschaft muss somit der Gesellschaftsvertrag zu seiner Durchführbarkeit durch eine „öffentliche Instanz" bestätigt werden (vgl. BFH vom 23. Juni 1992, BStBl II S. 972). Der Abschluss eines Gesellschaftsvertrages allein genügt also nicht. Personenhandelsgesellschaften entstehen dagegen bereits durch den Gesellschaftsvertrag. Die Eintragung im Handelsregister hat nur Bedeutung für die Wirksamkeit gegenüber Dritten.

9. Sonstige Kriterien

Neben den genannten Merkmalen kommt der vorhandenen oder fehlenden Rechtsfähigkeit des ausländischen Gebildes im Ausland für die Einordnung keine entscheidende Bedeutung zu (RFH vom 12. Februar 1930, RStBl S. 444; BFH vom 3. Februar 1988, BStBl II S. 588). Ebenso eignet sich die Anzahl der Gesellschafter nicht als Merkmal für die Unterscheidung zwischen Körperschaft und Personengesellschaft (BFH vom 25. Juni 1984, BStBl II S. 751).

V. Einordnung der LLC im Einzelfall

Im Hinblick auf die weitreichenden Wahlmöglichkeiten für die Ausgestaltung einer LLC nach dem Recht der US-Bundesstaaten ist keine generelle Aussage über ihre Einordnung für deutsche Besteuerungszwecke möglich. Der Beurteilung ist deshalb die konkrete Gestaltung nach den Gesetzesbestimmungen und den Vereinbarungen im Gesellschaftsvertrag im Einzelfall zugrunde zu legen.

Da für die Einordnung entscheidend ist, ob die bei einer LLC vorhandenen Merkmale in ihrem Gesamtbild eher für eine Körperschaft oder für eine Personengesellschaft typisch sind, müssen bei der Beurteilung die Einzelmerkmale gewichtet werden. Dabei kann keinem der Merkmale eine allein ausschlaggebende Bedeutung zukommen. Deshalb können z.B. die beschränkte Haftung oder eine unbegrenzte Lebensdauer der LLC als körperschaftliche Merkmale für sich allein nicht zur Einstufung der LLC als Körperschaft führen. Führt die Prüfung im Einzelfall zu keinem eindeutigen Gesamtbild, ist die Gesellschaft als Körperschaft einzustufen, wenn bei ihr die Mehrzahl der unter IV. 1. bis 5. genannten Kriterien, die für eine Körperschaft sprechen, vorhanden ist. Das unter IV. 6. genannte Kriterium (unbegrenzte Lebensdauer) ist nur unter den dort genannten Voraussetzungen einzubeziehen.

VI. Hinweise zu den Rechtsfolgen der Einordnung einer LLC

Aus der Einordnung der LLC sind alle steuerlichen Folgerungen zu ziehen. Dabei ist insbesondere zu beachten:

1. **Deutsches Steuerrecht**

a) Wird die LLC als Körperschaft eingeordnet, sind die Einkünfte der Gesellschaft zuzurechnen. Ihre inländischen Gesellschafter unterliegen nur mit den Gewinnausschüttungen in Form von Dividenden im Sinne des § 20 Abs. 1 Nr. 1 EStG der deutschen Besteuerung. Ggf. sind § 3 Nr. 40 EStG und § 8b KStG anzuwenden. Die Gewinnausschüttungen unterliegen in den USA dem Quellensteuerabzug, wenn die LLC dort als Körperschaft behandelt wird.

b) Wird die LLC als Personengesellschaft eingeordnet, ist der für die LLC ermittelte Gewinn den Gesellschaftern zuzurechnen und in deren persönlicher Einkommensteuerveranlagung etwa als Einkünfte aus Gewerbebetrieb (§ 15 EStG) oder aus selbständiger Arbeit (§ 18 EStG) zu erfassen. Die „Gewinnausschüttungen" sind dann lediglich steuerlich irrelevante Entnahmen.

2. Abkommensrecht [1]

a) Beziehen im Inland ansässige Gesellschafter Einkünfte von der LLC, richtet sich die deutsche Besteuerungsbefugnis nach Artikel 23 Abs. 2 DBA. Ist die LLC sowohl aus der Sicht des deutschen als auch des US-Steuerrechts als Körperschaft einzuordnen, beziehen die Gesellschafter Dividenden im Sinne der Artikel 10 und 23 Abs. 2 DBA. Sie sind unter den Voraussetzungen des Artikels 23 Abs. 2 Buchstabe a DBA von der Bemessungsgrundlage auszunehmen; § 8b Abs. 1 und 5 KStG bleibt unberührt. Liegen die Voraussetzungen des Artikels 23 Abs. 2 Buchstabe a DBA nicht vor und ist auch § 8b Abs. 1 KStG nicht anzuwenden, ist auf die deutsche Steuer, die auf die Dividenden entfällt, eine von den USA erhobene Quellensteuer nach Artikel 23 Abs. 2 Buchstabe b, aa DBA anzurechnen. Ist die LLC dagegen als Personengesellschaft (Mitunternehmerschaft) zu behandeln, die in den USA über eine Betriebsstätte verfügt, sind die auf die im Inland ansässigen Gesellschafter entfallenden Gewinne, die der Betriebsstätte zuzurechnen sind, nach Artikel 23 Abs. 2 Buchstabe a DBA von der Bemessungsgrundlage, ggf. unter Progressionsvorbehalt, auszunehmen.

b) Bezieht eine LLC inländische Einkünfte, ist zu prüfen, ob und in welchem Umfang sie in Deutschland Abkommensvorteile beanspruchen kann. Die Abkommensberechtigung setzt voraus, dass die LLC eine in den USA ansässige Person ist. Dies ist unabhängig von der Wertung nach deutschem Steuerrecht nicht der Fall, wenn die USA sie als Personengesellschaft einordnen. In diesem Fall ist vielmehr auf die Ansässigkeit und die Abkommensberechtigung der Gesellschafter abzustellen (Artikel 4 Abs. 1 Buchstabe b DBA). Ebenso kommt es auf die Abkommensberechtigung der Gesellschafter an, wenn die USA die LLC als Körperschaft behandeln, sie aber nach deutschem Steuerrecht als Personengesellschaft einzuordnen ist.

3. Unterschiedliche Einordnung der LLC in Deutschland und in den USA

Die Einordnung einer LLC für deutsche und amerikanische Besteuerungszwecke kann, insbesondere wegen des in den USA bestehenden Wahlrechts, unterschiedlich ausfallen. Die unterschiedliche Einordnung kann auch eine unterschiedliche abkommensrechtliche Qualifikation von Einkünften zur Folge haben. Dabei ist zu beachten, dass jeder Vertragsstaat die abkommensrechtliche Einordnung von Einkünften gemäß Artikel 3 Abs. 2 DBA nach seinem eigenen Recht vornimmt, soweit das Abkommen nichts anderes vorsieht.

a) Wird die LLC in den USA als Körperschaft behandelt, ist sie aber nach deutschem Steuerrecht als Mitunternehmerschaft anzusehen, erzielen die im Inland ansässigen Gesellschafter gewerbliche Gewinne (Unternehmenseinkünfte) im Sinne des Artikels 7 DBA; sie sind gemäß Artikel 23 Abs. 2 Buchstabe a DBA von der Bemessungsgrundlage auszunehmen, soweit sie einer US-Betriebsstätte der LLC zuzurechnen sind. Dagegen besteuern die USA den Gewinn der LLC und erheben im Ausschüttungsfall eine Quellensteuer (Artikel 10 Abs. 2 DBA). Eine Anrechnung der Quellensteuer entfällt, da die Ausschüttungen als steuerlich nicht relevante Entnahmen nicht besteuert werden.

b) Behandeln die USA die LLC als Personengesellschaft, gilt sie aber nach deutschem Steuerrecht als Körperschaft, führt dies in den USA zur Besteuerung der Gesellschafter mit ihrem Anteil am Gewinn der LLC. Nach deutschem Steuerrecht werden ebenfalls die Gesellschafter besteuert, jedoch nur mit den Ausschüttungen der LLC (vgl.

---

[1] Unter Berücksichtigung der Änderungen durch >BMF vom 26.9.2014, BStBl. I S. 1258 ist Abschnitt VI Nummer 2 Buchstabe b Satz 5 nicht mehr anzuwenden.

Anlage 10

Limited Liability Company (USA)

oben Nr. 1 Buchstabe a). Die Ausschüttungen sind abkommensrechtlich Einkünfte im Sinne des Artikels 21 Abs. 1 DBA, da die LLC keine in den USA ansässige Gesellschaft ist (Artikel 4 Abs. 1, 10 Abs. 1 DBA). Eine US-Quellensteuer fällt nicht an, da nach der amerikanischen Wertung die Verteilung des Gewinns kein Steuertatbestand ist.

Anlage 11
Öffentliche Hand (Abgrenzung hoheitlich/wirtschaftlich)   I.

Übersicht

I. Kriterien zur Abgrenzung hoheitlicher von wirtschaftlicher Tätigkeit einer juristischen Person des öffentlichen Rechts
BMF-Schreiben vom 11. Dezember 2009

II. Anwendungsfragen zu den Regelungen im JStG 2009 zur Besteuerung von Betrieben gewerblicher Art und Eigengesellschaften von juristischen Personen des öffentlichen Rechts
BMF-Schreiben vom 12. November 2009

Kriterien zur Abgrenzung hoheitlicher von wirtschaftlicher Tätigkeit einer juristischen Person des öffentlichen Rechts

(BMF-Schreiben vom 11. Dezember 2009 - IV C 7 - S 2706/07/10006 – BStBl I S. 1597)

Sitzung KSt/GewSt IV/09 zu TOP I/5

Der BFH hat im Urteil vom 29. Oktober 2008 (I R 51/07), BStBl 2009 II S. 1022, zum Betrieb eines Krematoriums zur Frage Stellung genommen, unter welchen Voraussetzungen eine Betätigung der juristischen Person des öffentlichen Rechts (jPöR) als hoheitliche Tätigkeit angesehen werden kann.

Nach dem Ergebnis der Erörterung mit den obersten Finanzbehörden der Länder sind die Grundsätze dieser Entscheidung unter Berücksichtigung der nachfolgenden Ausführungen über den entschiedenen Einzelfall hinaus bei der Beurteilung von Tätigkeiten der jPöR (einschließlich des Betriebs eines Krematoriums) in Ergänzung der Ausführungen in R 9 und H 9 KStH allgemein anzuwenden.

I. Abgrenzung hoheitlicher von wirtschaftlicher Tätigkeit

Eine Tätigkeit der jPöR ist, sofern es sich nicht um eine Tätigkeit eines Betriebs i. S. des § 4 Absatz 3 KStG handelt, nur wirtschaftlich (und damit unter den übrigen Voraussetzungen als BgA) einzustufen, wenn sie der jPöR nicht eigentümlich und vorbehalten ist. Bei der Prüfung, ob eine der jPöR vorbehaltene Tätigkeit vorliegt, gilt Folgendes:

1. Aufgabenzuweisung an die jPöR

a) *Grundsatz*

Eine Tätigkeit ist der jPöR vorbehalten, soweit die jPöR (z. B. Kommune) sie in Erfüllung einer ihr gesetzlich (z. B. durch Bundesrecht, Landesrecht oder Landesrecht auf der Grundlage von Bundesrecht) zugewiesenen Aufgabe ausübt. Entsprechendes gilt, soweit eine derart zugewiesene Aufgabe von der jPöR auf eine andere jPöR (Zweckverband oder Anstalt öffentlichen Rechts) übertragen wird.

Ist eine Tätigkeit hiernach in einem Bundesland der jPöR vorbehalten und besteht hier ein öffentlich-rechtlicher Benutzungszwang, bleibt die Tätigkeit ihr vorbehalten, auch wenn die Tätigkeit in einem anderen Bundesland der jPöR nicht vorbehalten ist.

Eine vorbehaltene Tätigkeit liegt nicht vor, wenn die jPöR die Aufgaben auf private Dritte übertragen kann (vgl. unter 2.). Eine Übertragung einer Aufgabe auf einen Dritten liegt nicht vor, wenn sich die jPöR bei ihrer Durchführung privater Dritter lediglich als Erfüllungsgehilfen bedient.

Anlage 11

I. Öffentliche Hand (Abgrenzung hoheitlich/wirtschaftlich)

Beispiel:

Auf der Grundlage des bis Februar 2010 geltenden § 18a Absatz 2a Wasserhaushaltsgesetzes bzw. des ab März 2010 geltenden § 56 Wasserhaushaltsgesetzes bestimmt Artikel 41b Absatz 1 Satz 1 des Bayerischen Wassergesetzes, dass die Aufgabe der Abwasserbeseitigung der Kommune zugewiesen ist, in der die Abwässer anfallen. Der Abwassererzeuger ist zur Überlassung seiner Abwässer an die Kommune verpflichtet (öffentlich-rechtlicher Benutzungszwang).

Die Aufgabe der Entsorgung dieser Abwässer ist der Kommune - auch wenn sie sich bei der Durchführung der Aufgabe eines privaten Dritten bedient (z. B. einem privaten Kläranlagenbetreiber) - vorbehalten. Es liegt unter Berücksichtigung der übrigen Kriterien des § 4 KStG eine hoheitliche Tätigkeit vor.

b) *Ausnahme*

Trotz einer Aufgabenzuweisung an die jPöR liegt keine vorbehaltene Tätigkeit vor, wenn kein öffentlich-rechtlicher Benutzungszwang besteht, so dass die Leistung auch bei einem Dritten nachgefragt werden kann, der keine in- oder ausländische jPöR ist.

Beispiel:

§ 13 Absatz 1 des Hamburger Bestattungsgesetzes weist den Betrieb von Feuerbestattungsanlagen in der Hansestadt einer jPöR zu; ein öffentlich-rechtlicher Benutzungszwang dieser Anlagen besteht nicht; d. h., auch andernorts ansässige Unternehmen, die derartige Tätigkeiten anbieten, können von Hamburgern in Anspruch genommen werden.

Mangels bestehendem öffentlich-rechtlichem Benutzungszwang liegt keine der jPöR vorbehaltene Aufgabe vor. Die der jPöR zugewiesene Aufgabe führt bei dieser zu einem BgA.

c) *Rückausnahme*

Dies gilt ausnahmsweise nicht, wenn der Markt für die von der jPöR ausgeübte Tätigkeit örtlich so eingeschränkt ist, dass eine Wettbewerbsbeeinträchtigung steuerpflichtiger Unternehmen im In- und Ausland ausgeschlossen werden kann.

2. **Aufgabenübertragung auf private Dritte**

a) *Grundsatz*

Kann die der jPöR zugewiesene Aufgabe auf einen privaten Dritten übertragen werden, handelt es sich mangels einer der jPöR vorbehaltenen Aufgabe um eine wirtschaftliche Tätigkeit, die - soweit auch die übrigen Voraussetzungen erfüllt sind - zu einem BgA der jPöR führt.

Beispiel:

Nach § 39 Absatz 2 des Hessischen Wassergesetzes (und vergleichbarer Regelungen in den anderen Bundesländern) kann die den Gemeinden zugewiesene Aufgabe der ausreichenden Versorgung der Bevölkerung mit Trinkwasser von diesen auf private Dritte übertragen werden.

Die Trinkwasserversorgung begründet bei einer jPöR damit einen BgA.

Anlage 11
Öffentliche Hand (Abgrenzung hoheitlich/wirtschaftlich) I.

b) *Ausnahme*

Trotz der Möglichkeit, die der jPöR zugewiesene Aufgabe auf einen privaten Dritten zu übertragen, ist die Tätigkeit der jPöR allerdings vorbehalten, wenn
- die Übertragung auf den privaten Dritten nur im Wege der Beleihung möglich ist und
- ein öffentlich-rechtlicher Benutzungszwang besteht, so dass die Leistung nur von jPöR oder von Beliehenen erbracht werden kann. Besteht in einem Bundesland ein öffentlich-rechtlicher Benutzungszwang, ist die Tätigkeit der jPöR in diesem Land der jPöR vorbehalten und damit unter Berücksichtigung der übrigen Voraussetzungen des § 4 KStG hoheitlich, auch wenn dieses Vorbehalten in einem anderen Bundesland nicht vorliegt.

Eine Beleihung in diesem Sinne setzt voraus, dass der private Dritte seine ihm übertragene Aufgabe nach Maßgabe öffentlich-rechtlicher Handlungsformen zu erfüllen hat.

Beispiel:

Nach § 2 Absatz 2 Satz 1 des Vermessungs- und Katastergesetzes NRW wird die Aufgabe des amtlichen Vermessungswesens, das nach § 2 Absatz 1 des Vermessungs- und Katastergesetzes NRW den Kreisen und kreisfreien Städten übertragen ist, auch von einem in NRW zugelassenen öffentlich bestellten Vermessungsingenieur erbracht, der diese Aufgabe in den Handlungsformen des öffentlichen Rechts auszuüben hat.

Die genannte Vermessungstätigkeit der Katasterbehörden in NRW ist hoheitlich, da privaten Dritten diese Aufgabe nur im Wege der Beleihung übertragen werden kann und nicht beliehene private Dritte die Leistung nicht erbringen können. Für Zwecke der Umsatzsteuer ist § 2 Absatz 3 Satz 2 Nummer 4 UStG zu beachten.

II. Übergangsregelung

Soweit zu vorstehenden Grundsätzen in einzelnen Bundesländern bisher abweichende Regelungen galten, sind diese Grundsätze erstmals für den Veranlagungszeitraum 2010 anzuwenden.

Anlage 11
II. Öffentliche Hand (Querverbundsschreiben)

Anwendungsfragen zu den Regelungen im Jahressteuergesetz 2009 zur Besteuerung von Betrieben gewerblicher Art und Eigengesellschaften von juristischen Personen des öffentlichen Rechts

(BMF-Schreiben vom 12. November 2009 - IV C 7 - S 2706/08/10004 - BStBl I S. 1303)

Sitzung KSt/GewSt III/09 zu TOP I/4;
BMF-Schreiben vom 8. Oktober 2009 - IV C 7 - S 2706/08/10004 (2009/0648518) -

Zu Anwendungsfragen zu den Regelungen zur Besteuerung der Betriebe gewerblicher Art (BgA) und Eigengesellschaften der juristischen Personen des öffentlichen Rechts (jPöR) durch das Jahressteuergesetz 2009 nehme ich nach dem Ergebnis der Erörterung mit den obersten Finanzbehörden des Bundes und der Länder wie folgt Stellung:

Übersicht

	Rdnr.
A. Zusammenfassung von BgA	**1-20**
I. Allgemeines	1-8
II. Versorgungsbetriebe	9-14
1. Allgemeines	9-10
2. Selbständiger Netzbetrieb	11-12
3. Telekommunikationsbetrieb	13
4. Photovoltaikanlage	14
III. Verpachtungs-BgA	**15-18**
IV. Fortgelten bisheriger verbindlicher Auskünfte oder Zusagen	**19-20**
B. Allgemeine Grundsätze der Einkommensermittlung eines BgA	**21**
C. Sonderregelung zum Ausschluss einer verdeckten Gewinnausschüttung (§ 8 Absatz 7 KStG)	**22-63**
I. Begünstigte Betriebe	**22-32**
1. BgA	22-23
2. Eigengesellschaften	24-32
a) Allgemeines	24-25
b) Stimmrechtsverhältnisse	26-27
c) Verlusttragung	28-32
II. Begünstigte Dauerverlustgeschäfte	**33-51**
1. Allgemeines	33-35
2. Voraussetzung für ein „wirtschaftliches" Dauerverlustgeschäft	36-39
3. Einzelne begünstigte "wirtschaftliche" Dauerverlustgeschäfte	40-49
a) Verkehrsbereich	41
b) Umweltbereich	42
c) Sozialbereich	43
d) Kulturbereich	44
e) Bildungsbereich	45
f) Gesundheitsbereich	46-49
4. „Hoheitliche" Dauerverlustgeschäfte einer Kapitalgesellschaft	50-51
III. Höhe der verdeckten Gewinnausschüttung bei nicht begünstigten Dauerverlustgeschäften	**52-53**
IV. Anwendungsregelungen	**54-55**

V.	**Anwendung der Grundsätze des § 8 Absatz 7 KStG auf Personengesellschaften mit Dauerverlustgeschäften**	**59-63**
	1. Juristische Person des öffentlichen Rechts ist Gesellschafterin der Personengesellschaft	59-62
	a) Allgemeines	59
	b) Personengesellschaft unterhält ausschließlich ein Dauerverlustgeschäft	60-61
	c) Personengesellschaft unterhält neben einem Dauerverlustgeschäft auch andere Geschäftsbereiche	62
	2. Kapitalgesellschaft ist Gesellschafterin der Personengesellschaft	63
D.	**Verlustnutzungen bei zusammengefassten BgA (§ 8 Absatz 8 KStG)**	**64-65**
E.	**Spartentrennung bei Eigengesellschaften (§ 8 Absatz 9 KStG)**	**66-89**
	I. **Allgemeines**	**66-67**
	II. **Sparteneinteilung**	**68-89**
	1. Einzelne Sparten	68-79
	2. Ergebnisermittlung der Sparten	80-82
	3. Behandlung allgemeiner Verwaltungs- und Servicekosten	83-84
	4. Zinsschranke	85
	5. Ermittlung des Einkommens der Kapitalgesellschaft	86-87
	6. Verlustabzug bei der Kapitalgesellschaft	88-89
F.	**Sonderregelungen bei Organschaftsgestaltungen**	**90-94**
	I. **Allgemeines**	**90-91**
	II. **Organträger ist ein BgA**	**92-94**
G.	**Gewerbesteuerliche Regelungen**	**95-98**
	I. **Ermittlung des Gewerbeertrags bei Betrieben der öffentlichen Hand und Eigengesellschaften**	**95-97**
	II. **Gewerbesteuerliche Zusammenfassung von Betrieben der öffentlichen Hand**	**98**

A. Zusammenfassung von BgA

I. Allgemeines

Durch § 4 Absatz 6 KStG werden die bisherigen Verwaltungsgrundsätze für die Zusammenfassung von BgA gesetzlich festgeschrieben. Die Grundsätze des R 7 Absatz 1 und des H 7 KStH sind weiter anzuwenden, soweit im Folgenden nichts Abweichendes gesagt wird. Eine Zusammenfassung nach anderen Grundsätzen ist steuerlich nicht anzuerkennen. Die jPöR hat jeweils ein Wahlrecht, ob und in welchem Umfang sie bestehende BgA im Einzelfall nach diesen Grundsätzen steuerlich zusammenfasst oder eine Zusammenfassung beibehält (wegen der Zusammenfassung in einer Eigengesellschaft vgl. Rdnr. 68). Eine steuerliche Zusammenfassung nach § 4 Absatz 6 Satz 1 KStG setzt keine organisatorische Zusammenfassung der BgA durch die jPöR voraus.   1

Beispiel: 2
Die Stadt unterhält die zwei getrennt voneinander organisierten Bäder-Ämter A und B. Im Amt A werden die Bäder Süd und Ost und im Amt B die Bäder Nord und West verwaltet.

Anlage 11
II. Öffentliche Hand (Querverbundsschreiben)

Die Ämter A und B bilden jeweils Einrichtungen i. S. d. § 4 Absatz 1 KStG, die jeweils einen BgA darstellen. Die Stadt kann die beiden BgA in Folge ihrer Gleichartigkeit steuerlich zu einem BgA zusammenfassen.

3   Für den zusammengefassten BgA muss steuerlich eine eigenständige Gewinnermittlung vorgenommen werden.

4   Die einzelnen in § 4 Absatz 6 Satz 1 KStG aufgeführten Zusammenfassungstatbestände sind jeweils getrennt zu prüfen. Dabei sind Versorgungs- und Verkehrsbetriebe nicht bereits schon deshalb als gleichartig anzusehen, weil sie in § 4 Absatz 3 KStG genannt sind. Dagegen sind die in § 4 Absatz 3 KStG aufgeführten Versorgungsbetriebe gleichartig.

5   Sind BgA nach einem Tatbestand zusammengefasst worden, so kann für diesen zusammengefassten BgA gesondert geprüft werden, ob er mit einem anderen, ggf. auch zusammengefassten BgA, weiter zusammengefasst werden kann. Für die Zusammenfassung eines BgA mit einem anderen zusammengefassten BgA oder einer Einrichtung, die mehrere Betriebe umfasst, reicht es aus, wenn die Zusammenfassungsvoraussetzungen nur zwischen diesem BgA und einem der „BgA" des zusammengefassten BgA oder einem der Betriebe der Einrichtung vorliegen. In den Fällen des § 4 Absatz 6 Satz 1 Nummer 2 KStG muss die Voraussetzung „von einigem Gewicht" jedoch im Verhältnis zum zusammengefassten BgA vorliegen.

6   Soll ein nach § 4 Absatz 6 Satz 1 Nummer 2 KStG zusammengefasster BgA nach § 4 Absatz 6 Satz 1 Nummer 3 KStG mit einem anderen BgA weiter zusammengefasst werden, setzt dies voraus, dass beide BgA als Verkehrs- oder Versorgungs-BgA anzusehen sind, d. h. von dem jeweiligen Tätigkeitsbereich geprägt sind. Soll ein nach § 4 Absatz 6 Satz 1 Nummer 2 oder 3 KStG zusammengefasster BgA nach § 4 Absatz 6 Satz 1 Nummer 1 KStG mit einem anderen BgA weiter zusammengefasst werden, setzt dies voraus, dass beide BgA als gleichartig anzusehen sind.

7   **Beispiel 1:**

Die Stadt unterhält die Bäder Ost, West und Nord als jeweils eigenständige BgA. Am Bad Ost haben die Stadtwerke ein Blockheizkraftwerk errichtet. Zwischen diesem Bad und den Stadtwerken besteht hiernach eine enge wechselseitige technisch-wirtschaftliche Verflechtung von einigem Gewicht.

Die Stadtwerke (mit dem Blockheizkraftwerk) sind ein Versorgungs-BgA. Die Bäder bilden jeweils eigenständige BgA, die, weil gleichartig, zu einem Gesamt-Bad-BgA zusammengefasst werden können. Eine enge wechselseitige technisch-wirtschaftliche Verflechtung von einigem Gewicht besteht nur zum Bad Ost. Eine Zusammenfassung des Versorgungs-BgA mit dem Gesamt-Bad-BgA nach § 4 Absatz 6 Satz 1 Nummer 2 KStG ist möglich, da zumindest mit dem Bad Ost eine technisch-wirtschaftliche Verflechtung besteht, diese muss zusätzlich aber zum zusammengefassten Gesamt-Bad-BgA nach der Gesamtschau von einigem Gewicht sein. Wegen Gleichartigkeit könnten aber auch nur die BgA Bad West und Nord zu einem Doppelbad-BgA zusammengefasst und daneben könnten die Stadtwerke mit dem BgA Ost nach § 4 Absatz 6 Satz 1 Nummer 2 KStG zu einem gesonderten Versorgungs-Bad-BgA zusammengefasst werden.

8   **Beispiel 2:**

Die Stadt verwaltet die Bäder Ost, West und Nord in einem Bäder-Amt (eine Einrichtung i. S. d. § 4 Absatz 1 Satz 1 KStG). Am Bad Ost (ein großes Bad) ist ein kleines Blockheizkraftwerk errichtet. Zwischen diesem Großbad und dem Blockheizkraftwerk besteht hiernach eine enge wechselseitige technisch-wirtschaftliche Verflechtung von

einigem Gewicht, bei dem wegen der unterschiedlichen Dimension der zusammengefassten Betriebe der Badbetrieb das Gepräge gibt. Daneben unterhält die Stadt einen Verkehrsbetrieb.
Der Verkehrsbetrieb ist ein Verkehrs-BgA. Das Blockheizkraftwerk ist isoliert betrachtet ein Versorgungs-BgA. Beide BgA können nach § 4 Absatz 6 Satz 1 Nummer 3 KStG zusammengefasst werden. Die in dem Bäder-Amt verwalteten Bäder bilden als Einrichtung einen BgA. Zu diesem Bäder-BgA besteht keine enge wechselseitige technisch-wirtschaftliche Verflechtung von einigem Gewicht. Diese besteht nur zum Großbad Ost und dem eigenständigen Versorgungs-BgA. Eine Zusammenfassung dieses Versorgungs-BgA nach § 4 Absatz 6 Satz 1 Nummer 2 KStG mit dem Großbad Ost wäre nur möglich, wenn es verwaltungsmäßig aus dem Bäder-Amt herausgelöst und zu einem eigenständigen BgA verselbständigt würde. In diesem Fall würde der zusammengefasste Großbad Ost-Blockheizkraftwerk-BgA nicht als Versorgungsbetrieb gelten, weil ihm der Bäderbereich das Gepräge gibt; eine Zusammenfassung mit dem Verkehrs-BgA nach § 4 Absatz 6 Satz 1 Nummer 3 KStG scheidet aus.

II. Versorgungsbetriebe

1. Allgemeines

Versorgungsbetriebe i. S. d. § 4 Absatz 3 KStG sind nur Einrichtungen im Bereich der Wasser-, Gas-, Elektrizitäts- oder Wärmeversorgung. Ihre Tätigkeit muss der Versorgung der Bevölkerung dienen. Erfasst werden sämtliche Wertschöpfungsstufen (Erzeugung, Transport und Handel bzw. Vertrieb). Für die Einordnung als Versorgungsbetrieb ist es ausreichend, dass die Einrichtung nur eine oder einige der Wertschöpfungsstufen umfasst.

§ 4 Absatz 3 KStG erfasst nur Tätigkeiten, die bis zur Übergabe an den Endkunden anfallen. Tätigkeiten, die in Folge der Verwendung des Wassers, der Energie oder der Wärme beim Endkunden anfallen, sind von § 4 Absatz 3 KStG nicht erfasst. Hierunter fallen insbesondere Dienstleistungen im Bereich der Wartung von Kundenanlagen oder der Betrieb einer Anlage beim Kunden (sog. Contracting) sowie der Energieberatung. Diese Tätigkeiten führen grundsätzlich zu einem gesonderten BgA, der ggf. nach den übrigen Voraussetzungen des § 4 Absatz 6 KStG mit dem Versorgungs-BgA oder anderen BgA zusammengefasst werden kann.

2. Selbständiger Netzbetrieb

Die bloße Überlassung eines gesamten Leitungsnetzes (z. B. Strom-, Gas- oder Wasserleitungen) durch die jPöR an einen rechtlich selbständigen Versorger, bei der der Versorger auch für den Unterhalt der Leitungen verantwortlich ist, stellt grundsätzlich eine vermögensverwaltende Tätigkeit dar, die aber regelmäßig die Tatbestände des Verpachtungs-BgA i. S. d. § 4 Absatz 4 KStG erfüllt. Werden nur Teile eines Leitungsnetzes überlassen, liegen aber die personellen und sachlichen Voraussetzungen für eine Betriebsaufspaltung (vgl. R 15.7 Absatz 4 EStR) vor, ist dieser Netzbetrieb (Besitzbetrieb) ein BgA i. S. d. § 4 Absatz 1 KStG.

Ein Netzbetrieb ist ein Versorgungsbetrieb i. S. d. § 4 Absatz 3 KStG. Entsprechendes gilt für Netzverpachtungs-BgA und Netzbesitz-BgA.

3. Telekommunikationsbetrieb

Das Unterhalten eines öffentlichen Telekommunikationsbetriebs durch die jPöR führt zwar zu einem BgA, stellt aber keinen Versorgungsbetrieb i. S. d. § 4 Absatz 3 KStG dar.

Anlage 11
II. Öffentliche Hand (Querverbundsschreiben)

4. Photovoltaikanlage

14 Der Betrieb einer Photovoltaikanlage begründet einen Versorgungsbetrieb i. S. d. § 4 Absatz 3 KStG.

III. Verpachtungs-BgA

15 Ein Verpachtungs-BgA i. S. d. Fiktion des § 4 Absatz 4 KStG liegt nur vor, wenn die überlassenen Wirtschaftsgüter die wesentlichen Grundlagen des Betriebs ausmachen, mit denen der Pächter sogleich ohne größere Vorkehrungen einen Gewerbebetrieb ausüben kann (vgl. BFH-Urteil vom 11. Juli 1990, BStBl II S. 1100).

16 Für die Frage, ob ein Verpachtungs-BgA mit einem anderen Verpachtungs-BgA oder einem BgA i. S. d § 4 Absatz 1 KStG zusammengefasst werden kann, ist nicht auf die Verpachtungstätigkeit, sondern auf die Tätigkeit des Pächters abzustellen.

17 Werden dagegen nicht alle wesentlichen Grundlagen an den Pächter überlassen, liegt kein Verpachtungs-BgA, sondern grundsätzlich eine Vermögensverwaltung vor. Erfüllt eine derartige Verpachtung aber die persönlichen und sachlichen Voraussetzungen für eine Betriebsaufspaltung (vgl. R 15.7 Absatz 4 EStR), stellt sie eine gewerbliche Tätigkeit dar, die zu einem BgA i. S. d § 4 Absatz 1 KStG führt.

18 Eine Zusammenfassung dieser BgA kann nicht nach den für Verpachtungs-BgA geltenden Grundsätzen (vgl. Rdnr. 16) vorgenommen werden. Es ist zu prüfen, ob der Besitz-BgA mit der Verpachtung des oder der Wirtschaftsgüter im Einzelfall die Zusammenfassungsvoraussetzungen des § 4 Absatz 6 KStG erfüllt.

IV. Fortgelten bisheriger verbindlicher Auskünfte oder Zusagen

19 Die gesetzliche Festschreibung der bisherigen Verwaltungsgrundsätze für die Zusammenfassung von BgA hat keine Rechtsänderung im Sinne des AEAO zu § 89 AO, Nr. 3.6.4 zur Folge. Sind auf der Grundlage der bisherigen Verwaltungsauffassung im Einzelfall verbindliche Auskünfte erteilt worden, verlieren diese allein durch das Inkrafttreten des § 4 Absatz 6 KStG nicht ihre Bindungswirkung.

20 Sind verbindliche Auskünfte im Einzelfall für die Zukunft aufzuheben, sind bisher festgestellte Verlustvorträge sachgerecht den nicht mehr zusammenfassbaren BgA zuzuordnen.

B. Allgemeine Grundsätze der Einkommensermittlung eines BgA

21 Die jPöR ist mit ihrem BgA nach § 1 Absatz 1 Nummer 6 i. V. m. § 4 KStG bereits dann subjektiv unbeschränkt körperschaftsteuerpflichtig, wenn der BgA nur mit Einnahmeerzielungsabsicht betrieben wird, ein Totalgewinn aber nicht zu erwarten ist. § 8 Absatz 1 Satz 2 KStG stellt klar, dass auch in einem solchen Fall grundsätzlich ein Einkommen zu ermitteln ist. Hierbei gelten die Einkommensermittlungsvorschriften des EStG bzw. des KStG einschließlich § 8 Absatz 3 Satz 2 KStG, von dessen Anwendung nur unter den Voraussetzungen des § 8 Absatz 7 KStG abgesehen werden kann.

Anlage 11
Öffentliche Hand (Querverbundsschreiben) II.

C. Sonderregelung zum Ausschluss einer verdeckten Gewinnausschüttung (§ 8 Absatz 7 KStG)
I. Begünstigte Betriebe
1. BgA

Die Sonderregelung des § 8 Absatz 7 Satz 1 Nummer 1 KStG erfasst den einzelnen BgA i. S. d. § 4 KStG (einschl. Verpachtungs-BgA), der ein Dauerverlustgeschäft unterhält. Dies gilt auch, wenn er Organträger ist und das Dauerverlustgeschäft von der Organgesellschaft unterhalten wird (§ 15 Satz 1 Nummer 4 Satz 2 KStG). Handelt es sich um einen BgA, der in Folge einer Zusammenfassung i. S. d § 4 Absatz 6 KStG entstanden ist, muss dieser BgA ein Dauerverlustgeschäft unterhalten. 22

Werden auf Grund der Sonderregelung die Rechtsfolgen einer verdeckten Gewinnausschüttung nicht gezogen, ist insoweit auch § 20 Absatz 1 Nummer 10 EStG nicht anzuwenden. 23

2. Eigengesellschaften
a) Allgemeines

Von der Sonderregelung des § 8 Absatz 7 Satz 1 Nummer 2 KStG erfasst wird eine Kapitalgesellschaft, die ein Dauerverlustgeschäft unterhält. Dies gilt auch, wenn sie Organträger ist und das Dauerverlustgeschäft von der Organgesellschaft unterhalten wird (§ 15 Satz 1 Nummer 4 Satz 2 KStG). 24

Werden auf Grund der Sonderregelung die Rechtsfolgen einer verdeckten Gewinnausschüttung nicht gezogen, ist insoweit auch § 20 Absatz 1 Nummer 1 Satz 2 EStG nicht anzuwenden. 25

b) Stimmrechtsverhältnisse

Die Mehrheit der Stimmrechte muss unmittelbar oder mittelbar auf jPöR entfallen. Stimmrechtsvereinbarungen sind zu beachten. Es ist nicht notwendig, dass die Stimmrechte nur bei einer jPöR liegen. Die jeweilige jPöR kann auch in einem Mitgliedstaat der EU oder der EWR ansässig sein. 26

Bei mittelbarer Beteiligung muss auf jeder Stufe der Beteiligungskette die Mehrheit der Stimmrechte vermittelt werden. 27

c) Verlusttragung

Die gesamten Verluste aus den einzelnen Dauerverlustgeschäften, die sich handelsrechtlich vor Verlustübernahme oder einer anderweitigen Verlustkompensation ergeben, müssen nachweislich von der jPöR als Gesellschafter getragen werden. Dies gilt auch, wenn sich bei der Gesellschaft selbst handelsrechtlich in der Summe kein Verlust ergibt. Für die Tragung der Verluste ist es nicht notwendig, dass die Verluste jährlich seitens der jPöR mittels Einlagen ausgeglichen werden. Es reicht aus, dass sie von der jPöR wirtschaftlich im Ergebnis getragen werden. Maßgebend sind die Verhältnisse des Einzelfalls. Sind mehrere jPöR Gesellschafter, bemisst sich die jeweilige Verlustragungspflicht nach der Beteiligungsquote dieser Gesellschafter. 28

Unterhält die Kapitalgesellschaft neben einem Dauerverlustgeschäft auch eine gewinnbringende Tätigkeit, werden die Ergebnisse regelmäßig gesellschaftsintern verrechnet. Die jPöR als Mitgesellschafterin trägt die Verluste aus der Verlusttätigkeit nur in Höhe des auf sie entsprechend ihrer Beteiligungsquote entfallenden Anteils am Ergebnis aus der Gewinntätigkeit. Den gesamten sich aus der Verlusttätigkeit ergebenden Verlust trägt sie nur, 29

Anlage 11
II. Öffentliche Hand (Querverbundsschreiben)

wenn sie auch den darüber hinausgehenden Verlust aus der Verlusttätigkeit nach den Grundsätzen der Rdnr. 28 trägt. Entsprechendes gilt, wenn die Tätigkeiten in verschiedenen Eigengesellschaften ausgeübt werden, die z. B. in einer Holdingstruktur gesellschaftsrechtlich verbunden sind.

30 **Beispiel:**

An einer GmbH ist die Gemeinde G zu 51 % und der Private P zu 49 % beteiligt. Die GmbH betreibt ÖPNV mit Jahresverlusten von 100 und die Stromversorgung mit Jahresgewinnen von 100.

Damit bei der GmbH § 8 Absatz 7 KStG angewendet werden kann, muss sich G verpflichten, den jährlich rechnerisch auf P entfallenden Verlustanteil aus dem Dauerverlustgeschäft ÖPNV in Höhe von 49 zu tragen, z. B. durch Einlagen. Leistet sie diese Einlagen, dürfen diese im Falle einer Liquidation nicht an G, sondern nur an P ausgekehrt werden.

31 Ist ein BgA Organträger einer Kapitalgesellschaft, trägt der BgA auf Grund des Ergebnisabführungsvertrags die Verluste jährlich voll; der Tatbestand des § 8 Absatz 7 Satz 1 Nummer 2 Satz 2 KStG ist damit erfüllt.

32 Die auf Grund § 8 Absatz 7 Satz 1 Nummer 2 Satz 2 KStG getroffenen Verlusttragungsvereinbarungen lassen die Grundsätze des BMF-Schreibens vom 7. Dezember 2000 (BStBl I 2001 S. 47) unberührt. Danach ist bei einer disquotalen Verlusttragung der jPöR für die Anerkennung einer disquotalen Gewinnverteilung eine „besondere Leistung" des privaten Gesellschafters erforderlich.

II. Begünstigte Dauerverlustgeschäfte
1. Allgemeines

33 Für die Frage, ob die Sonderregelung zur Anwendung kommt, ist zunächst erforderlich, dass beim BgA bzw. der Eigengesellschaft eine Vermögensminderung bzw. verhinderte Vermögensmehrung vorliegt, die den Tatbestand der verdeckten Gewinnausschüttung i. S. d. § 8 Absatz 3 Satz 2 KStG erfüllt. Die Sonderregelung erfasst nur Vermögensminderungen bzw. verhinderte Vermögensmehrungen, soweit sie auf dem Unterhalten eines Dauerverlustgeschäfts aus den in § 8 Absatz 7 Satz 2 KStG genannten Gründen beruhen. Hierbei handelt es sich um „wirtschaftliche" Dauerverlustgeschäfte (vgl. Rdnrn. 36 bis 49) und „hoheitliche" Dauerverlustgeschäfte (vgl. Rdnrn. 50 bis 51). Für Vermögensminderungen bzw. verhinderte Vermögensmehrungen aus anderen Gründen, gelten die allgemeinen Grundsätze des § 8 Absatz 3 Satz 2 KStG.

34 **Beispiel:**

Der Verkehrsbetrieb, der einen Betriebsverlust von 100.000 € erzielt, überlässt seiner Trägerkommune ein Grundstück, für das eine Marktmiete von jährlich 1.000 € zu erzielen wäre, für 100 €.

In Höhe von 900 € liegt eine Vermögensminderung vor, die nach § 8 Absatz 3 Satz 2 KStG zu einer verdeckten Gewinnausschüttung führt. Durch die Einkommenshinzurechnung der verdeckten Gewinnausschüttung ergibt sich nur ein negatives Einkommen von 99.100 €. Dieses unterfällt der Sonderregelung des § 8 Absatz 7 KStG.

35 Liegt eine verdeckte Gewinnausschüttung vor, trifft die Feststellungslast für die Anwendung der Sonderregelung den Steuerpflichtigen.

Anlage 11
Öffentliche Hand (Querverbundsschreiben) II.

2. Voraussetzung für ein „wirtschaftliches" Dauerverlustgeschäft

Ein Dauerverlustgeschäft i. S. d. § 8 Absatz 7 Satz 2 erster Halbsatz KStG setzt zum einen voraus, dass eine wirtschaftliche Betätigung aus den aufgeführten politischen Gründen ohne kostendeckende Entgelte unterhalten wird, und zum anderen der dabei entstehende Verlust ein Dauerverlust ist. Entsprechendes gilt, wenn die Entgelte nur zu einem ausgeglichenen Ergebnis führen. Ein Dauerverlust liegt vor, wenn auf Grund einer Prognose nach den Verhältnissen des jeweiligen Veranlagungszeitraums nicht mit einem positiven oder ausgeglichenen Ergebnis oder nicht mit einem steuerlichen Totalgewinn zu rechnen ist. Dabei sind Betriebsvermögensmehrungen, die nicht der Besteuerung unterliegen (z. B. zu erwartende Investitionszulagen oder Dividenden, die unter § 8b KStG fallen), gewinnerhöhend und Aufwendungen, die den steuerlichen Gewinn nicht mindern dürfen, gewinnmindernd zu berücksichtigen (vgl. BFH-Urteil vom 30. November 1989, BStBl 1990 II S. 452, 454). Maßgebend ist ausschließlich das Ergebnis aus der Geschäftstätigkeit selbst, d. h. unter Berücksichtigung allein des hierfür notwendigen Betriebsvermögens. 36

Mögliche Aufgabe- und Veräußerungsgewinne sind bei der Beurteilung als Dauerverlustgeschäft nicht zu berücksichtigen. 37

Gewinne in einzelnen Veranlagungszeiträumen stehen der Annahme eines Dauerverlustgeschäfts nicht entgegen. 38

§ 8 Absatz 7 KStG ist ab dem Zeitpunkt nicht mehr anzuwenden, ab dem ein Dauerverlustgeschäft i. S. d. Rdnr. 36 nicht mehr vorliegt. Die Frage, ob die Rechtsfolgen einer vGA zu ziehen sind, richtet sich ab diesem Zeitpunkt allein nach allgemeinen Grundsätzen. 39

3. Einzelne begünstigte „wirtschaftliche" Dauerverlustgeschäfte

§ 8 Absatz 7 Satz 2 KStG enthält eine abschließende Aufzählung der Gründe, aus denen ein kostendeckendes Entgelt nicht erhoben wird. Die begünstigten wirtschaftlichen Geschäfte müssen den folgenden Bereichen zuzurechnen sein, denen die genannten Betätigungen beispielhaft zuzuordnen sind: 40

a) Verkehrsbereich

ÖPNV, Flughafenbetriebe, Parkraumbewirtschaftung, Hafen- und Fährbetriebe. 41

b) Umweltbereich

Gewerbemüllentsorgung (soweit im Einzelfall nicht hoheitlich). 42

c) Sozialbereich

Kindergärten, Tageseinrichtungen für Kinder, Einrichtungen der Jugend- und Erwachsenenhilfe, Senioreneinrichtungen; Wirtschaftsförderung ist keine sozialpolitische Tätigkeit; sie zählt nicht zu den in § 8 Absatz 7 Satz 2 aufgeführten Bereichen. 43

d) Kulturbereich

Bibliotheken, Zoologische Gärten, Museen, kulturelle Ausstellungen, Kinos, Opern, Theater, Bühnen, Orchester. 44

e) Bildungsbereich

Schulen und Kurstätigkeit von Kammern (soweit nicht hoheitlich) oder Volkshochschulen. 45

Anlage 11

II. Öffentliche Hand (Querverbundsschreiben)

f) Gesundheitsbereich

46 Krankenhäuser, Bäder, Kuranlagen, Sportanlagen; Beherbergungsbetriebe zählen nicht zum Gesundheitsbereich.

47 Die Begünstigung setzt voraus, dass der BgA oder die Kapitalgesellschaft die Geschäfte selbst tätigen. Überlässt der BgA oder die Kapitalgesellschaft nur Wirtschaftsgüter an Dritte, damit diese vergleichbare Geschäfte tätigen können, liegt grundsätzlich bei dem BgA oder der Kapitalgesellschaft kein begünstigtes Geschäft vor (z. B. die Überlassung einer Multifunktionshalle an verschiedene Veranstalter). Führt die Überlassung durch die jPöR zur Fiktion des (dauerdefizitären) Verpachtungs-BgA (§ 4 Absatz 4 KStG) und übt in diesen Fällen der Pächter selbst ausschließlich die in § 8 Absatz 7 Satz 2 KStG aufgeführten Tätigkeiten aus, ist § 8 Absatz 7 KStG auf den Verpachtungs-BgA anzuwenden. Entsprechendes gilt, wenn verschiedene Pächter jeweils selbst ausschließlich die in § 8 Absatz 7 Satz 2 KStG aufgeführten Tätigkeiten ausüben.

48 **Beispiel 1 :**

JPöR betreibt ihr Theater nicht selbst, sondern überlässt es nebst Inventar an eine Theatergesellschaft oder wechselnde private Theatergesellschaften und erhebt aus kulturpolitischen Gründen keine kostendeckende Pacht.

Die Überlassung führt zu einem dauerdefizitären Verpachtungs-BgA auf den § 8 Absatz 7 KStG anzuwenden ist.

49 **Beispiel 2:**

JPöR unterhält mit einer Multifunktionshalle, die mit Erbringung erheblicher zusätzlicher Leistungen (z. B. Bühnen- und Tribünenauf- und -abbau, Reinigung, Sicherheitsdienst etc.) an unterschiedliche Nutzer zu deren Zwecken (z. B. Theateraufführung, Kongressveranstaltung oder Parteitag) überlassen wird, einen BgA; kostendeckende Erlöse werden nicht erhoben.

Das Unterhalten der Halle ist ein BgA i. S. d. § 4 Absatz 1 KStG, der kein in § 8 Absatz 7 Satz 2 aufgeführtes Dauerverlustgeschäft betreibt.

4. „Hoheitliche" Dauerverlustgeschäfte einer Kapitalgesellschaft

50 Hoheitliche Tätigkeiten führen bei der jPöR nicht zu einem BgA (vgl. § 4 Absatz 5 Satz 1 KStG); Verluste im Rahmen dieser Tätigkeit, sind für die jPöR steuerlich irrelevant. Derartige Verlustgeschäfte sind allerdings nach den Grundsätzen des BFH-Urteils vom 22. August 2007 (BStBl II S. 961) im Rahmen der Einkommensermittlung zu berücksichtigen, wenn sie von einer Kapitalgesellschaft getätigt werden. Handelt es sich bei der Verlusttätigkeit um Dauerverlustgeschäfte (vgl. Rdnr. 33), ist bei der Kapitalgesellschaft nach § 8 Absatz 7 Satz 2 letzter Halbsatz KStG die Rechtsfolge der verdeckten Gewinnausschüttung nicht zu ziehen. Das gilt z. B. für das Schulschwimmen in einem von der Kapitalgesellschaft betriebenen öffentlichen Bad.

51 Von der Sonderregelung erfasst sind nur „hoheitliche" Tätigkeiten, die die Kapitalgesellschaft selbst ausübt. Verpachtet die Gesellschaft z. B. einen Bauhof oder ein Rathaus an die Trägerkörperschaft gegen ein nicht kostendeckendes Entgelt, ist § 8 Absatz 7 Satz 2 letzter Halbsatz KStG nicht einschlägig; es ist nach allgemeinen Grundsätzen zu prüfen, ob das nicht kostendeckende Entgelt den Tatbestand der verdeckten Gewinnausschüttung erfüllt.

III. Höhe der verdeckten Gewinnausschüttung bei nicht begünstigten Dauerverlustgeschäften

Liegt kein begünstigtes Dauerverlustgeschäft i. S. d. § 8 Absatz 7 Satz 2 KStG vor, gelten die allgemeinen Grundsätze zur verdeckten Gewinnausschüttung des § 8 Absatz 3 Satz 2 KStG. Nach den Grundsätzen des BFH-Urteils vom 22. August 2007 (a. a. O.) wird das Dauerverlustgeschäft ohne Verlustausgleich im Interesse des Gesellschafters der Eigengesellschaft unterhalten. In Höhe des Verlustes kommt es zu einer verdeckten Gewinnausschüttung. Für BgA und dessen Verhältnis zur Trägerkörperschaft gilt Entsprechendes. Maßgebend für die Bemessung der verdeckten Gewinnausschüttung ist grundsätzlich der steuerliche Verlust aus dem Geschäft. Fallen im Zuge des Geschäfts allerdings Vermögensmehrungen an, die nicht der Besteuerung unterliegen (z. B. vereinnahmte Investitionszulagen oder Dividenden, die unter § 8b KStG fallen), so mindern diese Beträge die Bemessungsgrundlage der verdeckten Gewinnausschüttung. 52

In Fällen, in denen nach den Grundsätzen des BMF-Schreibens vom 7. Dezember 2007, BStBl I S. 905, in Veranlagungszeiträumen vor 2009 eine verdeckte Gewinnausschüttung anzusetzen ist, gelten vorstehende Grundsätze entsprechend. 53

IV. Anwendungsregelungen

§ 8 Absatz 7 KStG ist auch für Veranlagungszeiträume vor 2009 anzuwenden (vgl. § 34 Absatz 6 Satz 4 KStG). Ist im Einzelfall vor dem 18. Juni 2008 (Tag der Kabinettbefassung zum Entwurf eines Jahressteuergesetzes 2009) zu Gunsten der Steuerpflichtigen nach anderen als den in § 8 Absatz 7 KStG enthaltenen Grundsätzen verfahren worden, sind diese Grundsätze grundsätzlich bis einschl. Veranlagungszeitraum 2011 weiter anzuwenden (vgl. § 34 Absatz 6 Satz 5 KStG). § 34 Absatz 6 Satz 5 KStG kommt allerdings nur zur Anwendung, wenn diese Grundsätze den bisherigen Verwaltungsgrundsätzen bzw. der bisherigen Rechtslage nicht entgegenstanden. 54

Die Übergangsregelung kommt hiernach zur Anwendung, wenn im Einzelfall vor dem 18. Juni 2008 die Rechtsfolgen der verdeckten Gewinnausschüttung nicht gezogen worden sind, 55

- bei anderen als in § 8 Absatz 7 Satz 2 KStG aufgeführten Dauerverlustgeschäften. Die insoweit bis Veranlagungszeitraum 2011 festgestellten Verlustvorträge sind auch - vorbehaltlich § 8 Absatz 8 und 9 KStG - in den folgenden Veranlagungszeiträumen nach Maßgabe des § 10d EStG bzw. § 8c KStG nutzbar, 56

- bei einer Kapitalgesellschaft, bei der die Stimmrechtsverhältnisse und/oder die Verlusttragungsregelungen nicht den Vorgaben des § 8 Absatz 7 Satz 1 Nummer 2 Satz 2 KStG entsprechen. 57

Entsprechen bei der Kapitalgesellschaft die Stimmrechtsverhältnisse und die Verlusttragungsregelungen vor dem 18. Juni 2008 den Vorgaben des § 8 Absatz 7 Satz 1 Nummer 2 Satz 2 KStG und trifft dies bei mindestens einer der Maßgaben zu einem Zeitpunkt nach dem 18. Juni 2008 nicht mehr zu, so kann die Kapitalgesellschaft ab dem Veranlagungszeitraum der Veränderung die Übergangsregelung des § 34 Absatz 6 Satz 5 KStG nicht in Anspruch nehmen (§ 34 Absatz 6 Satz 6 KStG). 58

Anlage 11
II. Öffentliche Hand (Querverbundsschreiben)

V. Anwendung der Grundsätze des § 8 Absatz 7 KStG auf Personengesellschaften mit Dauerverlustgeschäften

1. Juristische Person des öffentlichen Rechts ist Gesellschafterin der Personengesellschaft

a) Allgemeines

59 Nach R 6 Absatz 2 Satz 2 KStR ist die Beteiligung der jPöR an einer Mitunternehmerschaft ein eigenständiger BgA. Diese Regelung ist nach den Grundsätzen des R 7 Absatz 2 KStR auf jede von der Personengesellschaft ausgeübte Tätigkeit gesondert anzuwenden. Eine Zusammenfassung der sich hiernach ergebenden BgA beurteilt sich nach § 4 Absatz 6 KStG.

b) Personengesellschaft unterhält ausschließlich ein Dauerverlustgeschäft

60 Eine Mitunternehmerschaft liegt nach dem BFH-Urteil vom 25. Juni 1996 (BStBl 1997 II S. 202) nur vor, wenn die Personengesellschaft insgesamt mit Gewinnerzielungsabsicht tätig ist. Eine Personengesellschaft, deren Geschäftstätigkeit sich auf ein Dauerverlustgeschäft beschränkt, ist keine Mitunternehmerschaft; R 6 Absatz 2 Satz 2 KStR ist insoweit nicht einschlägig.

61 Die der jPöR aus einer Beteiligung an einer derartigen Personengesellschaft zuzurechnende anteilige Tätigkeit der Gesellschaft stellt bei der jPöR aber nach den allgemeinen Grundsätzen des § 4 KStG einen BgA dar. Auf diesen BgA sind § 4 Absatz 6 und § 8 Absatz 7 KStG anzuwenden.

c) Personengesellschaft unterhält neben einem Dauerverlustgeschäft auch andere Geschäftsbereiche

62 Das jeweilige Dauerverlustgeschäft bildet nach allgemeinen Grundsätzen einen gesonderten BgA. Für die jeweiligen Gewinntätigkeiten gilt (auch unter Berücksichtigung von R 6 Absatz 2 Satz 2 KStR) Entsprechendes. Auf die BgA sind § 4 Absatz 6 und § 8 Absatz 7 KStG anzuwenden.

2. Kapitalgesellschaft ist Gesellschafterin der Personengesellschaft

63 Nach den Grundsätzen des BFH-Urteils vom 25. Juni 1996 (a. a. O.) sind die aus den einzelnen Tätigkeiten der Gesellschaft dem Gesellschafter zuzurechnenden Einkünfte bei ihm nur steuerrelevant, soweit die Tätigkeiten mit Gewinnerzielungsabsicht unternommen werden. Verlustgeschäfte, auch soweit sie Dauerverlustgeschäfte i. S. d. § 8 Absatz 7 Satz 2 KStG sind, sind bei der Einkommensermittlung der Kapitalgesellschaft nicht zu berücksichtigen. Damit stellt sich die Frage, ob eine Zurechnung der anteiligen Verluste eine verdeckte Gewinnausschüttung zur Folge hat, nicht. Dies gilt auch bei einer gewerblich geprägten Personengesellschaft (vgl. BFH-Urteil vom 25. September 2008, BStBl 2009 II S. 266).

D. Verlustnutzungen bei zusammengefassten BgA (§ 8 Absatz 8 KStG)

64 Die Vorschriften des Verlustabzugs sind auf den jeweiligen BgA anzuwenden. Aus der zulässigen Zusammenfassung von BgA, die nicht gleichartig sind, entsteht ein neuer BgA, der Verlustvorträge, die im Einzelfall bei den bisherigen BgA vor Zusammenfassung festgestellt worden sind, nicht übernehmen kann (§ 8 Absatz 8 Satz 2 KStG). Diese Verlustvorträge sind erst wieder „nutzbar", wenn die jPöR einen BgA, wie er bis zur Zusammenfassung bestand, künftig wieder unterhält. Entsprechendes gilt, wenn ein BgA, in dem nicht gleichartige Tätigkeiten zulässigerweise zusammengefasst worden sind, ge-

trennt wird. Wird einem BgA, in dem mehrere nicht gleichartige Tätigkeiten zusammengefasst sind (z. B. ÖPNV und Hafenbetrieb) ein weiterer Tätigkeitsbereich (z. B. Wasserversorgung) zugeführt, liegt ein neuer BgA vor, der über keinen Verlustvortrag verfügt. Veränderungen innerhalb eines Tätigkeitsbereichs (z. B. Erweiterung des Verkehrsbetriebs von Bussen um Straßenbahnen) sind dagegen unschädlich.

Beispiel: 65
Die jPöR unterhält den BgA „Bad Ost und West" und den BgA „ÖPNV". Zum 31. Dezember 2008 sind beim Bäder-BgA 100.000 € Verlustvortrag und beim Verkehrs-BgA 300.000 € Verlustvortrag festgestellt. In 2009 als auch in 2010 erzielt der BgA „Bad Ost und West" jeweils einen Jahresverlust von 10.000 € und der Verkehrsbetrieb in 2009 als auch in 2010 jeweils einen Jahresverlust von 20.000 €. In 2010 eröffnet die jPöR zusätzlich das Bad „Süd", das einen Gewinn von 1.000 € erzielt. In 2010 betreibt die jPöR auch noch die Stromversorgung mit einem Gewinn von 11.000 €.
Für den BgA Bad „Ost und West" wird zum 31. Dezember 2009 ein Verlustvortrag von 110.000 € festgestellt. Durch die Eröffnung des Bad „Süd" kann die jPöR, da eine gleichartige Tätigkeit vorliegt, den BgA zum BgA „Bad Ost, West und Süd" erweitern, dessen Verlustvortrag zum 31. Dezember 2010 auf 110.000 + 10.000 ./. 1000 = 119.000 € festzustellen ist.
Für den BgA „ÖPNV" wird zum 31. Dezember 2009 ein Verlustvortrag von 320.000 € festgestellt. Fasst die jPöR in 2010 diesen BgA mit dem neuen BgA „Stromversorgung" zusammen, entsteht ein neuer BgA „ÖPNV-Stromversorgung", der zum 31. Dezember 2010 einen festzustellenden Verlustvortrag von 0 + 20.000 ./. 11.000 = 9.000 € hat. Der bisherige Verlustvortrag von 320.000 € aus dem BgA „ÖPNV" wird so lange „eingefroren" bis die jPöR in der Zukunft die Stromversorgung wieder aufgeben sollte und den ÖPNV „alleine" weiter betreibt. In diesem Fall würde der wieder entstandene BgA „ÖPNV" mit einem Verlustvortrag von 320.000 € „starten" und der Verlustvortrag von 9.000 € des BgA „ÖPNV-Stromversorgung" festgeschrieben bleiben.

E. Spartentrennung bei Eigengesellschaften (§ 8 Absatz 9 KStG)

I. Allgemeines

§ 8 Absatz 9 KStG ist anzuwenden, wenn für eine Kapitalgesellschaft § 8 Absatz 7 Satz 1 66
Nummer 2 KStG zur Anwendung kommt und diese

- mehr als eine Tätigkeit ausübt, die bei einer jPöR jeweils zu einem BgA führen würde, die ggf. aber nach § 4 Absatz 6 KStG zusammengefasst werden könnten,
- neben mindestens einer wirtschaftlichen Tätigkeit auch eine Tätigkeit im Sinne des § 8 Absatz 7 Satz 2 letzter Halbsatz KStG ausübt oder
- mehrere Tätigkeiten im Sinne des § 8 Absatz 7 Satz 2 letzter Halbsatz KStG ausübt.

In Fällen der Organschaft vgl. unter F. 67

II. Sparteneinteilung
1. Einzelne Sparten

Mit der Ausübung mehrerer verschiedener Tätigkeiten in einer Kapitalgesellschaft kommt 68
es zur Zusammenfassung dieser Tätigkeiten bei einem Steuerpflichtigen. Diese Zusammenfassung ist unter Beachtung der Grundsätze des § 4 Absatz 6 KStG bei der Spartenbildung zwingend zu berücksichtigen (wegen der Zusammenfassung bei BgA vgl. Rdnr. 1).

Anlage 11
II. Öffentliche Hand (Querverbundsschreiben)

Für die Spartenzuordnung sind

69 - zunächst Dauerverlustgeschäfte im Sinne des § 8 Absatz 7 Satz 2 letzter Halbsatz KStG jeweils einer gesonderten Sparte zuzuordnen (Sparten i. S. d. § 8 Absatz 9 Satz 1 Nummer 1 KStG = Sparten mit „hoheitlichen" Dauerverlustgeschäften). Eine Zusammenfassung dieser „hoheitlichen" Tätigkeiten scheidet aus;

70 - danach Tätigkeiten, die entweder nach § 4 Absatz 6 Satz 1 KStG zusammenfassbar sind, unabhängig davon, ob es sich um Dauerverlustgeschäfte oder Gewinngeschäfte handelt, oder aus übrigen nicht zusammenfassbaren Dauerverlustgeschäften stammen, nach Maßgabe des § 4 Absatz 6 Satz 1 EStG jeweils einer gesonderten Sparte zuzuordnen (Sparten i. S. d. § 8 Absatz 9 Satz 1 Nummer 2 KStG);

71 - die danach verbleibenden Tätigkeiten einer gesonderten Sparte zuzuordnen (Sparte i. S. d. § 8 Absatz 9 Satz 1 Nummer 3 KStG; „übrige Sparte"). In diese Sparte sind auch Geschäfte einzuordnen, die - ohne Dauerverlustgeschäfte zu sein - in einzelnen Wirtschaftsjahren Verluste bzw. Anlaufverluste erzielen.

72 Jede Änderung in der Tätigkeitsstruktur der Kapitalgesellschaft ist auf ihre Auswirkung auf die Spartenzuordnung zu überprüfen; eine Änderung in der Tätigkeitsstruktur kann auch über Umwandlungsvorgänge bewirkt werden:

73 - Wird zu einer bestehenden Sparte eine gleichartige Tätigkeit aufgenommen oder fällt eine solche weg, wird die nämliche Sparte in ihrer veränderten Form fortgeführt.

74 - Veränderungen in der „übrigen Sparte" (§ 8 Absatz 9 Satz 1 Nummer 3 KStG) führen zu Änderungen in dieser Sparte und der Fortführung dieser Sparte in der veränderten Form.

75 - Übrige Veränderungen in Form der Aufnahme neuer Tätigkeiten oder dem Wegfall bisheriger Tätigkeiten führen zu neuen Sparten unter Berücksichtigung der aktuellen Tätigkeitsstruktur. Wenn hiervon bisherige Sparten betroffen sind, fallen diese Sparten weg: Ein in einer dieser Sparten festgestellter Verlustvortrag ist festzuschreiben; kommt es künftig wieder zu einer Tätigkeitsstruktur, die dieser Sparte entspricht, ist dieser festgeschriebene Betrag als Anfangsbestand der neuen Sparte maßgebend.

76 Hilfsgeschäfte zu einer Haupttätigkeit der Kapitalgesellschaft teilen das Schicksal der Haupttätigkeit. Ob ein Hilfsgeschäft vorliegt, beurteilt sich nach den Gegebenheiten des Einzelfalls. Die Veräußerung des Betriebsvermögens in Folge der Aufgabe der operativen Tätigkeit ist beispielsweise ein Hilfsgeschäft in der Sparte, der das Betriebsvermögen bisher zugeordnet war. Für Nebengeschäfte von untergeordneter Bedeutung gilt Entsprechendes.

77 Die Spartenbildung ist losgelöst von der Frage vorzunehmen, ob die einzelnen Sparten einen Teilbetrieb bilden oder nicht.

78 **Beispiel 1:**

Im Veranlagungszeitraum 01 betreibt die Kapitalgesellschaft ein Theater mit einem Verlust von 30, in den Stadtteilen A und B jeweils ein Bad mit Verlusten von 30 bzw. 40, ein Blockheizkraftwerk, das aus der Stromgewinnung einen Überschuss von 120 erzielt, den ÖPNV mit einem Verlust von 160, ein reines Schulschwimmbad mit einem Verlust von 40, die Hausmüllentsorgung mit einem Gewinn von 10, die Grundstücksverwertung mit einem Gewinn von 30 und erstmals eine EDV-Servicetätigkeit mit einem Anlaufverlust von 5.

Die Tätigkeiten der Eigengesellschaft sind zwingend folgenden Sparten zuzuordnen:
- *Sparte „Schulschwimmbad" (Verlust 40) als „hoheitliches" Dauerverlustgeschäft.*
- *Sparte „Theater" (Verlust 30) als Dauerverlustgeschäft.*
- *Sparte „Bäder A und B" (Verlust 70) als gleichartig zusammengefasste Tätigkeiten.*

- Sparte „Stromversorgung / Verkehrsbetrieb" (Verlust 40) als auf Grund § 4 Absatz 3 KStG zusammengefasste Tätigkeiten.
- Sparte „übrige Tätigkeiten" bestehend aus der mit Gewinnerzielungsabsicht betriebenen Tätigkeit der Hausmüllentsorgung, der Grundstücksverwertung und der EDV-Servicetätigkeit (Gewinn 35).

Die Verluste der vier Verlustsparten sind gesondert festzustellen. Der Gewinn aus der Sparte „übrige Tätigkeiten" ist bei der Einkommensermittlung der Gesellschaft für den Veranlagungszeitraum 01 zu berücksichtigen.

Beispiel 2:

Im Veranlagungszeitraum 02 betreibt die Kapitalgesellschaft zum einen dieselben Tätigkeiten wie 01 und erzielt hierbei auch die entsprechenden Ergebnisse. Zusätzlich betreibt sie ab Beginn des Jahres noch ein zweites Theater mit einem Gewinn von 70 und die Wasserversorgung mit einem Gewinn von 50.

Die Tätigkeiten der Eigengesellschaft sind nunmehr zwingend folgenden Sparten zuzuordnen:
- Sparte „Schulschwimmbad" (Verlust 40) als „hoheitliches" Dauerverlustgeschäft. Ingesamt festgestellter Verlust 80.
- Sparte „Theater" bestehend aus dem Dauerverlustgeschäft des bisherigen Theaters und dem neu hinzu gekommenen Theater, das kein Dauerverlustgeschäft ist. Das laufende Ergebnis von 70 ./. 30 = 40 vermindert sich um den Verlustvortrag dieser Sparte von 30, so dass sich für 02 ein Gesamtbetrag der Einkünfte von 10 ergibt.
- Sparte „Bäder A und B" (Verlust 70) als gleichartig zusammengefasste Tätigkeiten. Ingesamt festgestellter Verlust 140.
- Neue Sparte „Stromversorgung / Verkehrsbetrieb / Wasserversorgung" (Gewinn (50 ./. 40 =) 10) als auf Grund von § 4 Absatz 3 KStG zusammengefasste Tätigkeiten. Dieser Gewinn kann nicht um den Verlustvortrag der bisherigen Sparte „Stromversorgung / Verkehrsbetrieb" aus 01 gemindert werden, da zwar die Stromversorgung und die Wasserversorgung für sich als gleichartig anzusehen wären, in Folge der schon bestehenden Zusammenfassung der Stromversorgung mit dem Verkehrsbetrieb aber kein Versorgungsbetrieb vorliegt, der mit der Wasserversorgung wegen Gleichartigkeit zusammengefasst werden könnte. (Dies wäre nur der Fall, wenn bei der Zusammenfassung der Stromversorgung mit dem Verkehrsbetrieb die Stromversorgung diesem zusammengefassten BgA das Gepräge geben würde.)
- Sparte „Übrige Tätigkeiten" bestehend aus der mit Gewinnerzielungsabsicht betriebenen Tätigkeit der Hausmüllentsorgung und der Grundstücksverwertung und der EDV-Servicetätigkeit (Gewinn 35).

Die Verluste der zwei Verlustssparten sind gesondert festzustellen. Die Gewinne aus den Sparten „Theater", „Stromversorgung / Verkehrsbetrieb/ Wasserversorgung" und „Übrige Tätigkeiten" sind bei der Einkommensermittlung der Gesellschaft für den Veranlagungszeitraum 02 zu berücksichtigen.

2. Ergebnisermittlung der Sparten

Die Bildung der Sparten lässt die Steuerpflicht der Kapitalgesellschaft selbst unberührt. Für die Ermittlung der Spartenergebnisse sind die Wirtschaftsgüter bzw. die Geschäftsvorfälle der Kapitalgesellschaft aus der für sie bestehenden Rechnungslegung den einzelnen Sparten in sachgerechter Weise rechnerisch zuzuordnen; dies gilt insbesondere für Betei-

Anlage 11

II. Öffentliche Hand (Querverbundschreiben)

ligungen oder Finanzanlagen. Dabei ist für die Tätigkeit notwendiges Betriebsvermögen zwingend entsprechend der Tätigkeit dieser Sparte zuzuordnen. Die Änderung der spartenmäßigen Zuordnung eines Wirtschaftsguts führt nicht zur Realisierung stiller Reserven.

81 *Beispiel 1:*

Die Kapitalgesellschaft betreibt den dauerdefizitären Nahverkehr und die Abwasserentsorgung. Sie hält Anteile an einer Reisebürogesellschaft und einer Recyclinggesellschaft. Schließlich hat sie ein Festgeldkonto, auf dem liquide Finanzmittel angelegt sind.

Die Kapitalgesellschaft ist in die Sparten „Nahverkehr" und „Abwasserentsorgung" aufzuteilen. Die Beteiligung an dem Reisebüro ist der Sparte „Nahverkehr" und die an der Recyclinggesellschaft der Sparte „Abwasserentsorgung" zuzuordnen. Die Finanzmittel sind beiden Sparten z. B. umsatzabhängig zuzuordnen. Eine ausschließliche Zuordnung zur Sparte „Nahverkehr" wäre z. B. nur möglich, wenn nachweisbar im Bereich Abwasserentsorgung keine liquiden Finanzmittel anfallen oder benötigt würden.

82 *Beispiel 2:*

Die Kapitalgesellschaft betreibt den Nahverkehr, bei dem sich dauerhaft ein Betriebsverlust ergibt, der aber regelmäßig durch Ausschüttungen auf eine dem Nahverkehr als gewillkürtes Betriebsvermögen zugeordnete nicht 100% ige Beteiligung überkompensiert wird, die Stromversorgung und die Abwasserentsorgung.

Die Kapitalgesellschaft ist in die Sparten „Nahverkehr/Stromversorgung" und „Abwasserentsorgung" aufzuteilen. Im Zuge der Ermittlung des Gesamtbetrags der Einkünfte in der Sparte „Nahverkehr/Stromversorgung" kommt es in Folge § 8b KStG zu einer Verrechnung der Betriebsverluste aus dem Nahverkehr mit einem Gewinn aus der Stromversorgung.

3. Behandlung allgemeiner Verwaltungs- und Servicekosten

83 Die allgemeinen ex- und internen Verwaltungs- und Servicekosten (z. B. Kosten für Buchführung oder Beratung) oder vergleichbare Kosten der Kapitalgesellschaft sind den einzelnen Sparten sachgerecht zuzuordnen. Weicht der Steuerpflichtige von seinen bisherigen Zuordnungsgrundsätzen ab, kann dies nur anerkannt werden, wenn die Abweichung nachvollziehbar begründet wird.

84 Werden derartige Leistungen von einer Konzerngesellschaft für die einzelnen Unternehmen des Konzerns erbracht, stellt diese Tätigkeit bei der Konzerngesellschaft eine sonstige Tätigkeit dar, die der Sparte „übrige Tätigkeiten" zuzuordnen ist. Die den Konzerngesellschaften in Rechnung gestellten Beträge stellen bei diesen externe Verwaltungs- und Servicekosten dar.

4. Zinsschranke

85 Kommt es bei der Kapitalgesellschaft nach den Grundsätzen der Rdnrn. 91 bis 93 des BMF-Schreibens vom 4. Juli 2008 (BStBl I S. 718) zur Anwendung des § 4h EStG bzw. § 8a KStG, so ist der nichtabziehbare Betrag bzw. der Zinsvortrag sachgerecht den einzelnen Sparten zuzuordnen.

5. Ermittlung des Einkommens der Kapitalgesellschaft

86 Für jede Sparte ist nach Maßgabe des R 29 Absatz 1 Satz 2 KStR ein eigenständiger Gesamtbetrag der Einkünfte zu ermitteln (§ 8 Absatz 9 Satz 2 KStG). Hierbei sind insbesondere § 8 Absatz 3 Satz 2 KStG bzw. § 8 Absatz 7 KStG in der jeweiligen Sparte anzuwenden.

Nur Sparten, deren Gesamtbetrag der Einkünfte nicht negativ ist, sind bei der anschließenden Ermittlung des Einkommens der Eigengesellschaft zu berücksichtigen. 87

6. Verlustabzug bei der Kapitalgesellschaft

Nach § 8 Absatz 9 Satz 5 KStG mindert ein Verlust in einer Sparte nach Maßgabe des § 10d EStG den positiven Gesamtbetrag der Einkünfte, der sich in dem unmittelbar vorangegangenen und in den folgenden Veranlagungszeiträumen für diese Sparte ergibt. Dies hat zur Folge, dass sich der Verlustrücktrag von bis zu 511.500 € bzw. der Sockelbetrag beim Verlustvortrag von 1 Mio. € pro Sparte ermittelt. 88

Der sich hiernach pro Sparte ergebende verbleibende Verlustvortrag ist nach Maßgabe des § 10d Absatz 4 EStG gesondert festzustellen. 89

F. Sonderregelungen bei Organschaftsgestaltungen

I. Allgemeines

In Fällen einer Organschaft kommt es auf Ebene des Organträgers zu einer Zusammenfassung der Tätigkeiten, die im Organkreis ausgeübt werden. 90

Auf Ebene der Organgesellschaft sind im Wege der Einkommensermittlung weder Sparten i. S. d. § 8 Absatz 9 KStG zu bilden noch bei Dauerverlustgeschäften die Rechtsfolgen des § 8 Absatz 3 Satz 2 und Absatz 7 KStG zu ziehen (§ 15 Satz 1 Nummer 4 Satz 1 und Nummer 5 Satz 1 KStG). Das dem Organträger zugerechnete Einkommen ist auf Ebene des Organträgers nach Maßgabe der Ausführungen unter E den beim Organträger zu bildenden Sparten zuzuordnen (§ 15 Satz 1 Nummer 5 Satz 2 KStG). Innerhalb dieser Sparten ist dann § 8 Absatz 3 Satz 2 und Absatz 7 KStG anzuwenden (§ 15 Satz 1 Nummer 4 Satz 2 KStG). 91

II. Organträger ist ein BgA

Nach § 15 Satz 1 Nummer 5 Satz 2 KStG ist in Fällen, in denen die Organgesellschaft Dauerverlustgeschäfte im Sinne des § 8 Absatz 7 Satz 2 KStG ausübt, bei der Ermittlung des Einkommens des Organträgers § 8 Absatz 9 KStG anzuwenden. Dies gilt auch, wenn der Organträger keine Kapitalgesellschaft i. S. d. § 8 Absatz 9 KStG, sondern ein BgA ist. 92

> *Beispiel:* 93
>
> *JPöR unterhält einen gewinnträchtigen BgA „Grundstücksverwertung", der mit einer GmbH, die laufende Verluste aus Bädern erzielt und die die Voraussetzungen des § 8 Absatz 7 Satz 1 Nummer 2 KStG erfüllt, ein Organschaftsverhältnis begründet hat.*
>
> *Auf Ebene der GmbH ist § 8 Absatz 7 KStG nicht anzuwenden (§ 15 Satz 1 Nummer 4 Satz 1 KStG). Die Anwendung der Grundsätze des § 8 Absatz 9 KStG auf Ebene des Organträgers (§ 15 Satz 1 Nummer 5 Satz 2 KStG) führt zu einer Spartenbildung: Sparte „Grundstücksverwertung" und Sparte „Bäder". In der Sparte „Bäder" ist keine vGA anzusetzen (§ 15 Satz 1 Nummer 4 Satz 2 i. V. m. § 8 Absatz 7 KStG).*

Ein Dauerverlust-BgA kann kein Organträger sein (vgl. Rdnr. 5 des BMF-Schreibens vom 26. August 2003, BStBl I S. 437). 94

G. Gewerbesteuerliche Regelungen

I. Ermittlung des Gewerbeertrags bei Betrieben der öffentlichen Hand und Eigengesellschaften

§ 8 Absatz 1 Satz 2 KStG ist für die Ermittlung des Gewerbeertrags eines Betriebs der öffentlichen Hand ohne Bedeutung. Ein solcher liegt im Gegensatz zum BgA nur vor, wenn 95

335

Anlage 11

II. Öffentliche Hand (Querverbundsschreiben)

er die Tatbestände des stehenden Gewerbebetriebs erfüllt, zu denen u. a. die Gewinnerzielungsabsicht zählt.

96 Die Zuordnung der Wirtschaftsgüter bzw. der Geschäftsvorfälle der Kapitalgesellschaft auf die einzelnen Sparten (vgl. E) ist für die Hinzurechnung bzw. Kürzung nach §§ 8 und 9 GewStG maßgebend. Der Freibetrag des § 8 Nummer 1 GewStG ist nur für die Eigengesellschaft zu gewähren. Er ist auf die einzelnen Sparten entsprechend dem Verhältnis aufzuteilen, wie die Hinzurechnungsbeträge (vor Freibetrag) auf die Sparten entfallen. Entsprechend den Grundsätzen zu Rdnr. 88 ist der Betrag von 1 Mio. € nach § 10a Satz 2 GewStG pro Sparte zu ermitteln.

97 In Fällen einer Organschaft sind die Grundsätze des Abschnitts 41 GewStR anzuwenden.

II. Gewerbesteuerliche Zusammenfassung von Betrieben der öffentlichen Hand

98 § 2 Absatz 1 Satz 1 GewStDV stellt klar, dass für die Frage, ob ein Betrieb der öffentlichen Hand als stehender Gewerbebetrieb anzusehen ist, die Zusammenfassungsgrundsätze des § 4 Absatz 6 Satz 1 KStG maßgebend sind. Maßgebend ist danach, ob das nach diesen Grundsätzen zusammengefasste Unternehmen mit Gewinnerzielungsabsicht betrieben wird.

Anlage 12
Organschaft I.

Übersicht

I. Körperschaftsteuerliche und gewerbesteuerliche Organschaft unter Berücksichtigung der Änderungen durch StSenkG und UntStFG
BMF-Schreiben vom 26. August 2003

II. Änderungen bei der Besteuerung steuerlicher Organschaften durch das StVergAbG
BMF-Schreiben vom 10. November 2005

III. Steuerliche Anerkennung einer Organschaft nach Änderung des § 301 AktG und des § 249 HGB durch BilMoG
Keine Anpassung bestehender Gewinnabführungsverträge
BMF-Schreiben vom 14. Januar 2010

Körperschaftsteuerliche und gewerbesteuerliche Organschaft unter Berücksichtigung der Änderungen durch das Steuersenkungs- (StSenkG) und das Unternehmenssteuerfortentwicklungsgesetz (UntStFG)

(BMF-Schreiben vom 26. August 2003 – IV A 2 – S 2770 – 18/03 – BStBl I S. 437)

Unter Bezugnahme auf das Ergebnis der Erörterungen mit den obersten Finanzbehörden der Länder gilt zur Anwendung der Änderungen der Organschaftsregelungen durch das Steuersenkungsgesetz (StSenkG) vom 23. Oktober 2000 (BGBl. I S. 1433, BStBl I S. 1428) und durch das Unternehmenssteuerfortentwicklungsgesetz (UntStFG) vom 20. Dezember 2001 (BGBl. I S. 3858, BStBl I 2002 S. 35) Folgendes:[1]

A. Organträger

Nach § 14 Abs. 1 Satz 1 i. V. mit Abs. 1 Nr. 2 Satz 1 KStG kann Organträger nur noch ein einziges gewerbliches Unternehmen mit Geschäftsleitung im Inland sein. Eine Organschaft zu mehreren Organträgern ist nicht zulässig (vgl. Rdnr. 15 ff.). 1

I. Begriff des gewerblichen Unternehmens

Ein gewerbliches Unternehmen liegt vor, wenn die Voraussetzungen für einen Gewerbebetrieb im Sinne des § 2 GewStG erfüllt sind. 2

Eine eigene gewerbliche Tätigkeit des Organträgers ist nicht mehr erforderlich. Organträger kann auch eine gewerblich geprägte Personengesellschaft i. S. des § 15 Abs. 3 Nr. 2 EStG[2] oder ein Unternehmen sein, das Gewerbebetrieb kraft Rechtsform ist. 3

Die Tätigkeit einer Kapitalgesellschaft gilt nach § 2 Abs. 2 GewStG stets und in vollem Umfang als Gewerbebetrieb, so dass auch eine bloß vermögensverwaltende Kapitalgesellschaft und eine dauerdefizitäre Kapitalgesellschaft als Organträger in Betracht kommen. 4

---

[1] Die Änderungen sind in dem KStG 2002 in der Fassung der Bekanntmachung vom 15. Oktober 2002 (BGBl. I S. 4144, BStBl I S. 1169) - KStG n. F. - und in dem GewStG 2002 in der Fassung der Bekanntmachung vom 15. Oktober 2002 (BGBl. I S. 4167, BStBl I S. 1192) – GewStG n. F. - enthalten. Das KStG 2002 ist zuletzt durch das Steuervergünstigungsabbaugesetz (StVergAbG) vom 16. Mai 2003 (BGBl. I S. 660) geändert worden. Das GewStG 2002 ist zuletzt durch das Kleinunternehmerförderungsgesetz (KleinUntFG) vom 31. Juli 2003 (BGBl. I S. 1550) geändert worden. Auf die Änderungen wird an geeigneter Stelle durch Fußnoten hingewiesen. Die Gesetzeszitate dieses Schreibens beziehen sich noch auf die Gesetzesfassungen der Bekanntmachungen vom 15. Oktober 2002.

[2] Ab dem VZ 2003 kann eine Personengesellschaft nur dann Organträger sein, wenn sie eine Tätigkeit i. S. des § 15 Abs. 1 Nr. 1 EStG ausübt (§ 14 Abs. 1 Satz 1 Nr. 2 KStG i. d. F. des StVergAbG (vgl. Fn. 1)).

337

Anlage 12

I. Organschaft

---

5 Dies gilt nicht für einen dauerdefizitären Betrieb gewerblicher Art. Aufgrund fehlender Gewinnerzielungsabsicht erfüllt er nicht die allgemeinen Voraussetzungen für das Vorliegen eines Gewerbebetriebes i. S. von § 2 Abs. 1 Satz 2 GewStG.

II. Wegfall des Begriffs „inländisches" Unternehmen

6 Der Organträger musste bisher seinen Sitz und seine Geschäftsleitung im Inland haben. Auf diesen doppelten Inlandsbezug beim Organträger verzichtet § 14 Abs. 1 Nr. 2 KStG. Es reicht künftig aus, wenn sich die Geschäftsleitung des Organträgers im Inland befindet.

III. Zeitliche Anwendung

7 Die obigen Voraussetzungen gelten für die körperschaftsteuerliche Organschaft erstmals ab dem Veranlagungszeitraum 2001 (§ 34 Abs. 9 Nr. 2 KStG) und für die gewerbesteuerliche Organschaft erstmals ab dem Erhebungszeitraum 2002 (§ 36 Abs. 1 GewStG).

B. Organgesellschaft

8 Bisher reichte es für die gewerbesteuerliche Organschaft aus, wenn sich die Geschäftsleitung der Organgesellschaft im Inland befand. Ab dem Erhebungszeitraum 2002 ist nach § 2 Abs. 2 Satz 2 GewStG i. V. mit § 14 Abs. 1 Satz 1 KStG und § 36 Abs. 1 GewStG auch der inländische Sitz (doppelter Inlandsbezug) erforderlich. Eine ausländische Kapitalgesellschaft kann danach nicht Organgesellschaft sein, selbst wenn sie im Inland einen Gewerbebetrieb unterhält.

C. Gewinnabführungsvertrag und Eingliederungsvoraussetzungen

I. Körperschaftsteuerliche Organschaft

9 Ab dem Veranlagungszeitraum 2001 sind die Organschaftsvoraussetzungen der wirtschaftlichen und organisatorischen Eingliederung weggefallen (§ 34 Abs. 9 Nr. 2 KStG). Die körperschaftsteuerliche Organschaft setzt künftig nur noch einen Gewinnabführungsvertrag i. S. des § 291 Abs. 1 Aktiengesetz und die finanzielle Eingliederung der Organgesellschaft voraus.

II. Gewerbesteuerliche Organschaft

10 Für die gewerbesteuerliche Organschaft werden bis zu dem Erhebungszeitraum 2001 unverändert die finanzielle, wirtschaftliche und organisatorische Eingliederung gefordert (§ 36 Abs. 2 GewStG).

III. Angleichung der Voraussetzungen für die körperschaftsteuerliche und gewerbesteuerliche Organschaft

11 Ab dem Erhebungszeitraum 2002 stimmen die Voraussetzungen für die gewerbesteuerliche Organschaft mit denen der körperschaftsteuerlichen Organschaft überein (§ 36 Abs. 2 GewStG). Bereits bestehende gewerbesteuerliche Organschaften ohne Gewinnabführungsvertrag enden mit dem Erhebungszeitraum 2001, wenn nicht mit Wirkung ab 2002 ein Gewinnabführungsvertrag abgeschlossen und tatsächlich durchgeführt wird.

12 Die Rückbeziehung der finanziellen Eingliederung und damit die rückwirkende Begründung eines Organschaftsverhältnisses ist nicht zulässig. Rz. Org. 05 des BMF-Schreibens vom 25. März 1998 (BStBl I S. 268) gilt für die finanzielle Eingliederung entsprechend.

IV. Additionsverbot

Sowohl für die körperschaftsteuerliche als auch für die gewerbesteuerliche Organschaft dürfen ab dem Veranlagungs-/Erhebungszeitraum 2001 für das Vorliegen einer finanziellen Eingliederung i. S. von § 14 Abs. 1 Nr. 1 KStG mittelbare und unmittelbare Beteiligungen zusammengerechnet werden, wenn die Beteiligung an jeder vermittelnden Gesellschaft die Mehrheit der Stimmrechte gewährt.

Beispiel für die finanzielle Eingliederung:

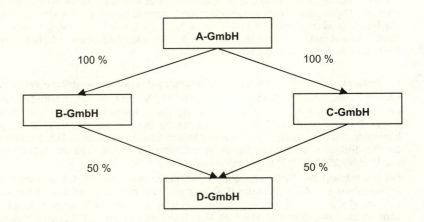

Die B-GmbH und die C-GmbH sind in die A-GmbH auf Grund unmittelbarer Beteiligung von jeweils 100 % finanziell eingegliedert. Die A-GmbH ist an der D-GmbH nicht unmittelbar beteiligt.
Die Zusammenrechnung der mittelbaren Beteiligung über die B-GmbH (50 %) und die C-GmbH (50 %) führt aber zur finanziellen Eingliederung der D-GmbH in die A-GmbH.

D. Mehrmütterorganschaft

Die bislang gewohnheitsrechtlich anerkannte Mehrmütterorganschaft ist durch § 14 Abs. 2 Satz 1 i. V. mit § 34 Abs. 9 Nr. 4 KStG erstmals gesetzlich geregelt worden.[1]

I. Qualifizierung der Willensbildungs-GbR als Organträger

Schließen sich mehrere gewerbliche Unternehmen zum Zwecke der einheitlichen Willensbildung gegenüber einer Kapitalgesellschaft zu einer Gesellschaft bürgerlichen Rechts (Willensbildungs-GbR) zusammen, ist die Willensbildungs-GbR Organträger. Sie ist kraft Gesetzes als gewerbliches Unternehmen anzusehen (§ 14 Abs. 2 KStG).

Voraussetzung für die Begründung eines Organschaftsverhältnisses ist in diesen Fällen, dass den Gesellschaftern der GbR die Mehrheit der Stimmrechte an der Organgesellschaft zusteht und ihr Wille in der Organgesellschaft tatsächlich durchgeführt wird. Vom Beginn

---
[1] Durch das StVergAbG (vgl. Fn. 1) ist das Rechtsinstitut der Mehrmütterorganschaft mit Wirkung ab dem VZ 2003 gestrichen worden.

Anlage 12
I. Organschaft

des Wirtschaftsjahrs der Organgesellschaft muss die GbR ununterbrochen bestehen und jeder ihrer Gesellschafter an der Organgesellschaft ununterbrochen beteiligt sein (§ 14 Abs. 2 Satz 2 KStG). Weitere Voraussetzung für eine Organschaft ist ein Gewinnabführungsvertrag zwischen der Organgesellschaft und der Willensbildungs-GbR. Veräußert ein Gesellschafter der Willensbildungs-GbR während des Wirtschaftsjahrs der Organgesellschaft seine Anteile an der Organgesellschaft oder scheidet er während des Wirtschaftsjahrs der Organgesellschaft aus der Willensbildungs-GbR aus, ist vom Zeitpunkt der Veräußerung oder des Ausscheidens an die Voraussetzung der finanziellen Eingliederung nicht mehr erfüllt. Damit entfällt die Anwendung des § 14 KStG für dieses Wirtschaftsjahr.

18 Für den Veranlagungszeitraum 2000 und früher setzt eine Mehrmütterorganschaft voraus, dass die Organgesellschaft wirtschaftlich und organisatorisch in das Unternehmen des Organträgers eingegliedert ist (§ 14 Abs. 2 Nr. 1 bis 5 KStG i. V. mit § 34 Abs. 9 Nr. 1 KStG). Eine Ergebniszurechnung bei den an der Willenbildungsgesellschaft beteiligten Muttergesellschaften ist gesetzlich ausgeschlossen.

II. Auswirkungen der Mehrmütterorganschaft auf gewerbesteuerliche Verluste

19 Nach § 2 Abs. 2 Satz 3 GewStG[1)] ist in Fällen der Mehrmütterorganschaft die Willensbildungs-GbR Organträger. Der Gewerbeertrag der Organgesellschaft ist der Willensbildungs-GbR zuzurechnen. Eine Berücksichtigung bei den an der Willensbildungs-GbR beteiligten Gesellschaftern (Muttergesellschaften) ist ausgeschlossen. Die Entscheidungen des Bundesfinanzhofs zur Mehrmütterorganschaft vom 9. Juni 1999 (BStBl 2000 II S. 695 und BFH/NV 2000 S. 347) finden keine Anwendung.[2)]

20 Bei Beendigung der Mehrmütterorganschaft durch Ausscheiden des vorletzten Gesellschafters aus der Willensbildungs-GbR geht ein noch nicht berücksichtigter Verlustabzug i. S. des § 10a GewStG weder ganz noch anteilig auf den verbleibenden Gesellschafter über, da zwischen dem verbleibenden Gesellschafter und der GbR keine Unternehmensidentität besteht.

E. Steuerfreie Beteiligungserträge der Organgesellschaft

21 Es entspricht der Systematik des Halbeinkünfteverfahrens, wenn ausgeschüttete Gewinne im Organkreis steuerfrei bleiben, soweit sie letztlich auf eine Kapitalgesellschaft entfallen, und lediglich der Halbeinkünftebesteuerung unterliegen, soweit sie letztlich auf eine natürliche Person entfallen.

I. Bruttomethode

22 Nach § 15 Nr. 2 KStG finden bei der Ermittlung des Einkommens der Organgesellschaft § 8b Abs. 1 bis 6 KStG keine Anwendung. Die Vorschriften des § 8b KStG sowie des § 3 Nr. 40 und des § 3c EStG sind bei der Ermittlung des Einkommens des Organträgers anzuwenden, wenn die Organgesellschaft Dividendeneinnahmen oder Veräußerungserlöse erzielt oder wenn in dem beim Organträger zuzurechnenden Einkommen Gewinnminderungen i. S. des § 8b Abs. 3 KStG oder mit solchen Bezügen zusammenhängende Ausgaben i. S. des § 3c EStG enthalten sind (sog. Bruttomethode).[3)]

[1)] Satz 3 wurde durch das StVergAbG aufgehoben (vgl. a. Fn. 3)
[2)] BMF-Schreiben vom 4. Dezember 2000, BStBl I S. 1571
[3)] Durch das StVergAbG (vgl. Fn. 1) ist klargestellt worden, dass die Bruttomethode auch angewendet wird, soweit die Organgesellschaft einen Übernahmegewinn i. S. von § 4 Abs. 7 UmwStG oder Erträge aus ausländischen Beteiligungen, die durch ein DBA-Schachtelprivileg freigestellt sind, erzielt.

II. Fremdfinanzierungsaufwendungen

Fremdfinanzierungsaufwendungen für den Erwerb einer Beteiligung durch die Organgesellschaft stehen im Zusammenhang mit den nach § 8b Abs. 1 KStG steuerfreien Beteiligungserträgen und unterliegen damit dem Abzugsverbot des § 3c Abs. 1 EStG. § 8b Abs. 1 bis 6 KStG ist aber nicht auf der Ebene der Organgesellschaft, sondern erst bei der Ermittlung des Einkommens des Organträgers anzuwenden (§ 15 Nr. 2 Sätze 1 und 2 KStG).

Finanziert der Organträger die Beteiligung an der Organgesellschaft fremd, sind die Aufwendungen in voller Höhe abziehbar. Eine Anwendung des § 3c EStG scheidet aus, da die Aufwendungen im Zusammenhang mit Gewinnabführungen und nicht mit nach § 8b KStG steuerfreien Einnahmen stehen. Dies gilt nicht, wenn eine Organgesellschaft für ein Geschäftsjahr in vertraglicher Zeit vorvertragliche Rücklagen auflöst und hieraus eine Gewinnausschüttung leistet. Insoweit handelt es sich um nach § 8b Abs. 1 KStG steuerfreie Beteiligungserträge.

III. Organträger ist eine Kapitalgesellschaft

Ist Organträger eine Kapitalgesellschaft, gilt für die steuerliche Behandlung der steuerfreien Beteiligungserträge der Organgesellschaft Folgendes:

Beispiel:
Die A-GmbH ist 100 %ige Tochtergesellschaft der B-GmbH. Es besteht ein Organschaftsverhältnis. Die A-GmbH erzielt Dividendeneinnahmen in Höhe von 10 000 €, auf die Betriebsausgaben in Höhe von 1 000 € entfallen.

Bei der Ermittlung des der B-GmbH gemäß § 14 KStG zuzurechnenden Einkommens werden § 8b Abs. 1 KStG und § 3c Abs. 1 EStG nicht berücksichtigt (§ 15 Nr. 2 KStG). Das zuzurechnende Einkommen beträgt 9 000 €.

  10 000 € Betriebseinnahmen
./. 1 000 € Betriebsausgaben
   9 000 €

In der Steuererklärung macht die A-GmbH als Organgesellschaft folgende Angaben:

Einkommen:	9 000 €
nachrichtlich:	
inländische Bezüge i. S. des § 8b Abs. 1 KStG:	10 000 €
Betriebsausgaben nach § 3c Abs. 1 EStG:	1 000 €

Bei der B-GmbH als Organträger werden nach § 15 Nr. 2 Satz 2 KStG vom zuzurechnenden Einkommen nach § 14 KStG in Höhe von 9 000 € nun die steuerfreien Bezüge nach § 8b Abs. 1 KStG in Höhe von 10 000 € gekürzt und die damit im Zusammenhang stehenden Betriebsausgaben i. S. von § 3c Abs. 1 EStG hinzugerechnet. Das verbleibende zuzurechnende Einkommen beträgt 0 €.

IV. Organträger ist eine natürliche Person

Ist Organträger eine natürliche Person, gilt für die steuerliche Behandlung der steuerfreien Beteiligungserträge der Organgesellschaft Folgendes:

Beispiel:
Die 100 %ige Beteiligung an der A-GmbH ist Betriebsvermögen des gewerblichen Einzelunternehmens des B. Es besteht ein Organschaftsverhältnis. Die A-GmbH erzielt Dividen-

Anlage 12

I. Organschaft

deneinnahmen in Höhe von 10 000 €, auf die Betriebsausgaben in Höhe von 1 000 € entfallen.

Das dem Organträger gemäß § 14 KStG zuzurechnende Einkommen beträgt 9 000 € (wie Beispiel zu Rdnr. 25).

Die Angaben in der Steuererklärung der A-GmbH als Organgesellschaft entsprechen dem Beispiel zu Rdnr. 25.

Bei Organträger B werden nach § 15 Nr. 2 Satz 2 KStG vom zuzurechnenden Einkommen nach § 14 KStG i. H. von 9 000 € die nach § 3 Nr. 40 Buchstabe d EStG steuerfreien Bezüge i. H. von 5 000 € abgezogen und nach § 3c Abs. 2 EStG die Hälfte der damit im Zusammenhang stehenden Betriebsausgaben hinzugerechnet. Das dem Organträger B verbleibende zuzurechnende Einkommen beträgt 4 500 €.

V. Organträger ist eine Personengesellschaft

27   Ist der Organträger eine Personengesellschaft, werden steuerfreie Beteiligungserträge der Organgesellschaft bei Gesellschaftern, die Kapitalgesellschaften sind, entsprechend Beispiel zu Rdnr. 25 und bei Gesellschaftern, die natürliche Personen sind, entsprechend Beispiel zu Rdnr. 26 behandelt.

VI. Auswirkungen der Bruttomethode des § 15 Abs. 2 KStG auf die Gewerbesteuer

28   Die Bruttomethode nach § 15 Nr. 2 KStG ist auch bei der Gewerbesteuer anzuwenden. Dabei ist nach § 15 Nr. 2 Satz 2 KStG die Anwendung der Vorschriften § 8b KStG, § 3 Nr. 40 EStG und § 3c EStG auf der Ebene des Organträgers nachzuholen.

1. Veräußerungsgewinne

29   Gewinne aus der Veräußerung von Anteilen an in- und ausländischen Körperschaften sind im Steuerbilanzgewinn der Organgesellschaft enthalten. § 8b Abs. 2 KStG findet auf der Ebene der Organgesellschaft keine Anwendung (§ 15 Nr. 2 Satz 1 KStG). Die Voraussetzungen einer Kürzungsvorschrift nach § 9 GewStG liegen nicht vor. § 8b Abs. 2 KStG ist nach § 15 Nr. 2 Satz 2 KStG bei der Ermittlung des Einkommens des Organträgers anzuwenden.

Beispiel:

Die O-GmbH hat einen Gewinn aus Gewerbetrieb in Höhe von 100 000 €. Darin enthalten ist ein Gewinn aus der Veräußerung von Anteilen an der E-AG in Höhe von 10 000 €. Es besteht ein Organschaftsverhältnis mit der M-AG als Organträger.

Lösung:

Nach § 15 Nr. 2 Satz 1 KStG ist bei der O-GmbH § 8b Abs. 2 KStG nicht anzuwenden. Der Steuerbilanzgewinn beträgt 100 000 €. Dieser Betrag stellt auch den Gewerbeertrag der O-GmbH dar, weil auf Veräußerungsgewinne eine gewerbesteuerliche Kürzungsvorschrift nicht anzuwenden ist.

Auf der Ebene der M-AG ist § 8b Abs. 2 KStG anzuwenden. Es ergibt sich ein Gewerbeertrag i. H. von 90 000 €.

2. Dividendeneinnahmen aus Schachtelbeteiligungen

30   Auf Dividendeneinnahmen der Organgesellschaft ist § 8b Abs. 1 KStG nicht anzuwenden (§ 15 Nr. 2 Satz 1 KStG). Die Dividendeneinnahmen unterliegen im Organkreis nicht der Gewerbesteuer, wenn die Voraussetzungen einer Kürzung nach § 9 Nr. 2a oder Nr. 7

GewStG erfüllt sind. In diesem Fall sind sie bei der Ermittlung des Gewerbeertrags der Organgesellschaft abzüglich der damit im Zusammenhang stehenden Ausgaben zu kürzen.

Beispiel:
Die O-GmbH hat einen Gewinn aus Gewerbebetrieb in Höhe von 100 000 €. Darin enthalten sind Dividenden aus der 15 %igen Beteiligung an der E-AG i.H. von 10 000 €. Es besteht ein Organschaftsverhältnis mit der M-AG als Organträger.

Lösung:
Nach § 15 Nr. 2 KStG ist bei der O-GmbH der Gewinn in voller Höhe von 100 000 € anzusetzen, weil § 8b Abs. 1 KStG bei ihr nicht zu berücksichtigen ist. Dieser Gewinn ist Ausgangsgröße für die Ermittlung des Gewerbeertrags. Bei der Ermittlung des Gewerbeertrags ist der Gewinn i. H. von 100 000 € nach § 9 Nr. 2a GewStG um die darin enthaltenen Einnahmen aus der Schachteldividende zu kürzen. Der Gewerbeertrag beträgt 90 000 €.
Der M-AG ist als Organträger ein Gewerbeertrag der O-GmbH in Höhe von 90 000 € zuzurechnen. Es ist keine Korrektur vorzunehmen, da in dem zugerechneten Betrag keine Einnahmen i. S. des § 8b Abs. 1 KStG enthalten sind.
Bei mehreren Beteiligungen im Organkreis ist die 10 % - Grenze des § 9 Nr. 2a und Nr. 7 GewStG für jede Beteiligung getrennt zu betrachten.

3. Dividendeneinnahmen aus Streubesitz

Auf Dividendeneinnahmen der Organgesellschaft ist § 8b Abs. 1 KStG nicht bei der Ermittlung des Einkommens der Organgesellschaft, sondern erst auf der Ebene des Organträgers anzuwenden (§ 15 Nr. 2 Satz 1 und 2 KStG). Die Dividendeneinnahmen sind jedoch nach § 8 Nr. 5 GewStG wieder hinzuzurechnen.

Beispiel:
Die O-GmbH hat einen Gewinn aus Gewerbebetrieb in Höhe von 100 000 €. Darin enthalten sind Dividenden aus einer 5 %igen Beteiligung an der E-AG i. H. von 10 000 €. Es besteht ein Organschaftsverhältnis mit der M-AG als Organträger.

Lösung:
Nach § 15 Nr. 2 KStG ist bei der O-GmbH der Gewinn in voller Höhe von 100 000 € anzusetzen, weil § 8b Abs. 1 KStG bei ihr nicht zu berücksichtigen ist. Bei der Ermittlung des Gewerbeertrags ist eine Kürzung nicht vorzunehmen, weil die Voraussetzungen des § 9 Nr. 2a GewStG bei Nicht-Schachtelbeteiligungen nicht vorliegen. Der Gewinn aus Gewerbebetrieb und der Gewerbeertrag betragen 100 000 €.
Auf der Ebene M-AG ist § 8b Abs. 1 KStG anzuwenden. Durch die Hinzurechnung nach § 8 Nr. 5 GewStG auf der Ebene des Organträgers bleibt es bei einem Gewerbeertrag von 100 000 €.

4. Entgelte für Dauerschulden

Sind bei der Organgesellschaft in den mit nach § 8b KStG steuerfreien Einnahmen im Zusammenhang stehenden Ausgaben (§ 3c EStG) Entgelte für Dauerschulden enthalten, ist § 3c EStG auf der Ebene des Organträgers nur noch insoweit anzuwenden, wie nicht schon eine Hinzurechnung in Höhe der Hälfte der Entgelte für Dauerschuldzinsen nach § 8 Nr. 1 GewStG bei der Organgesellschaft erfolgt ist.

Anlage 12

I. Organschaft

5. Organträger ist eine Personengesellschaft

34 Ist Organträger eine Personengesellschaft, finden die Vorschriften zu § 8b KStG und § 3 Nr. 40 EStG bei der Gewerbesteuer keine Anwendung, da die Personengesellschaft eigenes Gewerbesteuersubjekt i. S. des § 2 GewStG ist.

Beispiel:

Die O-GmbH ist Organgesellschaft einer Personengesellschaft, an der zu 50 % eine natürliche Person und zu 50 % eine Kapitalgesellschaft beteiligt sind. Die O-GmbH hat einen Gewinn aus Gewerbebetrieb i. H. von 100 000 €. Darin enthalten ist ein Gewinn aus der Veräußerung von Anteilen an der E-AG i. H. von 10 000 €.

Lösung:

Der Gewinn aus der Veräußerung der Anteile an der E-AG ist auf der Ebene der O-GmbH nicht nach § 8b Abs. 2 KStG steuerfrei (§ 15 Nr. 2 KStG). Auf der Ebene der Personengesellschaft als Organträger ist weder § 8b KStG noch § 3 Nr. 40 EStG anwendbar, sodass der Gewerbeertrag (einschließlich des Veräußerungsgewinns von 10 000 €) in voller Höhe von 100 000 € der Gewerbesteuer unterliegt.

F. Unterschiedliches Recht bei Organgesellschaft und Organträger

35 Beim Übergang vom Anrechnungsverfahren zum Halbeinkünfteverfahren bei der Körperschaftsteuer kann es zu einem Zusammenfallen von altem Recht (KStG a. F.[1]) und neuem Recht (KStG n. F) innerhalb des Organkreises kommen, wenn das Wirtschaftsjahr bei der Organgesellschaft und dem Organträger nicht identisch ist.

Zu unterscheiden sind zwei Fallgruppen:

I. Fallgruppe 1: Abweichendes Wirtschaftsjahr bei der Organgesellschaft

36 Unterliegt der Organträger dem KStG n. F. und ist für die Ermittlung des ihm zuzurechnenden Organeinkommens noch das KStG a. F. anzuwenden, ist auf das zu versteuernde Einkommen des Organträgers ein Steuersatz von 25 % anzuwenden.

Beispiel:

Im Jahr 2001 ermittelt der Organträger, bei dem das Wirtschaftsjahr das Kalenderjahr ist, sein Einkommen nach neuem Recht. Die Organgesellschaft ermittelt hingegen das Organeinkommen für das Wirtschaftsjahr 2000/2001 noch nach altem Recht. Dieses Organeinkommen wird dem Organträger für den Veranlagungszeitraum 2001 zugerechnet. Auf das zu versteuernde Einkommen des Organträgers ist ein Steuersatz von 25 % anzuwenden.

II. Fallgruppe 2: Abweichendes Wirtschaftsjahr beim Organträger

37 Unterliegt der Organträger dem KStG a. F. und ist für die Ermittlung des ihm zuzurechnenden Organeinkommens schon das KStG n. F. anzuwenden, ist auf das zu versteuernde Einkommen des Organträgers ein Steuersatz von 40 % anzuwenden.

Beispiel:

Der Organträger ermittelt sein Einkommen für das Wirtschaftsjahr 2000/2001 noch nach altem Recht. Für die Organgesellschaft gilt bereits neues Recht. Das nach neuem Recht

---

[1] KStG a. F. = KStG 1999

ermittelte Organeinkommen wird dem Organträger für den Veranlagungszeitraum 2001 zugerechnet. Auf das zu versteuernde Einkommen des Organträgers ist ein Steuersatz von 40 % anzuwenden.

Bezieht die Organgesellschaft Beteiligungserträge nach neuem Recht, findet § 15 Nr. 2 Satz 2 KStG n. F. und damit § 8b KStG, § 3 Nr. 40 und § 3c EStG beim Organträger Anwendung (§ 34 Abs. 10 KStG). — 38

G. Körperschaftsteuererhöhung nach § 37 Abs. 3 KStG

Vereinnahmt eine Körperschaft Bezüge i. S. des § 8b Abs. 1 KStG, die bei der leistenden Körperschaft zu einer Körperschaftsteuerminderung geführt haben, führt dies bei der Empfängerin der Bezüge nach § 37 Abs. 3 KStG zu einer Körperschaftsteuererhöhung. In Organschaftsfällen ist für Bezüge der Organgesellschaft die Körperschaftsteuererhöhung beim Organträger vorzunehmen (§ 37 Abs. 3 Satz 2 KStG). — 39

H. Organschaftliche Mehr- und Minderabführungen (§ 27 Abs. 6 KStG)

Veränderungen des steuerlichen Einlagekontos bei Mehr- und Minderabführungen einer Organgesellschaft sind in § 27 Abs. 6 KStG geregelt. Ist die Kapitalgesellschaft Organgesellschaft im Sinne des § 14 KStG oder des § 17 KStG und übersteigt das dem Organträger zuzurechnende Einkommen den abgeführten Gewinn — 40

- wegen der Einstellung von Beträgen aus dem Jahresüberschuss in die gesetzliche Rücklage (§ 300 Nr. 1 des Aktiengesetzes),
- in den Fällen des § 14 Abs. 1 Nr. 4 KStG wegen Einstellung von Beträgen aus dem Jahresüberschuss in die Gewinnrücklagen,
- wegen der Verpflichtung zum Ausgleich vorvertraglicher Verluste (§ 301 des Aktiengesetzes) oder
- wegen von der Handelsbilanz abweichender Bewertung von Aktiv- oder Passivposten in der Steuerbilanz,

ist der Unterschiedsbetrag (Minderabführung) bei der Organgesellschaft auf dem steuerlichen Einlagekonto zu erfassen.

Unterschreitet das dem Organträger zuzurechnende Einkommen den abgeführten Gewinn — 41

- wegen der Auflösung der in Satz 1 genannten Gewinnrücklagen oder
- wegen von der Handelsbilanz abweichender Bewertung von Aktiv- oder Passivposten in der Steuerbilanz,

mindert der Unterschiedsbetrag (Mehrabführung) das steuerliche Einlagekonto.

Zur Verwendung des steuerlichen Einlagekontos bei Mehr- und Minderabführungen wird auf das BMF-Schreiben vom 4. Juni 2003 zum steuerlichen Einlagekonto (BStBl I S. 366) verwiesen. — 42

I. Organschaftsausgleichsposten

Nach der Umstellung des Körperschaftsteuersystems vom Anrechnungs- auf das Halbeinkünfteverfahren gilt für die steuerliche Behandlung von Ausgleichsposten bei der Organschaft Folgendes: — 43

Der Ausgleichsposten ist ein Korrekturposten zum Beteiligungsbuchwert. Auch nach der Systemumstellung sind die organschaftlichen Ausgleichsposten in voller Höhe zu bilden, unabhängig davon, ob das Organschaftseinkommen bzw. Teile davon beim Organträger voll steuerpflichtig oder insgesamt oder hälftig steuerfrei sind. Die Ausgleichsposten sind aber begrenzt auf die Höhe des Prozentsatzes der Beteiligung des Organträgers an der Organgesellschaft.

Anlage 12

I. Organschaft

44 Wird beispielsweise ein beim Organträger gebildeter passiver Ausgleichsposten im Rahmen einer Veräußerung der Organbeteiligung aufgelöst, so erhöht sich der - nach § 8b Abs. 2 KStG steuerfreie - Veräußerungsgewinn. Der passive Ausgleichsposten repräsentiert stille Reserven in der Organgesellschaft, die handelsrechtlich bereits an den Organträger abgeführt worden sind.

45 Nach § 8b Abs. 2 Satz 2 KStG tritt die Steuerfreiheit jedoch nicht ein, soweit in den vorangegangenen Jahren bereits steuerwirksame Teilwertabschreibungen vorgenommen worden sind. In Höhe dieser Teilwertabschreibungen bleibt der Veräußerungsgewinn, zu dem auch die Auflösung eines Ausgleichspostens gehört, steuerpflichtig.

Anlage 12

Organschaft II.

Änderungen bei der Besteuerung steuerlicher Organschaften durch das Steuervergünstigungsabbaugesetz
- StVergAbG

(BMF-Schreiben vom 10. November 2005 - IV B 7 - S 2770 - 24/05 - BStBl I S. 1038)

Unter Bezugnahme auf das Ergebnis der Erörterungen mit den obersten Finanzbehörden der Länder gilt zur Anwendung der Organschaftsregelungen i. d. F. des Steuervergünstigungsabbaugesetzes (StVergAbG) vom 16. Mai 2003 (BGBl. I S. 660, BStBl I S. 318) und des Gesetzes zur Änderung des Gewerbesteuergesetzes und anderer Gesetze vom 23. Dezember 2003 (BGBl. I S. 2922, BStBl 2004 I S. 20) Folgendes:

A. Allgemeines

Durch das StVergAbG vom 16. Mai 2003 (a. a. O.) sind die Vorschriften über die steuerliche Organschaft geändert worden:

- Die Mehrmütterorganschaft wird ab dem Veranlagungszeitraum/Erhebungszeitraum (VZ/EZ) 2003 steuerlich nicht mehr anerkannt.
- Eine Personengesellschaft kommt ab dem VZ/EZ 2003 nach § 14 Abs. 1 Satz 1 Nr. 2 Satz 2 und 3 KStG als Organträger nur noch in Betracht,
  - wenn die finanzielle Eingliederung der Organgesellschaft zur Organträger-Personengesellschaft (Organträger-PersG) selbst besteht, d. h., die Anteile an der Organgesellschaft müssen zum Gesamthandsvermögen der Organträger-PersG gehören und
  - wenn die Organträger-PersG eine eigene gewerbliche Tätigkeit i. S. des § 15 Abs. 1 Satz 1 Nr. 1 EStG ausübt.
- Das Einkommen der Organgesellschaft ist dem Organträger nach § 14 Abs. 1 Satz 2 KStG erstmals für das Kalenderjahr zuzurechnen, in dem das Wirtschaftsjahr der Organgesellschaft endet, in dem der Gewinnabführungsvertrag wirksam wird.

Durch das Gesetz zur Änderung des Gewerbesteuergesetzes und anderer Gesetze vom 23. Dezember 2003 (a. a. O.) ist die Möglichkeit des Abzugs vororganschaftlicher Verluste bei der Organgesellschaft auch für die Gewerbesteuer weggefallen - § 10a Satz 5 GewStG (vgl. Rdnr. 25).

B. Wirksamwerden des Gewinnabführungsvertrags

I. Neuregelung

Nach § 14 Abs. 1 Satz 2 KStG kann das Einkommen der Organgesellschaft dem Organträger erstmals für das Kalenderjahr zugerechnet werden, in dem das Wirtschaftsjahr der Organgesellschaft endet, in dem der Gewinnabführungsvertrag (GAV) wirksam wird. Danach muss der GAV bis zum Ende des Wirtschaftsjahrs der Organgesellschaft, für das die Folgen der steuerlichen Organschaft erstmals eintreten sollen, in das Handelsregister eingetragen sein.

II. Mindestlaufzeit

Nach § 14 Abs. 1 Satz 1 Nr. 3 KStG muss der GAV auf mindestens fünf Jahre abgeschlossen sein. Die Voraussetzung der Mindestlaufzeit ist nicht erfüllt, wenn der Vertrag zwar auf fünf Jahre abgeschlossen ist, aber erst in einem auf das Jahr des Abschlusses folgenden Jahr ins Handelsregister eingetragen wird. Für die Frage, ob die Mindestlaufzeit erfüllt ist, kommt es auf die für die steuerliche Anerkennung maßgebende zivilrechtliche Wirksamkeit des GAV an (vgl. auch R 60 Abs. 2 Satz 2 KStR 2004). Eine vertragliche Vereinbarung,

347

Anlage 12

II. Organschaft

nach der die Laufzeit des GAV erst in dem Wirtschaftsjahr beginnt, in dem der GAV im Handelsregister eingetragen wird, ist nicht zu beanstanden.

III. Übergangsregelung des § 34 Abs. 9 Nr. 3 KStG

5   Nach § 34 Abs. 9 Nr. 3 KStG konnte ein steuerliches Organschaftsverhältnis noch nach den bisherigen Grundsätzen begründet werden, wenn der GAV vor dem 21. November 2002 abgeschlossen wurde. Dabei reicht der Vertragsabschluss durch die vertretungsbefugten Organe (Geschäftsführer oder Vorstand) aus. Die Zustimmung der Hauptversammlung bzw. der Gesellschafterversammlung ist für die Einhaltung der Frist nicht erforderlich.

C. Wegfall der steuerlichen Anerkennung der Mehrmütterorganschaft
I. Allgemeines

6   Eine Mehrmütterorganschaft liegt vor, wenn sich mehrere Unternehmen (mehrere Mütter), die allein die Voraussetzungen der finanziellen Eingliederung nicht erfüllen, zu einer Gesellschaft bürgerlichen Rechts (Willensbildungs-GbR) zusammenschließen, um ein Organschaftsverhältnis zu einer Organgesellschaft zu begründen. Dabei handelt es sich i. d. R. um eine reine Innengesellschaft, die keinen eigenen anderweitigen betrieblichen Zweck verfolgt. Eine Mehrmütterorganschaft ist letztmalig für den VZ/EZ 2002 anzuerkennen (§ 34 Abs. 1 KStG i. d. F. des StVergAbG). Der Wegfall der steuerlichen Anerkennung der Mehrmütterorganschaft ist ein wichtiger Grund i. S. des § 14 Abs. 1 Satz 1 Nr. 3 Satz 2 KStG für die Beendigung des GAV. Der Vertrag bleibt für die Jahre, für die er durchgeführt worden ist, bis einschließlich 2002 steuerrechtlich wirksam.

II. Auswirkungen auf die Willensbildungs-GbR und deren Gesellschafter

7   Mit Wegfall der steuerlichen Anerkennung der Mehrmütterorganschaft, ist die Willensbildungs-GbR nicht mehr als gewerbliches Unternehmen und damit nicht mehr als Steuergegenstand der Gewerbesteuer anzusehen. Sie gilt im Zeitpunkt der erstmaligen Anwendung der Gesetzesänderung steuerlich als aufgelöst. Die Willensbildungs-GbR besteht steuerlich nur in den Fällen bis zu ihrer zivilrechtlichen Beendigung fort, in denen sie keine reine Innengesellschaft ist.

8   Handelt es sich bei der Willensbildungs-GbR um eine reine Innengesellschaft, die keinen eigenen anderweitigen betrieblichen Zweck verfolgt, findet eine Aufdeckung der stillen Reserven der Anteile an der Organgesellschaft auf der Ebene der Willensbildungs-GbR nicht statt. Eine solche Willensbildungs-GbR ist selbst nicht gewerblich tätig i. S. des § 15 Abs. 1 Satz 1 Nr. 1 EStG. Sie ist auch mangels Einkünfteerzielungsabsicht nicht gewerblich geprägt i. S. des § 15 Abs. 3 Nr. 2 EStG. Sie wurde nach § 14 Abs. 2 KStG a. F. lediglich fiktiv als Gewerbebetrieb behandelt. Als bloße Innengesellschaft hat sie kein eigenes Betriebsvermögen.

Während des Bestehens der Mehrmütterorganschaft gehörten die Anteile an der Organgesellschaft daher weder zum Betriebsvermögen der Willensbildungs-GbR noch zum Sonderbetriebsvermögen der Gesellschafter der Willensbildungs-GbR. Sie waren Betriebsvermögen der Gesellschafter der Willensbildungs-GbR.

III. Auswirkungen auf gewerbesteuerliche Verlustvorträge der Willensbildungs-GbR

9   Mit Wegfall der steuerlichen Anerkennung einer Mehrmütterorganschaft gilt die Willensbildungs-GbR, die nur eine reine Innengesellschaft ist, steuerlich als aufgelöst (vgl. Rdnr. 7). Ein noch nicht berücksichtigter Verlustabzug geht unter. Eine Berücksichtigung der Verlustvorträge bei den Gesellschaftern der Willensbildungs-GbR oder bei der bisherigen Organgesellschaft ist grundsätzlich nicht möglich.

Aus Billigkeitsgründen wird allerdings auf übereinstimmenden, unwiderruflichen, beim für die Besteuerung der Organgesellschaft zuständigen Finanzamt zu stellenden Antrag der Gesellschafter der Willensbildungs-GbR und der Organgesellschaft eine Übertragung des Verlustvortrags auf die bisherige verlustverursachende Organgesellschaft nicht beanstandet. Der Antrag ist bis zur materiellen Bestandskraft der Feststellung des verbleibenden Verlustvortrags der ehemaligen Willensbildungs-GbR für den EZ 2002 zu stellen.

Nimmt die Willensbildungs-GbR, die als reine Innengesellschaft anzusehen war, mit Wegfall der steuerlichen Anerkennung einer Mehrmütterorganschaft eine gewerbliche Tätigkeit auf, ist dies als Neugründung anzusehen. Mangels Unternehmensidentität i. S. der gewerbesteuerlichen Grundsätze des Abschn. 67 GewStR 1998 kann daher diese Gesellschaft ihren Gewerbeertrag nicht um Verluste kürzen, die auf die als aufgelöst geltende Innengesellschaft entfallen.

Änderte sich der Gesellschafterbestand der Willensbildungs-GbR, die als reine Innengesellschaft anzusehen war, vor dem Zeitpunkt ihrer Auflösung, sind hierbei die gewerbesteuerlichen Grundsätze der Unternehmeridentität zu beachten (Abschn. 68 GewStR 1998 vgl. auch Rdnr. 20 des BMF-Schreibens vom 26. August 2003 - BStBl I S. 437).

D. Personengesellschaft als Organträger

I. Finanzielle Eingliederung der Organträger-Personengesellschaft

Bei einer Personengesellschaft als Organträger müssen ab dem VZ 2003 die Voraussetzungen der finanziellen Eingliederung im Verhältnis zur Personengesellschaft selbst erfüllt sein (§ 14 Abs. 1 Satz 1 Nr. 2 Satz 3 KStG). Danach ist es erforderlich, dass zumindest die Anteile, die die Mehrheit der Stimmrechte an der Organgesellschaft vermitteln, im Gesamthandsvermögen der Personengesellschaft gehalten werden.

Befinden sich die Anteile an der Organgesellschaft im Sonderbetriebsvermögen eines Mitunternehmers und sollen sie (zur Fortführung der Organschaft) in das Gesamthandsvermögen der Personengesellschaft übertragen werden, erfolgt dies nach § 6 Abs. 5 Satz 3 EStG zu Buchwerten. Soweit an der aufnehmenden Personengesellschaft weitere Kapitalgesellschaften beteiligt sind, ist aber nach § 6 Abs. 5 Satz 5 EStG der Teilwert anzusetzen.

II. Eigene gewerbliche Tätigkeit der Organträger-Personengesellschaft

1. Allgemeines

Zusätzlich zu den übrigen Voraussetzungen muss nach § 14 Abs. 1 Satz 1 Nr. 2 Satz 2 KStG bei einer Organträger-PersG zur steuerlichen Anerkennung einer Organschaft ab dem VZ 2003 eine eigene gewerbliche Tätigkeit i. S. des § 15 Abs. 1 Satz 1 Nr. 1 EStG vorliegen. Gewerblich geprägte Personengesellschaften i. S. des § 15 Abs. 3 Nr. 2 EStG können damit nicht mehr Organträger sein.

Eine Besitzpersonengesellschaft im Rahmen einer Betriebsaufspaltung kommt als Organträger in Betracht. Ihr wird die gewerbliche Tätigkeit i. S. des § 15 Abs. 1 Satz 1 Nr. 1 EStG der Betriebsgesellschaft zugerechnet.

2. Umfang der eigenen gewerblichen Tätigkeit

Durch das Merkmal der eigenen gewerblichen Tätigkeit soll insbesondere auch verhindert werden, dass mit Hilfe einer Personengesellschaft ohne substanzielle originäre gewerbliche Tätigkeit das steuerliche Ergebnis einer Mehrmütterorganschaft erreicht werden kann. Die Voraussetzung ist daher nur erfüllt, wenn die eigene gewerbliche Tätigkeit der Organträger-PersG nicht nur geringfügig ist.

Anlage 12

II. Organschaft

Einzelfälle

18 Holdinggesellschaften/geschäftsleitende Holding

Eine Holdingpersonengesellschaft kann nur dann Organträger sein, wenn sie selbst eine eigene gewerbliche Tätigkeit ausübt. Für die Frage, ob eine geschäftsleitende Holding die Voraussetzung der eigenen gewerblichen Tätigkeit i. S. des § 14 Abs. 1 Satz 1 Nr. 2 Satz 2 KStG erfüllt, kann nicht auf die Grundsätze des BFH zur wirtschaftlichen Eingliederung (vgl. Abschn. 50 Abs. 2 Nr. 2 KStR 1995) abgestellt werden.

19 Erbringung von sonstigen Dienstleistungen gegenüber Konzerngesellschaften

Das Merkmal der Teilnahme am allgemeinen wirtschaftlichen Verkehr ist schon dann erfüllt, wenn eine Gesellschaft Dienstleistungen nur gegenüber einem Auftraggeber erbringt. Eine gewerbliche Tätigkeit liegt daher auch vor, wenn eine Gesellschaft Dienstleistungen (wie z. B. Erstellen der Buchführung, EDV-Unterstützung o. Ä.) nur gegenüber einer oder mehreren Konzerngesellschaften erbringt. Voraussetzung ist, dass die Leistungen gegen gesondertes Entgelt erbracht und wie gegenüber fremden Dritten abgerechnet werden.

20 Beteiligung an einer gewerblich tätigen Personengesellschaft

Eine vermögensverwaltende Personengesellschaft wird nicht allein deshalb selbst gewerblich i. S. des § 14 Abs. 1 Satz 1 Nr. 2 Satz 2 KStG tätig, weil sie an einer gewerblich tätigen Personengesellschaft beteiligt ist und aufgrund dieser Beteiligung gewerbliche Einkünfte erzielt.

3. Übergangsregelungen

21 Zur steuerlichen Anerkennung einer Organschaft müssen alle gesetzlichen Voraussetzungen grundsätzlich vom Beginn des Wirtschaftsjahrs der Organgesellschaft an erfüllt sein. Dies gilt auch für die eigene gewerbliche Tätigkeit des Organträgers[1].

22 Eine im VZ/EZ 2002 steuerlich wirksame Organschaft wird für die Zukunft steuerlich weiter anerkannt, wenn die Voraussetzungen der Aufnahme einer eigenen gewerblichen Tätigkeit und des Haltens der Organbeteiligung im Gesamthandvermögen bis zum 31. Dezember 2003 vorgelegen haben. Eine rückwirkende Übertragung von Sonderbetriebsvermögen in das Gesamthandvermögen ist nicht möglich. Rdnr. 11 bleibt davon unberührt.

23 Ein neu begründetes Organschaftsverhältnis wird ab dem VZ 2003 steuerlich grundsätzlich nur anerkannt, wenn die Voraussetzungen des § 14 KStG i. d. F. des StVergAbG von Anfang an erfüllt sind. Für im VZ 2003 neu begründete Organschaftsverhältnisse, für die der GAV vor dem 16. Mai 2003 abgeschlossen wurde, gilt Rdnr. 22 entsprechend. Das Organschaftsverhältnis wird steuerlich anerkannt, wenn die ab 2003 geltenden strengeren Voraussetzungen bis zum 31. Dezember 2003 erfüllt wurden.

24 Eine wirksame steuerliche Organschaft bleibt für die Vergangenheit auch dann anerkannt, wenn künftig die veränderten Voraussetzungen für eine Organschaft nicht mehr erfüllt sind. Das gilt auch, wenn der bis dahin tatsächlich durchgeführte GAV deshalb beendet wird. Die Gesetzesänderung ist ein wichtiger Grund i. S. des § 14 Abs. 1 Satz 1 Nr. 3 Satz 2 KStG i. V. mit R 60 Abs. 6 KStR 2004.

---

[1] >Rn. 21 ist durch BFH vom 24.7.2013, I R 40/12, BStBl 2014 II S. 272 überholt. Vgl. dazu >H 14.3 „Zeitpunkt einer gewerblichen Betätigung des Organträgers i. S. d. § 15 Abs. 1 Satz 1 Nr. 1 EStG"

E. Gewerbesteuerliches Abzugsverbot vororganschaftlicher Verluste

Nach § 10a Satz 3 GewStG i. d. F. des Gesetzes zur Änderung des Gewerbesteuergesetzes und anderer Gesetze vom 23. Dezember 2003 (a. a. O.) kann im Fall des § 2 Abs. 2 Satz 2 GewStG die Organgesellschaft den maßgebenden Gewerbeertrag nicht um Fehlbeträge kürzen, die sich vor dem Rechtswirksamwerden des GAV ergeben haben. Nach der korrespondierenden Vorschrift des § 14 Abs. 1 Satz 2 KStG ist das Einkommen der Organgesellschaft dem Organträger erstmals für das Kalenderjahr zuzurechnen, in dem das Wirtschaftsjahr der Organgesellschaft endet, in dem der GAV wirksam wird. Der GAV wird wirksam mit der Eintragung im Handelsregister.

Für den gewerbesteuerlichen Verlustabzug ist entsprechend der körperschaftsteuerlichen Regelung auf das Jahr des Wirksamwerdens des GAV abzustellen.

Beispiel:
Abschluss des GAV in 2003; Eintragung im Handelsregister am 30. Juni 2004.
Die körperschaftsteuerliche Einkommenszurechnung nach § 14 Abs. 1 Satz 2 KStG erfolgt erstmals für den VZ 2004. Gewerbesteuerlich ist der Gewerbeertrag der Organgesellschaft erstmals für den EZ 2004 dem Organträger zuzurechnen (vgl. § 2 Abs. 2 Satz 2 GewStG). Bei der Ermittlung des Gewerbeertrags der Organgesellschaft für den EZ 2004 dürfen die auf den 31. Dezember 2003 festgestellten nicht ausgeglichenen (vororganschaftlichen) Fehlbeträge der Organgesellschaft nicht mehr abgezogen werden (vgl. § 10a Satz 3 GewStG).

Anlage 12
III. Organschaft

Steuerliche Anerkennung einer Organschaft nach Änderung des § 301 AktG und des § 249 HGB durch das Gesetz zur Modernisierung des Bilanzrechts - BilMoG -; Keine Anpassung bestehender Gewinnabführungsverträge

(BMF-Schreiben vom 14. Januar 2010 - IV C 2 - S 2770/09/10002 - BStBl I S. 65)

Es ist gefragt worden, inwieweit sich die Änderung einzelner Bilanzierungsvorschriften durch das Gesetz zur Modernisierung des Bilanzrechts - BilMoG - vom 25. Mai 2009 (BGBl. I 2009 S. 1102) auf die steuerliche Anerkennung ertragsteuerlicher Organschaftsverhältnisse auswirkt.

Unter Bezugnahme auf das Ergebnis der Erörterung mit den obersten Finanzbehörden der Länder gilt dazu Folgendes:

Änderung des Höchstbetrags der Gewinnabführung nach § 301 AktG

Die steuerliche Anerkennung der Organschaft bleibt durch die Änderung des § 301 AktG i. V. m. § 268 Absatz 8 HGB grundsätzlich unberührt. Bei der Durchführung der Gewinnabführung sind jedoch die Neuregelungen zum Höchstbetrag der Gewinnabführung nach § 301 AktG ungeachtet ggf. abweichender vertraglicher Vereinbarungen zwingend zu beachten.

Für Organgesellschaften in der Rechtsform der GmbH fordert § 17 Satz 2 Nummer 1 KStG nicht, dass die Begrenzung der Gewinnabführung gem. § 301 AktG in den Gewinnabführungsvertrag ausdrücklich aufgenommen wird.

Änderung des § 249 HGB

Wird das Wahlrecht nach Artikel 67 Absatz 3 EGHGB n.F. zur Beibehaltung der im Jahresabschluss für das letzte vor dem 1. Januar 2010 beginnende Geschäftsjahr bestehenden nach § 249 Absatz 1 Satz 3 und Absatz 2 HGB in der bis zum 28. Mai 2009 geltenden Fassung gebildeten Aufwandsrückstellungen nicht ausgeübt, stellt die daraus resultierende Auflösung dieser Rückstellungen sowie die unmittelbare Einstellung der aufgelösten Beträge in eine Gewinnrücklage keine Verletzung der Grundsätze des § 14 Absatz 1 Satz 1 Nummer 4 KStG dar.

Anlage 13

Rechtsformen

Grundsätze der Verwaltung für die Prüfung der Aufteilung der Einkünfte bei Betriebsstätten international tätiger Unternehmen (Betriebsstätten-Verwaltungsgrundsätze)

(BMF-Schreiben vom 24. Dezember 1999 - IV B 4 - S 1300 – 111/99 - BStBl I S. 1076)

Unter Bezugnahme auf das Ergebnis der Erörterungen mit den obersten Finanzbehörden der Länder gilt für die Frage, nach welchen Grundsätzen das Betriebsvermögen und die Einkünfte eines Unternehmens zwischen dem Stammhaus in einem Staat und seiner/seinen Betriebsstätte/n in dem anderen Staat oder anderen Staaten nach innerstaatlichem Recht und den Abkommen zur Vermeidung der Doppelbesteuerung (DBA) aufzuteilen sind, Folgendes:

Inhaltsangabe
1. Rechtsgrundlagen zur Besteuerung von gewerblichen Betriebsstätten
    1.1 Nationales Steuerrecht
        1.1.1 Betriebsstätte
            1.1.1.1 Feste Geschäftseinrichtung
            1.1.1.2 Bauausführungen und Montagen
        1.1.2 Ständiger Vertreter
        1.1.3 Besteuerung bei Bestehen einer inländischen Betriebsstätte
            1.1.3.1 Maßgebliche Vorschriften
            1.1.3.2 Aufzeichnungs- und Mitwirkungspflichten
        1.1.4 Besteuerung bei Bestehen einer ausländischen Betriebsstätte oder Bestellung eines ständigen Vertreters im Ausland
            1.1.4.1 Maßgebliche Vorschriften
            1.1.4.2 Aufzeichnungs- und Mitwirkungspflichten
        1.1.5 Gewerbliche Personengesellschaft
            1.1.5.1 Beteiligung an einer Personengesellschaft
            1.1.5.2 Einstufung einer ausländischen Gesellschaft
            1.1.5.3 Aufzeichnungs- und Mitwirkungspflichten
            1.1.5.4 Gewinnanteil eines unbeschränkt Steuerpflichtigen
            1.1.5.5 Gewinnanteil eines beschränkt Steuerpflichtigen
        1.1.6 Inländische gewerbliche Einkünfte ohne Betriebsstätte oder ständigen Vertreter im Inland
    1.2 Doppelbesteuerungsabkommen
        1.2.1 Betriebsstätte
            1.2.1.1 Feste Geschäftseinrichtung
            1.2.1.2 Bauausführungen und Montagen
        1.2.2 Abhängiger Vertreter, unabhängiger Vertreter
        1.2.3 Beteiligung an einer Personengesellschaft (Sondervergütungen)
        1.2.4 Rechtsfolgen eines DBA
        1.2.5 Schutz des Steuerpflichtigen
        1.2.6 Rückfallklauseln eines DBA
2. Aufteilung des Betriebsvermögens und der Einkünfte
    2.1 Allgemeines

Anlage 13
Rechtsformen

2.2 Grundsätze der Aufteilung
2.3 Methoden der Gewinnaufteilung
    2.3.1 Direkte Methode
    2.3.2 Indirekte Methode
2.4 Zuordnung der Wirtschaftsgüter
2.5 Anteil der Betriebsstätte am Eigenkapital des Gesamtunternehmens (Dotation)
    2.5.1 Dotationskapital von Betriebsstätten
    2.5.2 Gesellschafterwechsel bei Personengesellschaften
2.6 Überführung von Wirtschaftsgütern
    2.6.1 Überführung in eine ausländische Betriebsstätte des inländischen Stammhauses
    2.6.2 Überführung/Rückführung von Wirtschaftsgütern in das Inland
    2.6.3 Überführung zwischen inländischer Betriebsstätte und ausländischem Stammhaus oder dessen ausländischer Betriebsstätte
    2.6.4 Überführung in eine ausländische Personengesellschaft
2.7 Aufwands-/Ertragsaufteilung
2.8 Umrechnung des Betriebsstättenergebnisses
    2.8.1 Umrechnung bei Gewinnermittlung durch Betriebsvermögensvergleich gem. § 4 Abs. 1 i. V. m. § 5 EStG
    2.8.2 Umrechnung bei Gewinnermittlung durch Einnahmenüberschussrechnung nach § 4 Abs. 3 EStG
        2.8.2.1 Betriebseinnahmen
        2.8.2.2 Betriebsausgaben
        2.8.2.3 Zeitpunkt der Bewertung
    2.8.3 Umrechnung in Sonderfällen
        2.8.3.1 Überführung von Wirtschaftsgütern aus der ausländischen in eine inländische Betriebsstätte
        2.8.3.2 Gesellschafterforderungen/-verbindlichkeiten
2.9 Gründung und Auflösung der Betriebsstätte
    2.9.1 Gründungsaufwand und vorangehende Aufwendungen
    2.9.2 Betriebsstättenauflösung
    2.10 Einbringung einer Betriebsstätte in eine Kapitalgesellschaft
3. Einzelfragen zur Aufteilung des Betriebsvermögens und der Einkünfte
    3.1 Dienstleistungen
        3.1.1 Allgemeines
        3.1.2 Dienstleistungen als Haupttätigkeit der Betriebsstätte
        3.1.3 Lohnfertigung durch Betriebsstätten
        3.1.4 Oberleitung der Betriebsstätten durch das Stammhaus
    3.2 Werbung und Markterschließung
        3.2.1 Aufwendungen für Werbung
        3.2.2 Aufwendungen für Markterschließung
    3.3 Zinsen und ähnliche Vergütungen

Anlage 13
Rechtsformen

- 3.4 Geschäftsführungsaufwendungen, allgemeine Verwaltungsaufwendungen und ähnlicher Aufwand
  - 3.4.1 Zuordnung der Aufwendungen zur Betriebsstätte
  - 3.4.2 Beispiele
- 4. Betriebsstätten in Sonderfällen
  - 4.0 Allgemeines
  - 4.1 Bankbetriebsstätte
    - 4.1.1 Inländische Betriebsstätte
    - 4.1.2 Zuordnung von Forderungen und Margenanteilen
    - 4.1.3 Dotationskapital
    - 4.1.4 Zinsverrechnungen
  - 4.2 Versicherungsbetriebsstätte
    - 4.2.1 Inländische Betriebsstätte
    - 4.2.2 Inländische Betriebsstätten, die der Versicherungsaufsicht durch das BAV unterliegen
    - 4.2.3 Inländische Betriebsstätten, die nicht der Versicherungsaufsicht durch das BAV unterliegen
    - 4.2.4 Ausländische Betriebsstätten inländischer Versicherungsunternehmen
  - 4.3 Bauausführungen und Montagen
    - 4.3.1 Allgemeines
    - 4.3.2 Bau- und Montageüberwachung als Bauausführung
    - 4.3.3 Einschaltung von Subunternehmen
    - 4.3.4 Bau- und Montageausführung durch ein Konsortium oder eine Arbeitsgemeinschaft (ARGE)
    - 4.3.5 Beurteilung von Bauausführungen
    - 4.3.6 Gewinn- und Verlustaufteilung zwischen Stammhaus und Betriebsstätte
    - 4.3.7 Materiallieferungen bei Bau- oder Montageleistungen der Betriebsstätte
    - 4.3.8 Zuordnung von Baustoffen und Montageteilen zur Betriebsstätte
    - 4.3.9 Zuordnung von Finanzierungsaufwendungen und -erträgen
  - 4.4 Kontroll- und Koordinierungsstellen
    - 4.4.1 Allgemeines
    - 4.4.2 Betriebsstätteneigenschaft der Kontroll- und Koordinierungsstellen
    - 4.4.3 Zurechnung von Anteilen und Wirtschaftsgütern sowie daraus fließenden Einkünften
    - 4.4.4 Betriebsstättengewinn
    - 4.4.5 Betriebsstättenvermögen
  - 4.5 Betriebsstätten beim Einsatz von Seeschiffen und Binnenschiffen
    - 4.5.1 Allgemeines
    - 4.5.2 Sonderregelung für ausländische Einkünfte aus dem Betrieb von Handelsschiffen im internationalen Verkehr
    - 4.5.3 Sondervereinbarungen für Schifffahrtsunternehmen nach DBA
  - 4.6 Bodenschatzsuche und -gewinnung in internationalen Gewässern
    - 4.6.1 Steuerliches Inland
    - 4.6.2 Betriebsstätte

Anlage 13
Rechtsformen

    4.7   Betriebsstätten bei Explorationen
        4.7.1   Besteuerung in der Explorationsphase
            4.7.1.1 Betriebsstätte nach nationalem Recht
            4.7.1.2 Betriebsstätte nach DBA
        4.7.2   Besteuerung beim Übergang in die Entwicklungs- und Produktionsphase
        4.7.3   Besonderheiten bei der Behandlung des Betriebsstättenergebnisses
    4.8   Transportanlagen
5. Verfahren
    5.1   Mitwirkungs- und Nachweispflichten
        5.1.1   Mitwirkung nach § 90 Abs. 2 AO
        5.1.2   Mitwirkungspflicht von Unternehmensteilen
        5.1.3   Nachweisvorsorge
        5.1.4   Erweiterte Mitwirkungspflicht
    5.2   Umfang der Mitwirkungspflicht
    5.3   Rechtsfolgen bei unzureichender Mitwirkung
6. Sonstiges
    6.1   Selbständig Tätige i. S. d. Art. 14 OECD-MA
    6.2   Erstmalige Anwendung
    6.3   Aufhebung anderer Verwaltungsregelungen
Anhang
DBA-Übersichten (Anlagen I-IV)
I. Grundtatbestandsmerkmal (Betriebsstätteneigenschaft)
II. Bauausführungen und Montagen
III. Ständiger Vertreter
IV. Nicht als Betriebsstätten geltende Einrichtungen
Tabelle 1: Rechtsformen internationaler Unternehmen (außer Osteuropa)
Tabelle 2: Rechtsformen osteuropäischer Unternehmen

1. Rechtsgrundlagen zur Besteuerung von gewerblichen Betriebsstätten
1.1 Nationales Steuerrecht

Bei der Prüfung und Anwendung von nationalen Vorschriften zur Besteuerung von Betriebsstätten gewerblich tätiger Unternehmen ist zunächst zu untersuchen, ob die DBA das Besteuerungsrecht der Bundesrepublik Deutschland einschränken, denn die DBA werden durch das jeweilige Zustimmungsgesetz gem. Art. 59 GG für in der Bundesrepublik Deutschland gesetzlich verbindlich erklärt und gehen gem. § 2 AO als speziellere Vorschrift dem nationalen Steuerrecht vor. Folglich sind Geltungsbereich, Begriffsbestimmungen und die zwischenstaatlichen Besteuerungsrechtszuordnungen des betreffenden DBA zu beachten. Dies gilt nicht bei Einkünften beschränkt Steuerpflichtiger, die dem Steuerabzug vom Kapitalertrag oder dem Steuerabzug nach § 50 a Abs. 4 EStG unterliegen (vgl. § 50 d Abs. 1 Satz 1 EStG).

Aus nationaler Sicht sind vor allem folgende Rechtsgrundlagen zur Besteuerung von Betriebsstätten gewerblicher Unternehmen von Bedeutung:

Beschränkt steuerpflichtige Einkünfte aus Gewerbebetrieb liegen vor, wenn im Inland eine Betriebsstätte (§ 12 AO) unterhalten wird oder ein ständiger Vertreter (§ 13 AO) für den Gewerbebetrieb bestellt ist (§ 49 Abs. 1 Nr. 2 Buchstabe a EStG). Zum Begriff "Inland" wird auf Tz. 4.6.1

Anlage 13
Rechtsformen

verwiesen. Im Rahmen der unbeschränkten Steuerpflicht liegen ausländische Einkünfte aus Gewerbebetrieb u.a. vor, wenn sie durch eine in einem ausländischen Staat belegene Betriebsstätte (§ 12 AO) oder durch einen in einem ausländischen Staat tätigen ständigen Vertreter (§ 13 AO) erzielt werden (§ 34 d Nr. 2 EStG). Für die Anwendung von Doppelbesteuerungsabkommen ist der Begriff der Betriebsstätte und des ständigen Vertreters jedoch - wie oben bereits erwähnt - dem jeweiligen DBA zu entnehmen (§ 2 AO), s.a. Tz.1.2.1.

1.1.1 Betriebsstätte
1.1.1.1 *Feste Geschäftseinrichtung*

Eine Betriebsstätte i. S. d. § 12 Satz 1 AO ist jede feste Geschäftseinrichtung oder Anlage, die der Tätigkeit eines Unternehmens dient. Sie muss örtlich fixiert sein und der Unternehmer muss darin seine eigene gewerbliche Tätigkeit ausüben (BFH vom 10. Februar 1988, BStBl II S. 653). Eine feste Verbindung mit der Erdoberfläche oder ihre Sichtbarkeit ist jedoch nicht erforderlich (BFH vom 30. Oktober 1996, BStBl 1997 II S. 12). Der Unternehmer muss eine gewisse, nicht nur vorübergehende Verfügungsmacht über diese Einrichtung haben (BFH vom 11. Oktober 1989, BStBl 1990 II S. 66 und BFH vom 3. Februar 1993, BStBl II S. 462). Eine feste Geschäftseinrichtung ist auf gewisse Dauer angelegt. Sie ist immer dann auf Dauer angelegt, wenn sie länger als sechs Monate besteht (BFH vom 19. Mai 1993, BStBl II S. 655). Die Katalogaufzählung in § 12 Satz 2 AO ist nicht abschließend. Während § 12 Satz 1 AO als Grundtatbestand eine feste Einrichtung oder Anlage verlangt, setzen die Tatbestände des § 12 Satz 2 Nrn. 1-8 AO dies nicht notwendigerweise voraus (BFH vom 28. Juli 1993, BStBl 1994 II S. 148). Der Begriff der Zweigniederlassung i. S. d. § 12 Satz 2 Nr. 2 AO bestimmt sich nach Handelsrecht (§ 13 d HGB).

1.1.1.2 *Bauausführungen und Montagen*

Durch Bauausführungen und Montagen wird eine Betriebsstätte nur dann begründet, wenn ihre Dauer 6 Monate übersteigt (§ 12 Satz 2 Nr. 8 AO). Besteht zwischen dem Staat, in dem die Bauausführungen und Montagen erbracht werden und dem Staat des Sitzes des ausführenden Unternehmens ein DBA, ist zu beachten, dass für dessen Anwendung der Betriebsstättenbegriff abweichend von § 12 Satz 2 Nr. 8 AO bestimmt sein kann; für den Regelfall wird eine Dauer von mehr als sechs Monaten vorausgesetzt. Wegen weiterer Einzelheiten siehe Tz. 4.3, Anlage II.

1.1.2 Ständiger Vertreter

Der ständige Vertreter i. S. d. § 13 AO hat die Geschäfte des Unternehmers nachhaltig zu besorgen und unterliegt dessen Sachanweisungen; er muss nicht Arbeitnehmer des Unternehmens sein, sondern nur an Stelle des Unternehmers tätig werden.
Ist der ständige Vertreter ein Kommissionär oder Makler, der Geschäftsbeziehungen für das ausländische Unternehmen im Rahmen seiner ordentlichen Geschäftstätigkeit unterhält, und die Besteuerung des ausländischen Unternehmens nicht durch ein DBA geregelt, so sind die Einkünfte des ausländischen Unternehmens insoweit nicht der Besteuerung zu unterwerfen. Das gilt auch, wenn der ständige Vertreter ein Handelsvertreter (§ 84 HGB) ist, der weder eine allgemeine Vollmacht zu Vertragsverhandlungen und Vertragsabschlüssen für das ausländische Unternehmen besitzt noch über ein Warenlager dieses Unternehmens verfügt, von dem er regelmäßig Bestellungen für das Unternehmen ausführt (vgl. R 222 Abs. 1 Satz 2 und 3 EStR).
Zur Begründung der Gewerbesteuerpflicht durch einen ständigen Vertreter vgl. Abschn. 22 Abs. 5 und 6 GewStR 1998.

Anlage 13
Rechtsformen

Wird der inländische Gewerbebetrieb eines beschränkt steuerpflichtigen Ausländers im Ganzen verpachtet, bezieht der Verpächter nur dann inländische Einkünfte aus Gewerbebetrieb, wenn er dafür im Inland einen ständigen Vertreter bestellt und während dieser Zeit weder eine Betriebsaufgabe erklärt noch eine Betriebsveräußerung vorgenommen hat (BFH vom 12. April 1978, BStBl II S. 494).

1.1.3 Besteuerung bei Bestehen einer inländischen Betriebsstätte
1.1.3.1 *Maßgebliche Vorschriften*

Unterhält ein beschränkt Steuerpflichtiger eine Betriebsstätte im Inland oder ist er dort durch einen ständigen Vertreter tätig, sind für die Besteuerung vor allem folgende Vorschriften maßgebend:

a) für die Einkommensteuer/Körperschaftsteuer:
   § 1 Abs. 4 i. V. m. § 49 EStG; § 2 Nr. 1 KStG (beschränkte Steuerpflicht); § 15 EStG (Einkünfte aus Gewerbebetrieb); § 49 Abs. 1 Nr. 2 Buchstabe a und § 50 Abs. 1 EStG (Abgrenzungsvorschriften); § 50 Abs. 3 EStG, § 23 Abs. 2 und 3 KStG (Steuersatz); §§ 4 bis 7 k EStG, § 8 Abs. 1 KStG (Gewinnermittlung); § 50 Abs. 5 Satz 3 EStG, § 50 Abs. 1 Nr. 2 KStG (keine Abgeltungswirkung von Abzugsteuern); § 36 Abs. 2 Satz 2 Nr. 3 EStG, § 50 Abs. 5 Satz 3 EStG, § 49 Abs. 1 KStG (Anrechnung deutscher Körperschaftsteuer); § 50 Abs. 6 EStG, § 26 Abs. 6 KStG (Anrechnung ausländischer Ertragsteuern).

b) für die Gewerbesteuer:
   § 2 Abs. 1 GewStG; § 9 Nr. 3 Satz 1 GewStG.

1.1.3.2 *Aufzeichnungs- und Mitwirkungspflichten*

Nach § 138 Abs. 1 AO sind die Gründung, Verlegung oder Auflösung einer Betriebsstätte innerhalb eines Monats der Gemeinde anzuzeigen.

Mit Aufnahme des Geschäftsbetriebs ergeben sich handelsrechtliche Buchführungspflichten (§ 238 ff. HGB, § 140 AO), wenn die jeweilige Betriebsstätte eine nach § 13 d HGB eingetragene oder eintragungspflichtige Zweigniederlassung ist. Falls die Betriebsstätten handelsrechtlich keine Zweigniederlassungen darstellen, entsteht die Buchführungspflicht erst nach Aufforderung durch das Finanzamt gemäß § 141 AO. Die Aufforderung kann in einem Steuer- oder Feststellungsbescheid bzw. in einem besonderen Verwaltungsakt ergehen; sie soll dem Steuerpflichtigen mindestens einen Monat vor Beginn des Wirtschaftsjahres bekannt gegeben werden, von dessen Beginn ab die Buchführungsverpflichtung zu erfüllen ist (AEAO Nr. 4 zu § 140 AO). Außerdem ergeben sich Aufzeichnungspflichten aus § 143, § 144 AO und § 22 UStG.

Beteiligen sich ausländische Steuerpflichtige an einer inländischen Betriebsstätte in der Form der GbR (ARGE, Konsortium), kann eine handels- und steuerrechtliche (§§ 2, 238 ff. HGB, § 140 AO) Buchführungspflicht bestehen, auch wenn diese BGB-Gesellschaften nach § 180 Abs. 4 AO von dem Verfahren der einheitlichen und gesonderten Feststellung ausgenommen sind.

Die Bücher sind im Inland zu führen (§ 146 Abs. 2 AO). Erleichterungen können nach § 148 AO gewährt werden. Zu den Vorlagepflichten von Büchern, Aufzeichnungen, Urkunden und sonstigen Geschäftspapieren vgl. §§ 97, 200 AO.

Die erhöhten Aufklärungs- und Mitwirkungspflichten bei Auslandssachverhalten (§ 90 Abs. 2 AO) und die Offenlegungs- und Mitwirkungspflicht bei Geschäftsbeziehungen zu niedrig besteuernden Gebieten (§ 16 AStG) gelten auch für beschränkt Steuerpflichtige. Wegen weiterer Einzelheiten siehe Tz. 5.

1.1.4 Besteuerung bei Bestehen einer ausländischen Betriebsstätte oder Bestellung eines ständigen Vertreters im Ausland

1.1.4.1 Maßgebliche Vorschriften

Unterhält ein unbeschränkt Steuerpflichtiger eine Betriebsstätte im Ausland oder ist er dort durch einen ständigen Vertreter tätig, sind für die Besteuerung vor allem folgende Vorschriften maßgebend:

a) für die Einkommen-(Körperschaft-)steuer: §§ 34 d EStG, 8 Abs. 1 KStG (Begriff der ausländischen Einkünfte, hier § 34 d Nr. 2 Buchstabe a EStG, der Bedeutung für die berücksichtigungsfähigen ausländischen Steuern hat, §§ 34 c EStG, 26 Abs. 7 KStG [indirekte und fiktive Steueranrechnung]);

b) für die Gewerbesteuer: § 9 Nr. 3 Satz 1 GewStG (Nichtberücksichtigung des Gewerbeertrags ausländischer Betriebsstätten).

Erzielt der Steuerpflichtige aus einer ausländischen Betriebsstätte Verluste, so sind die Verlustausgleichs- und Verlustabzugsbeschränkungen des § 2 a Abs. 1 und 2 EStG zu beachten.
Für die pauschale Besteuerung von Einkünften aus einer im ausländischen Staat befindlichen Betriebsstätte wird auf das BMF-Schreiben vom 10. April 1984 (BStBl I S. 52), den so genannten Pauschalierungserlass, verwiesen.

1.1.4.2 Aufzeichnungs- und Mitwirkungspflichten

Es gelten die allgemeinen Buchführungs-, Aufzeichnungs-, Anzeige- und Aufbewahrungspflichten nach HGB und AO. Die Gründung und der Erwerb von Betrieben und Betriebsstätten im Ausland ist dem zuständigen Finanzamt spätestens dann mitzuteilen, wenn nach dem meldepflichtigen Ereignis eine Einkommen- oder Körperschaftsteuererklärung oder eine Erklärung zur gesonderten Gewinnfeststellung einzureichen ist (§ 138 Abs. 2 AO). Wird dieser Mitteilungspflicht nicht, nicht vollständig oder nicht rechtzeitig nachgekommen, kann unter den Voraussetzungen von § 379 AO eine Ahndung als Ordnungswidrigkeit erfolgen.
Die Buchführungspflicht nach Handels- und Steuerrecht umfasst stets das gesamte Unternehmen einschließlich der ausländischen Betriebsstätten. Sie ist grundsätzlich ohne Rücksicht auf eine Steuerfreistellung der ausländischen Betriebsstätteneinkünfte nach einem DBA und etwaige Buchführungs- und Aufzeichnungspflichten im Betriebsstättenstaat im Inland zu erfüllen.
Ist die Betriebsstätte nach dem Recht des Betriebsstättenstaates verpflichtet, Bücher und Aufzeichnungen zu führen, und kommt sie dieser Verpflichtung auch nach, so genügt es, dass das Ergebnis dieser Buchführung in die Buchführung des inländischen Unternehmens übernommen wird (§ 146 Abs. 2-4 AO). Anpassungen an die deutschen steuerlichen Vorschriften sind vorzunehmen und kenntlich zu machen. Auf eine sachgerechte Währungsumrechnung ist zu achten (Tz. 2.8).
Werden für die Betriebsstätte die Bücher nicht gesondert geführt, so sind deren Geschäftsvorfälle im Inland einzeln zu erfassen und kenntlich zu machen (§ 145 Abs. 2 i. V. m. § 146 Abs. 2 AO).
Zu den Vorlagepflichten von Büchern, Aufzeichnungen und sonstigen Geschäftspapieren vgl. §§ 97, 200 AO; es gelten die erhöhte Mitwirkungspflicht bei Auslandssachverhalten (§ 90 Abs. 2 AO) und die Offenlegungs- und Mitwirkungspflichten bei Geschäftsbeziehungen zu niedrig besteuernden Gebieten (§ 16 AStG).

Anlage 13
Rechtsformen

1.1.5 Gewerbliche Personengesellschaft
1.1.5.1 *Beteiligung an einer Personengesellschaft*

Nach deutschem Rechtsverständnis werden Beteiligungen einer unbeschränkt steuerpflichtigen Person an einer (ausländischen) Personengesellschaft grundsätzlich als Unternehmen dieser Person i. S. d. Art. 7 OECD-MA 92 behandelt.

Die mitunternehmerische Beteiligung an einer Personengesellschaft durch einen unbeschränkt Steuerpflichtigen an einer im Inland ansässigen (inländischen) Personengesellschaft, die eine Betriebsstätte unterhält, sowie die Beteiligung eines unbeschränkt Steuerpflichtigen an einer im Ausland bestehenden (ausländischen) Personengesellschaft, die eine Betriebsstätte unterhält, führt dazu, dass die Betriebsstätte jeweils - anteilig - dem Gesellschafter zuzurechnen ist (BFH vom 26. Februar 1992, BStBl II S. 937), es sei denn, es handelt sich um eine ausschließlich vermögensverwaltende oder selbständig bzw. land- und forstwirtschaftlich tätige Personengesellschaft, die nicht gewerblich geprägt ist. Entsprechendes gilt auch für den umgekehrten Fall, dass ein beschränkt Steuerpflichtiger an einer inländischen Personengesellschaft beteiligt ist, die im Inland eine Betriebsstätte unterhält.

1.1.5.2 *Einstufung einer ausländischen Gesellschaft*

Die Frage, ob eine ausländische Gesellschaft als Mitunternehmerschaft einzustufen ist, bestimmt sich nach deutschem Steuerrecht aufgrund eines Vergleichs der Gesellschaftsstruktur (Abschnitt 2 Abs. 1 KStR; BFH vom 23. Juni 1992, BStBl II S. 972).

Dies führt in Bezug auf Staaten, in denen Personengesellschaften als juristische Personen - also als nicht transparent - behandelt werden, dazu, dass eine besondere Prüfung der Aufteilung des Besteuerungsrechts vorzunehmen ist (vgl. hierzu die BMF-Schreiben zum DBA-Jugoslawien (betr. Slowenien) vom 21. Juli 1997, BStBl I S. 724, zum DBA-Rumänien vom 1. Oktober 1997, BStBl I S. 863, zum DBA-Spanien vom 28. Mai 1998, BStBl I S. 557, zum DBA-Tschechoslowakei vom 13. Januar 1997, BStBl I S. 97, zum DBA-Tunesien vom 25. August 1997, BStBl I S. 796 und zum DBA-Ungarn vom 29. April 1993, BStBl I S. 342). Eine Übersicht der Rechtsformen internationaler Unternehmen enthält der Anhang, Tabellen 1 und 2.

1.1.5.3 *Aufzeichnungs- und Mitwirkungspflichten*

Der Gesellschafter ist grundsätzlich verpflichtet, die Buchführung, die Abschlüsse und - soweit erforderlich - weitere Geschäftspapiere vorzulegen und die notwendigen Auskünfte zu erteilen (§§ 90 Abs. 2, 97, 200 AO). Die Grenzen dieser Verpflichtung bestimmen sich nach den Grundsätzen der Zumutbarkeit und Verhältnismäßigkeit.

1.1.5.4 *Gewinnanteil eines unbeschränkt Steuerpflichtigen*

Sind unbeschränkt steuerpflichtige Personen an einer ausländischen Personengesellschaft beteiligt, die im Inland weder eine Betriebsstätte unterhält noch einen ständigen Vertreter bestellt hat, ist der Gewinn der Personengesellschaft zur Ermittlung der Höhe der Gewinnanteile der unbeschränkt steuerpflichtigen Person nach § 4 Abs. 1 oder 3 EStG zu ermitteln (BFH vom 13. September 1989, BStBl 1990 II S. 57). Bei der Gewinnermittlung nach § 4 Abs. 1 EStG sind alle Geschäftsvorfälle unter Beachtung der Grundsätze ordnungsmäßiger Buchführung zu berücksichtigen, auch wenn sie in einer ausländischen Währung ausgewiesen sind. Grundlage ist die nach ausländischem Recht geführte Buchführung der Personengesellschaft, aus der unter Anpassung an die deutschen steuerrechtlichen Vorschriften der Gewinn i. S. d. §§ 4 Abs. 1, 15 Abs. 1 Nr. 2 EStG abzuleiten ist.

Anlage 13

Rechtsformen

Unterhält die ausländische Personengesellschaft eine Betriebsstätte im Inland, ist der dafür nach § 4 Abs. 1, § 5 EStG ermittelte Gewinn maßgebend.

1.1.5.5 Gewinnanteil eines beschränkt Steuerpflichtigen

Der Gewinnanteil an einer inländischen Personengesellschaft ist gemäß § 49 Abs. 1 Nr. 2 Buchstabe a, § 15 Abs. 1 Satz 1 Nr. 2 EStG auf der Grundlage der Steuerbilanz der Gesellschaft und etwaiger Ergänzungsbilanzen und Sonderbilanzen des Gesellschafters zu ermitteln. Entsprechend ist bei einer ausländischen Personengesellschaft mit inländischer Betriebsstätte zu verfahren. Der Anteil, der von dem Gewinn/Verlust einer inländischen Personengesellschaft aus einer ausländischen Betriebsstätte auf einen beschränkt steuerpflichtigen Gesellschafter entfällt, ist mangels Zugehörigkeit zur inländischen Betriebsstätte im Inland nicht steuerbar (BFH vom 24. Februar 1988, BStBl II S. 663).

1.1.6 Inländische gewerbliche Einkünfte ohne Betriebsstätte oder ständigen Vertreter im Inland

Hat ein ausländisches Unternehmen keine Betriebsstätte und keinen ständigen Vertreter im Inland, kann es gleichwohl beschränkt steuerpflichtige Einkünfte i. S. d. § 49 Abs. 1 EStG erzielen. Dabei kann es sich - abhängig von der jeweiligen Sachverhaltsgestaltung - um Einkünfte aus Gewerbebetrieb (§ 49 Abs. 1 Nr. 2 Buchstabe b bis f EStG) oder um andere Einkünfte i. S. d. § 49 Abs. 1 EStG handeln.

1.2 Doppelbesteuerungsabkommen

1.2.1 Betriebsstätte

Die Anknüpfung der DBA an den Begriff der Betriebsstätte dient der Aufteilung des Besteuerungsrechts der Vertragsstaaten und damit der Aufteilung der Unternehmensgewinne und des Unternehmensvermögens (Art. 7, 22 Abs. 2 Musterabkommen der OECD auf dem Gebiet der Steuern vom Einkommen und vom Vermögen 1992, OECD-MA 92), der Zuordnung von Dividenden, Zinsen und Lizenzgebühren zu einer Betriebsstätte (Art. 10 Abs. 4, 11 Abs. 4, 12 Abs. 4 OECD-MA 92), der Zuweisung des Besteuerungsrechtes aus der Veräußerung von Betriebsstättenvermögen (Art. 13 Abs. 2 OECD-MA 92) und für andere Einkünfte (Art. 21 Abs. 2 OECD-MA 92).

1.2.1.1 Feste Geschäftseinrichtung

Die Betriebsstätte ist definiert in Art. 5 Abs. 1, 2 OECD-MA 92, ebenso in den meisten DBA, als feste Geschäftseinrichtung, in der die Tätigkeit des Unternehmens ganz oder teilweise ausgeübt wird. Zum Begriff der festen Geschäftseinrichtung siehe Tz. 1.1.1.1.
Eine Geschäftsleitungsbetriebsstätte setzt abkommensrechtlich immer eine Geschäftseinrichtung voraus (vgl. Tz. 12 des Kommentars zu Art. 5 Abs. 2 OECD-MA 92).
Während nach dem Wortlaut des Art. 5 Abs. 1 OECD-MA 92 durch die feste Geschäftseinrichtung die Tätigkeit des Unternehmens ausgeübt werden muss, liegt nach § 12 AO eine Betriebsstätte vor, wenn die feste Geschäftseinrichtung (oder Anlage) der Tätigkeit des Unternehmens dient. Der abkommensrechtliche Begriff der Betriebsstätte stimmt aber inhaltlich mit dem des § 12 AO überein. Hinsichtlich der ausgeübten Tätigkeiten ist er allerdings regelmäßig enger. Die Geschäftseinrichtung muss jedoch dem Unternehmen mit einer gewissen Beständigkeit zu dienen bestimmt sein (siehe Tz. 1.1.1.1), d.h. länger als 6 Monate, jedoch ohne Rücksicht auf die Frist für Bauausführungen und Montagen in den einzelnen DBA. Nach Art. 5 Abs. 4 OECD-MA 92 gelten Geschäfts-

Anlage 13

Rechtsformen

einrichtungen unterstützender oder vorbereitender Art, wie z. B. Warenlager oder Einkaufs- und Informationsstellen wegen ihres bloßen Hilfscharakters nicht als Betriebsstätten (vgl. Anhang, IV).

Vorbereitende Tätigkeiten sind solche, die zeitlich vor der Haupttätigkeit ausgeübt werden (BFH vom 23. Januar 1985, BStBl II S. 7). Hilfstätigkeiten begleiten die Haupttätigkeiten und folgen ihnen zeitlich nach. Sie sind jedoch ihrer Art nach von der Haupttätigkeit verschieden. Die Haupttätigkeit eines Unternehmens ergibt sich aus dessen Aufgabenstellung. Eine Tätigkeit ist Bestandteil der Haupttätigkeit, wenn sie einen wesentlichen und maßgeblichen Teil der Tätigkeit des Gesamtunternehmens ausmacht, z. B. die Forschung eines Pharmaunternehmens.

Wird ein Betrieb an ein anderes Unternehmen verpachtet, wird dadurch allein für den Verpächter keine Betriebsstätte begründet (Tz. 11 des OECD-Kommentars zu Art. 5 OECD-MA 92; BFH vom 28. Juli 1982, BStBl 1983 II S. 77). Soweit unbewegliches Vermögen verpachtet wird, ist nach Art. 6 OECD-MA 92, im Übrigen nach Art. 21 OECD-MA 92 zu verfahren.

Verpachtet oder vermietet eine im Ausland ansässige Person im Inland belegene wesentliche Betriebsgrundlagen an eine von ihr beherrschte inländische Kapitalgesellschaft (Betriebsaufspaltung über die Grenze), begründet sie dadurch allein keine Betriebsstätte (Tz. 8 des OECD- Kommentars zu Art. 5 OECD-MA 92). Das Besitzunternehmen kann nur durch einen ständigen Vertreter oder eine feste Geschäftseinrichtung, z. B. am Ort der Betriebsgesellschaft, eine Betriebsstätte unterhalten. Liegt keine Betriebsstätte im Sinne eines DBA vor, ist, soweit unbewegliches Vermögen verpachtet wird, nach Art. 6 OECD-MA 92 und nicht nach Art. 7 OECD-MA 92 zu verfahren. Wegen der isolierenden Betrachtungsweise des § 49 Abs. 2 EStG sind die Pachteinnahmen des ausländischen Besitzunternehmens als inländische Einkünfte aus Vermietung und Verpachtung i. S. d. § 49 Abs. 1 Nr. 6 EStG anzusehen.

1.2.1.2 Bauausführungen und Montagen

Bauausführungen und Montagen erfüllen nach Art. 5 Abs. 3 OECD-MA 92 nur dann den Betriebsstättenbegriff, wenn ihre Dauer eine gewisse Zeit überschreitet, vgl. Anhang, II. Eine Bauausführung besteht von dem Zeitpunkt an, an dem das Unternehmen mit den Arbeiten - einschließlich aller vorbereitenden Arbeiten - in dem Staat beginnt, in dem das Bauwerk errichtet werden soll, also z. B. mit der Errichtung eines Bauplanungsbüros (vgl. Tz. 19 des OECD-Kommentars zu Art. 5 des OECD-MA 92).

Bauausführungen und Montagen, die diese Voraussetzung nicht erfüllen, sind für sich allein keine Betriebsstätten, auch wenn zu ihnen eine feste Geschäftseinrichtung gehört (z. B. Baucontainer als Geschäftsstelle), die mit der Bau- und Montagetätigkeit zusammenhängt (vgl. Tzn. 16, 17 des OECD-Kommentars zu Art. 5 des OECD-MA 92). Sofern in der festen Geschäftseinrichtung aber eine Tätigkeit nicht bloß unterstützender oder vorbereitender Art ausgeübt wird und sie während der in Art. 5 Abs. 3 OECD-MA vorgesehenen Zeit besteht, liegt eine Betriebsstätte i. S. von Art. 5 Abs. 1, 2 OECD-MA vor.

Wird die Leitung von mehreren kurzfristigen Bauausführungen und Montagen in einer festen Geschäftseinrichtung ausgeübt, so bestimmt sich die Frage, ob eine Betriebsstätte vorliegt, nach Art. 5 Abs. 1 OECD-MA 92.

Wegen weiterer Einzelheiten siehe Tz. 4.3.

1.2.2 Abhängiger Vertreter, unabhängiger Vertreter

Ein Vertreter muss nach Art. 5 Abs. 5 OECD-MA 92 ein abhängiger Vertreter des Unternehmens sein und - einschränkend gegenüber § 13 AO - seine Vollmacht gewöhnlich ausüben und nicht nur Tätigkeiten unterstützender Art i. S. d. Art. 5 Abs. 4 OECD-MA 92 durchführen (vgl. Anhang, III). Die Abhängigkeit setzt kein persönliches Abhängigkeitsverhältnis (z. B. ein Angestelltenverhältnis)

Anlage 13
Rechtsformen

voraus. Trägt der Vertreter das wirtschaftliche Risiko seiner Tätigkeit nicht, ist dies ein Indiz für seine wirtschaftliche Abhängigkeit. Eine Abschlussvollmacht liegt vor, wenn das Unternehmen rechtlich oder wirtschaftlich von dem Vertreter gebunden werden kann; eine mittelbare Stellvertretung ist möglich. Ist eine Person bevollmächtigt, alle Einzelheiten eines Vertrags verbindlich für das Unternehmen auszuhandeln, so kann davon ausgegangen werden, dass das Unternehmen wirtschaftlich gebunden wird. Die von der Bundesrepublik Deutschland abgeschlossenen DBA übernehmen in der Regel die Bestimmungen des OECD-MA 92 zu dem Begriff des abhängigen Vertreters. Einige DBA weichen aber von dem OECD-MA 92 ab oder enthalten Sonderregelungen (z. B. für Versicherungsunternehmen), vgl. im Übrigen Anhang III.

Auch ein Makler, Kommissionär oder sonstiger unabhängiger Vertreter kann nach Art. 5 Abs. 6 OECD-MA 92 eine Betriebsstätten begründende Funktion haben, wenn er außerhalb seiner ordentlichen Geschäftstätigkeit handelt. Ein unabhängiger Vertreter handelt außerhalb des Rahmens seiner ordentlichen Geschäftstätigkeit, wenn seine Tätigkeit nach der Verkehrsanschauung außerhalb des Berufsbildes und des Geschäftszweiges liegt (BFH vom 14. September 1994, BStBl 1995 II S. 238).

Eine Tochtergesellschaft kann grundsätzlich nicht als eine Betriebsstätte begründender Vertreter angesehen werden. Sie ist nur dann abhängiger Vertreter der Muttergesellschaft, wenn sich die Vertreterstellung aus Umständen außerhalb der Beherrschung ergibt (Art. 5 Abs. 7 OECD-MA 92) und nicht in ihrer ordentlichen Geschäftstätigkeit begründet ist.

Die Vertreterbetriebsstätte tritt hinter Art. 5 Abs. 1, 2 OECD-MA 92 zurück. Sofern die Tätigkeit des Vertreters losgelöst und außerhalb der festen Geschäftseinrichtung ausgeübt wird, liegen zwei Betriebsstätten vor.

Ausländische Kapitalgesellschaften können eine Betriebsstätte (oder das Stammhaus) auch insoweit begründen, als in einer inländischen Wohnung oder in einem Baucontainer die zu ihrer Vertretung befugten Personen die Geschäftsführertätigkeit entfalten bzw. die Tagesgeschäfte vornehmen (vgl. BFH vom 16. Dezember 1998, BStBl 1999 II S. 437).

1.2.3 Beteiligung an einer Personengesellschaft (Sondervergütungen)

Sondervergütungen eines inländischen Gesellschafters einer ausländischen Personengesellschaft und eines ausländischen Gesellschafters einer inländischen Personengesellschaft sind als Unternehmensgewinne im Sinne der DBA (vgl. Art. 7 OECD-MA 92) zu behandeln, auch wenn das DBA keine ausdrückliche Regelung in diesem Sinne enthält. Im ersten Fall werden sie jedoch nach dem Methodenartikel des anzuwendenden DBA nicht von der deutschen Bemessungsgrundlage ausgenommen, wenn der andere Staat sie abweichend vom deutschen Steuerrecht qualifiziert, z. B. als Zinsen oder Lizenzgebühren, und sich auf Grund dieser Qualifikation nach dem DBA gehalten sieht, sie von der Steuer zu befreien oder nur zu einem einen bestimmten Vomhundertsatz der Einnahmen nicht übersteigenden Satz zu besteuern (vgl. im Ergebnis ebenso BFH vom 27. Februar 1991, BStBl II S. 444, BFH vom 14. Juli 1993, BStBl 1994 II S. 91). Bezüglich der in Art. 10 bis 13 und 21 OECD-MA 92 vorgesehenen Möglichkeit der Rückverweisung auf Art. 7 OECD-MA 92 ist darauf abzustellen, ob die den Dividenden, Zinsen oder Lizenzgebühren zugrunde liegenden Vermögenswerte tatsächlich zu der Betriebsstätte der Personengesellschaft und damit zu der Betriebsstätte ihrer/s Gesellschafter/s) gehören (BFH vom 26. Februar 1992, BStBl II S. 937; BFH vom 31. Mai 1995, BStBl II S. 683; BFH vom 30. August 1995, BStBl 1996 II S. 563; BFH vom 17. Dezember 1997, BStBl 1998 II S. 296).

1.2.4 Rechtsfolgen eines DBA

Die DBA sehen vor, dass

Anlage 13
Rechtsformen

a) die Einkünfte und das Vermögen der Betriebsstätte in dem von dem DBA vorgesehenen Umfang im Betriebsstättenstaat besteuert werden können;

b) die dem Betriebsstättenstaat zur Besteuerung zugewiesenen Einkünfte und das Vermögen im Ansässigkeitsstaat zu entlasten sind; ist die Bundesrepublik Deutschland Ansässigkeitsstaat, werden die Einkünfte und das Vermögen im Regelfall von den inländischen Besteuerungsgrundlagen ausgenommen (Freistellung). Dabei ist der Progressionsvorbehalt (§ 32 b Abs. 1 Nr. 3 EStG) zu beachten. Die in einigen DBA enthaltenen Aktivitätsklauseln sind zu berücksichtigen. Soweit die Betriebsstätte nicht aktiv i. S. d. jeweiligen DBA tätig ist, kommt es zur Besteuerung der Einkünfte im Inland unter Anrechnung/Abzug der ausländischen Steuer (§ 34 c Abs. 6 i. V. m. Abs. 1 und 2 EStG, § 26 Abs. 6 KStG).

Im Übrigen ist zu beachten:

- Dividenden, Zinsen und Lizenzgebühren zählen nur dann zu den Unternehmensgewinnen,
- wenn die Beteiligung, für die Ausschüttungen vorgenommen wurden, oder
- wenn die Forderung, für die Zinsen gezahlt werden, bzw.
- wenn das Recht oder der Vermögenswert, für den die Lizenzgebühren gezahlt werden,

tatsächlich zu der Betriebsstätte gehören (BFH vom 30. August 1995, BStBl 1996 II S. 563);

- bei Bezug von im Ausland niedrig besteuerten Einkünften mit Kapitalanlagecharakter i. S. d. § 10 Abs. 6 Satz 2 AStG ist nach § 20 Abs. 2 AStG die Doppelbesteuerung abweichend von den Vorschriften des jeweiligen DBA nicht durch Freistellung, sondern durch Anrechnung der auf diese Einkünfte entfallenden ausländischen Steuern zu vermeiden;
- die Einschränkung des Verlustausgleichs und -abzugs nach § 2 a Abs. 1 und 2 EStG; bei nach DBA steuerfreien Einkünften wirken sich diese Regelungen im Rahmen des Progressionsvorbehalts aus;
- der Verlustabzug nach § 2 a Abs. 3 i. V. m. Abs. 2 EStG (bis einschließlich VZ 1998) bei nach DBA steuerfreien gewerblichen Betriebsstättenverlusten und Nachversteuerung bei späteren Gewinnen nach § 2 a Abs. 3 Satz 3, Abs. 4 EStG (bis einschließlich VZ 2008).

1.2.5 Schutz des Steuerpflichtigen

Die DBA ermöglichen es der deutschen und der ausländischen Finanzverwaltung, zur Gewinn-(Vermögens-)aufteilung Konsultationsverfahren und im Einzelfall auf Antrag des Steuerpflichtigen Verständigungsverfahren einzuleiten (vgl. Merkblatt über das internationale Verständigungsverfahren und Schiedsverfahren in Steuersachen vom 1. Juli 1997, BStBl I S. 17).

1.2.6 Rückfallklauseln eines DBA

Einige DBA enthalten sog. Rückfallklauseln, nach denen das Besteuerungsrecht für Gewinne oder Einkünfte aus dem anderen Staat auf den Wohnsitz- bzw. Ansässigkeitsstaat zurückfällt, wenn die Gewinne oder Einkünfte dort tatsächlich nicht besteuert werden. Derartige Rückfallklauseln sind derzeit in Art. 24 Abs. 3 DBA-Dänemark 1995, Art. 23 Abs. 3 DBA-Kanada 1981, Art. 23 Abs. 3 DBA-Neuseeland 1978, Art. 23 Abs. 3 DBA-Norwegen 1991, Art. 23 Abs. 1 letzter Satz DBA-Schweden 1992, Art. 23 Abs. 2 letzter Satz DBA-USA 1989 sowie in Nr. 16 d des Schlussprotokolls zum DBA-Italien 1989 enthalten. Sie sind als subject-to-tax-Klauseln auszulegen (siehe BFH vom 11. Juni 1996, BStBl II 1997 S. 117; offengelassen in BFH vom 27. August 1997, BStBl II 1998 S. 58). Eine Reihe von DBA enthalten im Übrigen auch "subject-to-tax-Klauseln, die nur für einzelne (abkommensrechtliche) Einkunftsarten Anwendung finden (z. B. Art. 15 Abs. 4 DBA-Schweiz für einen Teil der nichtselbständigen Tätigkeit).

Werden Gewinne oder Einkünfte im Rahmen einer der Einkunftsarten des DBA der ausländischen Besteuerung unterworfen, so ist es für die Freistellung von der deutschen Besteuerung unbeachtlich, in welchem Umfang sie von der ausländischen Besteuerung erfasst werden oder ob dort alle Einkunftsteile im Rahmen der ausländischen Veranlagung zu einer konkreten Steuerzahlungspflicht führen (BFH vom 27. August 1997, a.a.O.). Eine ausländische Besteuerung ist auch noch anzunehmen, wenn die ausländische Steuer nur aufgrund von Freibeträgen, eines Verlustausgleichs oder Verlustabzugs entfällt oder die betreffenden Einkünfte als negative Einkünfte bei der ausländischen Besteuerung berücksichtigt werden.

Bei Bestehen solcher Klauseln muss der Steuerpflichtige im Rahmen seiner erhöhten Mitwirkungspflicht nach § 90 Abs. 2 AO spätestens im Veranlagungsverfahren den Nachweis erbringen, dass die Einkünfte im Ausland der Besteuerung unterworfen wurden. Wird der Nachweis nicht erbracht, sind die ausländischen Einkünfte grundsätzlich in die Besteuerung im Inland einzubeziehen (BFH vom 11. Juni 1996, BStBl II 1997 S. 117). Sollte später der Nachweis der Besteuerung erbracht werden, so ist der ESt-Bescheid gem. § 175 Abs. 1 Satz 1 Nr. 2 AO zu ändern (BFH vom 11. Juni 1996, a.a.O.).

2. Aufteilung des Betriebsvermögens und der Einkünfte

2.1 Allgemeines

Der Gewinn der inländischen bzw. ausländischen Betriebsstätte ist nach den Grundsätzen des deutschen Steuerrechts zu ermitteln. Bei der Anwendung der nachfolgenden Grundsätze für die Aufteilung der Einkünfte und des Vermögens zwischen in-/ausländischem Stammhaus (Betriebsstätte, bei der sich die geschäftliche Oberleitung des Unternehmens befindet) und aus-/inländischer Betriebsstätte sind alle Umstände des Einzelfalls zu beachten; dazu gehören besondere Verhältnisse, die z. B. in der Struktur der Märkte und des Unternehmens oder in bestehenden Handelsbräuchen begründet sind.

Die Ausführungen zur Aufteilung der Einkünfte gelten für die Aufteilung des Vermögens entsprechend.

2.2 Grundsätze der Aufteilung

Für die Zuordnung der im Betriebsstättenstaat zu versteuernden und im Wohnsitzstaat zu entlastenden Einkünfte enthalten die DBA regelmäßig eine besondere Regelung. Danach sind der Betriebsstätte die Gewinne zuzurechnen, „die sie hätte erzielen können, wenn sie eine gleiche oder ähnliche Tätigkeit unter gleichen oder ähnlichen Bedingungen als selbständiges Unternehmen ausgeübt hätte und im Verkehr mit dem Unternehmen, dessen Betriebsstätte sie ist, völlig unabhängig gewesen wäre" (vgl. Art. 7 Abs. 2 OECD-MA 92 , Grundsatz des Fremdvergleichs, dealing at arm's length- Prinzip).

Ziel der Aufteilung ist es, der Betriebsstätte den Teil des Gewinnes des Gesamtunternehmens zuzuordnen, den sie nach den Grundsätzen des Fremdvergleichs erwirtschaftet hat. Zu diesem Zweck sind der Betriebsstätte die Wirtschaftsgüter nach dem Prinzip der wirtschaftlichen Zugehörigkeit und die mit den Wirtschaftsgütern im Zusammenhang stehenden Betriebseinnahmen und -ausgaben nach dem Veranlassungsprinzip zuzuordnen.

Da das Stammhaus und seine Betriebsstätte eine rechtliche und tatsächliche Einheit bilden, sind schuldrechtliche Vereinbarungen zwischen Stammhaus und Betriebsstätte, wie z. B. Darlehens-,

Anlage 13

Rechtsformen

Miet- und Lizenzverträge, rechtlich nicht möglich (Tz. 16 ff. des Kommentars zu Art. 7 OECD-MA 92, BFH vom 27. Juli 1965, BStBl 1966 III S. 24 ; BFH vom 20. Juli 1988, BStBl 1989 II S. 140).

Die Aufteilung zwischen Stammhaus und Betriebsstätte ist dagegen nach dem Grundsatz des Fremdvergleichs vorzunehmen, wenn die Aufteilung Leistungen betrifft, die Gegenstand der ordentlichen Geschäftätigkeit der leistenden Unternehmenseinheit sind und wenn die Aufteilung auf der Grundlage der Funktionsteilung zwischen Stammhaus und Betriebsstätte zu einer sachgerechten Einkommensabgrenzung führt. Für Vorgänge im Sinne von § 4 Abs. 1 Satz 3 EStG und § 12 Abs. 1 KStG ist der gemeine Wert nach § 6 Abs. 1 Nr. 4 Satz 1 2. Halbsatz EStG anzusetzen, der regelmäßig dem Fremdvergleichspreis entspricht (siehe BFH-Urteile vom 18. Oktober 1967, BStBl 1968 II S. 105 und vom 27. November 1974, BStBl 1975 II S. 306 , in denen der BFH vom gemeinen Wert für die Bemessung von verdeckten Gewinnausschüttungen ausgeht, sowie BFH vom 17. Oktober 2001, BStBl 2004 II S. 171, in dem der BFH den Fremdvergleichspreis für die Bemessung von verdeckten Gewinnausschüttungen ansetzt; siehe auch BMF-Schreiben vom 12. April 2005 - IV B 4 - S 1341 - 1/05 - , BStBl I S. 570, Tz. 5.3.1).

Die vorstehenden Ausführungen gelten auch, wenn kein DBA mit dem Staat der ausländischen Betriebsstätte oder des ausländischen Stammhauses besteht.

2.3 Methoden der Gewinnaufteilung

Die Betriebsstätte ist nur ein Teil des Gesamtunternehmens. Deswegen ist ihr immer nur ein Teil des Ergebnisses des Gesamtunternehmens zuzurechnen. Die danach erforderliche Aufteilung des Gesamtergebnisses auf Stammhaus und Betriebsstätte erfolgt entweder nach der direkten oder der indirekten Methode der Gewinnabgrenzung (vgl. Art. 7 Abs. 4 OECD-MA 92 und dessen Kommentar). Art. 7 OECD-MA 92 und das deutsche Steuerrecht räumen der direkten Gewinnermittlung den Vorrang ein (BFH vom 28. März 1985, BStBl II S. 405, BFH vom 25. Juni 1986, BStBl II S. 785 und BFH vom 29. Juli 1992, BStBl 1993 II S. 63). Sie ist damit die Normal- bzw. Regelmethode. Ein willkürlicher Methodenwechsel ist nicht zulässig (vgl. Art. 7 Abs. 6 OECD-MA 92).

2.3.1 Direkte Methode

Bei der direkten Methode wird der Gewinn der Betriebsstätte gesondert aufgrund der Buchführung und der deutschen Gewinnermittlungsvorschriften ermittelt (vgl. Tz. 1.1.3 und 1.1.4).

Die direkte Methode ist insbesondere dann anzuwenden, wenn Stammhaus und Betriebsstätte unterschiedliche Funktionen ausüben. Maßgeblich sind hierfür jeweils die tatsächlichen Verhältnisse.

Dafür sind insbesondere zu berücksichtigen:

- die Struktur, Organisation und Aufgabenteilung im Unternehmen sowie der Einsatz von Wirtschaftsgütern;
- die einzelnen Funktionen der Betriebsstätte, z. B. Herstellung, Montage, Forschung und Entwicklung, verwaltungsbezogene Leistungen, Absatz, sonstige Dienstleistungen, und
- in welcher Eigenschaft die Betriebsstätte als selbständiges Unternehmen diese Funktion erfüllt hätte, z. B. wie ein Eigenhändler, Agent.

Bei Übernahme von Hilfsfunktionen sind Korrekturen vorzunehmen.

Betriebseinnahmen oder Betriebsausgaben, die nicht eindeutig dem Stammhaus oder der Betriebsstätte zugerechnet werden können, sind im Wege der Schätzung sachgerecht aufzuteilen. Bei der Zuordnung von Aufwendungen können auch die Gesichtspunkte berücksichtigt werden, die

Anlage 13
Rechtsformen

bei Beziehungen zwischen nahe stehenden Personen für die Annahme eines Vorteilsausgleichs maßgeblich sind, s.a. Tz. 2.3 der Grundsätze für die Prüfung der Einkunftsabgrenzung bei international verbundenen Unternehmen (Verwaltungsgrundsätze), BMF-Schreiben vom 23. Februar 1983, BStBl I S. 218).

2.3.2 Indirekte Methode

Bei der indirekten Methode ist der Gesamtgewinn des Unternehmens aufgrund eines sachgerechten Schlüssels zwischen Stammhaus und Betriebsstätte aufzuteilen.

Bei Funktionsgleichheit und gleicher innerer Struktur können z. B. im Handels- und Dienstleistungsbereich die Umsätze, im Versicherungsbereich die Prämieneinnahmen, im Bankenbereich der Anteil am gesamten Betriebskapital und im Produktionsbereich die Lohn- und/oder Materialkosten als Schlüssel dienen.

Wird der Gesamtgewinn durch außerordentliche Aufwendungen oder Erträge oder durch sonstige betriebliche Aufwendungen oder Erträge, die nicht alle Betriebsteile betreffen, beeinflusst, werden diese Aufwendungen oder Erträge vor der Schlüsselung beim Gesamtgewinn hinzugerechnet oder abgezogen und nach der Schlüsselung bei den Betriebsstätten, die sie betreffen, berücksichtigt.

2.4 Zuordnung der Wirtschaftsgüter

Wirtschaftsgüter können nur entweder dem Stammhaus oder der Betriebsstätte zugeordnet werden.

Einer Betriebsstätte sind die positiven und negativen Wirtschaftsgüter zuzuordnen, die der Erfüllung der Betriebsstättenfunktion dienen (BFH vom 29. Juli 1992, BStBl 1993 II S. 63). Dazu zählen vor allem die Wirtschaftsgüter, die zur ausschließlichen Verwertung und Nutzung durch die Betriebsstätte bestimmt sind. Der Betriebsstätte sind auch solche Wirtschaftsgüter zuzuordnen, aus denen Einkünfte erzielt werden, zu deren Erzielung die Tätigkeit der Betriebsstätte überwiegend beigetragen hat. Maßgeblich sind immer die tatsächlichen Verhältnisse und insbesondere Struktur, Organisation und Aufgabenstellung der Betriebsstätte im Unternehmen.

Wenn die Wirtschaftsgüter die ihnen im Rahmen des Gesamtunternehmens zugewiesene Funktion sowohl als Bestandteil des Betriebsvermögens des Stammhauses als auch einer Betriebsstätte erfüllen, hängt es entscheidend vom erkennbaren Willen der Geschäftsleitung ab, welchem Betriebsvermögen sie zuzuordnen sind (BFH vom 1. April 1987, BStBl II S. 550); der buchmäßige Ausweis kann nur Indiz, nicht Voraussetzung der Zuordnung sein (BFH vom 29. Juli 1992, BStBl 1993 II S. 63).

Bei der Zuordnung ist die Zentralfunktion des Stammhauses zu beachten. Dem Stammhaus sind deshalb in der Regel zuzurechnen

a) das Halten der dem Gesamtunternehmen dienenden Finanzmittel und
b) Beteiligungen, wenn sie nicht einer in der Betriebsstätte ausgeübten Tätigkeit dienen (BFH vom 30. August 1995, BStBl 1996 II S. 563).

Die von einer Betriebsstätte erwirtschafteten Finanzierungsmittel gehören grundsätzlich zu deren Betriebsvermögen soweit sie zur Absicherung der Geschäftstätigkeit der Betriebsstätte erforderlich sind oder bei ihr zur Finanzierung von beschlossenen oder in absehbarer Zeit vorgesehenen Investitionen dienen sollen. Die darüber hinausgehenden, überschüssigen Mittel sind dem Stammhaus zuzurechnen.

Eine Zuordnung von Wirtschaftsgütern bei der nutzenden Betriebsstätte kann unterbleiben, wenn

Anlage 13
Rechtsformen

a) die Wirtschaftsgüter der Betriebsstätte nur vorübergehend überlassen werden und die Überlassung unter Fremden aufgrund eines Miet-, Pacht- oder ähnlichen Rechtsverhältnisses erfolgt wäre oder

b) es sich um Wirtschaftsgüter handelt, die von mehreren Betriebsstätten gleichzeitig oder nacheinander genutzt werden

2.5 Anteil der Betriebsstätte am Eigenkapital des Gesamtunternehmens (Dotation)

2.5.1 Dotationskapital von Betriebsstätten

Eine Betriebsstätte muss über das zur Erfüllung ihrer Funktion notwendige Dotationskapital verfügen, das dem Grundsatz des Fremdvergleichs entsprechen muss. Dies gilt auch dann, wenn die Betriebsstätte Verluste erwirtschaftet und dies zu einer wesentlichen Minderung des Dotationskapitals führt. Entspricht das Dotationskapital nicht diesen Voraussetzungen, so sind der Gewinn und das Vermögen der Betriebsstätte so zu ermitteln, als ob ihr angemessenes Dotationskapital zur Verfügung gestellt wurde. Daraus folgt, dass das Fremdkapital der Betriebsstätte bis zur Höhe des steuerlich angemessenen Dotationskapitals als Eigenkapital zu behandeln ist. Ist danach nur ein Teil des Fremdkapitals als Dotationskapital zu behandeln und besteht das Fremdkapital aus unterschiedlich hoch verzinslichen Verbindlichkeiten, so ist für die Umwidmung als Dotationskapital auf die zeitliche Reihenfolge der Aufnahme der Verbindlichkeiten abzustellen. Eine Ausnahme kommt nur dann in Betracht, wenn die anderen Betriebsteile ebenfalls unzureichend ausgestattet sind.

Bei der Entscheidung, inwieweit die interne Kapitalausstattung der Betriebsstätte aus Eigenkapital oder aus vom Stammhaus weitergeleitetem Fremdkapital besteht, kommt der unternehmerischen Entscheidung des Stammhauses besondere Bedeutung zu (BFH vom 25. Juni 1986, BStBl II S. 785). Diese Entscheidung ist nicht maßgebend, wenn sie im Widerspruch zu kaufmännischen und wirtschaftlichen Erfordernissen steht (vgl. BFH vom 1. April 1987, BStBl II S. 550) und damit gegen Fremdvergleichsmaßstäbe verstößt.

Für die Bemessung eines ausreichenden Dotationskapitals der Betriebsstätte ist grundsätzlich nach der direkten Methode ein äußerer Fremdvergleich anzustellen (BFH vom 27. Juli 1965, BStBl 1966 III S. 24 und vom 25. Juni 1986, BStBl II S. 85). Dies bedeutet, dass im Rahmen des Fremdvergleichs auf unabhängige Unternehmen abzustellen ist, die vergleichbare Marktchancen haben bzw. vergleichbaren Marktrisiken unterliegen. Unter Umständen sind wegen betriebsspezifischer Unterschiede Anpassungsrechnungen vorzunehmen.

Ist dieser äußere Fremdvergleich mangels vergleichbarer Unternehmen nicht durchführbar, bestehen keine Bedenken, das Eigenkapital des Gesamtunternehmens im Schätzungswege entsprechend den ausgeübten Funktionen auf Stammhaus und Betriebsstätte aufzuteilen (interner Fremdvergleich).

Üben Stammhaus und Betriebsstätte die gleichen Funktionen aus, kann für die Eigenkapitalausstattung der Betriebsstätte die Eigenkapitalquote des Stammhauses ein geeigneter Anhaltspunkt sein (Kapitalspiegel). Geht die Funktion der Betriebsstätte in ihrem Kapitalbedarf über die Funktion des Stammhauses in seinem Kapitalbedarf hinaus bzw. umgekehrt, so ist das Eigenkapital des Gesamtunternehmens angemessen aufzuteilen. Der Entscheidungsspielraum der Geschäftsleitung ist somit begrenzt. Eine Dotierung der ausländischen Betriebsstätte, die über die wirtschaftlichen Erfordernisse hinausgeht, ist nicht anzuerkennen.

Zum Umfang des Dotationskapitals bei Banken- und Versicherungsbetriebsstätten siehe Tzn. 4.1.3, 4.2.2, 4.2.3 und 4.2.4.

2.5.2 Gesellschafterwechsel bei Personengesellschaften

Anlage 13
Rechtsformen

Beim Erwerb von Anteilen an deutschen Personengesellschaften durch beschränkt Steuerpflichtige kann die Eigenkapitalausstattung nach dem Erwerb nicht willkürlich zu Lasten der Betriebsstätte des beschränkt Steuerpflichtigen verringert werden, da die bisherige Dotation durch die Altgesellschafter als betriebsnotwendiger Vergleichsmaßstab heranzuziehen ist.

2.6 Überführung von Wirtschaftsgütern

2.6.1 Überführung in eine ausländische Betriebsstätte des inländischen Stammhauses

Bei der Überführung von Wirtschaftsgütern des inländischen Stammhauses in dessen ausländische Betriebsstätte erfolgt die Aufdeckung der stillen Reserven grundsätzlich mit dem Fremdvergleichspreis1im Zeitpunkt der Überführung, d. h. mit dem Preis, den unabhängige Dritte unter gleichen oder ähnlichen Bedingungen vereinbart hätten.

Im Einzelnen gilt in diesen Fällen Folgendes:

a) Anlagevermögen
   Bei Wirtschaftsgütern des Anlagevermögens ist als Gewinn (Verlust) der Unterschiedsbetrag zwischen dem Fremdvergleichspreis2 des Wirtschaftsgutes und dem Wert zu erfassen, den das Wirtschaftsgut nach § 6 EStG (Buchwert) im Zeitpunkt seiner Überführung hat. Maßgebend sind Preis und Wert im Zeitpunkt seiner Überführung. Eingetretene voraussichtlich dauernde Wertminderungen im Zeitpunkt der Überführung sind zu beachten. Auf die Möglichkeit zur Bildung eines Ausgleichspostens nach § 4g EStG wird hingewiesen.

b) Umlaufvermögen
   Auch bei Wirtschaftsgütern des Umlaufvermögens ist als Gewinn (Verlust) der Unterschiedsbetrag zwischen dem Fremdvergleichspreis3 im Zeitpunkt der Überführung des Wirtschaftsgutes und dem Wert zu erfassen, den das Wirtschaftsgut nach § 6 EStG (Buchwert) im Zeitpunkt seiner Überführung hat. Eingetretene voraussichtlich dauernde Wertminderungen im Zeitpunkt seiner Überführung sind zu beachten.

c) Immaterielle Wirtschaftsgüter
   Bei selbst geschaffenen immateriellen Wirtschaftsgütern gelten die Buchstaben a) und b) entsprechend. Die Überführung eines solchen Wirtschaftsgutes liegt vor, soweit es zur Nutzung oder Verwertung durch die Betriebsstätte bestimmt ist. Darunter fällt auch Fertigungs- und Produktions-Know-how, das bei der Verlagerung von Produkten oder Produktionslinien in der ausländischen Betriebsstätte Verwendung findet.

d) Überführung von Wirtschaftsgütern aus einer Anrechnungsbetriebsstätte (DBA oder nicht-DBA) in eine Freistellungsbetriebsstätte (DBA)
   Die vorstehenden Grundsätze gelten auch, wenn Wirtschaftsgüter von einer Betriebsstätte, deren Ergebnisse der inländischen Besteuerung unterliegen, in eine Betriebsstätte überführt werden, deren Ergebnisse nach Maßgabe eines DBA von der inländischen Besteuerung freizustellen sind.

2.6.2 Überführung/Rückführung von Wirtschaftsgütern in das Inland

Bei der Überführung eines von einer Betriebsstätte in einem DBA-Staat angeschafften bzw. hergestellten Wirtschaftsgutes in das inländische Stammhaus ist der gemeine Wert anzusetzen, wenn nach dem DBA für diese Betriebsstätte die Freistellungsmethode anzuwenden ist (§ 4 Abs. 1 Satz 7 und § 6 Abs. 1 Nr. 5a EStG).

Anlage 13
Rechtsformen

Das gilt nicht bei der Überführung oder der Rückführung eines Wirtschaftsgutes aus einer Betriebsstätte, die entweder in einem Nicht-DBA-Staat unterhalten wird oder für die nach einem DBA die Anrechnungsmethode gilt, in das inländische Stammhaus.

In Fällen der Rückführung von Wirtschaftsgütern aus einer Betriebsstätte in einem Mitgliedstaat der Europäischen Union ins Inland ist § 4g Abs. 3 EStG anzuwenden.

2.6.3 Überführungen zwischen inländischer Betriebsstätte und ausländischem Stammhaus oder dessen ausländischer Betriebsstätte

Wirtschaftsgüter, die bei beschränkter Steuerpflicht aus der inländischen Betriebsstätte in das ausländische Stammhaus oder dessen ausländische Betriebsstätte überführt werden, scheiden aus der deutschen Besteuerungshoheit aus. Deshalb sind die stillen Reserven im Zeitpunkt der Überführung zu besteuern; der Überführungswert entspricht dem Fremdvergleichspreis im Zeitpunkt der Überführung.

Werden Wirtschaftsgüter aus dem ausländischen Stammhaus oder dessen ausländischer Betriebsstätte in die inländische Betriebsstätte überführt, sind sie mit dem Fremdvergleichspreis im Zeitpunkt der Überführung anzusetzen.

2.6.4 Überführungen in eine ausländische Personengesellschaft

Bei der Überführung eines Wirtschaftsgutes aus einem inländischen Betriebsvermögen in eine ausländische Personengesellschaft (einschließlich des Sonderbetriebsvermögens) ist der Fremdvergleichspreis anzusetzen. Eine aufgeschobene Besteuerung kommt nicht in Betracht.

2.7 Aufwands-/Ertragsaufteilung

Aufwendungen des Stammhauses für die Betriebsstätte, die nicht direkt zugeordnet werden können (z. B. Finanzierungs-, Geschäftsführungs- und allgemeine Verwaltungskosten, wie u.a. Kosten der Organe einer Gesellschaft, der Hauptversammlung der Gesellschaft, der Koordination und der Kontrolle), werden ggf. anteilig der Betriebsstätte zugeordnet, soweit sie nicht bereits in anderweitig verrechneten Beträgen enthalten sind. Unerheblich ist, ob die Aufwendungen im Inland oder im Ausland anfallen; entscheidend ist die unmittelbare oder mittelbare betriebliche Veranlassung (BFH vom 20. Juli 1988, BStBl 1989 II S. 140).

Bei der Zuordnung von Aufwendungen des Gesamtunternehmens sind Erkenntnisse einer betrieblichen Kostenrechnung heranzuziehen. Die Kostenrechnung des Stammhauses und der Betriebsstätte sollte nach gleichen oder vergleichbaren Kriterien erfolgen.

Vom Steuerpflichtigen vorzulegende Unterlagen über seine Aufwandszuordnung sollten

a) differenziert und leicht überprüfbar sein,
b) das Betriebsstättenergebnis vollständig erfassen und
c) in ihren Vorgaben und Daten in angemessenen Zeitabständen überprüft und den veränderten Verhältnissen angepasst worden sein.

Eine solche Kostenrechnung ist auf ihre Schlüssigkeit und sachgerechte Anwendung auf die einzelnen Geschäfte zu überprüfen.

Die Aufwendungen/Erträge können auch pauschal oder nach Kostenblöcken aufgeteilt werden, wenn

Anlage 13

Rechtsformen

a) eine derartige Aufteilung einer funktionsgerechten, den vorstehenden Grundsätzen entsprechenden Aufteilung dient und mit angemessener Genauigkeit zu den Ergebnissen führt, die sich bei einer Einzelaufteilung von Erträgen und Aufwendungen ergeben würden, oder
b) eine Einzelaufteilung nicht möglich oder unangemessen schwierig ist.

Korrekturen des Ergebnisses ergeben sich häufig bei der Übertragung von Wirtschaftsgütern des Anlage- und Umlaufvermögens.
Aufwandskorrekturen können notwendig sein bei

a) Betriebsausgaben, die zu Lasten der Erfolgsrechnung eines inländischen Betriebsteils gebucht worden sind, in Wirklichkeit aber die ausländische Betriebsstätte betreffen,
b) angemessenen Teilen der Verwaltungskosten des inländischen Stammhauses (Regiekosten),
c) Teilen des Werbeaufwands, wenn die Werbung zentral durch das Stammhaus erfolgte und die ausländische Betriebsstätte nicht oder nicht ausreichend im Wege des internen Kostenausgleichs belastet wurde,
d) den auf die ausländische Betriebsstätte entfallenden anteiligen Aufwendungen einer zentralen Forschungs- und Entwicklungsabteilung, sofern nicht bereits eine ausreichende Kostenbeteiligung im Wege der internen Verrechnung erfolgte, wobei die Ausführungen zu den verwaltungsbezogenen Leistungen im Konzern zu beachten sind,
e) Zinsanteilen für Kredite, soweit sie der ausländischen Betriebsstätte zuzuordnen sind.

Gleiches gilt auch für eine inländische Betriebsstätte eines ausländischen Stammhauses.

2.8 Umrechnung des Betriebsstättenergebnisses

Das durch Betriebsvermögensvergleich oder Einnahmenüberschussrechnung in ausländischer Währung ermittelte ausländische Betriebsstättenergebnis ist in DM bzw. Euro umzurechnen.

2.8.1 Umrechnung bei Gewinnermittlung durch Betriebsvermögensvergleich gem. § 4 Abs. 1 i. V. m. § 5 EStG

Da der steuerliche Gewinn gem. § 4 Abs. 1 i. V. m. § 5 EStG (Sonderfall siehe Tz. 1.1.5.4) aus der Handelsbilanz abgeleitet wird, darf die Umrechnung von Fremdwährungspositionen nicht im Widerspruch zu den inländischen handelsrechtlichen Grundsätzen ordnungsgemäßer Buchführung und sonstiger steuerlicher Vorschriften stehen.
Dies setzt grundsätzlich voraus, dass jeder einzelne Geschäftsvorfall mit dem maßgebenden Tageskurs (amtlich festgesetzter Devisenkurs, z. B. veröffentlicht im Bundesanzeiger) umgerechnet wird (sogenannte Zeitbezugsmethode; BFH vom 13. September 1989, BStBl 1990 II S. 57; BFH vom 9. August 1989, BStBl 1990 II S. 175). Es ist nicht zu beanstanden, wenn für die Umrechnung der Geschäftsvorfälle auf das Stichtagskursverfahren bei nicht wesentlichen Kursschwankungen zwischen den Stichtagen zurückgegriffen wird, z. B. die Umrechnung mit dem monatlichen amtlichen USt-Umrechnungskurs oder mit dem Jahresdurchschnittskurs der amtlichen monatlichen USt-Umrechnungskurse erfolgt (BFH vom 13. September 1989, a.a.O. und vom 9. August 1989, a.a.O.). Unter diesen Voraussetzungen und unter Berücksichtigung der nachfolgenden Besonderheiten ist es nicht zu beanstanden, wenn der Gewinn der Betriebsstätte nach dem Kurswert umgerechnet wird, der für den Bilanz- und Bewertungsstichtag gilt. Von einer einmal gewählten Methode kann nur in begründeten Ausnahmefällen abgewichen werden. Ergeben sich bei der Umrechnung

Anlage 13

Rechtsformen

Währungsgewinne oder -verluste, so stehen diese im wirtschaftlichen Zusammenhang mit den ausländischen Einkünften und sind infolgedessen auch diesen zuzuordnen (BFH vom 16. Februar 1996, BStBl II S. 588 und vom 16. Februar 1996, BStBl 1997 II S. 128).
Für die Ermittlung des steuerlichen Betriebsstättenergebnisses ergibt sich im Einzelnen:

a) Anlage- und Umlaufvermögen
Die Umrechnung erfolgt bei Anschaffungen mit dem Briefkurs im Zeitpunkt des Zugangs, bei der Herstellung von Wirtschaftsgütern fortschreitend entsprechend dem Fertigstellungsprozess. Die so ermittelten Werte sind die Anschaffungs- oder Herstellungskosten dieser Wirtschaftsgüter. Ein Verlust, der sich nach Umrechnung der Buchwerte zu verschiedenen Stichtagen ergibt, rechtfertigt für sich allein keine Teilwertabschreibung, weil dem scheinbaren Wertverlust regelmäßig ein entsprechend gestiegener Teilwert im Betriebsstättenstaat gegenübersteht. Bei Forderungen, Geldbeständen u.ä. ist zu prüfen, ob eine voraussichtlich dauernde Wertminderung eingetreten ist.

b) Verbindlichkeiten und Rückstellungen
Verbindlichkeiten sind bei voraussichtlich dauerhaft gestiegenem Wechselkurs mit dem höheren Briefkurs anzusetzen. Rückstellungen sind zu dem jeweiligen Briefkurs umzurechnen.

c) Anzahlungen und Rechnungsabgrenzungsposten (RAP)
Erhaltene Anzahlungen und passive RAP sind mit dem Geldkurs bei Zahlungseingang, geleistete Anzahlungen und aktive RAP sind mit dem Briefkurs bei Zahlungsausgang umzurechnen.

d) Dotationskapital
Währungsschwankungen des Dotationskapitals einer ausländischen Betriebsstätte wirken sich auf den Gewinn des inländischen Stammhauses dieser Betriebsstätte nicht aus. Die Verluste und Gewinne aus Währungsschwankungen des Dotationskapitals der Betriebsstätte sind durch die Existenz der Betriebsstätte bedingt und daher dieser zuzuordnen (BFH vom 16. Februar 1996, BStBl II S. 588 und vom 16. Februar 1996, BStBl 1997 II S. 128). Sie realisieren sich erst bei Beendigung der Betriebsstätte. Die Währungsschwankungen haben damit, soweit für Betriebsstätteneinkünfte die Freistellungsmethode Anwendung findet, nur Auswirkungen auf den Progressionsvorbehalt nach § 32 b Abs. 1 Nr. 2 EStG und ggf. bei Anwendung des § 2a Abs. 3 EStG (bis einschließlich VZ 1998).

e) Umrechnungsdifferenzen
Sofern Unternehmen von Vereinfachungen der Zeitbezugsmethode Gebrauch machen, entstehen Abweichungen zwischen dem Betriebsvermögensvergleich und dem Ergebnis aufgrund der G+V-Rechnung (BFH vom 16. Februar 1996, BStBl 1997 II S. 128). Solche Umrechnungsdifferenzen sind erfolgswirksam mit dem Eigenkapital der Betriebsstätte zu verrechnen.

f) Deckungsgeschäfte
Wechselkursbedingte Wertänderungen bei betrags- und fristenkongruent abgeschlossenen Geschäften sind miteinander zu verrechnen; insoweit entsteht kein Verlust, wenn das Kursrisiko von mehreren in einer Fremdwährung abgeschlossenen Grundgeschäften durch den Abschluss eines gegenläufigen Devisentermingeschäftes (Deckungsgeschäftes) beseitigt ist (Hess. FG vom 24. November 1982, EFG 1983 S. 337; FG Köln vom 19. November 1990, EFG 1991 S. 452).

2.8.2 Umrechnung bei Gewinnermittlung durch Einnahmenüberschussrechnung nach § 4 Abs. 3 EStG

2.8.2.1 *Betriebseinnahmen*

Anlage 13

Rechtsformen

Zugeflossene Beträge sind bei ihrem Eingang umzurechnen. Behält der Steuerpflichtige die Fremdwährungsvaluta, erfolgt die Umrechnung am Tag des Zuflusses zum Geldkurs. Der Ansatz des Mittelkurses kommt nicht in Betracht.

2.8.2.2 Betriebsausgaben

Fallen Betriebsausgaben in Fremdwährung an, sind sie nach dem Briefkurs des Tages der Zahlung umzurechnen.

Bei Wirtschaftsgütern des Anlagevermögens ist auf den Briefkurs im Zeitpunkt der Anschaffung oder Herstellung abzustellen. Spätere Kursschwankungen haben auf den Betrag der Anschaffungs- oder Herstellungskosten und damit auch auf die Höhe der Abschreibung keinen Einfluss.

2.8.2.3 Zeitpunkt der Bewertung

Die Umrechnung erfolgt im Zeitpunkt des Zu- und Abflusses. Es ist aber nicht zu beanstanden, wenn bei minimalen Kursschwankungen der Umrechnung der monatliche amtliche USt-Umrechnungskurs oder der Jahresdurchschnittskurs der amtlichen monatlichen USt-Umrechnungskurse zugrunde gelegt wird.

2.8.3 Umrechnung in Sonderfällen

2.8.3.1 Überführung von Wirtschaftsgütern aus der ausländischen in eine inländische Betriebsstätte

Bei Überführungen ist für Zwecke der Umrechnung auf den Briefkurs im Zeitpunkt der Überführung abzustellen.

2.8.3.2 Gesellschafterforderungen/-verbindlichkeiten

Nicht realisierte wechselkursbedingte Wertänderungen von Forderungen eines inländischen Gesellschafters gegen eine ausländische Personengesellschaft können in der eigenen Steuerbilanz des Gewerbebetriebes des inländischen Gesellschafters nicht gewinnmindernd geltend gemacht werden, weil wegen § 15 Abs. 1 Satz 1 Nr. 2 EStG die Darlehensforderung nicht in der Steuerbilanz des Gesellschafters ausgewiesen werden kann, sondern Sonderbetriebsvermögen für das Darlehen empfangenden Personengesellschaft (Mitunternehmerschaft) darstellt und die Darlehensforderung in der Gesamtbilanz dieser Mitunternehmerschaft Eigenkapital darstellt. Erst im Zeitpunkt der Realisierung (z. B. Beendigung der Gesellschafterstellung) wirkt sich eine Wechselkursveränderung auf den steuerlichen Gewinnanteil des Gesellschafters in der Sonderbilanz aus, vgl. Tz. 2.8.1 Buchstabe d (BFH vom 12. Juli 1990, BStBl 1991 II S. 64; BFH vom 19. Mai 1993, BStBl II S. 714). § 15 Abs. 1 Satz 1 Nr. 2 EStG und die Rechtsprechung zur steuerlichen Behandlung von Sonderbetriebsvermögen ist grundsätzlich auch für grenzüberschreitende Beteiligungen anwendbar (BFH vom 19. Mai 1993, BStBl II S. 714).

Entstehen zwischen der Aktivierung einer Zinsforderung und der Zahlung der Zinsen wechselkursbedingte Wertsteigerungen, so unterliegen diese Gewinne der Einkommensteuer (BFH vom 31. Mai 1995, BStBl II S. 683).

Anlage 13
Rechtsformen

2.9 Gründung und Auflösung der Betriebsstätte

2.9.1 Gründungsaufwand und vorangehende Aufwendungen

Gründungsaufwand und Aufwendungen im Hinblick auf eine Betriebsstätte vor ihrer Errichtung sind zu Lasten des Betriebsstättenergebnisses anzusetzen, weil sie in einem Veranlassungszusammenhang mit ihr stehen.

Die entstehenden Aufwendungen führen zu negativen Betriebsstätteneinkünften. Bei Bestehen eines DBA handelt es sich um negative Einkünfte i. S. d. Art. 7 OECD-MA 1992 aus dem Staat, in dem die Betriebsstätte begründet werden soll. Sieht dieses DBA die Freistellung der Betriebsstätteneinkünfte von der inländischen Besteuerung vor, so ist auf Antrag für die Berücksichtigung der Verluste bei Vorliegen der weiteren Voraussetzungen nach § 2 a Abs. 3 EStG (bis einschließlich VZ 1998) zu verfahren. Sollte § 2a Abs. 3 EStG nicht anzuwenden sein, ist § 32 b EStG zu beachten (BFH vom 25. Mai 1970, BStBl II S. 660; BFH vom 17. Oktober 1990, BStBl 1991 II S. 136). § 2a Abs. 1 und 2 EStG steht dem nicht entgegen, wenn z. B. keine Betriebsstätte i. S. d. § 12 AO gegeben ist.

Die vorstehenden Ausführungen gelten auch dann, wenn die Betriebsstättenbegründung scheitert, da die Aufwendungen in einem unmittelbaren wirtschaftlichen Zusammenhang mit den Einnahmen stehen, die aus der zu errichtenden Betriebsstätte erzielt werden sollten (BFH vom 28. April 1983, BStBl II S. 566). Aufwendungen der Auftragsakquisition, die nur bei Erfolg zu einer Betriebsstättenbegründung führt, sind stets vom Stammhaus zu tragen.

2.9.2 Betriebsstättenauflösung

Eine Auflösung einer Betriebsstätte ist erfolgt, wenn keine feste Geschäftseinrichtung, Anlage oder Bauausführung mehr besteht. Eine vorübergehende Unterbrechung des Betriebs gilt jedoch nicht als Stillegung bzw. Auflösung. Das längerfristige Ruhen lassen einer Betriebsstätte steht dagegen einer Auflösung gleich.

2.10 Einbringung einer Betriebsstätte in eine Kapitalgesellschaft

Die Einbringung einer Betriebsstätte in eine Kapitalgesellschaft gegen Gewährung von Anteilen an der aufnehmenden Kapitalgesellschaft ist ein tauschähnlicher Vorgang. Dieser ist steuerrechtlich im Grundsatz wie ein Veräußerungsvorgang zu behandeln. Für einen daraus entstehenden Gewinn (Verlust) ist das Besteuerungsrecht nach Art. 13 Abs. 2 OECD-MA 92 dem Betriebsstättenstaat zugewiesen.

3. Einzelfragen zur Aufteilung des Betriebsvermögens und der Einkünfte
3.1 Dienstleistungen

3.1.1 Allgemeines

Der hier verwendete Begriff "Dienstleistungen" bezieht sich in der Regel nur auf gewerbliche Dienstleistungen. Darunter fallen grundsätzlich alle wirtschaftlichen Verrichtungen, die nicht in der Erzeugung von Sachgütern, sondern in persönlichen Leistungen bestehen. Als gewerbliche Dienstleistungen sind insbesondere der gesamte Bereich des Transportwesens, der Nachrichtenverkehr, die Baubetreuung, Instandhaltung und Übernahme von bestimmten Arbeiten zu qualifizieren. Auch die Tätigkeit der Handelsvertreter, Makler, Spediteure, Lagerhalter, Frachtführer, Versicherungsvertreter, Treuhänder und das sonstige Mitwirken zu gewerblichen Tätigkeiten ist im Allgemeinen

Anlage 13
Rechtsformen

als gewerbliche Dienstleistung anzusehen. Die Dienstleistungen sind von der Vermögensverwaltung abzugrenzen.

3.1.2 Dienstleistungen als Haupttätigkeit der Betriebsstätte

Dienstleistungen (außer Leistungen i. S. der Tz. 3.4) sind mit dem Fremdvergleichspreis aus dem Staat der leistenden Unternehmenseinheit anzusetzen, wenn die Erbringung von Dienstleistungen die Haupttätigkeit der Betriebsstätte ist. Ist ein Fremdvergleichspreis nicht festzustellen, ist es nicht zu beanstanden, wenn der Gewinn der Betriebsstätte nach der Kostenaufschlagsmethode unter Berücksichtigung eines Gewinns von 5 v.H. bis 10 v.H. ermittelt wird. Dies gilt auch dann, wenn die Aufwendungen nach Art einer Umlage den anderen Betriebsteilen zugeordnet werden. Soweit die Dienstleistungen Nebentätigkeiten darstellen, kommt ein Gewinnaufschlag nicht in Betracht.

3.1.3 Lohnfertigung durch Betriebsstätten

Ist eine Produktion einer ausländischen Betriebsstätte wirtschaftlich als Lohnfertigung für das inländische Stammhaus anzusehen, stehen der ausländischen Betriebsstätte nur die Gewinne zu, die ein fremder Lohnfertiger in dem betreffenden Staat erzielt hätte. Dies gilt auch für Leistungen einer inländischen Betriebsstätte für das ausländische Stammhaus.

3.1.4 Oberleitung der Betriebsstätten durch das Stammhaus

Beschränkt sich die Tätigkeit des Stammhauses auf die geschäftliche Oberleitung von Betriebsstätten, so ist dem Stammhaus ein angemessener Anteil vom Gesamtergebnis zuzurechnen (BFH-Urteil vom 28. Juli 1993, BStBl 1994 II S. 148). Über den Aufteilungsmaßstab müssten im Einzelfall geeignete Feststellungen getroffen werden. Sollte es in diesen Fällen zu einer Doppelbesteuerung kommen, z.B. wenn der Staat, in dem sich die Geschäftsleitungsbetriebsstätte befindet, dem Stammhaus einen gewissen Vomhundertsatz des Gewinns des Gesamtunternehmens für die Geschäftsführung zurechnet, während der Staat, in dem sich die Betriebsstätte befindet, dies nicht vornimmt, sollte der Staat, in dem sich das Stammhaus befindet, von sich aus veranlassen, dass bei der Ermittlung der Steuer die Berichtigungen vorgenommen werden, die zur Vermeidung von Doppelbesteuerungen notwendig sind (vgl. Tz. 23 des OECD-Kommentars zu Art. 7 OECD-MA 92).

3.2 Werbung und Markterschließung
3.2.1 Aufwendungen für Werbung

Die Aufwendungen für eine Werbemaßnahme sind von dem Betriebsteil (Stammhaus oder Betriebsstätte) zu tragen, für dessen Aufgabenbereich durch diese Maßnahme geworben wird. Soweit Betriebsteile mit Herstellungs- und Vertriebsfunktionen auch Werbemaßnahmen für andere Betriebsteile durchführen, ist der Werbeaufwand zwischen den Unternehmensteilen sachgerecht und ohne Gewinnaufschlag aufzuteilen.

Es ist nicht zu beanstanden, wenn die Kostenaufteilung im Unternehmen aufgrund eines mittel- oder längerfristigen Werbekonzeptes durch unternehmensinterne Umlagefestlegungen geregelt wird. Führt ein Betriebsteil Aufgaben der Werbung für einen anderen Betriebsteil durch, so können die hierbei erbrachten Leistungen als Dienstleistungen verrechnet werden (Tz. 3.1.1), soweit die Werbeleistungen die Haupttätigkeit des Betriebsteils darstellen.

Anlage 13
Rechtsformen

3.2.2 Aufwendungen für Markterschließung

Für die Einführung von Produkten entstehen Betriebsteilen mit Herstellungs- und Vertriebsfunktionen während des Einführungszeitraumes häufig erhebliche Aufwendungen oder Mindererlöse. Unter Fremden werden sie in der Regel von dem Betriebsteil mit Vertriebsfunktion nur insoweit getragen, als ihm aus der Geschäftsverteilung ein angemessener Betriebsgewinn verbleibt. Solche Aufwendungen oder Erlösminderungen werden unter Fremden auch derart aufgeteilt, dass

der Vertreiber diese Aufwendungen oder Erlösminderungen in größerem Umfang trägt und ihm dafür Lieferpreise eingeräumt werden, durch die er spätestens nach Ablauf von drei Jahren seine Gewinnausfälle in überschaubarer Zeit ausgleichen kann (BFH-Urteil vom 17. Februar 1993, BStBl II S. 457), oder

der Hersteller diese Aufwendungen oder Erlösminderungen in größerem Umfang trägt und seine Gewinnausfälle spätestens nach Ablauf von drei Jahren in überschaubarer Zeit (BFH v. 17. Februar 1993 a.a.O.), ggf. durch höhere Lieferpreise, ausgleichen kann.

Der hierbei vorzusehende Ausgleich zwischen Herstellungs- und Vertriebsunternehmen ist im Vorhinein aus Rentabilitätsprognosen abzuleiten und schriftlich zu dokumentieren. Unter diesen Voraussetzungen kann eine derartige Aufteilung auch zwischen Betriebsteilen zugrunde gelegt werden.

Aufwendungen und Erlösminderungen, die dadurch entstehen, dass der Betriebsteil mit Vertriebsfunktionen durch "Kampfpreise" oder ähnliche Mittel seinen Marktanteil wesentlich erhöhen oder verteidigen will, sind grundsätzlich vom Betriebsteil mit Herstellungsfunktionen zu tragen.

3.3 Zinsen und ähnliche Vergütungen

Der Betriebsstätte sind Zinszahlungen des Unternehmens insoweit zuzuordnen, als sie mit Krediten zusammenhängen, die das Unternehmen nachweislich für die Zwecke der Betriebsstätte aufgenommen hat (direkte Zuordnung; Hinweis auf Tz. 2.5.1).

Soweit Zinszahlungen des Unternehmens dem Stammhaus und der Betriebsstätte nicht direkt zugeordnet werden können, sind sie im Verhältnis aufzuteilen, das für die Zuordnung des Eigenkapitals des Gesamtunternehmens auf Stammhaus und Betriebsstätte gilt.

Erfolgte die Aufnahme des Kredits durch die Betriebsstätte, um dem Stammhaus Finanzmittel zu verschaffen, sind die Zinszahlungen dem Stammhaus zuzuordnen, da der zugrunde liegende Kredit dem Stammhaus dient.

Nutzt die Betriebsstätte Eigenmittel des Unternehmens, so können ihr keine fiktiven Zinsen belastet werden (BFH vom 27. Juli 1965, BStBl 1966 III S. 24).

3.4 Geschäftsführungsaufwendungen, allgemeine Verwaltungsaufwendungen und ähnlicher Aufwand

3.4.1 Zuordnung der Aufwendungen zur Betriebsstätte

Geschäftsführungs- und allgemeine Verwaltungsaufwendungen des Stammhauses (vgl. BFH vom 20. Juli 1988, BStBl 1989 II S. 40) sind der Betriebsstätte zuzuordnen, soweit

1. die Aufwendungen durch eine Leistung des Stammhauses gegenüber der Betriebsstätte ausgelöst sind oder
2. den Aufwendungen eine Dienstleistung von Dritten gegenüber dem Stammhaus zugrunde liegt, die auch der Betriebsstätte dient.

Anlage 13
Rechtsformen

Aufwendungen, die durch das Unternehmen als Ganzes entstehen (z. B. Aufwendungen der rechtlichen Organisation des Unternehmens), sind sachgerecht aufzuteilen.
Bei schwankenden Leistungen kann ein durchschnittlicher Aufwand zugeordnet werden.

3.4.2 Beispiele

Als derartige Aufwendungen können in Betracht kommen:
- die Erbringung von Leistungen auf dem Gebiet der Buchführung, der Rechtsberatung sowie des Revisions- und Prüfungswesens,
- Kontroll-, Regie- und vergleichbare Leistungen des Stammhauses, wenn diese Tätigkeiten gegenüber der Betriebsstätte ausgeübt werden,
- zeitlich begrenzte Überlassungen von Arbeitskräften, einschließlich solcher im Führungsbereich des Stammhauses und
- die Aus- und Fortbildung sowie die soziale Sicherung von Personal, das im Stammhaus im Interesse der Betriebsstätte tätig ist.

4. Betriebsstätten in Sonderfällen
4.0 Allgemeines

Die allgemeinen Ausführungen der Tz. 1 bis 3 gelten in vollem Umfang auch für die genannten Betriebsstätten in den nachfolgenden Textziffern, soweit dort keine abweichenden Regelungen getroffen werden. Insbesondere gelten hierfür die allgemeinen Grundsätze über die Gewinnermittlung.

4.1 Bankbetriebsstätte
4.1.1 Inländische Betriebsstätte

Nach § 53 Abs. 1 KWG gelten Zweigstellen von Unternehmen mit Sitz in einem anderen Staat, die Bankgeschäfte i. S. d. § 1 Abs. 1 KWG betreiben, als Kreditinstitute.
Inländische Zweigstellen ausländischer Kreditinstitute sind daneben als Zweigniederlassungen i. S. d. § 13 HGB und damit als Betriebsstätten i. S. d. § 12 Satz 2 Nr. 2 AO anzusehen.
Buchführungs- und Bilanzierungspflicht

Die Buchführungs- und Bilanzierungspflicht ergibt sich aus den §§ 238 und 340 ff. HGB. Neben den Vorschriften des HGB gelten für Bankbetriebsstätten besondere Rechnungslegungsvorschriften (§ 53 Abs. 2 Nrn. 2 bis 4 KWG).
Ab 1. Januar 1993 ist § 53 KWG auf Bankbetriebsstätten von Unternehmen mit Sitz in einem anderen Mitgliedstaat der EU unter bestimmten Voraussetzungen nicht anwendbar (§ 53 b KWG).
Die Sondervorschriften des KWG über ausländische Unternehmen mit Sitz in einem Mitgliedstaat der EU können durch Rechtsverordnung auch auf Unternehmen mit Sitz außerhalb der EU übertragen werden (§ 53 c KWG).

4.1.2 Zuordnung von Forderungen und Margenanteilen

Für die steuerliche Zuordnung von Forderungen und Margenanteilen aus Kreditausreichung ist entscheidend, welche beteiligte Bankstelle (Stammhaus, Betriebsstätte) die wesentlichen Manuté-

Anlage 13
Rechtsformen

tigkeiten für das Zustandekommen des Geschäftes überwiegend erbracht hat. Zu den Haupttätigkeiten zählen die Akquisition, die Bewertung des Kreditnehmers und des Kreditrisikos, Tragen des Kreditrisikos, Übernahme der Refinanzierung, die Entscheidung über die Kreditvergabe, der Abschluss des Vertrages und die Kreditverwaltung, -überwachung und -abwicklung.

Werden die vorgenannten wesentlichen Stufen der Kredithingabe von der Betriebsstätte erbracht, so ist die Forderung regelmäßig deren Betriebsvermögen zuzurechnen. Etwaiger Wertberichtigungsaufwand ist von der Betriebsstätte zu tragen, sofern nicht eine andere Bankstelle das Kreditrisiko vor Kreditvergabe durch interne Vereinbarung und gegen Vergütung, wie sie gegenüber Dritten üblich ist, übernommen hat. Haben das Stammhaus oder eine andere Betriebsstätte an der Kreditvergabe mitgewirkt, kann die Marge entsprechend dem Leistungsbeitrag aufgeteilt oder mit dem marktüblichen Kostenersatz vergütet werden.

Eine spätere Zuordnungsänderung ist regelmäßig nicht möglich, es sei denn, wirtschaftlich beachtliche Gründe, z. B. Änderung der wesentlichen Funktionsbeiträge, sind für den Wechsel entscheidend. Diese ist nicht gegeben, wenn der Wechsel lediglich aus steuerlichen Gründen vorgenommen wird (Tz. 15.2 des OECD-Kommentars zu Art. 7 OECD-MA 92). Die Forderungsübertragung hat zu Marktpreisen zu erfolgen. Die mit der Forderung zusammenhängenden Haupt- und Nebenleistungsfunktionen (Management, Verbuchung, Mahnwesen, laufende Risikoüberwachung etc.) sind ebenfalls zu übertragen.

4.1.3 Dotationskapital

Inländische Betriebsstätten ausländischer Kreditinstitute müssen über ein Dotationskapital verfügen, das der Eigenart ihrer Geschäfte entspricht.

Inländische Betriebsstätten von EU-Kreditinstituten

Es ist nicht zu beanstanden, wenn die inländische Betriebsstätte eines Kreditinstituts mit Sitz in einem Mitgliedstaat der Europäischen Union ein Dotationskapital ansetzt, das nicht geringer ist als das aus der nachfolgenden Tabelle abgeleitete Dotationskapital.

Bilanzsumme	**Dotationskapital**
0 - 100 Mio. DM	2 Mio. DM
ab 100 Mio. - 500 Mio. DM	2,0 % der Bilanzsumme
ab 500 Mio. - 1 Mrd. DM	10 Mio. DM
ab 1 Mrd. - 2 Mrd. DM	1 % der Bilanzsumme
ab 2 Mrd. - 5 Mrd. DM	1 % von 2 Mrd. DM zusätzlich 0,5 % auf den erhöhten Betrag
ab 5 Mrd. DM	1 % von 2 Mrd. DM zusätzlich 0,5 % von 3 Mrd. DM zusätzlich 0,25 % auf den 5 Mrd. DM übersteigenden Betrag

Für die Bilanzsumme ist auf den Jahresabschluss des vorangegangenen Wirtschaftsjahres abzustellen. Zur Vermeidung von Zufallswerten ist aber die durchschnittliche Bilanzsumme der letzten 12 BISTA-Meldungen (= Bilanzstatistische Meldungen an das Bundesaufsichtsamt für das Kreditwesen) des vorangegangenen Wirtschaftsjahres zu errechnen. Weicht diese um mehr als 20 v.H. vom Schlussbilanzwert nach oben ab, ist die Durchschnittsbilanzsumme des vorangegangenen Wirtschaftsjahres für die Bemessung des Dotationskapitals maßgebend.

Anlage 13
Rechtsformen

Laufende Schwankungen innerhalb des Wirtschaftsjahres bleiben unberücksichtigt.

Wurde die Geschäftstätigkeit erst während des Veranlagungszeitraums aufgenommen, ist ein Dotationskapital von mindestens 2 Mio. DM anzusetzen.

Wird das Dotationskapital, das aus der oben aufgeführten Tabelle abgeleitet wird, unterschritten, so ist ein entsprechender Zinsanteil für die Fremdmittel nicht zum Abzug als Betriebsausgabe zuzulassen. Der Ansatz eines Schuldpostens entfällt insoweit.

Diese Regelung ist erstmals anzuwenden
- für Wirtschaftsjahre, die nach dem 31. Dezember 1995 enden,
- für Feststellungszeitpunkte ab dem 1. Januar 1996.

Soweit für frühere als für die genannten Wirtschaftsjahre bzw. Feststellungszeitpunkte ein höheres als nach den Abs. 1 und 2 vorgeschriebenes Dotationskapital angesetzt wurde, kann dieses nicht rückwirkend herabgesetzt werden. Diese Regelung endet mit Ablauf des 31. Dezember 2000.

Betriebsstätten von ausländischen Kreditinstituten, die denen von EU-Banken gleichgestellt sind

1   Zweigstellen von Kreditinstituten mit Sitz in den USA sind nach der Verordnung des BMF vom 21. April 1994 (BGBl. I S. 887) den Betriebsstätten von EU-Kreditinstituten grundsätzlich gleichgestellt. Für diese Unternehmen gilt die obige Regelung für inländische Betriebsstätten von EU-Kreditinstituten mit folgender Maßgabe:

   a) Es ist ein Mindestkapital von 5 Mio. ECU anzusetzen. Dieser Betrag wird zum 1. Januar 1999 im Verhältnis 1:1 in EURO umgerechnet.

   b) Diese Regelung gilt für Zeiträume ab dem 4. Mai 1995.

2   Für Betriebsstätten von Kreditinstituten in Japan gilt diese Regelung mit der Maßgabe, dass sie für Zeiträume ab dem 21. Dezember 1995 anzuwenden ist.

Betriebsstätten von ausländischen Kreditinstituten, die denen von EU-Banken nicht gleichgestellt sind

Für Betriebsstätten von ausländischen Kreditinstituten, die denen von EU-Banken nicht gleichgestellt sind, ist mindestens das nach dem KWG aufsichtsrechtlich notwendige Dotationskapital anzusetzen.

Ausländische Bankbetriebsstätte

a) Hingabe
   Eine Dotierung der ausländischen Betriebsstätte, die über die wirtschaftlichen Erfordernisse hinausgeht, ist nicht anzuerkennen. Die Angemessenheitsprüfung hat auf der Grundlage des Fremdvergleichs zu erfolgen (siehe Tz. 2.5.1). Die Dotierung steht insbesondere insoweit nicht im Widerspruch zu kaufmännischen und wirtschaftlichen Erfordernissen, als das Dotationskapital den Maßstäben aufsichtsrechtlich gebotener Eigenkapitalausstattung des Landes der Betriebsstätte oder des § 10 KWG entspricht.

   Ferner ist es nicht zu beanstanden, wenn das über das aufsichtsrechtlich gebotene Eigenkapital hinausgehende Eigenkapital des Gesamtunternehmens nach billigem Ermessen im Rahmen vernünftiger kaufmännischer Beurteilung höchstens zu dem Teil der ausländischen Betriebsstätte, der dem Anteil dieser Betriebsstätte am aufsichtsrechtlich gebotenen Eigenkapital des Gesamtunternehmens entspricht, zugewiesen wird und die Betriebsstätte tatsächlich darüber verfügen kann.

Anlage 13
Rechtsformen

b) Refinanzierung

Mit dem Kapitaltransfer wird bisher im Inland vorhandenes Eigenkapital des Kreditinstituts auf die ausländische Zweigstelle übertragen. Hat das Kreditinstitut im nachweisbar unmittelbaren Zusammenhang Fremdmittel aufgenommen oder ergibt sich aus anderen Umständen zwingend, dass Fremdmittel eingesetzt wurden, so sind diese und der hierfür anfallende Refinanzierungsaufwand im Inland nicht berücksichtigungsfähig, da er den ausländischen Einkünften zuzuordnen ist.

4.1.4 Zinsverrechnungen

Vom Stammhaus bzw. von Schwesterbetriebsstätten zur Verfügung gestellte Gelder sind, soweit sie das Dotationskapital übersteigen, als verzinsliche Kredite anzuerkennen, da Geld als Handelsware von Kreditinstituten anzusehen ist (vgl. BFH vom 27. Juli 1965, BStBl 1966 III S. 24 und Tz. 18.3 sowie Tzn. 19 und 20 des OECD-Kommentars zu Art. 7 OECD-MA 92). Gleiches gilt für die Geldüberlassung der Betriebsstätte an das Stammhaus oder Schwesterfilialen.

Für Aufnahmen von Geld und Kapital durch eine inländische Betriebsstätte ist von den Zinssätzen auszugehen, die unter vergleichbaren Bedingungen zwischen Fremden in der jeweiligen Währung vereinbart worden wären. Sind die Aufnahmen beim Stammhaus oder bei einer ausländischen Schwesterfiliale - im Gegensatz zu gleichartigen Aufnahmen im Inland - mindestreservefrei, so steht dieser Vorteil steuerlich der inländischen Zweigstelle zu. Er kann nicht an das Stammhaus bzw. die ausländische Schwesterbetriebsstätte weitergegeben werden (z. B. in Form eines höheren Aufnahmesatzes).

Zinsen für Ausleihungen einer inländischen Betriebsstätte an ihr Stammhaus sind grundsätzlich nach den inländischen Marktgegebenheiten zu bemessen. Ist der Zinssatz im Ausland jedoch höher, ist der höhere ausländische Zins zugrunde zu legen und der Zinsvorteil auf Stammhaus und Betriebsstätte aufzuteilen.

4.2 Versicherungsbetriebsstätte

Inländische Niederlassungen i. S. d. Versicherungsaufsichtsgesetzes (VAG) ausländischer Versicherungsunternehmen (VU) sind Zweigniederlassungen i. S. d. § 13 d HGB.

4.2.1 Inländische Betriebsstätte

Versicherungsrechtlich bestehen folgende Regelungen zum Betreiben von Versicherungsgeschäften durch Versicherungsunternehmen mit Sitz im Ausland:

VU mit Sitz außerhalb der Mitgliedstaaten der EU oder des EWR, die im Inland das Direktversicherungsgeschäft durch Mittelspersonen betreiben wollen, bedürfen hierzu der Erlaubnis durch die deutsche Versicherungsaufsichtsbehörde (§ 105 VAG) und haben nach § 106 VAG eine Niederlassung zu errichten.

VU mit Sitz innerhalb der Mitgliedstaaten der EU oder des EWR dürfen hingegen nach §§ 110 a, 110 d VAG das Direktversicherungsgeschäft im Inland durch eine Niederlassung oder eine Mittelsperson betreiben. Eine Erlaubnis der inländischen Versicherungsaufsicht ist nicht mehr erforderlich. Die Finanzaufsicht über die Geschäftstätigkeit obliegt der Aufsichtsbehörde des Herkunftsmitgliedstaates (§ 110 a Abs. 3 VAG).

Sollte versicherungsrechtlich keine Niederlassung vorliegen, wird nach Tz. 1.2.2 durch einen abhängigen Vertreter eine Betriebsstätte begründet, wenn er im Inland Vollmacht hat, Verträge im Namen des ausländischen VU abzuschließen (Abschlussvollmacht) und diese regelmäßig ausübt.

Anlage 13
Rechtsformen

Ebenso begründet ein Makler (Kommissionär) oder sonstiger unabhängiger Vertreter mit Abschlussvollmacht eine Betriebsstätte, wenn er außerhalb seines gewöhnlichen Geschäftsbetriebs handelt.

Ausländische Rückversicherungsunternehmen, die im Inland das Rückversicherungsgeschäft durch eine Niederlassung oder Mittelsperson betreiben, bedürfen hierzu keiner Erlaubnis. Sie sind nach § 1 Abs. 2 VAG nur eingeschränkt rechnungslegungs- und berichtspflichtig. Zur Frage des Vorliegens einer Betriebsstätte wird auf Tz. 1.2.2 hingewiesen.

4.2.2 Inländische Betriebsstätten, die der Versicherungsaufsicht durch das Bundesaufsichtsamt für das Versicherungswesen (BAV) unterliegen

Buchführungs- und Bilanzierungspflicht

Buchführungspflichtig sind die inländischen Betriebsstätten ausländischer Versicherungsunternehmen, die dem inländischen Handels- und Versicherungsaufsichtsrecht unterliegen. Die den inländischen Betriebsstätten ausländischer Versicherungsunternehmen obliegenden Buchführungspflichten nach HGB und VAG gelten nach § 140 AO auch für das Steuerrecht.

Gewinnermittlung

Für die Gewinnermittlung ist das Bilanzergebnis der inländischen Betriebsstätte maßgebend, das sich nach Handels- und Steuerrecht ergibt. Die Sondervorschriften für Versicherungsunternehmen nach §§ 20 und 21 KStG sind zusätzlich zu beachten.
Bei der Ermittlung des Bilanzergebnisses sind alle dem inländischen Betrieb zurechenbaren Aufwendungen einschließlich eines Anteils an den Generalkosten des Gesamtunternehmens (Kosten der zentralen Verwaltung) abzuziehen, soweit dieser Anteil den Bilanzgewinn noch nicht gemindert hat.
Für die Aufteilung wird auf Tz. 2.2 und Tz. 2.3 verwiesen.
Sind bei der Ermittlung von steuerlich abziehbaren versicherungstechnischen Rückstellungen bzw. der Berechnung von Zuführungen oder Entnahmen Aufwendungen für den Versicherungsbetrieb anzusetzen, müssen diese Aufwendungen auch die anteiligen Generalkosten enthalten.
Wird Rückversicherung (RV) des Betriebsstättengeschäfts durch die ausländische Hauptverwaltung abgeschlossen, sind bei allen in Betracht kommenden Positionen der Bilanz sowie der Gewinn- und Verlustrechnung die Anteile der Rückversicherer mit ihren auf das inländische Versicherungsgeschäft entfallenden Beträgen zu berücksichtigen. Die Ansätze sind durch geeignete Unterlagen (RV-Verträge, RV-Abrechnungen) nachzuweisen. Rückversicherungsverträge zwischen Stammhaus und Betriebsstätte sind entsprechend Tz. 2.2 als Innentransaktionen steuerlich nicht anzuerkennen.

Zurechnung von Wirtschaftsgütern

Der inländischen Betriebsstätte sind mindestens Kapitalanlagen zuzurechnen in Höhe
1. der versicherungstechnischen Rückstellungen (einschließlich Beitragsüberträge) und der Depotverbindlichkeiten, weil die Tätigkeiten des inländischen Betriebs zur Erzielung der hieraus resultierenden Einkünfte beigetragen haben, zuzüglich
2. der Mindesteigenmittel in Höhe einer Solvabilitätsspanne (§§ 53 c, 106 b Abs. 2 VAG sowie Kapitalausstattungs-Verordnung) bezogen auf den Umfang des Versicherungsgeschäfts der

Anlage 13
Rechtsformen

Betriebsstätte oder der Mindestbetrag des Garantiefonds im Sinne der §§ 2 und 5 Kapitalausstattungs-Verordnung, falls dieser höher ist.

Die Höhe der Solvabilitätsspanne ergibt sich aus den dem BAV einzureichenden Unterlagen. Andernfalls ist sie unter sinngemäßer Anwendung der Kapitalausstattungs-Verordnung und den dazu ergangenen BAV-Rundschreiben gesondert zu ermitteln.

Übersteigt der bei der Zurechnung von Wirtschaftsgütern ermittelte Mindestbetrag (arithmetisches Mittel zu Beginn und Ende des Wirtschaftsjahres) das arithmetische Mittel der zu Beginn und Ende des Wirtschaftsjahres bilanzierten Kapitalanlagen, ist der Differenzbetrag der inländischen Betriebsstätte zuzurechnen.

Dem Gewinn der inländischen Betriebsstätte sind zusätzlich Erträge aus Kapitalanlagen in Höhe der Durchschnittsrendite des Gesamtvermögens bezogen auf den Differenzbetrag zuzurechnen.

Dotationskapital

Der Betriebsstätte sind die Eigenkapitalien zuzurechnen, die als aufsichtsrechtlich gebotene Mindesteigenkapitalausstattung anzusehen sind (BFH vom 18. September 1996, IStR 1997 S. 145).

4.2.3 Inländische Betriebsstätten, die nicht der Versicherungsaufsicht durch das BAV unterliegen

Buchführungspflicht

Die Verpflichtung Bücher zu führen ergibt sich aus §§ 238 Abs. 1 und 242 HGB.

Gewinnermittlung

Die von der Niederlassung nach den ergänzenden Vorschriften für Versicherungsunternehmen der §§ 341b-341 h HGB ermittelten Bilanzansätze sind - unter Beachtung der §§ 20 und 21 KStG - steuerlich zu übernehmen.

Zurechnung von Wirtschaftsgütern

Tz. 4.2.2 gilt entsprechend; dabei ist hinsichtlich der Mindesteigenmittel auf die aufsichtsrechtlichen Regelungen des Sitzstaates des Stammhauses abzustellen.

Dotationskapital

Das tatsächlich verfügbare Eigenkapital des Gesamtunternehmens ist in entsprechendem Umfang nach den Grundsätzen des Fremdvergleichs auf das Stammhaus und auf dessen Betriebsstätten aufzuteilen (BFH vom 18. September 1996, IStR 1997 S. 145). Dies bedeutet, dass der inländischen Betriebsstätte zumindest die Eigenkapitalien zuzuordnen sind, die nach dem Aufsichtsrecht des Sitzstaates des Stammhauses für die Tätigkeit der Betriebsstätten mindestens benötigt werden

4.2.4 Ausländische Betriebsstätten inländischer Versicherungsunternehmen

Gewinnermittlung

Die Ausführungen in Tz. 4.2.2 gelten sinngemäß.

Anlage 13
Rechtsformen

Dotationskapital

Die Dotierung der ausländischen Betriebsstätte ist anzuerkennen, wenn sie nach den dortigen aufsichts- oder steuerrechtlichen Vorschriften gefordert wird, sofern nicht dadurch dem inländischen Stammhaus das für die Ausübung seiner Funktion im Rahmen des Gesamtunternehmens erforderliche Eigenkapital (Tz. 2.5.1) entzogen wird.

4.3 Bauausführungen und Montagen
4.3.1 Allgemeines

Unter Bauausführung versteht man die Errichtung eines Bauwerkes, einer Anlage oder von Teilen davon (BFH vom 22. September 1977, BStBl 1978 II S. 140; BFH vom 21. Oktober 1981, BStBl 1982 II S. 241).

Montagen sind das endgültige Zusammenfügen oder der Um-/Einbau vorgefertigter Teile zu einem Ganzen, nicht aber bloße Reparatur-/Instandsetzungsarbeiten (BFH vom 16. Mai 1990, BStBl II S. 983).

Die Zeitgrenze bei Bau- und Montagestellen wird von Beginn und Ende der Bau- und Montagetätigkeit bestimmt (vgl. Anlage II).

Eine Bauausführung besteht von dem Zeitpunkt an, an dem das Unternehmen mit den Arbeiten - einschließlich aller vorbereitenden Arbeiten - in dem Staat beginnt, in dem das Bauwerk errichtet werden soll, also z. B. mit der Einrichtung eines Bauplanungsbüros. Im Allgemeinen bleibt die Bauausführung so lange bestehen, bis die Arbeit abgeschlossen oder endgültig eingestellt wird. Sofern auf der Baustelle nur noch Material oder Geräte lagern, liegt keine Bauausführung mehr vor.

Eine Montage beginnt mit dem Eintreffen der ersten Person, die vom Montageunternehmen mit den vorzunehmenden Montagearbeiten betraut worden ist. Als "Montagearbeiten" in diesem Sinne sind auch solche Arbeiten anzusehen, die der unmittelbaren Vorbereitung der eigentlichen Montage dienen. Ist eine Montage Bestandteil eines Werklieferungsvertrages und ist in diesem Vertrag eine Abnahme des fertigen Werks unter Mitwirkung des Montageunternehmens vorgesehen, so endet die Montage frühestens mit der Abnahme (BFH vom 21. April 1999, BStBl II S. 694).

Jahreszeitlich bedingte oder andere vorübergehende kurzfristige Arbeitsunterbrechungen, z. B. wegen schlechter Witterung, Streiks, und Unterbrechungen aus im Betriebsablauf liegenden Gründen, z. B. wegen Materialmangels oder anderer bautechnischer Gründe, hemmen die Frist nicht.

4.3.2 Bau- und Montageüberwachung als Bauausführung

Zur Bauausführung oder Montage, die als Betriebsstätte nach § 12 Satz 2 Nr. 8 AO und Art. 5 Abs. 3 OECD-MA 92 anzusehen ist, gehört regelmäßig auch die als Teilleistung ausgeführte Planungs- und Überwachungstätigkeit. Dies gilt auch dann, wenn ein Generalunternehmer, der die Herstellung eines Werkes schuldet, nur die Überwachung mit eigenem Personal durchführt und er ansonsten die Herstellung Subunternehmern überlässt (Tz. 17 OECD-Kommentar zu Art. 5 Abs. 3 OECD-MA 92; BFH vom 13. November 1962, BStBl 1963 III S. 71). Wird die Bau- und Montagetätigkeit einschließlich Planung und Überwachung dagegen vollständig auf Subunternehmer übertragen oder - innerhalb eines Konsortiums - die Verantwortung für die ordnungsgemäße Fertigstellung überwiegend von einem anderen Partner getragen, begründet der Generalunternehmer mit den ihm verbleibenden Koordinierungsaufgaben keine Betriebsstätte im Sinne des § 12 Satz 2 Nr. 8 AO und Art. 5 Abs. 3 OECD-MA 92. Eine reine Bau- und Montageüberwachung kann grundsätzlich nur eine Betriebsstätte im Sinne des Art. 5 Abs. 1 OECD-MA 92 begründen. Hinsichtlich der DBA,

Anlage 13
Rechtsformen

in denen eine isolierte Überwachungstätigkeit ausdrücklich als Betriebsstätte festgelegt wurde, vgl. Anlage II.

4.3.3 Einschaltung von Subunternehmern

Werden von einem Generalunternehmer Teile des Auftrags an Subunternehmer vergeben, so werden die Zeiten, in denen die Subunternehmer auf der Bau- oder Montagestelle tätig sind, dem Generalunternehmer zugerechnet (BFH vom 13. November 1962, BStBl 1963 III S. 71). Ein Subunternehmer unterhält eine eigene Betriebsstätte, wenn seine Tätigkeit den in dem jeweiligen DBA vorgesehenen Zeitraum überschreitet.

4.3.4 Bau- und Montageausführung durch ein Konsortium oder eine Arbeitsgemeinschaft (ARGE)

Wird ein Bau- oder Montageauftrag durch ein Konsortium ausgeführt
- sei es als Außenkonsortium, bei dem sämtliche Partner gegenüber dem Auftraggeber als selbständige Partner mit festgelegtem Arbeitsumfang auftreten und einzeln und gemeinsam die Gesamtverantwortung für die Vertragserfüllung und die Funktionsgarantie übernehmen (gesamtschuldnerische Haftung),
- sei es als Innenkonsortium, bei dem gegenüber dem Auftraggeber nur ein Partner als Vertragschließender auftritt,

ist beiden Vertragsverhältnissen gemeinsam, dass im Innenverhältnis jeder Partner nur für seinen Lieferungs- und Leistungsanteil haftet.

Bei einem Konsortium kann die Tätigkeit des einen Partners daher dem anderen Partner nicht zugerechnet werden. Ob eine Bau- oder Montageausführung i. S. d. Art. 5 Abs. 3 OECD-MA 92 gegeben ist und damit eine Betriebsstätte begründet wird, muss für jeden einzelnen Konsorten geprüft werden.

Bei einer ARGE handelt es sich um eine Gesellschaft bürgerlichen Rechts, die aus steuerlicher Sicht als Gesellschaft im Sinne des § 15 Abs. 1 Nr. 2 EStG zu qualifizieren ist. Die Gesellschafter sind als Mitunternehmer anzusehen, und zwar unabhängig davon, ob für die ARGE ein Gewinnfeststellungsverfahren nach § 180 Abs. 1 Nr. 2 Buchstabe a AO durchzuführen ist (vgl. § 180 Abs. 4 AO). Die ARGE haftet im Außenverhältnis in der Regel gesamtschuldnerisch gegenüber dem Auftraggeber. Im Innenverhältnis werden die Leistungsverpflichtungen zwar genau aufgeteilt (insoweit besteht kein Unterschied zu einem Konsortium), aber die Eigenverantwortlichkeit besteht nur im Innenverhältnis und nicht auch gegenüber dem Auftraggeber. Der Auftrag wird einheitlich durchgeführt und das Gesamtergebnis unter den ARGE-Partnern aufgeteilt. Die Tätigkeiten der ARGE-Partner sind daher in sachlicher als auch in zeitlicher Hinsicht als Einheit anzusehen, so dass die Frage, ob eine Betriebsstätte vorliegt oder nicht, nur einheitlich für die ARGE beurteilt werden kann.

Da bei schuldrechtlichen Leistungsbeziehungen zwischen einem Konsortium bzw. einer ARGE und den Partnern diese sich wie fremde Dritte gegenüberstehen, sind die Partnerleistungen wie Fremdleistungen gegenüber einer außenstehenden Gesamthandsgemeinschaft zu behandeln. Die Realisierung des Gewinns bei dem Partner tritt somit bereits bei Erbringung der Leistung ein, siehe auch BMF-Schreiben vom 27. Januar 1998, BStBl I S. 251.

4.3.5 Beurteilung von Bauausführungen

Zeitlich nebeneinander oder aufeinander folgende Bauausführungen sind nach Art. 5 Abs. 3 OECD-MA 92 - im Gegensatz zu § 12 Satz 2 Nr. 8 AO - getrennt zu beurteilen. Mehrere Bauausführungen können nur dann als Einheit angesehen werden, wenn sie wirtschaftlich und geographisch zusammenhängen.

Anlage 13
Rechtsformen

Ein wirtschaftlicher Zusammenhang liegt beispielsweise dann vor, wenn verschiedene Bauausführungen als Gesamtprojekt angesehen werden können, wie z. B. bei der Auslegung eines Funknetzes oder beim Aufbau eines Computer-Netzwerks.

Eine geographische Einheit liegt nur vor, wenn die räumliche Entfernung der Bauausführungen 50 km Luftlinie nicht überschreitet.

Beispiel:

Ein Unternehmen soll für einen Auftraggeber aufgrund eines einheitlichen Vertrages ein Netz von Baumärkten errichten, und zwar in Köln, Bonn, Düsseldorf, Emmerich, Arnheim (NL) und Groningen (NL). Zwischen den einzelnen Bauausführungen besteht ein wirtschaftlicher Zusammenhang.

Der geographische Zusammenhang ist nach der zeitlichen Reihenfolge der Errichtung der Betriebsstätten zu bestimmen. Im Ausland belegene Betriebsstätten sind nicht zu berücksichtigen. Je nach dem Zeitpunkt ihrer Errichtung sind entweder Bonn und Köln oder Köln und Düsseldorf zusammenzurechnen. Eine doppelte Berücksichtigung eines Ortes ist nicht vorzunehmen. Die Bauausführung in Emmerich bildet aufgrund der größeren Entfernung eine eigene Betriebsstätte.

Die vorgenannten Grundsätze gelten auch für grenzüberschreitende Bauausführungen und Montagearbeiten.

Im Einzelnen wird auf Folgendes hingewiesen:
- Selbständige Bauausführungen oder Montagearbeiten sind für die Berechnung der Zeitdauer nicht zusammenzurechnen;
- als selbständige Projekte können grundsätzlich solche angesehen werden, die für verschiedene Auftraggeber ausgeführt werden, es sei denn, die Projekte bilden wirtschaftlich gesehen eine Einheit (s.o.);
- verschiedene Projekte für Rechnung eines Einzelauftraggebers werden generell als Einheit behandelt, wenn sie aufgrund eines einheitlichen Vertrages ausgeführt werden und ein geographischer Zusammenhang besteht;
- werden Arbeiten für Rechnung desselben Auftraggebers aufgrund mehrerer Verträge ausgeführt, werden diese zusammengerechnet, wenn ein Fall einer einheitlichen Ausführung vorliegt. Eine solche Einheit kann bestehen
- in zeitlicher Hinsicht, wenn die verschiedenen Aufträge gleichzeitig oder unmittelbar hintereinander ohne Unterbrechungen ausgeführt werden und
- in räumlicher Hinsicht, wenn die Arbeiten, auch bei Ausführungen an verschiedenen Orten innerhalb des geographischen Zusammenhangs, nur einen Teil eines größeren Ganzen bilden;
- die Tatbestände nach Art. 5 Abs. 3 und Art. 5 Abs. 5 OECD-MA 92 sind selbständig zu prüfen. Liegen die Voraussetzungen für eine Vertreterbetriebsstätte nach Art. 5 Abs. 5 OECD-MA 92 vor, so wird das Unternehmen so behandelt, als habe es eine Betriebsstätte, auch wenn die Bauausführung oder Montage selbst nicht die Voraussetzungen einer Betriebsstätte erfüllt.

Örtlich fortschreitende Bauausführungen (z. B. Arbeiten an einem Schienen- oder Straßennetz) oder schwimmende Bauausführungen sind in der Regel wirtschaftlich und geographisch als Einheit anzusehen (Tz. 20 des Kommentars zu Art. 5 OECD-MA 92) ohne Rücksicht auf die 50-km-Grenze.

4.3.6 Gewinn- und Verlustaufteilung zwischen Stammhaus und Betriebsstätte

Nach den allgemeinen Grundsätzen über die steuerliche Gewinnermittlung wird der Gewinn aus der Bau- oder Montagebetriebsstätte in der Regel erst mit der Abnahme des Bauvorhabens realisiert. Gewinn oder Verlust (= das Auftragsergebnis) ist bei Bau- und Montageleistungen zwischen

Stammhaus und Betriebsstätte so aufzuteilen, dass die Betriebsstätte erhält, was ein fremder selbständiger Unternehmer für die Ausführung der Bau- oder Montageleistung unter gleichen oder ähnlichen Bedingungen erhalten hätte. Die Fiktion, beim Stammhaus handele es sich um den General- und bei der Betriebsstätte um den Subunternehmer, bietet einen brauchbaren Ansatz für den Fremdvergleich. Bei komplexen Leistungsbeziehungen kann eine Zuordnung des Auftragsergebnisses entsprechend den Tätigkeiten, Funktionen und der Risikoverteilung zwischen Stammhaus und Montagebetriebsstätte sachgerecht sein, wenn sich auch fremde Dritte die Risiken und Chancen aus dem Auftrag geteilt hätten.

4.3.7 Materiallieferungen bei Bau- oder Montageleistungen der Betriebsstätte

Regelmäßig enthält der mit dem Auftraggeber vereinbarte Endpreis sowohl den Gewinnaufschlag auf die Materiallieferung, z.B. Baustoffe oder Maschinen, als auch den auf die Bau- und Montageleistung. Der Gewinn aus der Materiallieferung ist dem Stammhaus zuzurechnen.

Der Endpreis umfasst daneben aber weitere Leistungen, die von einem hoch qualifizierten Mitarbeiterstab im Stammhaus erbracht worden sind, z.B. die Auftragsbeschaffung (Akquisition), Planung und Entwicklung, das "Know-how", die Auswahl von Subunternehmen, die Vertragsgestaltung mit diesen, ihre Überwachung und insoweit die Risikotragung im Außenverhältnis. Der auf diese Leistungen entfallende Gewinn ist folglich dem Stammhaus zuzuordnen, wobei zu berücksichtigen ist, dass aus diesem Gewinn auch die Aufwendungen für vergebliche Akquisition zu decken sind.

Der Betriebsstätte ist regelmäßig ein auf ihre Bau- oder Montageleistung entfallender angemessener Teil des Gewinns nach der Kostenaufschlagsmethode ohne Berücksichtigung der Kosten für Subunternehmerleistungen zuzuordnen. Soweit die Betriebsstätte allerdings selbst die zum Bau oder zur Montage notwendigen Materialien oder Subunternehmerleistungen an Ort und Stelle beschafft, steht ihr entsprechend dem Umfang der kaufmännischen und technischen Abwicklung ein anteiliger Gewinn aus der Materiallieferung oder Subunternehmerleistung zu (BFH vom 13. November 1990, BStBl 1991 II S. 94). Die vorstehenden Ausführungen gelten entsprechend für Bauüberwachungsstellen, wenn sie als Betriebsstätten anzusehen sind.

4.3.8 Zuordnung von Baustoffen und Montageteilen zur Betriebsstätte

Sowohl die in der Betriebsstätte zur Verarbeitung lagernden Baustoffe und Montageteile sowie die Rechte, die aus den von der Betriebsstätte bereits verbauten Stoffen oder montierten Teilen entstanden sind, sind Vermögen des Stammhauses und nicht der Betriebsstätte. Dies gilt jedoch nicht, soweit die Betriebsstätte selbst Baustoffe oder andere Materialien beschafft hat.

4.3.9 Zuordnung von Finanzierungsaufwendungen und –erträgen

Finanziert ein Unternehmen dem Auftraggeber die Auftragssumme, sind die Finanzierungserlöse abzüglich eventueller Refinanzierungsaufwendungen in der Regel dem Stammhaus zuzuordnen, da dieses die entsprechenden Leistungen erbringt und Risiken trägt. Ein eventueller Leistungsbeitrag der Betriebsstätte bei der Abwicklung der Finanzierung ist zugunsten ihres Ergebnisses anteilig zu berücksichtigen.

So genannte "Bauzinsen" (also die beim Auftragnehmer, unabhängig vom Finanzierungsgeschäft, angefallenen Refinanzierungsaufwendungen) sind der Betriebsstätte entsprechend ihrem Anteil an der Bau- und Montageleistung zuzuordnen. Im Fall einer Mischkalkulation (zu hohe Finanzierungserlöse bei gleichzeitig reduzierter Auftragssumme oder umgekehrt) sind entsprechende Erlöskorrekturen bei der Bau- oder Montagebetriebsstätte bis zur Höhe eines angemessenen Entgelts nach

Anlage 13
Rechtsformen

der Kostenaufschlagsmethode vorzunehmen. Legt der Auftragnehmer vom Auftraggeber geleistete Vorauszahlungen verzinslich an, sind die Erträge dem Stammhaus und der Betriebsstätte entsprechend ihrem Anteil an der Bau- und Montageleistung zuzuordnen.

4.4 Kontroll- und Koordinierungsstellen

4.4.1 Allgemeines

Konzernspitzen (Muttergesellschaften) errichten gelegentlich in einem anderen Staat Geschäftseinrichtungen, die Tochtergesellschaften und Betriebsstätten des betreffenden Konzerns in dem anderen Staat oder anderen Ländern überwachen und/oder deren Tätigkeiten koordinieren, während die wesentlichen Funktionen einer geschäftsleitenden Holding (BFH vom 17. Dezember 1969, BStBl 1970 II S. 257) von einer anderen Konzerneinrichtung ausgeübt werden.

Eine solche Geschäftsstelle kann z. B.
- das Rechnungswesen und die Berichterstattung der Tochtergesellschaften bzw. Betriebsstätten überwachen und koordinieren sowie deren Jahresabschlüsse konsolidieren;
- Programme, Einkauf, Produktionspläne, Arbeitsmethoden, Marketing und/oder Forschung koordinieren;
- Leitlinien der Konzernspitze an die örtlichen Verhältnisse anpassen, in diese umsetzen und ihre Einhaltung kontrollieren oder Fragen von regional begrenzter Bedeutung für die Entscheidung der Konzernspitze vorbereiten;
- satzungsgemäße oder in allgemeinen Konzernrichtlinien festgelegte Vorbehalte der Zustimmung der Konzernspitze zu Entscheidungen der Tochtergesellschaften ausüben sowie die Vertretung in Gesellschafterversammlungen oder überwachenden Organen wahrnehmen oder Personen in solche Gremien entsenden;
- andere verwaltungsbezogene Leistungen erbringen.

Die Geschäftsstelle ist meist als Einrichtung der Konzernspitze organisiert. Die genannten Aufgaben können auch von inländischen Konzerngesellschaften oder von inländischen Betriebsstätten ausländischer Konzerngesellschaften für die Konzernspitze wahrgenommen werden. Die Wahrnehmung dieser Aufgaben kann ausschließlich Geschäftsgegenstand sein.

4.4.2 Betriebsstätteneigenschaft der Kontroll- und Koordinierungsstellen

Die Kontroll- und Koordinierungsstellen in Form von Einrichtungen der Konzernspitze sind grundsätzlich Betriebsstätten im Sinne des § 12 AO. Sie sind auch feste Geschäftseinrichtungen im Sinne des Betriebsstättenbegriffs der DBA (Art. 5 OECD-MA 92). Im Einzelfall können sie jedoch Tätigkeiten ausüben, die nach dem anzuwendenden DBA keine Betriebsstätte (Art. 5 Abs. 4 OECD-MA 92) begründen. Dies kann insbesondere der Fall sein, wenn sie
- nur der Beschaffung von Informationen für die Konzernspitze dienen;
- für die Konzernspitze lediglich vorbereitende Tätigkeiten oder Hilfstätigkeiten ausüben; solche sind insbesondere gegeben, soweit die Geschäftsstelle lediglich Weisungen der Konzernspitze übermittelt, vorbereitet oder durch Ermittlungen in ihrem Zuständigkeitsbereich unterstützt.

Die Kontroll- und Koordinierungsstellen begründen keine Betriebsstätten für die von ihnen unterstützten oder von ihnen koordinierten Tochtergesellschaften, soweit sie nicht Sondertatbestände, z. B. den des Ortes der Geschäftsleitung oder des ständigen Vertreters erfüllen.

Ist eine Kontroll- oder Koordinierungsstelle einer anderen Betriebsstätte der Konzernspitze angegliedert, so gilt sie nicht als deren Bestandteil, wenn sie organisatorisch getrennt und leicht abgrenzbar ist.

Anlage 13

Rechtsformen

4.4.3 Zurechnung von Anteilen und Wirtschaftsgütern sowie daraus fließenden Einkünften

Der Umstand, dass die Kontroll- und Koordinierungsstellen im Sinne von Tz. 4.4.1 tätig werden, führt nicht dazu, dass Anteile an den Tochtergesellschaften, Darlehen, Patente oder sonstige vergleichbare Wirtschaftsgüter der Konzernspitze sowie die daraus fließenden Einkünfte tatsächlich zu der in dem betreffenden Staat unterhaltenen Betriebsstätte gehören. Wegen der Einheitlichkeit der Abkommensregelung setzt dies voraus, dass diese Wirtschaftsgüter bzw. Einkünfte der Konzernspitze zugeordnet werden; soweit dies nicht der Fall ist, ist die Angelegenheit im Verständigungsverfahren nach dem jeweiligen DBA (Art. 25 OECD-MA 92) oder ggf. in einem Schiedsverfahren zu klären.

4.4.4 Betriebsstättengewinn

Der Betriebsstätte gebührt ein angemessener Gewinn. Bei der Abgrenzung ihrer Einkünfte sind in der Regel kostenorientierte Entgelte zu berücksichtigen. Es ist daher nicht zu beanstanden, wenn der Gewinn der Betriebsstätte nach der Kostenaufschlagsmethode unter Berücksichtigung eines Gewinnzuschlags von 5 v.H. bis 10 v.H. ermittelt wird.

4.4.5 Betriebsstättenvermögen

Der Betriebsstätte sind alle Wirtschaftsgüter zuzurechnen, die ihr dienen. Für Anteile an den Tochtergesellschaften und die anderen in Tz. 4.4.3 genannten Wirtschaftsgüter gilt die dort getroffene Regelung.

4.5 Betriebsstätten beim Einsatz von Seeschiffen und Binnenschiffen

4.5.1 Allgemeines

Das fahrende Schiff, ob Seeschiff oder Binnenschiff, begründet für den Schifffahrtsunternehmer selbst keine Betriebsstätte (BFH vom 13. Februar 1974, BStBl II S. 361; BFH vom 9. Oktober 1974, BStBl 1975 II S. 203).

Bei Binnenschiffen besteht die Vermutung, dass sich durch die Eintragung des Schiffes im Schiffsregister des Heimatortes, von dem die Schifffahrt aus tatsächlich betrieben wird, dort eine Betriebsstätte des Schifffahrtsunternehmens befindet. Diese Vermutung kann jedoch widerlegt werden, wenn nachgewiesen wird, dass die Schifffahrt von einem anderen Ort aus betrieben wird und dass sich dort eine entsprechende Geschäftseinrichtung befindet. Der Mittelpunkt der geschäftlichen Oberleitung kann sich in den Geschäftsräumen eines ausländischen Managers oder Korrespondenzreeders befinden. Maßgeblich sind die tatsächlichen Umstände (BFH vom 3. Juli 1997, BStBl 1998 II S. 86). Die gleichen Grundsätze gelten auch für Seeschiffe.

Das schließt nicht aus, dass Schifffahrtsunternehmen in anderen Ländern Betriebsstätten in Form von Geschäftseinrichtungen unterhalten, die der Tätigkeit des Unternehmens dienen. Diesen Betriebsstätten können Einkünfte aus der Schifffahrt aber nur zugerechnet werden, wenn und soweit sie selbst Schifffahrt betreiben und nicht nur Hilfstätigkeiten ausüben, die in keinem unmittelbaren Zusammenhang mit dem Betrieb von Seeschiffen stehen (z.B. Tätigkeiten von Linienagenten des Unternehmens; vgl. hierzu und in diesem Zusammenhang auch zur Gewinnaufteilung BFH vom 28. Juni 1972, BStBl II S. 785).

4.5.2 Sonderregelung für ausländische Einkünfte aus dem Betrieb von Handelsschiffen im internationalen Verkehr

Anlage 13
Rechtsformen

Anstelle der Steueranrechnung nach § 34 c Abs. 1 EStG oder des Abzugs einer ausländischen Steuer nach § 34 c Abs. 2 und 3 EStG ist bis Veranlagungszeitraum 1998 bei unbeschränkt Steuerpflichtigen auf Antrag die auf ausländische Einkünfte aus dem Betrieb von Handelsschiffen im internationalen Verkehr entfallende Einkommensteuer nach dem ermäßigten Steuersatz zu bemessen (§ 34c Abs. 4 EStG).

Nach dem ab 1999 geltenden § 5a EStG ist anstelle der Gewinnermittlung nach § 4 Abs. 1 oder § 5 EStG bei einem Gewerbebetrieb mit Geschäftsleitung im Inland der Gewinn, soweit er auf den Betrieb von Handelsschiffen im internationalen Verkehr entfällt, auf Antrag nach der im Betrieb geführten Tonnage zu ermitteln, wenn die Bereederung dieser Handelsschiffe im Inland durchgeführt wird. § 34 c Abs. 1 bis 3 EStG ist nicht anzuwenden.

§ 34 c Abs. 4 EStG und § 5 a EStG sind auch anzuwenden, wenn ein DBA eingreift.

Einkünfte aus Handelsschiffen im internationalen Verkehr werden bis einschließlich Erhebungszeitraum 1992 auch bei der Gewerbesteuer begünstigt besteuert (vgl. § 11 Abs. 3 Nr. 2 GewStG, Abschn. 71 GewStR 1990, § 13 Abs. 3 GewStG, Abschn. 84 a GewStR 1998, § 36 Abs. 6 a GewStG). Für die Erhebungszeiträume 1997 und 1998 sind die Vergünstigungen nach § 9 Nr. 3 GewStG zu beachten. Ab Erhebungszeitraum 1999 gilt der nach § 5 a EStG ermittelte Gewinn als Gewerbeertrag. Zu Einzelfragen der Gewinnermittlung nach § 5 a EStG vgl. BMF-Schreiben vom 24. Juni 1999, BStBl I S. 669.

4.5.3 Sondervereinbarungen für Schifffahrtsunternehmen nach DBA

Das Betriebsstättenprinzip ist im Abkommensrecht für Unternehmen der See- und Binnenschifffahrt durch das Schifffahrtsprinzip überlagert. Nach Art. 8 Abs. 1 OECD-MA 92 können Gewinne eines Unternehmens aus dem Betrieb von Seeschiffen im internationalen Verkehr nur in dem Vertragsstaat besteuert werden, in dem sich der Ort der tatsächlichen Geschäftsleitung befindet. Internationaler Verkehr ist nach Art. 3 Abs. 1 Buchst. d. OECD-MA 92 "jede Beförderung mit einem Seeschiff ..., das von einem Unternehmen mit tatsächlicher Geschäftsleitung in einem Vertragsstaat betrieben wird, es sei denn, das Seeschiff ... wird ausschließlich zwischen Orten im anderen Vertragsstaat betrieben". Befindet sich der Ort der tatsächlichen Geschäftsleitung eines Seeschifffahrtsunternehmens jedoch an Bord eines Schiffes - dies ist insbesondere bei kleineren Küstenschifffahrtsbetrieben der Fall -, so fingiert Art. 8 Abs. 3 OECD-MA 92 den Sitz im Heimathafen des Schiffes. Existiert ein solcher nicht, so gilt ersatzweise der Vertragsstaat als Sitzstaat, in dem die Person ansässig ist, die das Schiff betreibt.

Zu den Gewinnen aus dem Betrieb von Seeschiffen zählen nach Art. 8 OECD-MA 92 auch solche Gewinnbestandteile, die im unmittelbaren Zusammenhang mit der Beförderungsleistung stehen, z.B. Werbetätigkeiten, Schiffskartenver-kauf für andere Unternehmen und Landtransfers vom Hafen zu einem Lager und eine nur gelegentliche Vermietung von Containern, auch wenn diese für Binnentransporte eingesetzt werden. Dazu zählt auch die Vermietung eines vollständig ausgerüsteten Schiffes. Baggerarbeiten und Schleppdienste fallen unter die Schifffahrtseinkünfte jedoch nur, wenn dies ausdrücklich vereinbart wurde. Soweit die Unternehmen über ihre Transportaufgaben hinaus noch andere Haupttätigkeiten ausüben, gilt nicht die spezielle Regelung für Schifffahrtseinkünfte, sondern - wenn es sich um gewerbliche Einkünfte handelt - das Betriebsstättenprinzip.

4.6 Bodenschatzsuche und -gewinnung in internationalen Gewässern
4.6.1 Steuerliches Inland

Das Küstenmeer gehört völkerrechtlich zum Inland und damit regelmäßig auch zum geographischen Bereich jedes Staates (vgl. Teil II Abschnitte I und II des Seerechtsübereinkommens der Vereinten Nationen vom 10. Dezember 1982 - UN-Seerechtsübereinkommen -, BGBl. 1994 II S. 1798 ff.). Unternehmen, die außerhalb der Zwölfmeilenzone (Küstenmeer) Bodenschätze im Festlandsockel aufsuchen und gewinnen, halten sich in internationalen Gewässern auf. Internatio-

Anlage 13
Rechtsformen

nale Gewässer gehören nicht zum Hoheitsgebiet eines Staates und damit staatsrechtlich nicht zu seinem Inland. Auch der Festlandsockel selbst gehört völkerrechtlich nicht zum Inland.

Den Küstenstaaten steht jedoch nach Art. 2 des Genfer Übereinkommens vom 29. April 1958 eine auf die Erforschung und Ausbeutung der Bodenschätze begrenzte Souveränität zu. Von diesem Recht hat die Bundesrepublik Deutschland in einer Proklamation vom 20. Januar 1964, BGBl. II S. 104, I S. 497 (Gesetz zur vorläufigen Regelung der Rechte am Festlandsockel), geändert durch Gesetz vom 2. September 1974, BGBl. I S. 2149, Gebrauch gemacht. Nach § 1 Abs. 1 Satz 2 EStG und § 1 Abs. 3 KStG gehört der Festlandsockel daher zum steuerrechtlichen Inland, soweit in diesem Gebiet Naturschätze des Meeresgrundes und des Meeresuntergrundes erforscht und ausgebeutet werden. Dasselbe gilt für die Auslegung des Begriffs des Inlandes i. S. der DBA.

Das Recht, unterseeische Kabel und Rohrleitungen auf dem Festlandsockel sowie in der ausschließlichen Wirtschaftszone zu verlegen, steht allen Staaten zu, so dass der Festlandsockel insoweit nicht zum steuerlichen Inland gehört (Art. 58 Abs. 1 und Art. 79 UN-Seerechtsübereinkommen). Dagegen gehören künstliche Inseln, Anlagen, Bauwerke und ähnliche Einrichtungen in der ausschließlichen Wirtschaftszone zum steuerlichen Inland, soweit damit Naturschätze des Meeresgrundes und des Meeresuntergrundes erforscht und ausgebeutet werden (Art. 60 UN-Seerechtsübereinkommen).

4.6.2 Betriebsstätte

Erfolgt die Explorationstätigkeit auf See von Schiffen aus, z. B. bei seismischen Messungen zur Erforschung von Bodenschätzen des Meeresuntergrundes, so ist nicht das Schiff die Betriebsstätte des Forschungsunternehmens, sondern die Betriebsstätte wird erst durch die Messtätigkeit begründet.

Fährt das Mess- oder Forschungsschiff unter der Flagge der Bundesrepublik Deutschland und befindet es sich nicht in Hoheitsgewässern eines anderen Staates, so wird die gewerbliche Tätigkeit des Forschungsunternehmens im Inland betrieben (BFH vom 13. Februar 1974, BStBl II S. 361). Fährt das Mess- oder Forschungsschiff unter der Flagge eines anderen Staates und bewegt sich das Schiff nicht über dem der Bundesrepublik Deutschland zustehenden Festlandsockel, so handelt es sich um eine ausländische Betriebsstätte.

4.7 Betriebsstätten bei Explorationen

Das Geschäft der Aufsuchung und Förderung von Bodenschätzen besteht aus drei wesentlichen Phasen: In der ersten Phase (Projektverfolgung oder Akquisition) werden Länder hinsichtlich geologischer, wirtschaftlicher und politischer Grundlagen analysiert. Diese Phase endet im positiven Fall mit dem Abschluss eines Explorations- und/oder Produktionsvertrages. In der zweiten Phase (Exploration) erfolgen zunächst umfangreiche geologische Analysen, insbesondere seismische Messungen und, bei positiven Resultaten, Explorationsbohrungen durchgeführt. Wenn Bohrungen fündig sind, wird zusätzlich geprüft, ob die gefundenen Reserven auch wirtschaftlich rentabel gefördert und transportiert werden können. Die Explorationsphase endet mit Eintritt der wirtschaftlichen Fündigkeit. Die dritte Phase (Entwicklung und Produktion) besteht aus dem Aufbau der Förder-, Aufbereitungs- und Transportanlagen und der Aufnahme des Förder-/Abbaubetriebs.

Die Aufsuchung und Förderung von Bodenschätzen werden von den Unternehmen (Bergbauunternehmen, Erdöl-/Erdgasunternehmen) selbst, von Zusammenschlüssen derartiger Unternehmen oder in deren Auftrag von darauf spezialisierten Unternehmen ausgeführt. Die Frage, ob Explorationsarbeiten außerhalb der Bundesrepublik Deutschland für das tätig werdende Unternehmen Betriebsstätten im Ausland begründen, ist in allen Fällen bei Anwendung deutschen Rechts gleich zu beantworten. Bei Anwendung eines DBA ist zwischen den Fallgruppen zu unterscheiden. Außerdem ergeben sich Unterschiede bei der Ermittlung der Betriebsstättenergebnisse.

Anlage 13
Rechtsformen

4.7.1 Besteuerung in der Explorationsphase
4.7.1.1 Betriebsstätte nach nationalem Recht

Die Explorationstätigkeit ist i. S.. § 12 Satz 2 Nr. 8 AO als Betriebsstätte anzusehen, wenn
- die einzelne Exploration oder
- eine von mehreren zeitlich nebeneinander durchgeführten Explorationen oder
- mehrere ohne Unterbrechung aufeinander folgende Explorationen

länger als sechs Monate dauern (Nr. 3 des Einführungserlasses zu § 12 AO und Abschn. 22 Abs. 3 Satz 20 GewStR 1998).

4.7.1.2 Betriebsstätte nach DBA

Exploriert das Unternehmen (Bergbauunternehmen, Erdöl-/Erdgasunternehmen) in einem DBA-Land selbst, so begründet diese Tätigkeit für das Unternehmen regelmäßig in dem betreffenden Land auch dann keine Betriebsstätte, wenn die Tätigkeit in diesem Land in Verbindung mit einer festen Geschäftseinrichtung ausgeübt wird. Die Explorationstätigkeit ist grundsätzlich eine Tätigkeit "vorbereitender Art", die nach Art. 5 Abs. 4 OECD-MA 92 selbst bei Bestehen einer festen Geschäftseinrichtung nicht zu der Annahme einer Betriebsstätte führt (Ausnahme: DBA-Österreich 1954/92).

Die Übernahme der Betriebsführerschaft (Operatorship) für ein Konsortium, das die Exploration für die beteiligten Unternehmen (Bergbauunternehmen, Erdöl-/Erdgasunternehmen) übernommen hat, führt unter den allgemeinen Voraussetzungen zur Begründung einer Betriebsstätte. Die Funktion der Betriebsstätte beschränkt sich allerdings auf die Erbringung von Dienstleistungen gegenüber den Konsorten; das Explorationsrecht verbleibt im Stammhaus.

Die Exploration ist keine Tätigkeit vorbereitender Art, wenn sie für Dritte betrieben wird.

4.7.2 Besteuerung bei Übergang in die Entwicklungs- und Produktionsphase

Mit Eintritt der wirtschaftlichen Fündigkeit begründet das Unternehmen (Bergbauunternehmen, Erdöl-/Erdgasunternehmen) auch nach DBA-Grundsätzen eine Betriebsstätte in dem anderen DBA-Staat. Das bis zu diesem Zeitpunkt dem inländischen Stammhaus zuzurechnende immaterielle Wirtschaftsgut (Abbaurecht; Erdöl-/Erdgasgewinnungsrecht) gilt als in die ausländische Betriebsstätte überführt, da es zur ausschließlichen Nutzung und Verwertung in der ausländischen Betriebsstätte bestimmt ist. Es gelten die allgemeinen Grundsätze für die Überführung von Wirtschaftsgütern (Tz. 2.6.1). Als Fremdvergleichspreis für das selbstgeschaffene immaterielle Wirtschaftsgut gilt sämtlicher Aufwand, der bis zum Beginn der Entwicklungs- und Produktionsphase für das jeweilige im ausländischen Staat belegene Konzessionsgebiet beim inländischen Stammhaus angefallen ist. Soweit der ausländische Staat für seine Besteuerung dem übertragenen Recht einen höheren Wert als die vorstehenden Aufwendungen beimisst, ist dieser Wert maßgeblich.

Entsprechendes gilt für grenzüberschreitende Explorationen.

4.7.3 Besonderheiten bei der Behandlung des Betriebsstättenergebnisses

Ziel der Exploration für das Unternehmen (Bergbauunternehmen, Erdöl-/Erdgasunternehmen) ist der Erwerb von Aufsuchungs- und/oder Ausbeuterechten (Konzessionen). Sofern das Unternehmen die Exploration selbst betreibt, können die Aufwendungen nach § 5 Abs. 2 EStG nicht aktiviert werden. Sie sind sofort abzugsfähige Betriebsausgaben. Begründet die Exploration für das bergbautreibende Unternehmen im Ausland eine Betriebsstätte, sind die Aufwendungen der Betriebsstätte zuzurechnen.

Der durch Übernahme der Betriebsführerschaft für ein Konsortium (Tz. 4.7.2) begründeten (Dienstleistungs-)Betriebsstätte des Operators werden keine Aufwendungen für die Exploration zugerechnet. Diese Aufwendungen sind der Tätigkeit des inländischen Stammhauses zuzurechnen. Zwischen der ausländischen (Dienstleistungs-)Betriebsstätte und dem inländischen Stammhaus ist die Verrechnung eines Gewinnaufschlags auf die Aufwendungen der Betriebsstätte (z. B. Lohnkosten) ausgeschlossen.

4.8 Transportanlagen

Gleisanlagen, Untertageanlagen von Bergbaubetrieben und Versorgungsleitungen begründen gem. § 12 AO Betriebsstätten des sie unterhaltenden Unternehmens (vgl. BFH vom 30. Oktober 1996, BStBl 1997 II S. 12, zur Pipeline als Betriebsstätte). Derartige Anlagen sind "feste" Geschäftseinrichtungen, wenn eine feste Verbindung zum Erdboden besteht bzw. die Geschäftseinrichtung oder Anlage sich für eine gewisse Dauer an einem bestimmten Ort befindet. Dabei kann sich die örtliche Fixierung aus mechanischer Verbindung mit der Erde oder aus bloßer Belegenheit an derselben Stelle ergeben. Der Betriebsstättenbegriff der DBA knüpft in der Regel vor allem an die feste Geschäftseinrichtung an und ist insoweit mit dem entsprechenden Begriff des § 12 Satz 1 AO identisch. Im Einzelfall sind Ausnahmetatbestände des in Frage stehenden DBA zu prüfen.

Transportleistungen (z. B. das Durchleiten flüssiger oder gasförmiger Stoffe) sind grundsätzlich keine Hilfsleistungen i. S. d. Art. 5 Abs. 4 OECD-MA 92 (BFH vom 30. Oktober 1996, a.a.O.).

Teilstücke einer Transportleitung sind in der Regel dem Eigentümer der gesamten Transportleitung bzw. der transportierenden Ware zuzuordnen. Teilstücke einer Transportleitung, die nach den Ausnahmetatbeständen eines DBA keine Betriebsstätten sind, sind der nächsten sich im gleichen Gebiet als Betriebsstätte qualifizierenden Entnahmestation zuzurechnen. Entsprechend ist bei Gleisanlagen zu verfahren.

Der Einsatz von Personen in oder an der Geschäftseinrichtung (Transportleitung) ist nicht in jedem Fall erforderlich, vielmehr reicht - insbesondere bei vollautomatisch arbeitenden Einrichtungen - das Tätigwerden des Unternehmens mit der Geschäftseinrichtung (Transportleitung) aus (BFH vom 30. Oktober 1996, a.a.O.).

Werden Transportleitungen, die nur der Weiterleitung fester, flüssiger oder gasförmiger Stoffe bzw. der Weiterleitung elektrischer Energie dienen, als Betriebsstätten qualifiziert, ist der ihnen nach dem Fremdvergleichsgrundsatz zuzuordnende Ergebnisanteil nach der Transportleistung zu ermitteln. Dasselbe gilt für Gleisanlagen. Erfolgt in dem betreffenden Gebiet auch eine Abgabe aus den Transportleitungen, z. B. von Wasser oder elektrischer Energie, so ist die jeweilige Abgabemenge ein geeigneter Aufteilungsmaßstab.

5. Verfahren
5.1 Mitwirkungs- und Nachweispflichten

5.1.1 Mitwirkung nach § 90 Abs. 2 AO

An den Ermittlungen zur zutreffenden Einkunftsaufteilung wirken die Beteiligten nach Maßgabe der allgemeinen Bestimmungen (insbesondere § 90 Abs. 2 AO) mit. Sie haben hierbei auch

a) Sachverhalte im Ausland selbst aufzuklären und
b) Beweismittel, die sich im Ausland befinden, zu beschaffen.

Anlage 13
Rechtsformen

Sie haben dabei alle für sie bestehenden rechtlichen und tatsächlichen Möglichkeiten auszuschöpfen.

5.1.2 Mitwirkungspflicht von Unternehmensteilen

Zur Mitwirkung ist der Unternehmer als solcher verpflichtet, soweit seine inländische Steuerpflicht in Frage steht. Diese Mitwirkungspflicht ist nicht auf unselbständige Unternehmensteile, wie sie Betriebsstätten bilden, beschränkt. Insbesondere erstreckt sich die Ermittlungs- und Nachweispflicht auch auf solche für die inländische Besteuerung bedeutsamen Sachverhalte und Beweismittel, die in den Büchern und Unterlagen ausländischer Unternehmensteile festgehalten und dokumentiert sind.

5.1.3 Nachweisvorsorge

Nach § 90 Abs. 2 Satz 3 AO kann sich ein Beteiligter nicht darauf berufen, dass er Sachverhalte nicht aufklären oder Beweismittel nicht beschaffen kann, wenn er sich nach Lage des Falles und bei der Gestaltung seiner Verhältnisse die Möglichkeit dazu hätte beschaffen oder einräumen lassen können (Nachweisvorsorge; BFH vom 16. April 1980, BStBl 1981 II S. 492). Bei Beziehungen zwischen Stammhaus und Betriebsstätte gilt dies insbesondere auch für die zur Einkunftsaufteilung notwendigen Ermittlungen und Nachweise. Ein Steuerpflichtiger kann sich deshalb nicht darauf berufen, seine ausländische Betriebsstätte oder sein ausländisches Stammhaus stelle ihm die erforderlichen Nachweise oder Unterlagen nicht zur Verfügung.

5.1.4 Erweiterte Mitwirkungspflicht

Sind für die Einkunftsaufteilung Verhältnisse bei dem anderen Unternehmensteil heranzuziehen, so erstreckt sich die erweiterte Mitwirkungspflicht nach § 90 Abs. 2 AO auch auf diese Verhältnisse. Der Steuerpflichtige muss hierfür ggf. Nachweisvorsorge nach Tz. 5.1.3 treffen.

5.2 Umfang der Mitwirkungspflicht

Die Mitwirkungspflicht erstreckt sich auf alle Umstände, die für die Bildung und Beurteilung der Einkunfts- und Vermögensaufteilung maßgeblich sind. Dies sind insbesondere die zur Prüfung der Aufteilung erforderlichen Daten, die verfügbar sind oder die bei der gebotenen Nachweisvorsorge zugänglich wären, z.B. betriebliche Kostenrechnungen, Unterlagen für die Zuordnung von Wirtschaftsgütern und für die Wertermittlung beim Waren- und Leistungsverkehr zwischen Stammhaus und Betriebsstätte, Unterlagen und Informationen des gesamten Unternehmens.
Bei ausländischen Betriebsstätten von unbeschränkt Steuerpflichtigen sind zur Kontrolle einer dem Grunde nach übereinstimmenden Ergebnis- und Vermögenszuordnung im Inland und im Ausland in der Regel auch die dem Betriebsstättenstaat eingereichten Steuererklärungen und die Steuerbescheide vorzulegen.

5.3 Rechtsfolgen bei unzureichender Mitwirkung

Verletzt ein Steuerpflichtiger seine Pflichten gemäß § 90 Abs. 2 AO und ist der Sachverhalt nicht anderweitig aufklärbar, so kann das Finanzamt zum Nachteil des Steuerpflichtigen bei der Schätzung der Besteuerungsgrundlagen (§ 162 AO) von einem Sachverhalt ausgehen, für den unter Berücksichtigung der Beweisnähe des Steuerpflichtigen und seiner Verantwortung für die Aufklä-

Anlage 13
Rechtsformen

rung des Sachverhalts eine gewisse Wahrscheinlichkeit spricht (BFH vom 15. Februar 1989, BStBl II S. 462).

6. Sonstiges
6.1 Selbständig Tätige i. S. d. Art. 14 OECD-MA

Für selbständig Tätige, die in einem Staat ansässig sind und denen in einem anderen Staat eine feste Einrichtung zur Verfügung steht, gelten die gleichen Grundsätze wie für Einkünfte aus Betriebsstätten gewerblich tätiger Unternehmen. Die Bestimmungen des Artikels 7 OECD-MA 92 sowie der Kommentar dazu können als Richtlinien zur Auslegung und Anwendung des Artikels 14 OECD-MA 92 dienen. So lassen sich z. B. die Grundsätze des Artikels 7 OECD-MA 92 über die Aufteilung des Gewinns zwischen Hauptsitz und Betriebsstätte auch auf die Aufteilung der Einkünfte zwischen dem Wohnsitzstaat einer Person, die eine selbständige Arbeit ausübt, und dem Staat, in dem die Arbeit durch eine feste Einrichtung ausgeübt wird, anwenden. Ebenso sind die für eine feste Einrichtung entstandenen Aufwendungen einschließlich der Geschäftsführungs- und der allgemeinen Kosten bei der Ermittlung der einer festen Einrichtung zuzurechnenden Einkünfte in gleicher Weise zum Abzug zuzulassen wie derartige Aufwendungen, die für eine Betriebsstätte entstanden sind. Auch in sonstiger Hinsicht können Artikel 7 OECD-MA 92 und der dazugehörige Kommentar für die Auslegung von Artikel 14 OECD-MA 92 von Nutzen sein, z. B. für die Frage, ob Vergütungen für Software als Einkünfte im Sinne des Artikels 7 oder 14 OECD-MA 92 oder als Lizenzgebühren im Sinne des Artikels 12 OECD-MA 92 zu qualifizieren sind (vgl. Tz. 12 ff. OECD-Kommentar zu Art. 12 Abs. 2 OECD-MA 92).

6.2 Erstmalige Anwendung

Die vorliegenden Grundsätze sind ab dem Veranlagungszeitraum 2000 anzuwenden. Es ist nicht zu beanstanden, wenn bis dahin nach der bisherigen Praxis verfahren wird.

6.3 Aufhebung anderer Verwaltungsregelungen

Die BMF-Schreiben zur Überführung von Wirtschaftsgütern in eine ausländische Betriebsstätte, deren Einkünfte durch ein DBA freigestellt sind, und ihre Rückführung ins Inland vom 12. Februar 1990 (BStBl I S. 72) und zur Überführung von Wirtschaftsgütern aus einer inländischen Betriebsstätte in das ausländische Stammhaus vom 3. Juni 1992 (IV B 2 - S 2135 - 4/92; DB 1992 S. 1655) sind ab Veranlagungszeitraum 2000 nicht mehr anzuwenden. Das Gleiche gilt für die BMF-Schreiben vom 31. Mai 1979 (BStBl I S. 306) zur körperschaftsteuerlichen Behandlung der beschränkt steuerpflichtigen Versicherungsunternehmen, vom 24. August 1984 (BStBl I S. 458) zur Behandlung von Kontroll- und Koordinierungsstellen ausländischer Konzerne in der Bundesrepublik Deutschland und vom 29. November 1996 (BStBl 1997 I S. 136) zum Dotationskapital von inländischen Betriebsstätten ausländischer Kreditinstitute.

Anlage 14

Spendenabzug I.

Übersicht

I. Steuerbegünstigte Zwecke (§ 10b EStG)
Anwendung des Urteils des EuGH vom 27. Januar 2009 - C-318/07 – in der Rechtssache "Persche"
BMF-Schreiben vom 16. Mai 2011

II. Muster für Zuwendungsbestätigungen (§ 10b EStG)
BMF-Schreiben vom 7. November 2013

**Steuerbegünstigte Zwecke (§ 10b EStG);
Anwendung des Urteils des Europäischen Gerichtshofs vom 27. Januar 2009 - C-318/07 - (BStBl II 2010 S. 440) in der Rechtssache "Persche"**

(BMF-Schreiben vom 16. Mai 2011 - IV C 4 - S 2223/07/0005 :008 - BStBl I S. 559)

Schreiben des BMF vom 6. April 2010 - IV C 4 - S 2223/07/0005 - / - 2010/0210938 -

Der Europäische Gerichtshof (EuGH) hat in seinem Urteil vom 27. Januar 2009 in der Rechtssache C-318/07 "Persche" (BStBl II 2010 S. 440) zur steuerlichen Abziehbarkeit unmittelbar geleisteter Zuwendungen an gemeinnützige Organisationen, die in einem Mitgliedstaat der Europäischen Union oder in einem Staat, auf den das Abkommen über den Europäischen Wirtschaftsraum (EWR-Abkommen) Anwendung findet, ansässig sind, u. a. entschieden, dass

> Artikel 56 EG[1] einer nationalen Regelung eines Mitgliedstaates entgegensteht, wonach eine steuerliche Abziehbarkeit nur für Zuwendungen an im Inland ansässige Einrichtungen gegeben ist, ohne jede Möglichkeit für den Spender, nachzuweisen, dass eine Zuwendung an einen Empfänger in einem anderen Mitgliedstaat die nationalen Voraussetzungen für die Gewährung einer solchen Vergünstigung erfüllt.

Nach den Erörterungen mit den obersten Finanzbehörden der Länder gilt zur Anwendung des Urteils Folgendes:

Für die Feststellung, ob der ausländische Zuwendungsempfänger die Voraussetzungen des § 10b Absatz 1 Satz 2 Nummer 3 EStG erfüllt, gelten die für die Gewährung der Steuerbefreiung nach § 5 Absatz 1 Nummer 9 KStG für inländische Körperschaften, Personenvereinigungen oder Vermögensmassen maßgebenden Grundsätze entsprechend. Der ausländische Zuwendungsempfänger muss daher nach der Satzung, dem Stiftungsgeschäft oder der sonstigen Verfassung und nach der tatsächlichen Geschäftsführung ausschließlich und unmittelbar gemeinnützigen, mildtätigen oder kirchlichen Zwecken dienen (§§ 51 bis 68 AO).

Den Nachweis, dass der ausländische Zuwendungsempfänger die deutschen gemeinnützigkeitsrechtlichen Vorgaben erfüllt, hat der inländische Spender gegenüber dem für ihn zuständigen Finanzamt durch Vorlage geeigneter Belege, dies wären insbesondere Satzung, Tätigkeitsbericht, Aufstellung der Einnahmen und Ausgaben, Kassenbericht, Vermögensübersicht mit Nachweisen über die Bildung und Entwicklung der Rücklagen, Aufzeichnung über die Vereinnahmung von Zuwendungen und deren zweckgerechte Verwendung, Vorstandsprotokolle, zu erbringen (§ 90 Absatz 2 AO). Bescheinigungen über Zuwendungen von nicht im Inland steuerpflichtigen Organisationen reichen als alleiniger Nachweis nicht aus.

Anlage 14

II. Spendenabzug

Muster für Zuwendungsbestätigungen (§ 10b EStG)

BMF vom 7.11.2013 (BStBl I S. 1333)
IV C 4 – S 2223/07/0018 :005 – 2013/0239390

ergänzt durch BMF vom 26.3.2014 (BStBl I S. 791)
IV C 4 – S 2223/07/0018 :005 – 2014/0288766

Im Einvernehmen mit den obersten Finanzbehörden der Länder sind die in der Anlage beigefügten Muster für Zuwendungen an inländische Zuwendungsempfänger zu verwenden.
Für die Verwendung der aktualisierten Muster für Zuwendungsbestätigungen gilt Folgendes:

1. Die in der Anlage beigefügten Muster für Zuwendungsbestätigungen sind verbindliche Muster (vgl. § 50 Absatz 1 EStDV). Die Zuwendungsbestätigungen können weiterhin vom jeweiligen Zuwendungsempfänger anhand dieser Muster selbst hergestellt werden. In einer auf einen bestimmten Zuwendungsempfänger zugeschnittenen Zuwendungsbestätigung müssen nur die Angaben aus den veröffentlichten Mustern übernommen werden, die im Einzelfall einschlägig sind. Die in den Mustern vorgesehenen Hinweise zu den haftungsrechtlichen Folgen der Ausstellung einer unrichtigen Zuwendungsbestätigung und zur steuerlichen Anerkennung der Zuwendungsbestätigung sind stets in die Zuwendungsbestätigungen zu übernehmen.

2. Die Wortwahl und die Reihenfolge der vorgegebenen Textpassagen in den Mustern sind beizubehalten, Umformulierungen sind unzulässig. Auf der Zuwendungsbestätigung dürfen weder Danksagungen an den Zuwendenden noch Werbung für die Ziele der begünstigten Einrichtung angebracht werden. Entsprechende Texte sind jedoch auf der Rückseite zulässig. Die Zuwendungsbestätigung darf die Größe einer DIN A 4-Seite nicht überschreiten.

3. Gegen optische Hervorhebungen von Textpassagen beispielsweise durch Einrahmungen und/oder vorangestellte Ankreuzkästchen bestehen keine Bedenken. Ebenso ist es zulässig, den Namen des Zuwendenden und dessen Adresse so untereinander anzuordnen, dass die gleichzeitige Nutzung als Anschriftenfeld möglich ist. Fortlaufende alphanumerische Zeichen mit einer oder mehreren Reihen, die zur Identifizierung der Zuwendungsbestätigung geeignet sind, können vergeben werden; die Verwendung eines Briefpapiers mit einem Logo, Emblem oder Wasserzeichen der Einrichtung ist zulässig.

4. Es bestehen keine Bedenken, wenn der Zuwendungsempfänger in seinen Zuwendungsbestätigungen alle ihn betreffenden steuerbegünstigten Zwecke nennt. Aus steuerlichen Gründen bedarf es keiner Kenntlichmachung, für welchen konkreten steuerbegünstigten Zweck die Zuwendung erfolgt bzw. verwendet wird.

5. Der zugewendete Betrag ist sowohl in Ziffern als auch in Buchstaben zu benennen. Für die Benennung in Buchstaben ist es nicht zwingend erforderlich, dass der zugewendete Betrag in einem Wort genannt wird; ausreichend ist die Buchstabenbenennung der jeweiligen Ziffern. So kann z. B. ein Betrag in Höhe von 1.322 Euro als „eintausenddreihundertzweiundzwanzig" oder „eins – drei – zwei – zwei" bezeichnet werden. In diesen Fällen sind allerdings die Leerräume vor der Nennung der ersten Ziffer und hinter der letzten Ziffer in geeigneter Weise (z. B. durch „X") zu entwerten.

6. Handelt es sich um eine Sachspende, so sind in die Zuwendungsbestätigung genaue Angaben über den zugewendeten Gegenstand aufzunehmen (z. B. Alter, Zustand, historischer Kauf-

preis, usw.). Für die Sachspende zutreffende Sätze sind in den entsprechenden Mustern anzukreuzen.

Sachspende aus dem Betriebsvermögen:
Stammt die Sachzuwendung nach den Angaben des Zuwendenden aus dessen Betriebsvermögen, bemisst sich die Zuwendungshöhe nach dem Wert, der bei der Entnahme angesetzt wurde und nach der Umsatzsteuer, die auf die Entnahme entfällt (§ 10b Absatz 3 Satz 2 EStG). In diesen Fällen braucht der Zuwendungsempfänger keine zusätzlichen Unterlagen in seine Buchführung aufzunehmen, ebenso sind Angaben über die Unterlagen, die zur Wertermittlung gedient haben, nicht erforderlich. Der Entnahmewert ist grundsätzlich der Teilwert. Der Entnahmewert kann auch der Buchwert sein, wenn das Wirtschaftsgut unmittelbar nach der Entnahme für steuerbegünstigte Zwecke gespendet wird (sog. Buchwertprivileg § 6 Absatz 1 Nummer 4 Satz 4 und 5 EStG).

Sachspende aus dem Privatvermögen:
Handelt es sich um eine Sachspende aus dem Privatvermögen des Zuwendenden, ist der gemeine Wert des gespendeten Wirtschaftsguts maßgebend, wenn dessen Veräußerung im Zeitpunkt der Zuwendung keinen Besteuerungstatbestand erfüllen würde (§ 10b Absatz 3 Satz 3 EStG). Ansonsten sind die fortgeführten Anschaffungs- oder Herstellungskosten als Wert der Zuwendung auszuweisen. Dies gilt insbesondere bei Veräußerungstatbeständen, die unter § 17 oder § 23 EStG fallen (z. B. Zuwendung einer mindestens 1%igen Beteiligung an einer Kapitalgesellschaft (§ 17 EStG), einer Immobilie, die sich weniger als zehn Jahre im Eigentum des Spenders befindet (§ 23 Absatz 1 Satz 1 Nummer 1 EStG), eines anderen Wirtschaftsguts im Sinne des § 23 Absatz 1 Satz 1 Nummer 2 EStG mit einer Eigentumsdauer von nicht mehr als einem Jahr). Der Zuwendungsempfänger hat anzugeben, welche Unterlagen er zur Ermittlung des angesetzten Wertes herangezogen hat. In Betracht kommt in diesem Zusammenhang z. B. ein Gutachten über den aktuellen Wert der zugewendeten Sache oder der sich aus der ursprünglichen Rechnung ergebende historische Kaufpreis unter Berücksichtigung einer Absetzung für Abnutzung. Diese Unterlagen hat der Zuwendungsempfänger zusammen mit der Zuwendungsbestätigung in seine Buchführung aufzunehmen.

7. Die Zeile: „Es handelt sich um den Verzicht auf die Erstattung von Aufwendungen Ja ☐ Nein ☐" ist stets in die Zuwendungsbestätigungen über Geldzuwendungen/Mitgliedsbeiträge zu übernehmen und entsprechend anzukreuzen. Dies gilt auch für Sammelbestätigungen und in den Fällen, in denen ein Zuwendungsempfänger grundsätzlich keine Zuwendungsbestätigungen für die Erstattung von Aufwendungen ausstellt.

8. Werden Zuwendungen an eine juristische Person des öffentlichen Rechts von dieser an andere juristische Personen des öffentlichen Rechts weitergeleitet und werden von diesen die steuerbegünstigten Zwecke verwirklicht, so hat der „Erstempfänger" die in den amtlichen Vordrucken enthaltene Bestätigung wie folgt zu fassen:
Die Zuwendung wird entsprechend den Angaben des Zuwendenden an .... [Name des Letztempfängers verbunden mit dem Hinweis auf dessen öffentlich-rechtliche Organisationsform] weitergeleitet.

9. Erfolgt der Nachweis in Form der Sammelbestätigung, so ist der bescheinigte Gesamtbetrag auf der zugehörigen Anlage in sämtliche Einzelzuwendungen aufzuschlüsseln.

Anlage 14

II. Spendenabzug

Es bestehen keine Bedenken, auf der Anlage zur Sammelbestätigung entweder den Namen des Zuwendenden oder ein fortlaufendes alphanumerisches Zeichen anzubringen, um eine sichere Identifikation zu gewährleisten.

10. Für maschinell erstellte Zuwendungsbestätigungen ist R 10b.1 Absatz 4 EStR zu beachten.

11. Nach § 50 Absatz 4 EStDV hat die steuerbegünstigte Körperschaft ein Doppel der Zuwendungsbestätigung aufzubewahren. Es ist in diesem Zusammenhang zulässig, das Doppel in elektronischer Form zu speichern. Die Grundsätze ordnungsmäßiger DV-gestützter Buchführungssysteme (BMF-Schreiben vom 7. November 1995, BStBl I Seite 738) sind zu beachten.

12. Für Zuwendungen nach dem 31. Dezember 1999 ist das Durchlaufspendenverfahren keine zwingende Voraussetzung mehr für die steuerliche Begünstigung von Spenden. Seit 1. Januar 2000 sind alle steuerbegünstigten Körperschaften im Sinne des § 5 Absatz 1 Nummer 9 KStG zum unmittelbaren Empfang und zur Bestätigung von Zuwendungen berechtigt. Dennoch dürfen juristische Personen des öffentlichen Rechts oder öffentliche Dienststellen auch weiterhin als Durchlaufstelle auftreten und Zuwendungsbestätigungen ausstellen (vgl. R 10b.1 Absatz 2 EStR). Sie unterliegen dann aber auch – wie bisher – der Haftung nach § 10b Absatz 4 EStG. Dach- und Spitzenorganisationen können für die ihnen angeschlossenen Vereine dagegen nicht mehr als Durchlaufstelle fungieren.

13. Mit dem Gesetz zur Stärkung des Ehrenamtes vom 21. März 2013 (BGBl. I Seite 556) wurde mit § 60a AO die Feststellung der satzungsmäßigen Voraussetzungen eingeführt. Nach § 60a AO wird die Einhaltung der satzungsmäßigen Voraussetzungen gesondert vom Finanzamt festgestellt. Dieses Verfahren löst die so genannte vorläufige Bescheinigung ab. Übergangsweise bleiben die bislang ausgestellten vorläufigen Bescheinigungen weiterhin gültig und die betroffenen Körperschaften sind übergangsweise weiterhin zur Ausstellung von Zuwendungsbestätigungen berechtigt. Diese Körperschaften haben in ihren Zuwendungsbestätigungen anzugeben, dass sie durch vorläufige Bescheinigung den steuerbegünstigten Zwecken dienend anerkannt worden sind. Die Bestätigung ist wie folgt zu fassen:

Wir sind wegen Förderung (Angabe des begünstigten Zwecks/der begünstigten Zwecke) durch vorläufige Bescheinigung des Finanzamtes(Name), StNr. (Angabe) vom (Datum) ab (Datum) als steuerbegünstigten Zwecken dienend anerkannt.

Außerdem sind die Hinweise zu den haftungsrechtlichen Folgen der Ausstellung einer unrichtigen Zuwendungsbestätigung und zur steuerlichen Anerkennung der Zuwendungsbestätigung folgendermaßen zu fassen:

Wer vorsätzlich oder grob fahrlässig eine unrichtige Zuwendungsbestätigung erstellt oder veranlasst, dass Zuwendungen nicht zu den in der Zuwendungsbestätigung angegebenen steuerbegünstigten Zwecken verwendet werden, haftet für die entgangene Steuer (§ 10b Absatz 4 EStG, § 9 Absatz 3 KStG, § 9 Nummer 5 GewStG).

Diese Bestätigung wird nicht als Nachweis für die steuerliche Berücksichtigung der Zuwendung anerkannt, wenn das Datum der vorläufigen Bescheinigung länger als 3 Jahre seit Ausstellung der Bestätigung zurückliegt (BMF vom 15.12.1994 – BStBl I Seite 884).

In Fällen, in denen juristische Personen des öffentlichen Rechts oder Stiftungen des öffentlichen Rechts Zuwendungen an Körperschaften im Sinne des § 5 Absatz 1 Nummer 9 KStG weiterleiten, ist ebenfalls anzugeben, ob die Empfängerkörperschaft durch vorläufige Bescheinigung als steuerbegünstigten Zwecken dienend anerkannt worden ist. Diese Angabe ist hierbei in den Zuwendungsbestätigungen folgendermaßen zu fassen:

entsprechend den Angaben des Zuwendenden an (Name) weitergeleitet, die/der vom Finanzamt (Name) StNr. (Angabe) mit vorläufiger Bescheinigung (gültig ab: Datum) vom (Datum) als steuerbegünstigten Zwecken dienend anerkannt ist.

Die Hinweise zu den haftungsrechtlichen Folgen der Ausstellung einer unrichtigen Zuwendungsbestätigung und zur steuerlichen Anerkennung der Zuwendungsbestätigung sind dann folgendermaßen zu fassen:

Wer vorsätzlich oder grob fahrlässig eine unrichtige Zuwendungsbestätigung erstellt oder veranlasst, dass Zuwendungen nicht zu den in der Zuwendungsbestätigung angegebenen steuerbegünstigten Zwecken verwendet werden, haftet für die entgangene Steuer (§ 10b Absatz 4 EStG, § 9 Absatz 3 KStG, § 9 Nummer 5 GewStG).

Nur in den Fällen der Weiterleitung an steuerbegünstigte Körperschaften im Sinne von § 5 Absatz 1 Nummer 9 KStG:

Diese Bestätigung wird nicht als Nachweis für die steuerliche Berücksichtigung der Zuwendung anerkannt, wenn das Datum der vorläufigen Bescheinigung länger als 3 Jahre seit Ausstellung der Bestätigung zurückliegt.

14. Ist der Körperschaft, Personenvereinigung oder Vermögensmasse bisher weder ein Freistellungsbescheid noch eine Anlage zum Körperschaftsteuerbescheid erteilt worden und sieht der Feststellungsbescheid nach § 60a AO die Steuerbefreiung erst für den nächsten Veranlagungszeitraum vor (§ 60 Absatz 2 AO), sind Zuwendungen erst ab diesem Zeitpunkt nach § 10b EStG abziehbar. Zuwendungen, die vor Beginn der Steuerbefreiung nach § 5 Absatz 1 Nummer 9 KStG erfolgen, sind steuerlich nicht nach § 10b EStG begünstigt, da die Körperschaft, Personenvereinigung oder Vermögensmasse in diesem Zeitraum nicht die Voraussetzungen des § 10b Absatz 1 Satz 2 Nummer 2 EStG erfüllt. Zuwendungsbestätigungen, die für Zeiträume vor der Steuerbefreiung ausgestellt werden, sind daher unrichtig und können – bei Vorliegen der Voraussetzungen des § 10b Absatz 4 EStG – eine Haftung des Ausstellers auslösen.

15. Die neuen Muster für Zuwendungsbestätigungen werden als ausfüllbare Formulare unter https://www.formulare-bfinv.de zur Verfügung stehen.

16. Für den Abzug steuerbegünstigter Zuwendungen an nicht im Inland ansässige Empfänger wird auf das BMF-Schreiben vom 16. Mai 2011 – IV C 4 – S 2223/07/0005 :008, 2011/0381377 –, (BStBl I Seite 559) hingewiesen.

Anlage 14
II. Spendenabzug

Das BMF-Schreiben vom 30. August 2012 - IV C 4 - S 2223/07/0018 :005, 2012/0306063 -, (BStBl I Seite 884) wird hiermit aufgehoben.

Es wird seitens der Finanzverwaltung nicht beanstandet, wenn bis zum 31. Dezember 2013 die bisherigen Muster für Zuwendungsbestätigungen verwendet werden.[1])

Anlagenverzeichnis:

Anlage 1:	Muster für Geldzuwendungen an inländische juristische Personen des öffentlichen Rechts
Anlage 2:	Muster für Sachzuwendungen an inländische juristische Personen des öffentlichen Rechts
Anlage 3:	Muster für Geldzuwendungen/Mitgliedsbeitrag an eine steuerbegünstigte Einrichtung
Anlage 4:	Muster für Sachzuwendungen an eine steuerbegünstigte Einrichtung
Anlage 5:	Muster für Geldzuwendungen/Mitgliedsbeitrag an eine Partei
Anlage 6:	Muster für Sachzuwendungen an eine Partei
Anlage 7:	Muster für Geldzuwendungen/Mitgliedsbeitrag an eine unabhängige Wählervereinigung
Anlage 8:	Muster für Sachzuwendungen an eine unabhängige Wählervereinigung
Anlage 9:	Muster für Geldzuwendungen an eine inländische Stiftung des öffentlichen Rechts
Anlage 10:	Muster für Sachzuwendungen an eine inländische Stiftung des öffentlichen Rechts
Anlage 11:	Muster für Geldzuwendungen an eine inländische Stiftung des privaten Rechts

---

1) Ergänzung durch BMF vom 26.3.2014 (BStBl I S. 791):
Die im Bundessteuerblatt (Teil I 2013 S. 1333) veröffentlichten Muster für Zuwendungsbestätigungen sind grundsätzlich für Zuwendungen ab dem 1.1.2014 zu verwenden. Im Einvernehmen mit den obersten Finanzbehörden der Länder bestehen jedoch keine Bedenken, wenn bis zum 31.12.2014 noch die nach bisherigem Muster erstellten Zuwendungsbestätigungen (BMF-Schreiben vom 30.8.2012, BStBl I S. 884) weiter verwendet werden.
Zur Erläuterung des Haftungshinweises in den veröffentlichten Mustern für Zuwendungsbestätigungen weise ich auf Folgendes hin:
Die tatsächliche Geschäftsführung umfasst auch die Ausstellung steuerlicher Zuwendungsbestätigungen. Zuwendungsbestätigungen dürfen nur dann ausgestellt werden, wenn die Voraussetzungen des § 63 Absatz 5 Abgabenordnung (AO) vorliegen:
Die Erlaubnis wird an die Erteilung eines Feststellungsbescheides nach § 60a Absatz 1 AO, eines Freistellungsbescheides oder eine Anlage zum Körperschaftsteuerbescheid geknüpft. Ist der Bescheid nach § 60a AO älter als drei Kalenderjahre oder ist der Freistellungsbescheid - beziehungsweise sind die Anlagen zum Körperschaftsteuerbescheid - älter als fünf Jahre, darf die Körperschaft keine Zuwendungsbestätigungen mehr ausstellen (Nummer 3 des AEAO zu § 63).

Anlage 14
Spendenabzug
II.

Anlage 12:	Muster für Sachzuwendungen an eine inländische Stiftung des privaten Rechts
Anlage 13:	Sammelbestätigung für Geldzuwendungen an inländische juristische Personen des öffentlichen Rechts
Anlage 14:	Sammelbestätigung für Geldzuwendungen/Mitgliedsbeiträge an eine steuerbegünstigte Einrichtung
Anlage 15:	Sammelbestätigung für Geldzuwendungen/Mitgliedsbeiträge an eine Partei
Anlage 16:	Sammelbestätigung für Geldzuwendungen/Mitgliedsbeiträge an eine unabhängige Wählervereinigung
Anlage 17:	Sammelbestätigung für Geldzuwendungen an eine inländische Stiftung des öffentlichen Rechts
Anlage 18:	Sammelbestätigung für Geldzuwendungen an eine inländische Stiftung des privaten Rechts

Anlage 14

II. Spendenabzug

Anlage 1

Aussteller (Bezeichnung und Anschrift der inländischen juristischen Person des öffentlichen Rechts oder der inländischen öffentlichen Dienststelle)

Bestätigung über Geldzuwendungen
im Sinne des § 10b des Einkommensteuergesetzes an inländische juristische Personen des öffentlichen Rechts oder inländische öffentliche Dienststellen

Name und Anschrift des Zuwendenden:

Betrag der Zuwendung – in Ziffern –	– in Buchstaben –	Tag der Zuwendung:

Es wird bestätigt, dass die Zuwendung nur zur Förderung (Angabe des begünstigten Zwecks/der begünstigten Zwecke)
verwendet wird.

Es handelt sich um den Verzicht auf Erstattung von Aufwendungen   Ja ☐   Nein ☐

Die Zuwendung wird

☐ von uns unmittelbar für den angegebenen Zweck verwendet.

☐ entsprechend den Angaben des Zuwendenden an .... weitergeleitet, die/der vom Finanzamt .... StNr. .... mit Freistellungsbescheid bzw. nach der Anlage zum Körperschaftsteuerbescheid vom .... von der Körperschaftsteuer und Gewerbesteuer befreit ist.

☐ entsprechend den Angaben des Zuwendenden an .... weitergeleitet, der/dem das Finanzamt .... StNr. .... mit **Feststellungsbescheid** vom .... **die Einhaltung der satzungsmäßigen Voraussetzungen nach § 60a AO festgestellt hat.**

_____
(Ort, Datum und Unterschrift des Zuwendungsempfängers)

Hinweis:
Wer vorsätzlich oder grob fahrlässig eine unrichtige Zuwendungsbestätigung erstellt oder veranlasst, dass Zuwendungen nicht zu den in der Zuwendungsbestätigung angegebenen steuerbegünstigten Zwecken verwendet werden, haftet für die entgangene Steuer (§ 10b Abs. 4 EStG, § 9 Abs. 3 KStG, § 9 Nr. 5 GewStG).

Nur in den Fällen der Weiterleitung an steuerbegünstigte Körperschaften im Sinne von § 5 Abs. 1 Nr. 9 KStG:
Diese Bestätigung wird nicht als Nachweis für die steuerliche Berücksichtigung der Zuwendung anerkannt, wenn das Datum des Freistellungsbescheides länger als 5 Jahre bzw. **das Datum der Feststellung der Einhaltung der satzungsmäßigen Voraussetzungen nach § 60a Abs. 1 AO länger als 3 Jahre seit Ausstellung des Bescheides zurückliegt** (§ 63 Abs. 5 AO).

Anlage 14
Spendenabzug
II.

Anlage 2

Aussteller (Bezeichnung und Anschrift der inländischen juristischen Person des öffentlichen Rechts oder der inländischen öffentlichen Dienststelle)

Bestätigung über Sachzuwendungen
im Sinne des § 10b des Einkommensteuergesetzes an inländische juristische Personen des öffentlichen Rechts oder inländische öffentliche Dienststellen

Name und Anschrift des Zuwendenden:

Wert der Zuwendung – in Ziffern –	– in Buchstaben –	Tag der Zuwendung:

Genaue Bezeichnung der Sachzuwendung mit Alter, Zustand, Kaufpreis usw.

☐ Die Sachzuwendung stammt nach den Angaben des Zuwendenden aus dem Betriebsvermögen. **Die Zuwendung wurde nach dem Wert der Entnahme (ggf. mit dem niedrigeren gemeinen Wert) und nach der Umsatzsteuer, die auf die Entnahme entfällt, bewertet.**
☐ Die Sachzuwendung stammt nach den Angaben des Zuwendenden aus dem Privatvermögen.
☐ Der Zuwendende hat trotz Aufforderung keine Angaben zur Herkunft der Sachzuwendung gemacht.
☐ Geeignete Unterlagen, die zur Wertermittlung gedient haben, z. B. Rechnung, Gutachten, liegen vor.

Es wird bestätigt, dass die Zuwendung nur zur Förderung (Angabe des begünstigten Zwecks/der begünstigten Zwecke)
verwendet wird.

Die Zuwendung wird
☐ von uns unmittelbar für den angegebenen Zweck verwendet.
☐ entsprechend den Angaben des Zuwendenden an .... weitergeleitet, die/der vom Finanzamt .... StNr. .... mit Freistellungsbescheid bzw. nach der Anlage zum Körperschaftsteuerbescheid vom .... von der Körperschaftsteuer und Gewerbesteuer befreit ist.
☐ entsprechend den Angaben des Zuwendenden an .... weitergeleitet, der/dem das Finanzamt .... StNr. .... mit **Feststellungsbescheid** vom .... die Einhaltung der satzungsmäßigen Voraussetzungen nach § 60a AO festgestellt hat.

(Ort, Datum und Unterschrift des Zuwendungsempfängers)

Hinweis:
Wer vorsätzlich oder grob fahrlässig eine unrichtige Zuwendungsbestätigung erstellt oder veranlasst, dass Zuwendungen nicht zu den in der Zuwendungsbestätigung angegebenen steuerbegünstigten Zwecken verwendet werden, haftet für die entgangene Steuer (§ 10b Abs. 4 EStG, § 9 Abs. 3 KStG, § 9 Nr. 5 GewStG).
Nur in den Fällen der Weiterleitung an steuerbegünstigte Körperschaften im Sinne von § 5 Abs. 1 Nr. 9 KStG:
Diese Bestätigung wird nicht als Nachweis für die steuerliche Berücksichtigung der Zuwendung anerkannt, wenn das Datum des Freistellungsbescheides länger als 5 Jahre bzw. **das Datum der Feststellung der Einhaltung der satzungsmäßigen Voraussetzungen nach § 60a Abs. 1 AO länger als 3 Jahre seit Ausstellung des Bescheides zurückliegt (§ 63 Abs. 5 AO).**

Anlage 14

II. Spendenabzug

Anlage 3

Aussteller (Bezeichnung und Anschrift der steuerbegünstigten Einrichtung)

Bestätigung über Geldzuwendungen/Mitgliedsbeitrag
im Sinne des § 10b des Einkommensteuergesetzes an eine der in § 5 Abs. 1 Nr. 9 des Körperschaftsteuergesetzes bezeichneten Körperschaften, Personenvereinigungen oder Vermögensmassen

Name und Anschrift des Zuwendenden:

Betrag der Zuwendung – in Ziffern –	– in Buchstaben –	Tag der Zuwendung:

Es handelt sich um den Verzicht auf Erstattung von Aufwendungen   Ja ☐   Nein ☐

☐ Wir sind wegen Förderung (Angabe des begünstigten Zwecks/der begünstigten Zwecke) .... **nach dem** Freistellungsbescheid bzw. nach der Anlage zum Körperschaftsteuerbescheid des Finanzamtes .... StNr. .... , vom .... **für den letzten Veranlagungszeitraum** .... nach § 5 Abs. 1 Nr. 9 des Körperschaftsteuergesetzes von der Körperschaftsteuer und nach § 3 Nr. 6 des Gewerbesteuergesetzes von der Gewerbesteuer befreit.

☐ **Die Einhaltung der satzungsmäßigen Voraussetzungen nach den §§ 51, 59, 60 und 61 AO wurde vom Finanzamt** .... , StNr. .... **mit Bescheid vom** .... **nach § 60a AO gesondert festgestellt. Wir fördern nach unserer Satzung** (Angabe des begünstigten Zwecks/der begünstigten Zwecke) ....

Es wird bestätigt, dass die Zuwendung nur zur Förderung (Angabe des begünstigten Zwecks/der begünstigten Zwecke)

verwendet wird.
Nur für steuerbegünstigte Einrichtungen, bei denen die Mitgliedsbeiträge steuerlich nicht abziehbar sind:
☐ Es wird bestätigt, dass es sich nicht um einen Mitgliedsbeitrag handelt, dessen Abzug nach § 10b Abs. 1 des Einkommensteuergesetzes ausgeschlossen ist.

(Ort, Datum und Unterschrift des Zuwendungsempfängers)

Hinweis:
Wer vorsätzlich oder grob fahrlässig eine unrichtige Zuwendungsbestätigung erstellt oder veranlasst, dass Zuwendungen nicht zu den in der Zuwendungsbestätigung angegebenen steuerbegünstigten Zwecken verwendet werden, haftet für die entgangene Steuer (§ 10b Abs. 4 EStG, § 9 Abs. 3 KStG, § 9 Nr. 5 GewStG).

Diese Bestätigung wird nicht als Nachweis für die steuerliche Berücksichtigung der Zuwendung anerkannt, wenn das Datum des Freistellungsbescheides länger als 5 Jahre bzw. **das Datum der Feststellung der Einhaltung der satzungsmäßigen Voraussetzungen nach § 60a Abs. 1 AO länger als 3 Jahre seit Ausstellung des Bescheides zurückliegt (§ 63 Abs. 5 AO).**

Anlage 14

Spendenabzug II.

Anlage 4

Aussteller (Bezeichnung und Anschrift der steuerbegünstigten Einrichtung)

Bestätigung über Sachzuwendungen
im Sinne des § 10b des Einkommensteuergesetzes an eine der in § 5 Abs. 1 Nr. 9 des Körperschaftsteuergesetzes bezeichneten Körperschaften, Personenvereinigungen oder Vermögensmassen

Name und Anschrift des Zuwendenden:

Wert der Zuwendung – in Ziffern –	– in Buchstaben –	Tag der Zuwendung:

Genaue Bezeichnung der Sachzuwendung mit Alter, Zustand, Kaufpreis usw.

☐ Die Sachzuwendung stammt nach den Angaben des Zuwendenden aus dem Betriebsvermögen. **Die Zuwendung wurde nach dem Wert der Entnahme (ggf. mit dem niedrigeren gemeinen Wert) und nach der Umsatzsteuer, die auf die Entnahme entfällt, bewertet.**
☐ Die Sachzuwendung stammt nach den Angaben des Zuwendenden aus dem Privatvermögen.
☐ Der Zuwendende hat trotz Aufforderung keine Angaben zur Herkunft der Sachzuwendung gemacht.
☐ Geeignete Unterlagen, die zur Wertermittlung gedient haben, z. B. Rechnung, Gutachten, liegen vor.

☐ Wir sind wegen Förderung (Angabe des begünstigten Zwecks/der begünstigten Zwecke) ....
nach dem Freistellungsbescheid bzw. nach der Anlage zum Körperschaftsteuerbescheid des Finanzamtes .... StNr. .... , vom .... **für den letzten Veranlagungszeitraum** .... nach § 5 Abs. 1 Nr. 9 des Körperschaftsteuergesetzes von der Körperschaftsteuer und nach § 3 Nr. 6 des Gewerbesteuergesetzes von der Gewerbesteuer befreit.
☐ **Die Einhaltung der satzungsmäßigen Voraussetzungen nach den §§ 51, 59, 60 und 61 AO wurde vom Finanzamt** .... , **StNr.** .... **mit Bescheid vom** .... **nach § 60a AO gesondert festgestellt. Wir fördern nach unserer Satzung** (Angabe des begünstigten Zwecks/der begünstigten Zwecke) ....

Es wird bestätigt, dass die Zuwendung nur zur Förderung (Angabe des begünstigten Zwecks/der begünstigten Zwecke)

verwendet wird.

(Ort, Datum und Unterschrift des Zuwendungsempfängers)

Hinweis:
Wer vorsätzlich oder grob fahrlässig eine unrichtige Zuwendungsbestätigung erstellt oder veranlasst, dass Zuwendungen nicht zu den in der Zuwendungsbestätigung angegebenen steuerbegünstigten Zwecken verwendet werden, haftet für die entgangene Steuer (§ 10b Abs. 4 EStG, § 9 Abs. 3 KStG, § 9 Nr. 5 GewStG).

Diese Bestätigung wird nicht als Nachweis für die steuerliche Berücksichtigung der Zuwendung anerkannt, wenn das Datum des Freistellungsbescheides länger als 5 Jahre bzw. **das Datum der Feststellung der Einhaltung der satzungsmäßigen Voraussetzungen nach § 60a Abs. 1 AO länger als 3 Jahre seit Ausstellung des Bescheides zurückliegt (§ 63 Abs. 5 AO).**

Anlage 14

II. Spendenabzug

Anlage 5

Bezeichnung und Anschrift der Partei

Bestätigung über Geldzuwendungen/Mitgliedsbeitrag
im Sinne des § 34g, § 10b des Einkommensteuergesetzes an politische Parteien im Sinne des Parteiengesetzes

Name und Anschrift des Zuwendenden:

Betrag der Zuwendung – in Ziffern –	– in Buchstaben –	Tag der Zuwendung:

Es handelt sich um den Verzicht auf die Erstattung von Aufwendungen   Ja ☐   Nein ☐

Es wird bestätigt, dass diese Zuwendung ausschließlich für die satzungsgemäßen Zwecke verwendet wird.

(Ort, Datum, Unterschrift(en) und Funktion(en))

Hinweis:
Wer vorsätzlich oder grob fahrlässig eine unrichtige Zuwendungsbestätigung erstellt oder veranlasst, dass Zuwendungen nicht zu den in der Zuwendungsbestätigung angegebenen steuerbegünstigten Zwecken verwendet werden, haftet für die entgangene Steuer (§ 34g Satz 3, § 10b Abs. 4 EStG).

Anlage 14

Spendenabzug II.

Anlage 6

Bezeichnung und Anschrift der Partei

Bestätigung über Sachzuwendungen
im Sinne des § 34g, § 10b des Einkommensteuergesetzes an politische Parteien im Sinne des Parteiengesetzes

Name und Anschrift des Zuwendenden:	
Wert der Zuwendung – in Ziffern –	– in Buchstaben –	Tag der Zuwendung:
Genaue Bezeichnung der Sachzuwendung mit Alter, Zustand, Kaufpreis usw.		

☐ Die Sachzuwendung stammt nach den Angaben des Zuwendenden aus dem Betriebsvermögen. **Die Zuwendung wurde nach dem Wert der Entnahme (ggf. mit dem niedrigeren gemeinen Wert) und nach der Umsatzsteuer, die auf die Entnahme entfällt, bewertet.**
☐ Die Sachzuwendung stammt nach den Angaben des Zuwendenden aus dem Privatvermögen.
☐ Der Zuwendende hat trotz Aufforderung keine Angaben zur Herkunft der Sachzuwendung gemacht.
☐ Geeignete Unterlagen, die zur Wertermittlung gedient haben, z. B. Rechnung, Gutachten, liegen vor.

Es wird bestätigt, dass diese Zuwendung ausschließlich für die satzungsgemäßen Zwecke verwendet wird.

(Ort, Datum, Unterschrift(en) und Funktion(en))

Hinweis:
Wer vorsätzlich oder grob fahrlässig eine unrichtige Zuwendungsbestätigung erstellt oder veranlasst, dass Zuwendungen nicht zu den in der Zuwendungsbestätigung angegebenen steuerbegünstigten Zwecken verwendet werden, haftet für die entgangene Steuer (§ 34g Satz 3, § 10b Abs. 4 EStG).

Anlage 14

II. Spendenabzug

Anlage 7

Bezeichnung und Anschrift der unabhängigen Wählervereinigung

Bestätigung über Geldzuwendungen/Mitgliedsbeitrag
im Sinne des § 34g des Einkommensteuergesetzes an unabhängige Wählervereinigungen

Name und Anschrift des Zuwendenden:

Betrag der Zuwendung – in Ziffern –	– in Buchstaben –	Tag der Zuwendung:

Es handelt sich um den Verzicht auf Erstattung von Aufwendungen   Ja ☐   Nein ☐

Wir sind ein   ☐ rechtsfähiger   ☐ nichtrechtsfähiger   Verein ohne Parteicharakter

Der Zweck unseres Vereins ist ausschließlich darauf gerichtet, durch Teilnahme mit eigenen Wahlvorschlägen bei der politischen Willensbildung mitzuwirken, und zwar an Wahlen auf

☐ Bundesebene   ☐ Landesebene   ☐ Kommunalebene

Wir bestätigen, dass wir die Zuwendung nur für diesen Zweck verwenden werden.

☐ Wir sind mit mindestens einem Mandat im (Parlament/Rat) vertreten.

☐ Wir haben der Wahlbehörde/dem Wahlorgan der .... am .... angezeigt, dass wir uns an der .... (folgenden Wahl) .... am .... mit eigenen Wahlvorschlägen beteiligen werden.

☐ An der letzten .... (Wahl) .... am .... haben wir uns mit eigenen Wahlvorschlägen beteiligt.

☐ An der letzten oder einer früheren Wahl haben wir uns nicht mit eigenen Wahlvorschlägen beteiligt und eine Beteiligung der zuständigen Wahlbehörde/dem zuständigen Wahlorgan auch nicht angezeigt.

☐ Wir sind beim Finanzamt .... StNr. .... erfasst.

☐ Wir sind steuerlich nicht erfasst.

_____
(Ort, Datum, Unterschrift(en) und Funktion(en))

Hinweis:
Wer vorsätzlich oder grob fahrlässig eine unrichtige Zuwendungsbestätigung erstellt oder veranlasst, dass Zuwendungen nicht zu den in der Zuwendungsbestätigung angegebenen steuerbegünstigten Zwecken verwendet werden, haftet für die entgangene Steuer (§ 34g Satz 3, § 10b Abs. 4 EStG).

Anlage 14

Spendenabzug

II.

Anlage 8

Bezeichnung und Anschrift der unabhängigen Wählervereinigung

Bestätigung über Sachzuwendungen
im Sinne des § 34g des Einkommensteuergesetzes an unabhängige Wählervereinigungen

Name und Anschrift des Zuwendenden:

Wert der Zuwendung – in Ziffern –	– in Buchstaben –	Tag der Zuwendung:

Genaue Bezeichnung der Sachzuwendung mit Alter, Zustand, Kaufpreis usw.

☐ Die Sachzuwendung stammt nach den Angaben des Zuwendenden aus dem Betriebsvermögen. **Die Zuwendung wurde nach dem Wert der Entnahme (ggf. mit dem niedrigeren gemeinen Wert) und nach der Umsatzsteuer, die auf die Entnahme entfällt, bewertet.**

☐ Die Sachzuwendung stammt nach den Angaben des Zuwendenden aus dem Privatvermögen.

☐ Der Zuwendende hat trotz Aufforderung keine Angaben zur Herkunft der Sachzuwendung gemacht.

☐ Geeignete Unterlagen, die zur Wertermittlung gedient haben, z. B. Rechnung, Gutachten, liegen vor.

Wir sind ein ☐ rechtsfähiger ☐ nichtrechtsfähiger Verein ohne Parteicharakter

Der Zweck unseres Vereins ist ausschließlich darauf gerichtet, durch Teilnahme mit eigenen Wahlvorschlägen bei der politischen Willensbildung mitzuwirken, und zwar an Wahlen auf

☐ Bundesebene ☐ Landesebene ☐ Kommunalebene

Wir bestätigen, dass wir die Zuwendung nur für diesen Zweck verwenden werden.

☐ Wir sind mit mindestens einem Mandat im (Parlament/Rat) vertreten.

☐ Wir haben der Wahlbehörde/dem Wahlorgan der .... am .... angezeigt, dass wir uns an der .... (folgenden Wahl) .... am .... mit eigenen Wahlvorschlägen beteiligen werden.

☐ An der letzten .... (Wahl) .... am .... haben wir uns mit eigenen Wahlvorschlägen beteiligt.

☐ An der letzten oder einer früheren Wahl haben wir uns nicht mit eigenen Wahlvorschlägen beteiligt und eine Beteiligung der zuständigen Wahlbehörde/dem zuständigen Wahlorgan auch nicht angezeigt.

☐ Wir sind beim Finanzamt .... StNr. .... erfasst.

☐ Wir sind steuerlich nicht erfasst.

_____
(Ort, Datum, Unterschrift(en) und Funktion(en))

Hinweis:
Wer vorsätzlich oder grob fahrlässig eine unrichtige Zuwendungsbestätigung erstellt oder veranlasst, dass Zuwendungen nicht zu den in der Zuwendungsbestätigung angegebenen steuerbegünstigten Zwecken verwendet werden, haftet für die entgangene Steuer (§ 34g Satz 3, § 10b Abs. 4 EStG).

Anlage 14

II.   Spendenabzug

Anlage 9

Aussteller (Bezeichnung und Anschrift der inländischen Stiftung des öffentlichen Rechts)

Bestätigung über Geldzuwendungen
im Sinne des § 10b des Einkommensteuergesetzes an inländische Stiftungen des öffentlichen Rechts

Name und Anschrift des Zuwendenden:

Betrag der Zuwendung – in Ziffern –	– in Buchstaben –	Tag der Zuwendung:

Es wird bestätigt, dass die Zuwendung nur zur Förderung (Angabe des begünstigten Zwecks/der begünstigten Zwecke) verwendet wird.

Es handelt sich um den Verzicht auf Erstattung von Aufwendungen   Ja ☐   Nein ☐

☐ Die Zuwendung erfolgte **in das zu erhaltende Vermögen (Vermögensstock)**.
☐ Es handelt sich **nicht** um Zuwendungen **in das verbrauchbare Vermögen** einer Stiftung.

Die Zuwendung wird
☐ von uns unmittelbar für den angegebenen Zweck verwendet.
☐ entsprechend den Angaben des Zuwendenden an .... weitergeleitet, die/der vom Finanzamt .... StNr. .... mit Freistellungsbescheid bzw. nach der Anlage zum Körperschaftsteuerbescheid vom .... von der Körperschaft- und Gewerbesteuer befreit ist.
☐ entsprechend den Angaben des Zuwendenden an .... weitergeleitet, der/dem das Finanzamt .... StNr. .... mit Feststellungsbescheid vom .... die Einhaltung der satzungsmäßigen Voraussetzungen nach § 60a AO festgestellt hat.

(Ort, Datum und Unterschrift des Zuwendungsempfängers)

Hinweis:
Wer vorsätzlich oder grob fahrlässig eine unrichtige Zuwendungsbestätigung erstellt oder veranlasst, dass Zuwendungen nicht zu den in der Zuwendungsbestätigung angegebenen steuerbegünstigten Zwecken verwendet werden, haftet für die entgangene Steuer (§ 10b Abs. 4 EStG, § 9 Abs. 3 KStG, § 9 Nr. 5 GewStG).

Nur in Fällen der Weiterleitung an steuerbegünstigte Körperschaften im Sinne von § 5 Abs. 1 Nr. 9 KStG:
Diese Bestätigung wird nicht als Nachweis für die steuerliche Berücksichtigung der Zuwendung anerkannt, wenn das Datum des Freistellungsbescheides länger als 5 Jahre bzw. **das Datum der Feststellung der Einhaltung der satzungsmäßigen Voraussetzungen nach § 60a Abs. 1 AO länger als 3 Jahre** seit Ausstellung des Bescheides zurückliegt (§ 63 Abs. 5 AO).

Anlage 14
Spendenabzug
II.

Anlage 10

Aussteller (Bezeichnung und Anschrift der inländischen Stiftung des öffentlichen Rechts)

Bestätigung über Sachzuwendungen
im Sinne des § 10b des Einkommensteuergesetzes an inländische Stiftungen des öffentlichen Rechts

Name und Anschrift des Zuwendenden:

Wert der Zuwendung – in Ziffern –	– in Buchstaben –	Tag der Zuwendung:

Genaue Bezeichnung der Sachzuwendung mit Alter, Zustand, Kaufpreis usw.

☐ Die Sachzuwendung stammt nach den Angaben des Zuwendenden aus dem Betriebsvermögen. **Die Zuwendung wurde nach dem Wert der Entnahme (ggf. mit dem niedrigeren gemeinen Wert) und nach der Umsatzsteuer, die auf die Entnahme entfällt, bewertet.**
☐ Die Sachzuwendung stammt nach den Angaben des Zuwendenden aus dem Privatvermögen.
☐ Der Zuwendende hat trotz Aufforderung keine Angaben zur Herkunft der Sachzuwendung gemacht.
☐ Geeignete Unterlagen, die zur Wertermittlung gedient haben, z. B. Rechnung, Gutachten, liegen vor.

Es wird bestätigt, dass die Zuwendung nur zur Förderung (Angabe des begünstigten Zwecks/der begünstigten Zwecke) verwendet wird.

☐ Die Zuwendung erfolgte **in das zu erhaltende Vermögen (Vermögensstock)**.
☐ Es handelt sich **nicht** um Zuwendungen **in das verbrauchbare Vermögen** einer Stiftung.

Die Zuwendung wird
☐ von uns unmittelbar für den angegebenen Zweck verwendet.
☐ entsprechend den Angaben des Zuwendenden an .... weitergeleitet, die/der vom Finanzamt .... StNr. .... mit Freistellungsbescheid bzw. nach der Anlage zum Körperschaftsteuerbescheid vom .... von der Körperschaft- und Gewerbesteuer befreit ist.
☐ entsprechend den Angaben des Zuwendenden an .... weitergeleitet, der/dem das Finanzamt .... StNr. .... mit Feststellungsbescheid vom .... die Einhaltung der satzungsmäßigen Voraussetzungen nach § 60a AO festgestellt hat.

(Ort, Datum und Unterschrift des Zuwendungsempfängers)

Hinweis:
Wer vorsätzlich oder grob fahrlässig eine unrichtige Zuwendungsbestätigung erstellt oder veranlasst, dass Zuwendungen nicht zu den in der Zuwendungsbestätigung angegebenen steuerbegünstigten Zwecken verwendet werden, haftet für die entgangene Steuer (§ 10b Abs. 4 EStG, § 9 Abs. 3 KStG, § 9 Nr. 5 GewStG).

Nur in Fällen der Weiterleitung an steuerbegünstigte Körperschaften im Sinne von § 5 Abs. 1 Nr. 9 KStG:
Diese Bestätigung wird nicht als Nachweis für die steuerliche Berücksichtigung der Zuwendung anerkannt, wenn das Datum des Freistellungsbescheides länger als 5 Jahre bzw. **das Datum der Feststellung der Einhaltung der satzungsmäßigen Voraussetzungen nach § 60a Abs. 1 AO länger als 3 Jahre** seit Ausstellung des Bescheides zurückliegt (§ 63 Abs. 5 AO).

Anlage 14

II. Spendenabzug

Anlage 11

| Aussteller (Bezeichnung und Anschrift der inländischen Stiftung des privaten Rechts) |

Bestätigung über Geldzuwendungen
im Sinne des § 10b des Einkommensteuergesetzes an inländische Stiftungen des privaten Rechts

| Name und Anschrift des Zuwendenden: |

| Betrag der Zuwendung – in Ziffern – | – in Buchstaben – | Tag der Zuwendung: |

Es handelt sich um den Verzicht auf Erstattung von Aufwendungen   Ja ☐   Nein ☐

☐ Wir sind wegen Förderung (Angabe des begünstigten Zwecks/der begünstigten Zwecke) ....
nach dem Freistellungsbescheid bzw. nach der Anlage zum Körperschaftsteuerbescheid des Finanzamtes ...., StNr. ...., vom .... **für den letzten Veranlagungszeitraum** .... nach § 5 Abs. 1 Nr. 9 des Körperschaftsteuergesetzes von der Körperschaftsteuer und nach § 3 Nr. 6 des Gewerbesteuergesetzes von der Gewerbesteuer befreit.

☐ **Die Einhaltung der satzungsmäßigen Voraussetzungen nach den §§ 51, 59, 60 und 61 AO wurde vom Finanzamt** ...., StNr. .... mit Bescheid vom .... nach § 60a AO gesondert festgestellt. Wir fördern nach unserer Satzung (Angabe des begünstigten Zwecks/der begünstigten Zwecke) ....

| Es wird bestätigt, dass die Zuwendung nur zur Förderung (Angabe des begünstigten Zwecks/der begünstigten Zwecke) verwendet wird. |

☐ Die Zuwendung erfolgte **in das zu erhaltende Vermögen (Vermögensstock).**
☐ Es handelt sich **nicht** um Zuwendungen **in das verbrauchbare Vermögen** einer Stiftung.

| (Ort, Datum und Unterschrift des Zuwendungsempfängers) |

Hinweis:
Wer vorsätzlich oder grob fahrlässig eine unrichtige Zuwendungsbestätigung erstellt oder veranlasst, dass Zuwendungen nicht zu den in der Zuwendungsbestätigung angegebenen steuerbegünstigten Zwecken verwendet werden, haftet für die entgangene Steuer (§ 10b Abs. 4 EStG, § 9 Abs. 3 KStG, § 9 Nr. 5 GewStG).

Diese Bestätigung wird nicht als Nachweis für die steuerliche Berücksichtigung der Zuwendung anerkannt, wenn das Datum des Freistellungsbescheides länger als 5 Jahre bzw. **das Datum der Feststellung der Einhaltung der satzungsmäßigen Voraussetzungen nach § 60a Abs. 1 AO länger als 3 Jahre seit Ausstellung des Bescheides zurückliegt** (§ 63 Abs. 5 AO).

Anlage 14
Spendenabzug   II.

Anlage 12

Aussteller (Bezeichnung und Anschrift der inländischen Stiftung des privaten Rechts)

Bestätigung über Sachzuwendungen
im Sinne des § 10b des Einkommensteuergesetzes an inländische Stiftungen des privaten Rechts

Name und Anschrift des Zuwendenden:

Wert der Zuwendung – in Ziffern –	– in Buchstaben –	Tag der Zuwendung:

Genaue Bezeichnung der Sachzuwendung mit Alter, Zustand, Kaufpreis usw.

☐ Die Sachzuwendung stammt nach den Angaben des Zuwendenden aus dem Betriebsvermögen. **Die Zuwendung wurde nach dem Wert der Entnahme (ggf. mit dem niedrigeren gemeinen Wert) und nach der Umsatzsteuer, die auf die Entnahme entfällt, bewertet.**
☐ Die Sachzuwendung stammt nach den Angaben des Zuwendenden aus dem Privatvermögen.
☐ Der Zuwendende hat trotz Aufforderung keine Angaben zur Herkunft der Sachzuwendung gemacht.
☐ Geeignete Unterlagen, die zur Wertermittlung gedient haben, z. B. Rechnung, Gutachten, liegen vor.

☐ Wir sind wegen Förderung (Angabe des begünstigten Zwecks/der begünstigten Zwecke) ……………. **nach dem** Freistellungsbescheid bzw. nach der Anlage zum Körperschaftsteuerbescheid des Finanzamtes …………….……. StNr. …………….………….. , vom …………..……. **für den letzten Veranlagungszeitraum** …………..…… nach § 5 Abs. 1 Nr. 9 des Körperschaftsteuergesetzes von der Körperschaftsteuer und nach § 3 Nr. 6 des Gewerbesteuergesetzes von der Gewerbesteuer befreit.
☐ **Die Einhaltung der satzungsmäßigen Voraussetzungen nach den §§ 51, 59, 60 und 61 AO wurde vom Finanzamt** …………….………. **, StNr.** …………….………. **mit Bescheid vom** ……………..…. **nach § 60a AO gesondert festgestellt.** Wir fördern nach unserer Satzung (Angabe des begünstigten Zwecks/der begünstigten Zwecke) …………….… .

Es wird bestätigt, dass die Zuwendung nur zur Förderung (Angabe des begünstigten Zwecks/der begünstigten Zwecke) verwendet wird.

☐ Die Zuwendung erfolgte **in das zu erhaltende Vermögen (Vermögensstock).**
☐ Es handelt sich **nicht** um Zuwendungen **in das verbrauchbare Vermögen** einer Stiftung.

_____
(Ort, Datum und Unterschrift des Zuwendungsempfängers)

Hinweis:
Wer vorsätzlich oder grob fahrlässig eine unrichtige Zuwendungsbestätigung erstellt oder veranlasst, dass Zuwendungen nicht zu den in der Zuwendungsbestätigung angegebenen steuerbegünstigten Zwecken verwendet werden, haftet für die entgangene Steuer (§ 10b Abs. 4 EStG, § 9 Abs. 3 KStG, § 9 Nr. 5 GewStG).

Diese Bestätigung wird nicht als Nachweis für die steuerliche Berücksichtigung der Zuwendung anerkannt, wenn das Datum des Freistellungsbescheides länger als 5 Jahre bzw. **das Datum der Feststellung der Einhaltung der satzungsmäßigen Voraussetzungen nach § 60a Abs. 1 AO länger als 3 Jahre seit Ausstellung des Bescheides zurückliegt (§ 63 Abs. 5 AO).**

Anlage 14
II. Spendenabzug

Anlage 13

Aussteller (Bezeichnung und Anschrift der inländischen juristischen Person des öffentlichen Rechts oder der inländischen öffentlichen Dienststelle)

Sammelbestätigung über Geldzuwendungen
im Sinne des § 10b des Einkommensteuergesetzes an inländische juristische Personen des öffentlichen Rechts oder inländische öffentliche Dienststellen

Name und Anschrift des Zuwendenden:

Gesamtbetrag der Zuwendung – in Ziffern –	– in Buchstaben –	Zeitraum der Sammelbestätigung:

Es wird bestätigt, dass die Zuwendung nur zur Förderung (Angabe des begünstigten Zwecks/der begünstigten Zwecke) verwendet wird.

Die Zuwendung wird

☐ von uns unmittelbar für den angegebenen Zweck verwendet.
☐ entsprechend den Angaben des Zuwendenden an .... weitergeleitet, die/der vom Finanzamt .... StNr. .... mit Freistellungsbescheid bzw. nach der Anlage zum Körperschaftsteuerbescheid vom .... von der Körperschaftsteuer und Gewerbesteuer befreit ist.
☐ entsprechend den Angaben des Zuwendenden an .... weitergeleitet, der/dem das Finanzamt .... StNr. .... mit Feststellungsbescheid vom .... die Einhaltung der satzungsmäßigen Voraussetzungen nach § 60a AO festgestellt hat.

Es wird bestätigt, dass über die in der Gesamtsumme enthaltenen Zuwendungen keine weiteren Bestätigungen, weder formelle Zuwendungsbestätigungen noch Beitragsquittungen oder Ähnliches ausgestellt wurden und werden.

Ob es sich um den Verzicht auf Erstattung von Aufwendungen handelt, ist der Anlage zur Sammelbestätigung zu entnehmen.

_____
(Ort, Datum und Unterschrift des Zuwendungsempfängers)

Hinweis:
Wer vorsätzlich oder grob fahrlässig eine unrichtige Zuwendungsbestätigung erstellt oder veranlasst, dass Zuwendungen nicht zu den in der Zuwendungsbestätigung angegebenen steuerbegünstigten Zwecken verwendet werden, haftet für die entgangene Steuer (§ 10b Abs. 4 EStG, § 9 Abs. 3 KStG, § 9 Nr. 5 GewStG).

Nur in den Fällen der Weiterleitung an steuerbegünstigte Körperschaften im Sinne von § 5 Abs. 1 Nr. 9 KStG:
Diese Bestätigung wird nicht als Nachweis für die steuerliche Berücksichtigung der Zuwendung anerkannt, wenn das Datum des Freistellungsbescheides länger als 5 Jahre bzw. **das Datum der Feststellung der Einhaltung der satzungsmäßigen Voraussetzungen nach § 60a Abs. 1 AO länger als 3 Jahre seit Ausstellung des Bescheides zurückliegt (§ 63 Abs. 5 AO).**

Anlage 14
Spendenabzug II.

Anlage zur Sammelbestätigung

Datum der Zuwendung	Verzicht auf die Erstattung von Aufwendungen (ja/nein)	Betrag

Gesamtsumme   _____ €

Anlage 14

II. Spendenabzug

Anlage 14

Aussteller (Bezeichnung und Anschrift der steuerbegünstigten Einrichtung)

Sammelbestätigung über Geldzuwendungen/Mitgliedsbeiträge
im Sinne des § 10b des Einkommensteuergesetzes an eine der in § 5 Abs. 1 Nr. 9 des Körperschaftsteuergesetzes bezeichneten Körperschaften, Personenvereinigungen oder Vermögensmassen

Name und Anschrift des Zuwendenden:

Gesamtbetrag der Zuwendung – in Ziffern –	– in Buchstaben –	Zeitraum der Sammelbestätigung:

☐ Wir sind wegen Förderung (Angabe des begünstigten Zwecks/der begünstigten Zwecke) ....
nach dem Freistellungsbescheid bzw. nach der Anlage zum Körperschaftsteuerbescheid des Finanzamtes .... StNr. ...., vom .... **für den letzten Veranlagungszeitraum** .... nach § 5 Abs. 1 Nr. 9 des Körperschaftsteuergesetzes von der Körperschaftsteuer und nach § 3 Nr. 6 des Gewerbesteuergesetzes von der Gewerbesteuer befreit.

☐ **Die Einhaltung der satzungsmäßigen Voraussetzungen nach den §§ 51, 59, 60 und 61 AO wurde vom Finanzamt** ...., StNr. .... **mit Bescheid vom** .... **nach § 60a AO gesondert festgestellt.** Wir fördern nach unserer Satzung (Angabe des begünstigten Zwecks/der begünstigten Zwecke) ....

Es wird bestätigt, dass die Zuwendung nur zur Förderung (Angabe des begünstigten Zwecks/der begünstigten Zwecke)

verwendet wird.
Nur für steuerbegünstigte Einrichtungen, bei denen die Mitgliedsbeiträge steuerlich nicht abziehbar sind:
☐ Es wird bestätigt, dass es sich nicht um einen Mitgliedsbeitrag handelt, dessen Abzug nach § 10b Abs. 1 des Einkommensteuergesetzes ausgeschlossen ist.

Es wird bestätigt, dass über die in der Gesamtsumme enthaltenen Zuwendungen keine weiteren Bestätigungen, weder formelle Zuwendungsbestätigungen noch Beitragsquittungen oder Ähnliches ausgestellt wurden und werden.

Ob es sich um den Verzicht auf Erstattung von Aufwendungen handelt, ist der Anlage zur Sammelbestätigung zu entnehmen.

(Ort, Datum und Unterschrift des Zuwendungsempfängers)

Hinweis:
Wer vorsätzlich oder grob fahrlässig eine unrichtige Zuwendungsbestätigung erstellt oder veranlasst, dass Zuwendungen nicht zu den in der Zuwendungsbestätigung angegebenen steuerbegünstigten Zwecken verwendet werden, haftet für die entgangene Steuer (§ 10b Abs. 4 EStG, § 9 Abs. 3 KStG, § 9 Nr. 5 GewStG).

Diese Bestätigung wird nicht als Nachweis für die steuerliche Berücksichtigung der Zuwendung anerkannt, wenn das Datum des Freistellungsbescheides länger als 5 Jahre bzw. **das Datum der Feststellung der Einhaltung der satzungsmäßigen Voraussetzungen nach § 60a Abs. 1 AO länger als 3 Jahre seit Ausstellung des Bescheides zurückliegt (§ 63 Abs. 5 AO).**

Anlage 14
Spendenabzug II.

Anlage zur Sammelbestätigung

Datum der Zuwendung	Art der Zuwendung (**Geldzuwendung/ Mitgliedsbeitrag**)	Verzicht auf die Erstattung von Aufwendungen (ja/nein)	Betrag

Gesamtsumme _____ €

Anlage 14

II. Spendenabzug

Anlage 15

Bezeichnung und Anschrift der Partei

Sammelbestätigung über Geldzuwendungen/Mitgliedsbeiträge
im Sinne des § 34g, § 10b des Einkommensteuergesetzes an politische Parteien im Sinne des Parteiengesetzes

Name und Anschrift des Zuwendenden:

Gesamtbetrag der Zuwendung – in Ziffern –	– in Buchstaben –	Zeitraum der Sammelbestätigung:

Es wird bestätigt, dass diese Zuwendung ausschließlich für die satzungsgemäßen Zwecke verwendet wird.

Es wird bestätigt, dass über die in der Gesamtsumme enthaltenen Zuwendungen keine weiteren Bestätigungen, weder formelle Zuwendungsbestätigungen noch Beitragsquittungen oder Ähnliches ausgestellt wurden und werden.

Ob es sich um den Verzicht auf Erstattung von Aufwendungen handelt, ist der Anlage zur Sammelbestätigung zu entnehmen.

(Ort, Datum, Unterschrift(en) und Funktion(en))

Hinweis:
Wer vorsätzlich oder grob fahrlässig eine unrichtige Zuwendungsbestätigung erstellt oder veranlasst, dass Zuwendungen nicht zu den in der Zuwendungsbestätigung angegebenen steuerbegünstigten Zwecken verwendet werden, haftet für die entgangene Steuer (§ 34g Satz 3, § 10b Abs. 4 EStG).

Anlage 14
II.

Spendenabzug

Anlage zur Sammelbestätigung

Datum der Zuwendung	Art der Zuwendung (**Geldzuwendung/ Mitgliedsbeitrag**)	Verzicht auf die Erstattung von Aufwendungen (ja/nein)	Betrag

Gesamtsumme _____€

Anlage 14

II. Spendenabzug

Anlage 16

Bezeichnung und Anschrift der unabhängigen Wählervereinigung

Sammelbestätigung über Geldzuwendungen/Mitgliedsbeiträge
im Sinne des § 34g des Einkommensteuergesetzes an unabhängige Wählervereinigungen

Name und Anschrift des Zuwendenden:

Gesamtbetrag der Zuwendung – in Ziffern –	– in Buchstaben –	Zeitraum der Sammelbestätigung:

Wir sind ein ☐ rechtsfähiger ☐ nichtrechtsfähiger Verein ohne Parteicharakter

Der Zweck unseres Vereins ist ausschließlich darauf gerichtet, durch Teilnahme mit eigenen Wahlvorschlägen bei der politischen Willensbildung mitzuwirken, und zwar an Wahlen auf

☐ Bundesebene ☐ Landesebene ☐ Kommunalebene

Wir bestätigen, dass wir die Zuwendung nur für diesen Zweck verwenden werden.

☐ Wir sind mit mindestens einem Mandat im (Parlament/Rat) vertreten.

☐ Wir haben der Wahlbehörde/dem Wahlorgan der .... am .... angezeigt, dass wir uns an der .... (folgenden Wahl) .... am .... mit eigenen Wahlvorschlägen beteiligen werden.

☐ An der letzten .... (Wahl) .... am .... haben wir uns mit eigenen Wahlvorschlägen beteiligt.

☐ An der letzten oder einer früheren Wahl haben wir uns nicht mit eigenen Wahlvorschlägen beteiligt und eine Beteiligung der zuständigen Wahlbehörde/dem zuständigen Wahlorgan auch nicht angezeigt.

☐ Wir sind beim Finanzamt .... StNr. .... erfasst.

☐ Wir sind steuerlich nicht erfasst.

Es wird bestätigt, dass über die in der Gesamtsumme enthaltenen Zuwendungen keine weiteren Bestätigungen, weder formelle Zuwendungsbestätigungen noch Beitragsquittungen oder Ähnliches ausgestellt wurden und werden.

Ob es sich um den Verzicht auf Erstattung von Aufwendungen handelt, ist der Anlage zur Sammelbestätigung zu entnehmen.

_____

(Ort, Datum, Unterschrift(en) und Funktion(en))

Hinweis:
Wer vorsätzlich oder grob fahrlässig eine unrichtige Zuwendungsbestätigung erstellt oder veranlasst, dass Zuwendungen nicht zu den in der Zuwendungsbestätigung angegebenen steuerbegünstigten Zwecken verwendet werden, haftet für die entgangene Steuer (§ 34g Satz 3, § 10b Abs. 4 EStG).

Anlage 14
Spendenabzug
II.

Anlage zur Sammelbestätigung

Datum der Zuwendung	Art der Zuwendung (**Geldzuwendung/ Mitgliedsbeitrag**)	Verzicht auf die Erstattung von Aufwendungen (ja/nein)	Betrag

Gesamtsumme _____ €

Anlage 14

II. Spendenabzug

Anlage 17

Aussteller (Bezeichnung und Anschrift der inländischen Stiftung des öffentlichen Rechts)

Sammelbestätigung über Geldzuwendungen
im Sinne des § 10b des Einkommensteuergesetzes an inländische Stiftungen des öffentlichen Rechts

Name und Anschrift des Zuwendenden:

Gesamtbetrag der Zuwendung – in Ziffern –	– in Buchstaben –	Zeitraum der Sammelbestätigung:

Es wird bestätigt, dass die Zuwendung nur zur Förderung (Angabe des begünstigten Zwecks/der begünstigten Zwecke) verwendet wird.

☐ Es handelt sich **nicht** um Zuwendungen **in das verbrauchbare Vermögen** einer Stiftung.

Die Zuwendung wird

☐ von uns unmittelbar für den angegebenen Zweck verwendet.
☐ entsprechend den Angaben des Zuwendenden an .... weitergeleitet, die/der vom Finanzamt .... StNr. .... mit Freistellungsbescheid bzw. nach der Anlage zum Körperschaftsteuerbescheid vom .... von der Körperschaft- und Gewerbesteuer befreit ist.
☐ entsprechend den Angaben des Zuwendenden an .... **weitergeleitet, der/dem das Finanzamt** .... **StNr.** .... **mit Feststellungsbescheid vom** .... **die Einhaltung der satzungsmäßigen Voraussetzungen nach § 60a AO festgestellt hat.**

Es wird bestätigt, dass über die in der Gesamtsumme enthaltenen Zuwendungen keine weiteren Bestätigungen, weder formelle Zuwendungsbestätigungen noch Beitragsquittungen oder Ähnliches ausgestellt wurden und werden.

Ob es sich um den Verzicht auf Erstattung von Aufwendungen handelt, ist der Anlage zur Sammelbestätigung zu entnehmen.

Ob die Zuwendung in das zu erhaltende Vermögen (Vermögensstock) erfolgt ist, ist der Anlage zur Sammelbestätigung zu entnehmen.

_____

(Ort, Datum und Unterschrift des Zuwendungsempfängers)

Hinweis:
Wer vorsätzlich oder grob fahrlässig eine unrichtige Zuwendungsbestätigung erstellt oder veranlasst, dass Zuwendungen nicht zu den in der Zuwendungsbestätigung angegebenen steuerbegünstigten Zwecken verwendet werden, haftet für die entgangene Steuer (§ 10b Abs. 4 EStG, § 9 Abs. 3 KStG, § 9 Nr. 5 GewStG).

Nur in den Fällen der Weiterleitung an steuerbegünstigte Körperschaften im Sinne von § 5 Abs. 1 Nr. 9 KStG:
Diese Bestätigung wird nicht als Nachweis für die steuerliche Berücksichtigung der Zuwendung anerkannt, wenn das Datum des Freistellungsbescheides länger als 5 Jahre bzw. **das Datum der Feststellung der Einhaltung der satzungsmäßigen Voraussetzungen nach § 60a Abs. 1 AO länger als 3 Jahre seit Ausstellung des Bescheides zurückliegt (§ 63 Abs. 5 AO).**

Anlage 14
Spendenabzug   II.

Anlage zur Sammelbestätigung

Datum der Zuwendung	Zuwendung erfolgte in das zu erhaltende Vermögen (Vermögensstock) (ja/nein)	Verzicht auf die Erstattung von Aufwendungen (ja/nein)	Betrag

Gesamtsumme _____ €

Anlage 14

II. Spendenabzug

Anlage 18

Aussteller (Bezeichnung und Anschrift der steuerbegünstigten Einrichtung)

Sammelbestätigung über Geldzuwendungen
im Sinne des § 10b des Einkommensteuergesetzes an inländische Stiftungen des privaten Rechts

Name und Anschrift des Zuwendenden:

Gesamtbetrag der Zuwendung – in Ziffern –	– in Buchstaben –	Zeitraum der Sammelbestätigung:

☐ Wir sind wegen Förderung (Angabe des begünstigten Zwecks/der begünstigten Zwecke) ....
nach dem Freistellungsbescheid bzw. nach der Anlage zum Körperschaftsteuerbescheid des Finanzamtes .... StNr. .... , vom .... **für den letzten Veranlagungszeitraum** .... nach § 5 Abs. 1 Nr. 9 des Körperschaftsteuergesetzes von der Körperschaftsteuer und nach § 3 Nr. 6 des Gewerbesteuergesetzes von der Gewerbesteuer befreit.

☐ **Die Einhaltung der satzungsmäßigen Voraussetzungen nach den §§ 51, 59, 60 und 61 AO wurde vom Finanzamt** .... , **StNr.** .... **mit Bescheid vom** .... **nach § 60a AO gesondert festgestellt. Wir fördern nach unserer Satzung (Angabe des begünstigten Zwecks/der begünstigten Zwecke)** ....

Es wird bestätigt, dass die Zuwendung nur zur Förderung (Angabe des begünstigten Zwecks/der begünstigten Zwecke) verwendet wird.

☐ Es handelt sich **nicht** um Zuwendungen in das verbrauchbare Vermögen einer Stiftung.

Es wird bestätigt, dass über die in der Gesamtsumme enthaltenen Zuwendungen keine weiteren Bestätigungen, weder formelle Zuwendungsbestätigungen noch Beitragsquittungen oder Ähnliches ausgestellt wurden und werden.

Ob es sich um den Verzicht auf Erstattung von Aufwendungen handelt, ist der Anlage zur Sammelbestätigung zu entnehmen.

Ob die Zuwendung in das zu erhaltende Vermögen (Vermögensstock) erfolgt ist, ist der Anlage zur Sammelbestätigung zu entnehmen.

_____

(Ort, Datum und Unterschrift des Zuwendungsempfängers)

Hinweis:
Wer vorsätzlich oder grob fahrlässig eine unrichtige Zuwendungsbestätigung erstellt oder veranlasst, dass Zuwendungen nicht zu den in der Zuwendungsbestätigung angegebenen steuerbegünstigten Zwecken verwendet werden, haftet für die entgangene Steuer (§ 10b Abs. 4 EStG, § 9 Abs. 3 KStG, § 9 Nr. 5 GewStG).

Diese Bestätigung wird nicht als Nachweis für die steuerliche Berücksichtigung der Zuwendung anerkannt, wenn das Datum des Freistellungsbescheides länger als 5 Jahre bzw. **das Datum der Feststellung der Einhaltung der satzungsmäßigen Voraussetzungen nach § 60a Abs. 1 AO länger als 3 Jahre seit Ausstellung des Bescheides zurückliegt (§ 63 Abs. 5 AO).**

Anlage 14
II.

Spendenabzug

Anlage zur Sammelbestätigung

Datum der Zuwendung	Zuwendung erfolgte in das zu erhaltende Vermögen (Vermögensstock) (ja/nein)	Verzicht auf die Erstattung von Aufwendungen (ja/nein)	Betrag

Gesamtsumme _____ €

Anlage 15

Sponsoring

Ertragsteuerliche Behandlung des Sponsoring

(BMF-Schreiben vom 18. Februar 1998 - $\frac{\text{IV B 2 - S 2144 - 40/98}}{\text{IV B 7 - S 0183 - 62/98}}$ - (BStBl I S. 212)

Für die ertragsteuerliche Behandlung des Sponsoring gelten – unabhängig von dem gesponserten Bereich (z. B. Sport-, Kultur-, Sozio-, Öko- und Wissenschaftssponsoring) – im Einvernehmen mit den obersten Finanzbehörden der Länder folgende Grundsätze:

I. Begriff des Sponsoring

1 Unter Sponsoring wird üblicherweise die Gewährung von Geld oder geldwerten Vorteilen durch Unternehmen zur Förderung von Personen, Gruppen und/oder Organisationen in sportlichen, kulturellen, kirchlichen, wissenschaftlichen, sozialen, ökologischen oder ähnlich bedeutsamen gesellschaftspolitischen Bereichen verstanden, mit der regelmäßig auch eigene unternehmensbezogene Ziele der Werbung oder Öffentlichkeitsarbeit verfolgt werden. Leistungen eines Sponsors beruhen häufig auf einer vertraglichen Vereinbarung zwischen dem Sponsor und dem Empfänger der Leistungen (Sponsoring-Vertrag), in dem Art und Umfang der Leistungen des Sponsors und des Empfängers geregelt sind.

II. Steuerliche Behandlung beim Sponsor

2 Die im Zusammenhang mit dem Sponsoring gemachten Aufwendungen können
- Betriebsausgaben i. S. des § 4 Abs. 4 EStG,
- Spenden, die unter den Voraussetzungen der §§ 10b EStG, 9 Abs. 1 Nr. 2 KStG, 9 Nr. 5 GewStG abgezogen werden dürfen, oder
- steuerlich nicht abziehbare Kosten der Lebensführung (§ 12 Nr. 1 EStG), bei Kapitalgesellschaften verdeckte Gewinnausschüttungen (§ 8 Abs. 3 Satz 2 KStG) sein.

1. Berücksichtigung als Betriebsausgaben

3 Aufwendungen des Sponsors sind Betriebsausgaben, wenn der Sponsor wirtschaftliche Vorteile, die insbesondere in der Sicherung oder Erhöhung seines unternehmerischen Ansehens liegen können (vgl. BFH vom 3. Februar 1993, BStBl II S. 441, 445), für sein Unternehmen erstrebt oder für Produkte seines Unternehmens werben will. Das ist insbesondere der Fall, wenn der Empfänger der Leistungen auf Plakaten, Veranstaltungshinweisen, in Ausstellungskatalogen, auf den von ihm benutzten Fahrzeugen oder anderen Gegenständen auf das Unternehmen oder auf die Produkte des Sponsors werbewirksam hinweist. Die Berichterstattung in Zeitungen, Rundfunk oder Fernsehen kann einen wirtschaftlichen Vorteil, den der Sponsor für sich anstrebt, begründen, insbesondere wenn sie in seine Öffentlichkeitsarbeit eingebunden ist oder der Sponsor an Pressekonferenzen oder anderen öffentlichen Veranstaltungen des Empfängers mitwirken und eigene Erklärungen über sein Unternehmen oder seine Produkte abgeben kann.

4 Wirtschaftliche Vorteile für das Unternehmen des Sponsors können auch dadurch erreicht werden, daß der Sponsor durch Verwendung des Namens, von Emblemen oder Logos des Empfängers oder in anderer Weise öffentlichkeitswirksam auf seine Leistungen aufmerksam macht.

5 Für die Berücksichtigung der Aufwendungen als Betriebsausgaben kommt es nicht darauf an, ob die Leistungen notwendig, üblich oder zweckmäßig sind; die Aufwendungen dürfen auch dann als Betriebsausgaben abgezogen werden, wenn die Geld- oder Sachleistungen des Sponsors und die erstrebten Werbeziele für das Unternehmen nicht gleichwertig sind. Bei einem krassen Mißverhältnis zwischen den Leistungen des Sponsors und dem erstrebten wirtschaftlichen Vorteil ist der Betriebsausgabenabzug allerdings zu versagen (§ 4 Abs. 5 Satz 1 Nr. 7 EStG).

Leistungen des Sponsors im Rahmen des Sponsoring-Vertrags, die die Voraussetzungen der RdNrn. 3, 4 und 5 für den Betriebsausgabenabzug erfüllen, sind keine Geschenke i. S. des § 4 Abs. 5 Satz 1 Nr. 1 EStG.

2. Berücksichtigung als Spende

Zuwendungen des Sponsors, die keine Betriebsausgaben sind, sind als Spenden (§ 10 b EStG) zu behandeln, wenn sie zur Förderung steuerbegünstigter Zwecke freiwillig oder aufgrund einer freiwillig eingegangenen Rechtspflicht erbracht werden, kein Entgelt für eine bestimmte Leistung des Empfängers sind und nicht in einem tatsächlichen wirtschaftlichen Zusammenhang mit dessen Leistungen stehen (BFH vom 25. November 1987, BStBl II 1988 S. 220; vom 12. September 1990, BStBl II 1991 S. 258).

3. Nichtabziehbare Kosten der privaten Lebensführung oder verdeckte Gewinnausschüttungen

Als Sponsoringaufwendungen bezeichnete Aufwendungen, die keine Betriebsausgaben und keine Spenden sind, sind nicht abziehbare Kosten der privaten Lebensführung (§ 12 Nr. 1 Satz 2 EStG). Bei entsprechenden Zuwendungen einer Kapitalgesellschaft können verdeckte Gewinnausschüttungen vorliegen, wenn der Gesellschafter durch die Zuwendungen begünstigt wird, z. B. eigene Aufwendungen als Mäzen erspart (vgl. Abschnitt 31 Abs. 2 Satz 4 KStR 1995[1]).

III. Steuerliche Behandlung bei steuerbegünstigten Empfängern

Die im Zusammenhang mit dem Sponsoring erhaltenen Leistungen können, wenn der Empfänger eine steuerbegünstigte Körperschaft ist, steuerfreie Einnahmen im ideellen Bereich, steuerfreie Einnahmen aus der Vermögensverwaltung oder steuerpflichtige Einnahmen eines wirtschaftlichen Geschäftsbetriebs sein. Die steuerliche Behandlung der Leistungen beim Empfänger hängt grundsätzlich nicht davon ab, wie die entsprechenden Aufwendungen beim leistenden Unternehmen behandelt werden.

Für die Abgrenzung gelten die allgemeinen Grundsätze (vgl. insbesondere Anwendungserlaß zur Abgabenordnung, zu § 67a, Tz.I/9). Danach liegt kein wirtschaftlicher Geschäftsbetrieb vor, wenn die steuerbegünstigte Körperschaft dem Sponsor nur die Nutzung ihres Namens zu Werbezwecken in der Weise gestattet, daß der Sponsor selbst zu Werbezwecken oder zur Imagepflege auf seine Leistungen an die Körperschaft hinweist. Ein wirtschaftlicher Geschäftsbetrieb liegt auch dann nicht vor, wenn der Empfänger der Leistungen z. B. auf Plakaten, Veranstaltungshinweisen, in Ausstellungskatalogen oder in anderer Weise auf die Unterstützung durch einen Sponsor lediglich hinweist. Dieser Hinweis kann unter Verwendung des Namens, Emblems oder Logos des Sponsors, jedoch ohne besondere Hervorhebung, erfolgen. Ein wirtschaftlicher Geschäftsbetrieb liegt dagegen vor, wenn die Körperschaft an den Werbemaßnahmen mitwirkt. Der wirtschaftliche Geschäftsbetrieb kann kein Zweckbetrieb (§§ 65 bis 68 AO) sein.

Dieses Schreiben ersetzt das BMF-Schreiben vom 9. Juli 1997 (BStBl I S. 726).

---

[1] Jetzt >R 8.5 KStR 2015

Anlage 16

Umwandlung

Anwendung des Umwandlungssteuergesetzes i. d. F. des Gesetzes über steuerliche Begleitmaßnahmen zur Einführung der Europäischen Gesellschaft und zur Änderung weiterer steuerrechtlicher Vorschriften (SEStEG)
(BMF-Schreiben vom 11. November 2011
- IV C 2 - S 1978-b/08/10001 - 2011/0903665 - BStBl I S. 1314)

Inhaltsverzeichnis

	Randnr.
Erstes Kapitel: Anwendungsbereich des UmwStG 2006	
A. Verhältnis des UmwStG 2006 zum UmwStG 1995	00.01
B. Ertragsteuerliche Beurteilung von Umwandlungen und Einbringungen	00.02 – 00.04
Zweites Kapitel: Steuerliche Folgen von Umwandlungen und Einbringungen nach dem UmwStG	
Erster Teil. Allgemeine Vorschriften	
A. Anwendungsbereich und Begriffsbestimmungen (§ 1 UmwStG)	01.01 – 01.02
I. Sachlicher Anwendungsbereich	
1. Zweiter bis Fünfter Teil (§ 1 Absatz 1 UmwStG)	
a) Umwandlungen nach dem UmwG (inländische Umwandlungen)	01.03 – 01.07
aa) Verschmelzung	01.08 – 01.10
bb) Formwechsel	01.11 – 01.12
cc) Spaltung	01.13 – 01.17
dd) Vermögensübertragung	01.18 – 01.19
b) Vergleichbare ausländische Vorgänge	01.20 – 01.22
aa) Zivilrechtliche Wirksamkeit nach ausländischem Recht	01.23
bb) Prüfung der Vergleichbarkeit	01.24 – 01.25
cc) Umwandlungsfähigkeit der beteiligten Rechtsträger	01.26 – 01.28
dd) Strukturmerkmale des Umwandlungsvorgangs	01.29
(1) Verschmelzung	01.30 – 01.32
(2) Aufspaltung	01.33 – 01.35
(3) Abspaltung	01.36 – 01.38
(4) Formwechsel	01.39
ee) Sonstige Vergleichskriterien	01.40 – 01.41
c) Umwandlungen nach der SE-VO bzw. der SCE-VO	01.42
2. Sechster bis Achter Teil (§ 1 Absatz 3 UmwStG)	01.43
a) Einbringung in eine Kapitalgesellschaft oder Genossenschaft gegen Gewährung von Gesellschaftsrechten (§ 20 UmwStG)	01.44 – 01.45
b) Austausch von Anteilen (§ 21 UmwStG)	01.46
c) Einbringung in eine Personengesellschaft (§ 24 UmwStG)	01.47 – 01.48
II. Persönlicher Anwendungsbereich	
1. Zweiter bis Fünfter Teil (§ 1 Absatz 2 UmwStG)	01.49 – 01.52
2. Sechster bis Achter Teil (§ 1 Absatz 4 UmwStG)	01.53 – 01.55
III. Begriffsbestimmungen	
1. Richtlinien und Verordnungen (§ 1 Absatz 5 Nummer 1 bis 3 UmwStG)	01.56
2. Buchwert (§ 1 Absatz 5 Nummer 4 UmwStG)	01.57
B. Steuerliche Rückwirkung (§ 2 UmwStG)	
I. Steuerlicher Übertragungsstichtag	02.01
1. Inländische Umwandlungen	
a) Verschmelzung, Aufspaltung, Abspaltung und Vermögensübertragung	02.02 – 02.04
b) Formwechsel	02.05 – 02.06
2. Vergleichbare ausländische Vorgänge	02.07 – 02.08
II. Steuerliche Rückwirkung	
1. Rückwirkungsfiktion	
a) Grundsatz	02.09 – 02.16
b) Keine Rückwirkungsfiktion für ausscheidende und abgefundene Anteilseigner	02.17 – 02.19

Anlage 16

Umwandlung

	Randnr.
2. Steuerliche Behandlung von im Rückwirkungszeitraum ausscheidenden und neu eintretenden Anteilseignern	
a) Vermögensübergang auf eine Personengesellschaft oder natürliche Person	02.20 – 02.22
b) Vermögensübergang auf eine Körperschaft	02.23 – 02.24
3. Steuerliche Behandlung von Gewinnausschüttungen	
a) Vermögensübergang auf eine Personengesellschaft oder natürliche Person	
aa) Ausschüttungen, die vor dem steuerlichen Übertragungsstichtag abgeflossen sind	02.25 – 02.26
bb) Ausschüttungen, die nach dem steuerlichen Übertragungsstichtag abgeflossen sind	
(1) Vor dem steuerlichen Übertragungsstichtag begründete Ausschüttungsverbindlichkeiten	02.27 – 02.30
(2) Nach dem steuerlichen Übertragungsstichtag beschlossene Gewinnausschüttungen sowie verdeckte Gewinnausschüttungen und andere Ausschüttungen im Rückwirkungszeitraum sowie offene Rücklagen i. S. d. § 7 UmwStG	02.31 – 02.33
b) Vermögensübergang auf eine Körperschaft	02.34 – 02.35
4. Sondervergütungen bei Umwandlung in eine Personengesellschaft	02.36
5. Aufsichtsratsvergütungen und sonstige Fälle des Steuerabzugs nach § 50a EStG	02.37
6. Vermeidung der Nichtbesteuerung (§ 2 Absatz 3 UmwStG)	02.38
7. Beschränkung der Verlustnutzung (§ 2 Absatz 4 UmwStG)	02.39 – 02.40
Zweiter Teil. Vermögensübergang bei Verschmelzung auf eine Personengesellschaft oder auf eine natürliche Person und Formwechsel einer Kapitalgesellschaft in eine Personengesellschaft	
A. Wertansätze in der steuerlichen Schlussbilanz der übertragenden Körperschaft (§ 3 UmwStG)	
I. Pflicht zur Abgabe einer steuerlichen Schlussbilanz	03.01 – 03.03
II. Ansatz und Bewertung der übergehenden Wirtschaftsgüter	
1. Ansatz der übergehenden Wirtschaftsgüter dem Grunde nach	03.04 – 03.06
2. Ansatz der übergehenden Wirtschaftsgüter der Höhe nach	
a) Ansatz der übergehenden Wirtschaftsgüter mit dem gemeinen Wert bzw. dem Teilwert nach § 6a EStG	03.07 – 03.09
b) Ansatz der übergehenden Wirtschaftsgüter mit dem Buchwert	03.10 – 03.13
aa) Übergang in Betriebsvermögen und Sicherstellung der Besteuerung mit Einkommen- oder Körperschaftsteuer (§ 3 Absatz 2 Satz 1 Nummer 1 UmwStG)	03.14 – 03.17
bb) Kein Ausschluss oder Beschränkung des deutschen Besteuerungsrechts (§ 3 Absatz 2 Satz 1 Nummer 2 UmwStG)	03.18 – 03.20
cc) Keine Gegenleistung oder Gegenleistung in Form von Gesellschaftsrechten (§ 3 Absatz 2 Satz 1 Nummer 3 UmwStG)	03.21 – 03.24
c) Ansatz der übergehenden Wirtschaftsgüter mit einem Zwischenwert	03.25 – 03.26
d) Ausübung des Wahlrechts auf Ansatz zum Buch- oder Zwischenwert	03.27 – 03.30
3. Fiktive Körperschaftsteueranrechnung nach § 3 Absatz 3 UmwStG	03.31 – 03.32
B. Auswirkungen auf den Gewinn des übernehmenden Rechtsträgers (§ 4 UmwStG)	
I. Wertverknüpfung	04.01 – 04.04
II. Erweiterte Wertaufholung – Beteiligungskorrekturgewinn	04.05 – 04.08
III. Eintritt in die steuerliche Rechtsstellung (§ 4 Absatz 2 UmwStG)	
1. Absetzungen für Abnutzung	04.09 – 04.11
2. Verlustabzug bei Auslandsbetriebsstätten	04.12
3. Besonderheiten bei Unterstützungskassen (§ 4 Absatz 2 Satz 4 UmwStG)	04.13
4. Sonstige Folgen der Rechtsnachfolge	04.14 – 04.17
IV. Übernahmeergebnis	
1. Zuordnung der Anteile zum Betriebsvermögen des übernehmenden Rechtsträgers	04.18
2. Personen- sowie ggf. anteilsbezogene Ermittlung	04.19 – 04.22
3. Ausländische Anteilseigner	04.23 – 04.24
4. Anteile, die nicht dem Betriebsvermögen des übernehmenden Rechtsträgers zuzurechnen sind	04.25
5. Entstehungszeitpunkt	04.26
6. Ermittlung des Übernahmeergebnisses	04.27
7. Wert, mit dem die übergegangenen Wirtschaftsgüter zu übernehmen sind	04.28

Anlage 16

Umwandlung

	Randnr.
8. Zuschlag für neutrales Vermögen (Auslandsvermögen)	04.29
9. Anteile an der übertragenden Körperschaft	
a) Zuordnung der Anteile	04.30
b) Folgen bei ausstehenden Einlagen	04.31
c) Steuerliche Behandlung eigener Anteile	04.32 – 04.33
10. Kosten des Vermögensübergangs	04.34 – 04.35
V. Fremdfinanzierte Anteile an der übertragenden Körperschaft	04.36
VI. Weitere Korrekturen gem. § 4 Absatz 5 UmwStG	
1. Sperrbetrag i. S. d. § 50c EStG	04.37
2. Abzug der Bezüge i. S. d. § 7 UmwStG vom Übernahmeergebnis 1. Stufe	04.38
VII. Ermittlung des Übernahmeergebnisses bei negativem Buchwert des Vermögens der übertragenden Körperschaft (überschuldete Gesellschaft)	04.39
VIII. Berücksichtigung eines Übernahmeverlusts (§ 4 Absatz 6 UmwStG)	04.40 – 04.43
IX. Besteuerung eines Übernahmegewinns (§ 4 Absatz 7 UmwStG)	04.44 – 04.45
C. Besteuerung der Anteilseigner der übertragenden Körperschaft (§ 5 UmwStG)	
I. Anschaffung und Barabfindung nach dem steuerlichen Übertragungsstichtag (§ 5 Absatz 1 UmwStG)	05.01 – 05.02
II. Anteilseignerwechsel im Rückwirkungszeitraum	05.03 – 05.04
III. Einlage- und Überführungsfiktion (§ 5 Absatz 2 und 3 UmwStG)	
1. Einlagefiktion nach § 5 Absatz 2 UmwStG	05.05 – 05.07
2. Überführungsfiktion nach § 5 Absatz 3 UmwStG	05.08 – 05.11
IV. Übergangsregelung für einbringungsgeborene Anteile nach § 27 Absatz 3 Nummer 1 UmwStG	05.12
D. Gewinnerhöhung durch Vereinigung von Forderungen und Verbindlichkeiten (§ 6 UmwStG)	
I. Entstehung des Übernahmefolgegewinns oder -verlust aus dem Vermögensübergang	06.01
II. Besteuerung des Übernahmefolgegewinns oder -verlusts	06.02
III. Umgekehrte Maßgeblichkeit	06.03
IV. Pensionsrückstellungen zugunsten eines Gesellschafters der übertragenden Kapitalgesellschaft	06.04 – 06.08
V. Missbrauchsklausel	06.09 – 06.12
E. Besteuerung offener Rücklagen (§ 7 UmwStG)	
I. Sachlicher und persönlicher Anwendungsbereich	07.01 – 07.02
II. Anteiliges Eigenkapital	07.03 – 07.04
III. Zurechnung der Einkünfte	07.05 – 07.06
IV. Besteuerung und Zufluss der Einkünfte	07.07
V. Kapitalertragsteuerabzug	07.08 – 07.09
F. Vermögensübergang auf einen Rechtsträger ohne Betriebsvermögen (§ 8 UmwStG)	08.01 – 08.04
G. Formwechsel in eine Personengesellschaft (§ 9 UmwStG)	09.01 – 09.02
H. Körperschaftsteuererhöhung (§ 10 UmwStG)	10.01 – 10.02
Dritter Teil. Verschmelzung oder Vermögensübertragung (Vollübertragung) auf eine andere Körperschaft	
A. Wertansätze in der steuerlichen Schlussbilanz der übertragenden Körperschaft (§ 11 UmwStG)	
I. Sachlicher Anwendungsbereich	11.01
II. Pflicht zur Abgabe einer steuerlichen Schlussbilanz	11.02
III. Ansatz und Bewertung der übergehenden Wirtschaftsgüter	
1. Ansatz der übergehenden Wirtschaftsgüter dem Grunde nach	11.03
2. Ansatz der übergehenden Wirtschaftsgüter der Höhe nach	
a) Ansatz der übergehenden Wirtschaftsgüter mit dem gemeinen Wert bzw. dem Teilwert nach § 6a EStG	11.04
b) Ansatz der übergehenden Wirtschaftsgüter mit dem Buchwert	11.05 – 11.06
aa) Sicherstellung der Besteuerung mit Körperschaftsteuer (§ 11 Absatz 2 Satz 1 Nummer 1 UmwStG)	11.07 – 11.08
bb) Kein Ausschluss und keine Einschränkung des deutschen Besteuerungsrechts (§ 11 Absatz 2 Satz 1 Nummer 2 UmwStG)	11.09

Anlage 16

Umwandlung

	Randnr.
cc) Keine Gegenleistung oder Gegenleistung in Form von Gesellschaftsrechten (§ 11 Absatz 2 Satz 1 Nummer 3 UmwStG)	11.10
c) Ansatz der übergehenden Wirtschaftsgüter mit dem Zwischenwert	11.11
d) Ausübung des Wahlrechts auf Ansatz zum Buch- oder Zwischenwert	11.12
3. Fiktive Körperschaftsteueranrechnung nach § 11 Absatz 3 i. V. m. § 3 Absatz 3 UmwStG	11.13
IV. Vermögensübertragung nach §§ 174 ff. UmwG gegen Gewährung einer Gegenleistung an die Anteilsinhaber des übertragenden Rechtsträgers	11.14 – 11.15
V. Landesrechtliche Vorschriften zur Vereinigung öffentlich-rechtlicher Kreditinstitute oder öffentlich-rechtlicher Versicherungsunternehmen	11.16
VI. Beteiligung der übertragenden Kapitalgesellschaft an der übernehmenden Kapitalgesellschaft (Abwärtsverschmelzung)	11.17 – 11.19
B. Auswirkungen auf den Gewinn der übernehmenden Körperschaft (§ 12 UmwStG)	
I. Wertverknüpfung	12.01 – 12.02
II. Erweiterte Wertaufholung – Beteiligungskorrekturgewinn	12.03
III. Eintritt in die steuerliche Rechtsstellung (§ 12 Absatz 3 UmwStG)	12.04
IV. Übernahmeergebnis	12.05 – 12.07
C. Besteuerung der Anteilseigner der übertragenden Körperschaft (§ 13 UmwStG)	
I. Anwendungsbereich	13.01 – 13.04
II. Veräußerungs- und Anschaffungsfiktion zum gemeinen Wert	13.05 – 13.06
III. Ansatz der Anteile mit dem Buchwert oder den Anschaffungskosten	13.07 – 13.11
IV. Gewährung von Mitgliedschaftsrechten	13.12
Vierter Teil. Auf-, Abspaltung und Vermögensübertragung (Teilübertragung)	
A. Auf-, Abspaltung und Teilübertragung auf andere Körperschaften (§ 15 UmwStG)	
I. Teilbetriebsvoraussetzung des § 15 Absatz 1 UmwStG	15.01
1. Begriff des Teilbetriebs	15.02 – 15.03
2. Mitunternehmeranteil	15.04
3. 100 % - Beteiligung an einer Kapitalgesellschaft	15.05 – 15.06
4. Übertragung eines Teilbetriebs	15.07 – 15.11
5. Fehlen der Teilbetriebsvoraussetzung	15.12 – 15.13
II. Steuerliche Schlussbilanz und Bewertungswahlrecht	15.14
III. Zur Anwendung des § 15 Absatz 2 UmwStG	15.15
1. Erwerb und Aufstockung i. S. d. § 15 Absatz 2 Satz 1 UmwStG	15.16 – 15.21
2. Veräußerung und Vorbereitung der Veräußerung (§ 15 Absatz 2 Satz 2 bis 4 UmwStG)	
a) Veräußerung i. S. d. § 15 Absatz 2 Satz 2 bis 4 UmwStG	15.22 – 15.26
b) Veräußerungssperre des § 15 Absatz 2 Satz 4 UmwStG	15.27 – 15.32
c) Rechtsfolgen einer steuerschädlichen Anteilsveräußerung	15.33 – 15.35
3. Trennung von Gesellschafterstämmen (§ 15 Absatz 2 Satz 5 UmwStG)	
a) Begriff der Trennung von Gesellschafterstämmen	15.36 – 15.37
b) Vorbesitzzeit	15.38 – 15.40
IV. Kürzung verrechenbarer Verluste, verbleibender Verlustvorträge, nicht ausgeglichener negativer Einkünfte, eines Zinsvortrags und eines EBITDA-Vortrags (§ 15 Absatz 3 UmwStG)	15.41
V. Aufteilung der Buchwerte der Anteile gem. § 13 UmwStG in den Fällen der Spaltung	15.42 – 15.43
VI. Umwandlungen mit Wertverschiebungen zwischen den Anteilseignern	15.44
B. Auf- oder Abspaltung auf eine Personengesellschaft (§ 16 UmwStG)	
I. Entsprechende Anwendung des § 15 UmwStG	16.01
II. Anwendbarkeit des § 3 Absatz 2 UmwStG	16.02
III. Verrechenbare Verluste, verbleibende Verlustvorträge, nicht ausgeglichene negative Einkünfte, Zinsvorträge und EBITDA-Vorträge	16.03
IV. Investitionsabzugbetrag nach § 7g EStG	16.04
Fünfter Teil. Gewerbesteuer	
A. Gewerbesteuer bei Vermögensübergang auf eine Personengesellschaft oder auf eine natürliche Person sowie bei Formwechsel in eine Personengesellschaft (§ 18 UmwStG)	

Anlage 16

Umwandlung

	Randnr.
I. Geltung der §§ 3 bis 9 und 16 UmwStG für die Ermittlung des Gewerbeertrags (§ 18 Absatz 1 UmwStG)	18.01 – 18.02
II. Übernahmegewinn oder -verlust sowie Bezüge i. S. d. § 7 UmwStG (§ 18 Absatz 2 UmwStG)	18.03 – 18.04
III. Missbrauchstatbestand des § 18 Absatz 3 UmwStG	18.05
1. Begriff der Veräußerung und Aufgabe	18.06 – 18.08
2. Aufgabe- oder Veräußerungsgewinn	18.09 – 18.10
3. Übergang auf Rechtsträger, der nicht gewerbesteuerpflichtig ist	18.11
B. Gewerbesteuer bei Vermögensübergang auf eine andere Körperschaft (§ 19 UmwStG)	19.01

Sechster Teil. Einbringung von Unternehmensteilen in eine Kapitalgesellschaft oder Genossenschaft und Anteilstausch

	Randnr.
A. Grundkonzeption der Einbringung nach §§ 20 ff. UmwStG	
I. Allgemeines	E 20.01
II. Grundkonzept	E 20.02
1. Sacheinlage	E 20.03 – E 20.05
2. Anteilstausch	E 20.06 – E 20.08
III. Gewährung neuer Anteile, Gewährung anderer Wirtschaftsgüter	E 20.09 – E 20.11
B. Einbringung von Unternehmensteilen in eine Kapitalgesellschaft oder Genossenschaft (§ 20 UmwStG)	
I. Anwendungsbereich (§ 20 Absatz 1, 5, 6 UmwStG)	20.01
1. Beteiligte der Einbringung	
a) Einbringender	20.02 – 20.03
b) Übernehmende Gesellschaft	20.04
2. Gegenstand der Einbringung	20.05
a) Übertragung eines Betriebs oder Teilbetriebs	20.06 – 20.09
b) Mitunternehmeranteil	20.10 – 20.12
3. Zeitpunkt der Einbringung (§ 20 Absatz 5, 6 UmwStG)	20.13 – 20.16
II. Bewertung durch die übernehmende Gesellschaft (§ 20 Absatz 2 UmwStG)	
1. Inhalt und Einschränkungen des Bewertungswahlrechts	20.17 – 20.19
2. Verhältnis zum Handelsrecht (§ 20 Absatz 2 UmwStG, § 5 Absatz 1 EStG)	20.20
3. Ausübung des Wahlrechts, Bindung, Bilanzberichtigung	20.21 – 20.24
III. Besteuerung des Einbringungsgewinns (§ 20 Absatz 3 und 5 UmwStG)	20.25 – 20.27
IV. Besonderheiten bei Pensionszusagen zugunsten von einbringenden Mitunternehmern	
1. Behandlung bei der übertragenden Personengesellschaft	20.28
2. Behandlung bei der übernehmenden Kapitalgesellschaft	20.29 – 20.31
3. Behandlung beim begünstigten Gesellschafter bzw. den ehemaligen Mitunternehmern	20.32 – 20.33
V. Besonderheiten bei grenzüberschreitenden Einbringungen	
1. Anschaffungskosten der erhaltenen Anteile	20.34
2. Anrechnung ausländischer Steuern	20.35
a) Sonderfall der Einbringung einer Betriebsstätte (§ 20 Absatz 7, § 3 Absatz 3 UmwStG)	20.36
b) Sonderfall steuerlich transparenter Gesellschaften (§ 20 Absatz 8 UmwStG)	20.37
VI. Besonderheiten bei der Einbringung einbringungsgeborener Anteile i. v. § 21 Absatz 1 UmwStG 1995	20.38 – 20.41
C. Bewertung der Anteile beim Anteilstausch (§ 21 UmwStG)	
I. Allgemeines	21.01 – 21.02
II. Persönlicher Anwendungsbereich	
1. Einbringender	21.03
2. Übernehmende Gesellschaft (§ 21 Absatz 1 Satz 1 UmwStG)	21.04
3. Erworbene Gesellschaft (§ 21 Absatz 1 Satz 1 UmwStG)	21.05 – 21.06
III. Bewertung der eingebrachten Anteile bei der übernehmenden Gesellschaft	
1. Ansatz des gemeinen Werts	21.07 – 21.08
2. Bewertungswahlrecht beim qualifizierten Anteilstausch (§ 21 Absatz 1 Satz 2 UmwStG)	

Anlage 16

Umwandlung

	Randnr.
a) Begriff des qualifizierten Anteilstauschs	21.09
b) Einschränkungen des Bewertungswahlrechts	21.10
c) Verhältnis zum Handelsrecht	21.11
d) Ausübung des Wahlrechts, Bindung, Bilanzberichtigung	21.12
IV. Ermittlung des Veräußerungspreises der eingebrachten Anteile und des Wertansatzes der erhaltenen Anteile beim Einbringenden	21.13 – 21.15
V. Besteuerung des aus dem Anteilstausch resultierenden Gewinns beim Einbringenden	21.16
VI. Steuerlicher Übertragungsstichtag (Einbringungszeitpunkt)	21.17
D. Besteuerung des Anteilseigners (§ 22 UmwStG)	
I. Allgemeines	22.01 – 22.06
II. Rückwirkende Besteuerung des Einbringungsgewinns (§ 22 Absatz 1 und 2 UmwStG)	
1. Sacheinlage (§ 22 Absatz 1 UmwStG)	22.07 – 22.11
2. Anteilstausch und Miteinbringung von Anteilen an Kapitalgesellschaften oder Genossenschaften bei Sacheinlage (§ 22 Absatz 2 UmwStG)	22.12 – 22.17
III. Die die rückwirkende Einbringungsgewinnbesteuerung auslösenden Ereignisse i. S. d. § 22 Absatz 1 Satz 6 i. V. m. Absatz 2 Satz 6 UmwStG)	
1. Allgemeines	22.18 – 22.19
2. Unentgeltliche Übertragungen	22.20
3. Entgeltliche Übertragungen	22.21 – 22.26
4. Wegfall der Voraussetzungen i. S. v. § 1 Absatz 4 UmwStG	22.27
IV. Nachweispflichten (§ 22 Absatz 3 UmwStG)	22.28 – 22.33
V. Juristische Personen des öffentlichen Rechts und von der Körperschaftsteuer befreite Körperschaften als Einbringende (§ 22 Absatz 4 UmwStG)	22.34 – 22.37
VI. Bescheinigung des Einbringungsgewinns und der darauf entfallenden Steuer (§ 22 Absatz 5 UmwStG)	22.38 – 22.40
VII. Unentgeltliche Rechtsnachfolge (§ 22 Absatz 6 UmwStG)	22.41 – 22.42
VIII. Verlagerung stiller Reserven auf andere Gesellschaftsanteile (§ 22 Absatz 7 UmwStG, Mitverstrickung von Anteilen)	22.43 – 22.46
E. Auswirkungen bei der übernehmenden Gesellschaft (§ 23 UmwStG)	
I. Allgemeines	23.01 – 23.04
II. Buchwert- oder Zwischenwertansatz (§ 23 Absatz 1 UmwStG)	23.05 – 23.06
III. Besonderheiten in den Fällen der rückwirkenden Besteuerung des Einbringungsgewinns (§ 23 Absatz 2 UmwStG)	
1. Sacheinlage ohne miteingebrachte Anteile	23.07 – 23.10
2. Anteilstausch und Miteinbringung von Anteilen i. R. einer Sacheinlage	23.11
3. Entrichtung der Steuer	23.12 – 23.13
IV. Besonderheiten beim Zwischenwertansatz (§ 23 Absatz 3 UmwStG)	23.14 – 23.16
V. Ansatz des gemeinen Werts (§ 23 Absatz 4 UmwStG)	23.17 – 23.21
VI. Verlustabzug bei Auslandsbetriebsstätten	23.22
Siebter Teil. Einbringung eines Betriebs, Teilbetriebs oder Mitunternehmeranteils in eine Personengesellschaft (§ 24 UmwStG)	
A. Allgemeines	
I. Persönlicher und sachlicher Anwendungsbereich	24.01 – 24.02
II. Entsprechende Anwendung der Regelungen zu §§ 20, 22, 23 UmwStG	24.03 – 24.05
III. Rückbeziehung nach § 24 Absatz 4 UmwStG	24.06
B. Einbringung gegen Gewährung von Gesellschaftsrechten	
I. Allgemeines	24.07
II. Einbringung mit Zuzahlung zu Buchwerten	24.08 – 24.11
III. Einbringung mit Zuzahlung zu gemeinen Werten	24.12
C. Ergänzungsbilanzen	24.13 – 24.14
D. Anwendung der §§ 16, 34 EStG bei Einbringung zum gemeinen Wert	24.15 – 24.17
E. Besonderheiten bei der Einbringung von Anteilen an Körperschaften, Personenvereinigungen und Vermögensmassen (§ 24 Absatz 5 UmwStG)	

Anlage 16

Umwandlung

	Randnr.
I. Allgemeines	24.18 – 24.22
II. Anteile an Körperschaften, Personenvereinigungen und Vermögensmassen	24.23
III. Einbringung durch nicht nach § 8b Absatz 2 KStG begünstigte Personen	24.24
IV. Veräußerung und gleichgestellte Ereignisse der Weiterübertragung	24.25 – 24.27
V. Ermittlung und ertragsteuerliche Behandlung des Einbringungsgewinns	24.28
VI. Nachweispflichten	24.29
VII. Bescheinigungsverfahren	24.30
VIII. Unentgeltliche Rechtsnachfolge	24.31
IX. Mitverstrickung von Anteilen	24.32
X. Auswirkungen bei der übernehmenden Gesellschaft	24.33
Achter Teil. Formwechsel einer Personengesellschaft in eine Kapitalgesellschaft oder Genossenschaft (§ 25 UmwStG)	25.01
Neunter Teil. Verhinderung von Missbräuchen (§ 26 UmwStG)	26.01
Zehnter Teil. Anwendungsvorschriften und Ermächtigung	
A. Allgemeines	27.01 – 27.02
B. Veräußerung der auf einer Sacheinlage beruhenden Anteile	
I. Grundfall	27.03
II. Weitereinbringungsfall	27.04 – 27.07
C. Veräußerung der auf einem Anteilstausch beruhenden Anteile	
I. Grundfall	27.08 – 27.09
II. Weitereinbringungsfälle beim Anteilstausch	
1. Weitereinbringung durch die natürliche Person	27.10
2. Weitereinbringung durch die aufnehmende (erste) Kapitalgesellschaft	27.11
D. Wechselwirkung zwischen altem und neuem Recht	27.12
E. Spezialregelung für die Veräußerung einbringungsgeborener Anteile gem. § 21 Absatz 2 Satz 1 Nummer 2 UmwStG 1995	27.13
F. Sonstige Anwendungsbestimmungen	S.01 – S.08
Besonderer Teil zum UmwStG	
A. Auswirkungen der Umwandlung auf eine Organschaft	
I. Organträger als übertragender bzw. umzuwandelnder Rechtsträger	
1. Verschmelzung des Organträgers	Org.01
a) Fortsetzung einer bestehenden Organschaft im Verhältnis zum übernehmenden Rechtsträger	Org.02
b) Erstmalige Begründung einer Organschaft zum übernehmenden Rechtsträger	Org.03
c) Beendigung der Organschaft bei Abwärtsverschmelzung	Org.04
d) Organschaftliche Ausgleichsposten	Org.05
2. Auf- und Abspaltung, Ausgliederung	Org.06 – Org.09
3. Formwechsel des Organträgers	Org.10
4. Mindestlaufzeit und vorzeitige Beendigung des Gewinnabführungsvertrags	Org.11 – Org.12
5. Begründung einer Organschaft nach Einbringung i. S. d. § 20 UmwStG	Org.13 – Org.14
6. Begründung einer Organschaft nach Anteilstausch i. S. d. § 21 UmwStG	Org.15 – Org.17
7. Anwachsung bei einer Organträger-Personengesellschaft	Org.18
8. Zurechnung des Organeinkommens bei Umwandlung des Organträgers	Org.19
II. Organträger als übernehmender Rechtsträger	Org.20
III. Organgesellschaft als übertragender bzw. umzuwandelnder Rechtsträger	
1. Verschmelzung auf eine andere Gesellschaft	Org.21
2. Auf- und Abspaltung, Ausgliederung	Org.22 – Org.23
3. Formwechsel	Org.24 – Org.25
4. Vorzeitige Beendigung des Gewinnabführungsvertrags	Org.26
5. Zurechnung eines Übertragungsgewinns bzw. -verlusts	Org.27

Anlage 16
Umwandlung

	Randnr.
6. Mehr- und Minderabführungen	Org.28
IV. Organgesellschaft als übernehmender Rechtsträger	
1. Fortgeltung der Organschaft	Org.29
2. Übernahmegewinn bzw. -verlust und Gewinnabführung	Org.30 – Org.32
3. Mehr- und Minderabführungen	Org.33 –Org.34
B. Auswirkungen auf das steuerliche Einlagekonto und den Sonderausweis	
I. Übersicht	K.01
II. Anwendung des § 29 KStG	
1. Sachlicher Anwendungsbereich	K.02
2. Behandlung bei der übertragenden Körperschaft	
a) Fiktive Herabsetzung des Nennkapitals	K.03
b) Verringerung der Bestände beim steuerlichen Einlagekonto	K.04 – K.06
c) Anpassung des Nennkapitals bei Abspaltung	K.07
d) Zusammenfassendes Beispiel	K.08
3. Behandlung bei der übernehmenden Körperschaft	
a) Hinzurechnung des Bestands des steuerlichen Einlagekontos bei der übernehmenden Körperschaft	K.09
b) Beteiligung der übernehmenden Körperschaft an der übertragenden Körperschaft (Aufwärtsverschmelzung)	K.10 – K.11
c) Beteiligung der übertragenden Körperschaft an der übernehmenden Körperschaft (Abwärtsverschmelzung)	K.12 – K.14
d) Erhöhung des Nennkapitals	K.15
e) Zusammenfassendes Beispiel	K.16
4. Aufteilungsschlüssel bei Auf- und Abspaltung	K.17
5. § 29 Absatz 5 und 6 KStG	K.18 – K.19

Unter Bezugnahme auf das Ergebnis der Erörterungen mit den obersten Finanzbehörden der Länder gilt zur Anwendung des Umwandlungssteuergesetzes i. d. F. des Gesetzes über steuerliche Begleitmaßnahmen zur Einführung der Europäischen Gesellschaft und zur Änderung weiterer steuerrechtlicher Vorschriften vom 7. 12. 2006, BGBl. I S. 2782, ber. BGBl. 2007 I S. 68, zuletzt geändert durch das Gesetz zur Beschleunigung des Wirtschaftswachstums vom 22. 12. 2009, BGBl. I S. 3950, Folgendes:

Erstes Kapitel: Anwendungsbereich des UmwStG 2006
A. Verhältnis des UmwStG 2006 zum UmwStG 1995

Das UmwStG 1995 i. d. F. der Bekanntmachung vom 15.10.2002, BGBl. I S. 4133, ber. BGBl. 2003 I S. 738, ist durch das Gesetz über steuerliche Begleitmaßnahmen zur Einführung der Europäischen Gesellschaft und zur Änderung weiterer steuerrechtlicher Vorschriften (SEStEG) vom 7.12.2006, BGBl. I S. 2782, ber. BGBl. 2007 I S. 68, nicht aufgehoben worden, sondern gilt fort. Hiervon sind insbesondere die Regelungen zu den einbringungsgeborenen Anteilen (§ 21 UmwStG 1995) und zum rückwirkenden Wegfall von Steuererleichterungen (§ 26 UmwStG 1995) betroffen. Insoweit finden auch das BMF-Schreiben vom 25.3.1998, BStBl I S. 268, geändert durch das BMF-Schreiben vom 21.8.2001, BStBl I S. 543, und das BMF-Schreiben vom 16.12.2003, BStBl I S. 786, weiterhin Anwendung. 00.01

B. Ertragsteuerliche Beurteilung von Umwandlungen und Einbringungen

Umwandlungen und Einbringungen stellen auf der Ebene des übertragenden Rechtsträgers sowie des übernehmenden Rechtsträgers Veräußerungs- und Anschaffungsvorgänge hinsichtlich des übertragenen Vermögens dar (BFH vom 15.10.1997, I R 22/96, BStBl 1998 II S. 168, BFH vom 16.5.2002, III R 45/98, BStBl 2003 II S. 10, und BFH vom 17.9.2003, I R 97/02, BStBl 2004 II S. 686). Abweichend von den zivilrechtlichen Wertungen im UmwG gilt dies für ertragsteuerliche Zwecke auch für den Formwechsel einer Kapitalge- 00.02

sellschaft in eine Personengesellschaft und umgekehrt (BFH vom 19.10.2005, I R 38/04, BStBl 2006 II S. 568).

00.03 Auf der Ebene der Anteilseigner einer übertragenden Körperschaft ist die Umwandlung zwischen Körperschaften ebenfalls als Veräußerungs- und Anschaffungsvorgang der Anteile zum gemeinen Wert zu beurteilen (BFH vom 19.8.2008, IX R 71/07, BStBl 2009 II S. 13). Dies gilt z. B. auch für die Aufwärtsverschmelzung.

00.04 Die Umwandlung einer Körperschaft in bzw. auf eine Personengesellschaft führt bei Anteilen im Privatvermögen i. S. d. § 17 EStG zu Einkünften i. S. d. § 17 Absatz 4 EStG (BFH vom 22.2.1989, I R 11/85, BStBl II S. 794).

Zweites Kapitel: Steuerliche Folgen von Umwandlungen und Einbringungen nach dem UmwStG
Erster Teil. Allgemeine Vorschriften
A. Anwendungsbereich und Begriffsbestimmungen (§ 1 UmwStG)

01.01 Die Vorschriften des UmwStG regeln ausschließlich die steuerlichen Folgen von Umwandlungen (§§ 3 bis 19 UmwStG) und Einbringungen (§§ 20 bis 25 UmwStG) für die Körperschaft-, Einkommen- und Gewerbesteuer. Steuerliche Folgen für andere Steuerarten (z. B. die Umsatz-, die Grunderwerb- oder die Erbschaftsteuer) regelt das UmwStG nicht.

01.02 Voraussetzung für die Anwendung des UmwStG ist zunächst, dass der sachliche Anwendungsbereich (§ 1 Absatz 1, Absatz 3 UmwStG) und der persönliche Anwendungsbereich (§ 1 Absatz 2, Absatz 4 UmwStG) erfüllt sind. Der sachliche und der persönliche Anwendungsbereich des UmwStG werden durch die in den jeweiligen Einzelsteuergesetzen geregelten Steuerpflichten (§ 1 EStG, §§ 1 bis 4 KStG sowie § 2 GewStG) begrenzt. Umwandlungen und Einbringungen nach den Vorschriften des UmwG müssen zudem zivilrechtlich zulässig und wirksam sein (sog. Maßgeblichkeit des Gesellschaftsrechts).

I. Sachlicher Anwendungsbereich
1. Zweiter bis Fünfter Teil (§ 1 Absatz 1 UmwStG)
a) Umwandlungen nach dem UmwG (inländische Umwandlungen)

01.03 Eine inländische Umwandlung liegt vor, wenn auf den oder die übertragenden Rechtsträger und auf den oder die übernehmenden Rechtsträger bzw. beim Formwechsel auf den sich umwandelnden Rechtsträger das UmwG anzuwenden ist. Dies ist der Fall, wenn der oder die übertragende(n) Rechtsträger und der oder die übernehmende(n) Rechtsträger den statutarischen Sitz im Inland hat oder haben. Bei einer Personengesellschaft als übernehmender Rechtsträger ist deren Sitz der Hauptverwaltung und bei einer natürlichen Person als übernehmender Rechtsträger ist deren Wohnsitz (§ 7 BGB) maßgebend.

01.04 Der sachliche Anwendungsbereich des UmwStG bestimmt sich bei Umwandlungen von inländischen Rechtsträgern nach den Umwandlungsmöglichkeiten des UmwG vom 28.10.1994, BGBl. I S. 3210, ber. BGBl. 1995 I S. 428, zuletzt geändert durch das Dritte Gesetz zur Änderung des Umwandlungsgesetzes vom 11.7.2011, BGBl. I S. 1338, in der jeweils geltenden Fassung. Für Rechtsträger mit Sitz im Inland sind in § 1 Absatz 1 UmwG die folgenden Umwandlungsarten vorgesehen:
- die Verschmelzung,
- die Spaltung (Aufspaltung, Abspaltung, Ausgliederung),
- die Vermögensübertragung und
- der Formwechsel.

Anlage 16

Umwandlung

Diese Aufzählung ist abschließend. Eine Umwandlung außer in den im UmwG genannten Fällen ist nur möglich, wenn sie durch ein anderes Bundes- oder ein Landesgesetz ausdrücklich vorgesehen ist (§ 1 Absatz 2 UmwG; vgl. Randnr. 01.07).

Die Möglichkeit zur Umwandlung nach dem UmwG ist auf die jeweils im UmwG abschließend bezeichneten Rechtsträger begrenzt. Die Umwandlungsfähigkeit supranationaler Rechtsformen des europäischen Rechts bestimmt sich nach den Vorgaben des sekundären Unionsrechts ggf. i. V. m. den nationalen Ausführungsgesetzen. Die Umwandlungsfähigkeit einer 01.05

– Europäischen Gesellschaft (SE) entspricht nach Artikel 9 der Verordnung (EG) Nr. 2157/2001 (SE-VO), ABl. EG Nr. L 294 S. 1, der einer AG,
– Europäischen Genossenschaft (SCE) entspricht nach Artikel 8 der Verordnung (EG) Nr. 1435/2003 (SCE-VO), ABl. EG Nr. L 207 S. 1, der einer eG und
– Europäischen wirtschaftlichen Interessenvereinigung (EWIV) entspricht nach Artikel 2 der Verordnung (EWG) Nr. 2137/85 (EWIV-VO), ABl. EG Nr. L 199 S. 1, i. V. m. § 1 EWIV-Ausführungsgesetz, BGBl. 1988 I S. 514, der einer OHG.

Der sachliche Anwendungsbereich des Zweiten bis Fünften Teils gilt für 01.06

– die Verschmelzung (§ 2 UmwG) von Körperschaften auf Körperschaften, Personengesellschaften oder eine natürliche Person,
– die Auf- und Abspaltung (§ 123 Absatz 1 und 2 UmwG) von Körperschaften auf Körperschaften oder Personengesellschaften,
– den Formwechsel (§ 190 Absatz 1 UmwG) einer Kapitalgesellschaft in eine Personengesellschaft sowie
– die Vermögensübertragung (§ 174 UmwG) von Körperschaften auf Körperschaften.

Bei der Frage, ob eine zivilrechtlich wirksame Umwandlung i. S. dieser Bestimmungen vorliegt, ist regelmäßig von der registerrechtlichen Entscheidung auszugehen. Dies gilt jedoch nicht, wenn die registerrechtliche Entscheidung trotz rechtlich gravierender Mängel erfolgte.

Für Umwandlungen i. S. d. § 1 Absatz 2 UmwG setzt die Anwendung des Zweiten bis Fünften Teils eine durch eine bundes- oder landesgesetzliche Regelung ausdrücklich zugelassene Umwandlungsmöglichkeit (z. B. § 38a LwAnpG, § 6b VermG sowie einzelne Sparkassengesetze der Länder) voraus, die einer Umwandlung i. S. d. § 1 Absatz 1 UmwG entspricht. Die aktive und passive Umwandlungsfähigkeit (vgl. zum Begriff auch Randnr. 01.26) ergibt sich aus dem jeweiligen Bundes- oder Landesgesetz. 01.07

Eine Umwandlung aufgrund ausdrücklicher bundes- oder landesgesetzlicher Regelung entspricht einer Umwandlung i. S. d. § 1 Absatz 1 UmwG, wenn sie mit einer der in § 1 Absatz 1 UmwG abschließend aufgezählten Umwandlungsarten vergleichbar ist; zur Prüfung der Vergleichbarkeit vgl. Randnr. 01.24 ff. Insoweit sind die für die jeweils vergleichbare Umwandlungsart einschlägigen Bestimmungen des UmwStG anzuwenden (z. B. § 9 UmwStG für den Formwechsel in eine Personengesellschaft nach § 38a LwAnpG).

aa) Verschmelzung

Bei der Verschmelzung handelt es sich um die Übertragung des gesamten Vermögens eines Rechtsträgers auf einen anderen schon bestehenden Rechtsträger (Verschmelzung durch Aufnahme) oder zweier oder mehrerer Rechtsträger auf einen neu gegründeten Rechtsträger (Verschmelzung durch Neugründung) im Wege der Gesamtrechtsnachfolge unter Auflösung ohne Abwicklung. Den Anteilsinhabern des übertragenden Rechtsträgers wird dabei im Wege des Anteilstauschs eine Beteiligung am übernehmenden Rechtsträger gewährt. 01.08

Anlage 16

Umwandlung

01.09 In bestimmten Fällen darf bzw. muss das gezeichnete Kapital des übernehmenden Rechtsträgers nicht erhöht werden (z. B. § 54 Absatz 1 Satz 1 und 2 UmwG). Bei notariell beurkundetem Verzicht aller Anteilsinhaber kann auf die Verpflichtung zur Gewährung von Anteilen gänzlich verzichtet werden (z. B. § 54 Absatz 1 Satz 3 UmwG).

01.10 Das UmwG sieht folgende Möglichkeiten der Verschmelzung vor:

von \ auf	PershG/ PartG	GmbH	AG	KGaA	eG	eV/ wirtsch. Verein	gen. Prüfungsverband	VVaG	nat. Person
PershG/ PartG	§§ 2 – 38 §§ 39 – 45	§§ 2 – 38 §§ 39 – 45 §§ 46 – 59	§§ 2 – 38 §§ 39 – 45 §§ 60 – 77	§§ 2 – 38 §§ 39 – 45 § 78	§§ 2 – 38 §§ 39 – 45 §§ 79 – 98	– (§ 99 Absatz 2)	(§ 105)	(§ 109)	(§ 3 Absatz 2 Nummer 1)
GmbH inkl. UG	§§ 2 – 38 §§ 39 – 45 §§ 46 – 59	§§ 2 – 38 §§ 46 – 59	§§ 2 – 38 §§ 46 – 59 §§ 60 – 77	§§ 2 – 38 §§ 46 – 59 § 78	§§ 2 – 38 §§ 46 – 59 §§ 79 – 98	– (§ 99 Absatz 2)	(§ 105)	(§ 109)	¹)§§ 2 – 38 §§ 46 – 59 §§ 120 – 122
AG	§§ 2 – 38 §§ 39 – 45 §§ 60 – 77	§§ 2 – 38 §§ 46 – 59 §§ 60 – 77	²)§§ 2 – 38 §§ 60 – 77	§§ 2 – 38 §§ 60 – 77 § 78	§§ 2 – 38 §§ 60 – 77 §§ 79 – 98	– (§ 99 Absatz 2)	(§ 105)	(§ 109)	¹)§§ 2 – 38 §§ 60 – 77 §§ 120 – 122
KGaA	§§ 2 – 38 §§ 39 – 45 § 78	§§ 2 – 38 §§ 46 – 59 § 78	§§ 2 – 38 §§ 60 – 77 § 78	§§ 2 – 38 § 78	§§ 2 – 38 § 78 §§ 79 – 98	– (§ 99 Absatz 2)	(§ 105)	(§ 109)	¹)§§ 2 – 38 § 78 §§ 120 – 122
eG	§§ 2 – 38 §§ 39 – 45 §§ 79 – 98	§§ 2 – 38 §§ 46 – 59 §§ 79 – 98	§§ 2 – 38 §§ 60 – 77 §§ 79 – 98	§§ 2 – 38 § 78 §§ 79 – 98	§§ 2 – 38 §§ 79 – 98	– (§ 99 Absatz 2)	(§ 105)	(§ 109)	(§ 3 Absatz 2 Nummer 1)
eV/wirtsch. Verein	§§ 2 – 38 §§ 39 – 45 §§ 99 – 104a	§§ 2 – 38 §§ 46 – 59 §§ 99 – 104a	§§ 2 – 38 §§ 60 – 77 §§ 99 – 104a	§§ 2 – 38 § 78 §§ 99 – 104a	§§ 2 – 38 §§ 79 – 98 §§ 99 – 104a	§§ 2 – 38 §§ 99 – 104a	³)§§ 2 – 38 §§ 99 – 104a §§ 105 – 108	– (§ 109)	(§ 3 Absatz 2 Nummer 1)
gen. Prüfungsverband	– (§ 105)	– (§ 105)	– (§ 105)	– (§ 105)	– (§ 105)	– (§ 105)	⁴)§§ 2 – 38 §§ 105 – 108	– (§ 105)	(§ 3 Absatz 2 Nummer 1)
VVaG	– (§ 109)	– (§ 109)	⁵)§§ 2 – 38 §§ 60 – 77 §§ 109 – 113	– (§ 109)	– (§ 109)	– (§ 109)	– (§ 109)	§§ 2 – 38 §§ 109 – 119	(§ 3 Absatz 2 Nummer 1)
nat. Pers.	–	–	–	–	–	–	–	–	–

bb) Formwechsel

01.11 Der Formwechsel beschränkt sich auf die Änderung der Rechtsform eines Rechtsträgers unter Wahrung seiner rechtlichen Identität, und zwar grundsätzlich unter Beibehaltung des Kreises der Anteilsinhaber (zur Aufnahme weiterer Gesellschafter i. R. eines Formwechsels vgl. aber BGH vom 9.5.2005, II ZR 29/03, DStR 2005 S. 1539). Zivilrechtlich findet beim Formwechsel keine Vermögensübertragung statt.

01.12 Handelsrechtlich ist der Formwechsel für folgende Rechtsformen zulässig; der Formwechsel innerhalb der Gesamthand richtet sich dabei nach § 190 Absatz 2, § 1 Absatz 2 UmwG i. V. m. §§ 705 ff. BGB, §§ 105, 161 HGB oder §§ 1 ff. PartGG:

---

1) Natürliche Person muss Alleingesellschafter des übertragenden Rechtsträgers sein.
2) Verschmelzung zur Gründung einer SE nach Artikel 2 Absatz 1, Artikel 17 bis 31 SE-VO.
3) Vorgang ist nur unter den Voraussetzungen des § 105 Satz 2 UmwG möglich.
4) Vorgang ist nur zur Aufnahme durch einen übernehmenden Rechtsträger möglich.
5) Vorgang ist nur möglich, wenn der aufnehmende Rechtsträger eine Versicherungs-AG ist.

Anlage 16
Umwandlung

von \ auf	GbR	PershG	PartG	GmbH	AG	KGaA	eG
PershG/ PartG	§ 190 Absatz 2, § 191 Absatz 2 Nummer 1 i. V. m. § 1 Absatz 2	§ 190 Absatz 2 i. V. m. § 1 Absatz 2	§ 190 Absatz 2 i. V. m. § 1 Absatz 2	§§ 190 – 213 §§ 214 – 225	§§ 190 – 213 §§ 214 – 225	§§ 190 – 213 §§ 214 – 225	§§ 190 – 213 §§ 214 – 225
GmbH inkl. UG	§§ 190 – 213 § 226 §§ 228 – 237	§§ 90 – 213 § 226 §§ 228 – 237	§§ 190 – 213 § 226 §§ 228 – 237	¹)–	§§ 190 – 213 § 226 §§ 238 – 250	§§ 190 – 213 § 226 §§ 238 – 250	§§ 190 – 213 § 226 §§ 251 – 257
AG	§§ 190 – 213 § 226 §§ 228 – 237	§§ 190 – 213 § 226 §§ 228 – 237	§§ 190 – 213 § 226 §§ 228 – 237	§§ 190 – 213 § 226 §§ 238 – 250	²)–	§§ 190 – 213 § 226 §§ 238 – 250	§§ 190 – 213 § 226 §§ 251 – 257
KgaA	§§ 190 – 213 §§ 226 – 237	§§ 190 – 213 §§ 226 – 237	§§ 190 – 213 §§ 226 – 237	§§ 190 – 213 §§ 226 – 227 §§ 238 – 250	§§ 190 – 213 §§ 226 – 227 §§ 238 – 250	–	§§ 190 – 213 §§ 226 – 227 §§ 251 – 257
eG	–	–	–	§§ 190 – 213 §§ 258 – 271	§§ 190 – 213 §§ 258 – 271	§§ 190 – 213 §§ 258 – 271	–
eV/wirtsch. Verein	–	–	–	§§ 190 – 213 §§ 272 – 282	§§ 190 – 213 §§ 272 – 282	§§ 190 – 213 §§ 272 – 282	§§ 190 – 213 § 272 §§ 283 – 290
VVaG	–	–	–	–	³)§§ 190 – 213 §§ 291 – 300	–	–
Körpersch./ Anstalt des öff. Rechts	–	–	–	§§ 190 – 213 §§ 301 – 303	§§ 190 – 213 §§ 301 – 303	§§ 190 – 213 §§ 301 – 303	–

cc) Spaltung

Das UmwG sieht drei Formen der Spaltung vor: 01.13
- die Aufspaltung,
- die Abspaltung und
- die Ausgliederung.

Bei der Aufspaltung teilt ein Rechtsträger sein Vermögen unter Auflösung ohne Abwicklung auf und überträgt die Teile jeweils als Gesamtheit im Wege der Sonderrechtsnachfolge auf mindestens zwei andere schon bestehende (Aufspaltung zur Aufnahme) oder neu gegründete Rechtsträger (Aufspaltung zur Neugründung). Die Anteilsinhaber des sich aufspaltenden Rechtsträgers erhalten Anteile an den übernehmenden Rechtsträgern. 01.14

Bei der Abspaltung bleibt der übertragende Rechtsträger bestehen. Er überträgt ebenfalls im Wege der Sonderrechtsnachfolge einen Teil oder mehrere Teile seines Vermögens jeweils als Gesamtheit auf einen oder mehrere andere schon bestehende oder neu gegründete Rechtsträger. Die Anteilsinhaber des abspaltenden Rechtsträgers erhalten Anteile am übernehmenden Rechtsträger. 01.15

Die Ausgliederung entspricht im Wesentlichen der Abspaltung. Die Anteile an den übernehmenden Rechtsträgern fallen jedoch in das Vermögen des ausgliedernden Rechtsträgers. 01.16

Das UmwG sieht folgende Spaltungsmöglichkeiten vor: 01.17

---

1) Die „Umwandlung" einer UG in eine GmbH ist ein Firmen- und kein Formwechsel (§ 5a Absatz 5 GmbHG).
2) Formwechsel einer AG in eine SE nach Artikel 2 Absatz 4, 37 SE-VO.
3) Nur große VVaG; zum Vorliegen eines kleinen VVaG siehe § 53 VAG.

Anlage 16
Umwandlung

von \ auf	PershG/ PartG	GmbH	AG/KGaA	eG	eV	gen. Prüfungsverband	VVaG
PershG/ PartG	§§ 123 – 137	§§ 123 – 137 §§ 138 – 140	§§ 123 – 137 §§ 141 – 146	§§ 123 – 137 §§ 147 – 148	– (§ 149 Absatz 2)	§§ 123 – 137	– (§ 151)
GmbH inkl. UG	§§ 123 – 137 §§ 138 – 140	§§ 123 – 137 §§ 138 – 140	§§ 123 – 137 §§ 138 – 140 §§ 141 – 146	§§ 123 – 137 §§ 138 – 140 §§ 147 – 148	– (§ 149 Absatz 2)	§§ 123 – 137 §§ 138 – 140	– (§ 151)
AG/KGaA	§§ 123 – 137 §§ 141 – 146	§§ 123 – 137 §§ 138 – 140 §§ 141 – 146	§§ 123 – 137 §§ 141 – 146	§§ 123 – 137 §§ 141 – 146 §§ 147 – 148	– (§ 149 Absatz 2)	§§ 123 – 137	– (§ 151)
eG	§§ 123 – 137 §§ 147 – 148	§§ 123 – 137 §§ 138 – 140 §§ 147 – 148	§§ 123 – 137 §§ 141 – 146 §§ 147 – 148	§§ 123 – 137 §§ 147 – 148	– (§ 149 Absatz 2)	§§ 123 – 137	– (§ 151)
eV/wirtsch. Verein	§§ 123 – 137 § 149	§§ 123 – 137 §§ 138 – 140 § 149 Absatz 1	§§ 123 – 137 §§ 141 – 146 § 149 Absatz 1	§§ 123 – 137 §§ 147 – 149	[1])§§ 123 – 137 § 149 Absatz 2	§§ 123 – 137 §§ 138 – 140 § 149 Absatz 1	– (§ 151)
gen. Prüfungsverband	– (§ 150)	nur Ausgliederung §§ 123 – 137 §§ 138 – 140 § 150	nur Ausgliederung §§ 123 – 137 §§ 141 – 146 § 150	– (§ 150)	– (§ 150)	[2])§§ 123 – 137 § 150	– (§ 150)
VVaG	– (§ 151)	nur Ausgliederung, wenn keine Übertragung von Vers.- Verträgen §§ 123 – 137 §§ 138 – 140 § 151	Auf-/Abspaltung nur auf Vers.- AG; Ausgliederung nur, wenn keine Übertragung von Vers.- Verträgen §§ 123 – 135 §§ 141 – 146 § 151	– (§ 151)	– (§ 151)	– (§ 151)	nur Auf-/ Abspaltung §§ 123 – 135 §§ 141 – 146 § 151
Einzelkaufmann	nur Ausgliederung auf PershG [2])§§ 123 – 137 §§ 152 – 160	nur Ausgliederung §§ 123 – 137 §§ 138 – 140 §§ 152 – 160	nur Ausgliederung §§ 123 – 137 §§ 141 – 146 §§ 152 – 160	nur Ausgliederung [2])§§ 123 – 137 §§ 147 – 148 §§ 152 – 160	– (§ 152)	– (§ 152)	– (§ 152)
Stiftungen	nur Ausgliederung auf PershG [2])§§ 123 – 137 §§ 161 – 167	nur Ausgliederung §§ 123 – 137 §§ 138 – 140 §§ 161 – 167	nur Ausgliederung §§ 123 – 137 §§ 141 – 146 §§ 161 – 167	– (§ 161)	– (§ 161)	– (§ 161)	– (§ 161)
Gebiets-Körpersch.	nur Ausgliederung auf PershG [2])§§ 123 – 137 §§ 168 – 173	nur Ausgliederung §§ 123 – 137 §§ 138 – 140 §§ 168 – 173	nur Ausgliederung §§ 123 – 137 §§ 141 – 146 §§ 168 – 173	nur Ausgliederung §§ 123 – 137 §§ 147 – 148 §§ 168 – 173	– (§ 168)	– (§ 168)	– (§ 168)

dd) Vermögensübertragung

01.18 Die Vermögensübertragung ist als Vollübertragung und als Teilübertragung zugelassen. Ihre Ausgestaltung entspricht bei der Vollübertragung der Verschmelzung, bei der Teilübertragung der Spaltung. Der Unterschied zu diesen Umwandlungsarten besteht darin, dass die Gegenleistung für das übertragene Vermögen nicht in Anteilen an den übernehmenden oder neuen Rechtsträgern besteht, sondern in einer Gegenleistung anderer Art, insbesondere in einer Barleistung.

---

1) Nur e. V. als übertragender Rechtsträger.
2) Vorgang ist nur zur Aufnahme durch einen übernehmenden Rechtsträger möglich.

Anlage 16
Umwandlung

Die Vermögensübertragung ist nach dem UmwG auf folgende Fälle beschränkt: 01.19

von \ auf	Öffentliche Hand	VVaG	öffentl.-rechtl. Vers.-Unternehmen	Vers.-AG
GmbH				
Vollübertragung	§ 175 Nummer 1, § 176	–	–	–
Teilübertragung	§ 175 Nummer 1, § 177	–	–	–
AG/KGaA				
Vollübertragung	§ 175 Nummer 1, § 176	–	–	–
Teilübertragung	§ 175 Nummer 1, § 177	–	–	–
Vers.-AG				
Vollübertragung	–	§ 175 Nummer 2 Buchstabe a, § 178	§ 175 Nummer 2 Buchstabe a, § 178	–
Teilübertragung	–	§ 175 Nummer 2 Buchstabe a, § 179	§ 175 Nummer 2 Buchstabe a, § 179	–
VVaG				
Vollübertragung	–	–	§ 175 Nummer 2 Buchstabe b, §§ 180 – 183, §§ 185 – 187	§ 175 Nummer 2 Buchstabe b, §§ 180 – 183, §§ 185–187
Teilübertragung	–	–	§ 175 Nummer 2 Buchstabe b, §§ 184 – 187	§ 175 Nummer 2 Buchstabe b, §§ 184 – 187
öffentl.-rechtl. Vers.-Unternehmen				
Vollübertragung	–	§ 175 Nummer 2 Buchstabe c, § 188	–	§ 175 Nummer 2 Buchstabe c, § 188
Teilübertragung	–	§ 175 Nummer 2 Buchstabe c, § 189	–	§ 175 Nummer 2 Buchstabe c, § 189

b) Vergleichbare ausländische Vorgänge

Der sachliche Anwendungsbereich des Zweiten bis Fünften Teils gilt auch für mit 01.20
– einer Verschmelzung,
– einer Auf- oder Abspaltung sowie
– einem Formwechsel

vergleichbare ausländische Vorgänge. Auf die Anzeigepflichten, z. B. nach § 137 oder § 138 Absatz 2 AO, wird hingewiesen.

Ausländische Vorgänge i. S. d. § 1 Absatz 1 Satz 1 Nummer 1 und 2 UmwStG sind Umwandlungen, bei denen auf den übertragenden Rechtsträger oder auf den übernehmenden Rechtsträger bzw. beim Formwechsel auf den umwandelnden Rechtsträger das UmwG nach den allgemeinen Grundsätzen kollisionsrechtlich keine Anwendung findet. Das für die Umwandlung maßgebende Recht bestimmt sich regelmäßig nach dem Gesellschaftsstatut des Staats, in dem der jeweilige Rechtsträger in ein öffentliches Register eingetragen ist. Ist er nicht oder noch nicht in ein öffentliches Register eingetragen, ist das Gesellschaftsstatut des Staats maßgebend, nach dem er organisiert ist.

Ausländische Vorgänge i. S. d. § 1 Absatz 1 UmwStG sind auch grenzüberschreitende 01.21
Umwandlungsvorgänge unter Beteiligung von Rechtsträgern, die dem deutschen Gesellschaftsstatut unterliegen. Die grenzüberschreitende Verschmelzung i. S. d. § 122a UmwG ist dabei grundsätzlich ein mit einer Verschmelzung i. S. d. § 2 UmwG vergleichbarer ausländischer Vorgang.

Ein ausländischer Vorgang kann auch dann gegeben sein, wenn sämtliche beteiligten 01.22
Rechtsträger im Inland unbeschränkt steuerpflichtig sind.

Beispiel:
Zwei Gesellschaften englischen Rechts (statutarischer Sitz in Großbritannien und effektiver Verwaltungssitz im Inland) sollen zu einer Gesellschaft englischen Rechts mit effektivem Verwaltungssitz im Inland verschmolzen werden. Die Gesellschaften englischen Rechts sind sämtlich im Inland nach § 1 Absatz 1 Nummer 1 KStG unbeschränkt steuerpflichtig.

Anlage 16
Umwandlung

Lösung:
Es handelt sich um einen ausländischen Vorgang, da für die Umwandlung ausschließlich das englische Gesellschaftsstatut maßgebend ist.

aa) Zivilrechtliche Wirksamkeit nach ausländischem Recht

01.23 Für ausländische Vorgänge gilt wie bei den inländischen Umwandlungen der Grundsatz der Maßgeblichkeit des Gesellschaftsrechts. Der ausländische Vorgang muss nach dem jeweiligen Gesellschaftsstatut der beteiligten Rechtsträger gesellschaftsrechtlich zulässig und wirksam sein. Für die gesellschaftsrechtliche Zulässigkeit und Wirksamkeit einer ausländischen Umwandlung ist regelmäßig von der Entscheidung der ausländischen Registerbehörden auszugehen. Das gilt nicht bei gravierenden Mängeln der Umwandlung.

bb) Prüfung der Vergleichbarkeit

01.24 Die Prüfung, ob ein ausländischer Vorgang mit einer inländischen Umwandlung i. S. d. § 1 Absatz 1 Satz 1 Nummer 1 und 2 UmwStG vergleichbar ist, erfolgt durch die im jeweiligen Einzelfall zuständige inländische Finanzbehörde. Ein ausländischer Umwandlungsvorgang ist vergleichbar, wenn er seinem Wesen nach einer Verschmelzung, Auf-, Abspaltung oder einem Formwechsel i. S. d. UmwG entspricht. Für die Beurteilung des ausländischen Vorgangs sind

- die beteiligten Rechtsträger,
- die Rechtsnatur bzw. Rechtsfolgen des Umwandlungsvorgangs (Strukturmerkmale) und
- sonstige Vergleichskriterien

zu prüfen.

01.25 Der Vergleichbarkeitsprüfung unterliegt grundsätzlich der jeweilige ausländische Umwandlungsvorgang in seiner konkreten rechtlichen Ausgestaltung und nicht das ausländische Umwandlungsrecht als solches. Maßgebend ist, dass der nach ausländischem Umwandlungsrecht abgewickelte konkrete Vorgang ungeachtet des Sitzerfordernisses in § 1 Absatz 1 UmwG auch nach den Regelungen des UmwG wirksam abgewickelt werden könnte.

Beispiel:
Zwei Gesellschaften ausländischer Rechtsform sollen verschmolzen werden. Das ausländische Umwandlungsrecht sieht keine mit § 54 Absatz 4 UmwG vergleichbare Beschränkung barer Zuzahlungen vor. Im Verschmelzungsvertrag wird eine bare Zuzahlung i. H. v. 50 % des Gesamtnennbetrags der gewährten Anteile vereinbart.

Lösung:
Aufgrund der vertraglich vereinbarten baren Zuzahlung von mehr als 10 % des Gesamtnennbetrags der gewährten Anteile ist kein mit einer inländischen Umwandlung vergleichbarer Vorgang gegeben, da der Umwandlungsvorgang ungeachtet des Sitzerfordernisses in § 1 Absatz 1 UmwG nach den Vorschriften des UmwG nicht hätte abgewickelt werden können.
Wäre in dem Verschmelzungsvertrag eine bare Zuzahlung i. H. v. max. 10 % des Gesamtnennbetrags der gewährten Anteile vereinbart worden, stünde einer Vergleichbarkeit des ausländischen Umwandlungsvorgangs die fehlende gesetzliche Beschränkung barer Zuzahlungen im ausländischen Umwandlungsrecht nicht entgegen.

Anlage 16
Umwandlung

cc) Umwandlungsfähigkeit der beteiligten Rechtsträger

Die Prüfung der Umwandlungsfähigkeit der beteiligten Rechtsträger hat bezogen auf die zu beurteilende Umwandlungsart und bezogen auf das jeweilige Gesellschaftsstatut der an dieser Umwandlung beteiligten Rechtsträger zu erfolgen. 01.26

Die Voraussetzungen der Umwandlungsfähigkeit müssen – infolge des auch für ausländische Umwandlungen geltenden Grundsatzes der Maßgeblichkeit des Gesellschaftsrechts (vgl. Randnr. 01.23) – für sämtliche betroffenen Gesellschaftsstatute der beteiligten Rechtsträger geprüft und mit der Umwandlungsfähigkeit nach dem UmwG verglichen werden; dabei ist der Umwandlungsvorgang nach dem jeweiligen Gesellschaftsstatut als Ganzes und nicht nur hinsichtlich eines bestimmten Teilbereichs (z. B. hinsichtlich des übertragenden oder übernehmenden Rechtsträgers) zu prüfen.

Der ausländische Rechtsträger muss i. R. eines Rechtstypenvergleichs einem vergleichbaren umwandlungsfähigen Rechtsträger inländischen Rechts entsprechen. Allein die steuerliche Einordnung des jeweiligen Rechtsträgers als Körperschaft oder Personengesellschaft ist für die Beurteilung der Umwandlungsfähigkeit nicht ausreichend. Der Rechtstypenvergleich hat grundsätzlich anhand des gesetzlichen Leitbilds der ausländischen Gesellschaft zu erfolgen. Zum Rechtstypenvergleich ausgewählter ausländischer Rechtsformen vgl. Tabellen 1 und 2 des BMF-Schreibens vom 24.12.1999, BStBl I S. 1076. Ist es aufgrund umfassender Dispositionsmöglichkeiten im ausländischen Recht nicht möglich, den jeweils beteiligten Rechtsträger anhand des gesetzlich vorgegebenen Leitbilds abzuleiten, hat der Rechtstypenvergleich anhand der rechtlichen Gegebenheiten des Einzelfalls zu erfolgen. Zu maßgebenden Kriterien für den Rechtstypenvergleich vgl. BMF-Schreiben vom 19.3.2004, BStBl I S. 411. 01.27

Aufgelöste Rechtsträger können sich an ausländischen Umwandlungsvorgängen entsprechend den in § 3 Absatz 3, § 124 Absatz 2 UmwG genannten Voraussetzungen beteiligen. 01.28

dd) Strukturmerkmale des Umwandlungsvorgangs

Neben der Umwandlungsfähigkeit der beteiligten Rechtsträger müssen die Strukturmerkmale einer Verschmelzung, einer Auf- oder Abspaltung oder eines Formwechsels vorliegen. 01.29

(1) Verschmelzung

Strukturmerkmale einer Verschmelzung i. S. d. § 2 UmwG sind: 01.30
- die Übertragung des gesamten Aktiv- und Passivvermögens eines übertragenden Rechtsträgers oder mehrerer übertragender Rechtsträger auf einen übernehmenden Rechtsträger,
- aufgrund eines Rechtsgeschäfts,
- kraft Gesetzes,
- gegen Gewährung von Anteilen am übernehmenden Rechtsträger an die Anteilsinhaber des übertragenden Rechtsträgers,
- unter Auflösung ohne Abwicklung des übertragenden Rechtsträgers oder der übertragenden Rechtsträger.

Rechtsgeschäft i. S. d. Randnr. 01.30 ist der Abschluss eines Verschmelzungsvertrags bzw. die Erstellung eines Verschmelzungsplans. Der notwendige Inhalt des Verschmelzungsvertrags bzw. des Verschmelzungsplans muss bei ausländischen Vorgängen mindestens den Vorgaben der Richtlinie 78/855/EWG, ABl. EG Nr. L 295 S. 36, entsprechen. 01.31

Dies gilt auch für die Rechtswirkungen der Verschmelzung. Diese ergeben sich aus Artikel 19 der Richtlinie 78/855/EWG, ABl. EG Nr. L 295 S. 36. Der Übergang des gesamten Vermögens, die Auflösung ohne Abwicklung des übertragenden Rechtsträgers sowie die

Anlage 16

Umwandlung

Beteiligung der Anteilsinhaber des übertragenden Rechtsträgers an dem übernehmenden Rechtsträger müssen nach den ausländischen umwandlungsrechtlichen Bestimmungen kraft Gesetzes und nicht durch Einzelübertragungen erfolgen.

01.32 Bei der Prüfung des Erfordernisses zur Gewährung von Anteilen sind Kapitalerhöhungsverbote und -wahlrechte entsprechend den im UmwG (z. B. § 54 UmwG) enthaltenen vergleichbaren Regelungen zu berücksichtigen, vgl. Randnr. 01.09.

Beispiel:

Eine ausländische Mutter-Kapitalgesellschaft ist alleinige Anteilseignerin zweier ausländischer Tochter-Kapitalgesellschaften. Die eine Tochter-Kapitalgesellschaft wird zur Aufnahme auf die andere Tochter-Kapitalgesellschaft verschmolzen. Auf eine Kapitalerhöhung wird auf Grundlage einer mit § 54 Absatz 1 Satz 3 UmwG vergleichbaren ausländischen Regelung verzichtet.

Lösung:

Bei der Prüfung der Strukturmerkmale des ausländischen Umwandlungsvorgangs ist die Möglichkeit zum Verzicht auf eine Kapitalerhöhung analog § 54 Absatz 1 Satz 3 UmwG zu berücksichtigen.

(2) Aufspaltung

01.33 Strukturmerkmale einer Aufspaltung i. S. d. § 123 Absatz 1 UmwG sind:
– die Übertragung des gesamten Aktiv- und Passivvermögens eines Rechtsträgers auf mindestens zwei übernehmende Rechtsträger,
– aufgrund eines Rechtsgeschäfts,
– kraft Gesetzes,
– gegen Gewährung von Anteilen an den übernehmenden Rechtsträgern an die Anteilsinhaber des übertragenden Rechtsträgers,
– unter Auflösung ohne Abwicklung des übertragenden Rechtsträgers.

01.34 Rechtsgeschäft i. S. d. Randnr. 01.33 ist der Abschluss eines Spaltungs- und Übernahmevertrags bzw. die Erstellung eines Spaltungsplans. Der notwendige Inhalt des Spaltungs- und Übernahmevertrags bzw. des Spaltungsplans muss bei ausländischen Umwandlungsvorgängen den Vorgaben der Richtlinie 82/891/EWG, ABl. EG Nr. L 378 S. 47, entsprechen.

Dies gilt auch für die Rechtswirkungen der Aufspaltung. Diese ergeben sich aus Artikel 17 der Richtlinie 82/891/EWG, ABl. EG Nr. L 378 S. 47. Der Übergang des gesamten Vermögens, die Auflösung ohne Abwicklung des übertragenden Rechtsträgers sowie die Beteiligung der Anteilsinhaber des übertragenden Rechtsträgers an den übernehmenden Rechtsträgern müssen nach den ausländischen umwandlungsrechtlichen Bestimmungen kraft Gesetzes und nicht durch Einzelübertragungen erfolgen.

01.35 Bei der Prüfung des Erfordernisses zur Gewährung von Anteilen sind Kapitalerhöhungsverbote und -wahlrechte entsprechend den im UmwG enthaltenen vergleichbaren Regelungen zu beachten, vgl. Randnr. 01.32.

(3) Abspaltung

01.36 Strukturmerkmale einer Abspaltung i. S. d. § 123 Absatz 2 UmwG sind:
– die Übertragung eines Teils oder mehrerer Teile eines Rechtsträgers auf einen oder mehrere übernehmende Rechtsträger,
– aufgrund eines Rechtsgeschäfts,

- kraft Gesetzes,
- gegen Gewährung von Anteilen am übernehmenden Rechtsträger oder an den übernehmenden Rechtsträgern an die Anteilsinhaber des übertragenden Rechtsträgers,
- ohne Auflösung des übertragenden Rechtsträgers.

Gesellschaftsrechtliche Bestimmungen des sekundären Unionsrechts über die Abspaltung bestehen derzeit nicht. Der notwendige Inhalt des Spaltungs- und Übernahmevertrags bzw. des Spaltungsplans sowie die Rechtswirkungen der Abspaltung müssen daher den Bestimmungen des UmwG entsprechen. 01.37

Die Möglichkeit des übertragenden Rechtsträgers, die aufgrund einer Vermögensübertragung erhaltenen Anteile an die Anteilseigner des übertragenden Rechtsträgers unentgeltlich zeitnah weiter übertragen zu können, führt nicht dazu, dass ein ausländischer Umwandlungsvorgang mit einer Abspaltung i. S. d. § 123 Absatz 2 UmwG vergleichbar ist; z. B. Teileinbringung nach dem französischen Recht (Apport partiel d'actif). Es kann sich jedoch insoweit um einen mit einer Ausgliederung i. S. d. § 123 Absatz 3 UmwG vergleichbaren ausländischen Vorgang handeln. 01.38

(4) Formwechsel

Es bestehen derzeit keine sekundärrechtlichen Bestimmungen des Unionsrechts zum Formwechsel. Für die Abgrenzung zwischen einer Verschmelzung und einem Formwechsel ist auf das ausländische Umwandlungsrecht abzustellen (BFH vom 22.2.1989, I R 11/85, BStBl II S. 794). Nach §§ 190 ff. UmwG ist der Formwechsel auf die Änderung der rechtlichen Organisation des Rechtsträgers beschränkt. Sieht das ausländische Recht keine rechtliche Kontinuität, sondern eine Auflösung ohne Abwicklung vor, ist daher dieser Vorgang nicht mehr mit einem Formwechsel vergleichbar. Es kann insoweit jedoch ein mit einer Verschmelzung i. S. d. § 2 UmwG vergleichbarer ausländischer Vorgang gegeben sein. Der Umstand, dass eine Verschmelzung zur Neugründung mindestens zwei übertragende Rechtsträger erfordert, stellt insoweit kein Strukturmerkmal (vgl. Randnr. 01.30) dar. 01.39

Beispiel:
Eine österreichische GesmbH mit inländischen Anteilseignern wird im Wege einer errichtenden Umwandlung in eine österreichische KG umgewandelt.

Lösung:
Eine errichtende Umwandlung ist die ohne Abwicklung erfolgende Übertragung des Vermögens der GesmbH auf die gleichzeitig neu entstehende KG. Die GesmbH erlischt infolge der Umwandlung. Auch wenn es für eine Verschmelzung zur Neugründung i. S. d. § 2 Nummer 2 UmwG an dem Erfordernis mindestens zweier übertragender Rechtsträger fehlt, ist dennoch ein mit einer Verschmelzung i. S. d. § 1 Absatz 1 Satz 1 Nummer 1 UmwStG vergleichbarer ausländischer Vorgang gegeben, da die Strukturmerkmale einer Verschmelzung erfüllt sind. Infolge der Auflösung und der Vermögensübertragung liegt kein mit einem Formwechsel i. S. d. § 1 Absatz 1 Satz 1 Nummer 2 UmwStG vergleichbarer ausländischer Vorgang vor.

ee) Sonstige Vergleichskriterien

Ein wesentliches sonstiges Vergleichskriterium ist insbesondere die Höhe der vertraglich vereinbarten Zuzahlungen. Diese müssen grundsätzlich mit den Vorgaben des UmwG (z. B. § 54 Absatz 4 UmwG) vergleichbar sein. Werden Zuzahlungen vereinbart, die diesen Rahmen deutlich überschreiten, ist dieses als Indiz für eine fehlende Vergleichbarkeit zu werten (vgl. das Beispiel in Randnr. 01.25). 01.40

Anlage 16

Umwandlung

01.41 Die Dauer einer gesellschaftsrechtlichen Rückbeziehungsmöglichkeit des Umwandlungsvorgangs stellt kein für die Vergleichbarkeit entscheidendes Merkmal dar.

c) Umwandlungen nach der SE-VO bzw. der SCE-VO

01.42 Verschmelzungen i. S. d. Artikels 17 der Verordnung (EG) Nr. 2157/2001 (SE-VO), ABl. EG Nr. L 294 S. 1, zur Gründung einer Europäischen Gesellschaft und i. S. d. Artikels 19 der Verordnung (EG) Nr. 1435/2003 (SCE-VO), ABl. EG Nr. L 207 S. 1, zur Gründung einer Europäischen Genossenschaft unterfallen dem sachlichen Anwendungsbereich des § 1 Absatz 1 Satz 1 Nummer 1 UmwStG. Diese Verordnungen gelten nicht nur in Bezug zu EU-Mitgliedstaaten, sondern auch in Bezug zu EWR-Staaten.

2. Sechster bis Achter Teil (§ 1 Absatz 3 UmwStG)

01.43 Der Anwendungsbereich des Sechsten bis Achten Teils gilt grundsätzlich nur für die in § 1 Absatz 3 Nummer 1 bis 5 UmwStG abschließend aufgezählten Vorgänge; darüber hinaus wird der Anwendungsbereich des § 1 Absatz 3 UmwStG durch die in den § 20 Absatz 1, § 21 Absatz 1 und § 24 Absatz 1 UmwStG enthaltenen Voraussetzungen bezüglich der Rechtsform des übernehmenden Rechtsträgers wie folgt begrenzt:
– die Verschmelzung i. S. d. § 2 UmwG, die Auf- und die Abspaltung i. S. d. § 123 Absatz 1 und 2 UmwG von Personenhandelsgesellschaften und Partnerschaftsgesellschaften auf eine Kapitalgesellschaft oder Genossenschaft (§ 20 UmwStG) oder auf eine Personengesellschaft (§ 24 UmwStG) oder vergleichbare ausländische Vorgänge;
– die Ausgliederung von Vermögensteilen i. S. d. § 123 Absatz 3 UmwG auf eine Kapitalgesellschaft oder Genossenschaft (§ 20 UmwStG) oder auf eine Personengesellschaft (§ 24 UmwStG) oder vergleichbare ausländische Vorgänge;
– der Formwechsel einer Personengesellschaft in eine Kapitalgesellschaft oder Genossenschaft i. S. d. § 190 Absatz 1 UmwG (§ 25 UmwStG) oder vergleichbare ausländische Vorgänge;
– die Einbringung von Betriebsvermögen durch Einzelrechtsnachfolge in eine Kapitalgesellschaft oder Genossenschaft (§ 20 UmwStG) oder in eine Personengesellschaft (§ 24 UmwStG);
– die Einbringung von Anteilen an einer Kapitalgesellschaft oder Genossenschaft in eine Kapitalgesellschaft oder Genossenschaft (§ 21 UmwStG, Anteilstausch).

Die Übertragung des wirtschaftlichen Eigentums wird der Einzelrechtsnachfolge i. S. d. § 1 Absatz 3 Nummer 4 UmwStG gleichgestellt.

a) Einbringung in eine Kapitalgesellschaft oder Genossenschaft gegen Gewährung von Gesellschaftsrechten (§ 20 UmwStG)

01.44 Die Vorschriften über die Einbringung von Betriebsvermögen in eine Kapitalgesellschaft oder Genossenschaft gegen Gewährung von Gesellschaftsrechten gelten insbesondere bei Übertragung:
aa) im Wege der Gesamtrechtsnachfolge
– durch Verschmelzung von Personenhandelsgesellschaften auf eine bereits bestehende oder neu gegründete Kapitalgesellschaft (vgl. §§ 2 und 3 Absatz 1 Satz 1 UmwG);
– durch Auf- und Abspaltung von Vermögensteilen einer Personenhandelsgesellschaft auf eine bereits bestehende oder neu gegründete Kapitalgesellschaft (vgl. § 123 Absatz 1 und 2 UmwG);

Anlage 16
Umwandlung

- durch Ausgliederung von Vermögensteilen eines Einzelkaufmanns, einer Personenhandelsgesellschaft, einer Kapitalgesellschaft oder eines sonstigen sowohl in § 1 Absatz 1 KStG als auch in § 124 Absatz 1 zweite Alternative i. V. m. § 3 Absatz 1 UmwG genannten Rechtsträgers auf eine bereits bestehende oder neu gegründete Kapitalgesellschaft;
bb) im Wege des Formwechsels einer Personenhandelsgesellschaft in eine Kapitalgesellschaft nach § 190 UmwG. Der Formwechsel wird ertragsteuerlich wie ein Rechtsträgerwechsel behandelt (vgl. § 25 UmwStG);
cc) im Wege der Einzelrechtsnachfolge
- durch Sacheinlage i. S. v. § 5 Absatz 4 GmbHG bzw. § 27 AktG bei der Gründung einer Kapitalgesellschaft oder
- durch Sachkapitalerhöhung aus Gesellschaftermitteln (vgl. § 56 GmbHG, §§ 183, 194, 205 AktG) bei einer bestehenden Kapitalgesellschaft.

Folge einer Einbringung eines Mitunternehmeranteils, u. a. im Wege der Einzelrechtsnachfolge kann auch eine Anwachsung (§ 738 BGB) sein. Bei einer Bargründung oder -kapitalerhöhung kann auch dann eine Sacheinlage vorliegen, wenn der Gesellschafter zusätzlich zu der Bareinlage gleichzeitig eine Verpflichtung übernimmt, als Aufgeld einen Betrieb, Teilbetrieb oder Mitunternehmeranteil in die Kapitalgesellschaft einzubringen (BFH vom 7.4.2010, I R 55/09, BStBl II S. 1094).

Eine Einbringung i. S. d. § 20 UmwStG liegt auch bei vergleichbaren ausländischen Vorgängen vor (vgl. Randnr. 01.20 ff.).   01.45

b) Austausch von Anteilen (§ 21 UmwStG)

Die Vorschriften über den Austausch von Anteilen an Kapitalgesellschaften oder Genossenschaften gegen Gewährung von Gesellschaftsrechten gelten insbesondere bei Übertragung: 01.46

aa) im Wege der Gesamtrechtsnachfolge

durch Ausgliederung von Vermögensteilen eines Einzelkaufmanns, einer Personenhandelsgesellschaft, einer Kapitalgesellschaft oder eines sonstigen sowohl in § 1 Absatz 1 KStG als auch in § 124 Absatz 1 zweite Alternative i. V. m. § 3 Absatz 1 UmwG genannten Rechtsträgers auf eine bereits bestehende oder neu gegründete Kapitalgesellschaft;

bb) im Wege der Einzelrechtsnachfolge

- durch Sacheinlage i. S. v. § 5 Absatz 4 GmbHG bzw. § 27 AktG bei der Gründung einer Kapitalgesellschaft oder
- durch Sachkapitalerhöhung aus Gesellschaftermitteln (vgl. § 56 GmbHG, §§ 183, 194, 205 AktG) bei einer bestehenden Kapitalgesellschaft.

Die Ausführungen zur Bargründung oder -kapitalerhöhung bei Einzelrechtsnachfolge gelten entsprechend (vgl. Randnr. 01.44).

c) Einbringung in eine Personengesellschaft (§ 24 UmwStG)

Die Einbringung eines Betriebs, Teilbetriebs oder Mitunternehmeranteils in eine Personengesellschaft nach § 24 UmwStG ist insbesondere möglich bei Übertragung: 01.47

Anlage 16
Umwandlung

aa) im Wege der Einzelrechtsnachfolge
- durch Aufnahme eines Gesellschafters in ein Einzelunternehmen gegen Geldeinlage oder Einlage anderer Wirtschaftsgüter. Aus Sicht des § 24 UmwStG bringt dabei der Einzelunternehmer seinen Betrieb in die neu entstehende Personengesellschaft ein;
- durch Einbringung eines Einzelunternehmens in eine bereits bestehende Personengesellschaft oder durch Zusammenschluss von mehreren Einzelunternehmen zu einer Personengesellschaft;
- durch Eintritt eines weiteren Gesellschafters in eine bestehende Personengesellschaft gegen Geldeinlage oder Einlage anderer Wirtschaftsgüter. Die bisherigen Gesellschafter der Personengesellschaft bringen in diesem Fall ihre Mitunternehmeranteile an der bisherigen Personengesellschaft in eine neue – durch den neu hinzutretenden Gesellschafter vergrößerte – Personengesellschaft ein. Der bloße Gesellschafterwechsel bei einer bestehenden Personengesellschaft – ein Gesellschafter scheidet aus, ein anderer erwirbt seine Anteile und tritt an seine Stelle – fällt nicht unter § 24 UmwStG;
- infolge Aufstockung eines bereits bestehenden Mitunternehmeranteils (Kapitalerhöhung) durch Geldeinlage oder Einlage anderer Wirtschaftsgüter. Die nicht an der Kapitalerhöhung teilnehmenden Gesellschafter der Personengesellschaft bringen in diesem Fall ihre Mitunternehmeranteile an der bisherigen Personengesellschaft in eine neue – durch die Kapitalerhöhung in den Beteiligungsverhältnissen veränderte – Personengesellschaft ein (BFH vom 25.4.2006, VIII R 52/04, BStBl II S. 847);
- indem die Gesellschafter einer Personengesellschaft I ihre Gesellschaftsanteile (Mitunternehmeranteile) in die übernehmende Personengesellschaft II gegen Gewährung von Gesellschaftsanteilen an dieser Gesellschaft einbringen und das Gesellschaftsvermögen der Personengesellschaft I der übernehmenden Personengesellschaft II anwächst (§ 738 BGB);

bb) im Wege der Gesamtrechtsnachfolge
- durch Verschmelzung von Personenhandels- oder Partnerschaftsgesellschaften nach §§ 2, 39 ff. UmwG auf Personenhandels- oder Partnerschaftsgesellschaften;
- durch Auf- oder Abspaltung von Personenhandels- oder Partnerschaftsgesellschaften nach § 123 Absatz 1 und 2 UmwG auf Personenhandels- oder Partnerschaftsgesellschaften;
- durch Ausgliederung aus Körperschaften, Personenhandelsgesellschaften, Partnerschaftsgesellschaften oder Einzelunternehmen auf Personenhandels- oder Partnerschaftsgesellschaften nach § 123 Absatz 3 UmwG.

§ 24 UmwStG ist nicht anzuwenden auf die formwechselnde Umwandlung einer Personenhandelsgesellschaft in eine Personengesellschaft sowie auf den Eintritt einer GmbH in eine bestehende Personengesellschaft ohne vermögensmäßige Beteiligung. In derartigen Fällen fehlt es an einem Übertragungsvorgang, so dass ein Gewinn i. S. d. § 16 EStG nicht entsteht und eine Wertaufstockung nicht möglich ist (BFH vom 21.6.1994, VIII R 5/92, BStBl II S. 856 und BFH vom 20.9.2007, IV R 70/05, BStBl 2008 II S. 265).

In den Fällen der unentgeltlichen Aufnahme einer natürlichen Person in ein Einzelunternehmen ist § 24 UmwStG für beide Mitunternehmer nicht anzuwenden (§ 6 Absatz 3 Satz 1 zweiter Halbsatz EStG).

01.48 Eine Einbringung i. S. d. § 24 UmwStG liegt auch bei vergleichbaren ausländischen Vorgängen vor (vgl. Randnr. 01.20 ff.).

II. Persönlicher Anwendungsbereich

1. Zweiter bis Fünfter Teil (§ 1 Absatz 2 UmwStG)

Für die Anwendung der §§ 3 bis 19 UmwStG müssen der übertragende Rechtsträger und der übernehmende Rechtsträger nach dem Recht eines EU-Mitgliedstaats oder eines EWR-Staats gegründet sein und ihren Sitz (§ 11 AO) sowie ihren Ort der Geschäftsleitung (§ 10 AO) in einem dieser Staaten haben (§ 1 Absatz 2 Satz 1 Nummer 1 UmwStG). Es ist nicht erforderlich, dass sich der Sitz (§ 11 AO) und der Ort der Geschäftsleitung (§ 10 AO) in ein und demselben EU-Mitgliedstaat oder EWR-Staat befinden. Beim Formwechsel i. S. d. § 1 Absatz 1 Satz 1 Nummer 2 UmwStG müssen die vorgenannten Voraussetzungen vom umwandelnden Rechtsträger erfüllt werden. 01.49

Der Begriff der Gesellschaft i. S. d. Artikels 54 AEUV (zuvor Artikel 48 EG) bzw. des Artikels 34 des EWR-Abkommens ist ein Begriff des Unionsrechts; es kommt insoweit nicht auf das nationale Recht an. Gesellschaften i. S. d. Artikels 54 AEUV (zuvor Artikel 48 EG) bzw. des Artikels 34 des EWR-Abkommens sind regelmäßig juristische Personen des privaten Rechts (z. B. AG und GmbH) und Personenvereinigungen (z. B. KG und OHG), ausgenommen diejenigen Gesellschaften, die keinen Erwerbszweck verfolgen (Artikel 54 Absatz 2 AEUV (zuvor Artikel 48 Absatz 2 EG), Artikel 34 Absatz 2 EWR-Abkommen). Einen Erwerbszweck in dem vorgenannten Sinne erfüllen regelmäßig die juristischen Personen des öffentlichen Rechts mit ihren Betrieben gewerblicher Art; der jeweilige Betrieb gewerblicher Art ist insofern als Gesellschaft i. S. d. Artikels 54 AEUV (zuvor Artikel 48 EG) bzw. des Artikels 34 des EWR-Abkommens anzusehen. 01.50

Ist übernehmender Rechtsträger eine natürliche Person, muss sich deren Wohnsitz (§ 8 AO) oder deren gewöhnlicher Aufenthalt (§ 9 AO) in einem EU-Mitgliedstaat oder EWR-Staat befinden und sie darf nicht aufgrund eines DBA mit einem dritten Staat als außerhalb des Hoheitsgebiets eines EU-Mitgliedstaats oder EWR-Staats ansässig gelten. 01.51

Die persönlichen Anwendungsvoraussetzungen müssen spätestens am steuerlichen Übertragungsstichtag vorliegen. Wurde ein an der Umwandlung beteiligter Rechtsträger im steuerlichen Rückwirkungszeitraum neu gegründet, ist für diesen Rechtsträger auf den Zeitpunkt der zivilrechtlichen Wirksamkeit der Gründung abzustellen. Bei einer Umwandlung zur Neugründung ist der Zeitpunkt der zivilrechtlichen Wirksamkeit der Umwandlung maßgebend. Zum Beginn der Steuerpflicht in diesen Fällen vgl. Randnr. 02.11. 01.52

2. Sechster bis Achter Teil (§ 1 Absatz 4 UmwStG)

Einbringender Rechtsträger bzw. übertragender Rechtsträger i. S. d. § 1 Absatz 4 UmwStG kann jede natürliche Person sein, die im Hoheitsgebiet eines EU-Mitgliedstaats oder EWR-Staats unbeschränkt steuerpflichtig und auch nach den mit Drittstaaten bestehenden DBA als innerhalb dieses Gebiets ansässig anzusehen ist. Darüber hinaus kann jede nach den Rechtsvorschriften eines EU-Mitgliedstaats oder EWR-Staats gegründete in- und ausländische Gesellschaft i. S. d. Artikels 54 AEUV (zuvor Artikel 48 EG) oder des Artikels 34 des EWR-Abkommens einbringender Rechtsträger, übertragender Rechtsträger oder umwandelnder Rechtsträger sein, wenn sich deren Sitz und Ort der Geschäftsleitung innerhalb des Hoheitsgebiets eines dieser Staaten befinden (§ 1 Absatz 4 Satz 1 Nummer 2, Absatz 2 Satz 1 Nummer 1 und 2 UmwStG). 01.53

Ist einbringender oder umwandelnder Rechtsträger eine Personengesellschaft, müssen die unmittelbaren bzw. mittelbaren Mitunternehmer die Voraussetzungen des § 1 Absatz 2 UmwStG erfüllen (§ 1 Absatz 4 Satz 1 Nummer 2 Buchstabe a Doppelbuchstabe aa UmwStG).

Ungeachtet dessen kann auch jede andere natürliche Person oder Gesellschaft einbringender Rechtsträger, übertragender Rechtsträger oder (bei Gesellschaften auch) umwandelnder Rechtsträger sein, wenn das deutsche Besteuerungsrecht an den erhaltenen

Anlage 16
Umwandlung

Anteilen nicht ausgeschlossen oder beschränkt ist (§ 1 Absatz 4 Satz 1 Nummer 2 Buchstabe b UmwStG).

Beispiel

Der im Drittstaat ansässige X unterhält eine inländische Betriebsstätte und bringt einen Teilbetrieb davon in die inländische D-GmbH gegen Gewährung von Anteilen ein. Die Anteile an der D-GmbH sind Betriebsvermögen der verbleibenden inländischen Betriebsstätte und dieser auch funktional zuzuordnen.

Lösung

Der Einbringende X ist zwar nicht im EU-/EWR-Raum ansässig und erfüllt damit nicht die Voraussetzungen des § 1 Absatz 4 Satz 1 Nummer 2 Buchstabe a Doppelbuchstabe bb UmwStG. Da die erhaltenen Anteile aber einem inländischen Betriebsvermögen zugeordnet werden, sind sie im Inland steuerverstrickt. Damit ist der Anwendungsbereich des § 20 UmwStG eröffnet (§ 1 Absatz 4 Satz 1 Nummer 2 Buchstabe b UmwStG).

Bei der Einbringung eines Betriebs gewerblicher Art ist die juristische Person des öffentlichen Rechts Einbringender.

01.54   Übernehmender Rechtsträger i. S. v. §§ 20, 21 UmwStG kann jede Kapitalgesellschaft oder Genossenschaft i. S. d. § 1 Absatz 1 Nummer 1 und 2 KStG sein. Dies gilt unabhängig davon, ob der übernehmende Rechtsträger unbeschränkt körperschaftsteuerpflichtig i. S. v. § 1 KStG ist. Voraussetzung für die Anwendbarkeit der §§ 20, 21 UmwStG ist jedoch nach § 1 Absatz 4 Satz 1 Nummer 1 und Absatz 2 Satz 1 Nummer 1 UmwStG, dass es sich um eine nach den Rechtsvorschriften eines EU-Mitgliedstaats oder eines EWR-Staats gegründete Gesellschaft i. S. d. Artikels 54 AEUV (zuvor Artikel 48 EG) oder des Artikels 34 des EWR-Abkommens handelt, deren Sitz und Ort der Geschäftsleitung sich innerhalb des Hoheitsgebiets eines dieser Staaten befinden. Dies gilt nicht in den Fällen des § 24 UmwStG (§ 1 Absatz 4 Satz 2 UmwStG).

01.55   Die persönlichen Anwendungsvoraussetzungen müssen spätestens am steuerlichen Übertragungsstichtag vorliegen. Randnr. 01.52 gilt entsprechend. Zum Wegfall der persönlichen Anwendungsvoraussetzungen i. S. v. § 1 Absatz 4 UmwStG vgl. Randnr. 22.27.

III. Begriffsbestimmungen

1. Richtlinien und Verordnungen (§ 1 Absatz 5 Nummer 1 bis 3 UmwStG)

01.56   Für die in § 1 Absatz 5 Nummer 1 bis 3 UmwStG genannten Vorschriften des sekundären Unionsrechts sind die jeweils zum Zeitpunkt des steuerlichen Übertragungsstichtags geltenden Fassungen maßgebend.

2. Buchwert (§ 1 Absatz 5 Nummer 4 UmwStG)

01.57   Der Buchwert ermittelt sich nach den am steuerlichen Übertragungsstichtag anwendbaren steuerrechtlichen Regelungen. Unmaßgeblich ist, ob der übernehmende oder übertragende Rechtsträger zu diesem Zeitpunkt eine Bilanz zu erstellen haben. Steuerliche Wahlrechte werden regelmäßig durch die umwandlungssteuergesetzlich vorgegebene Bewertungsobergrenze (gemeiner Wert) eingeschränkt. Der gemeine Wert kann unter dem Buchwert liegen.

Anlage 16
Umwandlung

B. Steuerliche Rückwirkung (§ 2 UmwStG)
I. Steuerlicher Übertragungsstichtag

Der steuerliche Übertragungsstichtag i. S. d. § 2 Absatz 1 UmwStG und der handelsrechtliche Umwandlungsstichtag sind nicht identisch. 02.01

1. Inländische Umwandlungen
a) Verschmelzung, Auf-, Abspaltung und Vermögensübertragung

Der handelsrechtliche Umwandlungsstichtag ist der Zeitpunkt, von dem an die Handlungen des übertragenden Rechtsträgers als für Rechnung des übernehmenden Rechtsträgers vorgenommen gelten (vgl. z. B. bei Verschmelzung § 5 Absatz 1 Nummer 6 UmwG oder bei Auf- und Abspaltung § 126 Absatz 1 Nummer 6 UmwG). Der übertragende Rechtsträger hat auf den Schluss des Tages, der dem Umwandlungsstichtag vorangeht, eine handelsrechtliche Schlussbilanz aufzustellen (§ 17 Absatz 2 UmwG). Steuerlicher Übertragungsstichtag ist der Tag, auf den der übertragende Rechtsträger die handelsrechtliche Schlussbilanz aufzustellen hat. 02.02

Beispiel:

Stichtag der handelsrechtlichen Schlussbilanz	31.12.01
handelsrechtlicher Umwandlungsstichtag	1.1.02
steuerlicher Übertragungsstichtag	31.12.01

Nach § 17 Absatz 2 UmwG darf das Registergericht die Verschmelzung nur eintragen, wenn die Bilanz auf einen höchstens acht Monate vor der Anmeldung liegenden Stichtag aufgestellt worden ist. Die Vorschrift gilt für die Auf- und Abspaltung (§ 125 UmwG) sowie die Vermögensübertragung (§§ 176, 177 UmwG) entsprechend. 02.03

Steuerlich sind das Einkommen und das Vermögen der übertragenden Körperschaft sowie des übernehmenden Rechtsträgers so zu ermitteln, als ob das Vermögen der übertragenden Körperschaft mit Ablauf des steuerlichen Übertragungsstichtags ganz oder teilweise auf den übernehmenden Rechtsträger übergegangen wäre (§ 2 Absatz 1 UmwStG). Weitergehende Wirkungen entfaltet die steuerliche Rückwirkungsfiktion nicht. Sie gilt insbesondere nicht für den Anteilseigner der übertragenden Körperschaft, sofern dieser nicht gleichzeitig übernehmender Rechtsträger ist (BFH vom 7.4.2010, I R 96/08, BStBl 2011 II S. 467). Sie gilt auch nicht für die Rechtsbeziehungen gegenüber Rechtsträgern, an denen die übertragende Körperschaft beteiligt ist, oder gegenüber sonstigen Dritten.

Anders als für den Rückbezug nach § 20 Absatz 6 UmwStG besteht für die Anwendung des § 2 UmwStG kein Wahlrecht (BFH vom 22.9.1999, II R 33/97, BStBl 2000 II S. 2).

Ist übernehmender Rechtsträger eine Personengesellschaft, gilt die steuerliche Rückwirkungsfiktion auch für das Einkommen und das Vermögen der Gesellschafter (§ 2 Absatz 2 UmwStG).

Der Übertragungsgewinn oder -verlust entsteht stets mit Ablauf des steuerlichen Übertragungsstichtags. Dies gilt nach § 2 Absatz 1 i. V. m. § 4 Absatz 1, § 5 Absatz 1 bis 3 UmwStG auch für das Übernahmeergebnis i. S. d. § 4 Absatz 4 bis 6 UmwStG sowie nach § 2 Absatz 2 UmwStG für die Einnahmen i. S. d. § 7 UmwStG i. V. m. § 20 Absatz 1 Nummer 1 EStG. Die Besteuerung des Übertragungsgewinns oder -verlusts, des Übernahmeergebnisses i. S. d. § 4 Absatz 4 bis 6 UmwStG sowie der Einnahmen i. S. d. § 20 Absatz 1 Nummer 1 EStG erfolgt in dem Veranlagungszeitraum, in dem das Wirtschaftsjahr endet, in das der steuerliche Übertragungsstichtag fällt. 02.04

Anlage 16

Umwandlung

Beispiel:

Die X-GmbH und die Y-GmbH werden handelsrechtlich zum 1.10.01 auf die bereits bestehende XY-OHG verschmolzen. Alle Gesellschaften haben ein vom Kalenderjahr abweichendes Wirtschaftsjahr (1.7.-30.6.). Anteilseigner der beiden Gesellschaften sind die jeweils i. S. d. § 17 EStG wesentlich beteiligten Gesellschafter-Geschäftsführer X und Y, die auch Mitunternehmer der XY-OHG sind. Während des gesamten Zeitraums erhalten X und Y Geschäftsführervergütungen von der X-GmbH bzw. Y-GmbH.

Lösung:

X-GmbH und Y-GmbH:

Die X-GmbH und die Y-GmbH haben zum 30.9.01 jeweils eine steuerliche Schlussbilanz zu erstellen. Da der steuerliche Übertragungsstichtag nicht auf das Ende des Wirtschaftsjahrs fällt, entsteht jeweils ein zum 30.9.01 endendes Rumpfwirtschaftsjahr (vgl. Randnr. 03.01). Das Vermögen gilt nach § 2 Absatz 1 UmwStG steuerlich als mit Ablauf des 30.9.01 übergegangen.

Der Übertragungsgewinn/-verlust ist nach § 2 Absatz 1 UmwStG i. V. m. § 4a Absatz 2 Nummer 2 EStG dem Veranlagungszeitraum 01 zuzurechnen.

XY-OHG:

Die Ermittlung des Übernahmeergebnisses erfolgt nach § 5 Absatz 2 i. V. m. § 4 UmwStG auf der Ebene des übernehmenden Rechtsträgers und führt damit zu Einkünften i. S. d. § 15 Absatz 1 Satz 1 Nummer 2 EStG. Infolge der Einlagefiktion werden Einnahmen i. S. d. § 7 UmwStG i. V. m. § 20 Absatz 1 Nummer 1 EStG i. R. d. gesonderten und einheitlichen Feststellung der XY-OHG erfasst.

Da der steuerliche Übertragungsstichtag im Wirtschaftsjahr 1.7.01 bis 30.6.02 des übernehmenden Rechtsträgers liegt, sind das Übernahmeergebnis i. S. d. § 4 UmwStG sowie die Einnahmen i. S. d. § 7 UmwStG nach § 2 Absatz 1 UmwStG i. V. m. § 4a Absatz 2 Nummer 2 EStG dem Veranlagungszeitraum 02 zuzurechnen.

Nach § 2 Absatz 1 UmwStG erhöhen die für den Zeitraum nach dem 30.9.01 geleisteten Geschäftsführervergütungen den Gewinn der XY-OHG nach § 15 Absatz 1 Satz 1 Nummer 2 EStG des Veranlagungszeitraums 02.

X und Y:

Infolge des § 2 Absatz 2 UmwStG gilt die Rückwirkungsfiktion auch für die bisher im Veranlagungszeitraum 01 von X und Y nach § 19 EStG für den Zeitraum 1.10.01 bis 31.12.01 erfassten Geschäftsführervergütungen. Diese sind als Einkünfte nach § 15 Absatz 1 Satz 1 Nummer 2 EStG im Veranlagungszeitraum 02 zu erfassen. Die infolge der Einlagefiktion i. R. d. gesonderten und einheitlichen Feststellung der XY-OHG erfassten Einnahmen i. S. d. § 7 UmwStG i. V. m. § 20 Absatz 1 Nummer 1 EStG werden ebenfalls im Veranlagungszeitraum 02 erfasst.

b) Formwechsel

02.05 Mangels eines handelsrechtlichen Übertragungsvorgangs enthält § 9 UmwStG für den Formwechsel eine eigenständige steuerliche Rückwirkungsregelung.

02.06 Nach § 9 Satz 3 UmwStG können die steuerliche Schlussbilanz sowie die steuerliche Eröffnungsbilanz für einen Stichtag aufgestellt werden, der höchstens acht Monate vor der Anmeldung des Formwechsels zur Eintragung in das zuständige Register liegt. Das Einkommen und das Vermögen der Kapital- bzw. der Personengesellschaft sowie der Gesellschafter der Personengesellschaft sind so zu ermitteln, als ob das Vermögen der Kapitalgesellschaft mit Ablauf dieses Stichtags auf die Personengesellschaft übergegangen wäre. Randnr. 02.03 und 02.04 gelten entsprechend.

Anlage 16
Umwandlung

2. Vergleichbare ausländische Vorgänge

Bei ausländischen Umwandlungsvorgängen (vgl. Randnr. 01.20 ff.) gelten Randnr. 02.01 – 02.06 entsprechend. Der handelsrechtliche Umwandlungsstichtag kann z. B. bei einer Verschmelzung regelmäßig dem Verschmelzungsvertrag oder -plan (vgl. Randnr. 01.31) entnommen werden. 02.07

Für den Formwechsel einer ausländischen Kapitalgesellschaft in eine ausländische Personengesellschaft gilt ebenfalls die steuerliche Rückwirkungsregelung des § 9 UmwStG. Der maßgebende Rückbeziehungszeitraum ergibt sich aus § 9 Satz 3 UmwStG (vgl. Randnr. 09.02). 02.08

II. Steuerliche Rückwirkung
1. Rückwirkungsfiktion
a) Grundsatz

§ 2 UmwStG enthält eine Ausnahme von dem allgemeinen Grundsatz, dass Rechtsvorgänge mit steuerlicher Wirkung nicht rückbezogen werden können. 02.09

Der übertragende Rechtsträger besteht zivilrechtlich in der Zeit zwischen dem steuerlichen Übertragungsstichtag und der Eintragung der Umwandlung in das Handelsregister oder das jeweils im Ausland zuständige öffentliche Register (Rückwirkungszeitraum) fort. Steuerlich werden dem übertragenden Rechtsträger jedoch – soweit die Rückwirkungsfiktion vorbehaltlich des § 2 Absatz 3 UmwStG greift – kein Einkommen und kein Vermögen mehr zugerechnet. Zur Behandlung von Gewinnausschüttungen im Rückwirkungszeitraum an Anteilseigner, für die die Rückwirkungsfiktion nicht gilt, vgl. z. B. Randnr. 02.34. 02.10

Die steuerlichen Rückwirkungsfiktionen in § 2 Absatz 1 und § 9 Satz 3 UmwStG setzen nicht voraus, dass der übernehmende Rechtsträger zum steuerlichen Übertragungsstichtag bereits zivilrechtlich besteht. So ist z. B. eine rückwirkende Verschmelzung durch Aufnahme (§§ 4 ff., 39 ff. UmwG) möglich, auch wenn die aufnehmende Gesellschaft am steuerlichen Übertragungsstichtag zivilrechtlich noch nicht besteht. Die Steuerpflicht eines neu gegründeten übernehmenden Rechtsträgers beginnt unabhängig von der zivilrechtlichen Entstehung mit Ablauf des steuerlichen Übertragungsstichtags. 02.11

Bei Übertragung des Vermögens auf eine Personengesellschaft gelten die Rückwirkungsfiktionen in § 2 Absatz 1 und § 9 Satz 3 UmwStG auch für deren Gesellschafter (§ 2 Absatz 2 UmwStG). 02.12

Beispiel:

An der XY-GmbH sind die im Ausland ansässigen Gesellschafter-Geschäftsführer A und B zu je 50 % beteiligt. Die XY-GmbH wird in die XY-OHG formwechselnd umgewandelt. Die XY-GmbH erstellt zum 31.12.01 eine Schlussbilanz und die XY-OHG eine Eröffnungsbilanz.

Lösung:

Der XY-GmbH werden mit Ablauf des 31.12.01 kein Einkommen und kein Vermögen mehr zugerechnet. Zum selben Zeitpunkt werden nach § 2 Absatz 1 UmwStG die Gewerbesteuerpflicht der XY-OHG sowie nach § 2 Absatz 2 UmwStG die beschränkte Einkommensteuerpflicht von A und B als Mitunternehmer der XY-OHG begründet.

Ist der Gesellschafter wiederum eine Personengesellschaft, ist insoweit auf die dahinter stehenden Gesellschafter abzustellen.

Ab dem handelsrechtlichen Umwandlungsstichtag (vgl. Randnr. 02.02) gelten die Handlungen des übertragenden Rechtsträgers als für Rechnung des übernehmenden Rechtsträgers vorgenommen. Die Geschäftsvorfälle im Rückwirkungszeitraum und das Einkommen werden steuerlich dem übernehmenden Rechtsträger zugerechnet. Die Rückwir- 02.13

kungsfiktion betrifft lediglich die Zuordnung des Einkommens und des Vermögens des übertragenden Rechtsträgers.

In den Fällen der Verschmelzung werden Liefer- und Leistungsbeziehungen zwischen dem übertragenden und dem übernehmenden Rechtsträger im Rückwirkungszeitraum für ertragsteuerliche Zwecke nicht berücksichtigt. Soweit nicht ausdrücklich in § 2 Absatz 2 UmwStG etwas anderes bestimmt ist, bleibt die steuerrechtliche Behandlung Dritter, z. B. der Anteilseigner, mit ihren von der übertragenden Körperschaft bezogenen Einkünften von der Rückwirkungsfiktion unberührt (vgl. Randnr. 02.03).

In den Fällen der Auf-, Abspaltung und Ausgliederung hat die Zuordnung von Aufwendungen und Erträgen im Rückwirkungszeitraum zwischen dem übertragenden Rechtsträger und dem übernehmenden Rechtsträger oder den übernehmenden Rechtsträgern nach wirtschaftlichen Zusammenhängen zu erfolgen. Die Rückwirkungsfiktion führt hierbei jedoch nicht dazu, dass im Verhältnis zwischen dem übertragenden und dem übernehmenden Rechtsträger oder zwischen den übernehmenden Rechtsträgern Liefer- und Leistungsbeziehungen fingiert werden.

02.14 Für das Vorliegen eines Teilbetriebs kommt es auf die Verhältnisse zum steuerlichen Übertragungsstichtag an. Zu den Teilbetriebsvoraussetzungen im Einzelnen vgl. Randnr. 15.02 ff.

02.15 Das Vorliegen eines Besteuerungsrechts kann nicht rückwirkend fingiert werden. Für die Prüfung des Ausschlusses oder der Beschränkung des deutschen Besteuerungsrechts ist auf die tatsächlichen Verhältnisse zum Zeitpunkt des steuerlichen Übertragungsstichtags abzustellen.

02.16 Der Eintritt der Wirksamkeit einer Umwandlung, deren steuerliche Wirkungen nach § 2 UmwStG zurückbezogen werden, stellt ein rückwirkendes Ereignis i. S. d. § 175 Absatz 1 Satz 1 Nummer 2 AO dar. Steuer- und Feststellungsbescheide der übertragenden Körperschaft sowie Feststellungsbescheide von Mitunternehmerschaften, an denen die übertragende Körperschaft unmittelbar oder mittelbar beteiligt ist, sind ggf. dementsprechend zu ändern.

b) Keine Rückwirkungsfiktion für ausscheidende und abgefundene Anteilseigner

02.17 Die Rückwirkungsfiktion des § 2 Absatz 1 UmwStG betrifft grundsätzlich nur den übertragenden sowie den übernehmenden Rechtsträger und z. B. nicht den Anteilseigner der übertragenden Körperschaft, sofern er nicht auch der übernehmende Rechtsträger ist (vgl. Randnr. 02.03). Bei einer Personengesellschaft als übernehmender Rechtsträger gilt darüber hinaus nach § 2 Absatz 2 UmwStG die Rückwirkungsfiktion auch für die Gesellschafter der übernehmenden Personengesellschaft. Maßgebend ist dabei der Umfang der Beteiligung des Anteilseigners zum Zeitpunkt der Wirksamkeit der Umwandlung (vgl. im Folgenden Randnr. 02.21). Diese Grundsätze gelten für die Rückwirkungsfiktion nach § 9 Satz 3 UmwStG entsprechend (vgl. Randnr. 02.06).

02.18 Von der Rückwirkung nach § 2 Absatz 2 UmwStG sind die Anteilseigner der übertragenden Körperschaft ausgenommen, sofern sie oder im Erbfall deren Gesamtrechtsnachfolger nicht Gesellschafter der übernehmenden Personengesellschaft werden.

Beispiel:

Die XY-GmbH soll zum 1.1.02 auf die XY-KG verschmolzen werden. Anteilseigner und Mitunternehmer sind A und B zu je 50 %. Der Umwandlungsbeschluss erfolgte im April 02. Die Anmeldung der Umwandlung zum Handelsregister erfolgte im Mai 02 und die Eintragung im Juli 02.

A verstirbt am 30.6.02. Alleinerbin ist seine Ehefrau.

Anlage 16
Umwandlung

Lösung:
Das Vermögen des Erblassers geht auf die Ehefrau im Wege der Gesamtrechtsnachfolge über. Für ertragsteuerliche Zwecke gilt insoweit auch für die Ehefrau die Rückwirkungsfiktion nach § 2 Absatz 2 UmwStG, da die Ehefrau mit Eintragung der Umwandlung Gesellschafterin des übernehmenden Rechtsträgers, der XY-KG, wird.

Für erbschaftsteuerliche Zwecke gilt die Rückwirkungsfiktion nicht (vgl. Randnr. 01.01).

Die Rückwirkungsfiktion des § 2 Absatz 2 UmwStG gilt nicht für diejenigen Anteilseigner, die in der Zeit zwischen dem steuerlichen Übertragungsstichtag und der Eintragung der Umwandlung in das zuständige Register (Rückwirkungszeitraum) ganz oder teilweise aus der übertragenden Körperschaft (z. B. durch entgeltliche oder unentgeltliche Übertragung) ausscheiden. Soweit sie ausscheiden, sind sie bis zu ihrem Ausscheiden für steuerliche Zwecke als Anteilseigner der übertragenden Körperschaft zu behandeln.

Die vorstehenden Ausführungen gelten auch für Anteilseigner, die aus dem umgewandelten Rechtsträger gegen Barabfindung ausscheiden. Bei Verschmelzung, Auf-, Abspaltung oder Formwechsel eines Rechtsträgers hat der übernehmende Rechtsträger bzw. umgewandelte Rechtsträger jedem Anteilseigner, der gegen den Umwandlungsbeschluss des übertragenden oder umgewandelten Rechtsträgers Widerspruch eingelegt hat, den Erwerb seiner Anteile gegen eine angemessene Barabfindung anzubieten (§§ 29, 125 und 207 UmwG). Der abgefundene Anteilseigner scheidet handelsrechtlich erst nach der Eintragung in das jeweils zuständige Register und damit aus dem zivilrechtlich bereits bestehenden übernehmenden bzw. umgewandelten Rechtsträger aus. Steuerlich ist er jedoch so zu behandeln, als ob er nicht Gesellschafter des übernehmenden bzw. umgewandelten Rechtsträgers geworden und damit aus dem übertragenden Rechtsträger ausgeschieden ist. 02.19

2. Steuerliche Behandlung von im Rückwirkungszeitraum ausscheidenden und neu eintretenden Anteilseignern

a) Vermögensübergang auf eine Personengesellschaft oder natürliche Person

Veräußert ein Anteilseigner einen Teil seiner Beteiligung an der übertragenden Körperschaft, für den bei ihm die Rückwirkungsfiktion des § 2 Absatz 2 UmwStG insoweit nicht gilt (vgl. Randnr. 02.17 ff.), überträgt er Anteile an einer Körperschaft und keinen Mitunternehmeranteil. Der Veräußerungsgewinn ist beim Anteilseigner nach den für die Veräußerung von Anteilen an Körperschaften geltenden steuerlichen Vorschriften (z. B. § 17 Absatz 1 oder § 20 Absatz 2 Satz 1 Nummer 1 EStG) zu beurteilen. Für die persönliche Zurechnung der Bezüge i. S. d. § 7 UmwStG kommt es auf die Verhältnisse im Zeitpunkt der Wirksamkeit der Umwandlung an, so dass bezogen auf diese Anteile dem Veräußerer keine Bezüge i. S. d. § 7 UmwStG zuzurechnen sind (vgl. Randnr. 07.02). 02.20

Der Erwerber der Anteile wird mit Eintragung der Umwandlung Gesellschafter der übernehmenden Personengesellschaft, so dass für ihn die Rückwirkungsfiktion des § 2 Absatz 2 UmwStG insoweit zur Anwendung kommt. Für ihn ist das Übernahmeergebnis nach § 4 Absatz 4 bis 6 i. V. m. § 5 Absatz 2 und 3 UmwStG zu ermitteln und ihm sind auch insoweit die Bezüge i. S. d. § 7 UmwStG zuzurechnen. 02.21

Beispiel:
A ist Alleingesellschafter der X-GmbH und hält seine Anteile im Privatvermögen. Die X-GmbH wird steuerlich rückwirkend zum 31.12.00 auf die bereits bestehende Y-OHG verschmolzen. Die Eintragung im Handelsregister erfolgt am 15.6.01. A veräußert am 1.3.01 die Hälfte seiner Beteiligung an der X-GmbH an B. Beim Erwerber gehört die Beteiligung zum Betriebsvermögen.

A und B sind Geschäftsführer der X-GmbH und erzielen im Rückwirkungszeitraum hierfür bisher Einkünfte i. S. d. § 19 Absatz 1 Satz 1 Nummer 1 EStG.

455

Anlage 16

Umwandlung

Lösung:
Soweit A seinen Anteil an der X-GmbH veräußert, findet § 2 Absatz 2 UmwStG keine Anwendung. A veräußert insoweit eine Beteiligung an einer Kapitalgesellschaft.

B erwirbt ungeachtet der Rückwirkungsfiktion einen Anteil an einer Kapitalgesellschaft. Gem. § 5 Absatz 3 UmwStG gilt dieser Anteil als mit den Anschaffungskosten am steuerlichen Übertragungsstichtag (hier: 31.12.00) in das Betriebsvermögen der Personengesellschaft überführt. Das Übernahmeergebnis sowie die Bezüge i. S. d. § 7 UmwStG sind insoweit dem Erwerber anteilig zum steuerlichen Übertragungsstichtag zuzurechnen.

Hinsichtlich ihrer Beteiligungen gilt für A und B die Rückwirkungsfiktion nach § 2 Absatz 2 UmwStG mit der Folge, dass die im Rückwirkungszeitraum erzielten Geschäftsführergehälter als Einkünfte i. S. d. § 15 Absatz 1 Satz 1 Nummer 2 zweiter Halbsatz EStG zu erfassen sind.

02.22 Werden die Anteile von der übernehmenden Personengesellschaft oder natürlichen Person erworben, ist das Übernahmeergebnis nach § 4 Absatz 4 bis 6 UmwStG so zu ermitteln, als hätte die übernehmende Personengesellschaft bzw. die natürliche Person die Anteile bereits am steuerlichen Übertragungsstichtag angeschafft (vgl. § 5 Absatz 1 UmwStG). Diese Anteile gelten damit als innerhalb von fünf Jahren vor dem steuerlichen Übertragungsstichtag i. S. d. § 4 Absatz 6 Satz 6 UmwStG erworben.

b) Vermögensübergang auf eine Körperschaft

02.23 Veräußert ein Anteilseigner, für den die Rückwirkungsfiktion des § 2 Absatz 1 UmwStG nicht gilt (vgl. Randnr. 02.03), seine Beteiligung an der übertragenden Körperschaft, ist die Veräußerung steuerlich nach den allgemeinen Grundsätzen zu beurteilen (z. B. § 17 Absatz 1 oder § 20 Absatz 2 Satz 1 Nummer 1 EStG). Die Besteuerungsfolgen beim Veräußerer treten zum Zeitpunkt des Übergangs des wirtschaftlichen Eigentums i. S. d. § 39 AO ein. Für die Besteuerung des Erwerbers gilt grundsätzlich § 13 UmwStG, soweit es sich bei dem Erwerber nicht um den übernehmenden Rechtsträger handelt (vgl. Randnr. 02.24).

02.24 Erwirbt die übernehmende Körperschaft im Rückwirkungszeitraum Anteile an der übertragenden Körperschaft, gelten diese von der übernehmenden Körperschaft als am steuerlichen Übertragungsstichtag erworben (§ 12 Absatz 2 Satz 3 i. V. m. § 5 Absatz 1 UmwStG). Die Besteuerungsfolgen beim Veräußerer treten, da für ihn § 12 Absatz 2 Satz 3 i. V. m. § 5 Absatz 1 UmwStG nicht gilt, zum Zeitpunkt des Übergangs des wirtschaftlichen Eigentums i. S. d. § 39 AO ein. Die Ermittlung und Besteuerung des Übernahmeergebnisses ergibt sich gem. § 12 Absatz 2 Satz 1 und 2 UmwStG mit Wirkung zum steuerlichen Übertragungsstichtag.

3. Steuerliche Behandlung von Gewinnausschüttungen

a) Vermögensübergang auf eine Personengesellschaft oder natürliche Person

aa) Ausschüttungen, die vor dem steuerlichen Übertragungsstichtag abgeflossen sind

- **Übertragende Körperschaft**

02.25 Die im letzten Wirtschaftsjahr der übertragenden Körperschaft (= Wirtschaftsjahr der Umwandlung) vorgenommenen Ausschüttungen (u. a. abgeflossene Vorabausschüttungen, abgeflossene verdeckte Gewinnausschüttungen) haben das Betriebsvermögen der übertragenden Körperschaft zum steuerlichen Übertragungsstichtag und damit auch das übergehende Vermögen bereits verringert.

Anlage 16
Umwandlung

- **Zuflusszeitpunkt und Besteuerung beim Anteilseigner**

Die Ausschüttungen sind beim Anteilseigner als Einnahmen i. S. d. § 20 Absatz 1 Nummer 1 EStG zu erfassen und unterliegen der Besteuerung nach den allgemeinen Grundsätzen (z. B. § 3 Nummer 40 oder § 32d EStG, § 8b KStG). Für den Zufluss beim Anteilseigner gelten die gemeinen Grundsätze.

02.26

bb) *Ausschüttungen, die nach dem steuerlichen Übertragungsstichtag abgeflossen sind*

(1) Vor dem steuerlichen Übertragungsstichtag begründete Ausschüttungsverbindlichkeiten

- **Übertragende Körperschaft**

Am steuerlichen Übertragungsstichtag bereits beschlossene, aber noch nicht vollzogene offene Gewinnausschüttungen sowie noch nicht abgeflossene verdeckte Gewinnausschüttungen sind in der steuerlichen Schlussbilanz als Schuldposten (z. B. als Ausschüttungsverbindlichkeit oder als passivierte Tantieme) zu berücksichtigen. Das gilt sowohl für offene Gewinnausschüttungen als auch für beschlossene Vorabausschüttungen für das letzte oder frühere Wirtschaftsjahre der übertragenden Körperschaft und auch für verdeckte Gewinnausschüttungen, die erst im Rückwirkungszeitraum oder später abfließen.

02.27

Ausschüttungen, für die ein Schuldposten gebildet worden ist, gelten unabhängig vom Zuflusszeitpunkt beim Anteilseigner (vgl. Randnr. 02.28 f.) für Zwecke der Anwendung des § 27 KStG als am steuerlichen Übertragungsstichtag abgeflossen.

Die Steuerbescheinigung i. S. d. § 27 Absatz 3 KStG ist von der übertragenden Körperschaft oder dem übernehmenden Rechtsträger als deren steuerlicher Rechtsnachfolger (§ 4 Absatz 2 Satz 1 UmwStG) auszustellen.

- **Zuflusszeitpunkt und Besteuerung beim Anteilseigner**

Für die Besteuerung der Ausschüttungen beim Anteilseigner ist für den Besteuerungszeitpunkt der in der steuerlichen Schlussbilanz als Schuldposten passivierten Ausschüttungsverbindlichkeiten (vgl. Randnr. 02.27) grundsätzlich zu unterscheiden, ob sie Anteilseigner betreffen, für die die Rückwirkungsfiktion gilt oder nicht gilt:

02.28

– Anteilseigner, die unter die Rückwirkungsfiktion fallen:

Bei Ausschüttungsverbindlichkeiten gegenüber Anteilseignern, für die die Rückwirkungsfiktion Anwendung findet (vgl. Randnr. 02.03 und 02.17), gelten diese Ausschüttungen dem Anteilseigner nach § 2 Absatz 2 UmwStG bereits als am steuerlichen Übertragungsstichtag zugeflossen; der Ausweis einer Ausschüttungsverbindlichkeit in der steuerlichen Schlussbilanz bleibt hiervon unberührt. Für eine natürliche Person als übernehmender Rechtsträger gilt dies nach § 2 Absatz 1 UmwStG.

Für Anteilseigner, für die ein Übernahmeergebnis nach § 4 UmwStG ermittelt wird (vgl. § 4 Absatz 4 Satz 3 UmwStG), sind die Ausschüttungen als Einkünfte nach § 15 Absatz 1 Satz 1 Nummer 2 EStG i. V. m. § 20 Absatz 1 Nummer 1, Absatz 8 EStG zu erfassen und nach den allgemeinen Grundsätzen zu besteuern (§ 3 Nummer 40 EStG oder § 8b KStG). Für Anteilseigner, für die kein Übernahmeergebnis zu ermitteln ist, sind die Ausschüttungen als Einkünfte nach § 20 Absatz 1 Nummer 1 EStG zu erfassen und nach den allgemeinen Grundsätzen zu versteuern (§ 3 Nummer 40 EStG a. F. oder bei Zufluss nach dem 31.12.2008 § 32d, § 43 Absatz 5 EStG).

– Anteilseigner, die nicht unter die Rückwirkungsfiktion fallen:

Bei Ausschüttungsverbindlichkeiten gegenüber Anteilseignern, für die die Rückwirkungsfiktion nach § 2 Absatz 2 UmwStG nicht gilt (vgl. Randnr. 02.03 und 02.17 ff.), sind die Ausschüttungen nach den allgemeinen Grundsätzen als Einnahmen i. S. d.

Anlage 16

Umwandlung

§ 20 Absatz 1 Nummer 1 EStG zu erfassen und zu besteuern (z. B. § 3 Nummer 40 EStG oder § 8b KStG bzw. bei Zufluss nach dem 31.12.2008 auch § 32d, § 43 Absatz 5 EStG).

02.29 Veräußert ein Anteilseigner nur einen Teil seiner Anteile, sind Gewinnausschüttungen bezogen auf die verbliebenen und veräußerten Anteile entsprechend dem gesamten Beteiligungsverhältnis dieses Anteilseigners aufzuteilen und entsprechend den vorstehenden Grundsätzen zu beurteilen.

- **Behandlung beim übernehmenden Rechtsträger**

02.30 Beim übernehmenden Rechtsträger stellt der Abfluss der Gewinnausschüttung im Rückwirkungszeitraum grundsätzlich eine erfolgsneutrale Erfüllung einer Ausschüttungsverbindlichkeit dar. Die übernehmende Personengesellschaft oder natürliche Person ist als steuerlicher Rechtsnachfolger des übertragenden Rechtsträgers (§ 4 Absatz 2 Satz 1 UmwStG) zur Einbehaltung und Abführung der Kapitalertragsteuer nach den allgemeinen Grundsätzen verpflichtet (vgl. §§ 43 ff. EStG):

– Anteilseigner, die unter die Rückwirkungsfiktion fallen:

Bei Ausschüttungsverbindlichkeiten an Anteilseigner, die unter die steuerliche Rückwirkungsfiktion fallen (vgl. Randnr. 02.03 und 02.17), gelten diese Ausschüttungen infolge der Wirksamkeit der Umwandlung als am steuerlichen Übertragungsstichtag zugeflossen. Für die Anwendung des § 44 Absatz 1 Satz 2 EStG gelten sie spätestens mit Eintritt der Wirksamkeit der Umwandlung als zugeflossen.

– Anteilseigner, die nicht unter die Rückwirkungsfiktion fallen:

Bei in der steuerlichen Schlussbilanz ausgewiesenen Ausschüttungsverbindlichkeiten für nicht an der Rückwirkungsfiktion teilnehmende Anteilseigner (vgl. Randnr. 02.03 und 02.17 ff.) ist die Kapitalertragsteuer in dem Zeitpunkt, zu dem die Einnahmen i. S. d. § 20 Absatz 1 Nummer 1 EStG dem Gläubiger i. S. d. § 44 Absatz 1 Satz 2 EStG zufließen, von dem übernehmenden Rechtsträger als steuerlicher Rechtsnachfolger des übertragenden Rechtsträgers (§ 4 Absatz 2 Satz 1 UmwStG) einzubehalten und abzuführen, soweit dieser die Kapitalertragsteuer nicht bereits nach allgemeinen Grundsätzen einbehalten und abgeführt hat.

(2) Nach dem steuerlichen Übertragungsstichtag beschlossene Gewinnausschüttungen sowie verdeckte Gewinnausschüttungen und andere Ausschüttungen im Rückwirkungszeitraum sowie offene Rücklagen i. S. d. § 7 UmwStG

02.31 Offene oder verdeckte Gewinnausschüttungen der zivilrechtlich noch bestehenden übertragenden Körperschaft im Rückwirkungszeitraum sind steuerlich – trotz der Rückwirkungsfiktion des § 2 Absatz 1 UmwStG – im Grundsatz weiterhin Ausschüttungen des übertragenden Rechtsträgers, da die Rückwirkungsfiktion des § 2 Absatz 1 UmwStG nicht den Anteilseigner und somit die von der übertragenden Körperschaft bezogenen Ausschüttungen betrifft (vgl. Randnr. 02.03). Insoweit ist für diese Ausschüttungen ein passiver Korrekturposten in die steuerliche Schlussbilanz einzustellen, der wie eine Ausschüttungsverbindlichkeit (vgl. Randnr. 02.27) wirkt. Der steuerliche Gewinn der übertragenden Körperschaft mindert sich hierdurch nicht. Er ist ggf. außerhalb der steuerlichen Schlussbilanz entsprechend zu korrigieren. Das nach Vornahme dieser Korrektur in der steuerlichen Schlussbilanz verbliebene Eigenkapital stellt die Ausgangsgröße für die Ermittlung der offenen Rücklagen i. S. d. § 7 UmwStG dar (vgl. Randnr. 07.04). Bei der Zurechnung der offenen Rücklagen i. S. d. § 7 UmwStG gegenüber einem im Rückwirkungszeitraum neu eintretenden Gesellschafter sind die Ausschüttungen an Anteilseigner, für die die Rückwirkungsfiktion gilt, vorweg zu berücksichtigen (rückbezogene Ausschüttungen; vgl. Randnr. 02.33 und 07.06).

Anlage 16
Umwandlung

Die Bildung eines passiven Korrekturpostens i. S. d. Randnr. 02.31 kommt insoweit nicht für Ausschüttungen an Anteilseigner in Betracht, soweit für sie die Rückwirkungsfiktion gilt. Dies ist der Fall, wenn

- der Anteilseigner i. S. d. § 20 Absatz 5 EStG der übertragenden Körperschaft auch der übernehmende Rechtsträger ist (bei Verschmelzung auf eine natürliche Person) oder
- der Anteilseigner Gesellschafter der übernehmenden Personengesellschaft wird.

Im ersten Fall gilt die steuerliche Rückwirkungsfiktion nach § 2 Absatz 1 UmwStG und im zweiten Fall nach § 2 Absatz 2 UmwStG auch für den Anteilseigner der übertragenden Körperschaft, so dass es sich insoweit steuerlich nicht um Einnahmen i. S. d. § 20 Absatz 1 Nummer 1 EStG, sondern um Entnahmen i. S. d. § 4 Absatz 1 Satz 2 EStG der übernehmenden natürlichen Person oder des jeweiligen Gesellschafters handelt. Davon unberührt bleibt eine Zurechnung von Bezügen i. S. d. § 7 UmwStG i. V. m. § 20 Absatz 1 Nummer 1 EStG.

02.32

Ausschüttungen an Anteilseigner, für die die Rückwirkungsfiktion nicht gilt (vgl. Randnr. 02.03 und 02.17 ff.), sind als Einnahmen nach § 20 Absatz 1 Nummer 1 EStG zu behandeln und nach den allgemeinen Grundsätzen zu besteuern (z. B. § 3 Nummer 40 EStG oder § 8b KStG bzw. bei Zufluss nach dem 31.12.2008 auch § 32d, § 43 Absatz 5 EStG). Zum Abfluss für Zwecke der Anwendung des § 27 KStG vgl. Randnr. 02.27, zum Einbehalt und zur Abführung der Kapitalertragsteuer vgl. Randnr. 02.30 und zum Zeitpunkt der Besteuerung vgl. Randnr. 02.28.

02.33

Beispiel:

An der X-GmbH sind die Gesellschafter A (10 %), B (40 %) und C (50 %) beteiligt. Die X-GmbH wird zum 1.1.01 (steuerlicher Übertragungsstichtag 31.12.00) zusammen mit der Y-GmbH durch Neugründung auf die XY-OHG verschmolzen. Die Gesellschafterversammlung der X-GmbH beschließt am 30.4.01 eine Gewinnausschüttung für 01 i. H. v. 70.000 €. Die Ausschüttung wird am 31.5.01 ausgezahlt. Das steuerliche Eigenkapital i. S. d. § 7 UmwStG beträgt – vor Berücksichtigung eines Korrekturpostens – 100.000 €.
A verkauft seine im Privatvermögen gehaltene Beteiligung an der X-GmbH zum 1.7.01 an D. Die Eintragung der Verschmelzung im Handelsregister erfolgt am 31.8.01.

Lösung:

Für die steuerliche Beurteilung der nach dem steuerlichen Übertragungsstichtag beschlossenen Gewinnausschüttung sowie der Bezüge i. S. d. § 7 UmwStG der Gesellschafter A, B, C und D ist danach zu unterscheiden, welcher Anteilseigner an der Rückwirkungsfiktion nach § 2 Absatz 2 UmwStG teilnimmt:

<u>Anteilseigner A</u>

Da A infolge der Anteilsveräußerung nicht Gesellschafter der übernehmenden Personengesellschaft wird, gilt für ihn zum einen nicht die Rückwirkungsfiktion nach § 2 Absatz 2 UmwStG und zum anderen sind ihm keine Bezüge i. S. d. § 7 UmwStG zuzurechnen (vgl. Randnr. 02.20 und 07.02). In Höhe der dem A zuzurechnenden Gewinnausschüttung ist in der steuerlichen Schlussbilanz ein passiver Korrekturposten i. H. v. 7.000 € steuerneutral zu bilden.

Dem ausgeschiedenen Anteilseigner A fließt die Gewinnausschüttung der übertragenden Körperschaft am 31.5.01 zu. Er hat diese Ausschüttung im Veranlagungszeitraum 01 als Einkünfte aus Kapitalvermögen zu versteuern (§ 20 Absatz 1 Nummer 1 EStG, § 3 Nummer 40 EStG bzw. bei Zufluss nach dem 31.12.2008 auch § 32d, § 43 Absatz 5 EStG).

<u>Anteilseigner B, C und D</u>

Da die Anteilseigner B, C und D der übertragenden X-GmbH Gesellschafter der übernehmenden XY-OHG werden, findet zum einen die Rückwirkungsfiktion nach § 2 Absatz 2 UmwStG Anwendung und zum anderen sind ihnen die Bezüge i. S. d. § 7 Um-

Anlage 16
Umwandlung

wStG zuzurechnen. Die Bildung eines passiven Korrekturpostens kommt insoweit nicht in Betracht. Hinsichtlich der am 31.5.01 erfolgten Gewinnausschüttungen handelt es sich um Entnahmen von B und C nach § 4 Absatz 1 Satz 2 EStG.

Für die Zurechnung der Bezüge i. S. d. § 7 UmwStG ergibt sich Folgendes:

Eigenkapital i. S. d. § 7 UmwStG (ohne Korrekturposten)	100.000 €
Passiver Korrekturposten (Ausschüttung an A)	./. 7.000 €
Ausgangsgröße für die Bezüge i. S. d. § 7 UmwStG	93.000 €

Die Bezüge i. S. d. des § 7 UmwStG verteilen sich wie folgt:

	Vorspalte	B	C	D
Bezüge i. S. d. § 7 UmwStG	93.000 €			
Rückbezogene Ausschüttungen an B, C	./. 63.000 €	+ 28.000 €	+ 35.000 €	
Zwischensumme	30.000 €			
Verteilung nach Beteiligung am Nennkapital	./. 30.000 €	+ 12.000 €	+ 15.000 €	+ 3.000 €
Zu versteuernde Bezüge i. S. d. § 7 UmwStG		40.000 €	50.000 €	3.000 €

b) Vermögensübergang auf eine Körperschaft

02.34 Bei Umwandlung auf eine Körperschaft gilt für den Anteilseigner die steuerliche Rückwirkungsfiktion nach § 2 Absatz 1 UmwStG nicht, sofern dieser nicht der übernehmende Rechtsträger ist (vgl. Randnr. 02.03). Ausschüttungen an Anteilseigner, für die die Rückwirkungsfiktion nicht gilt, sind als Ausschüttungen der übertragenden Körperschaft und als Einnahmen nach § 20 Absatz 1 Nummer 1 EStG zu behandeln sowie nach den allgemeinen Grundsätzen zu besteuern (z. B. § 3 Nummer 40 EStG oder § 8b KStG bzw. bei Zufluss nach dem 31.12.2008 auch § 32d, § 43 Absatz 5 EStG). Zum Einbehalt und zur Abführung der Kapitalertragsteuer vgl. Randnr. 02.30 und zum Zeitpunkt der Besteuerung vgl. Randnr. 02.28.

Ausschüttungen der übertragenden Körperschaft, für die entsprechend Randnr. 02.27 ein Schuldposten oder entsprechend Randnr. 02.31 ein passiver Korrekturposten zu bilden ist, gelten für Zwecke der Anwendung des § 27 KStG spätestens im Zeitpunkt der zivilrechtlichen Wirksamkeit der Umwandlung als abgeflossen. Diese Ausschüttungen sind in der gesonderten Feststellung des steuerlichen Einlagekontos zum steuerlichen Übertragungsstichtag zu berücksichtigen.

Aus Vereinfachungsgründen bestehen für im Rückwirkungszeitraum erfolgte Gewinnausschüttungen keine Bedenken, diese so zu behandeln, als hätte der übernehmende Rechtsträger sie vorgenommen, wenn die Verpflichtung zum Einbehalt und zur Abführung der Kapitalertragsteuer nach §§ 43 ff. EStG hierdurch nicht beeinträchtigt wird.

02.35 Bei Verschmelzung einer Tochtergesellschaft auf ihre Muttergesellschaft gilt für Gewinnausschüttungen der Tochtergesellschaft an die Muttergesellschaft im Rückwirkungszeitraum die Rückwirkungsfiktion nach § 2 Absatz 1 UmwStG mit der Folge, dass eine steuerlich unbeachtliche Vorwegübertragung von Vermögen an die Muttergesellschaft vorliegt. Die Kapitalertragsteueranmeldung kann insoweit berichtigt werden.

4. Sondervergütungen bei Umwandlung in eine Personengesellschaft

Im Rückwirkungszeitraum gezahlte Vergütungen für die Tätigkeit im Dienst der Gesellschaft, für die Hingabe von Darlehen oder für die Überlassung von Wirtschaftsgütern an Anteilseigner, die Mitunternehmer der übernehmenden Personengesellschaft werden, sind dem Gewinnanteil der jeweiligen Mitunternehmer der übernehmenden Personengesellschaft in voller Höhe hinzuzurechnen (§ 15 Absatz 1 Satz 1 Nummer 2 zweiter Halbsatz EStG). Eine Aufteilung der Vergütung entsprechend Randnr. 02.29 findet nicht statt (vgl. hierzu auch das Beispiel in Randnr. 02.21).

02.36

5. Aufsichtsratsvergütungen und sonstige Fälle des Steuerabzugs nach § 50a EStG

Aufsichtsratsvergütungen der übertragenden Körperschaft für den Rückwirkungszeitraum werden steuerlich weiterhin vom übertragenden Rechtsträger geleistet. An Dritte gezahlte Vergütungen stellen im Grundsatz Betriebsausgaben des übertragenden Rechtsträgers dar, die nach § 2 Absatz 1 UmwStG dem übernehmenden Rechtsträger rückwirkend zugerechnet werden. Eine Steuerabzugsverpflichtung nach § 50a EStG geht z. B. nach § 4 Absatz 2 Satz 1 UmwStG auf den übernehmenden Rechtsträger über. § 10 Nummer 4 KStG ist bei Umwandlung in eine Personengesellschaft nicht anzuwenden.

02.37

Der Vergütungsgläubiger hat die Einnahmen als Einkünfte i. S. d. § 18 Absatz 1 Nummer 3 EStG zu versteuern. Dies gilt jedoch nicht bei Umwandlung in eine Personengesellschaft, wenn der Vergütungsgläubiger Anteilseigner der übertragenden Körperschaft ist und Gesellschafter der übernehmenden Personengesellschaft wird, insoweit gilt Randnr. 02.36. Vorstehende Grundsätze gelten für andere steuerabzugspflichtige Vergütungen i. S. d. § 50a EStG entsprechend.

6. Vermeidung der Nichtbesteuerung (§ 2 Absatz 3 UmwStG)

§ 2 Absatz 3 UmwStG schließt die steuerliche Rückwirkung aus, soweit bei ausländischen Umwandlungen (vgl. Randnr. 01.20 ff.) aufgrund abweichender Regelungen zur steuerlichen Rückbeziehung eines in § 1 Absatz 1 UmwStG bezeichneten Vorgangs Einkünfte der Besteuerung in einem anderen Staat entzogen werden. Die Vorschrift soll die Nichtbesteuerung von Einkünften aufgrund abweichender Rückwirkungsregelungen vermeiden. Abweichende Rückwirkungsregelungen liegen insbesondere bei unterschiedlichen Rückwirkungszeiträumen oder unterschiedlicher Ausgestaltung der Rückwirkungsregelungen vor.

02.38

7. Beschränkung der Verlustnutzung (§ 2 Absatz 4 UmwStG)

§ 2 Absatz 4 UmwStG enthält eine Verlustnutzungsbeschränkung. Mit dieser Regelung soll verhindert werden, dass aufgrund der steuerlichen Rückwirkungsfiktion in § 2 Absatz 1 und 2 UmwStG gestalterisch eine Verlustnutzung (einschließlich des Erhalts eines Zinsvortrags oder eines EBITDA-Vortrags) erreicht werden kann. Voraussetzung für die Verlustnutzung ist, dass diese auch ohne die steuerliche Rückwirkung nach § 2 Absatz 1 oder 2 UmwStG möglich gewesen wäre. Dabei kommt es nicht darauf an, ob z. B. im Fall des § 8c KStG ein schädlicher Beteiligungserwerb vor dem Umwandlungsbeschluss oder in dem Zeitraum nach dem Umwandlungsbeschluss bis zur Eintragung der Umwandlung erfolgt.

02.39

Nach § 2 Absatz 4 Satz 2 UmwStG gilt die Rechtsfolge in § 2 Absatz 4 Satz 1 UmwStG für Verluste des übertragenden Rechtsträgers im Rückwirkungszeitraum entsprechend. Danach kann z. B. auch ein laufender Verlust des übertragenden Rechtsträgers im Rückwirkungszeitraum insoweit nicht mit den positiven Einkünften des übernehmenden Rechtsträgers ausgeglichen werden.

02.40

Anlage 16

Umwandlung

Zweiter Teil. Vermögensübergang bei Verschmelzung auf eine Personengesellschaft oder auf eine natürliche Person und Formwechsel einer Kapitalgesellschaft in eine Personengesellschaft

A. Wertansätze in der steuerlichen Schlussbilanz der übertragenden Körperschaft (§ 3 UmwStG)

I. Pflicht zur Abgabe einer steuerlichen Schlussbilanz

03.01 Jede übertragende Körperschaft ist nach § 3 Absatz 1 Satz 1 UmwStG zur Erstellung und Abgabe einer steuerlichen Schlussbilanz auf den steuerlichen Übertragungsstichtag verpflichtet. Dies gilt unabhängig davon, ob die übertragende Körperschaft im Inland einer Steuerpflicht unterliegt (§§ 1, 2 KStG), im Inland zur Führung von Büchern verpflichtet ist (§ 5 Absatz 1 EStG, §§ 141 ff. AO) oder überhaupt inländisches Betriebsvermögen besitzt. Für den Formwechsel ergibt sich eine entsprechende Verpflichtung aus § 9 Satz 2 UmwStG. Die steuerliche Schlussbilanz i. S. d. § 3 Absatz 1 Satz 1 UmwStG ist eine eigenständige Bilanz und von der Gewinnermittlung i. S. d. § 4 Absatz 1, § 5 Absatz 1 EStG zu unterscheiden.

Als Abgabe der steuerlichen Schlussbilanz gilt auch die ausdrückliche Erklärung, dass die Steuerbilanz i. S. d. § 4 Absatz 1, § 5 Absatz 1 EStG gleichzeitig die steuerliche Schlussbilanz sein soll, wenn diese Bilanz der steuerlichen Schlussbilanz entspricht; diese Erklärung ist unwiderruflich. In dieser Erklärung ist zugleich ein konkludent gestellter Antrag auf Ansatz des Buchwerts zu sehen (vgl. Randnr. 03.29).

Fällt der steuerliche Übertragungsstichtag nicht auf das Ende des Wirtschaftsjahrs, entsteht insoweit ein Rumpfwirtschaftsjahr (§ 8b Satz 2 Nummer 1 EStDV).

03.02 Die Vorlage einer steuerlichen Schlussbilanz ist nur dann nicht erforderlich, wenn sie nicht für inländische Besteuerungszwecke benötigt wird. Bei Übergang des Vermögens auf eine Personengesellschaft oder natürliche Person ist die Erstellung einer steuerlichen Schlussbilanz für inländische Besteuerungszwecke insbesondere immer dann von Bedeutung, wenn die übertragende Körperschaft, ein Mitunternehmer der übernehmenden Personengesellschaft oder die übernehmende natürliche Person im Inland steuerpflichtig ist.

03.03 Der Eintritt der Wirksamkeit einer Umwandlung, deren steuerliche Wirkungen nach § 2 UmwStG zurückbezogen werden, stellt ein rückwirkendes Ereignis i. S. d. § 175 Absatz 1 Satz 1 Nummer 2 AO dar (vgl. Randnr. 02.16).

II. Ansatz und Bewertung der übergehenden Wirtschaftsgüter

1. Ansatz der übergehenden Wirtschaftsgüter dem Grunde nach

03.04 § 3 UmwStG ist eine eigenständige steuerliche Ansatz- und Bewertungsvorschrift. In der steuerlichen Schlussbilanz sind sämtliche übergehenden aktiven und passiven Wirtschaftsgüter, einschließlich nicht entgeltlich erworbener und selbst geschaffener immaterieller Wirtschaftsgüter, anzusetzen. Steuerfreie Rücklagen (z. B. § 6b EStG oder § 7g EStG a. F.) bzw. ein steuerlicher Ausgleichsposten nach § 4g EStG sind nach § 4 Absatz 2 Satz 1 UmwStG dem Grunde nach anzusetzen, soweit die Buchwerte fortgeführt bzw. die Zwischenwerte angesetzt werden. § 5b EStG gilt für die steuerliche Schlussbilanz entsprechend.

03.05 Zu einzelnen Positionen der steuerlichen Schlussbilanz:

- **Ausstehende Einlagen**

  Das gezeichnete Kapital ist um eingeforderte sowie um nicht eingeforderte ausstehende Einlagen zu kürzen, soweit diese nicht vom gezeichneten Kapital entsprechend § 272

Absatz 1 Satz 3 HGB abgesetzt wurden. Zu den Folgen bei der Ermittlung des Übernahmegewinns siehe Randnr. 04.31.

- **Eigene Anteile**

Eigene Anteile der übertragenden Körperschaft sind nicht in der steuerlichen Schlussbilanz anzusetzen, da sie nicht auf den übernehmenden Rechtsträger übergehen, sondern mit der Wirksamkeit der Umwandlung untergehen. Dieser Vorgang ist gewinnneutral.

- **Geschäfts- oder Firmenwert**

Nach § 3 Absatz 1 Satz 1 UmwStG ist auch ein originärer Geschäfts- oder Firmenwert der übertragenden Körperschaft anzusetzen.

- **Forderungen und Verbindlichkeiten**

Forderungen und Verbindlichkeiten gegen den übernehmenden Rechtsträger sind in der steuerlichen Schlussbilanz auch anzusetzen, wenn sie durch die Verschmelzung erlöschen. Zum Entstehen eines Übernahmefolgegewinns oder -verlusts bei Bewertungsunterschieden und dessen steuerlicher Behandlung siehe Randnr. 06.01 ff.

- **Rückstellung für Grunderwerbsteuer**

Für aufgrund einer Verschmelzung der übertragenden Körperschaft anfallende Grunderwerbsteuer kann keine Rückstellung gebildet werden, soweit sie vom übertragenden Rechtsträger zu tragen ist (BFH vom 15.10.1997, I R 22/96, BStBl 1998 II S. 168, und BMF-Schreiben vom 18.1.2010, BStBl I S. 70).

Die steuerlichen Ansatzverbote des § 5 EStG gelten nicht für die steuerliche Schlussbilanz (vgl. Randnr. 03.04), es sei denn, die Buchwerte werden fortgeführt. Beim übernehmenden Rechtsträger gelten zu den folgenden Bilanzstichtagen die allgemeinen Grundsätze (vgl. Randnr. 04.16). 03.06

2. Ansatz der übergehenden Wirtschaftsgüter der Höhe nach

a) *Ansatz der übergehenden Wirtschaftsgüter mit dem gemeinen Wert bzw. dem Teilwert nach § 6a EStG*

Die übergehenden aktiven und passiven Wirtschaftsgüter sind in der steuerlichen Schlussbilanz auf den steuerlichen Übertragungsstichtag mit dem gemeinen Wert bzw. bei Pensionsrückstellungen mit dem Teilwert nach § 6a EStG anzusetzen. Die Bewertung nach § 3 Absatz 1 Satz 1 UmwStG zum gemeinen Wert hat dabei nicht bezogen auf jedes einzelne übergehende Wirtschaftsgut, sondern bezogen auf die Gesamtheit der übergehenden aktiven und passiven Wirtschaftsgüter zu erfolgen (Bewertung als Sachgesamtheit). 03.07

Die Ermittlung des gemeinen Werts der Sachgesamtheit kann, sofern der gemeine Wert des übertragenden Rechtsträgers nicht aus Verkäufen abgeleitet werden kann, anhand eines allgemein anerkannten ertragswert- oder zahlungsstromorientierten Verfahrens erfolgen, welches ein gedachter Erwerber des Betriebs der übertragenden Körperschaft bei der Bemessung des Kaufpreises zu Grunde legen würde (vgl. § 109 Absatz 1 Satz 2 i. V. m. § 11 Absatz 2 Satz 2 BewG); der Bewertungsvorbehalt für Pensionsrückstellungen nach § 3 Absatz 1 Satz 2 UmwStG ist zu beachten. Zur Bewertung nach § 11 Absatz 2 BewG gelten die gleich lautenden Erlasse der obersten Finanzbehörden der Länder zur Anwendung der §§ 11, 95 bis 109 und 199 ff. BewG in der Fassung des ErbStRG vom 17.5.2011, BStBl I S. 606, für ertragsteuerliche Zwecke entsprechend (vgl. BMF-Schreiben vom 22.9.2011, BStBl I S. 859).

Anlage 16

Umwandlung

03.08 Aufgrund der Bewertung von Pensionsrückstellungen mit dem Teilwert i. S. d. § 6a EStG nach § 3 Absatz 1 Satz 2 UmwStG mindert ein tatsächlich höherer gemeiner Wert der Versorgungsverpflichtung steuerlich nicht den gemeinen Wert des Unternehmens i. S. d. § 3 Absatz 1 UmwStG.

Beispiel:
Die XY-GmbH soll zum 31.12.00 auf die XY-KG verschmolzen werden. Die Steuerbilanz i. S. d. § 5 Absatz 1 EStG sowie die Werte i. S. d. § 3 Absatz 1 UmwStG stellen sich vereinfacht wie folgt dar:

	gemeiner Wert	Buchwert		gemeiner Wert	Buchwert
Aktiva diverse	2.000.000 €	2.000.000 €	Eigenkapital		1.000.000 €
Firmenwert	2.000.000 €		Pensionsrückstellungen	2.000.000 €	1.000.000 €
	(4.000.000 €)	2.000.000 €		(2.000.000 €)	2.000.000 €

Lösung:
Die steuerliche Schlussbilanz der XY-GmbH zum 31.12.00 ergibt sich danach wie folgt:

Aktiva diverse	2.000.000 €	Eigenkapital	3.000.000 €
Firmenwert	2.000.000 €	Pensionsrückstellungen	1.000.000 €
	4.000.000 €		4.000.000 €

Obwohl der gemeine Wert der Sachgesamtheit nur 2.000.000 € beträgt, ist eine Berücksichtigung der Differenz zwischen dem Wert der Pensionsrückstellung i. S. d. § 6a EStG und dem gemeinen Wert dieser Verpflichtung nicht zulässig; vgl. § 3 Absatz 1 Satz 2 UmwStG.

03.09 Die Bewertung mit dem gemeinen Wert bzw. mit dem Teilwert i. S. d. § 6a EStG hat nach den Verhältnissen zum steuerlichen Übertragungsstichtag zu erfolgen. Der gemeine Wert der Sachgesamtheit ist analog § 6 Absatz 1 Nummer 7 EStG im Verhältnis der Teilwerte der übergehenden Wirtschaftsgüter auf die einzelnen Wirtschaftsgüter zu verteilen.

b) Ansatz der übergehenden Wirtschaftsgüter mit dem Buchwert

03.10 Auf Antrag können die übergehenden Wirtschaftsgüter einheitlich mit dem Buchwert angesetzt werden, soweit

- sie Betriebsvermögen der übernehmenden Personengesellschaft oder natürlichen Person werden und sichergestellt ist, dass sie später der Besteuerung mit Einkommen- oder Körperschaftsteuer unterliegen (§ 3 Absatz 2 Satz 1 Nummer 1 UmwStG),
- das Recht der Bundesrepublik Deutschland hinsichtlich der Besteuerung des Gewinns aus der Veräußerung der übertragenen Wirtschaftsgüter bei den Gesellschaftern der übernehmenden Personengesellschaft oder bei der übernehmenden natürlichen Person nicht ausgeschlossen oder beschränkt wird (§ 3 Absatz 2 Satz 1 Nummer 2 UmwStG) und
- eine Gegenleistung nicht gewährt wird oder in Gesellschaftsrechten besteht (§ 3 Absatz 2 Satz 1 Nummer 3 UmwStG).

Anlage 16
Umwandlung

Für den Ansatz des Buchwerts sind die Ansätze in der Handelsbilanz nicht maßgeblich. Wegen des Begriffs Buchwert vgl. Randnr. 01.57.

Gehört zum übergehenden Vermögen der übertragenden Körperschaft ein Mitunternehmeranteil an der übernehmenden oder einer anderen Personengesellschaft, entspricht der Buchwertansatz dem auf die übertragende Körperschaft entfallenden anteiligen Kapitalkonto – unter Berücksichtigung etwaiger Ergänzungs- und Sonderbilanzen – bei der Mitunternehmerschaft.

Die Prüfung der in Randnr. 03.10 genannten Voraussetzungen erfolgt bezogen auf jeden einzelnen an der steuerlichen Rückwirkungsfiktion beteiligten Anteilseigner der übertragenden Körperschaft – soweit nicht für die Betriebsvermögenseigenschaft i. S. d. § 3 Absatz 2 Satz 1 Nummer 1 UmwStG auf den übernehmenden Rechtsträger abgestellt wird – und bezogen auf die Verhältnisse zum steuerlichen Übertragungsstichtag (vgl. Randnr. 02.15). 03.11

Ist der gemeine Wert der Sachgesamtheit geringer als die Summe der Buchwerte der übergehenden Wirtschaftsgüter, ist ein Ansatz zum Buchwert ausgeschlossen. 03.12

Der Antrag auf Fortführung der Buchwerte der übergehenden Wirtschaftsgüter kann nur einheitlich gestellt werden. Einem solchen Antrag steht nicht entgegen, dass zum Teil Wirtschaftsgüter mit dem gemeinen Wert in der steuerlichen Schlussbilanz anzusetzen sind, weil insoweit die Voraussetzungen des § 3 Absatz 2 Satz 1 Nummer 1 oder 2 UmwStG nicht gegeben sind. Bei Gewährung einer Gegenleistung i. S. d. § 3 Absatz 2 Satz 1 Nummer 3 UmwStG ist eine Fortführung der Buchwerte ausgeschlossen (vgl. Randnr. 03.21 ff.). 03.13

aa) Übergang in Betriebsvermögen und Sicherstellung der Besteuerung mit Einkommen- oder Körperschaftsteuer (§ 3 Absatz 2 Satz 1 Nummer 1 UmwStG)

Wird das Vermögen der übertragenden Körperschaft nicht Betriebsvermögen der übernehmenden Personengesellschaft oder natürlichen Person, sind die aktiven und passiven Wirtschaftsgüter in der steuerlichen Schlussbilanz mit dem gemeinen Wert bzw. bei Pensionsrückstellungen mit dem Teilwert i. S. d. § 6a EStG anzusetzen (vgl. Randnr. 03.07). Der Ansatz eines Geschäfts- oder Firmenwerts erfolgt in diesen Fällen nach § 3 Absatz 1 Satz 1 UmwStG auch dann, wenn der Betrieb der übertragenden Körperschaft nicht fortgeführt wird. 03.14

Für die Zugehörigkeit der übergehenden Wirtschaftsgüter zu einem Betriebsvermögen des übernehmenden Rechtsträgers ist es unbeachtlich, ob das Betriebsvermögen im In- oder im Ausland belegen ist. Die Beurteilung, ob es sich beim übernehmenden Rechtsträger um Betriebsvermögen handelt, ergibt sich nach den allgemeinen steuerlichen Grundsätzen (§§ 13, 15 oder 18 EStG). Bei Vermögensübergang auf eine gewerblich geprägte Personengesellschaft i. S. d. § 15 Absatz 3 Nummer 2 EStG mit Sitz im In- oder Ausland werden die übertragenen Wirtschaftsgüter in der Regel Betriebsvermögen des übernehmenden Rechtsträgers; ausgenommen z. B. bei privater Nutzung. 03.15

Die übertragenen Wirtschaftsgüter müssen Betriebsvermögen der übernehmenden Personengesellschaft oder der natürlichen Person werden. Diese Voraussetzung liegt auch dann nicht vor, wenn die übernehmende Personengesellschaft keine Einkünfte i. S. d. § 15 EStG erzielt und die Beteiligung an dieser Personengesellschaft zu einem in- oder ausländischen Betriebsvermögen gehört (sog. Zebragesellschaft); vgl. auch Randnr. 08.03. 03.16

Die Besteuerung des übertragenen Vermögens mit Einkommen- oder Körperschaftsteuer ist sichergestellt, wenn das übertragene Vermögen hinsichtlich der Wertsteigerungen bei den Mitunternehmern der übernehmenden Personengesellschaft oder der übernehmenden 03.17

Anlage 16
Umwandlung

natürlichen Person weiterhin einer Besteuerung mit Einkommen- oder Körperschaftsteuer unterliegt. Eine Besteuerung mit Gewerbesteuer ist hingegen nicht erforderlich.

Die Besteuerung ist z. B. nicht sichergestellt, soweit Mitunternehmer der übernehmenden Personengesellschaft eine steuerbefreite Körperschaft (z. B. § 16 Absatz 1 Satz 1 REITG) oder auch ein steuerbefreites Zweckvermögen (z. B. § 11 Absatz 1 Satz 2 InvStG) ist.

Eine Besteuerung i. S. d. § 3 Absatz 2 Satz 1 Nummer 1 UmwStG ist auch eine mit der inländischen Einkommen- oder Körperschaftsteuer vergleichbare ausländische Steuer.

bb) Kein Ausschluss oder Beschränkung des deutschen Besteuerungsrechts (§ 3 Absatz 2 Satz 1 Nummer 2 UmwStG)

03.18 Ein Ansatz der übergehenden Wirtschaftsgüter in der steuerlichen Schlussbilanz mit dem Buchwert ist nicht zulässig, soweit das Recht der Bundesrepublik Deutschland hinsichtlich der Besteuerung des Gewinns aus der Veräußerung der übertragenen Wirtschaftsgüter bei den Gesellschaftern der übernehmenden Personengesellschaft oder bei der übernehmenden natürlichen Person ausgeschlossen oder beschränkt wird (sog. Entstrickung). Die Voraussetzungen des § 3 Absatz 2 Satz 1 Nummer 2 UmwStG sind bei den Gesellschaftern der übernehmenden Personengesellschaft bzw. bei der übernehmenden natürlichen Person subjekt- und objektbezogen zu prüfen und entsprechen insoweit den gleichlautenden Entstrickungstatbeständen in § 4 Absatz 1 Satz 3 EStG und § 12 Absatz 1 KStG. Danach liegt ein Ausschluss oder eine Beschränkung des Besteuerungsrechts hinsichtlich des Gewinns aus der Veräußerung eines Wirtschaftsguts insbesondere vor, wenn ein bisher einer inländischen Betriebsstätte des Steuerpflichtigen zuzuordnendes Wirtschaftsgut einer ausländischen Betriebsstätte zuzuordnen ist (vgl. § 4 Absatz 1 Satz 4 EStG und § 12 Absatz 1 Satz 2 KStG).

Allein der Ausschluss oder die Beschränkung des deutschen Besteuerungsrechts für Zwecke der Gewerbesteuer stellt keine Beschränkung i. S. d. § 3 Absatz 2 Satz 1 Nummer 2 UmwStG dar.

03.19 Ein Ausschluss des deutschen Besteuerungsrechts hinsichtlich des Gewinns aus der Veräußerung eines Wirtschaftsguts setzt voraus, dass ein – ggf. auch eingeschränktes – deutsches Besteuerungsrecht hinsichtlich des Gewinns aus der Veräußerung des übertragenen Wirtschaftsguts bestanden hat und dies in vollem Umfang entfällt.

Beispiel:

Die XY-GmbH soll in die XY-KG durch Formwechsel umgewandelt werden. Anteilseigner und Mitunternehmer sind A und B zu je 50 %. Die XY-GmbH hat u. a. eine Betriebsstätte in einem ausländischen Staat, mit dem kein DBA besteht. A und B haben ihren Wohnsitz und gewöhnlichen Aufenthalt im Ausland.

Lösung:

Aufgrund des Formwechsels der XY-GmbH in die XY-KG wird das deutsche Besteuerungsrecht hinsichtlich des Gewinns aus der Veräußerung der der ausländischen Betriebsstätte zuzurechnenden Wirtschaftsgüter zum steuerlichen Übertragungsstichtag ausgeschlossen, da die beiden Mitunternehmer mit den ausländischen Betriebsstätteneinkünften nicht der beschränkten Einkommen- oder Körperschaftsteuerpflicht i. S. d. § 49 EStG unterliegen.

Zur Aufstellung einer Ergänzungsbilanz bei der übernehmenden Personengesellschaft vgl. Randnr. 04.24.

Umwandlung

Sofern jedoch vor der Umwandlung z. B. ein uneingeschränktes Besteuerungsrecht bestand und nach der Umwandlung ein der Höhe oder dem Umfang nach begrenztes deutsches Besteuerungsrecht fortbesteht, ist eine Beschränkung des deutschen Besteuerungsrechts gegeben.

Eine grenzüberschreitende Umwandlung für sich ändert grundsätzlich nicht die abkommensrechtliche Zuordnung von Wirtschaftsgütern zu einer in- oder ausländischen Betriebsstätte (vgl. auch die Entstrickungsregelungen in § 4 Absatz 1 Satz 4 EStG, § 12 Absatz 1 Satz 2 KStG). Für die Beurteilung der Frage, ob eine Änderung der Zuordnung vorliegt, sind die Grundsätze des BMF-Schreibens vom 24.12.1999, BStBl I S. 1076, zuletzt geändert durch BMF-Schreiben vom 25.8.2009, BStBl I S. 888[1]), maßgebend. Darüber hinaus kommt eine Entstrickung infolge der Umwandlung, die sich auf das steuerliche Übertragungsergebnis auswirkt, insbesondere im Zusammenhang mit dem Wechsel der Steuerpflicht in Betracht; vgl. das Beispiel in Randnr. 03.19.

03.20

cc) Keine Gegenleistung oder Gegenleistung in Form von Gesellschaftsrechten (§ 3 Absatz 2 Satz 1 Nummer 3 UmwStG)

Ein Ansatz der übergehenden Wirtschaftsgüter in der steuerlichen Schlussbilanz mit dem Buchwert ist nicht zulässig, soweit den verbleibenden Anteilseignern der übertragenden Körperschaft oder diesen nahe stehenden Personen eine Gegenleistung gewährt wird, die nicht in Gesellschaftsrechten besteht. Eine solche Gegenleistung ist insbesondere bei Leistung barer Zuzahlungen (z. B. Spitzenausgleich nach § 54 Absatz 4 oder § 68 Absatz 3 UmwG) oder Gewährung anderer Vermögenswerte (z. B. Darlehensforderungen) durch den übernehmenden Rechtsträger oder eine diesem nahe stehenden Personen gegeben. Der Untergang der Beteiligung an der übertragenden Körperschaft (z. B. bei einer Aufwärtsverschmelzung) oder die Berücksichtigung der auf die Einnahmen i. S. d. § 7 UmwStG anfallenden Kapitalertragsteuer, die der übernehmende Rechtsträger als steuerlicher Rechtsnachfolger i. S. d. § 4 Absatz 2 Satz 1 UmwStG zu entrichten hat, als Entnahmen stellen keine Gegenleistung i. S. d. § 3 Absatz 2 Satz 1 Nummer 3 UmwStG dar.

03.21

Für die Beurteilung als Gegenleistung i. S. d. § 3 Absatz 2 Satz 1 Nummer 3 UmwStG ist es nicht erforderlich, dass die Leistung aufgrund umwandlungsgesetzlicher Regelungen (z. B. §§ 15, 126 Absatz 1 Nummer 3 UmwG) erfolgt. Im Übrigen gilt Randnr. 24.11 entsprechend.

Nicht in Gesellschaftsrechten bestehende Gegenleistungen stellen beim Anteilseigner einen Veräußerungserlös für seine Anteile dar. Bei einer nur anteiligen Veräußerung (z. B. Spitzenausgleich) sind zur Ermittlung des Veräußerungsgewinns dem Veräußerungserlös nur die anteiligen Anschaffungskosten dieser Anteile an dem übertragenden Rechtsträger gegenüberzustellen (vgl. auch Randnr. 13.02).

Zahlungen an ausscheidende Anteilseigner aufgrund Barabfindung nach §§ 29, 125 oder 207 UmwG stellen keine Gegenleistungen i. S. d. § 3 Absatz 2 Satz 1 Nummer 3 UmwStG dar. Beim Übergang des Vermögens des übertragenden Rechtsträgers i. S. d. § 20 Absatz 1 Nummer 1 UmwG auf einen Anteilseigner der übertragenden Körperschaft handelt es sich – hinsichtlich des übernommenen Vermögens – ebenfalls um keine Gegenleistung i. S. d. § 3 Absatz 2 Satz 1 Nummer 3 UmwStG.

03.22

Bei Gewährung einer Gegenleistung, die nicht in Gesellschaftsrechten besteht, sind die übergehenden Wirtschaftsgüter in der steuerlichen Schlussbilanz der übertragenden Körperschaft insoweit mindestens mit dem Wert der Gegenleistung anzusetzen.

I. H. der Differenz zwischen dem Wert der Gegenleistung und den auf die Gegenleistung entfallenden (anteiligen) Buchwerten der übergehenden Wirtschaftsgüter ergibt sich ein

03.23

---

[1]) >zuletzt geändert durch BMF vom 26.9.2014 (BStBl I S. 1258).

Anlage 16

Umwandlung

Übertragungsgewinn. Der Berechnung des anteiligen Buchwerts ist dabei das Verhältnis des Gesamtwerts der Gegenleistung zum Wert der Sachgesamtheit i. S. d. § 3 Absatz 1 UmwStG zu Grunde zu legen.

I. H. des Übertragungsgewinns sind die Wirtschaftsgüter in der steuerlichen Schlussbilanz aufzustocken. Der jeweilige Aufstockungsbetrag ermittelt sich aus dem Verhältnis des Übertragungsgewinns zu den gesamten stillen Reserven und stillen Lasten, mit Ausnahme der stillen Lasten in Pensionsrückstellungen. I. H. dieses Prozentsatzes sind die in den jeweiligen Wirtschaftsgütern enthaltenen stillen Reserven aufzudecken.

Beispiel:

Die XY-GmbH soll auf die XY-KG verschmolzen werden. Die Steuerbilanz i. S. d. § 5 Absatz 1 EStG sowie die Werte i. S. d. § 3 Absatz 1 UmwStG stellen sich vereinfacht wie folgt dar:

	gemeiner Wert	Buchwert		gemeiner Wert	Buchwert
Anlagevermögen	300.000 €	200.000 €	Eigenkapital		300.000 €
Umlaufvermögen	150.000 €	100.000 €	Drohverlustrückstellung	20.000 €	
Know-how	70.000 €				
Firmenwert	100.000 €				
	(620.000 €)	300.000 €			300.000 €

Die Gesellschafter der XY-GmbH erhalten bare Zuzahlungen i. H. v. insgesamt 60.000 €.

Lösung:

Die baren Zuzahlungen stellen nicht in Gesellschaftsrechten bestehende Gegenleistungen dar. Die Voraussetzungen des § 3 Absatz 2 Satz 1 Nummer 3 UmwStG sind insoweit nicht erfüllt. Der Wert i. S. d. § 3 Absatz 1 UmwStG beträgt 600.000 € (= 620.000 € ./. 20.000 €) und der Wert der sonstigen Gegenleistung beträgt insgesamt 60.000 €. Die Gegenleistungen betragen somit 10 % des Werts i. S. d. § 3 Absatz 1 UmwStG. Der Übertragungsgewinn beträgt 60.000 € ./. 30.000 € (entspricht 10 % der Buchwerte) = 30.000 €. In dieser Höhe entsteht ein Aufstockungsbetrag.

Dieser Aufstockungsbetrag i. H. v. 30.000 € ist entsprechend dem Verhältnis des Übertragungsgewinns zu den gesamten stillen Reserven und stillen Lasten zu verteilen:

	Wert i. S. d. § 3 Absatz 1 UmwStG	Buchwert	stille Reserven und stille Lasten
Anlagevermögen	300.000 €	200.000 €	100.000 €
Umlaufvermögen	150.000 €	100.000 €	50.000 €
Know-how (originär)	70.000 €	0 €	70.000 €
Firmenwert (originär)	100.000 €	0 €	100.000 €
Drohverlustrückstellung	./. 20.000 €	0 €	./. 20.000 €
Σ	600.000 €	300.000 €	300.000 €

Anlage 16
Umwandlung

Der Aufstockungsbetrag i. H. v. 30.000 € entspricht bezogen auf die gesamten stillen Reserven und stillen Lasten 10 % (entspricht dem Verhältnis 30.000 €/300.000 €). Die auf die jeweiligen Wirtschaftsgüter entfallenden Aufstockungsbeträge ermitteln sich damit wie folgt:

	Buchwert	stille Reserven	Aufstockung (10 %)	Ansatz in der steuerlichen Schlussbilanz
Anlagevermögen	200.000 €	100.000 €	10.000 €	210.000 €
Umlaufvermögen	100.000 €	50.000 €	5.000 €	105.000 €
Know-how (originär)	0 €	70.000 €	7.000 €	7.000 €
Firmenwert (originär)	0 €	100.000 €	10.000 €	10.000 €
Drohverlustrückstellung	0 €	./. 20.000 €	./. 2.000 €	./. 2.000 €
∑	300.000 €	300.000 €	30.000 €	330.000 €

Aufgrund der Bewertung von Pensionsrückstellungen mit dem Teilwert i. S. d. § 6a EStG nach § 3 Absatz 1 Satz 2 UmwStG mindert ein tatsächlich höherer gemeiner Wert der Versorgungsverpflichtung steuerlich nicht den gemeinen Wert des Unternehmens i. S. d. § 3 Absatz 1 Satz 1 UmwStG (vgl. Randnr. 03.08). Dies hat auch auf die Wertansätze in der steuerlichen Schlussbilanz bei Gewährung einer nicht in Gesellschaftsrechten bestehenden Gegenleistung Einfluss. Maßgebend für die Wertverhältnisse zur Ermittlung des Aufstockungsbetrags (vgl. Randnr. 03.23) ist insoweit der Wert i. S. d. § 3 Absatz 1 UmwStG.

03.24

Beispiel:
Die XY-GmbH soll auf die XY-KG zur Aufnahme verschmolzen werden. Die Steuerbilanz i. S. d. § 5 Absatz 1 EStG sowie die Werte i. S. d. § 3 Absatz 1 UmwStG stellen sich vereinfacht wie folgt dar:

	gemeiner Wert	Buchwert		gemeiner Wert	Buchwert
Anlagevermögen	500.000 €	400.000 €	Eigenkapital		300.000 €
Firmenwert	160.000 €		Pensionsrückstellung	160.000 €	100.000 €
	(660.000 €)	400.000 €			400.000 €

Die Gesellschafter der XY-GmbH erhalten bare Zuzahlungen von der XY-KG i. H. v. insgesamt 28.000 €.

Lösung:
Die baren Zuzahlungen stellen nicht in Gesellschaftsrechten bestehende Gegenleistungen dar. Die Voraussetzungen des § 3 Absatz 2 Satz 1 Nummer 3 UmwStG sind insoweit nicht erfüllt. Der Unternehmenswert beträgt 500.000 € und der Wert der Sachgesamtheit i. S. d. § 3 Absatz 1 UmwStG beträgt 560.000 €. Für die Berechnung des Aufstockungsbetrags ist der Wert i. S. d. § 3 Absatz 1 UmwStG maßgebend. Die Gegenleistungen betragen somit 5 % des Werts i. S. d. § 3 Absatz 1 UmwStG. Der Übertragungsgewinn beträgt folglich 28.000 € ./. 15.000 € (entspricht 5 % der Buchwerte) = 13.000 €. In dieser Höhe entsteht ein Aufstockungsbetrag.

Anlage 16
Umwandlung

Dieser Aufstockungsbetrag i. H. v. 13.000 € ist entsprechend dem Verhältnis des Übertragungsgewinns zu den gesamten stillen Reserven und stillen Lasten (ohne Berücksichtigung der stillen Lasten bei der Pensionsrückstellung) zu verteilen:

	Wert i. S. d. § 3 Absatz 1 UmwStG	Buchwert	stille Reserven und stille Lasten
Anlagevermögen	500.000 €	400.000 €	100.000 €
Firmenwert (originär)	160.000 €	0 €	160.000 €
Pensionsrückstellung	./. 100.000 €	./. 100.000 €	0 €
∑	560.000 €	300.000 €	260.000 €

Der Aufstockungsbetrag i. H. v. 13.000 € entspricht bezogen auf die gesamten stillen Reserven und stillen Lasten 5 % (entspricht dem Verhältnis 13.000 €/260.000 €). Die auf die jeweiligen Wirtschaftsgüter entfallenden Aufstockungsbeträge ermitteln sich damit wie folgt:

	Buchwert	stille Reserven und stille Lasten	Aufstockung (5 %)	Ansatz in der steuerlichen Schlussbilanz
Anlagevermögen	400.000 €	100.000 €	5.000 €	405.000 €
Firmenwert (originär)	0 €	160.000 €	8.000 €	8.000 €
Pensionsrückstellung	./. 100.000 €	0 €	0 €	./. 100.000 €
∑	300.000 €	260.000 €	13.000 €	313.000 €

c) Ansatz der übergehenden Wirtschaftsgüter mit einem Zwischenwert

03.25 Unter den in Randnr. 03.10 genannten Voraussetzungen können die übergehenden aktiven und passiven Wirtschaftsgüter, einschließlich nicht entgeltlich erworbener und selbst geschaffener immaterieller Wirtschaftsgüter, auf Antrag einheitlich mit einem über dem Buchwert und unter dem gemeinen Wert liegenden Wert angesetzt werden (Zwischenwert). Die in den einzelnen Wirtschaftsgütern ruhenden stillen Reserven und Lasten sind um einen einheitlichen Prozentsatz aufzulösen; zur Bewertung von Pensionsrückstellungen vgl. § 3 Absatz 1 Satz 2 UmwStG. Für den Ansatz eines Zwischenwerts sind die Ansätze in der Handelsbilanz nicht maßgeblich.

03.26 Randnr. 03.11 – 03.24 gelten entsprechend. Zu der für den Ansatz des Zwischenwerts notwendigen Ermittlung des gemeinen Werts der Sachgesamtheit vgl. Randnr. 03.07 – 03.09.

d) Ausübung des Wahlrechts auf Ansatz zum Buch- oder Zwischenwert

03.27 Der Antrag auf Ansatz der übergehenden Wirtschaftsgüter mit dem Buch- oder Zwischenwert ist nach § 3 Absatz 2 Satz 2 UmwStG bei dem für die Besteuerung nach §§ 20, 26 AO zuständigen Finanzamt der übertragenden Körperschaft zu stellen. Dies gilt auch, wenn zum übergehenden Vermögen der übertragenden Körperschaft Beteiligungen an in- oder ausländischen Mitunternehmerschaften gehören; zur verfahrensrechtlichen Änderungsmöglichkeit des Feststellungsbescheids der Mitunternehmerschaft vgl. Randnr. 03.03.

Ist bei einer ausländischen Umwandlung (Randnr. 01.20 ff.) kein Finanzamt i. S. d. §§ 20, 26 AO für die Besteuerung der übertragenden Körperschaft zuständig, ist – vorbehaltlich einer anderweitigen Zuständigkeitsvereinbarung nach § 27 AO – bei einer Personengesellschaft als übernehmender Rechtsträger das für die gesonderte und einheitliche Feststellung der Einkünfte der übernehmenden Personengesellschaft zuständige Finanzamt maßgebend; zur örtlichen Zuständigkeit bei ausländischen Personengesellschaften mit inländischen Gesellschaftern siehe BMF-Schreiben vom 11.12.1989, BStBl I S. 470, und BMF-Schreiben vom 2.1.2001, BStBl I S. 40. Sonderzuständigkeiten der jeweiligen Landesfinanzbehörden für Beteiligungen an ausländischen Personengesellschaften sind zu beachten. § 25 AO gilt entsprechend.

Unterbleibt eine Feststellung der Einkünfte der übernehmenden Personengesellschaft, weil nur ein Gesellschafter im Inland ansässig ist, oder in den Fällen der Verschmelzung auf eine natürliche Person, ist das Finanzamt i. S. d. § 3 Absatz 2 Satz 2 UmwStG zuständig, das nach §§ 19 oder 20 AO für die Besteuerung dieses Gesellschafters oder dieser natürlichen Person zuständig ist.

Der Antrag auf Ansatz eines Buch- oder Zwischenwerts ist von der übertragenden Körperschaft bzw. von dem übernehmenden Rechtsträger als steuerlicher Rechtsnachfolger (§ 4 Absatz 2 Satz 1 UmwStG) spätestens bis zur erstmaligen Abgabe der steuerlichen Schlussbilanz (vgl. Randnr. 03.01) zu stellen. Das Wahlrecht kann von der übertragenden Körperschaft bzw. von deren steuerlichem Rechtsnachfolger für alle übergehenden Wirtschaftsgüter nur einheitlich ausgeübt werden (vgl. Randnr. 03.13). 03.28

Der Antrag bedarf keiner besonderen Form, ist bedingungsfeindlich und unwiderruflich. Aus dem Antrag muss sich ergeben, ob das übergehende Vermögen mit dem Buch- oder einem Zwischenwert anzusetzen ist. Für die Auslegung des Antrags gelten die allgemeinen zivilrechtlichen Auslegungsgrundsätze entsprechend (§§ 133, 157 BGB). Bei Zwischenwertansatz muss jedoch ausdrücklich angegeben werden, in welcher Höhe oder zu welchem Prozentsatz die stillen Reserven aufzudecken sind. Wenn die ausdrückliche Erklärung abgegeben wird, dass die Steuerbilanz i. S. d. § 4 Absatz 1, § 5 Absatz 1 EStG gleichzeitig die steuerliche Schlussbilanz sein soll (vgl. Randnr. 03.01), ist in dieser Erklärung gleichzeitig ein konkludenter Antrag auf Ansatz der Buchwerte zu sehen, sofern kein ausdrücklicher gesonderter anderweitiger Antrag gestellt wurde. 03.29

Setzt die übertragende Körperschaft die übergehenden Wirtschaftsgüter in der steuerlichen Schlussbilanz mit dem gemeinen Wert oder dem Buchwert an und ergibt sich z. B. aufgrund einer späteren Betriebsprüfung, dass die gemeinen Werte oder die Buchwerte höher bzw. niedriger als die von der übertragenden Körperschaft angesetzten Werte sind, ist der Wertansatz in der steuerlichen Schlussbilanz dementsprechend zu berichtigen. Der Bilanzberichtigung steht die Unwiderruflichkeit des Antrags nach § 3 Absatz 2 Satz 2 UmwStG nicht entgegen. Liegt der gemeine Wert unter dem Buchwert, ist Randnr. 03.12 zu beachten. 03.30

Setzt die übertragende Körperschaft hingegen die übergehenden Wirtschaftsgüter in der steuerlichen Schlussbilanz einheitlich zum Zwischenwert an, bleiben vorrangig diese Wertansätze maßgebend, sofern dieser Wert oberhalb des Buchwerts und unterhalb des gemeinen Werts liegt.

3. Fiktive Körperschaftsteueranrechnung nach § 3 Absatz 3 UmwStG

§ 3 Absatz 3 UmwStG gilt insbesondere bei Verschmelzung einer Körperschaft mit Ort der Geschäftsleitung im Inland auf eine Personengesellschaft ausländischer Rechtsform, die die Voraussetzungen des Artikels 3 Richtlinie 2009/133/EG erfüllt, soweit 03.31

— die übertragenen Wirtschaftsgüter einer Betriebsstätte der übertragenden Körperschaft in einem anderen EU-Mitgliedstaat zuzurechnen sind,

— die Bundesrepublik Deutschland die Doppelbesteuerung bei der übertragenden Körperschaft nicht durch Freistellung vermeidet (§ 3 Absatz 3 Satz 2 UmwStG) und

— das Recht der Bundesrepublik Deutschland hinsichtlich der Besteuerung des Gewinns aus der Veräußerung der übertragenen Wirtschaftsgüter bei den Gesellschaftern der

Anlage 16

Umwandlung

übernehmenden Personengesellschaft ausgeschlossen oder beschränkt wird (§ 3 Absatz 2 Satz 1 Nummer 2 UmwStG).

03.32   Zur Ermittlung des Betrags der nach § 3 Absatz 3 UmwStG anrechenbaren ausländischen Körperschaftsteuer ist regelmäßig ein Auskunftsersuchen nach § 117 AO an den ausländischen Betriebsstättenstaat erforderlich.

B. Auswirkungen auf den Gewinn des übernehmenden Rechtsträgers (§ 4 UmwStG)

I. Wertverknüpfung

04.01   Der übernehmende Rechtsträger hat die auf ihn übergehenden Wirtschaftsgüter mit Wirkung zum steuerlichen Übertragungsstichtag (§ 2 UmwStG) mit den Wertansätzen zu übernehmen, die die übertragende Körperschaft in deren steuerlicher Schlussbilanz (§ 3 UmwStG) angesetzt hat. Das gilt auch, wenn übertragender Rechtsträger eine steuerbefreite oder eine ausländische Körperschaft ist. Auch für diejenigen Bilanzansätze, bei denen es an der Wirtschaftsguteigenschaft fehlt (z. B. Rechnungsabgrenzungsposten, Sammelposten nach § 6 Absatz 2a EStG), sind nach § 4 Absatz 2 Satz 1 UmwStG die Wertansätze aus der steuerlichen Schlussbilanz der übertragenden Körperschaft zu übernehmen (vgl. Randnr. 03.04).

04.02   Ist die übertragende Körperschaft an der übernehmenden Personengesellschaft beteiligt, gehören zum übergehenden Vermögen auch die der übertragenden Körperschaft anteilig zuzurechnenden Wirtschaftsgüter der übernehmenden Personengesellschaft. Auf Randnr. 03.10 wird hingewiesen.

04.03   Bei der Verschmelzung durch Aufnahme auf eine bereits bestehende Personengesellschaft stellt die Übernahme des Betriebsvermögens einen laufenden Geschäftsvorfall dar. Bei der Verschmelzung durch Neugründung ist auf den steuerlichen Übertragungsstichtag eine steuerliche Eröffnungsbilanz zu erstellen.

04.04   Gilt für einen übernommenen Wertansatz i. S. d. Randnr. 04.01 zu den auf den steuerlichen Übertragungsstichtag folgenden Bilanzstichtagen ein steuerliches Wahlrecht (z. B. Rücklage nach § 6b EStG), kann dieses Wahlrecht auch an den nachfolgenden Bilanzstichtagen unabhängig von der handelsrechtlichen Jahresbilanz ausgeübt werden.

II. Erweiterte Wertaufholung – Beteiligungskorrekturgewinn

04.05   Nach § 4 Absatz 1 Satz 2 UmwStG sind die Anteile des übernehmenden Rechtsträgers an der übertragenden Körperschaft zum steuerlichen Übertragungsstichtag mit dem Buchwert anzusetzen, allerdings erhöht um steuerwirksame Abschreibungen, die in früheren Jahren vorgenommen worden sind, sowie um Abzüge nach § 6b EStG und ähnliche Abzüge, höchstens jedoch bis zum gemeinen Wert.

04.06   Die Hinzurechnung gem. § 4 Absatz 1 Satz 2 UmwStG betrifft ausschließlich die am steuerlichen Übertragungsstichtag im Betriebsvermögen des übernehmenden Rechtsträgers gehaltenen Anteile, bei denen der Buchwert um entsprechende Abzüge steuerwirksam gemindert wurde und am steuerlichen Übertragungsstichtag unter dem gemeinen Wert liegt. Für Anteile, die am steuerlichen Übertragungsstichtag vor Anwendung des § 5 UmwStG zum Betriebsvermögen eines Anteilseigners gehören, enthält § 5 Absatz 3 UmwStG eine entsprechende Regelung (vgl. Randnr. 05.10).

04.07   Abweichend vom allgemeinen Wertaufholungsgebot gem. § 6 Absatz 1 Nummer 1 Satz 4 und Nummer 2 Satz 3 EStG sind nach § 4 Absatz 1 Satz 2 UmwStG bzw. nach § 5 Absatz 3 UmwStG ausschließlich die dort aufgeführten Wertminderungen vor Ermittlung des Übernahmeergebnisses bis zum gemeinen Wert wieder hinzuzurechnen. Eine Wertaufholung ist jedoch nicht vorzunehmen, soweit bis zum Ablauf des steuerlichen Übertragungs-

Anlage 16
Umwandlung

stichtags eine steuerwirksame Wertaufholung (§ 6 Absatz 1 Nummer 2 Satz 3 i. V. m. § 6 Absatz 1 Nummer 1 Satz 4 EStG) stattgefunden hat oder die Rücklage nach § 6b Absatz 3 EStG gewinnerhöhend aufgelöst worden ist. Steuerwirksame Teilwertabschreibungen sind vor nicht voll steuerwirksamen Teilwertabschreibungen hinzuzurechnen.

Der Beteiligungskorrekturgewinn gehört nicht zum Übernahmegewinn und ist nach den allgemeinen Grundsätzen zu besteuern. Dies gilt nach § 4 Absatz 1 Satz 2 und 3 UmwStG auch insoweit, als die Anteile in früheren Jahren nur zum Teil steuerwirksam (z. B. anteilig nach § 3c Absatz 2 EStG) abgeschrieben worden sind. Durch die Erhöhung des Buchwerts mindert sich das Übernahmeergebnis (vgl. Randnr. 04.27).   04.08

III. Eintritt in die steuerliche Rechtsstellung (§ 4 Absatz 2 und 3 UmwStG)

1. Absetzungen für Abnutzung

Der übernehmende Rechtsträger tritt in die steuerliche Rechtsstellung der übertragenden Körperschaft auch hinsichtlich ihrer historischen Anschaffungs- oder Herstellungskosten ein.   04.09

Der Eintritt in die steuerliche Rechtsstellung der übertragenden Körperschaft erfolgt nach § 4 Absatz 3 UmwStG auch dann, wenn die übergegangenen Wirtschaftsgüter in der steuerlichen Schlussbilanz der übertragenden Körperschaft mit dem Zwischenwert oder mit dem gemeinen Wert angesetzt worden sind. Die Absetzungen für Abnutzung bemessen sich dann bei dem übernehmenden Rechtsträger: 04.10

- in den Fällen des § 7 Absatz 4 Satz 1 und Absatz 5 EStG nach der bisherigen Bemessungsgrundlage, vermehrt um den Aufstockungsbetrag (= Differenz zwischen dem Buchwert der Gebäude unmittelbar vor Aufstellung der steuerlichen Schlussbilanz und dem Wert, mit dem die Körperschaft die Gebäude in der steuerlichen Schlussbilanz angesetzt hat). Auf diese Bemessungsgrundlage ist der bisherige Prozentsatz weiterhin anzuwenden. Wird in den Fällen des § 7 Absatz 4 Satz 1 EStG die volle Absetzung innerhalb der tatsächlichen Nutzungsdauer nicht erreicht, können die Absetzungen für Abnutzung nach der Restnutzungsdauer des Gebäudes bemessen werden;
- in allen anderen Fällen nach dem Wert, mit dem die Körperschaft die Wirtschaftsgüter in der steuerlichen Schlussbilanz angesetzt hat, und der Restnutzungsdauer dieser Wirtschaftsgüter. Das gilt auch für übergehende entgeltlich erworbene immaterielle Wirtschaftsgüter mit Ausnahme eines Geschäfts- oder Firmenwerts. Die Restnutzungsdauer ist nach den Verhältnissen am steuerlichen Übertragungsstichtag neu zu schätzen (BFH vom 29.11.2007, IV R 73/02, BStBl 2008 II S. 407);
- für die Absetzungen für Abnutzung eines Geschäfts- oder Firmenwerts gilt § 7 Absatz 1 Satz 3 EStG. Auch wenn zum steuerlichen Übertragungsstichtag bereits ein (derivativer) Geschäfts- oder Firmenwert vorhanden ist, bemessen sich die Absetzungen für Abnutzung wegen § 7 Absatz 1 Satz 3 EStG nicht nach der Restnutzungsdauer. In diesen Fällen ist der Geschäfts- oder Firmenwert nach der bisherigen Bemessungsgrundlage ggf. vermehrt um einen Aufstockungsbetrag einheitlich mit $1/15$ abzuschreiben.

Zu späteren Bilanzstichtagen bilden die fortgeführten ursprünglichen Anschaffungs- oder Herstellungskosten (ggf. gemindert um Absetzungen für Abnutzung, Abzüge nach § 6b EStG usw., und erhöht um nachträgliche Anschaffungs- oder Herstellungskosten) oder bei einem am steuerlichen Übertragungsstichtag angesetzten höheren gemeinen Wert oder Zwischenwert dieser fortgeführte Wert die Bewertungsobergrenze i. S. d. § 6 Absatz 1 EStG sowie einer Wertaufholungspflicht i. S. d. § 6 Absatz 1 Nummer 1 Satz 4 oder Nummer 2 Satz 3 EStG.   04.11

Anlage 16
Umwandlung

2. Verlustabzug bei Auslandsbetriebsstätten

04.12 Die entgeltliche oder unentgeltliche Übertragung einer in einem ausländischen Staat belegenen Betriebsstätte führt zur Nachversteuerung von zuvor nach § 2a Absatz 3 EStG a. F. bzw. § 2 Absatz 1 AuslInvG abgezogenen Verlusten (vgl. § 2 Absatz 4 EStG a. F. i. V. m. § 52 Absatz 3 EStG[1]) bzw. § 2 Absatz 2 AuslInvG i. V. m. § 8 Absatz 5 Satz 2 AuslInvG) noch bei der übertragenden Körperschaft. Gleiches gilt nach den genannten Vorschriften im Fall der Umwandlung einer im ausländischen Staat belegenen Betriebsstätte in eine Kapitalgesellschaft.

3. Besonderheiten bei Unterstützungskassen (§ 4 Absatz 2 Satz 4 UmwStG)

04.13 Ist die übertragende Körperschaft eine Unterstützungskasse, erhöht sich der laufende Gewinn des übernehmenden Rechtsträgers in dem Wirtschaftsjahr, in das der Umwandlungsstichtag fällt, um die von ihm, seinen Gesellschaftern oder seinen Rechtsvorgängern an die Unterstützungskasse geleisteten Zuwendungen nach § 4d EStG; § 15 Absatz 1 Satz 1 Nummer 2 Satz 2 EStG gilt sinngemäß. Damit wird der Betriebsausgabenabzug der Zuwendungen an die Unterstützungskasse in der Rechtsform einer Körperschaft wieder rückgängig gemacht, soweit sie von der übernehmenden Personengesellschaft oder einem Mitunternehmer dieser Personengesellschaft getätigt wurden.

4. Sonstige Folgen der Rechtsnachfolge

04.14 Die Vermögensübernahme stellt für Zwecke des § 6b EStG und des § 7g EStG keine begünstigte Anschaffung dar.

04.15 Beim übernehmenden Rechtsträger werden Vorbesitzzeiten (z. B. § 6b EStG, § 9 Nummer 2a und 7 GewStG) angerechnet. Behaltefristen (z. B. nach § 7g EStG oder dem InvZulG) werden durch den Übergang des Vermögens nicht unterbrochen.

04.16 Ein in der steuerlichen Schlussbilanz des übertragenden Rechtsträgers entgegen § 5 EStG angesetztes Wirtschaftsgut (vgl. Randnr. 03.06) ist in der Steuerbilanz des übernehmenden Rechtsträgers auszuweisen und in der Folgezeit unter Anwendung des § 5 EStG ertragswirksam aufzulösen. Ein in der steuerlichen Schlussbilanz nach § 3 Absatz 1 Satz 1 UmwStG anzusetzender originärer Geschäfts- oder Firmenwert der übertragenden Körperschaft wird vom übernehmenden Rechtsträger aufgrund der Umwandlung angeschafft (vgl. Randnr. 00.02). Zu Ansatz- und Bewertungsvorbehalten bei der Übernahme von schuldrechtlichen Verpflichtungen vgl. BMF-Schreiben vom 24.6.2011, BStBl I S. 627[2]).

04.17 Ist die übertragende Körperschaft an einer Mitunternehmerschaft beteiligt und wurden in der steuerlichen Schlussbilanz Wirtschaftsgüter mit einem über dem Buchwert liegenden Wert ausgewiesen, ist der Aufstockungsbetrag in einer Ergänzungsbilanz bei dieser Mitunternehmerschaft für den übernehmenden Rechtsträger auszuweisen.

IV. Übernahmeergebnis

1. Zuordnung der Anteile zum Betriebsvermögen des übernehmenden Rechtsträgers

04.18 Ein Übernahmeergebnis ist nur für die Anteile zu ermitteln, die am steuerlichen Übertragungsstichtag zum Betriebsvermögen (einschließlich Sonderbetriebsvermögen) des übernehmenden Rechtsträgers gehören. Hierzu gehören auch die Anteile, die nach § 5 UmwStG dem Betriebsvermögen des übernehmenden Rechtsträgers zuzuordnen sind (vgl. Randnr. 05.01 ff.).

---

1) Jetzt § 52 Abs. 2 EStG.
2) Teilweise überholt >§§ 4f, 5 Abs. 7 EStG i. d. F. des AIFM-StAnpG.

Anlage 16
Umwandlung

2. Personen- sowie ggf. anteilsbezogene Ermittlung

Geht das Vermögen der Körperschaft auf eine Personengesellschaft über, ist das Übernahmeergebnis grundsätzlich unter Berücksichtigung der individuellen Anschaffungskosten bzw. Buchwerte der Beteiligungen und der jeweiligen Höhe eines möglichen Sperrbetrags nach § 50c EStG personenbezogen zu ermitteln. Dadurch kann z. B. bei einem Gesellschafter ein Übernahmegewinn und bei einem anderen Gesellschafter ein Übernahmeverlust entstehen. 04.19

Bei der Ermittlung des Übernahmeergebnisses ist Folgendes zu beachten: 04.20

– Für Anteile, die bereits vor dem steuerlichen Übertragungsstichtag zum Gesamthandsvermögen der übernehmenden Personengesellschaft gehört haben oder nach § 5 Absatz 1 UmwStG als zum steuerlichen Übertragungsstichtag dem Gesamthandsvermögen der Personengesellschaft zugeordnet gelten, ist das (anteilige) Übernahmeergebnis zu ermitteln und auf die bisherigen Mitunternehmer i. R. d. gesonderten und einheitlichen Feststellung der Einkünfte entsprechend ihrer Beteiligung zu verteilen.

– Für Anteile, die bereits vor dem steuerlichen Übertragungsstichtag zu dem Sonderbetriebsvermögen des übernehmenden Rechtsträgers gehören oder nach § 5 Absatz 2 und 3 UmwStG dem Betriebsvermögen der Personengesellschaft zugeordnet werden, ist für jeden dieser Anteilseigner der übertragenden Körperschaft das Übernahmeergebnis gesondert zu ermitteln.

Für die Ermittlung des Übernahmeergebnisses ist grundsätzlich von einer einzigen Beteiligung auszugehen. Ausnahmsweise kann eine anteilsbezogene Betrachtung erforderlich sein, wenn die Anteile unterschiedlichen steuerlichen Bedingungen unterliegen (z. B. einbringungsgeborene Anteile oder Anteile i. S. d. § 4 Absatz 6 Satz 6 UmwStG). 04.21

Über den Beteiligungskorrekturgewinn, die auf die Mitunternehmer der übernehmenden Personengesellschaft entfallenden Anteile am Übernahmegewinn oder -verlust, die anteiligen Erhöhungs- und Minderungsbeträge i. S. d. § 4 Absatz 5 UmwStG sowie die Anwendung des § 4 Absatz 6 und 7 UmwStG entscheidet das für die gesonderte und einheitliche Feststellung der Einkünfte der übernehmenden Personengesellschaft zuständige Finanzamt. 04.22

3. Ausländische Anteilseigner

Ausländische Anteilseigner von Körperschaften, die aufgrund der Umwandlung Mitunternehmer der Personengesellschaft werden, sind in die gesonderte und einheitliche Feststellung nach §§ 180 ff. AO nur insoweit einzubeziehen, als für die Bundesrepublik Deutschland zum steuerlichen Übertragungsstichtag ein Besteuerungsrecht hinsichtlich des Gewinns aus der Veräußerung der Anteile an der Körperschaft oder der Einkünfte i. S. d. § 7 UmwStG bestanden hat (anders bei der Einlagefiktion nach § 5 Absatz 2 und 3 UmwStG: vgl. Randnr. 05.07 und 05.09). Für Anteile i. S. d. § 5 Absatz 2 UmwStG ergibt sich z. B. das abkommensrechtliche Besteuerungsrecht für das Übernahmeergebnis in der Regel aus einer dem Artikel 13 Absatz 5 OECD-MA vergleichbaren Vorschrift in einem DBA. Für die Bezüge i. S. d. § 7 UmwStG ergibt sich das deutsche Besteuerungsrecht regelmäßig aus einer dem Artikel 10 OECD-MA vergleichbaren Vorschrift in einem DBA. 04.23

Ist an der übertragenden Körperschaft oder an der übernehmenden Personengesellschaft auch ein ausländischer Anteilseigner bzw. Mitunternehmer beteiligt und verfügt die übertragende Körperschaft über Betriebsvermögen in einem ausländischen Staat, mit dem z. B. kein DBA besteht, geht das Besteuerungsrecht der Bundesrepublik Deutschland an diesem Betriebsvermögen in dem Verhältnis verloren, wie der ausländische Anteilseigner bzw. Mitunternehmer am übernehmenden Rechtsträger beteiligt wird oder ist. 04.24

In dem Umfang, in dem stille Reserven im Betriebsvermögen der Betriebsstätte in einem ausländischen Staat, mit dem z. B. kein DBA besteht, aufzudecken sind

Anlage 16
Umwandlung

(vgl. Randnr. 03.19), ist für die inländischen Beteiligten der Aufstockungsbetrag anteilig – entsprechend ihrer Beteiligung am übernehmenden Rechtsträger – in einer negativen Ergänzungsbilanz auszuweisen. Für die ausländischen Beteiligten ergibt sich korrespondierend ein anteiliger Ausweis des Aufstockungsbetrags in einer positiven Ergänzungsbilanz.

Beispiel:

Die X-GmbH soll auf die bestehende Y-OHG (bisherige Mitunternehmer sind C und D zu je 50 %) verschmolzen werden. A und B sind jeweils zu 50 % Anteilseigner der X-GmbH und werden nach der Verschmelzung zu jeweils 30 % Mitunternehmer der Y-OHG. Die X-GmbH hat auch eine Betriebsstätte in einem ausländischen Staat, mit dem kein DBA besteht. Der Buchwert der Wirtschaftsgüter der ausländischen Betriebsstätte beträgt 200.000 € und der gemeine Wert beträgt 700.000 €. A, C und D haben ihren Wohnsitz im Inland und B hat seinen Wohnsitz und gewöhnlichen Aufenthalt im Ausland. Die X-GmbH beantragt den Ansatz der Buchwerte nach § 3 Absatz 2 UmwStG.

Lösung:

Die Voraussetzungen für die Buchwertfortführung gem. § 3 Absatz 2 UmwStG liegen in Bezug auf die (künftigen) Betriebsstätteneinkünfte nur für die auf die Inländer A, C und D entfallenden Anteile (zusammen 70 %) vor. Denn insoweit wird das deutsche Besteuerungsrecht nicht ausgeschlossen oder beschränkt. Soweit die ausländischen Wirtschaftsgüter künftig dem B zuzurechnen sind (30 %), wird das deutsche Besteuerungsrecht hinsichtlich des Gewinns aus deren Veräußerung ausgeschlossen und eine Buchwertfortführung ist nach § 3 Absatz 2 Satz 1 Nummer 2 UmwStG nicht zulässig. In der steuerlichen Schlussbilanz der X GmbH sind die der ausländischen Betriebsstätte zuzuordnenden Wirtschaftsgüter mit 350.000 € (= 200.000 € + 30 % von 500.000 €) anzusetzen. Dieser Aufstockungsbetrag ist anteilig – entsprechend der Beteiligung von A, C und D am übernehmenden Rechtsträger (z. B. A = 30 % von 150.000 € = 45.000 €; insgesamt für A, C und D also 105.000 €) – in negativen Ergänzungsbilanzen bei der übernehmenden Personengesellschaft auszuweisen. Für B ergibt sich ein korrespondierender Ansatz in einer positiven Ergänzungsbilanz i. H. v. 105.000 €.

Wenn in dem Beispiel nicht B, sondern C im Ausland ansässig ist, gilt Entsprechendes.

4. Anteile, die nicht dem Betriebsvermögen des übernehmenden Rechtsträgers zuzurechnen sind

04.25 Für Anteilseigner, deren Anteile an der übertragenden Körperschaft zum steuerlichen Übertragungsstichtag nicht zum Betriebsvermögen des übernehmenden Rechtsträgers gehören und diesem Betriebsvermögen auch nicht nach § 5 UmwStG oder nach § 27 Absatz 3 Nummer 1 UmwStG fiktiv zugerechnet werden, wird ein Übernahmeergebnis nicht ermittelt (vgl. Randnr. 04.18). Die Besteuerung der anteiligen offenen Rücklagen gem. § 7 UmwStG bleibt davon unberührt.

5. Entstehungszeitpunkt

04.26 Das Übernahmeergebnis entsteht mit Ablauf des steuerlichen Übertragungsstichtags (vgl. Randnr. 02.04). Das gilt auch für einen Übernahmefolgegewinn i. S. d. § 6 UmwStG (vgl. Randnr. 06.01 ff.).

6. Ermittlung des Übernahmeergebnisses

04.27 Das Übernahmeergebnis ist nach § 4 Absatz 4 und 5 UmwStG wie folgt zu ermitteln:

# **Anlage 16**
Umwandlung

	(Anteiliger) Wert, mit dem die übergegangenen Wirtschaftsgüter i. S. d. § 4 Absatz 1 Satz 1 UmwStG zu übernehmen sind (vgl. Randnr. 04.28)
+	Zuschlag für neutrales Vermögen (§ 4 Absatz 4 Satz 2 UmwStG; vgl. Randnr. 04.29)
./.	Wert der Anteile an der übertragenden Körperschaft (ggf. nach Korrektur gem. § 4 Absatz 1 Satz 2 und Absatz 2 Satz 5 UmwStG; vgl. Randnr. 04.30 und 04.05 ff.)
./.	Kosten des Vermögensübergangs (vgl. Randnr. 04.34 f.)
=	Übernahmeergebnis 1. Stufe (§ 4 Absatz 4 Satz 1 und 2 UmwStG)
+	Sperrbetrag nach § 50c EStG (§ 4 Absatz 5 Satz 1 UmwStG; vgl. Randnr. 04.37)
./.	Bezüge, die nach § 7 UmwStG zu den Einkünften aus Kapitalvermögen i. S. d. § 20 Absatz 1 Nummer 1 EStG gehören (§ 4 Absatz 5 Satz 2 UmwStG)
=	Übernahmeergebnis 2. Stufe (§ 4 Absatz 4 und 5 UmwStG)

(Dieser Wert ist Gegenstand der gesonderten und einheitlichen Feststellung)

Beispiel 1:
An einer GmbH sind die natürlichen Personen A mit 50 %, B mit 30 % und C mit 20 % beteiligt. A und B sind im Inland unbeschränkt einkommensteuerpflichtig und abkommensrechtlich ansässig. A hält seinen Anteil (Anschaffungskosten = 400.000 €) an der GmbH im Privatvermögen, der Anteil des B (Buchwert = 100.000 €) wird in dessen Betriebsvermögen gehalten. C ist im Ausland ansässig und hält seinen Anteil (Anschaffungskosten = 100.000 €) im Privatvermögen. Nach dem mit dem Wohnsitzstaat des C abgeschlossenen DBA steht das Besteuerungsrecht für Gewinne aus der Veräußerung von Anteilen an Kapitalgesellschaften nur dem Wohnsitzstaat zu. Für Dividenden sieht das DBA ein Quellensteuerrecht entsprechend dem Artikel 10 OECD-MA vor.

Die GmbH wird durch Formwechsel in eine KG umgewandelt. In der steuerlichen Schlussbilanz der GmbH werden die übergehenden Wirtschaftsgüter auf Antrag zulässigerweise (einheitlich) mit dem Buchwert (Buchwerte insgesamt = 2.000.000 €; davon Nennkapital = 1.400.000 € und offene Rücklagen = 600.000 €) angesetzt und von der KG entsprechend übernommen. Von den Umwandlungskosten entfallen 20.000 € auf die KG. Der gemeine Wert des übertragenen Vermögens beträgt 4.000.000 €.

Steuerlicher Übertragungsstichtag ist der 31.12.01. Das Wirtschaftsjahr der an der Umwandlung beteiligten Rechtsträger entspricht dem Kalenderjahr.

Lösung:
Die KG hat die steuerlichen Buchwerte zu übernehmen (§ 4 Absatz 1 Satz 1 UmwStG). Die bisherigen Anteile von A und C an der GmbH gelten nach § 5 Absatz 2 UmwStG als zu den Anschaffungskosten in das Betriebsvermögen der KG eingelegt. Der bisherige Anteil des B gilt nach § 5 Absatz 3 UmwStG als zum Buchwert in das Betriebsvermögen der Übernehmerin überführt.

Für die Gesellschafter A, B und C erfolgt eine Ermittlung des Übernahmeergebnisses. Der auf den Gesellschafter C entfallende Anteil an einem Übernahmegewinn bleibt allerdings i. R. d. gesonderten und einheitlichen Feststellung außer Ansatz, weil nur steuerpflichtige Einkünfte festzustellen sind. Für die Bundesrepublik Deutschland hat ein Besteuerungsrecht hinsichtlich des Gewinns aus der Veräußerung dieses Anteils an der GmbH nach dem DBA mit dem Wohnsitzstaat des C insoweit nicht bestanden; Gleiches würde auch für einen Übernahmeverlust gelten. Aufgrund des abkommensrechtlichen

Anlage 16
Umwandlung

Quellensteuerrechts sind die Bezüge i. S. d. § 7 UmwStG jedoch in die Feststellung mit einzubeziehen (vgl. Randnr. 07.02).

Die auf die Gesellschafter entfallenden Anteile am Übernahmeergebnis i. S. d. § 4 UmwStG und den Bezügen i. S. d. § 7 UmwStG sind für den Veranlagungszeitraum 01 wie folgt zu ermitteln:

	A	B	C	Summe
a) Übernahmeergebnis				
Wert des übernommenen Vermögens	1.000.000 €	600.000 €	400.000 €	2.000.000 €
+ Zuschlag für neutrales Vermögen	0 €	0 €	0 €	0 €
./. Wert der Anteile an der GmbH	400.000 €	100.000 €	100.000 €	600.000 €
./. Kosten des Vermögensübergangs	10.000 €	6.000 €	4.000 €	20.000 €
= **Übernahmeergebnis 1. Stufe**	590.000 €	494.000 €	296.000 €	1.380.000 €
./. Bezüge nach § 7 UmwStG	300.000 €	180.000 €	120.000 €	600.000 €
= **Übernahmeergebnis 2. Stufe**	290.000 €	314.000 €	176.000 €	780.000 €
davon stpfl. Übernahmeergebnis	**290.000 €**	**314.000 €**	**0 €**	**604.000 €**
(= Gegenstand der gesonderten und einheitlichen Feststellung)				
b) Bezüge nach § 7 UmwStG	300.000 €	180.000 €	120.000 €	600.000 €
davon einzubeziehen in das Feststellungsverfahren (vor Anwendung von § 3 Nummer 40 EStG)	300.000 €	180.000 €	120.000 €	600.000 €
anzurechnende Kapitalertragsteuer (25 %)	75.000 €	45.000 €	30.000 € ❶	
❶ DBA-Quellensteuerrecht				
Gesonderte und einheitliche Feststellung:				
a) Übernahmeergebnis gem. § 4 UmwStG	290.000 €	314.000 €	0 €	604.000 €
b) Bezüge gem. § 7 UmwStG	300.000 €	180.000 €	120.000 €	600.000 €
= **Einkünfte aus Gewerbebetrieb**	**590.000 €**	**494.000 €**	**120.000 €**	**1.204.000 €**

Anlage 16
Umwandlung

Beispiel 2:

Die im EU-Ausland ansässige EU Kapitalgesellschaft (ohne inländische Betriebsstätte) wird auf eine gewerbliche EU Personengesellschaft mit Sitz und Geschäftsleitung im EU-Ausland umgewandelt. Gesellschafter der EU-Kapitalgesellschaft sind die natürlichen Personen A mit 50 %, B mit 30 % und C mit 20 %. A und B sind im Inland unbeschränkt einkommensteuerpflichtig und abkommensrechtlich ansässig. A hält seinen Anteil (Anschaffungskosten = 400.000 €) an der EU-Kapitalgesellschaft im Privatvermögen, der Anteil des B (Buchwert = 100.000 €) wird in dessen Betriebsvermögen gehalten. C ist im Ausland ansässig und hält seinen Anteil (Anschaffungskosten = 100.000 €) im Privatvermögen.

Nach dem mit dem Sitzstaat der EU-Kapitalgesellschaft abgeschlossenen DBA steht das Besteuerungsrecht für Gewinne aus der Veräußerung von Anteilen an Kapitalgesellschaften nur dem Wohnsitzstaat zu. Für Dividenden steht das Besteuerungsrecht dem Wohnsitzstaat des Gesellschafters zu (vgl. Artikel 10 Absatz 1 OECD-MA). Der Sitzstaat der EU-Kapitalgesellschaft hat ein Quellenbesteuerungsrecht (vgl. Artikel 10 Absatz 2 OECD-MA).

In der steuerlichen Schlussbilanz der EU Kapitalgesellschaft werden die übergehenden Wirtschaftsgüter zulässigerweise einheitlich mit dem Buchwert (Buchwerte insgesamt = 2.000.000 €; davon Nennkapital = 1.400.000 € und offene Rücklagen = 600.000 €) angesetzt und von der EU-Personengesellschaft entsprechend übernommen. Von den Umwandlungskosten entfallen 20.000 € auf die EU-Personengesellschaft. Der gemeine Wert des übertragenen Vermögens beträgt 4.000.000 €.

Kapitalertragsteuer wurde im Ausland weder angemeldet noch abgeführt. Steuerlicher Übertragungsstichtag ist der 31.12.01. Das Wirtschaftsjahr der an der Umwandlung beteiligten Rechtsträger entspricht dem Kalenderjahr.

Lösung:

Die EU-Personengesellschaft hat die steuerlichen Schlussbilanzwerte der EU-Kapitalgesellschaft zu übernehmen (§ 4 Absatz 1 Satz 1 UmwStG). Die bisherigen Anteile von A und C an der EU-Kapitalgesellschaft gelten nach § 5 Absatz 2 UmwStG als zu den Anschaffungskosten in das Betriebsvermögen der EU-Personengesellschaft eingelegt, der bisherige Anteil des B gilt nach § 5 Absatz 3 UmwStG als zum Buchwert in das Betriebsvermögen der EU-Personengesellschaft überführt.

Für die Gesellschafter A, B und C erfolgt eine Ermittlung des Übernahmeergebnisses. Der auf den Gesellschafter C entfallende Anteil am Übernahmegewinn i. S. d. § 4 UmwStG und den Bezügen i. S. d. § 7 UmwStG bleibt i. R. d. gesonderten und einheitlichen Feststellung außer Ansatz, weil für C im Inland keine (beschränkte) Steuerpflicht besteht; Gleiches würde auch für einen Übernahmeverlust gelten. Für die Bezüge i. S. d. § 7 UmwStG von A und B ist Artikel 10 OECD-MA maßgeblich.

Die auf die Gesellschafter entfallenden Anteile am Übernahmeergebnis i. S. d. § 4 UmwStG und den Bezügen i. S. d. § 7 UmwStG sind für den Veranlagungszeitraum 01 wie folgt zu ermitteln:

Anlage 16

Umwandlung

	A	B	C	Summe
a) **Übernahmeergebnis**				
Wert des übernommenen Vermögens (Buchwert)	1.000.000 €	600.000 €	400.000 €	2.000.000 €
+ Zuschlag für neutrales (Auslands-)Vermögen	1.000.000 €	600.000 €	400.000 €	2.000.000 €
./. Wert der Anteile an der übertragenden GmbH	400.000 €	100.000 €	100.000 €	600.000 €
./. Kosten des Vermögensübergangs	10.000 €	6.000 €	4.000 €	20.000 €
= **Übernahmeergebnis 1. Stufe**	1.590.000 €	1.094.000 €	696.000 €	3.380.000 €
./. Bezüge nach § 7 UmwStG	300.000 €	180.000 €	120.000 €	600.000 €
= **Übernahmeergebnis 2. Stufe**	1.290.000 €	914.000 €	576.000 €	2.780.000 €
davon stpfl. Übernahmeergebnis	**1.290.000 €**	**914.000 €**	**0 €**	**2.204.000 €**
(= Gegenstand der gesonderten und einheitlichen Feststellung)				
b) **Bezüge nach § 7 UmwStG**	300.000 €	180.000 €	120.000 €	600.000 €
davon einzubeziehen in das Feststellungsverfahren (vor Anwendung von § 3 Nummer 40 EStG)	300.000 €	180.000 €	0 €	480.000 €
Gesonderte und einheitliche Feststellung:				
a) Übernahmeergebnis gem. § 4 UmwStG	1.290.000 €	914.000 €	0 €	2.204.000 €
b) Bezüge gem. § 7 UmwStG	300.000 €	180.000 €	0 €	480.000 €
= **Einkünfte aus Gewerbebetrieb**	**1.590.000 €**	**1.094.000 €**	**0 €**	**2.684.000 €**

7. Wert, mit dem die übergegangenen Wirtschaftsgüter zu übernehmen sind

04.28   Die übergegangenen Wirtschaftsgüter sind mit den Werten in der steuerlichen Schlussbilanz der übertragenden Körperschaft anzusetzen (vgl. Randnr. 04.01 ff.).

8. Zuschlag für neutrales Vermögen (Auslandsvermögen)

04.29   Gehört zum übernommenen Vermögen auch Betriebsvermögen, für das die Bundesrepublik Deutschland am steuerlichen Übertragungsstichtag kein Besteuerungsrecht hat (z. B. aufgrund eines DBA durch Anwendung der Freistellungsmethode oder weil die übertra-

Anlage 16
Umwandlung

gende Körperschaft in Deutschland nur beschränkt oder gar nicht steuerpflichtig ist), ist insoweit ausschließlich für Zwecke der Ermittlung des Übernahmeergebnisses der gemeine Wert dieses Vermögens anzusetzen (§ 4 Absatz 4 Satz 2 UmStG). Der Zuschlag für neutrales Vermögen ist i. H. der Differenz zwischen dem gemeinen Wert des Auslandsvermögens und dessen Wert in der steuerlichen Schlussbilanz des übertragenden Rechtsträgers vorzunehmen.

Beispiel 1:

An der GmbH sind die natürlichen Personen A mit 50 %, B mit 30 % und C mit 20 % beteiligt. A und B sind im Inland unbeschränkt einkommensteuerpflichtig und abkommensrechtlich ansässig. A hält seinen Anteil (Anschaffungskosten = 400.000 €) an der GmbH im Privatvermögen, der Anteil des B (Buchwert = 100.000 €) wird in dessen Betriebsvermögen gehalten. C ist im Ausland ansässig und hält seinen Anteil (Anschaffungskosten = 100.000 €) im Privatvermögen. Nach dem mit dem Wohnsitzstaat des C abgeschlossenen DBA steht das Besteuerungsrecht für Gewinne aus der Veräußerung von Anteilen an Kapitalgesellschaften nur dem Wohnsitzstaat zu. Die GmbH unterhält eine DBA-Freistellungsbetriebsstätte im Ausland. Für Dividenden sieht das DBA ein Quellensteuerrecht entsprechend dem Artikel 10 OECD-MA vor.

Die GmbH wird formwechselnd in eine KG umgewandelt. In der steuerlichen Schlussbilanz der GmbH werden die übergehenden Wirtschaftsgüter zulässigerweise einheitlich mit dem Buchwert (Buchwerte insgesamt = 2.000.000 €; davon Nennkapital = 1.400.000 € und offene Rücklagen = 600.000 €) angesetzt und von der KG entsprechend übernommen. Von den Umwandlungskosten entfallen 20.000 € auf die KG. Die Buchwerte des inländischen Vermögens betragen 1.500.000 € (gemeiner Wert = 2.800.000 €) und des ausländischen Vermögens 500.000 € (gemeiner Wert = 1.200.000 €).

Steuerlicher Übertragungsstichtag ist der 31.12.01. Das Wirtschaftsjahr der an der Umwandlung beteiligten Rechtsträger entspricht dem Kalenderjahr.

Lösung:

Die KG hat die steuerlichen Buchwerte zu übernehmen (§ 4 Absatz 1 Satz 1 UmwStG). Die bisherigen Anteile von A und C an der GmbH gelten nach § 5 Absatz 2 UmwStG als zu den Anschaffungskosten in das Betriebsvermögen der KG eingelegt. Der bisherige Anteil des B gilt nach § 5 Absatz 3 UmwStG als zum Buchwert in das Betriebsvermögen der KG überführt.

Für die Gesellschafter A, B und C erfolgt eine Ermittlung des Übernahmeergebnisses. Der auf den Gesellschafter C entfallende Anteil an einem Übernahmegewinn bleibt allerdings i. R. d. gesonderten und einheitlichen Feststellung außer Ansatz, weil nur steuerpflichtige Einkünfte festzustellen sind. Für die Bundesrepublik Deutschland hat ein Besteuerungsrecht hinsichtlich des Gewinns aus der Veräußerung dieses Anteils an der GmbH nach dem DBA mit dem Wohnsitzstaat des C insoweit nicht bestanden; Gleiches würde auch für einen Übernahmeverlust gelten. Aufgrund des abkommensrechtlichen Quellensteuerrechts sind die Bezüge i. S. d. § 7 UmwStG jedoch in die Feststellung mit einzubeziehen (vgl. Randnr. 07.02).

Nach § 4 Absatz 4 Satz 2 UmwStG ist i. R. d. Ermittlung des Übernahmeergebnisses für die Gesellschafter A, B und C ein Zuschlag für neutrales Vermögen (Auslandsvermögen) anzusetzen (1.200.000 € (= gemeiner Wert) ./. 500.000 € (= Buchwert) = 700.000 €; davon Anteil des A = 350.000 €, Anteil des B = 210.000 € und Anteil des C = 140.000 €).

Die auf die Gesellschafter entfallenden Anteile am Übernahmeergebnis i. S. d. § 4 UmwStG und den Bezügen i. S. d. § 7 UmwStG sind für den Veranlagungszeitraum 01 wie folgt zu ermitteln:

481

Anlage 16

Umwandlung

	A	B	C	Summe
a) Übernahmeergebnis				
Wert des übernommenen Vermögens (Buchwert)	1.000.000 €	600.000 €	400.000 €	2.000.000 €
+ Zuschlag für neutrales (Auslands-)Vermögen	350.000 €	210.000 €	140.000 €	700.000 €
./. Wert der Anteile an der übertragenden GmbH	400.000 €	100.000 €	100.000 €	600.000 €
./. Kosten des Vermögensübergangs	10.000 €	6.000 €	4.000 €	20.000 €
= Übernahmeergebnis 1. Stufe	940.000 €	704.000 €	436.000 €	2.080.000 €
./. Bezüge nach § 7 UmwStG	300.000 €	180.000 €	120.000 €	600.000 €
= Übernahmeergebnis 2. Stufe	640.000 €	524.000 €	316.000 €	1.480.000 €
davon stpfl. Übernahmeergebnis	**640.000 €**	**524.000 €**	**0 €**	**1.060.000 €**
(= Gegenstand der gesonderten und einheitlichen Feststellung)				
b) Bezüge nach § 7 UmwStG	300.000 €	180.000 €	120.000 €	600.000 €
davon einzubeziehen in das Feststellungsverfahren (vor Anwendung von § 3 Nummer 40 EStG)	300.000 €	180.000 €	120.000 €	600.000 €
anzurechnende Kapitalertragsteuer (25 %)	75.000 €	45.000 €	30.000 € ❶	
❶ DBA-Quellensteuerrecht				
Gesonderte und einheitliche Feststellung:				
a) Übernahmeergebnis gem. § 4 UmwStG	640.000 €	524.000 €	0 €	1.164.000 €
b) Bezüge gem. § 7 UmwStG	300.000 €	180.000 €	120.000 €	600.000 €
= **Einkünfte aus Gewerbebetrieb**	**940.000 €**	**704.000 €**	**120.000 €**	**1.764.000 €**

Anlage 16

Umwandlung

Beispiel 2:

Die im EU-Ausland ansässige EU Kapitalgesellschaft mit einer im Inland befindlichen gewerblichen Betriebsstätte wird auf eine gewerbliche EU-Personengesellschaft mit Sitz und Geschäftsleitung im EU-Ausland umgewandelt. Gesellschafter der EU-Kapitalgesellschaft sind die natürlichen Personen A mit 50 %, B mit 30 % und C mit 20 %. A und B sind im Inland unbeschränkt einkommensteuerpflichtig und abkommensrechtlich ansässig. A hält seinen Anteil (Anschaffungskosten = 400.000 €) an der EU-Kapitalgesellschaft im Privatvermögen, der Anteil des B (Buchwert = 100.000 €) wird in dessen Betriebsvermögen gehalten. C ist im EU-Ausland ansässig und hält seinen Anteil (Anschaffungskosten = 100.000 €) im Privatvermögen.

Nach dem mit dem Wohnsitzstaat des C abgeschlossenen DBA steht das Besteuerungsrecht für Gewinne aus der Veräußerung von Anteilen an Kapitalgesellschaften nur dem Wohnsitzstaat zu. Für Dividenden steht das Besteuerungsrecht dem Wohnsitzstaat des Gesellschafters zu (vgl. Artikel 10 Absatz 1 OECD-MA).

In der steuerlichen Schlussbilanz der EU-Kapitalgesellschaft werden die übergehenden Wirtschaftsgüter auf Antrag zulässigerweise einheitlich mit dem Buchwert angesetzt und von der EU-Personengesellschaft entsprechend übernommen.

Kapitalertragsteuer wurde im Ausland weder angemeldet noch abgeführt. Von den Umwandlungskosten entfallen 20.000 € auf die EU-Personengesellschaft. Die Buchwerte des inländischen Vermögens betragen 500.000 € (gemeiner Wert = 1.200.000 €) und des ausländischen Vermögens 1.500.000 € (gemeiner Wert = 2.800.000 €).

Steuerlicher Übertragungsstichtag ist der 31.12.01. Das Wirtschaftsjahr der an der Umwandlung beteiligten Rechtsträger entspricht dem Kalenderjahr.

Lösung:

Die EU-Personengesellschaft hat die steuerlichen Schlussbilanzwerte der EU-Kapitalgesellschaft zu übernehmen (§ 4 Absatz 1 Satz 1 UmwStG). Die bisherigen Anteile von A und C an der EU-Kapitalgesellschaft gelten nach § 5 Absatz 2 UmwStG als zu den Anschaffungskosten in das Betriebsvermögen der EU-Personengesellschaft eingelegt. Der bisherige Anteil des B gilt nach § 5 Absatz 3 UmwStG als zum Buchwert in das Betriebsvermögen der EU-Personengesellschaft überführt.

Für die Gesellschafter A, B und C erfolgt eine Ermittlung des Übernahmeergebnisses. Nach § 4 Absatz 4 Satz 2 UmwStG ist i. R. d. Ermittlung des Übernahmeergebnisses ein Zuschlag für neutrales Vermögen (Auslandsvermögen) anzusetzen (2.800.000 € (= gemeiner Wert) ./. 1.500.000 € (= Buchwert) = 1.300.000 €; davon Anteil des A = 650.000 €, Anteil des B = 390.000 € und Anteil des C = 260.000 €).

Der auf C entfallende Anteil am Übernahmeergebnis i. S. d. § 4 UmwStG und den Bezügen i. S. d. § 7 UmwStG bleibt i. R. d. gesonderten und einheitlichen Feststellung außer Ansatz, weil für C im Inland keine (beschränkte) Steuerpflicht besteht. Für die Bezüge i. S. d. § 7 UmwStG von A und B ist Artikel 10 OECD-MA maßgeblich.

Die auf die Gesellschafter entfallenden Anteile am Übernahmeergebnis i. S. d. § 4 UmwStG und den Bezügen i. S. d. § 7 UmwStG sind für den Veranlagungszeitraum 01 wie folgt zu ermitteln:

Anlage 16

Umwandlung

	A	B	C	Summe
a) Übernahmeergebnis				
Wert des übernommenen Vermögens (Buchwert)	1.000.000 €	600.000 €	400.000 €	2.000.000 €
+ Zuschlag für neutrales (Auslands-)Vermögen	650.000 €	390.000 €	260.000 €	1.300.000 €
./. Wert der Anteile an der übertragenden GmbH	400.000 €	100.000 €	100.000 €	600.000 €
./. Kosten des Vermögensübergangs	10.000 €	6.000 €	4.000 €	20.000 €
= **Übernahmeergebnis 1. Stufe**	1.240.000 €	884.000 €	556.000 €	2.680.000 €
./. Bezüge nach § 7 UmwStG	300.000 €	180.000 €	120.000 €	600.000 €
= **Übernahmeergebnis 2. Stufe**	940.000 €	704.000 €	436.000 €	2.080.000 €
davon stpfl. Übernahmeergebnis	**940.000 €**	**704.000 €**	**0 €**	**1.644.000 €**
(= Gegenstand der gesonderten und einheitlichen Feststellung)				
b) Bezüge nach § 7 UmwStG	300.000 €	180.000 €	120.000 €	600.000 €
davon einzubeziehen in das Feststellungsverfahren (vor Anwendung von § 3 Nummer 40 EStG)	300.000 €	180.000 €	0 €	480.000 €
Gesonderte und einheitliche Feststellung:				
a) Übernahmeergebnis gem. § 4 UmwStG	940.000 €	704.000 €	0 €	1.644.000 €
b) Bezüge gem. § 7 UmwStG	300.000 €	180.000 €	0 €	480.000 €
= **Einkünfte aus Gewerbebetrieb**	**1.240.000 €**	**884.000 €**	**0 €**	**2.124.000 €**

9. Anteile an der übertragenden Körperschaft

a) Zuordnung der Anteile

04.30   Gehören am steuerlichen Übertragungsstichtag unter Berücksichtigung des § 5 UmwStG nicht alle Anteile an der übertragenden Körperschaft zum Betriebsvermögen des übernehmenden Rechtsträgers, bleibt der auf diese Anteile entfallende Wert der übergegangenen

Anlage 16
Umwandlung

Wirtschaftsgüter bei der Ermittlung des Übernahmeergebnisses insoweit außer Ansatz (§ 4 Absatz 4 Satz 3 UmwStG).

Beispiel:
80 % der Anteile an der übertragenden Kapitalgesellschaft gehören am steuerlichen Übertragungsstichtag – unter Berücksichtigung des § 5 UmwStG – zum Betriebsvermögen der übernehmenden Personengesellschaft. 20 % der Anteile gehören zum Privatvermögen von Anteilseignern, die jeweils zu weniger als 1 % an der übertragenden Kapitalgesellschaft beteiligt sind.

Lösung:
In Höhe von 20 % bleibt der Wert der übergegangenen Wirtschaftsgüter bei der Ermittlung des Übernahmegewinns oder -verlusts außer Ansatz. Für die 20 % der Anteile entfällt die Ermittlung eines Übernahmegewinns oder -verlusts.

b) Folgen bei ausstehenden Einlagen

Ausstehende Einlagen haben die Anschaffungskosten der Beteiligung unabhängig davon, ob sie eingefordert oder nicht eingefordert sind, bereits erhöht. Die Anschaffungskosten sind daher für Zwecke der Ermittlung des Übernahmeergebnisses um diese Beträge zu mindern (vgl. auch Randnr. 03.05). 04.31

c) Steuerliche Behandlung eigener Anteile

Bis zur Geltung des Gesetzes zur Modernisierung des Bilanzrechts (Bilanzrechtsmodernisierungsgesetz – BilMoG) vom 25.5.2009, BGBl. I S. 1102, gilt für die Behandlung eigener Anteile bei Umwandlungen Folgendes: 04.32

Bei der übertragenden Körperschaft gehen die eigenen Anteile durch die Umwandlung unter und sind in der steuerlichen Schlussbilanz nicht mehr zu erfassen. Diese sind daher entweder gewinnneutral auszubuchen oder der hierdurch entstehende Buchverlust ist außerhalb der Bilanz bei der Einkommensermittlung hinzuzurechnen (vgl. Randnr. 03.05).

Der Übernahmegewinn ergibt sich in diesem Fall aus dem Unterschiedsbetrag zwischen dem Wert, mit dem die übergegangenen Wirtschaftsgüter nach § 4 Absatz 1 Satz 1 UmwStG zu übernehmen sind, und dem Buchwert der restlichen Anteile an der übertragenden Körperschaft, wenn sie am steuerlichen Übertragungsstichtag zum Betriebsvermögen des übernehmenden Rechtsträgers gehören (§ 4 Absatz 4 Satz 3 UmwStG). Für den Fall, dass auch nach Berücksichtigung des § 5 UmwStG nicht alle übrigen Anteile zum Betriebsvermögen des übernehmenden Rechtsträgers gehören, wird auf Randnr. 04.30 verwiesen. 04.33

Beispiel (Rechtslage bis zur Geltung des BilMoG):

A-GmbH

Gesellschafter B	= 30 %	(Anschaffungskosten	= 30.000 €)
Gesellschafter C	= 30 %	(Anschaffungskosten	= 90.000 €)
Gesellschafter D	= 30 %	(Anschaffungskosten	= 100.000 €)
eigene Anteile A-GmbH	= 10 %	(Anschaffungskosten	= 50.000 €)

Anlage 16

Umwandlung

Lösung:
Die steuerliche Schlussbilanz der A-GmbH stellt sich wie folgt dar:

	Buchwert		Buchwert
Eigene Anteile	0 €	Stammkapital	100.000 €
Sonstige Aktiva	1.250.000 €	Rücklagen	200.000 €
		Verbindlichkeiten	950.000 €
	1.250.000 €		1.250.000 €

Die Anteile der Gesellschafter B, C und D sind dem Betriebsvermögen der übernehmenden Personengesellschaft gem. § 5 UmwStG zuzuordnen. Danach ergibt sich folgender Übernahmegewinn:

	Gesamt	B	C	D
Buchwert des übergehenden Vermögens	300.000 €	100.000 €	100.000 €	100.000 €
Buchwert der Anteile (Anschaffungskosten)	220.000 €	30.000 €	90.000 €	100.000 €
Übernahmeergebnis 1. Stufe	80.000 €	70.000 €	10.000 €	0 €

Der Buchwert der eigenen Anteile i. H. v. 50.000 € (Anschaffungskosten) ist bei der A-GmbH bei der steuerlichen Gewinnermittlung außerhalb der Bilanz hinzuzurechnen, wenn die Anteile gewinnmindernd ausgebucht worden sind.

10. Kosten des Vermögensübergangs

04.34 Als Kosten des Vermögensübergangs i. S. d. § 4 Absatz 4 Satz 1 UmwStG sind nur die nicht objektbezogenen Kosten des übernehmenden Rechtsträgers – unabhängig vom Zeitpunkt der Entstehung – sowie auch die nicht objektbezogenen Kosten, die dem übertragenden Rechtsträger zuzuordnen und nach dem steuerlichen Übertragungsstichtag entstanden sind, zu berücksichtigen. Sie bewirken eine Minderung des Übernahmegewinns bzw. eine Erhöhung des Übernahmeverlusts. Sofern sie als laufender Aufwand beim übernehmenden Rechtsträger berücksichtigt worden sind, hat eine entsprechende außerbilanzielle Korrektur zu erfolgen. Zur ertragsteuerlichen Behandlung der durch einen Umwandlungsvorgang entstandenen objektbezogenen Kosten des Vermögensübergangs vgl. BMF-Schreiben vom 18.1.2010, BStBl I S. 70. Zur ertragsteuerlichen Behandlung von Grunderwerbsteuer bei Anteilsvereinigung (§ 1 Absatz 3 GrEStG) beachte aber auch BFH vom 20.4.2011, I R 2/10, BStBl II S. 761.

04.35 Eine verhältnismäßige Zuordnung zum Übernahmeergebnis und zum Dividendenanteil gem. § 7 UmwStG ist nicht vorzunehmen. Ein Gesellschafter, der nicht der Übernahmegewinnbesteuerung, sondern nur der Besteuerung des Dividendenanteils gem. § 7 UmwStG unterliegt, kann seine Übernahmekosten steuerlich nicht geltend machen.

V. Fremdfinanzierte Anteile an der übertragenden Körperschaft

04.36 Wird ein Anteilseigner, der seine Anteile an der übertragenden Körperschaft fremdfinanziert hat, Mitunternehmer der Personengesellschaft, führen Darlehenszinsen künftig zu Sonderbetriebsausgaben dieses Mitunternehmers bei der Personengesellschaft, die i. R. d.

Anlage 16
Umwandlung

gesonderten und einheitlichen Feststellung der Einkünfte nach allgemeinen Grundsätzen zu berücksichtigen sind. Die Verbindlichkeiten haben keinen Einfluss auf das Übernahmeergebnis.

VI. Weitere Korrekturen gem. § 4 Absatz 5 UmwStG
1. Sperrbetrag i. S. d. § 50c EStG

Der Sperrbetrag i. S. d. § 50c Absatz 4 EStG (vgl. § 52 Absatz 59 EStG[1])) ist nach § 4 Absatz 5 Satz 1 UmwStG dem Übernahmeergebnis außerhalb der Steuerbilanz hinzuzurechnen, soweit die Anteile an der übertragenden Körperschaft am steuerlichen Übertragungsstichtag zum Betriebsvermögen des übernehmenden Rechtsträgers gehören.

04.37

2. Abzug der Bezüge i. S. d. § 7 UmwStG vom Übernahmeergebnis 1. Stufe

Das Übernahmeergebnis 1. Stufe (vgl. Randnr. 04.27) vermindert sich um die Bezüge, die nach § 7 UmwStG zu den Einkünften aus Kapitalvermögen i. S. d. § 20 Absatz 1 Nummer 1 EStG gehören. Der Abzug erfolgt wegen der personenbezogenen Ermittlung (vgl. Randnr. 04.19 ff.) für jeden Anteilseigner gesondert.

04.38

VII. Ermittlung des Übernahmeergebnisses bei negativem Buchwert des Vermögens der übertragenden Körperschaft (überschuldete Gesellschaft)

Bei der Ermittlung des Übernahmeergebnisses ist keine Begrenzung des übergehenden Vermögens auf 0 € vorgesehen. Ein Negativvermögen führt daher zu einem entsprechend höheren Übernahmeverlust.

04.39

VIII. Berücksichtigung eines Übernahmeverlusts (§ 4 Absatz 6 UmwStG)

Entfällt der Übernahmeverlust auf eine Körperschaft, Personenvereinigung oder Vermögensmasse, bleibt der Übernahmeverlust außer Ansatz.

04.40

Das gilt nicht, soweit der Übernahmeverlust auf eine Körperschaft i. S. d. § 8b Absatz 7 oder Absatz 8 Satz 1 KStG entfällt. Dann ist der Übernahmeverlust bis zur Höhe der Bezüge i. S. d. § 20 Absatz 1 Nummer 1 EStG i. V. m. § 7 UmwStG zu berücksichtigen. Ein danach verbleibender Übernahmeverlust bleibt außer Ansatz.

04.41

Entfällt der Übernahmeverlust auf eine natürliche Person, ist er zu 60 % (bis 2008: zur Hälfte), höchstens i. H. v. 60 % (bis 2008: der Hälfte) der nach § 7 UmwStG anzusetzenden Bezüge i. S. d. § 20 Absatz 1 Nummer 1 EStG zu berücksichtigen. Ein darüber hinausgehender Übernahmeverlust bleibt außer Ansatz.

04.42

Ein Übernahmeverlust bleibt stets außer Ansatz, soweit bei Veräußerung der Anteile an der übertragenden Körperschaft ein Veräußerungsverlust nach § 17 Absatz 2 Satz 6 EStG nicht zu berücksichtigen wäre oder soweit die Anteile an der übertragenden Körperschaft innerhalb der letzten fünf Jahre vor dem steuerlichen Übertragungsstichtag entgeltlich erworben wurden.

04.43

Werden Anteile an dem übertragenden Rechtsträger erst nach dem steuerlichen Übertragungsstichtag entgeltlich erworben, bleibt ein Übernahmeverlust nach § 4 Absatz 6 Satz 6 UmwStG auch insoweit außer Ansatz.

---

1) § 52 Abs. 59 EStG i. d. F. vor dem Gesetz zur Anpassung des nationalen Steuerrechts an den Beitritt Kroatiens zur EU und zur Änderung weiterer steuerlicher Vorschriften.

Anlage 16
Umwandlung

IX. Besteuerung eines Übernahmegewinns (§ 4 Absatz 7 UmwStG)

04.44 Entfällt der Übernahmegewinn auf eine Körperschaft, ist darauf § 8b KStG in der jeweils am steuerlichen Übertragungsstichtag geltenden Fassung anzuwenden, also ggf. auch § 8b Absatz 7 und 8 KStG bzw. § 8b Absatz 4 KStG a. F.

04.45 Entfällt der Übernahmegewinn auf eine natürliche Person, sind für Veranlagungszeiträume ab 2009 darauf § 3 Nummer 40 sowie § 3c EStG in der jeweils am steuerlichen Übertragungsstichtag geltenden Fassung anzuwenden (§ 27 Absatz 8 UmwStG i. V. m. § 52a Absatz 3 Satz 1 EStG[1])). Für Veranlagungszeiträume bis 2008 sind auf einen Übernahmegewinn § 3 Nummer 40 Satz 1 und 2 EStG sowie § 3c EStG in der jeweils am steuerlichen Übertragungsstichtag geltenden Fassung anzuwenden.

C Besteuerung der Anteilseigner der übertragenden Körperschaft (§ 5 UmwStG)
I. Anschaffung und Barabfindung nach dem steuerlichen Übertragungsstichtag (§ 5 Absatz 1 UmwStG)

05.01 Schafft der übernehmende Rechtsträger Anteile an der übertragenden Körperschaft nach dem steuerlichen Übertragungsstichtag an oder findet er einen Anteilseigner ab, ist das Übernahmeergebnis so zu ermitteln, als hätte er die Anteile an dem Übertragungsstichtag angeschafft. Der unentgeltliche Erwerb wird für Zwecke des § 5 Absatz 1 UmwStG der Anschaffung gleichgestellt.

05.02 § 5 Absatz 1 UmwStG gilt für Anteile, die Betriebsvermögen des übernehmenden Rechtsträgers (einschließlich Sonderbetriebsvermögen) werden.

II. Anteilseignerwechsel im Rückwirkungszeitraum

05.03 Die Rückwirkungsfiktion des § 2 UmwStG gilt nicht bzw. insoweit nicht für Anteilseigner, wenn diese Anteile im Rückwirkungszeitraum ganz bzw. teilweise veräußert haben (vgl. Randnr. 02.17 ff.).

05.04 Veräußert der Anteilseigner Anteile an einen Dritten, erwirbt der Dritte zivilrechtlich Anteile an der übertragenden Körperschaft. Für die Anwendung der §§ 4 bis 10 und 18 UmwStG ist jedoch davon auszugehen, dass er die Anteile am steuerlichen Übertragungsstichtag angeschafft hat. Zur Anwendung des § 10 UmwStG vgl. § 27 Absatz 6 UmwStG i. d. F. des Gesetzes vom 22.12.2009, BGBl. I S. 3950, und Randnr. 10.01 f. Die Anteile gelten unter den Voraussetzungen der Einlage- und Übertragungsfiktionen des § 5 Absatz 2 und 3 UmwStG als in das Betriebsvermögen der übernehmenden Personengesellschaft bzw. der übernehmenden natürlichen Person eingelegt oder überführt. Hat der übernehmende Rechtsträger die Anteile erworben, gilt § 5 Absatz 1 UmwStG.

III. Einlage- und Überführungsfiktion (§ 5 Absatz 2 und 3 UmwStG)
1. Einlagefiktion nach § 5 Absatz 2 UmwStG

05.05 Nach § 5 Absatz 2 UmwStG gelten die Anteile an der übertragenden Körperschaft i. S. d. § 17 EStG für die Ermittlung des Übernahmeergebnisses als zum steuerlichen Übertragungsstichtag mit den Anschaffungskosten in das Betriebsvermögen des übernehmenden Rechtsträgers eingelegt. Im Privatvermögen gehaltene Anteile, die nicht unter § 17 EStG fallen, werden von der Einlagefiktion des § 5 Absatz 2 UmwStG nicht erfasst. Die Einlagefiktion gem. § 5 Absatz 2 UmwStG erfasst auch Anteile an der übertragenden Körperschaft, für die ein Veräußerungsverlust nach § 17 Absatz 2 Satz 6 EStG nicht zu berücksichtigen ist. In diesen Fällen bleibt ein Übernahmeverlust außer Ansatz, siehe § 4 Ab-

---

1) § 52a Abs. 3 EStG i. d. F. vor dem Gesetz zur Anpassung des nationalen Steuerrechts an den Beitritt Kroatiens zur EU und zur Änderung weiterer steuerlicher Vorschriften.

satz 6 Satz 6 UmwStG. Im Fall einer vorangegangenen Umwandlung (Verschmelzung, Auf- und Abspaltung) auf die übertragende Körperschaft (§§ 11 bis 13, 15 UmwStG) ist für die Anteile an der übertragenden Körperschaft § 13 Absatz 2 Satz 2 UmwStG zu beachten. § 5 Absatz 2 erfasst auch solche Anteile i. S. d. § 17 EStG, die erst nach dem steuerlichen Übertragungsstichtag entgeltlich oder unentgeltlich erworben werden.

Werden von der Körperschaft eigene Anteile gehalten, ist bei der Ermittlung der Beteiligungsquote auf das Verhältnis zu dem um die eigenen Anteile der Kapitalgesellschaft verminderten Nennkapital abzustellen (BFH vom 24.9.1970, IV R 138/69, BStBl 1971 II S. 89). 05.06

Beispiel:
Die übertragende Körperschaft hält am steuerlichen Übertragungsstichtag eigene Anteile i. H. v. 20 %. A hält 40 % in seinem Betriebsvermögen, B hält 20 % in seinem Privatvermögen und 40 weitere Anteilseigner halten jeweils 0,5 % in ihrem Privatvermögen. Der Wert der auf die übernehmende Personengesellschaft übergegangenen Wirtschaftsgüter (ohne die eigenen Anteile) beträgt 800.000 €.

Lösung:
Bei Ermittlung des personenbezogenen Übernahmeergebnisses sind für A und B folgende Werte zugrunde zu legen:
A: 40/80 von 800.000 € = 400.000 €,
B: 20/80 von 800.000 € = 200.000 €.
Für die 40 weiteren Anteilseigner ist gem. § 4 Absatz 4 Satz 3 UmwStG kein Übernahmeergebnis zu ermitteln.

Die Einlagefiktion gilt unabhängig davon, ob eine Veräußerung dieser Anteile bei dem Anteilseigner i. R. d. unbeschränkten oder beschränkten Steuerpflicht zu erfassen bzw. ob ein Besteuerungsrecht der Bundesrepublik Deutschland aufgrund eines DBA ausgeschlossen ist. Die Zuordnung einer Beteiligung zum Betriebs- oder Privatvermögen bestimmt sich nach deutschem Steuerrecht. Die Feststellung, ob und in welchem Umfang sich für den Anteilseigner Auswirkungen auf den in der Bundesrepublik Deutschland zu versteuernden Übernahmegewinn oder den zu berücksichtigenden Übernahmeverlust und die Besteuerung offener Rücklagen ergeben, ist i. R. d. Ermittlung der Besteuerungsgrundlagen nach den §§ 4 und 7 UmwStG zu treffen. 05.07

2. Überführungsfiktion nach § 5 Absatz 3 UmwStG

Nach § 5 Absatz 3 UmwStG gelten die Anteile, die am steuerlichen Übertragungsstichtag zum Betriebsvermögen eines Anteilseigners gehören, für die Ermittlung des Übernahmeergebnisses als an diesem Stichtag in das Betriebsvermögen des übernehmenden Rechtsträgers überführt. Die Überführungsfiktion nach § 5 Absatz 3 UmwStG gilt auch, wenn die Anteile bei den Anteilseigner am steuerlichen Übertragungsstichtag zu einem Betriebsvermögen gehören, das den Einkünften nach § 13 oder § 18 EStG zuzurechnen ist oder in den Fällen, in denen der Anteilseigner der übertragenden Körperschaft, der seine Beteiligung zum steuerlichen Übertragungsstichtag in einem Betriebsvermögen hält, erst nach dem steuerlichen Übertragungsstichtag Gesellschafter wird. 05.08

Für die Überführungsfiktion gilt Randnr. 05.07 entsprechend. 05.09

Das Übernahmeergebnis ist so zu ermitteln, als seien die Anteile an dem steuerlichen Übertragungsstichtag zum Buchwert, erhöht um Abschreibungen sowie um Abzüge nach § 6b EStG und ähnliche Abzüge, die in früheren Jahren steuerwirksam vorgenommen worden sind, höchstens mit dem gemeinen Wert, in das Betriebsvermögen des übernehmenden Rechtsträgers überführt worden. 05.10

Anlage 16
Umwandlung

05.11 Die Rechtsfolgen einer steuerwirksamen erweiterten Wertaufholung entsprechend der Regelung in § 4 Absatz 1 Satz 2 und 3 UmwStG (vgl. Randnr. 04.05 ff.) ergeben sich am steuerlichen Übertragungsstichtag noch im Betriebsvermögen des Anteilseigners, zu dem die Anteile an der übertragenden Körperschaft gehören.

IV. Übergangsregelung für einbringungsgeborene Anteile nach § 27 Absatz 3 Nummer 1 UmwStG

05.12 Nach § 27 Absatz 3 Nummer 1 UmwStG ist § 5 Absatz 4 UmwStG 1995 für einbringungsgeborene Anteile i. S. d. § 21 Absatz 1 UmwStG 1995 mit der Maßgabe weiterhin anzuwenden, dass die Anteile zum Wert i. S. d. § 5 Absatz 2 oder 3 UmwStG als zum steuerlichen Übertragungsstichtag in das Betriebsvermögen des übernehmenden Rechtsträgers überführt gelten.

C. Gewinnerhöhung durch Vereinigung von Forderungen und Verbindlichkeiten (§ 6 UmwStG)

I. Entstehung des Übernahmefolgegewinns oder -verlust aus dem Vermögensübergang

06.01 Der Übernahmefolgegewinn oder -verlust aus dem Vermögensübergang entsteht bei dem übernehmenden Rechtsträger mit Ablauf des steuerlichen Übertragungsstichtags. Ein solcher entsteht auch, wenn infolge der Umwandlung Gesellschafter des übernehmenden Rechtsträgers einen Anspruch oder eine Verbindlichkeit gegenüber dem übernehmenden Rechtsträger haben (§ 6 Absatz 2 UmwStG). Ist ein in der steuerlichen Schlussbilanz ausgewiesener Schuldposten beim übernehmenden Rechtsträger infolge Konfusion gewinnerhöhend aufzulösen und ist die dem Schuldposten zugrunde liegende Vermögensminderung beim übertragenden Rechtsträger nach § 8 Absatz 3 Satz 2 KStG korrigiert worden, gelten die Grundsätze des BMF-Schreibens vom 28.5.2002, BStBl I S. 603, entsprechend. Insoweit kommt es ggf. zu keinem Übernahmefolgegewinn, wenn eine Hinzurechnung der verdeckten Gewinnausschüttung nach § 8 Absatz 3 Satz 2 KStG erfolgt ist.

§ 6 UmwStG findet keine Anwendung bei Vermögensübergang auf einen Rechtsträger ohne Betriebsvermögen (vgl. § 8 UmwStG).

II. Besteuerung des Übernahmefolgegewinns oder -verlusts

06.02 Der Übernahmefolgegewinn oder -verlust ist ein laufender Gewinn oder Verlust des übernehmenden Rechtsträgers, der auch bei der Gewerbesteuer zu berücksichtigen ist (§ 18 Absatz 1 UmwStG). Er ist nicht Teil des Übernahmeergebnisses i. S. d. § 4 Absatz 4 bis 6 UmwStG. Er ist auch dann in voller Höhe anzusetzen, wenn am steuerlichen Übertragungsstichtag nicht alle Anteile an der übertragenden Körperschaft zum Betriebsvermögen des übernehmenden Rechtsträgers gehören. § 4 Absatz 4 Satz 3 UmwStG gilt für den Übernahmefolgegewinn oder -verlust nicht. Auf den Übernahmefolgegewinn ist § 32c EStG (nur Veranlagungszeitraum 2007) und § 35 EStG anzuwenden. Entsteht der Übernahmefolgegewinn durch eine Vereinigung von Forderungen und Verbindlichkeiten, ist er auch dann in voller Höhe steuerpflichtig, wenn sich die Forderungsabschreibung ganz oder zum Teil (z. B. wegen § 3c Absatz 2 EStG oder § 8b Absatz 3 Satz 4 ff. KStG) nicht ausgewirkt hat.

III. Umgekehrte Maßgeblichkeit

06.03 Die steuerlichen Wahlrechte der Bildung und Auflösung einer Rücklage für den Übernahmefolgegewinn sind nach der Rechtslage bis zum Inkrafttreten des Bilanzrechtsmodernisierungsgesetzes (BilMoG) vom 25.5.2009, BGBl. I S. 1102, jeweils in Übereinstimmung

Anlage 16
Umwandlung

mit der handelsrechtlichen Jahresbilanz auszuüben (vgl. § 5 Absatz 1 Satz 2 EStG a. F. und BMF-Schreiben vom 12.3.2010, BStBl I S. 239, Randnr. 24).

IV. Pensionsrückstellungen zugunsten eines Gesellschafters der übertragenden Kapitalgesellschaft

Geht das Vermögen einer Kapitalgesellschaft durch Gesamtrechtsnachfolge auf eine Personengesellschaft über, ist die zugunsten des Gesellschafters durch die Kapitalgesellschaft zulässigerweise gebildete Pensionsrückstellung von der Personengesellschaft nicht aufzulösen (BFH vom 22.6.1977, I R 8/75, BStBl II S. 798; Ausnahme: Anwartschaftsverzicht bis zum steuerlichen Übertragungsstichtag). 06.04

Die Personengesellschaft führt die zulässigerweise von der Kapitalgesellschaft gebildete Pensionsrückstellung in ihrer Gesamthandsbilanz fort und hat diese bei fortbestehendem Dienstverhältnis mit dem Teilwert nach § 6a Absatz 3 Satz 2 Nummer 1 EStG zu bewerten. 06.05

Zuführungen nach dem steuerlichen Übertragungsstichtag, soweit sie ihren Grund in einem fortbestehenden Dienstverhältnis haben, sind Sondervergütungen i. S. d. § 15 Absatz 1 Satz 1 Nummer 2 EStG. Sie mindern den steuerlichen Gewinn der Personengesellschaft nicht. Wegen der bilanzsteuerlichen Behandlung einer Pensionszusage einer Personengesellschaft an einen Gesellschafter vgl. im Übrigen das BMF-Schreiben vom 29.1.2008, BStBl I S. 317. Die Pensionszusage ist daher beim begünstigten Mitunternehmer in einen Teil vor und in einen Teil nach der Umwandlung aufzuteilen. Im Versorgungsfall folgt hieraus eine Aufteilung in Einkünfte nach § 19 EStG und § 15 EStG jeweils i. V. m. § 24 Nummer 2 EStG. 06.06

Im Fall des Vermögensübergangs auf eine natürliche Person ist die Pensionsrückstellung von dieser ertragswirksam aufzulösen. Auf einen sich insgesamt ergebenden Auflösungsgewinn ist § 6 Absatz 1 UmwStG anzuwenden. 06.07

Wird im Fall einer Rückdeckungsversicherung die Versicherung von der übernehmenden natürlichen Person fortgeführt, geht der Versicherungsanspruch (Rückdeckungsanspruch) auf diese über und wird dadurch Privatvermögen. Die Entnahme ist mit dem Teilwert zu bewerten. Wird die Rückdeckungsversicherung von der übertragenden Kapitalgesellschaft gekündigt, ist der Rückkaufswert mit dem Rückdeckungsanspruch zu verrechnen. Ein eventueller Restbetrag ist ergebniswirksam aufzulösen. Auf das Urteil des BFH vom 25.2.2004, I R 54/02, BStBl II S. 654 wird hingewiesen. 06.08

V. Missbrauchsklausel

Betrieb i. S. d. § 6 Absatz 3 UmwStG sind die am steuerlichen Übertragungsstichtag vorhandenen funktional und quantitativ wesentlichen Betriebsgrundlagen des übergegangenen Betriebs. Die Veräußerung, Verschmelzung, Einbringung oder Aufgabe sämtlicher Anteile des übernehmenden Rechtsträgers führt ebenfalls zur Anwendung des § 6 Absatz 3 UmwStG. 06.09

Unschädlich ist dagegen die Einbringung, Veräußerung oder Aufgabe nur eines Teilbetriebs des übergegangenen Betriebs. Dasselbe gilt für einen übergegangenen Mitunternehmeranteil, wenn daneben noch (weitere) wesentliche Betriebsgrundlagen zum übergegangenen Betrieb gehören, sowie für die Veräußerung einzelner Anteile des übernehmenden Rechtsträgers.

Die Fünfjahresfrist beginnt mit Ablauf des steuerlichen Übertragungsstichtags. Für die Fristberechnung ist im Fall der Veräußerung der Übergang des wirtschaftlichen Eigentums und in Einbringungsfällen der steuerliche Übertragungsstichtag i. S. d. § 20 Absatz 5 und 6 UmwStG als Veräußerungs- bzw. Einbringungszeitpunkt maßgebend. Bei einer Betriebs- 06.10

Anlage 16
Umwandlung

aufgabe ist der Zeitpunkt der ersten Handlung maßgebend, die nach dem Aufgabeentschluss objektiv auf die Auflösung des Betriebs gerichtet ist.

06.11 Die Einbringung in eine Kapitalgesellschaft innerhalb von fünf Jahren nach dem steuerlichen Übertragungsstichtag ist stets unabhängig vom Vorliegen triftiger Gründe sowie unabhängig vom Wertansatz (gemeiner Wert, Zwischen- oder Buchwert) schädlich.

Eine Einbringung in eine andere Körperschaft (z. B. Genossenschaft) oder in eine Mitunternehmerschaft nach § 24 UmwStG ist eine Veräußerung i. S. d. § 6 Absatz 3 UmwStG.

Die Aufgabe oder Veräußerung des übergegangenen Betriebs ist unschädlich, wenn triftige Gründe vorliegen. Dies hängt von den Umständen des Einzelfalls ab. Es muss vom Steuerpflichtigen nachgewiesen werden, dass die nachfolgende Aufgabe oder Veräußerung nicht durch Steuerumgehung (Steuerersparnis, Steuerstundung), sondern durch vernünftige wirtschaftliche Gründe – insbesondere der Umstrukturierung oder der Rationalisierung der beteiligten Gesellschaften – als hauptsächlichen Beweggrund motiviert war.

06.12 § 6 Absatz 3 Satz 2 UmwStG enthält eine eigenständige Änderungsvorschrift. Eine Änderung der entsprechenden Steuer-, Steuermess-, Freistellungs- und Feststellungsbescheide ist auch bei bereits eingetretener Festsetzungs- oder Feststellungsverjährung möglich (§ 175 Absatz 1 Satz 2 AO).

D. Besteuerung offener Rücklagen (§ 7 UmwStG)
I. Sachlicher und persönlicher Anwendungsbereich

07.01 Der Anwendungsbereich des § 7 UmwStG erstreckt sich sachlich auf Umwandlungen und vergleichbare ausländische Vorgänge i. S. d. § 1 Absatz 1 UmwStG.

07.02 Persönlich werden von § 7 UmwStG alle Anteilseigner der übertragenden Körperschaft erfasst, die Gesellschafter der übernehmenden Personengesellschaft werden, und zwar unabhängig davon, ob für diese ein Übernahmeergebnis zu ermitteln ist oder nicht. Auf Bezüge i. S. d. § 7 UmwStG findet in grenzüberschreitenden Sachverhalten in der Regel eine dem Artikel 10 OECD-MA entsprechende Vorschrift in einem DBA Anwendung.

II. Anteiliges Eigenkapital

07.03 Nach § 7 Satz 1 UmwStG ist dem Anteilseigner der Teil des in der Steuerbilanz ausgewiesenen Eigenkapitals abzüglich des Bestands des steuerlichen Einlagekontos, der sich nach Anwendung des § 29 Absatz 1 KStG ergibt, als Einkünfte aus Kapitalvermögen (§ 20 Absatz 1 Nummer 1 EStG) zuzurechnen, der seiner Beteiligung am Nennkapital entspricht.

07.04 Maßgeblich ist das in der steuerlichen Schlussbilanz ausgewiesene um Ausschüttungsverbindlichkeiten und passive Korrekturposten (vgl. Randnr. 02.25 ff.) geminderte Eigenkapital. Ausstehende Einlagen auf das Nennkapital gehören, unabhängig davon, ob sie eingefordert sind oder nicht, ebenso wie Passivposten, die aufgrund steuerrechtlicher Vorschriften erst bei ihrer Auflösung zu versteuern sind (Sonderposten mit Rücklagenanteil i. S. d. § 247 Absatz 3 HGB vor Inkrafttreten des Bilanzrechtsmodernisierungsgesetzes [BilMoG] vom 25.5.2009, BGBl. I S. 1102), nicht zum Eigenkapital. Rückstellungen und Verbindlichkeiten, auch für die nach § 8 Absatz 3 Satz 2 KStG eine außerbilanzielle Einkommenskorrektur erfolgte, bleiben Fremdkapital.

Bei einer ausländischen Körperschaft i. S. d. § 27 Absatz 8 Satz 1 KStG ist der Bestand des steuerlichen Einlagekontos unter sinngemäßer Anwendung der Grundsätze des § 27 Absatz 8 KStG zu ermitteln.

Von dem maßgebenden Eigenkapital laut steuerlicher Schlussbilanz ist der Bestand des steuerlichen Einlagekontos, der sich nach Anwendung des § 29 Absatz 1 und Absatz 6 KStG ergibt, abzuziehen.

III. Zurechnung der Einkünfte

Ein verbleibender positiver Saldo des maßgebenden Eigenkapitals ist den Anteilseignern nach dem Verhältnis ihrer Anteile zum Nennkapital als Einkünfte i. S. d. § 20 Absatz 1 Nummer 1 EStG zuzurechnen. Hierbei ist auf die Höhe der Beteiligungen im Zeitpunkt des Wirksamwerdens der Umwandlung abzustellen. Eigene Anteile der übertragenden Körperschaft bleiben bei der Ermittlung der Beteiligungsverhältnisse unberücksichtigt. 07.05

Erfolgen im Rückwirkungszeitraum Ausschüttungen an Anteilseigner, für die die Rückwirkungsfiktion gilt, sind bei der Zurechnung der Einkünfte gegenüber neu eintretenden Gesellschaftern die Ausschüttungen an Anteilseigner, für die die Rückwirkungsfiktion gilt, diesen vorab zuzurechnen (vgl. Randnr. 02.31 sowie das Beispiel in Randnr. 02.33). 07.06

IV. Besteuerung und Zufluss der Einkünfte

Die Bezüge i. S. d. § 7 UmwStG i. V. m. § 20 Absatz 1 Nummer 1 EStG gelten bereits mit Ablauf des steuerlichen Übertragungsstichtags als zugeflossen (§ 2 Absatz 2 UmwStG). Sie sind in dem Veranlagungszeitraum, in dem das Wirtschaftsjahr endet, in das der steuerliche Übertragungsstichtag fällt, zu besteuern (vgl. Randnr. 02.04). Ist übernehmender Rechtsträger eine Personengesellschaft, sind die Bezüge i. R. d. gesonderten und einheitlichen Feststellung der Einkünfte zu erfassen, wenn für den betreffenden Anteilseigner ein Übernahmeergebnis zu ermitteln ist. 07.07

Die Einnahmen nach § 7 Satz 1 UmwStG unterliegen ab dem 1.1.2009 bei natürlichen Personen als Anteilseigner bei Anteilen im Privatvermögen grundsätzlich der Abgeltungsteuer (§§ 32d, 43 Absatz 5 EStG) und bei Anteilen im Betriebsvermögen (einschließlich der Anteile, die nach § 5 Absatz 2 oder § 27 Absatz 3 Nummer 1 UmwStG als in das Betriebsvermögen eingelegt gelten) dem Teileinkünfteverfahren (§ 3 Nummer 40 Satz 1 Buchstabe d, § 3 Nummer 40 Satz 2, § 20 Absatz 8 EStG). Handelt es sich bei dem Anteilseigner um eine Körperschaft, gilt § 8b KStG. Handelt es sich bei dem Anteilseigner um eine Personengesellschaft, ist für die Frage, ob § 3 Nummer 40 Satz 1 Buchstabe d EStG oder § 8b KStG anzuwenden ist, auf die Gesellschafter dieser Personengesellschaft abzustellen.

Zur gewerbesteuerlichen Behandlung der Ausschüttung nach § 7 UmwStG vgl. Randnr. 18.04.

V. Kapitalertragsteuerabzug

Die Bezüge i. S. d. § 7 UmwStG unterliegen nach § 43 Absatz 1 Satz 1 Nummer 1 und Nummer 6 EStG dem Kapitalertragsteuerabzug. Die Kapitalertragsteuer hierauf entsteht erst im Zeitpunkt der zivilrechtlichen Wirksamkeit der Umwandlung und ist von dem übernehmenden Rechtsträger bzw. der die Kapitalerträge auszahlenden Stelle bei dem jeweils zuständigen Finanzamt anzumelden und vom übernehmenden Rechtsträger als steuerlichem Rechtsnachfolger (§ 4 Absatz 2 Satz 1 UmwStG) abzuführen. 07.08

Ein Absehen von der Erhebung der Kapitalertragsteuer nach § 43b EStG kommt nicht in Betracht (§ 43b Absatz 1 Satz 4 EStG). 07.09

E. Vermögensübergang auf einen Rechtsträger ohne Betriebsvermögen (§ 8 UmwStG)

Nach § 8 UmwStG sind Wirtschaftsgüter, die nicht Betriebsvermögen des übernehmenden Rechtsträgers werden, in der steuerlichen Schlussbilanz der übertragenden Körperschaft mit dem gemeinen Wert anzusetzen. 08.01

Anlage 16
Umwandlung

08.02 Ob das übertragene Vermögen Betriebsvermögen wird, beurteilt sich nach den Verhältnissen am steuerlichen Übertragungsstichtag. Die bloße Absicht des übernehmenden Rechtsträgers, sich in diesem Zeitpunkt gewerblich zu betätigen, ist nicht ausreichend.

08.03 Bei Vermögensübergang auf eine Zebragesellschaft sind die übergegangenen Wirtschaftsgüter in der steuerlichen Schlussbilanz des übertragenden Rechtsträgers mit dem gemeinen Wert anzusetzen (vgl. Randnr. 03.16). I. R. d. gesonderten und einheitlichen Feststellung der Einkünfte werden Veräußerungsgewinne nach § 17 EStG und Bezüge i. S. d. § 7 UmwStG i. V. m. § 20 Absatz 1 Nummer 1 EStG festgestellt, dies jedoch ohne Bindungswirkung für die beteiligten Gesellschafter (vgl. GrS des BFH vom 11.4.2005, GrS 2/02, BStBl II S. 679).

08.04 Ein Abzug nach § 7g Absatz 1 EStG ist beim übertragenden Rechtsträger rückgängig zu machen, wenn das übertragene Vermögen nicht Betriebsvermögen des übernehmenden Rechtsträgers wird.

G. Formwechsel in eine Personengesellschaft (§ 9 UmwStG)

09.01 Mangels einer handelsrechtlichen Rückbeziehungsmöglichkeit enthält § 9 UmwStG eine eigenständige steuerliche Rückwirkungsregelung (vgl. Randnr. 02.05); im Übrigen vgl. Randnr. 02.09 ff. Die Übertragungs- bzw. die Eröffnungsbilanz i. S. d. § 9 Satz 2 UmwStG ist grundsätzlich auf den Zeitpunkt der Registereintragung des Formwechsels (§ 202 Absatz 1 Nummer 1 UmwG) aufzustellen.

09.02 Die Achtmonatsfrist nach § 9 Satz 3 UmwStG ist auch dann maßgebend, wenn nach ausländischem Recht eine davon abweichende Regelung besteht. Insoweit ist ggf. § 2 Absatz 3 UmwStG zu beachten. Im Übrigen vgl. auch Randnr. 02.06.

H. Körperschaftsteuererhöhung (§ 10 UmwStG)

10.01 § 10 UmwStG ist grundsätzlich letztmals auf Umwandlungen anzuwenden, deren steuerlicher Übertragungsstichtag vor dem 1.1.2007 liegt (§ 27 Absatz 6 Satz 1 UmwStG).

10.02 § 10 UmwStG ist weiter anzuwenden, wenn von der übertragenden Körperschaft ein Antrag nach § 34 Absatz 16 KStG i. d. F. des Artikels 3 des Gesetzes vom 20.12.2007, BGBl I S. 3150, gestellt wurde (§ 27 Absatz 6 Satz 2 UmwStG). Auf die Ausführungen im BMF-Schreiben vom 16.12.2003, BStBl I S. 786, Randnr. 11 ff., wird verwiesen.

Dritter Teil. Verschmelzung oder Vermögensübertragung (Vollübertragung) auf eine andere Körperschaft
A. Wertansätze in der steuerlichen Schlussbilanz der übertragenden Körperschaft (§ 11 UmwStG)
I. Sachlicher Anwendungsbereich

11.01 Die §§ 11 bis 13 UmwStG sind sowohl auf Auf-, auf Ab- als auch auf Seitwärtsverschmelzungen anzuwenden.

II. Pflicht zur Abgabe einer steuerlichen Schlussbilanz

11.02 Jede übertragende Körperschaft ist nach § 11 Absatz 1 Satz 1 UmwStG zur Erstellung und Abgabe einer steuerlichen Schlussbilanz auf den steuerlichen Übertragungsstichtag verpflichtet. Randnr. 03.01 – 03.03 gelten entsprechend. Insbesondere bei einer grenzüberschreitenden Hereinverschmelzung muss eine ausländische übertragende Körperschaft eine unter Zugrundelegung des deutschen Steuerrechts aufgestellte steuerliche Schlussbilanz i. S. d. § 11 UmwStG auf den steuerlichen Übertragungsstichtag einreichen.

Anlage 16
Umwandlung

III. Ansatz und Bewertung der übergehenden Wirtschaftsgüter
1. Ansatz der übergehenden Wirtschaftsgüter dem Grunde nach

Randnr. 03.04 – 03.06 gelten entsprechend. Der Ansatz eines Geschäfts- oder Firmenwerts erfolgt nach § 11 Absatz 1 UmwStG auch dann, wenn der Betrieb der übertragenden Körperschaft nicht fortgeführt wird. 11.03

2. Ansatz der übergehenden Wirtschaftsgüter der Höhe nach
a) Ansatz der übergehenden Wirtschaftsgüter mit dem gemeinen Wert bzw. dem Teilwert nach § 6a EStG

Randnr. 03.07 – 03.09 gelten entsprechend. 11.04

b) Ansatz der übergehenden Wirtschaftsgüter mit dem Buchwert

Auf Antrag können die übergehenden Wirtschaftsgüter einheitlich mit dem Buchwert angesetzt werden, soweit 11.05
– sichergestellt ist, dass sie später der Besteuerung mit Körperschaftsteuer unterliegen (§ 11 Absatz 2 Satz 1 Nummer 1 UmwStG),
– das Recht der Bundesrepublik Deutschland hinsichtlich der Besteuerung des Gewinns aus der Veräußerung der übertragenen Wirtschaftsgüter bei der übernehmenden Körperschaft nicht ausgeschlossen oder beschränkt wird (§ 11 Absatz 2 Satz 1 Nummer 2 UmwStG) und
– eine Gegenleistung nicht gewährt wird oder in Gesellschaftsrechten besteht (§ 11 Absatz 2 Satz 1 Nummer 3 UmwStG).

Für den Ansatz des Buchwerts sind die Ansätze in der Handelsbilanz nicht maßgeblich. Wegen des Begriffs Buchwert vgl. Randnr. 01.57. Die Prüfung der Voraussetzungen des § 11 Absatz 2 Satz 1 UmwStG erfolgt bezogen auf die Verhältnisse zum steuerlichen Übertragungsstichtag.

Gehört zum übergehenden Vermögen der übertragenden Körperschaft ein Mitunternehmeranteil, entspricht der Buchwertansatz dem auf die übertragende Körperschaft entfallenden anteiligen Kapitalkonto – unter Berücksichtigung etwaiger Ergänzungs- und Sonderbilanzen – bei der Mitunternehmerschaft.

Randnr. 03.12 und 03.13 gelten entsprechend. 11.06

aa) Sicherstellung der Besteuerung mit Körperschaftsteuer (§ 11 Absatz 2 Satz 1 Nummer 1 UmwStG)

Bei Verschmelzung auf eine unbeschränkt steuerpflichtige Körperschaft i. S. d. § 1 Absatz 1 KStG ist die Besteuerung mit Körperschaftsteuer grundsätzlich sichergestellt. Die Besteuerung mit Körperschaftsteuer ist z. B. nicht sichergestellt, wenn die übernehmende Körperschaft von der Körperschaftsteuer befreit ist (z. B. nach § 5 KStG) oder wenn das Vermögen in den nicht steuerpflichtigen Bereich einer juristischen Person des öffentlichen Rechts übergeht. Eine Sicherstellung der Besteuerung mit Körperschaftsteuer ist jedoch insoweit gegeben, als das übergehende Vermögen bei der übernehmenden Körperschaft einen steuerpflichtigen wirtschaftlichen Geschäftsbetrieb bildet oder zu einem bereits vorher bestehenden steuerpflichtigen wirtschaftlichen Geschäftsbetrieb gehört. Vgl. im Übrigen auch Randnr. 03.17. 11.07

Wird eine Körperschaft auf eine Organgesellschaft i. S. d. §§ 14, 17 KStG verschmolzen, ist infolge der Zurechnung des Einkommens an den Organträger insoweit die Besteuerung mit Körperschaftsteuer bei der übernehmenden Körperschaft nur sichergestellt, soweit das so zugerechnete Einkommen der Besteuerung mit Körperschaftsteuer unterliegt. Entsprechendes gilt, wenn der Organträger selbst wiederum Organgesellschaft ist. Soweit das so zugerechnete Einkommen der Besteuerung mit Einkommensteuer unterliegt, können aus Billigkeitsgründen die übergehenden Wirtschaftsgüter dennoch einheitlich mit dem Buch- 11.08

495

Anlage 16
Umwandlung

wert angesetzt werden, wenn sich alle an der Verschmelzung Beteiligten (übertragender Rechtsträger, übernehmender Rechtsträger und Anteilseigner des übertragenden und übernehmenden Rechtsträgers) übereinstimmend schriftlich damit einverstanden erklären, dass auf die aus der Verschmelzung resultierenden Mehrabführungen § 14 Absatz 3 Satz 1 KStG anzuwenden ist; die Grundsätze der Randnr. Org.33 und Randnr. Org.34 gelten entsprechend.

bb) Kein Ausschluss und keine Einschränkung des deutschen Besteuerungsrechts (§ 11 Absatz 2 Satz 1 Nummer 2 UmwStG)

11.09 Die übergehenden Wirtschaftsgüter dürfen gem. § 11 Absatz 2 Satz 1 Nummer 2 UmwStG nur insoweit mit dem Buchwert angesetzt werden, als das Recht der Bundesrepublik Deutschland hinsichtlich der Besteuerung des Gewinns aus der Veräußerung der übertragenen Wirtschaftsgüter bei der übernehmenden Körperschaft nicht ausgeschlossen oder beschränkt wird. Randnr. 03.18 – 03.20 gelten entsprechend.

cc) Keine Gegenleistung oder Gegenleistung in Form von Gesellschaftsrechten (§ 11 Absatz 2 Satz 1 Nummer 3 UmwStG)

11.10 Randnr. 03.21 – 03.24 gelten entsprechend. Zur steuerlichen Behandlung der Gegenleistung bei den Anteilseignern vgl. Randnr. 13.02.

c) Ansatz der übergehenden Wirtschaftsgüter mit dem Zwischenwert

11.11 Randnr. 03.25 sowie Randnr. 11.05 – 11.10 gelten entsprechend.

d) Ausübung des Wahlrechts auf Ansatz zum Buch- oder Zwischenwert

11.12 Der Antrag auf Ansatz der übergehenden Wirtschaftsgüter mit dem Buch- oder Zwischenwert ist nach § 11 Absatz 3 i. V. m. § 3 Absatz 2 Satz 2 UmwStG bei dem für die Besteuerung nach §§ 20, 26 AO zuständigen Finanzamt der übertragenden Körperschaft spätestens bis zur erstmaligen Abgabe der steuerlichen Schlussbilanz zu stellen. Randnr. 03.27 – 03.30 gelten entsprechend.

3. Fiktive Körperschaftsteueranrechnung nach § 11 Absatz 3 i. V. m. § 3 Absatz 3 UmwStG

11.13 Randnr. 03.31 sowie 03.32 gelten entsprechend.

IV. Vermögensübertragung nach §§ 174 ff. UmwG gegen Gewährung einer Gegenleistung an die Anteilsinhaber des übertragenden Rechtsträgers

11.14 Nach § 174 UmwG kann ein Rechtsträger unter Auflösung ohne Abwicklung sein Vermögen ganz oder teilweise auf einen anderen bestehenden Rechtsträger (übernehmender Rechtsträger) gegen Gewährung einer Gegenleistung an die Anteilsinhaber des übertragenden Rechtsträgers, die nicht in Anteilen oder Mitgliedschaften besteht, übertragen. Ein Vermögensübergang unter Ansatz der Buch- oder Zwischenwerte i. S. d. § 11 Absatz 2 UmwStG ist daher grundsätzlich nicht möglich bei:

– Vermögensübertragung einer Kapitalgesellschaft auf eine Gebietskörperschaft oder einen Zusammenschluss von Gebietskörperschaften (§ 175 Nummer 1, §§ 176, 177 UmwG),

– Vermögensübertragung einer Versicherungs-AG auf einen VVaG (§ 175 Nummer 2 Buchstabe a, §§ 178, 179 UmwG),

Anlage 16
Umwandlung

- Vermögensübertragung eines VVaG auf eine Versicherungs-AG oder auf ein öffentlich-rechtliches Versicherungsunternehmen,
- Vermögensübertragung eines öffentlich-rechtlichen Versicherungsunternehmens auf eine Versicherungs-AG oder auf einen VVaG.

Nach § 176 Absatz 2 UmwG tritt in diesen Fällen an die Stelle des Umtauschverhältnisses der Anteile die Art und Höhe der Gegenleistung. Die übergegangenen Wirtschaftsgüter sind daher nach § 11 Absatz 1 UmwStG mit dem gemeinen Wert anzusetzen.

Ein steuerneutraler Vermögensübergang ist allenfalls möglich, wenn das Vermögen auf den alleinigen Anteilseigner übertragen wird (z. B. von einer Kapitalgesellschaft auf eine Gemeinde, die zu 100 % an der übertragenden Kapitalgesellschaft beteiligt ist) und die übrigen Voraussetzungen des § 11 Absatz 2 UmwStG erfüllt sind, da der Untergang der Beteiligung an der übertragenden Kapitalgesellschaft keine Gegenleistung i. S. d. § 11 Absatz 2 Satz 1 Nummer 3 UmwStG darstellt (vgl. Randnr. 11.10 i. V. m. Randnr. 03.21). 11.15

V. Landesrechtliche Vorschriften zur Vereinigung öffentlich-rechtlicher Kreditinstitute oder öffentlich-rechtlicher Versicherungsunternehmen

Sehen landesrechtliche Vorschriften z. B. die Vereinigung öffentlich-rechtlicher Kreditinstitute oder öffentlich-rechtlicher Versicherungsunternehmen im Wege der Gesamtrechtsnachfolge vor, sind die §§ 11 bis 13 UmwStG bei dieser Vereinigung entsprechend anzuwenden, wenn diese Vereinigung mit einer Verschmelzung i. S. d. § 2 UmwG vergleichbar ist (vgl. Randnr. 01.07). 11.16

VI. Beteiligung der übertragenden Kapitalgesellschaft an der übernehmenden Kapitalgesellschaft (Abwärtsverschmelzung)

Im Fall der Abwärtsverschmelzung einer Mutter- auf ihre Tochtergesellschaft sind gem. § 11 Absatz 2 Satz 2 UmwStG in der steuerlichen Schlussbilanz der übertragenden Muttergesellschaft die Anteile an der übernehmenden Tochtergesellschaft mindestens mit dem Buchwert, erhöht um in früheren Jahren steuerwirksam vorgenommene Abschreibungen auf die Beteiligung sowie erhöht um steuerwirksame Abzüge nach § 6b EStG und ähnliche Abzüge, höchstens jedoch mit dem gemeinen Wert, anzusetzen. Insoweit erhöht sich der laufende Gewinn der Muttergesellschaft. Steuerwirksame Teilwertabschreibungen sind vor nicht voll steuerwirksamen Teilwertabschreibungen hinzuzurechnen. Eine Wertaufholung ist nach § 11 Absatz 2 Satz 2 UmwStG jedoch nicht vorzunehmen, soweit bis zum Ablauf des steuerlichen Übertragungsstichtags eine steuerwirksame Wertaufholung (§ 6 Absatz 1 Nummer 2 Satz 3 i. V. m. § 6 Absatz 1 Nummer 1 Satz 4 EStG) stattgefunden hat oder die Rücklage nach § 6b Absatz 3 EStG gewinnerhöhend aufgelöst worden ist. 11.17

Wegen der in § 12 Absatz 1 Satz 2 i. V. m. § 4 Absatz 1 Satz 2 und 3 UmwStG enthaltenen vergleichbaren Regelung für den Fall der Aufwärtsverschmelzung einer Tochter- auf ihre Muttergesellschaft vgl. Randnr. 12.03.

Wird eine Mutter- auf ihre Tochtergesellschaft verschmolzen, führt dies auf der Ebene der Tochtergesellschaft nicht zu einem Durchgangserwerb eigener Anteile (BFH vom 28.10.2009, I R 4/09, BStBl 2011 II S. 315). 11.18

Die Anteile an der Tochtergesellschaft können nach § 11 Absatz 2 Satz 2 UmwStG in der steuerlichen Schlussbilanz der Muttergesellschaft nur dann mit einem Wert unterhalb des gemeinen Werts angesetzt werden, wenn die übrigen Voraussetzungen des § 11 Absatz 2 Satz 1 Nummer 2 und 3 UmwStG vorliegen (vgl. Randnr. 11.09 – 11.10). Statt auf die übernehmende Körperschaft ist hierbei jedoch auf den die Anteile an der Tochtergesellschaft übernehmenden Anteilseigner der Muttergesellschaft abzustellen. 11.19

Anlage 16
Umwandlung

Auf Ebene des Anteilseigners der Muttergesellschaft findet § 13 UmwStG Anwendung. Eine Verknüpfung mit dem Wert in der steuerlichen Schlussbilanz nach § 12 Absatz 1 UmwStG besteht hingegen nicht.

B. Auswirkungen auf den Gewinn der übernehmenden Körperschaft (§ 12 UmwStG)

I. Wertverknüpfung

12.01 Die übernehmende Körperschaft hat das auf sie übergegangene Vermögen in entsprechender Anwendung des § 4 Absatz 1 Satz 1 UmwStG mit dem in der steuerlichen Schlussbilanz der übertragenden Körperschaft enthaltenen Wert zu übernehmen (§ 12 Absatz 1 Satz 1 UmwStG).

12.02 Randnr. 04.01, 04.03 und 04.04 gelten entsprechend.

II. Erweiterte Wertaufholung – Beteiligungskorrekturgewinn

12.03 Im Fall der Aufwärtsverschmelzung einer Tochter- auf ihre Muttergesellschaft sind gem. § 12 Absatz 1 Satz 2 i. V. m. § 4 Absatz 1 Satz 2 UmwStG in der Bilanz der übernehmenden Muttergesellschaft zum steuerlichen Übertragungsstichtag die Anteile an der übertragenden Tochtergesellschaft mindestens mit dem Buchwert, erhöht um in früheren Jahren steuerwirksam vorgenommene Abschreibungen auf die Beteiligung sowie erhöht um steuerwirksame Abzüge nach § 6b EStG und ähnliche Abzüge, höchstens jedoch mit dem gemeinen Wert, anzusetzen. Insoweit erhöht sich der laufende Gewinn der Muttergesellschaft. Das gilt nicht, soweit bereits nach den allgemeinen Regeln bis zum Ablauf des steuerlichen Übertragungsstichtags eine Wertaufholung (§ 6 Absatz 1 Nummer 2 Satz 3 i. V. m. § 6 Absatz 1 Nummer 1 Satz 4 EStG) stattgefunden hat oder die Rücklage nach § 6b Absatz 3 EStG gewinnerhöhend aufgelöst worden ist. Randnr. 04.06 – 04.08 gelten entsprechend.

III. Eintritt in die steuerliche Rechtsstellung (§ 12 Absatz 3 UmwStG)

12.04 Hinsichtlich des Eintritts der übernehmenden Körperschaft in die Rechtsstellung der übertragenden Körperschaft gelten die Randnr. 04.09 – 04.17 entsprechend.

IV. Übernahmeergebnis

12.05 Nach § 12 Absatz 2 Satz 1 UmwStG bleibt bei der übernehmenden Körperschaft ein Gewinn oder Verlust i. H. des Unterschieds zwischen dem Buchwert der Anteile an der übertragenden Körperschaft und dem Wert, mit dem die übergegangenen Wirtschaftsgüter zu übernehmen sind, abzüglich der Kosten für den Vermögensübergang (vgl. hierzu Randnr. 04.34), außer Ansatz. Der Gewinn ist außerhalb der Steuerbilanz entsprechend zu korrigieren.

Ein Übernahmeergebnis i. S. d. § 12 Absatz 2 Satz 1 UmwStG ist in allen Fällen der Auf-, Ab- und Seitwärtsverschmelzung – ungeachtet einer Beteiligung an der übertragenden Körperschaft – zu ermitteln. Das Übernahmeergebnis entsteht mit Ablauf des steuerlichen Übertragungsstichtags.

12.06 Gem. § 12 Absatz 2 Satz 2 UmwStG ist bei einer Aufwärtsverschmelzung auf einen Übernahmegewinn i. S. d. § 12 Absatz 2 Satz 1 UmwStG in dem Umfang, in dem die übernehmende Muttergesellschaft unmittelbar an der übertragenden Tochtergesellschaft beteiligt ist, § 8b KStG anzuwenden. § 12 Absatz 2 Satz 2 UmwStG findet auf einen Übernahmeverlust keine Anwendung. Bei einer Aufwärtsverschmelzung entsprechen die anteiligen Kosten des Vermögensübergangs i. S. d. § 12 Absatz 2 Satz 2 UmwStG den von der übernehmenden Körperschaft getragenen Aufwendungen.

Beispiel:
Die übernehmende M-GmbH ist an der übertragenden T-GmbH zu 40 % beteiligt. Der Buchwert der Anteile beträgt 200.000 € und der Buchwert des übertragenen Vermögens beträgt 800.000 €. Die Kosten des Vermögensübergangs i. S. d. § 12 Absatz 2 Satz 2 UmwStG betragen 20.000 €.

Lösung:
Der Übernahmegewinn i. S. d. § 12 Absatz 2 Satz 1 UmwStG der M-GmbH beträgt (800.000 € ./. 200.000 € ./. 20.000 € =) 580.000 €.
Der Gewinn i. S. d. § 12 Absatz 2 Satz 2 UmwStG beträgt (40 % von 580.000 € =) 232.000 €. Auf diesen Betrag ist § 8b KStG anzuwenden. Danach sind die 232.000 € nach § 8b Absatz 2 Satz 1 KStG steuerfrei, es gelten nach § 8b Absatz 3 Satz 1 KStG 5 % von 232.000 € (= 11.600 €) als nicht abziehbare Betriebsausgaben.

Bei der Anwendung des § 12 Absatz 2 Satz 2 UmwStG ist bei einer Aufwärtsverschmelzung auf eine Organgesellschaft § 15 Satz 1 Nummer 2 KStG zu beachten. Ist Organträger eine Personengesellschaft, an der natürliche Personen beteiligt sind, sind insoweit gem. § 15 Satz 1 Nummer 2 Satz 2 KStG die § 3 Nummer 40, § 3c Absatz 2 EStG an Stelle des § 8b KStG anzuwenden. | 12.07

C. Besteuerung der Anteilseigner der übertragenden Körperschaft (§ 13 UmwStG)

I. Anwendungsbereich

§ 13 UmwStG ist nur auf Anteile im Betriebsvermögen, Anteile i. S. d. § 17 EStG und einbringungsgeborene Anteile i. S. d. § 21 Absatz 1 UmwStG 1995 anzuwenden. Für alle übrigen Anteile findet bei Verschmelzung einer Körperschaft § 20 Absatz 4a Satz 1 und 2 EStG Anwendung. In den Fällen der Aufwärtsverschmelzung ist § 13 UmwStG nicht anwendbar, soweit die übernehmende Körperschaft an der übertragenden Körperschaft beteiligt ist; zur Anwendung des § 13 UmwStG bei der Abwärtsverschmelzung vgl. Randnr. 11.19. | 13.01

Darüber hinaus findet § 13 UmwStG nur insoweit Anwendung, als dem Anteilseigner der übertragenden Körperschaft keine Gegenleistung oder eine in Gesellschaftsrechten bestehende Gegenleistung gewährt wird. Nicht in Gesellschaftsrechten bestehende Gegenleistungen (vgl. Randnr. 11.10) stellen bei dem Anteilseigner einen Veräußerungserlös für seine Anteile dar. Bei einer nur anteiligen Veräußerung (z. B. Spitzenausgleich) sind dem Veräußerungserlös nur die anteiligen Anschaffungskosten dieser Anteile an dem übertragenden Rechtsträger gegenüberzustellen. In diesen Fällen gilt § 13 UmwStG nur für den übrigen Teil der Anteile. | 13.02

§ 13 UmwStG gilt auch nicht, soweit es aufgrund der Umwandlung zu einer Wertverschiebung zwischen den Anteilen der beteiligten Anteilseigner kommt. Insoweit handelt es sich um eine Vorteilszuwendung zwischen den Anteilseignern, für deren steuerliche Beurteilung die allgemeinen Grundsätze gelten. Erhält dabei eine an dem übertragenden Rechtsträger beteiligte Kapitalgesellschaft zugunsten eines ihrer Anteilseigner oder einer diesem nahe stehenden Person eine geringerwertige Beteiligung an dem übernehmenden Rechtsträger, kann die Vorteilsgewährung an den Anteilseigner als verdeckte Gewinnausschüttung zu beurteilen sein; im Umkehrfall kann eine verdeckte Einlage durch den Anteilseigner in die Kapitalgesellschaft anzunehmen sein (BFH vom 9.11.2010, IX R 24/09, BStBl 2011 II S. 799). Bei einer nichtverhältniswahrenden Umwandlung ist zu prüfen, ob die Wertverschiebung zwischen den Anteilseignern eine freigebige Zuwendung darstellt (vgl. auch koordinierter Ländererlass vom 20.10.2010, BStBl I S. 1208 und Randnr. 15.44). | 13.03

Anlage 16

Umwandlung

13.04   Wird das Vermögen einer beschränkt steuerpflichtigen Körperschaft, Personenvereinigung oder Vermögensmasse als Ganzes durch einen Verschmelzungsvorgang i. S. d. § 12 Absatz 2 Satz 1 KStG nach ausländischem Recht auf eine andere Körperschaft übertragen, gilt nach § 12 Absatz 2 Satz 2 KStG für die Besteuerung der Anteilseigner der übertragenden Körperschaft § 13 UmwStG entsprechend.

II. Veräußerungs- und Anschaffungsfiktion zum gemeinen Wert

13.05   § 13 Absatz 1 UmwStG enthält eine Veräußerungs- und Anschaffungsfiktion zum gemeinen Wert, die unabhängig davon gilt, ob i. R. d. Umwandlung neue Anteile an der übernehmenden Körperschaft ausgegeben werden. Bei Anteilen an Genossenschaften richtet sich der gemeine Wert nach dem Entgelt, das bei der Übertragung des Geschäftsguthabens erzielt wird.

13.06   Ein Veräußerungsgewinn oder -verlust entsteht im Zeitpunkt der zivilrechtlichen Wirksamkeit der Umwandlung. § 2 Absatz 1 UmwStG gilt grundsätzlich nicht für den Anteilseigner der übertragenden Körperschaft (vgl. Randnr. 02.03).

III. Ansatz der Anteile mit dem Buchwert oder den Anschaffungskosten

13.07   Abweichend von § 13 Absatz 1 UmwStG können auf Antrag die Anteile an der übertragenden Körperschaft mit dem Buchwert oder den Anschaffungskosten angesetzt werden (§ 13 Absatz 2 UmwStG), wenn

– das Recht der Bundesrepublik Deutschland hinsichtlich der Besteuerung des Gewinns aus der Veräußerung der Anteile an der übernehmenden Körperschaft nicht ausgeschlossen oder beschränkt wird oder

– die EU-Mitgliedstaaten Artikel 8 Richtlinie 2009/133/EG (zuvor Artikel 8 Richtlinie 90/434/EWG) anzuwenden haben.

13.08   § 13 UmwStG ist unabhängig von der Ausübung des Bewertungswahlrechts bei der übertragenden Körperschaft in § 11 UmwStG anzuwenden. Unerheblich ist weiter, ob die übertragende Körperschaft im Inland der Besteuerung unterlegen hat.

13.09   Wird z. B. nach § 54 Absatz 1 Satz 3 UmwG i. R. d. Umwandlung auf die Gewährung neuer Anteile verzichtet, weil der Anteilseigner bereits an der übernehmenden Körperschaft beteiligt ist, sind dem Buchwert bzw. den Anschaffungskosten der Anteile an der übernehmenden Körperschaft der Buchwert bzw. die Anschaffungskosten der Anteile an der übertragenden Körperschaft hinzuzurechnen. Führt die Verschmelzung zu Wertverschiebungen zwischen den Anteilen der beteiligten Anteilseigner, findet § 13 UmwStG insoweit keine Anwendung (vgl. Randnr. 13.03).

13.10   Bei Vorliegen der in § 13 Absatz 2 UmwStG genannten Voraussetzungen ist nur ein Ansatz mit dem Buchwert oder den Anschaffungskosten, nicht jedoch der Ansatz eines Zwischenwerts zulässig. Der Antrag auf Fortführung des Buchwerts oder der Anschaffungskosten bedarf keiner besonderen Form, ist bedingungsfeindlich und unwiderruflich.

13.11   Werden nach § 13 Absatz 2 Satz 1 UmwStG die Anteile an der übernehmenden Körperschaft mit dem Buchwert oder den Anschaffungskosten der Anteile an der übertragenden Körperschaft angesetzt, treten gem. § 13 Absatz 2 Satz 2 UmwStG die Anteile an der übernehmenden Körperschaft steuerlich an die Stelle der Anteile an der übertragenden Körperschaft. Daraus ergeben sich insbesondere folgende Rechtsfolgen:

– Übergang einer Wertaufholungsverpflichtung nach § 6 Absatz 1 Nummer 2 Satz 3 EStG bei im Betriebsvermögen gehaltenen Anteilen;

– Übergang der Einschränkung nach § 8b Absatz 2 Satz 4 und 5 KStG bzw. § 3 Nummer 40 Satz 1 Buchstabe a Satz 2 und 3 sowie Buchstabe b Satz 3 EStG;

- wenn die Anteile an der übertragenden Körperschaft solche i. S. d. § 17 EStG waren, gelten auch die Anteile an der übernehmenden Körperschaft als Anteile i. S. d. § 17 EStG, selbst wenn die Beteiligungsgrenze nicht erreicht wird (für die Anwendung der 1 %-Grenze ist auf die Beteiligungsquote vor der Verschmelzung abzustellen);
- die Steuerverhaftung nach § 21 UmwStG 1995 verlagert sich auf die Anteile an der übernehmenden Körperschaft;
- ein Sperrbetrag i. S. d. § 50c EStG a. F. verlagert sich auf die Anteile an der übernehmenden Körperschaft;
- die Eigenschaft „verschmelzungsgeborener Anteil" i. S. d. § 13 Absatz 2 Satz 2 UmwStG 1995 verlagert sich auf die Anteile an der übernehmenden Körperschaft;
- Anrechnung der Besitzzeit an den Anteilen an der übertragenden Körperschaft bei den Anteilen an der übernehmenden Körperschaft (insbesondere bei der Prüfung der gewerbesteuerlichen Kürzung nach § 9 Nummer 2a und 7 GewStG und hinsichtlich einer Rücklage nach § 6b Absatz 10 EStG).

IV. Gewährung von Mitgliedschaftsrechten

§ 13 UmwStG ist entsprechend anzuwenden, wenn i. R. d. Umwandlung an die Stelle der Anteile an der übertragenden Körperschaft Mitgliedschaftsrechte an der übernehmenden Körperschaft treten oder umgekehrt (z. B. Vermögensübertragung von einer Versicherungs-AG auf einen VVaG oder umgekehrt). Treten an die Stelle von Mitgliedschaftsrechten Anteile, betragen die Anschaffungskosten der Anteile 0 €. 13.12

Vierter Teil. Auf-, Abspaltung und Vermögensübertragung (Teilübertragung)
A. Auf-, Abspaltung und Teilübertragung auf andere Körperschaften (§ 15 UmwStG)

I. Teilbetriebsvoraussetzung des § 15 Absatz 1 UmwStG

§ 11 Absatz 2 und § 13 Absatz 2 UmwStG sind auf die Auf- und Abspaltung sowie die Teilübertragung nur entsprechend anzuwenden, wenn auf die Übernehmerinnen bzw. die Übernehmerin ein Teilbetrieb übertragen wird und im Fall der Abspaltung oder der Teilübertragung bei der übertragenden Körperschaft das zurückbleibende Vermögen ebenfalls zu einem Teilbetrieb gehört. Für eine Auf- oder Abspaltung auf eine Personengesellschaft als übernehmender Rechtsträger ist § 16 UmwStG anwendbar. 15.01

1. Begriff des Teilbetriebs

Teilbetrieb i. S. d. § 15 UmwStG ist die Gesamtheit der in einem Unternehmensteil einer Gesellschaft vorhandenen aktiven und passiven Wirtschaftsgüter, die in organisatorischer Hinsicht einen selbstständigen Betrieb, d. h. eine aus eigenen Mitteln funktionsfähige Einheit, darstellen, vgl. Artikel 2 Buchstabe j Richtlinie 2009/133/EG. Zu einem Teilbetrieb gehören alle funktional wesentlichen Betriebsgrundlagen sowie diesem Teilbetrieb nach wirtschaftlichen Zusammenhängen zuordenbaren Wirtschaftsgüter. Die Voraussetzungen eines Teilbetriebs sind nach Maßgabe der einschlägigen Rechtsprechung unter Zugrundelegung der funktionalen Betrachtungsweise aus der Perspektive des übertragenden Rechtsträgers zu beurteilen (EuGH vom 15.1.2002, C-43/00, EuGHE I S. 379; BFH vom 7.4.2010, I R 96/08, BStBl 2011 II S. 467). Zu den funktional wesentlichen Betriebsgrundlagen sowie den nach wirtschaftlichen Zusammenhängen zuordenbaren Wirtschaftsgütern können auch Anteile an Kapitalgesellschaften gehören (vgl. auch Randnr. 15.06). Darüber hinaus gilt für Zwecke des § 15 UmwStG als Teilbetrieb ein Mitunternehmeranteil (vgl. Randnr. 15.04) sowie eine 100 %-Beteiligung an einer Kapitalgesellschaft (vgl. Randnr. 15.05). 15.02

Anlage 16
Umwandlung

Beispiel:

Aus einem Produktionsbetrieb soll ein wertvolles, aber nicht zu den funktional wesentlichen Betriebsgrundlagen gehörendes Betriebsgrundstück „abgesondert" werden. Um dies zu erreichen, wird der Produktionsbetrieb auf eine neue Gesellschaft abgespalten. In der Ursprungsgesellschaft bleiben das Grundstück und eine 100 %-Beteiligung an einer GmbH oder ein geringfügiger Mitunternehmeranteil zurück.

Lösung:

Das zurückbleibende Vermögen erfüllt nicht die Voraussetzungen des § 15 Absatz 1 Satz 2 UmwStG, da das Grundstück weder der 100 %-Beteiligung an der GmbH noch dem Mitunternehmeranteil zugerechnet werden kann (vgl. auch Randnr. 15.11). Eine steuerneutrale Abspaltung ist damit ausgeschlossen.

15.03 Die Teilbetriebsvoraussetzungen müssen zum steuerlichen Übertragungsstichtag vorliegen (vgl. Randnr. 02.14). Ein sog. Teilbetrieb im Aufbau stellt keinen Teilbetrieb i. S. d. § 15 UmwStG dar (vgl. Artikel 2 Buchstabe j Richtlinie 2009/133/EG).

2. Mitunternehmeranteil

15.04 Als Teilbetrieb gelten auch ein Mitunternehmeranteil (§ 15 Absatz 1 Satz 3 UmwStG) sowie der Teil eines Mitunternehmeranteils. Bei der Übertragung eines Teils eines Mitunternehmeranteils muss auch das zu diesem Teilbetrieb gehörende Sonderbetriebsvermögen anteilig mit übertragen werden. Der Mitunternehmeranteil muss zum steuerlichen Übertragungsstichtag vorgelegen haben.

3. 100 %-Beteiligung an einer Kapitalgesellschaft

15.05 Als Teilbetrieb gilt nach § 15 Absatz 1 Satz 3 UmwStG auch die Beteiligung an einer Kapitalgesellschaft, die das gesamte Nennkapital umfasst (100 %-Beteiligung). Die 100 %-Beteiligung an der Kapitalgesellschaft muss zum steuerlichen Übertragungsstichtag vorgelegen haben.

15.06 Eine 100 %-Beteiligung stellt keinen eigenständigen Teilbetrieb i. S. d. § 15 Absatz 1 Satz 3 UmwStG dar, wenn sie einem Teilbetrieb als funktional wesentliche Betriebsgrundlage zuzurechnen ist. Wird in diesem Fall die 100 %-Beteiligung übertragen, stellt das zurückbleibende Vermögen keinen Teilbetrieb mehr dar.

4. Übertragung eines Teilbetriebs

15.07 Sämtliche funktional wesentlichen Betriebsgrundlagen sowie die nach wirtschaftlichen Zusammenhängen zuordenbaren Wirtschaftsgüter (vgl. Randnr. 15.02) müssen i. R. d. Auf- oder Abspaltung gem. § 131 Absatz 1 Nummer 1 UmwG übertragen werden. Ergänzend hierzu ist auch die Begründung des wirtschaftlichen Eigentums ausreichend. Die bloße Nutzungsüberlassung ist nicht ausreichend (BFH vom 7.4.2010, I R 96/08, BStBl 2011 II S. 467).

15.08 Wird eine funktional wesentliche Betriebsgrundlage von mehreren Teilbetrieben eines Unternehmens genutzt, liegen die Voraussetzungen für die Steuerneutralität der Spaltung nicht vor (sog. Spaltungshindernis). Grundstücke müssen zivilrechtlich real bis zum Zeitpunkt des Spaltungsbeschlusses aufgeteilt werden. Ist eine reale Teilung des Grundstücks der übertragenden Körperschaft nicht zumutbar, bestehen aus Billigkeitsgründen im Einzelfall keine Bedenken, eine ideelle Teilung (Bruchteilseigentum) im Verhältnis der tatsächlichen Nutzung unmittelbar nach der Spaltung ausreichen zu lassen.

15.09 Betriebsvermögen der übertragenden Körperschaft, das weder zu den funktional wesentlichen Betriebsgrundlagen noch zu den nach wirtschaftlichen Zusammenhängen zuordenbaren Wirtschaftsgütern gehört, kann jedem der Teilbetriebe zugeordnet werden. Die Zuordnung dieser Wirtschaftsgüter kann bis zum Zeitpunkt des Spaltungsbeschlusses erfolgen. Ändert sich nach dem steuerlichen Übertragungsstichtag bei einem nach wirtschaftlichen Zusammenhängen zuordenbaren Wirtschaftsgut aufgrund dauerhafter Änderung des Nutzungszusammenhangs die Zuordnung zu einem der Teilbetriebe, wird es nicht beanstandet, wenn für die wirtschaftliche Zuordnung dieses Wirtschaftsguts zu einem Teilbetrieb auf die Verhältnisse zum Zeitpunkt des Spaltungsbeschlusses abgestellt wird.

Pensionsrückstellungen sind dem Teilbetrieb zuzuordnen, mit dem sie wirtschaftlich zusammenhängen. Bei noch bestehenden Arbeitsverhältnissen hat gem. § 249 Absatz 1 Satz 1 HGB i. V. m. § 131 Absatz 1 Nummer 1 Satz 1 UmwG derjenige Rechtsträger die Rückstellung zu bilden, der gem. § 613a Absatz 1 Satz 1 BGB in die Rechte und Pflichten aus den am Spaltungsstichtag bestehenden Arbeitsverhältnissen eintritt. In den übrigen Fällen hat gem. § 249 Absatz 1 Satz 1 HGB i. V. m. § 131 Absatz 1 Nummer 1 Satz 1 UmwG der Rechtsträger die Rückstellung zu bilden, der die aus den Pensionszusagen sich ergebenden Verpflichtungen übernimmt. 15.10

Einer 100 %-Beteiligung oder einem Mitunternehmeranteil können nur die Wirtschaftsgüter einschließlich der Schulden zugeordnet werden, die in unmittelbarem wirtschaftlichen Zusammenhang mit der Beteiligung oder dem Mitunternehmeranteil stehen. Dazu gehören bei einer 100 %-Beteiligung alle Wirtschaftsgüter, die für die Verwaltung der Beteiligung erforderlich sind (z. B. Erträgniskonten, Einrichtung). 15.11

5. Fehlen der Teilbetriebsvoraussetzung

Liegen die Voraussetzungen des § 15 Absatz 1 Satz 2 UmwStG nicht vor, sind die stillen Reserven des übergehenden Vermögens nach § 11 Absatz 1 UmwStG aufzudecken. Auf der Ebene des Anteilseigners gilt in diesen Fällen bei einer Aufspaltung gem. § 13 Absatz 1 UmwStG der gesamte Anteil an der übertragenden Körperschaft als zum gemeinen Wert veräußert. Bei einer Abspaltung gilt gem. § 13 Absatz 1 UmwStG die Beteiligung zu dem Teil als zum gemeinen Wert veräußert, der bei Zugrundelegung des gemeinen Werts dem übertragenen Teil des Betriebsvermögens entspricht. Etwas anderes gilt für den nicht i. S. d. § 17 EStG beteiligten Anteilseigner mit Anteilen i. S. d. § 20 Absatz 2 Satz 1 Nummer 1 EStG; hier ergeben sich die steuerlichen Rechtsfolgen bei einer Aufspaltung aus § 20 Absatz 4a Satz 1 EStG und bei einer Abspaltung aus § 20 Absatz 4a Satz 5 EStG. Zum Anwendungsbereich des § 13 UmwStG vgl. auch Randnr. 13.01. 15.12

Die anderen Vorschriften des UmwStG (insbesondere §§ 2 und 12 UmwStG) bleiben hiervon unberührt. 15.13

II. Steuerliche Schlussbilanz und Bewertungswahlrecht

Die Verpflichtung der übertragenden Körperschaft zur Erstellung und Abgabe einer steuerlichen Schlussbilanz bezieht sich auf das übertragene Vermögen; d. h. bei Abspaltung eines Teilbetriebs ist eine steuerliche Schlussbilanz auf den steuerlichen Übertragungsstichtag isoliert nur für den abgespaltenen Teilbetrieb zu erstellen. Randnr. 11.02 – 11.04 gelten entsprechend. 15.14

Für das Wahlrecht auf Ansatz der Buch- oder Zwischenwerte gelten Randnr. 11.05 – 11.12 entsprechend.

III. Zur Anwendung des § 15 Absatz 2 UmwStG

Zur Verhinderung von Missbräuchen enthalten die steuerlichen Spaltungsregelungen über die handelsrechtlichen Regelungen des UmwG hinaus weitere Voraussetzungen. 15.15

Anlage 16

Umwandlung

1. Erwerb und Aufstockung i. S. d. § 15 Absatz 2 Satz 1 UmwStG

15.16 Eine steuerneutrale Spaltung ist nach § 15 Absatz 2 Satz 1 UmwStG ausgeschlossen, wenn der als Teilbetrieb geltende Mitunternehmeranteil oder die 100 %-Beteiligung an einer Kapitalgesellschaft innerhalb von drei Jahren vor dem steuerlichen Übertragungsstichtag durch Übertragung von Wirtschaftsgütern, die kein Teilbetrieb sind, erworben oder aufgestockt worden sind. Hierdurch wird die Umgehung der Teilbetriebsvoraussetzung des § 15 Absatz 1 Satz 2 UmwStG verhindert. Eine Aufstockung in diesem Sinne liegt bei Wirtschaftsgütern, die stille Reserven enthalten, regelmäßig nur vor, wenn die in den übergegangenen Wirtschaftsgütern ruhenden stillen Reserven nicht oder nicht in vollem Umfang aufgedeckt wurden.

15.17 § 15 Absatz 2 Satz 1 UmwStG gilt im Fall der Abspaltung sowohl für das abgespaltene Vermögen als auch für den zurückbleibenden Teil des Vermögens. Das bedeutet, dass § 11 Absatz 2 UmwStG auch nicht anzuwenden ist, wenn ein bei der übertragenden Körperschaft zurückbleibender Mitunternehmeranteil oder eine zurückbleibende 100 %-Beteiligung i. S. d. § 15 Absatz 2 Satz 1 UmwStG innerhalb eines Zeitraums von drei Jahren vor dem steuerlichen Übertragungsstichtag durch Übertragung von Wirtschaftsgütern, die kein Teilbetrieb sind, erworben oder aufgestockt worden ist.

15.18 Bei Mitunternehmeranteilen ist im Ergebnis jede Einlage und Überführung von Wirtschaftsgütern, die stille Reserven enthalten, in das Gesamthands- oder Sonderbetriebsvermögen innerhalb von drei Jahren vor dem steuerlichen Übertragungsstichtag schädlich, da sie zu einer Aufstockung der Beteiligung führt.

15.19 § 15 Absatz 2 Satz 1 UmwStG ist nicht anzuwenden, wenn die Aufstockung der Beteiligung nicht durch die übertragende Kapitalgesellschaft erfolgt.

Beispiel:

Eine GmbH 1 ist zu 60 % an der GmbH 2 beteiligt. Weitere 40 % der Anteile an der GmbH 2 werden von einem Anteilseigner der GmbH 1 nach § 21 UmwStG zum Buchwert in die GmbH 1 eingebracht. Danach ist die GmbH 1 zu 100 % an der GmbH 2 beteiligt. Die 100 %-Beteiligung stellt einen Teilbetrieb i. S. d. § 15 Absatz 1 Satz 2 UmwStG dar.

Lösung:

Der Vorgang ist nicht schädlich i. S. d. § 15 Absatz 2 Satz 1 UmwStG, da die Aufstockung nicht auf einer Zuführung eines Wirtschaftsguts durch die GmbH 1 an die GmbH 2, sondern auf der Zuführung durch einen Dritten (dem Anteilseigner der GmbH 1) beruht.

15.20 Bei Mitunternehmeranteilen und bei Anteilen an Kapitalgesellschaften sind der unentgeltliche Erwerb (z. B. Erbfall) und der gewinnrealisierende entgeltliche Erwerb unschädlich. Gleiches gilt für den unentgeltlichen und den gewinnrealisierenden entgeltlichen Hinzuerwerb.

Beispiel:

Die GmbH 1 ist zu 90 % an der GmbH 2 beteiligt. Sie kauft von einem Dritten weitere 10 % der Anteile und ist damit zu 100 % an der GmbH 2 beteiligt.

Lösung:

Der Zukauf ist unschädlich.

15.21 § 15 Absatz 2 UmwStG schließt bei Vorliegen der dort genannten Voraussetzungen eine steuerneutrale Spaltung nach § 11 Absatz 2 UmwStG aus. Diese Rechtsfolge trifft im Fall der Abspaltung nur den abgespaltenen Teil des Betriebsvermögens. Die stillen Reserven in dem bei der übertragenden Körperschaft verbleibenden Betriebsvermögen werden nicht aufgedeckt. Die Anwendung der übrigen Vorschriften des UmwStG (insbesondere der §§ 2, 12 und 13 UmwStG) bleibt hiervon unberührt.

2. Veräußerung und Vorbereitung der Veräußerung (§ 15 Absatz 2 Satz 2 bis 4 UmwStG)

a) Veräußerung i. S. d. § 15 Absatz 2 Satz 2 bis 4 UmwStG

Die Spaltung eines Rechtsträgers soll die Fortsetzung des bisherigen unternehmerischen Engagements in anderer Rechtsform ermöglichen. Die Steuerneutralität wird nicht gewährt, wenn durch die Spaltung die Veräußerung an außenstehende Personen vollzogen wird oder wenn die Voraussetzungen für eine Veräußerung geschaffen werden (§ 15 Absatz 2 Satz 2 bis 4 UmwStG). 15.22

Eine unentgeltliche Anteilsübertragung (Erbfolge, Erbauseinandersetzung) ist keine schädliche Veräußerung i. S. d. § 15 Absatz 2 Satz 2 bis 4 UmwStG. Dies gilt nicht für Erbauseinandersetzungen mit Ausgleichszahlungen. 15.23

Eine schädliche Veräußerung i. S. d. § 15 Absatz 2 Satz 3 und 4 UmwStG ist jede Übertragung gegen Entgelt. Hierzu gehören insbesondere auch Umwandlungen und Einbringungen; z. B. Verschmelzung, Auf- oder Abspaltung, Formwechsel (vgl. Randnr. 00.02). 15.24

Eine Kapitalerhöhung innerhalb von fünf Jahren nach der Spaltung ist schädlich, wenn der Vorgang wirtschaftlich als Veräußerung von Anteilen durch die Gesellschafter zu werten ist. Die Aufnahme neuer Gesellschafter gegen angemessenes Aufgeld ist wirtschaftlich nicht als Veräußerung von Anteilen durch die Anteilseigner anzusehen, wenn die der Kapitalgesellschaft zugeführten Mittel nicht innerhalb der Fünfjahresfrist an die bisherigen Anteilseigner ausgekehrt werden. 15.25

Die Umstrukturierung innerhalb verbundener Unternehmen i. S. d. § 271 Absatz 2 HGB und juristischer Personen des öffentlichen Rechts einschließlich ihrer Betriebe gewerblicher Art stellt ebenso wie eine Anteilsveräußerung innerhalb des bisherigen Gesellschafterkreises nur dann keine schädliche Veräußerung i. S. d. § 15 Absatz 2 Satz 3 und 4 UmwStG dar, wenn im Anschluss an diesen Vorgang keine unmittelbare oder mittelbare Veräußerung an eine außenstehende Person stattfindet. 15.26

Für die Beantwortung der Frage, ob eine Anteilsveräußerung an außenstehende Personen vollzogen wird, ist auf den Gesellschafterbestand zum steuerlichen Übertragungsstichtag abzustellen; dabei sind Veränderungen des Gesellschafterbestands im Rückwirkungszeitraum nicht zurückzubeziehen.

b) Veräußerungssperre des § 15 Absatz 2 Satz 4 UmwStG

§ 11 Absatz 2 UmwStG ist nach § 15 Absatz 2 Satz 4 UmwStG nicht anzuwenden, wenn innerhalb von fünf Jahren nach dem steuerlichen Übertragungsstichtag Anteile an einer an der Spaltung beteiligten Körperschaft, die mehr als 20 % der vor Wirksamwerden der Spaltung an der Körperschaft bestehenden Anteile ausmachen, veräußert werden (unwiderlegliche gesetzliche Vermutung). § 15 Absatz 2 Satz 4 UmwStG erfasst im Fall der Abspaltung sowohl die Veräußerung der Anteile an der übertragenden als auch die an der übernehmenden Körperschaft (BFH vom 3.8.2005, I R 62/04, BStBl 2006 II S. 391). 15.27

Die Rechtsfolgen des § 15 Absatz 2 Satz 2 bis 4 UmwStG knüpfen an die Veräußerung der Anteile durch die Gesellschafter und nicht an die Veräußerung von Betriebsvermögen durch eine der an der Spaltung beteiligten Körperschaften an. 15.28

Die Quote von 20 % bezieht sich auf die Anteile an der übertragenden Körperschaft vor der Spaltung. Die Quote ist entsprechend dem Verhältnis der übergehenden Vermögensteile zu dem bei der übertragenden Körperschaft vor der Spaltung vorhandenen Vermögen aufzuteilen, wie es in der Regel im Umtauschverhältnis der Anteile im Spaltungs- und Übernahmevertrag oder im Spaltungsplan (§ 126 Absatz 1 Nummer 3, § 136 UmwG) zum Ausdruck kommt. Auf die absolute Höhe des Nennkapitals der an der Spaltung beteiligten alten und neuen Gesellschafter sowie auf die Wertentwicklung der Beteiligungen kommt es nicht an. 15.29

Anlage 16

Umwandlung

15.30 Die nachfolgende Tabelle zeigt für ausgewählte Aufteilungsverhältnisse bei Spaltungen zur Neugründung die Quote der Anteile an den aus der Spaltung hervorgegangenen GmbH A und GmbH B, die – alternativ – höchstens veräußert werden dürfen, ohne die Buchwertfortführung bzw. den Zwischenwertansatz bei der Spaltung zu gefährden:

GmbH A

Anteil des übergegangenen Vermögens in %	1	10	20	30	40	50
zulässige Quote in %	100	100	100	66,6	50	40

GmbH B

Anteil des übergegangenen Vermögens in %	99	90	80	70	60	50
zulässige Quote in %	20,2	22,2	25	28,6	33,3	40
Bei Veräußerung von Anteilen an der Gesellschaft A in Höhe der zulässigen Quote verbleiben für die Gesellschafter der Gesellschaft B	19,2	11,1	0	0	0	0

15.31 Soweit durch einen oder mehrere Gesellschafter zusammen die 20 %-Quote ausgeschöpft wurde, sind weitere Anteilsveräußerungen durch andere Gesellschafter steuerschädlich. Die Rechtsfolgen einer schädlichen Veräußerung treffen steuerrechtlich immer die übertragende Körperschaft und damit mittelbar auch die übrigen Gesellschafter.

15.32 Nach Ablauf der fünfjährigen Veräußerungssperre können die Anteile an den an der Spaltung beteiligten Körperschaften veräußert werden, ohne die Steuerneutralität der vorangegangenen Spaltung zu gefährden.

c) Rechtsfolgen einer steuerschädlichen Anteilsveräußerung

15.33 Werden innerhalb von fünf Jahren nach dem steuerlichen Übertragungsstichtag Anteile an einer an der Spaltung beteiligten Körperschaft in steuerschädlichem Umfang veräußert, führt dies dazu, dass das gesamte auf den bzw. die übernehmenden Rechtsträger übergegangene Vermögen mit dem gemeinen Wert anzusetzen ist. Die Anwendung der übrigen Vorschriften des UmwStG (insbesondere der §§ 2, 12 und 13 UmwStG) bleibt hiervon unberührt.

15.34 Entfallen infolge der Anteilsveräußerung innerhalb von fünf Jahren nach dem steuerlichen Übertragungsstichtag die Voraussetzungen des § 15 UmwStG, sind die Körperschaftsteuerbescheide des Veranlagungszeitraums gem. § 175 Absatz 1 Satz 1 Nummer 2 AO zu ändern, in dem der Spaltungsvorgang steuerlich erfasst wurde (rückwirkendes Ereignis).

15.35 Die Festsetzungsverjährungsfrist beginnt gem. § 175 Absatz 1 Satz 2 AO mit dem Ablauf des Kalenderjahrs, in dem die schädliche Veräußerung erfolgt. Wird der Tatbestand des § 15 Absatz 2 Satz 4 UmwStG durch mehrere zeitlich hintereinander liegende Veräußerungen verwirklicht, beginnt die Verjährung mit dem Ende des Kalenderjahrs, in dem die Veräußerung erfolgt, die letztlich die Rechtsfolge des § 15 Absatz 2 Satz 4 UmwStG auslöst.

3. Trennung von Gesellschafterstämmen (§ 15 Absatz 2 Satz 5 UmwStG)

a) Begriff der Trennung von Gesellschafterstämmen

Bei der Trennung von Gesellschafterstämmen setzt die Anwendung des § 11 Absatz 2 UmwStG voraus, dass die Beteiligungen an der übertragenden Körperschaft mindestens fünf Jahre bestanden haben (§ 15 Absatz 2 Satz 5 UmwStG). Änderungen in der Beteiligungshöhe innerhalb der Fünfjahresfrist bei Fortdauer der Beteiligung dem Grunde nach sind unschädlich. 15.36

Eine Trennung von Gesellschafterstämmen liegt vor, wenn im Fall der Aufspaltung an den übernehmenden Körperschaften und im Fall der Abspaltung an der übernehmenden und an der übertragenden Körperschaft nicht mehr alle Anteilsinhaber der übertragenden Körperschaft beteiligt sind. 15.37

b) Vorbesitzzeit

Hat die übertragende Körperschaft noch keine fünf Jahre bestanden, ist grundsätzlich eine steuerneutrale Trennung von Gesellschafterstämmen im Wege der Spaltung nicht möglich. 15.38

Auch innerhalb verbundener Unternehmen i. S. d. § 271 Absatz 2 HGB und juristischer Personen des öffentlichen Rechts einschließlich ihrer Betriebe gewerblicher Art findet eine Anrechnung eines Vorbesitzes eines anderen verbundenen Unternehmens auf die fünfjährige Vorbesitzzeit i. S. d. § 15 Absatz 2 Satz 5 UmwStG nicht statt. 15.39

Zeiten, in der eine aus einer Umwandlung hervorgegangene Kapitalgesellschaft als Personengesellschaft mit den gleichen Gesellschafterstämmen bestanden hat, werden auf die Vorbesitzzeit i. S. d. § 15 Absatz 2 Satz 5 UmwStG angerechnet. 15.40

IV. Kürzung verrechenbarer Verluste, verbleibender Verlustvorträge, nicht ausgeglichener negativer Einkünfte, eines Zinsvortrags und eines EBITDA-Vortrags (§ 15 Absatz 3 UmwStG)

In Abspaltungsfällen verringern sich bei der übertragenden Körperschaft verrechenbare Verluste, ein verbleibender Verlustvortrag, nicht ausgeglichene negative Einkünfte, ein Zinsvortrag sowie ein EBITDA-Vortrag. Nach § 15 Absatz 3 UmwStG erfolgt die Kürzung in dem Verhältnis, in dem bei Zugrundelegung des gemeinen Werts das Vermögen auf eine andere Körperschaft übergeht. In der Regel entspricht das Verhältnis der gemeinen Werte dem Spaltungsschlüssel. 15.41

Erfolgt die Abspaltung auf einen unterjährigen steuerlichen Übertragungsstichtag, umfasst die Verringerung nach § 15 Absatz 3 Satz 1 UmwStG auch einen auf die Zeit bis zum steuerlichen Übertragungsstichtag entfallenden laufenden Verlust; für die Ermittlung gelten die Grundsätze in dem BMF-Schreiben vom 4.7.2008, BStBl I S. 736, Randnr. 32, entsprechend.

V. Aufteilung der Buchwerte der Anteile gem. § 13 UmwStG in den Fällen der Spaltung

Im Fall der Aufspaltung einer Körperschaft können die Anteilseigner der übertragenden Körperschaft Anteile an mehreren übernehmenden Körperschaften, im Fall der Abspaltung neben Anteilen an der übertragenden auch Anteile an der übernehmenden Körperschaft erhalten. 15.42

Die Anwendung des § 15 Absatz 1 i. V. m. § 13 Absatz 1 und 2 UmwStG erfordert eine Aufteilung der Anschaffungskosten bzw. des Buchwerts der Anteile an der übertragenden Körperschaft. Der Aufteilung kann grundsätzlich das Umtauschverhältnis der Anteile im Spaltungs- oder Übernahmevertrag oder im Spaltungsplan zugrunde gelegt werden. Ist dies nicht möglich, ist die Aufteilung nach dem Verhältnis der gemeinen Werte der überge- 15.43

henden Vermögensteile zu dem vor der Spaltung vorhandenen Vermögen vorzunehmen. Auch nach der Abspaltung eines Teilbetriebs auf die Muttergesellschaft ist der bisherige Buchwert der Beteiligung an der Tochtergesellschaft im Verhältnis des gemeinen Werts des übergegangenen Vermögens zum gesamten Vermögen der Tochtergesellschaft aufzuteilen.

Beispiel:

Die AB-GmbH, an der A und B seit mehr als fünf Jahren als Gründungsgesellschafter zu je 50 % beteiligt sind (Anschaffungskosten der Beteiligung = jeweils 300.000 €), verfügt über zwei Teilbetriebe, wobei der gemeine Wert des Teilbetriebs I = 2.000.000 € und der gemeine Wert des Teilbetriebs II = 1.000.000 € beträgt. Es erfolgt eine Abspaltung in der Weise, dass der Teilbetrieb I bei der AB-GmbH zurückbleibt und der Teilbetrieb II auf die neu gegründete B-GmbH übergeht. B wird Alleingesellschafter der B-GmbH. An der AB-GmbH wird A mit 75 % und B mit 25 % beteiligt.

Lösung:

A hält nach der Spaltung unverändert AB-Anteile mit Anschaffungskosten von 300.000 €. Bei B teilen sich die bisherigen Anschaffungskosten im Verhältnis der auf seine Beteiligung entfallenden gemeinen Werte mit 100.000 € auf die AB-Anteile und mit 200.000 € auf die B-Anteile auf.

VI. Umwandlungen mit Wertverschiebungen zwischen den Anteilseignern

15.44 Werden bei einer Auf- oder Abspaltung den Anteilseignern des übertragenden Rechtsträgers oder diesen nahe stehenden Personen Anteile an dem übernehmenden Rechtsträger nicht in dem Verhältnis und/oder nicht mit dem ihrer Beteiligung an dem übertragenden Rechtsträger entsprechenden Wert zugeteilt (vgl. § 128 UmwG), handelt es sich dabei grundsätzlich um eine Vorteilszuwendung zwischen den Anteilseignern. In dem einem Anteilseigner gewährten Mehrwert der Anteile ist keine Gegenleistung i. S. d. § 11 Absatz 2 Satz 1 Nummer 3 UmwStG zu sehen. Auch führt eine solche Quoten- und/oder Wertverschiebung nicht zur Anwendung des § 15 Absatz 2 Satz 2 bis 4 UmwStG, es sei denn, die Beteiligungsquoten verschieben sich zugunsten außenstehender Personen. Zu den steuerlichen Folgen einer nichtverhältniswahrenden Auf- oder Abspaltung vgl. auch Randnr. 13.03.

B. Auf- oder Abspaltung auf eine Personengesellschaft (§ 16 UmwStG)

I. Entsprechende Anwendung des § 15 UmwStG

16.01 Für die Auf- und Abspaltung von Vermögen auf eine Personengesellschaft gilt § 15 UmwStG entsprechend. Die §§ 11 bis 13 UmwStG sind jedoch wegen des Vorrangs des Verweises auf die §§ 3 bis 8 und 10 UmwStG in § 16 Satz 1 UmwStG in diesen Fällen grundsätzlich nicht anzuwenden.

II. Anwendbarkeit des § 3 Absatz 2 UmwStG

16.02 § 3 Absatz 2 UmwStG ist bei der Übertragung auf eine Personengesellschaft entsprechend anzuwenden,
– wenn jeweils ein Teilbetrieb übergeht,
– wenn im Fall der Abspaltung das der übertragenden Körperschaft verbleibende Vermögen ebenfalls zu einem Teilbetrieb gehört (§ 15 Absatz 1 Satz 2 UmwStG) und
– soweit die Missbrauchsregeln des § 15 Absatz 2 UmwStG beachtet werden; dabei ist § 15 Absatz 2 Satz 2 bis 4 UmwStG auch auf die nach der Auf- bzw. Abspaltung entstehenden Anteile an der Personengesellschaft anzuwenden.

Anlage 16

Umwandlung

Zum Begriff des Teilbetriebs vgl. Randnr. 15.02 ff.

III. Verrechenbare Verluste, verbleibende Verlustvorträge, nicht ausgeglichene negative Einkünfte, Zinsvorträge und EBITDA-Vorträge

Im Fall der Abspaltung vermindern sich die in § 15 Absatz 3 UmwStG genannten Beträge bei der übertragenden Körperschaft. Bei einer Aufspaltung gehen diese Beträge unter. 16.03

IV. Investitionsabzugbetrag nach § 7g EStG

Im Fall der Auf- bzw. Abspaltung wird ein Investitionsabzugsbetrag von dem übernehmenden Rechtsträger fortgeführt, soweit auf diesen ein Teilbetrieb übergeht und der Investitionsabzugsbetrag für Wirtschaftsgüter gebildet wurde, die im Fall ihrer späteren Anschaffung oder Herstellung dem übergehenden Teilbetrieb zuzurechnen wären. Im Fall des § 7g Absatz 3 EStG ist hinsichtlich der übernommenen Investitionsabzugsbeträge der Abzug beim übertragenden Rechtsträger rückgängig zu machen (vgl. BMF-Schreiben vom 8.5.2009, BStBl I S. 633[1]), Randnr. 59). 16.04

Fünfter Teil. Gewerbesteuer

A. Gewerbesteuer bei Vermögensübergang auf eine Personengesellschaft oder auf eine natürliche Person sowie bei Formwechsel in eine Personengesellschaft (§ 18 UmwStG)

I. Geltung der §§ 3 bis 9 und 16 UmwStG für die Ermittlung des Gewerbeertrags (§ 18 Absatz 1 UmwStG)

Die §§ 3 bis 9 und 16 UmwStG gelten auch für die Ermittlung des Gewerbeertrags und betreffen sowohl die Ermittlung des Gewerbeertrags des übertragenden als auch des übernehmenden Rechtsträgers. Die gewerbesteuerliche Erfassung der stillen Reserven (z. B. bei Vermögensübergang von einer GmbH in das Betriebsvermögen eines Freiberuflers i. S. d. § 18 EStG) ist für die Ausübung der Wahlrechte unbeachtlich (vgl. Randnr. 03.17). 18.01

Der Übergang von Fehlbeträgen des laufenden Erhebungszeitraums sowie von vortragsfähigen Fehlbeträgen i. S. d. § 10a GewStG der übertragenden Körperschaft auf den übernehmenden Rechtsträger ist ausgeschlossen (§ 4 Absatz 2 Satz 1, § 18 Absatz 1 Satz 2 UmwStG). Die Beschränkung der Verlustnutzung nach § 2 Absatz 4 UmwStG ist zu beachten. 18.02

II. Übernahmegewinn oder -verlust sowie Bezüge i. S. d. § 7 UmwStG (§ 18 Absatz 2 UmwStG)

Ein Übernahmegewinn oder -verlust ist bei der Gewerbesteuer nicht zu berücksichtigen (§ 18 Absatz 2 Satz 1 UmwStG). Dies gilt nicht für einen Beteiligungskorrekturgewinn sowie einen Übernahmefolgegewinn oder -verlust. 18.03

Bezüge i. S. d. § 7 UmwStG aus Anteilen i. S. d. § 5 Absatz 2 UmwStG sind bei der Gewerbesteuer nicht zu erfassen (§ 18 Absatz 2 Satz 2 UmwStG). Für die Prüfung der Voraussetzungen des § 9 Nummer 2a oder 7 GewStG sind die Verhältnisse zu Beginn des Erhebungszeitraums beim übernehmenden Rechtsträger maßgebend. Das gilt auch dann, wenn die Voraussetzungen beim Anteilseigner des übertragenden Rechtsträgers erfüllt worden sind. 18.04

---

1) Ersetzt durch BMF vom 20.11.2013 (BStBl I S. 1493).

Anlage 16

Umwandlung

III. Missbrauchstatbestand des § 18 Absatz 3 UmwStG

18.05 Nach § 18 Absatz 3 UmwStG unterliegt ein Gewinn aus der Auflösung oder Veräußerung des Betriebs der Personengesellschaft der Gewerbesteuer, wenn innerhalb von fünf Jahren nach der Umwandlung eine Betriebsaufgabe oder Veräußerung erfolgt. Das gilt entsprechend, soweit ein Teilbetrieb (vgl. hierzu Randnr. 15.02 f.) oder ein Anteil an der Personengesellschaft aufgegeben oder veräußert wird (§ 18 Absatz 3 Satz 2 UmwStG). § 18 Absatz 3 UmwStG gilt nicht für den Übergang des Betriebsvermögens auf einen Rechtsträger ohne Betriebsvermögen (vgl. § 8 UmwStG sowie Randnr. 03.16). Für die Fristberechnung gilt Randnr. 06.10 entsprechend.

1. Begriff der Veräußerung und Aufgabe

18.06 Das Vorliegen einer Aufgabe oder Veräußerung des Betriebs, Teilbetriebs oder Mitunternehmeranteils ist nach allgemeinen Grundsätzen zu beurteilen. Daher erfasst § 18 Absatz 3 UmwStG auch die Veräußerung gegen wiederkehrende Bezüge. Das Wahlrecht nach R 16 Absatz 11 EStR 2010[1]) besteht für Zwecke des § 18 UmwStG nicht. § 18 Absatz 3 Satz 2 UmwStG erfasst auch die Veräußerung des Teils eines Mitunternehmeranteils.

18.07 Eine Veräußerung des auf den übernehmenden Rechtsträger übergegangenen Betriebs, Teilbetriebs oder Mitunternehmeranteils liegt z. B. auch dann vor, wenn der übergegangene Betrieb in eine Kapital- oder Personengesellschaft gegen Gewährung von Gesellschaftsrechten eingebracht wird (vgl. Randnr. 00.02).

Wird der Betrieb, Teilbetrieb oder Mitunternehmeranteil nach §§ 20, 24 UmwStG zum Buch- oder Zwischenwert eingebracht, tritt die übernehmende Gesellschaft in die Rechtsstellung des übertragenden Rechtsträgers ein und ist daher für den Rest der Fünfjahresfrist der Vorschrift des § 18 Absatz 3 UmwStG unterworfen (vgl. § 23 Absatz 1, § 24 Absatz 4 UmwStG). Kommt es bei Einbringung zum Zwischenwert zu einem Übertragungsgewinn, unterliegt dieser Gewinn ungeachtet des Eintritts in die steuerliche Rechtsstellung insoweit der Anwendung des § 18 Absatz 3 UmwStG.

Wird der Betrieb, Teilbetrieb oder Mitunternehmeranteil nach §§ 20, 24 UmwStG zum gemeinen Wert eingebracht, findet § 18 Absatz 3 UmwStG auf einen Übertragungsgewinn Anwendung. Anders als in den Fällen der Einbringung im Wege der Einzelrechtsnachfolge (vgl. § 23 Absatz 4 erster Halbsatz UmwStG) wird die Fünfjahresfrist in den Fällen der Gesamtrechtsnachfolge auch bei Einbringung zum gemeinen Wert vom übernehmenden Rechtsträger fortgeführt (§ 23 Absatz 4 zweiter Halbsatz UmwStG).

18.08 Soweit der im Wege der Umwandlung übergegangene Betrieb, Teilbetrieb oder Mitunternehmeranteil innerhalb der Fünfjahresfrist unentgeltlich übertragen wird, ist der Rechtsnachfolger für den Rest der Fünfjahresfrist der Vorschrift des § 18 Absatz 3 UmwStG unterworfen; werden die stillen Reserven ganz oder teilweise aufgedeckt, ist § 18 Absatz 3 UmwStG anzuwenden. Findet auf die unentgeltliche Übertragung § 6 Absatz 3 EStG keine Anwendung (z. B. bei verdeckter Einlage in eine Kapitalgesellschaft), liegt eine Betriebsaufgabe vor.

---

1) Jetzt EStR 2012.

2. Aufgabe- oder Veräußerungsgewinn

§ 18 Absatz 3 UmwStG erfasst sämtliche stillen Reserven des im Zeitpunkt der Aufgabe oder Veräußerung vorhandenen Betriebsvermögens. Der „Nachversteuerung" unterliegen danach auch neu gebildete stille Reserven. Stille Reserven, die bereits vor der Umwandlung in dem Betrieb des aufnehmenden Rechtsträgers vorhanden waren, unterliegen der Gewerbesteuer, wenn die Anmeldung zur Eintragung in das für die Wirksamkeit der Umwandlung maßgebende öffentliche Register nach dem 31.12.2007 erfolgt ist. Für Umwandlungen vor diesem Stichtag vgl. BFH vom 20.11.2006, VIII R 47/05, BStBl 2008 II S. 69. Unterliegt ein Gewinn sowohl nach § 7 Satz 1 oder 2 GewStG als auch nach § 18 Absatz 3 UmwStG der Gewerbesteuer, ist § 18 Absatz 3 UmwStG vorrangig anzuwenden. 18.09

Ein Aufgabe- oder Veräußerungsverlust ist gewerbesteuerlich nicht zu berücksichtigen. 18.10

3. Übergang auf Rechtsträger, der nicht gewerbesteuerpflichtig ist

§ 18 Absatz 3 UmwStG gilt bei der Umwandlung einer Körperschaft für die übernehmende Personengesellschaft oder die übernehmende natürliche Person. Die Gewerbesteuer ist auch festzusetzen, wenn der übernehmende Rechtsträger nicht gewerbesteuerpflichtig ist. § 18 Absatz 3 UmwStG ist ein Sondertatbestand der Gewerbesteuerpflicht. 18.11

B. Gewerbesteuer bei Vermögensübergang auf eine andere Körperschaft (§ 19 UmwStG)

Die §§ 11 bis 15 UmwStG gelten auch für die Ermittlung des Gewerbeertrags und betreffen sowohl die Ermittlung des Gewerbeertrags des übertragenden als auch des übernehmenden Rechtsträgers sowie der Anteilseigner des übertragenden Rechtsträgers. Die gewerbesteuerliche Erfassung der stillen Reserven (z. B. bei Vermögensübergang von einer unbeschränkt steuerpflichtigen Körperschaft in ein Betriebsvermögen einer beschränkt steuerpflichtigen Kapitalgesellschaft i. S. d. § 49 Absatz 1 Nummer 2 Buchstabe f Satz 2 EStG) ist für die Ausübung der Wahlrechte unbeachtlich (vgl. Randnr. 03.17). 19.01

Sechster Teil. Einbringung von Unternehmensteilen in eine Kapitalgesellschaft oder Genossenschaft und Anteilstausch
A. Grundkonzeption der Einbringung nach §§ 20 ff. UmwStG

I. Allgemeines

Die bisherige Methode der Sonderregelungen für die Besteuerung einbringungsgeborener Anteile (§ 21 UmwStG 1995, § 8b Absatz 4 KStG a. F., § 3 Nummer 40 Satz 3 und 4 EStG a. F.) und die bisherige Missbrauchsklausel (§ 26 Absatz 2 Satz 1 und 2 UmwStG 1995) wurden durch das SEStEG abgelöst und durch eine rückwirkende Besteuerung des zugrunde liegenden Einbringungsvorgangs ersetzt. Die bisher geltenden Regelungen des UmwStG 1995 sind für einbringungsgeborene Anteile i. S. d. § 21 UmwStG 1995 nach § 27 Absatz 3 UmwStG weiterhin anzuwenden. E 20.01

II. Grundkonzept

Die Regelungen für die Sacheinlage (§§ 20 und 22 Absatz 1 UmwStG) und den Anteilstausch (§§ 21 und 22 Absatz 2 UmwStG) werden systematisch getrennt. Für i. R. einer Sacheinlage (§ 20 UmwStG) miteingebrachte Anteile gelten die Rechtsfolgen des Anteilstauschs (§ 22 Absatz 2 UmwStG). E 20.02

Anlage 16

Umwandlung

1. Sacheinlage

E 20.03 Veräußert der Einbringende in den Fällen einer Sacheinlage unter dem gemeinen Wert die erhaltenen Anteile innerhalb eines Zeitraums von sieben Jahren nach der Einbringung oder wird ein der Veräußerung gleichgestellter Ersatzrealisationstatbestand verwirklicht, wird der Einbringungsgewinn I rückwirkend auf den Zeitpunkt der Einbringung besteuert (§ 22 Absatz 1 UmwStG). Zu diesem Zweck ist der gemeine Wert des eingebrachten Betriebsvermögens auf den steuerlichen Übertragungsstichtag (Einbringungszeitpunkt) zu ermitteln. Der zu versteuernde Einbringungsgewinn I verringert sich innerhalb des Siebenjahreszeitraums jährlich um $^1/_7$ (§ 22 Absatz 1 Satz 3 UmwStG).

E 20.04 Die schädliche Anteilsveräußerung oder die einer Veräußerung gleichgestellten Ersatzrealisationstatbestände (§ 22 Absatz 1 Satz 6 UmwStG) stellen in Bezug auf die Steuerfestsetzung beim Einbringenden im Einbringungsjahr ein rückwirkendes Ereignis i. S. v. § 175 Absatz 1 Satz 1 Nummer 2 AO dar.

E 20.05 Der zu versteuernde Einbringungsgewinn I erhöht die Anschaffungskosten der erhaltenen Anteile (§ 22 Absatz 1 Satz 4 UmwStG). Dadurch wird erreicht, dass die bis zum Einbringungszeitpunkt entstandenen stillen Reserven der vollen Besteuerung nach § 16 EStG und die nach der Einbringung entstandenen stillen Reserven der Veräußerungsgewinnbesteuerung von Anteilen und damit der vollen bzw. teilweisen Steuerfreistellung nach § 8b KStG oder § 3 Nummer 40 EStG unterliegen. Auf der Ebene der übernehmenden Gesellschaft kommt es auf Antrag zu einer Buchwertaufstockung i. H. des versteuerten Einbringungsgewinns I (§ 23 Absatz 2 UmwStG).

Beispiel:

Die natürliche Person A bringt zum steuerlichen Übertragungsstichtag 31.12.01 ihr bisheriges Einzelunternehmen auf Antrag zu Buchwerten in die B-GmbH ausschließlich gegen Gewährung neuer Anteile an der B-GmbH ein. Der Buchwert des übertragenen Betriebsvermögens beträgt 2.000.000 €, der gemeine Wert 9.000.000 €. A hat entsprechende Anschaffungskosten für den Anteil an der B-GmbH i. H. v. 2.000.000 €. Der Anteil an der B-GmbH ist als sperrfristbehaftet i. S. d. § 22 Absatz 1 UmwStG anzusehen. Nunmehr veräußert A den erhaltenen GmbH-Anteil am 30.6.07 zum Kaufpreis von 10.000.000 €.

Lösung:

In einem ersten Schritt ist der zu versteuernde Einbringungsgewinn I zu ermitteln. Der Einbringungsgewinn I ergibt sich aus der Differenz zwischen dem gemeinen Wert des eingebrachten Betriebsvermögens zum Zeitpunkt der Einbringung (hier 9.000.000 €) und dem Buchwert des übertragenen Betriebsvermögens bei der B-GmbH (hier 2.000.000 €) und beträgt somit 7.000.000 €. Die schädliche Anteilsveräußerung stellt nach § 22 Absatz 1 Satz 2 UmwStG in Bezug auf die Steuerfestsetzung beim Einbringenden im Einbringungsjahr ein rückwirkendes Ereignis i. S. d. § 175 Absatz 1 Satz 1 Nummer 2 AO dar. Als Bewertungszeitpunkt ist der Einbringungszeitpunkt maßgebend. Dies gilt sowohl für die Bewertung des übertragenen Betriebsvermögens als auch für den Ansatz der Beteiligung an der B-GmbH. Der Betrag von 7.000.000 € ist für jedes seit dem Einbringungszeitpunkt abgelaufene Zeitjahr um $^1/_7$ zu mindern. Vorliegend sind seit dem 31.12.01 bis 30.6.07 fünf volle Jahre abgelaufen (Jahre 31.12.01 bis 31.12.06). Daraus ergibt sich ein zu versteuernder Einbringungsgewinn I von 7.000.000 € ./. 5.000.000 € = 2.000.000 €. Der Einbringungsgewinn I gilt als Gewinn des Einbringenden i. S. d. § 16 EStG und unterliegt bei A unabhängig von der späteren Wertentwicklung der Beteiligung an der B-GmbH der Einkommensteuer; § 16 Absatz 4 und § 34 EStG sind nicht anzuwenden (§ 22 Absatz 1 Satz 1 UmwStG). Der Einbringungsgewinn I unterliegt bei A nicht der Gewerbesteuer.

In einem zweiten Schritt erhöhen sich die Anschaffungskosten der Beteiligung an der B-GmbH um den steuerpflichtigen Einbringungsgewinn I. Es ergeben sich für A Anschaf-

Anlage 16
Umwandlung

fungskosten i. H. v. 2.000.000 € aus der ursprünglichen Buchwerteinbringung + nachträgliche Anschaffungskosten aus dem zu versteuernden Einbringungsgewinn I von 2.000.000 € = 4.000.000 €. A erzielt ferner Einkünfte nach § 17 EStG i. H. v. 6.000.000 € (Veräußerungspreis in 07: 10.000.000 € ./. erhöhte Anschaffungskosten 4.000.000 €). Der Veräußerungsgewinn unterliegt im Veranlagungszeitraum 07 dem Teileinkünfteverfahren gem. § 3 Nummer 40 EStG. Nach § 23 Absatz 2 UmwStG kann außerdem eine Buchwertaufstockung der Wirtschaftsgüter bei der B-GmbH um 2.000.000 € im Veranlagungszeitraum 07 erfolgen, soweit der Einbringende die auf den Einbringungsgewinn I entfallende Steuer entrichtet hat und dies durch eine Bescheinigung des für A zuständigen Finanzamts nachgewiesen wird.

2. Anteilstausch

Veräußert die übernehmende Gesellschaft in den Fällen des Anteilstauschs, bei dem nach § 21 Absatz 1 Satz 2 UmwStG der Buch- oder Zwischenwert angesetzt worden ist, die eingebrachten Anteile innerhalb eines Zeitraums von sieben Jahren nach der Einbringung und wäre die unmittelbare Veräußerung der Anteile durch den Einbringenden nicht nach § 8b Absatz 2 KStG begünstigt gewesen, wird der Einbringungsgewinn II rückwirkend auf den Zeitpunkt der Einbringung versteuert (§ 22 Absatz 2 UmwStG). Zu diesem Zweck ist der gemeine Wert der eingebrachten Anteile auf den Einbringungszeitpunkt zu ermitteln. Der zu versteuernde Einbringungsgewinn II verringert sich innerhalb des Siebenjahreszeitraums jährlich um $^1/_7$ (§ 22 Absatz 2 Satz 3 UmwStG). E 20.06

Die Anteilsveräußerung innerhalb des Siebenjahreszeitraums oder die einer Veräußerung gleichgestellten Ersatzrealisationstatbestände (§ 22 Absatz 2 Satz 6 i. V. m. Absatz 1 Satz 6 Nummer 1 bis 5 UmwStG) stellen in Bezug auf die Steuerfestsetzung beim Einbringenden im Einbringungsjahr ein rückwirkendes Ereignis i. S. v. § 175 Absatz 1 Satz 1 Nummer 2 AO dar. E 20.07

Der zu versteuernde Einbringungsgewinn II erhöht die Anschaffungskosten der erhaltenen Anteile (§ 22 Absatz 2 Satz 4 UmwStG). Gleichzeitig kommt es auf Ebene der übernehmenden Gesellschaft auf Antrag zu einer Buchwertaufstockung i. H. des versteuerten Einbringungsgewinns II (§ 23 Absatz 2 Satz 2 UmwStG). Dadurch wird erreicht, dass die bis zum Einbringungszeitpunkt entstandenen stillen Reserven beim Einbringenden im Teileinkünfteverfahren oder in voller Höhe versteuert werden und die nach der Einbringung entstandenen stillen Reserven bei der übernehmenden Gesellschaft nach § 8b Absatz 2 KStG begünstigt sind. E 20.08

Beispiel:
Die natürliche Person A hält 80 % der Anteile an der B-GmbH und bringt diese ausschließlich gegen Gewährung eines neuen Anteils an der C-GmbH zum Buchwert (3.000.000 €) in die C-GmbH ein. Die von A eingebrachten Anteile hatten zum Einbringungszeitpunkt einen gemeinen Wert von 10.000.000 €. Im sechsten Jahr nach der Einbringung veräußert die C-GmbH die von A eingebrachten Anteile an der B-GmbH.

Lösung:
Die Einbringung des Anteils an der B-GmbH zum Buchwert ist zulässig, da es sich um eine mehrheitsvermittelnde Beteiligung i. S. v. § 21 Absatz 1 Satz 2 UmwStG handelt (qualifizierter Anteilstausch). Die von A eingebrachten Anteile an der B-GmbH unterliegen der siebenjährigen Sperrfrist, da die unmittelbare Veräußerung der Anteile durch A nicht von § 8b Absatz 2 KStG begünstigt gewesen wäre.

Die Veräußerung der Anteile an der B-GmbH durch die C-GmbH innerhalb der siebenjährigen Sperrfrist führt somit zu einer nachträglichen Besteuerung des Einbringungsgewinns II bei A nach § 22 Absatz 2 UmwStG im Einbringungszeitpunkt (= Übergang des wirtschaftlichen Eigentums). Die schädliche Anteilsveräußerung durch die C-GmbH stellt nach § 22 Absatz 2 Satz 2 UmwStG in Bezug auf die Steuerfestsetzung beim Einbringenden für das Einbringungsjahr ein rückwirkendes Ereignis i. S. d. § 175 Absatz 1 Satz 1 Nummer 2 AO dar.

Der von A zu versteuernde Einbringungsgewinn II errechnet sich aus dem gemeinen Wert der von A eingebrachten Anteile an der B-GmbH im Zeitpunkt der Einbringung von 10.000.000 € ./. dem Buchwert der Anteile von 3.000.000 € ./. der Minderung des Einbringungsgewinns II für fünf abgelaufene Zeitjahre von 5.000.000 € = 2.000.000 €. Der Einbringungsgewinn II gilt als Gewinn des Einbringenden aus der Veräußerung von Anteilen i. S. d. § 17 EStG. Bei der Versteuerung des Einbringungsgewinns II kommt das Teileinkünfteverfahren nach § 3 Nummer 40 EStG zur Anwendung. I. H. des zu versteuernden Einbringungsgewinns II entstehen nachträgliche Anschaffungskosten des A auf die Beteiligung an der C-GmbH (§ 22 Absatz 2 Satz 4 UmwStG). Gleichzeitig kann auf Antrag der übernehmenden Gesellschaft der Buchwert der Anteile an der B-GmbH bei der C-GmbH um den versteuerten Einbringungsgewinn II aufgestockt werden (§ 23 Absatz 2 Satz 3 UmwStG).

III. Gewährung neuer Anteile, Gewährung anderer Wirtschaftsgüter

E 20.09 Voraussetzung für die Anwendung der §§ 20 bis 23, 25 UmwStG ist, dass die Gegenleistung der übernehmenden Gesellschaft für das eingebrachte Vermögen zumindest zum Teil in neuen Gesellschaftsanteilen besteht, wobei es ausreichend ist, dass die Sacheinlage als Aufgeld erbracht wird (vgl. Randnr. 01.44).

E 20.10 Neue Anteile entstehen nur im Fall der Gesellschaftsgründung oder einer Kapitalerhöhung. Insbesondere folgende Vorgänge fallen mangels Gewährung neuer Anteile nicht in den Anwendungsbereich von § 20 UmwStG:
– die verdeckte Einlage,
– die verschleierte Sachgründung oder die verschleierte Sachkapitalerhöhung (vgl. BFH vom 1.7.1992, I R 5/92, BStBl 1993 II S. 131),
– das Ausscheiden der Kommanditisten aus einer Kapitalgesellschaft & Co. KG unter Anwachsung ihrer Anteile gem. § 738 BGB, ohne dass die Kommanditisten einen Ausgleich in Form neuer Gesellschaftsrechte an der Kapitalgesellschaft erhalten,
– die Fälle des § 54 Absatz 1 und § 68 Absatz 1 und 2 UmwG.

E 20.11 Neben den Gesellschaftsanteilen können in begrenztem Umfang auch andere Wirtschaftsgüter gewährt werden (vgl. § 20 Absatz 2 Satz 4, Absatz 3 Satz 3, § 21 Absatz 1 Satz 3, Absatz 2 Satz 6 UmwStG). Die Möglichkeit, das eingebrachte Betriebsvermögen teilweise statt durch Ausgabe neuer Anteile durch Zuführung zu den offenen Rücklagen zu belegen, bleibt hiervon unberührt (vgl. § 272 Absatz 2 Nummer 4 HGB).

Beispiel:
Die GmbH bilanziert die Sacheinlage mit 20.000 €. Als Gegenleistung gewährt sie neue Gesellschaftsrechte im Nennwert von 15.000 € (vgl. § 5 Absatz 1 zweiter Halbsatz, § 56 GmbHG) und einen Spitzenausgleich in bar von 4.000 €. Der Restbetrag von 1.000 € wird den Kapitalrücklagen zugewiesen.

B. Einbringung von Unternehmensteilen in eine Kapitalgesellschaft oder Genossenschaft (§ 20 UmwStG)

I. Anwendungsbereich (§ 20 Absatz 1, 5, 6 UmwStG)

20.01 Die Einbringung von Betriebsvermögen in eine Kapitalgesellschaft oder Genossenschaft ist aus ertragsteuerlicher Sicht ein Veräußerungsvorgang, bei dem die übernehmende Gesell-

Anlage 16
Umwandlung

schaft als Gegenleistung für das eingebrachte Betriebsvermögen neue Gesellschaftsanteile gewährt (vgl. Randnr. 00.02).

1. Beteiligte der Einbringung
a) Einbringender

Einbringender Rechtsträger ist der Rechtsträger, dem die Gegenleistung zusteht. Zu den persönlichen Anwendungsvoraussetzungen beim einbringenden Rechtsträger vgl. Randnr. 01.53 ff. — 20.02

Wird Betriebsvermögen einer Personengesellschaft eingebracht, ist die Frage, wer Einbringender i. S. d. § 20 UmwStG ist, grundsätzlich danach zu entscheiden, ob die einbringende Personengesellschaft infolge der Einbringung fortbesteht. Wird die Personengesellschaft, deren Betriebsvermögen übertragen wird, infolge der Einbringung aufgelöst und stehen die Anteile am übernehmenden Rechtsträger daher zivilrechtlich den Mitunternehmern zu (z. B. bei einer Verschmelzung i. S. d. § 2 UmwG), sind diese als Einbringende anzusehen (vgl. auch BFH vom 16.2.1996, I R 183/94, BStBl II S. 342). — 20.03

Handelt es sich in diesem Fall bei der Personengesellschaft, deren Betriebsvermögen übertragen wird, um die Untergesellschaft einer doppelstöckigen Personengesellschaft, sind deren unmittelbare Gesellschafter und nicht die nur mittelbar über die Obergesellschaft beteiligten natürlichen oder juristischen Personen Einbringende i. S. d. § 20 UmwStG. Dies gilt für mehrstöckige Personengesellschaften entsprechend. Besteht die übertragende Personengesellschaft dagegen auch nach der Einbringung als Mitunternehmerschaft fort und werden ihr die Anteile am übernehmenden Rechtsträger gewährt (z. B. bei einer Ausgliederung i. S. d. § 123 Absatz 3 UmwG), ist die übertragende Personengesellschaft selbst als Einbringende anzusehen. Demgegenüber stehen bei einer Abspaltung i. S. d. § 123 Absatz 2 UmwG die Anteile an der übernehmenden Gesellschaft zivilrechtlich den Mitunternehmern der bisherigen Gesellschaft zu, so dass diese selbst als Einbringende anzusehen sind.

Der Einbringungsgegenstand bestimmt sich nach dem zugrunde liegenden Rechtsgeschäft (vgl. Randnr. 20.05).

b) Übernehmende Gesellschaft

Zu den persönlichen Anwendungsvoraussetzungen beim übernehmenden Rechtsträger vgl. Randnr. 01.54 f. — 20.04

2. Gegenstand der Einbringung

Der Gegenstand der Einbringung richtet sich nach dem zugrunde liegenden Rechtsgeschäft. Z. B. ist bei Verschmelzung einer Personengesellschaft Einbringungsgegenstand der Betrieb. — 20.05

a) Übertragung eines Betriebs oder Teilbetriebs

Zum Begriff des Teilbetriebs gelten die Randnr. 15.02 f. und zur Übertragung dieses Teilbetriebs gelten die Randnr. 15.07 – 15.10 entsprechend. Die Einbringung eines Betriebs i. S. v. § 20 UmwStG liegt nur vor, wenn sämtliche Wirtschaftsgüter, die zu den funktional wesentlichen Betriebsgrundlagen des Betriebs gehören[1], auf die übernehmende Gesell- — 20.06

---

1) Der Anwendbarkeit des § 24 Abs. 1 UmwStG steht weder § 42 AO noch die Rechtsfigur des Gesamtplans entgegen, wenn vor der Einbringung eine wesentliche Betriebsgrundlage des einzubringenden Betriebs unter Aufdeckung der stillen Reserven veräußert wird und die Veräußerung auf Dauer angelegt ist (>BFH vom 9.11.2011 – BStBl 2012 II S. 638).

Anlage 16

Umwandlung

schaft übertragen werden; zum Zeitpunkt des Vorliegens eines Betriebs[1]) gilt Randnr. 15.03 und zur Übertragung des Betriebs gilt Randnr. 15.07 entsprechend. Es genügt nicht, der Kapitalgesellschaft diese Wirtschaftsgüter nur zur Nutzung zu überlassen. Dies gilt auch für solche dem Betrieb oder Teilbetrieb dienenden Wirtschaftsgüter, die zum Sonderbetriebsvermögen eines Gesellschafters gehören. Bei der Einbringung eines Betriebs oder Teilbetriebs sind auch die dazugehörenden Anteile an Kapitalgesellschaften miteinzubringen, sofern diese funktional wesentliche Betriebsgrundlagen des Betriebs oder Teilbetriebs sind oder im Fall der Einbringung eines Teilbetriebs zu den nach wirtschaftlichen Zusammenhängen zuordenbaren Wirtschaftsgütern gehören.

20.07 Liegen die Voraussetzungen einer Betriebs- oder Teilbetriebsübertragung nicht vor, sind die im eingebrachten Vermögen ruhenden stillen Reserven aufzudecken und zu versteuern. Werden z. B. funktional wesentliche Betriebsgrundlagen oder nach wirtschaftlichen Zusammenhängen zuordenbare Wirtschaftsgüter im zeitlichen und wirtschaftlichen Zusammenhang mit der Einbringung eines Teilbetriebs in ein anderes Betriebsvermögen überführt oder übertragen, ist die Anwendung der Gesamtplanrechtsprechung zu prüfen (BFH vom 11.12.2001, VIII R 23/01, BStBl 2004 II S. 474, und BFH vom 25.2.2010, IV R 49/08, BStBl II S. 726).

20.08 Bei der Einbringung zurückbehaltene Wirtschaftsgüter sind grundsätzlich als entnommen zu behandeln mit der Folge der Versteuerung der in ihnen enthaltenen stillen Reserven, es sei denn, dass die Wirtschaftsgüter weiterhin Betriebsvermögen sind[2]). Dies gilt z. B. auch für Wirtschaftsgüter, die keine funktional wesentlichen Betriebsgrundlagen des eingebrachten Betriebs oder Teilbetriebs bilden, und für Wirtschaftsgüter, die dem Sonderbetriebsvermögen eines Gesellschafters zuzurechnen sind. Der Entnahmezeitpunkt ist in diesen Fällen der steuerliche Übertragungsstichtag (BFH vom 28.4.1988, IV R 52/87, BStBl II S. 829).

20.09 Gehören zum Betriebsvermögen des eingebrachten Betriebs oder Teilbetriebs Anteile an der übernehmenden Gesellschaft, werden diese Anteile, wenn sie in die Kapitalgesellschaft miteingebracht werden, zu sog. eigenen Anteilen der Kapitalgesellschaft. Der Erwerb eigener Anteile durch eine Kapitalgesellschaft unterliegt handelsrechtlichen Beschränkungen. Soweit die Anteile an der Kapitalgesellschaft miteingebracht werden, würde der Einbringende dafür als Gegenleistung neue Anteile an der Kapitalgesellschaft erhalten.

In diesem Fall ist es nicht zu beanstanden, wenn die Anteile an der Kapitalgesellschaft auf unwiderruflichen Antrag des Einbringenden nicht miteingebracht werden. Der Einbringende muss sich damit einverstanden erklären, dass die zurückbehaltenen Anteile an der übernehmenden Gesellschaft künftig in vollem Umfang als Anteile zu behandeln sind, die durch eine Sacheinlage erworben worden sind (erhaltene Anteile). Es ist dementsprechend auch für diese Anteile § 22 Absatz 1 UmwStG anzuwenden. Besteht in diesen Fällen hinsichtlich des Gewinns aus der Veräußerung der zurückbehaltenen Anteile durch den Einbringenden kein deutsches Besteuerungsrecht, ist § 22 Absatz 1 Satz 5 zweiter Halbsatz UmwStG anzuwenden. Der Antrag ist bei dem Finanzamt zu stellen, bei dem der Antrag nach § 20 Absatz 2 Satz 2 UmwStG zu stellen ist. Als Anschaffungskosten der erhaltenen Anteile (Neu- und Altanteile) gilt der Wertansatz des eingebrachten Vermögens zuzüglich des

---

1) Maßgeblicher Zeitpunkt für die Beurteilung, ob ein Wirtschaftsgut eine wesentliche Betriebsgrundlage des einzubringenden Betriebs im Rahmen des § 24 Abs. 1 UmwStG darstellt, ist in Fällen der Einbringung durch Einzelrechtsnachfolge der Zeitpunkt der Einbringung (>BFH vom 9.11.2011 – BStBl 2012 II S. 638).
2) Honorarforderungen können als unwesentliche Betriebsgrundlagen bei einer Einbringung zurückbehalten werden. Die zurückbehaltenen Forderungen verbleiben ohne ausdrückliche Entnahme im Restbetriebsvermögen des einbringenden Stpfl.. Die zur Ermittlung des Einbringungsgewinns erforderliche Übergangsgewinnermittlung erstreckt sich nur auf tatsächlich eingebrachte Wirtschaftsgüter (>BFH vom 4.12.2012 – BStBl 2014 II S. 22).

Anlage 16
Umwandlung

Buchwerts der zurückbehaltenen Anteile. § 20 Absatz 2 Satz 2 Nummer 2 UmwStG ist im Hinblick auf das eingebrachte (Rest-)Vermögen zu beachten.

Beispiel:
A ist zu 80 % an der X-GmbH (Stammkapital 25.000 €, Buchwert 50.000 €, gemeiner Wert 85.000 €) beteiligt und hält die Beteiligung im Betriebsvermögen seines Einzelunternehmens. Zum 1.1.08 bringt er das Einzelunternehmen zu Buchwerten (Buchwert 170.000 €, gemeiner Wert 345.000 €; jeweils einschließlich der Beteiligung) nach § 20 UmwStG in die X-GmbH gegen Gewährung von Anteilen (Kapitalerhöhung 20.000 €) ein. Die Beteiligung an der X-GmbH soll zurückbehalten werden, um das Entstehen eigener Anteile auf Ebene der X-GmbH zu vermeiden. Zum 1.3.10 werden sämtliche Anteile des A zum Preis von 400.000 € veräußert.

Lösung:
Stellt die Beteiligung eine funktional wesentliche Betriebsgrundlage des Einzelunternehmens dar, würde der Zurückbehalt der Beteiligung grundsätzlich die Anwendung von § 20 UmwStG ausschließen. Andernfalls kann sie zwar zurückbehalten werden, aber die Beteiligung würde als entnommen gelten. Auf unwiderruflichen Antrag des Einbringenden können diese Anteile zurückbehalten werden und stehen damit einer Einbringung zum Buchwert nicht entgegen, mit der Folge, dass diese als Anteile i. S. d. § 22 Absatz 1 UmwStG zu behandeln sind. Die Veräußerung der Anteile im Jahr 10 löst die rückwirkende Besteuerung des Einbringungsgewinns I zum 1.1.08 aus:

gemeiner Wert des eingebrachten Betriebsvermögens (ohne Beteiligung)	260.000 €
./. Buchwert des eingebrachten Betriebsvermögens (ohne Beteiligung)	120.000 €
stille Reserven im Einbringungszeitpunkt	140.000 €
./. $^2/_7$ Abschmelzungsbetrag	40.000 €
zu versteuernder Einbringungsgewinn I	100.000 €

Darüber hinaus erzielt A zum 1.3.10 einen Veräußerungsgewinn nach § 17 EStG:

Veräußerungspreis der Anteile	400.000 €
./. Anschaffungskosten der Anteile (Buchwert eingebrachtes Betriebsvermögen zzgl. Buchwert der zurückbehaltenen Anteile)	170.000 €
./. Einbringungsgewinn I	100.000 €
Veräußerungsgewinn nach § 17 EStG	130.000 €

Alternative:
Wäre der Einbringende A in Frankreich ansässig und damit beschränkt steuerpflichtig, ist der Einbringungsgewinn I unter Anwendung von § 22 Absatz 1 Satz 5 zweiter Halbsatz UmwStG wie folgt zu berechnen:

gemeiner Wert des eingebrachten BV (mit Beteiligung)	345.000 €
./. Buchwert des eingebrachten BV (mit Beteiligung)	170.000 €
stille Reserven im Einbringungszeitpunkt gesamt	175.000 €
./. $^2/_7$ Abschmelzungsbetrag	50.000 €
zu versteuernder Einbringungsgewinn I	125.000 €

Anlage 16

Umwandlung

Ein Veräußerungsgewinn nach § 17 EStG kann nach dem DBA mit Frankreich nicht besteuert werden, da Deutschland insoweit kein Besteuerungsrecht hat. Soweit der Einbringungsgewinn I auf die Beteiligung entfällt (35.000 € ./. $^{2}/_{7}$ Abschmelzungsbetrag = 25.000 €), findet § 3 Nummer 40 EStG Anwendung (vgl. Randnr. 22.11).

b) Mitunternehmeranteil

20.10 Die Grundsätze der vorstehenden Randnr. 20.05 – 20.09 gelten sinngemäß auch für die Einbringung von Mitunternehmeranteilen.

20.11 Die Einbringung eines Mitunternehmeranteils i. S. v. § 20 Absatz 1 UmwStG ist auch dann anzunehmen, wenn ein Mitunternehmer einer Personengesellschaft nicht seinen gesamten Mitunternehmeranteil an der Personengesellschaft, sondern nur einen Teil dieses Anteils überträgt.

20.12 § 20 UmwStG gilt auch für die Einbringung von Mitunternehmeranteilen, die zum Betriebsvermögen eines Betriebs gehören. Werden mehrere zu einem Betriebsvermögen gehörende Mitunternehmeranteile eingebracht, liegt hinsichtlich eines jeden Mitunternehmeranteils ein gesonderter Einbringungsvorgang vor. Wird auch der Betrieb eingebracht, zu dessen Betriebsvermögen der oder die Mitunternehmeranteile gehören, sind die Einbringung des Betriebs und die Einbringung des bzw. der Mitunternehmeranteile jeweils als gesonderte Einbringungsvorgänge zu behandeln; Entsprechendes gilt bei Einbringung eines Teilbetriebs. Wird dagegen ein Anteil an einer Mitunternehmerschaft eingebracht, zu deren Betriebsvermögen die Beteiligung an einer anderen Mitunternehmerschaft gehört (mehrstöckige Personengesellschaft), liegt ein einheitlich zu beurteilender Einbringungsvorgang vor. Die nur mittelbare Übertragung des Anteils an der Untergesellschaft stellt in diesem Fall keinen gesonderten Einbringungsvorgang i. S. d. § 20 UmwStG dar.

3. Zeitpunkt der Einbringung (§ 20 Absatz 5, 6 UmwStG)

20.13 Die Einbringung i. S. v. § 20 UmwStG erfolgt steuerlich grundsätzlich zu dem Zeitpunkt, zu dem das wirtschaftliche Eigentum an dem eingebrachten Vermögen auf die übernehmende Gesellschaft übergeht (steuerlicher Übertragungsstichtag bzw. Einbringungszeitpunkt). Die Übertragung des wirtschaftlichen Eigentums erfolgt in den Fällen der Einzelrechtsnachfolge regelmäßig zu dem im Einbringungsvertrag vorgesehenen Zeitpunkt des Übergangs von Nutzen und Lasten. In Fällen der Gesamtrechtsnachfolge geht das wirtschaftliche Eigentum spätestens im Zeitpunkt der Eintragung in das Register über.

20.14 Abweichend von den vorstehenden Grundsätzen darf der steuerliche Übertragungsstichtag gem. § 20 Absatz 5 und 6 UmwStG auf Antrag der übernehmenden Gesellschaft um bis zu acht Monate zurückbezogen werden. Der Zeitpunkt des Übergangs des eingebrachten Betriebsvermögens i. S. v. § 20 Absatz 6 Satz 3 UmwStG ist der Zeitpunkt, zu dem das wirtschaftliche Eigentum übergeht (vgl. Randnr. 20.13). Aus der Bilanz oder der Steuererklärung muss sich eindeutig ergeben, welchen Einbringungszeitpunkt die übernehmende Gesellschaft wählt.

Die Betriebs- oder Teilbetriebsvoraussetzungen müssen bereits am steuerlichen Übertragungsstichtag vorgelegen haben; Randnr. 15.03 gilt entsprechend. Ein Mitunternehmeranteil muss ebenfalls bereits zum steuerlichen Übertragungsstichtag vorgelegen haben; Randnr. 15.04 gilt entsprechend. Die Rückbeziehung nach § 20 Absatz 5 und 6 UmwStG hat zur Folge, dass auch die als Gegenleistung für das eingebrachte Vermögen gewährten Anteile mit Ablauf des steuerlichen Übertragungsstichtags dem Einbringenden zuzurechnen sind.

Zum steuerlichen Übertragungsstichtag geht die Besteuerung des eingebrachten Betriebs usw. von dem Einbringenden auf die übernehmende Gesellschaft über. Randnr. 02.11 gilt entsprechend.

20.15

Die Rückbeziehung hat nicht zur Folge, dass auch Verträge, die z. B. die übernehmende Gesellschaft mit einem Gesellschafter abschließt, insbesondere Dienst-, Miet-, Pacht- und Darlehensverträge, als bereits im Zeitpunkt der Einbringung abgeschlossen gelten. Ab wann derartige Verträge der Besteuerung zugrunde gelegt werden können, ist nach den allgemeinen Grundsätzen zu entscheiden. Werden die Anteile an einer Personengesellschaft eingebracht und sind Vergütungen der Gesellschaft an einen Mitunternehmer bislang gem. § 15 Absatz 1 Satz 1 Nummer 2 EStG dem Gewinnanteil des Gesellschafters hinzugerechnet worden, führt die steuerliche Rückbeziehung der Einbringung dazu, dass § 15 Absatz 1 Satz 1 Nummer 2 EStG bereits im Rückwirkungszeitraum auf die Vergütungen der Gesellschaft nicht mehr anwendbar ist. Die Vergütungen sind Betriebsausgaben der übernehmenden Gesellschaft, soweit sie als angemessenes Entgelt für die Leistungen des Gesellschafters anzusehen sind; Leistungen der Gesellschaft, die über ein angemessenes Entgelt hinausgehen, sind Entnahmen, für die § 20 Absatz 5 Satz 3 UmwStG gilt.

20.16

Die steuerliche Rückwirkungsfiktion gilt nicht für einen Mitunternehmer, der im Rückwirkungszeitraum aus einer Personengesellschaft ausscheidet, da ihm keine Gegenleistung in Form von Anteilen an der übernehmenden Gesellschaft aufgrund der Einbringung zusteht und er somit nicht als Einbringender i. S. d. § 20 UmwStG anzusehen ist (vgl. Randnr. 20.03).

II. Bewertung durch die übernehmende Gesellschaft (§ 20 Absatz 2 UmwStG)
1. Inhalt und Einschränkungen des Bewertungswahlrechts

Gem. § 20 Absatz 2 Satz 1 UmwStG hat die übernehmende Gesellschaft das eingebrachte Betriebsvermögen mit dem gemeinen Wert anzusetzen. Für die Bewertung von Pensionsrückstellungen gilt § 6a EStG. Randnr. 03.07 – 03.09 gelten entsprechend.

20.17

Auf Antrag kann die übernehmende Gesellschaft das eingebrachte Vermögen einheitlich mit dem Buchwert (vgl. Randnr. 01.57) ansetzen. Randnr. 03.12 – 03.13 gelten entsprechend. Zum Buchwertansatz bei Einbringung eines Mitunternehmeranteils gilt Randnr. 03.10 entsprechend. Auf Antrag kann die übernehmende Gesellschaft das eingebrachte Vermögen auch einheitlich mit einem Zwischenwert ansetzen; Randnr. 03.25 f. gelten entsprechend. Der Ansatz der Pensionsrückstellungen ist auf den Wert nach § 6a EStG begrenzt.

20.18

Der Buch- oder Zwischenwertansatz setzt voraus, dass bei der übernehmenden Gesellschaft das Recht der Bundesrepublik Deutschland hinsichtlich der Besteuerung des Gewinns aus der Veräußerung des eingebrachten Betriebsvermögens weder ausgeschlossen noch eingeschränkt wird (§ 20 Absatz 2 Satz 2 Nummer 3 UmwStG) und sichergestellt ist, dass es später bei der übernehmenden Körperschaft der Besteuerung mit Körperschaftsteuer unterliegt (§ 20 Absatz 2 Satz 2 Nummer 1 UmwStG). Randnr. 03.18 – 03.20 gelten entsprechend.

20.19

Hinsichtlich der Sicherstellung der Besteuerung mit Körperschaftsteuer bei der übernehmenden Gesellschaft gilt Randnr. 03.17 entsprechend. Handelt es sich bei der übernehmenden Gesellschaft um eine Organgesellschaft i. S. d. §§ 14, 17 KStG, ist eine Besteuerung mit Körperschaftsteuer nicht sichergestellt, soweit das dem Organträger zugerechnete Einkommen der Besteuerung mit Körperschaftsteuer unterliegt. Entsprechendes gilt, wenn der Organträger selbst wiederum Organgesellschaft ist. Soweit das so zugerechnete Einkommen der Besteuerung mit Einkommensteuer unterliegt, können aus Billigkeitsgründen die übergehenden Wirtschaftsgüter dennoch einheitlich mit dem Buch- oder Zwischenwert angesetzt werden, wenn sich alle an der Einbringung Beteiligten übereinstimmend schriftlich damit einverstanden erklären, dass auf die aus der Einbringung resultierenden Mehrabführungen § 14 Absatz 3 Satz 1 KStG anzuwenden ist; die Grundsätze der Randnr. Org.33 und Org.34 gelten entsprechend (vgl. auch Randnr. 11.08).

Ein Zwang zum Ansatz von Zwischenwerten kann sich nach § 20 Absatz 2 Satz 2 Nummer 2 oder Satz 4 UmwStG ergeben. Das eingebrachte Betriebsvermögen darf auch durch Entnahmen während des Rückbeziehungszeitraums nicht negativ werden; deshalb ist eine Wertaufstockung nach § 20 Absatz 5 i. V. m. Absatz 2 Satz 2 Nummer 2 UmwStG ggf. auch vorzunehmen, soweit das eingebrachte Betriebsvermögen ohne Aufstockung während des Rückwirkungszeitraums negativ würde.

2. Verhältnis zum Handelsrecht (§ 20 Absatz 2 UmwStG, § 5 Absatz 1 EStG)

20.20 Das steuerliche Bewertungswahlrecht des § 20 Absatz 2 Satz 2 UmwStG kann unabhängig vom Wertansatz in der Handelsbilanz ausgeübt werden. Die steuerlichen Ansatzverbote des § 5 EStG gelten nicht für die übergehenden Wirtschaftsgüter im Einbringungszeitpunkt, es sei denn, die Buchwerte werden fortgeführt; Randnr. 03.04 gilt entsprechend. Für den Ansatz dieser Wirtschaftsgüter in einer steuerlichen Schlussbilanz i. S. d. § 4 Absatz 1, § 5 Absatz 1 EStG zu den dem Einbringungszeitpunkt folgenden Bilanzstichtagen gilt Randnr. 04.16 entsprechend.

Beispiel:

A möchte sein Einzelunternehmen (Buchwert 20.000 €, gemeiner Wert 600.000 €) in der Rechtsform einer GmbH fortführen.

Lösung:

Gem. § 5 Absatz 1 GmbHG muss die GmbH bei der Gründung ein Mindeststammkapital von 25.000 € ausweisen, was dazu führt, dass handelsrechtlich mindestens 5.000 € stille Reserven der Sacheinlage aufgedeckt werden müssen. Ungeachtet des handelsrechtlichen Wertansatzes können hier gem. § 20 Absatz 2 Satz 2 UmwStG steuerlich die Buchwerte i. H. v. 20.000 € fortgeführt werden. I. H. v. 5.000 € ist in diesem Fall in der Steuerbilanz der GmbH ein Ausgleichsposten auszuweisen.

Die Aktivierung eines Ausgleichspostens ist nur dann erforderlich, wenn der Buchwert des eingebrachten Betriebs, Teilbetriebs oder Mitunternehmeranteils niedriger ist als das in der Handelsbilanz ausgewiesene gezeichnete Kapital. Der Ausgleichsposten, der in den vorgenannten Fällen auszuweisen werden muss, um den Ausgleich zu dem in der Handelsbilanz ausgewiesenen Eigenkapital herbeizuführen, ist kein Bestandteil des Betriebsvermögens i. S. v. § 4 Absatz 1 Satz 1 EStG; er nimmt am Betriebsvermögensvergleich nicht teil. Er hat infolgedessen auch auf die spätere Auflösung und Versteuerung der im eingebrachten Betriebsvermögen enthaltenen stillen Reserven keinen Einfluss und ist daher nicht aufzulösen oder abzuschreiben. Mindert sich die durch den Ausgleichsposten gedeckte Differenz zwischen der Aktiv- und der Passivseite der Bilanz, insbesondere durch Aufdeckung stiller Reserven, so fällt der Ausgleichsposten in entsprechender Höhe erfolgsneutral weg. Bei der Anwendung des § 20 Absatz 3 Satz 1 UmwStG sind Veräußerungspreis für den Einbringenden und Anschaffungskosten für die Kapitalgesellschaft der Betrag, mit dem das eingebrachte Betriebsvermögen in der Steuerbilanz angesetzt worden ist.

3. Ausübung des Wahlrechts, Bindung, Bilanzberichtigung

20.21 Der Antrag auf Buch- oder Zwischenwertansatz ist von der übernehmenden Gesellschaft spätestens bis zur erstmaligen Abgabe ihrer steuerlichen Schlussbilanz, in der das übernommene Betriebsvermögen erstmals anzusetzen ist, bei dem für sie für die Besteuerung örtlich zuständigen Finanzamt zu stellen (§ 20 Absatz 2 Satz 3 UmwStG). Das Betriebsvermögen ist bei der übernehmenden Gesellschaft erstmals zum steuerlichen Übertragungsstichtag anzusetzen. Nach diesem Zeitpunkt gestellte Anträge sind unbeachtlich. Randnr. 03.29 f. gelten entsprechend.

Auch bei der Einbringung von Mitunternehmeranteilen ist der Antrag durch die übernehmende Gesellschaft bei dem für sie zuständigen Finanzamt zu stellen. Die Mitunternehmerschaft, deren Anteile eingebracht werden, hat bei einem Wertansatz zum gemeinen Wert oder zum Zwischenwert durch die übernehmende Gesellschaft diese Werte i. R. einer entsprechenden Ergänzungsbilanz für die übernehmende Gesellschaft zu berücksichtigen. 20.22

Für die Besteuerung der übernehmenden Gesellschaft und des Einbringenden ist ausschließlich der sich aus § 20 Absatz 2 UmwStG ergebende Wertansatz bei der übernehmenden Gesellschaft maßgebend. Bereits durchgeführte Veranlagungen des Einbringenden sind ggf. gem. § 175 Absatz 1 Satz 1 Nummer 2 AO zu ändern. 20.23

Eine Änderung oder der Widerruf eines einmal gestellten Antrags ist nicht möglich (vgl. auch Randnr. 03.29 f.). 20.24

Setzt die übernehmende Gesellschaft das eingebrachte Betriebsvermögen mit dem gemeinen Wert an und ergibt sich später, z. B. aufgrund einer Betriebsprüfung, dass die gemeinen Werte der eingebrachten Wirtschaftsgüter des Betriebsvermögens höher bzw. niedriger als die von der übernehmenden Gesellschaft angesetzten Werte sind, sind die Bilanzwerte der übernehmenden Gesellschaft dementsprechend i. R. d. allgemeinen Vorschriften zu berichtigen. Der Bilanzberichtigung (§ 4 Absatz 2 Satz 1 EStG) steht das Verbot der anderweitigen Wahlrechtsausübung im Wege der Bilanzänderung nicht entgegen. Denn das Wahlrecht bezieht sich nur auf die Möglichkeit, für alle Wirtschaftsgüter entweder den gemeinen Wert, den Buch- oder einen Zwischenwert anzusetzen. Hat die übernehmende Gesellschaft sich für den Ansatz der gemeinen Werte entschieden, diese jedoch nicht richtig ermittelt, sind die gemeinen Werte i. R. d. allgemeinen Vorschriften zu berichtigen. Veranlagungen des Einbringenden sind ggf. gem. § 175 Absatz 1 Satz 1 Nummer 2 AO zu korrigieren.

Setzt die übernehmende Gesellschaft auf wirksamen Antrag die übergehenden Wirtschaftsgüter in der steuerlichen Schlussbilanz einheitlich zum Zwischenwert an, bleiben vorrangig die Wertansätze maßgebend, sofern diese oberhalb des Buchwerts und unterhalb des gemeinen Werts liegen.

III. Besteuerung des Einbringungsgewinns (§ 20 Absatz 3 bis 5 UmwStG)

Setzt die übernehmende Gesellschaft die gemeinen Werte oder Zwischenwerte an, ist der beim Einbringenden entstehende Gewinn nach § 20 Absatz 3 bis 5 UmwStG i. V. m. den für die Veräußerung des Einbringungsgegenstandes geltenden allgemeinen Vorschriften (insbesondere §§ 15, 16 Absatz 1 EStG) zu versteuern. Werden i. R. einer Sacheinlage auch Beteiligungen an Kapitalgesellschaften und Genossenschaften miteingebracht, kommt insoweit § 8b KStG oder § 3 Nummer 40 EStG zur Anwendung. 20.25

Auf einen sich hieraus ergebenden Einbringungsgewinn ist auch die Vorschrift des § 6b EStG anzuwenden, soweit der Gewinn auf begünstigte Wirtschaftsgüter i. S. dieser Vorschrift entfällt. Auf § 34 Absatz 1 Satz 4 EStG wird hingewiesen. 20.26

§ 34 EStG ist nur in den Fällen des § 20 Absatz 4 Satz 1 UmwStG anzuwenden. Auf einen Einbringungsgewinn sowie ggf. einen Gewinn aus der Entnahme z. B. funktional unwesentlicher Wirtschaftsgüter ist § 34 EStG somit grundsätzlich nicht anwendbar, wenn die Einbringung nicht einheitlich zum gemeinen Wert durch eine natürliche Person erfolgt. Zum nach § 34 EStG begünstigten Veräußerungsgewinn können auch Gewinne gehören, die sich bei der Veräußerung eines Betriebs aus der Auflösung von steuerfreien Rücklagen ergeben (BFH vom 17.10.1991, IV R 97/89, BStBl 1992 II S. 392). 20.27

Anlage 16

Umwandlung

IV. Besonderheiten bei Pensionszusagen zugunsten von einbringenden Mitunternehmern

1. Behandlung bei der übertragenden Personengesellschaft

20.28 Die Behandlung der Pensionszusage an den Mitunternehmer der übertragenden Mitunternehmerschaft richtet sich nach den Grundsätzen des BMF-Schreibens vom 29.1.2008, BStBl I S. 317. Wird von der Übergangsregelung i. S. d. Randnr. 20 des BMF-Schreibens vom 29.1.2008, BStBl I S. 317, kein Gebrauch gemacht oder wird die Übergangsregelung angewendet und eine Aktivierung der Ansprüche in den Sonderbilanzen aller Gesellschafter vorgenommen, steht der in der steuerlichen Schlussbilanz der übertragenden Mitunternehmerschaft nach § 6a EStG gebildeten Pensionsrückstellung eine Forderung in der Sonderbilanz des übertragenden Mitunternehmers bzw. der übertragenden Mitunternehmer gegenüber. Im Zuge der Umwandlung der Personengesellschaft auf eine Kapitalgesellschaft gilt diese Forderung auf Antrag als nicht entnommen, sondern bleibt Restbetriebsvermögen des ehemaligen Mitunternehmers bzw. der ehemaligen Mitunternehmer i. S. v. § 15 EStG (BFH vom 10.2.1994, IV R 37/92, BStBl II S. 564).

2. Behandlung bei der übernehmenden Kapitalgesellschaft

20.29 Die Übernahme der in der Gesamthandsbilanz der Mitunternehmerschaft ausgewiesenen Pensionsverpflichtung durch die übernehmende Kapitalgesellschaft stellt keine zusätzliche Gegenleistung i. S. d. § 20 Absatz 2 Satz 4 UmwStG dar.

Nach dem BMF-Schreiben vom 29.1.2008, BStBl I S. 317, ist die Pensionszusage der Personengesellschaft zugunsten des Mitunternehmers nicht als Gewinnverteilungsabrede anzusehen.

Die Pensionsverpflichtung geht als unselbständige Bilanzposition des eingebrachten Betriebs auf die übernehmende Kapitalgesellschaft über. Die übernehmende Körperschaft vollzieht mit der Übernahme der Verpflichtung keine Gewinnverteilungsentscheidung, sondern übernimmt im Zuge der Einbringung eine dem Betrieb der übertragenden Personengesellschaft zuzurechnende betriebliche Verbindlichkeit (sog. Einheitstheorie).

Wenn die übertragende Personengesellschaft unter Berufung auf die Randnr. 20 des BMF-Schreibens vom 29.1.2008, BStBl I S. 317, die Weiteranwendung der alten Rechtsgrundsätze (Übergangsregelung) beantragt und die Pensionszusage als steuerlich unbeachtliche Gewinnverteilungsabrede behandelt hat, gelten die Randnr. 20.41 – 20.47 des BMF-Schreibens vom 25.3.1998, BStBl I S. 268, weiter fort (Annahme einer sonstigen Gegenleistung).

20.30 Die übernommene Pensionsverpflichtung ist in den Fällen des Formwechsels oder der Verschmelzung bei der Übernehmerin gem. § 6a Absatz 3 Satz 1 Nummer 1 EStG so zu bewerten, als wenn das Dienstverhältnis unverändert fortgeführt worden wäre (§ 20 Absatz 2 Satz 1 zweiter Halbsatz UmwStG). Dies gilt auch für die der Umwandlung nachfolgenden Bilanzstichtage.

20.31 Wird von der Übergangsregelung i. S. d. Randnr. 20 des BMF-Schreibens vom 29.1.2008, BStBl I S. 317, kein Gebrauch gemacht oder wird die Übergangsregelung angewendet und eine Aktivierung der Ansprüche in den Sonderbilanzen aller Gesellschafter vorgenommen, ist bei der übernehmenden Kapitalgesellschaft nicht von einer Neuzusage im Zeitpunkt der Einbringung auszugehen. Für Zwecke der Erdienensdauer können in diesem Fall die Dienstzeiten in der Mitunternehmerschaft mit berücksichtigt werden. Wird die Übergangsregelung beantragt und die Pensionszusage als steuerlich unbeachtliche Gewinnverteilungsabrede behandelt, gelten die Randnr. 20.41 – 20.47 des BMF-Schreibens vom 25.3.1998, BStBl I S. 268, weiter fort. In diesem Fall beginnt der Erdienenszeitraum am steuerlichen Übertragungsstichtag neu zu laufen.

Anlage 16
Umwandlung

3. Behandlung beim begünstigten Gesellschafter bzw. den ehemaligen Mitunternehmern

Unter der Voraussetzung, dass bei der übertragenden Mitunternehmerschaft die Anwendung der Übergangsregelung gem. Randnr. 20 des BMF-Schreibens vom 29.1.2008, BStBl I S. 317, nicht beantragt wird oder die Übergangsregelung angewendet wird und eine Aktivierung der Ansprüche in den Sonderbilanzen aller Gesellschafter erfolgt und ein Antrag i. S. d. Randnr. 20.28 gestellt wird, gilt Folgendes:

20.32

Wenn der frühere Mitunternehmer Arbeitnehmer der Kapitalgesellschaft wird und er die Pensionsanwartschaft nach der Umwandlung in die Kapitalgesellschaft weiter erdient, muss jede nach Eintritt des Versorgungsfalls an den Gesellschafter-Geschäftsführer geleistete laufende Ruhegehaltzahlung für steuerliche Zwecke aufgeteilt werden.

Soweit die spätere Pensionsleistung rechnerisch auf in der Zeit nach der Umwandlung (Kapitalgesellschaft) erdiente Anwartschaftsteile entfällt, erzielt der pensionierte Gesellschafter-Geschäftsführer steuerpflichtige Versorgungsleistungen i. S. d. §§ 19, 24 Nummer 2 EStG.

Soweit die Pensionsleistung rechnerisch auf in der Zeit vor der Umwandlung (Mitunternehmerschaft) erdiente Anwartschaftsteile entfällt, erzielt der pensionierte Gesellschafter-Geschäftsführer Einkünfte i. S. d. § 15 Absatz 1 Satz 2 i. V. m. Satz 1 Nummer 2 i. V. m. § 24 Nummer 2 EStG. Diese steuerlichen Auswirkungen treten allerdings erst ein, sobald die auf die Zeit vor der Umwandlung entfallenden Pensionszahlungen die als Restbetriebsvermögen zurückbehaltene Pensionsforderung (vgl. Randnr. 20.28) des Gesellschafters übersteigen.

Die Aufteilung der laufenden Pensionszahlungen in nachträgliche Einnahmen aus der ehemaligen Mitunternehmerstellung einerseits und Einnahmen i. S. d. §§ 19, 24 EStG andererseits hat grundsätzlich nach versicherungsmathematischen Grundsätzen zu erfolgen. Soweit die Pensionsanwartschaft nach der Umwandlung unverändert bleibt, ist es nicht zu beanstanden, wenn die Pensionsleistung nach dem Verhältnis der Erdienenszeiträume vor und nach der Umwandlung („pro-rata-temporis") aufgeteilt wird.

Beispiel:

Die Personengesellschaft erteilt einem Mitunternehmer im Jahr 03 im Alter von 35 Jahren eine Pensionszusage (Diensteintritt im Alter von 30 Jahren), wonach ein Altersruhegeld von monatlich 10.000 € ab Vollendung des 65. Lebensjahres zu zahlen ist (Gesamtdienstzeit 35 Jahre). Die Personengesellschaft wird zum 31.12.08 in eine GmbH formwechselnd umgewandelt. Der Mitunternehmer ist zu diesem Zeitpunkt 40 Jahre alt (Restdienstzeit 25 Jahre). Die Personengesellschaft passiviert die Pensionsrückstellung in ihrer Steuerbilanz zum 31.12.08 mit 150.000 €. Der Mitunternehmer aktiviert einen entsprechenden Anspruch in seiner Sonderbilanz.

Lösung:

Die übernehmende GmbH passiviert die Pensionsrückstellung mit dem bei der Personengesellschaft zuletzt passivierten Betrag. Der Aktivposten in der Sonderbilanz wird entsprechend dem Antrag nicht entnommen, sondern mit dem Wert von 150.000 € „eingefroren" und als Restbetriebsvermögen des ehemaligen Mitunternehmers behandelt. Die späteren Pensionszahlungen an den Gesellschafter-Geschäftsführer sind aufzuteilen. Aus Vereinfachungsgründen ist davon auszugehen, dass von der jeweiligen Jahrespensionsleistung i. H. v. 120.000 € $^{10}/_{35}$ (also 34.285 € p. a.) auf die Zeit der Mitunternehmerschaft und $^{25}/_{35}$ (also 85.715 € p. a.) auf die Zeit der GmbH entfallen.

Da die als Restbetriebsvermögen zurückbehaltene Forderung des ehemaligen Mitunternehmers von 150.000 € nur den in der Personengesellschaft erdienten Anwartschaftsteil betrifft, muss sie mit den jährlich darauf entfallenden Leistungen i. H. v. 34.285 € verrechnet werden und ist damit erst im fünften Jahr „verbraucht". Im ersten bis vierten Jahr

523

Anlage 16
Umwandlung

nach der Pensionierung versteuert der ehemalige Mitunternehmer/Gesellschafter-Geschäftsführer also ausschließlich je 85.715 € nach §§ 19, 24 Nummer 4 EStG. Im fünften Pensionsjahr (nach Verbrauch der Forderung) erzielt er neben den Einkünften i. S. d. §§ 19, 24 EStG noch nachträgliche Einkünfte i. S. d. § 15 Absatz 1 Satz 2 i. V. m. Satz 1 Nummer 2 i. V. m. § 24 Nummer 2 EStG i. H. v. 34.285 € x 5 ./. 150.000 € = 21.425 €. Hierbei handelt es sich um den die nunmehr verbrauchte Forderung übersteigenden Betrag. Ab dem sechsten Jahr entstehen folglich nachträgliche Einkünfte i. S. d. § 15 EStG i. H. v. je 34.285 €.

Falls bei der übertragenden Mitunternehmerschaft die Anwendung der Übergangsregelung gem. Randnr. 20 des BMF-Schreibens vom 29.1.2008, BStBl I S. 317, beantragt und die Pensionszusage als steuerlich unbeachtliche Gewinnverteilungsabrede behandelt wird, gelten dagegen die Randnr. 20.46 – 20.47 des BMF-Schreibens vom 25.3.1998, BStBl I S. 268, weiter fort.

Falls bei der übertragenden Mitunternehmerschaft die Anwendung der Übergangsregelung gem. Randnr. 20 des BMF-Schreibens vom 29.1.2008, BStBl I S. 317, beantragt und eine Aktivierung der Ansprüche in den Sonderbilanzen aller Gesellschafter vorgenommen wird, gilt die obige Lösung mit der Maßgabe, dass eine anteilige Verrechnung mit den als Restbetriebsvermögen zurückbehaltenen Forderungen der ehemaligen Mitunternehmer vorzunehmen ist. Der begünstigte Gesellschafter erzielt dabei nachträgliche Einkünfte i. S. d. § 15 Absatz 1 Satz 2 i. V. m. Satz 1 Nummer 2 i. V. m. § 24 Nummer 2 EStG, soweit der auf die Zeit der Mitunternehmerschaft entfallende Teil der jährlichen Pensionszahlung die anteilige Auflösung seiner Restforderung übersteigt. Die übrigen ehemaligen Mitunternehmer erzielen i. H. des jeweiligen anteiligen Auflösungsbetrages ihrer Restforderung bis zu deren vollständigen Auflösung nachträgliche Betriebsausgaben.

20.33 Wird kein Antrag i. S. d. Randnr. 20.28 gestellt, ist die Pensionszahlung entsprechend Randnr. 20.32 aufzuteilen und, soweit sie auf die Zeit der Mitunternehmerschaft entfällt, den Einkünften i. S. v. § 22 Satz 1 Nummer 1 EStG des begünstigten Gesellschafters zuzurechnen.

Wird die Übergangsregelung i. S. d. Randnr. 20 des BMF-Schreibens vom 29.1.2008 , BStBl I S. 317, angewendet und eine Aktivierung der Ansprüche in den Sonderbilanzen aller Gesellschafter vorgenommen, entsteht im Umwandlungszeitpunkt beim begünstigten Gesellschafter durch die Entnahme seines anteilig aktivierten Anspruchs ein Gewinn i. H. der Summe des bei den übrigen Gesellschaftern aktivierten Anspruchs, da nur ihm die Pensionsleistung im Versorgungsfall zufließt und somit zuzurechnen ist. Entsprechend entsteht bei den übrigen Gesellschaftern ein Verlust, da ihnen die Pensionsleistung nicht zuzurechnen ist. Aus Billigkeitsgründen wird es nicht beanstandet, wenn der begünstigte Gesellschafter entsprechend Randnr. 5 des BMF-Schreibens vom 29.1.2008, BStBl I S. 317, seinen Entnahmegewinn auf 15 Wirtschaftsjahre verteilt.

V. Besonderheiten bei grenzüberschreitenden Einbringungen
1. Anschaffungskosten der erhaltenen Anteile

20.34 Ist das Besteuerungsrecht der Bundesrepublik Deutschland hinsichtlich des Gewinns aus der Veräußerung des eingebrachten Betriebsvermögens sowohl vor als auch nach der Einbringung ausgeschlossen, gelten gem. § 20 Absatz 3 Satz 2 UmwStG die erhaltenen Anteile insoweit als mit dem gemeinen Wert des Betriebsvermögens im Einbringungszeitpunkt angeschafft (Verstrickung mit dem gemeinen Wert). Die Regelung hat nur in den Fällen Bedeutung, in denen die aufnehmende Gesellschaft auf Antrag Buch- oder Zwischenwerte angesetzt hat.

Anlage 16
Umwandlung

2. Anrechnung ausländischer Steuern

Der Begriff der Betriebsstätte ist im abkommensrechtlichen Sinne zu verstehen. Auf die Mitteilungspflichten des Steuerpflichtigen nach § 138 Absatz 2 AO wird hingewiesen. 20.35

a) Sonderfall der Einbringung einer Betriebsstätte (§ 20 Absatz 7, § 3 Absatz 3 UmwStG)

Wird i. R. einer grenzüberschreitenden Einbringung eine in einem anderen EU-Mitgliedstaat liegende Betriebsstätte eingebracht, verzichtet der Mitgliedstaat der einbringenden Gesellschaft endgültig auf seine Besteuerungsrechte aus dieser Betriebsstätte (Artikel 10 Absatz 1 Satz 1 Richtlinie 2009/133/EG). Wendet er ein System der Welteinkommensbesteuerung an, darf er den auf die Betriebsstätte entfallenden Veräußerungsgewinn besteuern, wenn er die fiktiv im Betriebsstättenstaat auf den Einbringungsgewinn entfallende Steuer anrechnet (Artikel 10 Absatz 2 Richtlinie 2009/133/EG). Wird einer Betriebsstätte in einem anderen EU-Mitgliedstaat zuzurechnendes Betriebsvermögen, für die die Bundesrepublik Deutschland die Doppelbesteuerung beim Einbringenden durch Anwendung der Anrechnungsmethode vermeidet, in eine in einem anderen EU-Mitgliedstaat ansässige Gesellschaft eingebracht, wird das Besteuerungsrecht der Bundesrepublik Deutschland im Hinblick auf diese Betriebsstätte ausgeschlossen. Das der ausländischen Betriebsstätte zuzurechnende Betriebsvermögen ist deshalb zwingend mit dem gemeinen Wert anzusetzen (§ 20 Absatz 2 Satz 2 Nummer 3 UmwStG). Es kommt folglich insoweit zu einer Besteuerung des Einbringungsgewinns. Darüber hinaus ist die Steuer, die im Betriebsstättenstaat im Veräußerungsfall anfallen würde, fiktiv auf die auf den Einbringungsgewinn entfallende Steuer anzurechnen (§ 20 Absatz 7, § 3 Absatz 3 UmwStG). 20.36

Beispiel:

Eine in Deutschland ansässige GmbH mit portugiesischer Betriebsstätte (keine aktiven Einkünfte) bringt diese in eine spanische SA gegen Gewährung von Anteilen ein.

Lösung:

Im Hinblick auf die portugiesische Betriebsstätte steht Deutschland nach dem DBA Portugal ein Besteuerungsrecht mit Anrechnungsverpflichtung (Aktivitätsklausel) zu. Durch die Einbringung der Betriebsstätte in die spanische SA wird das deutsche Besteuerungsrecht an der Betriebsstätte in Portugal ausgeschlossen. Der deutschen GmbH sind nunmehr stattdessen anteilig die i. R. d. Einbringung gewährten Anteile an der spanischen SA zuzurechnen. Da das deutsche Besteuerungsrecht an der Betriebsstätte durch die Einbringung ausgeschlossen wird, kommt es insoweit zu einer Besteuerung des Einbringungsgewinns (§ 20 Absatz 2 Satz 2 Nummer 3 UmwStG). Dies ist nach Artikel 10 Absatz 2 Richtlinie 2009/133/EG auch zulässig, da Deutschland ein System der Welteinkommensbesteuerung hat. Allerdings ist die fiktive Steuer, die im Fall der Veräußerung der Wirtschaftsgüter der Betriebsstätte in Portugal anfallen würde, auf die deutsche Steuer anzurechnen (§ 20 Absatz 7, § 3 Absatz 3 UmwStG).

b) Sonderfall steuerlich transparenter Gesellschaften (§ 20 Absatz 8 UmwStG)

Wird in den Fällen einer grenzüberschreitenden Einbringung eine gebietsfremde einbringende Gesellschaft im Inland als steuerlich transparent angesehen, muss die FusionsRL auf die Veräußerungsgewinne der Gesellschafter dieser Gesellschaft nicht angewendet werden (Artikel 11 Absatz 1 Richtlinie 2009/133/EG, zuvor Artikel 10a Absatz 1 Richtlinie 90/434/EWG). Allerdings ist die Steuer, die auf die Veräußerungsgewinne der steuerlich transparenten Gesellschaft ohne Anwendung der FusionsRL erhoben worden wäre, fiktiv auf die auf den Einbringungsgewinn der Gesellschafter entfallende Steuer anzurechnen (Artikel 11 Absatz 2 Richtlinie 2009/133/EG, zuvor Artikel 10a Absatz 2 Richtlinie 90/434/EWG). Der Vorgang ist nach deutschem Recht als Sacheinlage i. S. v. § 20 Ab- 20.37

Anlage 16
Umwandlung

satz 1 UmwStG zu behandeln. Wird einer Betriebsstätte in einem anderen EU-Mitgliedstaat zuzurechnendes Betriebsvermögen, für die die Bundesrepublik Deutschland die Doppelbesteuerung beim Einbringenden durch Anwendung der Anrechnungsmethode vermeidet, in eine in einem anderen EU-Mitgliedstaat ansässige Gesellschaft eingebracht, wird das Besteuerungsrecht der Bundesrepublik Deutschland für im Inland ansässige Gesellschafter der transparenten Gesellschaft im Hinblick auf diese Betriebsstätte ausgeschlossen. Das der ausländischen Betriebsstätte zuzurechnende Betriebsvermögen ist deshalb zwingend mit dem gemeinen Wert anzusetzen (§ 20 Absatz 2 Satz 2 Nummer 3 UmwStG). Es kommt folglich insoweit zu einer Besteuerung des Einbringungsgewinns. Darüber hinaus ist die Steuer, die im Betriebsstättenstaat im Veräußerungsfall anfallen würde, beim Einbringenden fiktiv auf die auf den Einbringungsgewinn entfallende Steuer anzurechnen (§ 20 Absatz 8 UmwStG). Bei der anzurechnenden Steuer kann es sich sowohl um Einkommensteuer als auch um Körperschaftsteuer handeln.

Beispiel:

Eine in Deutschland ansässige natürliche Person X ist an einer in Frankreich ansässigen SC mit portugiesischer Betriebsstätte (keine aktiven Einkünfte) beteiligt. Die französische SC wird auf eine spanische SA verschmolzen.

Lösung:

Die französische SC ist eine von der FusionsRL geschützte Gesellschaft (vgl. Anlage zur FusionsRL), die in Frankreich als Kapitalgesellschaft behandelt wird. Nach deutschem Recht ist sie jedoch als transparent anzusehen. X gilt deshalb für deutsche Besteuerungszwecke als Mitunternehmer der französischen SC und damit auch der portugiesischen Betriebsstätte. Im Hinblick auf die Betriebsstätte kommt deshalb das DBA Portugal zur Anwendung, wonach Deutschland ein Besteuerungsrecht mit Anrechnungsverpflichtung (Aktivitätsklausel) zusteht.

Durch die Verschmelzung der SC auf die spanische SA endet die Mitunternehmerstellung des X im Hinblick auf die Betriebsstätte in Portugal. Ihm sind nunmehr stattdessen anteilig die i. R. d. Einbringung gewährten Anteile an der spanischen SA zuzurechnen. Da das deutsche Besteuerungsrecht an der Betriebsstätte in Portugal durch die Einbringung ausgeschlossen wird, kommt es insoweit zu einer Besteuerung des Einbringungsgewinns (§ 20 Absatz 2 Satz 2 Nummer 3 UmwStG). Dies ist nach Artikel 11a Absatz 1 Richtlinie 2009/133/EG (zuvor Artikel 10a Absatz 1 Richtlinie 90/434/EWG) auch zulässig. Allerdings ist die fiktive Steuer, die im Fall der Veräußerung der Wirtschaftsgüter der portugiesischen Betriebsstätte anfallen würde, auf die deutsche Steuer anzurechnen (§ 20 Absatz 8 UmwStG).

VI. Besonderheiten bei der Einbringung einbringungsgeborener Anteile i. S. v. § 21 Absatz 1 UmwStG 1995

20.38　Nach § 27 Absatz 3 Nummer 3 UmwStG ist § 21 UmwStG 1995 auf einbringungsgeborene Anteile alten Rechts weiterhin anzuwenden. Werden i. R. einer Sacheinlage zum gemeinen Wert oder Zwischenwert einbringungsgeborene Anteile alten Rechts miteingebracht, sind bei der Ermittlung des Einbringungsgewinns § 8b Absatz 4 KStG a. F. oder § 3 Nummer 40 Satz 3 und 4 EStG a. F. anzuwenden. Darüber hinaus sind auch nach Ablauf der Siebenjahresfrist (zeitlich unbegrenzt) die Regelungen des § 21 UmwStG 1995 weiter anzuwenden; vgl. Randnr. 27.01 ff.

20.39　Werden einbringungsgeborene Anteile i. S. d. § 21 UmwStG 1995 i. R. einer Sacheinlage miteingebracht, gelten die erhaltenen Anteile insoweit ebenfalls als einbringungsgeborene Anteile i. S. d. § 21 UmwStG 1995 (§ 20 Absatz 3 Satz 4 UmwStG). Dies bedeutet, dass bei einer Veräußerung der (infizierten) Anteile innerhalb der Siebenjahresfrist die Steuerfreistellung nach § 8b Absatz 4 KStG a. F. oder § 3 Nummer 40 Satz 3 und 4 EStG a. F.

Anlage 16
Umwandlung

insoweit ausgeschlossen ist. Die Weitereinbringung der einbringungsgeborenen Anteile i. S. d. § 21 UmwStG 1995 im zeitlichen Anwendungsbereich des UmwStG 2006 löst allerdings keine neue Siebenjahresfrist i. S. v. § 8b Absatz 4 KStG a. F. oder § 3 Nummer 40 Satz 3 und 4 EStG a. F. aus.

Im Fall der Veräußerung der mit der Einbringungsgeborenheit infizierten erhaltenen Anteile kommt das neue Recht (rückwirkende Einbringungsgewinnbesteuerung) nicht zur Anwendung, soweit die Steuerfreistellung nach § 8b Absatz 4 KStG a. F. oder § 3 Nummer 40 Satz 3 und 4 EStG a. F. ausgeschlossen ist (§ 27 Absatz 4 UmwStG). Die Anwendung alten Rechts geht somit innerhalb des für den ursprünglichen Einbringungsvorgang (nach altem Recht) geltenden Siebenjahreszeitraums vor. Erfolgt die Veräußerung der Anteile hingegen nach Ablauf der Sperrfrist für die einbringungsgeborenen Anteile i. S. d. § 21 UmwStG 1995, aber noch innerhalb des für die erhaltenen Anteile geltenden Siebenjahreszeitraums, kommt es in vollem Umfang zur rückwirkenden Einbringungsgewinnbesteuerung. Für die Ermittlung des Veräußerungsgewinns aus den erhaltenen Anteilen ist aber insoweit weiterhin § 21 UmwStG 1995 anzuwenden mit der Folge, dass der Veräußerungsgewinn teilweise nach § 16 EStG und teilweise nach § 17 EStG zu ermitteln ist.

20.40

Soweit die Vorschriften des Umwandlungssteuergesetzes in der Fassung der Bekanntmachung vom 15.10.2002, BGBl. I S. 2002, zuletzt geändert durch Artikel 3 des Gesetzes vom 16.5.2003, BGBl. I S. 660, weiterhin anzuwenden sind (§ 27 Absatz 3 UmwStG), ist auch das BMF-Schreiben vom 25.3.1998, BStBl I S. 268, weiterhin anzuwenden (vgl. Randnr. 00.01).

20.41

Beispiel:
A ist Inhaber eines Einzelunternehmens, das aus zwei Teilbetrieben (Teilbetrieb 1 und 2) besteht. In 02 bringt A den Teilbetrieb 1 in eine neu gegründete GmbH 1 ein (Buchwert 100.000 €, gemeiner Wert 800.000 €). Die GmbH 1 setzt das übernommene Vermögen mit dem Buchwert an. Die neuen Anteile an der GmbH 1 (einbringungsgeborene Anteile i. S. d. § 21 Absatz 1 UmwStG 1995) befinden sich im Betriebsvermögen des Einzelunternehmens des A. Im Januar 07 bringt A sein verbliebenes Einzelunternehmen (einschließlich der einbringungsgeborenen Anteile an der GmbH 1) in die GmbH 2 gegen Gewährung von neuen Anteilen ein. Die übernehmende GmbH 2 setzt das übernommene Betriebsvermögen mit den Buchwerten (Buchwert 300.000 €, gemeiner Wert 2.400.000 €; davon GmbH 1 Buchwert 100.000 €, gemeiner Wert 800.000 €) an. Im Juni 10 veräußert A die Anteile an der GmbH 2 für 3.000.000 €.

Lösung:
Die Anteile an der GmbH 2 gelten insoweit auch als einbringungsgeborene Anteile nach § 20 Absatz 3 Satz 3 UmwStG, als zu dem eingebrachten Betriebsvermögen einbringungsgeborene Anteile gehört haben ($^1/_3$). Insoweit entsteht zwar grundsätzlich ein Gewinn nach § 21 UmwStG 1995 i. V. m. § 16 EStG. Auf diesen ist jedoch das Teileinkünfteverfahren anzuwenden, weil die Veräußerung in 10 außerhalb der Sperrfrist des § 3 Nummer 40 Satz 3 ff. EStG a. F. (abgelaufen in 09) erfolgt. Die Veräußerung erfolgt aber innerhalb der Sperrfrist des § 22 Absatz 1 UmwStG, so dass insoweit rückwirkend die gemeinen Werte zum Zeitpunkt der Einbringung – gekürzt um je $^1/_7$ für die inzwischen verstrichenen Zeitjahre – anzusetzen sind.

Nach § 22 Absatz 1 Satz 5 UmwStG gilt für i. R. einer Sacheinlage miteingebrachte Anteile an einer Kapitalgesellschaft oder Genossenschaft § 22 Absatz 2 UmwStG. Ein Einbringungsgewinn I entsteht insoweit nicht. Auch ein Einbringungsgewinn II entsteht insoweit nicht, da nach dem Sachverhalt die übernehmende GmbH 2 die eingebrachten Anteile an der GmbH 1 (noch) nicht veräußert hat. In dem dargestellten Beispiel entsteht also nur ein zu versteuernder Einbringungsgewinn I i. H. v. 800.000 €, der wie folgt zu ermitteln ist:

Anlage 16

Umwandlung

gemeiner Wert im Zeitpunkt der Einbringung	2.400.000 €
./. gemeiner Wert der Anteile an der GmbH 1	800.000 €
Zwischensumme	1.600.000 €
./. Buchwert im Zeitpunkt der Einbringung (bereits gekürzt um 100.000 € Buchwert Anteile an der GmbH 1)	200.000 €
Einbringungsgewinn I	1.400.000 €
./. Minderung um $^3/_7$ wegen Ablaufs von drei Zeitjahren	600.000 €
zu versteuernder Einbringungsgewinn I	800.000 €

A muss zunächst rückwirkend für 07 einen Einbringungsgewinn I i. H. v. 800.000 € versteuern. Durch die Veräußerung der erhaltenen Anteile an der GmbH 2 entsteht in 10 außerdem ein Veräußerungsgewinn nach §§ 16 und 17 EStG i. H. v. insgesamt 1.900.000 € (Verkaufspreis 3.000.000 € ./. 300.000 € Anschaffungskosten aus Einbringung ./. 800.000 € Einbringungsgewinn I), der nach § 3 Nummer 40 Satz 1 Buchstabe c EStG zu 40 % steuerfrei ist.

Die Veräußerung der erhaltenen Anteile an der GmbH 2 löst also nicht nur die rückwirkende Einbringungsgewinnbesteuerung, sondern gleichzeitig auch die Besteuerung des Gewinns nach § 17 Absatz 2 EStG ($^2/_3$ des Verkaufspreises = 2.000.000 € ./. Anschaffungskosten 200.000 € ./. Einbringungsgewinn I 800.000 € = 1.000.000 €) und nach § 21 UmwStG 1995 i. V. m. § 16 EStG ($^1/_3$ des Verkaufspreises = 1.000.000 € ./. Anschaffungskosten 100.000 € = 900.000 €) aus.

C. Bewertung der Anteile beim Anteilstausch (§ 21 UmwStG)
I. Allgemeines

21.01 § 21 UmwStG betrifft den Tausch von Anteilen an einer in- oder ausländischen Kapitalgesellschaft oder Genossenschaft (erworbene Gesellschaft) gegen Gewährung von neuen Anteilen der erwerbenden in- oder ausländischen Kapitalgesellschaft oder Genossenschaft (übernehmende Gesellschaft). Werden Anteile an einer Kapitalgesellschaft oder Genossenschaft, die zum Betriebsvermögen eines Betriebs, Teilbetriebs oder Mitunternehmeranteils gehören, mit den Wirtschaftsgütern dieses Unternehmensteils in eine Kapitalgesellschaft oder Genossenschaft eingebracht, geht die Regelung des § 20 UmwStG der des § 21 UmwStG vor. Zur Frage der rückwirkenden Einbringungsgewinnbesteuerung bei miteingebrachten Anteilen vgl. Randnr. 22.02.

21.02 § 21 UmwStG ist nur auf Anteile im Betriebsvermögen, Anteile im Privatvermögen i. S. d. § 17 EStG und einbringungsgeborene Anteile i. S. d. § 21 Absatz 1 UmwStG 1995 anzuwenden. Für alle übrigen Anteile gilt § 20 Absatz 4a Satz 1 und 2 EStG.

II. Persönlicher Anwendungsbereich
1. Einbringender

21.03 Hinsichtlich der Person des Einbringenden bestehen keine Beschränkungen (Umkehrschluss aus § 1 Absatz 4 Satz 1 Nummer 2 UmwStG).

2. Übernehmende Gesellschaft (§ 21 Absatz 1 Satz 1 UmwStG)

21.04 Randnr. 20.04 gilt entsprechend.

Anlage 16
Umwandlung

3. Erworbene Gesellschaft (§ 21 Absatz 1 Satz 1 UmwStG)

Erworbene Gesellschaft ist die Kapitalgesellschaft oder Genossenschaft, deren Anteile i. R. d. Anteilstauschs in die übernehmende Gesellschaft eingebracht werden. Gesellschaft kann eine in § 1 Absatz 1 Nummer 1 und 2 KStG aufgezählte Kapitalgesellschaft oder Genossenschaft einschließlich der ausländischen Gesellschaften (EU-/EWR- oder Drittstaat) sein, soweit diese nach den Wertungen des deutschen Steuerrechts als Kapitalgesellschaften oder Genossenschaften anzusehen sind (vgl. Randnr. 01.27).   21.05

Die Anteile müssen dem Einbringenden vor Durchführung des Anteilstauschs steuerlich zuzurechnen sein. Maßgebend hierfür ist das wirtschaftliches Eigentum an den Anteilen (§ 39 Absatz 2 Nummer 1 AO).   21.06

III. Bewertung der eingebrachten Anteile bei der übernehmenden Gesellschaft

1. Ansatz des gemeinen Werts

Die eingebrachten Anteile werden durch die übernehmende Gesellschaft i. R. eines Veräußerungs- und Anschaffungsvorgangs erworben. Daher hat – soweit kein Fall des sog. qualifizierten Anteilstauschs vorliegt (vgl. hierzu Randnr. 21.09) – die übernehmende Gesellschaft nach § 21 Absatz 1 Satz 1 UmwStG die eingebrachten Anteile zwingend mit dem gemeinen Wert anzusetzen. Dabei ist der in der Handelsbilanz ausgewiesene Wert für die Steuerbilanz unbeachtlich.   21.07

Der gemeine Wert ist auf den Einbringungszeitpunkt zu ermitteln. Für die Ermittlung des gemeinen Werts gilt § 11 BewG. Zur Bewertung nach § 11 Absatz 2 BewG gelten die gleich lautenden Erlasse der obersten Finanzbehörden der Länder zur Anwendung der §§ 11, 95 bis 109 und 199 ff. BewG in der Fassung des ErbStRG vom 17.5.2011, BStBl I S. 606, auch für ertragsteuerliche Zwecke entsprechend (vgl. BMF-Schreiben vom 22.9.2011, BStBl I S. 859).   21.08

2. Bewertungswahlrecht beim qualifizierten Anteilstausch (§ 21 Absatz 1 Satz 2 UmwStG)

a) Begriff des qualifizierten Anteilstauschs

Ein qualifizierter Anteilstausch liegt vor, wenn die übernehmende Gesellschaft nach der Einbringung nachweisbar unmittelbar die Mehrheit der Stimmrechte an der erworbenen Gesellschaft hält (mehrheitsvermittelnde Beteiligung). In diesem Fall kann die übernehmende Gesellschaft anstatt des gemeinen Werts auf Antrag die eingebrachten Anteile mit dem Buch- oder Zwischenwert ansetzen. Liegt der gemeine Wert unterhalb des Buchwerts der eingebrachten Anteile, ist der gemeine Wert anzusetzen. Gehören die Anteile zum Privatvermögen des Einbringenden, treten an die Stelle des Buchwerts die Anschaffungskosten (§ 21 Absatz 2 Satz 5 UmwStG).   21.09

Begünstigt ist sowohl der Fall, dass eine mehrheitsvermittelnde Beteiligung erst durch den Einbringungsvorgang entsteht, als auch der Fall, dass eine zum Übertragungsstichtag bereits bestehende mehrheitsvermittelnde Beteiligung weiter aufgestockt wird. Es genügt, wenn mehrere Personen Anteile einbringen, die nicht einzeln, sondern nur insgesamt die Voraussetzungen des § 21 Absatz 1 Satz 2 UmwStG erfüllen, sofern die Einbringungen auf einem einheitlichen Vorgang beruhen.

Beispiel:

a) die Y-AG erwirbt von A 51 % der Anteile an der X-GmbH, an der die Y-AG bislang noch nicht beteiligt war;

b) die Y-AG erwirbt von B 10 % der Anteile an der X-GmbH, an der die Y-AG bereits 51 % hält;

529

Anlage 16

Umwandlung

c) die Y-AG hält bereits 40 % der Anteile an der X-GmbH. I. R. eines einheitlichen Kapitalerhöhungsvorgangs bringen C und D jeweils weitere 6 % der Anteile an der X-GmbH ein.

b) Einschränkungen des Bewertungswahlrechts

21.10 Eine Einschränkung des Bewertungswahlrechtes sieht § 21 Absatz 1 Satz 3 UmwStG für den Fall vor, dass neben den neuen Anteilen auch andere Wirtschaftsgüter, deren gemeiner Wert den Buchwert der eingebrachten Anteile übersteigt, für die eingebrachten Anteile gewährt werden. Insoweit ist bei der übernehmenden Gesellschaft mindestens der gemeine Wert der anderen Wirtschaftsgüter anzusetzen.

c) Verhältnis zum Handelsrecht

21.11 Der Ansatz eines Buch- oder Zwischenwerts in der Steuerbilanz der übernehmenden Gesellschaft ist nicht davon abhängig, dass in der Handelsbilanz der übernehmenden Gesellschaft ein übereinstimmender Wertansatz ausgewiesen wird (kein Maßgeblichkeitsgrundsatz; Randnr. 21.07 und 20.20 gelten entsprechend).

d) Ausübung des Wahlrechts, Bindung, Bilanzberichtigung

21.12 Randnr. 20.21, 20.23 und 20.24 gelten entsprechend.

IV. Ermittlung des Veräußerungspreises der eingebrachten Anteile und des Wertansatzes der erhaltenen Anteile beim Einbringenden

21.13 Gem. § 21 Absatz 2 Satz 1 UmwStG gilt der Wert, mit dem die übernehmende Gesellschaft die Anteile ansetzt, beim Einbringenden als Veräußerungspreis der eingebrachten Anteile und gleichzeitig als Anschaffungskosten der im Gegenzug erhaltenen Anteile. Randnr. 20.23 gilt entsprechend.

21.14 Ist hingegen das Besteuerungsrecht der Bundesrepublik Deutschland hinsichtlich des Gewinns aus der Veräußerung der eingebrachten Anteile ausgeschlossen oder beschränkt, erfolgt die Bewertung der eingebrachten Anteile beim Einbringenden nach § 21 Absatz 2 Satz 2 erster Halbsatz UmwStG mit dem gemeinen Wert. Die gleiche Rechtsfolge tritt im Fall des § 21 Absatz 2 Satz 2 zweiter Halbsatz UmwStG ein, wenn das Besteuerungsrecht der Bundesrepublik Deutschland hinsichtlich des Gewinns aus der Veräußerung der erhaltenen Anteile ausgeschlossen oder beschränkt ist.

21.15 Unter den Voraussetzungen des § 21 Absatz 2 Satz 3 UmwStG ist hingegen eine Rückausnahme von § 21 Absatz 2 Satz 2 UmwStG vorgesehen: Dem Einbringenden wird ein Wahlrecht eingeräumt, als Veräußerungspreis für die eingebrachten Anteile und als Anschaffungskosten der erhaltenen Anteile den Buch- oder Zwischenwert anzusetzen. Voraussetzung hierfür ist ein Antrag des Einbringenden nach § 21 Absatz 2 Satz 4 UmwStG. Zudem

– darf das Besteuerungsrecht der Bundesrepublik Deutschland hinsichtlich des Gewinns aus der Veräußerung der erhaltenen Anteile nicht ausgeschlossen oder beschränkt sein (vgl. Beispiel 1)

oder

– ein Einbringungsgewinn wird aufgrund Artikel 8 Richtlinie 2009/133/EG nicht besteuert (vgl. Beispiel 2).

Auf den Wertansatz bei der übernehmenden Gesellschaft kommt es in diesen Fällen nicht an (keine doppelte Buchwertverknüpfung).

Anlage 16
Umwandlung

Beispiel 1:
Kein Ausschluss oder keine Beschränkung des Besteuerungsrechts
Der in Deutschland ansässige Gesellschafter A (natürliche Person) ist alleiniger Gesellschafter der inländischen A-GmbH. Er bringt seine Anteile an der A-GmbH in die in Großbritannien ansässige X-Ltd. ausschließlich gegen Gewährung neuer Gesellschaftsrechte ein.

Lösung:
Die Einbringung fällt nach § 1 Absatz 4 Nummer 1 UmwStG in den Anwendungsbereich des UmwStG, weil die aufnehmende X-Ltd. eine Gesellschaft i. S. v. § 1 Absatz 2 UmwStG ist. Auf die Ansässigkeit des Einbringenden und die Ansässigkeit der Gesellschaft, deren Anteile eingebracht werden, kommt es nicht an.

Nach § 21 Absatz 1 Satz 1 UmwStG sind die i. R. eines Anteilstauschs eingebrachten Anteile bei der übernehmenden Gesellschaft grundsätzlich mit dem gemeinen Wert anzusetzen. Dies gilt nach § 21 Absatz 1 Satz 2 UmwStG allerdings dann nicht, wenn eine mehrheitsvermittelnde Beteiligung eingebracht wird. In diesem Fall können die eingebrachten Anteile auch mit dem Buch- oder Zwischenwert angesetzt werden. Nach § 21 Absatz 2 Satz 1 UmwStG gilt grundsätzlich der Wert, mit dem die aufnehmende Gesellschaft die eingebrachten Anteile ansetzt, beim Einbringenden als Veräußerungspreis und als Anschaffungskosten der neuen Anteile.

In Abweichung hiervon sieht § 21 Absatz 2 Satz 2 erster Halbsatz UmwStG zwingend den Ansatz der eingebrachten Anteile mit dem gemeinen Wert vor, wenn das deutsche Besteuerungsrecht hinsichtlich des Gewinns aus der Veräußerung der eingebrachten Anteile nach der Einbringung ausgeschlossen oder beschränkt ist. In Rückausnahme zu § 21 Absatz 2 Satz 2 UmwStG können allerdings nach § 21 Absatz 2 Satz 3 Nummer 1 UmwStG auf Antrag des Einbringenden die erhaltenen Anteile mit dem Buch- oder Zwischenwert bewertet werden, wenn das Recht Deutschlands hinsichtlich des Gewinns aus der Veräußerung der erhaltenen Anteile nicht ausgeschlossen oder beschränkt ist.

Im Beispielsfall steht Deutschland nach dem DBA Großbritannien das alleinige Besteuerungsrecht für Gewinne aus der Veräußerung der erhaltenen (neuen) Anteile an der britischen X-Ltd., welche auch eine EU-Kapitalgesellschaft ist, zu. Überdies hält die X-Ltd. nach der Einbringung alle Anteile an der inländischen A-GmbH und hat hierfür als Gegenleistung dem A nur neue Anteile gewährt. Der Einbringende A kann somit nach § 21 Absatz 2 Satz 3 Nummer 1 UmwStG die Buchwertfortführung oder den Zwischenwertansatz auch dann wählen, wenn bei der aufnehmenden Gesellschaft (hier: Großbritannien) nicht der Buch- oder Zwischenwert angesetzt wird. Der Buch- oder Zwischenwert gilt dann als Anschaffungskosten der neuen Anteile.

Beispiel 2:
Ausschluss oder Beschränkung des Besteuerungsrechts
Fall wie oben, jedoch wird die Beteiligung an der inländischen A-GmbH durch die in Deutschland ansässige B-GmbH in die tschechische X s.r.o. eingebracht.

Lösung:
In diesem Fall wird zwar das Besteuerungsrecht an den eingebrachten Anteilen weder ausgeschlossen noch beschränkt, da nach dem DBA Tschechien weiterhin dem Sitzstaat der A-GmbH – das ist Deutschland – das Besteuerungsrecht hinsichtlich des Gewinns aus der Veräußerung der eingebrachten Anteile zusteht. Aber eine Beschränkung ergibt sich aus dem DBA Tschechien hinsichtlich des Gewinns aus der Veräußerung der erhaltenen Anteile, da das Besteuerungsrecht auch dem Sitzstaat der X s.r.o. – das ist Tschechien – zusteht. Der Buchwertansatz ist somit grundsätzlich nach § 21 Absatz 2 Satz 2 zweiter Halbsatz UmwStG ausgeschlossen.

Anlage 16
Umwandlung

In Rückausnahme zu § 21 Absatz 2 Satz 2 zweiter Halbsatz UmwStG können allerdings nach § 21 Absatz 2 Satz 3 Nummer 2 UmwStG auf Antrag des Einbringenden die erhaltenen Anteile mit dem Buch- oder Zwischenwert bewertet werden, wenn der Gewinn aufgrund Artikel 8 der Richtlinie 2009/133/EG nicht besteuert werden darf. Dies ist dann der Fall, wenn neben der übernehmenden Gesellschaft auch die eingebrachte Gesellschaft in einem Mitgliedstaat der EU/EWR ansässig ist und die Zuzahlung 10 % des Nennwerts der ausgegebenen Anteile nicht überschreitet. Die Einbringung der Anteile an der A-GmbH durch die B-GmbH in die tschechische X s.r.o. im Wege des qualifizierten Anteilstauschs fällt in den Anwendungsbereich der FusionsRL. Die einbringende B-GmbH kann folglich nach § 21 Absatz 2 Satz 3 Nummer 2 UmwStG den Buch- oder Zwischenwertansatz wählen.

V. Besteuerung des aus dem Anteilstausch resultierenden Gewinns beim Einbringenden

21.16 Die steuerliche Behandlung des aus dem Anteilstausch resultierenden Gewinns beim Einbringenden erfolgt nach den allgemeinen Vorschriften über die Veräußerung von Kapitalanteilen (z. B. §§ 13, 15, 16, 17 und 18 i. V. m. § 3 Nummer 40 und §§ 20, 32d Absatz 1 EStG, § 8b KStG).

VI. Steuerlicher Übertragungsstichtag (Einbringungszeitpunkt)

21.17 Für die Bestimmung des Zeitpunkts des Anteilstauschs ist auf den Zeitpunkt der Übertragung des wirtschaftlichen Eigentums der eingebrachten Anteile auf die übernehmende Gesellschaft abzustellen. §§ 2 und 20 Absatz 5 und 6 UmwStG sind nicht anzuwenden.

D. Besteuerung des Anteilseigners (§ 22 UmwStG)

I. Allgemeines

22.01 Erfolgt die Sacheinlage oder der Anteilstausch nicht zum gemeinen Wert, ist in den Fällen der Veräußerung der erhaltenen Anteile oder der eingebrachten Anteile innerhalb eines Zeitraums von sieben Jahren nach dem Einbringungszeitpunkt § 22 UmwStG anzuwenden.

22.02 Dabei führt in den Fällen der Sacheinlage die Veräußerung der erhaltenen Anteile zur Anwendung von § 22 Absatz 1 UmwStG (Besteuerung des Einbringungsgewinns I), soweit diese nicht auf miteingebrachte Anteile an Kapitalgesellschaften oder Genossenschaften entfallen (§ 22 Absatz 1 Satz 5 erster Halbsatz UmwStG).

Ist Einbringender eine Personengesellschaft (vgl. Randnr. 20.03), ist wegen des Transparenzprinzips sowohl eine Veräußerung der sperrfristbehafteten Anteile durch die Personengesellschaft selbst als auch die Veräußerung eines Mitunternehmeranteils, zu dessen Betriebsvermögen die sperrfristbehafteten Anteile gehören, durch den Mitunternehmer ein Veräußerungsvorgang i. S. v. § 22 Absatz 1 Satz 1 UmwStG. Dies gilt infolge des Transparenzprinzips auch, wenn bei doppel- oder mehrstöckigen Personengesellschaften eine mittelbare Veräußerung eines Mitunternehmeranteils erfolgt. Die Voraussetzungen des § 1 Absatz 4 und des § 22 UmwStG sind gesellschafterbezogen zu prüfen.

In den Fällen des Anteilstauschs sowie in den Fällen der Sacheinlage unter Miteinbringung von Anteilen an Kapitalgesellschaften oder Genossenschaften führt die Veräußerung der eingebrachten Anteile durch die übernehmende Gesellschaft zur Anwendung von § 22 Absatz 2 UmwStG (Besteuerung des Einbringungsgewinns II), soweit die eingebrachten Anteile im Zeitpunkt der Einbringung nicht nach § 8b Absatz 2 KStG hätten steuerfrei veräußert werden können.

Anlage 16
Umwandlung

In den Fällen der Sacheinlage gelten die erhaltenen Anteile als Anteile i. S. d. § 22 Absatz 1 UmwStG und in den Fällen des Anteilstauschs die eingebrachten Anteile als Anteile i. S. d. § 22 Absatz 2 UmwStG (sog. sperrfristbehaftete Anteile).

Die Veräußerung der sperrfristbehafteten Anteile sowie die nach § 22 Absatz 1 Satz 6 und Absatz 2 Satz 6 UmwStG der Veräußerung gleichgestellten Ersatzrealisationstatbestände lösen die rückwirkende Besteuerung des Einbringungsgewinns I oder II beim Einbringenden im Einbringungszeitpunkt aus (siehe Randnr. 22.18 ff.). Dies gilt auch in den Fällen der unentgeltlichen Rechtsnachfolge (§ 22 Absatz 6 UmwStG; vgl. Randnr. 22.41 f.) und in den Fällen der Mitverstrickung von Anteilen (§ 22 Absatz 7 UmwStG; vgl. Randnr. 22.43 – 22.46). Die Veräußerung der Anteile und die gleichgestellten Tatbestände gelten dabei im Hinblick auf die Steuerbescheide des Einbringenden für das Einbringungsjahr als rückwirkendes Ereignis i. S. v. § 175 Absatz 1 Satz 1 Nummer 2 AO.   22.03

Wird nur ein Teil der sperrfristbehafteten Anteile veräußert oder ist nur hinsichtlich eines Teils der sperrfristbehafteten Anteile ein der Veräußerung der Anteile gleichgestellter Tatbestand i. S. v. § 22 Absatz 1 Satz 6 und Absatz 2 Satz 6 UmwStG erfüllt, erfolgt auch die rückwirkende Einbringungsgewinnbesteuerung nur anteilig (§ 22 Absatz 1 Satz 1 und Absatz 2 Satz 1 UmwStG).   22.04

Beispiel:
X bringt sein Einzelunternehmen (gemeiner Wert 170.000 €) am 1.1.08 gegen Gewährung von Anteilen zum Buchwert 100.000 € in die neu gegründete A-GmbH (Stammkapital 50.000 €) ein. Am 1.7.09 veräußert X 10 % der Anteile an der A-GmbH für 20.000 €.

Lösung:
Die Veräußerung der sperrfristbehafteten Anteile in 09 führt anteilig (10 %) zu einer rückwirkenden Einbringungsgewinnbesteuerung zum 1.1.08 (§ 22 Absatz 1 Satz 1 UmwStG):

anteiliges eingebrachtes Betriebsvermögen: 10 % von 170.000 € =	17.000 €
./. anteiliger Buchwert der Anteile: 10 % von 100.000 € =	10.000 €
anteiliger Einbringungsgewinn I vor Siebtelregelung	7.000 €
./. $1/7$ (§ 22 Absatz 1 Satz 3 UmwStG)	1.000 €
zu versteuernder Einbringungsgewinn I	6.000 €

Ermittlung des Veräußerungsgewinns aus den Anteilen an der A-GmbH zum 1.7.09:

Veräußerungspreis	20.000 €
./. ursprüngliche Anschaffungskosten	10.000 €
./. nachträgliche Anschaffungskosten aus Einbringungsgewinn I	6.000 €
Veräußerungsgewinn nach § 17 EStG	4.000 €
davon steuerpflichtig (Teileinkünfteverfahren) 60 %	2.400 €

Die steuerliche Behandlung der Veräußerung der sperrfristbehafteten Anteile erfolgt nach den allgemeinen Vorschriften über die Veräußerung von Kapitalanteilen (z. B. §§ 13, 15, 16, 17 und 18 i. V. m. § 3 Nummer 40 sowie § 20, § 32d Absatz 1 EStG, § 8b KStG).   22.05

Hält der Einbringende oder der unentgeltliche Rechtsnachfolger i. R. einer Sacheinlage oder eines Anteilstauschs unter dem gemeinen Wert erhaltene Anteile im Privatvermögen, erzielt er aus der Veräußerung der Anteile auch dann Einkünfte aus Gewerbebetrieb i. S. v. § 17 Absatz 1 EStG, wenn er innerhalb der letzten fünf Jahre am Kapital der Gesellschaft nicht unmittelbar oder mittelbar zu mindestens 1 % beteiligt war (§ 17 Absatz 6 EStG). In den Fällen des Anteilstauschs gilt dies nur, wenn der Einbringende zum Einbringungszeit-   22.06

Anlage 16

Umwandlung

punkt innerhalb der letzten fünf Jahre am Kapital der eingebrachten Gesellschaft unmittelbar oder mittelbar zu mindestens 1 % beteiligt war (§ 17 Absatz 6 Nummer 2 erste Alternative EStG). § 17 Absatz 6 EStG ist unabhängig vom Ablauf des in § 22 Absatz 1 und 2 UmwStG geregelten Siebenjahreszeitraums anzuwenden.

II. Rückwirkende Besteuerung des Einbringungsgewinns (§ 22 Absatz 1 und 2 UmwStG)

1. Sacheinlage (§ 22 Absatz 1 UmwStG)

22.07 Im Fall der Veräußerung erhaltener Anteile durch den Einbringenden oder der Verwirklichung eines nach § 22 Absatz 1 Satz 6 UmwStG der Veräußerung gleichgestellten Ersatzrealisationstatbestands innerhalb des Siebenjahreszeitraums ist rückwirkend auf den Einbringungszeitpunkt der Einbringungsgewinn I als Gewinn des Einbringenden i. S. v. § 16 EStG zu versteuern. Dabei sind § 16 Absatz 4 und § 34 EStG nicht anzuwenden. Dies gilt auch beim Eintritt eines schädlichen Ereignisses innerhalb des ersten Zeitjahres nach der Einbringung. Hinsichtlich der Zugehörigkeit des Einbringungsgewinns I zum Gewerbeertrag gelten die allgemeinen Grundsätze (vgl. § 7 Satz 2 GewStG). Werden nicht sämtliche erhaltenen Anteile in einem Vorgang veräußert, ist für Zwecke des § 7 Satz 2 GewStG nicht mehr von der Veräußerung eines Betriebs, Teilbetriebs etc. auszugehen. § 6b EStG findet auf den Einbringungsgewinn I keine Anwendung. Die sukzessive Veräußerung der erhaltenen Anteile führt deshalb dazu, dass der dadurch jeweils ausgelöste Einbringungsgewinn I zum Gewerbeertrag gehört.

Veräußerung ist jede Übertragung gegen Entgelt. Hierzu gehören insbesondere auch Umwandlungen und Einbringungen; z. B. Verschmelzung, Auf- oder Abspaltung, Formwechsel (vgl. Randnr. 00.02).

22.08 Für Zwecke der Berechnung des Einbringungsgewinns I ist (ggf. nachträglich) der gemeine Wert des eingebrachten Betriebsvermögens (ohne miteingebrachte Anteile an Kapitalgesellschaften und Genossenschaften) auf den Einbringungszeitpunkt zu ermitteln. Der Einbringungsgewinn I vermindert sich für jedes seit dem Einbringungszeitpunkt abgelaufene Zeitjahr um $1/_7$.

Der Einbringungsgewinn I berechnet sich demnach wie folgt (§ 22 Absatz 1 Satz 3 UmwStG):

Gemeiner Wert des eingebrachten Betriebsvermögens (ohne miteingebrachte Anteile an Kapitalgesellschaften und Genossenschaften)
./. Kosten des Vermögensübergangs (vgl. Randnr. 22.09)
./. Wertansatz bei der übernehmenden Gesellschaft
= Einbringungsgewinn I vor Siebtelregelung
./. Verringerung um je $1/_7$ pro abgelaufenes Zeitjahr seit Einbringung
= zu versteuernder Einbringungsgewinn I

22.09 Im Jahr der Einbringung ist der laufende Gewinn um die bei der Ermittlung des rückwirkend zu versteuernden Einbringungsgewinns abgezogenen Kosten des Vermögensübergangs zu erhöhen, soweit diese (zutreffend) den laufenden Gewinn oder den Einbringungsgewinn (wenn die Einbringung z. B. zu Zwischenwerten erfolgte) gemindert haben.

22.10 Der Einbringungsgewinn I gilt nach § 22 Absatz 1 Satz 4 UmwStG als nachträgliche Anschaffungskosten der erhaltenen Anteile im Einbringungszeitpunkt. Wurden die erhaltenen Anteile durch einen Vorgang i. S. v. § 22 Absatz 1 Satz 6 UmwStG zum Buchwert weitereingebracht, erhöhen sich auch die Anschaffungskosten der auf den erhaltenen Anteilen beruhenden Anteile entsprechend (§ 22 Absatz 1 Satz 7 UmwStG). Damit vermindert sich der Gewinn aus der Veräußerung der erhaltenen Anteile ebenso wie der Gewinn aus der Veräußerung der auf den erhaltenen Anteilen beruhenden Anteile nach z. B. §§ 13, 15, 16, 17 und 18 EStG entsprechend.

Ist das Besteuerungsrecht der Bundesrepublik Deutschland hinsichtlich des Gewinns aus der Veräußerung der erhaltenen Anteile ausgeschlossen oder beschränkt, umfasst der Einbringungsgewinn I auch die stillen Reserven der i. R. d. Sacheinlage miteingebrachten Anteile (§ 22 Absatz 1 Satz 5 zweiter Halbsatz UmwStG). 22.11

Beispiel:
Der in Frankreich ansässige X bringt seine inländische Betriebsstätte, zu der Anteile an der inländischen Y-GmbH gehören, in 01 in die Z-GmbH ein. In 02 veräußert er die im Privatvermögen gehaltenen Anteile an der Z-GmbH.

Lösung:
Durch die Anteilsveräußerung in 02 entsteht gem. § 22 Absatz 1 Satz 3 UmwStG ein Einbringungsgewinn I i. H. d. stillen Reserven des Betriebsvermögens der inländischen Betriebsstätte. Dabei ist gem. § 22 Absatz 1 erster Halbsatz UmwStG die Beteiligung an der Y-GmbH grundsätzlich auszunehmen. Da durch das DBA Frankreich jedoch das deutsche Besteuerungsrecht hinsichtlich des Gewinns aus der Veräußerung der erhaltenen Anteile ausgeschlossen ist, sind nach § 22 Absatz 1 Satz 5 zweiter Halbsatz UmwStG auch die auf die Anteile an der Y-GmbH entfallenden stillen Reserven in die Besteuerung des Einbringungsgewinns I einzubeziehen; insoweit ist § 3 Nummer 40 EStG anzuwenden.

2. Anteilstausch und Miteinbringung von Anteilen an Kapitalgesellschaften oder Genossenschaften bei Sacheinlage (§ 22 Absatz 2 UmwStG)

Im Fall der Veräußerung eingebrachter Anteile durch die übernehmende Gesellschaft oder der Verwirklichung eines nach § 22 Absatz 2 Satz 6 i. V. m. Absatz 1 Satz 6 UmwStG der Veräußerung gleichgestellten Ersatzrealisationstatbestands innerhalb des Siebenjahreszeitraums ist beim Einbringenden rückwirkend auf den Einbringungszeitpunkt der Einbringungsgewinn II als Gewinn des Einbringenden aus der Veräußerung von Anteilen (z. B. nach §§ 13, 15, 16, 17 und 18 i. V. m. § 3 Nummer 40 sowie §§ 20, 32d Absatz 1 EStG, § 8b KStG) zu versteuern. Dies gilt nur insoweit, als beim Einbringenden der Gewinn aus der Veräußerung dieser Anteile im Einbringungszeitpunkt nicht nach § 8b Absatz 2 KStG steuerfrei gewesen wäre. Dies ist insbesondere dann der Fall, wenn der Einbringende eine natürliche Person oder ein Kreditinstitut oder ein Lebens- oder Krankenversicherungsunternehmen in der Rechtsform einer Körperschaft ist, bei der die Steuerbefreiung hinsichtlich der eingebrachten Anteile nach § 8b Absatz 7 oder 8 KStG ausgeschlossen ist, sowie bei Anteilen i. S. v. § 8b Absatz 4 KStG a. F. (§ 22 Absatz 2 Satz 1 UmwStG, vgl. Randnr. 27.02). 22.12

Bei der rückwirkenden Einbringungsgewinnbesteuerung kommt der Freibetrag nach § 16 Absatz 4 EStG nicht zur Anwendung. Dies gilt auch beim Eintritt eines schädlichen Ereignisses innerhalb des ersten Zeitjahres nach der Einbringung. Der Einbringungsgewinn II gehört bei Anteilen im Betriebsvermögen zum Gewerbeertrag. § 6b EStG findet auf den Einbringungsgewinn II keine Anwendung. 22.13

Für Zwecke der Berechnung des Einbringungsgewinns II ist (ggf. nachträglich) der gemeine Wert der eingebrachten Anteile auf den Einbringungszeitpunkt zu ermitteln. Der Einbringungsgewinn II vermindert sich für jedes seit dem Einbringungszeitpunkt abgelaufene Zeitjahr um $1/7$. 22.14

Der Einbringungsgewinn II berechnet sich demnach wie folgt (§ 22 Absatz 2 Satz 3 UmwStG):

Anlage 16
Umwandlung

	Gemeiner Wert der eingebrachten Anteile
./.	Kosten des Vermögensübergangs (vgl. Randnr. 22.09)
./.	Wertansatz der erhaltenen Anteile beim Einbringenden
=	Einbringungsgewinn II vor Siebtelregelung
./.	Verringerung um je $1/7$ pro abgelaufenes Zeitjahr seit Einbringung
=	zu versteuernder Einbringungsgewinn II

22.15 Bei der Berechnung des Einbringungsgewinns II ist der Wertansatz der erhaltenen Anteile um den gemeinen Wert der sonstigen Gegenleistung (§ 20 Absatz 3 Satz 3 i. V. m. § 21 Absatz 2 Satz 6 UmwStG) zu erhöhen.

22.16 Der Einbringungsgewinn II gilt nach § 22 Absatz 2 Satz 4 UmwStG als nachträgliche Anschaffungskosten der erhaltenen Anteile. Wurden die erhaltenen Anteile durch einen Vorgang i. S. v. § 22 Absatz 1 Satz 6 Nummer 2 UmwStG zum Buchwert weitereingebracht, erhöhen sich auch die Anschaffungskosten der auf den erhaltenen Anteilen beruhenden Anteile beim Einbringenden und der übernehmenden Gesellschaft entsprechend (§ 22 Absatz 2 Satz 7 i. V. m. Absatz 1 Satz 7 UmwStG). Damit vermindert sich der Gewinn aus einer nachfolgenden Veräußerung der erhaltenen Anteile und der auf diesen Anteilen beruhenden Anteile entsprechend.

22.17 Hat der Einbringende die erhaltenen Anteile bereits ganz oder teilweise veräußert, kommt es insoweit nicht zur rückwirkenden Einbringungsgewinnbesteuerung (§ 22 Absatz 2 Satz 5 UmwStG). Dies gilt auch, soweit aufgrund eines Vorgangs i. S. v. § 6 AStG die erhaltenen Anteile der Wegzugsbesteuerung zu unterwerfen sind, wenn und soweit die Steuer nicht gestundet wird (§ 22 Absatz 2 Satz 5 zweiter Halbsatz UmwStG).

III. Die die rückwirkende Einbringungsgewinnbesteuerung auslösenden Ereignisse i. S. d. § 22 Absatz 1 Satz 6 i. V. m. Absatz 2 Satz 6 UmwStG)

1. Allgemeines

22.18 Zu einer rückwirkenden Besteuerung des Einbringungsgewinns I kommt es auch, wenn durch den Einbringenden oder dessen Rechtsnachfolger innerhalb des Siebenjahreszeitraums ein Vorgang i. S. v. § 22 Absatz 1 Satz 6 Nummer 1 bis 5 UmwStG verwirklicht wird. Dies gilt auch, wenn beim Einbringenden, bei der übernehmenden Gesellschaft oder bei deren unentgeltlichen Rechtsnachfolgern die Voraussetzungen des § 1 Absatz 4 UmwStG nicht mehr erfüllt sind (§ 22 Absatz 1 Satz 6 Nummer 6 UmwStG).

22.19 In den Fällen des Anteilstauschs löst die Verwirklichung eines Vorgangs i. S. v. § 22 Absatz 1 Satz 6 Nummer 1 bis 5 UmwStG innerhalb des Siebenjahreszeitraums durch die übernehmende Gesellschaft oder deren unentgeltlichen Rechtsnachfolger die rückwirkende Besteuerung des Einbringungsgewinns II aus (§ 22 Absatz 2 Satz 6 UmwStG). Dies gilt auch, wenn bei der übernehmenden Gesellschaft oder bei deren unentgeltlichem Rechtsnachfolger die Voraussetzungen des § 1 Absatz 4 UmwStG nicht mehr erfüllt sind (§ 22 Absatz 2 Satz 6 zweiter Halbsatz UmwStG).

2. Unentgeltliche Übertragungen

22.20 Die unmittelbare oder mittelbare unentgeltliche Übertragung der sperrfristbehafteten Anteile (z. B. im Wege der verdeckten Einlage, der verdeckten Gewinnausschüttung, der Realteilung oder die unentgeltliche Übertragung nach § 6 Absatz 3 und 5 EStG) auf eine Kapitalgesellschaft oder Genossenschaft stellt ein die rückwirkende Einbringungsgewinnbesteuerung auslösendes Ereignis dar (§ 22 Absatz 1 Satz 6 Nummer 1 UmwStG).

3. Entgeltliche Übertragungen

Die entgeltliche Übertragung der sperrfristbehafteten Anteile führt grundsätzlich zur rückwirkenden Einbringungsgewinnbesteuerung nach § 22 Absatz 1 Satz 1 oder Absatz 2 Satz 1 UmwStG beim Einbringenden.

22.21

Umwandlungen und Einbringungen stellen grundsätzlich Veräußerungen i. S. v. § 22 Absatz 1 Satz 1 UmwStG dar (vgl. Randnr. 22.07 und Randnr. 00.02), die die rückwirkende Einbringungsgewinnbesteuerung auslösen. Dies gilt jedoch dann nicht, wenn der Einbringende oder dessen unentgeltlicher Rechtsnachfolger nachweist, dass die sperrfristbehafteten Anteile im Wege der Sacheinlage (§ 20 Absatz 1 UmwStG) oder des Anteilstauschs (§ 21 Absatz 1 UmwStG) bzw. aufgrund mit diesen Vorgängen vergleichbaren ausländischen Vorgängen zum Buchwert übertragen wurden (§ 22 Absatz 1 Satz 6 Nummer 2 UmwStG). Eine Übertragung zum Buchwert liegt vor, wenn beim Einbringenden stille Reserven nicht aufzudecken sind.

22.22

Beispiel:

Der in Deutschland ansässige X bringt sein inländisches Einzelunternehmen in 01 zum Buchwert in die österreichische A-GmbH gegen Gewährung von Anteilen ein. In 03 bringt er die sperrfristbehafteten Anteile an der A-GmbH im Wege des Anteilstauschs gegen Gewährung von Anteilen auf Antrag zum Buchwert in die französische F-SA ein.

Lösung:

Die Einbringung des Einzelunternehmens zum Buchwert in die österreichische A-GmbH ist nach § 20 Absatz 2 Satz 2 UmwStG möglich, wenn das Besteuerungsrecht der Bundesrepublik Deutschland hinsichtlich des Gewinns aus der Veräußerung des eingebrachten Betriebsvermögens nicht ausgeschlossen oder beschränkt wird. Die Weitereinbringung der sperrfristbehafteten Anteile an der A-GmbH in 03 im Wege des Anteilstauschs (§ 21 Absatz 1 UmwStG) in die F-SA stellt grundsätzlich einen zur rückwirkenden Einbringungsgewinnbesteuerung auslösenden Veräußerungsvorgang dar (§ 22 Absatz 1 Satz 1 UmwStG). Da die Weitereinbringung auf Antrag nach § 21 Absatz 2 Satz 3 Nummer 1 UmwStG zum Buchwert erfolgt, ist diese jedoch nach § 22 Absatz 1 Satz 6 Nummer 2 unschädlich. Eine rückwirkende Einbringungsgewinnbesteuerung der Sacheinlage 01 wird somit durch die grenzüberschreitende Weitereinbringung der sperrfristbehafteten Anteile nicht ausgelöst.

Grundsätzlich führt jede der Einbringung in eine Kapitalgesellschaft nachfolgende Umwandlung oder Einbringung sowohl des Einbringenden als auch der übernehmenden Kapitalgesellschaft sowie die umwandlungsbedingte Übertragung der sperrfristbehafteten Anteile zu einer Veräußerung i. S. d. § 22 Absatz 1 Satz 1 oder Absatz 2 Satz 1 UmwStG (vgl. Randnr. 22.07 und Randnr. 00.02), die die Einbringungsgewinnbesteuerung nach § 22 Absatz 1 bzw. Absatz 2 UmwStG auslöst. Nach § 22 Absatz 1 Satz 6 Nummer 2, 4 und 5 jeweils zweiter Halbsatz UmwStG kann jedoch eine Ausnahme von diesem allgemeinen ertragsteuerlichen Grundsatz nur erfolgen, wenn eine nachfolgende Einbringung der sperrfristbehafteten Anteile nach § 20 Absatz 1, § 21 Absatz 1 UmwStG bzw. aufgrund eines mit diesen Vorgängen vergleichbaren ausländischen Vorgangs zum Buchwert erfolgt.

22.23

Aus Billigkeitsgründen kann im Einzelfall auch bei Umwandlungen zu Buchwerten auf übereinstimmenden Antrag aller Personen, bei denen ansonsten infolge des Umwandlungsvorgangs ein Einbringungsgewinn rückwirkend zu versteuern wäre, von einer rückwirkenden Einbringungsgewinnbesteuerung abgesehen werden. Dies setzt zumindest voraus, dass

Anlage 16
Umwandlung

- keine steuerliche Statusverbesserung eintritt (d. h. die Besteuerung eines Einbringungsgewinns I bzw. II nicht verhindert wird),
- sich keine stillen Reserven von den sperrfristbehafteten Anteilen auf Anteile eines Dritten verlagern,
- deutsche Besteuerungsrechte nicht ausgeschlossen oder eingeschränkt werden und
- die Antragsteller sich damit einverstanden erklären, dass auf alle unmittelbaren oder mittelbaren Anteile an einer an der Umwandlung beteiligten Gesellschaft § 22 Absatz 1 und 2 UmwStG entsprechend anzuwenden ist, wobei Anteile am Einbringenden regelmäßig nicht einzubeziehen sind (vgl. zu einer vergleichbaren Problematik die Randnr. 22 des BMF-Schreibens vom 16.12.2003, BStBl I S. 786).

Bei der Prüfung eines solchen Antrags ist die gesetzgeberische Grundentscheidung zu berücksichtigen, dass § 22 UmwStG keine Generalklausel enthält, wonach unter bestimmten allgemeinen Voraussetzungen bei nachfolgenden Umwandlungen von der Einbringungsgewinnbesteuerung abgesehen werden kann. § 22 Absatz 1 und 2 UmwStG lassen lediglich punktuelle Ausnahmen zu (vgl. § 22 Absatz 1 Satz 6 Nummer 2, 4 und 5 UmwStG). Von der Einbringungsgewinnbesteuerung kann deswegen nur dann aus Billigkeitsgründen abgesehen werden, wenn der konkrete Einzelfall in jeder Hinsicht mit den in § 22 Absatz 1 Satz 6 Nummer 2, 4 und 5 UmwStG enthaltenen Ausnahmetatbeständen vergleichbar ist. Dabei ist auch die gesetzgeberische Grundentscheidung zu berücksichtigen, dass § 22 UmwStG anders als für Einbringungen i. S. d. §§ 20, 21 UmwStG keine Rückausnahme für Einbringungen i. S. d. § 24 UmwStG vorgesehen hat. Nicht vergleichbar sind Umwandlungen z. B. dann, wenn sie ohne Gewährung von Anteilen oder Mitgliedschaften an Kapitalgesellschaften oder Genossenschaften erfolgen (z. B. in den Fällen des § 54 Absatz 1 Satz 3 UmwG).

Die Billigkeitsregelung kann nicht in Anspruch genommen werden, wenn in einer Gesamtschau die Umwandlung der Veräußerung des eingebrachten Vermögens dient. Hiervon ist auszugehen, wenn der Einbringende nach der Umwandlung an dem ursprünglich eingebrachten Betriebsvermögen nicht mehr unmittelbar oder mittelbar beteiligt ist (z. B. bei der Trennung von Gesellschafterstämmen, auch wenn diese nach § 15 UmwStG steuerneutral erfolgen kann).

Beispiel 1 (Seitwärtsverschmelzung des Einbringenden):

Die GmbH 1 bringt ihren Betrieb zu Buchwerten in die GmbH 2 ein. Anschließend wird die GmbH 1 auf die GmbH 3 innerhalb der Siebenjahresfrist zu Buchwerten verschmolzen.

Lösung:

Die Anteile an der GmbH 2 sind sperrfristbehaftet. Die Übertragung der Anteile an der GmbH 2 i. R. d. Verschmelzung der GmbH 1 stellt einen Veräußerungsvorgang i. S. d. § 22 Absatz 1 Satz 1 UmwStG dar.

Werden i. R. d. Verschmelzung nach § 11 Absatz 2 UmwStG die Buchwerte angesetzt, kann i. R. d. Billigkeitsregelung je nach Lage des Einzelfalls und bei Vorliegen der obigen Voraussetzungen von der Anwendung des § 22 Absatz 1 Satz 1 UmwStG bei der GmbH 1 abgesehen werden.

Alternative:

Sachverhalt wie Beispiel 1. Es erfolgt jedoch eine Verschmelzung der GmbH 1 auf eine Personengesellschaft.

Lösung Alternative:

Bei einer Seitwärtsverschmelzung der GmbH 1 nach §§ 3 ff. UmwStG ist die gesetzgeberische Grundentscheidung zu berücksichtigen, dass eine Weitereinbringung sperrfristbehafteter Anteile nach § 24 UmwStG nicht von den Ausnahmetatbeständen des § 22 Absatz 1 Satz 6 Nummer 2, 4 und 5 UmwStG erfasst wird. Für die Umwandlung des Einbringenden nach §§ 3 ff. UmwStG kommt ein Absehen von der Anwendung des § 22 Absatz 1 Satz 1 UmwStG i. R. d. Billigkeitsregelung deshalb nicht in Betracht.

Beispiel 2 (Seitwärtsverschmelzung der übernehmenden Gesellschaft):
Die GmbH 1 bringt ihren Betrieb zu Buchwerten in die GmbH 2 ein. Anschließend wird die GmbH 2 zu Buchwerten auf die GmbH 3 innerhalb der Siebenjahresfrist gegen Gewährung von Gesellschaftsrechten verschmolzen.

Lösung:
Die Anteile an der GmbH 2 sind sperrfristbehaftet. Die Verschmelzung der GmbH 2 stellt einen Veräußerungsvorgang i. S. d. § 22 Absatz 1 Satz 1 UmwStG dar. Wenn die aufgrund der Verschmelzung erhaltenen Anteile an der übernehmenden GmbH 3 nach § 13 Absatz 2 Satz 2 UmwStG mit dem Buchwert angesetzt werden, kann i. R. d. Billigkeitsregelung je nach Lage des Einzelfalls und bei Vorliegen der obigen Voraussetzungen von der Anwendung des § 22 Absatz 1 Satz 1 UmwStG bei der GmbH 1 abgesehen werden.

Werden von der übernehmenden Gesellschaft im zeitlichen Zusammenhang mit der Umwandlung Gewinnausschüttungen getätigt, kann es jedoch z. B. zu einer Statusverbesserung kommen, wenn infolge der Umwandlung (z. B. aufgrund einer unterjährigen Zuführung eines Bestands des steuerlichen Einlagekontos beim übernehmenden Rechtsträger) das Auslösen eines Ersatzrealisationstatbestands nach § 22 Absatz 1 Satz 6 Nummer 3 UmwStG verhindert werden soll.

Alternative:
Sachverhalt wie Beispiel 2. Es erfolgt jedoch eine Verschmelzung der GmbH 2 auf eine Personengesellschaft.

Lösung Alternative:
Bei einer Seitwärtsverschmelzung der GmbH 2 nach §§ 3 ff. UmwStG liegt infolge des Untergangs der sperrfristbehafteten Anteile insoweit bereits kein mit einer Weitereinbringung i. S. d. § 22 Absatz 1 Satz 6 Nummer 2, 4 und 5 UmwStG vergleichbarer Vorgang vor. Ein Absehen von der Anwendung des § 22 Absatz 1 Satz 1 UmwStG i. R. d. Billigkeitsregelung kommt deshalb nicht in Betracht.

Beispiel 3 („Rückumwandlung"):
Die GmbH 1 bringt ihren Betrieb zu Buchwerten in die GmbH 2 ein. Anschließend wird die GmbH 2 auf die GmbH 1 innerhalb der Siebenjahresfrist zu Buchwerten verschmolzen, wodurch die sperrfristbehafteten Anteile untergehen.

Lösung:
Die Aufwärtsverschmelzung stellt einen Veräußerungsvorgang i. S. d. § 22 Absatz 1 Satz 1 UmwStG dar und löst damit die rückwirkende Einbringungsgewinnbesteuerung i. S. d. § 22 Absatz 1 Satz 1 UmwStG aus.

Aufgrund des Untergangs der sperrfristbehafteten Anteile liegt kein mit einer Weitereinbringung vergleichbarer Vorgang vor. Im Übrigen widerspricht dies der Wertungsentscheidung des Gesetzgebers in § 22 Absatz 1 Satz 6 Nummer 3 UmwStG betreffend die Auflösung und Abwicklung der übernehmenden Gesellschaft. Ein Absehen von der Anwendung des § 22 Absatz 1 Satz 1 UmwStG i. R. d. Billigkeitsregelung kommt deshalb nicht in Betracht.

22.24 Die Auflösung und Abwicklung einer Kapitalgesellschaft, an der die sperrfristbehafteten Anteile bestehen, löst in vollem Umfang die rückwirkende Einbringungsbesteuerung (§ 22 Absatz 1 Satz 6 Nummer 3 und Absatz 2 Satz 6 UmwStG) auf den Zeitpunkt der Schlussverteilung des Vermögens aus. Dies gilt unabhängig davon, wer in diesem Zeitpunkt Gesellschafter der Kapitalgesellschaft ist. Das Insolvenzverfahren löst mangels Abwicklung (§ 11 Absatz 7 KStG) den Ersatztatbestand nicht aus.

Anlage 16

Umwandlung

In den Fällen der Kapitalherabsetzung und der Einlagenrückgewähr (§ 27 KStG), kommt es nur insoweit zu einer rückwirkenden Einbringungsgewinnbesteuerung, als der tatsächlich aus dem steuerlichen Einlagekonto i. S. v. § 27 KStG ausgekehrte Betrag den Buchwert bzw. die Anschaffungskosten der sperrfristbehafteten Anteile im Zeitpunkt der Einlagenrückgewähr übersteigt. Der übersteigende Betrag gilt dabei unter Anwendung der Siebtelregelung als Einbringungsgewinn, wenn dieser den tatsächlichen Einbringungsgewinn (§ 22 Absatz 1 Satz 3 und Absatz 2 Satz 3 UmwStG) nicht übersteigt. Dies gilt auch in den Fällen von Mehrabführungen i. S. d. § 14 Absatz 3 oder 4 KStG, soweit dafür das steuerliche Einlagekonto i. S. v. § 27 KStG als verwendet gilt. In den Fällen organschaftlicher Mehrabführungen ist dabei der Buchwert der sperrfristbehafteten Anteile im Zeitpunkt der Mehrabführung um aktive und passive Ausgleichsposten i. S. v. § 14 Absatz 4 KStG zu korrigieren.

Die vorstehenden Grundsätze gelten auch in den Fällen der Ketteneinbringung.

Beispiel:
A ist seit der Gründung zu 100 % an der A-GmbH beteiligt (Nennkapital 50.000 €, Anschaffungskosten inkl. nachträglicher Anschaffungskosten 500.000 €, gemeiner Wert des Betriebsvermögens 240.000 €). Zum 31.12.07 bringt er sein Einzelunternehmen (Buchwert 100.000 €, gemeiner Wert 240.000 €) gegen Gewährung von Gesellschaftsrechten zum Nennwert von 50.000 € in die A-GmbH ein; der übersteigende Betrag wurde der Kapitalrücklage zugeführt. Die A-GmbH führt die Buchwerte fort. Im Juni 09 erhält A eine Ausschüttung der A-GmbH i. H. v. 700.000 €, für die i. H. v. 550.000 € das steuerliche Einlagekonto als verwendet gilt.

Lösung:
Nach § 22 Absatz 1 Satz 6 Nummer 3 UmwStG kommt es im Fall der Einlagenrückgewähr grundsätzlich zu einer rückwirkenden Besteuerung des Einbringungsgewinns I. Dabei entfällt die Ausschüttung aus dem steuerlichen Einlagekonto anteilig (zu 50 %) auf die sperrfristbehafteten Anteile. Zunächst mindern sich aufgrund der (anteiligen) Verwendung des steuerlichen Einlagekontos für die Ausschüttung an A (steuerneutral) die Anschaffungskosten der sperrfristbehafteten Anteile des A i. H. v. 100.000 € bis auf 0 €. Soweit die Hälfte der aus dem steuerlichen Einlagekonto an A ausgekehrten Beträge die Anschaffungskosten des A für die sperrfristbehafteten Anteile übersteigt, entsteht ein Einbringungsgewinn I, der rückwirkend in 07 als Gewinn nach § 16 EStG zu versteuern ist:

Auf die sperrfristbehafteten Anteile entfallende Auskehrung aus dem steuerlichen Einlagekonto (50 % von 550.000 €)	275.000 €
./. Buchwert der sperrfristbehafteten Anteile	100.000 €
= Einbringungsgewinn I vor Siebtelung	175.000 €
davon $^6/_7$	150.000 €

Der zu versteuernde Betrag darf aber den Einbringungsgewinn I i. S. v. § 22 Absatz 1 Satz 3 UmwStG nicht übersteigen (Deckelung):

gemeiner Wert des eingebrachten Betriebsvermögens im Zeitpunkt der Einbringung (31.12.07)	240.000 €
./. Buchwert der sperrfristbehafteten Anteile	100.000 €
= Einbringungsgewinn I vor Siebtelung	140.000 €
davon $^6/_7$ = höchstens zu versteuernder Einbringungsgewinn I	120.000 €

Anlage 16

Umwandlung

Somit kommt es in 07 zu einer rückwirkenden Einbringungsgewinnbesteuerung i. H. v. 120.000 €. In derselben Höhe (120.000 €) entstehen nachträgliche Anschaffungskosten auf die sperrfristbehafteten Anteile des A. Damit ergibt sich in 09 im Hinblick auf die sperrfristbehafteten Anteile i. H. v. 55.000 € (Ausschüttung aus dem steuerlichen Einlagekonto 275.000 € ./. ursprüngliche Anschaffungskosten 100.000 € ./. nachträgliche Anschaffungskosten 120.000 €) ein Gewinn nach § 17 Absatz 4 EStG, auf den § 3 Nummer 40 EStG Anwendung findet.

Werden die sperrfristbehafteten Anteile mittels Sacheinlage oder Anteilstausch zum Buchwert nach § 22 Absatz 1 Satz 6 Nummer 2 UmwStG steuerunschädlich weiterübertragen (Ketteneinbringung), löst auch die unmittelbare oder mittelbare Veräußerung der sperrfristbehafteten Anteile durch die übernehmende Gesellschaft die rückwirkende Einbringungsgewinnbesteuerung beim Einbringenden aus (§ 22 Absatz 1 Satz 6 Nummer 4 und Absatz 2 Satz 6 und § 23 Absatz 1 UmwStG). Dies gilt nicht, wenn der Einbringende oder dessen unentgeltlicher Rechtsnachfolger nachweist, dass die sperrfristbehafteten Anteile im Wege der Sacheinlage (§ 20 Absatz 1 UmwStG) oder des Anteilstauschs (§ 21 Absatz 1 UmwStG) zum Buchwert oder durch einen vergleichbaren ausländischen Vorgang zum Buchwert übertragen wurden (§ 22 Absatz 1 Satz 6 Nummer 4 UmwStG). Randnr. 22.22 Satz 3 gilt entsprechend.

22.25

Beispiel:

X bringt sein Einzelunternehmen (gemeiner Wert 170.000 €) am 1.1.08 gegen Gewährung von Anteilen zum Buchwert 100.000 € in die neu gegründete A-GmbH (Stammkapital 50.000 €) ein. Am 1.3.09 überträgt er die sperrfristbehafteten Anteile an der A-GmbH (gemeiner Wert 220.000 €) i. R. eines qualifizierten Anteilstauschs (§ 21 Absatz 1 UmwStG) gegen Gewährung neuer Anteile zum Buchwert und damit steuerunschädlich (§ 22 Absatz 1 Satz 6 Nummer 2 UmwStG) auf die B-GmbH. Die B-GmbH überträgt ihrerseits zum 1.10.09 die sperrfristbehafteten Anteile an der A-GmbH (gemeiner Wert 275.000 €) i. R. eines qualifizierten Anteilstauschs (§ 21 Absatz 1 UmwStG) gegen Gewährung neuer Anteile zum Buchwert und damit steuerunschädlich (§ 22 Absatz 1 Satz 6 Nummer 4 UmwStG) auf die C-GmbH. Die C-GmbH veräußert die sperrfristbehafteten Anteile an der A-GmbH am 1.7.10 zum Preis von 300.000 €.

Lösung:

Die Veräußerung der sperrfristbehafteten Anteile an der A-GmbH durch die übernehmende C-GmbH am 1.7.10 löst nach § 22 Absatz 1 Satz 1 i. V. m. Satz 6 Nummer 4 UmwStG zum einen die rückwirkende Besteuerung des Einbringungsgewinns I bei X zum 1.1.08 aus. Dabei wird der Einbringungsgewinn I i. H. v. $^5/_7$ versteuert. Dieser gilt sowohl als nachträgliche Anschaffungskosten des X für die Anteile an der A-GmbH (§ 22 Absatz 1 Satz 4 UmwStG) als auch für die Anteile an der B-GmbH (§ 22 Absatz 1 Satz 7 i. V. m. Satz 4 UmwStG). Bei der B-GmbH und der C-GmbH liegen insoweit ebenfalls nachträgliche Anschaffungskosten auf die Anteile an der A-GmbH sowie bei der B-GmbH auf die Anteile an der C-GmbH vor. Die A-GmbH kann darüber hinaus nach § 23 Absatz 2 Satz 1 UmwStG auf Antrag beim übernommenen Betriebsvermögen einen Erhöhungsbetrag i. H. des versteuerten Einbringungsgewinns I ansetzen.

gemeiner Wert des eingebrachten Betriebsvermögens im Zeitpunkt der Einbringung (1.1.08)	170.000 €
./. Buchwert der sperrfristbehafteten Anteile	100.000 €
= Einbringungsgewinn I vor Siebtelung	70.000 €
davon $^5/_7$ = von X zu versteuernder Einbringungsgewinn I	50.000 €

Anlage 16

Umwandlung

Zum anderen löst die Veräußerung der sperrfristbehafteten Anteile an der A-GmbH durch die C-GmbH im Hinblick auf den Anteilstausch des X i. H. v. $^6/_7$ auch die Besteuerung des Einbringungsgewinns II (§ 22 Absatz 2 Satz 1 UmwStG) zum 1.3.09 aus. Die nachträglichen Anschaffungskosten aus der Besteuerung des Einbringungsgewinns I vermindern dabei den Einbringungsgewinn II. Dieser gilt sowohl als nachträgliche Anschaffungskosten des X für die Anteile an der B-GmbH (§ 22 Absatz 2 Satz 4 UmwStG) als auch als nachträgliche Anschaffungskosten der B-GmbH und der C-GmbH für die Anteile an der A-GmbH (§ 23 Absatz 2 Satz 3 UmwStG) sowie der Anschaffungskosten der B-GmbH für die Anteile an der C-GmbH (§ 23 Absatz 2 Satz 3 i. V. m. § 22 Absatz 1 Satz 7 UmwStG).

gemeiner Wert der eingebrachten Anteile an der A-GmbH im Zeitpunkt des Anteilstauschs (1.3.09)	220.000 €
./. ursprünglicher Buchwert der sperrfristbehafteten Anteile	100.000 €
./. nachträgliche Anschaffungskosten aus versteuertem Einbringungsgewinn I	50.000 €
= Einbringungsgewinn II vor Siebtelung	70.000 €
davon $^6/_7$ = von X zu versteuernder Einbringungsgewinn II	60.000 €

Die rückwirkende Einbringungsbesteuerung bei X löst auf der Ebene der B-GmbH im Hinblick auf die steuerliche Behandlung der Einbringung der Anteile an der A-GmbH in die C-GmbH zum Buchwert keine Änderung aus, da sich sowohl die Anschaffungskosten der Anteile an der A-GmbH als auch der Veräußerungspreis der Anteile (§ 21 Absatz 2 Satz 1 UmwStG) um den von X zu versteuernden Einbringungsgewinn I und II erhöhen.

Auf der Ebene der C-GmbH verringern die nachträglichen Anschaffungskosten den zu versteuernden Veräußerungsgewinn aus den Anteilen an der A-GmbH:

Veräußerungspreis Anteile A-GmbH (1.7.10)	300.000 €
./. ursprünglicher Buchwert der sperrfristbehafteten Anteile	100.000 €
./. nachträgliche Anschaffungskosten aus versteuertem Einbringungsgewinn I und II	110.000 €
= Veräußerungsgewinn aus Beteiligung A-GmbH	90.000 €
steuerfrei gem. § 8b Absatz 2 KStG	90.000 €
nichtabziehbare Betriebsausgaben (§ 8b Absatz 3 Satz 3 KStG)	4.500 €

22.26 Werden die sperrfristbehafteten Anteile mittels Sacheinlage oder Anteilstausch zum Buchwert nach § 22 Absatz 1 Satz 6 Nummer 2 UmwStG steuerneutral weiter übertragen, löst auch die unmittelbare oder mittelbare Veräußerung der auf der Einbringung der sperrfristbehafteten Anteile beruhenden Anteile die rückwirkende Einbringungsgewinnbesteuerung beim Einbringenden aus (§ 22 Absatz 1 Satz 6 Nummer 5 und Absatz 2 Satz 6 UmwStG). Dies gilt bei einem Ereignis i. S. d. § 22 Absatz 1 Satz 6 Nummer 3 UmwStG entsprechend.

Beispiel:
X bringt sein Einzelunternehmen (gemeiner Wert 170.000 €) am 1.1.08 gegen Gewährung von Anteilen zum Buchwert 100.000 € in die neu gegründete A-GmbH (Stammkapital 50.000 €) ein. Am 1.3.09 überträgt er die sperrfristbehafteten Anteile an der A-GmbH i. R. eines qualifizierten Anteilstauschs gegen Gewährung neuer Anteile zum Buchwert auf die B-GmbH. X veräußert die sperrfristbehafteten Anteile an der B-GmbH am 1 7.10.

Anlage 16
Umwandlung

Lösung:
Die Einbringung der sperrfristbehafteten Anteile an der A-GmbH in die B-GmbH zum Buchwert nach § 21 Absatz 1 Satz 2 UmwStG löst nicht die rückwirkende Besteuerung des Einbringungsgewinns I aus (§ 22 Absatz 1 Satz 6 Nummer 2 UmwStG). Damit gelten auch die Anteile an der B-GmbH als sperrfristbehaftet.

Die Veräußerung der sperrfristbehafteten Anteile an der B-GmbH durch X am 1.7.10 löst nach § 22 Absatz 1 Satz 6 Nummer 5 UmwStG die rückwirkende Einbringungsgewinnbesteuerung bei X zum 1.1.08 aus. Dabei wird der Einbringungsgewinn I i. H. v. $^5/_7$ versteuert.

Der zu versteuernde Einbringungsgewinn I gilt sowohl als nachträgliche Anschaffungskosten der B-GmbH für die Anteile an der A-GmbH (§ 22 Absatz 1 Satz 4 UmwStG) als auch als nachträgliche Anschaffungskosten des X für die Anteile an der B-GmbH (§ 22 Absatz 1 Satz 7 i. V. m. Satz 4 UmwStG). Die nachträglichen Anschaffungskosten aus der Besteuerung des Einbringungsgewinns I vermindern somit den Gewinn aus der Veräußerung der Anteile an der B-GmbH i. S. v. § 17 EStG zum 1.7.10 entsprechend. Die A-GmbH kann darüber hinaus nach § 23 Absatz 2 Satz 1 UmwStG auf Antrag beim übernommenen Betriebsvermögen einen Erhöhungsbetrag i. H. des versteuerten Einbringungsgewinns I ansetzen.

4. Wegfall der Voraussetzungen i. S. v. § 1 Absatz 4 UmwStG

Erfüllt der Einbringende oder in den Fällen der Ketteneinbringung auch die übernehmende Gesellschaft oder der jeweilige unentgeltliche Rechtsnachfolger in den Fällen der Sacheinlage aufgrund Wegzugs, Sitzverlegung oder Änderung eines DBA die Voraussetzungen von § 1 Absatz 4 UmwStG innerhalb des Siebenjahreszeitraums nicht mehr, führt dies zur rückwirkenden Besteuerung des Einbringungsgewinns I (§ 22 Absatz 1 Satz 6 Nummer 6 UmwStG). Satz 1 gilt in den Fällen des Anteilstauschs im Hinblick auf die übernehmende Gesellschaft entsprechend (§ 22 Absatz 2 Satz 6 zweiter Halbsatz UmwStG).

22.27

IV. Nachweispflichten (§ 22 Absatz 3 UmwStG)

Um die Besteuerung des Einbringungsgewinns in den Fällen eines schädlichen Ereignisses sicherzustellen, ist der Einbringende (vgl. Randnr. 20.02 f. und 22.02) nach § 22 Absatz 3 Satz 1 UmwStG verpflichtet, jährlich bis zum 31.5. nachzuweisen, wem die sperrfristbehafteten Anteile und im Fall der Einbringung durch eine Personengesellschaft als Einbringende auch ihre Mitunternehmeranteile (vgl. Randnr. 22.02) an dem Tag, der dem maßgebenden Einbringungszeitpunkt entspricht, zuzurechnen sind. Dies gilt auch für die auf einer Weitereinbringung der erhaltenen oder eingebrachten Anteile beruhenden Anteile. Im Fall der unentgeltlichen Rechtsnachfolge (§ 22 Absatz 6 UmwStG) ist der Nachweis vom Rechtsnachfolger und im Fall der Mitverstrickung von Anteilen (§ 22 Absatz 7 UmwStG) neben dem Einbringenden auch vom Anteilseigner der mitverstrickten Anteile zu erbringen. Wird der Nachweis nicht erbracht, gelten die Anteile als zu Beginn des jeweiligen jährlichen Überwachungszeitraums innerhalb der siebenjährigen Sperrfrist veräußert.

22.28

Beispiel:
A hat seinen Betrieb zum 1.3.07 (Einbringungszeitpunkt) zu Buchwerten gegen Gewährung von Anteilen in die X-GmbH eingebracht (§ 20 Absatz 2 UmwStG). Den Nachweis, wem die Anteile an der X-GmbH zum 1.3.08 zuzurechnen sind, hat er zum 31.5.08 erbracht. Ein Nachweis, wem die Anteile an der X-GmbH zum 1.3.09 zuzurechnen sind, wurde bis zum 31.5.09 nicht vorgelegt.

Anlage 16

Umwandlung

Lösung:
Nach § 22 Absatz 3 Satz 1 UmwStG hat A erstmals bis zum 31.5.08 nachzuweisen, wem die Anteile an der X-GmbH zum 1.3.08 zuzurechnen sind. Dieser Nachweis wurde erbracht (Überwachungszeitraum vom 2.3.07 bis zum 1.3.08). Da A jedoch den bis zum 31.5.09 vorzulegenden Nachweis, wem die Anteile an der X-GmbH zum 1.3.09 zuzurechnen sind (Überwachungszeitraum vom 2.3.08 bis 1.3.09), nicht erbracht hat, gelten die Anteile nach § 22 Absatz 3 Satz 2 UmwStG als am 2.3.08 veräußert. Als Folge hiervon ist zum einen eine rückwirkende Besteuerung des Einbringungsgewinns zum 1.3.07 (Einbringungszeitpunkt) und zum anderen eine Besteuerung des Gewinns aus der – fiktiven – Veräußerung der Anteile zum 2.3.08 durchzuführen.

22.29 Im Fall eines schädlichen Ereignisses treten die Besteuerungsfolgen (rückwirkende Einbringungsgewinnbesteuerung nach § 22 Absatz 1 oder 2 UmwStG) sowohl in den Fällen der Sacheinlage als auch in den Fällen des Anteilstauschs beim Einbringenden ein. Der Einbringende hat deshalb in beiden Fällen den Nachweis (§ 22 Absatz 3 Satz 1 UmwStG) bei dem für ihn zuständigen Finanzamt zu erbringen. Scheidet der Einbringende nach der Einbringung aus der unbeschränkten Steuerpflicht aus, ist der Nachweis bei dem Finanzamt i. S. v. § 6 Absatz 7 Satz 1 AStG zu erbringen. War der Einbringende vor der Einbringung im Inland beschränkt steuerpflichtig, hat er den Nachweis bei dem für den Veranlagungszeitraum der Einbringung zuständigen Finanzamt zu erbringen.

22.30 In den Fällen der Sacheinlage hat der Einbringende eine schriftliche Erklärung darüber abzugeben, wem seit der Einbringung die erhaltenen Anteile als wirtschaftlichem Eigentümer zuzurechnen sind. Sind die Anteile zum maßgebenden Zeitpunkt dem Einbringenden zuzurechnen, hat er darüber hinaus eine Bestätigung der übernehmenden Gesellschaft über seine Gesellschafterstellung vorzulegen. In allen anderen Fällen hat er nachzuweisen, an wen und auf welche Weise die Anteile übertragen worden sind.

In den Fällen des Anteilstauschs ist eine entsprechende Bestätigung der übernehmenden Gesellschaft über das wirtschaftliche Eigentum an den eingebrachten Anteilen und zur Gesellschafterstellung ausreichend; die Gesellschafterstellung kann auch durch Vorlage der Steuerbilanz der übernehmenden Gesellschaft nachgewiesen werden.

Der Nachweis der Gesellschafterstellung kann auch anderweitig, z. B. durch Vorlage eines Auszugs aus dem Aktienregister (§ 67 AktG), einer Gesellschafterliste (§ 40 GmbHG) oder einer Mitgliederliste (§ 30 GenG), zum jeweiligen Stichtag erbracht werden.

22.31 Der Nachweis ist jährlich bis zum 31.5. zu erbringen. Er ist erstmals zu erbringen, wenn das erste auf den Einbringungszeitpunkt folgende Zeitjahr bereits vor dem 31.5. abgelaufen ist.

22.32 Erbringt der Einbringende den Nachweis nicht, gelten die sperrfristbehafteten Anteile als veräußert mit der Folge, dass beim Einbringenden auf den Einbringungszeitpunkt eine rückwirkende Einbringungsgewinnbesteuerung durchzuführen ist. Darüber hinaus ist auf den Zeitpunkt i. S. v. § 22 Absatz 3 Satz 2 UmwStG eine Besteuerung des Veräußerungsgewinns für die Anteile durchzuführen. Im Fall des Fristversäumnis ist deshalb der Einbringende aufzufordern, Angaben zum gemeinen Wert des eingebrachten Betriebsvermögens oder der eingebrachten Anteile zum Einbringungszeitpunkt und den Einbringungskosten zu machen. Dasselbe gilt für die als veräußert geltenden Anteile zum Zeitpunkt der Veräußerungsfiktion und die entsprechenden Veräußerungskosten. Macht er keine verwertbaren Angaben, sind der gemeine Wert des eingebrachten Betriebsvermögens oder der eingebrachten Anteile und der als veräußert geltenden Anteile sowie die jeweiligen Kosten zu schätzen (§ 162 AO).

22.33 Die Nachweisfrist kann nicht verlängert werden. Erbringt der Einbringende den Nachweis erst nach Ablauf der Frist, können allerdings die Angaben noch berücksichtigt werden, wenn eine Änderung der betroffenen Bescheide verfahrensrechtlich möglich ist. Dies

Anlage 16
Umwandlung

bedeutet, dass im Fall eines Rechtsbehelfsverfahrens der Nachweis längstens noch bis zum Abschluss des Klageverfahrens erbracht werden kann.

V. Juristische Personen des öffentlichen Rechts und von der Körperschaftsteuer befreite Körperschaften als Einbringende (§ 22 Absatz 4 UmwStG)

Ist der Einbringende eine juristische Person des öffentlichen Rechts, lösen die Veräußerung der erhaltenen Anteile oder die nach § 22 Absatz 1 Satz 6 UmwStG gleichgestellten Tatbestände die rückwirkende Besteuerung des Einbringungsgewinns I nach § 22 Absatz 1 UmwStG aus. Der Einbringungsgewinn I ist als Gewinn i. S. v. § 16 EStG beim einbringenden Betrieb gewerblicher Art nach den Grundsätzen des § 22 Absatz 1 UmwStG zu versteuern. 22.34

Daneben gilt nach § 22 Absatz 4 Nummer 1 UmwStG innerhalb des Siebenjahreszeitraums auch der Gewinn aus der Veräußerung der erhaltenen Anteile als in einem Betrieb gewerblicher Art der juristischen Person des öffentlichen Rechts entstanden. Dieser ist nach § 8b Absatz 2 und 3 KStG von der Körperschaftsteuer freigestellt, unterliegt jedoch unter den Voraussetzungen des § 20 Absatz 1 Nummer 10 Buchstabe b EStG dem Kapitalertragsteuerabzug. 22.35

Ist der Einbringende eine von der Körperschaftsteuer befreite Körperschaft, ist Randnr. 22.34 hinsichtlich des wirtschaftlichen Geschäftsbetriebs entsprechend anzuwenden. 22.36

Daneben gilt nach § 22 Absatz 4 Nummer 2 UmwStG auch der Gewinn aus der Veräußerung der erhaltenen Anteile innerhalb des Siebenjahreszeitraums als in einem wirtschaftlichen Geschäftsbetrieb entstanden. Dieser ist nach § 8b Absatz 2 und 3 KStG von der Körperschaftsteuer freigestellt, unterliegt jedoch unter den Voraussetzungen des § 20 Absatz 1 Nummer 10 Buchstabe b EStG dem Kapitalertragsteuerabzug (§ 20 Absatz 1 Nummer 10 Buchstabe b Satz 4 EStG). 22.37

VI. Bescheinigung des Einbringungsgewinns und der darauf entfallenden Steuer (§ 22 Absatz 5 UmwStG)

Die übernehmende Gesellschaft kann in den Fällen der Sacheinlage nach § 23 Absatz 2 Satz 1 UmwStG auf Antrag den auf das eingebrachte Betriebsvermögen (ohne Anteile an Kapitalgesellschaften und Genossenschaften) entfallenden Einbringungsgewinn I als Erhöhungsbetrag ansetzen, wenn durch Vorlage einer Bescheinigung des für den Einbringenden zuständigen Finanzamts nachgewiesen ist, dass der Einbringende die auf den Einbringungsgewinn I entfallende Einkommen- oder Körperschaftsteuer auch entrichtet hat (vgl. Randnr. 23.08 – 23.10). In den Fällen der Einbringung von Anteilen erhöhen sich nach § 23 Absatz 2 Satz 3 UmwStG bei der übernehmenden Gesellschaft auf Antrag die Anschaffungskosten der eingebrachten Anteile, wenn eine entsprechende Bescheinigung hinsichtlich der Versteuerung des Einbringungsgewinns II vorliegt (vgl. Randnr. 23.11). 22.38

Das für den Einbringenden zuständige Finanzamt hat nach § 22 Absatz 5 erster Halbsatz UmwStG auf Antrag der übernehmenden Gesellschaft den zu versteuernden Einbringungsgewinn, die darauf entfallende festgesetzte Steuer und den darauf entrichteten Steuerbetrag zu bescheinigen. Zur Entrichtung der Steuer vgl. Randnr. 23.12 f. 22.39

Die Antragstellung kann aus Vereinfachungsgründen auch durch den Einbringenden erfolgen.

Mindern sich die bescheinigten Beträge – beispielsweise aufgrund eines Rechtsbehelfsverfahrens – nachträglich, hat das die Bescheinigung ausstellende Finanzamt dem für die übernehmende Gesellschaft zuständigen Finanzamt von Amts wegen die Minderungsbeträge mitzuteilen (§ 22 Absatz 5 zweiter Halbsatz UmwStG). 22.40

Anlage 16

Umwandlung

VII. Unentgeltliche Rechtsnachfolge (§ 22 Absatz 6 UmwStG)

22.41 Werden sperrfristbehaftete Anteile beispielsweise durch Schenkung, Erbfall, unentgeltliche vorweggenommene Erbfolge, verdeckte Gewinnausschüttung, unentgeltliche Übertragung oder Überführung nach § 6 Absatz 3 oder § 6 Absatz 5 EStG oder Realteilung unmittelbar oder mittelbar unentgeltlich übertragen, gilt der Erwerber insoweit als unentgeltlicher Rechtsnachfolger i. S. v. § 22 Absatz 6 UmwStG. Dies gilt nicht in den Fällen der unentgeltlichen Übertragung auf eine Kapitalgesellschaft oder Genossenschaft nach § 22 Absatz 1 Satz 6 Nummer 1 UmwStG (vgl. auch Randnr. 22.20).

Beispiel:

A ist zu 100 % an der M-GmbH beteiligt. Die M-GmbH bringt am 1.1.07 einen Teilbetrieb nach § 20 Absatz 2 Satz 2 UmwStG zu Buchwerten (Buchwert 100.000 €, gemeiner Wert 450.000 €) in die T-GmbH ein. In 08 überträgt die M-GmbH die Anteile an der T-GmbH (gemeiner Wert 520.000 €) unentgeltlich auf den Alleingesellschafter A. Dieser veräußert am 1.7.09 die sperrfristbehafteten Anteile an der T-GmbH für 550.000 €.

Lösung:

Die unentgeltliche Übertragung der sperrfristbehafteten Anteile an der T-GmbH auf den Alleingesellschafter A stellt eine verdeckte Gewinnausschüttung i. S. v. § 8 Absatz 3 Satz 2 KStG dar. Die Einkommenshinzurechnung aus der verdeckten Gewinnausschüttung (gemeiner Wert 520.000 € ./. Buchwert 100.000 € = 420.000 €) ist nach § 8b Absatz 2 KStG steuerfrei. Gleichzeitig sind nach § 8b Absatz 3 Satz 1 KStG 5 % des Veräußerungsgewinns als nichtabziehbare Betriebsausgabe außerhalb der Bilanz hinzuzurechnen. Die rückwirkende Besteuerung des Einbringungsgewinns I bei der M-GmbH wird durch die unentgeltliche Übertragung der Anteile auf die natürliche Person A nicht ausgelöst (§ 22 Absatz 1 Satz 6 Nummer 1 UmwStG). A gilt jedoch im Hinblick auf die sperrfristbehafteten Anteile an der T-GmbH als unentgeltlicher Rechtsnachfolger i. S. v. § 22 Absatz 6 UmwStG.

Die Veräußerung der sperrfristbehafteten Anteile an der T-GmbH durch A in 09 löst die rückwirkende Besteuerung des Einbringungsgewinns I bei der M-GmbH in 07 aus (§ 22 Absatz 1 i. V. m. Absatz 6 UmwStG):

gemeiner Wert des eingebrachten Betriebsvermögens im Zeitpunkt der Einbringung (1.1.07)	450.000 €
./. Buchwert der sperrfristbehafteten Anteile	100.000 €
= Einbringungsgewinn I vor Siebtelung	350.000 €
davon $^5/_7$ = von der M-GmbH zu versteuernder Einbringungsgewinn I	250.000 €

Der Einbringungsgewinn I gilt als nachträgliche Anschaffungskosten der sperrfristbehafteten Anteile an der T-GmbH (§ 22 Absatz 1 Satz 4 UmwStG). Die in 08 durch die unentgeltliche Übertragung der sperrfristbehafteten Anteile auf A bei der M-GmbH entstandene (steuerfreie) Einkommenszurechnung vermindert sich entsprechend von 420.000 € auf 170.000 €. Die nichtabziehbaren Betriebsausgaben nach § 8b Absatz 3 Satz 1 KStG vermindern sich auf 5 % von 170.000 €. Die Höhe der Bezüge i. S. v. § 20 Absatz 1 Nummer 1 Satz 2 EStG aus der verdeckten Gewinnausschüttung bei A ändert sich hierdurch nicht.

Der Einbringungsgewinn I gilt grundsätzlich auch beim unentgeltlichen Rechtsnachfolger A als nachträgliche Anschaffungskosten der sperrfristbehafteten Anteile (§ 22 Absatz 6 i. V. m. Absatz 1 Satz 4 UmwStG). Diese wirken sich jedoch bei A nicht mehr aus, da wegen der Besteuerung der verdeckten Gewinnausschüttung als Beteiligungsertrag bei A die Anteile an der T-GmbH mit dem gemeinen Wert im Zeitpunkt der verdeckten Gewinnausschüttung (520.000 €) zum Ansatz kommen. Der Veräußerungsgewinn aus den Anteilen an der T-GmbH in 09 ermittelt sich bei A demnach wie folgt:

Veräußerungspreis der sperrfristbehafteten Anteile am 1.7.09	550.000 €
./. Anschaffungskosten der sperrfristbehafteten Anteile	520.000 €
= Veräußerungsgewinn nach § 17 Absatz 2 EStG	30.000 €

Der Veräußerungsgewinn ist anteilig steuerfrei (§ 3 Nummer 40 Satz 1 Buchstabe c i. V. m. § 3c Absatz 2 EStG).

Sind beim unentgeltlichen Rechtsnachfolger die Voraussetzungen des § 1 Absatz 4 UmwStG nicht erfüllt, löst die unentgeltliche Übertragung die Besteuerung des Einbringungsgewinns nach § 22 Absatz 1 Satz 6 Nummer 6 UmwStG aus (vgl. Randnr. 22.27).   22.42

VIII. Verlagerung stiller Reserven auf andere Gesellschaftsanteile (§ 22 Absatz 7 UmwStG, Mitverstrickung von Anteilen)

Gehen i. R. d. Gesellschaftsgründung oder einer Kapitalerhöhung aus Gesellschaftermitteln stille Reserven aus einer Sacheinlage (§ 20 Absatz 1 UmwStG) oder einem Anteilstausch auf andere Anteile desselben Gesellschafters oder unentgeltlich auf Anteile Dritter über, tritt insoweit zwar weder eine Einbringungsgewinnbesteuerung noch eine Gewinnverwirklichung ein; diese Anteile werden aber nach § 22 Absatz 7 UmwStG ebenfalls von der Steuerverstrickung nach § 22 Absatz 1 und 2 UmwStG erfasst.   22.43

Beispiel:
Das Stammkapital der X-GmbH soll in 09 von 50.000 € auf 100.000 € erhöht werden. Der gemeine Wert der GmbH vor Kapitalerhöhung beläuft sich auf 400.000 €. Den neu gebildeten Geschäftsanteil von nominell 50.000 € übernimmt S gegen Bareinlage von 100.000 €. Die Altanteile von ebenfalls nominell 50.000 € werden von V, dem Vater des S, gehalten, der sie in 08 gegen Sacheinlage seines Einzelunternehmens (gemeiner Wert 400.000 €) zum Buchwert erworben hatte. Die Anschaffungskosten des V nach § 20 Absatz 3 UmwStG betragen 40.000 €.

Lösung:
Durch die Einlage steigt der gemeine Wert der GmbH auf 500.000 €. Davon entfallen 50 % = 250.000 € auf den jungen Geschäftsanteil des S, der jedoch nur 100.000 € für seinen Anteil aufgewendet hat. Die Wertverschiebung ist darauf zurückzuführen, dass von den Anteilen des V 150.000 € stille Reserven unentgeltlich auf den Geschäftsanteil des S übergegangen sind. Dementsprechend ist der Anteil des S zu 60 % (150.000 €/250.000 €) gem. § 22 Absatz 1 UmwStG steuerverstrickt. Da ein (teilweise) unentgeltlicher Vorgang vorliegt, sind S anteilig die Anschaffungskosten seines Rechtsvorgängers V zuzurechnen i. H. v. 15.000 € (40.000 € x 150.000 €/400.000 €), so dass sich die bei V zu berücksichtigenden Anschaffungskosten entsprechend auf 25.000 € mindern.

Veräußern V und S ihre Anteile für jeweils 250.000 €, löst dies bei V in 08 eine rückwirkende Einbringungsgewinnbesteuerung nach § 22 Absatz 1 UmwStG i. H. v. 400.000 € ./. 40.000 € = 360.000 € aus. I. H. des versteuerten Einbringungsgewinns erhöhen sich nachträglich die Anschaffungskosten der Anteile von S und V:

Bei V erhöhen sich die Anschaffungskosten von 25.000 € um 360.000 € x 250.000 €/400.000 € = 225.000 € auf 250.000 € und bei S von 115.000 € um 360.000 € x 150.000 €/400.000 € = 135.000 € auf 250.000 €. Damit ergibt sich bei S und V in 09 ein Veräußerungsgewinn aus den Anteilen nach § 17 EStG von jeweils 0 €.

Anlage 16

Umwandlung

22.44 Randnr. 22.42 gilt entsprechend.

22.45 Die entgeltliche Veräußerung von Bezugsrechten führt zu einer Anwendung von § 22 Absatz 1 Satz 1 und Absatz 2 Satz 1 UmwStG (BFH vom 8.4.1992, I R 128/88, BStBl II S. 761, und BFH vom 13.10.1992, VIII R 3/89, BStBl 1993 II S. 477).

22.46 Wird eine Kapitalerhöhung aus Gesellschaftsmitteln vorgenommen, gelten die jungen Anteile als sperrfristbehaftete Anteile, soweit sie ihrerseits auf sperrfristbehaftete Altanteile entfallen.

E. Auswirkungen bei der übernehmenden Gesellschaft (§ 23 UmwStG)

I. Allgemeines

23.01 Objektbezogene Kosten – hierzu gehört grundsätzlich auch eine bei der Einbringung anfallende Grunderwerbsteuer – können auch nicht aus Vereinfachungsgründen sofort als Betriebsausgaben abgezogen werden, sondern sind als zusätzliche Anschaffungskosten der Wirtschaftsgüter zu aktivieren, bei deren Erwerb (Einbringung) sie angefallen sind. Zur Behandlung von Grunderwerbsteuer bei Anteilsvereinigung (§ 1 Absatz 3 GrEStG) beachte aber auch BFH vom 20.4.2011, I R 2/10, BStBl II S. 761.

23.02 Bei Einbringungsvorgängen geht ein verbleibender Verlustabzug i. S. d. § 10d Absatz 4 Satz 2 EStG nicht auf die übernehmende Gesellschaft über, sondern verbleibt beim Einbringenden. Denn der Verlustabzug bezieht sich auf den Einbringenden persönlich und kann deshalb nicht Bestandteil des Einbringungsgegenstands sein.

Gem. § 23 Absatz 5 UmwStG geht ein vortragsfähiger Gewerbeverlust (Fehlbetrag nach § 10a GewStG) nicht auf die übernehmende Gesellschaft über. Dies gilt entsprechend für den Zinsvortrag und einen EBITDA-Vortrag des eingebrachten Betriebs (§ 20 Absatz 9 UmwStG).

23.03 Wegen der Anwendung von § 8c KStG auf nicht genutzte Verluste und den Zinsvortrag der übernehmenden Gesellschaft vgl. BMF-Schreiben vom 4.7.2008, BStBl I S. 718, und vom 4.7.2008, BStBl I S. 736.

23.04 Bei Begünstigung des Einbringungsfolgegewinns gem. § 23 Absatz 6 i. V. m. § 6 Absatz 1 UmwStG ist die fünfjährige Sperrfrist des § 6 Absatz 3 UmwStG zu beachten.

II. Buchwert- oder Zwischenwertansatz (§ 23 Absatz 1 UmwStG)

23.05 Zum Begriff Buchwert vgl. Randnr. 01.57. Bei der Einbringung von Anteilen an einer Kapitalgesellschaft oder einer Genossenschaft (Anteilstausch) aus einem Privatvermögen treten an die Stelle des Buchwerts die Anschaffungskosten der Anteile.

23.06 In den Fällen der Sacheinlage und des Anteilstauschs zu Buch- oder Zwischenwerten tritt die übernehmende Gesellschaft in die steuerliche Rechtsstellung des Einbringenden ein. In den Fällen der Gesamtrechtsnachfolge nach den Vorschriften des UmwG gilt dies auch bei Ansatz des gemeinen Werts (vgl. § 23 Absatz 4 zweiter Halbsatz UmwStG). In den Fällen der Sacheinlage ist die übernehmende Gesellschaft beispielsweise an die bisherige Abschreibungsbemessungsgrundlage der übertragenen Wirtschaftsgüter, die bisherige Abschreibungs-Methode und die vom Einbringenden angenommene Nutzungsdauer gebunden. Steuerfreie Rücklagen können bei Buchwertansatz von der übernehmenden Gesellschaft fortgeführt werden. Die Regelung des § 12 Absatz 3 erster Halbsatz UmwStG gilt auch für das Nachholverbot des § 6a Absatz 4 EStG. Zur Besitzzeitanrechnung nach § 23 Absatz 1 i. V. m. § 4 Absatz 2 Satz 3 UmwStG vgl. Randnr. 04.15.

Anlage 16
Umwandlung

III. Besonderheiten in den Fällen der rückwirkenden Besteuerung des Einbringungsgewinns (§ 23 Absatz 2 UmwStG)

1. Sacheinlage ohne miteingebrachte Anteile

Kommt es in den Fällen der Sacheinlage zu einer rückwirkenden Besteuerung des Einbringungsgewinns I (§ 22 Absatz 1 UmwStG), kann die übernehmende Gesellschaft auf Antrag in der Steuerbilanz des Wirtschaftsjahrs, in das das schädliche Ereignis i. S. v. § 22 Absatz 1 UmwStG fällt, eine Buchwertaufstockung i. H. des versteuerten Einbringungsgewinns vornehmen. Aus dem Antrag müssen die Höhe und die Zuordnung des Aufstockungsbetrags eindeutig erkennbar sein. Die Buchwertaufstockung ist zunächst mit dem Ausgleichsposten i. S. d. Randnr. 20.20 zu verrechnen. Ein übersteigender Betrag führt zu einer Erhöhung des Steuerbilanzgewinns, der durch eine Kürzung außerhalb der Bilanz zu neutralisieren ist. Gleichzeitig ergibt sich ein Zugang beim steuerlichen Einlagekonto nach § 27 Absatz 1 KStG i. H. des Aufstockungsbetrags, soweit dieser nicht Korrekturbetrag zum Stammkapital ist. 23.07

Beispiel:
Sacheinlage in 01 zum Buchwert von 15.000 €. Stammkapitalerhöhung um 22.000 €. I. H. d. Differenz (7.000 €) ist in der Steuerbilanz 01 ein aktiver Ausgleichsposten anzusetzen. In 03 wird eine rückwirkende Einbringungsgewinnbesteuerung in 01 i. H. v. 10.000 € ausgelöst.

Lösung:
Unter den Voraussetzungen des § 23 Absatz 2 UmwStG kann die übernehmende GmbH eine Aufstockung i. H. v. insgesamt 10.000 € vornehmen. I. H. v. 7.000 € erfolgt eine Verrechnung mit dem steuerlichen Ausgleichsposten. Darüber hinaus kommt es zu einer Erhöhung des Steuerbilanzgewinns i. H. v. 3.000 €, der durch eine Kürzung außerhalb der Bilanz zu neutralisieren ist. Das steuerliche Einlagekonto i. S. v. § 27 KStG erhöht sich um 3.000 €.

Eine Buchwertaufstockung ist nur zulässig, soweit der Einbringende die auf den Einbringungsgewinn entfallende Steuer entrichtet hat und dies durch Vorlage einer Bescheinigung des zuständigen Finanzamts i. S. v. § 22 Absatz 5 UmwStG (vgl. Randnr. 22.39) nachgewiesen wurde (§ 23 Absatz 2 Satz 1 UmwStG). Die Buchwertaufstockung ist einheitlich nach dem Verhältnis der stillen Reserven und stillen Lasten im Einbringungszeitpunkt bei den einzelnen Wirtschaftsgütern vorzunehmen. 23.08

Eine Buchwertaufstockung kommt nur in Betracht, wenn das jeweilige Wirtschaftsgut im Zeitpunkt des schädlichen Ereignisses noch zum Betriebsvermögen der übernehmenden Gesellschaft gehört. Etwas anderes gilt nur, wenn dieses zwischenzeitlich zum gemeinen Wert übertragen wurde (§ 23 Absatz 2 Satz 2 UmwStG) oder untergegangen ist. In diesen Fällen stellt der auf das zum gemeinen Wert übertragene Wirtschaftsgut entfallende Aufstockungsbetrag im Zeitpunkt des schädlichen Ereignisses eine sofort abziehbare Betriebsausgabe dar. Wurde das jeweilige Wirtschaftsgut nicht zum gemeinen Wert übertragen, ist ein Abzug des Aufstockungsbetrags als sofort abziehbarer Aufwand ausgeschlossen. Im Fall der unentgeltlichen Übertragung (z. B. im Wege einer verdeckten Gewinnausschüttung oder einer verdeckten Einlage) ist eine Aufstockung möglich, wenn für steuerliche Zwecke der gemeine Wert bzw. der Teilwert angesetzt wurde. Im Fall der Weitereinbringung der Wirtschaftsgüter zum Buch- oder Zwischenwert scheidet eine Buchwertaufstockung aus. 23.09

Die Bescheinigung nach § 22 Absatz 5 UmwStG stellt einen Grundlagenbescheid i. S. d. § 175 Absatz 1 Satz 1 Nummer 1 AO dar. 23.10

Anlage 16

Umwandlung

2. Anteilstausch und Miteinbringung von Anteilen i. R. einer Sacheinlage

23.11 Kommt es in den Fällen einer (Mit-)Einbringung von Anteilen (§ 20 Absatz 1 oder § 21 Absatz 1 UmwStG) zu einer rückwirkenden Besteuerung des Einbringungsgewinns II (§ 22 Absatz 2 UmwStG), erhöhen sich auf Antrag der übernehmenden Gesellschaft bei dieser die Anschaffungskosten der eingebrachten Anteile (§ 23 Absatz 2 Satz 3 UmwStG). Dadurch verringert sich bei der übernehmenden Gesellschaft der Gewinn aus der Veräußerung der eingebrachten Anteile entsprechend. Dies gilt in den Fällen der Weitereinbringung der eingebrachten Anteile zum Buchwert auch im Hinblick auf die auf der Weitereinbringung beruhenden Anteile (§ 23 Absatz 2 Satz 3, § 22 Absatz 1 Satz 7 UmwStG). Die Ausführungen zu Randnr. 23.07 – 23.10 gelten entsprechend.

Beispiel:

X bringt am 1.1.01 Anteile an der A-GmbH (Anschaffungskosten 55.000 €, gemeiner Wert 90.000 €) nach § 21 Absatz 1 Satz 2 UmwStG zum Buchwert gegen Gewährung von Anteilen in die B-GmbH ein. Diese wiederum bringt in 03 die sperrfristbehafteten Anteile an der A-GmbH nach § 21 Absatz 1 Satz 2 UmwStG zum Buchwert gegen Gewährung von Anteilen in die C-GmbH ein. Die C-GmbH veräußert die Anteile an der A-GmbH am 1.7.04 für 100.000 €.

Lösung:

Die Weitereinbringung der sperrfristbehafteten Anteile an der A-GmbH in 03 durch die B-GmbH zum Buchwert löst keine rückwirkende Einbringungsgewinnbesteuerung bei A in 01 aus, da sie zum Buchwert erfolgt ist (§ 22 Absatz 2 Satz 6 i. V. m. Absatz 1 Satz 6 Nummer 2 UmwStG). Die Veräußerung der sperrfristbehafteten Anteile an der A-GmbH in 04 führt nach § 22 Absatz 1 Satz 1 UmwStG zu einer rückwirkenden Besteuerung des Einbringungsgewinns II i. H. v. 20.000 € ($^4/_7$ x [gemeiner Wert 90.000 € ./. Anschaffungskosten 55.000 €]) zum 1.1.01. Der Einbringungsgewinn II gilt bei X nach § 22 Absatz 2 Satz 4 UmwStG als nachträgliche Anschaffungskosten der Anteile an der B-GmbH.

Darüber hinaus erhöhen sich auf Antrag sowohl die Anschaffungskosten der C-GmbH für die Anteile an der A-GmbH (§ 23 Absatz 2 Satz 3 UmwStG) sowie die Anschaffungskosten der B-GmbH für die Anteile an der C-GmbH (§ 23 Absatz 2 Satz 3 i. V. m. § 22 Absatz 1 Satz 7 UmwStG). Bei der C-GmbH vermindert sich damit der nach § 8b Absatz 2 KStG begünstigte Veräußerungsgewinn aus den Anteilen an der A-GmbH entsprechend. Gleichzeitig sind nur noch 5 % des verminderten Veräußerungsgewinns nach § 8b Absatz 3 Satz 1 KStG als nichtabziehbare Betriebsausgabe außerhalb der Bilanz hinzuzurechnen. Bei der B-GmbH vermindert sich ein künftiger nach § 8b Absatz 2 KStG begünstigter Veräußerungsgewinn aus den Anteilen an der C-GmbH entsprechend.

3. Entrichtung der Steuer

23.12 Eine Buchwertaufstockung ist nur zulässig, soweit der Einbringende die auf den Einbringungsgewinn entfallende Steuer entrichtet hat. Ergibt sich im Wirtschaftsjahr der Einbringung für den Einbringenden auch nach Einbeziehung des Einbringungsgewinns I oder II ein Verlust, gilt die Steuer grundsätzlich mit Bekanntgabe des (geänderten) Verlustfeststellungsbescheids als entrichtet. Ist das Einkommen in dem für die Einbringung maßgeblichen Veranlagungszeitraum zwar positiv, ergibt sich jedoch aufgrund eines Verlustvor- oder -rücktrags keine festzusetzende Steuer, gilt die Steuer ebenfalls mit Bekanntgabe des (geänderten) Verlustfeststellungsbescheids als entrichtet. Auf die Entrichtung der sich aufgrund der Verringerung des rück- oder vortragsfähigen Verlusts im Verlustrück- oder -vortragsjahr beim Einbringenden ergebenden Steuer kommt es nicht an. Entsprechendes gilt auch bei der Verrechnung des Einbringungsgewinns mit Verlusten aus anderen Einkunftsarten, soweit nicht ein Verlustverrechnungsverbot besteht.

Anlage 16
Umwandlung

Ist oder wird die Steuer aus der Steuerfestsetzung, die den Einbringungsgewinn beinhaltet, nur teilweise getilgt, entfällt die Tilgung anteilig auch auf den Einbringungsgewinn.

Ist der Einbringende eine Organgesellschaft, ist Voraussetzung für die Buchwertaufstockung die Entrichtung der Steuer durch den Organträger; in Verlustfällen kommt es auf die Berücksichtigung des Einbringungsgewinns im jeweiligen Verlustfeststellungsbescheid des Organträgers an. 23.13

IV. Besonderheiten beim Zwischenwertansatz (§ 23 Absatz 3 UmwStG)

Bei Ansatz von Zwischenwerten sind die in den Wirtschaftsgütern, Schulden und steuerfreien Rücklagen ruhenden stillen Reserven um einen einheitlichen Prozentsatz aufzulösen; vgl. Randnr. 03.25 f. 23.14

Für die Absetzungen für Abnutzung der zu einem Zwischenwert eingebrachten Wirtschaftsgüter gilt Folgendes: 23.15

a) In den Fällen des § 23 Absatz 3 Satz 1 Nummer 1 UmwStG erhöht sich die bisherige AfA-Bemessungsgrundlage um den Aufstockungsbetrag. Der bisher geltende Abschreibungssatz ist weiter anzuwenden. Absetzungen für Abnutzung (AfA) können nur bis zur Höhe des Zwischenwerts abgezogen werden.

Beispiel:

Für eine Maschine mit Anschaffungskosten von 100.000 € und einer Nutzungsdauer von 10 Jahren wird AfA nach § 7 Absatz 1 EStG von jährlich 10.000 € vorgenommen. Bei Einbringung nach drei Jahren beträgt der Restbuchwert 70.000 €, die Restnutzungsdauer sieben Jahre. Die übernehmende Gesellschaft setzt die Maschine mit 90.000 € an.

Lösung:

Ab dem Zeitpunkt der Einbringung ist für die Maschine jährlich AfA von 10 % von (100.000 € + 20.000 € =) 120.000 € = 12.000 € vorzunehmen (7 x 12.000 € = 84.000 €). Im letzten Jahr der Nutzungsdauer ist zusätzlich zu der linearen AfA i. H. v. 12.000 € auch der Restwert i. H. v. 6.000 € (= 90.000 € ./. 84.000 €) abzuziehen.

In den Fällen, in denen das AfA-Volumen vor dem Ablauf der Nutzungsdauer verbraucht ist, kann in dem verbleibenden Nutzungszeitraum keine AfA mehr abgezogen werden.

Wird in den Fällen des § 7 Absatz 4 Satz 1 EStG auf diese Weise die volle Absetzung innerhalb der tatsächlichen Nutzungsdauer nicht erreicht, kann die AfA nach der Restnutzungsdauer des Gebäudes bemessen werden (BFH vom 7.6.1977, VIII R 105/73, BStBl II S. 606).

b) In den Fällen des § 23 Absatz 3 Satz 1 Nummer 2 UmwStG ist der Zwischenwert die Bemessungsgrundlage der weiteren Absetzungen für Abnutzung (AfA). Der Abschreibungssatz richtet sich nach der neu zu schätzenden Restnutzungsdauer im Zeitpunkt der Einbringung.

Beispiel:

Für eine Maschine mit einer Nutzungsdauer von 12 Jahren wird AfA nach § 7 Absatz 2 EStG von jährlich 20,83 % vorgenommen. Der Restbuchwert bei Einbringung beträgt 70.000 €. Die übernehmende Gesellschaft setzt die Maschine mit 90.000 € an und schätzt die Restnutzungsdauer auf acht Jahre.

Lösung:

Ab dem Zeitpunkt der Einbringung ist für die Maschine jährlich AfA von 25 % vom jeweiligen Buchwert vorzunehmen.

Bei Erhöhung der Anschaffungs- oder Herstellungskosten aufgrund rückwirkender Besteuerung des Einbringungsgewinns (§ 23 Absatz 2 UmwStG) ist § 23 Absatz 3 Satz 1 UmwStG entsprechend anzuwenden. Die Buchwertaufstockung erfolgt in diesen Fällen zu 23.16

Anlage 16
Umwandlung

Beginn des Wirtschaftsjahrs, in welches das die Besteuerung des Einbringungsgewinns auslösende Ereignis fällt (§ 23 Absatz 3 Satz 2 UmwStG).

V. Ansatz des gemeinen Werts (§ 23 Absatz 4 UmwStG)

23.17 Gemeiner Wert des Betriebsvermögens ist der Saldo der gemeinen Werte der aktiven und passiven Wirtschaftsgüter. Beim Ansatz des gemeinen Werts sind alle stillen Reserven aufzudecken, insbesondere auch steuerfreie Rücklagen aufzulösen und selbst geschaffene immaterielle Wirtschaftsgüter, einschließlich des Firmen- oder Geschäftswerts, anzusetzen. Dies gilt auch für die Fälle der Einbringung im Wege der Gesamtrechtsnachfolge; § 23 Absatz 4 zweite Alternative UmwStG begründet insoweit keine Besonderheiten, sondern setzt den durch § 20 Absatz 2 Satz 1 UmwStG vorgegebenen Begriff des gemeinen Werts voraus. Vgl. hierzu Randnr. 20.17 sowie Randnr. 03.07 f.

23.18 Als Wert einer Pensionsverpflichtung ist anzusetzen (in den Fällen der Einzelrechtsnachfolge und der Gesamtrechtsnachfolge)

– bei Pensionsanwartschaften vor Beendigung des Dienstverhältnisses des Pensionsberechtigten der nach § 6a Absatz 3 Satz 2 Nummer 1 EStG zu berechnende Wert; dabei ist als Beginn des Dienstverhältnisses des Pensionsberechtigten der Eintritt in den Betrieb des Einbringenden maßgebend,

– bei aufrechterhaltenen Pensionsanwartschaften nach Beendigung des Dienstverhältnisses des Pensionsberechtigten oder bei bereits laufenden Pensionszahlungen der Barwert der künftigen Pensionsleistungen (§ 6a Absatz 3 Satz 2 Nummer 2 EStG).

23.19 Die Rechtsfolgen bei Ansatz des gemeinen Werts unterscheiden sich für die übernehmende Gesellschaft danach, ob die Einbringung im Wege der Einzelrechtsnachfolge (§ 23 Absatz 4 erste Alternative UmwStG) oder der Gesamtrechtsnachfolge (§ 23 Absatz 4 zweite Alternative UmwStG) erfolgt. Bei Gesamtrechtsnachfolge gilt § 23 Absatz 3 UmwStG entsprechend.

23.20 Erfolgt eine Einbringung sowohl im Wege der Gesamtrechtsnachfolge als auch im Wege der Einzelrechtsnachfolge (z. B. bei Verschmelzung einer KG auf eine GmbH mit gleichzeitigem Übergang des Sonderbetriebsvermögens im Wege der Einzelrechtsnachfolge), ist der Vorgang für Zwecke des § 23 Absatz 4 UmwStG einheitlich als Gesamtrechtsnachfolge zu beurteilen.

23.21 Im Fall der Einzelrechtsnachfolge wird der Einbringungsvorgang für die übernehmende Gesellschaft als Anschaffung zum gemeinen Wert behandelt. Dies hat u. a. zur Folge, dass für die Absetzungen für Abnutzung der eingebrachten Wirtschaftsgüter ausschließlich die Verhältnisse der übernehmenden Gesellschaft maßgebend sind. Zu den Auswirkungen auf die Investitionszulage vgl. Randnr. 10 des BMF-Schreibens vom 8.5.2008, BStBl I S. 590.

VI. Verlustabzug bei Auslandsbetriebsstätten

23.22 Für die Nachversteuerung von Verlusten gem. § 2a Absatz 4 EStG a. F. bzw. § 2 Absatz 2 AuslInvG gilt Randnr. 04.12 entsprechend.

Siebter Teil. Einbringung eines Betriebs, Teilbetriebs oder Mitunternehmeranteils in eine Personengesellschaft (§ 24 UmwStG)

A. Allgemeines
I. Persönlicher und sachlicher Anwendungsbereich

24.01 Zu den zivilrechtlichen Formen der Einbringung eines Betriebs, Teilbetriebs oder Mitunternehmeranteils in eine Personengesellschaft siehe Randnr. 01.47 f.

Anlage 16

Umwandlung

Für Zwecke des § 24 UmwStG gilt auch eine zu einem Betriebsvermögen gehörende, das gesamte Nennkapital umfassende Beteiligung an einer Kapitalgesellschaft als Teilbetrieb. Randnr. 15.05 f. gelten entsprechend. — 24.02

II. Entsprechende Anwendung der Regelungen zu §§ 20, 22, 23 UmwStG

Die vorstehenden Ausführungen zu §§ 20, 22, 23 UmwStG gelten für Einbringungen in eine Personengesellschaft nach § 24 UmwStG, soweit im Folgenden nichts anderes bestimmt ist, entsprechend. Insbesondere gelten folgende Randnr. entsprechend: — 24.03

– Randnr. 20.03 betreffend die Person des Einbringenden,
– Randnr. 20.05 – 20.08 und Randnr. 20.10 ff. betreffend die Einbringung von Betrieben, Teilbetrieben und Mitunternehmeranteilen,
– Randnr. 20.17 ff. betreffend die Bewertung des eingebrachten Betriebsvermögens,
– Randnr. 20.25 ff. betreffend die Besteuerung des Einbringungsgewinns,
– Randnr. 23.01 ff., 23.05 f., 23.14 f., 23.17 ff. betreffend die Auswirkungen bei der übernehmenden Gesellschaft und
– Randnr. 23.22 betreffend die Nachversteuerung von Verlusten.

Hat die übernehmende Personengesellschaft für das Wirtschaftsjahr, in dem die Einbringung erfolgt ist, keine steuerliche Schlussbilanz zu erstellen, weil sie nach der Einbringung zulässigerweise zur Gewinnermittlung nach § 4 Absatz 3 EStG zurückkehrt, muss der Antrag i. S. d. § 24 Absatz 2 Satz 2 UmwStG in entsprechender Anwendung des § 20 Absatz 2 Satz 3 UmwStG spätestens bis zur erstmaligen Abgabe der entsprechend R 4.5 (6) EStR zu erstellenden Bilanz i. S. d. § 24 Absatz 2 UmwStG bei dem für die Besteuerung der übernehmenden Personengesellschaft zuständigen Finanzamt gestellt werden.

Die Einbringung in eine Personengesellschaft nach § 24 UmwStG ist – im Gegensatz zur Einbringung in eine Kapitalgesellschaft nach § 20 UmwStG – auch dann zum Buchwert möglich, wenn das eingebrachte Betriebsvermögen negativ ist. Denn in § 24 UmwStG fehlt eine § 20 Absatz 2 Satz 2 Nummer 2 UmwStG entsprechende Regelung. — 24.04

I. R. d. § 24 UmwStG ist es ausreichend, wenn das eingebrachte Betriebsvermögen teilweise Sonderbetriebsvermögen des Einbringenden bei der übernehmenden Mitunternehmerschaft wird. — 24.05

III. Rückbeziehung nach § 24 Absatz 4 UmwStG

§ 24 Absatz 4 zweiter Halbsatz UmwStG eröffnet die Möglichkeit einer Rückbeziehung der Einbringung für den Fall der Gesamtrechtsnachfolge nach den Vorschriften des UmwG oder vergleichbarer ausländischer Vorgänge, also nicht für den Fall der Anwachsung. Stellt sich die Einbringung als Kombination von Gesamtrechtsnachfolge und Einzelrechtsnachfolge dar, nimmt auch die Einzelrechtsnachfolge an der Rückbeziehung teil. Bei Vorgängen im Wege der Einzelrechtsnachfolge ist eine Rückbeziehung nicht möglich. Randnr. 20.13 – 20.16 gelten entsprechend. — 24.06

B. Einbringung gegen Gewährung von Gesellschaftsrechten

I. Allgemeines

§ 24 UmwStG ist nur anwendbar, soweit der Einbringende als Gegenleistung für die Einbringung Gesellschaftsrechte erwirbt, d. h. soweit er durch die Einbringung die Rechtsstellung eines Mitunternehmers erlangt oder seine bisherige Mitunternehmerstellung erweitert (BFH vom 16.12.2004, III R 38/00, BStBl 2005 II S. 554 und BFH vom 25.4.2006, VIII R 52/04, BStBl II S. 847). Das erfordert als Gegenleistung die Erhöhung des die Beteiligung widerspiegelnden Kapitalkontos oder die Einräumung weiterer Gesellschaftsrechte (BFH — 24.07

Anlage 16
Umwandlung

vom 25.4.2006, VIII R 52/04, BStBl II S. 847 und BFH vom 15.6.1976, I R 17/74, BStBl II S. 748). Ist ein Mitunternehmer bereits zu 100 % an einer Personengesellschaft beteiligt (Ein-Personen-GmbH & Co. KG), muss sein Kapitalkonto bei einer weiteren Einbringung eines Betriebs, Teilbetriebs oder Mitunternehmeranteils erhöht werden. Die teilweise Buchung auf einem Kapitalkonto und auf einem gesamthänderisch gebundenen Rücklagenkonto ist für die Anwendung des § 24 UmwStG ebenso unschädlich wie die ausschließliche Buchung auf einem variablen Kapitalkonto (z. B. Kapitalkonto II). Die Buchung auf einem bloßen Darlehenskonto reicht dagegen nicht aus (vgl. hierzu im Einzelnen BMF-Schreiben vom 11.7.2011, BStBl I S. 713). Zur Abgrenzung zwischen Darlehens- und Kapitalkonto vgl. das BMF-Schreiben vom 30.5.1997, BStBl I S. 627.

Erfolgt die Einbringung gegen ein Mischentgelt, d. h. gegen Gewährung von Gesellschaftsrechten und sonstige Ausgleichsleistungen, kann die Einbringung auf Antrag (§ 24 Absatz 2 Satz 2 UmwStG) entsprechend dem Verhältnis der jeweiligen Teilleistungen (Wert der erlangten Gesellschaftsrechte einerseits und Wert der sonstigen Gegenleistungen andererseits) zum gemeinen Wert des eingebrachten Betriebsvermögens teilweise zu Buchwerten und teilweise zum gemeinen Wert vollzogen werden (BFH vom 11.12.2001, VIII R 58/98, BStBl 2002 II S. 420).

Stellt sich der Einbringungsvorgang bei wirtschaftlicher Betrachtung als Veräußerung gegen ein nicht in Gesellschaftsrechten bestehendes Entgelt dar, ist § 24 UmwStG nicht anzuwenden.

Beispiel:

A betreibt (u. a.) den Teilbetrieb I, dessen Wirtschaftsgüter erhebliche stille Reserven aufweisen. Der Teilbetrieb I soll an B veräußert werden. Um die dabei eintretende Gewinnverwirklichung zu vermeiden, bringt A seinen gesamten Betrieb nach § 24 UmwStG zu Buchwerten in eine KG mit B ein, der eine Geldeinlage leistet. Kurze Zeit später kommt es zur Realteilung, bei der B den Teilbetrieb erhält, um ihn auf eigene Rechnung fortzuführen.

Lösung:

Der Vorgang ist nicht steuerneutral. Es handelt sich um die verdeckte Veräußerung des Teilbetriebs I nach § 16 Absatz 1 Satz 1 Nummer 1 i. V. m. § 34 EStG (vgl. auch BFH vom 11.12.2001, VIII R 23/01, BStBl 2004 II S. 474).

II. Einbringung mit Zuzahlung zu Buchwerten

24.08 Erhält der Einbringende neben dem Mitunternehmeranteil an der Personengesellschaft eine Zuzahlung, die nicht Betriebsvermögen der Personengesellschaft wird, ist davon auszugehen, dass

– der Einbringende Eigentumsanteile an den Wirtschaftsgütern des Betriebs veräußert und

– die ihm verbliebenen Eigentumsanteile für eigene Rechnung, sowie die veräußerten Eigentumsanteile für Rechnung des zuzahlenden Gesellschafters in das Betriebsvermögen der Personengesellschaft einlegt (vgl. BFH vom 18.10.1999, GrS 2/98, BStBl 2000 II S. 123).

24.09 Der Gewinn, der durch eine Zuzahlung in das Privatvermögen des Einbringenden entsteht, kann nicht durch Erstellung einer negativen Ergänzungsbilanz vermieden werden (BFH vom 8.12.1994, IV R 82/92, BStBl 1995 II S. 599 und BFH vom 16.12.2004, III R 38/00, BStBl 2005 II S. 554). Eine Zuzahlung liegt auch vor, wenn mit ihr eine zugunsten des Einbringenden begründete Verbindlichkeit der Gesellschaft getilgt wird (BFH vom 8.12.1994, IV R 82/92, BStBl 1995 II S. 599) oder durch die Einbringung private Verbindlichkeiten (z. B. Pflichtteilsansprüche) abgegolten werden (BFH vom 16.12.2004, III R 38/00, BStBl 2005 II S. 554).

Anlage 16
Umwandlung

Die Veräußerung der Anteile an den Wirtschaftsgütern ist ein Geschäftsvorfall des einzubringenden Betriebs. Der hierbei erzielte Veräußerungserlös wird vor der Einbringung aus dem Betriebsvermögen entnommen. Anschließend wird der Betrieb so eingebracht, wie er sich nach der Entnahme des Veräußerungserlöses darstellt. 24.10

Beispiel:
A und B gründen eine OHG, die das Einzelunternehmen des A zu Buchwerten fortführen soll. Das Einzelunternehmen hat einen Buchwert von 100.000 € und einen gemeinen Wert von 300.000 €. A und B sollen an der OHG zu je 50 % beteiligt sein. A erhält von B eine Zuzahlung i. H. v. 150.000 €, die nicht Betriebsvermögen der OHG wird.

Lösung:
Die Zahlung der 150.000 € durch B an A ist die Gegenleistung für den Verkauf von je $^1/_2$ Miteigentumsanteilen an den Wirtschaftsgütern des Einzelunternehmens. Infolge dieser Vereinbarungen bringt A sein Einzelunternehmen sowohl für eigene Rechnung als auch für Rechnung des B in die OHG ein.

Der bei der Veräußerung der Anteile an den Wirtschaftsgütern erzielte Gewinn ist als laufender, nicht nach §§ 16, 34 EStG begünstigter Gewinn zu versteuern. Die Veräußerung eines Betriebs (§ 16 Absatz 1 Satz 1 Nummer 1 EStG) liegt nicht vor, weil nur Miteigentumsanteile an den Wirtschaftsgütern des Betriebs veräußert werden; die Veräußerung eines Mitunternehmeranteils (§ 16 Absatz 1 Satz 1 Nummer 2 EStG) liegt nicht vor, weil eine Mitunternehmerschaft im Zeitpunkt der Veräußerung der Miteigentumsanteile noch nicht bestand, sondern durch den Vorgang erst begründet wurde (BFH vom 18.10.1999, GrS 2/98, BStBl 2000 II S. 123).

Unter Berücksichtigung der Umstände des Einzelfalls kann es geboten sein, nach den vorstehenden Grundsätzen auch dann zu verfahren, wenn die Zuzahlung zunächst Betriebsvermögen der Personengesellschaft wird und erst später entnommen wird. Bei wirtschaftlicher Betrachtungsweise kann die Zuführung der Zuzahlung zum Betriebsvermögen der Personengesellschaft und die Entnahme der Zuzahlung durch den Einbringenden nach den Vereinbarungen der Parteien den gleichen wirtschaftlichen Gehalt haben, wie eine Zuzahlung, die unmittelbar an den Einbringenden erfolgt (so auch BFH vom 8.12.1994, IV R 82/92, BStBl 1995 II S. 599). Insbesondere wenn der Einbringende im Anschluss an die Einbringung größere Entnahmen tätigen darf und bei der Bemessung seines Gewinnanteils auf seinen ihm dann noch verbleibenden Kapitalanteil abgestellt wird, kann es erforderlich sein, den Zuzahlungsbetrag als unmittelbar in das Privatvermögen des Einbringenden geflossen anzusehen. 24.11

III. Einbringung mit Zuzahlung zu gemeinen Werten

Für den Fall der Aufnahme eines Gesellschafters in ein bestehendes Einzelunternehmen sind bei einer Einbringung zu gemeinen Werten – vorbehaltlich der Regelung des § 24 Absatz 3 Satz 3 UmwStG – die Begünstigungen des § 24 Absatz 3 Satz 2 UmwStG i. V. m. § 16 Absatz 4, § 34 EStG auch insoweit anzuwenden, als eine Zuzahlung in das Privatvermögen des Einbringenden erfolgt (BFH vom 21.9.2000, IV R 54/99, BStBl 2001 II S. 178). Entsprechendes gilt im Fall der Aufnahme eines weiteren Gesellschafters in eine bestehende Personengesellschaft. 24.12

C. Ergänzungsbilanzen

Nach § 24 Absatz 2 Satz 2 UmwStG kann die Personengesellschaft das eingebrachte Betriebsvermögen in ihrer Bilanz einschließlich der Ergänzungsbilanzen für ihre Gesellschafter abweichend vom Grundsatz des § 24 Absatz 2 Satz 1 UmwStG auf Antrag mit seinem Buch- oder Zwischenwert ansetzen. Werden die Buchwerte des eingebrachten Betriebsvermögens aufgestockt, gilt Randnr. 03.25 f. entsprechend. Der Wert, mit dem das 24.13

Anlage 16
Umwandlung

eingebrachte Betriebsvermögen in der Bilanz der Personengesellschaft einschließlich der Ergänzungsbilanzen für ihre Gesellschafter angesetzt wird, gilt nach § 24 Absatz 3 Satz 1 UmwStG für den Einbringenden als Veräußerungspreis.

24.14 Bei der Einbringung eines Betriebs, Teilbetriebs oder Mitunternehmeranteils in eine Personengesellschaft werden in der Praxis die Buchwerte des eingebrachten Betriebsvermögens in der Bilanz der Personengesellschaft aufgestockt, um die Kapitalkonten der Gesellschafter im richtigen Verhältnis zueinander auszuweisen (Bruttomethode). Es kommt auch vor, dass ein Gesellschafter als Gesellschaftseinlage einen höheren Beitrag leisten muss, als ihm in der Bilanz der Personengesellschaft als Kapitalkonto gutgeschrieben wird (Nettomethode). In diesen Fällen haben die Gesellschafter der Personengesellschaft Ergänzungsbilanzen zu bilden, soweit ein Antrag nach § 24 Absatz 2 Satz 2 UmwStG gestellt wird und dadurch die sofortige Versteuerung eines Veräußerungsgewinns für den Einbringenden vermieden werden soll.

Beispiel:

A unterhält ein Einzelunternehmen mit einem buchmäßigen Eigenkapital von 100.000 €. In den Wirtschaftsgütern des Einzelunternehmens sind stille Reserven von 200.000 € enthalten. Der gemeine Wert des Unternehmens beträgt 300.000 €. Die Schlussbilanz des A im Zeitpunkt der Einbringung sieht wie folgt aus:

	Gemeiner Wert	Buchwert		*Gemeiner Wert*	Buchwert
Aktiva diverse	300.000 €	100.000 €	Kapital		100.000 €
	(300.000 €)	100.000 €			100.000 €

In das Einzelunternehmen des A tritt B als Gesellschafter ein; A bringt also sein Einzelunternehmen in die neue von ihm und B gebildete Personengesellschaft ein. A und B sollen an der neuen Personengesellschaft zu je 50 % beteiligt sein. B leistet deshalb eine Bareinlage von 300.000 €. Die Kapitalkonten von A und B sollen in der Bilanz der Personengesellschaft gleich hoch sein. Die Personengesellschaft stellt den Antrag auf Ansatz der Buchwerte nach § 24 Absatz 2 Satz 2 UmwStG.

Die Eröffnungsbilanz der Personengesellschaft lautet wie folgt:

	Buchwert		Buchwert
Aktiva diverse (A)	100.000 €	Kapital A	200.000 €
Bank (Bareinlage B)	300.000 €	Kapital B	200.000 €
	400.000 €		400.000 €

Lösung:

Da B eine Einlage von 300.000 € geleistet hat, hat er 100.000 € mehr gezahlt, als sein buchmäßiges Kapital in der Bilanz der neuen Personengesellschaft beträgt (B hat mit diesen 100.000 € praktisch dem A die Hälfte der stillen Reserven „abgekauft"). Er muss in diesem Fall sein in der Bilanz der Personengesellschaft nicht ausgewiesenes Mehrkapital von 100.000 € in einer Ergänzungsbilanz ausweisen. Auf diese Weise wird sichergestellt, dass die aktivierungspflichtigen Anschaffungskosten des B (300.000 € x ½ = 150.000 €) für die erlangten Anteile an den Wirtschaftsgütern des bisherigen Einzelunternehmens i. R. d. Gewinnverteilung berücksichtigt werden (BFH vom 25.4.2006, VIII R 52/04, BStBl II S. 847).

Anlage 16
Umwandlung

Die positive Ergänzungsbilanz des B hat den folgenden Inhalt:

	Buchwert		Buchwert
Aktiva diverse	100.000 €	Mehrkapital B	100.000 €
	100.000 €		100.000 €

Das von A in die Personengesellschaft eingebrachte Betriebsvermögen ist danach in der Bilanz der Personengesellschaft einschließlich der Ergänzungsbilanz des Gesellschafters B mit insgesamt 200.000 € ausgewiesen (mit 100.000 € in der Gesamthandsbilanz der Personengesellschaft und mit 100.000 € in der Ergänzungsbilanz des B). Es war bisher bei A nur mit 100.000 € angesetzt. Es würde sich danach für A ein Veräußerungsgewinn von 100.000 € ergeben.

A muss diesen Veräußerungsgewinn dadurch neutralisieren, dass er seinerseits eine Ergänzungsbilanz aufstellt und in dieser dem in der Ergänzungsbilanz des B ausgewiesenen Mehrwert für die Aktiva von 100.000 € einen entsprechenden Minderwert gegenüberstellt, sog. negative Ergänzungsbilanz.

Diese negative Ergänzungsbilanz des A sieht wie folgt aus:

	Buchwert		Buchwert
Minderkapital A	100.000 €	Aktiva diverse	100.000 €
	100.000 €		100.000 €

Das eingebrachte Betriebsvermögen ist nunmehr in der Bilanz der Personengesellschaft und den Ergänzungsbilanzen ihrer Gesellschafter insgesamt wie folgt ausgewiesen: mit 100.000 € in der Bilanz der Personengesellschaft zuzüglich 100.000 € in der Ergänzungsbilanz des B abzüglich 100.000 € in der Ergänzungsbilanz des A, insgesamt also mit 100.000 €. Dieser Wert ist nach § 24 Absatz 3 UmwStG für die Ermittlung des Veräußerungsgewinns des A bei der Einbringung maßgebend.

Da der Buchwert des eingebrachten Betriebsvermögens in der Schlussbilanz des A ebenfalls 100.000 € betragen hat, entsteht für A kein Veräußerungsgewinn.

Die Ergänzungsbilanzen für A und B sind auch bei der künftigen Gewinnermittlung zu berücksichtigen und korrespondierend weiterzuentwickeln. Dabei ergibt sich z. B. gegenüber der Bilanz der Personengesellschaft für den Gesellschafter B aus seiner (positiven) Ergänzungsbilanz ein zusätzliches AfA-Volumen und für den Gesellschafter A aus seiner (negativen) Ergänzungsbilanz eine Minderung seines AfA-Volumens (vgl. hierzu auch BFH vom 28.9.1995, IV R 57/94, BStBl 1996 II S. 68). Die aus der korrespondierend zur positiven Ergänzungsbilanz des einbringenden Mitunternehmers spiegelbildlich fortlaufend jährlich vorzunehmende Auflösung der negativen Ergänzungsbilanz ist als laufender Gewinn zu erfassen (BFH vom 25.4.2006, VIII R 52/04, BStBl II S. 847).

Würde das von A eingebrachte Betriebsvermögen in der Eröffnungsbilanz der Personengesellschaft nicht mit seinem Buchwert von 100.000 €, sondern mit seinem wahren Wert von 300.000 € angesetzt werden und würden demgemäß die Kapitalkonten von A und B mit je 300.000 € ausgewiesen werden (Bruttomethode), müsste A bei Beantragung der Buchwertfortführung durch die übernehmende Personengesellschaft eine negative Ergänzungsbilanz mit einem Minderkapital von 200.000 € aufstellen; für B entfiele in diesem Fall eine Ergänzungsbilanz.

D. Anwendung der §§ 16, 34 EStG bei Einbringung zum gemeinen Wert

24.15 Auf einen bei der Einbringung eines Betriebs, Teilbetriebs oder gesamten Mitunternehmeranteils in eine Personengesellschaft entstehenden Veräußerungsgewinn sind § 16 Absatz 4 und § 34 EStG nur anzuwenden, wenn das eingebrachte Betriebsvermögen in der Bilanz der Personengesellschaft einschließlich der Sonder- und Ergänzungsbilanzen der Gesellschafter mit dem gemeinen Wert angesetzt wird; dabei ist auch ein vorhandener Firmen- oder Geschäftswert mit auszuweisen (vgl. Randnr. 23.17).

24.16 Durch die Verweisung auf § 16 Absatz 2 Satz 3 EStG in § 24 Absatz 3 Satz 3 UmwStG ist klargestellt, dass der Einbringungsgewinn stets als laufender, nicht nach §§ 16, 34 EStG begünstigter Gewinn anzusehen ist, soweit der Einbringende wirtschaftlich gesehen „an sich selbst" veräußert.

§ 24 Absatz 3 Satz 3 UmwStG stellt bei der Betrachtung, ob eine Veräußerung an sich selbst vorliegt, nicht auf den einzelnen Gesellschafter, sondern auf die einbringenden Gesellschafter in ihrer gesamthänderischen Verbundenheit ab.

Beispiel:

An einer OHG sind vier Gesellschafter zu je $^1/_4$ beteiligt. Es soll gegen Bareinlage in das Betriebsvermögen ein fünfter Gesellschafter so aufgenommen werden, dass alle Gesellschafter anschließend zu je $^1/_5$ beteiligt sind.

Lösung:

Wirtschaftlich gesehen gibt jeder der Altgesellschafter $^1/_5$ an den Neuen ab; er veräußert also zu $^4/_5$ „an sich selbst". Ein bei Ansatz der gemeinen Werte entstehender Gewinn ist nach der Regelung in § 24 Absatz 3 Satz 3 UmwStG i. V. m. § 16 Absatz 2 Satz 3 EStG daher zu $^4/_5$ nicht begünstigt.

24.17 Gewinne, die i. R. einer Betriebsveräußerung oder Betriebseinbringung nach § 16 Absatz 2 Satz 3 EStG bzw. § 24 Absatz 3 Satz 3 UmwStG kraft gesetzlicher Anordnung als laufende Gewinne behandelt werden, sind gewerbesteuerpflichtig. Die gesetzliche Fiktion der Behandlung als laufender Gewinn erstreckt sich in diesen Fällen auch auf die Gewerbesteuer (BFH vom 15.6.2004, VIII R 7/01, BStBl II S. 754).

E. Besonderheiten bei der Einbringung von Anteilen an Körperschaften, Personenvereinigungen und Vermögensmassen (§ 24 Absatz 5 UmwStG)

I. Allgemeines

24.18 Werden Anteile an Körperschaften, Personenvereinigungen oder Vermögensmassen von einem Einbringenden, bei dem der Gewinn aus der Veräußerung der Anteile im Einbringungszeitpunkt nicht nach § 8b Absatz 2 KStG steuerfrei gewesen wäre, gem. § 24 Absatz 1 UmwStG unter dem gemeinen Wert in eine Personengesellschaft eingebracht und werden die eingebrachten Anteile innerhalb eines Zeitraums von sieben Jahren nach dem Einbringungszeitpunkt veräußert, ist § 24 Absatz 5 UmwStG anzuwenden. Die eingebrachten Anteile gelten insoweit als sperrfristbehaftete Anteile. Der Veräußerung der sperrfristbehafteten Anteile ist deren Weiterübertragung durch die in § 22 Absatz 1 Satz 6 Nummer 1 bis 5 UmwStG genannten Vorgänge gleichgestellt.

24.19 Die Veräußerung der sperrfristbehafteten Anteile oder deren Weiterübertragung durch einen Vorgang i. S. d. § 22 Absatz 1 Satz 6 Nummer 1 bis 5 UmwStG lösen grundsätzlich die rückwirkende Besteuerung eines Einbringungsgewinns beim Einbringenden im Einbringungszeitpunkt durch Ansatz der eingebrachten Anteile mit dem gemeinen Wert aus. Die Veräußerung der Anteile und die gleichgestellten Vorgänge gelten dabei im Hinblick auf die Steuerfestsetzung des Einbringenden im Einbringungsjahr als rückwirkendes Ereignis i. S. d. § 175 Absatz 1 Satz 1 Nummer 2 AO.

24.20

Wird nur ein Teil der sperrfristbehafteten Anteile veräußert oder durch einen der Veräußerung gleichgestellten Vorgang weiterübertragen, erfolgt auch die rückwirkende Einbringungsgewinnbesteuerung nur anteilig.

Ein rückwirkender Einbringungsgewinn ist nur zu ermitteln, soweit beim Einbringenden der Gewinn aus der Veräußerung der sperrfristbehafteten Anteile im Einbringungszeitpunkt nicht nach § 8b Absatz 2 KStG steuerfrei gewesen wäre und die bis zum Einbringungszeitpunkt entstandenen stillen Reserven infolge der Veräußerung der Anteile oder der Weiterübertragung der Anteile durch einen gleichgestellten Vorgang i. S. d. § 22 Absatz 1 Satz 6 Nummer 1 bis 5 UmwStG der Steuerbefreiung nach § 8b Absatz 2 KStG unterliegen (= Statusverbesserung). Wird Betriebsvermögen einer Personengesellschaft eingebracht oder ist Mitunternehmer der aufnehmenden Personengesellschaft eine Personengesellschaft, ist für die Anwendung des § 8b Absatz 2 KStG auf Ebene der Personengesellschaft und die Zurechnung der stillen Reserven auf die dahinter stehenden Steuersubjekte abzustellen (Transparenzprinzip). 24.21

Die steuerliche Behandlung der Veräußerung oder Weiterübertragung der sperrfristbehafteten Anteile bei der Personengesellschaft erfolgt nach den allgemeinen ertragsteuerlichen Vorschriften (insbesondere §§ 13, 15, 16, 18 i. V. m. § 3 Nummer 40 EStG oder § 8b Absatz 2 und 3 KStG). 24.22

II. Anteile an Körperschaften, Personenvereinigungen und Vermögensmassen

Der Anwendungsbereich des § 24 Absatz 5 UmwStG umfasst Anteile an Körperschaften, Personenvereinigungen oder Vermögensmassen, deren Leistungen beim Empfänger zu Einnahmen i. S. d. § 20 Absatz 1 Nummer 1, 2, 9 oder 10 Buchstabe a EStG führen. 24.23

§ 24 Absatz 5 UmwStG ist bei einbringungsgeborenen Anteilen i. S. d. § 21 Absatz 1 UmwStG 1995 nicht anzuwenden, wenn der Gewinn aus der Veräußerung oder einem gleichgestellten Ereignis i. S. d. § 22 Absatz 1 Satz 6 Nummer 1 bis 5 UmwStG nicht der Steuerbefreiung nach § 3 Nummer 40 Satz 1 Buchstabe a oder b EStG oder § 8b Absatz 2 KStG unterliegt, weil § 3 Nummer 40 Satz 3 und 4 EStG a. F. bzw. § 8b Absatz 4 KStG a. F. weiter anzuwenden sind (§ 27 Absatz 4 UmwStG i. V. m. § 52 Absatz 4b Satz 2 EStG[1]) bzw. § 34 Absatz 7a KStG[2])).

Sind die Fristen der § 3 Nummer 40 Satz 4 EStG a. F. bzw. § 8b Absatz 4 Satz 2 KStG a. F. im Zeitpunkt der Veräußerung bzw. des gleichgestellten Ereignisses abgelaufen, findet § 24 Absatz 5 UmwStG Anwendung. Ist im Zeitpunkt der Einbringung nach § 24 UmwStG die ursprüngliche Siebenjahresfrist noch nicht abgelaufen, gilt Randnr. 20.39 entsprechend.

III. Einbringung durch nicht nach § 8b Absatz 2 KStG begünstigte Personen

Die rückwirkende Besteuerung eines Einbringungsgewinns setzt voraus, dass der Einbringende keine durch § 8b Absatz 2 KStG begünstigte Person ist (vgl. Randnr. 22.12). 24.24

Zum Umfang der Anwendung des § 8b Absatz 2 KStG bei der Miteinbringung von Anteilen durch eine Personengesellschaft vgl. Randnr. 24.21.

IV. Veräußerung und gleichgestellte Ereignisse der Weiterübertragung

Die übernehmende Personengesellschaft oder deren Rechtsnachfolger bzw. die Personen, bei denen sich die Zurechnung der stillen Reserven mittelbar auf den Gewinn auswirkt, 24.25

---

1) § 52 Abs. 4b EStG i. d. F. vor dem Gesetz zur Anpassung des nationalen Steuerrechts an den Beitritt Kroatiens zur EU und zur Änderung weiterer steuerlicher Vorschriften.
2) § 34 Abs. 7a KStG i. d. F. vor dem Gesetz zur Anpassung des nationalen Steuerrechts an den Beitritt Kroatiens zur EU und zur Änderung weiterer steuerlicher Vorschriften.

Anlage 16

Umwandlung

können durch Veräußerung oder Weiterübertragung der eingebrachten Anteile innerhalb des Siebenjahreszeitraums die rückwirkende Besteuerung eines Einbringungsgewinns auslösen. Als Veräußerung gilt auch die Aufgabe des Betriebs der Personengesellschaft (§ 16 Absatz 3 Satz 1 EStG).

24.26 Im Hinblick auf die Frage der Auslösung der rückwirkenden Einbringungsgewinnbesteuerung durch der Veräußerung gleichgestellte Ersatzrealisationstatbestände gelten die vorstehenden Ausführungen zu § 22 UmwStG (vgl. insbesondere Randnr. 22.20, 22.21 ff., 22.28 ff., 22.38 ff., 22.41 f. und 22.43 ff.) entsprechend.

24.27 Werden die im Zuge der (Mit-)Einbringung von Anteilen erhaltenen Mitunternehmeranteile nach § 24 Absatz 1 UmwStG mit einem Wert unterhalb des gemeinen Werts in eine Personengesellschaft eingebracht und wird die übernehmende Personengesellschaft dadurch Mitunternehmerin der Personengesellschaft, deren Anteile eingebracht worden sind, liegt eine Einbringung i. S. d. § 24 Absatz 5 UmwStG vor, die einen neuen Siebenjahreszeitraum auslöst. Auch die (mittelbare) Veräußerung oder Weiterübertragung der (mit-)eingebrachten Anteile durch eine Untergesellschaft löst innerhalb dieses Siebenjahreszeitraums die rückwirkende Einbringungsgewinnbesteuerung aus.

V. Ermittlung und ertragsteuerliche Behandlung des Einbringungsgewinns

24.28 In entsprechender Anwendung des § 22 Absatz 2 Satz 3 UmwStG ist durch (anteiligen) Ansatz des gemeinen Werts abweichend von § 24 Absatz 2 Satz 2 UmwStG für die sperrfristbehafteten Anteile rückwirkend ein Einbringungsgewinn zu ermitteln, der vermindert um jeweils ein Siebtel für jedes seit dem Einbringungszeitpunkt abgelaufene Zeitjahr im Wirtschaftsjahr der Einbringung beim Einbringenden der Besteuerung zu Grunde zu legen ist. Die Steuerfestsetzung bzw. Feststellung des Gewinns ist insoweit gem. § 175 Absatz 1 Satz 1 Nummer 2 AO zu ändern (§ 22 Absatz 2 Satz 2 UmwStG). Der Einbringungsgewinn ermittelt sich nach § 24 Absatz 5 i. V. m. § 22 Absatz 2 Satz 3 UmwStG wie folgt:

Anteiliger gemeiner Wert der Anteile
./. anteilige Kosten für Vermögensübergang
./. anteiliger Einbringungswert (§ 24 Absatz 2 Satz 2 UmwStG)
= Einbringungsgewinn vor Siebtelregelung
./. je $1/7$ für seit dem Einbringungszeitpunkt abgelaufene Zeitjahre
= Einbringungsgewinn

Soweit der Einbringungsgewinn einer natürlichen Person zuzurechnen ist, führt er zu einem laufenden Gewinn i. S. d. § 3 Nummer 40 Satz 1 Buchstabe b EStG. § 16 Absatz 4 EStG und § 34 EStG sind nicht anzuwenden (§ 22 Absatz 2 Satz 1 zweiter Halbsatz UmwStG). Hinsichtlich der Zugehörigkeit des Einbringungsgewinns zum Gewerbeertrag gelten die allgemeinen Grundsätze (vgl. § 7 Satz 2 GewStG; R 7 Absatz 3 GewStR). D. h., soweit er auf eine natürliche Person als Einzelunternehmer oder als unmittelbar beteiligter Mitunternehmer entfällt, gehört er nur anteilig zum Gewerbeertrag (§ 24 Absatz 3 Satz 3 UmwStG). Der Einbringungsgewinn erhöht unter den Voraussetzungen des § 23 Absatz 2 UmwStG die Anschaffungskosten der von § 8b Absatz 2 KStG begünstigten Person. Der Einbringungsgewinn erhöht das Kapitalkonto des Einbringenden i. S. d. § 16 EStG (§ 22 Absatz 2 Satz 4 UmwStG).

Die Randnr. 22.09 f. und 22.13 gelten entsprechend.

VI. Nachweispflichten

In entsprechender Anwendung des § 22 Absatz 3 Satz 1 Nummer 2 UmwStG hat der Einbringende in den dem Einbringungszeitpunkt folgenden sieben Jahren jährlich spätestens bis zum 31.5. den Nachweis darüber zu erbringen, wem mit Ablauf des Tages, der dem maßgebenden Einbringungszeitpunkt entspricht, die eingebrachten Anteile und die auf diesen Anteilen beruhenden Anteile zuzurechnen sind. 24.29

In den Fällen des Eintritts eines weiteren Gesellschafters in eine bestehende Personengesellschaft gegen Einlage in das Gesamthandsvermögen sowie der Kapitalerhöhung kann auch die Personengesellschaft den Nachweis gegenüber dem für sie zuständigen Finanzamt mit befreiender Wirkung für die Einbringenden erbringen. Im Übrigen gelten die Randnr. 22.28 ff. entsprechend.

VII. Bescheinigungsverfahren

Randnr. 22.38 ff. gelten entsprechend. 24.30

VIII. Unentgeltliche Rechtsnachfolge

Randnr. 22.41 gilt entsprechend. 24.31

IX. Mitverstrickung von Anteilen

Gehen i. R. einer Kapitalerhöhung aus Gesellschaftermitteln bei der Gesellschaft, deren Anteile eingebracht worden sind, stille Reserven auf andere (neue) Anteile der übernehmenden Personengesellschaft über, gelten insoweit auch diese anderen Anteile als sperrfristbehaftet (§ 22 Absatz 7 UmwStG). Randnr. 22.46 gilt entsprechend. 24.32

X. Auswirkungen bei der übernehmenden Gesellschaft

Randnr. 23.12 f. gelten entsprechend. 24.33

Achter Teil. Formwechsel einer Personengesellschaft in eine Kapitalgesellschaft oder Genossenschaft (§ 25 UmwStG)

Im UmwStG wird der Formwechsel gem. § 25 UmwStG durch den Verweis auf die entsprechende Anwendung der §§ 20 bis 23 UmwStG wie eine übertragende Umwandlung behandelt. Die Ausführungen zu den Randnr. 20.01 – 23.21 sind daher in den Fällen des Formwechsels gem. § 25 UmwStG entsprechend anzuwenden. 25.01

Neunter Teil. Verhinderung von Missbräuchen (§ 26 UmwStG)

[unbesetzt] 26.01

Zehnter Teil. Anwendungsvorschriften und Ermächtigung
A. Allgemeines

Zu Besonderheiten bei der Behandlung einbringungsgeborener Anteile i. S. d. § 21 UmwStG 1995 siehe auch die Randnr. 20.38 ff. 27.01

Nach § 27 Absatz 3 UmwStG ist auf die einbringungsgeborenen Anteile i. S. d. § 21 UmwStG 1995 weiterhin das alte Recht anzuwenden. Dies gilt sowohl in den Fällen der Sacheinlage als auch in den Fällen des Anteilstauschs. Bei einer Veräußerung von sperrfristbehafteten Anteilen ist deshalb auch zu prüfen, ob einbringungsgeborene Anteile i. S. d. § 21 UmwStG 1995 vorliegen. Ist dies der Fall, kommt es zu einem Nebeneinander der alten und der neuen Steuerverhaftungsvorschriften. Beruhen die veräußerten Anteile auf einer 27.02

Anlage 16
Umwandlung

Sacheinlage oder einem Anteilstausch vor dem Stichtag 13.12.2006 und liegen deshalb einbringungsgeborene Anteile i. S. d. § 21 UmwStG 1995 vor, sind zusätzlich die alten Steuerverhaftungsregelungen zu beachten. Diese sehen – genauso wie das neue Recht – eine siebenjährige Sperrfrist vor. Nach § 52 Absatz 4d Satz 2 EStG[1]) und § 34 Absatz 7a KStG[2]) gelten § 3 Nummer 40 Satz 3 und 4 EStG a. F. und § 8b Absatz 4 KStG a. F. auch weiterhin für einbringungsgeborene Anteile i. S. d. § 21 UmwStG 1995. Werden also einbringungsgeborene Anteile innerhalb der siebenjährigen Sperrfrist veräußert, ist z. B. bei natürlichen Personen das Halb- bzw. Teileinkünfteverfahren nicht anwendbar.

B. Veräußerung der auf einer Sacheinlage beruhenden Anteile
I. Grundfall

27.03 Veräußert eine natürliche Person einbringungsgeborene Anteile i. S. d. § 21 UmwStG 1995, die sie für die Einbringung eines Betriebs, Teilbetriebs oder Mitunternehmeranteils erhalten hat, dann richten sich die steuerlichen Folgen gem. § 3 Nummer 40 Satz 3 und 4 EStG a. F. i. V. m. § 52 Absatz 4d Satz 2 EStG[3]) weiterhin nach dem alten Recht. Sofern die siebenjährige Sperrfrist des alten Rechts im Veräußerungszeitpunkt noch nicht abgelaufen ist, ist der Veräußerungsgewinn in voller Höhe zu versteuern. Nach Ablauf der siebenjährigen Sperrfrist alten Rechts sind gem. § 3 Nummer 40 Satz 1 Buchstabe b EStG i. V. m. § 3 Nummer 40 Satz 3 und 4 Buchstabe a EStG 50 % bzw. 60 % des Veräußerungsgewinns zu versteuern. Bei der Berechnung der Sperrfrist ist auf den steuerlichen Übertragungsstichtag (§ 20 Absatz 7 und 8 UmwStG 1995) abzustellen. Es kommt nicht zusätzlich zu einer Einbringungsgewinnbesteuerung, auch wenn der Veräußerungsgewinn i. S. d. § 3 Nummer 40 Satz 3 und 4 EStG a. F. bzw. § 8b Absatz 4 KStG a. F. niedriger als ein Einbringungsgewinn ist (vgl. Randnr. 27.07).

II. Weitereinbringungsfall

27.04 Die siebenjährige Sperrfrist alten Rechts ist auch dann anwendbar, wenn einbringungsgeborene Anteile i. S. d. § 21 UmwStG 1995 nach dem 12.12.2006 – also im zeitlichen Anwendungsbereich des neuen Rechts – in eine Kapitalgesellschaft eingebracht werden und anschließend die auf dieser Weitereinbringung beruhenden Anteile veräußert werden. Zwar ist die Weitereinbringung in diesem Fall grundsätzlich nach neuem Recht zu beurteilen. Nach § 21 Absatz 2 Satz 6 i. V. m. § 20 Absatz 3 Satz 4 UmwStG gelten allerdings die als Gegenleistung für die Einbringung von einbringungsgeborenen Anteilen erhaltenen Anteile ebenfalls als einbringungsgeborene Anteile i. S. d. § 21 UmwStG 1995. Infolgedessen sind sowohl die für die Weitereinbringung erhaltenen Anteile als auch die zuvor eingebrachten Anteile einbringungsgeborene Anteile i. S. d. § 21 UmwStG 1995, auf welche jeweils die Sperrfristregelungen des alten Rechts anzuwenden sind.

27.05 Der Gewinn aus der Veräußerung der erhaltenen und ebenfalls als einbringungsgeboren geltenden Anteile innerhalb der siebenjährigen Sperrfrist des alten Rechts ist deshalb sowohl bei einer natürlichen Person als Einbringendem (§ 3 Nummer 40 Satz 3 und 4 a. F. i. V. m. § 52 Absatz 4d Satz 2 EStG[1])) als auch bei einer Körperschaft als Einbringendem (§ 8b Absatz 4 Satz 1 Nummer 1, Satz 2 Nummer 1 KStG a. F. i. V. m. § 34 Absatz 7a KStG[4])) in voller Höhe zu versteuern. Dabei beginnt für die aufgrund der Weitereinbringung erhaltenen und aufgrund der Gesetzesfiktion ebenfalls als einbringungsgeboren geltenden

---

1) Jetzt § 52 Abs. 4 Satz 6 EStG.
2) § 34 Abs. 7a KStG i. d. F. vor dem Gesetz zur Anpassung des nationalen Steuerrechts an den Beitritt Kroatiens zur EU und zur Änderung weiterer steuerlicher Vorschriften.
3) Jetzt § 52 Abs. 4 Satz 6 EStG.
4) § 34 Abs. 7a KStG i. d. F. vor dem Gesetz zur Anpassung des nationalen Steuerrechts an den Beitritt Kroatiens zur EU und zur Änderung weiterer steuerlicher Vorschriften.

Anlage 16
Umwandlung

Anteile keine neue siebenjährige Sperrfrist nach altem Recht zu laufen, sondern diese Anteile treten in die bereits laufende Sperrfrist der zuvor eingebrachten Anteile ein (vgl. Randnr. 20.39). Erst nach Ablauf der siebenjährigen Sperrfrist bezüglich der eingebrachten Anteile kommt für den Gewinn aus der Veräußerung der durch die Weitereinbringung erhaltenen Anteile bei natürlichen Personen die hälftige bzw. 40 %ige und bei Kapitalgesellschaften die volle Steuerbefreiung (§ 3 Nummer 40 Satz 1 EStG, § 8b Absatz 2 KStG) zur Anwendung. Die grundsätzliche Steuerverhaftung der als einbringungsgeboren geltenden Anteile bleibt unabhängig von der Höhe der Beteiligung zeitlich unbegrenzt bestehen (vgl. Randnr. 20.38).

Die Kapitalgesellschaft, in die die einbringungsgeborenen Anteile eingebracht wurden, tritt insoweit in die Rechtsstellung der einbringenden natürlichen Person ein und muss nach § 8b Absatz 4 Satz 1 Nummer 1, Satz 2 Nummer 1 KStG a. F. i. V. m. § 34 Absatz 7a KStG[1]) den Gewinn aus der Veräußerung dieser Anteile innerhalb der siebenjährigen Sperrfrist alten Rechts ebenfalls in voller Höhe versteuern. Erst nach Ablauf der siebenjährigen Sperrfrist ist der Gewinn aus der Veräußerung der eingebrachten Anteile nach § 8b Absatz 2, Absatz 3 Satz 1 KStG bei der Kapitalgesellschaft steuerfrei. 27.06

Die Weitereinbringung der einbringungsgeborenen Anteile beinhaltet zwar gleichzeitig auch einen dem neuen Recht unterliegenden Anteilstausch gem. § 21 UmwStG. Nach § 27 Absatz 4 UmwStG kommt aber die für den Anteilstausch geltende Sperrfristregelung des neuen Rechts gem. § 22 Absatz 2 UmwStG gleichwohl nicht zur Anwendung, weil für diesen Fall in § 27 Absatz 4 UmwStG ausdrücklich ein Vorrang der Sperrfristregelungen nach altem Recht festgelegt wurde. Die innerhalb der siebenjährigen Frist des alten Rechts in voller Höhe steuerpflichtige Veräußerung der eingebrachten Anteile durch die aufnehmende Kapitalgesellschaft oder Genossenschaft führt daher nicht zur zusätzlichen Entstehung eines Einbringungsgewinns II i. S. d. § 22 Absatz 2 UmwStG. 27.07

C. Veräußerung der auf einem Anteilstausch beruhenden Anteile
I. Grundfall

Veräußert eine natürliche Person oder eine Körperschaft Anteile, die sie i. R. eines Anteilstauschs (§ 21 UmwStG 1995) erhalten hat und die ebenfalls als einbringungsgeboren i. S. d. § 21 UmwStG 1995 gelten (siehe § 21 Absatz 2 Satz 6 i. V. m. § 20 Absatz 3 Satz 4 UmwStG), richtet sich die Behandlung dieses Vorgangs auch hier weiterhin nach altem Recht. Wenn die i. R. d. Anteilstauschs hingegebenen Anteile nicht mittelbar auf eine Sacheinlage innerhalb der siebenjährigen Sperrfrist zurückzuführen sind, sind die Beschränkungen der § 3 Nummer 40 Satz 3 und 4 EStG a. F. und § 8b Absatz 4 KStG a. F. nicht anwendbar. 27.08

Bei der Veräußerung der durch den Anteilstausch in die Kapitalgesellschaft eingebrachten Anteile muss die Kapitalgesellschaft den Gewinn aus der Veräußerung der eingebrachten Anteile innerhalb der siebenjährigen Sperrfrist des alten Rechts in voller Höhe versteuern, wenn die Anteile von einer natürlichen Person eingebracht wurden. Denn es handelt sich um eingebrachte Anteile i. S. d. § 8b Absatz 4 Satz 1 Nummer 2 KStG a. F., die gem. § 8b Absatz 4 Satz 1 Nummer 2, Satz 2 Nummer 1 KStG a. F. i. V. m. § 34 Absatz 7a KStG[1]) auf einer Übertragung bis zum 12.12.2006 beruhen. 27.09

---

1) § 34 Abs. 7a KStG i. d. F. vor dem Gesetz zur Anpassung des nationalen Steuerrechts an den Beitritt Kroatiens zur EU und zur Änderung weiterer steuerlicher Vorschriften.

Anlage 16

Umwandlung

II. Weitereinbringungsfälle beim Anteilstausch
1. Weitereinbringung durch die natürliche Person

27.10 Werden die nach altem Recht von einer natürlichen Person im Wege des Anteilstauschs erhaltenen einbringungsgeborenen Anteile i. S. d. § 21 UmwStG 1995 von der natürlichen Person nach dem 12.12.2006 – also im zeitlichen Anwendungsbereich des neuen Rechts – in eine zweite Kapitalgesellschaft eingebracht, unterliegt die Veräußerung der aus dieser Weitereinbringung erhaltenen sperrfristbehafteten Anteile durch die natürliche Person innerhalb der siebenjährigen Sperrfrist des alten Rechts dem Halb- bzw. Teileinkünfteverfahren.

Beispiel:

Die natürliche Person A hält 100 % der Anteile an der A-GmbH, die sie durch eine Bargründung erworben hat. Zum 31.12.2005 hat A die Anteile an der A-GmbH steuerneutral in die B-GmbH eingebracht und als Gegenleistung hierfür neue Anteile an der B-GmbH erhalten (Anteilstausch in Inland). Zum 31.12.2007 bringt A die Anteile an der B-GmbH steuerneutral gem. § 21 UmwStG in die C-GmbH ein. Am 30.9.2008 veräußert A die Anteile an der C-GmbH.

Lösung:

A veräußert im Jahre 2008 einbringungsgeborene Anteile, da die Anteile an der C-GmbH gem. § 21 Absatz 2 Satz 6 i. V. m. § 20 Absatz 3 Satz 4 UmwStG n. F. zu 100 % als einbringungsgeborene Anteile i. S. d. § 21 UmwStG 1995 gelten. Nach § 3 Nummer 40 Satz 3 EStG a. F., der noch anzuwenden ist, wäre der Veräußerungsgewinn im Jahre 2008 in voller Höhe steuerpflichtig, da die siebenjährige Sperrfrist des § 3 Nummer 40 Satz 4 Buchstabe a erster Halbsatz EStG a. F. im Zeitpunkt der Veräußerung noch nicht abgelaufen ist. Fraglich ist, ob die Rückausnahme des § 3 Nummer 40 Satz 4 Buchstabe b erster Halbsatz EStG a. F. eingreift, denn die Anteile wurden nicht aufgrund eines Anteilstauschs nach § 20 Absatz 1 Satz 2 UmwStG 1995, sondern aufgrund eines Anteilstauschs nach § 21 UmwStG n. F. erworben. § 21 UmwStG n. F. nennt § 3 Nummer 40 Satz 4 Buchstabe b erster Halbsatz EStG a. F. aber nicht, so dass nach dem Wortlaut der Vorschrift der Veräußerungsgewinn innerhalb der siebenjährigen Sperrfrist in voller Höhe steuerpflichtig wäre. Aus Billigkeitsgründen kommt aber in diesem Fall die 40 %ige Steuerbefreiung gem. dem Teileinkünfteverfahren zur Anwendung.

2. Weitereinbringung durch die aufnehmende (erste) Kapitalgesellschaft

27.11 Werden die nach altem Recht von einer natürlichen Person im Wege des Anteilstauschs in eine Kapitalgesellschaft eingebrachten Anteile anschließend von dieser Kapitalgesellschaft nach dem 12.12.2006 – also im zeitlichen Anwendungsbereich des neuen Rechts – in eine zweite Kapitalgesellschaft weiter eingebracht und anschließend von der zweiten Kapitalgesellschaft veräußert, ist die alte Sperrfrist des § 8b Absatz 4 Satz 1 Nummer 2 KStG a. F. für Anteile, die auf einer Einbringung durch eine natürliche Person innerhalb der letzten sieben Jahre beruhen, gem. § 34 Absatz 7a KStG[1]) auch weiterhin anzuwenden, weil es sich um eingebrachte Anteile i. S. v. § 8b Absatz 4 Satz 1 Nummer 2 KStG a. F. handelt, die auf einer Übertragung bis zum 12.12.2006 beruhen. Dabei ist nicht auf die Übertragung i. R. d. Weitereinbringung, sondern auf die Übertragung i. R. d. (ursprünglichen) Anteilstauschs abzustellen.

---

1) § 34 Abs. 7a KStG i. d. F. vor dem Gesetz zur Anpassung des nationalen Steuerrechts an den Beitritt Kroatiens zur EU und zur Änderung weiterer steuerlicher Vorschriften.

Anlage 16
Umwandlung

D. Wechselwirkung zwischen altem und neuem Recht

Ein Einbringungsgewinn II, der auf die Einbringung von einbringungeborenen Anteilen i. S. d. § 21 UmwStG 1995 entfällt, die erst nach Ablauf der siebenjährigen Sperrfrist des alten Rechts veräußert werden, ist voll steuerpflichtig und nicht nach den Regelungen des Halb- bzw. Teileinkünfteverfahrens voll oder teilweise steuerfrei, wenn der Einbringungszeitpunkt innerhalb der für die einbringungsgeborenen Anteile alten Rechts geltenden siebenjährigen Sperrfrist liegt.

27.12

Beispiel:
A ist Inhaber eines Einzelunternehmens, das er in 2002 in eine neu gegründete GmbH 1 (Buchwert 100.000 €, gemeiner Wert 800.000 €) einbringt. Die GmbH 1 setzt das übernommene Vermögen mit dem Buchwert an. Die neuen Anteile an der GmbH 1 sind einbringungsgeborene Anteile i. S. d. § 21 Absatz 1 UmwStG 1995. Im Januar 2007 bringt A die Anteile an der GmbH 1 in die GmbH 2 gegen Gewährung von neuen Anteilen ein. Die übernehmende GmbH 2 setzt die eingebrachten Anteile an der GmbH 1 mit dem bisherigen Buchwert an (Buchwert 100.000 €, gemeiner Wert 900.000 €). Im Juni 2010 veräußert die GmbH 2 die eingebrachten einbringungsgeborenen Anteile an der GmbH 1 für 1.100.000 €.

Lösung:
Die von der GmbH 2 veräußerten Anteile an der GmbH 1 sind zwar gem. § 23 Absatz 1 UmwStG Anteile i. S. v. § 21 UmwStG 1995 Der erzielte Veräußerungsgewinn ist jedoch nach § 8b Absatz 2 KStG steuerfrei, da die siebenjährige Sperrfrist nach § 8b Absatz 4 KStG a. F. zum Zeitpunkt der Veräußerung in 2010 abgelaufen ist. Da somit kein Anwendungsfall von § 8b Absatz 4 KStG a. F. vorliegt, kommen nach § 27 Absatz 4 UmwStG die §§ 22 und 23 UmwStG zur Anwendung. Im Beispielsfall muss A gem. § 22 Absatz 2 UmwStG im Veranlagungszeitraum 2007 rückwirkend einen Einbringungsgewinn II nach § 16 EStG i. V. m. § 21 UmwStG a. F. versteuern. Dieser Gewinn unterliegt nicht der teilweisen Steuerbefreiung nach § 3 Nummer 40 EStG, da die Weitereinbringung der einbringungsgeborenen Anteile innerhalb der siebenjährigen Sperrfrist alten Rechts erfolgt ist.

Die Einbringung im Januar 2007 ist ein entgeltlicher Vorgang, der aufgrund der Buchwertfortführung zunächst nicht zum Entstehen eines Einbringungsgewinns führt. Aufgrund der Veräußerung der eingebrachten Anteile durch die GmbH 2 in 2010 entsteht rückwirkend im Jahr 2007, d. h. innerhalb von sieben Jahren nach der ersten Einbringung, ein Einbringungsgewinn II aufgrund der nunmehr rückwirkend vorzunehmenden höheren Bewertung. Damit ergibt sich hinsichtlich der vollen Steuerpflicht des Einbringungsgewinns das gleiche Ergebnis, wie wenn die Einbringung in 2007 von vornherein zum gemeinen Wert oder Zwischenwert erfolgt wäre. Die nachträgliche Besteuerung der im Zeitpunkt der Einbringung vorhandenen stillen Reserven soll durch die Systemumstellung des Einbringungsteils nicht verloren gehen. Die nachträgliche Besteuerung umfasst daher auch die Nichtgewährung der 40 %igen Steuerbefreiung nach § 3 Nummer 40 Satz 3 und 4 EStG a. F.

E. Spezialregelung für die Veräußerung einbringungsgeborener Anteile gem. § 21 Absatz 2 Satz 1 Nummer 2 UmwStG 1995

Nach § 27 Absatz 3 Nummer 3 UmwStG erfolgt bei Ausschluss des deutschen Besteuerungsrechts gem. § 21 Absatz 2 Satz 1 Nummer 2 UmwStG a. F. von Amts wegen eine zinslose Stundung der festgesetzten Steuer ohne Sicherheitsleistung gem. § 6 Absatz 5 AStG i. d. F. des Gesetzes vom 7.12.2006, BGBl. I S. 2782, wenn die Einkommensteuer insoweit noch nicht bestandskräftig festgesetzt ist. Eine Stundung der Steuer ist danach in

27.13

565

Anlage 16
Umwandlung

allen noch offenen Fällen und unabhängig von dem konkreten Veräußerungszeitpunkt von Amts wegen auszusprechen.

Beispiel:
Die natürliche Person A ist Inhaber einbringungsgeborener Anteile i. S. d. § 21 UmwStG 1995, die sie im Jahre 2005 durch eine Sacheinlage in eine inländische Kapitalgesellschaft erworben hatte. Am 30.9.2009 verlegt A seinen Wohnsitz nach Frankreich, ohne dass es bis zu diesem Zeitpunkt zu einer Veräußerung der einbringungsgeborenen Anteile gekommen ist.

Lösung:
Zwar richtet sich grundsätzlich die Veräußerung einbringungsgeborener Anteile i. S. d. § 21 UmwStG 1995 weiterhin nach dem alten Recht. Der Wegzug nach Frankreich führt aber gleichwohl – entgegen dem Wortlaut des § 21 Absatz 2 Satz 1 Nummer 2 UmwStG 1995 – nicht zu einer Besteuerung eines Gewinns aus einer fiktiven Veräußerung der einbringungeborenen Anteile. Vielmehr wird die auf den fiktiven Veräußerungsgewinn gem. § 21 Absatz 2 Satz 1 Nummer 2 UmwStG 1995 entfallende Einkommensteuer von dem zuständigen Finanzamt lediglich festgesetzt und zunächst von Amts wegen zinslos und ohne Sicherheitsleistung gestundet. Zu einer tatsächlichen Erhebung der entsprechenden Einkommensteuer kommt es erst dann, wenn A die Anteile zu einem späteren Zeitpunkt tatsächlich veräußert bzw. ein Veräußerungsersatztatbestand vorliegt.

F. Sonstige Anwendungsbestimmungen

S.01 Die Grundsätze dieses Schreibens gelten für alle noch nicht bestandskräftigen Fälle, auf die das Umwandlungssteuergesetz i. d. F. des Gesetzes über steuerliche Begleitmaßnahmen zur Einführung der Europäischen Gesellschaft und zur Änderung weiterer steuerlicher Vorschriften (SEStEG) vom 7.12.2006, BGBl. I S. 2782, mit seinen weiteren Änderungen anzuwenden ist.

Die Randnr. 21.01 – 21.16[1]) des BMF-Schreibens vom 25.3.1998, BStBl I S. 268, sind für einbringungsgeborene Anteile i. S. v. § 21 Absatz 1 UmwStG 1995 und für Anteile, die aufgrund eines Einbringungsvorgangs nach dem 12.12.2006 nach § 20 Absatz 3 Satz 4, § 21 Absatz 2 Satz 6 UmwStG als einbringungsgeborene Anteile i. S. v. § 21 Absatz 1 UmwStG 1995 gelten, weiterhin anzuwenden.

S.02 Ergibt sich aus den Gesamtumständen des Einzelfalls, dass bis zum 31.12.2011 ein unwiderruflicher Antrag zum Ansatz der Buchwerte gemäß § 3 Absatz 2, § 9 Satz 1 i. V. m. § 3 Absatz 2, § 11 Absatz 2, § 15 Absatz 1 i. V. m. § 11 Absatz 2, § 16 Satz 1 i. V. m. § 3 Absatz 2 UmwStG (vgl. z. B. Randnr. 03.27 ff.) gestellt worden ist, kann auf die gesonderte Abgabe einer steuerlichen Schlussbilanz (vgl. z. B. § 3 Absatz 1 UmwStG, Randnr. 03.01) verzichtet werden, wenn eine Bilanz i. S. d. § 4 Absatz 1, § 5 Absatz 1 EStG auf den steuerlichen Übertragungsstichtag bis zum 31.12.2011 eingereicht worden ist und diese der steuerlichen Schlussbilanz entspricht.

S.03 Bei Umwandlungen und Einbringungen, die nicht zum gemeinen Wert erfolgen, kann eine Aufstockung (vgl. z. B. Randnr. 03.23) abweichend von den gesetzlichen Regelungen des UmwStG in einer ersten Stufe bei bereits bilanzierten Wirtschaftsgütern erfolgen und erst in einer zweiten Stufe auch bei bisher in der Steuerbilanz nicht anzusetzenden selbst geschaffenen immateriellen Wirtschaftsgütern, wenn das gesamte übertragene bzw. eingebrachte Vermögen im Inland belegen ist. Dies gilt nur, wenn in den Fällen der Gesamtrechtsnachfolge der Umwandlungsbeschluss bis zum 31.12.2011 erfolgt ist oder in den anderen Fällen der Einbringungsvertrag bis zum 31.12.2011 geschlossen worden ist.

---

1) Rdnrn. 21.12 und 21.13 des BMF-Schreibens vom 25.3.1998 (BStBl I S. 268) sind teilweise überholt (>BFH vom 12.10.2011 – BStBl 2012 II S. 445).

Anlage 16
Umwandlung

Bei Umwandlungen und Einbringungen ist es, abweichend von z. B. Randnr. 02.14, ausreichend, wenn die Teilbetriebsvoraussetzungen spätestens bis zum Zeitpunkt des Umwandlungsbeschlusses oder des Abschlusses des Einbringungsvertrags vorliegen. Dies gilt nur, wenn in den Fällen der Gesamtrechtsnachfolge der Umwandlungsbeschluss bis zum 31.12.2011 erfolgt ist oder in den anderen Fällen der Einbringungsvertrag bis zum 31.12.2011 geschlossen worden ist. S.04

Bei Umwandlungen und Einbringungen ist es hinsichtlich des Vorliegens der Teilbetriebsvoraussetzungen, abweichend von Randnr. 15.02 f., ausreichend, wenn die Anforderungen an den Begriff des Teilbetriebs i. S. d. BMF-Schreibens vom 16.8.2000, BStBl I S. 1253, sowie der Randnr. 15.10 einschließlich der Randnr. 15.07 – 15.09 des BMF-Schreibens vom 25.3.1998, BStBl I S. 268, erfüllt werden. Dies gilt nur, wenn in den Fällen der Gesamtrechtsnachfolge der Umwandlungsbeschluss bis zum 31.12.2011 erfolgt ist oder in den anderen Fällen der Einbringungsvertrag bis zum 31.12.2011 geschlossen worden ist. Vorstehende Sätze gelten nicht für die Anwendung von §§ 15, 16 i. V. m. § 3 Absatz 3, § 15 i. V. m. § 13 Absatz 2 Satz 1 Nummer 2 und § 20 Absatz 8 UmwStG. S.05

Abweichend von Randnr. 11.08 und 20.19 gilt die Besteuerung mit Körperschaftsteuer bei Umwandlung auf bzw. Einbringung in eine unbeschränkt körperschaftsteuerpflichtige, nicht nach § 5 KStG steuerbefreite Organgesellschaft i. S. d. § 1 Absatz 1, §§ 14, 17 KStG als sichergestellt. Dies gilt nur, wenn in den Fällen der Gesamtrechtsnachfolge der Umwandlungsbeschluss bis zum 31.12.2011 erfolgt ist oder in den anderen Fällen der Einbringungsvertrag bis zum 31.12.2011 geschlossen worden ist. S.06

Abweichend von Randnr. 15.26 ist Randnr. 15.26 des BMF-Schreibens vom 25.3.1998, BStBl I S. 268, anzuwenden, wenn die unmittelbare oder mittelbare Veräußerung der Anteile einer an der Spaltung beteiligten Körperschaften bis zum 31.12.2011 erfolgt ist. S.07

Die BMF-Schreiben vom 4.9.2007, BStBl I S. 698, und vom 20.5.2009, BStBl I S. 671, werden mit Wirkung der Veröffentlichung dieses Schreibens aufgehoben. S.08

Besonderer Teil zum UmwStG
A. Auswirkungen der Umwandlung auf eine Organschaft
I. Organträger als übertragender bzw. umzuwandelnder Rechtsträger
1. Verschmelzung des Organträgers

Geht das Vermögen des Organträgers und damit auch die Beteiligung an der Organgesellschaft durch Verschmelzung auf ein anderes gewerbliches Unternehmen i. S. d. § 14 Absatz 1 Satz 1 Nummer 2 KStG über, tritt der übernehmende Rechtsträger grundsätzlich in den Gewinnabführungsvertrag ein. Org.01

a) Fortsetzung einer bestehenden Organschaft im Verhältnis zum übernehmenden Rechtsträger

Infolge des in § 12 Absatz 3 Satz 1 UmwStG angeordneten Eintritts des übernehmenden Rechtsträgers in die steuerliche Rechtsstellung des übertragenden Rechtsträgers ist dem übernehmenden Rechtsträger mit Wirkung ab dem steuerlichen Übertragungsstichtag eine im Verhältnis zwischen dem übertragenden Rechtsträger und der Organgesellschaft bestehende finanzielle Eingliederung zuzurechnen (BFH vom 28.7.2010, I R 89/09, BStBl 2011 II S. 528). Die Voraussetzungen einer Organschaft sind danach vom Beginn des Wirtschaftsjahres der Organgesellschaft an erfüllt, wenn dem übernehmenden Rechtsträger z. B. nach §§ 2, 20 Absatz 5 und 6 oder § 24 Absatz 4 UmwStG auch die Beteiligung an der Organgesellschaft steuerlich rückwirkend zum Beginn des Wirtschaftsjahrs der Organgesellschaft zuzurechnen ist (vgl. z. B. Randnr. 02.03). Org.02

Anlage 16

Umwandlung

b) Erstmalige Begründung einer Organschaft zum übernehmenden Rechtsträger

Org.03 Eine noch gegenüber dem übertragenden Rechtsträger bestehende finanzielle Eingliederung zum steuerlichen Übertragungsstichtag ist dem übernehmenden Rechtsträger infolge des in § 12 Absatz 3 Satz 1 UmwStG angeordneten Eintritts in die steuerliche Rechtsstellung mit Wirkung ab dem steuerlichen Übertragungsstichtag zuzurechnen (vgl. Randnr. Org.02). Eine Organschaft kann durch den übernehmenden Rechtsträger mit steuerlicher Rückwirkung nur begründet werden, wenn diesem auch die Anteile an der künftigen Organgesellschaft steuerlich rückwirkend (z. B. nach §§ 2, 20 Absatz 5 und 6 oder § 24 Absatz 4 UmwStG) zum Beginn des Wirtschaftsjahrs der Organgesellschaft zuzurechnen sind. Werden die Voraussetzungen der finanziellen Eingliederung erst infolge der Umwandlung geschaffen (z. B. übertragender Rechtsträger und übernehmender Rechtsträger besitzen vor der Umwandlung eine Beteiligung von jeweils unter 50 %), ist die rückwirkende erstmalige Begründung einer Organschaft mangels Eintritt in die steuerliche Rechtsstellung hinsichtlich einer beim übertragenden Rechtsträger zum steuerlichen Übertragungsstichtag bestehenden finanziellen Eingliederung somit nicht möglich.

c) Beendigung der Organschaft bei Abwärtsverschmelzung

Org.04 Wird der Organträger auf die Organgesellschaft verschmolzen, endet die Organschaft mit Wirkung zum steuerlichen Übertragungsstichtag. Bei Beendigung des Gewinnabführungsvertrags vor Ablauf von fünf Jahren ist in diesen Fällen ein wichtiger Grund i. S. d. § 14 Absatz 1 Satz 1 Nummer 3 Satz 2 KStG anzunehmen.

d) Organschaftliche Ausgleichsposten

Org.05 Die Verschmelzung des Organträgers stellt einen Veräußerungsvorgang i. S. d. § 14 Absatz 4 KStG hinsichtlich der Beteiligung an der Organgesellschaft dar (vgl. Randnr. 00.02). Auf dieses Organschaftsverhältnis entfallende organschaftliche Ausgleichsposten sind nach § 14 Absatz 4 Satz 2 KStG zum steuerlichen Übertragungsstichtag aufzulösen.

Wird die Organschaft vom übernehmenden Rechtsträger zulässigerweise fortgeführt, sind die organschaftlichen Ausgleichsposten abweichend davon nicht aufzulösen, wenn die Verschmelzung zum Buchwert erfolgt. Der übernehmende Rechtsträger hat die organschaftlichen Ausgleichsposten fortzuführen. Erfolgt die Verschmelzung zum gemeinen Wert, sind die organschaftlichen Ausgleichsposten in voller Höhe, bei Verschmelzung zum Zwischenwert anteilig aufzulösen.

In den Fällen der Abwärtsverschmelzung sind die organschaftlichen Ausgleichsposten stets in voller Höhe aufzulösen, da eine Fortführung der Organschaft ausscheidet (vgl. Randnr. Org.04).

2. Auf- und Abspaltung, Ausgliederung

Org.06 Geht das Vermögen des Organträgers durch Aufspaltung auf ein anderes gewerbliches Unternehmen i. S. d. § 14 Absatz 1 Satz 1 Nummer 2 KStG über, tritt der übernehmende Rechtsträger nach Maßgabe des Spaltungsvertrags oder -plans (§ 131 Absatz 1 Nummer 1 UmwG) in den bestehenden Gewinnabführungsvertrag ein. Dem die Beteiligung an der Organgesellschaft übernehmenden Rechtsträger ist eine gegenüber dem übertragenden Rechtsträger zum steuerlichen Übertragungsstichtag bestehende finanzielle Eingliederung zuzurechnen; Randnr. Org.02 f. gelten entsprechend.

Organschaftliche Ausgleichsposten sind nach § 14 Absatz 4 Satz 2 KStG aufzulösen. Randnr. Org.05 gilt entsprechend. Bleiben die organschaftlichen Ausgleichsposten danach ganz oder teilweise bestehen, sind sie vom übernehmenden Rechtsträger fortzuführen, auf den die Organbeteiligung übergeht.

Anlage 16
Umwandlung

Geht die Beteiligung an der Organgesellschaft im Wege der Abspaltung auf ein anderes gewerbliches Unternehmen i. S. d. § 14 Absatz 1 Satz 1 Nummer 2 KStG über, wird dem übernehmenden Rechtsträger eine gegenüber dem übertragenden Rechtsträger zum steuerlichen Übertragungsstichtag bestehende finanzielle Eingliederung zugerechnet. Randnr. Org.02 f. gelten entsprechend.   Org.07

Auf dieses Organschaftsverhältnis entfallende organschaftliche Ausgleichsposten sind nach § 14 Absatz 4 Satz 2 KStG aufzulösen. Randnr. Org.05 gilt entsprechend. Bleiben die organschaftlichen Ausgleichsposten danach ganz oder teilweise bestehen, sind sie vom übernehmenden Rechtsträger fortzuführen, auf den die Organbeteiligung übergeht.

Geht die Beteiligung an der Organgesellschaft im Wege der Ausgliederung auf ein anderes gewerbliches Unternehmen i. S. d. § 14 Absatz 1 Satz 1 Nummer 2 KStG über, wird dem übernehmenden Rechtsträger eine gegenüber dem übertragenden Rechtsträger bestehende finanzielle Eingliederung mit Wirkung ab dem steuerlichen Übertragungsstichtag zugerechnet. Steuerlicher Übertragungsstichtag ist in den Fällen des Anteilstauschs i. S. d. § 21 UmwStG der Zeitpunkt, zu dem das wirtschaftliche Eigentum an den Anteilen an der Organgesellschaft übergeht (vgl. Randnr. 21.17). In den Fällen der Einbringung von Anteilen i. S. d. § 21 UmwStG an der Organgesellschaft ist eine Fortsetzung der Organschaft deshalb nur möglich, wenn das betreffende Wirtschaftsjahr der Organgesellschaft nach dem steuerlichen Übertragungsstichtag beginnt.   Org.08

Auf dieses Organschaftsverhältnis entfallende organschaftliche Ausgleichsposten sind nach § 14 Absatz 4 Satz 2 KStG aufzulösen. Randnr. Org.05 gilt entsprechend. Bleiben die organschaftlichen Ausgleichsposten danach ganz oder teilweise bestehen, sind sie vom übernehmenden Rechtsträger fortzuführen, auf den die Organbeteiligung übergeht.

Verbleibt bei einer Abspaltung oder Ausgliederung eine die Mehrheit der Stimmrechte vermittelnde Beteiligung an der Organgesellschaft beim bisherigen Organträger, wird das bestehende Organschaftsverhältnis durch die Umwandlung nicht berührt.   Org.09

3. Formwechsel des Organträgers

Der Formwechsel des Organträgers hat auf den Fortbestand eines Gewinnabführungsvertrags keinen Einfluss und berührt daher das Organschaftsverhältnis nicht, wenn beim Organträger neuer Rechtsform die Voraussetzungen des § 14 Absatz 1 Satz 1 Nummer 2 KStG vorliegen. Beim Formwechsel i. S. d. § 1 Absatz 1 Satz 1 Nummer 2 und Absatz 3 Nummer 3 UmwStG gelten Randnr. Org.02 und Org.05 entsprechend. Im Fall der erstmaligen Begründung der Organschaft im Anschluss an einen Formwechsel i. S. d. § 1 Absatz 1 Satz 1 Nummer 2 und Absatz 3 Nummer 3 UmwStG gilt Randnr. Org.03 entsprechend.   Org.10

4. Mindestlaufzeit und vorzeitige Beendigung des Gewinnabführungsvertrags

Für die Prüfung der Mindestlaufzeit des Gewinnabführungsvertrags nach § 14 Absatz 1 Satz 1 Nummer 3 KStG ist die Laufzeit bei dem bisherigen und dem künftigen Organträger (übernehmender Rechtsträger bzw. Organträger neuer Rechtsform) zusammenzurechnen, wenn der übernehmende Rechtsträger aufgrund der Umwandlung in den bestehenden Gewinnabführungsvertrag eintritt.   Org.11

Die Umwandlung des Unternehmens des Organträgers ist ein wichtiger Grund, einen noch nicht fünf aufeinander folgende Jahre durchgeführten Gewinnabführungsvertrag zu kündigen oder im gegenseitigen Einvernehmen zu beenden. Das gilt nicht für den Formwechsel i. S. d. § 190 UmwG (vgl. R 60 Absatz 6 Satz 2 KStR 2004).   Org.12

Anlage 16
Umwandlung

5. Begründung einer Organschaft nach Einbringung i. S. d. § 20 UmwStG

Org.13 Die im Zuge einer Einbringung i. S. d. § 20 UmwStG erhaltenen Anteile an einer Kapitalgesellschaft (übernehmender Rechtsträger) sind dem Einbringenden (übertragender Rechtsträger) steuerlich mit Ablauf des steuerlichen Übertragungsstichtags zuzurechnen (vgl. Randnr. 20.14). Eine Organschaft zwischen dem übertragenden Rechtsträger und dem übernehmenden Rechtsträger kann daher grundsätzlich bereits ab diesem Zeitpunkt begründet werden. Weitere Voraussetzung hierfür ist jedoch, dass das eingebrachte Vermögen dem übertragenden Rechtsträger zum Einbringungszeitpunkt auch steuerlich zuzurechnen war (vgl. Randnr. 20.14 sowie BFH vom 28.7.2010, I R 89/09, BStBl 2011 II S. 528). Die steuerliche Anerkennung der Organschaft erfordert zudem, dass der Gewinnabführungsvertrag bis zum Ende des betreffenden Wirtschaftsjahrs der Organgesellschaft wirksam wird. Fällt der steuerliche Übertragungsstichtag zugleich auf das Ende des Wirtschaftsjahrs des übernehmenden Rechtsträgers, kann die Organschaft daher frühestens für das Wirtschaftsjahr des übernehmenden Rechtsträgers begründet werden, das nach dem steuerlichen Übertragungsstichtag beginnt.

Org.14 Wird mit steuerlicher Rückwirkung z. B. ein Teilbetrieb, zu dessen funktional wesentlichen Betriebsgrundlagen eine Mehrheitsbeteiligung gehört, in eine Kapitalgesellschaft (übernehmender Rechtsträger) eingebracht, ist wegen des in § 23 Absatz 1 i. V. m. § 12 Absatz 3 erster Halbsatz UmwStG geregelten Eintritts in die steuerliche Rechtsstellung eine zum steuerlichen Übertragungsstichtag noch gegenüber dem übertragenden Rechtsträger bestehende finanzielle Eingliederung mit Wirkung ab dem steuerlichen Übertragungsstichtag dem übernehmenden Rechtsträger zuzurechnen.

6. Begründung einer Organschaft nach Anteilstausch i. S. d. § 21 UmwStG

Org.15 Wird eine die Mehrheit der Stimmrechte vermittelnde Beteiligung an einer Kapitalgesellschaft (erworbene Gesellschaft) in eine andere Kapitalgesellschaft (übernehmende Gesellschaft) nach § 21 UmwStG eingebracht, kann die Einbringung steuerlich nicht rückwirkend erfolgen (vgl. Randnr. 21.17). Eine Organschaft zwischen der übernehmenden Gesellschaft und der erworbenen Gesellschaft kann daher frühestens ab dem Beginn des auf die Einbringung folgenden Wirtschaftsjahrs der erworbenen Gesellschaft begründet werden.

Org.16 Bestand bei einem Anteilstausch i. S. d. § 21 UmwStG bisher zwischen dem Einbringenden und der erworbenen Gesellschaft eine Organschaft, kann bei Vorliegen der in § 14 Absatz 1 Satz 1 Nummer 1 Satz 2 KStG genannten Voraussetzungen das bestehende Organschaftsverhältnis in Form einer mittelbaren Organschaft fortgeführt werden.

Die auf das bisherige unmittelbare Organschaftsverhältnis entfallenden organschaftlichen Ausgleichsposten sind nach § 14 Absatz 4 Satz 2 KStG aufzulösen. Randnr. Org.05 gilt entsprechend. Bleiben die organschaftlichen Ausgleichsposten danach ganz oder teilweise bestehen, sind sie vom Organträger fortzuführen.

Org.17 Bringt bei einer zweistufigen Organschaft, bei der die Tochter-Kapitalgesellschaft Organträgerin im Verhältnis zur Enkel-Kapitalgesellschaft und Organgesellschaft im Verhältnis zur Muttergesellschaft ist, die Tochter-Kapitalgesellschaft ihre Beteiligung an der Enkel-Kapitalgesellschaft in die Muttergesellschaft ein, ist eine sich unmittelbar anschließende Begründung der Organschaft zwischen der Enkel-Kapitalgesellschaft und der Muttergesellschaft möglich, denn die Enkel-Kapitalgesellschaft war durchgängig in die Muttergesellschaft finanziell eingegliedert (zunächst mittelbar und anschließend unmittelbar).

Die auf das bisherige Organschaftsverhältnis entfallenden organschaftlichen Ausgleichsposten in der Steuerbilanz der Tochter-Kapitalgesellschaft sind nach § 14 Absatz 4 Satz 2 KStG stets in voller Höhe aufzulösen.

Anlage 16
Umwandlung

7. Anwachsung bei einer Organträger-Personengesellschaft

Erfolgt bei einer Organträger-Personengesellschaft wegen des Ausscheidens des vorletzten Gesellschafters eine Anwachsung des Vermögens auf den verbleibenden Gesellschafter, ist für die Beurteilung des Vorliegens der finanziellen Eingliederung – sofern die Organgesellschaft beim verbleibenden Gesellschafter nicht bereits mittelbar finanziell eingegliedert war – wie folgt zu unterscheiden: Org.18

- Ist die Anwachsung Folge einer übertragenden Umwandlung mit steuerlicher Rückwirkung, ist dem verbleibenden Gesellschafter die Beteiligung an der Organgesellschaft auch mit steuerlicher Rückwirkung zuzurechnen.
- Ist die Anwachsung Folge einer Übertragung, für die die steuerliche Rückwirkung nach dem UmwStG nicht gilt (z. B. Veräußerung der Mitunternehmerbeteiligung), ist die Beteiligung an der Organgesellschaft dem verbleibenden Gesellschafter erst mit Übergang des wirtschaftlichen Eigentums zuzurechnen.

Die organschaftlichen Ausgleichsposten sind von dem verbleibenden Gesellschafter in unveränderter Höhe fortzuführen.

8. Zurechnung des Organeinkommens bei Umwandlung des Organträgers

Das Einkommen der Organgesellschaft ist dem Organträger für das Kalenderjahr (Veranlagungszeitraum) zuzurechnen, in dem die Organgesellschaft das Einkommen bezogen hat (BFH vom 29.10.1974, I R 240/72, BStBl 1975 II S. 126). Bei Fortsetzung einer bestehenden Organschaft (vgl. z. B. Randnr. Org.02) ist das Organeinkommen demjenigen Rechtsträger zuzurechnen, der zum Schluss des Wirtschaftsjahrs der Organgesellschaft als Organträger anzusehen ist.   Org.19

II. Organträger als übernehmender Rechtsträger

Eine Umwandlung auf den Organträger als übernehmender Rechtsträger hat auf den Fortbestand eines Gewinnabführungsvertrags keinen Einfluss und berührt daher das Organschaftsverhältnis nicht.   Org.20

III. Organgesellschaft als übertragender bzw. umzuwandelnder Rechtsträger

1. Verschmelzung auf eine andere Gesellschaft

Wird die Organgesellschaft auf einen anderen Rechtsträger verschmolzen, wird ein bestehender Gewinnabführungsvertrag beendet. Die Verschmelzung stellt auf der Ebene des Organträgers eine Veräußerung der Beteiligung an der Organgesellschaft (vgl. Randnr. 00.03 f.) im Zeitpunkt der Wirksamkeit der Verschmelzung bzw. bei Aufwärtsverschmelzung mit Ablauf des steuerlichen Übertragungsstichtags dar. Eine finanzielle Eingliederung zwischen dem bisherigen Organträger und dem übernehmenden Rechtsträger kann frühestens ab dem Zeitpunkt der Wirksamkeit der Verschmelzung bestehen (vgl. Randnr. 13.06).   Org.21

Auf dieses Organschaftsverhältnis entfallende organschaftliche Ausgleichsposten sind nach § 14 Absatz 4 Satz 2 KStG stets in voller Höhe aufzulösen.

2. Auf- und Abspaltung, Ausgliederung

Die Organgesellschaft bleibt bei der Abspaltung und bei der Ausgliederung bestehen und die Organschaft kann unverändert fortgeführt werden. Der Gewinnabführungsvertrag wird dadurch nicht berührt.   Org.22

Die Abspaltung stellt auf der Ebene des Organträgers eine anteilige Veräußerung der Beteiligung an der Organgesellschaft (vgl. § 15 i. V. m. § 13 UmwStG) im Zeitpunkt der

Anlage 16

Umwandlung

Wirksamkeit der Abspaltung dar. Auf dieses Organschaftsverhältnis entfallende organschaftliche Ausgleichsposten sind nach § 14 Absatz 4 Satz 2 KStG nach Maßgabe des Wertverhältnisses in § 15 Absatz 3 UmwStG anteilig aufzulösen. Randnr. Org.05 gilt entsprechend. Bleiben die organschaftlichen Ausgleichsposten danach ganz oder teilweise bestehen, sind sie vom Organträger fortzuführen.

Org.23 Wird die Organgesellschaft aufgespalten, endet der Gewinnabführungsvertrag. Randnr. Org.21 gilt entsprechend.

3. Formwechsel

Org.24 Der Formwechsel einer Organgesellschaft in eine Kapitalgesellschaft anderer Rechtsform berührt die steuerliche Anerkennung der Organschaft nicht.

Beim Formwechsel in eine Personengesellschaft endet das Organschaftsverhältnis. Auf dieses Organschaftsverhältnis entfallende organschaftliche Ausgleichsposten sind nach § 14 Absatz 4 Satz 5 KStG stets in voller Höhe aufzulösen.

Org.25 Wird eine Tochter-Personengesellschaft mit steuerlicher Rückwirkung formwechselnd in eine Tochter-Kapitalgesellschaft umgewandelt, ist dem Einbringenden die Beteiligung an der Tochter-Kapitalgesellschaft mit Ablauf des steuerlichen Übertragungsstichtags zuzurechnen; Randnr. Org.13 gilt entsprechend. Zum rückwirkenden Formwechsel vgl. auch BFH vom 17.9.2003, I R 55/02, BStBl 2004 II S. 534.

4. Vorzeitige Beendigung des Gewinnabführungsvertrags

Org.26 Die Beendigung eines Gewinnabführungsvertrags infolge der Umwandlung der Organgesellschaft ist ein wichtiger Grund i. S. d. § 14 Absatz 1 Satz 1 Nummer 3 Satz 2 KStG, es sei denn, es handelt sich um einen Formwechsel einer Kapitalgesellschaft in eine Kapitalgesellschaft anderer Rechtsform (vgl. R 60 Absatz 6 Satz 2 KStR 2004).

5. Zurechnung eines Übertragungsgewinns bzw. -verlusts

Org.27 Bei Verschmelzung oder Aufspaltung ist ein steuerlicher Übertragungsgewinn von der Organgesellschaft selbst zu versteuern. Bei Abspaltung oder Ausgliederung ist ein steuerlicher Übertragungsgewinn bei weiter bestehender Organgesellschaft dem Organträger zuzurechnen.

6. Mehr- und Minderabführungen

Org.28 Wenn bei einer Sach- oder Anteilseinbringung durch die Organgesellschaft in eine andere Kapitalgesellschaft oder Genossenschaft das eingebrachte Vermögen steuerlich mit dem Buchwert, in der Handelsbilanz jedoch mit dem Verkehrswert angesetzt wird, ist auf die sich daraus ergebende Mehrabführung § 14 Absatz 4 KStG anzuwenden.

IV. Organgesellschaft als übernehmender Rechtsträger

1. Fortgeltung der Organschaft

Org.29 Ein bestehendes Organschaftsverhältnis wird durch die Umwandlung einer anderen Gesellschaft auf die Organgesellschaft nicht berührt, wenn die finanzielle Eingliederung auch nach der Umwandlung fortbesteht.

2. Übernahmegewinn bzw. -verlust und Gewinnabführung

Org.30 Entsteht bei der Organgesellschaft i. R. d. Umwandlung ein handelsrechtlicher Übernahmegewinn, ist hinsichtlich der handelsrechtlichen Abführungsverpflichtung wie folgt zu unterscheiden:

Anlage 16
Umwandlung

1. Bei der Aufwärtsverschmelzung einer der Organgesellschaft nachgeordneten Gesellschaft auf die Organgesellschaft erstreckt sich die Gewinnabführungsverpflichtung der Organgesellschaft auch auf einen handelsrechtlichen Übernahmegewinn.
2. Bei der Seitwärtsverschmelzung einer Schwestergesellschaft auf die Organgesellschaft unterliegt ein handelsrechtlicher Übernahmegewinn insoweit nicht der Pflicht zur Gewinnabführung, als er zur Aufstockung des Nennkapitals verwendet oder in die Kapitalrücklage eingestellt wird.

Gewährt die übernehmende Organgesellschaft als Gegenleistung nach der Rechtslage in § 272 HGB i. d. F. vor Inkrafttreten des Bilanzrechtsmodernisierungsgesetzes (BilMoG) vom 25.5.2009, BGBl. I S. 1102, bilanzierte eigene Anteile, ist der handelsrechtliche Übernahmegewinn in dem Betrag, der nach § 301 AktG an den Organträger abzuführen ist, enthalten.	Org.31
Entsteht bei der Organgesellschaft ein handelsrechtlicher Übernahmeverlust, unterliegt dieser der Verlustübernahme nach § 302 AktG bzw. mindert den Betrag, der nach § 301 AktG an den Organträger abzuführen ist.	Org.32

3. Mehr- und Minderabführungen

Geht das Vermögen einer anderen Gesellschaft durch Umwandlung oder Einbringung auf eine Organgesellschaft über und setzt die übernehmende Organgesellschaft das auf sie übergehende Vermögen in der Steuerbilanz mit den Buchwerten, handelsrechtlich jedoch mit den Verkehrswerten an, ist auf die sich daraus ergebende Mehrabführung § 14 Absatz 3 Satz 1 KStG anzuwenden.	Org.33
Bestanden bereits bei dem übertragenden Rechtsträger Bewertungsunterschiede zwischen Handels- und Steuerbilanz, führen sowohl der Unterschiedsbetrag zwischen dem handelsrechtlichen und dem steuerlichen Übernahmegewinn als auch die spätere Auflösung der Bewertungsunterschiede bei der Organgesellschaft zu Mehr- bzw. Minderabführungen i. S. d. § 14 Absatz 3 KStG.	Org.34

B. Auswirkungen auf das steuerliche Einlagekonto und den Sonderausweis
I. Übersicht

Eine Verschmelzung sowie eine Auf- und Abspaltung führt zu folgenden Kapitalveränderungen bei der übertragenden und bei der übernehmenden Körperschaft; dies gilt für die übertragende Körperschaft auch bei Umwandlung auf ein Personenunternehmen:	K.01

	Übertragende Körperschaft	Übernehmende Körperschaft
Verschmelzung und Aufspaltung	Fiktive Herabsetzung des Nennkapitals und damit Auflösung eines eventuell bestehenden Sonderausweises i. S. d. § 28 Absatz 1 Satz 3 KStG (§ 29 Absatz 1, § 28 Absatz 2 KStG). Erhöhung des steuerlichen Einlagekontos um den Betrag des Nennkapitals abzüglich des Sonderausweises.	Bei einer Abwärtsverschmelzung bzw. -spaltung gilt Nebenstehendes gem. § 29 Absatz 1 i. V. m. Absatz 2 Satz 3 bzw. Absatz 3 Satz 3 KStG auch für die übernehmende Körperschaft.
		Zurechnung der – in den Fällen der Aufwärtsverschmelzung bzw. -spaltung nach § 29 Absatz 2 Satz 2 ggf. i. V. m. Absatz 3 Satz 3 KStG anteilig gekürzten – Bestände des steuerlichen Einlagekontos (§ 29 Absatz 2 bzw. 3 KStG).

Anlage 16
Umwandlung

	Übertragende Körperschaft	Übernehmende Körperschaft
		Anpassung des Nennkapitals und ggf. Neubildung oder Anpassung eines Sonderausweises (§ 29 Absatz 4, § 28 Absatz 1 und 3 KStG).
		Bei Abwärtsverschmelzung bzw. -spaltung: Erhöhung des fiktiv auf 0 € herabgesetzten Nennkapitals und ggf. Neubildung eines Sonderausweises (§ 29 Absatz 4, § 28 Absatz 1 KStG).
Abspaltung	Fiktive Herabsetzung des Nennkapitals und Auflösung eines eventuell bestehenden Sonderausweises i. S. d. § 28 Absatz 1 Satz 3 KStG (§ 29 Absatz 1, § 28 Absatz 2 KStG). Erhöhung des steuerlichen Einlagekontos um den Betrag des Nennkapitals abzüglich des Sonderausweises.	Bei einer Abwärtsabspaltung gilt Nebenstehendes gemäß § 29 Absatz 1 i. V. m. Absatz 2 Satz 3 i. V. m. Absatz 3 Satz 3 KStG auch für die übernehmende Körperschaft.
	Anteilige Verringerung des steuerlichen Einlagekontos (§ 29 Absatz 3 KStG).	Anteilige Hinzurechnung des – in den Fällen der Aufwärtsabspaltung nach § 29 Absatz 1 i. V. m. Absatz 2 Satz 2 i. V. m. Absatz 3 Satz 3 KStG anteilig gekürzten – steuerlichen Einlagekontos (§ 29 Absatz 3 KStG).
	Erhöhung des fiktiv auf 0 € herabgesetzten Nennkapitals und ggf. Neubildung eines Sonderausweises (§ 29 Absatz 4, § 28 Absatz 1 KStG).	Anpassung des Nennkapitals und ggf. Neubildung bzw. Anpassung eines Sonderausweises (§ 29 Absatz 4, § 28 Absatz 1 und 3 KStG). Bei Abwärtsabspaltung: Erhöhung des fiktiv auf 0 € herabgesetzten Nennkapitals und ggf. Neubildung eines Sonderausweises (§ 29 Absatz 4, § 28 Absatz 1 KStG).

II. Anwendung des § 29 KStG

1. Sachlicher Anwendungsbereich

K.02 § 29 KStG gilt für Umwandlungen i. S. d. § 1 UmwG. Wegen fehlender betragsmäßiger Auswirkung kommt § 29 KStG für Fälle der Ausgliederung i. S. d. § 123 Absatz 3 UmwG nicht zur Anwendung.

2. Behandlung bei der übertragenden Körperschaft

a) Fiktive Herabsetzung des Nennkapitals

K.03 Bei der übertragenden Körperschaft gilt im ersten Schritt das Nennkapital zum steuerlichen Übertragungsstichtag als in vollem Umfang herabgesetzt. Auf die fiktive Kapitalherabsetzung ist § 28 Absatz 2 Satz 1 KStG entsprechend anzuwenden. Danach verringert sich zunächst ein bestehender Sonderausweis auf 0 €. Der den Sonderausweis übersteigende Betrag erhöht den Bestand des steuerlichen Einlagekontos. Maßgebend ist der Bestand des Sonderausweises, der sich am steuerlichen Übertragungsstichtag ergibt. Die fiktive

Anlage 16
Umwandlung

Herabsetzung des Nennkapitals gilt auch für den Fall der Abspaltung i. S. d. § 123 Absatz 1 und 2 UmwG.

b) Verringerung der Bestände beim steuerlichen Einlagekonto

Bei einer Verschmelzung nach § 2 UmwG sowie bei einer Aufspaltung nach § 123 Absatz 1 UmwG verringert sich das steuerliche Einlagekonto der übertragenden Körperschaft in vollem Umfang (§ 29 Absatz 2 Satz 1, Absatz 3 Satz 1 und 2 KStG). In der letzten gesonderten Feststellung auf den steuerlichen Übertragungsstichtag ist der Bestand nach Berücksichtigung von Zu- und Abgängen (z. B. bei Gewinnausschüttungen im Rückwirkungszeitraum, vgl. z. B. Randnr. 02.34) und vor dem Vermögensübergang anzusetzen.   K.04

Bei einer Abspaltung nach § 123 Absatz 2 UmwG verringert sich der Bestand des steuerlichen Einlagekontos anteilig in dem in § 29 Absatz 3 Satz 1, 2 und 4 KStG genannten Umfang. Maßgebend für die Verringerung ist der nach Berücksichtigung von Zu- und Abgängen ermittelte (ggf. fiktive) Bestand des steuerlichen Einlagekontos zum steuerlichen Übertragungsstichtag; dies gilt auch dann, wenn der steuerliche Übertragungsstichtag nicht auf den Schluss des Wirtschaftsjahrs des übertragenden Rechtsträgers fällt. Für nach dem steuerlichen Übertragungsstichtag erfolgende Leistungen ist der um den Verringerungsbetrag geminderte (ggf. fiktive) Bestand des steuerlichen Einlagekontos zum steuerlichen Übertragungsstichtag maßgebend.   K.05

Die Verringerung des Bestands erfolgt unabhängig von der Rechtsform des übernehmenden Rechtsträgers. Sie ist auch vorzunehmen, soweit eine Hinzurechnung des steuerlichen Einlagekontos bei der übernehmenden Körperschaft nach § 29 Absatz 2 Satz 2 KStG unterbleibt.   K.06

c) Anpassung des Nennkapitals bei Abspaltung

Bei einer Abspaltung gilt das nach § 29 Absatz 1 KStG als auf 0 € herabgesetzt geltende Nennkapital des übertragenden Rechtsträgers (vgl. Randnr. K.03) als auf den Stand unmittelbar nach der Übertragung erhöht. Für die fiktive Kapitalerhöhung gilt § 28 Absatz 1 KStG entsprechend. Das Nennkapital verringert damit vorrangig das steuerliche Einlagekonto bis zu dessen Verbrauch, ein übersteigender Betrag ist als Sonderausweis zu erfassen. Maßgeblich ist dabei der Bestand des steuerlichen Einlagekontos, der sich nach Anwendung des § 29 Absatz 1 bis 3 KStG ergeben hat.   K.07

d) Zusammenfassendes Beispiel

Beispiel: K.08

Die X-GmbH (voll eingezahltes Nennkapital 300.000 €, davon Sonderausweis 100.000 €) wird hälftig abgespalten. Das Nennkapital nach Abspaltung soll 50.000 € betragen. Das steuerliche Einlagekonto beträgt 0 €.

Anlage 16

Umwandlung

Lösung:

	Vorspalte	Einlagekonto	Sonderausweis
Anfangsbestand		0 €	100.000 €
Betrag der fiktiven Kapitalherabsetzung	300.000 €		
Verringerung des Sonderausweises	./. 100.000 €		./. 100.000 €
Rest, Zugang beim steuerlichen Einlagekonto	200.000 €	+ 200.000 €	
Zwischenergebnis		200.000 €	0 €
Abgang vom steuerlichen Einlagekonto (= 50 %)		./. 100.000 €	
Zwischenergebnis		100.000 €	0 €
Betrag der fiktiven Kapitalerhöhung	50.000 €		
Verringerung des steuerlichen Einlagekontos	./. 50.000 €	./. 50.000 €	
Schlussbestände		50.000 €	0 €

3. Behandlung bei der übernehmenden Körperschaft

a) Hinzurechnung des Bestands des steuerlichen Einlagekontos bei der übernehmenden Körperschaft

K.09 Soweit das Vermögen einer Körperschaft auf eine andere unbeschränkt steuerpflichtige Körperschaft übergeht, erhöht sich der Bestand des steuerlichen Einlagekontos der übernehmenden Körperschaft nach Maßgabe des § 29 Absatz 2 bzw. 3 KStG zum Schluss des Wirtschaftsjahrs, in das der steuerliche Übertragungsstichtag fällt. Bei Verschmelzungen sowie bei Auf- und Abspaltungen kann sich das steuerliche Einlagekonto der übernehmenden Körperschaft nur in dem in § 29 Absatz 2 und 3 KStG geregelten Umfang erhöhen. § 29 KStG ist insoweit gegenüber § 27 KStG die speziellere Vorschrift.

b) Beteiligung der übernehmenden Körperschaft an der übertragenden Körperschaft (Aufwärtsverschmelzung)

K.10 Ist die übernehmende Körperschaft (Muttergesellschaft) an der übertragenden Körperschaft (Tochtergesellschaft) beteiligt, unterbleibt bei der übernehmenden Muttergesellschaft eine Hinzurechnung des Bestands des steuerlichen Einlagekontos der übertragenden Tochtergesellschaft in dem Verhältnis der Beteiligung der Muttergesellschaft an der Tochtergesellschaft (§ 29 Absatz 2 Satz 2 und Absatz 3 Satz 3 KStG).

Beispiel:

Die Muttergesellschaft hält 80 % der Anteile an einer Tochtergesellschaft. Das steuerliche Einlagekonto der Tochtergesellschaft beträgt nach Anwendung des § 29 Absatz 1 KStG 100.000 €.
Die Tochtergesellschaft wird auf die Muttergesellschaft verschmolzen.

Lösung:

Nach § 29 Absatz 2 Satz 2 KStG erhöht sich das steuerliche Einlagekonto der Muttergesellschaft nur um 20.000 € (= 20 % von 100.000 €).

Alternative:

Die Tochtergesellschaft wird hälftig auf die Muttergesellschaft abgespalten.

Anlage 16

Umwandlung

Lösung:
Nach § 29 Absatz 3 Satz 3 i. V. m. Absatz 2 Satz 2 KStG erhöht sich das steuerliche Einlagekonto der Muttergesellschaft um 10.000 € (= 50 % x 20 % von 100.000 €).

Die Regelung gilt entsprechend, wenn die übernehmende Körperschaft (Muttergesellschaft) mittelbar, z. B. über eine andere Körperschaft (Tochtergesellschaft), an der übertragenden Körperschaft (Enkelgesellschaft) beteiligt ist.

K.11

c) Beteiligung der übertragenden Körperschaft an der übernehmenden Körperschaft (Abwärtsverschmelzung)

Bei Beteiligung der übertragenden Körperschaft (Muttergesellschaft) an der übernehmenden Körperschaft (Tochtergesellschaft) verringert sich nach § 29 Absatz 2 Satz 3 bzw. Absatz 3 Satz 3 KStG das steuerliche Einlagekonto der Tochtergesellschaft in dem Verhältnis der Beteiligung der übertragenden Muttergesellschaft an der übernehmenden Tochtergesellschaft.

K.12

Bei einer Abwärtsverschmelzung finden die Regelungen des § 29 Absatz 1 und Absatz 2 Satz 1 KStG Anwendung. Bei der Ermittlung des steuerlichen Einlagekontos der übernehmenden Tochtergesellschaft auf den Schluss des Umwandlungsjahrs ist daher wie folgt vorzugehen:

K.13

1. fiktive Herabsetzung des Nennkapitals der Tochtergesellschaft auf 0 € (§ 29 Absatz 1 KStG),
2. Verringerung des nach 1. erhöhten steuerlichen Einlagekontos im Verhältnis der Beteiligung der Muttergesellschaft an der Tochtergesellschaft (§ 29 Absatz 2 Satz 3 KStG),
3. fiktive Herabsetzung des Nennkapitals der Muttergesellschaft auf 0 € (§ 29 Absatz 1 KStG),
4. Hinzurechnung des nach 3. erhöhten steuerlichen Einlagekontos der Muttergesellschaft (§ 29 Absatz 2 Satz 1 KStG) sowie
5. fiktive Erhöhung des nach 1. auf 0 € herabgesetzten Nennkapitals der Tochtergesellschaft auf den Stand unmittelbar nach der Übertragung (§ 29 Absatz 4 KStG; Randnr. K.15).

Beispiel:
Die Muttergesellschaft M (Nennkapital 120.000 €, steuerliches Einlagekonto 80.000 € und Sonderausweis 0 €) wird auf ihre 100%ige Tochtergesellschaft T (Nennkapital 120.000 €, steuerliches Einlagekonto 0 € und Sonderausweis 50.000 €) verschmolzen. Das Nennkapital der T nach Verschmelzung beträgt 240.000 €.

Lösung:
Für das steuerliche Einlagekonto und den Sonderausweis der T ergibt sich danach folgende Entwicklung:

	Vorspalte	Einlagekonto	Sonderausweis
Bestand vor der Verschmelzung		0 €	50.000 €
Fiktive Kapitalherabsetzung auf Null	120.000 €		
Verringerung des Sonderausweises	./. 50.000 €		./. 50.000 €
Rest, Zugang beim steuerlichen Einlagekonto	70.000 €	+ 70.000 €	
Zwischenergebnis		70.000 €	0 €
Verringerung i. H. des prozentualen Umfangs der Beteiligung M an T		./. 70.000 €	

Anlage 16

Umwandlung

	Vorspalte	Einlagekonto	Sonderausweis
Zwischenergebnis		0 €	0 €
Zugang des steuerlichen Einlagekontos der M (nach Anwendung des § 29 Absatz 1 KStG)		+ 200.000 €	
Zwischenergebnis		200.000 €	0 €
Betrag der fiktiven Kapitalerhöhung	240.000 €		
Verringerung des steuerlichen Einlagekontos	./. 200.000 €	./. 200.000 €	
Rest, Zugang beim Sonderausweis	40.000 €	0 €	40.000 €
Bestände nach der Verschmelzung		0 €	40.000 €

K.14 Die Regelung gilt entsprechend, wenn die übertragende Körperschaft (Muttergesellschaft) mittelbar, z. B. über eine andere Körperschaft (Tochtergesellschaft), an der übernehmenden Körperschaft (Enkelgesellschaft) beteiligt ist.

d) Erhöhung des Nennkapitals

K.15 Erhöht die übernehmende Körperschaft i. R. d. Umwandlung ihr Nennkapital, finden darauf die Regelungen des § 28 Absatz 1 KStG entsprechend Anwendung (§ 29 Absatz 4 KStG). Das gilt nicht, soweit die Kapitalerhöhung auf baren Zuzahlungen bzw. Sacheinlagen beruht.

e) Zusammenfassendes Beispiel

K.16 **Beispiel:**
Auf die M-GmbH wird die T-GmbH, an der sie zu 50 % beteiligt ist, verschmolzen. Das nach § 29 Absatz 2 Satz 1 KStG zuzurechnende steuerliche Einlagekonto der T-GmbH beträgt 400.000 €. Der Sonderausweis der M-GmbH beträgt 100.000 €, der Bestand des steuerlichen Einlagekontos 0 €. I. R. d. Umwandlung wird das Nennkapital um 120.000 € erhöht, wovon 70.000 € auf bare Zuzahlungen entfallen. Nach der Verschmelzung wird das Nennkapital der M GmbH durch Umwandlung von Rücklagen um weitere 100.000 € erhöht.

Lösung:

	Vorspalte	Einlagekonto	Sonderausweis
Bestand vor Umwandlung		0 €	100.000 €
Zugang steuerliches Einlagekonto der T-GmbH	400.000 €		
Kürzung nach § 29 Absatz 2 Satz 2 KStG (= 50 %)	./. 200.000 €		
Rest, Zugang steuerliches Einlagekonto	200.000 €	+ 200.000 €	
Zwischenergebnis		200.000 €	100.000 €
Anpassung des Nennkapitals (Erhöhung um insgesamt 220.000 € abzgl. bare Zuzahlungen i. H. v. 70.000 €)	150.000 €		

Anlage 16
Umwandlung

	Vorspalte	Einlagekonto	Sonderausweis
Vorrangige Verwendung des steuerlichen Einlagekontos	./. 150.000 €	./. 150.000 €	
Zwischenergebnis		50.000 €	100.000 €
Verrechnung des Sonderausweises mit dem positiven steuerlichen Einlagekonto zum Schluss des Wirtschaftsjahrs (§ 28 Absatz 3 KStG)		./. 50.000 €	./. 50.000 €
Schlussbestände		0 €	50.000 €

4. Aufteilungsschlüssel bei Auf- und Abspaltung

Das steuerliche Einlagekonto, das sich nach der Anwendung des § 29 Absatz 1 KStG ergibt, ist in dem Verhältnis der gemeinen Werte der übergehenden Vermögensteile zu dem vor der Auf- oder Abspaltung bestehenden Vermögen auf die übernehmenden Körperschaften, im Fall der Abspaltung auch auf die übertragende Körperschaft aufzuteilen. Dieses Verhältnis (Aufteilungsschlüssel) ergibt sich in der Regel aus den Angaben zum Umtauschverhältnis der Anteile im Spaltungs- und Übernahmevertrag oder im Spaltungsplan. Die Ermittlung der gemeinen Werte ist deshalb nur erforderlich, wenn der Spaltungs- und Übernahmevertrag oder der Spaltungsplan keine Angaben zum Umtauschverhältnis der Anteile enthält oder dieses nicht dem Verhältnis der übergehenden Vermögensteile zu dem vor der Spaltung bestehenden Vermögen entspricht.   K.17

5. § 29 Absatz 5 und 6 KStG

Die Randnr. K.01 bis K.17 gelten in den Fällen des § 29 Absatz 5 und 6 KStG entsprechend.   K.18

In den Fällen des § 29 Absatz 6 KStG ist das Finanzamt der übernehmenden Körperschaft örtlich zuständig. Die Ermittlung der nicht in das Nennkapital geleisteten Einlagen hat in Abstimmung mit dem Bundeszentralamt für Steuern zu erfolgen.   K.19

Anlage 17

I. Verdeckte Gewinnausschüttung

Übersicht

I. Korrektur einer verdeckten Gewinnausschüttung innerhalb oder außerhalb der Steuerbilanz
BMF-Schreiben vom 28. Mai 2002

II. Angemessenheit der Gesamtbezüge des Gesellschafter Geschäftsführers
BMF-Schreiben vom 14. Oktober 2002

III. Pensionszusagen an Gesellschafter-Geschäftsführer
Vereinbarung einer sofortigen ratierlichen Unverfallbarkeit
– Länge des Erdienungszeitraums
BMF-Schreiben vom 9. Dezember 2002

IV. Probezeit vor Zusage einer Pension an den Gesellschafter-Geschäftsführer einer Kapitalgesellschaft (§ 8 Absatz 3 Satz 2 KStG)
BMF-Schreiben vom 14. Dezember 2012

V. Durch das Gesellschaftsverhältnis veranlasste Durchführung von Risikogeschäften mit einer Kapitalgesellschaft
BMF-Schreiben vom 14. Dezember 2015

Korrektur einer verdeckten Gewinnausschüttung innerhalb oder außerhalb der Steuerbilanz

(BMF-Schreiben vom 28. Mai 2002 - IV A 2 – S 2742 – 32/02 - BStBl I S. 603)

1 Die Körperschaftsteuer bemisst sich bei Körperschaftsteuerpflichtigen grundsätzlich nach dem zu versteuernden Einkommen (§ 7 Abs. 1 KStG). Maßgebend für die Ermittlung des zu versteuernden Einkommens ist das Einkommen im Sinne des § 8 Abs. 1 KStG. Dies ermittelt sich nach den Vorschriften des Einkommensteuergesetzes und des Körperschaftsteuergesetzes. § 8 Abs. 3 Satz 2 KStG schreibt allgemein vor, dass verdeckte Gewinnausschüttungen das Einkommen nicht mindern. Das Körperschaftsteuergesetz enthält keine Aussage dazu, auf welcher Stufe der Einkommensermittlung die verdeckte Gewinnausschüttung korrigiert wird.

2 Nach dem BFH-Urteil vom 29. Juni 1994 (BStBl 2002 II S. 366) erschöpft sich bei einem Körperschaftsteuerpflichtigen, der Einkünfte aus Gewerbebetrieb erzielt, die Rechtsfolge des § 8 Abs. 3 Satz 2 KStG in einer Gewinnkorrektur und setzt außerhalb der Steuerbilanz an. Die Gewinnerhöhung auf Grund einer verdeckten Gewinnausschüttung im Sinne des § 8 Abs. 3 Satz 2 KStG ist dem Steuerbilanzgewinn außerhalb der Steuerbilanz hinzuzurechnen.

Nach dem Ergebnis der Erörterung mit den obersten Finanzbehörden der Länder gilt bei der Anwendung der Grundsätze dieses Urteils über den entschiedenen Einzelfall hinaus Folgendes:

I. Grundsatz

1. Allgemeines

3 Voraussetzung für die Annahme einer verdeckten Gewinnausschüttung im Sinne des § 8 Abs. 3 Satz 2 KStG ist u. a. eine Vermögensminderung oder verhinderte Vermögensmehrung, die sich auf die Höhe des Einkommens ausgewirkt hat (vgl. Abschn. 31 Abs. 3 Satz 1 KStR 1995). Soweit eine verdeckte Gewinnausschüttung im Sinne des § 8 Abs. 3 Satz 2

… KStG vorliegt, ist sie außerhalb der Steuerbilanz dem Steuerbilanzgewinn im Rahmen der Ermittlung des Einkommens der Körperschaft hinzuzurechnen.

Ist die verdeckte Gewinnausschüttung bei der erstmaligen Veranlagung des Wirtschaftsjahrs, in dem es zu der Vermögensminderung bzw. zu der verhinderten Vermögensmehrung gekommen ist, nicht hinzugerechnet worden und kann diese Veranlagung nach den Vorschriften der Abgabenordnung nicht mehr berichtigt oder geändert werden, so unterbleibt die Hinzurechnung nach § 8 Abs. 3 Satz 2 KStG endgültig.

Zu einer anderen Ausschüttung im Sinne des § 27 Abs. 3 Satz 2 KStG in der Fassung vor Änderung durch das Steuersenkungsgesetz bzw. einer Leistung der Kapitalgesellschaft im Sinne des KStG in der Fassung des Steuersenkungsgesetzes kommt es unabhängig von der bilanziellen bzw. einkommensmäßigen Behandlung der verdeckten Gewinnausschüttung erst im Zeitpunkt ihres tatsächlichen Abflusses (vgl. Abschn. 77 Abs. 6 KStR 1995).

Beim Gesellschafter ist die verdeckte Gewinnausschüttung nach den für ihn geltenden steuerlichen Grundsätzen unabhängig davon zu erfassen, ob sie auf der Ebene der Gesellschaft dem Einkommen hinzugerechnet wurde.

2. Verdeckte Gewinnausschüttung bei Passivierung von Verpflichtungen

Ist eine Vereinbarung mit dem Gesellschafter, die in der Steuerbilanz zu einer Passivierung geführt hat (Verbindlichkeit oder Rückstellung), ganz oder teilweise als verdeckte Gewinnausschüttung zu beurteilen, hat dies auf die Passivierung der Verpflichtung keinerlei Einfluss. Das Betriebsvermögen ist in der Steuerbilanz zutreffend ausgewiesen; der gebildete Passivposten ist im Hinblick auf die verdeckte Gewinnausschüttung nicht zu korrigieren.

Für den betreffenden Passivposten in der Steuerbilanz ist zum Zwecke der weiteren steuerlichen Behandlung der verdeckten Gewinnausschüttung eine Nebenrechnung durchzuführen. In Höhe der verdeckten Gewinnausschüttung ist ein Teilbetrag I zu bilden. Die Höhe des Teilbetrages I ist nicht davon abhängig, dass ein entsprechender Betrag im Rahmen der Einkommensermittlung der Gesellschaft hinzugerechnet worden ist. Ergänzend ist festzuhalten, in welchem Umfang der Teilbetrag I bei der Einkommensermittlung dem Steuerbilanzgewinn hinzugerechnet worden ist (Teilbetrag II). Die Nebenrechnung als Folge einer verdeckten Gewinnausschüttung ist für jeden betroffenen Passivposten gesondert vorzunehmen.

Die beiden Teilbeträge sind entsprechend der Entwicklung des Passivpostens in der Steuerbilanz fortzuschreiben. Sie sind aufzulösen, soweit die Verpflichtung (vgl. Rdnr. 7) in der Steuerbilanz gewinnerhöhend aufzulösen ist. Die Gewinnerhöhung, die sich durch die Auflösung der Verpflichtung in der Steuerbilanz ergibt, ist, soweit sie anteilig auf den durch das Gesellschaftsverhältnis veranlassten Teil der Verpflichtung entfällt, bis zur Höhe des aufzulösenden Teilbetrags II außerhalb der Steuerbilanz vom Steuerbilanzgewinn zur Vermeidung einer doppelten Erfassung abzuziehen.

II. Auswirkungen der Grundsätze im Einzelnen
1. Verdeckte Gewinnausschüttung bei laufenden Betriebsausgaben

Maßgebend für die Hinzurechnung ist der Betrag, der im laufenden Wirtschaftsjahr den Steuerbilanzgewinn und damit das Einkommen gemindert hat.

Beispiel 1
Die Kapitalgesellschaft erzielt im Wirtschaftsjahr 01 einen Steuerbilanzgewinn von 200 000 €. Dabei hat sie ihrem Gesellschafter-Geschäftsführer gemäß Anstellungsvertrag 9 000 € als laufendes Monatsgehalt gezahlt, obwohl nach dem Fremdvergleich nur 6 000 € angemessen wären.

Anlage 17
I. Verdeckte Gewinnausschüttung

11 Zur Ermittlung des Einkommens ist dem Steuerbilanzgewinn der Kapitalgesellschaft im Beispielsfall der Betrag von 36 000 € hinzuzurechnen. In Höhe des Hinzurechnungsbetrags liegen im Wirtschaftsjahr 01 eine Ausschüttung der Kapitalgesellschaft und beim Gesellschafter Einnahmen aus Kapitalvermögen vor.

2. Verdeckte Gewinnausschüttung bei Passivierung von Verpflichtungen

a) Abfluss der verdeckten Gewinnausschüttung im Jahr nach Passivierung der Verpflichtung

Beispiel 2

In der Steuerbilanz für das Wirtschaftsjahr 01 ist für eine Tantiemezusage an den Gesellschafter-Geschäftsführer eine Tantiemerückstellung von 70 000 € gebildet worden; die Tantieme ist zum 30. Juni 02 fällig und wird zu diesem Zeitpunkt ausgezahlt. Die durch die gebildete Rückstellung eingetretene Vermögensminderung ist (unstreitig) in Höhe von 20 000 € eine verdeckte Gewinnausschüttung. Im Zuge der Veranlagung für das Wirtschaftsjahr 01 wird

a) die verdeckte Gewinnausschüttung hinzugerechnet

b) die verdeckte Gewinnausschüttung nicht hinzugerechnet; eine Änderungsmöglichkeit nach den Vorschriften der AO besteht nicht.

12 In der Steuerbilanz der Gesellschaft ist im Unterfall a) und b) für das Wirtschaftsjahr 01 gewinnmindernd eine Tantiemerückstellung in Höhe von 70 000 € zu bilden.

13 Im Unterfall a) kommt es im Zuge der Einkommensermittlung für 01 zur Hinzurechnung der verdeckten Gewinnausschüttung von 20 000 €. Der Teilbetrag I und der Teilbetrag II belaufen sich am Schluss des Wirtschaftsjahrs 01 jeweils auf 20 000 €. In Folge der Auszahlung in 02 kommt es zur Auflösung der Rückstellung; Auszahlung und Auflösung wirken sich nicht auf den Steuerbilanzgewinn aus. Die Teilbeträge I und II sind ebenfalls aufzulösen; die Auflösung hat keinen Einfluss auf die Einkommensermittlung der Gesellschaft.

14 Im Unterfall b) unterbleibt im Zuge der Einkommensermittlung für 01 eine Hinzurechnung von 20 000 €. Der Teilbetrag I beläuft sich am Schluss des Wirtschaftsjahrs 01 auf 20 000 €, der Teilbetrag II auf 0 €. In Folge der Auszahlung in 02 kommt es zur Auflösung der Rückstellung; Auszahlung und Auflösung wirken sich nicht auf den Steuerbilanzgewinn aus. Der Teilbetrag I ist aufzulösen; die Auflösung hat keinen Einfluss auf die Einkommensermittlung der Gesellschaft.

15 Auf der Ebene des Gesellschafters führt der Zufluss der 70 000 € in den beiden Unterfällen in Höhe des Teilbetrags I (= 20 000 €) zu Einnahmen aus Kapitalvermögen und in Höhe des Restbetrags zu Einnahmen aus nichtselbständiger Arbeit.

b) Abfluss der verdeckten Gewinnausschüttung erst nach Ablauf einer Zeitspanne von mehr als 12 Monaten

Beispiel 3

Dem Gesellschafter-Geschäftsführer ist für das Wirtschaftsjahr 01 eine Tantieme von 20 000 € zugesagt worden, die (zulässigerweise) am 31. Januar 03 fällig gestellt und ausbezahlt wird. Die durch die Rückstellung eintretende Vermögensminderung stellt zu 50 % eine verdeckte Gewinnausschüttung dar. In der Steuerbilanz für das Wirtschaftsjahr 01 ist eine Tantiemerückstellung von 18 960 € gebildet und für das Wirtschaftsjahr 02 auf 20 000 € aufgestockt worden (§ 6 Abs. 1 Nr. 3a Buchstabe e EStG (Aufzinsungsbetrag)). Im Zuge der Veranlagung für das Wirtschaftsjahr 01 wird

Anlage 17
Verdeckte Gewinnausschüttung I.

a) die verdeckte Gewinnausschüttung hinzugerechnet
b) die verdeckte Gewinnausschüttung nicht hinzugerechnet; eine Änderungsmöglichkeit nach den Vorschriften der AO besteht nicht.

Die Veranlagung für das Wirtschaftsjahr 02 ist noch offen.

In der Steuerbilanz der Gesellschaft ist im Unterfall a) und b) am Schluss des Wirtschaftsjahrs 01 eine Tantiemerückstellung in Höhe von 18 960 € und am Schluss des Wirtschaftsjahrs 02 von 20 000 € auszuweisen.

Im Unterfall a) kommt es im Zuge der Einkommensermittlung für 01 zur Hinzurechnung von 9 480 € und für 02 von 520 € (50 % des Aufstockungsbetrags von 1 040 €). Der Teilbetrag I und der Teilbetrag II belaufen sich am Schluss des Wirtschaftsjahrs 01 jeweils auf 9 480 € und erhöhen sich am Schluss des Wirtschaftsjahrs 02 um jeweils 520 € auf jeweils 10 000 €. In Folge der Auszahlung in 03 kommt es zur Auflösung der Rückstellung; Auszahlung und Auflösung wirken sich nicht auf den Steuerbilanzgewinn aus. Die Teilbeträge I und II sind aufzulösen; die Auflösung hat keinen Einfluss auf die Einkommensermittlung der Gesellschaft.

Im Unterfall b) unterbleibt im Zuge der Einkommensermittlung für 01 eine Hinzurechnung von 9 480 €. Der Teilbetrag I beläuft sich am Schluss des Wirtschaftsjahrs 01 auf 9 480 €, der Teilbetrag II auf 0 €. Im Zuge der Einkommensermittlung für 02 kommt es zu einer Hinzurechnung von 520 €. Der Teilbetrag I erhöht sich am Schluss des Wirtschaftsjahrs 02 auf 10 000 €, der Teilbetrag II beläuft sich zu diesem Stichtag auf 520 €. In Folge der Auszahlung in 03 kommt es zur Auflösung der Rückstellung; Auszahlung und Auflösung wirken sich nicht auf den Steuerbilanzgewinn aus. Die Teilbeträge I und II sind aufzulösen; die Auflösung hat keinen Einfluss auf die Einkommensermittlung der Gesellschaft.

Auf der Ebene des Gesellschafters führt der Zufluss der 20 000 € in Höhe des Teilbetrags I (= 10 000 €) im Jahr 03 zu Einnahmen aus Kapitalvermögen und in Höhe des Restbetrags zu Einnahmen aus nichtselbständiger Arbeit.

c) *Durch das Gesellschaftsverhältnis veranlasster Verzicht auf einen **voll werthaltigen** Anspruch, der zu einer verdeckten Gewinnausschüttung geführt hat*

Beispiel 4
Wie Beispiel 3; der Gesellschafter-Geschäftsführer verzichtet aber am 15. Januar 03 aus durch das Gesellschaftsverhältnis veranlassten Gründen auf die Auszahlung der Tantieme.
Es gelten die Grundsätze des BFH-Beschlusses vom 9. Juni 1997, BStBl 1998 II S. 307. Die gewinnwirksame Auflösung der Tantiemerückstellung in der Steuerbilanz des Wirtschaftsjahres 03 wird in gleicher Höhe durch eine Einlage des Gesellschafters neutralisiert. Die Teilbeträge I und II sind aufzulösen; die Auflösung hat im Unterfall a) und b) keinen Einfluss auf die Einkommensermittlung der Gesellschaft.

Auf der Ebene des Gesellschafters führt der Verzicht auf die Tantieme in Höhe des Teilbetrags I (= 10 000 €) zu Einnahmen aus Kapitalvermögen und der Differenzbetrag von Tantiemerückstellung und Teilbetrag I (= 10 000 €) zu Einnahmen aus nichtselbständiger Arbeit. In Höhe der Einlage (von 20 000 €) erhöhen sich die steuerlichen Anschaffungskosten der Beteiligung.

d) *Durch das Gesellschaftsverhältnis veranlasster Verzicht auf einen **nicht voll werthaltigen Anspruch**, der zu einer verdeckten Gewinnausschüttung geführt hat*

Anlage 17
I. Verdeckte Gewinnausschüttung

Beispiel 5

Wie Beispiel 3; der Gesellschafter-Geschäftsführer verzichtet aber am 15. Januar 03 aus durch das Gesellschaftsverhältnis veranlassten Gründen auf die Auszahlung der Tantieme von 20 000 € (Anspruch war nur noch zu 40 % werthaltig).

22 War der Anspruch im Zeitpunkt des Verzichtes nicht mehr voll werthaltig, beschränkt sich die Einlage nach den Grundsätzen des BFH-Beschlusses vom 9. Juni 1997 (a.a.O.) betragsmäßig auf den werthaltigen Teil der Tantiemeverpflichtung lt. Steuerbilanz. Die in der Steuerbilanz des Wirtschaftsjahres 03 auszubuchende Verpflichtung wirkt sich damit im Ergebnis im Unterfall a) und b) in Höhe des nicht werthaltigen Teils gewinnwirksam aus (60 % von 20 000 € = 12 000 €).

23 Dieser Betrag von 12 000 € entfällt im Verhältnis des Teilbetrags I (10 000 €) zum Rückstellungsbetrag (20 000 €) auf die vormalige verdeckte Gewinnausschüttung (= 50 % = 6 000 €). Sie ist daher außerhalb der Steuerbilanz im Rahmen der Einkommensermittlung 03 bis zur Höhe des Teilbetrags II zu mindern. Im Unterfall a) sind dies 6 000 €; der Restbetrag des Teilbetrags II ist ebenso wie der Teilbetrag I ohne Auswirkung auf die Einkommensermittlung aufzulösen. Im Unterfall b) kommt es zur Minderung um 520 €; der Restbetrag des Teilbetrags I ist ohne Auswirkung auf die Einkommensermittlung aufzulösen.

24 Auf der Ebene des Gesellschafters kommt es auf Grund des Verzichtes auf die Tantieme in Höhe des werthaltigen Teils des Anspruchs (= 8 000 €) zum Zufluss. Dieser führt im Verhältnis des Teilbetrags I (10 000 €) zur Rückstellung (20 000 €), d. h. zu 50 % zu Einnahmen aus Kapitalvermögen und in Höhe des Restbetrags zu Einnahmen aus nichtselbständiger Arbeit. In Höhe der Einlage (= 8 000 €) erhöhen sich die steuerlichen Anschaffungskosten der Beteiligung.

*e) Verdeckte Gewinnausschüttung bei Pensionsrückstellungen in der **Anwartschaftsphase***

Beispiel 6

Dem Gesellschafter-Geschäftsführer ist im Wirtschaftsjahr 01 (zulässigerweise ohne Berücksichtigung einer Probezeit) eine endgehaltsabhängige Pensionszusage (Invaliditäts- und Altersversorgung) erteilt worden. Im Wirtschaftsjahr 01 war eine Pensionsrückstellung von 10 000 € zu bilden. Im Wirtschaftsjahr 02 waren 12 000 € zuzuführen. In Folge einer Gehaltsabsenkung im Wirtschaftsjahr 03 war die Rückstellung um 2 000 € auf 20 000 € aufzulösen. Im Wirtschaftsjahr 04 kommt es zur Zuführung von 10 000 € auf 30 000 €. Die Zusage ist in Höhe von 40 % als verdeckte Gewinnausschüttung einzustufen. Im Zuge der Veranlagung für das Wirtschaftsjahr 01 wird

a) die verdeckte Gewinnausschüttung hinzugerechnet

b) die verdeckte Gewinnausschüttung nicht hinzugerechnet; eine Änderungsmöglichkeit nach den Vorschriften der AO besteht nicht.

Die Veranlagungen für die Wirtschaftsjahre 02 bis 04 sind noch offen.

25 In der Steuerbilanz der Gesellschaft ist im Unterfall a) und b) eine Pensionsrückstellung auszuweisen. Am Schluss des Wirtschaftsjahrs 01 beträgt diese 10 000 €, am Schluss des Wirtschaftsjahrs 02 beträgt sie 22 000 €, am Schluss des Wirtschaftsjahrs 03 beträgt sie 20 000 € und am Schluss des Wirtschaftsjahrs 04 beträgt sie 30 000 €. Die jeweiligen Zuführungen bzw. die Auflösung wirken sich in der Steuerbilanz gewinnmindernd bzw. gewinnerhöhend aus.

26 Im Unterfall a) kommt es im Rahmen der Einkommensermittlung des Veranlagungszeitraums für das Wirtschaftsjahr 01 zur Hinzurechnung von 40 % von 10 000 € = 4 000 € und

Anlage 17
Verdeckte Gewinnausschüttung I.

für das Wirtschaftsjahr 02 zur Hinzurechnung von 40 % von 12 000 € = 4 800 €. Die Teilbeträge I und II betragen am Schluss des Wirtschaftsjahrs 01 jeweils 4 000 € und am Schluss des Wirtschaftsjahrs 02 jeweils 8 800 €.

Im Unterfall b) kommt es im Rahmen der Einkommensermittlung des Veranlagungszeitraums für das Wirtschaftsjahr 01 nicht zur Hinzurechnung von 40 % von 10 000 € = 4 000 €. Am Schluss des Wirtschaftsjahrs 01 beträgt der Teilbetrag I 4 000 € und der Teilbetrag II 0 €. Im Rahmen der Einkommensermittlung des Veranlagungszeitraums für das Wirtschaftsjahr 02 kommt es zur Hinzurechnung von 40 % von 12 000 € = 4 800 €. Am Schluss des Wirtschaftsjahrs 02 beträgt der Teilbetrag I 8 800 € und der Teilbetrag II 4 800 €.

Im Wirtschaftsjahr 03 kommt es in der Steuerbilanz in Folge der Rückstellungsauflösung zu einer Gewinnerhöhung von 2 000 €. Diese Gewinnerhöhung ist im Verhältnis des Teilbetrags I zum Schluss des vorangegangenen Wirtschaftsjahrs (8 800 €) zum Rückstellungsbetrag zu diesem Zeitpunkt (22 000 €) durch das Gesellschaftsverhältnis veranlasst (40 % von 2 000 € = 800 €). Die Gewinnerhöhung von 2 000 € in der Steuerbilanz 03 ist außerhalb der Steuerbilanz im Rahmen der Einkommensermittlung des Veranlagungszeitraums für das Wirtschaftsjahr 03 bis zur Höhe des Teilbetrags II zu mindern. Die Minderung beträgt in Unterfall a) und b) jeweils 800 €. Der Teilbetrag I in Höhe von 8 800 € ist in beiden Unterfällen ebenfalls um 800 € aufzulösen und in Höhe des Restbetrags von 8 000 € fortzuführen. Der Restbetrag des Teilbetrags II beträgt nach Abzug von 800 € im Unterfall a) 8 000 € und in Unterfall b) 4 000 €.

Im Rahmen der Einkommensermittlung des Veranlagungszeitraums für das Wirtschaftsjahr 04 kommt es im Unterfall a) und b) zur Hinzurechnung von 40 % von 10 000 € = 4 000 €. Im Unterfall a) betragen der Teilbetrag I und der Teilbetrag II jeweils 12 000 €. Im Unterfall b) beträgt am Schluss des Wirtschaftsjahrs 04 der Teilbetrag I 12 000 € und der Teilbetrag II 8 000 €.

f) Verdeckte Gewinnausschüttung bei Pensionsrückstellungen in der Leistungsphase

Die fällige Pensionsverpflichtung führt nach den Grundsätzen von R 41 Abs. 23 Satz 1 EStR zu einer gewinnerhöhenden Auflösung der Pensionsrückstellung in der Steuerbilanz; die laufenden Pensionszahlungen führen zu Betriebsausgaben. Im Ergebnis kommt es im Rahmen der Einkommensermittlung auf der Ebene der Gesellschaft nur in Höhe des Saldos beider Größen zu einer Vermögensminderung und damit zu einer verdeckten Gewinnausschüttung. Beide Vorgänge sind für die Ausschüttung auf der Ebene der Gesellschaft und auf der Ebene des Gesellschafters aber getrennt zu betrachten.

aa) Gleichbleibender Anteil der durch das Gesellschaftsverhältnis veranlassten Zusage in der Leistungsphase

Beispiel 7
Dem Gesellschafter-Geschäftsführer ist im Wirtschaftsjahr 01 eine Pensionszusage (Invaliditäts- und Altersversorgung) erteilt worden, für die am Schluss des Wirtschaftsjahrs 15 eine Pensionsrückstellung von 100 000 € zu bilden ist. Die Zusage ist in Höhe von 40 % als verdeckte Gewinnausschüttung einzustufen. Am Schluss des Wirtschaftsjahrs 15 beläuft sich der Teilbetrag I auf 40 000 €. Der Teilbetrag II beläuft sich zu diesem Zeitpunkt
a) auf 40 000 €
b) auf 2 000 €.

Anlage 17

I. Verdeckte Gewinnausschüttung

Am 1. Januar 16 tritt planmäßig der Versorgungsfall ein; als Pensionsleistungen werden jährlich 7 500 € (625 € im Monat) ausbezahlt, die Pensionsrückstellung am Schluss des Wirtschaftsjahrs 16 beläuft sich auf 93 000 €.

31 Im Wirtschaftsjahr 16 kommt es in der Steuerbilanz in Folge der **Rückstellungsauflösung** zu einer Gewinnerhöhung um 7 000 €. Diese Gewinnerhöhung ist im Verhältnis des Teilbetrags I zum Schluss des vorangegangenen Wirtschaftsjahres (40 000 €) zum Rückstellungsbetrag zu diesem Zeitpunkt (100 000 €) durch das Gesellschaftsverhältnis veranlasst (40 % von 7 000 € = 2 800 €). Die Gewinnerhöhung in der Steuerbilanz des Wirtschaftsjahrs 16 ist im Rahmen der Einkommensermittlung für den Veranlagungszeitraum 16 außerhalb der Steuerbilanz bis zur Höhe des Teilbetrags II zu mindern.

32 Im Unterfall a) mindert sich der Teilbetrag II um 2 800 € auf 37 200 €, so dass sich isoliert betrachtet eine Einkommenserhöhung von 4 200 € (7 000 € ./. 2 800 €) ergibt. Der Restbetrag des Teilbetrags II von 37 200 € ist fortzuführen.

33 Im Unterfall b) mindert sich der Teilbetrag II um 2 000 € auf 0 €, so dass sich isoliert betrachtet eine Einkommenserhöhung von 5 000 € (7 000 € ./. 2 000 €) ergibt. Eine Fortführung des Teilbetrags II entfällt.

34 Die **Pensionszahlungen** führen im Wirtschaftsjahr 16 zu laufenden Betriebsausgaben in Höhe von 7 500 €. Diese sind in Höhe von 3 000 € (= 40 % von 7 500 €) durch das Gesellschaftsverhältnis veranlasst. Dieser Betrag ist dem Steuerbilanzgewinn insoweit hinzuzurechnen, wie er die Differenz aus aufzulösendem Teilbetrag I und aufzulösendem Teilbetrag II übersteigt. Im Unterfall a) beträgt die Hinzurechnung 3 000 € ./. [2 800 € ./. 2 800 €] = 3 000 €. Im Unterfall b) beträgt sie 3 000 € ./. [2 800 € ./. 2 000 €] = 2 200 €. Im Ergebnis kommt es daher im Unterfall a) und im Unterfall b) zu einer effektiven Hinzurechnung von 200 € (= 40 % von 500 € Mehraufwand gegenüber der Rückstellungsauflösung).

35 Auf der Ebene des Gesellschafters führen die zufließenden Pensionszahlungen im Veranlagungszeitraum 16 in Höhe des Verhältnisses des Teilbetrags I zum Schluss des vorangegangenen Wirtschaftsjahrs (40 000 €) zur Pensionsrückstellung zu diesem Zeitpunkt (100 000 €) zu Einnahmen aus Kapitalvermögen von 3 000 € (= 40 % von 7 500 €) und in Höhe des Restbetrags von 4 500 € zu Einnahmen aus nichtselbständiger Arbeit.

bb) Wechselnder Anteil der durch das Gesellschaftsverhältnis veranlassten Zusage in der Leistungsphase

36 Durch die durch das Gesellschaftsverhältnis veranlasste Erhöhung der Pensionszahlungen ist der Anteil der durch das Gesellschaftsverhältnis veranlassten Pensionsleistung für die Wirtschaftsjahre ab der Änderung der Zusage in geeigneter Weise neu zu ermitteln. Im Wirtschaftsjahr der Änderung der Pensionszusage ist bis zum Zeitpunkt der Änderung der bisherige und danach der korrigierte Aufteilungsmaßstab anzuwenden; die Teilbeträge I und II sind entsprechend fortzuführen. Es gelten die Grundsätze der Rdnr. 31 - 35 entsprechend.

g) Vollständiger Wegfall der Pensionsverpflichtung durch Tod

Beispiel 8

Dem Gesellschafter-Geschäftsführer ist im Wirtschaftsjahr 01 eine Pensionszusage (Invaliditäts- und Altersversorgung) erteilt worden, für die zum Schluss des Wirtschaftsjahrs 15 eine Pensionsrückstellung von 100 000 € zu bilden ist. Die Zusage ist (unstreitig) in Höhe von 40 % als verdeckte Gewinnausschüttung einzustufen. Am Schluss des Wirtschafts-

Anlage 17
Verdeckte Gewinnausschüttung I.

jahrs 15 beläuft sich der Teilbetrag I auf 40 000 €. Der Teilbetrag II beläuft sich zu diesem Zeitpunkt
a) auf 40 000 €
b) auf 30 000 €.

Am 1. Januar 16 stirbt der Gesellschafter-Geschäftsführer.

Die auszubuchende Verpflichtung erhöht den Steuerbilanzgewinn des Wirtschaftsjahres 16 um 100 000 €. 37

Diese Gewinnerhöhung in der Steuerbilanz ist im Verhältnis des Teilbetrags I von 40 000 € zum Rückstellungsbetrag von 100 000 € (= zu 40 % = 40 000 €) außerhalb der Steuerbilanz im Rahmen der Veranlagung der Veranlagung des Wirtschaftsjahres 16 bis zur Höhe des Teilbetrags II zu mindern. Im Unterfall a) kommt es zur Minderung um 40 000 €. Im Unterfall b) kommt es zur Minderung um 30 000 €. Der Teilbetrag I ist im Unterfall a) und b) ohne Auswirkung auf die Einkommensermittlung aufzulösen. 38

h) Aktiventod und Fälligwerden der Hinterbliebenenversorgung

Beispiel 9

Dem Gesellschafter-Geschäftsführer ist im Wirtschaftsjahr 01 eine Pensionszusage (Alters- und Hinterbliebenenversorgung) erteilt worden, für die zum Schluss des Wirtschaftsjahrs 15 eine Pensionsrückstellung von 100 000 € zu bilden ist. Die Zusage ist in Höhe von 40 % als verdeckte Gewinnausschüttung einzustufen. Am Schluss des Wirtschaftsjahrs 15 beläuft sich der Teilbetrag I auf 40 000 €. Der Teilbetrag II beläuft sich zu diesem Zeitpunkt
a) auf 40 000 €
b) auf 30 000 €.

Am 31. Dezember 16 stirbt der Gesellschafter-Geschäftsführer. Die Witwenversorgung (60 % der Altersversorgung) führt zu einer Pensionsrückstellung von anfangs 190 000 €.

In der Steuerbilanz des Wirtschaftsjahres 16 kommt es in Folge der Rückstellungsaufstockung zu einer Gewinnminderung von 90 000 €. 39

Diese Gewinnminderung ist im Verhältnis des Teilbetrags I zum Schluss des vorangegangenen Wirtschaftsjahres (40 000 €) zum Rückstellungsbetrag zu diesem Zeitpunkt (100 000 €) durch das Gesellschaftsverhältnis veranlasst (40 % von 100 000 € = 36 000 €). Dem Steuerbilanzgewinn des Wirtschaftsjahres 16 ist im Rahmen der Einkommensermittlung außerhalb der Steuerbilanz ein Betrag von 36 000 € hinzuzurechnen. Der Teilbetrag I erhöht sich im Unterfall a) und b) um jeweils 36 000 € auf 76 000 €. Im Unterfall a) erhöht sich der Teilbetrag II am Schluss des Wirtschaftsjahres 16 auf 76 000 € und im Unterfall b) erhöht sich der Teilbetrag II zu diesem Zeitpunkt auf 66 000 €. 40

Für die nachfolgenden Jahre der Auszahlung gelten die Grundsätze unter Rdnr. 31 - 36 entsprechend. 41

3. Verdeckte Gewinnausschüttung bei Posten der Aktivseite

Beispiel 10

Die Kapitalgesellschaft erwirbt von ihrem Gesellschafter eine Maschine (betriebsgewöhnliche Nutzungsdauer von 5 Jahren) im Wert von 100 000 € zum Preis von 120 000 €. Der Mehrpreis von 20 000 € ist durch das Gesellschaftsverhältnis veranlasst.

Die Maschine ist mit den unter fremden Dritten üblichen Anschaffungskosten zu aktivieren (vgl. BFH-Urteil vom 13. März 1985, BFH/NV 1986 S. 116). In Höhe der Differenz zum tatsächlich gezahlten Betrag kommt es zu einem durch das Gesellschaftsverhältnis veran- 42

Anlage 17
I. Verdeckte Gewinnausschüttung

lasstem Aufwand, der als verdeckte Gewinnausschüttung gilt. Ein Zufluss beim Gesellschafter liegt in dem Zeitpunkt vor, in dem er den Anspruch nach den für ihn geltenden allgemeinen Gewinn- bzw. Einkommensermittlungsvorschriften zu erfassen hat.

43 Kann die Veranlagung für das Wirtschaftsjahr der Anschaffung nach den Vorschriften der AO nicht mehr berichtigt oder geändert werden, ist das Wirtschaftsgut im Wirtschaftsjahr des ersten offenen Veranlagungszeitraums mit dem Wert zu bewerten, der sich unter Berücksichtigung der Abschreibungen bezogen auf die unter Fremden Üblichen Anschaffungskosten ergibt. Die sich hierbei ergebende Vermögensminderung stellt eine verdeckte Gewinnausschüttung dar.

III. Anwendung

44 Die Grundsätze dieses Schreibens sind in allen noch offenen Fällen anzuwenden. Steht die verdeckte Gewinnausschüttung im Zusammenhang mit einer passivierten Verpflichtung, so ist die Verpflichtung in der Schlussbilanz des ersten offenen Wirtschaftsjahrs nach den vorstehenden Grundsätzen in der Steuerbilanz auszuweisen. Soweit die sich danach ergebende Minderung des Steuerbilanzgewinns wirtschaftlich auf das laufende Wirtschaftsjahr entfällt, ist eine dieses Wirtschaftsjahr betreffende verdeckte Gewinnausschüttung entsprechend den Grundsätzen dieses Schreibens zu behandeln. Bis zur Höhe des Betrags, zu dem die Minderung des Bilanzgewinns wirtschaftlich nicht auf das laufende Wirtschaftsjahr entfällt, sind Beträge, die in den Vorjahren als verdeckte Gewinnausschüttungen erfasst worden sind, im Rahmen der Einkommensermittlung dem Steuerbilanzgewinn hinzuzurechnen. Die in den Vorjahren und dem laufenden Jahr tatsächlich als verdeckte Gewinnausschüttung erfassten Beträge sind die ersten Zugänge zum Teilbetrag II. Der Teilbetrag I ergibt sich zum Schluss des laufenden Wirtschaftsjahrs in Höhe des Betrags, zu dem die Verpflichtung als durch das Gesellschaftsverhältnis veranlasst anzusehen ist.

Beispiel 11

In 1990 wurde eine Pensionszusage erteilt, die (vereinfacht) jährlich zu Zuführungen zur Pensionsrückstellung von 10 000 € führt. Die Zusage ist zu 60 % durch das Gesellschaftsverhältnis veranlasst. Bis zum Jahre 01 beträgt die Pensionsrückstellung rechnerisch 120 000 €. Davon sind 72 000 € als verdeckte Gewinnausschüttung behandelt worden.

a) In der Steuerbilanz ist zum 31. Dezember 01 eine Pensionsrückstellung von 48 000 € ausgewiesen.

b) Wie a), daneben ist eine Ausschüttungsverpflichtung von 72 000 € ausgewiesen.

In 02 wird auf die vorstehenden Grundsätze umgestellt, zum 31. Dezember 02 beträgt die Pensionsrückstellung 130 000 €.

Unterfall a)

Durch die Rückstellungserhöhung auf 130 000 € ergibt sich in der Steuerbilanz eine Gewinnminderung von 82 000 €. Diese entfällt wirtschaftlich in Höhe von 10 000 € auf das laufende Wirtschaftsjahr. Von diesen 10 000 € werden 6 000 € als verdeckte Gewinnausschüttung behandelt und dem Bilanzgewinn hinzugerechnet. Der Restbetrag von 72 000 € entfällt wirtschaftlich auf die Vorjahre; er wird bis zur Höhe der in der Vergangenheit tatsächlich als verdeckte Gewinnausschüttung behandelten Beträge, d. h. um 72 000 € dem Bilanzgewinn hinzugerechnet.

Zum 31. Dezember 02 beträgt der Teilbetrag II 78 000 €; der Teilbetrag I beträgt ebenfalls 78 000 €.

Unterfall b)

Durch die „Umbuchung" von Ausschüttungsverbindlichkeit auf Rückstellung und die normale" Jahreszuführung 02 ergibt sich eine Minderung des Bilanzgewinns von 10 000 €. Diese entfällt wirtschaftlich voll auf das Jahr 02. Von dem Minderungsbetrag sind 6 000 € als verdeckte Gewinnausschüttung zu behandeln. Eine weitere Korrektur eines wirtschaftlich auf die Vorjahre entfallenden Minderungsbetrags entfällt.

Zum 31. Dezember 02 beträgt der Teilbetrag II 78 000 €; der Teilbetrag I beträgt ebenfalls 78 000 €.

Beispiel 12

In 1990 wurde eine Pensionszusage erteilt, die (vereinfacht) jährlich zu Zuführungen zur Pensionsrückstellung von 10 000 € führt. Die Zusage ist zu 60 % durch das Gesellschaftsverhältnis veranlasst. Bis zum Jahre 00 beträgt die Pensionsrückstellung (rechnerisch) 110 000 €; eine Korrektur als verdeckte Gewinnausschüttung ist bisher unterblieben. In 01 werden erstmals 6 000 € als verdeckte Gewinnausschüttung behandelt.

a) In der Steuerbilanz ist zum 31. Dezember 01 eine Pensionsrückstellung von 114 000 € ausgewiesen.

b) Wie a), daneben ist eine Ausschüttungsverpflichtung von 6 000 € ausgewiesen.

In 02 wird auf vorstehende Grundsätze umgestellt, zum 31. Dezember 02 beträgt die Rückstellung 130 000 €.

Unterfall a)

Durch die Rückstellungserhöhung ergibt sich eine Gewinnminderung von 16 000 €. Diese entfällt wirtschaftlich in Höhe von 10 000 € auf das laufende Wirtschaftsjahr. Von den 10 000 € werden 6 000 € als verdeckte Gewinnausschüttung behandelt und dem Bilanzgewinn hinzugerechnet. Der Restbetrag von 6 000 € entfällt wirtschaftlich auf die Vorjahre; er wird bis zur Höhe der in der Vergangenheit tatsächlich als verdeckte Gewinnausschüttung behandelten Beträge, d. h. um 6 000 € dem Bilanzgewinn hinzugerechnet.

Zum 31. Dezember 02 beträgt der Teilbetrag II 12 000 €; der Teilbetrag I beträgt 78 000 €.

Unterfall b)

Durch die „Umbuchung" von Ausschüttungsverbindlichkeit auf Rückstellung und die „normale" Jahreszuführung 02 ergibt sich eine Minderung des Bilanzgewinns von 10 000 €. Diese entfällt wirtschaftlich voll auf das Jahr 2002. Von dem Minderungsbetrag sind 6 000 € als verdeckte Gewinnausschüttung zu behandeln. Eine weitere Korrektur eines wirtschaftlich auf die Vorjahre entfallenden Minderungsbetrags entfällt.

Zum 31. Dezember 02 beträgt der Teilbetrag II 12 000 €; der Teilbetrag I beträgt 78 000 €.

Anlage 17
II. Verdeckte Gewinnausschüttung

Angemessenheit der Gesamtbezüge des Gesellschafter-Geschäftsführers

(BMF-Schreiben vom 14. Oktober 2002 - IV A 2 – S 2742 - 62/02 - BStBl I S. 972)

Nach dem Ergebnis einer Erörterung mit den obersten Finanzbehörden der Länder nehme ich zu den Grundsätzen, nach denen die Frage nach der Angemessenheit der Gesamtausstattung des Gesellschafter-Geschäftsführers zu beurteilen ist, wie folgt Stellung:

A. Allgemeines

1 Das **Zivilrecht** behandelt die Kapitalgesellschaft und ihren Gesellschafter jeweils als eigenständige Rechts- und Vermögenssubjekte. Das **Steuerrecht** folgt den Wertungen des Zivilrechts. Die Kapitalgesellschaft und der dahinter stehende Gesellschafter sind jeweils selbständige Steuersubjekte. Daher sind schuldrechtliche Leistungsbeziehungen (hier: Arbeits- oder Dienstverträge) zwischen der Kapitalgesellschaft und dem Gesellschafter grundsätzlich steuerlich anzuerkennen. Sie führen auf der Ebene der Kapitalgesellschaft zu Betriebsausgaben, die den Unterschiedsbetrag im Sinne des § 4 Abs. 1 Satz 1 EStG mindern.

2 Steuerlich ist zu prüfen, ob die Vereinbarung ganz oder teilweise durch das Gesellschaftsverhältnis veranlasst ist. Die Gewinnminderung, die auf dem durch das Gesellschaftsverhältnis veranlassten Teil der Vereinbarung beruht, ist außerhalb der Steuerbilanz dem Steuerbilanzgewinn im Rahmen der Ermittlung des Einkommens hinzuzurechnen (§ 8 Abs. 3 Satz 2 KStG).

B. Einzelne Vergütungsbestandteile

3 Die Vergütung des Gesellschafter-Geschäftsführers setzt sich regelmäßig aus mehreren Bestandteilen zusammen. Es finden sich Vereinbarungen über Festgehälter (einschl. Überstundenvergütung), zusätzliche feste jährliche Einmalzahlungen (z. B. Urlaubsgeld, Weihnachtsgeld), variable Gehaltsbestandteile (z. B. Tantieme, Gratifikationen), Zusagen über Leistungen der betrieblichen Altersversorgung (z. B. Pensionszusagen) und Sachbezüge (z. B. Fahrzeugüberlassung, private Telefonnutzung).

C. Steuerliche Beurteilung der Vergütungsbestandteile
I. Allgemeines

4 Die Beurteilung der gesellschaftlichen Veranlassung der Vergütungsvereinbarung bezieht sich zuerst auf die Vereinbarung des jeweils einzelnen Vergütungsbestandteils und danach auf die Angemessenheit der steuerlich anzuerkennenden Gesamtvergütung.

II. Prüfungsschema

5 In einem **ersten Schritt** sind alle vereinbarten Vergütungsbestandteile einzeln danach zu beurteilen, ob sie **dem Grunde nach** als durch das Gesellschaftsverhältnis veranlasst anzusehen sind. Ist dies der Fall, führt die Vermögensminderung, die sich durch die Vereinbarung ergibt, in vollem Umfang zu einer verdeckten Gewinnausschüttung. So ist beispielsweise die Vereinbarung von Überstundenvergütungen nicht mit dem Aufgabenbild eines Geschäftsführers vereinbar (vgl. BFH-Urteile vom 19. März 1997, BStBl I S. 577, und vom 27. März 2002, BStBl II S. 655). Auch Pensionszusagen, die gegen die Grundsätze der Wartezeit (vgl. BMF-Schreiben vom 14. Mai 1999, BStBl I S. 512, unter 1.) verstoßen, oder zeitlich unbefristete Nur-Tantiemezusagen (vgl. Grundsätze des BMF-Schreibens vom 1. Februar 2002, BStBl I S. 219) führen in vollem Umfang zu verdeckten Gewinnausschüttungen.

Anlage 17
Verdeckte Gewinnausschüttung
II.

In einem zweiten Schritt sind die verbleibenden Vergütungsbestandteile danach zu beurteilen, ob sie **der Höhe nach** als durch das Gesellschaftsverhältnis veranlasst anzusehen sind. Vgl. z. B. zum Verhältnis der Tantieme zum Festgehalt die Grundsätze des BMF-Schreibens vom 1. Februar 2002, a.a.O.). Soweit die gesellschaftliche Veranlassung reicht, führt dies zu verdeckten Gewinnausschüttungen.

Im dritten Schritt ist bezogen auf die verbliebene nicht durch das Gesellschaftsverhältnis veranlasste Vergütung zu prüfen, ob sie in der Summe als angemessen angesehen werden kann. Soweit die Vergütung die Grenze der Angemessenheit übersteigt, führt dies zu einer verdeckten Gewinnausschüttung.

Sind die einzelnen Vergütungsbestandteile nicht zeitgleich vereinbart worden und übersteigt die Vergütung die Angemessenheitsgrenze, ist der unangemessene Betrag in der Regel dem bzw. den zuletzt vereinbarten Bestandteilen zuzuordnen. Sind die einzelnen Vergütungsbestandteile zeitgleich vereinbart worden, ist der die Angemessenheitsgrenze übersteigende Betrag nach sachgerechten Kriterien (z. B. quotal) auf die einzelnen Vergütungsbestandteile zu verteilen.

Beispiel:

Die GmbH vereinbart ab dem Geschäftsjahr 02 mit ihrem Gesellschafter- Geschäftsführer ein Festgehalt von 350 000 €. Ab dem Geschäftsjahr 03 soll er zusätzlich eine Tantieme von 250 000 € erhalten. Die angemessene Gesamtausstattung beträgt a) 600 000 € und b) 400 000 €.

zu a)

Zweite Stufe:

Anzuerkennende Tantieme:

25 % des vereinbarten Gesamtgehalts von 600 000 € = 150 000 €

> verdeckte Gewinnausschüttung aus zweiter Stufe: 100 000 €

Dritte Stufe:

Anzuerkennende Vergütung nach der zweiten Stufe: 350 000 € (F) + 150 000 € (T) = 500 000 €

angemessene Gesamtausstattung: 600 000 €

> Folge: keine (weitere) verdeckte Gewinnausschüttung aus dritter Stufe

verdeckte Gewinnausschüttung insgesamt: 100 000 €

zu b)

Zweite Stufe:

Anzuerkennende Tantieme:

25 % des vereinbarten Gesamtgehalts von 600 000 € = 150 000 €

> verdeckte Gewinnausschüttung aus zweiter Stufe: 100 000 €

Dritte Stufe:

Anzuerkennende Vergütung nach der zweiten Stufe: 350 000 € (F) + 150 000 € (T) = 500 000 €

angemessene Gesamtausstattung: 400 000 €

> verdeckte Gewinnausschüttung aus dritter Stufe: 100 000 €

verdeckte Gewinnausschüttung insgesamt: 200 000 €

Anlage 17

II. Verdeckte Gewinnausschüttung

D. Festlegung der Angemessenheitsgrenze
I. Beurteilungskriterien für die Angemessenheit

10 Beurteilungskriterien für die Angemessenheit sind Art und Umfang der Tätigkeit, die künftigen Ertragsaussichten des Unternehmens, das Verhältnis des Geschäftsführergehaltes zum Gesamtgewinn und zur verbleibenden Eigenkapitalverzinsung sowie Art und Höhe der Vergütungen, die im selben Betrieb gezahlt werden oder in gleichartigen Betrieben an Geschäftsführer für entsprechende Leistungen gewährt werden (BFH-Urteil vom 5. Oktober 1994, BStBl 1995 II S. 549).

1. Art und Umfang der Tätigkeit

11 Art und Umfang der Tätigkeit werden vorrangig durch die Größe des Unternehmens bestimmt. Je größer ein Unternehmen ist, desto höher kann das angemessene Gehalt des Geschäftsführers liegen, da mit der Größe eines Unternehmens auch Arbeitseinsatz, Anforderung und Verantwortung steigen. Die Unternehmensgröße ist vorrangig anhand der Umsatzhöhe und der Beschäftigtenzahl zu bestimmen.

12 Übt der Gesellschafter außerhalb seiner Geschäftsführerfunktion anderweitige unternehmerische Tätigkeiten aus (z. B. als Einzelunternehmer, in einer Personengesellschaft oder einer anderen Kapitalgesellschaft), so deckt sich die Angemessenheitsgrenze bei der betreffenden Gesellschaft mit dem Umfang, in dem er jeweils für die konkrete Gesellschaft tätig ist. Er kann in diesem Fall nicht seine gesamte Arbeitskraft der Kapitalgesellschaft zur Verfügung stellen.

13 Entsprechendes gilt in den Fällen, in denen zwei oder mehrere Geschäftsführer sich die Verantwortung für die Kapitalgesellschaft teilen. Vor allem bei kleineren Gesellschaften ist, auch wenn sie ertragsstark sind, in diesen Fällen ein Abschlag gerechtfertigt. Hier kann unterstellt werden, dass Anforderungen und Arbeitseinsatz des einzelnen Geschäftsführers geringer sind als bei einem Alleingeschäftsführer und dass von dem einzelnen Geschäftsführer im Regelfall deshalb auch solche Aufgaben wahrgenommen werden, die bei vergleichbaren Gesellschaften von Nichtgeschäftsführern erledigt werden (BFH-Urteil vom 11. Dezember 1991, BStBl 1992 II S. 690).

2. Ertragsaussichten der Gesellschaft/Verhältnis zur Eigenkapitalverzinsung

14 Neben der Unternehmensgröße stellt die Ertragssituation das entscheidende Kriterium für die Angemessenheitsprüfung dar. Maßgebend ist hierbei vor allem das Verhältnis der Gesamtausstattung des Geschäftsführergehalts zum Gesamtgewinn der Gesellschaft und zur verbleibenden Eigenkapitalverzinsung. Ein ordentlicher und gewissenhafter Geschäftsleiter würde bei der Festlegung der Gesamtbezüge des Geschäftsführers sicherstellen, dass der Gesellschaft auch nach Zahlung der Bezüge mindestens eine angemessene Eigenkapitalverzinsung verbleibt.

15 Die angemessene Verzinsung des Eigenkapitals ist dabei aus dem gesamten von der Gesellschaft eingesetzten Eigenkapital zu ermitteln. Wird nahezu der gesamte Gewinn einer Kapitalgesellschaft durch die Gesamtvergütung "abgesaugt", stellt dies ein wesentliches Indiz für die Annahme einer unangemessenen Gesamtvergütung dar.

16 Die Mindestverzinsung des eingesetzten Eigenkapitals rechtfertigt es allerdings nicht, darüber hinausgehende Beträge in vollem Umfang als Geschäftsführergehalt auszukehren. Es ist Aufgabe der Kapitalgesellschaft, Gewinne zu erzielen und die Gewinne nach Möglichkeit zu steigern, und ein ordentlicher und gewissenhafter Geschäftsleiter wird auf jeden

Fall dafür sorgen, dass der Kapitalgesellschaft ein entsprechender Gewinn verbleibt (BFH-Urteil vom 28. Juni 1989, BStBl II S. 854), Im Regelfall kann daher von der Angemessenheit der Gesamtausstattung der Geschäftsführerbezüge ausgegangen werden, wenn der Gesellschaft nach Abzug der Geschäftsführervergütungen noch ein Jahresüberschuss vor Ertragsteuern in mindestens gleicher Höhe wie die Geschäftsführervergütungen verbleibt. Bei mehreren Gesellschafter-Geschäftsführern ist hierbei auf die Gesamtsumme der diesen gewährten Vergütungen abzustellen.

Der dargestellte Grundsatz rechtfertigt es allerdings auch bei sehr ertragsstarken Gesellschaften nicht, die Vergütungen unbegrenzt zu steigern. Die jeweilige Obergrenze muss nach den Umständen des Einzelfalles bestimmt werden. Hierbei ist vor allem auf die Unternehmensgröße abzustellen. Orientierungshilfen für die Bemessung des zu ermittelnden Höchstbetrags können die in den Gehaltsstrukturuntersuchungen für die jeweilige Branche und Größenklasse genannten Höchstwerte bieten. Diese tragen auch dem Umstand hinreichend Rechnung, dass der Unternehmenserfolg maßgeblich von der Leistung des Geschäftsführers und von dessen hohem Arbeitseinsatz abhängt sowie dass sich das Unternehmen in einem Ballungsgebiet mit hohem Gehaltsniveau befindet; eines speziellen Gehaltszuschlags bedarf es hierdurch nicht.

Bei ertragsschwachen Gesellschaften ist hingegen davon auszugehen, dass auch ein Fremdgeschäftsführer selbst in Verlustjahren nicht auf ein angemessenes Gehalt verzichten würde. Das Unterschreiten einer Mindestverzinsung des eingesetzten Kapitals führt daher nicht zwangsläufig zu einer verdeckten Gewinnausschüttung. Vielmehr kann von einer angemessenen Ausstattung der Gesamtbezüge des Gesellschafter-Geschäftsführers dann ausgegangen werden, wenn er Gesamtbezüge erhält, die sich am unteren Ende des entsprechenden Vergleichsmaßstabes befinden.

3. Fremdvergleichmaßstab

Für die Ermittlung der Angemessenheitsgrenze ist der Fremdvergleich (vgl. BFH-Urteil vom 17. Mai 1995, BStBl 1996 II S. 204) maßgebend.

a) Interner Betriebsvergleich

Wird in der Gesellschaft neben dem Gesellschafter-Geschäftsführer ein Fremdgeschäftsführer beschäftigt, stellt dessen Vergütungshöhe ein wesentliches Indiz bei der Festlegung der Angemessenheitsgrenze der Vergütung des Gesellschafter -Geschäftsführers dar.

b) Externer Betriebsvergleich

Ein externer Betriebsvergleich lässt sich i. d. R. nur unter Heranziehung von nach den Regeln der wissenschaftlichen Statistik erstellten neutralen Gehaltsuntersuchungen führen. Nach dem BFH-Urteil vom 14. Juli 1999, BFH/NV 1999 S. 1645, bestehen gegen die Heranziehung von Gehaltsstrukturuntersuchungen im Rahmen eines externen Betriebsvergleichs keine rechtlichen Bedenken. Daneben besteht die Möglichkeit, branchenspezifische Erfahrungswerte zu verwenden, die aber nur in seltenen Fällen vorliegen werden.

Anlage 17
II. Verdeckte Gewinnausschüttung

c) Durchführung der Angemessenheitsprüfung

22 Die Prüfung der Angemessenheit der Gesamtbezüge von Gesellschafter-Geschäftsführern ist im Einzelfall nach den o. a. Kriterien vorzunehmen. Die Prüfung darf auch nicht aus Vereinfachungsgründen unterbleiben, d. h. betragsmäßige Unter- oder Obergrenzen finden keine Anwendung.

23 Im Übrigen ist zu berücksichtigen, dass nach der Rechtsprechung des BFH bei einer nur geringfügigen Überschreitung der Angemessenheitsgrenze noch keine verdeckte Gewinnausschüttung vorliegt. Eine verdeckte Gewinnausschüttung ist danach jedenfalls dann anzunehmen, wenn die tatsächliche Vergütung die Angemessenheitsgrenze um mehr als 20 % überschreitet (BFH-Urteil vom 28. Juni 1989, BStBl II S. 854); eine Freigrenze ist hiermit nicht verbunden.

E. Anwendung vorstehender Grundsätze

24 Die vorstehenden Grundsätze sind in allen offenen Fällen anzuwenden. Soweit in der Vergangenheit hiervon abweichende allgemeine Grundsätze bestanden haben, sind diese ab dem Wirtschaftsjahr, das im Veranlagungszeitraum 2003 beginnt, nicht mehr anzuwenden.

Anlage 17

Verdeckte Gewinnausschüttung III.

Pensionszusagen an Gesellschafter-Geschäftsführer; Vereinbarung einer sofortigen ratierlichen Unverfallbarkeit – Länge des Erdienungszeitraums

(BMF-Schreiben vom 9. Dezember 2002 – IV A 2 – S 2742 – 68/02 - BStBl I S. 1393)

Im Einvernehmen mit den obersten Finanzbehörden der Länder gilt zur steuerlichen Behandlung einer Pensionszusage an einen Gesellschafter-Geschäftsführer Folgendes:

1. Unverfallbarkeit

Vereinbarungen über eine Unverfallbarkeit in Zusagen auf Leistungen der betrieblichen Altersversorgung an Gesellschafter-Geschäftsführer einer Kapitalgesellschaft sehen häufig abweichend von den Regelungen im Gesetz zur Verbesserung der betrieblichen Altersversorgung (BetrAVG) vor, dass dem Berechtigten eine sofortige Unverfallbarkeit der zugesagten Ansprüche eingeräumt wird. Eine derartige Vereinbarung ist grundsätzlich für sich genommen nur dann nicht als durch das Gesellschaftsverhältnis veranlasst anzusehen, wenn es sich um eine sofortige ratierliche Unverfallbarkeit handelt. Bei einem Anspruch auf betriebliche Altersversorgung durch Entgeltumwandlung ist nicht zu beanstanden, wenn sich die Unverfallbarkeit nach § 2 Abs. 5a BetrAVG richtet.

Ist die Zusage danach als durch das Gesellschaftsverhältnis veranlasst anzusehen, liegt bei einem vorzeitigen Ausscheiden des Berechtigten auf der Ebene der Gesellschaft eine verdeckte Gewinnausschüttung insoweit vor, als der Rückstellungsausweis für die Verpflichtung nach § 6a EStG den Betrag übersteigt, der sich bei einer sofor1igen ratierlichen Unverfallbarkeit ergeben würde. Bei Zusagen an beherrschende Gesellschafter-Geschäftsführer ist zur Ermittlung des Betrags, der sich bei einer sofortigen ratierlichen Unverfallbarkeit ergeben würde, nicht der Beginn der Betriebszugehörigkeit, sondern der Zeitpunkt der Zusage maßgebend. Auf die verdeckte Gewinnausschüttung sind die Grundsätze des BMF-Schreibens vom 28. Mai 2002 (BStBl I S. 603) anzuwenden.

2. Erdienungszeitraum

Nach den BMF-Schreiben vom 1. August 1996 (BStBl I S. 1138) bzw. vom 7. März 1997 (BStBl I S. 637) lehnen sich die Zeiträume, in denen sich der Gesellschafter- Geschäftsführer seine Ansprüche aus einer Zusage auf Leistungen der betrieblichen Altersversorgung erdienen muss, an die Unverfallbarkeitsfristen des BetrAVG in dessen damaliger Fassung an. Diese Fristen sind durch das Altersvermögensgesetz vom 26. Juni 2001 verkürzt worden.

Die in den BMF-Schreiben vom 1. August 1996 (a.a.O.) bzw. vom 7. März 1997 (a.a.O.) genannten Fristen sind weiterhin zu beachten. Ein Unterschreiten ist als Indiz dafür anzusehen, dass die Zusage ihre Ursache im Gesellschaftsverhältnis hat.

Anlage 17

IV.	Verdeckte Gewinnausschüttung

Probezeit vor Zusage einer Pension an den Gesellschafter-Geschäftsführer einer Kapitalgesellschaft (§ 8 Absatz 3 Satz 2 KStG)

(BMF-Schreiben vom 14. Dezember 2012 - IV C 2 - S 2742/10/10001 (2012/0807278) - BStBl I. 2013 S. 58)

Nach dem Ergebnis der Erörterungen mit den obersten Finanzbehörden der Länder bitte ich zur Frage der Probezeit bei Pensionszusagen an Gesellschafter-Geschäftsführer von Kapitalgesellschaften folgende Auffassung zu vertreten:

Als Probezeit ist der Zeitraum zwischen Dienstbeginn und der erstmaligen Vereinbarung einer schriftlichen Pensionszusage (zusagefreie Zeit) zu verstehen. Der Zeitraum zwischen der Erteilung einer Pensionszusage und der erstmaligen Anspruchsberechtigung (versorgungsfreie Zeit) zählt nicht zur Probezeit.

1. Dauer der Probezeit

Für die steuerliche Beurteilung einer Pensionszusage ist regelmäßig eine Probezeit von zwei bis drei Jahren als ausreichend anzusehen. Die Erteilung der Pensionszusage an den Gesellschafter-Geschäftsführer unmittelbar nach der Anstellung und ohne die unter Fremden übliche Erprobung ist in der Regel nicht betrieblich, sondern durch das Gesellschaftsverhältnis veranlasst (BFH-Urteile vom 15. Oktober 1997 - I R 42/97 -, BStBl 1999 II S. 316, vom 29. Oktober 1997 - I R 52/97 -, BStBl 1999 II S. 318, vom 24. April 2002 - I R 18/01 -, BStBl II S. 670, vom 23. Februar 2005 - I R 70/04 -, BStBl II S. 882 und vom 28. April 2010 - I R 78/08 -, BStBl 2013 II S. 41).

Ein ordentlicher und gewissenhafter Geschäftsleiter einer neu gegründeten Kapitalgesellschaft wird einem gesellschaftsfremden Geschäftsführer erst dann eine Pension zusagen, wenn er die künftige wirtschaftliche Entwicklung und damit die künftige wirtschaftliche Leistungsfähigkeit der Kapitalgesellschaft zuverlässig abschätzen kann (ständige Rechtsprechung des BFH, a. a. O.). Hierzu bedarf es in der Regel eines Zeitraums von wenigstens fünf Jahren.

Eine Probezeit ist bei solchen Unternehmen verzichtbar, die aus eigener Erfahrung Kenntnisse über die Befähigung des Geschäftsleiters haben und die die Ertragserwartungen aufgrund ihrer bisherigen unternehmerischen Tätigkeit hinreichend deutlich abschätzen können. Diese Kriterien sind bei einem Unternehmen erfüllt, das seit Jahren tätig war und lediglich sein Rechtskleid ändert, wie beispielsweise bei Begründung einer Betriebsaufspaltung oder einer Umwandlung (BFH-Urteile vom 29. Oktober 1997 - I R 52/97 -, BStBl 1999 II S. 318 und vom 23. Februar 2005 - I R 70/04 -, BStBl II S. 882) und der bisherige, bereits erprobte Geschäftsleiter das Unternehmen fortführt. Wird ein Unternehmen durch seine bisherigen leitenden Angestellten "aufgekauft" und führen diese Angestellten den Betrieb in Gestalt einer neu gegründeten Kapitalgesellschaft als Geschäftsführer fort (sog. Management-Buy-Out), so kann es ausreichen, wenn bis zur Erteilung der Zusagen nur rund ein Jahr abgewartet wird (BFH-Urteil vom 24. April 2002 - I R 18/01 -, BStBl II S. 670).

2. Verstoß gegen die angemessene Probezeit

Eine unter Verstoß gegen eine angemessene Probezeit erteilte Pensionszusage ist durch das Gesellschaftsverhältnis veranlasst und führt nach den Grundsätzen des BMF-Schreibens vom 28. Mai 2002 (BStBl I S. 603) zu verdeckten Gewinnausschüttungen im Sinne des § 8 Absatz 3 Satz 2 KStG. Ausschlaggebend ist die Situation im Zeitpunkt der Zusage, so dass die Anwartschaft auch nach Ablauf der angemessenen Probezeit nicht zu einer fremdvergleichsgerechten Pensionszusage wird (BFH-Urteil vom 28. April 2010 - I R 78/08 -, BStBl 2013 II S. 41). Das gilt auch dann, wenn die Pensionszusage in der Folgezeit geändert, also z. B. erhöht wird.

Die Möglichkeit einer Aufhebung der ursprünglichen und des Abschlusses einer neuen Pensionszusage nach Ablauf der angemessenen Probezeit bleibt hiervon unberührt.

Dieses Schreiben ersetzt das BMF-Schreiben vom 14. Mai 1999 (BStBl I S. 512). Tz. 2 gilt für Pensionsvereinbarungen, die nach dem 29. Juli 2010 (Datum der Veröffentlichung des Urteils vom 28. April 2010 - I R 78/08 -, BStBl 2013 II S. 41, auf den Internetseiten des Bundesfinanzhofs) abgeschlossen worden sind.

Anlage 17

V. Verdeckte Gewinnausschüttung

Verdeckte Gewinnausschüttung im Zusammenhang mit Risikogeschäften

(BMF-Schreiben vom 14. Dezember 2015 - IV C 2 - S 2742/07/10004, DOK 2015/1149958 - BStBl I S. 1091)

Im Urteil vom 31. März 2004 – I R 83/03 - (BFH/NV 2004 S. 1482) hat der I. Senat des BFH sein Urteil vom 8. August 2001 - I R 106/99 - (BStBl 2003 II S. 487) bestätigt und entschieden, dass die Tätigung von Risikogeschäften (Wertpapiergeschäfte) durch eine GmbH regelmäßig nicht die Annahme rechtfertige, die Geschäfte würden im privaten Interesse des (beherrschenden) Gesellschafters ausgeübt. Die Gesellschaft sei grundsätzlich darin frei, solche Geschäfte und die damit verbundenen Chancen, zugleich aber auch Verlustgefahren wahrzunehmen. Anders als von der Finanzverwaltung in den BMF-Schreiben vom 19. Dezember 1996 (BStBl 1997 I S. 112) und vom 20. Mai 2003 (BStBl 2003 I S. 333) vertreten, gelte dies auch dann, wenn der Veranlassungszusammenhang zwischen den Aufwendungen und den Einnahmen aus den Risikogeschäften einerseits und dem eigentlichen Unternehmensgegenstand der GmbH andererseits ein allenfalls entfernter ist.

Nach dem Ergebnis der Erörterung mit den obersten Finanzbehörden der Länder gilt Folgendes:

Das BMF-Schreiben vom 20. Mai 2003 (BStBl I S. 333) wird aufgehoben.

Tz. 2 des BMF-Schreibens vom 19. Dezember 1996 (BStBl 1997 I S. 112) ist nicht anzuwenden, soweit die darin enthaltenen Ausführungen den vorstehenden Grundsätzen der Urteile des BFH vom 8. August 2001 - I R 106/99 - (BStBl 2003 II S. 487) und vom 31. März 2004 - I R 83/03 - (BFH/NV 2004 S. 1482) entgegenstehen.

Anlage 18
I.

Verlustabzugsbeschränkung

Übersicht

I. Körperschaftsteuerlicher Verlustabzug
   Anwendung von § 8 Abs. 4 KStG und § 12 Abs. 3 Satz 2 UmwStG
   BMF-Schreiben vom 16. April 1999
II. Verlustabzugsbeschränkung für Körperschaften (§ 8c KStG)
   BMF-Schreiben vom 4. Juli 2008

**Körperschaftsteuerlicher Verlustabzug;
Anwendung von § 8 Abs. 4 KStG und § 12 Abs. 3 Satz 2 UmwStG**
(BMF-Schreiben vom 16. April 1999 - IV C 6 – S 2745 – 12/99 - BStBl I S. 455)

vgl. Anhang 25 I. Amtliches KSt-Handbuch 2008

Anlage 18
II. Verlustabzugsbeschränkung

Verlustabzugsbeschränkung für Körperschaften (§ 8c KStG)
(BMF-Schreiben vom 4. Juli 2008 - IV C 7 - S 2745-a/08/10001 (2008/0349554) - BStBl I S. 736)

		Tz.
I.	Anwendungsbereich	1 - 2
II.	Schädlicher Beteiligungserwerb	3 - 23
	1. Anteilsübertragung und vergleichbare Sachverhalte	5 - 8
	2. Kapitalerhöhung	9 - 10
	3. Unmittelbarer und mittelbarer Erwerb	11 - 12
	4. Zeitpunkt des Erwerbs	13 - 15
	5. Fünf-Jahres-Zeitraum	16 - 23
III.	Erwerber	24 - 27
	1. Übertragung auf nahe stehende Personen	25
	2. Übertragung auf Erwerber mit gleichgerichteten Interessen	26 - 27
IV.	Rechtsfolgen	28 - 34
	1. Zeitpunkt und Umfang des Verlustuntergangs	28 - 30
	2. Unterjähriger Beteiligungserwerb	31 - 33
	3. Unternehmenssanierungen	34
V.	Anwendungsvorschriften	35 - 38
	1. Erstmalige Anwendung des § 8c KStG	35
	2. Anwendung des § 8 Abs. 4 KStG neben § 8c KStG	36 - 38

Im Einvernehmen mit den obersten Finanzbehörden der Länder nehme ich zur Anwendung der durch das Unternehmensteuerreformgesetz 2008 vom 14. August 2007 (BGBl. I S. 1912, BStBl I S. 630) neu geregelten allgemeinen Verlustabzugsbeschränkung für Körperschaften gemäß § 8c KStG wie folgt Stellung:

I. Anwendungsbereich

1 § 8c KStG ist auf unbeschränkt und beschränkt steuerpflichtige Körperschaften, Personenvereinigungen und Vermögensmassen i. S. d. § 1 Abs. 1 KStG anzuwenden. Auch Anstalten oder Stiftungen fallen in den Anwendungsbereich des § 8c KStG.

2 Die Abzugsbeschränkung gemäß § 8c KStG ist auf alle nicht ausgeglichenen und nicht abgezogenen negativen Einkünfte (nicht genutzte Verluste) anwendbar und umfasst insbesondere die Verluste nach § 2a, § 10d (Verlustvor- und -rücktrag), § 15 Abs. 4, § 15a und § 15b EStG. § 8c KStG gilt für den Zinsvortrag nach § 4h Abs. 1 Satz 2 EStG entsprechend (§ 8a Abs. 1 Satz 3 KStG). Auf gewerbesteuerliche Fehlbeträge ist § 8c KStG gemäß § 10a Satz 9 GewStG entsprechend anzuwenden.

II. Schädlicher Beteiligungserwerb

3 § 8c KStG setzt einen schädlichen Beteiligungserwerb innerhalb eines Zeitraums von fünf Jahren durch Personen eines Erwerberkreises voraus. Den Erwerberkreis bildet der Erwerber gemeinsam mit ihm nahe stehenden Personen und Personen, die mit ihm oder den nahe stehenden Personen gleichgerichtete Interessen haben.

4 Der Erwerb der Beteiligung kann entgeltlich oder unentgeltlich erfolgen, z. B. im Wege der Schenkung. Ein Erwerb seitens einer natürlichen Person durch Erbfall einschließlich der

Anlage 18
Verlustabzugsbeschränkung
II.

unentgeltlichen Erbauseinandersetzung und der unentgeltlichen vorweggenommenen Erbfolge wird von § 8c KStG nicht erfasst; dies gilt nicht, wenn der Erwerb in auch nur geringem Umfang entgeltlich erfolgt.

1. Anteilsübertragung und vergleichbare Sachverhalte

§ 8c KStG erfasst neben dem Erwerb von Kapitalanteilen auch den Erwerb von Mitgliedschaftsrechten und Beteiligungsrechten (jeweils auch ohne Stimmrechte) sowie von Stimmrechten und vergleichbaren Sachverhalten. Werden zugleich mehrere Anteile und Rechte übertragen, ist diejenige Übertragung maßgebend, die die weitestgehende Anwendung des § 8c KStG erlaubt.

Soweit es für den Erwerb auf den Übergang einer Eigentumsposition ankommt, ist auf den Übergang des wirtschaftlichen Eigentums abzustellen.

Ein Zwischenerwerb durch eine Emissionsbank im Rahmen eines Börsengangs i. S. d. § 1 Abs. 1 Satz 2 Nr. 10 KWG bleibt unbeachtlich.

Vergleichbare Sachverhalte können insbesondere sein:

- der Erwerb von Genussscheinen i. S. d. § 8 Abs. 3 Satz 2 KStG;
- Stimmrechtsvereinbarungen, Stimmrechtsbindungen, Stimmrechtsverzicht;
- die Umwandlung auf eine Verlustgesellschaft, wenn durch die Umwandlung ein Beteiligungserwerb durch einen Erwerberkreis stattfindet;
- die Einbringung eines Betriebs, Teilbetriebs oder Mitunternehmeranteils, wenn durch die Einbringung ein Beteiligungserwerb am übernehmenden Rechtsträger durch einen Erwerberkreis stattfindet;
- die Fusion von Anstalten des öffentlichen Rechts, wenn hierdurch bei der aufnehmenden Anstalt des öffentlichen Rechts mit nicht genutzten Verlusten ein Träger Beteiligungsrechte an der Anstalt (hinzu) erwirbt;
- der Erwerb eigener Anteile, wenn sich hierdurch die Beteiligungsquoten ändern;
- die Kapitalherabsetzung, mit der eine Änderung der Beteiligungsquoten einhergeht.

Auch die Kombination verschiedener Sachverhalte kann insgesamt zu einem schädlichen Beteiligungserwerb führen (BFH-Urteil vom 22. Oktober 2003 - BStBl 2004 II S. 68).

Werden neben Stammaktien auch stimmrechtslose Vorzugsaktien erworben, ist bei der Ermittlung der Quote der übertragenen Anteile für die Stammaktien im Regelfall nur auf das stimmberechtigte Kapital und für die Vorzugsaktien auf das gesamte Stammkapital abzustellen. Verschiedene Quoten werden nicht addiert.

Beispiel 1:

Die Anteile an einer Gesellschaft entfallen zu 70 % auf Stammaktien und zu 30 % auf Vorzugsaktien. Erworben werden

    a. 30-%-Punkte der Vorzugsaktien (= 30 % des Nennkapitals)
    b. 21-%-Punkte der Stammaktien (= 30 % der Stimmrechte)
    c. 10-%-Punkte der Vorzugsaktien (= 10 % des Nennkapitals) und 14-%-Punkte der Stammaktien (= 20 % der Stimmrechte).

Lösung:

    B1   In den Fallvarianten a und b wird die schädliche Beteiligungsgrenze überschritten:
       a) 100 = 30 %
       b) 21/70 = 30 %.

Anlage 18

II. Verlustabzugsbeschränkung

In der Fallvariante c wird die schädliche Beteiligungsgrenze nicht überschritten, denn es werden 24 % gezeichnetes Kapital und 20% Stimmrechte übertragen.

2. Kapitalerhöhung

9 Einem Beteiligungserwerb von mehr als 25 % ist eine Kapitalerhöhung bzw. die Erhöhung anderer Beteiligungsrechte i. S. d. Tz. 5 gleichzusetzen, bei der der neu hinzutretende Erwerberkreis nach der Kapitalerhöhung bzw. der Erhöhung anderer Beteiligungsrechte i. S. d. Tz. 5 zu mehr als 25 % des Kapitals i. S. d. Tz. 5 beteiligt ist oder sich eine bestehende Beteiligung um mehr als 25 % erhöht (§ 8c Satz 4 KStG). Die Quote ist auf das Kapital nach der Kapitalerhöhung bzw. der Erhöhung anderer Beteiligungsrechte i. S. d. Tz. 5 zu beziehen.

10 Die Kapitalerhöhung bei einer Gesellschaft, die ihrerseits unmittelbar oder mittelbar an einer Verlustgesellschaft beteiligt ist, löst unter den genannten Voraussetzungen die Rechtsfolgen des § 8c KStG aus, wenn sich dadurch die mittelbare Beteiligungsquote eines Erwerberkreises an der Verlustgesellschaft in schädlichem Umfang ändert.

3. Unmittelbarer und mittelbarer Erwerb

11 Der Erwerb einer Beteiligung kann unmittelbar oder mittelbar erfolgen. Der unmittelbare Erwerb ist auch schädlich, wenn er mittelbar zu keiner Änderung der Beteiligungsquote führt (keine Konzernbetrachtung). Auch die Übernahme von mehr als 25 % der Anteile an einer GmbH durch eine Mitunternehmerschaft, an der die bisherigen Gesellschafter der GmbH beteiligt sind, führt zur Anwendung des § 8c KStG.

Beispiel 2:
Die Gesellschafterin der Verlustgesellschaft V-GmbH ist die E-GmbH, deren Gesellschafterin ist die T-GmbH und deren Gesellschafter sind die M1-KG und die M2-KG.

Lösung:

B2 Eine schädliche konzerninterne Umstrukturierung liegt u. a. vor, wenn:
- die E-GmbH auf die T-GmbH verschmolzen wird oder umgekehrt,
- die M1-KG auf die M2-KG verschmolzen wird oder umgekehrt,
- die Anteile an der T-GmbH aus dem Gesamthandsvermögen der M1 in das Sonder-Betriebsvermögen eines ihrer Gesellschafter übertragen werden oder umgekehrt.

Ein Formwechsel des Anteilseigners i. S. d. § 190 Abs. 1 UmwG oder ein vergleichbarer ausländischer Vorgang bewirkt keine mittelbare Übertragung der Anteile an einer nachgeordneten Körperschaft.

12 Im Falle eines mittelbaren Beteiligungserwerbs ist die auf die Verlustgesellschaft durchgerechnete Beteiligungsquote oder Stimmrechtsquote maßgeblich.

4. Zeitpunkt des Erwerbs

13 Der Zeitpunkt des Beteiligungserwerbs oder des vergleichbaren Sachverhalts bestimmt sich nach dem Übergang des wirtschaftlichen Eigentums.

14 Kapitalerhöhungen werden mit ihrer Eintragung ins Handelsregister wirksam (BFH-Urteil vom 14. März 2006, BStBl II S. 746). Zu diesem Zeitpunkt entstehen die neuen Mitgliedschaftsrechte.

15 Bei der Umwandlung des Anteilseigners einer Verlustgesellschaft ist für den Erwerb der Beteiligung an der Verlustgesellschaft durch den übernehmenden Rechtsträger der Über-

gang des wirtschaftlichen Eigentums maßgebend. Ein steuerlicher Rückbezug des Beteiligungserwerbs nach § 2 UmwStG scheidet aus.

5. Fünf-Jahres-Zeitraum

Zur Ermittlung des schädlichen Beteiligungserwerbs nach § 8c Satz 1 KStG werden alle Erwerbe durch den Erwerberkreis innerhalb eines Fünf-Jahres-Zeitraums zusammengefasst.

Ein Fünf-Jahres-Zeitraum beginnt mit dem ersten unmittelbaren oder mittelbaren Beteiligungserwerb an der Verlustgesellschaft durch einen Erwerberkreis. Zu diesem Zeitpunkt muss noch kein Verlustvortrag der späteren Verlustgesellschaft vorhanden sein.

Wird die 25-%-Grenze durch einen Erwerberkreis überschritten, beginnt - unabhängig davon, ob zu diesem Zeitpunkt ein nicht genutzter Verlust vorliegt - mit dem nächsten Beteiligungserwerb ein neuer Fünf-Jahres-Zeitraum i. S. d. § 8c Satz 1 KStG für diesen Erwerberkreis.

Eine Mehrzahl von Erwerben durch einen Erwerberkreis gilt als ein Erwerb, wenn ihnen ein Gesamtplan zugrunde liegt. Ein schädlicher Gesamtplan in diesem Sinne wird widerleglich vermutet, wenn die Erwerbe innerhalb eines Jahres erfolgen.

Der Verlustabzugsbeschränkung des § 8c Satz 2 KStG ist ein eigener Fünf-Jahres-Zeitraum zugrunde zu legen. Eine quotale Kürzung des nicht genutzten Verlustes nach § 8c Satz 1 KStG löst deshalb keinen neuen Fünf-Jahres-Zeitraum für Zwecke des § 8c Satz 2 KStG aus.

Im Rahmen des § 8c Satz 1 KStG berücksichtigte Erwerbsvorgänge, die eine quotale Kürzung des nicht genutzten Verlustes ausgelöst haben, sind im Rahmen des § 8c Satz 2 KStG nochmals zu berücksichtigen.

Wird die 50-%-Grenze überschritten, beginnt - unabhängig davon, ob zu diesem Zeitpunkt ein nicht genutzter Verlust vorhanden ist - ein neuer Fünf-Jahres-Zeitraum i.S.d. § 8c Satz 2 KStG mit dem nächsten Beteiligungserwerb.

Wird innerhalb eines Fünf-Jahres-Zeitraums die 50-%-Grenze überschritten, ist der zu diesem Zeitpunkt bestehende Verlustabzug vollständig zu versagen.

Die mehrfache Übertragung der nämlichen Anteile ist schädlich, soweit sie je Erwerberkreis die Beteiligungsgrenzen des § 8c KStG übersteigt. Wird mit einer unmittelbaren Übertragung einer Verlustgesellschaft gleichzeitig im Erwerberkreis auch eine mittelbare Übertragung verwirklicht, wird bei der Ermittlung der übertragenen Quote nur die unmittelbare Übertragung berücksichtigt.

Beispiel 3:
Im VZ 01 erwirbt die E-GmbH 30 % der Anteile an der Verlust-GmbH vom bisherigen Alleingesellschafter A. Von der E-GmbH erwirbt die M-AG, die an der E-GmbH zu 80 % beteiligt ist, im VZ 03 dieselben 30 %. Weitere 21 % erwirbt die M-AG in 04 direkt von A.

Lösung:

B3   VZ 01: *Quotaler Verlustuntergang nach § 8c Satz 1 KStG wegen des Beteiligungserwerbs durch die E-GmbH von 30 %.*

B4   VZ 03: *Quotaler Verlustuntergang nach § 8c Satz 1 KStG wegen des Beteiligungserwerbs durch die M-AG von 30 %. Dem steht nicht entgegen, dass die E-GmbH und die M-AG einen Erwerberkreis bilden.*

B5   VZ 04: *Der nochmalige Beteiligungserwerb durch die M-AG von 21 % führt zum Überschreiten der 50-%-Quote nach § 8c Satz 2 KStG und damit zum vollständigen Verlustuntergang.*

Anlage 18
II. Verlustabzugsbeschränkung

Nicht erforderlich ist, dass der schädliche Erwerb oder die zu addierenden Einzelerwerbe zu einer Zeit erfolgen, zu der die Körperschaft nicht genutzte Verluste aufweist.

Beispiel 4:
A hält 100 % der Anteile an einer GmbH. B erwirbt per 31.12.2008 25 % und per 31.12.2009 weitere 25 % der Anteile. Die GmbH erzielte in 2008 einen Gewinn von 20.000 € und in 2009 einen Verlust von 200.000 €.

Lösung:

> B6 *Es kommt zu einem quotalen Untergang (zu 50 %) des nicht genutzten Verlusts der GmbH per 31.12.2009 in Höhe von 100.000 €. Der Anteilserwerb per 31.12.2008 ist ebenfalls zu berücksichtigen, obwohl er in einer Gewinnphase der GmbH erfolgte und zum Erwerbszeitpunkt noch keine nicht genutzten Verluste der GmbH vorhanden waren.*

III. Erwerber

24 Erwerber kann jede natürliche Person, juristische Person oder Mitunternehmerschaft sein. Für vermögensverwaltende Personengesellschaften gilt eine anteilige Zurechnung nach § 39 Abs. 2 Nr. 2 AO.

1. Übertragung auf nahe stehende Personen

25 Zur Begründung des „Nahe Stehens" reicht jede rechtliche oder tatsächliche Beziehung zu einer anderen Person aus (H 36 KStH 2006; „Nahe stehende Person - Kreis der nahe stehenden Personen"), die bereits vor oder unabhängig von dem Anteilserwerb besteht.

2. Übertragung auf Erwerber mit gleichgerichteten Interessen

26 Personen mit gleichgerichteten Interessen gehören zum Erwerberkreis (vgl. Tz. 3).

27 Von einer Erwerbergruppe mit gleichgerichteten Interessen ist regelmäßig auszugehen, wenn eine Abstimmung zwischen den Erwerbern stattgefunden hat, wobei kein Vertrag vorliegen muss. Die Verfolgung eines gemeinsamen Zwecks im Sinne des § 705 BGB reicht zur Begründung gleichgerichteter Interessen aus, ist aber nicht Voraussetzung. Die gleichgerichteten Interessen müssen sich nicht auf den Erhalt des Verlustvortrags der Körperschaft richten. Gleichgerichtete Interessen liegen z. B. vor, wenn mehrere Erwerber einer Körperschaft zur einheitlichen Willensbildung zusammenwirken. Indiz gleichgerichteter Interessen ist auch die gemeinsame Beherrschung der Körperschaft; vgl. H 36 KStH 2006 („Beherrschender Gesellschafter - gleichgerichtete Interessen").

IV. Rechtsfolgen
1. Zeitpunkt und Umfang des Verlustuntergangs

28 Werden innerhalb von fünf Jahren mittelbar oder unmittelbar mehr als 25 % der Anteile durch einen Erwerberkreis erworben, geht der Verlust gemäß § 8c Satz 1 KStG quotal entsprechend der Höhe der schädlichen Beteiligungserwerbe unter.

29 Bei einem schädlichen Beteiligungserwerb von über 50 % innerhalb eines Zeitraums von fünf Jahren geht der nicht genutzte Verlust gemäß § 8c Satz 2 KStG vollständig unter.

30 Die Rechtsfolge tritt in dem Wirtschaftsjahr ein, in dem die 25-%-Grenze bzw. die 50-%-Grenze überschritten wird. Verluste, die bis zum Zeitpunkt des schädlichen Beteiligungserwerbs entstanden sind, dürfen mit danach entstandenen Gewinnen weder ausgeglichen noch von ihnen abgezogen werden. Sie dürfen auch nicht in vorangegangene Veranlagungszeiträume zurückgetragen werden.

Anlage 18
Verlustabzugsbeschränkung II.

Beispiel 5:

	Jahr 01 €	Jahr 02 €	Jahr 03 €	Jahr 04 €	Jahr 05 €
Gezeichnetes Kapital	1.000.000	1.000.000	1.000.000	1.000.000	1.000.000
Beteiligungsverhältnisse					
Gesellschafter A	700.000	400.000	400.000	400.000	400.000
Gesellschafter B	300.000	300.000	200.000	150.000	50.000
Gesellschafter C		300.000	400.000	450.000	550.000
Übertragene Anteile im Fünf-Jahres-Zeitraum		300.000	400.000	450.000	550.000
		(30 %)	(40 %)	(45 %)	(55 %)
Schädlicher Beteiligungserwerb		ja	nein	nein	ja
Ergebnis des laufenden VZ		-2.000.000	-600.000	3.500.000	4.700.000
davon Verlust bis zum schädlichen Beteiligungserwerb		-1.200.000	-300.000	0	0
Verbleibender Verlustabzug zum Ende des vorangeg. VZ		20.000.000	15.640.000	16.240.000	13.740.000
Verlust**abzugs**verbot § 8c Satz 1		6.000.000 (30 %)	0	0	0
Verlustabzugsverbot § 8c Satz 2		0	0	0	13.740.000 (100 %)
Verlust**ausgleichs**verbot § 8c Satz 1		360.000	0	0	0
Verlustabzug				2.500.000	
Verbleibender Verlustabzug zum Ende des VZ		**15.640.000**	**16.240.000**	**13.740.000**	**0**

2. Unterjähriger Beteiligungserwerb

Erfolgt der schädliche Beteiligungserwerb während des laufenden Wirtschaftsjahrs, unterliegt auch ein bis zu diesem Zeitpunkt erzielter Verlust der Verlustabzugsbeschränkung nach § 8c KStG. Ein bis zum Beteiligungserwerb erzielter Gewinn kann nicht mit noch nicht genutzten Verlusten verrechnet werden. [1] 31

Der Verlust des gesamten Wirtschaftsjahrs, in dem das schädliche Ereignis eingetreten ist, ist zeitanteilig aufzuteilen. Die Körperschaft kann eine andere, wirtschaftlich begründete Aufteilung darlegen. 32

Der Verlustabzugsbeschränkung infolge eines schädlichen Beteiligungserwerbs bei einem Organträger unterliegt auch das noch nicht zugerechnete anteilige negative Organein- 33

---

[1] Erfolgt der das Verlustabzugsverbot des § 8c Satz 1 KStG auslösende schädliche Beteiligungserwerb während des laufenden Wj., kann ein bis zu diesem Zeitpunkt in diesem Wj. erzielter Gewinn mit dem bisher noch nicht genutzten Verlust verrechnet werden (entgegen Tz. 31 Satz 2 des >BMF vom 4.7.2008, BStBl I S. 736, >BFH vom 30.11.2011, I R 14/11, BStBl 2012 II S. 360)

Anlage 18

II. Verlustabzugsbeschränkung

kommen. Es ist vor der Einkommenszurechnung auf Ebene der Organgesellschaft entsprechend der Ergebnisaufteilung im Sinne der Tz. 32 zu kürzen.

3. Unternehmenssanierungen

34 Im Zusammenhang mit Unternehmenssanierungen gilt das BMF-Schreiben vom 27. März 2003 (BStBl I S. 240). Die Mitteilungspflicht der obersten Finanzbehörden der Länder gemäß Tz. 14 des vorgenannten BMF-Schreibens ist zu beachten.

V. Anwendungsvorschriften

1. Erstmalige Anwendung des § 8c KStG

35 § 8c KStG findet gemäß § 34 Abs. 7b KStG erstmals für den Veranlagungszeitraum 2008 und auf Beteiligungserwerbe Anwendung, bei denen das wirtschaftliche Eigentum nach dem 31. Dezember 2007 übergeht. Die zeitlichen Voraussetzungen müssen kumulativ vorliegen.

Beispiel 6:
Eine GmbH mit abweichendem Wirtschaftsjahr 01.07./30.06. erzielt im Wirtschaftsjahr 2006/2007 einen Verlust von 200.000 €. Am 30.09.2007 werden 26 % der Anteile auf einen Erwerber übertragen

Lösung:

> B7 Auf den 31.12.2007 wird ein verbleibender Verlust von 200.000 € festgestellt, der Beteiligungserwerb am 30.09.2007 ist zwar dem Wirtschaftsjahr 01.07.2007 – 30.06.2008 und damit dem Veranlagungszeitraum 2008 zuzurechnen, hat aber vor dem 01.01.2008 stattgefunden und löst somit nicht die Rechtsfolgen des § 8c Satz 1 KStG aus.

2. Anwendung des § 8 Abs. 4 KStG neben § 8c KStG

36 § 8 Abs. 4 KStG ist neben § 8c KStG letztmals anzuwenden, wenn mehr als die Hälfte der Anteile an einer Kapitalgesellschaft innerhalb eines Fünf-Jahres-Zeitraums übertragen werden, der vor dem 1. Januar 2008 beginnt, und der Verlust der wirtschaftlichen Identität vor dem 1. Januar 2013 eintritt. Gleiches gilt für den Verlust der wirtschaftlichen Identität einer Körperschaft nach § 8 Abs. 4 Satz 1 KStG.

37 Die für die Sanierungsklausel des § 8 Abs. 4 Satz 3 KStG erforderliche fünfjährige Fortführung des den Verlust verursachenden Betriebs ist ggf. bis längstens Ende 2017 zu überwachen.

38 Die Grundsätze des BMF-Schreibens vom 2. August 2007 (BStBl I S. 624) finden Anwendung.

Beispiel 7:
Im Jahr 2007 werden 40 % und am 30.06.2011 26 % der Anteile an der Verlustgesellschaft V von A an B veräußert. Zum Veräußerungszeitpunkt in 2011 besitzt V ein Aktivvermögen von 100.000 €. Im Anschluss daran kommt es zu Betriebsvermögenszuführungen von 50.000 € im Jahr 2011 und 60.000 € im Jahr 2012, die nicht allein der Sanierung des Geschäftsbetriebs i. S. d. § 8 Abs. 4 Satz 3 KStG dienen.

Anlage 18
Verlustabzugsbeschränkung II.

Lösung:

B8 § 8 Abs. 4 KStG ist anwendbar, da innerhalb eines Zeitraums von 5 Jahren (beginnend vor dem 01.01.2008) mehr als 50 % der Anteile übertragen wurden, nach dem schädlichen Anteilseignerwechsel in 2011 innerhalb von 2 Jahren überwiegend neues Betriebsvermögen zugeführt wurde und die wirtschaftliche Identität somit noch vor dem 01.01.2013 verloren ging. Der Verlust geht zum 30.06.2011 vollständig unter. Wäre der Betrag von 60.000 € nach dem 31.12.2012 zugeführt worden, wäre § 8 Abs. 4 KStG nicht mehr anwendbar.

B9 Daneben ist auch § 8c Satz 1 KStG in 2011 anwendbar und würde zwar für sich zu einem quotalen Verlustuntergang von 26 % führen. Dieser bleibt aber ohne Auswirkung, da der Verlust infolge Anwendung des § 8 Abs. 4 KStG rückwirkend zum 30.12.2011 vollständig untergeht.

Anlage 19
Wirtschaftsförderungsgesellschaft

Steuerbefreiung von Wirtschaftsförderungsgesellschaften
(BMF-Schreiben vom 4. Januar 1996 - IV B 7 - S 2738-17/95 - BStBl I.S. 54)

Steuerbefreiung von Wirtschaftsförderungsgesellschaften
KSt/GewSt VI/95 (TOP I/1)
Wirtschaftsförderungsgesellschaften sind unter folgenden Voraussetzungen von der Körperschaftsteuer (§ 5 Abs. 1 Nr. 18 KStG), von der Gewerbesteuer (§ 3 Nr. 25 GewStG) und von der Vermögensteuer (§ 3 Abs. 1 Nr. 20 VStG) befreit.

I. Rechtsform und Anteilseigner
Die Steuerbefreiungen gelten nur für Wirtschaftsförderungsgesellschaften in der Rechtsform einer Kapitalgesellschaft (§ 1 Abs. 1 Nr. 1 KStG). Gesellschafter müssen überwiegend Gebietskörperschaften (Bund, Länder, Kreise und Gemeinden sowie insbesondere Landschaftsverbände) sein. Das setzt voraus, daß Gebietskörperschaften unmittelbar zu mehr als 50 v.H. an der Wirtschaftsförderungsgesellschaft beteiligt sind und die Mehrheit der Stimmrechte haben. Die Beteiligungen sonstiger Körperschaften des öffentlichen Rechts (z. B. Industrie- und Handelskammern, Sparkassen) bleiben insoweit unberücksichtigt.

II. Art der Tätigkeit
Die Tätigkeit der Wirtschaftsförderungsgesellschaften muß sich auf die Verbesserung der sozialen und wirtschaftlichen Struktur einer bestimmten Region (z. B. auch einer Kommune) durch Förderung der Wirtschaft, insbesondere durch Industrieansiedlung, Beschaffung neuer Arbeitsplätze und Sanierung von Altlasten beschränken. Die Tätigkeit darf nicht über den für die Zweckverwirklichung sachlich gebotenen Umfang hinausgehen, insbesondere darf sie nicht den Umfang einer laufenden Unternehmensberatung annehmen.

Der regionalen Wirtschaftsförderung dienen namentlich folgende Tätigkeiten:

1. Analysen über die Erwerbs- und Wirtschaftsstruktur einzelner Regionen und Standorte,
2. Information über Standortvorteile und Förderungsmaßnahmen der betreffenden Region,
3. Information über Wirtschaftsförderungsmaßnahmen von Bund, Ländern und Gemeinden sowie der Europäischen Union,
4. Anwerbung und Ansiedlung von Unternehmen,
5. Beratung und Betreuung von Kommunen und ansiedlungswilligen Unternehmen in Verfahrens-, Förderungs- und Standortfragen,
6. Beratung bei der Beschaffung von Gewerbegrundstücken in Zusammenarbeit mit der örtlichen Gemeinde,
7. Beschaffung und Veräußerung von Grundstücken zur Ansiedlung, Erhaltung oder Erweiterung von Unternehmen,
8. Vermietung oder Verpachtung von Geschäfts- und Gewerberäumen an Existenzgründer für einen beschränkten Zeitraum (bis zu fünf Jahren), einschließlich dazugehöriger Nebenleistungen (z. B. Technologiezentren),
9. Förderung überbetrieblicher Kooperationen,
10. Beschaffung neuer Arbeitsplätze, z. B. durch Förderung von Maßnahmen, die dem Aufbau, Erhalt bzw. Ausbau von Beschäftigungsstrukturen, vor allem der Schaffung von Dauerarbeitsplätzen dienen, oder Einrichtung, Koordinierung und Übernahme von Trägerschaften projektbezogener Arbeitsbeschaffungsmaßnahmen (dazu zählt nicht die Tätigkeit der sog. Beschäfti-

gungsgesellschaften; vgl. BMF-Schreiben vom 11. März 1992 - IV B 4-S 0170-32/92 - BStBl 1993 I S. 214),

11. Durchführung oder Förderung der Sanierung von Altlasten für Zwecke der Ansiedlung, Erhaltung oder Erweiterung von Unternehmen,

12. allgemeine Förderung des Fremdenverkehrs durch Werbung für die Region. Darüber hinausgehende Tätigkeiten (Vermittlungsleistungen, Andenkenverkauf) sind dagegen schädlich.

III. Versagung und Verlust der Steuerbefreiung

1. Ausübung nicht begünstigter Tätigkeiten
   Übt eine Wirtschaftsförderungsgesellschaft in einem Wirtschaftsjahr neben begünstigten Tätigkeiten auch nicht begünstigte Tätigkeiten aus, verliert sie die Steuerbefreiung für den betreffenden Veranlagungszeitraum in vollem Umfang. Eine teilweise Steuerfreiheit sieht § 5 Abs. 1 Nr. 18 KStG nicht vor.

2. Beteiligung an anderen Unternehmen
   Die Beteiligung einer landesweit tätigen Wirtschaftsförderungsgesellschaft an anderen (z. B. regional tätigen) Wirtschaftsförderungsgesellschaften ist zulässig. Die Beteiligung an anderen Unternehmen ist nur dann unschädlich, wenn die Beteiligung unmittelbar der Zweckverwirklichung dient. In eine Wirtschaftsförderungsgesellschaft dürfen weder bei ihrer Gründung noch später Wirtschaftsgüter und damit verbundene Tätigkeitsbereiche eingelegt werden, die nicht unmittelbar der Zweckverwirklichung dienen. Eine bloße Kapitalverstärkung erfüllt diese Voraussetzung nicht.

3. Verwendung von Überschüssen
   Erzielte Überschüsse dürfen nur für die begünstigten Tätigkeiten verwendet werden. Dies schließt nicht aus, daß Rücklagen gebildet werden, die bei vernünftiger kaufmännischer Beurteilung für die Zweckverwirklichung erforderlich sind. Die ertragbringende Anlage der entsprechenden Mittel ist unschädlich.

4. Vermögensbindung
   Das Vermögen und etwa erzielte Überschüsse einer Wirtschaftsförderungsgesellschaft dürfen nur für die im Gesetz genannten Zwecke (Wirtschaftsförderung) verwendet werden. Mittelauskehrungen (Gewinnausschüttungen, Einlagenrückgewähr) an die Gesellschafter führen zur Versagung der Steuerbefreiung. Bei Auflösung der Gesellschaft darf auch das Grund- oder Stammkapital nicht an die Gesellschafter zurückgezahlt werden, es sei denn, die Gesellschafter verwenden es für Zwecke der Wirtschaftsförderung.
   Verstöße gegen die Vermögensbindung führen zur rückwirkenden Aufhebung der Steuerbefreiung (§ 175 Abs. 2 AO).

IV. Erstmalige Anwendung

1. Bisher steuerpflichtige Gesellschaften
   Die Steuerbefreiung des § 5 Abs. 1 Nr. 18 KStG ist erstmals für den Veranlagungszeitraum 1993 anzuwenden (§ 54 Abs. 5 a KStG).
   Werden von einer bereits bestehenden Kapitalgesellschaft die Voraussetzungen für die Steuerbefreiung nach § 5 Abs. 1 Nr. 18 KStG erst im Laufe des Veranlagungszeitraums 1993 erfüllt, ist der Kapitalgesellschaft aus Billigkeitsgründen für den gesamten Veranlagungszeitraum die Steuerbefreiung nach § 5 Abs. 1 Nr. 18 KStG zu gewähren.

Anlage 19

Wirtschaftsförderungsgesellschaft

Eine bisher steuerpflichtige Kapitalgesellschaft hat nach § 13 Abs. 1 KStG auf den Zeitpunkt, in dem die Steuerpflicht endet, eine Schlußbilanz aufzustellen, in der die Wirtschaftsgüter mit dem Teilwert anzusetzen sind (§ 13 Abs. 3 Satz 1 KStG).

2. Bisher als gemeinnützig behandelte Gesellschaften

Tritt eine bisher als gemeinnützig behandelte und nach § 5 Abs. 1 Nr. 9 KStG befreite Kapitalgesellschaft in die Steuerbefreiung nach § 5 Abs. 1 Nr. 18 KStG ein, ergeben sich daraus keine schädlichen Folgen für die bisherige Anerkennung als gemeinnützige Körperschaft.

Zinsschranke (§ 4h EStG; § 8a KStG)

(BMF-Schreiben vom 4. Juli 2008 - IV C 7 - S 2742-a/07/10001 (2008/0336202) - BStBl I.S. 718)

Inhaltsübersicht

		Tz.
I.	**Zeitliche Anwendung**	1
II.	**Betriebsausgabenabzug für Zinsaufwendungen (§ 4h Abs. 1 EStG, § 8a Abs. 1 KStG)**	2-54
	1. Betrieb	2-10
	2. Kapitalforderungen/Fremdkapital	11-14
	3. Zinsaufwendungen/Zinserträge	15-26
	4. Aufzinsung	27-28
	5. Abtretung	29-39
	a. Abtretung einer Forderung aus der Überlassung von Geldkapital	29-34
	b. Abtretung einer Forderung aus schwebenden Geschäften	35-39
	6. Steuerliches EBITDA	40-45
	7. Zinsvortrag	46-49
	8. Mitunternehmerschaften	50-52
	9. Organschaften	53-54
III.	**Ausnahmetatbestände (§ 4h Abs. 2 EStG)**	55-78
	1. Freigrenze	55-58
	2. Konzernzugehörigkeit	59-68
	3. Eigenkapitalvergleich bei konzernzugehörigen Betrieben (EscapeKlausel)	69-78
IV.	**Gesellschafterfremdfinanzierung**	79-83
V.	**Öffentlich Private Partnerschaften**	84-90
	1. Grundlagen	84
	2. Grundsätze	85
	3. Inhabermodell/Erwerbermodell	86
	4. Vermietungsmodell	87
	5. Leasingmodell	88
	6. Contracting-Modell	89
	7. Konzessionsmodell	90
VI.	**Öffentliche Hand**	91-93
VII.	**Sonderfälle**	94

Anlage 20
Zinsschranke

Unter Bezugnahme auf das Ergebnis der Erörterungen mit den obersten Finanzbehörden der Länder wird zu Anwendungsfragen des § 4h EStG und des § 8a KStG in der Fassung des Unternehmensteuerreformgesetzes 2008 vom 14. August 2007 (BGBl. I S. 1912, BStBl I S. 630) - Zinsschranke - wie folgt Stellung genommen:

I. Zeitliche Anwendung

1 Die Zinsschranke ist erstmals für Wirtschaftsjahre anzuwenden, die nach dem 25. Mai 2007 (Tag des Beschlusses des Deutschen Bundestags über das Unternehmensteuerreformgesetz 2008) beginnen und nicht vor dem 1. Januar 2008 enden (§ 52 Abs. 12d EStG, § 34 Abs. 6a Satz 3 KStG).

II. Betriebsausgabenabzug für Zinsaufwendungen (§ 4h Abs. 1 EStG, § 8a Abs. 1 KStG)

1. Betrieb

2 § 4h EStG ist eine Gewinnermittlungsvorschrift und beschränkt den Betriebsausgabenabzug für Zinsaufwendungen eines Betriebs. Voraussetzung sind Einkünfte des Betriebs aus Land- und Forstwirtschaft, Gewerbebetrieb oder selbständiger Arbeit.

3 Ein Einzelunternehmer kann mehrere Betriebe haben (siehe hierzu aber Tz. 62 und 64).

4 Die Zinsschranke ist auch anzuwenden, wenn der Gewinn gemäß § 4 Abs. 3 EStG durch den Überschuss der Betriebseinnahmen über die Betriebsausgaben ermittelt wird.

5 Eine vermögensverwaltend tätige Personengesellschaft ist kein Betrieb im Sinne der Zinsschranke, es sei denn, ihre Einkünfte gelten kraft gewerblicher Prägung nach § 15 Abs. 3 Nr. 2 EStG als Gewinneinkünfte.

6 Eine Mitunternehmerschaft hat nur einen Betrieb im Sinne der Zinsschranke. Zum Betrieb der Mitunternehmerschaft gehört neben dem Gesamthandsvermögen auch das Sonderbetriebsvermögen von Mitunternehmern im Sinne des § 15 Abs. 1 Satz 1 Nr. 2 und Abs. 3 EStG.

7 Eine Kapitalgesellschaft hat grundsätzlich nur einen Betrieb im Sinne der Zinsschranke. Nach § 8a Abs. 1 Satz 4 KStG ist § 4h EStG auf Kapitalgesellschaften, die ihre Einkünfte durch den Überschuss der Einnahmen über die Werbungskosten ermitteln (§ 2 Abs. 2 Nr. 2 EStG), sinngemäß anzuwenden.

8 Die Kommanditgesellschaft auf Aktien (KGaA) hat nur einen Betrieb im Sinne der Zinsschranke; dazu gehört auch der Gewinnanteil des persönlich haftenden Gesellschafters. Zur KGaA siehe auch Tz. 44.

9 Betriebsstätten sind keine eigenständigen Betriebe.

10 Der Organkreis gilt für Zwecke der Zinsschranke als ein Betrieb (§ 15 Satz 1 Nr. 3 KStG).

2. Kapitalforderungen/Fremdkapital

11 Die Zinsschranke erfasst grundsätzlich nur Erträge und Aufwendungen aus der Überlassung von Geldkapital (Zinserträge und Zinsaufwendungen im engeren Sinne) und nicht solche aus der Überlassung von Sachkapital. Fremdkapital im Sinne des § 4h Abs. 3 EStG sind damit alle als Verbindlichkeit passivierungspflichtigen Kapitalzuführungen in Geld, die nach steuerlichen Kriterien nicht zum Eigenkapital gehören. Das sind insbesondere:

Anlage 20
Zinsschranke

- fest und variabel verzinsliche Darlehen (auch soweit es sich um Darlehensforderungen und -verbindlichkeiten im Sinne des § 8b Abs. 3 Satz 4 ff. KStG handelt),
- partiarische Darlehen,
- typisch stille Beteiligungen,
- Gewinnschuldverschreibungen und
- Genussrechtskapital (mit Ausnahme des Genussrechtskapitals im Sinne des § 8 Abs. 3 Satz 2 KStG).

Auf die Dauer der Überlassung des Fremdkapitals kommt es nicht an. 12

Bei Banken stellt auch das nach dem Kreditwesengesetz (KWG) dem haftenden Eigenkapital zuzurechnende Fremdkapital Fremdkapital im Sinne des § 4h Abs. 3 Satz 2 EStG dar. 13

Die Abtretung einer Forderung zu einem Betrag unter dem Nennwert gilt als eigenständige Überlassung von Fremdkapital im Sinne von § 4h Abs. 3 EStG, wenn die Abtretung nach allgemeinen Grundsätzen als Darlehensgewährung durch den Zessionar an den Zedenten zu beurteilen ist (sog. unechte Forfaitierung/unechtes Factoring). Die Grundsätze des BMF-Schreibens vom 9. Januar 1996 (BStBl I S. 9) sind zu beachten. 14

Übernimmt der Zessionar zusätzlich das Risiko der Zahlungsunfähigkeit des Schuldners der abgetretenen Forderung (sog. echte Forfaitierung/echtes Factoring), ergeben sich durch die Abtretung grundsätzlich weder beim Zedenten noch beim Zessionar Zinsaufwendungen und Zinserträge im Sinne des § 4h Abs. 3 Satz 2 und 3 EStG. Es wird aber nicht beanstandet, wenn Zessionar und Zedent auf Grund eines übereinstimmenden schriftlichen Antrags, der bei dem für den Zessionar örtlich zuständigen Finanzamt zu stellen ist, die echte Forfaitierung bzw. das echte Factoring als Überlassung von Fremdkapital im Sinne von § 4h Abs. 3 EStG behandeln (siehe hierzu Tz. 32 ff. und 37 ff.). Der Zessionar hat in diesen Fällen nachzuweisen, dass der Zedent gegenüber dem für ihn örtlich zuständigen Veranlagungsfinanzamt eine schriftliche und unwiderrufliche Einverständniserklärung abgegeben hat, dass er mit der Erfassung der Zinsanteile als Zinsaufwendungen im Rahmen der Zinsschranke einverstanden ist. Die Anwendung der Billigkeitsregelung beim Zessionar hängt von der korrespondierenden Erfassung der Zinsen beim Zedenten ab.

Entgelte für die Übernahme des Bonitätsrisikos und anderer Kosten stellen keine Zinsaufwendungen beim Zedenten und keine Zinserträge beim Zessionar dar.

Unerheblich ist, ob die abgetretene Forderung ihrerseits eine Forderung aus der Überlassung von Geldkapital ist; auch die Abtretung einer Forderung aus der Überlassung von Sachkapital kann ihrerseits die Überlassung von Fremdkapital darstellen.

3. Zinsaufwendungen/Zinserträge

Zinsaufwendungen im Sinne der Zinsschranke sind Vergütungen für Fremdkapital (§ 4h Abs. 3 Satz 2 EStG); Zinserträge im Sinne der Zinsschranke sind Erträge aus Kapitalforderungen jeder Art (§ 4h Abs. 3 Satz 3 EStG). Hierzu gehören auch Zinsen zu einem festen oder variablen Zinssatz, aber auch Gewinnbeteiligungen (Vergütungen für partiarische Darlehen, typisch stille Beteiligungen, Genussrechte und Gewinnschuldverschreibungen) und Umsatzbeteiligungen. Zinsaufwendungen bzw. Zinserträge sind auch Vergütungen, die zwar nicht als Zins berechnet werden, aber Vergütungscharakter haben (z. B. Damnum, Disagio, Vorfälligkeitsentschädigungen, Provisionen und Gebühren, die an den Geber des Fremdkapitals gezahlt werden). 15

Keine Zinsaufwendungen oder -erträge sind Dividenden, Zinsen nach § 233 ff. AO sowie Skonti und Boni. 16

Ausgeschüttete oder ausschüttungsgleiche Erträge aus Investmentvermögen, die aus Zinserträgen im Sinne des § 4h Abs. 3 Satz 3 EStG stammen, sind beim Anleger im Rah- 17

Anlage 20
Zinsschranke

men des § 4h Abs. 1 EStG als Zinserträge zu berücksichtigen (§ 2 Abs. 2a InvStG in der Fassung des Jahressteuergesetzes 2008).

18 Der Zinsschranke unterliegen nur solche Zinsaufwendungen und Zinserträge, die den maßgeblichen Gewinn bzw. das maßgebliche Einkommen gemindert oder erhöht haben. Insbesondere nicht abziehbare Zinsen gemäß § 3c Abs. 1 und Abs. 2 EStG, § 4 Abs. 4a EStG, § 4 Abs. 5 Satz 1 Nr. 8a EStG und Zinsen, die gemäß § 8 Abs. 3 Satz 2 KStG als verdeckte Gewinnausschüttungen das Einkommen einer Körperschaft nicht gemindert haben, sind keine Zinsaufwendungen im Sinne des § 4h Abs. 3 Satz 2 EStG.

19 Zinsaufwendungen, die im Inland steuerpflichtige Sondervergütungen eines Mitunternehmers im Sinne des § 15 Abs. 1 Satz 1 Nr. 2 EStG sind, stellen weder Zinsaufwendungen der Mitunternehmerschaft noch Zinserträge des Mitunternehmers dar. Zinsaufwendungen und -erträge, die Sonderbetriebsausgaben oder -einnahmen sind, werden der Mitunternehmerschaft zugeordnet.

20 Zinsaufwendungen für Fremdkapital, das zur Finanzierung der Herstellung eines Vermögensgegenstands verwendet wird (z. B. Bauzeitzinsen), dürfen nach § 255 Abs. 3 Satz 2 HGB als Herstellungskosten angesetzt werden, soweit sie auf den Zeitraum der Herstellung entfallen. In diesem Fall führt die spätere Ausbuchung bzw. Abschreibung des entsprechenden Aktivpostens nicht zu Zinsaufwendungen im Sinne der Zinsschranke (vgl. BFH-Urteil vom 30. April 2003 - BStBl 2004 II S. 192).

21 Erbbauzinsen stellen ein Entgelt für die Nutzung des Grundstücks dar und führen nicht zu Zinsaufwendungen oder Zinserträgen.

22 Gewinnauswirkungen in Zusammenhang mit Rückstellungen in der Steuerbilanz sind keine Zinserträge und keine Zinsaufwendungen im Rahmen der Zinsschranke. Dies gilt nicht, soweit Zinsaufwendungen i. S. d. § 4h Abs. 3 Satz 2 EStG zurückgestellt werden.

23 Vergütungen für die vorübergehende Nutzung von fremdem Sachkapital stellen grundsätzlich keine Zinserträge bzw. Zinsaufwendungen im Sinne der Zinsschranke dar. Dazu gehören auch Aufwendungen und Erträge, die Scheideanstalten aus der Goldleihe bzw. aus Edelmetallkonten erzielen.

24 Eine Wertpapierleihe oder ein ähnliches Geschäft kann einen Missbrauch von rechtlichen Gestaltungsmöglichkeiten (§ 42 AO) darstellen, wenn es z. B. dazu dienen soll, beim Entleiher künstlich Zinseinnahmen zu erzielen und dadurch die Abzugsmöglichkeit für anfallende Zinsaufwendungen zu erhöhen.

25 Zinsanteile in Leasingraten führen zu Zinsaufwendungen oder -erträgen, wenn das wirtschaftliche Eigentum am Leasinggegenstand (Sachkapital) auf den Leasingnehmer übergeht, der Leasinggeber also eine Darlehensforderung und der Leasingnehmer eine Darlehensverbindlichkeit auszuweisen hat. Die in den BMF-Schreiben vom 19. April 1971 (BStBl I S. 264), vom 21. März 1972 (BStBl I S. 188), vom 22. Dezember 1975 (Anhang 21 III EStH 2007) und vom 23. Dezember 1991 (BStBl 1992 I S. 13) niedergelegten Grundsätze sind zu beachten.

26 Verbleibt nach Maßgabe der in Tz. 25 angeführten BMF-Schreiben das wirtschaftliche Eigentum am Leasinggegenstand beim Leasinggeber (Voll- und Teilamortisationsverträge) und handelt es sich um Finanzierungsleasing von Immobilien, ist eine Erfassung von Zinsanteilen in Leasingraten möglich, wenn der Leasinggeber mit den in der Grundmietzeit zu entrichtenden Raten zuzüglich des Erlöses aus einer Ausübung eines von Anfang an zum Ende der Grundmietzeit vertraglich vereinbarten Optionsrechts seine Anschaffungs- oder Herstellungskosten für den Leasinggegenstand sowie alle Nebenkosten einschließlich der Finanzierungskosten deckt und er dies gegenüber den Finanzbehörden nachweist.

Der Leasinggeber kann in diesen Fällen die Zinsanteile als Zinserträge im Rahmen der Zinsschranke saldieren, soweit er in Leasingraten enthaltene Zinsanteile gegenüber dem Leasingnehmer offen ausweist; der Leasingnehmer hat seinerseits die Zinsanteile als

Anlage 20
Zinsschranke

Zinsaufwendungen im Rahmen der Zinsschranke zu erfassen. Die Erfassung von Zinsanteilen in Leasingraten setzt einen gemeinsamen schriftlichen Antrag von Leasinggeber und Leasingnehmer bei dem für den Leasinggeber örtlich zuständigen Finanzamt voraus. Der Leasinggeber muss außerdem nachweisen, dass der Leasingnehmer gegenüber dem für ihn örtlich zuständigen Veranlagungsfinanzamt eine schriftliche und unwiderrufliche Einverständniserklärung abgegeben hat, dass er mit der Erfassung der Zinsanteile als Zinsaufwendungen im Rahmen der Zinsschranke einverstanden ist. Die Anwendung der Billigkeitsregelung beim Leasinggeber hängt von der korrespondierenden Erfassung der Zinsen beim Leasingnehmer ab.

Bei Leasingverträgen über Immobilien, die bis zum 25. Mai 2007 (Tag des Beschlusses des Deutschen Bundestags über das Unternehmensteuerreformgesetz 2008) abgeschlossen worden sind, wird es im Zeitraum bis zur erstmaligen Änderungsmöglichkeit des Leasingvertrags nicht beanstandet, wenn der Leasinggeber in Leasingraten enthaltene Zinsanteile auch ohne Ausweis gegenüber dem Leasingnehmer als Zinserträge im Rahmen der Zinsschranke saldiert. Voraussetzung hierfür ist ein schriftlicher Antrag des Leasinggebers und der Nachweis des enthaltenen Zinsanteils gegenüber den Finanzbehörden.

4. Aufzinsung

Die Aufzinsung unverzinslicher oder niedrig verzinslicher Verbindlichkeiten oder Kapitalforderungen führt zu Zinserträgen oder Zinsaufwendungen im Sinne der Zinsschranke (§ 4h Abs. 3 Satz 4 EStG). Ausgenommen sind Erträge anlässlich der erstmaligen Bewertung von Verbindlichkeiten mit dem Barwert (Abzinsung). Die vom Nennwert abweichende Bewertung von Kapitalforderungen mit dem Barwert führt ebenfalls nicht zu Zinsaufwendungen im Sinne der Zinsschranke. Die Auf- und Abzinsung und Bewertungskorrekturen von Verbindlichkeiten oder Kapitalforderungen mit einer Laufzeit am Bilanzstichtag von weniger als zwölf Monaten bleiben unberücksichtigt.

27

Beispiel 1 (Endfällige Forderung):
Die V-GmbH liefert am 30.12.01 Waren an die S-GmbH. Der Kaufpreis beträgt 10 Mio. € und ist am 31.12.10 endfällig. Das Wirtschaftsjahr aller Beteiligten entspricht dem Kalenderjahr. Die Voraussetzungen für die Anwendbarkeit der Zinsschranke (Überschreiten der Freigrenze, kein Escape etc.) sind bei allen Beteiligten gegeben.

Lösung:

B1 Die S-GmbH hat die Waren zum Barwert der Kaufpreisverpflichtung angeschafft. Zum Zwecke der Ermittlung des Barwerts kann der Vervielfältiger 0,618 nach Tabelle 2 des BMF-Schreibens vom 26. Mai 2005 (BStBl I S. 699) verwendet werden. Der durch die Neubewertung der Verbindlichkeit zu den nachfolgenden Stichtagen sukzessiv entstehende Aufwand ist Zinsaufwand im Sinne des § 4h Abs. 3 Satz 2 EStG. Im Wirtschaftsjahr 02 entsteht auf diese Weise ein Zinsaufwand in Höhe von 340 T€, im Wirtschaftsjahr 03 von 350 T€, im Wirtschaftsjahr 04 von 380 T€ etc.; im Wirtschaftsjahr 10 wird die Verbindlichkeit vollständig getilgt, und der Zinsaufwand beträgt 520 T€. Der berücksichtigungsfähige Gesamtzinsaufwand der S-GmbH über die Laufzeit der Verbindlichkeit beläuft sich auf 3,82 Mio. €.

B2 Die V-GmbH hat auf den 31.12.01 eine Forderung gegen die S-GmbH auszuweisen. Die Forderung ist in Höhe der Anschaffungskosten der Forderung, die deren Barwert entspricht, zu bilanzieren. Zur Ermittlung der Anschaffungskosten (Barwert) kann ebenfalls der Vervielfältiger 0,618 nach Tabelle 2 des BMF-Schreibens vom 26. Mai 2005 (a. a. O.) verwendet werden. Der Barwert der Forderung beläuft sich auf 6,18 Mio. €. Der durch die Neubewertung der Forderung zu den nachfolgenden Stichtagen sukzessiv entstehende Ertrag ist Zinsertrag im Sinne des § 4h Abs. 3 Satz 3 EStG. Im Wirtschaftjahr 02 kommt es zu einem Zinsertrag in Höhe von 340 T€, in 03 von 350 T€ etc. Der berücksichtigungsfähige Gesamtzinsertrag der V-GmbH über die Laufzeit der Forderung beträgt 3,82 Mio. €.

28 Teilwertberichtigungen führen - vorbehaltlich der in Tz. 27 genannten Grundsätze - nicht zu Zinsaufwendungen oder Zinserträgen im Sinne des § 4h Abs. 3 Satz 2 und 3 EStG.

5. Abtretung

a) Abtretung einer Forderung aus der Überlassung von Geldkapital

aa) Unechte Forfaitierung/unechtes Factoring

29 Bei der unechten Forfaitierung bzw. dem unechten Factoring bleibt die Forderung beim Zedenten weiterhin mit ihrem Barwert aktiviert. Der Zedent hat eine verzinsliche Darlehensschuld in Höhe des Nennwerts der gegenüber dem Zessionar bestehenden Rückzahlungsverpflichtung (= Nennwert der abgetretenen Forderung) zu passivieren.

30 In Höhe der Differenz zwischen dem Nennwert der Verbindlichkeit und dem überlassenen Geldkapital hat der Zedent einen aktiven Rechnungsabgrenzungsposten zu bilden. Der Zessionar weist eine Darlehensforderung gegenüber dem Zedenten und einen passiven Rechnungsabgrenzungsposten in entsprechender Höhe aus. Die Rechnungsabgrenzungsposten sind bei Fälligkeitsdarlehen linear aufzulösen. Der hierdurch entstehende Aufwand bzw. Ertrag ist Zinsaufwand bzw. -ertrag im Sinne des § 4h Abs. 3 Satz 2 und 3 EStG. Factoring-Gebühren bzw. Forfaitierungs-Gebühren, die sonstige Kosten - z.B. für die Übernahme der Debitorenbuchhaltung durch den Zessionar - abdecken, stellen keine Zinsaufwendungen und keine Zinserträge dar. Die Zinsaufwendungen des Zedenten vermindern sich um Factoring-Gebühren bzw. Forfaitierungs-Gebühren nur insoweit, als er eine ordnungsgemäße Rechnung des Zessionars über diese Beträge vorlegt.

Beispiel 2 (Abtretung endfälliger Forderung):
Die V-GmbH verkauft ihre endfällige Forderung gegen die S-GmbH aus Beispiel 1 noch am 30.12.01 an die K-GmbH und tritt sie mit sofortiger Wirkung ab. Der Kaufpreis beträgt 6,0 Mio. € und wird sofort gezahlt. Das Risiko der Zahlungsunfähigkeit der S-GmbH trägt laut Kaufvertrag weiterhin die V-GmbH. Ein gesonderter Abschlag für Inkassokosten etc. ist nicht vereinbart worden. Das Wirtschaftsjahr aller Beteiligten entspricht dem Kalenderjahr. Die Voraussetzungen für die Anwendbarkeit der Zinsschranke (Überschreiten der Freigrenze, kein Escape etc.) sind bei allen Beteiligten gegeben.

Anlage 20

Zinsschranke

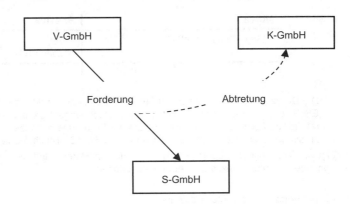

Lösung:

B3 Die bilanzielle Behandlung der Verbindlichkeit der S-GmbH gegenüber der V-GmbH wird von der Forderungsabtretung nicht berührt. Das Bilanzbild und die Ergebnisentwicklung entsprechen jener in Tz. B1. Der berücksichtigungsfähige Gesamtzinsaufwand der S-GmbH über die Laufzeit der Verbindlichkeit beträgt unverändert 3,82 Mio. €.

B4 Die V-GmbH hat auf den 31.12.01 - neben der Forderung gegen die S-GmbH (siehe Tz. B2) - nunmehr eine Darlehensverbindlichkeit in Höhe von 10,0 Mio. € gegenüber der K-GmbH sowie einen aktiven Rechnungsabgrenzungsposten in Höhe von 4,0 Mio. € auszuweisen:

V-GmbH	Aktiva		Passiva	
31.12.01	Forderung gg. S-GmbH	6.180.000	EK	6.180.000
	Bankguthaben	6.000.000	Darlehensverbind-	10.000.000
	aktiver RAP	4.000.000	lichkeit	
		16.180.000		16.180.000

B5 Die Darlehensverbindlichkeit unterliegt keiner Abzinsung nach § 6 Abs. 1 Nr. 3 EStG, da sie verzinslich ist. Zu den nachfolgenden Abschlussstichtagen entstehen durch die Neubewertung der Forderung Erträge, die über die Gesamtlaufzeit zu einem Zinsertrag im Sinne des § 4h Abs. 3 Satz 3 EStG in Höhe von 3,82 Mio. € führen (siehe Tz. B2). Der aktive Rechnungsabgrenzungsposten ist linear (endfällige Verbindlichkeit) über die Laufzeit der Darlehensverbindlichkeit aufzulösen und führt jährlich zu einem Zinsaufwand im Sinne des § 4h Abs. 3 Satz 2 EStG in Höhe von 444.444 €. Über die Laufzeit der Darlehensverbindlichkeit kommt es bei V insgesamt zu einem Zinsaufwand von 180 T€.

B6 Die K-GmbH erwirbt durch den Forderungskauf eine Darlehensforderung gegen die V-GmbH. Das Bilanzbild stellt sich auf den 31.12.01 wie folgt dar:

Anlage 20

Zinsschranke

K-GmbH	Aktiva		Passiva	
31.12.01	Forderung gg. V-GmbH	10.000.000	Bank	6.000.000
			passiver RAP	4.000.000
		10.000.000		10.000.000

B7 Die Darlehensforderung unterliegt keiner Bewertungskorrektur nach § 6 Abs. 1 Nr. 2 EStG, da sie verzinslich ist. Der passive Rechnungsabgrenzungsposten ist linear (endfällige Forderung) über die Laufzeit der Forderung aufzulösen und führt jährlich zu einem Zinsertrag im Sinne des § 4h Abs. 3 Satz 3 EStG in Höhe von 444.444 €.

31 Erfolgt die Tilgung der (abgetretenen) Forderung in Raten, sind die Rechnungsabgrenzungsposten nach der Zinsstaffelmethode aufzulösen.

bb) Echte Forfaitierung/echtes Factoring

32 Bei der echten Forfaitierung bzw. dem echten Factoring übernimmt der Zessionar das Risiko der Uneinbringlichkeit der abgetretenen Forderung. Die Forderung ist bilanziell bei ihm zu aktivieren. Die Abtretung gilt nur auf übereinstimmenden schriftlichen Antrag von Zessionar und Zedent im Sinne von Tz. 14 als Überlassung von Fremdkapital im Sinne von § 4h Abs. 3 Satz 2 EStG.

Als Zinsertrag des Zessionars im Sinne der Zinsschranke ist in diesen Fällen die Differenz zwischen Nennwert und Kaufpreis der erworbenen bereits realisierten Forderung anzusetzen. Factoring-Gebühren bzw. Forfaitierungs-Gebühren, die sonstige Kosten - z. B. für die Übernahme des Delkredererisikos und der Debitorenbuchhaltung durch den Zessionar - abdecken, stellen jedoch keine Zinserträge im Sinne des § 4h Abs. 3 Satz 3 EStG dar.

33 Der Zedent hat in diesen Fällen in Höhe des Differenzbetrages zwischen Verkaufserlös und Buchwert der verkauften Forderung einen Zinsertrag bzw. -aufwand im Sinne der Zinsschranke. Soweit dieser Differenzbetrag auf in einer ordnungsgemäßen Rechnung offen ausgewiesene Factoring-Gebühren bzw. Forfaitierungs-Gebühren entfällt, liegen keine Zinsaufwendungen im Sinne des § 4h Abs. 3 Satz 2 EStG vor.

Beispiel 3 (Abtretung endfälliger Forderung):
Siehe Beispiel 2. Das Risiko der Zahlungsunfähigkeit der S-GmbH trägt laut Kaufvertrag die K-GmbH. Ein gesondertes Entgelt für Risikoübernahme und Inkasso wurde in der Rechnung in Höhe von 100.000 € von dem Kaufpreis der Forderung (6,1 Mio. €) abgesetzt. V erhält 6 Mio. € ausbezahlt. Die V-GmbH und die K-GmbH haben einen übereinstimmenden schriftlichen Antrag nach Tz. 14 gestellt.

Lösung:

B8 Die bilanzielle Behandlung der Verbindlichkeit der S-GmbH gegenüber der V-GmbH wird von der Forderungsabtretung nicht berührt. Das Bilanzbild und die Ergebnisentwicklung entsprechen jener in Tz. B1. Der berücksichtigungsfähige Gesamtzinsaufwand der S-GmbH über die Laufzeit der Verbindlichkeit beträgt 3,82 Mio. €.

B9 Die V-GmbH hat die Forderung auszubuchen und den Verkaufserlös einzubuchen. In Höhe der Wertdifferenz zwischen dem Buchwert der abgetretenen Forderung und dem Verkaufspreis kommt es zu einem Zinsaufwand bzw. einem Zinsertrag im Sinne der Zinsschranke. Bei der V-GmbH entsteht damit ein sofort zu berücksichtigender Zinsaufwand im Sinne von § 4h Abs. 3 Satz 2 EStG in Höhe von 80 T€ (= 6,1 Mio. € ./. 6,18 Mio. €). In Höhe der offen in der Rechnung ausgewiesenen Gebühren für Ri-

Anlage 20
Zinsschranke

sikoübernahme und Inkasso entstehen sofort abziehbare Betriebsausgaben in Höhe von 100 T€, die keine Zinsaufwendungen im Sinne des § 4h Abs. 3 Satz 2 EStG sind.

B10 Die K-GmbH erwirbt eine Forderung gegen die S-GmbH und realisiert einen Ertrag in Höhe von 100 T€ für Risikoübernahme und Inkasso. Die Forderung gegen die S-GmbH ist zum 31.12.01 mit 6,1 Mio. € zu bilanzieren. Zu den nachfolgenden Bilanzstichtagen ist die Forderung grundsätzlich mit ihren Anschaffungskosten von 6,1 Mio. € zu bewerten. Bei Erfüllung der Forderung im Wirtschaftsjahr 10 realisiert die K-GmbH einen Zinsertrag im Sinne von § 4h Abs. 3 Satz 3 EStG in Höhe von 3,9 Mio. €.

In den Fällen der echten Forfaitierung/des echten Factorings einer ratenweise zu tilgenden Forderung ist sinngemäß zu verfahren. 34

b) Abtretung einer Forderung aus schwebenden Geschäften

Im Falle der Abtretung einer noch nicht realisierten Geldforderung aus einem Dauerschuldverhältnis ergeben sich vor der Abtretung keine Zinsaufwendungen oder -erträge im Sinne der Zinsschranke aus der Auf- oder Abzinsung der Forderung und Verbindlichkeit, da diese bilanziell noch nicht erfasst sind. 35

aa) Unechte Forfaitierung

Die Abtretung einer Forderung zu einem Betrag unter dem Nennwert ist eine eigenständige Überlassung von Fremdkapital im Sinne des § 4h Abs. 3 Satz 2 EStG, wenn der Vorgang bilanziell als Darlehensgeschäft auszuweisen ist (sog. unechte Forfaitierung). Bei der Ermittlung der Zinsaufwendungen und Zinserträge aus der Abtretung einer Forderung im o. g. Sinne sind die Grundsätze zur Abtretung einer Forderung aus der Überlassung von Geldkapital (siehe Tz. 29 ff.) und des BMF-Schreibens vom 9. Januar 1996 (BStBl I S. 9) zu beachten. Der Zedent hat in Höhe der Differenz zwischen dem Nennwert der Darlehensschuld und dem überlassenen Geldkapital einen aktiven Rechnungsabgrenzungsposten zu bilden, der nach der Zinsstaffelmethode aufzulösen ist. Der hierdurch entstehende Aufwand ist Zinsaufwand im Sinne des § 4h Abs. 3 Satz 2 EStG. Der Zessionar hat einen Zinsertrag im Sinne des § 4h Abs. 3 Satz 3 EStG in entsprechender Höhe. Factoring-Gebühren bzw. Forfaitierungs-Gebühren, die sonstige Kosten – z. B. für die Übernahme der Debitorenbuchhaltung durch den Zessionar – abdecken, stellen keine Zinsaufwendungen und keine Zinserträge im Sinne des § 4h Abs. 3 Satz 2 und 3 EStG dar. Die Zinsaufwendungen des Zedenten vermindern sich um Forfaitierungs-Gebühren nur insoweit, als er eine ordnungsgemäße Rechnung des Zessionars über diese Beträge vorlegt. 36

Beispiel 4 (Unechte Forfaitierung einer Mietforderung):
Die V-GmbH überlässt der S-GmbH ab dem 01.01.01 ein Grundstück zur Miete. Der Mietvertrag ist bis zum 31.12.10 befristet. Der jährlich auf den 01.01. zu entrichtende Mietzins beträgt 1 Mio. €. Die V-GmbH verkauft sämtliche noch nicht beglichenen Mietzinsansprüche mit einem Nennwert von 9 Mio. € am 30.12.01 an die K-GmbH und tritt sie mit sofortiger Wirkung ab. Der Kaufpreis beträgt 7,5 Mio. € und wird sofort gezahlt. Das Risiko der Zahlungsunfähigkeit der S-GmbH trägt laut Kaufvertrag weiterhin die V-GmbH. Ein gesonderter Abschlag für Inkassokosten etc. ist nicht vereinbart worden. Das Wirtschaftsjahr aller Beteiligten entspricht dem Kalenderjahr. Die Voraussetzungen für die Anwendbarkeit der

Anlage 20
Zinsschranke

Zinsschranke (Überschreiten der Freigrenze, kein Escape etc.) sind bei allen Beteiligten gegeben.

Lösung:

B11 Die S-GmbH als Mieterin bilanziert ihre zukünftigen, wirtschaftlich noch nicht entstandenen Verbindlichkeiten aus dem Mietvertrag nicht. Der von ihr für das jeweils laufende Wirtschaftsjahr entrichtete Mietzins für den Gebrauch der Mietsache führt unmittelbar zu Mietaufwand.

B12 Die V-GmbH hat der K-GmbH gegenüber eine Darlehensverbindlichkeit in Höhe des Nennwerts der veräußerten Mietzinsansprüche zu passivieren. Sie vereinnahmt den Mietzins bei Zahlung durch die S-GmbH erfolgswirksam als Mieterlrag, der in voller Höhe als sofort an die K-GmbH weitergeleitet gilt. Die Darlehensverbindlichkeit mindert sich um den jeweiligen Mietzins. In Höhe der Differenz zwischen dem Nennwert der abgetretenen Mietzinsansprüche und dem Kaufpreis ist ein aktiver Rechnungsabgrenzungsposten in Höhe von 1,5 Mio. € zu bilden, der entsprechend der Zinsstaffelmethode aufzulösen ist und zu Zinsaufwand im Sinne des § 4h Abs. 3 Satz 2 EStG führt. Der zu berücksichtigende Gesamtzinsaufwand im Sinne des § 4h Abs. 3 Satz 2 EStG der V-GmbH beläuft sich im Beispielsfall auf 1,5 Mio. €.

B13 Die K-GmbH aktiviert eine (Darlehens-)Forderung in Höhe des Nennwerts der Mietzinsansprüche gegen die V-GmbH und passiviert einen Rechnungsabgrenzungsposten in Höhe der Differenz zwischen Nennwert und Kaufpreis, der entsprechend der Zinsstaffelmethode aufzulösen ist. Der **Gesamtzinsertrag** im Sinne des § 4h Abs. 3 Satz 3 EStG der K-GmbH über die Laufzeit der erworbenen Forderung beträgt **1,5 Mio. €**.

bb) Echte Forfaitierung

37 In den Fällen, in denen der Zessionar zusätzlich das Risiko der Zahlungsunfähigkeit des Schuldners der abgetretenen Forderung übernimmt (sog. echte Forfaitierung) gilt die Abtretung einer Forderung zu einem Betrag unter dem Nennwert nach Tz. 14 nur auf übereinstimmenden schriftlichen Antrag von Zessionar und Zedent als eigenständige Überlassung von Fremdkapital im Sinne von § 4h Abs. 3 Satz 2 EStG.

38 Als Zinsertrag des Zessionars im Sinne des § 4h Abs. 3 Satz 3 EStG ist in diesen Fällen die Differenz zwischen den vereinnahmten Erlösen aus dem Dauerschuldverhältnis (z. B. Mieterträge) und dem Kaufpreis der Forderung anzusetzen. Forfaitierungs-Gebühren, die sonstige Kosten - z. B. für die Übernahme des Delkredererisikos und der Debitorenbuchhaltung durch den Zessionar - abdecken, stellen jedoch keine Zinserträge im Sinne des § 4h Abs. 3 Satz 3 EStG dar.

39 Der Zedent hat in Höhe des Differenzbetrags zwischen Verkaufserlös und Nennwert der verkauften Forderung einen Zinsaufwand bzw. einen Zinsertrag im Sinne der Zinsschranke. Soweit dieser Differenzbetrag auf in einer ordnungsgemäßen Rechnung offen ausgewiesene Forfaitierungs-Gebühren entfällt, liegen keine Zinsaufwendungen im Sinne des § 4h Abs. 3 Satz 2 EStG vor.

Beispiel 5 (Echte Forfaitierung einer Mietforderung):
Siehe Beispiel 4. Das Risiko der Zahlungsunfähigkeit der S-GmbH trägt laut Kaufvertrag die K-GmbH. Ein gesondertes Entgelt für die Risikoübernahme wurde nicht vereinbart. Die V-GmbH und die K-GmbH haben einen übereinstimmenden schriftlichen Antrag nach Tz. 14 gestellt.

Anlage 20
Zinsschranke

Lösung:

B14 Die S-GmbH als Mieterin bilanziert ihre Verbindlichkeit aus dem Mietvertrag in der Regel nicht. Der von ihr entrichtete Mietzins für den Gebrauch der Mietsache führt unmittelbar zu Aufwand, der kein Zinsaufwand im Sinne der Zinsschranke ist.

B15 Es ist für Zwecke der Zinsschranke abweichend von den allgemeinen bilanzsteuerlichen Grundsätzen davon auszugehen, dass die V-GmbH eine Mieteinnahme in Höhe des Nennbetrags der (Summe der) abgetretenen Mietforderungen vereinnahmt. In Höhe des Differenzbetrags zwischen dem Nennbetrag der abgetretenen Mietforderungen und dem vereinnahmten Kaufpreis entsteht gleichzeitig ein Zinsaufwand der V-GmbH im Sinne des § 4h Abs. 3 Satz 2 EStG. Der berücksichtigungsfähige Gesamtzinsaufwand der V-GmbH beläuft sich im Beispielsfall somit auf 1,5 Mio. €. Der durch die Mieteinnahme erlöste Ertrag und der Gesamtzinsaufwand sind über die Laufzeit des Mietvertrags wie ein Rechnungsabgrenzungsposten auf die Wirtschaftsjahre linear zu verteilen.

B16 Die K-GmbH aktiviert die erworbenen Forderungen gegen die S-GmbH in Höhe des Kaufpreises. Der vereinnahmte Mietzins ist in einen Zinsanteil und einen Tilgungsanteil aufzuteilen. Die Ermittlung des Zinsanteils pro Rate erfolgt nach allgemeinen bilanzsteuerrechtlichen Grundsätzen. Der danach ermittelte Zinsanteil stellt Zinsertrag im Sinne des § 4h Abs. 3 Satz 3 EStG dar. Die Forderung vermindert sich um den Tilgungsanteil. Der Gesamtzinsertrag beträgt im Beispielsfall 1,5 Mio. €.

6. Steuerliches EBITDA

Die Zinsaufwendungen eines Betriebs sind in Höhe des Zinsertrags abziehbar, darüber hinaus ist der Abzug auf 30 Prozent des um die Zinsaufwendungen und um die nach § 6 Abs. 2 Satz 1, § 6 Abs. 2a Satz 2 und § 7 EStG abgesetzten Beträge erhöhten und um die Zinserträge verminderten maßgeblichen Gewinn bzw. des maßgeblichen Einkommens begrenzt (sog. steuerliches EBITDA).

Bei Personenunternehmen ist maßgeblicher Gewinn der nach den Vorschriften des EStG mit Ausnahme von § 4h Abs. 1 EStG ermittelte steuerpflichtige Gewinn (§ 4h Abs. 3 Satz 1 EStG):

Steuerpflichtiger Gewinn vor Anwendung des § 4h EStG

./. Zinserträge

+ Zinsaufwendungen

+ Abschreibungen nach § 6 Abs. 2 und 2a sowie § 7 EStG

= steuerliches EBITDA

Bei Körperschaften tritt an die Stelle des maßgeblichen Gewinns das nach den Vorschriften des EStG und des KStG mit Ausnahme der §§ 4h, 10d EStG und § 9 Abs. 1 Satz 1 Nr. 2 KStG ermittelte Einkommen. Das steuerliche EBITDA einer Körperschaft wird insbesondere durch verdeckte Gewinnausschüttungen erhöht und durch Dividenden und Veräußerungsgewinne vermindert, soweit diese nach § 8b KStG steuerfrei sind:

Einkommen der Körperschaft im Sinne des § 8 Abs. 1 KStG vor Anwendung des § 4h EStG

./. Zinserträge

+ Zinsaufwendungen

+ Abschreibungen nach § 6 Abs. 2 und 2a sowie § 7 EStG

+ Verlustabzug im Sinne von § 10d EStG (Verlustrück- und -vortrag)

+ Spendenabzug im Sinne § 9 Abs. 1 Satz 1 Nr. 2 KStG

= steuerliches EBITDA

Anlage 20
Zinsschranke

42 Das steuerliche EBITDA ist betriebsbezogen zu ermitteln. Zinsaufwendungen, Zinserträge, Abschreibungen und Anteile am maßgeblichen Gewinn, die in das steuerliche EBITDA einer Mitunternehmerschaft einfließen, finden deshalb beim Mitunternehmer nicht nochmals Berücksichtigung.

43 Hält ein Gesellschafter einer vermögensverwaltenden Personengesellschaft seine Beteiligung im Betriebsvermögen (sog. Zebragesellschaft), kommt die Zinsschranke auf der Ebene des Gesellschafters zur Anwendung. Zinsaufwendungen, Zinserträge und Abschreibungen der Personengesellschaft und die Beteiligungseinkünfte sind anteilig beim Gesellschafter im Rahmen seiner Gewinneinkünfte zu berücksichtigen.

44 Bei einer KGaA ist zur Ermittlung des maßgeblichen Einkommens im Sinne des § 8a Abs. 1 KStG die Vorschrift des § 9 Abs. 1 Satz 1 Nr. 1 KStG nicht anzuwenden. Hinsichtlich eventueller Sondervergütungen ist § 8a Abs. 2 und 3 KStG zu prüfen. Bei der Bildung des steuerlichen EBITDA des persönlich haftenden Gesellschafters bleibt der Gewinnanteil unberücksichtigt.

45 Zinsaufwendungen und Zinserträge im Sinne des § 4h Abs. 3 EStG einer Organgesellschaft sind beim Organträger im Rahmen des § 4h Abs. 1 EStG zu berücksichtigen (§ 15 Satz 1 Nr. 3 Satz 3 KStG). Entsprechendes gilt für Abschreibungen nach § 6 Abs. 2 Satz 1, § 6 Abs. 2a Satz 2 und § 7 EStG.

7. Zinsvortrag

46 Die nicht abziehbaren Zinsaufwendungen eines Veranlagungszeitraums sind nach § 4h Abs. 1 Satz 2 EStG in die folgenden Wirtschaftsjahre vorzutragen (Zinsvortrag). Sie erhöhen die Zinsaufwendungen dieser Wirtschaftsjahre und können dazu führen, dass im Vortragsjahr die Freigrenze nach § 4h Abs. 2 Satz 1 Buchstabe a EStG überschritten wird.

47 Nach § 4h Abs. 5 EStG geht ein nicht verbrauchter Zinsvortrag bei Aufgabe oder Übertragung des Betriebs unter. Bei Aufgabe oder Übertragung eines Teilbetriebs geht der Zinsvortrag anteilig unter. Als Aufgabe eines Teilbetriebs gilt auch das Ausscheiden einer Organgesellschaft aus dem Organkreis.

48 Die Nutzung eines vororganschaftlichen Zinsvortrags der Organgesellschaft ist während der Organschaft nicht zulässig; die Grundsätze zu § 15 Satz 1 Nr. 1 KStG gelten entsprechend.

49 Der Zinsvortrag ist gemäß § 4h Abs. 4 Satz 1 EStG gesondert festzustellen. Der Feststellungsbescheid ist für jeden Betrieb an den Betriebsinhaber (Personengesellschaft, Körperschaft) zu richten, bei Einzelunternehmern an diesen unter Bezeichnung des Betriebs. Bei Personengesellschaften ist diese selbst Adressat des Feststellungsbescheids, nicht die Mitunternehmer. Bei Betrieben gewerblicher Art ist der Feststellungsbescheid an dessen Rechtsträger unter Bezeichnung des Betriebs zu richten.

8. Mitunternehmerschaften

50 Zu Sonderbetriebsvermögen und Sondervergütungen von Mitunternehmern siehe Tz. 1 und 19.

51 Die Ermittlung der nicht abziehbaren Zinsaufwendungen erfolgt betriebsbezogen. Nicht abziehbare Zinsaufwendungen sind den Mitunternehmern auch dann nach dem allgemeinen Gewinnverteilungsschlüssel zuzurechnen, wenn es sich um Zinsaufwendungen aus dem Sonderbetriebsvermögensbereich eines Mitunternehmers handelt.

52 Bei Ausscheiden eines Mitunternehmers aus einer Gesellschaft geht der Zinsvortrag anteilig mit der **Quote** unter, mit der der ausgeschiedene Mitunternehmer an der Gesellschaft beteiligt war (§ 4h Abs. 5 Satz 2 EStG).

Anlage 20
Zinsschranke

Beispiel:

An der ABC-OHG sind die A-GmbH zu 10 %, die B-GmbH zu 60 %, die C-GmbH zu 30 % beteiligt. Alle Gesellschaften gehören einem Konzern an. Der Gewinnverteilungsschlüssel der OHG richtet sich nach den Beteiligungsquoten. Der Gewinn der OHG (Gesamthandsbereich) beträgt am 31.12.01 10 Mio. €. Die A-GmbH hat ihre Beteiligung fremdfinanziert. Es entstehen bis zum 31.12.01 im Sonderbetriebsvermögensbereich der A-GmbH Sonderbetriebsausgaben in Höhe von 7 Mio. €. Der OHG gelingt der Escape nicht.

Am 01.01.02 scheidet a) die A-GmbH b) die C-GmbH aus.

Lösung:

1. Gewinnverteilung:

		A (10 %)	B (60 %)	C (30 %)
Gesamthand	10.000.000	1.000.000	6.000.000	3.000.000
SBA	./. 7.000.000	./. 7.000.000		
Gewinn	3.000.000	./. 6.000.000	6.000.000	3.000.000

2. Ermittlung der abziehbaren Zinsen
   Der maßgebliche Gewinn beträgt 3 Mio. € + 7 Mio. € = 10 Mio. €.
   Die abziehbaren Zinsen betragen 10 Mio. € * 30 % = 3 Mio. €
3. Ermittlung des Zinsvortrags
   7 Mio. € ./. 3 Mio. € = 4 Mio. €
4. Gewinnverteilung nach Anwendung der Zinsschranke

		A (10 %)	B (60 %)	C (30 %)
Gesamthand	10.000.000	1.000.000	6.000.000	3.000.000
SBA	./. 7.000.000	./. 7.000.000		
	3.000.000	./. 6.000.000	6.000.000	3.000.000
Nicht abziehbare Zinsen	4.000.000	400.000	2.400.000	1.200.000
Gewinn	7.000.000	./. 5.600.000	8.400.000	4.200.000

5. Untergehender Zinsvortrag nach § 4h Abs. 5 Satz 2 EStG

a) bei Ausscheiden der A-GmbH: 4 Mio. € * 10/100 = 0,4 Mio. €,
b) bei Ausscheiden der C-GmbH: 4 Mio. € * 30/100 = 1,2 Mio. €.

9. Organschaften

Zur Behandlung der Organschaft als Betrieb siehe Tz. 10 und 65. 53
Zur Freigrenze bei Organschaft siehe Tz. 57. 54

Anlage 20
Zinsschranke

III. Ausnahmetatbestände (§ 4h Abs. 2 EStG)
1. Freigrenze

55 Die Zinsschranke kommt nicht zur Anwendung, wenn die die Zinserträge übersteigenden Zinsaufwendungen (Zinssaldo) weniger als 1 Million Euro betragen (Freigrenze des § 4h Abs. 2 Satz 1 Buchstabe a EStG).

56 Die Freigrenze ist betriebsbezogen. Sie gilt auch für Körperschaften, Personenvereinigungen und Vermögensmassen (§ 8a Abs. 1 KStG).

57 Die Freigrenze wird für den Organkreis nur einmal gewährt.

58 Die Freigrenze bezieht sich auf das jeweilige Wirtschaftsjahr des Betriebs.

2. Konzernzugehörigkeit

59 Der Zinsschranke liegt ein erweiterter Konzernbegriff zugrunde. Ein Betrieb kann nur durch einen Rechtsträger beherrscht werden. Ob ein Betrieb konzernzugehörig ist, bestimmt sich regelmäßig nach § 4h Abs. 3 Satz 5 EStG (Grundfall). Ein Betrieb gehört danach zu einem Konzern, wenn er nach dem einschlägigen Rechnungslegungsstandard in einen Konzernabschluss einzubeziehen ist oder einbezogen werden könnte.

60 Liegt kein Konzern im Sinne des § 4h Abs. 3 Satz 5 EStG vor, sind die Voraussetzungen des § 4h Abs. 3 Satz 6 EStG (sog. Gleichordnungskonzern) zu prüfen. Voraussetzung für einen Gleichordnungskonzern ist, dass die Finanz- und Geschäftspolitik eines Betriebs mit einem oder mehreren anderen Betrieben einheitlich bestimmt werden kann. Ein Konzern kann somit auch dann vorliegen, wenn eine natürliche Person an der Spitze des Konzerns steht und die Beteiligungen an den beherrschten Rechtsträgern im Privatvermögen gehalten werden. Auch eine vermögensverwaltend tätige Gesellschaft kann Konzernspitze sein.

In den Fällen, in denen die Konzernspitze selbst keinen Betrieb im Sinne des § 4h Abs. 1 EStG darstellt oder unterhält, sind in den Konzernabschluss nur die beherrschten Betriebe einzubeziehen. Zur Frage der Gesellschafterfremdfinanzierung in diesen Fällen siehe Tz. 80.

61 Gemeinschaftlich geführte Unternehmen nach § 310 HGB oder vergleichbare Unternehmen, die nach anderen zur Anwendung kommenden Rechnungslegungsstandards (z. B. IAS 31) nur anteilmäßig in den Konzernabschluss einbezogen werden, gehören für Zwecke der Zinsschranke nicht zu einem Konzern. Gleiches gilt für assoziierte Unternehmen (§ 311 HGB) oder diesen vergleichbare Unternehmen.

62 Ein Einzelunternehmer mit mehreren Betrieben begründet für sich noch keinen Konzern im Sinne der Zinsschranke.

63 Ergibt sich die Gewerblichkeit eines Besitzunternehmens nur aufgrund einer personellen und sachlichen Verflechtung mit dem Betriebsunternehmen (Betriebsaufspaltung), liegt ebenfalls kein Konzern im Sinne der Zinsschranke vor.

64 Ein Einzelunternehmer oder eine Gesellschaft begründet nicht bereits deshalb einen Konzern, weil er oder sie eine oder mehrere Betriebsstätten im Ausland hat. Für die Dotation der Betriebsstätte mit Eigenkapital gelten die Betriebsstätten-Verwaltungsgrundsätze nach dem BMF-Schreiben vom 24. Dezember 1999 (BStBl I S. 1076).

65 Ein Organkreis gilt als ein Betrieb (§ 15 Satz 1 Nr. 3 KStG) und bildet für sich allein keinen Konzern im Sinne der Zinsschranke.

66 Bei einer GmbH & Co. KG gelten die KG und die als Komplementär allein haftende GmbH als ein Betrieb im Sinne der Zinsschranke, wenn sich die Tätigkeit der GmbH - neben ihrer Vertretungsbefugnis - in der Übernahme der Haftung und Geschäftsführung für die KG erschöpft und weder die KG noch die als Komplementär allein haftende GmbH anderweitig zu einem Konzern gehören. Die GmbH & Co. KG ist in diesen Fällen nicht als Konzern anzusehen. Das gilt nicht, wenn die GmbH darüber hinaus eine eigene Geschäftstätigkeit

entfaltet. Dies ist z.B. dann anzunehmen, wenn ihr nach den Grundsätzen dieses Schreibens Zinsaufwendungen zuzuordnen sind. Entsprechendes gilt bei Gesellschaften in Rechtsformen, die der GmbH & Co. KG vergleichbar sind (z. B. die Limited & Co. KG).

Zweckgesellschaften sind für Zwecke der Zinsschranke konzernangehörige Betriebe, wenn nach dem jeweils zur Anwendung kommenden Rechnungslegungsstandard eine Konsolidierung in den Konzernabschluss zu erfolgen hat. In den Fällen des Gleichordnungskonzerns nach § 4h Abs. 3 Satz 6 EStG sind Zweckgesellschaften dann als konzernangehörig anzusehen, wenn ihre Finanz- und Geschäftspolitik mit einem oder mehreren anderen Betrieben einheitlich bestimmt werden kann. 67

Verbriefungszweckgesellschaften im Rahmen von Asset-Backed-Securities-Gestaltungen, deren Unternehmensgegenstand in dem rechtlichen Erwerb von Forderungen aller Art und/oder der Übernahme von Risiken aus Forderung und Versicherungen liegt, gelten für Zwecke der Zinsschranke nicht als konzernangehörige Unternehmen, wenn eine Einbeziehung in den Konzernabschluss allein aufgrund einer wirtschaftlichen Betrachtungsweise unter Berücksichtigung der Nutzen- und Risikoverteilung erfolgt ist.

Für die Frage, ob und zu welchem Konzern ein Betrieb gehört, ist grundsätzlich auf die Verhältnisse am vorangegangenen Abschlussstichtag abzustellen. Das gilt auch für die Fälle des unterjährigen Erwerbs oder der unterjährigen Veräußerung von Gesellschaften. 68

Bei Neugründung einer Gesellschaft, einschließlich der Neugründung durch Umwandlung, gilt die Gesellschaft ab dem Zeitpunkt der Neugründung für Zwecke der Zinsschranke als konzernangehörig. Entsteht ein Konzern im Sinne des § 4h Abs. 3 S. 5 und 6 EStG neu, gelten die einzelnen Betriebe erst zum folgenden Abschlussstichtag als konzernangehörig.

3. Eigenkapitalvergleich bei konzernzugehörigen Betrieben (Escape-Klausel)

Nach § 4h Abs. 2 Satz 1 Buchstabe c Satz 2 EStG unterliegt der Zinsabzug nicht den Beschränkungen des § 4h Abs. 1 EStG, wenn die Eigenkapitalquote des Betriebs die Eigenkapitalquote des Konzerns um nicht mehr als einen Prozentpunkt unterschreitet. Die Eigenkapitalquote ermittelt sich als Verhältnis des Eigenkapitals zur Bilanzsumme (§ 4h Abs. 2 Satz 1 Buchstabe c Satz 3 EStG). 69

Für die Anwendung der Escape-Klausel ist auf die Eigenkapitalquote am vorangegangenen Abschlussstichtag abzustellen (§ 4h Abs. 2 Satz 1 Buchstabe c Satz 1 EStG). Bei Neugründung eines Betriebs wird ausnahmsweise auf das Eigenkapital in der Eröffnungsbilanz abgestellt. Die Eigenkapitalquote des Betriebs ist mit der Eigenkapitalquote des Konzerns am vorangegangenen Abschlussstichtag zu vergleichen. Der Konzernabschluss wird nicht um den neu gegründeten Betrieb erweitert. 70

Weicht der Abschlussstichtag des Betriebs vom Abschlussstichtag des Konzerns ab, ist für den Vergleich der Eigenkapitalquoten derjenige Abschluss des Betriebs maßgeblich, der in den Konzernabschluss eingegangen ist. Es kann sich dabei um einen Zwischenabschluss handeln (vergleiche z. B. bei Abschlüssen nach dem Handelsgesetzbuch § 299 Abs. 2 HGB).

Für den Eigenkapitalvergleich sind der bestehende Konzernabschluss und der bestehende Abschluss des Betriebs zugrunde zu legen. Die für den Eigenkapitalvergleich erforderlichen Korrekturen von Eigenkapital und Bilanzsumme des Konzernabschlusses oder/und des Abschlusses des Betriebs sind außerhalb des Abschlusses in einer Nebenrechnung vorzunehmen. 71

Bestehende Konzernabschlüsse werden in den Fällen des § 4h Abs. 3 Satz 5 EStG grundsätzlich unverändert für den Eigenkapitalvergleich herangezogen, wenn sie nach den §§ 291, 292 und 315a HGB befreiende Wirkung haben. Sie müssen nicht um diejenigen konzernzugehörigen Betriebe erweitert werden, die zulässigerweise - etwa nach § 296 HGB - nicht in den Konzernabschluss aufgenommen wurden; diese Betriebe sind dessen 72

Anlage 20
Zinsschranke

ungeachtet konzernangehörige Betriebe im Sinne des § 4h Abs. 2 Satz 1 Buchstabe c EStG.

Konsolidierte Verbriefungszweckgesellschaften sind zur Ermittlung der Eigenkapitalquote des Konzerns aus dem Konzernabschluss herauszurechnen, wenn sie für Zwecke der Zinsschranke als nicht konzernangehörig gelten.

Für gemeinschaftlich geführte Unternehmen darf ein Wahlrecht auf anteilmäßige Konsolidierung (Quotenkonsolidierung) für Zwecke der Zinsschranke nicht ausgeübt werden. Die Eigenkapitalquote des Konzernabschlusses ist ggf. entsprechend anzupassen.

Eine Korrektur des Konzernabschlusses um Verbriefungszweckgesellschaften und gemeinschaftlich geführte Unternehmen kann unterbleiben, sofern sich dadurch keine erheblichen Veränderungen der Konzerneigenkapitalquote ergeben.

73 Bei der Ermittlung der Eigenkapitalquote des Betriebs sind Vermögensgegenstände und Schulden, einschließlich Rückstellungen, Bilanzierungshilfen, Rechnungsabgrenzungsposten u. ä., sofern sie im Konzernabschluss enthalten sind, mit den dort abgebildeten Werten anzusetzen. Ein im Konzernabschluss enthaltener Firmenwert und im Rahmen eines Beteiligungserwerbs mitbezahlte stille Reserven der Beteiligungsgesellschaft sind dem Betrieb zuzuordnen, soweit sie auf diesen entfallen. Die Bilanzsumme des Betriebs ist ggf. anzupassen.

74 Die in § 4h Abs. 2 Satz 1 Buchstabe c Satz 5 EStG vorgesehene Kürzung der Anteile an anderen inländischen und ausländischen Konzerngesellschaften umfasst auch die Beteiligungen an Mitunternehmerschaften. Die Beteiligungshöhe ist unmaßgeblich.

Eine Kürzung um eigene Anteile und um Anteile an nicht konzernangehörigen Gesellschaften unterbleibt.

75 Bei der Ermittlung der Eigenkapitalquote des Betriebs ist das nach den jeweils relevanten Rechnungslegungsstandards ermittelte Eigenkapital um folgende Größen zu modifizieren (§ 4h Abs. 2 Satz 1 Buchstabe c Satz 5 bis 7 EStG):

+ im Konzernabschluss enthaltener Firmenwert, soweit er auf den Betrieb entfällt,
+ ./. Korrektur der Wertansätze der Vermögensgegenstände und Schulden (Ausweis – vorbehaltlich der Tz. 73 - mit den im Konzernabschluss enthaltenen Werten),
+ die Hälfte des Sonderpostens mit Rücklagenanteil (§ 273 HGB),
./. Eigenkapital, das keine Stimmrechte vermittelt - mit Ausnahme von Vorzugsaktien,
./. Anteile an anderen Konzerngesellschaften,
./. Einlagen der letzten sechs Monate vor dem maßgeblichen Abschlussstichtag, soweit ihnen Entnahmen oder Ausschüttungen innerhalb der ersten sechs Monate nach dem maßgeblichen Abschlussstichtag gegenüberstehen;
+ ./. Sonderbetriebsvermögen ist dem Betrieb der Mitunternehmerschaft zuzuordnen.

76 Die Bilanzsumme des Betriebs ist wie folgt zu verändern:

+ im Konzernabschluss enthaltener Firmenwert, soweit er auf den Betrieb entfällt,
+ ./. Korrektur der Wertansätze der Vermögensgegenstände und Schulden (Ausweis – vorbehaltlich der Tz. 73 - mit den im Konzernabschluss enthaltenen Werten),
./. Anteile an anderen Konzerngesellschaften,
./. Einlagen der letzten sechs Monate vor dem maßgeblichen Abschlussstichtag, soweit ihnen Entnahmen oder Ausschüttungen innerhalb der ersten sechs Monate nach dem maßgeblichen Abschlussstichtag gegenüberstehen,

./. Kapitalforderungen, die nicht im Konzernabschluss ausgewiesen sind und denen Verbindlichkeiten im Sinne des § 4h Abs. 3 EStG in mindestens gleicher Höhe gegenüberstehen;

+ ./. Sonderbetriebsvermögen ist dem Betrieb der Mitunternehmerschaft zuzuordnen.

Der Eigenkapitalvergleich hat grundsätzlich auch dann auf der Grundlage von nach den International Financial Reporting Standards (IFRS) erstellten Abschlüssen zu erfolgen, wenn bislang kein Konzernabschluss erstellt wurde (§ 4h Abs. 2 Satz 1 Buchstabe c Satz 8 EStG). Hiervon abweichend können Abschlüsse nach dem Handelsrecht eines Mitgliedstaats der Europäischen Union verwendet werden, wenn kein Konzernabschluss nach den IFRS zu erstellen und offen zu legen ist und für keines der letzten fünf Wirtschaftsjahre ein Konzernabschluss nach den IFRS erstellt wurde.

Nach den Generally Accepted Accounting Principles der Vereinigten Staaten von Amerika (US-GAAP) aufzustellende und offen zu legende Abschlüsse sind zu verwenden, wenn kein Konzernabschluss nach den IFRS oder dem Handelsrecht eines Mitgliedstaats der Europäischen Union zu erstellen und offen zu legen ist.

IV. Gesellschafterfremdfinanzierung

Auf Rechtsträger, die nicht zu einem Konzern gehören (§ 4h Abs. 2 Satz 1 Buchstabe b EStG), findet die Abzugsbeschränkung des § 4h Abs. 1 EStG Anwendung, wenn eine schädliche Gesellschafterfremdfinanzierung vorliegt. Diese setzt eine Vergütung für Gesellschafterfremdfinanzierung in Höhe von mehr als 10 % der die Zinserträge übersteigenden Zinsaufwendungen der Körperschaft durch einen unmittelbar oder mittelbar zu mehr als einem Viertel am Kapital beteiligten Anteilseigner (wesentlich beteiligter Anteilseigner), eine diesem nahe stehende Person im Sinne des § 1 Abs. 2 AStG oder einen Dritten, der auf den wesentlich beteiligten Anteilseigner oder die nahe stehende Person zurückgreifen kann, voraus (vgl. § 8a Abs. 2 KStG).

Ein zu einem Konzern gehörender Rechtsträger kann die Escape-Klausel des § 4h Abs. 2 Satz 1 Buchstabe c EStG nur in Anspruch nehmen, wenn ihm der Nachweis im Sinne des § 8a Abs. 3 Satz 1 KStG für sämtliche zum Konzern gehörenden Rechtsträger gelingt. § 8a Abs. 3 KStG setzt eine schädliche Fremdfinanzierung irgendeiner inländischen oder ausländischen Konzerngesellschaft durch einen unmittelbar oder mittelbar wesentlich beteiligten nicht konzernangehörigen Anteilseigner dieser oder einer anderen Konzerngesellschaft, eine diesem nahe stehende Person oder einen Dritten, der auf diesen wesentlich beteiligten Anteilseigner oder die nahe stehende Person zurückgreifen kann, voraus. Es muss sich dabei nicht um eine Fremdfinanzierung des Rechtsträgers handeln, auf den § 4h Abs. 1 EStG Anwendung findet.

Konzerninterne Finanzierungen führen nicht zu einer schädlichen Gesellschafterfremdfinanzierung im Sinne von § 8a Abs. 3 KStG; dies gilt z. B. auch für konzerninterne Bürgschaften.

Eine konzerninterne Finanzierung liegt dann nicht vor, wenn das Fremdkapital durch die Konzernspitze überlassen wird und die Konzernspitze selbst nicht zum Konzern gehört (Gleichordnungskonzern). Eine Fremdfinanzierung von Konzerngesellschaften durch die Konzernspitze kann in diesen Fällen unter den Voraussetzungen des § 8a Abs. 3 KStG schädlich sein. Eine solche Konstellation kann z. B. dann vorliegen, wenn eine natürliche Person mehrere Kapitalgesellschaften beherrscht und diesen Gesellschaften Fremdkapital überlässt.

Unmittelbare und mittelbare Beteiligungen werden für die Beurteilung, ob ein Gesellschafter wesentlich beteiligt ist, zusammengerechnet; mittelbare Beteiligungen reichen aus.

Anlage 20
Zinsschranke

Eine Gesellschafterfremdfinanzierung ist schädlich, wenn die auf sie entfallene Vergütung 10 % des Nettozinsaufwands der Gesellschaft übersteigt. Es werden die Vergütungen für Fremdkapital aller Gesellschafter zusammengerechnet (Gesamtbetrachtung).

Einbezogen werden Gesellschafterfremdfinanzierungen unabhängig davon, ob sie sich auf den inländischen oder ausländischen Gewinn des Rechtsträgers auswirken.

83 Ein konkreter rechtlich durchsetzbarer Anspruch (z. B. aufgrund einer Garantieerklärung oder einer Bürgschaft), eine Vermerkpflicht in der Bilanz, eine dingliche Sicherheit (z. B. Sicherungseigentum, Grundschuld) oder eine harte bzw. weiche Patronatserklärung vermögen einen Rückgriff im Sinne der Tz. 79 f. zu begründen, sind hierfür aber nicht erforderlich. Es genügt bereits, wenn der Anteilseigner oder die ihm nahe stehende Person dem Dritten gegenüber faktisch für die Erfüllung der Schuld einsteht. Insbesondere werden auch Gestaltungen erfasst, bei denen eine Bank der Kapitalgesellschaft ein Darlehen gewährt und der Anteilseigner seinerseits bei der Bank eine Einlage unterhält (sog. Back-to-Back-Finanzierung); die Abtretung der Einlageforderung an die Bank ist nicht Voraussetzung. Auch die Verpfändung der Anteile an der fremdfinanzierten Gesellschaft begründet einen Rückgriff.

V. Öffentlich Private Partnerschaften

Zur Anwendung der Zinsschranke auf Öffentlich Private Partnerschaften - ÖPP (Public Private Partnerships - PPP) gilt Folgendes:

1. Grundlagen

84 Unter ÖPP ist eine vertraglich geregelte und langfristig angelegte Zusammenarbeit zwischen öffentlicher Hand und Privatwirtschaft zur wirtschaftlichen Erfüllung öffentlicher Aufgaben zu verstehen, wobei der private Partner regelmäßig die Planung, den Bau, die Finanzierung, den Betrieb und ggf. die Verwertung des Projektgegenstandes übernimmt. Als Vertragsmodelle kommen dabei im Wesentlichen das Inhabermodell, das Erwerbermodell, das Vermietungsmodell, das Leasingmodell, das Contracting-Modell sowie das Konzessionsmodell in Betracht. Die Projekte können sowohl im Rahmen von bereits bestehenden Betrieben als auch im Rahmen von für Zwecke des Projekts gegründeten Gesellschaften abgewickelt werden, ggf. unter Beteiligung des öffentlichen Auftraggebers als Gesellschafter (Gesellschaftsmodell).

2. Grundsätze

85 Die Zurechnung der Wirtschaftsgüter, die Gegenstand eines ÖPP-Vertrages sind, ist von der von den Parteien gewählten Vertragsgestaltung und deren tatsächlicher Durchführung abhängig. Unter Würdigung der gesamten Umstände ist im Einzelfall nach allgemeinen Grundsätzen zu entscheiden, wem die Gegenstände zuzurechnen sind. Die in den Tz. 27 ff. dargelegten Grundsätze zur Auf- und Abzinsung und zur Abtretung von Forderungen (Forfaitierung) sind auch auf Vertragsbeziehungen im Rahmen von ÖPP anzuwenden.

3. Inhabermodell/Erwerbermodell

86 Kennzeichnend für das Inhaber- und das Erwerbermodell ist es, dass die öffentliche Hand nach Übergabe und Abnahme des Projektgegenstandes zivilrechtlicher und wirtschaftlicher (beim Inhabermodell) oder zumindest wirtschaftlicher Eigentümer (beim Erwerbermodell) des Projektgegenstandes wird. Zur Refinanzierung seiner Aufwendungen erhält der private Auftragnehmer ein monatliches Leistungsentgelt vom öffentlichen Auftraggeber. Wird hinsichtlich der über die Vertragslaufzeit gestundeten Forderung des privaten Auftragnehmers eine gesonderte Kreditvereinbarung getroffen, stellen die vereinbarten Vergütungen

Anlage 20
Zinsschranke

beim privaten Auftragnehmer Zinserträge und beim öffentlichen Auftraggeber Zinsaufwendungen dar. Fehlt eine gesonderte Zinsvereinbarung, ist die Forderung des privaten Auftragnehmers mit dem Barwert zu bilanzieren. Entsprechend Tz. 27 entstehen beim privaten Auftragnehmer sukzessive Zinserträge und beim öffentlichen Auftraggeber sukzessive Zinsaufwendungen.

Bei Forfaitierung der Forderung durch den privaten Auftragnehmer kann es nach Maßgabe der Tz. 29 ff. bei einer unechten Forfaitierung und nach Maßgabe der Tz. 32 ff. bei einer echten Forfaitierung beim privaten Auftragnehmer zu einem Zinsaufwand kommen, der der Zinsschranke unterliegt.

4. Vermietungsmodell

Kennzeichnend für das Vermietungsmodell ist es, dass das zivilrechtliche und wirtschaftliche Eigentum am Projektgegenstand während der gesamten Vertragslaufzeit beim privaten Auftragnehmer liegt. Mietzahlungen, die durch die öffentliche Hand an den privaten Auftragnehmer geleistet werden, enthalten keinen Zinsanteil und führen bei diesem nicht zu Zinserträgen, die zur Saldierung mit Zinsaufwendungen im Rahmen der Zinsschranke berechtigen. 87

Die Forfaitierung von künftigen Mieterlösen durch den privaten Auftragnehmer führt unter den Voraussetzungen der Tz.36 ff. bei diesem zu Zinsaufwendungen.

5. Leasingmodell

In Leasingraten enthaltene Zinsanteile führen nach Maßgabe der Tz. 25 zu Zinserträgen beim privaten Auftragnehmer als Leasinggeber und zu Zinsaufwendungen beim öffentlichen Auftraggeber als Leasingnehmer. 88

Die Forfaitierung von künftigen Leasingerlösen durch den privaten Auftragnehmer führt unter den Voraussetzungen der Tz. 36 ff. bei diesem zu Zinsaufwendungen.

6. Contracting-Modell

Vertragsgegenstand ist regelmäßig der Einbau und der Betrieb von technischen Anlagen in Gebäuden. Entsprechend den für Mietereinbauten geltenden Grundsätzen ist im konkreten Einzelfall unter Berücksichtigung der jeweiligen vertraglichen Vereinbarungen zu prüfen, wem die Contracting-Anlage bilanzsteuerlich zuzurechnen ist. Im Falle der Zurechnung zum privaten Auftragnehmer gelten die Ausführungen zu Tz. 87 und im Falle der Zurechnung zum öffentlichen Auftraggeber die Ausführungen in Tz.86 entsprechend. 89

7. Konzessionsmodell

Bei ÖPP, die vertraglich über das Konzessionsmodell abgewickelt werden, besteht die Besonderheit, dass Nutzer des Projektgegenstandes und ggf. der weiteren Leistungen des privaten Auftragnehmers nicht der öffentliche Auftraggeber, sondern Dritte sind. Die Dritten sind nicht Vertragspartner im Rahmen des Konzessionsvertrages, der zwischen dem privaten Auftragnehmer und dem öffentlichen Auftraggeber abgeschlossen wird. Der öffentliche Auftraggeber räumt im Konzessionsvertrag dem privaten Auftragnehmer das Recht ein, sich durch Entgelte bzw. Gebühren der Nutzer zu refinanzieren. 90

Unabdingbare Voraussetzung für die Annahme einer Finanzierungsleistung des privaten Auftragnehmers, die bei diesem zu Zinserträgen führt, ist es, dass zumindest das wirtschaftliche Eigentum an dem Projektgegenstand beim öffentlichen Auftraggeber liegt bzw. spätestens bei Fertigstellung auf diesen übertragen wird. Soweit im Rahmen von Konzessionsverträgen gesonderte Darlehensvereinbarungen zwischen den Vertragsparteien über die Finanzierungsleistungen des privaten Auftragnehmers getroffen werden, stellen die in

Anlage 20

Zinsschranke

Rechnung gestellten und gezahlten Zinsen beim privaten Auftragnehmer Zinserträge und beim öffentlichen Auftraggeber Zinsaufwendungen dar. Der private Auftragnehmer hat nachzuweisen, dass die vereinbarte Vergütung marktüblich ist. Übersteigen die dem öffentlichen Auftraggeber in Rechnung gestellten und gezahlten Zinsen die Refinanzierungskosten des privaten Auftragnehmers, ist dies als Indiz gegen die Marktüblichkeit ist zu werten.

VI. Öffentliche Hand

91   Körperschaften des öffentlichen Rechts (z. B. Gebietskörperschaften, Kirchen) bilden mit ihren Betrieben gewerblicher Art und ihren Beteiligungen an anderen Unternehmen, soweit sie nicht in einem Betrieb gewerblicher Art gehalten werden, keinen Gleichordnungskonzern im Sinne der Zinsschranke.

92   Beteiligungsgesellschaften der öffentlichen Hand können Teil eines Konzerns im Sinne der Zinsschranke sein. Im Besitz von Körperschaften des öffentlichen Rechts stehende Holdinggesellschaften des privaten Rechts können ebenfalls einen eigenständigen Konzern im Sinne des § 4h EStG bilden.

93   Körperschaften des öffentlichen Rechts und steuerbefreite Einrichtungen im Sinne des § 5 Abs. 1 Nr. 2 KStG erfüllen durch die Gewährung von Bürgschaften und anderen Sicherheiten bei der Finanzierung von Gesellschaften, an denen sie zu mindestens 50 % unmittelbar oder mittelbar am Kapital beteiligt sind, nicht die Voraussetzungen einer Gesellschafterfremdfinanzierung nach § 8a KStG, es sei denn, es handelt sich um eine Gestaltung, bei der der bürgschaftsberechtigte Dritte der Kapitalgesellschaft ein Darlehen gewährt und die Körperschaft des öffentlichen Rechts ihrerseits gegen den Dritten oder eine diesem nahe stehende Person eine Forderung hat, auf die der Dritte oder eine nahe stehende Person zurückgreifen kann (sog. Back-to-Back-Finanzierungen). Entsprechendes gilt im Fall einer gesamtschuldnerischen Mithaftung der öffentlichen Hand. Die öffentliche Hand erfüllt mit ihren wirtschaftlichen Betätigungen regelmäßig Aufgaben der Daseinsvorsorge im Rahmen gesetzlicher Vorgaben und unterliegt regelmäßig einer Aufsicht.

VII. Sonderfälle

94   Vergütungen für Darlehen, die auf Grund von allgemeinen Förderbedingungen vergeben werden, sind keine Zinsaufwendungen oder Zinserträge im Sinne der Zinsschranke, wenn es sich um mittelbar oder unmittelbar aus öffentlichen Haushalten gewährte Mittel der Europäischen Union, von Bund, Ländern, Gemeinden oder Mittel anderer öffentlich-rechtlicher Körperschaften oder einer nach § 5 Abs. 1 Nr. 2, 17 oder 18 KStG steuerbefreiten Einrichtung handelt.

Hierzu zählen insbesondere

- Förderdarlehen der Förderinstitute (im Sinne der Verständigung zwischen der EU-Kommission und der Bundesrepublik Deutschland über die Ausrichtung rechtlich selbstständiger Förderinstitute in Deutschland vom 1. März 2002)
- Öffentliche und nicht öffentliche Baudarlehen
- Wohnungsfürsorgemittel
- Mittel, die mit Auflagen (z. B. Belegungsrechten oder Mietpreisbindungen) verbunden sind.

C.

Anhänge

Aktiengesetz

vom 6. September 1965 (BGBl. I S. 1089)
zuletzt geändert durch
Artikel 1 des Gesetzes zur Änderung des Aktiengesetzes (AktGÄndG 2016)
vom 22. Dezember 2015 (BGBl. I S. 2565)

- Auszug -

Erster Teil
Allgemeine Vorschriften

§ 1
Wesen der Aktiengesellschaft

(1) [1]Die Aktiengesellschaft ist eine Gesellschaft mit eigener Rechtspersönlichkeit. [2]Für die Verbindlichkeiten der Gesellschaft haftet den Gläubigern nur das Gesellschaftsvermögen.

(2) Die Aktiengesellschaft hat ein in Aktien zerlegtes Grundkapital.

§ 2
Gründerzahl

An der Feststellung des Gesellschaftsvertrags (der Satzung) müssen sich eine oder mehrere Personen beteiligen, welche die Aktien gegen Einlagen übernehmen.

§ 3
Formkaufmann. Börsennotierung

(1) Die Aktiengesellschaft gilt als Handelsgesellschaft, auch wenn der Gegenstand des Unternehmens nicht im Betrieb eines Handelsgewerbes besteht.

(2) Börsennotiert im Sinne dieses Gesetzes sind Gesellschaften, deren Aktien zu einem Markt zugelassen sind, der von staatlich anerkannten Stellen geregelt und überwacht wird, regelmäßig stattfindet und für das Publikum mittelbar oder unmittelbar zugänglich ist.

§ 4
Firma

Die Firma der Aktiengesellschaft muß, auch wenn sie nach § 22 des Handelsgesetzbuchs oder nach anderen gesetzlichen Vorschriften fortgeführt wird, die Bezeichnung "Aktiengesellschaft" oder eine allgemein verständliche Abkürzung dieser Bezeichnung enthalten.

§ 5
Sitz

Sitz der Gesellschaft ist der Ort im Inland, den die Satzung bestimmt.

§ 6
Grundkapital

Das Grundkapital muß auf einen Nennbetrag in Euro lauten.

§ 7
Mindestnennbetrag des Grundkapitals

Der Mindestnennbetrag des Grundkapitals ist fünfzigtausend Euro.

§ 8
Form und Mindestbeträge der Aktien

(1) Die Aktien können entweder als Nennbetragsaktien oder als Stückaktien begründet werden.

Anhang 1

Aktiengesetz (AktG)

(2) ¹Nennbetragsaktien müssen auf mindestens einen Euro lauten. ²Aktien über einen geringeren Nennbetrag sind nichtig. ³Für den Schaden aus der Ausgabe sind die Ausgeber den Inhabern als Gesamtschuldner verantwortlich. ⁴Höhere Aktiennennbeträge müssen auf volle Euro lauten.

(3) ¹Stückaktien lauten auf keinen Nennbetrag. ²Die Stückaktien einer Gesellschaft sind am Grundkapital in gleichem Umfang beteiligt. ³Der auf die einzelne Aktie entfallende anteilige Betrag des Grundkapitals darf einen Euro nicht unterschreiten. ⁴Absatz 2 Satz 2 und 3 findet entsprechende Anwendung.

(4) Der Anteil am Grundkapital bestimmt sich bei Nennbetragsaktien nach dem Verhältnis ihres Nennbetrags zum Grundkapital, bei Stückaktien nach der Zahl der Aktien.

(5) Die Aktien sind unteilbar.

(6) Diese Vorschriften gelten auch für Anteilscheine, die den Aktionären vor der Ausgabe der Aktien erteilt werden (Zwischenscheine).

§ 9
Ausgabebetrag der Aktien

(1) Für einen geringeren Betrag als den Nennbetrag oder den auf die einzelne Stückaktie entfallenden anteiligen Betrag des Grundkapitals dürfen Aktien nicht ausgegeben werden (geringster Ausgabebetrag).

(2) Für einen höheren Betrag ist die Ausgabe zulässig.

§ 10
Aktien und Zwischenscheine

(1) Die Aktien lauten auf Namen. Sie können auf den Inhaber lauten, wenn
1. die Gesellschaft börsennotiert ist oder
2. der Anspruch auf Einzelverbriefung ausgeschlossen ist und die Sammelurkunde bei einer der folgenden Stellen hinterlegt wird:
   a) einer Wertpapiersammelbank im Sinne des § 1 Absatz 3 Satz 1 des Depotgesetzes,
   b) einem zugelassenen Zentralverwahrer oder einem anerkannten Drittland-Zentralverwahrer gemäß der Verordnung (EU) Nr. 909/2014 des Europäischen Parlaments und des Rates vom 23. Juli 2014 zur Verbesserung der Wertpapierlieferungen und -abrechnungen in der Europäischen Union und über Zentralverwahrer sowie zur Änderung der Richtlinien 98/26/EG und 2014/65/EU und der Verordnung (EU) Nr. 236/2012 (ABl. L 257 vom 28.8.2014, S. 1) oder
   c) einem sonstigen ausländischen Verwahrer, der die Voraussetzungen des § 5 Absatz 4 Satz 1 des Depotgesetzes erfüllt.

Solange im Fall des Satzes 2 Nummer 2 die Sammelurkunde nicht hinterlegt ist, ist § 67 entsprechend anzuwenden.

(2) ¹Die Aktien müssen auf Namen lauten, wenn sie vor der vollen Leistung des Ausgabebetrags ausgegeben werden. ²Der Betrag der Teilleistungen ist in der Aktie anzugeben.

(3) Zwischenscheine müssen auf Namen lauten.

(4) ¹Zwischenscheine auf den Inhaber sind nichtig. ²Für den Schaden aus der Ausgabe sind die Ausgeber den Inhabern als Gesamtschuldner verantwortlich.

(5) In der Satzung kann der Anspruch des Aktionärs auf Verbriefung seines Anteils ausgeschlossen oder eingeschränkt werden.

§ 11
Aktien besonderer Gattung

¹Die Aktien können verschiedene Rechte gewähren, namentlich bei der Verteilung des Gewinns und des Gesellschaftsvermögens. ²Aktien mit gleichen Rechten bilden eine Gattung.

Anhang 1
Aktiengesetz (AktG)

§ 12
Stimmrecht. Keine Mehrstimmrechte

(1) [1]Jede Aktie gewährt das Stimmrecht. [2]Vorzugsaktien können nach den Vorschriften dieses Gesetzes als Aktien ohne Stimmrecht ausgegeben werden.

(2) Mehrstimmrechte sind unzulässig.

§ 13
Unterzeichnung der Aktien

[1]Zur Unterzeichnung von Aktien und Zwischenscheinen genügt eine vervielfältigte Unterschrift. [2]Die Gültigkeit der Unterzeichnung kann von der Beachtung einer besonderen Form abhängig gemacht werden. [3]Die Formvorschrift muß in der Urkunde enthalten sein.

§ 14
Zuständigkeit

Gericht im Sinne dieses Gesetzes ist, wenn nichts anderes bestimmt ist, das Gericht des Sitzes der Gesellschaft.

§ 15
Verbundene Unternehmen

Verbundene Unternehmen sind rechtlich selbständige Unternehmen, die im Verhältnis zueinander in Mehrheitsbesitz stehende Unternehmen und mit Mehrheit beteiligte Unternehmen (§ 16), abhängige und herrschende Unternehmen (§ 17), Konzernunternehmen (§ 18), wechselseitig beteiligte Unternehmen (§ 19) oder Vertragsteile eines Unternehmensvertrags (§§ 291, 292) sind.

§ 16
In Mehrheitsbesitz stehende Unternehmen und mit Mehrheit beteiligte Unternehmen

(1) Gehört die Mehrheit der Anteile eines rechtlich selbständigen Unternehmens einem anderen Unternehmen oder steht einem anderen Unternehmen die Mehrheit der Stimmrechte zu (Mehrheitsbeteiligung), so ist das Unternehmen ein in Mehrheitsbesitz stehendes Unternehmen, das andere Unternehmen ein an ihm mit Mehrheit beteiligtes Unternehmen.

(2) [1]Welcher Teil der Anteile einem Unternehmen gehört, bestimmt sich bei Kapitalgesellschaften nach dem Verhältnis des Gesamtnennbetrags der ihm gehörenden Anteile zum Nennkapital, bei Gesellschaften mit Stückaktien nach der Zahl der Aktien. [2]Eigene Anteile sind bei Kapitalgesellschaften vom Nennkapital, bei Gesellschaften mit Stückaktien von der Zahl der Aktien abzusetzen. [3]Eigenen Anteilen des Unternehmens stehen Anteile gleich, die einem anderen für Rechnung des Unternehmens gehören.

(3) [1]Welcher Teil der Stimmrechte einem Unternehmen zusteht, bestimmt sich nach dem Verhältnis der Zahl der Stimmrechte, die es aus den ihm gehörenden Anteilen ausüben kann, zur Gesamtzahl aller Stimmrechte. [2]Von der Gesamtzahl aller Stimmrechte sind die Stimmrechte aus eigenen Anteilen sowie aus Anteilen, die nach Absatz 2 Satz 3 eigenen Anteilen gleichstehen, abzusetzen.

(4) Als Anteile, die einem Unternehmen gehören, gelten auch die Anteile, die einem von ihm abhängigen Unternehmen oder einem anderen für Rechnung des Unternehmens oder eines von diesem abhängigen Unternehmens gehören und, wenn der Inhaber des Unternehmens ein Einzelkaufmann ist, auch die Anteile, die sonstiges Vermögen des Inhabers sind.

§ 17
Abhängige und herrschende Unternehmen

(1) Abhängige Unternehmen sind rechtlich selbständige Unternehmen, auf die ein anderes Unternehmen (herrschendes Unternehmen) unmittelbar oder mittelbar einen beherrschenden Einfluß ausüben kann.

(2) Von einem in Mehrheitsbesitz stehenden Unternehmen wird vermutet, daß es von dem an ihm mit Mehrheit beteiligten Unternehmen abhängig ist.

Anhang 1

Aktiengesetz (AktG)

§ 18
Konzern und Konzernunternehmen

(1) ¹Sind ein herrschendes und ein oder mehrere abhängige Unternehmen unter der einheitlichen Leitung des herrschenden Unternehmens zusammengefaßt, so bilden sie einen Konzern; die einzelnen Unternehmen sind Konzernunternehmen. ²Unternehmen, zwischen denen ein Beherrschungsvertrag (§ 291) besteht oder von denen das eine in das andere eingegliedert ist (§ 319), sind als unter einheitlicher Leitung zusammengefaßt anzusehen. ³Von einem abhängigen Unternehmen wird vermutet, daß es mit dem herrschenden Unternehmen einen Konzern bildet.

(2) Sind rechtlich selbständige Unternehmen, ohne daß das eine Unternehmen von dem anderen abhängig ist, unter einheitlicher Leitung zusammengefaßt, so bilden sie auch einen Konzern; die einzelnen Unternehmen sind Konzernunternehmen.

§ 19
Wechselseitig beteiligte Unternehmen

(1) ¹Wechselseitig beteiligte Unternehmen sind Unternehmen mit Sitz im Inland in der Rechtsform einer Kapitalgesellschaft, die dadurch verbunden sind, daß jedem Unternehmen mehr als der vierte Teil der Anteile des anderen Unternehmens gehört. ²Für die Feststellung, ob einem Unternehmen mehr als der vierte Teil der Anteile des anderen Unternehmens gehört, gilt § 16 Abs. 2 Satz 1, Abs. 4.

(2) Gehört einem wechselseitig beteiligten Unternehmen an dem anderen Unternehmen eine Mehrheitsbeteiligung oder kann das eine auf das andere Unternehmen unmittelbar oder mittelbar einen beherrschenden Einfluß ausüben, so ist das eine als herrschendes, das andere als abhängiges Unternehmen anzusehen.

(3) Gehört jedem der wechselseitig beteiligten Unternehmen an dem anderen Unternehmen eine Mehrheitsbeteiligung oder kann jedes auf das andere unmittelbar oder mittelbar einen beherrschenden Einfluß ausüben, so gelten beide Unternehmen als herrschend und als abhängig.

(4) § 328 ist auf Unternehmen, die nach Absatz 2 oder 3 herrschende oder abhängige Unternehmen sind, nicht anzuwenden.

Zweiter Teil
Gründung der Gesellschaft

§ 23
Feststellung der Satzung

(1) ¹Die Satzung muß durch notarielle Beurkundung festgestellt werden. ²Bevollmächtigte bedürfen einer notariell beglaubigten Vollmacht.

(2) In der Urkunde sind anzugeben

3. die Gründer;
4. bei Nennbetragsaktien der Nennbetrag, bei Stückaktien die Zahl, der Ausgabebetrag und, wenn mehrere Gattungen bestehen, die Gattung der Aktien, die jeder Gründer übernimmt;
5. der eingezahlte Betrag des Grundkapitals.

(3) Die Satzung muß bestimmen

1. die Firma und den Sitz der Gesellschaft;
2. den Gegenstand des Unternehmens; namentlich ist bei Industrie- und Handelsunternehmen die Art der Erzeugnisse und Waren, die hergestellt und gehandelt werden sollen, näher anzugeben;
3. die Höhe des Grundkapitals;
4. die Zerlegung des Grundkapitals entweder in Nennbetragsaktien oder in Stückaktien, bei Nennbetragsaktien deren Nennbeträge und die Zahl der Aktien jeden Nennbetrags, bei

Stückaktien deren Zahl, außerdem, wenn mehrere Gattungen bestehen, die Gattung der Aktien und die Zahl der Aktien jeder Gattung;
5. ob die Aktien auf den Inhaber oder auf den Namen ausgestellt werden;
6. die Zahl der Mitglieder des Vorstands oder die Regeln, nach denen diese Zahl festgelegt wird.
(4) Die Satzung muß ferner Bestimmungen über die Form der Bekanntmachungen der Gesellschaft enthalten.
(5) [1]Die Satzung kann von den Vorschriften dieses Gesetzes nur abweichen, wenn es ausdrücklich zugelassen ist. [2]Ergänzende Bestimmungen der Satzung sind zulässig, es sei denn, daß dieses Gesetz eine abschließende Regelung enthält.

§ 24
aufgehoben

§ 25
Bekanntmachungen der Gesellschaft

[1]Bestimmt das Gesetz oder die Satzung, daß eine Bekanntmachung der Gesellschaft durch die Gesellschaftsblätter erfolgen soll, so ist sie in den Bundesanzeiger einzurücken.

§ 26
Sondervorteile. Gründungsaufwand

(1) Jeder einem einzelnen Aktionär oder einem Dritten eingeräumte besondere Vorteil muß in der Satzung unter Bezeichnung des Berechtigten festgesetzt werden.
(2) Der Gesamtaufwand, der zu Lasten der Gesellschaft an Aktionäre oder an andere Personen als Entschädigung oder als Belohnung für die Gründung oder ihre Vorbereitung gewährt wird, ist in der Satzung gesondert festzusetzen.
(3) [1]Ohne diese Festsetzung sind die Verträge und die Rechtshandlungen zu ihrer Ausführung der Gesellschaft gegenüber unwirksam. [2]Nach der Eintragung der Gesellschaft in das Handelsregister kann die Unwirksamkeit nicht durch Satzungsänderung geheilt werden.
(4) Die Festsetzungen können erst geändert werden, wenn die Gesellschaft fünf Jahre im Handelsregister eingetragen ist.
(5) Die Satzungsbestimmungen über die Festsetzungen können durch Satzungsänderung erst beseitigt werden, wenn die Gesellschaft dreißig Jahre im Handelsregister eingetragen ist und wenn die Rechtsverhältnisse, die den Festsetzungen zugrunde liegen, seit mindestens fünf Jahren abgewickelt sind.

§ 27
Sacheinlagen, Sachübernahmen; Rückzahlung von Einlagen

(1) [1]Sollen Aktionäre Einlagen machen, die nicht durch Einzahlung des Ausgabebetrags der Aktien zu leisten sind (Sacheinlagen), oder soll die Gesellschaft vorhandene oder herzustellende Anlagen oder andere Vermögensgegenstände übernehmen (Sachübernahmen), so müssen in der Satzung festgesetzt werden der Gegenstand der Sacheinlage oder der Sachübernahme, die Person, von der die Gesellschaft den Gegenstand erwirbt, und der Nennbetrag, bei Stückaktien die Zahl der bei der Sacheinlage zu gewährenden Aktien oder die bei der Sachübernahme zu gewährende Vergütung. [2]Soll die Gesellschaft einen Vermögensgegenstand übernehmen, für den eine Vergütung gewährt wird, die auf die Einlage eines Aktionärs angerechnet werden soll, so gilt dies als Sacheinlage.
(2) Sacheinlagen oder Sachübernahmen können nur Vermögensgegenstände sein, deren wirtschaftlicher Wert feststellbar ist; Verpflichtungen zu Dienstleistungen können nicht Sacheinlagen oder Sachübernahmen sein.
(3) [1]Ist eine Geldeinlage eines Aktionärs bei wirtschaftlicher Betrachtung und auf Grund einer im Zusammenhang mit der Übernahme der Geldeinlage getroffenen Abrede vollständig oder teilweise

Anhang 1
Aktiengesetz (AktG)

als Sacheinlage zu bewerten (verdeckte Sacheinlage), so befreit dies den Aktionär nicht von seiner Einlageverpflichtung. ²Jedoch sind die Verträge über die Sacheinlage und die Rechtshandlungen zu ihrer Ausführung nicht unwirksam. ³Auf die fortbestehende Geldeinlagepflicht des Aktionärs wird der Wert des Vermögensgegenstandes im Zeitpunkt der Anmeldung der Gesellschaft zur Eintragung in das Handelsregister oder im Zeitpunkt seiner Überlassung an die Gesellschaft, falls diese später erfolgt, angerechnet. ⁴Die Anrechnung erfolgt nicht vor Eintragung der Gesellschaft in das Handelsregister. ⁵Die Beweislast für die Werthaltigkeit des Vermögensgegenstandes trägt der Aktionär.

(4) ¹Ist vor der Einlage eine Leistung an den Aktionär vereinbart worden, die wirtschaftlich einer Rückzahlung der Einlage entspricht und die nicht als verdeckte Sacheinlage im Sinne von Absatz 3 zu beurteilen ist, so befreit dies den Aktionär von seiner Einlageverpflichtung nur dann, wenn die Leistung durch einen vollwertigen Rückgewähranspruch gedeckt ist, der jederzeit fällig ist oder durch fristlose Kündigung durch die Gesellschaft fällig werden kann. ²Eine solche Leistung oder die Vereinbarung einer solchen Leistung ist in der Anmeldung nach § 37 anzugeben.

(5) Für die Änderung rechtswirksam getroffener Festsetzungen gilt § 26 Abs. 4, für die Beseitigung der Satzungsbestimmungen § 26 Abs. 5.

§ 28
Gründer

Die Aktionäre, die die Satzung festgestellt haben, sind die Gründer der Gesellschaft.

§ 29
Errichtung der Gesellschaft

Mit der Übernahme aller Aktien durch die Gründer ist die Gesellschaft errichtet.

§ 36
Anmeldung der Gesellschaft

(1) Die Gesellschaft ist bei dem Gericht von allen Gründern und Mitgliedern des Vorstands und des Aufsichtsrats zur Eintragung in das Handelsregister anzumelden.

(2) Die Anmeldung darf erst erfolgen, wenn auf jede Aktie, soweit nicht Sacheinlagen vereinbart sind, der eingeforderte Betrag ordnungsgemäß eingezahlt worden ist (§ 54 Abs. 3) und, soweit er nicht bereits zur Bezahlung der bei der Gründung angefallenen Steuern und Gebühren verwandt wurde, endgültig zur freien Verfügung des Vorstands steht.

§ 36a
Leistung der Einlagen

(1) Bei Bareinlagen muß der eingeforderte Betrag (§ 36 Abs. 2) mindestens ein Viertel des geringsten Ausgabebetrags und bei Ausgabe der Aktien für einen höheren als diesen auch den Mehrbetrag umfassen.

(2) ¹Sacheinlagen sind vollständig zu leisten. ²Besteht die Sacheinlage in der Verpflichtung, einen Vermögensgegenstand auf die Gesellschaft zu übertragen, so muß diese Leistung innerhalb von fünf Jahren nach der Eintragung der Gesellschaft in das Handelsregister zu bewirken sein. ³Der Wert muß dem geringsten Ausgabebetrag und bei Ausgabe der Aktien für einen höheren als diesen auch dem Mehrbetrag entsprechen.

§ 41
Handeln im Namen der Gesellschaft vor der Eintragung. Verbotene Aktienausgabe

(1) ¹Vor der Eintragung in das Handelsregister besteht die Aktiengesellschaft als solche nicht. ²Wer vor der Eintragung der Gesellschaft in ihrem Namen handelt, haftet persönlich; handeln mehrere, so haften sie als Gesamtschuldner.

(2) Übernimmt die Gesellschaft eine vor ihrer Eintragung in ihrem Namen eingegangene Verpflichtung durch Vertrag mit dem Schuldner in der Weise, daß sie an die Stelle des bisherigen Schuldners tritt, so bedarf es zur Wirksamkeit der Schuldübernahme der Zustimmung des Gläubigers

nicht, wenn die Schuldübernahme binnen drei Monaten nach der Eintragung der Gesellschaft vereinbart und dem Gläubiger von der Gesellschaft oder dem Schuldner mitgeteilt wird.
(3) Verpflichtungen aus nicht in der Satzung festgesetzten Verträgen über Sondervorteile, Gründungsaufwand, Sacheinlagen oder Sachübernahmen kann die Gesellschaft nicht übernehmen.
(4) [1]Vor der Eintragung der Gesellschaft können Anteilsrechte nicht übertragen, Aktien oder Zwischenscheine nicht ausgegeben werden. [2]Die vorher ausgegebenen Aktien oder Zwischenscheine sind nichtig. [3]Für den Schaden aus der Ausgabe sind die Ausgeber den Inhabern als Gesamtschuldner verantwortlich.

Dritter Teil
Rechtsverhältnisse der Gesellschaft und der Gesellschafter

§ 56 Keine Zeichnung eigener Aktien. Aktienübernahme für Rechnung der Gesellschaft oder durch ein abhängiges oder in Mehrheitsbesitz stehendes Unternehmen

(1) Die Gesellschaft darf keine eigenen Aktien zeichnen.
(2) [1]Ein abhängiges Unternehmen darf keine Aktien der herrschenden Gesellschaft, ein in Mehrheitsbesitz stehendes Unternehmen keine Aktien der an ihm mit Mehrheit beteiligten Gesellschaft als Gründer oder Zeichner oder in Ausübung eines bei einer bedingten Kapitalerhöhung eingeräumten Umtauschoder Bezugsrechts übernehmen. [2]Ein Verstoß gegen diese Vorschrift macht die Übernahme nicht unwirksam.
(3) [1]Wer als Gründer oder Zeichner oder in Ausübung eines bei einer bedingten Kapitalerhöhung eingeräumten Umtausch- oder Bezugsrechts eine Aktie für Rechnung der Gesellschaft oder eines abhängigen oder in Mehrheitsbesitz stehenden Unternehmens übernommen hat, kann sich nicht darauf berufen, daß er die Aktie nicht für eigene Rechnung übernommen hat. [2]Er haftet ohne Rücksicht auf Vereinbarungen mit der Gesellschaft oder dem abhängigen oder in Mehrheitsbesitz stehenden Unternehmen auf die volle Einlage. [3]Bevor er die Aktie für eigene Rechnung übernommen hat, stehen ihm keine Rechte aus der Aktie zu.
(4) [1]Werden bei einer Kapitalerhöhung Aktien unter Verletzung der Absätze 1 oder 2 gezeichnet, so haftet auch jedes Vorstandsmitglied der Gesellschaft auf die volle Einlage. [2]Dies gilt nicht, wenn das Vorstandsmitglied beweist, daß es kein Verschulden trifft.

§ 57
Keine Rückgewähr, keine Verzinsung der Einlagen

(1) [1]Den Aktionären dürfen die Einlagen nicht zurückgewährt werden. [2]Als Rückgewähr gilt nicht die Zahlung des Erwerbspreises beim zulässigen Erwerb eigener Aktien. [3]Satz 1 gilt nicht bei Leistungen, die bei Bestehen eines Beherrschungs- oder Gewinnabführungsvertrags (§ 291) erfolgen oder durch einen vollwertigen Gegenleistungs- oder Rückgewähranspruch gegen den Aktionär gedeckt sind. [4]Satz 1 ist zudem nicht anzuwenden auf die Rückgewähr eines Aktionärsdarlehens und Leistungen auf Forderungen aus Rechtshandlungen, die einem Aktionärsdarlehen wirtschaftlich entsprechen.
(2) Den Aktionären dürfen Zinsen weder zugesagt noch ausgezahlt werden.
(3) Vor Auflösung der Gesellschaft darf unter die Aktionäre nur der Bilanzgewinn verteilt werden.

§ 58
Verwendung des Jahresüberschusses

(1) [1]Die Satzung kann nur für den Fall, daß die Hauptversammlung den Jahresabschluß feststellt, bestimmen, daß Beträge aus dem Jahresüberschuß in andere Gewinnrücklagen einzustellen sind. [2]Auf Grund einer solchen Satzungsbestimmung kann höchstens die Hälfte des Jahresüberschusses in andere Gewinnrücklagen eingestellt werden. [3]Dabei sind Beträge, die in die gesetzliche Rücklage einzustellen sind, und ein Verlustvortrag vorab vom Jahresüberschuß abzuziehen.
(2) [1]Stellen Vorstand und Aufsichtsrat den Jahresabschluß fest, so können sie einen Teil des Jahresüberschusses, höchstens jedoch die Hälfte, in andere Gewinnrücklagen einstellen. [2]Die

Anhang 1

Aktiengesetz (AktG)

Satzung kann Vorstand und Aufsichtsrat zur Einstellung eines größeren oder kleineren Teils des Jahresüberschusses ermächtigen. [3]Auf Grund einer solchen Satzungsbestimmung dürfen Vorstand und Aufsichtsrat keine Beträge in andere Gewinnrücklagen einstellen, wenn die andere Gewinnrücklagen die Hälfte des Grundkapitals übersteigen oder soweit sie nach der Einstellung die Hälfte übersteigen würden. [4]Absatz 1 Satz 3 gilt sinngemäß.

(2a) [1]Unbeschadet der Absätze 1 und 2 können Vorstand und Aufsichtsrat den Eigenkapitalanteil von Wertaufholungen bei Vermögensgegenständen des Anlage- und Umlaufvermögens, in andere Gewinnrücklagen einstellen. [2]Der Betrag dieser Rücklagen ist in der Bilanz gesondert auszuweisen; er kann auch im Anhang angegeben werden.

(3) [1]Die Hauptversammlung kann im Beschluß über die Verwendung des Bilanzgewinns weitere Beträge in Gewinnrücklagen einstellen oder als Gewinn vortragen. [2]Sie kann ferner, wenn die Satzung sie hierzu ermächtigt, auch eine andere Verwendung als nach Satz 1 oder als die Verteilung unter die Aktionäre beschließen.

(4) Die Aktionäre haben Anspruch auf den Bilanzgewinn, soweit er nicht nach Gesetz oder Satzung, durch Hauptversammlungsbeschluß nach Absatz 3 oder als zusätzlicher Aufwand auf Grund des Gewinnverwendungsbeschlusses von der Verteilung unter die Aktionäre ausgeschlossen ist. Der Anspruch ist am dritten auf den Hauptversammlungsbeschluss folgenden Geschäftstag fällig. In dem Hauptversammlungsbeschluss oder in der Satzung kann eine spätere Fälligkeit festgelegt werden.

(5) Sofern die Satzung dies vorsieht, kann die Hauptversammlung auch eine Sachausschüttung beschließen.

§ 59
Abschlagszahlung auf den Bilanzgewinn

(1) Die Satzung kann den Vorstand ermächtigen, nach Ablauf des Geschäftsjahrs auf den voraussichtlichen Bilanzgewinn einen Abschlag an die Aktionäre zu zahlen.

(2) [1]Der Vorstand darf einen Abschlag nur zahlen, wenn ein vorläufiger Abschluß für das vergangene Geschäftsjahr einen Jahresüberschuß ergibt. [2]Als Abschlag darf höchstens die Hälfte des Betrags gezahlt werden, der von dem Jahresüberschuß nach Abzug der Beträge verbleibt, die nach Gesetz oder Satzung in Gewinnrücklagen einzustellen sind. [3]Außerdem darf der Abschlag nicht die Hälfte des vorjährigen Bilanzgewinns übersteigen.

(3) Die Zahlung eines Abschlags bedarf der Zustimmung des Aufsichtsrats.

§ 60
Gewinnverteilung

(1) Die Anteile der Aktionäre am Gewinn bestimmen sich nach ihren Anteilen am Grundkapital.

(2) [1]Sind die Einlagen auf das Grundkapital nicht auf alle Aktien in demselben Verhältnis geleistet, so erhalten die Aktionäre aus dem verteilbaren Gewinn vorweg einen Betrag von vier vom Hundert der geleisteten Einlagen. [2]Reicht der Gewinn dazu nicht aus, so bestimmt sich der Betrag nach einem entsprechend niedrigeren Satz. [3]Einlagen, die im Laufe des Geschäftsjahrs geleistet wurden, werden nach dem Verhältnis der Zeit berücksichtigt, die seit der Leistung verstrichen ist.

(3) Die Satzung kann eine andere Art der Gewinnverteilung bestimmen.

§ 61
Vergütung von Nebenleistungen

Für wiederkehrende Leistungen, zu denen Aktionäre nach der Satzung neben den Einlagen auf das Grundkapital verpflichtet sind, darf eine den Wert der Leistungen nicht übersteigende Vergütung ohne Rücksicht darauf gezahlt werden, ob ein Bilanzgewinn ausgewiesen wird.

Aktiengesetz (AktG)

§ 62
Haftung der Aktionäre beim Empfang verbotener Leistungen

(1) ¹Die Aktionäre haben der Gesellschaft Leistungen, die sie entgegen den Vorschriften dieses Gesetzes von ihr empfangen haben, zurückzugewähren. ²Haben sie Beträge als Gewinnanteile bezogen, so besteht die Verpflichtung nur, wenn sie wußten oder infolge von Fahrlässigkeit nicht wußten, daß sie zum Bezug nicht berechtigt waren.

(2) ¹Der Anspruch der Gesellschaft kann auch von den Gläubigern der Gesellschaft geltend gemacht werden, soweit sie von dieser keine Befriedigung erlangen können. ²Ist über das Vermögen der Gesellschaft das Insolvenzverfahren eröffnet, so übt während dessen Dauer der Insolvenzverwalter oder der Sachwalter das Recht der Gesellschaftsgläubiger gegen die Aktionäre aus.

(3) ¹Die Ansprüche nach diesen Vorschriften verjähren in zehn Jahren seit dem Empfang der Leistung. ²§ 54 Abs. 4 Satz 2 findet entsprechende Anwendung.

§ 71
Erwerb eigener Aktien

(1) Die Gesellschaft darf eigene Aktien nur erwerben,

1. wenn der Erwerb notwendig ist, um einen schweren, unmittelbar bevorstehenden Schaden von der Gesellschaft abzuwenden,
2. wenn die Aktien Personen, die im Arbeitsverhältnis zu der Gesellschaft oder einem mit ihr verbundenen Unternehmen stehen oder standen, zum Erwerb angeboten werden sollen,
3. wenn der Erwerb geschieht, um Aktionäre nach § 305 Abs. 2, § 320b oder nach § 29 Abs. 1, § 125 Satz 1 in Verbindung mit § 29 Abs. 1, § 207 Abs. 1 Satz 1 des Umwandlungsgesetzes abzufinden,
4. wenn der Erwerb unentgeltlich geschieht oder ein Kreditinstitut mit dem Erwerb eine Einkaufskommission ausführt,
5. durch Gesamtrechtsnachfolge,
6. auf Grund eines Beschlusses der Hauptversammlung zur Einziehung nach den Vorschriften über die Herabsetzung des Grundkapitals,
7. wenn sie ein Kreditinstitut, Finanzdienstleistungsinstitut oder Finanzunternehmen ist, aufgrund eines Beschlusses der Hauptversammlung zum Zwecke des Wertpapierhandels. ²Der Beschluß muß bestimmen, daß der Handelsbestand der zu diesem Zweck zu erwerbenden Aktien fünf vom Hundert des Grundkapitals am Ende jeden Tages nicht übersteigen darf; er muß den niedrigsten und höchsten Gegenwert festlegen. ³Die Ermächtigung darf höchstens fünf Jahre gelten; oder
8. aufgrund einer höchstens fünf Jahre geltenden Ermächtigung der Hauptversammlung, die den niedrigsten und höchsten Gegenwert sowie den Anteil am Grundkapital, der zehn vom Hundert nicht übersteigen darf, festlegt. ²Als Zweck ist der Handel in eigenen Aktien ausgeschlossen. ³§ 53a ist auf Erwerb und Veräußerung anzuwenden. ⁴Erwerb und Veräußerung über die Börse genügen dem. ⁵Eine andere Veräußerung kann die Hauptversammlung beschließen; § 186 Abs. 3, 4 und § 193 Abs. 2 Nr. 4 sind in diesem Fall entsprechend anzuwenden. ⁶Die Hauptversammlung kann den Vorstand ermächtigen, die eigenen Aktien ohne weiteren Hauptversammlungsbeschluß einzuziehen.

(2) ¹Auf die zu den Zwecken nach Absatz 1 Nr. 1 bis 3, 7 und 8 erworbenen Aktien dürfen zusammen mit anderen Aktien der Gesellschaft, welche die Gesellschaft bereits erworben hat und noch besitzt, nicht mehr als zehn vom Hundert des Grundkapitals entfallen. ²Dieser Erwerb ist ferner nur zulässig, wenn die Gesellschaft im Zeitpunkt des Erwerbs eine Rücklage in Höhe der Aufwendungen für den Erwerb bilden könnte, ohne das Grundkapital oder eine nach Gesetz oder Satzung zu bildende Rücklage zu mindern, die nicht zur Zahlung an die Aktionäre verwandt werden darf. ³In den Fällen des Absatzes 1 Nr. 1, 2, 4, 7 und 8 ist der Erwerb nur zulässig, wenn auf die Aktien der Ausgabebetrag voll geleistet ist.

Anhang 1
Aktiengesetz (AktG)

(3) ¹In den Fällen des Absatzes 1 Nr. 1 und 8 hat der Vorstand die nächste Hauptversammlung über die Gründe und den Zweck des Erwerbs, über die Zahl der erworbenen Aktien und den auf sie entfallenden Betrag des Grundkapitals, über deren Anteil am Grundkapital sowie über den Gegenwert der Aktien zu unterrichten. ²Im Falle des Absatzes 1 Nr. 2 sind die Aktien innerhalb eines Jahres nach ihrem Erwerb an die Arbeitnehmer auszugeben.

(4) ¹Ein Verstoß gegen die Absätze 1 oder 2 macht den Erwerb eigener Aktien nicht unwirksam. ²Ein schuldrechtliches Geschäft über den Erwerb eigener Aktien ist jedoch nichtig, soweit der Erwerb gegen die Absätze 1 oder 2 verstößt.

§ 87
Grundsätze für die Bezüge der Vorstandsmitglieder

(1) ¹Der Aufsichtsrat hat bei der Festsetzung der Gesamtbezüge des einzelnen Vorstandsmitglieds (Gehalt, Gewinnbeteiligungen, Aufwandsentschädigungen, Versicherungsentgelte, Provisionen, anreizorientierte Vergütungszusagen wie zum Beispiel Aktienbezugsrechte und Nebenleistungen jeder Art) dafür zu sorgen, dass diese in einem angemessenen Verhältnis zu den Aufgaben und Leistungen des Vorstandsmitglieds sowie zur Lage der Gesellschaft stehen und die übliche Vergütung nicht ohne besondere Gründe übersteigen. ²Die Vergütungsstruktur ist bei börsennotierten Gesellschaften auf eine nachhaltige Unternehmensentwicklung auszurichten. ³Variable Vergütungsbestandteile sollen daher eine mehrjährige Bemessungsgrundlage haben; für außerordentliche Entwicklungen soll der Aufsichtsrat eine Begrenzungsmöglichkeit vereinbaren. ⁴Satz 1 gilt sinngemäß für Ruhegehalt, Hinterbliebenenbezüge und Leistungen verwandter Art.

(2) ¹Verschlechtert sich die Lage der Gesellschaft nach der Festsetzung so, dass die Weitergewährung der Bezüge nach Absatz 1 unbillig für die Gesellschaft wäre, so soll der Aufsichtsrat oder im Falle des § 85 Absatz 3 das Gericht auf Antrag des Aufsichtsrats die Bezüge auf die angemessene Höhe herabsetzen. ²Ruhegehalt, Hinterbliebenenbezüge und Leistungen verwandter Art können nur in den ersten drei Jahren nach Ausscheiden aus der Gesellschaft nach Satz 1 herabgesetzt werden. ³Durch eine Herabsetzung wird der Anstellungsvertrag im übrigen nicht berührt. ⁴Das Vorstandsmitglied kann jedoch seinen Anstellungsvertrag für den Schluß des nächsten Kalendervierteljahrs mit einer Kündigungsfrist von sechs Wochen kündigen.

(3) Wird über das Vermögen der Gesellschaft das Insolvenzverfahren eröffnet und kündigt der Insolvenzverwalter den Anstellungsvertrag eines Vorstandsmitglieds, so kann es Ersatz für den Schaden, der ihm durch die Aufhebung des Dienstverhältnisses entsteht, nur für zwei Jahre seit dem Ablauf des Dienstverhältnisses verlangen.

§ 88
Wettbewerbsverbot

(1) ¹Die Vorstandsmitglieder dürfen ohne Einwilligung des Aufsichtsrats weder ein Handelsgewerbe betreiben noch im Geschäftszweig der Gesellschaft für eigene oder fremde Rechnung Geschäfte machen. ²Sie dürfen ohne Einwilligung auch nicht Mitglied des Vorstands oder Geschäftsführer oder persönlich haftender Gesellschafter einer anderen Handelsgesellschaft sein. ³Die Einwilligung des Aufsichtsrats kann nur für bestimmte Handelsgewerbe oder Handelsgesellschaften oder für bestimmte Arten von Geschäften erteilt werden.

(2) ¹Verstößt ein Vorstandsmitglied gegen dieses Verbot, so kann die Gesellschaft Schadenersatz fordern. ²Sie kann statt dessen von dem Mitglied verlangen, daß es die für eigene Rechnung gemachten Geschäfte als für Rechnung der Gesellschaft eingegangen gelten läßt und die aus Geschäften für fremde Rechnung bezogene Vergütung herausgibt oder seinen Anspruch auf die Vergütung abtritt.

(3) ¹Die Ansprüche der Gesellschaft verjähren in drei Monaten seit dem Zeitpunkt, in dem die übrigen Vorstandsmitglieder und die Aufsichtsratsmitglieder von der zum Schadensersatz verpflichtenden Handlung Kenntnis erlangen oder ohne grobe Fahrlässigkeit erlangen müssten. ²Sie verjähren ohne Rücksicht auf diese Kenntnis oder grob fahrlässige Unkenntnis in fünf Jahren von ihrer Entstehung an.

§ 89
Kreditgewährung an Vorstandsmitglieder

(1) [1]Die Gesellschaft darf ihren Vorstandsmitgliedern Kredit nur auf Grund eines Beschlusses des Aufsichtsrats gewähren. [2]Der Beschluß kann nur für bestimmte Kreditgeschäfte oder Arten von Kreditgeschäften und nicht für länger als drei Monate im voraus gefaßt werden. [3]Er hat die Verzinsung und Rückzahlung des Kredits zu regeln. [4]Der Gewährung eines Kredits steht die Gestattung einer Entnahme gleich, die über die dem Vorstandsmitglied zustehenden Bezüge hinausgeht, namentlich auch die Gestattung der Entnahme von Vorschüssen auf Bezüge. [5]Dies gilt nicht für Kredite, die ein Monatsgehalt nicht übersteigen.

(2) [1]Die Gesellschaft darf ihren Prokuristen und zum gesamten Geschäftsbetrieb ermächtigten Handlungsbevollmächtigten Kredit nur mit Einwilligung des Aufsichtsrats gewähren. [2]Eine herrschende Gesellschaft darf Kredite an gesetzliche Vertreter, Prokuristen oder zum gesamten Geschäftsbetrieb ermächtigte Handlungsbevollmächtigte eines abhängigen Unternehmens nur mit Einwilligung ihres Aufsichtsrats, eine abhängige Gesellschaft darf Kredite an gesetzliche Vertreter, Prokuristen oder zum gesamten Geschäftsbetrieb ermächtigte Handlungsbevollmächtigte des herrschenden Unternehmens nur mit Einwilligung des Aufsichtsrats des herrschenden Unternehmens gewähren. [3]Absatz 1 Satz 2 bis 5 gilt sinngemäß.

(3) [1]Absatz 2 gilt auch für Kredite an den Ehegatten, Lebenspartner oder an ein minderjähriges Kind eines Vorstandsmitglieds, eines anderen gesetzlichen Vertreters, eines Prokuristen oder eines zum gesamten Geschäftsbetrieb ermächtigten Handlungsbevollmächtigten. [2]Er gilt ferner für Kredite an einen Dritten, der für Rechnung dieser Personen oder für Rechnung eines Vorstandsmitglieds, eines anderen gesetzlichen Vertreters, eines Prokuristen oder eines zum gesamten Geschäftsbetrieb ermächtigten Handlungsbevollmächtigten handelt.

(4) [1]Ist ein Vorstandsmitglied, ein Prokurist oder ein zum gesamten Geschäftsbetrieb ermächtigter Handlungsbevollmächtigter zugleich gesetzlicher Vertreter oder Mitglied des Aufsichtsrats einer anderen juristischen Person oder Gesellschafter einer Personenhandelsgesellschaft, so darf die Gesellschaft der juristischen Person oder der Personenhandelsgesellschaft Kredit nur mit Einwilligung des Aufsichtsrats gewähren; Absatz 1 Satz 2 und 3 gilt sinngemäß. [2]Dies gilt nicht, wenn die juristische Person oder die Personenhandelsgesellschaft mit der Gesellschaft verbunden ist oder wenn der Kredit für die Bezahlung von Waren gewährt wird, welche die Gesellschaft der juristischen Person oder der Personenhandelsgesellschaft liefert.

(5) Wird entgegen den Absätzen 1 bis 4 Kredit gewährt, so ist der Kredit ohne Rücksicht auf entgegenstehende Vereinbarungen sofort zurückzugewähren, wenn nicht der Aufsichtsrat nachträglich zustimmt.

(6) Ist die Gesellschaft ein Kreditinstitut oder Finanzdienstleistungsinstitut, auf das § 15 des Gesetzes über das Kreditwesen anzuwenden ist, gelten anstelle der Absätze 1 bis 5 die Vorschriften des Gesetzes über das Kreditwesen.

Fünfter Teil
Rechnungslegung Gewinnverwendung
Erster Abschnitt
Jahresabschluß und Lagebericht

§ 150
Gesetzliche Rücklage. Kapitalrücklage

(1) In der Bilanz des nach den §§ 242, 264 des Handelsgesetzbuchs aufzustellenden Jahresabschlusses ist eine gesetzliche Rücklage zu bilden.

(2) In diese ist der zwanzigste Teil des um einen Verlustvortrag aus dem Vorjahr geminderten Jahresüberschusses einzustellen, bis die gesetzliche Rücklage und die Kapitalrücklagen nach

Anhang 1
Aktiengesetz (AktG)

§ 272 Abs. 2 Nr. 1 bis 3 des Handelsgesetzbuchs zusammen den zehnten oder den in der Satzung bestimmten höheren Teil des Grundkapitals erreichen.

(3) Übersteigen die gesetzliche Rücklage und die Kapitalrücklagen nach § 272 Abs. 2 Nr. 1 bis 3 des Handelsgesetzbuchs zusammen nicht den zehnten oder den in der Satzung bestimmten höheren Teil des Grundkapitals, so dürfen sie nur verwandt werden

1. zum Ausgleich eines Jahresfehlbetrags, soweit er nicht durch einen Gewinnvortrag aus dem Vorjahr gedeckt ist und nicht durch Auflösung anderer Gewinnrücklagen ausgeglichen werden kann;
2. zum Ausgleich eines Verlustvortrags aus dem Vorjahr, soweit er nicht durch einen Jahresüberschuß gedeckt ist und nicht durch Auflösung anderer Gewinnrücklagen ausgeglichen werden kann.

(4) [1]Übersteigen die gesetzliche Rücklage und die Kapitalrücklagen nach § 272 Abs. 2 Nr. 1 bis 3 des Handelsgesetzbuchs zusammen den zehnten oder den in der Satzung bestimmten höheren Teil des Grundkapitals, so darf der übersteigende Betrag verwandt werden

1. zum Ausgleich eines Jahresfehlbetrags, soweit er nicht durch einen Gewinnvortrag aus dem Vorjahr gedeckt ist;
2. zum Ausgleich eines Verlustvortrags aus dem Vorjahr, soweit er nicht durch einen Jahresüberschuß gedeckt ist;
3. zur Kapitalerhöhung aus Gesellschaftsmitteln nach den §§ 207 bis 220.

[2]Die Verwendung nach den Nummern 1 und 2 ist nicht zulässig, wenn gleichzeitig Gewinnrücklagen zur Gewinnausschüttung aufgelöst werden.

§ 150a
(weggefallen)

§ 151
(weggefallen)

§ 152
Vorschriften zur Bilanz

(1) [1]Das Grundkapital ist in der Bilanz als gezeichnetes Kapital auszuweisen. [2]Dabei ist der auf jede Aktiengattung entfallende Betrag des Grundkapitals gesondert anzugeben. [3]Bedingtes Kapital ist mit dem Nennbetrag zu vermerken. [4]Bestehen Mehrstimmrechtsaktien, so sind beim gezeichneten Kapital die Gesamtstimmenzahl der Mehrstimmrechtsaktien und die der übrigen Aktien zu vermerken.

(2) Zu dem Posten "Kapitalrücklage" sind in der Bilanz oder im Anhang gesondert anzugeben

1. der Betrag, der während des Geschäftsjahrs eingestellt wurde;
2. der Betrag, der für das Geschäftsjahr entnommen wird.

(3) Zu den einzelnen Posten der Gewinnrücklagen sind in der Bilanz oder im Anhang jeweils gesondert anzugeben

1. die Beträge, die die Hauptversammlung aus dem Bilanzgewinn des Vorjahrs eingestellt hat;
2. die Beträge, die aus dem Jahresüberschuß des Geschäftsjahrs eingestellt werden;
3. die Beträge, die für das Geschäftsjahr entnommen werden.

(4) Die Absätze 1 bis 3 sind nicht anzuwenden auf Aktiengesellschaften, die Kleinstkapitalgesellschaften im Sinne des § 267a des Handelsgesetzbuchs sind, wenn sie von der Erleichterung nach § 266 Absatz 1 Satz 4 des Handelsgesetzbuchs Gebrauch machen. Kleine Aktiengesellschaften im Sinne des § 267 Absatz 1 des Handelsgesetzbuchs haben die Absätze 2 und 3 mit der Maßgabe anzuwenden, dass die Angaben in der Bilanz zu machen sind.

Anhang 1
Aktiengesetz (AktG)

§§ 153 bis 157
(weggefallen)

§ 158
Vorschriften zur Gewinn- und Verlustrechnung

(1) ¹Die Gewinn- und Verlustrechnung ist nach dem Posten "Jahresüberschuß/Jahresfehlbetrag" in Fortführung der Numerierung um die folgenden Posten zu ergänzen:
1. Gewinnvortrag/Verlustvortrag aus dem Vorjahr
2. Entnahmen aus der Kapitalrücklage
3. Entnahmen aus Gewinnrücklagen
   - d) aus der gesetzlichen Rücklage
   - e) aus der Rücklage für Anteile an einem herrschenden oder mehrheitlich beteiligten Unternehmen
   - f) aus satzungsmäßigen Rücklagen
   - g) aus anderen Gewinnrücklagen
4. Einstellungen in Gewinnrücklagen
   - a) in die gesetzliche Rücklage
   - b) in die Rücklage für Anteile an einem herrschenden oder mehrheitlich beteiligten Unternehmen
   - c) in satzungsmäßige Rücklagen
   - d) in andere Gewinnrücklagen
5. Bilanzgewinn/Bilanzverlust.

²Die Angaben nach Satz 1 können auch im Anhang gemacht werden.

(2) ¹Von dem Ertrag aus einem Gewinnabführungs- oder Teilgewinnabführungsvertrag ist ein vertraglich zu leistender Ausgleich für außenstehende Gesellschafter abzusetzen; übersteigt dieser den Ertrag, so ist der übersteigende Betrag unter den Aufwendungen aus Verlustübernahme auszuweisen. ²Andere Beträge dürfen nicht abgesetzt werden.

(3) Die Absätze 1 und 2 sind nicht anzuwenden auf Aktiengesellschaften, die Kleinstkapitalgesellschaften im Sinne des § 267a des Handelsgesetzbuchs sind, wenn sie von der Erleichterung nach § 275 Absatz 5 des Handelsgesetzbuchs Gebrauch machen.

§ 159
-

§ 160
Vorschriften zum Anhang

(1) In jedem Anhang sind auch Angaben zu machen über
1. den Bestand und den Zugang an Aktien, die ein Aktionär für Rechnung der Gesellschaft oder eines abhängigen oder eines im Mehrheitsbesitz der Gesellschaft stehenden Unternehmens oder ein abhängiges oder im Mehrheitsbesitz der Gesellschaft stehendes Unternehmen als Gründer oder Zeichner oder in Ausübung eines bei einer bedingten Kapitalerhöhung eingeräumten Umtausch- oder Bezugsrechts übernommen hat; sind solche Aktien im Geschäftsjahr verwertet worden, so ist auch über die Verwertung unter Angabe des Erlöses und die Verwendung des Erlöses zu berichten;
2. den Bestand an eigenen Aktien der Gesellschaft, die sie, ein abhängiges oder im Mehrheitsbesitz der Gesellschaft stehendes Unternehmen oder ein anderer für Rechnung der Gesell-

Anhang 1
Aktiengesetz (AktG)

schaft oder eines abhängigen oder eines im Mehrheitsbesitz der Gesellschaft stehenden Unternehmens erworben oder als Pfand genommen hat; dabei sind die Zahl dieser Aktien und der auf sie entfallende Betrag des Grundkapitals sowie deren Anteil am Grundkapital, für erworbene Aktien ferner der Zeitpunkt des Erwerbs und die Gründe für den Erwerb anzugeben. ²Sind solche Aktien im Geschäftsjahr erworben oder veräußert worden, so ist auch über den Erwerb oder die Veräußerung unter Angabe der Zahl dieser Aktien, des auf sie entfallenden Betrags des Grundkapitals, des Anteils am Grundkapital und des Erwerbs- oder Veräußerungspreises, sowie über die Verwendung des Erlöses zu berichten;

3. die Zahl der Aktien jeder Gattung, wobei zu Nennbetragsaktien der Nennbetrag und zu Stückaktien der rechnerische Wert für jede von ihnen anzugeben ist, sofern sich diese Angaben nicht aus der Bilanz ergeben; davon sind Aktien, die bei einer bedingten Kapitalerhöhung oder einem genehmigten Kapital im Geschäftsjahr gezeichnet wurden, jeweils gesondert anzugeben;
4. das genehmigte Kapital;
5. die Zahl der Bezugsrechte gemäß § 192 Abs. 2 Nr. 3;
6. das Bestehen einer wechselseitigen Beteiligung unter Angabe des Unternehmens;
7. das Bestehen einer Beteiligung, die nach § 20 Abs. 1 oder Abs. 4 dieses Gesetzes oder nach § 21 Abs. 1 oder Abs. 1a des Wertpapierhandelsgesetzes mitgeteilt worden ist; dabei ist der nach § 20 Abs. 6 dieses Gesetzes oder der nach § 26 Abs. 1 des Wertpapierhandelsgesetzes veröffentlichte Inhalt der Mitteilung anzugeben.

(2) Die Berichterstattung hat insoweit zu unterbleiben, als es für das Wohl der Bundesrepublik Deutschland oder eines ihrer Länder erforderlich ist.

(3) Absatz 1 Nummer 1 und 3 bis 8 ist nicht anzuwenden auf Aktiengesellschaften, die kleine Kapitalgesellschaften im Sinne des § 267 Absatz 1 des Handelsgesetzbuchs sind. Absatz 1 Nummer 2 ist auf diese Aktiengesellschaften mit der Maßgabe anzuwenden, dass die Gesellschaft nur Angaben zu von ihr selbst oder durch eine andere Person für Rechnung der Gesellschaft erworbenen und gehaltenen eigenen Aktien machen muss und über die Verwendung des Erlöses aus der Veräußerung eigener Aktien nicht zu berichten braucht.

§ 161
Erklärung zum Corporate Governance Kodex

(1) ¹Vorstand und Aufsichtsrat der börsennotierten Gesellschaft erklären jährlich, dass den vom Bundesministerium der Justiz und für Verbraucherschutz im amtlichen Teil des Bundesanzeigers bekannt gemachten Empfehlungen der „Regierungskommission Deutscher Corporate Governance Kodex" entsprochen wurde und wird oder welche Empfehlungen nicht angewendet wurden oder werden und warum nicht. ²Gleiches gilt für Vorstand und Aufsichtsrat einer Gesellschaft, die ausschließlich andere Wertpapiere als Aktien zum Handel an einem organisierten Markt im Sinn des § 2 Abs. 5 des Wertpapierhandelsgesetzes ausgegeben hat und deren ausgegebene Aktien auf eigene Veranlassung über ein multilaterales Handelssystem im Sinn des § 2 Abs. 3 Satz 1 Nr. 8 des Wertpapierhandelsgesetzes gehandelt werden.

(2) Die Erklärung ist auf der Internetseite der Gesellschaft dauerhaft öffentlich zugänglich zu machen.

Dritter Abschnitt
Feststellung des Jahresabschlusses. Gewinnverwendung

Erster Unterabschnitt
Feststellung des Jahresabschlusses

§ 172
Feststellung durch Vorstand und Aufsichtsrat

¹Billigt der Aufsichtsrat den Jahresabschluß, so ist dieser festgestellt, sofern nicht Vorstand und Aufsichtsrat beschließen, die Feststellung des Jahresabschlusses der Hauptversammlung zu überlassen. ²Die Beschlüsse des Vorstands und des Aufsichtsrats sind in den Bericht des Aufsichtsrats an die Hauptversammlung aufzunehmen.

§ 173
Feststellung durch die Hauptversammlung

(1) ¹Haben Vorstand und Aufsichtsrat beschlossen, die Feststellung des Jahresabschlusses der Hauptversammlung zu überlassen, oder hat der Aufsichtsrat den Jahresabschluß nicht gebilligt, so stellt die Hauptversammlung den Jahresabschluß fest. ²Hat der Aufsichtsrat eines Mutterunternehmens (§ 290 Abs. 1, 2 des Handelsgesetzbuchs) den Konzernabschluss nicht gebilligt, so entscheidet die Hauptversammlung über die Billigung.

(2) ¹Auf den Jahresabschluß sind bei der Feststellung die für seine Aufstellung geltenden Vorschriften anzuwenden. ²Die Hauptversammlung darf bei der Feststellung des Jahresabschlusses nur die Beträge in Gewinnrücklagen einstellen, die nach Gesetz oder Satzung einzustellen sind.

(3) ¹Ändert die Hauptversammlung einen von einem Abschlußprüfer auf Grund gesetzlicher Verpflichtung geprüften Jahresabschluß, so werden vor der erneuten Prüfung nach § 316 Abs. 3 des Handelsgesetzbuchs von der Hauptversammlung gefaßte Beschlüsse über die Feststellung des Jahresabschlusses und die Gewinnverwendung erst wirksam, wenn auf Grund der erneuten Prüfung ein hinsichtlich der Änderungen uneingeschränkter Bestätigungsvermerk erteilt worden ist. ²Sie werden nichtig, wenn nicht binnen zwei Wochen seit der Beschlußfassung ein hinsichtlich der Änderungen uneingeschränkter Bestätigungsvermerk erteilt wird.

Zweiter Unterabschnitt
Gewinnverwendung

§ 174

(1) ¹Die Hauptversammlung beschließt über die Verwendung des Bilanzgewinns. ²Sie ist hierbei an den festgestellten Jahresabschluß gebunden.

(2) In dem Beschluß ist die Verwendung des Bilanzgewinns im einzelnen darzulegen, namentlich sind anzugeben

1. der Bilanzgewinn;
2. der an die Aktionäre auszuschüttende Betrag oder Sachwert;
3. die in Gewinnrücklagen einzustellenden Beträge;
4. ein Gewinnvortrag;
5. der zusätzliche Aufwand auf Grund des Beschlusses.

(3) Der Beschluß führt nicht zu einer Änderung des festgestellten Jahresabschlusses.

Anhang 1
Aktiengesetz (AktG)

Sechster Teil
Satzungsänderung. Maßnahmen der Kapitalbeschaffung und Kapitalherabsetzung

Erster Abschnitt
Satzungsänderung

§ 179
Beschluß der Hauptversammlung

(1) ¹Jede Satzungsänderung bedarf eines Beschlusses der Hauptversammlung. ²Die Befugnis zu Änderungen, die nur die Fassung betreffen, kann die Hauptversammlung dem Aufsichtsrat übertragen.

(2) ¹Der Beschluß der Hauptversammlung bedarf einer Mehrheit, die mindestens drei Viertel des bei der Beschlußfassung vertretenen Grundkapitals umfaßt. ²Die Satzung kann eine andere Kapitalmehrheit, für eine Änderung des Gegenstands des Unternehmens jedoch nur eine größere Kapitalmehrheit bestimmen. ³Sie kann weitere Erfordernisse aufstellen.

(3) ¹Soll das bisherige Verhältnis mehrerer Gattungen von Aktien zum Nachteil einer Gattung geändert werden, so bedarf der Beschluß der Hauptversammlung zu seiner Wirksamkeit der Zustimmung der benachteiligten Aktionäre. ²Über die Zustimmung haben die benachteiligten Aktionäre einen Sonderbeschluß zu fassen. ³Für diesen gilt Absatz 2.

§ 179a
Verpflichtung zur Übertragung des ganzen Gesellschaftsvermögens

(1) ¹Ein Vertrag, durch den sich eine Aktiengesellschaft zur Übertragung des ganzen Gesellschaftsvermögens verpflichtet, ohne daß die Übertragung unter die Vorschriften des Umwandlungsgesetzes fällt, bedarf auch dann eines Beschlusses der Hauptversammlung nach § 179, wenn damit nicht eine Änderung des Unternehmensgegenstandes verbunden ist. ²Die Satzung kann nur eine größere Kapitalmehrheit bestimmen.

(2) ¹Der Vertrag ist von der Einberufung der Hauptversammlung an, die über die Zustimmung beschließen soll, in dem Geschäftsraum der Gesellschaft zur Einsicht der Aktionäre auszulegen. ²Auf Verlangen ist jedem Aktionär unverzüglich eine Abschrift zu erteilen. ³Die Verpflichtungen nach den Sätzen 1 und 2 entfallen, wenn der Vertrag für denselben Zeitraum über die Internetseite der Gesellschaft zugänglich ist. ⁴In der Hauptversammlung ist der Vertrag zugänglich zu machen. ⁵Der Vorstand hat ihn zu Beginn der Verhandlung zu erläutern. ⁶Der Niederschrift ist er als Anlage beizufügen.

(3) Wird aus Anlaß der Übertragung des Gesellschaftsvermögens die Gesellschaft aufgelöst, so ist der Anmeldung der Auflösung der Vertrag in Ausfertigung oder öffentlich beglaubigter Abschrift beizufügen.

Zweiter Abschnitt
Maßnahmen der Kapitalbeschaffung

Erster Unterabschnitt
Kapitalerhöhung gegen Einlagen

§ 182
Voraussetzungen

(1) ¹Eine Erhöhung des Grundkapitals gegen Einlagen kann nur mit einer Mehrheit beschlossen werden, die mindestens drei Viertel des bei der Beschlußfassung vertretenen Grundkapitals umfaßt. ²Die Satzung kann eine andere Kapitalmehrheit, für die Ausgabe von Vorzugsaktien ohne Stimmrecht jedoch nur eine größere Kapitalmehrheit bestimmen. ³Sie kann weitere Erfordernisse aufstellen. ⁴Die Kapitalerhöhung kann nur durch Ausgabe neuer Aktien ausgeführt werden. ⁵Bei Gesellschaften mit Stückaktien muß sich die Zahl der Aktien in demselben Verhältnis wie das Grundkapital erhöhen.

(2) ¹Sind mehrere Gattungen von stimmberechtigten Aktien vorhanden, so bedarf der Beschluß der Hauptversammlung zu seiner Wirksamkeit der Zustimmung der Aktionäre jeder Gattung. ²Über die Zustimmung haben die Aktionäre jeder Gattung einen Sonderbeschluß zu fassen. ³Für diesen gilt Absatz 1.

(3) Sollen die neuen Aktien für einen höheren Betrag als den geringsten Ausgabebetrag ausgegeben werden, so ist der Mindestbetrag, unter dem sie nicht ausgegeben werden sollen, im Beschluß über die Erhöhung des Grundkapitals festzusetzen.

(4) ¹Das Grundkapital soll nicht erhöht werden, solange ausstehende Einlagen auf das bisherige Grundkapital noch erlangt werden können. ²Für Versicherungsgesellschaften kann die Satzung etwas anderes bestimmen. ³Stehen Einlagen in verhältnismäßig unerheblichem Umfang aus, so hindert dies die Erhöhung des Grundkapitals nicht.

§ 183
Kapitalerhöhung mit Sacheinlagen; Rückzahlung von Einlagen

(1) ¹Wird eine Sacheinlage (§ 27 Abs. 1 und 2) gemacht, so müssen ihr Gegenstand, die Person, von der die Gesellschaft den Gegenstand erwirbt, und der Nennbetrag, bei Stückaktien die Zahl der bei der Sacheinlage zu gewährenden Aktien im Beschluß über die Erhöhung des Grundkapitals festgesetzt werden. ²Der Beschluß darf nur gefaßt werden, wenn die Einbringung von Sacheinlagen und die Festsetzungen nach Satz 1 ausdrücklich und ordnungsgemäß bekanntgemacht worden sind.

(2) § 27 Abs. 3 und 4 gilt entsprechend.

(3) ¹Bei der Kapitalerhöhung mit Sacheinlagen hat eine Prüfung durch einen oder mehrere Prüfer stattzufinden. ²§ 33 Abs. 3 bis 5, die §§ 34, 35 gelten sinngemäß.

§ 183a
Kapitalerhöhung mit Sacheinlagen ohne Prüfung

(1) ¹Von einer Prüfung der Sacheinlage (§ 183 Abs. 3) kann unter den Voraussetzungen des § 33a abgesehen werden. ²Wird hiervon Gebrauch gemacht, so gelten die folgenden Absätze.

(2) ¹Der Vorstand hat das Datum des Beschlusses über die Kapitalerhöhung sowie die Angaben nach § 37a Abs. 1 und 2 in den Gesellschaftsblättern bekannt zu machen. ²Die Durchführung der Erhöhung des Grundkapitals darf nicht in das Handelsregister eingetragen werden vor Ablauf von vier Wochen seit der Bekanntmachung.

(3) ¹Liegen die Voraussetzungen des § 33a Abs. 2 vor, hat das Amtsgericht auf Antrag von Aktionären, die am Tag der Beschlussfassung über die Kapitalerhöhung gemeinsam fünf vom Hundert des Grundkapitals hielten und am Tag der Antragstellung noch halten, einen oder mehrere Prüfer zu bestellen. ²Der Antrag kann bis zum Tag der Eintragung der Durchführung der Erhöhung des Grundkapitals (§ 189) gestellt werden. ³Das Gericht hat vor der Entscheidung über den Antrag den Vorstand zu hören. ⁴Gegen die Entscheidung ist die Beschwerde gegeben.

(4) Für das weitere Verfahren gelten § 33 Abs. 4 und 5, die §§ 34, 35 entsprechend.

§ 184
Anmeldung des Beschlusses

(1) ¹Der Vorstand und der Vorsitzende des Aufsichtsrats haben den Beschluss über die Erhöhung des Grundkapitals zur Eintragung in das Handelsregister anzumelden. ²In der Anmeldung ist anzugeben, welche Einlagen auf das bisherige Grundkapital noch nicht geleistet sind und warum sie nicht erlangt werden können. ³Soll von einer Prüfung der Sacheinlage abgesehen werden und ist das Datum des Beschlusses der Kapitalerhöhung vorab bekannt gemacht worden (§ 183a Abs. 2), müssen die Anmeldenden in der Anmeldung nur noch versichern, dass ihnen seit der Bekanntmachung keine Umstände im Sinne von § 37a Abs. 2 bekannt geworden sind.

(2) Der Anmeldung sind der Bericht über die Prüfung von Sacheinlagen (§ 183 Abs. 3) oder die in § 37a Abs. 3 bezeichneten Anlagen beizufügen.

Anhang 1
Aktiengesetz (AktG)

(3) ¹Das Gericht kann die Eintragung ablehnen, wenn der Wert der Sacheinlage nicht unwesentlich hinter dem geringsten Ausgabebetrag der dafür zu gewährenden Aktien zurückbleibt. ²Wird von einer Prüfung der Sacheinlage nach § 183a Abs. 1 abgesehen, gilt § 38 Abs. 3 entsprechend.

§ 185
Zeichnung der neuen Aktien

(1) ¹Die Zeichnung der neuen Aktien geschieht durch schriftliche Erklärung (Zeichnungsschein), aus der die Beteiligung nach der Zahl und bei Nennbetragsaktien dem Nennbetrag und, wenn mehrere Gattungen ausgegeben werden, der Gattung der Aktien hervorgehen muß. ²Der Zeichnungsschein soll doppelt ausgestellt werden. ³Er hat zu enthalten

1. den Tag, an dem die Erhöhung des Grundkapitals beschlossen worden ist;
2. den Ausgabebetrag der Aktien, den Betrag der festgesetzten Einzahlungen sowie den Umfang von Nebenverpflichtungen;
3. die bei einer Kapitalerhöhung mit Sacheinlagen vorgesehenen Festsetzungen und, wenn mehrere Gattungen ausgegeben werden, den auf jede Aktiengattung entfallenden Betrag des Grundkapitals,
4. den Zeitpunkt, an dem die Zeichnung unverbindlich wird, wenn nicht bis dahin die Durchführung der Erhöhung des Grundkapitals eingetragen ist.

(2) Zeichnungsscheine, die diese Angaben nicht vollständig oder die außer dem Vorbehalt in Absatz 1 Nr. 4 Beschränkungen der Verpflichtung des Zeichners enthalten, sind nichtig.

(3) Ist die Durchführung der Erhöhung des Grundkapitals eingetragen, so kann sich der Zeichner auf die Nichtigkeit oder Unverbindlichkeit des Zeichnungsscheins nicht berufen, wenn er auf Grund des Zeichnungsscheins als Aktionär Rechte ausgeübt oder Verpflichtungen erfüllt hat.

(4) Jede nicht im Zeichnungsschein enthaltene Beschränkung ist der Gesellschaft gegenüber unwirksam.

§ 186
Bezugsrecht

(1) ¹Jedem Aktionär muß auf sein Verlangen ein seinem Anteil an dem bisherigen Grundkapital entsprechender Teil der neuen Aktien zugeteilt werden. ²Für die Ausübung des Bezugsrechts ist eine Frist von mindestens zwei Wochen zu bestimmen.

(2) ¹Der Vorstand hat den Ausgabebetrag oder die Grundlagen für seine Festlegung und zugleich eine Bezugsfrist gemäß Absatz 1 in den Gesellschaftsblättern bekannt zu machen. ²Sind nur die Grundlagen der Festlegung angegeben, so hat er spätestens drei Tage vor Ablauf der Bezugsfrist den Ausgabebetrag in den Gesellschaftsblättern und über ein elektronisches Informationsmedium bekannt zu machen.

(3) ¹Das Bezugsrecht kann ganz oder zum Teil nur im Beschluß über die Erhöhung des Grundkapitals ausgeschlossen werden. ²In diesem Fall bedarf der Beschluß neben den in Gesetz oder Satzung für die Kapitalerhöhung aufgestellten Erfordernissen einer Mehrheit, die mindestens drei Viertel des bei der Beschlußfassung vertretenen Grundkapitals umfaßt. ³Die Satzung kann eine größere Kapitalmehrheit und weitere Erfordernisse bestimmen. ⁴Ein Ausschluß des Bezugsrechts ist insbesondere dann zulässig, wenn die Kapitalerhöhung gegen Bareinlagen zehn vom Hundert des Grundkapitals nicht übersteigt und der Ausgabebetrag den Börsenpreis nicht wesentlich unterschreitet.

(4) ¹Ein Beschluß, durch den das Bezugsrecht ganz oder zum Teil ausgeschlossen wird, darf nur gefaßt werden, wenn die Ausschließung ausdrücklich und ordnungsgemäß bekanntgemacht worden ist. ²Der Vorstand hat der Hauptversammlung einen schriftlichen Bericht über den Grund für den teilweisen oder vollständigen Ausschluß des Bezugsrechts zugänglich zu machen; in dem Bericht ist der vorgeschlagene Ausgabebetrag zu begründen.

(5) ¹Als Ausschluß des Bezugsrechts ist es nicht anzusehen, wenn nach dem Beschluß die neuen Aktien von einem Kreditinstitut oder einem nach § 53 Abs. 1 Satz 1 oder § 53b Abs. 1 Satz 1 oder

Abs. 7 des Gesetzes über das Kreditwesen tätigen Unternehmen mit der Verpflichtung übernommen werden sollen, sie den Aktionären zum Bezug anzubieten. ²Der Vorstand hat dieses Bezugsangebot mit den Angaben gemäß Absatz 2 Satz 1 und einen endgültigen Ausgabebetrag gemäß Absatz 2 Satz 2 bekannt zu machen; gleiches gilt, wenn die neuen Aktien von einem anderen als einem Kreditinstitut oder Unternehmen im Sinne des Satzes 1 mit der Verpflichtung übernommen werden sollen, sie den Aktionären zum Bezug anzubieten.

§ 187
Zusicherung von Rechten auf den Bezug neuer Aktien

(1) Rechte auf den Bezug neuer Aktien können nur unter Vorbehalt des Bezugsrechts der Aktionäre zugesichert werden.

(2) Zusicherungen vor dem Beschluß über die Erhöhung des Grundkapitals sind der Gesellschaft gegenüber unwirksam.

§ 188
Anmeldung und Eintragung der Durchführung

(1) Der Vorstand und der Vorsitzende des Aufsichtsrats haben die Durchführung der Erhöhung des Grundkapitals zur Eintragung in das Handelsregister anzumelden.

(2) ¹Für die Anmeldung gelten sinngemäß § 36 Abs. 2, § 36a und § 37 Abs. 1. ²Durch Gutschrift auf ein Konto des Vorstands kann die Einzahlung nicht geleistet werden.

(3) Der Anmeldung sind beizufügen
1. die Zweitschriften der Zeichnungsscheine und ein vom Vorstand unterschriebenes Verzeichnis der Zeichner, das die auf jeden entfallenden Aktien und die auf sie geleisteten Einzahlungen angibt;
2. bei einer Kapitalerhöhung mit Sacheinlagen die Verträge, die den Festsetzungen nach § 183 zugrunde liegen oder zu ihrer Ausführung geschlossen worden sind;
3. eine Berechnung der Kosten, die für die Gesellschaft durch die Ausgabe der neuen Aktien entstehen werden.
4. (weggefallen)

(4) Anmeldung und Eintragung der Durchführung der Erhöhung des Grundkapitals können mit Anmeldung und Eintragung des Beschlusses über die Erhöhung verbunden werden.

(5) (weggefallen)

§ 189
Wirksamwerden der Kapitalerhöhung

Mit der Eintragung der Durchführung der Erhöhung des Grundkapitals ist das Grundkapital erhöht.

§ 190
(weggefallen)

§ 191
Verbotene Ausgabe von Aktien und Zwischenscheinen

¹Vor der Eintragung der Durchführung der Erhöhung des Grundkapitals können die neuen Anteilsrechte nicht übertragen, neue Aktien und Zwischenscheine nicht ausgegeben werden. ²Die vorher ausgegebenen neuen Aktien und Zwischenscheine sind nichtig. ³Für den Schaden aus der Ausgabe sind die Ausgeber den Inhabern als Gesamtschuldner verantwortlich.

Anhang 1
Aktiengesetz (AktG)

Zweiter Unterabschnitt
Bedingte Kapitalerhöhung

§ 192
Voraussetzungen

(1) Die Hauptversammlung kann eine Erhöhung des Grundkapitals beschließen, die nur so weit durchgeführt werden soll, wie von einem Umtausch- oder Bezugsrecht Gebrauch gemacht wird, das die Gesellschaft hat oder auf die neuen Aktien (Bezugsaktien) einräumt (bedingte Kapitalerhöhung).

(2) Die bedingte Kapitalerhöhung soll nur zu folgenden Zwecken beschlossen werden:
1. zur Gewährung von Umtausch- oder Bezugsrechten auf Grund von Wandelschuldverschreibungen;
2. zur Vorbereitung des Zusammenschlusses mehrerer Unternehmen;
3. zur Gewährung von Bezugsrechten an Arbeitnehmer und Mitglieder der Geschäftsführung der Gesellschaft oder eines verbundenen Unternehmens im Wege des Zustimmungs- oder Ermächtigungsbeschlusses.

(3) [1]Der Nennbetrag des bedingten Kapitals darf die Hälfte und der Nennbetrag des nach Absatz 2 Nr. 3 beschlossenen Kapitals den zehnten Teil des Grundkapitals, das zur Zeit der Beschlußfassung über die bedingte Kapitalerhöhung vorhanden ist, nicht übersteigen. [2]§ 182 Abs. 1 Satz 5 gilt sinngemäß. [3]Satz 1 gilt nicht für eine bedingte Kapitalerhöhung nach Absatz 2 Nummer 1, die nur zu dem Zweck beschlossen wird, der Gesellschaft einen Umtausch zu ermöglichen, zu dem sie für den Fall ihrer drohenden Zahlungsunfähigkeit oder zum Zweck der Abwendung einer Überschuldung berechtigt ist. Ist die Gesellschaft ein Institut im Sinne des § 1 Absatz 1b des Kreditwesengesetzes, gilt Satz 1 ferner nicht für eine bedingte Kapitalerhöhung nach Absatz 2 Nummer 1, die zu dem Zweck beschlossen wird, der Gesellschaft einen Umtausch zur Erfüllung bankaufsichtsrechtlicher oder zum Zweck der Restrukturierung oder Abwicklung erlassener Anforderungen zu ermöglichen. Eine Anrechnung von bedingtem Kapital, auf das Satz 3 oder Satz 4 Anwendung findet, auf sonstiges bedingtes Kapital erfolgt nicht.

(4) Ein Beschluß der Hauptversammlung, der dem Beschluß über die bedingte Kapitalerhöhung entgegensteht, ist nichtig.

(5) Die folgenden Vorschriften über das Bezugsrecht gelten sinngemäß für das Umtauschrecht.

§ 193
Erfordernisse des Beschlusses

(1) [1]Der Beschluß über die bedingte Kapitalerhöhung bedarf einer Mehrheit, die mindestens drei Viertel des bei der Beschlußfassung vertretenen Grundkapitals umfaßt. [2]Die Satzung kann eine größere Kapitalmehrheit und weitere Erfordernisse bestimmen. 3§ 182 Abs. 2 und § 187 Abs. 2 gelten.

(2) Im Beschluß müssen auch festgestellt werden
1. der Zweck der bedingten Kapitalerhöhung;
2. der Kreis der Bezugsberechtigten;
3. der Ausgabebetrag oder die Grundlagen, nach denen dieser Betrag errechnet wird; bei einer bedingten Kapitalerhöhung für die Zwecke des § 192 Abs. 2 Nr. 1 genügt es, wenn in dem Beschluss oder in dem damit verbundenen Beschluss nach § 221 der Mindestausgabebetrag oder die Grundlagen für die Festlegung des Ausgabebetrags oder des Mindestausgabebetrags bestimmt werden; sowie
4. bei Beschlüssen nach § 192 Abs. 2 Nr. 3 auch die Aufteilung der Bezugsrechte auf Mitglieder der Geschäftsführungen und Arbeitnehmer, Erfolgsziele, Erwerbs- und Ausübungszeiträume und Wartezeit für die erstmalige Ausübung (mindestens vier Jahre).

§ 194 Bedingte
Kapitalerhöhung mit Sacheinlagen; Rückzahlung von Einlagen

(1) ¹Wird eine Sacheinlage gemacht, so müssen ihr Gegenstand, die Person, von der die Gesellschaft den Gegenstand erwirbt, und der Nennbetrag, bei Stückaktien die Zahl der bei der Sacheinlage zu gewährenden Aktien im Beschluß über die bedingte Kapitalerhöhung festgesetzt werden. ²Als Sacheinlage gilt nicht der Umtausch von Schuldverschreibungen gegen Bezugsaktien. ³Der Beschluß darf nur gefaßt werden, wenn die Einbringung von Sacheinlagen ausdrücklich und ordnungsgemäß bekanntgemacht worden ist.

(2) § 27 Abs. 3 und 4 gilt entsprechend; an die Stelle des Zeitpunkts der Anmeldung nach § 27 Abs. 3 Satz 3 und der Eintragung nach § 27 Abs. 3 Satz 4 tritt jeweils der Zeitpunkt der Ausgabe der Bezugsaktien.

(3) Die Absätze 1 und 2 gelten nicht für die Einlage von Geldforderungen, die Arbeitnehmern der Gesellschaft aus einer ihnen von der Gesellschaft eingeräumten Gewinnbeteiligung zustehen.

(4) ¹Bei der Kapitalerhöhung mit Sacheinlagen hat eine Prüfung durch einen oder mehrere Prüfer stattzufinden. ²§ 33 Abs. 3 bis 5, die §§ 34, 35 gelten sinngemäß.

(5) § 183a gilt entsprechend.

§ 195
Anmeldung des Beschlusses

(1) ¹Der Vorstand und der Vorsitzende des Aufsichtsrats haben den Beschluß über die bedingte Kapitalerhöhung zur Eintragung in das Handelsregister anzumelden. ²§ 184 Abs. 1 Satz 3 gilt entsprechend.

(2) Der Anmeldung sind beizufügen

1. bei einer bedingten Kapitalerhöhung mit Sacheinlagen die Verträge, die den Festsetzungen nach § 194 zugrunde liegen oder zu ihrer Ausführung geschlossen worden sind, und der Bericht über die Prüfung von Sacheinlagen (§ 194 Abs. 4) oder die in § 37a Abs. 3 bezeichneten Anlagen;
2. eine Berechnung der Kosten, die für die Gesellschaft durch die Ausgabe der Bezugsaktien entstehen werden.
3. (weggefallen)

(3) ¹Das Gericht kann die Eintragung ablehnen, wenn der Wert der Sacheinlage nicht unwesentlich hinter dem geringsten Ausgabebetrag der dafür zu gewährenden Aktien zurückbleibt. ²Wird von einer Prüfung der Sacheinlage nach § 183a Abs. 1 abgesehen, gilt § 38 Abs. 3 entsprechend.

§ 196
(weggefallen)

§ 197
Verbotene Aktienausgabe

¹Vor der Eintragung des Beschlusses über die bedingte Kapitalerhöhung können die Bezugsaktien nicht ausgegeben werden. ²Ein Anspruch des Bezugsberechtigten entsteht vor diesem Zeitpunkt nicht. ³Die vorher ausgegebenen Bezugsaktien sind nichtig. ⁴Für den Schaden aus der Ausgabe sind die Ausgeber den Inhabern als Gesamtschuldner verantwortlich.

§ 198
Bezugserklärung

(1) ¹Das Bezugsrecht wird durch schriftliche Erklärung ausgeübt. ²Die Erklärung (Bezugserklärung) soll doppelt ausgestellt werden. ³Sie hat die Beteiligung nach der Zahl und bei Nennbetragsaktien dem Nennbetrag und, wenn mehrere Gattungen ausgegeben werden, der Gattung der Aktien, die Feststellungen nach § 193 Abs. 2, die nach § 194 bei der Einbringung von Sacheinlagen vorgesehenen Festsetzungen sowie den Tag anzugeben, an dem der Beschluß über die bedingte Kapitalerhöhung gefaßt worden ist.

Anhang 1
Aktiengesetz (AktG)

(2) ¹Die Bezugserklärung hat die gleiche Wirkung wie eine Zeichnungserklärung. ²Bezugserklärungen, deren Inhalt nicht dem Absatz 1 entspricht oder die Beschränkungen der Verpflichtung des Erklärenden enthalten, sind nichtig.

(3) Werden Bezugsaktien ungeachtet der Nichtigkeit einer Bezugserklärung ausgegeben, so kann sich der Erklärende auf die Nichtigkeit nicht berufen, wenn er auf Grund der Bezugserklärung als Aktionär Rechte ausgeübt oder Verpflichtungen erfüllt hat.

(4) Jede nicht in der Bezugserklärung enthaltene Beschränkung ist der Gesellschaft gegenüber unwirksam.

§ 199
Ausgabe der Bezugsaktien

(1) Der Vorstand darf die Bezugsaktien nur in Erfüllung des im Beschluß über die bedingte Kapitalerhöhung festgesetzten Zwecks und nicht vor der vollen Leistung des Gegenwerts ausgeben, der sich aus dem Beschluß ergibt.

(2) ¹Der Vorstand darf Bezugsaktien gegen Wandelschuldverschreibungen nur ausgeben, wenn der Unterschied zwischen dem Ausgabebetrag der zum Umtausch eingereichten Schuldverschreibungen und dem höheren geringsten Ausgabebetrag der für sie zu gewährenden Bezugsaktien aus einer anderen Gewinnrücklage, soweit sie zu diesem Zweck verwandt werden kann, oder durch Zuzahlung des Umtauschberechtigten gedeckt ist. ²Dies gilt nicht, wenn der Gesamtbetrag, zu dem die Schuldverschreibungen ausgegeben sind, den geringsten Ausgabebetrag der Bezugsaktien insgesamt erreicht oder übersteigt.

§ 200
Wirksamwerden der bedingten Kapitalerhöhung

Mit der Ausgabe der Bezugsaktien ist das Grundkapital erhöht.

§ 201
Anmeldung der Ausgabe von Bezugsaktien

(1) Der Vorstand meldet ausgegebene Bezugsaktien zur Eintragung in das Handelsregister mindestens einmal jährlich bis spätestens zum Ende des auf den Ablauf des Geschäftsjahrs folgenden Kalendermonats an.

(2) ¹Der Anmeldung sind die Zweitschriften der Bezugserklärungen und ein vom Vorstand unterschriebenes Verzeichnis der Personen, die das Bezugsrecht ausgeübt haben, beizufügen. ²Das Verzeichnis hat die auf jeden Aktionär entfallenden Aktien und die auf sie gemachten Einlagen anzugeben.

(3) In der Anmeldung hat der Vorstand zu erklären, daß die Bezugsaktien nur in Erfüllung des im Beschluß über die bedingte Kapitalerhöhung festgesetzten Zwecks und nicht vor der vollen Leistung des Gegenwerts ausgegeben worden sind, der sich aus dem Beschluß ergibt.

(4) (weggefallen)

Dritter Unterabschnitt
Genehmigtes Kapital

§ 202
Voraussetzungen

(1) Die Satzung kann den Vorstand für höchstens fünf Jahre nach Eintragung der Gesellschaft ermächtigen, das Grundkapital bis zu einem bestimmten Nennbetrag (genehmigtes Kapital) durch Ausgabe neuer Aktien gegen Einlagen zu erhöhen.

(2) ¹Die Ermächtigung kann auch durch Satzungsänderung für höchstens fünf Jahre nach Eintragung der Satzungsänderung erteilt werden. ²Der Beschluß der Hauptversammlung bedarf einer Mehrheit, die mindestens drei Viertel des bei der Beschlußfassung vertretenen Grundkapitals

umfaßt. ³Die Satzung kann eine größere Kapitalmehrheit und weitere Erfordernisse bestimmen. ⁴§ 182 Abs. 2 gilt.

(3) ¹Der Nennbetrag des genehmigten Kapitals darf die Hälfte des Grundkapitals, das zur Zeit der Ermächtigung vorhanden ist, nicht übersteigen. ²Die neuen Aktien sollen nur mit Zustimmung des Aufsichtsrats ausgegeben werden. 3§ 182 Abs. 1 Satz 5 gilt sinngemäß.

(4) Die Satzung kann auch vorsehen, daß die neuen Aktien an Arbeitnehmer der Gesellschaft ausgegeben werden.

§ 203
Ausgabe der neuen Aktien

(1) ¹Für die Ausgabe der neuen Aktien gelten sinngemäß, soweit sich aus den folgenden Vorschriften nichts anderes ergibt, §§ 185 bis 191 über die Kapitalerhöhung gegen Einlagen. ²An die Stelle des Beschlusses über die Erhöhung des Grundkapitals tritt die Ermächtigung der Satzung zur Ausgabe neuer Aktien.

(2) ¹Die Ermächtigung kann vorsehen, daß der Vorstand über den Ausschluß des Bezugsrechts entscheidet. ²Wird eine Ermächtigung, die dies vorsieht, durch Satzungsänderung erteilt, so gilt § 186 Abs. 4 sinngemäß.

(3) ¹Die neuen Aktien sollen nicht ausgegeben werden, solange ausstehende Einlagen auf das bisherige Grundkapital noch erlangt werden können. ²Für Versicherungsgesellschaften kann die Satzung etwas anderes bestimmen. ³Stehen Einlagen in verhältnismäßig unerheblichem Umfang aus, so hindert dies die Ausgabe der neuen Aktien nicht. ⁴In der ersten Anmeldung der Durchführung der Erhöhung des Grundkapitals ist anzugeben, welche Einlagen auf das bisherige Grundkapital noch nicht geleistet sind und warum sie nicht erlangt werden können.

(4) Absatz 3 Satz 1 und 4 gilt nicht, wenn die Aktien an Arbeitnehmer der Gesellschaft ausgegeben werden.

§ 204
Bedingungen der Aktienausgabe

(1) ¹Über den Inhalt der Aktienrechte und die Bedingungen der Aktienausgabe entscheidet der Vorstand, soweit die Ermächtigung keine Bestimmungen enthält. ²Die Entscheidung des Vorstands bedarf der Zustimmung des Aufsichtsrats; gleiches gilt für die Entscheidung des Vorstands nach § 203 Abs. 2 über den Ausschluß des Bezugsrechts.

(2) Sind Vorzugsaktien ohne Stimmrecht vorhanden, so können Vorzugsaktien, die bei der Verteilung des Gewinns oder des Gesellschaftsvermögens ihnen vorgehen oder gleichstehen, nur ausgegeben werden, wenn die Ermächtigung es vorsieht.

(3) ¹Weist ein Jahresabschluß, der mit einem uneingeschränkten Bestätigungsvermerk versehen ist, einen Jahresüberschuß aus, so können Aktien an Arbeitnehmer der Gesellschaft auch in der Weise ausgegeben werden, daß die auf sie zu leistende Einlage aus dem Teil des Jahresüberschusses gedeckt wird, den nach § 58 Abs. 2 Vorstand und Aufsichtsrat in andere Gewinnrücklagen einstellen könnten. ²Für die Ausgabe der neuen Aktien gelten die Vorschriften über eine Kapitalerhöhung gegen Bareinlagen, ausgenommen § 188 Abs. 2. ³Der Anmeldung der Durchführung der Erhöhung des Grundkapitals ist außerdem der festgestellte Jahresabschluß mit Bestätigungsvermerk beizufügen. ⁴Die Anmeldenden haben ferner die Erklärung nach § 210 Abs. 1 Satz 2 abzugeben.

§ 205
Ausgabe gegen Sacheinlagen; Rückzahlung von Einlagen

(1) Gegen Sacheinlagen dürfen Aktien nur ausgegeben werden, wenn die Ermächtigung es vorsieht.

(2) ¹Der Gegenstand der Sacheinlage, die Person, von der die Gesellschaft den Gegenstand erwirbt, und der Nennbetrag, bei Stückaktien die Zahl der bei der Sacheinlage zu gewährenden Aktien sind, wenn sie nicht in der Ermächtigung festgesetzt sind, vom Vorstand festzusetzen und in

Anhang 1
Aktiengesetz (AktG)

den Zeichnungsschein aufzunehmen. ²Der Vorstand soll die Entscheidung nur mit Zustimmung des Aufsichtsrats treffen.
(3) § 27 Abs. 3 und 4 gilt entsprechend.
(4) Die Absätze 2 und 3 gelten nicht für die Einlage von Geldforderungen, die Arbeitnehmern der Gesellschaft aus einer ihnen von der Gesellschaft eingeräumten Gewinnbeteiligung zustehen.
(5) ¹Bei Ausgabe der Aktien gegen Sacheinlagen hat eine Prüfung durch einen oder mehrere Prüfer stattzufinden; § 33 Abs. 3 bis 5, die §§ 34, 35 gelten sinngemäß. ²§ 183a ist entsprechend anzuwenden. ³Anstelle des Datums des Beschlusses über die Kapitalerhöhung hat der Vorstand seine Entscheidung über die Ausgabe neuer Aktien gegen Sacheinlagen sowie die Angaben nach § 37a Abs. 1 und 2 in den Gesellschaftsblättern bekannt zu machen.
(6) Soweit eine Prüfung der Sacheinlage nicht stattfindet, gilt für die Anmeldung der Durchführung der Kapitalerhöhung zur Eintragung in das Handelsregister (§ 203 Abs. 1 Satz 1, § 188) auch § 184 Abs. 1 Satz 3 und Abs. 2 entsprechend.
(7) ¹Das Gericht kann die Eintragung ablehnen, wenn der Wert der Sacheinlage nicht unwesentlich hinter dem geringsten Ausgabebetrag der dafür zu gewährenden Aktien zurückbleibt. ²Wird von einer Prüfung der Sacheinlage nach § 183a Abs. 1 abgesehen, gilt § 38 Abs. 3 entsprechend.

§ 206
Verträge über Sacheinlagen vor Eintragung der Gesellschaft

¹Sind vor Eintragung der Gesellschaft Verträge geschlossen worden, nach denen auf das genehmigte Kapital eine Sacheinlage zu leisten ist, so muß die Satzung die Festsetzungen enthalten, die für eine Ausgabe gegen Sacheinlagen vorgeschrieben sind. ²Dabei gelten sinngemäß § 27 Abs. 3 und 5, die §§ 32 bis 35, 37 Abs. 4 Nr. 2, 4 und 5, die §§ 37a, 38 Abs. 2 und 3 sowie § 49 über die Gründung der Gesellschaft. ³An die Stelle der Gründer tritt der Vorstand und an die Stelle der Anmeldung und Eintragung der Gesellschaft die Anmeldung und Eintragung der Durchführung der Erhöhung des Grundkapitals.

Vierter Unterabschnitt
Kapitalerhöhung aus Gesellschaftsmitteln
§ 207
Voraussetzungen

(1) Die Hauptversammlung kann eine Erhöhung des Grundkapitals durch Umwandlung der Kapitalrücklage und von Gewinnrücklagen in Grundkapital beschließen.
(2) ¹Für den Beschluß und für die Anmeldung des Beschlusses gelten § 182 Abs. 1, § 184 Abs. 1 sinngemäß. ²Gesellschaften mit Stückaktien können ihr Grundkapital auch ohne Ausgabe neuer Aktien erhöhen; der Beschluß über die Kapitalerhöhung muß die Art der Erhöhung angeben.
(3) Dem Beschluß ist eine Bilanz zugrunde zu legen.

§ 208
Umwandlungsfähigkeit von Kapital- und Gewinnrücklagen

(1) ¹Die Kapitalrücklage und die Gewinnrücklagen, die in Grundkapital umgewandelt werden sollen, müssen in der letzten Jahresbilanz und, wenn dem Beschluß eine andere Bilanz zugrunde gelegt wird, auch in dieser Bilanz unter "Kapitalrücklage" oder "Gewinnrücklagen" oder im letzten Beschluß über die Verwendung des Jahresüberschusses oder des Bilanzgewinns als Zuführung zu diesen Rücklagen ausgewiesen sein. ²Vorbehaltlich des Absatzes 2 können andere Gewinnrücklagen und deren Zuführungen in voller Höhe, die Kapitalrücklage und die gesetzliche Rücklage sowie deren Zuführungen nur, soweit sie zusammen den zehnten oder den in der Satzung bestimmten höheren Teil des bisherigen Grundkapitals übersteigen, in Grundkapital umgewandelt werden.
(2) ¹Die Kapitalrücklage und die Gewinnrücklagen sowie deren Zuführungen können nicht umgewandelt werden, soweit in der zugrunde gelegten Bilanz ein Verlust einschließlich eines Verlustvor-

trags ausgewiesen ist. ²Gewinnrücklagen und deren Zuführungen, die für einen bestimmten Zweck bestimmt sind, dürfen nur umgewandelt werden, soweit dies mit ihrer Zweckbestimmung vereinbar ist.

§ 209
Zugrunde gelegte Bilanz

(1) Dem Beschluß kann die letzte Jahresbilanz zugrunde gelegt werden, wenn die Jahresbilanz geprüft und die festgestellte Jahresbilanz mit dem uneingeschränkten Bestätigungsvermerk des Abschlußprüfers versehen ist und wenn ihr Stichtag höchstens acht Monate vor der Anmeldung des Beschlusses zur Eintragung in das Handelsregister liegt.

(2) ¹Wird dem Beschluß nicht die letzte Jahresbilanz zugrunde gelegt, so muß die Bilanz den §§ 150, 152 dieses Gesetzes, §§ 242 bis 256a, 264 bis 274a des Handelsgesetzbuchs entsprechen. ²Der Stichtag der Bilanz darf höchstens acht Monate vor der Anmeldung des Beschlusses zur Eintragung in das Handelsregister liegen.

(3) ¹Die Bilanz muß durch einen Abschlußprüfer darauf geprüft werden, ob sie den §§ 150, 152 dieses Gesetzes, §§ 242 bis 256, 264 bis 274 des Handelsgesetzbuchs entspricht. ²Sie muß mit einem uneingeschränkten Bestätigungsvermerk versehen sein.

(4) ¹Wenn die Hauptversammlung keinen anderen Prüfer wählt, gilt der Prüfer als gewählt, der für die Prüfung des letzten Jahresabschlusses von der Hauptversammlung gewählt oder vom Gericht bestellt worden ist. ²Soweit sich aus der Besonderheit des Prüfungsauftrags nichts anderes ergibt, sind auf die Prüfung § 318 Abs. 1 Satz 3 und 4, § 319 Abs. 1 bis 4, § 319a Abs. 1, § 319b Abs. 1, § 320 Abs. 1, 2, §§ 321, 322 Abs. 7 und § 323 des Handelsgesetzbuchs entsprechend anzuwenden.

(5) ¹Bei Versicherungsgesellschaften wird der Prüfer vom Aufsichtsrat bestimmt; Absatz 4 Satz 1 gilt sinngemäß. ²Soweit sich aus der Besonderheit des Prüfungsauftrags nichts anderes ergibt, ist auf die Prüfung § 341k des Handelsgesetzbuchs anzuwenden.

(6) Im Fall der Absätze 2 bis 5 gilt für das Zugänglichmachen der Bilanz und für die Erteilung von Abschriften § 175 Abs. 2 sinngemäß.

§ 210
Anmeldung und Eintragung des Beschlusses

(1) ¹Der Anmeldung des Beschlusses zur Eintragung in das Handelsregister ist die der Kapitalerhöhung zugrunde gelegte Bilanz mit Bestätigungsvermerk, im Fall des § 209 Abs. 2 bis 6 außerdem die letzte Jahresbilanz, sofern sie noch nicht nach § 325 Abs. 1 des Handelsgesetzbuchs eingereicht ist, beizufügen. ²Die Anmeldenden haben dem Gericht gegenüber zu erklären, daß nach ihrer Kenntnis seit dem Stichtag der zugrunde gelegten Bilanz bis zum Tag der Anmeldung keine Vermögensminderung eingetreten ist, die der Kapitalerhöhung entgegenstünde, wenn sie am Tag der Anmeldung beschlossen worden wäre.

(2) Das Gericht darf den Beschluß nur eintragen, wenn die der Kapitalerhöhung zugrunde gelegte Bilanz auf einen höchstens acht Monate vor der Anmeldung liegenden Stichtag aufgestellt und eine Erklärung nach Absatz 1 Satz 2 abgegeben worden ist.

(3) Das Gericht braucht nicht zu prüfen, ob die Bilanzen den gesetzlichen Vorschriften entsprechen.

(4) Bei der Eintragung des Beschlusses ist anzugeben, daß es sich um eine Kapitalerhöhung aus Gesellschaftsmitteln handelt.

(5) (weggefallen)

Anhang 1
Aktiengesetz (AktG)

§ 211
Wirksamwerden der Kapitalerhöhung

(1) Mit der Eintragung des Beschlusses über die Erhöhung des Grundkapitals ist das Grundkapital erhöht.

(2)

§ 212
Aus der Kapitalerhöhung Berechtigte

[1]Neue Aktien stehen den Aktionären im Verhältnis ihrer Anteile am bisherigen Grundkapital zu. [2]Ein entgegenstehender Beschluß der Hauptversammlung ist nichtig.

§ 213
Teilrechte

(1) Führt die Kapitalerhöhung dazu, daß auf einen Anteil am bisherigen Grundkapital nur ein Teil einer neuen Aktie entfällt, so ist dieses Teilrecht selbständig veräußerlich und vererblich.

(2) Die Rechte aus einer neuen Aktie einschließlich des Anspruchs auf Ausstellung einer Aktienurkunde können nur ausgeübt werden, wenn Teilrechte, die zusammen eine volle Aktie ergeben, in einer Hand vereinigt sind oder wenn sich mehrere Berechtigte, deren Teilrechte zusammen eine volle Aktie ergeben, zur Ausübung der Rechte zusammenschließen.

§ 214
Aufforderung an die Aktionäre

(1) [1]Nach der Eintragung des Beschlusses über die Erhöhung des Grundkapitals durch Ausgabe neuer Aktien hat der Vorstand unverzüglich die Aktionäre aufzufordern, die neuen Aktien abzuholen. [2]Die Aufforderung ist in den Gesellschaftsblättern bekanntzumachen. [3]In der Bekanntmachung ist anzugeben,
1. um welchen Betrag das Grundkapital erhöht worden ist,
2. in welchem Verhältnis auf die alten Aktien neue Aktien entfallen.

[4]In der Bekanntmachung ist ferner darauf hinzuweisen, daß die Gesellschaft berechtigt ist, Aktien, die nicht innerhalb eines Jahres seit der Bekanntmachung der Aufforderung abgeholt werden, nach dreimaliger Androhung für Rechnung der Beteiligten zu verkaufen.

(2) [1]Nach Ablauf eines Jahres seit der Bekanntmachung der Aufforderung hat die Gesellschaft den Verkauf der nicht abgeholten Aktien anzudrohen. [2]Die Androhung ist dreimal in Abständen von mindestens einem Monat in den Gesellschaftsblättern bekanntzumachen. [3]Die letzte Bekanntmachung muß vor dem Ablauf von achtzehn Monaten seit der Bekanntmachung der Aufforderung ergehen.

(3) [1]Nach Ablauf eines Jahres seit der letzten Bekanntmachung der Androhung hat die Gesellschaft die nicht abgeholten Aktien für Rechnung der Beteiligten zum Börsenpreis und beim Fehlen eines Börsenpreises durch öffentliche Versteigerung zu verkaufen. [2]§ 226 Abs. 3 Satz 2 bis 6 gilt sinngemäß.

(4) [1]Die Absätze 1 bis 3 gelten sinngemäß für Gesellschaften, die keine Aktienurkunden ausgegeben haben. [2]Die Gesellschaften haben die Aktionäre aufzufordern, sich die neuen Aktien zuteilen zu lassen.

§ 215
Eigene Aktien. Teileingezahlte Aktien

(1) Eigene Aktien nehmen an der Erhöhung des Grundkapitals teil.

(2) [1]Teileingezahlte Aktien nehmen entsprechend ihrem Anteil am Grundkapital an der Erhöhung des Grundkapitals teil. [2]Bei ihnen kann die Kapitalerhöhung nicht durch Ausgabe neuer Aktien ausgeführt werden, bei Nennbetragsaktien wird deren Nennbetrag erhöht. [3]Sind neben teileingezahlten Aktien volleingezahlte Aktien vorhanden, so kann bei volleingezahlten Nennbetragsaktien

die Kapitalerhöhung durch Erhöhung des Nennbetrags der Aktien und durch Ausgabe neuer Aktien ausgeführt werden; der Beschluß über die Erhöhung des Grundkapitals muß die Art der Erhöhung angeben. [4]Soweit die Kapitalerhöhung durch Erhöhung des Nennbetrags der Aktien ausgeführt wird, ist sie so zu bemessen, daß durch sie auf keine Aktie Beträge entfallen, die durch eine Erhöhung des Nennbetrags der Aktien nicht gedeckt werden können.

§ 216
Wahrung der Rechte der Aktionäre und Dritter

(1) Das Verhältnis der mit den Aktien verbundenen Rechte zueinander wird durch die Kapitalerhöhung nicht berührt.

(2) [1]Soweit sich einzelne Rechte teileingezahlter Aktien, insbesondere die Beteiligung am Gewinn oder das Stimmrecht, nach der auf die Aktie geleisteten Einlage bestimmen, stehen diese Rechte den Aktionären bis zur Leistung der noch ausstehenden Einlagen nur nach der Höhe der geleisteten Einlage, erhöht um den auf den Nennbetrag des Grundkapitals berechneten Hundertsatz der Erhöhung des Grundkapitals zu. [2]Werden weitere Einzahlungen geleistet, so erweitern sich diese Rechte entsprechend. [3]Im Fall des § 271 Abs. 3 gelten die Erhöhungsbeträge als voll eingezahlt.

(3) [1]Der wirtschaftliche Inhalt vertraglicher Beziehungen der Gesellschaft zu Dritten, die von der Gewinnausschüttung der Gesellschaft, dem Nennbetrag oder Wert ihrer Aktien oder ihres Grundkapitals oder sonst von den bisherigen Kapital- oder Gewinnverhältnissen abhängen, wird durch die Kapitalerhöhung nicht berührt. [2]Gleiches gilt für Nebenverpflichtungen der Aktionäre.

§ 217
Beginn der Gewinnbeteiligung

(1) Neue Aktien nehmen, wenn nichts anderes bestimmt ist, am Gewinn des ganzen Geschäftsjahrs teil, in dem die Erhöhung des Grundkapitals beschlossen worden ist.

(2) [1]Im Beschluß über die Erhöhung des Grundkapitals kann bestimmt werden, daß die neuen Aktien bereits am Gewinn des letzten vor der Beschlußfassung über die Kapitalerhöhung abgelaufenen Geschäftsjahrs teilnehmen. [2]In diesem Fall ist die Erhöhung des Grundkapitals zu beschließen, bevor über die Verwendung des Bilanzgewinns des letzten vor der Beschlußfassung abgelaufenen Geschäftsjahrs Beschluß gefaßt ist. [3]Der Beschluß über die Verwendung des Bilanzgewinns des letzten vor der Beschlußfassung über die Kapitalerhöhung abgelaufenen Geschäftsjahrs wird erst wirksam, wenn das Grundkapital erhöht ist. [4]Der Beschluß über die Erhöhung des Grundkapitals und der Beschluß über die Verwendung des Bilanzgewinns des letzten vor der Beschlußfassung über die Kapitalerhöhung abgelaufenen Geschäftsjahrs sind nichtig, wenn der Beschluß über die Kapitalerhöhung nicht binnen drei Monaten nach der Beschlußfassung in das Handelsregister eingetragen worden ist. [5]Der Lauf der Frist ist gehemmt, solange eine Anfechtungs- oder Nichtigkeitsklage rechtshängig ist.

§ 218
Bedingtes Kapital

[1]Bedingtes Kapital erhöht sich im gleichen Verhältnis wie das Grundkapital. [2]Ist das bedingte Kapital zur Gewährung von Umtauschrechten an Gläubiger von Wandelschuldverschreibungen beschlossen worden, so ist zur Deckung des Unterschieds zwischen dem Ausgabebetrag der Schuldverschreibungen und dem höheren geringsten Ausgabebetrag der für sie zu gewährenden Bezugsaktien insgesamt eine Sonderrücklage zu bilden, soweit nicht Zuzahlungen der Umtauschberechtigten vereinbart sind.

§ 219
Verbotene Ausgabe von Aktien und Zwischenscheinen

Vor der Eintragung des Beschlusses über die Erhöhung des Grundkapitals in das Handelsregister dürfen neue Aktien und Zwischenscheine nicht ausgegeben werden.

Anhang 1
Aktiengesetz (AktG)

§ 220
Wertansätze

[1]Als Anschaffungskosten der vor der Erhöhung des Grundkapitals erworbenen Aktien und der auf sie entfallenen neuen Aktien gelten die Beträge, die sich für die einzelnen Aktien ergeben, wenn die Anschaffungskosten der vor der Erhöhung des Grundkapitals erworbenen Aktien auf diese und auf die auf sie entfallenen neuen Aktien nach dem Verhältnis der Anteile am Grundkapital verteilt werden. [2]Der Zuwachs an Aktien ist nicht als Zugang auszuweisen.

Fünfter Unterabschnitt
Wandelschuldverschreibungen.
Gewinnschuldverschreibungen

§ 221

(1) [1]Schuldverschreibungen, bei denen den Gläubigern oder der Gesellschaft ein Umtausch- oder Bezugsrecht auf Aktien eingeräumt wird (Wandelschuldverschreibungen), und Schuldverschreibungen, bei denen die Rechte der Gläubiger mit Gewinnanteilen von Aktionären in Verbindung gebracht werden (Gewinnschuldverschreibungen), dürfen nur auf Grund eines Beschlusses der Hauptversammlung ausgegeben werden. [2]Der Beschluß bedarf einer Mehrheit, die mindestens drei Viertel des bei der Beschlußfassung vertretenen Grundkapitals umfaßt. [3]Die Satzung kann eine andere Kapitalmehrheit und weitere Erfordernisse bestimmen. [4]§ 182 Abs. 2 gilt.

(2) [1]Eine Ermächtigung des Vorstands zur Ausgabe von Wandelschuldverschreibungen kann höchstens für fünf Jahre erteilt werden. [2]Der Vorstand und der Vorsitzende des Aufsichtsrats haben den Beschluß über die Ausgabe der Wandelschuldverschreibungen sowie eine Erklärung über deren Ausgabe beim Handelsregister zu hinterlegen. [3]Ein Hinweis auf den Beschluß und die Erklärung ist in den Gesellschaftsblättern bekanntzumachen.

(3) Absatz 1 gilt sinngemäß für die Gewährung von Genußrechten.

(4) [1]Auf Wandelschuldverschreibungen, Gewinnschuldverschreibungen und Genußrechte haben die Aktionäre ein Bezugsrecht. [2]Die §§ 186 und 193 Abs. 2 Nr. 4 gelten sinngemäß.

Dritter Abschnitt
Maßnahmen der Kapitalherabsetzung

Erster Unterabschnitt
Ordentliche Kapitalherabsetzung

§ 222
Voraussetzungen

(1) [1]Eine Herabsetzung des Grundkapitals kann nur mit einer Mehrheit beschlossen werden, die mindestens drei Viertel des bei der Beschlußfassung vertretenen Grundkapitals umfaßt. [2]Die Satzung kann eine größere Kapitalmehrheit und weitere Erfordernisse bestimmen.

(2) [1]Sind mehrere Gattungen von stimmberechtigten Aktien vorhanden, so bedarf der Beschluß der Hauptversammlung zu seiner Wirksamkeit der Zustimmung der Aktionäre jeder Gattung. [2]Über die Zustimmung haben die Aktionäre jeder Gattung einen Sonderbeschluß zu fassen. [3]Für diesen gilt Absatz 1.

(3) In dem Beschluß ist festzusetzen, zu welchem Zweck die Herabsetzung stattfindet, namentlich ob Teile des Grundkapitals zurückgezahlt werden sollen.

(4) [1]Die Herabsetzung des Grundkapitals erfordert bei Gesellschaften mit Nennbetragsaktien die Herabsetzung des Nennbetrags der Aktien. [2]Soweit der auf die einzelne Aktie entfallende anteilige Betrag des herabgesetzten Grundkapitals den Mindestbetrag nach § 8 Abs. 2 Satz 1 oder Abs. 3 Satz 3 unterschreiten würde, erfolgt die Herabsetzung durch Zusammenlegung der Aktien. [3]Der Beschluß muß die Art der Herabsetzung angeben.

§ 223
Anmeldung des Beschlusses

Der Vorstand und der Vorsitzende des Aufsichtsrats haben den Beschluß über die Herabsetzung des Grundkapitals zur Eintragung in das Handelsregister anzumelden.

§ 224
Wirksamwerden der Kapitalherabsetzung

Mit der Eintragung des Beschlusses über die Herabsetzung des Grundkapitals ist das Grundkapital herabgesetzt.

§ 225
Gläubigerschutz

(1) [1]Den Gläubigern, deren Forderungen begründet worden sind, bevor die Eintragung des Beschlusses bekanntgemacht worden ist, ist, wenn sie sich binnen sechs Monaten nach der Bekanntmachung zu diesem Zweck melden, Sicherheit zu leisten, soweit sie nicht Befriedigung verlangen können. [2]Die Gläubiger sind in der Bekanntmachung der Eintragung auf dieses Recht hinzuweisen. [3]Das Recht, Sicherheitsleistung zu verlangen, steht Gläubigern nicht zu, die im Fall des Insolvenzverfahrens ein Recht auf vorzugsweise Befriedigung aus einer Deckungsmasse haben, die nach gesetzlicher Vorschrift zu ihrem Schutz errichtet und staatlich überwacht ist.

(2) [1]Zahlungen an die Aktionäre dürfen auf Grund der Herabsetzung des Grundkapitals erst geleistet werden, nachdem seit der Bekanntmachung der Eintragung sechs Monate verstrichen sind und nachdem den Gläubigern, die sich rechtzeitig gemeldet haben, Befriedigung oder Sicherheit gewährt worden ist. [2]Auch eine Befreiung der Aktionäre von der Verpflichtung zur Leistung von Einlagen wird nicht vor dem bezeichneten Zeitpunkt und nicht vor Befriedigung oder Sicherstellung der Gläubiger wirksam, die sich rechtzeitig gemeldet haben.

(3) Das Recht der Gläubiger, Sicherheitsleistung zu verlangen, ist unabhängig davon, ob Zahlungen an die Aktionäre auf Grund der Herabsetzung des Grundkapitals geleistet werden.

§ 226
Kraftloserklärung von Aktien

(1) [1]Sollen zur Durchführung der Herabsetzung des Grundkapitals Aktien durch Umtausch, Abstempelung oder durch ein ähnliches Verfahren zusammengelegt werden, so kann die Gesellschaft die Aktien für kraftlos erklären, die trotz Aufforderung nicht bei ihr eingereicht worden sind. [2]Gleiches gilt für eingereichte Aktien, welche die zum Ersatz durch neue Aktien nötige Zahl nicht erreichen und der Gesellschaft nicht zur Verwertung für Rechnung der Beteiligten zur Verfügung gestellt sind.

(2) [1]Die Aufforderung, die Aktien einzureichen, hat die Kraftloserklärung anzudrohen. [2]Die Kraftloserklärung kann nur erfolgen, wenn die Aufforderung in der in § 64 Abs. 2 für die Nachfrist vorgeschriebenen Weise bekanntgemacht worden ist. [3]Die Kraftloserklärung geschieht durch Bekanntmachung in den Gesellschaftsblättern. [4]In der Bekanntmachung sind die für kraftlos erklärten Aktien so zu bezeichnen, daß sich aus der Bekanntmachung ohne weiteres ergibt, ob eine Aktie für kraftlos erklärt ist.

(3) [1]Die neuen Aktien, die an Stelle der für kraftlos erklärten Aktien auszugeben sind, hat die Gesellschaft unverzüglich für Rechnung der Beteiligten zum Börsenpreis und beim Fehlen eines Börsenpreises durch öffentliche Versteigerung zu verkaufen. [2]Ist von der Versteigerung am Sitz der Gesellschaft kein angemessener Erfolg zu erwarten, so sind die Aktien an einem geeigneten Ort zu verkaufen. [3]Zeit, Ort und Gegenstand der Versteigerung sind öffentlich bekanntzumachen. [4]Die Beteiligten sind besonders zu benachrichtigen; die Benachrichtigung kann unterbleiben, wenn sie untunlich ist. [5]Bekanntmachung und Benachrichtigung müssen mindestens zwei Wochen vor der Versteigerung ergehen. [6]Der Erlös ist den Beteiligten auszuzahlen oder, wenn ein Recht zur Hinterlegung besteht, zu hinterlegen.

Anhang 1

Aktiengesetz (AktG)

§ 227
Anmeldung der Durchführung

(1) Der Vorstand hat die Durchführung der Herabsetzung des Grundkapitals zur Eintragung in das Handelsregister anzumelden.

(2) Anmeldung und Eintragung der Durchführung der Herabsetzung des Grundkapitals können mit Anmeldung und Eintragung des Beschlusses über die Herabsetzung verbunden werden.

§ 228
Herabsetzung unter den Mindestnennbetrag

(1) Das Grundkapital kann unter den in § 7 bestimmten Mindestnennbetrag herabgesetzt werden, wenn dieser durch eine Kapitalerhöhung wieder erreicht wird, die zugleich mit der Kapitalherabsetzung beschlossen ist und bei der Sacheinlagen nicht festgesetzt sind.

(2) ^{1}Die Beschlüsse sind nichtig, wenn sie und die Durchführung der Erhöhung nicht binnen sechs Monaten nach der Beschlußfassung in das Handelsregister eingetragen worden sind. ^{2}Der Lauf der Frist ist gehemmt, solange eine Anfechtungs- oder Nichtigkeitsklage rechtshängig ist. ^{3}Die Beschlüsse und die Durchführung der Erhöhung des Grundkapitals sollen nur zusammen in das Handelsregister eingetragen werden.

Zweiter Unterabschnitt
Vereinfachte Kapitalherabsetzung

§ 229
Voraussetzungen

(1) ^{1}Eine Herabsetzung des Grundkapitals, die dazu dienen soll, Wertminderungen auszugleichen, sonstige Verluste zu decken oder Beträge in die Kapitalrücklage einzustellen, kann in vereinfachter Form vorgenommen werden. ^{2}Im Beschluß ist festzusetzen, daß die Herabsetzung zu diesen Zwecken stattfindet.

(2) ^{1}Die vereinfachte Kapitalherabsetzung ist nur zulässig, nachdem der Teil der gesetzlichen Rücklage und der Kapitalrücklage, um den diese zusammen über zehn vom Hundert des nach der Herabsetzung verbleibenden Grundkapitals hinausgehen, sowie die Gewinnrücklagen vorweg aufgelöst sind. ^{2}Sie ist nicht zulässig, solange ein Gewinnvortrag vorhanden ist.

(3) § 222 Abs. 1, 2 und 4, §§ 223, 224, 226 bis 228 über die ordentliche Kapitalherabsetzung gelten sinngemäß.

§ 230
Verbot von Zahlungen an die Aktionäre

^{1}Die Beträge, die aus der Auflösung der Kapital- oder Gewinnrücklagen und aus der Kapitalherabsetzung gewonnen werden, dürfen nicht zu Zahlungen an die Aktionäre und nicht dazu verwandt werden, die Aktionäre von der Verpflichtung zur Leistung von Einlagen zu befreien. ^{2}Sie dürfen nur verwandt werden, um Wertminderungen auszugleichen, sonstige Verluste zu decken und Beträge in die Kapitalrücklage oder in die gesetzliche Rücklage einzustellen. ^{3}Auch eine Verwendung zu einem dieser Zwecke ist nur zulässig, soweit sie im Beschluß als Zweck der Herabsetzung angegeben ist.

§ 231
Beschränkte Einstellung in die Kapitalrücklage und in die gesetzliche Rücklage

^{1}Die Einstellung der Beträge, die aus der Auflösung von anderen Gewinnrücklagen gewonnen werden, in die gesetzliche Rücklage und der Beträge, die aus der Kapitalherabsetzung gewonnen werden, in die Kapitalrücklage ist nur zulässig, soweit die Kapitalrücklage und die gesetzliche Rücklage zusammen zehn vom Hundert des Grundkapitals nicht übersteigen. ^{2}Als Grundkapital gilt dabei der Nennbetrag, der sich durch die Herabsetzung ergibt, mindestens aber der in § 7 bestimmte Mindestnennbetrag. ^{3}Bei der Bemessung der zulässigen Höhe bleiben Beträge, die in der

Zeit nach der Beschlußfassung über die Kapitalherabsetzung in die Kapitalrücklage einzustellen sind, auch dann außer Betracht, wenn ihre Zahlung auf einem Beschluß beruht, der zugleich mit dem Beschluß über die Kapitalherabsetzung gefaßt wird.

§ 232
Einstellung von Beträgen in die Kapitalrücklage bei zu hoch angenommenen Verlusten

Ergibt sich bei Aufstellung der Jahresbilanz für das Geschäftsjahr, in dem der Beschluß über die Kapitalherabsetzung gefaßt wurde, oder für eines der beiden folgenden Geschäftsjahre, daß Wertminderungen und sonstige Verluste in der bei der Beschlußfassung angenommenen Höhe tatsächlich nicht eingetreten oder ausgeglichen waren, so ist der Unterschiedsbetrag in die Kapitalrücklage einzustellen.

§ 233
Gewinnausschüttung. Gläubigerschutz

(1) [1]Gewinn darf nicht ausgeschüttet werden, bevor die gesetzliche Rücklage und die Kapitalrücklage zusammen zehn vom Hundert des Grundkapitals erreicht haben. [2]Als Grundkapital gilt dabei der Nennbetrag, der sich durch die Herabsetzung ergibt, mindestens aber der in § 7 bestimmte Mindestnennbetrag.

(2) [1]Die Zahlung eines Gewinnanteils von mehr als vier vom Hundert ist erst für ein Geschäftsjahr zulässig, das später als zwei Jahre nach der Beschlußfassung über die Kapitalherabsetzung beginnt. [2]Dies gilt nicht, wenn die Gläubiger, deren Forderungen vor der Bekanntmachung der Eintragung des Beschlusses begründet worden waren, befriedigt oder sichergestellt sind, soweit sie sich binnen sechs Monaten nach der Bekanntmachung des Jahresabschlusses, auf Grund dessen die Gewinnverteilung beschlossen ist, zu diesem Zweck gemeldet haben. [3]Einer Sicherstellung der Gläubiger bedarf es nicht, die im Fall des Insolvenzverfahrens ein Recht auf vorzugsweise Befriedigung aus einer Deckungsmasse haben, die nach gesetzlicher Vorschrift zu ihrem Schutz errichtet und staatlich überwacht ist. [4]Die Gläubiger sind in der Bekanntmachung nach § 325 Abs. 2 des Handelsgesetzbuchs auf die Befriedigung oder Sicherstellung hinzuweisen.

(3) Die Beträge, die aus der Auflösung von Kapital- und Gewinnrücklagen und aus der Kapitalherabsetzung gewonnen sind, dürfen auch nach diesen Vorschriften nicht als Gewinn ausgeschüttet werden.

§ 234
Rückwirkung der Kapitalherabsetzung

(1) Im Jahresabschluß für das letzte vor der Beschlußfassung über die Kapitalherabsetzung abgelaufene Geschäftsjahr können das gezeichnete Kapital sowie die Kapital- und Gewinnrücklagen in der Höhe ausgewiesen werden, in der sie nach der Kapitalherabsetzung bestehen sollen.

(2) [1]In diesem Fall beschließt die Hauptversammlung über die Feststellung des Jahresabschlusses. [2]Der Beschluß soll zugleich mit dem Beschluß über die Kapitalherabsetzung gefaßt werden.

(3) [1]Die Beschlüsse sind nichtig, wenn der Beschluß über die Kapitalherabsetzung nicht binnen drei Monaten nach der Beschlußfassung in das Handelsregister eingetragen worden ist. [2]Der Lauf der Frist ist gehemmt, solange eine Anfechtungs- oder Nichtigkeitsklage rechtshängig ist.

§ 235
Rückwirkung einer gleichzeitigen Kapitalerhöhung

(1) [1]Wird im Fall des § 234 zugleich mit der Kapitalherabsetzung eine Erhöhung des Grundkapitals beschlossen, so kann auch die Kapitalerhöhung in dem Jahresabschluß als vollzogen berücksichtigt werden. [2]Die Beschlußfassung ist nur zulässig, wenn die neuen Aktien gezeichnet, keine Sacheinlagen festgesetzt sind und wenn auf jede Aktie die Einzahlung geleistet ist, die nach § 188 Abs. 2 zur Zeit der Anmeldung der Durchführung der Kapitalerhöhung bewirkt sein muß. [3]Die Zeichnung und die Einzahlung sind dem Notar nachzuweisen, der den Beschluß über die Erhöhung des Grundkapitals beurkundet.

Anhang 1
Aktiengesetz (AktG)

(2) ¹Sämtliche Beschlüsse sind nichtig, wenn die Beschlüsse über die Kapitalherabsetzung und die Kapitalerhöhung und die Durchführung der Erhöhung nicht binnen drei Monaten nach der Beschlußfassung in das Handelsregister eingetragen worden sind. ²Der Lauf der Frist ist gehemmt, solange eine Anfechtungs- oder Nichtigkeitsklage rechtshängig ist. ³Die Beschlüsse und die Durchführung der Erhöhung des Grundkapitals sollen nur zusammen in das Handelsregister eingetragen werden.

§ 236
Offenlegung

Die Offenlegung des Jahresabschlusses nach § 325 des Handelsgesetzbuchs darf im Fall des § 234 erst nach Eintragung des Beschlusses über die Kapitalherabsetzung, im Fall des § 235 erst ergehen, nachdem die Beschlüsse über die Kapitalherabsetzung und Kapitalerhöhung und die Durchführung der Kapitalerhöhung eingetragen worden sind.

Dritter Unterabschnitt
Kapitalherabsetzung durch Einziehung von Aktien. Ausnahme für Stückaktien

§ 237
Voraussetzungen

(1) ¹Aktien können zwangsweise oder nach Erwerb durch die Gesellschaft eingezogen werden. ²Eine Zwangseinziehung ist nur zulässig, wenn sie in der ursprünglichen Satzung oder durch eine Satzungsänderung vor Übernahme oder Zeichnung der Aktien angeordnet oder gestattet war.

(2) ¹Bei der Einziehung sind die Vorschriften über die ordentliche Kapitalherabsetzung zu befolgen. ²In der Satzung oder in dem Beschluß der Hauptversammlung sind die Voraussetzungen für eine Zwangseinziehung und die Einzelheiten ihrer Durchführung festzulegen. ³Für die Zahlung des Entgelts, das Aktionären bei einer Zwangseinziehung oder bei einem Erwerb von Aktien zum Zwecke der Einziehung gewährt wird, und für die Befreiung dieser Aktionäre von der Verpflichtung zur Leistung von Einlagen gilt § 225 Abs. 2 sinngemäß.

(3) Die Vorschriften über die ordentliche Kapitalherabsetzung brauchen nicht befolgt zu werden, wenn Aktien, auf die der Ausgabebetrag voll geleistet ist,

1. der Gesellschaft unentgeltlich zur Verfügung gestellt oder
2. zu Lasten des Bilanzgewinns oder einer anderen Gewinnrücklage, soweit sie zu diesem Zweck verwandt werden können, eingezogen werden oder
3. Stückaktien sind und der Beschluss der Hauptversammlung bestimmt, dass sich durch die Einziehung der Anteil der übrigen Aktien am Grundkapital gemäß § 8 Abs. 3 erhöht; wird der Vorstand zur Einziehung ermächtigt, so kann er auch zur Anpassung der Angabe der Zahl in der Satzung ermächtigt werden.

(4) ¹Auch in den Fällen des Absatzes 3 kann die Kapitalherabsetzung durch Einziehung nur von der Hauptversammlung beschlossen werden. ²Für den Beschluß genügt die einfache Stimmenmehrheit. ³Die Satzung kann eine größere Mehrheit und weitere Erfordernisse bestimmen. ⁴Im Beschluß ist der Zweck der Kapitalherabsetzung festzusetzen. ⁵Der Vorstand und der Vorsitzende des Aufsichtsrats haben den Beschluß zur Eintragung in das Handelsregister anzumelden.

(5) In den Fällen des Absatzes 3 Nr. 1 und 2 ist in die Kapitalrücklage ein Betrag einzustellen, der dem auf die eingezogenen Aktien entfallenden Betrag des Grundkapitals gleichkommt.

(6) ¹Soweit es sich um eine durch die Satzung angeordnete Zwangseinziehung handelt, bedarf es eines Beschlusses der Hauptversammlung nicht. ²In diesem Fall tritt für die Anwendung der Vorschriften über die ordentliche Kapitalherabsetzung an die Stelle des Hauptversammlungsbeschlusses die Entscheidung des Vorstands über die Einziehung.

Anhang 1
Aktiengesetz (AktG)

§ 238
Wirksamwerden der Kapitalherabsetzung

¹Mit der Eintragung des Beschlusses oder, wenn die Einziehung nachfolgt, mit der Einziehung ist das Grundkapital um den auf die eingezogenen Aktien entfallenden Betrag herabgesetzt. ²Handelt es sich um eine durch die Satzung angeordnete Zwangseinziehung, so ist, wenn die Hauptversammlung nicht über die Kapitalherabsetzung beschließt, das Grundkapital mit der Zwangseinziehung herabgesetzt. ³Zur Einziehung bedarf es einer Handlung der Gesellschaft, die auf Vernichtung der Rechte aus bestimmten Aktien gerichtet ist.

§ 239
Anmeldung der Durchführung

(1) ¹Der Vorstand hat die Durchführung der Herabsetzung des Grundkapitals zur Eintragung in das Handelsregister anzumelden. ²Dies gilt auch dann, wenn es sich um eine durch die Satzung angeordnete Zwangseinziehung handelt.

(2) Anmeldung und Eintragung der Durchführung der Herabsetzung können mit Anmeldung und Eintragung des Beschlusses über die Herabsetzung verbunden werden.

Vierter Unterabschnitt
Ausweis der Kapitalherabsetzung

§ 240

¹Der aus der Kapitalherabsetzung gewonnene Betrag ist in der Gewinn- und Verlustrechnung als "Ertrag aus der Kapitalherabsetzung" gesondert, und zwar hinter dem Posten "Entnahmen aus Gewinnrücklagen", auszuweisen. ²Eine Einstellung in die Kapitalrücklage nach § 229 Abs. 1 und § 232 ist als "Einstellung in die Kapitalrücklage nach den Vorschriften über die vereinfachte Kapitalherabsetzung" gesondert auszuweisen. ³Im Anhang ist zu erläutern, ob und in welcher Höhe die aus der Kapitalherabsetzung und aus der Auflösung von Gewinnrücklagen gewonnenen Beträge

1. zum Ausgleich von Wertminderungen,
2. zur Deckung von sonstigen Verlusten oder
3. zur Einstellung in die Kapitalrücklage

verwandt werden. ⁴Ist die Gesellschaft eine kleine Kapitalgesellschaft (§ 267 Absatz 1 des Handelsgesetzbuchs), braucht sie Satz 3 nicht anzuwenden.

Siebenter Teil
Nichtigkeit von Hauptversammlungsbeschlüssen und des festgestellten Jahresabschlusses. Sonderprüfung wegen unzulässiger Unterbewertung

Erster Abschnitt
Nichtigkeit von Hauptversammlungsbeschlüssen

Erster Unterabschnitt
Allgemeines

§ 241
Nichtigkeitsgründe

Ein Beschluß der Hauptversammlung ist außer in den Fällen des § 192 Abs. 4, §§ 212, 217 Abs. 2, § 228 Abs. 2, § 234 Abs. 3 und § 235 Abs. 2 nur dann nichtig, wenn er

1. in einer Hauptversammlung gefaßt worden ist, die unter Verstoß gegen § 121 Abs. 2 und 3 Satz 1 oder Abs. 4 einberufen war,
2. nicht nach § 130 Abs. 1 und 2 Satz 1 und Abs. 4 beurkundet ist,

Anhang 1
Aktiengesetz (AktG)

3. mit dem Wesen der Aktiengesellschaft nicht zu vereinbaren ist oder durch seinen Inhalt Vorschriften verletzt, die ausschließlich oder überwiegend zum Schutz der Gläubiger der Gesellschaft oder sonst im öffentlichen Interesse gegeben sind,
4. durch seinen Inhalt gegen die guten Sitten verstößt,
5. auf Anfechtungsklage durch Urteil rechtskräftig für nichtig erklärt worden ist,
6. nach § 398 des Gesetzes über das Verfahren in Familiensachen und in den Angelegenheiten der freiwilligen Gerichtsbarkeit auf Grund rechtskräftiger Entscheidung als nichtig gelöscht worden ist.

§ 242
Heilung der Nichtigkeit

(1) Die Nichtigkeit eines Hauptversammlungsbeschlusses, der entgegen § 130 Abs. 1 und 2 Satz 1 und Abs. 4 nicht oder nicht gehörig beurkundet worden ist, kann nicht mehr geltend gemacht werden, wenn der Beschluß in das Handelsregister eingetragen worden ist.

(2) ^{1}Ist ein Hauptversammlungsbeschluß nach § 241 Nr. 1, 3 oder 4 nichtig, so kann die Nichtigkeit nicht mehr geltend gemacht werden, wenn der Beschluß in das Handelsregister eingetragen worden ist und seitdem drei Jahre verstrichen sind. ^{2}Ist bei Ablauf der Frist eine Klage auf Feststellung der Nichtigkeit des Hauptversammlungsbeschlusses rechtshängig, so verlängert sich die Frist, bis über die Klage rechtskräftig entschieden ist oder sie sich auf andere Weise endgültig erledigt hat. ^{3}Eine Löschung des Beschlusses von Amts wegen nach § 398 des Gesetzes über das Verfahren in Familiensachen und in den Angelegenheiten der freiwilligen Gerichtsbarkeit wird durch den Zeitablauf nicht ausgeschlossen. ^{4}Ist ein Hauptversammlungsbeschluß wegen Verstoßes gegen § 121 Abs. 4 Satz 2 nach § 241 Nr. 1 nichtig, so kann die Nichtigkeit auch dann nicht mehr geltend gemacht werden, wenn der nicht geladene Aktionär den Beschluß genehmigt. ^{5}Ist ein Hauptversammlungsbeschluss nach § 241 Nr. 5 oder § 249 nichtig, so kann das Urteil nach § 248 Abs. 1 Satz 3 nicht mehr eingetragen werden, wenn gemäß § 246a Abs. 1 rechtskräftig festgestellt wurde, dass Mängel des Hauptversammlungsbeschlusses die Wirkung der Eintragung unberührt lassen; § 398 des Gesetzes über das Verfahren in Familiensachen und in den Angelegenheiten der freiwilligen Gerichtsbarkeit findet keine Anwendung.

(3) Absatz 2 gilt entsprechend, wenn in den Fällen des § 217 Abs. 2, § 228 Abs. 2, § 234 Abs. 3 und § 235 Abs. 2 die erforderlichen Eintragungen nicht fristgemäß vorgenommen worden sind.

§ 243
Anfechtungsgründe

(1) Ein Beschluß der Hauptversammlung kann wegen Verletzung des Gesetzes oder der Satzung durch Klage angefochten werden.

(2) ^{1}Die Anfechtung kann auch darauf gestützt werden, daß ein Aktionär mit der Ausübung des Stimmrechts für sich oder einen Dritten Sondervorteile zum Schaden der Gesellschaft oder der anderen Aktionäre zu erlangen suchte und der Beschluß geeignet ist, diesem Zweck zu dienen. ^{2}Dies gilt nicht, wenn der Beschluß den anderen Aktionären einen angemessenen Ausgleich für ihren Schaden gewährt.

(3) Die Anfechtung kann nicht gestützt werden:
1. auf die durch eine technische Störung verursachte Verletzung von Rechten, die nach § 118 Abs. 1 Satz 2, Abs. 2 und § 134 Abs. 3 auf elektronischem Wege wahrgenommen worden sind, es sei denn, der Gesellschaft ist grobe Fahrlässigkeit oder Vorsatz vorzuwerfen; in der Satzung kann ein strengerer Verschuldensmaßstab bestimmt werden,
2. auf eine Verletzung des § 121 Abs. 4a, des § 124a oder des § 128,
3. auf Gründe, die ein Verfahren nach § 318 Abs. 3 des Handelsgesetzbuchs rechtfertigen.

(4) ^{1}Wegen unrichtiger, unvollständiger oder verweigerter Erteilung von Informationen kann nur angefochten werden, wenn ein objektiv urteilender Aktionär die Erteilung der Information als wesentliche Voraussetzung für die sachgerechte Wahrnehmung seiner Teilnahme- und Mitglied-

schaftsrechte angesehen hätte. ²Auf unrichtige, unvollständige oder unzureichende Informationen in der Hauptversammlung über die Ermittlung, Höhe oder Angemessenheit von Ausgleich, Abfindung, Zuzahlung oder über sonstige Kompensationen kann eine Anfechtungsklage nicht gestützt werden, wenn das Gesetz für Bewertungsrügen ein Spruchverfahren vorsieht.

Zweiter Abschnitt
Nichtigkeit des festgestellten Jahresabschlusses
§ 256
Nichtigkeit

(1) Ein festgestellter Jahresabschluß ist außer in den Fällen des § 173 Abs. 3, § 234 Abs. 3 und § 235 Abs. 2 nichtig, wenn

1. er durch seinen Inhalt Vorschriften verletzt, die ausschließlich oder überwiegend zum Schutz der Gläubiger der Gesellschaft gegeben sind,
2. er im Falle einer gesetzlichen Prüfungspflicht nicht nach § 316 Abs. 1 und 3 des Handelsgesetzbuchs geprüft worden ist;
3. er im Falle einer gesetzlichen Prüfungspflicht von Personen geprüft worden ist, die nach § 319 Abs. 1 des Handelsgesetzbuchs oder nach Artikel 25 des Einführungsgesetzes zum Handelsgesetzbuch nicht Abschlussprüfer sind oder aus anderen Gründen als einem Verstoß gegen § 319 Abs. 2, 3 oder Abs. 4, § 319a Abs. 1 oder § 319b Abs. 1 des Handelsgesetzbuchs nicht zum Abschlussprüfer bestellt sind,
4. bei seiner Feststellung die Bestimmungen des Gesetzes oder der Satzung über die Einstellung von Beträgen in Kapital- oder Gewinnrücklagen oder über die Entnahme von Beträgen aus Kapital- oder Gewinnrücklagen verletzt worden sind.

(2) Ein von Vorstand und Aufsichtsrat festgestellter Jahresabschluß ist außer nach Absatz 1 nur nichtig, wenn der Vorstand oder der Aufsichtsrat bei seiner Feststellung nicht ordnungsgemäß mitgewirkt hat.

(3) Ein von der Hauptversammlung festgestellter Jahresabschluß ist außer nach Absatz 1 nur nichtig, wenn die Feststellung

1. in einer Hauptversammlung beschlossen worden ist, die unter Verstoß gegen § 121 Abs. 2 und 3 Satz 1 oder Abs. 4 einberufen war,
2. nicht nach § 130 Abs. 1 und 2 Satz 1 und Abs. 4 beurkundet ist,
3. auf Anfechtungsklage durch Urteil rechtskräftig für nichtig erklärt worden ist.

(4) Wegen Verstoßes gegen die Vorschriften über die Gliederung des Jahresabschlusses sowie wegen der Nichtbeachtung von Formblättern, nach denen der Jahresabschluß zu gliedern ist, ist der Jahresabschluß nur nichtig, wenn seine Klarheit und Übersichtlichkeit dadurch wesentlich beeinträchtigt sind.

(5) ¹Wegen Verstoßes gegen die Bewertungsvorschriften ist der Jahresabschluß nur nichtig, wenn

1. Posten überbewertet oder
2. Posten unterbewertet sind und dadurch die Vermögens- und Ertragslage der Gesellschaft vorsätzlich unrichtig wiedergegeben oder verschleiert wird.

²Überbewertet sind Aktivposten, wenn sie mit einem höheren Wert, Passivposten, wenn sie mit einem niedrigeren Betrag angesetzt sind, als nach §§ 253 bis 256a des Handelsgesetzbuchs zulässig ist. ³Unterbewertet sind Aktivposten, wenn sie mit einem niedrigeren Wert, Passivposten, wenn sie mit einem höheren Betrag angesetzt sind, als nach §§ 253 bis 256a des Handelsgesetzbuchs zulässig ist. ⁴Bei Kreditinstituten oder Finanzdienstleistungsinstituten sowie bei Kapitalverwaltungsgesellschaften im Sinn des § 17 des Kapitalanlagegesetzbuchs liegt ein Verstoß gegen die Bewertungsvorschriften nicht vor, soweit die Abweichung nach den für sie geltenden Vorschriften, insbesondere den §§ 340e bis 340g des Handelsgesetzbuchs, zulässig ist; dies gilt entspre-

chend für Versicherungsunternehmen nach Maßgabe der für sie geltenden Vorschriften, insbesondere der §§ 341b bis 341h des Handelsgesetzbuchs.

(6) [1]Die Nichtigkeit nach Absatz 1 Nr. 1, 3 und 4, Absatz 2, Absatz 3 Nr. 1 und 2, Absatz 4 und 5 kann nicht mehr geltend gemacht werden, wenn seit der Bekanntmachung nach § 325 Abs. 2 des Handelsgesetzbuchs in den Fällen des Absatzes 1 Nr. 3 und 4, des Absatzes 2 und des Absatzes 3 Nr. 1 und 2 sechs Monate, in den anderen Fällen drei Jahre verstrichen sind. [2]Ist bei Ablauf der Frist eine Klage auf Feststellung der Nichtigkeit des Jahresabschlusses rechtshängig, so verlängert sich die Frist, bis über die Klage rechtskräftig entschieden ist oder sie sich auf andere Weise endgültig erledigt hat.

(7) [1]Für die Klage auf Feststellung der Nichtigkeit gegen die Gesellschaft gilt § 249 sinngemäß. [2]Hat die Gesellschaft Wertpapiere im Sinne des § 2 Absatz 1 des Wertpapierhandelsgesetzes ausgegeben, die an einer inländischen Börse zum Handel im regulierten Markt zugelassen sind, so hat das Gericht der Bundesanstalt für Finanzdienstleistungsaufsicht den Eingang einer Klage auf Feststellung der Nichtigkeit sowie jede rechtskräftige Entscheidung über diese Klage mitzuteilen.

§ 257
Anfechtung der Feststellung des Jahresabschlusses durch die Hauptversammlung

(1) [1]Die Feststellung des Jahresabschlusses durch die Hauptversammlung kann nach § 243 angefochten werden. [2]Die Anfechtung kann jedoch nicht darauf gestützt werden, daß der Inhalt des Jahresabschlusses gegen Gesetz oder Satzung verstößt.

(2) [1]Für die Anfechtung gelten die §§ 244 bis 246, 247 bis 248a. [2]Die Anfechtungsfrist beginnt auch dann mit der Beschlußfassung, wenn der Jahresabschluß nach § 316 Abs. 3 des Handelsgesetzbuchs erneut zu prüfen ist.

Zweites Buch
Kommanditgesellschaft auf Aktien

§ 278
Wesen der Kommanditgesellschaft auf Aktien

(1) Die Kommanditgesellschaft auf Aktien ist eine Gesellschaft mit eigener Rechtspersönlichkeit, bei der mindestens ein Gesellschafter den Gesellschaftsgläubigern unbeschränkt haftet (persönlich haftender Gesellschafter) und die übrigen an dem in Aktien zerlegten Grundkapital beteiligt sind, ohne persönlich für die Verbindlichkeiten der Gesellschaft zu haften (Kommanditaktionäre).

(2) Das Rechtsverhältnis der persönlich haftenden Gesellschafter untereinander und gegenüber der Gesamtheit der Kommanditaktionäre sowie gegenüber Dritten, namentlich die Befugnis der persönlich haftenden Gesellschafter zur Geschäftsführung und zur Vertretung der Gesellschaft, bestimmt sich nach den Vorschriften des Handelsgesetzbuchs über die Kommanditgesellschaft.

(3) Im übrigen gelten für die Kommanditgesellschaft auf Aktien, soweit sich aus den folgenden Vorschriften oder aus dem Fehlen eines Vorstands nichts anderes ergibt, die Vorschriften des Ersten Buchs über die Aktiengesellschaft sinngemäß.

§ 279
Firma

(1) Die Firma der Kommanditgesellschaft auf Aktien muß, auch wenn sie nach § 22 des Handelsgesetzbuchs oder nach anderen gesetzlichen Vorschriften fortgeführt wird, die Bezeichnung "Kommanditgesellschaft auf Aktien" oder eine allgemein verständliche Abkürzung dieser Bezeichnung enthalten.

(2) Wenn in der Gesellschaft keine natürliche Person persönlich haftet, muß die Firma, auch wenn sie nach § 22 des Handelsgesetzbuchs oder nach anderen gesetzlichen Vorschriften fortgeführt wird, eine Bezeichnung enthalten, welche die Haftungsbeschränkung kennzeichnet.

§ 280
Feststellung der Satzung. Gründer

(1) [1]Die Satzung muß durch notarielle Beurkundung festgestellt werden. [2]In der Urkunde sind bei Nennbetragsaktien der Nennbetrag, bei Stückaktien die Zahl, der Ausgabebetrag und, wenn mehrere Gattungen bestehen, die Gattung der Aktien anzugeben, die jeder Beteiligte übernimmt. [3]Bevollmächtigte bedürfen einer notariell beglaubigten Vollmacht.

(2) [1]Alle persönlich haftenden Gesellschafter müssen sich bei der Feststellung der Satzung beteiligen. [2]Außer ihnen müssen die Personen mitwirken, die als Kommanditaktionäre Aktien gegen Einlagen übernehmen.

(3) Die Gesellschafter, die die Satzung festgestellt haben, sind die Gründer der Gesellschaft.

§ 281
Inhalt der Satzung

(1) Die Satzung muß außer den Festsetzungen nach § 23 Abs. 3 und 4 den Namen, Vornamen und Wohnort jedes persönlich haftenden Gesellschafters enthalten.

(2) Vermögenseinlagen der persönlich haftenden Gesellschafter müssen, wenn sie nicht auf das Grundkapital geleistet werden, nach Höhe und Art in der Satzung festgesetzt werden.

(3) (weggefallen)

§ 282
Eintragung der persönlich haftenden Gesellschafter

[1]Bei der Eintragung der Gesellschaft in das Handelsregister sind statt der Vorstandsmitglieder die persönlich haftenden Gesellschafter anzugeben. [2]Ferner ist einzutragen, welche Vertretungsbefugnis die persönlich haftenden Gesellschafter haben.

§ 283
Persönlich haftende Gesellschafter

Für die persönlich haftenden Gesellschafter gelten sinngemäß die für den Vorstand der Aktiengesellschaft geltenden Vorschriften über

1. die Anmeldungen, Einreichungen, Erklärungen und Nachweise zum Handelsregister sowie über Bekanntmachungen;
2. die Gründungsprüfung;
3. die Sorgfaltspflicht und Verantwortlichkeit;
4. die Pflichten gegenüber dem Aufsichtsrat;
5. die Zulässigkeit einer Kreditgewährung;
6. die Einberufung der Hauptversammlung;
7. die Sonderprüfung;
8. die Geltendmachung von Ersatzansprüchen wegen der Geschäftsführung;
9. die Aufstellung, Vorlegung und Prüfung des Jahresabschlusses und des Vorschlags für die Verwendung des Bilanzgewinns;
10. die Vorlegung und Prüfung des Lageberichts sowie eines Konzernabschlusses und eines Konzernlageberichts;
11. die Vorlegung, Prüfung und Offenlegung eines Einzelabschlusses nach § 325 Abs. 2a des Handelsgesetzbuchs;
12. die Ausgabe von Aktien bei bedingter Kapitalerhöhung, bei genehmigtem Kapital und bei Kapitalerhöhung aus Gesellschaftsmitteln;
13. die Nichtigkeit und Anfechtung von Hauptversammlungsbeschlüssen;
14. den Antrag auf Eröffnung des Insolvenzverfahrens.

Anhang 1
Aktiengesetz (AktG)

§ 284
Wettbewerbsverbot

(1) [1]Ein persönlich haftender Gesellschafter darf ohne ausdrückliche Einwilligung der übrigen persönlich haftenden Gesellschafter und des Aufsichtsrats weder im Geschäftszweig der Gesellschaft für eigene oder fremde Rechnung Geschäfte machen noch Mitglied des Vorstands oder Geschäftsführer oder persönlich haftender Gesellschafter einer anderen gleichartigen Handelsgesellschaft sein. [2]Die Einwilligung kann nur für bestimmte Arten von Geschäften oder für bestimmte Handelsgesellschaften erteilt werden.

(2) [1]Verstößt ein persönlich haftender Gesellschafter gegen dieses Verbot, so kann die Gesellschaft Schadenersatz fordern. [2]Sie kann statt dessen von dem Gesellschafter verlangen, daß er die für eigene Rechnung gemachten Geschäfte als für Rechnung der Gesellschaft eingegangen gelten läßt und die aus Geschäften für fremde Rechnung bezogene Vergütung herausgibt oder seinen Anspruch auf die Vergütung abtritt.

(3) [1]Die Ansprüche der Gesellschaft verjähren in drei Monaten seit dem Zeitpunkt, in dem die übrigen persönlich haftenden Gesellschafter und die Aufsichtsratsmitglieder von der zum Schadensersatz verpflichtenden Handlung Kenntnis erlangen oder ohne grobe Fahrlässigkeit erlangen müssten. [2]Sie verjähren ohne Rücksicht auf diese Kenntnis oder grob fahrlässige Unkenntnis in fünf Jahren von ihrer Entstehung an.

§ 288
Entnahmen der persönlich haftenden Gesellschafter. Kreditgewährung

(1) [1]Entfällt auf einen persönlich haftenden Gesellschafter ein Verlust, der seinen Kapitalanteil übersteigt, so darf er keinen Gewinn auf seinen Kapitalanteil entnehmen. [2]Er darf ferner keinen solchen Gewinnanteil und kein Geld auf seinen Kapitalanteil entnehmen, solange die Summe aus Bilanzverlust, Einzahlungsverpflichtungen, Verlustanteilen persönlich haftender Gesellschafter und Forderungen aus Krediten an persönlich haftende Gesellschafter und deren Angehörige die Summe aus Gewinnvortrag, Kapital- und Gewinnrücklagen sowie Kapitalanteilen der persönlich haftenden Gesellschafter übersteigt.

(2) [1]Solange die Voraussetzung von Absatz 1 Satz 2 vorliegt, darf die Gesellschaft keinen unter § 286 Abs. 2 Satz 4 fallenden Kredit gewähren. [2]Ein trotzdem gewährter Kredit ist ohne Rücksicht auf entgegenstehende Vereinbarungen sofort zurückzugewähren.

(3) [1]Ansprüche persönlich haftender Gesellschafter auf nicht vom Gewinn abhängige Tätigkeitsvergütungen werden durch diese Vorschriften nicht berührt. [2]Für eine Herabsetzung solcher Vergütungen gilt § 87 Abs. 2 Satz 1 und 2 sinngemäß.

Drittes Buch
Verbundene Unternehmen

Erster Teil
Unternehmensverträge

Erster Abschnitt
Arten von Unternehmensverträgen

§ 291
Beherrschungsvertrag. Gewinnabführungsvertrag

(1) [1]Unternehmensverträge sind Verträge, durch die eine Aktiengesellschaft oder Kommanditgesellschaft auf Aktien die Leitung ihrer Gesellschaft einem anderen Unternehmen unterstellt (Beherrschungsvertrag) oder sich verpflichtet, ihren ganzen Gewinn an ein anderes Unternehmen abzuführen (Gewinnabführungsvertrag). [2]Als Vertrag über die Abführung des ganzen Gewinns gilt auch ein Vertrag, durch den eine Aktiengesellschaft oder Kommanditgesellschaft auf Aktien es übernimmt, ihr Unternehmen für Rechnung eines anderen Unternehmens zu führen.

(2) Stellen sich Unternehmen, die voneinander nicht abhängig sind, durch Vertrag unter einheitliche Leitung, ohne daß dadurch eines von ihnen von einem anderen vertragschließenden Unternehmen abhängig wird, so ist dieser Vertrag kein Beherrschungsvertrag.

(3) Leistungen der Gesellschaft bei Bestehen eines Beherrschungs- oder eines Gewinnabführungsvertrags gelten nicht als Verstoß gegen die §§ 57, 58 und 60.

§ 292
Andere Unternehmensverträge

(1) Unternehmensverträge sind ferner Verträge, durch die eine Aktiengesellschaft oder Kommanditgesellschaft auf Aktien

1. sich verpflichtet, ihren Gewinn oder den Gewinn einzelner ihrer Betriebe ganz oder zum Teil mit dem Gewinn anderer Unternehmen oder einzelner Betriebe anderer Unternehmen zur Aufteilung eines gemeinschaftlichen Gewinns zusammenzulegen (Gewinngemeinschaft),
2. sich verpflichtet, einen Teil ihres Gewinns oder den Gewinn einzelner ihrer Betriebe ganz oder zum Teil an einen anderen abzuführen (Teilgewinnabführungsvertrag),
3. den Betrieb ihres Unternehmens einem anderen verpachtet oder sonst überläßt (Betriebspachtvertrag, Betriebsüberlassungsvertrag).

(2) Ein Vertrag über eine Gewinnbeteiligung mit Mitgliedern von Vorstand und Aufsichtsrat oder mit einzelnen Arbeitnehmern der Gesellschaft sowie eine Abrede über eine Gewinnbeteiligung im Rahmen von Verträgen des laufenden Geschäftsverkehrs oder Lizenzverträgen ist kein Teilgewinnabführungsvertrag.

(3) [1]Ein Betriebspacht- oder Betriebsüberlassungsvertrag und der Beschluß, durch den die Hauptversammlung dem Vertrag zugestimmt hat, sind nicht deshalb nichtig, weil der Vertrag gegen die §§ 57, 58 und 60 verstößt. [2]Satz 1 schließt die Anfechtung des Beschlusses wegen dieses Verstoßes nicht aus.

§ 298
Anmeldung und Eintragung

Der Vorstand der Gesellschaft hat die Beendigung eines Unternehmensvertrags, den Grund und den Zeitpunkt der Beendigung unverzüglich zur Eintragung in das Handelsregister anzumelden.

§ 299
Ausschluß von Weisungen

Auf Grund eines Unternehmensvertrags kann der Gesellschaft nicht die Weisung erteilt werden, den Vertrag zu ändern, aufrechtzuerhalten oder zu beendigen.

Dritter Abschnitt
Sicherung der Gesellschaft und der Gläubiger

§ 300
Gesetzliche Rücklage

In die gesetzliche Rücklage sind an Stelle des in § 150 Abs. 2 bestimmten Betrags einzustellen,

1. wenn ein Gewinnabführungsvertrag besteht, aus dem ohne die Gewinnabführung entstehenden, um einen Verlustvortrag aus dem Vorjahr geminderten Jahresüberschuß der Betrag, der erforderlich ist, um die gesetzliche Rücklage unter Hinzurechnung einer Kapitalrücklage innerhalb der ersten fünf Geschäftsjahre, die während des Bestehens des Vertrags oder nach Durchführung einer Kapitalerhöhung beginnen, gleichmäßig auf den zehnten oder den in der Satzung bestimmten höheren Teil des Grundkapitals aufzufüllen, mindestens aber der in Nummer 2 bestimmte Betrag;

Anhang 1
Aktiengesetz (AktG)

2. wenn ein Teilgewinnabführungsvertrag besteht, der Betrag, der nach § 150 Abs. 2 aus dem ohne die Gewinnabführung entstehenden, um einen Verlustvortrag aus dem Vorjahr geminderten Jahresüberschuß in die gesetzliche Rücklage einzustellen wäre;
3. wenn ein Beherrschungsvertrag besteht, ohne daß die Gesellschaft auch zur Abführung ihres ganzen Gewinns verpflichtet ist, der zur Auffüllung der gesetzlichen Rücklage nach Nummer 1 erforderliche Betrag, mindestens aber der in § 150 Abs. 2 oder, wenn die Gesellschaft verpflichtet ist, ihren Gewinn zum Teil abzuführen, der in Nummer 2 bestimmte Betrag.

§ 301
Höchstbetrag der Gewinnabführung

[1]Eine Gesellschaft kann, gleichgültig welche Vereinbarungen über die Berechnung des abzuführenden Gewinns getroffen worden sind, als ihren Gewinn höchstens den ohne die Gewinnabführung entstehenden Jahresüberschuss, vermindert um einen Verlustvortrag aus dem Vorjahr, um den Betrag, der nach § 300 in die gesetzlichen Rücklagen einzustellen ist, und den nach § 268 Abs. 8 des Handelsgesetzbuchs ausschüttungsgesperrten Betrag, abführen. [2]Sind während der Dauer des Vertrags Beträge in andere Gewinnrücklagen eingestellt worden, so können diese Beträge den anderen Gewinnrücklagen entnommen und als Gewinn abgeführt werden.

§ 302
Verlustübernahme

(1) Besteht ein Beherrschungs- oder ein Gewinnabführungsvertrag, so hat der andere Vertragsteil jeden während der Vertragsdauer sonst entstehenden Jahresfehlbetrag auszugleichen, soweit dieser nicht dadurch ausgeglichen wird, daß den anderen Gewinnrücklagen Beträge entnommen werden, die während der Vertragsdauer in sie eingestellt worden sind.

(2) Hat eine abhängige Gesellschaft den Betrieb ihres Unternehmens dem herrschenden Unternehmen verpachtet oder sonst überlassen, so hat das herrschende Unternehmen jeden während der Vertragsdauer sonst entstehenden Jahresfehlbetrag auszugleichen, soweit die vereinbarte Gegenleistung das angemessene Entgelt nicht erreicht.

(3) [1]Die Gesellschaft kann auf den Anspruch auf Ausgleich erst drei Jahre nach dem Tag, an dem die Eintragung der Beendigung des Vertrags in das Handelsregister nach § 10 des Handelsgesetzbuchs bekannt gemacht worden ist, verzichten oder sich über ihn vergleichen. [2]Dies gilt nicht, wenn der Ausgleichspflichtige zahlungsunfähig ist und sich zur Abwendung des Insolvenzverfahrens mit seinen Gläubigern vergleicht oder wenn die Ersatzpflicht in einem Insolvenzplan geregelt wird. [3]Der Verzicht oder Vergleich wird nur wirksam, wenn die außenstehenden Aktionäre durch Sonderbeschluß zustimmen und nicht eine Minderheit, deren Anteile zusammen den zehnten Teil des bei der Beschlußfassung vertretenen Grundkapitals erreichen, zur Niederschrift Widerspruch erhebt.

(4) Die Ansprüche aus diesen Vorschriften verjähren in zehn Jahren seit dem Tag, an dem die Eintragung der Beendigung des Vertrags in das Handelsregister nach § 10 des Handelsgesetzbuchs bekannt gemacht worden ist.

§ 303
Gläubigerschutz

(1) [1]Endet ein Beherrschungs- oder ein Gewinnabführungsvertrag, so hat der andere Vertragsteil den Gläubigern der Gesellschaft, deren Forderungen begründet worden sind, bevor die Eintragung der Beendigung des Vertrags in das Handelsregister nach § 10 des Handelsgesetzbuchs bekannt gemacht worden ist, Sicherheit zu leisten, wenn sie sich binnen sechs Monaten nach der Bekanntmachung der Eintragung zu diesem Zweck bei ihm melden. [2]Die Gläubiger sind in der Bekanntmachung der Eintragung auf dieses Recht hinzuweisen.

(2) Das Recht, Sicherheitsleistung zu verlangen, steht Gläubigern nicht zu, die im Fall des Insolvenzverfahrens ein Recht auf vorzugsweise Befriedigung aus einer Deckungsmasse haben, die nach gesetzlicher Vorschrift zu ihrem Schutz errichtet und staatlich überwacht ist.

Anhang 1
Aktiengesetz (AktG)

(3) [1]Statt Sicherheit zu leisten, kann der andere Vertragsteil sich für die Forderung verbürgen. [2]§ 349 des Handelsgesetzbuchs über den Ausschluß der Einrede der Vorausklage ist nicht anzuwenden.

Vierter Abschnitt
Sicherung der außenstehenden Aktionäre bei Beherrschungs- und Gewinnabführungsverträgen

§ 304
Angemessener Ausgleich

(1) [1]Ein Gewinnabführungsvertrag muß einen angemessenen Ausgleich für die außenstehenden Aktionäre durch eine auf die Anteile am Grundkapital bezogene wiederkehrende Geldleistung (Ausgleichszahlung) vorsehen. [2]Ein Beherrschungsvertrag muß, wenn die Gesellschaft nicht auch zur Abführung ihres ganzen Gewinns verpflichtet ist, den außenstehenden Aktionären als angemessenen Ausgleich einen bestimmten jährlichen Gewinnanteil nach der für die Ausgleichszahlung bestimmten Höhe garantieren. [3]Von der Bestimmung eines angemessenen Ausgleichs kann nur abgesehen werden, wenn die Gesellschaft im Zeitpunkt der Beschlußfassung ihrer Hauptversammlung über den Vertrag keinen außenstehenden Aktionär hat.

(2) [1]Als Ausgleichszahlung ist mindestens die jährliche Zahlung des Betrags zuzusichern, der nach der bisherigen Ertragslage der Gesellschaft und ihren künftigen Ertragsaussichten unter Berücksichtigung angemessener Abschreibungen und Wertberichtigungen, jedoch ohne Bildung anderer Gewinnrücklagen, voraussichtlich als durchschnittlicher Gewinnanteil auf die einzelne Aktie verteilt werden könnte. [2]Ist der andere Vertragsteil eine Aktiengesellschaft oder Kommanditgesellschaft auf Aktien, so kann als Ausgleichszahlung auch die Zahlung des Betrags zugesichert werden, der unter Herstellung eines angemessenen Umrechnungsverhältnisses auf Aktien der anderen Gesellschaft jeweils als Gewinnanteil entfällt. [3]Die Angemessenheit der Umrechnung bestimmt sich nach dem Verhältnis, in dem bei einer Verschmelzung auf eine Aktie der Gesellschaft Aktien der anderen Gesellschaft zu gewähren wären.

(3) [1]Ein Vertrag, der entgegen Absatz 1 überhaupt keinen Ausgleich vorsieht, ist nichtig. [2]Die Anfechtung des Beschlusses, durch den die Hauptversammlung der Gesellschaft dem Vertrag oder einer unter § 295 Abs. 2 fallenden Änderung des Vertrags zugestimmt hat, kann nicht auf § 243 Abs. 2 oder darauf gestützt werden, daß der im Vertrag bestimmte Ausgleich nicht angemessen ist. [3]Ist der im Vertrag bestimmte Ausgleich nicht angemessen, so hat das in § 2 des Spruchverfahrensgesetzes bestimmte Gericht auf Antrag den vertraglich geschuldeten Ausgleich zu bestimmen, wobei es, wenn der Vertrag einen nach Absatz 2 Satz 2 berechneten Ausgleich vorsieht, den Ausgleich nach dieser Vorschrift zu bestimmen hat.

(4) Bestimmt das Gericht den Ausgleich, so kann der andere Vertragsteil den Vertrag binnen zwei Monaten nach Rechtskraft der Entscheidung ohne Einhaltung einer Kündigungsfrist kündigen.

§ 305
Abfindung

(1) Außer der Verpflichtung zum Ausgleich nach § 304 muß ein Beherrschungs- oder ein Gewinnabführungsvertrag die Verpflichtung des anderen Vertragsteils enthalten, auf Verlangen eines außenstehenden Aktionärs dessen Aktien gegen eine im Vertrag bestimmte angemessene Abfindung zu erwerben.

(2) Als Abfindung muß der Vertrag,
1. wenn der andere Vertragsteil eine nicht abhängige und nicht in Mehrheitsbesitz stehende Aktiengesellschaft oder Kommanditgesellschaft auf Aktien mit Sitz in einem Mitgliedstaat der Europäischen Union oder in einem anderen Vertragsstaat des Abkommens über den Europäischen Wirtschaftsraum ist, die Gewährung eigener Aktien dieser Gesellschaft,

Anhang 1
Aktiengesetz (AktG)

2. wenn der andere Vertragsteil eine abhängige oder in Mehrheitsbesitz stehende Aktiengesellschaft oder Kommanditgesellschaft auf Aktien und das herrschende Unternehmen eine Aktiengesellschaft oder Kommanditgesellschaft auf Aktien mit Sitz in einem Mitgliedstaat der Europäischen Union oder in einem anderen Vertragsstaat des Abkommens über den Europäischen Wirtschaftsraum ist, entweder die Gewährung von Aktien der herrschenden oder mit Mehrheit beteiligten Gesellschaft oder eine Barabfindung,
3. in allen anderen Fällen eine Barabfindung

vorsehen.

(3) [1]Werden als Abfindung Aktien einer anderen Gesellschaft gewährt, so ist die Abfindung als angemessen anzusehen, wenn die Aktien in dem Verhältnis gewährt werden, in dem bei einer Verschmelzung auf eine Aktie der Gesellschaft Aktien der anderen Gesellschaft zu gewähren wären, wobei Spitzenbeträge durch bare Zuzahlungen ausgeglichen werden können. [2]Die angemessene Barabfindung muß die Verhältnisse der Gesellschaft im Zeitpunkt der Beschlußfassung ihrer Hauptversammlung über den Vertrag berücksichtigen. [3]Sie ist nach Ablauf des Tages, an dem der Beherrschungs- oder Gewinnabführungsvertrag wirksam geworden ist, mit jährlich 5 Prozentpunkten über dem jeweiligen Basiszinssatz nach § 247 des Bürgerlichen Gesetzbuchs zu verzinsen; die Geltendmachung eines weiteren Schadens ist nicht ausgeschlossen.

(4) [1]Die Verpflichtung zum Erwerb der Aktien kann befristet werden. [2]Die Frist endet frühestens zwei Monate nach dem Tag, an dem die Eintragung des Bestehens des Vertrags im Handelsregister nach § 10 des Handelsgesetzbuchs bekannt gemacht worden ist. [3]Ist ein Antrag auf Bestimmung des Ausgleichs oder der Abfindung durch das in § 2 des Spruchverfahrensgesetzes bestimmte Gericht gestellt worden, so endet die Frist frühestens zwei Monate nach dem Tag, an dem die Entscheidung über den zuletzt beschiedenen Antrag im Bundesanzeiger bekanntgemacht worden ist.

(5) [1]Die Anfechtung des Beschlusses, durch den die Hauptversammlung der Gesellschaft dem Vertrag oder einer unter § 295 Abs. 2 fallenden Änderung des Vertrags zugestimmt hat, kann nicht darauf gestützt werden, daß der Vertrag keine angemessene Abfindung vorsieht. [2]Sieht der Vertrag überhaupt keine oder eine den Absätzen 1 bis 3 nicht entsprechende Abfindung vor, so hat das in § 2 des Spruchverfahrensgesetzes bestimmte Gericht auf Antrag die vertraglich zu gewährende Abfindung zu bestimmen. [3]Dabei hat es in den Fällen des Absatzes 2 Nr. 2, wenn der Vertrag die Gewährung von Aktien der herrschenden oder mit Mehrheit beteiligten Gesellschaft vorsieht, das Verhältnis, in dem diese Aktien zu gewähren sind, wenn der Vertrag nicht die Gewährung von Aktien der herrschenden oder mit Mehrheit beteiligten Gesellschaft vorsieht, die angemessene Barabfindung zu bestimmen. 4§ 304 Abs. 4 gilt sinngemäß.

Zweiter Teil
Leitungsmacht und Verantwortlichkeit bei Abhängigkeit von Unternehmen
Erster Abschnitt
Leitungsmacht und Verantwortlichkeit bei Bestehen eines Beherrschungsvertrags
§ 308
Leitungsmacht

(1) [1]Besteht ein Beherrschungsvertrag, so ist das herrschende Unternehmen berechtigt, dem Vorstand der Gesellschaft hinsichtlich der Leitung der Gesellschaft Weisungen zu erteilen. [2]Bestimmt der Vertrag nichts anderes, so können auch Weisungen erteilt werden, die für die Gesellschaft nachteilig sind, wenn sie den Belangen des herrschenden Unternehmens oder der mit ihm und der Gesellschaft konzernverbundenen Unternehmen dienen.

(2) [1]Der Vorstand ist verpflichtet, die Weisungen des herrschenden Unternehmens zu befolgen. [2]Er ist nicht berechtigt, die Befolgung einer Weisung zu verweigern, weil sie nach seiner Ansicht nicht

den Belangen des herrschenden Unternehmens oder der mit ihm und der Gesellschaft konzernverbundenen Unternehmen dient, es sei denn, daß sie offensichtlich nicht diesen Belangen dient.

(3) ¹Wird der Vorstand angewiesen, ein Geschäft vorzunehmen, das nur mit Zustimmung des Aufsichtsrats der Gesellschaft vorgenommen werden darf, und wird diese Zustimmung nicht innerhalb einer angemessenen Frist erteilt, so hat der Vorstand dies dem herrschenden Unternehmen mitzuteilen. ²Wiederholt das herrschende Unternehmen nach dieser Mitteilung die Weisung, so ist die Zustimmung des Aufsichtsrats nicht mehr erforderlich; die Weisung darf, wenn das herrschende Unternehmen einen Aufsichtsrat hat, nur mit dessen Zustimmung wiederholt werden.

§ 309
Verantwortlichkeit der gesetzlichen Vertreter des herrschenden Unternehmens

(1) Besteht ein Beherrschungsvertrag, so haben die gesetzlichen Vertreter (beim Einzelkaufmann der Inhaber) des herrschenden Unternehmens gegenüber der Gesellschaft bei der Erteilung von Weisungen an diese die Sorgfalt eines ordentlichen und gewissenhaften Geschäftsleiters anzuwenden.

(2) ¹Verletzen sie ihre Pflichten, so sind sie der Gesellschaft zum Ersatz des daraus entstehenden Schadens als Gesamtschuldner verpflichtet. ²Ist streitig, ob sie die Sorgfalt eines ordentlichen und gewissenhaften Geschäftsleiters angewandt haben, so trifft sie die Beweislast.

(3) ¹Die Gesellschaft kann erst drei Jahre nach der Entstehung des Anspruchs und nur dann auf Ersatzansprüche verzichten oder sich über sie vergleichen, wenn die außenstehenden Aktionäre durch Sonderbeschluß zustimmen und nicht eine Minderheit, deren Anteile zusammen den zehnten Teil des bei der Beschlußfassung vertretenen Grundkapitals erreichen, zur Niederschrift Widerspruch erhebt. ²Die zeitliche Beschränkung gilt nicht, wenn der Ersatzpflichtige zahlungsunfähig ist und sich zur Abwendung des Insolvenzverfahrens mit seinen Gläubigern vergleicht oder wenn die Ersatzpflicht in einem Insolvenzplan geregelt wird.

(4) ¹Der Ersatzanspruch der Gesellschaft kann auch von jedem Aktionär geltend gemacht werden. ²Der Aktionär kann jedoch nur Leistung an die Gesellschaft fordern. ³Der Ersatzanspruch kann ferner von den Gläubigern der Gesellschaft geltend gemacht werden, soweit sie von dieser keine Befriedigung erlangen können. ⁴Den Gläubigern gegenüber wird die Ersatzpflicht durch einen Verzicht oder Vergleich der Gesellschaft nicht ausgeschlossen. ⁵Ist über das Vermögen der Gesellschaft das Insolvenzverfahren eröffnet, so übt während dessen Dauer der Insolvenzverwalter oder der Sachwalter das Recht der Aktionäre und Gläubiger, den Ersatzanspruch der Gesellschaft geltend zu machen, aus.

(5) Die Ansprüche aus diesen Vorschriften verjähren in fünf Jahren.

§ 310
Verantwortlichkeit der Verwaltungsmitglieder der Gesellschaft

(1) ¹Die Mitglieder des Vorstands und des Aufsichtsrats der Gesellschaft haften neben dem Ersatzpflichtigen nach § 309 als Gesamtschuldner, wenn sie unter Verletzung ihrer Pflichten gehandelt haben. ²Ist streitig, ob sie die Sorgfalt eines ordentlichen und gewissenhaften Geschäftsleiters angewandt haben, so trifft sie die Beweislast.

(2) Dadurch, daß der Aufsichtsrat die Handlung gebilligt hat, wird die Ersatzpflicht nicht ausgeschlossen.

(3) Eine Ersatzpflicht der Verwaltungsmitglieder der Gesellschaft besteht nicht, wenn die schädigende Handlung auf einer Weisung beruht, die nach § 308 Abs. 2 zu befolgen war.

(4) § 309 Abs. 3 bis 5 ist anzuwenden.

Anhang 1

Aktiengesetz (AktG)

Zweiter Abschnitt
Verantwortlichkeit bei Fehlen eines Beherrschungsvertrags

§ 311
Schranken des Einflusses

(1) Besteht kein Beherrschungsvertrag, so darf ein herrschendes Unternehmen seinen Einfluß nicht dazu benutzen, eine abhängige Aktiengesellschaft oder Kommanditgesellschaft auf Aktien zu veranlassen, ein für sie nachteiliges Rechtsgeschäft vorzunehmen oder Maßnahmen zu ihrem Nachteil zu treffen oder zu unterlassen, es sei denn, daß die Nachteile ausgeglichen werden.

(2) [1]Ist der Ausgleich nicht während des Geschäftsjahrs tatsächlich erfolgt, so muß spätestens am Ende des Geschäftsjahrs, in dem der abhängigen Gesellschaft der Nachteil zugefügt worden ist, bestimmt werden, wann und durch welche Vorteile der Nachteil ausgeglichen werden soll. [2]Auf die zum Ausgleich bestimmten Vorteile ist der abhängigen Gesellschaft ein Rechtsanspruch zu gewähren.

§ 317
Verantwortlichkeit des herrschenden Unternehmens und seiner gesetzlichen Vertreter

(1) [1]Veranlaßt ein herrschendes Unternehmen eine abhängige Gesellschaft, mit der kein Beherrschungsvertrag besteht, ein für sie nachteiliges Rechtsgeschäft vorzunehmen oder zu ihrem Nachteil eine Maßnahme zu treffen oder zu unterlassen, ohne daß es den Nachteil bis zum Ende des Geschäftsjahrs tatsächlich ausgleicht oder der abhängigen Gesellschaft einen Rechtsanspruch auf einen zum Ausgleich bestimmten Vorteil gewährt, so ist es der Gesellschaft zum Ersatz des ihr daraus entstehenden Schadens verpflichtet. [2]Es ist auch den Aktionären zum Ersatz des ihnen daraus entstehenden Schadens verpflichtet, soweit sie, abgesehen von einem Schaden, der ihnen durch Schädigung der Gesellschaft zugefügt worden ist, geschädigt worden sind.

(2) Die Ersatzpflicht tritt nicht ein, wenn auch ein ordentlicher und gewissenhafter Geschäftsleiter einer unabhängigen Gesellschaft das Rechtsgeschäft vorgenommen oder die Maßnahme getroffen oder unterlassen hätte.

(3) Neben dem herrschenden Unternehmen haften als Gesamtschuldner die gesetzlichen Vertreter des Unternehmens, die die Gesellschaft zu dem Rechtsgeschäft oder der Maßnahme veranlaßt haben.

(4) § 309 Abs. 3 bis 5 gilt sinngemäß.

Dritter Teil
Eingegliederte Gesellschaften

§ 319
Eingliederung

(1) [1]Die Hauptversammlung einer Aktiengesellschaft kann die Eingliederung der Gesellschaft in eine andere Aktiengesellschaft mit Sitz im Inland (Hauptgesellschaft) beschließen, wenn sich alle Aktien der Gesellschaft in der Hand der zukünftigen Hauptgesellschaft befinden. [2]Auf den Beschluß sind die Bestimmungen des Gesetzes und der Satzung über Satzungsänderungen nicht anzuwenden.

(2) [1]Der Beschluß über die Eingliederung wird nur wirksam, wenn die Hauptversammlung der zukünftigen Hauptgesellschaft zustimmt. [2]Der Beschluß über die Zustimmung bedarf einer Mehrheit, die mindestens drei Viertel des bei der Beschlußfassung vertretenen Grundkapitals umfaßt. [3]Die Satzung kann eine größere Kapitalmehrheit und weitere Erfordernisse bestimmen. [4]Absatz 1 Satz 2 ist anzuwenden.

Anhang 1
Aktiengesetz (AktG)

(3) ¹Von der Einberufung der Hauptversammlung der zukünftigen Hauptgesellschaft an, die über die Zustimmung zur Eingliederung beschließen soll, sind in dem Geschäftsraum dieser Gesellschaft zur Einsicht der Aktionäre auszulegen
1. der Entwurf des Eingliederungsbeschlusses;
2. die Jahresabschlüsse und die Lageberichte der beteiligten Gesellschaften für die letzten drei Geschäftsjahre;
3. ein ausführlicher schriftlicher Bericht des Vorstands der zukünftigen Hauptgesellschaft, in dem die Eingliederung rechtlich und wirtschaftlich erläutert und begründet wird (Eingliederungsbericht).

²Auf Verlangen ist jedem Aktionär der zukünftigen Hauptgesellschaft unverzüglich und kostenlos eine Abschrift der in Satz 1 bezeichneten Unterlagen zu erteilen. ³Die Verpflichtungen nach den Sätzen 1 und 2 entfallen, wenn die in Satz 1 bezeichneten Unterlagen für denselben Zeitraum über die Internetseite der zukünftigen Hauptgesellschaft zugänglich sind. ⁴In der Hauptversammlung sind diese Unterlagen zugänglich zu machen. ⁵Jedem Aktionär ist in der Hauptversammlung auf Verlangen Auskunft auch über alle im Zusammenhang mit der Eingliederung wesentlichen Angelegenheiten der einzugliedernden Gesellschaft zu geben.

(4) ¹Der Vorstand der einzugliedernden Gesellschaft hat die Eingliederung und die Firma der Hauptgesellschaft zur Eintragung in das Handelsregister anzumelden. ²Der Anmeldung sind die Niederschriften der Hauptversammlungsbeschlüsse und ihre Anlagen in Ausfertigung oder öffentlich beglaubigter Abschrift beizufügen.

(5) ¹Bei der Anmeldung nach Absatz 4 hat der Vorstand zu erklären, daß eine Klage gegen die Wirksamkeit eines Hauptversammlungsbeschlusses nicht oder nicht fristgemäß erhoben oder eine solche Klage rechtskräftig abgewiesen oder zurückgenommen worden ist; hierüber hat der Vorstand dem Registergericht auch nach der Anmeldung Mitteilung zu machen. ²Liegt die Erklärung nicht vor, so darf die Eingliederung nicht eingetragen werden, es sei denn, daß die klageberechtigten Aktionäre durch notariell beurkundete Verzichtserklärung auf die Klage gegen die Wirksamkeit des Hauptversammlungsbeschlusses verzichten.

(6) ¹Der Erklärung nach Absatz 5 Satz 1 steht es gleich, wenn nach Erhebung einer Klage gegen die Wirksamkeit eines Hauptversammlungsbeschlusses das Gericht auf Antrag der Gesellschaft, gegen deren Hauptversammlungsbeschluß sich die Klage richtet, durch Beschluß festgestellt hat, daß die Erhebung der Klage der Eintragung nicht entgegensteht. ²Auf das Verfahren sind § 247, die §§ 82, 83 Abs. 1 und § 84 der Zivilprozessordnung sowie die im ersten Rechtszug für das Verfahren vor den Landgerichten geltenden Vorschriften der Zivilprozessordnung entsprechend anzuwenden, soweit nichts Abweichendes bestimmt ist. ³Ein Beschluss nach Satz 1 ergeht, wenn
1. die Klage unzulässig oder offensichtlich unbegründet ist,
2. der Kläger nicht binnen einer Woche nach Zustellung des Antrags durch Urkunden nachgewiesen hat, dass er seit Bekanntmachung der Einberufung einen anteiligen Betrag von mindestens 1 000 Euro hält
3. oder das alsbaldige Wirksamwerden des Hauptversammlungsbeschlusses vorrangig erscheint, weil die vom Antragsteller dargelegten wesentlichen Nachteile für die Gesellschaft und ihre Aktionäre nach freier Überzeugung des Gerichts die Nachteile für den Antragsgegner überwiegen, es sei denn, es liegt eine besondere Schwere des Rechtsverstoßes vor.

⁴Der Beschluß kann in dringenden Fällen ohne mündliche Verhandlung ergehen. ⁵Der Beschluss soll spätestens drei Monate nach Antragstellung ergehen; Verzögerungen der Entscheidung sind durch unanfechtbaren Beschluss zu begründen. ⁶Die vorgebrachten Tatsachen, aufgrund derer der Beschluß nach Satz 3 ergehen kann, sind glaubhaft zu machen. ⁷Über den Antrag entscheidet ein Senat des Oberlandesgerichts, in dessen Bezirk die Gesellschaft ihren Sitz hat. ⁸Eine Übertragung auf den Einzelrichter ist ausgeschlossen; einer Güteverhandlung bedarf es nicht. ⁹Der Beschluss ist unanfechtbar. ¹⁰Erweist sich die Klage als begründet, so ist die Gesellschaft, die den Beschluß erwirkt hat, verpflichtet, dem Antragsgegner den Schaden zu ersetzen, der ihm aus einer auf dem

Anhang 1
Aktiengesetz (AktG)

Beschluß beruhenden Eintragung der Eingliederung entstanden ist. [11]Nach der Eintragung lassen Mängel des Beschlusses seine Durchführung unberührt; die Beseitigung dieser Wirkung der Eintragung kann auch nicht als Schadenersatz verlangt werden.

(7) Mit der Eintragung der Eingliederung in das Handelsregister des Sitzes der Gesellschaft wird die Gesellschaft in die Hauptgesellschaft eingegliedert.

§ 320
Eingliederung durch Mehrheitsbeschluß

(1) [1]Die Hauptversammlung einer Aktiengesellschaft kann die Eingliederung der Gesellschaft in eine andere Aktiengesellschaft mit Sitz im Inland auch dann beschließen, wenn sich Aktien der Gesellschaft, auf die zusammen fünfundneunzig vom Hundert des Grundkapitals entfallen, in der Hand der zukünftigen Hauptgesellschaft befinden. [2]Eigene Aktien und Aktien, die einem anderen für Rechnung der Gesellschaft gehören, sind vom Grundkapital abzusetzen. [3]Für die Eingliederung gelten außer § 319 Abs. 1 Satz 2, Abs. 2 bis 7 die Absätze 2 bis 4.

(2) [1]Die Bekanntmachung der Eingliederung als Gegenstand der Tagesordnung ist nur ordnungsgemäß, wenn
1. sie die Firma und den Sitz der zukünftigen Hauptgesellschaft enthält,
2. ihr eine Erklärung der zukünftigen Hauptgesellschaft beigefügt ist, in der diese den ausscheidenden Aktionären als Abfindung für ihre Aktien eigene Aktien, im Falle des § 320b Abs. 1 Satz 3 außerdem eine Barabfindung anbietet.

[2]Satz 1 Nr. 2 gilt auch für die Bekanntmachung der zukünftigen Hauptgesellschaft.

(3) [1]Die Eingliederung ist durch einen oder mehrere sachverständige Prüfer (Eingliederungsprüfer) zu prüfen. [2]Diese werden auf Antrag des Vorstands der zukünftigen Hauptgesellschaft vom Gericht ausgewählt und bestellt. 3§ 293a Abs. 3, §§ 293c bis 293e sind sinngemäß anzuwenden.

(4) [1]Die in § 319 Abs. 3 Satz 1 bezeichneten Unterlagen sowie der Prüfungsbericht nach Absatz 3 sind jeweils von der Einberufung der Hauptversammlung an, die über die Zustimmung zur Eingliederung beschließen soll, in dem Geschäftsraum der einzugliedernden Gesellschaft und der Hauptgesellschaft zur Einsicht der Aktionäre auszulegen. [2]In dem Eingliederungsbericht sind auch Art und Höhe der Abfindung nach § 320b rechtlich und wirtschaftlich zu erläutern und zu begründen; auf besondere Schwierigkeiten bei der Bewertung der beteiligten Gesellschaften sowie auf die Folgen für die Beteiligungen der Aktionäre ist hinzuweisen. [3]§ 319 Abs. 3 Satz 2 bis 5 gilt sinngemäß für die Aktionäre beider Gesellschaften.

(5) bis (7) (weggefallen)

§ 320a
Wirkungen der Eingliederung

[1]Mit der Eintragung der Eingliederung in das Handelsregister gehen alle Aktien, die sich nicht in der Hand der Hauptgesellschaft befinden, auf diese über. [2]Sind über diese Aktien Aktienurkunden ausgegeben, so verbriefen sie bis zu ihrer Aushändigung an die Hauptgesellschaft nur den Anspruch auf Abfindung.

§ 320b
Abfindung der ausgeschiedenen Aktionäre

(1) [1]Die ausgeschiedenen Aktionäre der eingegliederten Gesellschaft haben Anspruch auf angemessene Abfindung. [2]Als Abfindung sind ihnen eigene Aktien der Hauptgesellschaft zu gewähren. [3]Ist die Hauptgesellschaft eine abhängige Gesellschaft, so sind den ausgeschiedenen Aktionären nach deren Wahl eigene Aktien der Hauptgesellschaft oder eine angemessene Barabfindung zu gewähren. [4]Werden als Abfindung Aktien der Hauptgesellschaft gewährt, so ist die Abfindung als angemessen anzusehen, wenn die Aktien in dem Verhältnis gewährt werden, in dem bei einer Verschmelzung auf eine Aktie der Gesellschaft Aktien der Hauptgesellschaft zu gewähren wären, wobei Spitzenbeträge durch bare Zuzahlungen ausgeglichen werden können. [5]Die Barabfindung muß die Verhältnisse der Gesellschaft im Zeitpunkt der Beschlußfassung ihrer Hauptversammlung

über die Eingliederung berücksichtigen. [6]Die Barabfindung sowie bare Zuzahlungen sind von der Bekanntmachung der Eintragung der Eingliederung an mit jährlich 5 Prozentpunkten über dem jeweiligen Basiszinssatz nach § 247 des Bürgerlichen Gesetzbuchs zu verzinsen; die Geltendmachung eines weiteren Schadens ist nicht ausgeschlossen.

(2) [1]Die Anfechtung des Beschlusses, durch den die Hauptversammlung der eingegliederten Gesellschaft die Eingliederung der Gesellschaft beschlossen hat, kann nicht auf § 243 Abs. 2 oder darauf gestützt werden, daß die von der Hauptgesellschaft nach § 320 Abs. 2 Nr. 2 angebotene Abfindung nicht angemessen ist. [2]Ist die angebotene Abfindung nicht angemessen, so hat das in § 2 des Spruchverfahrensgesetzes bestimmte Gericht auf Antrag die angemessene Abfindung zu bestimmen. [3]Das gleiche gilt, wenn die Hauptgesellschaft eine Abfindung nicht oder nicht ordnungsgemäß angeboten hat und eine hierauf gestützte Anfechtungsklage innerhalb der Anfechtungsfrist nicht erhoben oder zurückgenommen oder rechtskräftig abgewiesen worden ist.

(weggefallen)

§ 321
Gläubigerschutz

(1) [1]Den Gläubigern der eingegliederten Gesellschaft, deren Forderungen begründet worden sind, bevor die Eintragung der Eingliederung in das Handelsregister bekanntgemacht worden ist, ist, wenn sie sich binnen sechs Monaten nach der Bekanntmachung zu diesem Zweck melden, Sicherheit zu leisten, soweit sie nicht Befriedigung verlangen können. [2]Die Gläubiger sind in der Bekanntmachung der Eintragung auf dieses Recht hinzuweisen.

(2) Das Recht, Sicherheitsleistung zu verlangen, steht Gläubigern nicht zu, die im Falle des Insolvenzverfahrens ein Recht auf vorzugsweise Befriedigung aus einer Deckungsmasse haben, die nach gesetzlicher Vorschrift zu ihrem Schutz errichtet und staatlich überwacht ist.

§ 322
Haftung der Hauptgesellschaft

(1) [1]Von der Eingliederung an haftet die Hauptgesellschaft für die vor diesem Zeitpunkt begründeten Verbindlichkeiten der eingegliederten Gesellschaft den Gläubigern dieser Gesellschaft als Gesamtschuldner. [2]Die gleiche Haftung trifft sie für alle Verbindlichkeiten der eingegliederten Gesellschaft, die nach der Eingliederung begründet werden. [3]Eine entgegenstehende Vereinbarung ist Dritten gegenüber unwirksam.

(2) Wird die Hauptgesellschaft wegen einer Verbindlichkeit der eingegliederten Gesellschaft in Anspruch genommen, so kann sie Einwendungen, die nicht in ihrer Person begründet sind, nur insoweit geltend machen, als sie von der eingegliederten Gesellschaft erhoben werden können.

(3) [1]Die Hauptgesellschaft kann die Befriedigung des Gläubigers verweigern, solange der eingegliederten Gesellschaft das Recht zusteht, das ihrer Verbindlichkeit zugrunde liegende Rechtsgeschäft anzufechten. [2]Die gleiche Befugnis hat die Hauptgesellschaft, solange sich der Gläubiger durch Aufrechnung gegen eine fällige Forderung der eingegliederten Gesellschaft befriedigen kann.

(4) Aus einem gegen die eingegliederte Gesellschaft gerichteten vollstreckbaren Schuldtitel findet die Zwangsvollstreckung gegen die Hauptgesellschaft nicht statt.

§ 323
Leitungsmacht der Hauptgesellschaft und Verantwortlichkeit der Vorstandsmitglieder

(1) [1]Die Hauptgesellschaft ist berechtigt, dem Vorstand der eingegliederten Gesellschaft hinsichtlich der Leitung der Gesellschaft Weisungen zu erteilen. [2]§ 308 Abs. 2 Satz 1, Abs. 3, §§ 309, 310 gelten sinngemäß. [3]§§ 311 bis 318 sind nicht anzuwenden.

(2) Leistungen der eingegliederten Gesellschaft an die Hauptgesellschaft gelten nicht als Verstoß gegen die §§ 57, 58 und 60.

Anhang 1
Aktiengesetz (AktG)

§ 324
Gesetzliche Rücklage. Gewinnabführung. Verlustübernahme

(1) Die gesetzlichen Vorschriften über die Bildung einer gesetzlichen Rücklage, über ihre Verwendung und über die Einstellung von Beträgen in die gesetzliche Rücklage sind auf eingegliederte Gesellschaften nicht anzuwenden.

(2) [1]Auf einen Gewinnabführungsvertrag, eine Gewinngemeinschaft oder einen Teilgewinnabführungsvertrag zwischen der eingegliederten Gesellschaft und der Hauptgesellschaft sind die §§ 293 bis 296, 298 bis 303 nicht anzuwenden. [2]Der Vertrag, seine Änderung und seine Aufhebung bedürfen der schriftlichen Form. [3]Als Gewinn kann höchstens der ohne die Gewinnabführung entstehende Bilanzgewinn abgeführt werden. [4]Der Vertrag endet spätestens zum Ende des Geschäftsjahrs, in dem die Eingliederung endet.

(3) Die Hauptgesellschaft ist verpflichtet, jeden bei der eingegliederten Gesellschaft sonst entstehenden Bilanzverlust auszugleichen, soweit dieser den Betrag der Kapitalrücklagen und der Gewinnrücklagen übersteigt.

§ 325
-

§ 326
Auskunftsrecht der Aktionäre der Hauptgesellschaft

Jedem Aktionär der Hauptgesellschaft ist über Angelegenheiten der eingegliederten Gesellschaft ebenso Auskunft zu erteilen wie über Angelegenheiten der Hauptgesellschaft.

§ 327
Ende der Eingliederung

(1) Die Eingliederung endet
1. durch Beschluß der Hauptversammlung der eingegliederten Gesellschaft,
2. wenn die Hauptgesellschaft nicht mehr eine Aktiengesellschaft mit Sitz im Inland ist,
3. wenn sich nicht mehr alle Aktien der eingegliederten Gesellschaft in der Hand der Hauptgesellschaft befinden,
4. durch Auflösung der Hauptgesellschaft.

(2) Befinden sich nicht mehr alle Aktien der eingegliederten Gesellschaft in der Hand der Hauptgesellschaft, so hat die Hauptgesellschaft dies der eingegliederten Gesellschaft unverzüglich schriftlich mitzuteilen.

(3) Der Vorstand der bisher eingegliederten Gesellschaft hat das Ende der Eingliederung, seinen Grund und seinen Zeitpunkt unverzüglich zur Eintragung in das Handelsregister des Sitzes der Gesellschaft anzumelden.

(4) 1Endet die Eingliederung, so haftet die frühere Hauptgesellschaft für die bis dahin begründeten Verbindlichkeiten der bisher eingegliederten Gesellschaft, wenn sie vor Ablauf von fünf Jahren nach dem Ende der Eingliederung fällig und daraus Ansprüche gegen die frühere Hauptgesellschaft in einer in § 197 Abs. 1 Nr. 3 bis 5 des Bürgerlichen Gesetzbuchs bezeichneten Art festgestellt sind oder eine gerichtliche oder behördliche Vollstreckungshandlung vorgenommen oder beantragt wird; bei öffentlichrechtlichen Verbindlichkeiten genügt der Erlass eines Verwaltungsakts. [2]Die Frist beginnt mit dem Tag, an dem die Eintragung des Endes der Eingliederung in das Handelsregister nach § 10 des Handelsgesetzbuchs bekannt gemacht worden ist. [3]Die für die Verjährung geltenden §§ 204, 206, 210, 211 und 212 Abs. 2 und 3 des Bürgerlichen Gesetzbuchs sind entsprechend anzuwenden. [4]Einer Feststellung in einer in § 197 Abs. 1 Nr. 3 bis 5 des Bürgerlichen Gesetzbuchs bezeichneten Art bedarf es nicht, soweit die frühere Hauptgesellschaft den Anspruch schriftlich anerkannt hat.

Anhang 2
Außensteuergesetz (AStG)

**Gesetz über die Besteuerung bei Auslandsbeziehungen
(Außensteuergesetz)**
vom 8. September 1972 (BGBl. I S. 1713, BStBl I S. 450)
zuletzt durch Artikel 8 des Gesetz zur Anpassung der Abgabenordnung an den Zollkodex der Union und zur Änderung weiterer steuerlicher Vorschriften (AO1977Anp/StRÄndG)
vom 22. Dezemberi 2014 (BGBl. I S 2417) geändert worden ist

Erster Teil
Internationale Verflechtungen
§ 1
Berichtigung von Einkünften

(1) [1]Werden Einkünfte eines Steuerpflichtigen aus einer Geschäftsbeziehung zum Ausland mit einer ihm nahe stehenden Person dadurch gemindert, dass er seiner Einkünfteermittlung andere Bedingungen, insbesondere Preise (Verrechnungspreise), zugrunde legt, als sie voneinander unabhängige Dritte unter gleichen oder vergleichbaren Verhältnissen vereinbart hätten (Fremdvergleichsgrundsatz), sind seine Einkünfte unbeschadet anderer Vorschriften so anzusetzen, wie sie unter den zwischen voneinander unabhängigen Dritten vereinbarten Bedingungen angefallen wären. [2]Steuerpflichtiger im Sinne dieser Vorschrift ist auch eine Personengesellschaft oder eine Mitunternehmerschaft; eine Personengesellschaft oder Mitunternehmerschaft ist selbst nahestehende Person, wenn sie die Voraussetzungen des Absatzes 2 erfüllt. [3]Für die Anwendung des Fremdvergleichsgrundsatzes ist davon auszugehen, dass die voneinander unabhängigen Dritten alle wesentlichen Umstände der Geschäftsbeziehung kennen und nach den Grundsätzen ordentlicher und gewissenhafter Geschäftsleiter handeln. [4]Führt die Anwendung des Fremdvergleichsgrundsatzes zu weitergehenden Berichtigungen als die anderen Vorschriften, sind die weitergehenden Berichtigungen neben den Rechtsfolgen der anderen Vorschriften durchzuführen.

(2) Dem Steuerpflichtigen ist eine Person nahestehend, wenn

1. die Person an dem Steuerpflichtigen mindestens zu einem Viertel unmittelbar oder mittelbar beteiligt (wesentlich beteiligt) ist oder auf den Steuerpflichtigen unmittelbar oder mittelbar einen beherrschenden Einfluß ausüben kann oder umgekehrt der Steuerpflichtige an der Person wesentlich beteiligt ist oder auf diese Person unmittelbar oder mittelbar einen beherrschenden Einfluß ausüben kann oder

2. eine dritte Person sowohl an der Person als auch an dem Steuerpflichtigen wesentlich beteiligt ist oder auf beide unmittelbar oder mittelbar einen beherrschenden Einfluß ausüben kann oder

3. die Person oder der Steuerpflichtige imstande ist, bei der Vereinbarung der Bedingungen einer Geschäftsbeziehung auf den Steuerpflichtigen oder die Person einen außerhalb dieser Geschäftsbeziehung begründeten Einfluß auszuüben oder wenn einer von ihnen ein eigenes Interesse an der Erzielung der Einkünfte des anderen hat.

(3) [1]Für eine Geschäftsbeziehung im Sinne des Absatzes 1 Satz 1 ist der Verrechnungspreis vorrangig nach der Preisvergleichsmethode, der Wiederverkaufspreismethode oder der Kostenaufschlagsmethode zu bestimmen, wenn Fremdvergleichswerte ermittelt werden können, die nach Vornahme sachgerechter Anpassungen im Hinblick auf die ausgeübten Funktionen, die eingesetzten Wirtschaftsgüter und die übernommenen Chancen und Risiken (Funktionsanalyse) für diese Methoden uneingeschränkt vergleichbar sind; mehrere solche Werte bilden eine Bandbreite. [2]Sind solche Fremdvergleichswerte nicht zu ermitteln, sind eingeschränkt vergleichbare Werte nach Vornahme sachgerechter Anpassungen der Anwendung einer geeigneten Verrechnungspreismethode zugrunde zu legen. [3]Sind in den Fällen des Satzes 2 mehrere eingeschränkt vergleichbare Fremdvergleichswerte feststellbar, ist die sich ergebende Bandbreite einzuengen. [4]Liegt der vom Steuerpflichtigen für seine Einkünfteermittlung verwendete Wert in den Fällen des Satzes 1 außerhalb der Bandbreite oder in den Fällen des Satzes 2 außerhalb der eingeengten Bandbreite, ist der

Anhang 2
Außensteuergesetz (AStG)

Median maßgeblich. [5]Können keine eingeschränkt vergleichbaren Fremdvergleichswerte festgestellt werden, hat der Steuerpflichtige für seine Einkünfteermittlung einen hypothetischen Fremdvergleich unter Beachtung des Absatzes 1 Satz 3 durchzuführen. [6]Dazu hat er auf Grund einer Funktionsanalyse und innerbetrieblicher Planrechnungen den Mindestpreis des Leistenden und den Höchstpreis des Leistungsempfängers unter Berücksichtigung funktions- und risikoadäquater Kapitalisierungszinssätze zu ermitteln (Einigungsbereich); der Einigungsbereich wird von den jeweiligen Gewinnerwartungen (Gewinnpotenzialen) bestimmt. [7]Es ist der Preis im Einigungsbereich der Einkünfteermittlung zugrunde zu legen, der dem Fremdvergleichsgrundsatz mit der höchsten Wahrscheinlichkeit entspricht; wird kein anderer Wert glaubhaft gemacht, ist der Mittelwert des Einigungsbereichs zugrunde zu legen. [8]Ist der vom Steuerpflichtigen zugrunde gelegte Einigungsbereich unzutreffend und muss deshalb von einem anderen Einigungsbereich ausgegangen werden, kann auf eine Einkünfteberichtigung verzichtet werden, wenn der vom Steuerpflichtigen zugrunde gelegte Wert innerhalb des anderen Einigungsbereichs liegt. [9]Wird eine Funktion einschließlich der dazugehörigen Chancen und Risiken und der mit übertragenen oder überlassenen Wirtschaftsgüter und sonstigen Vorteile verlagert (Funktionsverlagerung) und ist auf die verlagerte Funktion Satz 5 anzuwenden, weil für das Transferpaket als Ganzes keine zumindest eingeschränkt vergleichbare Fremdvergleichswerte vorliegen, hat der Steuerpflichtige den Einigungsbereich auf der Grundlage des Transferpakets zu bestimmen. [10]In den Fällen des Satzes 9 ist die Bestimmung von Einzelverrechnungspreisen für alle betroffenen Wirtschaftsgüter und Dienstleistungen nach Vornahme sachgerechter Anpassungen anzuerkennen, wenn der Steuerpflichtige glaubhaft macht, dass keine wesentlichen immateriellen Wirtschaftsgüter und Vorteile Gegenstand der Funktionsverlagerung waren, oder dass die Summe der angesetzten Einzelverrechnungspreise, gemessen an der Bewertung des Transferpakets als Ganzes, dem Fremdvergleichsgrundsatz entspricht; macht der Steuerpflichtige glaubhaft, dass zumindest ein wesentliches immaterielles Wirtschaftsgut Gegenstand der Funktionsverlagerung ist, und bezeichnet er es genau, sind Einzelverrechnungspreise für die Bestandteile des Transferpakets anzuerkennen. [11]Sind in den Fällen der Sätze 5 und 9 wesentliche immaterielle Wirtschaftsgüter und Vorteile Gegenstand einer Geschäftsbeziehung und weicht die tatsächliche spätere Gewinnentwicklung erheblich von der Gewinnentwicklung ab, die der Verrechnungspreisbestimmung zugrunde lag, ist widerlegbar zu vermuten, dass zum Zeitpunkt des Geschäftsabschlusses Unsicherheiten im Hinblick auf die Preisvereinbarung bestanden und unabhängige Dritte eine sachgerechte Anpassungsregelung vereinbart hätten. [12]Wurde eine solche Regelung nicht vereinbart und tritt innerhalb der ersten zehn Jahre nach Geschäftsabschluss eine erhebliche Abweichung im Sinne des Satzes 11 ein, ist für eine deshalb vorzunehmende Berichtigung nach Absatz 1 Satz 1 einmalig ein angemessener Anpassungsbetrag auf den ursprünglichen Verrechnungspreis der Besteuerung des Wirtschaftsjahres zugrunde zu legen, das dem Jahr folgt, in dem die Abweichung eingetreten ist.

(4) [1]Geschäftsbeziehungen im Sinne dieser Vorschrift sind
1. einzelne oder mehrere zusammenhängende wirtschaftliche Vorgänge (Geschäftsvorfälle) zwischen einem Steuerpflichtigen und einer ihm nahestehenden Person,
    a) die Teil einer Tätigkeit des Steuerpflichtigen oder der nahestehenden Person sind, auf die die §§ 13, 15, 18 oder 21 des Einkommensteuergesetzes anzuwenden sind oder anzuwenden wären, wenn sich der Geschäftsvorfall im Inland unter Beteiligung eines unbeschränkt Steuerpflichtigen und einer inländischen nahestehenden Person ereignet hätte, und
    b) denen keine gesellschaftsvertragliche Vereinbarung zugrunde liegt; eine gesellschaftsvertragliche Vereinbarung ist eine Vereinbarung, die unmittelbar zu einer rechtlichen Änderung der Gesellschafterstellung führt;
2. Geschäftsvorfälle zwischen einem Unternehmen eines Steuerpflichtigen und seiner in einem anderen Staat gelegenen Betriebsstätte (anzunehmende schuldrechtliche Beziehungen).

[2] Liegt einem Geschäftsvorfall keine schuldrechtliche Vereinbarung zugrunde, ist davon auszugehen, dass voneinander unabhängige ordentliche und gewissenhafte Geschäftsleiter eine schuld-

rechtliche Vereinbarung getroffen hätten oder eine bestehende Rechtsposition geltend machen würden, die der Besteuerung zugrunde zu legen ist, es sei denn, der Steuerpflichtige macht im Einzelfall etwas anderes glaubhaft.

(5) [1]Die Absätze 1, 3 und 4 sind entsprechend anzuwenden, wenn für eine Geschäftsbeziehung im Sinne des Absatzes 4 Satz 1 Nummer 2 die Bedingungen, insbesondere die Verrechnungspreise, die der Aufteilung der Einkünfte zwischen einem inländischen Unternehmen und seiner ausländischen Betriebsstätte oder der Ermittlung der Einkünfte der inländischen Betriebsstätte eines ausländischen Unternehmens steuerlich zugrunde gelegt werden, nicht dem Fremdvergleichsgrundsatz entsprechen und dadurch die inländischen Einkünfte eines beschränkt Steuerpflichtigen gemindert oder die ausländischen Einkünfte eines unbeschränkt Steuerpflichtigen erhöht werden. [2]Zur Anwendung des Fremdvergleichsgrundsatzes ist eine Betriebsstätte wie ein eigenständiges und unabhängiges Unternehmen zu behandeln, es sei denn, die Zugehörigkeit der Betriebsstätte zum Unternehmen erfordert eine andere Behandlung. [3]Um die Betriebsstätte wie ein eigenständiges und unabhängiges Unternehmen zu behandeln, sind ihr in einem ersten Schritt zuzuordnen:

1. die Funktionen des Unternehmens, die durch ihr Personal ausgeübt werden (Personalfunktionen),
2. die Vermögenswerte des Unternehmens, die sie zur Ausübung der ihr zugeordneten Funktionen benötigt,
3. die Chancen und Risiken des Unternehmens, die sie auf Grund der ausgeübten Funktionen und zugeordneten Vermögenswerte übernimmt, sowie
4. ein angemessenes Eigenkapital (Dotationskapital).

[4]Auf der Grundlage dieser Zuordnung sind in einem zweiten Schritt die Art der Geschäftsbeziehungen zwischen dem Unternehmen und seiner Betriebsstätte und die Verrechnungspreise für diese Geschäftsbeziehungen zu bestimmen. [5]Die Sätze 1 bis 4 sind entsprechend auf ständige Vertreter anzuwenden. [6]Die Möglichkeit, einen Ausgleichsposten nach § 4g des Einkommensteuergesetzes zu bilden, wird nicht eingeschränkt. [7]Auf Geschäftsbeziehungen zwischen einem Gesellschafter und seiner Personengesellschaft oder zwischen einem Mitunternehmer und seiner Mitunternehmerschaft sind die Sätze 1 bis 4 nicht anzuwenden, unabhängig davon, ob die Beteiligung unmittelbar besteht oder ob sie nach § 15 Absatz 1 Satz 1 Nummer 2 Satz 2 des Einkommensteuergesetzes mittelbar besteht; für diese Geschäftsbeziehungen gilt Absatz 1. [8]Ist ein Abkommen zur Vermeidung der Doppelbesteuerung anzuwenden und macht der Steuerpflichtige geltend, dass dessen Regelungen den Sätzen 1 bis 7 widersprechen, so hat das Abkommen nur Vorrang, soweit der Steuerpflichtige nachweist, dass der andere Staat sein Besteuerungsrecht entsprechend diesem Abkommen ausübt und deshalb die Anwendung der Sätze 1 bis 7 zu einer Doppelbesteuerung führen würde.

(6) Das Bundesministerium der Finanzen wird ermächtigt, mit Zustimmung des Bundesrates durch Rechtsverordnung Einzelheiten des Fremdvergleichsgrundsatzes im Sinne der Absätze 1, 3 und 5 und Einzelheiten zu dessen einheitlicher Anwendung zu regeln sowie Grundsätze zur Bestimmung des Dotationskapitals im Sinne des Absatzes 5 Satz 3 Nummer 4 festzulegen.

Zweiter Teil
Wohnsitzwechsel in niedrigbesteuernde Gebiete
§ 2
Einkommensteuer

(1) [1]Eine natürliche Person, die in den letzten zehn Jahren vor dem Ende ihrer unbeschränkten Steuerpflicht nach § 1 Abs. 1 Satz 1 des Einkommensteuergesetzes als Deutscher insgesamt mindestens fünf Jahre unbeschränkt einkommensteuerpflichtig war und

1. in einem ausländischen Gebiet ansässig ist, in dem sie mit ihrem Einkommen nur einer niedrigen Besteuerung unterliegt, oder in keinem ausländischen Gebiet ansässig ist und

Anhang 2
Außensteuergesetz (AStG)

2. wesentliche wirtschaftliche Interessen im Geltungsbereich dieses Gesetzes hat,

ist bis zum Ablauf von zehn Jahren nach Ende des Jahres, in dem ihre unbeschränkte Steuerpflicht geendet hat, über die beschränkte Steuerpflicht im Sinne des Einkommensteuergesetzes hinaus beschränkt einkommensteuerpflichtig mit allen Einkünften im Sinne des § 2 Abs. 1 Satz 1 erster Halbsatz des Einkommensteuergesetzes, die bei unbeschränkter Einkommensteuerpflicht nicht ausländische Einkünfte im Sinne des § 34d des Einkommensteuergesetzes sind. [2]Für Einkünfte der natürlichen Person, die weder durch deren ausländische Betriebsstätte noch durch deren in einem ausländischen Staat tätigen ständigen Vertreter erzielt werden, ist für die Anwendung dieser Vorschrift das Bestehen einer inländischen Geschäftsleitungsbetriebsstätte der natürlichen Person anzunehmen, der solche Einkünfte zu- zuordnen sind. [3]Satz 1 findet nur Anwendung für Veranlagungszeiträume, in denen die hiernach insgesamt beschränkt steuerpflichtigen Einkünfte mehr als 16 500 Euro betragen.

(2) Eine niedrige Besteuerung im Sinne des Absatzes 1 Nr. 1 liegt vor, wenn

1. die Belastung durch die in dem ausländischen Gebiet erhobene Einkommensteuer - nach dem Tarif unter Einbeziehung von tariflichen Freibeträgen - bei einer in diesem Gebiet ansässigen unverheirateten natürlichen Person, die ein steuerpflichtiges Einkommen von 77 000 Euro bezieht, um mehr als ein Drittel geringer ist als die Belastung einer im Geltungsbereich dieses Gesetzes ansässigen natürlichen Person durch die deutsche Einkommensteuer unter sonst gleichen Bedingungen, es sei denn, die Person weist nach, daß die von ihrem Einkommen insgesamt zu entrichtenden Steuern mindestens zwei Drittel der Einkommensteuer betragen, die sie bei unbeschränkter Steuerpflicht nach § 1 Abs. 1 des Einkommensteuergesetzes zu entrichten hätte, oder

2. die Belastung der Person durch die in dem ausländischen Gebiet erhobene Einkommensteuer auf Grund einer gegenüber der allgemeinen Besteuerung eingeräumten Vorzugsbesteuerung erheblich gemindert sein kann, es sei denn, die Person weist nach, daß die von ihrem Einkommen insgesamt zu entrichtenden Steuern mindestens zwei Drittel der Einkommensteuer betragen, die sie bei unbeschränkter Steuerpflicht nach § 1 Abs. 1 des Einkommensteuergesetzes zu entrichten hätte.

(3) Eine Person hat im Sinne des Absatzes 1 Nr. 2 wesentliche wirtschaftliche Interessen im Geltungsbereich dieses Gesetzes, wenn

1. sie zu Beginn des Veranlagungszeitraums Unternehmer oder Mitunternehmer eines im Geltungsbereich dieses Gesetzes belegenen Gewerbebetriebs ist oder, sofern sie Kommanditist ist, mehr als 25 Prozent der Einkünfte im Sinne des § 15 Abs. 1 Satz 1 Nr. 2 des Einkommensteuergesetzes aus der Gesellschaft auf sie entfallen oder ihr eine Beteiligung im Sinne des § 17 Abs. 1 des Einkommensteuergesetzes an einer inländischen Kapitalgesellschaft gehört oder

2. ihre Einkünfte, die bei unbeschränkter Einkommensteuerpflicht nicht ausländische Einkünfte im Sinne des § 34d des Einkommensteuergesetzes sind, im Veranlagungszeitraum mehr als 30 Prozent ihrer sämtlichen Einkünfte betragen oder 62 000 Euro übersteigen oder

3. zu Beginn des Veranlagungszeitraums ihr Vermögen, dessen Erträge bei unbeschränkter Einkommensteuerpflicht nicht ausländische Einkünfte im Sinne des § 34d des Einkommensteuergesetzes wären, mehr als 30 Prozent ihres Gesamtvermögens beträgt oder 154 000 Euro übersteigt.

(4) Bei der Anwendung der Absätze 1 und 3 sind bei einer Person Gewerbebetriebe, Beteiligungen, Einkünfte und Vermögen einer ausländischen Gesellschaft im Sinne des § 5, an der die Person unter den dort genannten Voraussetzungen beteiligt ist, entsprechend ihrer Beteiligung zu berücksichtigen.

(5) [1]Ist Absatz 1 anzuwenden, kommt der Steuersatz zur Anwendung, der sich für sämtliche Einkünfte der Person ergibt; für die Ermittlung des Steuersatzes bleiben Einkünfte aus Kapitalvermögen außer Betracht, die dem gesonderten Steuersatz nach § 32d Absatz 1 des Einkommensteuer-

gesetzes unterliegen. ²Auf Einkünfte, die dem Steuerabzug auf Grund des § 50a des Einkommensteuergesetzes unter- liegen, ist § 50 Absatz 2 des Einkommensteuergesetzes nicht anzuwenden.
³§ 43 Absatz 5 des Einkommensteuergesetzes bleibt unberührt.

(6) Weist die Person nach, daß die auf Grund der Absätze 1 und 5 zusätzlich zu entrichtende Steuer insgesamt zu einer höheren inländischen Steuer führt, als sie sie bei unbeschränkter Steuerpflicht und Wohnsitz ausschließlich im Geltungsbereich dieses Gesetzes zu entrichten hätte, so wird der übersteigende Betrag insoweit nicht erhoben, als er die Steuer überschreitet, die sich ohne Anwendung der Absätze 1 und 5 ergäbe.

§ 3
(weggefallen)

§ 4
Erbschaftsteuer

(1) War bei einem Erblasser oder Schenker zur Zeit der Entstehung der Steuerschuld § 2 Abs. 1 Satz 1 anzuwenden, so tritt bei Erbschaftsteuerpflicht nach § 2 Abs. 1 Nr. 3 des Erbschaftsteuergesetzes die Steuerpflicht über den dort bezeichneten Umfang hinaus für alle Teile des Erwerbs ein, deren Erträge bei unbeschränkter Einkommensteuerpflicht nicht ausländische Einkünfte im Sinne des § 34d des Einkommensteuergesetzes wären.

(2) Absatz 1 findet keine Anwendung, wenn nachgewiesen wird, daß für die Teile des Erwerbs, die nach dieser Vorschrift über § 2 Abs. 1 Nr. 3 des Erbschaftsteuergesetzes hinaus steuerpflichtig wären, im Ausland eine der deutschen Erbschaftsteuer entsprechende Steuer zu entrichten ist, die mindestens 30 Prozent der deutschen Erbschaftsteuer beträgt, die bei Anwendung des Absatzes 1 auf diese Teile des Erwerbs entfallen würde.

§ 5
Zwischengeschaltete Gesellschaften

(1) ¹Sind natürliche Personen, die in den letzten zehn Jahren vor dem Ende ihrer unbeschränkten Steuerpflicht nach § 1 Abs. 1 Satz 1 des Einkommensteuergesetzes als Deutscher insgesamt mindestens fünf Jahre unbeschränkt einkommensteuerpflichtig waren und die Voraussetzungen des § 2 Abs. 1 Satz 1 Nr. 1 erfüllen (Person im Sinne des § 2), allein oder zusammen mit unbeschränkt Steuerpflichtigen an einer ausländischen Gesellschaft im Sinne des § 7 beteiligt, so sind Einkünfte, mit denen diese Personen bei unbeschränkter Steuerpflicht nach den §§ 7, 8 und 14 steuerpflichtig wären und die nicht ausländische Einkünfte im Sinne des § 34d des Einkommensteuergesetzes sind, diesen Personen zuzurechnen. ²Liegen die Voraussetzungen des Satzes 1 vor, so sind die Vermögenswerte der ausländischen Gesellschaft, deren Erträge bei unbeschränkter Steuerpflicht nicht ausländische Einkünfte im Sinne des § 34d des Einkommensteuergesetzes wären, im Fall des § 4 dem Erwerb entsprechend der Beteiligung zuzurechnen.

(2) Das Vermögen, das den nach Absatz 1 einer Person zuzurechnenden Einkünften zugrunde liegt, haftet für die von dieser Person für diese Einkünfte geschuldeten Steuern.

(3) § 18 findet entsprechende Anwendung.

Dritter Teil
Behandlung einer Beteiligung im Sinne des § 17 des Einkommensteuergesetzes bei Wohnsitzwechsel ins Ausland

§ 6
Besteuerung des Vermögenszuwachses

(1) ¹Bei einer natürlichen Person, die insgesamt mindestens zehn Jahre nach § 1 Abs. 1 des Einkommensteuergesetzes unbeschränkt steuerpflichtig war und deren unbeschränkte Steuerpflicht durch Aufgabe des Wohnsitzes oder gewöhnlichen Aufenthalts endet, ist auf Anteile im Sinne des

Anhang 2
Außensteuergesetz (AStG)

§ 17 Abs. 1 Satz 1 des Einkommensteuergesetzes im Zeitpunkt der Beendigung der unbeschränkten Steuerpflicht § 17 des Einkommensteuergesetzes auch ohne Veräußerung anzuwenden, wenn im Übrigen für die Anteile zu diesem Zeitpunkt die Voraussetzungen dieser Vorschrift erfüllt sind. ²Der Beendigung der unbeschränkten Steuerpflicht im Sinne des Satzes 1 stehen gleich

1. die Übertragung der Anteile durch ganz oder teilweise unentgeltliches Rechtsgeschäft unter Lebenden oder durch Erwerb von Todes wegen auf nicht unbeschränkt steuerpflichtige Personen oder
2. die Begründung eines Wohnsitzes oder gewöhnlichen Aufenthalts oder die Erfüllung eines anderen ähnlichen Merkmals in einem ausländischen Staat, wenn der Steuerpflichtige auf Grund dessen nach einem Abkommen zur Vermeidung der Doppelbesteuerung als in diesem Staat ansässig anzusehen ist, oder
3. die Einlage der Anteile in einen Betrieb oder eine Betriebsstätte des Steuerpflichtigen in einem ausländischen Staat oder
4. der Ausschluss oder die Beschränkung des Besteuerungsrechts der Bundesrepublik Deutschland hin- sichtlich des Gewinns aus der Veräußerung der Anteile auf Grund anderer als der in Satz 1 oder der in den Nummern 1 bis 3 genannten Ereignisse.

³§ 17 Abs. 5 des Einkommensteuergesetzes und die Vorschriften des Umwandlungssteuergesetzes bleiben unberührt. ⁴An Stelle des Veräußerungspreises (§ 17 Abs. 2 des Einkommensteuergesetzes) tritt der gemeine Wert der Anteile in dem nach Satz 1 oder 2 maßgebenden Zeitpunkt. ⁵Die §§ 17 und 49 Abs. 1 Nr. 2 Buchstabe e des Einkommensteuergesetzes bleiben mit der Maßgabe unberührt, dass der nach diesen Vorschriften anzusetzende Gewinn aus der Veräußerung dieser Anteile um den nach den vorstehenden Vorschriften besteuerten Vermögenszuwachs zu kürzen ist.

(2) ¹Hat der unbeschränkt Steuerpflichtige die Anteile durch ganz oder teilweise unentgeltliches Rechtsgeschäft erworben, so sind für die Errechnung der nach Absatz 1 maßgebenden Dauer der unbeschränkten Steuerpflicht auch Zeiträume einzubeziehen, in denen der Rechtsvorgänger bis zur Übertragung der Anteile unbeschränkt steuerpflichtig war. ²Sind die Anteile mehrmals nacheinander in dieser Weise übertragen worden, so gilt Satz 1 für jeden der Rechtsvorgänger entsprechend. ³Zeiträume, in denen der Steuerpflichtige oder ein oder mehrere Rechtsvorgänger gleichzeitig unbeschränkt steuerpflichtig waren, werden dabei nur einmal angesetzt.

(3) ¹Beruht die Beendigung der unbeschränkten Steuerpflicht auf vorübergehender Abwesenheit und wird der Steuerpflichtige innerhalb von fünf Jahren seit Beendigung der unbeschränkten Steuerpflicht wieder unbeschränkt steuerpflichtig, so entfällt der Steueranspruch nach Absatz 1, soweit die Anteile in der Zwischenzeit nicht veräußert und die Tatbestände des Absatzes 1 Satz 2 Nr. 1 oder 3 nicht erfüllt worden sind und der Steuerpflichtige im Zeitpunkt der Begründung der unbeschränkten Steuerpflicht nicht nach einem Abkommen zur Vermeidung der Doppelbesteuerung als in einem ausländischen Staat ansässig gilt. ²Das Finanzamt, das in dem nach Absatz 1 Satz 1 oder 2 maßgebenden Zeitpunkt nach § 19 der Abgabenordnung zuständig ist, kann diese Frist um höchstens fünf Jahre verlängern, wenn der Steuerpflichtige glaubhaft macht, dass berufliche Gründe für seine Abwesenheit maßgebend sind und seine Absicht zur Rückkehr unverändert fortbesteht. ³Wird im Fall des Erwerbs von Todes wegen nach Absatz 1 Satz 2 Nr. 1 der Rechtsnachfolger des Steuerpflichtigen innerhalb von fünf Jahren seit Entstehung des Steueranspruchs nach Absatz 1 unbeschränkt steuerpflichtig, gilt Satz 1 entsprechend. ⁴Ist der Steueranspruch nach Absatz 5 gestundet, gilt Satz 1 ohne die darin genannte zeitliche Begrenzung entsprechend, wenn

1. der Steuerpflichtige oder im Fall des Absatzes 1 Satz 2 Nr. 1 sein Rechtsnachfolger unbeschränkt steuerpflichtig werden oder
2. das Besteuerungsrecht der Bundesrepublik Deutschland hinsichtlich des Gewinns aus der Veräußerung der Anteile auf Grund eines anderen Ereignisses wieder begründet wird oder nicht mehr beschränkt ist.

(4) ¹Vorbehaltlich des Absatzes 5 ist die nach Absatz 1 geschuldete Einkommensteuer auf Antrag in regelmäßigen Teilbeträgen für einen Zeitraum von höchstens fünf Jahren seit Eintritt der ersten Fälligkeit gegen Sicherheitsleistung zu stunden, wenn ihre alsbaldige Einziehung mit erheblichen Härten für den Steuerpflichtigen verbunden wäre. ²Die Stundung ist zu widerrufen, soweit die Anteile während des Stundungszeitraums veräußert werden oder verdeckt in eine Gesellschaft im Sinne des § 17 Abs. 1 Satz 1 des Einkommensteuergesetzes eingelegt werden oder einer der Tatbestände des § 17 Abs. 4 des Einkommensteuergesetzes verwirklicht wird. ³In Fällen des Absatzes 3 Satz 1 und 2 richtet sich der Stundungszeitraum nach der auf Grund dieser Vorschrift eingeräumten Frist; die Erhebung von Teilbeträgen entfällt; von der Sicherheitsleistung kann nur abgesehen werden, wenn der Steueranspruch nicht gefährdet erscheint.

(5) ¹Ist der Steuerpflichtige im Fall des Absatzes 1 Satz 1 Staatsangehöriger eines Mitgliedstaates der Europäischen Union oder eines anderen Staates, auf den das Abkommen über den Europäischen Wirtschaftsraum vom 3. Januar 1994 (ABl. EG Nr. L 1 S. 3), zuletzt geändert durch den Beschluss des Gemeinsamen EWR-Ausschusses Nr. 91/2007 vom 6. Juli 2007 (ABl. EU Nr. L 328 S. 40), in der jeweils geltenden Fassung anwendbar ist (Vertragsstaat des EWR-Abkommens), und unterliegt er nach der Beendigung der unbeschränkten Steuerpflicht in einem dieser Staaten (Zuzugsstaat) einer der deutschen unbeschränkten Einkommensteuerpflicht vergleichbaren Steuerpflicht, so ist die nach Absatz 1 geschuldete Steuer zinslos und ohne Sicherheitsleistung zu stunden. ²Voraussetzung ist, dass die Amtshilfe und die gegenseitige Unterstützung bei der Beitreibung der geschuldeten Steuer zwischen der Bundesrepublik Deutschland und diesem Staat gewährleistet sind. ³Die Sätze 1 und 2 gelten entsprechend, wenn

1. im Fall des Absatzes 1 Satz 2 Nr. 1 der Rechtsnachfolger des Steuerpflichtigen einer der deutschen unbeschränkten Einkommensteuerpflicht vergleichbaren Steuerpflicht in einem Mitgliedstaat der Europäischen Union oder einem Vertragsstaat des EWR-Abkommens unterliegt oder
2. im Fall des Absatzes 1 Satz 2 Nr. 2 der Steuerpflichtige einer der deutschen unbeschränkten Einkommensteuerpflicht vergleichbaren Steuerpflicht in einem Mitgliedstaat der Europäischen Union oder einem Vertragsstaat des EWR-Abkommens unterliegt und Staatsangehöriger eines dieser Staaten ist oder
3. im Fall des Absatzes 1 Satz 2 Nr. 3 der Steuerpflichtige die Anteile in einen Betrieb oder eine Betriebsstätte in einem anderen Mitgliedstaat der Europäischen Union oder einem anderen Vertragsstaat des EWR-Abkommens einlegt oder
4. im Fall des Absatzes 1 Satz 2 Nummer 4 der Steuerpflichtige Anteile an einer in einem Mitgliedstaat der Europäischen Union oder in einem Vertragsstaat des EWR-Abkommens ansässigen Gesellschaft hält.

⁴Die Stundung ist zu widerrufen,

1. soweit der Steuerpflichtige oder sein Rechtsnachfolger im Sinne des Satzes 3 Nr. 1 Anteile veräußert oder verdeckt in eine Gesellschaft im Sinne des § 17 Abs. 1 Satz 1 des Einkommensteuergesetzes einlegt oder einer der Tatbestände des § 17 Abs. 4 des Einkommensteuergesetzes erfüllt wird;
2. soweit Anteile auf eine nicht unbeschränkt steuerpflichtige Person übergehen, die nicht in einem Mitgliedstaat der Europäischen Union oder einem Vertragsstaat des EWR-Abkommens einer der deutschen unbeschränkten Einkommensteuerpflicht vergleichbaren Steuerpflicht unterliegt;
3. soweit in Bezug auf die Anteile eine Entnahme oder ein anderer Vorgang verwirklicht wird, der nach inländischem Recht zum Ansatz des Teilwerts oder des gemeinen Werts führt;
4. wenn für den Steuerpflichtigen oder seinen Rechtsnachfolger im Sinne des Satzes 3 Nr. 1 durch Aufgabe des Wohnsitzes oder gewöhnlichen Aufenthalts keine Steuerpflicht nach Satz 1 mehr besteht.

Anhang 2
Außensteuergesetz (AStG)

⁵Ein Umwandlungsvorgang, auf den die §§ 11, 15 oder 21 des Umwandlungssteuergesetzes vom 7. Dezember 2006 (BGBl. I S. 2782, 2791) in der jeweils geltenden Fassung anzuwenden sind, gilt auf Antrag nicht als Veräußerung im Sinne des Satzes 4 Nr. 1, wenn die erhaltenen Anteile bei einem unbeschränkt steuerpflichtigen Anteilseigner, der die Anteile nicht in einem Betriebsvermögen hält, nach § 13 Abs. 2, § 21 Abs. 2 des Umwandlungssteuergesetzes mit den Anschaffungskosten der bisherigen Anteile angesetzt werden könnten; für Zwecke der Anwendung des Satzes 4 und der Absätze 3, 6 und 7 treten insoweit die erhaltenen Anteile an die Stelle der Anteile im Sinne des Absatzes 1. ⁶Ist im Fall des Satzes 1 oder Satzes 3 der Gesamtbetrag der Einkünfte ohne Einbeziehung des Vermögenszuwachses nach Absatz 1 negativ, ist dieser Vermögenszuwachs bei Anwendung des § 10d des Einkommensteuergesetzes nicht zu berücksichtigen. ⁷Soweit ein Ereignis im Sinne des Satzes 4 eintritt, ist der Vermögenszuwachs rückwirkend bei der Anwendung des § 10d des Einkommensteuergesetzes zu berücksichtigen und in Anwendung des Satzes 6 ergangene oder geänderte Feststellungsbescheide oder Steuerbescheide sind aufzuheben oder zu ändern; § 175 Abs. 1 Satz 2 der Abgabenordnung gilt entsprechend.

(6) ¹Ist im Fall des Absatzes 5 Satz 4 Nr. 1 der Veräußerungsgewinn im Sinne des § 17 Abs. 2 des Einkommensteuergesetzes im Zeitpunkt der Beendigung der Stundung niedriger als der Vermögenszuwachs nach Absatz 1 und wird die Wertminderung bei der Einkommensbesteuerung durch den Zuzugsstaat nicht berücksichtigt, so ist der Steuerbescheid insoweit aufzuheben oder zu ändern; § 175 Abs. 1 Satz 2 der Abgabenordnung gilt entsprechend. ²Dies gilt nur, soweit der Steuerpflichtige nachweist, dass die Wertminderung betrieblich veranlasst ist und nicht auf eine gesellschaftsrechtliche Maßnahme, insbesondere eine Gewinnausschüttung, zurückzuführen ist. ³Die Wertminderung ist höchstens im Umfang des Vermögenszuwachses nach Absatz 1 zu berücksichtigen. ⁴Ist die Wertminderung auf eine Gewinnausschüttung zurückzuführen und wird sie bei der Einkommensbesteuerung nicht berücksichtigt, ist die auf diese Gewinnausschüttung erhobene und keinem Ermäßigungsanspruch mehr unterliegende inländische Kapitalertragsteuer auf die nach Absatz 1 geschuldete Steuer anzurechnen.

(7) ¹Der Steuerpflichtige oder sein Gesamtrechtsnachfolger hat dem Finanzamt, das in dem in Absatz 1 genannten Zeitpunkt nach § 19 der Abgabenordnung zuständig ist, nach amtlich vorgeschriebenem Vordruck die Verwirklichung eines der Tatbestände des Absatzes 5 Satz 4 mitzuteilen. ²Die Mitteilung ist innerhalb eines Monats nach dem meldepflichtigen Ereignis zu erstatten; sie ist vom Steuerpflichtigen eigenhändig zu unterschreiben. ³In den Fällen des Absatzes 5 Satz 4 Nr. 1 und 2 ist der Mitteilung ein schriftlicher Nachweis über das Rechtsgeschäft beizufügen. ⁴Der Steuerpflichtige hat dem nach Satz 1 zuständigen Finanzamt jährlich bis zum Ablauf des 31. Januar schriftlich seine am 31. Dezember des vorangegangenen Kalenderjahres geltende Anschrift mitzuteilen und zu bestätigen, dass die Anteile ihm oder im Fall der unentgeltlichen Rechtsnachfolge unter Lebenden seinem Rechtsnachfolger weiterhin zuzurechnen sind. ⁵Die Stundung nach Absatz 5 Satz 1 kann widerrufen werden, wenn der Steuerpflichtige seine Mitwirkungspflicht nach Satz 4 nicht erfüllt.

Vierter Teil
Beteiligung an ausländischen Zwischengesellschaften
§ 7
Steuerpflicht inländischer Gesellschafter

(1) Sind unbeschränkt Steuerpflichtige an einer Körperschaft, Personenvereinigung oder Vermögensmasse im Sinne des Körperschaftsteuergesetzes, die weder Geschäftsleitung noch Sitz im Geltungsbereich dieses Gesetzes hat und die nicht gemäß § 3 Abs. 1 des Körperschaftsteuergesetzes von der Körperschaftsteuerpflicht ausgenommen ist (ausländische Gesellschaft), zu mehr als der Hälfte beteiligt, so sind die Einkünfte, für die diese Gesellschaft Zwischengesellschaft ist, bei jedem von ihnen mit dem Teil steuerpflichtig, der auf die ihm zuzurechnende Beteiligung am Nennkapital der Gesellschaft entfällt.

Anhang 2
Außensteuergesetz (AStG)

(2) ¹Unbeschränkt Steuerpflichtige sind im Sinne des Absatzes 1 an einer ausländischen Gesellschaft zu mehr als der Hälfte beteiligt, wenn ihnen allein oder zusammen mit Personen im Sinne des § 2 am Ende des Wirtschaftsjahres der Gesellschaft, in dem sie die Einkünfte nach Absatz 1 bezogen hat (maßgebendes Wirtschaftsjahr), mehr als 50 Prozent der Anteile oder der Stimmrechte an der ausländischen Gesellschaft zuzurechnen sind. ²Bei der Anwendung des vorstehenden Satzes sind auch Anteile oder Stimmrechte zu berücksichtigen, die durch eine andere Gesellschaft vermittelt werden, und zwar in dem Verhältnis, das den Anteilen oder Stimmrechten an der vermittelnden Gesellschaft zu den gesamten Anteilen oder Stimmrechten an dieser Gesellschaft entspricht; dies gilt entsprechend bei der Vermittlung von Anteilen oder Stimmrechten durch mehrere Gesellschaften. ³Ist ein Gesellschaftskapital nicht vorhanden und bestehen auch keine Stimmrechte, so kommt es auf das Verhältnis der Beteiligungen am Vermögen der Gesellschaft an.

(3) Sind unbeschränkt Steuerpflichtige unmittelbar oder über Personengesellschaften an einer Personengesellschaft beteiligt, die ihrerseits an einer ausländischen Gesellschaft im Sinne des Absatzes 1 beteiligt ist, so gelten sie als an der ausländischen Gesellschaft beteiligt.

(4) ¹Einem unbeschränkt Steuerpflichtigen sind für die Anwendung der §§ 7 bis 14 auch Anteile oder Stimmrechte zuzurechnen, die eine Person hält, die seinen Weisungen so zu folgen hat oder so folgt, daß ihr kein eigener wesentlicher Entscheidungsspielraum bleibt. ²Diese Voraussetzung ist nicht schon allein dadurch erfüllt, daß der unbeschränkt Steuerpflichtige an der Person beteiligt ist.

(5) Ist für die Gewinnverteilung der ausländischen Gesellschaft nicht die Beteiligung am Nennkapital maßgebend oder hat die Gesellschaft kein Nennkapital, so ist der Aufteilung der Einkünfte nach Absatz 1 der Maßstab für die Gewinnverteilung zugrunde zu legen.

(6) ¹Ist eine ausländische Gesellschaft Zwischengesellschaft für Zwischeneinkünfte mit Kapitalanlagecharakter im Sinne des Absatz 6a und ist ein unbeschränkt Steuerpflichtiger an der Gesellschaft zu mindestens 1 Prozent beteiligt, sind diese Zwischeneinkünfte bei diesem Steuerpflichtigen in dem in Absatz 1 bestimmten Umfang steuerpflichtig, auch wenn die Voraussetzungen des Absatzes 1 im übrigen nicht erfüllt sind. ²Satz 1 ist nicht anzuwenden, wenn die den Zwischeneinkünften mit Kapitalanlagecharakter zugrunde liegenden Bruttoerträge nicht mehr als 10 Prozent der den gesamten Zwischeneinkünften zugrunde liegenden Bruttoerträge der ausländischen Zwischengesellschaft betragen und die bei einer Zwischengesellschaft oder bei einem Steuerpflichtigen hiernach außer Ansatz zu lassenden Beträge ins- gesamt 80.000 Euro nicht übersteigen. ³Satz 1 ist auch anzuwenden bei einer Beteiligung von weniger als 1 Prozent, wenn die ausländische Gesellschaft ausschließlich oder fast ausschließlich Bruttoerträge erzielt, die Zwischeneinkünften mit Kapitalanlagecharakter zugrunde liegen, es sei denn, dass mit der Hauptgattung der Aktien der ausländischen Gesellschaft ein wesentlicher und regelmäßiger Handel an einer anerkannten Börse stattfindet.

(6a) Zwischeneinkünfte mit Kapitalanlagecharakter sind Einkünfte der ausländischen Zwischengesellschaft (§ 8), die aus dem Halten, der Verwaltung, Werterhaltung oder Werterhöhung von Zahlungsmitteln, Forderungen, Wertpapieren, Beteiligungen (mit Ausnahme der in § 8 Abs. 1 Nr. 8 und 9 genannten Einkünfte) oder ähnlichen Vermögenswerten stammen, es sei denn, der Steuerpflichtige weist nach, dass sie aus einer Tätigkeit stammen, die einer unter § 8 Abs. 1 Nr. 1 bis 6 fallenden eigenen Tätigkeit der ausländischen Gesellschaft dient, ausgenommen Tätigkeiten im Sinne des § 1 Abs. 1 Nr. 6 des Kreditwesengesetzes in der Fassung der Bekanntmachung vom 9. September 1998 (BGBl. I S. 2776), das zuletzt durch Artikel 3 Abs. 3 des Gesetzes vom 22. August 2002 (BGBl. I S. 3387) geändert worden ist, in der jeweils geltenden Fassung.

(7) Die Absätze 1 bis 6a sind nicht anzuwenden, wenn auf die Einkünfte, für die die ausländische Gesellschaft Zwischengesellschaft ist, die Vorschriften des Investmentsteuergesetzes in der jeweils geltenden Fassung anzuwenden sind, es sei denn, Ausschüttungen oder ausschüttungsgleiche Erträge wären nach einem Abkommen zur Vermeidung der Doppelbesteuerung von der inländischen Bemessungsgrundlage auszunehmen.

Anhang 2
Außensteuergesetz (AStG)

(8) Sind unbeschränkt Steuerpflichtige an einer ausländischen Gesellschaft beteiligt und ist diese an einer Gesellschaft im Sinne des § 16 des REIT-Gesetzes vom 28. Mai 2007 (BGBl. I S. 914) in der jeweils geltenden Fassung beteiligt, gilt Absatz 1 unbeschadet des Umfangs der jeweiligen Beteiligung an der ausländischen Gesellschaft, es sei denn, dass mit der Hauptgattung der Aktien der ausländischen Gesellschaft ein wesentlicher und regelmäßiger Handel an einer anerkannten Börse stattfindet.

§ 8
Einkünfte von Zwischengesellschaften

(1) Eine ausländische Gesellschaft ist Zwischengesellschaft für Einkünfte, die einer niedrigen Besteuerung unterliegen und nicht stammen aus:

1. der Land- und Forstwirtschaft,
2. der Herstellung, Bearbeitung, Verarbeitung oder Montage von Sachen, der Erzeugung von Energie sowie dem Aufsuchen und der Gewinnung von Bodenschätzen,
3. dem Betrieb von Kreditinstituten oder Versicherungsunternehmen, die für ihre Geschäfte einen in kaufmännischer Weise eingerichteten Betrieb unterhalten, es sei denn, die Geschäfte werden überwiegend mit unbeschränkt Steuerpflichtigen, die nach § 7 an der ausländischen Gesellschaft beteiligt sind, oder solchen Steuerpflichtigen im Sinne des § 1 Abs. 2 nahestehenden Personen betrieben,
4. dem Handel, soweit nicht
   a) ein unbeschränkt Steuerpflichtiger, der gemäß § 7 an der ausländischen Gesellschaft beteiligt ist, oder eine einem solchen Steuerpflichtigen im Sinne des § 1 Abs. 2 nahe stehende Person, die mit ihren Einkünften hieraus im Geltungsbereich dieses Gesetzes steuerpflichtig ist, der ausländischen Gesellschaft die Verfügungsmacht an den gehandelten Gütern oder Waren verschafft, oder
   b) die ausländische Gesellschaft einem solchen Steuerpflichtigen oder einer solchen nahe stehenden Person die Verfügungsmacht an den Gütern oder Waren verschafft,
   es sei denn, der Steuerpflichtige weist nach, dass die ausländische Gesellschaft einen für derartige Handelsgeschäfte in kaufmännischer Weise eingerichteten Geschäftsbetrieb unter Teilnahme am allgemeinen wirtschaftlichen Verkehr unterhält und die zur Vorbereitung, dem Abschluss und der Ausführung der Geschäfte gehörenden Tätigkeiten ohne Mitwirkung eines solchen Steuerpflichtigen oder einer solchen nahe stehenden Person ausübt,
5. Dienstleistungen, soweit nicht
   a) die ausländische Gesellschaft für die Dienstleistung sich eines unbeschränkt Steuerpflichtigen, der gemäß § 7 an ihr beteiligt ist, oder einer einem solchen Steuerpflichtigen im Sinne des § 1 Abs. 2 nahestehenden Person bedient, die mit ihren Einkünften aus der von ihr beigetragenen Leistung im Geltungsbereich dieses Gesetzes steuerpflichtig ist, oder
   b) die ausländische Gesellschaft die Dienstleistung einem solchen Steuerpflichtigen oder einer solchen nahestehenden Person erbringt, es sei denn, der Steuerpflichtige weist nach, daß die ausländische Gesellschaft einen für das Bewirken derartiger Dienstleistungen eingerichteten Geschäftsbetrieb unter Teilnahme am allgemeinen wirtschaftlichen Verkehr unterhält und die zu der Dienstleistung gehörenden Tätigkeiten ohne Mitwirkung eines solchen Steuerpflichtigen oder einer solchen nahestehenden Person ausübt,
6. der Vermietung und Verpachtung, ausgenommen
   a) die Überlassung der Nutzung von Rechten, Plänen, Mustern, Verfahren, Erfahrungen und Kenntnissen, es sei denn, der Steuerpflichtige weist nach, daß die ausländische Gesellschaft die Ergebnisse eigener Forschungs- oder Entwicklungsarbeit auswertet, die ohne Mitwirkung eines Steuerpflichtigen, der gemäß § 7 an der Gesellschaft beteiligt ist, oder ei-

ner einem solchen Steuerpflichtigen im Sinne des § 1 Abs. 2 nahestehenden Person unternommen worden ist,

b) die Vermietung oder Verpachtung von Grundstücken, es sei denn, der Steuerpflichtige weist nach, daß die Einkünfte daraus nach einem Abkommen zur Vermeidung der Doppelbesteuerung steuerbefreit wären, wenn sie von den unbeschränkt Steuerpflichtigen, die gemäß § 7 an der ausländischen Gesellschaft beteiligt sind, unmittelbar bezogen worden wären, und

c) die Vermietung oder Verpachtung von beweglichen Sachen, es sei denn, der Steuerpflichtige weist nach, daß die ausländische Gesellschaft einen Geschäftsbetrieb gewerbsmäßiger Vermietung oder Verpachtung unter Teilnahme am allgemeinen wirtschaftlichen Verkehr unterhält und alle zu einer solchen gewerbsmäßigen Vermietung oder Verpachtung gehörenden Tätigkeiten ohne Mitwirkung eines unbeschränkt Steuerpflichtigen, der gemäß § 7 an ihr beteiligt ist, oder einer einem solchen Steuerpflichtigen im Sinne des § 1 Abs. 2 nahestehenden Person ausübt,

7. der Aufnahme und darlehensweisen Vergabe von Kapital, für das der Steuerpflichtige nachweist, daß es ausschließlich auf ausländischen Kapitalmärkten und nicht bei einer ihm oder der ausländischen Gesellschaft nahestehenden Person im Sinne des § 1 Abs. 2 aufgenommen und außerhalb des Geltungsbereichs dieses Gesetzes gelegenen Betrieben oder Betriebsstätten, die ihre Bruttoerträge ausschließlich oder fast ausschließlich aus unter die Nummern 1 bis 6 fallenden Tätigkeiten beziehen, oder innerhalb des Geltungsbereichs dieses Gesetzes gelegenen Betrieben oder Betriebsstätten zugeführt wird,

8. Gewinnausschüttungen von Kapitalgesellschaften,

9. der Veräußerung eines Anteils an einer anderen Gesellschaft sowie aus deren Auflösung oder der Herabsetzung ihres Kapitals, soweit der Steuerpflichtige nachweist, dass der Veräußerungsgewinn auf Wirtschaftsgüter der anderen Gesellschaft entfällt, die anderen als den in Nummer 6 Buchstabe b, soweit es sich um Einkünfte einer Gesellschaft im Sinne des § 16 des REIT-Gesetzes handelt, oder § 7 Abs. 6a bezeichneten Tätigkeiten dienen; dies gilt entsprechend, soweit der Gewinn auf solche Wirtschaftsgüter einer Gesellschaft entfällt, an der die andere Gesellschaft beteiligt ist; Verluste aus der Veräußerung von Anteilen an der anderen Gesellschaft sowie aus deren Auflösung oder der Herabsetzung ihres Kapitals sind nur insoweit zu berücksichtigen, als der Steuerpflichtige nachweist, dass sie auf Wirtschaftsgüter zurückzuführen sind, die Tätigkeiten im Sinne der Nummer 6 Buchstabe b, soweit es sich um Einkünfte einer Gesellschaft im Sinne des § 16 des REIT-Gesetzes handelt, oder im Sinne des § 7 Abs. 6a dienen,

10. Umwandlungen, die ungeachtet des § 1 Abs. 2 und 4 des Umwandlungssteuergesetzes zu Buchwerten erfolgen könnten; das gilt nicht, soweit eine Umwandlung den Anteil an einer Kapitalgesellschaft erfasst, dessen Veräußerung nicht die Voraussetzungen der Nummer 9 erfüllen würde.

(2) [1]Ungeachtet des Absatzes 1 ist eine Gesellschaft, die ihren Sitz oder ihre Geschäftsleitung in einem Mitgliedstaat der Europäischen Union oder einem Vertragsstaat des EWR-Abkommens hat, nicht Zwischengesellschaft für Einkünfte, für die unbeschränkt Steuerpflichtige, die im Sinne des § 7 Absatz 2 oder Absatz 6 an der Gesellschaft beteiligt sind, nachweisen, dass die Gesellschaft insoweit einer tatsächlichen wirtschaftlichen Tätigkeit in diesem Staat nachgeht. [2]Weitere Voraussetzung ist, dass zwischen der Bundesrepublik Deutschland und diesem Staat auf Grund der Amtshilferichtlinie gemäß § 2 Absatz 2 des EU-Amtshilfegesetzes oder einer vergleichbaren zwei- oder mehrseitigen Vereinbarung, Auskünfte erteilt werden, die erforderlich sind, um die Besteuerung durchzuführen. [3]Satz 1 gilt nicht für die der Gesellschaft nach § 14 zuzurechnenden Einkünfte einer Untergesellschaft, die weder Sitz noch Geschäftsleitung in einem Mitgliedstaat der Europäischen Union oder einem Vertragsstaat des EWR-Abkommens hat. [4]Das gilt auch für Zwischeneinkünfte, die einer Betriebsstätte der Gesellschaft außer- halb der Europäischen Union oder der Vertragsstaaten des EWR-Abkommens zuzurechnen sind. [5]Der tatsächlichen wirtschaftlichen

Anhang 2
Außensteuergesetz (AStG)

Tätigkeit der Gesellschaft sind nur Einkünfte der Gesellschaft zuzuordnen, die durch diese Tätigkeit erzielt werden und dies nur insoweit, als der Fremdvergleichsgrundsatz (§ 1) beachtet worden ist.

(3) [1]Eine niedrige Besteuerung im Sinne des Absatzes 1 liegt vor, wenn die Einkünfte der ausländischen Gesellschaft einer Belastung durch Ertragsteuern von weniger als 25 Prozent unterliegen, ohne dass dies auf einem Ausgleich mit Einkünften aus anderen Quellen beruht. [2]In die Belastungsberechnung sind Ansprüche einzubeziehen, die der Staat oder das Gebiet der ausländischen Gesellschaft im Fall einer Gewinnausschüttung der ausländischen Gesellschaft dem unbeschränkt Steuerpflichtigen oder einer anderen Gesellschaft, an der der Steuerpflichtige direkt oder indirekt beteiligt ist, gewährt. [3]Eine niedrige Besteuerung im Sinne des Absatzes 1 liegt auch dann vor, wenn Ertragsteuern von mindestens 25 Prozent zwar rechtlich geschuldet, jedoch nicht tatsächlich erhoben werden.

§ 9
Freigrenze bei gemischten Einkünften

Für die Anwendung des § 7 Abs. 1 sind Einkünfte, für die eine ausländische Gesellschaft Zwischengesellschaft ist, außer Ansatz zu lassen, wenn die ihnen zugrunde liegenden Bruttoerträge nicht mehr als 10 Prozent der gesamten Bruttoerträge der Gesellschaft betragen, vorausgesetzt, dass die bei einer Gesellschaft oder bei einem Steuerpflichtigen hiernach außer Ansatz zu lassenden Beträge insgesamt 80.000 Euro nicht übersteigen.

§ 10
Hinzurechnungsbetrag

(1) [1]Die nach § 7 Abs. 1 steuerpflichtigen Einkünfte sind bei dem unbeschränkt Steuerpflichtigen mit dem Betrag, der sich nach Abzug der Steuern ergibt, die zu Lasten der ausländischen Gesellschaft von diesen Einkünften sowie von dem diesen Einkünften zugrunde liegenden Vermögen erhoben worden sind, anzusetzen (Hinzurechnungsbetrag). [2]Soweit die abzuziehenden Steuern zu dem Zeitpunkt, zu dem die Einkünfte nach Absatz 2 als zugeflossen gelten, noch nicht entrichtet sind, sind sie nur in den Jahren, in denen sie entrichtet werden, von den nach § 7 Abs. 1 steuerpflichtigen Einkünften abzusetzen. [3]In den Fällen des § 8 Absatz 3 Satz 2 sind die Steuern um die dort bezeichneten Ansprüche des unbeschränkt Steuerpflichtigen oder einer anderen Gesellschaft, an der der Steuerpflichtige direkt oder indirekt beteiligt ist, zu kürzen. [4]Ergibt sich ein negativer Betrag, so entfällt die Hinzurechnung.

(2) [1]Der Hinzurechnungsbetrag gehört zu den Einkünften im Sinne des § 20 Abs. 1 Nr. 1 des Einkommensteuergesetzes und gilt unmittelbar nach Ablauf des maßgebenden Wirtschaftsjahrs der ausländischen Gesellschaft als zugeflossen. [2]Gehören Anteile an der ausländischen Gesellschaft zu einem Betriebsvermögen, so gehört der Hinzurechnungsbetrag zu den Einkünften aus Gewerbebetrieb, aus Land- und Forstwirtschaft oder aus selbständiger Arbeit und erhöht den nach dem Einkommen- oder Körperschaftsteuergesetz ermittelten Gewinn des Betriebs für das Wirtschaftsjahr, das nach dem Ablauf des maßgebenden Wirtschaftsjahrs der ausländischen Gesellschaft endet. [3]Auf den Hinzurechnungsbetrag sind § 3 Nr. 40 Satz 1 Buchstabe d, § 32d des Einkommensteuergesetzes und § 8b Abs. 1 des Körperschaftsteuergesetzes nicht anzuwenden. [4]§ 3c Abs. 2 des Einkommensteuergesetzes gilt entsprechend.

(3) [1]Die dem Hinzurechnungsbetrag zugrunde liegenden Einkünfte sind in entsprechender Anwendung der Vorschriften des deutschen Steuerrechts zu ermitteln; für die Ermittlung der Einkünfte aus Anteilen an einem inländischen oder ausländischen Investmentvermögen sind nach den Vorschriften des Investmentsteuergesetzes vom 15. Dezember 2003 (BGBl. I S. 2676, 2724) in der jeweils geltenden Fassung sinn- gemäß anzuwenden, sofern dieses Gesetz auf das Investmentvermögen anwendbar ist. [2]Eine Gewinnermittlung entsprechend den Grundsätzen des § 4 Abs. 3 des Einkommensteuergesetzes steht einer Gewinnermittlung nach § 4 Abs. 1 oder § 5 des Einkommensteuergesetzes gleich. [3]Bei mehreren Beteiligten kann das Wahlrecht für die Gesellschaft nur einheitlich ausgeübt werden. [4]Steuerliche Vergünstigungen, die an die unbeschränkte Steuerpflicht oder an

das Bestehen eines inländischen Betriebs oder einer inländischen Betriebsstätte anknüpfen und die Vorschriften des § 4h des Einkommensteuergesetzes sowie der §§ 8a, 8b Abs. 1 und 2 des Körperschaftsteuergesetzes bleiben unberücksichtigt; dies gilt auch für die Vorschriften des Umwandlungssteuergesetzes, soweit Einkünfte aus einer Umwandlung nach § 8 Abs. 1 Nr. 10 hinzuzurechnen sind. [5]Verluste, die bei Einkünften entstanden sind, für die die ausländische Gesellschaft Zwischengesellschaft ist, können in entsprechender Anwendung des § 10d des Einkommensteuergesetzes, soweit sie nach § 9 außer Ansatz zu lassenden Einkünfte übersteigen, abgezogen werden. [6]Soweit sich durch den Abzug der Steuern nach Absatz 1 ein negativer Betrag ergibt, erhöht sich der Verlust im Sinne des Satzes 5.

(4) Bei der Ermittlung der Einkünfte, für die die ausländische Gesellschaft Zwischengesellschaft ist, dürfen nur solche Betriebsausgaben abgezogen werden, die mit diesen Einkünften in wirtschaftlichem Zusammenhang stehen.

(5) bis (7) (weggefallen)

§ 11
Veräußerungsgewinne

(1) Gewinne, die die ausländische Gesellschaft aus der Veräußerung der Anteile an einer anderen ausländischen Gesellschaft oder einer Gesellschaft im Sinne des § 16 des REIT-Gesetzes sowie aus deren Auflösung oder der Herabsetzung ihres Kapitals erzielt und für die die ausländische Gesellschaft Zwischengesellschaft ist, sind vom Hinzurechnungsbetrag auszunehmen, soweit die Einkünfte der anderen Gesellschaft oder einer dieser Gesellschaft nachgeordneten Gesellschaft aus Tätigkeiten im Sinne des § 7 Abs. 6a für das gleiche Kalenderjahr oder Wirtschaftsjahr oder für die vorangegangenen sieben Kalenderjahre oder Wirtschaftsjahre als Hinzurechnungsbetrag (§ 10 Abs. 2) der Einkommensteuer oder Körperschaftsteuer unterlegen haben, keine Ausschüttung dieser Einkünfte erfolgte und der Steuerpflichtige dies nachweist.

(2) (weggefallen)

(3) (weggefallen)

§ 12
Steueranrechnung

(1) [1]Auf Antrag des Steuerpflichtigen werden auf seine Einkommen- oder Körperschaftsteuer, die auf den Hinzurechnungsbetrag entfällt, die Steuern angerechnet, die nach § 10 Abs. 1 abziehbar sind. [2]In diesem Fall ist der Hinzurechnungsbetrag um diese Steuern zu erhöhen.

(2) Bei der Anrechnung sind die Vorschriften des § 34c Abs. 1 des Einkommensteuergesetzes und des § 26 Abs. 1 und 6 des Körperschaftsteuergesetzes entsprechend anzuwenden.

(3) [1]Steuern von den nach § 3 Nr. 41 des Einkommensteuergesetzes befreiten Gewinnausschüttungen werden auf Antrag im Veranlagungszeitraum des Anfalls der zugrunde liegenden Zwischeneinkünfte als Hinzurechnungsbetrag in entsprechender Anwendung des § 34c Abs. 1 und 2 des Einkommensteuergesetzes und des § 26 Abs. 1 und 6 des Körperschaftsteuergesetzes angerechnet oder abgezogen. [2]Dies gilt auch dann, wenn der Steuerbescheid für diesen Veranlagungszeitraum bereits bestandskräftig ist.

§ 13
(weggefallen)

§ 14
Nachgeschaltete Zwischengesellschaften

(1) [1]Ist eine ausländische Gesellschaft allein oder zusammen mit unbeschränkt Steuerpflichtigen gemäß § 7 an einer anderen ausländischen Gesellschaft (Untergesellschaft) beteiligt, so sind für die Anwendung der §§ 7 bis 12 die Einkünfte der Untergesellschaft, die einer niedrigen Besteuerung unterlegen haben, der ausländischen Gesellschaft zu dem Teil, der auf ihre Beteiligung am

Nennkapital der Untergesellschaft entfällt, zuzurechnen, soweit nicht nachgewiesen wird, dass die Untergesellschaft diese Einkünfte aus unter § 8 Abs. 1 Nr. 1 bis 7 fallenden Tätigkeiten oder Gegenständen erzielt hat oder es sich um Einkünfte im Sinne des § 8 Abs. 1 Nr. 8 bis 10 handelt oder dass diese Einkünfte aus Tätigkeiten stammen, die einer unter § 8 Abs. 1 Nr. 1 bis 6 fallenden eigenen Tätigkeit der ausländischen Gesellschaft dienen. [2]Tätigkeiten der Untergesellschaft dienen nur dann einer unter § 8 Abs. 1 Nr. 1 bis 6 fallenden eigenen Tätigkeit der ausländischen Gesellschaft, wenn sie in unmittelbarem Zusammenhang mit dieser Tätigkeit stehen und es sich bei den Einkünften nicht um solche im Sinne des § 7 Abs. 6a handelt.

(2) Ist eine ausländische Gesellschaft gemäß § 7 an einer Gesellschaft im Sinne des § 16 des REIT-Gesetzes (Untergesellschaft) beteiligt, gilt Absatz 1, auch bezogen auf § 8 Abs. 3, sinngemäß.

(3) Absatz 1 ist entsprechend anzuwenden, wenn der Untergesellschaft weitere ausländische Gesellschaften nachgeschaltet sind.

(4) (weggefallen)

Fünfter Teil
Familienstiftungen

§ 15
Steuerpflicht von Stiftern, Bezugsberechtigten und Anfallsberechtigten

(1) [1]Vermögen und Einkünfte einer Familienstiftung, die Geschäftsleitung und Sitz außerhalb des Geltungsbereichs dieses Gesetzes hat (ausländische Familienstiftung), werden dem Stifter, wenn er unbeschränkt steuerpflichtig ist, sonst den unbeschränkt steuerpflichtigen Personen, die bezugsberechtigt oder anfallsberechtigt sind, entsprechend ihrem Anteil zugerechnet. [2]Dies gilt nicht für die Erbschaftsteuer.

(2) Familienstiftungen sind Stiftungen, bei denen der Stifter, seine Angehörigen und deren Abkömmlinge zu mehr als der Hälfte bezugsberechtigt oder anfallsberechtigt sind.

(3) Hat ein Unternehmer im Rahmen seines Unternehmens oder als Mitunternehmer oder eine Körperschaft, eine Personenvereinigung oder eine Vermögensmasse eine Stiftung errichtet, die Geschäftsleitung und Sitz außerhalb des Geltungsbereichs dieses Gesetzes hat, so wird die Stiftung wie eine Familienstiftung behandelt, wenn der Stifter, seine Gesellschafter, von ihm abhängige Gesellschaften, Mitglieder, Vorstandsmitglieder, leitende Angestellte und Angehörige dieser Personen zu mehr als der Hälfte bezugsberechtigt oder anfallsberechtigt sind.

(4) Den Stiftungen stehen sonstige Zweckvermögen, Vermögensmassen und rechtsfähige oder nichtrechtsfähige Personenvereinigungen gleich.

(5) [1]§ 12 Absatz 1 und 2 ist entsprechend anzuwenden. [2]Für Steuern auf die nach Absatz 11 befreiten Zuwendungen gilt § 12 Absatz 3 entsprechend.

(6) Hat eine Familienstiftung Geschäftsleitung oder Sitz in einem Mitgliedstaat der Europäischen Union oder einem Vertragsstaat des EWR-Abkommens, ist Absatz 1 nicht anzuwenden, wenn

1. nachgewiesen wird, dass das Stiftungsvermögen der Verfügungsmacht der in den Absätzen 2 und 3 genannten Personen rechtlich und tatsächlich entzogen ist und
2. zwischen der Bundesrepublik Deutschland und dem Staat, in dem die Familienstiftung Geschäftsleitung oder Sitz hat, auf Grund der Amtshilferichtlinie gemäß § 2 Absatz 2 des EU-Amtshilfegesetzes oder einer vergleichbaren zwei- oder mehrseitigen Vereinbarung, Auskünfte erteilt werden, die erforderlich sind, um die Besteuerung durchzuführen.

(7) [1]Die Einkünfte der Stiftung nach Absatz 1 werden in entsprechender Anwendung der Vorschriften des Körperschaftsteuergesetzes und des Einkommensteuergesetzes ermittelt. [2]Bei der Ermittlung der Einkünfte gilt § 10 Absatz 3 entsprechend. [3]Ergibt sich ein negativer Betrag, entfällt die Zurechnung.

(8) [1]Die nach Absatz 1 dem Stifter oder der bezugs- oder anfallsberechtigten Person zuzurechnenden Einkünfte gehören bei Personen, die ihre Einkünfte nicht nach dem Körperschaftsteuergesetz ermitteln, zu den Einkünften im Sinne des § 20 Absatz 1 Nummer 9 des Einkommensteuergesetzes. [2]§ 20 Absatz 8 des Einkommensteuergesetzes bleibt unberührt; § 3 Nummer 40 Satz 1 Buchstabe d und § 32d des Einkommensteuergesetzes sind nur insoweit anzuwenden, als diese Vorschriften bei unmittelbarem Bezug der zuzurechnenden Einkünfte durch die Personen im Sinne des Absatzes 1 anzuwenden wären. [3]Soweit es sich beim Stifter oder der bezugs- oder anfallsberechtigten Person um Personen handelt, die ihre Einkünfte nach dem Körperschaftsteuergesetz ermitteln, bleibt § 8 Absatz 2 des Körperschaftsteuergesetzes unberührt; § 8b Absatz 1 und 2 des Körperschaftsteuergesetzes ist nur insoweit anzuwenden, als diese Vorschrift bei unmittelbarem Bezug der zuzurechnenden Einkünfte durch die Personen im Sinne des Absatzes 1 anzuwenden wäre.

(9) [1]Ist eine ausländische Familienstiftung oder eine andere ausländische Stiftung im Sinne des Absatzes 10 an einer Körperschaft, Personenvereinigung oder Vermögensmasse im Sinne des Körperschaftsteuergesetzes, die weder Geschäftsleitung noch Sitz im Geltungsbereich dieses Gesetzes hat und die nicht gemäß § 3 Absatz 1 des Körperschaftsteuergesetzes von der Körperschaftsteuerpflicht ausgenommen ist (ausländische Gesellschaft), beteiligt, so gehören die Einkünfte dieser Gesellschaft in entsprechender Anwendung der §§ 7 bis 14 mit dem Teil zu den Einkünften der Familienstiftung, der auf die Beteiligung der Stiftung am Nennkapital der Gesellschaft entfällt. [2]Auf Gewinnausschüttungen der ausländischen Gesellschaft, denen nachweislich bereits nach Satz 1 zugerechnete Beträge zugrunde liegen, ist Absatz 1 nicht anzuwenden.

(10) [1]Einer ausländischen Familienstiftung werden Vermögen und Einkünfte einer anderen ausländischen Stiftung, die nicht die Voraussetzungen des Absatzes 6 Satz 1 erfüllt, entsprechend ihrem Anteil zugerechnet, wenn sie allein oder zusammen mit den in den Absätzen 2 und 3 genannten Personen zu mehr als der Hälfte unmittelbar oder mittelbar bezugsberechtigt oder anfallsberechtigt ist. [2]Auf Zuwendungen der ausländischen Stiftung, denen nachweislich bereits nach Satz 1 zugerechnete Beträge zugrunde liegen, ist Absatz 1 nicht anzuwenden.

(11) Zuwendungen der ausländischen Familienstiftung unterliegen bei Personen im Sinne des Absatzes 1 nicht der Besteuerung, soweit die den Zuwendungen zugrunde liegenden Einkünfte nachweislich bereits nach Absatz 1 zugerechnet worden sind.

Sechster Teil
Ermittlung und Verfahren
§ 16
Mitwirkungspflicht des Steuerpflichtigen

(1) Beantragt ein Steuerpflichtiger unter Berufung auf Geschäftsbeziehungen mit einer ausländischen Gesellschaft oder einer im Ausland ansässigen Person oder Personengesellschaft, die mit ihren Einkünften, die in Zusammenhang mit den Geschäftsbeziehungen zu dem Steuerpflichtigen stehen, nicht oder nur unwesentlich besteuert wird, die Absetzung von Schulden oder anderen Lasten oder von Betriebsausgaben oder Werbungskosten, so ist im Sinne des § 160 der Abgabenordnung der Gläubiger oder Empfänger erst dann genau bezeichnet, wenn der Steuerpflichtige alle Beziehungen offenlegt, die unmittelbar oder mittelbar zwischen ihm und der Gesellschaft, Person oder Personengesellschaft bestehen und bestanden haben.

(2) Der Steuerpflichtige hat über die Richtigkeit und Vollständigkeit seiner Angaben und über die Behauptung, daß ihm Tatsachen nicht bekannt sind, auf Verlangen des Finanzamts gemäß § 95 der Abgabenordnung eine Versicherung an Eides Statt abzugeben.

Anhang 2
Außensteuergesetz (AStG)

§ 17
Sachverhaltsaufklärung

(1) ¹Zur Anwendung der Vorschriften der §§ 5 und 7 bis 15 haben Steuerpflichtige für sich selbst und im Zusammenwirken mit anderen die dafür notwendigen Auskünfte zu erteilen. ²Auf Verlangen sind insbesondere

1. die Geschäftsbeziehungen zu offenbaren, die zwischen der Gesellschaft und einem so beteiligten unbeschränkt Steuerpflichtigen oder einer einem solchen im Sinne des § 1 Abs. 2 nahestehenden Person bestehen,
2. die für die Anwendung der §§ 7 bis 14 sachdienlichen Unterlagen einschließlich der Bilanzen und der Erfolgsrechnungen vorzulegen. ²Auf Verlangen sind diese Unterlagen mit dem im Staat der Geschäftsleitung oder des Sitzes vorgeschriebenen oder üblichen Prüfungsvermerk einer behördlich anerkannten Wirtschaftsprüfungsstelle oder vergleichbaren Stelle vorzulegen.

(2) Ist für die Ermittlung der Einkünfte, für die eine ausländische Gesellschaft Zwischengesellschaft ist, eine Schätzung nach § 162 der Abgabenordnung vorzunehmen, so ist mangels anderer geeigneter Anhaltspunkte bei der Schätzung als Anhaltspunkt von mindestens 20 Prozent des gemeinen Werts der von den unbeschränkt Steuerpflichtigen gehaltenen Anteile auszugehen; Zinsen und Nutzungsentgelte, die die Gesellschaft für überlassene Wirtschaftsgüter an die unbeschränkt Steuerpflichtigen zahlt, sind abzuziehen.

§ 18
Gesonderte Feststellung von Besteuerungsgrundlagen

(1) ¹Die Besteuerungsgrundlagen für die Anwendung der §§ 7 bis 14 und § 3 Nr. 41 des Einkommensteuergesetzes werden gesondert festgestellt. ²Sind an der ausländischen Gesellschaft mehrere unbeschränkt Steuerpflichtige beteiligt, so wird die gesonderte Feststellung ihnen gegenüber einheitlich vorgenommen; dabei ist auch festzustellen, wie sich die Besteuerungsgrundlagen auf die einzelnen Beteiligten verteilen. ³Die Vorschriften der Abgabenordnung, mit Ausnahme des § 180 Abs. 3, und der Finanzgerichtsordnung über die gesonderte Feststellung von Besteuerungsgrundlagen sind entsprechend anzuwenden.

(2) ¹Für die gesonderte Feststellung ist das Finanzamt zuständig, das bei dem unbeschränkt Steuerpflichtigen für die Ermittlung der aus der Beteiligung bezogenen Einkünfte örtlich zuständig ist. ²Ist die gesonderte Feststellung gegenüber mehreren Personen einheitlich vorzunehmen, so ist das Finanzamt zuständig, das nach Satz 1 für den Beteiligten zuständig ist, dem die höchste Beteiligung an der ausländischen Gesellschaft zuzurechnen ist. ³Läßt sich das zuständige Finanzamt nach den Sätzen 1 und 2 nicht feststellen, so ist das Finanzamt zuständig, das zuerst mit der Sache befaßt wird.

(3) ¹Jeder der an der ausländischen Gesellschaft beteiligten unbeschränkt Steuerpflichtigen und erweitert beschränkt Steuerpflichtigen hat eine Erklärung zur gesonderten Feststellung abzugeben; dies gilt auch, wenn nach § 8 Abs. 2 geltend gemacht wird, dass eine Hinzurechnung unterbleibt. ²Diese Verpflichtung kann durch die Abgabe einer gemeinsamen Erklärung erfüllt werden. ³Die Erklärung ist von dem Steuerpflichtigen oder von den in § 34 der Abgabenordnung bezeichneten Personen eigenhändig zu unterschreiben.

(4) Die Absätze 1 bis 3 gelten für Einkünfte und Vermögen im Sinne des § 15 entsprechend.

Siebenter Teil
Schlußvorschriften
§ 19

(weggefallen)

Anhang 2
Außensteuergesetz (AStG)

§ 20
Bestimmungen über die Anwendung von Abkommen zur Vermeidung der Doppelbesteuerung

(1) Die Vorschriften der §§ 7 bis 18 und der Absätze 2 und 3 werden durch die Abkommen zur Vermeidung der Doppelbesteuerung nicht berührt.

(2) ¹Fallen Einkünfte in der ausländischen Betriebsstätte eines unbeschränkt Steuerpflichtigen an und wären sie ungeachtet des § 8 Abs. 2 als Zwischeneinkünfte steuerpflichtig, falls diese Betriebsstätte eine ausländische Gesellschaft wäre, ist insoweit die Doppelbesteuerung nicht durch Freistellung, sondern durch Anrechnung der auf diese Einkünfte erhobenen ausländischen Steuern zu vermeiden. ²Das gilt nicht, soweit in der ausländischen Betriebsstätte Einkünfte anfallen, die nach § 8 Absatz 1 Nummer 5 Buchstabe a als Zwischeneinkünfte steuerpflichtig wären.

(3) (weggefallen)

§ 21
Anwendungsvorschriften

(1) Die Vorschriften dieses Gesetzes sind, soweit in den folgenden Absätzen nichts anderes bestimmt ist, wie folgt anzuwenden:
1. für die Einkommensteuer und für die Körperschaftsteuer erstmals für den Veranlagungszeitraum 1972;
2. für die Gewerbesteuer erstmals für den Erhebungszeitraum 1972;
3. (weggefallen)
4. für die Erbschaftsteuer auf Erwerbe, bei denen die Steuerschuld nach dem Inkrafttreten dieses Gesetzes entstanden ist.

(2) Die Anwendung der §§ 2 bis 5 wird nicht dadurch berührt, daß die unbeschränkte Steuerpflicht der natürlichen Person bereits vor dem 1. Januar 1972 geendet hat.

(3) Soweit in Anwendung des § 10 Abs. 3 Wirtschaftsgüter erstmals zu bewerten sind, sind sie mit den Werten anzusetzen, die sich ergeben würden, wenn seit Übernahme der Wirtschaftsgüter durch die ausländische Gesellschaft die Vorschriften des deutschen Steuerrechts angewendet worden wären.

(4) § 13 Abs. 2 Nr. 2 ist erstmals anzuwenden
1. für die Körperschaftsteuer für den Veranlagungszeitraum 1984;
2. für die Gewerbesteuer für den Erhebungszeitraum 1984.

§ 1 Abs. 4, § 13 Abs. 1 Satz 1 Nr. 1 Buchstabe b und Satz 2 in der Fassung des Artikels 17 des Gesetzes vom 25. Februar 1992 (BGBl. I S. 297) sind erstmals anzuwenden:
1. für die Einkommensteuer und für die Körperschaftsteuer für den Veranlagungszeitraum 1992;
2. für die Gewerbesteuer für den Erhebungszeitraum 1992.

(5) § 18 Abs. 3 ist auch für Veranlagungszeiträume und Erhebungszeiträume vor 1985 anzuwenden, wenn die Erklärungen noch nicht abgegeben sind.

(6) ¹Bei der Anwendung der §§ 2 bis 6 für die Zeit nach dem 31. Dezember 1990 steht der unbeschränkten Steuerpflicht nach § 1 Abs. 1 Satz 1 des Einkommensteuergesetzes die unbeschränkte Steuerpflicht nach § 1 Abs. 1 des Einkommensteuergesetzes der Deutschen Demokratischen Republik in der Fassung vom 18. September 1970 (Sonderdruck Nr. 670 des Gesetzblattes) gleich. ²Die Anwendung der §§ 2 bis 5 wird nicht dadurch berührt, daß die unbeschränkte Steuerpflicht der natürlichen Personen bereits vor dem 1. Januar 1991 geendet hat.

(7) ¹§ 7 Abs. 6, § 10 Abs. 6, § 11 Abs. 4 Satz 1, § 14 Abs. 4 Satz 5 und § 20 Abs. 2 in Verbindung mit § 10 Abs. 6 in der Fassung des Artikels 12 des Gesetzes vom 21. Dezember 1993 (BGBl. I S. 2310) sind erstmals anzuwenden
1. für die Einkommen- und Körperschaftsteuer für den Veranlagungszeitraum,

Anhang 2

Außensteuergesetz (AStG)

2. mit Ausnahme des § 20 Abs. 2 und 3 für die Gewerbesteuer, für die der Teil des Hinzurechnungsbetrags, dem Einkünfte mit Kapitalanlagecharakter im Sinne des § 10 Abs. 6 Satz 3 zugrunde liegen, außer Ansatz bleibt, für den Erhebungszeitraum,

für den Zwischeneinkünfte mit Kapitalanlagecharakter im Sinne des § 10 Abs. 6 Satz 2 und 3 hinzuzurechnen sind, die in einem Wirtschaftsjahr der Zwischengesellschaft oder der Betriebsstätte entstanden sind, das nach dem 31. Dezember 1993 beginnt. [2]§ 6 Abs. 1 in der Fassung des Artikels 5 des Gesetzes vom 20. Dezember 2001 (BGBl. I S. 3858) ist erstmals anzuwenden, wenn im Zeitpunkt der Beendigung der unbeschränkten Steuerpflicht auf Veräußerungen im Sinne des § 17 des Einkommensteuergesetzes § 3 Nr. 40 Buchstabe c des Einkommensteuergesetzes anzuwenden wäre. [3]§ 7 Abs. 6 in der Fassung des Artikels 5 des Gesetzes vom 20. Dezember 2001 (BGBl. I S. 3858) ist erstmals anzuwenden

1. für die Einkommen- und Körperschaftsteuer für den Veranlagungszeitraum,
2. für die Gewerbesteuer für den Erhebungszeitraum,

für den Zwischeneinkünfte hinzuzurechnen sind, die in einem Wirtschaftsjahr der Zwischengesellschaft entstanden sind, das nach dem 15. August 2001 beginnt. [4]§ 12 Abs. 2 in der Fassung des Artikels 12 des Gesetzes vom 23. Oktober 2000 (BGBl. I S. 1433) sowie § 7 Abs. 7, § 8 Abs. 1 Nr. 8 und 9 und Abs. 3, § 9, § 10 Abs. 2, 3, 6, 7, § 11, § 12 Abs. 1, § 14 und § 20 Abs. 2 in der Fassung des Artikels 5 des Gesetzes vom 20. Dezember 2001 (BGBl. I S. 3858) sind erstmals anzuwenden

1. für die Einkommen- und Körperschaftsteuer für den Veranlagungszeitraum,
2. für die Gewerbesteuer für den Erhebungszeitraum,

für den Zwischeneinkünfte hinzuzurechnen sind, die in einem Wirtschaftsjahr der Zwischengesellschaft oder der Betriebsstätte entstanden sind, das nach dem 31. Dezember 2000 beginnt. [5]§ 12 Abs. 3, § 18 Abs. 1 in der Fassung des Artikels 5 des Gesetzes vom 20. Dezember 2001 (BGBl. I S. 3858) sind erstmals anzuwenden, wenn auf Gewinnausschüttungen § 3 Nr. 41 des Einkommensteuergesetzes in der Fassung des Artikels 1 des Gesetzes vom 20. Dezember 2001 (BGBl. I S. 3858) anwendbar ist. [6]§ 8 Abs. 2 in der Fassung des Artikels 6 des Gesetzes vom 6. September 1976 (BGBl. I S. 2641), § 13 in der Fassung des Artikels 17 des Gesetzes vom 25. Februar 1992 (BGBl. I S. 297) sind letztmals anzuwenden

1. für die Einkommen- und Körperschaftsteuer für den Veranlagungszeitraum,
2. für die Gewerbesteuer für den Erhebungszeitraum,

für den Zwischeneinkünfte hinzuzurechnen sind, die in einem Wirtschaftsjahr der Zwischengesellschaft entstanden sind, das vor dem 1. Januar 2001 beginnt. [7]§ 11 in der Fassung des Artikels 12 des Gesetzes vom 21. Dezember 1993 (BGBl. I S. 2310) ist auf Gewinnausschüttungen der Zwischengesellschaft oder auf Gewinne aus der Veräußerung der Anteile an der Zwischengesellschaft nicht anzuwenden, wenn auf die Ausschüttungen oder auf die Gewinne aus der Veräußerung § 8b Abs. 1 oder 2 des Körperschaftsteuergesetzes in der Fassung des Artikels 3 des Gesetzes vom 23. Oktober 2000 (BGBl. I S. 1433) oder § 3 Nr. 41 des Einkommensteuergesetzes in der Fassung des Artikels 1 des Gesetzes vom 20. Dezember 2001 (BGBl. I S. 3858) anwendbar ist.

(8) § 6 Abs. 3 Nr. 4 in der Fassung des Gesetzes vom 21. Dezember 1993 (BGBl. I S. 2310) ist erstmals auf Einbringungen anzuwenden, die nach dem 31. Dezember 1991, und letztmals auf Einbringungen an- zuwenden, die vor dem 1. Januar 1999 vorgenommen wurden.

(9) [1]§ 8 Abs. 1 Nr. 7 und § 10 Abs. 3 Satz 6 in der Fassung des Artikels 7 des Gesetzes vom 13. September 1993 (BGBl. I S. 1569) sind erstmals anzuwenden

1. für die Einkommensteuer und Körperschaftsteuer für den Veranlagungszeitraum,
2. für die Gewerbesteuer für den Erhebungszeitraum,

für den Zwischeneinkünfte hinzuzurechnen sind, die in einem Wirtschaftsjahr der Zwischengesellschaft entstanden sind, das nach dem 31. Dezember 1991 beginnt. [2]§ 10 Abs. 3 Satz 1 in der Fassung dieses Gesetzes ist erstmals anzuwenden

Anhang 2
Außensteuergesetz (AStG)

1. für die Einkommensteuer und Körperschaftsteuer für den Veranlagungszeitraum,
2. für die Gewerbesteuer für den Erhebungszeitraum,

für den Zwischeneinkünfte hinzuzurechnen sind, die in einem Wirtschaftsjahr der Zwischengesellschaft entstanden sind, das nach dem 31. Dezember 1993 beginnt.

(10) ^{1}§ 2 Abs. 1 Satz 2, Abs. 2 Nr. 1 und Abs. 3 Nr. 2 und 3 sind in der Fassung des Artikels 9 des Gesetzes vom 19. Dezember 2000 (BGBl. I S. 1790) erstmals für den Veranlagungszeitraum 2002 anzuwenden. ^{2}§ 7 Abs. 6 Satz 2, § 9 und § 10 Abs. 6 Satz 1 sind in der Fassung des Artikels 9 des Gesetzes vom 19. Dezember 2000 (BGBl. I S. 1790) erstmals anzuwenden

1. für die Einkommensteuer und die Körperschaftsteuer für den Veranlagungszeitraum,
2. für die Gewerbesteuer für den Erhebungszeitraum,

für den Zwischeneinkünfte hinzuzurechnen sind, die in einem Wirtschaftsjahr der Zwischengesellschaft entstanden sind, das nach dem 31. Dezember 2001 beginnt.

(11) ^{1}§ 1 Abs. 4 in der Fassung des Artikels 11 des Gesetzes vom 16. Mai 2003 (BGBl. I S. 660) ist erstmals für den Veranlagungszeitraum 2003 anzuwenden. ^{2}§ 7 Abs. 6 und 6a, § 8 Abs. 1 Nr. 9, §§ 10, 11,14, 20 Abs. 2 in der Fassung des Artikels 11 des Gesetzes vom 16. Mai 2003 (BGBl. I S. 660), § 7 Abs. 7, § 8 Abs. 1 Nr. 4 und § 14 Abs. 1 in der Fassung des Artikels 5 des Gesetzes vom 22. Dezember 2003 (BGBl. I S. 2840) sind erstmals anzuwenden

1. für die Einkommen- und Körperschaftsteuer für den Veranlagungszeitraum,
2. für die Gewerbesteuer für den Erhebungszeitraum,

für den Zwischeneinkünfte hinzuzurechnen oder in einer Betriebsstätte angefallen sind, die in einem Wirtschaftsjahr der Zwischengesellschaft oder der Betriebsstätte entstanden sind, das nach dem 31. Dezember 2002 beginnt.

(12) § 10 Abs. 3 in der am 1. Januar 2004 geltenden Fassung, § 7 Abs. 7 in der Fassung des Artikels 11 des Gesetzes vom 9. Dezember 2004 (BGBl. I S. 3310) sind erstmals anzuwenden

1. für die Einkommen- und Körperschaftsteuer für den Veranlagungszeitraum,
2. für die Gewerbesteuer für den Erhebungszeitraum,

für den Zwischeneinkünfte hinzuzurechnen oder in einer Betriebsstätte angefallen sind, die in einem Wirtschaftsjahr der Zwischengesellschaft oder der Betriebsstätte entstanden sind, das nach dem 31. Dezember 2003 beginnt.

(13) ^{1}§ 6 Abs. 1 in der Fassung des Artikels 7 des Gesetzes vom 7. Dezember 2006 (BGBl. I S. 2782) ist erstmals für den Veranlagungszeitraum 2007 anzuwenden. ^{2}§ 6 Abs. 2 bis 7 in der Fassung des Gesetzes vom 7. Dezember 2006 (BGBl. I S. 2782) ist in allen Fällen anzuwenden, in denen die Einkommensteuer noch nicht bestandskräftig festgesetzt ist.

(14) § 8 Abs. 1 Nr. 10 und § 10 Abs. 3 Satz 4 in der Fassung des Artikels 7 des Gesetzes vom 7. Dezember 2006 (BGBl. I S. 2782) ist erstmals anzuwenden

1. für die Einkommen- und Körperschaftsteuer für den Veranlagungszeitraum,
2. für die Gewerbesteuer für den Erhebungszeitraum,

für den Zwischeneinkünfte hinzuzurechnen oder in einer Betriebsstätte angefallen sind, die in einem Wirtschaftsjahr der Zwischengesellschaft oder der Betriebsstätte entstanden sind, das nach dem 31. Dezember 2005 beginnt.

(15) § 7 Abs. 8, § 8 Abs. 1 Nr. 9, § 11 Abs. 1 und § 14 Abs. 2 in der Fassung des Artikels 3 des Gesetzes vom 28. Mai 2007 (BGBl. I S. 914) sind erstmals anzuwenden für

1. die Einkommen- und Körperschaftsteuer für den Veranlagungszeitraum sowie
2. die Gewerbesteuer für den Erhebungszeitraum,

für den Zwischeneinkünfte hinzuzurechnen sind, die in einem Wirtschaftsjahr der Zwischengesellschaft oder der Betriebsstätte entstanden sind, das nach dem 31. Dezember 2006 beginnt.

Anhang 2

Außensteuergesetz (AStG)

(16) § 1 Absatz 1, 3 Satz 1 bis 8 und Satz 11 bis 13 und Absatz 4 in der Fassung des Artikels 7 des Gesetzes vom 14. August 2007 (BGBl. I S. 1912) und § 1 Absatz 3 Satz 9 und 10 in der Fassung des Artikels 11 des Gesetzes vom 8. April 2010 (BGBl. I S. 386) sind erstmals für den Veranlagungszeitraum 2008 anzuwenden.

(17) [1]§ 7 Abs. 6 Satz 2, § 8 Abs. 2 und 3, §§ 9, 10 Abs. 2 Satz 3, § 18 Abs. 3 Satz 1 und § 20 Abs. 2 in der Fassung des Artikels 24 des Gesetzes vom 20. Dezember 2007 (BGBl. I S. 3150) sind erstmals anzuwenden

1. für die Einkommen- und Körperschaftsteuer für den Veranlagungszeitraum,
2. für die Gewerbesteuer für den Erhebungszeitraum,

für den Zwischeneinkünfte hinzuzurechnen sind, die in einem Wirtschaftsjahr der Zwischengesellschaft oder der Betriebsstätte entstanden sind, das nach dem 31. Dezember 2007 beginnt. [2]§ 8 Abs. 1 Nr. 9 in der Fassung des Artikels 24 des Gesetzes vom 20. Dezember 2007 (BGBl. I S. 3150) ist erstmals anzuwenden

1. für die Einkommen- und Körperschaftsteuer für den Veranlagungszeitraum,
2. für die Gewerbesteuer für den Erhebungszeitraum,

für den Zwischeneinkünfte hinzuzurechnen sind, die in einem Wirtschaftsjahr der Zwischengesellschaft oder der Betriebsstätte entstanden sind, das nach dem 31. Dezember 2006 beginnt. [3]§ 12 Abs. 3 Satz 1 in der Fassung des Artikels 24 des Gesetzes vom 20. Dezember 2007 (BGBl. I S. 3150) ist erstmals für Zeiträume anzuwenden, für die § 12 Abs. 3 in der am 25. Dezember 2001 geltenden Fassung erstmals anzuwenden ist. [4]§ 14 Abs. 1 Satz 1 in der Fassung des Artikels 24 des Gesetzes vom 20. Dezember 2007 (BGBl. I S. 3150) ist erstmals anzuwenden

1. für die Einkommen- und Körperschaftsteuer für den Veranlagungszeitraum,
2. für die Gewerbesteuer für den Erhebungszeitraum,

für den Zwischeneinkünfte hinzuzurechnen sind, die in einem Wirtschaftsjahr der Zwischengesellschaft oder der Betriebsstätte entstanden sind, das nach dem 31. Dezember 2005 beginnt. [5]§ 18 Abs. 4 in der am 29. Dezember 2007 geltenden Fassung ist für die Einkommen- und Körperschaftsteuer erstmals für den Veranlagungszeitraum 2008 anzuwenden.

(18) [1]§ 2 Abs. 1 und 5 und § 15 Abs. 6 in der Fassung des Artikels 9 des Gesetzes vom 19. Dezember 2008 (BGBl. I S. 2794) sind für die Einkommen- und Körperschaftsteuer erstmals für den Veranlagungszeitraum 2009 anzuwenden. [2]§ 15 Abs. 7 in der Fassung des Artikels 9 des Gesetzes vom 19. Dezember 2008 (BGBl. I S. 2794) ist in allen Fällen anzuwenden, in denen die Einkommen- und Körperschaftsteuer noch nicht bestandskräftig festgesetzt ist.

(19) [1]§ 8 Absatz 3 und § 10 Absatz 1 Satz 3 in der Fassung des Artikels 7 des Gesetzes vom 8. Dezember 2010 (BGBl. I S. 1768) sind erstmals anzuwenden

1. für die Einkommen- und Körperschaftsteuer für den Veranlagungszeitraum,
2. für die Gewerbesteuern für den Erhebungszeitraum,

für den Zwischeneinkünfte hinzuzurechnen sind, die in einem Wirtschaftsjahr der Zwischengesellschaft oder der Betriebsstätte entstanden sind, das nach dem 31. Dezember 2010 beginnt. [2]§ 20 Absatz 2 in der Fassung des Artikels 7 des Gesetzes vom 8. Dezember 2010 (BGBl. I S. 1768) ist in allen Fällen an- zuwenden, in denen die Einkommensteuer noch nicht bestandskräftig festgesetzt ist.

(20) [1]§ 1 Absatz 1 Satz 2 erster Halbsatz und Absatz 3 und 6 in der Fassung des Artikels 6 des Gesetzes vom 26. Juni 2013 (BGBl. I S. 1809) ist erstmals für den Veranlagungszeitraum 2013 anzuwenden. [2]§ 1Absatz 1 Satz 2 zweiter Halbsatz in der Fassung des Artikels 6 des Gesetzes vom 26. Juni 2013 (BGBl. I S. 1809) gilt für alle noch nicht bestandskräftigen Veranlagungen. [3]§ 1 Absatz 4 und 5 in der Fassung des Artikels 6 des Gesetzes vom 26. Juni 2013 (BGBl. I S. 1809) ist erstmals für Wirtschaftsjahre anzuwenden, die nach dem 31. Dezember 2012 beginnen.

(21) [1]§ 2 Absatz 5 in der Fassung des Artikels 6 des Gesetzes vom 26. Juni 2013 (BGBl. I S. 1809) ist erstmals für den Veranlagungszeitraum 2013 anzuwenden. [2]Auf Antrag ist § 2 Absatz

Anhang 2
Außensteuergesetz (AStG)

[5] Satz 1 und 3 in der Fassung des Artikels 6 des Gesetzes vom 26. Juni 2013 (BGBl. I S. 1809) bereits für Veranlagungszeiträume vor 2013 anzuwenden, bereits ergangene Steuerfestsetzungen sind aufzuheben oder zu ändern. [3]§ 8 Absatz 2 in der Fassung des Artikels 6 des Gesetzes vom 26. Juni 2013 (BGBl. I S. 1809) ist erstmals anzuwenden

1. für die Einkommen- und Körperschaftsteuer für den Veranlagungszeitraum,
2. für die Gewerbesteuer für den Erhebungszeitraum,

für den Zwischeneinkünfte hinzuzurechnen sind, die in einem Wirtschaftsjahr der Zwischengesellschaft oder der Betriebsstätte entstanden sind, das nach dem 31. Dezember 2012 beginnt. [4]§ 15 Absatz 1, 5 bis 11 sowie § 18 Absatz 4 sind in der Fassung des Artikels 6 des Gesetzes vom 26. Juni 2013 (BGBl. I S. 1809) für die Einkommen- und Körperschaftsteuer erstmals anzuwenden für den Veranlagungszeitraum 2013.

(22) § 1 Absatz 4 in der am 31. Dezember 2014 geltenden Fassung ist erstmals für den Veranlagungszeitraum 2015 anzuwenden.

(23) § 6 Absatz 5 Satz 3 in der am 31. Dezember 2014 geltenden Fassung ist in allen Fällen anzuwenden, in denen die geschuldete Steuer noch nicht entrichtet ist.

§ 22
Neufassung des Gesetzes

Das Bundesministerium der Finanzen kann den Wortlaut dieses Gesetzes in der jeweils geltenden Fassung im Bundesgesetzblatt bekannt machen.

Anhang 3
Funktionsverlagerungsverordnung (FVerlV)

Verordnung zur Anwendung des Fremdvergleichsgrundsatzes nach § 1 Abs. 1 des Außensteuergesetzes in Fällen grenzüberschreitender Funktionsverlagerungen

Funktionsverlagerungsverordnung vom 12. August 2008 (BGBl. I S. 1680), die durch Artikel 24 des Amtshilferichtlinie-Umsetzungsgesetz (AmtshilfeRLUmsG) vom 26. Juni 2013 (BGBl. I S. 1809) geändert worden ist

Abschnitt 1
Allgemeine Vorschriften

§ 1
Begriffsbestimmungen

(1) [1]Eine Funktion ist eine Geschäftstätigkeit, die aus einer Zusammenfassung gleichartiger betrieblicher Aufgaben besteht, die von bestimmten Stellen oder Abteilungen eines Unternehmens erledigt werden. [2]Sie ist ein organischer Teil eines Unternehmens, ohne dass ein Teilbetrieb im steuerlichen Sinn vorliegen muss.

(2) [1]Eine Funktionsverlagerung im Sinne des § 1 Abs. 3 Satz 9 des Außensteuergesetzes liegt vorbehaltlich der Absätze 6 und 7 vor, wenn ein Unternehmen (verlagerndes Unternehmen) einem anderen, nahe stehenden Unternehmen (übernehmendes Unternehmen) Wirtschaftsgüter und sonstige Vorteile sowie die damit verbundenen Chancen und Risiken überträgt oder zur Nutzung überlässt, damit das übernehmende Unternehmen eine Funktion ausüben kann, die bisher von dem verlagernden Unternehmen ausgeübt worden ist, und dadurch die Ausübung der betreffenden Funktion durch das verlagernde Unternehmen eingeschränkt wird. [2]Eine Funktionsverlagerung kann auch vorliegen, wenn das übernehmende Unternehmen die Funktion nur zeitweise übernimmt. [3]Geschäftsvorfälle, die innerhalb von fünf Wirtschaftsjahren verwirklicht werden, sind zu dem Zeitpunkt, zu dem die Voraussetzungen des Satzes 1 durch ihre gemeinsame Verwirklichung wirtschaftlich erfüllt sind, als einheitliche Funktionsverlagerung zusammenzufassen.

(3) Ein Transferpaket im Sinne des § 1 Abs. 3 Satz 9 des Außensteuergesetzes besteht aus einer Funktion und den mit dieser Funktion zusammenhängenden Chancen und Risiken sowie den Wirtschaftsgütern und Vorteilen, die das verlagernde Unternehmen dem übernehmenden Unternehmen zusammen mit der Funktion überträgt oder zur Nutzung überlässt, und den in diesem Zusammenhang erbrachten Dienstleistungen.

(4) Gewinnpotenziale im Sinne des § 1 Abs. 3 Satz 6 des Außensteuergesetzes sind die aus der verlagerten Funktion jeweils zu erwartenden Reingewinne nach Steuern (Barwert), auf die ein ordentlicher und gewissenhafter Geschäftsleiter im Sinne des § 1 Absatz 1 Satz 3 des Außensteuergesetzes aus der Sicht des verlagernden Unternehmens nicht unentgeltlich verzichten würde und für die ein solcher Geschäftsleiter aus der Sicht des übernehmenden Unternehmens bereit wäre, ein Entgelt zu zahlen.

(5) Immaterielle Wirtschaftsgüter und Vorteile sind in Fällen von Funktionsverlagerungen wesentlich im Sinne des § 1 Abs. 3 Satz 10 erste Alternative des Außensteuergesetzes, wenn sie für die verlagerte Funktion erforderlich sind und ihr Fremdvergleichspreis insgesamt mehr als 25 Prozent der Summe der Einzelpreise aller Wirtschaftsgüter und Vorteile des Transferpakets beträgt und dies unter Berücksichtigung der Auswirkungen der Funktionsverlagerung, die aus den Aufzeichnungen im Sinne des § 3 Abs. 2 Satz 2 hervorgehen, glaubhaft ist.

(6) [1]Eine Funktionsverlagerung im Sinne des Absatzes 2 liegt nicht vor, wenn es trotz Vorliegens der übrigen Voraussetzungen des Absatzes 2 Satz 1 innerhalb von fünf Jahren nach Aufnahme der Funktion durch das nahe stehende Unternehmen zu keiner Einschränkung der Ausübung der betreffenden Funktion durch das in Absatz 2 Satz 1 zuerst genannte Unternehmen kommt (Funktionsverdoppelung). [2]Kommt es innerhalb dieser Frist zu einer solchen Einschränkung, liegt zum Zeitpunkt, in dem die Einschränkung eintritt, insgesamt eine einheitliche Funktionsverlagerung vor,

es sei denn, der Steuerpflichtige macht glaubhaft, dass diese Einschränkung nicht in unmittelbarem wirtschaftlichen Zusammenhang mit der Funktionsverdoppelung steht.

(7) ¹Eine Funktionsverlagerung im Sinne des Absatzes 2 liegt ebenfalls nicht vor, wenn ausschließlich Wirtschaftsgüter veräußert oder zur Nutzung überlassen werden oder wenn nur Dienstleistungen erbracht werden, es sei denn, diese Geschäftsvorfälle sind Teil einer Funktionsverlagerung. ²Entsprechendes gilt, wenn Personal im Konzern entsandt wird, ohne dass eine Funktion mit übergeht, oder wenn der Vorgang zwischen voneinander unabhängigen Dritten nicht als Veräußerung oder Erwerb einer Funktion angesehen würde.

§ 2
Anwendung der Regelungen zum Transferpaket

(1) ¹In Fällen von Funktionsverlagerungen, in denen die Preisbestimmung für das Transferpaket als Ganzes auf Grund uneingeschränkt oder eingeschränkt vergleichbarer Vergleichswerte erfolgen kann, ist vorrangig § 1 Abs. 3 Satz 1 bis 4 des Außensteuergesetzes anzuwenden. ²Anderenfalls ist die Preisbestimmung für das Transferpaket entsprechend dem hypothetischen Fremdvergleich nach § 1 Abs. 3 Satz 5 und 6 des Außensteuergesetzes vorzunehmen. ³§ 1 Abs. 3 Satz 10 erste Alternative des Außensteuergesetzes bleibt unberührt.

(2) ¹Übt das übernehmende Unternehmen die übergehende Funktion ausschließlich gegenüber dem verlagernden Unternehmen aus und ist das Entgelt, das für die Ausübung der Funktion und die Erbringung der entsprechenden Leistungen anzusetzen ist, nach der Kostenaufschlagsmethode zu ermitteln, ist davon auszugehen, dass mit dem übergehenden Transferpaket keine wesentlichen immateriellen Wirtschaftsgüter und Vorteile übertragen werden, so dass § 1 Abs. 3 Satz 10 erste Alternative des Außensteuergesetzes anwendbar ist. ²Erbringt ein übernehmendes Unternehmen im Sinne des Satzes 1 die bisher ausschließlich gegenüber dem verlagernden Unternehmen erbrachten Leistungen eigenständig, ganz oder teilweise, gegenüber anderen Unternehmen zu Preisen, die höher sind als das Entgelt nach der Kostenaufschlagsmethode oder die entsprechend dem Fremdvergleichsgrundsatz höher anzusetzen sind, ist zum Zeitpunkt der erstmaligen Erbringung gegenüber den anderen Unternehmen für bisher unentgeltlich vom verlagernden Unternehmen für die Leistungserbringung zur Verfügung gestellte Wirtschaftsgüter und Vorteile ein Entgelt entsprechend § 3 zu verrechnen; die betreffenden Wirtschaftsgüter und Vorteile gelten als ein Transferpaket, soweit hierfür die sonstigen Voraussetzungen gegeben sind.

(3) ¹In Fällen, in denen nach § 1 Abs. 3 Satz 10 zweite Alternative des Außensteuergesetzes eine Verrechnungspreisermittlung für eine Funktionsverlagerung auf der Grundlage der Summe der Verrechnungspreise für die einzelnen betroffenen Wirtschaftsgüter und Vorteile anzuerkennen ist, sind sowohl der Einigungsbereich als auch der Wert für das Transferpaket als Ganzes nach § 1 Abs. 3 Satz 7 und 9 des Außensteuergesetzes zu ermitteln. ²Die Summe der Einzelverrechnungspreise für die Wirtschaftsgüter und Vorteile, die vollständig zu erfassen sind, darf nur angesetzt werden, wenn sie im Einigungsbereich liegt und der Steuerpflichtige glaubhaft macht, dass sie dem Fremdvergleichsgrundsatz entspricht.

Abschnitt 2
Wert des Transferpakets und Ansatz der Verrechnungspreise für seine Bestandteile

§ 3
Wert des Transferpakets

(1) Ist in den Fällen des § 2 Abs. 1 Satz 2 der Wert für ein dem verlagernden Unternehmen zuzurechnendes Transferpaket als Ganzes zu bestimmen, muss dieser Wert, dem Fremdvergleichsgrundsatz im Sinne des § 1 Abs. 1 des Außensteuergesetzes entsprechend, aus der Sicht der beteiligten Unternehmen in Übereinstimmung mit den Gewinnen stehen, die zum Zeitpunkt der Verlagerung aus der Ausübung der Funktion erwartet werden können und der Funktion zuzuordnen sind (Gewinnpotenziale).

Anhang 3
Funktionsverlagerungsverordnung (FVerlV)

(2) [1]Die jeweiligen Gewinnpotenziale sind unter Berücksichtigung aller Umstände des Einzelfalles auf der Grundlage einer Funktionsanalyse vor und nach der Funktionsverlagerung unter Berücksichtigung tatsächlich bestehender Handlungsmöglichkeiten zu ermitteln und beinhalten auch Standortvorteile oder -nachteile und Synergieeffekte. [2]Ausgangspunkt für die Berechnungen sind die Unterlagen, die Grundlage für die Unternehmensentscheidung waren, eine Funktionsverlagerung durchzuführen. [3]Für die Berechnung der jeweiligen Gewinnpotenziale und des Einigungsbereichs (§ 7) sind die dem Maßstab des § 1 Absatz 1 Satz 3 des Außensteuergesetzes entsprechenden Gewinnerwartungen der beteiligten Unternehmen, angemessene Kapitalisierungszinssätze (§ 5) und ein von den Umständen der Funktionsausübung abhängiger Kapitalisierungszeitraum (§ 6) zu Grunde zu legen.

§ 4
Bestandteile des Transferpakets

(1) Werden für einzelne Teile des Transferpakets unterschiedliche Vereinbarungen getroffen oder sind solche Vereinbarungen dem Fremdvergleichsgrundsatz entsprechend anzunehmen, sind für alle Teile des Transferpakets Verrechnungspreise anzusetzen, die insgesamt dem nach § 3 Abs. 1 bestimmten Wert des Transferpakets als Ganzes entsprechen.

(2) Bestehen Zweifel, ob hinsichtlich des Transferpakets oder einzelner Teile eine Übertragung oder eine Nutzungsüberlassung anzunehmen ist, wird auf Antrag des Steuerpflichtigen von einer Nutzungsüberlassung ausgegangen.

(3) In den Fällen des § 1 Abs. 6, in denen sich nachträglich herausstellt, dass eine Funktionsverlagerung vorliegt, sind die Verrechnungspreise für die Geschäftsvorfälle, die dazu geführt haben, dass eine Funktionsverlagerung vorliegt, dem Fremdvergleichsgrundsatz entsprechend so anzusetzen, dass sie zusammen mit den ursprünglich bestimmten Verrechnungspreisen dem nach § 3 Abs. 1 bestimmten Wert des Transferpakets als Ganzes entsprechen.

§ 5
Kapitalisierungszinssatz

[1]Zur Bestimmung des jeweils angemessenen Kapitalisierungszinssatzes ist unter Berücksichtigung der Steuerbelastung vom Zins für eine risikolose Investition auszugehen, auf den ein funktions- und risikoadäquater Zuschlag vorzunehmen ist. [2]Die Laufzeit der vergleichbaren risikolosen Investition richtet sich danach, wie lange die übernommene Funktion voraussichtlich ausgeübt wird. [3]Der Zuschlag ist so zu bemessen, dass er sowohl für das übernehmende als auch für das verlagernde Unternehmen die in vergleichbaren Fällen jeweils unternehmensübliche Risikobeurteilung berücksichtigt.

§ 6
Kapitalisierungszeitraum

Werden keine Gründe für einen bestimmten, von den Umständen der Funktionsausübung abhängigen Kapitalisierungszeitraum glaubhaft gemacht oder sind solche Gründe nicht ersichtlich, ist ein unbegrenzter Kapitalisierungszeitraum zu Grunde zu legen.

§ 7
Bestimmung des Einigungsbereichs

(1) [1]Für ein verlagerndes Unternehmen, das aus der Funktion Gewinne zu erwarten hat, ergibt sich die Untergrenze des Verhandlungsrahmens (Mindestpreis des Einigungsbereichs) im Sinne des § 1 Abs. 3 Satz 6 des Außensteuergesetzes aus dem Ausgleich für den Wegfall oder die Minderung des Gewinnpotenzials zuzüglich der gegebenenfalls anfallenden Schließungskosten. [2]Tatsächlich bestehende Handlungsmöglichkeiten, die das verlagernde Unternehmen als vom übernehmenden Unternehmen unabhängiges Unternehmen hätte, sind zu berücksichtigen, ohne die unternehmerische Dispositionsbefugnis des verlagernden Unternehmens in Frage zu stellen.

Anhang 3
Funktionsverlagerungsverordnung (FVerlV)

(2) In Fällen, in denen das verlagernde Unternehmen aus rechtlichen, tatsächlichen oder wirtschaftlichen Gründen nicht mehr dazu in der Lage ist, die Funktion mit eigenen Mitteln selbst auszuüben, entspricht der Mindestpreis dem Liquidationswert.

(3) [1]Verlagert ein Unternehmen eine Funktion, aus der es dauerhaft Verluste zu erwarten hat, wird der Verhandlungsrahmen für das verlagernde Unternehmen durch die zu erwartenden Verluste oder die gegebenenfalls anfallenden Schließungskosten begrenzt; maßgeblich ist der niedrigere absolute Betrag. [2]In solchen Fällen kann es dem Verhalten eines ordentlichen und gewissenhaften Geschäftsleiters entsprechen, zur Begrenzung von Verlusten ein Entgelt für die Funktionsverlagerung zu vereinbaren, das die anfallenden Schließungskosten nur teilweise deckt, oder eine Ausgleichszahlung an das übernehmende Unternehmen für die Übernahme der Verlustquelle zu leisten.

(4) [1]Das Gewinnpotenzial des übernehmenden Unternehmens aus der übernommenen Funktion ist regelmäßig die Obergrenze des Verhandlungsrahmens (Höchstpreis des Einigungsbereichs). [2]Tatsächlich bestehende Handlungsmöglichkeiten, die das übernehmende Unternehmen als vom verlagernden Unternehmen unabhängiges Unternehmen hätte, sind zu berücksichtigen, ohne die unternehmerische Dispositionsbefugnis des übernehmenden Unternehmens in Frage zu stellen.

(5) Auch in den Fällen der Absätze 2 und 3, in denen der Mindestpreis des verlagernden Unternehmens bei Null oder darunter liegt, ist nach dem Fremdvergleichsgrundsatz zu prüfen, ob ein unabhängiger Dritter nach § 1 Abs. 3 Satz 9 in Verbindung mit § 1 Abs. 3 Satz 7 des Außensteuergesetzes bereit wäre, einen Preis für die Übernahme der Funktion zu bezahlen.

§ 8
Schadenersatz-, Entschädigungs- und Ausgleichsansprüche

[1]Gesetzliche oder vertragliche Schadenersatz-, Entschädigungs- und Ausgleichsansprüche sowie Ansprüche, die voneinander unabhängigen Dritten zustünden, wenn ihre Handlungsmöglichkeiten vertraglich oder tatsächlich ausgeschlossen würden, können der Besteuerung einer Funktionsverlagerung zu Grunde gelegt werden, wenn der Steuerpflichtige glaubhaft macht, dass solche Dritte unter ähnlichen Umständen in vergleichbarer Art und Weise verfahren wären. [2]Der Steuerpflichtige muss zusätzlich glaubhaft machen, dass keine wesentlichen immateriellen Wirtschaftsgüter und Vorteile übertragen oder zur Nutzung überlassen worden sind, es sei denn, die Übertragung oder Überlassung ist zwingende Folge von Ansprüchen im Sinne des Satzes 1.

Abschnitt 3
Einzelheiten in Fällen nachträglicher Anpassungen
§ 9
Anpassungsregelung des Steuerpflichtigen

Eine Anpassungsregelung des Steuerpflichtigen, die nachträgliche Anpassungen im Sinne des § 1 Abs. 3 Satz 11 und 12 des Außensteuergesetzes ausschließt, liegt auch dann vor, wenn im Hinblick auf wesentliche immaterielle Wirtschaftsgüter und Vorteile Lizenzvereinbarungen getroffen werden, die die zu zahlende Lizenz vom Umsatz oder Gewinn des Lizenznehmers abhängig machen oder für die Höhe der Lizenz Umsatz und Gewinn berücksichtigen.

§ 10
Erhebliche Abweichung

[1]In den Fällen des § 1 Abs. 3 Satz 12 des Außensteuergesetzes liegt eine erhebliche Abweichung vor, wenn der unter Zugrundelegung der tatsächlichen Gewinnentwicklung zutreffende Verrechnungspreis außerhalb des ursprünglichen Einigungsbereichs liegt. [2]Der neue Einigungsbereich wird durch den ursprünglichen Mindestpreis und den neu ermittelten Höchstpreis des übernehmenden Unternehmens begrenzt. [3]Eine erhebliche Abweichung liegt auch vor, wenn der neu ermittelte Höchstpreis niedriger ist als der ursprüngliche Mindestpreis des verlagernden Unternehmens.

Anhang 3
Funktionsverlagerungsverordnung (FVerlV)

§ 11
Angemessene Anpassung

Eine Anpassung im Sinne des § 1 Abs. 3 Satz 12 des Außensteuergesetzes ist angemessen, wenn sie in den Fällen des § 10 Satz 1 dem Unterschiedsbetrag zwischen dem ursprünglichen und dem neu ermittelten Verrechnungspreis entspricht, oder wenn sie in den Fällen des § 10 Satz 3 dem Unterschiedsbetrag zwischen dem ursprünglichen Verrechnungspreis und dem Mittelwert zwischen dem neuen Höchstpreis des übernehmenden Unternehmens und dem ursprünglichen Mindestpreis des verlagernden Unternehmens entspricht.

Abschnitt 4
Schlussvorschriften
§ 12
Anwendungsvorschrift

Diese Verordnung ist erstmals für den Veranlagungszeitraum 2008 anzuwenden.

§ 13
Inkrafttreten

Diese Verordnung tritt mit Wirkung vom 1. Januar 2008 in Kraft.

Anhang 4
Gesetz betreffend die Gesellschaften mit beschränkter Haftung (GmbHG)

Gesetz betreffend die Gesellschaften mit beschränkter Haftung (GmbHG)
vom 20. April 1892 (RGBl. S. 477)
in der Fassung der Bekanntmachung vom 20. Mai 1898 (RGBl. S. 846)
zuletzt geändert durch Artikel 5 des Gesetzes zur Änderung des Aktiengesetzes (AktGÄndG)
vom 22. Dezember 2015 (BGBl. I S. 2565)

Gesetzesübersicht

Abschnitt 1	Errichtung der Gesellschaft	§§ 1 – 12
Abschnitt 2	Rechtsverhältnisse der Gesellschaft und der Gesellschafter	§§ 13 – 34
Abschnitt 3	Vertretung und Geschäftsführung	§§ 35 – 52
Abschnitt 4	Abänderungen des Gesellschaftsvertrages	§§ 53 – 59
Abschnitt 5	Auflösung und Nichtigkeit der Gesellschaft	§§ 60 – 77
Abschnitt 6	Ordnungs-, Straf- und Bußgeldvorschriften	§§ 78 – 85

Abschnitt 1
Errichtung der Gesellschaft

§ 1
Zweck; Gründerzahl

Gesellschaften mit beschränkter Haftung können nach Maßgabe der Bestimmungen dieses Gesetzes zu jedem gesetzlich zulässigen Zweck durch eine oder mehrere Personen errichtet werden.

§ 2
Form des Gesellschaftsvertrags

(1) [1]Der Gesellschaftsvertrag bedarf notarieller Form. [2]Er ist von sämtlichen Gesellschaftern zu unterzeichnen.

(1a) [1]Die Gesellschaft kann in einem vereinfachten Verfahren gegründet werden, wenn sie höchstens drei Gesellschafter und einen Geschäftsführer hat. [2]Für die Gründung im vereinfachten Verfahren ist das in der Anlage bestimmte Musterprotokoll zu verwenden. [3]Darüber hinaus dürfen keine vom Gesetz abweichenden Bestimmungen getroffen werden. [4]Das Musterprotokoll gilt zugleich als Gesellschafterliste. [5]Im Übrigen finden auf das Musterprotokoll die Vorschriften dieses Gesetzes über den Gesellschaftsvertrag entsprechende Anwendung.

(2) Die Unterzeichnung durch Bevollmächtigte ist nur auf Grund einer notariell errichteten oder beglaubigten Vollmacht zulässig.

§ 3
Inhalt des Gesellschaftsvertrags

(1) Der Gesellschaftsvertrag muß enthalten:
1. die Firma und den Sitz der Gesellschaft,
2. den Gegenstand des Unternehmens,
3. den Betrag des Stammkapitals,
4. die Zahl und die Nennbeträge der Geschäftsanteile, die jeder Gesellschafter gegen Einlage auf das Stammkapital (Stammeinlage) übernimmt.

(2) Soll das Unternehmen auf eine gewisse Zeit beschränkt sein oder sollen den Gesellschaftern außer der Leistung von Kapitaleinlagen noch andere Verpflichtungen gegenüber der Gesellschaft auferlegt werden, so bedürfen auch diese Bestimmungen der Aufnahme in den Gesellschaftsvertrag

Anhang 4
Gesetz betreffend die Gesellschaften mit beschränkter Haftung (GmbHG)

§ 4
Firma

¹Die Firma der Gesellschaft muß, auch wenn sie nach § 22 des Handelsgesetzbuchs oder nach anderen gesetzlichen Vorschriften fortgeführt wird, die Bezeichnung „Gesellschaft mit beschränkter Haftung" oder eine allgemein verständliche Abkürzung dieser Bezeichnung enthalten. ²Verfolgt die Gesellschaft ausschließlich und unmittelbar steuerbegünstigte Zwecke nach den §§ 51 bis 68 der Abgabenordnung kann die Abkürzung „gGmbH" lauten.

§ 4a
Sitz der Gesellschaft

Sitz der Gesellschaft ist der Ort im Inland, den der Gesellschaftsvertrag bestimmt.

§ 5
Stammkapital; Geschäftsanteil

(1) Das Stammkapital der Gesellschaft muß mindestens fünfundzwanzigtausend Euro betragen.
(2) ¹Der Nennbetrag jedes Geschäftsanteils muss auf volle Euro lauten. ²Ein Gesellschafter kann bei Errichtung der Gesellschaft mehrere Geschäftsanteile übernehmen.
(3) ¹Die Höhe der Nennbeträge der einzelnen Geschäftsanteile kann verschieden bestimmt werden. ²Die Summe der Nennbeträge aller Geschäftsanteile muss mit dem Stammkapital übereinstimmen.
(4) ¹Sollen Sacheinlagen geleistet werden, so müssen der Gegenstand der Sacheinlage und der Nennbetrag des Geschäftsanteils, auf den sich die Sacheinlage bezieht, im Gesellschaftsvertrag festgesetzt werden. ²Die Gesellschafter haben in einem Sachgründungsbericht die für die Angemessenheit der Leistungen für Sacheinlagen wesentlichen Umstände darzulegen und beim Übergang eines Unternehmens auf die Gesellschaft die Jahresergebnisse der beiden letzten Geschäftsjahre anzugeben.

§ 5a
Unternehmergesellschaft

(1) Eine Gesellschaft, die mit einem Stammkapital gegründet wird, das den Betrag des Mindeststammkapitals nach § 5 Abs. 1 unterschreitet, muss in der Firma abweichend von § 4 die Bezeichnung „Unternehmergesellschaft (haftungsbeschränkt)" oder „UG (haftungsbeschränkt)" führen.
(2) ¹Abweichend von § 7 Abs. 2 darf die Anmeldung erst erfolgen, wenn das Stammkapital in voller Höhe eingezahlt ist. ²Sacheinlagen sind ausgeschlossen.
(3) ¹In der Bilanz des nach den §§ 242, 264 des Handelsgesetzbuchs aufzustellenden Jahresabschlusses ist eine gesetzliche Rücklage zu bilden, in die ein Viertel des um einen Verlustvortrag aus dem Vorjahr geminderten Jahresüberschusses einzustellen ist. ²Die Rücklage darf nur verwandt werden

1. für Zwecke des § 57c;
2. zum Ausgleich eines Jahresfehlbetrags, soweit er nicht durch einen Gewinnvortrag aus dem Vorjahr gedeckt ist;
3. zum Ausgleich eines Verlustvortrags aus dem Vorjahr, soweit er nicht durch einen Jahresüberschuss gedeckt ist.

(4) Abweichend von § 49 Abs. 3 muss die Versammlung der Gesellschafter bei drohender Zahlungsunfähigkeit unverzüglich einberufen werden.
(5) Erhöht die Gesellschaft ihr Stammkapital so, dass es den Betrag des Mindeststammkapitals nach § 5 Abs. 1 erreicht oder übersteigt, finden die Absätze 1 bis 4 keine Anwendung mehr; die Firma nach Absatz 1 darf beibehalten werden.

Anhang 4
Gesetz betreffend die Gesellschaften mit beschränkter Haftung (GmbHG)

§ 6
Geschäftsführer

(1) Die Gesellschaft muß einen oder mehrere Geschäftsführer haben.

(2) [1]Geschäftsführer kann nur eine natürliche, unbeschränkt geschäftsfähige Person sein. [2]Geschäftsführer kann nicht sein, wer

1. als Betreuter bei der Besorgung seiner Vermögensangelegenheiten ganz oder teilweise einem Einwilligungsvorbehalt (§ 1903 des Bürgerlichen Gesetzbuchs) unterliegt,
2. aufgrund eines gerichtlichen Urteils oder einer vollziehbaren Entscheidung einer Verwaltungsbehörde einen Beruf, einen Berufszweig, ein Gewerbe oder einen Gewerbezweig nicht ausüben darf, sofern der Unternehmensgegenstand ganz oder teilweise mit dem Gegenstand des Verbots übereinstimmt,
3. wegen einer oder mehrerer vorsätzlich begangener Straftaten
   a) des Unterlassens der Stellung des Antrags auf Eröffnung des Insolvenzverfahrens (Insolvenzverschleppung),
   b) nach den §§ 283 bis 283d des Strafgesetzbuchs (Insolvenzstraftaten),
   c) der falschen Angaben nach § 82 dieses Gesetzes oder § 399 des Aktiengesetzes,
   d) der unrichtigen Darstellung nach § 400 des Aktiengesetzes, § 331 des Handelsgesetzbuchs, § 313 des Umwandlungsgesetzes oder § 17 des Publizitätsgesetzes oder
   e) nach den §§ 263 bis 264a oder den §§ 265b bis 266a des Strafgesetzbuchs zu einer Freiheitsstrafe von mindestens einem Jahr verurteilt worden ist; dieser Ausschluss gilt für die Dauer von fünf Jahren seit der Rechtskraft des Urteils, wobei die Zeit nicht eingerechnet wird, in welcher der Täter auf behördliche Anordnung in einer Anstalt verwahrt worden ist.

[3]Satz 2 Nr. 3 gilt entsprechend bei einer Verurteilung im Ausland wegen einer Tat, die mit den in Satz 2 Nr. 3 genannten Taten vergleichbar ist.

(3) [1]Zu Geschäftsführern können Gesellschafter oder andere Personen bestellt werden. [2]Die Bestellung erfolgt entweder im Gesellschaftsvertrag oder nach Maßgabe der Bestimmungen des dritten Abschnitts.

(4) Ist im Gesellschaftsvertrag bestimmt, daß sämtliche Gesellschafter zur Geschäftsführung berechtigt sein sollen, so gelten nur die der Gesellschaft bei Festsetzung dieser Bestimmung angehörenden Personen als die bestellten Geschäftsführer.

(5) Gesellschafter, die vorsätzlich oder grob fahrlässig einer Person, die nicht Geschäftsführer sein kann, die Führung der Geschäfte überlassen, haften der Gesellschaft solidarisch für den Schaden, der dadurch entsteht, dass diese Person die ihr gegenüber der Gesellschaft bestehenden Obliegenheiten verletzt.

§ 7
Anmeldung der Gesellschaft

(1) Die Gesellschaft ist bei dem Gericht, in dessen Bezirk sie ihren Sitz hat, zur Eintragung in das Handelsregister anzumelden.

(2) [1]Die Anmeldung darf erst erfolgen, wenn auf jeden Geschäftsanteil, soweit nicht Sacheinlagen vereinbart sind, ein Viertel des Nennbetrags eingezahlt ist. [2]Insgesamt muß auf das Stammkapital mindestens soviel eingezahlt sein, daß der Gesamtbetrag der eingezahlten Geldeinlagen zuzüglich des Gesamtnennbetrags der Geschäftsanteile, für die Sacheinlagen zu leisten sind, die Hälfte des Mindeststammkapitals gemäß § 5 Abs. 1 erreicht.

(3) Die Sacheinlagen sind vor der Anmeldung der Gesellschaft zur Eintragung in das Handelsregister so an die Gesellschaft zu bewirken, daß sie endgültig zur freien Verfügung der Geschäftsführer stehen.

Anhang 4
Gesetz betreffend die Gesellschaften mit beschränkter Haftung (GmbHG)

§ 8
Inhalt der Anmeldung

(1) Der Anmeldung müssen beigefügt sein:
1. der Gesellschaftsvertrag und im Fall des § 2 Abs. 2 die Vollmachten der Vertreter, welche den Gesellschaftsvertrag unterzeichnet haben, oder eine beglaubigte Abschrift dieser Urkunden,
2. die Legitimation der Geschäftsführer, sofern dieselben nicht im Gesellschaftsvertrag bestellt sind,
3. eine von den Anmeldenden unterschriebene Liste der Gesellschafter, aus welcher Name, Vorname, Geburtsdatum und Wohnort der letzteren sowie die Nennbeträge und die laufenden Nummern der von einem jeden derselben übernommenen Geschäftsanteile ersichtlich sind,
4. im Fall des § 5 Abs. 4 die Verträge, die den Festsetzungen zugrunde liegen oder zu ihrer Ausführung geschlossen worden sind, und der Sachgründungsbericht,
5. wenn Sacheinlagen vereinbart sind, Unterlagen darüber, daß der Wert der Sacheinlagen den Nennbetrag der dafür übernommenen Geschäftsanteile erreicht.
6. (weggefallen)

(2) [1]In der Anmeldung ist die Versicherung abzugeben, daß die in § 7 Abs. 2 und 3 bezeichneten Leistungen auf die Geschäftsanteile bewirkt sind und daß der Gegenstand der Leistungen sich endgültig in der freien Verfügung der Geschäftsführer befindet. [2]Das Gericht kann bei erheblichen Zweifeln an der Richtigkeit der Versicherung Nachweise (unter anderem Einzahlungsbelege) verlangen.

(3) [1]In der Anmeldung haben die Geschäftsführer zu versichern, daß keine Umstände vorliegen, die ihrer Bestellung nach § 6 Abs. 2 Satz 2 Nr. 2 und 3 sowie Satz 3 entgegenstehen, und daß sie über ihre unbeschränkte Auskunftspflicht gegenüber dem Gericht belehrt worden sind. [2]Die Belehrung nach § 53 Abs. 2 des Bundeszentralregistergesetzes kann schriftlich vorgenommen werden; sie kann auch durch einen Notar oder einen im Ausland bestellten Notar, durch einen Vertreter eines vergleichbaren rechtsberatenden Berufs oder einen Konsularbeamten erfolgen.

(4) In der Anmeldung sind ferner anzugeben:
1. eine inländische Geschäftsanschrift,
2. Art und Umfang der Vertretungsbefugnis der Geschäftsführer.

(5) Für die Einreichung von Unterlagen nach diesem Gesetz gilt § 12 Abs. 2 des Handelsgesetzbuchs entsprechend.

§ 9
Überbewertung der Sacheinlagen

(1) [1]Erreicht der Wert einer Sacheinlage im Zeitpunkt der Anmeldung der Gesellschaft zur Eintragung in das Handelsregister nicht den Nennbetrag des dafür übernommenen Geschäftsanteils, hat der Gesellschafter in Höhe des Fehlbetrags eine Einlage in Geld zu leisten. [2]Sonstige Ansprüche bleiben unberührt.

(2) Der Anspruch der Gesellschaft nach Absatz 1 Satz 1 verjährt in zehn Jahren seit der Eintragung der Gesellschaft in das Handelsregister.

§ 9a
Ersatzansprüche der Gesellschaft

(1) Werden zum Zweck der Errichtung der Gesellschaft falsche Angaben gemacht, so haben die Gesellschafter und Geschäftsführer der Gesellschaft als Gesamtschuldner fehlende Einzahlungen zu leisten, eine Vergütung, die nicht unter den Gründungsaufwand aufgenommen ist, zu ersetzen und für den sonst entstehenden Schaden Ersatz zu leisten.

Anhang 4
Gesetz betreffend die Gesellschaften mit beschränkter Haftung (GmbHG)

(2) Wird die Gesellschaft von Gesellschaftern durch Einlagen oder Gründungsaufwand vorsätzlich oder aus grober Fahrlässigkeit geschädigt, so sind ihr alle Gesellschafter als Gesamtschuldner zum Ersatz verpflichtet.

(3) Von diesen Verpflichtungen ist ein Gesellschafter oder ein Geschäftsführer befreit, wenn er die die Ersatzpflicht begründenden Tatsachen weder kannte noch bei Anwendung der Sorgfalt eines ordentlichen Geschäftsmannes kennen mußte.

(4) [1]Neben den Gesellschaftern sind in gleicher Weise Personen verantwortlich, für deren Rechnung die Gesellschafter Geschäftsanteile übernommen haben. [2]Sie können sich auf ihre eigene Unkenntnis nicht wegen solcher Umstände berufen, die ein für ihre Rechnung handelnder Gesellschafter kannte oder bei Anwendung der Sorgfalt eines ordentlichen Geschäftsmannes kennen mußte.

§ 9b
Verzicht auf Ersatzansprüche

(1) [1]Ein Verzicht der Gesellschaft auf Ersatzansprüche nach § 9a oder ein Vergleich der Gesellschaft über diese Ansprüche ist unwirksam, soweit der Ersatz zur Befriedigung der Gläubiger der Gesellschaft erforderlich ist. [2]Dies gilt nicht, wenn der Ersatzpflichtige zahlungsunfähig ist und sich zur Abwendung des Insolvenzverfahrens mit seinen Gläubigern vergleicht oder wenn die Ersatzpflicht in einem Insolvenzplan geregelt wird.

(2) [1]Ersatzansprüche der Gesellschaft nach § 9a verjähren in fünf Jahren. [2]Die Verjährung beginnt mit der Eintragung der Gesellschaft in das Handelsregister oder, wenn die zum Ersatz verpflichtende Handlung später begangen worden ist, mit der Vornahme der Handlung.

§ 9c
Ablehnung der Eintragung

(1) [1]Ist die Gesellschaft nicht ordnungsgemäß errichtet und angemeldet, so hat das Gericht die Eintragung abzulehnen. [2]Dies gilt auch, wenn Sacheinlagen nicht unwesentlich überbewertet worden sind.

(2) Wegen einer mangelhaften, fehlenden oder nichtigen Bestimmung des Gesellschaftsvertrages darf das Gericht die Eintragung nach Absatz 1 nur ablehnen, soweit diese Bestimmung, ihr Fehlen oder ihre Nichtigkeit

1. Tatsachen oder Rechtsverhältnisse betrifft, die nach § 3 Abs. 1 oder auf Grund anderer zwingender gesetzlicher Vorschriften in dem Gesellschaftsvertrag bestimmt sein müssen oder die in das Handelsregister einzutragen oder von dem Gericht bekanntzumachen sind,
2. Vorschriften verletzt, die ausschließlich oder überwiegend zum Schutze der Gläubiger der Gesellschaft oder sonst im öffentlichen Interesse gegeben sind, oder
3. die Nichtigkeit des Gesellschaftsvertrages zur Folge hat.

§ 10
Inhalt der Eintragung

(1) [1]Bei der Eintragung in das Handelsregister sind die Firma und der Sitz der Gesellschaft, eine inländische Geschäftsanschrift, der Gegenstand des Unternehmens, die Höhe des Stammkapitals, der Tag des Abschlusses des Gesellschaftsvertrags und die Personen der Geschäftsführer anzugeben. [2]Ferner ist einzutragen, welche Vertretungsbefugnis die Geschäftsführer haben.

(2) [1]Enthält der Gesellschaftsvertrag Bestimmungen über die Zeitdauer der Gesellschaft oder über das genehmigte Kapital, so sind auch diese Bestimmungen einzutragen. [2]Wenn eine Person, die für Willenserklärungen und Zustellungen an die Gesellschaft empfangsberechtigt ist, mit einer inländischen Anschrift zur Eintragung in das Handelsregister angemeldet wird, sind auch diese Angaben einzutragen; Dritten gegenüber gilt die Empfangsberechtigung als fortbestehend, bis sie im Handelsregister gelöscht und die Löschung bekannt gemacht worden ist, es sei denn, dass die fehlende Empfangsberechtigung dem Dritten bekannt war.

Anhang 4
Gesetz betreffend die Gesellschaften mit beschränkter Haftung (GmbHG)

(3) (weggefallen)

§ 11
Rechtszustand vor der Eintragung

(1) Vor der Eintragung in das Handelsregister des Sitzes der Gesellschaft besteht die Gesellschaft mit beschränkter Haftung als solche nicht.

(2) Ist vor der Eintragung im Namen der Gesellschaft gehandelt worden, so haften die Handelnden persönlich und solidarisch.

§ 12
Bekanntmachungen der Gesellschaft

[1]Bestimmt das Gesetz oder der Gesellschaftsvertrag, dass von der Gesellschaft etwas bekannt zu machen ist, so erfolgt die Bekanntmachung im Bundesanzeiger (Gesellschaftsblatt). [2]Daneben kann der Gesellschaftsvertrag andere öffentliche Blätter oder elektronische Informationsmedien als Gesellschaftsblätter bezeichnen.

Abschnitt 2
Rechtsverhältnisse der Gesellschaft und der Gesellschafter

§ 13
Juristische Person; Handelsgesellschaft

(1) Die Gesellschaft mit beschränkter Haftung als solche hat selbständig ihre Rechte und Pflichten; sie kann Eigentum und andere dingliche Rechte an Grundstücken erwerben, vor Gericht klagen und verklagt werden.

(2) Für die Verbindlichkeiten der Gesellschaft haftet den Gläubigern derselben nur das Gesellschaftsvermögen.

(3) Die Gesellschaft gilt als Handelsgesellschaft im Sinne des Handelsgesetzbuchs.

§ 14
Einlagepflicht

[1]Auf jeden Geschäftsanteil ist eine Einlage zu leisten. [2]Die Höhe der zu leistenden Einlage richtet sich nach dem bei der Errichtung der Gesellschaft im Gesellschaftsvertrag festgesetzten Nennbetrag des Geschäftsanteils. [3]Im Fall der Kapitalerhöhung bestimmt sich die Höhe der zu leistenden Einlage nach dem in der Übernahmeerklärung festgesetzten Nennbetrag des Geschäftsanteils.

§ 15
Übertragung von Geschäftsanteilen

(1) Die Geschäftsanteile sind veräußerlich und vererblich.

(2) Erwirbt ein Gesellschafter zu seinem ursprünglichen Geschäftsanteil weitere Geschäftsanteile, so behalten dieselben ihre Selbständigkeit.

(3) Zur Abtretung von Geschäftsanteilen durch Gesellschafter bedarf es eines in notarieller Form geschlossenen Vertrags.

(4) [1]Der notariellen Form bedarf auch eine Vereinbarung, durch welche die Verpflichtung eines Gesellschafters zur Abtretung eines Geschäftsanteils begründet wird. [2]Eine ohne diese Form getroffene Vereinbarung wird jedoch durch den nach Maßgabe des vorigen Absatzes geschlossenen Abtretungsvertrag gültig.

(5) Durch den Gesellschaftsvertrag kann die Abtretung der Geschäftsanteile an weitere Voraussetzungen geknüpft, insbesondere von der Genehmigung der Gesellschaft abhängig gemacht werden.

§ 16
Rechtsstellung bei Wechsel der Gesellschafter oder Veränderung des Umfangs ihrer Beteiligung; Erwerb vom Nichtberechtigten

(1) ¹Im Verhältnis zur Gesellschaft gilt im Fall einer Veränderung in den Personen der Gesellschafter oder des Umfangs ihrer Beteiligung als Inhaber eines Geschäftsanteils nur, wer als solcher in der im Handelsregister aufgenommenen Gesellschafterliste (§ 40) eingetragen ist. ²Eine vom Erwerber in Bezug auf das Gesellschaftsverhältnis vorgenommene Rechtshandlung gilt als von Anfang an wirksam, wenn die Liste unverzüglich nach Vornahme der Rechtshandlung in das Handelsregister aufgenommen wird.

(2) Für Einlageverpflichtungen, die in dem Zeitpunkt rückständig sind, ab dem der Erwerber gemäß Absatz 1 Satz 1 im Verhältnis zur Gesellschaft als Inhaber des Geschäftsanteils gilt, haftet der Erwerber neben dem Veräußerer.

(3) ¹Der Erwerber kann einen Geschäftsanteil oder ein Recht daran durch Rechtsgeschäft wirksam vom Nichtberechtigten erwerben, wenn der Veräußerer als Inhaber des Geschäftsanteils in der im Handelsregister aufgenommenen Gesellschafterliste eingetragen ist. ²Dies gilt nicht, wenn die Liste zum Zeitpunkt des Erwerbs hinsichtlich des Geschäftsanteils weniger als drei Jahre unrichtig und die Unrichtigkeit dem Berechtigten nicht zuzurechnen ist. ³Ein gutgläubiger Erwerb ist ferner nicht möglich, wenn dem Erwerber die mangelnde Berechtigung bekannt oder infolge grober Fahrlässigkeit unbekannt ist oder der Liste ein Widerspruch zugeordnet ist. ⁴Die Zuordnung eines Widerspruchs erfolgt aufgrund einer einstweiligen Verfügung oder aufgrund einer Bewilligung desjenigen, gegen dessen Berechtigung sich der Widerspruch richtet. ⁵Eine Gefährdung des Rechts des Widersprechenden muss nicht glaubhaft gemacht werden.

§ 17
(aufgehoben)

§ 18
Mitberechtigung am Geschäftsanteil

(1) Steht ein Geschäftsanteil mehreren Mitberechtigten ungeteilt zu, so können sie die Rechte aus demselben nur gemeinschaftlich ausüben.

(2) Für die auf den Geschäftsanteil zu bewirkenden Leistungen haften sie der Gesellschaft solidarisch.

(3) ¹Rechtshandlungen, welche die Gesellschaft gegenüber dem Inhaber des Anteils vorzunehmen hat, sind, sofern nicht ein gemeinsamer Vertreter der Mitberechtigten vorhanden ist, wirksam, wenn sie auch nur gegenüber einem Mitberechtigten vorgenommen werden. ²Gegenüber mehreren Erben eines Gesellschafters findet diese Bestimmung nur in bezug auf Rechtshandlungen Anwendung, welche nach Ablauf eines Monats seit dem Anfall der Erbschaft vorgenommen werden.

§ 19
Leistung der Einlagen

(1) Die Einzahlungen auf die Geschäftsanteile sind nach dem Verhältnis der Geldeinlagen zu leisten.

(2) ¹Von der Verpflichtung zur Leistung der Einlagen können die Gesellschafter nicht befreit werden. ²Gegen den Anspruch der Gesellschaft ist die Aufrechnung nur zulässig mit einer Forderung aus der Überlassung von Vermögensgegenständen, deren Anrechnung auf die Einlageverpflichtung nach § 5 Abs. 4 Satz 1 vereinbart worden ist. ³An dem Gegenstand einer Sacheinlage kann wegen Forderungen, welche sich nicht auf den Gegenstand beziehen, kein Zurückbehaltungsrecht geltend gemacht werden.

Anhang 4
Gesetz betreffend die Gesellschaften mit beschränkter Haftung (GmbHG)

(3) Durch eine Kapitalherabsetzung können die Gesellschafter von der Verpflichtung zur Leistung von Einlagen höchstens in Höhe des Betrags befreit werden, um den das Stammkapital herabgesetzt worden ist.

(4) [1]Ist eine Geldeinlage eines Gesellschafters bei wirtschaftlicher Betrachtung und aufgrund einer im Zusammenhang mit der Übernahme der Geldeinlage getroffenen Abrede vollständig oder teilweise als Sacheinlage zu bewerten (verdeckte Sacheinlage), so befreit dies den Gesellschafter nicht von seiner Einlageverpflichtung. [2]Jedoch sind die Verträge über die Sacheinlage und die Rechtshandlungen zu ihrer Ausführung nicht unwirksam. [3]Auf die fortbestehende Geldeinlagepflicht des Gesellschafters wird der Wert des Vermögensgegenstandes im Zeitpunkt der Anmeldung der Gesellschaft zur Eintragung in das Handelsregister oder im Zeitpunkt seiner Überlassung an die Gesellschaft, falls diese später erfolgt, angerechnet. [4]Die Anrechnung erfolgt nicht vor Eintragung der Gesellschaft in das Handelsregister. [5]Die Beweislast für die Werthaltigkeit des Vermögensgegenstandes trägt der Gesellschafter.

(5) [1]Ist vor der Einlage eine Leistung an den Gesellschafter vereinbart worden, die wirtschaftlich einer Rückzahlung der Einlage entspricht und die nicht als verdeckte Sacheinlage im Sinne von Absatz 4 zu beurteilen ist, so befreit dies den Gesellschafter von seiner Einlageverpflichtung nur dann, wenn die Leistung durch einen vollwertigen Rückgewähranspruch gedeckt ist, der jederzeit fällig ist oder durch fristlose Kündigung durch die Gesellschaft fällig werden kann. [2]Eine solche Leistung oder die Vereinbarung einer solchen Leistung ist in der Anmeldung nach § 8 anzugeben.

(6) [1]Der Anspruch der Gesellschaft auf Leistung der Einlagen verjährt in zehn Jahren von seiner Entstehung an. [2]Wird das Insolvenzverfahren über das Vermögen der Gesellschaft eröffnet, so tritt die Verjährung nicht vor Ablauf von sechs Monaten ab dem Zeitpunkt der Eröffnung ein.

§ 20
Verzugszinsen

Ein Gesellschafter, welcher den auf die Stammeinlage eingeforderten Betrag nicht zur rechten Zeit einzahlt, ist zur Entrichtung von Verzugszinsen von Rechts wegen verpflichtet.

§ 21
Kaduzierung

(1) [1]Im Fall verzögerter Einzahlung kann an den säumigen Gesellschafter eine erneute Aufforderung zur Zahlung binnen einer zu bestimmenden Nachfrist unter Androhung seines Ausschlusses mit dem Geschäftsanteil, auf welchen die Zahlung zu erfolgen hat, erlassen werden. [2]Die Aufforderung erfolgt mittels eingeschriebenen Briefes. [3]Die Nachfrist muß mindestens einen Monat betragen.

(2) [1]Nach fruchtlosem Ablauf der Frist ist der säumige Gesellschafter seines Geschäftsanteils und der geleisteten Teilzahlungen zugunsten der Gesellschaft verlustig zu erklären. [2]Die Erklärung erfolgt mittels eingeschriebenen Briefes.

(3) Wegen des Ausfalls, welchen die Gesellschaft an dem rückständigen Betrag oder den später auf den Geschäftsanteil eingeforderten Beträgen der Stammeinlage erleidet, bleibt ihr der ausgeschlossene Gesellschafter verhaftet.

§ 22
Haftung der Rechtsvorgänger

(1) Für eine von dem ausgeschlossenen Gesellschafter nicht erfüllte Einlageverpflichtung haftet der Gesellschaft auch der letzte und jeder frühere Rechtsvorgänger des Ausgeschlossenen, der im Verhältnis zu ihr als Inhaber des Geschäftsanteils gilt.

(2) Ein früherer Rechtsvorgänger haftet nur, soweit die Zahlung von dessen Rechtsnachfolger nicht zu erlangen ist; dies ist bis zum Beweis des Gegenteils anzunehmen, wenn der letztere die Zahlung nicht bis zum Ablauf eines Monats geleistet hat, nachdem an ihn die Zahlungsaufforderung und an den Rechtsvorgänger die Benachrichtigung von derselben erfolgt ist.

Anhang 4
Gesetz betreffend die Gesellschaften mit beschränkter Haftung (GmbHG)

(3) [1]Die Haftung des Rechtsvorgängers ist auf die innerhalb der Frist von fünf Jahren auf die Einlageverpflichtung eingeforderten Leistungen beschränkt. [2]Die Frist beginnt mit dem Tag, ab welchem der Rechtsnachfolger im Verhältnis zur Gesellschaft als Inhaber des Geschäftsanteils gilt.

(4) Der Rechtsvorgänger erwirbt gegen Zahlung des rückständigen Betrags den Geschäftsanteil des ausgeschlossenen Gesellschafters.

§ 23
Versteigerung des Geschäftsanteils

[1]Ist die Zahlung des rückständigen Betrags von Rechtsvorgängern nicht zu erlangen, so kann die Gesellschaft den Geschäftsanteil im Wege öffentlicher Versteigerung verkaufen lassen. [2]Eine andere Art des Verkaufs ist nur mit Zustimmung des ausgeschlossenen Gesellschafters zulässig.

§ 24
Aufbringung von Fehlbeträgen

[1]Soweit eine Stammeinlage weder von den Zahlungspflichtigen eingezogen, noch durch Verkauf des Geschäftsanteils gedeckt werden kann, haben die übrigen Gesellschafter den Fehlbetrag nach Verhältnis ihrer Geschäftsanteile aufzubringen. [2]Beiträge, welche von einzelnen Gesellschaftern nicht zu erlangen sind, werden nach dem bezeichneten Verhältnis auf die übrigen verteilt.

§ 25
Zwingende Vorschriften

Von den in den §§ 21 bis 24 bezeichneten Rechtsfolgen können die Gesellschafter nicht befreit werden.

§ 26
Nachschusspflicht

(1) Im Gesellschaftsvertrag kann bestimmt werden, daß die Gesellschafter über die Nennbeträge der Geschäftsanteile hinaus die Einforderung von weiteren Einzahlungen (Nachschüssen) beschließen können.

(2) Die Einzahlung der Nachschüsse hat nach Verhältnis der Geschäftsanteile zu erfolgen.

(3) Die Nachschußpflicht kann im Gesellschaftsvertrag auf einen bestimmten, nach Verhältnis der Geschäftsanteile festzusetzenden Betrag beschränkt werden.

§ 27
Unbeschränkte Nachschusspflicht

(1) [1]Ist die Nachschußpflicht nicht auf einen bestimmten Betrag beschränkt, so hat jeder Gesellschafter, falls er die Stammeinlage vollständig eingezahlt hat, das Recht, sich von der Zahlung des auf den Geschäftsanteil eingeforderten Nachschusses dadurch zu befreien, daß er innerhalb eines Monats nach der Aufforderung zur Einzahlung den Geschäftsanteil der Gesellschaft zur Befriedigung aus demselben zur Verfügung stellt. [2]Ebenso kann die Gesellschaft, wenn der Gesellschafter binnen der angegebenen Frist weder von der bezeichneten Befugnis Gebrauch macht, noch die Einzahlung leistet, demselben mittels eingeschriebenen Briefes erklären, daß sie den Geschäftsanteil als zur Verfügung gestellt betrachte.

(2) [1]Die Gesellschaft hat den Geschäftsanteil innerhalb eines Monats nach der Erklärung des Gesellschafters oder der Gesellschaft im Wege öffentlicher Versteigerung verkaufen zu lassen. [2]Eine andere Art des Verkaufs ist nur mit Zustimmung des Gesellschafters zulässig. [3]Ein nach Deckung der Verkaufskosten und des rückständigen Nachschusses verbleibender Überschuß gebührt dem Gesellschafter.

(3) [1]Ist die Befriedigung der Gesellschaft durch den Verkauf nicht zu erlangen, so fällt der Geschäftsanteil der Gesellschaft zu. [2]Dieselbe ist befugt, den Anteil für eigene Rechnung zu veräußern.

Anhang 4
Gesetz betreffend die Gesellschaften mit beschränkter Haftung (GmbHG)

(4) Im Gesellschaftsvertrag kann die Anwendung der vorstehenden Bestimmungen auf den Fall beschränkt werden, daß die auf den Geschäftsanteil eingeforderten Nachschüsse einen bestimmten Betrag überschreiten.

§ 28
Beschränkte Nachschusspflicht

(1) [1]Ist die Nachschußpflicht auf einen bestimmten Betrag beschränkt, so finden, wenn im Gesellschaftsvertrag nicht ein anderes festgesetzt ist, im Fall verzögerter Einzahlung von Nachschüssen die auf die Einzahlung der Stammeinlagen bezüglichen Vorschriften der §§ 21 bis 23 entsprechende Anwendung. [2]Das gleiche gilt im Fall des § 27 Abs. 4 auch bei unbeschränkter Nachschußpflicht, soweit die Nachschüsse den im Gesellschaftsvertrag festgesetzten Betrag nicht überschreiten.

(2) Im Gesellschaftsvertrag kann bestimmt werden, daß die Einforderung von Nachschüssen, auf deren Zahlung die Vorschriften der §§ 21 bis 23 Anwendung finden, schon vor vollständiger Einforderung der Stammeinlagen zulässig ist.

§ 29
Ergebnisverwendung

(1) [1]Die Gesellschafter haben Anspruch auf den Jahresüberschuß zuzüglich eines Gewinnvortrags und abzüglich eines Verlustvortrags, soweit der sich ergebende Betrag nicht nach Gesetz oder Gesellschaftsvertrag, durch Beschluß nach Absatz 2 oder als zusätzlicher Aufwand auf Grund des Beschlusses über die Verwendung des Ergebnisses von der Verteilung unter die Gesellschafter ausgeschlossen ist. [2]Wird die Bilanz unter Berücksichtigung der teilweisen Ergebnisverwendung aufgestellt oder werden Rücklagen aufgelöst, so haben die Gesellschafter abweichend von Satz 1 Anspruch auf den Bilanzgewinn.

(2) Im Beschluß über die Verwendung des Ergebnisses können die Gesellschafter, wenn der Gesellschaftsvertrag nichts anderes bestimmt, Beträge in Gewinnrücklagen einstellen oder als Gewinn vortragen.

(3) [1]Die Verteilung erfolgt nach Verhältnis der Geschäftsanteile. [2]Im Gesellschaftsvertrag kann ein anderer Maßstab der Verteilung festgesetzt werden.

(4) [1]Unbeschadet der Absätze 1 und 2 und abweichender Gewinnverteilungsabreden nach Absatz 3 Satz 2 können die Geschäftsführer mit Zustimmung des Aufsichtsrats oder der Gesellschafter den Eigenkapitalanteil von Wertaufholungen bei Vermögensgegenständen des Anlage- und Umlaufvermögens in andere Gewinnrücklagen einstellen. [2]Der Betrag dieser Rücklagen ist in der Bilanz gesondert auszuweisen; er kann auch im Anhang angegeben werden.

§ 30
Kapitalerhaltung

(1) [1]Das zur Erhaltung des Stammkapitals erforderliche Vermögen der Gesellschaft darf an die Gesellschafter nicht ausgezahlt werden. [2]Satz 1 gilt nicht bei Leistungen, die bei Bestehen eines Beherrschungs- oder Gewinnabführungsvertrags (§ 291 des Aktiengesetzes) erfolgen oder durch einen vollwertigen Gegenleistungs- oder Rückgewähranspruch gegen den Gesellschafter gedeckt sind. [3]Satz 1 ist zudem nicht anzuwenden auf die Rückgewähr eines Gesellschafterdarlehens und Leistungen auf Forderungen aus Rechtshandlungen, die einem Gesellschafterdarlehen wirtschaftlich entsprechen.

(2) ¹Eingezahlte Nachschüsse können, soweit sie nicht zur Deckung eines Verlustes am Stammkapital erforderlich sind, an die Gesellschafter zurückgezahlt werden. ²Die Zurückzahlung darf nicht vor Ablauf von drei Monaten erfolgen, nachdem der Rückzahlungsbeschluß nach § 12 bekanntgemacht ist. ³Im Fall des § 28 Abs. 2 ist die Zurückzahlung von Nachschüssen vor der Volleinzahlung des Stammkapitals unzulässig. ⁴Zurückgezahlte Nachschüsse gelten als nicht eingezogen.

§ 31
Erstattung verbotener Rückzahlungen

(1) Zahlungen, welche den Vorschriften des § 30 zuwider geleistet sind, müssen der Gesellschaft erstattet werden.

(2) War der Empfänger in gutem Glauben, so kann die Erstattung nur insoweit verlangt werden, als sie zur Befriedigung der Gesellschaftsgläubiger erforderlich ist.

(3) ¹Ist die Erstattung von dem Empfänger nicht zu erlangen, so haften für den zu erstattenden Betrag, soweit er zur Befriedigung der Gesellschaftsgläubiger erforderlich ist, die übrigen Gesellschafter nach Verhältnis ihrer Geschäftsanteile. ²Beiträge, welche von einzelnen Gesellschaftern nicht zu erlangen sind, werden nach dem bezeichneten Verhältnis auf die übrigen verteilt.

(4) Zahlungen, welche auf Grund der vorstehenden Bestimmungen zu leisten sind, können den Verpflichteten nicht erlassen werden.

(5) ¹Die Ansprüche der Gesellschaft verjähren in den Fällen des Absatzes 1 in zehn Jahren sowie in den Fällen des Absatzes 3 in fünf Jahren. ²Die Verjährung beginnt mit dem Ablauf des Tages, an welchem die Zahlung, deren Erstattung beansprucht wird, geleistet ist. ³In den Fällen des Absatzes 1 findet § 19 Abs. 6 Satz 2 entsprechende Anwendung.

(6) ¹Für die in den Fällen des Absatzes 3 geleistete Erstattung einer Zahlung sind den Gesellschaftern die Geschäftsführer, welchen in betreff der geleisteten Zahlung ein Verschulden zur Last fällt, solidarisch zum Ersatz verpflichtet. ²Die Bestimmungen in § 43 Abs. 1 und 4 finden entsprechende Anwendung.

§ 32
Rückzahlung von Gewinn

Liegt die in § 31 Abs. 1 bezeichnete Voraussetzung nicht vor, so sind die Gesellschafter in keinem Fall verpflichtet, Beträge, welche sie in gutem Glauben als Gewinnanteile bezogen haben, zurückzuzahlen.

§ 32a
(weggefallen)

§ 32b
(weggefallen)

§ 33
Erwerb eigener Geschäftsanteile

(1) Die Gesellschaft kann eigene Geschäftsanteile, auf welche die Einlagen noch nicht vollständig geleistet sind, nicht erwerben oder als Pfand nehmen.

(2) ¹Eigene Geschäftsanteile, auf welche die Einlage vollständig geleistet ist, darf sie nur erwerben, sofern sie im Zeitpunkt des Erwerbs eine Rücklage in Höhe der Aufwendungen für den Erwerb bilden könnte, ohne das Stammkapital oder eine nach dem Gesellschaftsvertrag zu bildende Rücklage zu mindern, die nicht zur Zahlung an die Gesellschafter verwandt werden darf.

Anhang 4
Gesetz betreffend die Gesellschaften mit beschränkter Haftung (GmbHG)

[2]Als Pfand nehmen darf sie solche Geschäftsanteile nur, soweit der Gesamtbetrag der durch Inpfandnahme eigener Geschäftsanteile gesicherten Forderungen oder, wenn der Wert der als Pfand genommenen Geschäftsanteile niedriger ist, dieser Betrag nicht höher ist als das über das Stammkapital hinaus vorhandene Vermögen. [3]Ein Verstoß gegen die Sätze 1 und 2 macht den Erwerb oder die Inpfandnahme der Geschäftsanteile nicht unwirksam; jedoch ist das schuldrechtliche Geschäft über einen verbotswidrigen Erwerb oder eine verbotswidrige Inpfandnahme nichtig.

(3) Der Erwerb eigener Geschäftsanteile ist ferner zulässig zur Abfindung von Gesellschaftern nach § 29 Abs. 1, § 122i Abs. 1 Satz 2, § 125 Satz 1 in Verbindung mit § 29 Abs. 1 und § 207 Abs. 1 des Umwandlungsgesetzes, sofern der Erwerb binnen sechs Monaten nach dem Wirksamwerden der Umwandlung oder nach der Rechtskraft der gerichtlichen Entscheidung erfolgt und die Gesellschaft im Zeitpunkt des Erwerbs eine Rücklage in Höhe der Aufwendungen für den Erwerb bilden könnte, ohne das Stammkapital oder eine nach dem Gesellschaftsvertrag zu bildende Rücklage zu mindern, die nicht zur Zahlung an die Gesellschafter verwandt werden darf.

§ 34
Einziehung von Geschäftsanteilen

(1) Die Einziehung (Amortisation) von Geschäftsanteilen darf nur erfolgen, soweit sie im Gesellschaftsvertrag zugelassen ist.

(2) Ohne die Zustimmung des Anteilsberechtigten findet die Einziehung nur statt, wenn die Voraussetzungen derselben vor dem Zeitpunkt, in welchem der Berechtigte den Geschäftsanteil erworben hat, im Gesellschaftsvertrag festgesetzt waren.

(3) Die Bestimmung in § 30 Abs. 1 bleibt unberührt.

Abschnitt 3
Vertretung und Geschäftsführung

§ 35
Vertretung der Gesellschaft

(1) [1]Die Gesellschaft wird durch die Geschäftsführer gerichtlich und außergerichtlich vertreten. [2]Hat eine Gesellschaft keinen Geschäftsführer (Führungslosigkeit), wird die Gesellschaft für den Fall, dass ihr gegenüber Willenserklärungen abgegeben oder Schriftstücke zugestellt werden, durch die Gesellschafter vertreten.

(2) [1]Sind mehrere Geschäftsführer bestellt, sind sie alle nur gemeinschaftlich zur Vertretung der Gesellschaft befugt, es sei denn, dass der Gesellschaftsvertrag etwas anderes bestimmt. [2]Ist der Gesellschaft gegenüber eine Willenserklärung abzugeben, genügt die Abgabe gegenüber einem Vertreter der Gesellschaft nach Absatz 1. [3]An die Vertreter der Gesellschaft nach Absatz 1 können unter der im Handelsregister eingetragenen Geschäftsanschrift Willenserklärungen abgegeben und Schriftstücke für die Gesellschaft zugestellt werden. [4]Unabhängig hiervon können die Abgabe und die Zustellung auch unter der eingetragenen Anschrift der empfangsberechtigten Person nach § 10 Abs. 2 Satz 2 erfolgen.

(3) [1]Befinden sich alle Geschäftsanteile der Gesellschaft in der Hand eines Gesellschafters oder daneben in der Hand der Gesellschaft und ist er zugleich deren alleiniger Geschäftsführer, so ist auf seine Rechtsgeschäfte mit der Gesellschaft § 181 des Bürgerlichen Gesetzbuchs anzuwenden. [2]Rechtsgeschäfte zwischen ihm und der von ihm vertretenen Gesellschaft sind, auch wenn er nicht alleiniger Geschäftsführer ist, unverzüglich nach ihrer Vornahme in eine Niederschrift aufzunehmen.

§ 35a
Angaben auf Geschäftsbriefen

(1) [1]Auf allen Geschäftsbriefen gleichviel welcher Form, die an einen bestimmten Empfänger gerichtet werden, müssen die Rechtsform und der Sitz der Gesellschaft, das Registergericht des Sitzes der Gesellschaft und die Nummer, unter der die Gesellschaft in das Handelsregister eingetragen ist, sowie alle Geschäftsführer und, sofern die Gesellschaft einen Aufsichtsrat gebildet und dieser einen Vorsitzenden hat, der Vorsitzende des Aufsichtsrats mit dem Familiennamen und mindestens einem ausgeschriebenen Vornamen angegeben werden. [2]Werden Angaben über das Kapital der Gesellschaft gemacht, so müssen in jedem Fall das Stammkapital sowie, wenn nicht alle in Geld zu leistenden Einlagen eingezahlt sind, der Gesamtbetrag der ausstehenden Einlagen angegeben werden.

(2) Der Angaben nach Absatz 1 Satz 1 bedarf es nicht bei Mitteilungen oder Berichten, die im Rahmen einer bestehenden Geschäftsverbindung ergehen und für die üblicherweise Vordrucke verwendet werden, in denen lediglich die im Einzelfall erforderlichen besonderen Angaben eingefügt zu werden brauchen.

(3) [1]Bestellscheine gelten als Geschäftsbriefe im Sinne des Absatzes 1. [2]Absatz 2 ist auf sie nicht anzuwenden.

(4) [1]Auf allen Geschäftsbriefen und Bestellscheinen, die von einer Zweigniederlassung einer Gesellschaft mit beschränkter Haftung mit Sitz im Ausland verwendet werden, müssen das Register, bei dem die Zweigniederlassung geführt wird, und die Nummer des Registereintrags angegeben werden; im übrigen gelten die Vorschriften der Absätze 1 bis 3 für die Angaben bezüglich der Haupt- und der Zweigniederlassung, soweit nicht das ausländische Recht Abweichungen nötig macht. [2]Befindet sich die ausländische Gesellschaft in Liquidation, so sind auch diese Tatsache sowie alle Liquidatoren anzugeben.

§ 36
Zielgrößen und Fristen zur gleichberechtigten Teilhabe von Frauen und Männern

Die Geschäftsführer einer Gesellschaft, die der Mitbestimmung unterliegt, legen für den Frauenanteil in den beiden Führungsebenen unterhalb der Geschäftsführer Zielgrößen fest. Liegt der Frauenanteil bei Festlegung der Zielgrößen unter 30 Prozent, so dürfen die Zielgrößen den jeweils erreichten Anteil nicht mehr unterschreiten. Gleichzeitig sind Fristen zur Erreichung der Zielgrößen festzulegen. Die Fristen dürfen jeweils nicht länger als fünf Jahre sein.

§ 37
Beschränkungen der Vertretungsbefugnis

(1) Die Geschäftsführer sind der Gesellschaft gegenüber verpflichtet, die Beschränkungen einzuhalten, welche für den Umfang ihrer Befugnis, die Gesellschaft zu vertreten, durch den Gesellschaftsvertrag oder, soweit dieser nicht ein anderes bestimmt, durch die Beschlüsse der Gesellschafter festgesetzt sind.

(2) [1]Gegen dritte Personen hat eine Beschränkung der Befugnis der Geschäftsführer, die Gesellschaft zu vertreten, keine rechtliche Wirkung. [2]Dies gilt insbesondere für den Fall, daß die Vertretung sich nur auf gewisse Geschäfte oder Arten von Geschäften erstrecken oder nur unter gewissen Umständen oder für eine gewisse Zeit oder an einzelnen Orten stattfinden soll, oder daß die Zustimmung der Gesellschafter oder eines Organs der Gesellschaft für einzelne Geschäfte erfordert ist.

§ 38
Widerruf der Bestellung

(1) Die Bestellung der Geschäftsführer ist zu jeder Zeit widerruflich, unbeschadet der Entschädigungsansprüche aus bestehenden Verträgen.

Anhang 4
Gesetz betreffend die Gesellschaften mit beschränkter Haftung (GmbHG)

(2) ¹Im Gesellschaftsvertrag kann die Zulässigkeit des Widerrufs auf den Fall beschränkt werden, daß wichtige Gründe denselben notwendig machen. ²Als solche Gründe sind insbesondere grobe Pflichtverletzung oder Unfähigkeit zur ordnungsmäßigen Geschäftsführung anzusehen.

§ 39
Anmeldung der Geschäftsführer

(1) Jede Änderung in den Personen der Geschäftsführer sowie die Beendigung der Vertretungsbefugnis eines Geschäftsführers ist zur Eintragung in das Handelsregister anzumelden.

(2) Der Anmeldung sind die Urkunden über die Bestellung der Geschäftsführer oder über die Beendigung der Vertretungsbefugnis in Urschrift oder öffentlich beglaubigter Abschrift beizufügen.

(3) ¹Die neuen Geschäftsführer haben in der Anmeldung zu versichern, daß keine Umstände vorliegen, die ihrer Bestellung nach § 6 Abs. 2 Satz 2 Nr. 2 und 3 sowie Satz 3 entgegenstehen und daß sie über ihre unbeschränkte Auskunftspflicht gegenüber dem Gericht belehrt worden sind. ²§ 8 Abs. 3 Satz 2 ist anzuwenden.

(4) (weggefallen)

§ 40
Liste der Gesellschafter

(1) ¹Die Geschäftsführer haben unverzüglich nach Wirksamwerden jeder Veränderung in den Personen der Gesellschafter oder des Umfangs ihrer Beteiligung eine von ihnen unterschriebene Liste der Gesellschafter zum Handelsregister einzureichen, aus welcher Name, Vorname, Geburtsdatum und Wohnort der letzteren sowie die Nennbeträge und die laufenden Nummern der von einem jeden derselben übernommenen Geschäftsanteile zu entnehmen sind. ²Die Änderung der Liste durch die Geschäftsführer erfolgt auf Mitteilung und Nachweis.

(2) ¹Hat ein Notar an Veränderungen nach Absatz 1 Satz 1 mitgewirkt, hat er unverzüglich nach deren Wirksamwerden ohne Rücksicht auf etwaige später eintretende Unwirksamkeitsgründe die Liste anstelle der Geschäftsführer zu unterschreiben, zum Handelsregister einzureichen und eine Abschrift der geänderten Liste an die Gesellschaft zu übermitteln. ²Die Liste muss mit der Bescheinigung des Notars versehen sein, dass die geänderten Eintragungen den Veränderungen entsprechen, an denen er mitgewirkt hat, und die übrigen Eintragungen mit dem Inhalt der zuletzt im Handelsregister aufgenommenen Liste übereinstimmen.

(3) Geschäftsführer, welche die ihnen nach Absatz 1 obliegende Pflicht verletzen, haften denjenigen, deren Beteiligung sich geändert hat, und den Gläubigern der Gesellschaft für den daraus entstandenen Schaden als Gesamtschuldner.

§ 41
Buchführung

Die Geschäftsführer sind verpflichtet, für die ordnungsmäßige Buchführung der Gesellschaft zu sorgen.

§ 42
Bilanz

(1) In der Bilanz des nach den §§ 242, 264 des Handelsgesetzbuchs aufzustellenden Jahresabschlusses ist das Stammkapital als gezeichnetes Kapital auszuweisen.

(2) ¹Das Recht der Gesellschaft zur Einziehung von Nachschüssen der Gesellschafter ist in der Bilanz insoweit zu aktivieren, als die Einziehung bereits beschlossen ist und den Gesellschaftern ein Recht, durch Verweisung auf den Geschäftsanteil sich von der Zahlung der Nachschüsse zu befreien, nicht zusteht. ²Der nachzuschießende Betrag ist auf der Aktivseite unter den Forderungen gesondert unter der Bezeichnung „Eingeforderte Nachschüsse" auszuweisen, soweit mit der Zahlung gerechnet werden kann. ³Ein dem Aktivposten entsprechender Betrag ist auf der Passivseite in dem Posten „Kapitalrücklage" gesondert auszuweisen.

Anhang 4
Gesetz betreffend die Gesellschaften mit beschränkter Haftung (GmbHG)

(3) Ausleihungen, Forderungen und Verbindlichkeiten gegenüber Gesellschaftern sind in der Regel als solche jeweils gesondert auszuweisen oder im Anhang anzugeben; werden sie unter anderen Posten ausgewiesen, so muß diese Eigenschaft vermerkt werden.

§ 42a
Vorlage des Jahresabschlusses und des Lageberichts

(1) [1]Die Geschäftsführer haben den Jahresabschluß und den Lagebericht unverzüglich nach der Aufstellung den Gesellschaftern zum Zwecke der Feststellung des Jahresabschlusses vorzulegen. [2]Ist der Jahresabschluß durch einen Abschlußprüfer zu prüfen, so haben die Geschäftsführer ihn zusammen mit dem Lagebericht und dem Prüfungsbericht des Abschlußprüfers unverzüglich nach Eingang des Prüfungsberichts vorzulegen. [3]Hat die Gesellschaft einen Aufsichtsrat, so ist dessen Bericht über das Ergebnis seiner Prüfung ebenfalls unverzüglich vorzulegen.

(2) [1]Die Gesellschafter haben spätestens bis zum Ablauf der ersten acht Monate oder, wenn es sich um eine kleine Gesellschaft handelt (§ 267 Abs. 1 des Handelsgesetzbuchs), bis zum Ablauf der ersten elf Monate des Geschäftsjahrs über die Feststellung des Jahresabschlusses und über die Ergebnisverwendung zu beschließen. [2]Der Gesellschaftsvertrag kann die Frist nicht verlängern. [3]Auf den Jahresabschluß sind bei der Feststellung die für seine Aufstellung geltenden Vorschriften anzuwenden.

(3) Hat ein Abschlußprüfer den Jahresabschluß geprüft, so hat er auf Verlangen eines Gesellschafters an den Verhandlungen über die Feststellung des Jahresabschlusses teilzunehmen.

(4) [1]Ist die Gesellschaft zur Aufstellung eines Konzernabschlusses und eines Konzernlageberichts verpflichtet, so sind die Absätze 1 bis 3 entsprechend anzuwenden. [2]Das Gleiche gilt hinsichtlich eines Einzelabschlusses nach § 325 Abs. 2a des Handelsgesetzbuchs, wenn die Gesellschafter die Offenlegung eines solchen beschlossen haben.

§ 43
Haftung der Geschäftsführer

(1) Die Geschäftsführer haben in den Angelegenheiten der Gesellschaft die Sorgfalt eines ordentlichen Geschäftsmannes anzuwenden.

(2) Geschäftsführer, welche ihre Obliegenheiten verletzen, haften der Gesellschaft solidarisch für den entstandenen Schaden.

(3) [1]Insbesondere sind sie zum Ersatz verpflichtet, wenn den Bestimmungen des § 30 zuwider Zahlungen aus dem zur Erhaltung des Stammkapitals erforderlichen Vermögen der Gesellschaft gemacht oder den Bestimmungen des § 33 zuwider eigene Geschäftsanteile der Gesellschaft erworben worden sind. [2]Auf den Ersatzanspruch finden die Bestimmungen in § 9b Abs. 1 entsprechende Anwendung. [3]Soweit der Ersatz zur Befriedigung der Gläubiger der Gesellschaft erforderlich ist, wird die Verpflichtung der Geschäftsführer dadurch nicht aufgehoben, daß dieselben in Befolgung eines Beschlusses der Gesellschafter gehandelt haben.

(4) Die Ansprüche auf Grund der vorstehenden Bestimmungen verjähren in fünf Jahren.

§ 43a
Kreditgewährung aus Gesellschaftsvermögen

[1]Den Geschäftsführern, anderen gesetzlichen Vertretern, Prokuristen oder zum gesamten Geschäftsbetrieb ermächtigten Handlungsbevollmächtigten darf Kredit nicht aus dem zur Erhaltung des Stammkapitals erforderlichen Vermögen der Gesellschaft gewährt werden. [2]Ein entgegen Satz 1 gewährter Kredit ist ohne Rücksicht auf entgegenstehende Vereinbarungen sofort zurückzugewähren.

§ 44
Stellvertreter von Geschäftsführern

Die für die Geschäftsführer gegebenen Vorschriften gelten auch für Stellvertreter von Geschäftsführern.

Anhang 4
Gesetz betreffend die Gesellschaften mit beschränkter Haftung (GmbHG)

§ 45
Rechte der Gesellschafter

(1) Die Rechte, welche den Gesellschaftern in den Angelegenheiten der Gesellschaft, insbesondere in bezug auf die Führung der Geschäfte zustehen, sowie die Ausübung derselben bestimmen sich, soweit nicht gesetzliche Vorschriften entgegenstehen, nach dem Gesellschaftsvertrag.

(2) In Ermangelung besonderer Bestimmungen des Gesellschaftsvertrags finden die Vorschriften der §§ 46 bis 51 Anwendung.

§ 46
Aufgabenkreis der Gesellschafter

Der Bestimmung der Gesellschafter unterliegen:
1. die Feststellung des Jahresabschlusses und die Verwendung des Ergebnisses;
   1a. die Entscheidung über die Offenlegung eines Einzelabschlusses nach internationalen Rechnungslegungsstandards (§ 325 Abs. 2a des Handelsgesetzbuchs) und über die Billigung des von den Geschäftsführern aufgestellten Abschlusses;
   1b. die Billigung eines von den Geschäftsführern aufgestellten Konzernabschlusses;
2. die Einforderung der Einlagen;
3. die Rückzahlung von Nachschüssen;
4. die Teilung, die Zusammenlegung sowie die Einziehung von Geschäftsanteilen;
5. die Bestellung und die Abberufung von Geschäftsführern sowie die Entlastung derselben;
6. die Maßregeln zur Prüfung und Überwachung der Geschäftsführung;
7. die Bestellung von Prokuristen und von Handlungsbevollmächtigten zum gesamten Geschäftsbetrieb;
8. die Geltendmachung von Ersatzansprüchen, welche der Gesellschaft aus der Gründung oder Geschäftsführung gegen Geschäftsführer oder Gesellschafter zustehen, sowie die Vertretung der Gesellschaft in Prozessen, welche sie gegen die Geschäftsführer zu führen hat.

§ 47
Abstimmung

(1) Die von den Gesellschaftern in den Angelegenheiten der Gesellschaft zu treffenden Bestimmungen erfolgen durch Beschlußfassung nach der Mehrheit der abgegebenen Stimmen.

(2) Jeder Euro eines Geschäftsanteils gewährt eine Stimme.

(3) Vollmachten bedürfen zu ihrer Gültigkeit der Textform.

(4) [1]Ein Gesellschafter, welcher durch die Beschlußfassung entlastet oder von einer Verbindlichkeit befreit werden soll, hat hierbei kein Stimmrecht und darf ein solches auch nicht für andere ausüben. [2]Dasselbe gilt von einer Beschlußfassung, welche die Vornahme eines Rechtsgeschäfts oder die Einleitung oder Erledigung eines Rechtsstreits gegenüber einem Gesellschafter betrifft.

§ 48
Gesellschafterversammlung

(1) Die Beschlüsse der Gesellschafter werden in Versammlungen gefaßt.

(2) Der Abhaltung einer Versammlung bedarf es nicht, wenn sämtliche Gesellschafter in Textform mit der zu treffenden Bestimmung oder mit der schriftlichen Abgabe der Stimmen sich einverstanden erklären.

(3) Befinden sich alle Geschäftsanteile der Gesellschaft in der Hand eines Gesellschafters oder daneben in der Hand der Gesellschaft, so hat er unverzüglich nach der Beschlußfassung eine Niederschrift aufzunehmen und zu unterschreiben.

§ 49
Einberufung der Versammlung

(1) Die Versammlung der Gesellschafter wird durch die Geschäftsführer berufen.

(2) Sie ist außer den ausdrücklich bestimmten Fällen zu berufen, wenn es im Interesse der Gesellschaft erforderlich erscheint.

(3) Insbesondere muß die Versammlung unverzüglich berufen werden, wenn aus der Jahresbilanz oder aus einer im Laufe des Geschäftsjahres aufgestellten Bilanz sich ergibt, daß die Hälfte des Stammkapitals verloren ist.

§ 50
Minderheitsrechte

(1) Gesellschafter, deren Geschäftsanteile zusammen mindestens dem zehnten Teil des Stammkapitals entsprechen, sind berechtigt, unter Angabe des Zwecks und der Gründe die Berufung der Versammlung zu verlangen.

(2) In gleicher Weise haben die Gesellschafter das Recht zu verlangen, daß Gegenstände zur Beschlußfassung der Versammlung angekündigt werden.

(3) [1]Wird dem Verlangen nicht entsprochen oder sind Personen, an welche dasselbe zu richten wäre, nicht vorhanden, so können die in Absatz 1 bezeichneten Gesellschafter unter Mitteilung des Sachverhältnisses die Berufung oder Ankündigung selbst bewirken. [2]Die Versammlung beschließt, ob die entstandenen Kosten von der Gesellschaft zu tragen sind.

§ 51
Form der Einberufung

(1) [1]Die Berufung der Versammlung erfolgt durch Einladung der Gesellschafter mittels eingeschriebener Briefe. [2]Sie ist mit einer Frist von mindestens einer Woche zu bewirken.

(2) Der Zweck der Versammlung soll jederzeit bei der Berufung angekündigt werden.

(3) Ist die Versammlung nicht ordnungsmäßig berufen, so können Beschlüsse nur gefaßt werden, wenn sämtliche Gesellschafter anwesend sind.

(4) Das gleiche gilt in bezug auf Beschlüsse über Gegenstände, welche nicht wenigstens drei Tage vor der Versammlung in der für die Berufung vorgeschriebenen Weise angekündigt worden sind.

§ 51a
Auskunfts- und Einsichtsrecht

(1) Die Geschäftsführer haben jedem Gesellschafter auf Verlangen unverzüglich Auskunft über die Angelegenheiten der Gesellschaft zu geben und die Einsicht der Bücher und Schriften zu gestatten.

(2) [1]Die Geschäftsführer dürfen die Auskunft und die Einsicht verweigern, wenn zu besorgen ist, daß der Gesellschafter sie zu gesellschaftsfremden Zwecken verwenden und dadurch der Gesellschaft oder einem verbundenen Unternehmen einen nicht unerheblichen Nachteil zufügen wird. [2]Die Verweigerung bedarf eines Beschlusses der Gesellschafter.

(3) Von diesen Vorschriften kann im Gesellschaftsvertrag nicht abgewichen werden.

§ 51b
Gerichtliche Entscheidung über das Auskunfts- und Einsichtsrecht

[1]Für die gerichtliche Entscheidung über das Auskunfts- und Einsichtsrecht findet § 132 Abs. 1, 3 und 4 des Aktiengesetzes entsprechende Anwendung. [2]Antragsberechtigt ist jeder Gesellschafter, dem die verlangte Auskunft nicht gegeben oder die verlangte Einsicht nicht gestattet worden ist.

Anhang 4
Gesetz betreffend die Gesellschaften mit beschränkter Haftung (GmbHG)

§ 52
Aufsichtsrat

(1) Ist nach dem Gesellschaftsvertrag ein Aufsichtsrat zu bestellen, so sind § 90 Abs. 3, 4, 5 Satz 1 und 2, § 95 Satz 1, § 100 Abs. 1 und 2 Nr. 2 und Abs. 5, § 101 Abs. 1 Satz 1, § 103 Abs. 1 Satz 1 und 2, §§ 105, 107 Abs. 4, §§ 110 bis 114, 116 des Aktiengesetzes in Verbindung mit § 93 Abs. 1 und 2 Satz 1 und 2 des Aktiengesetzes, § 124 Abs. 3 Satz 2, §§ 170, 171, 394 und 395 des Aktiengesetzes entsprechend anzuwenden, soweit nicht im Gesellschaftsvertrag ein anderes bestimmt ist.

(2) Ist nach dem Drittelbeteiligungsgesetz ein Aufsichtsrat zu bestellen, so legt die Gesellschafterversammlung für den Frauenanteil im Aufsichtsrat und unter den Geschäftsführern Zielgrößen fest, es sei denn, sie hat dem Aufsichtsrat diese Aufgabe übertragen. Ist nach dem Mitbestimmungsgesetz, dem Montan-Mitbestimmungsgesetz oder dem Mitbestimmungsergänzungsgesetz ein Aufsichtsrat zu bestellen, so legt der Aufsichtsrat für den Frauenanteil im Aufsichtsrat und unter den Geschäftsführern Zielgrößen fest. Liegt der Frauenanteil bei Festlegung der Zielgrößen unter 30 Prozent, so dürfen die Zielgrößen den jeweils erreichten Anteil nicht mehr unterschreiten. Gleichzeitig sind Fristen zur Erreichung der Zielgrößen festzulegen. Die Fristen dürfen jeweils nicht länger als fünf Jahre sein.

(3) [1]Werden die Mitglieder des Aufsichtsrats vor der Eintragung der Gesellschaft in das Handelsregister bestellt, gilt § 37 Abs. 4 Nr. 3 und 3a des Aktiengesetzes entsprechend. [2]Die Geschäftsführer haben bei jeder Änderung in den Personen der Aufsichtsratsmitglieder unverzüglich eine Liste der Mitglieder des Aufsichtsrats, aus welcher Name, Vorname, ausgeübter Beruf und Wohnort der Mitglieder ersichtlich ist, zum Handelsregister einzureichen; das Gericht hat nach § 10 des Handelsgesetzbuchs einen Hinweis darauf bekannt zu machen, dass die Liste zum Handelsregister eingereicht worden ist.

(4) Schadensersatzansprüche gegen die Mitglieder des Aufsichtsrats wegen Verletzung ihrer Obliegenheiten verjähren in fünf Jahren.

Abschnitt 4
Abänderungen des Gesellschaftsvertrages

§ 53
Form der Satzungsänderung

(1) Eine Abänderung des Gesellschaftsvertrags kann nur durch Beschluß der Gesellschafter erfolgen.

(2) [1]Der Beschluß muß notariell beurkundet werden, derselbe bedarf einer Mehrheit von drei Vierteilen der abgegebenen Stimmen. [2]Der Gesellschaftsvertrag kann noch andere Erfordernisse aufstellen.

(3) Eine Vermehrung der den Gesellschaftern nach dem Gesellschaftsvertrag obliegenden Leistungen kann nur mit Zustimmung sämtlicher beteiligter Gesellschafter beschlossen werden.

§ 54
Anmeldung und Eintragung der Satzungsänderung

(1) [1]Die Abänderung des Gesellschaftsvertrags ist zur Eintragung in das Handelsregister anzumelden. [2]Der Anmeldung ist der vollständige Wortlaut des Gesellschaftsvertrags beizufügen; er muß mit der Bescheinigung eines Notars versehen sein, daß die geänderten Bestimmungen des Gesellschaftsvertrags mit dem Beschluß über die Änderung des Gesellschaftsvertrags und die unveränderten Bestimmungen mit dem zuletzt zum Handelsregister eingereichten vollständigen Wortlaut des Gesellschaftsvertrags übereinstimmen.

(2) Bei der Eintragung genügt, sofern nicht die Abänderung die in § 10 bezeichneten Angaben betrifft, die Bezugnahme auf die bei dem Gericht eingereichten Dokumente über die Abänderung.

Anhang 4
Gesetz betreffend die Gesellschaften mit beschränkter Haftung (GmbHG)

(3) Die Abänderung hat keine rechtliche Wirkung, bevor sie in das Handelsregister des Sitzes der Gesellschaft eingetragen ist.

§ 55
Erhöhung des Stammkapitals

(1) Wird eine Erhöhung des Stammkapitals beschlossen, so bedarf es zur Übernahme jedes Geschäftsanteils an dem erhöhten Kapital einer notariell aufgenommenen oder beglaubigten Erklärung des Übernehmers.

(2) [1]Zur Übernahme eines Geschäftsanteils können von der Gesellschaft die bisherigen Gesellschafter oder andere Personen, welche durch die Übernahme ihren Beitritt zu der Gesellschaft erklären, zugelassen werden. [2]Im letzteren Fall sind außer dem Nennbetrag des Geschäftsanteils auch sonstige Leistungen, zu welchen der Beitretende nach dem Gesellschaftsvertrag verpflichtet sein soll, in der in Absatz 1 bezeichneten Urkunde ersichtlich zu machen.

(3) Wird von einem der Gesellschaft bereits angehörenden Gesellschafter ein Geschäftsanteil an dem erhöhten Kapital übernommen, so erwirbt derselbe einen weiteren Geschäftsanteil.

(4) Die Bestimmungen in § 5 Abs. 2 und 3 über die Nennbeträge der Geschäftsanteile sowie die Bestimmungen in § 19 Abs. 6 über die Verjährung des Anspruchs der Gesellschaft auf Leistung der Einlagen sind auch hinsichtlich der an dem erhöhten Kapital übernommenen Geschäftsanteile anzuwenden.

§ 55a
Genehmigtes Kapital

(1) [1]Der Gesellschaftsvertrag kann die Geschäftsführer für höchstens fünf Jahre nach Eintragung der Gesellschaft ermächtigen, das Stammkapital bis zu einem bestimmten Nennbetrag (genehmigtes Kapital) durch Ausgabe neuer Geschäftsanteile gegen Einlagen zu erhöhen. [2]Der Nennbetrag des genehmigten Kapitals darf die Hälfte des Stammkapitals, das zur Zeit der Ermächtigung vorhanden ist, nicht übersteigen.

(2) Die Ermächtigung kann auch durch Abänderung des Gesellschaftsvertrags für höchstens fünf Jahre nach deren Eintragung erteilt werden.

(3) Gegen Sacheinlagen (§ 56) dürfen Geschäftsanteile nur ausgegeben werden, wenn die Ermächtigung es vorsieht.

§ 56
Kapitalerhöhung mit Sacheinlagen

(1) [1]Sollen Sacheinlagen geleistet werden, so müssen ihr Gegenstand und der Nennbetrag des Geschäftsanteils, auf den sich die Sacheinlage bezieht, im Beschluß über die Erhöhung des Stammkapitals festgesetzt werden. [2]Die Festsetzung ist in die in § 55 Abs. 1 bezeichnete Erklärung des Übernehmers aufzunehmen.

(2) Die §§ 9 und 19 Abs. 2 Satz 2 und Abs. 4 finden entsprechende Anwendung.

§ 56a
Leistungen auf das neue Stammkapital

Für die Leistungen der Einlagen auf das neue Stammkapital finden § 7 Abs. 2 Satz 1 und Abs. 3 sowie § 19 Abs. 5 entsprechende Anwendung.

§ 57
Anmeldung der Erhöhung

(1) Die beschlossene Erhöhung des Stammkapitals ist zur Eintragung in das Handelsregister anzumelden, nachdem das erhöhte Kapital durch Übernahme von Geschäftsanteilen gedeckt ist.

(2) [1]In der Anmeldung ist die Versicherung abzugeben, daß die Einlagen auf das neue Stammkapital nach § 7 Abs. 2 Satz 1 und Abs. 3 bewirkt sind und daß der Gegenstand der Leistungen sich endgültig in der freien Verfügung der Geschäftsführer befindet. [2]§ 8 Abs. 2 Satz 2 gilt entsprechend.

Anhang 4
Gesetz betreffend die Gesellschaften mit beschränkter Haftung (GmbHG)

(3) Der Anmeldung sind beizufügen:
1. die in § 55 Abs. 1 bezeichneten Erklärungen oder eine beglaubigte Abschrift derselben;
2. eine von den Anmeldenden unterschriebene Liste der Personen, welche die neuen Geschäftsanteile übernommen haben; aus der Liste müssen die Nennbeträge der von jedem übernommenen Geschäftsanteile ersichtlich sein;
3. bei einer Kapitalerhöhung mit Sacheinlagen die Verträge, die den Festsetzungen nach § 56 zugrunde liegen oder zu ihrer Ausführung geschlossen worden sind.

(4) Für die Verantwortlichkeit der Geschäftsführer, welche die Kapitalerhöhung zur Eintragung in das Handelsregister angemeldet haben, finden § 9a Abs. 1 und 3, § 9b entsprechende Anwendung.

§ 57a
Ablehnung der Eintragung

Für die Ablehnung der Eintragung durch das Gericht findet § 9c Abs. 1 entsprechende Anwendung.

§ 57b

(weggefallen)

§ 57c
Kapitalerhöhung aus Gesellschaftsmitteln

(1) Das Stammkapital kann durch Umwandlung von Rücklagen in Stammkapital erhöht werden (Kapitalerhöhung aus Gesellschaftsmitteln).

(2) Die Erhöhung des Stammkapitals kann erst beschlossen werden, nachdem der Jahresabschluß für das letzte vor der Beschlußfassung über die Kapitalerhöhung abgelaufene Geschäftsjahr (letzter Jahresabschluß) festgestellt und über die Ergebnisverwendung Beschluß gefaßt worden ist.

(3) Dem Beschluß über die Erhöhung des Stammkapitals ist eine Bilanz zugrunde zu legen.

(4) Neben den §§ 53 und 54 über die Abänderung des Gesellschaftsvertrags gelten die §§ 57d bis 57o.

§ 57d
Ausweisung von Kapital- und Gewinnrücklagen

(1) Die Kapital- und Gewinnrücklagen, die in Stammkapital umgewandelt werden sollen, müssen in der letzten Jahresbilanz und, wenn dem Beschluß eine andere Bilanz zugrunde gelegt wird, auch in dieser Bilanz unter „Kapitalrücklage" oder „Gewinnrücklagen" oder im letzten Beschluß über die Verwendung des Jahresergebnisses als Zuführung zu diesen Rücklagen ausgewiesen sein.

(2) Die Rücklagen können nicht umgewandelt werden, soweit in der zugrunde gelegten Bilanz ein Verlust, einschließlich eines Verlustvortrags, ausgewiesen ist.

(3) Andere Gewinnrücklagen, die einem bestimmten Zweck zu dienen bestimmt sind, dürfen nur umgewandelt werden, soweit dies mit ihrer Zweckbestimmung vereinbar ist.

§ 57e
Zugrundelegung der letzten Jahresbilanz; Prüfung

(1) Dem Beschluß kann die letzte Jahresbilanz zugrunde gelegt werden, wenn die Jahresbilanz geprüft und die festgestellte Jahresbilanz mit dem uneingeschränkten Bestätigungsvermerk der Abschlußprüfer versehen ist und wenn ihr Stichtag höchstens acht Monate vor der Anmeldung des Beschlusses zur Eintragung in das Handelsregister liegt.

(2) Bei Gesellschaften, die nicht große im Sinne des § 267 Abs. 3 des Handelsgesetzbuchs sind, kann die Prüfung auch durch vereidigte Buchprüfer erfolgen; die Abschlußprüfer müssen von der Versammlung der Gesellschafter gewählt sein.

Anhang 4
Gesetz betreffend die Gesellschaften mit beschränkter Haftung (GmbHG)

§ 57f
Anforderungen an die Bilanz

(1) ¹Wird dem Beschluß nicht die letzte Jahresbilanz zugrunde gelegt, so muß die Bilanz den Vorschriften über die Gliederung der Jahresbilanz und über die Wertansätze in der Jahresbilanz entsprechen. ²Der Stichtag der Bilanz darf höchstens acht Monate vor der Anmeldung des Beschlusses zur Eintragung in das Handelsregister liegen.

(2) ¹Die Bilanz ist, bevor über die Erhöhung des Stammkapitals Beschluß gefaßt wird, durch einen oder mehrere Prüfer darauf zu prüfen, ob sie dem Absatz 1 entspricht. ²Sind nach dem abschließenden Ergebnis der Prüfung keine Einwendungen zu erheben, so haben die Prüfer dies durch einen Vermerk zu bestätigen. ³Die Erhöhung des Stammkapitals kann nicht ohne diese Bestätigung der Prüfer beschlossen werden.

(3) ¹Die Prüfer werden von den Gesellschaftern gewählt; falls nicht andere Prüfer gewählt werden, gelten die Prüfer als gewählt, die für die Prüfung des letzten Jahresabschlusses von den Gesellschaftern gewählt oder vom Gericht bestellt worden sind. ²Im übrigen sind, soweit sich aus der Besonderheit des Prüfungsauftrags nichts anderes ergibt, § 318 Abs. 1 Satz 2, § 319 Abs. 1 bis 4, § 319a Abs. 1, § 319b Abs. 1, § 320 Abs. 1 Satz 2, Abs. 2 und die §§ 321 und 323 des Handelsgesetzbuchs anzuwenden. ³Bei Gesellschaften, die nicht große im Sinne des § 267 Abs. 3 des Handelsgesetzbuchs sind, können auch vereidigte Buchprüfer zu Prüfern bestellt werden.

§ 57g
Vorherige Bekanntgabe des Jahresabschlusses

Die Bestimmungen des Gesellschaftsvertrags über die vorherige Bekanntgabe des Jahresabschlusses an die Gesellschafter sind in den Fällen des § 57f entsprechend anzuwenden.

§ 57h
Arten der Kapitalerhöhung

(1) ¹Die Kapitalerhöhung kann vorbehaltlich des § 57l Abs. 2 durch Bildung neuer Geschäftsanteile oder durch Erhöhung des Nennbetrags der Geschäftsanteile ausgeführt werden. ²Die neuen Geschäftsanteile und die Geschäftsanteile, deren Nennbetrag erhöht wird, müssen auf einen Betrag gestellt werden, der auf volle Euro lautet.

(2) ¹Der Beschluß über die Erhöhung des Stammkapitals muß die Art der Erhöhung angeben. ²Soweit die Kapitalerhöhung durch Erhöhung des Nennbetrags der Geschäftsanteile ausgeführt werden soll, ist sie so zu bemessen, daß durch sie auf keinen Geschäftsanteil, dessen Nennbetrag erhöht wird, Beträge entfallen, die durch die Erhöhung des Nennbetrags des Geschäftsanteils nicht gedeckt werden können.

§ 57i
Anmeldung und Eintragung des Erhöhungsbeschlusses

(1) ¹Der Anmeldung des Beschlusses über die Erhöhung des Stammkapitals zur Eintragung in das Handelsregister ist die der Kapitalerhöhung zugrunde gelegte, mit dem Bestätigungsvermerk der Prüfer versehene Bilanz, in den Fällen des § 57f außerdem die letzte Jahresbilanz, sofern sie noch nicht nach § 325 Abs. 1 des Handelsgesetzbuchs eingereicht ist, beizufügen. ²Die Anmeldenden haben dem Registergericht gegenüber zu erklären, daß nach ihrer Kenntnis seit dem Stichtag der zugrunde gelegten Bilanz bis zum Tag der Anmeldung keine Vermögensminderung eingetreten ist, die der Kapitalerhöhung entgegenstünde, wenn sie am Tag der Anmeldung beschlossen worden wäre.

(2) Das Registergericht darf den Beschluß nur eintragen, wenn die der Kapitalerhöhung zugrunde gelegte Bilanz für einen höchstens acht Monate vor der Anmeldung liegenden Zeitpunkt aufgestellt und eine Erklärung nach Absatz 1 Satz 2 abgegeben worden ist.

(3) Zu der Prüfung, ob die Bilanzen den gesetzlichen Vorschriften entsprechen, ist das Gericht nicht verpflichtet.

Anhang 4
Gesetz betreffend die Gesellschaften mit beschränkter Haftung (GmbHG)

(4) Bei der Eintragung des Beschlusses ist anzugeben, daß es sich um eine Kapitalerhöhung aus Gesellschaftsmitteln handelt.

§ 57j
Verteilung der Geschäftsanteile

[1]Die neuen Geschäftsanteile stehen den Gesellschaftern im Verhältnis ihrer bisherigen Geschäftsanteile zu. [2]Ein entgegenstehender Beschluß der Gesellschafter ist nichtig.

§ 57k
Teilrechte; Ausübung der Rechte

(1) Führt die Kapitalerhöhung dazu, daß auf einen Geschäftsanteil nur ein Teil eines neuen Geschäftsanteils entfällt, so ist dieses Teilrecht selbständig veräußerlich und vererblich.

(2) Die Rechte aus einem neuen Geschäftsanteil, einschließlich des Anspruchs auf Ausstellung einer Urkunde über den neuen Geschäftsanteil, können nur ausgeübt werden, wenn Teilrechte, die zusammen einen vollen Geschäftsanteil ergeben, in einer Hand vereinigt sind oder wenn sich mehrere Berechtigte, deren Teilrechte zusammen einen vollen Geschäftsanteil ergeben, zur Ausübung der Rechte (§ 18) zusammenschließen.

§ 57l
Teilnahme an der Erhöhung des Stammkapitals

(1) Eigene Geschäftsanteile nehmen an der Erhöhung des Stammkapitals teil.

(2) [1]Teileingezahlte Geschäftsanteile nehmen entsprechend ihrem Nennbetrag an der Erhöhung des Stammkapitals teil. [2]Bei ihnen kann die Kapitalerhöhung nur durch Erhöhung des Nennbetrags der Geschäftsanteile ausgeführt werden. [3]Sind neben teileingezahlten Geschäftsanteilen vollständig eingezahlte Geschäftsanteile vorhanden, so kann bei diesen die Kapitalerhöhung durch Erhöhung des Nennbetrags der Geschäftsanteile und durch Bildung neuer Geschäftsanteile ausgeführt werden. [4]Die Geschäftsanteile, deren Nennbetrag erhöht wird, können auf jeden Betrag gestellt werden, der auf volle Euro lautet.

§ 57m
Verhältnis der Rechte; Beziehungen zu Dritten

(1) Das Verhältnis der mit den Geschäftsanteilen verbundenen Rechte zueinander wird durch die Kapitalerhöhung nicht berührt.

(2) [1]Soweit sich einzelne Rechte teileingezahlter Geschäftsanteile, insbesondere die Beteiligung am Gewinn oder das Stimmrecht, nach der je Geschäftsanteil geleisteten Einlage bestimmen, stehen diese Rechte den Gesellschaftern bis zur Leistung der noch ausstehenden Einlagen nur nach der Höhe der geleisteten Einlage, erhöht um den auf den Nennbetrag des Stammkapitals berechneten Hundertsatz der Erhöhung des Stammkapitals, zu. [2]Werden weitere Einzahlungen geleistet, so erweitern sich diese Rechte entsprechend.

(3) Der wirtschaftliche Inhalt vertraglicher Beziehungen der Gesellschaft zu Dritten, die von der Gewinnausschüttung der Gesellschaft, dem Nennbetrag oder Wert ihrer Geschäftsanteile oder ihres Stammkapitals oder in sonstiger Weise von den bisherigen Kapital- oder Gewinnverhältnissen abhängen, wird durch die Kapitalerhöhung nicht berührt.

§ 57n
Gewinnbeteiligung der neuen Geschäftsanteile

(1) Die neuen Geschäftsanteile nehmen, wenn nichts anderes bestimmt ist, am Gewinn des ganzen Geschäftsjahres teil, in dem die Erhöhung des Stammkapitals beschlossen worden ist.

(2) [1]Im Beschluß über die Erhöhung des Stammkapitals kann bestimmt werden, daß die neuen Geschäftsanteile bereits am Gewinn des letzten vor der Beschlußfassung über die Kapitalerhöhung abgelaufenen Geschäftsjahrs teilnehmen. [2]In diesem Fall ist die Erhöhung des Stammkapitals abweichend von § 57c Abs. 2 zu beschließen, bevor über die Ergebnisverwendung für das letzte vor der Beschlußfassung abgelaufene Geschäftsjahr Beschluß gefaßt worden ist. [3]Der Be-

Anhang 4
Gesetz betreffend die Gesellschaften mit beschränkter Haftung (GmbHG)

schluß über die Ergebnisverwendung für das letzte vor der Beschlußfassung über die Kapitalerhöhung abgelaufene Geschäftsjahr wird erst wirksam, wenn das Stammkapital erhöht worden ist.
[4]Der Beschluß über die Erhöhung des Stammkapitals und der Beschluß über die Ergebnisverwendung für das letzte vor der Beschlußfassung über die Kapitalerhöhung abgelaufene Geschäftsjahr sind nichtig, wenn der Beschluß über die Kapitalerhöhung nicht binnen drei Monaten nach der Beschlußfassung in das Handelsregister eingetragen worden ist; der Lauf der Frist ist gehemmt, solange eine Anfechtungs- oder Nichtigkeitsklage rechtshängig ist.

§ 57o
Anschaffungskosten

[1]Als Anschaffungskosten der vor der Erhöhung des Stammkapitals erworbenen Geschäftsanteile und der auf sie entfallenden neuen Geschäftsanteile gelten die Beträge, die sich für die einzelnen Geschäftsanteile ergeben, wenn die Anschaffungskosten der vor der Erhöhung des Stammkapitals erworbenen Geschäftsanteile auf diese und auf die auf sie entfallenden neuen Geschäftsanteile nach dem Verhältnis der Nennbeträge verteilt werden. [2]Der Zuwachs an Geschäftsanteilen ist nicht als Zugang auszuweisen.

§ 58
Herabsetzung des Stammkapitals

(1) Eine Herabsetzung des Stammkapitals kann nur unter Beobachtung der nachstehenden Bestimmungen erfolgen:
1. der Beschluß auf Herabsetzung des Stammkapitals muß von den Geschäftsführern in den Gesellschaftsblättern bekanntgemacht werden; in dieser Bekanntmachung sind zugleich die Gläubiger der Gesellschaft aufzufordern, sich bei derselben zu melden; die aus den Handelsbüchern der Gesellschaft ersichtlichen oder in anderer Weise bekannten Gläubiger sind durch besondere Mitteilung zur Anmeldung aufzufordern;
2. die Gläubiger, welche sich bei der Gesellschaft melden und der Herabsetzung nicht zustimmen, sind wegen der erhobenen Ansprüche zu befriedigen oder sicherzustellen;
3. die Anmeldung des Herabsetzungsbeschlusses zur Eintragung in das Handelsregister erfolgt nicht vor Ablauf eines Jahres seit dem Tage, an welchem die Aufforderung der Gläubiger in den Gesellschaftsblättern stattgefunden hat;
4. mit der Anmeldung ist die Bekanntmachung des Beschlusses einzureichen; zugleich haben die Geschäftsführer die Versicherung abzugeben, daß die Gläubiger, welche sich bei der Gesellschaft gemeldet und der Herabsetzung nicht zugestimmt haben, befriedigt oder sichergestellt sind.

(2) [1]Die Bestimmung in § 5 Abs. 1 über den Mindestbetrag des Stammkapitals bleibt unberührt. [2]Erfolgt die Herabsetzung zum Zweck der Zurückzahlung von Einlagen oder zum Zweck des Erlasses zu leistender Einlagen, dürfen die verbleibenden Nennbeträge der Geschäftsanteile nicht unter den in § 5 Abs. 2 und 3 bezeichneten Betrag herabgehen.

§ 58a
Vereinfachte Kapitalherabsetzung

(1) Eine Herabsetzung des Stammkapitals, die dazu dienen soll, Wertminderungen auszugleichen oder sonstige Verluste zu decken, kann als vereinfachte Kapitalherabsetzung vorgenommen werden.

(2) [1]Die vereinfachte Kapitalherabsetzung ist nur zulässig, nachdem der Teil der Kapital- und Gewinnrücklagen, der zusammen über zehn vom Hundert des nach der Herabsetzung verbleibenden Stammkapitals hinausgeht, vorweg aufgelöst ist. [2]Sie ist nicht zulässig, solange ein Gewinnvortrag vorhanden ist.

(3) [1]Im Beschluß über die vereinfachte Kapitalherabsetzung sind die Nennbeträge der Geschäftsanteile dem herabgesetzten Stammkapital anzupassen. [2]Die Geschäftsanteile müssen auf einen Betrag gestellt werden, der auf volle Euro lautet.

Anhang 4
Gesetz betreffend die Gesellschaften mit beschränkter Haftung (GmbHG)

(4) [1]Das Stammkapital kann unter den in § 5 Abs. 1 bestimmten Mindestnennbetrag herabgesetzt werden, wenn dieser durch eine Kapitalerhöhung wieder erreicht wird, die zugleich mit der Kapitalherabsetzung beschlossen ist und bei der Sacheinlagen nicht festgesetzt sind. [2]Die Beschlüsse sind nichtig, wenn sie nicht binnen drei Monaten nach der Beschlußfassung in das Handelsregister eingetragen worden sind. [3]Der Lauf der Frist ist gehemmt, solange eine Anfechtungs- oder Nichtigkeitsklage rechtshängig ist. [4]Die Beschlüsse sollen nur zusammen in das Handelsregister eingetragen werden.

(5) Neben den §§ 53 und 54 über die Abänderung des Gesellschaftsvertrags gelten die §§ 58b bis 58f.

§ 58b
Beträge aus Rücklagenauflösung und Kapitalherabsetzung

(1) Die Beträge, die aus der Auflösung der Kapital- oder Gewinnrücklagen und aus der Kapitalherabsetzung gewonnen werden, dürfen nur verwandt werden, um Wertminderungen auszugleichen und sonstige Verluste zu decken.

(2) [1]Daneben dürfen die gewonnenen Beträge in die Kapitalrücklage eingestellt werden, soweit diese zehn vom Hundert des Stammkapitals nicht übersteigt. [2]Als Stammkapital gilt dabei der Nennbetrag, der sich durch die Herabsetzung ergibt, mindestens aber der nach § 5 Abs. 1 zulässige Mindestnennbetrag.

(3) Ein Betrag, der auf Grund des Absatzes 2 in die Kapitalrücklage eingestellt worden ist, darf vor Ablauf des fünften nach der Beschlußfassung über die Kapitalherabsetzung beginnenden Geschäftsjahrs nur verwandt werden
1. zum Ausgleich eines Jahresfehlbetrags, soweit er nicht durch einen Gewinnvortrag aus dem Vorjahr gedeckt ist und nicht durch Auflösung von Gewinnrücklagen ausgeglichen werden kann;
2. zum Ausgleich eines Verlustvortrags aus dem Vorjahr, soweit er nicht durch einen Jahresüberschuß gedeckt ist und nicht durch Auflösung von Gewinnrücklagen ausgeglichen werden kann;
3. zur Kapitalerhöhung aus Gesellschaftsmitteln.

§ 58c
Nichteintritt angenommener Verluste

[1]Ergibt sich bei Aufstellung der Jahresbilanz für das Geschäftsjahr, in dem der Beschluß über die Kapitalherabsetzung gefaßt wurde, oder für eines der beiden folgenden Geschäftsjahre, daß Wertminderungen und sonstige Verluste in der bei der Beschlußfassung angenommenen Höhe tatsächlich nicht eingetreten oder ausgeglichen waren, so ist der Unterschiedsbetrag in die Kapitalrücklage einzustellen. [2]Für einen nach Satz 1 in die Kapitalrücklage eingestellten Betrag gilt § 58b Abs. 3 sinngemäß.

§ 58d
Gewinnausschüttung

(1) [1]Gewinn darf vor Ablauf des fünften nach der Beschlußfassung über die Kapitalherabsetzung beginnenden Geschäftsjahrs nur ausgeschüttet werden, wenn die Kapital- und Gewinnrücklagen zusammen zehn vom Hundert des Stammkapitals erreichen. [2]Als Stammkapital gilt dabei der Nennbetrag, der sich durch die Herabsetzung ergibt, mindestens aber der nach § 5 Abs. 1 zulässige Mindestnennbetrag.

(2) [1]Die Zahlung eines Gewinnanteils von mehr als vier vom Hundert ist erst für ein Geschäftsjahr zulässig, das später als zwei Jahre nach der Beschlußfassung über die Kapitalherabsetzung beginnt. [2]Dies gilt nicht, wenn die Gläubiger, deren Forderungen vor der Bekanntmachung der Eintragung des Beschlusses begründet worden waren, befriedigt oder sichergestellt sind, soweit sie sich binnen sechs Monaten nach der Bekanntmachung des Jahresabschlusses, auf Grund dessen die Gewinnverteilung beschlossen ist, zu diesem Zweck gemeldet haben. [3]Einer Sicherstellung der

Anhang 4
Gesetz betreffend die Gesellschaften mit beschränkter Haftung (GmbHG)

Gläubiger bedarf es nicht, die im Fall des Insolvenzverfahrens ein Recht auf vorzugsweise Befriedigung aus einer Deckungsmasse haben, die nach gesetzlicher Vorschrift zu ihrem Schutz errichtet und staatlich überwacht ist. [4]Die Gläubiger sind in der Bekanntmachung nach § 325 Abs. 2 des Handelsgesetzbuchs auf die Befriedigung oder Sicherstellung hinzuweisen.

§ 58e
Beschluss über die Kapitalherabsetzung

(1) [1]Im Jahresabschluß für das letzte vor der Beschlußfassung über die Kapitalherabsetzung abgelaufene Geschäftsjahr können das Stammkapital sowie die Kapital- und Gewinnrücklagen in der Höhe ausgewiesen werden, in der sie nach der Kapitalherabsetzung bestehen sollen. [2]Dies gilt nicht, wenn der Jahresabschluß anders als durch Beschluß der Gesellschafter festgestellt wird.

(2) Der Beschluß über die Feststellung des Jahresabschlusses soll zugleich mit dem Beschluß über die Kapitalherabsetzung gefaßt werden.

(3) [1]Die Beschlüsse sind nichtig, wenn der Beschluß über die Kapitalherabsetzung nicht binnen drei Monaten nach der Beschlußfassung in das Handelsregister eingetragen worden ist. [2]Der Lauf der Frist ist gehemmt, solange eine Anfechtungs- oder Nichtigkeitsklage rechtshängig ist.

(4) Der Jahresabschluß darf nach § 325 des Handelsgesetzbuchs erst nach Eintragung des Beschlusses über die Kapitalherabsetzung offengelegt werden.

§ 58f
Kapitalherabsetzung bei gleichzeitiger Erhöhung des Stammkapitals

(1) [1]Wird im Fall des § 58e zugleich mit der Kapitalherabsetzung eine Erhöhung des Stammkapitals beschlossen, so kann auch die Kapitalerhöhung in dem Jahresabschluß als vollzogen berücksichtigt werden. [2]Die Beschlussfassung ist nur zulässig, wenn die neuen Geschäftsanteile übernommen, keine Sacheinlagen festgesetzt sind und wenn auf jeden neuen Geschäftsanteil die Einzahlung geleistet ist, die nach § 56a zur Zeit der Anmeldung der Kapitalerhöhung bewirkt sein muss. [3]Die Übernahme und die Einzahlung sind dem Notar nachzuweisen, der den Beschluß über die Erhöhung des Stammkapitals beurkundet.

(2) [1]Sämtliche Beschlüsse sind nichtig, wenn die Beschlüsse über die Kapitalherabsetzung und die Kapitalerhöhung nicht binnen drei Monaten nach der Beschlußfassung in das Handelsregister eingetragen worden sind. [2]Der Lauf der Frist ist gehemmt, solange eine Anfechtungs- oder Nichtigkeitsklage rechtshängig ist. [3]Die Beschlüsse sollen nur zusammen in das Handelsregister eingetragen werden.

(3) Der Jahresabschluß darf nach § 325 des Handelsgesetzbuchs erst offengelegt werden, nachdem die Beschlüsse über die Kapitalherabsetzung und Kapitalerhöhung eingetragen worden sind.

§ 59
(weggefallen)

Abschnitt 5
Auflösung und Nichtigkeit der Gesellschaft

§ 60
Auflösungsgründe

(1) Die Gesellschaft mit beschränkter Haftung wird aufgelöst:
1. durch Ablauf der im Gesellschaftsvertrag bestimmten Zeit;
2. durch Beschluß der Gesellschafter; derselbe bedarf, sofern im Gesellschaftsvertrag nicht ein anderes bestimmt ist, einer Mehrheit von drei Vierteilen der abgegebenen Stimmen;
3. durch gerichtliches Urteil oder durch Entscheidung des Verwaltungsgerichts oder der Verwaltungsbehörde in den Fällen der §§ 61 und 62;

Anhang 4
Gesetz betreffend die Gesellschaften mit beschränkter Haftung (GmbHG)

4. durch die Eröffnung des Insolvenzverfahrens; wird das Verfahren auf Antrag des Schuldners eingestellt oder nach der Bestätigung eines Insolvenzplans, der den Fortbestand der Gesellschaft vorsieht, aufgehoben, so können die Gesellschafter die Fortsetzung der Gesellschaft beschließen;
5. mit der Rechtskraft des Beschlusses, durch den die Eröffnung des Insolvenzverfahrens mangels Masse abgelehnt worden ist;
6. mit der Rechtskraft einer Verfügung des Registergerichts, durch welche nach § 399 des Gesetzes über das Verfahren in Familiensachen und in den Angelegenheiten der freiwilligen Gerichtsbarkeit ein Mangel des Gesellschaftsvertrags festgestellt worden ist;
7. durch die Löschung der Gesellschaft wegen Vermögenslosigkeit nach § 394 des Gesetzes über das Verfahren in Familiensachen und in den Angelegenheiten der freiwilligen Gerichtsbarkeit.

(2) Im Gesellschaftsvertrag können weitere Auflösungsgründe festgesetzt werden.

§ 61
Auflösung durch Urteil

(1) Die Gesellschaft kann durch gerichtliches Urteil aufgelöst werden, wenn die Erreichung des Gesellschaftszweckes unmöglich wird, oder wenn andere, in den Verhältnissen der Gesellschaft liegende, wichtige Gründe für die Auflösung vorhanden sind.

(2) [1]Die Auflösungsklage ist gegen die Gesellschaft zu richten. [2]Sie kann nur von Gesellschaftern erhoben werden, deren Geschäftsanteile zusammen mindestens dem zehnten Teil des Stammkapitals entsprechen.

(3) Für die Klage ist das Landgericht ausschließlich zuständig, in dessen Bezirk die Gesellschaft ihren Sitz hat.

§ 62
Auflösung durch eine Verwaltungsbehörde

(1) Wenn eine Gesellschaft das Gemeinwohl dadurch gefährdet, daß die Gesellschafter gesetzwidrige Beschlüsse fassen oder gesetzwidrige Handlungen der Geschäftsführer wissentlich geschehen lassen, so kann sie aufgelöst werden, ohne daß deshalb ein Anspruch auf Entschädigung stattfindet.

(2) Das Verfahren und die Zuständigkeit der Behörden richtet sich nach den für streitige Verwaltungssachen ... geltenden Vorschriften.

§ 63
(weggefallen)

§ 64
Haftung für Zahlungen nach Zahlungsunfähigkeit oder Überschuldung

[1]Die Geschäftsführer sind der Gesellschaft zum Ersatz von Zahlungen verpflichtet, die nach Eintritt der Zahlungsunfähigkeit der Gesellschaft oder nach Feststellung ihrer Überschuldung geleistet werden. [2]Dies gilt nicht von Zahlungen, die auch nach diesem Zeitpunkt mit der Sorgfalt eines ordentlichen Geschäftsmanns vereinbar sind. [3]Die gleiche Verpflichtung trifft die Geschäftsführer für Zahlungen an Gesellschafter, soweit diese zur Zahlungsunfähigkeit der Gesellschaft führen mussten, es sei denn, dies war auch bei Beachtung der in Satz 2 bezeichneten Sorgfalt nicht erkennbar. [4]Auf den Ersatzanspruch finden die Bestimmungen in § 43 Abs. 3 und 4 entsprechende Anwendung.

Anhang 4
Gesetz betreffend die Gesellschaften mit beschränkter Haftung (GmbHG)

§ 65
Anmeldung und Eintragung der Auflösung

(1) ¹Die Auflösung der Gesellschaft ist zur Eintragung in das Handelsregister anzumelden. ²Dies gilt nicht in den Fällen der Eröffnung oder der Ablehnung der Eröffnung des Insolvenzverfahrens und der gerichtlichen Feststellung eines Mangels des Gesellschaftsvertrags. ³In diesen Fällen hat das Gericht die Auflösung und ihren Grund von Amts wegen einzutragen. ⁴Im Falle der Löschung der Gesellschaft (§ 60 Abs. 1 Nr. 7) entfällt die Eintragung der Auflösung.

(2) ¹Die Auflösung ist von den Liquidatoren in den Gesellschaftsblättern bekanntzumachen. ²Durch die Bekanntmachung sind zugleich die Gläubiger der Gesellschaft aufzufordern, sich bei derselben zu melden.

§ 66
Liquidatoren

(1) In den Fällen der Auflösung außer dem Fall des Insolvenzverfahrens erfolgt die Liquidation durch die Geschäftsführer, wenn nicht dieselbe durch den Gesellschaftsvertrag oder durch Beschluß der Gesellschafter anderen Personen übertragen wird.

(2) Auf Antrag von Gesellschaftern, deren Geschäftsanteile zusammen mindestens dem zehnten Teil des Stammkapitals entsprechen, kann aus wichtigen Gründen die Bestellung von Liquidatoren durch das Gericht erfolgen.

(3) ¹Die Abberufung von Liquidatoren kann durch das Gericht unter derselben Voraussetzung wie die Bestellung stattfinden. ²Liquidatoren, welche nicht vom Gericht ernannt sind, können auch durch Beschluß der Gesellschafter vor Ablauf des Zeitraums, für welchen sie bestellt sind, abberufen werden.

(4) Für die Auswahl der Liquidatoren findet § 6 Abs. 2 Satz 2 und 3 entsprechende Anwendung.

(5) ¹Ist die Gesellschaft durch Löschung wegen Vermögenslosigkeit aufgelöst, so findet eine Liquidation nur statt, wenn sich nach der Löschung herausstellt, daß Vermögen vorhanden ist, das der Verteilung unterliegt. ²Die Liquidatoren sind auf Antrag eines Beteiligten durch das Gericht zu ernennen.

§ 67
Anmeldung der Liquidatoren

(1) Die ersten Liquidatoren sowie ihre Vertretungsbefugnis sind durch die Geschäftsführer, jeder Wechsel der Liquidatoren und jede Änderung ihrer Vertretungsbefugnis sind durch die Liquidatoren zur Eintragung in das Handelsregister anzumelden.

(2) Der Anmeldung sind die Urkunden über die Bestellung der Liquidatoren oder über die Änderung in den Personen derselben in Urschrift oder öffentlich beglaubigter Abschrift beizufügen.

(3) ¹In der Anmeldung haben die Liquidatoren zu versichern, daß keine Umstände vorliegen, die ihrer Bestellung nach § 66 Abs. 4 in Verbindung mit § 6 Abs. 2 Satz 2 Nr. 2 und 3 sowie Satz 3 entgegenstehen, und daß sie über ihre unbeschränkte Auskunftspflicht gegenüber dem Gericht belehrt worden sind. ²§ 8 Abs. 3 Satz 2 ist anzuwenden.

(4) Die Eintragung der gerichtlichen Ernennung oder Abberufung der Liquidatoren geschieht von Amts wegen.

(5) (weggefallen)

§ 68
Zeichnung der Liquidatoren

(1) ¹Die Liquidatoren haben die in der bei ihrer Bestellung bestimmten Form ihre Willenserklärungen kundzugeben und für die Gesellschaft zu zeichnen. ²Ist nichts darüber bestimmt, so muß die Erklärung und Zeichnung durch sämtliche Liquidatoren erfolgen.

(2) Die Zeichnungen geschehen in der Weise, daß die Liquidatoren der bisherigen, nunmehr als Liquidationsfirma zu bezeichnenden Firma ihre Namensunterschrift beifügen.

Anhang 4
Gesetz betreffend die Gesellschaften mit beschränkter Haftung (GmbHG)

§ 69
Rechtsverhältnisse von Gesellschaft und Gesellschaftern

(1) Bis zur Beendigung der Liquidation kommen ungeachtet der Auflösung der Gesellschaft in bezug auf die Rechtsverhältnisse derselben und der Gesellschafter die Vorschriften des zweiten und dritten Abschnitts zur Anwendung, soweit sich aus den Bestimmungen des gegenwärtigen Abschnitts und aus dem Wesen der Liquidation nicht ein anderes ergibt.

(2) Der Gerichtsstand, welchen die Gesellschaft zur Zeit ihrer Auflösung hatte, bleibt bis zur vollzogenen Verteilung des Vermögens bestehen.

§ 70
Aufgaben der Liquidatoren

[1]Die Liquidatoren haben die laufenden Geschäfte zu beendigen, die Verpflichtungen der aufgelösten Gesellschaft zu erfüllen, die Forderungen derselben einzuziehen und das Vermögen der Gesellschaft in Geld umzusetzen; sie haben die Gesellschaft gerichtlich und außergerichtlich zu vertreten. [2]Zur Beendigung schwebender Geschäfte können die Liquidatoren auch neue Geschäfte eingehen.

§ 71
Eröffnungsbilanz; Rechte und Pflichten

(1) Die Liquidatoren haben für den Beginn der Liquidation eine Bilanz (Eröffnungsbilanz) und einen die Eröffnungsbilanz erläuternden Bericht sowie für den Schluß eines jeden Jahres einen Jahresabschluß und einen Lagebericht aufzustellen.

(2) [1]Die Gesellschafter beschließen über die Feststellung der Eröffnungsbilanz und des Jahresabschlusses sowie über die Entlastung der Liquidatoren. [2]Auf die Eröffnungsbilanz und den erläuternden Bericht sind die Vorschriften über den Jahresabschluß entsprechend anzuwenden. [3]Vermögensgegenstände des Anlagevermögens sind jedoch wie Umlaufvermögen zu bewerten, soweit ihre Veräußerung innerhalb eines übersehbaren Zeitraums beabsichtigt ist oder diese Vermögensgegenstände nicht mehr dem Geschäftsbetrieb dienen; dies gilt auch für den Jahresabschluß.

(3) [1]Das Gericht kann von der Prüfung des Jahresabschlusses und des Lageberichts durch einen Abschlußprüfer befreien, wenn die Verhältnisse der Gesellschaft so überschaubar sind, daß eine Prüfung im Interesse der Gläubiger und der Gesellschafter nicht geboten erscheint. [2]Gegen die Entscheidung ist die Beschwerde zulässig.

(4) Im übrigen haben sie die aus §§ 37, 41, 43 Abs. 1, 2 und 4, § 49 Abs. 1 und 2, § 64 sich ergebenden Rechte und Pflichten der Geschäftsführer.

(5) Auf den Geschäftsbriefen ist anzugeben, dass sich die Gesellschaft in Liquidation befindet; im Übrigen gilt § 35a entsprechend.

§ 72
Vermögensverteilung

[1]Das Vermögen der Gesellschaft wird unter die Gesellschafter nach Verhältnis ihrer Geschäftsanteile verteilt. [2]Durch den Gesellschaftsvertrag kann ein anderes Verhältnis für die Verteilung bestimmt werden.

§ 73
Sperrjahr

(1) Die Verteilung darf nicht vor Tilgung oder Sicherstellung der Schulden der Gesellschaft und nicht vor Ablauf eines Jahres seit dem Tage vorgenommen werden, an welchem die Aufforderung an die Gläubiger (§ 65 Abs. 2) in den Gesellschaftsblättern erfolgt ist.

(2) [1]Meldet sich ein bekannter Gläubiger nicht, so ist der geschuldete Betrag, wenn die Berechtigung zur Hinterlegung vorhanden ist, für den Gläubiger zu hinterlegen. [2]Ist die Berichtigung einer

Anhang 4
Gesetz betreffend die Gesellschaften mit beschränkter Haftung (GmbHG)

Verbindlichkeit zur Zeit nicht ausführbar oder ist eine Verbindlichkeit streitig, so darf die Verteilung des Vermögens nur erfolgen, wenn dem Gläubiger Sicherheit geleistet ist.

(3) [1]Liquidatoren, welche diesen Vorschriften zuwiderhandeln, sind zum Ersatz der verteilten Beträge solidarisch verpflichtet. [2]Auf den Ersatzanspruch finden die Bestimmungen in § 43 Abs. 3 und 4 entsprechende Anwendung.

§ 74
Schluss der Liquidation

(1) [1]Ist die Liquidation beendet und die Schlußrechnung gelegt, so haben die Liquidatoren den Schluß der Liquidation zur Eintragung in das Handelsregister anzumelden. [2]Die Gesellschaft ist zu löschen.

(2) [1]Nach Beendigung der Liquidation sind die Bücher und Schriften der Gesellschaft für die Dauer von zehn Jahren einem der Gesellschafter oder einem Dritten in Verwahrung zu geben. [2]Der Gesellschafter oder der Dritte wird in Ermangelung einer Bestimmung des Gesellschaftsvertrags oder eines Beschlusses der Gesellschafter durch das Gericht bestimmt.

(3) [1]Die Gesellschafter und deren Rechtsnachfolger sind zur Einsicht der Bücher und Schriften berechtigt. [2]Gläubiger der Gesellschaft können von dem Gericht zur Einsicht ermächtigt werden.

§ 75
Nichtigkeitsklage

(1) Enthält der Gesellschaftsvertrag keine Bestimmungen über die Höhe des Stammkapitals oder über den Gegenstand des Unternehmens oder sind die Bestimmungen des Gesellschaftsvertrags über den Gegenstand des Unternehmens nichtig, so kann jeder Gesellschafter, jeder Geschäftsführer und, wenn ein Aufsichtsrat bestellt ist, jedes Mitglied des Aufsichtsrats im Wege der Klage beantragen, daß die Gesellschaft für nichtig erklärt werde.

(2) Die Vorschriften der §§ 246 bis 248 des Aktiengesetzes finden entsprechende Anwendung.

§ 76
Heilung von Mängeln durch Gesellschafterbeschluss

Ein Mangel, der die Bestimmungen über den Gegenstand des Unternehmens betrifft, kann durch einstimmigen Beschluß der Gesellschafter geheilt werden.

§ 77
Wirkung der Nichtigkeit

(1) Ist die Nichtigkeit einer Gesellschaft in das Handelsregister eingetragen, so finden zum Zwecke der Abwicklung ihrer Verhältnisse die für den Fall der Auflösung geltenden Vorschriften entsprechende Anwendung.

(2) Die Wirksamkeit der im Namen der Gesellschaft mit Dritten vorgenommenen Rechtsgeschäfte wird durch die Nichtigkeit nicht berührt.

(3) Die Gesellschafter haben die versprochenen Einzahlungen zu leisten, soweit es zur Erfüllung der eingegangenen Verbindlichkeiten erforderlich ist.

Abschnitt 6
Ordnungs-, Straf- und Bußgeldvorschriften

§ 78
Anmeldepflichtige

Die in diesem Gesetz vorgesehenen Anmeldungen zum Handelsregister sind durch die Geschäftsführer oder die Liquidatoren, die in § 7 Abs. 1, § 57 Abs. 1, § 57i Abs. 1, § 58 Abs. 1 Nr. 3 vorgesehenen Anmeldungen sind durch sämtliche Geschäftsführer zu bewirken.

Anhang 4
Gesetz betreffend die Gesellschaften mit beschränkter Haftung (GmbHG)

§ 79
Zwangsgelder

(1) [1]Geschäftsführer oder Liquidatoren, die §§ 35a, 71 Abs. 5 nicht befolgen, sind hierzu vom Registergericht durch Festsetzung von Zwangsgeld anzuhalten; § 14 des Handelsgesetzbuchs bleibt unberührt. [2]Das einzelne Zwangsgeld darf den Betrag von fünftausend Euro nicht übersteigen.

(2) In Ansehung der in §§ 7, 54, 57 Abs. 1, § 58 Abs. 1 Nr. 3 ... bezeichneten Anmeldungen zum Handelsregister findet, soweit es sich um die Anmeldung zum Handelsregister des Sitzes der Gesellschaft handelt, eine Festsetzung von Zwangsgeld nach § 14 des Handelsgesetzbuchs nicht statt.

§§ 80–81
(weggefallen)

§ 82
Falsche Angaben

(1) Mit Freiheitsstrafe bis zu drei Jahren oder mit Geldstrafe wird bestraft, wer
1. als Gesellschafter oder als Geschäftsführer zum Zweck der Eintragung der Gesellschaft über die Übernahme der Geschäftsanteile, die Leistung der Einlagen, die Verwendung eingezahlter Beträge, über Sondervorteile, Gründungsaufwand und Sacheinlagen,
2. als Gesellschafter im Sachgründungsbericht,
3. als Geschäftsführer zum Zweck der Eintragung einer Erhöhung des Stammkapitals über die Zeichnung oder Einbringung des neuen Kapitals oder über Sacheinlagen,
4. als Geschäftsführer in der in § 57i Abs. 1 Satz 2 vorgeschriebenen Erklärung oder
5. als Geschäftsführer einer Gesellschaft mit beschränkter Haftung oder als Geschäftsleiter einer ausländischen juristischen Person in der nach § 8 Abs. 3 Satz 1 oder § 39 Abs. 3 Satz 1 abzugebenden Versicherung oder als Liquidator in der nach § 67 Abs. 3 Satz 1 abzugebenden Versicherung falsche Angaben macht.

(2) Ebenso wird bestraft, wer
1. als Geschäftsführer zum Zweck der Herabsetzung des Stammkapitals über die Befriedigung oder Sicherstellung der Gläubiger eine unwahre Versicherung abgibt oder
2. als Geschäftsführer, Liquidator, Mitglied eines Aufsichtsrats oder ähnlichen Organs in einer öffentlichen Mitteilung die Vermögenslage der Gesellschaft unwahr darstellt oder verschleiert, wenn die Tat nicht in § 331 Nr. 1 oder Nr. 1a des Handelsgesetzbuchs mit Strafe bedroht ist.

§ 83
(weggefallen)

§ 84
Verletzung der Verlustanzeigepflicht

(1) Mit Freiheitsstrafe bis zu drei Jahren oder mit Geldstrafe wird bestraft, wer es als Geschäftsführer unterläßt, den Gesellschaftern einen Verlust in Höhe der Hälfte des Stammkapitals anzuzeigen.

(2) Handelt der Täter fahrlässig, so ist die Strafe Freiheitsstrafe bis zu einem Jahr oder Geldstrafe.

§ 85
Verletzung der Geheimhaltungspflicht

(1) Mit Freiheitsstrafe bis zu einem Jahr oder mit Geldstrafe wird bestraft, wer ein Geheimnis der Gesellschaft, namentlich ein Betriebs- oder Geschäftsgeheimnis, das ihm in seiner Eigenschaft als Geschäftsführer, Mitglied des Aufsichtsrats oder Liquidator bekanntgeworden ist, unbefugt offenbart.

Anhang 4
Gesetz betreffend die Gesellschaften mit beschränkter Haftung (GmbHG)

(2) [1]Handelt der Täter gegen Entgelt oder in der Absicht, sich oder einen anderen zu bereichern oder einen anderen zu schädigen, so ist die Strafe Freiheitsstrafe bis zu zwei Jahren oder Geldstrafe. [2]Ebenso wird bestraft, wer ein Geheimnis der in Absatz 1 bezeichneten Art, namentlich ein Betriebs- oder Geschäftsgeheimnis, das ihm unter den Voraussetzungen des Absatzes 1 bekanntgeworden ist, unbefugt verwertet.

(3) [1]Die Tat wird nur auf Antrag der Gesellschaft verfolgt. [2]Hat ein Geschäftsführer oder ein Liquidator die Tat begangen, so sind der Aufsichtsrat und, wenn kein Aufsichtsrat vorhanden ist, von den Gesellschaftern bestellte besondere Vertreter antragsberechtigt. [3]Hat ein Mitglied des Aufsichtsrats die Tat begangen, so sind die Geschäftsführer oder die Liquidatoren antragsberechtigt.

Anhang 5
Gewinnabgrenzungsaufzeichnungsverordnung (GAufzV)

Verordnung zu Art, Inhalt und Umfang von Aufzeichnungen im Sinne des § 90 Abs. 3 der Abgabenordnung

Gewinnabgrenzungsaufzeichnungsverordnung (GAufzV)
in der Fassung der Bekanntmachung vom 13. November 2003 (BGBl. I S. 2296), die zuletzt durch Artikel 7 des Amtshilferichtlinie-Umsetzungsgesetzes (AmtshilfeRLUmsG) vom 26. Juni 2013 (BGBl. I S. 1809) geändert worden ist

Eingangsformel

Auf Grund des § 90 Abs. 3 Satz 5 der Abgabenordnung vom 16. März 1976 (BGBl. I S. 613), der durch Artikel 9 Nr. 3 des Gesetzes vom 16. Mai 2003 (BGBl. I S. 660) eingefügt worden ist, verordnet das Bundesministerium der Finanzen:

§ 1
Grundsätze der Aufzeichnungspflicht

(1) Aus den nach § 90 Abs. 3 der Abgabenordnung zu erstellenden Aufzeichnungen muss ersichtlich sein, welchen Sachverhalt der Steuerpflichtige im Rahmen seiner Geschäftsbeziehungen im Sinne des § 1 Abs. 4 des Außensteuergesetzes mit nahe stehenden Personen im Sinne des § 1 Abs. 2 des Außensteuergesetzes verwirklicht hat und ob und inwieweit er diesen Geschäftsbeziehungen Bedingungen einschließlich von Preisen zu Grunde gelegt hat, die erkennen lassen, dass er den Grundsatz des Fremdverhaltens (Fremdvergleichsgrundsatz) beachtet hat (Aufzeichnungen). Die Aufzeichnungen müssen das ernsthafte Bemühen des Steuerpflichtigen belegen, seine Geschäftsbeziehungen zu nahe stehenden Personen unter Beachtung des Fremdvergleichsgrundsatzes zu gestalten. Die Aufzeichnungspflicht bezieht sich auch auf Geschäftsbeziehungen, die keinen Leistungsaustausch zum Gegenstand haben, wie Vereinbarungen über Arbeitnehmerentsendungen und Poolvereinbarungen (zum Beispiel Umlageverträge). Aufzeichnungen, die im Wesentlichen unverwertbar sind (§ 162 Abs. 3 und 4 der Abgabenordnung), sind als nicht erstellt zu behandeln.

(2) Soweit nach Absatz 1 in Verbindung mit § 90 Abs. 3 Satz 1 der Abgabenordnung aufzuzeichnen ist, welcher Sachverhalt verwirklicht wurde, sind Aufzeichnungen über die Art, den Umfang und die Abwicklung sowie über die wirtschaftlichen und rechtlichen Rahmenbedingungen der Geschäftsbeziehungen erforderlich.

(3) Soweit nach Absatz 1 in Verbindung mit § 90 Abs. 3 Satz 2 der Abgabenordnung aufzuzeichnen ist, ob und inwieweit der Steuerpflichtige bei seinen Geschäftsbeziehungen den Fremdvergleichsgrundsatz im Sinne des Absatzes 1 beachtet hat, sind die Markt- und Wettbewerbsverhältnisse darzustellen, die für die Tätigkeiten des Steuerpflichtigen und die vereinbarten Bedingungen von Bedeutung sind. Der Steuerpflichtige hat für seine Aufzeichnungen entsprechend der von ihm gewählten Methode Vergleichsdaten heranzuziehen, soweit solche Daten im Zeitpunkt der Vereinbarung der Geschäftsbeziehung bei ihm oder bei ihm nahe stehenden Personen vorhanden sind oder soweit er sich diese mit zumutbarem Aufwand aus ihm frei zugänglichen Quellen beschaffen kann. Zu den zu verwendenden und erforderlichenfalls für die Erstellung der Aufzeichnungen zu beschaffenden Informationen gehören insbesondere Daten aus vergleichbaren Geschäften zwischen fremden Dritten sowie aus vergleichbaren Geschäften, die der Steuerpflichtige oder eine ihm nahe stehende Person mit fremden Dritten abgeschlossen hat, zum Beispiel Preise und Geschäftsbedingungen, Kostenaufteilungen, Gewinnaufschläge, Bruttospannen, Nettospannen, Gewinnaufteilungen. Zusätzlich sind Aufzeichnungen über innerbetriebliche Daten zu erstellen, die eine Plausibilitätskontrolle der vom Steuerpflichtigen vereinbarten Verrechnungspreise ermöglichen, wie zum Beispiel Prognoserechnungen und Daten zur Absatz-, Gewinn- und Kostenplanung.

Anhang 5
Gewinnabgrenzungsaufzeichnungsverordnung (GAufzV)

§ 2
Art, Inhalt und Umfang der Aufzeichnungen

(1) Aufzeichnungen können schriftlich oder elektronisch erstellt werden. Sie sind in sachgerechter Ordnung zu führen und aufzubewahren. Die Aufzeichnungen müssen es einem sachverständigen Dritten ermöglichen, innerhalb einer angemessenen Frist festzustellen, welche Sachverhalte der Steuerpflichtige im Zusammenhang mit seinen Geschäftsbeziehungen zu nahe stehenden Personen verwirklicht hat und ob und inwieweit er dabei den Fremdvergleichsgrundsatz beachtet hat.

(2) Art, Inhalt und Umfang der zu erstellenden Aufzeichnungen bestimmen sich nach den Umständen des Einzelfalles, insbesondere nach der vom Steuerpflichtigen angewandten Verrechnungspreismethode. Der Steuerpflichtige hat aufzuzeichnen, weshalb er die angewandte Methode hinsichtlich der Art seiner Geschäfte und der sonstigen Verhältnisse für geeignet hält. Er ist nicht verpflichtet, Aufzeichnungen für mehr als eine geeignete Methode zu erstellen.

(3) Aufzeichnungen sind grundsätzlich geschäftsvorfallbezogen zu erstellen. Geschäftsvorfälle, die gemessen an Funktionen und Risiken wirtschaftlich vergleichbar sind, können für die Erstellung von Aufzeichnungen zu Gruppen zusammengefasst werden, wenn die Gruppenbildung nach vorher festgelegten und nachvollziehbaren Regeln vorgenommen wurde und wenn die Geschäftsvorfälle gleichartig oder gleichwertig sind oder die Zusammenfassung auch bei Geschäften zwischen fremden Dritten üblich ist. Eine Zusammenfassung ist auch zulässig bei ursächlich zusammenhängenden Geschäftsvorfällen und bei Teilleistungen im Rahmen eines Gesamtgeschäfts, wenn es für die Prüfung der Angemessenheit weniger auf den einzelnen Geschäftsvorfall, sondern mehr auf die Beurteilung des Gesamtgeschäfts ankommt. Werden Aufzeichnungen für Gruppen von Geschäftsvorfällen erstellt, sind die Regeln für deren Abwicklung und die Kriterien für die Gruppenbildung darzustellen. Bestehen für eine Gruppe verbundener Unternehmen dem Fremdvergleichsgrundsatz genügende innerbetriebliche Verrechnungspreisrichtlinien, die für die einzelnen Unternehmen eine oder mehrere geeignete Methoden vorgeben, können die Richtlinien als Bestandteil der Aufzeichnungen verwendet werden. Soweit solche Richtlinien die Preisermittlung regeln und tatsächlich befolgt werden, kann auf geschäftsvorfallbezogene Einzelaufzeichnungen verzichtet werden.

(4) Ergibt sich bei Dauersachverhalten eine Änderung der Umstände, die für die Angemessenheit vereinbarter Preise von wesentlicher Bedeutung ist, hat der Steuerpflichtige auch nach dem Geschäftsabschluss Informationen zu sammeln und aufzuzeichnen, die der Finanzbehörde die Prüfung ermöglichen, ob und ab welchem Zeitpunkt fremde Dritte eine Anpassung der Geschäftsbedingungen vereinbart hätten. Dies gilt insbesondere, wenn in einem Geschäftsbereich steuerliche Verluste erkennbar werden, die ein fremder Dritter nicht hingenommen hätte, oder wenn Preisanpassungen zu Lasten des Steuerpflichtigen vorgenommen werden.

(5) Aufzeichnungen sind grundsätzlich in deutscher Sprache zu erstellen. Die Finanzbehörde kann auf Antrag des Steuerpflichtigen Ausnahmen hiervon zulassen. Der Antrag kann vor der Anfertigung der Aufzeichnungen gestellt werden, er ist aber spätestens unverzüglich nach Anforderung der Aufzeichnungen durch die Finanzbehörde zu stellen. Erforderliche Übersetzungen von Verträgen und ähnlichen Dokumenten im Sinne der §§ 4 und 5 gehören zu den Aufzeichnungen. § 87 Abs. 2 der Abgabenordnung bleibt unberührt.

(6) Aufzeichnungen sollen regelmäßig nur für Zwecke der Durchführung einer Außenprüfung angefordert werden. Die Anforderung soll die Geschäftsbereiche und die Geschäftsbeziehungen des Steuerpflichtigen bezeichnen, die Gegenstand der Prüfung sein sollen. Die Anforderung soll auch Art und Umfang der angeforderten Aufzeichnungen angeben. Die Anforderung kann zusammen mit der Prüfungsanordnung erfolgen und jederzeit nachgeholt, ergänzt oder geändert werden.

Anhang 5
Gewinnabgrenzungsaufzeichnungsverordnung (GAufzV)

§ 3
Zeitnahe Erstellung von Aufzeichnungen bei außergewöhnlichen Geschäftsvorfällen

(1) Aufzeichnungen über außergewöhnliche Geschäftsvorfälle im Sinne des § 90 Abs. 3 Satz 3 der Abgabenordnung sind zeitnah erstellt, wenn sie im engen zeitlichen Zusammenhang mit dem Geschäftsvorfall gefertigt wurden. Sie gelten als noch zeitnah erstellt, wenn sie innerhalb von sechs Monaten nach Ablauf des Wirtschaftsjahres gefertigt werden, in dem sich der Geschäftsvorfall ereignet hat.

(2) Als außergewöhnliche Geschäftsvorfälle sind insbesondere anzusehen der Abschluss und die Änderung langfristiger Verträge, die sich erheblich auf die Höhe der Einkünfte des Steuerpflichtigen aus seinen Geschäftsbeziehungen auswirken, Vermögensübertragungen im Zuge von Umstrukturierungsmaßnahmen, die Übertragung und Überlassung von Wirtschaftsgütern und Vorteilen im Zusammenhang mit wesentlichen Funktions- und Risikoänderungen im Unternehmen, Geschäftsvorfälle im Zusammenhang mit einer für die Verrechnungspreisbildung erheblichen Änderung der Geschäftsstrategie sowie der Abschluss von Umlageverträgen.

§ 4
Allgemein erforderliche Aufzeichnungen

Der Steuerpflichtige hat nach Maßgabe der §§ 1 bis 3 folgende Aufzeichnungen, soweit sie für die Prüfung von Geschäftsbeziehungen im Sinne des § 90 Abs. 3 der Abgabenordnung von Bedeutung sind, zu erstellen:

1. Allgemeine Informationen über Beteiligungsverhältnisse, Geschäftsbetrieb und Organisationsaufbau:
    a) Darstellung der Beteiligungsverhältnisse zwischen dem Steuerpflichtigen und nahe stehenden Personen im Sinne des § 1 Abs. 2 Nr. 1 und 2 des Außensteuergesetzes, mit denen er unmittelbar oder über Zwischenpersonen Geschäftsbeziehungen unterhält, zu Beginn des Prüfungszeitraums sowie deren Veränderung bis zu dessen Ende,
    b) Darstellung der sonstigen Umstände, die das "Nahestehen" im Sinne des § 1 Abs. 2 Nr. 3 des Außensteuergesetzes begründen können,
    c) Darstellung der organisatorischen und operativen Konzernstruktur sowie deren Veränderungen, einschließlich Betriebsstätten und Beteiligungen an Personengesellschaften,
    d) Beschreibung der Tätigkeitsbereiche des Steuerpflichtigen, zum Beispiel Dienstleistungen, Herstellung oder Vertrieb von Wirtschaftsgütern, Forschung und Entwicklung;
2. Geschäftsbeziehungen zu nahe stehenden Personen:
    a) Darstellung der Geschäftsbeziehungen mit nahe stehenden Personen, Übersicht über Art und Umfang dieser Geschäftsbeziehungen (zum Beispiel Wareneinkauf, Dienstleistung, Darlehensverhältnisse und andere Nutzungsüberlassungen, Umlagen) und Übersicht über die den Geschäftsbeziehungen zu Grunde liegenden Verträge und ihre Veränderung,
    b) Zusammenstellung (Liste) der wesentlichen immateriellen Wirtschaftsgüter, die dem Steuerpflichtigen gehören und die er im Rahmen seiner Geschäftsbeziehungen zu Nahestehenden nutzt oder zur Nutzung überlässt;
3. Funktions- und Risikoanalyse:
    a) Informationen über die jeweils vom Steuerpflichtigen und den nahe stehenden Personen im Rahmen der Geschäftsbeziehungen ausgeübten Funktionen und übernommenen Risiken sowie deren Veränderungen, über die eingesetzten wesentlichen Wirtschaftsgüter, über die vereinbarten Vertragsbedingungen, über gewählte Geschäftsstrategien sowie über die bedeutsamen Markt- und Wettbewerbsverhältnisse,

b) Beschreibung der Wertschöpfungskette und Darstellung des Wertschöpfungsbeitrags des Steuerpflichtigen im Verhältnis zu den nahe stehenden Personen, mit denen Geschäftsbeziehungen bestehen;

4. Verrechnungspreisanalyse:
   a) Darstellung der angewandten Verrechnungspreismethode,
   b) Begründung der Geeignetheit der angewandten Methode,
   c) Unterlagen über die Berechnungen bei der Anwendung der gewählten Verrechnungspreismethode,
   d) Aufbereitung der zum Vergleich herangezogenen Preise beziehungsweise Finanzdaten unabhängiger Unternehmen sowie Unterlagen über vorgenommene Anpassungsrechnungen.

§ 5
Erforderliche Aufzeichnungen in besonderen Fällen

Soweit besondere Umstände der in Satz 2 genannten Art für die vom Steuerpflichtigen vereinbarten Geschäftsbeziehungen von Bedeutung sind oder er sich im Hinblick auf von ihm vereinbarte Geschäftsbedingungen zur Begründung der Fremdüblichkeit auf besondere Umstände beruft, sind Aufzeichnungen über diese Umstände nach Maßgabe der §§ 1 bis 3 zu erstellen. Dazu können nach den Verhältnissen des Einzelfalles folgende Aufzeichnungen gehören:

1. Informationen über die Änderung von Geschäftsstrategien (zum Beispiel Marktanteilsstrategien, Wahl von Vertriebswegen, Management-Strategien) und über andere Sonderumstände wie Maßnahmen zum Vorteilsausgleich, soweit sie die Bestimmung der Verrechnungspreise des Steuerpflichtigen beeinflussen können;
2. bei Umlagen die Verträge, gegebenenfalls in Verbindung mit Anhängen, Anlagen und Zusatzvereinbarungen, Unterlagen über die Anwendung des Aufteilungsschlüssels und über den erwarteten Nutzen für alle Beteiligten sowie mindestens Unterlagen über Art und Umfang der Rechnungskontrolle, über die Anpassung an veränderte Verhältnisse, über die Zugriffsberechtigung auf die Unterlagen des leistungserbringenden Unternehmens, über die Zuordnung von Nutzungsrechten;
3. Informationen über Verrechnungspreiszusagen oder -vereinbarungen ausländischer Steuerverwaltungen gegenüber beziehungsweise mit dem Steuerpflichtigen und über beantragte oder abgeschlossene Verständigungs- oder Schiedsstellenverfahren anderer Staaten, die Geschäftsbeziehungen des Steuerpflichtigen mit Nahestehenden berühren;
4. Aufzeichnungen über Preisanpassungen beim Steuerpflichtigen, auch wenn diese die Folge von Verrechnungspreiskorrekturen oder Vorwegauskünften ausländischer Finanzbehörden bei dem Steuerpflichtigen nahe stehenden Personen sind;
5. Aufzeichnungen über die Ursachen von Verlusten und über Vorkehrungen des Steuerpflichtigen oder ihm Nahestehender zur Beseitigung der Verlustsituation, wenn der Steuerpflichtige in mehr als drei aufeinander folgenden Wirtschaftsjahren aus Geschäftsbeziehungen mit Nahestehenden einen steuerlichen Verlust ausweist;
6. in Fällen von Funktions- und Risikoänderungen im Sinne des § 3 Abs. 2 Aufzeichnungen über Forschungsvorhaben und laufende Forschungstätigkeiten, die im Zusammenhang mit einer Funktionsänderung stehen können und in den drei Jahren vor Durchführung der Funktionsänderung stattfanden oder abgeschlossen worden sind; die Aufzeichnungen müssen mindestens Angaben über den genauen Gegenstand der Forschungen und die insgesamt jeweils zuzuordnenden Kosten enthalten. Dies gilt nur, soweit ein Steuerpflichtiger regelmäßig Forschung und Entwicklung betreibt und aus betriebsinternen Gründen Unterlagen über seine Forschungs- und Entwicklungsarbeiten erstellt, aus denen die genannten Aufzeichnungen abgeleitet werden können.

Anhang 5
Gewinnabgrenzungsaufzeichnungsverordnung (GAufzV)

§ 6
Anwendungsregelungen für kleinere Unternehmen und Steuerpflichtige mit anderen als Gewinneinkünften

(1) Bei Steuerpflichtigen, die aus Geschäftsbeziehungen mit Nahestehenden andere als Gewinneinkünfte beziehen, und bei kleineren Unternehmen gelten die in § 90 Abs. 3 Satz 1 bis 4 der Abgabenordnung und in dieser Verordnung bezeichneten Aufzeichnungspflichten als durch die Erteilung von Auskünften, die den Anforderungen des § 1 Abs. 1 Satz 2 entsprechen, und durch die Vorlage vorhandener Unterlagen auf Anforderung des Finanzamts als erfüllt, wenn die in § 90 Abs. 3 Satz 8 und 9 der Abgabenordnung genannten Fristen eingehalten werden.

(2) Kleinere Unternehmen im Sinne des Absatzes 1 sind Unternehmen, bei denen jeweils im laufenden Wirtschaftsjahr weder die Summe der Entgelte für die Lieferung von Gütern oder Waren aus Geschäftsbeziehungen mit nahe stehenden Personen im Sinne des § 1 Abs. 2 des Außensteuergesetzes 5 Millionen Euro übersteigt noch die Summe der Vergütungen für andere Leistungen als die Lieferung von Gütern oder Waren aus Geschäftsbeziehungen mit solchen Nahestehenden mehr als 500000 Euro beträgt. Werden die genannten Beträge in einem Wirtschaftsjahr überschritten, ist Absatz 1 ab dem darauf folgenden Wirtschaftsjahr nicht mehr anzuwenden. Unterschreitet ein Unternehmen, das nicht nach Absatz 1 begünstigt ist, die genannten Beträge in einem Wirtschaftsjahr, ist es im darauf folgenden Wirtschaftsjahr als Unternehmen im Sinne des Satzes 1 zu behandeln.

(3) Zusammenhängende inländische Unternehmen im Sinne der §§ 13, 18 und 19 der Betriebsprüfungsordnung vom 15. März 2000 (BStBl I S. 368) in der jeweils geltenden Fassung und inländische Betriebsstätten nahe stehender Personen sind für die Prüfung der Betragsgrenzen nach Absatz 2 zusammenzurechnen.

§ 7
Entsprechende Anwendung für Betriebsstätten, Personengesellschaften und Mitunternehmerschaften

Die §§ 1 bis 6 gelten entsprechend
1. für Steuerpflichtige, die für die inländische Besteuerung nach § 1 Absatz 5 des Außensteuergesetzes Einkünfte zwischen ihrem inländischen Unternehmen und dessen ausländischer Betriebsstätte aufzuteilen haben,
2. für Steuerpflichtige, die für die inländische Besteuerung nach § 1 Absatz 5 des Außensteuergesetzes Einkünfte der inländischen Betriebsstätte ihres ausländischen Unternehmens zu ermitteln haben, sowie
3. für Personengesellschaften und Mitunternehmerschaften, auf die § 1 Absatz 1 Satz 2 des Außensteuergesetzes anzuwenden ist.

§ 8
Inkrafttreten

Diese Verordnung tritt mit Wirkung vom 30. Juni 2003 in Kraft.

Handelsgesetzbuch

vom 10. Mai 1897 (RGBl. S. 219)
zuletzt geändert durch Artikel 3 des Gesetzes zur Änderung des Aktiengesetzes (AktGÄndG 2016)
vom 22. Dezember 2015 (BGBl. I S. 2565)

– Auszug –

Erstes Buch
Handelsstand

Erster Abschnitt
Kaufleute

§ 1
[Istkaufmann]

(1) Kaufmann im Sinne dieses Gesetzbuchs ist, wer ein Handelsgewerbe betreibt.

(2) Handelsgewerbe ist jeder Gewerbebetrieb, es sei denn, daß das Unternehmen nach Art oder Umfang einen in kaufmännischer Weise eingerichteten Geschäftsbetrieb nicht erfordert.

§ 2
[Kannkaufmann]

Ein gewerbliches Unternehmen, dessen Gewerbebetrieb nicht schon nach § 1 Abs. 2 Handelsgewerbe ist, gilt als Handelsgewerbe im Sinne dieses Gesetzbuchs, wenn die Firma des Unternehmens in das Handelsregister eingetragen ist. Der Unternehmer ist berechtigt, aber nicht verpflichtet, die Eintragung nach den für die Eintragung kaufmännischer Firmen geltenden Vorschriften herbeizuführen. Ist die Eintragung erfolgt, so findet eine Löschung der Firma auch auf Antrag des Unternehmers statt, sofern nicht die Voraussetzung des § 1 Abs. 2 eingetreten ist.

§ 3
[Betriebe der Land- und Forstwirtschaft]

(1) Auf den Betrieb der Land- und Forstwirtschaft finden die Vorschriften des § 1 keine Anwendung.

(2) Für ein land- oder forstwirtschaftliches Unternehmen, das nach Art und Umfang einen in kaufmännischer Weise eingerichteten Geschäftsbetrieb erfordert, gilt § 2 mit der Maßgabe, daß nach Eintragung in das Handelsregister eine Löschung der Firma nur nach den allgemeinen Vorschriften stattfindet, welche für die Löschung kaufmännischer Firmen gelten.

(3) Ist mit dem Betrieb der Land- oder Forstwirtschaft ein Unternehmen verbunden, das nur ein Nebengewerbe des land- oder forstwirtschaftlichen Unternehmens darstellt, so finden auf das im Nebengewerbe betriebene Unternehmen die Vorschriften der Absätze 1 und 2 entsprechende Anwendung.

§ 4
(weggefallen)

§ 5
[Kaufmann kraft Eintragung]

Ist eine Firma im Handelsregister eingetragen, so kann gegenüber demjenigen, welcher sich auf die Eintragung beruft, nicht geltend gemacht werden, daß das unter der Firma betriebene Gewerbe kein Handelsgewerbe sei.

Anhang 6

Handelsgesetzbuch (HGB)

§ 6
[Handelsgesellschaften; Formkaufmann]

(1) Die in betreff der Kaufleute gegebenen Vorschriften finden auch auf die Handelsgesellschaften Anwendung.

(2) Die Rechte und Pflichten eines Vereins, dem das Gesetz ohne Rücksicht auf den Gegenstand des Unternehmens die Eigenschaft eines Kaufmanns beilegt, bleiben unberührt, auch wenn die Voraussetzungen des § 1 Abs. 2 nicht vorliegen.

§ 7
[Kaufmannseigenschaft und öffentliches Recht]

Durch die Vorschriften des öffentlichen Rechtes, nach welchen die Befugnis zum Gewerbebetrieb ausgeschlossen oder von gewissen Voraussetzungen abhängig gemacht ist, wird die Anwendung der die Kaufleute betreffenden Vorschriften dieses Gesetzbuchs nicht berührt.

Dritter Abschnitt
Stille Gesellschaft

§ 230
[Stille Gesellschaft]

(1) Wer sich als stiller Gesellschafter an dem Handelsgewerbe, das ein anderer betreibt, mit einer Vermögenseinlage beteiligt, hat die Einlage so zu leisten, daß sie in das Vermögen des Inhabers des Handelsgeschäfts übergeht.

(2) Der Inhaber wird aus den in dem Betrieb geschlossenen Geschäften allein berechtigt und verpflichtet.

§ 231
[Gewinn und Verlust]

(1) Ist der Anteil des stillen Gesellschafters am Gewinn und Verluste nicht bestimmt, so gilt ein den Umständen nach angemessener Anteil als bedungen.

(2) Im Gesellschaftsvertrag kann bestimmt werden, daß der stille Gesellschafter nicht am Verlust beteiligt sein soll; seine Beteiligung am Gewinne kann nicht ausgeschlossen werden.

§ 232
[Gewinn- und Verlustrechnung]

(1) Am Schluß jedes Geschäftsjahrs wird der Gewinn und Verlust berechnet und der auf den stillen Gesellschafter fallende Gewinn ihm ausbezahlt.

(2) Der stille Gesellschafter nimmt an dem Verlust nur bis zum Betrag seiner eingezahlten oder rückständigen Einlage teil. Er ist nicht verpflichtet, den bezogenen Gewinn wegen späterer Verluste zurückzuzahlen; jedoch wird, solange seine Einlage durch Verlust vermindert ist, der jährliche Gewinn zur Deckung des Verlustes verwendet.

(3) Der Gewinn, welcher von dem stillen Gesellschafter nicht erhoben wird, vermehrt dessen Einlage nicht, sofern nicht ein anderes vereinbart ist.

Anhang 6
Handelsgesetzbuch (HGB)

Drittes Buch
Handelsbücher

Erster Abschnitt
Vorschriften für alle Kaufleute

Erster Unterabschnitt
Buchführung. Inventar

§ 238
Buchführungspflicht

(1) Jeder Kaufmann ist verpflichtet, Bücher zu führen und in diesen seine Handelsgeschäfte und die Lage seines Vermögens nach den Grundsätzen ordnungsmäßiger Buchführung ersichtlich zu machen. Die Buchführung muß so beschaffen sein, daß sie einem sachverständigen Dritten innerhalb angemessener Zeit einen Überblick über die Geschäftsvorfälle und über die Lage des Unternehmens vermitteln kann. Die Geschäftsvorfälle müssen sich in ihrer Entstehung und Abwicklung verfolgen lassen.

(2) Der Kaufmann ist verpflichtet, eine mit der Urschrift übereinstimmende Wiedergabe der abgesandten Handelsbriefe (Kopie, Abdruck, Abschrift oder sonstige Wiedergabe des Wortlauts auf einem Schrift-, Bild- oder anderen Datenträger) zurückzubehalten.

§ 239
Führung der Handelsbücher

(1) Bei der Führung der Handelsbücher und bei den sonst erforderlichen Aufzeichnungen hat sich der Kaufmann einer lebenden Sprache zu bedienen. Werden Abkürzungen, Ziffern, Buchstaben oder Symbole verwendet, muß im Einzelfall deren Bedeutung eindeutig festliegen.

(2) Die Eintragungen in Büchern und die sonst erforderlichen Aufzeichnungen müssen vollständig, richtig, zeitgerecht und geordnet vorgenommen werden.

(3) Eine Eintragung oder eine Aufzeichnung darf nicht in einer Weise verändert werden, daß der ursprüngliche Inhalt nicht mehr feststellbar ist. Auch solche Veränderungen dürfen nicht vorgenommen werden, deren Beschaffenheit es ungewiß läßt, ob sie ursprünglich oder erst später gemacht worden sind.

(4) Die Handelsbücher und die sonst erforderlichen Aufzeichnungen können auch in der geordneten Ablage von Belegen bestehen oder auf Datenträgern geführt werden, soweit diese Formen der Buchführung einschließlich des dabei angewandten Verfahrens den Grundsätzen ordnungsmäßiger Buchführung entsprechen. Bei der Führung der Handelsbücher und der sonst erforderlichen Aufzeichnungen auf Datenträgern muß insbesondere sichergestellt sein, daß die Daten während der Dauer der Aufbewahrungsfrist verfügbar sind und jederzeit innerhalb angemessener Frist lesbar gemacht werden können. Absätze 1 bis 3 gelten sinngemäß.

§ 240
Inventar

(1) Jeder Kaufmann hat zu Beginn seines Handelsgewerbes seine Grundstücke, seine Forderungen und Schulden, den Betrag seines baren Geldes sowie seine sonstigen Vermögensgegenstände genau zu verzeichnen und dabei den Wert der einzelnen Vermögensgegenstände und Schulden anzugeben.

(2) Er hat demnächst für den Schluß eines jeden Geschäftsjahrs ein solches Inventar aufzustellen. Die Dauer des Geschäftsjahrs darf zwölf Monate nicht überschreiten. Die Aufstellung des Inventars ist innerhalb der einem ordnungsmäßigen Geschäftsgang entsprechenden Zeit zu bewirken.

(3) Vermögensgegenstände des Sachanlagevermögens sowie Roh-, Hilfs- und Betriebsstoffe können, wenn sie regelmäßig ersetzt werden und ihr Gesamtwert für das Unternehmen von nachrangiger Bedeutung ist, mit einer gleichbleibenden Menge und einem gleichbleibenden Wert angesetzt werden, sofern ihr Bestand in seiner Größe, seinem Wert und seiner Zusammensetzung nur geringen Veränderungen unterliegt. Jedoch ist in der Regel alle drei Jahre eine körperliche Bestandsaufnahme durchzuführen.

(4) Gleichartige Vermögensgegenstände des Vorratsvermögens sowie andere gleichartige oder annähernd gleichwertige bewegliche Vermögensgegenstände und Schulden können jeweils zu einer Gruppe zusammengefaßt und mit dem gewogenen Durchschnittswert angesetzt werden.

§ 241
Inventurvereinfachungsverfahren

(1) Bei der Aufstellung des Inventars darf der Bestand der Vermögensgegenstände nach Art, Menge und Wert auch mit Hilfe anerkannter mathematisch-statistischer Methoden auf Grund von Stichproben ermittelt werden. Das Verfahren muß den Grundsätzen ordnungsmäßiger Buchführung entsprechen. Der Aussagewert des auf diese Weise aufgestellten Inventars muß dem Aussagewert eines auf Grund einer körperlichen Bestandsaufnahme aufgestellten Inventars gleichkommen.

(2) Bei der Aufstellung des Inventars für den Schluß eines Geschäftsjahrs bedarf es einer körperlichen Bestandsaufnahme der Vermögensgegenstände für diesen Zeitpunkt nicht, soweit durch Anwendung eines den Grundsätzen ordnungsmäßiger Buchführung entsprechenden anderen Verfahrens gesichert ist, daß der Bestand der Vermögensgegenstände nach Art, Menge und Wert auch ohne die körperliche Bestandsaufnahme für diesen Zeitpunkt festgestellt werden kann.

(3) In dem Inventar für den Schluß eines Geschäftsjahrs brauchen Vermögensgegenstände nicht verzeichnet zu werden, wenn

1. der Kaufmann ihren Bestand auf Grund einer körperlichen Bestandsaufnahme oder auf Grund eines nach Absatz 2 zulässigen anderen Verfahrens nach Art, Menge und Wert in einem besonderen Inventar verzeichnet hat, das für einen Tag innerhalb der letzten drei Monate vor oder der ersten beiden Monate nach dem Schluß des Geschäftsjahrs aufgestellt ist, und

2. auf Grund des besonderen Inventars durch Anwendung eines den Grundsätzen ordnungsmäßiger Buchführung entsprechenden Fortschreibungs- oder Rückrechnungsverfahrens gesichert ist, daß der am Schluß des Geschäftsjahrs vorhandene Bestand der Vermögensgegenstände für diesen Zeitpunkt ordnungsgemäß bewertet werden kann.

§ 241a
Befreiung von der Pflicht zur Buchführung und Erstellung eines Inventars

Einzelkaufleute, die an den Abschlussstichtagen von zwei aufeinander folgenden Geschäftsjahren nicht mehr als jeweils 500 000 Euro Umsatzerlöse und jeweils 50 000 Euro Jahresüberschuss aufweisen, brauchen die §§ 238 bis 241 nicht anzuwenden. Im Fall der Neugründung treten die Rechtsfolgen schon ein, wenn die Werte des Satzes 1 am ersten Abschlussstichtag nach der Neugründung nicht überschritten werden.

Anhang 6
Handelsgesetzbuch (HGB)

Zweiter Unterabschnitt
Eröffnungsbilanz. Jahresabschluß

Erster Titel
Allgemeine Vorschriften

§ 242
Pflicht zur Aufstellung

(1) Der Kaufmann hat zu Beginn seines Handelsgewerbes und für den Schluß eines jeden Geschäftsjahrs einen das Verhältnis seines Vermögens und seiner Schulden darstellenden Abschluß (Eröffnungsbilanz, Bilanz) aufzustellen. Auf die Eröffnungsbilanz sind die für den Jahresabschluß geltenden Vorschriften entsprechend anzuwenden, soweit sie sich auf die Bilanz beziehen.

(2) Er hat für den Schluß eines jeden Geschäftsjahrs eine Gegenüberstellung der Aufwendungen und Erträge des Geschäftsjahrs (Gewinn- und Verlustrechnung) aufzustellen.

(3) Die Bilanz und die Gewinn- und Verlustrechnung bilden den Jahresabschluß.

(4) Die Absätze 1 bis 3 sind auf Einzelkaufleute im Sinn des § 241a nicht anzuwenden. Im Fall der Neugründung treten die Rechtsfolgen nach Satz 1 schon ein, wenn die Werte des § 241a Satz 1 am ersten Abschlussstichtag nach der Neugründung nicht überschritten werden.

§ 243
Aufstellungsgrundsatz

(1) Der Jahresabschluß ist nach den Grundsätzen ordnungsmäßiger Buchführung aufzustellen.

(2) Er muß klar und übersichtlich sein.

(3) Der Jahresabschluß ist innerhalb der einem ordnungsmäßigen Geschäftsgang entsprechenden Zeit aufzustellen.

§ 244
Sprache. Währungseinheit

Der Jahresabschluß ist in deutscher Sprache und in Euro aufzustellen.

§ 245
Unterzeichnung

Der Jahresabschluß ist vom Kaufmann unter Angabe des Datums zu unterzeichnen. Sind mehrere persönlich haftende Gesellschafter vorhanden, so haben sie alle zu unterzeichnen.

Zweiter Titel
Ansatzvorschriften

§ 246
Vollständigkeit. Verrechnungsverbot

(1) Der Jahresabschluss hat sämtliche Vermögensgegenstände, Schulden, Rechnungsabgrenzungsposten sowie Aufwendungen und Erträge zu enthalten, soweit gesetzlich nichts anderes bestimmt ist. Vermögensgegenstände sind in der Bilanz des Eigentümers aufzunehmen; ist ein Vermögensgegenstand nicht dem Eigentümer, sondern einem anderen wirtschaftlich zuzurechnen, hat dieser ihn in seiner Bilanz auszuweisen. Schulden sind in die Bilanz des Schuldners aufzunehmen. Der Unterschiedsbetrag, um den die für die Übernahme eines Unternehmens bewirkte Gegenleistung den Wert der einzelnen Vermögensgegenstände des Unternehmens abzüglich der Schulden im Zeitpunkt der Übernahme übersteigt (entgeltlich erworbener Geschäfts- oder Firmenwert), gilt als zeitlich begrenzt nutzbarer Vermögensgegenstand.

Anhang 6
Handelsgesetzbuch (HGB)

(2) Posten der Aktivseite dürfen nicht mit Posten der Passivseite, Aufwendungen nicht mit Erträgen, Grundstücksrechte nicht mit Grundstückslasten verrechnet werden. Vermögensgegenstände, die dem Zugriff aller übrigen Gläubiger entzogen sind und ausschließlich der Erfüllung von Schulden aus Altersversorgungsverpflichtungen oder vergleichbaren langfristig fälligen Verpflichtungen dienen, sind mit diesen Schulden zu verrechnen; entsprechend ist mit den zugehörigen Aufwendungen und Erträgen aus der Abzinsung und aus dem zu verrechnenden Vermögen zu verfahren. Übersteigt der beizulegende Zeitwert der Vermögensgegenstände den Betrag der Schulden, ist der übersteigende Betrag unter einem gesonderten Posten zu aktivieren.

(3) Die auf den vorhergehenden Jahresabschluss angewandten Ansatzmethoden sind beizubehalten. § 252 Abs. 2 ist entsprechend anzuwenden.

§ 247
Inhalt der Bilanz

(1) In der Bilanz sind das Anlage- und das Umlaufvermögen, das Eigenkapital, die Schulden sowie die Rechnungsabgrenzungsposten gesondert auszuweisen und hinreichend aufzugliedern.

(2) Beim Anlagevermögen sind nur die Gegenstände auszuweisen, die bestimmt sind, dauernd dem Geschäftsbetrieb zu dienen.

(3) (weggefallen)

§ 248
Bilanzierungsverbote und -wahlrechte

(1) In die Bilanz dürfen nicht als Aktivposten aufgenommen werden:
1. Aufwendungen für die Gründung eines Unternehmens,
2. Aufwendungen für die Beschaffung des Eigenkapitals und
3. Aufwendungen für den Abschluss von Versicherungsverträgen.

(2) Selbst geschaffene immaterielle Vermögensgegenstände des Anlagevermögens können als Aktivposten in die Bilanz aufgenommen werden. Nicht aufgenommen werden dürfen selbst geschaffene Marken, Drucktitel, Verlagsrechte, Kundenlisten oder vergleichbare immaterielle Vermögensgegenstände des Anlagevermögens.

§ 249
Rückstellungen

(1) Rückstellungen sind für ungewisse Verbindlichkeiten und für drohende Verluste aus schwebenden Geschäften zu bilden. Ferner sind Rückstellungen zu bilden für
1. im Geschäftsjahr unterlassene Aufwendungen für Instandhaltung, die im folgenden Geschäftsjahr innerhalb von drei Monaten, oder für Abraumbeseitigung, die im folgenden Geschäftsjahr nachgeholt werden,
2. Gewährleistungen, die ohne rechtliche Verpflichtung erbracht werden.

(2) Für andere als die in Absatz 1 bezeichneten Zwecke dürfen Rückstellungen nicht gebildet werden. Rückstellungen dürfen nur aufgelöst werden, soweit der Grund hierfür entfallen ist.

§ 250
Rechnungsabgrenzungsposten

(1) Als Rechnungsabgrenzungsposten sind auf der Aktivseite Ausgaben vor dem Abschlußstichtag auszuweisen, soweit sie Aufwand für eine bestimmte Zeit nach diesem Tag darstellen.

(2) Auf der Passivseite sind als Rechnungsabgrenzungsposten Einnahmen vor dem Abschlußstichtag auszuweisen, soweit sie Ertrag für eine bestimmte Zeit nach diesem Tag darstellen.

(3) Ist der Erfüllungsbetrag einer Verbindlichkeit höher als der Ausgabebetrag, so darf der Unterschiedsbetrag in den Rechnungsabgrenzungsposten auf der Aktivseite aufgenommen werden. Der Unterschiedsbetrag ist durch planmäßige jährliche Abschreibungen zu tilgen, die auf die gesamte Laufzeit der Verbindlichkeit verteilt werden können.

§ 251
Haftungsverhältnisse

Unter der Bilanz sind, sofern sie nicht auf der Passivseite auszuweisen sind, Verbindlichkeiten aus der Begebung und Übertragung von Wechseln, aus Bürgschaften, Wechsel- und Scheckbürgschaften und aus Gewährleistungsverträgen sowie Haftungsverhältnisse aus der Bestellung von Sicherheiten für fremde Verbindlichkeiten zu vermerken; sie dürfen in einem Betrag angegeben werden. Haftungsverhältnisse sind auch anzugeben, wenn ihnen gleichwertige Rückgriffsforderungen gegenüberstehen.

Dritter Titel
Bewertungsvorschriften

§ 252
Allgemeine Bewertungsgrundsätze

(1) Bei der Bewertung der im Jahresabschluß ausgewiesenen Vermögensgegenstände und Schulden gilt insbesondere folgendes:
1. Die Wertansätze in der Eröffnungsbilanz des Geschäftsjahrs müssen mit denen der Schlußbilanz des vorhergehenden Geschäftsjahrs übereinstimmen.
2. Bei der Bewertung ist von der Fortführung der Unternehmenstätigkeit auszugehen, sofern dem nicht tatsächliche oder rechtliche Gegebenheiten entgegenstehen.
3. Die Vermögensgegenstände und Schulden sind zum Abschlußstichtag einzeln zu bewerten.
4. Es ist vorsichtig zu bewerten, namentlich sind alle vorhersehbaren Risiken und Verluste, die bis zum Abschlußstichtag entstanden sind, zu berücksichtigen, selbst wenn diese erst zwischen dem Abschlußstichtag und dem Tag der Aufstellung des Jahresabschlusses bekanntgeworden sind; Gewinne sind nur zu berücksichtigen, wenn sie am Abschlußstichtag realisiert sind.
5. Aufwendungen und Erträge des Geschäftsjahrs sind unabhängig von den Zeitpunkten der entsprechenden Zahlungen im Jahresabschluß zu berücksichtigen.
6. Die auf den vorhergehenden Jahresabschluss angewandten Bewertungsmethoden sind beizubehalten.

(2) Von den Grundsätzen des Absatzes 1 darf nur in begründeten Ausnahmefällen abgewichen werden.

§ 253
Zugangs- und Folgebewertung

(1) Vermögensgegenstände sind höchstens mit den Anschaffungs- oder Herstellungskosten, vermindert um die Abschreibungen nach den Absätzen 3 bis 5, anzusetzen. Verbindlichkeiten sind zu ihrem Erfüllungsbetrag und Rückstellungen in Höhe des nach vernünftiger kaufmännischer Beurteilung notwendigen Erfüllungsbetrages anzusetzen. Soweit sich die Höhe von Altersversorgungsverpflichtungen ausschließlich nach dem beizulegenden Zeitwert von Wertpapieren im Sinn des § 266 Abs. 2 A. III. 5 bestimmt, sind Rückstellungen hierfür zum beizulegenden Zeitwert dieser Wertpapiere anzusetzen, soweit er einen garantierten Mindestbetrag übersteigt. Nach § 246 Abs. 2 Satz 2 zu verrechnende Vermögensgegenstände sind mit ihrem beizulegenden Zeitwert zu bewerten. Kleinstkapitalgesellschaften (§ 267a) dürfen eine Bewertung zum beizulegenden Zeitwert nur vornehmen, wenn sie von keiner der in § 264 Absatz 1 Satz 5, § 266 Absatz 1 Satz 4, § 275 Absatz 5 und § 326 Absatz 2 vorgesehenen Erleichterungen Gebrauch machen. Macht eine Kleinstkapitalgesellschaft von mindestens einer der in Satz 5 genannten Erleichterungen Gebrauch, erfolgt die Bewertung der Vermögensgegenstände nach Satz 1, auch soweit eine Verrechnung nach § 246 Absatz 2 Satz 2 vorgesehen ist.

Anhang 6
Handelsgesetzbuch (HGB)

(2) Rückstellungen mit einer Restlaufzeit von mehr als einem Jahr sind mit dem ihrer Restlaufzeit entsprechenden durchschnittlichen Marktzinssatz der vergangenen sieben Geschäftsjahre abzuzinsen. Abweichend von Satz 1 dürfen Rückstellungen für Altersversorgungsverpflichtungen oder vergleichbare langfristig fällige Verpflichtungen pauschal mit dem durchschnittlichen Marktzinssatz abgezinst werden, der sich bei einer angenommenen Restlaufzeit von 15 Jahren ergibt. Die Sätze 1 und 2 gelten entsprechend für auf Rentenverpflichtungen beruhende Verbindlichkeiten, für die eine Gegenleistung nicht mehr zu erwarten ist. Der nach den Sätzen 1 und 2 anzuwendende Abzinsungszinssatz wird von der Deutschen Bundesbank nach Maßgabe einer Rechtsverordnung ermittelt und monatlich bekannt gegeben. In der Rechtsverordnung nach Satz 4, die nicht der Zustimmung des Bundesrates bedarf, bestimmt das Bundesministerium der Justiz und für Verbraucherschutz im Benehmen mit der Deutschen Bundesbank das Nähere zur Ermittlung der Abzinsungszinssätze, insbesondere die Ermittlungsmethodik und deren Grundlagen, sowie die Form der Bekanntgabe.

(3) Bei Vermögensgegenständen des Anlagevermögens, deren Nutzung zeitlich begrenzt ist, sind die Anschaffungs- oder die Herstellungskosten um planmäßige Abschreibungen zu vermindern. Der Plan muss die Anschaffungs- oder Herstellungskosten auf die Geschäftsjahre verteilen, in denen der Vermögensgegenstand voraussichtlich genutzt werden kann. Kann in Ausnahmefällen die voraussichtliche Nutzungsdauer eines selbst geschaffenen immateriellen Vermögensgegenstands des Anlagevermögens nicht verlässlich geschätzt werden, sind planmäßige Abschreibungen auf die Herstellungskosten über einen Zeitraum von zehn Jahren vorzunehmen. Satz 3 findet auf einen entgeltlich erworbenen Geschäfts- oder Firmenwert entsprechende Anwendung. Ohne Rücksicht darauf, ob ihre Nutzung zeitlich begrenzt ist, sind bei Vermögensgegenständen des Anlagevermögens bei voraussichtlich dauernder Wertminderung außerplanmäßige Abschreibungen vorzunehmen, um diese mit dem niedrigeren Wert anzusetzen, der ihnen am Abschlussstichtag beizulegen ist. Bei Finanzanlagen können außerplanmäßige Abschreibungen auch bei voraussichtlich nicht dauernder Wertminderung vorgenommen werden.

(4) Bei Vermögensgegenständen des Umlaufvermögens sind Abschreibungen vorzunehmen, um diese mit einem niedrigeren Wert anzusetzen, der sich aus einem Börsen- oder Marktpreis am Abschlussstichtag ergibt. Ist ein Börsen- oder Marktpreis nicht festzustellen und übersteigen die Anschaffungs- oder Herstellungskosten den Wert, der den Vermögensgegenständen am Abschlussstichtag beizulegen ist, so ist auf diesen Wert abzuschreiben.

(5) Ein niedrigerer Wertansatz nach Absatz 3 Satz 5 oder 6 und Absatz 4 darf nicht beibehalten werden, wenn die Gründe dafür nicht mehr bestehen. Ein niedrigerer Wertansatz eines entgeltlich erworbenen Geschäfts- oder Firmenwertes ist beizubehalten.

§ 254
Bildung von Bewertungseinheiten

Werden Vermögensgegenstände, Schulden, schwebende Geschäfte oder mit hoher Wahrscheinlichkeit erwartete Transaktionen zum Ausgleich gegenläufiger Wertänderungen oder Zahlungsströme aus dem Eintritt vergleichbarer Risiken mit Finanzinstrumenten zusammengefasst (Bewertungseinheit), sind § 249 Abs. 1, § 252 Abs. 1 Nr. 3 und 4, § 253 Abs. 1 Satz 1 und § 256a in dem Umfang und für den Zeitraum nicht anzuwenden, in dem die gegenläufigen Wertänderungen oder Zahlungsströme sich ausgleichen. Als Finanzinstrumente im Sinn des Satzes 1 gelten auch Termingeschäfte über den Erwerb oder die Veräußerung von Waren.

§ 255
Bewertungsmaßstäbe

(1) Anschaffungskosten sind die Aufwendungen, die geleistet werden, um einen Vermögensgegenstand zu erwerben und ihn in einen betriebsbereiten Zustand zu versetzen, soweit sie dem Vermögensgegenstand einzeln zugeordnet werden können. Zu den Anschaffungskosten gehören auch die Nebenkosten sowie die nachträglichen Anschaffungskosten. Anschaffungspreisminderungen, die dem Vermögensgegenstand einzeln zugeordnet werden können, sind abzusetzen.

(2) Herstellungskosten sind die Aufwendungen, die durch den Verbrauch von Gütern und die Inanspruchnahme von Diensten für die Herstellung eines Vermögensgegenstands, seine Erweiterung oder für eine über seinen ursprünglichen Zustand hinausgehende wesentliche Verbesserung entstehen. Dazu gehören die Materialkosten, die Fertigungskosten und die Sonderkosten der Fertigung sowie angemessene Teile der Materialgemeinkosten, der Fertigungsgemeinkosten und des Werteverzehrs des Anlagevermögens, soweit dieser durch die Fertigung veranlasst ist. Bei der Berechnung der Herstellungskosten dürfen angemessene Teile der Kosten der allgemeinen Verwaltung sowie angemessene Aufwendungen für soziale Einrichtungen des Betriebs, für freiwillige soziale Leistungen und für die betriebliche Altersversorgung einbezogen werden, soweit diese auf den Zeitraum der Herstellung entfallen. Forschungs- und Vertriebskosten dürfen nicht einbezogen werden.

(2a) Herstellungskosten eines selbst geschaffenen immateriellen Vermögensgegenstands des Anlagevermögens sind die bei dessen Entwicklung anfallenden Aufwendungen nach Absatz 2. Entwicklung ist die Anwendung von Forschungsergebnissen oder von anderem Wissen für die Neuentwicklung von Gütern oder Verfahren oder die Weiterentwicklung von Gütern oder Verfahren mittels wesentlicher Änderungen. Forschung ist die eigenständige und planmäßige Suche nach neuen wissenschaftlichen oder technischen Erkenntnissen oder Erfahrungen allgemeiner Art, über deren technische Verwertbarkeit und wirtschaftliche Erfolgsaussichten grundsätzlich keine Aussagen gemacht werden können. Können Forschung und Entwicklung nicht verlässlich voneinander unterschieden werden, ist eine Aktivierung ausgeschlossen.

(3) Zinsen für Fremdkapital gehören nicht zu den Herstellungskosten. Zinsen für Fremdkapital, das zur Finanzierung der Herstellung eines Vermögensgegenstands verwendet wird, dürfen angesetzt werden, soweit sie auf den Zeitraum der Herstellung entfallen; in diesem Falle gelten sie als Herstellungskosten des Vermögensgegenstands.

(4) Der beizulegende Zeitwert entspricht dem Marktpreis. Soweit kein aktiver Markt besteht, anhand dessen sich der Marktpreis ermitteln lässt, ist der beizulegende Zeitwert mit Hilfe allgemein anerkannter Bewertungsmethoden zu bestimmen. Lässt sich der beizulegende Zeitwert weder nach Satz 1 noch nach Satz 2 ermitteln, sind die Anschaffungs- oder Herstellungskosten gemäß § 253 Abs. 4 fortzuführen. Der zuletzt nach Satz 1 oder 2 ermittelte beizulegende Zeitwert gilt als Anschaffungs- oder Herstellungskosten im Sinn des Satzes 3.

§ 256
Bewertungsvereinfachungsverfahren

Soweit es den Grundsätzen ordnungsmäßiger Buchführung entspricht, kann für den Wertansatz gleichartiger Vermögensgegenstände des Vorratsvermögens unterstellt werden, daß die zuerst oder daß die zuletzt angeschafften oder hergestellten Vermögensgegenstände zuerst verbraucht oder veräußert worden sind. § 240 Abs. 3 und 4 ist auch auf den Jahresabschluß anwendbar.

§ 256a
Währungsumrechnung

Auf fremde Währung lautende Vermögensgegenstände und Verbindlichkeiten sind zum Devisenkassamittelkurs am Abschlussstichtag umzurechnen. Bei einer Restlaufzeit von einem Jahr oder weniger sind § 253 Abs. 1 Satz 1 und § 252 Abs. 1 Nr. 4 Halbsatz 2 nicht anzuwenden.

Dritter Unterabschnitt
Aufbewahrung und Vorlage

§ 257
Aufbewahrung von Unterlagen
Aufbewahrungsfristen

(1) Jeder Kaufmann ist verpflichtet, die folgenden Unterlagen geordnet aufzubewahren:

Anhang 6
Handelsgesetzbuch (HGB)

1. Handelsbücher, Inventare, Eröffnungsbilanzen, Jahresabschlüsse, Einzelabschlüsse nach § 325 Abs. 2a, Lageberichte, Konzernabschlüsse, Konzernlageberichte sowie die zu ihrem Verständnis erforderlichen Arbeitsanweisungen und sonstigen Organisationsunterlagen,
2. die empfangenen Handelsbriefe,
3. Wiedergaben der abgesandten Handelsbriefe,
4. Belege für Buchungen in den von ihm nach § 238 Abs. 1 zu führenden Büchern (Buchungsbelege).

(2) Handelsbriefe sind nur Schriftstücke, die ein Handelsgeschäft betreffen.

(3) Mit Ausnahme der Eröffnungsbilanzen und Abschlüsse können die in Absatz 1 aufgeführten Unterlagen auch als Wiedergabe auf einem Bildträger oder auf anderen Datenträgern aufbewahrt werden, wenn dies den Grundsätzen ordnungsmäßiger Buchführung entspricht und sichergestellt ist, daß die Wiedergabe oder die Daten

1. mit den empfangenen Handelsbriefen und den Buchungsbelegen bildlich und mit den anderen Unterlagen inhaltlich übereinstimmen, wenn sie lesbar gemacht werden,
2. während der Dauer der Aufbewahrungsfrist verfügbar sind und jederzeit innerhalb angemessener Frist lesbar gemacht werden können.

Sind Unterlagen auf Grund des § 239 Abs. 4 Satz 1 auf Datenträgern hergestellt worden, können statt des Datenträgers die Daten auch ausgedruckt aufbewahrt werden; die ausgedruckten Unterlagen können auch nach Satz 1 aufbewahrt werden.

(4) Die in Absatz 1 Nr. 1 und 4 aufgeführten Unterlagen sind zehn Jahre, die sonstigen in Absatz 1 aufgeführten Unterlagen sechs Jahre aufzubewahren.

(5) Die Aufbewahrungsfrist beginnt mit dem Schluß des Kalenderjahrs, in dem die letzte Eintragung in das Handelsbuch gemacht, das Inventar aufgestellt, die Eröffnungsbilanz oder der Jahresabschluß festgestellt, der Einzelabschluss nach § 325 Abs. 2a oder der Konzernabschluß aufgestellt, der Handelsbrief empfangen oder abgesandt worden oder der Buchungsbeleg entstanden ist.

§ 258
Vorlegung im Rechtsstreit

(1) Im Laufe eines Rechtsstreits kann das Gericht auf Antrag oder von Amts wegen die Vorlegung der Handelsbücher einer Partei anordnen.

(2) Die Vorschriften der Zivilprozeßordnung über die Verpflichtung des Prozeßgegners zur Vorlegung von Urkunden bleiben unberührt.

§ 259
Auszug bei Vorlegung im Rechtsstreit

Werden in einem Rechtsstreit Handelsbücher vorgelegt, so ist von ihrem Inhalt, soweit er den Streitpunkt betrifft unter Zuziehung der Parteien Einsicht zu nehmen und geeignetenfalls ein Auszug zu fertigen. Der übrige Inhalt der Bücher ist dem Gericht insoweit offenzulegen, als es zur Prüfung ihrer ordnungsmäßigen Führung notwendig ist.

§ 260
Vorlegung bei Auseinandersetzungen

Bei Vermögensauseinandersetzungen, insbesondere in Erbschafts-, Gütergemeinschafts- und Gesellschaftsteilungssachen, kann das Gericht die Vorlegung der Handelsbücher zur Kenntnisnahme von ihrem ganzen Inhalt anordnen.

§ 261
Vorlegung von Unterlagen auf Bild- oder Datenträgern

Wer aufzubewahrende Unterlagen nur in der Form einer Wiedergabe auf einem Bildträger oder auf anderen Datenträgern vorlegen kann, ist verpflichtet, auf seine Kosten diejenigen Hilfsmittel zur Verfügung zu stellen, die erforderlich sind, um die Unterlagen lesbar zu machen; soweit erforderlich, hat er die Unterlagen auf seine Kosten auszudrucken oder ohne Hilfsmittel lesbare Reproduktionen beizubringen.

Vierter Unterabschnitt
Landesrecht

§ 262
(weggefallen)

§ 263
Vorbehalt landesrechtlicher Vorschriften

Unberührt bleiben bei Unternehmen ohne eigene Rechtspersönlichkeit einer Gemeinde, eines Gemeindeverbands oder eines Zweckverbands landesrechtliche Vorschriften, die von den Vorschriften dieses Abschnitts abweichen.

Zweiter Abschnitt
Ergänzende Vorschriften für Kapitalgesellschaften
(Aktiengesellschaften, Kommanditgesellschaften auf Aktien und Gesellschaften mit beschränkter Haftung)
sowie bestimmte Personenhandelsgesellschaften

Erster Unterabschnitt
Jahresabschluß der Kapitalgesellschaft und Lagebericht

Erster Titel
Allgemeine Vorschriften

§ 264
Pflicht zur Aufstellung; Befreiung

(1) Die gesetzlichen Vertreter einer Kapitalgesellschaft haben den Jahresabschluß (§ 242) um einen Anhang zu erweitern, der mit der Bilanz und der Gewinn- und Verlustrechnung eine Einheit bildet, sowie einen Lagebericht aufzustellen. Die gesetzlichen Vertreter einer kapitalmarktorientierten Kapitalgesellschaft, die nicht zur Aufstellung eines Konzernabschlusses verpflichtet ist, haben den Jahresabschluss um eine Kapitalflussrechnung und einen Eigenkapitalspiegel zu erweitern, die mit der Bilanz, Gewinn- und Verlustrechnung und dem Anhang eine Einheit bilden; sie können den Jahresabschluss um eine Segmentberichterstattung erweitern. Der Jahresabschluß und der Lagebericht sind von den gesetzlichen Vertretern in den ersten drei Monaten des Geschäftsjahrs für das vergangene Geschäftsjahr aufzustellen. Kleine Kapitalgesellschaften (§ 267 Abs. 1) brauchen den Lagebericht nicht aufzustellen; sie dürfen den Jahresabschluß auch später aufstellen, wenn dies einem ordnungsgemäßen Geschäftsgang entspricht, jedoch innerhalb der ersten sechs Monate des Geschäftsjahres. Kleinstkapitalgesellschaften (§ 267a) brauchen den Jahresabschluss nicht um einen Anhang zu erweitern, wenn sie

1. die in § 268 Absatz 7 genannten Angaben,
2. die in § 285 Nummer 9 Buchstabe c genannten Angaben und
3. im Falle einer Aktiengesellschaft die in § 160 Absatz 3 Satz 2 des Aktiengesetzes genannten Angaben

Anhang 6
Handelsgesetzbuch (HGB)

unter der Bilanz angeben.

(1a) In dem Jahresabschluss sind die Firma, der Sitz, das Registergericht und die Nummer, unter der die Gesellschaft in das Handelsregister eingetragen ist, anzugeben. Befindet sich die Gesellschaft in Liquidation oder Abwicklung, ist auch diese Tatsache anzugeben.

(2) Der Jahresabschluß der Kapitalgesellschaft hat unter Beachtung der Grundsätze ordnungsmäßiger Buchführung ein den tatsächlichen Verhältnissen entsprechendes Bild der Vermögens-, Finanz- und Ertragslage der Kapitalgesellschaft zu vermitteln. Führen besondere Umstände dazu, daß der Jahresabschluß ein den tatsächlichen Verhältnissen entsprechendes Bild im Sinne des Satzes 1 nicht vermittelt, so sind im Anhang zusätzliche Angaben zu machen. Die gesetzlichen Vertreter einer Kapitalgesellschaft, die Inlandsemittent im Sinne des § 2 Absatz 7 des Wertpapierhandelsgesetzes und keine Kapitalgesellschaft im Sinne des § 327a ist, haben bei der Unterzeichnung schriftlich zu versichern, dass nach bestem Wissen der Jahresabschluss ein den tatsächlichen Verhältnissen entsprechendes Bild im Sinne des Satzes 1 vermittelt oder der Anhang Angaben nach Satz 2 enthält. Macht eine Kleinstkapitalgesellschaft von der Erleichterung nach Absatz 1 Satz 5 Gebrauch, sind nach Satz 2 erforderliche zusätzliche Angaben unter der Bilanz zu machen. Es wird vermutet, dass ein unter Berücksichtigung der Erleichterungen für Kleinstkapitalgesellschaften aufgestellter Jahresabschluss den Erfordernissen des Satzes 1 entspricht.

(3) Eine Kapitalgesellschaft, die als Tochterunternehmen in den Konzernabschluss eines Mutterunternehmens mit Sitz in einem Mitgliedstaat der Europäischen Union oder einem anderen Vertragsstaat des Abkommens über den Europäischen Wirtschaftsraum einbezogen ist, braucht die Vorschriften dieses Unterabschnitts und des Dritten und Vierten Unterabschnitts dieses Abschnitts nicht anzuwenden, wenn alle folgenden Voraussetzungen erfüllt sind:

1. alle Gesellschafter des Tochterunternehmens haben der Befreiung für das jeweilige Geschäftsjahr zugestimmt;
2. das Mutterunternehmen hat sich bereit erklärt, für die von dem Tochterunternehmen bis zum Abschlussstichtag eingegangenen Verpflichtungen im folgenden Geschäftsjahr einzustehen;
3. der Konzernabschluss und der Konzernlagebericht des Mutterunternehmens sind nach den Rechtsvorschriften des Staates, in dem das Mutterunternehmen seinen Sitz hat, und im Einklang mit folgenden Richtlinien aufgestellt und geprüft worden:
   a) Richtlinie 2013/34/EU des Europäischen Parlaments und des Rates vom 26. Juni 2013 über den Jahresabschluss, den konsolidierten Abschluss und damit verbundene Berichte von Unternehmen bestimmter Rechtsformen und zur Änderung der Richtlinie 2006/43/EG des Europäischen Parlaments und des Rates und zur Aufhebung der Richtlinien 78/660/EWG und 83/349/EWG des Rates (ABl. L 182 vom 29.6.2013, S. 19),
   b) Richtlinie 2006/43/EG des Europäischen Parlaments und des Rates vom 17. Mai 2006 über Abschlussprüfungen von Jahresabschlüssen und konsolidierten Abschlüssen, zur Änderung der Richtlinien 78/660/EWG und 83/349/EWG des Rates und zur Aufhebung der Richtlinie 84/253/ EWG des Rates (ABl. L 157 vom 9.6.2006, S. 87), die durch die Richtlinie 2013/34/EU (ABl. L 182 vom 29.6.2013, S. 19) geändert worden ist;
4. die Befreiung des Tochterunternehmens ist im Anhang des Konzernabschlusses des Mutterunternehmens angegeben und
5. für das Tochterunternehmen sind nach § 325 Absatz 1 bis 1b offengelegt worden:
   a) der Beschluss nach Nummer 1,
   b) die Erklärung nach Nummer 2,
   c) der Konzernabschluss,
   d) der Konzernlagebericht und
   e) der Bestätigungsvermerk zum Konzernabschluss und Konzernlagebericht des Mutterunternehmens nach Nummer 3.

Anhang 6
Handelsgesetzbuch (HGB)

Hat bereits das Mutterunternehmen einzelne oder alle der in Satz 1 Nummer 5 bezeichneten Unterlagen offengelegt, braucht das Tochterunternehmen die betreffenden Unterlagen nicht erneut offenzulegen, wenn sie im Bundesanzeiger unter dem Tochterunternehmen auffindbar sind; § 326 Absatz 2 ist auf diese Offenlegung nicht anzuwenden. Satz 2 gilt nur dann, wenn das Mutterunternehmen die betreffende Unterlage in deutscher oder in englischer Sprache offengelegt hat oder das Tochterunternehmen zusätzlich eine beglaubigte Übersetzung dieser Unterlage in deutscher Sprache nach § 325 Absatz 1 bis 1b offenlegt.

(4) Absatz 3 ist nicht anzuwenden, wenn eine Kapitalgesellschaft das Tochterunternehmen eines Mutterunternehmens ist, das einen Konzernabschluss nach den Vorschriften des Publizitätsgesetzes aufgestellt hat, und wenn in diesem Konzernabschluss von dem Wahlrecht des § 13 Absatz 3 Satz 1 des Publizitätsgesetzes Gebrauch gemacht worden ist; § 314 Absatz 3 bleibt unberührt.

§ 264a
Anwendung auf bestimmte offene Handelsgesellschaften und Kommanditgesellschaften

(1) Die Vorschriften des Ersten bis Fünften Unterabschnitts des Zweiten Abschnitts sind auch anzuwenden auf offene Handelsgesellschaften und Kommanditgesellschaften, bei denen nicht wenigstens ein persönlich haftender Gesellschafter

1. eine natürliche Person oder
2. eine offene Handelsgesellschaft, Kommanditgesellschaft oder andere Personengesellschaft mit einer natürlichen Person als persönlich haftendem Gesellschafter

ist oder sich die Verbindung von Gesellschaften in dieser Art fortsetzt.

(2) In den Vorschriften dieses Abschnitts gelten als gesetzliche Vertreter einer offenen Handelsgesellschaft und Kommanditgesellschaft nach Absatz 1 die Mitglieder des vertretungsberechtigten Organs der vertretungsberechtigten Gesellschaften.

§ 264b
Befreiung der offenen Handelsgesellschaften und Kommanditgesellschaften im Sinne des § 264a von der Anwendung der Vorschriften dieses Abschnitts

Eine Personenhandelsgesellschaft im Sinne des § 264a Absatz 1 ist von der Verpflichtung befreit, einen Jahresabschluss und einen Lagebericht nach den Vorschriften dieses Abschnitts aufzustellen, prüfen zu lassen und offenzulegen, wenn alle folgenden Voraussetzungen erfüllt sind:

1. die betreffende Gesellschaft ist einbezogen in den Konzernabschluss und in den Konzernlagebericht
    a) eines persönlich haftenden Gesellschafters der betreffenden Gesellschaft oder
    b) eines Mutterunternehmens mit Sitz in einem Mitgliedstaat der Europäischen Union oder einem anderen Vertragsstaat des Abkommens über den Europäischen Wirtschaftsraum, wenn in diesen Konzernabschluss eine größere Gesamtheit von Unternehmen einbezogen ist;
2. die in § 264 Absatz 3 Satz 1 Nummer 3 genannte Voraussetzung ist erfüllt;
3. die Befreiung der Personenhandelsgesellschaft ist im Anhang des Konzernabschlusses angegeben und
4. für die Personenhandelsgesellschaft sind der Konzernabschluss, der Konzernlagebericht und der Bestätigungsvermerk nach § 325 Absatz 1 bis 1b offengelegt worden; § 264 Absatz 3 Satz 2 und 3 ist entsprechend anzuwenden.

§ 264c
Besondere Bestimmungen für offene Handelsgesellschaften und Kommanditgesellschaften im Sinne des § 264a

(1) Ausleihungen, Forderungen und Verbindlichkeiten gegenüber Gesellschaftern sind in der Regel als solche jeweils gesondert auszuweisen oder im Anhang anzugeben. Werden sie unter anderen Posten ausgewiesen, so muss diese Eigenschaft vermerkt werden.

(2) § 266 Abs. 3 Buchstabe A ist mit der Maßgabe anzuwenden, dass als Eigenkapital die folgenden Posten gesondert auszuweisen sind:

I. Kapitalanteile
II. Rücklagen
III. Gewinnvortrag/Verlustvortrag
IV. Jahresüberschuss/Jahresfehlbetrag.

Anstelle des Postens „Gezeichnetes Kapital" sind die Kapitalanteile der persönlich haftenden Gesellschafter auszuweisen; die dürfen auch zusammengefasst ausgewiesen werden. Der auf den Kapitalanteil eines persönlich haftenden Gesellschafters für das Geschäftsjahr entfallende Verlust ist von dem Kapitalanteil abzuschreiben. Soweit der Verlust den Kapitalanteil übersteigt, ist er auf der Aktivseite unter der Bezeichnung, „Einzahlungsverpflichtungen persönlich haftender Gesellschafter" unter den Forderungen gesondert auszuweisen, soweit eine Zahlungsverpflichtung besteht. Besteht keine Zahlungsverpflichtung, so ist der Betrag als „Nicht durch Vermögenseinlagen gedeckter Verlustanteil persönlich haftender Gesellschafter" zu bezeichnen und gemäß § 268 Abs. 3 auszuweisen. Die Sätze 2 bis 5 sind auf die Einlagen von Kommanditisten entsprechend anzuwenden, wobei diese insgesamt gesondert gegenüber den Kapitalanteilen der persönlich haftenden Gesellschafter auszuweisen sind. Eine Forderung darf jedoch nur ausgewiesen werden, soweit eine Einzahlungsverpflichtung besteht; dasselbe gilt, wenn ein Kommanditist Gewinnanteile entnimmt, während sein Kapitalanteil durch Verlust unter den Betrag der geleisteten Einlage herabgemindert ist, oder soweit durch die Entnahme der Kapitalanteil unter den bezeichneten Betrag herabgemindert wird. Als Rücklagen sind nur solche Beträge auszuweisen, die auf Grund einer gesellschaftsrechtlichen Vereinbarung gebildet worden sind. Im Anhang ist der Betrag der im Handelsregister gemäß § 172 Abs. 1 eingetragenen Einlagen anzugeben, soweit diese nicht geleistet ist.

(3) Das sonstige Vermögen der Gesellschafter (Privatvermögen) darf nicht in die Bilanz und die auf das Privatvermögen entfallenden Aufwendungen und Erträge dürfen nicht in die Gewinn- und Verlustrechnung aufgenommen werden. In der Gewinn- und Verlustrechnung darf jedoch nach dem Posten „Jahresüberschuss/ Jahresfehlbetrag" ein dem Steuersatz der Komplementärgesellschaft entsprechender Steueraufwand der Gesellschafter offen abgesetzt oder hinzugerechnet werden.

(4) Anteile an Komplementärgesellschaften sind in der Bilanz auf der Aktivseite unter den Posten A.III.1 oder A.III.3 auszuweisen. § 272 Abs. 4 ist mit der Maßgabe anzuwenden, dass für diese Anteile in Höhe des aktivierten Betrags nach dem Posten „Eigenkapital" ein Sonderposten unter der Bezeichnung „Ausgleichsposten für aktivierte eigene Anteile" zu bilden ist.

(5) Macht die Gesellschaft von einem Wahlrecht nach § 266 Absatz 1 Satz 3 oder Satz 4 Gebrauch, richtet sich die Gliederung der verkürzten Bilanz nach der Ausübung dieses Wahlrechts. Die Ermittlung der Bilanzposten nach den vorstehenden Absätzen bleibt unberührt.

§ 264d
Kapitalmarktorientierte Kapitalgesellschaft

Eine Kapitalgesellschaft ist kapitalmarktorientiert, wenn sie einen organisierten Markt im Sinn des § 2 Abs. 5 des Wertpapierhandelsgesetzes durch von ihr ausgegebene Wertpapiere im Sinn des § 2 Absatz 1 des Wertpapierhandelsgesetzes in Anspruch nimmt oder die Zulassung solcher Wertpapiere zum Handel an einem organisierten Markt beantragt hat.

§ 265
Allgemeine Grundsätze für die Gliederung

(1) Die Form der Darstellung, insbesondere die Gliederung der aufeinanderfolgenden Bilanzen und Gewinn- und Verlustrechnungen, ist beizubehalten, soweit nicht in Ausnahmefällen wegen besonderer Umstände Abweichungen erforderlich sind. Die Abweichungen sind im Anhang anzugeben und zu begründen.

(2) In der Bilanz sowie in der Gewinn- und Verlustrechnung ist zu jedem Posten der entsprechende Betrag des vorhergehenden Geschäftsjahrs anzugeben. Sind die Beträge nicht vergleichbar, so ist dies im Anhang anzugeben und zu erläutern. Wird der Vorjahresbetrag angepaßt, so ist auch dies im Anhang anzugeben und zu erläutern.

(3) Fällt ein Vermögensgegenstand oder eine Schuld unter mehrere Posten der Bilanz, so ist die Mitzugehörigkeit zu anderen Posten bei dem Posten, unter dem der Ausweis erfolgt ist, zu vermerken oder im Anhang anzugeben, wenn dies zur Aufstellung eines klaren und übersichtlichen Jahresabschlusses erforderlich ist.

(4) Sind mehrere Geschäftszweige vorhanden und bedingt dies die Gliederung des Jahresabschlusses nach verschiedenen Gliederungsvorschriften, so ist der Jahresabschluß nach der für einen Geschäftszweig vorgeschriebenen Gliederung aufzustellen und nach der für die anderen Geschäftszweige vorgeschriebenen Gliederung zu ergänzen. Die Ergänzung ist im Anhang anzugeben und zu begründen.

(5) Eine weitere Untergliederung der Posten ist zulässig; dabei ist jedoch die vorgeschriebene Gliederung zu beachten. Neue Posten und Zwischensummen dürfen hinzugefügt werden, wenn ihr Inhalt nicht von einem vorgeschriebenen Posten gedeckt wird.

(6) Gliederung und Bezeichnung der mit arabischen Zahlen versehenen Posten der Bilanz und der Gewinn- und Verlustrechnung sind zu ändern, wenn dies wegen Besonderheiten der Kapitalgesellschaft zur Aufstellung eines klaren und übersichtlichen Jahresabschlusses erforderlich ist.

(7) Die mit arabischen Zahlen versehenen Posten der Bilanz und der Gewinn- und Verlustrechnung können, wenn nicht besondere Formblätter vorgeschrieben sind, zusammengefaßt ausgewiesen werden, wenn

1. sie einen Betrag enthalten, der für die Vermittlung eines den tatsächlichen Verhältnissen entsprechenden Bildes im Sinne des § 264 Abs. 2 nicht erheblich ist, oder
2. dadurch die Klarheit der Darstellung vergrößert wird; in diesem Falle müssen die zusammengefaßten Posten jedoch im Anhang gesondert ausgewiesen werden.

(8) Ein Posten der Bilanz oder der Gewinn- und Verlustrechnung, der keinen Betrag ausweist, braucht nicht aufgeführt zu werden, es sei denn, daß im vorhergehenden Geschäftsjahr unter diesem Posten ein Betrag ausgewiesen wurde.

Zweiter Titel
Bilanz

§ 266
Gliederung der Bilanz

(1) Die Bilanz ist in Kontoform aufzustellen. Dabei haben mittelgroße und große Kapitalgesellschaften (§ 267 Absatz 2 und 3) auf der Aktivseite die in Absatz 2 und auf der Passivseite die in Absatz 3 bezeichneten Posten gesondert und in der vorgeschriebenen Reihenfolge auszuweisen. Kleine Kapitalgesellschaften (§ 267 Abs. 1) brauchen nur eine verkürzte Bilanz aufzustellen, in die nur die in den Absätzen 2 und 3 mit Buchstaben und römischen Zahlen bezeichneten Posten gesondert und in der vorgeschriebenen Reihenfolge aufgenommen werden. Kleinstkapitalgesellschaften

Anhang 6
Handelsgesetzbuch (HGB)

(§ 267a) brauchen nur eine verkürzte Bilanz aufzustellen, in die nur die in den Absätzen 2 und 3 mit Buchstaben bezeichneten Posten gesondert und in der vorgeschriebenen Reihenfolge aufgenommen werden.

(2) Aktivseite

A. Anlagevermögen:
  I. Immaterielle Vermögensgegenstände:
     1. Selbst geschaffene gewerbliche Schutzrechte und ähnliche Rechte und Werte;
     2. entgeltlich erworbene Konzessionen, gewerbliche Schutzrechte und ähnliche Rechte und Werte sowie Lizenzen an solchen Rechten und Werten;
     3. Geschäfts- oder Firmenwert;
     4. geleistete Anzahlungen;
  II. Sachanlagen:
     1. Grundstücke, grundstücksgleiche Rechte und Bauten einschließlich der Bauten auf fremden Grundstücken;
     2. technische Anlagen und Maschinen;
     3. andere Anlagen, Betriebs- und Geschäftsausstattung;
     4. geleistete Anzahlungen und Anlagen im Bau;
  III. Finanzanlagen:
     1. Anteile an verbundenen Unternehmen;
     2. Ausleihungen an verbundene Unternehmen;
     3. Beteiligungen;
     4. Ausleihungen an Unternehmen, mit denen ein Beteiligungsverhältnis besteht;
     5. Wertpapiere des Anlagevermögens;
     6. sonstige Ausleihungen.

B. Umlaufvermögen:
  I. Vorräte:
     1. Roh-, Hilfs- und Betriebsstoffe;
     2. unfertige Erzeugnisse, unfertige Leistungen;
     3. fertige Erzeugnisse und Waren;
     4. geleistete Anzahlungen;
  II. Forderungen und sonstige Vermögensgegenstände:
     1. Forderungen aus Lieferungen und Leistungen;
     2. Forderungen gegen verbundene Unternehmen;
     3. Forderungen gegen Unternehmen, mit denen ein Beteiligungsverhältnis besteht;
     4. sonstige Vermögensgegenstände;
  III. Wertpapiere:
     1. Anteile an verbundenen Unternehmen;
     2. eigene Anteile;
     3. sonstige Wertpapiere;
  IV. Kassenbestand, Bundesbankguthaben, Guthaben bei Kreditinstituten und Schecks.

C. Rechnungsabgrenzungsposten.

D. Aktive latente Steuern.

E. Aktiver Unterschiedsbetrag aus der Vermögensverrechnung.

(3) Passivseite
A. Eigenkapital:
  I. Gezeichnetes Kapital;
  II. Kapitalrücklage;
  III. Gewinnrücklagen:
     1. gesetzliche Rücklage;
     2. Rücklage für Anteile an einem herrschenden oder mehrheitlich beteiligten Unternehmen;
     3. satzungsmäßige Rücklagen;
     4. andere Gewinnrücklagen;
  IV. Gewinnvortrag/Verlustvortrag;
  V. Jahresüberschuß/Jahresfehlbetrag.
B. Rückstellungen:
  1. Rückstellungen für Pensionen und ähnliche Verpflichtungen;
  2. Steuerrückstellungen;
  3. sonstige Rückstellungen.
C. Verbindlichkeiten:
  1. Anleihen,
     davon konvertibel;
  2. Verbindlichkeiten gegenüber Kreditinstituten;
  3. erhaltene Anzahlungen auf Bestellungen;
  4. Verbindlichkeiten aus Lieferungen und Leistungen;
  5. Verbindlichkeiten aus der Annahme gezogener Wechsel und der Ausstellung eigener Wechsel;
  6. Verbindlichkeiten gegenüber verbundenen Unternehmen;
  7. Verbindlichkeiten gegenüber Unternehmen, mit denen ein Beteiligungsverhältnis besteht;
  8. sonstige Verbindlichkeiten,
     davon aus Steuern,
     davon im Rahmen der sozialen Sicherheit.
D. Rechnungsabgrenzungsposten.
E. Passive latente Steuern.

§ 267
Umschreibung der Größenklassen

(1) Kleine Kapitalgesellschaften sind solche, die mindestens zwei der drei nachstehenden Merkmale nicht überschreiten:
1. 6 000 000 Euro Bilanzsumme.
2. 12 000 000 Euro Umsatzerlöse in den zwölf Monaten vor dem Abschlußstichtag.
3. Im Jahresdurchschnitt fünfzig Arbeitnehmer.

(2) Mittelgroße Kapitalgesellschaften sind solche, die mindestens zwei der drei in Absatz 1 bezeichneten Merkmale überschreiten und jeweils mindestens zwei der drei nachstehenden Merkmale nicht überschreiten:
1. 20 000 000 Euro Bilanzsumme.
2. 40 000 000 Euro Umsatzerlöse in den zwölf Monaten vor dem Abschlußstichtag.

3. Im Jahresdurchschnitt zweihundertfünfzig Arbeitnehmer.

(3) Große Kapitalgesellschaften sind solche, die mindestens zwei der drei in Absatz 2 bezeichneten Merkmale überschreiten. Eine Kapitalgesellschaft im Sinn des § 264d gilt stets als große.

(4) Die Rechtsfolgen der Merkmale nach den Absätzen 1 bis 3 Satz 1 treten nur ein, wenn sie an den Abschlußstichtagen von zwei aufeinanderfolgenden Geschäftsjahren über- oder unterschritten werden. Im Falle der Umwandlung oder Neugründung treten die Rechtsfolgen schon ein, wenn die Voraussetzungen des Absatzes 1, 2 oder 3 am ersten Abschlußstichtag nach der Umwandlung oder Neugründung vorliegen. Satz 2 findet im Falle des Formwechsels keine Anwendung, sofern der formwechselnde Rechtsträger eine Kapitalgesellschaft oder eine Personenhandelsgesellschaft im Sinne des § 264a Absatz 1 ist.

(4a) Die Bilanzsumme setzt sich aus den Posten zusammen, die in den Buchstaben A bis E des § 266 Absatz 2 aufgeführt sind. Ein auf der Aktivseite ausgewiesener Fehlbetrag (§ 268 Absatz 3) wird nicht in die Bilanzsumme einbezogen.

(5) Als durchschnittliche Zahl der Arbeitnehmer gilt der vierte Teil der Summe aus den Zahlen der jeweils am 31. März, 30. Juni, 30. September und 31. Dezember beschäftigten Arbeitnehmer einschließlich der im Ausland beschäftigten Arbeitnehmer, jedoch ohne die zu ihrer Berufsausbildung Beschäftigten.

(6) Informations- und Auskunftsrechte der Arbeitnehmervertretungen nach anderen Gesetzen bleiben unberührt.

§ 267a
Kleinstkapitalgesellschaften

(1) Kleinstkapitalgesellschaften sind kleine Kapitalgesellschaften, die mindestens zwei der drei nachstehenden Merkmale nicht überschreiten:
1. 350 000 Euro Bilanzsumme;
2. 700 000 Euro Umsatzerlöse in den zwölf Monaten vor dem Abschlussstichtag;
3. im Jahresdurchschnitt zehn Arbeitnehmer.

§ 267 Absatz 4 bis 6 gilt entsprechend.

(2) Die in diesem Gesetz für kleine Kapitalgesellschaften (§ 267 Absatz 1) vorgesehenen besonderen Regelungen gelten für Kleinstkapitalgesellschaften entsprechend, soweit nichts anderes geregelt ist.

(3) Keine Kleinstkapitalgesellschaften sind:
1. Investmentgesellschaften im Sinne des § 1 Absatz 11 des Kapitalanlagegesetzbuchs,
2. Unternehmensbeteiligungsgesellschaften im Sinne des § 1a Absatz 1 des Gesetzes über Unternehmensbeteiligungsgesellschaften oder
3. Unternehmen, deren einziger Zweck darin besteht, Beteiligungen an anderen Unternehmen zu erwerben sowie die Verwaltung und Verwertung dieser Beteiligungen wahrzunehmen, ohne dass sie unmittelbar oder mittelbar in die Verwaltung dieser Unternehmen eingreifen, wobei die Ausübung der ihnen als Aktionär oder Gesellschafter zustehenden Rechte außer Betracht bleibt.

§ 268
Vorschriften zu einzelnen Posten der Bilanz
Bilanzvermerke

(1) Die Bilanz darf auch unter Berücksichtigung der vollständigen oder teilweisen Verwendung des Jahresergebnisses aufgestellt werden. Wird die Bilanz unter Berücksichtigung der teilweisen Verwendung des Jahresergebnisses aufgestellt, so tritt an die Stelle der Posten „Jahresüberschuß/Jahresfehlbetrag" und „Gewinnvortrag/Verlustvortrag" der Posten „Bilanzgewinn/Bilanzverlust"; ein vorhandener Gewinn- oder Verlustvortrag ist in den Posten „Bilanzge-

winn/Bilanzverlust" einzubeziehen und in der Bilanz gesondert anzugeben. Die Angabe kann auch im Anhang gemacht werden.

(2) (weggefallen)

(3) Ist das Eigenkapital durch Verluste aufgebraucht und ergibt sich ein Überschuß der Passivposten über die Aktivposten, so ist dieser Betrag am Schluß der Bilanz auf der Aktivseite gesondert unter der Bezeichnung „Nicht durch Eigenkapital gedeckter Fehlbetrag" auszuweisen.

(4) Der Betrag der Forderungen mit einer Restlaufzeit von mehr als einem Jahr ist bei jedem gesondert ausgewiesenen Posten zu vermerken. Werden unter dem Posten „sonstige Vermögensgegenstände" Beträge für Vermögensgegenstände ausgewiesen, die erst nach dem Abschlußstichtag rechtlich entstehen, so müssen Beträge, die einen größeren Umfang haben, im Anhang erläutert werden.

(5) Der Betrag der Verbindlichkeiten mit einer Restlaufzeit bis zu einem Jahr und der Betrag der Verbindlichkeiten mit einer Restlaufzeit von mehr als einem Jahr sind bei jedem gesondert ausgewiesenen Posten zu vermerken. Erhaltene Anzahlungen auf Bestellungen sind, soweit Anzahlungen auf Vorräte nicht von dem Posten „Vorräte" offen abgesetzt werden, unter den Verbindlichkeiten gesondert auszuweisen. Sind unter dem Posten „Verbindlichkeiten" Beträge für Verbindlichkeiten ausgewiesen, die erst nach dem Abschlußstichtag rechtlich entstehen, so müssen Beträge, die einen größeren Umfang haben, im Anhang erläutert werden.

(6) Ein nach § 250 Abs. 3 in den Rechnungsabgrenzungsposten auf der Aktivseite aufgenommener Unterschiedsbetrag ist in der Bilanz gesondert auszuweisen oder im Anhang anzugeben.

(7) Für die in § 251 bezeichneten Haftungsverhältnisse sind

1. die Angaben zu nicht auf der Passivseite auszuweisenden Verbindlichkeiten und Haftungsverhältnissen im Anhang zu machen,
2. dabei die Haftungsverhältnisse jeweils gesondert unter Angabe der gewährten Pfandrechte und sonstigen Sicherheiten anzugeben und
3. dabei Verpflichtungen betreffend die Altersversorgung und Verpflichtungen gegenüber verbundenen oder assoziierten Unternehmen jeweils gesondert zu vermerken.

(8) Werden selbst geschaffene immaterielle Vermögensgegenstände des Anlagevermögens in der Bilanz ausgewiesen, so dürfen Gewinne nur ausgeschüttet werden, wenn die nach der Ausschüttung verbleibenden frei verfügbaren Rücklagen zuzüglich eines Gewinnvortrags und abzüglich eines Verlustvortrags mindestens den insgesamt angesetzten Beträgen abzüglich der hierfür gebildeten passiven latenten Steuern entsprechen. Werden aktive latente Steuern in der Bilanz ausgewiesen, ist Satz 1 auf den Betrag anzuwenden, um den die aktiven latenten Steuern die passiven latenten Steuern übersteigen. Bei Vermögensgegenständen im Sinn des § 246 Abs. 2 Satz 2 ist Satz 1 auf den Betrag abzüglich der hierfür gebildeten passiven latenten Steuern anzuwenden, der die Anschaffungskosten übersteigt.

§ 269
(weggefallen)

§ 270
Bildung bestimmter Posten

(1) Einstellungen in die Kapitalrücklage und deren Auflösung sind bereits bei der Aufstellung der Bilanz vorzunehmen.

(2) Wird die Bilanz unter Berücksichtigung der vollständigen oder teilweisen Verwendung des Jahresergebnisses aufgestellt, so sind Entnahmen aus Gewinnrücklagen sowie Einstellungen in Gewinnrücklagen, die nach Gesetz, Gesellschaftsvertrag oder Satzung vorzunehmen sind oder auf Grund solcher Vorschriften beschlossen worden sind, bereits bei der Aufstellung der Bilanz zu berücksichtigen.

Anhang 6
Handelsgesetzbuch (HGB)

§ 271
Beteiligungen. Verbundene Unternehmen

(1) Beteiligungen sind Anteile an anderen Unternehmen, die bestimmt sind, dem eigenen Geschäftsbetrieb durch Herstellung einer dauernden Verbindung zu jenen Unternehmen zu dienen. Dabei ist es unerheblich, ob die Anteile in Wertpapieren verbrieft sind oder nicht. Eine Beteiligung wird vermutet, wenn die Anteile an einem Unternehmen insgesamt den fünften Teil des Nennkapitals dieses Unternehmens oder, falls ein Nennkapital nicht vorhanden ist, den fünften Teil der Summe aller Kapitalanteile an diesem Unternehmen überschreiten. Auf die Berechnung ist § 16 Abs. 2 und 4 des Aktiengesetzes entsprechend anzuwenden. Die Mitgliedschaft in einer eingetragenen Genossenschaft gilt nicht als Beteiligung im Sinne dieses Buches.

(2) Verbundene Unternehmen im Sinne dieses Buches sind solche Unternehmen, die als Mutter- oder Tochterunternehmen (§ 290) in den Konzernabschluß eines Mutterunternehmens nach den Vorschriften über die Vollkonsolidierung einzubeziehen sind, das als oberstes Mutterunternehmen den am weitestgehenden Konzernabschluß nach dem Zweiten Unterabschnitt aufzustellen hat, auch wenn die Aufstellung unterbleibt, oder das einen befreienden Konzernabschluß nach den §§ 291 oder 292 aufstellt oder aufstellen könnte; Tochterunternehmen, die nach § 296 nicht einbezogen werden, sind ebenfalls verbundene Unternehmen.

§ 272
Eigenkapital

(1) Gezeichnetes Kapital ist mit dem Nennbetrag anzusetzen. Die nicht eingeforderten ausstehenden Einlagen auf das gezeichnete Kapital sind von dem Posten „Gezeichnetes Kapital" offen abzusetzen; der verbleibende Betrag ist als Posten „Eingefordertes Kapital" in der Hauptspalte der Passivseite auszuweisen; der eingeforderte, aber noch nicht eingezahlte Betrag ist unter den Forderungen gesondert auszuweisen und entsprechend zu bezeichnen.

(1a) Der Nennbetrag oder, falls ein solcher nicht vorhanden ist, der rechnerische Wert von erworbenen eigenen Anteilen ist in der Vorspalte offen von dem Posten „Gezeichnetes Kapital" abzusetzen. Der Unterschiedsbetrag zwischen dem Nennbetrag oder dem rechnerischen Wert und den Anschaffungskosten der eigenen Anteile ist mit den frei verfügbaren Rücklagen zu verrechnen. Aufwendungen, die Anschaffungsnebenkosten sind, sind Aufwand des Geschäftsjahrs.

(1b) Nach der Veräußerung der eigenen Anteile entfällt der Ausweis nach Absatz 1a Satz 1. Ein den Nennbetrag oder den rechnerischen Wert übersteigender Differenzbetrag aus dem Veräußerungserlös ist bis zur Höhe des mit den frei verfügbaren Rücklagen verrechneten Betrages in die jeweiligen Rücklagen einzustellen. Ein darüber hinausgehender Differenzbetrag ist in die Kapitalrücklage gemäß Absatz 2 Nr. 1 einzustellen. Die Nebenkosten der Veräußerung sind Aufwand des Geschäftsjahrs.

(2) Als Kapitalrücklage sind auszuweisen

1. der Betrag, der bei der Ausgabe von Anteilen einschließlich von Bezugsanteilen über den Nennbetrag oder, falls ein Nennbetrag nicht vorhanden ist, über den rechnerischen Wert hinaus erzielt wird;
2. der Betrag, der bei der Ausgabe von Schuldverschreibungen für Wandlungsrechte und Optionsrechte zum Erwerb von Anteilen erzielt wird;
3. der Betrag von Zuzahlungen, die Gesellschafter gegen Gewährung eines Vorzugs für ihre Anteile leisten;
4. der Betrag von anderen Zuzahlungen, die Gesellschafter in das Eigenkapital leisten.

(3) Als Gewinnrücklagen dürfen nur Beträge ausgewiesen werden, die im Geschäftsjahr oder in einem früheren Geschäftsjahr aus dem Ergebnis gebildet worden sind. Dazu gehören aus dem Ergebnis zu bildende gesetzliche oder auf Gesellschaftsvertrag oder Satzung beruhende Rücklagen und andere Gewinnrücklagen.

(4) Für Anteile an einem herrschenden oder mit Mehrheit beteiligten Unternehmen ist eine Rücklage zu bilden. In die Rücklage ist ein Betrag einzustellen, der dem auf der Aktivseite der Bilanz für die Anteile an dem herrschenden oder mit Mehrheit beteiligten Unternehmen angesetzten Betrag entspricht. Die Rücklage, die bereits bei der Aufstellung der Bilanz zu bilden ist, darf aus vorhandenen frei verfügbaren Rücklagen gebildet werden. Die Rücklage ist aufzulösen, soweit die Anteile an dem herrschenden oder mit Mehrheit beteiligten Unternehmen veräußert, ausgegeben oder eingezogen werden oder auf der Aktivseite ein niedrigerer Betrag angesetzt wird.

(5) Übersteigt der auf eine Beteiligung entfallende Teil des Jahresüberschusses in der Gewinn- und Verlustrechnung die Beträge, die als Dividende oder Gewinnanteil eingegangen sind oder auf deren Zahlung die Kapitalgesellschaft einen Anspruch hat, ist der Unterschiedsbetrag in eine Rücklage einzustellen, die nicht ausgeschüttet werden darf. Die Rücklage ist aufzulösen, soweit die Kapitalgesellschaft die Beträge vereinnahmt oder einen Anspruch auf ihre Zahlung erwirbt.

§ 273
(weggefallen)

§ 274
Latente Steuern

(1) Bestehen zwischen den handelsrechtlichen Wertansätzen von Vermögensgegenständen, Schulden und Rechnungsabgrenzungsposten und ihren steuerlichen Wertansätzen Differenzen, die sich in späteren Geschäftsjahren voraussichtlich abbauen, so ist eine sich daraus insgesamt ergebende Steuerbelastung als passive latente Steuern (§ 266 Abs. 3 E.) in der Bilanz anzusetzen. Eine sich daraus insgesamt ergebende Steuerentlastung kann als aktive latente Steuern (§ 266 Abs. 2 D.) in der Bilanz angesetzt werden. Die sich ergebende Steuerbe- und die sich ergebende Steuerentlastung können auch unverrechnet angesetzt werden. Steuerliche Verlustvorträge sind bei der Berechnung aktiver latenter Steuern in Höhe der innerhalb der nächsten fünf Jahre zu erwartenden Verlustverrechnung zu berücksichtigen.

(2) Die Beträge der sich ergebenden Steuerbe- und -entlastung sind mit den unternehmensindividuellen Steuersätzen im Zeitpunkt des Abbaus der Differenzen zu bewerten und nicht abzuzinsen. Die ausgewiesenen Posten sind aufzulösen, sobald die Steuerbe- oder -entlastung eintritt oder mit ihr nicht mehr zu rechnen ist. Der Aufwand oder Ertrag aus der Veränderung bilanzierter latenter Steuern ist in der Gewinn- und Verlustrechnung gesondert unter dem Posten „Steuern vom Einkommen und vom Ertrag" auszuweisen.

§ 274a
Größenabhängige Erleichterungen

Kleine Kapitalgesellschaften sind von der Anwendung der folgenden Vorschriften befreit:
1. § 268 Abs. 4 Satz 2 über die Pflicht zur Erläuterung bestimmter Forderungen im Anhang,
2. § 268 Abs. 5 Satz 3 über die Erläuterung bestimmter Verbindlichkeiten im Anhang,
3. § 268 Abs. 6 über den Rechnungsabgrenzungsposten nach § 250 Abs. 3,
4. § 274 über die Abgrenzung latenter Steuern.

Anhang 6

Handelsgesetzbuch (HGB)

Dritter Titel
Gewinn- und Verlustrechnung

§ 275
Gliederung

(1) Die Gewinn- und Verlustrechnung ist in Staffelform nach dem Gesamtkostenverfahren oder dem Umsatzkostenverfahren aufzustellen. Dabei sind die in Absatz 2 oder 3 bezeichneten Posten in der angegebenen Reihenfolge gesondert auszuweisen.

(2) Bei Anwendung des Gesamtkostenverfahrens sind auszuweisen:

1. Umsatzerlöse
2. Erhöhung oder Verminderung des Bestands an fertigen und unfertigen Erzeugnissen
3. andere aktivierte Eigenleistungen
4. sonstige betriebliche Erträge
5. Materialaufwand:
   a) Aufwendungen für Roh-, Hilfs- und Betriebsstoffe und für bezogene Waren
   b) Aufwendungen für bezogene Leistungen
6. Personalaufwand:
   a) Löhne und Gehälter
   b) soziale Abgaben und Aufwendungen für Altersversorgung und für Unterstützung, davon für Altersversorgung
7. Abschreibungen:
   a) auf immaterielle Vermögensgegenstände des Anlagevermögens und Sachanlagen
   b) auf Vermögensgegenstände des Umlaufvermögens, soweit diese die in der Kapitalgesellschaft üblichen Abschreibungen überschreiten
8. sonstige betriebliche Aufwendungen
9. Erträge aus Beteiligungen, davon aus verbundenen Unternehmen
10. Erträge aus anderen Wertpapieren und Ausleihungen des Finanzanlagevermögens, davon aus verbundenen Unternehmen
11. sonstige Zinsen und ähnliche Erträge, davon aus verbundenen Unternehmen
12. Abschreibungen auf Finanzanlagen und auf Wertpapiere des Umlaufvermögens
13. Zinsen und ähnliche Aufwendungen, davon an verbundene Unternehmen
14. Steuern vom Einkommen und vom Ertrag
15. Ergebnis nach Steuern
16. sonstige Steuern
17. Jahresüberschuss/Jahresfehlbetrag.

(3) Bei Anwendung des Umsatzkostenverfahrens sind auszuweisen:

1. Umsatzerlöse
2. Herstellungskosten der zur Erzielung der Umsatzerlöse erbrachten Leistungen
3. Bruttoergebnis vom Umsatz
4. Vertriebskosten
5. allgemeine Verwaltungskosten
6. sonstige betriebliche Erträge
7. sonstige betriebliche Aufwendungen
8. Erträge aus Beteiligungen, davon aus verbundenen Unternehmen

9. Erträge aus anderen Wertpapieren und Ausleihungen des Finanzanlagevermögens, davon aus verbundenen Unternehmen
10. sonstige Zinsen und ähnliche Erträge, davon aus verbundenen Unternehmen
11. Abschreibungen auf Finanzanlagen und auf Wertpapiere des Umlaufvermögens
12. Zinsen und ähnliche Aufwendungen, davon an verbundene Unternehmen
13. Steuern vom Einkommen und vom Ertrag
14. Ergebnis nach Steuern
15. sonstige Steuern
16. Jahresüberschuss/Jahresfehlbetrag.

(4) Veränderungen der Kapital- und Gewinnrücklagen dürfen in der Gewinn- und Verlustrechnung erst nach dem Posten „Jahresüberschuß/Jahresfehlbetrag" ausgewiesen werden.

(5) Kleinstkapitalgesellschaften (§ 267a) können anstelle der Staffelungen nach den Absätzen 2 und 3 die Gewinn- und Verlustrechnung wie folgt darstellen:

1. Umsatzerlöse,
2. sonstige Erträge,
3. Materialaufwand,
4. Personalaufwand,
5. Abschreibungen,
6. sonstige Aufwendungen,
7. Steuern,
8. Jahresüberschuss/Jahresfehlbetrag.

§ 276
Größenabhängige Erleichterungen

Kleine und mittelgroße Kapitalgesellschaften (§ 267 Abs. 1, 2) dürfen die Posten § 275 Abs. 2 Nr. 1 bis 5 oder Abs. 3 Nr. 1 bis 3 und 6 zu einem Posten unter der Bezeichnung „Rohergebnis" zusammenfassen. Die Erleichterungen nach Satz 1 gelten nicht für Kleinstkapitalgesellschaften (§ 267a), die von der Regelung des § 275 Absatz 5 Gebrauch machen.

§ 277
Vorschriften zu einzelnen Posten der Gewinn- und Verlustrechnung

(1) Als Umsatzerlöse sind die Erlöse aus dem Verkauf und der Vermietung oder Verpachtung von Produkten sowie aus der Erbringung von Dienstleistungen der Kapitalgesellschaft nach Abzug von Erlösschmälerungen und der Umsatzsteuer sowie sonstiger direkt mit dem Umsatz verbundener Steuern auszuweisen.

(2) Als Bestandsveränderungen sind sowohl Änderungen der Menge als auch solche des Wertes zu berücksichtigen; Abschreibungen jedoch nur, soweit diese die in der Kapitalgesellschaft sonst üblichen Abschreibungen nicht überschreiten.

(3) Außerplanmäßige Abschreibungen nach § 253 Absatz 3 Satz 5 und 6 sind jeweils gesondert auszuweisen oder im Anhang anzugeben. Erträge und Aufwendungen aus Verlustübernahme und auf Grund einer Gewinngemeinschaft, eines Gewinnabführungs- oder eines Teilgewinnabführungsvertrags erhaltene oder abgeführte Gewinne sind jeweils gesondert unter entsprechender Bezeichnung auszuweisen.

(4) (weggefallen)

(5) Erträge aus der Abzinsung sind in der Gewinn- und Verlustrechnung gesondert unter dem Posten „Sonstige Zinsen und ähnliche Erträge" und Aufwendungen gesondert unter dem Posten „Zinsen und ähnliche Aufwendungen" auszuweisen. Erträge aus der Währungsumrechnung sind in

der Gewinn- und Verlustrechnung gesondert unter dem Posten „Sonstige betriebliche Erträge" und Aufwendungen aus der Währungsumrechnung gesondert unter dem Posten „Sonstige betriebliche Aufwendungen" auszuweisen.

§ 278
(weggefallen)

Vierter Titel
(weggefallen)

§§ 279 bis 283
(weggefallen)

Fünfter Titel
Anhang

§ 284
Erläuterung der Bilanz und der Gewinn- und Verlustrechnung

(1) In den Anhang sind diejenigen Angaben aufzunehmen, die zu den einzelnen Posten der Bilanz oder der Gewinn- und Verlustrechnung vorgeschrieben sind; sie sind in der Reihenfolge der einzelnen Posten der Bilanz und der Gewinn- und Verlustrechnung darzustellen. Im Anhang sind auch die Angaben zu machen, die in Ausübung eines Wahlrechts nicht in die Bilanz oder in die Gewinn- und Verlustrechnung aufgenommen wurden.

(2) Im Anhang müssen

1. die auf die Posten der Bilanz und der Gewinn- und Verlustrechnung angewandten Bilanzierungs- und Bewertungsmethoden angegeben werden;
2. Abweichungen von Bilanzierungs- und Bewertungsmethoden angegeben und begründet werden; deren Einfluß auf die Vermögens-, Finanz- und Ertragslage ist gesondert darzustellen;
3. bei Anwendung einer Bewertungsmethode nach § 240 Abs. 4, § 256 Satz 1 die Unterschiedsbeträge pauschal für die jeweilige Gruppe ausgewiesen werden, wenn die Bewertung im Vergleich zu einer Bewertung auf der Grundlage des letzten vor dem Abschlußstichtag bekannten Börsenkurses oder Marktpreises einen erheblichen Unterschied aufweist;
4. Angaben über die Einbeziehung von Zinsen für Fremdkapital in die Herstellungskosten gemacht werden.

(3) Im Anhang ist die Entwicklung der einzelnen Posten des Anlagevermögens in einer gesonderten Aufgliederung darzustellen. Dabei sind, ausgehend von den gesamten Anschaffungs- und Herstellungskosten, die Zugänge, Abgänge, Umbuchungen und Zuschreibungen des Geschäftsjahrs sowie die Abschreibungen gesondert aufzuführen. Zu den Abschreibungen sind gesondert folgende Angaben zu machen:

1. die Abschreibungen in ihrer gesamten Höhe zu Beginn und Ende des Geschäftsjahrs,
2. die im Laufe des Geschäftsjahrs vorgenommenen Abschreibungen und
3. Änderungen in den Abschreibungen in ihrer gesamten Höhe im Zusammenhang mit Zu- und Abgängen sowie Umbuchungen im Laufe des Geschäftsjahrs.

Sind in die Herstellungskosten Zinsen für Fremdkapital einbezogen worden, ist für jeden Posten des Anlagevermögens anzugeben, welcher Betrag an Zinsen im Geschäftsjahr aktiviert worden ist.

Anhang 6
Handelsgesetzbuch (HGB)

§ 285
Sonstige Pflichtangaben

Ferner sind im Anhang anzugeben:
1. zu den in der Bilanz ausgewiesenen Verbindlichkeiten
   a) der Gesamtbetrag der Verbindlichkeiten mit einer Restlaufzeit von mehr als fünf Jahren,
   b) der Gesamtbetrag der Verbindlichkeiten, die durch Pfandrechte oder ähnliche Rechte gesichert sind, unter Angabe von Art und Form der Sicherheiten;
2. die Aufgliederung der in Nummer 1 verlangten Angaben für jeden Posten der Verbindlichkeiten nach dem vorgeschriebenen Gliederungsschema;
3. Art und Zweck sowie Risiken, Vorteile und finanzielle Auswirkungen von nicht in der Bilanz enthaltenen Geschäften, soweit die Risiken und Vorteile wesentlich sind und die Offenlegung für die Beurteilung der Finanzlage des Unternehmens erforderlich ist;
3a. der Gesamtbetrag der sonstigen finanziellen Verpflichtungen, die nicht in der Bilanz enthalten sind und die nicht nach § 268 Absatz 7 oder Nummer 3 anzugeben sind, sofern diese Angabe für die Beurteilung der Finanzlage von Bedeutung ist; davon sind Verpflichtungen betreffend die Altersversorgung und Verpflichtungen gegenüber verbundenen oder assoziierten Unternehmen jeweils gesondert anzugeben;
4. die Aufgliederung der Umsatzerlöse nach Tätigkeitsbereichen sowie nach geografisch bestimmten Märkten, soweit sich unter Berücksichtigung der Organisation des Verkaufs, der Vermietung oder Verpachtung von Produkten und der Erbringung von Dienstleistungen der Kapitalgesellschaft die Tätigkeitsbereiche und geografisch bestimmten Märkte untereinander erheblich unterscheiden;
5. (weggefallen)
6. (weggefallen)
7. die durchschnittliche Zahl der während des Geschäftsjahrs beschäftigten Arbeitnehmer getrennt nach Gruppen;
8. bei Anwendung des Umsatzkostenverfahrens (§ 275 Abs. 3)
   a) der Materialaufwand des Geschäftsjahrs, gegliedert nach § 275 Abs. 2 Nr. 5,
   b) der Personalaufwand des Geschäftsjahrs, gegliedert nach § 275 Abs. 2 Nr. 6;
9. für die Mitglieder des Geschäftsführungsorgans, eines Aufsichtsrats, eines Beirats oder einer ähnlichen Einrichtung jeweils für jede Personengruppe
   a) die für die Tätigkeit im Geschäftsjahr gewährten Gesamtbezüge (Gehälter, Gewinnbeteiligungen, Bezugsrechte und sonstige aktienbasierte Vergütungen, Aufwandsentschädigungen, Versicherungsentgelte, Provisionen und Nebenleistungen jeder Art). In die Gesamtbezüge sind auch Bezüge einzurechnen, die nicht ausgezahlt, sondern in Ansprüche anderer Art umgewandelt oder zur Erhöhung anderer Ansprüche verwendet werden. Außer den Bezügen für das Geschäftsjahr sind die weiteren Bezüge anzugeben, die im Geschäftsjahr gewährt, bisher aber in keinem Jahresabschluss angegeben worden sind. Bezugsrechte und sonstige aktienbasierte Vergütungen sind mit ihrer Anzahl und dem beizulegenden Zeitwert zum Zeitpunkt ihrer Gewährung anzugeben; spätere Wertveränderungen, die auf einer Änderung der Ausübungsbedingungen beruhen, sind zu berücksichtigen. Bei einer börsennotierten Aktiengesellschaft sind zusätzlich unter Namensnennung die Bezüge jedes einzelnen Vorstandsmitglieds, aufgeteilt nach erfolgsunabhängigen und erfolgsbezogenen Komponenten sowie Komponenten mit langfristiger Anreizwirkung, gesondert anzugeben. Dies gilt auch für:
      aa) Leistungen, die dem Vorstandsmitglied für den Fall einer vorzeitigen Beendigung seiner Tätigkeit zugesagt worden sind;

Anhang 6
Handelsgesetzbuch (HGB)

bb) Leistungen, die dem Vorstandsmitglied für den Fall der regulären Beendigung seiner Tätigkeit zugesagt worden sind, mit ihrem Barwert, sowie den von der Gesellschaft während des Geschäftsjahrs hierfür aufgewandten oder zurückgestellten Betrag;

cc) während des Geschäftsjahrs vereinbarte Änderungen dieser Zusagen;

dd) Leistungen, die einem früheren Vorstandsmitglied, das seine Tätigkeit im Laufe des Geschäftsjahrs beendet hat, in diesem Zusammenhang zugesagt und im Laufe des Geschäftsjahrs gewährt worden sind.

Leistungen, die dem einzelnen Vorstandsmitglied von einem Dritten im Hinblick auf seine Tätigkeit als Vorstandsmitglied zugesagt oder im Geschäftsjahr gewährt worden sind, sind ebenfalls anzugeben. Enthält der Jahresabschluss weitergehende Angaben zu bestimmten Bezügen, sind auch diese zusätzlich einzeln anzugeben;

b) die Gesamtbezüge (Abfindungen, Ruhegehälter, Hinterbliebenenbezüge und Leistungen verwandter Art) der früheren Mitglieder der bezeichneten Organe und ihrer Hinterbliebenen. Buchstabe a Satz 2 und 3 ist entsprechend anzuwenden. Ferner ist der Betrag der für diese Personengruppe gebildeten Rückstellungen für laufende Pensionen und Anwartschaften auf Pensionen und der Betrag der für diese Verpflichtungen nicht gebildeten Rückstellungen anzugeben;

c) die gewährten Vorschüsse und Kredite unter Angabe der Zinssätze, der wesentlichen Bedingungen und der gegebenenfalls im Geschäftsjahr zurückgezahlten oder erlassenen Beträge sowie die zugunsten dieser Personen eingegangenen Haftungsverhältnisse;

10. alle Mitglieder des Geschäftsführungsorgans und eines Aufsichtsrats, auch wenn sie im Geschäftsjahr oder später ausgeschieden sind, mit dem Familiennamen und mindestens einem ausgeschriebenen Vornamen, einschließlich des ausgeübten Berufs und bei börsennotierten Gesellschaften auch der Mitgliedschaft in Aufsichtsräten und anderen Kontrollgremien im Sinne des § 125 Abs. 1 Satz 5 des Aktiengesetzes. Der Vorsitzende eines Aufsichtsrats, seine Stellvertreter und ein etwaiger Vorsitzender des Geschäftsführungsorgans sind als solche zu bezeichnen;

11. Name und Sitz anderer Unternehmen, die Höhe des Anteils am Kapital, das Eigenkapital und das Ergebnis des letzten Geschäftsjahrs dieser Unternehmen, für das ein Jahresabschluss vorliegt, soweit es sich um Beteiligungen im Sinne des § 271 Absatz 1 handelt oder ein solcher Anteil von einer Person für Rechnung der Kapitalgesellschaft gehalten wird;

11a. Name, Sitz und Rechtsform der Unternehmen, deren unbeschränkt haftender Gesellschafter die Kapitalgesellschaft ist;

11b. von börsennotierten Kapitalgesellschaften sind alle Beteiligungen an großen Kapitalgesellschaften anzugeben, die 5 Prozent der Stimmrechte überschreiten;

12. Rückstellungen, die in der Bilanz unter dem Posten „sonstige Rückstellungen" nicht gesondert ausgewiesen werden, sind zu erläutern, wenn sie einen nicht unerheblichen Umfang haben;

13. jeweils eine Erläuterung des Zeitraums, über den ein entgeltlich erworbener Geschäfts- oder Firmenwert abgeschrieben wird;

14. Name und Sitz des Mutterunternehmens der Kapitalgesellschaft, das den Konzernabschluss für den größten Kreis von Unternehmen aufstellt, sowie der Ort, wo der von diesem Mutterunternehmen aufgestellte Konzernabschluss erhältlich ist;

14a. Name und Sitz des Mutterunternehmens der Kapitalgesellschaft, das den Konzernabschluss für den kleinsten Kreis von Unternehmen aufstellt, sowie der Ort, wo der von diesem Mutterunternehmen aufgestellte Konzernabschluss erhältlich ist;

15. soweit es sich um den Anhang des Jahresabschlusses einer Personenhandelsgesellschaft im Sinne des § 264a Abs. 1 handelt, Name und Sitz der Gesellschaften, die persönlich haftende Gesellschafter sind, sowie deren gezeichnetes Kapital;

15a. das Bestehen von Genussscheinen, Genussrechten, Wandelschuldverschreibungen, Optionsscheinen, Optionen, Besserungsscheinen oder vergleichbaren Wertpapieren oder Rechten, unter Angabe der Anzahl und der Rechte, die sie verbriefen;
16. dass die nach § 161 des Aktiengesetzes vorgeschriebene Erklärung abgegeben und wo sie öffentlich zugänglich gemacht worden ist;
17. das von dem Abschlussprüfer für das Geschäftsjahr berechnete Gesamthonorar, aufgeschlüsselt in das Honorar für
    a) die Abschlussprüfungsleistungen,
    b) andere Bestätigungsleistungen,
    c) Steuerberatungsleistungen,
    d) sonstige Leistungen,
    soweit die Angaben nicht in einem das Unternehmen einbeziehenden Konzernabschluss enthalten sind;
18. für zu den Finanzanlagen (§ 266 Abs. 2 A. III.) gehörende Finanzinstrumente, die über ihrem beizulegenden Zeitwert ausgewiesen werden, da eine außerplanmäßige Abschreibung nach § 253 Absatz 3 Satz 6 unterblieben ist,
    a) der Buchwert und der beizulegende Zeitwert der einzelnen Vermögensgegenstände oder angemessener Gruppierungen sowie
    b) die Gründe für das Unterlassen der Abschreibung einschließlich der Anhaltspunkte, die darauf hindeuten, dass die Wertminderung voraussichtlich nicht von Dauer ist;
19. für jede Kategorie nicht zum beizulegenden Zeitwert bilanzierter derivativer Finanzinstrumente
    a) deren Art und Umfang,
    b) deren beizulegender Zeitwert, soweit er sich nach § 255 Abs. 4 verlässlich ermitteln lässt, unter Angabe der angewandten Bewertungsmethode,
    c) deren Buchwert und der Bilanzposten, in welchem der Buchwert, soweit vorhanden, erfasst ist, sowie
    d) die Gründe dafür, warum der beizulegende Zeitwert nicht bestimmt werden kann;
20. für gemäß § 340e Abs. 3 Satz 1 mit dem beizulegenden Zeitwert bewertete Finanzinstrumente
    a) die grundlegenden Annahmen, die der Bestimmung des beizulegenden Zeitwertes mit Hilfe allgemein anerkannter Bewertungsmethoden zugrunde gelegt wurden, sowie
    b) Umfang und Art jeder Kategorie derivativer Finanzinstrumente einschließlich der wesentlichen Bedingungen, welche die Höhe, den Zeitpunkt und die Sicherheit künftiger Zahlungsströme beeinflussen können;
21. zumindest die nicht zu marktüblichen Bedingungen zustande gekommenen Geschäfte, soweit sie wesentlich sind, mit nahe stehenden Unternehmen und Personen, einschließlich Angaben zur Art der Beziehung, zum Wert der Geschäfte sowie weiterer Angaben, die für die Beurteilung der Finanzlage notwendig sind; ausgenommen sind Geschäfte mit und zwischen mittel- oder unmittelbar in 100-prozentigem Anteilsbesitz stehenden in einen Konzernabschluss einbezogenen Unternehmen; Angaben über Geschäfte können nach Geschäftsarten zusammengefasst werden, sofern die getrennte Angabe für die Beurteilung der Auswirkungen auf die Finanzlage nicht notwendig ist;
22. im Fall der Aktivierung nach § 248 Abs. 2 der Gesamtbetrag der Forschungs- und Entwicklungskosten des Geschäftsjahrs sowie der davon auf die selbst geschaffenen immateriellen Vermögensgegenstände des Anlagevermögens entfallende Betrag;
23. bei Anwendung des § 254,
    a) mit welchem Betrag jeweils Vermögensgegenstände, Schulden, schwebende Geschäfte und mit hoher Wahrscheinlichkeit erwartete Transaktionen zur Absicherung welcher Risi-

Anhang 6
Handelsgesetzbuch (HGB)

      ken in welche Arten von Bewertungseinheiten einbezogen sind sowie die Höhe der mit Bewertungseinheiten abgesicherten Risiken,
- b) für die jeweils abgesicherten Risiken, warum, in welchem Umfang und für welchen Zeitraum sich die gegenläufigen Wertänderungen oder Zahlungsströme künftig voraussichtlich ausgleichen einschließlich der Methode der Ermittlung,
- c) eine Erläuterung der mit hoher Wahrscheinlichkeit erwarteten Transaktionen, die in Bewertungseinheiten einbezogen wurden,

soweit die Angaben nicht im Lagebericht gemacht werden;
24. zu den Rückstellungen für Pensionen und ähnliche Verpflichtungen das angewandte versicherungsmathematische Berechnungsverfahren sowie die grundlegenden Annahmen der Berechnung, wie Zinssatz, erwartete Lohn- und Gehaltssteigerungen und zugrunde gelegte Sterbetafeln;
25. im Fall der Verrechnung von Vermögensgegenständen und Schulden nach § 246 Abs. 2 Satz 2 die Anschaffungskosten und der beizulegende Zeitwert der verrechneten Vermögensgegenstände, der Erfüllungsbetrag der verrechneten Schulden sowie die verrechneten Aufwendungen und Erträge; Nummer 20 Buchstabe a ist entsprechend anzuwenden;
26. zu Anteilen an Sondervermögen im Sinn des § 1 Absatz 10 des Kapitalanlagegesetzbuchs oder Anlageaktien an Investmentaktiengesellschaften mit veränderlichem Kapital im Sinn der §§ 108 bis 123 des Kapitalanlagegesetzbuchs oder vergleichbaren EU-Investmentvermögen oder vergleichbaren ausländischen Investmentvermögen von mehr als dem zehnten Teil, aufgegliedert nach Anlagezielen, deren Wert im Sinn der §§ 168, 278 des Kapitalanlagegesetzbuchs oder des § 36 des Investmentgesetzes in der bis zum 21. Juli 2013 geltenden Fassung oder vergleichbarer ausländischer Vorschriften über die Ermittlung des Marktwertes, die Differenz zum Buchwert und die für das Geschäftsjahr erfolgte Ausschüttung sowie Beschränkungen in der Möglichkeit der täglichen Rückgabe; darüber hinaus die Gründe dafür, dass eine Abschreibung gemäß § 253 Absatz 3 Satz 6 unterblieben ist, einschließlich der Anhaltspunkte, die darauf hindeuten, dass die Wertminderung voraussichtlich nicht von Dauer ist; Nummer 18 ist insoweit nicht anzuwenden;
27. für nach § 268 Abs. 7 Halbsatz 1 im Anhang ausgewiesene Verbindlichkeiten und Haftungsverhältnisse die Gründe der Einschätzung des Risikos der Inanspruchnahme;
28. der Gesamtbetrag der Beträge im Sinn des § 268 Abs. 8, aufgegliedert in Beträge aus der Aktivierung selbst geschaffener immaterieller Vermögensgegenstände des Anlagevermögens, Beträge aus der Aktivierung latenter Steuern und aus der Aktivierung von Vermögensgegenständen zum beizulegenden Zeitwert;
29. auf welchen Differenzen oder steuerlichen Verlustvorträgen die latenten Steuern beruhen und
30. mit welchen Steuersätzen die Bewertung erfolgt ist; 30. wenn latente Steuerschulden in der Bilanz angesetzt werden, die latenten Steuersalden am Ende des Geschäftsjahrs und die im Laufe des Geschäftsjahrs erfolgten Änderungen dieser Salden;
31. jeweils der Betrag und die Art der einzelnen Erträge und Aufwendungen von außergewöhnlicher Größenordnung oder außergewöhnlicher Bedeutung, soweit die Beträge nicht von untergeordneter Bedeutung sind;
32. eine Erläuterung der einzelnen Erträge und Aufwendungen hinsichtlich ihres Betrags und ihrer Art, die einem anderen Geschäftsjahr zuzurechnen sind, soweit die Beträge nicht von untergeordneter Bedeutung sind;
33. Vorgänge von besonderer Bedeutung, die nach dem Schluss des Geschäftsjahrs eingetreten und weder in der Gewinn- und Verlustrechnung noch in der Bilanz berücksichtigt sind, unter Angabe ihrer Art und ihrer finanziellen Auswirkungen;
34. der Vorschlag für die Verwendung des Ergebnisses oder der Beschluss über seine Verwendung.

§ 286
Unterlassen von Angaben

(1) Die Berichterstattung hat insoweit zu unterbleiben, als es für das Wohl der Bundesrepublik Deutschland oder eines ihrer Länder erforderlich ist.

(2) Die Aufgliederung der Umsatzerlöse nach § 285 Nr. 4 kann unterbleiben, soweit die Aufgliederung nach vernünftiger kaufmännischer Beurteilung geeignet ist, der Kapitalgesellschaft einen erheblichen Nachteil zuzufügen; die Anwendung der Ausnahmeregelung ist im Anhang anzugeben.

(3) Die Angaben nach § 285 Nr. 11 und 11b können unterbleiben, soweit sie

1. für die Darstellung der Vermögens-, Finanz- und Ertragslage der Kapitalgesellschaft nach § 264 Abs. 2 von untergeordneter Bedeutung sind oder
2. nach vernünftiger kaufmännischer Beurteilung geeignet sind, der Kapitalgesellschaft oder dem anderen Unternehmen einen erheblichen Nachteil zuzufügen.

Die Angabe des Eigenkapitals und des Jahresergebnisses kann unterbleiben, wenn das Unternehmen, über das zu berichten ist, seinen Jahresabschluß nicht offenzulegen hat und die berichtende Kapitalgesellschaft keinen beherrschenden Einfluss auf das betreffende Unternehmen ausüben kann. Satz 1 Nr. 2 ist nicht anzuwenden, wenn die Kapitalgesellschaft oder eines ihrer Tochterunternehmen (§ 290 Abs. 1 und 2) am Abschlussstichtag kapitalmarktorientiert im Sinn des § 264d ist. Im Übrigen ist die Anwendung der Ausnahmeregelung nach Satz 1 Nr. 2 im Anhang anzugeben.

(4) Bei Gesellschaften, die keine börsennotierten Aktiengesellschaften sind, können die in § 285 Nr. 9 Buchstabe a und b verlangten Angaben über die Gesamtbezüge der dort bezeichneten Personen unterbleiben, wenn sich anhand dieser Angaben die Bezüge eines Mitglieds dieser Organe feststellen lassen.

(5) Die in § 285 Nr. 9 Buchstabe a Satz 5 bis 8 verlangten Angaben unterbleiben, wenn die Hauptversammlung dies beschlossen hat. Ein Beschluss, der höchstens für fünf Jahre gefasst werden kann, bedarf einer Mehrheit, die mindestens drei Viertel des bei der Beschlussfassung vertretenen Grundkapitals umfasst. § 136 Abs. 1 des Aktiengesetzes gilt für einen Aktionär, dessen Bezüge als Vorstandsmitglied von der Beschlussfassung betroffen sind, entsprechend.

§ 287
(weggefallen)

§ 288
Größenabhängige Erleichterungen

(1) Kleine Kapitalgesellschaften (§ 267 Absatz 1) brauchen nicht

1. die Angaben nach § 264c Absatz 2 Satz 9, § 265 Absatz 4 Satz 2, § 284 Absatz 2 Nummer 3, Absatz 3, § 285 Nummer 2, 3, 4, 8, 9 Buchstabe a und b, Nummer 10 bis 12, 14, 15, 15a, 17 bis 19, 21, 22, 24, 26 bis 30, 32 bis 34 zu machen;
2. eine Trennung nach Gruppen bei der Angabe nach § 285 Nummer 7 vorzunehmen;
3. bei der Angabe nach § 285 Nummer 14a den Ort anzugeben, wo der vom Mutterunternehmen aufgestellte Konzernabschluss erhältlich ist.

(2) Mittelgroße Kapitalgesellschaften (§ 267 Absatz 2) brauchen die Angabe nach § 285 Nummer 4, 29 und 32 nicht zu machen. Wenn sie die Angabe nach § 285 Nummer 17 nicht machen, sind sie verpflichtet, diese der Wirtschaftsprüferkammer auf deren schriftliche Anforderung zu übermitteln. Sie brauchen die Angaben nach § 285 Nummer 21 nur zu machen, sofern die Geschäfte direkt oder indirekt mit einem Gesellschafter, Unternehmen, an denen die Gesellschaft selbst eine Beteiligung hält, oder Mitgliedern des Geschäftsführungs-, Aufsichts- oder Verwaltungsorgans abgeschlossen wurden.

Anhang 6

Handelsgesetzbuch (HGB)

Sechster Titel
Lagebericht

§ 289
Inhalt des Lageberichts

(1) Im Lagebericht sind der Geschäftsverlauf einschließlich des Geschäftsergebnisses und die Lage der Kapitalgesellschaft so darzustellen, dass ein den tatsächlichen Verhältnissen entsprechendes Bild vermittelt wird. Er hat eine ausgewogene und umfassende, dem Umfang und der Komplexität der Geschäftstätigkeit entsprechende Analyse des Geschäftsverlaufs und der Lage der Gesellschaft zu enthalten. In die Analyse sind die für die Geschäftstätigkeit bedeutsamsten finanziellen Leistungsindikatoren einzubeziehen und unter Bezugnahme auf die im Jahresabschluss ausgewiesenen Beträge und Angaben zu erläutern. Ferner ist im Lagebericht die voraussichtliche Entwicklung mit ihren wesentlichen Chancen und Risiken zu beurteilen und zu erläutern; zugrunde liegende Annahmen sind anzugeben. Die gesetzlichen Vertreter einer Kapitalgesellschaft im Sinne des § 264 Abs. 2 Satz 3 haben zu versichern, dass nach bestem Wissen im Lagebericht der Geschäftsverlauf einschließlich des Geschäftsergebnisses und die Lage der Kapitalgesellschaft so dargestellt sind, dass ein den tatsächlichen Verhältnissen entsprechendes Bild vermittelt wird, und dass die wesentlichen Chancen und Risiken im Sinne des Satzes 4 beschrieben sind.

(2) Im Lagebericht ist auch einzugehen auf:

1.
   a) die Risikomanagementziele und -methoden der Gesellschaft einschließlich ihrer Methoden zur Absicherung aller wichtigen Arten von Transaktionen, die im Rahmen der Bilanzierung von Sicherungsgeschäften erfasst werden, sowie
   b) die Preisänderungs-, Ausfall- und Liquiditätsrisiken sowie die Risiken aus Zahlungsstromschwankungen, denen die Gesellschaft ausgesetzt ist,

   jeweils in Bezug auf die Verwendung von Finanzinstrumenten durch die Gesellschaft und sofern dies für die Beurteilung der Lage oder der voraussichtlichen Entwicklung von Belang ist;

2. den Bereich Forschung und Entwicklung;
3. bestehende Zweigniederlassungen der Gesellschaft;
4. die Grundzüge des Vergütungssystems der Gesellschaft für die in § 285 Nr. 9 genannten Gesamtbezüge, soweit es sich um eine börsennotierte Aktiengesellschaft handelt. Werden dabei auch Angaben entsprechend § 285 Nr. 9 Buchstabe a Satz 5 bis 8 gemacht, können diese im Anhang unterbleiben.

Sind im Anhang Angaben nach § 160 Absatz 1 Nummer 2 des Aktiengesetzes zu machen, ist im Lagebericht darauf zu verweisen.

(3) Bei einer großen Kapitalgesellschaft (§ 267 Abs. 3) gilt Absatz 1 Satz 3 entsprechend für nichtfinanzielle Leistungsindikatoren, wie Informationen über Umwelt- und Arbeitnehmerbelange, soweit sie für das Verständnis des Geschäftsverlaufs oder der Lage von Bedeutung sind.

(4) Aktiengesellschaften und Kommanditgesellschaften auf Aktien, die einen organisierten Markt im Sinne des § 2 Abs. 7 des Wertpapiererwerbs- und Übernahmegesetzes durch von ihnen ausgegebene stimmberechtigte Aktien in Anspruch nehmen, haben im Lagebericht anzugeben:

1. die Zusammensetzung des gezeichneten Kapitals; bei verschiedenen Aktiengattungen sind für jede Gattung die damit verbundenen Rechte und Pflichten und der Anteil am Gesellschaftskapital anzugeben, soweit die Angaben nicht im Anhang zu machen sind;
2. Beschränkungen, die Stimmrechte oder die Übertragung von Aktien betreffen, auch wenn sie sich aus Vereinbarungen zwischen Gesellschaftern ergeben können, soweit sie dem Vorstand der Gesellschaft bekannt sind;

3. direkte oder indirekte Beteiligungen am Kapital, die 10 vom Hundert der Stimmrechte überschreiten, soweit die Angaben nicht im Anhang zu machen sind;
4. die Inhaber von Aktien mit Sonderrechten, die Kontrollbefugnisse verleihen; die Sonderrechte sind zu beschreiben;
5. die Art der Stimmrechtskontrolle, wenn Arbeitnehmer am Kapital beteiligt sind und ihre Kontrollrechte nicht unmittelbar ausüben;
6. die gesetzlichen Vorschriften und Bestimmungen der Satzung über die Ernennung und Abberufung der Mitglieder des Vorstands und über die Änderung der Satzung;
7. die Befugnisse des Vorstands insbesondere hinsichtlich der Möglichkeit, Aktien auszugeben oder zurückzukaufen;
8. wesentliche Vereinbarungen der Gesellschaft, die unter der Bedingung eines Kontrollwechsels infolge eines Übernahmeangebots stehen, und die hieraus folgenden Wirkungen; die Angabe kann unterbleiben, soweit sie geeignet ist, der Gesellschaft einen erheblichen Nachteil zuzufügen; die Angabepflicht nach anderen gesetzlichen Vorschriften bleibt unberührt;
9. Entschädigungsvereinbarungen der Gesellschaft, die für den Fall eines Übernahmeangebots mit den Mitgliedern des Vorstands oder Arbeitnehmern getroffen sind, soweit die Angaben nicht im Anhang zu machen sind.

Sind Angaben nach Satz 1 im Anhang zu machen, ist im Lagebericht darauf zu verweisen.

(5) Kapitalgesellschaften im Sinn des § 264d haben im Lagebericht die wesentlichen Merkmale des internen Kontroll- und des Risikomanagementsystems im Hinblick auf den Rechnungslegungsprozess zu beschreiben.

§ 289a
Erklärung zur Unternehmensführung

(1) Börsennotierte Aktiengesellschaften sowie Aktiengesellschaften, die ausschließlich andere Wertpapiere als Aktien zum Handel an einem organisierten Markt im Sinn des § 2 Abs. 5 des Wertpapierhandelsgesetzes ausgegeben haben und deren ausgegebene Aktien auf eigene Veranlassung über ein multilaterales Handelssystem im Sinn des § 2 Abs. 3 Satz 1 Nr. 8 des Wertpapierhandelsgesetzes gehandelt werden, haben eine Erklärung zur Unternehmensführung in ihren Lagebericht aufzunehmen, die dort einen gesonderten Abschnitt bildet. Sie kann auch auf der Internetseite der Gesellschaft öffentlich zugänglich gemacht werden. In diesem Fall ist in den Lagebericht eine Bezugnahme aufzunehmen, welche die Angabe der Internetseite enthält.

(2) In die Erklärung zur Unternehmensführung sind aufzunehmen
1. die Erklärung gemäß § 161 des Aktiengesetzes;
2. relevante Angaben zu Unternehmensführungspraktiken, die über die gesetzlichen Anforderungen hinaus angewandt werden, nebst Hinweis, wo sie öffentlich zugänglich sind;
3. eine Beschreibung der Arbeitsweise von Vorstand und Aufsichtsrat sowie der Zusammensetzung und Arbeitsweise von deren Ausschüssen; sind die Informationen auf der Internetseite der Gesellschaft öffentlich zugänglich, kann darauf verwiesen werden;
4. bei börsennotierten Aktiengesellschaften die Festlegungen nach § 76 Absatz 4 und § 111 Absatz 5 des Aktiengesetzes und die Angabe, ob die festgelegten Zielgrößen während des Bezugszeitraums erreicht worden sind, und wenn nicht, Angaben zu den Gründen.

(3) Auf börsennotierte Kommanditgesellschaften auf Aktien sind die Absätze 1 und 2 entsprechend anzuwenden.

(4) Andere Unternehmen, deren Vertretungsorgan und Aufsichtsrat nach § 36 oder § 52 des Gesetzes betreffend die Gesellschaften mit beschränkter Haftung oder nach § 76 Absatz 4 des Aktiengesetzes, auch in Verbindung mit § 34 Satz 2 und § 35 Absatz 3 Satz 1 des Versicherungsaufsichtsgesetzes, oder nach § 111 Absatz 5 des Aktiengesetzes, auch in Verbindung mit § 35 Absatz 3 Satz 1 des Versicherungsaufsichtsgesetzes, verpflichtet sind, Zielgrößen für den Frauenanteil

Anhang 6
Handelsgesetzbuch (HGB)

und Fristen für deren Erreichung festzulegen, haben in ihrem Lagebericht als gesonderten Abschnitt eine Erklärung zur Unternehmensführung mit den Festlegungen und Angaben nach Absatz 2 Nummer 4 aufzunehmen; Absatz 1 Satz 2 und 3 gilt entsprechend. Gesellschaften, die nicht zur Offenlegung eines Lageberichts verpflichtet sind, haben eine Erklärung mit den Festlegungen und Angaben nach Absatz 2 Nummer 4 zu erstellen und gemäß Absatz 1 Satz 2 zu veröffentlichen. Sie können diese Pflicht auch durch Offenlegung eines unter Berücksichtigung von Satz 1 erstellten Lageberichts erfüllen.

Zweiter Unterabschnitt
Konzernanschluss und Konzernlagebericht

Zehnter Titel
Konzernabschluss nach internationalen Rechnungslegungsstandards

§ 315a

(1) Ist ein Mutterunternehmen, das nach den Vorschriften des Ersten Titels einen Konzernabschluss aufzustellen hat, nach Artikel 4 der Verordnung (EG) Nr. 1606/2002 des Europäischen Parlaments und des Rates vom 19. Juli 2002 in der jeweils geltenden Fassung verpflichtet, die nach den Artikeln 2, 3 und 6 der genannten Verordnung übernommenen internationalen Rechnungslegungsstandards anzuwenden, so sind von den Vorschriften des Zweiten bis Achten Titels nur § 294 Abs. 3, § 297 Absatz 1a, 2 Satz 4, § 298 Abs. 1, dieser jedoch nur in Verbindung mit den §§ 244 und 245, ferner § 313 Abs. 2 und 3, § 314 Abs. 1 Nr. 4, 6, 8 und 9, Absatz 3 sowie die Bestimmungen des Neunten Titels und die Vorschriften außerhalb dieses Unterabschnitts, die den Konzernabschluss oder den Konzernlagebericht betreffen, entsprechend anzuwenden.

(2) Mutterunternehmen, die nicht unter Absatz 1 fallen, haben ihren Konzernabschluss nach den dort genannten internationalen Rechnungslegungsstandards und Vorschriften aufzustellen, wenn für sie bis zum jeweiligen Bilanzstichtag die Zulassung eines Wertpapiers im Sinne des § 2 Absatz 1 des Wertpapierhandelsgesetzes zum Handel an einem organisierten Markt im Sinne des § 2 Abs. 5 des Wertpapierhandelsgesetzes im Inland beantragt worden ist.

(3) Mutterunternehmen, die nicht unter Absatz 1 oder 2 fallen, dürfen ihren Konzernabschluss nach den in Absatz 1 genannten internationalen Rechnungslegungsstandards und Vorschriften aufstellen. Ein Unternehmen, das von diesem Wahlrecht Gebrauch macht, hat die in Absatz 1 genannten Standards und Vorschriften vollständig zu befolgen.

Vierter Unterabschnitt
Offenlegung. Prüfung durch den Betreiber des Bundesanzeigers

§ 325
Offenlegung

(1) Die gesetzlichen Vertreter von Kapitalgesellschaften haben für die Gesellschaft folgende Unterlagen in deutscher Sprache offenzulegen:
1. den festgestellten oder gebilligten Jahresabschluss, den Lagebericht und den Bestätigungsvermerk oder den Vermerk über dessen Versagung sowie
2. den Bericht des Aufsichtsrats und die nach § 161 des Aktiengesetzes vorgeschriebene Erklärung.

Die Unterlagen sind elektronisch beim Betreiber des Bundesanzeigers in einer Form einzureichen, die ihre Bekanntmachung ermöglicht.

(1a) Die Unterlagen nach Absatz 1 Satz 1 sind spätestens ein Jahr nach dem Abschlussstichtag des Geschäftsjahrs einzureichen, auf das sie sich beziehen. Liegen die Unterlagen nach Absatz 1 Satz 1 Nummer 2 nicht innerhalb der Frist vor, sind sie unverzüglich nach ihrem Vorliegen nach Absatz 1 offenzulegen.

(1b) Wird der Jahresabschluss oder der Lagebericht geändert, so ist auch die Änderung nach Absatz 1 Satz 1 offenzulegen. Ist im Jahresabschluss nur der Vorschlag für die Ergebnisverwendung enthalten, ist der Beschluss über die Ergebnisverwendung nach seinem Vorliegen nach Absatz 1 Satz 1 offenzulegen.

(2) Die gesetzlichen Vertreter der Kapitalgesellschaft haben für diese die in Absatz 1 bezeichneten Unterlagen jeweils unverzüglich nach der Einreichung im Bundesanzeiger bekannt machen zu lassen.

(2a) Bei der Offenlegung nach Absatz 2 kann an die Stelle des Jahresabschlusses ein Einzelabschluss treten, der nach den in § 315a Abs. 1 bezeichneten internationalen Rechnungslegungsstandards aufgestellt worden ist. Ein Unternehmen, das von diesem Wahlrecht Gebrauch macht, hat die dort genannten Standards vollständig zu befolgen. Auf einen solchen Abschluss sind § 243 Abs. 2, die §§ 244, 245, 257, 264 Absatz 1a, 2 Satz 3, § 285 Nr. 7, 8 Buchstabe b, Nr. 9 bis 11a, 14 bis 17, § 286 Abs. 1, 3 und 5 anzuwenden. Der Lagebericht nach § 289 muss in den erforderlichen Umfang auch auf den Abschluss nach Satz 1 Bezug nehmen. Die übrigen Vorschriften des Zweiten Unterabschnitts des Ersten Abschnitts und des Ersten Unterabschnitts des Zweiten Abschnitts gelten insoweit nicht. Kann wegen der Anwendung des § 286 Abs. 1 auf den Anhang die in Satz 2 genannte Voraussetzung nicht eingehalten werden, entfällt das Wahlrecht nach Satz 1.

(2b) Die befreiende Wirkung der Offenlegung des Einzelabschlusses nach Absatz 2a tritt ein, wenn

1. statt des vom Abschlussprüfer zum Jahresabschluss erteilten Bestätigungsvermerks oder des Vermerks über dessen Versagung der entsprechende Vermerk zum Abschluss nach Absatz 2a in die Offenlegung nach Absatz 2 einbezogen wird,
2. der Vorschlag für die Verwendung des Ergebnisses und gegebenenfalls der Beschluss über seine Verwendung unter Angabe des Jahresüberschusses oder Jahresfehlbetrags in die Offenlegung nach Absatz 2 einbezogen werden und
3. der Jahresabschluss mit dem Bestätigungsvermerk oder dem Vermerk über dessen Versagung nach Absatz 1 Satz 1 bis 4 offen gelegt wird.

(3) Die Absätze 1 bis 2 und 4 Satz 1 gelten entsprechend für die gesetzlichen Vertreter einer Kapitalgesellschaft, die einen Konzernabschluss und einen Konzernlagebericht aufzustellen haben.

(3a) Wird der Konzernabschluss zusammen mit dem Jahresabschluss des Mutterunternehmens oder mit einem von diesem aufgestellten Einzelabschluss nach Absatz 2a bekannt gemacht, können die Vermerke des Abschlussprüfers nach § 322 zu beiden Abschlüssen zusammengefasst werden; in diesem Fall können auch die jeweiligen Prüfungsberichte zusammengefasst werden.

(4) Bei einer Kapitalgesellschaft im Sinn des § 264d, die keine Kapitalgesellschaft im Sinn des § 327a ist, beträgt die Frist nach Absatz 1a Satz 1 längstens vier Monate. Für die Wahrung der Fristen nach Satz 1 und Absatz 1a Satz 1 ist der Zeitpunkt der Einreichung der Unterlagen maßgebend.

(5) Auf Gesetz, Gesellschaftsvertrag oder Satzung beruhende Pflichten der Gesellschaft, den Jahresabschluss, den Einzelabschluss nach Absatz 2a, den Lagebericht, den Konzernabschluss oder den Konzernlagebericht in anderer Weise bekannt zu machen, einzureichen oder Personen zugänglich zu machen, bleiben unberührt.

(6) Die §§ 11 und 12 Abs. 2 gelten für die beim Betreiber des Bundesanzeigers einzureichenden Unterlagen entsprechend; § 325a Abs. 1 Satz 3 und § 340l Absatz 2 Satz 6 bleiben unberührt.

Anhang 6
Handelsgesetzbuch (HGB)

§ 325a
Zweigniederlassungen von Kapitalgesellschaften mit Sitz im Ausland

(1) Bei inländischen Zweigniederlassungen von Kapitalgesellschaften mit Sitz in einem anderen Mitgliedstaat der Europäischen Union oder Vertragsstaat des Abkommens über den Europäischen Wirtschaftsraum haben die in § 13e Abs. 2 Satz 4 Nr. 3 genannten Personen oder, wenn solche nicht angemeldet sind, die gesetzlichen Vertreter der Gesellschaft für diese die Unterlagen der Rechnungslegung der Hauptniederlassung, die nach dem für die Hauptniederlassung maßgeblichen Recht erstellt, geprüft und offengelegt oder hinterlegt worden sind, nach den §§ 325, 328, 329 Abs. 1 und 4 offenzulegen. Die Unterlagen sind in deutscher Sprache einzureichen. Soweit dies nicht die Amtssprache am Sitz der Hauptniederlassung ist, können die Unterlagen der Hauptniederlassung auch

1. in englischer Sprache oder
2. in einer von dem Register der Hauptniederlassung beglaubigten Abschrift oder,
3. wenn eine dem Register vergleichbare Einrichtung nicht vorhanden oder diese nicht zur Beglaubigung befugt ist, in einer von einem Wirtschaftsprüfer bescheinigten Abschrift, verbunden mit der Erklärung, dass entweder eine dem Register vergleichbare Einrichtung nicht vorhanden oder diese nicht zur Beglaubigung befugt ist,

eingereicht werden; von der Beglaubigung des Registers ist eine beglaubigte Übersetzung in deutscher Sprache einzureichen.

(2) Diese Vorschrift gilt nicht für Zweigniederlassungen, die von Kreditinstituten im Sinne des § 340 oder von Versicherungsunternehmen im Sinne des § 341 errichtet werden.

(3) Bei der Anwendung von Absatz 1 ist für die Einstufung einer Kapitalgesellschaft als Kleinstkapitalgesellschaft (§ 267a) und für die Geltung von Erleichterungen bei der Rechnungslegung das Recht des anderen Mitgliedstaates der Europäischen Union oder das Recht des Vertragsstaates des Abkommens über den Europäischen Wirtschaftsraum maßgeblich. Darf eine Kleinstkapitalgesellschaft nach dem für sie maßgeblichen Recht die Offenlegungspflicht durch die Hinterlegung der Bilanz erfüllen, darf sie die Offenlegung nach Absatz 1 ebenfalls durch Hinterlegung bewirken. § 326 Absatz 2 gilt entsprechend.

§ 326
Größenabhängige Erleichterungen für kleine Kapitalgesellschaften und Kleinstkapitalgesellschaften bei der Offenlegung

(1) Auf kleine Kapitalgesellschaften (§ 267 Abs. 1) ist § 325 Abs. 1 mit der Maßgabe anzuwenden, daß die gesetzlichen Vertreter nur die Bilanz und den Anhang einzureichen haben. Der Anhang braucht die die Gewinn- und Verlustrechnung betreffenden Angaben nicht zu enthalten.

(2) Die gesetzlichen Vertreter von Kleinstkapitalgesellschaften (§ 267a) können ihre sich aus § 325 Absatz 1 bis 2 ergebenden Pflichten auch dadurch erfüllen, dass sie die Bilanz in elektronischer Form zur dauerhaften Hinterlegung beim Betreiber des Bundesanzeigers einreichen und einen Hinterlegungsauftrag erteilen. § 325 Absatz 1 Satz 2, Absatz 1a und 1b ist entsprechend anzuwenden. Kleinstkapitalgesellschaften dürfen von dem in Satz 1 geregelten Recht nur Gebrauch machen, wenn sie gegenüber dem Betreiber des Bundesanzeigers mitteilen, dass sie zwei der drei in § 267a Absatz 1 genannten Merkmale für die nach § 267 Absatz 4 maßgeblichen Abschlussstichtage nicht überschreiten.

§ 327
Größenabhängige Erleichterungen für mittelgroße Kapitalgesellschaften bei der Offenlegung

Auf mittelgroße Kapitalgesellschaften (§ 267 Abs. 2) ist § 325 Abs. 1 mit der Maßgabe anzuwenden, daß die gesetzlichen Vertreter

1. die Bilanz nur in der für kleine Kapitalgesellschaften nach § 266 Abs. 1 Satz 3 vorgeschriebenen Form beim Betreiber des Bundesanzeigers einreichen müssen. In der Bilanz oder im An-

hang sind jedoch die folgenden Posten des § 266 Abs. 2 und 3 zusätzlich gesondert anzugeben:

Auf der Aktivseite

A I 1	Selbst geschaffene gewerbliche Schutzrechte und ähnliche Rechte und Werte;
A I 2	Geschäfts- oder Firmenwert;
A II 1	Grundstücke, grundstücksgleiche Rechte und Bauten einschließlich der Bauten auf fremden Grundstücken;
A II 2	technische Anlagen und Maschinen;
A II 3	andere Anlagen, Betriebs- und Geschäftsausstattung;
A II 4	geleistete Anzahlungen und Anlagen im Bau;
A III 1	Anteile an verbundenen Unternehmen;
A III 2	Ausleihungen an verbundene Unternehmen;
A III 3	Beteiligung;
A III 4	Ausleihungen an Unternehmen, mit denen ein Beteiligungsverhältnis besteht;
B II 2	Forderungen gegen verbundene Unternehmen;
B II 3	Forderungen gegen Unternehmen, mit denen ein Beteiligungsverhältnis besteht;
B III 1	Anteile an verbundenen Unternehmen;

Auf der Passivseite

C 1	Anleihen davon konvertibel;
C 2	Verbindlichkeiten gegenüber Kreditinstituten;
C 6	Verbindlichkeiten gegenüber verbundenen Unternehmen;
C 7	Verbindlichkeiten gegenüber Unternehmen, mit denen ein Beteiligungsverhältnis besteht;

2. den Anhang ohne die Angaben nach § 285 Nr. 2 und 8 Buchstabe a, Nr. 12 beim Betreiber des Bundesanzeigers einreichen dürfen.

§ 327a
Erleichterungen für bestimmte kapitalmarktorientierte Kapitalgesellschaften

§ 325 Abs. 4 Satz 1 ist auf eine Kapitalgesellschaft nicht anzuwenden, wenn sie ausschließlich zum Handel an einem organisierten Markt zugelassene Schuldtitel im Sinn des § 2 Absatz 1 Nummer 3 des Wertpapierhandelsgesetzes mit einer Mindeststückelung von 50 000 Euro oder dem am Ausgabetag entsprechenden Gegenwert einer anderen Währung begibt.

Zweiter Unterabschnitt
Ergänzende Vorschriften
für Versicherungsunternehmen und Pensionsfonds

Erster Titel
Anwendungsbereich

§ 341

(1) Dieser Unterabschnitt ist, soweit nichts anderes bestimmt ist, auf Unternehmen, die den Betrieb von Versicherungsgeschäften zum Gegenstand haben und nicht Träger der Sozialversicherung sind (Versicherungsunternehmen), anzuwenden. Dies gilt nicht für solche Versicherungsunternehmen, die auf Grund von Gesetz, Tarifvertrag oder Satzung ausschließlich für ihre Mitglieder oder

die durch Gesetz oder Satzung begünstigten Personen Leistungen erbringen oder als nicht rechtsfähige Einrichtungen ihre Aufwendungen im Umlageverfahren decken, es sei denn, sie sind Aktiengesellschaften, Versicherungsvereine auf Gegenseitigkeit oder rechtsfähige kommunale Schadenversicherungsunternehmen.

(2) Versicherungsunternehmen im Sinne des Absatzes 1 sind auch Niederlassungen im Geltungsbereich dieses Gesetzes von Versicherungsunternehmen mit Sitz in einem anderen Staat, wenn sie zum Betrieb des Direktversicherungsgeschäfts der Erlaubnis durch die deutsche Versicherungsaufsichtsbehörde bedürfen. Niederlassungen von Versicherungsunternehmen mit Sitz in einem Mitgliedstaat der Europäischen Union oder einem anderen Vertragsstaat des Abkommens über den Europäischen Wirtschaftsraum, die keiner Erlaubnis zum Betrieb des Direktversicherungsgeschäfts durch die deutsche Versicherungsaufsichtsbehörde bedürfen, haben die ergänzenden Vorschriften über den Ansatz und die Bewertung von Vermögensgegenständen und Schulden des Ersten bis Vierten Titels dieses Unterabschnitts und der Versicherungsunternehmens-Rechnungslegungsverordnung in ihrer jeweils geltenden Fassung anzuwenden.

(3) Zusätzliche Anforderungen auf Grund von Vorschriften, die wegen der Rechtsform oder für Niederlassungen bestehen, bleiben unberührt.

(4) Die Vorschriften des Ersten bis Siebenten Titels dieses Unterabschnitts sind mit Ausnahme von Absatz 1 Satz 2 auf Pensionsfonds (§ 112 Abs. 1 des Versicherungsaufsichtsgesetzes) entsprechend anzuwenden. § 341d ist mit der Maßgabe anzuwenden, dass Kapitalanlagen für Rechnung und Risiko von Arbeitnehmern und Arbeitgebern mit dem Zeitwert unter Berücksichtigung des Grundsatzes der Vorsicht zu bewerten sind; §§ 341b, 341c sind insoweit nicht anzuwenden.

Zweiter Titel
Jahresabschluß, Lagebericht

§ 341a
Anzuwendende Vorschriften

(1) Versicherungsunternehmen haben einen Jahresabschluß und einen Lagebericht nach den für große Kapitalgesellschaften geltenden Vorschriften des Ersten Unterabschnitts des Zweiten Abschnitts in den ersten vier Monaten des Geschäftsjahres für das vergangene Geschäftsjahr aufzustellen und dem Abschlußprüfer zur Durchführung der Prüfung vorzulegen; die Frist des § 264 Abs. 1 Satz 3 gilt nicht. Ist das Versicherungsunternehmen eine Kapitalgesellschaft im Sinn des § 325 Abs. 4 Satz 1 und nicht zugleich im Sinn des § 327a, beträgt die Frist nach Satz 1 vier Monate.

(2) § 265 Abs. 6, §§ 267, 268 Abs. 4 Satz 1, Abs. 5 Satz 1 und 2, §§ 276, 277 Abs. 1 und 2, § 285 Nr. 8 Buchstabe a und § 288 sind nicht anzuwenden. Anstelle von § 247 Abs. 1, §§ 251, 265 Abs. 7, §§ 266, 268 Absatz 7, §§ 275, 284 Absatz 3, § 285 Nummer 4 und 8 Buchstabe b sowie § 286 Abs. 2 sind die durch Rechtsverordnung erlassenen Formblätter und anderen Vorschriften anzuwenden. § 246 Abs. 2 ist nicht anzuwenden, soweit abweichende Vorschriften bestehen. § 264 Abs. 3 und § 264b sind mit der Maßgabe anzuwenden, daß das Versicherungsunternehmen unter den genannten Voraussetzungen die Vorschriften des Vierten Unterabschnitts des Zweiten Abschnitts nicht anzuwenden braucht. § 285 Nr. 3a gilt mit der Maßgabe, daß die Angaben für solche finanzielle Verpflichtungen nicht zu machen sind, die im Rahmen des Versicherungsgeschäfts entstehen. § 285 Nummer 31 ist nicht anzuwenden; unter den Posten „außerordentliche Erträge" und „außerordentliche Aufwendungen" sind Erträge und Aufwendungen auszuweisen, die außerhalb der gewöhnlichen Geschäftstätigkeit anfallen. Im Anhang sind diese Posten hinsichtlich ihres Betrags und ihrer Art zu erläutern, soweit die ausgewiesenen Beträge für die Beurteilung der Ertragslage nicht von untergeordneter Bedeutung sind.

(3) Auf Krankenversicherungsunternehmen, die das Krankenversicherungsgeschäft ausschließlich oder überwiegend nach Art der Lebensversicherung betreiben, sind die für die Rechnungslegung der Lebensversicherungsunternehmen geltenden Vorschriften entsprechend anzuwenden.

(4) Auf Versicherungsunternehmen, die nicht Aktiengesellschaften, Kommanditgesellschaften auf Aktien oder kleinere Vereine sind, sind § 152 Abs. 2 und 3 sowie die §§ 170 bis 176 des Aktiengesetzes entsprechend anzuwenden.

(5) Bei Versicherungsunternehmen, die ausschließlich die Rückversicherung betreiben oder deren Beiträge aus in Rückdeckung übernommenen Versicherungen die übrigen Beiträge übersteigen, verlängert sich die in Absatz 1 Satz 1 erster Halbsatz genannte Frist von vier Monaten auf zehn Monate, sofern das Geschäftsjahr mit dem Kalenderjahr übereinstimmt; die Hauptversammlung oder die Versammlung der obersten Vertretung, die den Jahresabschluß entgegennimmt oder festzustellen hat, muß abweichend von § 175 Abs. 1 Satz 2 des Aktiengesetzes spätestens 14 Monate nach dem Ende des vergangenen Geschäftsjahres stattfinden. Die Frist von vier Monaten nach Absatz 1 Satz 2 verlängert sich in den Fällen des Satzes 1 nicht.

Dritter Titel
Bewertungsvorschriften

§ 341 b
Bewertung von Vermögensgegenständen

(1) Versicherungsunternehmen haben immaterielle Vermögensgegenstände, soweit sie entgeltlich erworben wurden, Grundstücke, grundstücksgleiche Rechte und Bauten einschließlich der Bauten auf fremden Grundstücken, technische Anlagen und Maschinen, andere Anlagen, Betriebs- und Geschäftsausstattung, Anlagen im Bau und Vorräte nach den für das Anlagevermögen geltenden Vorschriften zu bewerten. Satz 1 ist vorbehaltlich Absatz 2 und § 341c auch auf Kapitalanlagen anzuwenden, soweit es sich hierbei um Beteiligungen, Anteile an verbundenen Unternehmen, Ausleihungen an verbundene Unternehmen oder an Unternehmen, mit denen ein Beteiligungsverhältnis besteht, Namensschuldverschreibungen, Hypothekendarlehen und andere Forderungen und Rechte, sonstige Ausleihungen und Depotforderungen aus dem in Rückdeckung übernommenen Versicherungsgeschäft handelt. § 253 Absatz 3 Satz 6 ist nur auf die in Satz 2 bezeichneten Vermögensgegenstände anzuwenden.

(2) Auf Kapitalanlagen, soweit es sich hierbei um Aktien einschließlich der eigenen Anteile, Anteile oder Aktien an Investmentvermögen sowie sonstige festverzinsliche und nicht festverzinsliche Wertpapiere handelt, sind die für das Umlaufvermögen geltenden § 253 Abs. 1 Satz 1, Abs. 4 und 5, § 256 anzuwenden, es sei denn, dass sie dazu bestimmt werden, dauernd dem Geschäftsbetrieb zu dienen; in diesem Fall sind sie nach den für das Anlagevermögen geltenden Vorschriften zu bewerten.

(3) § 256 Satz 2 in Verbindung mit § 240 Abs. 3 über die Bewertung zum Festwert ist auf Grundstücke, Bauten und im Bau befindliche Anlagen nicht anzuwenden.

(4) Verträge, die von Pensionsfonds bei Lebensversicherungsunternehmen zur Deckung von Verpflichtungen gegenüber Versorgungsberechtigten eingegangen werden, sind mit dem Zeitwert unter Berücksichtigung des Grundsatzes der Vorsicht zu bewerten; die Absätze 1 bis 3 sind insoweit nicht anzuwenden.

§ 341 c
Namensschuldverschreibungen,
Hypothekendarlehen und andere Forderungen

(1) Abweichend von § 253 Abs. 1 Satz 1 dürfen Namensschuldverschreibungen mit ihrem Nennbetrag angesetzt werden.

(2) Ist der Nennbetrag höher als die Anschaffungskosten, so ist der Unterschiedsbetrag in den Rechnungsabgrenzungsposten auf der Passivseite aufzunehmen, planmäßig aufzulösen und in seiner jeweiligen Höhe in der Bilanz oder im Anhang gesondert anzugeben. Ist der Nennbetrag niedriger als die Anschaffungskosten, darf der Unterschiedsbetrag in den Rechnungsabgrenzungsposten auf der Aktivseite aufgenommen werden; er ist planmäßig aufzulösen und in seiner jeweiligen Höhe in der Bilanz oder im Anhang gesondert anzugeben.

(3) Bei Hypothekendarlehen und anderen Forderungen dürfen die Anschaffungskosten zuzüglich oder abzüglich der kumulierten Amortisation einer Differenz zwischen den Anschaffungskosten und dem Rückzahlungsbetrag unter Anwendung der Effektivzinsmethode angesetzt werden.

§ 341 d
Anlagestock
der fondsgebundenen Lebensversicherung

Kapitalanlagen für Rechnung und Risiko von Inhabern von Lebensversicherungen, für die ein Anlagestock nach § 54 b des Versicherungsaufsichtsgesetzes zu bilden ist, sind mit dem Zeitwert unter Berücksichtigung des Grundsatzes der Vorsicht zu bewerten; die §§ 341 b, 341 c sind nicht anzuwenden.

Vierter Titel
Versicherungstechnische Rückstellungen

§ 341 e
Allgemeine Bilanzierungsgrundsätze

(1) Versicherungsunternehmen haben versicherungstechnische Rückstellungen auch insoweit zu bilden, wie dies nach vernünftiger kaufmännischer Beurteilung notwendig ist, um die dauernde Erfüllbarkeit der Verpflichtungen aus den Versicherungsverträgen sicherzustellen. Dabei sind die im Interesse der Versicherten erlassenen aufsichtsrechtlichen Vorschriften über die bei der Berechnung der Rückstellungen zu verwendenden Rechnungsgrundlagen einschließlich des dafür anzusetzenden Rechnungszinsfußes und über die Zuweisung bestimmter Kapitalerträge zu den Rückstellungen zu berücksichtigen. Die Rückstellungen sind nach den Wertverhältnissen am Abschlussstichtag zu bewerten und nicht nach § 253 Abs. 2 abzuzinsen.

(2) Versicherungstechnische Rückstellungen sind außer in den Fällen der §§ 341f bis 341h insbesondere zu bilden

1. für den Teil der Beiträge, der Ertrag für eine bestimmte Zeit nach dem Abschlußstichtag darstellt (Beitragsüberträge);
2. für erfolgsabhängige und erfolgsunabhängige Beitragsrückerstattungen, soweit die ausschließliche Verwendung der Rückstellung zu diesem Zweck durch Gesetz, Satzung, geschäftsplanmäßige Erklärung oder vertragliche Vereinbarung gesichert ist (Rückstellung für Beitragsrückerstattung);
3. für Verluste, mit denen nach dem Abschlußstichtag aus bis zum Ende des Geschäftsjahres geschlossenen Verträgen zu rechnen ist (Rückstellung für drohende Verluste aus dem Versicherungsgeschäft).

(3) Soweit eine Bewertung nach § 252 Abs. 1 Nr. 3 oder § 240 Abs. 4 nicht möglich ist oder der damit verbundene Aufwand unverhältnismäßig wäre, können die Rückstellungen auf Grund von Näherungsverfahren geschätzt werden, wenn anzunehmen ist, daß diese zu annähernd gleichen Ergebnissen wie Einzelberechnungen führen.

§ 341 f
Deckungsrückstellung

(1) Deckungsrückstellungen sind für die Verpflichtungen aus dem Lebensversicherungs- und dem nach Art der Lebensversicherung betriebenen Versicherungsgeschäft in Höhe ihres versicherungsmathematisch errechneten Wertes einschließlich bereits zugeteilter Überschußanteile mit Ausnahme der verzinslich angesammelten Überschußanteile und nach Abzug des versicherungsmathematisch ermittelten Barwerts der künftigen Beiträge zu bilden (prospektive Methode). Ist eine Ermittlung des Wertes der künftigen Verpflichtungen und der künftigen Beiträge nicht möglich, hat die Berechnung auf Grund der aufgezinsten Einnahmen und Ausgaben der vorangegangenen Geschäftsjahre zu erfolgen (retrospektive Methode).

(2) Bei der Bildung der Deckungsrückstellung sind auch gegenüber den Versicherten eingegangene Zinssatzverpflichtungen zu berücksichtigen, sofern die derzeitigen oder zu erwartenden Erträge der Vermögenswerte des Unternehmens für die Deckung dieser Verpflichtungen nicht ausreichen.

(3) In der Krankenversicherung, die nach Art der Lebensversicherung betrieben wird, ist als Deckungsrückstellung eine Alterungsrückstellung zu bilden; hierunter fallen auch der Rückstellung bereits zugeführte Beträge aus der Rückstellung für Beitragsrückerstattung sowie Zuschreibungen, die dem Aufbau einer Anwartschaft auf Beitragsermäßigung im Alter dienen. Bei der Berechnung sind die für die Berechnung der Prämien geltenden aufsichtsrechtlichen Bestimmungen zu berücksichtigen.

§ 341 g
Rückstellung für noch nicht abgewickelte Versicherungsfälle

(1) Rückstellungen für noch nicht abgewickelte Versicherungsfälle sind für die Verpflichtungen aus den bis zum Ende des Geschäftsjahres eingetretenen, aber noch nicht abgewickelten Versicherungsfällen zu bilden. Hierbei sind die gesamten Schadenregulierungsaufwendungen zu berücksichtigen.

(2) Für bis zum Abschlußstichtag eingetretene, aber bis zur inventurmäßigen Erfassung noch nicht gemeldete Versicherungsfälle ist die Rückstellung pauschal zu bewerten. Dabei sind die bisherigen Erfahrungen in bezug auf die Anzahl der nach dem Abschlußstichtag gemeldeten Versicherungsfälle und die Höhe der damit verbundenen Aufwendungen zu berücksichtigen.

(3) Bei Krankenversicherungsunternehmen ist die Rückstellung anhand eines statistischen Näherungsverfahrens zu ermitteln. Dabei ist von den in den ersten Monaten des nach dem Abschlußstichtag folgenden Geschäftsjahres erfolgten Zahlungen für die bis zum Abschlußstichtag eingetretenen Versicherungsfälle auszugehen.

(4) Bei Mitversicherungen muß die Rückstellung der Höhe nach anteilig zumindest derjenigen entsprechen, die der führende Versicherer nach den Vorschriften oder der Übung in dem Land bilden muß, von dem aus er tätig wird.

(5) Sind die Versicherungsleistungen auf Grund rechtskräftigen Urteils, Vergleichs oder Anerkenntnisses in Form einer Rente zu erbringen, so müssen die Rückstellungsbeträge nach anerkannten versicherungsmathematischen Methoden berechnet werden.

§ 341 h
Schwankungsrückstellung und ähnliche Rückstellungen

(1) Schwankungsrückstellungen sind zum Ausgleich der Schwankungen im Schadenverlauf künftiger Jahre zu bilden, wenn insbesondere
1. nach den Erfahrungen in dem betreffenden Versicherungszweig mit erheblichen Schwankungen der jährlichen Aufwendungen für Versicherungsfälle zu rechnen ist,
2. die Schwankungen nicht jeweils durch Beiträge ausgeglichen werden und
3. die Schwankungen nicht durch Rückversicherungen gedeckt sind.

Anhang 6

Handelsgesetzbuch (HGB)

(2) Für Risiken gleicher Art, bei denen der Ausgleich von Leistung und Gegenleistung wegen des hohen Schadenrisikos im Einzelfall nach versicherungsmathematischen Grundsätzen nicht im Geschäftsjahr, sondern nur in einem am Abschlußstichtag nicht bestimmbaren Zeitraum gefunden werden kann, ist eine Rückstellung zu bilden und in der Bilanz als „ähnliche Rückstellung" unter den Schwankungsrückstellungen auszuweisen.

Investmentsteuergesetz (InvStG)

vom 15. Dezember 2003 zuletzt geändert
durch Artikel 13 des Gesetzes zur Anpassung des nationalen Steuerrechts an den Beitritt
Kroatiens zur EU und zur Änderung weiterer steuerlicher Vorschriften (KroatienAnpG)
vom 25. Juli 2014 (BGBl. I S. 1266)

Inhaltsübersicht

Abschnitt 1

Gemeinsame Regelungen für inländische und ausländische Investmentfonds

- § 1 Anwendungsbereich und Begriffsbestimmungen
- § 2 Erträge aus Investmentanteilen
- § 3 Ermittlung der Erträge
- § 3a Ausschüttungsreihenfolge
- § 4 Ausländische Einkünfte
- § 5 Besteuerungsgrundlagen
- § 6 Besteuerung bei fehlender Bekanntmachung
- § 7 Kapitalertragsteuer
- § 8 Veräußerung von Investmentanteilen; Vermögensminderung
- § 9 Ertragsausgleich
- § 10 Dach-Investmentfonds

Abschnitt 2

Regelungen nur für inländische Investmentfonds

- § 11 Steuerbefreiung und Außenprüfung
- § 12 Ausschüttungsbeschluss
- § 13 Gesonderte Feststellung der Besteuerungsgrundlagen
- § 14 Verschmelzung von Investmentfonds und Teilen von Investmentfonds
- § 15 Inländische Spezial-Investmentfonds
- § 15a Offene Investmentkommanditgesellschaft

Abschnitt 3

Regelungen nur für ausländische Investmentfonds

- § 16 Ausländische Spezial-Investmentfonds
- § 17 Repräsentant
- § 17a Auswirkungen der Verschmelzung von ausländischen Investmentfonds und Teilen eines solchen Investmentfonds auf einen anderen ausländischen Investmentfonds oder Teile eines solchen Investmentfonds

Abschnitt 4

Gemeinsame Regelungen für inländische und ausländische Investitionsgesellschaften

- § 18 Personen-Investitionsgesellschaften
- § 19 Kapital-Investitionsgesellschaften
- § 20 Umwandlung einer Investitionsgesellschaft in einen Investmentfonds

Anhang 7
Investmentsteuergesetz (InvStG)

Abschnitt 5
Anwendungs- und Übergangsvorschriften
§ 21 Anwendungsvorschriften vor Inkrafttreten des AIFM-Steuer-Anpassungsgesetzes
§ 22 Anwendungsvorschriften zum AIFM-Steuer-Anpassungsgesetz
§ 23 Übergangsvorschriften

Abschnitt 1
Gemeinsame Regelungen für inländische und ausländische Investmentfonds
§ 1
Anwendungsbereich und Begriffsbestimmungen

(1) [1]Dieses Gesetz ist anzuwenden auf Organismen für gemeinsame Anlagen in Wertpapieren (OGAW) im Sinne des § 1 Absatz 2 des Kapitalanlagegesetzbuchs und Alternative Investmentfonds (AIF) im Sinne des § 1 Absatz 3 des Kapitalanlagegesetzbuchs sowie auf Anteile an OGAW oder AIF. [2]Teilsondervermögen im Sinne des § 96 Absatz 2 Satz 1 des Kapitalanlagegesetzbuchs, Teilgesellschaftsvermögen im Sinne des § 117 oder des § 132 des Kapitalanlagegesetzbuchs oder vergleichbare rechtlich getrennte Einheiten eines ausländischen OGAW oder AIF (Teilfonds) gelten für die Zwecke dieses Gesetzes selbst als OGAW oder AIF.

(1a) Dieses Gesetz ist nicht anzuwenden auf

1. Gesellschaften, Einrichtungen oder Organisationen, für die nach § 2 Absatz 1 und 2 des Kapitalanlagegesetzbuchs das Kapitalanlagegesetzbuch nicht anwendbar ist,
2. Unternehmensbeteiligungsgesellschaften im Sinne des § 1a Absatz 1 des Gesetzes über Unternehmensbeteiligungsgesellschaften und
3. Kapitalbeteiligungsgesellschaften, die im öffentlichen Interesse mit Eigenmitteln oder mit staatlicher Hilfe Beteiligungen erwerben.

(1b) [1]Die Abschnitte 1 bis 3 und 5 sind auf Investmentfonds und Anteile an Investmentfonds anzuwenden. [2]Ein Investmentfonds ist ein OGAW oder ein AIF, der die folgenden Anlagebestimmungen erfüllt:

1. Der OGAW, der AIF oder der Verwalter des AIF ist in seinem Sitzstaat einer Aufsicht über Vermögen zur gemeinschaftlichen Kapitalanlage unterstellt. [2]Diese Bestimmung gilt in den Fällen des § 2 Absatz 3 des Kapitalanlagegesetzbuchs als erfüllt.
2. Die Anleger können mindestens einmal pro Jahr das Recht zur Rückgabe oder Kündigung ihrer Anteile, Aktien oder Beteiligung ausüben. [2]Dies gilt als erfüllt, wenn der OGAW oder der AIF an einer Börse im Sinne des § 2 Absatz 1 des Börsengesetzes oder einer vergleichbaren ausländischen Börse gehandelt wird.
3. Der objektive Geschäftszweck ist auf die Anlage und Verwaltung seiner Mittel für gemeinschaftliche Rechnung der Anteils- oder Aktieninhaber beschränkt und eine aktive unternehmerische Bewirtschaftung der Vermögensgegenstände ist ausgeschlossen. [2]Eine aktive unternehmerische Bewirtschaftung ist bei Beteiligungen an Immobilien-Gesellschaften im Sinne des § 1 Absatz 19 Nummer 22 des Kapitalanlagegesetzbuchs nicht schädlich.
4. Das Vermögen wird nach dem Grundsatz der Risikomischung angelegt. [2]Eine Risikomischung liegt regelmäßig vor, wenn das Vermögen in mehr als drei Vermögensgegenstände mit unterschiedlichen Anlagerisiken angelegt ist. [3]Der Grundsatz der Risikomischung gilt als gewahrt, wenn der OGAW oder der AIF in nicht nur unerheblichem Umfang Anteile an einem oder mehreren anderen Vermögen hält und diese anderen Vermögen unmittelbar oder mittelbar nach dem Grundsatz der Risikomischung angelegt sind.
5. Die Vermögensanlage erfolgt zu mindestens 90 Prozent des Wertes des OGAW oder des AIF in die folgenden Vermögensgegenstände:

Anhang 7
Investmentsteuergesetz (InvStG)

a) Wertpapiere,
b) Geldmarktinstrumente,
c) Derivate,
d) Bankguthaben,
e) Grundstücke, grundstücksgleiche Rechte und vergleichbare Rechte nach dem Recht anderer Staaten,
f) Beteiligungen an Immobilien-Gesellschaften im Sinne des § 1 Absatz 19 Nummer 22 des Kapitalanlagegesetzbuchs,
g) Betriebsvorrichtungen und andere Bewirtschaftungsgegenstände im Sinne des § 231 Absatz 3 des Kapitalanlagegesetzbuchs,
h) Anteile oder Aktien an inländischen und ausländischen Investmentfonds,
i) Beteiligungen an ÖPP-Projektgesellschaften im Sinne des § 1 Absatz 19 Nummer 28 des Kapitalanlagegesetzbuchs, wenn der Verkehrswert dieser Beteiligungen ermittelt werden kann und
j) Edelmetalle, unverbriefte Darlehensforderungen und Beteiligungen an Kapitalgesellschaften, wenn der Verkehrswert dieser Beteiligungen ermittelt werden kann.

6. Höchstens 20 Prozent seines Wertes werden in Beteiligungen an Kapitalgesellschaften investiert, die weder zum Handel an einer Börse zugelassen noch in einem anderen organisierten Markt zugelassen oder in diesen einbezogen sind. ²OGAW oder AIF, die nach ihren Anlagebedingungen das bei ihnen eingelegte Geld in Immobilien anlegen, dürfen bis zu 100 Prozent ihres Wertes in Immobilien-Gesellschaften investieren. ³Innerhalb der Grenzen des Satzes 1 dürfen auch Unternehmensbeteiligungen gehalten werden, die vor dem 28. November 2013 erworben wurden.

7. Die Höhe der Beteiligung an einer Kapitalgesellschaft liegt unter 10 Prozent des Kapitals der Kapitalgesellschaft. ²Dies gilt nicht für Beteiligungen eines OGAW oder eines AIF an
   a) Immobilien-Gesellschaften,
   b) ÖPP-Projektgesellschaften und
   c) Gesellschaften, deren Unternehmensgegenstand auf die Erzeugung erneuerbarer Energien im Sinne des § 3 Nummer 3 des Gesetzes über den Vorrang erneuerbarer Energien gerichtet ist.

8. Ein Kredit darf nur kurzfristig und nur bis zur Höhe von 30 Prozent des Wertes des OGAW oder des AIF aufgenommen werden. ²AIF, die nach den Anlagebedingungen das bei ihnen eingelegte Geld in Immobilien anlegen, dürfen kurzfristige Kredite bis zu einer Höhe von 30 Prozent des Wertes des Investmentfonds und im Übrigen Kredite bis zu einer Höhe von 50 Prozent des Verkehrswertes der im AIF unmittelbar oder mittelbar gehaltenen Immobilien aufnehmen.

9. Die vorstehenden Anlagebestimmungen oder die für OGAW geltenden Anlagebestimmungen des Kapitalanlagegesetzbuchs gehen aus seinen Anlagebedingungen hervor.

(1c) ¹OGAW und AIF, die nicht die Voraussetzungen der Absätze 1b und 1f erfüllen, sind Investitionsgesellschaften. ²Auf Investitionsgesellschaften sind die Absätze 1, 1a und 2 sowie die Abschnitte 4 und 5 anzuwenden.

(1d) ¹Ändert ein Investmentfonds seine Anlagebedingungen in der Weise ab, dass die Anlagebestimmungen des Absatzes 1b nicht mehr erfüllt sind, oder liegt in der Anlagepraxis ein wesentlicher Verstoß gegen die Anlagebestimmungen des Absatzes 1b vor, so hat bei inländischen Investmentfonds das nach § 13 Absatz 5 zuständige Finanzamt und bei ausländischen Investmentfonds das Bundeszentralamt für Steuern das Fehlen der Anlagebestimmungen festzustellen. ²Die §§ 164, 165 und 172 bis 175a der Abgabenordnung sind auf die Feststellung nicht anzuwenden. ³Nach Ablauf des Geschäftsjahres des Investmentfonds, in dem der Feststellungsbescheid unanfechtbar geworden ist, gilt der Investmentfonds für einen Zeitraum von mindestens drei Jahren als Investiti-

Anhang 7
Investmentsteuergesetz (InvStG)

onsgesellschaft. ⁴Unanfechtbare Feststellungsbescheide sind vom zuständigen Finanzamt dem Bundeszentralamt für Steuern mitzuteilen. ⁵Das Bundeszentralamt für Steuern hat die Bezeichnung des Investmentfonds, die Wertpapieridentifikationsnummer ISIN, soweit sie erteilt wurde, und den Zeitpunkt, ab dem der Investmentfonds als Investitionsgesellschaft gilt, im Bundesanzeiger zu veröffentlichen.

(1e) Bei einer Überschreitung der zulässigen Beteiligungshöhe an Kapitalgesellschaften nach Absatz 1b Nummer 7 sind für den Investmentfonds oder für dessen Anleger keine Besteuerungsregelungen anzuwenden, die eine über dieser Grenze liegende Beteiligungshöhe voraussetzen.

(1f) Inländische Investmentfonds können gebildet werden

1. in Form eines Sondervermögens im Sinne des § 1 Absatz 10 des Kapitalanlagegesetzbuchs, das von einer
   a) externen Kapitalverwaltungsgesellschaft im Sinne des § 17 Absatz 2 Nummer 1 des Kapitalanlagegesetzbuchs verwaltet wird,
   b) inländischen Zweigniederlassung einer EU-Verwaltungsgesellschaft im Sinne des § 1 Absatz 17 des Kapitalanlagegesetzbuchs verwaltet wird oder
   c) EU-Verwaltungsgesellschaft im Sinne des § 1 Absatz 17 Nummer 1 des Kapitalanlagegesetzbuchs mittels der grenzüberschreitenden Dienstleistung verwaltet wird,
2. in Form einer Investmentaktiengesellschaft mit veränderlichem Kapital im Sinne des Kapitels 1 Abschnitt 4 Unterabschnitt 3 des Kapitalanlagegesetzbuchs oder
3. in Form einer offenen Investmentkommanditgesellschaft im Sinne des Kapitels 1 Abschnitt 4 Unterabschnitt 4 des Kapitalanlagegesetzbuchs, die nach ihrem Gesellschaftsvertrag nicht mehr als 100 Anleger hat, die nicht natürliche Personen sind und deren Gesellschaftszweck unmittelbar und ausschließlich der Abdeckung von betrieblichen Altersvorsorgeverpflichtungen dient. ²Die Voraussetzungen des Satzes 1 gelten nicht als erfüllt, wenn der Wert der Anteile, die ein Anleger erwirbt, den Wert der betrieblichen Altersvorsorgeverpflichtung übersteigt. ³Die Anleger haben schriftlich nach amtlichem Muster gegenüber der offenen Investmentkommanditgesellschaft zu bestätigen, dass sie ihren Anteil unmittelbar und ausschließlich zur Abdeckung von betrieblichen Altersvorsorgeverpflichtungen halten.

(1g) ¹Für die Anwendung der Abschnitte 1 bis 3 und 5 zählt ein EU-Investmentfonds der Vertragsform, der von einer externen Kapitalverwaltungsgesellschaft im Sinne des § 17 Absatz 2 Nummer 1 des Kapitalanlagegesetzbuchs oder einer inländischen Zweigniederlassung einer EU-Verwaltungsgesellschaft im Sinne des § 1 Absatz 17 des Kapitalanlagegesetzbuchs verwaltet wird, zu den ausländischen Investmentfonds. ²Ist nach dem Recht des Herkunftsstaates eines Investmentfonds nach Satz 1 auf Grund des Sitzes der Kapitalverwaltungsgesellschaft im Inland oder der inländischen Zweigniederlassung der EUVerwaltungsgesellschaft die Bundesrepublik Deutschland dazu berufen, die Besteuerung des Investmentfonds umfassend zu regeln, so gilt dieser Investmentfonds für die Anwendung dieses Gesetzes abweichend von Satz 1 als inländischer Investmentfonds. ³Anteile an einem Investmentfonds nach Satz 2 gelten als Anteile an einem inländischen Investmentfonds. ⁴Anteile an einem Investmentfonds nach Satz 1 zählen zu den ausländischen Anteilen.

(2) ¹Die Begriffsbestimmungen des Kapitalanlagegesetzbuchs gelten entsprechend, soweit sich keine abweichende Begriffsbestimmung aus diesem Gesetz ergibt. ²Anleger sind die Inhaber von Anteilen an Investmentfonds und Investitionsgesellschaften, unabhängig von deren rechtlicher Ausgestaltung. ³Inländische Investmentfonds oder inländische Investitionsgesellschaften sind OGAW oder AIF, die dem inländischen Aufsichtsrecht unterliegen. ⁴EU-Investmentfonds und EU-Investitionsgesellschaften sind OGAW oder AIF, die dem Aufsichtsrecht eines anderen Mitgliedstaates der Europäischen Union oder eines anderen Vertragsstaates des Abkommens über den Europäischen Wirtschaftsraum unterliegen. ⁵Ausländische Investmentfonds und ausländische Investitionsgesellschaften sind EU-Investmentfonds oder EU-Investitionsgesellschaften oder AIF, die dem Recht eines Drittstaates unterliegen. ⁶Als Anlagebedingungen im Sinne dieses Gesetzes

Anhang 7
Investmentsteuergesetz (InvStG)

gelten auch die Satzung, der Gesellschaftsvertrag oder vergleichbare konstituierende Dokumente eines OGAW oder eines AIF.

(2a) ^{1}Inländische Investmentfonds sind zugleich inländische Investmentgesellschaften im Sinne dieses Gesetzes. ^{2}Ausländische Investmentfonds sind zugleich ausländische Investmentgesellschaften im Sinne dieses Gesetzes. ^{3}Inländische Investmentfonds werden bei der Geltendmachung von Rechten und der Erfüllung von Pflichten wie folgt vertreten:

1. bei Sondervermögen nach Absatz 1f Nummer 1
    a) Buchstabe a durch die Kapitalverwaltungsgesellschaft,
    b) Buchstabe b durch die inländische Zweigniederlassung der EU-Verwaltungsgesellschaft,
    c) Buchstabe c durch die inländische Verwahrstelle im Sinne des § 68 Absatz 3 des Kapitalanlagegesetzbuchs, wenn es sich um inländische OGAW handelt, oder durch die inländische Verwahrstelle im Sinne des § 80 Absatz 6 des Kapitalanlagegesetzbuchs, wenn es sich um inländische AIF handelt, und
2. bei Gesellschaften nach Absatz 1g durch die Kapitalverwaltungsgesellschaft.

^{4}Während der Abwicklung eines inländischen Investmentfonds tritt die inländische Verwahrstelle für die Anwendung des Satzes 2 an die Stelle der Kapitalverwaltungsgesellschaft.

(3) ^{1}Ausschüttungen sind die dem Anleger tatsächlich gezahlten oder gutgeschriebenen Beträge einschließlich der einbehaltenen Kapitalertragsteuer. ^{2}Ausgeschüttete Erträge sind die von einem Investmentfonds zur Ausschüttung verwendeten Kapitalerträge, Erträge aus der Vermietung und Verpachtung von Grundstücken und grundstücksgleichen Rechten, sonstige Erträge und Gewinne aus Veräußerungsgeschäften. ^{3}Ausschüttungsgleiche Erträge sind die von einem Investmentfonds nach Abzug der abziehbaren Werbungskosten nicht zur Ausschüttung verwendeten

1. Kapitalerträge mit Ausnahme der Erträge aus Stillhalterprämien im Sinne des § 20 Abs. 1 Nr. 11 des Einkommensteuergesetzes, der Gewinne im Sinne des § 20 Abs. 2 Satz 1 Nr. 1 des Einkommensteuergesetzes, der Gewinne im Sinne des § 20 Abs. 2 Satz 1 Nr. 3 des Einkommensteuergesetzes und der Gewinne im Sinne des § 20 Abs. 2 Satz 1 Nr. 7 des Einkommensteuergesetzes, soweit sie nicht auf vereinnahmte Stückzinsen entfallen und wenn es sich um sonstige Kapitalforderungen handelt,
    a) die eine Emissionsrendite haben,
    b) bei denen das Entgelt für die Kapitalüberlassung ausschließlich nach einem festen oder variablen Bruchteil des Kapitals bemessen und die Rückzahlung des Kapitals in derselben Höhe zugesagt oder gewährt wird, in der es überlassen wurde. ^{2}Ein Emissionsdisagio oder Emissionsdiskont zur Feinabstimmung des Zinses bleibt dabei unberücksichtigt,
    c) bei denen weder eine auch nur teilweise Rückzahlung des Kapitalvermögens noch ein gesondertes Entgelt für die Überlassung des Kapitalvermögens zur Nutzung zugesagt oder gewährt wird und die Rückzahlung des Kapitals sich nach der Wertentwicklung einer einzelnen Aktie oder eines veröffentlichten Index für eine Mehrzahl von Aktien richtet und diese Wertentwicklung in gleichem Umfang nachgebildet wird,
    d) die solche im Sinne des Buchstaben b sind, bei denen der Inhaber neben der festen Verzinsung ein Recht auf Umtausch in Gesellschaftsanteile hat, oder bei denen der Inhaber zusätzlich bei Endfälligkeit das Wahlrecht besitzt, vom Emittenten entweder die Kapitalrückzahlung oder die Lieferung einer vorher festgelegten Anzahl von Aktien eines Unternehmens zu verlangen, oder bei denen der Emittent zusätzlich das Recht besitzt, bei Fälligkeit dem Inhaber an Stelle der Rückzahlung des Nominalbetrags eine vorher festgelegte Anzahl von Aktien anzudienen,
    e) die Gewinnobligationen oder Genussrechte im Sinne des § 43 Abs. 1 Satz 1 Nr. 2 des Einkommensteuergesetzes sind,
    f) bei denen die Anschaffungskosten teilweise auf abtrennbare Optionsscheine und eine separat handelbare Anleihe entfallen,

Anhang 7
Investmentsteuergesetz (InvStG)

2. Erträge aus der Vermietung und Verpachtung von Grundstücken und grundstücksgleichen Rechten, sonstige Erträge und Gewinne aus privaten Veräußerungsgeschäften im Sinne des § 23 Abs. 1 Satz 1 Nr. 1, Abs. 2 und 3 des Einkommensteuergesetzes.

⁴Zu den ausgeschütteten und ausschüttungsgleichen Erträgen im Sinne der Sätze 2 und 3 gehören auch nach § 3 Abs. 2 Satz 1 Nr. 2 abgegrenzte Erträge. ⁵Fasst die Investmentgesellschaft nicht spätestens vier Monate nach Ablauf des Geschäftsjahres einen Beschluss über die Verwendung der Erträge des abgelaufenen Geschäftsjahres, gelten diese als nicht zur Ausschüttung verwendet

(4) Zwischengewinn ist das Entgelt für die dem Anleger noch nicht zugeflossenen oder als zugeflossen geltenden

1. Einnahmen des Investmentfonds im Sinne des § 20 Abs. 1 Nr. 7 und des Abs. 2 Satz 1 Nr. 2 Buchstabe b sowie des § 20 Abs. 2 Satz 1 Nr. 7 des Einkommensteuergesetzes, soweit sie zu den ausschüttungsgleichen Erträgen im Sinne des Absatzes 3 Satz 3 gehören, sowie für die angewachsenen Ansprüche des Investmentfonds auf derartige Einnahmen; die Ansprüche sind auf der Grundlage des § 20 Abs. 2 des Einkommensteuergesetzes zu bewerten;
2. Einnahmen aus Anteilen an anderen Investmentfonds, soweit darin Erträge des anderen Investmentfonds im Sinne des § 20 Abs. 1 Nr. 7 und des Abs. 2 Satz 1 Nr. 2 Buchstabe b sowie des § 20 Abs. 2 Satz 1 Nr. 7 des Einkommensteuergesetzes, soweit sie zu den ausschüttungsgleichen Erträgen im Sinne des Absatzes 3 Satz 3 gehören, enthalten sind;
3. Zwischengewinne des Investmentfonds;
4. zum Zeitpunkt der Rückgabe oder Veräußerung des Investmentanteils veröffentlichte Zwischengewinne oder stattdessen anzusetzende Werte für Anteile an anderen Investmentfonds, die der Investmentfonds hält.

§ 2
Erträge aus Investmentanteilen

(1) ¹Die auf Investmentanteile ausgeschütteten sowie die ausschüttungsgleichen Erträge und der Zwischengewinn gehören zu den Einkünften aus Kapitalvermögen im Sinne des § 20 Abs. 1 Nr. 1 des Einkommensteuergesetzes, wenn sie nicht Betriebseinnahmen des Anlegers, Leistungen nach § 22 Nr. 1 Satz 3 Buchstabe a Doppelbuchstabe aa des Einkommensteuergesetzes in Verbindung mit § 10 Abs. 1 Nr. 2 Buchstabe b des Einkommensteuergesetzes oder Leistungen im Sinne des § 22 Nr. 5 des Einkommensteuergesetzes sind; § 3 Nr. 40 des Einkommensteuergesetzes und § 8b Abs. 1 des Körperschaftsteuergesetzes sind außer in den Fällen des Absatzes 2 nicht anzuwenden. ²Die ausschüttungsgleichen Erträge gelten außer in den Fällen des § 22 Nr. 1 Satz 3 Buchstabe a Doppelbuchstabe aa des Einkommensteuergesetzes in Verbindung mit § 10 Abs. 1 Nr. 2 Buchstabe b des Einkommensteuergesetzes oder des § 22 Nr. 5 des Einkommensteuergesetzes mit dem Ablauf des Geschäftsjahres, in dem sie vereinnahmt worden sind, als zugeflossen. ³Bei Teilausschüttung der in § 1 Abs. 3 genannten Erträge sind die ausschüttungsgleichen Erträge dem Anleger im Zeitpunkt der Teilausschüttung zuzurechnen. ⁴Reicht im Falle der Teilausschüttung die Ausschüttung nicht aus, um die Kapitalertragsteuer gemäß § 7 Absatz 1 bis 3 einschließlich der bundes- oder landesgesetzlich geregelten Zuschlagsteuern zur Kapitalertragsteuer (Steuerabzugsbeträge) einzubehalten, gilt auch die Teilausschüttung dem Anleger mit dem Ablauf des Geschäftsjahres, in dem die Erträge gemäß § 3 Absatz 1 vom Investmentfonds erzielt worden sind, als zugeflossen und für den Steuerabzug als ausschüttungsgleicher Ertrag. ⁵Der Zwischengewinn gilt als in den Einnahmen aus der Rückgabe oder Veräußerung des Investmentanteils enthalten.

(1a) ¹Erwirbt ein Anleger einen Anteil an einem ausschüttenden Investmentfonds unter Einschluss des Rechts zum Bezug der Ausschüttung, erhält er ihn aber ohne dieses Recht, so gelten die Einnahmen anstelle der Ausschüttung als vom Investmentfonds an den Anleger ausgeschüttet. ²Hat der Investmentfonds auf den erworbenen Anteil eine Teilausschüttung im Sinne des Absatzes 1 Satz 3 geleistet, sind dem Anleger neben den Einnahmen anstelle der Ausschüttung auch Beträge in Höhe der ausschüttungsgleichen Erträge zuzurechnen. ³Die Bekanntmachungen nach § 5 gelten auch für diese Einnahmen und Beträge. ⁴Für die Anwendung dieses Gesetzes stehen die Einnahmen anstelle der Ausschüttung auf den Investmentanteil und die Beträge nach Satz 2 den ausschüttungsgleichen Erträgen gleich. ⁵Die auszahlende Stelle nach § 7 Absatz 1 oder der Entrichtungspflichtige nach § 7 Absatz 3a und 3c hat die Einnahmen nach Satz 1 vom Veräußerer des Anteils einzuziehen.

(1b) ¹Erwirbt ein Anleger einen Anteil an einem inländischen thesaurierenden Investmentfonds im Laufe des Geschäftsjahres, erhält er ihn aber nach Ablauf des Geschäftsjahres, so gilt dem Anleger ein Betrag zum Ende des Geschäftsjahres als zugeflossen, der in Höhe und Zusammensetzung den ausschüttungsgleichen Erträgen entspricht. ²Leistet der Investmentfonds auf den erworbenen Anteil eine Teilausschüttung im Sinne des Absatzes 1 Satz 4, ist der Betrag nach Satz 1 um diese Teilausschüttung zu erhöhen. ³Die Bekanntmachungen nach § 5 gelten auch für den Betrag nach Satz 1 und Teilausschüttungen. ⁴Für die Anwendung dieses Gesetzes stehen die Beträge nach Satz 1 den ausschüttungsgleichen Erträgen und etwaige Einnahmen anstelle der Teilausschüttung nach Satz 2 der Ausschüttung auf den Investmentanteil gleich. ⁵Der Entrichtungspflichtige nach § 7 Absatz 3b, 3d und 4 hat die Steuerabzugsbeträge und eine etwaige Erhöhung nach Satz 2 vom Veräußerer des Anteils einzuziehen.

(1c) Die Investmentgesellschaft hat in Abstimmung mit der Verwahrstelle dafür Sorge zu tragen, dass durch Anteilsrückgaben, die vor dem Tag verlangt oder vereinbart werden, an dem der Nettoinventarwert des Investmentfonds um die von der auszahlenden Stelle oder dem Entrichtungspflichtigen zu erhebenden Steuerabzugsbeträge vermindert wird, und die nach diesem Tag erfüllt werden, nicht von einem zu niedrigen Umfang des Investmentfonds ausgegangen wird und Ausschüttungen an die Anleger oder als Steuerabzugsbeträge zur Verfügung zu stellende Beträge nur in dem Umfang den Investmentfonds belasten, der den Berechnungen der Investmentgesellschaft entspricht.

(2) ¹Soweit ausgeschüttete und ausschüttungsgleiche inländische und ausländische Erträge solche im Sinne des § 43 Absatz 1 Satz 1 Nummer 1, 1a und 6 sowie Satz 2 des Einkommensteuergesetzes enthalten, sind § 3 Nummer 40 des Einkommensteuergesetzes sowie § 19 des REIT-Gesetzes vom 28. Mai 2007 (BGBl. I S. 914) anzuwenden. ²Soweit ausgeschüttete inländische und ausländische Erträge solche im Sinne des § 43 Absatz 1 Satz 1 Nummer 9 sowie Satz 2 des Einkommensteuergesetzes enthalten, sind § 3 Nummer 40 des Einkommensteuergesetzes, § 8b des Körperschaftsteuergesetzes sowie § 19 des REIT-Gesetzes anzuwenden. ³§ 15 Absatz 1a und § 16 Satz 3 bleiben unberührt.

(2a) Ausgeschüttete oder ausschüttungsgleiche Erträge des Investmentfonds, die aus Zinserträgen im Sinne des § 4h Abs. 3 Satz 3 des Einkommensteuergesetzes stammen, sind beim Anleger im Rahmen des § 4h Abs. 1 des Einkommensteuergesetzes als Zinserträge zu berücksichtigen.

(3) Die ausgeschütteten Erträge auf Investmentanteile sind insoweit steuerfrei, als sie Gewinne aus der Veräußerung von Grundstücken und grundstücksgleichen Rechten enthalten, es sei denn, dass es sich um Gewinne aus privaten Veräußerungsgeschäften im Sinne des § 23 Abs. 1 Satz 1 Nr. 1, Abs. 2 und 3 des Einkommensteuergesetzes handelt oder dass die Ausschüttungen Betriebseinnahmen des Steuerpflichtigen sind.

(4) § 3 Nr. 41 Buchstabe a des Einkommensteuergesetzes ist sinngemäß anzuwenden.

(5) Negative Kapitalerträge aus Zwischengewinnen auf Grund des Erwerbs von während des laufenden Geschäftsjahres des Investmentfonds ausgegebenen Anteilen werden nur berücksichtigt, wenn der Investmentfonds einen Ertragsausgleich nach § 9 durchführt.

§ 3
Ermittlung der Erträge

(1) Bei der Ermittlung der Erträge des Investmentfonds ist § 2 Absatz 2 Satz 1 Nummer 2 des Einkommensteuergesetzes sinngemäß anzuwenden.

(1a) ¹Wird ein Zinsschein oder eine Zinsforderung vom Stammrecht abgetrennt, gilt dies als Veräußerung der Schuldverschreibung und als Anschaffung der durch die Trennung entstandenen

Anhang 7
Investmentsteuergesetz (InvStG)

Wirtschaftsgüter. ²Eine Trennung gilt als vollzogen, wenn dem Inhaber der Schuldverschreibung die Wertpapierkennnummern für die durch die Trennung entstandenen Wirtschaftsgüter zugehen. ³Als Veräußerungserlös der Schuldverschreibung gilt deren gemeiner Wert zum Zeitpunkt der Trennung. ⁴Für die Ermittlung der Anschaffungskosten der neuen Wirtschaftsgüter ist der Wert nach Satz 3 entsprechend dem gemeinen Wert der neuen Wirtschaftsgüter aufzuteilen. ⁵Die Erträge des Stammrechts sind in sinngemäßer Anwendung des Absatzes 2 Satz 1 Nummer 2 periodengerecht abzugrenzen.

(2) ¹§ 11 des Einkommensteuergesetzes ist mit folgenden Maßgaben anzuwenden:
1. Dividenden gelten bereits am Tag des Dividendenabschlags als zugeflossen;
2. Zinsen, angewachsene Ansprüche aus einem Emissions-Agio oder -Disagio mit Ausnahme des Feinabstimmungsabschlags nach § 1 Abs. 3 Satz 3 Nr. 1 Buchstabe b Satz 2 einer sonstigen Kapitalforderung im Sinne des § 20 Abs. 1 Nr. 7 des Einkommensteuergesetzes, die eine Emissionsrendite hat, und Mieten sind periodengerecht abzugrenzen; die angewachsenen Ansprüche sind mit der Emissionsrendite anzusetzen, sofern diese leicht und eindeutig ermittelbar ist; anderenfalls ist der Unterschiedsbetrag zwischen dem Marktwert zum Ende des Geschäftsjahres und dem Marktwert zu Beginn des Geschäftsjahres oder im Falle des Erwerbs innerhalb des Geschäftsjahres der Unterschiedsbetrag zwischen dem Marktwert zum Ende des Geschäftsjahres und den Anschaffungskosten als Zins (Marktrendite) anzusetzen; die abgegrenzten Zinsen und Mieten gelten als zugeflossen. ²Bei sonstigen Kapitalforderungen im Sinne des § 1 Absatz 3 Satz 3 Nummer 1 Buchstabe f ist Satz 1 nur auf die Zinsen und nicht auch auf angewachsene Ansprüche anzuwenden;
3. periodengerecht abgegrenzte Werbungskosten gelten als abgeflossen, soweit der tatsächliche Abfluss im folgenden Geschäftsjahr erfolgt.

²Soweit die Einnahmen schon vor dem Zufluss erfasst werden, ist ein Abzug der ausländischen Steuern gemäß § 4 Abs. 4 bereits in dem Geschäftsjahr zulässig, in dem die Einnahmen zugerechnet werden.

(3) ¹Werbungskosten des Investmentfonds, die in einem unmittelbaren wirtschaftlichen Zusammenhang mit Einnahmen stehen, sind bei den jeweiligen Einnahmen abzuziehen. ²Zu den unmittelbaren Werbungskosten gehören auch Absetzungen für Abnutzung oder Substanzverringerung, soweit diese die nach § 7 des Einkommensteuergesetzes zulässigen Beträge nicht übersteigen. ³Die nach Satz 1 verbleibenden, in einem mittelbaren wirtschaftlichen Zusammenhang mit Einnahmen der in § 1 Absatz 3 Satz 3 Nummer 1 und 2 genannten Art (laufende Einnahmen) sowie mit sonstigen Gewinnen und Verlusten aus Veräußerungsgeschäften stehenden Werbungskosten sind ausschließlich nach den nachfolgenden Maßgaben abziehbar:
1. Den ausländischen laufenden Einnahmen oder sonstigen ausländischen Gewinnen und Verlusten aus Veräußerungsgeschäften, für die der Bundesrepublik Deutschland auf Grund eines Abkommens zur Vermeidung der Doppelbesteuerung kein Besteuerungsrecht zusteht, sind Werbungskosten im Verhältnis der durchschnittlichen Vermögens des vorangegangenen Geschäftsjahres, das Quelle dieser laufenden Einnahmen und dieser sonstigen Gewinne und Verluste aus Veräußerungsgeschäften ist, zu dem durchschnittlichen Gesamtvermögen des vorangegangenen Geschäftsjahres zuzuordnen. ²Zur Berechnung des durchschnittlichen Vermögens sind die monatlichen Endwerte des vorangegangenen Geschäftsjahres zugrunde zu legen.
2. Bei der Ermittlung der Erträge, auf die beim Anleger
   a) § 3 Nummer 40 des Einkommensteuergesetzes anwendbar ist, sind die nach Anwendung der Nummer 1 verbleibenden abziehbaren Werbungskosten den laufenden Einnahmen, die auch § 3 Nummer 40 des Einkommensteuergesetzes unterfallen, sowie den sonstigen Gewinnen im Sinne des § 3 Nummer 40 des Einkommensteuergesetzes und den sonstigen Gewinnminderungen im Sinne des § 3c Absatz 2 des Einkommensteuergesetzes des laufenden Geschäftsjahres im Verhältnis des durchschnittlichen Vermögens des vorange-

Anhang 7
Investmentsteuergesetz (InvStG)

gangenen Geschäftsjahres, das Quelle dieser Einnahmen ist, zu dem durchschnittlichen Gesamtvermögen des vorangegangenen Geschäftsjahres zuzuordnen, das um das Vermögen im Sinne der Nummer 1 vermindert ist. [2]Nummer 1 Satz 2 gilt entsprechend;

b) § 8b Absatz 1 des Körperschaftsteuergesetzes anwendbar ist oder, ungeachtet des § 8b Absatz 4 des Körperschaftsteuergesetzes in Verbindung mit § 15 Absatz 1a dieses Gesetzes, anwendbar wäre, sind die nach Anwendung der Nummer 1 verbleibenden abziehbaren Werbungskosten den laufenden Einnahmen im Sinne des § 15 Absatz 1a dieses Gesetzes in Verbindung mit § 8b Absatz 1 des Körperschaftsteuergesetzes, den laufenden Einnahmen im Sinne des § 2 Absatz 2 Satz 1 dieses Gesetzes sowie den sonstigen Gewinnen und Verlusten aus Veräußerungsgeschäften im Sinne des § 8b Absatz 2 und 3 des Körperschaftsteuergesetzes des laufenden Geschäftsjahres im Verhältnis des vorangegangenen Geschäftsjahres, das Quelle dieser Einnahmen ist, zu dem durchschnittlichen Gesamtvermögen des vorangegangenen Geschäftsjahres zuzuordnen, das um das Vermögen im Sinne der Nummer 1 vermindert ist. [2]Nummer 1 Satz 2 gilt entsprechend.

3. Die abziehbaren Werbungskosten, die nach Anwendung der Sätze 1 und 3 Nummer 1 und 2 noch nicht zugeordnet wurden, sind von den verbleibenden laufenden Einnahmen sowie den verbleibenden sonstigen Gewinnen und Verlusten aus Veräußerungsgeschäften des laufenden Geschäftsjahres abzuziehen.

[4]Die nach Satz 3 zuzuordnenden Werbungskosten sind innerhalb der jeweiligen Nummern 1 bis 3 den jeweiligen laufenden Einnahmen oder den sonstigen Gewinnen und Verlusten aus Veräußerungsgeschäften nach dem Verhältnis der positiven Salden der laufenden Einnahmen des vorangegangenen Geschäftsjahres einerseits und der positiven Salden der sonstigen Gewinne und Verluste aus Veräußerungsgeschäften des vorangegangenen Geschäftsjahres andererseits zuzuordnen. [5]Hierbei bleiben Gewinn- und Verlustvorträge unberücksichtigt. [6]Nach Zuordnung der Werbungskosten nach den Sätzen 1 bis 5 erfolgt eine weitere Zuordnung der Werbungskosten in dem Verhältnis der positiven laufenden Einnahmen des vorangegangenen Geschäftsjahres zueinander auf die jeweiligen laufenden Einnahmen. [7]Den laufenden Einnahmen nach Satz 3 Nummer 2 Buchstabe b sind die Werbungskosten nach dem Verhältnis des positiven Saldos der laufenden Einnahmen im Sinne des § 15 Absatz 1a dieses Gesetzes in Verbindung mit § 8b Absatz 1 des Körperschaftsteuergesetzes des vorangegangenen Geschäftsjahres einerseits und des positiven Saldos der laufenden Einnahmen im Sinne des § 2 Absatz 2 Satz 1 dieses Gesetzes des vorangegangenen Geschäftsjahres andererseits zuzuordnen; Satz 6 gilt entsprechend. [8]Satz 6 ist auf die sonstigen Gewinne und Verluste aus Veräußerungsgeschäften entsprechend anzuwenden. [9]Bei Fehlen positiver Salden auf beiden Seiten erfolgt die Zuordnung der Werbungskosten jeweils hälftig zu den laufenden Einnahmen sowie zu den sonstigen Gewinnen und Verlusten aus Veräußerungsgeschäften.

(4) [1]Negative Erträge des Investmentfonds sind bis zur Höhe der positiven Erträge gleicher Art mit diesen zu verrechnen. [2]Nicht ausgeglichene negative Erträge sind in den folgenden Geschäftsjahren auszugleichen.

(5) Erträge aus Gewinnanteilen des Investmentfonds an einer Personengesellschaft gehören zu den Erträgen des Geschäftsjahres, in dem das Wirtschaftsjahr der Personengesellschaft endet.

§ 3a
Ausschüttungsreihenfolge

Für eine Ausschüttung gelten die Substanzbeträge erst nach Ausschüttung sämtlicher Erträge des laufenden und aller vorherigen Geschäftsjahre als verwendet.

§ 4
Ausländische Einkünfte

(1) [1]Die auf Investmentanteile ausgeschütteten sowie die ausschüttungsgleichen Erträge sind bei der Veranlagung der Einkommensteuer oder Körperschaftsteuer insoweit außer Betracht zu lassen, als sie aus einem ausländischen Staat stammende Einkünfte enthalten, für die die Bundesre-

Anhang 7
Investmentsteuergesetz (InvStG)

publik Deutschland auf Grund eines Abkommens zur Vermeidung der Doppelbesteuerung auf die Ausübung des Besteuerungsrechts verzichtet hat. ²Gehören die ausgeschütteten oder ausschüttungsgleichen Erträge aus einem Investmentanteil nicht zu den Einkünften aus Kapitalvermögen, so ist bei den nach Satz 1 befreiten Einkünften der Steuersatz anzuwenden, der sich ergibt, wenn bei der Berechnung der Einkommensteuer das nach § 32a des Einkommensteuergesetzes zu versteuernde Einkommen um die in Satz 1 genannten Einkünfte vermehrt oder vermindert wird, wobei die darin enthaltenen außerordentlichen Einkünfte mit einem Fünftel zu berücksichtigen sind. ³§ 32b Absatz 1 Satz 2 des Einkommensteuergesetzes gilt entsprechend. ⁴§ 32b Abs. 1a des Einkommensteuergesetzes ist anzuwenden.

(2) ¹Sind in den auf Investmentanteile ausgeschütteten sowie den ausschüttungsgleichen Erträgen aus einem ausländischen Staat stammende Einkünfte enthalten, die in diesem Staat zu einer nach § 34c Abs. 1 des Einkommensteuergesetzes oder § 26 Abs. 1 des Körperschaftsteuergesetzes oder nach einem Abkommen zur Vermeidung der Doppelbesteuerung auf die Einkommensteuer oder Körperschaftsteuer anrechenbaren Steuer herangezogen werden, so ist bei unbeschränkt steuerpflichtigen Anlegern die festgesetzte und gezahlte und keinem Ermäßigungsanspruch unterliegende ausländische Steuer auf den Teil der Einkommensteuer oder Körperschaftsteuer anzurechnen, der auf diese ausländischen um die anteilige ausländische Steuer erhöhten Einkünfte entfällt. ²Dieser Teil ist in der Weise zu ermitteln, dass die sich bei der Veranlagung des zu versteuernden Einkommens – einschließlich der ausländischen Einkünfte – nach den §§ 32a, 32b, 34 und 34b des Einkommensteuergesetzes ergebende Einkommensteuer oder nach § 23 des Körperschaftsteuergesetzes ergebende Körperschaftsteuer im Verhältnis dieser ausländischen Einkünfte zur Summe der Einkünfte aufgeteilt wird. ³Der Höchstbetrag der anrechenbaren ausländischen Steuern ist für die ausgeschütteten sowie ausschüttungsgleichen Erträge aus jedem einzelnen Investmentfonds zusammengefasst zu berechnen. ⁴§ 34c Abs. 1 Satz 3 und 4, Abs. 2, 3, 6 und 7 des Einkommensteuergesetzes ist sinngemäß anzuwenden. ⁵Wird von auf ausländische Investmentanteile ausgeschütteten Erträgen in dem Staat, in dem der ausschüttende ausländische Investmentfonds ansässig ist, eine Abzugsteuer erhoben, gelten die Sätze 1 bis 4 mit der Maßgabe, dass für die Ermittlung des Höchstbetrags der anrechenbaren ausländischen Steuern Satz 3 entsprechend gilt. ⁶Der Anrechnung der ausländischen Steuer nach § 34c Abs. 1 des Einkommensteuergesetzes steht bei ausländischen Investmentanteilen § 34c Abs. 6 Satz 1 des Einkommensteuergesetzes nicht entgegen. ⁷Sind in den auf ausländische Investmentanteile ausgeschütteten sowie den ausschüttungsgleichen Erträgen Einkünfte enthalten, die mit deutscher Ertragsteuer belastet sind, so gelten diese Einkünfte und die darauf entfallende deutsche Steuer für Zwecke der Anrechnung und bei der Anwendung des § 7 Abs. 1 als ausländische Einkünfte und ausländische Steuer im Sinne des Satzes 1. ⁸Abweichend von den Sätzen 1 bis 6 sind bei Erträgen, die Einkünfte im Sinne des § 20 Abs. 1 Satz 1 Nr. 1 des Einkommensteuergesetzes sind, § 32d Abs. 5 und § 43a Abs. 3 Satz 1 des Einkommensteuergesetzes sinngemäß anzuwenden.

(3) Ausländische Steuern, die auf ausgeschüttete sowie ausschüttungsgleiche Erträge entfallen, die nach Absatz 1 oder § 2 Abs. 3 steuerfrei sind, sind bei der Anrechnung oder dem Abzug nach Absatz 2 oder beim Abzug nach Absatz 4 nicht zu berücksichtigen.

(4) ¹Der Investmentfonds kann die nach Absatz 2 beim Anleger anrechenbaren oder abziehbaren ausländischen Steuern bei der Ermittlung der Erträge (§ 3) als Werbungskosten abziehen. ²In diesem Fall hat der Anleger keinen Anspruch auf Anrechnung oder Abzug dieser Steuern nach Absatz 2.

§ 5
Besteuerungsgrundlagen

(1) ¹Die § § 2 und 4 sind nur anzuwenden, wenn
1. die Investmentgesellschaft den Anlegern bei jeder Ausschüttung bezogen auf einen Investmentanteil unter Angabe der Wertpapieridentifikationsnummer ISIN des Investmentfonds und des Zeitraums, auf den sich die Angaben beziehen, folgende Besteuerungsgrundlagen in deutscher Sprache bekannt macht:

Anhang 7
Investmentsteuergesetz (InvStG)

a) den Betrag der Ausschüttung (mit mindestens vier Nachkommastellen) sowie
  aa) in der Ausschüttung enthaltene ausschüttungsgleiche Erträge der Vorjahre,
  bb) in der Ausschüttung enthaltene Substanzbeträge,
b) den Betrag der ausgeschütteten Erträge (mit mindestens vier Nachkommastellen),
c) die in den ausgeschütteten Erträgen enthaltenen
  aa) Erträge im Sinne des § 2 Absatz 2 Satz 1 dieses Gesetzes in Verbindung mit § 3 Nummer 40 des Einkommensteuergesetzes oder im Fall des § 16 dieses Gesetzes in Verbindung mit § 8b Absatz 1 des Körperschaftsteuergesetzes,
  bb) Veräußerungsgewinne im Sinne des § 2 Absatz 2 Satz 2 dieses Gesetzes in Verbindung mit § 8b Absatz 2 des Körperschaftsteuergesetzes oder § 3 Nummer 40 des Einkommensteuergesetzes,
  cc) Erträge im Sinne des § 2 Absatz 2a,
  dd) steuerfreie Veräußerungsgewinne im Sinne des § 2 Absatz 3 Nummer 1 Satz 1 in der am 31. Dezember 2008 anzuwendenden Fassung,
  ee) Erträge im Sinne des § 2 Absatz 3 Nummer 1 Satz 2 in der am 31. Dezember 2008 anzuwendenden Fassung, soweit die Erträge nicht Kapitalerträge im Sinne des § 20 des Einkommensteuergesetzes sind,
  ff) steuerfreie Veräußerungsgewinne im Sinne des § 2 Absatz 3 in der ab 1. Januar 2009 anzuwendenden Fassung,
  gg) Einkünfte im Sinne des § 4 Absatz 1,
  hh) in Doppelbuchstabe gg enthaltene Einkünfte, die nicht dem Progressionsvorbehalt unterliegen,
  ii) Einkünfte im Sinne des § 4 Absatz 2, für die kein Abzug nach Absatz 4 vorgenommen wurde,
  jj) in Doppelbuchstabe ii enthaltene Einkünfte, auf die § 2 Absatz 2 dieses Gesetzes in Verbindung mit § 8b Absatz 2 des Körperschaftsteuergesetzes oder § 3 Nummer 40 des Einkommensteuergesetzes oder im Fall des § 16 dieses Gesetzes in Verbindung mit § 8b Absatz 1 des Körperschaftsteuergesetzes anzuwenden ist,
  kk) in Doppelbuchstabe ii enthaltene Einkünfte im Sinne des § 4 Absatz 2, die nach einem Abkommen zur Vermeidung der Doppelbesteuerung zur Anrechnung einer als gezahlt geltenden Steuer auf die Einkommensteuer oder Körperschaftsteuer berechtigen,
  ll) in Doppelbuchstabe kk enthaltene Einkünfte, auf die § 2 Absatz 2 dieses Gesetzes in Verbindung mit § 8b Absatz 2 des Körperschaftsteuergesetzes oder § 3 Nummer 40 des Einkommensteuergesetzes oder im Fall des § 16 dieses Gesetzes in Verbindung mit § 8b Absatz 1 des Körperschaftsteuergesetzes anzuwenden ist,
d) den zur Anrechnung von Kapitalertragsteuer berechtigenden Teil der Ausschüttung
  aa) im Sinne des § 7 Absatz 1 und 2,
  bb) im Sinne des § 7 Absatz 3,
  cc) im Sinne des § 7 Absatz 1 Satz 4, soweit in Doppelbuchstabe aa enthalten,
e) (weggefallen)
f) den Betrag der ausländischen Steuer, der auf die in den ausgeschütteten Erträgen enthaltenen Einkünfte im Sinne des § 4 Absatz 2 entfällt und
  aa) der nach § 4 Absatz 2 dieses Gesetzes in Verbindung mit § 32d Absatz 5 oder § 34c Absatz 1 des Einkommensteuergesetzes oder einem Abkommen zur Vermeidung der Doppelbesteuerung anrechenbar ist, wenn kein Abzug nach § 4 Absatz 4 vorgenommen wurde,

Anhang 7

Investmentsteuergesetz (InvStG)

  bb) in Doppelbuchstabe aa enthalten ist und auf Einkünfte entfällt, auf die § 2 Absatz 2 dieses Gesetzes in Verbindung mit § 8b Absatz 2 des Körperschaftsteuergesetzes oder § 3 Nummer 40 des Einkommensteuergesetzes oder im Fall des § 16 dieses Gesetzes in Verbindung mit § 8b Absatz 1 des Körperschaftsteuergesetzes anzuwenden ist

  cc) der nach § 4 Absatz 2 dieses Gesetzes in Verbindung mit § 34c Absatz 3 des Einkommensteuergesetzes abziehbar ist, wenn kein Abzug nach § 4 Absatz 4 dieses Gesetzes vorgenommen wurde,

  dd) in Doppelbuchstabe cc enthalten ist und auf Einkünfte entfällt, auf die § 2 Absatz 2 dieses Gesetzes in Verbindung mit § 8b Absatz 2 des Körperschaftsteuergesetzes oder § 3 Nummer 40 des Einkommensteuergesetzes oder im Fall des § 16 dieses Gesetzes in Verbindung mit § 8b Absatz 1 des Körperschaftsteuergesetzes anzuwenden ist,

  ee) der nach einem Abkommen zur Vermeidung der Doppelbesteuerung als gezahlt gilt und nach § 4 Absatz 2 in Verbindung mit diesem Abkommen anrechenbar ist,

  ff) in Doppelbuchstabe ee enthalten ist und auf Einkünfte entfällt, auf die § 2 Absatz 2 dieses Gesetzes in Verbindung mit § 8b Absatz 2 des Körperschaftsteuergesetzes oder § 3 Nummer 40 des Einkommensteuergesetzes oder im Fall des § 16 dieses Gesetzes in Verbindung mit § 8b Absatz 1 des Körperschaftsteuergesetzes anzuwenden ist,

 g) den Betrag der Absetzungen für Abnutzung oder Substanzverringerung,

 h) die im Geschäftsjahr gezahlte Quellensteuer, vermindert um die erstattete Quellensteuer des Geschäftsjahres oder früherer Geschäftsjahre;

2. die Investmentgesellschaft den Anlegern bei ausschüttungsgleichen Erträgen spätestens vier Monate nach Ablauf des Geschäftsjahres, in dem sie als zugeflossen gelten, die Angaben entsprechend der Nummer 1 mit Ausnahme des Buchstaben a bezogen auf einen Investmentanteil in deutscher Sprache bekannt macht;

3. die Investmentgesellschaft die in den Nummern 1 und 2 genannten Angaben in Verbindung mit dem Jahresbericht im Sinne der §§ 101, 120, 135, 298 Absatz 1 Satz 1 Nummer 1 sowie § 299 Absatz 1 Nummer 3 des Kapitalanlagegesetzbuchs spätestens vier Monate nach Ablauf des Geschäftsjahres im Bundesanzeiger bekannt macht; die Angaben sind mit der Bescheinigung eines zur geschäftsmäßigen Hilfeleistung befugten Berufsträgers im Sinne des § 3 des Steuerberatungsgesetzes, einer behördlich anerkannten Wirtschaftsprüfungsstelle oder einer vergleichbaren Stelle zu versehen, dass die Angaben nach den Regeln des deutschen Steuerrechts ermittelt wurden; die Bescheinigung muss eine Aussage enthalten, ob in die Ermittlung der Angaben Werte aus einem Ertragsausgleich eingegangen sind; § 323 des Handelsgesetzbuchs ist sinngemäß anzuwenden. ²Wird innerhalb von vier Monaten nach Ablauf des Geschäftsjahres ein Ausschüttungsbeschluss für dieses abgelaufene Geschäftsjahr gefasst, sind abweichend von Satz 1 die in den Nummern 1 und 2 genannten Angaben spätestens vier Monate nach dem Tag des Beschlusses bekannt zu machen. ³Wird der Jahresbericht nach den Bestimmungen des Kapitalanlagegesetzbuchs nicht im Bundesanzeiger veröffentlicht, ist auch die Fundstelle bekannt zu machen, in der der Rechenschaftsbericht in deutscher Sprache bekannt gemacht ist;

4. die ausländische Investmentgesellschaft oder die ein EU-Investmentfonds der Vertragsform verwaltende Kapitalverwaltungsgesellschaft die Summe der nach dem 31. Dezember 1993 dem Inhaber der ausländischen Investmentanteile als zugeflossen geltenden, noch nicht dem Steuerabzug unterworfenen Erträge ermittelt und mit dem Rücknahmepreis bekannt macht;

5. die ausländische Investmentgesellschaft oder die einen EU-Investmentfonds der Vertragsform verwaltende Kapitalverwaltungsgesellschaft auf Anforderung gegenüber dem Bundeszentralamt für Steuern innerhalb von drei Monaten die Richtigkeit der in den Nummern 1, 2 und 4 genannten Angaben vollständig nachweist. ²Sind die Urkunden in einer fremden Sprache abge-

fasst, so kann eine beglaubigte Übersetzung in die deutsche Sprache verlangt werden. ³Hat die ausländische Investmentgesellschaft oder die einen EU-Investmentfonds der Vertragsform verwaltende Kapitalverwaltungsgesellschaft Angaben in unzutreffender Höhe bekannt gemacht, so hat sie die Unterschiedsbeträge eigenverantwortlich oder auf Verlangen des Bundeszentralamtes für Steuern in der Bekanntmachung für das laufende Geschäftsjahr zu berücksichtigen. ²Liegen die in Satz 1 Nummer 1 Buchstabe c oder f genannten Angaben nicht vor, werden die Erträge insoweit nach § 2 Abs. 1 Satz 1 besteuert und § 4 findet insoweit keine Anwendung. ³Eine Bekanntmachung zu Satz 1 Nummer 1 Buchstabe c Doppelbuchstabe aa und gg ist nur zulässig, wenn die Veröffentlichung nach § 5 Absatz 2 Satz 4 erfolgt ist.

(2) ¹§ 8 Absatz 1 bis 4 ist nur anzuwenden, wenn die Investmentgesellschaft bewertungstäglich den positiven oder negativen Prozentsatz des Wertes des Investmentanteils, getrennt für natürliche Personen und für Körperschaften, Personenvereinigungen oder Vermögensmassen, ermittelt, der auf die in den Einnahmen aus der Veräußerung enthaltenen Bestandteile im Sinne des § 8 entfällt (Aktiengewinn) und mit dem Rücknahmepreis veröffentlicht. ²Der Aktiengewinn pro Investmentanteil darf sich durch den An- und Verkauf von Investmentanteilen nicht ändern. ³Die Investmentgesellschaft ist an ihre bei der erstmaligen Ausgabe der Anteile getroffene Entscheidung, ob sie den Aktiengewinn ermittelt oder davon absieht, gebunden. ⁴§ 2 Absatz 2 und § 4 Absatz 1 sind jeweils nur anzuwenden, wenn die Investmentgesellschaft die entsprechenden Teile des Aktiengewinns bewertungstäglich veröffentlicht. ⁵Absatz 1 Satz 1 Nr. 5 gilt entsprechend.

(3) ¹Die Investmentgesellschaft hat bewertungstäglich den Zwischengewinn zu ermitteln und mit dem Rücknahmepreis zu veröffentlichen; dabei ist anzugeben, ob bei der Ermittlung des Zwischengewinns nach § 9 Satz 2 verfahren wurde. ²Sind die Voraussetzungen des Satzes 1 nicht erfüllt, sind 6 Prozent des Entgelts für die Rückgabe oder Veräußerung des Investmentanteils anzusetzen; negative Kapitalerträge aus Zwischengewinnen auf Grund des Erwerbs von während des laufenden Geschäftsjahres des Investmentfonds ausgegebenen Anteilen werden nicht berücksichtigt. ³Absatz 1 Satz 1 Nr. 5 gilt entsprechend. ⁴Die Sätze 1 und 2 finden bei inländischen Investmentfonds im Sinne des § 225 des Kapitalanlagegesetzbuchs und bei ausländischen Investmentfonds, die hinsichtlich ihrer Anlagepolitik vergleichbaren Anforderungen unterliegen, keine Anwendung.

§ 6
Besteuerung bei fehlender Bekanntmachung

¹Sind die Voraussetzungen des § 5 Abs. 1 nicht erfüllt, sind beim Anleger die Ausschüttungen auf Investmentanteile, der Zwischengewinn sowie 70 Prozent des Mehrbetrags anzusetzen, der sich zwischen dem ersten im Kalenderjahr festgesetzten Rücknahmepreis und dem letzten im Kalenderjahr festgesetzten Rücknahmepreis eines Investmentanteils ergibt; mindestens sind 6 Prozent des letzten im Kalenderjahr festgesetzten Rücknahmepreises anzusetzen. ²Wird ein Rücknahmepreis nicht festgesetzt, so tritt an seine Stelle der Börsen- oder Marktpreis. ³Der nach Satz 1 anzusetzende Teil des Mehrbetrags gilt mit Ablauf des jeweiligen Kalenderjahres als ausgeschüttet und zugeflossen.

§ 7
Kapitalertragsteuer

(1) ¹Ein Steuerabzug vom Kapitalertrag wird erhoben von
1. ausgeschütteten Erträgen im Sinne des § 2 Abs. 1, soweit sie nicht enthalten:
    a) inländische Kapitalerträge im Sinne des § 43 Absatz 1 Satz 1 Nummer 1 und 1a sowie Satz 2 des Einkommensteuergesetzes und von inländischen Investmentgesellschaften ausgeschüttete Erträge aus der Vermietung und Verpachtung von im Inland belegenen Grundstücken und grundstücksgleichen Rechten sowie ausgeschüttete Gewinne aus privaten Veräußerungsgeschäften mit im Inland belegenen Grundstücken und grundstücksgleichen Rechten; Absatz 3 bleibt unberührt;

Anhang 7
Investmentsteuergesetz (InvStG)

b) Gewinne aus der Veräußerung von Wertpapieren und Bezugsrechten auf Anteile an Kapitalgesellschaften, aus Termingeschäften im Sinne des § 21 Absatz 1 Satz 2 sowie aus der Veräußerung von Grundstücken und grundstücksgleichen Rechten im Sinne des § 2 Abs. 3 sowie Erträge im Sinne des § 4 Abs. 1,

2. Ausschüttungen im Sinne des § 6,
3. den nach dem 31. Dezember 1993 einem Anleger in ausländische Investmentanteile als zugeflossen geltenden, noch nicht dem Steuerabzug unterworfenen Erträgen einschließlich der ausländischen Erträge im Sinne des § 43 Abs. 1 Satz 1 Nr. 1 des Einkommensteuergesetzes. [2]Hat die die Kapitalerträge auszahlende Stelle den Investmentanteil erworben oder veräußert und seitdem verwahrt oder sind der auszahlenden Stelle im Rahmen eines Depotübertrags die Anschaffungsdaten gemäß § 43a Abs. 2 Satz 2 bis 5 des Einkommensteuergesetzes nachgewiesen worden, hat sie den Steuerabzug nur von den in dem Zeitraum der Verwahrung als zugeflossen geltenden, noch nicht dem Steuerabzug unterworfenen Erträgen vorzunehmen,
4. dem Zwischengewinn.

[2]Die für den Steuerabzug von Kapitalerträgen im Sinne des § 43 Abs. 1 Satz 1 Nr. 7 sowie Satz 2 des Einkommensteuergesetzes geltenden Vorschriften des Einkommensteuergesetzes sind entsprechend anzuwenden. [3]Die Anrechnung ausländischer Steuern richtet sich nach § 4 Abs. 2 Satz 8. [4]Soweit die ausgeschütteten Erträge Kapitalerträge im Sinne des § 43 Absatz 1 Satz 1 Nummer 6 und 8 bis 12 des Einkommensteuergesetzes enthalten, hat die inländische auszahlende Stelle § 43 Absatz 2 Satz 3 bis 8 des Einkommensteuergesetzes anzuwenden.

(2) [1]Im Falle einer Teilausschüttung nach § 2 Absatz 1 Satz 3 sind auf die ausgeschütteten und ausschüttungsgleichen Erträge die Absätze 1, 3, 3a und 3c anzuwenden; die zu erhebende Kapitalertragsteuer ist von dem ausgeschütteten Betrag einzubehalten. [2]Im Falle einer Teilausschüttung nach § 2 Absatz 1 Satz 4 sind auf die ausgeschütteten und ausschüttungsgleichen Erträge die Absätze 3, 3b, 3d und 4 anzuwenden.

(3) [1]Eine Kapitalertragsteuer wird von den Erträgen aus einem Anteil an einem inländischen Investmentfonds erhoben,
1. soweit in den Erträgen aus dem Investmentanteil inländische Erträge im Sinne des § 43 Absatz 1 Satz 1 Nummer 1 und 1a sowie Satz 2 des Einkommensteuergesetzes enthalten sind,
   a) von den ausgeschütteten Erträgen nach Maßgabe des Absatzes 3a und
   b) von den ausschüttungsgleichen Erträgen nach Maßgabe des Absatzes 3b,
2. soweit in den Erträgen aus dem Investmentanteil Erträge aus der Vermietung und Verpachtung von und Gewinne aus Veräußerungsgeschäften mit im Inland belegenen Grundstücken und grundstücksgleichen Rechten enthalten sind,
   a) von den ausgeschütteten Erträgen nach Maßgabe des Absatzes 3c und
   b) von den ausschüttungsgleichen Erträgen nach Maßgabe des Absatzes 3d.

[2]Der Steuerabzug obliegt dem Entrichtungspflichtigen. [3]Dieser hat die auszuschüttenden Beträge einschließlich der Steuerabzugsbeträge bei der Verwahrstelle einzuziehen, soweit er sie nicht nach § 2 Absatz 1a und 1b vom Veräußerer des Anteils einzuziehen hat. [4]Der Investmentfonds hat der Verwahrstelle die Beträge für die Ausschüttungen und den Steuerabzug zur Verfügung zu stellen, die sich nach seinen Berechnungen unter Verwendung der von der Depotbank ermittelten Zahl der Investmentanteile ergeben.

(3a) [1]Entrichtungspflichtiger ist bei ausgeschütteten Erträgen im Sinne von Absatz 3 Satz 1 Nummer 1 Buchstabe a als auszahlende Stelle
1. das inländische Kredit- oder Finanzdienstleistungsinstitut im Sinne des § 43 Absatz 1 Satz 1 Nummer 7 Buchstabe b des Einkommensteuergesetzes oder das inländische Wertpapierhandelsunternehmen, welches, oder die inländische Wertpapierhandelsbank, welche
   a) die Anteile an dem Investmentfonds verwahrt oder verwaltet und
      aa) die Erträge im Sinne des Satzes 1 auszahlt oder gutschreibt oder

   bb) die Erträge im Sinne des Satzes 1 an eine ausländische Stelle auszahlt oder
 b) die Anteile an dem Investmentfonds nicht verwahrt oder verwaltet und
   aa) die Erträge im Sinne des Satzes 1 auszahlt oder gutschreibt oder
   bb) die Erträge im Sinne des Satzes 1 an eine ausländische Stelle auszahlt, oder
2. die Wertpapiersammelbank, der die Anteile an dem Investmentfonds zur Sammelverwahrung anvertraut wurden, wenn sie die Erträge im Sinne des Satzes 1 an eine ausländische Stelle auszahlt.

²Ergänzend sind die für den Steuerabzug von Kapitalerträgen im Sinne des § 43 Absatz 1 Satz 1 Nummer 1a des Einkommensteuergesetzes geltenden Vorschriften des Einkommensteuergesetzes entsprechend anzuwenden.

(3b) ¹Entrichtungspflichtiger ist bei ausschüttungsgleichen Erträgen im Sinne des Absatzes 3 Satz 1 Nummer 1 Buchstabe b die inländische Stelle, die im Falle einer Ausschüttung auszahlende Stelle nach Absatz 3a Satz 1 wäre. ²Die Verwahrstelle hat die Steuerabzugsbeträge den inländischen Stellen nach Satz 1 auf deren Anforderung zur Verfügung zu stellen, soweit nicht die inländische Stelle Beträge nach § 2 Absatz 1b einzuziehen hat; nicht angeforderte Steuerabzugsbeträge hat die Verwahrstelle nach Ablauf des zweiten Monats seit dem Ende des Geschäftsjahres des Investmentfonds zum 10. des Folgemonats anzumelden und abzuführen. ³Der Investmentfonds, die Verwahrstelle und die sonstigen inländischen Stellen haben das zur Verfügungstellen und etwaige Rückforderungen der Steuerabzugsbeträge nach denselben Regeln abzuwickeln, die für ausgeschüttete Beträge nach Absatz 3 Satz 1 Nummer 1 Buchstabe a gelten würden. ⁴Die inländische Stelle hat die Kapitalertragsteuer spätestens mit Ablauf des ersten Monats seit dem Ende des Geschäftsjahres des Investmentfonds einzubehalten und zum 10. des Folgemonats anzumelden und abzuführen. ⁵Ergänzend sind die für den Steuerabzug von Kapitalerträgen im Sinne des § 43 Absatz 1 Satz 1 Nummer 1a des Einkommensteuergesetzes geltenden Vorschriften des Einkommensteuergesetzes entsprechend anzuwenden.

(3c) ¹Den Steuerabzug hat bei ausgeschütteten Erträgen im Sinne des Absatzes 3 Satz 1 Nummer 2 Buchstabe a als Entrichtungspflichtiger die auszahlende Stelle im Sinne des Absatzes 3a Satz 1 vorzunehmen. ²Ergänzend sind die für den Steuerabzug von Kapitalerträgen im Sinne des § 43 Absatz 1 Satz 1 Nummer 7 sowie Satz 2 des Einkommensteuergesetzes geltenden Vorschriften des Einkommensteuergesetzes und § 44a Absatz 10 Satz 4 bis 7 des Einkommensteuergesetzes entsprechend anzuwenden.

(3d) ¹Den Steuerabzug nimmt bei ausschüttungsgleichen Erträgen im Sinne des Absatzes 3 Satz 1 Nummer 2 Buchstabe b als Entrichtungspflichtiger die inländische Stelle vor, die im Falle einer Ausschüttung auszahlende Stelle nach Absatz 3c Satz 1 in Verbindung mit Absatz 3a Satz 1 wäre. ²Absatz 3b Satz 2 bis 4 ist entsprechend anzuwenden. ³Ergänzend sind die für den Steuerabzug von Kapitalerträgen im Sinne des § 43 Absatz 1 Satz 1 Nummer 7 sowie Satz 2 des Einkommensteuergesetzes geltenden Vorschriften des Einkommensteuergesetzes und § 44a Absatz 10 Satz 4 bis 7 des Einkommensteuergesetzes entsprechend anzuwenden.

(4) ¹Von den ausschüttungsgleichen Erträgen eines inländischen Investmentfonds mit Ausnahme der in Absatz 3 Satz 1 Nummer 1 Buchstabe b und Nummer 2 Buchstabe b genannten hat als Entrichtungspflichtiger die inländische Stelle einen Steuerabzug vorzunehmen, die bei Erträgen im Sinne des Absatzes 3 Satz 1 Nummer 2 Buchstabe b nach Absatz 3d Satz 1 als auszahlende Stelle hierzu verpflichtet wäre. ²Im Übrigen gilt Absatz 1 entsprechend. ³Absatz 3b Satz 2 bis 4 und § 44a Absatz 10 Satz 4 bis 7 des Einkommensteuergesetzes sind entsprechend anzuwenden.

(5) ¹Wird bei ausschüttungsgleichen Erträgen nach Absatz 3 Satz 1 Nummer 1 Buchstabe b und Nummer 2 Buchstabe b sowie nach Absatz 4 von der inländischen Stelle weder vom Steuerabzug abgesehen noch ganz oder teilweise Abstand genommen, wird auf Antrag die einbehaltene Kapitalertragsteuer unter den Voraussetzungen des § 44a Absatz 4 und 10 Satz 1 des Einkommensteuergesetzes in dem dort vorgesehenen Umfang von der inländischen Investmentgesellschaft erstattet. ²Der Anleger hat der Investmentgesellschaft eine Bescheinigung der inländischen Stelle

Anhang 7

Investmentsteuergesetz (InvStG)

im Sinne der Absätze 3b, 3d und 4 vorzulegen, aus der hervorgeht, dass diese die Erstattung nicht vorgenommen hat und auch nicht vornehmen wird. ³Im Übrigen sind die für die Anrechnung und Erstattung der Kapitalertragsteuer geltenden Vorschriften des Einkommensteuergesetzes entsprechend anzuwenden. ⁴Die erstattende inländische Investmentgesellschaft haftet in sinngemäßer Anwendung des § 44 Absatz 5 des Einkommensteuergesetzes für zu Unrecht vorgenommene Erstattungen; für die Zahlungsaufforderung gilt § 219 der Abgabenordnung entsprechend. ⁵Für die Überprüfung der Erstattungen sowie für die Geltendmachung der Rückforderung von Erstattungen oder der Haftung ist das Finanzamt zuständig, das für die Besteuerung der inländischen Investmentgesellschaft nach dem Einkommen zuständig ist.

(6) ¹Wird bei einem Gläubiger ausschüttungsgleicher Erträge im Sinne des Absatzes 4, der als Körperschaft weder Sitz noch Geschäftsleitung oder als natürliche Person weder Wohnsitz noch gewöhnlichen Aufenthalt im Inland hat, von der inländischen Stelle nicht vom Steuerabzug abgesehen, hat die inländische Investmentgesellschaft auf Antrag die einbehaltene Kapitalertragsteuer zu erstatten. ²Die inländische Investmentgesellschaft hat sich von dem ausländischen Kreditinstitut oder Finanzdienstleistungsinstitut versichern zu lassen, dass der Gläubiger der Kapitalerträge nach den Depotunterlagen als Körperschaft weder Sitz noch Geschäftsleitung oder als natürliche Person weder Wohnsitz noch gewöhnlichen Aufenthalt im Inland hat. ³Das Verfahren nach den Sätzen 1 und 2 ist auf den Steuerabzug von Erträgen im Sinne des Absatzes 3 Satz 1 Nummer 2 entsprechend anzuwenden, soweit die Erträge einem Anleger zufließen oder als zugeflossen gelten, der eine nach den Rechtsvorschriften eines Mitgliedstaates der Europäischen Union oder des Europäischen Wirtschaftsraums gegründete Gesellschaft im Sinne des Artikels 54 des Vertrags über die Arbeitsweise der Europäischen Union oder des Artikels 34 des Abkommens über den Europäischen Wirtschaftsraum mit Sitz und Ort der Geschäftsleitung innerhalb des Hoheitsgebietes eines dieser Staaten ist, und der einer Körperschaft im Sinne des § 5 Absatz 1 Nummer 3 des Körperschaftsteuergesetzes vergleichbar ist; soweit es sich um eine nach den Rechtsvorschriften eines Mitgliedstaates des Europäischen Wirtschaftsraums gegründete Gesellschaft oder eine Gesellschaft mit Ort und Geschäftsleitung in diesem Staat handelt, ist zusätzlich Voraussetzung, dass mit diesem Staat ein Amtshilfeabkommen besteht. ⁴Absatz 5 Satz 4 und 5 ist entsprechend anzuwenden.

(7) Für die Anrechnung der einbehaltenen und abgeführten Kapitalertragsteuer nach § 36 Abs. 2 des Einkommensteuergesetzes oder deren Erstattung nach § 50d des Einkommensteuergesetzes gelten die Vorschriften des Einkommensteuergesetzes entsprechend.

(8) ¹Für die ergänzende Anwendung der Vorschriften des Einkommensteuergesetzes zum Kapitalertragsteuerabzug in den Absätzen 3 bis 6 steht die inländische Investmentgesellschaft einem inländischen Kreditinstitut gleich. ²Ferner steht die inländische Kapitalanlagegesellschaft hinsichtlich der ihr erlaubten Verwahrung und Verwaltung von Investmentanteilen für die Anwendung der Vorschriften des Einkommensteuergesetzes zum Kapitalertragsteuerabzug einem inländischen Kreditinstitut gleich.

§ 8
Veräußerung von Investmentanteilen; Vermögensminderung

(1) ¹Auf die Einnahmen aus der Rückgabe, Veräußerung oder Entnahme von Investmentanteilen sind § 3 Nummer 40 des Einkommensteuergesetzes, § 4 Absatz 1 dieses Gesetzes sowie § 19 des REIT-Gesetzes anzuwenden, soweit sie dort genannte, dem Anleger noch nicht zugeflossene oder als zugeflossen geltende Einnahmen enthalten oder auf bereits realisierte oder noch nicht realisierte Gewinne aus der Beteiligung des Investmentfonds an Körperschaften, Personenvereinigungen oder Vermögensmassen entfallen, deren Leistungen beim Empfänger zu den Einnahmen im Sinne des § 20 Absatz 1 Nummer 1 des Einkommensteuergesetzes gehören (positiver Aktiengewinn). ²Auf die Einnahmen aus der Rückgabe, Veräußerung oder Entnahme von Investmentanteilen im Betriebsvermögen sind § 8b des Körperschaftsteuergesetzes sowie § 19 des REIT-Gesetzes anzuwenden, soweit sie auf bereits realisierte oder noch nicht realisierte Gewinne aus der Beteiligung des Investmentfonds an Körperschaften, Personenvereinigungen oder Vermö-

gensmassen entfallen, deren Leistungen beim Empfänger zu den Einnahmen im Sinne des § 20 Absatz 1 Nummer 1 des Einkommensteuergesetzes gehören. ³§ 15 Absatz 1a und § 16 Absatz 3 bleiben unberührt. ⁴Bei Beteiligungen des Investmentfonds sind die Sätze 1 bis 3 entsprechend anzuwenden. ⁵Bei dem Ansatz des in § 6 Absatz 1 Nummer 2 Satz 3 des Einkommensteuergesetzes bezeichneten Wertes sind die Sätze 1 bis 4 entsprechend anzuwenden.

(2) ¹Auf Vermögensminderungen innerhalb des Investmentfonds sind beim Anleger § 3c Abs. 2 des Einkommensteuergesetzes und § 8b des Körperschaftsteuergesetzes anzuwenden, soweit die Vermögensminderungen auf Beteiligungen des Investmentfonds an Körperschaften, Personenvereinigungen oder Vermögensmassen entfallen, deren Leistungen beim Empfänger zu den Einnahmen im Sinne des § 20 Abs. 1 Nr. 1 des Einkommensteuergesetzes gehören; Vermögensminderungen, die aus Wirtschaftsgütern herrühren, auf deren Erträge § 4 Abs. 1 anzuwenden ist, dürfen das Einkommen nicht mindern (negativer Aktiengewinn). ²Bei Beteiligungen des Investmentfonds an anderen Investmentfonds ist Satz 1 entsprechend anzuwenden. ³Die Sätze 1 und 2 gelten nicht für Beteiligungen des Investmentfonds an inländischen REIT-Aktiengesellschaften oder anderen REIT-Körperschaften, -Personenvereinigungen oder -Vermögensmassen im Sinne des REIT-Gesetzes.

(3) ¹Der nach den Absätzen 1 und 2 zu berücksichtigende Teil der Einnahmen ist, vorbehaltlich einer Berichtigung nach Satz 4, der Unterschied zwischen dem Aktiengewinn auf den Rücknahmepreis zum Zeitpunkt der Veräußerung einerseits und dem Aktiengewinn auf den Rücknahmepreis zum Zeitpunkt der Anschaffung andererseits. ²Bei Ansatz eines niedrigeren Teilwerts ist der zu berücksichtigende Teil nach § 3c Abs. 2 des Einkommensteuergesetzes und § 8b des Körperschaftsteuergesetzes, vorbehaltlich einer Berichtigung nach Satz 4, der Unterschied zwischen dem Aktiengewinn auf den maßgebenden Rücknahmepreis zum Zeitpunkt der Bewertung einerseits und dem Aktiengewinn auf den Rücknahmepreis zum Zeitpunkt der Anschaffung andererseits, soweit dieser Unterschiedsbetrag sich auf den Bilanzansatz ausgewirkt hat. ³Entsprechendes gilt bei Gewinnen aus dem Ansatz des in § 6 Abs. 1 Nr. 2 Satz 3 des Einkommensteuergesetzes bezeichneten Wertes für die Ermittlung des zu berücksichtigenden Teils nach § 3 Nr. 40 des Einkommensteuergesetzes oder § 8b des Körperschaftsteuergesetzes. ⁴Die nach den Sätzen 1, 2 und 3 zu berücksichtigenden Teile sind um einen nach den Sätzen 2 bzw. 3 ermittelten Aktiengewinn auf den maßgebenden Rücknahmepreis zum Schluss des vorangegangenen Wirtschaftsjahres zu berichtigen, soweit er sich auf den Bilanzansatz ausgewirkt hat.

(4) ¹Kommt eine Investmentgesellschaft ihrer Ermittlungs- und Veröffentlichungspflicht nach § 5 Abs. 2 nicht nach, gilt der Investmentanteil bei betrieblichen Anlegern als zum zeitgleich mit dem letzten Aktiengewinn veröffentlichten Rücknahmepreis zurückgegeben und wieder angeschafft. ²Die auf den Veräußerungsgewinn entfallende Einkommen- oder Körperschaftsteuer gilt als zinslos gestundet. ³Bei einer nachfolgenden Rückgabe oder Veräußerung des Investmentanteils endet die Stundung mit der Rückgabe oder Veräußerung. ⁴Auf die als angeschafft geltenden Investmentanteile sind § 3 Nr. 40 des Einkommensteuergesetzes und § 8b des Körperschaftsteuergesetzes nicht anzuwenden.

(5) ¹Gewinne aus der Rückgabe oder Veräußerung von Investmentanteilen, die weder zu einem Betriebsvermögen gehören noch zu den Einkünften nach § 22 Nr. 1 oder Nr. 5 des Einkommensteuergesetzes gehören, gehören zu den Einkünften aus Kapitalvermögen im Sinne des § 20 Abs. 2 Satz 1 Nr. 1 des Einkommensteuergesetzes; § 3 Nr. 40 und § 17 des Einkommensteuergesetzes und § 8b des Körperschaftsteuergesetzes sind nicht anzuwenden. ²Negative Einnahmen gemäß § 2 Abs. 1 Satz 1 sind von den Anschaffungskosten des Investmentanteils, erhaltener Zwischengewinn ist vom Veräußerungserlös des Investmentanteils abzusetzen. ³Der Veräußerungserlös ist ferner um die während der Besitzzeit als zugeflossen geltenden ausschüttungsgleichen Erträge zu mindern sowie um die hierauf entfallende, seitens der Investmentgesellschaft gezahlte und um einen entstandenen Ermäßigungsanspruch gekürzte Steuer im Sinne des § 4 Abs. 2, § 7 Abs. 3 und 4 zu erhöhen. ⁴Sind ausschüttungsgleiche Erträge in einem späteren Geschäftsjahr innerhalb der Besitzzeit ausgeschüttet worden, sind diese dem Veräußerungserlös

hinzuzurechnen. ⁵Der Gewinn aus der Veräußerung oder Rückgabe ist um die während der Besitzzeit des Anlegers ausgeschütteten Beträge zu erhöhen, die nach § 21 Absatz 1 Satz 2 in Verbindung mit § 2 Abs. 3 Nr. 1 in der am 31. Dezember 2008 anzuwendenden Fassung des Gesetzes steuerfrei sind. ⁶Des Weiteren ist der Veräußerungsgewinn um die während der Besitzzeit des Anlegers zugeflossene Substanzauskehrung sowie um die Beträge zu erhöhen, die während der Besitzzeit auf Grund der Absetzung für Abnutzung oder Substanzverringerung im Sinne des § 3 Absatz 3 Satz 2 steuerfrei ausgeschüttet wurden. ⁷Ferner bleiben bei der Ermittlung des Gewinns die Anschaffungskosten und der Veräußerungserlös mit dem Prozentsatz unberücksichtigt, den die Investmentgesellschaft für den jeweiligen Stichtag nach § 5 Abs. 2 für die Anwendung des Absatzes 1 in Verbindung mit § 4 Abs. 1 veröffentlicht hat.

(6) ¹Von den Einnahmen aus der Rückgabe oder Veräußerung von Investmentanteilen ist ein Steuerabzug vorzunehmen. ²Bemessungsgrundlage für den Kapitalertragsteuerabzug ist auch bei Investmentanteilen, die zu einem Betriebsvermögen gehören, der Gewinn nach Absatz 5. ³Die für den Steuerabzug von Kapitalerträgen nach § 43 Abs. 1 Satz 1 Nr. 9 sowie Satz 2 des Einkommensteuergesetzes geltenden Vorschriften des Einkommensteuergesetzes sind einschließlich des § 43 Abs. 2 Satz 3 bis 9 und des § 44a Abs. 4 und 5 entsprechend anzuwenden. ⁴Bei der unmittelbaren Rückgabe von Investmentanteilen an eine inländische Kapitalanlagegesellschaft oder Investmentaktiengesellschaft hat die Investmentgesellschaft den Kapitalertragsteuerabzug nach den Sätzen 1 bis 3 vorzunehmen; dieser Steuerabzug tritt an die Stelle des Steuerabzugs durch die auszahlende Stelle.

(7) § 15b des Einkommensteuergesetzes ist auf Verluste aus der Rückgabe, Veräußerung oder Entnahme von Investmentanteilen sowie auf Verluste durch Ansatz des niedrigeren Teilwerts bei Investmentanteilen sinngemäß anzuwenden.

(8) ¹Ein Investmentanteil gilt mit Ablauf des Geschäftsjahres, in dem ein Feststellungsbescheid nach § 1 Absatz 1d Satz 1 unanfechtbar geworden ist, als veräußert. ²Ein Anteil an einer Investitionsgesellschaft gilt zum selben Zeitpunkt als angeschafft. ³Als Veräußerungserlös des Investmentanteils und als Anschaffungskosten des Investitionsgesellschaftsanteils ist der Rücknahmepreis am Ende des Geschäftsjahres, in dem der Feststellungsbescheid unanfechtbar geworden ist. ⁴Wird kein Rücknahmepreis festgesetzt, tritt an seine Stelle der Börsen- oder Marktpreis. ⁵Kapitalertragsteuer ist nicht einzubehalten und abzuführen. ⁶Im Übrigen sind die vorstehenden Absätze anzuwenden. ⁷Die festgesetzte Steuer gilt bis zur tatsächlichen Veräußerung des Anteils als zinslos gestundet.

§ 9
Ertragsausgleich

¹Den in den ausgeschütteten und ausschüttungsgleichen Erträgen enthaltenen einzelnen Beträgen im Sinne der §§ 2 und 4 sowie der anrechenbaren oder abziehbaren ausländischen Quellensteuer stehen die hierauf entfallenden Teile des Ausgabepreises für ausgegebene Anteilscheine gleich. ²Die Einnahmen und Zwischengewinne im Sinne des § 1 Absatz 4 sind bei Anwendung eines Ertragsausgleichsverfahrens um die hierauf entfallenden Teile des Ausgabepreises für ausgegebene Anteile zu erhöhen.

§ 10
Dach-Investmentfonds

¹Bei Erträgen eines Anlegers aus Investmentanteilen, die aus Erträgen des Investmentfonds aus Anteilen an anderen Investmentfonds stammen, findet § 6 entsprechende Anwendung, soweit die Besteuerungsgrundlagen des Dach-Investmentfonds im Sinne des § 5 Abs. 1 nicht nachgewiesen werden. ²Soweit Ziel-Investmentfonds die Voraussetzungen des § 5 Absatz 1 nicht erfüllen, sind die nach § 6 zu ermittelnden Besteuerungsgrundlagen des Ziel-Investmentfonds den steuerpflichtigen Erträgen des Dach- Investmentfonds zuzurechnen. ³Die vorstehenden Sätze sind auch auf Master-Feeder-Strukturen im Sinne der §§ 171 bis 180 des Kapitalanlagegesetzbuchs anzuwenden.

Abschnitt 2
Regelungen nur für inländische Investmentfonds
§ 11
Steuerbefreiung und Außenprüfung

(1) ¹Das inländische Sondervermögen gilt als Zweckvermögen im Sinne des § 1 Absatz 1 Nummer 5 des Körperschaftsteuergesetzes und als sonstige juristische Person des privaten Rechts im Sinne des § 2 Absatz 3 des Gewerbesteuergesetzes. ²Ein inländischer Investmentfonds in der Rechtsform eines Sondervermögens oder einer Investmentaktiengesellschaft mit veränderlichem Kapital ist von der Körperschaftsteuer und der Gewerbesteuer befreit. ³Ein inländischer Investmentfonds in der Rechtsform einer offenen Investmentkommanditgesellschaft ist von der Gewerbesteuer befreit. ⁴Satz 2 gilt nicht für

1. Einkünfte, die die Investmentaktiengesellschaft mit veränderlichem Kapital oder deren Teilgesellschaftsvermögen aus der Verwaltung des Vermögens erzielt, oder
2. Einkünfte der Investmentaktiengesellschaft mit veränderlichem Kapital oder deren Teilgesellschaftsvermögen, die auf Unternehmensaktien entfallen, es sei denn, es wurde nach § 109 Absatz 1 Satz 1 des Kapitalanlagegesetzbuchs auf die Begebung von Anlageaktien verzichtet.

⁵Die Sätze 1 und 2 gelten auch für Investmentfonds im Sinne des § 1 Absatz 1g Satz 2.

(2) ¹Die von den Kapitalerträgen des inländischen Investmentfonds einbehaltene und abgeführte Kapitalertragsteuer wird dem Investmentfonds unter Einschaltung der Verwahrstelle erstattet, soweit nicht nach § 44a des Einkommensteuergesetzes vom Steuerabzug Abstand zu nehmen ist; dies gilt auch für den als Zuschlag zur Kapitalertragsteuer einbehaltenen und abgeführten Solidaritätszuschlag. ²Bei Kapitalerträgen im Sinne des § 43 Absatz 1 Satz 1 Nummer 1 und 2 des Einkommensteuergesetzes wendet die Verwahrstelle § 44b Absatz 6 des Einkommensteuergesetzes entsprechend an; bei den übrigen Kapitalerträgen außer Kapitalerträgen im Sinne des § 43 Absatz 1 Satz 1 Nummer 1a des Einkommensteuergesetzes erstattet das Finanzamt, an das die Kapitalertragsteuer abgeführt worden ist, die Kapitalertragsteuer und den Solidaritätszuschlag auf Antrag an die Verwahrstelle. ³Im Übrigen sind die Vorschriften des Einkommensteuergesetzes über die Abstandnahme vom Steuerabzug und über die Erstattung von Kapitalertragsteuer bei unbeschränkt einkommensteuerpflichtigen Gläubigern sinngemäß anzuwenden. ⁴An die Stelle der nach dem Einkommensteuergesetz erforderlichen Nichtveranlagungs-Bescheinigung tritt eine Bescheinigung des für den Investmentfonds zuständigen Finanzamts, in der bestätigt wird, dass ein Zweckvermögen oder eine Investmentaktiengesellschaft im Sinne des Absatzes 1 vorliegt.

(3) Beim inländischen Investmentfonds ist eine Außenprüfung im Sinne der §§ 194ff. der Abgabenordnung zulässig zur Ermittlung der steuerlichen Verhältnisse des Investmentfonds, zum Zwecke der Prüfung der Berichte nach den §§ 101, 120 und 135 des Kapitalanlagegesetzbuchs und der Besteuerungsgrundlagen nach § 5.

§ 12
Ausschüttungsbeschluss

¹Die inländische Investmentgesellschaft hat über die Verwendung der zur Ausschüttung zur Verfügung stehenden Beträge zu beschließen und den Beschluss schriftlich zu dokumentieren. ²Der Beschluss hat Angaben zur Zusammensetzung der Ausschüttung zu enthalten. ³Er hat außerdem Angaben zu den noch nicht ausgeschütteten Beträgen, die nicht unter § 23 Absatz 1 fallen, zu enthalten.

§ 13
Gesonderte Feststellung der Besteuerungsgrundlagen

(1) Die Besteuerungsgrundlagen im Sinne des § 5 Abs. 1 sind gegenüber der Investmentgesellschaft gesondert festzustellen.

(2) ¹Die Investmentgesellschaft hat spätestens vier Monate nach Ablauf des Geschäftsjahres eine Erklärung zur gesonderten Feststellung der Besteuerungsgrundlagen abzugeben. ²Wird innerhalb

Anhang 7
Investmentsteuergesetz (InvStG)

von vier Monaten nach Ablauf des Geschäftsjahres ein Beschluss über eine Ausschüttung gefasst, ist die Erklärung nach Satz 1 spätestens vier Monate nach dem Tag des Beschlusses abzugeben. ^{3}Der Feststellungserklärung sind der Jahresbericht, die Bescheinigung nach § 5 Absatz 1 Satz 1 Nummer 3, der Ausschüttungsbeschluss gemäß § 12 und eine Überleitungsrechnung, aus der hervorgeht, wie aus der investmentrechtlichen Rechnungslegung die Besteuerungsgrundlagen ermittelt wurden, beizufügen.

(3) ^{1}Die Feststellungserklärung steht einer gesonderten Feststellung gleich. ^{2}Die Investmentgesellschaft hat die erklärten Besteuerungsgrundlagen zugleich im Bundesanzeiger bekannt zu machen.

(4) ^{1}Stellt das Finanzamt materielle Fehler der gesonderten Feststellung nach Absatz 3 Satz 1 fest, sind die Unterschiedsbeträge zwischen den erklärten Besteuerungsgrundlagen und den zutreffenden Besteuerungsgrundlagen gesondert festzustellen. ^{2}Weichen die nach Absatz 3 Satz 2 bekannt gemachten Besteuerungsgrundlagen von der Feststellungserklärung ab, sind die Unterschiedsbeträge zwischen den nach Absatz 3 Satz 2 bekannt gemachten Besteuerungsgrundlagen und den erklärten Besteuerungsgrundlagen gesondert festzustellen. ^{3}Die Investmentgesellschaft hat die Unterschiedsbeträge in der Feststellungserklärung für das Geschäftsjahr zu berücksichtigen, in dem die Feststellung nach den Sätzen 1 und 2 unanfechtbar geworden ist. ^{4}Die §§ 129, 164, 165, 172 bis 175a der Abgabenordnung sind auf die gesonderte Feststellung nach Absatz 3 Satz 1 sowie Absatz 4 Satz 1 und 2 nicht anzuwenden. ^{5}Eine gesonderte Feststellung nach den Sätzen 1 und 2 ist bis zum Ablauf der für die Feststellung nach Absatz 3 Satz 1 geltenden Feststellungsfrist zulässig.

(5) Örtlich zuständig ist das Finanzamt, in dessen Bezirk sich die Geschäftsleitung der Kapitalverwaltungsgesellschaft des Investmentfonds befindet, oder in den Fällen des § 1 Absatz 2a Satz 3 Nummer 1 Buchstabe b, in dessen Bezirk die Zweigniederlassung besteht, oder in den Fällen des § 1 Absatz 2a Satz 3 Nummer 1 Buchstabe c, in dessen Bezirk sich die Geschäftsleitung der inländischen Verwahrstelle befindet.

§ 14
Verschmelzung von Investmentfonds und Teilen von Investmentfonds

(1) Die folgenden Absätze 2 bis 6 gelten nur für die Verschmelzung im Sinne des § 189 des Kapitalanlagegesetzbuchs unter alleiniger Beteiligung inländischer Sondervermögen.

(2) ^{1}Das übertragende Sondervermögen hat die zu übertragenden Vermögensgegenstände und Verbindlichkeiten, die Teil des Nettoinventars sind, mit den Anschaffungskosten abzüglich Absetzungen für Abnutzungen oder Substanzverringerung (fortgeführte Anschaffungskosten) zu seinem Geschäftsjahresende (Übertragungsstichtag) anzusetzen. ^{2}Ein nach § 189 Absatz 2 Satz 1 des Kapitalanlagegesetzbuchs bestimmter Übertragungsstichtag gilt als Geschäftsjahresende des übertragenden Sondervermögens.

(3) ^{1}Das übernehmende Sondervermögen hat zu Beginn des dem Übertragungsstichtag folgenden Tages die übernommenen Vermögensgegenstände und Verbindlichkeiten mit den fortgeführten Anschaffungskosten anzusetzen. ^{2}Das übernehmende Sondervermögen tritt in die steuerliche Rechtsstellung des übertragenden Sondervermögens ein.

(4) ^{1}Die Ausgabe der Anteile am übernehmenden Sondervermögen an die Anleger des übertragenden Sondervermögens gilt nicht als Tausch. ^{2}Die erworbenen Anteile an dem übernehmenden Sondervermögen treten an die Stelle der Anteile an dem übertragenden Sondervermögen. ^{3}Erhalten die Anleger des übertragenden Sondervermögens eine Barzahlung im Sinne des § 190 des Kapitalanlagegesetzbuchs, gilt diese als Ertrag im Sinne des § 20 Absatz 1 Nummer 1 des Einkommensteuergesetzes, wenn sie nicht Betriebseinnahme des Anlegers, eine Leistung nach § 22 Nummer 1 Satz 3 Buchstabe a Doppelbuchstabe aa des Einkommensteuergesetzes oder eine Leistung nach § 22 Nummer 5 des Einkommensteuergesetzes ist; § 3 Nummer 40 des Einkommensteuergesetzes und § 8b Absatz 1 des Körperschaftsteuergesetzes und § 5 sind nicht anzuwenden. ^{4}Die Barzahlung ist als Ausschüttung eines sonstigen Ertrags oder als Teil der Ausschüttung nach § 6 zu behandeln.

(5) ¹Die nicht bereits ausgeschütteten ausschüttungsgleichen Erträge des letzten Geschäftsjahres des übertragenden Sondervermögens gelten den Anlegern dieses Sondervermögens mit Ablauf des Übertragungsstichtags als zugeflossen. ²Dies gilt nicht, wenn die Erträge gemäß § 2 Abs. 1 Satz 1 zu den Einkünften nach § 22 Nr. 1 oder 5 des Einkommensteuergesetzes zählen. ³Als ausschüttungsgleiche Erträge sind auch die nicht bereits zu versteuernden angewachsenen Erträge des übertragenden Sondervermögens zu behandeln.

(6) ¹Ermitteln beide Sondervermögen den Aktiengewinn nach § 5 Abs. 2, so darf sich der Aktiengewinn je Investmentanteil durch die Übertragung nicht verändern. ²Ermittelt nur eines der beiden Sondervermögen den Aktiengewinn, ist auf die Investmentanteile des Sondervermögens, das bisher einen Aktiengewinn ermittelt und veröffentlicht hat, § 8 Abs. 4 anzuwenden.

(7) ¹Die Absätze 2 bis 6 sind entsprechend anzuwenden, wenn bei einer nach dem Kapitalanlagegesetzbuch zulässigen Übertragung von allen Vermögensgegenständen im Wege der Sacheinlage sämtliche Vermögensgegenstände

1. eines Sondervermögens auf eine Investmentaktiengesellschaft mit veränderlichem Kapital oder auf ein Teilgesellschaftsvermögen einer Investmentaktiengesellschaft mit veränderlichem Kapital,
2. eines Teilgesellschaftsvermögens einer Investmentaktiengesellschaft mit veränderlichem Kapital auf ein anderes Teilgesellschaftsvermögen derselben Investmentaktiengesellschaft mit veränderlichem Kapital,
3. eines Teilgesellschaftsvermögens einer Investmentaktiengesellschaft mit veränderlichem Kapital auf ein Teilgesellschaftsvermögen einer anderen Investmentaktiengesellschaft mit veränderlichem Kapital,
4. einer Investmentaktiengesellschaft mit veränderlichem Kapital oder eines Teilgesellschaftsvermögens einer Investmentaktiengesellschaft mit veränderlichem Kapital auf ein Sondervermögen oder
5. einer Investmentaktiengesellschaft mit veränderlichem Kapital auf eine andere Investmentaktiengesellschaft mit veränderlichem Kapital oder ein Teilgesellschaftsvermögen einer anderen Investmentaktiengesellschaft mit veränderlichem Kapital

übertragen werden. ²Satz 1 ist nicht anzuwenden, wenn ein Spezial-Sondervermögen nach § 1 Absatz 6 und 10 des Kapitalanlagegesetzbuchs oder ein Teilinvestmentvermögen eines solchen Sondervermögens oder eine Spezial-Investmentaktiengesellschaft mit veränderlichem Kapital nach § 1 Absatz 6 in Verbindung mit Kapitel 1 Abschnitt 4 Unterabschnitt 3 des Kapitalanlagegesetzbuchs oder ein Teilgesellschaftsvermögen einer solchen Investmentaktiengesellschaft als übertragender oder aufnehmender Investmentfonds beteiligt ist.

(8) Die gleichzeitige Übertragung aller Vermögensgegenstände mehrerer Sondervermögen, Teilgesellschaftsvermögen oder Investmentaktiengesellschaften auf dasselbe Sondervermögen oder Teilgesellschaftsvermögen oder dieselbe Investmentaktiengesellschaft mit veränderlichem Kapital ist zulässig.

§ 15
Inländische Spezial-Investmentfonds

(1) ¹Bei inländischen Sondervermögen oder Investmentaktiengesellschaften mit veränderlichem Kapital, die auf Grund einer schriftlichen Vereinbarung mit der Kapitalverwaltungsgesellschaft oder auf Grund ihrer Satzung nicht mehr als 100 Anleger oder Aktionäre haben, die nicht natürliche Personen sind (Spezial-Investmentfonds), sind § 1 Absatz 1d, § 4 Absatz 4, § 5 Absatz 1 sowie die §§ 6 und 8 Absatz 4 und 8 nicht anzuwenden. ²§ 5 Abs. 2 Satz 1 ist mit der Maßgabe anzuwenden, dass die Investmentgesellschaft verpflichtet ist, den Aktiengewinn für Körperschaften, Personenvereinigungen oder Vermögensmassen bei jeder Bewertung des Investmentfonds zu ermitteln; die Veröffentlichung des Aktiengewinns entfällt. ³Für die Feststellung der Besteuerungsgrundlagen gilt § 180 Abs. 1 Nr. 2 Buchstabe a der Abgabenordnung entsprechend; die Feststellungserklärung steht einer gesonderten und einheitlichen Feststellung unter dem Vorbehalt der Nachprüfung

Anhang 7
Investmentsteuergesetz (InvStG)

gleich, eine berichtigte Feststellungserklärung gilt als Antrag auf Änderung. [4]§ 13 Abs. 1, 3 und 4 ist nicht anzuwenden. [5]Nicht ausgeglichene negative Erträge im Sinne des § 3 Abs. 4 Satz 2 entfallen, soweit ein Anleger seine Investmentanteile veräußert oder zurückgibt. [6]In den Fällen des § 14 gilt dies auch, soweit sich jeweils die Beteiligungsquote des Anlegers an den beteiligten Sondervermögen reduziert. [7]§ 32 Abs. 3 des Körperschaftsteuergesetzes gilt entsprechend; die Investmentgesellschaft hat den Kapitalertragsteuerabzug vorzunehmen. [8]Die Kapitalertragsteuer nach Satz 7 und nach § 7 ist durch die Investmentgesellschaft innerhalb eines Monats nach der Entstehung zu entrichten. [9]Die Investmentgesellschaft hat bis zu diesem Zeitpunkt eine Steueranmeldung nach amtlich vorgeschriebenem Datensatz auf elektronischem Weg nach Maßgabe der Steuerdaten- Übermittlungsverordnung vom 28. Januar 2003 (BGBl. I S. 139), die zuletzt durch Artikel 8 der Verordnung vom 17. November 2010 (BGBl. I S. 1544) geändert worden ist, in der jeweils geltenden Fassung zu übermitteln. [10]Im Rahmen der ergänzenden Anwendung der Vorschriften des Einkommensteuergesetzes über den Steuerabzug sind § 44a Absatz 6 und § 45a Absatz 3 des Einkommensteuergesetzes nicht anzuwenden.

(1a) [1]Bei Investmentfonds im Sinne des Absatzes 1 Satz 1 ist abweichend von § 2 Absatz 2 Satz 1 und § 8 Absatz 1 Satz 1 § 8b des Körperschaftsteuergesetzes anzuwenden. [2]Voraussetzung für die Anwendung des Satzes 1 auf Erträge des Investmentanteils ist, dass die Beteiligung des Investmentfonds mindestens 10 Prozent des Grund- oder Stammkapitals, des Vermögens oder der Summe der Geschäftsguthaben beträgt und der dem einzelnen Anleger zuzurechnende Anteil an dem Investmentfonds so hoch ist, dass die auf den einzelnen Anleger anteilig entfallende Beteiligung an der Körperschaft, Personenvereinigung oder Vermögensmasse mindestens 10 Prozent des Grund- oder Stammkapitals, des Vermögens oder der Summe der Geschäftsguthaben beträgt. [3]Für die Berechnung der Beteiligungsgrenze ist für die Beteiligung des Investmentfonds auf die Höhe der Beteiligung an der Körperschaft, Personenvereinigung oder Vermögensmasse zu dem Zeitpunkt abzustellen, zu dem die auf die Beteiligung entfallenden Erträge dem Investmentfonds zugerechnet werden; für den Anteil des Anlegers an dem Investmentfonds ist auf den Schluss des Geschäftsjahres abzustellen. [4]Über eine Mitunternehmerschaft gehaltene Investmentanteile sind dem Mitunternehmer anteilig nach dem allgemeinen Gewinnmaßstab zuzurechnen. [5]Eine einem Anleger über einen direkt gehaltenen Anteil an einem Investmentfonds und über einen von einer Mitunternehmerschaft gehaltenen Anteil an demselben Investmentfonds zuzurechnende Beteiligung an derselben Körperschaft, Personenvereinigung oder Vermögensmasse sind zusammenzurechnen. [6]Eine Zusammenrechnung von Beteiligungen an Körperschaften, Personenvereinigungen oder Vermögensmassen, die dem Anleger über andere Investmentfonds oder ohne Einschaltung eines Investmentfonds zuzurechnen sind, findet bei dem jeweiligen Investmentfonds nicht statt. [7]Ist der Anleger bereits unmittelbar zu mindestens 10 Prozent an dem Grund- oder Stammkapital einer Körperschaft, Personenvereinigung oder Vermögensmasse beteiligt, gilt die Beteiligungsgrenze auch als überschritten, soweit der Anleger an dieser Körperschaft, Personenvereinigung oder Vermögensmasse auch über einen Investmentfonds beteiligt ist, wenn der Anleger die Höhe der unmittelbaren Beteiligung gegenüber der Investmentgesellschaft nachgewiesen hat; eine mittelbar über eine Mitunternehmerschaft gehaltene Beteiligung gilt hierbei als unmittelbare Beteiligung. [8]Vom Investmentfonds entliehene Wertpapiere und Investmentanteile sowie vom Anleger entliehene Investmentanteile werden für die Berechnung einer Beteiligung dem Verleiher zugerechnet. [9]Teilfonds oder Teilgesellschaftsvermögen stehen für die Anwendung der vorstehenden Sätze einem Investmentfonds gleich.

(2) [1]Erträge aus Vermietung und Verpachtung von inländischen Grundstücken und grundstücksgleichen Rechten und Gewinne aus privaten Veräußerungsgeschäften mit inländischen Grundstücken und grundstücksgleichen Rechten sind gesondert auszuweisen. [2]Diese Erträge gelten beim beschränkt steuerpflichtigen Anleger als unmittelbar bezogene Einkünfte gemäß § 49 Abs. 1 Nr. 2 Buchstabe f, Nr. 6 oder Nr. 8 des Einkommensteuergesetzes. [3]Dies gilt auch für die Anwendung der Regelungen in Doppelbesteuerungsabkommen. [4]Von den Erträgen ist Kapitalertragsteuer in Höhe von 25 Prozent durch die Investmentgesellschaft einzubehalten; Absatz 1 Satz 8 bis 10 gilt entsprechend. [5]§ 50 Absatz 2 Satz 1 des Einkommensteuergesetzes findet keine Anwendung.

(3) ¹Ein Investmentanteil an einem Spezial-Investmentfonds gilt mit Ablauf des vorangegangenen Geschäftsjahres des Spezial-Investmentfonds als veräußert, in dem der Spezial-Investmentfonds seine Anlagebedingungen in der Weise abgeändert hat, dass die Voraussetzungen des § 1 Absatz 1b nicht mehr erfüllt sind oder in dem ein wesentlicher Verstoß gegen die Anlagebestimmungen des § 1 Absatz 1b vorliegt. ²Als Veräußerungserlös des Investmentanteils und als Anschaffungskosten des Anteils an der Investitionsgesellschaft ist der Rücknahmepreis anzusetzen. ³Wird kein Rücknahmepreis festgesetzt, tritt an seine Stelle der Börsen- oder Marktpreis. ⁴Kapitalertragsteuer ist nicht einzubehalten und abzuführen. ⁵Der Spezial-Investmentfonds gilt mindestens für einen Zeitraum von drei Jahren als Investitionsgesellschaft.

§ 15a
Offene Investmentkommanditgesellschaft

(1) ¹§ 15 gilt für offene Investmentkommanditgesellschaften im Sinne des § 1 Absatz 1f Nummer 3 entsprechend. ²§ 15 Absatz 3 ist entsprechend anzuwenden, wenn die Voraussetzungen des § 1 Absatz 1f Nummer 3 nicht mehr erfüllt sind.

(2) ¹Die für die Ermittlung von Einkünften eines Anlegers eines Spezial-Investmentfonds geltenden Regelungen sind für die Anleger von offenen Investmentkommanditgesellschaften entsprechend anzuwenden. ²Für die Bewertung eines Anteils an einer offenen Investmentkommanditgesellschaft im Sinne des Absatzes 1 gilt § 6 Absatz 1 Nummer 2 des Einkommensteuergesetzes entsprechend.

(3) ¹Die Beteiligung an einer offenen Investmentkommanditgesellschaft im Sinne des Absatzes 1 führt nicht zur Begründung oder anteiligen Zurechnung einer Betriebsstätte des Anteilseigners. ²Die Einkünfte der offenen Investmentkommanditgesellschaft im Sinne des Absatzes 1 gelten als nicht gewerblich. ³§ 9 Nummer 2 des Gewerbesteuergesetzes ist auf Anteile am Gewinn an einer offenen Investmentkommanditgesellschaft im Sinne des Absatzes 1 nicht anzuwenden.

(4) Wird ein Wirtschaftsgut aus einem Betriebsvermögen des Anlegers in das Gesellschaftsvermögen einer offenen Investmentkommanditgesellschaft übertragen, ist bei der Übertragung der Teilwert anzusetzen.

Abschnitt 3
Regelungen nur für ausländische Investmentfonds
§ 16
Ausländische Spezial-Investmentfonds

¹Bei ausländischen AIF, deren Anteile satzungsgemäß von nicht mehr als 100 Anlegern, die nicht natürliche Personen sind, gehalten werden (ausländische Spezial-Investmentfonds), sind § 1 Absatz 1d, § 4 Absatz 4, § 5 Absatz 1 Satz 1 Nummer 5 Satz 3 sowie die §§ 6 und 8 Absatz 4 und 8 nicht anzuwenden. ²§ 5 Abs. 1 Satz 1 Nr. 3 ist mit der Maßgabe anzuwenden, dass die Investmentgesellschaft von der Bekanntmachung im Bundesanzeiger absehen kann, wenn sie den Anlegern die Daten mitteilt. ³§ 15 Absatz 1 Satz 2 und Absatz 1a gilt entsprechend. ⁴§ 15 Absatz 1 Satz 5 ist entsprechend anzuwenden. ⁵§ 15 Absatz 1 Satz 6 ist in Fällen des § 17a entsprechend anzuwenden. ⁶Für ausländische Spezial-Investmentfonds mit mindestens einem inländischen Anleger hat die ausländische Investmentgesellschaft dem Bundeszentralamt für Steuern innerhalb von vier Monaten nach Ende des Geschäftsjahres eine Bescheinigung eines zur geschäftsmäßigen Hilfeleistung befugten Berufsträgers im Sinne des § 3 des Steuerberatungsgesetzes, einer behördlich anerkannten Wirtschaftsprüfungsstelle oder einer vergleichbaren Stelle vorzulegen, aus der hervorgeht, dass die Angaben nach den Regeln des deutschen Steuerrechts ermittelt wurden. ⁷Fasst der ausländische Spezial-Investmentfonds innerhalb von vier Monaten nach Ende des Geschäftsjahres einen Ausschüttungsbeschluss, beginnt die Frist nach Satz 6 erst mit dem Tage des Ausschüttungsbeschlusses. ⁸§ 15 Absatz 3 gilt entsprechend.

Anhang 7
Investmentsteuergesetz (InvStG)

§ 17
Repräsentant

Der Repräsentant einer ausländischen Investmentgesellschaft im Sinne des § 317 Absatz 1 Nummer 4 und § 319 des Kapitalanlagegesetzbuchs gilt nicht als ständiger Vertreter im Sinne des § 49 Abs. 1 Nr. 2 Buchstabe a des Einkommensteuergesetzes und des § 13 der Abgabenordnung, soweit er die ausländische Investmentgesellschaft gerichtlich oder außergerichtlich vertritt und er hierbei weder über die Anlage des eingelegten Geldes bestimmt noch bei dem Vertrieb der ausländischen Investmentanteile tätig wird.

§ 17a
Auswirkungen der Verschmelzung von ausländischen Investmentfonds und Teilen eines solchen Investmentfonds auf einen anderen ausländischen Investmentfonds oder Teile eines solchen Investmentfonds

[1]Für den Anleger eines Investmentanteils an einem Investmentfonds, das dem Recht eines anderen Mitgliedstaates der Europäischen Union untersteht, ist für Verschmelzungen von Investmentfonds, die demselben Aufsichtsrecht unterliegen, § 14 Absatz 4 bis 6 und 8 entsprechend anzuwenden, wenn

1. die dem § 189 des Kapitalanlagegesetzbuchs entsprechenden Vorschriften des Sitzstaates der Investmentfonds erfüllt sind und dies durch eine Bestätigung der für die Investmentaufsicht zuständigen Stelle nachgewiesen wird und
2. der übernehmende Investmentfonds die fortgeführten Anschaffungskosten des übertragenden Investmentfonds für die Ermittlung der Investmenterträge fortführt und hierzu eine Bescheinigung eines zur geschäftsmäßigen Hilfeleistung befugten Berufsträgers im Sinne des § 3 des Steuerberatungsgesetzes, einer behördlich anerkannten Wirtschaftsprüfungsgesellschaft oder einer vergleichbaren Stelle vorlegt.

[2]Den Mitgliedstaaten der Europäischen Union stehen die Staaten gleich, auf die das Abkommen über den Europäischen Wirtschaftsraum anwendbar ist, sofern zwischen der Bundesrepublik Deutschland und dem anderen Staat auf Grund der Amtshilferichtlinie gemäß § 2 Absatz 2 des EU-Amtshilfegesetzes oder einer vergleichbaren zwei- oder mehrseitigen Vereinbarung Auskünfte erteilt werden, die erforderlich sind, um die Besteuerung durchzuführen. [3]Die Bescheinigungen nach Satz 1 sind dem Bundeszentralamt für Steuern vorzulegen. [4]§ 5 Abs. 1 Satz 1 Nr. 5 gilt entsprechend. [5]Die Sätze 1 bis 4 sind entsprechend anzuwenden, wenn alle Vermögensgegenstände eines nach dem Investmentrecht des Sitzstaates abgegrenzten Teils eines Investmentfonds übertragen werden oder ein solcher Teil eines Investmentfonds alle Vermögensgegenstände eines anderen Investmentfonds oder eines nach dem Investmentrecht des Sitzstaates abgegrenzten Teils eines Investmentfonds übernimmt. [6]§ 14 Absatz 7 Satz 2 und Absatz 8 gilt entsprechend; dies gilt bei § 14 Absatz 7 Satz 2 nicht für die Übertragung aller Vermögensgegenstände eines Sondervermögens auf ein anderes Sondervermögen.

Abschnitt 4
Gemeinsame Vorschriften für inländische und ausländische Investitionsgesellschaften

§ 18
Personen-Investitionsgesellschaften

[1]Personen-Investitionsgesellschaften sind Investitionsgesellschaften in der Rechtsform einer Investmentkommanditgesellschaft oder einer vergleichbaren ausländischen Rechtsform. [2]Für diese sind die Einkünfte nach § 180 Absatz 1 Nummer 2 der Abgabenordnung gesondert und einheitlich festzustellen. [3]Die Einkünfte sind von den Anlegern nach den allgemeinen steuerrechtlichen Regelungen zu versteuern.

Anhang 7
Investmentsteuergesetz (InvStG)

§ 19
Kapital-Investitionsgesellschaften

(1) ¹Kapital-Investitionsgesellschaften sind alle Investitionsgesellschaften, die keine Personen-Investitionsgesellschaften sind. ²Kapital-Investitionsgesellschaften in der Rechtsform eines Sondervermögens gelten als Zweckvermögen im Sinne des § 1 Absatz 1 Nummer 5 des Körperschaftsteuergesetzes und als sonstige juristische Personen des privaten Rechts im Sinne des § 2 Absatz 3 des Gewerbesteuergesetzes. 3Ausländische Kapital-Investitionsgesellschaften, die keine Kapitalgesellschaften sind, gelten als Vermögensmassen im Sinne des § 2 Nummer 1 des Körperschaftsteuergesetzes und als sonstige juristische Person des privaten Rechts im Sinne des § 2 Absatz 3 des Gewerbesteuergesetzes.

(2) ¹Bei Anlegern, die ihren Investitionsgesellschaftsanteil im Privatvermögen halten, gelten die Ausschüttungen als Einkünfte im Sinne des § 20 Absatz 1 Nummer 1 des Einkommensteuergesetzes. ²§ 8b des Körperschaftsteuergesetzes und § 3 Nummer 40 des Einkommensteuergesetzes sind anzuwenden, wenn der Anleger nachweist, dass die Kapital-Investitionsgesellschaft

1. in einem Mitgliedstaat der Europäischen Union oder in einem anderen Vertragsstaat des Abkommens über den Europäischen Wirtschaftsraum ansässig ist und dort der Ertragsbesteuerung für Kapitalgesellschaften unterliegt und nicht von ihr befreit ist, oder
2. in einem Drittstaat ansässig ist und dort einer Ertragsbesteuerung für Kapitalgesellschaften in Höhe von mindestens 15 Prozent unterliegt, und nicht von ihr befreit ist.

³Die inländische auszahlende Stelle hat von den Ausschüttungen einer Kapital-Investitionsgesellschaft Kapitalertragsteuer einzubehalten und abzuführen. ⁴Die für den Steuerabzug von Kapitalerträgen im Sinne des § 43 Absatz 1 Satz 1 Nummer 1 oder Nummer 1a sowie Satz 2 des Einkommensteuergesetzes geltenden Vorschriften des Einkommensteuergesetzes sind entsprechend anzuwenden. ⁵Bei Ausschüttungen von ausländischen Kapital-Investitionsgesellschaften sind die für den Steuerabzug von Kapitalerträgen im Sinne des § 43 Absatz 1 Satz 1 Nummer 6 des Einkommensteuergesetzes geltenden Vorschriften entsprechend anzuwenden.

(3) ¹Gewinne oder Verluste aus der Rückgabe oder Veräußerung von Kapital-Investitionsgesellschaftsanteilen, die nicht zu einem Betriebsvermögen gehören, sind Einkünfte im Sinne des § 20 Absatz 2 Satz 1 Nummer 1 des Einkommensteuergesetzes. ²Als Veräußerung gilt auch die vollständige oder teilweise Liquidation der Kapital-Investitionsgesellschaft. ³§ 8b des Körperschaftsteuergesetzes und § 3 Nummer 40 des Einkommensteuergesetzes sind unter den Voraussetzungen des Absatzes 2 Satz 2 anzuwenden. ⁴Die Regelungen zum Abzug der Kapitalertragsteuer nach § 8 Absatz 6 sind entsprechend anzuwenden.

(4) ¹Abweichend von § 7 Absatz 7 des Außensteuergesetzes bleiben die §§ 7 bis 14 des Außensteuergesetzes anwendbar. ²Soweit Hinzurechnungsbeträge nach § 10 Absatz 1 Satz 1 des Außensteuergesetzes angesetzt worden sind, ist auf Ausschüttungen und Veräußerungsgewinne § 3 Nummer 41 des Einkommensteuergesetzes anzuwenden. ³Im Übrigen unterliegen die Ausschüttungen und Veräußerungsgewinne der Besteuerung nach den vorstehenden Absätzen.

§ 20
Umwandlung einer Investitionsgesellschaft in einen Investmentfonds

¹Ändert eine Investitionsgesellschaft ihre Anlagebedingungen und das tatsächliche Anlageverhalten dergestalt ab, dass die Voraussetzungen des § 1 Absatz 1b erfüllt sind, hat auf Antrag der Investitionsgesellschaft das für ihre Besteuerung nach dem Einkommen zuständige Finanzamt oder im Übrigen das Bundeszentralamt für Steuern das Vorliegen der Voraussetzungen festzustellen. ²Dabei ist der Mindestzeitraum von drei Jahren nach § 1 Absatz 1d Satz 3 zu beachten. ³§ 1 Absatz 1d Satz 4 und 5 ist entsprechend anzuwenden. ⁴Mit Ablauf des Geschäftsjahres, in dem der Feststellungsbescheid unanfechtbar geworden ist, gilt der Anteil an der Investitionsgesellschaft als veräußert und der Anteil an einem Investmentfonds als angeschafft. ⁵Kapitalertragsteuer ist nicht einzubehalten und abzuführen. ⁶Als Veräußerungserlös des Investitionsgesellschaftsanteils

Anhang 7
Investmentsteuergesetz (InvStG)

und als Anschaffungskosten des Investmentanteils ist der Rücknahmepreis am Ende des Geschäftsjahres anzusetzen, in dem der Feststellungsbescheid unanfechtbar geworden ist. [7]Wird kein Rücknahmepreis festgesetzt, tritt an seine Stelle der Börsen- oder Marktpreis. [8]Die festgesetzte Steuer gilt bis zur tatsächlichen Veräußerung des Anteils als zinslos gestundet.

Abschnitt 5
Anwendungs- und Übergangsvorschriften

§ 21
Anwendungsvorschriften vor Inkrafttreten des AIFM-Steuer-Anpassungsgesetzes

(1) [1]Diese Fassung des Gesetzes ist vorbehaltlich des Satzes 2 und der nachfolgenden Absätze erstmals auf die Erträge eines Investmentvermögens anzuwenden, die dem Investmentvermögen nach dem 31. Dezember 2008 zufließen. [2]Auf ausgeschüttete Gewinne aus der Veräußerung von Wertpapieren, Termingeschäften und Bezugsrechten auf Anteile an Kapitalgesellschaften, bei denen das Investmentvermögen die Wertpapiere oder Bezugsrechte vor dem 1. Januar 2009 angeschafft hat oder das Investmentvermögen das Termingeschäft vor dem 1. Januar 2009 abgeschlossen hat, ist § 2 Abs. 3 Nr. 1 in der am 31. Dezember 2008 anzuwendenden Fassung weiter anzuwenden. [3]Die in § 21 verwendeten Begriffe Investmentvermögen, Publikums-Investmentvermögen, Ziel-Investmentvermögen und Dach-Investmentvermögen bestimmen sich weiterhin nach diesem Gesetz und dem Investmentgesetz in der am 21. Juli 2013 geltenden Fassung.

(2) [1]§ 7 Abs. 1, 3 und 4 in der Fassung des Artikels 8 des Gesetzes vom 14. August 2007 (BGBl. I S. 1912) ist erstmals auf Kapitalerträge anzuwenden, die dem Anleger nach dem 31. Dezember 2008 zufließen oder als zugeflossen gelten. [2]§ 8 Abs. 5 und 6 in der Fassung des Artikels 14 des Gesetzes vom 19. Dezember 2008 (BGBl. I S. 2794) ist vorbehaltlich der Absätze 2a und 2b erstmals auf die Rückgabe oder Veräußerung von Investmentanteilen anzuwenden, die nach dem 31. Dezember 2008 erworben werden. [3]§ 15 Abs. 2 in der Fassung des Artikels 8 des Gesetzes vom 14. August 2007 (BGBl. I S. 1912) ist erstmals auf Erträge anzuwenden, die dem Anleger nach dem 31. Dezember 2008 zufließen oder als zugeflossen gelten.

(2a) [1]Auf die Veräußerung oder Rückgabe von Anteilen an inländischen Spezial-Sondervermögen, inländischen Spezial-Investment-Aktiengesellschaften oder ausländischen Spezial-Investmentvermögen, die nach dem 9. November 2007 und vor dem 1. Januar 2009 erworben werden, ist bereits § 8 Abs. 5 in der in Absatz 2 Satz 2 genannten Fassung mit Ausnahme des Satzes 5 anzuwenden. [2]Satz 1 gilt entsprechend für die Rückgabe oder Veräußerung von Anteilen an anderen Investmentvermögen, bei denen durch Gesetz, Satzung, Gesellschaftsvertrag oder Anlagebedingungen die Beteiligung natürlicher Personen von der Sachkunde des Anlegers abhängig oder für die Beteiligung eine Mindestanlagesumme von 100 000 Euro oder mehr vorgeschrieben ist. [3]Wann von dieser Sachkunde auszugehen ist, richtet sich nach dem Gesetz, der Satzung, dem Gesellschaftsvertrag oder den Anlagebedingungen. [4]Als Veräußerungsgewinn wird aber höchstens die Summe der vom Investmentvermögen thesaurierten Veräußerungsgewinne angesetzt, auf die bei Ausschüttung Absatz 1 Satz 2 nicht anzuwenden wäre; der Anleger hat diesen niedrigeren Wert nachzuweisen. [5]Auf Veräußerungsgewinne im Sinne dieses Absatzes ist § 8 Abs. 6 nicht anzuwenden; § 32d des Einkommensteuergesetzes in der nach dem 31. Dezember 2008 anzuwendenden Fassung gilt entsprechend.

(2b) [1]Auf die Rückgabe oder Veräußerung von Anteilen an Publikums-Investmentvermögen, deren Anlagepolitik auf die Erzielung einer Geldmarktrendite ausgerichtet ist und deren Termingeschäfts- und Wertpapierveräußerungsgewinne nach Verrechnung mit entsprechenden Verlusten vor Aufwandsverrechnung ohne Ertragsausgleich gemäß dem Jahresbericht des letzten vor dem 19. September 2008 endenden Geschäftsjahres die ordentlichen Erträge vor Aufwandsverrechnung ohne Ertragsausgleich übersteigen, ist § 8 Abs. 5 Satz 1 bis 4 und 6 sowie Abs. 6 in der in Absatz 2 Satz 2 genannten Fassung auch für vor dem 1. Januar 2009 angeschaffte Anteile anzuwenden, es sei denn, die Anteile wurden vor dem 19. September 2008 angeschafft; für neu aufgelegte Publikums-Investmentvermögen ist auf das erste nach dem 19. September 2008 endende

Geschäftsjahr abzustellen. [2]Auf die Veräußerung oder Rückgabe von Anteilen im Sinne des Satzes 1, die vor dem 19. September 2008 angeschafft wurden, ist bei Rückgaben oder Veräußerungen nach dem 10. Januar 2011 die in Absatz 2 Satz 2 genannte Fassung mit der Maßgabe anzuwenden, dass eine Anschaffung des Investmentanteils zum 10. Januar 2011 unterstellt wird.

(3) § 15 Absatz 1 Satz 7 und 8 in der Fassung des Artikels 8 des Gesetzes vom 14. August 2007 (BGBl. I S. 1912) ist erstmals auf ausgeschüttete oder ausschüttungsgleiche Erträge anzuwenden, soweit sie Entgelte enthalten, die dem Investmentvermögen nach dem 17. August 2007 zufließen.

(4) [1]§ 7 Abs. 1 Satz 1 Nr. 3 Satz 2 in der Fassung des Artikels 13 des Gesetzes vom 13. Dezember 2006 (BGBl. I S. 2878) ist anzuwenden auf die Rückgabe oder Veräußerung von Investmentanteilen, die nach dem 31. Dezember 2006 innerhalb des gleichen Instituts auf das Depot des Anlegers übertragen worden sind. [2]Die Neufassung kann auch auf die Rückgabe oder Veräußerung von Investmentanteilen angewandt werden, die vor dem 1. Januar 2007 innerhalb des gleichen Instituts auf das Depot des Anlegers übertragen worden sind, wenn die Anschaffungskosten der Investmentanteile sich aus den Unterlagen des Instituts ergeben.

(5) [1]§ 2 in der Fassung des Gesetzes vom 28. Mai 2007 (BGBl. I S. 914) ist erstmals auf Dividenden und Veräußerungserlöse anzuwenden, die dem Investmentvermögen nach dem 31. Dezember 2007 zufließen oder als zugeflossen gelten. [2]§ 8 in der Fassung des Gesetzes vom 28. Mai 2007 (BGBl. I S. 914) ist erstmals bei der Rückgabe oder Veräußerung oder der Bewertung eines Investmentanteils nach dem 31. Dezember 2007 anzuwenden. [3]Die Investmentgesellschaft hat für Bewertungstage nach dem 31. Dezember 2007 bei der Ermittlung des Prozentsatzes nach § 5 Abs. 2 die Neufassung des § 8 zu berücksichtigen.

(6) § 2 Abs. 2a und § 5 Abs. 1 Satz 1 Buchstabe c Doppelbuchstabe II in der Fassung des Artikels 23 des Gesetzes vom 20. Dezember 2007 (BGBl. I S. 3150) sind erstmals auf Investmenterträge anzuwenden, die einem Anleger nach dem 25. Mai 2007 zufließen oder als zugeflossen gelten.

(7) § 7 Abs. 8 in der Fassung des Artikels 23 des Gesetzes vom 20. Dezember 2007 (BGBl. I S. 3150) ist auf den nach dem 31. Dezember 2007 vorzunehmenden Steuerabzug anzuwenden.

(8) § 13 Abs. 4 in der Fassung des Artikels 23 des Gesetzes vom 20. Dezember 2007 (BGBl. I S. 3150) ist für alle Feststellungszeiträume anzuwenden, für die die Feststellungsfrist noch nicht abgelaufen ist.

(9) § 15 Abs. 1 Satz 3 in der Fassung des Artikels 23 des Gesetzes vom 20. Dezember 2007 (BGBl. I S. 3150) ist für alle Feststellungszeiträume anzuwenden, für die die Feststellungsfrist noch nicht abgelaufen ist.

(10) § 15 Abs. 1 Satz 1 und § 16 Satz 1 in der Fassung dieses Gesetzes sind erstmals auf das erste nach dem Inkrafttreten des Investmentänderungsgesetzes vom 21. Dezember 2007 (BGBl. I S. 3089) endende Geschäftsjahr anzuwenden.

(11) [1]Sind Anteile an ausländischen Vermögen zwar ausländische Investmentanteile gemäß § 2 Abs. 9 des Investmentgesetzes in der bis zum, nicht aber in der seit dem Inkrafttreten des Investmentänderungsgesetzes vom 21. Dezember 2007 (BGBl. I S. 3089) geltenden Fassung, so gelten sie für die Anwendung dieses Gesetzes bis zum Ende des letzten Geschäftsjahres, das vor dem 28. Dezember 2007 begonnen hat, weiterhin als ausländische Investmentanteile. [2]In den Fällen des § 6 gelten solche Anteile bis zum 31. Dezember 2007 als ausländische Investmentanteile.

(12) [1]§ 1 Abs. 3 Satz 3 und 4 sowie Abs. 4 Nr. 1 und 2 in der Fassung des Artikels 14 des Gesetzes vom 19. Dezember 2008 (BGBl. I S. 2794) ist erstmals auf Erträge anzuwenden, die dem Investmentvermögen nach dem 31. Dezember 2008 zufließen oder als zugeflossen gelten. [2]Satz 1 gilt nicht für Erträge aus vom Investmentvermögen vor dem 1. Januar 2009 angeschafften sonstigen Kapitalforderungen im Sinne der nach dem 31. Dezember 2008 anzuwendenden Fassung des § 20 Absatz 1 Nummer 7 des Einkommensteuergesetzes, die nicht sonstige Kapitalforderungen im Sinne der vor dem 1. Januar 2009 anzuwendenden Fassung des § 20 Absatz 1 Nummer 7 des Einkommensteuergesetzes sind. [3]§ 3 Abs. 2 Satz 1 Nr. 2 in der Fassung des Artikels 14 des Gesetzes vom 19. Dezember 2008 (BGBl. I S. 2794) ist erstmals auf Erträge anzuwenden, die dem

Anhang 7

Investmentsteuergesetz (InvStG)

Investmentvermögen nach dem 31. Dezember 2008 als zugeflossen gelten; für die Anwendung des § 3 Abs. 2 Satz 1 Nr. 2 gelten die sonstigen Kapitalforderungen, die vor dem 1. Januar 2009 angeschafft wurden und bei denen nach § 3 Abs. 2 Satz 1 Nr. 2 in der bis zum 31. Dezember 2008 geltenden Fassung keine Zinsabgrenzung vorzunehmen war, als zum 1. Januar 2009 angeschafft.

(13) § 4 Abs. 2 Satz 8 und § 7 Abs. 1 Satz 1 Nr. 3 und Satz 3 in der Fassung des Artikels 14 des Gesetzes vom 19. Dezember 2008 (BGBl. I S. 2794) sind erstmals beim Steuerabzug nach dem 31. Dezember 2008 anzuwenden.

(14) § 1 Abs. 3 Satz 5, § 5 Abs. 1 und § 13 Abs. 2 in der Fassung des Artikels 14 des Gesetzes vom 19. Dezember 2008 (BGBl. I S. 2794) sind erstmals für Geschäftsjahre anzuwenden, die nach dem Inkrafttreten dieses Gesetzes enden.

(15) § 7 Abs. 4 Satz 5 in der Fassung des Artikels 14 des Gesetzes vom 19. Dezember 2008 (BGBl. I S. 2794) ist auf alle Steueranmeldungen anzuwenden, die nach dem 31. Dezember 2009 abzugeben sind.

(16) § 17a in der Fassung des Artikels 14 des Gesetzes vom 19. Dezember 2008 (BGBl. I S. 2794) ist erstmals auf Übertragungen anzuwenden, bei denen der Vermögensübergang nach dem Inkrafttreten dieses Gesetzes wirksam wird.

(17) [1]§ 7 Absatz 5 in der Fassung des Artikels 9 des Gesetzes vom 16. Juli 2009 (BGBl. I S. 1959) ist erstmals auf Kapitalerträge anzuwenden, die dem Anleger nach dem 31. Dezember 2009 als zugeflossen gelten. [2]§ 11 Absatz 2 Satz 1 und 2 in der Fassung des Artikels 9 des Gesetzes vom 16. Juli 2009 (BGBl. I S. 1959) ist erstmals auf Kapitalerträge anzuwenden, die dem Investmentvermögen nach dem 31. Dezember 2009 zufließen oder als zugeflossen gelten.

(18) Die §§ 14 und 17a in der Fassung des Artikels 9 des Gesetzes vom 16. Juli 2009 (BGBl. I S. 1959) sind erstmals auf Übertragungen anzuwenden, die nach dem 22. Juli 2009 wirksam werden.

(19) [1]§ 4 Absatz 1 und § 16 in der Fassung des Artikels 6 des Gesetzes vom 8. Dezember 2010 (BGBl. I S. 1768) sind erstmals für Geschäftsjahre anzuwenden, die nach dem 14. Dezember 2010 enden. [2]§ 5 Absatz 1 mit Ausnahme des Satzes 1 Nummer 3 Satz 1 und Absatz 3 in der Fassung des Artikels 6 des Gesetzes vom 8. Dezember 2010 (BGBl. I S. 1768) ist erstmals für Geschäftsjahre anzuwenden, die nach dem 31. Dezember 2010 beginnen. [3]§ 5 Absatz 2 ist erstmals für Erträge anzuwenden, die dem Anleger nach dem 19. Mai 2010 zufließen oder als zugeflossen gelten. [4]Investmentgesellschaften, die bei der erstmaligen Ausgabe von Anteilen entschieden haben, von einer Ermittlung und Veröffentlichung des Aktiengewinns abzusehen, können abweichend von § 5 Absatz 2 Satz 3 hierüber erneut entscheiden. [5]Diese Entscheidung wird für die erstmalige Anwendung des § 5 Absatz 2 Satz 4 in der Fassung des Artikels 6 des Gesetzes vom 8. Dezember 2010 (BGBl. I S. 1768) nur berücksichtigt, wenn die erstmalige Veröffentlichung des Aktiengewinns bis spätestens zum 19. Juli 2010 erfolgt. [6]Bei der erstmaligen Veröffentlichung ist von einem Aktiengewinn von Null auszugehen. [7]§ 7 Absatz 1 und 4 bis 6 in der Fassung des Artikels 6 des Gesetzes vom 8. Dezember 2010 (BGBl. I S. 1768) ist vorbehaltlich der Sätze 8 und 9 erstmals auf Kapitalerträge anzuwenden, die dem Anleger nach dem 14. Dezember 2010 zufließen oder als zugeflossen gelten. [8]§ 7 Absatz 3 in der Fassung des Artikels 6 des Gesetzes vom 8. Dezember 2010 (BGBl. I S. 1768) ist erstmals für Geschäftsjahre des Investmentvermögens anzuwenden, die nach dem 31. Dezember 2010 beginnen. [9]Dies gilt für § 7 Absatz 1 Satz 1 Nummer 1 Buchstabe a entsprechend, soweit dieser inländische Immobilienerträge aus seinem Anwendungsbereich ausnimmt.

(20) [1]§ 1 Absatz 1, 1a und 2, die §§ 5, 10, 11 Absatz 1, § 13 Absatz 5, die §§ 14, 15 Absatz 1 Satz 2 und § 17a in der Fassung des Artikels 9 des Gesetzes vom 22. Juni 2011 (BGBl. I S. 1126) sind erstmals auf Geschäftsjahre anzuwenden, die nach dem 30. Juni 2011 beginnen. [2]Die §§ 2, 11 Absatz 2 und § 15 Absatz 1 Satz 1 und 8 bis 10 und Absatz 2 in der Fassung des Artikels 9 des Gesetzes vom 22. Juni 2011 (BGBl. I S. 1126) und § 7 in der Fassung des Artikels 22 des Gesetzes vom 7. Dezember 2011 (BGBl. I S. 2592) sind erstmals auf Kapitalerträge anzuwenden, die

dem Anleger oder in den Fällen des § 11 Absatz 2 dem Investmentvermögen nach dem 31. Dezember 2011 zufließen oder ihm als zugeflossen gelten. ³Für vor dem 1. Januar 2013 als zugeflossen geltende Erträge hat die inländische Stelle abweichend von § 7 Absatz 3b Satz 4 und Absatz 4 die Kapitalertragsteuer spätestens mit Ablauf des zweiten Monats seit dem Ende des Geschäftsjahres des Investmentvermögens einzubehalten und zum 10. des Folgemonats anzumelden und abzuführen. ⁴Steuerabzugsbeträge, die für vor dem 1. Januar 2013 als zugeflossen geltende Erträge von Entrichtungspflichtigen bei der Verwahrstelle nicht eingezogen wurden, hat die Verwahrstelle abweichend von § 7 Absatz 3b Satz 2 Halbsatz 2 spätestens mit Ablauf des dritten Monats seit dem Ende des Geschäftsjahres des Investmentvermögens einzubehalten und zum 10. des Folgemonats anzumelden und abzuführen.

(21) ¹§ 11 Absatz 2 Satz 2 in der Fassung des Artikels 9 des Gesetzes vom 16. Juli 2009 (BGBl. I S. 1959) ist für Kapitalerträge, die dem Investmentvermögen nach dem 31. Dezember 2010 und vor dem 1. Januar 2012 zufließen, mit der Maßgabe anzuwenden, dass bei Kapitalerträgen im Sinne des § 43 Absatz 1 Satz 1 Nummer 1 des Einkommensteuergesetzes eine Erstattung von Kapitalertragsteuer nach § 44b Absatz 6 des Einkommensteuergesetzes nur zulässig ist, wenn die betreffenden Anteile, aus denen die Kapitalerträge stammen, im Zeitpunkt des Gewinnverteilungsbeschlusses neben dem wirtschaftlichen Eigentum auch

1. im zivilrechtlichen Eigentum der Investmentaktiengesellschaft oder
2. bei Sondervermögen im zivilrechtlichen Eigentum der Kapitalanlagegesellschaft oder im zivilrechtlichen Miteigentum der Anleger

stehen. ²Satz 1 gilt nicht bei Kapitalerträgen aus Anteilen, wenn es sich um den Erwerb von Anteilen an einem Ziel-Investmentvermögen handelt und die Anteile an das Dach-Investmentvermögen ausgegeben werden. ³§ 11 Absatz 2 Satz 4 in der Fassung des Artikels 8 des Gesetzes vom 26. Juni 2013 (BGBl. I S. 1809) ist erstmals anzuwenden auf Erträge aus Investmentanteilen, die dem Anleger nach dem 31. Dezember 2012 zufließen oder als ihm zugeflossen gelten.

(22) ¹§ 2 Absatz 2, § 8 Absatz 1, § 15 Absatz 1 Satz 2 und Absatz 1a und § 16 Satz 3 in der Fassung des Artikels 2 des Gesetzes vom 21. März 2013 (BGBl. I S. 561) sind ab dem 1. März 2013 anzuwenden. ²§ 5 Absatz 1 in der Fassung des Artikels 2 des Gesetzes vom 21. März 2013 (BGBl. I S. 561) ist erstmals auf Geschäftsjahre anzuwenden, die nach dem 28. Februar 2013 enden. ³§ 5 Absatz 2 in der Fassung des Artikels 2 des Gesetzes vom 21. März 2013 (BGBl. I S. 561) ist erstmals auf Veröffentlichungen anzuwenden, die nach dem 28. Februar 2013 erfolgen. ⁴Soweit ausgeschüttete und ausschüttungsgleiche inländische und ausländische Erträge, die dem Anleger nach dem 28. Februar 2013 zufließen oder als zugeflossen gelten, solche im Sinne des § 43 Absatz 1 Satz 1 Nummer 1, 1a und 6 sowie Satz 2 des Einkommensteuergesetzes enthalten, die dem Investmentfonds vor dem 1. März 2013 zugeflossen sind, ist § 8b des Körperschaftsteuergesetzes mit Ausnahme des Absatzes 4 sowie § 19 des REIT-Gesetzes anzuwenden. ⁵Auf die Einnahmen im Sinne des § 8 Absatz 1 aus einer Rückgabe, Veräußerung oder Entnahme von Investmentanteilen, die nach dem 28. Februar 2013 erfolgt, ist § 8b des Körperschaftsteuergesetzes mit Ausnahme des Absatzes 4 anzuwenden, soweit sie dort genannte, dem Anleger noch nicht zugeflossene oder als zugeflossen geltende Einnahmen enthalten, die dem Investmentfonds vor dem 1. März 2013 zugeflossen sind oder als zugeflossen gelten.

(23) § 17a Satz 2 in der Fassung des Artikels 8 des Gesetzes vom 26. Juni 2013 (BGBl. I S. 1809) ist ab dem 1. Januar 2013 anzuwenden.

(24) Sind in den Erträgen eines Investmentvermögens solche im Sinne des § 21 Absatz 22 Satz 4 enthalten und endet das Geschäftsjahr eines Investmentvermögens nach dem 28. November 2013, ist § 5 Absatz 1 Satz 1 Nummer 1 in folgender Fassung anzuwenden:

„1. die Investmentgesellschaft den Anlegern bei jeder Ausschüttung bezogen auf einen Investmentanteil unter Angabe der Wertpapieridentifikationsnummer ISIN des Investmentfonds und des Zeitraums, auf den sich die Angaben beziehen, folgende Besteuerungsgrundlagen in deutscher Sprache bekannt macht:

Anhang 7
Investmentsteuergesetz (InvStG)

a) den Betrag der Ausschüttung (mit mindestens vier Nachkommastellen) sowie
   - aa) in der Ausschüttung enthaltene ausschüttungsgleiche Erträge der Vorjahre,
   - bb) in der Ausschüttung enthaltene Substanzbeträge,
b) den Betrag der ausgeschütteten Erträge (mit mindestens vier Nachkommastellen),
c) die in den ausgeschütteten Erträgen enthaltenen
   - aa) Erträge im Sinne des § 2 Absatz 2 Satz 1 dieses Gesetzes in Verbindung mit § 3 Nummer 40 des Einkommensteuergesetzes oder im Fall des § 16 dieses Gesetzes in Verbindung mit § 8b Absatz 1 des Körperschaftsteuergesetzes,
   - bb) Veräußerungsgewinne im Sinne des § 2 Absatz 2 Satz 2 dieses Gesetzes in Verbindung mit § 8b Absatz 2 des Körperschaftsteuergesetzes oder § 3 Nummer 40 des Einkommensteuergesetzes,
   - cc) Erträge im Sinne des § 2 Absatz 2a,
   - dd) steuerfreie Veräußerungsgewinne im Sinne des § 2 Absatz 3 Nummer 1 Satz 1 in der am 31. Dezember 2008 anzuwendenden Fassung,
   - ee) Erträge im Sinne des § 2 Absatz 3 Nummer 1 Satz 2 in der am 31. Dezember 2008 anzuwendenden Fassung, soweit die Erträge nicht Kapitalerträge im Sinne des § 20 des Einkommensteuergesetzes sind,
   - ff) steuerfreie Veräußerungsgewinne im Sinne des § 2 Absatz 3 in der ab 1. Januar 2009 anzuwendenden Fassung,
   - gg) Einkünfte im Sinne des § 4 Absatz 1,
   - hh) in Doppelbuchstabe gg enthaltene Einkünfte, die nicht dem Progressionsvorbehalt unterliegen,
   - ii) Einkünfte im Sinne des § 4 Absatz 2, für die kein Abzug nach Absatz 4 vorgenommen wurde,
   - jj) in Doppelbuchstabe ii enthaltene Einkünfte, auf die § 2 Absatz 2 dieses Gesetzes in Verbindung mit § 8b Absatz 2 des Körperschaftsteuergesetzes oder § 3 Nummer 40 des Einkommensteuergesetzes oder im Fall des § 16 dieses Gesetzes in Verbindung mit § 8b Absatz 1 des Körperschaftsteuergesetzes anzuwenden ist,
   - kk) in Doppelbuchstabe ii enthaltene Einkünfte im Sinne des § 4 Absatz 2, die nach einem Abkommen zur Vermeidung der Doppelbesteuerung zur Anrechnung einer als gezahlt geltenden Steuer auf die Einkommensteuer oder Körperschaftsteuer berechtigen,
   - ll) in Doppelbuchstabe kk enthaltene Einkünfte, auf die § 2 Absatz 2 dieses Gesetzes in Verbindung mit § 8b Absatz 2 des Körperschaftsteuergesetzes oder § 3 Nummer 40 des Einkommensteuergesetzes oder im Fall des § 16 dieses Gesetzes in Verbindung mit § 8b Absatz 1 des Körperschaftsteuergesetzes anzuwenden ist,
   - mm) Erträge im Sinne des § 21 Absatz 22 Satz 4 dieses Gesetzes in Verbindung mit § 8b Absatz 1 des Körperschaftsteuergesetzes,
   - nn) in Doppelbuchstabe ii enthaltene Einkünfte im Sinne des § 21 Absatz 22 Satz 4 dieses Gesetzes, auf die § 2 Absatz 2 dieses Gesetzes in der am 20. März 2013 geltenden Fassung in Verbindung mit § 8b Absatz 1 des Körperschaftsteuergesetzes anzuwenden ist,
   - oo) in Doppelbuchstabe kk enthaltene Einkünfte im Sinne des § 21 Absatz 22 Satz 4 dieses Gesetzes, auf die § 2 Absatz 2 dieses Gesetzes in der am 20. März 2013 geltenden Fassung in Verbindung mit § 8b Absatz 1 des Körperschaftsteuergesetzes anzuwenden ist,
d) den zur Anrechnung von Kapitalertragsteuer berechtigenden Teil der Ausschüttung
   - aa) im Sinne des § 7 Absatz 1 und 2,

bb) im Sinne des § 7 Absatz 3,

cc) im Sinne des § 7 Absatz 1 Satz 4, soweit in Doppelbuchstabe aa enthalten,

e) (weggefallen)

f) den Betrag der ausländischen Steuer, der auf die in den ausgeschütteten Erträgen enthaltenen Einkünfte im Sinne des § 4 Absatz 2 entfällt und

aa) der nach § 4 Absatz 2 dieses Gesetzes in Verbindung mit § 32d Absatz 5 oder § 34c Absatz 1 des Einkommensteuergesetzes oder einem Abkommen zur Vermeidung der Doppelbesteuerung anrechenbar ist, wenn kein Abzug nach § 4 Absatz 4 vorgenommen wurde,

bb) in Doppelbuchstabe aa enthalten ist und auf Einkünfte entfällt, auf die § 2 Absatz 2 dieses Gesetzes in Verbindung mit § 8b Absatz 2 des Körperschaftsteuergesetzes oder § 3 Nummer 40 des Einkommensteuergesetzes oder im Fall des § 16 dieses Gesetzes in Verbindung mit § 8b Absatz 1 des Körperschaftsteuergesetzes anzuwenden ist,

cc) der nach § 4 Absatz 2 dieses Gesetzes in Verbindung mit § 34c Absatz 3 des Einkommensteuergesetzes abziehbar ist, wenn kein Abzug nach § 4 Absatz 4 dieses Gesetzes vorgenommen wurde,

dd) in Doppelbuchstabe cc enthalten ist und auf Einkünfte entfällt, auf die § 2 Absatz 2 dieses Gesetzes in Verbindung mit § 8b Absatz 2 des Körperschaftsteuergesetzes oder § 3 Nummer 40 des Einkommensteuergesetzes oder im Fall des § 16 dieses Gesetzes in Verbindung mit § 8b Absatz 1 des Körperschaftsteuergesetzes anzuwenden ist,

ee) der nach einem Abkommen zur Vermeidung der Doppelbesteuerung als gezahlt gilt und nach § 4 Absatz 2 in Verbindung mit diesem Abkommen anrechenbar ist,

ff) in Doppelbuchstabe ee enthalten ist und auf Einkünfte entfällt, auf die § 2 Absatz 2 dieses Gesetzes in Verbindung mit § 8b Absatz 2 des Körperschaftsteuergesetzes oder § 3 Nummer 40 des Einkommensteuergesetzes oder im Fall des § 16 dieses Gesetzes in Verbindung mit § 8b Absatz 1 des Körperschaftsteuergesetzes anzuwenden ist,

gg) in Doppelbuchstabe aa enthalten ist und auf Einkünfte im Sinne des § 21 Absatz 22 Satz 4 dieses Gesetzes entfällt, auf die § 2 Absatz 2 dieses Gesetzes in der am 20. März 2013 geltenden Fassung in Verbindung mit § 8b Absatz 1 des Körperschaftsteuergesetzes anzuwenden ist,

hh) in Doppelbuchstabe cc enthalten ist und auf Einkünfte im Sinne des § 21 Absatz 22 Satz 4 dieses Gesetzes entfällt, auf die § 2 Absatz 2 dieses Gesetzes in der am 20.März 2013 geltenden Fassung in Verbindung mit § 8b Absatz 1 des Körperschaftsteuergesetzes anzuwenden ist,

ii) in Doppelbuchstabe ee enthalten ist und auf Einkünfte im Sinne des § 21 Absatz 22 Satz 4 dieses Gesetzes entfällt, auf die § 2 Absatz 2 dieses Gesetzes in der am 20. März 2013 geltenden Fassung in Verbindung mit § 8b Absatz 1 des Körperschaftsteuergesetzes anzuwenden ist,

g) den Betrag der Absetzungen für Abnutzung oder Substanzverringerung,

h) die im Geschäftsjahr gezahlte Quellensteuer, vermindert um die erstattete Quellensteuer des Geschäftsjahres oder früherer Geschäftsjahre;".

§ 22
Anwendungsvorschriften zum AIFM-Steuer-Anpassungsgesetz

(1) [1]Die Vorschriften dieses Gesetzes in der Fassung des Artikels 1 des Gesetzes vom 18. Dezember 2013 (BGBl. I S. 4318) sind ab dem 24. Dezember 2013 anzuwenden, soweit im Folgenden keine abweichenden Bestimmungen getroffen werden. [2]Die Vorschriften die-

ses Gesetzes in der am 21. Juli 2013 geltenden Fassung sind in der Zeit vom 22. Juli 2013 bis zum 23. Dezember 2013 weiterhin anzuwenden.

(2) [1]Investmentvermögen im Sinne dieses Gesetzes in der am 21. Juli 2013 geltenden Fassung gelten bis zum Ende des Geschäftsjahres, das nach dem 22. Juli 2016 endet, als Investmentfonds im Sinne des § 1 Absatz 1b Satz 2. [2]Voraussetzung für die Anwendung des Satzes 1 ist, dass die Investmentvermögen weiterhin die Voraussetzungen des § 1 Absatz 1 und 1a in der am 21. Juli 2013 geltenden Fassung sowie die Anlagebestimmungen und Kreditaufnahmegrenzen nach dem Investmentgesetz in der am 21. Juli 2013 geltenden Fassung erfüllen. [3]Anteile an Investmentvermögen im Sinne der Sätze 1 und 2 gelten als Anteile an Investmentfonds im Sinne des § 1 Absatz 1b Satz 2. [4]§ 1 Absatz 1d, § 15 Absatz 3 und § 16 Satz 8 in der am 24. Dezember 2013 geltenden Fassung sind bei Investmentvermögen im Sinne des Satzes 1 sinngemäß anzuwenden, sobald das Investmentvermögen gegen die in Satz 2 genannten Voraussetzungen wesentlich verstößt. [5]Es gilt als wesentlicher Verstoß, wenn ein Investmentvermögen seine Anlagebedingungen nach dem 23. Dezember 2013 in der Weise ändert, dass die für Hedgefonds geltenden Vorschriften nach § 283 des Kapitalanlagegesetzbuchs oder nach § 112 des Investmentgesetzes in der am 21. Juli 2013 geltenden Fassung erstmals anzuwenden sind.

(3) [1]§ 3 Absatz 1a ist erstmals auf Abtrennungen von Zinsscheinen bzw. Zinsforderungen von dem dazugehörigen Stammrecht anzuwenden, die nach dem 28. November 2013 erfolgen. [2]§ 3 Absatz 3 in der Fassung des Artikels 1 des Gesetzes vom 18. Dezember 2013 (BGBl. I S. 4318) ist erstmals auf Geschäftsjahre anzuwenden, die nach dem 31. Dezember 2013 beginnen.

(4) § 3a ist erstmals bei Ausschüttungen anzuwenden, die nach dem 23. August 2014 abfließen.

(5) § 5 Absatz 3 Satz 4 in der am 21. Juli 2013 geltenden Fassung ist weiterhin anzuwenden bei Investmentvermögen im Sinne des Absatzes 2 Satz 1.

§ 23
Übergangsvorschriften

(1) [1]§ 2 Abs. 3 Nr. 1 zweiter Halbsatz in der am 1. Januar 2004 geltenden Fassung und § 2 Abs. 2 Satz 2 in der Fassung des Artikels 8 des Gesetzes vom 14. August 2007 (BGBl. I S. 1912) sind bei inländischen Investmentfonds auf Veräußerungen von Anteilen an unbeschränkt körperschaftsteuerpflichtigen Kapitalgesellschaften und von Bezugsrechten auf derartige Anteile anzuwenden, die nach Ablauf des ersten Wirtschaftsjahres der Gesellschaft erfolgen, deren Anteile veräußert werden, für die das Körperschaftsteuergesetz in der Fassung des Artikels 3 des Gesetzes vom 23. Oktober 2000 (BGBl. I S. 1433) erstmals anzuwenden ist, und auf sonstige Veräußerungen, die nach dem 31. Dezember 2000 erfolgen. [2]§ 8 Abs. 1 ist hinsichtlich der in § 3 Nr. 40 des Einkommensteuergesetzes und in § 8b Abs. 2 des Körperschaftsteuergesetzes genannten Einnahmen nur anzuwenden, soweit diese auch im Falle der Ausschüttung nach § 2 Abs. 2 oder Abs. 3 Nr. 1 in der am 1. Januar 2004 geltenden Fassung und § 2 Abs. 2 in der Fassung des Artikels 8 des Gesetzes vom 14. August 2007 (BGBl. I S. 1912) begünstigt wären.

(2) [1]Die §§ 37n bis 50d des Gesetzes über Kapitalanlagegesellschaften in der Fassung der Bekanntmachung vom 9. September 1998 (BGBl. I S. 2726), das zuletzt durch Artikel 3 des Gesetzes vom 21. Juni 2002 (BGBl. I S. 2010) geändert worden ist, sind letztmals auf das Geschäftsjahr des inländischen Investmentfonds anzuwenden, welches vor dem 1. Januar 2004 beginnt, sowie auf Erträge, die in diesem Geschäftsjahr zufließen. [2]§ 40a des in Satz 1 genannten Gesetzes ist letztmals auf Einnahmen anzuwenden, die vor dem 1. Januar 2004 zufließen, sowie auf Gewinnminderungen, die vor dem 1. Januar 2004 entstehen. [3]Die in dem in Satz 1 genannten Gesetz enthaltenen Bestimmungen zum Zwischengewinn sind

letztmals auf Veräußerungen, Erwerbe oder Abtretungen anzuwenden, die vor dem 1. Januar 2004 stattfinden.

(3) [1]Die §§ 17 bis 20 des Auslandinvestment-Gesetzes in der Fassung der Bekanntmachung vom 9. September 1998 (BGBl. I S. 2810), das zuletzt durch Artikel 32 des Gesetzes vom 21. August 2002 (BGBl. I S. 3322) geändert worden ist, sind letztmals auf das Geschäftsjahr des ausländischen Investmentfonds anzuwenden, welches vor dem 1. Januar 2004 beginnt, sowie auf Erträge, die in diesem Geschäftsjahr zufließen. [2]§ 17 Abs. 2b des in Satz 1 genannten Gesetzes ist letztmals auf Einnahmen anzuwenden, die vor dem 1. Januar 2004 zufließen. [3]Die in dem in Satz 1 genannten Gesetz enthaltenen Bestimmungen zum Zwischengewinn sind letztmals auf Veräußerungen, Erwerbe oder Abtretungen anzuwenden, die vor dem 1. Januar 2004 stattfinden.

Redaktionelle Hinweise
Diese Norm enthält nichtamtliche Satznummern.

Anhang 8
Kapitalerhöhungssteuergesetz (KapErhStG)

Gesetz
über steuerliche Maßnahmen bei Erhöhung des
Nennkapitals aus Gesellschaftsmitteln
(KapErhStG)

in der Fassung vom 10. Oktober 1967 (BGBl. I S. 977, BStBl I S. 367)
zuletzt geändert durch Artikel 10 des Gesetzes über steuerliche Begleitmaßnahmen zur Einführung der Europäischen Gesellschaft und zur Änderung weiterer steuerrechtlicher Vorschriften (SEStEG)
vom 7. Dezember 2006 (BGBl. I S. 2782)

§ 1
Steuern vom Einkommen und Ertrag der Anteilseigner

Erhöht eine Kapitalgesellschaft im Sinne des § 1 Abs. 1 Nr. 1 des Körperschaftsteuergesetzes ihr Nennkapital durch Umwandlung von Rücklagen in Nennkapital, so gehört der Wert der neuen Anteilsrechte bei den Anteilseignern nicht zu den Einkünften im Sinne des § 2 Abs. 1 des Einkommensteuergesetzes.

§ 2
(gestrichen)

§ 3
Anschaffungskosten nach Kapitalerhöhung

Als Anschaffungskosten der vor der Erhöhung des Nennkapitals erworbenen Anteilsrechte und der auf sie entfallenen neuen Anteilsrechte gelten die Beträge, die sich für die einzelnen Anteilsrechte ergeben, wenn die Anschaffungskosten der vor der Erhöhung des Nennkapitals erworbenen Anteilsrechte auf diese und auf die auf sie entfallenen neuen Anteilsrechte nach dem Verhältnis der Anteile am Nennkapital verteilt werden.

§ 4
Mitteilung der Erhöhung des Nennkapitals an das Finanzamt

Die Kapitalgesellschaft hat die Erhöhung des Nennkapitals innerhalb von zwei Wochen nach der Eintragung des Beschlusses über die Erhöhung des Nennkapitals in das Handelsregister dem Finanzamt mitzuteilen und eine Abschrift des Beschlusses über die Erhöhung des Nennkapitals einzureichen.

§§ 5 und 6
(aufgehoben)

§ 7
Anteilsrechte an ausländischen Gesellschaften

(1) § 1 ist auf den Wert neuer Anteilsrechte an ausländischen Gesellschaften anzuwenden, wenn

1. die ausländische Gesellschaft einer Aktiengesellschaft, einer Kommanditgesellschaft auf Aktien oder einer Gesellschaft mit beschränkter Haftung vergleichbar ist,

2. die neuen Anteilsrechte auf Maßnahmen beruhen, die einer Kapitalerhöhung aus Gesellschaftsmitteln nach den Vorschriften der §§ 207 bis 220 des Aktiengesetzes oder nach den Vorschriften des Gesetzes über die Kapitalerhöhung aus Gesellschaftsmitteln und über die Gewinn- und Verlustrechnung vom 23. Dezember 1959 (Bundesgesetzbl. I S. 789), zuletzt geändert durch das Einführungsgesetz zum Strafgesetzbuch vom 2. März 1974 (Bundesgesetzbl. I S. 469), entsprechen und

3. die neuen Anteilsrechte wirtschaftlich den Anteilsrechten entsprechen, die nach den in Nummer 2 bezeichneten Vorschriften ausgegeben werden.

Der Erwerber der Anteilsrechte hat nachzuweisen, daß die Voraussetzungen der Nummern 1 bis 3 erfüllt sind.

(2) Setzt die ausländische Gesellschaft in den Fällen des Absatzes 1 innerhalb von fünf Jahren nach Ausgabe der neuen Anteilsrechte ihr Kapital herab und zahlt sie die dadurch freiwerdenden Mittel ganz oder teilweise zurück, so gelten die zurückgezahlten Beträge bei den Anteilseignern insoweit als Einkünfte aus Kapitalvermögen im Sinne des § 20 Abs. 1 Ziff. 1 des Einkommensteuergesetzes, als sie den Betrag der Erhöhung des Kapitals nicht übersteigen. Das gleiche gilt, wenn die ausländische Gesellschaft Maßnahmen trifft, die den in Satz 1 bezeichneten Maßnahmen vergleichbar sind. Die Sätze 1 und 2 sind in den Fällen des § 27 Abs. 8 des Körperschaftsteuergesetzes in der Fassung des Artikels 3 des Gesetzes vom 7. Dezember 2006 (BGBl. I S. 2782) nicht anzuwenden.

§ 8[1)
aufgehoben

§ 8a
Schlußvorschriften

(1) Dieses Gesetz ist erstmals auf Kapitalerhöhungen anzuwenden, die in einem nach dem 31. Dezember 1976 abgelaufenen Wirtschaftsjahr der Kapitalgesellschaft wirksam werden. Ist eine Kapitalerhöhung in einem früheren Wirtschaftsjahr wirksam geworden, so treten in den Fällen der §§ 6 und 7 Abs. 2 des Gesetzes in der Fassung der Bekanntmachung vom 10. Oktober 1967 (Bundesgesetzbl. I S. 977) die in diesen Vorschriften bezeichneten Rechtsfolgen ein.

(2) Die §§ 5 und 6 sind letztmals auf die Rückzahlung von Nennkapital anzuwenden, wenn das Nennkapital in dem letzten Wirtschaftsjahr erhöht worden ist, in dem bei der Kapitalgesellschaft das Körperschaftsteuergesetz in der Fassung der Bekanntmachung vom 22. April 1999 (BGBl. I S. 817), das zuletzt durch Artikel 4 des Gesetzes vom 14. Juli 2000 (BGBl. I S. 1034) geändert worden ist, anzuwenden ist, soweit dafür eine Rücklage als verwendet gilt, die aus Gewinnen eines vor dem 1. Januar 1977 abgelaufenen Wirtschaftsjahres gebildet worden ist.

§ 9
Anwendung im Land Berlin

Dieses Gesetz gilt nach Maßgabe des § 12 Abs. 1 des Dritten Überleitungsgesetzes vom 4. Januar 1952 (Bundesgesetzbl. I S. 1) auch im Land Berlin. Rechtsverordnungen, die aufgrund dieses Gesetzes erlassen werden, gelten im Land Berlin nach § 14 des Dritten Überleitungsgesetzes.

§ 10
Anwendungszeitraum

Die vorstehende Fassung dieses Gesetzes ist erstmals ab 1. Januar 1984 anzuwenden. Auf Aktien, die vor dem 1. Januar 1984 an Arbeitnehmer überlassen worden sind, ist § 8 Abs. 1 dieses Gesetzes in der vor dem 1. Januar 1984 jeweils geltenden Fassung weiter anzuwenden.

[1)] Ab 1. 1. 1984 aufgehoben durch Artikel 4 des Vermögensbeteiligungsgesetzes vom 22. Dezember 1983 (BGBl. I S. 1592, BStBl I S. 23).

Anhang 9
Umwandlungsgesetz (UmwG)

Gesetz zur Bereinigung des Umwandlungsrechts (UmwBerG)
Artikel 1 Umwandlungsgesetz (UmwG)

vom 28. Oktober 1994 (BGBl. I S. 3210)
zuletzt geändert durch Art. 22 des Gesetzes für die gleichberechtigte Teilhabe von Frauen und Männern an Führungspositionen in der Privatwirtschaft und im öffentlichen Dienst
(FührposGleichberG)
vom 24.4.2015 (BGBl. I S. 642)

Inhaltsübersicht

		§§
Erstes Buch	Möglichkeiten von Umwandlungen	1
Zweites Buch	Verschmelzung	2 bis 122
Erster Teil	Allgemeine Vorschriften	2 bis 38
Erster Abschnitt	Möglichkeit der Verschmelzung	2 und 3
Zweiter Abschnitt	Verschmelzung durch Aufnahme	4 bis 35
Dritter Abschnitt	Verschmelzung durch Neugründung	36 bis 38
Zweiter Teil	Besondere Vorschriften	39 bis 122
Erster Abschnitt	Verschmelzung unter Beteiligung von Personengesellschaften	39 bis 45e
Erster Unterabschnitt	Verschmelzung unter Beteiligung von Personenhandelsgesellschaften	39 bis 45
Zweiter Unterabschnitt	Verschmelzung unter Beteiligung von Partnerschaftsgesellschaften	45a bis 45e
Zweiter Abschnitt	Verschmelzung unter Beteiligung von Gesellschaften mit beschränkter Haftung	46 bis 59
Erster Unterabschnitt	Verschmelzung durch Aufnahme	46 bis 55
Zweiter Unterabschnitt	Verschmelzung durch Neugründung	56 bis 59
Dritter Abschnitt	Verschmelzung unter Beteiligung von Aktiengesellschaften	60 bis 77
Erster Unterabschnitt	Verschmelzung durch Aufnahme	60 bis 72
Zweiter Unterabschnitt	Verschmelzung durch Neugründung	73 bis 77
Vierter Abschnitt	Verschmelzung unter Beteiligung von Kommanditgesellschaften auf Aktien	78
Fünfter Abschnitt	Verschmelzung unter Beteiligung eingetragener Genossenschaften	79 bis 98
Erster Unterabschnitt	Verschmelzung durch Aufnahme	79 bis 95
Zweiter Unterabschnitt	Verschmelzung durch Neugründung	96 bis 98
Sechster Abschnitt	Verschmelzung unter Beteiligung rechtsfähiger Vereine	99 bis 104a
Siebenter Abschnitt	Verschmelzung genossenschaftlicher Prüfungsverbände	105 bis 108
Achter Abschnitt	Verschmelzung von Versicherungsvereinen auf Gegenseitigkeit	109 bis 119
Erster Unterabschnitt	Möglichkeit der Verschmelzung	109
Zweiter Unterabschnitt	Verschmelzung durch Aufnahme	110 bis 113
Dritter Unterabschnitt	Verschmelzung durch Neugründung	114 bis 117
Vierter Unterabschnitt	Verschmelzung kleinerer Vereine	118 und 119
Neunter Abschnitt	Verschmelzung von Kapitalgesellschaften mit dem Vermögen eines Alleingesellschafters	120 bis 122

# Anhang 9

Umwandlungsgesetz (UmwG)

		§§
Zehnter Abschnitt	Grenzüberschreitende Verschmelzung von Kapitalgesellschaften	122a bis 122l
Drittes Buch	**Spaltung**	**123 bis 173**
Erster Teil	**Allgemeine Vorschriften**	**123 bis 137**
Erster Abschnitt	Möglichkeit der Spaltung	123 bis 125
Zweiter Abschnitt	Spaltung zur Aufnahme	126 bis 134
Dritter Abschnitt	Spaltung zur Neugründung	135 bis 137
Zweiter Teil	**Besondere Vorschriften**	**138 bis 173**
Erster Abschnitt	Spaltung unter Beteiligung von Gesellschaften mit beschränkter Haftung	138 bis 140
Zweiter Abschnitt	Spaltung unter Beteiligung von Aktiengesellschaften und Kommanditgesellschaften auf Aktien	141 bis 146
Dritter Abschnitt	Spaltung unter Beteiligung eingetragener Genossenschaften	147 und 148
Vierter Abschnitt	Spaltung unter Beteiligung rechtsfähiger Vereine	149
Fünfter Abschnitt	Spaltung unter Beteiligung genossenschaftlicher Prüfungsverbände	150
Sechster Abschnitt	Spaltung unter Beteiligung von Versicherungsvereinen auf Gegenseitigkeit	151
Siebenter Abschnitt	Ausgliederung aus dem Vermögen eines Einzelkaufmanns	152 bis 160
Erster Unterabschnitt	Möglichkeit der Ausgliederung	152
Zweiter Unterabschnitt	Ausgliederung zur Aufnahme	153 bis 157
Dritter Unterabschnitt	Ausgliederung zur Neugründung	158 bis 160
Achter Abschnitt	Ausgliederung aus dem Vermögen rechtsfähiger Stiftungen	161 bis 167
Neunter Abschnitt	Ausgliederung aus dem Vermögen von Gebietskörperschaften oder Zusammenschlüssen von Gebietskörperschaften	168 bis 173
Viertes Buch	**Vermögensübertragung**	**174 bis 189**
Erster Teil	**Möglichkeit der Vermögensübertragung**	**174 und 175**
Zweiter Teil	**Übertragung des Vermögens oder von Vermögensteilen einer Kapitalgesellschaft auf die öffentliche Hand**	**176 und 177**
Erster Abschnitt	Vollübertragung	176
Zweiter Abschnitt	Teilübertragung	177
Dritter Teil	**Vermögensübertragung unter Versicherungsunternehmen**	**178 bis 189**
Erster Abschnitt	Übertragung des Vermögens einer Aktiengesellschaft auf Versicherungsvereine auf Gegenseitigkeit oder öffentlich-rechtliche Versicherungsunternehmen	178 und 179

Anhang 9
Umwandlungsgesetz (UmwG)

		§§
Erster Unterabschnitt	Vollübertragung	178
Zweiter Unterabschnitt	Teilübertragung	179
Zweiter Abschnitt	Übertragung des Vermögens eines Versicherungsvereins auf Gegenseitigkeit auf Aktiengesellschaften oder öffentlich-rechtliche Versicherungsunternehmen	180 bis 184
Erster Unterabschnitt	Vollübertragung	180 bis 183
Zweiter Unterabschnitt	Teilübertragung	184
Dritter Abschnitt	Übertragung des Vermögens eines kleineren Versicherungsvereins auf Gegenseitigkeit auf eine Aktiengesellschaft oder auf ein öffentlich-rechtliches Versicherungsunternehmen	185 bis 187
Vierter Abschnitt	Übertragung des Vermögens eines öffentlich-rechtlichen Versicherungsunternehmens auf Aktiengesellschaften oder Versicherungsvereine auf Gegenseitigkeit	188 und 189
Erster Unterabschnitt	Vollübertragung	188
Zweiter Unterabschnitt	Teilübertragung	189
Fünftes Buch	**Formwechsel**	**190 bis 304**
Erster Teil	**Allgemeine Vorschriften**	**190 bis 213**
Zweiter Teil	**Besondere Vorschriften**	**214 bis 304**
Erster Abschnitt	Formwechsel von Personengesellschaften	214 bis 225c
Erster Unterabschnitt	Formwechsel von Personenhandelsgesellschaften	214 und 225
Zweiter Unterabschnitt	Formwechsel von Partnerschaftsgesellschaften	225a bis 225c
Zweiter Abschnitt	Formwechsel von Kapitalgesellschaften	226 bis 257
Erster Unterabschnitt	Allgemeine Vorschriften	226 und 227
Zweiter Unterabschnitt	Formwechsel in eine Personengesellschaft	228 bis 237
Dritter Unterabschnitt	Formwechsel in eine Kapitalgesellschaft anderer Rechtsform	238 bis 250
Vierter Unterabschnitt	Formwechsel in eine eingetragene Genossenschaft	251 bis 257
Dritter Abschnitt	Formwechsel eingetragener Genossenschaften	258 bis 271
Vierter Abschnitt	Formwechsel rechtsfähiger Vereine	272 bis 290
Erster Unterabschnitt	Allgemeine Vorschriften	272
Zweiter Unterabschnitt	Formwechsel in eine Kapitalgesellschaft	273 bis 282
Dritter Unterabschnitt	Formwechsel in eine eingetragene Genossenschaft	283 bis 290
Fünfter Abschnitt	Formwechsel von Versicherungsvereinen auf Gegenseitigkeit	291 bis 300
Sechster Abschnitt	Formwechsel von Körperschaften und Anstalten des öffentlichen Rechts	301 bis 304
(weggefallen)		305 bis 312
Sechstes Buch	**Strafvorschriften und Zwangsgelder**	**313 bis 316**
Siebentes Buch	**Übergangs- und Schlussvorschriften**	**317 bis 325**

Umwandlungsgesetz (UmwG)

Erstes Buch
Möglichkeiten von Umwandlungen

§ 1
Arten der Umwandlung; gesetzliche Beschränkungen

(1) Rechtsträger mit Sitz im Inland können umgewandelt werden
1. durch Verschmelzung;
2. durch Spaltung (Aufspaltung, Abspaltung, Ausgliederung);
3. durch Vermögensübertragung;
4. durch Formwechsel.

(2) Eine Umwandlung im Sinne des Absatzes 1 ist außer in den in diesem Gesetz geregelten Fällen nur möglich, wenn sie durch ein anderes Bundesgesetz oder ein Landesgesetz ausdrücklich vorgesehen ist.

(3) [1]Von den Vorschriften dieses Gesetzes kann nur abgewichen werden, wenn dies ausdrücklich zugelassen ist. [2]Ergänzende Bestimmungen in Verträgen, Satzungen oder Willenserklärungen sind zulässig, es sei denn, daß dieses Gesetz eine abschließende Regelung enthält.

Zweites Buch
Verschmelzung

Erster Teil
Allgemeine Vorschriften

Erster Abschnitt
Möglichkeit der Verschmelzung

§ 2
Arten der Verschmelzung

Rechtsträger können unter Auflösung ohne Abwicklung verschmolzen werden
1. im Wege der Aufnahme durch Übertragung des Vermögens eines Rechtsträgers oder mehrerer Rechtsträger (übertragende Rechtsträger) als Ganzes auf einen anderen bestehenden Rechtsträger (übernehmender Rechtsträger) oder
2. im Wege der Neugründung durch Übertragung der Vermögen zweier oder mehrerer Rechtsträger (übertragende Rechtsträger) jeweils als Ganzes auf einen neuen, von ihnen dadurch gegründeten Rechtsträger

gegen Gewährung von Anteilen oder Mitgliedschaften des übernehmenden oder neuen Rechtsträgers an die Anteilsinhaber (Gesellschafter, Partner, Aktionäre oder Mitglieder) der übertragenden Rechtsträger.

§ 3
Verschmelzungsfähige Rechtsträger

(1) An Verschmelzungen können als übertragende, übernehmende oder neue Rechtsträger beteiligt sein:
1. Personenhandelsgesellschaften (offene Handelsgesellschaften, Kommanditgesellschaften) und Partnerschaftsgesellschaften;
2. Kapitalgesellschaften (Gesellschaften mit beschränkter Haftung, Aktiengesellschaften, Kommanditgesellschaften auf Aktien);
3. eingetragene Genossenschaften;

4. eingetragene Vereine (§ 21 des Bürgerlichen Gesetzbuchs);
5. genossenschaftliche Prüfungsverbände;
6. Versicherungsvereine auf Gegenseitigkeit.

(2) An einer Verschmelzung können ferner beteiligt sein:
1. wirtschaftliche Vereine (§ 22 des Bürgerlichen Gesetzbuchs), soweit sie übertragender Rechtsträger sind;
2. natürliche Personen, die als Alleingesellschafter einer Kapitalgesellschaft deren Vermögen übernehmen.

(3) An der Verschmelzung können als übertragende Rechtsträger auch aufgelöste Rechtsträger beteiligt sein, wenn die Fortsetzung dieser Rechtsträger beschlossen werden könnte.

(4) Die Verschmelzung kann sowohl unter gleichzeitiger Beteiligung von Rechtsträgern derselben Rechtsform als auch von Rechtsträgern unterschiedlicher Rechtsform erfolgen, soweit nicht etwas anderes bestimmt ist.

Zweiter Abschnitt
Verschmelzung durch Aufnahme

§ 4
Verschmelzungsvertrag

(1) [1]Die Vertretungsorgane der an der Verschmelzung beteiligten Rechtsträger schließen einen Verschmelzungsvertrag. 2§ 311b Abs. 2 des Bürgerlichen Gesetzbuchs gilt für ihn nicht.

(2) Soll der Vertrag nach einem der nach § 13 erforderlichen Beschlüsse geschlossen werden, so ist vor diesem Beschluß ein schriftlicher Entwurf des Vertrags aufzustellen.

§ 5
Inhalt des Verschmelzungsvertrags

(1) Der Vertrag oder sein Entwurf muß mindestens folgende Angaben enthalten:
1. den Namen oder die Firma und den Sitz der an der Verschmelzung beteiligten Rechtsträger;
2. die Vereinbarung über die Übertragung des Vermögens jedes übertragenden Rechtsträgers als Ganzes gegen Gewährung von Anteilen oder Mitgliedschaften an dem übernehmenden Rechtsträger;
3. das Umtauschverhältnis der Anteile und gegebenenfalls die Höhe der baren Zuzahlung oder Angaben über die Mitgliedschaft bei dem übernehmenden Rechtsträger;
4. die Einzelheiten für die Übertragung der Anteile des übernehmenden Rechtsträgers oder über den Erwerb der Mitgliedschaft bei dem übernehmenden Rechtsträger;
5. den Zeitpunkt, von dem an diese Anteile oder die Mitgliedschaften einen Anspruch auf einen Anteil am Bilanzgewinn gewähren, sowie alle Besonderheiten in bezug auf diesen Anspruch;
6. den Zeitpunkt, von dem an die Handlungen der übertragenden Rechtsträger als für Rechnung des übernehmenden Rechtsträgers vorgenommen gelten (Verschmelzungsstichtag);
7. die Rechte, die der übernehmende Rechtsträger einzelnen Anteilsinhabern sowie den Inhabern besonderer Rechte wie Anteile ohne Stimmrecht, Vorzugsaktien, Mehrstimmrechtsaktien, Schuldverschreibungen und Genußrechte gewährt, oder die für diese Personen vorgesehenen Maßnahmen;
8. jeden besonderen Vorteil, der einem Mitglied eines Vertretungsorgans oder eines Aufsichtsorgans der an der Verschmelzung beteiligten Rechtsträger, einem geschäftsführenden Gesellschafter, einem Partner, einem Abschlußprüfer oder einem Verschmelzungsprüfer gewährt wird;

9. die Folgen der Verschmelzung für die Arbeitnehmer und ihre Vertretungen sowie die insoweit vorgesehenen Maßnahmen.

(2) Befinden sich alle Anteile eines übertragenden Rechtsträgers in der Hand des übernehmenden Rechtsträgers, so entfallen die Angaben über den Umtausch der Anteile (Absatz 1 Nr. 2 bis 5), soweit sie die Aufnahme dieses Rechtsträgers betreffen.

(3) Der Vertrag oder sein Entwurf ist spätestens einen Monat vor dem Tage der Versammlung der Anteilsinhaber jedes beteiligten Rechtsträgers, die gemäß § 13 Abs. 1 über die Zustimmung zum Verschmelzungsvertrag beschließen soll, dem zuständigen Betriebsrat dieses Rechtsträgers zuzuleiten.

§ 6
Form des Verschmelzungsvertrags

Der Verschmelzungsvertrag muß notariell beurkundet werden.

§ 7
Kündigung des Verschmelzungsvertrags

[1]Ist der Verschmelzungsvertrag unter einer Bedingung geschlossen worden und ist diese binnen fünf Jahren nach Abschluß des Vertrags nicht eingetreten, so kann jeder Teil den Vertrag nach fünf Jahren mit halbjähriger Frist kündigen; im Verschmelzungsvertrag kann eine kürzere Zeit als fünf Jahre vereinbart werden. [2]Die Kündigung kann stets nur für den Schluß des Geschäftsjahres des Rechtsträgers, dem gegenüber sie erklärt wird, ausgesprochen werden.

§ 8
Verschmelzungsbericht

(1) [1]Die Vertretungsorgane jedes der an der Verschmelzung beteiligten Rechtsträger haben einen ausführlichen schriftlichen Bericht zu erstatten, in dem die Verschmelzung, der Verschmelzungsvertrag oder sein Entwurf im einzelnen und insbesondere das Umtauschverhältnis der Anteile oder die Angaben über die Mitgliedschaft bei dem übernehmenden Rechtsträger sowie die Höhe einer anzubietenden Barabfindung rechtlich und wirtschaftlich erläutert und begründet werden (Verschmelzungsbericht); der Bericht kann von den Vertretungsorganen auch gemeinsam erstattet werden. [2]Auf besondere Schwierigkeiten bei der Bewertung der Rechtsträger sowie auf die Folgen für die Beteiligung der Anteilsinhaber ist hinzuweisen. [3]Ist ein an der Verschmelzung beteiligter Rechtsträger ein verbundenes Unternehmen im Sinne des § 15 des Aktiengesetzes, so sind in dem Bericht auch Angaben über alle für die Verschmelzung wesentlichen Angelegenheiten der anderen verbundenen Unternehmen zu machen. [4]Auskunftspflichten der Vertretungsorgane erstrecken sich auch auf diese Angelegenheiten.

(2) [1]In den Bericht brauchen Tatsachen nicht aufgenommen zu werden, deren Bekanntwerden geeignet ist, einem der beteiligten Rechtsträger oder einem verbundenen Unternehmen einen nicht unerheblichen Nachteil zuzufügen. [2]In diesem Falle sind in dem Bericht die Gründe, aus denen die Tatsachen nicht aufgenommen worden sind, darzulegen.

(3) [1]Der Bericht ist nicht erforderlich, wenn alle Anteilsinhaber aller beteiligten Rechtsträger auf seine Erstattung verzichten oder sich alle Anteile des übertragenden Rechtsträgers in der Hand des übernehmenden Rechtsträgers befinden. [2]Die Verzichtserklärungen sind notariell zu beurkunden.

Anhang 9
Umwandlungsgesetz (UmwG)

§ 9
Prüfung der Verschmelzung

(1) Soweit in diesem Gesetz vorgeschrieben, ist der Verschmelzungsvertrag oder sein Entwurf durch einen oder mehrere sachverständige Prüfer (Verschmelzungsprüfer) zu prüfen.

(2) Befinden sich alle Anteile eines übertragenden Rechtsträgers in der Hand des übernehmenden Rechtsträgers, so ist eine Verschmelzungsprüfung nach Absatz 1 nicht erforderlich, soweit sie die Aufnahme dieses Rechtsträgers betrifft.

(3) § 8 Abs. 3 ist entsprechend anzuwenden.

§ 10
Bestellung der Verschmelzungsprüfer

(1) [1]Die Verschmelzungsprüfer werden auf Antrag des Vertretungsorgans vom Gericht ausgewählt und bestellt. [2]Sie können auf gemeinsamen Antrag der Vertretungsorgane für mehrere oder alle beteiligten Rechtsträger gemeinsam bestellt werden. [3]Für den Ersatz von Auslagen und für die Vergütung der vom Gericht bestellten Prüfer gilt § 318 Abs. 5 des Handelsgesetzbuchs.

(2) [1]Zuständig ist jedes Landgericht, in dessen Bezirk ein übertragender Rechtsträger seinen Sitz hat. [2]Ist bei dem Landgericht eine Kammer für Handelssachen gebildet, so entscheidet deren Vorsitzender an Stelle der Zivilkammer.

(3) Auf das Verfahren ist das Gesetz über das Verfahren in Familiensachen und in den Angelegenheiten der freiwilligen Gerichtsbarkeit anzuwenden, soweit in den folgenden Absätzen nicht anderes bestimmt ist.

(4) [1]Gegen die Entscheidung findet die Beschwerde statt. [2]Sie kann nur durch Einreichung einer von einem Rechtsanwalt unterzeichneten Beschwerdeschrift eingelegt werden.

(5) [1]Die Landesregierung kann die Entscheidung über die Beschwerde durch Rechtsverordnung für die Bezirke mehrerer Oberlandesgerichte einem der Oberlandesgerichte oder dem Obersten Landesgericht übertragen, wenn dies der Sicherung einer einheitlichen Rechtsprechung dient. [2]Die Landesregierung kann die Ermächtigung auf die Landesjustizverwaltung übertragen.

§ 11
Stellung und Verantwortlichkeit der Verschmelzungsprüfer

(1) [1]Für die Auswahl und das Auskunftsrecht der Verschmelzungsprüfer gelten § 319 Abs. 1 bis 4, § 319a Abs. 1, § 319b Abs. 1, § 320 Abs. 1 Satz 2 und Abs. 2 Satz 1 und 2 des Handelsgesetzbuchs entsprechend. [2]Soweit Rechtsträger betroffen sind, für die keine Pflicht zur Prüfung des Jahresabschlusses besteht, gilt Satz 1 entsprechend. [3]Dabei findet § 267 Abs. 1 bis 3 des Handelsgesetzbuchs für die Umschreibung der Größenklassen entsprechende Anwendung. [4]Das Auskunftsrecht besteht gegenüber allen an der Verschmelzung beteiligten Rechtsträgern und gegenüber einem Konzernunternehmen sowie einem abhängigen und einem herrschenden Unternehmen.

(2) [1]Für die Verantwortlichkeit der Verschmelzungsprüfer, ihrer Gehilfen und der bei der Prüfung mitwirkenden gesetzlichen Vertreter einer Prüfungsgesellschaft gilt § 323 des Handelsgesetzbuchs entsprechend. [2]Die Verantwortlichkeit besteht gegenüber den an der Verschmelzung beteiligten Rechtsträgern und deren Anteilsinhabern.

§ 12
Prüfungsbericht

(1) [1]Die Verschmelzungsprüfer haben über das Ergebnis der Prüfung schriftlich zu berichten. [2]Der Prüfungsbericht kann auch gemeinsam erstattet werden.

Anhang 9
Umwandlungsgesetz (UmwG)

(2) ¹Der Prüfungsbericht ist mit einer Erklärung darüber abzuschließen, ob das vorgeschlagene Umtauschverhältnis der Anteile, gegebenenfalls die Höhe der baren Zuzahlung oder die Mitgliedschaft bei dem übernehmenden Rechtsträger als Gegenwert angemessen ist. ²Dabei ist anzugeben,
1. nach welchen Methoden das vorgeschlagene Umtauschverhältnis ermittelt worden ist;
2. aus welchen Gründen die Anwendung dieser Methoden angemessen ist;
3. welches Umtauschverhältnis oder welcher Gegenwert sich bei der Anwendung verschiedener Methoden, sofern mehrere angewandt worden sind, jeweils ergeben würde; zugleich ist darzulegen, welches Gewicht den verschiedenen Methoden bei der Bestimmung des vorgeschlagenen Umtauschverhältnisses oder des Gegenwerts und der ihnen zugrundeliegenden Werte beigemessen worden ist und welche besonderen Schwierigkeiten bei der Bewertung der Rechtsträger aufgetreten sind.

(3) § 8 Abs. 2 und 3 ist entsprechend anzuwenden.

§ 13
Beschlüsse über den Verschmelzungsvertrag

(1) ¹Der Verschmelzungsvertrag wird nur wirksam, wenn die Anteilsinhaber der beteiligten Rechtsträger ihm durch Beschluß (Verschmelzungsbeschluß) zustimmen. ²Der Beschluß kann nur in einer Versammlung der Anteilsinhaber gefaßt werden.

(2) Ist die Abtretung der Anteile eines übertragenden Rechtsträgers von der Genehmigung bestimmter einzelner Anteilsinhaber abhängig, so bedarf der Verschmelzungsbeschluß dieses Rechtsträgers zu seiner Wirksamkeit ihrer Zustimmung.

(3) ¹Der Verschmelzungsbeschluß und die nach diesem Gesetz erforderlichen Zustimmungserklärungen einzelner Anteilsinhaber einschließlich der erforderlichen Zustimmungserklärungen nicht erschienener Anteilsinhaber müssen notariell beurkundet werden. ²Der Vertrag oder sein Entwurf ist dem Beschluß als Anlage beizufügen. ³Auf Verlangen hat der Rechtsträger jedem Anteilsinhaber auf dessen Kosten unverzüglich eine Abschrift des Vertrags oder seines Entwurfs und der Niederschrift des Beschlusses zu erteilen.

§ 14
Befristung und Ausschluß von Klagen gegen den Verschmelzungsbeschluß

(1) Eine Klage gegen die Wirksamkeit eines Verschmelzungsbeschlusses muß binnen eines Monats nach der Beschlußfassung erhoben werden.

(2) Eine Klage gegen die Wirksamkeit des Verschmelzungsbeschlusses eines übertragenden Rechtsträgers kann nicht darauf gestützt werden, daß das Umtauschverhältnis der Anteile zu niedrig bemessen ist oder daß die Mitgliedschaft bei dem übernehmenden Rechtsträger kein ausreichender Gegenwert für die Anteile oder die Mitgliedschaft bei dem übertragenden Rechtsträger ist.

§ 15
Verbesserung des Umtauschverhältnisses

(1) ¹Ist das Umtauschverhältnis der Anteile zu niedrig bemessen oder ist die Mitgliedschaft bei dem übernehmenden Rechtsträger kein ausreichender Gegenwert für den Anteil oder die Mitgliedschaft bei einem übertragenden Rechtsträger, so kann jeder Anteilsinhaber dieses übertragenden Rechtsträgers, dessen Recht, gegen die Wirksamkeit des Verschmelzungsbeschlusses Klage zu erheben, nach § 14 Abs. 2 ausgeschlossen ist, von dem übernehmenden Rechtsträger einen Ausgleich durch bare Zuzahlung verlangen; die Zuzahlungen können den zehnten Teil des auf die gewährten Anteile entfallenden Betrags des Grund- oder Stammkapitals übersteigen. ²Die ange-

messene Zuzahlung wird auf Antrag durch das Gericht nach den Vorschriften des Spruchverfahrensgesetzes bestimmt.

(2) [1]Die bare Zuzahlung ist nach Ablauf des Tages, an dem die Eintragung der Verschmelzung in das Register des Sitzes des übernehmenden Rechtsträgers nach § 19 Abs. 3 bekannt gemacht worden ist, mit jährlich 5 Prozentpunkten über dem jeweiligen Basiszinssatz nach § 247 des Bürgerlichen Gesetzbuchs zu verzinsen. [2]Die Geltendmachung eines weiteren Schadens ist nicht ausgeschlossen.

§ 16
Anmeldung der Verschmelzung

(1) [1]Die Vertretungsorgane jedes der an der Verschmelzung beteiligten Rechtsträger haben die Verschmelzung zur Eintragung in das Register (Handelsregister, Partnerschaftsregister, Genossenschaftsregister oder Vereinsregister) des Sitzes ihres Rechtsträgers anzumelden. [2]Das Vertretungsorgan des übernehmenden Rechtsträgers ist berechtigt, die Verschmelzung auch zur Eintragung in das Register des Sitzes jedes der übertragenden Rechtsträger anzumelden.

(2) [1]Bei der Anmeldung haben die Vertretungsorgane zu erklären, daß eine Klage gegen die Wirksamkeit eines Verschmelzungsbeschlusses nicht oder nicht fristgemäß erhoben oder eine solche Klage rechtskräftig abgewiesen oder zurückgenommen worden ist; hierüber haben die Vertretungsorgane dem Registergericht auch nach der Anmeldung Mitteilung zu machen. [2]Liegt die Erklärung nicht vor, so darf die Verschmelzung nicht eingetragen werden, es sei denn, daß die klageberechtigten Anteilsinhaber durch notariell beurkundete Verzichtserklärung auf die Klage gegen die Wirksamkeit des Verschmelzungsbeschlusses verzichten.

(3) [1]Der Erklärung nach Absatz 2 Satz 1 steht es gleich, wenn nach Erhebung einer Klage gegen die Wirksamkeit eines Verschmelzungsbeschlusses das Gericht auf Antrag des Rechtsträgers, gegen dessen Verschmelzungsbeschluß sich die Klage richtet, durch Beschluß festgestellt hat, daß die Erhebung der Klage der Eintragung nicht entgegensteht. [2]Auf das Verfahren sind § 247 des Aktiengesetzes, die §§ 82, 83 Abs. 1 und § 84 der Zivilprozessordnung sowie die im ersten Rechtszug für das Verfahren vor den Landgerichten geltenden Vorschriften der Zivilprozessordnung entsprechend anzuwenden, soweit nichts Abweichendes bestimmt ist. [3]Ein Beschluss nach Satz 1 ergeht, wenn

1. die Klage unzulässig oder offensichtlich unbegründet ist oder
2. der Kläger nicht binnen einer Woche nach Zustellung des Antrags durch Urkunden nachgewiesen hat, dass er seit Bekanntmachung der Einberufung einen anteiligen Betrag von mindestens 1 000 Euro hält oder
3. das alsbaldige Wirksamwerden der Verschmelzung vorrangig erscheint, weil die vom Antragsteller dargelegten wesentlichen Nachteile für die an der Verschmelzung beteiligten Rechtsträger und ihre Anteilsinhaber nach freier Überzeugung des Gerichts die Nachteile für den Antragsgegner überwiegen, es sei denn, es liegt eine besondere Schwere des Rechtsverstoßes vor.

[4]Der Beschluß kann in dringenden Fällen ohne mündliche Verhandlung ergehen. [5]Der Beschluss soll spätestens drei Monate nach Antragstellung ergehen; Verzögerungen der Entscheidung sind durch unanfechtbaren Beschluss zu begründen. [6]Die vorgebrachten Tatsachen, auf Grund derer der Beschluß nach Satz 3 ergehen kann, sind glaubhaft zu machen. [7]Über den Antrag entscheidet ein Senat des Oberlandesgerichts, in dessen Bezirk die Gesellschaft ihren Sitz hat. [8]Eine Übertragung auf den Einzelrichter ist ausgeschlossen; einer Güteverhandlung bedarf es nicht. [9]Der Beschluss ist unanfechtbar. [10]Erweist sich die Klage als begründet, so ist der Rechtsträger, der den Beschluß erwirkt hat, verpflichtet, dem Antragsgegner den Schaden zu ersetzen, der ihm aus einer auf dem Beschluß beruhenden Eintragung der Verschmelzung entstanden ist; als Ersatz des Schadens kann nicht die Beseitigung der Wirkungen der Eintragung der Verschmelzung im Register des Sitzes des übernehmenden Rechtsträgers verlangt werden.

§ 17
Anlagen der Anmeldung

(1) Der Anmeldung sind in Ausfertigung oder öffentlich beglaubigter Abschrift oder, soweit sie nicht notariell zu beurkunden sind, in Urschrift oder Abschrift der Verschmelzungsvertrag, die Niederschriften der Verschmelzungsbeschlüsse, die nach diesem Gesetz erforderlichen Zustimmungserklärungen einzelner Anteilsinhaber einschließlich der Zustimmungserklärungen nicht erschienener Anteilsinhaber, der Verschmelzungsbericht, der Prüfungsbericht oder die Verzichtserklärungen nach § 8 Abs. 3, § 9 Abs. 3, § 12 Abs. 3, § 54 Abs. 1 Satz 3 oder § 68 Abs. 1 Satz 3, ein Nachweis über die rechtzeitige Zuleitung des Verschmelzungsvertrages oder seines Entwurfs an den zuständigen Betriebsrat beizufügen.

(2) [1]Der Anmeldung zum Register des Sitzes jedes der übertragenden Rechtsträger ist ferner eine Bilanz dieses Rechtsträgers beizufügen (Schlußbilanz). [2]Für diese Bilanz gelten die Vorschriften über die Jahresbilanz und deren Prüfung entsprechend. [3]Sie braucht nicht bekanntgemacht zu werden. [4]Das Registergericht darf die Verschmelzung nur eintragen, wenn die Bilanz auf einen höchstens acht Monate vor der Anmeldung liegenden Stichtag aufgestellt worden ist.

§ 18
Firma oder Name des übernehmenden Rechtsträgers

(1) Der übernehmende Rechtsträger darf die Firma eines der übertragenden Rechtsträger, dessen Handelsgeschäft er durch die Verschmelzung erwirbt, mit oder ohne Beifügung eines das Nachfolgeverhältnis andeutenden Zusatzes fortführen.

(2) Ist an einem der übertragenden Rechtsträger eine natürliche Person beteiligt, die an dem übernehmenden Rechtsträger nicht beteiligt wird, so darf der übernehmende Rechtsträger den Namen dieses Anteilsinhabers nur dann in der nach Absatz 1 fortgeführten oder in der neu gebildeten Firma verwenden, wenn der betroffene Anteilsinhaber oder dessen Erben ausdrücklich in die Verwendung einwilligen.

(3) [1]Ist eine Partnerschaftsgesellschaft an der Verschmelzung beteiligt, gelten für die Fortführung der Firma oder des Namens die Absätze 1 und 2 entsprechend. [2]Eine Firma darf als Name einer Partnerschaftsgesellschaft nur unter den Voraussetzungen des § 2 Abs. 1 des Partnerschaftsgesellschaftsgesetzes fortgeführt werden. [3]§ 1 Abs. 3 und § 11 des Partnerschaftsgesellschaftsgesetzes sind entsprechend anzuwenden.

§ 19
Eintragung und Bekanntmachung der Verschmelzung

(1) [1]Die Verschmelzung darf in das Register des Sitzes des übernehmenden Rechtsträgers erst eingetragen werden, nachdem sie im Register des Sitzes jedes der übertragenden Rechtsträger eingetragen worden ist. [2]Die Eintragung im Register des Sitzes jedes der übertragenden Rechtsträger ist mit dem Vermerk zu versehen, daß die Verschmelzung erst mit der Eintragung im Register des Sitzes des übernehmenden Rechtsträgers wirksam wird, sofern die Eintragungen in den Registern aller beteiligten Rechtsträger nicht am selben Tag erfolgen.

(2) [1]Das Gericht des Sitzes des übernehmenden Rechtsträgers hat von Amts wegen dem Gericht des Sitzes jedes der übertragenden Rechtsträger den Tag der Eintragung der Verschmelzung mitzuteilen. [2]Nach Eingang der Mitteilung hat das Gericht des Sitzes jedes der übertragenden Rechtsträger von Amts wegen den Tag der Eintragung der Verschmelzung im Register des Sitzes des übernehmenden Rechtsträgers im Register des Sitzes des übertragenden Rechtsträgers zu vermerken und die bei ihm aufbewahrten Dokumente dem Gericht des Sitzes des übernehmenden Rechtsträgers zur Aufbewahrung zu übermitteln.

Anhang 9
Umwandlungsgesetz (UmwG)

(3) Das Gericht des Sitzes jedes der an der Verschmelzung beteiligten Rechtsträger hat jeweils die von ihm vorgenommene Eintragung der Verschmelzung von Amts wegen nach § 10 des Handelsgesetzbuchs ihrem ganzen Inhalt nach bekanntzumachen.

§ 20
Wirkungen der Eintragung

(1) Die Eintragung der Verschmelzung in das Register des Sitzes des übernehmenden Rechtsträgers hat folgende Wirkungen:

1. Das Vermögen der übertragenden Rechtsträger geht einschließlich der Verbindlichkeiten auf den übernehmenden Rechtsträger über.
2. Die übertragenden Rechtsträger erlöschen. ²Einer besonderen Löschung bedarf es nicht.
3. Die Anteilsinhaber der übertragenden Rechtsträger werden Anteilsinhaber des übernehmenden Rechtsträgers; dies gilt nicht, soweit der übernehmende Rechtsträger oder ein Dritter, der im eigenen Namen, jedoch für Rechnung dieses Rechtsträgers handelt, Anteilsinhaber des übertragenden Rechtsträgers ist oder der übertragende Rechtsträger eigene Anteile innehat oder ein Dritter, der im eigenen Namen, jedoch für Rechnung dieses Rechtsträgers handelt, dessen Anteilsinhaber ist. ²Rechte Dritter an den Anteilen oder Mitgliedschaften der übertragenden Rechtsträger bestehen an den an ihre Stelle tretenden Anteilen oder Mitgliedschaften des übernehmenden Rechtsträgers weiter.
4. Der Mangel der notariellen Beurkundung des Verschmelzungsvertrags und gegebenenfalls erforderlicher Zustimmungs- oder Verzichtserklärungen einzelner Anteilsinhaber wird geheilt.

(2) Mängel der Verschmelzung lassen die Wirkungen der Eintragung nach Absatz 1 unberührt.

§ 21
Wirkung auf gegenseitige Verträge

Treffen bei einer Verschmelzung aus gegenseitigen Verträgen, die zur Zeit der Verschmelzung von keiner Seite vollständig erfüllt sind, Abnahme-, Lieferungs- oder ähnliche Verpflichtungen zusammen, die miteinander unvereinbar sind oder die beide zu erfüllen eine schwere Unbilligkeit für den übernehmenden Rechtsträger bedeuten würde, so bestimmt sich der Umfang der Verpflichtungen nach Billigkeit unter Würdigung der vertraglichen Rechte aller Beteiligten.

§ 22
Gläubigerschutz

(1) ¹Den Gläubigern der an der Verschmelzung beteiligten Rechtsträger ist, wenn sie binnen sechs Monaten nach dem Tag, an dem die Eintragung der Verschmelzung in das Register des Sitzes desjenigen Rechtsträgers, dessen Gläubiger sie sind, nach § 19 Abs. 3 bekannt gemacht worden ist, ihren Anspruch nach Grund und Höhe schriftlich anmelden, Sicherheit zu leisten, soweit sie nicht Befriedigung verlangen können. ²Dieses Recht steht den Gläubigern jedoch nur zu, wenn sie glaubhaft machen, daß durch die Verschmelzung die Erfüllung ihrer Forderung gefährdet wird. ³Die Gläubiger sind in der Bekanntmachung der jeweiligen Eintragung auf dieses Recht hinzuweisen.

(2) Das Recht, Sicherheitsleistung zu verlangen, steht Gläubigern nicht zu, die im Falle der Insolvenz ein Recht auf vorzugsweise Befriedigung aus einer Deckungsmasse haben, die nach gesetzlicher Vorschrift zu ihrem Schutz errichtet und staatlich überwacht ist.

Anhang 9
Umwandlungsgesetz (UmwG)

§ 23
Schutz der Inhaber von Sonderrechten

Den Inhabern von Rechten in einem übertragenden Rechtsträger, die kein Stimmrecht gewähren, insbesondere den Inhabern von Anteilen ohne Stimmrecht, von Wandelschuldverschreibungen, von Gewinnschuldverschreibungen und von Genußrechten, sind gleichwertige Rechte in dem übernehmenden Rechtsträger zu gewähren.

§ 24
Wertansätze des übernehmenden Rechtsträgers

In den Jahresbilanzen des übernehmenden Rechtsträgers können als Anschaffungskosten im Sinne des § 253 Abs. 1 des Handelsgesetzbuchs auch die in der Schlußbilanz eines übertragenden Rechtsträgers angesetzten Werte angesetzt werden.

§ 25
Schadenersatzpflicht der Verwaltungsträger der übertragenden Rechtsträger

(1) [1]Die Mitglieder des Vertretungsorgans und, wenn ein Aufsichtsorgan vorhanden ist, des Aufsichtsorgans eines übertragenden Rechtsträgers sind als Gesamtschuldner zum Ersatz des Schadens verpflichtet, den dieser Rechtsträger, seine Anteilsinhaber oder seine Gläubiger durch die Verschmelzung erleiden. [2]Mitglieder der Organe, die bei der Prüfung der Vermögenslage der Rechtsträger und beim Abschluß des Verschmelzungsvertrags ihre Sorgfaltspflicht beobachtet haben, sind von der Ersatzpflicht befreit.

(2) [1]Für diese Ansprüche sowie weitere Ansprüche, die sich für und gegen den übertragenden Rechtsträger nach den allgemeinen Vorschriften auf Grund der Verschmelzung ergeben, gilt dieser Rechtsträger als fortbestehend. [2]Forderungen und Verbindlichkeiten vereinigen sich insoweit durch die Verschmelzung nicht.

(3) Die Ansprüche aus Absatz 1 verjähren in fünf Jahren seit dem Tage, an dem die Eintragung der Verschmelzung in das Register des Sitzes des übernehmenden Rechtsträgers nach § 19 Abs. 3 bekannt gemacht worden ist.

§ 26
Geltendmachung des Schadenersatzanspruchs

(1) [1]Die Ansprüche nach § 25 Abs. 1 und 2 können nur durch einen besonderen Vertreter geltend gemacht werden. [2]Das Gericht des Sitzes eines übertragenden Rechtsträgers hat einen solchen Vertreter auf Antrag eines Anteilsinhabers oder eines Gläubigers dieses Rechtsträgers zu bestellen. [3]Gläubiger sind nur antragsberechtigt, wenn sie von dem übernehmenden Rechtsträger keine Befriedigung erlangen können. [4]Gegen die Entscheidung findet die Beschwerde statt.

(2) [1]Der Vertreter hat unter Hinweis auf den Zweck seiner Bestellung die Anteilsinhaber und Gläubiger des betroffenen übertragenden Rechtsträgers aufzufordern, die Ansprüche nach § 25 Abs. 1 und 2 binnen einer angemessenen Frist, die mindestens einen Monat betragen soll, anzumelden. [2]Die Aufforderung ist im Bundesanzeiger und, wenn der Gesellschaftsvertrag, der Partnerschaftsvertrag oder die Satzung andere Blätter für die öffentlichen Bekanntmachungen des übertragenden Rechtsträgers bestimmt hatte, auch in diesen Blättern bekanntzumachen.

(3) [1]Der Vertreter hat den Betrag, der aus der Geltendmachung der Ansprüche eines übertragenden Rechtsträgers erzielt wird, zur Befriedigung der Gläubiger dieses Rechtsträgers zu verwenden, soweit die Gläubiger nicht durch den übernehmenden Rechtsträger befriedigt oder sichergestellt sind. [2]Für die Verteilung gelten die Vorschriften über die Verteilung, die im Falle der Abwicklung eines Rechtsträgers in der Rechtsform des übertragenden Rechtsträgers anzuwenden sind, ent-

sprechend. ³Gläubiger und Anteilsinhaber, die sich nicht fristgemäß gemeldet haben, werden bei der Verteilung nicht berücksichtigt.

(4) ¹Der Vertreter hat Anspruch auf Ersatz angemessener barer Auslagen und auf Vergütung für seine Tätigkeit. ²Die Auslagen und die Vergütung setzt das Gericht fest. ³Es bestimmt nach den gesamten Verhältnissen des einzelnen Falles nach freiem Ermessen, in welchem Umfange die Auslagen und die Vergütung von beteiligten Anteilsinhabern und Gläubigern zu tragen sind. ⁴Gegen die Entscheidung findet die Beschwerde statt; die Rechtsbeschwerde ist ausgeschlossen. ⁵Aus der rechtskräftigen Entscheidung findet die Zwangsvollstreckung nach der Zivilprozeßordnung statt.

§ 27
Schadenersatzpflicht der Verwaltungsträger des übernehmenden Rechtsträgers

Ansprüche auf Schadenersatz, die sich auf Grund der Verschmelzung gegen ein Mitglied des Vertretungsorgans oder, wenn ein Aufsichtsorgan vorhanden ist, des Aufsichtsorgans des übernehmenden Rechtsträgers ergeben, verjähren in fünf Jahren seit dem Tage, an dem die Eintragung der Verschmelzung in das Register des Sitzes des übernehmenden Rechtsträgers nach § 19 Abs. 3 bekannt gemacht worden ist.

§ 28
Unwirksamkeit des Verschmelzungsbeschlusses eines übertragenden Rechtsträgers

Nach Eintragung der Verschmelzung in das Register des Sitzes des übernehmenden Rechtsträgers ist eine Klage gegen die Wirksamkeit des Verschmelzungsbeschlusses eines übertragenden Rechtsträgers gegen den übernehmenden Rechtsträger zu richten.

§ 29
Abfindungsangebot im Verschmelzungsvertrag

(1) ¹Bei der Verschmelzung eines Rechtsträgers im Wege der Aufnahme durch einen Rechtsträger anderer Rechtsform oder bei der Verschmelzung einer börsennotierten Aktiengesellschaft auf eine nicht börsennotierte Aktiengesellschaft hat der übernehmende Rechtsträger im Verschmelzungsvertrag oder in seinem Entwurf jedem Anteilsinhaber, der gegen den Verschmelzungsbeschluß des übertragenden Rechtsträgers Widerspruch zur Niederschrift erklärt, den Erwerb seiner Anteile oder Mitgliedschaften gegen eine angemessene Barabfindung anzubieten; § 71 Abs. 4 Satz 2 des Aktiengesetzes und § 33 Abs. 2 Satz 3 zweiter Halbsatz erste Alternative des Gesetzes betreffend die Gesellschaften mit beschränkter Haftung sind insoweit nicht anzuwenden. ²Das gleiche gilt, wenn bei einer Verschmelzung von Rechtsträgern derselben Rechtsform die Anteile oder Mitgliedschaften an dem übernehmenden Rechtsträger Verfügungsbeschränkungen unterworfen sind. ³Kann der übernehmende Rechtsträger auf Grund seiner Rechtsform eigene Anteile oder Mitgliedschaften nicht erwerben, so ist die Barabfindung für den Fall anzubieten, daß der Anteilsinhaber sein Ausscheiden aus dem Rechtsträger erklärt. ⁴Eine erforderliche Bekanntmachung des Verschmelzungsvertrags oder seines Entwurfs als Gegenstand der Beschlußfassung muß den Wortlaut dieses Angebots enthalten. ⁵Der übernehmende Rechtsträger hat die Kosten für eine Übertragung zu tragen.

(2) Dem Widerspruch zur Niederschrift im Sinne des Absatzes 1 steht es gleich, wenn ein nicht erschienener Anteilsinhaber zu der Versammlung der Anteilsinhaber zu Unrecht nicht zugelassen worden ist oder die Versammlung nicht ordnungsgemäß einberufen oder der Gegenstand der Beschlußfassung nicht ordnungsgemäß bekanntgemacht worden ist.

§ 30
Inhalt des Anspruchs auf Barabfindung und Prüfung der Barabfindung

(1) ¹Die Barabfindung muß die Verhältnisse des übertragenden Rechtsträgers im Zeitpunkt der Beschlußfassung über die Verschmelzung berücksichtigen. ²§ 15 Abs. 2 ist auf die Barabfindung entsprechend anzuwenden.

(2) ¹Die Angemessenheit einer anzubietenden Barabfindung ist stets durch Verschmelzungsprüfer zu prüfen. ²Die §§ 10 bis 12 sind entsprechend anzuwenden. ³Die Berechtigten können auf die Prüfung oder den Prüfungsbericht verzichten; die Verzichtserklärungen sind notariell zu beurkunden.

§ 31
Annahme des Angebots

¹Das Angebot nach § 29 kann nur binnen zwei Monaten nach dem Tage angenommen werden, an dem die Eintragung der Verschmelzung in das Register des Sitzes des übernehmenden Rechtsträgers nach § 19 Abs. 3 bekannt gemacht worden ist. ²Ist nach § 34 ein Antrag auf Bestimmung der Barabfindung durch das Gericht gestellt worden, so kann das Angebot binnen zwei Monaten nach dem Tage angenommen werden, an dem die Entscheidung im Bundesanzeiger bekanntgemacht worden ist.

§ 32
Ausschluß von Klagen gegen den Verschmelzungsbeschluß

Eine Klage gegen die Wirksamkeit des Verschmelzungsbeschlusses eines übertragenden Rechtsträgers kann nicht darauf gestützt werden, daß das Angebot nach § 29 zu niedrig bemessen oder daß die Barabfindung im Verschmelzungsvertrag nicht oder nicht ordnungsgemäß angeboten worden ist.

§ 33
Anderweitige Veräußerung

Einer anderweitigen Veräußerung des Anteils durch den Anteilsinhaber stehen nach Fassung des Verschmelzungsbeschlusses bis zum Ablauf der in § 31 bestimmten Frist Verfügungsbeschränkungen bei den beteiligten Rechtsträgern nicht entgegen.

§ 34
Gerichtliche Nachprüfung der Abfindung

¹Macht ein Anteilsinhaber geltend, daß eine im Verschmelzungsvertrag oder in seinem Entwurf bestimmte Barabfindung, die ihm nach § 29 anzubieten war, zu niedrig bemessen sei, so hat auf seinen Antrag das Gericht nach den Vorschriften des Spruchverfahrensgesetzes die angemessene Barabfindung zu bestimmen. ²Das gleiche gilt, wenn die Barabfindung nicht oder nicht ordnungsgemäß angeboten worden ist.

§ 35
Bezeichnung unbekannter Aktionäre; Ruhen des Stimmrechts

¹Unbekannte Aktionäre einer übertragenden Aktiengesellschaft oder Kommanditgesellschaft auf Aktien sind im Verschmelzungsvertrag, bei Anmeldungen zur Eintragung in ein Register oder bei der Eintragung in eine Liste von Anteilsinhabern durch die Angabe des insgesamt auf sie entfallenden Teils des Grundkapitals der Gesellschaft und der auf sie nach der Verschmelzung entfallenden Anteile zu bezeichnen, soweit eine Benennung der Anteilsinhaber für den übernehmenden Rechts-

träger gesetzlich vorgeschrieben ist; eine Bezeichnung in dieser Form ist nur zulässig für Anteilsinhaber, deren Anteile zusammen den zwanzigsten Teil des Grundkapitals der übertragenden Gesellschaft nicht überschreiten. [2]Werden solche Anteilsinhaber später bekannt, so sind Register oder Listen von Amts wegen zu berichtigen. [3]Bis zu diesem Zeitpunkt kann das Stimmrecht aus den betreffenden Anteilen in dem übernehmenden Rechtsträger nicht ausgeübt werden.

Dritter Abschnitt
Verschmelzung durch Neugründung

§ 36
Anzuwendende Vorschriften

(1) [1]Auf die Verschmelzung durch Neugründung sind die Vorschriften des Zweiten Abschnitts mit Ausnahme des § 16 Abs. 1 und des § 27 entsprechend anzuwenden. [2]An die Stelle des übernehmenden Rechtsträgers tritt der neue Rechtsträger, an die Stelle der Eintragung der Verschmelzung in das Register des Sitzes des übernehmenden Rechtsträgers tritt die Eintragung des neuen Rechtsträgers in das Register.

(2) [1]Auf die Gründung des neuen Rechtsträgers sind die für dessen Rechtsform geltenden Gründungsvorschriften anzuwenden, soweit sich aus diesem Buch nichts anderes ergibt. [2]Den Gründern stehen die übertragenden Rechtsträger gleich. [3]Vorschriften, die für die Gründung eine Mindestzahl der Gründer vorschreiben, sind nicht anzuwenden.

§ 37
Inhalt des Verschmelzungsvertrags

In dem Verschmelzungsvertrag muß der Gesellschaftsvertrag, der Partnerschaftsvertrag oder die Satzung des neuen Rechtsträgers enthalten sein oder festgestellt werden.

§ 38
Anmeldung der Verschmelzung und des neuen Rechtsträgers

(1) Die Vertretungsorgane jedes der übertragenden Rechtsträger haben die Verschmelzung zur Eintragung in das Register des Sitzes ihres Rechtsträgers anzumelden.

(2) Die Vertretungsorgane aller übertragenden Rechtsträger haben den neuen Rechtsträger bei dem Gericht, in dessen Bezirk er seinen Sitz haben soll, zur Eintragung in das Register anzumelden.

Zweiter Teil
Besondere Vorschriften

Erster Abschnitt
Verschmelzung unter Beteiligung von Personengesellschaften

Erster Unterabschnitt
Verschmelzung unter Beteiligung von Personenhandelsgesellschaften

§ 39
Ausschluß der Verschmelzung

Eine aufgelöste Personenhandelsgesellschaft kann sich nicht als übertragender Rechtsträger an einer Verschmelzung beteiligen, wenn die Gesellschafter nach § 145 des Handelsgesetzbuchs eine andere Art der Auseinandersetzung als die Abwicklung oder als die Verschmelzung vereinbart haben.

§ 40
Inhalt des Verschmelzungsvertrags

(1) [1]Der Verschmelzungsvertrag oder sein Entwurf hat zusätzlich für jeden Anteilsinhaber eines übertragenden Rechtsträgers zu bestimmen, ob ihm in der übernehmenden oder der neuen Personenhandelsgesellschaft die Stellung eines persönlich haftenden Gesellschafters oder eines Kommanditisten gewährt wird. [2]Dabei ist der Betrag der Einlage jedes Gesellschafters festzusetzen.

(2) [1]Anteilsinhabern eines übertragenden Rechtsträgers, die für dessen Verbindlichkeiten nicht als Gesamtschuldner persönlich unbeschränkt haften, ist die Stellung eines Kommanditisten zu gewähren. [2]Abweichende Bestimmungen sind nur wirksam, wenn die betroffenen Anteilsinhaber dem Verschmelzungsbeschluß des übertragenden Rechtsträgers zustimmen.

§ 41
Verschmelzungsbericht

Ein Verschmelzungsbericht ist für eine an der Verschmelzung beteiligte Personenhandelsgesellschaft nicht erforderlich, wenn alle Gesellschafter dieser Gesellschaft zur Geschäftsführung berechtigt sind.

§ 42
Unterrichtung der Gesellschafter

Der Verschmelzungsvertrag oder sein Entwurf und der Verschmelzungsbericht sind den Gesellschaftern, die von der Geschäftsführung ausgeschlossen sind, spätestens zusammen mit der Einberufung der Gesellschafterversammlung, die gemäß § 13 Abs. 1 über die Zustimmung zum Verschmelzungsvertrag beschließen soll, zu übersenden.

§ 43
Beschluß der Gesellschafterversammlung

(1) Der Verschmelzungsbeschluß der Gesellschafterversammlung bedarf der Zustimmung aller anwesenden Gesellschafter; ihm müssen auch die nicht erschienenen Gesellschafter zustimmen.

(2) [1]Der Gesellschaftsvertrag kann eine Mehrheitsentscheidung der Gesellschafter vorsehen. [2]Die Mehrheit muß mindestens drei Viertel der abgegebenen Stimmen betragen. [3]Widerspricht ein Anteilsinhaber eines übertragenden Rechtsträgers, der für dessen Verbindlichkeiten persönlich unbeschränkt haftet, der Verschmelzung, so ist ihm in der übernehmenden oder der neuen Personenhandelsgesellschaft die Stellung eines Kommanditisten zu gewähren; das gleiche gilt für einen Anteilsinhaber der übernehmenden Personenhandelsgesellschaft, der für deren Verbindlichkeiten persönlich unbeschränkt haftet, wenn er der Verschmelzung widerspricht.

§ 44
Prüfung der Verschmelzung

[1]Im Fall des § 43 Abs. 2 ist der Verschmelzungsvertrag oder sein Entwurf für eine Personenhandelsgesellschaft nach den §§ 9 bis 12 zu prüfen, wenn dies einer ihrer Gesellschafter innerhalb einer Frist von einer Woche verlangt, nachdem er die in § 42 genannten Unterlagen erhalten hat. [2]Die Kosten der Prüfung trägt die Gesellschaft.

§ 45
Zeitliche Begrenzung der Haftung persönlich haftender Gesellschafter

(1) Überträgt eine Personenhandelsgesellschaft ihr Vermögen durch Verschmelzung auf einen Rechtsträger anderer Rechtsform, dessen Anteilsinhaber für die Verbindlichkeiten dieses Rechts-

trägers nicht unbeschränkt haften, so haftet ein Gesellschafter der Personenhandelsgesellschaft für ihre Verbindlichkeiten, wenn sie vor Ablauf von fünf Jahren nach der Verschmelzung fällig und daraus Ansprüche gegen ihn in einer in § 197 Abs. 1 Nr. 3 bis 5 des Bürgerlichen Gesetzbuchs bezeichneten Art festgestellt sind oder eine gerichtliche oder behördliche Vollstreckungshandlung vorgenommen oder beantragt wird; bei öffentlich-rechtlichen Verbindlichkeiten genügt der Erlass eines Verwaltungsakts.

(2) [1]Die Frist beginnt mit dem Tage, an dem die Eintragung der Verschmelzung in das Register des Sitzes des übernehmenden Rechtsträgers nach § 19 Abs. 3 bekannt gemacht worden ist. [2]Die für die Verjährung geltenden §§ 204, 206, 210, 211 und 212 Abs. 2 und 3 des Bürgerlichen Gesetzbuchs sind entsprechend anzuwenden.

(3) Einer Feststellung in einer in § 197 Abs. 1 Nr. 3 bis 5 des Bürgerlichen Gesetzbuchs bezeichneten Art bedarf es nicht, soweit der Gesellschafter den Anspruch schriftlich anerkannt hat.

(4) Die Absätze 1 bis 3 sind auch anzuwenden, wenn der Gesellschafter in dem Rechtsträger anderer Rechtsform geschäftsführend tätig wird.

Zweiter Unterabschnitt
Verschmelzung unter Beteiligung von Partnerschaftsgesellschaften

§ 45a
Möglichkeit der Verschmelzung

[1]Eine Verschmelzung auf eine Partnerschaftsgesellschaft ist nur möglich, wenn im Zeitpunkt ihres Wirksamwerdens alle Anteilsinhaber übertragender Rechtsträger natürliche Personen sind, die einen Freien Beruf ausüben (§ 1 Abs. 1 und 2 des Partnerschaftsgesellschaftsgesetzes). [2]§ 1 Abs. 3 des Partnerschaftsgesellschaftsgesetzes bleibt unberührt.

§ 45b
Inhalt des Verschmelzungsvertrages

(1) Der Verschmelzungsvertrag oder sein Entwurf hat zusätzlich für jeden Anteilsinhaber eines übertragenden Rechtsträgers den Namen und den Vornamen sowie den in der übernehmenden Partnerschaftsgesellschaft ausgeübten Beruf und den Wohnort jedes Partners zu enthalten.

(2) § 35 ist nicht anzuwenden.

§ 45c Verschmelzungsbericht und Unterrichtung der Partner

[1]Ein Verschmelzungsbericht ist für eine an der Verschmelzung beteiligte Partnerschaftsgesellschaft nur erforderlich, wenn ein Partner gemäß § 6 Abs. 2 des Partnerschaftsgesellschaftsgesetzes von der Geschäftsführung ausgeschlossen ist. [2]Von der Geschäftsführung ausgeschlossene Partner sind entsprechend § 42 zu unterrichten.

§ 45d
Beschluß der Gesellschafterversammlung

(1) Der Verschmelzungsbeschluß der Gesellschafterversammlung bedarf der Zustimmung aller anwesenden Partner; ihm müssen auch die nicht erschienenen Partner zustimmen.

(2) [1]Der Partnerschaftsvertrag kann eine Mehrheitsentscheidung der Partner vorsehen. [2]Die Mehrheit muß mindestens drei Viertel der abgegebenen Stimmen betragen.

§ 45e
Anzuwendende Vorschriften

[1]Die §§ 39 und 45 sind entsprechend anzuwenden. [2]In den Fällen des § 45d Abs. 2 ist auch § 44 entsprechend anzuwenden.

Zweiter Abschnitt
Verschmelzung unter Beteiligung von Gesellschaften mit beschränkter Haftung

Erster Unterabschnitt
Verschmelzung durch Aufnahme

§ 46
Inhalt des Verschmelzungsvertrags

(1) [1]Der Verschmelzungsvertrag oder sein Entwurf hat zusätzlich für jeden Anteilsinhaber eines übertragenden Rechtsträgers den Nennbetrag des Geschäftsanteils zu bestimmen, den die übernehmende Gesellschaft mit beschränkter Haftung ihm zu gewähren hat. [2]Der Nennbetrag kann abweichend von dem Betrag festgesetzt werden, der auf die Aktien einer übertragenden Aktiengesellschaft oder Kommanditgesellschaft auf Aktien als anteiliger Betrag ihres Grundkapitals entfällt. [3]Er muss auf volle Euro lauten.

(2) Sollen die zu gewährenden Geschäftsanteile im Wege der Kapitalerhöhung geschaffen und mit anderen Rechten und Pflichten als sonstige Geschäftsanteile der übernehmenden Gesellschaft mit beschränkter Haftung ausgestattet werden, so sind auch die Abweichungen im Verschmelzungsvertrag oder in seinem Entwurf festzusetzen.

(3) Sollen Anteilsinhaber eines übertragenden Rechtsträgers schon vorhandene Geschäftsanteile der übernehmenden Gesellschaft erhalten, so müssen die Anteilsinhaber und die Nennbeträge der Geschäftsanteile, die sie erhalten sollen, im Verschmelzungsvertrag oder in seinem Entwurf besonders bestimmt werden.

§ 47
Unterrichtung der Gesellschafter

Der Verschmelzungsvertrag oder sein Entwurf und der Verschmelzungsbericht sind den Gesellschaftern spätestens zusammen mit der Einberufung der Gesellschafterversammlung, die gemäß § 13 Abs. 1 über die Zustimmung beschließen soll, zu übersenden.

§ 48
Prüfung der Verschmelzung

[1]Der Verschmelzungsvertrag oder sein Entwurf ist für eine Gesellschaft mit beschränkter Haftung nach den §§ 9 bis 12 zu prüfen, wenn dies einer ihrer Gesellschafter innerhalb einer Frist von einer Woche verlangt, nachdem er die in § 47 genannten Unterlagen erhalten hat. [2]Die Kosten der Prüfung trägt die Gesellschaft.

§ 49
Vorbereitung der Gesellschafterversammlung

(1) Die Geschäftsführer haben in der Einberufung der Gesellschafterversammlung, die gemäß § 13 Abs. 1 über die Zustimmung zum Verschmelzungsvertrag beschließen soll, die Verschmelzung als Gegenstand der Beschlußfassung anzukündigen.

(2) Von der Einberufung an sind in dem Geschäftsraum der Gesellschaft die Jahresabschlüsse und die Lageberichte der an der Verschmelzung beteiligten Rechtsträger für die letzten drei Geschäftsjahre zur Einsicht durch die Gesellschafter auszulegen.

(3) Die Geschäftsführer haben jedem Gesellschafter auf Verlangen jederzeit Auskunft auch über alle für die Verschmelzung wesentlichen Angelegenheiten der anderen beteiligten Rechtsträger zu geben.

§ 50
Beschluß der Gesellschafterversammlung

(1) ¹Der Verschmelzungsbeschluß der Gesellschafterversammlung bedarf einer Mehrheit von mindestens drei Vierteln der abgegebenen Stimmen. ²Der Gesellschaftsvertrag kann eine größere Mehrheit und weitere Erfordernisse bestimmen.

(2) Werden durch die Verschmelzung auf dem Gesellschaftsvertrag beruhende Minderheitsrechte eines einzelnen Gesellschafters einer übertragenden Gesellschaft oder die einzelnen Gesellschaftern einer solchen Gesellschaft nach dem Gesellschaftsvertrag zustehenden besonderen Rechte in der Geschäftsführung der Gesellschaft, bei der Bestellung der Geschäftsführer oder hinsichtlich eines Vorschlagsrechts für die Geschäftsführung beeinträchtigt, so bedarf der Verschmelzungsbeschluß dieser übertragenden Gesellschaft der Zustimmung dieser Gesellschafter.

§ 51
Zustimmungserfordernisse in Sonderfällen

(1) ¹Ist an der Verschmelzung eine Gesellschaft mit beschränkter Haftung, auf deren Geschäftsanteile nicht alle zu leistenden Einlagen in voller Höhe bewirkt sind, als übernehmender Rechtsträger beteiligt, so bedarf der Verschmelzungsbeschluß eines übertragenden Rechtsträgers der Zustimmung aller bei der Beschlußfassung anwesenden Anteilsinhaber dieses Rechtsträgers. ²Ist der übertragende Rechtsträger eine Personenhandelsgesellschaft, eine Partnerschaftsgesellschaft oder eine Gesellschaft mit beschränkter Haftung, so bedarf der Verschmelzungsbeschluß auch der Zustimmung der nicht erschienenen Gesellschafter. ³Wird eine Gesellschaft mit beschränkter Haftung, auf deren Geschäftsanteile nicht alle zu leistenden Einlagen in voller Höhe bewirkt sind, von einer Gesellschaft mit beschränkter Haftung durch Verschmelzung aufgenommen, bedarf der Verschmelzungsbeschluss der Zustimmung aller Gesellschafter der übernehmenden Gesellschaft.

(2) Wird der Nennbetrag der Geschäftsanteile nach § 46 Abs. 1 Satz 2 abweichend vom Betrag der Aktien festgesetzt, so muss der Festsetzung jeder Aktionär zustimmen, der sich nicht mit seinem gesamten Anteil beteiligen kann.

§ 52
Anmeldung der Verschmelzung

¹Bei der Anmeldung der Verschmelzung zur Eintragung in das Register haben die Vertretungsorgane der an der Verschmelzung beteiligten Rechtsträger im Falle des § 51 Abs. 1 auch zu erklären, daß dem Verschmelzungsbeschluß jedes der übertragenden Rechtsträger alle bei der Beschlußfassung anwesenden Anteilsinhaber dieses Rechtsträgers und, sofern der übertragende Rechtsträger eine Personenhandelsgesellschaft, eine Partnerschaftsgesellschaft oder eine Gesellschaft mit beschränkter Haftung ist, auch die nicht erschienenen Gesellschafter dieser Gesellschaft zugestimmt haben. ²Wird eine Gesellschaft mit beschränkter Haftung, auf deren Geschäftsanteile nicht alle zu leistenden Einlagen in voller Höhe bewirkt sind, von einer Gesellschaft mit beschränkter Haftung durch Verschmelzung aufgenommen, so ist auch zu erklären, dass alle Gesellschafter dieser Gesellschaft dem Verschmelzungsbeschluss zugestimmt haben.

Anhang 9
Umwandlungsgesetz (UmwG)

§ 53
Eintragung bei Erhöhung des Stammkapitals

Erhöht die übernehmende Gesellschaft zur Durchführung der Verschmelzung ihr Stammkapital, so darf die Verschmelzung erst eingetragen werden, nachdem die Erhöhung des Stammkapitals im Register eingetragen worden ist.

§ 54
Verschmelzung ohne Kapitalerhöhung

(1) [1]Die übernehmende Gesellschaft darf zur Durchführung der Verschmelzung ihr Stammkapital nicht erhöhen, soweit
1. sie Anteile eines übertragenden Rechtsträgers innehat;
2. ein übertragender Rechtsträger eigene Anteile innehat oder
3. ein übertragender Rechtsträger Geschäftsanteile dieser Gesellschaft innehat, auf welche die Einlagen nicht in voller Höhe bewirkt sind.

[2]Die übernehmende Gesellschaft braucht ihr Stammkapital nicht zu erhöhen, soweit
1. sie eigene Geschäftsanteile innehat oder
2. ein übertragender Rechtsträger Geschäftsanteile dieser Gesellschaft innehat, auf welche die Einlagen bereits in voller Höhe bewirkt sind.

[3]Die übernehmende Gesellschaft darf von der Gewährung von Geschäftsanteilen absehen, wenn alle Anteilsinhaber eines übertragenden Rechtsträgers darauf verzichten; die Verzichtserklärungen sind notariell zu beurkunden.

(2) Absatz 1 gilt entsprechend, wenn Inhaber der dort bezeichneten Anteile ein Dritter ist, der im eigenen Namen, jedoch in einem Fall des Absatzes 1 Satz 1 Nr. 1 oder des Absatzes 1 Satz 2 Nr. 1 für Rechnung der übernehmenden Gesellschaft oder in einem der anderen Fälle des Absatzes 1 für Rechnung des übertragenden Rechtsträgers handelt.

(3) [1]Soweit zur Durchführung der Verschmelzung Geschäftsanteile der übernehmenden Gesellschaft, die sie selbst oder ein übertragender Rechtsträger innehat, geteilt werden müssen, um sie den Anteilsinhabern eines übertragenden Rechtsträgers gewähren zu können, sind Bestimmungen des Gesellschaftsvertrags, welche die Teilung der Geschäftsanteile der übernehmenden Gesellschaft ausschließen oder erschweren, nicht anzuwenden; jedoch muss der Nennbetrag jedes Teils der Geschäftsanteile auf volle Euro lauten. [2]Satz 1 gilt entsprechend, wenn Inhaber der Geschäftsanteile ein Dritter ist, der im eigenen Namen, jedoch für Rechnung der übernehmenden Gesellschaft oder eines übertragenden Rechtsträgers handelt.

(4) Im Verschmelzungsvertrag festgesetzte bare Zuzahlungen dürfen nicht den zehnten Teil des Gesamtnennbetrags der gewährten Geschäftsanteile der übernehmenden Gesellschaft übersteigen.

§ 55
Verschmelzung mit Kapitalerhöhung

(1) Erhöht die übernehmende Gesellschaft zur Durchführung der Verschmelzung ihr Stammkapital, so sind § 55 Abs. 1, §§ 56a, 57 Abs. 2, Abs. 3 Nr. 1 des Gesetzes betreffend die Gesellschaften mit beschränkter Haftung nicht anzuwenden.

(2) Der Anmeldung der Kapitalerhöhung zum Register sind außer den in § 57 Abs. 3 Nr. 2 und 3 des Gesetzes betreffend die Gesellschaften mit beschränkter Haftung bezeichneten Schriftstücken der Verschmelzungsvertrag und die Niederschriften der Verschmelzungsbeschlüsse in Ausfertigung oder öffentlich beglaubigter Abschrift beizufügen.

Zweiter Unterabschnitt
Verschmelzung durch Neugründung

§ 56
Anzuwendende Vorschriften

Auf die Verschmelzung durch Neugründung sind die Vorschriften des Ersten Unterabschnitts mit Ausnahme der §§ 51 bis 53, 54 Absatz 1 bis 3 sowie des § 55 entsprechend anzuwenden.

§ 57
Inhalt des Gesellschaftsvertrags

In den Gesellschaftsvertrag sind Festsetzungen über Sondervorteile, Gründungsaufwand, Sacheinlagen und Sachübernahmen, die in den Gesellschaftsverträgen, Partnerschaftsverträgen oder Satzungen übertragender Rechtsträger enthalten waren, zu übernehmen.

§ 58
Sachgründungsbericht

(1) In dem Sachgründungsbericht (§ 5 Abs. 4 des Gesetzes betreffend die Gesellschaften mit beschränkter Haftung) sind auch der Geschäftsverlauf und die Lage der übertragenden Rechtsträger darzulegen.

(2) Ein Sachgründungsbericht ist nicht erforderlich, soweit eine Kapitalgesellschaft oder eine eingetragene Genossenschaft übertragender Rechtsträger ist.

§ 59
Verschmelzungsbeschlüsse

[1]Der Gesellschaftsvertrag der neuen Gesellschaft wird nur wirksam, wenn ihm die Anteilsinhaber jedes der übertragenden Rechtsträger durch Verschmelzungsbeschluß zustimmen. [2]Dies gilt entsprechend für die Bestellung der Geschäftsführer und der Mitglieder des Aufsichtsrats der neuen Gesellschaft, soweit sie von den Anteilsinhabern der übertragenden Rechtsträger zu wählen sind.

Dritter Abschnitt
Verschmelzung unter Beteiligung von Aktiengesellschaften

Erster Unterabschnitt
Verschmelzung durch Aufnahme

§ 60
Prüfung der Verschmelzung, Bestellung der Verschmelzungsprüfer

Der Verschmelzungsvertrag oder sein Entwurf ist für jede Aktiengesellschaft nach den §§ 9 bis 12 zu prüfen.

§ 61
Bekanntmachung des Verschmelzungsvertrags

[1]Der Verschmelzungsvertrag oder sein Entwurf ist vor der Einberufung der Hauptversammlung, die gemäß § 13 Abs. 1 über die Zustimmung beschließen soll, zum Register einzureichen. [2]Das Gericht hat in der Bekanntmachung nach § 10 des Handelsgesetzbuchs einen Hinweis darauf bekanntzumachen, daß der Vertrag oder sein Entwurf beim Handelsregister eingereicht worden ist.

§ 62
Konzernverschmelzungen

(1) [1]Befinden sich mindestens neun Zehntel des Stammkapitals oder des Grundkapitals einer übertragenden Kapitalgesellschaft in der Hand einer übernehmenden Aktiengesellschaft, so ist ein Verschmelzungsbeschluß der übernehmenden Aktiengesellschaft zur Aufnahme dieser übertragenden Gesellschaft nicht erforderlich. [2]Eigene Anteile der übertragenden Gesellschaft und Anteile, die einem anderen für Rechnung dieser Gesellschaft gehören, sind vom Stammkapital oder Grundkapital abzusetzen.

(2) [1]Absatz 1 gilt nicht, wenn Aktionäre der übernehmenden Gesellschaft, deren Anteile zusammen den zwanzigsten Teil des Grundkapitals dieser Gesellschaft erreichen, die Einberufung einer Hauptversammlung verlangen, in der über die Zustimmung zu der Verschmelzung beschlossen wird. [2]Die Satzung kann das Recht, die Einberufung der Hauptversammlung zu verlangen, an den Besitz eines geringeren Teils am Grundkapital der übernehmenden Gesellschaft knüpfen.

(3) [1]Einen Monat vor dem Tage der Gesellschafterversammlung oder der Hauptversammlung der übertragenden Gesellschaft, die gemäß § 13 Abs. 1 über die Zustimmung zum Verschmelzungsvertrag beschließen soll, sind in dem Geschäftsraum der übernehmenden Gesellschaft zur Einsicht der Aktionäre die in § 63 Abs. 1 bezeichneten Unterlagen auszulegen. [2]Gleichzeitig hat der Vorstand der übernehmenden Gesellschaft einen Hinweis auf die bevorstehende Verschmelzung in den Gesellschaftsblättern der übernehmenden Gesellschaft bekanntzumachen und den Verschmelzungsvertrag oder seinen Entwurf zum Register der übernehmenden Gesellschaft einzureichen; § 61 Satz 2 ist entsprechend anzuwenden. [3]Die Aktionäre sind in der Bekanntmachung nach Satz 2 erster Halbsatz auf ihr Recht nach Absatz 2 hinzuweisen. [4]Der Anmeldung der Verschmelzung zur Eintragung in das Handelsregister ist der Nachweis der Bekanntmachung beizufügen. [5]Der Vorstand hat bei der Anmeldung zu erklären, ob ein Antrag nach Absatz 2 gestellt worden ist. [6]Auf Verlangen ist jedem Aktionär der übernehmenden Gesellschaft unverzüglich und kostenlos eine Abschrift der in Satz 1 bezeichneten Unterlagen zu erteilen. [7]Die Unterlagen können dem Aktionär mit dessen Einwilligung auf dem Wege elektronischer Kommunikation übermittelt werden. [8]Die Verpflichtungen nach den Sätzen 1 und 6 entfallen, wenn die in Satz 1 bezeichneten Unterlagen für denselben Zeitraum über die Internetseite der Gesellschaft zugänglich sind.

[9](4) Befindet sich das gesamte Stamm- oder Grundkapital einer übertragenden Kapitalgesellschaft in der Hand einer übernehmenden Aktiengesellschaft, so ist ein Verschmelzungsbeschluss des Anteilsinhabers der übertragenden Kapitalgesellschaft nicht erforderlich. [10]Ein solcher Beschluss ist auch nicht erforderlich in Fällen, in denen nach Absatz 5 Satz 1 ein Übertragungsbeschluss gefasst und mit einem Vermerk nach Absatz 5 Satz 7 in das Handelsregister eingetragen wurde. [11]Absatz 3 gilt mit der Maßgabe, dass die dort genannten Verpflichtungen nach Abschluss des Verschmelzungsvertrages für die Dauer eines Monats zu erfüllen sind. [12]Spätestens bei Beginn dieser Frist ist die in § 5 Absatz 3 genannte Zuleitungsverpflichtung zu erfüllen.

[13](5) In Fällen des Absatzes 1 kann die Hauptversammlung einer übertragenden Aktiengesellschaft innerhalb von drei Monaten nach Abschluss des Verschmelzungsvertrages einen Beschluss nach § 327a Absatz 1 Satz 1 des Aktiengesetzes fassen, wenn der übernehmenden Gesellschaft (Hauptaktionär) Aktien in Höhe von neun Zehnteln des Grundkapitals gehören. [14]Der Verschmelzungsvertrag oder sein Entwurf muss die Angabe enthalten, dass im Zusammenhang mit der Verschmelzung ein Ausschluss der Minderheitsaktionäre der übertragenden Gesellschaft erfolgen soll. [15]Absatz 3 gilt mit der Maßgabe, dass die dort genannten Verpflichtungen nach Abschluss des Verschmelzungsvertrages für die Dauer eines Monats zu erfüllen sind. [16]Spätestens bei Beginn dieser Frist ist die in § 5 Absatz 3 genannte Zuleitungsverpflichtung zu erfüllen. [17]Der Verschmelzungsvertrag oder sein Entwurf ist gemäß § 327c Absatz 3 des Aktiengesetzes zur Einsicht der Aktionäre auszulegen. [18]Der Anmeldung des Übertragungsbeschlusses (§ 327e Absatz 1 des Aktiengesetzes) ist der Verschmelzungsvertrag in Ausfertigung oder öffentlich beglaubigter Abschrift oder sein Entwurf beizufügen. [19]Die Eintragung des Übertragungsbeschlusses ist mit dem Vermerk zu versehen, dass er erst gleichzeitig mit der Eintragung der Verschmelzung im Register

Anhang 9
Umwandlungsgesetz (UmwG)

des Sitzes der übernehmenden Aktiengesellschaft wirksam wird. [20]Im Übrigen bleiben die §§ 327a bis 327f des Aktiengesetzes unberührt.

§ 63
Vorbereitung der Hauptversammlung

(1) Von der Einberufung der Hauptversammlung an, die gemäß § 13 Abs. 1 über die Zustimmung zum Verschmelzungsvertrag beschließen soll, sind in dem Geschäftsraum der Gesellschaft zur Einsicht der Aktionäre auszulegen
1. der Verschmelzungsvertrag oder sein Entwurf;
2. die Jahresabschlüsse und die Lageberichte der an der Verschmelzung beteiligten Rechtsträger für die letzten drei Geschäftsjahre;
3. falls sich der letzte Jahresabschluß auf ein Geschäftsjahr bezieht, das mehr als sechs Monate vor dem Abschluß des Verschmelzungsvertrags oder der Aufstellung des Entwurfs abgelaufen ist, eine Bilanz auf einen Stichtag, der nicht vor dem ersten Tag des dritten Monats liegt, der dem Abschluß oder der Aufstellung vorausgeht (Zwischenbilanz);
4. die nach § 8 erstatteten Verschmelzungsberichte;
5. die nach § 60 in Verbindung mit § 12 erstatteten Prüfungsberichte.

(2) [1]Die Zwischenbilanz (Absatz 1 Nr. 3) ist nach den Vorschriften aufzustellen, die auf die letzte Jahresbilanz des Rechtsträgers angewendet worden sind. [2]Eine körperliche Bestandsaufnahme ist nicht erforderlich. [3]Die Wertansätze der letzten Jahresbilanz dürfen übernommen werden. [4]Dabei sind jedoch Abschreibungen, Wertberichtigungen und Rückstellungen sowie wesentliche, aus den Büchern nicht ersichtliche Veränderungen der wirklichen Werte von Vermögensgegenständen bis zum Stichtag der Zwischenbilanz zu berücksichtigen. [5]§ 8 Absatz 3 Satz 1 erste Alternative und Satz 2 ist entsprechend anzuwenden. [6]Die Zwischenbilanz muss auch dann nicht aufgestellt werden, wenn die Gesellschaft seit dem letzten Jahresabschluss einen Halbjahresfinanzbericht gemäß § 37w des Wertpapierhandelsgesetzes veröffentlicht hat. [7]Der Halbjahresfinanzbericht tritt zum Zwecke der Vorbereitung der Hauptversammlung an die Stelle der Zwischenbilanz.

(3) [1]Auf Verlangen ist jedem Aktionär unverzüglich und kostenlos eine Abschrift der in Absatz 1 bezeichneten Unterlagen zu erteilen. [2]Die Unterlagen können dem Aktionär mit dessen Einwilligung auf dem Wege elektronischer Kommunikation übermittelt werden.

(4) Die Verpflichtungen nach den Absätzen 1 und 3 entfallen, wenn die in Absatz 1 bezeichneten Unterlagen für denselben Zeitraum über die Internetseite der Gesellschaft zugänglich sind.

§ 64
Durchführung der Hauptversammlung

(1) [1]In der Hauptversammlung sind die in § 63 Absatz 1 bezeichneten Unterlagen zugänglich zu machen. [2]Der Vorstand hat den Verschmelzungsvertrag oder seinen Entwurf zu Beginn der Verhandlung mündlich zu erläutern und über jede wesentliche Veränderung des Vermögens der Gesellschaft zu unterrichten, die seit dem Abschluss des Verschmelzungsvertrages oder der Aufstellung des Entwurfs eingetreten ist. [3]Der Vorstand hat über solche Veränderungen auch die Vertretungsorgane der anderen beteiligten Rechtsträger zu unterrichten; diese haben ihrerseits die Anteilsinhaber des von ihnen vertretenen Rechtsträgers vor der Beschlussfassung zu unterrichten. [4]§ 8 Absatz 3 Satz 1 erste Alternative und Satz 2 ist entsprechend anzuwenden.

(2) Jedem Aktionär ist auf Verlangen in der Hauptversammlung Auskunft auch über alle für die Verschmelzung wesentlichen Angelegenheiten der anderen beteiligten Rechtsträger zu geben.

§ 65
Beschluß der Hauptversammlung

(1) [1]Der Verschmelzungsbeschluß der Hauptversammlung bedarf einer Mehrheit, die mindestens drei Viertel des bei der Beschlußfassung vertretenen Grundkapitals umfaßt. [2]Die Satzung kann eine größere Kapitalmehrheit und weitere Erfordernisse bestimmen.

(2) [1]Sind mehrere Gattungen von Aktien vorhanden, so bedarf der Beschluß der Hauptversammlung zu seiner Wirksamkeit der Zustimmung der stimmberechtigten Aktionäre jeder Gattung. [2]Über die Zustimmung haben die Aktionäre jeder Gattung einen Sonderbeschluß zu fassen. [3]Für diesen gilt Absatz 1.

§ 66
Eintragung bei Erhöhung des Grundkapitals

Erhöht die übernehmende Gesellschaft zur Durchführung der Verschmelzung ihr Grundkapital, so darf die Verschmelzung erst eingetragen werden, nachdem die Durchführung der Erhöhung des Grundkapitals im Register eingetragen worden ist.

§ 67
Anwendung der Vorschriften über die Nachgründung

[1]Wird der Verschmelzungsvertrag in den ersten zwei Jahren seit Eintragung der übernehmenden Gesellschaft in das Register geschlossen, so ist § 52 Abs. 3, 4, 6 bis 9 des Aktiengesetzes über die Nachgründung entsprechend anzuwenden. [2]Dies gilt nicht, wenn auf die zu gewährenden Aktien nicht mehr als der zehnte Teil des Grundkapitals dieser Gesellschaft entfällt oder wenn diese Gesellschaft ihre Rechtsform durch Formwechsel einer Gesellschaft mit beschränkter Haftung erlangt hat, die zuvor bereits seit mindestens zwei Jahren im Handelsregister eingetragen war. [3]Wird zur Durchführung der Verschmelzung das Grundkapital erhöht, so ist der Berechnung das erhöhte Grundkapital zugrunde zu legen.

§ 68
Verschmelzung ohne Kapitalerhöhung

(1) [1]Die übernehmende Gesellschaft darf zur Durchführung der Verschmelzung ihr Grundkapital nicht erhöhen, soweit
1. sie Anteile eines übertragenden Rechtsträgers innehat;
2. ein übertragender Rechtsträger eigene Anteile innehat oder
3. ein übertragender Rechtsträger Aktien dieser Gesellschaft besitzt, auf die der Ausgabebetrag nicht voll geleistet ist.

[2]Die übernehmende Gesellschaft braucht ihr Grundkapital nicht zu erhöhen, soweit
1. sie eigene Aktien besitzt oder
2. ein übertragender Rechtsträger Aktien dieser Gesellschaft besitzt, auf die der Ausgabebetrag bereits voll geleistet ist.

[3]Die übernehmende Gesellschaft darf von der Gewährung von Aktien absehen, wenn alle Anteilsinhaber eines übertragenden Rechtsträgers darauf verzichten; die Verzichtserklärungen sind notariell zu beurkunden.

(2) Absatz 1 gilt entsprechend, wenn Inhaber der dort bezeichneten Anteile ein Dritter ist, der im eigenen Namen, jedoch in einem Fall des Absatzes 1 Satz 1 Nr. 1 oder des Absatzes 1 Satz 2 Nr. 1 für Rechnung der übernehmenden Gesellschaft oder in einem der anderen Fälle des Absatzes 1 für Rechnung des übertragenden Rechtsträgers handelt.

(3) Im Verschmelzungsvertrag festgesetzte bare Zuzahlungen dürfen nicht den zehnten Teil des auf die gewährten Aktien der übernehmenden Gesellschaft entfallenden anteiligen Betrags ihres Grundkapitals übersteigen.

§ 69
Verschmelzung mit Kapitalerhöhung

(1) [1]Erhöht die übernehmende Gesellschaft zur Durchführung der Verschmelzung ihr Grundkapital, so sind § 182 Abs. 4, § 184 Abs. 1 Satz 2, §§ 185, 186, 187 Abs. 1, § 188 Abs. 2 und 3 Nr. 1 des Aktiengesetzes nicht anzuwenden; eine Prüfung der Sacheinlage nach § 183 Abs. 3 des Aktiengesetzes findet nur statt, soweit übertragende Rechtsträger die Rechtsform einer Personenhandelsgesellschaft, einer Partnerschaftsgesellschaft oder eines rechtsfähigen Vereins haben, wenn Vermögensgegenstände in der Schlußbilanz eines übertragenden Rechtsträgers höher bewertet worden sind als in dessen letzter Jahresbilanz, wenn die in einer Schlußbilanz angesetzten Werte nicht als Anschaffungskosten in den Jahresbilanzen der übernehmenden Gesellschaft angesetzt werden oder wenn das Gericht Zweifel hat, ob der Wert der Sacheinlage den geringsten Ausgabebetrag der dafür zu gewährenden Aktien erreicht. [2]Dies gilt auch dann, wenn das Grundkapital durch Ausgabe neuer Aktien auf Grund der Ermächtigung nach § 202 des Aktiengesetzes erhöht wird. [3]In diesem Fall ist außerdem § 203 Abs. 3 des Aktiengesetzes nicht anzuwenden. [4]Zum Prüfer kann der Verschmelzungsprüfer bestellt werden.

(2) Der Anmeldung der Kapitalerhöhung zum Register sind außer den in § 188 Abs. 3 Nr. 2 und 3 des Aktiengesetzes bezeichneten Schriftstücken der Verschmelzungsvertrag und die Niederschriften der Verschmelzungsbeschlüsse in Ausfertigung oder öffentlich beglaubigter Abschrift beizufügen.

§ 70
Geltendmachung eines Schadenersatzanspruchs

Die Bestellung eines besonderen Vertreters nach § 26 Abs. 1 Satz 2 können nur solche Aktionäre einer übertragenden Gesellschaft beantragen, die ihre Aktien bereits gegen Anteile des übernehmenden Rechtsträgers umgetauscht haben.

§ 71
Bestellung eines Treuhänders

(1) [1]Jeder übertragende Rechtsträger hat für den Empfang der zu gewährenden Aktien und der baren Zuzahlungen einen Treuhänder zu bestellen. [2]Die Verschmelzung darf erst eingetragen werden, wenn der Treuhänder dem Gericht angezeigt hat, daß er im Besitz der Aktien und der im Verschmelzungsvertrag festgesetzten baren Zuzahlungen ist.

(2) § 26 Abs. 4 ist entsprechend anzuwenden.

§ 72
Umtausch von Aktien

(1) [1]Für den Umtausch der Aktien einer übertragenden Gesellschaft gilt § 73 Abs. 1 und 2 des Aktiengesetzes, bei Zusammenlegung von Aktien dieser Gesellschaft § 226 Abs. 1 und 2 des Aktiengesetzes über die Kraftloserklärung von Aktien entsprechend. [2]Einer Genehmigung des Gerichts bedarf es nicht.

(2) Ist der übernehmende Rechtsträger ebenfalls eine Aktiengesellschaft, so gelten ferner § 73 Abs. 3 des Aktiengesetzes sowie bei Zusammenlegung von Aktien § 73 Abs. 4 und § 226 Abs. 3 des Aktiengesetzes entsprechend.

Zweiter Unterabschnitt
Verschmelzung durch Neugründung
§ 73
Anzuwendende Vorschriften

Auf die Verschmelzung durch Neugründung sind die Vorschriften des Ersten Unterabschnitts mit Ausnahme der §§ 66, 67, 68 Abs. 1 und 2 und des § 69 entsprechend anzuwenden.

§ 74
Inhalt der Satzung

[1]In die Satzung sind Festsetzungen über Sondervorteile, Gründungsaufwand, Sacheinlagen und Sachübernahmen, die in den Gesellschaftsverträgen, Partnerschaftsverträgen oder Satzungen übertragender Rechtsträger enthalten waren, zu übernehmen. [2]§ 26 Abs. 4 und 5 des Aktiengesetzes bleibt unberührt.

§ 75
Gründungsbericht und Gründungsprüfung

(1) [1]In dem Gründungsbericht (§ 32 des Aktiengesetzes) sind auch der Geschäftsverlauf und die Lage der übertragenden Rechtsträger darzustellen. [2]Zum Gründungsprüfer (§ 33 Absatz 2 des Aktiengesetzes) kann der Verschmelzungsprüfer bestellt werden.
(2) Ein Gründungsbericht und eine Gründungsprüfung sind nicht erforderlich, soweit eine Kapitalgesellschaft oder eine eingetragene Genossenschaft übertragender Rechtsträger ist.

§ 76
Verschmelzungsbeschlüsse

(1) Eine übertragende Aktiengesellschaft darf die Verschmelzung erst beschließen, wenn sie und jede andere übertragende Aktiengesellschaft bereits zwei Jahre im Register eingetragen sind.
(2) [1]Die Satzung der neuen Gesellschaft wird nur wirksam, wenn ihr die Anteilsinhaber jedes der übertragenden Rechtsträger durch Verschmelzungsbeschluß zustimmen. [2]Dies gilt entsprechend für die Bestellung der Mitglieder des Aufsichtsrats der neuen Gesellschaft, soweit diese nach § 31 des Aktiengesetzes zu wählen sind. [3]Auf eine übertragende Aktiengesellschaft ist § 124 Abs. 2 Satz 3, Abs. 3 Satz 1 und 3 des Aktiengesetzes entsprechend anzuwenden.

§ 77
(weggefallen)

Vierter Abschnitt
Verschmelzung unter Beteiligung von Kommanditgesellschaften auf Aktien
§ 78
Anzuwendende Vorschriften

[1]Auf Verschmelzungen unter Beteiligung von Kommanditgesellschaften auf Aktien sind die Vorschriften des Dritten Abschnitts entsprechend anzuwenden. [2]An die Stelle der Aktiengesellschaft und ihres Vorstands treten die Kommanditgesellschaft auf Aktien und die zu ihrer Vertretung ermächtigten persönlich haftenden Gesellschafter. [3]Der Verschmelzungsbeschluß bedarf auch der Zustimmung der persönlich haftenden Gesellschafter; die Satzung der Kommanditgesellschaft auf Aktien kann eine Mehrheitsentscheidung dieser Gesellschafter vorsehen. [4]Im Verhältnis zueinander gelten Aktiengesellschaften und Kommanditgesellschaften auf Aktien nicht als Rechtsträger anderer Rechtsform im Sinne der §§ 29 und 34.

Umwandlungsgesetz (UmwG)

Fünfter Abschnitt
Verschmelzung unter Beteiligung eingetragener Genossenschaften

Erster Unterabschnitt
Verschmelzung durch Aufnahme

§ 79
Möglichkeit der Verschmelzung

Ein Rechtsträger anderer Rechtsform kann im Wege der Aufnahme mit einer eingetragenen Genossenschaft nur verschmolzen werden, wenn eine erforderliche Änderung der Satzung der übernehmenden Genossenschaft gleichzeitig mit der Verschmelzung beschlossen wird.

§ 80
Inhalt des Verschmelzungsvertrags bei Aufnahme durch eine Genossenschaft

(1) [1]Der Verschmelzungsvertrag oder sein Entwurf hat bei Verschmelzungen im Wege der Aufnahme durch eine eingetragene Genossenschaft für die Festlegung des Umtauschverhältnisses der Anteile (§ 5 Abs. 1 Nr. 3) die Angabe zu enthalten,

1. daß jedes Mitglied einer übertragenden Genossenschaft mit einem Geschäftsanteil bei der übernehmenden Genossenschaft beteiligt wird, sofern die Satzung dieser Genossenschaft die Beteiligung mit mehr als einem Geschäftsanteil nicht zuläßt, oder
2. daß jedes Mitglied einer übertragenden Genossenschaft mit mindestens einem und im übrigen mit so vielen Geschäftsanteilen bei der übernehmenden Genossenschaft beteiligt wird, wie durch Anrechnung seines Geschäftsguthabens bei der übertragenden Genossenschaft als voll eingezahlt anzusehen sind, sofern die Satzung der übernehmenden Genossenschaft die Beteiligung eines Mitglieds mit mehreren Geschäftsanteilen zuläßt oder die Mitglieder zur Übernahme mehrerer Geschäftsanteile verpflichtet; der Verschmelzungsvertrag oder sein Entwurf kann eine andere Berechnung der Zahl der zu gewährenden Geschäftsanteile vorsehen.

[2]Bei Verschmelzungen im Wege der Aufnahme eines Rechtsträgers anderer Rechtsform durch eine eingetragene Genossenschaft hat der Verschmelzungsvertrag oder sein Entwurf zusätzlich für jeden Anteilsinhaber eines solchen Rechtsträgers den Betrag des Geschäftsanteils und die Zahl der Geschäftsanteile anzugeben, mit denen er bei der Genossenschaft beteiligt wird.

(2) Der Verschmelzungsvertrag oder sein Entwurf hat für jede übertragende Genossenschaft den Stichtag der Schlußbilanz anzugeben.

§ 81
Gutachten des Prüfungsverbandes

(1) [1]Vor der Einberufung der Generalversammlung, die gemäß § 13 Abs. 1 über die Zustimmung zum Verschmelzungsvertrag beschließen soll, ist für jede beteiligte Genossenschaft eine gutachtliche Äußerung des Prüfungsverbandes einzuholen, ob die Verschmelzung mit den Belangen der Mitglieder und der Gläubiger der Genossenschaft vereinbar ist (Prüfungsgutachten). [2]Das Prüfungsgutachten kann für mehrere beteiligte Genossenschaften auch gemeinsam erstattet werden.

(2) Liegen die Voraussetzungen des Artikels 25 Abs. 1 des Einführungsgesetzes zum Handelsgesetzbuche in der Fassung des Artikels 21 § 5 Abs. 2 des Gesetzes vom 25. Juli 1988 (BGBl. I S. 1093) vor, so kann die Prüfung der Verschmelzung (§§ 9 bis 12) für die dort bezeichneten Rechtsträger auch von dem zuständigen Prüfungsverband durchgeführt werden.

Anhang 9
Umwandlungsgesetz (UmwG)

§ 82
Vorbereitung der Generalversammlung

(1) ¹Von der Einberufung der Generalversammlung an, die gemäß § 13 Abs. 1 über die Zustimmung zum Verschmelzungsvertrag beschließen soll, sind auch in dem Geschäftsraum jeder beteiligten Genossenschaft die in § 63 Abs. 1 Nr. 1 bis 4 bezeichneten Unterlagen sowie die nach § 81 erstatteten Prüfungsgutachten zur Einsicht der Mitglieder auszulegen. ²Dazu erforderliche Zwischenbilanzen sind gemäß § 63 Absatz 2 Satz 1 bis 4 aufzustellen.

(2) Auf Verlangen ist jedem Mitglied unverzüglich und kostenlos eine Abschrift der in Absatz 1 bezeichneten Unterlagen zu erteilen.

§ 83
Durchführung der Generalversammlung

(1) ¹In der Generalversammlung sind die in § 63 Abs. 1 Nr. 1 bis 4 bezeichneten Unterlagen sowie die nach § 81 erstatteten Prüfungsgutachten auszulegen. ²Der Vorstand hat den Verschmelzungsvertrag oder seinen Entwurf zu Beginn der Verhandlung mündlich zu erläutern. ³§ 64 Abs. 2 ist entsprechend anzuwenden.

(2) ¹Das für die beschließende Genossenschaft erstattete Prüfungsgutachten ist in der Generalversammlung zu verlesen. ²Der Prüfungsverband ist berechtigt, an der Generalversammlung beratend teilzunehmen.

§ 84
Beschluß der Generalversammlung

¹Der Verschmelzungsbeschluß der Generalversammlung bedarf einer Mehrheit von drei Vierteln der abgegebenen Stimmen. ²Die Satzung kann eine größere Mehrheit und weitere Erfordernisse bestimmen.

§ 85
Verbesserung des Umtauschverhältnisses

(1) Bei der Verschmelzung von Genossenschaften miteinander ist § 15 nur anzuwenden, wenn und soweit das Geschäftsguthaben eines Mitglieds in der übernehmenden Genossenschaft niedriger als das Geschäftsguthaben in der übertragenden Genossenschaft ist.

(2) Der Anspruch nach § 15 kann auch durch Zuschreibung auf das Geschäftsguthaben erfüllt werden, soweit nicht der Gesamtbetrag der Geschäftsanteile des Mitglieds bei der übernehmenden Genossenschaft überschritten wird.

§ 86
Anlagen der Anmeldung

(1) Der Anmeldung der Verschmelzung ist außer den sonst erforderlichen Unterlagen auch das für die anmeldende Genossenschaft erstattete Prüfungsgutachten in Urschrift oder in öffentlich beglaubigter Abschrift beizufügen.

(2) Der Anmeldung zur Eintragung in das Register des Sitzes des übernehmenden Rechtsträgers ist ferner jedes andere für eine übertragende Genossenschaft erstattete Prüfungsgutachten in Urschrift oder in öffentlich beglaubigter Abschrift beizufügen.

Anhang 9
Umwandlungsgesetz (UmwG)

§ 87
Anteilstausch

(1) [1]Auf Grund der Verschmelzung ist jedes Mitglied einer übertragenden Genossenschaft entsprechend dem Verschmelzungsvertrag an dem übernehmenden Rechtsträger beteiligt. [2]Eine Verpflichtung, bei einer übernehmenden Genossenschaft weitere Geschäftsanteile zu übernehmen, bleibt unberührt. [3]Rechte Dritter an den Geschäftsguthaben bei einer übertragenden Genossenschaft bestehen an den Anteilen oder Mitgliedschaften des übernehmenden Rechtsträgers anderer Rechtsform weiter, die an die Stelle der Geschäftsanteile der übertragenden Genossenschaft treten. [4]Rechte Dritter an den Anteilen oder Mitgliedschaften des übertragenden Rechtsträgers bestehen an den bei der übernehmenden Genossenschaft erlangten Geschäftsguthaben weiter.

(2) [1]Übersteigt das Geschäftsguthaben, das das Mitglied bei einer übertragenden Genossenschaft hatte, den Gesamtbetrag der Geschäftsanteile, mit denen es nach Absatz 1 bei einer übernehmenden Genossenschaft beteiligt ist, so ist der übersteigende Betrag nach Ablauf von sechs Monaten seit dem Tage, an dem die Eintragung der Verschmelzung in das Register des Sitzes der übernehmenden Genossenschaft nach § 19 Abs. 3 bekannt gemacht worden ist, an das Mitglied auszuzahlen; die Auszahlung darf jedoch nicht erfolgen, bevor die Gläubiger, die sich nach § 22 gemeldet haben, befriedigt oder sichergestellt sind. [2]Im Verschmelzungsvertrag festgesetzte bare Zuzahlungen dürfen nicht den zehnten Teil des Gesamtnennbetrags der gewährten Geschäftsanteile der übernehmenden Genossenschaft übersteigen.

(3) Für die Berechnung des Geschäftsguthabens, das dem Mitglied bei einer übertragenden Genossenschaft zugestanden hat, ist deren Schlußbilanz maßgebend.

§ 88
Geschäftsguthaben bei der Aufnahme von Kapitalgesellschaften und rechtsfähigen Vereinen

(1) [1]Ist an der Verschmelzung eine Kapitalgesellschaft als übertragender Rechtsträger beteiligt, so ist jedem Anteilsinhaber dieser Gesellschaft als Geschäftsguthaben bei der übernehmenden Genossenschaft der Wert der Geschäftsanteile oder der Aktien gutzuschreiben, mit denen er an der übertragenden Gesellschaft beteiligt war. [2]Für die Feststellung des Wertes dieser Beteiligung ist die Schlußbilanz der übertragenden Gesellschaft maßgebend. [3]Übersteigt das durch die Verschmelzung erlangte Geschäftsguthaben eines Mitglieds den Gesamtbetrag der Geschäftsanteile, mit denen es bei der übernehmenden Genossenschaft beteiligt ist, so ist der übersteigende Betrag nach Ablauf von sechs Monaten seit dem Tage, an dem die Eintragung der Verschmelzung in das Register des Sitzes der übernehmenden Genossenschaft nach § 19 Abs. 3 bekannt gemacht worden ist, an das Mitglied auszuzahlen; die Auszahlung darf jedoch nicht erfolgen, bevor die Gläubiger, die sich nach § 22 gemeldet haben, befriedigt oder sichergestellt sind.

(2) Ist an der Verschmelzung ein rechtsfähiger Verein als übertragender Rechtsträger beteiligt, so kann jedem Mitglied dieses Vereins als Geschäftsguthaben bei der übernehmenden Genossenschaft höchstens der Nennbetrag der Geschäftsanteile gutgeschrieben werden, mit denen es an der übernehmenden Genossenschaft beteiligt ist.

§ 89
Eintragung der Genossen in die Mitgliederliste; Benachrichtigung

(1) [1]Die übernehmende Genossenschaft hat jedes neue Mitglied nach der Eintragung der Verschmelzung in das Register des Sitzes der übernehmenden Genossenschaft unverzüglich in die Mitgliederliste einzutragen und hiervon unverzüglich zu benachrichtigen. [2]Sie hat ferner die Zahl der Geschäftsanteile des Mitglieds einzutragen, sofern das Mitglied mit mehr als einem Geschäftsanteil beteiligt ist.

(2) Die übernehmende Genossenschaft hat jedem Anteilsinhaber eines übertragenden Rechtsträgers, bei unbekannten Aktionären dem Treuhänder der übertragenden Gesellschaft, unverzüglich in Textform mitzuteilen:
1. den Betrag des Geschäftsguthabens bei der übernehmenden Genossenschaft;
2. den Betrag des Geschäftsanteils bei der übernehmenden Genossenschaft;
3. die Zahl der Geschäftsanteile, mit denen der Anteilsinhaber bei der übernehmenden Genossenschaft beteiligt ist;
4. den Betrag der von dem Mitglied nach Anrechnung seines Geschäftsguthabens noch zu leistenden Einzahlung oder den Betrag, der ihm nach § 87 Abs. 2 oder nach § 88 Abs. 1 auszuzahlen ist, sowie
5. den Betrag der Haftsumme der übernehmenden Genossenschaft, sofern deren Mitglieder Nachschüsse bis zu einer Haftsumme zu leisten haben.

§ 90
Ausschlagung durch einzelne Anteilsinhaber

(1) Die §§ 29 bis 34 sind auf die Mitglieder einer übertragenden Genossenschaft nicht anzuwenden.
(2) Auf der Verschmelzungswirkung beruhende Anteile und Mitgliedschaften an dem übernehmenden Rechtsträger gelten als nicht erworben, wenn sie ausgeschlagen werden.
(3) ¹Das Recht zur Ausschlagung hat jedes Mitglied einer übertragenden Genossenschaft, wenn es in der Generalversammlung oder als Vertreter in der Vertreterversammlung, die gemäß § 13 Abs. 1 über die Zustimmung zum Verschmelzungsvertrag beschließen soll,
1. erscheint und gegen den Verschmelzungsbeschluß Widerspruch zur Niederschrift erklärt oder
2. nicht erscheint, sofern es zu der Versammlung zu Unrecht nicht zugelassen worden ist oder die Versammlung nicht ordnungsgemäß einberufen oder der Gegenstand der Beschlußfassung nicht ordnungsgemäß bekanntgemacht worden ist.

²Wird der Verschmelzungsbeschluß einer übertragenden Genossenschaft von einer Vertreterversammlung gefaßt, so steht das Recht zur Ausschlagung auch jedem anderen Mitglied dieser Genossenschaft zu, das im Zeitpunkt der Beschlußfassung nicht Vertreter ist.

§ 91
Form und Frist der Ausschlagung

(1) Die Ausschlagung ist gegenüber dem übernehmenden Rechtsträger schriftlich zu erklären.
(2) Die Ausschlagung kann nur binnen sechs Monaten nach dem Tage erklärt werden, an dem die Eintragung der Verschmelzung in das Register des Sitzes des übernehmenden Rechtsträgers nach § 19 Abs. 3 bekannt gemacht worden ist.
(3) Die Ausschlagung kann nicht unter einer Bedingung oder einer Zeitbestimmung erklärt werden.

§ 92
Eintragung der Ausschlagung in die Mitgliederliste

(1) Die übernehmende Genossenschaft hat jede Ausschlagung unverzüglich in die Mitgliederliste einzutragen und das Mitglied von der Eintragung unverzüglich zu benachrichtigen.
(2) Die Ausschlagung wird in dem Zeitpunkt wirksam, in dem die Ausschlagungserklärung dem übernehmenden Rechtsträger zugeht.

§ 93
Auseinandersetzung

(1) ¹Mit einem früheren Mitglied, dessen Beteiligung an dem übernehmenden Rechtsträger nach § 90 Abs. 2 als nicht erworben gilt, hat der übernehmende Rechtsträger sich auseinanderzusetzen. ²Maßgebend ist die Schlußbilanz der übertragenden Genossenschaft.

(2) Dieses Mitglied kann die Auszahlung des Geschäftsguthabens, das es bei der übertragenden Genossenschaft hatte, verlangen; an den Rücklagen und dem sonstigen Vermögen der übertragenden Genossenschaft hat es vorbehaltlich des § 73 Abs. 3 des Genossenschaftsgesetzes keinen Anteil, auch wenn sie bei der Verschmelzung den Geschäftsguthaben anderer Mitglieder, die von dem Recht zur Ausschlagung keinen Gebrauch machen, zugerechnet werden.

(3) ¹Reichen die Geschäftsguthaben und die in der Schlußbilanz einer übertragenden Genossenschaft ausgewiesenen Rücklagen zur Deckung eines in dieser Bilanz ausgewiesenen Verlustes nicht aus, so kann der übernehmende Rechtsträger von dem früheren Mitglied, dessen Beteiligung als nicht erworben gilt, die Zahlung des anteiligen Fehlbetrags verlangen, wenn und soweit dieses Mitglied im Falle der Insolvenz Nachschüsse an die übertragende Genossenschaft zu leisten gehabt hätte. ²Der anteilige Fehlbetrag wird, falls die Satzung der übertragenden Genossenschaft nichts anderes bestimmt, nach der Zahl ihrer Mitglieder berechnet.

(4) (weggefallen)

§ 94
Auszahlung des Auseinandersetzungsguthabens

Ansprüche auf Auszahlung des Geschäftsguthabens nach § 93 Abs. 2 sind binnen sechs Monaten seit der Ausschlagung zu befriedigen; die Auszahlung darf jedoch nicht erfolgen, bevor die Gläubiger, die sich nach § 22 gemeldet haben, befriedigt oder sichergestellt sind, und nicht vor Ablauf von sechs Monaten seit dem Tag, an dem die Eintragung der Verschmelzung in das Register des Sitzes des übernehmenden Rechtsträgers nach § 19 Abs. 3 bekannt gemacht worden ist.

§ 95
Fortdauer der Nachschußpflicht

(1) ¹Ist die Haftsumme bei einer übernehmenden Genossenschaft geringer, als sie bei einer übertragenden Genossenschaft war, oder haften den Gläubigern eines übernehmenden Rechtsträgers nicht alle Anteilsinhaber dieses Rechtsträgers unbeschränkt, so haben zur Befriedigung der Gläubiger der übertragenden Genossenschaft diejenigen Anteilsinhaber, die Mitglieder der übertragenden Genossenschaft waren, weitere Nachschüsse bis zur Höhe der Haftsumme bei der übertragenden Genossenschaft zu leisten, sofern die Gläubiger, die sich nach § 22 gemeldet haben, wegen ihrer Forderung Befriedigung oder Sicherstellung auch nicht aus den von den Mitgliedern eingezogenen Nachschüssen erlangen können. ²Für die Einziehung der Nachschüsse gelten die §§ 105 bis 115a des Genossenschaftsgesetzes entsprechend.

(2) Absatz 1 ist nur anzuwenden, wenn das Insolvenzverfahren über das Vermögen des übernehmenden Rechtsträgers binnen zwei Jahren nach dem Tage eröffnet wird, an dem die Eintragung der Verschmelzung in das Register des Sitzes dieses Rechtsträgers nach § 19 Abs. 3 bekannt gemacht worden ist.

Anhang 9
Umwandlungsgesetz (UmwG)

Zweiter Unterabschnitt
Verschmelzung durch Neugründung
§ 96
Anzuwendende Vorschriften

Auf die Verschmelzung durch Neugründung sind die Vorschriften des Ersten Unterabschnitts entsprechend anzuwenden.

§ 97
Pflichten der Vertretungsorgane der übertragenden Rechtsträger

(1) Die Satzung der neuen Genossenschaft ist durch sämtliche Mitglieder des Vertretungsorgans jedes der übertragenden Rechtsträger aufzustellen und zu unterzeichnen.

(2) [1]Die Vertretungsorgane aller übertragenden Rechtsträger haben den ersten Aufsichtsrat der neuen Genossenschaft zu bestellen. [2]Das gleiche gilt für die Bestellung des ersten Vorstands, sofern nicht durch die Satzung der neuen Genossenschaft anstelle der Wahl durch die Generalversammlung eine andere Art der Bestellung des Vorstands festgesetzt ist.

§ 98
Verschmelzungsbeschlüsse

[1]Die Satzung der neuen Genossenschaft wird nur wirksam, wenn ihm die Anteilsinhaber jedes der übertragenden Rechtsträger durch Verschmelzungsbeschluß zustimmen. [2]Dies gilt entsprechend für die Bestellung der Mitglieder des Vorstands und des Aufsichtsrats der neuen Genossenschaft, für die Bestellung des Vorstands jedoch nur, wenn dieser von den Vertretungsorganen aller übertragenden Rechtsträger bestellt worden ist.

Sechster Abschnitt
Verschmelzung unter Beteiligung rechtsfähiger Vereine
§ 99
Möglichkeit der Verschmelzung

(1) Ein rechtsfähiger Verein kann sich an einer Verschmelzung nur beteiligen, wenn die Satzung des Vereins oder Vorschriften des Landesrechts nicht entgegenstehen.

(2) Ein eingetragener Verein darf im Wege der Verschmelzung Rechtsträger anderer Rechtsform nicht aufnehmen und durch die Verschmelzung solcher Rechtsträger nicht gegründet werden.

§ 100
Prüfung der Verschmelzung

[1]Der Verschmelzungsvertrag oder sein Entwurf ist für einen wirtschaftlichen Verein nach den §§ 9 bis 12 zu prüfen. [2]Bei einem eingetragenen Verein ist diese Prüfung nur erforderlich, wenn mindestens zehn vom Hundert der Mitglieder sie schriftlich verlangen.

§ 101
Vorbereitung der Mitgliederversammlung

(1) [1]Von der Einberufung der Mitgliederversammlung an, die gemäß § 13 Abs. 1 über die Zustimmung zum Verschmelzungsvertrag beschließen soll, sind in dem Geschäftsraum des Vereins die in § 63 Abs. 1 Nr. 1 bis 4 bezeichneten Unterlagen sowie ein nach § 100 erforderlicher Prüfungsbericht zur Einsicht der Mitglieder auszulegen. [2]Dazu erforderliche Zwischenbilanzen sind gemäß § 63 Absatz 2 Satz 1 bis 4 aufzustellen.

(2) Auf Verlangen ist jedem Mitglied unverzüglich und kostenlos eine Abschrift der in Absatz 1 bezeichneten Unterlagen zu erteilen.

§ 102
Durchführung der Mitgliederversammlung

[1]In der Mitgliederversammlung sind die in § 63 Abs. 1 Nr. 1 bis 4 bezeichneten Unterlagen sowie ein nach § 100 erforderlicher Prüfungsbericht auszulegen. [2]§ 64 Abs. 1 Satz 2 und Abs. 2 ist entsprechend anzuwenden.

§ 103
Beschluß der Mitgliederversammlung

[1]Der Verschmelzungsbeschluß der Mitgliederversammlung bedarf einer Mehrheit von drei Vierteln der abgegebenen Stimmen. [2]Die Satzung kann eine größere Mehrheit und weitere Erfordernisse bestimmen.

§ 104
Bekanntmachung der Verschmelzung

(1) [1]Ist ein übertragender wirtschaftlicher Verein nicht in ein Handelsregister eingetragen, so hat sein Vorstand die bevorstehende Verschmelzung durch den Bundesanzeiger bekanntzumachen. [2]Die Bekanntmachung im Bundesanzeiger tritt an die Stelle der Eintragung im Register. [3]Sie ist mit einem Vermerk zu versehen, daß die Verschmelzung erst mit der Eintragung im Register des Sitzes des übernehmenden Rechtsträgers wirksam wird. [4]Die §§ 16 und 17 Abs. 1 und § 19 Abs. 1 Satz 2, Abs. 2 und Abs. 3 sind nicht anzuwenden, soweit sie sich auf die Anmeldung und Eintragung dieses übertragenden Vereins beziehen.

(2) Die Schlußbilanz eines solchen übertragenden Vereins ist der Anmeldung zum Register des Sitzes des übernehmenden Rechtsträgers beizufügen.

§ 104a
Ausschluß der Barabfindung in bestimmten Fällen

Die §§ 29 bis 34 sind auf die Verschmelzung eines eingetragenen Vereins, der nach § 5 Abs. 1 Nr. 9 des Körperschaftsteuergesetzes von der Körperschaftsteuer befreit ist, nicht anzuwenden.

Siebenter Abschnitt
Verschmelzung genossenschaftlicher Prüfungsverbände

§ 105
Möglichkeit der Verschmelzung

[1]Genossenschaftliche Prüfungsverbände können nur miteinander verschmolzen werden. [2]Ein genossenschaftlicher Prüfungsverband kann ferner als übernehmender Verband einen rechtsfähigen Verein aufnehmen, wenn bei diesem die Voraussetzungen des § 63b Abs. 2 Satz 1 des Genossenschaftsgesetzes bestehen und die in § 107 Abs. 2 genannte Behörde dem Verschmelzungsvertrag zugestimmt hat.

§ 106
Vorbereitung, Durchführung und Beschluß der Mitgliederversammlung

Auf die Vorbereitung, die Durchführung und den Beschluß der Mitgliederversammlung sind die §§ 101 bis 103 entsprechend anzuwenden.

§ 107
Pflichten der Vorstände

(1) [1]Die Vorstände beider Verbände haben die Verschmelzung gemeinschaftlich unverzüglich zur Eintragung in die Register des Sitzes jedes Verbandes anzumelden, soweit der Verband eingetragen ist. [2]Ist der übertragende Verband nicht eingetragen, so ist § 104 entsprechend anzuwenden.

(2) Die Vorstände haben ferner gemeinschaftlich den für die Verleihung des Prüfungsrechts zuständigen obersten Landesbehörden die Eintragung unverzüglich mitzuteilen.

(3) Der Vorstand des übernehmenden Verbandes hat die Mitglieder unverzüglich von der Eintragung zu benachrichtigen.

§ 108
Austritt von Mitgliedern des übertragenden Verbandes

Tritt ein ehemaliges Mitglied des übertragenden Verbandes gemäß § 39 des Bürgerlichen Gesetzbuchs aus dem übernehmenden Verband aus, so sind Bestimmungen der Satzung des übernehmenden Verbandes, die gemäß § 39 Abs. 2 des Bürgerlichen Gesetzbuchs eine längere Kündigungsfrist als zum Schlusse des Geschäftsjahres vorsehen, nicht anzuwenden.

Achter Abschnitt
Verschmelzung von Versicherungsvereinen auf Gegenseitigkeit
Erster Unterabschnitt
Möglichkeit der Verschmelzung

§ 109
Verschmelzungsfähige Rechtsträger

[1]Versicherungsvereine auf Gegenseitigkeit können nur miteinander verschmolzen werden. [2]Sie können ferner im Wege der Verschmelzung durch eine Aktiengesellschaft, die den Betrieb von Versicherungsgeschäften zum Gegenstand hat (Versicherungs-Aktiengesellschaft), aufgenommen werden.

Zweiter Unterabschnitt
Verschmelzung durch Aufnahme

§ 110
Inhalt des Verschmelzungsvertrags

Sind nur Versicherungsvereine auf Gegenseitigkeit an der Verschmelzung beteiligt, braucht der Verschmelzungsvertrag oder sein Entwurf die Angaben nach § 5 Abs. 1 Nr. 3 bis 5 und 7 nicht zu enthalten.

§ 111
Bekanntmachung des Verschmelzungsvertrags

[1]Der Verschmelzungsvertrag oder sein Entwurf ist vor der Einberufung der obersten Vertretung, die gemäß § 13 Abs. 1 über die Zustimmung zum Verschmelzungsvertrag beschließen soll, zum Register einzureichen. [2]Das Gericht hat in der Bekanntmachung nach § 10 des Handelsgesetzbuchs einen Hinweis darauf bekanntzumachen, daß der Vertrag oder sein Entwurf beim Handelsregister eingereicht worden ist.

Anhang 9
Umwandlungsgesetz (UmwG)

§ 112
Vorbereitung, Durchführung und Beschluß der Versammlung der obersten Vertretung

(1) [1]Von der Einberufung der Versammlung der obersten Vertretung an, die gemäß § 13 Abs. 1 über die Zustimmung zum Verschmelzungsvertrag beschließen soll, sind in dem Geschäftsraum des Vereins die in § 63 Abs. 1 bezeichneten Unterlagen zur Einsicht der Mitglieder auszulegen. [2]Dazu erforderliche Zwischenbilanzen sind gemäß § 63 Absatz 2 Satz 1 bis 4 aufzustellen.

(2) [1]In der Versammlung der obersten Vertretung sind die in § 63 Abs. 1 bezeichneten Unterlagen auszulegen. [2]§ 64 Abs. 1 Satz 2 und Abs. 2 ist entsprechend anzuwenden.

(3) [1]Der Verschmelzungsbeschluß der obersten Vertretung bedarf einer Mehrheit von drei Vierteln der abgegebenen Stimmen. [2]Die Satzung kann eine größere Mehrheit und weitere Erfordernisse bestimmen.

§ 113
Keine gerichtliche Nachprüfung

Sind nur Versicherungsvereine auf Gegenseitigkeit an der Verschmelzung beteiligt, findet eine gerichtliche Nachprüfung des Umtauschverhältnisses der Mitgliedschaften nicht statt.

Dritter Unterabschnitt
Verschmelzung durch Neugründung

§ 114
Anzuwendende Vorschriften

Auf die Verschmelzung durch Neugründung sind die Vorschriften des Zweiten Unterabschnitts entsprechend anzuwenden, soweit sich aus den folgenden Vorschriften nichts anderes ergibt.

§ 115
Bestellung der Vereinsorgane

[1]Die Vorstände der übertragenden Vereine haben den ersten Aufsichtsrat des neuen Rechtsträgers und den Abschlußprüfer für das erste Voll- oder Rumpfgeschäftsjahr zu bestellen. [2]Die Bestellung bedarf notarieller Beurkundung. [3]Der Aufsichtsrat bestellt den ersten Vorstand.

§ 116
Beschlüsse der obersten Vertretungen

(1) [1]Die Satzung des neuen Rechtsträgers und die Bestellung seiner Aufsichtsratsmitglieder bedürfen der Zustimmung der übertragenden Vereine durch Verschmelzungsbeschlüsse. [2]§ 76 Abs. 2 und § 112 Abs. 3 sind entsprechend anzuwenden.

(2) [1]In der Bekanntmachung der Tagesordnung eines Vereins ist der wesentliche Inhalt des Verschmelzungsvertrags bekanntzumachen. [2]In der Bekanntmachung haben der Vorstand und der Aufsichtsrat, zur Wahl von Aufsichtsratsmitgliedern und Prüfern nur der Aufsichtsrat, Vorschläge zur Beschlußfassung zu machen. [3]Hat der Aufsichtsrat auch aus Aufsichtsratsmitgliedern der Arbeitnehmer zu bestehen, so bedürfen Beschlüsse des Aufsichtsrats über Vorschläge zur Wahl von Aufsichtsratsmitgliedern nur der Mehrheit der Stimmen der Aufsichtsratsmitglieder der Mitglieder des Vereins.

§ 117
Entstehung und Bekanntmachung des neuen Vereins

¹Vor der Eintragung in das Register besteht ein neuer Verein als solcher nicht. ²Wer vor der Eintragung des Vereins in seinem Namen handelt, haftet persönlich; handeln mehrere, so haften sie als Gesamtschuldner.

Vierter Unterabschnitt
Verschmelzung kleinerer Vereine
§ 118
Anzuwendende Vorschriften

¹Auf die Verschmelzung kleinerer Vereine im Sinne des § 210 des Versicherungsaufsichtsgesetzes sind die Vorschriften des Zweiten und des Dritten Unterabschnitts entsprechend anzuwenden. ²Dabei treten bei kleineren Vereinen an die Stelle der Anmeldung zur Eintragung in das Register der Antrag an die Aufsichtsbehörde auf Genehmigung, an die Stelle der Eintragung in das Register und ihrer Bekanntmachung die Bekanntmachung im Bundesanzeiger nach § 119.

§ 119
Bekanntmachung der Verschmelzung

Sobald die Verschmelzung von allen beteiligten Aufsichtsbehörden genehmigt worden ist, macht die für den übernehmenden kleineren Verein zuständige Aufsichtsbehörde, bei einer Verschmelzung durch Neugründung eines kleineren Vereins die für den neuen Verein zuständige Aufsichtsbehörde die Verschmelzung und ihre Genehmigung im Bundesanzeiger bekannt.

Neunter Abschnitt
Verschmelzung von Kapitalgesellschaften mit dem Vermögen eines Alleingesellschafters
§ 120
Möglichkeit der Verschmelzung

(1) Ist eine Verschmelzung nach den Vorschriften des Ersten bis Achten Abschnitts nicht möglich, so kann eine Kapitalgesellschaft im Wege der Aufnahme mit dem Vermögen eines Gesellschafters oder eines Aktionärs verschmolzen werden, sofern sich alle Geschäftsanteile oder alle Aktien der Gesellschaft in der Hand des Gesellschafters oder Aktionärs befinden.

(2) Befinden sich eigene Anteile in der Hand der Kapitalgesellschaft, so werden sie bei der Feststellung der Voraussetzungen der Verschmelzung dem Gesellschafter oder Aktionär zugerechnet.

§ 121
Anzuwendende Vorschriften

Auf die Kapitalgesellschaft sind die für ihre Rechtsform geltenden Vorschriften des Ersten und Zweiten Teils anzuwenden.

§ 122
Eintragung in das Handelsregister

(1) Ein noch nicht in das Handelsregister eingetragener Alleingesellschafter oder Alleinaktionär ist nach den Vorschriften des Handelsgesetzbuchs in das Handelsregister einzutragen; § 18 Abs. 1 bleibt unberührt.

(2) Kommt eine Eintragung nicht in Betracht, treten die in § 20 genannten Wirkungen durch die Eintragung der Verschmelzung in das Register des Sitzes der übertragenden Kapitalgesellschaft ein.

Zehnter Abschnitt
Grenzüberschreitende Verschmelzung von Kapitalgesellschaften

§ 122a
Grenzüberschreitende Verschmelzung

(1) Eine grenzüberschreitende Verschmelzung ist eine Verschmelzung, bei der mindestens eine der beteiligten Gesellschaften dem Recht eines anderen Mitgliedstaats der Europäischen Union oder eines anderen Vertragsstaats des Abkommens über den Europäischen Wirtschaftsraum unterliegt.

(2) Auf die Beteiligung einer Kapitalgesellschaft (§ 3 Abs. 1 Nr. 2) an einer grenzüberschreitenden Verschmelzung sind die Vorschriften des Ersten Teils und des Zweiten, Dritten und Vierten Abschnitts des Zweiten Teils entsprechend anzuwenden, soweit sich aus diesem Abschnitt nichts anderes ergibt.

§ 122b
Verschmelzungsfähige Gesellschaften

(1) An einer grenzüberschreitenden Verschmelzung können als übertragende, übernehmende oder neue Gesellschaften nur Kapitalgesellschaften im Sinne des Artikels 2 Nr. 1 der Richtlinie 2005/56/EG des Europäischen Parlaments und des Rates vom 26. Oktober 2005 über die Verschmelzung von Kapitalgesellschaften aus verschiedenen Mitgliedstaaten (ABl. EU Nr. L 310 S. 1) beteiligt sein, die nach dem Recht eines Mitgliedstaats der Europäischen Union oder eines anderen Vertragsstaats des Abkommens über den Europäischen Wirtschaftsraum gegründet worden sind und ihren satzungsmäßigen Sitz, ihre Hauptverwaltung oder ihre Hauptniederlassung in einem Mitgliedstaat der Europäischen Union oder einem anderen Vertragsstaat des Abkommens über den Europäischen Wirtschaftsraum haben.

(2) An einer grenzüberschreitenden Verschmelzung können nicht beteiligt sein:
1. Genossenschaften, selbst wenn sie nach dem Recht eines anderen Mitgliedstaats der Europäischen Union oder eines anderen Vertragsstaats des Abkommens über den Europäischen Wirtschaftsraum unter die Definition des Artikels 2 Nr. 1 der Richtlinie fallen;
2. Gesellschaften, deren Zweck es ist, die vom Publikum bei ihnen eingelegten Gelder nach dem Grundsatz der Risikostreuung gemeinsam anzulegen und deren Anteile auf Verlangen der Anteilsinhaber unmittelbar oder mittelbar zulasten des Vermögens dieser Gesellschaft zurückgenommen oder ausgezahlt werden. ²Diesen Rücknahmen oder Auszahlungen gleichgestellt sind Handlungen, mit denen eine solche Gesellschaft sicherstellen will, dass der Börsenwert ihrer Anteile nicht erheblich von deren Nettoinventarwert abweicht.

§ 122c
Verschmelzungsplan

(1) Das Vertretungsorgan einer beteiligten Gesellschaft stellt zusammen mit den Vertretungsorganen der übrigen beteiligten Gesellschaften einen gemeinsamen Verschmelzungsplan auf.

(2) Der Verschmelzungsplan oder sein Entwurf muss mindestens folgende Angaben enthalten:
1. Rechtsform, Firma und Sitz der übertragenden und übernehmenden oder neuen Gesellschaft,
2. das Umtauschverhältnis der Gesellschaftsanteile und gegebenenfalls die Höhe der baren Zuzahlungen,

3. die Einzelheiten hinsichtlich der Übertragung der Gesellschaftsanteile der übernehmenden oder neuen Gesellschaft,
4. die voraussichtlichen Auswirkungen der Verschmelzung auf die Beschäftigung,
5. den Zeitpunkt, von dem an die Gesellschaftsanteile deren Inhabern das Recht auf Beteiligung am Gewinn gewähren, sowie alle Besonderheiten, die eine Auswirkung auf dieses Recht haben,
6. den Zeitpunkt, von dem an die Handlungen der übertragenden Gesellschaften unter dem Gesichtspunkt der Rechnungslegung als für Rechnung der übernehmenden oder neuen Gesellschaft vorgenommen gelten (Verschmelzungsstichtag),
7. die Rechte, die die übernehmende oder neue Gesellschaft den mit Sonderrechten ausgestatteten Gesellschaftern und den Inhabern von anderen Wertpapieren als Gesellschaftsanteilen gewährt, oder die für diese Personen vorgeschlagenen Maßnahmen,
8. etwaige besondere Vorteile, die den Sachverständigen, die den Verschmelzungsplan prüfen, oder den Mitgliedern der Verwaltungs-, Leitungs-, Aufsichts- oder KontrollÜ-organe der an der Verschmelzung beteiligten Gesellschaften gewährt werden,
9. die Satzung der übernehmenden oder neuen Gesellschaft,
10. gegebenenfalls Angaben zu dem Verfahren, nach dem die Einzelheiten über die Beteiligung der Arbeitnehmer an der Festlegung ihrer Mitbestimmungsrechte in der aus der grenzüberschreitenden Verschmelzung hervorgehenden Gesellschaft geregelt werden,
11. Angaben zur Bewertung des Aktiv- und Passivvermögens, das auf die übernehmende oder neue Gesellschaft übertragen wird,
12. den Stichtag der Bilanzen der an der Verschmelzung beteiligten Gesellschaften, die zur Festlegung der Bedingungen der Verschmelzung verwendet werden.

(3) Befinden sich alle Anteile einer übertragenden Gesellschaft in der Hand der übernehmenden Gesellschaft, so entfallen die Angaben über den Umtausch der Anteile (Absatz 2 Nr. 2, 3 und 5), soweit sie die Aufnahme dieser Gesellschaft betreffen.

(4) Der Verschmelzungsplan muss notariell beurkundet werden.

§ 122d
Bekanntmachung des Verschmelzungsplans

¹Der Verschmelzungsplan oder sein Entwurf ist spätestens einen Monat vor der Versammlung der Anteilsinhaber, die nach § 13 über die Zustimmung zum Verschmelzungsplan beschließen soll, zum Register einzureichen. ²Das Gericht hat in der Bekanntmachung nach § 10 des Handelsgesetzbuchs unverzüglich die folgenden Angaben bekannt zu machen:

1. einen Hinweis darauf, dass der Verschmelzungsplan oder sein Entwurf beim Handelsregister eingereicht worden ist,
2. Rechtsform, Firma und Sitz der an der grenzüberschreitenden Verschmelzung beteiligten Gesellschaften,
3. die Register, bei denen die an der grenzüberschreitenden Verschmelzung beteiligten Gesellschaften eingetragen sind, sowie die jeweilige Nummer der Eintragung,
4. einen Hinweis auf die Modalitäten für die Ausübung der Rechte der Gläubiger und der Minderheitsgesellschafter der an der grenzüberschreitenden Verschmelzung beteiligten Gesellschaften sowie die Anschrift, unter der vollständige Auskünfte über diese Modalitäten kostenlos eingeholt werden können.

³Die bekannt zu machenden Angaben sind dem Register bei Einreichung des Verschmelzungsplans oder seines Entwurfs mitzuteilen.

Anhang 9
Umwandlungsgesetz (UmwG)

§ 122e
Verschmelzungsbericht

[1]Im Verschmelzungsbericht nach § 8 sind auch die Auswirkungen der grenzüberschreitenden Verschmelzung auf die Gläubiger und Arbeitnehmer der an der Verschmelzung beteiligten Gesellschaft zu erläutern. [2]Der Verschmelzungsbericht ist den Anteilsinhabern sowie dem zuständigen Betriebsrat oder, falls es keinen Betriebsrat gibt, den Arbeitnehmern der an der grenzüberschreitenden Verschmelzung beteiligten Gesellschaft spätestens einen Monat vor der Versammlung der Anteilsinhaber, die nach § 13 über die Zustimmung zum Verschmelzungsplan beschließen soll, nach § 63 Abs. 1 Nr. 4 zugänglich zumachen. [3]§ 8 Abs. 3 ist nicht anzuwenden.

§ 122f
Verschmelzungsprüfung

[1]Der Verschmelzungsplan oder sein Entwurf ist nach den §§ 9 bis 12 zu prüfen; § 48 ist nicht anzuwenden. [2]Der Prüfungsbericht muss spätestens einen Monat vor der Versammlung der Anteilsinhaber, die nach § 13 über die Zustimmung zum Verschmelzungsplan beschließen soll, vorliegen.

§ 122g
Zustimmung der Anteilsinhaber

(1) Die Anteilsinhaber können ihre Zustimmung nach § 13 davon abhängig machen, dass die Art und Weise der Mitbestimmung der Arbeitnehmer der übernehmenden oder neuen Gesellschaft ausdrücklich von ihnen bestätigt wird.

(2) Befinden sich alle Anteile einer übertragenden Gesellschaft in der Hand der übernehmenden Gesellschaft, so ist ein Verschmelzungsbeschluss der Anteilsinhaber der übertragenden Gesellschaft nicht erforderlich.

§ 122h
Verbesserung des Umtauschverhältnisses

(1) § 14 Abs. 2 und § 15 gelten für die Anteilsinhaber einer übertragenden Gesellschaft nur, sofern die Anteilsinhaber der an der grenzüberschreitenden Verschmelzung beteiligten Gesellschaften, die dem Recht eines anderen Mitgliedstaats der Europäischen Union oder eines anderen Vertragsstaats des Abkommens über den Europäischen Wirtschaftsraum unterliegen, dessen Rechtsvorschriften ein Verfahren zur Kontrolle und Änderung des Umtauschverhältnisses der Anteile nicht vorsehen, im Verschmelzungsbeschluss ausdrücklich zustimmen.

(2) § 15 gilt auch für Anteilsinhaber einer übertragenden Gesellschaft, die dem Recht eines anderen Mitgliedstaats der Europäischen Union oder eines anderen Vertragsstaats des Abkommens über den Europäischen Wirtschaftsraum unterliegt, wenn nach dem Recht dieses Staates ein Verfahren zur Kontrolle und Änderung des Umtauschverhältnisses der Anteile vorgesehen ist und deutsche Gerichte für die Durchführung eines solchen Verfahrens international zuständig sind.

§ 122i
Abfindungsangebot im Verschmelzungsplan

(1) [1]Unterliegt die übernehmende oder neue Gesellschaft nicht dem deutschen Recht, hat die übertragende Gesellschaft im Verschmelzungsplan oder in seinem Entwurf jedem Anteilsinhaber, der gegen den Verschmelzungsbeschluss der Gesellschaft Widerspruch zur Niederschrift erklärt, den Erwerb seiner Anteile gegen eine angemessene Barabfindung anzubieten. [2]Die Vorschriften des Aktiengesetzes über den Erwerb eigener Aktien sowie des Gesetzes betreffend die Gesellschaften mit beschränkter Haftung über den Erwerb eigener Geschäftsanteile gelten entsprechend,

jedoch sind § 71 Abs. 4 Satz 2 des Aktiengesetzes und § 33 Abs. 2 Satz 3 zweiter Halbsatz erste Alternative des Gesetzes betreffend die Gesellschaften mit beschränkter Haftung insoweit nicht anzuwenden. [3]§ 29 Abs. 1 Satz 4 und 5 sowie Abs. 2 und die §§ 30, 31 und 33 gelten entsprechend.

(2) [1]Die §§ 32 und 34 gelten für die Anteilsinhaber einer übertragenden Gesellschaft nur, sofern die Anteilsinhaber der an der grenzüberschreitenden Verschmelzung beteiligten Gesellschaften, die dem Recht eines anderen Mitgliedstaats der Europäischen Union oder eines anderen Vertragsstaats des Abkommens über den Europäischen Wirtschaftsraum unterliegen, dessen Rechtsvorschriften ein Verfahren zur Abfindung von Minderheitsgesellschaftern nicht vorsehen, im Verschmelzungsbeschluss ausdrücklich zustimmen. [2]§ 34 gilt auch für Anteilsinhaber einer übertragenden Gesellschaft, die dem Recht eines anderen Mitgliedstaats der Europäischen Union oder eines anderen Vertragsstaats des Abkommens über den Europäischen Wirtschaftsraum unterliegen, wenn nach dem Recht dieses Staates ein Verfahren zur Abfindung von Minderheitsgesellschaftern vorgesehen ist und deutsche Gerichte für die Durchführung eines solchen Verfahrens international zuständig sind.

§ 122j
Schutz der Gläubiger der übertragenden Gesellschaft

(1) [1]Unterliegt die übernehmende oder neue Gesellschaft nicht dem deutschen Recht, ist den Gläubigern einer übertragenden Gesellschaft Sicherheit zu leisten, soweit sie nicht Befriedigung verlangen können. [2]Dieses Recht steht den Gläubigern jedoch nur zu, wenn sie binnen zwei Monaten nach dem Tag, an dem der Verschmelzungsplan oder sein Entwurf bekannt gemacht worden ist, ihren Anspruch nach Grund und Höhe schriftlich anmelden und glaubhaft machen, dass durch die Verschmelzung die Erfüllung ihrer Forderung gefährdet wird.

(2) Das Recht auf Sicherheitsleistung nach Absatz 1 steht Gläubigern nur im Hinblick auf solche Forderungen zu, die vor oder bis zu 15 Tage nach Bekanntmachung des Verschmelzungsplans oder seines Entwurfs entstanden sind.

§ 122k
Verschmelzungsbescheinigung

(1) [1]Das Vertretungsorgan einer übertragenden Gesellschaft hat das Vorliegen der sie betreffenden Voraussetzungen für die grenzüberschreitende Verschmelzung zur Eintragung bei dem Register des Sitzes der Gesellschaft anzumelden. [2]§ 16 Abs. 2 und 3 und § 17 gelten entsprechend. [3]Die Mitglieder des Vertretungsorgans haben eine Versicherung abzugeben, dass allen Gläubigern, die nach § 122j einen Anspruch auf Sicherheitsleistung haben, eine angemessene Sicherheit geleistet wurde.

(2) [1]Das Gericht prüft, ob für die Gesellschaft die Voraussetzungen für die grenzüberschreitende Verschmelzung vorliegen, und stellt hierüber unverzüglich eine Bescheinigung (Verschmelzungsbescheinigung) aus. [2]Als Verschmelzungsbescheinigung gilt die Nachricht über die Eintragung der Verschmelzung im Register. [3]Die Eintragung ist mit dem Vermerk zu versehen, dass die grenzüberschreitende Verschmelzung unter den Voraussetzungen des Rechts des Staates, dem die übernehmende oder neue Gesellschaft unterliegt, wirksam wird. [4]Die Verschmelzungsbescheinigung darf nur ausgestellt werden, wenn eine Versicherung nach Absatz 1 Satz 3 vorliegt. [5]Ist ein Spruchverfahren anhängig, ist dies in der Verschmelzungsbescheinigung anzugeben.

(3) Das Vertretungsorgan der Gesellschaft hat die Verschmelzungsbescheinigung innerhalb von sechs Monaten nach ihrer Ausstellung zusammen mit dem Verschmelzungsplan der zuständigen Stelle des Staates vorzulegen, dessen Recht die übernehmende oder neue Gesellschaft unterliegt.

(4) Nach Eingang einer Mitteilung des Registers, in dem die übernehmende oder neue Gesellschaft eingetragen ist, über das Wirksamwerden der Verschmelzung hat das Gericht des Sitzes der übertragenden Gesellschaft den Tag des Wirksamwerdens zu vermerken und die bei ihm aufbewahrten elektronischen Dokumente diesem Register zu übermitteln.

Anhang 9
Umwandlungsgesetz (UmwG)

§ 122l
Eintragung der grenzüberschreitenden Verschmelzung

(1) ¹Bei einer Verschmelzung durch Aufnahme hat das Vertretungsorgan der übernehmenden Gesellschaft die Verschmelzung und bei einer Verschmelzung durch Neugründung haben die Vertretungsorgane der übertragenden Gesellschaften die neue Gesellschaft zur Eintragung in das Register des Sitzes der Gesellschaft anzumelden. ²Der Anmeldung sind die Verschmelzungsbescheinigungen aller übertragenden Gesellschaften, der gemeinsame Verschmelzungsplan und gegebenenfalls die Vereinbarung über die Beteiligung der Arbeitnehmer beizufügen. ³Die Verschmelzungsbescheinigungen dürfen nicht älter als sechs Monate sein; § 16 Abs. 2 und 3 und § 17 finden auf die übertragenden Gesellschaften keine Anwendung.

(2) Die Prüfung der Eintragungsvoraussetzungen erstreckt sich insbesondere darauf, ob die Anteilsinhaber aller an der grenzüberschreitenden Verschmelzung beteiligten Gesellschaften einem gemeinsamen, gleichlautenden Verschmelzungsplan zugestimmt haben und ob gegebenenfalls eine Vereinbarung über die Beteiligung der Arbeitnehmer geschlossen worden ist.

(3) Das Gericht des Sitzes der übernehmenden oder neuen Gesellschaft hat den Tag der Eintragung der Verschmelzung von Amts wegen jedem Register mitzuteilen, bei dem eine der übertragenden Gesellschaften ihre Unterlagen zu hinterlegen hatte.

Drittes Buch
Spaltung

Erster Teil
Allgemeine Vorschriften

Erster Abschnitt
Möglichkeit der Spaltung

§ 123
Arten der Spaltung

(1) Ein Rechtsträger (übertragender Rechtsträger) kann unter Auflösung ohne Abwicklung sein Vermögen aufspalten

1. zur Aufnahme durch gleichzeitige Übertragung der Vermögensteile jeweils als Gesamtheit auf andere bestehende Rechtsträger (übernehmende Rechtsträger) oder
2. zur Neugründung durch gleichzeitige Übertragung der Vermögensteile jeweils als Gesamtheit auf andere, von ihm dadurch gegründete neue Rechtsträger

gegen Gewährung von Anteilen oder Mitgliedschaften dieser Rechtsträger an die Anteilsinhaber des übertragenden Rechtsträgers (Aufspaltung).

(2) Ein Rechtsträger (übertragender Rechtsträger) kann von seinem Vermögen einen Teil oder mehrere Teile abspalten

1. zur Aufnahme durch Übertragung dieses Teils oder dieser Teile jeweils als Gesamtheit auf einen bestehenden oder mehrere bestehende Rechtsträger (übernehmende Rechtsträger) oder
2. zur Neugründung durch Übertragung dieses Teils oder dieser Teile jeweils als Gesamtheit auf einen oder mehrere, von ihm dadurch gegründeten neuen oder gegründete neue Rechtsträger

gegen Gewährung von Anteilen oder Mitgliedschaften dieses Rechtsträgers oder dieser Rechtsträger an die Anteilsinhaber des übertragenden Rechtsträgers (Abspaltung).

(3) Ein Rechtsträger (übertragender Rechtsträger) kann aus seinem Vermögen einen Teil oder mehrere Teile ausgliedern

1. zur Aufnahme durch Übertragung dieses Teils oder dieser Teile jeweils als Gesamtheit auf einen bestehenden oder mehrere bestehende Rechtsträger (übernehmende Rechtsträger) oder
2. zur Neugründung durch Übertragung dieses Teils oder dieser Teile jeweils als Gesamtheit auf einen oder mehrere, von ihm dadurch gegründeten neuen oder gegründete neue Rechtsträger

gegen Gewährung von Anteilen oder Mitgliedschaften dieses Rechtsträgers oder dieser Rechtsträger an den übertragenden Rechtsträger (Ausgliederung).

(4) Die Spaltung kann auch durch gleichzeitige Übertragung auf bestehende und neue Rechtsträger erfolgen.

§ 124
Spaltungsfähige Rechtsträger

(1) An einer Aufspaltung oder einer Abspaltung können als übertragende, übernehmende oder neue Rechtsträger die in § 3 Abs. 1 genannten Rechtsträger sowie als übertragende Rechtsträger wirtschaftliche Vereine, an einer Ausgliederung können als übertragende, übernehmende oder neue Rechtsträger die in § 3 Abs. 1 genannten Rechtsträger sowie als übertragende Rechtsträger wirtschaftliche Vereine, Einzelkaufleute, Stiftungen sowie Gebietskörperschaften oder Zusammenschlüsse von Gebietskörperschaften, die nicht Gebietskörperschaften sind, beteiligt sein.

(2) § 3 Abs. 3 und 4 ist auf die Spaltung entsprechend anzuwenden.

§ 125 Anzuwendende Vorschriften

[1]Auf die Spaltung sind die Vorschriften des Ersten Teils und des Ersten bis Neunten Abschnitts des Zweiten Teils des Zweiten Buches mit Ausnahme des § 9 Absatz 2 und des § 62 Absatz 5, bei Abspaltung und Ausgliederung mit Ausnahme des § 18 sowie bei Ausgliederung mit Ausnahme des § 14 Abs. 2 und der §§ 15, 29 bis 34, 54, 68 und 71 entsprechend anzuwenden, soweit sich aus diesem Buch nichts anderes ergibt. [2]Eine Prüfung im Sinne der §§ 9 bis 12 findet bei Ausgliederung nicht statt. [3]An die Stelle der übertragenden Rechtsträger tritt der übertragende Rechtsträger, an die Stelle des übernehmenden oder neuen Rechtsträgers treten gegebenenfalls die übernehmenden oder neuen Rechtsträger.

Zweiter Abschnitt
Spaltung zur Aufnahme

§ 126
Inhalt des Spaltungs- und Übernahmevertrags

(1) Der Spaltungs- und Übernahmevertrag oder sein Entwurf muß mindestens folgende Angaben enthalten:
1. den Namen oder die Firma und den Sitz der an der Spaltung beteiligten Rechtsträger;
2. die Vereinbarung über die Übertragung der Teile des Vermögens des übertragenden Rechtsträgers jeweils als Gesamtheit gegen Gewährung von Anteilen oder Mitgliedschaften an den übernehmenden Rechtsträgern;
3. bei Aufspaltung und Abspaltung das Umtauschverhältnis der Anteile und gegebenenfalls die Höhe der baren Zuzahlung oder Angaben über die Mitgliedschaft bei den übernehmenden Rechtsträgern;
4. bei Aufspaltung und Abspaltung die Einzelheiten für die Übertragung der Anteile der übernehmenden Rechtsträger oder über den Erwerb der Mitgliedschaft bei den übernehmenden Rechtsträgern;

5. den Zeitpunkt, von dem an diese Anteile oder die Mitgliedschaft einen Anspruch auf einen Anteil am Bilanzgewinn gewähren, sowie alle Besonderheiten in bezug auf diesen Anspruch;
6. den Zeitpunkt, von dem an die Handlungen des übertragenden Rechtsträgers als für Rechnung jedes der übernehmenden Rechtsträger vorgenommen gelten (Spaltungsstichtag);
7. die Rechte, welche die übernehmenden Rechtsträger einzelnen Anteilsinhabern sowie den Inhabern besonderer Rechte wie Anteile ohne Stimmrecht, Vorzugsaktien, Mehrstimmrechtsaktien, Schuldverschreibungen und Genußrechte gewähren, oder die für diese Personen vorgesehenen Maßnahmen;
8. jeden besonderen Vorteil, der einem Mitglied eines Vertretungsorgans oder eines Aufsichtsorgans der an der Spaltung beteiligten Rechtsträger, einem geschäftsführenden Gesellschafter, einem Partner, einem Abschlußprüfer oder einem Spaltungsprüfer gewährt wird;
9. die genaue Bezeichnung und Aufteilung der Gegenstände des Aktiv- und Passivvermögens, die an jeden der übernehmenden Rechtsträger übertragen werden, sowie der übergehenden Betriebe und Betriebsteile unter Zuordnung zu den übernehmenden Rechtsträgern;
10. bei Aufspaltung und Abspaltung die Aufteilung der Anteile oder Mitgliedschaften jedes der beteiligten Rechtsträger auf die Anteilsinhaber des übertragenden Rechtsträgers sowie den Maßstab für die Aufteilung;
11. die Folgen der Spaltung für die Arbeitnehmer und ihre Vertretungen sowie die insoweit vorgesehenen Maßnahmen.

(2) [1]Soweit für die Übertragung von Gegenständen im Falle der Einzelrechtsnachfolge in den allgemeinen Vorschriften eine besondere Art der Bezeichnung bestimmt ist, sind diese Regelungen auch für die Bezeichnung der Gegenstände des Aktiv- und Passivvermögens (Absatz 1 Nr. 9) anzuwenden. [2]§ 28 der Grundbuchordnung ist zu beachten. [3]Im übrigen kann auf Urkunden wie Bilanzen und Inventar Bezug genommen werden, deren Inhalt eine Zuweisung des einzelnen Gegenstandes ermöglicht; die Urkunden sind dem Spaltungs- und Übernahmevertrag als Anlagen beizufügen.

(3) Der Vertrag oder sein Entwurf ist spätestens einen Monat vor dem Tag der Versammlung der Anteilsinhaber jedes beteiligten Rechtsträgers, die gemäß § 125 in Verbindung mit § 13 Abs. 1 über die Zustimmung zum Spaltungs- und Übernahmevertrag beschließen soll, dem zuständigen Betriebsrat dieses Rechtsträgers zuzuleiten.

§ 127
Spaltungsbericht

[1]Die Vertretungsorgane jedes der an der Spaltung beteiligten Rechtsträger haben einen ausführlichen schriftlichen Bericht zu erstatten, in dem die Spaltung, der Vertrag oder sein Entwurf im einzelnen und bei Aufspaltung und Abspaltung insbesondere das Umtauschverhältnis der Anteile oder die Angaben über die Mitgliedschaften bei den übernehmenden Rechtsträgern, der Maßstab für ihre Aufteilung sowie die Höhe einer anzubietenden Barabfindung rechtlich und wirtschaftlich erläutert und begründet werden (Spaltungsbericht); der Bericht kann von den Vertretungsorganen auch gemeinsam erstattet werden. [2]§ 8 Abs. 1 Satz 2 bis 4, Abs. 2 und 3 ist entsprechend anzuwenden.

§ 128
Zustimmung zur Spaltung in Sonderfällen

[1]Werden bei Aufspaltung oder Abspaltung die Anteile oder Mitgliedschaften der übernehmenden Rechtsträger den Anteilsinhabern des übertragenden Rechtsträgers nicht in dem Verhältnis zugeteilt, das ihrer Beteiligung an dem übertragenden Rechtsträger entspricht, so wird der Spaltungs- und Übernahmevertrag nur wirksam, wenn ihm alle Anteilsinhaber des übertragenden Rechtsträ-

gers zustimmen. ²Bei einer Spaltung zur Aufnahme ist der Berechnung des Beteiligungsverhältnisses der jeweils zu übertragende Teil des Vermögens zugrunde zu legen.

§ 129
Anmeldung der Spaltung

Zur Anmeldung der Spaltung ist auch das Vertretungsorgan jedes der übernehmenden Rechtsträger berechtigt.

§ 130
Eintragung der Spaltung

(1) ¹Die Spaltung darf in das Register des Sitzes des übertragenden Rechtsträgers erst eingetragen werden, nachdem sie im Register des Sitzes jedes der übernehmenden Rechtsträger eingetragen worden ist. ²Die Eintragung im Register des Sitzes jedes der übernehmenden Rechtsträger ist mit dem Vermerk zu versehen, daß die Spaltung erst mit der Eintragung im Register des Sitzes des übertragenden Rechtsträgers wirksam wird, sofern die Eintragungen in den Registern aller beteiligten Rechtsträger nicht am selben Tag erfolgen.

(2) ¹Das Gericht des Sitzes des übertragenden Rechtsträgers hat von Amts wegen dem Gericht des Sitzes jedes der übernehmenden Rechtsträger den Tag der Eintragung der Spaltung mitzuteilen sowie einen Registerauszug und den Gesellschaftsvertrag, den Partnerschaftsvertrag oder die Satzung des übertragenden Rechtsträgers in Abschrift, als Ausdruck oder elektronisch zu übermitteln. ²Nach Eingang der Mitteilung hat das Gericht des Sitzes jedes der übernehmenden Rechtsträger von Amts wegen den Tag der Eintragung der Spaltung im Register des Sitzes des übertragenden Rechtsträgers zu vermerken.

§ 131
Wirkungen der Eintragung

(1) Die Eintragung der Spaltung in das Register des Sitzes des übertragenden Rechtsträgers hat folgende Wirkungen:

1. Das Vermögen des übertragenden Rechtsträgers, bei Abspaltung und Ausgliederung der abgespaltene oder ausgegliederte Teil oder die abgespaltenen oder ausgegliederten Teile des Vermögens einschließlich der Verbindlichkeiten gehen entsprechend der im Spaltungs- und Übernahmevertrag vorgesehenen Aufteilung jeweils als Gesamtheit auf die übernehmenden Rechtsträger über.

2. Bei der Aufspaltung erlischt der übertragende Rechtsträger. ²Einer besonderen Löschung bedarf es nicht.

3. Bei Aufspaltung und Abspaltung werden die Anteilsinhaber des übertragenden Rechtsträgers entsprechend der im Spaltungs- und Übernahmevertrag vorgesehenen Aufteilung Anteilsinhaber der beteiligten Rechtsträger; dies gilt nicht, soweit der übernehmende Rechtsträger oder ein Dritter, der im eigenen Namen, jedoch für Rechnung dieses Rechtsträgers handelt, Anteilsinhaber des übertragenden Rechtsträgers ist oder der übertragende Rechtsträger eigene Anteile innehat oder ein Dritter, der im eigenen Namen, jedoch für Rechnung dieses Rechtsträgers handelt, dessen Anteilsinhaber ist. ²Rechte Dritter an den Anteilen oder Mitgliedschaften des übertragenden Rechtsträgers bestehen an den an ihre Stelle tretenden Anteilen oder Mitgliedschaften der übernehmenden Rechtsträger weiter. ³Bei Ausgliederung wird der übertragende Rechtsträger entsprechend dem Ausgliederungs- und Übernahmevertrag Anteilsinhaber der übernehmenden Rechtsträger.

4. Der Mangel der notariellen Beurkundung des Spaltungs- und Übernahmevertrags und gegebenenfalls erforderlicher Zustimmungs- oder Verzichtserklärungen einzelner Anteilsinhaber wird geheilt.

Anhang 9
Umwandlungsgesetz (UmwG)

(2) Mängel der Spaltung lassen die Wirkungen der Eintragung nach Absatz 1 unberührt.

(3) Ist bei einer Aufspaltung ein Gegenstand im Vertrag keinem der übernehmenden Rechtsträger zugeteilt worden und läßt sich die Zuteilung auch nicht durch Auslegung des Vertrags ermitteln, so geht der Gegenstand auf alle übernehmenden Rechtsträger in dem Verhältnis über, das sich aus dem Vertrag für die Aufteilung des Überschusses der Aktivseite der Schlußbilanz über deren Passivseite ergibt; ist eine Zuteilung des Gegenstandes an mehrere Rechtsträger nicht möglich, so ist sein Gegenwert in dem bezeichneten Verhältnis zu verteilen.

§ 132
(weggefallen)

§ 133
Schutz der Gläubiger und der Inhaber von Sonderrechten

(1) Für die Verbindlichkeiten des übertragenden Rechtsträgers, die vor dem Wirksamwerden der Spaltung begründet worden sind, haften die an der Spaltung beteiligten Rechtsträger als Gesamtschuldner. Die §§ 25, 26 und 28 des Handelsgesetzbuchs sowie § 125 in Verbindung mit § 22 bleiben unberührt; zur Sicherheitsleistung ist nur der an der Spaltung beteiligte Rechtsträger verpflichtet, gegen den sich der Anspruch richtet.

(2) Für die Erfüllung der Verpflichtung nach § 125 in Verbindung mit § 23 haften die an der Spaltung beteiligten Rechtsträger als Gesamtschuldner. Bei Abspaltung und Ausgliederung können die gleichwertigen Rechte im Sinne des § 125 in Verbindung mit § 23 auch in dem übertragenden Rechtsträger gewährt werden.

(3) [1]Diejenigen Rechtsträger, denen die Verbindlichkeiten nach Absatz 1 Satz 1 im Spaltungs- und Übernahmevertrag nicht zugewiesen worden sind, haften für diese Verbindlichkeiten, wenn sie vor Ablauf von fünf Jahren nach der Spaltung fällig und daraus Ansprüche gegen sie in einer in § 197 Abs. 1 Nr. 3 bis 5 des Bürgerlichen Gesetzbuchs bezeichneten Art festgestellt sind oder eine gerichtliche oder behördliche Vollstreckungshandlung vorgenommen oder beantragt wird; bei öffentlich-rechtlichen Verbindlichkeiten genügt der Erlass eines Verwaltungsakts. [2]Für vor dem Wirksamwerden der Spaltung begründete Versorgungsverpflichtungen auf Grund des Betriebsrentengesetzes beträgt die in Satz 1 genannte Frist zehn Jahre.

(4) [1]Die Frist beginnt mit dem Tage, an dem die Eintragung der Spaltung in das Register des Sitzes des übertragenden Rechtsträgers nach § 125 in Verbindung mit § 19 Abs. 3 bekannt gemacht worden ist. [2]Die für die Verjährung geltenden §§ 204, 206, 210, 211 und 212 Abs. 2 und 3 des Bürgerlichen Gesetzbuchs sind entsprechend anzuwenden.

(5) Einer Feststellung in einer in § 197 Abs. 1 Nr. 3 bis 5 des Bürgerlichen Gesetzbuchs bezeichneten Art bedarf es nicht, soweit die in Absatz 3 bezeichneten Rechtsträger den Anspruch schriftlich anerkannt haben.

(6) Die Ansprüche nach Absatz 2 verjähren in fünf Jahren. Für den Beginn der Verjährung gilt Absatz 4 Satz 1 entsprechend.

§ 134
Schutz der Gläubiger in besonderen Fällen

(1) [1]Spaltet ein Rechtsträger sein Vermögen in der Weise, daß die zur Führung eines Betriebes notwendigen Vermögensteile im wesentlichen auf einen übernehmenden oder mehrere übernehmende oder auf einen neuen oder mehrere neue Rechtsträger übertragen werden und die Tätigkeit dieses Rechtsträgers oder dieser Rechtsträger sich im wesentlichen auf die Verwaltung dieser Vermögensteile beschränkt (Anlagegesellschaft), während dem übertragenden Rechtsträger diese Vermögensteile bei der Führung seines Betriebes zur Nutzung überlassen werden (Betriebsgesellschaft), und sind an den an der Spaltung beteiligten Rechtsträgern im wesentlichen dieselben Personen beteiligt, so haftet die Anlagegesellschaft auch für die Forderungen der Arbeitnehmer der

Betriebsgesellschaft als Gesamtschuldner, die binnen fünf Jahren nach dem Wirksamwerden der Spaltung auf Grund der §§ 111 bis 113 des Betriebsverfassungsgesetzes begründet werden. ²Dies gilt auch dann, wenn die Vermögensteile bei dem übertragenden Rechtsträger verbleiben und dem übernehmenden oder neuen Rechtsträger oder den übernehmenden oder neuen Rechtsträgern zur Nutzung überlassen werden.

(2) Die gesamtschuldnerische Haftung nach Absatz 1 gilt auch für vor dem Wirksamwerden der Spaltung begründete Versorgungsverpflichtungen auf Grund des Betriebsrentengesetzes.

(3) Für die Ansprüche gegen die Anlagegesellschaft nach den Absätzen 1 und 2 gilt § 133 Abs. 3 Satz 1, Abs. 4 und 5 entsprechend mit der Maßgabe, daß die Frist fünf Jahre nach dem in § 133 Abs. 4 Satz 1 bezeichneten Tage beginnt.

Dritter Abschnitt
Spaltung zur Neugründung

§ 135
Anzuwendende Vorschriften

(1) Auf die Spaltung eines Rechtsträgers zur Neugründung sind die Vorschriften des Zweiten Abschnitts entsprechend anzuwenden, jedoch mit Ausnahme der §§ 129 und 130 Abs. 2 sowie der nach § 125 entsprechend anzuwendenden §§ 4, 7 und 16 Abs. 1 und des § 27. An die Stelle der übernehmenden Rechtsträger treten die neuen Rechtsträger, an die Stelle der Eintragung der Spaltung im Register des Sitzes jeder der übernehmenden Rechtsträger tritt die Eintragung jedes der neuen Rechtsträger in das Register.

(2) ¹Auf die Gründung der neuen Rechtsträger sind die für die jeweilige Rechtsform des neuen Rechtsträgers geltenden Gründungsvorschriften anzuwenden, soweit sich aus diesem Buch nichts anderes ergibt. ²Den Gründern steht der übertragende Rechtsträger gleich. ³Vorschriften, die für die Gründung eine Mindestzahl der Gründer vorschreiben, sind nicht anzuwenden.

§ 136
Spaltungsplan

¹Das Vertretungsorgan des übertragenden Rechtsträgers hat einen Spaltungsplan aufzustellen. ²Der Spaltungsplan tritt an die Stelle des Spaltungs- und Übernahmevertrags.

§ 137
Anmeldung und Eintragung der neuen Rechtsträger und der Spaltung

(1) Das Vertretungsorgan des übertragenden Rechtsträgers hat jeden der neuen Rechtsträger bei dem Gericht, in dessen Bezirk er seinen Sitz haben soll, zur Eintragung in das Register anzumelden.

(2) Das Vertretungsorgan des übertragenden Rechtsträgers hat die Spaltung zur Eintragung in das Register des Sitzes des übertragenden Rechtsträgers anzumelden.

(3) ¹Das Gericht des Sitzes jedes der neuen Rechtsträger hat von Amts wegen dem Gericht des Sitzes des übertragenden Rechtsträgers den Tag der Eintragung des neuen Rechtsträgers mitzuteilen. ²Nach Eingang der Mitteilungen für alle neuen Rechtsträger hat das Gericht des Sitzes des übertragenden Rechtsträgers die Spaltung einzutragen sowie von Amts wegen den Zeitpunkt der Eintragung den Gerichten des Sitzes jedes der neuen Rechtsträger mitzuteilen sowie ihnen einen Registerauszug und den Gesellschaftsvertrag, den Partnerschaftsvertrag oder die Satzung des übertragenden Rechtsträgers in Abschrift, als Ausdruck oder elektronisch zu übermitteln. ³Der Zeitpunkt der Eintragung der Spaltung ist in den Registern des Sitzes jedes der neuen Rechtsträger von Amts wegen einzutragen; gesetzlich vorgesehene Bekanntmachungen über die Eintragung der neuen Rechtsträger sind erst danach zulässig.

Anhang 9
Umwandlungsgesetz (UmwG)

Zweiter Teil
Besondere Vorschriften
Erster Abschnitt
Spaltung unter Beteiligung von Gesellschaften mit beschränkter Haftung

§ 138
Sachgründungsbericht

Ein Sachgründungsbericht (§ 5 Abs. 4 des Gesetzes betreffend die Gesellschaften mit beschränkter Haftung) ist stets erforderlich.

§ 139
Herabsetzung des Stammkapitals

^{1}Ist zur Durchführung der Abspaltung oder der Ausgliederung eine Herabsetzung des Stammkapitals einer übertragenden Gesellschaft mit beschränkter Haftung erforderlich, so kann diese auch in vereinfachter Form vorgenommen werden. ^{2}Wird das Stammkapital herabgesetzt, so darf die Abspaltung oder die Ausgliederung erst eingetragen werden, nachdem die Herabsetzung des Stammkapitals im Register eingetragen worden ist.

§ 140
Anmeldung der Abspaltung oder der Ausgliederung

Bei der Anmeldung der Abspaltung oder der Ausgliederung zur Eintragung in das Register des Sitzes einer übertragenden Gesellschaft mit beschränkter Haftung haben deren Geschäftsführer auch zu erklären, daß die durch Gesetz und Gesellschaftsvertrag vorgesehenen Voraussetzungen für die Gründung dieser Gesellschaft unter Berücksichtigung der Abspaltung oder der Ausgliederung im Zeitpunkt der Anmeldung vorliegen.

Zweiter Abschnitt
Spaltung unter Beteiligung von Aktiengesellschaften und Kommanditgesellschaften auf Aktien

§ 141
Ausschluss der Spaltung

Eine Aktiengesellschaft oder eine Kommanditgesellschaft auf Aktien, die noch nicht zwei Jahre im Register eingetragen ist, kann außer durch Ausgliederung zur Neugründung nicht gespalten werden.

§ 142 Spaltung mit Kapitalerhöhung, Spaltungsbericht

(1) § 69 ist mit der Maßgabe anzuwenden, daß eine Prüfung der Sacheinlage nach § 183 Abs. 3 des Aktiengesetzes stets stattzufinden hat.

(2) In dem Spaltungsbericht ist gegebenenfalls auf den Bericht über die Prüfung von Sacheinlagen bei einer übernehmenden Aktiengesellschaft nach § 183 Abs. 3 des Aktiengesetzes sowie auf das Register, bei dem dieser Bericht zu hinterlegen ist, hinzuweisen.

§ 143
Verhältniswahrende Spaltung zur Neugründung

Erfolgt die Gewährung von Aktien an der neu gegründeten Aktiengesellschaft oder an den neu gegründeten Aktiengesellschaften (§ 123 Absatz 1 Nummer 2, Absatz 2 Nummer 2) im Verhältnis zur Beteiligung der Aktionäre an der übertragenden Aktiengesellschaft, so sind die §§ 8 bis 12 sowie 63 Absatz 1 Nummer 3 bis 5 nicht anzuwenden.

§ 144
Gründungsbericht und Gründungsprüfung

Ein Gründungsbericht (§ 32 des Aktiengesetzes) und eine Gründungsprüfung (§ 33 Abs. 2 des Aktiengesetzes) sind stets erforderlich.

§ 145
Herabsetzung des Grundkapitals

¹Ist zur Durchführung der Abspaltung oder der Ausgliederung eine Herabsetzung des Grundkapitals einer übertragenden Aktiengesellschaft oder Kommanditgesellschaft auf Aktien erforderlich, so kann diese auch in vereinfachter Form vorgenommen werden. ²Wird das Grundkapital herabgesetzt, so darf die Abspaltung oder die Ausgliederung erst eingetragen werden, nachdem die Durchführung der Herabsetzung des Grundkapitals im Register eingetragen worden ist.

§ 146
Anmeldung der Abspaltung oder der Ausgliederung

(1) Bei der Anmeldung der Abspaltung oder der Ausgliederung zur Eintragung in das Register des Sitzes einer übertragenden Aktiengesellschaft hat deren Vorstand oder einer Kommanditgesellschaft auf Aktien haben deren zu ihrer Vertretung ermächtigte persönlich haftende Gesellschafter auch zu erklären, daß die durch Gesetz und Satzung vorgesehenen Voraussetzungen für die Gründung dieser Gesellschaft unter Berücksichtigung der Abspaltung oder der Ausgliederung im Zeitpunkt der Anmeldung vorliegen.

(2) Der Anmeldung der Abspaltung oder der Ausgliederung sind außer den sonst erforderlichen Unterlagen auch beizufügen:
1. der Spaltungsbericht nach § 127;
2. bei Abspaltung der Prüfungsbericht nach § 125 in Verbindung mit § 12.

Dritter Abschnitt
Spaltung unter Beteiligung eingetragener Genossenschaften

§ 147
Möglichkeit der Spaltung

Die Spaltung eines Rechtsträgers anderer Rechtsform zur Aufnahme von Teilen seines Vermögens durch eine eingetragene Genossenschaft kann nur erfolgen, wenn eine erforderliche Änderung der Satzung der übernehmenden Genossenschaft gleichzeitig mit der Spaltung beschlossen wird.

§ 148
Anmeldung der Abspaltung oder der Ausgliederung

(1) Bei der Anmeldung der Abspaltung oder der Ausgliederung zur Eintragung in das Register des Sitzes einer übertragenden Genossenschaft hat deren Vorstand auch zu erklären, daß die durch Gesetz und Satzung vorgesehenen Voraussetzungen für die Gründung dieser Genossenschaft unter Berücksichtigung der Abspaltung oder der Ausgliederung im Zeitpunkt der Anmeldung vorliegen.

(2) Der Anmeldung der Abspaltung oder der Ausgliederung sind außer den sonst erforderlichen Unterlagen auch beizufügen:
1. der Spaltungsbericht nach § 127;

2. das Prüfungsgutachten nach § 125 in Verbindung mit § 81.

Vierter Abschnitt
Spaltung unter Beteiligung rechtsfähiger Vereine
§ 149
Möglichkeit der Spaltung

(1) Ein rechtsfähiger Verein kann sich an einer Spaltung nur beteiligen, wenn die Satzung des Vereins oder Vorschriften des Landesrechts nicht entgegenstehen.

(2) Ein eingetragener Verein kann als übernehmender Rechtsträger im Wege der Spaltung nur andere eingetragene Vereine aufnehmen oder mit ihnen einen eingetragenen Verein gründen.

Fünfter Abschnitt
Spaltung unter Beteiligung genossenschaftlicher Prüfungsverbände
§ 150
Möglichkeit der Spaltung

Die Aufspaltung genossenschaftlicher Prüfungsverbände oder die Abspaltung oder Ausgliederung von Teilen eines solchen Verbandes kann nur zur Aufnahme der Teile eines Verbandes (übertragender Verband) durch einen anderen Verband (übernehmender Verband), die Ausgliederung auch zur Aufnahme von Teilen des Verbandes durch eine oder zur Neugründung einer Kapitalgesellschaft erfolgen.

Sechster Abschnitt
Spaltung unter Beteiligung von Versicherungsvereinen auf Gegenseitigkeit
§ 151
Möglichkeit der Spaltung

^{1}Die Spaltung unter Beteiligung von Versicherungsvereinen auf Gegenseitigkeit kann nur durch Aufspaltung oder Abspaltung und nur in der Weise erfolgen, daß die Teile eines übertragenden Vereins auf andere bestehende oder neue Versicherungsvereine auf Gegenseitigkeit oder auf Versicherungs-Aktiengesellschaften übergehen. ^{2}Ein Versicherungsverein auf Gegenseitigkeit kann ferner im Wege der Ausgliederung einen Vermögensteil auf eine bestehende oder neue Gesellschaft mit beschränkter Haftung oder eine bestehende oder neue Aktiengesellschaft übertragen, sofern damit keine Übertragung von Versicherungsverträgen verbunden ist.

Siebenter Abschnitt
Ausgliederung aus dem Vermögen eines Einzelkaufmanns
Erster Unterabschnitt
Möglichkeit der Ausgliederung
§ 152
Übernehmende oder neue Rechtsträger

^{1}Die Ausgliederung des von einem Einzelkaufmann betriebenen Unternehmens, dessen Firma im Handelsregister eingetragen ist, oder von Teilen desselben aus dem Vermögen dieses Kaufmanns kann nur zur Aufnahme dieses Unternehmens oder von Teilen dieses Unternehmens durch Personenhandelsgesellschaften, Kapitalgesellschaften oder eingetragene Genossenschaften oder zur Neugründung von Kapitalgesellschaften erfolgen. ^{2}Sie kann nicht erfolgen, wenn die Verbindlichkeiten des Einzelkaufmanns sein Vermögen übersteigen.

Anhang 9
Umwandlungsgesetz (UmwG)

Zweiter Unterabschnitt
Ausgliederung zur Aufnahme

§ 153
Ausgliederungsbericht

Ein Ausgliederungsbericht ist für den Einzelkaufmann nicht erforderlich.

§ 154
Eintragung der Ausgliederung

Das Gericht des Sitzes des Einzelkaufmanns hat die Eintragung der Ausgliederung auch dann abzulehnen, wenn offensichtlich ist, daß die Verbindlichkeiten des Einzelkaufmanns sein Vermögen übersteigen.

§ 155
Wirkungen der Ausgliederung

[1]Erfaßt die Ausgliederung das gesamte Unternehmen des Einzelkaufmanns, so bewirkt die Eintragung der Ausgliederung nach § 131 das Erlöschen der von dem Einzelkaufmann geführten Firma. [2]Das Erlöschen der Firma ist von Amts wegen in das Register einzutragen.

§ 156
Haftung des Einzelkaufmanns

[1]Durch den Übergang der Verbindlichkeiten auf übernehmende oder neue Gesellschaften wird der Einzelkaufmann von der Haftung für die Verbindlichkeiten nicht befreit. [2]§ 418 des Bürgerlichen Gesetzbuchs ist nicht anzuwenden.

§ 157
Zeitliche Begrenzung der Haftung für übertragene Verbindlichkeiten

(1) [1]Der Einzelkaufmann haftet für die im Ausgliederungs- und Übernahmevertrag aufgeführten Verbindlichkeiten, wenn sie vor Ablauf von fünf Jahren nach der Ausgliederung fällig und daraus Ansprüche gegen ihn in einer in § 197 Abs. 1 Nr. 3 bis 5 des Bürgerlichen Gesetzbuchs bezeichneten Art festgestellt sind oder eine gerichtliche oder behördliche Vollstreckungshandlung vorgenommen oder beantragt wird; bei öffentlich-rechtlichen Verbindlichkeiten genügt der Erlass eines Verwaltungsakts. [2]Eine Haftung des Einzelkaufmanns als Gesellschafter des aufnehmenden Rechtsträgers nach § 128 des Handelsgesetzbuchs bleibt unberührt.

(2) [1]Die Frist beginnt mit dem Tage, an dem die Eintragung der Ausgliederung in das Register des Sitzes des Einzelkaufmanns nach § 125 in Verbindung mit § 19 Abs. 3 bekannt gemacht worden ist. [2]Die für die Verjährung geltenden §§ 204, 206, 210, 211 und 212 Abs. 2 und 3 des Bürgerlichen Gesetzbuchs sind entsprechend anzuwenden.

(3) Einer Feststellung in einer in § 197 Abs. 1 Nr. 3 bis 5 des Bürgerlichen Gesetzbuchs bezeichneten Art bedarf es nicht, soweit der Einzelkaufmann den Anspruch schriftlich anerkannt hat.

(4) Die Absätze 1 bis 3 sind auch anzuwenden, wenn der Einzelkaufmann in dem Rechtsträger anderer Rechtsform geschäftsführend tätig wird.

Dritter Unterabschnitt
Ausgliederung zur Neugründung

§ 158
Anzuwendende Vorschriften

Auf die Ausgliederung zur Neugründung sind die Vorschriften des Zweiten Unterabschnitts entsprechend anzuwenden, soweit sich aus diesem Unterabschnitt nichts anderes ergibt.

§ 159
Sachgründungsbericht, Gründungsbericht und Gründungsprüfung

(1) Auf den Sachgründungsbericht (§ 5 Abs. 4 des Gesetzes betreffend die Gesellschaften mit beschränkter Haftung) ist § 58 Abs. 1, auf den Gründungsbericht (§ 32 des Aktiengesetzes) § 75 Abs. 1 entsprechend anzuwenden.

(2) Im Falle der Gründung einer Aktiengesellschaft oder einer Kommanditgesellschaft auf Aktien haben die Prüfung durch die Mitglieder des Vorstands und des Aufsichtsrats (§ 33 Abs. 1 des Aktiengesetzes) sowie die Prüfung durch einen oder mehrere Prüfer (§ 33 Abs. 2 des Aktiengesetzes) sich auch darauf zu erstrecken, ob die Verbindlichkeiten des Einzelkaufmanns sein Vermögen übersteigen.

(3) [1]Zur Prüfung, ob die Verbindlichkeiten des Einzelkaufmanns sein Vermögen übersteigen, hat der Einzelkaufmann den Prüfern eine Aufstellung vorzulegen, in der sein Vermögen seinen Verbindlichkeiten gegenübergestellt ist. [2]Die Aufstellung ist zu gliedern, soweit das für die Prüfung notwendig ist. [3]§ 320 Abs. 1 Satz 2 und Abs. 2 Satz 1 des Handelsgesetzbuchs gilt entsprechend, wenn Anlaß für die Annahme besteht, daß in der Aufstellung aufgeführte Vermögensgegenstände überbewertet oder Verbindlichkeiten nicht oder nicht vollständig aufgeführt worden sind.

§ 160
Anmeldung und Eintragung

(1) Die Anmeldung nach § 137 Abs. 1 ist von dem Einzelkaufmann und den Geschäftsführern oder den Mitgliedern des Vorstands und des Aufsichtsrats einer neuen Gesellschaft vorzunehmen.

(2) Die Eintragung der Gesellschaft ist abzulehnen, wenn die Verbindlichkeiten des Einzelkaufmanns sein Vermögen übersteigen.

Achter Abschnitt
Ausgliederung aus dem Vermögen rechtsfähiger Stiftungen

§ 161
Möglichkeit der Ausgliederung

Die Ausgliederung des von einer rechtsfähigen Stiftung (§ 80 des Bürgerlichen Gesetzbuchs) betriebenen Unternehmens oder von Teilen desselben aus dem Vermögen dieser Stiftung kann nur zur Aufnahme dieses Unternehmens oder von Teilen dieses Unternehmens durch Personenhandelsgesellschaften oder Kapitalgesellschaften oder zur Neugründung von Kapitalgesellschaften erfolgen.

§ 162
Ausgliederungsbericht

(1) Ein Ausgliederungsbericht ist nur erforderlich, wenn die Ausgliederung nach § 164 Abs. 1 der staatlichen Genehmigung bedarf oder wenn sie bei Lebzeiten des Stifters von dessen Zustimmung abhängig ist.

(2) Soweit nach § 164 Abs. 1 die Ausgliederung der staatlichen Genehmigung oder der Zustimmung des Stifters bedarf, ist der Ausgliederungsbericht der zuständigen Behörde und dem Stifter zu übermitteln.

§ 163
Beschluß über den Vertrag

(1) Auf den Ausgliederungsbeschluß sind die Vorschriften des Stiftungsrechts für die Beschlußfassung über Satzungsänderungen entsprechend anzuwenden.

(2) Sofern das nach Absatz 1 anzuwendende Stiftungsrecht nicht etwas anderes bestimmt, muß der Ausgliederungsbeschluß von dem für die Beschlußfassung über Satzungsänderungen nach der Satzung zuständigen Organ oder, wenn ein solches Organ nicht bestimmt ist, vom Vorstand der Stiftung einstimmig gefaßt werden.

(3) Der Beschluß und die Zustimmung nach den Absätzen 1 und 2 müssen notariell beurkundet werden.

§ 164
Genehmigung der Ausgliederung

(1) Die Ausgliederung bedarf der staatlichen Genehmigung, sofern das Stiftungsrecht dies vorsieht.

(2) Soweit die Ausgliederung nach Absatz 1 der staatlichen Genehmigung nicht bedarf, hat das Gericht des Sitzes der Stiftung die Eintragung der Ausgliederung auch dann abzulehnen, wenn offensichtlich ist, daß die Verbindlichkeiten der Stiftung ihr Vermögen übersteigen.

§ 165
Sachgründungsbericht und Gründungsbericht

Auf den Sachgründungsbericht (§ 5 Abs. 4 des Gesetzes betreffend die Gesellschaften mit beschränkter Haftung) ist § 58 Abs. 1, auf den Gründungsbericht (§ 32 des Aktiengesetzes) § 75 Abs. 1 entsprechend anzuwenden.

§ 166
Haftung der Stiftung

¹Durch den Übergang der Verbindlichkeiten auf übernehmende oder neue Gesellschaften wird die Stiftung von der Haftung für die Verbindlichkeiten nicht befreit. ²§ 418 des Bürgerlichen Gesetzbuchs ist nicht anzuwenden.

§ 167
Zeitliche Begrenzung der Haftung für übertragene Verbindlichkeiten

Auf die zeitliche Begrenzung der Haftung der Stiftung für die im Ausgliederungs- und Übernahmevertrag aufgeführten Verbindlichkeiten ist § 157 entsprechend anzuwenden.

Neunter Abschnitt
Ausgliederung aus dem Vermögen von Gebietskörperschaften oder Zusammenschlüssen von Gebietskörperschaften

§ 168
Möglichkeit der Ausgliederung

Die Ausgliederung eines Unternehmens, das von einer Gebietskörperschaft oder von einem Zusammenschluß von Gebietskörperschaften, der nicht Gebietskörperschaft ist, betrieben wird, aus dem Vermögen dieser Körperschaft oder dieses Zusammenschlusses kann nur zur Aufnahme dieses Unternehmens durch eine Personenhandelsgesellschaft, eine Kapitalgesellschaft oder eine eingetragene Genossenschaft oder zur Neugründung einer Kapitalgesellschaft oder einer eingetragenen Genossenschaft sowie nur dann erfolgen, wenn das für die Körperschaft oder den Zusammenschluß maßgebende Bundes- oder Landesrecht einer Ausgliederung nicht entgegensteht.

§ 169
Ausgliederungsbericht, Ausgliederungsbeschluß

[1]Ein Ausgliederungsbericht ist für die Körperschaft oder den Zusammenschluß nicht erforderlich. [2]Das Organisationsrecht der Körperschaft oder des Zusammenschlusses bestimmt, ob und unter welchen Voraussetzungen ein Ausgliederungsbeschluß erforderlich ist.

§ 170
Sachgründungsbericht und Gründungsbericht

Auf den Sachgründungsbericht (§ 5 Abs. 4 des Gesetzes betreffend die Gesellschaften mit beschränkter Haftung) ist § 58 Abs. 1, auf den Gründungsbericht (§ 32 des Aktiengesetzes) § 75 Abs. 1 entsprechend anzuwenden.

§ 171
Wirksamwerden der Ausgliederung

Die Wirkungen der Ausgliederung nach § 131 treten mit deren Eintragung in das Register des Sitzes des übernehmenden Rechtsträgers oder mit der Eintragung des neuen Rechtsträgers ein.

§ 172
Haftung der Körperschaft oder des Zusammenschlusses

[1]Durch den Übergang der Verbindlichkeiten auf den übernehmenden oder neuen Rechtsträger wird die Körperschaft oder der Zusammenschluß von der Haftung für die Verbindlichkeiten nicht befreit. [2]§ 418 des Bürgerlichen Gesetzbuchs ist nicht anzuwenden.

§ 173
Zeitliche Begrenzung der Haftung für übertragene Verbindlichkeiten

Auf die zeitliche Begrenzung der Haftung für die im Ausgliederungs- und Übernahmevertrag aufgeführten Verbindlichkeiten ist § 157 entsprechend anzuwenden.

Viertes Buch
Vermögensübertragung

Erster Teil
Möglichkeit der Vermögensübertragung

§ 174
Arten der Vermögensübertragung

(1) Ein Rechtsträger (übertragender Rechtsträger) kann unter Auflösung ohne Abwicklung sein Vermögen als Ganzes auf einen anderen bestehenden Rechtsträger (übernehmender Rechtsträger) gegen Gewährung einer Gegenleistung an die Anteilsinhaber des übertragenden Rechtsträgers, die nicht in Anteilen oder Mitgliedschaften besteht, übertragen (Vollübertragung).

(2) Ein Rechtsträger (übertragender Rechtsträger) kann

Anhang 9
Umwandlungsgesetz (UmwG)

1. unter Auflösung ohne Abwicklung sein Vermögen aufspalten durch gleichzeitige Übertragung der Vermögensteile jeweils als Gesamtheit auf andere bestehende Rechtsträger,
2. von seinem Vermögen einen Teil oder mehrere Teile abspalten durch Übertragung dieses Teils oder dieser Teile jeweils als Gesamtheit auf einen oder mehrere bestehende Rechtsträger oder
3. aus seinem Vermögen einen Teil oder mehrere Teile ausgliedern durch Übertragung dieses Teils oder dieser Teile jeweils als Gesamtheit auf einen oder mehrere bestehende Rechtsträger

gegen Gewährung der in Absatz 1 bezeichneten Gegenleistung in den Fällen der Nummer 1 oder 2 an die Anteilsinhaber des übertragenden Rechtsträgers, im Falle der Nummer 3 an den übertragenden Rechtsträger (Teilübertragung).

§ 175
Beteiligte Rechtsträger

Eine Vollübertragung ist oder Teilübertragungen sind jeweils nur möglich
1. von einer Kapitalgesellschaft auf den Bund, ein Land, eine Gebietskörperschaft oder einen Zusammenschluß von Gebietskörperschaften;
2. a) von einer Versicherungs-Aktiengesellschaft auf Versicherungsvereine auf Gegenseitigkeit oder auf öffentlich-rechtliche Versicherungsunternehmen;
   b) von einem Versicherungsverein auf Gegenseitigkeit auf Versicherungs-Aktiengesellschaften oder auf öffentlich-rechtliche Versicherungsunternehmen;
   c) von einem öffentlich-rechtlichen Versicherungsunternehmen auf Versicherungs-Aktiengesellschaften oder auf Versicherungsvereine auf Gegenseitigkeit.

Zweiter Teil
Übertragung des Vermögens oder von Vermögensteilen einer Kapitalgesellschaft auf die öffentliche Hand
Erster Abschnitt
Vollübertragung
§ 176
Anwendung der Verschmelzungsvorschriften

(1) Bei einer Vollübertragung nach § 175 Nr. 1 sind auf die übertragende Kapitalgesellschaft die für die Verschmelzung durch Aufnahme einer solchen übertragenden Gesellschaft jeweils geltenden Vorschriften des Zweiten Buches entsprechend anzuwenden, soweit sich aus den folgenden Vorschriften nichts anderes ergibt.

(2) ¹Die Angaben im Übertragungsvertrag nach § 5 Abs. 1 Nr. 4, 5 und 7 entfallen. ²An die Stelle des Registers des Sitzes des übernehmenden Rechtsträgers tritt das Register des Sitzes der übertragenden Gesellschaft. ³An die Stelle des Umtauschverhältnisses der Anteile treten Art und Höhe der Gegenleistung. ⁴An die Stelle des Anspruchs nach § 23 tritt ein Anspruch auf Barabfindung; auf diesen sind § 29 Abs. 1, § 30 und § 34 entsprechend anzuwenden.

(3) ¹Mit der Eintragung der Vermögensübertragung in das Handelsregister des Sitzes der übertragenden Gesellschaft geht deren Vermögen einschließlich der Verbindlichkeiten auf den übernehmenden Rechtsträger über. ²Die übertragende Gesellschaft erlischt; einer besonderen Löschung bedarf es nicht.

(4) Die Beteiligung des übernehmenden Rechtsträgers an der Vermögensübertragung richtet sich nach den für ihn geltenden Vorschriften.

Zweiter Abschnitt
Teilübertragung

§ 177
Anwendung der Spaltungsvorschriften

(1) Bei einer Teilübertragung nach § 175 Nr. 1 sind auf die übertragende Kapitalgesellschaft die für die Aufspaltung, Abspaltung oder Ausgliederung zur Aufnahme von Teilen einer solchen übertragenden Gesellschaft geltenden Vorschriften des Dritten Buches sowie die dort für entsprechend anwendbar erklärten Vorschriften des Zweiten Buches auf den vergleichbaren Vorgang entsprechend anzuwenden, soweit sich aus den folgenden Vorschriften nichts anderes ergibt.

(2) § 176 Abs. 2 bis 4 ist entsprechend anzuwenden. An die Stelle des § 5 Abs. 1 Nr. 4, 5 und 7 tritt § 126 Abs. 1 Nr. 4, 5, 7 und 10.

Dritter Teil
Vermögensübertragung unter Versicherungsunternehmen

Erster Abschnitt
Übertragung des Vermögens einer Aktiengesellschaft auf Versicherungsvereine auf Gegenseitigkeit oder öffentlich-rechtliche Versicherungsunternehmen

Erster Unterabschnitt
Vollübertragung

§ 178
Anwendung der Verschmelzungsvorschriften

(1) Bei einer Vollübertragung nach § 175 Nr. 2 Buchstabe a sind auf die beteiligten Rechtsträger die für die Verschmelzung durch Aufnahme einer Aktiengesellschaft und die für einen übernehmenden Versicherungsverein im Falle der Verschmelzung jeweils geltenden Vorschriften des Zweiten Buches entsprechend anzuwenden, soweit sich aus den folgenden Vorschriften nichts anderes ergibt.

(2) § 176 Abs. 2 bis 4 ist entsprechend anzuwenden.

(3) Das für ein übernehmendes öffentlich-rechtliches Versicherungsunternehmen maßgebende Bundes- oder Landesrecht bestimmt, ob der Vertrag über die Vermögensübertragung zu seiner Wirksamkeit auch der Zustimmung eines anderen als des zur Vertretung befugten Organs des öffentlich-rechtlichen Versicherungsunternehmens oder einer anderen Stelle und welcher Erfordernisse die Zustimmung bedarf.

Zweiter Unterabschnitt
Teilübertragung

§ 179
Anwendung der Spaltungsvorschriften

(1) Bei einer Teilübertragung nach § 175 Nr. 2 Buchstabe a sind auf die beteiligten Rechtsträger die für die Aufspaltung, Abspaltung oder Ausgliederung zur Aufnahme von Teilen einer Aktiengesellschaft und die für übernehmende Versicherungsvereine auf Gegenseitigkeit im Falle der Aufspaltung, Abspaltung oder Ausgliederung von Vermögensteilen geltenden Vorschriften des Dritten Buches und die dort für entsprechend anwendbar erklärten Vorschriften des Zweiten Buches auf den vergleichbaren Vorgang entsprechend anzuwenden, soweit sich aus den folgenden Vorschriften nichts anderes ergibt.

(2) § 176 Abs. 2 bis 4 sowie § 178 Abs. 3 sind entsprechend anzuwenden.

Zweiter Abschnitt
Übertragung des Vermögens eines Versicherungsvereins auf Gegenseitigkeit auf Aktiengesellschaften oder öffentlich-rechtliche Versicherungsunternehmen

Erster Unterabschnitt
Vollübertragung

§ 180
Anwendung der Verschmelzungsvorschriften

(1) Bei einer Vollübertragung nach § 175 Nr. 2 Buchstabe b sind auf die beteiligten Rechtsträger die für die Verschmelzung durch Aufnahme eines Versicherungsvereins und die für eine übernehmende Aktiengesellschaft im Falle der Verschmelzung jeweils geltenden Vorschriften des Zweiten Buches entsprechend anzuwenden, soweit sich aus den folgenden Vorschriften nichts anderes ergibt.

(2) § 176 Abs. 2 bis 4 sowie § 178 Abs. 3 sind entsprechend anzuwenden.

(3) Hat ein Mitglied oder ein Dritter nach der Satzung des Vereins ein unentziehbares Recht auf den Abwicklungsüberschuß oder einen Teil davon, so bedarf der Beschluß über die Vermögensübertragung der Zustimmung des Mitglieds oder des Dritten; die Zustimmung muß notariell beurkundet werden.

§ 181 Gewährung der Gegenleistung

(1) Der übernehmende Rechtsträger ist zur Gewährung einer angemessenen Gegenleistung verpflichtet, wenn dies unter Berücksichtigung der Vermögens- und Ertragslage des übertragenden Vereins im Zeitpunkt der Beschlußfassung der obersten Vertretung gerechtfertigt ist.

(2) [1]In dem Beschluß, durch den dem Übertragungsvertrag zugestimmt wird, ist zu bestimmen, daß bei der Verteilung der Gegenleistung jedes Mitglied zu berücksichtigen ist, das dem Verein seit mindestens drei Monaten vor dem Beschluß angehört hat. [2]Ferner sind in dem Beschluß die Maßstäbe festzusetzen, nach denen die Gegenleistung auf die Mitglieder zu verteilen ist.

(3) [1]Jedes berechtigte Mitglied erhält eine Gegenleistung in gleicher Höhe. [2]Eine andere Verteilung kann nur nach einem oder mehreren der folgenden Maßstäbe festgesetzt werden:
1. die Höhe der Versicherungssumme,
2. die Höhe der Beiträge,
3. die Höhe der Deckungsrückstellung in der Lebensversicherung,
4. der in der Satzung des Vereins bestimmte Maßstab für die Verteilung des Überschusses,
5. der in der Satzung des Vereins bestimmte Maßstab für die Verteilung des Vermögens,
6. die Dauer der Mitgliedschaft.

(4) Ist eine Gegenleistung entgegen Absatz 1 nicht vereinbart worden, so ist sie auf Antrag vom Gericht zu bestimmen; § 30 Abs. 1 und § 34 sind entsprechend anzuwenden.

§ 182
Unterrichtung der Mitglieder

[1]Sobald die Vermögensübertragung wirksam geworden ist, hat das Vertretungsorgan des übernehmenden Rechtsträgers allen Mitgliedern, die dem Verein seit mindestens drei Monaten vor dem Beschluß der obersten Vertretung über die Vermögensübertragung angehört haben, den Wortlaut des Vertrags in Textform mitzuteilen. [2]In der Mitteilung ist auf die Möglichkeit hinzuweisen, die gerichtliche Bestimmung der angemessenen Gegenleistung zu verlangen.

Anhang 9
Umwandlungsgesetz (UmwG)

§ 183
Bestellung eines Treuhänders

(1) [1]Ist für die Vermögensübertragung eine Gegenleistung vereinbart worden, so hat der übertragende Verein einen Treuhänder für deren Empfang zu bestellen. [2]Die Vermögensübertragung darf erst eingetragen werden, wenn der Treuhänder dem Gericht angezeigt hat, daß er im Besitz der Gegenleistung ist.

(2) [1]Bestimmt das Gericht nach § 181 Abs. 4 die Gegenleistung, so hat es von Amts wegen einen Treuhänder für deren Empfang zu bestellen. [2]Die Gegenleistung steht zu gleichen Teilen den Mitgliedern zu, die dem Verein seit mindestens drei Monaten vor dem Beschluß der obersten Vertretung über die Vermögensübertragung angehört haben. [3]§ 26 Abs. 4 ist entsprechend anzuwenden.

Zweiter Unterabschnitt
Teilübertragung

§ 184
Anwendung der Spaltungsvorschriften

(1) Bei einer Teilübertragung nach § 175 Nr. 2 Buchstabe b sind auf die beteiligten Rechtsträger die für die Aufspaltung, Abspaltung oder Ausgliederung zur Aufnahme von Teilen eines Versicherungsvereins auf Gegenseitigkeit und die für übernehmende Aktiengesellschaften im Falle der Aufspaltung, Abspaltung oder Ausgliederung geltenden Vorschriften des Dritten Buches und die dort für entsprechend anwendbar erklärten Vorschriften des Zweiten Buches auf den vergleichbaren Vorgang entsprechend anzuwenden, soweit sich aus den folgenden Vorschriften nichts anderes ergibt.

(2) § 176 Abs. 2 bis 4 sowie § 178 Abs. 3 sind entsprechend anzuwenden.

Dritter Abschnitt
Übertragung des Vermögens eines kleineren Versicherungsvereins auf Gegenseitigkeit auf eine Aktiengesellschaft oder auf ein öffentlich-rechtliches Versicherungsunternehmen

§ 185
Möglichkeit der Vermögensübertragung

Ein kleinerer Versicherungsverein auf Gegenseitigkeit kann sein Vermögen nur im Wege der Vollübertragung auf eine Versicherungs-Aktiengesellschaft oder auf ein öffentlich-rechtliches Versicherungsunternehmen übertragen.

§ 186
Anzuwendende Vorschriften

[1]Auf die Vermögensübertragung sind die Vorschriften des Zweiten Abschnitts entsprechend anzuwenden. [2]Dabei treten bei kleineren Vereinen an die Stelle der Anmeldung zur Eintragung in das Register der Antrag an die Aufsichtsbehörde auf Genehmigung, an die Stelle der Eintragung in das Register und ihrer Bekanntmachung die Bekanntmachung im Bundesanzeiger nach § 187.

§ 187
Bekanntmachung der Vermögensübertragung

Sobald die Vermögensübertragung von allen beteiligten Aufsichtsbehörden genehmigt worden ist, macht bei einer Vermögensübertragung auf ein öffentlich-rechtliches Versicherungsunternehmen die für den übertragenden kleineren Verein zuständige Aufsichtsbehörde die Vermögensübertragung und ihre Genehmigung im Bundesanzeiger bekannt.

Vierter Abschnitt
Übertragung des Vermögens eines öffentlich-rechtlichen Versicherungsunternehmens auf Aktiengesellschaften oder Versicherungsvereine auf Gegenseitigkeit

Erster Unterabschnitt
Vollübertragung

§ 188
Anwendung der Verschmelzungsvorschriften

(1) Bei einer Vollübertragung nach § 175 Nr. 2 Buchstabe c sind auf die übernehmenden Rechtsträger die für die Verschmelzung durch Aufnahme geltenden Vorschriften des Zweiten Buches sowie auf das übertragende Versicherungsunternehmen § 176 Abs. 3 entsprechend anzuwenden, soweit sich aus den folgenden Vorschriften nichts anderes ergibt.

(2) § 176 Abs. 2 und 4 sowie § 178 Abs. 3 sind entsprechend anzuwenden.

(3) ¹An die Stelle der Anmeldung zur Eintragung in das Register treten bei den öffentlich-rechtlichen Versicherungsunternehmen der Antrag an die Aufsichtsbehörde auf Genehmigung, an die Stelle der Eintragung in das Register und ihrer Bekanntmachung die Bekanntmachung nach Satz 2. ²Die für das öffentlich-rechtliche Versicherungsunternehmen zuständige Aufsichtsbehörde macht, sobald die Vermögensübertragung von allen beteiligten Aufsichtsbehörden genehmigt worden ist, die Übertragung und ihre Genehmigung im Bundesanzeiger bekannt.

Zweiter Unterabschnitt
Teilübertragung

§ 189
Anwendung der Spaltungsvorschriften

(1) Bei einer Teilübertragung nach § 175 Nr. 2 Buchstabe c sind auf die übernehmenden Rechtsträger die für die Aufspaltung, Abspaltung oder Ausgliederung zur Aufnahme geltenden Vorschriften des Dritten Buches und die dort für entsprechend anwendbar erklärten Vorschriften des Zweiten Buches auf den vergleichbaren Vorgang sowie auf das übertragende Versicherungsunternehmen § 176 Abs. 3 entsprechend anzuwenden, soweit sich aus den folgenden Vorschriften nichts anderes ergibt.

(2) § 176 Abs. 2 und 4, § 178 Abs. 3 sowie § 188 Abs. 3 sind entsprechend anzuwenden.

Fünftes Buch
Formwechsel

Erster Teil
Allgemeine Vorschriften

§ 190
Allgemeiner Anwendungsbereich

(1) Ein Rechtsträger kann durch Formwechsel eine andere Rechtsform erhalten.

(2) Soweit nicht in diesem Buch etwas anderes bestimmt ist, gelten die Vorschriften über den Formwechsel nicht für Änderungen der Rechtsform, die in anderen Gesetzen vorgesehen oder zugelassen sind.

§ 191
Einbezogene Rechtsträger

(1) Formwechselnde Rechtsträger können sein:

Anhang 9
Umwandlungsgesetz (UmwG)

1. Personenhandelsgesellschaften (§ 3 Abs. 1 Nr. 1) und Partnerschaftsgesellschaften;
2. Kapitalgesellschaften (§ 3 Abs. 1 Nr. 2);
3. eingetragene Genossenschaften;
4. rechtsfähige Vereine;
5. Versicherungsvereine auf Gegenseitigkeit;
6. Körperschaften und Anstalten des öffentlichen Rechts.

(2) Rechtsträger neuer Rechtsform können sein:
1. Gesellschaften des bürgerlichen Rechts;
2. Personenhandelsgesellschaften und Partnerschaftsgesellschaften;
3. Kapitalgesellschaften;
4. eingetragene Genossenschaften.

(3) Der Formwechsel ist auch bei aufgelösten Rechtsträgern möglich, wenn ihre Fortsetzung in der bisherigen Rechtsform beschlossen werden könnte.

§ 192
Umwandlungsbericht

(1) [1]Das Vertretungsorgan des formwechselnden Rechtsträgers hat einen ausführlichen schriftlichen Bericht zu erstatten, in dem der Formwechsel und insbesondere die künftige Beteiligung der Anteilsinhaber an dem Rechtsträger rechtlich und wirtschaftlich erläutert und begründet werden (Umwandlungsbericht). [2]§ 8 Abs. 1 Satz 2 bis 4 und Abs. 2 ist entsprechend anzuwenden. [3]Der Umwandlungsbericht muß einen Entwurf des Umwandlungsbeschlusses enthalten.

(2) [1]Ein Umwandlungsbericht ist nicht erforderlich, wenn an dem formwechselnden Rechtsträger nur ein Anteilsinhaber beteiligt ist oder wenn alle Anteilsinhaber auf seine Erstattung verzichten. [2]Die Verzichtserklärungen sind notariell zu beurkunden.

§ 193
Umwandlungsbeschluß

(1) [1]Für den Formwechsel ist ein Beschluß der Anteilsinhaber des formwechselnden Rechtsträgers (Umwandlungsbeschluß) erforderlich. [2]Der Beschluß kann nur in einer Versammlung der Anteilsinhaber gefaßt werden.

(2) Ist die Abtretung der Anteile des formwechselnden Rechtsträgers von der Genehmigung einzelner Anteilsinhaber abhängig, so bedarf der Umwandlungsbeschluß zu seiner Wirksamkeit ihrer Zustimmung.

(3) [1]Der Umwandlungsbeschluß und die nach diesem Gesetz erforderlichen Zustimmungserklärungen einzelner Anteilsinhaber einschließlich der erforderlichen Zustimmungserklärungen nicht erschienener Anteilsinhaber müssen notariell beurkundet werden. [2]Auf Verlangen ist jedem Anteilsinhaber auf seine Kosten unverzüglich eine Abschrift der Niederschrift des Beschlusses zu erteilen.

§ 194
Inhalt des Umwandlungsbeschlusses

(1) In dem Umwandlungsbeschluß müssen mindestens bestimmt werden:
1. die Rechtsform, die der Rechtsträger durch den Formwechsel erlangen soll;
2. der Name oder die Firma des Rechtsträgers neuer Rechtsform;
3. eine Beteiligung der bisherigen Anteilsinhaber an dem Rechtsträger nach den für die neue Rechtsform geltenden Vorschriften, soweit ihre Beteiligung nicht nach diesem Buch entfällt;

4. Zahl, Art und Umfang der Anteile oder der Mitgliedschaften, welche die Anteilsinhaber durch den Formwechsel erlangen sollen oder die einem beitretenden persönlich haftenden Gesellschafter eingeräumt werden sollen;
5. die Rechte, die einzelnen Anteilsinhabern sowie den Inhabern besonderer Rechte wie Anteile ohne Stimmrecht, Vorzugsaktien, Mehrstimmrechtsaktien, Schuldverschreibungen und Genußrechte in dem Rechtsträger gewährt werden sollen, oder die Maßnahmen, die für diese Personen vorgesehen sind;
6. ein Abfindungsangebot nach § 207, sofern nicht der Umwandlungsbeschluß zu seiner Wirksamkeit der Zustimmung aller Anteilsinhaber bedarf oder an dem formwechselnden Rechtsträger nur ein Anteilsinhaber beteiligt ist;
7. die Folgen des Formwechsels für die Arbeitnehmer und ihre Vertretungen sowie die insoweit vorgesehenen Maßnahmen.

(2) Der Entwurf des Umwandlungsbeschlusses ist spätestens einen Monat vor dem Tage der Versammlung der Anteilsinhaber, die den Formwechsel beschließen soll, dem zuständigen Betriebsrat des formwechselnden Rechtsträgers zuzuleiten.

§ 195
Befristung und Ausschluß von Klagen gegen den Umwandlungsbeschluß

(1) Eine Klage gegen die Wirksamkeit des Umwandlungsbeschlusses muß binnen eines Monats nach der Beschlußfassung erhoben werden.

(2) Eine Klage gegen die Wirksamkeit des Umwandlungsbeschlusses kann nicht darauf gestützt werden, daß die in dem Beschluß bestimmten Anteile an dem Rechtsträger neuer Rechtsform zu niedrig bemessen sind oder daß die Mitgliedschaft kein ausreichender Gegenwert für die Anteile oder die Mitgliedschaft bei dem formwechselnden Rechtsträger ist.

§ 196
Verbesserung des Beteiligungsverhältnisses

[1]Sind die in dem Umwandlungsbeschluß bestimmten Anteile an dem Rechtsträger neuer Rechtsform zu niedrig bemessen oder ist die Mitgliedschaft bei diesem kein ausreichender Gegenwert für die Anteile oder die Mitgliedschaft bei dem formwechselnden Rechtsträger, so kann jeder Anteilsinhaber, dessen Recht, gegen die Wirksamkeit des Umwandlungsbeschlusses Klage zu erheben, nach § 195 Abs. 2 ausgeschlossen ist, von dem Rechtsträger einen Ausgleich durch bare Zuzahlung verlangen. [2]Die angemessene Zuzahlung wird auf Antrag durch das Gericht nach den Vorschriften des Spruchverfahrensgesetzes bestimmt. [3]§ 15 Abs. 2 ist entsprechend anzuwenden.

§ 197
Anzuwendende Gründungsvorschriften

[1]Auf den Formwechsel sind die für die neue Rechtsform geltenden Gründungsvorschriften anzuwenden, soweit sich aus diesem Buch nichts anderes ergibt. [2]Vorschriften, die für die Gründung eine Mindestzahl der Gründer vorschreiben, sowie die Vorschriften über die Bildung und Zusammensetzung des ersten Aufsichtsrats sind nicht anzuwenden. [3]Beim Formwechsel eines Rechtsträgers in eine Aktiengesellschaft ist § 31 des Aktiengesetzes anwendbar.

§ 198
Anmeldung des Formwechsels

(1) Die neue Rechtsform des Rechtsträgers ist zur Eintragung in das Register, in dem der formwechselnde Rechtsträger eingetragen ist, anzumelden.

(2) [1]Ist der formwechselnde Rechtsträger nicht in einem Register eingetragen, so ist der Rechtsträger neuer Rechtsform bei dem zuständigen Gericht zur Eintragung in das für die neue Rechts-

form maßgebende Register anzumelden. ²Das gleiche gilt, wenn sich durch den Formwechsel die Art des für den Rechtsträger maßgebenden Registers ändert oder durch eine mit dem Formwechsel verbundene Sitzverlegung die Zuständigkeit eines anderen Registergerichts begründet wird. ³Im Falle des Satzes 2 ist die Umwandlung auch zur Eintragung in das Register anzumelden, in dem der formwechselnde Rechtsträger eingetragen ist. ⁴Diese Eintragung ist mit dem Vermerk zu versehen, daß die Umwandlung erst mit der Eintragung des Rechtsträgers neuer Rechtsform in das für diese maßgebende Register wirksam wird, sofern die Eintragungen in den Registern aller beteiligten Rechtsträger nicht am selben Tag erfolgen. ⁵Der Rechtsträger neuer Rechtsform darf erst eingetragen werden, nachdem die Umwandlung nach den Sätzen 3 und 4 eingetragen worden ist.

(3) § 16 Abs. 2 und 3 ist entsprechend anzuwenden.

§ 199
Anlagen der Anmeldung

Der Anmeldung der neuen Rechtsform oder des Rechtsträgers neuer Rechtsform sind in Ausfertigung oder öffentlich beglaubigter Abschrift oder, soweit sie nicht notariell zu beurkunden sind, in Urschrift oder Abschrift außer den sonst erforderlichen Unterlagen auch die Niederschrift des Umwandlungsbeschlusses, die nach diesem Gesetz erforderlichen Zustimmungserklärungen einzelner Anteilsinhaber einschließlich der Zustimmungserklärungen nicht erschienener Anteilsinhaber, der Umwandlungsbericht oder die Erklärungen über den Verzicht auf seine Erstellung, ein Nachweis über die Zuleitung nach § 194 Abs. 2 beizufügen.

§ 200
Firma oder Name des Rechtsträgers

(1) ¹Der Rechtsträger neuer Rechtsform darf seine bisher geführte Firma beibehalten, soweit sich aus diesem Buch nichts anderes ergibt. ²Zusätzliche Bezeichnungen, die auf die Rechtsform der formwechselnden Gesellschaft hinweisen, dürfen auch dann nicht verwendet werden, wenn der Rechtsträger die bisher geführte Firma beibehält.

(2) Auf eine nach dem Formwechsel beibehaltene Firma ist § 19 des Handelsgesetzbuchs, § 4 des Gesetzes betreffend die Gesellschaften mit beschränkter Haftung, §§ 4, 279 des Aktiengesetzes oder § 3 des Genossenschaftsgesetzes entsprechend anzuwenden.

(3) War an dem formwechselnden Rechtsträger eine natürliche Person beteiligt, deren Beteiligung an dem Rechtsträger neuer Rechtsform entfällt, so darf der Name dieses Anteilsinhabers nur dann in der beibehaltenen bisherigen oder in der neu gebildeten Firma verwendet werden, wenn der betroffene Anteilsinhaber oder dessen Erben ausdrücklich in die Verwendung des Namens einwilligen.

(4) ¹Ist formwechselnder Rechtsträger oder Rechtsträger neuer Rechtsform eine Partnerschaftsgesellschaft, gelten für die Beibehaltung oder Bildung der Firma oder des Namens die Absätze 1 und 3 entsprechend. ²Eine Firma darf als Name einer Partnerschaftsgesellschaft nur unter den Voraussetzungen des § 2 Abs. 1 des Partnerschaftsgesellschaftsgesetzes beibehalten werden. ³§ 1 Abs. 3 und § 11 des Partnerschaftsgesellschaftsgesetzes sind entsprechend anzuwenden.

(5) Durch den Formwechsel in eine Gesellschaft des bürgerlichen Rechts erlischt die Firma der formwechselnden Gesellschaft.

§ 201
Bekanntmachung des Formwechsels

Das für die Anmeldung der neuen Rechtsform oder des Rechtsträgers neuer Rechtsform zuständige Gericht hat die Eintragung der neuen Rechtsform oder des Rechtsträgers neuer Rechtsform nach § 10 des Handelsgesetzbuchs ihrem ganzen Inhalt nach bekanntzumachen.

§ 202
Wirkungen der Eintragung

(1) Die Eintragung der neuen Rechtsform in das Register hat folgende Wirkungen:
1. Der formwechselnde Rechtsträger besteht in der in dem Umwandlungsbeschluß bestimmten Rechtsform weiter.
2. Die Anteilsinhaber des formwechselnden Rechtsträgers sind an dem Rechtsträger nach den für die neue Rechtsform geltenden Vorschriften beteiligt, soweit ihre Beteiligung nicht nach diesem Buch entfällt. ²Rechte Dritter an den Anteilen oder Mitgliedschaften des formwechselnden Rechtsträgers bestehen an den an ihre Stelle tretenden Anteilen oder Mitgliedschaften des Rechtsträgers neuer Rechtsform weiter.
3. Der Mangel der notariellen Beurkundung des Umwandlungsbeschlusses und gegebenenfalls erforderlicher Zustimmungs- oder Verzichtserklärungen einzelner Anteilsinhaber wird geheilt.

(2) Die in Absatz 1 bestimmten Wirkungen treten in den Fällen des § 198 Abs. 2 mit der Eintragung des Rechtsträgers neuer Rechtsform in das Register ein.

(3) Mängel des Formwechsels lassen die Wirkungen der Eintragung der neuen Rechtsform oder des Rechtsträgers neuer Rechtsform in das Register unberührt.

§ 203
Amtsdauer von Aufsichtsratsmitgliedern

¹Wird bei einem Formwechsel bei dem Rechtsträger neuer Rechtsform in gleicher Weise wie bei dem formwechselnden Rechtsträger ein Aufsichtsrat gebildet und zusammengesetzt, so bleiben die Mitglieder des Aufsichtsrats für den Rest ihrer Wahlzeit als Mitglieder des Aufsichtsrats des Rechtsträgers neuer Rechtsform im Amt. ²Die Anteilsinhaber des formwechselnden Rechtsträgers können im Umwandlungsbeschluß für ihre Aufsichtsratsmitglieder die Beendigung des Amtes bestimmen.

§ 204
Schutz der Gläubiger und der Inhaber von Sonderrechten

Auf den Schutz der Gläubiger ist § 22, auf den Schutz der Inhaber von Sonderrechten § 23 entsprechend anzuwenden.

§ 205
Schadenersatzpflicht der Verwaltungsträger des formwechselnden Rechtsträgers

(1) ¹Die Mitglieder des Vertretungsorgans und, wenn ein Aufsichtsorgan vorhanden ist, des Aufsichtsorgans des formwechselnden Rechtsträgers sind als Gesamtschuldner zum Ersatz des Schadens verpflichtet, den der Rechtsträger, seine Anteilsinhaber oder seine Gläubiger durch den Formwechsel erleiden. ²§ 25 Abs. 1 Satz 2 ist entsprechend anzuwenden.

(2) Die Ansprüche nach Absatz 1 verjähren in fünf Jahren seit dem Tage, an dem die anzumeldende Eintragung der neuen Rechtsform oder des Rechtsträgers neuer Rechtsform in das Register bekannt gemacht worden ist.

§ 206
Geltendmachung des Schadenersatzanspruchs

¹Die Ansprüche nach § 205 Abs. 1 können nur durch einen besonderen Vertreter geltend gemacht werden. ²Das Gericht des Sitzes des Rechtsträgers neuer Rechtsform hat einen solchen Vertreter auf Antrag eines Anteilsinhabers oder eines Gläubigers des formwechselnden Rechtsträgers zu bestellen. ³§ 26 Abs. 1 Satz 3 und 4, Abs. 2, Abs. 3 Satz 2 und 3 und Abs. 4 ist entsprechend

anzuwenden; an die Stelle der Blätter für die öffentlichen Bekanntmachungen des übertragenden Rechtsträgers treten die entsprechenden Blätter des Rechtsträgers neuer Rechtsform.

§ 207
Angebot der Barabfindung

(1) ¹Der formwechselnde Rechtsträger hat jedem Anteilsinhaber, der gegen den Umwandlungsbeschluß Widerspruch zur Niederschrift erklärt, den Erwerb seiner umgewandelten Anteile oder Mitgliedschaften gegen eine angemessene Barabfindung anzubieten; § 71 Abs. 4 Satz 2 des Aktiengesetzes ist insoweit nicht anzuwenden. ²Kann der Rechtsträger auf Grund seiner neuen Rechtsform eigene Anteile oder Mitgliedschaften nicht erwerben, so ist die Barabfindung für den Fall anzubieten, daß der Anteilsinhaber sein Ausscheiden aus dem Rechtsträger erklärt. ³Der Rechtsträger hat die Kosten für eine Übertragung zu tragen.

(2) § 29 Abs. 2 ist entsprechend anzuwenden.

§ 208
Inhalt des Anspruchs auf Barabfindung und Prüfung der Barabfindung

Auf den Anspruch auf Barabfindung ist § 30 entsprechend anzuwenden.

§ 209 Annahme des Angebots

¹Das Angebot nach § 207 kann nur binnen zwei Monaten nach dem Tage angenommen werden, an dem die Eintragung der neuen Rechtsform oder des Rechtsträgers neuer Rechtsform in das Register bekannt gemacht worden ist. ²Ist nach § 212 ein Antrag auf Bestimmung der Barabfindung durch das Gericht gestellt worden, so kann das Angebot binnen zwei Monaten nach dem Tage angenommen werden, an dem die Entscheidung im Bundesanzeiger bekanntgemacht worden ist.

§ 210
Ausschluß von Klagen gegen den Umwandlungsbeschluß

Eine Klage gegen die Wirksamkeit des Umwandlungsbeschlusses kann nicht darauf gestützt werden, daß das Angebot nach § 207 zu niedrig bemessen oder daß die Barabfindung im Umwandlungsbeschluß nicht oder nicht ordnungsgemäß angeboten worden ist.

§ 211
Anderweitige Veräußerung

Einer anderweitigen Veräußerung des Anteils durch den Anteilsinhaber stehen nach Fassung des Umwandlungsbeschlusses bis zum Ablauf der in § 209 bestimmten Frist Verfügungsbeschränkungen nicht entgegen.

§ 212
Gerichtliche Nachprüfung der Abfindung

¹Macht ein Anteilsinhaber geltend, daß eine im Umwandlungsbeschluß bestimmte Barabfindung, die ihm nach § 207 Abs. 1 anzubieten war, zu niedrig bemessen sei, so hat auf seinen Antrag das Gericht nach den Vorschriften des Spruchverfahrensgesetzes die angemessene Barabfindung zu bestimmen. ²Das gleiche gilt, wenn die Barabfindung nicht oder nicht ordnungsgemäß angeboten worden ist.

§ 213
Unbekannte Aktionäre

Auf unbekannte Aktionäre ist § 35 entsprechend anzuwenden.

Zweiter Teil
Besondere Vorschriften
Erster Abschnitt
Formwechsel von Personengesellschaften
Erster Unterabschnitt
Formwechsel von Personenhandelsgesellschaften

§ 214
Möglichkeit des Formwechsels

(1) Eine Personenhandelsgesellschaft kann auf Grund eines Umwandlungsbeschlusses nach diesem Gesetz nur die Rechtsform einer Kapitalgesellschaft oder einer eingetragenen Genossenschaft erlangen.

(2) Eine aufgelöste Personenhandelsgesellschaft kann die Rechtsform nicht wechseln, wenn die Gesellschafter nach § 145 des Handelsgesetzbuchs eine andere Art der Auseinandersetzung als die Abwicklung oder als den Formwechsel vereinbart haben.

§ 215
Umwandlungsbericht

Ein Umwandlungsbericht ist nicht erforderlich, wenn alle Gesellschafter der formwechselnden Gesellschaft zur Geschäftsführung berechtigt sind.

§ 216
Unterrichtung der Gesellschafter

Das Vertretungsorgan der formwechselnden Gesellschaft hat allen von der Geschäftsführung ausgeschlossenen Gesellschaftern spätestens zusammen mit der Einberufung der Gesellschafterversammlung, die den Formwechsel beschließen soll, diesen Formwechsel als Gegenstand der Beschlußfassung in Textform anzukündigen und einen nach diesem Buch erforderlichen Umwandlungsbericht sowie ein Abfindungsangebot nach § 207 zu übersenden.

§ 217
Beschluß der Gesellschafterversammlung

(1) [1]Der Umwandlungsbeschluß der Gesellschafterversammlung bedarf der Zustimmung aller anwesenden Gesellschafter; ihm müssen auch die nicht erschienenen Gesellschafter zustimmen. [2]Der Gesellschaftsvertrag der formwechselnden Gesellschaft kann eine Mehrheitsentscheidung der Gesellschafter vorsehen. [3]Die Mehrheit muß mindestens drei Viertel der abgegebenen Stimmen betragen.

(2) Die Gesellschafter, die im Falle einer Mehrheitsentscheidung für den Formwechsel gestimmt haben, sind in der Niederschrift über den Umwandlungsbeschluß namentlich aufzuführen.

(3) Dem Formwechsel in eine Kommanditgesellschaft auf Aktien müssen alle Gesellschafter zustimmen, die in dieser Gesellschaft die Stellung eines persönlich haftenden Gesellschafters haben sollen.

Anhang 9
Umwandlungsgesetz (UmwG)

§ 218
Inhalt des Umwandlungsbeschlusses

(1) ¹In dem Umwandlungsbeschluß muß auch der Gesellschaftsvertrag der Gesellschaft mit beschränkter Haftung oder die Satzung der Genossenschaft enthalten sein oder die Satzung der Aktiengesellschaft oder der Kommanditgesellschaft auf Aktien festgestellt werden. ²Eine Unterzeichnung der Satzung durch die Mitglieder ist nicht erforderlich.

(2) Der Beschluß zur Umwandlung in eine Kommanditgesellschaft auf Aktien muß vorsehen, daß sich an dieser Gesellschaft mindestens ein Gesellschafter der formwechselnden Gesellschaft als persönlich haftender Gesellschafter beteiligt oder daß der Gesellschaft mindestens ein persönlich haftender Gesellschafter beitritt.

(3) ¹Der Beschluß zur Umwandlung in eine Genossenschaft muß die Beteiligung jedes Mitglieds mit mindestens einem Geschäftsanteil vorsehen. ²In dem Beschluß kann auch bestimmt werden, daß jedes Mitglied bei der Genossenschaft mit mindestens einem und im übrigen mit so vielen Geschäftsanteilen, wie sie durch Anrechnung seines Geschäftsguthabens bei dieser Genossenschaft als voll eingezahlt anzusehen sind, beteiligt wird.

§ 219
Rechtsstellung als Gründer

¹Bei der Anwendung der Gründungsvorschriften stehen den Gründern die Gesellschafter der formwechselnden Gesellschaft gleich. ²Im Falle einer Mehrheitsentscheidung treten an die Stelle der Gründer die Gesellschafter, die für den Formwechsel gestimmt haben, sowie beim Formwechsel in eine Kommanditgesellschaft auf Aktien auch beitretende persönlich haftende Gesellschafter.

§ 220
Kapitalschutz

(1) Der Nennbetrag des Stammkapitals einer Gesellschaft mit beschränkter Haftung oder des Grundkapitals einer Aktiengesellschaft oder einer Kommanditgesellschaft auf Aktien darf das nach Abzug der Schulden verbleibende Vermögen der formwechselnden Gesellschaft nicht übersteigen.

(2) In dem Sachgründungsbericht beim Formwechsel in eine Gesellschaft mit beschränkter Haftung oder in dem Gründungsbericht beim Formwechsel in eine Aktiengesellschaft oder in eine Kommanditgesellschaft auf Aktien sind auch der bisherige Geschäftsverlauf und die Lage der formwechselnden Gesellschaft darzulegen.

(3) ¹Beim Formwechsel in eine Aktiengesellschaft oder in eine Kommanditgesellschaft auf Aktien hat die Gründungsprüfung durch einen oder mehrere Prüfer (§ 33 Abs. 2 des Aktiengesetzes) in jedem Fall stattzufinden. ²Die für Nachgründungen in § 52 Abs. 1 des Aktiengesetzes bestimmte Frist von zwei Jahren beginnt mit dem Wirksamwerden des Formwechsels.

§ 221
Beitritt persönlich haftender Gesellschafter

¹Der in einem Beschluß zur Umwandlung in eine Kommanditgesellschaft auf Aktien vorgesehene Beitritt eines Gesellschafters, welcher der formwechselnden Gesellschaft nicht angehört hat, muß notariell beurkundet werden. ²Die Satzung der Kommanditgesellschaft auf Aktien ist von jedem beitretenden persönlich haftenden Gesellschafter zu genehmigen.

§ 222
Anmeldung des Formwechsels

(1) ¹Die Anmeldung nach § 198 einschließlich der Anmeldung der Satzung der Genossenschaft ist durch alle Mitglieder des künftigen Vertretungsorgans sowie, wenn der Rechtsträger nach den für die neue Rechtsform geltenden Vorschriften einen Aufsichtsrat haben muß, auch durch alle Mit-

glieder dieses Aufsichtsrats vorzunehmen. ²Zugleich mit der Genossenschaft sind die Mitglieder ihres Vorstandes zur Eintragung in das Register anzumelden.

(2) Ist der Rechtsträger neuer Rechtsform eine Aktiengesellschaft oder eine Kommanditgesellschaft auf Aktien, so haben die Anmeldung nach Absatz 1 auch alle Gesellschafter vorzunehmen, die nach § 219 den Gründern dieser Gesellschaft gleichstehen.

(3) Die Anmeldung der Umwandlung zur Eintragung in das Register nach § 198 Abs. 2 Satz 3 kann auch von den zur Vertretung der formwechselnden Gesellschaft ermächtigten Gesellschaftern vorgenommen werden.

§ 223
Anlagen der Anmeldung

Der Anmeldung der neuen Rechtsform oder des Rechtsträgers neuer Rechtsform sind beim Formwechsel in eine Kommanditgesellschaft auf Aktien außer den sonst erforderlichen Unterlagen auch die Urkunden über den Beitritt aller beitretenden persönlich haftenden Gesellschafter in Ausfertigung oder öffentlich beglaubigter Abschrift beizufügen.

§ 224
Fortdauer und zeitliche Begrenzung der persönlichen Haftung

(1) Der Formwechsel berührt nicht die Ansprüche der Gläubiger der Gesellschaft gegen einen ihrer Gesellschafter aus Verbindlichkeiten der formwechselnden Gesellschaft, für die dieser im Zeitpunkt des Formwechsels nach § 128 des Handelsgesetzbuchs persönlich haftet.

(2) Der Gesellschafter haftet für diese Verbindlichkeiten, wenn sie vor Ablauf von fünf Jahren nach dem Formwechsel fällig und daraus Ansprüche gegen ihn in einer in § 197 Abs. 1 Nr. 3 bis 5 des Bürgerlichen Gesetzbuchs bezeichneten Art festgestellt sind oder eine gerichtliche oder behördliche Vollstreckungshandlung vorgenommen oder beantragt wird; bei öffentlich-rechtlichen Verbindlichkeiten genügt der Erlass eines Verwaltungsakts.

(3) ¹Die Frist beginnt mit dem Tage, an dem die Eintragung der neuen Rechtsform oder des Rechtsträgers neuer Rechtsform in das Register bekannt gemacht worden ist. ²Die für die Verjährung geltenden §§ 204, 206, 210, 211 und 212 Abs. 2 und 3 des Bürgerlichen Gesetzbuchs sind entsprechend anzuwenden.

(4) Einer Feststellung in einer in § 197 Abs. 1 Nr. 3 bis 5 des Bürgerlichen Gesetzbuchs bezeichneten Art bedarf es nicht, soweit der Gesellschafter den Anspruch schriftlich anerkannt hat.

(5) Die Absätze 1 bis 4 sind auch anzuwenden, wenn der Gesellschafter in dem Rechtsträger anderer Rechtsform geschäftsführend tätig wird.

§ 225
Prüfung des Abfindungsangebots

¹Im Falle des § 217 Abs. 1 Satz 2 ist die Angemessenheit der angebotenen Barabfindung nach § 208 in Verbindung mit § 30 Abs. 2 nur auf Verlangen eines Gesellschafters zu prüfen. ²Die Kosten trägt die Gesellschaft.

Zweiter Unterabschnitt
Formwechsel von Partnerschaftsgesellschaften

§ 225a
Möglichkeit des Formwechsels

Eine Partnerschaftsgesellschaft kann auf Grund eines Umwandlungsbeschlusses nach diesem Gesetz nur die Rechtsform einer Kapitalgesellschaft oder einer eingetragenen Genossenschaft erlangen.

§ 225b
Umwandlungsbericht und Unterrichtung der Partner

[1]Ein Umwandlungsbericht ist nur erforderlich, wenn ein Partner der formwechselnden Partnerschaft gemäß § 6 Abs. 2 des Partnerschaftsgesellschaftsgesetzes von der Geschäftsführung ausgeschlossen ist. [2]Von der Geschäftsführung ausgeschlossene Partner sind entsprechend § 216 zu unterrichten.

§ 225c
Anzuwendende Vorschriften

Auf den Formwechsel einer Partnerschaftsgesellschaft sind § 214 Abs. 2 und die §§ 217 bis 225 entsprechend anzuwenden.

Zweiter Abschnitt
Formwechsel von Kapitalgesellschaften

Erster Unterabschnitt
Allgemeine Vorschriften

§ 226
Möglichkeit des Formwechsels

Eine Kapitalgesellschaft kann auf Grund eines Umwandlungsbeschlusses nach diesem Gesetz nur die Rechtsform einer Gesellschaft des bürgerlichen Rechts, einer Personenhandelsgesellschaft, einer Partnerschaftsgesellschaft, einer anderen Kapitalgesellschaft oder einer eingetragenen Genossenschaft erlangen.

§ 227 Nicht anzuwendende Vorschriften

Die §§ 207 bis 212 sind beim Formwechsel einer Kommanditgesellschaft auf Aktien nicht auf deren persönlich haftende Gesellschafter anzuwenden.

Zweiter Unterabschnitt Formwechsel in eine Personengesellschaft
§ 228 Möglichkeit des Formwechsels

(1) Durch den Formwechsel kann eine Kapitalgesellschaft die Rechtsform einer Personenhandelsgesellschaft nur erlangen, wenn der Unternehmensgegenstand im Zeitpunkt des Wirksamwerdens des Formwechsels den Vorschriften über die Gründung einer offenen Handelsgesellschaft (§ 105 Abs. 1 und 2 des Handelsgesetzbuchs) genügt.

(2) [1]Ein Formwechsel in eine Partnerschaftsgesellschaft ist nur möglich, wenn im Zeitpunkt seines Wirksamwerdens alle Anteilsinhaber des formwechselnden Rechtsträgers natürliche Personen sind, die einen Freien Beruf ausüben (§ 1 Abs. 1 und 2 des Partnerschaftsgesellschaftsgesetzes). [2]§ 1 Abs. 3 des Partnerschaftsgesellschaftsgesetzes bleibt unberührt.

§ 229
(weggefallen)

§ 230
Vorbereitung der Versammlung der Anteilsinhaber

(1) Die Geschäftsführer einer formwechselnden Gesellschaft mit beschränkter Haftung haben allen Gesellschaftern spätestens zusammen mit der Einberufung der Gesellschafterversammlung, die den Formwechsel beschließen soll, diesen Formwechsel als Gegenstand der Beschlußfassung in Textform anzukündigen und den Umwandlungsbericht zu übersenden.

(2) [1]Der Umwandlungsbericht einer Aktiengesellschaft oder einer Kommanditgesellschaft auf Aktien ist von der Einberufung der Hauptversammlung an, die den Formwechsel beschließen soll, in dem Geschäftsraum der Gesellschaft zur Einsicht der Aktionäre auszulegen. [2]Auf Verlangen ist jedem Aktionär und jedem von der Geschäftsführung ausgeschlossenen persönlich haftenden Gesellschafter unverzüglich und kostenlos eine Abschrift des Umwandlungsberichts zu erteilen. [3]Der Umwandlungsbericht kann dem Aktionär und dem von der Geschäftsführung ausgeschlossenen persönlich haftenden Gesellschafter mit seiner Einwilligung auf dem Wege elektronischer Kommunikation übermittelt werden. [4]Die Verpflichtungen nach den Sätzen 1 und 2 entfallen, wenn der Umwandlungsbericht für denselben Zeitraum über die Internetseite der Gesellschaft zugänglich ist.

§ 231
Mitteilung des Abfindungsangebots

[1]Das Vertretungsorgan der formwechselnden Gesellschaft hat den Gesellschaftern oder Aktionären spätestens zusammen mit der Einberufung der Gesellschafterversammlung oder der Hauptversammlung, die den Formwechsel beschließen soll, das Abfindungsangebot nach § 207 zu übersenden. [2]Der Übersendung steht es gleich, wenn das Abfindungsangebot im Bundesanzeiger und den sonst bestimmten Gesellschaftsblättern bekanntgemacht wird.

§ 232
Durchführung der Versammlung der Anteilsinhaber

(1) [1]In der Gesellschafterversammlung oder in der Hauptversammlung, die den Formwechsel beschließen soll, ist der Umwandlungsbericht auszulegen. [2]In der Hauptversammlung kann der Umwandlungsbericht auch auf andere Weise zugänglich gemacht werden.

(2) Der Entwurf des Umwandlungsbeschlusses einer Aktiengesellschaft oder einer Kommanditgesellschaft auf Aktien ist von deren Vertretungsorgan zu Beginn der Verhandlung mündlich zu erläutern.

§ 233
Beschluß der Versammlung der Anteilsinhaber

(1) Der Umwandlungsbeschluß der Gesellschafterversammlung oder der Hauptversammlung bedarf, wenn die formwechselnde Gesellschaft die Rechtsform einer Gesellschaft des bürgerlichen Rechts, einer offenen Handelsgesellschaft oder einer Partnerschaftsgesellschaft erlangen soll, der Zustimmung aller anwesenden Gesellschafter oder Aktionäre; ihm müssen auch die nicht erschienenen Anteilsinhaber zustimmen.

(2) [1]Soll die formwechselnde Gesellschaft in eine Kommanditgesellschaft umgewandelt werden, so bedarf der Umwandlungsbeschluß einer Mehrheit von mindestens drei Vierteln der bei der Gesellschafterversammlung einer Gesellschaft mit beschränkter Haftung abgegebenen Stimmen oder des bei der Beschlußfassung einer Aktiengesellschaft oder einer Kommanditgesellschaft auf Aktien

Anhang 9
Umwandlungsgesetz (UmwG)

vertretenen Grundkapitals; § 50 Abs. 2 und § 65 Abs. 2 sind entsprechend anzuwenden. [2]Der Gesellschaftsvertrag oder die Satzung der formwechselnden Gesellschaft kann eine größere Mehrheit und weitere Erfordernisse bestimmen. [3]Dem Formwechsel müssen alle Gesellschafter oder Aktionäre zustimmen, die in der Kommanditgesellschaft die Stellung eines persönlich haftenden Gesellschafters haben sollen.

(3) [1]Dem Formwechsel einer Kommanditgesellschaft auf Aktien müssen ferner deren persönlich haftende Gesellschafter zustimmen. [2]Die Satzung der formwechselnden Gesellschaft kann für den Fall des Formwechsels in eine Kommanditgesellschaft eine Mehrheitsentscheidung dieser Gesellschafter vorsehen. [3]Jeder dieser Gesellschafter kann sein Ausscheiden aus dem Rechtsträger für den Zeitpunkt erklären, in dem der Formwechsel wirksam wird.

§ 234
Inhalt des Umwandlungsbeschlusses

In dem Umwandlungsbeschluß müssen auch enthalten sein:
1. die Bestimmung des Sitzes der Personengesellschaft;
2. beim Formwechsel in eine Kommanditgesellschaft die Angabe der Kommanditisten sowie des Betrages der Einlage eines jeden von ihnen;
3. der Gesellschaftsvertrag der Personengesellschaft. [2]Beim Formwechsel in eine Partnerschaftsgesellschaft ist § 213 auf den Partnerschaftsvertrag nicht anzuwenden.

§ 235
Anmeldung des Formwechsels

(1) [1]Beim Formwechsel in eine Gesellschaft des bürgerlichen Rechts ist statt der neuen Rechtsform die Umwandlung der Gesellschaft zur Eintragung in das Register, in dem die formwechselnde Gesellschaft eingetragen ist, anzumelden. [2]§ 198 Abs. 2 ist nicht anzuwenden.

(2) Die Anmeldung nach Absatz 1 oder nach § 198 ist durch das Vertretungsorgan der formwechselnden Gesellschaft vorzunehmen.

§ 236
Wirkungen des Formwechsels

Mit dem Wirksamwerden des Formwechsels einer Kommanditgesellschaft auf Aktien scheiden persönlich haftende Gesellschafter, die nach § 233 Abs. 3 Satz 3 ihr Ausscheiden aus dem Rechtsträger erklärt haben, aus der Gesellschaft aus.

§ 237
Fortdauer und zeitliche Begrenzung der persönlichen Haftung

Erlangt ein persönlich haftender Gesellschafter einer formwechselnden Kommanditgesellschaft auf Aktien beim Formwechsel in eine Kommanditgesellschaft die Rechtsstellung eines Kommanditisten, so ist auf seine Haftung für die im Zeitpunkt des Formwechsels begründeten Verbindlichkeiten der formwechselnden Gesellschaft § 224 entsprechend anzuwenden.

Dritter Unterabschnitt
Formwechsel in eine Kapitalgesellschaft anderer Rechtsform
§ 238
Vorbereitung der Versammlung der Anteilsinhaber

[1]Auf die Vorbereitung der Gesellschafterversammlung oder der Hauptversammlung, die den Formwechsel beschließen soll, sind die §§ 230 und 231 entsprechend anzuwenden. [2]§ 192 Abs. 2 bleibt unberührt.

§ 239
Durchführung der Versammlung der Anteilsinhaber

(1) [1]In der Gesellschafterversammlung oder in der Hauptversammlung, die den Formwechsel beschließen soll, ist der Umwandlungsbericht auszulegen. [2]In der Hauptversammlung kann der Umwandlungsbericht auch auf andere Weise zugänglich gemacht werden.
(2) Der Entwurf des Umwandlungsbeschlusses einer Aktiengesellschaft oder einer Kommanditgesellschaft auf Aktien ist von deren Vertretungsorgan zu Beginn der Verhandlung mündlich zu erläutern.

§ 240
Beschluß der Versammlung der Anteilsinhaber

(1) [1]Der Umwandlungsbeschluß bedarf einer Mehrheit von mindestens drei Vierteln der bei der Gesellschafterversammlung einer Gesellschaft mit beschränkter Haftung abgegebenen Stimmen oder des bei der Beschlußfassung einer Aktiengesellschaft oder einer Kommanditgesellschaft auf Aktien vertretenen Grundkapitals; § 65 Abs. 2 ist entsprechend anzuwenden. [2]Der Gesellschaftsvertrag oder die Satzung der formwechselnden Gesellschaft kann eine größere Mehrheit und weitere Erfordernisse, beim Formwechsel einer Kommanditgesellschaft auf Aktien in eine Aktiengesellschaft auch eine geringere Mehrheit bestimmen.
(2) [1]Dem Formwechsel einer Gesellschaft mit beschränkter Haftung oder einer Aktiengesellschaft in eine Kommanditgesellschaft auf Aktien müssen alle Gesellschafter oder Aktionäre zustimmen, die in der Gesellschaft neuer Rechtsform die Stellung eines persönlich haftenden Gesellschafters haben sollen. [2]Auf den Beitritt persönlich haftender Gesellschafter ist § 221 entsprechend anzuwenden.
(3) [1]Dem Formwechsel einer Kommanditgesellschaft auf Aktien müssen ferner deren persönlich haftende Gesellschafter zustimmen. [2]Die Satzung der formwechselnden Gesellschaft kann eine Mehrheitsentscheidung dieser Gesellschafter vorsehen.

§ 241
Zustimmungserfordernisse beim Formwechsel einer Gesellschaft mit beschränkter Haftung

(1) Werden durch den Umwandlungsbeschluß einer formwechselnden Gesellschaft mit beschränkter Haftung die Aktien in der Satzung der Aktiengesellschaft oder der Kommanditgesellschaft auf Aktien auf einen höheren als den Mindestbetrag nach § 8 Abs. 2 oder 3 des Aktiengesetzes und abweichend vom Nennbetrag der Geschäftsanteile der formwechselnden Gesellschaft gestellt, so muß dem jeder Gesellschafter zustimmen, der sich nicht dem Gesamtnennbetrag seiner Geschäftsanteile entsprechend beteiligen kann.
(2) Auf das Erfordernis der Zustimmung einzelner Gesellschafter ist ferner § 50 Abs. 2 entsprechend anzuwenden.
(3) Sind einzelnen Gesellschaftern außer der Leistung von Kapitaleinlagen noch andere Verpflichtungen gegenüber der Gesellschaft auferlegt und können diese wegen der einschränkenden Be-

stimmung des § 55 des Aktiengesetzes bei dem Formwechsel nicht aufrechterhalten werden, so bedarf der Formwechsel auch der Zustimmung dieser Gesellschafter.

§ 242
Zustimmungserfordernis beim Formwechsel einer Aktiengesellschaft oder einer Kommanditgesellschaft auf Aktien

Wird durch den Umwandlungsbeschluß einer formwechselnden Aktiengesellschaft oder Kommanditgesellschaft auf Aktien der Nennbetrag der Geschäftsanteile in dem Gesellschaftsvertrag der Gesellschaft mit beschränkter Haftung abweichend vom Betrag der Aktien festgesetzt, so muß der Festsetzung jeder Aktionär zustimmen, der sich nicht mit seinem gesamten Anteil beteiligen kann.

§ 243
Inhalt des Umwandlungsbeschlusses

(1) ^{1}Auf den Umwandlungsbeschluß ist § 218 entsprechend anzuwenden. ^{2}Festsetzungen über Sondervorteile, Gründungsaufwand, Sacheinlagen und Sachübernahmen, die in dem Gesellschaftsvertrag oder in der Satzung der formwechselnden Gesellschaft enthalten sind, sind in den Gesellschaftsvertrag oder in die Satzung der Gesellschaft neuer Rechtsform zu übernehmen. ^{3}§ 26 Abs. 4 und 5 des Aktiengesetzes bleibt unberührt.

(2) Vorschriften anderer Gesetze über die Änderung des Stammkapitals oder des Grundkapitals bleiben unberührt.

(3) ^{1}In dem Gesellschaftsvertrag oder in der Satzung der Gesellschaft neuer Rechtsform kann der auf die Anteile entfallende Betrag des Stamm- oder Grundkapitals abweichend vom Betrag der Anteile der formwechselnden Gesellschaft festgesetzt werden. ^{2}Bei einer Gesellschaft mit beschränkter Haftung muss er auf volle Euro lauten.

§ 244
Niederschrift über den Umwandlungsbeschluß, Gesellschaftsvertrag

(1) In der Niederschrift über den Umwandlungsbeschluß sind die Personen, die nach § 245 Abs. 1 bis 3 den Gründern der Gesellschaft gleichstehen, namentlich aufzuführen.

(2) Beim Formwechsel einer Aktiengesellschaft oder einer Kommanditgesellschaft auf Aktien in eine Gesellschaft mit beschränkter Haftung braucht der Gesellschaftsvertrag von den Gesellschaftern nicht unterzeichnet zu werden.

§ 245
Rechtsstellung als Gründer; Kapitalschutz

(1) ^{1}Bei einem Formwechsel einer Gesellschaft mit beschränkter Haftung in eine Aktiengesellschaft oder in eine Kommanditgesellschaft auf Aktien treten bei der Anwendung der Gründungsvorschriften des Aktiengesetzes an die Stelle der Gründer die Gesellschafter, die für den Formwechsel gestimmt haben, sowie beim Formwechsel einer Gesellschaft mit beschränkter Haftung in eine Kommanditgesellschaft auf Aktien auch beitretende persönlich haftende Gesellschafter. ^{2}§ 220 ist entsprechend anzuwenden. ^{3}§ 52 des Aktiengesetzes ist nicht anzuwenden, wenn die Gesellschaft mit beschränkter Haftung vor dem Wirksamwerden des Formwechsels bereits länger als zwei Jahre in das Register eingetragen war.

(2) ^{1}Beim Formwechsel einer Aktiengesellschaft in eine Kommanditgesellschaft auf Aktien treten bei der Anwendung der Gründungsvorschriften des Aktiengesetzes an die Stelle der Gründer die persönlich haftenden Gesellschafter der Gesellschaft neuer Rechtsform. ^{2}§ 220 ist entsprechend anzuwenden. ^{3}§ 52 des Aktiengesetzes ist nicht anzuwenden.

(3) ¹Beim Formwechsel einer Kommanditgesellschaft auf Aktien in eine Aktiengesellschaft treten bei der Anwendung der Gründungsvorschriften des Aktiengesetzes an die Stelle der Gründer die persönlich haftenden Gesellschafter der formwechselnden Gesellschaft. ²§ 220 ist entsprechend anzuwenden. ³§ 52 des Aktiengesetzes ist nicht anzuwenden.

(4) Beim Formwechsel einer Aktiengesellschaft oder einer Kommanditgesellschaft auf Aktien in eine Gesellschaft mit beschränkter Haftung ist ein Sachgründungsbericht nicht erforderlich.

§ 246
Anmeldung des Formwechsels

(1) Die Anmeldung nach § 198 ist durch das Vertretungsorgan der formwechselnden Gesellschaft vorzunehmen.

(2) Zugleich mit der neuen Rechtsform oder mit dem Rechtsträger neuer Rechtsform sind die Geschäftsführer der Gesellschaft mit beschränkter Haftung, die Vorstandsmitglieder der Aktiengesellschaft oder die persönlich haftenden Gesellschafter der Kommanditgesellschaft auf Aktien zur Eintragung in das Register anzumelden.

(3) § 8 Abs. 2 des Gesetzes betreffend die Gesellschaften mit beschränkter Haftung und § 37 Abs. 1 des Aktiengesetzes sind auf die Anmeldung nach § 198 nicht anzuwenden.

§ 247
Wirkungen des Formwechsels

(1) Durch den Formwechsel wird das bisherige Stammkapital einer formwechselnden Gesellschaft mit beschränkter Haftung zum Grundkapital der Gesellschaft neuer Rechtsform oder das bisherige Grundkapital einer formwechselnden Aktiengesellschaft oder Kommanditgesellschaft auf Aktien zum Stammkapital der Gesellschaft neuer Rechtsform.

(2) Durch den Formwechsel einer Kommanditgesellschaft auf Aktien scheiden deren persönlich haftende Gesellschafter als solche aus der Gesellschaft aus.

§ 248
Umtausch der Anteile

(1) Auf den Umtausch der Geschäftsanteile einer formwechselnden Gesellschaft mit beschränkter Haftung gegen Aktien ist § 73 des Aktiengesetzes, bei Zusammenlegung von Geschäftsanteilen § 226 des Aktiengesetzes über die Kraftloserklärung von Aktien entsprechend anzuwenden.

(2) Auf den Umtausch der Aktien einer formwechselnden Aktiengesellschaft oder Kommanditgesellschaft auf Aktien gegen Geschäftsanteile einer Gesellschaft mit beschränkter Haftung ist § 73 Abs. 1 und 2 des Aktiengesetzes, bei Zusammenlegung von Aktien § 226 Abs. 1 und 2 des Aktiengesetzes über die Kraftloserklärung von Aktien entsprechend anzuwenden.

(3) Einer Genehmigung des Gerichts bedarf es nicht.

§ 249
Gläubigerschutz

Auf den Formwechsel einer Kommanditgesellschaft auf Aktien in eine Gesellschaft mit beschränkter Haftung oder in eine Aktiengesellschaft ist auch § 224 entsprechend anzuwenden.

§ 250
Nicht anzuwendende Vorschriften

Die §§ 207 bis 212 sind auf den Formwechsel einer Aktiengesellschaft in eine Kommanditgesellschaft auf Aktien oder einer Kommanditgesellschaft auf Aktien in eine Aktiengesellschaft nicht anzuwenden.

Vierter Unterabschnitt
Formwechsel in eine eingetragene Genossenschaft

§ 251
Vorbereitung und Durchführung der Versammlung der Anteilsinhaber

(1) ¹Auf die Vorbereitung der Gesellschafterversammlung oder der Hauptversammlung, die den Formwechsel beschließen soll, sind die §§ 229 bis 231 entsprechend anzuwenden. ²§ 192 Abs. 2 bleibt unberührt.

(2) Auf die Gesellschafterversammlung oder die Hauptversammlung, die den Formwechsel beschließen soll, ist § 239 Abs. 1 Satz 1, auf die Hauptversammlung auch § 239 Abs. 1 Satz 2 und Abs. 2 entsprechend anzuwenden.

§ 252
Beschluß der Versammlung der Anteilsinhaber

(1) Der Umwandlungsbeschluß der Gesellschafterversammlung oder der Hauptversammlung bedarf, wenn die Satzung der Genossenschaft eine Verpflichtung der Mitglieder zur Leistung von Nachschüssen vorsieht, der Zustimmung aller anwesenden Gesellschafter oder Aktionäre; ihm müssen auch die nicht erschienenen Anteilsinhaber zustimmen.

(2) ¹Sollen die Mitglieder nicht zur Leistung von Nachschüssen verpflichtet werden, so bedarf der Umwandlungsbeschluß einer Mehrheit von mindestens drei Vierteln der bei der Gesellschafterversammlung einer Gesellschaft mit beschränkter Haftung abgegebenen Stimmen oder des bei der Beschlußfassung einer Aktiengesellschaft oder einer Kommanditgesellschaft auf Aktien vertretenen Grundkapitals; § 50 Abs. 2 und § 65 Abs. 2 sind entsprechend anzuwenden. ²Der Gesellschaftsvertrag oder die Satzung der formwechselnden Gesellschaft kann eine größere Mehrheit und weitere Erfordernisse bestimmen.

(3) Auf den Formwechsel einer Kommanditgesellschaft auf Aktien ist § 240 Abs. 3 entsprechend anzuwenden.

§ 253
Inhalt des Umwandlungsbeschlusses

(1) ¹In dem Umwandlungsbeschluß muß auch die Satzung der Genossenschaft enthalten sein. ²Eine Unterzeichnung der Satzung durch die Mitglieder ist nicht erforderlich.

(2) ¹Der Umwandlungsbeschluß muß die Beteiligung jedes Mitglieds mit mindestens einem Geschäftsanteil vorsehen. ²In dem Beschluß kann auch bestimmt werden, daß jedes Mitglied bei der Genossenschaft mit mindestens einem und im übrigen mit so vielen Geschäftsanteilen, wie sie durch Anrechnung seines Geschäftsguthabens bei dieser Genossenschaft als voll eingezahlt anzusehen sind, beteiligt wird.

§ 254
Anmeldung des Formwechsels

(1) Die Anmeldung nach § 198 einschließlich der Anmeldung der Satzung der Genossenschaft ist durch das Vertretungsorgan der formwechselnden Gesellschaft vorzunehmen.

(2) Zugleich mit der Genossenschaft sind die Mitglieder ihres Vorstandes zur Eintragung in das Register anzumelden.

§ 255
Wirkungen des Formwechsels

(1) [1]Jeder Anteilsinhaber, der die Rechtsstellung eines Mitglieds erlangt, ist bei der Genossenschaft nach Maßgabe des Umwandlungsbeschlusses beteiligt. [2]Eine Verpflichtung zur Übernahme weiterer Geschäftsanteile bleibt unberührt. [3]§ 202 Abs. 1 Nr. 2 Satz 2 ist mit der Maßgabe anzuwenden, daß die an den bisherigen Anteilen bestehenden Rechte Dritter an den durch den Formwechsel erlangten Geschäftsguthaben weiterbestehen.

(2) Das Gericht darf eine Auflösung der Genossenschaft von Amts wegen nach § 80 des Genossenschaftsgesetzes nicht vor Ablauf eines Jahres seit dem Wirksamwerden des Formwechsels aussprechen.

(3) Durch den Formwechsel einer Kommanditgesellschaft auf Aktien scheiden deren persönlich haftende Gesellschafter als solche aus dem Rechtsträger aus.

§ 256
Geschäftsguthaben, Benachrichtigung der Mitglieder

(1) Jedem Mitglied ist als Geschäftsguthaben der Wert der Geschäftsanteile oder der Aktien gutzuschreiben, mit denen es an der formwechselnden Gesellschaft beteiligt war.

(2) [1]Übersteigt das durch den Formwechsel erlangte Geschäftsguthaben eines Mitglieds den Gesamtbetrag der Geschäftsanteile, mit denen es bei der Genossenschaft beteiligt ist, so ist der übersteigende Betrag nach Ablauf von sechs Monaten seit dem Tage, an dem die Eintragung der Genossenschaft in das Register bekannt gemacht worden ist, an das Mitglied auszuzahlen. [2]Die Auszahlung darf jedoch nicht erfolgen, bevor die Gläubiger, die sich nach § 204 in Verbindung mit § 22 gemeldet haben, befriedigt oder sichergestellt sind.

(3) Die Genossenschaft hat jedem Mitglied unverzüglich nach der Bekanntmachung der Eintragung der Genossenschaft in das Register in Textform mitzuteilen:

1. den Betrag seines Geschäftsguthabens;
2. den Betrag und die Zahl der Geschäftsanteile, mit denen es bei der Genossenschaft beteiligt ist;
3. den Betrag der von dem Mitglied nach Anrechnung seines Geschäftsguthabens noch zu leistenden Einzahlung oder den Betrag, der nach Absatz 2 an das Mitglied auszuzahlen ist;
4. den Betrag der Haftsumme der Genossenschaft, sofern die Mitglieder Nachschüsse bis zu einer Haftsumme zu leisten haben.

§ 257
Gläubigerschutz

Auf den Formwechsel einer Kommanditgesellschaft auf Aktien ist auch § 224 entsprechend anzuwenden.

Dritter Abschnitt
Formwechsel eingetragener Genossenschaften

§ 258
Möglichkeit des Formwechsels

(1) Eine eingetragene Genossenschaft kann auf Grund eines Umwandlungsbeschlusses nach diesem Gesetz nur die Rechtsform einer Kapitalgesellschaft erlangen.

(2) Der Formwechsel ist nur möglich, wenn auf jedes Mitglied, das an der Gesellschaft neuer Rechtsform beteiligt wird, als beschränkt haftender Gesellschafter ein Geschäftsanteil, dessen Nennbetrag auf volle Euro lautet, oder als Aktionär mindestens eine volle Aktie entfällt.

§ 259
Gutachten des Prüfungsverbandes

Vor der Einberufung der Generalversammlung, die den Formwechsel beschließen soll, ist eine gutachtliche Äußerung des Prüfungsverbandes einzuholen, ob der Formwechsel mit den Belangen der Mitglieder und der Gläubiger der Genossenschaft vereinbar ist, insbesondere ob bei der Festsetzung des Stammkapitals oder des Grundkapitals § 263 Abs. 2 Satz 2 und § 264 Abs. 1 beachtet sind (Prüfungsgutachten).

§ 260
Vorbereitung der Generalversammlung

(1) ¹Der Vorstand der formwechselnden Genossenschaft hat allen Mitgliedern spätestens zusammen mit der Einberufung der Generalversammlung, die den Formwechsel beschließen soll, diesen Formwechsel als Gegenstand der Beschlußfassung in Textform anzukündigen. ²In der Ankündigung ist auf die für die Beschlußfassung nach § 262 Abs. 1 erforderlichen Mehrheiten sowie auf die Möglichkeit der Erhebung eines Widerspruchs und die sich daraus ergebenden Rechte hinzuweisen.
(2) ¹Auf die Vorbereitung der Generalversammlung sind die §§ 229, 230 Abs. 2 Satz 1 und 2 und § 231 Satz 1 entsprechend anzuwenden. ²§ 192 Abs. 2 bleibt unberührt.
(3) ¹In dem Geschäftsraum der formwechselnden Genossenschaft ist außer den sonst erforderlichen Unterlagen auch das nach § 259 erstattete Prüfungsgutachten zur Einsicht der Mitglieder auszulegen. ²Auf Verlangen ist jedem Mitglied unverzüglich und kostenlos eine Abschrift dieses Prüfungsgutachtens zu erteilen.

§ 261
Durchführung der Generalversammlung

(1) ¹In der Generalversammlung, die den Formwechsel beschließen soll, ist der Umwandlungsbericht, sofern er nach diesem Buch erforderlich ist, und das nach § 259 erstattete Prüfungsgutachten auszulegen. ²Der Vorstand hat den Umwandlungsbeschluß zu Beginn der Verhandlung mündlich zu erläutern.
(2) ¹Das Prüfungsgutachten ist in der Generalversammlung zu verlesen. ²Der Prüfungsverband ist berechtigt, an der Generalversammlung beratend teilzunehmen.

§ 262
Beschluß der Generalversammlung

(1) ¹Der Umwandlungsbeschluß der Generalversammlung bedarf einer Mehrheit von mindestens drei Vierteln der abgegebenen Stimmen. ²Er bedarf einer Mehrheit von neun Zehnteln der abgegebenen Stimmen, wenn spätestens bis zum Ablauf des dritten Tages vor der Generalversammlung mindestens 100 Mitglieder, bei Genossenschaften mit weniger als 1.000 Mitgliedern ein Zehntel der Mitglieder, durch eingeschriebenen Brief Widerspruch gegen den Formwechsel erhoben haben. ³Die Satzung kann größere Mehrheiten und weitere Erfordernisse bestimmen.
(2) Auf den Formwechsel in eine Kommanditgesellschaft auf Aktien ist § 240 Abs. 2 entsprechend anzuwenden.

§ 263
Inhalt des Umwandlungsbeschlusses

(1) Auf den Umwandlungsbeschluß sind auch die §§ 218, 243 Abs. 3 und § 244 Abs. 2 entsprechend anzuwenden.

(2) [1]In dem Beschluß ist bei der Festlegung von Zahl, Art und Umfang der Anteile (§ 194 Abs. 1 Nr. 4) zu bestimmen, daß an dem Stammkapital oder an dem Grundkapital der Gesellschaft neuer Rechtsform jedes Mitglied, das die Rechtsstellung eines beschränkt haftenden Gesellschafters oder eines Aktionärs erlangt, in dem Verhältnis beteiligt wird, in dem am Ende des letzten vor der Beschlußfassung über den Formwechsel abgelaufenen Geschäftsjahres sein Geschäftsguthaben zur Summe der Geschäftsguthaben aller Mitglieder gestanden hat, die durch den Formwechsel Gesellschafter oder Aktionäre geworden sind. [2]Der Nennbetrag des Grundkapitals ist so zu bemessen, daß auf jedes Mitglied möglichst volle Aktien entfallen.

(3) [1]Die Geschäftsanteile einer Gesellschaft mit beschränkter Haftung sollen auf einen höheren Nennbetrag als hundert Euro nur gestellt werden, soweit auf die Mitglieder der formwechselnden Genossenschaft volle Geschäftsanteile mit dem höheren Nennbetrag entfallen. [2]Aktien können auf einen höheren Betrag als den Mindestbetrag nach § 8 Abs. 2 und 3 des Aktiengesetzes nur gestellt werden, soweit volle Aktien mit dem höheren Betrag auf die Mitglieder entfallen. [3]Wird das Vertretungsorgan der Aktiengesellschaft oder der Kommanditgesellschaft auf Aktien in der Satzung ermächtigt, das Grundkapital bis zu einem bestimmten Nennbetrag durch Ausgabe neuer Aktien gegen Einlagen zu erhöhen, so darf die Ermächtigung nicht vorsehen, daß das Vertretungsorgan über den Ausschluß des Bezugsrechts entscheidet.

§ 264
Kapitalschutz

(1) Der Nennbetrag des Stammkapitals einer Gesellschaft mit beschränkter Haftung oder des Grundkapitals einer Aktiengesellschaft oder einer Kommanditgesellschaft auf Aktien darf das nach Abzug der Schulden verbleibende Vermögen der formwechselnden Genossenschaft nicht übersteigen.

(2) Beim Formwechsel in eine Gesellschaft mit beschränkter Haftung sind die Mitglieder der formwechselnden Genossenschaft nicht verpflichtet, einen Sachgründungsbericht zu erstatten.

(3) [1]Beim Formwechsel in eine Aktiengesellschaft oder in eine Kommanditgesellschaft auf Aktien hat die Gründungsprüfung durch einen oder mehrere Prüfer (§ 33 Abs. 2 des Aktiengesetzes) in jedem Fall stattzufinden. [2]Jedoch sind die Mitglieder der formwechselnden Genossenschaft nicht verpflichtet, einen Gründungsbericht zu erstatten; die §§ 32, 35 Abs. 1 und 2 und § 46 des Aktiengesetzes sind nicht anzuwenden. [3]Die für Nachgründungen in § 52 Abs. 1 des Aktiengesetzes bestimmte Frist von zwei Jahren beginnt mit dem Wirksamwerden des Formwechsels.

§ 265
Anmeldung des Formwechsels

[1]Auf die Anmeldung nach § 198 ist § 222 Abs. 1 Satz 1 und Abs. 3 entsprechend anzuwenden. [2]Der Anmeldung ist das nach § 259 erstattete Prüfungsgutachten in Urschrift oder in öffentlich beglaubigter Abschrift beizufügen.

§ 266
Wirkungen des Formwechsels

(1) [1]Durch den Formwechsel werden die bisherigen Geschäftsanteile zu Anteilen an der Gesellschaft neuer Rechtsform und zu Teilrechten. [2]§ 202 Abs. 1 Nr. 2 Satz 2 ist mit der Maßgabe anzu-

wenden, daß die an den bisherigen Geschäftsguthaben bestehenden Rechte Dritter an den durch den Formwechsel erlangten Anteilen und Teilrechten weiterbestehen.

(2) Teilrechte, die durch den Formwechsel entstehen, sind selbständig veräußerlich und vererblich.

(3) ¹Die Rechte aus einer Aktie einschließlich des Anspruchs auf Ausstellung einer Aktienurkunde können nur ausgeübt werden, wenn Teilrechte, die zusammen eine volle Aktie ergeben, in einer Hand vereinigt sind oder wenn mehrere Berechtigte, deren Teilrechte zusammen eine volle Aktie ergeben, sich zur Ausübung der Rechte zusammenschließen. ²Der Rechtsträger soll die Zusammenführung von Teilrechten zu vollen Aktien vermitteln.

§ 267
Benachrichtigung der Anteilsinhaber

(1) ¹Das Vertretungsorgan der Gesellschaft neuer Rechtsform hat jedem Anteilsinhaber unverzüglich nach der Bekanntmachung der Eintragung der Gesellschaft in das Register deren Inhalt sowie die Zahl und, mit Ausnahme von Stückaktien, den Nennbetrag der Anteile und des Teilrechts, die auf ihn entfallen sind, in Textform mitzuteilen. ²Dabei soll auf die Vorschriften über Teilrechte in § 266 hingewiesen werden.

(2) ¹Zugleich mit der Mitteilung ist deren wesentlicher Inhalt in den Gesellschaftsblättern bekanntzumachen. ²Der Hinweis nach Absatz 1 Satz 2 braucht in die Bekanntmachung nicht aufgenommen zu werden.

§ 268
Aufforderung an die Aktionäre; Veräußerung von Aktien

(1) ¹In der Mitteilung nach § 267 sind Aktionäre aufzufordern, die ihnen zustehenden Aktien abzuholen. ²Dabei ist darauf hinzuweisen, daß die Gesellschaft berechtigt ist, Aktien, die nicht binnen sechs Monaten seit der Bekanntmachung der Aufforderung in den Gesellschaftsblättern abgeholt werden, nach dreimaliger Androhung für Rechnung der Beteiligten zu veräußern. ³Dieser Hinweis braucht nicht in die Bekanntmachung der Aufforderung in den Gesellschaftsblättern aufgenommen zu werden.

(2) ¹Nach Ablauf von sechs Monaten seit der Bekanntmachung der Aufforderung in den Gesellschaftsblättern hat die Gesellschaft neuer Rechtsform die Veräußerung der nicht abgeholten Aktien anzudrohen. ²Die Androhung ist dreimal in Abständen von mindestens einem Monat in den Gesellschaftsblättern bekanntzumachen. ³Die letzte Bekanntmachung muß vor dem Ablauf von einem Jahr seit der Bekanntmachung der Aufforderung ergehen.

(3) ¹Nach Ablauf von sechs Monaten seit der letzten Bekanntmachung der Androhung hat die Gesellschaft die nicht abgeholten Aktien für Rechnung der Beteiligten zum amtlichen Börsenpreis durch Vermittlung eines Kursmaklers und beim Fehlen eines Börsenpreises durch öffentliche Versteigerung zu veräußern. ²§ 226 Abs. 3 Satz 2 bis 6 des Aktiengesetzes ist entsprechend anzuwenden.

§ 269
Hauptversammlungsbeschlüsse, genehmigtes Kapital

¹Solange beim Formwechsel in eine Aktiengesellschaft oder in eine Kommanditgesellschaft auf Aktien die abgeholten oder nach § 268 Abs. 3 veräußerten Aktien nicht insgesamt mindestens sechs Zehntel des Grundkapitals erreichen, kann die Hauptversammlung der Gesellschaft neuer Rechtsform keine Beschlüsse fassen, die nach Gesetz oder Satzung einer Kapitalmehrheit bedürfen. ²Das Vertretungsorgan der Gesellschaft darf während dieses Zeitraums von einer Ermächtigung zu einer Erhöhung des Grundkapitals keinen Gebrauch machen.

§ 270
Abfindungsangebot

(1) Das Abfindungsangebot nach § 207 Abs. 1 Satz 1 gilt auch für jedes Mitglied, das dem Formwechsel bis zum Ablauf des dritten Tages vor dem Tage, an dem der Umwandlungsbeschluß gefaßt worden ist, durch eingeschriebenen Brief widersprochen hat.

(2) [1]Zu dem Abfindungsangebot ist eine gutachtliche Äußerung des Prüfungsverbandes einzuholen. [2]§ 30 Abs. 2 Satz 2 und 3 ist nicht anzuwenden.

§ 271
Fortdauer der Nachschußpflicht

[1]Wird über das Vermögen der Gesellschaft neuer Rechtsform binnen zwei Jahren nach dem Tage, an dem ihre Eintragung in das Register bekannt gemacht worden ist, das Insolvenzverfahren eröffnet, so ist jedes Mitglied, das durch den Formwechsel die Rechtsstellung eines beschränkt haftenden Gesellschafters oder eines Aktionärs erlangt hat, im Rahmen der Satzung der formwechselnden Genossenschaft (§ 6 Nr. 3 des Genossenschaftsgesetzes) zu Nachschüssen verpflichtet, auch wenn es seinen Geschäftsanteil oder seine Aktie veräußert hat. [2]Die §§ 105 bis 115a des Genossenschaftsgesetzes sind mit der Maßgabe entsprechend anzuwenden, daß nur solche Verbindlichkeiten der Gesellschaft zu berücksichtigen sind, die bereits im Zeitpunkt des Formwechsels begründet waren.

Vierter Abschnitt
Formwechsel rechtsfähiger Vereine

Erster Unterabschnitt
Allgemeine Vorschriften

§ 272
Möglichkeit des Formwechsels

(1) Ein rechtsfähiger Verein kann auf Grund eines Umwandlungsbeschlusses nur die Rechtsform einer Kapitalgesellschaft oder einer eingetragenen Genossenschaft erlangen.

(2) Ein Verein kann die Rechtsform nur wechseln, wenn seine Satzung oder Vorschriften des Landesrechts nicht entgegenstehen.

Zweiter Unterabschnitt
Formwechsel in eine Kapitalgesellschaft

§ 273
Möglichkeit des Formwechsels

Der Formwechsel ist nur möglich, wenn auf jedes Mitglied, das an der Gesellschaft neuer Rechtsform beteiligt wird, als beschränkt haftender Gesellschafter ein Geschäftsanteil, dessen Nennbetrag auf volle Euro lautet, oder als Aktionär mindestens eine volle Aktie entfällt.

§ 274
Vorbereitung und Durchführung der Mitgliederversammlung

(1) [1]Auf die Vorbereitung der Mitgliederversammlung, die den Formwechsel beschließen soll, sind die §§ 229, 230 Abs. 2 Satz 1 und 2, § 231 Satz 1 und § 260 Abs. 1 entsprechend anzuwenden. [2]§ 192 Abs. 2 bleibt unberührt.

(2) Auf die Mitgliederversammlung, die den Formwechsel beschließen soll, ist § 239 Abs. 1 Satz 1 und Abs. 2 entsprechend anzuwenden.

§ 275
Beschluß der Mitgliederversammlung

(1) Der Umwandlungsbeschluß der Mitgliederversammlung bedarf, wenn der Zweck des Rechtsträgers geändert werden soll (§ 33 Abs. 1 Satz 2 des Bürgerlichen Gesetzbuchs), der Zustimmung aller anwesenden Mitglieder; ihm müssen auch die nicht erschienenen Mitglieder zustimmen.

(2) ¹In anderen Fällen bedarf der Umwandlungsbeschluß einer Mehrheit von mindestens drei Vierteln der abgegebenen Stimmen. ²Er bedarf einer Mehrheit von mindestens neun Zehnteln der abgegebenen Stimmen, wenn spätestens bis zum Ablauf des dritten Tages vor der Mitgliederversammlung wenigstens hundert Mitglieder, bei Vereinen mit weniger als tausend Mitgliedern ein Zehntel der Mitglieder, durch eingeschriebenen Brief Widerspruch gegen den Formwechsel erhoben haben. ³Die Satzung kann größere Mehrheiten und weitere Erfordernisse bestimmen.

(3) Auf den Formwechsel in eine Kommanditgesellschaft auf Aktien ist § 240 Abs. 2 entsprechend anzuwenden.

§ 276
Inhalt des Umwandlungsbeschlusses

(1) Auf den Umwandlungsbeschluß sind auch die §§ 218, 243 Abs. 3, § 244 Abs. 2 und § 263 Abs. 2 Satz 2, Abs. 3 entsprechend anzuwenden.

(2) Die Beteiligung der Mitglieder am Stammkapital oder am Grundkapital der Gesellschaft neuer Rechtsform darf, wenn nicht alle Mitglieder einen gleich hohen Anteil erhalten sollen, nur nach einem oder mehreren der folgenden Maßstäbe festgesetzt werden:

1. bei Vereinen, deren Vermögen in übertragbare Anteile zerlegt ist, der Nennbetrag oder der Wert dieser Anteile;
2. die Höhe der Beiträge;
3. bei Vereinen, die zu ihren Mitgliedern oder einem Teil der Mitglieder in vertraglichen Geschäftsbeziehungen stehen, der Umfang der Inanspruchnahme von Leistungen des Vereins durch die Mitglieder oder der Umfang der Inanspruchnahme von Leistungen der Mitglieder durch den Verein;
4. ein in der Satzung bestimmter Maßstab für die Verteilung des Überschusses;
5. ein in der Satzung bestimmter Maßstab für die Verteilung des Vermögens;
6. die Dauer der Mitgliedschaft.

§ 277
Kapitalschutz

Bei der Anwendung der für die neue Rechtsform maßgebenden Gründungsvorschriften ist auch § 264 entsprechend anzuwenden.

§ 278
Anmeldung des Formwechsels

(1) Auf die Anmeldung nach § 198 ist § 222 Abs. 1 und 3 entsprechend anzuwenden.

(2) ¹Ist der formwechselnde Verein nicht in ein Handelsregister eingetragen, so hat sein Vorstand den bevorstehenden Formwechsel durch das in der Vereinssatzung für Veröffentlichungen bestimmte Blatt, in Ermangelung eines solchen durch dasjenige Blatt bekanntzumachen, das für Bekanntmachungen des Amtsgerichts bestimmt ist, in dessen Bezirk der formwechselnde Verein seinen Sitz hat. ²Die Bekanntmachung tritt an die Stelle der Eintragung der Umwandlung in das Register nach § 198 Abs. 2 Satz 3. § 50 Abs. 1 Satz 4 des Bürgerlichen Gesetzbuchs ist entsprechend anzuwenden.

§ 279
(weggefallen)

§ 280
Wirkungen des Formwechsels

¹Durch den Formwechsel werden die bisherigen Mitgliedschaften zu Anteilen an der Gesellschaft neuer Rechtsform und zu Teilrechten. ²§ 266 Abs. 1 Satz 2, Abs. 2 und 3 ist entsprechend anzuwenden.

§ 281
Benachrichtigung der Anteilsinhaber, Veräußerung von Aktien, Hauptversammlungsbeschlüsse

(1) Auf die Benachrichtigung der Anteilsinhaber durch die Gesellschaft, auf die Aufforderung von Aktionären zur Abholung der ihnen zustehenden Aktien und auf die Veräußerung nicht abgeholter Aktien sind die §§ 267 und 268 entsprechend anzuwenden.

(2) Auf Beschlüsse der Hauptversammlung der Gesellschaft neuer Rechtsform sowie auf eine Ermächtigung des Vertretungsorgans zur Erhöhung des Grundkapitals ist § 269 entsprechend anzuwenden.

§ 282
Abfindungsangebot

(1) Auf das Abfindungsangebot nach § 207 Abs. 1 Satz 1 ist § 270 Abs. 1 entsprechend anzuwenden.

(2) Absatz 1 und die §§ 207 bis 212 sind auf den Formwechsel eines eingetragenen Vereins, der nach § 5 Abs. 1 Nr. 9 des Körperschaftsteuergesetzes von der Körperschaftsteuer befreit ist, nicht anzuwenden.

Dritter Unterabschnitt
Formwechsel in eine eingetragene Genossenschaft

§ 283
Vorbereitung und Durchführung der Mitgliederversammlung

(1) ¹Auf die Vorbereitung der Mitgliederversammlung, die den Formwechsel beschließen soll, sind die §§ 229 und 230 Abs. 2 Satz 1 und 2, § 231 Satz 1 und § 260 Abs. 1 entsprechend anzuwenden. ²§ 192 Abs. 2 bleibt unberührt.

(2) Auf die Mitgliederversammlung, die den Formwechsel beschließen soll, ist § 239 Abs. 1 Satz 1 und Abs. 2 entsprechend anzuwenden.

§ 284
Beschluß der Mitgliederversammlung

¹Der Umwandlungsbeschluß der Mitgliederversammlung bedarf, wenn der Zweck des Rechtsträgers geändert werden soll (§ 33 Abs. 1 Satz 2 des Bürgerlichen Gesetzbuchs) oder wenn die Satzung der Genossenschaft eine Verpflichtung der Mitglieder der Genossenschaft zur Leistung von Nachschüssen vorsieht, der Zustimmung aller anwesenden Mitglieder; ihm müssen auch die nicht erschienenen Mitglieder zustimmen. ²Im übrigen ist § 275 Abs. 2 entsprechend anzuwenden.

§ 285
Inhalt des Umwandlungsbeschlusses

(1) Auf den Umwandlungsbeschluß ist auch § 253 Abs. 1 und Abs. 2 Satz 1 entsprechend anzuwenden.

(2) Sollen bei der Genossenschaft nicht alle Mitglieder mit der gleichen Zahl von Geschäftsanteilen beteiligt werden, so darf die unterschiedlich hohe Beteiligung nur nach einem oder mehreren der in § 276 Abs. 2 Satz 1 bezeichneten Maßstäbe festgesetzt werden.

§ 286
Anmeldung des Formwechsels

Auf die Anmeldung nach § 198 sind die §§ 254 und 278 Abs. 2 entsprechend anzuwenden.

§ 287
(weggefallen)

§ 288
Wirkungen des Formwechsels

(1) ^{1}Jedes Mitglied, das die Rechtsstellung eines Mitglieds der Genossenschaft erlangt, ist bei der Genossenschaft nach Maßgabe des Umwandlungsbeschlusses beteiligt. ^{2}Eine Verpflichtung zur Übernahme weiterer Geschäftsanteile bleibt unberührt. 3§ 255 Abs. 1 Satz 3 ist entsprechend anzuwenden.

(2) Das Gericht darf eine Auflösung der Genossenschaft von Amts wegen nach § 80 des Genossenschaftsgesetzes nicht vor Ablauf eines Jahres seit dem Wirksamwerden des Formwechsels aussprechen.

§ 289
Geschäftsguthaben, Benachrichtigung der Mitglieder

(1) Jedem Mitglied der Genossenschaft kann als Geschäftsguthaben auf Grund des Formwechsels höchstens der Nennbetrag der Geschäftsanteile gutgeschrieben werden, mit denen es bei der Genossenschaft beteiligt ist.

(2) § 256 Abs. 3 ist entsprechend anzuwenden.

§ 290
Abfindungsangebot

Auf das Abfindungsangebot nach § 207 Abs. 1 Satz 2 sind § 270 Abs. 1 sowie § 282 Abs. 2 entsprechend anzuwenden.

Fünfter Abschnitt
Formwechsel von Versicherungsvereinen auf Gegenseitigkeit

§ 291
Möglichkeit des Formwechsels

(1) Ein Versicherungsverein auf Gegenseitigkeit, der kein kleinerer Verein im Sinne des § 210 des Versicherungsaufsichtsgesetzes ist, kann auf Grund eines Umwandlungsbeschlusses nur die Rechtsform einer Aktiengesellschaft erlangen.

(2) Der Formwechsel ist nur möglich, wenn auf jedes Mitglied des Vereins, das an der Aktiengesellschaft beteiligt wird, mindestens eine volle Aktie entfällt.

§ 292
Vorbereitung und Durchführung der Versammlung der obersten Vertretung

(1) Auf die Vorbereitung der Versammlung der obersten Vertretung, die den Formwechsel beschließen soll, sind die §§ 229 und 230 Abs. 2 Satz 1 und 2, § 231 Satz 1 und § 260 Abs. 1 entsprechend anzuwenden.

(2) Auf die Durchführung der Versammlung der obersten Vertretung, die den Formwechsel beschließen soll, ist § 239 Abs. 1 Satz 1 und Abs. 2 entsprechend anzuwenden.

§ 293
Beschluß der obersten Vertretung

^{1}Der Umwandlungsbeschluß der obersten Vertretung bedarf einer Mehrheit von mindestens drei Vierteln der abgegebenen Stimmen. ^{2}Er bedarf einer Mehrheit von neun Zehnteln der abgegebenen Stimmen, wenn spätestens bis zum Ablauf des dritten Tages vor der Versammlung der obersten Vertretung wenigstens hundert Mitglieder des Vereins durch eingeschriebenen Brief Widerspruch gegen den Formwechsel erhoben haben. ^{3}Die Satzung kann größere Mehrheiten und weitere Erfordernisse bestimmen.

§ 294
Inhalt des Umwandlungsbeschlusses

(1) ^{1}Auf den Umwandlungsbeschluß sind auch § 218 Abs. 1 und § 263 Abs. 3 Satz 2 und 3 entsprechend anzuwenden. ^{2}In dem Umwandlungsbeschluß kann bestimmt werden, daß Mitglieder, die dem formwechselnden Verein weniger als drei Jahre vor der Beschlußfassung über den Formwechsel angehören, von der Beteiligung an der Aktiengesellschaft ausgeschlossen sind.

(2) ^{1}Das Grundkapital der Aktiengesellschaft ist in der Höhe des Grundkapitals vergleichbarer Versicherungsunternehmen in der Rechtsform der Aktiengesellschaft festzusetzen. ^{2}Würde die Aufsichtsbehörde einer neu zu gründenden Versicherungs-Aktiengesellschaft die Erlaubnis zum Geschäftsbetrieb nur bei Festsetzung eines höheren Grundkapitals erteilen, so ist das Grundkapital auf diesen Betrag festzusetzen, soweit dies nach den Vermögensverhältnissen des formwechselnden Vereins möglich ist. ^{3}Ist eine solche Festsetzung nach den Vermögensverhältnissen des Vereins nicht möglich, so ist der Nennbetrag des Grundkapitals so zu bemessen, daß auf jedes Mitglied, das die Rechtsstellung eines Aktionärs erlangt, möglichst volle Aktien entfallen.

(3) Die Beteiligung der Mitglieder am Grundkapital der Aktiengesellschaft darf, wenn nicht alle Mitglieder einen gleich hohen Anteil erhalten sollen, nur nach einem oder mehreren der folgenden Maßstäbe festgesetzt werden:

1. die Höhe der Versicherungssumme;
2. die Höhe der Beiträge;
3. die Höhe der Deckungsrückstellung in der Lebensversicherung;
4. der in der Satzung bestimmte Maßstab für die Verteilung des Überschusses;
5. ein in der Satzung bestimmter Maßstab für die Verteilung des Vermögens;
6. die Dauer der Mitgliedschaft.

§ 295
Kapitalschutz

Bei der Anwendung der Gründungsvorschriften des Aktiengesetzes ist auch § 264 Abs. 1 und 3 entsprechend anzuwenden.

§ 296
Anmeldung des Formwechsels

Auf die Anmeldung nach § 198 ist § 246 Abs. 1 und 2 entsprechend anzuwenden.

§ 297
(weggefallen)

§ 298
Wirkungen des Formwechsels

[1]Durch den Formwechsel werden die bisherigen Mitgliedschaften zu Aktien und Teilrechten. [2]§ 266 Abs. 1 Satz 2, Abs. 2 und 3 ist entsprechend anzuwenden.

§ 299
Benachrichtigung der Aktionäre, Veräußerung von Aktien, Hauptversammlungsbeschlüsse

(1) Auf die Benachrichtigung der Aktionäre durch die Gesellschaft ist § 267, auf die Aufforderung zur Abholung der ihnen zustehenden Aktien und auf die Veräußerung nicht abgeholter Aktien ist § 268 entsprechend anzuwenden.

(2) [1]Auf Beschlüsse der Hauptversammlung der Aktiengesellschaft sowie auf eine Ermächtigung des Vorstandes zur Erhöhung des Grundkapitals ist § 269 entsprechend anzuwenden. [2]Die Aufsichtsbehörde kann Ausnahmen von der entsprechenden Anwendung des § 269 Satz 1 zulassen, wenn dies erforderlich ist, um zu verhindern, daß der Aktiengesellschaft erhebliche Nachteile entstehen.

§ 300
Abfindungsangebot

Auf das Abfindungsangebot nach § 207 Abs. 1 Satz 1 ist § 270 Abs. 1 entsprechend anzuwenden.

Sechster Abschnitt
Formwechsel von Körperschaften und Anstalten des öffentlichen Rechts

§ 301
Möglichkeit des Formwechsels

(1) Soweit gesetzlich nichts anderes bestimmt ist, kann eine Körperschaft oder Anstalt des öffentlichen Rechts durch Formwechsel nur die Rechtsform einer Kapitalgesellschaft erlangen.

(2) Der Formwechsel ist nur möglich, wenn die Körperschaft oder Anstalt rechtsfähig ist und das für sie maßgebende Bundes- oder Landesrecht einen Formwechsel vorsieht oder zuläßt.

§ 302
Anzuwendende Vorschriften

[1]Die Vorschriften des Ersten Teils sind auf den Formwechsel nur anzuwenden, soweit sich aus dem für die formwechselnde Körperschaft oder Anstalt maßgebenden Bundes- oder Landesrecht nichts anderes ergibt. [2]Nach diesem Recht richtet es sich insbesondere, auf welche Weise der Gesellschaftsvertrag oder die Satzung der Gesellschaft neuer Rechtsform abgeschlossen oder festgestellt wird, wer an dieser Gesellschaft als Anteilsinhaber beteiligt wird und welche Person oder welche Personen den Gründern der Gesellschaft gleichstehen; die §§ 28 und 29 des Aktiengesetzes sind nicht anzuwenden.

§ 303
Kapitalschutz, Zustimmungserfordernisse

(1) Außer den für die neue Rechtsform maßgebenden Gründungsvorschriften ist auch § 220 entsprechend anzuwenden.

(2) ¹Ein Formwechsel in eine Kommanditgesellschaft auf Aktien bedarf der Zustimmung aller Anteilsinhaber, die in dieser Gesellschaft die Stellung eines persönlich haftenden Gesellschafters haben sollen. ²Auf den Beitritt persönlich haftender Gesellschafter ist § 221 entsprechend anzuwenden.

§ 304
Wirksamwerden des Formwechsels

¹Der Formwechsel wird mit der Eintragung der Kapitalgesellschaft in das Handelsregister wirksam. ²Mängel des Formwechsels lassen die Wirkungen der Eintragung unberührt.

§§ 305 bis 312
(weggefallen)

Sechstes Buch
Strafvorschriften und Zwangsgelder

§ 313
Unrichtige Darstellung

(1) Mit Freiheitsstrafe bis zu drei Jahren oder mit Geldstrafe wird bestraft, wer als Mitglied eines Vertretungsorgans, als vertretungsberechtigter Gesellschafter oder Partner, als Mitglied eines Aufsichtsrats oder als Abwickler eines an einer Umwandlung beteiligten Rechtsträgers bei dieser Umwandlung

1. die Verhältnisse des Rechtsträgers einschließlich seiner Beziehungen zu verbundenen Unternehmen in einem in diesem Gesetz vorgesehenen Bericht (Verschmelzungsbericht, Spaltungsbericht, Übertragungsbericht, Umwandlungsbericht), in Darstellungen oder Übersichten über den Vermögensstand, in Vorträgen oder Auskünften in der Versammlung der Anteilsinhaber unrichtig wiedergibt oder verschleiert, wenn die Tat nicht in § 331 Nr. 1 oder Nr. 1a des Handelsgesetzbuchs mit Strafe bedroht ist, oder

2. in Aufklärungen und Nachweisen, die nach den Vorschriften dieses Gesetzes einem Verschmelzungs-, Spaltungs- oder Übertragungsprüfer zu geben sind, unrichtige Angaben macht oder die Verhältnisse des Rechtsträgers einschließlich seiner Beziehungen zu verbundenen Unternehmen unrichtig wiedergibt oder verschleiert.

(2) Ebenso wird bestraft, wer als Geschäftsführer einer Gesellschaft mit beschränkter Haftung, als Mitglied des Vorstands einer Aktiengesellschaft, als zur Vertretung ermächtigter persönlich haftender Gesellschafter einer Kommanditgesellschaft auf Aktien oder als Abwickler einer solchen Gesellschaft in einer Erklärung nach § 52 über die Zustimmung der Anteilsinhaber dieses Rechtsträgers oder in einer Erklärung nach § 140 oder § 146 Abs. 1 über die Deckung des Stammkapitals oder Grundkapitals der übertragenden Gesellschaft unrichtige Angaben macht oder seiner Erklärung zugrunde legt.

Anhang 9
Umwandlungsgesetz (UmwG)

§ 314
Verletzung der Berichtspflicht

(1) Mit Freiheitsstrafe bis zu drei Jahren oder mit Geldstrafe wird bestraft, wer als Verschmelzungs-, Spaltungs- oder Übertragungsprüfer oder als Gehilfe eines solchen Prüfers über das Ergebnis einer aus Anlaß einer Umwandlung erforderlichen Prüfung falsch berichtet oder erhebliche Umstände in dem Prüfungsbericht verschweigt.

(2) Handelt der Täter gegen Entgelt oder in der Absicht, sich oder einen anderen zu bereichern oder einen anderen zu schädigen, so ist die Strafe Freiheitsstrafe bis zu fünf Jahren oder Geldstrafe.

§ 314a
Falsche Angaben

Mit Freiheitsstrafe bis zu drei Jahren oder mit Geldstrafe wird bestraft, wer entgegen § 122k Abs. 1 Satz 3 eine Versicherung nicht richtig abgibt.

§ 315
Verletzung der Geheimhaltungspflicht

(1) Mit Freiheitsstrafe bis zu einem Jahr oder mit Geldstrafe wird bestraft, wer ein Geheimnis eines an einer Umwandlung beteiligten Rechtsträgers, namentlich ein Betriebs- oder Geschäftsgeheimnis, das ihm in seiner Eigenschaft als

1. Mitglied des Vertretungsorgans, vertretungsberechtigter Gesellschafter oder Partner, Mitglied eines Aufsichtsrats oder Abwickler dieses oder eines anderen an der Umwandlung beteiligten Rechtsträgers,
2. Verschmelzungs-, Spaltungs- oder Übertragungsprüfer oder Gehilfe eines solchen Prüfers

bekannt geworden ist, unbefugt offenbart, wenn die Tat im Falle der Nummer 1 nicht in § 85 des Gesetzes betreffend die Gesellschaften mit beschränkter Haftung, § 404 des Aktiengesetzes oder § 151 des Genossenschaftsgesetzes, im Falle der Nummer 2 nicht in § 333 des Handelsgesetzbuchs mit Strafe bedroht ist.

(2) [1]Handelt der Täter gegen Entgelt oder in der Absicht, sich oder einen anderen zu bereichern oder einen anderen zu schädigen, so ist die Strafe Freiheitsstrafe bis zu zwei Jahren oder Geldstrafe. [2]Ebenso wird bestraft, wer ein Geheimnis der in Absatz 1 bezeichneten Art, namentlich ein Betriebs- oder Geschäftsgeheimnis, das ihm unter den Voraussetzungen des Absatzes 1 bekannt geworden ist, unbefugt verwertet.

(3) [1]Die Tat wird nur auf Antrag eines der an der Umwandlung beteiligten Rechtsträger verfolgt. [2]Hat ein Mitglied eines Vertretungsorgans, ein vertretungsberechtigter Gesellschafter oder Partner oder ein Abwickler die Tat begangen, so sind auch ein Aufsichtsrat oder ein nicht vertretungsberechtigter Gesellschafter oder Partner antragsberechtigt. [3]Hat ein Mitglied eines Aufsichtsrats die Tat begangen, sind auch die Mitglieder des Vorstands, die vertretungsberechtigten Gesellschafter oder Partner oder die Abwickler antragsberechtigt.

§ 316
Zwangsgelder

(1) [1]Mitglieder eines Vertretungsorgans, vertretungsberechtigte Gesellschafter, vertretungsberechtigte Partner oder Abwickler, die § 13 Abs. 3 Satz 3 sowie § 125 Satz 1, § 176 Abs. 1, § 177 Abs. 1, § 178 Abs. 1, § 179 Abs. 1, § 180 Abs. 1, § 184 Abs. 1, § 186 Satz 1, § 188 Abs. 1 und § 189 Abs. 1, jeweils in Verbindung mit § 13 Abs. 3 Satz 3, sowie § 193 Abs. 3 Satz 2 nicht befolgen, sind hierzu von dem zuständigen Registergericht durch Festsetzung von Zwangsgeld anzu-

halten; § 14 des Handelsgesetzbuchs bleibt unberührt. ²Das einzelne Zwangsgeld darf den Betrag von fünftausend Euro nicht übersteigen.

(2) Die Anmeldungen einer Umwandlung zu dem zuständigen Register nach § 16 Abs. 1, den §§ 38, 122k Abs. 1, § 122l Abs. 1, §§ 129 und 137 Abs. 1 und 2, § 176 Abs. 1, § 177 Abs. 1, § 178 Abs. 1, § 179 Abs. 1, § 180 Abs. 1, § 184 Abs. 1, §§ 186, 188 Abs. 1, § 189 Abs. 1, §§ 198, 222, 235, 246, 254, 265, 278 Abs. 1, §§ 286 und 296 werden durch Festsetzung von Zwangsgeld nicht erzwungen.

Siebentes Buch
Übergangs- und Schlußvorschriften

§ 317
Umwandlung alter juristischer Personen

¹Eine juristische Person im Sinne des Artikels 163 des Einführungsgesetzes zum Bürgerlichen Gesetzbuche kann nach den für wirtschaftliche Vereine geltenden Vorschriften dieses Gesetzes umgewandelt werden. ²Hat eine solche juristische Person keine Mitglieder, so kann sie nach den für Stiftungen geltenden Vorschriften dieses Gesetzes umgewandelt werden.

§ 318
Eingeleitete Umwandlungen. Umstellung auf den Euro

(1) ¹Die Vorschriften dieses Gesetzes sind nicht auf solche Umwandlungen anzuwenden, zu deren Vorbereitung bereits vor dem 1. Januar 1995 ein Vertrag oder eine Erklärung beurkundet oder notariell beglaubigt oder eine Versammlung der Anteilsinhaber einberufen worden ist. ²Für diese Umwandlungen bleibt es bei der Anwendung der bis zu diesem Tage geltenden Vorschriften.

(2) ¹Wird eine Umwandlung nach dem 31. Dezember 1998 in das Handelsregister eingetragen, so erfolgt eine Neufestsetzung der Nennbeträge von Anteilen einer Kapitalgesellschaft als übernehmendem Rechtsträger, deren Anteile noch der bis dahin gültigen Nennbetragseinteilung entsprechen, nach den bis zu diesem Zeitpunkt geltenden Vorschriften. ²Wo dieses Gesetz für einen neuen Rechtsträger oder einen Rechtsträger neuer Rechtsform auf die jeweils geltenden Gründungsvorschriften verweist oder bei dem Formwechsel in eine Kapitalgesellschaft anderer Rechtsform die Vorschriften anderer Gesetze über die Änderung des Stammkapitals oder des Grundkapitals unberührt läßt, gelten diese jeweils auch für die entsprechenden Überleitungsvorschriften zur Einführung des Euro im Einführungsgesetz zum Aktiengesetz und im Gesetz betreffend die Gesellschaften mit beschränkter Haftung; ist ein neuer Rechtsträger oder ein Rechtsträger neuer Rechtsform bis zum 31. Dezember 1998 zur Eintragung in das Handelsregister angemeldet worden, bleibt es bei der Anwendung der bis zu diesem Tage geltenden Gründungsvorschriften.

§ 319
Enthaftung bei Altverbindlichkeiten

¹Die §§ 45, 133 Abs. 1, 3 bis 5, §§ 157, 167, 173, 224, 237, 249 und 257 sind auch auf vor dem 1. Januar 1995 entstandene Verbindlichkeiten anzuwenden, wenn
1. die Umwandlung danach in das Register eingetragen wird und
2. die Verbindlichkeiten nicht später als vier Jahre nach dem Zeitpunkt, an dem die Eintragung der Umwandlung in das Register bekannt gemacht worden ist, fällig werden oder nach Inkrafttreten des Gesetzes zur zeitlichen Begrenzung der Nachhaftung von Gesellschaftern vom 18. März 1994 (BGBl. I S. 560) begründet worden sind.

²Auf später fällig werdende und vor Inkrafttreten des Gesetzes zur zeitlichen Begrenzung der Nachhaftung von Gesellschaftern vom 18. März 1994 (BGBl. I S. 560) entstandene Verbindlichkei-

ten sind die §§ 45, 49 Abs. 4, §§ 56, 56f Abs. 2, § 57 Abs. 2 und § 58 Abs. 2 des Umwandlungsgesetzes in der durch Artikel 10 Abs. 8 des Gesetzes vom 19. Dezember 1985 (BGBl. I S. 2355) geänderten Fassung der Bekanntmachung vom 6. November 1969 (BGBl. I S. 2081) mit der Maßgabe anwendbar, daß die Verjährungsfrist ein Jahr beträgt. ³In den Fällen, in denen das bisher geltende Recht eine Umwandlungsmöglichkeit nicht vorsah, verjähren die in Satz 2 genannten Verbindlichkeiten entsprechend den dort genannten Vorschriften.

§ 320
Aufhebung des Umwandlungsgesetzes 1969

-

§ 321
Übergangsvorschrift zum Gesetz zur Umsetzung der Aktionärsrechterichtlinie und zum Dritten Gesetz zur Änderung des Umwandlungsgesetzes

(1) Im Fall des § 15 Abs. 2 Satz 1 bleibt es für die Zeit vor dem 1. September 2009 bei dem bis dahin geltenden Zinssatz.
(2) § 16 Abs. 3 Satz 3 Nr. 2 in der Fassung des Gesetzes zur Umsetzung der Aktionärsrechterichtlinie vom 30. Juli 2009 (BGBl. I S. 2479) ist nicht auf Freigabeverfahren und Beschwerdeverfahren anzuwenden, die vor dem 1. September 2009 anhängig waren.
(3) § 62 Absatz 4 und 5, § 63 Absatz 2 Satz 5 bis 7, § 64 Absatz 1 sowie § 143 in der Fassung des Dritten Gesetzes zur Änderung des Umwandlungsgesetzes vom 11. Juli 2011 (BGBl. I S. 1338) sind erstmals auf Umwandlungen anzuwenden, bei denen der Verschmelzungs- oder Spaltungsvertrag nach dem 14. Juli 2011 geschlossen worden ist.

§ 322
Gemeinsamer Betrieb

Führen an einer Spaltung oder an einer Teilübertragung nach dem Dritten oder Vierten Buch beteiligte Rechtsträger nach dem Wirksamwerden der Spaltung oder der Teilübertragung einen Betrieb gemeinsam, gilt dieser als Betrieb im Sinne des Kündigungsschutzrechts.

§ 323
Kündigungsrechtliche Stellung

(1) Die kündigungsrechtliche Stellung eines Arbeitnehmers, der vor dem Wirksamwerden einer Spaltung oder Teilübertragung nach dem Dritten oder Vierten Buch zu dem übertragenden Rechtsträger in einem Arbeitsverhältnis steht, verschlechtert sich auf Grund der Spaltung oder Teilübertragung für die Dauer von zwei Jahren ab dem Zeitpunkt ihres Wirksamwerdens nicht.
(2) Kommt bei einer Verschmelzung, Spaltung oder Vermögensübertragung ein Interessenausgleich zustande, in dem diejenigen Arbeitnehmer namentlich bezeichnet werden, die nach der Umwandlung einem bestimmten Betrieb oder Betriebsteil zugeordnet werden, so kann die Zuordnung der Arbeitnehmer durch das Arbeitsgericht nur auf grobe Fehlerhaftigkeit überprüft werden.

§ 324
Rechte und Pflichten bei Betriebsübergang

§ 613a Abs. 1, 4 bis 6 des Bürgerlichen Gesetzbuchs bleibt durch die Wirkungen der Eintragung einer Verschmelzung, Spaltung oder Vermögensübertragung unberührt.

§ 325
Mitbestimmungsbeibehaltung

(1) ¹Entfallen durch Abspaltung oder Ausgliederung im Sinne des § 123 Abs. 2 und 3 bei einem übertragenden Rechtsträger die gesetzlichen Voraussetzungen für die Beteiligung der Arbeitnehmer im Aufsichtsrat, so finden die vor der Spaltung geltenden Vorschriften noch für einen Zeitraum von fünf Jahren nach dem Wirksamwerden der Abspaltung oder Ausgliederung Anwendung. ²Dies gilt nicht, wenn die betreffenden Vorschriften eine Mindestzahl von Arbeitnehmern voraussetzen und die danach berechnete Zahl der Arbeitnehmer des übertragenden Rechtsträgers auf weniger als in der Regel ein Viertel dieser Mindestzahl sinkt.

(2) ¹Hat die Spaltung oder Teilübertragung eines Rechtsträgers die Spaltung eines Betriebes zur Folge und entfallen für die aus der Spaltung hervorgegangenen Betriebe Rechte oder Beteiligungsrechte des Betriebsrats, so kann durch Betriebsvereinbarung oder Tarifvertrag die Fortgeltung dieser Rechte und Beteiligungsrechte vereinbart werden. ²Die §§ 9 und 27 des Betriebsverfassungsgesetzes bleiben unberührt.

Anhang 10
Umwandlungssteuergesetz (UmwStG)

Umwandlungssteuergesetz (UmwStG)

i.d.F. des Gesetzes über steuerliche Begleitmaßnahmen zur Einführung der Europäischen Gesellschaft und zur Änderung weiterer steuerlicher Vorschriften (SEStEG) vom 7. Dezember 2006 (BGBl. I S. 2782, BStBl I S. 4),
zuletzt geändert durch Artikel 6 des Steueränderungsgesetz 2015 (StÄndG 2015) vom 2. November 2015 (BGBl. I S. 1834)

Inhaltsübersicht
Erster Teil
Allgemeine Vorschriften

Anwendungsbereich und Begriffsbestimmungen	§ 1
Steuerliche Rückwirkung	§ 2

Zweiter Teil
Vermögensübergang bei Verschmelzung auf eine Personengesellschaft oder auf eine natürliche Person und Formwechsel einer Kapitalgesellschaft in eine Personengesellschaft

Wertansätze in der steuerlichen Schlussbilanz der übertragenden Körperschaft	§ 3
Auswirkungen auf den Gewinn des übernehmenden Rechtsträgers	§ 4
Besteuerung der Anteilseigner der übertragenden Körperschaft	§ 5
Gewinnerhöhung durch Vereinigung von Forderungen und Verbindlichkeiten	§ 6
Besteuerung offener Rücklagen	§ 7
Vermögensübergang auf einen Rechtsträger ohne Betriebsvermögen	§ 8
Formwechsel in eine Personengesellschaft	§ 9
(weggefallen)	§ 10

Dritter Teil
Verschmelzung oder Vermögensübertragung (Vollübertragung) auf eine andere Körperschaft

Wertansätze in der steuerlichen Schlussbilanz der übertragenden Körperschaft	§ 11
Auswirkungen auf den Gewinn der übernehmenden Körperschaft	§ 12
Besteuerung der Anteilseigner der übertragenden Körperschaft	§ 13
(weggefallen)	§ 14

Vierter Teil
Aufspaltung, Abspaltung und Vermögensübertragung (Teilübertragung)

Aufspaltung, Abspaltung und Teilübertragung auf andere Körperschaften	§ 15
Aufspaltung oder Abspaltung auf eine Personengesellschaft	§ 16

Fünfter Teil
Gewerbesteuer

(weggefallen)	§ 17
Gewerbesteuer bei Vermögensübergang auf eine Personengesellschaft oder auf eine natürliche Person sowie bei Formwechsel in eine Personengesellschaft	§ 18
Gewerbesteuer bei Vermögensübergang auf eine andere Körperschaft	§ 19

Anhang 10
Umwandlungssteuergesetz (UmwStG)

Sechster Teil
Einbringung von Unternehmensteilen in eine Kapitalgesellschaft oder Genossenschaft und Anteilstausch

Einbringung von Unternehmensteilen in eine Kapitalgesellschaft oder Genossenschaft	§ 20
Bewertung der Anteile beim Anteilstausch	§ 21
Besteuerung des Anteilseigners	§ 22
Auswirkungen bei der übernehmenden Gesellschaft	§ 23

Siebter Teil
Einbringung eines Betriebs, Teilbetriebs oder Mitunternehmeranteils in eine Personengesellschaft

Einbringung von Betriebsvermögen in eine Personengesellschaft	§ 24

Achter Teil
Formwechsel einer Personengesellschaft in eine Kapitalgesellschaft oder Genossenschaft

Entsprechende Anwendung des Sechsten Teils	§ 25

Neunter Teil
Verhinderung von Missbräuchen

(weggefallen)	§ 26

Zehnter Teil
Anwendungs-, Übergangsvorschrift und Ermächtigung

Anwendungs- und Übergangsvorschriften	§ 27
Bekanntmachungserlaubnis	§ 28

Erster Teil
Allgemeine Vorschriften

§ 1
Anwendungsbereich und Begriffsbestimmungen

(1) Der Zweite bis Fünfte Teil gilt nur für
1. die Verschmelzung, Aufspaltung und Abspaltung im Sinne der §§ 2, 123 Abs. 1 und 2 des Umwandlungsgesetzes von Körperschaften oder vergleichbare ausländische Vorgänge sowie des Artikels 17 der Verordnung (EG) Nr. 2157/2001 und des Artikels 19 der Verordnung (EG) Nr. 1435/2003;
2. den Formwechsel einer Kapitalgesellschaft in eine Personengesellschaft im Sinne des § 190 Abs. 1 des Umwandlungsgesetzes oder vergleichbare ausländische Vorgänge;
3. die Umwandlung im Sinne des § 1 Abs. 2 des Umwandlungsgesetzes, soweit sie einer Umwandlung im Sinne des § 1 Abs. 1 des Umwandlungsgesetzes entspricht sowie
4. die Vermögensübertragung im Sinne des § 174 des Umwandlungsgesetzes vom 28. Oktober 1994 (BGBl. I S. 3210, 1995 I S. 428), das zuletzt durch Artikel 10 des Gesetzes vom 9. Dezember 2004 (BGBl. I S. 3214) geändert worden ist, in der jeweils geltenden Fassung.

Diese Teile gelten nicht für die Ausgliederung im Sinne des § 123 Abs. 3 des Umwandlungsgesetzes.

(2) Absatz 1 findet nur Anwendung, wenn
1. beim Formwechsel der umwandelnde Rechtsträger oder bei den anderen Umwandlungen die übertragenden und die übernehmenden Rechtsträger nach den Rechtsvorschriften eines Mitgliedstaats der Europäischen Union oder eines Staates, auf den das Abkommen über den Europäischen Wirtschaftsraum Anwendung findet, gegründete Gesellschaften im Sinne des Artikels 54 des Vertrags über die Arbeitsweise der Europäischen Union oder des Artikels 34 des

Abkommens über den Europäischen Wirtschaftsraum sind, deren Sitz und Ort der Geschäftsleitung sich innerhalb des Hoheitsgebiets eines dieser Staaten befinden oder
2. übertragender Rechtsträger eine Gesellschaft im Sinne der Nummer 1 und übernehmender Rechtsträger eine natürliche Person ist, deren Wohnsitz oder gewöhnlicher Aufenthalt sich innerhalb des Hoheitsgebiets eines der Staaten im Sinne der Nummer 1 befindet und die nicht auf Grund eines Abkommens zur Vermeidung der Doppelbesteuerung mit einem dritten Staat als außerhalb des Hoheitsgebiets dieser Staaten ansässig angesehen wird.

Eine Europäische Gesellschaft im Sinne der Verordnung (EG) Nr. 2157/2001 und eine Europäische Genossenschaft im Sinne der Verordnung (EG) Nr. 1435/2003 gelten für die Anwendung des Satzes 1 als eine nach den Rechtsvorschriften des Staates gegründete Gesellschaft, in dessen Hoheitsgebiet sich der Sitz der Gesellschaft befindet.

(3) Der Sechste bis Achte Teil gilt nur für
1. die Verschmelzung, Aufspaltung und Abspaltung im Sinne der §§ 2 und 123 Abs. 1 und 2 des Umwandlungsgesetzes von Personenhandelsgesellschaften und Partnerschaftsgesellschaften oder vergleichbare ausländische Vorgänge;
2. die Ausgliederung von Vermögensteilen im Sinne des § 123 Abs. 3 des Umwandlungsgesetzes oder vergleichbare ausländische Vorgänge;
3. den Formwechsel einer Personengesellschaft in eine Kapitalgesellschaft oder Genossenschaft im Sinne des § 190 Abs. 1 des Umwandlungsgesetzes oder vergleichbare ausländische Vorgänge;
4. die Einbringung von Betriebsvermögen durch Einzelrechtsnachfolge in eine Kapitalgesellschaft, eine Genossenschaft oder Personengesellschaft sowie
5. den Austausch von Anteilen.

(4) Absatz 3 gilt nur, wenn
1. der übernehmende Rechtsträger eine Gesellschaft im Sinne von Absatz 2 Satz 1 Nr. 1 ist und
2. in den Fällen des Absatzes 3 Nr. 1 bis 4
   a) beim Formwechsel der umwandelnde Rechtsträger, bei der Einbringung durch Einzelrechtsnachfolge der einbringende Rechtsträger oder bei den anderen Umwandlungen der übertragende Rechtsträger
      aa) eine Gesellschaft im Sinne von Absatz 2 Satz 1 Nr. 1 ist und, wenn es sich um eine Personengesellschaft handelt, soweit an dieser Körperschaften, Personenvereinigungen, Vermögensmassen oder natürliche Personen unmittelbar oder mittelbar über eine oder mehrere Personengesellschaften beteiligt sind, die die Voraussetzungen im Sinne von Absatz 2 Satz 1 Nr. 1 und 2 erfüllen oder
      bb) eine natürliche Person im Sinne von Absatz 2 Satz 1 Nr. 2 ist
      oder
   b) das Recht der Bundesrepublik Deutschland hinsichtlich der Besteuerung des Gewinns aus der Veräußerung der erhaltenen Anteile nicht ausgeschlossen oder beschränkt ist.

Satz 1 ist in den Fällen der Einbringung eines Betriebs, Teilbetriebs oder Mitunternehmeranteils in eine Personengesellschaft nach § 24 nicht anzuwenden.

(5) Soweit dieses Gesetz nichts anderes bestimmt, ist
1. Richtlinie 2009/133/EG
   die Richtlinie 2009/133/EG des Rates vom 19. Oktober 2009 über das gemeinsame Steuersystem für Fusionen, Spaltungen, Abspaltungen, die Einbringung von Unternehmensteilen und den Austausch von Anteilen, die Gesellschaften verschiedener Mitgliedstaaten betreffen, sowie für die Verlegung des Sitzes einer Europäischen Gesellschaft oder einer Europäischen Genossenschaft von einem Mitgliedstaat in einen anderen Mitgliedstaat (ABl. L 310 vom 25.11.2009, S. 34), die zuletzt durch die Richtlinie 2013/13/EU (ABl. L 141 vom 28.5.2013, S. 30) geändert

worden ist, in der zum Zeitpunkt des steuerlichen Übertragungsstichtags jeweils geltenden Fassung;

2. Verordnung (EG) Nr. 2157/2001

   die Verordnung (EG) Nr. 2157/2001 des Rates vom 8. Oktober 2001 über das Statut der Europäischen Gesellschaft (SE) (ABl. EG Nr. L 294 S. 1), zuletzt geändert durch die Verordnung (EG) Nr. 885/2004 des Rates vom 26. April 2004 (ABl. EU Nr. L 168 S. 1) in der zum Zeitpunkt des steuerlichen Übertragungsstichtags jeweils geltenden Fassung;

3. Verordnung (EG) Nr. 1435/2003

   die Verordnung (EG) Nr. 1435/2003 des Rates vom 22. Juli 2003 über das Statut der Europäischen Genossenschaften (SCE) (ABl. EU Nr. L 207 S. 1) in der zum Zeitpunkt des steuerlichen Übertragungsstichtags jeweils geltenden Fassung;

4. Buchwert

   der Wert, der sich nach den steuerrechtlichen Vorschriften über die Gewinnermittlung in einer für den steuerlichen Übertragungsstichtag aufzustellenden Steuerbilanz ergibt oder ergäbe.

§ 2
Steuerliche Rückwirkung

(1) Das Einkommen und das Vermögen der übertragenden Körperschaft sowie des übernehmenden Rechtsträgers sind so zu ermitteln, als ob das Vermögen der Körperschaft mit Ablauf des Stichtags der Bilanz, die dem Vermögensübergang zu Grunde liegt (steuerlicher Übertragungsstichtag), ganz oder teilweise auf den übernehmenden Rechtsträger übergegangen wäre. Das Gleiche gilt für die Ermittlung der Bemessungsgrundlagen bei der Gewerbesteuer.

(2) Ist die Übernehmerin eine Personengesellschaft, gilt Absatz 1 Satz 1 für das Einkommen und das Vermögen der Gesellschafter.

(3) Die Absätze 1 und 2 sind nicht anzuwenden, soweit Einkünfte auf Grund abweichender Regelungen zur Rückbeziehung eines in § 1 Abs. 1 bezeichneten Vorgangs in einem anderen Staat der Besteuerung entzogen werden.

(4) Der Ausgleich oder die Verrechnung eines Übertragungsgewinns mit verrechenbaren Verlusten, verbleibenden Verlustvorträgen, nicht ausgeglichenen negativen Einkünften, einem Zinsvortrag nach § 4h Absatz 1 Satz 5 des Einkommensteuergesetzes und einem EBITDA-Vortrag nach § 4h Absatz 1 Satz 3 des Einkommensteuergesetzes (Verlustnutzung) des übertragenden Rechtsträgers ist nur zulässig, wenn dem übertragenden Rechtsträger die Verlustnutzung auch ohne Anwendung der Absätze 1 und 2 möglich gewesen wäre. Satz 1 gilt für negative Einkünfte des übertragenden Rechtsträgers im Rückwirkungszeitraum entsprechend. Der Ausgleich oder die Verrechnung von positiven Einkünften des übertragenden Rechtsträgers im Rückwirkungszeitraum mit verrechenbaren Verlusten, verbleibenden Verlustvorträgen, nicht ausgeglichenen negativen Einkünften und einem Zinsvortrag nach § 4h Absatz 1 Satz 5 des Einkommensteuergesetzes des übernehmenden Rechtsträgers ist nicht zulässig. Ist übernehmender Rechtsträger eine Organgesellschaft, gilt Satz 3 auch für einen Ausgleich oder eine Verrechnung beim Organträger entsprechend. Ist übernehmender Rechtsträger eine Personengesellschaft, gilt Satz 3 auch für einen Ausgleich oder eine Verrechnung bei den Gesellschaftern entsprechend. Die Sätze 3 bis 5 gelten nicht, wenn übertragender Rechtsträger und übernehmender Rechtsträger vor Ablauf des steuerlichen Übertragungsstichtags verbundene Unternehmen im Sinne des § 271 Absatz 2 des Handelsgesetzbuches sind.

Anhang 10
Umwandlungssteuergesetz (UmwStG)

Zweiter Teil
Vermögensübergang bei Verschmelzung auf eine Personengesellschaft oder auf eine natürliche Person und Formwechsel einer Kapitalgesellschaft in eine Personengesellschaft

§ 3
Wertansätze in der steuerlichen Schlussbilanz der übertragenden Körperschaft

(1) Bei einer Verschmelzung auf eine Personengesellschaft oder natürliche Person sind die übergehenden Wirtschaftsgüter, einschließlich nicht entgeltlich erworbener und selbst geschaffener immaterieller Wirtschaftsgüter, in der steuerlichen Schlussbilanz der übertragenden Körperschaft mit dem gemeinen Wert anzusetzen. Für die Bewertung von Pensionsrückstellungen gilt § 6a des Einkommensteuergesetzes.

(2) Auf Antrag können die übergehenden Wirtschaftsgüter abweichend von Absatz 1 einheitlich mit dem Buchwert oder einem höheren Wert, höchstens jedoch mit dem Wert nach Absatz 1, angesetzt werden, soweit

1. sie Betriebsvermögen der übernehmenden Personengesellschaft oder natürlichen Person werden und sichergestellt ist, dass sie später der Besteuerung mit Einkommensteuer oder Körperschaftsteuer unterliegen und
2. das Recht der Bundesrepublik Deutschland hinsichtlich der Besteuerung des Gewinns aus der Veräußerung der übertragenen Wirtschaftsgüter bei den Gesellschaftern der übernehmenden Personengesellschaft oder bei der natürlichen Person nicht ausgeschlossen oder beschränkt wird und
3. eine Gegenleistung nicht gewährt wird oder in Gesellschaftsrechten besteht.

Der Antrag ist spätestens bis zur erstmaligen Abgabe der steuerlichen Schlussbilanz bei dem für die Besteuerung der übertragenden Körperschaft zuständigen Finanzamt zu stellen.

(3) Haben die Mitgliedstaaten der Europäischen Union bei Verschmelzung einer unbeschränkt steuerpflichtigen Körperschaft Artikel 10 der Richtlinie 2009/133/EG anzuwenden, ist die Körperschaftsteuer auf den Übertragungsgewinn gemäß § 26 des Körperschaftsteuergesetzes um den Betrag ausländischer Steuer zu ermäßigen, der nach den Rechtsvorschriften eines anderen Mitgliedstaats der Europäischen Union erhoben worden wäre, wenn die übertragenen Wirtschaftsgüter zum gemeinen Wert veräußert worden wären. Satz 1 gilt nur, soweit die übertragenen Wirtschaftsgüter einer Betriebsstätte der übertragenden Körperschaft in einem anderen Mitgliedstaat der Europäischen Union zuzurechnen sind und die Bundesrepublik Deutschland die Doppelbesteuerung bei der übertragenden Körperschaft nicht durch Freistellung vermeidet.

§ 4
Auswirkungen auf den Gewinn des übernehmenden Rechtsträgers

(1) Der übernehmende Rechtsträger hat die auf ihn übergegangenen Wirtschaftsgüter mit dem in der steuerlichen Schlussbilanz der übertragenden Körperschaft enthaltenen Wert im Sinne des § 3 zu übernehmen. Die Anteile an der übertragenden Körperschaft sind bei dem übernehmenden Rechtsträger zum steuerlichen Übertragungsstichtag mit dem Buchwert, erhöht um Abschreibungen, die in früheren Jahren steuerwirksam vorgenommen worden sind, sowie um Abzüge nach § 6b des Einkommensteuergesetzes und ähnliche Abzüge, höchstens mit dem gemeinen Wert, anzusetzen. Auf einen sich daraus ergebenden Gewinn finden § 8b Abs. 2 Satz 4 und 5 des Körperschaftsteuergesetzes sowie § 3 Nr. 40 Satz 1 Buchstabe a Satz 2 und 3 des Einkommensteuergesetzes Anwendung.

(2) Der übernehmende Rechtsträger tritt in die steuerliche Rechtsstellung der übertragenden Körperschaft ein, insbesondere bezüglich der Bewertung der übernommenen Wirtschaftsgüter, der Absetzungen für Abnutzung und der den steuerlichen Gewinn mindernden Rücklagen. Verrechenbare Verluste, verbleibende Verlustvorträge, vom übertragenden Rechtsträger nicht ausgeglichene

negative Einkünfte, ein Zinsvortrag nach § 4h Absatz 1 Satz 5 des Einkommensteuergesetzes und ein EBITDA-Vortrag nach § 4h Absatz 1 Satz 3 des Einkommensteuergesetzes gehen nicht über. Ist die Dauer der Zugehörigkeit eines Wirtschaftsguts zum Betriebsvermögen für die Besteuerung bedeutsam, so ist der Zeitraum seiner Zugehörigkeit zum Betriebsvermögen der übertragenden Körperschaft dem übernehmenden Rechtsträger anzurechnen. Ist die übertragende Körperschaft eine Unterstützungskasse, erhöht sich der laufende Gewinn des übernehmenden Rechtsträgers in dem Wirtschaftsjahr, in das der Umwandlungsstichtag fällt, um die von ihm, seinen Gesellschaftern oder seinen Rechtsvorgängern an die Unterstützungskasse geleisteten Zuwendungen nach § 4d des Einkommensteuergesetzes; § 15 Abs. 1 Satz 1 Nr. 2 Satz 2 des Einkommensteuergesetzes gilt sinngemäß. In Höhe der nach Satz 4 hinzugerechneten Zuwendungen erhöht sich der Buchwert der Anteile an der Unterstützungskasse.

(3) Sind die übergegangenen Wirtschaftsgüter in der steuerlichen Schlussbilanz der übertragenden Körperschaft mit einem über dem Buchwert liegenden Wert angesetzt, sind die Absetzungen für Abnutzung bei dem übernehmenden Rechtsträger in den Fällen des § 7 Abs. 4 Satz 1 und Abs. 5 des Einkommensteuergesetzes nach der bisherigen Bemessungsgrundlage, in allen anderen Fällen nach dem Buchwert, jeweils vermehrt um den Unterschiedsbetrag zwischen dem Buchwert der einzelnen Wirtschaftsgüter und dem Wert, mit dem die Körperschaft die Wirtschaftsgüter in der steuerlichen Schlussbilanz angesetzt hat, zu bemessen.

(4) Infolge des Vermögensübergangs ergibt sich ein Übernahmegewinn oder Übernahmeverlust in Höhe des Unterschiedsbetrags zwischen dem Wert, mit dem die übergegangenen Wirtschaftsgüter zu übernehmen sind, abzüglich der Kosten für den Vermögensübergang und dem Wert der Anteile an der übertragenden Körperschaft (Absatz 1 und 2, § 5 Abs. 2 und 3). Für die Ermittlung des Übernahmegewinns oder Übernahmeverlusts sind abweichend von Satz 1 die übergegangenen Wirtschaftsgüter der übertragenden Körperschaft mit dem Wert nach § 3 Abs. 1 anzusetzen, soweit an ihnen kein Recht der Bundesrepublik Deutschland zur Besteuerung des Gewinns aus einer Veräußerung bestand. Bei der Ermittlung des Übernahmegewinns oder des Übernahmeverlustes bleibt der Wert der übergegangenen Wirtschaftsgüter außer Ansatz, soweit er auf Anteile an der übertragenden Körperschaft entfällt, die am steuerlichen Übertragungsstichtag nicht zum Betriebsvermögen des übernehmenden Rechtsträgers gehören.

(5) Ein Übernahmegewinn erhöht sich und ein Übernahmeverlust verringert sich um einen Sperrbetrag im Sinne des § 50c des Einkommensteuergesetzes, soweit die Anteile an der übertragenden Körperschaft am steuerlichen Übertragungsstichtag zum Betriebsvermögen des übernehmenden Rechtsträgers gehören. Ein Übernahmegewinn vermindert sich oder ein Übernahmeverlust erhöht sich um die Bezüge, die nach § 7 zu den Einkünften aus Kapitalvermögen im Sinne des § 20 Abs. 1 Nr. 1 des Einkommensteuergesetzes gehören.

(6) Ein Übernahmeverlust bleibt außer Ansatz, soweit er auf eine Körperschaft, Personenvereinigung oder Vermögensmasse als Mitunternehmerin der Personengesellschaft entfällt. Satz 1 gilt nicht für Anteile an der übertragenden Gesellschaft, die die Voraussetzungen des § 8b Abs. 7 oder des Abs. 8 Satz 1 des Körperschaftsteuergesetzes erfüllen. In den Fällen des Satzes 2 ist der Übernahmeverlust bis zur Höhe der Bezüge im Sinne des § 7 zu berücksichtigen. In den übrigen Fällen ist er in Höhe von 60 Prozent, höchstens jedoch in Höhe von 60 Prozent der Bezüge im Sinne des § 7 zu berücksichtigen; ein danach verbleibender Übernahmeverlust bleibt außer Ansatz. Satz 4 gilt nicht für Anteile an der übertragenden Gesellschaft, die die Voraussetzungen des § 3 Nr. 40 Satz 3 und 4 des Einkommensteuergesetzes erfüllen; in diesen Fällen gilt Satz 3 entsprechend. Ein Übernahmeverlust bleibt abweichend von Sätzen 2 bis 5 außer Ansatz, soweit bei Veräußerung der Anteile an der übertragenden Körperschaft ein Veräußerungsverlust nach § 17 Abs. 2 Satz 6 des Einkommensteuergesetzes nicht zu berücksichtigen wäre oder soweit die Anteile an der übertragenden Körperschaft innerhalb der letzten fünf Jahre vor dem steuerlichen Übertragungsstichtag entgeltlich erworben wurden.

(7) Soweit der Übernahmegewinn auf eine Körperschaft, Personenvereinigung oder Vermögensmasse als Mitunternehmerin der Personengesellschaft entfällt, ist § 8b des Körperschaftsteuerge-

setzes anzuwenden. In den übrigen Fällen ist § 3 Nr. 40 sowie § 3c des Einkommensteuergesetzes anzuwenden.

§ 5
Besteuerung der Anteilseigner der übertragenden Körperschaft

(1) Hat der übernehmende Rechtsträger Anteile an der übertragenden Körperschaft nach dem steuerlichen Übertragungsstichtag angeschafft oder findet er einen Anteilseigner ab, so ist sein Gewinn so zu ermitteln, als hätte er die Anteile an diesem Stichtag angeschafft.

(2) Anteile an der übertragenden Körperschaft im Sinne des § 17 des Einkommensteuergesetzes, die an dem steuerlichen Übertragungsstichtag nicht zu einem Betriebsvermögen eines Gesellschafters der übernehmenden Personengesellschaft oder einer natürlichen Person gehören, gelten für die Ermittlung des Gewinns als an diesem Stichtag in das Betriebsvermögen des übernehmenden Rechtsträgers mit den Anschaffungskosten eingelegt.

(3) Gehören an dem steuerlichen Übertragungsstichtag Anteile an der übertragenden Körperschaft zum Betriebsvermögen eines Anteilseigners, ist der Gewinn so zu ermitteln, als seien die Anteile an diesem Stichtag zum Buchwert, erhöht um Abschreibungen sowie um Abzüge nach § 6b des Einkommensteuergesetzes und ähnliche Abzüge, die in früheren Jahren steuerwirksam vorgenommen worden sind, höchstens mit dem gemeinen Wert, in das Betriebsvermögen des übernehmenden Rechtsträgers überführt worden. § 4 Abs. 1 Satz 3 gilt entsprechend.

§ 6
Gewinnerhöhung durch Vereinigung von Forderungen und Verbindlichkeiten

(1) Erhöht sich der Gewinn des übernehmenden Rechtsträgers dadurch, dass der Vermögensübergang zum Erlöschen von Forderungen und Verbindlichkeiten zwischen der übertragenden Körperschaft und dem übernehmenden Rechtsträger oder zur Auflösung von Rückstellungen führt, so darf der übernehmende Rechtsträger insoweit eine den steuerlichen Gewinn mindernde Rücklage bilden. Die Rücklage ist in den auf ihre Bildung folgenden drei Wirtschaftsjahren mit mindestens je einem Drittel gewinnerhöhend aufzulösen.

(2) Absatz 1 gilt entsprechend, wenn sich der Gewinn eines Gesellschafters des übernehmenden Rechtsträgers dadurch erhöht, dass eine Forderung oder Verbindlichkeit der übertragenden Körperschaft auf den übernehmenden Rechtsträger übergeht oder dass infolge des Vermögensübergangs eine Rückstellung aufzulösen ist. Satz 1 gilt nur für Gesellschafter, die im Zeitpunkt der Eintragung des Umwandlungsbeschlusses in das öffentliche Register an dem übernehmenden Rechtsträger beteiligt sind.

(3) Die Anwendung der Absätze 1 und 2 entfällt rückwirkend, wenn der übernehmende Rechtsträger den auf ihn übergegangenen Betrieb innerhalb von fünf Jahren nach dem steuerlichen Übertragungsstichtag in eine Kapitalgesellschaft einbringt oder ohne triftigen Grund veräußert oder aufgibt. Bereits erteilte Steuerbescheide, Steuermessbescheide, Freistellungsbescheide oder Feststellungsbescheide sind zu ändern, soweit sie auf der Anwendung der Absätze 1 und 2 beruhen.

§ 7
Besteuerung offener Rücklagen

Dem Anteilseigner ist der Teil des in der Steuerbilanz ausgewiesenen Eigenkapitals abzüglich des Bestands des steuerlichen Einlagekontos im Sinne des § 27 des Körperschaftsteuergesetzes, der sich nach Anwendung des § 29 Abs. 1 des Körperschaftsteuergesetzes ergibt, in dem Verhältnis der Anteile zum Nennkapital der übertragenden Körperschaft als Einnahmen aus Kapitalvermögen im Sinne des § 20 Abs. 1 Nr. 1 des Einkommensteuergesetzes zuzurechnen. Dies gilt unabhängig davon, ob für den Anteilseigner ein Übernahmegewinn oder Übernahmeverlust nach § 4 oder § 5 ermittelt wird.

§ 8
Vermögensübergang auf einen Rechtsträger ohne Betriebsvermögen

(1) Wird das übertragene Vermögen nicht Betriebsvermögen des übernehmenden Rechtsträgers, sind die infolge des Vermögensübergangs entstehenden Einkünfte bei diesem oder den Gesellschaftern des übernehmenden Rechtsträgers zu ermitteln. Die §§ 4, 5 und 7 gelten entsprechend.

(2) In den Fällen des Absatzes 1 sind § 17 Abs. 3 und § 22 Nr. 2 des Einkommensteuergesetzes nicht anzuwenden.

§ 9
Formwechsel in eine Personengesellschaft

Im Falle des Formwechsels einer Kapitalgesellschaft in eine Personengesellschaft sind die §§ 3 bis 8 und 10 entsprechend anzuwenden. Die Kapitalgesellschaft hat für steuerliche Zwecke auf den Zeitpunkt, in dem der Formwechsel wirksam wird, eine Übertragungsbilanz, die Personengesellschaft eine Eröffnungsbilanz aufzustellen. Die Bilanzen nach Satz 2 können auch für einen Stichtag aufgestellt werden, der höchstens acht Monate vor der Anmeldung des Formwechsels zur Eintragung in ein öffentliches Register liegt (Übertragungsstichtag); § 2 Absatz 3 und 4 gilt entsprechend.

§ 10
Körperschaftsteuererhöhung

(weggefallen)

Dritter Teil
Verschmelzung oder Vermögensübertragung (Vollübertragung) auf eine andere Körperschaft

§ 11
Wertansätze in der steuerlichen Schlussbilanz der übertragenden Körperschaft

(1) Bei einer Verschmelzung oder Vermögensübertragung (Vollübertragung) auf eine andere Körperschaft sind die übergehenden Wirtschaftsgüter, einschließlich nicht entgeltlich erworbener oder selbst geschaffener immaterieller Wirtschaftsgüter, in der steuerlichen Schlussbilanz der übertragenden Körperschaft mit dem gemeinen Wert anzusetzen. Für die Bewertung von Pensionsrückstellungen gilt § 6a des Einkommensteuergesetzes.

(2) Auf Antrag können die übergehenden Wirtschaftsgüter abweichend von Absatz 1 einheitlich mit dem Buchwert oder einem höheren Wert, höchstens jedoch mit dem Wert nach Absatz 1, angesetzt werden, soweit

1. sichergestellt ist, dass sie später bei der übernehmenden Körperschaft der Besteuerung mit Körperschaftsteuer unterliegen und
2. das Recht der Bundesrepublik Deutschland hinsichtlich der Besteuerung des Gewinns aus der Veräußerung der übertragenen Wirtschaftsgüter bei der übernehmenden Körperschaft nicht ausgeschlossen oder beschränkt wird und
3. eine Gegenleistung nicht gewährt wird oder in Gesellschaftsrechten besteht.

Anteile an der übernehmenden Körperschaft sind mindestens mit dem Buchwert, erhöht um Abschreibungen sowie um Abzüge nach § 6b des Einkommensteuergesetzes und ähnliche Abzüge, die in früheren Jahren steuerwirksam vorgenommen worden sind, höchstens mit dem gemeinen

Wert, anzusetzen. Auf einen sich daraus ergebenden Gewinn findet § 8b Abs. 2 Satz 4 und 5 des Körperschaftsteuergesetzes Anwendung.

(3) § 3 Abs. 2 Satz 2 und Abs. 3 gilt entsprechend.

§ 12
Auswirkungen auf den Gewinn der übernehmenden Körperschaft

(1) Die übernehmende Körperschaft hat die auf sie übergegangenen Wirtschaftsgüter mit dem in der steuerlichen Schlussbilanz der übertragenden Körperschaft enthaltenen Wert im Sinne des § 11 zu übernehmen. § 4 Abs. 1 Satz 2 und 3 gilt entsprechend.

(2) Bei der übernehmenden Körperschaft bleibt ein Gewinn oder ein Verlust in Höhe des Unterschieds zwischen dem Buchwert der Anteile an der übertragenden Körperschaft und dem Wert, mit dem die übergegangenen Wirtschaftsgüter zu übernehmen sind, abzüglich der Kosten für den Vermögensübergang, außer Ansatz. § 8b des Körperschaftsteuergesetzes ist anzuwenden, soweit der Gewinn im Sinne des Satzes 1 abzüglich der anteilig darauf entfallenden Kosten für den Vermögensübergang, dem Anteil der übernehmenden Körperschaft an der übertragenden Körperschaft entspricht. § 5 Abs. 1 gilt entsprechend.

(3) Die übernehmende Körperschaft tritt in die steuerliche Rechtsstellung der übertragenden Körperschaft ein; § 4 Abs. 2 und 3 gilt entsprechend.

(4) § 6 gilt sinngemäß für den Teil des Gewinns aus der Vereinigung von Forderungen und Verbindlichkeiten, der der Beteiligung der übernehmenden Körperschaft am Grund- oder Stammkapital der übertragenden Körperschaft entspricht.

(5) Im Falle des Vermögensübergangs in den nicht steuerpflichtigen oder steuerbefreiten Bereich der übernehmenden Körperschaft gilt das in der Steuerbilanz ausgewiesene Eigenkapital abzüglich des Bestands des steuerlichen Einlagekontos im Sinne des § 27 des Körperschaftsteuergesetzes, der sich nach Anwendung des § 29 Abs. 1 des Körperschaftsteuergesetzes ergibt, als Einnahme im Sinne des § 20 Abs. 1 Nr. 1 des Einkommensteuergesetzes.

§ 13
Besteuerung der Anteilseigner der übertragenden Körperschaft

(1) Die Anteile an der übertragenden Körperschaft gelten als zum gemeinen Wert veräußert und die an ihre Stelle tretenden Anteile an der übernehmenden Körperschaft gelten als mit diesem Wert angeschafft.

(2) Abweichend von Absatz 1 sind auf Antrag die Anteile an der übernehmenden Körperschaft mit dem Buchwert der Anteile an der übertragenden Körperschaft anzusetzen, wenn

1. das Recht der Bundesrepublik Deutschland hinsichtlich der Besteuerung des Gewinns aus der Veräußerung der Anteile an der übernehmenden Körperschaft nicht ausgeschlossen oder beschränkt wird oder

2. die Mitgliedstaaten der Europäischen Union bei einer Verschmelzung Artikel 8 der Richtlinie 2009/133/EG anzuwenden haben; in diesem Fall ist der Gewinn aus einer späteren Veräußerung der erworbenen Anteile ungeachtet der Bestimmungen eines Abkommens zur Vermeidung der Doppelbesteuerung in der gleichen Art und Weise zu besteuern, wie die Veräußerung der Anteile an der übertragenden Körperschaft zu besteuern wäre. § 15 Abs. 1a Satz 2 des Einkommensteuergesetzes ist entsprechend anzuwenden.

Die Anteile an der übernehmenden Körperschaft treten steuerlich an die Stelle der Anteile an der übertragenden Körperschaft. Gehören die Anteile an der übertragenden Körperschaft nicht zu einem Betriebsvermögen, treten an die Stelle des Buchwerts die Anschaffungskosten.

§ 14
(weggefallen)

Vierter Teil
Aufspaltung, Abspaltung und Vermögensübertragung
(Teilübertragung)
§ 15
Aufspaltung, Abspaltung und Teilübertragung auf andere Körperschaften

(1) Geht Vermögen einer Körperschaft durch Aufspaltung oder Abspaltung oder durch Teilübertragung auf andere Körperschaften über, gelten die §§ 11 bis 13 vorbehaltlich des Satzes 2 und des § 16 entsprechend. § 11 Abs. 2 und § 13 Abs. 2 sind nur anzuwenden, wenn auf die Übernehmerinnen ein Teilbetrieb übertragen wird und im Falle der Abspaltung oder Teilübertragung bei der übertragenden Körperschaft ein Teilbetrieb verbleibt. Als Teilbetrieb gilt auch ein Mitunternehmeranteil oder die Beteiligung an einer Kapitalgesellschaft, die das gesamte Nennkapital der Gesellschaft umfasst.

(2) § 11 Abs. 2 ist auf Mitunternehmeranteile und Beteiligungen im Sinne des Absatzes 1 nicht anzuwenden, wenn sie innerhalb eines Zeitraums von drei Jahren vor dem steuerlichen Übertragungsstichtag durch Übertragung von Wirtschaftsgütern, die kein Teilbetrieb sind, erworben oder aufgestockt worden sind. § 11 Abs. 2 ist ebenfalls nicht anzuwenden, wenn durch die Spaltung die Veräußerung an außenstehende Personen vollzogen wird. Das Gleiche gilt, wenn durch die Spaltung die Voraussetzungen für eine Veräußerung geschaffen werden. Davon ist auszugehen, wenn innerhalb von fünf Jahren nach dem steuerlichen Übertragungsstichtag Anteile an einer an der Spaltung beteiligten Körperschaft, die mehr als 20 Prozent der vor Wirksamwerden der Spaltung an der Körperschaft bestehenden Anteile ausmachen, veräußert werden. Bei der Trennung von Gesellschafterstämmen setzt die Anwendung des § 11 Abs. 2 außerdem voraus, dass die Beteiligungen an der übertragenden Körperschaft mindestens fünf Jahre vor dem steuerlichen Übertragungsstichtag bestanden haben.

(3) Bei einer Abspaltung mindern sich verrechenbare Verluste, verbleibende Verlustvorträge, nicht ausgeglichene negative Einkünfte, ein Zinsvortrag nach § 4h Absatz 1 Satz 5 des Einkommensteuergesetzes und ein EBITDA-Vortrag nach § 4h Absatz 1 Satz 3 des Einkommensteuergesetzes der übertragenden Körperschaft in dem Verhältnis, in dem bei Zugrundelegung des gemeinen Werts das Vermögen auf eine andere Körperschaft übergeht.

§ 16
Aufspaltung oder Abspaltung auf eine Personengesellschaft

Soweit Vermögen einer Körperschaft durch Aufspaltung oder Abspaltung auf eine Personengesellschaft übergeht, gelten die §§ 3 bis 8, 10 und 15 entsprechend. § 10 ist für den in § 40 Abs. 2 Satz 3 des Körperschaftsteuergesetzes bezeichneten Teil des Betrags im Sinne des § 38 des Körperschaftsteuergesetzes anzuwenden.

Fünfter Teil
Gewerbesteuer
§ 17
(weggefallen)

Anhang 10
Umwandlungssteuergesetz (UmwStG)

§ 18
Gewerbesteuer bei Vermögensübergang auf eine Personengesellschaft oder auf eine natürliche Person sowie bei Formwechsel in eine Personengesellschaft

(1) Die §§ 3 bis 9 und 16 gelten bei Vermögensübergang auf eine Personengesellschaft oder auf eine natürliche Person sowie bei Formwechsel in eine Personengesellschaft auch für die Ermittlung des Gewerbeertrags. Der maßgebende Gewerbeertrag der übernehmenden Personengesellschaft oder natürlichen Person kann nicht um Fehlbeträge des laufenden Erhebungszeitraumes und die vortragsfähigen Fehlbeträge der übertragenden Körperschaft im Sinne des § 10a des Gewerbesteuergesetzes gekürzt werden.

(2) Ein Übernahmegewinn oder Übernahmeverlust ist nicht zu erfassen. In Fällen des § 5 Abs. 2 ist ein Gewinn nach § 7 nicht zu erfassen.

(3) Wird der Betrieb der Personengesellschaft oder der natürlichen Person innerhalb von fünf Jahren nach der Umwandlung aufgegeben oder veräußert, unterliegt ein Aufgabe- oder Veräußerungsgewinn der Gewerbesteuer, auch soweit er auf das Betriebsvermögen entfällt, das bereits vor der Umwandlung im Betrieb der übernehmenden Personengesellschaft oder der natürlichen Person vorhanden war. Satz 1 gilt entsprechend, soweit ein Teilbetrieb oder ein Anteil an der Personengesellschaft aufgegeben oder veräußert wird. Der auf den Aufgabe- oder Veräußerungsgewinnen im Sinne der Sätze 1 und 2 beruhende Teil des Gewerbesteuer-Messbetrags ist bei der Ermäßigung der Einkommensteuer nach § 35 des Einkommensteuergesetzes nicht zu berücksichtigen.

§ 19
Gewerbesteuer bei Vermögensübergang auf eine andere Körperschaft

(1) Geht das Vermögen der übertragenden Körperschaft auf eine andere Körperschaft über, gelten die §§ 11 bis 15 auch für die Ermittlung des Gewerbeertrags.

(2) Für die vortragsfähigen Fehlbeträge der übertragenden Körperschaft im Sinne des § 10a des Gewerbesteuergesetzes gelten § 12 Abs. 3 und § 15 Abs. 3 entsprechend.

Sechster Teil
Einbringung von Unternehmensteilen in eine Kapitalgesellschaft oder Genossenschaft und Anteilstausch

§ 20
Einbringung von Unternehmensteilen in eine Kapitalgesellschaft oder Genossenschaft

(1) Wird ein Betrieb oder Teilbetrieb oder ein Mitunternehmeranteil in eine Kapitalgesellschaft oder eine Genossenschaft (übernehmende Gesellschaft) eingebracht und erhält der Einbringende dafür neue Anteile an der Gesellschaft (Sacheinlage), gelten für die Bewertung des eingebrachten Betriebsvermögens und der neuen Gesellschaftsanteile die nachfolgenden Absätze.

(2) Die übernehmende Gesellschaft hat das eingebrachte Betriebsvermögen mit dem gemeinen Wert anzusetzen; für die Bewertung von Pensionsrückstellungen gilt § 6a des Einkommensteuergesetzes. Abweichend von Satz 1 kann das übernommene Betriebsvermögen auf Antrag einheitlich mit dem Buchwert oder einem höheren Wert, höchstens jedoch mit dem Wert im Sinne des Satzes 1, angesetzt werden, soweit

1. sichergestellt ist, dass es später bei der übernehmenden Körperschaft der Besteuerung mit Körperschaftsteuer unterliegt,
2. die Passivposten des eingebrachten Betriebsvermögens die Aktivposten nicht übersteigen; dabei ist das Eigenkapital nicht zu berücksichtigen,

3. das Recht der Bundesrepublik Deutschland hinsichtlich der Besteuerung des Gewinns aus der Veräußerung des eingebrachten Betriebsvermögens bei der übernehmenden Gesellschaft nicht ausgeschlossen oder beschränkt wird und
4. der gemeine Wert von sonstigen Gegenleistungen, die neben den neuen Gesellschaftsanteilen gewährt werden, nicht mehr beträgt als
    a) 25 Prozent des Buchwerts des eingebrachten Betriebsvermögens oder
    b) 500 000 Euro, höchstens jedoch den Buchwert des eingebrachten Betriebsvermögens.

Der Antrag ist spätestens bis zur erstmaligen Abgabe der steuerlichen Schlussbilanz bei dem für die Besteuerung der übernehmenden Gesellschaft zuständigen Finanzamt zu stellen. Erhält der Einbringende neben den neuen Gesellschaftsanteilen auch sonstige Gegenleistungen, ist das eingebrachte Betriebsvermögen abweichend von Satz 2 mindestens mit dem gemeinen Wert der sonstigen Gegenleistungen anzusetzen, wenn dieser den sich nach Satz 2 ergebenden Wert übersteigt.

(3) Der Wert, mit dem die übernehmende Gesellschaft das eingebrachte Betriebsvermögen ansetzt, gilt für den Einbringenden als Veräußerungspreis und als Anschaffungskosten der Gesellschaftsanteile. Ist das Recht der Bundesrepublik Deutschland hinsichtlich der Besteuerung des Gewinns aus der Veräußerung des eingebrachten Betriebsvermögens im Zeitpunkt der Einbringung ausgeschlossen und wird dieses auch nicht durch die Einbringung begründet, gilt für den Einbringenden insoweit der gemeine Wert des Betriebsvermögens im Zeitpunkt der Einbringung als Anschaffungskosten der Anteile. Soweit neben den Gesellschaftsanteilen auch andere Wirtschaftsgüter gewährt werden, ist deren gemeiner Wert bei der Bemessung der Anschaffungskosten der Gesellschaftsanteile von dem sich nach Satz 1 und 2 ergebenden Wert abzuziehen. Umfasst das eingebrachte Betriebsvermögen auch einbringungsgeborene Anteile im Sinne von § 21 Abs. 1 in der Fassung der Bekanntmachung vom 15. Oktober 2002 (BGBl. I S. 2002), zuletzt geändert durch Artikel 3 des Gesetzes vom 16. Mai 2003 (BGBl. I S. 660), gelten die erhaltenen Anteile insoweit auch als einbringungsgeboren im Sinne von § 21 Abs. 1 in der Fassung der Bekanntmachung vom 15. Oktober 2002 (BGBl. I S. 2002), zuletzt geändert durch Artikel 3 des Gesetzes vom 16. Mai 2003 (BGBl. I S. 660).

(4) Auf einen bei der Sacheinlage entstehenden Veräußerungsgewinn ist § 16 Abs. 4 des Einkommensteuergesetzes nur anzuwenden, wenn der Einbringende eine natürliche Person ist, es sich nicht um die Einbringung von Teilen eines Mitunternehmeranteils handelt und die übernehmende Gesellschaft das eingebrachte Betriebsvermögen mit dem gemeinen Wert ansetzt. In diesen Fällen ist § 34 Abs. 1 und 3 des Einkommensteuergesetzes nur anzuwenden, soweit der Veräußerungsgewinn nicht nach § 3 Nr. 40 Satz 1 in Verbindung mit § 3c Abs. 2 des Einkommensteuergesetzes teilweise steuerbefreit ist.

(5) Das Einkommen und das Vermögen des Einbringenden und der übernehmenden Gesellschaft sind auf Antrag so zu ermitteln, als ob das eingebrachte Betriebsvermögen mit Ablauf des steuerlichen Übertragungsstichtags (Absatz 6) auf die Übernehmerin übergegangen wäre. Dies gilt hinsichtlich des Einkommens und des Gewerbeertrags nicht für Entnahmen und Einlagen, die nach dem steuerlichen Übertragungsstichtag erfolgen. Die Anschaffungskosten der Anteile (Absatz 3) sind um den Buchwert der Entnahmen zu vermindern und um den sich nach § 6 Abs. 1 Nr. 5 des Einkommensteuergesetzes ergebenden Wert der Einlagen zu erhöhen.

(6) Als steuerlicher Übertragungsstichtag (Einbringungszeitpunkt) darf in den Fällen der Sacheinlage durch Verschmelzung im Sinne des § 2 des Umwandlungsgesetzes der Stichtag angesehen werden, für den die Schlussbilanz jedes der übertragenden Unternehmen im Sinne des § 17 Abs. 2 des Umwandlungsgesetzes aufgestellt ist; dieser Stichtag darf höchstens acht Monate vor der Anmeldung der Verschmelzung zur Eintragung in das Handelsregister liegen. Entsprechendes gilt, wenn Vermögen im Wege der Sacheinlage durch Aufspaltung, Abspaltung oder Ausgliederung nach § 123 des Umwandlungsgesetzes auf die übernehmende Gesellschaft übergeht. In anderen Fällen der Sacheinlage darf die Einbringung auf einen Tag zurück bezogen werden, der höchstens

acht Monate vor dem Tag des Abschlusses des Einbringungsvertrags liegt und höchstens acht Monate vor dem Zeitpunkt liegt, an dem das eingebrachte Betriebsvermögen auf die übernehmende Gesellschaft übergeht. § 2 Abs. 3 und 4 gilt entsprechend.

(7) § 3 Abs. 3 ist entsprechend anzuwenden.

(8) Ist eine gebietsfremde einbringende oder erworbene Gesellschaft im Sinne von Artikel 3 der Richtlinie 2009/133/EG als steuerlich transparent anzusehen, ist auf Grund Artikel 11 der Richtlinie 2009/133/EG die ausländische Steuer, die nach den Rechtsvorschriften des anderen Mitgliedstaates der Europäischen Union erhoben worden wäre, wenn die einer in einem anderen Mitgliedstaat belegenen Betriebsstätte zuzurechnenden eingebrachten Wirtschaftsgüter zum gemeinen Wert veräußert worden wären, auf die auf den Einbringungsgewinn entfallende Körperschaftsteuer oder Einkommensteuer unter entsprechender Anwendung von § 26 des Körperschaftsteuergesetzes und von § § 34c und 50 Absatz 3 des Einkommensteuergesetzes anzurechnen.

(9) Ein Zinsvortrag nach § 4h Absatz 1 Satz 5 des Einkommensteuergesetzes und ein EBITDA-Vortrag nach § 4h Absatz 1 Satz 3 des Einkommensteuergesetzes des eingebrachten Betriebs gehen nicht auf die übernehmende Gesellschaft über.

§ 21
Bewertung der Anteile beim Anteilstausch

(1) Werden Anteile an einer Kapitalgesellschaft oder einer Genossenschaft (erworbene Gesellschaft) in eine Kapitalgesellschaft oder Genossenschaft (übernehmende Gesellschaft) gegen Gewährung neuer Anteile an der übernehmenden Gesellschaft eingebracht (Anteilstausch), hat die übernehmende Gesellschaft die eingebrachten Anteile mit dem gemeinen Wert anzusetzen. Abweichend von Satz 1 können die eingebrachten Anteile auf Antrag mit dem Buchwert oder einem höheren Wert, höchstens jedoch mit dem gemeinen Wert, angesetzt werden, wenn

1. die übernehmende Gesellschaft nach der Einbringung auf Grund ihrer Beteiligung einschließlich der eingebrachten Anteile nachweisbar unmittelbar die Mehrheit der Stimmrechte an der erworbenen Gesellschaft hat (qualifizierter Anteilstausch) und soweit
2. der gemeine Wert von sonstigen Gegenleistungen, die neben den neuen Anteilen gewährt werden, nicht mehr beträgt als
   a) 25 Prozent des Buchwerts der eingebrachten Anteile oder
   b) 500 000 Euro, höchstens jedoch den Buchwert der eingebrachten Anteile.

§ 20 Absatz 2 Satz 3 gilt entsprechend. Erhält der Einbringende neben den neuen Gesellschaftsanteilen auch sonstige Gegenleistungen, sind die eingebrachten Anteile abweichend von Satz 2 mindestens mit dem gemeinen Wert der sonstigen Gegenleistungen anzusetzen, wenn dieser den sich nach Satz 2 ergebenden Wert übersteigt.

(2) Der Wert, mit dem die übernehmende Gesellschaft die eingebrachten Anteile ansetzt, gilt für den Einbringenden als Veräußerungspreis der eingebrachten Anteile und als Anschaffungskosten der erhaltenen Anteile. Abweichend von Satz 1 gilt für den Einbringenden der gemeine Wert der eingebrachten Anteile als Veräußerungspreis und als Anschaffungskosten der erhaltenen Anteile, wenn für die eingebrachten Anteile nach der Einbringung das Recht der Bundesrepublik Deutschland hinsichtlich der Besteuerung des Gewinns aus der Veräußerung dieser Anteile ausgeschlossen oder beschränkt ist; dies gilt auch, wenn das Recht der Bundesrepublik Deutschland hinsichtlich der Besteuerung des Gewinns aus der Veräußerung der erhaltenen Anteile ausgeschlossen oder beschränkt ist. Auf Antrag gilt in den Fällen des Satzes 2 unter den Voraussetzungen des Absatzes 1 Satz 2 der Buchwert oder ein höherer Wert, höchstens der gemeine Wert, als Veräußerungspreis der eingebrachten Anteile und als Anschaffungskosten der erhaltenen Anteile, wenn

1. das Recht der Bundesrepublik Deutschland hinsichtlich der Besteuerung des Gewinns aus der Veräußerung der erhaltenen Anteile nicht ausgeschlossen oder beschränkt ist oder

2. der Gewinn aus dem Anteilstausch auf Grund Artikel 8 der Richtlinie 2009/133/EG nicht besteuert werden darf; in diesem Fall ist der Gewinn aus einer späteren Veräußerung der erhaltenen Anteile ungeachtet der Bestimmungen eines Abkommens zur Vermeidung der Doppelbesteuerung in der gleichen Art und Weise zu besteuern, wie die Veräußerung der Anteile an der erworbenen Gesellschaft zu besteuern gewesen wäre; § 15 Abs. 1a Satz 2 des Einkommensteuergesetzes ist entsprechend anzuwenden.

Der Antrag ist spätestens bis zur erstmaligen Abgabe der Steuererklärung bei dem für die Besteuerung des Einbringenden zuständigen Finanzamt zu stellen. Haben die eingebrachten Anteile beim Einbringenden nicht zu einem Betriebsvermögen gehört, treten an die Stelle des Buchwerts die Anschaffungskosten. § 20 Abs. 3 Satz 3 und 4 gilt entsprechend.

(3) Auf den beim Anteilstausch entstehenden Veräußerungsgewinn ist § 17 Abs. 3 des Einkommensteuergesetzes nur anzuwenden, wenn der Einbringende eine natürliche Person ist und die übernehmende Gesellschaft die eingebrachten Anteile nach Absatz 1 Satz 1 oder in den Fällen des Absatzes 2 Satz 2 der Einbringende mit dem gemeinen Wert ansetzt; dies gilt für die Anwendung von § 16 Abs. 4 des Einkommensteuergesetzes unter der Voraussetzung, dass eine im Betriebsvermögen gehaltene Beteiligung an einer Kapitalgesellschaft eingebracht wird, die das gesamte Nennkapital der Kapitalgesellschaft umfasst. § 34 Abs. 1 des Einkommensteuergesetzes findet keine Anwendung.

§ 22
Besteuerung des Anteilseigners

(1) Soweit in den Fällen einer Sacheinlage unter dem gemeinen Wert (§ 20 Abs. 2 Satz 2) der Einbringende die erhaltenen Anteile innerhalb eines Zeitraums von sieben Jahren nach dem Einbringungszeitpunkt veräußert, ist der Gewinn aus der Einbringung rückwirkend im Wirtschaftsjahr der Einbringung als Gewinn des Einbringenden im Sinne von § 16 des Einkommensteuergesetzes zu versteuern (Einbringungsgewinn I); §§ 16 Abs. 4 und 34 des Einkommensteuergesetzes sind nicht anzuwenden. Die Veräußerung der erhaltenen Anteile gilt insoweit als rückwirkendes Ereignis im Sinne von § 175 Abs.1 Satz 1 Nr. 2 der Abgabenordnung. Einbringungsgewinn I ist der Betrag, um den der gemeine Wert des eingebrachten Betriebsvermögens im Einbringungszeitpunkt nach Abzug der Kosten für den Vermögensübergang den Wert, mit dem die übernehmende Gesellschaft dieses eingebrachte Betriebsvermögen angesetzt hat, übersteigt, vermindert um jeweils ein Siebtel für jedes seit dem Einbringungszeitpunkt abgelaufene Zeitjahr. Der Einbringungsgewinn I gilt als nachträgliche Anschaffungskosten der erhaltenen Anteile. Umfasst das eingebrachte Betriebsvermögen auch Anteile an Kapitalgesellschaften oder Genossenschaften, ist insoweit § 22 Abs. 2 anzuwenden; ist in diesen Fällen das Recht der Bundesrepublik Deutschland hinsichtlich der Besteuerung des Gewinns aus der Veräußerung der erhaltenen Anteile ausgeschlossen oder beschränkt, ist daneben auch Satz 1 bis 4 anzuwenden. Die Sätze 1 bis 5 gelten entsprechend, wenn

1. der Einbringende die erhaltenen Anteile unmittelbar oder mittelbar unentgeltlich auf eine Kapitalgesellschaft oder eine Genossenschaft überträgt,
2. der Einbringende die erhaltenen Anteile entgeltlich überträgt, es sei denn, er weist nach, dass die Übertragung durch einen Vorgang im Sinne des § 20 Absatz 1 oder § 21 Absatz 1 oder auf Grund vergleichbarer ausländischer Vorgänge zu Buchwerten erfolgte und keine sonstigen Gegenleistungen erbracht wurden, die die Grenze des § 20 Absatz 2 Satz 2 Nummer 4 oder die Grenze des § 21 Absatz 1 Satz 2 Nummer 2 übersteigen,
3. die Kapitalgesellschaft, an der die Anteile bestehen, aufgelöst und abgewickelt wird oder das Kapital dieser Gesellschaft herabgesetzt und an die Anteilseigner zurückgezahlt wird oder Beträge aus dem steuerlichen Einlagekonto im Sinne des § 27 des Körperschaftsteuergesetzes ausgeschüttet oder zurückgezahlt werden,
4. der Einbringende die erhaltenen Anteile durch einen Vorgang im Sinne des § 21 Absatz 1 oder einen Vorgang im Sinne des § 20 Absatz 1 oder auf Grund vergleichbarer ausländischer Vor-

Anhang 10
Umwandlungssteuergesetz (UmwStG)

gänge zum Buchwert in eine Kapitalgesellschaft oder eine Genossenschaft eingebracht hat und diese Anteile anschließend unmittelbar oder mittelbar veräußert oder durch einen Vorgang im Sinne der Nummern 1 oder 2 unmittelbar oder mittelbar übertragen werden, es sei denn, er weist nach, dass diese Anteile zu Buchwerten übertragen wurden und keine sonstigen Gegenleistungen erbracht wurden, die die Grenze des § 20 Absatz 2 Satz 2 Nummer 4 oder die Grenze des § 21 Absatz 1 Satz 2 Nummer 2 übersteigen (Ketteneinbringung),

5. der Einbringende die erhaltenen Anteile in eine Kapitalgesellschaft oder eine Genossenschaft durch einen Vorgang im Sinne des § 20 Absatz 1 oder einen Vorgang im Sinne des § 21 Absatz 1 oder auf Grund vergleichbarer ausländischer Vorgänge zu Buchwerten einbringt und die aus dieser Einbringung erhaltenen Anteile anschließend unmittelbar oder mittelbar veräußert oder durch einen Vorgang im Sinne der Nummern 1 oder 2 unmittelbar oder mittelbar übertragen werden, es sei denn, er weist nach, dass die Einbringung zu Buchwerten erfolgte und keine sonstigen Gegenleistungen erbracht wurden, die die Grenze des § 20 Absatz 2 Satz 2 Nummer 4 oder die Grenze des § 21 Absatz 1 Satz 2 Nummer 2 übersteigen, oder.

6. für den Einbringenden oder die übernehmende Gesellschaft im Sinne der Nummer 4 die Voraussetzungen im Sinne von § 1 Abs. 4 nicht mehr erfüllt sind.

Satz 4 gilt in den Fällen des Satzes 6 Nr. 4 und 5 auch hinsichtlich der Anschaffungskosten der auf einer Weitereinbringung dieser Anteile (§ 20 Abs. 1 und § 21 Abs. 1 Satz 2) zum Buchwert beruhenden Anteile.

(2) Soweit im Rahmen einer Sacheinlage (§ 20 Abs. 1) oder eines Anteilstauschs (§ 21 Abs. 1) unter dem gemeinen Wert eingebrachte Anteile innerhalb eines Zeitraums von sieben Jahren nach dem Einbringungszeitpunkt durch die übernehmende Gesellschaft unmittelbar oder mittelbar veräußert werden und soweit beim Einbringenden der Gewinn aus der Veräußerung dieser Anteile im Einbringungszeitpunkt nicht nach § 8b Abs. 2 des Körperschaftsteuergesetzes steuerfrei gewesen wäre, ist der Gewinn aus der Einbringung im Wirtschaftsjahr der Einbringung rückwirkend als Gewinn des Einbringenden aus der Veräußerung von Anteilen zu versteuern (Einbringungsgewinn II); § 16 Abs. 4 und § 34 des Einkommensteuergesetzes sind nicht anzuwenden. Absatz 1 Satz 2 gilt entsprechend. Einbringungsgewinn II ist der Betrag, um den der gemeine Wert der eingebrachten Anteile im Einbringungszeitpunkt nach Abzug der Kosten für den Vermögensübergang den Wert, mit dem der Einbringende die erhaltenen Anteile angesetzt hat, übersteigt, vermindert um jeweils ein Siebtel für jedes seit dem Einbringungszeitpunkt abgelaufene Zeitjahr. Der Einbringungsgewinn II gilt als nachträgliche Anschaffungskosten der erhaltenen Anteile. Sätze 1 bis 4 sind nicht anzuwenden, soweit der Einbringende die erhaltenen Anteile veräußert hat; dies gilt auch in den Fällen von § 6 des Außensteuergesetzes vom 8. September 1972 (BGBl. I S. 1713), das zuletzt durch Artikel 7 des Gesetzes vom 7. Dezember 2006 (BGBl. I S. 2782) geändert worden ist, in der jeweils geltenden Fassung, wenn und soweit die Steuer nicht gestundet wird. Sätze 1 bis 5 gelten entsprechend, wenn die übernehmende Gesellschaft die eingebrachten Anteile ihrerseits durch einen Vorgang nach Absatz 1 Satz 6 Nr. 1 bis 5 weiter überträgt oder für diese die Voraussetzungen nach § 1 Abs. 4 nicht mehr erfüllt sind. Absatz 1 Satz 7 ist entsprechend anzuwenden.

(3) Der Einbringende hat in den Einbringungszeitpunkt folgenden sieben Jahren jährlich spätestens bis zum 31. Mai den Nachweis darüber zu erbringen, wem mit Ablauf des Tages, der dem maßgebenden Einbringungszeitpunkt entspricht,

1. in den Fällen des Absatzes 1 die erhaltenen Anteile und die auf diesen Anteilen beruhenden Anteile und

2. in den Fällen des Absatzes 2 die eingebrachten Anteile und die auf diesen Anteilen beruhenden Anteile

zuzurechnen sind. Erbringt er den Nachweis nicht, gelten die Anteile im Sinne des Absatzes 1 oder des Absatzes 2 an dem Tag, der dem Einbringungszeitpunkt folgt oder der in den Folgejahren diesem Kalendertag entspricht, als veräußert.

(4) Ist der Veräußerer von Anteilen nach Absatz 1

1. eine juristische Person des öffentlichen Rechts, gilt in den Fällen des Absatzes 1 der Gewinn aus der Veräußerung der erhaltenen Anteile als in einem Betrieb gewerblicher Art dieser Körperschaft entstanden,
2. von der Körperschaftsteuer befreit, gilt in den Fällen des Absatzes 1 der Gewinn aus der Veräußerung der erhaltenen Anteile als in einem wirtschaftlichen Geschäftsbetrieb dieser Körperschaft entstanden.

(5) Das für den Einbringenden zuständige Finanzamt bescheinigt der übernehmenden Gesellschaft auf deren Antrag die Höhe des zu versteuernden Einbringungsgewinns, die darauf entfallende festgesetzte Steuer und den darauf entrichteten Betrag; nachträgliche Minderungen des versteuerten Einbringungsgewinns sowie die darauf entfallende festgesetzte Steuer und der darauf entrichtete Betrag sind dem für die übernehmende Gesellschaft zuständigen Finanzamt von Amts wegen mitzuteilen.

(6) In den Fällen der unentgeltlichen Rechtsnachfolge gilt der Rechtsnachfolger des Einbringenden als Einbringender im Sinne der Absätze 1 bis 5 und der Rechtsnachfolger der übernehmenden Gesellschaft als übernehmende Gesellschaft im Sinne des Absatzes 2.

(7) Werden in den Fällen einer Sacheinlage (§ 20 Abs. 1) oder eines Anteilstausches (§ 21 Abs. 1) unter dem gemeinen Wert stille Reserven auf Grund einer Gesellschaftsgründung oder Kapitalerhöhung von den erhaltenen oder eingebrachten Anteilen oder von auf diesen Anteilen beruhenden Anteilen auf andere Anteile verlagert, gelten diese Anteile insoweit auch als erhaltene oder eingebrachte Anteile oder als auf diesen Anteilen beruhende Anteile im Sinne des Absatzes 1 oder 2 (Mitverstrickung von Anteilen).

§ 23
Auswirkungen bei der übernehmenden Gesellschaft

(1) Setzt die übernehmende Gesellschaft das eingebrachte Betriebsvermögen mit einem unter dem gemeinen Wert liegenden Wert (§ 20 Abs. 2 Satz 2, § 21 Abs. 1 Satz 2) an, gelten § 4 Abs. 2 Satz 3 und § 12 Abs. 3 erster Halbsatz entsprechend.

(2) In den Fällen des § 22 Abs. 1 kann die übernehmende Gesellschaft auf Antrag den versteuerten Einbringungsgewinn im Wirtschaftsjahr der Veräußerung der Anteile oder eines gleichgestellten Ereignisses (§ 22 Abs. 1 Satz 1 und Satz 6 Nr. 1 bis 6) als Erhöhungsbetrag ansetzen, soweit der Einbringende die auf den Einbringungsgewinn entfallende Steuer entrichtet hat und dies durch Vorlage einer Bescheinigung des zuständigen Finanzamts im Sinne von § 22 Abs. 5 nachgewiesen wurde; der Ansatz des Erhöhungsbetrages bleibt ohne Auswirkung auf den Gewinn. Satz 1 ist nur anzuwenden, soweit das eingebrachte Betriebsvermögen in den Fällen des § 22 Abs. 1 noch zum Betriebsvermögen der übernehmenden Gesellschaft gehört, es sei denn, dieses wurde zum gemeinen Wert übertragen. Wurden die veräußerten Anteile auf Grund einer Einbringung von Anteilen nach § 20 Abs. 1 oder § 21 Abs. 1 (§ 22 Abs. 2) erworben, erhöhen sich die Anschaffungskosten der eingebrachten Anteile in Höhe des versteuerten Einbringungsgewinns, soweit der Einbringende die auf den Einbringungsgewinn entfallende Steuer entrichtet hat; Satz 1 und § 22 Abs. 1 Satz 7 gelten entsprechend.

(3) Setzt die übernehmende Gesellschaft das eingebrachte Betriebsvermögen mit einem über dem Buchwert, aber unter dem gemeinen Wert liegenden Wert an, gilt § 12 Abs. 3 erster Halbsatz entsprechend mit der folgenden Maßgabe:
1. Die Absetzungen für Abnutzung oder Substanzverringerung nach § 7 Abs. 1, 4, 5 und 6 des Einkommensteuergesetzes sind vom Zeitpunkt der Einbringung an nach den Anschaffungs- oder Herstellungskosten des Einbringenden, vermehrt um den Unterschiedsbetrag zwischen dem Buchwert der einzelnen Wirtschaftsgüter und dem Wert, mit dem die Kapitalgesellschaft die Wirtschaftsgüter ansetzt, zu bemessen.

2. Bei den Absetzungen für Abnutzung nach § 7 Abs. 2 des Einkommensteuergesetzes tritt im Zeitpunkt der Einbringung an die Stelle des Buchwerts der einzelnen Wirtschaftsgüter der Wert, mit dem die Kapitalgesellschaft die Wirtschaftsgüter ansetzt.

Bei einer Erhöhung der Anschaffungskosten oder Herstellungskosten auf Grund rückwirkender Besteuerung des Einbringungsgewinns (Absatz 2) gilt dies mit der Maßgabe, dass an die Stelle des Zeitpunkts der Einbringung der Beginn des Wirtschaftsjahres tritt, in welches das die Besteuerung des Einbringungsgewinns auslösende Ereignis fällt.

(4) Setzt die übernehmende Gesellschaft das eingebrachte Betriebsvermögen mit dem gemeinen Wert an, gelten die eingebrachten Wirtschaftsgüter als im Zeitpunkt der Einbringung von der Kapitalgesellschaft angeschafft, wenn die Einbringung des Betriebsvermögens im Wege der Einzelrechtsnachfolge erfolgt; erfolgt die Einbringung des Betriebsvermögens im Wege der Gesamtrechtsnachfolge nach den Vorschriften des Umwandlungsgesetzes, gilt Absatz 3 entsprechend.

(5) Der maßgebende Gewerbeertrag der übernehmenden Gesellschaft kann nicht um die vortragsfähigen Fehlbeträge des Einbringenden im Sinne des § 10a des Gewerbesteuergesetzes gekürzt werden.

(6) § 6 Abs. 1 und 3 gilt entsprechend.

Siebter Teil
Einbringung eines Betriebs, Teilbetriebs oder Mitunternehmeranteils in eine Personengesellschaft

§ 24
Einbringung von Betriebsvermögen in eine Personengesellschaft

(1) Wird ein Betrieb oder Teilbetrieb oder ein Mitunternehmeranteil in eine Personengesellschaft eingebracht und wird der Einbringende Mitunternehmer der Gesellschaft, gelten für die Bewertung des eingebrachten Betriebsvermögens die Absätze 2 bis 4.

(2) Die Personengesellschaft hat das eingebrachte Betriebsvermögen in ihrer Bilanz einschließlich der Ergänzungsbilanzen für ihre Gesellschafter mit dem gemeinen Wert anzusetzen; für die Bewertung von Pensionsrückstellungen gilt § 6a des Einkommensteuergesetzes. Abweichend von Satz 1 kann das übernommene Betriebsvermögen auf Antrag mit dem Buchwert oder einem höheren Wert, höchstens jedoch mit dem Wert im Sinne des Satzes 1, angesetzt werden, soweit

1. das Recht der Bundesrepublik Deutschland hinsichtlich der Besteuerung des eingebrachten Betriebsvermögens nicht ausgeschlossen oder beschränkt wird und

2. der gemeine Wert von sonstigen Gegenleistungen, die neben den neuen Gesellschaftsanteilen gewährt werden, nicht mehr beträgt als

    a) 25 Prozent des Buchwerts des eingebrachten Betriebsvermögens oder

    b) 500 000 Euro, höchstens jedoch den Buchwert des eingebrachten Betriebsvermögens.

§ 20 Abs. 2 Satz 3 gilt entsprechend. Erhält der Einbringende neben den neuen Gesellschaftsanteilen auch sonstige Gegenleistungen, ist das eingebrachte Betriebsvermögen abweichend von Satz 2 mindestens mit dem gemeinen Wert der sonstigen Gegenleistungen anzusetzen, wenn dieser den sich nach Satz 2 ergebenden Wert übersteigt.

(3) Der Wert, mit dem das eingebrachte Betriebsvermögen in der Bilanz der Personengesellschaft einschließlich der Ergänzungsbilanzen für ihre Gesellschafter angesetzt wird, gilt für den Einbringenden als Veräußerungspreis. § 16 Abs. 4 des Einkommensteuergesetzes ist nur anzuwenden, wenn das eingebrachte Betriebsvermögen mit dem gemeinen Wert angesetzt wird und es sich nicht um die Einbringung von Teilen eines Mitunternehmeranteils handelt; in diesen Fällen ist § 34 Abs. 1 und 3 des Einkommensteuergesetzes anzuwenden, soweit der Veräußerungsgewinn nicht nach § 3 Nr. 40 Satz 1 Buchstabe b in Verbindung mit § 3c Abs. 2 des Einkommensteuergesetzes

teilweise steuerbefreit ist. In den Fällen des Satzes 2 gilt § 16 Abs. 2 Satz 3 des Einkommensteuergesetzes entsprechend.

(4) § 23 Abs. 1, 3, 4 und 6 gilt entsprechend; in den Fällen der Einbringung in eine Personengesellschaft im Wege der Gesamtrechtsnachfolge gilt auch § 20 Abs. 5 und 6 entsprechend.

(5) Soweit im Rahmen einer Einbringung nach Absatz 1 unter dem gemeinen Wert eingebrachte Anteile an einer Körperschaft, Personenvereinigung oder Vermögensmasse innerhalb eines Zeitraums von sieben Jahren nach dem Einbringungszeitpunkt durch die übernehmende Personengesellschaft veräußert oder durch einen Vorgang nach § 22 Absatz 1 Satz 6 Nummer 1 bis 5 weiter übertragen werden und soweit beim Einbringenden der Gewinn aus der Veräußerung dieser Anteile im Einbringungszeitpunkt nicht nach § 8b Absatz 2 des Körperschaftsteuergesetzes steuerfrei gewesen wäre, ist § 22 Absatz 2, 3 und 5 bis 7 insoweit entsprechend anzuwenden, als der Gewinn aus der Veräußerung der eingebrachten Anteile auf einen Mitunternehmer entfällt, für den insoweit § 8b Absatz 2 des Körperschaftsteuergesetzes Anwendung findet.

(6) § 20 Abs. 9 gilt entsprechend.

Achter Teil
Formwechsel einer Personengesellschaft in eine Kapitalgesellschaft oder Genossenschaft
§ 25
Entsprechende Anwendung des sechsten Teils

In den Fällen des Formwechsels einer Personengesellschaft in eine Kapitalgesellschaft oder Genossenschaft im Sinne des § 190 des Umwandlungsgesetzes vom 28. Oktober 1994 (BGBl. I S. 3210, 1995 I S. 428), das zuletzt durch Artikel 10 des Gesetzes vom 9. Dezember 2004 (BGBl. I S. 3214) geändert worden ist, in der jeweils geltenden Fassung oder auf Grund vergleichbarer ausländischer Vorgänge gelten §§ 20 bis 23 entsprechend. § 9 Satz 2 und 3 ist entsprechend anzuwenden.

Neunter Teil
Verhinderung von Missbräuchen
§ 26
(weggefallen)

Zehnter Teil
Anwendungs-, Übergangsvorschrift und Ermächtigung
§ 27
Anwendungsvorschriften

(1) Diese Fassung des Gesetzes ist erstmals auf Umwandlungen und Einbringungen anzuwenden, bei denen die Anmeldung zur Eintragung in das für die Wirksamkeit des jeweiligen Vorgangs maßgebende öffentliche Register nach dem 12. Dezember 2006 erfolgt ist. Für Einbringungen, deren Wirksamkeit keine Eintragung in ein öffentliches Register voraussetzt, ist diese Fassung des Gesetzes erstmals anzuwenden, wenn das wirtschaftliche Eigentum an den eingebrachten Wirtschaftsgütern nach dem 12. Dezember 2006 übergegangen ist.

(2) Das Umwandlungssteuergesetz in der Fassung der Bekanntmachung vom 15. Oktober 2002 (BGBl. I S. 2002), zuletzt geändert durch Artikel 3 des Gesetzes vom 16. Mai 2003 (BGBl. I S. 660), ist letztmals auf Umwandlungen und Einbringungen anzuwenden, bei denen die Anmeldung zur Eintragung in das für die Wirksamkeit des jeweiligen Vorgangs maßgebende öffentliche Register bis zum 12. Dezember 2006 erfolgt ist. Für Einbringungen, deren Wirksamkeit keine Eintragung in ein öffentliches Register voraussetzt, ist diese Fassung letztmals anzuwenden, wenn

Anhang 10
Umwandlungssteuergesetz (UmwStG)

das wirtschaftliche Eigentum an den eingebrachten Wirtschaftsgütern bis zum 12. Dezember 2006 übergegangen ist.

(3) Abweichend von Absatz 2 ist

1. § 5 Abs. 4 für einbringungsgeborene Anteile im Sinne von § 21 Abs. 1 mit der Maßgabe weiterhin anzuwenden, dass die Anteile zu dem Wert im Sinne von § 5 Abs. 2 oder Abs. 3 in der Fassung des Absatzes 1 als zum steuerlichen Übertragungsstichtag in das Betriebsvermögen des übernehmenden Rechtsträgers überführt gelten.
2. § 20 Abs. 6 in der am 21. Mai 2003 geltenden Fassung für die Fälle des Ausschlusses des Besteuerungsrechts (§ 20 Abs. 3) weiterhin anwendbar, wenn auf die Einbringung Absatz 2 anzuwenden war,
3. § 21 in der am 21. Mai 2003 geltenden Fassung ist für einbringungsgeborene Anteile im Sinne von § 21 Abs. 1, die auf einem Einbringungsvorgang beruhen, auf den Absatz 2 anwendbar war, weiterhin anzuwenden. Für § 21 Abs. 2 Satz 1 Nr. 2 in der am 21. Mai 2003 geltenden Fassung gilt dies mit der Maßgabe, dass eine Stundung der Steuer gemäß § 6 Abs. 5 des Außensteuergesetzes in der Fassung des Gesetzes vom 7. Dezember 2006 (BGBl. I S. 2782) unter den dort genannten Voraussetzungen erfolgt, wenn die Einkommensteuer noch nicht bestandskräftig festgesetzt ist; § 6 Abs. 6 und 7 des Außensteuergesetzes ist entsprechend anzuwenden.

(4) Abweichend von Absatz 1 sind § § 22, 23 und 24 Abs. 5 nicht anzuwenden, soweit hinsichtlich des Gewinns aus der Veräußerung der Anteile oder einem gleichgestellten Ereignis im Sinne von § 22 Abs. 1 die Steuerfreistellung nach § 8b Abs. 4 des Körperschaftsteuergesetzes in der am 12. Dezember 2006 geltenden Fassung oder nach § 3 Nr. 40 Sätze 3 und 4 des Einkommensteuergesetzes in der am 12. Dezember 2006 geltenden Fassung ausgeschlossen ist.

(5) § 4 Abs. 2 Satz 2, § 15 Abs. 3, § 20 Abs. 9 und § 24 Abs. 6 in der Fassung des Artikels 5 des Gesetzes vom 14. August 2007 (BGBl. I S. 1912) sind erstmals auf Umwandlungen und Einbringungen anzuwenden, bei denen die Anmeldung zur Eintragung in das für die Wirksamkeit des jeweiligen Vorgangs maßgebende öffentliche Register nach dem 31. Dezember 2007 erfolgt ist. Für Einbringungen, deren Wirksamkeit keine Eintragung in ein öffentliches Register voraussetzt, ist diese Fassung des Gesetzes erstmals anzuwenden, wenn das wirtschaftliche Eigentum an den eingebrachten Wirtschaftsgütern nach dem 31. Dezember 2007 übergegangen ist.

(6) § 10 ist letztmals auf Umwandlungen anzuwenden, bei denen der steuerliche Übertragungsstichtag vor dem 1. Januar 2007 liegt. § 10 ist abweichend von Satz 1 weiter anzuwenden in den Fällen, in denen ein Antrag nach § 34 Abs. 16 des Körperschaftsteuergesetzes in der Fassung des Artikels 3 des Gesetzes vom 20. Dezember 2007 (BGBl. I S. 3150) gestellt wurde.

(7) § 18 Abs. 3 Satz 1 in der Fassung des Artikels 4 des Gesetzes vom 20. Dezember 2007 (BGBl. I S. 3150) ist erstmals auf Umwandlungen anzuwenden, bei denen die Anmeldung zur Eintragung in das für die Wirksamkeit der Umwandlung maßgebende öffentliche Register nach dem 31. Dezember 2007 erfolgt ist.

(8) § 4 Abs. 6 Satz 4 bis 6 sowie § 4 Abs. 7 Satz 2 in der Fassung des Artikels 6 des Gesetzes vom 19. Dezember 2008 (BGBl. I S. 2794) sind erstmals auf Umwandlungen anzuwenden, bei denen § 3 Nr. 40 des Einkommensteuergesetzes in der durch Artikel 1 Nr. 3 des Gesetzes vom 14. August 2007 (BGBl. I S. 1912) geänderten Fassung für die Bezüge im Sinne des § 7 anzuwenden ist.

(9) § 2 Abs. 4 und § 20 Abs. 6 Satz 4 in der Fassung des Artikels 6 des Gesetzes vom 19. Dezember 2008 (BGBl. I S. 2794) sind erstmals auf Umwandlungen und Einbringungen anzuwenden, bei denen der schädliche Beteiligungserwerb oder ein anderes die Verlustnutzung ausschließendes Ereignis nach dem 28. November 2008 eintritt. § 2 Abs. 4 und § 20 Abs. 6 Satz 4 in der Fassung des Artikels 6 des Gesetzes vom 19. Dezember 2008 (BGBl. I S. 2794) gelten nicht, wenn sich der Veräußerer und der Erwerber am 28. November 2008 über den später vollzogenen

schädlichen Beteiligungserwerb oder ein anderes die Verlustnutzung ausschließendes Ereignis einig sind, der übernehmende Rechtsträger dies anhand schriftlicher Unterlagen nachweist und die Anmeldung zur Eintragung in das für die Wirksamkeit des Vorgangs maßgebende öffentliche Register bzw. bei Einbringungen der Übergang des wirtschaftlichen Eigentums bis zum 31. Dezember 2009 erfolgt.

(10) § 2 Absatz 4 Satz 1, § 4 Absatz 2 Satz 2, § 9 Satz 3, § 15 Absatz 3 und § 20 Absatz 9 in der Fassung des Artikels 4 des Gesetzes vom 22. Dezember 2009 (BGBl. I S. 3950) sind erstmals auf Umwandlungen und Einbringungen anzuwenden, deren steuerlicher Übertragungsstichtag in einem Wirtschaftsjahr liegt, für das § 4h Absatz 1, 4 Satz 1 und Absatz 5 Satz 1 und 2 des Einkommensteuergesetzes in der Fassung des Artikels 1 des Gesetzes vom 22. Dezember 2009 (BGBl. I S. 3950) erstmals anzuwenden ist.

(11) Für Bezüge im Sinne des § 8b Absatz 1 des Körperschaftsteuergesetzes aufgrund einer Umwandlung ist § 8b Absatz 4 des Körperschaftsteuergesetzes in der Fassung des Artikels 1 des Gesetzes vom 21. März 2013 (BGBl. I S. 561) abweichend von § 34 Absatz 7a Satz 2 des Körperschaftsteuergesetzes bereits erstmals vor dem 1. März 2013 anzuwenden, wenn die Anmeldung zur Eintragung in das für die Wirksamkeit des jeweiligen Vorgangs maßgebende öffentliche Register nach dem 28. Februar 2013 erfolgt.

(12) § 2 Absatz 4 Satz 3 bis 6 in der Fassung des Artikels 9 des Gesetzes vom 26. Juni 2013 (BGBl. I S. 1809) ist erstmals auf Umwandlungen und Einbringungen anzuwenden, bei denen die Anmeldung zur Eintragung in das für die Wirksamkeit des jeweiligen Vorgangs maßgebende öffentliche Register nach dem 6. Juni 2013 erfolgt. Für Einbringungen, deren Wirksamkeit keine Eintragung in ein öffentliches Register voraussetzt, ist § 2 in der Fassung des Artikels 9 des Gesetzes vom 26. Juni 2013 (BGBl. I S. 1809) erstmals anzuwenden, wenn das wirtschaftliche Eigentum an den eingebrachten Wirtschaftsgütern nach dem 6. Juni 2013 übergegangen ist.

(13) § 20 Absatz 8 in der am 31. Juli 2014 geltenden Fassung ist erstmals bei steuerlichen Übertragungsstichtagen nach dem 31. Dezember 2013 anzuwenden.

(14) § 20 Absatz 2, § 21 Absatz 1, § 22 Absatz 1 Satz 6 Nummer 2, 4 und 5 sowie § 24 Absatz 2 in der am 6. November 2015 geltenden Fassung sind erstmals auf Einbringungen anzuwenden, wenn in den Fällen der Gesamtrechtsnachfolge der Umwandlungsbeschluss nach dem 31. Dezember 2014 erfolgt ist oder in den anderen Fällen der Einbringungsvertrag nach dem 31. Dezember 2014 geschlossen worden ist.

§ 28
Bekanntmachungserlaubnis

Das Bundesministerium der Finanzen wird ermächtigt, den Wortlaut dieses Gesetzes und der zu diesem Gesetz erlassenen Rechtsverordnungen in der jeweils geltenden Fassung satzweise nummeriert mit neuem Datum und in neuer Paragraphenfolge bekannt zu machen und dabei Unstimmigkeiten im Wortlaut zu beseitigen.

Anhang 11
Verordnung über die Steuerbegünstigung von Stiftungen

Verordnung über die Steuerbegünstigung von Stiftungen, die an die Stelle von Familienfideikommissen getreten sind

vom 13. Februar 1926 (RGBl. I S. 101)

Auf Grund des § 108 Abs. 2 der Reichsabgabenordnung wird mit Zustimmung des Reichsrates folgendes bestimmt:

§ 1

Ist eine Vermögensmasse, die zu einem standesherrlichen Hausvermögen, einem Familienfideikommiß, einem Lehen oder einem Erbstammgut gehört hat, ganz oder zum Teil nach den für die Auflösung geltenden Vorschriften in eine Stiftung umgewandelt worden, so bleiben bei der Veranlagung einer solchen Stiftung zur Körperschaftsteuer die Einkünfte außer Ansatz, die an die nach der Stiftungssatzung bezugsberechtigten unbeschränkt einkommensteuerpflichtigen Familienmitglieder verteilt werden.

§ 2

Diese Verordnung gilt erstmalig für den ersten Steuerabschnitt, für den nach dem Körperschaftsteuergesetz vom 10. 8. 1925 (RGBl. I S. 208) eine Stiftung der im § 1 bezeichneten Art zur Körperschaftsteuer zu veranlagen ist.

Zerlegungsgesetz (ZerlG)

vom 6. August 1998 (BGBl. I S. 1998, BStBl I S. 1105)
zuletzt geändert durch Artikel 6 des Gesetzes zum automatischen Austausch von Informationen über Finanzkonten in Steuersachen und zur Änderung weiterer Gesetze (FKAustG/uaÄndG)
vom 21. Dezember 2015 (BGBl. I S. 2531)

Abschnitt 1
Unmittelbare Steuerberechtigung

§ 1
Unmittelbare Steuerberechtigung

(1) Der Anspruch auf die Einkommensteuer oder die Körperschaftsteuer für ein Kalenderjahr steht unmittelbar dem Lande zu, in dem der Steuerpflichtige mit Ablauf des 10. Oktober dieses Jahres seinen Wohnsitz oder den Ort der Leitung hat. § 19 Abs. 1 und 2 sowie § 20 der Abgabenordnung gelten sinngemäß. Auszahlungsbeträge des Körperschaftsteuerguthabens mindern und Körperschaftsteuererhöhungsbeträge erhöhen die Körperschaftsteuer im Sinne des Satzes 1.

(2) Wird eine Steuerfestsetzung aufgehoben, geändert oder wegen einer offenbaren Unrichtigkeit berichtigt, so steht ein zusätzlicher Zahlungsanspruch, der sich aus der Aufhebung, Änderung oder Berichtigung ergibt, abweichend von Absatz 1 dem Lande zu, dessen Finanzamt die Aufhebung, Änderung oder Berichtigung vorgenommen hat. Entsprechendes gilt für eine Erstattungsverpflichtung.

(3) Die Vorschriften der Abgabenordnung über die örtliche Zuständigkeit für die Besteuerung bleiben unberührt. Ist ein Steuerbetrag einem Lande zugeflossen, dem der Steueranspruch nach den Vorschriften dieses Gesetzes nicht zusteht, so ist er an das steuerberechtigte Land zu überweisen; bei Erstattungen ist sinngemäß zu verfahren. Die Überweisung unterbleibt, wenn der für ein Kalenderjahr zu überweisende Betrag 25 000 Euro nicht übersteigt oder soweit der zu überweisende Betrag nach den §§ 2 bis 6 zerlegt worden ist.

(3a) Ist ein Steuerbetrag im Sinne des § 43 Absatz 1 Satz 1 Nummer 1a oder Nummer 2 Satz 4 des Einkommensteuergesetzes einem Land zugeflossen, in dem sich der Ort der Leitung des Schuldners der Kapitalerträge nicht befindet, hat das Land den Steuerbetrag an das Land zu überweisen, in dem sich der Ort der Leitung des Schuldners der Kapitalerträge befindet.

(4) Die Vorschriften über die Zerlegung der Körperschaftsteuer (§§ 2 bis 6) und über die Zerlegung der Lohnsteuer (§ 7) bleiben unberührt.

§ 1a
Unmittelbare Steuerberechtigung für die Einkommensteuer auf Einkünfte im Sinne des § 49 Abs. 1 Nr. 7 und 10 des Einkommensteuergesetzes nach Maßgabe der zu § 19 Abs. 6 der Abgabenordnung erlassenen Rechtsverordnung

(1) Der Anspruch auf die Einkommensteuer auf Einkünfte im Sinne des § 49 Abs. 1 Nr. 7 und 10 des Einkommensteuergesetzes, soweit durch Rechtsverordnung zu § 19 Abs. 6 der Abgabenordnung für die Einkommensbesteuerung von Personen, die beschränkt steuerpflichtig oder nach § 1 Abs. 3 des Einkommensteuergesetzes unbeschränkt steuerpflichtig sind und ausschließlich mit Einkünften im Sinne des § 49 Abs. 1 Nr. 7 und 10 des Einkommensteuergesetzes zu veranlagen sind, einer Finanzbehörde die örtliche Zuständigkeit übertragen worden ist, steht unmittelbar dem Land zu, in dem der Steuerpflichtige seinen letzten inländischen Wohnsitz, sofern kein letzter inländischer Wohnsitz feststellbar ist, den letzten inländischen Tätigkeitsort hatte.

(2) § 1 Abs. 3 Satz 1 und 2 und § 8a Abs. 4 gelten entsprechend. Die Überweisungen erfolgen monatlich und sind am 15. des Folgemonats zu leisten.

Anhang 12
Zerlegungsgesetz (ZerlG)

Abschnitt 2
Zerlegung der Körperschaftsteuer
§ 2 Grundlagen der Zerlegung der Körperschaftsteuer

(1) Bei Körperschaften, Personenvereinigungen und Vermögensmassen im Sinne der § 1 und 2 Nr. 1 des Körperschaftsteuergesetzes (Körperschaften), die im Veranlagungszeitraum im Geltungsbereich dieses Gesetzes außerhalb des nach § 1 Abs. 1 steuerberechtigten Landes eine Betriebsstätte, mehrere Betriebsstätten oder Teile von Betriebsstätten unterhalten haben, ist die auf die Einkünfte aus Gewerbebetrieb entfallende nach Abzug anzurechnender Steuerabzugsbeträge und anzurechnender Körperschaftsteuer verbleibende Körperschaftsteuer durch das für die Veranlagung zuständige Finanzamt (Erhebungsfinanzamt) auf die beteiligten Länder zu zerlegen, wenn sie mindestens einen absoluten Betrag von 500 000 Euro erreicht. Dabei sind die Vorschriften der § 28 bis 31 und des § 33 des Gewerbesteuergesetzes entsprechend anzuwenden. Die Zerlegungsmaßstäbe sind als Prozentsätze, die auf drei Stellen hinter dem Komma zu runden sind, zu berechnen. In den Fällen des § 37 Abs. 5 und des § 38 Abs. 5 bis 9 des Körperschaftsteuergesetzes in der jeweils geltenden Fassung ist die verbleibende Körperschaftsteuer im Sinne des Satzes 1 um einen Auszahlungsbetrag gemindert und um einen Körperschaftsteuererhöhungsbetrag erhöht. Maßgeblich ist die verbleibende Körperschaftsteuer, die für den Veranlagungszeitraum festgesetzt wird, in dem der Auszahlungsbetrag nach § 37 Abs. 5 Satz 4 des Körperschaftsteuergesetzes zu erstatten ist und der Körperschaftsteuererhöhungsbetrag nach § 38 Abs. 6 bis 10 des Körperschaftsteuergesetzes zu entrichten ist. Ein Betrag nach § 37 Absatz 6 Satz 3 des Körperschaftsteuergesetzes erhöht und ein Betrag nach § 38 Abs. 10 des Körperschaftsteuergesetzes vermindert die verbleibende Körperschaftsteuer im Sinne des Satzes 1; Satz 5 gilt insoweit entsprechend.

(2) Sind in dem veranlagten Einkommen außer den Einkünften aus Gewerbebetrieb auch andere Einkünfte enthalten, so ist die auf die Einkünfte aus Gewerbebetrieb entfallende Körperschaftsteuer im Sinne des Absatzes 1 mit dem Teilbetrag anzusetzen, der dem Verhältnis der Einkünfte aus Gewerbebetrieb zum Gesamtbetrag der Einkünfte entspricht.

(3) In den Fällen der §§ 14 und 17 des Körperschaftsteuergesetzes gelten Organgesellschaften und deren Betriebsstätten als Betriebsstätten des Organträgers.

(4) Ist die Körperschaft Gesellschafterin einer Personengesellschaft im Sinne des § 15 Abs. 1 Nr. 2 des Einkommensteuergesetzes, so gelten die Personengesellschaft und deren Betriebsstätten anteilig als Betriebsstätten der Körperschaft.

(5) Ist in den Fällen des Absatzes 1 Satz 4 bis 6 für die Körperschaft, Personenvereinigung oder Vermögensmasse wegen Ausscheidens aus der Körperschaftsteuerpflicht Absatz 1 nicht mehr anzuwenden, gelten für noch ausstehende Auszahlungsbeträge und Körperschaftsteuererhöhungsbeträge Absatz 1 sowie § 3 Abs. 5, § 5 und § 6 entsprechend. Maßgeblich ist der Zerlegungsmaßstab, der der Zerlegung für den letzten unter die Körperschaftsteuerpflicht fallenden Veranlagungszeitraum zu Grunde liegt. Das Erhebungsfinanzamt zerlegt die Beträge im Sinne des Satzes 1 unverzüglich nach dem Zeitpunkt der Zahlung und setzt die Zerlegungsanteile der einzelnen Länder fest.

§ 3
Zerlegung der verbleibenden Körperschaftsteuer

(1) Das Erhebungsfinanzamt zerlegt die verbleibende Körperschaftsteuer auf die beteiligten Länder, sobald die erste Steuerfestsetzung für den Veranlagungszeitraum durchgeführt worden ist, und setzt die Zerlegungsanteile der einzelnen Länder fest.

(2) Die Zerlegung der verbleibenden Körperschaftsteuer ist aufzuheben oder zu ändern, soweit die zugrunde liegende Steuerfestsetzung aufgehoben, geändert oder wegen einer offenbaren Unrichtigkeit berichtigt wird und die Änderung der verbleibenden Körperschaftsteuer bezogen auf die bei der letzten Zerlegung der Körperschaftsteuer zugrunde gelegte verbleibende Körperschaftsteuer

mindestens 500.000 Euro beträgt. Satz 1 gilt entsprechend, wenn die Anrechnung von Steuerabzugsbeträgen oder von Körperschaftsteuer geändert, zurückgenommen, widerrufen oder wegen einer offenbaren Unrichtigkeit berichtigt wird.

(3) Ergibt sich bei der ersten Steuerfestsetzung oder nach einer Aufhebung, Änderung oder Berichtigung des Steuerbescheids wegen einer offenbaren Unrichtigkeit oder nach einer Änderung, einer Rücknahme, einem Widerruf oder einer Berichtigung der Anrechnung von Steuerbeträgen wegen einer offenbaren Unrichtigkeit, daß die Voraussetzungen für die Zerlegung der Körperschaftsteuer gemäß § 2 Abs. 1 nicht vorliegen oder weggefallen sind, so ist die Zerlegung der Körperschaftsteuer-Vorauszahlungen (§ 4) oder der verbleibenden Körperschaftsteuer aufzuheben.

(4) Liegen nach einer Aufhebung, Änderung oder Berichtigung des Steuerbescheids wegen einer offenbaren Unrichtigkeit oder nach einer Änderung, einer Rücknahme, einem Widerruf oder einer Berichtigung der Anrechnung von Steuerbeträgen wegen einer offenbaren Unrichtigkeit die Voraussetzungen für die Zerlegung der Körperschaftsteuer erstmals vor, ist Absatz 1 sinngemäß anzuwenden.

(5) Stellt sich nachträglich heraus, daß ein Land bei der Zerlegung nicht oder mit einem unzutreffenden Zerlegungsmaßstab berücksichtigt worden ist, oder ist bei der Zerlegung der verbleibenden Körperschaftsteuer ein Fehler unterlaufen, so ist die Zerlegung der verbleibenden Körperschaftsteuer zu ändern.

§ 4
Zerlegung der Körperschaftsteuer-Vorauszahlungen

(1) Sofern die Voraussetzungen für eine Zerlegung der Körperschaftsteuer vorliegen, zerlegt das Erhebungsfinanzamt die im Kalendervierteljahr eingehenden Körperschaftsteuer-Vorauszahlungen auf die beteiligten Länder und teilt die jeweiligen Zerlegungsanteile dem beauftragten Finanzamt seines Landes (§ 6 Abs. 1) mit.

(2) Zerlegungsmaßstab ist grundsätzlich das Verhältnis der Zerlegungsanteile, die in dem letzten Zerlegungsbescheid festgesetzt worden sind. Liegt ein Zerlegungsbescheid noch nicht vor, so sind die Zerlegungsanteile auf Grund der letzten Zerlegungserklärung (§ 6 Abs. 7) oder auf Grund einer für diese Zwecke anzufordernden Zerlegungserklärung zu berechnen. Sollte das nach den vorstehenden Grundsätzen ermittelte Verhältnis der Zerlegungsanteile offensichtlich zu einem unzutreffenden Ergebnis führen, ist ein geeigneterer Zerlegungsmaßstab zu wählen.

(3) Ist eine Körperschaftsteuer-Vorauszahlung erstattet worden, so ist der Erstattungsbetrag mit den in demselben Kalendervierteljahr eingegangenen Körperschaftsteuer-Vorauszahlungen für denselben Veranlagungszeitraum zu verrechnen. Der sich als Saldo ergebende Betrag ist nach den vorstehenden Grundsätzen zu zerlegen.

§ 5
Abrechnung der Zerlegung

(1) Das Erhebungsfinanzamt rechnet mit Ablauf des Kalendervierteljahres, in dem die verbleibende Körperschaftsteuer abzüglich etwaiger niedergeschlagener oder erlassener Beträge getilgt oder erstattet worden ist, die Zerlegungsanteile ab. Der Zahlungs- oder Erstattungsanspruch gegenüber den anderen Ländern ergibt sich aus dem Unterschied zwischen dem jeweiligen Zerlegungsanteil und den Zahlungen oder Erstattungen auf Grund der Zerlegung der Körperschaftsteuer-Vorauszahlungen. Etwaige erlassene oder niedergeschlagene Beträge sind im Verhältnis der Zerlegungsanteile wie Vorauszahlungen abzurechnen.

(2) Auf Teilzahlungen auf die verbleibende Körperschaftsteuer findet § 4 entsprechende Anwendung, sobald die Zahlungen mindestens 500.000 Euro betragen. Die Teilzahlungen werden bei der Abrechnung gemäß Absatz 1 wie Vorauszahlungen berücksichtigt.

Anhang 12
Zerlegungsgesetz (ZerlG)

(3) In den Fällen, in denen die Zerlegung aufgehoben oder geändert wird, gilt Absatz 1 entsprechend.

§ 6
Verfahrensrechtliche Vorschriften

(1) Die oberste Finanzbehörde des Landes beauftragt ein Finanzamt mit der Wahrnehmung der Rechte des Landes an der Zerlegung (beauftragtes Finanzamt).

(2) Die Zerlegung der Körperschaftsteuer wird im Rahmen eines Clearingverfahrens über die beauftragten Finanzämter abgewickelt.

(3) Soweit dieses Gesetz nichts anderes bestimmt, gelten für das Verfahren bei der Zerlegung der Körperschaftsteuer die § 185 bis 188 der Abgabenordnung sinngemäß mit der Maßgabe, daß die Körperschaft am Zerlegungsverfahren nicht beteiligt ist und die Vorschriften der Abgabenordnung über das außergerichtliche Rechtsbehelfsverfahren nicht anzuwenden sind.

(4) Bestehen zwischen den beteiligten Finanzämtern Meinungsverschiedenheiten über die Zerlegung und kann eine Einigung nicht erzielt werden, so wird auf Vorlage des Erhebungsfinanzamtes oder auf Antrag der obersten Finanzbehörde des anderen Landes die oberste Finanzbehörde des Landes des Erhebungsfinanzamtes mit der Angelegenheit befaßt. Können sich die obersten Finanzbehörden der an der Zerlegung beteiligten Länder nicht einigen, entscheidet die oberste Finanzbehörde des Landes des Erhebungsfinanzamtes durch Zerlegungsbescheid. Dieser tritt an die Stelle des bisherigen Zerlegungsbescheids. Der Zerlegungsbescheid der obersten Finanzbehörde ist an die anderen beteiligten obersten Finanzbehörden zu richten.

(5) Ansprüche aus der Zerlegung der Körperschaftsteuer verjähren zehn Jahre nach Bestandskraft des letzten für den Veranlagungszeitraum erteilten Steuerbescheids.

(6) Ansprüche auf Abrechnung und aus der Abrechnung nach § 4 Abs. 1 verjähren zehn Jahre nach Bestandskraft des letzten für den Veranlagungszeitraum erteilten Steuerbescheids. Sie verjähren nicht vor Ablauf von fünf Jahren nach der letzten Zahlung oder Erstattung auf die verbleibende Körperschaftsteuer.

(7) Körperschaften im Sinne des § 2 Absatz 1 haben für jeden Veranlagungszeitraum eine Erklärung zur Zerlegung der Körperschaftsteuer nach amtlich vorgeschriebenem Datensatz durch Datenfernübertragung zu übermitteln. Auf Antrag kann die Finanzbehörde zur Vermeidung unbilliger Härten auf eine elektronische Übermittlung verzichten. In diesem Fall ist die Erklärung nach amtlich vorgeschriebenem Vordruck abzugeben und vom gesetzlichen Vertreter des Steuerpflichtigen eigenhändig zu unterschreiben. Eine Körperschaft ist auch dann verpflichtet eine Erklärung zur Zerlegung der Körperschaftsteuer zu übermitteln, wenn sie hierzu vom zuständigen Finanzamt aufgefordert wird.

Abschnitt 3
Zerlegung der Lohnsteuer

§ 7
Zerlegung der Lohnsteuer

(1) Die von einem Land vereinnahmte Lohnsteuer wird insoweit zerlegt, als sie von den Bezügen der in den anderen Ländern ansässigen unbeschränkt steuerpflichtigen Arbeitnehmer insgesamt einbehalten worden ist. Die Zerlegungsanteile der einzelnen Länder bemessen sich nach Prozentsätzen der vereinnahmten Lohnsteuer. Die Prozentsätze sind nach den Verhältnissen im Feststellungszeitraum festzusetzen. Feststellungszeitraum ist jeweils das Kalenderjahr.

(2) Der Festsetzung der Prozentsätze sind die Verhältnisse zugrunde zu legen, die sich aus den Daten der elektronischen Lohnsteuerbescheinigung ergeben. Dabei gilt ein Arbeitnehmer, der für den Feststellungszeitraum zur Einkommensteuer zu veranlagen ist, als in dem Land ansässig, in dem das für die Einkommensteuerveranlagung örtlich zuständige Finanzamt belegen ist (Wohnsitz-

land); in den übrigen Fällen gilt als Wohnsitzland das Land, in dem der Arbeitnehmer zu dem nach § 1 Absatz 1 Satz 1 maßgeblichen Zeitpunkt seinen Wohnsitz hat. Der Wohnsitz wird der nach § 139b Absatz 3 Nummer 10 der Abgabenordnung zu diesem Stichtag gespeicherten Anschrift entnommen. Die nach den Angaben der Arbeitgeber in der elektronischen Lohnsteuerbescheinigung einbehaltene Lohnsteuer gilt als von dem Land vereinnahmt, zu dem das Finanzamt gehört, an das die Lohnsteuer nach den Angaben in der elektronischen Lohnsteuerbescheinigung abgeführt worden ist (Einnahmeland).

(3) Für die Ermittlung der Verhältnisse im Feststellungszeitraum sind die für die Zerlegung maßgebenden Daten aus den elektronischen Lohnsteuerbescheinigungen für den Feststellungszeitraum oder die bei Durchführung der maschinellen Veranlagung zur Einkommensteuer auf den Feststellungszeitraum erstellten maschinell verwertbaren Datenträger, auf denen die für die Zerlegung maßgebenden Daten gespeichert sind, mit Stand 28. Februar des dritten Folgejahres, das dem Feststellungszeitraum folgt, an das Statistische Landesamt des Wohnsitzlandes zu leiten. Das Statistische Landesamt des Wohnsitzlandes hat anhand der Daten aus den elektronischen Lohnsteuerbescheinigungen und der maschinellen Datenträger, die ihm zugeleitet worden sind, die Lohnsteuer, die nicht vom Wohnsitzland vereinnahmt worden ist, zu ermitteln, die hiervon auf die Einnahmeländer entfallenden Beträge festzustellen und diese bis zum 30. Juni des dritten Kalenderjahres, das dem Feststellungszeitraum folgt, den obersten Finanzbehörden der Einnahmeländer mitzuteilen. Die sich aus den Daten ergebenden Centbeträge der Lohnsteuer sind nicht zu berücksichtigen.

(4) Die obersten Finanzbehörden der Einnahmeländer stellen nach den von den Statistischen Landesämtern der Wohnsitzländer mitgeteilten Beträgen fest, in welchem Verhältnis – ausgedrückt in Prozentsätzen – jeder der Beträge zu der im Feststellungszeitraum von ihnen vereinnahmten individuellen Lohnsteuer steht. Als vereinnahmte individuelle Lohnsteuer gilt die Differenz aus der insgesamt vereinnahmten Lohnsteuer und der für den Feststellungszeitraum bis zum 28. Februar des dritten Folgejahres angemeldeten pauschalen Lohnsteuer der Einnahmeländer. Die Prozentsätze sind auf drei Stellen hinter dem Komma zu runden und den obersten Finanzbehörden der anderen Länder sowie dem Bundesministerium der Finanzen einschließlich der Berechnungsgrundlagen bis zum 15. August des dritten Kalenderjahres, das dem Feststellungszeitraum folgt, mitzuteilen.

(5) Die Prozentsätze gelten für die Zerlegung der Lohnsteuer im dritten Kalenderjahr, das dem Feststellungszeitraum folgt.

(6) Auf Grund der nach Absatz 4 festgestellten Prozentsätze haben die obersten Finanzbehörden der Einnahmeländer

1. für jedes Kalendervierteljahr des Kalenderjahres, für das die Prozentsätze gelten (Absatz 5), die Zerlegungsanteile der Wohnsitzländer an der von ihnen in diesem Kalendervierteljahr vereinnahmten Lohnsteuer zu ermitteln sowie
2. für die folgenden Kalendervierteljahre Vorauszahlungen auf die Zerlegungsanteile der Wohnsitzländer an der von ihnen in diesem Kalendervierteljahr vereinnahmten Lohnsteuer zu ermitteln, bis die für diese Zeiträume maßgebenden Prozentsätze mitgeteilt worden sind.

(7) Die Zerlegungsanteile und die Vorauszahlungen auf Zerlegungsanteile sind mit Ablauf der jeweiligen Kalendervierteljahre gegenüber den obersten Finanzbehörden der Wohnsitzländer abzurechnen. Vorauszahlungen auf Zerlegungsanteile sind auf die jeweiligen Zerlegungsanteile anzurechnen. Die Abrechnung und Zahlung erfolgt in einem Clearingverfahren.

(7a) Die Absätze 1 bis 7 sind für die Zerlegung der Lohnsteuer für das Jahr 2015 und 2016 mit der Maßgabe anzuwenden, dass die Zerlegung vorläufig nach den für das Jahr 2011 ermittelten Prozentsätzen erfolgt; sie sind ferner für die Zerlegung der Lohnsteuer für das Jahr 2017 mit der Maßgabe anzuwenden, dass die Zerlegung vorläufig nach den für das Jahr 2013 ermittelten Prozentsätzen erfolgt. Die endgültige Zerlegung der Lohnsteuer für die Jahre 2015, 2016 und 2017 erfolgt, wenn die hierzu erforderlichen Datengrundlagen zur Verfügung stehen. Für die endgültige Zerle-

Anhang 12
Zerlegungsgesetz (ZerlG)

gung der Lohnsteuer für die Jahre 2015, 2016 und 2017 sind die Prozentsätze nach den Verhältnissen im jeweiligen Feststellungszeitraum gemäß den Absätzen 1 bis 3 festzusetzen; dabei dürfen die Prozentsätze für das Jahr 2013 vor den Prozentsätzen für das Jahr 2012 festgestellt werden.

Abschnitt 4
Zerlegung des Zinsabschlags
§ 8
Zerlegung der Kapitalertragsteuer

(1) Der Länder- und Gemeindeanteil am Aufkommen der Kapitalertragsteuer nach § 43 Abs. 1 Satz 1 Nr. 6, 7 und 8 bis 12 sowie Satz 2 des Einkommensteuergesetzes werden kalendervierteljährlich zerlegt. Die Zerlegungsanteile bemessen sich nach Prozentsätzen des nach Wohnsitz oder Sitz des Steuerschuldners auf das jeweilige Land entfallenden Anteils am Aufkommen nach Satz 1. Zur Ermittlung der Prozentsätze hat die die Kapitalerträge auszahlende Stelle (Zahlstelle) anhand der ihr vorliegenden Unterlagen unter Anwendung der Postleitzahlen des Wohnsitzes oder Sitzes die auf die einzelnen Länder entfallende Kapitalertragsteuer festzustellen. Bei Personenhandelsgesellschaften ist für die Zuordnung auf den Sitz der Gesellschaft, bei sonstigen Personenmehrheiten auf die von der Zahlstelle geführte Anschrift abzustellen. Die Zahlstelle hat die festgestellten Daten bis zum zehnten des auf den Zufluss der Kapitalerträge folgenden Monats an das nach § 44 Abs. 1 Satz 5 des Einkommensteuergesetzes zuständige Finanzamt entsprechend den Maßgaben des § 45a Abs. 1 Satz 1 und 4 des Einkommensteuergesetzes zu übermitteln.

(2) Die obersten Finanzbehörden der Länder haben für jedes Kalendervierteljahr das Aufkommen nach Absatz 1 Satz 1 und die nach Ländern zusammengefassten Mitteilungen nach Absatz 1 Satz 5 bis zum zehnten des Folgemonats eines Kalendervierteljahres dem Bundesministerium der Finanzen mitzuteilen. Dieses stellt die Anteile der einzelnen Länder am Aufkommen nach Absatz 1 fest. Die Abrechnung erfolgt im Rahmen eines Clearingverfahrens.

Abschnitt 4a

Zerlegung der Einkommensteuer auf Einkünfte im Sinne des § 49 Abs. 1 Nr. 7 und 10 des Einkommensteuergesetzes, soweit durch Rechtsverordnung zu § 19 Abs. 6 der Abgabenordnung für die Einkommensbesteuerung von Personen, die beschränkt steuerpflichtig oder nach § 1 Abs. 3 des Einkommensteuergesetzes unbeschränkt steuerpflichtig sind und ausschließlich mit Einkünften im Sinne des § 49 Abs. 1 Nr. 7 und 10 des Einkommensteuergesetzes zu veranlagen sind, einer Finanzbehörde die örtliche Zuständigkeit übertragen wird

§ 8a
Zerlegung der Einkommensteuer auf Einkünfte im Sinne des § 49 Abs. 1 Nr. 7 und 10 des Einkommensteuergesetzes nach Maßgabe der zu § 19 Abs. 6 der Abgabenordnung erlassenen Rechtsverordnung

(1) Der Länder- und Gemeindeanteil am Aufkommen der Einkommensteuer auf Einkünfte im Sinne des § 49 Abs. 1 Nr. 7 und 10 des Einkommensteuergesetzes wird nach den Absätzen 2 bis 5 zerlegt, soweit durch Rechtsverordnung zu § 19 Abs. 6 der Abgabenordnung für die Einkommensbesteuerung von Personen, die beschränkt steuerpflichtig oder nach § 1 Abs. 3 des Einkommensteuergesetzes unbeschränkt steuerpflichtig sind und ausschließlich mit Einkünften im Sinne des § 49 Abs. 1 Nr. 7 und 10 des Einkommensteuergesetzes zu veranlagen sind, einer Finanzbehörde die örtliche Zuständigkeit übertragen worden ist und eine unmittelbare Zuordnung nach § 1a nicht möglich ist.

(2) Die Zerlegungsanteile der einzelnen Länder am Aufkommen nach Absatz 1 bemessen sich nach den Verhältnissen der Anzahl der entsprechenden Personen, die beschränkt steuerpflichtig oder nach § 1 Abs. 3 des Einkommensteuergesetzes unbeschränkt steuerpflichtig sind und aus-

Anhang 12
Zerlegungsgesetz (ZerlG)

schließlich mit Einkünften im Sinne des § 49 Abs. 1 Nr. 7 und 10 des Einkommensteuergesetzes zu veranlagen sind, die dort ihren letzten inländischen Wohnsitz hatten, sofern kein letzter inländischer Wohnsitz feststellbar ist, den letzten inländischen Tätigkeitsort hatten; sie werden jährlich neu bestimmt. Für die Ermittlung der Zerlegungsanteile werden jeweils die festgestellten inländischen Wohnsitze bzw. inländischen Tätigkeitsorte für das dem Zerlegungsjahr vorausgehende Jahr zu Grunde gelegt.

(3) Die Zerlegung wird monatlich durchgeführt. Dabei wird der Länder- und Gemeindeanteil am Aufkommen nach Absatz 1 des jeweiligen Monats auf die einzelnen Länder nach den Zerlegungsanteilen nach Absatz 2 aufgeteilt; die obersten Finanzbehörden der Länder sind über die Berechnungsgrundlagen zu unterrichten. Die so bestimmten Zahlungen sind am 15. des Folgemonats zu leisten. Für jedes Zerlegungsjahr sind bis zum 15. Januar die in dem Zerlegungsjahr geltenden Zerlegungsanteile den obersten Finanzbehörden der Länder mitzuteilen.

(4) Die Feststellung des jeweiligen letzten inländischen Wohnsitzes bzw. Tätigkeitsortes der entsprechenden Personen, die beschränkt steuerpflichtig oder nach § 1 Abs. 3 des Einkommensteuergesetzes unbeschränkt steuerpflichtig sind und ausschließlich mit Einkünften im Sinne des § 49 Abs. 1 Nr. 7 und 10 des Einkommensteuergesetzes zu veranlagen sind, und die Bestimmung der Zerlegungsanteile sowie die Durchführung der Zerlegung einschließlich des Zahlungsverkehrs obliegen dem Land Mecklenburg-Vorpommern.

(5) Abweichend von Absatz 2 werden in den Jahren 2009 bis 2011 folgende Zerlegungsanteile vorläufig zu Grunde gelegt:

Baden-Württemberg	23,52 %
Bayern	18,39 %
Berlin	5,65 %
Brandenburg	1,38 %
Bremen	0,86 %
Hamburg	2,92 %
Hessen	10,73 %
Mecklenburg-Vorpommern	0,25 %
Niedersachsen	8,40 %
Nordrhein-Westfalen	19,19 %
Rheinland-Pfalz	4,41 %
Saarland	0,81 %
Sachsen	0,82 %
Sachsen-Anhalt	0,51 %
Schleswig-Holstein	1,93 %
Thüringen	0,23 %.

2012 erfolgt die endgültige Zerlegung für die Jahre 2009 bis 2011. Hierbei werden die nach Absatz 2 ermittelten Zerlegungsanteile für das Jahr 2012 auch für die Jahre 2009 bis 2011 zu Grunde gelegt. Die Abweichungsbeträge zu den Zahlungen auf der Grundlage der vorläufigen Zerlegungen für die Jahre 2009 bis 2011 sind am 15. Januar 2012 auszugleichen.

Anhang 12
Zerlegungsgesetz (ZerlG)

Abschnitt 5
Gemeinsame Vorschriften

§ 9
Zahlungen im Clearingverfahren

Die sich im Rahmen der Clearingverfahren ergebenden Zahlungen sind von den zahlungspflichtigen Ländern bis zum Ende des auf das jeweilige Kalendervierteljahr folgenden Monats an die obersten Finanzbehörden der empfangsberechtigten Länder zu überweisen.

§ 10
Erlöschen der Ansprüche

(1) Die Ansprüche nach den §§ 1 und 8 erlöschen, wenn sie nicht bis zum Ablauf des dritten auf die Vereinnahmung der Steuer folgenden Kalenderjahres geltend gemacht werden.

(2) Die Ansprüche nach § 7 erlöschen, wenn sie nicht bis zum Ablauf des vierten auf die Vereinnahmung der Steuer folgenden Kalenderjahres geltend gemacht werden.

§ 11
Rechtsweg

Für die Entscheidung von Rechtsstreitigkeiten auf Grund dieses Gesetzes ist der Finanzrechtsweg gegeben.

§ 12
Anwendung

(1) Die vorstehende Fassung dieses Gesetzes ist, soweit in Satz 2 und in Absatz 2 nichts anderes geregelt ist, erstmals für den Veranlagungszeitraum 2015 anzuwenden. Für die Zerlegung der Lohnsteuer und des Zinsabschlags ist die vorstehende Fassung dieses Gesetzes erstmals für das Kalenderjahr 2015 anzuwenden.

(2) § 2 Absatz 3 in der am 31. Juli 2014 geltenden Fassung ist erstmals für den Veranlagungszeitraum 2012 anzuwenden.

D.

Stichwortverzeichnis

Stichwortverzeichnis

Es bezeichnen:

halbfette Zahlen	= die Paragraphen des KStG
halbfett kursive Zahlen	= die Paragraphen der KStDV
R	= die Abschnitte der KStR
H	= die Hinweise
Anh	= die laufende Nummer der Anhänge
Anl	= die laufende Nummer der Anlagen
eingeklammerte Zahlen	= die Absätze bzw. Nummern der Paragraphen, Richtlinien oder Hinweise

A

Abgeltung der KSt durch Steuerabzug 32
Abgrenzung der Steuerpflicht bei nicht rechtsfähigen Personenvereinigungen und Vermögensmassen sowie bei Realgemeinden 3
Abweichendes Wirtschaftsjahr 7 (4), R 7.3
Abwicklung Siehe unter „Auflösung"
Abziehbare Aufwendungen 9, R 9, H 9
- Spenden 9 (1) 2, R 9, H 9 Siehe auch unter „Spenden"
- Vergütungen an den persönlich haftenden Gesellschafter einer Kommanditgesellschaft auf Aktien 9 (1) 1

Änderung der KSt 32a, 37, 38
- Erhöhung der KSt 38, H 38
- Minderung der KSt 37, H 37
- Zeitpunkt der KSt-Änderung 38, H 38
- Zusammenfassung von Gewinnausschüttungen 27, H 27
- Änderung bei verdeckter Gewinnausschüttung/verdeckter Einlage 32a, H 32a

Aktieneigenhandel 8b (7)
- Behandlung des - 8b (7), H 8b, Anl 1 I

Aktiengesetz Anh 1
Anrechnung ausländischer Steuern Siehe unter „Ausländische Steuern" 26
Anwendungsvorschriften 34
Auflösung einer Körperschaft 11
- Besteuerung bei - 11, R 11
- Zeitraum der Abwicklung R 11 (1), H 11

Aufsichtsratsvergütungen 10 (4), R 10.3, H 10.3
Aufwendungen
- abziehbare - 9 Siehe auch unter „Abziehbare Aufwendungen"
- nichtabziehbare - 10 Siehe auch unter „Nichtabziehbare Aufwendungen"

Ausgleichskassen und gemeinsame Einrichtungen der Tarifvertragsparteien nach Vorruhestandsgesetz R 5.18 Nr. 2
Ausgleichsposten, besonderer – beim Organträger R 14.8 Siehe auch unter „Organschaft"
Ausgleichszahlungen an außenstehende Anteilseigner Siehe unter „Organschaft"
Ausländische Einkünfte 26
- bei Doppelbesteuerungsabkommen R 26 (3)
- Pauschalierung anzurechnender Körperschaftsteuer R 26 (2)

Ausländische Gesellschaften 2, H 2,
- Einordnung einer US-amerikanischen Limited Anl 10
- Typenvergleich H 2
- Limited H 1.1, Anl 9

Ausländische Steuern 26, R 26
- Abzug bei unbeschränkt Steuerpflichtigen 26 (2)
- Abzug bei beschränkt Steuerpflichtigen 26 (2), R 26 (4)
- Allgemeines R 26
- Anrechnung 26
- direkte Steueranrechnung 26, R 26 (4)
- in DBA Fällen R 26 (3)
- Pauschalierung R 26 (2)
- Steueranrechnung bei unbeschränkt Steuerpflichtigen 26 (1) 1, R 26

Stichwortverzeichnis

- Steueranrechnung bei beschränkt Steuerpflichtigen   **26 (1) 2**, R 26 (4)

Ausland, Verlegung der Geschäftsleitung ins –   **12**

Außensteuergesetz   Anh 2

- Grundsätze der Einkunftsabgrenzung bei international verbundenen Unternehmen   Anl 4

Außerordentliche Holznutzungen i. S. d. § 34 b Abs. 1 EStG   R 23

Aussetzungszinsen   R 10.1, H 10. 1

B

Bausparkassen   **21, 21b**

Befreiungen   **5 (1) 1–24,** R 5.1–5.18

- außerhalb des KStG   R 5.18
- Einschränkung der –   **5 (2)**

Beginn einer Steuerbefreiung   **13,** R 13.1

- Schlussbesteuerung bei Beginn einer Steuerbefreiung   R 13.1

Beitragsrückerstattungen   **21**

Beitrittsgebiet, Übergangsfragen   **35,** R 35

Berichtigung der KSt bei verdeckter Einlage/Gewinnausschüttung   **32a**

Berufsverbände

- Kommunale Spitzenverbände   **5 (1) 5**
- Steuerbefreiung von –   **5 (1) 5,** R 5.7
- Vergleichbare Zusammenschlüsse von juristischen Personen des öffentlichen Rechts   **5 (1) 5**

Beschränkte Steuerpflicht   **2,** R 2

Besteuerungsrecht   **12**

Beteiligung an anderen Körperschaften und Personenvereinigungen   **8 b,** H 8b, Anl 1 I

Betriebe gewerblicher Art 1 (1) 6, 4, R 4.1-4.5 u. 8.2

- Abfallentsorgung   R 4.5 (6)
- Abgrenzung Spenden zu verdeckten Gewinnausschüttungen bei –   R 9 (7)
- Abgrenzung hoheitlich/wirtschaftlich   Anl 11 I
- Angemessenes Eigenkapital bei –   R 8.2 (2)
- Auftragsforschung   H 4.5
- Begriff „Betrieb gewerblicher Art"   **4 (1),** R 4.1 (1–7)
- Beteiligungen als -   R 4.1 (2), H 4.1, Anl 11 II
- Betriebe in privatrechtlicher Form   R 4.1 (7)
- Buchführungspflicht   H 8.2

- Campingplatz   H 4.5
- Einkommensermittlung bei –   R 8.2
- Einrichtung   R 4.1 (2) u. (4), H 4.1
- Einzelfälle, Abgrenzung in –   R 4.5
- Friedhofsverwaltung   H 4.5
- Gewicht der Tätigkeit   R 4.1 (5)
- Hafenbetrieb   **4 (3),** H 7
- Hoheitsbetriebe   R 4.4, H 4.4
- Kapitalertragsteuer bei –   Anl 7 I
- Kindergärten   H 4.5
- Kirchliche Orden   H 4.1
- Krematorium   H 4.5
- Kurbetrieb   R 4.5 (7), H 4.5
- Miet- oder Pachtverträge zwischen juristischer Person des öffentlichen Rechts und Betrieb gewerblicher Art   H 8.2
- Müllverbrennungsanlagen der Gemeinden   R 4.5 (6)
- Parkplätze   H 4.5
- Parkuhren   R 4.5 (4)
- Religionsgemeinschaften   R 4.1 (1)
- Schwimmbäder   R 4.5 (5)
- Sozialversicherungsträger   H 4.5
- Tiefgarage   H 4.5
- Veräußerung und Aufgabe von Verpachtungs–   H 4.3
- verdeckte Gewinnausschüttungen bei –   R 8.2 (3)
- Verkehrsbetriebe   H 7
- Verpachtung eines –   R 4.1 (5), R 4.3, H 4.3,
- Wasserbeschaffung   H 4.5
- Wasserversorgung   H 4.5
- Wiederverwertung von Abfällen   R 4.5 (6)
- Zusammenfassung von –   R 4.2, Anl 11 II

Bundesanstalt für vereinigungsbedingte Sonderaufgaben   **5 (1) 2a**

Bürgschaftsbanken   **5 (1) 17**

D

Dauerverlustgeschäft   **8 (7),** Anl 11 II

Direkte Anrechnung ausländischer Steuern   **26,** R 26 (4)

Dividenden   Siehe unter „Gewinnausschüttungen"

Stichwortverzeichnis

E

Einkommen
- Grundlagen der Besteuerung   7, R 7.1
- Ermittlung des Einkommens   7, R 7.1

Einkommensermittlung
- Anwendung einkommensteuerrechtlicher Vorschriften   8, R 8.1
- bei Betrieben gewerblicher Art   R 8.2
- Freibeträge nach dem EStG   R 8.1 (2 u. 3)
- Gewinnermittlung bei Körperschaften, die Land- und Forstwirtschaft betreiben   R 8.3
- Mitgliederbeiträge   R 8.11–8.13
- Rückstellungen für Pensionszusagen an Gesellschafter-Geschäftsführer von Kapitalgesellschaften   R 8.7
- Tantiemen   H 8.8
- Verdeckte Einlage   R 8.9
- Verdeckte Gewinnausschüttungen   R 8.5

Einkommensteuerrechtliche Vorschriften, Anwendung bei der KSt   8, R 8.1

Einlagen
- verdeckte –   R 8.9

Entstehung der KSt   30, R 30

Erbersatzsteuer   H 10.1

Erhebung der KSt   31, H 31.2

Erhöhung der KSt   Siehe unter „Änderung der KSt"

Erlöschen einer Steuerbefreiung   13, R 13.2

Erwerbs- und Wirtschaftsgenossenschaften und Vereine im Bereich der Land- und Forstwirtschaft
- Allgemeines   5 (1) 14, R 5.14 – 5.16
- Andere Erwerbs- und Wirtschaftsgenossenschaften   R 5.15
- Anschlussgenossenschaften   R 5.11 (10)
- Beteiligungen an anderen Unternehmen   R 5.11 (5)
- Freibetrag für -   25
- Geschäftsarten von -   R 5.11 (6)
- Genossenschaftszentralen   H 5.11
- Gewinnermittlung   R 8.3
- Hilfsgeschäfte   R 5.11 (6), H 5.11
- Lieferungsgenossenschaften   R 5.11 (10)
- Milchleistungsprüfungen   R 5.11 (3)
- Milchqualitätsprüfungen   R 5.11 (3)
- Mitgliedergeschäfte   R 5.11 (6)
- Molkereigenossenschaften   R 5.12
- Nebengeschäfte   R 5.11 (6), H 5.11
- Nichtmitgliedergeschäfte   R 5.11 (6)
- Pfropfrebengenossenschaften   R 5.14
- Tierbesamungsstationen   R 5.11 (3)
- Vereine im Bereich der Land- u. Forstwirtschaft   R 5.16
- Wechselseitige Hilfen   R 5.11 (9)
- Winzergenossenschaften   R 5.13
- Herstellung und Vertrieb von Sekt durch –   R 5.13
- Zweckgeschäfte   R 5.11 (6)

F

Familienstiftungen   R 1.2, Anh 11

Finanzielle Eingliederung   Siehe unter „Organschaft"

Forderungsverzicht
- gegen Besserungsschein   H 8.9
- Verdeckte Einlage   H 8.9

Freibetrag
- Freibeträge nach dem EStG bei der KSt   R 8.1 (2 u. 3)
- für Erwerbs- und Wirtschaftsgenossenschaften sowie Vereine, die Land- und Forstwirtschaft betreiben   25, R 25
- für bestimmte Körperschaften   24, R 24
- Nichtanwendung des –   H 24

Fremdenverkehrseinrichtungen   R 8.13 (5)

G

Geldbußen   R 10.2, H 10.2

Geldstrafen und ähnliche Rechtsnachteile   R 10.2

Gemeinnützige Körperschaften   5 (1) 9, H 5.8
- Abweichendes Wirtschaftsjahr bei –   R 7.3 (2)
- Befreiung von der KSt   5 (1) 9, H 5.8
- Wegfall der Steuerbefreiung   13

Gemeinnützige Siedlungsunternehmen   5 (1) 12, R 5.10

Gemeinnützige Wohnungsunternehmen   5 (1) 10, R 5.10

939

Stichwortverzeichnis

Genossenschaftliche Rückvergütung 22, R 22, H 22
Gesamtbetrag der Einkünfte R 7
Gesamthafenbetriebe 5 (1) 19
Gewinnabführungsvertrag
- als Voraussetzung der Organschaft R 14.5
- Anforderungen an den – einer Organgesellschaft in der Rechtsform der GmbH R 17
- Beendigung des Gewinnabführungsvertrags R 14.5 (6), H 14.5
- Fünfjahresfrist i. S. von § 14 (1) Nr. 3 KStG R 14.5 (2)
- Handelsregistereintragung R 17 (1)
- Mindestlaufzeit H 14.5
- Nichtdurchführung des – R 14.5 (8)
- notarielle Beurkundung R 17
- Vollzug des – R 14.5 (3-5)
- wichtiger Grund für die Beendigung des – R 14.5 (6), H 14.5
- Wirksamwerden des Gewinnabführungsvertrags R 14.5 (1), H 14.5
- Zivilrechtlich unwirksamer – H 17

Gewinnausschüttungen
- Abfluss von – H 27
- Inkongruente- H 7.1, Anl 6
- Rückgängigmachung H 8.6,
- verdeckte – R 8.5

Gewinntantieme
- vGA, Verlustvorträge H 8.8
- verspätete Auszahlung H 8.8

GmbH-Gesetz Anh 4
Grundlagen der Besteuerung 7, R 7–7.3

H

Handelsgesetzbuch – Auszug - Anh 6
Handelsschiffe im internationalen Verkehr H 8.1
Haus- und Grundeigentümervereine R 8.12
- Aufteilung der Mitgliedsbeiträge H 8.12

Hinterziehungszinsen R 10.1 (2)
Hoheitsbetriebe **Holznutzungen,** außerordentliche R 23

I

Inland 1 (3)
Investmentsteuergesetz Anh 7

J

Juristische Personen des öffentlichen Rechts
- Steuerpflicht ausländischer – R 1.1 (3)
- Steuerpflicht inländischer – **1 (1) 6 u. 4,** R 1.1 (3)

K

Kapitalerhöhungssteuergesetz Anh 8
Kapitalertragsteuer
- Abgeltung der KSt durch Kapitalertragsteuerabzug 32
- bei Betrieben gewerblicher Art Anl 7 I
- bei wirtschaftlichen Geschäftsbetrieben Anl 7 III

Kapitalgesellschaft
- Vorgesellschaft H 1.1
- Vorgründungsgesellschaft H 1.1

Kirchliche Körperschaften
- Steuerbefreiung 5 (1) 9,
- Wegfall der Steuerbefreiung **13,** R 13.2
  Siehe auch unter „Gemeinnützige Körperschaften"

Kleinere Körperschaften
- Freibetrag **24,** R 24

Kleinere Versicherungsvereine 5 (1) 4, **4,** R 5.6

Kleingärtner- und Siedlervereine R 8.13 (2)
Körperschaften, die Land- und Forstwirtschaft betreiben
- Gewinnermittlung R 8.3

Körperschaftsteuer
- Veranlagung und Erhebung 31

Körperschaftsteuerguthaben **37,** H 37
Kommanditgesellschaft auf Aktien
- Organschaft 14
- Steuerpflicht 1 (1) 1
- Vergütung an persönlich haftenden Gesellschafter einer Kommanditgesellschaft auf Aktien 9 (1) 1

Stichwortverzeichnis

Konzessionsabgaben
- Abziehbarkeit   H 8.2

Krankenkassen
- Steuerbefreiung von –   5 (1) 3, R 5.2
- Einschränkung der Befreiung   6, R 6

Kreditgarantiegemeinschaften 5 (1) 17

L

Land- und Forstwirtschaft
- Freibetrag für Erwerbs- und Wirtschaftsgenossenschaften sowie für Vereine, die Land- und Forstwirtschaft betreiben   25, R 25
- Gewinnermittlung bei Körperschaften, die Land- und Forstwirtschaft betreiben   R 8.3
- Steuerbefreiung der Erwerbs- und Wirtschaftsgenossenschaften und Vereine im Bereich der Land- und Forstwirtschaft   5 (1) 14, R 5.11–5.16

Landwirtschaftliche Vereine   Siehe unter „Land- und Forstwirtschaft" und unter „Erwerbs- und Wirtschaftsgenossenschaften"

Limited   Siehe unter „Ausländische Gesellschaften"

Liquidation einer Körperschaft
- Besteuerung bei –   11, R 11

Lohnsteuerhilfevereine   H 8.13

M

Mehr- und Minderabführungen bei Organschaft   14 (4), H 14.8, Anl 12 I

Mietervereine   R 8.12, H 8.12

Minderung der KSt   Siehe unter „Änderung der KSt"

Mildtätige Körperschaften
- Steuerbefreiung   5 (1) 9
- Wegfall der Steuerbefreiung   13, R 13.2

Mitgliederbeiträge
- Allgemeines   8 (5), R 8.11
- Aufteilung von – H 8.12
- bei (Kredit-)Genossenschaften   H 42
- bei Haus- und Grundeigentümervereinen   R 8.12, H 8.12
- bei Mietervereinen   R 8.12
- bei sonstigen Vereinen und Einrichtungen   R 8.13

- bei Versicherungsunternehmen   R 8.11 (4)
- Wirtschaftliche Förderung der Einzelmitglieder   R 8.11 (3)
- Zu Beiträgen von Lohnsteuerhilfevereinen   H 8.13

Molkereigenossenschaften   5 (1) 14, R 5.11, R 5.12

N

Nichtabziehbare Aufwendungen   10, R 10.1–10.3
- Aufsichtsratsvergütungen   10 4, R 10.3, H 10.3
- Geldstrafen, Geldbußen und Ordnungsgelder   R 10.2
- Hinterziehungszinsen   R 10.1 (2)
- Säumniszuschläge   R 10.1 (2)
- Steuern vom Einkommen   10 2
- Umsatzsteuer auf den Eigenverbrauch   10 2, R 10.1
- Verspätungszuschläge   R 10.1
- Zwangsgelder   R 10.1

Nutzungs- und Verwertungsgenossenschaften 5 (1) 14, R 5.11–5.15 Siehe auch unter „Erwerbs- und Wirtschaftsgenossenschaften"

O

Obst- und Gartenbauvereine   R 8.13 (1)

Ordnungsgelder   R 10.2

Organschaft
- Aktiengesellschaft oder Kommanditgesellschaft auf Aktien als Organgesellschaft   14
- Andere Kapitalgesellschaften als Organgesellschaft   17, R 17
- Anwendung besonderer Tarifvorschriften   19, R 19
- Ausgleichszahlungen   16, R 16
- Behandlung, im Rahmen der Einkommenszurechnung   16, R 16
- Begriff des gewerblichen Unternehmens Anl 12 I
- Besondere Ausgleichsposten beim Organträger   R 14.8, H 14.8
- Besondere Tarifvorschriften, Anwendung bei Organschaft   19, R 19
- Bildung und Auflösung besonderer Ausgleichsposten beim Organträger   R 14.8

Stichwortverzeichnis

- Einkommensermittlung
  - bei der Organgesellschaft **14-16,** R 14.6,R 15, R 16
  - Ausgleichszahlungen **16,** R 16 - dem Organträger zuzurechnendes Einkommen R 14.6
  - Verlustabzug aus der vorvertraglichen Zeit R 15 - beim Organträger **14,** R 14.7
- Finanzielle Eingliederung **14,** R 14.2
- Fünfjahresfrist i.S. von § 14 (1) Nr. 3 KStG R 14.5 (2)
- Gewinnabführungsvertrag **14,** R 14.5 siehe unter „Gewinnabführungsvertrag"
- Hochschleusung von Tarifermäßigungen auf den Organträger **19,** R 19
- Mehrmalige Umstellung des Wirtschaftsjahrs bei Begründung der Organschaft R 14.4 (3)
- Mehr- und Minderabführungen **14** (4), **27** (6), R 14 (8), H 14.8, Anl 12 I
- Personengesellschaft als Organträger **14 (1) Nr. 2, 19 (4),** R 14.3
- Rechtsbehelfsrecht bei Einwendungen gegen die Höhe des Organeinkommens R 14.6 (6)
- rückwirkende Begründung bei Umwandlung H 14.2
- Sondervorschriften für die Einkommensermittlung **15**
- Spartenrechnung bei Organgesellschaft Anl 11 II
- Steuerbefreite Körperschaft als Organträgerin H 14.1
- Unternehmensverträge bei Organgesellschaften im Sinne des § 17 KStG R 17
- verdeckte Gewinnausschüttungen an den Organträger R 14.6 (4), R 14.7 (2)
- Verlustabzug aus vorvertraglicher Zeit R 15
- Veräußerungsgewinn der Organgesellschaft R 19 (2)
- zuzurechnendes Einkommen der Organgesellschaft R 14.6
  - Einwendungen gegen die Höhe des Organeinkommens R 14.6 (6)
- Zinsschranke bei – H 15
- Zivilrechtlich unwirksamer Gewinnabführungsvertrag H 17

P

Parteien **5 (1) 7**
Pelztierzuchtverbände und -vereine, R 8.13 (4)
Pensions- und Unterstützungskassen
- Befreiung von der KSt **5 (1) 3, 1–3,** R 5.2
- Einschränkung der Befreiung **6,** R 6
- Partielle Steuerpflicht von Pensionskassen R 6
- Verlustrücklage (Soll-Betrag) R 6 (2)

Pensionszusagen an Gesellschafter-Geschäftsführer von Kapitalgesellschaften R 8.7
Personengesellschaft
- als Organträger **14 (1) 2 u. 19 (3),** R 14.3

Personenvereinigungen
- Abgrenzung der Steuerpflicht bei nichtrechtsfähigen – **3**

Politische Parteien
- Steuerbefreiung der – **5 (1) 7**

Prozeßzinsen auf Erstattungsbeträge H 10.1

Q

Quellensteuer Siehe unter „Ausländische Steuern"

R

Realgemeinden
- Abgrenzung der Steuerpflicht bei – **3 (2)**

Risikogeschäfte H 8.5, Anl 17 V
Rückgängigmachung verdeckter Gewinnausschüttungen H 8.6
Rückstellungen
- Deckungs - **21a**
- für Beitragsrückerstattung **21**
- für Pensionszusagen an beherrschende Gesellschafter-Geschäftsführer von Kapitalgesellschaften R 8.7, H 8.7
- versicherungstechnische – **20**

S

Säumniszuschläge R 10.1 (2)
Schlussbesteuerung nach § 13 KStG, R 13

Stichwortverzeichnis

- Ansatz eines originären Firmenwerts   H 13.3

Siedlungsunternehmen   Siehe unter „Gemeinnützige Siedlungsunternehmen"

Sparerfreibetrag   R 8.1 (2)

Spenden   9 (1) 2, (2) u. (3)
- Allgemeines   9 (1) 2, R 9, H 9
- ausländischer Zuwendungsempfänger   H 9, Anl 14 I
- bei abweichendem Wirtschaftsjahr   R 9 (3)
- eines wirtschaftlichen Geschäftsbetriebs   R 9 (8), H 9
- Höchstbetrag der abziehbaren –   R 9 (2), H 9
- in Organschaftsfällen   R 9 (5), H 9
- und verdeckte Gewinnausschüttung   R 9 (6), H 9
- Zuwendungsbestätigung   H 9, Anl 14 II

Spendenhaftung   9 (3), H 9

Sterbekassen
- Steuerbefreiung von –   5 (1) 3 u. 5 (1) 4, *1–3 u. 4,* R 5.2-5.6
- Einschränkung der Steuerfreiheit bei –   6, R 6

Steuerabzug
- Abgeltung der KSt durch Steuerabzug   32

Steuerbefreiung   5, 8b, 13   R 5.2–5.18
- Ausnahme von der –   5 (2) u. 6
- Außerhalb des Körperschaftsteuergesetzes   R 5.18
- Beginn und Erlöschen der –   13, R 13.1, R 13.2
- bei Beteiligungen   8b, H 8b, Anl 1 II
- Berufsverbände ohne öffentlich-rechtlichen Charakter   5 (1) 5, R 5.7
- Einschränkung der – bei Pensions-, Sterbe-, Kranken- und Unterstützungskassen   6, R 6
- Erwerbs- und Wirtschaftsgenossenschaften und Vereine im Bereich der Land- und Forstwirtschaft   5 (1) 14, R 5.11–5.16
- gemeinnützige, mildtätige und kirchliche Körperschaften   5 (1) 9,
- gemeinnützige Wohnungsunternehmen   5 (1) 10, H 5.9
- gemeinnützige Siedlungsunternehmen   5 (1) 12, R 5.10
- Pensions-, Sterbe-, Kranken- und Unterstützungskassen   5 (1) 3, *1–3,* R 5.2

Steuererklärungspflicht   31, H 31.2

Steuerpflicht
- Abgrenzung der – bei nichtrechtsfähigen Personenvereinigungen und Vermögensmassen sowie bei Realgemeinden   3
- Beginn der –   R 1.1, H 2
- beschränkte –   **2**, R 2, H2
- unbeschränkte –   **1, 2**

Steuersatz   23, R 23

Stiftungen
- Familienstiftungen   R 1.2, Anh 11
- gemeinnützige Stiftungen   5 (1) 9

Summe der Einkünfte   R 7

T

Tarifvorschriften
- Anwendung besonderer – bei Organschaft   19, R 19

Tierzuchtverbände   R 8.13 (3)

U

Umsatzsteuer auf den Eigenverbrauch   10, 2, R 10.1 (1)

Umgliederungsvorschriften   H 36

Umwandlung   Anl 16
- Umwandlungsgesetz   Anh 9
- Umwandlungssteuergesetz   Anh 10

Unbeschränkte KSt-Pflicht   1, R 1.1

Unterstützungs- und Pensionskassen
- Befreiung von der KSt   5 (1) 3, *1–3,* R 5.2
- Einschränkung der Befreiung   6, R 6
- Leistungsbegrenzung   2, 3, R 5.5
- Leistungsempfänger   R 5.3
- Vermögensbindung   R 5.4
- Zuwendungen an –   R 8.4

V

Vatertierhaltungsvereine   R 8.13 (3)

Veranlagung zur KSt   31

Verdeckte Einlage   R 8.9, H 8.9
- bei nahestehenden Personen   H 8.9
- Einlagefähig   H 8.9
- Forderungsverzicht   H 8.9
- Zuschuss zur Abdeckung Bilanzverlust als –   H 8.9

Stichwortverzeichnis

Verdeckte Gewinnausschüttung 8 (3), R 8.5, R 8.6, H 8.5, H 8.6
- Begriff der – R 8.5
- beherrschende Stellung des Gesellschafters H 8.5 III.
- Beispiele von – H 8.5 V.
- Beweislast H 8.6
- Erstausstattung einer Kapitalgesellschaft H 8.5 V.
- Darlehensgewährung H 8.5 IV.
- Fehlen von klaren und eindeutigen Vereinbarungen H 8.5 III.
- fehlende oder falsche Bilanzierung H 8.5 III.
- Gewinntantieme, Verlustvorträge H 8.8
- mitgliedschaftliches oder mitgliedschaftsähnliches Verhältnis H 8.5 I.
- nahestehende Person H 8.5
- ordentlicher und gewissenhafter Geschäftsleiter H 8.5 II.
- Pensionszusagen an Gesellschafter-Geschäftsführer von Kapitalgesellschaften R 8.7
- Risikogeschäfte H 8.5 V., Anl 17 V
- Rückwirkungsverbot H 8.5
- Rückgängigmachung von – H 8.6
- Selbstkontrahierungsverbot für Gesellschafter-Geschäftsführer einer Einmann-GmbH H 8.5 I.
- Tantiemen H 8.7
- Vorteilsausgleich H 8.5 II.
- Wert der – R 8.6, H 8.6

Vereine, die Land- und Forstwirtschaft betreiben
- Freibetrag 25, R 25
- Gewinnermittlung R 8.3
- Steuerbefreiung R 5.16. Siehe auch unter „Erwerbs- und Wirtschaftsgenossenschaften"

Verlegung der Geschäftsleitung ins Ausland 12

Verlustabzug
- aus vorvertraglicher Zeit bei Organschaft R 15
- Verlustabzug bei Körperschaften 8c, H 8c

Vermietungsgenossenschaften 5 (1) 10, H 5.9, Siehe auch „Gemeinnützige Wohnungsunternehmen"
- Vermietungsvereine 5 (1) 10, H 18 Siehe auch „Gemeinnützige Wohnungsunternehmen"

Versicherungstechnische Rückstellungen 20

Versicherungsunternehmen 20, 21

Versicherungsvereine
- Steuerbefreiung für kleinere – 5 (1) 4, *4,* R 5.6

Versicherungs- und Versorgungseinrichtungen von Berufsgruppen 5 (1) 8

Versorgungsverbände 5 (1) 20

Verspätungszuschlag
- Nichtabziehbarkeit von – R 10.1 (2)

Verwarnungsgelder R 10.2, H 10.2

Verwertungsgenossenschaften Siehe unter „Nutzungs- und Verwertungsgenossenschaften"

Vorauszahlungen auf die KSt 31 (2)

Vorgesellschaft H 1.1

Vorgründungsgesellschaft H 1.1

W

Winzergenossenschaften R 5.13

Wirtschaftsförderungsgesellschaften 5 (1) 18, H 5.17

Wirtschaftsjahr
- mehrmalige Umstellung des – bei Begründung einer Organschaft R 14.4 (3)

Wohnungsunternehmen, gemeinnützige Siehe unter „Gemeinnützige Wohnungsunternehmen"

Z

Zerlegungsgesetz Anh 12

Zinsaufwendungen bei Körperschaften 8a

Zinsen
- Nichtabziehbarkeit von – R 10.1 (2)

Zinsschranke 8a, H 8a, Anl 20

Zusatzversorgungseinrichtungen des öffentlichen Dienstes R 5.2 (1)

Zuteilungsrücklage bei Bausparkassen 21b

Zu versteuerndes Einkommen
- Ermittlung des – R 7

Zwangsgelder
- Nichtabziehbarkeit von – R 10.2

Notizen

Notizen

Notizen

Notizen